世界经典文库

图文珍藏版

破解千年悬案　再现人类秘史

中外历史悬案

刘凯◎主编

线装书局

图书在版编目（CIP）数据

中外历史悬案：全 4 册／刘凯主编 .-- 北京：线
装书局，2013.1
ISBN 978-7-5120-0795-6

Ⅰ. ①中… Ⅱ . ①刘… Ⅲ . ①世界史－通俗读物
Ⅳ . ① K109

中国版本图书馆 CIP 数据核字（2012）第 279936 号

中外历史悬案

主　　编：刘　凯

责任编辑：高晓彬

封面设计：博雅圣轩藏书馆 Boyashengxuan Cangshuguan

出版发行：线装书局

地　　址：北京市西城区鼓楼西大街 41 号（100009）
　　　　　电话：010-64045283
　　　　　网址：www.xzhbc.com

印　　刷：北京彩虹伟业印刷有限公司

字　　数：1360 千字

开　　本：710×1040 毫米　1/16

印　　张：112

彩　　插：8

版　　次：2013 年 1 月第 1 版第 1 次印刷

印　　数：1-3000 套

书　　号：ISBN 978-7-5120-0795-6

定　　价：598.00 元（全四册）

ISBN 978-7-5120-0795-6

9 787512 007956 >

战神韩信被杀之谜

韩信为刘邦夺取天下立下了汗马功劳，但在功成名就之后却被吕后诱杀于长乐官钟室，便应了那个"鸟尽弓藏，兔死狗烹"的典故。

武则天无字碑之谜

"无字碑"由一块巨大的整石雕成，碑头雕有 8 条互相缠绕的螭首，饰以天云龙纹，至此却成为多年来人们猜测、探究却莫衷一是的"千古之谜"。

伊丽莎白一世终身未嫁之谜

伊丽莎白统治英国 45 年之久，在巩固专制政权、发展工商业、建立英国海上霸权等方面发挥了重大影响。在个人生活上，被人们称为"处女女王"。

玛丽莲·梦露归宿之谜

玛丽莲·梦露以激起情欲的体形及其淡黄色的金发而举世闻名。她是因为自卑自杀，还是出于政治动机被谋杀，至今仍是个谜。

马丁路德·金遇刺之谜

马丁·路德·金，著名的美国民权运动领袖，1968年4月，马丁·路德·金前往孟菲斯市领导工人罢工被人刺杀，年仅39岁。

亚历山大猝死悬疑

亚历山大足智多谋，建立了以巴比伦为首都的庞大帝国。然而，仅仅十年后，横亘在三大洲大地上的庞大帝国，却因亚历山大的猝死而轰然倒塌。

岳飞死亡疑案

当岳飞被以"莫须有"的罪名问罪时，除韩世忠登门质问秦桧外，朝廷文武百官一言不发，主战派人物中无一人上书赵构为岳飞申辩。

袁世凯死因疑案

袁世凯于1915年12月称帝。究竟是被刺身亡还是其倒行逆施不得人心抑郁而终？作为一个颇具争议性的人物，袁世凯的死因因此备受关注。

军事奇才拿破仑

拿破仑,出生在法国科西嘉岛,是一位卓越的军事天才。他多次击败保王党的反扑和反法同盟的入侵,捍卫了法国大革命的成果。

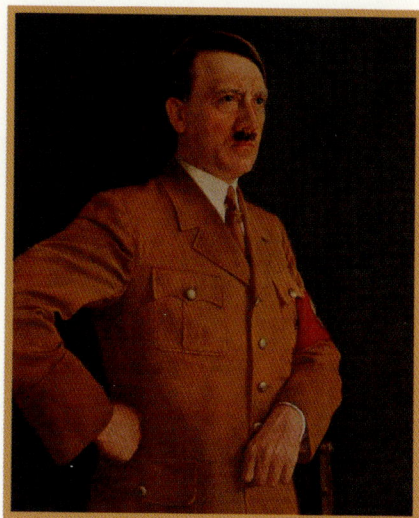

恶魔幽灵希特勒

希特勒上台后,德国就掀起了声势浩大的反犹运动,数百万犹太人被杀害……。希特勒为什么要反犹屠犹呢?这一"历史之谜"使人困惑不解。

司马迁受宫刑疑案

司马迁生活在"君明臣贤"的西汉鼎盛时期,很受汉武帝信任,却不料遭此惨祸,肉体上的摧残和精神上的羞辱使司马迁蒙受了奇耻大辱。

张三丰身世疑案

张三丰为武当派开山祖师。他所创的武学至少十七支,到底张三丰是武士、道士抑或隐仙?时至今日,人们对张三丰的身世依旧充满好奇。

神奇的金字塔

　　金字塔是古埃及文明的代表作，它建造于沙漠之中，结构精巧，外形宏伟，是埃及的象征。据说金字塔是古埃及法老的陵寝。

断臂的维纳斯

　　在希腊化时期，表现女性人体美的雕塑日渐增多，其中最为著名雕像的就是这尊米洛斯的维纳斯，并已经成为赞颂女性人体美的代名词。

飞来飞去的"富贵鸟"

　　宋徽宗赵佶的《写生珍禽图》共分为12段水墨写生花鸟画。海内外鉴赏大家确认此卷为宋徽宗亲笔画无疑，传承有绪，为稀世珍品。

鬼谷子下山"天地惊"

　　鬼谷子是纵横家的鼻祖，被誉为千古奇人，长于持身养性，精于心理揣摩，深明刚柔之势，通晓纵横捭阖之术，独具通天之智。

前　言

时光荏苒，岁月如梭，在光阴长河的冲洗下，那些曾经的人和事，逐渐变得模糊，许多事件因为关键的细节在年代久远或史料缺乏等原因的影响下淹没于往昔的沧桑岁月中，最终一件件、一桩桩地变成难以解决的悬案。那些穿过漫长的历史流传下来的传说，那些在历史上流传甚广的名人的逸闻轶事，那些散落在世界各地的文明遗迹，还有那些神秘的自然现象，都在它不断刺激着人们猎奇的心理，吸引着人们好奇的目光，激发着人们拨开云雾、追本溯源。

在我们的文明之前，真的有过毁于核战争的史前文明吗？传说中的楼兰古城是如何消失的？神秘的奥梅克文明真的是中美洲文明的源头吗？顺治皇帝真的如传说中的遁入空门了吗？路易十四囚禁的"铁面人"究竟是何许人？火星上的金字塔是何人所建？世界上有黑色的闪电吗？亚历山大大帝究竟死于谁手？威廉二世真是意外身亡？彼得三世是被叶卡捷琳娜害死的？舜为什么会惨遭迫害？梁武帝为何会饿死于僧寺？雍正帝为什么会暴死？袁世凯是病死还是气死？耶稣究竟是人还是神？女王伊丽莎白为何终身不婚？岳飞真是被秦桧害死的？孝庄太后有没下嫁给多尔衮？李自成最后的结局是怎样的？……这些来自世界各地的悬疑事件为人类历史真相披上了一层神秘的外衣。当你读到这些悬案时，你会惊愕地发现，原来你对这个世界并不了解：这个世界原来有太多的秘密无法揣测，有太多的神奇无法解释！这些悬案就像一篇篇尚无结局的传世之作，等待着我们用大胆的设想和精益求精的态度去续写更多的精彩。

从巴比伦的空中花园到古罗马的角斗场，从阿房宫的富丽堂皇到桃花源的迷离仙境，越是令人不解的神秘越会吸引着人们不断去寻找。从希特勒、甘地到蒙哥、李自成，从埃及艳后、蒙娜丽莎到武则天、杨贵妃，撼动历史的伟人，名震古今的奇人，那些被掩盖的真相也会通过我们追寻的脚步被逐一解开。循着历史遗留下来的种种令人惊叹的文明遗迹，我们看到了古老大陆的广袤、大西洲的无垠；从木乃伊和古希腊雕塑中，我们看到了人类的文明、曾经的辉煌；从屈原的悲歌到吉卜赛人的魔音，人们都在努力聆听歌声背后的倾诉；从华盛顿的悲壮到肯尼迪的愤怒，悬案背后所掩盖的历史总是那么疑云密布。岁月的尘埃足以掩盖曾经的真实，但锐利的眼睛却不会因此蒙尘。重重历史迷雾所掩盖的悬案之中，真相向我们缓缓走来……

本套丛书以真实性、趣味性及启发性为目的，收录了世界历史上影响最大、最有研究价值以及最为人们所关注的历史悬案。内容涉及千古刺客的谋杀悬案、讳莫如深的帝王宫闱、身世离奇的美女佳人、令人神往的宝藏谜踪、令人费解的军事事件、扑朔迷离的死亡阴影、充满谜团的文明故址、神秘莫测的密码谜案、尘封难解的名人往事、悬而未决的文化难题、疑云密布的历史谜团、没有硝烟的谍战掠影、神秘玄妙的古迹文物、悬而未决的古墓疑云、痛心疾首的国宝迷途，共十五个方面的内容。书中再现了气势恢宏的秦始皇陵兵马俑、扑朔迷离的武则天无字碑之谜、令人叹息的杨贵妃之死、可惜的精神失常的牛顿、清末致远舰沉没之谜等一个个亦真亦幻、起伏跌宕的离奇故事，跌宕起伏、引人入胜。

本套丛书的意义在于，像丝线一样将那些散落的历史事件串联起来，让人们对身处的世界、面前没有尽头的历史有一个全方位的了解，人们可以透过一个历史事件去梳理对历史的认识；通过了解文明遗迹，可以了解文明的进程；在揭开神秘悬案的同时，拓展人类对自我和自然的认识。

目 录

世界经典文库

中外历史悬案

目录

图文珍藏版

世界经典文库

中外历史悬案

目录

图文珍藏版

世界经典文库

中外历史悬案

目录

图文珍藏版

第一章　千古刺客的谋杀悬案

为酬知己甘赴死
——聂政刺杀侠累案

春秋战国时期的韩国都城。

一日，韩国宰相侠累正坐在大堂上与属下议事。门外站满了持刀荷戟的武士，杀气腾腾，戒备森严。过往的行人不由得远远躲开。突然，一位壮士冲了过来。没等得武士反应过来，这位壮士已撞倒几人奔上台阶，闯入大堂。此时正在议政的宰相侠累猛然看到一人手持利刃，直奔自己而来，顿时惊慌失措。大堂内一片混乱。但见这人迅捷地躲过阻拦他的人，只身来到侠累身边，手起剑落，将侠累刺倒在地。

此时的大堂内，早已站满了闻讯而来的侍卫武士，他们惊乱扰攘，把刺客团团围了起来。只见这位刺客声如虎啸狮吼，左刺右砍，顷刻之间又有数十人死伤倒地。不过，刺客要想逃得一条生路，已万万不可能。但见他挥剑逼退围攻的武士，伸手拔出匕首，用它划破自己的脸皮，剜出自己的眼睛，最后剖腹出肠而死。大堂内的武士们见状，早就惊呆了，有的甚至掩面不敢再看。

宰相被杀，轰动了整个韩国。韩王下命令迅速查明案情，并缉拿与凶手有关的所有人员。数日过去了，案情竟未有一丝线索，甚至连凶手的姓名也未查出。无奈，韩王令将凶手的尸体陈列在街市上，悬赏千金，以查明凶手的姓名。数月过去了，案情仍无进展。侠累被刺之案一时间竟成了一件无头案件。

半年之后，凶手的姐姐前来认尸，并告诉了案件的缘由，刺杀侠累一案方真相大白。

凶手名叫聂政（？～前397年），魏国轵邑深井里（今河南济源东南）人，身强力壮,并练就了一身好武艺。他生性耿直,爱打抱不平。一日,他遇到一恶霸欺压一老者。老者曾向恶霸借了15铢铜钱,已还5铢,还要付利息,三年算下来竟要付本息100铢。老者交不出,那恶霸就将他的女儿作抵押。聂政路见不平,前去与恶霸评理,一气之下,将恶霸刺死。

为逃避杀人罪,聂政带着母亲和姐姐离开魏国来到了齐国,以屠宰为业,勉强糊口。

几年过去了,聂政在齐国站稳了脚跟,并逐渐有了名声。一日,一位衣着华丽的人登门拜访,并送上了许多贵重的礼品。来人很有礼节,特别是对聂政的母亲表现得尤为尊重。

此人名严仲子,韩国大臣,濮阳人,因与宰相侠累有仇,恐遭杀身之祸而被迫离开韩国。此后他到处访求可以报复侠累的人,但一直没有找到合适的人。这一日,他来到齐国,听人说聂政是个勇士,为人最讲义气,现在为了躲避仇人隐居在齐国,与屠夫为伍。严仲子闻之,大喜过望,忙携礼品登门拜访。听到聂政的母亲要过生日,他又备置酒筵,亲自捧酒进献给聂政的母亲。酒过三巡,大家已是酒酣耳热。看大家都喝到了兴头上,严仲子又捧出黄金百镒,为聂政的母亲祝福。

聂政早就看出严仲子是位很有来历的人。但他生性爽直,好结纳而不择其人,同严仲子相交也是如此。但对今天这样的厚礼,聂政坚决不受。无奈,严仲子只得避开众人,将聂政拉到僻静之处,把真情告诉了他:"我与别人结了怨仇,为寻访能替我报仇的人已走过好多诸侯国了。到齐国后,听说你很重义气,所以进献百金,一则作为给你母亲的祝福,另外也可作为供给你们一点粗粮的费用。区区小礼,并不能代表什么,只能表示我愿与足下交好的心情罢了,难道敢因此会有其他的奢望吗?"聂政至此方真正明白了严仲子前来拜访的目的,但是他明确告诉严仲子:"我现在降志辱身与市民屠夫为伍,心中并不舒服,很希望能再次展示自己的能力,并为世人称颂!现在之所以安于此状,仅仅是为了奉养老母。老母在世,我是不敢以身相许为朋友捐躯的。"严仲子闻之,知道聂政主意已定,再多讲也无益。但他坚持要将百金送上,聂政坚决不肯接受。无奈,严仲子只得作罢,但他还是很周到地履行了宾主相见的礼仪后才离开。

聂政虽在当时拒绝了严仲子的要求,但这件事却深深地刻在了他脑海中。终有一日,他会以自己的性命来报答严仲子的知遇之恩的。当然,在今天看来,聂政的做法令人不可思议,但在当时,却是人们为之艳羡的事。

春秋之前,在奴隶制下生活的下层人们根本没有人身自由,奴隶主掌握着他们的生杀予夺大权。这一时期,奴隶死于刑戮、殉葬、行役者实为司空见惯。死对于奴隶们来说可谓是一件无所谓的事。春秋战国时代,诸侯割据,战火连绵不断。战争与死亡是紧密相连的。一些英雄豪杰壮烈地死,便成为人们艳羡的事。加上那一时期宗教的深入人心,人们对于鬼神世界的存在是坚信不疑的,所以对他们来说,死只不过是换了一个生活世界而已。

此外,春秋战国时期,奴隶制渐趋崩溃,社会底层的人们获得了人身自由,他们渐渐地认识到自己性命的价值。然而,这些人却不能像世家贵胄、豪门巨富那样依仗地位和财富扬名,而只能靠知己者的赏识和重用来认同自己的价值,靠自己的行动去获得名声,正所谓"士为知己者死,女为悦己者容"。聂政处于那个时代,理所当然地也会产生上述想法。

几年过去了,聂政的母亲去世了。丧服期满,聂政想起了严仲子求他做的事,应该是将想法付诸行动的时候了。

聂政要去濮阳面见严仲子的消息被好友们得知了,他们纷纷前来劝说聂政要慎重从事。几年来,聂政与周围的人们坦诚相见,和平相处,结成了至交。现在他们见严仲子求聂政做事,推想肯定是至关重要之事。此行,聂政定会凶多吉少,因此,好友纷纷阻拦他。聂政感谢好友对他的关心,但坚决地说道:"我是一个市井小民,无德无能,只不过会拿把屠刀宰杀牲畜罢了;而严仲子却是诸侯国的卿相。他不远千里前来结交我,我有什么德能承当起如此礼遇? 虽然,他献上百镒黄金为我母亲祝寿,没有被我接受,但它足以说明他对我的礼遇,从中也可看到我自身的价值。像严仲子如此高贵、贤明的君子因有怨愤来结交我这个市井穷巷之人,我已诚惶诚恐了,又岂能不声不响地就完事了? 如今我母亲已经去世,姐姐也已出嫁,有了依靠,我已无任何牵挂,这正是我为知己者效力的时候了。"

聂政将家中之事安排完毕后,便动身前往濮阳。一路上,跋山涉水,晓行夜宿。这一日,聂政来到濮阳,并很快见到了严仲子。

离开聂政后,严仲子回到了家乡濮阳。他深知,聂政正是他所寻找的最适合的人选，他也相信聂政定会前来找他并替他复仇的。不过，这几年来，严仲子的生活充满了忧虑与恐慌，这倒不是他怀疑聂政的诺言，而是担心侠累不会善罢甘休，再次加害于他。

侠累(？～前397年)又名韩槐或韩庞，韩烈侯的叔父，为人狡诈、阴狠，排除异己更是毫不留情。侠累在任宰相时，因政见不合而与严仲子发生严重冲突。为铲除这个异己，侠累曾多次派遣刺客刺杀严仲子，但都被他侥幸躲过。最后，严仲子为避杀身之祸，知趣地离开了都城，回到了他的家乡，侠累方肯罢休。可侠累哪知，严仲子除他之心并未有一日放弃。

现在，严仲子见到了聂政，便将事情的前后经过一一告诉给了他："我的仇人是韩国的宰相侠累，侠累又是韩王的叔父，权势显赫，防卫严密。我曾几次想要派人杀他，但都没有成功。现在，承蒙你应允下来，大事定会成功。为确保你的安全，并能使事情成功，我将多安排些车骑壮士作为你的助手。"

聂政听罢，沉思了一会，认为侠累乃诸侯国宰相，平日的防范定会森严，要想刺杀他，去的人多了，反而会打草惊蛇。因此他谢绝了严仲子的好意，并做了辞别，便独身一人前往韩国都城去了。

公元前397年的一天，聂政突然发起攻击，将措手不及的侠累杀死。为防死后暴露自己的身份而牵累姐姐，聂政才"自皮面决眼，自屠出肠"，壮烈地死去。

韩国宰相被杀的消息很快传到了晋、楚、齐、卫等国。聂政的姐姐聂嫈听说了这件事，估计是她弟弟干的，连忙启程赶到了韩国都城。聂政的尸体早就陈列在街市上，周围还有一群围观的人。从尸体的身段、面庞、服饰等各个方面，证明了聂嫈的推断：是她弟弟！她禁不住奔上前去，伏尸痛哭。

聂嫈的举动惊呆了围观的人们，纷纷走上前去，好心地劝她："这个人刺杀了我国的宰相，韩烈侯正悬赏千金征求他的姓名，搜查他的同党，您难道没有听说过吗？怎么还敢在尸体上痛哭呢？"聂嫈听罢，哽咽地说"这是我的弟弟！他的事我都听到了。我弟弟是个志士，他为了躲避杀人而甘愿蒙垢受辱，平日与市贩为伍，是因为老母亲尚在人世，那时我也未出嫁。如今老母已寿终，我也已嫁人，他才有机会施展他的抱负。严仲子乃高贵之人，竟能够从困苦污浊中选择我弟弟作为心腹之交，可谓恩深人厚。志士理应为知己者死，我弟弟不畏死，不爱其躯，报答了严仲子对他的知遇之恩，死而无憾！现在他害怕死后牵累我，就摧残自己的身体，让人辨认不出。我怎么能害怕遭杀身之祸而埋没弟弟的英名呢？"

聂荌的一番话将围观的人们惊得目瞪口呆。但又听聂荌连连大呼："天哪！天哪！"随后竟悲痛而绝，倒在了聂政身边。

当时晋、楚、齐、卫等国的人们听说了这件事，感慨地说："不仅聂政了不起，就是他的姐姐也是一位少见的贞烈女子啊！"

千古刺客的无奈之举
——荆轲刺秦王疑案

"荆轲刺秦王"的故事，在中国几乎是妇孺皆知。有人说他是英雄，有人说他是名利之辈，评价种种，各执一词。那么，这段史实真相究竟如何？荆轲究竟为什么会去刺杀秦王呢？是被逼无奈还是打抱不平？最后，为何接近了秦王却刺杀未遂？

荆轲刺秦

荆轲刺秦王为哪般

一提到"荆轲刺秦王"这个中国老百姓耳熟能详的故事，我们便会在脑海中浮现出一句名言："风萧萧兮易水寒，壮士一去兮不复还"，这句名句几乎是妇孺皆知。那么,荆轲究竟为什么会去刺杀秦王呢?

据《史记·刺客列传》记载:荆轲本是卫国人,其先人乃是齐国人,后来秦灭卫国,他逃亡到了燕国。在燕国,荆轲不被当局者重用,整日在市井放歌纵酒,酒醉之后往往与好友高渐离等高声放歌,旁若无人。根据史料的记载,荆轲"好读书击剑","虽游于酒人乎,然其为人沉深好书",也就是说,荆轲更是一个有学问的沉稳之士,绝非一介山野莽夫。至于他在刺秦王之前是否操过杀人的营生,历史上是毫无记载的。

后来,燕太子丹找人行刺嬴政,首先找到田光,田光因年老力衰,故而推荐了他门下的荆轲。荆轲起初推辞过,但太子将他尊为上卿,给予他极为优厚的礼遇。荆轲本打算再等一个能助其一臂之力的朋友共赴秦国,但因太子催之甚急,只得带领秦舞阳离燕赴秦,慨然践诺。

在很多人的眼里,荆轲是一个具有大侠胆识,又浑身充满正义感的英雄。他为了反暴,只身去刺杀秦王,具有伟丈夫英雄的气概。对于荆轲刺秦一事的缘由,后来的史学家却各有判断。

一些史学家认为,荆轲刺秦并非出于个人的名利如此简单。他们认为荆轲是一个武艺高强、侠肝义胆的勇士,他刺秦是一种义举,这是来自他对强秦的国仇家恨,也是他争取自己的生存权的最后一搏。他与燕国不沾亲带故,如果说燕太子丹要刺杀嬴政有其报私仇的成分,那么,荆轲的目的则更是出于为救六国人民的侠义之心,他代表了广大人民的反抗秦王残暴之心愿。

但是,也有不少史学家认为,对荆轲的评价不应太高。战国末期,正是一个个人主义盛行的时代,荆轲被一种"义"的观念所驱使,虽然他的确勇敢,但他的"义"毕竟是个人的小"义",而秦始皇的统一大业才是大"义"。即使荆轲杀死了嬴政,还会有下一个秦王来继续统一的事业,所以他这种行刺的举动是没有太大意义的,但这种精神是非常可贵的。

还有人有着更为有趣的见解,他们认为荆轲根本就不是一个擅长打斗的武士。根据《战国策·燕策》中的相关记载,荆轲并不具备做刺客的能力和本领,他是一个战国时期常见的纵横之士,他喜欢读书,善于游说,有一定的学问,可以说他是个侠士,但他不是一个武夫。根据这个观点,正好合理地解释了荆轲为什么开始婉拒太子丹让他刺秦的要求,后来又一拖再拖。

荆轲刺秦这个话题,一直被后世人谈及,出现了各种说法和版本,不论是被当作正义之举,还是个人小"义"来理解,都无可非议。就像秦始皇统一中国的功绩是应该肯定的,但并不是说荆轲就是要维护割据的反面人物。秦国在统一的过程中对人民构成了伤害,人民赞成统一,但不一定赞成秦国这种残暴的统一方式,虽然秦不采取武装暴力的方式也不行,但荆轲的作为还是正义的。我们既要肯定秦始皇的统一,但同时也要肯定荆轲的精神。

总之,不论是为报私仇或为太子丹个人,还是为所有深陷战争灾难的人民,荆轲是一个反暴的英雄人物和勇士。就像在拿破仑发动的战争中,拿破仑推进文明的进程,但反抗拿破仑的人同样也是民族英雄。荆轲刺秦王的原因,可能还包含着他很多的无奈,依然值得我们细细解读,揭开真相。

秦王为何拔不出剑

电影《荆轲刺秦王》中对秦王拔剑的描写十分精彩:在手持匕首的荆轲的追赶下,绕柱奔逃的秦王企图拔剑还击十分困难,前后至少三次拔剑;若不是侍臣"王负剑!"的提醒,秦王就很可能拔不出剑而被刺。

人教社出版的《教师教学用书》上"秦廷行刺"一节的相关译文是这样的:"秦王拔剑,剑太长,就握住剑鞘。当时秦王心里又怕又急,剑插得很紧,所以不能立即拔出来。荆轲追逐秦王,秦王绕着柱子跑——仓促间惊慌失措,不知道怎么办。侍臣们就说:'大王把剑背到背上!大王把剑背到背上!'秦王于是拔出剑来攻击荆轲,砍断了荆轲的左大腿。……"

这两段荆轲刺秦王时的描述很精彩,也使人产生了下面的疑问:秦王的剑拔不出来究竟是何原因?

古人佩剑,不仅是携带武器,更是社会地位、身份的象征,从很多史书中可以得出这个结论。《晋书·舆服制》上记载:"汉制自天子至于百官,无不佩剑,其后唯朝带剑。"唐《初学记》引汉代《贾子》文有:"古者天子二十而冠带剑,诸侯三十而冠带剑,大夫四十而冠带剑,隶人不得冠,庶人有事则带剑,无事不得带剑(事指战事)。"古人所佩之剑在长度和重量上,都因佩带者的爵位高低而有所不同。佩剑不仅仅是用作防身的武器，并且已经演化为一种表示社会等级地位的符号。剑越长，越能炫耀使用者的显赫身份。

春秋战国时期，青铜是铸剑的材料，但青铜质脆，剑易折断，所以一般都是短剑。这一时期最负盛名的越王勾践剑，全长不过55.6厘米。东方六国剑的长度多半也只在60厘米左右。而秦国拥有当时最先进的青铜冶炼技术和铸剑技术，秦国的剑能比六国的剑长出20厘米左右，多在80厘米以上，最长的达到了94.6厘米。1974年，考古人员在兵马俑坑中就发现了一把长度超过91厘米的青铜剑。《文选·吴都赋》刘渊林《注》云："秦零陵令上书曰：荆轲挟匕首，卒刺陛下，陛下神武扶揄长剑自救。"因此完全可以推测，既为显大国君威，又为防身，那么秦王佩带的很可能就是一把接近一米的加长青铜剑。因此，在荆轲的紧逼奔跑中，秦王很难将这把长近一米的剑拔出。因此秦王的左右才大喊"王负剑"。

那么"负剑"究竟是一种什么样的动作？对此大概有以下三种说法：

第一种说法是："负剑"意思是"将剑插回鞘中"，再重新拔出。按照此说，秦王的佩剑长度近一米，由于躲闪荆轲猛烈的刺杀，剑在拔出一半时被卡在了剑鞘之中，故左右高喊提醒秦王将拔出一大半的剑插回鞘中，再重新拔出。然此说仅是扣着"剑长"分析，对于"负"释做"插回"的解释颇为牵强。故此说并不能解开秦王"负剑"之谜。

第二种说法是："负"字在古代含有"背"的意思，按照字面上理解，负剑就等于把剑背起来。人教社的《教师教学用书》译为"大王把剑背到背上！"大概就是采用此说。此说也难以成立。人张开双臂两手指尖之间的距离与身高基本上是一致的。那么，即便秦王是一米八几的大个儿，单臂长亦不超过90厘米。而要用这手从背后拔出近一米的长剑，显然非常困难。

第三种说法是："负剑"意思是"推剑于背"。秦王把剑锋向后背方向推，即将剑斜推向腰左后侧，左手握住并压低剑鞘，右手向右斜上方用力，这样就等于延长了右手活动的距离，自然就很容易拔出长剑了。关于《史记·荆轲刺秦王》，唐代司马贞《索隐》："王劭曰：古者带剑上长，拔之不出室，欲王推之于背，令前短易拔，故云王负剑。""令前短易拔"的目的就是要给右手提供拔出宝剑的足够长度。拔剑与剑的佩带是密切相关的，所以若考证古人佩剑方式，则"推剑于背"说更显合理一些。

刺秦未遂揭秘

荆轲刺秦王谋划了数年之久,付出相当大的准备与代价,并且也按计划地靠近了秦王身旁,可在最关键的动手的一瞬间还是失败了,原因是什么?

原因有很多,但归结起来,主要有以下这些:

第一,目的的不明确,造成行动的迟疑。燕太子丹在派荆轲去秦国的目的在于"诚得劫秦王,使悉反诸侯侵地,若曹沫之与齐桓公"和"则不可,因而刺杀之"这两者间徘徊。刺杀秦王本身就是一个极度危险的行动,动用一切的可能来保障尚不能有完全成功的把握,在行动的目的上就更不该有两种选择的犹豫。这种目的上的犹豫,必将导致荆轲刺杀行动上的迟疑,而给荆轲带来了灾难性的后果。

《史记》中所记载的一段对荆轲刺秦王的描写,"轲既取图奏之,秦王发图,图穷而匕首见。因左手把秦王之袖,而右手持匕首揕之。未至身,秦王惊,自引而起,袖绝。"荆轲刺秦王,使用的武器是一把从卫国徐夫人那里买来、涂了剧毒、藏在地图中的匕首。如果荆轲抱定的是坚决刺死秦王的这种唯一想法,那么在匕首即将显现的一瞬间荆轲就能将匕首拿到手,并且一刀刺进秦王的胸膛,在秦王还没弄清楚是怎么一回事之前,就已被刺死了。根本轮不到秦王先是大惊,而后又站起身这一系列的反应。一瞬间的迟疑给这次刺秦行动带了灾难性的后果。

第二,荆轲的剑术不高。秦王挣脱后绕着柱子跑,荆轲在后面紧跟着追,绕着柱子跑了几圈之后,居然没追上。在最后图穷匕首现的一刹那,天赐良机,荆轲已经趁机抓住了秦王衣袖,举剑直刺,却没有伤到秦王,到了最后,秦王拔出了长剑,荆轲就不是对手了,反被秦王砍了左腿。在刺秦的关键环节上,荆轲不是没有机会,但其并没有展示出其炉火纯青的击剑剑术来,秦王虽然是一个戎马帝王,武艺娴熟,但对一个成名很久的剑客来说,没有理由比不过一个衣食无忧的君王,如此说来,荆轲的剑术并没有人们想象的那样厉害。

其实,荆轲在群雄混战的战国末期,只是传统意义上的一种任侠,而非真正意义上身怀绝技的剑客。什么是任侠?《墨子·经说上》对此有解释,"任,为身之所恶以成人之所急"。所谓任侠,也就是附带意气,以侠义自任的意思。荆轲的名气虽然很大,但并没有惊天绝技。对此,我们将荆轲和战国时另外一位著名刺客聂政来比较一下,《史记》记载:"杖剑至韩,韩相侠累方坐府上,持兵戟而赡侍者甚觽。聂政直入,上阶刺杀侠累,左右大乱。聂政大呼,所击杀者数十人,因自皮面决眼,自屠出肠,遂以死。"且《史记》中说荆轲"好读书击剑",可知荆轲在武力与剑术方面很一般。

海盗挟仇报复
——张文祥刺马案

张文祥,河南汝阳人。曾参加捻军,在著名捻军首领孙葵心旗下当了一名小头目。他作战凶狠顽劣,骛猛善战,各地乡勇无不闻风丧胆,在捻军中素有"小张飞"之誉。太平军兵败后,张文祥又回到浙江,联络旧部试图再举,直到刺杀马新贻,被寸磔至死。马新贻,山东菏泽人,道光二十七年中进士。他以办理团练、组织地主武装"剿捻"起家,为人阴险狡诈,面善心恶,手腕凶残。同治七年正月,升调闽浙总督,未到任,旋被调补两江总督,在官场一帆风顺。同治九年被张文祥刺杀于江宁督署。

马新贻

那么,张文祥为什么要刺杀马新贻呢?曾国藩等要员对此案讳莫如深,最后仅以"海盗挟仇报复"之名草草了结,实在难释众疑,这其中又是什么缘故呢?

为兄弟报仇吗

有人说张文祥刺杀马新贻是为了给兄弟报仇。

咸丰五年,马新贻任合肥知县,曾疯狂操办团练围剿捻军,一次战斗中马所率团练被捻军打得大败,马新贻也被活捉,这支捻军的头目正是张文祥。当时张文祥有两个结拜兄弟曹二虎和石锦标，曹二虎精于相面之术，他看到马新贻面相极好，为大富大贵之人，又念及捻军内部四分五裂，难成大事，便有借马改换门庭之意。由此，他向张文祥和盘托出了自己的想法。张文祥起初认为，马新贻被捻军所捉，怀恨在心，哪有什么可借之处，并不赞成。一旁的石锦标也赞同曹二虎的意见，认为可以试试看。

于是张文祥松了马新贻的绑，设宴款待，并向马道出了归顺之意。马新贻听后大喜，对他们说："这事包在我身上！福中丞与我私交极好，你们又有武功，只要肯投诚，定会得到重用。今后升官发财，我们共享富贵。"随后还歃血盟誓，打消了三人的疑虑。第二天，这支捻军随马新贻投降。

马新贻在上司福济面前将自己如何劝降之事，大大地渲染了一番，决口不提被活捉之事。福济称赞他能干，并将这支捻军改编成练勇。

至于为何发展到刺马，说法就多了。其一，起初，马新贻为了围剿捻军，对这三位兄弟多有重用，大家相处还好。等到马新贻发迹后，怕自己被捻军所缚一事暴露，遂密谋杀死张文祥等人。由于偶然机会，张侥幸逃出，另外二人被杀，张文祥立誓为兄弟报仇，决心手刃负义的仇人，因而才有刺马之举。

其二，说是张文祥当时率领着800多名能征善战的兄弟投降后，马新贻密谋将这800余人全部杀死，张文祥侥幸逃走。由此，张与马结下血海深仇，发誓不杀马新贻誓不为人，并远离安徽，苦练武功，最后终于将马刺杀。

其三，说是马新贻凭着这三个人建立了山字营团练，并仗着这支队伍在围剿捻军的过程中，屡立战功，迁升很快。到了同治四年，马新贻已升为布政使。那时山字营裁撤，石锦标回家当了财主，张文祥、曹二虎仍留在马新贻身边，马待他们确也亲如兄弟。

不久，曹二虎将妻子郑氏接到安庆。马新贻一次见郑氏生得美貌，顿起歹心。从此，常常变着花样将郑氏骗进藩署，恣意淫乐。张文祥对马新贻奸占朋友之妻的丑行大为不满，便将看到的一切告诉了曹二虎。夜间曹二虎就此事质问妻子，郑氏大哭大闹，矢口否认。几天后，马新贻也对曹二虎说："你我情同手足，岂能相信外间谗言？你外出时，郑氏冷清，间或进署与娘儿们叙叙话，有什么不可以的，千万别再怀疑自己的妻子了。"曹二虎想想也有道理，就信以为真。

半个月后，马新贻派曹二虎到寿春镇总兵徐腾处领军火。张文祥担心曹二虎的安危，决定与他同去。二人到了总兵衙门驻地后，张文祥留在客店里等曹二虎，曹二虎前去衙门投文。曹二虎刚刚递上公文，只见寿春镇中军官大声喝道："把曹二虎捆将起来！"曹二虎大吃一惊，忙问何故，中军官说："有人在马藩台那里告发了你，说你暗通捻匪，领军火实为接济他们。马藩台让我们以军法从事。"

等到张文祥赶到时，曹二虎已被绑到市曹斩首。张文祥痛哭流涕，埋葬二虎后，发誓为二弟报仇。从此远离马新贻，苦练武功，寻找行刺良机，最后终于为兄弟抱了仇。

总的来说，这一说法多把张文祥和马新贻混为一谈，说他们起先是结拜兄弟，后来马忘恩负义，遂被极讲道义的张文祥杀死。该说多为文学作品、小说、电影等采用，可信度不大。

是被收买的刺客吗

关于张文祥刺马一案，后来又有了一个比较离奇的说法，说张文祥是受当时任江苏巡抚丁日昌之子所指使刺死了马新贻。

丁日昌的独子丁惠蘅，是个不学无术的纨绔子弟，整天寻花问柳，吃喝嫖赌，游手好闲，诗词文章却做得狗屁不通，20多岁了连个秀才也没考中。丁日昌没有办法，花费大量银子给他捐了个监生，接着，又花费两万两银子，给他买了一个候补道的官职。这样只要哪处道员出缺，丁惠蘅便可走马上任了。

谁料，这个不争气的丁惠蘅在候职。其间，嫌住在苏州由父亲管辖诸多不便，便带着妻妾和几个家丁来到江宁城，在秦淮河边置办了一栋楼房居住下来。某天由于在一家妓院，争风吃醋，指挥家丁将一扬州富商之子乱拳打死。丁惠蘅眼看闯下大祸，塞给鸨母200两银子，要她收殓死人送回扬州，自己偷偷地溜出了江宁城。

哪知这个扬州富商也只有这么一个宝贝儿子，虽知死于巡抚公子之手，可是气愤不过，仗着有钱，非要讨个公道不可。于是，他一面大张旗鼓状告两江总督衙门，一面又暗中送给马新贻5000两银子。

马新贻很快就知道了事情的来龙去脉，但是他左右为难：如果不理会，人命关天，富商交际甚广，江宁不予受理，他可以上告都察院、大理寺，最后还得追查自己的责任,且5000两银子也得不到;要是受理,事关丁日昌,得罪不起,特别是同僚之情,面子上很过不去。

思来想去,他还是受理了。马新贻把丁日昌叫到江宁,共同商议此事,最后决定:打死人的家丁各打一百板,选一人充军,赔偿银子一万两,革去丁蕙蘅的候补道之职。

这样处置,扬州富商勉强同意,一场人命案由此了结。对此,丁日昌自然极为气恼,一方面闹得人声鼎沸,丢人现眼;另一方面苦心为儿子捐的官职也泡了汤,于是,将不争气的儿子痛打一顿,关在府中不许出门。

丁日昌奉旨到天津办案后,丁老太太见孙子可怜,便把丁蕙蘅放了出来。丁蕙蘅把一腔怒火都集中到马新贻身上,认为是他毁了自己的锦绣前程,恼恨之余,他拿出3000两银子收买亡命天涯的张文祥,刺死了马新贻。

这种说法,在当时影响极大,有的干脆说是丁日昌因儿子人命案,被马严办,不留情面,因此怀恨在心,派张文祥刺死了马新贻。

为此,丁日昌还专门上折子奏明太后、皇上,申明此事来由,承认自己教子不严,请求处分。同时也为自己和儿子申辩。

不过,这一说法明显牵强,丁蕙蘅买通张文祥,证据何在? 且张文祥的招供中也丝毫未涉及此事。由此,这种说法的可能性也不大。

为了同伙在东南的发展吗

陈功懋先生在《张文祥刺马新贻真相》一文中披露,张文祥刺马是为了擒贼。

陈先生的祖父号镜题,当年曾随马新贻到江宁襄办文案。司道会审张文祥时,又参与录供研讯,对内幕知之甚详。这篇文章就是陈先生参阅了祖父大量有关刺马案的笔记等撰写的,真实性较大。

书中记载:咸丰初年,张文祥在皖北捻军中担任小头目,屡次与练勇清兵作战。马新贻任合肥知县后,统率练勇清兵疯狂镇压捻军,由于马手腕灵活,诡计多端,捻军吃过他不少亏。

咸丰八年,捻军联合太平军一度攻克庐州府城(今合肥),马新贻全军溃散,马新贻本人和他的随从时金彪均被俘虏。而俘获他们的正是捻军小头目张文祥。当时,张文祥在察点俘虏时,讯知时金彪也是河南人。时金彪诡称自己参加团练并非出自本意,而是被逼迫使然,并且为时不久。张文祥念同乡之情,纵之离去。时金彪自己被释,跪谢文祥的同时,又称马新贻姓张,是他的朋友,请求张文祥将马一同予以释放。张文祥并不认识马新贻本人,听时金彪这样说,未经细审,又见与本人同宗,也就一并释放了。

马新贻死里逃生后,对时金彪自然十分感激,而对自己被俘一事,则守口如瓶。因为守土官员失陷城池,被俘失节,在当时不但前程全毁,还要受到朝廷最严厉的处分。马新贻对上司谎称这次是中"贼"埋伏,误失城池,丢失印信,因此只受到了革职留任的处分,并很快官复原职。

再说张文祥,他虽在捻军中作战英勇,屡立奇功,可是由于本人桀骜不驯,又系外省人,捻军多为本地农民,对其多有排挤,正如他自己所说"战功甚多,地位甚小"。其后,在一次战斗中,捻军又受到一次重创,张文祥愤而离开捻军,跑到浙江宁波,寻找往日的兄弟邱材青等,准备另竖一帜,自作首领。太平军到浙江宁波时,张文祥又投入了太平军,转战各地。

同治三年九月,在太平军攻克漳州城时,张文祥再次俘虏了到福建公干的时金彪。张觉其面熟,经过盘问果系庐州时放走的同乡,问其何以在此?时金彪撒谎说那次被俘释放后,即逃出合肥在外做小贩度日,这次来漳州采办漆器,运浙贩卖。张再次信以为真,给予路费放之使离去。

同治四年冬,张文祥离开太平军回到浙江,准备联络浙江、江苏、山东一带的兄弟,实现自树大旗的夙愿。回到宁波后,才知道南田山寨却在数月前已被攻破,张文祥哀伤不已。一天在茶馆中,他碰巧遇到了龙启云,才了解到别后的情况。听龙介绍:浙江巡抚马新贻自到任后,专门与他们海上兄弟们为仇,曾两次派兵勇围打南田石寨,均被打退。当地有一个同伙叫吴炳燮,原系宁波一无赖,在太平军到宁波时曾投奔南田入伙,龙启运、张文祥亦都相识。太平军退后,吴炳燮在宁波开一烟馆,暗中为南田石寨做眼线。马新贻有个弟弟叫马新祐,人称马四爷,常到吴炳燮烟馆抽烟,趁机打探"海匪"踪迹和南田石寨情况。吴炳燮遂起了歹心,想趁此"立功",就背叛了南田。于是,一夜,吴炳燮以有急事求见寨主,夜间喊开寨门,率领官兵攻进了南田石寨。邱材青力战被擒,遇害,同伙战死和被杀者二百余人,大寨全部被焚。只有龙启云、陶湘国等人逃出，因怕吴炳燮捉拿，宁波城也不敢常来。

龙启云还告诉张文祥，吴炳燮出卖南田石寨后，得了一笔奖赏，又去新市骗走了张文祥之妻罗氏，现住在杭州。张文祥听后极为气愤，决心收复南田，为邱寨主报仇。数月后，张文祥与龙启云、陶湘国等收集南田旧部百余人，分批乘艇出海，联络活动在闽、浙、温、台沿海的"海匪"及太平军余部，拟大举收复南田。并在海门洋面乘机全歼黄岩总兵刚安泰、游击蔡凤占率领的巡逻船队，掠走船只20余艘。

浙江巡抚马新贻得报后，调集大队兵勇乘艇出海追捕，与张文祥等战于舟山海面。由于一些帮派见来敌凶猛，乘机撤退，文祥部力战不支，损失惨重，收复南田的计划落空。后马新贻又亲至沿海巡视，加强了沿海的防剿缉捕，特别是马兼摄盐政，对私枭亦严行缉捕镇压，而私枭多系张文祥同党，这一举措使得分伏在沿海的张文祥同伙们欲加举步维艰，难以生存。

张文祥后又听说苏浙边界尚有太平军余党、盐枭以及哥老会兄弟活动，便欲前往投奔。孰料，尚未计议妥当，马新贻又联合江苏省派兵突然进剿，全歼该处"枪匪"，擒杀者达100余人。至此张文祥感到若不除掉马新贻，东南诸省断无同伙立足发展的机会。

经与龙启云、陶湘国密谋之后，张文祥决定"擒贼先擒王"，主动请缨，亲自手刃马新贻。随后，张文祥一直寻机行刺，一次马出巡至宁波，张曾以结发妻被骗为由，拦舆喊冤，拟趁机行刺，由于马护卫森严，只好作罢。后来张文祥决定到杭州寻找行刺机会，同时也寻找吴炳燮下落。

在杭州，张文祥不期遇到了时金彪，时为了报答张文祥两次救命之恩，坚请与张结为兄弟，并请他住在衙门，天天以好酒好菜相待，无话不谈。张文祥谈到妻子罗氏被吴炳燮骗逃，听说吴与马四爷要好，其人当在杭州，请时金彪代为打听。

当张文祥说出妻子的年龄、相貌时，时不禁大吃一惊，因为他知道吴炳燮曾通过马四爷向金夫人（马新贻之妻）推荐了一个娘姨，也是姓罗，年龄、相貌与张所说的罗氏相仿。这个娘姨数月前已被马大人收为第三个姨太太。时金彪自然不敢实说，只说代为打听。

一次，酒过数巡后，张文祥向时打听马新贻过去做官情况，时金彪一时不慎透露出了当年合肥被俘真相，说当年同时被他释放的那个姓张的，正是当年庐州知府现在的抚台马新贻。张闻后又惊又恼,想不到恩仇如此巧合,十分恼恨当年竟犯下这样大错,亲手放走了仇人。

期间,张文祥想到了一个接近马新贻行刺的机会,让时金彪待马大人回来时,说明庐州被俘之事,请马顾念恩情,赏自己一个前程,在衙门里求一个差使。然而,时金彪说马新贻面善心狠,杀人不动声色,他最忌讳被俘一事,这样做怕不仅得不到差使,性命也难保。张文祥只好作罢。

数日后,时金彪赴江宁公干,张亦离开了抚署。马新贻在回籍返浙途中,又奉旨调补两江总督。此间张文祥曾回宁波一次,后回到新市暂住。同治八年八月张来到江宁城,伺机下手,这时时金彪已随李宗羲到山西抚署当差去了。张到督署附近徘徊,看到了墙上贴有每月二十五日考课武弁的总督榜文,于是决定趁机下手。

从这种说法来看,张文祥并非为了个人私怨而杀马新贻,主要是为了同伙在东南的发展,也为诸兄弟报仇。就他个人来说,甚至到最后也不知道自己的妻子被马新贻纳为了三姨太,只知道成了马的侍女。至于庐州放走仇人之事,也是后来才知道的。不过案情确实复杂,新仇旧恨交织,阴差阳错间张文祥也算是为自己,"为天下人除此恶贼"。

这一说法为陈先生根据先祖笔记等整理而成,在诸多刺马缘由中是相对较为可信的。

另外,还有一种说法,说是马新贻支持洋人,疯狂镇压各地乡民起义,引起了朝中清议派的反对,因而派张文祥刺杀了他。或者说张文祥就是因为马新贻霸占了自己的妻子而刺马等等。总的来说,张刺马缘由说法众多,也都各有道理,在民间广为流传。至于事实真相究竟如何?哪种说法最为可信?目前尚无定论。

为何草草了案

张文祥刺马案涉及多方利害关系,错综复杂,为了避免节外生枝,或者维护各方体面,最后几经会审,仍以"海盗挟仇报复"为名定案。

首先,马新贻早年被俘一事,如果照实上奏,不但会使马死后声誉扫地,更会贻笑天下,有损清廷威严。另外,马新贻作为两江总督,纳张文祥之妻(或者霸占所谓的曹二虎之妻),霸占民妻之嫌明显,这无论如何难以上奏。张文祥在被审讯时,曾在供词中说:"早知当年俘虏的是马贼,当时就该杀了他,决不会让他活到今天。"张之万、魁玉在单独提讯时金彪时,时也招供了马新贻庐州被俘以及娶张文祥之妻的经过,可见这两件事着实不假。不过,在大审时,时金彪与张文祥对质,时全改原供,对马被俘和罗氏一事只字未提,只说自己在漳州被俘时,结识张文祥,张念同乡之情,予以释放。这也许是审讯前就特意安排好的。

其次,张文祥在供词中说:"我受天下人主使,为天下人除害,杀此恶贼。"又说,马新贻杀害他们难以计数的兄弟,破坏他们大事,尤为可恨,天下人都可以杀他。由此可以看出,这绝非挟私怨致此。而曾国藩等之所以将这一重大政治事件,推说成个人私怨,据说是因为当时太平天国初被荡平,清廷尚怀余悸,曾氏不愿以此震撼朝廷,激起他变。再者,天京被攻破后,曾国藩和左宗棠曾迭奏"江南余孽,早已肃清",如今又出此大案,如果据实上报,自己也脱不了干系,因此经过幕僚研究,仍以"海盗挟私报复"定案,以求大事化小,息事宁人。

正是在这种大事化小思想的指导下,审讯档案中,把有关马新贻的不利证词全部删改,只留下私怨所致的有关情节。对马庐州被俘以及纳罗氏为妾之事,多为隐瞒。一桩惊天大案,就这样被草草了结,历史真相也被长期掩盖。许多大官僚,如曾国藩、杨昌浚等还纷纷上书奏请恤典,清廷也就迭谕褒扬,马被赐谥"端敏"。几个地方还建立了专祠以示纪念。

由于时代久远,加之有关资料多被篡改,刺马案的内幕究竟如何仍为许多专家、学者所关注,相信随着研究的深入,这一事件的来龙去脉,幕内幕外,将会水落石出。

不是简单的复仇
——死于政治谋杀的张宗昌

19世纪初的中国正处在春雷乍响的大动荡、大变革中,当时风起云涌,惊涛拍岸,将一群原本是社会底层的流氓闲汉搅进了历史舞台。张宗昌正是战乱时期军阀的典型,他曾当过刺客,最后却倒在刺客的枪声里。

火车站的刺杀

1932年9月3日18时22分，山东济南火车站人流熙熙攘攘，车轮、汽笛、嘈杂混成一片。这是火车站常见的场景，然而此刻却又无处不昭示着乱世里人们内心里的浮躁与不安。一列从浦口到北平的火车，此刻正停靠在站内，很快就要开车了。

这时从头等的28号车厢里，走出山东省主席韩复榘等省府高官，待到众人走到车厢门口互相握手，寒暄告别时，大家才看到原来

张宗昌

这位劳驾韩主席亲自送行的人不是别人，正是曾经担任山东督军、直鲁军司令的大军阀张宗昌。

突然从送别人群中传出一声厉喝："我打死你这个王八蛋！"现场顿时乱成一团，随即爆发出一阵混乱的枪声……最终，军阀张宗昌遇刺身亡。

堂堂军阀，就这样倒在乱枪之下。虽然此时张宗昌兵败已久，东山再起无望，刺客也旋即被捕，但张宗昌的死还是如在滚开的油锅中浇下一瓢冷水，瞬间炸开的流言、猜忌、观望，将彼时原本就混乱的社会又一次搅动得混沌不堪。

海参崴的一个"人物"

恰似电影里的一幕，就这样真实地出现在济南火车站拥挤的人群中。而当时这列火车上的乘客，和旁边一列还没开动的列车上，绝大部分乘客都在鼓掌喝彩。是谁的被刺，能引起这么大的轰动，而且如此大快人心？

死者张宗昌，一个落寞的军阀。

和同时代的许多军阀一样，张宗昌出身卑微。1882年，张宗昌出生在山东省掖县祝家村一个吹鼓手家里，全家仅有两三亩薄地和三间茅草房，几乎一贫如洗。张宗昌的母亲祝氏，生得体躯高大，健壮结实，诨号"大脚"，是当地有名的"女光棍"，曾只身闯关东，跑遍三关六码头，见多识广。后来回到家乡，自称"黄二仙姑"附体，干起巫婆行当，自此人称"祝巫婆"。

张宗昌出生以后，家里还是穷得叮当响，少年时代，张宗昌即在母亲的默许下，跟着土匪头子混饭吃。他还跟父亲吹过喇叭，15岁的时候，张宗昌还是个放牛娃，完全看不出后来"发迹"的端倪。一次因为丢牛，被地主拿鞭子抽，实在受不了的张宗昌揣着20个鸡蛋从山东老家闯关东去了。

在东北，他到过营口、哈尔滨等地，先当胡匪，练就了一手好枪法和高超的马技，后来不知为何流落到海参崴，在华商总会当了一个门警小头目。他不但学会了俄语，还因为深谙胡匪行踪，缉案颇为得手而深得青睐，再加上他善于逢迎，在俄警中也交了不少朋友，还成了海参崴一带中国下流社会中的一个"人物"。

因为从小家里太穷，张宗昌的童年几乎是跟着母亲乞讨度过的。仅有的一年私塾"功底"，几乎完全不顶用。不过，肚子里没墨水倒没影响张宗昌的"发展"。行走江湖多年，让张宗昌练就了一套见人说人话、见鬼说鬼话的伶俐功夫，和任何阶层的人都能迅速攀上关系，拉扯成朋友。这个本领可是很多人都难以做到的，而张宗昌不仅做到了，而且炉火纯青，后来就靠着这些积淀，成就了"张总督"的"霸业"。为人爽快、直来直去的性格，几乎左右了他的人生。张宗昌在一生中周转各地都能轻易地识人交友，让他几次逢凶化吉，但过于容易取信于人、重利轻义的性格也最终直接造成了他的死，这是后话。

刺杀陈其美

老报人陶菊隐曾概括到："张宗昌一生行事，就是'混蛋'二字。"新闻讲究用事实说话，纵观张宗昌的一生，陶菊隐的话也是确有依据的。

1911年，辛亥革命爆发，张宗昌想要投机革命，就辗转联系了在上海的辛亥志士陈其美。陈其美曾经是张宗昌的老长官，在帮忙做了很多工作之后，张宗昌终于如愿带着一批土匪赶往上海"革命"。谁想，张宗昌"革命"后，杀害的第一个人就是陈其美。

一天，一个姓蔡的嫖友神秘地找到张宗昌，拽着他就去自己家里密谈。一路上，张宗昌怎么问，这个人都不说话，性急的张宗昌差点按捺不住发脾气，可是朋友不论如何都只告诉他"有大事跟你商议，不过要是你没胆量的话，我就不说了"。张宗昌最受不了的，就是被人瞧不起。

"你说的这是什么话，自打从娘胎里出来，我什么没见过，有什么话你就说！"张宗昌急得脸红脖子粗，好像别人很瞧不起他，着急得不得了。"刺杀陈其美？"一听到要刺杀的是自己的老长官，张宗昌也不禁有点犯嘀咕，"陈其美怎么也算是我的老长官，怎么好犯上呢？"

其实，这个姓蔡的嫖友是袁世凯和冯国璋派来的，当时袁世凯已经称帝，全国掀起讨袁高潮，陈其美在上海积极活动，这让袁世凯倍感不安，决定暗中除掉陈其美。思来想去，唯利是图的张宗昌是最好人选。

这边伶牙俐齿的蔡某继续说服张宗昌："督帅（冯国璋）也是你的上司啊，杀陈其美虽是袁世凯密令，但也是在为督帅除去心腹之患，一举两得，你何乐而不为呢？"

张宗昌终于被说动，从袁世凯那里领了40万大洋作酬金，到了上海买通了陈其美的两个副官，把他杀害了。

从此，张宗昌成了冯国璋的心腹，官运亨通。在袁世凯、冯国璋的支持下，张宗昌从旅长飞速升为师长。1916年11月，冯国璋出任代理总统，张宗昌则任侍卫武官长。1918年，张宗昌又出任江苏第六混成旅旅长，随张怀芝赴湘参加对南方军队的作战，结果大败而逃，改任暂编第一师师长。

怎奈好景不长，袁世凯的皇帝梦只做了83天就宣告破灭，此后不长时间，1919年12月，冯国璋去世，张宗昌刚刚依附的靠山轰然垮塌，耀武扬威的日子还没开始就结束了。1921年，张宗昌又奉命率部入江西，与江西督军陈光远交战，结果在吉安地区被陈光远打败，一众人马也被陈光远解散，张宗昌在江苏已无立足之地，只得再去他处寻求庇护。

失信吴佩孚，转投张作霖

张宗昌只身北上直隶省城保定，投靠直鲁豫巡阅使曹锟。

事有凑巧，张宗昌到达保定光园，正赶上曹锟生日，张宗昌赶紧铸了8个金寿星献上祝寿。曹锟本有意收留张宗昌，但吴佩孚等将领容不得这位胡匪出身的师长，坚决反对。张宗昌的8个金寿星也就打了水漂。

不知道吴佩孚是不是一眼看出张宗昌的秉性，不过胡匪出身的张宗昌的确不是个可靠之人。后来一次，他的拜把兄弟、直隶督办李景林被冯玉祥部队打垮，地盘、军队全都成了一盘散沙，走投无路找到张宗昌，求他帮忙重整旗鼓。张宗昌豪气冲天地拍着李景林的肩膀："老哥，不难过。但凡兄弟我有一口饭吃，就不会让老哥饿着。"话说到这份上，兄弟之情戚戚然，可是最后的结果却是——他的直鲁联军借机打下北京城，"老哥"李景林不但一直饿着，连旧日厅堂都成了"把弟"张宗昌的新宅。

张宗昌出身胡匪，一点都不懂革命。几年中用胡匪的"玩法"混迹割据混乱的各路军阀中，虽然也有一时风光，还当上了北洋军师长，但总是显得有些格格不入。被吴佩孚拒之门外的张宗昌，一怒之下和曹锟手下一名失意军官许琨，远赴奉天投靠张作霖、张学良父子，由直系转到奉系。

投靠奉系之后，张宗昌也只能从头干起，先任宪兵营营长。

1922 年 5 月，张作霖在与直系军阀吴佩孚的战斗中吃了败仗，损失不少。不久，吉林军旅长高士傧（原吉林督军孟恩远外甥）联合胡匪卢永贵，组成"奉吉黑三省讨逆军"，看准时机宣布独立，公开向张作霖宣战。张作霖刚刚损兵折将，手上没有大兵可派，又着急又窝火。高、卢二人其实对奉系觊觎已久，几次三番来寻衅，张作霖多年派兵也没能征服，成了一块心头病。

"我给大帅分忧！"张作霖一筹莫展的时候，张宗昌出人意料地找上门来，满打包票愿意去打"讨逆军"。这让张作霖喜上眉梢，马上决定派张宗昌率宪兵营去应战。都是在绿林中混过的人，张作霖觉得这一仗可以让张宗昌试试，无奈手上兵力有限，只拨给张宗昌一个营的宪兵，而"讨逆军"有两万人。

势力的悬殊让很多人都不看好张宗昌的这次"逞强"，可是令人惊讶的是，张宗昌不但兵不血刃就瓦解了"讨逆军"的队伍，还收编了对方好几千人，组成了三个团。原来卢永贵手下的大小头目，很多都是和张宗昌当年一起闯关东的同乡，张宗昌过去正好在这一带混过，典型山东汉子的豪爽性格，让他很是出名。很多人都听说过他，现在率部前来，轻而易举地就说服了很多人倒戈。

张作霖大悦。

"效坤这小子真有两下子，没白吃我喝我。"旋即委任张宗昌为吉林省防军第三混成旅旅长，兼绥宁镇守使和中东路护路军副司令。

得了张作霖的赏识，落魄了两年的张宗昌重新有了立足之地。张宗昌知道，要想站稳脚跟，必须要重新振作自己的势力。不久，俄国内战，白俄军败逃到中国，大多投靠了张宗昌。随着到处收编白俄军队、在东北的山东人和直接从山东"招兵"，张宗昌的势力越来越大，不久竟然上万，他胡作非为、胡匪无赖的本性也像狐狸尾巴一样慢慢地露了出来。

由于人多枪多，张宗昌又挥霍无度，他的军费开支庞大，张作霖不断从奉天拨款资助，还是入不敷出。无奈，张宗昌便在自己辖区内让士兵种植鸦片，弥补不足。这事引起奉军各部不满，要求张作霖遣散这支队伍。1923 年秋，张作霖趁陆军各部演习，派出校阅委员郭松龄到张宗昌第三旅，名为校阅，实则遣散。一次视察张宗昌的部队，正赶上张宗昌在帐内大骂郭松龄，郭松龄愤然操骂，张宗昌当即暴怒，拔枪而向，像是要火拼，谁知却突然间话锋一转接口道："你操俺娘，你就是俺爹了！"随即就给郭松龄跪了下来，害得比张宗昌年轻好多岁的郭松龄红了脸，整肃也就不了了之了。

显然，这种可喝蜜、可吞剑的急智，还须有堪比城墙的厚脸皮才能发挥出来。张宗昌

郭松龄

显然已经具备了这些，不仅如此，他还想方设法笼络郭松龄。待到郭松龄回去面见张作霖、张学良时，已经满口为张宗昌说好话了。于是，张作霖对张宗昌大加宠爱，立即把他从吉林调到沈阳，并将张宗昌部改为奉天陆军第三个旅，下辖四个团。

而此时的张宗昌，却对手下说："我叫他亲爹，他就是我亲爹？连干爹也不是！他不就是找茬想撤换我，好汉不吃眼前亏，我偏不上当！"

还有一次，直奉战争前夕，张宗昌奉命回奉天述职，顺便散散心。当时距离他收编高、卢的"讨逆军"时间很近，于是他到了奉天，很快就领了全旅官兵三个月的军饷，用麻袋装着运到他住的地方。

"我刚领了三个月兵饷，咱们找几个角儿，玩玩牌九如何？"看着麻袋里塞得紧紧的钞票，酒足饭饱的张宗昌又动了赌钱的心思，撺掇黑龙江骑兵总督吴泰。凑了二十多人,张宗昌吆五喝六地玩起来,谁知运气不好,一夜之间不但把军饷全部输光,还欠了一万多的债。张宗昌担心张作霖怪罪下来,想了一下直接去见张作霖。张作霖刚问到领了军饷没有,他就扑通一下跪倒在地,倒把张作霖吓了一跳。

"领是领了,可是昨天晚上一宿就让俺输光了,俺对不起老帅,也对不起部下,请老帅把俺毙了吧!"

这招苦情计还真起作用了,张作霖连忙把他拉起来,一边说道:"输就输了,效坤,如今你也有了身份,可不能再胡闹了。"

张宗昌连声答应,结果张作霖命令秘书补给他的军饷。从此张宗昌踏实地侍奉张作霖,也无意中探到了张作霖对他的到底有几分虚实。

三翻四抖,没文化但善战的张宗昌也为奉系建立了不小的功勋。第二次直奉战争期间,张宗昌旅奉命参战,他对左右说,这回要是赢了,哪能保全,要是打败了仗,可就没人白养我们了,"到时候我们就找个山沟,自己起个年号吧"。令人称奇的是,这背水一战张宗昌不但胜了,而且先后攻下要塞玉麟山、冷口,奇袭滦州,立了大功。

转身成为奉军第一军军长之后,张宗昌手下人马已有十万之众。不久又打垮了直军孙传芳部。到了1925年,昔日胡匪张宗昌,已是堂堂山东督军。是年4月25日,张宗昌正式接管山东。5月,他又武力逼走省主席龚伯衡,自兼省主席,开始了在山东长达三年的为非作歹。

"三不知将军"祸鲁三年

"也有葱,也有蒜,锅里炒的是张督办;也有盐,也有姜,锅里煮的是张宗昌。"

山东百姓对张宗昌恨之入骨,由此足见。自1925年称霸山东,张宗昌祸鲁三年,劣迹斑斑。或许一组数字可以说明当时的历史:

一年中,张宗昌收编的土匪、抓到的壮丁,编了14个军。他们名为兵、实为匪,抢、偷、奸、杀无所不为,路人见到头戴张宗昌部尖帽子的,无不四处躲藏逃命。

一年中,张宗昌颁布捐税达五十余种,而且已经预征税到13年后的1939年。

一年中,张宗昌正式纳妾数十人,没有名分的更是数不清。曾经有人问他有多少个老婆,他还高兴地说"数不清"。

……

在这些荒诞的行径中,纵容白俄兵与乱发军用票,是最令人发指的。

张宗昌,出了营;

前面走的是白俄兵;

护兵左边走,马弁右边行,

洋号嗒嗒响,洋鼓响咚咚,

咚咚嗒嗒真威风!

街上行人撵干净,

鸡狗当道也不行!

这是济南老百姓给张宗昌的白俄部队编的顺口溜。自从张宗昌"发迹"开始,白俄兵就是张宗昌庞大军队的一大风景,一直持续到他 1928 年兵败退出山东、流走日本后,白俄部队才溃散。

张宗昌手下最早出现白俄兵,还是刚到张作霖部不久,凭借大败高、卢的功绩而被委以高位,张宗昌开始了扩张之路。他深知"有了人、枪就有了一切",于是拼命扩兵。

"务请收留,愿效犬马之劳",当时正好有一支拥有万余人的帝俄部队,因被苏联红军打散,流窜到东北,他们跟苏联红军周旋了好多日子,无粮无钱,走投无路。听说张宗昌招兵,就在首领的带领下主动来投靠。

居然有人送上门来,张宗昌求之不得,哪还顾得上看看是什么"俄",马上应承收留,遣散了自愿退伍者,张宗昌一次就收编了白俄兵 5000 多人,步枪 6000 多支,还有机枪、野炮等其他武器。他的第一支白俄兵队伍就这样由一堆败兵组成了。

19 世纪末,东北的老百姓都管俄罗斯人、白俄罗斯人叫"老毛子"。相对于中国人来说,他们大都身材高大,性格彪悍,而这正符合张宗昌的脾胃。有了第一支队伍之后又断断续续招来了很多白俄部队,再加上他从不拖欠军饷,这些白俄兵们也心甘情愿地为他效劳了。

这些白俄兵不但给张宗昌装点门面,争战沙场时也神气十足,格外凶狠。1924年末,奉系军阀张作霖沿津浦路南下抢占地盘,张宗昌率先打头阵。1925 年 1 月 5日,张宗昌率白俄兵先遣队到达长江边的浦口,渡江后张宗昌将这些神气十足的白俄兵部队部署在前面,冲锋前进。江苏军阀部队一看大个子洋兵便胆怯起来,不战而退。5月28日,白俄兵在铁甲车开路下,威风凛凛进入上海,如入无人之境。

对于张宗昌收容白俄军队用于中国内战的行径,苏联驻华大使加拉罕曾多次向北洋政府外交部提出抗议,说这支反苏的白党军队,不但助长了中国内乱,而且影响了中苏人民的友谊,请北洋政府饬令张宗昌立即停止招募白党,并从速解除白俄部队武装,立即遣散,以敦睦中苏友谊。但张宗昌在北洋政府的包庇和纵容下,不但对苏联的抗议置之不理,反而变本加厉地招募白俄人,计划将白俄兵扩编成军。1927年3月21日,在上海的共产党党员周恩来、罗亦农,领导在沪80万工人举行了第三次武装起义。正赶上张宗昌的白俄部队还在上海,张宗昌竟然指挥白俄部队开炮轰炸中国工人,镇压革命。

作恶多端的白俄军队,最后在张宗昌兵败离开山东之际被遣散,而他们昔日的罪恶,已经让他们成为人人喊打的过街老鼠。再次狼狈地成为一盘散沙之后,白俄兵被中国的部队和老百姓殴打、杀掉,一摊污血淋漓在中国的土地上,遭人唾弃。

在张宗昌坐镇山东的三年里,街上有一个奇怪的现象。店铺、菜市里,有很多盖着章子的硬纸片,人们拿着这些东西买东西,店主要像收钱一样收这些硬纸片,而且如果面额大,还要找真钱给顾客。

这些盖了印章的、顶光洋流通的硬纸片,学名叫作军用票。在军阀战争时期的战地城市都能看到,虽然它们长相不一样,作用却是一致的,就是顶替光洋,当钱花。军用票,原本都是军阀用来充军饷的,但是在山东,却是张宗昌维持自己骄奢无度生活的一个重要手段,而无序发行的军用票,则无疑让山东的经济遭遇灭顶之灾。不接受军用票的人,立刻就要下狱。

张宗昌曾发行过两次"山东省军用票",第一次1925年发的为山东版,第二次1926年11月发的为财政版(因抵抗北伐军而发)。在北京发行的"直鲁省军用票",实际上是第一版"山东省军用票"的变种。

"俺也写个大风歌"

一年私塾"学历"的张宗昌,是中国近代上千个大小军阀中文化程度最低的一个了。早年当胡匪,他似乎也没想起来文化有什么独特的魅力,打仗不怕死,行军能吃苦，也保全他坐到了团长的位置。可是就在当团长的时候，他发现上司领导工作的"奥秘"——将各师、团的"条呈"一一阅读，再做几个字最多不过几句话的批示，传下去就能管拨款、增编、升任、降职，甚至杀头。一根小笔能有这么大的神通？

张宗昌不禁对写字生出莫名的敬畏与向往。

以张宗昌的性格，是耻于下问的，于是就偷偷地看人写字，记住声旁或者形旁，总之差不多就可以了。而且他还要求手下多递"条呈"，少口头汇报，让他专心过足写字的瘾。可是汉字的复杂，认字的人都知道，识字、用字绝不是随便看看就能掌握的，更何况汉字中的近形字那么多，张宗昌的虚荣让他也没少栽跟头。

山东人张宗昌，有着山东人豪爽仗义的一面。当时流传一句话："学会掖县腔，能把师长当；学会掖县话，能把洋刀挂"，任人唯"亲"让他手下的大官小吏中满是亲朋好友。一天，又有好几个掖县老乡去找张宗昌寻"差事"，张宗昌大笔一挥写了几个字，吩咐手下去安排。结果副官到了门口仔细一看，果断地把几个人全都带到执法处关起来了。等到张宗昌再问起，几个人早都因为战事吃紧，跟执法处里关着的犯人一起杀掉了。

原来是他在手谕上将"全派执法处"的"派"写成了"抓"。一字之差，老乡都屈死了。类似这样的情况不只发生过一次，在一个张宗昌十分赏识的副官由于他写错字被错杀之后，张宗昌下定决心真正重视起写字来了，他不惜重金，专门请来清朝科举最后一科状元王彭寿做山东教育厅长，整顿山东教育，开办山东大学，修整孔庙，并提倡尊孔读经，规定学校里必须设经学课，说是要挽回道德人心。

不过，虽说闹了很多笑话，张宗昌还是一个尊重文化的人。他最有价值的事当属重印宋版十三经（据说是历史上印刷和装帧都是最好的十三经版本），分赠各学校及图书馆等文化机构。

此外，他还拜王彭寿为师，学习作诗。不知师资不够，还是出于什么别的原因，跟着王状元学了很久，张宗昌还是只能写一些充满匪气的"打油诗"。《俺也写个大风歌》就是他的"代表作"：

大炮开兮轰他娘，

威加海内兮回家乡。

数英雄兮张宗昌，

安得巨鲸兮吞扶桑。

虽是套用的刘邦的《大风歌》，然而那味道是张氏的，也是地道的军阀语。有传言后来有本《效坤诗钞》，是张宗昌出的诗集，用来分赠友好，"轰动"一时。不过据张宗昌的四女张春绥（张端）2000 年接受采访时所说，张宗昌出诗集一事其实子虚乌有，据回忆出自他的部下、秀才刘怀周之手。

"青岛惨案"与借刀杀人

1925 年 5 月 29 日凌晨，山东军警冲入日本人在鲁成立的内外棉纱厂，要求工人退出工厂，遭到工人拒绝后，厂里瞬间枪声四起，当场就有八名工人血染纱厂，十多个工人被打伤，举世震惊的"五·二九"青岛惨案发生。

这一切的幕后指使者，就是张宗昌。

1914 年，日本第一次占领青岛。到了 1925 年，日本人已经在青岛先后开办了六家大型纱厂。这六大纱厂的中国工人们，长期遭受着日本资本家的压榨和虐待——他们工资低廉，同时要受"押薪制"的盘剥；他们劳动时间长，劳动强度高，劳动条件极端恶劣，几乎没有任何劳动保障，如病假超过十天即行除名，女工经期不准休息、结婚生孩子不再雇佣等等；他们要遵守苛刻的管理制度，其中包括侮辱人格的搜身制。他们更要忍受日本人的种族歧视，钟渊纱厂规定：中国工人不能与日本职员同走一个大门，为此专为中国工人挖了一条地下隧道，隧道上下各有 9 级台阶，被中国工人称为"十八层地狱"。

为了改善待遇，争取权利，青岛日本纱厂的工人们一直进行着不懈的斗争。

1925 年初，日本纱厂里的中国工人在中共青岛地方组织的领导下，成立了自己的工会。4 月 19 日起，青岛同盟会第一次大罢工。5 月 25 日，大康、内外棉等几大纱厂工人举行第二次同盟大罢工。在日方的威压利诱和北洋政府的默许下，张宗昌镇压了罢工工人，给海军陆战队的训示竟是"打死人不要紧"。

山东人张宗昌的枪，射向了自己的乡亲。

在鲁三年，张宗昌以日本帝国主义为靠山，维护自己的统治地位，不仅在一些重大问题上要请命于日本顾问室和领事馆，日常也尽力保护日本在山东的利益。日本为了全力扩大其在山东的侵略，也将张宗昌变为自己的"代理人"，通过其驻济南、青岛的领事馆扶植张宗昌,不仅在财政、军械等方面不断接济,而且多次直接派兵援助。

这段历史,不但为日后张宗昌流亡日本埋下了伏笔,也为他究竟是不是汉奸埋下了一段清晰又模糊的隐患。

分析当时的局势,或许张宗昌也有自己的苦衷。在当时中国政局十分混乱的情况下,每个人要保住自己的地盘并不容易,更何况像张宗昌一样靠投机起家的军阀。但是,即便给自己找了一个如此"牢固"的靠山,张宗昌的势力还是不可遏止地走着下坡路。

他到山东不久,冯玉祥的国民一军兵临直隶,紧逼李景林;河南军务督办岳维峻的国民二军也趁机进攻山东,兵锋直指山东南大门徐州。张宗昌准备亲临前线指挥战斗,谁知他在济南尚未动身,徐州镇守使孙钵传已弃城逃跑,济南危急。张宗昌率部奋力反击,死伤惨重,总算把济南保住,把国民二军赶出山东。

然而历史以惊人的速度完成着自己的作品。它将不入流的色彩迅速地遮盖住,毫不留情。其声势、力量,让人看到它滚滚前进的脚步。

1927年初,张宗昌调集十余万军队南下援助孙传芳,进驻南京、上海等地。在上海,直鲁联军大举屠杀工人、学生,镇压上海工人武装起义。但是,随着北伐军向华东的进逼,北洋军将领陈仪、周凤岐、陈调元、王善等先后归附北伐军。北伐军占领了浙江及安徽的安庆、芜湖等地,直取南京、上海。孙传芳见大势已去,遂将宁沪防务移交张宗昌的直鲁联军,自己率部逃往江北扬州。张宗昌的王翰鸣第十一军在寿州遭到惨败,张宗昌亲征合肥,围了三个月也未攻下。3月下旬,北伐军先后占领南京、上海,后又渡江北进,直鲁联军节节败退,5月,北伐军攻下了蚌埠、徐州,张宗昌率残部退回济南。

对张宗昌的败退,张作霖盛怒,勒令追查责任。

"第八军军长兼海军司令毕庶澄和北伐军总司令蒋介石暗中有联系",正当张宗昌为怎么应付张作霖的追究之时,突然得到了这个情报。

性情中人张宗昌一巴掌拍在桌子上:"老天助我张宗昌!"

杀毕庶澄主意已定,张宗昌却又考虑毕庶澄手握军权,不便明杀,更不好自己下手,便指使时任直隶军务督办的部将褚玉璞,4月4日在济南将毕庶澄诱捕、杀害。这边南下战败的责任，自然要算在毕庶澄通敌的账上。

借刀杀人，张宗昌又一次凭着自己的歪心眼儿躲过一劫。

兵败出关，流亡日本

1928年4月，南京国民政府开始第二次北伐。

冯玉祥部也从北方向南进攻。张宗昌万般无奈，退到滦州，准备出山海关到东北重整旗鼓。但是奉系大门毫不留情地在他面前轰然关闭。张宗昌也如彼时的白俄军队，在乍暖还寒的华北土地上，无路可走。

时光回溯，那将是一个怎样凄凉的场面？曾经一呼百应的显赫不复存在，张宗昌也难以再融入自己胡匪的队伍中去了。

可是，即使在这样的光景下，张宗昌仍旧没有忘记跟日本人之间的"情谊"。北伐军举着征讨的大旗步步逼近时，张宗昌一方面电请北平张作霖与日本联系，一方面亲自与日本驻济南领事西田会晤，要求出兵山东帮助其阻止北伐军。在向南京日方提出交涉后，张宗昌部又故意化装在日本占领区抢劫，于是日方借口治安状况，要保护侨民，拒不撤兵，最终酿成了震惊中外的"五三惨案"。

1928年的5月3日，日本侵略者攻打济南将中国外交官蔡公时杀害并造成中国军民伤亡近八千人，杀戮全城。"五三惨案"也是南京大屠杀之前现代国际史上最惨无人道的一幕。

惨案发生后，于右任愤然题词："你看见吗？你记得吗？"

不知张宗昌看到这泣血的呼号，心中做何感想。但念其为自己占领济南做出的贡献，日本人在张宗昌兵败后还对他有些帮助，看到张宗昌落魄的样子，日本人又来劝他先到日本避难，再想办法，可是张宗昌不愿意，还想东山再起。"蒋介石已经派特务到大连了，就是想要刺杀张宗昌。"这些话从日本人那边传过来，让头脑简单的张宗昌着实感觉受到了威胁，自身安危难保。1930年夏天，张宗昌决定接受日寇的旨意，到日本作久居计。

1931年，张宗昌带着徐晓楼等人和他的三个小老婆、两个儿子以及一些勤务厨师，一起前往日本。出发前，驻大连日本官方人士特意设宴为张宗昌一行送行。登船时在码头上特意安排了军警开道。

同年,"九·一八"事变爆发,东北沦陷。

但此前张学良已经在1928年12月29日发表声明,宣布东三省易帜。蒋奉联合,让日本人深感不安,担心会损害他们在东北的利益。因此日本人"请"张宗昌自有其目的。那就是跟他们"合作""建国",绝对不白养着他,可是张宗昌虽然骄奢淫逸成性,骨子里对实行武力侵华政策的日本人还是有所顾忌。在跟日本人的接触中,张宗昌也逐渐了解了一些日本侵略中国的作战计划,由此更是深感不安,暗暗告诫自己不能当汉奸。

不仅如此,张宗昌还将接触到的日本侵华打算抄下来,制成密件,借口母亲抱病,派自己的承启官刘怀周回到大连由张母转给了张学良。

在这个时候,张宗昌已经动了回国的心思,也和刘怀周等人私下里商议如何回国。日本方面听到风声,考虑到张宗昌心里还有顾虑,没有死心塌地地效忠天皇,就想办法阻止他回国,威胁回国对他安全不利。想到身在异国,张宗昌也不敢太过声张,只能先"安心"待在日本,心里却已是不安。

在日本的日子里,张宗昌一方面没有收敛胡乱花钱的习惯,一方面又不肯"合作",渐渐地日本人也对他失去了兴趣。

素来亲日的张宗昌虽然最后关头坚持了自己作为一个中国人的气节,却因为前面长时间做下的不光彩记录和一贯的行径,为日后葬送自己的性命留下了一个为人诟病的大把柄。

枪杀郑金声,结仇韩复榘

1927年10月某日,济南郊区一声清脆的枪响,在张宗昌听来倍感欣慰。冯玉祥军队第八方面军副总指挥、军长郑金声,倒在了他张宗昌手下,这莫非是天意?张宗昌得意不已,难掩喜色,完全不像手下幕僚们心事重重,强装言笑。

是年6月18日,张作霖在北京中南海怀仁堂就任安国军大元帅,并宣布成立安国军政府,张宗昌被任为安国军副总司令兼第二军团军团长。这本是件大好事。旋即,张作霖趁宁、汉分裂之机,又派张宗昌率军开赴陇海线一带对付冯玉祥军队,给了他一个立功的机会。怎奈双方在徐州交战,张宗昌部损失惨重。不久就接到了张作霖的急电严斥其"久战无功"。

张宗昌恼羞成怒，10月上旬，与冯军于河南兰考一带再次展开激战。张部师长潘鸿钧用计诱降了冯军旅长姜明玉，姜率部倒戈，郑金声也是在这次战役中被捕，被带到济南向张宗昌"献俘"。后来张宗昌兵败，于逃离前将郑金声处死。郑金声是冯玉祥的结义兄弟，又是他的心腹爱将，当年冯玉祥组织滦州暴动失败后，与所部哨官韩复榘走投无路时，正是被郑金声所救。

张作霖

郑金声的救命之恩，冯玉祥一直牢记在心，念念不忘。

1924年冯玉祥发动"北京政变"，又是郑金声通电响应，两人再次会面，郑金声于是成为冯玉祥手下一名得力干将。

现在，张宗昌制造的这桩血案，自然招致了冯玉祥对其的刻骨仇恨。冯玉祥将郑金声的养子、侄儿郑继成留在身边，报答郑金声昔日的恩情。杀死了郑金声，就是和冯玉祥成为仇敌，这无可厚非，而韩复榘虽为冯玉祥旧日手下，却在冯玉祥与阎锡山的大战中叛冯投阎了。

从实际操作层面上来说，张宗昌最后是死在了韩复榘手中。他们之间怎样结下的"梁子"呢？韩复榘何许人也？他曾任冯玉祥部师长，被称为冯玉祥的"十三太保"，历任河南省主席、山东省主席、第五战区副司令长官。韩复榘足智多谋，但为人凶狠残暴，以背信弃义、厚颜无耻而著名。

1932年春天，张宗昌带着全部随从、三个姨太太和两个儿子，乘坐日本"奉天丸"号回国。回来后，他与张学良、吴佩孚、孙传芳结交，不听日本人摆布，在北平作了寓公。1932年9月，从日本回来在北平蜗居了大半年的张宗昌，在张学良的召唤下，和华北驻军诸将领一起参加了一个军事会议。会上，通过好朋友石友三认识了韩复榘，两人"相见恨晚"。一顿酒席未散，张宗昌、韩复榘、张学良和于学忠就拜把子结成了兄弟。素来的江湖义气，吸引几个人聚到了一起，只是以张宗昌大大咧咧、有勇无谋的性格，无意间又为自己日后的杀身之祸增加了伏笔。

张宗昌 1882 年生人，比韩复榘大 9 岁，就以老大哥自居，韩复榘字向方，张宗昌就开口闭口叫他"向方老弟"。不知张宗昌是不是真的没把小老弟放在眼里，酒席间就口无遮拦地说："俺的许多老部下现在都还散驻在山东各处，俺只要回去招呼一下，马上就能集合一支队伍。"

说话肆无忌惮，做事随性不走大脑，是张宗昌一贯的作风。他的"三不知将军"称号里，其中一个不知就是"不知道自己有多少个姨太太"。从原配夫人贾氏和第一个正式迎娶的大太太袁书娥算起，张宗昌"记录在册"的妻妾就有 23 个，据说他出入使馆区时带着一众马弁和好几个姨太太的场面，被外国报纸当趣闻印了上去。有时他在外面看上了哪个妓女，就直接带回来安排一个住处，挂上牌子，派一个卫兵把守。等过几天，"姨太太"重操旧业，卫兵也跑了，张宗昌也早把这里的事儿忘干净，继续寻欢作乐去了。

"狗肉将军"张宗昌在山东的势力人所共知，韩复榘闻听此言不禁心里"咯噔"一下划起弧来。"张宗昌的散兵游勇，还在山东的少说也有两三万，他现在这么说话，莫不是要卷土重来？"

其实，张宗昌从日本回来，的确一直不死心，想要修复旧部，"重振山河"。不过酒肉之间，他却并没有这个意思，怎奈说者无意，听者有心。张宗昌即使没有什么想法，韩复榘心里已经暗暗记下了一笔。

遇到这样的人，张宗昌自然不是对手。现在看来，张宗昌是否真的笨到对韩复榘说出一些带有卷土重来意味的话，已不可考。韩复榘作为一名从士兵一步步成长起来的新军阀，终于有了山东这块地方可以当成自己的势力范围，自然是十分重视，不容许有任何人打它的主意。他对张宗昌表面上十分亲切，并在返回山东后再次邀请张宗昌到鲁面商扩军事宜，最终多方策划，成功将之置于死地。

执意回山东

"效坤兄，小弟在山东热情款待，你一定回来旧地重游。"张宗昌与拜把子"小弟"韩复榘在北平分别时，韩复榘"诚恳"地邀请道。

"是啊，祖坟已经多年没扫，我也想回去好好祭扫一下了。"张宗昌感慨着。

自从 1932 年两人在北平结拜成兄弟，韩复榘就执意要请张宗昌故地重游。回到济南后，他又特意派石友三到北平请张宗昌赴鲁。

张宗昌慷慨答应。

这个决定在小范围内一传出，立刻遭到了张宗昌身边几乎所有人的反对。张宗昌却认为自己已经和韩复榘结成了拜把子兄弟，不以为然地连连摇头说："韩向方和我张效坤可是已经对天八拜义结金兰，称兄道弟，就是他再有心机、要心术，也不会把害人的计谋要到自己的老兄头上来。那他今后以何面目立足军界？"

看着张宗昌信誓旦旦的样子，大家却更担心。轻信于人，张宗昌不是一天两天了。张宗昌一生身历百战，屡遭危险，但每次都被他奇迹般地避过了，这一次次"化险为夷"的经历使他形成了自信固执的禀性。但是之前依仗有势力，就算是有点小损失也不至于太过分，而这一次不同。除了张宗昌已经沉浸在踏上山东土地"故地重游"的白日梦里，谁都觉得这里面有什么不对劲的地方。

"韩复榘这个人，看上去憨直，心术却极多，为人寡信而反复无常。效帅，韩复榘可是不讲结义之情的，他原是冯玉祥手下的一个兵，由小卒升到班、排、连、营长，后来又逐步升迁，一直做到冯玉祥的第六军军长，冯玉祥还把自己兼任的河南省主席位置让给他，两人换帖结义。可是，韩复榘是怎样对付冯玉祥的？"

1929年（民国十八年），蒋桂战争一触即发。战事正吃紧，冯玉祥作战部署与韩复榘意见相左，情急之下打了韩复榘一个耳光，结果韩复榘一下子把之前冯玉祥对他所有的赏识和提拔全都抛到脑后，发起"甘棠东进"倒戈，直接导致冯玉祥大败。这件事让很多人看清了韩复榘的为人，现在，金寿昌忍不住旧事重提，劝张宗昌不要轻信韩复榘。

"效帅，依小弟看来，你跟韩复榘的关系远远及不上冯玉祥当时跟韩复榘的关系，他会考虑金兰之义吗？"

张宗昌听进去了，似乎也开始有点不放心，但是毕竟山东有他旧日的辉煌、有他的残部、有他的一笔账款……而现在，他就靠着张学良每个月给的8万大洋，没有权力也没有势力，他不甘心。

"即便有那么点危险，俺也要舍命冒他一下险。俺目前只有一条路——借韩复榘的力量，恢复山东旧业。古今凡能成大事的，都得冒几分风险：刘邦曾赴鸿门宴，关云长也曾单刀赴会，他们若贪生怕死，能成事吗？况且，俺初赴济南，仅为笼络感情,试探态度,韩复榘怎能平白无故把俺杀了呢?俺老张自十六岁从山东老家闯关东,到今年已有整整二十五个年头,足迹北到俄国海参崴,南到湘西,东到上海滩,跟老毛子干过架,和红胡子玩过命,战场上枪林弹雨见得多哩,鸿门宴也去过不是一次两次,难道这会儿还怕韩复榘?"

眼看着谁都劝不动,有人把张宗昌的母亲祝氏请来了。祝氏听人家讲明白了此行的利害,也心急如焚,赶紧来劝儿子,张宗昌一向是个大孝子,这次却连母亲的话也听不进去,一只耳朵进一只耳朵出,反说母亲:"此等大事,汝等不懂?"

祝氏撞了个软钉子,并不死心,这老婆子年虽七十做事却颇有心机,而且这次事关儿子的生命,于是她一计不成又生一计。她知道张宗昌和张学良、吴佩孚、孙传芳关系很不一般,尤其跟张学良更近一些,便赶快遣人前去捎话,央求他们劝张宗昌打消主意。

吴佩孚、孙传芳次日结伴同来,劝张宗昌打消南下念头。这两个名声显赫的大军阀其时均已手无寸权,不在张宗昌眼里,说的话自然不起半点作用,两人悻悻而去。

过了一天,张学良来了,跟这位盟兄说了一番道理,临末还说:"你想东山再起,须忍耐一个时期才成,我一定成全你就是。到韩复榘那里去冒这个险,实在不值得!"张学良还主动提出跟蒋介石交涉,撤销对张宗昌的通缉令。话说到这般地步,足见张学良的诚意,张宗昌遂答应取消南下计划。祝氏听说后,自是欢喜不尽,冲着自己房里供着的那尊金铸观音三拜九叩,感谢娘娘保佑。

本来这事差不多就这样结束了,谁知两天后韩复榘拍来一封电报促驾:"关于联络旧部、扩编队伍等事宜,亦悉从兄意。"看到如此电文,张宗昌欣喜雀跃,一刻也不能再等了。韩复榘有这等诚意,这趟济南非去不可! 为了防止再受人阻止,张宗昌这次不露一丝口风,暗里吩咐贴身马弁去车站购了去济南的头等厢票三张,连夜出发。

等张宗昌都坐上火车走了,祝氏这才知道,可是已经无能为力,只好哭哭啼啼给张学良打电话告急,张学良听祝氏说的情况,一边暗自吃惊,一边又觉得确实很棘手,立刻给天津警备司令林宪祖发了份加急电报,叫他速往车站拦截张宗昌坐的那趟车。

当林宪祖到天津车站时，那趟列车已驶过了天津……

遭刺杀，天下大快

不日，张宗昌带着金参谋、刘怀周和两名卫兵到达济南。韩复榘派了几名代表到车站迎接张宗昌，将他们暂时安排在石友三的公馆里休息。随后在西花厅为之举行了宴请。

西花厅别具一格地建筑在珍珠泉上，风景绝佳。张宗昌兴致勃勃地随韩复榘走进宽敞舒适的厅内。大厅中间一张大圆桌，13把椅子、13套餐具已整整齐齐地摆好。

张宗昌客套了一番之后，被请到北向的贵宾席上就座，韩复榘坐了主位，其余11人随便找好位子，坐了下来。菜还没上来，张宗昌随便抬头打量厅内的装饰。突然，他"啊"的惊叫了一声，原来他看到了对面墙上挂着一幅画像。

大家不知何故，都奇怪地看着他。张宗昌意识到自己有些举止失措，便掏出手巾擦了擦额上渗出来的细汗，连忙解释说："我最忌讳13这个数字，刚才我发现我们一桌正好13人，是故有些不安！"

韩复榘哈哈一笑："张大哥还讲究这个！"随即向自己的一个部下使了个眼色，那部下便借口有事要办，退出了西花厅。

宴席上，张宗昌心不在焉，竭力控制自己不要失态，好歹挨到宴会结束，一溜烟地跑回石友三的公馆，竟然不敢再出门。

原来，西花厅里悬挂的那张画像是以前冯玉祥手下的军长郑金声。

韩复榘把张宗昌引到济南之后，并不愿与他多周旋，当下按冯玉祥的计策，在西花厅宴请张宗昌时，故意将郑金声的画像挂出来，意在打草惊蛇，迫使张宗昌钻进他早已布置好的"口袋"里。

心神不定地吃完了饭，张宗昌挣扎着回到住地，再也不肯出来了。现在也无从知道，他走进西花厅的时候，是不是真的嗅到腾腾杀气向自己扑来。

离开济南前一天，韩复榘再设宴为张宗昌践行。他借口自己公务在身，委托石友三代他宴请。酒过三巡，张宗昌微醺之际，石友三突然对张宗昌腰间的手枪感兴趣起来，拿来把玩，爱不释手。

胡匪多年,张宗昌枪法了得,一把手枪在手,十几个人近不了身。他也爱枪,得到好枪,便十分得意,不离左右。不过这次把兄弟看上了自己的爱物,便也就顺手送了。

……

第二天傍晚发生的事情,就回到了开篇所讲——

9月3日18时22分,山东济南火车站,浦口到北平的火车第28号车厢里,山东省政府主席韩复榘等省府高官正在往外走,张宗昌在后面送客。还受到了记者的采访。正当火车要开的时候,突然从告别的人群中传出一声厉喝:"我打死你这个王八蛋!"随即爆发出一阵枪响……

陈凤山开第一枪的时候,赶巧是个哑弹,张宗昌转身就往车厢里面跑,向张宗昌连开三枪,但三枪均未响。机警的张宗昌一见有刺客,急忙往餐车跑去,一边跑一边躲闪,一边伸手往怀里掏枪。

这时他才猛然想起自己那支心爱的德国造最新式左轮手枪,已经在宴会上被石友三要去了。现在无法还击,他只得往餐车那一头狂奔。那刺客也尾随追上餐车,并上了子弹。刺客见张宗昌逃到餐车那一头,正欲开车门而出,就随手一枪,又未击中。这时张宗昌的承启官刘怀周从后面追上来,将刺客一把抱住,刺客情急力大,一下子挣脱了身,继续猛追张宗昌。张宗昌在刺客被承启官抱住的一刹那,早已打开车门,跳下了火车。

张宗昌或许死也没有想到,迎面站台台柱的后面,又闪出一个刺客,向他开了一枪,这一枪也没有击中要害,而是打在了张宗昌的胯骨上。张宗昌不顾一切地继续向前狂逃。车上的刺客也跳下了火车向前猛追不舍。刘怀周及张宗昌的几个卫士紧跟着追了上来,一齐向刺客开枪。

一时间济南火车站内枪声连成一片。突然,隐蔽在站台台柱后面的那位刺客对准刘怀周打了一枪,刘怀周应声倒地。其他卫士吓得四散逃走。接着,车站四周的房屋与空车厢里枪声大作,密集的子弹向张宗昌射来。张宗昌跑到第三站台北面第七股道上时,被一颗子弹击中头部,栽倒在地。后面追赶的两名刺客跳到张宗昌跟前,恐其未死,又朝着致命处补了三枪。

护兵围上来,两名刺客郑继成与陈凤山被捕。郑继成在车站月台上高呼:"我名郑继成，郑金声是我叔父，我过继给他为儿子。我杀死张宗昌，一为革命增光，二为党国增荣，三为山东和全国除害，四为我父报仇！"当时乘客都鼓掌叫好，对郑继成的英雄行为大加赞赏。

而躺在地上的张宗昌，因为伤势过重，最后一丝气息游移散尽，终于一命呜呼。随其同往济南的参谋长金寿良、秘书长徐晓楼、副官长程榕等人抚尸大哭。

一时间到车站围观的人达好几千人，把偌大的济南火车站挤得水泄不通。张宗昌的秘书长徐晓楼出 50 元大洋，请人抬走张宗昌。结果不但没人上来"领命"，反而大家一齐高喊："别说 50 元，给 500 元、5000 元也不抬！"

张宗昌的手下好不尴尬，最后没办法只好责成驻站军警将张宗昌的尸体抬进济南的日本医院。等到要为张宗昌购棺入殓时，全城棺材铺都不肯出售，最后还是强行征用了一口，才算将张宗昌装殓。

郑继成等二人被随后赶来的韩复榘军队逮捕并押往第三路军军法处。

9 月 24 日，两人被转送山东省高等法院，旋即又交济南地方法院。郑继成承担了所有责任，陈凤山不久获释。此事一时成为全国的头号新闻，各大小报纸竞相采访，连续报道。社会舆论对郑继成报以一致的支持和赞誉，并掀起了"援郑运动"。被张宗昌杀害的胡信之、邵飘萍、张志等人的亲属更是奔走呼号，抨击张宗昌的罪恶。《大公报》《中央日报》《山东民国日报》等报纷纷撰文说明张宗昌实在祸鲁不浅，郑继成杀他是人民公意。社会各界、各民众团体也纷纷发表电文希望特赦郑继成。

郑继成在监狱的日子里，很多人到监狱里去看他，好不风光。甚至南京方面的蒋介石、陈立夫也分电国民党山东省党部，为郑继成说情，认为"法律不外人情"，而郑继成应该"俟法院判决后，如科罪过重，再援特赦条例办理"。

1933 年 1 月，郑继成被特赦，理直气壮地走出了监狱大门。

刺客反成汉奸

随着郑继成被特赦，这件被沸沸扬扬地闹了五个月的事情终于顺理成章地尘埃落定了。但是历史的真相似乎又在此转了一个弯。

根据当时法院尸检报告，张宗昌头部致命一弹，为步枪子弹，而郑继成等二人拿的均是手枪。张宗昌练过武功,枪法很准,他若有一枪在手,应不至于丧命,但他那天竟没有带枪。一个枪不离身的人在被刺杀的时候竟然没有带枪,这绝不是一个蹊跷的巧合。

过了一段时间,随着此事内幕被逐渐披露,真相最终大白于天下。张宗昌被刺,不是郑继成为父报仇,也不是侠义之士的义愤之举,而是由当时的山东省主席,张宗昌的盟弟韩复榘一手策划并组织实施的。

韩复榘为了稳固自己在山东的地位而设计杀死张宗昌,在当时已为社会披露,不再是什么秘密。但韩复榘又是如何掌握张宗昌的心思,如何下定决心杀掉这个失势的军阀呢?

其实,这里有一个关键人物,就是石友三。石友三在张宗昌回国的时候在天津做寓公,正积极寻找出路,听说张宗昌回国,便去北平与之联系。两人相识后,彼此发现对方有可利用之处,便成为亲密好友。之后,石友三便向张介绍了时任山东省主席的韩复榘。原来,石友三有两个旅被韩复榘收编,他想再抓住这两个旅重新出山,但又担心两个旅的兵力未免太过单薄,于是就想利用张宗昌在山东的旧关系,企图由此扩大势力,东山再起。

而张宗昌也想利用石友三和韩复榘的情谊与这可能抓到的两个旅,实现再次插足山东,恢复旧业的目的。石友三为了这件事曾多次到济南与韩复榘洽谈,韩复榘表面应承,实际上知道此二人居心叵测,心里早已有了准备。张宗昌却不知这石友三是反复无常之人,在关键时刻又和韩复榘站在一起,要走了自己的手枪,使自己在遇险之时竟手无寸铁。另外当时隐居泰山的冯玉祥对张宗昌也并无好感。

虽然历史以其不可掩盖的真实还原了刺杀张宗昌的真相,但是由于冯、韩计划成功后,便开始收集舆论,拿了长江各省来电,为郑继成说情,并让山东政府人员陆实君负责请人写民谣,写张宗昌祸鲁、勾结日本的各种文章,在各大报纸连篇刊登。这些推波助澜的造势文章中,以王慰农写的小册子《郑继成为父报仇》流传最广,成为当时的畅销书。

这不仅成了张宗昌被杀一事能引起如此轩然大波的重要原因,也让张宗昌在很多人心里成为一个名副其实的"汉奸"。但是历史真实似乎又与人们开了一个玩笑。

张宗昌被刺杀前不到半个小时,送走送别的人群后,还曾在火车厢门口受到了记者的采访。他谈到国内形势时,曾说过这样一番话:

关于时局,本人认为非团结不能救国。能团结,虽失东北,终能收回,否则,东北纵能收回,亦不免亡国。本人向来主张主权在民,大家赞成者颇多。东北事变后,日本约本人出头,并予多少便利,本人不但不干,并且毅然返回。日本复以政府通缉相恫吓,本人即表示,情愿在中国被杀,亦不做外人傀儡。在平时,曾与张群、杨杰说起此事,皆表示赞成并邀本人赴南京一行,本人正准备前往。

真实历史中的张宗昌,也确实没有在日本做汉奸,相反,正是在日本人逼他做汉奸的压力,他才想了很多办法回国。

世事弄人,历史也弄人。1943 年,郑继成在商丘做了汉奸头目张岚的座上客,后来公开做了汉奸。

张宗昌与张作霖、张学良

在张宗昌的一生中,有一对父子贯穿了他所有重要的经历,这就是大帅张作霖和少帅张学良。他们见证了他从发迹到被刺杀的全过程,甚至无形中左右了他的人生。

某种程度上说,张宗昌靠张作霖起家并不为过。张宗昌曾投靠张作霖,并得到提拔。而他在军中受到郭松龄、杨宇霆等人的刁难时,又是张学良利用自己的特殊地位,帮助他几次摆脱困境。所以张宗昌与张作霖、张学良都是有其他关系不可取代的旧谊的。

另一方面,张宗昌赴日之后,张学良又是推动他回国的主要力量,还曾在韩复榘力邀张宗昌到山东之际,诚恳地规劝他再忍一忍,"你想东山再起,须忍耐一个时期才成,我一定成全你就是。"

兄弟之情如此,张宗昌本应安心待在这个"海陆空军副总司令"的麾下等待时机,再战沙场,可他为何偏要去涉险,最终搭上了自己的性命?

从内心来讲,张宗昌经历过昔日军阀时期的辉煌,自然不甘没落。他对自己招纳旧部重整旧业的期望始终没有丧失。而另据他的经历来看,张宗昌与张学良的关系,似乎没有看上去那么亲密无间,虽然他很多事情上听从、依赖张学良,但是涉及一些实际问题时他还是对张学良深怀戒备的。

张学良东北易帜之后，张宗昌不愿被改编，终在滦州被张学良缴械，这是他们之间的过节。这件事后来两个人最终还是冰释前嫌，但张学良枪决杨宇霆、常荫槐二人的事却对张宗昌有极大的触动。此二人是张作霖旧部，同时也是看着张学良长大的长辈，张学良却毫不留情。张宗昌对此事非常担忧，他曾对人说："张学良这小伙子，心太狠，手太黑，真是翻脸不认人！"

对于这一点，孙传芳也有同感。孙传芳在张学良枪杀杨宇霆、常荫槐后，应邀

张学良

参加张召集的东北军政要人紧急会议。会后，他不辞而别，跑到大连，他后来说："我一辈子没害怕过，那回，我可真的有点害怕了。说话瞪眼就杀人，一点情面不留！"张宗昌回国前，曾通过母亲和李藻麟多次与张学良接触，试探张学良的态度。虽然张学良态度诚恳，也明确表态欢迎张宗昌回国抗日，但张宗昌心中对张学良还是怀有戒心。这不能不说是张宗昌最终选择去山东，以身涉险的原因之一。

另据一说，刺杀张宗昌一事，张学良才是最大的幕后指使者。

1932年张宗昌应张学良之邀从日本回来，就是指望这位已当上"陆海空军副总司令"的老朋友成全愿望。但张学良邀请张宗昌回国的用意主要是怕他待在日本被收买当汉奸，并不准备让他执掌兵权，所以只给他每个月八万元大洋生活而不给位置。近半年待下来，张宗昌大失所望，确实动过"赴鲁召集旧部"的念头，韩复榘的这封信，对他的诱惑力就可想而知了。但是他却不知道，韩复榘的"邀请函"，主意就来自于张学良。

彼时张学良已是北平分会委员长，自从他主持北方五省军政大计开始，就有心团结北方各派力量，希望尽早抵抗日本向关外进攻。身上背着"不抵抗将军"骂名，张学良迫不及待地尽早开战，恨不能一下子收复失地。可是张宗昌回国后，靠

着张学良给的每月8万大洋四处招摇，名声很不好，让张学良左右为难。国民政府早已明令通缉张宗昌，申明"对此怙恶不悛之徒，务求诛灭殆尽，断然不会姑息遗患"，可是张宗昌毕竟是被自己父亲一手扶持起来的，跟自己的交情也不一般，真的要是亲自动手，可能名声也不好听。

恰巧此时韩复榘作为山东省主席，和石友三来为张学良庆贺新职，张学良也就随意向他们发发牢骚。怎知，一心想巴结他的石友三力劝韩复榘将张宗昌"钓"到济南将之除掉……

关于张学良在这件事上的态度，两个截然相反的说法分立。从目前看来，说张学良站在张宗昌立场上的更多些。但是不论中间过程如何，张宗昌的死，都开启了此后北方省份政局剧变的大门。

10年后，一切关于张宗昌的是是非非已经在千疮百孔的中国社会中化为尘埃，不再引起百姓的兴趣和关注了。当年写了《郑继成为父报仇》的王慰农也和郑继成成了好朋友，一次他突然问郑继成："这个案子背后有没有'二统（中统、军统）'指使？"郑继成坚决不承认。

不过不管怎么说，一个被冠有"三不知将军""狗肉将军""长腿将军"的军阀，死后竟落到无人抬尸、没人买棺材的悲惨境地，张宗昌的死都是他几十年来的自作自受。

得来全不费工夫
——张敬尧殒命六国饭店

张敬尧，北洋军阀皖系大将，原湖南督军，也就是被毛泽东在湖南一师求学期间驱逐的那个"屠夫"。其下野之后，不甘寂寞，一直想重新攫取政治军事权力。利令智昏，日寇蚕食华北之时，此小丑竟然跳出来，在日本人的支持下上蹿下跳，勾结民族立场不坚定之国民党军政要人，妄图策划事变，在华北组织听命于日寇之傀儡政权。1933年5月，此贼入住"使馆区"六国饭店，后被军统侦悉，军统北平站、天津站联合将其击毙。此次刺杀，军统方面没有损失一兵一卒，堪称完美。刺杀此贼，对于安定华北局势，震慑动摇分子，起到了极大的作用，华北之乱局面貌为之一变。

初创之简陋"北平站"临时接到重大任务

在进入正文之前,先说几句关于军统的闲话。读者朋友大都知道,军统和中统为蒋介石所倚重的两支特务力量。军统原先只是中统的"小兄弟",然而在戴笠等军统巨头的经营之下,逐步凌驾于中统之上,乃至形成压倒性的优势。军统中人自诩为"领袖的匕首",这支特务力量最初的创建者都是军人,暗杀爆破是其长项。军统势力的扩张,是用鲜血和白骨铺成的。这些鲜血和白骨的主人,不仅仅有进步人士,也有汉奸和日寇,也包括与军统相抗衡的诸如中统等国民党其他派系的部属。

军统作为"领袖的匕首",也是蒋介石对付汉奸日寇的利器。笔者盘点过抗战前夕以及抗战期间几乎所有的重大刺杀案件,几乎都是由军统包办,军统与日伪的特务力量展开了激烈的厮杀。本文所涉及的王天木、陈恭澍等都是身临前线指挥的军统高级特工。也许他们手上沾过进步人士的鲜血,但是他们在抗战中是立下功勋的。笔者无意为军统说好话,只

张敬尧

是本着实事求是的态度,客观地再现他们在刺杀汉奸张敬尧过程当中的表现。笔者为他们干了这样一个漂亮活,送一个无耻的汉奸归西,而拍手称快。

言归正传。先介绍一下,刺杀事件前夕军统北平站的情况。

1933年的时候,军统在北方的势力还是很小。原因在于北方长期控制在冯玉祥等北方军阀之手,北伐成功时又落入桂系的势力范围。中原大战之后,又落入张学良的奉系控制之后,当时具体管辖是在西北军残部整编而成的29军之手,军政长官为宋哲元。国民党中央派何应钦为北平军分会的负责人。

这个时候军统的北平站相当弱小,总共才几个人,陈恭澍是站长,手下只有戚南谱、杨英、王云孙、白世维4个人。唯一的交通工具为一辆自行车,刺杀张敬尧的

时候,总共才有一把手枪,6颗子弹,还要找江湖朋友借一把枪,为了弥补枪械的不足,竟然去买了斧头砍刀之类的冷兵器。这是看过《潜伏》的朋友无法想象的,抗战胜利后的军统天津站是多么庞大的一个机构。

北平站当时的主要任务是搜集情报和"拉入打出"——用陈恭澍先生的话来说,就是进入图谋不轨的叛乱组织潜伏,让图谋不轨的人迷途知返。戚南谱负责"拉入打出"的工作。这样的"组织目标"当然不需要大量的行动人员,另一方面的原因,军统此事还处于发展的中间期,没有长成大树,戴笠这个时候还只是国民党军事务员会特务处的处长而已。

1933年5月4日晚上,军统北平特派员郑介民找到正在八大胡同打茶围的军统天津站站长王天木和北平站站长陈恭澍,向他们下达了制裁张敬尧的指令,限期一个星期完成任务。郑介民告诉他们张敬尧藏身东交民巷使馆区,正在阴谋策划叛乱活动,北平最高军政当局非常重视,能否成功刺杀此贼,关系到整个华北地区的安危。王天木和陈恭澍接下了这个任务。

郑介民在妓院的雅间里下达了指令,就回去发电报给戴笠。王天木和陈恭澍,以及北平站白世维就商量开了。王天木和陈恭澍虽然为老派特工,也感到踌躇,因为这个时期平津组织成立不久,规模太小,才处于起步阶段。突如其来地接到这个紧急制裁令,两位老牌特工心里没底。

王天木资历最深,脑子转得最快。他一分析,觉得张敬尧这厮最可能藏身于两个地方。一个是使馆区里的日本使馆,另一个可能是六国饭店。使馆区里面还有一家旅社,档次不高,估计张敬尧不会住在那里。他当即决定,带一个叫"飞龙"的姑娘连夜去六国饭店开房间。单身男人深夜开房可能引起张敬尧在六国饭店的眼线的疑心,带个姑娘去,则顺理成章。

打茶围的时候,飞龙是陈恭澍点的,王天木和陈恭澍开玩笑,绝不会占"弟妹"便宜。飞龙倒也爽快就跟王天木去了。陈恭澍和白世维雇了一辆人力车,回到了陈恭澍的住处北长街十八号。

进门之后,两个人心事重重,都不说话,陈恭澍在盘算着怎样办,白世维一个人坐在椅子上,一个劲地抽烟。两人沉默了好久,白世维主动请缨,对陈恭澍说道:"恭澍兄,你看,我去干,好不好?"陈恭澍正在为让谁去执行任务而烦恼,听到白世维主动这样说,喜出望外。

勘察地形兜几圈　获知住处笑开颜

王天木带着飞龙姑娘到了六国饭店,以日本大仓株式会社的名义在二楼开了一个房间,跟伙计说好,暂时不退。他进入六国饭店之后,就想找出张敬尧住在哪个房间。深夜之中,也接触不到什么人,只能向前台和二楼的茶房头(领班)套一套话,可惜无收获。

第二天早上十点,他就赶到府右街找郑介民汇报工作,与陈恭澍前后脚到。王天木将昨晚的情形讲了一遍。陈恭澍说,已经让戚南谱发动各种关系,加紧侦查,摸清张敬尧的住处;白世维自告奋勇承担了执行的任务,这解决了北平站没有专门行动人员的最大难题。陈恭澍向郑介民表示,白世维是执行刺杀的不二人选。他已经将戴笠送给他做纪念的手枪,连同仅有的6颗子弹交给了白世维。

王天木对此表示担忧,他怕张敬尧住在日本大使馆里,如果这样,完成任务就悬了。

郑介民听完报告之后,勉励了他们几句,就去向何应钦汇报了。他说,张敬尧叛乱的消息是内线送出来的情报。

王天木和陈恭澍到北长街十八号与白世维汇合。三个人一商量,决定分头行动。白世维和王天木去六国饭店继续摸情况,陈恭澍和戚南谱去做行动的准备。

读者诸君,你可以设想一下,如果你是这些特工,你将如何做。换作是我,首先要考虑三个问题。第一,先找到他的确切位置。第二,准备好刺杀用的工具。第三,勘察地形,包括刺杀现场的地形,以及事先准备好撤退路线。

在这里还必须向朋友们简单介绍一下使馆区和六国饭店的一些情况。北平的使馆区,是腐败无能的清政府留下的老问题。使馆区在东交民巷,列强有法外治权。什么是法外治权,简单地说,使馆区犹如一个独立王国,里面的事情洋人管,中国政府管不了。由于国民政府定都南京,很多国家的使馆已经迁走了,不过还是有一些留驻单位和警卫部队的兵营在里面。一句话,使馆区里的事情,国民政府还是管不了。东交民巷大约有2平方公里,位于北平正阳门和崇文门之间。其方位四至是:东北出入口,在崇文门大街;西边出入口,在户部街;北临长安街,在东长安街与出入口之间,有一大片操场,常有外国人在此踢球。南面有一堵旧城墙,在接近留过饭店附近,开了个缺口,叫"水关"。

六国饭店是使馆区里最豪华的宾馆。六国饭店其实规模也不大,只是一座四层小楼。它坐南朝北,大门临街,进出要经过上下十几级的石阶,大门是旋转门。饭店生意特别好,主要是使馆区独此一家,别无分店,有点身份和地位的人,特别是想借助法外治权保护自己的人总喜欢住在这里。总体来讲,使馆区的警戒不是特别重视,警察很少,而且都不带枪。六国饭店门口经常有一个来回巡逻,可是时常不见人影。

陈恭澍和戚南谱找到戴笠雇佣的汽车司机老张,想用他的车。老张的车在修理厂修理。陈恭澍叫他赶紧开出来,说有急用。老张就把车开出来了,带着他们在使馆区四周的路上兜了几圈。陈恭澍发现东交民巷和北平市区用木栅栏隔开,怕刺杀事件发生后,使馆区紧急关闭栅栏,拦截汽车,可他发现,根本不存在这个问题,木栅栏不结实,汽车一撞就碎。这样,六国饭店四周的地形基本上勘查好了。

陈恭澍和戚南谱随后回到北长街十八号,远远看到郑介民的车子停在一棵大树下等他们。他们赶紧过去,郑介民确定无疑地告诉他们,张敬尧就住在六国饭店,让他们一定要想办法完成任务。这个时候,下午四点多钟。他们想立即通知王天木,又怕打草惊蛇。转念一想,晚上六点约了王天木、白世维见面,就安心等到六点。

五点五十,白世维打电话过来,说是王天木让他们到东安商场的五芳斋吃饭。见了面,陈恭澍把郑介民的话原原本本地转述给王天木他俩。他俩一听,松了一口气。一顿饭吃下来,大家的脸色也好看了。底下的事情好办多了。找到张敬尧住在哪个房间,找个机会干掉他就行了。

摸情况费尽周折　遇裁缝柳暗花明

他们重新分配了任务。王天木、白世维仍回六国饭店,尽快找出张敬尧的房间号。陈恭澍留守北长街十八号,作为总联络人。戚南谱的外线侦察全部停止,汽车归他掌握,随时准备行动。大家分头行动后,陈恭澍打了个电话给郑介民汇报。

可是,事情并不像想象的那么简单。张敬尧没有使用本名登记,而且钻进房间很少出来。王天木、白世维在六国饭店蹲点，又守候了一天，没见这厮踪迹。到了第三天中午，仍然如此。大家见面之后，倒吸了几口凉气。

王天木是老牌特工，叫大家不必着急，心急吃不了热豆腐。就在这时，他脑子里闪过一个人影，依稀好像是张敬尧的参谋长赵庭贵，此人他以前认识。可是他一眨眼工夫就上去了，王天木没看清楚，不能肯定。

白世维接过话茬，说道："王大哥嘱咐我要特别留意那个长得像赵庭贵的人，我一直盯着楼梯，好像没见着。"

陈恭澍认为，这些都是收获，宁可信其有不可信其无，要抓住。

王天木说盯了两天了，没情况，要回家换换衣服，刮刮胡子，他让白世维也找个地方休息一下。

白世维哪里睡得着，就和陈恭澍一起分析起具体的情况来。白世维把六国饭店二层、三层、四层的房间和通道的情况说了一遍，二层、三层类似，房间呈"兀"字形，三面是房间，一面是通道。四层房间只有三层的一半多，是提供给长期包租的客人的。白世维还提供了一个重要的情况，茶房说，作为紧急逃生通道的太平梯已经多年不用了，堆满了杂物，也就是说张敬尧没有第二条逃生道路，除了跳楼。

他们话说这个当口，王天木来了。白世维又和他继续去六国饭店蹲点。

三天时间过去了，还是没有搞清楚张敬尧住在哪个房间。

第四天，他们的好运来了。

中午，王天木和白世维下楼吃饭，碰到了熟识的西服店的掌柜的应元勋。

王天木问老应："干吗到这来？"

应掌柜不经意地把右手放在了下巴右面，说了一句："他做了两套衣服，叫我今天来试样子。这个时候应该起了吧。"

王天木完全明白了应掌柜潜意识做出的动作，赶紧示意白世维快走。

他们出了六国饭店，饭也不吃了，赶到北长街十八号。

王天木把应掌柜做的动作解释给陈恭澍听："张敬尧下巴上有一撮毛，找应掌柜做衣服的肯定是他。刚才我不方便多问，我们先去吃饭，吃完饭去找应掌柜。"

他们三人来到东四牌楼南大街，应掌柜的店铺就在这里。

刚进店，应掌柜就说："你们要做衣服得等几天，我这两天要赶工，把张督办要的两身衣服赶出来。你们先挑几块料子吧，我空下来就给你们裁。"

王天木顺口答一句："张督办等着穿?"

应掌柜说："是啊，他叫我后天中午一定要做好送到，他这两天要回天津去。"

他们三个人又围绕着这件事和应掌柜扯了一阵子。应掌柜无意间告诉他们："张督办住在三楼，一连三间，二三一到二三五，除了张督办本人外，还有他的参谋长和副官。我去试样子，是在当中的那一间。"

应掌柜把陈恭澍、王天木需要的核心信息都告诉他们了。真实踏破铁鞋无觅处，得来全不费工夫！

侦查工作全面完成，剩下的事情就是执行制裁了。

几人高兴劲还没过，又发觉问题来了。

第一，张敬尧要走了，留给他们的时间不多了。

第二，应掌柜说张敬尧还有参谋长和副官，不知道到底有几个人。副官也可能是卫士，不知道有几人。这些人都和张敬尧挨着住。白世维一个人对付这么多人，比较困难。

第三，枪械不够。只有一把枪，六颗子弹。

第四，张敬尧住的房间离三楼的楼梯有几十米，一旦枪响，张敬尧的参谋长和副官很快可以冲过来。另外，六国饭店的旋转门是个问题，这个门通过费时间，而且一旦饭店方面听到将旋转门枪声关闭，就跑不出去了。简单地说，刺杀完成，能否全身而退。

他们三个人去见了郑介民，郑介民大喜，表扬了他们。

他们出来后分两路，王天木、白世维仍回六国饭店，陈恭澍决定先去找戚南谱，再商量商量。

陈恭澍最担心的问题是白世维一个人对付不了那么多的人，戚南谱一拍胸脯，说："我也可以上。"

陈恭澍提到了借枪的问题，戚南谱说道："借，上哪里去借！买一把刀子，一样干！"

第四天过去了。

·千古刺客的谋杀悬案·

图文珍藏版

天网恢恢疏而不漏　轻而易举杀汉奸

1933 年 5 月 7 日。

陈恭澍起得很早，惦念着王天木他们。

陈恭澍思前想后，总觉得人手不够用。又打电话把杨英叫过来。

九点，杨英刚进门，电话铃响了。

王天木在电话中说："十五分钟后到。"

没来得及和杨英谈话，在六国饭店执行门口接应任务的戚南谱来电话："他们已经出去了。"

陈恭澍说："你把车开出去，游荡游荡，一个小时后，也就是十点半的时候回原地待命。"

放下电话，王天木和白世维已经进门了。

王天木先开口，他打算请天津的一位姓侯的朋友赶过来帮忙，他手里有枪。这个姓侯的是河南人，闯荡江湖多年，已经金盆洗手。只要他答应与白世维联手，对方再多的人也不怕。

他和陈恭澍想到一块儿去了。陈恭澍把杨英找来，就是想再增加一个人手。

陈恭澍想起这个人，他在王天木家里见过。此人四十多岁，很结实，看他身上穿戴，很有钱。陈恭澍怕他不答应。

王天木说："不管他答应不答应，我叫你大嫂跑一趟天津。最迟，晚饭前也回来了。他答应更好，不答应，我让你嫂子把枪带回来。"

陈恭澍问："嫂子带枪没问题吧？"

王天木说："一点问题也没有。"

陈恭澍咬牙道："就是没有枪，也没关系。我们刀斧齐上，和这家伙拼了。"

王天木接着说："行动的时候，我是这么想的。我先去敲张敬尧的门，说是找赵参谋长。不管谁开门，我总说找赵参谋长。我一下来，世维他们就冲上去，打他们一个措手不及。"

陈恭澍点头称是："妙计！"

王天木笑道："我还有另外一个办法，我们尾随应掌柜的上楼，等张敬尧开门试衣服的时候,冲上去就干! 不过,有可能连累应掌柜的。"

陈恭澍说:"还是第一个办法好。"

他们又从头到尾把行动计划又捋了一遍,便开始分头行事。杨英表示要加入六国饭店的行动。王天木、白世维先去王家,让王大嫂去找侯兄借枪。分别前,大家握了一次手,约好晚上 7 点在王天木家见面。

王天木走后不久,戚南谱来电话。

陈恭澍问他,刀买好了没有。

戚南谱说,买了两三样,到时候看哪个顺手用哪样。

陈恭澍吩咐他主要执行接应任务,尤其要注意旋转门。

陈恭澍放下电话,和杨英一起等待⋯⋯

中午十二点四十五分左右,电话突然响了。

白世维在电话中说:"事情办完了! 我和老戚在清华园楼上。"声音中透着喜悦!

喜从天降! 陈恭澍赶紧说:"好好好! 我马上就来!"

陈恭澍叫杨英留守,他去核实消息,确实了,立即向郑介民汇报。

他出门雇了一辆洋车,赶到清华园。清华园是北平有名的澡堂子。

见到白世维和戚南谱。白世维在抽香烟,戚南谱在捏脚。

陈恭澍给他们作揖,表示祝贺。

白世维说道:"王大哥,先下去的,该到家了。"

真叫人着急!

陈恭澍想赶紧问事情的经过,又一想,这个地方人太杂,隔墙有耳,就不问了。他想,还是赶快把王天木找到,四个人一块去郑介民那里汇报,最省事!

电话打通十分钟后,王天木开着车来了。

四个人出来澡堂子,上了车。陈恭澍的第一句话就是:"躺下啦?"

白世维笑嘻嘻地说道:"干了他三下子,我看八成完蛋了。"

大家大笑!

见了郑介民。郑介民大吃一惊,想不到这么快就完成任务了。

白世维这才一五一十地把事情讲出来了。一切都是意外收获!

白世维和王天木回到王家，让王大嫂去天津。

他俩回到六国饭店。王天木总觉得原来开的房间离楼梯太远，决定再开一个房间。王天木把查房叫来，说有一个同事下午要过来，最好请他帮忙在三楼或者四楼开一间房。

茶房过了一会回来，告诉他们三楼四楼都没有房间了，二楼还有一个现成的，问他们要不要。

王天木说："要！"赏了茶房五块钱，茶房欢天喜地带他们去新房间。

下面发生的事情就是鬼使神差了。

白世维鬼使神差地也跟王天木一起去了，还带着枪。他们看完房间，拿完钥匙。茶房往前走了，王天木和白世维跟着出来了。

走了十几步，他们看到二楼的一间房间敞着半扇窗户。一眼看去，有个人侧身坐在床上，手上在把玩着一个小物件，这个人长方脸，鼻端高翘，两腮瘦削，留着两撇小胡子，下巴底下一撮长毛！

王天木停下来了，白世维也停下来了。

王天木轻声说道："就是他！"随后快步向楼梯口走去。

王天木，一点头。白世维，撩起夹袍，掏出枪，对着房间里那个刚站起来的身子的胸部，"砰砰砰"就是三枪。那个人倒了下去！

枪声响了，茶房呆了！白世维快步跑到大厅，昂首阔步，走过旋转门，上了戚南谱的车子，一溜烟就走了。

外面一切如常，没有任何人来拦他们。张司机将车子开到东安市场，戚南谱和白世维下了车。戚南谱拍了张司机两下，张师傅还不知道怎么回事！

在场所有的人，都哈哈大笑！

郑介民随后发电报给戴笠汇报，又赶到中南海向何应钦汇报。陈恭澍也打电话给杨英，让他写个详细的报告给戴笠。

傍晚，郑介民从北平军分会得到确切消息："张敬尧已于下午三时伤重，毙命于德国医院。"

余韵

1933 年 5 月 8 日，北京报纸刊登新闻："巨商常石谷，在东交民巷六国饭店内，遇刺殒命,凶手逃逸无踪。"也有报纸刊作常世五的。这是张敬尧的化名。

陈恭澍后来了解的情况,张敬尧身中两弹,都在胸腹部肋隔膜上下,当时未死。饭店找来救护车,就近送到德国医院急救,因伤势过重,失血过多而亡。唆使张敬尧策动叛乱的日本军方哑巴吃黄连,连个屁都没有。张敬尧串联起来的那些准备叛变的家伙,见上司没了,也只能偃旗息鼓了。

张敬尧被刺杀的真正原因,陈恭澍先生也进行了交代:

"在日本'产经新闻'连载,由中央日报部译印的《蒋总统秘录》全部本第九册,第九十四页中,有这样一段记载,原文是:

'板垣首先意图将段祺瑞或孙传芳拉拢出来,但结果失败,接着则找到了早前曾任湖南督军的张敬尧乃至石友三等旧军阀接头。

张敬尧自吹自擂说和宋哲元有深厚关系,向板垣卖弄,板垣深信不疑,曾经给予三十万银圆的工作费。

四月十八日(一九三三年)板垣密电关东军报告说:'张敬尧预定四月二十一日发动政变,宋哲元同时响应。'并要求关东军为援助张敬尧的行动,加紧南下进攻。可是,关东军则于十九日奉到撤退命令,以致此策谋未见实现。"

按照《蒋总统秘录》当中的"编辑要旨",板垣征四郎报告关东军的密电是从官方文书中引用而来的,所以张敬尧准备发动政变的事情是有根据的。之所以变卦,陈恭澍推测可能是因为有人告密,而这个告密的人很可能是张敬尧拉拢的宋哲元。

在这里再补充说明一下当时的情况,也解释一点疑问。

张敬尧当时身边有一个参谋长、一个副官、一个马弁,总共三个随从。

张敬尧确实在三楼开了三个房间。

那么他怎么跑到二楼去的呢?

笔者认为,张敬尧做的是出卖国家民族利益的丑事,加上也是一个狡诈成性的军阀,深谙狡兔三窟的道理,所以给自己留了个后手,在二楼开了一个房间。这厮可能白天待在三楼,晚上睡在二楼。

想不到冥冥中自有安排,聪明反被聪明误。他不关窗户,要了他的命!

对于军统北平站和天津站联手刺杀张敬尧,北平军委会和军统方面都给予了奖赏。戴笠来电嘉奖,并通知:军事委员会委员长蒋介石即将召见有功人员;军统

"北平站"成立"行动组",由白世维任组长。白世维由"革命青年同志会"会员擢升为"三民主义力行社"社员,并获得高额奖金。白世维将这笔奖金拿了出来,为军统"北平站"和"天津站"购置了交通工具。

"天长节"的催命符
——虹口公园爆炸案

4月29日是日本天皇裕仁的生日,即所谓的"天长节"。每年的这一天,日本人都会举行庆祝活动。1932年的"天长节",在上海的日本人特意要搞所谓的阅兵式,以此炫耀他们在淞沪战争中的"胜利"。没想到的是,庆祝当天,会场传来一声霹雳巨响……

猖狂日军欲祝捷

1932年初,当国人悲愤于"九·一八"事变的国殇之中时,日军正为进一步谋求对中国内地的掌控权而蠢蠢欲动。为挑起事端,制造借口,日军在上海策划了一起"日本和尚事件"。借口上海"三友实业社"工人与5名日本和尚发生冲突,指使数十名暴徒放火焚烧了"三友实业社",煽动日侨集会游行。后发展为骚乱,袭击中国商店,打死、打伤中国警察3人,并趁机在吴淞口集结大批军舰,威胁上海市政

虹口公园爆炸案

府，提出道歉、惩凶、赔偿和取缔抗日运动等4项无理要求。尽管上海市政府接受了这些无理条件，日本海军陆战队仍在1月28日深夜1时左右强行占领了上海天通庵车站，兵分三路突袭闸北。上海军民奋起抵抗，担任沪宁地区卫戍任务的国民革命军第十九路军3万余名官兵，在京沪卫戍司令陈铭枢、总指挥蒋光鼐、军长蔡廷锴的率领下，同仇敌忾，英勇作战，"一·二八"事变爆发。

为求所谓的"24小时占领京沪"，日军不断增兵，并两次易帅。指挥官首先由海军少将盐泽幸一担任，后由海军中将野村吉三郎接替，之后又被陆军第九师团长植田谦吉接替。尽管兵多将广，但都被中国守军予以重创。最后，日本内阁决定组建上海派遣军，派遣陆军大将、前陆军大臣白川义则为总司令官，负责统一指挥正在上海作战的金泽第九师团、上海派遣混成旅团及准备增派上海的第十一、十四师团。

白川义则是个典型的战争狂人，曾多次参与入侵中国的行动，对中国人民犯下过不可饶恕的罪行。他1867年出生于日本爱媛县，1890年于日本陆军士官学校第一期步兵科毕业后，赴德国留学。次年被授予步兵下士官军衔。1894年，参加甲午中日战争。1898年毕业于日本陆军大学第十二期，晋升为步兵大尉。1909年晋升为陆军大佐，调任步兵第三十四联队联队长。1911年6月，任关东军十一师团参谋长，入侵中国东北。1913年调任华中派遣军司令官。其后，白川义则一路高升，先后晋升为陆军少将、中将，任日本陆军士官学校校长、十一师团师团长、陆军省次官兼航空局长官、航空本部部长。1923年10月出任关东军司令官，再次入侵中国。1925年晋升陆军大将，1927年擢升陆军省大臣，在他任陆军大臣期间，幕后策划了惨绝人寰的"济南惨案"。1932年出任侵华日军上海派遣军总司令官，指挥日军攻占上海。

2月26日，白川义则偕同幕僚从东京车站出发，于次日到达德县小松岛，乘第二舰队的"妙高"号旗舰，与第十一师团先遣部队同行驶向中国。一路意气风发，准备高唱凯歌的白川义则，做梦也不会想到此行上海即是踏上了黄泉之路。

29日，"妙高"号到达长江口。闸北八字桥一战，中国守军三失三得，给白川义则来了一个下马威。当中国军队准备围歼日军之际，白川义则发现了中国守军在左侧太仓浏河地区江防不足的弱点。他汲取前三任指挥官正面进攻失利的教训，于是决定从翼侧浏河登陆,两面夹击淞沪守军。3月1日,白川指挥第九师等部正面进攻淞、沪,同时以海军第三舰队护送第十一师团主力在七丫口登陆,迅速包抄守军后路。

此时,中日双方的实力已经发生了变化。上海日军总兵力增至9万人,军舰80艘,飞机300架,战斗力骤增。中国方面,除了十九路军外,蒋介石以中央军第八十七、八十八师及税警团、教导团为第五军,由张治中指挥,于2月16日加入上海方面作战;之后再调正在江西围剿共军的第十八军陈诚部入浙。尽管如此,中国守军总兵力还不足5万,装备又差,而且经一个月的苦战,补给不足,战斗力严重削弱。

3月1日,白川义则换乘"吹雪"号驱逐舰,从吴淞铁路码头登陆。同日18时30分,白川义则下达命令,十一师团于3月2日占领浏河镇,并与第九师团协同,在海军及空军配合下围歼中国守军主力。由于日军在太仓浏河登陆,形成腹背受敌的局面,于是中国守军全面从前线后撤。

3月3日,讨论上海停战问题的国际联盟大会在日内瓦召开,日军参谋本部发给白川义则的电报中要求"在三日内最低要在既定作战范围内尽全力急追敌人,给以打击"。因中国军队已经撤退,白川义则遂令日军于嘉定、南翔镇、真茹镇一线停止作战行动。3日,战事结束。

中国军队撤退后,整个闸北、吴淞地区的土地立即落入了日军的魔爪中。白川指使日本浪人等亡命之徒,到处放火焚烧,残杀上海人民,一时间横尸遍野,惨不忍睹。

3月24日,在英、美、法、意等国"调停"下,上海停战谈判会议在上海英国领事署正式召开,谈判了十多天,一无所成。

正当僵持之际,狂妄无比的白川义则却提出要借4月29日庆祝"天长节"(裕仁天皇的生日)之机,在上海虹口公园举行"淞沪战争祝捷大会",以炫耀日军在淞沪会战中取得的所谓"胜利"。这种耀武扬威的做法,无疑是对中国军民的公开侮辱和挑衅。时任行政院副院长兼交通部长的陈铭枢,在得知日军准备召开祝捷大会的消息后,训示参加谈判的中方代表向日方提出抗议,结果却遭到日军野蛮拒绝。

很快,日军预定于4月29日祝捷的消息传遍了整个上海,闹了个沸沸扬扬。

铁血锄奸初试手

对于日军如此肆无忌惮的挑衅行为，陈铭枢、蒋光鼐、蔡廷锴等决定采取一次破坏行动，狠狠打击日军的嚣张气焰。经过一番商议，他们认为最有效的破坏方法莫过于暗杀，即利用"天长节"这个机会把杀人魔王白川义则除掉，以泄国人心头之恨。但刺客如何找呢？这时，他们想到了上海"斧头帮"的首领，著名的"暗杀大王"王亚樵。

王亚樵是安徽合肥人，在上海闯荡的他拥有无产者千余人，经常参与和制造一些政治暗杀事件。1932年"一·二八"淞沪抗战爆发后，组建了以其部下余立奎为司令约有一千人的抗日救国决死军，配合十九路军奋勇杀敌，与十九路军领导人关系颇为密切。他们曾一度攻进四川路日军司令部，炸毁日军弹药仓库，使日军遭受了很大损失。之后又将手下的"斧头党"改组为"铁血锄奸团"，专门暗杀日军军政人员及汉奸。在此期间，王亚樵就曾经行刺过一次白川义则，可惜的是没有成功。

自淞沪战争爆发以后，中国官兵虽奋勇抵抗，将日本的坚船利炮抵挡在了黄浦江上，进不得上海半步，但南京政府所表现出来的妥协退让，让王亚樵这个铁血汉子心痛不已，他决定以自己的铁血锄奸团和敢死队来打击日本侵略者，一方面可以震慑一下嚣张的日军，另一方面也希望能以此警醒南京政府。

白川义则自抵达上海后，就一直在日军旗舰"出云"号上坐镇指挥。由于十九路军的拼死抵抗，日本海军陆战队对我军阵地已是连日强攻不克，日军不得不调来更多的战舰参与进攻。我军阵地在敌军密集火力下，伤亡十分惨重。只见此时的"出云"号傲立在数十艘敌舰中央，高高飘扬的太阳旗昭示着侵略者无尽的罪恶。

对此，王亚樵早已恨得咬牙切齿。"擒贼先擒王，只要能把这白川干掉，定能大振我军士气！"王亚樵思忖道，只是这白川整日缩在军舰上，从不到陆地半步，该如何下手呢？

面对着波涛滚滚的黄浦江，王亚樵很快就有了主意。他找到了以前的旧部余立奎，此人在十九路军的第二十一团任团长，他的炮兵团驻扎在高昌庙附近，紧挨着硝烟弥漫的黄浦江边。

"立奎，小日本的战舰把我们害得好苦。尤其是那艘不可一世的'出云'号，听说他们司令官白川就在那艘舰上，你的阵地就在江边，和白川那艘指挥舰近在咫尺。我们不如派人从水下偷袭，把那该死的旗舰炸掉！"王亚樵将他的想法告诉了余立奎。

余立奎多日来正为日军的舰炮所苦，听王亚樵这么一说，立刻眼睛一亮。两人如此这般地商量了一番，决定选派熟谙水性的勇士，"乘渔船、拖水雷出吴淞口，由守卫吴淞海防十九路军翁照垣旅暗暗护送至出云号兵舰附近"，再由"水手入海将水雷密送至出云号舰底"，然后引爆将其炸沉。

商议完毕，两人便分头行动。王亚樵负责在他的"铁血锄奸团"中挑选熟习水性的人，余立奎负责准备炸药、水雷。

2月29日，入夜时分，北风呼啸，黄浦江上波涛汹涌，寒风萧瑟。王亚樵带着精心挑选的两名勇士来到江边同余立奎会和。数十里外的"出云"号在夜幕中若隐若现，正随着波涛上下起伏，白川等日军指挥官此时正在舰上开会。这正是千载难逢的好机会！

几名壮士喝下烈酒，满怀"风萧萧兮易水寒，壮士一去兮不复还"的悲壮情怀，登船驶离了江岸。

渔船到达目的地后，壮士们首先把水雷和炸药"全部下到江底"，再由两名"水鬼""下到黄浦江底，把水雷、炸药运到出云舰底下放好"。一切放置妥当后，两名水手返回渔船，引爆了水雷和炸药。

遗憾的是，由于水雷位置放置不当，最终只将"出云"号炸出一个大洞，没有将它葬身水底，白川得以苟延残喘。

王亚樵万分痛心，他暗暗发誓，只要能找到机会，定要白川血溅上海！

共谋反击激士气

侥幸逃脱的白川义则根本没有意识到他已成为众矢之的。这次又叫嚣着要举行什么祝捷大会，无疑是进一步将自己往鬼门关里送。

陈铭枢同王亚樵素有交情。淞沪抗战期间，杀敌锄奸的王亚樵曾被陈铭枢"以国士许之"。这次他亲自来到上海会见王亚樵，目的就是商议刺杀白川义则的事情。

"九光兄，小日本侵略了我们国土不说。如今还要在虹口公园开祝捷大会，在我们土地上耀武扬威，简直欺人太甚！"陈铭枢见到王亚樵后便直接开门见山，"政府对此一直忍让，我作为一个中国人却不能坐视不管！今天来就是与九光兄共同商量对策，定不让小日本阴谋得逞！"

王亚樵同样义愤填膺："日本人这是欺负我国中无人！上次让他逃过一劫，这次他居然又要出来庆功！陈先生你放心，我定会将矮日本祝捷会场捣毁，也让我们出出这口恶气！"

两人最终商定，派人混进祝捷会场，用炸弹将敌酋炸死。

王亚樵知道这正是他等待多时的绝佳机会。上次炸舰事件失败后已经打草惊蛇，白川的军舰从此远离江岸，并在停泊周围水域布下电网，再想靠近已是千难万难。即使是设在陆上的司令部也是戒备森严，出人都有侍从副官和一班卫士尾随，外人根本不可能接近。这次白川义则主持这个"天长节"庆祝大会，倒是一个天赐良机。他马上找到十九路军后方办事处主任范志陆，两人就行刺事件商量了一番。范志陆认为事情重大，要向十九路军长官请示。而蔡廷锴将军对于只要是抗日的行为，一律给以支持。经费则由华侨捐款中拨一部分给予支持。

有了活动经费，王亚樵接下来要考虑的就是如何进入会场了。庆祝大会规定，只允许日本人和朝鲜人进入会场，中国人不准入内，否则格杀勿论。王亚樵思量，进入会场进行暗杀的人，必须是日本人或朝鲜人，这个人必须智勇双全，胆大心细，但到哪里去找这样一个人呢？这时他想起了他的旧识，朝鲜独立党人安昌浩。在此之前，王亚樵和安昌浩曾于信仰无政府主义（即安那其主义）的景梅九教授处结识，共同出入过孙中山先生之门。"九·一八"事变后，王亚樵在上海反日锄奸，与安昌浩互为支援，在独立党经费困难时，他曾把一个印刷厂无私相赠。

"他那边有懂日语的朝鲜人，或许能有办法。"王亚樵寻思。他想到他的弟弟王述樵，人较矮，貌似日本人，又会说日本话，于是就叫王述樵假扮日本人，到霞飞路宝康里找安昌浩，请他到静安寺路沧州饭店与王亚樵会面。

韩国义士担重任

安昌浩，朝鲜平安道人，是"流亡上海的临时政府要人，韩国独立运动的元老",一个"把一生完全献给了独立运动的清白的有良心的爱国志士"。早年留学美国,回国后积极办报、办学,从事启蒙运动。1910 年,日本强行吞并朝鲜,国破家亡的安昌浩辗转中、美等国发起朝鲜独立运动,以雄辩著称一时,拥有一大批崇拜者。1927 年 2 月曾经到吉林为朝鲜侨民做了题为《朝鲜民族运动的未来》的演讲,"每句话里都充满了爱国热情",为此遭到了奉系军阀逮捕,关了二十多天后获释,回到上海。1929 年 3 月 1 日安昌浩、金九等人在上海组建了韩国独立党。有着亡国之恨的他,多年来一直为了祖国新生而从事反日活动。

安昌浩应约来到沧州饭店,听完王亚樵的计划后,他一口答应:"中韩两国彼此相依,唇亡齿寒,为了对付共同的敌人而战斗,又何分彼此呢?"

王亚樵

王亚樵听后十分钦佩,当即放心地将 4 万元活动经费交与安昌浩。

安昌浩回到宝康里后,连夜召集金九等朝鲜独立党人开会,商议具体行刺方案。

金九,号白凡,韩国著名独立运动家,被誉为韩国国父。一生颇具传奇经历。据他自称,21 岁时"开始余之冒险事业。是年,我韩在事实上虽为独立国,然日已蹂躏汉城,入宫残害我后,于是全国震动,余即密图复仇。余尾随残贼土田大尉至韩国黄海之安岳,徒手杀之"。后被捕判处死刑,"旋经韩王干涉,缓刑三年,余乘机越狱,化装为僧"。1909 年安重根击毙伊藤博文,以及 1911 年寺内总督被刺案发后均遭株连逮捕,后因几次大赦,始终没有暴露真实姓名的金九于 1916 年获释。1919 年"三一"运动后他流亡到上海,担任不久前成立的"韩国临时政府"警务局长,专门负责锄奸、防特,几年后成为临时政府首脑。为打破无所作为的沉寂状态,1931 年组织特务队"爱国团",并将临时政府财政收入的一半作为特务队活动经费。"爱国团"成立后首次重大行动就是 1932 年 1 月 8 日李奉昌义士在日本东京樱田门前暗杀日本天皇案。当时,裕仁在参加日本陆军阅兵式后,车队在卫队严密保护下缓缓驶向樱田门。当裕仁的黑色轿车开到李奉昌面前时,跪在人群中的他一跃而起,将一枚手榴弹投向裕仁座车,但误中了后面的副车。他接着投出第二枚,这次准确击中了裕仁的汽车,可惜的是,这是枚无法爆炸的哑弹。天皇由此躲过一劫。

素来"把恐怖行动作为独立运动的基本方针"的金九在听说刺杀日将白川义则的行动后,当即表示极力赞成,立即开始着手准备。他吸取李奉昌因炸弹性能太差而行刺失败的教训,在炸弹制造上花了大力气。

金九首先到西门路拜访了韩侨王雄,让他同上海兵工厂厂长宋式骉取得联系,制造易于携带、威力强大的炸弹。金九的想法是弄几枚大型定时炸弹,以确保足够的威力。但是兵工厂专家们表示做不到,除了当时炸弹制作技术上有些问题外,炸弹专家们另外也有自己的想法,即凡是日本人聚集的地方,必然首先由军人或炸弹专家用探测器检查一番,如果是定时炸弹的话就很容易暴露。

金九细想的确如此。此时,一份名为《上海日日新闻》的日本报纸上的一则消息吸引了金九的注意。上面写道:凡是于4月29日参加祝捷大会的旅沪日侨都要携带饭盒(铝制长方形饭盒,日本人称之为"便当")一个,水壶(军用水壶)一个及日本国旗一枚。看到这个消息,金九心中立刻有了主意,何不制造像日本人携带的水壶和饭盒形状的小型炸弹? 这样就能在不被发现的情况下神不知鬼不觉地带入会场了。

于是金九要求兵工厂在三天之内将这样的炸弹制作出来,既要小巧,又能保证威力。为了保险起见,金九于第二日亲自到设在江南造船厂里的分兵工厂去了一趟,在炸弹制作者中国技师王伯修的指导下,试验水壶和饭盒这两种炸弹的性能。技师等人首先在院里挖了一个大坑,坑里四周衬上铁板,然后把炸弹埋到坑里,雷管上系一根长绳,一人伏在数十步外拉爆,只听得坑里霹雳般一声巨响,铁板碎片直冲天空,蔚为壮观。就这样一共试了20多个雷管,无一失效,才最终安装在了要投掷的炸弹里。如此不厌其烦,反复尝试,目的就是为了确保炸弹性能的万无一失。

第三天,兵工厂的人用汽车将水壶与饭盒型的炸弹送到了西门路王雄家,一共有20多个。金九脱下平日穿的破烂装,换上整洁的西装,一次携带两个炸弹,将它们全部藏在了法租界的一位同胞家中。

接下来便是物色合适的人选了。这个人必须有胆有识,行事谨慎,做事果断,并且要有坚强的意志,要有舍生取义的精神,随时准备为国家的独立做出牺牲。他想到了尹奉吉。

丈夫离家生不还

尹奉吉,本名禹仪,字镛起,雅号梅轩,别名奉吉,能写汉文诗,会讲一口流利日语。尹奉吉于1908年6月21日出生于朝鲜忠清南道礼山郡德山面柿梁里,那是一个青山环绕,绿水长流的地方。礼山正如其名,历来都有重礼、重德、重义的传统,因此它也被称为"义烈之乡",在朝鲜历史上出过许多名人。

尹奉吉出生的年代正处乱世春秋,那时的朝鲜王国在日军的侵犯下已是名存实亡,在尹奉吉3岁时,他的祖国即沦为日本殖民地,国恨即家仇,这些都为尹奉吉幼小的心灵种下反抗的种子。

尹奉吉6岁时跟随伯父学习汉文,7岁进私塾,在当地有"才童"之称。但幼小的他活泼好动、急躁倔强的性格也是出了名的,以致周围同学给他一个绰号"狸子"。他曾在《自书略历》中这样描绘自己:"特别性急、刚强,和同辈争执的时候从不服输。挨先生打的时候也没掉过眼泪。"

1919年,12岁的尹奉吉进入德山公立普通学校接受所谓的"新式教育",这是一所日军为实行殖民教育而创办的四年制学校。当年的3月1日,朝鲜爆发了规模浩大的独立运动,史称"三一运动"。受民族意识激发的尹奉吉也投入到了这场运动中,他毅然从学校退学,表示"那里只会把人教育成日本人","让我们成为他们的奴隶"。

此后尹奉吉拜梅谷先生为师,钻研四书五经,同时接触西方新知识,培养自己的品行,开阔自己的视野。其学问与文采与日俱进。更为重要的是,他的志气也越来越非同凡响。

尹奉吉在16岁那年的中秋节诗会上曾作诗一首,并一举夺魁。从中我们可以看出这位后来的义士的确是"自古英雄出少年",这首落韵连环诗体现了他怎样的抱负!诗曰:

不朽名声士气明,

士气明明万古清。

万古清心都在学，

都在学行不朽声。

年纪稍长的尹奉吉时刻不忘祖国独立，他在不断探索属于自己的救国之路。19 岁时，尹奉吉创办了夜校，开展农村启蒙运动，他认为只有"精神革命，才是让生活红火起来的捷径，进而才能赶走日本人，用自己的双手重建家园"。他亲自编写《农民读本》，教授贫苦农家子弟，如此孜孜不倦 5 年。在此期间，尹奉吉还创建了月进会，将他的启蒙理论落实到实践中，鼓励农民上山植树，饲养家畜，以增加收入。

随着朝鲜国内独立运动的愈演愈烈，尹奉吉再也按捺不住。他决定弃家外出，像那些流亡海外，开展反日独立运动的朝鲜仁人志士那样，踏上爱国救亡之路。

1930 年 3 月 5 日，23 岁的尹奉吉不辞而别，留与年轻妻子一封书简，内称"丈夫离家生不还"，他已立志将自己的生命奉献给国家之独立，人民之自由的伟大事业中。

尹奉吉先是途径满洲，然后赴青岛，最后前往上海。他之所以选择上海，是因为这里是韩国临时政府所在地，他能在这里接触到独立运动的领袖们。由于上海重要的国际地位和独特的地理位置，一直是韩国独立运动人士最为活跃的舞台。

来到上海的梅轩可谓举目无亲，生活困苦。但理想的火焰从未熄灭，他在《自书略历》中写道："虽然没有人迎接我，但达到了目的地，仅此足以让我高兴。"

很快梅轩结识了安重根义士的弟弟安恭根，在他的推荐下，梅轩进入了同胞实业家朴震的一家工厂打工，解决生计问题。期间多次要求参与"大事"，一直苦于没有机会。后化妆成卖菜小贩出入虹口日租界，专门收集情报。

在朴震介绍下，梅轩结识了金九。怀才不遇的梅轩向金九倾诉了自己的一腔热血，他说："先生，我心中珍藏着爱的炸弹。我希望为了祖国独立，投掷出我的身体和心中的炸弹。"

对于金九来说，尹奉吉无疑是最合适的人选。除了胆大心细，有献身精神外，他还具有其他人无可比拟的优势：言谈举止能做到与日本人一般无异，并且初来乍到，从来没有上过日军黑名单，不会引人注目。当金九将爆炸计划告知尹奉吉时，他顿时激情澎湃,欣然受命。

1932 年 4 月 26 日,尹奉吉在朝鲜人居留民团团长室宣誓加入韩国"爱国团"。站在大幅韩国国旗前,他照了一张相,这张照片至今仍广为流传。只见他左手紧握一枚手榴弹,右手持一把手枪,胸前挂着宣誓誓言,上面写道:

宣誓文,为了祖国的独立与自由,我以一颗赤诚之心加入朝鲜人爱国团,发誓击毙侵华日军将领。朝鲜民国十一四年四月二十六日,宣誓人尹奉吉,朝鲜人爱国团前。

之后数日尹奉吉都沉浸在了忙碌氛围中。购买日本国旗;搞到白川照片,牢记敌酋面目;学习炸弹的使用方法。最重要的,就是去虹口公园实地考察地形,研究炸弹投掷位置。每日他都会和李东海(女,爱国团成员之一)扮作情侣前去游园,心中却已默默将现场情况记得一清二楚。

时值百花盛开的时节,虹口公园内也是绿茵一片,繁花似锦。想到数日后即将做出惊天动地的壮举来,壮怀激烈、踌躇满志的梅轩更觉"今年花胜去年红"。可叹是此行不复有归路,"春草明年绿,王孙归不归?"

28 日晚,尹奉吉思绪纷飞。他想起了远在国内的父母兄弟,想起了他的妻子和两个儿子,小儿子是他离开朝鲜后出生的,连长什么样都不知道。如今即将永别,他提笔在灯下给两个儿子写了一首短诗,这也是最后的诀别。

给襁褓里的两个战士
——给两个儿子淳和淡
如果你们也有血有肉,
一定要成为为国而战的勇士。
让太极旗高高飘扬,
来到我的孤单的墓前,洒一杯醇酒。
不要因为没有父亲而伤心,
你们还有亲爱的母亲,母亲的厚德培育栋梁。
纵观东西方历史,
东方有先哲孟子,
西方有法兰西革命家拿破仑,

美国发明家爱迪生。

我希望,

你们的母亲是他们的母亲,

你们,就是他们。

孤胆英雄,侠骨柔肠!

是夜,金九独自带着两枚炸弹来到了韩侨金海山家,称尹奉吉将前往东三省执行重要任务,托金海山夫妇买些牛肉,明日一早准备早餐,为尹奉吉饯行。

取义成仁今日事

29日清晨,尹奉吉和金九在金海山家见面。金海山特地为他做了一碗喷香的牛肉面,梅轩知道这是他最后的早餐,但却吃得津津有味,"他像农夫准备下田去干活似的,神情泰然自若"。吃完早餐,时钟敲响了7点。他拿出几天前花6元钱新买的手表,换了金九价值2元的旧表,说已经用不着这么好的表。

出门后,金海山叫了一辆出租车,上车前,尹奉吉把口袋里的钱都掏出来交给了金九。"为什么不带点钱呢?"金九问。尹奉吉说:"给过车钱还可以剩下5、6元。"两人互道珍重,金九哽咽道:"来日九泉之下再见!"车子发动,此时的金九已是泪如泉涌。

日军敢冒天下之大不韪,在中国土地上搞祝捷大会,现场戒备自然异常森严。据当时《中央日报》报道:"日陆战队武装出防,电车、公共汽车均禁止通行,华人亦不得通过,交通断绝。虹口军队有第九师团机关枪、骑兵队、步兵队、野炮队、辎重队6000余人,海军铁甲车6辆,机器脚踏车队、救护车队3000余人,宪兵队千余人,合计万余人。另有陆军铁甲车14辆,骑兵处机脚踏车为前导,四周更有武装巡警严密看护。"除了日本人和朝鲜人,其他各国外交官和上海市市长等人也只有凭借请帖才能进入公园。而且日军对于请帖发放的数量也严格控制,就上海市官员来说,仅有正副市长每人收到了一张。

另外,日军还在公园正门安排了四个持枪哨兵,大门前面路上设置三层防线,武装宪兵和便衣警探严密监视过往人员。从上午9点到12点,通往公园的1路电车和2路公共汽车禁止通行。真正做到了三步一岗,五步一哨,在这种严密防控下,恐怕连只苍蝇都难以飞进去。当然,一旦爆炸发生,尹奉吉想要逃出来也是绝无可能。

尹奉吉到公园门口下车,混入日侨队伍中大大方方地走向公园。此时的他,一派绅士派头,戴着粗框眼镜,身穿西装,外面套一件风衣,脚踏皮鞋,右肩斜挎"致命"的军用水壶,右手拿着炸弹饭盒和日本国旗,加上一口流利日语,俨然一副日本侨民模样。没人会怀疑他的身份,就这样他顺利通过重重防线,大摇大摆地进入了会场。

进场后,尹奉吉立刻挤到前面去占据有利位置。他停在了距主席台十多米的地方,前面是被动员来参加祝捷的日本学生,后面是日侨。

很快,日酋们纷纷"闪亮登场"。只见白川义则身着笔挺军装,昂首挺胸,趾高气扬地登上了主席台。接下来第九师团长植田谦吉中将、海军第三舰队司令官野村吉三郎、驻上海总领事村井仓松、日本驻沪居留民团行政委员长河端贞次、日本驻华公使重光葵、上海居留民团书记长友野,以及英、美、法等驻沪领事也鱼贯而入,依次就坐在检阅台上。

上午9点半,庆祝大会正式开始。第一个活动是阅兵式,检阅官为白川义则,总指挥为第九师团长植田谦吉,参谋长为田代皖加。首先鸣礼炮21响,接着由阅兵总指挥植田谦吉下令检阅开始。受阅部队以第九师团为主,十一、十四师团代表部队及军直属部队、海军和航空兵部队共约1.5万人依次通过检阅台,接受白川义则的检阅。检阅先从公园外部开始,在园内举行分列式。特邀请日本海军舰队司令部附属乐团演奏进行曲。

主席台是临时搭建的一个高2米,宽6米的台子,四周用高约2米挡板围起。后面站满了日本宪兵,形成了一个戒备森严的半圆形警戒线。

尹奉吉混杂在人群中,目不转睛地注视着主席台上的一举一动。他一边观察,一边挨到离主席台只有5米的位置。周围的日侨们正挥舞着国旗大声欢呼,如痴如狂,谁也不会注意尹奉吉的举动。看着主席台上日军军官们一副不可一世的神态,他强按捺住心中怒火,因为此时台上不仅仅是日本人,他不想伤及无辜。他就像一只潜伏中的猎豹,静静地、耐心地等待着投弹的最佳时机。

11点左右,阅兵完毕。各国领事因本国政府早有指令,在中日冲突中严守中立,只参加"天长节"庆祝活动,回避"祝捷"活动,故纷纷退场。

台上只剩下了一班日本人。他们接着举行日侨团主持的"天长节庆祝大会"。此时主席台上一字排开7个军政要人,从左至右依次是友野、白川义则、植田谦吉、野村吉三郎、重光葵、河端贞次、村井仓松。

日军开始军民联欢,庆祝所谓的"淞沪战争胜利"。白川义则首先代表军界发表了演讲,大肆鼓吹日军在淞沪战争中取得的所谓赫赫战果,无耻鼓吹"侵略有功"等殖民理论,大肆叫嚣"武运长久""圣寿无疆"等等。

台下尹奉吉见主席台上只剩清一色的日本军政官员,知道机会来了。此时,天空开始飘起微微细雨。

11时30分左右,祝捷大会进入高潮。民团行政委员长河端宣布开会并致辞后,村井总领事宣读简短祝词,然后全体肃立齐唱日本国歌《君之代》。18架日本飞机在歌声和礼炮声中呼啸飞过。这时小雨越来越大,身材高大肥胖的白川和野村、植田、重光葵、河端等站在主席台上,在雨雾弥漫之中昂首挺胸地高唱着国歌,身体纹丝不动。

时针指向11点40分,尹奉吉见时机已到,当国歌即将结束时,他不顾一切冲了出去,拔起水壶炸弹的安全扣,奋力将炸弹扔向主席台。炸弹在空中划了一道弧线,落在了主席台中央偏一点的地方,正中重光葵和河端之间的脚下。野村眼尖,惊呼一声:"炸弹!"猛力拉了重光葵一把。

只听得"轰"的一声巨响,主席台上烟尘四起,血肉横飞。炸弹威力十分强大,惊天动地,震耳欲聋,几乎要把主席台震翻。连阅兵台后面的观众都被震倒一片,其爆炸的力度可想而知。重光葵被炸弹炸到半空,又如风中落叶一般掉了下来,落地后血肉模糊,一片呻吟;总领事村井的面部已然口目不分;植田的一边面颊,全部被炸去,左脚跟连同鞋子一同被炸飞;野村左眼被炸瞎,捂着脸大声号叫。而那位留着八字胡须,体态肥胖魁梧的白川,则如同一件玩具一样被抛了起来,接着又重重摔了下来,早已不省人事。只见台上日酋纷纷倒下,残肢断腿四处可见,尹奉吉的这一掷,可以说是来了个"大满贯"。

先前热闹欢腾的虹口公园犹如煮沸了的大锅,只是换了一种"热闹":哭声、喊声、叫声响成一片,原先秩序井然的人群四处逃窜,混乱不堪。由白川主持的祝捷大会霎时变成了白川的送葬大会,庄严庆祝会,顿成凄惨阎罗殿,"天长节"成了哭丧节。

尹奉吉看到台上敌酋均被炸倒,心下痛快。他既死意已决,也就不再思量怎么逃脱,而是面对着扑向他的日军大声喊道:"大韩民国独立万岁!"在场的外国记者们当时描绘尹奉吉被捕时的情形,说他恰似"一头愤怒的狮子"。

取义成仁今日事,人间遍种自由花!

日军迅速将台上的受伤人员安置到附近医院救助。河端腹部和胸部受致命伤,当场死亡。白川义则被炸的遍体鳞伤,面部被炸伤8处,牙床碎裂,腹部、双臂和两腿被炸伤30余处,血流如注。日军将他紧急安置到平凉路日本兵站医院,经过军医紧急手术,共从他身上取出204块大弹片,小片无数。5月26日,终因伤势过重,一命呜呼。

当白川的死讯传到日本国内时,裕仁天皇特地作了一首诗:"少女雏祭日,止战谋和时;丰功不可灭,留取长相忆。"并封白川义则为男爵,尸体被盛殓运回国内。当时,有一位中国记者在编发新闻时,用了这样的标题"乘军舰而来,躺棺材而去!"

其他日寇总算捡回一条命:村井腹部炸开,右腿上弹片累累;植田炸伤左脚,留下一趾;友野左胸、右臂受伤;野村中将左眼球暴突,一目失明,成了"独眼龙";而

裕仁天皇

"大名鼎鼎"的重光葵被炸断一条腿,安上了假肢。13年后,新任外相重光葵作为日本首席代表,拖着假肢吃力地爬上"密苏里"号战舰,在众目睽睽下,一瘸一拐地走上甲板,在日本无条件投降书上签字。

这次爆炸总计死伤13人,尤其是敌军大将白川的死可谓大快人心。这位在入侵中国的多次战争中扮演重要角色的战争狂人,最终死在了被他侵占的国土之上,血债需用血来偿,他得到了自己应有的下场。

虹口公园爆炸的喜讯很快传遍了整个中国，国人无不额手相庆，欢欣鼓舞。国际上也为之轰动，英国报道说："天长节爆炸，证明日本以武力占领中国必遭强烈反抗，也必将难以得逞。"而白川也就此成为全面抗战爆发前在中国毙命的日军最高将领。

昭布真相释嫌疑

事件发生后，中国各大报刊纷纷发布号外消息，报道这一"惊天新闻"。日本报纸《朝日新闻》在当天快讯中称凶手是中国人，但第二天便纠正了，尹奉吉的名字以大字标题上了报纸首页。4月30日的南京《中央日报》援引路透社的新闻，较为客观地报到了这一事件，现摘录如下：

【中央社上海二十九日下午二时路透电】日本白川大将、植田、日本驻华公使重光葵、驻沪总领事村井与另一日人，今日正午在虹口公园举行日皇生辰庆祝典礼时，被一高丽人所掷炸弹炸伤。重光葵和村并受重伤，据云有生命危险。白川大将与植田伤势亦颇重云。阅兵典礼举行后，军队已列队走完，日本小学校学生排队人虹口公园，听总领事村井演讲。……阅兵台后观众人群中，忽有一高丽人向阅兵台掷一炸弹，该炸弹落台正中央而爆发，台上人均受重伤。尤以重光葵和村井为最重。

今日正午掷炸弹炸伤白川、重光葵、植田和村井之高丽人，经问询后，得悉名尹奉吉，年龄二十五岁，现拘于日军司令部。上海各无线电广播台均随时报告该项新闻，各报均赶发号外，为上海近数年来最惊人之消息。

而同一天，《上海日报》用了另一种报道风格，绘声绘色地描绘了当时的场景：

上午11时半，日方要人已检阅军队完毕，重光公使登台演说，其他如领事村井、大将白川等军要均站立于司令台上。其时，天忽下雨，白川等抬头看天，讵知头方仰起，而巨量之炸弹同时飞来，轰隆一声，似山崩地裂。此时，天雨与泥沙齐飞，及至睁眼看时，中央之司令台，早已倒塌。霎时间，人声鼎沸，纷纷选避，纷乱不已。炸弹下要人尽变废人。

日军欲将天长节爆炸案归罪于中国人，企图借机发难，为侵略中国找到口实。当时日本特务机关认为"金九等一派从中国抗日团体接受资金，炸弹等方面的援助,在爱国团的名义下,指使无知无赖之徒进行了上海新公园的爆炸事件……他们越来越受到中国官方和民间的同情和保护,得到中国要人的谅解"。但爆炸发生在日租界,扔炸弹的又是韩国人,一时难以找到证据。他们只能对尹奉吉滥施酷刑,企图从他嘴中得知幕后主使。但尹奉吉誓死不屈,称"大韩民族老少皆我同党"。

作为虹口爆炸案策划人之一的王亚樵,很清楚日军接下来的行动会是什么。就如何安置这些朝鲜志士问题,他已做了不少善后工作。他嘱原救国决死军司令余立奎等人买下上海法租界圣母院路庆顺里的"公道印书社",给斗士们暂作栖身之处。这方面的经费一方面由陈铭枢筹给,一方面由褚辅成、朱庆澜等人在上海慰劳金项下拨支。

29日下午三点,金九通过号外得知尹奉吉获得成功的确切消息,立即下令关闭朝鲜居留民团办公室和临时政府办公室,并派人通知较有名的反日志士避难。

日军同时在法租界韩侨居住区开始了大规模的搜捕行动。据当时《申报》报道,日使馆派便衣警探数十人,分上12辆卡车,直驱法捕房,要求急往法租界各处搜捕所谓的反日韩侨。在日本强大压力之下,法捕房被迫答应,结果逮捕了17人。

遗憾的是安昌浩未能及时躲避追捕。照金九的讲法,虹口公园爆炸案发生的当天他写了一封信交人急速转交给安昌浩先生,信的内容是:"从上午10点左右起请不要在家里,会有重大事件发生。"下午四时,安昌浩在上海法租界被日本警察逮捕。由于日军抓不到安昌浩与虹口公园爆炸案有关系的确凿证据,再加上安被捕后,上海民众团体联合会,上海总工会,各大学教授抗日会,中韩抗日大同盟等抗日团体联名发出抗议,认为日本在我国领土内,滥捕韩侨,并不经我国司法手续,实在是对我国司法权的蓄意破坏,最终安昌浩被判四年徒刑。

金九本人带着几名亲信搬到住在法租界的美国神甫费吾生家中,费吾生是基督教青年会的人,他把他家的二楼让出供义士们栖身。5月10日,金九看到接二连三的韩侨被捕,而日本方面又企图指控中国政府同这一事件有关,他觉得不能坐视不管,于是口述一份声明,以韩人爱国团首领的身份在《申报》发表一封公开信,宣布对此事件负责。他在声明中写道:

"虹口公园之爆炸案,日方力图和某机关相连,以求达其目的,真相今犹陷于黑暗之中。

余为此次全部事件之主使者，为人道与正义及希望唤起友人，从事打倒日本侵略政策之工作起见，特将本案真相昭告世界。余今不复在沪，故可直言不讳。

计划与实施：盖日本已成为远东及世界和平之威胁，故余决意向世界和平之仇敌，人道与正义之蟊贼报仇雪恨。派尹奉吉于4月29日往虹口公园，暗杀敌军领袖。4月29日晨，余召青年爱国者尹奉吉至寓，授予手制炸弹以杀敌。彼肃然受命，遵行余之训令，乃彼时含泪握手，期以来世相见，余遂雇一汽车，载彼往虹口公园，祝其成功而别。

……余为谁？为此文者金九，即日人竭力追捕者。年五十有七，余之余生，誓奉献于救国与觅求国人永远自由之役。余自1896年时，即开始冒险事业，30年来，余始终未露真实姓名，故获保全性命，余知个人之生命，即在指顾之间。因循途中国，以余力与日本奋斗，而世界列强则不愿与之为敌。余之武器，惟手枪数支，炸弹数枚，今后余仍将奋斗不懈，非至我国恢复独立，绝不终止也！"

浩气长存天地间

虹口公园爆炸案在中国大地激起了一阵旋风，尤其引起了国民政府的重视，使其开始重新认识金九领导的韩国临时政府。可以说，虹口事件是国民政府与韩国临时政府关系的一个转折点，如果说在此之前"国民政府碍于国内与国际环境的某些制约因素，在对韩国志士抗日复国斗争的支持方面还有许多顾虑与缺乏力量的话"，则此事件后，国民政府对于韩国独立运动的支持"就比较积极、直接与有力了"。这些支援如同雪中送炭，使艰难中的临时政府克服了重重困难，为中国抗日战争及韩国独立做出了应有贡献。

金九自公开坦承责任之后，各界反响十分强烈。日方此时才弄清虹口事件真相，马上把捉拿金九的悬赏金额由40万提高到60万元。而国民政府也开始"迅速行动，保护金九和临时政府诸位领袖，帮助他们逃离上海，并开始与其合作"。对此，金九在《白凡逸志》中写道，时在南京中国国民党中央党部就职的韩国人朴赞翊"立即来到上海，他会见了中国人士，活动的结果，不仅在物质上而且在其他各个方面提供了很多方便"。

其中最重要的是得到了同盟会元老，上海法学院院长褚辅成的支持，安全转移到褚的家乡浙江嘉兴避难。不久为躲避日军在沪杭线一带的追捕,又由褚辅成的儿媳朱氏亲自单独将金九从嘉兴护送到海盐,在她父亲朱少虞的载青别墅住了半年之久,终于转危为安。

5月25日,上海派遣军军法会议判尹奉吉死刑,罪名是杀人、伤害、违反爆炸物取缔罚则。11月下旬,日寇将尹奉吉解至日本,关押在大阪陆军刑务所,12月17日再转到第九师团司令部所在地金泽。第九师团是"一·二八"事变中日军的主力作战部队,其成员都由金泽地区人士组成,故又称金泽师团。其师团长不是别人,正是虹口爆炸案中被炸成重伤的植田中将。

1932年12月19日上午7时40分,25岁的尹奉吉被秘密枪杀于金泽郊外的三小牛工兵作业场,结束了他悲壮而又英勇的一生。就义前,他表示:"我是朝鲜男儿,完成了我该做的事,没有任何迷恋,就此上路了。"尹奉吉被处死后,其遗体又被日军草草埋在了一处十字路口,每日人来人往,烈士的遗体就这样任人践踏。

1946年,韩国同日本一些正义人士经过一番搜寻,终于找到了烈士的"暗葬"之地,此地已成为一片垃圾场。烈士遗骨被取出后,终于被运回了自己的祖国,以最高规格举行了葬礼。现在,尹奉吉的家乡和韩国独立纪念馆均有他的铜像。而在烈士就义之地,日本金泽,还有一块"尹奉吉义士殉国纪念碑"。

尹奉吉义士之壮举,恰如金九当年所赞颂的:"闻此巨响而大叫痛快者,岂独三千万韩人乎?四万万五千万华人宜有同感也。死于沪战之数万生灵。从此九泉冤魂可瞑目矣。噫!匹夫有志,可夺三军之帅;真诚心忧国者,当此危急之秋,岂可不亟起奋斗乎!"

为了纪念这位勇敢的孤胆英雄,1965年,韩国政府在尹奉吉故宅后院修建了纪念塔。1968年,为其修建了忠义祠。1972年,尹奉吉出生旧宅、故居、忠义祠被指定为史迹第229号,其遗物被指定为国宝。礼山郡自1972年起,每年的4月29号举办"梅轩文化节",以追思民族独立英雄尹奉吉义士。

而在义士当年发起壮举的地点——中国上海市的虹口公园(今鲁迅公园)里有一幢富于韩国民族建筑风格的二层亭阁——梅亭。这是中国人民为永远记住尹奉吉而专门修建的。

军统原来是幕后推手
——再探"南京毒酒案"

詹长麟是一个小人物。

詹长麟是一个普普通通的老百姓。

詹长麟是一个最基层的卧底特工。

然而,詹长麟却是一个成功的刺客。

他善于"亮剑"。他的"亮剑",不在于"逢敌必亮剑",而在于隐忍不发,他真正做到了坚忍不拔。他的亮剑,一出手就是杀手铜,在最恰当的时刻用最恰当的手段,给予侵略者最大的杀伤。他的亮剑,为抗战初期兵败如山倒的国民政府,为亿万担心国家民族前途和命运的爱国者,注射了一支强心剂。笼罩在抗日军民心头的阴霾被一扫而空。

詹长麟这样的小人物所拥有的坚韧和隐忍以及瞬间爆发的力量,才是中华民族生生不息的生命力的真正源泉。在中国近代历史上,中华民族遭受了太多的苦难,遭受了太多的横暴侵略。发自这些小人物炽热胸膛的吼声,尤其是他们义愤填膺的时候的吼声,将震碎敌胆!

"诚心诚意杀人"

关于詹长麟的传奇故事。近年来报道不少,尤其是央视《寻找英雄》栏目组

詹长麟

专门采访詹长麟老人之后,这位低调的老人的故事已广泛地传播开来。节目播出一段时间后,《寻找英雄》栏目组择其精华,将其寻访中国民间英雄的故事结集出版,汇集成《寻找英雄:抗日战争之民间调查》一书。

通过詹长麟老人和其子詹文斌以及相关专家学者的娓娓讲述,一个有血有肉

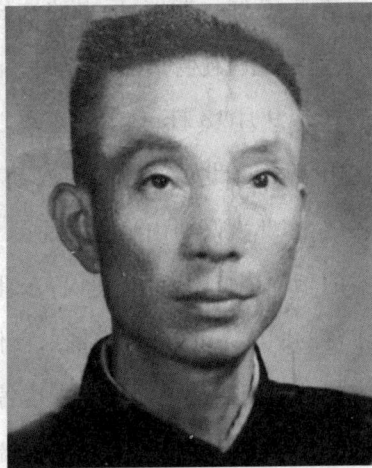

的、沉静淡泊的,却能够在瞬间爆发出巨大力量的质朴老人出现在观众面前。当记者问到,平时对你比较和蔼的日本书记官,被你毒死,你后不后悔?一直波澜不惊的詹长麟老人,突然用拐杖狠狠地戳着地面,大声叫道:"我是诚心诚意杀他们的,我是中国人啊,我要报仇呀!我要我的祖国呀!"记者写道,他听到这句话时,"血往上涌"。我没有看到那个节目,只是在《寻找英雄》这部书中看到了詹长麟老人的电视截屏,一个双手握着拐杖的、穿着灰布中山装的慈祥老人。当我看到这段文字时,我已经是热泪盈眶了。

其实这个传奇,不仅仅是詹长麟一个人的,他的哥哥詹长炳也有功劳。

老詹家是小手工业者,织缎子的。詹长麟、詹长炳的父亲叫詹士良。老南京人管织缎子的人叫"机花子"。机花子的谐音就是"饥花子",做这一行的人,大都生活窘迫,吃了上顿愁下顿。詹长麟1913年出生。等他长到15岁,詹士良为了给家里减去一张嘴,也为了给詹长麟谋个前程,把他送出去当兵。詹长麟参加了蒋介石的"御林军"——国府警卫师,后来扩编为国府警卫军。詹长麟运气不错,跟在蒋介石的亲信、黄埔一期生、后来的抗日名将俞济时身边。俞济时见他年纪小,且聪明伶俐,就把他留在身边当勤务兵。

1931年9月18日,日本关东军以柳条湖事件为借口进攻东北军北大营,随即占领沈阳,席卷东北。蒋介石政府期望国际联盟主持公道,下令东北军不准抵抗,退入关内,东北大好河山沦入敌手。最终,国联派出了李顿调查团,代表英法美等国利益的李顿调查团,竟然建议,东北由国际共管。列强既不愿意得罪日本,又怕资源丰富的中国东北被日本独吞,就做出了这样一个符合自己利益的结论,国民政府的主权被他们牺牲了。日本人虚惊一场,他们还是担心国联做出对他们不利的决议的。于是他们在上海挑起了事端,企图转移国际视线。1932年1月28日,日本人在上海挑起战端。

当时粤军蔡廷锴、蒋光鼐部驻守在上海,也就是国人熟知的十九路军。他们奋起抵抗。很多人以为,第一次淞沪战役期间是十九路军在孤军抗战。事实上,存在着巨大的错误。蒋介石投入了黄埔系的三支精锐部队,两支是后来的、被许多军迷推崇为"铁血虎贲"的"国军德械师"——八十七师和八十八师。此时俞济时此时调任八十八师的师长。

中日双方投入重兵，在上海打得很惨烈。上海是国际大都市，有很多的租界，帝国主义国家的目光时刻关注着。日本人很成功地达到了目的。英法主导的国联注意力几乎被上海的战争吸引了。等李顿调查团慢吞吞地到沈阳时，已经是1932年4月21日，日本人一手策划的、把清废帝溥仪拉出来做"执政"的满洲国，已经在一个多月前，也就是3月9日成立了。

必须承认，国民党军在上海打得不错，迫使日军四易主帅。不过日本人此时还不想全面侵华，还急于消化东北的"胜利果实"。詹长麟作为国民党军嫡系部队的一分子，经受了战争残酷的洗礼。

很多描写詹长麟传奇的文章，对这段历史都是一笔带过。詹长麟直到第一次淞沪战役停战期间，因母亲生病，才向团长黄永淮请假回家探母，以后就留在家里。我想说的是，这段军队生涯对詹长麟的人生影响是很大的。我个人认为，这段时期对于詹长麟而言，可以视为他成为一个出色特工的培训期。作为一名黄埔嫡系部队的军人，他必然要接受黄埔思想的熏陶，国家大义自不待言。军人做事讲究程序，强调临危不乱，这些都是特工的必备素质。而且他见证过第一次淞沪战役的血与火，早就见识过日本军队的横暴，更能激起他的国家大义。如果没有这一段历史，他也不一定会成为军统的发展对象。

日本总领馆的"老实"仆人

詹长麟在家赋闲没有多久，就有人主动找上门来，要求介绍他去日本驻南京总领馆工作。据詹长麟老人在《寻找英雄》一书中对记者说，1934年的一天，他的父亲去鼓楼黄泥岗的何家茶馆喝茶。这家茶馆，他常来，有很多熟识的茶客。他有一个朋友叫王明和，王明和对他说，日本总领馆现在缺一个仆人，我让我家儿子王高科介绍你家儿子去，好不好？詹士良问了一下报酬，每个月14块银圆。他回家和詹长炳、詹长麟一合计，决定让老二去，原因是老二长得有模有样，"比较能走得出去"，而且老二毕竟见过一些大场面。实际上，他们都不喜欢日本人，詹长麟尤其不想去为日本人服务。没办法，生活所迫，毕竟一个月14块银圆啊！14块银圆在当时是什么概念？一百斤一袋的洋面粉才3块银圆。

1934年，詹长麟21岁。

就这样,詹长麟在几天后跟着王明和的儿子去了日本总领馆。詹长麟当时住在黄泥岗附近的薛家巷 14 号,离日本总领馆不远。当时位于南京北京西路 1 号的日本总领事馆是日本在华的最高外交派出机构。日本在明治维新后执行"脱亚入欧"政策,甲午战争、日俄战争成为远东第一强国,在第一次世界大战期间,又大发横财,自诩为东亚的领袖,跻身世界一流强国行列。因此日本给予贫弱的中华民国的外交待遇并不高,没有给予大使级外交待遇,因此只在中华民国的首都南京设立总领事馆。

据现代快报登载的文章中的数据。当时的日本总领馆占地 12.7418 亩,约 8493.6 平方米,建起日本式花园楼房 1 栋 51 间,西式平房 2 栋 8 间,中式平房 1 间,白铁皮房 2 栋 11 间。也就是说,日本大使馆当年共计 71 间房。现在还残存一座四层小楼的民国建筑,是一家科技公司的办公用房。北京西路一带使馆林立,且有金陵大学、金陵女子文理学院等多所教会学校,属于外国人聚居区。因此南京大屠杀期间,拉贝、魏特琳等国际友人得以在此设立国际安全区。

王高科先带詹长麟去见了掌管日本总领馆杂务的宫下书记官。宫下看了看詹长麟,觉得詹长麟眉清目秀,本本分分的,觉得很满意。他让詹长麟跟着他去见日本总领事须磨弥吉郎,由总领事大人最终决定用不用他。詹长麟小心翼翼地跟着他到了须磨的办公室,始终低着头,显得很腼腆的样子。宫下跟须磨汇报说,这是我们新招来的仆役。须磨上下打量了一下,说了一句,要西(很好)。就这样詹长麟被录用了。

实际上,这是军统有意安排的。严格说来,这时还不能称为军统,因为这时军统还叫作复兴社。在全面抗战之后,蒋介石将其嫡系特务组织之一的复兴社,升格为军事委员会调查统计局,简称军统局。复兴社是一支以黄埔系的太保们为首领的特务力量,它还有一个名称叫作"蓝衣社"。因为它的成员喜欢穿着蓝色的长衫而得名。因为军统名气更大,且这几个组织实际上是一块招牌。故在此统一以军统代称。

王高科是军统打入日本总领馆的特工人员。他介绍詹长麟进入日本总领馆工作是上级一手策划的。詹长麟长期在国民党军中服役,深受爱国主义思想熏陶。从理论上来讲,担负日本在华间谍指挥机关职能的日本总领馆,是不会容许具有抗日思想、且有过军人背景的中国人进入总领馆当仆人的。日本总领馆当中的许多名为外交官的日本人，实际上是日本间谍。这帮家伙受过特殊训练，有着比常人敏锐的观察力，一般人瞒不过他们的眼睛。事实上，日本总领馆这次招人是有条件的。詹长麟到后来才知道。条件其实很高，就是为了防止中国间谍混进来。有四个条件。第一，不会说日语，不认识日文。（防止做间谍）第二，有至亲在南京。（等于人质在手）第三，诚实老实，手脚勤快。第四，相貌端正。

我想，詹长麟如此轻易地通过日本人的面试。主要有两个原因。第一，他的年纪尚小，且看起来忠厚老实。第二，日本人对他的背景没有进行调查。日本人肯定对詹长麟的老长官俞济时了如指掌，可是没有人会去注意他身边的小勤务兵。他们更想不到，詹长麟参军的时候，还是个半大孩子，他15岁就参军了，1932年才离开部队，是个老兵了。加上他自1932年以来一直在家织缎子，对于一个仆人，日本人即使调查，也不会调查得太细。人算不如天算。日本人进攻南京时，军用地图上连紫金山上的战略要地上的每一棵大树都标得清清楚楚，却把这样一个有着六七年军龄的年轻人，放在了身边，无异于放了一颗定时炸弹在身边。

65 号情报员

就这样，第二天詹长麟上班了。日本人果然没有看走眼，詹长麟的确是个勤快人，而且话不多，从来不东串西串，问东问西的。日本人让他打扫房间、端茶送水、分发信件，有些时候还接听电话。14块银圆也不好拿，杂事不少，而且工作时间长。每天工作16个小时，我们现在是朝九晚五，他刚好倒过来朝五晚九。而且一年到头没有休息日，隔三天还要上一个夜班。

刚上班半个月左右，有一天詹长麟刚下班。一个身着蓝布长衫、眼戴墨镜的年轻人到他家来找他。黄包车把他们拉到了鼓楼旅社。年轻人带他上了二楼，走进四号房间。一个同样打扮的中年人走了进来，年轻人退了出去。

詹长麟正在纳闷，中年人把墨镜摘下，笑嘻嘻地对他说："你是詹长麟吧？在日本总领馆干得怎么样啊？你还记得32年，黄团长准许你回家探母吧？"此人对他的情况，如此熟悉，让久经战阵的詹长麟也不知不觉地心虚了。他一一作答。

中年人点点头，很满意。他介绍自己是首都警察厅特警科外事组组长赵世瑞。

首都警察厅特警科是复兴社的外围组织。他向詹长麟讲了一些爱国道理,听得詹长麟热血沸腾,又回想起了那些在淞沪战场与日本人拼命的岁月。赵世瑞见詹长麟是血性男儿,直截了当地告诉他,让他进日本总领馆做仆人是组织安排的,目的是让他刺探日本人的情报。他问,詹长麟愿不愿意干,说完,撩起长衫,掏出手枪,往桌子上一拍,说道:"你已知晓组织的机密,自己选择,干就加入组织,不干,就在这里用这把手枪自杀!"

詹长麟全明白了,他二话不说,当即表示,干!他很高兴有这样的机会报效国家。随即宣誓加入了复兴社。

于是,詹长麟成了复兴社安插在日本总领馆的 65 号情报员,化名袁露。他开始了在日本总领馆的"潜伏"生涯,每个月可以从复兴社领取 10 块银圆的经费。他们家的日子一下子变得宽裕起来了。

詹长麟兢兢业业,办事妥帖,日本人很满意。薛家巷离日本总领馆绝对距离不是很远,可是那么早来,也不容易。后来,日本人也许是为他上班方便,也许是觉得这个人是个能干的好手,就给他配了一辆自行车,提高工作效率。

詹长麟加入军统后,组织隔三岔五地对他进行培训。教他怎样偷拆信件,如何交接情报,如何用明矾写密信。表面上,忠诚的仆人詹长麟每天都在勤劳地工作,勤快地扫地、擦桌子、倒废纸篓。日本总领事很喜欢他,把他调到公馆楼侍奉自己,于是詹长麟可以顺理成章地进入总领事的办公室。实际上,他抓住一切机会,趁着日本人不在,偷偷地翻阅文件,甚至打开办公室的抽屉偷抄文件。他有些时候甚至把他经手的信件带回家,偷拆,抄下信件内容,再用火漆封好,盖上他用骨头做的邮戳,再神不知鬼不觉地还回去,或者寄出去。

自从他被调到公馆楼,日本人觉得仆役的人手又不够用了,又让他把自己的哥哥詹长炳找来当差,也给他配了一辆自行车。自然而然地,詹长炳也被复兴社吸纳为成员。

常在江边走,哪有不湿鞋。詹长麟有一次差点失手,有一次日本总领事到花园耍大刀了。其他的日本官员也在室外活动。詹长麟觉得是天赐良机,偷偷地潜入总领事的办公室打开抽屉寻找机密文件。他太专心了,直到听到楼梯间响起很重的脚步声时,才意识到有人来了。他赶紧合上抽屉,抓起一块抹布,就装作一丝不苟地给总领事擦办公桌。

进来的是日本总领馆警察署副署长悌泽。这个日本特务满腹狐疑地看着他，本能地觉得他有问题。他大声问道："你在干什么？谁让你一个人待在这里的？"詹长麟刚准备开口辩解，他一个大嘴巴子就扇了过来。詹长麟"委屈"地看着他，眼泪在眼眶里打转。也许是表演得太逼真，悌泽以为他当真在打扫房间，回身取了墙上的羽毛球拍就出去了。

以后詹长麟就开始提防这个老特务，见到他就低眉顺眼，表现得恭恭敬敬的。

平息藏本事件的大功臣

在詹长麟投毒之前，他立了一个大功。这个大功，让他的顶头上司赵世瑞一跃而成为少将。这就是民国历史上有名的藏本事件。

藏本事件是日本人在1934年6月制造的，准备向国民政府施加外交压力的重大外交事件。藏本全名为藏本英明，当时是日本总领馆的副领事。他实际上不是日本人，而是朝鲜人。因为朝鲜在1910年被日本吞并，所以他成为皇国的臣民。他家很早就迁居日本，藏本英明好学上进，毕业于东京帝国大学，而且是一个文物专家，对中国很熟悉，号称"中国通"。不过在日本人看来，这个不是日本人的"中国通"是可以牺牲的。日本总领事须磨指令他偷偷地潜入紫金山，然后自杀。这样，他就能诬称是中国特工绑架并杀害了日本外交人员，从而制造战争借口。

这个藏本英明虽说长期被日本军国主义洗脑，可毕竟不是纯种的天皇子民，一想到自己的妻子儿女，他惜命。他偷偷地在紫金山上找了一个山洞躲了起来，没有执行须磨自杀的指令。他躲了几天，后来实在饿得不行了，偷偷地从山洞里出来找老百姓要吃的，老百姓觉得他很奇怪，不给。他就用自己的金戒指换。老百姓就报告中国警察了，就这样，当时得到詹长麟情报的赵世瑞，正漫山遍野地带着大批警察一个山洞一个山洞地寻找藏本，一下子锁定了藏本的藏身地点，准确地把他揪了出来。当时日本人正在发动战争讹诈，宣称中国方面不给个说法，就对中国不客气。国民政府外交部急得焦头烂额。人找到了，日本人没话说了。须磨去外交部领人时，尴尬地说，藏本这个人神经有些问题。不久藏本就回国了，临走前还带走了一大批从中国窃取的文物，詹长麟帮他装的箱。

詹长麟是怎么知道他躲在紫金山上的呢。原来在6月6日晚上11点,藏本从须磨办公室里出来时,就叫詹长麟去找总领馆的司机,说他要出去有事。詹长麟很意外,因为这么晚了,他还要上哪去呢? 他仔细一看藏本面色有异,就一直把他送上车,看着他往北极阁方向去了。

第二天日本人就宣称副领事失踪了,日本军舰在南京江面游弋。詹长麟赶紧把藏本的去向向上级汇报。赵世瑞得知了藏本去向,带着军警,沿着北极阁方向找了三天三夜,不眠不休玩命地找。后来藏本自己暴露了,被他逮个正着。赵世瑞凭借詹长麟的情报和老百姓的举报,立了一大功。

时间一晃就到了1937年,詹长麟兄弟在日本总领馆服务得尽心尽力,日本人比较满意。他们两个利用日本人的信任,不断地向上级提供情报。如果时间就这样慢慢地流逝,日本人不狮子大开口想把整个中国吞下肚去,不发动全面侵华战争,他们将是日本总领馆里的"忠心耿耿"的仆人,甚至某些日本人让他们觉得还不是那么讨厌。

可是日本人在侵略中国东北,逐渐蚕食华北,将华北地区变成特殊化地区,仍然不满足。7月7日,日本军队借口一名士兵在演习中失踪,要进入29军驻守的宛平县城"搜查",被宛平守军拒绝。日本人挑起了战争,随即将战火燃烧到中国的上海,上海离国民政府首都南京很近,日本人想从上海方向进攻南京,占领中国的首都,使国民政府和中国军民屈服,日本人狂妄地叫嚣"三个月内灭亡中国"!

日本人不断向上海增兵,而且凭借强大的空军优势,不断派出大批飞机空袭南京。为了避免误伤自己人,日本总领馆的工作人员撤退了。他们非常信任詹氏兄弟,给他们留下一个"日本领事馆使用人"的白色袖章,让他们看管日本领事馆,保护日本领事馆的财产。詹长麟表弟徐万兴的儿子被日本飞机炸死了。由于南京城内没有多少防空力量,中国空军为数不多的飞机,在淞沪会战期间基本消耗殆尽。日本飞机如入无人之境,在南京城内肆意投弹,他们将重磅炸弹投到居民区内,南京城内人口密集,受难居民血肉横飞,惨不忍睹。

如果说,从天而降的炸弹,对所有南京居民而言,威慑和恐惧只是心理层面的话。12月13日,南京城破,惨无人道的日军在南京城内烧杀抢掠,已经是对所有南京军民的现实威胁了。由于在淞沪会战期间,中国军队顽强抵抗,日本军队遭受重大伤亡。日本军队对南京军民展开了疯狂的报复。日本高层想借鉴满清入关时期采取的屠杀政策，仿效"扬州十日""嘉定三屠"的做法，用鲜血慑服中国军民放弃抵抗。日军在南京城内随意杀人，抢劫、强奸、纵火等罪行罄竹难书。

复仇机会来了！

南京大屠杀期间，詹长麟一家先后住在鼓楼二条巷和广州路。国际难民营就大致设立在这里，所以他目睹了很多的暴行。他住在广州路时，日本兵闯入他家，想强奸他的妻子，看到了他的"日本领事馆使用人"的袖章，没有下手。但是刚好有一个妇女出来倒水，日本兵看到了想就地强奸，这个妇女坚决不从，日本兵就把她刺死了，之后扬长而去。詹长炳胆很大，骑着日本总领馆配的自行车，戴着白袖章，四处查看，统计日本人的战争罪行，汇报给上级。他们兄弟俩目睹了太多不堪入目的兽行，复仇的火焰在他们心中熊熊地燃烧。

日本人占领南京的两个月后，日本总领馆的工作人员又以胜利者的姿态回到了南京。日本人组织了以安福政客、大汉奸梁鸿志为首的"维新政府"。日本总领馆照常办公以后，詹氏兄弟又回到了总领馆工作。曾经打过詹长麟的日本官佐吉野，得意地指着詹长麟的鼻子侮辱他："你们现在是真正的亡国奴了！"詹长麟不与他理论，暗暗地在心中发誓："总有一天，老子要你们好看！"他在慢慢地等待时机。

随着日本人在中国扩大侵略，大半个中国沦入倭寇之手，日本人在不同占领区扶植的傀儡政权也开始有效运转了。南京的市面逐渐恢复了平静。

转眼之间，一年多过去了，到了1939年6月。月初的一天，在日本书记官船山的房间里打扫卫生的詹长麟无意间看到了一封信件。他当即把他抄下来，回去汇报给上级。一翻译才发现，这是一个重大情报。

6月10日晚间，日本总领事崛公一要在总领馆宴请前来视察的日本外务省清水留三郎次长及其随员三重。崛公一打算请大批在华的日本军官以及伪"维新政府"的头面人物作为陪客。6月8日，詹长麟搞到了客人名单，他吓了一跳，这份名单几乎囊括了所有当时日本驻南京的"华中派遣军"的首脑，以及所有伪"维新政府"的头面人物。名单如下：

日方有"华中派遣军"司令官山田己三中将、参谋长吉本贞一少将、副参谋长铃木宗作少将、军报道部长谷荻那华雄大佐、特务机关本部部长兼伪"维新政府"的最高顾问原田熊吉少将，以及谷田大佐、高侨大佐、公平中佐、岩松中佐、三国大佐、岛本少将、三浦大佐、泽田海军大佐、田中中佐和秋山大佐等；伪"维新政府"方面的有伪行政院院长梁鸿志、立法院长温宗尧、绥靖部部长任援道、内政部部长陈群、交通部部长江洪杰、司法部长胡衤刀泰、教育部部长顾澄、外交部部长廉隅、则一政部次长严家炽、实业部部长王子惠、南京市市长高冠吾等。

总领事崛公一和领事内田及两名副领事等4人为东道主。

军统南京区决定投毒，将这些日寇和汉奸一网打尽。经过精心策划，毒药由詹长炳负责交到詹长麟手中。詹长炳向詹长麟传达了军统南京区的指示，希望詹长麟在投毒之后，自己也饮下毒酒，这样就可以制造中国仆人因为义愤而投毒杀死仇人的假象。詹长麟思虑再三，请求詹长炳请示上级，他希望全身而退。能够保存有用之躯，再度杀敌，再说他觉得，完成任务之后再让他死，没有意义，日本人还是会追查下去。经詹长炳请示，上级同意了詹长麟的要求，并对他家人的撤退做了妥善安排。

复仇的毒酒

军统南京区专门开了一个会议，讨论投毒事宜。詹长炳去参加了会议，当天晚上詹长炳把一个有手指粗的药瓶交到了詹长麟手中。药瓶里装着白色的粉末，药瓶上面有"USA"字样。詹长炳告诉詹长麟，这是军统从美国弄来的毒药，剧毒，沾上就死。詹长麟暗暗地把药瓶藏好。

日本人举行宴会的日子到了。军统这一次做得很人性化，10日早上在鱼市街中华菜馆安排詹长麟全家吃了个团圆饭。吃完饭，詹氏兄弟照常去日本总领馆上班，他们的家人则由军统护送，渡江去八卦洲农村躲了起来。詹土良带着自己的老伴詹潘氏和大儿媳詹朱氏、二儿媳詹黄氏、女儿詹兰英，以及孙子、孙女借口参加城外亲戚的葬礼，从燕子矶下游的笆斗山渡口乘船到江北。

因为詹长麟深得负责日本总领馆杂务的宫下书记官的信任，整个领事馆吃的喝的都归詹长麟掌管，厨房里的大大小小的钥匙都在詹长麟手里。因为崛公一想让清水和三重尝一尝异国风味，所以决定用中国菜、中国酒招待。詹长麟去南京有名的老万全酒家买回了四坛绍兴黄酒。老万全酒家位于南京中华路三山街119号，是个老字号了，不仅卖中国酒，许多世界名酒都有。詹长麟在下午趁人不在的时候，把毒药倒在一个温黄酒的瓶子里面，然后倒入一点点黄酒摇匀，把瓶子放在过道地下的柜子底下藏好。

开席前，詹长麟把装有毒酒的瓶子取出来，把毒酒倒在一个大瓶子里，再倒入毒酒摇匀。为了保证在场的"王八蛋"们都能喝下毒酒，詹长麟自己去宴会厅，一杯一杯给这些家伙倒好。

晚上7点，宴会准时开始。不知道什么原因，有些日本要员没有来，崛公一从总领事馆里找了几个工作人员把席补全。船山书记官通知书记官宫下、吉生、金子、警察署长内藤四郎、翻译石桥等迅速出席宴会。

詹长麟借口肚子疼，出去找医生开点药，离开了日本总领馆。在此之前，詹长炳早已借口有事，先走一步了。他从日本总领馆的后门出去，骑上自行车在傅厚岗的高原岭小巷子与詹长炳会合，哥俩骑着自行车飞快地穿过玄武门，直奔燕子矶江边。刚准备上船的时候，有两艘日本人巡逻的小火轮开了过来。他们赶紧闪到芦苇荡里躲了起来。等小火轮走远了，才过了江。他们过了江之后，到了军统在江北设立的一个叫徐家洼的联络站。

詹长麟从日本总领馆逃走后不久，日本人的酒席开始了。日本鬼子和汉奸们首先举杯祝天皇身体健康，随后一饮而尽。过了大约十分钟以后，有人喝出来酒有问题，刚喊了一声"酒里有毒"，就瘫倒在地。酒席上乱套了，陆续有人倒下。

日本人一面召集医生前来抢救，一面派人调查投毒之人。虽然南京城里最好的医生都赶到现场，宫下、船山两人还是毙命了，梁鸿志、高冠吾等汉奸以及很多日本要人已经中毒甚深，经抢救好歹保住狗命。詹长麟投毒所用的毒药是氰化钾，也就是越南游击队与美军在丛林中周旋，打完最后一颗子弹时，用于结束自己的生命的、挂在脖子上的胶囊。氰化钾毒性很大，只要足量进入人体，大约十秒钟就可以致人死命。可能是因为毒药量太少，酒又太多，或者是因为氰化钾溶于酒后，效力下降，所以很多日伪要人得以生还。

《中央日报》的连续报道

南京毒酒案发生之后，虽然日伪一方试图封锁消息，但是国民政府的中央社对此事件进行了连续报道,迷惑敌人。笔者录之如下,以飨读者。读者可以从中获得一些真实的信息。

1.中央社香港十一日电

正标题:敌领馆宴清水敌伪均中酒毒

副标题:梁逆鸿志等中毒最深敌称系抗日份子所为

正文:沪讯　敌外务省政务次长清水留三郎,日前抵沪赴宁。敌驻宁总领馆与十日晚七时,设宴欢迎。除敌方军政要员一致与宴外,并邀伪组织首要梁逆鸿志、温逆宗尧、任逆援道、顾逆澄、高逆冠吾等作陪,计二十余人。席间敌解筹交错,状甚欢洽,讵料所食黄酒中,为以暗置强烈毒质,敌伪畅饮后,立即中毒,均昏倒地上。一时秩序大乱,急召医生救治,卒以中毒甚深,遂车送医院,尚未脱离险境。敌方对此次消息,于十一日晚始发表,谓酒中毒料系抗日份子所置,并已捕获一人。中毒最深者为梁逆鸿志及高逆冠吾。至敌方人员,虽传有高级军事外交人员在内,但未言姓名云。

2.中央社香港十二日电

标题:南京中毒案有两人毙命

正文:沪讯　南京敌总领馆中毒事件中,领馆职员两人于十一日身死。又每日新闻称,其余敌伪官员均已出险,华人兄弟二人,其一在敌总领馆充任厨师已五年,均为本案主犯,二人于宴会进行中失踪。

3.中央社香港十五日电

标题:温任诸逆中毒甚深仍昏迷不醒生命垂危

正文:沪讯(据南)京来人谈,敌总领馆置毒酒案发生后,温逆宗尧、任逆援道诸逆,仍昏迷不醒,生命垂危。敌方大举搜索,伪警并乘机勒索,偶不遂意,即加逮捕,情形紧张,居民惴惴不安。

4.中央社香港十八日电

标题:梁逆鸿志毙命　温逆等亦将死

正文:沪讯　此间盛传梁逆鸿志9日在京中毒后,救治罔效,××于十七日晚七时毙命。温宗尧、高冠吾、胡初泰诸逆亦系尚未脱离险境。

此外,笔者还搜集到一则海通社十三日的通讯,一并照录于下。

标题:京日领馆员中毒毙命

正文:东京 据此间所接消息,目前南京日本总领馆欢宴日本外务次官清水之时,到"维新政府"显要甚多,均因饮酒中毒,其中日本领事官员两人,中毒甚深,已于昨日殒命。

著名抗战史作家萨苏先生曾专门在日本搜集了南京毒酒案的相关报道。他发现日本《大阪每日新闻》《朝日新闻》都派了记者前去采访,而报道最详尽的是日本特刊杂志《支那事变画报》。他将《支那事变画报》的报道内容翻译如下:

六月十日夜,欢迎清水外务次官的招待会在南京总领事馆进行。日本方面外交,军部当局和维新政府的梁行政院长,温立法院长,任绥靖部长,高南京市长等二十余名出席。此时,被抗日组织发展的总领事馆服务员在白酒中混入了毒物,结果造成所有与会人员中毒。其中,宫下玉吉(三十八岁)和船山已之作(三十五岁)两书记官随即因此殉职。18日,在总领事馆举行了盛大的葬礼。其他的人幸而中毒较轻,经过治疗逐渐恢复。犯人逃走,但估计不久就会被逮捕归案。

南京毒酒案,虽然没有将与会的日酋和汉奸首领一网打尽,但是取得了良好的宣传效果。1939年之时,日军还处于军事优势时期,中国军民虽团结一致,但是还缺乏战胜日本的信心。南京毒酒案,在日本占领的中华民国的首都,在日本重兵防守的要害部门,在日伪的心脏上面狠狠地捅了一刀,这无疑是一声炸响寰宇的春雷,令一切心向抗日的国人感到快意和振奋! 这是来自沦陷区的人民的反抗,沦陷区的人民没有屈服!

好汉做事好汉当

因为毒下在酒里,很好查。日本人首先就要找倒酒的人、买酒的人。一查,发现詹长麟、詹长炳都不见了。立即派人去他们家捕人。可是日本军警扑了个空,他们一家早走了。他们迅速封锁全城,在城内展开大搜捕,可惜,他们一家早就出城了。日本人在南京的大街小巷贴出了布告,通缉詹长麟、詹长炳一家。关于詹长麟一家是这么写的:

詹长麟二十六岁,身高五尺二寸,体型瘦长,皮肤洁白,高鼻圆眼,短发,走路稍有罗圈腿,身着白上衣、黑长制服裤、其妻黄氏,年二十四岁,身高五尺,鼻子大,局平,嘴大;女儿五岁,儿子三岁,都是身着黑色中式衣裤……

日本高层震怒,一定要找到"凶手",于是总领馆里的其他中国仆役和詹长麟、詹长炳的亲戚们遭殃了,遭受了刑讯逼供。可是他们根本不知道,他们一家去哪儿了,打死也说不出来。从六月十日到七月十日的一个月期间,日本宪兵队和警察,在南京城内及其附近地区日夜搜查,任意逮捕和杀戮中国人,使南京人民处在极度恐怖的境况之中。据不完全的统计,除日军之外,先后出动的日本宪兵队和警察队,人数达一千数百人之多。与此同时,日寇还在上海租界地区密派特务暗中监视,密令他们一旦发现詹长麟等人的踪迹,便予以逮捕或杀害。

为了避免牵连无辜,军统方面在上海租界以詹长麟兄弟的名义给日本总领事写了一封信。信中坦承投毒是他们兄弟所为,是为了报国仇家恨,并表示好汉做事好汉当,让日本总领事不要牵连他人。中央社的连续报道,绝口不提有国民党官方愿意负责。加上这封信,日本人很可能相信这是兄弟俩的个人行为,从而放弃对其他中国人的迫害。全信内容如下:

总领事先生:

我们兄弟两人在日本总领事馆几年的服务期间,对你们日本人是非常好的,我们也非常忠于职守,没有一次做过违背你们的事,这你们也是相信的吧。

不幸的是,发生了中日战争,我们目睹日本对中国的无理侵略,对日本人确实感到失望。然而那时我们仅仅是从新闻报道中看到你们日本人的凶残,但还不是亲眼看到的。因此,还没有使我们改变在总领事馆内忠诚服务的决心。后来,南京被你们日本兵占领,我们亲眼看到了日本兵在南京烧杀奸淫的一切兽行。甚至,连我们自己的家也被你们烧了,我们的妻子也被日本兵强奸了,家里的东西也被日本兵抢劫一空。我们兄弟虽如此在领事馆内忠实服务,而我们的家被烧,妻子被奸污,财物被掠夺,可怜劳苦半生的血汗全被你们破坏尽净。既然如此,我们还有什么希望?我们决心要为国报仇、为家雪耻,我们已经和日本势不两立。只是我们既无兵,又无力量,加之总领事对我们又很好,因此至今我们都下不了手。十日,总领事招待客人,我们知道总领事不能出席,才决定下手。谁死谁不死,这就要看你们的命运了。

我们不管成功的可能性大小,只是为了满足报仇雪耻的心愿。我们事前对谁也没有讲,事后更不愿意给别人添麻烦。"好汉做事一身当",我们不想再说假话。我们已经来到上海,明天就要去香港,你们有本事就请来捉我们吧!但不要怀疑其他的人。我们既然做了此事,就不怕死,如果被你们捉住,为多数被你们蹂躏的人们报仇雪耻,死而无憾。像我们这样的劳动者,除以这样的死作为代价之外,没有比这更光荣的。我们在领事馆进行这次行动,唯恐牵连总领事,但想不出其他报仇雪耻的方法,所以就在公馆宴会的时间下了手。这样做对不起总领事,感到遗憾。

詹长炳詹长麟

6月25日

漫长的流亡

实际上,他们放了一个烟幕弹,他们以静制动,就待在日本人的眼皮子地下。最危险的地方就是最安全的地方。他们全家在徐家洼整整呆了半年,才经扬州、泰州骑着毛驴,慢慢地到了上海。这个时候,风声已经没有以前紧了。他们在上海住在军统安排的华北公寓。

半年后,他们全家才坐船离开上海。由于出了军统南京区的势力范围,所以他们一家从这个时候开始受苦了。他们全家先到了浙江,其间受到戴笠母亲的热情接待。但是不久他们在温州住店的时候,物品被盗,丢失了全部盘缠,而且詹长麟防身的手枪也丢了。

他们被赶到大街上,流浪了一些日子。有一个好心的中医看出他得了黄疸肝炎,给他开了药,吃下去慢慢好了。詹长麟一家毕竟是吃过苦的。在福建莆田,他卖油条、稀饭,维持一家人的生活。很可惜,他的妻子在温州生的女儿圆兰子因为营养不良,病死在莆田。

1944年,詹长麟一家辗转到了湖南衡阳,在军统的安排下,詹长麟进了衡阳干部培训班。詹长麟可以拿到一份薪水。他在培训班里学会了写毛笔字,打算盘,毕业的时候他获得了一张八级财政稽查员的证书。这些正好为他抗战胜利后经商打下基础。

心情淡泊活百岁

抗战胜利后,詹长麟获得了5万元的奖金,上头还奖给他一个忠勇杀敌的银盾。他向组织提出申请,请求退出军统。组织同意了。他用这笔奖金在中央门外神策门库伦路买了一块地,盖了一个三层的小旅馆。新中国成立后,他的旅馆公私合营。"文革"中,他受到了一些冲击。

他的儿子詹文斌用幸福和节俭来形容他的晚年生活。他给自己写了一副对联要求自己,上联是"心情舒畅活百岁",下联是"一生正派品格高"。詹长麟的退休工资不高,他和大儿子一家住在栖霞区长营村24号。他有6个儿女,20名孙辈,四世同堂。他晚年思维一直很清晰,生活很简单。他每天打拳、练字、淘米、做饭……生活过得很充实。他平常从不在外喝水饮食,在家中喝水也是一饮而尽,等下次喝水时重新再倒。詹文斌说:"父亲很节俭,牙膏只挤一点点,饭一定全部吃干净。"

詹长麟老人一直不愿让外界知道他的行踪及当年毒杀日伪敌酋的壮举。这位性格内向的老人一直教育家人:"我们不能借着这架梯子往上爬,以寻求政府的特殊照顾。"多少年来,左邻右舍没有人知道他是一位抗日英雄。他的传奇故事直到央视采制的《1939年的夏天》播出以后,才广为人知。社会各界对老人表示了高度的敬意。然而,特工出身的老人始终保持着平和的心境和一贯的生活方式。

2009年9月28日,新中国成立60年前夕,他和詹长炳一起被评为"30位新中国成立做出重大贡献的南京模范英雄人物"。老人在2008年11月与世长辞。老人一直豁达地享受晚年,他的目标是活到100岁。

英雄并非孤胆

大陆目前所能见到的记述南京毒酒案的文字,几乎全部是以詹长麟个人为叙述主体。相对而言,他的支持团队被忽视了,有些文章虽然提及,但是也属于一笔带过,甚至对詹长炳的记述文字也很少。笔者认识,这对于参与毒酒案的、已经湮没不闻的无名英雄而言,是不公平的。

现在海峡两岸已经能够以正确的史观来对待这一段携手与共抗击外辱的历史。过去的诸多受意识形态因素影响而不能提及的内容,在现在也应该可以"解冻"了,至少在抗击日寇的侵略这一领域,国共双方都应该客观地正视这段共同的历史。军统历来被视为蒋介石的"刽子手",是屠杀人民和进步力量的急先锋。但是我们应该看到军统在抗战之中也的的确确做出过很多令中国人感到快意的"漂亮活"。南京毒酒案就是军统南京区策划、实施的重大事件。

鉴于目前已出版和发表的记述南京毒酒案的文章大都大同小异，所叙述的史实大都没有超越《寻找英雄》以及《江苏文史资料选辑》第十一辑当中的相关内容，笔者希望发掘出一点新的资料，尤其希望找到策划此次投毒行动的军统南京区的资料。冈村宁次在其回忆录中也提及了此事，但是很简短，未涉及军统："一九三九年六月中旬，我南京总领事馆的中国仆役，在宴会开始时在酒中放了毒药逃走，因而，造成主客死亡及病害事件。"笔者在搜罗了中国期刊网上全部的关于毒酒案的文章之后，发现了一点线索。王炳毅先生在《日本驻南京总领事馆毒酒案真相》一文中谈到了这次投毒行动是军统南京区在军统的"天王"陈恭澍指挥之下的报复行动。

据王炳毅先生所说，陈恭澍在他的长篇回忆录《英雄无名》中写到了南京毒酒案。1938年初到1939年4月，军统南京区的潜伏特工被日军捕杀甚多。陈恭澍从上海来到南京，奉戴笠之命实施报复行动。南京留守军统人员一开始决定在沪宁铁路上实施爆破，炸毁日军的军列，给日军一点颜色看看。实施地点被定在了山林丰茂、地形复杂、便于逃跑的栖霞山、龙潭一带。但是这种说法很快被陈恭澍否定了，因为江对岸的新四军经常渡江在此袭击小股日伪军，夺取列车上的物资。他们打了就跑，日本人很头疼，因此加强了警戒。日军为了维护这一带的安宁，配备了两个中队的巡逻力量，而且配备的军犬，靠着军统留在南京的几十号人，想在日军的虎口拔牙，无异于自寻死路。就在陈恭澍等人一筹莫展的时候，一个姓宋的特工建议由在日本总领馆当仆人的詹氏兄弟投毒，被陈恭澍采纳。

但在王炳毅的《日本驻南京总领事馆毒酒案真相》当中，并没有提及詹长麟、詹长炳的军统背景，而是将他描述成迫于生计在日本总领馆做工的普通人，是做了多次思想工作，并许以重赏之后，才同意投毒的。

对与陈恭澍，我并不陌生。我看过一本小册子《北国除奸》。这本小册子实际上就是《英雄无名》的第一部。此人是戴笠极其赏识的得力干将，先后在北平、天津、河内、上海等地制裁诸如汪精卫等大汉奸以及唐敬尧等预备投敌分子，可谓"功勋卓著"。从制裁汉奸的角度，我是敬佩的，但是他在抗战期间，被派到上海主持军统的暗杀工作，被汪伪76号捕获，还曾与被蒋介石派到沦陷区真正地从事反间工作的唐生明将军对质过。他被捕后，"被迫落水"，但是据其所言，很快又和重庆方面取得了联系"继续"从事反间工作，身在曹营心在汉。

由于本人对于汉奸极其不屑，不管其以什么借口落水，我都是极其痛恨的。但是，对于那些打入敌人内部从事卧底工作的英雄，以及那些"诈降"的人，还是很敬佩的，甚至觉得快意。像马占山上将这样的，打不过投降，等日本人帮忙补充了枪械之后，再打日本人的，我就觉得很好，因为这种行为有点"玩弄日军于股掌之中"的意思。陈恭澍在加入汪伪特工总部之后，仍然和戴笠保持密切联系，做了一些有益于国家

汪精卫

民族的事情。我不好判断，他是汉奸的成分居多，还是卧底的成分居多，也不做评论了吧。有一点是肯定的，此人得到了戴笠的谅解，并在抗战胜利之后得以善终，不知道是因为他是"戴笠能干的老部下"的因素起到了主要作用，还是因为他是"卧底的功臣"成分起到了作用。

有一点是必须肯定的，就是陈恭澍先生的文笔很好。他的《英雄无名》多达五卷，从抗战之前写到解放战争，披露了很多军统的内幕，他以亲历者的口吻留下了很多历史事件的材料。他的《英雄无名》是在20世纪80年代中期由台湾传记文学出版社出版的，台湾《传记文学》杂志号称"中国近现代史的宝库"，在海外有着极其强大的影响力，大陆读者熟知的唐德刚教授的很多鸿文就在《传记文学》杂志上发表的。

顺着王炳毅先生文章提供的线索，我就想先找到陈恭澍的《英雄无名》先验证一下他的说法。陈恭澍的五卷本《英雄无名》是按照历史时期写的。南京毒酒案发生在1939年，属于抗战初期，笔者分析，应该在第三卷《敌后抗日斗争》中。因为是港台书，我怕一般的图书馆没有，就利用一天中午休息的时间，到国家图书馆查找。可惜，国图的查询系统显示有三本在架，却一本也没有找到，我无功而返。后来，我在网上找到了一至三卷的PDF版本，遍观一至三卷，未发现相关文字。第五

卷是讲"华北戡乱"的,我也找到了电子版,可惜也没有相关文字。最后,我的朋友、北大历史系兰教材博士帮我在北京大学图书馆港台室借到了第四卷《抗战后期反战活动》。我终于在书中发现了相关文字,但是与王炳毅先生所说的有些出入。

陈恭澍在第四卷"反间活动中'南京区'牺牲惨重"一节中,介绍了抗战期间军统南京区的情况。他在介绍卜玉琳烈士的生平时提到了南京毒酒案。相关文字如下:

民国廿七年抗日战事重心西移武汉,南京区遂成为敌伪政治活动中心及后勤补给枢纽。"南京区"亦奉命兼及拓展对敌伪之行动工作。二十八年七月初,"南京区"接获日本驻南京总领事馆内线同志钱念慈、张建华等之报告,得知日本派遣军总部将邀宴日本在华陆海军高级将校,以及当时伪组织"维新政府"首要梁鸿志、温宗尧、高冠吾等与会。"南京区"经妥善布置,透过该领事馆工友张建华兄弟之执行,乃置毒剂于酒瓶中。(其间,因毒剂限量与酒品种类之配合等问题,曾发生困扰,又一一予以克服。)事后获悉,此役功亏一篑,未竟全功,仅毙领事馆馆员一人、大佐军官一人,以及伪组织高冠吾口部灼伤而已。当晚,日军宣布戒严,紧闭城门,大肆搜索,但一无所获。本案即卜玉琳同志全权擘划,曾经局本部通令嘉奖。

笔者翻阅全书,未看到他处涉及南京毒酒案。两相对照,笔者有如下疑问:

从陈恭澍的文字可以看出,詹长麟应是军统内部人员,及他文中提及的"内线",而不是普通工友。因为日伪举办宴会的情报是"钱念慈、张建华"主动报告的。钱念慈应该另有其人,也可能是詹长炳或者詹长炳的化名。张建华可能是詹长麟或詹长炳此时的化名,也有可能是陈恭澍记错了。毕竟詹长麟、詹长炳只是军统南京区的基层人员,而陈恭澍贵为军统上海区区长,把两个基层人员的名字记错很有可能。既为军统内线,应该不需要苦口婆心地做思想工作,而且要许以重赏。

另外,王炳毅文中,有两个基本的事实错误。第一,他把詹长麟、詹长炳的兄弟关系弄错了,詹长麟成了哥哥,詹长炳成了弟弟。第二,投毒的药品他弄成了"阿托品",因为《寻找英雄》之《1939年的毒酒案》一文中,詹长麟亲口说毒药是氰化钾,他本人不会记错。推敲他的文字,这些话都是陈恭澍在《英雄无名》当中介绍的,可能存在一些问题。要么就是笔者所看的版本与王炳毅先生有别。笔者搜集材料,一向有个习惯,但凡是书籍的材料,必然抄下出版社和版次。我对照了一下当时拍摄的照片,照片上显示,《抗日后期反间活动》是"中华民国七十五年七月卅一日初版"。既然是初版,笔者查看到了这个版本,相对而言应该是比较权威的。

仔细对照陈恭澍的《反间活动中"南京区"牺牲惨重》和"寻找英雄"栏目组的《1939年的毒酒案》,笔者发现,它们可以互为佐证。因为詹长麟和陈恭澍军统南京区的某些人物的姓名几乎一致。首先,是参与1939年投毒事件的关键人物,钱新民任军统南京区区长,卜玉琳、安少如等人协助他们投毒,他俩认知相同。不过《1939年的毒酒案》将南京区副区长的姓名写成了尚振武,而多次出现在陈文中的却是尚振声,可以肯定的是两者为同一人,"尚振武"系詹长麟记忆错误或者"武"字系印刷错误。第二,他们都提到了赵世瑞,而且两者对于赵世瑞的职务——首都警察厅特警科科长,记忆也是一致的。第三,从投毒的情节、参加宴席的日伪要人的组成、投毒的后果以及为什么投毒功亏一篑的原因分析,两者都几乎一致。只是陈文对于被毒杀的一位日本人的身份与詹长麟的回忆不符,综合其他资料,可以肯定,陈恭澍对于那位大佐的记忆有误,被毒杀的应是两书记官,这一点从当时中日两国的报道当中就可以看出。虽说身份有误,但是人数却是一致的,都是两人。

英雄背后的无名集体

笔者想把剩下的一些篇幅用于介绍支持詹长麟投毒的军统南京区和军统南京区的相关人员,让读者对于这个团队,以及这些幕后的功臣的情况有所了解,以告慰这些为国家的独立而献身的英烈。我的材料来源主要是陈恭澍的《反间活动中"南京区"牺牲惨重》一节,综合部分网络资料。我想获得多一些资料,可惜可在大陆找到的,实在是少。等到祖国统一的那一天,笔者如果有条件一定会去台湾寻找,让这些民族英雄的事迹更加丰满。

首先是抗战时期军统南京区的概况。从源头上来讲,军统南京区首任区长是赵世瑞,第二任区长是汪兆龙,第三任区长钱新民,第四任区长尚振声。

赵世瑞与陈恭澍是黄埔军校同学,当时编在一个连队。据百度百科介绍,赵世瑞生于1903年,卒于1952年,浙江诸暨人,黄埔军校四期生,1933年下半年任职于南京首都警察厅,1935年因化解"藏本事件"有功,晋升陆军少将,后调任军事委员会驻宜昌办事处主任。汪兆龙是黄埔三期生,于1935年秋,接任南京区区长。

钱新民是云南人，黄埔军校出身，于1937年4月接任南京区区长。当时，尚振声由军统河南站站长调任他的副手。至1940年11月15日，钱新民一直担任南京区区长，在他任内，军统南京区有很多出色表现。他接任南京区区长之时，适逢日本发动全面侵华战争的前夕，山雨欲来风满楼，有大量日本间谍向国民政府的首都南京渗透。此时军统南京区的代表作就是破获了行政院秘书黄浚父子间谍案。这对父子被日本间谍南云造子拉下水，他们向日本间谍机关提供了很多重大的绝密情报。其中最重要的是，他们将国民政府准备封锁江阴江面，准备发动偷袭全歼日本游弋在长江中上游航道之内所有日本军舰的绝密情报，泄露给日本情报机关。他们还将时任国民政府副参谋总长的白崇禧的住处泄露给日本间谍，日本间谍趁着黑夜摸到白崇禧位于清凉山的住所，准备将这位号称"小诸葛"的国民党内首屈一指的军事战略家暗杀。幸而，李克农及时将这个情报通过谢和赓报告白崇禧，使得这位国民政府实际抗战方略的制订者躲过一劫。南京区雷霆出动，一举破获黄浚间谍案，生俘南云造子等多名日本间谍。

尚振声，单名一个"方"字，河南省罗山县人，出身当地名门望族，其伯父曾担任河南省教育厅长。弱冠之年尚振声考入黄埔军校第6期，毕业后，又入干部训练班学习，因成绩优异，被分配到国民政府军事委员会工作。1935年，他出任军统河南站副站长，后升任站长；全面抗战爆发前夕，调任军统南京区副区长。他面目清秀，文质彬彬，宽以待人，严于律己，与同事关系融洽。他调任军统南京区不久，即成为钱新民的得力助手。

淞沪会战爆发之后，军统南京区就在部署上做了两手准备。他们将指挥部转移到了江北的六合瓜埠山区，挑选精干力量组成"南京行动总队"留守南京，执行除奸和暗杀日寇任务。管容德化名徐曦担任总队长。十二月初，日军兵临城下，军统决定让副区长尚振声留在南京，统一指挥南京的军统特工。南京大屠杀期间，很多军统人员避入国际安全区。他们当中很多人，冒着随时可能被日军枪杀的危险，四处搜集日军制造南京大屠杀的证据，报告上级。

由于情势变化，军统南京区将人员和机构分散在南京和上海两地，因为上海有租界的庇护，南京区在上海另外设立了一部电台，南京区的指挥机关书记室也一分为二，南京上海都有，而外勤人员（也就是具体执行任务的人员）分散在南京和上海两地。这样做是为了避免被日伪一网打尽，即使一地的地下组织被破获，建制还在，就可保持并补充战斗力。

在叛徒陈明楚投敌之前，南京区策划和实施了很多次针对汉奸和日寇的行动，极大地震慑了大小汉奸。军统的组织严密，日伪多次试图破坏，没有得逞。堡垒最终还是从内部攻破了。汪伪"特工总部"的大小特务，原先就有很多就是中统、军统的。而这批投敌分子恰恰是汪伪特工总部的骨干。他们落水了，就牵连一大批与他们熟悉的中统和军统特务落水。南京区被日伪破获，就是原任南京区助理书记的陈明楚投敌导致的。

陈明楚原名陈弟容，陈明楚是化名。他在1937年底从南京区调到上海区担任助理书记。他在1939年初，加入汪伪"特工总部"，任第一处处长。他的同乡，时任军统南京区专员的谭文质在其拉拢下投敌。他们大肆出卖军统南京区、上海区的组织，军统留守南京和上海的大批特工被汪伪"特工总部"抓捕。谭文质可以成为南京区的"犹大"，他交出了当时南京区留守成员名单。汪伪特工们按图索骥，钱新民、尚振声、卜玉琳等骨干分子首先被捕。

1940年11月15日下午，汪伪特工总部万里浪手下的林焕芝发现钱新民现身上海。钱新民在上海南京路大新公司理发厅理发。林焕芝一面留守盯死钱新民，一面派人到76号召唤大批汪伪特务前来增援。钱新民没有发觉异样情况，等他理完发下楼，想走已经走不了了，出路都被特务堵死，他落入76号手中。由于他随身携带了通讯录，76号的汉奸特务们根据通讯录上的电话和地址展开大搜捕。军统南京区在沪书记室人员大都被捕。76号将他们押往南京，关押在汪伪"特工总部"下设的南京区监狱，由汪伪特务头子马啸天、苏成德亲自审讯。

尚振声的得力助手、时任南京区助理书记的卜玉琳被抓到南京白下路日本宪兵队（原国货银行大楼旧址）关押。由于卜玉琳是南京毒酒案的关键人物，日伪希望从他身上打开缺口。卜玉琳从被捕之日起，就决心殉国，面对酷刑，他咬牙坚持，没有出卖任何一个同志。为了表达自己的决心，他从入狱之日起，就开始绝食，没过多久，就悲壮成仁。笔者在此，简单介绍一下卜玉琳的生平。卜玉琳，天津人家资巨富，为北洋纱厂少东家。少有报国之志，毕业于北洋大学，为人精明干练，沉默寡言，尽忠职守。抗战爆发前，入军统特训班受训，毕业后先到汉口工作，后调任南卜玉琳牺牲不久，军统南京区行动总队大队长王愈也壮烈牺牲。

拔出萝卜带出泥，汪伪特务无所不用其极，严刑拷打，威逼利诱，对于一些意志不坚定者颇见成效。汪伪特工总部又顺藤摸瓜，一举捕获潜伏在南京、上海一带的江苏省教育厅长马元放、京沪铁路与沪杭甬铁路特别党部主任委员李达三、军统南京区特派员黄征夫等，并且逮捕了打入汪伪政权内部、已经取得一定地位的军统人员黄光逸和邵明贤。黄逸光和邵明贤，都是军统高级特工，他们只与钱新民保持单线联系。

黄逸光与汪精卫有旧，其打入汪伪内部的目的就是伺机刺杀汪精卫。其原籍广东赤溪，为墨西哥华侨。他为人勇敢正直，孔武有力，富有冒险精神，在墨西哥曾只身搏虎。他爱好旅行，因旅行结识汪精卫。1935 年，他与好友结伴徒步环游世界，途经巴黎，在欢迎会上见到汪精卫。1938 年，他在非洲旅行期间，听闻南京沦陷，立即中断旅行计划，不远万里，乘船火速赶回祖国，他在汉口再度遇到汪精卫，急切表达抗日愿望。此时的汪精卫尚有与日本抗争之心，留他在家中住下，写信推荐他到昆明航校受训，并赠给路费。黄逸光在昆明航校学习期间，因为身体条件不太适合战斗飞行，只能转做地勤人员。他为自己不能驾机翱翔蓝天奋勇杀敌而感到深深的遗憾。

汪精卫出逃河内之后，汪精卫的舅爷陈耀祖给他写来密信，密信的核心内容是希望他在空军内运动，鼓动空军将士参加"和平运动"。对汪精卫投敌深恶痛疾的黄逸光深明大义，是非分明，当即将密信交给上级。由此他与汪精卫的特殊关系，被军统得知。

黄逸光不愿长久做默默无闻的地勤人员，经香港到达重庆，主动请缨，希望能够上战场杀敌。军统几次制裁汪精卫都失了手，他来得正好，征求他的意见，希望他打入汪伪内部。黄逸光慨然应诺，并表示要利用机会刺杀汪精卫。在军统的安排下，黄逸光"出逃"南京，参加"和平运动"，汪精卫没有忘记这位"忘年交"，亲自召见，抚慰有加，非常高兴。当即表示希望他发挥"航空"专长，帮助建立汪伪的空军。不过，他向黄逸光表示，他现在资历不够，要一步一步培养他提拔他。因此黄逸光先后被任命为汪伪"教育部"专员、"宣传部"编审，后来才任命他为汪伪"航空邵明贤是汪伪大员梅思平的老部下。梅思平曾担任江宁县县长。读者朋友可不要小看这个江宁县县长，江宁是国民政府首都南京下面的一个县，担任此职位的肯定是国民党中央大员。邵明贤出身杭州警官学校，是梅思平的"直接下属"，江宁县长手下的警察局长。梅思平在汪伪的巨奸当中，帮手不多，所以无法与周佛海、陈公博、陈璧君等拥趸众多的汉奸抗衡。但是，他也希望扩充自己的势力，因此他当汉奸之后，立马想起了自己能干的老部下邵明贤。

同样，他也给邵明贤写了一封密信，信的核心内容是"希望邵明贤参加和平运动，如能前来南京，必将委以重任云云"。邵明贤当时正在贵阳训练警察，戴笠在抗战时期插手全国警政系统，正好是他的顶头上司。同样深明大义、是非分明的邵明贤，主动将密信上报，并提出希望利用这个机会打入汪伪内部，他也想伺机刺杀汪精卫。戴笠喜出望外，当即批准。1939年冬天，邵明贤全家到达上海。梅思平迫不及待地安排他担任了"浙江省党部"书记长，随后又把他提拔为"首都警察厅"督察长。邵明贤深知最危险的地方就是最安全的地方的道理，他利用自己的身份作掩护，将军统南京区的秘密电台放在了自己的宿舍里。汪伪"中央党部"占据的办公场所就是位于湖南路上的原来的国民党中央党部，职工宿舍就在路对面。

黄逸光和邵明贤利用自己在汪伪中的地位，源源不断地将大量有价值的日伪情报，送交钱新民，居功至伟。黄逸光在1940年11月19日被捕，他坚贞不屈，守口如瓶，拒绝透露任何有价值的信息。日伪恼羞成怒，于12月17日，将他杀害。黄逸光罹难前，索要笔墨，慨然写下这样的诗句："可爱的中华，我愿为你歌唱，我愿为你而死！"同日，邵明贤也光荣就义于南京。他们的牺牲都不是由于自身工作的失误，而是由于叛徒的出卖。

钱新民的身份被76号破获后，汪伪胁迫他于1941年7月间就任汪伪"特工总部"上海"虹口区"区长。因为自己的疏忽，导致南京区受到巨大破坏，牵连了很多同志，钱新民一直深为自责。又"落水"实非其所愿，身在曹营心在汉，他经慎重考虑后，秘密派人到重庆与军统重新建立了联系。军统允其戴罪立功，命令他与尚振声脱离关系，并允其另立电台与重庆保持联系。他利用伪职作为掩护，将秘密电台设立在"特工总部""虹口区"办公处。

世界经典文库

中外历史悬案

·千古刺客的谋杀悬案·

图文珍藏版

尚振声被钱新民牵连，在南京关押了7个月，经营救出狱。他出狱后随即与军统取得联系，恢复工作。他秘密派出军统南京区交通站负责人程希贤经上海转香港赴重庆报告南京区被破坏情况，并请示机宜，随即被任命为南京区区长。尚振声已被汪伪特工总部逮捕过一次，虽释放，也受到秘密监视，于是他因势利导，加入汪伪政权作为掩护。他利用个人关系，谋得了清乡部队某部第七旅参谋长一职。他已"落水"，与汪伪特务成为一家人，多少可以减轻汪伪特务的怀疑。他立足已稳，利用职权范围，为军统南京站秘密开辟了一处新的据点。

此时由军统局总部派出的潜伏在汪伪政权内部的高级特工程克祥（军统南京特派员）、彭盛木（台湾人，日本帝国大学毕业生）与尚振声取得了联系，通过他的路径，将他们获得的重要情报转报重庆。他们都是通过周佛海妻弟杨惺华的推荐，打入汪伪"财政部"的，分任办公室主任和周佛海的机要秘书。

1941年11月8日，军统南京区上海方面的交通员被76号逮捕，钱新民出现在他的通讯录上，因此再次被捕。76号从钱新民处搜出了与重庆方面联络的秘密电台和密码本。再次被捕，钱新民做好了牺牲的准备。据与他同时被关押并得以幸存的军统人员回忆，他在狱中非常平静，心情开朗，静静地等待最后时刻的到来。12月13日清晨6时许，钱新民被日伪枪杀于上海西郊中山路刑场。

虽然尚振声此时已经和钱新民脱离了组织上的联系，但是汪伪方面认定他们是一伙的，尚振声再次被捕。1942年1月19日，尚振声英勇就义。据与他同时被关押并得以幸存的军统人员回忆，他当日就义，似有预兆。他于清晨"放风"时，拾到一面破镜子，他一手拿着破镜，一手抚弄自己的眉毛，眉毛应手而落。他对难友说道，"真倒霉"。话音刚落，警卫就在门外喊他的名字。他知道自己大限将至，从容地与难友道别，并将衣物分赠难友以为纪念。他昂然步出门外，立即被五花大绑。他被押到上海西郊刑场，一路上，他大骂汪精卫、李士群群丑，骂声不绝。到刑场后，汪伪特务命令他跪下，他坚决不肯下跪，并大呼"中华民国万岁！""蒋委员长万岁！"刽子手连开数枪，把他的胸膛打得像马蜂窝，他仍然屹立不倒，用他年轻生命中最后气力大声朗诵文天祥的《正气歌》："人生自古谁无死，留取丹心照汗青！"他的牺牲可谓壮烈之极！

叛徒陈明楚和谭文质相继受到军统的制裁。陈明楚于1939年12月25日凌晨三点三十分,在沪西愚园路惠尔登舞厅门前被军统的除奸队员马河图、岳清江、丁宝龄击毙。谭文质在 1940 年 1 月 21 日被军统上海区第二行动大队的赵圣、陈默击毙,地点也在愚园路。

在本文的最后,我想再次总结一下,参加南京毒酒案的军统南京区的有功人员名单。

行动执行者:军统南京区基层特工詹长麟

传递毒药者:军统南京区特警科外事股股长潘崇声(詹长麟妹夫)、基层特工詹长炳

行动最高领导:军统南京区区长钱新民

行动直接领导:军统南京区副区长尚振声

行动总联络人:军统南京区政治助理书记卜玉琳

毒药选定者:军统南京区会计主任安少如

行动善后者:军统南京区情报助理书记刘玉卿和李再生、王高科(王职务不详)

被误杀的国民党大员
——民国首任总理唐绍仪之死

这是一桩离奇的命案,曾在上海掀起了巨大的波澜,因为,死者是中华民国第一任内阁总理——唐绍仪。这是一起民国史上最为扑朔迷离的政治谋杀案,其中缘由错综复杂。而这位显赫一时的政治人物走过了怎样的人生旅途? 又为何招致如此毒手? 在事过多年后的今天,请读者朋友,随着笔者,一起来拨开迷雾、探寻事件的原委。

"古董商"行刺

1938 年 9 月 30 日上午,阴霾深重的一天,在上海法租界福开森路的一座花园大洋房前,几个安南巡捕正在百无聊赖地四顾张望。忽见一辆蓝色的轿车迎面开来,等车开到跟前,他们定睛一看,原来是家中的常客——几个古董商人,也就没有按照以往惯例停车搜身检查,便拉开铁门扬手放行。待车在院内停稳后,"古董

商"一行四人提着两个装潢考究的箱子径直走向客厅，门铃一响，门房将他们迎了进去。不多会，一位老者在家中仆役的陪同下从楼上缓步走了下来，只见他精神矍铄、气度不凡，一副达官贵人模样。

"老太爷，您最近可好啊？这是我的一个朋友，今天带来了几样上等的宝物，请您老过目。"为首的一人向老者介绍他旁边一位的"古董商"。"好好好，"老者一边接过从箱子里拿出来的各式各样的

唐绍仪

小型古董，一边回应道。看过后，老者略显示失望地说，"难道就只有这些吗？"

"您老别急，好的，这就拿给您看。""古董商"一边说一边让随行的人从另外一只箱子里拿出一只古瓷花瓶。"这可真是一件宝物。"老者爱不释手地鉴赏着，示意身边的仆役去取钱。

仆役刚一走出客厅，站在老者旁边的一名"古董商"趁着老者低头凝视瓷瓶时，迅速地从一只箱子底部抽出一把锋利的小斧头，以迅雷不及掩耳之势猛力劈向老者的头颅。鲜血喷涌而出，老者来不及哼出一声，就颓然倒下。眼见事成，"古董商"立即收拾东西，迅速撤离，临到门口时，还一边向门内作揖，一边一本正经地说道"老太爷，您留步、留步"，并带上房门，走出来。门外之人见无异状，也没起任何疑心。待得出了门来，这几人快步走向一直不曾熄火的汽车，立马风驰电掣般地驾车远去。

等到取了款的仆人来到客厅，眼前的景象让他惊呆了：来人俱已不见了，只剩奄奄一息的老者躺在血泊里。他大呼"有刺客"，院里的保镖们这才反应过来，追出门去，可哪还有刚才那辆车的影子。其余人等手忙脚乱地将老者送往附近的广慈医院抢救，终因老人年事已高，加之伤势过重、失血过多，当天下午即与世长辞。

少年英才

唐绍仪，字少川，1862 年 1 月生于广东中山县（今属珠海市）唐家镇唐家村，

1908年避清帝溥仪讳,改名绍怡,1912年复其名。他出生于一个富商家庭,其父唐巨川是上海颇有实力的茶叶出口商,族叔唐廷枢在李鸿章麾下办理洋务,经营了上海轮船招商局、开平矿务局等著名企业,深得李鸿章器重。在这样一个开风气之先的家庭,唐绍仪自幼就受到良好的教育。

唐绍仪自幼随父到上海读书,攻读经史,极有领悟力,1874年,清廷为培养"新学人才"在全国各地寻觅可造之才,唐绍仪被县里学政看中并推荐到省里,最终入选为清政府官费资助的第三批留美幼童,于当年赴美留学深造。到了美国,唐绍仪经过勤奋努力,从预科升入哥伦比亚大学文科学习。1881年,清廷下诏,在美国学习了7年的这第三批幼童,奉旨回国了。

清廷大臣

唐绍仪回国后,被清政府派往天津的洋务学堂读书,1885年,到天津税务衙门任职,随后被派往朝鲜办理税务,在此期间,受到清廷"驻扎朝鲜总理交涉通商事宜"袁世凯的赏识。袁世凯对于自幼出国、中外皆通的年轻属下很是信任,经常向唐绍仪了解欧美政事,在这期间,唐绍仪出任袁世凯汉城公署的英文翻译兼随办洋务委员,成为袁的得力助手。1889年底唐绍仪被委任为驻龙山商务委员,即驻朝鲜汉城领事,在任上表现出干练的外交才能。1901年袁世凯出任北洋大臣,唐绍仪被委任为天津海关道,在此期间,唐绍仪将天津海关治理得井井有条,为清廷提供了比上一任多出许多倍的关税白银。

1904年,英国以防俄保印为名,攻陷西藏首府拉萨,擅自撤开主权国政府清廷,强迫西藏地方政府与其签订所谓的《拉萨条约》,在该条约中,英国将西藏划为它的势力范围。对这个条约,清政府不予承认,其他国家特别是俄国也强烈反对,于是英国不得不与清廷进行谈判。一时之间,清廷竟派不出人来,在袁世凯的举荐下,清政府于1905年2月委任唐绍仪为"大清皇帝特派钦差全权大臣",赴印度加尔各答与英方代表进行谈判。在谈判中,唐绍仪据理力争,坚持英国必须承认中国对西藏的主权,由中英两国重新订约,要求英方废除这个撤开主权国与地方政府私自签署的条约。在谈判中,唐绍仪表现出坚定的民族立场和灵活的谈判策略,当谈判陷入僵局后,他毅然回国中断谈判,坚决不在声称中国对西藏只有"宗主权"的条约上签字。至 1906 年 4 月,经过多番激烈谈判,最终唐绍仪代表清政府与英国政府代表在北京签订了《续订印藏条约》,废除了两年前英藏两方签订的所谓《拉萨条约》,虽然英国取得从印度架设电线通往西藏已开商埠的特权,但最终不得不承认中国对西藏的领土主权。

唐绍仪在中英西藏问题谈判中的出色表现,使他于 1905 年 11 月晋升为外务部右侍郎,此后,参与并主持对日、俄就东北问题的谈判,在客观条件非常不利的情况下,力争避免更多的损失,有效地遏制了日本在东北的侵略野心,并全部拒绝了俄国企图在东北保留侵略利益的要求。自 1906 年起,唐绍仪又兼督办京汉、沪宁二铁路,并被委任为税务会办大臣。在主持路政期间,他积极采取措施,着力扩大中国在外资铁路中的行政管理权和挽回铁路借款方面的损失;在海关方面,他致力于收回海关控制权,有效制约了洋人在海关的权势,打破了中国海关由英国人长期控制的局面,甚至英籍海关总税务司司长赫德也不得不承认唐绍仪"是一个非常能干、但是极力反对外国人"的强人。1907 年。唐绍仪出任奉天巡抚,并负责东北地区的对外交涉。1908 年,借美国退还庚子赔款之机,清政府任命唐绍仪为"大清赴美专使兼考察财政大臣"出使美国并考察日本、欧洲等国财政。此行的主要目的是试图将美国资本引入中国东北,以此遏制日本在中国东北的势力发展。为此,他专门访问了其母校哈特福德公立高中的校友、美国著名银行家摩根(J.P. Mogan),积极鼓动美国财团投资东北。不过,日本人很快获悉了这一情况,通过出让部分利益拉拢美国人的方式抢先与美国相关方面签订了协议,破坏了唐绍仪的这一计划。1910 年,唐绍仪一度被任命为邮传部尚书。

民国总理

1911 年 10 月辛亥革命爆发,摇摇欲坠的清王朝不得不重新启用被罢黜在家的袁世凯,任命袁为内阁总理大臣,全权负责镇压全国各地的反清起义。袁世凯很快攻下汉口、汉阳,抓住首战告捷的有利时机,袁世凯与南方各省革命军议和。12 月8 日,唐绍仪作为袁世凯多年的老朋友和得力干将,受袁世凯委托与南方民军总代表伍廷芳在上海进行谈判议和,至 12 月 25 日,双方达成两项协议,一是立即停战二是确立制定共和体制。恰逢此时,在海内外极具影响的孙中山从国外回来,革命党人于是迅速改变策略,于12月29日在南京选举孙中山为临时大总统,成立中华民国临时政府,同时要求袁世凯逼溥仪退位。袁世凯岂肯善罢甘休?经过好一阵南北互相攻讦,袁世凯终于占得上风,在南北双方确立了共和体制、优待清室的基础上,孙中山迫于无钱无兵和国际上的压力,答应让出临时大总统职位给袁世凯,心想事成的袁世凯遂立即答应逼清帝退位。

1912年2月12日,清宣统帝宣布正式退位,第二天,袁世凯声明赞成"共和"。按照南北议和双方达成的协定,孙中山辞去南京临时政府临时大总统职位,由临时参议院另选袁世凯为临时大总统。为了限制袁世凯的权力,孙中山在下野前组织人员起草了《中华民国临时约法》(以下简称临时约法),并提出"《临时约法》及临时政府所颁布的一切章程,新总统必须遵守"作为其辞职的条件。《临时约法》的主要目的是在中国建立以国务院为行政中枢的责任内阁制,而内阁中可以尽量安排同盟会会员,内阁总理代总统向参议院负责,总统公布的命令,须经内阁总理副署方能生效,以此来约束总统的权力。

袁世凯岂有不明白《临时约法》其深意所在?所以他表面上并未反对,实则心中早有一番应对之策。他并不畏惧制度,在他看来,找一个自己的亲信来担任内阁总理,一切问题不都解决了?而南方革命党人认为既然大总统一职已经让出,那么这内阁总理理应就要由南方同盟会会员出任。于是,关于由谁来出任中华民国首任内阁总理就成了此时南北双方斗争的焦点。一时间,双方僵持不下。此时,促成南北和谈的重要人物赵凤昌出面调停,建议由唐绍仪出任内阁总理。袁世凯是当然满意的,一直以来他也是这么考虑的。他认为,两人自朝鲜共事十余年直到如今,唐绍仪一直都得到他的举荐和提拔,这方面自己是有恩于他的,况且两人之间也是二十多年的交情了,唐绍仪当然听命于自己。南方革命党人认为,唐绍仪早年留学美国,受过正规的西方资产阶级教育,理解民主共和的理念——"少川既左祖革命军,名为清廷代表,实则事事为革命军设计",唐绍仪为南北议和的迅速达成是做出了巨大贡献的,且革命党人中也有不少与其颇有私交,他们相信由唐绍仪出任内阁总理,是能够维护共和体制,发挥内阁应有的作用的。

这样,在南北双方均衡势力的考虑下,唐绍仪成了中华民国首任总理的最佳人选。1912年3月9日,袁世凯致电孙中山:"现国务总长拟派唐绍仪。国基初定,万国聚瞻,必须华洋信服,阅历中外者,始足以膺斯艰巨,唐君此其选也。"3月10日,袁世凯正式就任中华民国临时大总统,3月13日,袁世凯正式宣布唐绍仪为内阁总理,3月29日,以唐绍仪为内阁总理的第一届内阁宣告成立。此时的唐绍仪已经由黄兴、蔡元培介绍,在孙中山监誓下,加入了同盟会。

3月30日,唐绍仪内阁公布的各部部长人员分别是:外交部长陆征祥(未到任前由胡惟德署)、内务赵秉钧、财政熊希龄、教育蔡元培、陆军段祺瑞、海军刘冠雄、司法王宠惠、农林宋教仁、工商陈其美、交通唐绍仪(兼,后改为施肇基)。唐内阁包括了各派人物,其中,同盟会员五人:唐绍仪、宋教仁、陈其美、王崇惠、蔡元培,袁派势力三人:段祺瑞、刘冠雄、赵秉钧,熊希龄属共和党人,陆征祥属超然无党派人士。唐内阁汇合了多党派人士,被时人称为混合内阁,从人员比例上看,同盟会成员占阁位半数,具有表决上的支配地位,固又有"同盟会中心内阁"之称。而这个内阁自诞生之时起,就是南北双方实力均衡的产物,从人员名单上看,这个内阁自始就定不为大总统袁世凯所容。

而唐绍仪自出任总理伊始,便是抱着极大的政治抱负的。他试图摆脱袁世凯的控制,力推责任内阁制,以便独立行使政府职能。他处处强调内阁副署制,而坚持要在大总统发布命令时,须经内阁副署方能生效,而且对袁世凯的言行也加以制约。袁世凯第一次向参议院下发的公文,唐绍仪认为不可行,立即驳回,甚至去总统府与袁世凯面争不屈。争论时,唐绍仪总是说:"责任内阁要对国家负责,自己任总理也要对国家负责。"致使袁世凯的侍从武官见到唐绍仪来总统府,皆私下议论"今日唐总理又来欺负我总统耶"。凡此种种,岂是袁世凯所能容忍?袁世凯选用唐绍仪的本意,原在于组建一个便于自己控制的傀儡内阁,而现下这个内阁却真的要发挥牵制他的作用了,于是,搞垮这个内阁便成了袁世凯的当务之急。

袁世凯首先利用"借款事件"支持共和党人攻击唐绍仪。唐内阁成立时,财政困难问题一直得不到解决,只能借债度日。因六国银行团条件过于苛刻,唐绍仪在南京参议院的批准下于3月16日向比利时华比银行签订了借款100万英镑的合同,六国银行团表示抗议,袁世凯在此压力下,另派与唐绍仪意见相左的财政部长熊希龄去与六国银行团谈判,并借此挑起唐、熊二人的矛盾,而共和党机关也不断攻击唐绍仪贪污,甚至要求唐绍仪下台。唐绍仪这笔借款原是打算用来购买德国的新式武器装备黄兴部队的,但是在袁世凯的破坏下,未能成事。在这件事情发生后,袁、唐二人的关系迅速恶化。紧接着,袁世凯唆使赵秉钧、段祺瑞对唐绍仪进行拆台,举凡唐绍仪召开内阁会议时,赵秉钧都不参加,"还往往对唐绍仪内阁会议做出的决议,从旁横生枝节,加以删改。并公开扬言,唐绍仪若能站得住,我们就站不住"。北洋系的其他内阁成员也同赵秉钧一道联手拆台,使得内阁的工作无法正常开展。"王芝祥事件"便是袁、唐二人在内阁制度上的一次激烈交锋。王芝祥,直隶人,辛亥革命时以广西藩台响应革命,后经黄兴介绍加入同盟会。在唐绍仪组阁伊始,袁世凯允诺由王芝祥出掌直隶作为交换段祺瑞出任陆军总长的条件。当唐绍仪在内阁成立后再次提出王芝祥的人事问题时,袁世凯便答应了。唐绍仪便将消息通知了直隶谘议局,3 月 19 日,直隶谘议局经选举通过王芝祥为直隶都督。而这件事,袁世凯是断不能容忍的,因为王芝祥是依附于同盟会的主要将领,而直隶是袁世凯的"老家底",由革命党人来插足并掌握其在北方的力量,相当于让他自己处于革命党的武力钳制下,袁世凯是决不能忍受唐绍仪的这一招的。当唐绍仪要任命王芝祥为直隶都督时,袁世凯便指挥五路军队一致通电反对,并随即以此为借口,改派王芝祥为南方军队宣慰使,要求唐绍仪副署。在唐绍仪拒绝副署后,袁世凯直接发表了未经内阁总理副署的改派任命,而王芝祥也就带着袁世凯给的一笔钱、拿着那份未经总理副署的任命兴高采烈地到南京上任去了,这次事件直接的、彻底的破坏了内阁副署制。唐内阁处于动荡之中,而此时革命党人内部因为唐绍仪在上台初始曾经的一些许诺未曾得到应验,不少同盟会会员也对唐绍仪表示出日益强烈的不满,唐内阁在多方攻击下,日渐岌岌可危。

　　眼见内阁在重大问题上因多方阻挠,越来越难以做出决断,内阁之权也日渐难以行使,袁世凯对约法又是如此蔑视,一心维护共和体制的唐绍仪遂于 6 月 15 日愤而弃职离开天津,接着,同盟会阁员也集体辞职,6 月 27 日,袁世凯批准了唐绍仪的辞呈。至此,中华民国首任内阁迅速瓦解。

　　唐内阁虽然执政时间很短,但却进行了卓有成效的工作。他们在政治上要求民主,强调依法治国,希望走上民主宪政的道路;经济上要求改善财政,繁荣经济,发展资本主义;对外政策上,在维护国家主权的同时,希望能够与各国加强联系。这从唐绍仪及主要阁员于 1912 年 5 月 13 日在参议院通过的施政方针可以看出。

其主要内容包括:政治上,加强中央集权,实行军民分治,以期行政统一;早开国会,速定国会组织法及选举法;经济上,振兴实业,发达农业,开垦荒地,注重森林护养及水利兴修;整顿工商,驱除工商障碍,保护现有工商,制定商律、工律、矿律;便利交通,多筑铁路;推广邮电,发达电政;军事上,振兴军备,淘汰冗军,征练新兵,实行军官终身制;采用并统一新式军械,设立制造厂及被服厂以便军械的给养及修理;改良马政;广设军事学校,培养军事人才;外交上,维护国际和平,寻求各国的承认,前清政府与各国所订的一切条约继续有效;财政上,节减军费,编订预算案,商借外债,其条件要于国家前途无损;改良盐课;设立烟草专卖局;发行爱国公债,酌办国民捐,整理公债;设立国家银行,改革币制;实行会计检察制度;区分税目,改良税制,实行印花税,划分国家税及地方税;司法上,改良法律、监狱,司法独立,划分行政与司法之权限,保障人民生命财产,培养司法人才,厉行辩护制度,采取陪审制度;教育上,普及教育,注意道德教育,养成健全之共和国民;制定教育大纲,举办高等教育及普通教育;设立专门学校,聘请外人任教。

沉浮岁月

唐绍仪辞去总理职务后,曾与汪兆铭、胡汉民创办《民国报》,后由于资源有限,报纸难以为继,唐绍仪遂转还广东。不久后寓居上海,与人集资创办金星人寿保险公司,自任董事长。这时的他仍时刻关注民国的政治前途,多次拒绝袁世凯和北洋军阀的拉拢,并参加了反对袁世凯专制统治和复辟帝制的斗争。

1917 年 8 月,唐绍仪南下参加护法运动,孙中山成立广州护法军政府,唐绍仪被委任为财政总长,次年 5 月军政府改组,唐绍仪为七总裁之一。1919 年 2 月,唐绍仪奉命代表南方政权赴上海与北洋政府代表朱启钤进行和议谈判,他坚决维护孙中山的护法旗帜。由于段祺瑞"执政"

胡汉民

的蓄意破坏,南北和谈破裂,南北双方又陷入斗争之中。"五四"运动时期,唐绍仪通电北洋军阀表示其坚决支持学生运动的爱国立场,同时他电告其远在巴黎参加和会的女婿顾维钧,要求他拒绝在合约上签字。1920 年以后,唐绍仪回到家乡广东居住,6 月,唐绍仪与孙中山等在上海通电反对桂系军阀,正式脱离军政府,赴上海坚持斗争。11 月,桂系军阀势力被驱逐出广东,唐随孙中山回到广州,重建军政府。1924 年孙中山先生改组国民党,实行"联俄、联共、扶助农工"的三大政策,唐绍仪因与之在政治主张上发生分歧,遂逐渐淡出政坛,随着国民革命军的北伐胜利,"联省自治"运动的破产,唐绍仪也就消沉起来,并在上海闭门不出。

1927 年南京国民政府成立之初,蒋介石曾聘请他做"高级顾问",唐绍仪未曾接受,只做了个挂名的"国民党中央监察委员"。

布衣县长

1929 年 2 月,南京国民政府第 19 次国务会议决定中山县为模范县,并颁布《中山县训政实施委员会组织大纲》,设立中山县训政实施委员会,直属中央政府,在全国率先试行"训政"。根据规定,中山县训政实施委员会主席必须由一位资望甚隆的中山籍人士出任。应孙科之请,唐绍仪答应出任中山县县长一职。

作为中华民国首任内阁总理,在南京国民政府成立之初,曾拒绝蒋介石"高级顾问"聘职的唐绍仪,此时何以会欣然接受县长一职呢?这首先得从他和孙中山的关系来看,唐绍仪自辛亥革命以来追随孙中山多年,尽管后来因政见分歧而分道扬镳,但私人关系仍很深厚。他曾拒绝陈炯明邀请其担任广东省省长的盛情,在孙中山逝世后,与章太炎发起组织民间纪念会,并在香港发表长篇讲话,充分肯定孙中山的功绩,并与孙中山的家属建立了深厚友谊。孙科曾就设立中山模范县的问题征求过唐绍仪的意见,唐绍仪对于建设孙中山的故乡是怀着深情的,况且这也是他的家乡,因此他是很愿意参与其中的。其次,根据规定,中山县训政实施委员会主席必须由一位资望甚隆的中山籍人士出任,唐绍仪既为中山籍人士,又是与孙中山共事多年的国民党元老,且与党内各派关系也均还不错,因此,他便成为各派推举的对象。当地的父老乡亲也盼望有这样一位重要的人物来中山县担任要职,以便更好地建设中山县为民众造福。可以说,由唐绍仪出任中山县县长,是名副其实的众望所归。第三，中山县作为模范县，在全国是有其特殊地位的。南京政府在确立中山县为"模范县"时，从政策上为该县提供了很多优惠：中山县直辖南京中央政府；广东省政府无权干预中山县的事务；中山县可从上缴的税收中，提取25%由县政府自行支配等。所有这些，对于在政治上已经失意，但还想有所作为的唐绍仪来说，还是很有吸引力的。特别是南京政府给予的优惠政策，更是他乐于从命的一个重要原因。

1929年4月29日，中山县训政实施委员会在石岐正式成立。唐绍仪就任中山县训政实施委员会主席，由孙科等8名有影响的中山籍人士担任委员，曾任孙中山英文秘书的李禄超担任首届中山模范县县长。唐绍仪到任后，一再向家乡人民表示，自己回乡主政并非为了做官，只求竭诚尽事，对桑梓有所贡献。在当地为他举行的欢迎会上说道：中山先生是柱石，我们是砖瓦木料，我们建造一所房屋，柱石固然是重要材料，砖瓦木料也不能不需要。建国纲领，以县为自治单位，我们砖瓦木石材料，合在一处建筑起来，为县自治努力。他在就职词中表示要用25年的时间，将中山县建设成为全国各县的模范。

1931年，训委会组织大纲再度修改，规定中山县长由训委会主席兼任，3月16日，唐绍仪兼任中山县县长。5月，唐绍仪出任广州国民政府常务委员，"九·一八"事变以后，1931年10月，任国民党中央监察委员、国民政府委员。唐绍仪在出任中山县时发表就职宣言，表示：恪守孙中山的遗教，依法定职权，本生平之微志，努力从事。并提出政治、经济、文化、教育等方面的施政方针。主要包括基本建设、发展实业、加强农渔业和乡村建设、引进外资和发展教育诸方面，而以开辟唐家无税商港为重点。

唐绍仪虽从清政府时期就历任高官，但主持县政后，非常注意自己的为官形象和工作作风。他力求使自己成为一个诚心诚意听取百姓意见，不执私见，廉洁公正，视百姓之苦为自己之苦的名副其实的模范县的"父母官"。他衣着朴实，平易近人，利用一切闲暇时间走访民众，深入了解民间疾苦，努力破除积弊甚深的官僚陋习，及时帮助民众解决生活生产中迫切需要解决的问题，深受当地民众爱戴，被民众称为"布衣县长"。

为了将中山县建设成为名副其实的模范县，唐绍仪从各个方面进行了大刀阔斧的革新。首先,他从全国各地延揽优秀人才来此地任职,打造一个精干的县政府班子。著名学者但熹任县政府秘书兼教育局局长;留学日本、曾任广东省财政司副司长的张树棠被委任为县财政局局长兼中山全属沙田办事处主任;县公安局局长兼宪兵总队长吴兵原是广州市公安局局长;北京农业大学教授、留美博士唐有恒当时正在筹建安徽农学院,被唐绍仪请来中山任训委会秘书、列席委员、农业试验场场长,等等。

其次,为了扩大中山县的影响,他不时邀请国民党中的粤省要人来中山县考察、小住,以争得南京政府的支持;同时,他亲赴香港、澳门,向当地同胞宣传中山模范县,并在香港以记者招待会的形式介绍中山县的发展计划;他还召开中山模范县发展讨论会,将会议发言编辑成《建设新中山言论集》,在海内外广泛散发,争取各方的支持;他还向海内外华侨及港澳同胞寄发《中山模范县发展大纲》,从各方面筹集资金。所有这些努力,取得了卓有成效的回报,仅海外华侨为支援家乡建设的捐款,就达到了100多万元。

在经济建设方面,唐绍仪在全县发起“合作造产运动”。这一运动的主旨在于集中全县民众的经济力量,来发展中山县的金融、工业贸易、交通等各项实业。唐绍仪以政府领导,官民合办的股份制形式成立“民众实业公司”,公司董事长由训委会派代表担任,唐绍仪以县长身份兼任总经理,建设局局长担任副总经理。公司经营业务范围包括工业、农业、渔业、交通、矿业,等等,公司以股份制形式广泛筹集资金,全县民众酌情认股,公司定期发付股息。随着各项业务的发展,又建立了民众实业银行,通过发放贷款,扶助中小企业及农民发展生产。与此同时,提供各种优惠条件,积极争取港澳同胞和海外华侨到中山县投资办厂。

面对中山县交通运输落后的现状,唐绍仪投入了相当的财力支持发展中山县的交通。他将岐关、岐环两家公司合并为岐关车路公司,拨巨款修建岐关东西两路的干线;着手计划修建从中山至顺德的公路;拨款修整了唐家岭通向大金鼎,即从唐家岭通向中山港的道路;修建了从斗门分别至井岸、乾务、大赤坎等地的几条乡道。在兴修道路的同时,他还组织力量架设长途电话干线网络,积极发展中山县的通讯事业,除此以外,他还派人疏浚水道,筹建飞机场,力图使中山县在陆、水、空三路都能有所发展。

唐绍仪主政期间在乡村建设上也制订和施行了很多措施。首先彻底清查全县土地,经过两年努力,克服各种障碍,查清全县共有4.6万余顷土地,其中有4000余顷沙田一直为地主隐瞒。有力打击了县内的豪强势力,增加了政府收入。其次,对于减轻乡民负担,也做了很大努力,废除了不少苛捐杂税,例如"承办中山全属筵席捐办事处",原来甚至规定买1元以上食物就要纳税,后将这项税规定为——因凶吉事请客做酒席者,照章缴纳筵席捐,其余小吃概行豁免。取消"匹头捐"(布捐)等。他还计划通过"二五减租"的办法,改善佃农的生活,通过筹办农民银行来解决对农民饿贷款及救济事业等。

为了促进农林建设,制定了《农林建设计划纲要》,主要内容是:计划进行土壤调查,地力保护;举办"农业试验场"改良农、牧业品种,设立蚕丝改良局发展桑蚕;大力提倡植树造林,设场育苗,加强森林管理等等。还通过县政会议决议,限令各乡务于一定期限内,在闲置的土地上播植树苗,否则即以官荒地论处。同时在大金鼎地区建立了规模较大的"模范林场"。中山县位于南海之滨,渔业向来是该县人民的重要生活资源,当地渔船不时受到地痞欺诈及海盗侵扰等原因,渔业渐趋衰败。唐绍仪主政后,通过《恢复唐家湾渔业议案》,为发展当地渔业和保障渔民生活,采取了不少措施:派人加强沿海地带的警戒以防海盗对渔民的侵扰;计划修建碉楼3座以震慑海盗;成立"渔业用盐研究会",放宽渔民用盐供给量;设立"渔业设计团""海产试验场",专门研究提高渔业生产的各种办法。经过不断的努力,当地的渔业生产有所恢复。

中山县作为"模范县",文化教育事业岂能落后?唐绍仪根据自己的学习经历,在任内一再强调教育的重要性,对于中山县的教育发展更是不遗余力。据现有资料的不完全统计,在他任职期间,有关教育工作的提案报告就有30多个,如《二十年教育计划书》《推行民众教育案》《优待小学教员案》《拟请通饬各公立小学校免征学费及杂费以减轻学生家庭支付单而期教育之普及案》《组织中山县教育基金委员会案》《设西南科学研究院案》《增设师范简易科以培养师资案》《筹建中山纪念学校案》,等等。这些提案报告的内容涉及中山县的教育总体规划、各年度发展教育的细则、普及义务教育的措施、建设高级教育机构的设想、减轻学生负担及提高教师待遇、加速师资的培养等多方面。1929年9月,创办以孙中山的家乡翠亨村命名的"翠亨总理纪念学校"（今中山纪念小学）的决议通过后,他便向南京政府及广东省政府筹集了38万元资金,经费用完他又截留了应上缴省府的16万元护沙费,投入建校。该校于1934年建成,1935年招生,成为一所全省著名的学校。1932年中山县全县用于教育的支出为98万元,1933年增至111万元。从1930年到1933年,中山县全县幼稚园由2所增至4所,小学由318所增至440所,中学由5所增至9所。

唐绍仪在重视兴学的同时,对文化、卫生保健等社会福利事业也很重视。为了美化城镇,在石歧建了迎阳公园、中山温泉凉亭;他还下令征集各地山歌、童谣及民间文学,保护文物古迹,以维系中华文化;为使体育运动有较大发展,他聘请了体育专家及热心体育事业人士组成"体育委员会",支持全县体育工作;为保障民众健康,他在唐家山房路建立了中山港公立医院,除挂号外免费为平民提供医药,上门为孕妇接生,即使遇到难产也分文不收。1933年夏,他还邀请香港的玛丽医院和广州中山医学院联合组成医疗队到唐家,给全体小学生进行体检。此外,他还向民众赠种牛痘,预防天花。为了清楚社会公害以正民风,严令禁烟禁赌,多次严令禁种罂粟,并设立"戒毒所"强迫那些吸毒者戒烟,还通过了《禁绝娼妓以正民风案》,有力地促进了中山县社会事业的发展。

提议建设中山港及开辟中山港无税口岸是唐绍仪主政中山县期间另一项重要政绩。唐绍仪的家乡唐家岭（又称唐家）,濒临珠江口西南部的出海深水干道金星门,因有环海之湾,故名唐家湾,或称唐家环。孙中山早年对这片地域做过考察,他在《建国方略》中主张实业救国,计划将唐家附近水域疏通,行驶万吨巨轮。护法战争期间,孙中山派海军司令程璧光到唐家,准备在这里筹建军港,当时唐绍仪陪同考察。1920年唐绍仪又与孙中山商议在唐家建立商港问题。唐绍仪就任中山县训政委员会之初,便重提唐家湾建港之议。从1929年2月起,他连续向国民政府报告,以孙中山早年曾考察该地建设军港等理由,阐述了建设中山港的重要性。他设想在唐家湾前后环沿海地区开辟一个可以停靠5000吨至2万吨级轮船的南方巨大良港——中山港,并将该港辟为无税口岸,以取代香港及广州港的部分贸易。1930年1月,在唐绍仪的主导下,中山县成立了由唐绍仪、李禄超等9个人组成的"建港筹备委员会",加紧进行开辟中山港的申请工作。2月,唐绍仪向国民政府呈递了《请辟唐家港并设海关分关的报告》。接着，又提请将唐家环商港定名为中山港，以唐家环为无税口岸，还提出了"以60年为期，期满归省政府管理"。在唐绍仪的频频呈请下，南京国民政府于1930年5月中旬批准了唐绍仪的请求。

请求获批后，唐绍仪即着手规划筹建并付诸实施。中山港建设的筹备工作基本就绪后，唐绍仪代表中山县政府与荷兰一家治港公司于1931年12月在广州签订了测量中山港第一期工程的和约。第一期工程计划是：(1)在唐家湾的前环和后环各建一个大型深水码头；(2)在前"急流仔"经槟榔石至蛇州尾一带建造一个避风塘和一条防浪堤；(3)开辟从唐家至前环、后环的道路；(4)在前环高处的"炮仔楼"修建一座50平方米的信号台。该期工程完成后，即可开辟唐家至石岐镇、省城广州、香港、澳门、西江沿海各港口和南洋各埠的客货运航线，计划开港成功，巨轮可以进出中山港，直达外洋与香港争吐纳贸易之利。由于当时中山港的建设声势很大，在香港乃至国际上产生了巨大的反响，英国方面极其不安，恐其夺去香港中外贸易枢纽的地位，港英政要人物甚至呼中山港为敌港，可见影响之大。

为了使中山港建设能顺利进行，唐绍仪花费了很多心血，除与南京政府多次公文往来，争取拨款外，还几番邀请南京国民政府、广东省政府的要人及有关专家来唐家视察，以便谋取支持。他还亲赴京沪游说一些中央要人，筹措建港经费。从海内到海外、官方到民间唐绍仪都进行了积极活动与争取，在他的努力下，建成了后环简易码头、信号台与部分交通设施，开辟了到石岐与港澳的不定期航班。

但是，唐绍仪这一雄心勃勃的建设计划最终并未实现。第一，建港耗资巨大，尽管多方筹措，但毕竟不是唐主政的中山县所能承担，而代表江浙财团利益的南京国民政府并不真正希望自己势力达不到的广东一隅，树立一个全国样板的模范县。第二，"南天王"陈济棠也不希望在他所掌控的广东势力范围内有一个不属于他管而直属于中央的"模范县"。因此，中山港的建设并没有得到中央政府和省政府的真正支持与赞助。第三，唐家湾地处珠江口西侧，流沙沉积较快，这一技术问题在当时尚无法解决。所以，到1934年唐绍仪去职后，轰轰烈烈的开辟中山港无税口岸的建设计划便再无人问津了。

唐绍仪在政期间(1929年4月至1934年10月)，共召开"训政实施委员会会议"73次，仅在1931—1933年，就举行113次县政会议。在此期间，唐绍仪为中山县的建设倾注了全部的心血。

被迫离开中山县

1934 年 10 月,正在中山港建设进入关键阶段,唐绍仪为实现自己的抱负更加繁忙的时候,陈济棠通过亲信在中山唆使中山县县兵以"索饷"为名发动哗变,包围唐绍仪的寓所,逼其辞职。

这一事件的发生,实并非偶然。唐绍仪到中山县就职之初,广东正为国民党新军阀陈济棠所割据,陈以西南政务委员会常委兼第一集团军总司令的身份掌握当地军政大权,抗命中央政府,使广东成为一个独立王国。而中山县因为"模范县"的设立直属中央政府,使得广东全省 96 个县出现了一个不属于陈济棠直接管辖的范围,侵犯了他的地盘。一开始,在设立中山"模范县"时陈济棠就态度暧昧。唐绍仪上任后,在中山县全面铺开建设,花费巨大,所以将国税省税一概截留无分文上交,这就抢走了陈济棠口中的一块肥肉,据说中山县一年的收入胜过贵州省一年的收入,面对如此富庶的中山县,陈济棠岂能任他自由发展而自己丝毫不能获利?唐绍仪在中山县实施一套特殊化的措施更是让陈济棠萌生必须驱逐他的念头。在彻查中山县土地面积时,当地的豪强地主因隐瞒的沙田被清查出来,也对唐绍仪记恨已久。另外,唐绍仪到任后,在全国各地延揽人才,使得很多地方士绅和新秀人物都未能在县政府谋到一官半职,这些人不断闹事以示不满。所有这些都给了陈济棠实施其驱逐唐绍仪的机会。

所以,1934 年 10 月,陈济棠即通过亲信在中山唆使中山县县兵以"索饷"为名发动哗变,包围唐绍仪的寓所,然后自己出面将唐绍仪"接走",平息事态以后,逼其离职。

唐绍仪被陈济棠排挤被迫离开中山县后,便对西南局面表示消极,他先去香港住了一段时间,之后便搬去上海。

1936 年,陈济棠发动"两广事变"公开与南京国民政府对抗,唐绍仪站在蒋介石一边,在国民党五届二中全会正式开幕前,以国民党中央监察委员会及西南政务委员常委身份与孙科等多人商量在大会上提议撤销被陈济棠把持的国民党中执委西南执行部和国民政府西南政务委员会等机关,从而促使陈济棠兵败下台,事后,唐绍仪举家寓居上海，未再参与政治。

上海寓公、卷入日寇"南唐北吴"计划

1937 年 7 月，日本帝国主义发动了全面侵华战争。抗日战争爆发后，唐绍仪发表了支持抗战的言论，冯自由认为唐是自卢沟桥事变后，"主张抗战最力之一人"。在抗战初期，各种政治军事势力出于策略考虑，对久居上海做寓公的唐绍仪都表现出异乎寻常的关注，并对其进行拉拢和利用。

"八·一三"战火之后，久居上海的唐绍仪出于安全考虑，从大西路（今延安西路）避居到法租界福开森路的一幢洋房内。上海沦陷后，唐绍仪将妻室子女送往香港，自己仍蛰居孤岛"上海"。1937 年 12 月，南京沦陷，国民政府的党政要员大都随政府迁往武汉，国民政府派人劝其离沪赴港，也未果。寓居在沪的唐绍仪再一次成为时局中的风云人物。

面对日寇的疯狂侵略，中国军民奋起抵抗，彻底粉碎了日寇妄图在 3 至 6 个月内征服中国的狂妄计划，使其陷入了持久战的消耗之中。为了摆脱侵华陷入的困境，1938 年 1 月 11 日，日本御前会议决定，要推行"以华制华"的新侵略方针，即推动有声望，有势力，而且有从政能力的唐绍仪和吴佩孚，南北出马。在中国建立"新的中央政权"。1 月 16 日，日本首相近卫发表声明说："帝国政府今后不与国民政府为对手，而期望真能与帝国合作的中国新政权的建立与发展，并将与此新政权调整两国邦交，协助建设复兴的新中国。"显然，日本帝国主义妄图以此在中国尽早结束战争，利用"以华制华"的手段达到侵略中国的目的。这一侵华新计划出台后，日本内阁和军部便开始了对唐绍仪、吴佩孚的劝降工作。

据国民党特工人员的报告，日本帝国主义制订这一新计划有以下几条：1.使国民党右派领袖与抗日将领分歧，拉拢前者，成立全国性政府于南京；2.通过国民党右派，拉拢军阀及其军队，使抗日阵线松懈，必要时趁机瓦解之；3.联络英、美、法、德外商及其资本家，阻挠对华贷款及其军火供给；4.通过外商资本家，拉拢中国资本家至日方，使抗日经济、金融陷入停滞状态。据此，日本帝国主义还制订了具体的实施步骤：1.经唐绍仪关系，拉拢戴季陶、居正、吴稚晖、何应钦、张群、吴鼎昌、刘湘、龙云及桂系财政巨头，由唐绍仪组织全国政府，取蒋地位而代之；2.由交通系叶

恭卓等拉拢两广资本家拥唐,唐与日方条件为承认伪满洲国,取消北平临时政府。

为了实现这一计划,日本帝国主义派遣臼田宽三在京沪等各地活动,其办法是先网络各省过去在政治上有地位之反动分子,在南京开一国民大会或约法会议,由该会议制定约法,选举唐绍仪、吴佩孚为正副总统,再由总统任命国务总理、各部部长而组织政府。如果唐、吴坚决不干,即于日本占领津浦路全线后,不惜用绑票方式强迫唐、吴至南京,迫其就范。但是这一切并未能立时奏效。当1938年2月21日温宗尧向唐绍仪转达日本人请他出任组织政府的想法时,唐绍仪告温曰:"如此我是不干的,而且我劝你也不必干。"温曰:"你为甚不干?"唐曰:"我老了,不想干。"温曰:"你不干,我是想要干的。"于是温愤然而别。此时,关于伪中央政府组织事,唐绍仪不仅自己坚决拒绝出任伪大总统外,且劝前来游说他的温宗尧亦不加入伪组织活动。温宗尧、陈锦涛在唐绍仪的劝说下亦顿报消极之念。

3月,日本帝国主义在南京扶植了梁鸿志傀儡政府。5月,在日军大举进攻徐州,妄图占领陇海、津浦路全线之际,促唐出马工作又开始积极进行。5月20日,江天铎在同船津经过两次密谈后,将日方企图告之唐绍仪,唐绍仪即对江天铎说:"你再见到船津和其他日本要人时,你可对他说,我们说话,彼此要说心里话,我以为中日议和,第一,要停战,如若战都不愿停,而说议和,岂不是欺人之谈? 所以,议和时,第一要停战。第二,议和谈判时,要双方声明将以前所成立的各种协定一概取消后,重新再来。因为不如此,你这个和议协定成立后,他今后再来个二十一条是这样的,明日又来个淞沪协定、梅何协定是那样的。所以,和议谈判时,要将以前的所有协定一概取消,重新再来一个协定。他说要彻底反对国民党一层,我们要问他,是不是要反对每一个中国人呢? 他是因为国民党抗日才反对的,中国人也是抗日的,他是不是也要反对? 设若他说一到和议成功就不反对中国人,你告诉他,国民党也是中国人呢。和议成功,国民党也就不抗日了。这样一来,他当然就不要反对国民党了。"

6月,日本帝国主义为了避免其陆军、海军以及在外务三省各自派出机关的矛盾,组成对华特别委员会,负责策划组织伪中央政权的工作。该委员会由陆军派出的土肥原贤二中将、海军派出的津田静枝中将、外务省派出的退伍将官坂田利八郎中将组成,土肥原为总负责人。土肥原开始工作后,继续以唐绍仪、吴佩孚、靳云鹏

（曾任北洋军阀政府总理）三人为主要争取对象，其中尤以唐绍仪为重。土肥原决定 7 月 10 从日本乘飞机来上海，主要任务就是促唐出马组织伪政府。但日本内部当时就有人表示："至目前为止，任何日本人都还未曾见过唐一面。所谓唐、吴的新政权之实现，当然的是谈不到。"

1938 年 8 月上旬，日本参谋本部制定秋季作战指导要点，决定攻占武汉和广州，摧毁国民党政府的统一中枢，并尽力加强和促进建立伪中央政权工作。9 月 10 日，土肥原在华北策动吴佩孚失败后，立即携汉奸刘永谦去上海游说唐绍仪。在刘永谦以吴佩孚的代表名义游说唐绍仪未能奏效后，土肥原即决定亲自出马登门拜访唐绍仪。9 月 27 日，在唐绍仪的女婿岑德广——清末两广总督岑春煊之子的陪同下，坐车前往唐绍仪住处登门拜访。这次密谈的结果如何，唐绍仪是否接受了日本帝国主义"南唐北吴"的计划，已不可知。因为不几日后，就发生了唐绍仪被刺案。但从至今公布的材料来看，并不能找到证据证明唐绍仪投敌充任汉奸。日本人对唐绍仪的拉拢和唐绍仪并未刻意的回避，固然是唐绍仪被害的一大主因，但是，这期间国民政府对唐绍仪历经改变的态度，才是唐绍仪被刺更为深层的原因。

国民政府对唐态度

当日本帝国主义宣称不以国民政府为对手，并推出"南唐北吴"的计划后，蒋介石、孔祥熙等国民党党政要人深感不安。在日本人对唐绍仪极力拉拢之时，国民政府对这位长期在野的国民党元老也表现出了前所未有的关注，蒋介石、孔祥熙等不断派人游说，并以官衔及津贴笼络，希望他保持晚节，不要为敌所用。概因唐绍仪是国民党的元老、又是国民政府首任内阁总理，且与美国总统胡佛又是早年同学，在国内外都有相当影响，如果他被日本人利用而成为傀儡政府总统，不仅有损国民政府声誉，对蒋介石在全国的地位也将是一个很大的挑战。所以国民政府对其采取了劝说离沪、笼络、利用等一切措施。

1938 年 3 月，国民政府派唐绍仪之婿诸昌年赴沪劝唐绍仪离开上海前去香港。上海市民见唐绍仪不抗、不降、又不走，《文汇报》于 3 月 12 日刊登了《上海市民函唐绍仪》的公开信，信中表示"应以开国元勋的资格，发表光明正大的宣言，力辟汉奸谣言，……与国人共争民族的独立自主。……先生如默而不言，虽不参加伪组织,间接亦于敌人有利,若暴殄民意则'唯有根据国家法令,予先生以群众的制裁'",等等。3月21日,行政院长孔祥熙亲自致电钱新之,让其转达敬意给唐绍仪,曰:"少老在沪,谨严自守,远道聆讯,钦慰交加。乃因相隔两地,躬候无从,只能聊致馈贶,籍表敬意。少老如有所需。拟请随时电告,自当照汇",等等。同时还表示,如果唐能去武汉,即委任为外交委员会主席。4月,唐绍仪旧友罗家衡受吴铁城、曾养甫所托,由广东到上海,劝其力持镇静,以保晚节,愿意的话可以立刻动身离沪赴粤。5月初,章士钊又奉命从武汉经香港到达上海与唐绍仪接触。广州"抗战后援会"也发电报给他,要他脱离上海恶势力的包围,即刻南下。广州各界人士和社团,又假座民众教育馆二楼召开大会,即席决定由广州市各社团联衔电催唐绍仪南返,并汇去2万元以助其成行。但是唐绍仪对这些请求、吁请、敦促一直未曾答应,以各样理由婉拒了各方要求,并引用其一贯的态度"对于外间任何谣传,向不声辩,而以事实为之表现"。

在武汉的国民政府见唐绍仪迟迟不愿离沪,遂开始转而利用唐绍仪以私人资格与日接触,以探寻日方讲和条件及谋划。在罗家衡访唐后,孔令侃根据情报向其父孔祥熙报告说:少老暂难离沪,因恐行动后失敌方信用,伏请院座垂察。还说,中央默许唐绍仪与日接洽和平,探寻意旨,一得消息立报中央参考。并称,如或不能邀信,请中央派特务人员监视,以观究竟。为了确保唐绍仪不致变节,孔令侃于6月22日又致电孔祥熙,建议委派罗家衡与日方对华主和派板垣东条、石原等发生联系,并称,如此可使我方得到正确消息,亦可使唐不致走入歧途。6月24日,武汉方面及批准了这一计划。

国民政府之所以这样做,是因为在抵抗日本帝国主义侵略的同时,对日议和的幻想一直没有破灭,而日本方面却已宣布"不以国民政府为对手"。若能拉拢住处于特殊环境中的唐绍仪以私人资格与日周旋,不仅可以了解日方关于和谈的内容和条件,使自己不致陷于被动地位,而且还可以借此稳住唐绍仪,使之不至于在日寇的一再策动下出现动摇。7月5日,国民政府行政院长孔祥熙在给唐绍仪的信中说,对唐"个人关于展开达成体面和平的谈判的建议表示欣赏"。孔祥熙还明确表达了如下的意向:"在我看来,两种方式可以尝试一下,以解决这个问题。首先通过你的斡旋,你是否可非正式地把日方关于实现体面和平的看法通知我们,显然我们必须知道日方是否有消除敌对状态的愿望;同时,消除敌对状态必须以使我们获得体面和平为条件。另外的一种说法是,中日双方高层领导人,最好是文官,同时起来催促各自政府进行和平谈判。"9月上旬,唐绍仪的女儿唐宝珠和儿子唐榴先后专程从香港赴上海,给唐绍仪带来蒋介石、孔祥熙、宋子文、居正和戴季陶等人的5封亲笔信,要求唐绍仪"设法向日方打听讲和的条件"。因此,这段时间唐绍仪的与日周旋,除了日本人的有意拉拢之外,实在是还有国民党最高决策人物的授意或默许,具有双边应付的意思。唐绍仪一方面同日伪接触从事议和工作,另一方面也坦率地将其政治主张转告孔祥熙等国民政府要人。

　　而此时,在上海的军统特务们也忙着自己的任务。1937年9月上海沦陷时,国民党军统局便在上海布置了一批潜伏特务,由上海特区管辖,周伟龙为区长,赵理君为副区长。唐绍仪因其特殊的地位与影响,一开始便是他们重点监视的对象。唐绍仪有个故旧名叫谢志磐,据说是唐绍仪在中山县时的随从,后来军统将其发展为上海区的一名情报员。谢时常出入唐绍仪家,对唐绍仪家情况颇多了解,周伟龙因急于向上司表功,就三天两头的向谢志磐索要唐绍仪的情报,谢志磐被逼急时,便瞎编一些情报上报,而上海区又将这些本不十分准确的情报添油加醋一番再往上呈报。使得戴笠认为唐绍仪有意出面组织伪政府,便开始谋划针对唐绍仪的暗杀行动。特别是9月27日土肥原登门拜访唐绍仪之后,他们更怀疑唐绍仪或可能已经"变节",故而决定根据蓄谋已久的计划,伺机动手。

遭遇暗杀的悲剧结局

　　国民党军统局上海特区在1938年8月即开始布置暗杀唐绍仪的行动。因为唐绍仪居住在法租界内,安保甚严,平时他也深居简出,实在是很不容易接近。为此,军统特务起初设想的几种方案均因实行起来困难太大或者痕迹太过于明显容易导致不堪设想的后果而不得不放弃。尔后,他们打听到唐绍仪有收藏古董的嗜好,便决定利用这一点来设置方案。他们利用谢志磐与唐绍仪有旧关系,让谢志磐以沦陷区很多人因急需用钱不得不低价出售手中的古董为由,带一些古董商前去唐宅进行交易,从而获得唐绍仪和安保人员的信任。如此几次,院子门前的安南巡捕们便降低了戒心,也不再如开始时那样严密搜身检查。

后来获悉唐绍仪在一家古玩店看中了一个古瓷瓶,但因该店老板索价过高未能成交。军统方面便立刻重金购得此瓶,接着派手下特务随谢志磐于9月29日持此瓶前去唐府,以低价将此瓶卖给唐绍仪,诱其上钩。果然,唐绍仪得了此瓶以后非常高兴,又听说这位古董商手中还有更为名贵的古瓷瓶,因急需用钱可以低价转让,当即约他们务必明日再来。第二天上午,便发生了文章开头的一幕。

唐案余波

唐绍仪被刺杀的消息传出后,震惊了舆论和社会。一时间,议论纷纷,各种猜测层出不穷。在新闻舆论方面:上海的《新闻报》《译报》《华美晨报》等在报道唐绍仪被刺一案时,认为唐氏之死是日本人土肥原所为。原因是唐绍仪在日本人的一再劝诱下仍不肯出来组织伪政府,眼见事情无望便在忌恨下对其痛下杀手。而《文汇》《大美》等报在报道的字里行间又暗指国民党当局与此事有着相当密切的关系。而各种官方表态,就让舆论更是看不透其中的玄妙了。事发不久,蒋介石、孔祥熙等国民军政要人相继电唁唐氏遗族,抚慰有加。10月5日,重庆国民党方面以国民政府主席林森、行政院长孔祥熙的名义颁布《唐绍仪褒扬令》,同时"拨给丧葬费5000元,并将平生事迹存备宣付国史,用彰政府笃念勋耆之至意"。伪南京临时政府也相当重视此事,还把唐绍仪列入"殉难先烈名单"加以悼念。日本当局甚至表示唐绍仪之死犹如"臣星坠地",使"帝国的对华工作也受到很大影响","这不仅是唐的不幸,也是东亚的一大损失"。

根据后来披露的事实以及学者们的研究,现在已经明确唐绍仪被刺杀是国民党军统特务所为,执行刺杀的是军统上海特区的副区长赵理君。赵理君是四川人,原名陶士能,黄埔军校第五期毕业生,是军统的老资格杀手。他曾亲自主持暗杀著名爱国民主人士杨杏佛、史量才,得到了戴笠的赏识,在军统内一直升任至军统行动处少将处长。暗杀唐绍仪的行动,便是由他一手执行的。但是这位对国民党忠心耿耿的杀人魔王也没有得到好下场,1942年年底因暗杀在省政府开会期间的豫东专员韦孝儒,引起举国愤怒,最后因为一封请求宽恕的信,被蒋介石亲自下令处死。

这封信是这样的:

委员长均鉴:小人赵理君,因性情鲁莽,无视国法,犯下滔天大罪。现收审狱中,终日思过,以泪洗面。小人知道,就是千刀万剐,也是罪有应得,死有余辜。回忆当年跟随校长革命,东征西讨,剪除民党,除史量才,杀杨杏佛,跟踪孙夫人,斧劈唐绍仪……小人至死忠于校长,从无二心。眼下倭寇入侵,大敌当前,恳请委员长念及旧情,让小人戴罪立功,重返沙场,小人当万死不辞。

结语

唐绍仪这样一位重要的政界人物,遭到国民党军统的暗杀,其死因是十分复杂。作为一位国民党元老,他与蒋介石历来不睦。1930年初,阎锡山反对蒋介石的武力统一政策和个人独裁,受到各反对派的拥护。随后,反蒋派组成一阎锡山和冯玉祥为中心的反蒋联盟。5月便爆发蒋冯阎中原大战,8月反蒋各派在北平召开国民党中央党部扩大会议,9月成立了以阎锡山为主席的北平国民政府,唐绍仪是该政府七委员之一(七委员分别是阎锡山、唐绍仪、汪精卫、冯玉祥、李宗仁、张学良、谢持)。1931年"宁粤分裂"时,唐绍仪参加了汪精卫等人在广州组织的反蒋联盟,并成为轮流担任国务会议主席的五位常委之一。宁粤统一后,唐绍仪任国民政府西南政务委员会七常委之一。后唐

冯玉祥

绍仪在兼任中山县训政实施委员会及中山县县长期间,遭陈济棠驱赶,1936年西南公开反蒋时,唐绍仪在撤销西南"两机关"上虽然由一直以来的反蒋转为拥蒋,但是陈济棠兵败下台后,唐绍仪并未获重任。1937年上半年,中日关系日益紧张后,蒋介石才准备借助唐绍仪在外交上的声望与才干,要求他出使美国让美方出面调停,又因耗资太大,转而让他以英美为中介,与日本直接谈判。但是日本的真实意图旨在诱降国民政府,并无和平诚意。抗战全面爆发后,唐绍仪的对日谈判不仅不会取得成果,反而只会使他涉嫌汉奸。但唐绍仪没有看清时局,依然热衷于谈

判,以为通过谈判能够救国。所以一直不愿离开上海,期望能在中日议和中发挥重要作用。当日寇"南唐北吴"的计划出台后,蒋介石对唐的猜忌之心日甚,故一直设法劝唐离开上海。在劝离不动的情况下,才利用唐绍仪以私人资格向日寇探寻议和条件。然而,由于两人之间芥蒂由来已久,蒋介石对唐绍仪的与日周旋,并不抱任何信任,而且对于资望和影响力均不低于蒋的唐绍仪,是否会取蒋本人而代之的怀疑念头,一直就不曾打消过。而在此期间,打着唐绍仪的旗号四处与日本人私下接触、甚至沦为汉奸者也大有人在,这也在社会上造成了很坏的影响。唐绍仪即便没有参与这些活动,但是为这些可耻的行为付出代价,却是一定的了。何况重庆方面探知,日本方面在引诱唐绍仪出山时,曾有打算以绑架的方式迫唐就范。对此,国民党在沪特务于9月7日报告说,土肥原将于11日来沪,其一劝说唐少川出山,万一唐拒绝,则以绑架溥仪故伎施之唐氏,唯此须在汉口攻陷时。这也使得国民政府和蒋介石本人深为不安。因此,不管唐绍仪本人是否有"取蒋而代之"的想法,趁着武汉尚未失守,早日除去唐绍仪就成了最为妥当的方法。唐绍仪被暗杀,当是与这些原因密不可分的了。

综合这一时期唐绍仪的各种态度和行为,虽然在政治上没有贡献于抗战的丰功伟绩,但是也没有为虎作伥的卑劣勾当。他作为一个外交家热衷于谈判,作为一个政治家希望借此机会重返舞台、有所作为的打算,并不说明他有意出任伪政府总统,而且从至今公布的材料来看,也找不到证据证明唐绍仪投敌充任汉奸。国民政府既利用唐绍仪以私人资格与日方接触,又在没有确切证据的情况下,仅仅为了防患于未然,就对其痛下杀手,可谓草菅人命。

综观唐绍仪的一生,他作为一位杰出的外交家、政治家,曾经数度居于权力核心甚至引领潮流,也因时局变化,多次退居于幕后成为一名政坛看客。作为一个受过西方教育的职业政治家,他深信"政治家无身临绝境之理、退可复进"的主张,因此,作为政治家的他是不甘寂寞的。抗战爆发后引起多方重视的他,亦在观望中希望自己能再度重返政治舞台,发挥自身的政治能量,期望通过议和来阻止战争。然而,在民族危亡的关键时刻,抗日才是唯一的主题,以议和为救国唯一途径的观点毕竟是糊涂的。这一点是唐绍仪在那样复杂的时局中唯一没有参透的命题,而这最终为其招来了杀身之祸。

但是,仍然可以肯定的是,唐绍仪在民族危亡之际保持了晚节,他,不是汉奸。在中国近代历史上,他是一个做过贡献并且应该得到肯定的人物。

河内的枪声
——头号汉奸汪精卫侥幸逃生

汪精卫原名汪兆铭,字季新,籍贯浙江山阴(今绍兴),出生于广东番禺。曾考取官费留学生,毕业于日本政法大学。其有过光荣的革命历史,长期追随孙中山先生左右,因而成为国民党的元老和领袖。然而其在抗战初期,主张对日妥协,最终竟然叛逃到敌占区,成立汪伪政府,沦为中国最大的汉奸。其叛逃到越南河内之时,军统曾经刺杀他,可惜没有成功。

光荣的革命史

精卫原是《山海经》记述的一个神话形象。晋代诗人陶渊明有诗曰:"精卫衔微木,将以填沧海。"1905—1907 年,汪精卫作为《民报》的主笔,开始使用笔名"精卫",借以表示坚持不懈、革命到底的决心和意志。后来,他以这个名字闻名于世。

汪精卫中年照

1905 年,汪精卫与孙中山相识于日本东京。从相识到相随,孙汪交往长达 20 年,形成了一种可谓是领袖与亲信、导师与高足的亲密关系。孙中山十分赏识汪,曾称誉汪学识优异、文采翩然,"卓见洞识,颇博读者快慰","使中国人士莫不大悟,外国恐惧症亦为之一扫"。

当时,在革命党人中也流传着这样的评价:"学生无先生不醒,先生无汪胡不盛。"这里的"先生",自然是指孙中山。"学生"即指汪胡,汪即汪精卫,胡乃胡汉民。孙中山去世之后,作为其学生之一的汪精卫曾出任国民政府行政院长等职,另一位学生胡汉民则曾担任国民政府立法院长、国民党中央常务委员会主席等职。这是后话。

1905 年同盟会成立后，革命党人在国内发动多次武装起义，屡战屡败，内部悲观沮丧的情绪滋长。陶成章、章太炎等人搞起分裂活动；梁启超等改良派也讥讽身在国外的孙中山等革命派领袖是"远距离的革命家……徒驱人于死，己则安享高楼华屋"；而清廷为消弭风起云涌的革命活动，挽救其统治，也开始了最后垂死挣扎，宣布预备立宪。清廷的这一姿态，收获了不少人心。而这一切，都让革命面临着前所未有之困境。

正如我们在鲁迅先生的小说《药》中所看到的，民众并不理解革命先驱者的光荣。在《药》中，即便是夏瑜的母亲，也不理解自己的儿子。鲁迅在作品中曾描写了一个细节：母亲清明节去给因"革命"被砍头的夏瑜上坟，却要悄悄地躲开其他上坟的人群。为什么要躲开呢？因为母亲认为，儿子是被官府砍了头，死得不光彩，这种死让她感到耻辱，所以她要躲开众人、悄悄地给儿子上坟。

革命者是孤独的先行者。我们可以肯定，汪精卫在那时也有这种孤独的感觉。而汪的性格中又有一种他自己所谓"素鲜恒德，故不愿为釜，而愿为薪"的激烈，也有人称此为好走极端。这种激烈，使他在 1910 年革命出现困境、个人倍感彷徨之际，做出了北上刺杀清朝摄政王载沣的举动。临行前，汪精卫致书孙中山说："弟等之为此事，目的在于破敌，而非在于靖内变也。所以靖内变之道，亦不外于此。"这里的"内变"指的是陶成章、章太炎等人对孙中山、汪精卫的发难。

但刺杀并未成功，反而为清廷侦破，汪精卫被抓入大牢，按律当处极刑。因正预备立宪，清廷为了表示开明，改判为永远监禁。

1911 年辛亥革命后，汪步出牢狱，再次投身孙中山领导的革命活动。但这个时候的汪精卫，在政治上开始趋向妥协。出狱后，他先是致函清肃亲王善耆，谢不杀之恩；后又结交袁世凯。1911 年 11 月 14 日汪精卫向袁进言："中国非共和不可，共和非公促成不可，且非公担任不可。"袁世凯因希望加强与革命党人的联系以对清廷施压，也有意拉拢汪精卫，于是就促成汪与其子袁克定结为异姓兄弟。

在狱中时，汪写了不少脍炙人口、传颂一时的诗。其中一首曰："慷慨歌燕市，从容作楚囚。引刀成一快，不负少年头。"刺杀摄政王的惊人壮举、入狱后的忠诚不渝，汪以此名声大振，一时成为进步青年崇拜的偶像。此时的他，已经开始积累受益终生的政治资本。卓越的演讲交际能力和优秀的文字写作功力，也使汪精卫长期充当着孙中山思想主张的宣传家、合纵连横的联络员、重要文件的起草人和基本政策的执行者。1925 年 2 月 24 日，缠绵病榻的孙中山时日无多，汪精卫、孙科、宋子文、孔祥熙等进谒孙中山，请留遗嘱。汪精卫拟就"政治遗嘱"后读给孙中山听。中山先生点头说："好呀，我甚赞成！"汪又将起草的"家事遗嘱"读给孙中山听。孙中山又说："好！我极赞成。"汪精卫作为遗嘱的起草人，这无疑象征着一种托付事业、后继有人的期许。

孙中山逝世后，汪可谓资深望重：反清革命的先锋模范、国民党的元老、孙中山的遗嘱代起草人。加以长期练就的左右逢源的交际手段，汪精卫得到了苏联、中国共产党和国民党左派的大力支持，很快成为国民党新的领袖。

但军事强人蒋介石的迅速崛起是汪始料未及的。两人明争暗斗互相角力，但纵观风云，在与蒋介石的争斗中，时人许以"舍汪无足与蒋对抗"的汪精卫每每处于劣势。

争权失败，投敌叛逃

孙中山去世后，随着国民党全国执政地位的确立及"以党治国"体制的形成，国家政治权力的斗争实际上成为对国民党党内最高权力的角逐。

汪蒋两人之间，蒋介石是后进。中山先生逝世后，汪精卫曾权倾一时，手握国民党党政大权。但蒋介石依靠新起的黄埔"党军"力量，地位迅速上升。中山舰事件后，蒋介石挤走汪精卫，把国民党和广州国民政府的大权集中到自己手里。在羽毛未丰之时，蒋又把蛰居上海的胡汉民请出来，担任新成立的南京国民政府主席，用以牵制汪精卫。而汪胡两人之间的关系，也不复是当年的知交。胡汉民曾说："吾爱朋友，不如吾之爱革命。"

1928 年 8 月，蒋主持召开国民党二届五中全会，宣布遵照孙中山遗训，由军政进入训政。蒋深知，孙中山的继承者和国民党这两块金字招牌，是巩固自己权力的最有效方法。此后，蒋倚靠"党权"巩固自己的军事权力，排斥打击异己。

而汪精卫不甘心权力的丧失，多次以"护党救国"相号召，公开同南京中央抗衡，开始长期扮演国民党内反对派的角色。

1930 年汪组织扩大会议，另立中央等一系列行动随着中原大战的失败烟消云散。一度被国民党开除党籍,进退失据的汪精卫苍苍惶惶,途经雁门时,面对长城,汪感慨万端赋诗云"残峰废垒对茫茫,塞草黄时鬓亦苍。胜欲一杯酬李牧,雁门关外度重阳。"

蒋汪争权,从孙中山逝世以后,分分合合,结怨颇深。30年代初汪精卫与蒋再次合作。蒋介石对汪精卫虽不信任,但国民党内的历次政治角力,也让他明白在"以党治国"的旗号下,汪精卫可资利用的价值仍是不小。在不少国民党人的心目中,汪精卫"党统"象征比蒋介石强。但这时的蒋汪合作,已不再是处于平等地位的合作。蒋介石大权独揽,集政治军事财政大权于一身。汪精卫想从掌握"党权"进而获得政权和军权的打算几成痴人说梦。

正当汪精卫以为自己在政治上再也不会有所作为的时候,日本入侵,有意"以汪代蒋"的近卫声明,又让他看到了一丝曙光。汪精卫在一封致其部属的信中说道:"无论老史、老莫、老希,他们皆不是凭借武力以做成独裁的。例如老希,他的局面自然有一小部分是勉强,但大部分是:(1)战后国民全体之悲愤情绪;(2)是看破了英法之异趣,乘此破绽,努力猛进,七千万人难道都是傻子要服从一个人,何况这七千万人是何等自负的国民呢。这一点不可忽视,但我国目前正缺乏之一点。"信中显见汪氏政治野心不小,这里所说的老史、老莫、老希指的是斯大林、墨索里尼和希特勒,或者在汪心中,正是以此三人自期。

汪精卫一生多变,在政坛上翻手为云覆手为雨,向来以毫无政治原则和节操而闻名。但实际上汪精卫也有其"万变不离其宗"的原则,那就是一切政治抉择都要为他夺取最高统治权力服务,为了权力他不怕出卖自己的民族、祖国。

在政治斗争旋涡里,早年甘心赴死的侠客情怀在汪精卫身上已难觅踪影。他朝秦暮楚的政治性格,对权力的眷念,加以对抗战前途所抱的悲观心态,最终使他走上了叛国之路。

1938年,日本发动全面侵华战争的第二个年头,国民政府被迫迁都重庆,涂着太阳旗的飞机在武汉、广州等城市上空呼啸而过。硝烟弥漫里,夕阳残照中,人目处颓垣断壁,名城尽成瓦砾,人命贱如刍狗。然而,面对血肉筑成的长城,日本人表面的辉煌难以掩饰其内里的虚弱:兵力之有限,资源之匮乏,都不足以支撑这场旷日持久的战争。其实,早在淞沪会战结束、"速战速决"灭亡中国的计划破产后,日本侵华战争将招致失败的命运就已经注定。

日本人在认识到刺刀不可能使中华民族屈服后，便开始考虑新的对华政策，于是有了三次"近卫声明"的出台。

1938年1月16日，日本首相近卫文磨发表声明称："帝国政府今后不以国民政府为对手，而期望真能与帝国合作的中国新政权之建立与发展，并将与之调整两国邦交，协助建设复兴的新中国。"

11月3日，近卫发表第二次近卫声明，声称中国国民政府已不过是"一个地方政权"，"如果国民政府抛弃以前的一贯政策，更换人事组织，取得新生的成果，参加新秩序的建设，我方并不予以拒绝"。

两次近卫声明的公开发表，究其实质，是要分化国民政府，用"以华制华"的策略来达到不战而亡人之国，实现日本从侵华战争的泥淖中脱身的战略企图。

在这个政策导向下，日本特务开始在华物色合适人选，所谓"起用中国第一流人物"，来"促成中国现中央政府分裂崩溃"。

汪精卫便是在这个背景下进入日本人视野的。

早在1931年"九·一八"事变之始，随着战争的推进，国民政府丧师失地，许多人包括国民党内的一些文武官员，对时局的看法逐渐消沉乃至悲观。而国内所曾寄予厚望的国际干预，也迟迟不见踪影。"战必大败，和未必大乱"的论调广为流行。

诚如毛泽东在《论持久战》中批判亡国论者时所言，他们"看重了强弱一个矛盾，把它夸大起来作为全部问题的依据，而忽略了其他的矛盾。他们只提强弱对比一点，是他们的片面性；他们将此片面的东西夸大起来看成全体，又是他们的主观性。所以在全体说来，他们是没有根据的，是错误的"。

凡此种种错误的论调，或者说从上述没有根据的逻辑出发，这一切都促使时任国民政府行政院长的汪精卫主张面对"现实"，与日"和平交涉"。在这种妥协思想的指导下，汪精卫一手主导与日本先后签订了《淞沪停战协定》《何梅协定》等，并自认为这是对国家负责的举措。

汪氏深信，中国各方面都落后于日本不下六七十年，以"太古式的军队"与现代化精锐日军相拼搏，无法获得胜利。看着士兵们在日军机械化猛烈的火力下一排接一排地在战斗中白白牺牲,一个个倒下,汪精卫以为这样的牺牲毫无意义:"我们是弱国,我们是弱国之民。我们所谓抵抗,无他内容,其内容只是牺牲,我们要使每个人,每一块地都成为烬。"

汪精卫既以为牺牲只是徒劳,又幻想和平可以苟得,在民族危亡之秋,他终日高谈"困守待援""中日提携",几至不知"抵抗"为何物。

在国民党内,主张和平交涉的除了汪精卫,还包括很大一批人。这些人认为,所谓抗战,乃是"为结束战争而抗战,不是为扩大战争而抗战"。他们中的不少人,经常以位于南京西流湾8号的周佛海家为聚会场所,交换促和意见及和平交涉方案的设想。他们戏称自己一伙为"低调俱乐部",以区别于那些主张积极抗日者的"高调"。

但"低调俱乐部"并非政治实体,说它是一个高谈阔论的沙龙也许更加恰如其分。汪精卫叛国时的追随者周佛海后来说:"汪先生的主张,是完全和我们一致的。……所以我们当时就无形中以汪先生为中心,酝酿和平运动。"汪精卫逐渐成为这个沙龙——"低调俱乐部"的灵魂。在沙龙里,他们鄙薄牺牲,希望在刺刀下苟且,做稳奴隶。

当汪精卫进入日本人的视野时,在汪日的勾结过程中,国民政府外交部亚洲司司长高宗武扮演了一个重要的角色。

抗战初期,向有"日本通"之称的高宗武经人推荐,被蒋介石派往香港,暗中从事和平交涉、寻找中日"和平"途径。但两次近卫声明坚持蒋介石下台,不以国民政府为谈判对象的政策,令对与日"和平"抱有幻想的高宗武很是苦恼。

就在高宗武郁闷不乐之时,1938年5月26日,日本近卫内阁实行改组,近卫延揽主张与蒋介石进行和谈的宇垣一成出任外相。这个变化高宗武看在了眼里。于是他问在香港的日本特务西义显、伊藤及松本:"是否贵国不以国民政府为对手这一政策有所改变?"

西义显、伊藤及松本无法回答这一问题,鼓动高宗武前往日本东京实地打探。高犹豫了很久,最后决定到日本看看。

高宗武这种汲汲于"和平"的主动姿态,被日本人看在眼中,结果令日本人的气焰更加嚣张。而当蒋介石知道高私自到日和议时,也是大怒不已,骂"高是混蛋"，停发了高的活动经费，且表示与高"断绝关系"，对高下了通缉令。

蒋介石深知日本真正之所欲，且对日和平的过分主动，只能招致日本少壮派军人"得寸进尺"的侵略与背信。"一时之妥协，不惟不用（会）奏效，徒自坏人格、自破国格"。"蒋不相信日本的国策"。"倭寇不重信义，一切条约皆不足凭"。

高宗武的日本之行带回了一个确切的信启——日本有意"以汪代蒋"。

用某些历史学家的话说，高宗武是日本人和汪精卫之间的牵线人。

日本有意"以汪代蒋"的意向一经传达，汪精卫意识到自己的机会来了。

1938年4月，国民党实行总裁制，蒋介石为国民党总裁，成为孙中山的正统继承者。汪精卫虽贵为副总裁，但正像汪精卫自己所抱怨的，"我只有总裁不出席中常会时，代为作主席，此外我负不了什么责任。"

所以当汪精卫知道了日本有意"以汪代蒋"的意向后，汪精卫决定抓住这个扳倒蒋介石的好机会，于是"便下了脱出重庆的决议"。

汪精卫开始积极与日本人接触，进行秘密谈判。

1938年11月20日，汪日双方正式签订《日华协议记录》及《谅解事项》。"重光堂会谈"是汪精卫叛离重庆的关键性会谈。

1938年12月20日，在西安前线的蒋介石出乎意料收到云南省主席的一封电报，得知汪精卫出走重庆，经昆明抵达越南河内消息。

汪精卫的出走，国人为之哗然。12月22日，根据汪日的密约，日本首相近卫文磨在东京"告诉世界"节目中发表声明，称日本已成功地将中国纳入"东亚新秩序"之中。这个声明，其企图分裂国民政府，以华制华的狼子野心昭然若揭。

面对汪日散布的谣言，国民政府上下人心惶惑，蒋介石指出："明知目前自身的处境，明知这个问题生死攸关，但不会有一个中国国民仍旧怀有向日本妥协的念头。汪完全明白日本军国主义者的计划就是要征服中国，自然会感觉到全体中国人民对日本军国主义者更大的敌意"，他相信汪会"与国家公职人员一道把战争进行到底的精神，表现出担负起克服民族危机责任的精神"。

汪精卫的出走，对处在抗战最艰难时刻的中华民族，无疑是一个灾难。

重庆的冬天，1938年汪精卫出走时最冷。冷透了整个中华民族的心。

做了汉奸后的"狼子野心"

1939 年 1 月 1 日,重庆及全国各大报纸在元旦祝词的旁边,都登载了"国民党中央执行委员会宣布永远开除汪精卫国民党党籍,撤销其一切职务"的消息。

与民众之群情激奋、评议之汹汹相较而言,国民党中央执行委员会的这个决定多少显得有点轻描淡写,有过于放纵之嫌。

舆论为之哗然,以为汪精卫"非仅叛党,实亦叛国,党纪之外,应绳之以国法","倘有其他妥协动摇分子,亦应予以有效之制裁"。

南洋华侨领袖陈嘉庚也致电蒋介石:"汪弃职离都,背党叛国……此而不诛,何以励众? 更何以根绝效尤? 敬乞我公宣布其罪,通缉归案,以正国法,而定人心。八百万华侨,拥护抗战到底!"

就在国人愤然指斥汪氏的卖国时,国民党中执委背后的操盘手蒋介石看到的是汪氏出走带来的严重危机。

这个危机绝非局外之人所能想象。

作为多年的政治对手,汪精卫在与蒋介石的斗争中可谓屡战屡败,饶是如此,却并不意味着对于汪,蒋介石就可以等闲视之。

汪精卫的出走,在蒋介石的眼中,实际上是一场政治的豪赌。而这场豪赌的赌本,不单是他蒋介石个人的政治生命,甚至可能会断送抗战来之不易的相持局面。

古史说,秦失其鹿,天下逐之。汪精卫从重庆出走,抵达河内,就是决心要与蒋介石展开一场权力的斗争。如果他胜了,他将重新走上权力的神坛,至于国家的前途,民族的命运,就不在他的考虑之中了。

对于时局,汪的打算有三。其一,分裂国民政府,在西南地区建立以他为首的、以国民党内主和派为核心的新国民政府。

自 1937 年 8 月 7 日南京的"国防会议"正式决定积极备战抗战以来,国民党高层,重庆政府内部就一直派系林立,主和派与抗战派互相角力,观望者从来也不乏其人。我们可以看看随汪出走的名单:陈公博——四川省党部主任;顾孟余——铁道部部长;周佛海——中央宣传部代部长;陶希圣——第一届国民参政会参政员、艺文社主任;陈璧君——中央监察委员(汪精卫的妻子);林柏生——中央立法委员、《南华日报》社长；高宗武——外交部亚洲司司长；周隆庠——外交部情报司日苏科长；梅思平——江宁县县长；肖同兹——香港中央通讯社社长。这些人，无一不是文政经各界的重要人物。

第二，分裂地方势力，让蒋介石陷入"孤家寡人"的境地。

汪精卫逃离重庆的路线，取道云南经昆明而入河内。实际上，时任云南省主席龙云给汪氏出逃提供了诸多方便。汪精卫视龙云为"自己人"。但有人认为"有可能是（汪）虚张声势以增加谈判筹码"。

龙云把持云南大权，号称云南王。滇越路、滇缅路是当时重庆国民政府在沿海失陷后仅存的国际通道之一。在上海、武汉诸战役中，当时蒋介石所赖以统制各派系的中央军受到日军沉重打击。所以，很大程度上，他要依靠龙云这样的地方实力派与日军周旋。

在日军所向披靡、国民党内部又有分裂之虞的情况下，谁又能保证一向"务实"的、专注于保存实力的各派军阀还能继续拥护重庆，坚守抗日承诺？如果龙云在云南响应汪精卫"艳电"，还真没人敢说其他人会不会有样学样，群起效尤。

汪精卫的第三个打算是要在外交上孤立蒋介石。

出走以来汪对外宣传他之极力主和而蒋之极力主战，大造声势，为的就是给国内外舆论制造一种印象：中日之间的当前局势，既可能以战结束，也可能以和收尾，而蒋介石排斥对日和平人士，关闭对日和平之门。

"一战"之后，鉴于战争的残酷，和平主义旗帜高涨，绝对和平主义思想乃至泛滥。结果国际上绥靖政策大行其道，英美等国在不损及其全球利益下，对德日的扩张采取了姑息的绥靖政策，强调争端的解决应通过外交斡旋而非武力上的直接对抗。这种政策，在欧洲孵化了希特勒这个大独裁者；在亚洲，面对日本这位帝国新贵的咄咄逼人，苏、英、法也是正就欧洲局势"一再就商"，顾不上中国。

是以，在这样的绥靖气氛下，一旦汪竭力打造的蒋只要战争、不要和平的形象被坐实，蒋在外交上很可能会"陷于孤城落日"的境地，失去列强的同情和虽然很少但很珍贵的支持和援助。这正是汪精卫之所欲，也正是日本外交理想之所在，"不消说，我们所最希望的是，令英、美、法、苏等国疏远国民政府，并使国民政府陷于孤城落日之悲惨命运，以收拾时局"。

汪精卫的这些打算,蒋介石自然也心知肚明。蒋介石在国民党中央执行委员会上主张对汪"等同于私通敌人,等同于挖国家的墙角"的出走有所保留与克制。对汪的出走不定性,也不对汪下达通缉令。这样做当然不是因为他蒋介石看重曾为同僚的情分。在政治斗争中,蒋介石又何曾心慈手软过?

蒋的用意在于,如此做有利于安定国民政府内部和战两派,争取地方实力派,为此,蒋三次派人到河内劝说汪精卫,要汪以大局为重,勿做出徒使敌人快慰的事情。

蒋第一次派往河内的是国民政府的外交部部长王宠惠,王当时正在河内公干。同王宠惠一起前来的还有蒋介石的"文胆"陈布雷。

王宠惠到了汪的寓所后,对汪说:"委座三番五次对人说,汪先生只是赴河内治病,休养好了现在回去,名正言顺。"

汪精卫当时回答说:"谢谢重庆方面目前还给我留条退路。虽然这样,我还是不能回去。为什么呢?我这次离开重庆,只是对政局有不同意见,并不夹杂其他任何个人意气在内,这一点务请你们转告中

王宠惠

央,请予理解。在重庆,我要发表个人意见很不容易,我不离开重庆,这份'艳电'就不能发出,和平工作就难以开展。我的和平主张能否采纳,权操中央,我丝毫不勉强。如果政府出面主和,改变立场,我可以从旁做些协助工作,或者退隐山林不问国事都可以。但如果政府不转变立场,那我只能出面来谈和了。"

汪的这套说辞毫无回旋余地,王宠惠、陈布雷无奈离去。

1939年2月中旬,蒋介石第二次派人到河内,受命的正是汪精卫过去的心腹谷正鼎。出逃前的汪是国民政府主席,谷正鼎到河内后执礼甚恭,言必称主席并详细转述了蒋的意思。蒋派谷正鼎去劝说汪精卫,自然打的也是人情牌。

然而汪又以同样的言辞拒绝了重庆的意思。蒋介石逐渐失去了耐心。不久,

谷正鼎又一次来到河内,随身还带了汪精卫、陈璧君、曾仲鸣的三张出国护照和50万元巨款。谷正鼎对汪精卫说:"汪主席,委座说了,如果主席有病要赴欧洲等地疗养,可先送50万元钱,钱花完了,以后可随时筹寄。钱和护照都在这里。"

汪精卫冷冷地哼了一声说:"前几年他几次暗中整我,把我赶到国外去,我每次不都从外边回来了吗?去来何尝要过他的什么护照?至于钱,我也用不着他的。"

谷正鼎勉强笑着说:"中央的意思是,对日本的和、战问题,大家还可以商量,汪主席如果要对国事发表主张,写写文章,发发电报,中央任何时候都很欢迎。"

汪精卫面无表情,毫不吭声。谷正鼎只得接着说:"但中央希望,汪主席不要另搞组织,免得被敌人利用,造成严重后果。"

汪精卫一听此言,冷笑一声道:"他今日何必多此一举?我永远不会与他合作了!"说完此话,起身便走,把谷正鼎一个人撂在一边。谷正鼎只得拿起钱和护照,无功而返。

当汪精卫让谷正鼎再一次无功而返时,汪看着谷正鼎离开的背影,对身边的陈璧君和曾仲鸣说:"我们今日之后,要多加小心。他要对我们采取行动了。"

汪一边说话一边用右手反扣背部肋骨。背肋的炎症又发了,汪精卫脸色因疼痛显得有些苍白。1935年孙凤鸣留在他背肋处的那颗子弹至今没有能取出来。

孙凤鸣是一个记者。九一八事变后日本占领东三省,进一步蚕食华北,时任国民政府行政院院长的汪精卫坚持不抵抗,最终把整个华北拱手相让。1935年国民党召开四届六中全会时,孙凤鸣趁中央委员集体照相之际刺杀汪精卫,汪背肋间的子弹就是那时留下的。

实际上,汪的这颗子弹挨得有点冤。作为国民党的第二号人物,三十年代的汪已丧失与蒋在政治上角力的资本。作为对日政策的执行者,很多时候汪不过是蒋摆在台面的一个傀儡而已。

1937年前,蒋介石奉行"攘外必先安内"的国策,并没有坚定的抗战决心。但是国民政府行政院院长是汪精卫,这样便给当时的国人造成了一种误解,以为汪才是不抵抗政策的制定者、执行者。更可恨的是,蒋介石明知国人有这种误解,在公开的场合,他也从不为汪辩白。因此之故,汪精卫内心对蒋不无怨恨。

蒋介石三次派人赴河内劝说的高姿态,成功避免了造成予人以打击党内和平主张的印象,使得汪精卫分裂国民政府内部主和与主战两派的算盘落空。

为了稳住地方实力派继续抗日,蒋介石对龙云等地方实力派采取"怀柔"的政策。有过拥护汪精卫历史的湘系军阀唐生智前往云南,给龙云现身说法:"汪为人善辩多变,生性凉薄,对人毫无诚意,尤喜玩弄军人",唐生智在龙云面前大谈其在汪精卫面前"吃亏上当"的经过。1939 年 1 月 3 日,龙云与陈诚、商震、杨森等 34 名国民党高级官员联名通电,拥护国民党中央永远开除汪精卫党籍的决定,声称反对和议,坚持抗战。

蒋介石这一套组合拳,连消带打,弭分裂于无形,给了汪沉重的打击。

汪精卫一时意乱如麻。随从叛逃者们也议论纷纷,都不免仓皇失措,心中各自盘算:天涯路远,何处是归程?

可惜汉奸未死

1938 年 12 月 29 日,汪精卫在越南河内发表了臭名昭著的"艳电",响应第三次近卫声明,分裂国民政府,公开叫板重庆。

在电文中,汪精卫称赞第三次"近卫声明"着眼于调整中日邦交的高度,如果重庆方面遵照执行,能够"奠定两国永久和平之基础,此为吾人对于东亚幸福应有之努力"。面对抗战以来战火纷起、满目疮痍的现实,他认为,对日和谈是以极小成本换取人民安宁,打出"合于正义之和平而结束战事,则国家之生存独立可保"的幌子,公然建议中国与日本政府"交换诚意,以期恢复和平",进而发出致力于世界和平的宏愿:"与关系各国一致努力,以维持增进其友谊及共同利益也。"

艳电发表后,没有人响应,汪精卫的政治豪赌成了黄粱一梦。这证明一点:民族大义面前,枪口一致对外,粗鲁的武夫也一样懂得抉择,懂得爱国与自爱。

汪精卫顿时处在了一种进退维谷的境地。重新回到重庆,对于一个眷念权势如汪精卫的人来说,无异于自杀;且以蒋介石的手段,回到重庆恐怕不免会被终生软禁。

而流亡香港,想法虽未为不好,只是对久居高位者来说,又太过于寂寞。所谓长安布衣,固然可以老死终生,但是恐怕从此就要门前冷落了。

再者,孙中山逝世以后,蒋汪恩怨路人皆知。出走重庆是他倒蒋介石的最后一个机会。眼下西南设立新政府的打算虽然落空,但是谁晓得这场旷日持久的战争最终胜负何如呢? 如果终究要做亡国奴,他汪精卫就是做民族的罪人又如何? 从离开重庆的一刻,从艳电发布的一刻,他汪精卫又何尝没有做汉奸的自觉? 此时,潜伏在河内的军统特务也接到了重庆"着即对汪精卫予以严厉制裁"的密电。这一天是 1939 年 3 月 19 日。

对于汪精卫出走,其实蒋心中早有定见,"汪到越后之言行,绝不如吾人所想象之汪先生,现若劝其返渝,必以恶意推测,且彼亦必不出此。至于留住国内,无论何地,不唯敌国可借此造谣,甚或假借其名义,多所引诱,即国际亦复怀疑,而全国军民之惶惑更无论矣"。三次遣人劝汪回头,蒋根本就没抱任何希望。早在王宠惠第一次到河内时,刺杀汪精卫的军统特务就已经潜伏到汪精卫河内的寓所附近了。

主持刺杀汪精卫的是国民党军统大佬戴笠。

蒋原本考虑由郑介民指挥这次刺汪行动,可是戴笠认为:郑介民虽为军统局副手,但多年主政军令部二厅,分管军统负责的谍参工作和军事情报工作,对军统局本身业务并不直接过问负责,如由郑介民赴河内负责,恐怕对这次重大行动不利。戴另一个未向蒋说明的考虑是:郑在军统局内素以胆小怕事、谨小慎微而闻名,遇事往往不敢向前;河内行动非比寻常,用郑恐怕会误事。戴笠自荐于蒋介石,蒋介石也同意了戴笠的请求。

戴笠受命后,即刻成立军统越境刺汪行动组,自己担任总指挥,指挥中心地点选在香港。

对行动组的人选,戴笠非常慎重,军统天津站站长陈恭澍被选调担任河内刺汪行动组组长。陈恭澍是军统骨干,经验丰富,曾绑架暗杀张敬尧、吉鸿昌、石友三、王克敏等人。

技术特工是余乐醒,负责特种技术的使用,如毒气、毒药、定时炸弹等手段。余曾是中共党员,早年随周恩来赴法勤工俭学攻读化学、机械专业,回国后曾任叶挺独立团政委。后又被中共派往苏联学习谍报,"四·一二"事变后脱党,加入军统。余是军统元老,精明强干且能讲法语,是赴河内行动的合适人选。

组员也全部经过严格挑选。军统局特务总队选定四位:张逢义、余鉴声、陈步云、陈邦国。戴笠的贴身警卫王鲁翘、军统局武术训练班教官唐英杰也调入行动组。留港担任译电员的是戴笠随从秘书王绍谦。

3月22日夜23点40分，一辆汽车悄然驶入高朗街。按照预先计划，张逢义、陈步云在外面警戒，负责人陈恭澍留守车内。王鲁翘、余鉴声、郑邦国、唐英杰翻过高墙入内。

郑邦国用手中利斧劈开楼房前门。王、唐二人冲上三楼。余、郑二人堵住住在二楼的汪的侍卫，因为是在境外，汪精卫的侍卫都没有佩戴枪支，不敢轻举妄动。王、唐冲到27号三楼前房门前，房内之人已惊醒，门口被牢牢堵死。

刺杀小组诸人深知情况紧急，河内警力转瞬即到。王鲁翘挥起手中利斧，在门上砸开一个洞，从洞里看去，只见一个人钻在床底。王鲁翘抬手射出一溜子弹，三颗子弹均击中床下男人的腰背处。因门口被堵，王、唐二人无法入门验明真身。故即刻撤离。余鉴声、陈步云2人因没能及时撤退，被河内警方捕获。

凌晨4时50分，军统内线传来情报，死的是汪的秘书曾仲鸣，汪精卫毫发无损。

原来，27号三楼前房并不是汪氏夫妇的住房。蒋介石三次派人赴河内，汪精卫都是在这间前房接见的，行动组情报有误，以为汪居于此间。恰巧那几天，汪精卫的秘书曾仲鸣的妻子方君璧到了河内，汪安排曾氏夫妇临时住在这里，刺杀小组就把二人错当了汪精卫和陈璧君。

陈恭澍得知误杀后，一下子从头凉到脚。而戴笠见刺杀时机已失，河内警戒严密，也只得下令行动组撤回国内。

河内枪声宣告了蒋、汪彻底决裂，也促使汪精卫最终下了叛离的决心。

3月23日，日本五相会议决定派影佐祯昭、犬养健等人去河内营救汪精卫至安全地点。

对于日本的"营救"，汪精卫决定前往中国沦陷区的举措，高宗武竭力反对。高认为，既然西南方面龙云等人没有响应汪的"艳电"，汪就更应以在野立场集合同志，以宣传和平运动。高"开始跟港英当局商讨让汪在香港流亡的可能性"。但汪精卫最终采纳了周佛海去沦陷区的意见。

当汪精卫下了去上海的决意之后，高宗武终于意识到汪精卫是铁了心要当汉奸。而他高宗武，以一外交人员的公职身份，在奉命从事"和平交涉"之初，曾拥有过的以屈膝妥协来换取中日"和平"的幻想早已烟消云散，没有蒋介石的汪精卫不会有丝毫作为。为了不碰触"汉奸""卖国贼"的这条高压线，高宗武终于决心要离汪而去。

汉奸的不归路

1939 年 3 月 25 日晚，汪精卫一行在日本人的帮助下，登上了租借的法国货轮"芳·福林哈芬"号，后又转移到日本货轮"北光丸"上。

5 月 6 日，汪抵达上海。同月，赴日与日本首相平沼骐一郎会谈，乞求建立伪中央政府。年底，汪日秘密签订《日华新关系调整要纲》。

日本方面参加汪日和谈的今井武夫后来说："当汪到达上海以后，就丧失了他的政治生命。"汪的一系列作为，彻底剥掉了汪自称与梁鸿志、王克敏不同的外衣，最终完成了汉奸形象的自我塑造。

在叛离途中，汪又一次感觉到孤独，只是这一次的孤独，是被整个民族抛弃后的孤独。

1939 年 12 月 30 日，日本政府逼迫汪精卫签订了《调整中日新关系之协议》，灭亡中国之野心暴露无遗。汪预知了被民族唾弃的命运，心中不免悲苦，悄悄地对妻子陈璧君说："日本如能征服中国，就来征服好了。他们征服中国不了，要我签一个字在他的计划上面，这种文件说不上什么卖国契，中国不是我卖得了的。我若签字，就不过是我的卖身契吧。"

而跟随汪精卫出走重庆的队伍，也发生了分化。1940 年 1 月 4 日，由上海开往香港的"胡佛总统号"轮船在汽笛长鸣声中缓缓离开码头，汪精卫叛国集团中的高宗武、陶希圣悄悄乘船逃离。轮船驶入公海，二人通过无线电给上海的汪精卫发出电报："……际此意去迥异之时，未得先生之许可，遽尔引离，但至此时止，我等对于一党的秘密，绝不向外宣泄……"

汪精卫在上海愚园路官邸收到了电报。

1940 年 3 月 19 日，汪精卫成立伪国民政府的前一天，这一天的大早，汪精卫率领陈公博、周佛海等数十人前往中山陵谒陵。汪精卫宣读了《总理遗嘱》后，在中山陵哭得死去活来。只不知其所哭者为何？愧对总理钦？抑或是悲己身之堕落，认贼作父钦？

第二日，1940年3月20日，汪精卫在南京成立伪国民政府。而刺杀行动仍在进行。从此之后，汪精卫不得不每天都生活在被刺杀的阴影之中。直到1944年11月10日下午4点20分，汪精卫因被孙凤鸣射入背肋间那颗没有取出的子弹所引发的炎症，死于日本名古屋。11月23日，汪丧于南京明陵前的梅花山。

也有人说，汪实际上是被日本人所毒杀。

抗战胜利后，1946年1月，戴笠下令炸开汪精卫之墓，将汪精卫的棺材、遗骸运往火葬场火化。青山有幸，未埋汉奸的骨灰。

唐代大诗人白居易曾写过一首咏史诗，诗的最后四句是这样的："周公恐惧流言日，王莽谦恭未篡时。向使当年身便死，一生真伪有谁知。"我们忍不住要想，假使当年汪精卫北上刺杀清廷摄政王，最后真的被清廷处以极刑，我们今天又会怎样来评价这位在狱中赋诗声称"引刀成一快，不负少年头"的豪杰之士呢？

可惜，历史从来就不能假设。

汪精卫必定会永远背负"中国第一大汉奸"的恶名。

夺命的菜刀
——伪"上海特别市长"傅筱庵之死

伪"上海特别市长"大汉奸傅筱庵"落水"以后，生怕义士行刺，雇了二十多名膀大腰圆的保镖，购置了价值万金的防弹汽车，只要出门，前后四辆车保驾护航，无论到什么公共场合都有警察在场外进行警备。他在家里也时刻警惕，连老婆都不放心，不敢让她和自己同睡一张床。可惜，再好的防护也敌不住心腹的一把菜刀。1940年10月11日凌晨，傅筱庵在自家的床上被一把菜刀砍得血肉模糊，一命呜呼！

小人物的奋斗史

傅筱庵，名宗耀，字筱庵，1872年生，浙江镇海县人。父亲是当地的一个小船主，靠给人运货为生。傅筱庵只读过几年私塾，能稍微写写画画，但脑子聪明，会钻营又很勤奋，自小就到上海营生。

清末民初的上海，有一个人不能不提到，这就是上海第一豪门的掌舵人——盛宣怀。在19世纪下半叶的时候，盛宣怀靠着李鸿章的支持，在洋务运动中积累起丰厚的身家，成就了一代豪门——上海盛家。对能够进入盛家的人来说，不说能够平步青云，最不济也是衣食无忧，高人一等。为此，傅筱庵也盯上了盛家。

为了能跨进盛家的大门，傅筱庵先从笼络盛家的账房开始，一步一步地踏进了盛家的门槛。他先是成为盛家的一名账

傅筱庵

房，之后又凭着噱头拜了盛宣怀的夫人庄氏为"过房娘"。据此，傅筱庵一跃成为盛家的干公子，身价倍长。没有恃宠而骄的傅筱庵继续努力，牢牢记住自己的"奴才"身份，并以自己奴才式的"忠诚"、聪慧受到了盛宣怀的赏识、认可。借着盛宣怀"干儿子"的名头，傅筱庵逐渐在上海滩拥有了自己的一份产业。并且，他在盛宣怀死后，借着盛家子孙的内斗，渔翁得利，蚕食掉盛家的万贯家财和原本属于盛家子孙的职位、权势。在北洋政府期间，傅筱庵又用金钱塔上了北洋政府及各路军阀。傅筱庵凭借着自己的机智、阿谀奉承，游走于五光十色的上海滩，逐渐走出了一条属于自己的"康庄"大道来。

20世纪初以来，傅筱庵历任轮船招商局、汉冶萍公司、中国通商银行之董事、四明银行董事兼总经理，美兴洋行、长利洋行、友华银行的买办，在外商企业诸如达昌橡皮有限公司、The Ziangbe Rub-betCompan、耶松船厂、中法储蓄会、NicholasTsu Engi-neeringWork、Sino-French Navigation Co.的董事。一时间，风光无限好。

1924年初，上海总商会会长宋汉章因身体不适，意欲隐退，上海总商会势必重选会长。上海总商会会长，虽然不是什么政府高官，但他却是全国工商业者的首领，即便是英、美、德、法等国的外商也不例外，其一举一动被中外各国所重视，即使是国民政府有时也得采纳上海总商会的相关意见。其地位之高、影响之重可见

　　傅筱庵得知上海总商会要重选会长后,心心念念就想获得此职,以扬名立万、光耀门楣。但此一职位不光要求家事雄厚,更要求应职者在商界有较大的号召力。因为这一职位是要大家选举产生的。不是花点钱,想当就能当上的。为了一偿心愿,傅筱庵便指使心腹加入上海总商会,培植自己的势力,来为今后的选举增加潜在的选票数目。

　　当时,上海总商会的会费很高,一般中、小商人都没这个经济实力长期缴纳。于是,傅筱庵就给他们代缴,但一开始代缴人数有限。因此,这一届选举时,上海工商界认为傅筱庵地位虽高,但与军阀、政府走得过近,群起反对,致使傅筱庵落选。但到1926年,傅筱庵在总商会中安插的亲信当选会董的已达23名,占全部当选会董35名的三分之二。于是,在1926年的换届选举中,傅筱庵"理所当然"地被选成上海总商会会长。这导致部分会董的强烈不满,甚至与傅筱庵在报纸上展开论战。但傅筱庵的靠山——号称"五省联军总司令"的孙传芳,两次出面致电干涉。最终,傅筱庵在军阀的支持下,成功地坐上了上海总商会会长的宝座。

伪上海特别市长

　　上海自1845年以来,英、法、美等国依据不平等条约相继在中国上海建立起各自的租界。外国人在租界内拥有行政自治权和治外法权。这些租界,俨然成为一个个国中国。

　　时至1937年11月,日军攻占上海,并在此成立伪政权。但"国中国"的局面并未得到改变,租界仍独立于日本及它的傀儡政权,形成了租界"孤岛"的局势。爱国民族分子、军统、中统、中共地下党……各路人马齐聚"孤岛"。在"孤岛"内做什么呢? 名曰:爱国行动!

　　日军为了更好地达到"以战养战"的目的,势必驯服占领地的中国老百姓,而驯服的最好办法并不是成立一个日本人的殖民政府,而是扶植一个当地的中国人自己管理自己的傀儡政权。于是,1937年12月5日,日伪"上海市大道政府"在浦东成立了。自幼留学日本,后毕业于日本早稻田大学的苏锡文出任伪市长。但这只是一个临时性的傀儡政权。1938年下半年,随着日本占领区的扩大,日本人决定在"大道政府"的基础上重建一个新的伪维新政府,并希望寻找一个在上海比苏锡文更有声望、更有实权的,土生土长的中国人来做新市长,以消弭中国人的反日情绪。

1938年10月,伪"上海特别市"成立。市长让谁来当呢? 此时,傅筱庵,进入了日本人的视线。日本人与傅筱庵,两方一合计,王八看绿豆——对上眼儿了。虽然伪"上海特别市长",这是个不尴不尬的伪职,但傅筱庵却欣然接受。

为什么说这是个不尴不尬的职位呢? 其一,市政破败。在市政管理上,油水足的租界不受他管辖,而被战争折腾得破烂不堪的废墟则是他的管辖地界。一开始遇事儿时,有时还要市长大人自掏腰包。

其二,市长大人遇到日本人时,点头、哈腰、打哈哈那是基本礼仪。日本人那可是太上皇,不光要把"太上皇"吩咐的事,给干好、干漂亮了,业余时间还得伺候好一陪吃、陪喝、陪聊、陪玩。最后的结果,也只是给自己挣来个"尽职汉奸"的骂名而已。

其三,"孤岛"内的人从不会待在"孤岛"内安生地过日子,非得要到自己的地界上来"活动"一下。打听个情报啥的,那是小事;放个火、安个炸弹、杀个人,只要动的不是伪政府和日本这边儿的人,事儿也不大。可偏偏,被"动"得最多的,就是伪政府和日本的人。仅1939年2月这一个月,单就上海,发生了18起暗杀日伪官员的凶杀案,死21人,伤10人。

但无论如何,"市长"还是上海的市长,也还是光宗耀祖的一个职位啊! 想想看,士、农、工、商,一下子从最末等的卑微之人,一下子坐电梯,升到高高在上的士族。而且,还能和蒋介石、杜月笙对着干,多解气啊! 在这个日本人的天下里,日本人还这么买自己的面子,这么挺自己,这让傅筱庵异常欢愉。

与蒋介石、杜月笙的恩怨

傅筱庵和蒋介石的恩怨得追溯到北伐时期。在北伐前,傅筱庵搭上了孙传芳这个大靠山,但这个靠山并不是随随便便好搭上的。为了讨好这位大靠山,傅筱庵不仅多次给孙传芳的军队提供军饷,而且还用招商局的轮船为孙传芳运送军火和军队,阻挠北伐军进军。因此,当1927年北伐军打败孙传芳主力,进驻上海后,不久就通缉傅筱庵,谓傅"助逆扰乱,挟会营私,把持会务,献媚军阀,以金钱供给敌饷,将商轮为孙运输,阻挠义师,确凿有据。革命军到沪后,阳示归顺,阴谋反动;不独投敌,实属反叛;令仰缉拿写呀,缉拿押解讯办"。当然,北伐军的这个通缉令是因为傅筱庵确实做了对不起北伐军的事有关,但同时也能从侧面看出,傅筱庵在当时的上海商界中口碑还不行。说白了就是人缘不是很好,要不然也不会有"阳示归顺,阴谋反动"这一说了。当然这归因于傅筱庵做人不地道、不厚道,至于有多么的不厚道呢,从他与蒋介石、杜月笙的恩怨中能看出一些来。

傅筱庵得知通缉令后惊恐不已,于是在发布通缉令的当日夜晚,便紧急携家带口在法租界当局的警察保卫下,乘汽车至轮船码头,然后乘船逃到了当时被日军占领的大连。傅筱庵在被通缉逃亡大连期间,其在上海的产业由其心腹打理。这老是在外,也不是办法。于是傅筱庵颇下了些"血本",多方打点、疏通后,蒋介石终于在1931年"九·一八"事变前撤销了对傅筱庵的通缉令。1931年10月,傅筱庵得以重返上海,重操金融业。但是,傅筱庵在大连的这段时间内,并非毫无"斩获"的。他结识了不少日本"朋友",其中有一些是日本军人,这也是后来日本人会支持傅筱庵出任伪上海市长的原因之一。

而到1935年,受美国白银恐慌的影响,中国金融业深受波及。白银恐慌引起的挤兑风潮使当时几乎所有的中国银行都陷入了困境。中国通商银行自不例外,也陷入了绝境之中。而蒋介石为了牢牢地控制住上海,便开始趁机插手上海的金融业。蒋介石找来杜月笙,由杜月笙以政府代表的身份插手中国通商银行。在蒋介石国民政府和杜月笙的操控下,傅筱庵被迫交出了中国通商银行的实权。杜月笙作为官股代表,取代傅筱庵,成为中国通商银行的董事长和总经理。

杜月笙

这两件事加深了傅筱庵对蒋介石、杜月笙的嫉恨,也使傅筱庵看到了"政权"对发家致富的重要性。对蒋介石发自内心的憎恨,使傅筱庵曾说过这么句话:"我值五千万块钱,每一块钱我都要花在和姓蒋的作对上面。"但无论傅筱庵在内心深处对蒋介石、杜月笙是如何的恨,但在表面上,与人共处时他还得笑,而且要笑得欢,对于蒋介石和杜月笙不时地还要拍上几下马屁。

1935年的傅筱庵把这种恨,隐藏在内心深处,"照常"与蒋介石的拜把兄弟、上海三大"流氓大亨"之一的杜月笙一团和气。杜月笙在创办私人性质的中汇银行时,傅筱庵大力支持,不仅投资其中,更是长期存放六万元的存款,以示捧场;作为回报,杜月笙让傅筱庵的儿子傅品圭,做了中汇银行的总稽核。但是这个总稽核一做就是好多年,毫无升迁的希望。到中汇银行新大楼落成迁入时,眼瞅着升迁的机会来了,可不料半路杀出一个徐懋棠。此人是大英银行买办,还是杜月笙的"门生",也是杜的心腹爱将。杜月笙在听了另一"门生"杨渔笙的话后,就让徐懋棠做了经理。毕竟这个银行是杜家的银行,杜月笙不可能、也不会让一个不是心腹的人坐上总经理的宝座。这本无可厚非,怎奈对中汇银行投入巨资的傅筱庵、傅品圭父子却对此颇感不满。傅品圭对这个杨渔笙特别讨厌,在他父亲傅筱庵任伪上海市长后,一次他还特意恐吓杨渔笙,说日本人已经知道你的情况了,你要当心,被日本宪兵捉去了是没有办法活着回来的。当时,杨渔笙正在暗地里给杜月笙办事,替国民政府给上海的社会名流发放补助费,以免他们因为经济上的困难,受日本人的利诱去当了汉奸。当然,傅品圭对这些事其实是一无所知的,完全是吓人的。可杨渔笙乍听之下,却被吓个半死,不久就逃到宁波去了。当然这是后话。

到上海沦陷后,傅筱庵扬眉吐气坐上了伪上海市长的"宝座"后,便开始了他对蒋介石、杜月笙的报复行动,一吐曾经受过的窝囊气。结果,正是这一行为,直接导致了他最终的"客死他乡"。

汉奸的嘴脸

1938年10月,傅筱庵在日本参谋本部第八课长臼井宽三大佐的支持下,出任伪上海市长。坐上了伪上海市长宝座的傅筱庵,不仅面子上"光耀门楣"了,也借着"政权"捞上了一把,体会到了曾经杜月笙作为红顶商人的风光。"傅筱庵作为一个傀儡官员,显然飞黄腾达;他和其他许多投敌分子一样,在食品短缺时自己却丰衣足食；在日军的支持下，掌握着征税的权力；别的店家被没收，他却拥有经济特权。"

但傅家真的因为子孙傅筱庵当了"市长"而扬名了吗？根本没有。在当时的报刊上，傅筱庵的这一幕投敌行经被称之为，日本主子操纵下演出的又一出"傀儡剧"。为什么说傅筱庵是傀儡呢？为什么说伪上海市政府是日本人的傀儡政府呢？

首先，日方通过安插日本顾问、日本办事员等形式来严密监控伪上海特别市政府。其次，日方规定，伪上海特别市政府所有的日常公务，除例行不计外，其有对于会议兴革，以及一切情报重要事项，都要上报给首席顾问的日本人征询意见，要他们同意后方可执行，并且伪上海市政府所属的各局、处、署，每日要将经办或者发生的重要事项，给它择要摘录，填写日记二份，每半个月汇报送日方。因此，日本人据此完全掌控伪上海市政府的大小事务，伪上海市政府成为日本人的傀儡政府；毫无决断权的伪市长自然也成为日本人的傀儡。

投日后，傅筱庵马上变得名誉扫地。可傅筱庵却丝毫没觉得丢脸，继续卖力地给日本主子当狗腿子：

1.配合日军指令，参与对爱国抗日中国人的军事"清剿"。

2.在诸如"九·一八""一·二八""八·一三"等"爱国纪念日"，进行城市戒严，压制老百姓的爱国情绪。

3.严格执行日本人所谓的"良民证"制度，限制中国老百姓的人身自由。

4.强制推行"东亚新秩序运动"。

5.甚至在1939年4月29日"大日本昭和天皇圣诞"的时候，要求上海全市进行"庆祝"，并规定市里的大小中国人"公务员"要在日本天皇生日的当天上午，所有全体职员在办公前集合，由每级的负责人领导，向东遥拜，默祷天皇陛下圣寿无疆，还要口呼万岁三声，来表示对日本天皇的无限崇敬之意。

6.1940年1月8日的时候，日军要将在攻打中国过程中"牺牲"掉的日军遗体运回日本，途经上海。傅筱庵市长居然命令身为中国人的上海市民对日军的灵柩鞠躬致敬。

7.1940年3月18日，当汪精卫筹备"还都"时，傅筱庵率先发表通电，力挺汪精卫"还都"。傅筱庵无耻地喊出了"拥护国府还都""实现和平建国，解救全国和平"

等口号,并要求全市进行庆祝。

……

　　其不遗余力地丑陋汉奸嘴脸实在过于瘆人了,瘆得掉在地上的鸡皮疙瘩扫扫都能一箩筐了。

被圈定为暗杀对象

　　1937年"七·七"事变后,日本发动全面侵华战争,全中国进入了全民抗战时期。"八·一三"抗战爆发后不久,在蒋介石的授意下,军统负责人戴笠与上海青帮的三大头面人物之一的杜月笙联系,决议在上海开展打击汉奸的爱国恐怖活动。虽然傅筱庵在汉奸当中也算得上是一个人物了,但是和附逆投敌的原国防最高会议副主席、国民党副总裁汪精卫相比,仍旧是差了不止一个层次。因此,一开始的时候,傅筱庵并不像汪精卫那样,是"众矢之的"。那么傅筱庵到底做了什么,使自己陷入了杀头的"麻烦"之中的呢?

　　1938年底,汪精卫在河内准备附逆,蒋介石在派人劝说无果之后,便对国民党内的第二号人物汪精卫动了杀机。在军统负责人戴笠的指派下,军统"四大金刚"之一的陈恭澍前往河内,负责刺汪行动。不料1939年春的暗杀活动出了纰漏,暗杀组的人把汪精卫的贴身秘书误当成汪精卫给暗杀掉了,使汪精卫得以逃脱。之后,恼羞成怒的汪精卫便一条道走到黑地前往南京,彻底投入日本人的怀抱,组建伪政权。蒋介石获悉后责令戴笠再派人去南京、上海,行刺杀一事。但1939年8月,上海军统遭到汪伪驻上海之76号特工总部的严重破坏。据此,同月,戴笠遂特派陈恭澍前往上海站,主持暗杀行动,希望他勇于行动,将功抵过。

　　为了刺汪,1939年3、4月间,戴笠派以前曾跟随汪精卫搞改组派的、时任蒋介石国民政府第四战区高参的戴星炳经香港前往上海、南京,佯装投附汪伪政权,伺机行动。半年后,戴星炳谎称要回广东劝时任蒋介石国民政府第四战区代司令的张发奎、广东省政府主席兼三十五集团军总司令的李汉魂、三十五集团军副总司令邓龙光等人投汪。汪伪确信不疑,特批他返回广东行事。戴星炳回到国统区后,立即与戴笠取得联系,定下再次刺杀汪精卫的行动。之后,戴星炳与军统局书记长吴赓恕经香港返回上海。经香港时,吴赓恕邀在上海任开滦煤矿公司上海办事处经理的许天民到香港商谈,并请许天民为其在上海作掩护、协助工作。

许天民因多年在上海、天津、大连等地经商,与傅筱庵颇有些私交;且傅筱庵任伪上海市长后,许天民还经常出入傅家。于是,大家就看上了这个已经投敌了的傅筱庵。吴赓恕希望利用许天民的关系,拉拢傅筱庵参加暗杀汪精卫的行动——计划汪精卫来上海时,由傅筱庵设宴款待,再由事先安排好的特务伺机刺杀。许天民应允后,一行人赴上海按计划行动。这本是傅筱庵摆脱"汉奸"之名,甚至可以戴罪立功,当个"大英雄"的机会。

但事态的发展完全出乎军统的意料。当许天民沟通傅筱庵时,傅筱庵表面上嗯嗯啊啊地应允了下来,可一个转身却跑去汪精卫处,告了密。伪警察、特务们立即行动,许天民、戴星炳等人被捕入狱,后戴星炳牺牲。蒋介石得知此事后,对傅筱庵的此番小人行径异常恼火,责令戴笠暗杀傅筱庵。之后,军统"上海区"曾几次派特务阻击傅筱庵。不知是由于傅筱庵雇佣的人数众多的保镖保护得力,还是傅筱庵运气太好,命不该绝,无论是军统方面的暗杀行动,还是老百姓出于义愤的行刺均一再失败。

一次是民国二十七年(1938年)十一月二十五日,这天正好是傅筱庵出任伪上海市长的第四十天。当日早上,傅筱庵正走在伪上海市政府大厦前的石阶上,突然两颗子弹"嗖嗖"的从他身边擦身而过。傅筱庵吓得立即匍匐在地,动也不敢动。警察闻讯跑来,击杀刺客。这个躲在暗处的刺客在被警察打死前,高呼了声"打倒傅筱庵这个汉奸"。这事儿使傅筱庵担惊受怕了好些天,多亏刺客的枪法不咋的,要不然自己可就已经告别这个花花世界了。迷信的傅筱庵于是就去找当时上海有名的瞎子算命吴铁嘴,又是排八字,又是摸骨相面后,算命先生说他这是有惊无险、无须顾虑后,这才又毫无顾忌地继续当汉奸。

第二次是民国二十八年(1939年)十月十六日,这天正好是傅筱庵出任伪上海市长一周年的日子。是夜,上海国际饭店内灯火通明,傅筱庵在此开庆祝宴,相干的一系列政客、上海"名流"、记者们齐聚一堂,就等着傅筱庵说完祝酒词就开局了。这时,傅筱庵喜滋滋地端起酒杯,大声拍着日本人马屁道:"为东亚圣战胜利,为大日本天皇陛下健康干杯"。一时间,厅内有些乱,碰杯声、附和声、拍照声,不绝于耳。正在此时,一枝乌黑的枪管从暗处的帘子中探身出来,瞄准了傅筱庵。可惜刺客扣动扳机的一瞬间，被拍照记者的镁光灯闪了一下，失了准头，打偏了。枪声响起后，大厅内顿时乱成了一锅粥，平时人模人样的一些附逆政客、"海上名流"们，这时再顾不得形象，一个个连滚带爬地逃出大厅。暗杀失败的刺客眼见无法完成任务，也就顺着人流逃出了大厅。但再次侥幸逃脱的傅筱庵在此之后并未有所收敛，除了再次加强自己的保镖、警卫工作外，仍旧雌伏于日本人的羽翼下，开设烟土馆、赌场、妓院，大挣昧心钱。

第三次遭行刺是 1939 年 12 月傅筱庵正妻病死之后。当日，傅筱庵去上海戈登路寺院烧香，祈求菩萨保佑他官运亨通，并请寺院给亡妻做水陆道场，超度亡魂。有一大群保镖跟在后头的傅筱庵很是放心，想着佛门乃清静之地，不会有什么事情的。但傅筱庵忘了，遭到日本人野蛮侵略的中国，哪儿还能有一处"清静之地"啊。当他闭眼跪在蒲团上，祈求佛祖保佑他升官发财时，突然，一个小和尚手持杀猪刀，扑向傅筱庵，举手就砍。傅的保镖果然不是吃素的，飞起一脚，踢落刀，逮住和尚，严加审讯。原来小和尚是因为瞧不惯傅筱庵投日卖国而动了杀机，可惜没能砍到卖国贼。可怜的小和尚却被傅筱庵叫人给活活打死了。

行刺傅筱庵几次，都无功而返，这令军统"上海区"有些挂不住面子。可又实在没办法，在哪儿下手呢？

趁傅筱庵在伪上海市政府办公时行刺？那是不可能的，伪上海市政府的那群大小汉奸们怕死得很，警卫工作做得十分严密，而且即便得手了，也不好撤离。

趁傅筱庵在家时行刺？那更是不可能，傅宅位于上海虹口的祥德路二十六弄二号寓所内，就在日本海军陆战队旁边。平日里那儿警卫森严，除派有伪警卫队二十余名在屋宇四周驻守外，傅筱庵还雇了白俄罗斯保镖十二名保护。傅筱庵睡觉时，保镖就在卧室外边巡逻警卫。而且傅家的警卫队，虽然挂在伪上海市政府名下，可是却是傅筱庵专门为保护自己而设立的，他们并不是从什么伪保安队、警察局调来的摆设，而是他的私人"雇佣军"，"工作态度"相当认真、负责。这一批警卫的存在，直接造成军统"上海区"刺杀困难。军统"上海区"负责人陈恭澍后来回忆时讲到："'上海区'有好几个单位都前去侦察过，咸认为难以接近，动硬的，说什么也不行。"

趁傅筱庵外出时下手行刺？几次行动都以失败告终，此路不通。

难道这个大汉奸真的就杀不掉了吗？要放弃吗？那是不可能的，这可是老蒋圈下要死的人。正在大家一筹莫展的时候，陈恭澍却从杜月笙的徒子徒孙那儿得来一个天大的好消息……

泄私愤，得罪"杜老板"

1937年上海沦陷后，杜月笙拒绝与日本人合作，只身逃往香港，其在上海的事业由其徒子徒孙负责打理。而杜月笙虽与黄金荣、张啸林同被称为流氓界的"上海三大亨"，但其中黄金荣早已不太问事，而且黄与杜的关系也不太融洽；张啸林自从投了日本人之后，与杜月笙的关系也一直是面和心不合。

做了伪上海市长后的傅筱庵变得神气活现起来，认为自己有日本人给自己做"坚强后盾"，并且杜月笙人不在上海，自己还雇佣了一大帮的保镖，不怕"杜老板"使阴的，杜月笙和上海的现任"大亨"还不和。基于这几点考量，傅筱庵认为是时候给以前老是"欺压"他的杜月笙点颜色瞧瞧，吐一吐窝囊气了。傅筱庵遂展开了对杜月笙的报复行动。

傅筱庵将矛头直指杜月笙私人办理的中汇银行。此时的中汇银行正由杜月笙的学生徐懋棠打理，而傅筱庵的儿子傅品圭正任中汇银行的副理。傅筱庵从儿子那儿得知，如今中汇银行的资金库存无几。于是，傅筱庵便想一下子把曾经为巴结杜月笙而存在中汇银行内的六万元存款取出来，挤垮它。徐懋棠得知后，立即前去傅筱庵处，希望傅筱庵能手下留情，即便真的要用钱，也采取分期提款的办法。傅筱庵哪肯，也不说托词，而是不假颜色就对着徐懋棠说，他就是要看杜月笙的苗头了。

事情到了这份上，傅筱庵倒是把话给讲绝了，可愣没想到，与杜月笙不和的张啸林却管起了闲事。张啸林得知傅筱庵的计划后，就对自己的亲家俞叶封说："你去对傅筱庵说，我同月笙是湾脚踝骨的弟兄，我同他虽有疙瘩，但这是我们自己的事，他不要以为杜月笙不在这里就可以踢一脚。就是杜死了，还有我张啸林呢。现在不要说他休想全部提去，即要分期提，就是中汇答应，我也不答应，叫他向我来要好了。"

上海沦陷后，这片地界上管事的流氓头子就剩一个张啸林了。而且投日后的张啸林,深得日本人的欢心,甚至不久前有传闻说日本人想让张啸林出任伪浙江省省长。总之,无论在明、在暗,张啸林这个人不是傅筱庵能得罪的。所以不要说提去全部存款了,最终傅筱庵连零星支票都没敢开过。挤垮中汇银行,报复杜月笙的事就这样不了了之。这事,傅筱庵办得窝囊,可也没办法,只能烂在心里。当然,在傅筱庵看来,这事是了了,可世上没有不透风的墙,所以这事怎么可能真的了结的了呢? 俗话说,"强龙不压地头蛇",虽然这条地头蛇此时正远在香港,但他规模庞大的徒子徒孙们却隐藏在上海的夜幕下,他们怎能眼睁睁着师傅、师祖被人欺负了去呢! 他们准备着、伺机为他们的"师父"报仇雪恨!

正是傅筱庵的这次想报复、却又没能真真切切地报复着杜月笙的报仇行动,为他敲响了丧钟!

汉奸的丧钟

1940 年,多次暗杀傅筱庵,却遭失败的陈恭澍得知了一个好消息。"上海区"行动第二大队的分队长陈默打了份书面报告给陈恭澍,报告中称:傅筱庵身边的一名叫朱升的佣人已经被他们"打通"了,这个人正在等待适当的行动时机。

"上海区"的行动队一共有八个大队,其中的这个第二大队非常特别。这一队,全队有五六十人,并且在必要时还有潜在实力可以调集补充。这个随时可以调集补充的"潜在实力"从何而来呢? 这就要说一说这行动队第二大队的来源了。这一队是上海青帮大亨杜月笙为抗日,协助戴笠在上海搞暗杀日本人、汉奸,两方合作的产物。行动第二大队的从一般干部到主要干部,不是杜月笙的"学生",就是杜月笙的"门下",其大队长名叫吉震苍,化名赵圣。

正是由于行动第二大队多次呈上的、经由赵圣署名、言明由陈默全权负责的行动报告书,"上海区"的负责人陈恭澍上报戴笠,经反复思量、确认后方才准许暗杀行动的。而上面述及的第二大队分队长陈默打的书面报告中,所谓的"打通"是特务行动中的术语,表示经过与对方接触,对方愿意合作,进行相应行动。那这个被"打通",要去暗杀傅筱庵的朱升为何人呢? 他为什么要答应暗杀傅筱庵呢? 他是如何部署暗杀行动的? 他能够顺利完成任务吗? 完成任务后,他是否安全转移了呢? 且听笔者一一道来。

朱升此人见诸于文献的，有好几个名字，如朱升，朱升源。但是在军统"上海区"的报告文书中，称其为"朱升"。因此，下文统一称其为"朱升"。民国二十九年（1940年）时，朱升正值四十二岁。朱升的父亲原是在乡下做长工的，后来在朱升十岁的时候病故了。没了父亲后的朱升便投奔了一个在上海日本人开的工厂里做工的叔父，并由叔父介绍，也在那家工厂里当起了童工，备受日本人的虐待。有时候有的虐待还是"幸福"的，等不来"虐待"你了，你会更痛苦。朱升便是如此。朱升后来因为生了一场病，就停工歇了歇，病好后，想重回工厂去给日本人"虐待"，不料工厂却把他给开除了。生活无依无靠的朱升在潦倒之际，幸得同乡介绍到傅家，伺候傅筱庵的爹，才有了口饭吃。傅筱庵的爹在临终时，嘱托朱升以后要好好照顾儿子傅筱庵。傅父过世后，朱升就伺候起傅筱庵来，兢兢业业，不敢离身。朱升，这才有了"两代义仆"之称。

1927年北伐后，傅筱庵因遭通缉而避居大连时，傅家原先的一些佣人都散了，唯有这朱升，随着傅筱庵一家一起去了大连，继续伺候。后来傅筱庵通过请托，撤了对他的通缉，返回上海后，朱升也随着傅筱庵一家回了上海。傅筱庵自从当上伪上海市长，就接连被暗杀过几次。经此之故，傅筱庵变得多疑起来，老觉得周围的人不可信任，连他后来扶了正的姨太太张氏也不例外，睡觉也要独处一间，生怕给人暗害了去。但即便这样，傅筱庵对于这个服侍了自己父亲、又来服侍自己的朱升却异常信任，起居琐事一经其手。既然朱升是这么个两代"忠仆"，为何会被军统给"打通"了呢？

朱升小时候就一直受日本人的虐待，长大后又眼见着身边的大好河山都被日本人给侵占了去，对日本人本就不待见。可无奈的是，自家的主子却偏偏要去做那日本人的狗腿子，自己一个仆人又没法劝，气不打一处来。而这个朱升嗜酒，平常爱到傅宅附近一家暗中由军统开的小酒馆里去喝酒。一来二去，朱升就和酒馆的、有意想跟他套近乎的杜老板结为了朋友。杜老板空闲的时候，还会和朱升一块儿喝两盅，聊聊家常什么的。酒可是个好东西，几杯黄汤一下肚，嘴就没了把门。对自家主人傅筱庵当汉奸一事甚为不满的朱升，喝着喝着，牢骚之言脱口而出。这对想致傅筱庵于死地的军统来说，实在是太美妙、太动听了。可光是牢骚还远远不够，还需要点其他的。

在杜老板的介绍下，朱升认识了一个半老徐娘。对于时到中年、又尚未娶妻的朱升来说，这个进退得宜、风韵犹存的中年妇女，是他摆脱光棍的绝好人选。可这个女的，接近朱升的动机单纯吗？一点都不，这女的有的史料称其为蕊娣，但无论叫啥名，这都只是一个代号，她的真实身份是军统派来和朱升建立"更深层次"关系的特务。一个老光棍，一个刻意奉承的半老徐娘，火花擦得贼高，两人很快就进入了热恋期。

一来二去，两人好上后，朱升便提出要娶她。见朱升已经上钩，女特务就装腔作势地推脱起来，说不愿嫁，倒不是因为朱升这个人，而是嫌弃朱升给大汉奸做事。朱升说愿意辞职不干，与她远走高飞。女特务怎么肯，就劝说朱升，只要他把傅筱庵这个汉奸给杀了，她就嫁。听到这边，朱升也算听明白了，是让自己去杀人的。经过进一步接触，朱升就和"打通"他的人明着提出，杀傅筱庵可以，杀汉奸那就和杀条狗一样，但是成事之后，上海势必是不能再留了，而和老婆蕊娣到外地去过活，那是需要一笔经费的。事先就要求发给奖金，这在陈恭澍所指挥的行动中，还是第一次，因此陈恭澍有些犹豫。不过没过多久，朱升就主动提出，事成之后再拿钱。陈恭澍欣然应允。朱升在获得了口头承诺后，答应暗杀傅筱庵。

最终，陈恭澍定下给朱升个人的奖金额是五万元。五万元在1940年的上海可是一个大数目了：单买米的话，可以买几千担；在上海租界里购置房产的话，一般的普通公寓也能买上好几栋了。

1940年9、10月间，陈恭澍一再收到顶头上司戴笠的电文，催促其进行大规模的暗杀活动："吾人与京沪两地及京沪线上，必须扩大行动，以发挥吾人之权威。请策动所属，积极行动，借以寒奸贼之胆。"

和朱升"沟通"好后的军统"上海区"却迟迟不见朱升动手，再被戴老板这么一催，就有些坐不住了。虽说没给朱升下明确的行动时间限制，可也不能老这么拖着，在上面交不了账。于是，陈恭澍等人不止一次私下找人问朱升是否需要什么支援，以暗示他要趁早行动。朱升只回了一句："你们使不上劲。"的确，军统"上海区"要是使得上劲的话，傅筱庵早就到阎王爷那儿去报了到。无奈的陈恭澍等人只得等着，静候朱升的佳音。

毙命是英雄还是汉奸？

民国二十九年（1940 年）十月十日，正是国民政府的"双十"节。这个节日是纪念国民政府诞生的，国统区内活动很热闹，但沦陷区就显得很清静了。当日傍晚，傅筱庵和一群朋友到盛老三家去玩儿，兴起之时还叫来了越剧名伶姚水娟，演了一个《盘夫索夫》。一帮人喝得酩酊大醉，直到是夜凌晨三点，傅筱庵才回了家。回家后，喝高了的傅筱庵就到二楼卧室睡下，而其夫人则睡在后房。

是夜，正当傅筱庵睡死之际，借着不甚清晰的月光，一道人影从傅筱庵卧室内的壁柜中爬了出来。这道人影拿着斧头，对准傅筱庵的喉管、脑壳、面部，给他蒙头就是几斧子。傅筱庵还没来得及哼唧一声，就魂归地狱，死了。原来，这天晚上，正是朱升准备行事之日，他早就拿着一把市面上卖的普通斧头潜进了傅筱庵的卧室，就等着傅筱庵回卧室睡觉。行刺成功后，朱升把那把将傅筱庵砍成血肉模糊状的斧头留在了傅筱庵的尸身上，自己则避开警卫悄悄地退出卧室。朱升稍稍收拾了一下自己，换了身行头，在天蒙蒙亮的时候，和往常一样，神态自若地骑着脚踏车，携带饭皮两包出门了。因为朱升每天都会在这个点带饭皮出门，警卫习以为常，就放行了。

朱升走后，傅筱庵的夫人大清早去傅筱庵处时，惊恐地发现自家的老爷已经倒在了一片血泊当中，立即报警。伪警察随即出动，勘查现场。上海市长被暗杀，这可是件大事。伪警察不敢耽误一刻钟，立马上报。汪伪特工总部七十六号的负责人李士群在得知此事后，也不敢怠慢，立即于当日凌晨五时打电话给时任汪伪国民党中央执行委员、警政部长的大汉奸周佛海，汇报情况。在勘察完傅宅上上下下、里里外外后，伪警察发现傅宅的所

李士群

有人丁中唯独不见了佣人朱升，于是便开始怀疑到朱升头上。紧接着，日伪警察派出了大批宪兵和伪警察在虹口傅宅一带大肆搜查来往行人和住户，并且派伪警察

和租界巡捕到南京路朱升的寓所去捕人,但得到朱升同屋的答复却是:朱夫妇已于周前迁移掉了,不知何往。伪警察遂定下重金悬赏,称"如有能扭获该凶犯到案者,赏国币五万元;通风报信因而拿获者,赏国币二万五千元"。

然而,大规模的搜查一连十天都毫无所获。但这次的暗杀行动无论是在上海,还是在重庆;无论是在日伪区,还是在国统区,都闹得沸沸扬扬。两地的大报、小报、日报、晚报全都做了最详尽的报道,其风头甚至盖过了前不久刚被暗杀掉的张啸林。但无论有多少篇新闻稿,所有文章的基调只有两个:一个重庆基调,一个是日伪基调,其各自的论调如下:

案发第二天,重庆大公报在新闻报道中称:

查傅逆筱庵……民国二十七年十月十六日,继苏逆锡文任沪市伪市长,迄今适足两年。平日为虎作伥,鱼肉市民,出卖国家民族,甘做敌人走狗,为汉奸群中巨憝之一……曾一度遇刺……傅逆则躲避幸免,此次卒被刺死,为国家除一巨逆,为民族除一罪魁,全国人民闻之无不欣然称快,可谓国庆声中一幕庆贺喜剧。尤以傅逆被杀地点,在虹口敌军势力范围内,敌竟不能保护一傀儡,自不得向租界方面有所借口矣。

而与之同时,日本中国派遣军总司令部(南京)报道部长(相当于军事发言人)马渊发表了一份不中不日的谈话称:

傅筱庵上海市长之凶徒,鉴于新中国建设途上、上海之重要性,实遗憾至极,不胜哀悼。以生命献于以和平建国、东亚新秩序建设为理念之所谓世纪革命事业之傅市长,早已有所觉悟到一切不测之凶变,故亦素有准备之心,惟持有战后新使命与意义而再行发足之大上海,如今无论经济、政治上以及国际上均示跃进之发达……然忽于此时牺牲此伟大之名市长,不特为上海之损害,亦为全中国之大损害也。……回顾于战祸尚重叠之际,大道市政府解散后,即担负此大上海市政之重责,克服一切迫害与困难,组成完善市政……故使战祸之上海得达到今日之繁荣,实由于已故市长感国感民之牺牲努力,其功绩可在新中国之建设史上,留可灿烂之一页。

重庆方面的"傅逆",日方口中兢兢业业的"英雄",这两种对傅筱庵的完全相对立的评价,作为一个有正义之心的人,应当能做出正确的判别。

日方的这种"英雄"论调,只是为了安慰那群尚苟且偷生着、被傅筱庵刺杀案吓得魂飞魄散的大小汉奸们。大汉奸周佛海在傅筱庵被刺后,日记中对此事写了八个字:"人心难测,为之寒心",大有兔死狐悲之感。但无论如何,在汉奸的心中,有的只是利益,不然他们不会心甘情愿地去做汉奸。傅筱庵死后当日,尸骨未寒之时,汪精卫、周佛海、陈公博、梅思平之流的大汉奸们就聚在一起,寻思着如何瓜分原属于伪上海市长傅筱庵的职权与利益了。傅筱庵的被暗杀使汪精卫阵营中的两派陷入为控制税收和上海地区的罪恶和犯罪,并从中获利而展开的生死之争中。展现给后人一副魑魅魍魉的百丑"争艳"图,令其后人羞之,愧之!

不仅傅筱庵的同僚们在他死后,忙着瓜分他生前的权势,即便是傅筱庵的"主子"——日本军方,对这个"忠心"的奴才除了发篇"表扬"文章外,也不甚关心,更没想给他报仇雪恨。在傅案后,杜月笙的管家万墨林被汪伪76号特务诱捕,抓进了大牢。杜月笙在月夜逃脱上海去香港前,令万墨林留守,负责在上海与国民党军统联系,进行一系列的特务、情报活动。在牢中,被问到傅案时,万墨林曾说过一句话:"傅的事,我承认的。"照理说,"凶手"自己都已经认罪了,理应对他进行审判,然后该吃牢饭的吃牢饭,该诛杀的诛杀。可在万墨林这件事上倒好,万墨林在汪伪76号特务大牢里只是受了一些皮外伤,被敲诈掉半壁家财后,平安无事。更为奇怪的是,之后万墨林又去日本宪兵队"旅游"了一番,没受啥大刑,又给放了。日本人的此番举动也令汉奸们稍感寒心。万墨林被释放后,大小汉奸以为他和日本人有啥亲密关系,怕以前得罪过他,还变着法地宴请万墨林吃饭,拍他马屁。

傅筱庵被刺案件给时在上海的一些"名流"人士予警告。当时寓居于上海的"流氓大亨"黄金荣面对周佛海、日本人的一再请托他出任伪职,其中包括出任伪上海市长一职时,推而不就。在得知傅筱庵被刺杀后,黄金荣曾对他的管家和随从说了一句话:"给日本人做事名声臭,性命不安全。"当然,黄金荣装病推辞担任伪职也与他怕死有关。不过,从这句话可以看出,军统的这种爱国恐怖行动确实是有些用处的。

而此时的朱升和那个与他建立更深关系的女特务在哪儿呢?他获得了那五万元的奖金了吗?他还有命花吗?

功成身退

行刺成功当日早上，朱升骑脚踏车逃至早先与军统约定的地点，换乘汽车，然后与新婚的老婆蕊娣一起避居在法租界内。与之同时，军统"上海区"行动第二组立即上报这一锄奸的大好消息，以作为"双十节"迟来的贺礼。也许是由于太兴奋了，这份报告直接就用明文写在了一张小纸条上，没用密码，也没用暗语，连个封套都没加，单就折成了三个连在一起的方块，以表示这份是"最速件"。看过"最速件"的陈恭澍等人，感到十分高兴，"彼此似乎都为做成功一件工作而感到一阵轻快"。

但此时的军统"上海区"并不能确认傅筱庵是否已经死亡，需要进一步证实此事。等到当日中午时，上海各马路、街道上就贴出了"号外"，证实了此事。并且很快的，在第二日，也就是10月12日，重庆的《大公报》对此事进行了全面报道了此事。报道称："傅逆满面流血，计中三刀，一在眼部、一在下颚、一在颈部，尤以头部伤势最重，头颅几将割断，下颚则削去一块，眼球亦将挖出……"

既然朱升制裁傅筱庵之事已证明，陈恭澍就以个人名义给顶头上司戴笠发了一个电报，出于保密考虑，陈恭澍标明此电报需由戴先生亲译。在电报中，陈恭澍希望顶头上司戴笠能够批准那笔由他事先应允给朱升的五万元奖金。不数日，戴笠回电，给军统局"上海区"发放了七万元奖金。这笔钱，其中五万元是发给朱升的，另外两万元则奖给行动队第二组。

军统局"上海区"着即按指示将五万元转发给第二队，然后由其转交朱升本人签收。至于朱升事前提出的，事成后不想在上海呆了一事，则由行动第二队分队长陈默负责安排其转移。第二队的原定计划是安排朱升先搭乘渔船出海，然后在镇海一带登岸，再转道前去大后方的重庆。

但不想，紧接着同年12月，由于军统"上海区"负责人陈恭澍因为军统沪二区的接头地点被敌伪侦破，收到牵连而被捕入狱。不久后，陈恭澍也投靠敌伪当了汉奸。军统局怕陈恭澍泄密，就立即电令沪一区，叫朱升立即逃离上海，并改变路线，由金华前往重庆。

待朱升至重庆后，军统局就发给他奖金法币3000元，并让那个小酒馆的杜老板(特务)的本家,时任重庆市公安第六分局局长的杜醇照顾他的住宿等事宜,月给其津贴法币 100 元及实物。之后,朱升便在重庆张家花园开了一家小型手工卷烟厂。之后,朱升每月都能收到一笔来自军统局的津贴。这笔津贴一开始时是由时任军统局会计室副主任的郭旭先发给杜醇,再由杜醇转发的。后来嫌麻烦,朱升每月就直接来找郭旭来领取。这朱升也够糊涂的,直到他到军统局去拿到了津贴后,方才知道,原来还有军统局这个机关的,而以前的那个杜老板竟是军统的人。

抗战胜利后,1946 年杜醇由重庆调到上海做了上海闸北公安分局的局长后,朱升也结束了在重庆的卷烟厂,随杜醇再赴上海,并经杜醇介绍,到一家卷烟厂工作了。同年 10 月的时候,军统局改组为国防部保密局时,因为要打内战,国民政府经费不足,就要缩减编制经费,朱升的津贴便要停发。朱升遂到南京领取最后的一笔资遣费。路经郭旭的家,朱升还去看望了郭旭,可惜郭不在家。从此以后,朱升便和军统再无瓜葛了。

今天我们回过头来,再看看傅筱庵被刺一案,我们可以明明白白地看清傅筱庵的死亡轨迹:

如果傅筱庵没有做"背后小人"得罪蒋介石,也许军统就不会计划暗杀他,更不会暗杀的如此勤快;如果傅筱庵没有得罪杜月笙,也许杜月笙的徒子徒孙们就不会对他展开针对性的暗杀谋划;可如果傅筱庵没有投敌,没有做汉奸,而是像杜月笙一般一走了之的话,那他就绝对不会成为军统暗杀名单上的一员!因此,对傅筱庵敲响的丧钟,追根究底是对汉奸敲响的丧钟!

再看朱升,此人到底是为民族大义而大义灭亲制裁主人的"义仆",还是被金钱、美色所诱惑而残害主人的"逆仆"?要知道这个答案,我们势必要先理清一些事情。首先,朱升如果没有民族大义的话,他就不会在小酒馆中发表对主人傅筱庵的不满,进而被特务盯上。其次,朱升如果没有选择暗杀主人的话,凭他在傅家的资望,娶个老婆,安安稳稳地过完一辈子也不是没有可能的。再者,当年朱升从陈恭澍那儿得到的也仅是一个没有确切保证的口头承诺而已。如果朱升杀人后,陈恭澍等人不予兑现,难不成朱升还能到日伪的 76 号去告状申冤?最后,杀人一事,无论怎样都是有风险的。除了一个已经暴露了身份的露水夫妻,朱升无亲无故,只有命是自己的,死后即便有大笔的钱财有何用!

也许作为一个后来者，或者说是看客，我们并没有资格对朱升的"义"和"逆"进行评说。最有发表权的还是历史的经历者们。历经此事的陈恭澍在70年代的回忆录中，在讲到朱升其人其事时认为，朱升之所以愿意暗杀傅筱庵，其中多少还是含有些"汉奸人人得而诛之"的意味的。笔者认为这是最为公允的评价。

谁是真凶——宋教仁血案

1913年3月20日晚，宋教仁在上海火车站遇刺身亡，但是关于遇刺案的真相却仍然是一个谜。有人认为是其他党派所为，有人怀疑是袁世凯幕后指使，还有人认为是陈其美策划了暗杀。

1913年3月20日晚，应袁世凯急电相邀北上磋商国事的宋教仁来到了上海火车站，准备乘坐火车去北京。当时来送行的有黄兴、于右任、廖仲恺等人，他们从车站的议员休息室出来，正准备向检票口走去，突然有人朝着宋教仁开了枪。枪声响过之后，宋教仁便捂着自己的肚子说

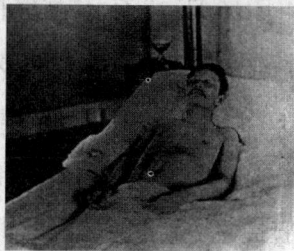
宋教仁血案

中弹了。与此同时，一名男子从人群中急切地窜逃。黄兴等人一面呼喊巡警追捕凶手，一面将宋教仁送往就近的医院。宋教仁被送进医院后，医生很快为他做了手术，将子弹取了出来，但是因为子弹由右腰射入伤及了肝脏，导致伤势过重，终因抢救无效身亡，他死时年仅31岁。宋教仁在临死前还曾经向袁世凯发去一封电报，除了叙述自己遇刺的经过，还希望袁世凯能够以共和为重，保障民权。

宋教仁遇刺殉难的消息很快传遍了全国，大家在震惊之余不免群情激愤，纷纷要求政府侦破此案，尽快将凶手缉拿。案件发生时，正在日本访问的孙中山闻讯后当即发出急电，希望能尽快缉拿凶手，为宋教仁昭雪。黄兴与陈其美各方联络，并悬赏万元缉拿凶手；江苏都督程德全也要求全省各地官吏限期破案；就连沪宁铁路局也主动拿出了5000元赏金缉凶，因为凶案发生在他们管辖的火车站内。总之，社会各界都要求尽快抓到杀害宋教仁的凶手。

就在宋教仁遇刺身亡的第二天，便有人前去巡捕房报案，凶手很快就被抓到

了。根据调查得知,凶手名叫武士英,山西人,原本是清军的武官,并非职业杀手。但是据他反映,他根本不认识宋教仁,也不知道自己所杀的是谁,只是在上海流浪的时候,有人给他了一大笔钱让他杀人,他只是按照那个人提供的照片去杀人。根据他的口供,给他钱的人是应桂馨。应桂馨曾任南京临时大总统府庶务科长,后来被撤职后便到了上海。上海租界巡捕房紧急搜查了位于法租界的应桂馨住宅,但并没有什么收获。后来一名警探略施小计取得应桂馨的小妾的信任,从一个藏在墙角洞穴中的小箱内获得大量重要的信件与电报。没想到这些信件和电报竟然牵扯到了国务总理赵秉钧、国务秘书洪述祖。他们都是袁世凯的心腹。由于事关重大,巡捕房不得不慎之又慎。因为没有足够的证据,他们也不能断定国务院与宋教仁遇刺案有关,更不敢断定临时大总统也有嫌疑和责任。

4月16日、17日,应桂馨和武士英两人由租界引渡到中国上海司法当局,所有与案情有关的证据也都全部移交。在黄兴、陈其美等人坚持下,上海地方法庭决定于1913年4月25日公开审理宋案。然而,就在开庭审理前一天,凶手武士英竟在严密的监护下中毒身亡。这样一来,本已明朗的案情急转直下,再次陷入僵局之中。直接凶手武士英死后,他所供出的幕后主使人应桂馨便万般抵赖,与应桂馨有信件往来的洪述祖也逃入青岛租界。洪述祖在青岛发了一个通电,说与应桂馨的联系,是假借中央名义,只想毁坏宋教仁名誉,并无谋杀之意。赵秉钧便以洪述祖通电为据,将刺杀一事推得一干二净,对法庭的传讯,更是置之不理。不久,就连关押在上海监狱的应桂馨也被人劫狱救出,躲入了青岛租界,后来又因为一些政治原因被杀。更令人想不到的是,在应桂馨被杀后仅一个多月,另一个嫌疑犯赵秉钧也突然死亡,这就让案件显得更加的扑朔迷离。

这一激起全国强烈反响的谋杀案到底是何人所为,社会各界纷纷猜测不已。有人认为宋教仁被杀是因为党派之争,所以幕后主使者有可能是其他党派;也有人推定是宗社党所为,他们企图通过这种残暴手段恢复满清皇权统治;义愤填膺的国民党则认为凶手是受袁世凯指使的,是他要除掉宋教仁。因为1912年8月25日,国民党在北京召开成立大会,宋教仁被选为了代理理事长,并且国民党成了国会第一大党。根据法律,国民党即将组建责任内阁来限制总统的权力,有人甚至公开主张改选总统。为了安抚宋教仁领导下的国民党,袁世凯决定收买宋教仁,他先是封官许愿,最后又用重金收买。但是宋教仁都不为所动,依然坚持自己的政治理想,声称要组建清一色的国民党内阁,并痛陈、袁氏政府的腐败。袁世凯见收买不成,便起了杀机。虽然说袁世凯有很大的嫌疑,但到目前为止,并没有确切资料显示是袁世凯策划了暗杀宋教仁的行动。

还有一些人则怀疑幕后主使者是陈其美,因为陈其美身上背负了很多命案,而且擅长搞暗杀。陈其美是浙江湖州人,于1906年赴日学习,后来加入同盟会结识了黄兴、宋教仁、汪精卫、胡汉民等人。陈其美同凶手应桂馨、武士英等都是共进社成员,也是国民党党员。应桂馨还是陈其美的密友,两人的关系非同一般。辛亥革命后,应桂馨又担任了陈其美的谍报科长,还曾被陈其美派去保卫孙中山。直接凶手武士英也是在陈其美控制下的监狱里死掉的。宋教仁遇刺后,袁世凯立即提出要以司法手段解决。但革命党却跳开司法道路发动了二次革命,并且在二次革命期间,陈其美的士兵有意捣毁了上海检察厅的很多原始档案。但是,陈其美到底是不是杀害宋教仁的真正凶手,现在已经很难查明。

如今,宋教仁遇刺案已经过去近100年了,遗憾的是,真相至今不明。虽然宋教仁遇刺案成了一桩悬案和疑案,但是毫不夸张地说,宋教仁被刺案是中国近代史的一大转折,它既促成了袁世凯的迅速垮台,也造成了中国民主政治的倒退以及反动势力的猖獗。

谁是主谋——廖仲恺遇刺

1925年8月20日国民党左派领导人廖仲恺在广州遇刺身亡,但是关于刺杀的内幕却至今是个谜。有人说是国民党右派代表人物胡汉民的弟弟策划了谋杀案,有人说是蒋介石参与策划了刺杀廖仲恺。

廖仲恺出生于美国旅美华人家庭,大学毕业后加入了同盟会,而同盟会正是国民党的前身。国民党自成立起内部就派别林立,各派在政见上也存在着分歧,后来又分为了政见不同的左、中、右三派,廖仲恺一直跟随孙中山并成为左派代表。1913年以后,孙中山流亡日本时,廖仲恺便一直跟随在他左右,成为他最忠实得力的干将。1924年,孙中山决定联俄联共并改组国民党时,除了廖仲恺积极拥护外,党内多数元老都不赞成。国民党改组后,廖仲恺又身兼中央工人部长和农民部长,并且积极支持工农运动。1925年3月孙中山在北京病逝后,国民党内斗争日益激烈,并且逐渐分裂为两个党部,除了广州有一个正统的中央党部外,上海还成立了一个"中央党部",人称"西山会议派"。由于孙中山死后没有明确的继承人,于是在国民党内部就形成了以廖仲恺为首的左派、蒋介石为代表的中派和以胡汉民为首的右派。虽然孙中山病逝了,但是廖仲恺在广州依然坚持实行联俄

廖仲恺

联共和扶助农工的政策,这引起了中派和右派的不满,成了右派打击的目标。1925年夏天,廖仲恺支持武力解决了军阀刘震寰、杨西闽,接着又担任了省港罢工委员会的顾问,这更引起了右派的嫉妒和仇恨,于是各种要暗杀廖仲恺的流言便传开了。虽然廖仲恺的妻子何香凝要求他出门时多带几个卫士,但是他却认为自己每天到处活动,根本就没办法防范。

1925年8月20日,廖仲恺和妻子何香凝像往常一样,在卫士的陪同下去中央党部,在路上他们遇到了陈秋霖,于是四人便一起搭车前往。到了中央党部后,廖仲恺和陈秋霖下车后走在前面,卫士则跟在后面。正在他们准备上台阶时,从党部楼下的骑墙边突然冲出四个人,其中两人作掩护,另两人便对着廖仲恺射击。随着一阵枪声响起,廖仲恺和身边的陈秋霖倒在了血泊之中。还没等送到医院,廖仲恺便气绝身亡了。

廖仲恺遇刺身亡的消息震惊了整个广东,国民政府专门成立了委员会追查凶手。案发时,廖仲恺的卫士开枪打倒了前面射击的两名凶手,其中一死一伤,只是让后面掩护的两名凶手逃掉了。根据调查得知,受伤的那名凶手叫陈顺,但是他只是一个穷苦无赖,不可能成为杀害廖仲恺的真正凶手,凶手一定是另有其人。陈顺虽然没有当场死亡,但是他的伤势比较严重,在昏迷中嘴里一直念着"大声佬",这便让人将凶手与朱卓文联系在了一起,因为"大声佬"正是朱卓文的诨名,而且凶

手所用的枪在广州十分稀少。后来经过证实，枪确实为朱卓文所有。遗憾的是，陈顺终因伤势过重，抢救无效身亡。只是在临死前，陈顺透露说香港有人出重金要杀廖仲恺。可惜的是，他并没有说出卖凶杀人的人到底是谁。

在整件刺杀案中，有几处疑点始终无法弄清楚。正常情况下，中央党部大门口都有警察站岗，可就在廖仲恺遇刺的那天却没有岗哨，这让另两名凶手得以逃脱。那么，门口的警察是谁下令撤掉的呢？

在对廖仲恺的尸体进行检查的时候，何香凝和法医发现，廖仲恺身上中的四枪有三枪是大口径手枪的伤口，致命的一枪却是从另外方向射来的小口径枪弹所致，而在现场开火的两名凶手所使用的手枪都是大口径。显然，除了现场的几名凶手外，还有人在隐蔽处开火了。

何香凝怀疑是广州大财阀邓泽如躲在大楼内的窗口开的那致命的一枪，因为那天邓泽如一反常态很早就到了中央党部，而且他也是国民党内重要的右派。但是因为公安局长也是右派，不肯继续追查下去，所以这件案子因为长期找不出明确指使人而成为了历史谜案。

后来有人猜测是右派领袖胡汉民的弟弟胡毅生在幕后主使，因为他曾经召集会议商量怎么对付廖仲恺。据说胡汉民也知道此事，但是他并没有出面制止，这就等于在国民党内部达成了共识。廖仲恺遇刺身亡后，广州群众十分激愤，要求政府捕拿真正的凶手。于是胡毅生等人便躲到了香港，线索也从此中断。为了慎重起见，国民政府又指定汪精卫、蒋介石、许崇智三人组成"特别委员会"追查此案。于是汪精卫与蒋介石配合，一面对涉嫌犯下令通缉，一面又故意让这些人逃离广州，而他们又乘机攫取了广东革命政府的一切大权。国民党当局此后多年虽然表面上纪念廖仲恺，却不再追查幕后主使者。

也有人说廖仲恺遇刺是国民党反动派蓄意破坏国共合作的讯号，蒋介石有可能介入了此事。因为从后来的发展来看，廖仲恺遇刺身亡后最大的受益人就是蒋介石。右派胡汉民因为受到牵连出走，而左派又失去了代表人物，蒋介石便一跃成了国民党内最有势力和实力的。但是因为几名凶手逃的逃，死的死，所以大家虽然怀疑蒋介石但是又没有具体的证据表明他参与了此事。就这样，廖仲恺遇刺案便成了疑案。

1925 年 9 月 1 日,廖仲恺的丧礼在广州举行,来参加葬礼的除了广大市民外,还有工人、农民和学生,光是送葬的队伍就长达 10 多里,这样的情况在广州尚属首次。周恩来总理也亲自撰写了悼文,指出廖仲恺是孙中山先生革命志愿的继承者,并且赞扬了他在革命斗争中的勇敢。

虽然廖仲恺遇刺案曾经轰动一时,但是最后却因为凶手的死亡而无从追究,竟然不了了之。

死因为何——张作霖遇刺

1928 年 6 月 4 日,张作霖乘坐的专车在从北京返回奉天的时候在皇姑屯被炸,张作霖身受重伤后不治而亡。一直以来,大家都认为是日本方面策划了暗杀张作霖的行动。

张作霖遇刺皇姑屯

1928 年 6 月 4 日凌晨,皇姑屯的爆炸巨响震惊了全世界。北洋军阀政府的末代统治者、"东北王"张作霖在爆炸中身受重伤,后不治身亡。

张作霖于 1916 年担任奉天督军,东三省巡阅使等职。1926 年,张作霖打败了冯玉祥成为势力最大的军阀,并且被推举为安国军总司令,坐镇北京。他是北洋政府最后一个掌权者,号称"东北王"。1926 年 7 月,南方国民革命军联合冯玉祥北伐,吴佩孚、孙传芳先后战败。1928 年 6 月,蒋介石、冯玉祥、阎锡山三路大军进逼京津,张作霖不得不宣布撤离统治数年的北京,返回东北奉天。

为了确保安全,张作霖原打算乘坐汽车,但后来因为公路坎坷不平,他难受颠簸之苦,所以又决定改乘火车回奉天。由于张作霖拒绝签署卖国协议,甚至对日方逐渐疏远,公然对抗,这引起了一些日本军国主义者的仇视。然而,对于日本人要刺杀他的消息,张作霖也早有耳闻。所以为了以防万一,除了派兵在北京至沈阳铁路段严密设防,他还故意宣布6月1日出京,但是后来又将起程日期改成2号。但是到了2号,起程的却是他的姨太太以及仆役等。而张作霖直到第三天才真正起程。

6月3日凌晨,张作霖及其全体随行人员,登上火车离开了北京。他临走时,北京各界名流、代表,以及各国使馆等中外要人都前去送行。张作霖的专车是由慈禧太后专用的花车改造而成,包括车头在内共计由20节组成。张作霖所乘的是位于列车中部的第10节车厢。当晚11时,专车抵达锦州,当张作霖从车窗内看见铁路两旁站满了荷枪实弹的士兵,而且十步一岗,戒备十分森严,他心里很是放心。

6月4日清晨,专车到达皇姑屯车站,这是由日本人经营的南满铁路和京奉铁路的交叉点,不远处是老道口,接着是三洞桥。车站边上设有日本人的岗楼,老道口正好在日本人的警戒线之内。就在列车刚刚驶过三洞桥时,两声巨响震彻了山谷,列车被炸了个粉碎,车身被崩出了很远。没有受伤的人立刻爬起来,找到了张作霖。此时,张作霖的咽喉处已经被炸了一个很深的窟窿,浑身是血。被送回大帅府不久,张作霖便因伤势过重,不治身亡。这就是骇人听闻的"皇姑屯事件"。

一直以来,"皇姑屯事件"就被认为是日本人一手策划的。当张作霖准备撤退时,日本人提出可以派兵支援他,但是条件是要签署一项协议。协议的内容是允许日本人在东三省和东蒙地区同中国人完全一样,享有自由居住与经商的权利,并将行政权移让日本人。张作霖拒绝签署,他不愿同日本政府合作,更不愿做卖国贼,所以日本方面便决定要除掉他,另选接班人。尽管张作霖的行踪十分保密,但是他的行期仍然被日本人掌握。于是,日本人在皇姑屯的某段铁轨下秘密埋下了几十包烈性炸药,把导火线接到了附近的引爆装置上,并且还派兵在沿途放哨。只等张作霖的专车一到,他们便立即引爆炸药。此事也经过了远东国际军事法庭认定。

让人疑惑的是,1946~1948年,国际军事法庭在东京对日本战犯审讯过程中,侵华日军将领对策划暗杀张作霖的行动供认不讳。但是,20世纪40年代末,日本政府又矢口否认参与了暗杀张作霖行动,并称日本政府没有任何理由指使关东军暗杀张作霖。

到底是不是日本政府策划了暗杀张作霖的行动,现在似乎很难断定了。

海上闻人之死
——林怀部枪毙张啸林

20世纪二三十年代的旧上海滩,提起"张大帅",无人不知、无人不晓的。"张大帅",即张啸林,青帮大头目之一,他与黄金荣、杜月笙并列为"上海三大亨"。日本人占领了上海后,张啸林当了汉奸,为了防止被暗杀,他深居简出,保镖如林。然而,1940年8月14日的午后,张啸林却在众目睽睽之下,被击毙在自己寓所的三楼房间内,头部中枪,当场毙命。杀他的是他的保镖林怀部。究竟是什么原因,请读者朋友,听我细细讲来……

从"小瘪三"到"张大帅"的传奇经历

张啸林,浙江人,原名张小林,乳名阿虎,清光绪三年(1877)生,父早亡。在张啸林的前半辈子中,旁人都称他为张小林。

1897年,张小林20岁,为了生计,母亲举家迁徙到杭州讨生活。之后,聪慧的张小林考入了浙江武备学堂,与周凤岐、夏超、张载阳等人为同学。但是未等到毕业,张小林就离开武备学堂,整日游手好闲,专与当地的流氓地痞为伍。之后不久,他更是拜杭州府衙门的一个领班李休堂为"先生"。平时,除了给李休堂跑跑腿外,张小林就在杭州拱宸桥一带,以寻事打架、敲诈、赌博为生。但拱宸桥下还

张啸林

有一个绰号"西湖珍宝"的流氓，实力强大。因为斗不过"西湖珍宝"，张小林不得不与同伙躲到别处，靠制造和出卖点花牌九、灌铅骰子等赌具为生。不仅如此，每年春蚕上市和秋季稻谷收获时，张小林还会到杭嘉湖一带去诱骗当地农民赌博，骗取钱财。清宣统年间，杭嘉湖一带，甚至有老百姓写状子上告张小林之不法行为。但由于他在衙门里有熟人，仍旧逍遥法外。

在杭州声名狼藉的张小林后来便跟随当过杭州蒙古桥第二警署署长的吴鸿，到上海混江湖去了。初到上海的张小林，既没文化，又没势力，唯有一身蛮肉和一肚子坏水。于是在吴鸿的介绍下，他就在上海的一些赌场、烟馆里给人"抱台脚"，就是给人当打手、看场子的，成了上海"小瘪三"。

虽然收入还可以，但那毕竟是给人打工的。很快，"志向远大"的张小林攒下了一些钱，自己当起了老板。他将上海重庆路马乐里的一栋旧式石库门房屋租赁下来，每天呼朋唤友在房屋内聚赌，自己则从中抽取利润。说得简单点，就是开设了一家小型赌场。渐渐有了钱的张小林便把发妻娄氏接到上海来，与自己同住，顺带搭把手，照看一下生意。在旧上海滩，即便是做正当生意的，也免不了要和青帮有所接触，更不用说做这种偏门买卖的了。在上海，如果在青帮中没有靠山的话，这种偏门买卖是做不长久的，会有分属各种势力派别的小瘪三上门恐吓、打架滋事、收取保护费。

为了在上海这块世人眼中的黄金宝地站稳脚跟，做大做强，张小林必须也加入上海的青帮，成为"地头蛇"中的一员，自己人好照顾。但青帮门规森严，不是想入就能入的。要入青帮一定要拜师傅。青帮大佬收的徒弟，那叫"门生"，而"门生"叫师傅做"老头子"。于是乎，张小林托关系、走门路，最终找到了当时青帮中辈分最高的"大"字辈人物——樊瑾丞，拜他为"老头子"，成为青帮"通"字辈的成员，做了所谓的"白相人"。"白相人"是上海解放前社会上对帮会、流氓分子的俗称。至此之后，有了"师承"的张小林便自立一户，开门收徒。先是在上海一带收门徒，之后"张大帅"的名声传开之后，又在杭州一带收起了门徒。张小林的这一行为，用我们今天的话讲，就是发展"黑势力"。"黑势力"组织通常都是有自己的"黑色"产业的，张小林也不例外。他开过旅馆、斗牛场；吃过赌台和妓院的"俸禄"，勾嫖串赌；还干过贩卖人口的勾当；此外，还帮助浙江省长张载阳、督军卢永祥押运和代销鸦片,从中牟取暴利。

当张小林给政府高官"帮忙"贩运、代销鸦片时,上海还有另一帮人在和他"抢生意",就是上海三大亨中的另外两大亨。1918年,杜月笙与黄金荣、金廷荪合股,开设烟土行"三鑫公司"。其中,杜月笙任董事长,金廷荪任总经理,而黄金荣身为法租界的捕房探长则负责在后台与法租界当局交涉,以便在法租界内贩运鸦片。

俗话说"一山不容二虎",贩运鸦片亦是如此。黄金荣、杜月笙和张小林在贩运鸦片上势成竞争对手。但人与人之间的关系是微妙的,并且中国自古以来就有一句话:"合则两利,斗则俱伤。"因此,这两方势力间并没有因为鸦片而发生"火拼",而是进行了"合作"。一方面黄金荣、杜月笙为了利用张小林与军阀的良好关系;另一方面张小林也为了在法租界发展势力,不想同黄、杜弄僵。于是1919年深秋,杜月笙请出上海青帮"大"字辈的陈世昌出面调停,提出了"黑心钱公平用"。这两方势力约定合伙贩运鸦片,相互帮助,将鸦片贸易搞大、搞强,挣更多的"黑心钱"。

1922年下半年,黄金荣无意间得罪了卢永祥的儿子而遭到监禁。张小林和杜月笙一起共同去营救黄金荣,最终黄金荣没受什么罪就平安出狱了。黄金荣感激之下,就以老大哥的身份,约定黄、杜、张三人学三国时的刘备、关羽、张飞,来了个桃园三结义。以年龄来说,黄金荣最长,张小林次之,杜月笙最小。自此,这三人"同心同德",大肆合伙贩毒——张小林继续发挥"特长",紧密联合、依靠淞沪镇守何丰林,将鸦片从吴淞口安全运到十六铺;紧接着,杜月笙将张小林送来的鸦片秘密、安全地运到法租界交给黄金荣;最后由黄金荣给鸦片发放"通行证",在租界内进行售卖。贩运鸦片的巨额所得,成为这一"三人集团"今后发展势力的经济基础。

1927年北伐后,蒋介石背叛革命,在上海发动"四·一二"反革命政变。为支持蒋介石屠杀上海中共党员和先进群众,张小林和黄金荣、杜月笙组成"共进会","张啸林是亲自率领流氓,向上海工人纠察队猖狂进攻的急先锋",酿成"四·一二"大屠杀。事后,蒋介石为了酬谢他们,委任黄、张、杜为国民革命军总司令部少将参议。据此,张小林搭上了蒋介石这条大船。而后,张小林又和黄金荣、杜月笙、王柏龄、孙祥夫、陈希、杨虎、陈群等八人结为兄弟,组成了"老八股党"。

中国人有个习俗,在外发迹之后,要回老家走亲访友,炫耀炫耀。1930年,在上海滩闯出了些名堂的张小林"荣归故里"了。当地的土豪劣绅、地痞流氓、无耻文人等为他设宴接风，宴会好不热闹、好不威风。当地的一无耻文人为张献名为"寅"，号啸林。说是张小林生肖属虎故名寅，而啸林意即虎啸于深林之中，以显示威势。此后，杭嘉湖一带的盗匪、歹徒、地痞、流氓纷纷投在张的门下。自此，张小林华丽转身，由一个靠给烟馆、赌场"抱台脚"的上海小瘪三，蜕变成闻名沪杭一带的张啸林"张大帅"。其后，张啸林更是用贩卖鸦片、收受赌台和妓院"俸禄"得来的原始资本，投资于银行、工商企业，由一个流氓，摇身一变，成了"实业家"。一时，"张大帅"好不风光！

一山三虎

古语："一山不容二虎。"可在上海这块宝地上，却住着三头老虎。这三头老虎的名字分别为：黄金荣、张啸林、杜月笙。这三人之间真的能和睦相处吗？如果这三人真的能够和睦相处的话，那就没有这句古语了。

这三人间，首先是黄金荣和杜月笙之间发生不和。三鑫公司成立后，一切对外实际事务由杜月笙主持，名义上黄金荣是后台老板，但实际上最大的后台老板是法捕房的总头目费沃利。杜月笙靠着三鑫公司发家，成为法租界"大亨"之一，其权势之大有时候甚至超过了黄金荣。"有时黄金荣还得仰其鼻息，特别是在动用公司银钱方面"。对此，黄金荣对杜月笙颇为不满。而张啸林对杜月笙在公司里掌握全权，也同样不满。但是比起"怪"杜月笙来，张啸林更"怪"黄金荣，"怪"他不给自己和杜一样的权力。另一方面，杜月笙对黄金荣不断要求取款也颇感棘手。因而彼此之间，造成了三角矛盾。两相比较下，杜月笙与张啸林便联合起来，反对黄金荣。之后，由于黄金荣在孙美瑶"临城劫车案"上有功，救出了不少"友邦"人士，又加上由季云卿当和事佬，黄、杜、张三人间的风波才暂时平息下来。但这种平息也只是维持在表面上而已。建国后，杜月笙的儿子杜维善在回忆杜、黄交恶时谈道："黄金荣到了三十年代名气就不大了，父亲远远超过了他。他有点嫉妒我父亲，所以不太愿意来往。但是表面上大家还很一团和气的，过年过节互相送东西。"

不当黄金荣是老大，杜月笙和张啸林这两个人就能抱成一团、和和美美了吗？杜家和林家是住在一个门堂子里的，这是因为 1924 年时，黄金荣把在法租界华格臬路(今上海宁海西路)的两亩地基,分别赠给张啸林、杜月笙两家,各造了两栋房子,都是三间两进,前一进是中式二层石库门楼房,后一进是西式三间三层楼洋房,东面一座二一二号送给张啸林,西面一座二一六号送给杜月笙。表面上看,"两家共由一个大门进出,亲如一家",而且两宅"楼上楼下辟暗室相通,专供张、杜两人密会时启用"。

张啸林有一妻三妾,同居华格臬路。其发妻为娄氏,妾为张秀英。张秀英本是青楼名妓,接待过不少军政要员,张啸林便利用她的关系,扩充势力。由于几个妻妾都未生育,便自幼领养了四子二女。长子张法尧与两个女儿都与张啸林一起,住在华格臬路,而次子张忠尧则另住迈尔西爱路(即现在的上海茂名南路)。由于张啸林香火不是很旺,杜月笙甚至把自己的儿子杜维善过继给张啸林,而张啸林的太太也非常喜欢这个干儿子。

可惜这两头住在一个门堂子里的老虎不是一雌一雄,而是两头好斗的雄老虎,真的能做到"亲如一家"?张啸林与杜月笙的交恶只是时间问题而已。

"张大帅"与杜月笙、蒋介石间的龃龉

1930年代,杜月笙在上海的权势以及和政界的关系均超过了黄金荣和张啸林,张啸林对此十分忌妒。但真正的交恶,事出有三。

一是1935年蒋介石实行法币政策时出的事。在1935年法币改革的消息披露之前,孔祥熙和宋子文就将此消息透露给了杜月笙。杜月笙借此在交易所中从事大量投机买卖,发了闷声大财。等到张啸林知道法币改革时,交易所内也已经没啥赚头了。张啸林只能眼巴巴地看着杜月笙赚得钵满瓢溢,自己钱包没鼓多少。眼红之余。为人"仗义"的"张大帅"就觉得杜月笙这种只顾自己发财、不顾兄弟的行径,很不地道。

二是由于脸面问题。"三大亨"地位的排列,原本是黄、张、杜。到1930年代的时候,由于杜月笙的迅速崛起,排行表变成了杜、黄、张。张啸林出道时间比杜月笙早,资格也比杜月笙要高出一辈,对于由杜月笙当老大,心中一直有些不服。而且张啸林为人比较吝啬,并且脾气暴躁,"群众关系"不太好。反观杜月笙,比较擅长慷他人之慨,在上海滩的名气也比张啸林要响亮一点。俗话说得好,良禽择木而

栖,张啸林的一些门徒便改换门庭,投拜到杜月笙的门下。这令爱面子的张啸林,在脸面上有些过不去。

三是张啸林怨恨蒋介石、杜月笙没给自家宝贝儿子张法尧谋个好差事。张啸林为了在上海自立山头,就想利用法租界公董局和法捕房的势力,可身边没有可以信任的深谙法语和法国文化的心腹之人。看到上海上流社会中的名流、巨富们纷纷把子女送到国外镀金,于是张啸林也将其长子林法尧送往法国留学。虽然张法尧在法国的留学生涯很"烧钱",但是在1927年底,张啸林的儿子张法尧在法国待了八年后,居然混了个法学博士回国了。一个大老粗流氓居然养出了个外国博士,而且还是个"法学"博士,望子成龙的张啸林高兴劲别提了,觉得脸上大大有光。和所有的父母一样,张啸林也希望为自己洋博士儿子谋个好职位。不料,回国后的张法尧博士际遇不佳,毫无出人头地的迹象。这让张啸林很着急。于是,张啸林便托了杜月笙,想把自家的法学博士引荐到蒋介石面前,为他谋个正经的锦绣前程。为了儿子,张啸林拉下老脸,四处托人,顾维钧、褚民谊之类的政客名流也纷纷出面为张博士说项。做了大量的铺垫工作之后,张啸林亲自带着张法尧去南京晋见蒋介石,企图为宝贝儿子开辟一条进入政界的金光大道。"事前经顾等通关节,蒋已默许,在上海安排法尧一个局级地位,不料法尧在晋见时与蒋话不投机,不欢而散,故而做官的希望落空。"

是怎样的"话不投机"法呢,原来蒋介石在接见张法尧时,问他在法国读书一年要花多少钱时,没从他爸爸那边学到翻手为云覆手为雨真谛的张法尧博士据实回答,曰:十几万元。早年在上海做过投机生意的蒋介石一听,吓了一跳,在外面上个学,就这么大手笔的败家子,他没什么好印象。蒋介石一辈子崇尚节俭,并为此发起了"新生活运动",自然,张博士在蒋介石那边没讨着什么实实在在的好处,原来的局长位子,也没到手。

直肠子的张啸林,高高兴兴地带着宝贝儿子前去南京,想着怎么着,老蒋看着这么大个"海龟",再加上自己的老脸,也得安排一个好位子。可是老蒋敷衍敷衍他们,就把他们打发走了。好面子的啸林当然不会认为是自家儿子不好,他理所当然地认为"蒋不讲交情",并"对此异常怀恨"。

南京之行无果,张啸林灰心丧气之余,夹带着满腔怒火回到上海。热心的把兄弟杜月笙知道后，出于好意，先给大侄子"找个班上上"，过渡一下，他便给正处于"失业"状态的张法尧安排可一个银行职员的位子。不安排倒好，一安排，更让张啸林气不打一处来，他认为，这种安排实在是太"委屈"自己的博士儿子了。于是"张大帅"自然而然地认定是杜月笙从中作梗，而且还羞辱他，对杜月笙也就怨恨上了。之后两人面和心不合，渐行渐远。

没多久，杜月笙独自出面组织了一个"恒社"，让自己的门徒和拜自己门子的各色人等加入，俨然名流派头。张啸林不肯示弱，也照猫画虎，组织了自己的社团——"中华共进会"和"忍庐"，与之抗衡。这个时候，两个人已经开始争斗，不过还没有翻脸。

1931年，杜家祠堂在浦东落成时，军政要员、社会名流、租界里的外国官商齐来祝贺。而杜月笙也请了当时有名的京剧名角开了3天，日夜6台堂会戏，全国的戏剧界名角都齐聚一堂，诸如梅兰芳、荀慧生、程砚秋、尚小云、龚云甫等。因此，也吸引了很多名流在祝贺的同时，驻足观看这"人间难得几回闻"的好戏。上海警备司令部为了表示给杜老板面子，派了一队警戒部队到现场维持秩序。杜月笙一人自然是忙不过来的，于是拜托张啸林当总招待。张啸林不招待还没有事，这一招待就招徕一个祸。

一场戏结束后，台下看戏的席位要撤去排宴，可前台有个爱看戏的看客，就是坐着不走，生怕这一让，下面的戏开演的时候抢不到好位子，他宁愿饿肚皮，据着座位就是不让。招待员没法就直接报告给了总招待的张啸林。"张大帅"亲自出马，一开始婉言相劝，见人家不服软，就声色俱厉起来。这个看客估计也不认识张啸林，也跟着倔上了。做大爷做惯了的张啸林便显出了自己的"流氓本色"，见对方不服帖，敬上了"五支雪茄烟"（一个嘴巴）。不料这位挨了打的"戏迷"是代表上海警备司令部前来捧场和压场子的一个高级参谋，祠堂周围和台下都是他带来的警备司令部的士兵。这群当兵的看到自己的长官挨了耳光，便闹哄了起来，几乎就要把这儿的祠堂给拆掉。多亏杜月笙闻讯，停下吸食鸦片急忙赶来，当场给人作揖赔礼，并许诺事后必定亲自陪同张啸林去司令部赔礼请罪，事情才算消停。

张啸林、杜月笙这两人的关系确是要比他们与黄金荣的关系要融洽得多，张啸林给杜月笙做过不少事，杜月笙也帮过张啸林不少忙。1932年时，张啸林在杜月笙的推荐下,当上了上海华商纱布交易所的监事。杜月笙的确大方,这也在某种程度上缓和了与张啸林的关系。比如自从杜月笙包办了法租界内的烟赌生意后,"黄金荣、张啸林乃至王晓籁家里的开支都是由杜月笙按月派人送去的。后来虽烟赌结束,而这几份月规,杜不好意思停下来,仍照送不误,直到杜离开上海才停送"。

和日本人眉来眼去的"张大帅"

1937 年抗日战争爆发,在上海沦陷前夕,蒋介石便要求"海上三闻人"的黄金荣、张啸林、杜月笙离开上海,去香港。当时黄金荣以年老多病不问外事为由,留在了上海。杜月笙一开始也不愿意离开他的发祥福地,还想利用租界作为保护,留在上海不走。但后来经过戴笠和自己的"门生"钱新之等人的劝说,最终决定"月夜逃脱",前往香港。在杜月笙离开上海前,戴笠曾和他多次研究,要求利用杜月笙在上海的社会关系搞特务活动。杜月笙对此求之不得,"因为能留下一批人继续保持他在上海的地盘,而且是名正言顺地留下来,将来无论哪方面取得胜利,对他都有好处"。为此,杜月笙在离开上海时,通知自己的"门生"们,如管家万墨林、账房黄国栋、中汇银行襄理杨渔笙,以及朱文德等留在上海为他做事。当然,这一层张啸林并不知道。"张大帅"只知道杜月笙要去香港了,而黄金荣则不问外事,上海终于就只有他一个老大了,正是他依仗日本势力,独霸上海的好机会,所以就决定留在上海大展拳脚。

多年浸淫于上海这个"万国"销金窟的流氓头子"张大帅",早就意识到不仅要和中国的三教九流打交道,还要和外国的三教九流也要搞好关系。因此,张啸林在过去认识了不少日本方面的人。事实上,在"八·一三"事变之前,张啸林便已经和日本浪人、军人有所交往。30 年代,张啸林发家后变得更加野心勃勃,他靠拢了日本特务头子土肥原贤二,并经由土肥原的介绍,认识了日本另一侵略头子永野修身,这两名日本人便经常在华格臬路的张宅秘密出入。张啸林思忖,强龙不压地头蛇,日本人在占领上海后,必然会"拜他的码头",以利于统治上海,他估计自己并不会有所损失,遂下定决心留下来,和日本人"合作"。

不愧是混了 30 多年的"老江湖","张大帅"所料不错,还在"八·一三"淞沪会战开战后不久,日本人就给时在莫干山躲避战火、顺带避暑的张啸林递了"拜帖"。

日本特务机关特派相关人员潜入莫干山，跟张啸林就上海问题进行了一次密谈。而上海沦陷后不久，张啸林就神气活现地返回了上海，指使其门徒到伪政府出任伪职，充当日本人的爪牙。

日本人占领上海后，对沦陷区的一些工厂进行军管，很多工厂或停工停产，或完全被日军掌控，名存实亡。此时，杜月笙的干儿子朱秉彝正急得焦头烂额。这个朱秉彝是太仓沙溪镇一家有三万锭子的利泰纱厂的大公子。太仓就临着上海的郊区。以前朱秉彝为了靠流氓势力来压制工人，便拜了杜月笙为干爹。一来二去，朱秉彝也和干爹的邻居张啸林成了熟人。后来，朱秉彝的正牌老子死后，他就让干爹杜月笙继任利泰纱厂的董事长，自己则当起了总经理。上海沦陷后，沙溪镇也被日本人攻占了下来，利泰纱厂遭到了日军的军管。此时朱秉彝的杜干爹已经远走香港，罩不住他了。于是他找上张啸林，把杜干爹的董事长帽子，戴到了张家伯伯的头上。这样一来，张啸林便名正言顺的以利泰纱厂的名誉董事长身份去找日本人，三下五除二的就解除了军管。当然，张啸林也从中捞到了一笔好处。一来二去的，张啸林和日本人的关系也更"融洽"了。张啸林经由黄楚九、周邦俊的介绍，认识了陈公博、周佛海、江亢虎等伪政府中的高层人物。"张大帅"与这些人臭味相投，他经常在自己华格臬路的寓所内设宴款待这些"志同道合"的"同志"们。

其后，在日本特务机关的授意下，张啸林出面组成一个"新亚和平促进会"，召集他的门徒到各处去给日本军队收购急需的煤炭、大米和棉花等重要物资，而且还包办了从上海运煤到华中的"贸易"——给日本军队收购、运输军需物品。这可是破坏抗战的大罪，可张啸林干得不亦乐乎，他在军需物品的补给上为日本帝国主义"鞍前马后，立下汗马功劳"。此外，"张大帅"还用他惯用的流氓手段，胁迫上海各行各业的从业人员与日本人"共存共荣"，压制中国人的抗日救亡活动，捕杀爱国志士。国民党政府对他的行为深恶痛疾，民众对他当汉奸也是嗤之以鼻。不过，作为"主子"的日本人则对张啸林还是比较满意的，作为回报，他们扶植张啸林当了上海滩唯一的、最大的流氓头子。在日本人的支持下，张啸林的"黑""白""灰"生意越做越大。"张大帅"不仅满足了自己那颗爱慕虚荣的心，而且实实在在的趁机发了好几笔横财。1939年底的时候，对张啸林甚是满意的日本特务机关暗中策划，准备建立浙江省伪政府，并拟由张啸林充当伪省长。

当然这一切都在国民党隐藏在上海暗处的特务眼中。通过无线电报,戴笠对张啸林在沦陷区干的这些"好事"知道的是一清二楚。

戴笠对"张大帅"下追杀令

从1938年开始,国民党军统开始对投日的汉奸展开一系列的暗杀活动,以恐吓、铲除投敌分子。张啸林在上海伪区所做的好事,也使得戴笠对他下达了"追杀令"。

1938年夏,杜月笙的门生汪曼云正好到汉口出席国民党各省市负责人的谈话。此时的汪曼云还是"姓"国民党的。

这时,杜月笙也正好在汉口。一天夜里,戴笠突然间邀请杜月笙到自己家里吃饭,"门生"汪曼云、陆京士也随同前往。一起列席的还有吴开先和陶百川两人。席间东西南北、风花雪月,宾主六人把酒言欢,相谈甚乐。但是,谁也不知道戴笠为什么要请客,要知道戴笠的饭可不是好吃的。

戴笠

果真,饭后送走了吴开先、陶百川两人,戴笠就示意杜、汪、陆三人走入内间进行秘密谈话。

戴笠单刀直入地对杜月笙说:"杜先生,大帅(指张啸林)是不是转不过身来?"

汪曼云和陆京士听后都丈二和尚摸不到头脑,只有杜月笙接上话茬道:"这也谈不到转不过身来与否,我想或许还是由于我们相隔较远,传闻失实吧?"汪曼云和陆京士这才反应过来两人在说什么。很明显,杜月笙这是在给张啸林解释、脱罪。

戴笠听后没说话,双手在胸前打了个八字,唔了几声,又踱了两小圈。走到杜月笙面前时,突然用双手拍拍杜月笙的肩胛,说:"杜先生,你要大义灭亲!"

汪曼云和陆京士被说得也神经紧张起来,毕恭毕敬的,不敢插话。杜月笙似乎激动地说:"我的人绝不杀他。"

一时间,气氛很僵。早就修成"人精"的戴笠也不便直接和杜月笙撕破脸皮,只好顾左右而言他,转移了话题。在回去的汽车中,杜月笙看似无意地对两个"门生"讲道:"听雨农(戴笠的字)今天的话,我替隔壁很担心事哩。"然后又说:"张啸林的司机背后对人说,阿拉老板是什么东西,是个大汉奸了。"

戴笠制裁张啸林的决心并没有因为杜月笙的几句"宽慰"话而打消,毕竟汉奸人人喊打,死不足惜。在之后不久,戴笠就对军统局"上海区"下达了制裁张啸林的命令。

1938年下半年时,于松乔(杜月笙的"门生",军统特务)奉军统之命,要暗杀某一重要人物。于松乔在动手前并不知道自己暗杀的到底是哪一位"重要人物",只知道旁边的人到时候会给自己下指示,自己开枪就行。这天,于松乔便端着枪,在上海福熙路同孚路附近进行伏击。过了一会儿,远处开来一辆汽车,于是指挥的人就叫于松乔准备。当一辆黑色的高级轿车开过路口停下的片刻间,旁边指挥的人把手一挥,于松乔立即拔出枪,冲到轿车后面,隔着窗玻璃一连就上几枪。

等到于松乔站稳,透过窗玻璃看清里面的那位暗杀目标人物时,吓一跳,原来车子里坐的正是投入了日本人怀抱的张啸林。这张啸林可是认识于松乔的,也知道于松乔是杜月笙的人。于松乔知道这下要坏事了,要结怨了。可等于松乔看清楚时,子弹早已经飞出了枪口。但由于张啸林的车子是防弹车,不仅车身有钢板,汽车玻璃子弹也很难打破。于松乔的暗杀以失败告终,机警的他立即逃脱。张啸林坐在车内将暗杀自己的人看的是一清二楚,这人叫于松乔,是杜月笙的人。于是自然的就把于松乔暗杀自己的这笔账转到了杜月笙的头上。张啸林一回到家里,便开腔大骂杜月笙。人在黑道混,有几宗罪无论出于什么原因都是绝对不能犯的,例如杀兄弟。杀兄弟是为不义,不仅是一项大罪过,而且会被别人看不起,也别想再在道上混了。当然,至于这件事情杜月笙事先是否与闻,或者是否参与其中,那也只有戴笠、杜月笙心里明白了。

经此一事,张啸林心里难免对杜月笙有些愤恨。但无论如何,在大家的眼睛中,这张啸林和杜月笙还都是"义"字当头的上海滩老弟兄。1938年后,做了伪上海市长的傅筱庵神气活现起来,认为有日本人给自己做"坚强后盾",便着手报复以前老是"欺压"他的杜月笙。杜月笙人不在上海,傅筱庵便盯上了杜月笙的中汇银行,想叫杜月笙"破财"。此时远走香港的杜月笙正委派自己的"学生"徐懋棠打理中汇银行,而傅筱庵的儿子傅品圭正任中汇银行的副理。傅筱庵从儿子那儿得知,如今中汇银行的资金库存无几。于是,傅筱庵便动了坏脑筋,想一下子把曾经为巴结杜月笙而存在中汇银行内的六万元存款一下子全取出来,使银行周转困难,从而挤垮它。徐懋棠得知后,立即前去傅筱庵处,希望傅筱庵能手下留情,即便真的要用钱,也采取分期提款的办法,可以让银行有所准备。但傅筱庵却不假颜色,对着徐懋棠就说,这就是要看杜月笙的表现了。

事情到了这份上,傅筱庵倒是把话给讲绝了,可愣没想到,与杜月笙不和的张啸林却管起了闲事。张啸林得知傅筱庵的计划后,就对自己的亲家俞叶封说:"你去对傅筱庵说,我同月笙是湾脚踝骨的弟兄,我同他虽有疙瘩,但这是我们自己的事,他不要以为杜月笙不在这里就可以踢一脚了。就是杜死了,还有我张啸林呢。现在不要说他休想全部提去,即要分期提,就是中汇答应,我也不答应,叫他向我来要好了。"

话传到傅筱庵的耳朵里,傅筱庵着实被吓了一大跳。因为,在上海滩即便是日本人也要给身为上海唯一"大亨"的"张大帅"点面子,更何况傅筱庵这个日本人的走狗了。之后,从中汇银行提钱一事不了了之。

虽然张啸林在这件事上体现的很有"兄弟情",但是在国家、民族的大是大非面前却犯了糊涂,给日本人做事的同时,也使自己在迈向死亡的道路上再也"转不过身来"了。

1939 年 8 月,陈恭澍接任军统局"上海区"总负责人之职后,对于暗杀张啸林,"上级乃重申前令,即速觅线予以制裁"。

1940 年 1 月 15 日,机会来了。当日晚,俞叶封邀约张啸林去更新舞台看戏。军统局"上海区"行动第二大队接到命令后立即着手布置。俞叶封,张啸林的亲家和亲信,并在张啸林主办的"新亚和平促进会"中主持棉花资敌工作。俞叶封十分欣赏京剧名旦新艳秋,每天都要到更新舞台去捧新艳秋的场子。军统提前布好了局,就等着夜幕降临。可惜的是,当日张啸林因为临时有事,未能赴约。结果,单就俞叶封一人被黑白无常招了魂。张啸林虽然侥幸逃过一劫,但看着自己亲家的尸身,吓得心惊肉跳,后怕不已。

经过这两次暗杀,张啸林从此便学起了那待字闺中的小姐,"大门不出,二门不迈"。并且为了保护身家性命,张啸林特意雇佣了二十多名身怀绝技、枪法极准的保镖,住宅周围还有日本宪兵日夜轮换守卫。华格臬路的林宅真的就此成为一座铜墙铁壁的堡垒了吗?

第二次暗杀失败后,戴笠并未停止针对张啸林的暗杀,一再催促军统局"上海区"行动。如果黑白无常真的想勾一个人的魂的话,总是会有办法的,再厚的铜墙,再硬的铁壁总会遇到它的克星。

催命"无常"就在身边

"俞叶封伏法后,追本溯源,上级连番电令速将制裁张啸林之进展情形,据实详报,以绝后患。"接到上头反复催办的命令,陈恭澍为此多次拜访了时在上海、与张啸林有过从的天津大亨"潘七爷"潘子欣,希望他能够协助"工作"。

但这个"潘七爷"也是个老油条,油盐不进。陈恭澍虽不时地旁敲侧击,仍无实质性的进展。之后,陈恭澍又派助理书记前后与军统局"上海区"内各队、组负责人,"直接研商布置内线的可能性"。但各队均未有明确可行之回复。

1940年6、7月份间,转机到来。陈恭澍接到行动第二大队大队长赵圣的一份"一反常态"的书面报告。报告语焉不详地称:已经在张某家里布置了一条"内线",并且这个"内线"就是张某人众多保镖中的一个。但并没有写出"内线"的姓名。这名"内线"和答应暗杀傅筱庵的刺客不同,不仅没有狮子大开口,居然什么条件都没提,并且也不需要任何支援。只是说一旦遇有机会,便相机行事而已。

为何说这个报告"一反常态"呢?因为,在军统局"上海区"内对汉奸、日人的暗杀计划,事先都得进行详细报告,诸如执行者的姓名、底细,暗杀的大致方案等,经核准后方可行动。而且"不但没有把接触、吸收以至交赋(付)任务的经过述说明白,最不合乎情理的是连个姓名都没有……就是连假名、化名都无有"。陈恭澍看过报告书后,马上就去函催促赵圣,望其急速补报。可第二队却迟迟未报,这令陈恭澍一行人也不清楚是否哪里出了纰漏,暗杀行动是否能进行得下去?

一方面,眼见张啸林与日本人正在搞所谓的"市民协会",参加"和平运动",汉奸嘴脸令人不胜厌烦;另一方面,行动第二组的暗杀策划仍无明确报告,而上头却不断催促,这令陈恭澍感到异常焦急。不料,8月14日晌午,昼夜突变。

8月14日晌午过后，一金姓的杭州人到张啸林的家看望他，张啸林便邀他上三楼聊天。主仆两人在屋内相谈甚欢时，突然听到外面有两个人在大声争吵。隐约间听到骂张啸林太抠门，二十元的法币一个月怎么够花销，而且还嚷着要请假，叫骂这儿的工作太苛刻了之类的话。原来是张啸林的一个名叫林怀部的保镖在发飙。此人是张啸林1938年下半年福熙路枪击案后，通过熟人介绍来的。林怀部的枪法不错，张啸林就让他做了自己的保镖，包吃包住，每月工资法币二十元。说实话，这薪水也是比上不足，比下有余的。更何况是包吃包住的，在这个乱世谋份像样的工作并不易。但这份工作坏就坏在张啸林轻易不准手下的人请假外出，因为生怕自己在这段时间内被人谋害了，或者手下外出时被"坏人"勾了去，然后来谋害自己。因此，在这之前，林怀部向张啸林告假时，都遭到了张啸林的拒绝。林怀部愤而声称，每月不就二十元的薪水嘛，不能连自由都没有了。张啸林向来霸道，岂容他人反驳，就让林怀部交了手枪滚蛋。

今天可好，这个林怀部胆子够大，当着客人的面，在楼下就为着预借点工资和请假，与张啸林的司机阿四高声争吵。张啸林是个极爱面子的人，听到此，顿时发起脾气来，推开三楼房间的窗户，探出脑袋，对着楼下的林怀部就骂了起来。不料，正当张啸林斥责林怀部时，林怀部立马掏出随身携带的配枪，对准张啸林的头就是一枪。林怀部的枪法果然极好，张啸林头部中枪，应声而倒。在场的随从、仆人们见此都被吓得呆住了，动也不动。而林怀部却显得异常冷静，"开枪的犹恐张中弹未死，乃挟枪上楼对倒在血泊中的张又补一枪，随手又把吓得呆若木鸡的客人金某也一枪送命"。

关于这个枉死的"金某"，另有其他两种说法：一说，当日是"伪杭州锡箔局局长吴静观"前去看望张啸林，然后被林怀部一同射杀了；一说，当日张啸林的"门生"杭州码头工务局长吴建臣前去看望张，然后被林怀部射杀了。无论这名"枉死"的人姓谁名何，反正这个人不是主角，主角是被射杀了的张啸林和杀手林怀部。

林怀部在射杀张后，就想要夺门离去。此时张啸林雇佣的那帮人这才稍稍反应过来，想要上前逮住林怀部。可不知道是不是巧合，守在门口的驻卫警这时进来逮住了林怀部，然后将林怀部押送到了法租界的巡捕房。

中国人都是爱看热闹的。张宅里又是枪声，又是惊恐的喊叫声，还有大队警察前来。一时间就闹开了，很多人都围着张宅，看起了热闹。当然，看热闹最便捷的人是"张大帅"的邻居杜家人。张啸林被杀那天杜月笙的儿子杜维善也正巧住在杜宅中。当时的杜维善刚才7岁，什么都还不太懂的年纪。当天，他只知道干爹死了，出了一件大事，周围很热闹，赶紧去看看。他还不太懂死亡，也不太懂为什么会有人要刺杀他的干爹。

林怀部被押送到巡捕房后，很快就对他进行审问。可无论怎么审，这个林怀部始终坚称自己杀张啸林是因为与张啸林有矛盾。

此案从表面上看来，"张大帅"好像是还没等得及军统的人密谋暗杀，就先被人干掉了。而"张大帅"之死的起因，很明显完全事出于劳资纠纷：保镖不满人身束缚，并且嫌弃工资太低，之前就曾与主人有过激烈的冲突。案发时，受到资方辱骂的劳方，一时控制不住情绪，愤而开枪，还连累了客人，一同陪主人赴了阴曹地府。但这一案件果真这么简单吗？

事发后第二天，也就是1940年8月15日早，突见已被日本军方控制的舆论报刊《新申报》，刊文《本市闻人张啸林，昨已被保镖击毙——内幕或为渝伪指使》。文章称："昨日中午本市法租界内发生一幕枪击案，被击者为海上闻人张啸林。"军统局"上海区"负责人陈恭澍一大早起床，看到早报，这才知道，张啸林已经被暗杀。他立即收拾一下就急急匆匆地赶到办公室，在桌子上看到了行动第二队的对张啸林被杀案的一份书面报告。报告标注的报送时间为昨天晚上。报告写在一张短短的小纸条上，大意是说："由该队所布置的内线，已发挥作用，完成了任务。时间是在八月十四日下午二时，地点在法租界华格臬路张的寓所内，执行者名林怀部（先写为'林怀步'涂改后成'林怀部'），惟已于事发后当场被捕，随即解往法捕房审讯中。"为了不打草惊蛇，军统"上海区"并未直接派人到法捕房进行疏通，而是令行动第二队自行设法而为。

一时间，好像全中国的报纸都在刊登张啸林被杀的案子，沦陷区的报纸报道，国统区的报纸也报道，弄得世人皆知，好不热闹。此时的杜月笙有何反应呢？此时的杜月笙正在重庆，他既没有表态，也没有发唁电。

8月15日午后，戴笠就来电询问张啸林一案之具体情况，并限"文到即复"。可见张案影响之巨大。不过数日，重庆军统本部就电发奖金一万元。陈恭澍将奖金发给行动第二队。但反常的是,第二队并未像往常一样,将分配情形上报备案,而且对于林怀部被捕后的情况一直未有后续报告。

综合种种疑点,诸如:第二行动队事先没有上报"执行人"的姓名资料和大致的行动计划;事后写报告时,还把"执行人"的名字写错了;行动组的报告与报纸新闻几乎同时;案件事后,行动组并未上报奖金分配报告,没有"执行人"的签收,且无"执行人"被捕后的后续报告;案发后,杜月笙为何没有做出表态,或者惋惜,或者复仇,或者"澄清"。因此,难怪原军统局"上海区"负责人陈恭澍在后来回忆"制裁张啸林"案时,会不禁反问自己,这件案子到底是不是我们军统的人干的?

"张大帅"被杀案件之迷雾

那么"张大帅"之死是单纯的劳资仇杀,还是阴谋暗杀?为什么要营造成劳资纠纷的局面?他的催命"无常"到底隶属于何方势力?

军统局"上海区"的行动队一共有八大队,以战时锄奸数量来看,其中这个第二大队成绩最为显著。这一队,"全队有五六十人,必要时还有潜在实力以资调补"。这个"潜在实力"从何而来呢?这就要说一说这行动队第二大队的来源了。

1937年,"八·一三"淞沪抗战时期,国民政府军统头子戴笠就与杜月笙商计,要求他在离开上海前安排一些他的"门生"留在上海,搞特务活动。杜月笙欣然应允。行动第二大队就是这两人商计过后的产物。行动第二大队从负责人到一般干部,不是杜月笙的"学生",就是杜月笙的"门下",其大队长名叫吉震苍,化名赵圣。当然这行动队第二大队是能够放在台面上的,在国民党军统内是能够公开的,陈恭澍是知道的。除此之外,还有一些"门生",因为要顾及杜月笙在上海伪区的财产管理、杜月笙兄弟面子等因素,而只能隐藏在夜幕中。这些见不得光的人中,光说辈分较大的就包括杜月笙的管家万墨林、账房黄国栋、中汇银行的襄理杨渔笙,以及朱文德等人。这些人中,万墨林比较特殊,因为一直跟着杜月笙闯的缘故,此人胆大、有狠劲。所以在"八·一三"后,被杜月笙吩附留守上海,负责替杜月笙与军统上海区进行各项联系。"万墨林之与军统,似乎仅有工作联系,而无组织关系,因为从未听到他在军统里面担任过什么职位。可是在上海,他替军统做的事却不少,如:交通、情报、调度特务经费,乃至掩护与配合行动等等,他都干。"

　　前文曾经讲过,1938年夏,戴笠找杜月笙,要他大义灭亲时,杜月笙曾经表态自己的人不会杀兄弟。但是张啸林却在"汉奸"的道路上越走越"欢畅"。无风不起浪,到了1940年8月,市面上盛传张啸林将沐猴而冠的去做什么"伪浙江省政府主席"。杜月笙虽与张啸林做了几十年的兄弟,但是再亲的"兄弟"也保不住"汉奸"。不过杜月笙是否知道暗杀计划呢?

　　新中国成立后,杜月笙的儿子杜维善在回忆这一段时,认为自己的父亲"他心里完全明白是怎么回事。之前他也劝阻过张啸林,未果,戴笠要杀张啸林,父亲也没办法。我相信戴笠事先是征求过他意见的,但一面是兄弟之情,一面是民族大义,他不好表态"。从杜维善的这番回忆来讲,最起码杜月笙是知道戴笠让杜月笙自己的"门生"干掉自己的张兄弟一事的。知道归知道,但由于"民族大义",杜月笙并未提醒张啸林,更没有"告密"。那暗杀张啸林的人到底是不是杜月笙亲自命令自己留守在上海的徒子徒孙们干的呢?

　　自福熙路遭枪击后,张啸林深感为了自己的人身安全着想,自己需要找一个好枪法的人以贴身保镖,于是就四下暗自张罗。世上没有不透风的墙,张啸林再怎么隐秘,他在"道上"找保镖的事情还是被万墨林知道了。于是万墨林乘隙而入,想乘机在张的身边安插一个对自己、对杜月笙都忠心的,在重要关头能起作用的人。可明着由杜月笙的管家万墨林来做介绍人的话,张啸林是决计不敢用这名保镖的。怎么办呢?

　　前文说过张啸林的司机对张的投敌活动是异常不满的,认为自己的老板是个"大汉奸",这话甚至传到了杜月笙的耳朵里,说明这名司机绝不是私下说了一两次的事情了,不满程度也是比较大的了。据此,万墨林就找到张啸林的这名深具民族气节的司机,希望由他来介绍一名枪法极好的保镖给张啸林。张的司机一口应承下来,后来果然按万墨林的指示,将林怀部介绍给了张啸林。由于是熟人介绍,而且经过考核,此人的枪法准得没话说,张啸林大喜之下就收下了这个难得的"人才"。其后两年,这位"人才"一直作为张啸林众多保镖中的一员,跟随在张啸林的身边,给他"保驾护航",直到1940年8月14日,这位"保镖"才借闹薪的机会将他干掉。

　　也许光从上面这些,还看不出暗杀张啸林是否直接出于杜月笙的手笔,那么下面一件事则能准确无误地说明问题了。

张啸林被杀之后不久，伪上海特别市长傅筱庵也被人砍死在自家床上。为了遮遮脸面，汪伪在上海城内大肆搜捕，企图给尚还活着的、自己的汉奸"同志"们壮壮胆，同时也祭奠一下已经赶赴黄泉的汉奸"同志"们的"冤"魂。当然，我们说汪伪的"76"号特工组，也是有些本事的。他们最终将目标定在了杜月笙的管家万墨林身上。之后不久，万墨林便被汪伪特务诱捕，抓进了大牢，进行"问话"。汪伪76号特务吴世宝在万墨林被抓进大牢后，二话不说，先来个"下马威"，亲自请万墨林吃了一顿"阔皮带"。其后，杜月笙的"门生"汪曼云（此时已经投敌做了汉奸，由于和万墨林是"小兄弟"，正为营救万墨林活动），曾经在76号的大牢中，和万墨林有过一段私密对话：

万墨林说："我天天在望你，吴世宝忒勿漂亮！"

汪曼云问："怎么样？"

万墨林说："看见我闲话勿曾问，就开我一顿鞭，拿我做足输赢，这算啥个道理？"

汪曼云说："现在不是讲道理的时候，他们问你的时候，你怎样讲的？"

万墨林说："他们问我两件事：一是傅筱庵；一是隔壁（指张啸林，因张住在杜月笙住宅东隔壁）的事。傅的事，我承认的；隔壁的事，我没有讲。"

汪曼云说："那好，隔壁的事你是千万不能讲的，因为关系到'先生'的做人问题。关于这件事，如果问你，你还是咬紧牙关，不能讲的。"

万墨林回答："这我知道了，曼兄，我自杀好不好？"

汪曼云问："为啥？"

万墨林答："杜先生叫人关照我的。"

汪曼云说："这就是先生怕你把隔壁的事情说出来，使他做人不得，所以叫你自杀。现在你既然没有讲，将来也咬定不讲，又何必要自杀？再说我现在来救你，而你倒要自杀，不是在和我开玩笑吗？"

万墨林答："此地的生活（刑罚）我实在吃不消。"

从这两人的对话中，谁是林怀部身后的势力，杜月笙在"张大帅"被杀案中究竟扮演了怎样的角色，可以知晓的一清二楚了。如若不是杜月笙吩咐的，何来"我没有讲"一说；如果不是杜月笙吩咐的，何来"杜先生叫人关照我的"这种行为？又是什么令向来胆大、凶狠的万墨林想自杀的？

纵观"张大帅"被杀案，张啸林究竟是死于谁的手呢？

我们可以说，"张大帅"是死于直接暗杀他的"执行者"林怀部之手。这没有错，因为正是林怀部极准的枪法，令张啸林当场毙命。可林怀部为什么要杀张啸林呢，难道真的仅仅为着一些鸡毛蒜皮的劳资纠纷！

我们也可以说，"张大帅"是死于杜月笙之手。这也没错，因为正是杜月笙的命令，杜的徒子徒孙们才找来林怀部，并且费尽心思的将林怀部安插进张家做了保镖，这才使林怀部有了动手的机会。可杜月笙这么一个"稀罕"兄弟情谊的人为什么要杀兄弟，冒着背上一个不义的杀兄骂名的危险呢！

研究张啸林人生的最后轨迹，我们不难发现，张啸林其实是死在了自己的手里——不顾民族大义，认贼作父，破坏抗战，自取灭亡。

如果张啸林能像上海的其他商绅一样，在"八·一三"之前，早早地就转移，最不济也能生活无忧，做一名闲散绅士。

如果张啸林能像杜月笙一样，在上海沦陷时，"夜逃香港"，最不济安安稳稳地在外苦几年，等抗战胜利后重返上海，继续辉煌、挥霍地做一名上海名流。

如果张啸林像黄金荣一样，在上海沦陷后，避而不出，做名寓公，最不济也能保一世英名，老死上海，而非死于他杀，背负万世骂名。

张啸林的一生是终结了，那终结张啸林的"义士"林怀部呢，他又是怎样的一个结局？

根据陈恭澍回忆，抗战结束后，他曾听闻林怀部已经出狱，并且军统局还对他予以安置，但是陈恭澍却没能找到这名"义士"一聚。这位"义士"的一生就像一个谜，不为世人所知，但他的义举却在白纸黑字的书中，警醒着世人：人不可无义，而最大的"义"就是民族大义；人一旦抛却了这一层，黑白无常这些鬼魅会无时无刻地候在你的周围，等着勾你的魂。

军统的杰作
——伪维新政府外交部长陈箓伏法记

1939年1月29日下午,寂静的上海"孤岛"突然响起了枪声,一名日本特务被刺杀于旅馆之中。以此事件为开端,2月份,上海进入了恐怖暗杀狂潮,国民党秘密特工执行的暗杀活动,把伪维新政府打了个措手不及。在2月份的所有行刺活动中,以2月19日伪维新政府外交部长陈箓的被刺为顶峰,刺客躲过重重岗哨,潜入汉奸家中,明目张胆地将这名大汉奸刺杀于自己的花园住宅内,任务完成后又顺利逃脱。此例堪称抗战时期刺杀汉奸日寇的经典。

"孤岛"上海

抗战爆发后,作为"远东第一大都市"的上海,首当其冲成为日军重点攻占目标。1937年8月,这座饱经沧桑的城市再次迎来了血与火的严重考验。随着国民党军队的节节败退,日军很快取得了上海的控制权,这样一来,上海事实上被分割成了三个部分:首先是由1842年南京条约设立的黄浦江沿岸的公共租界,其次是1844年同样在列强威逼利诱下设立

陈箓

的法租界,而第三部分,即租界的外围部分,这块向来由中国控制的地区,如今也已落入异族之手。

往日享受"治外法权"的公共租界和法租界,此刻成了大量难民躲避日军统治的最佳庇护所。这里暂时成为一块"安身的乐土",因为日军不敢擅自闯入,否则就要冒同英、美等国开战的风险。由于租界外围均已被日军占领,因此它也就成为一座名副其实的"孤岛",虽说日军不敢擅用武力夺取。但它也绝非"世外桃源",在这座"建筑在沙滩上的天堂"之内,每日都上演着各种势力的疯狂角逐,日本与

英美之间,上海本地帮派与外地帮派之间,国民党政府与日伪政府之间,日军与国民党之间……可谓纷繁复杂,矛盾重重。

所有这些斗争中,以国民政府特工与伪政府特工之间的斗争最为混乱,也最为暴烈。日军深谙"间接统治"之道。为尽快有效地对上海占领区实施统治,充分利用上海的经济资源,他们便积极扶植伪政府,推行"以华治华"政策。1938年3月28日,以梁鸿志为首的伪维新政府在南京成立,梁鸿志任"维新政府"行政院院长兼交通部部长,温宗尧任"维新政府"立法院院长,陈箓出任外交部长。主要管辖苏、浙、皖三省的日占区和宁、沪两个特别市。"维新政府"宣称要废除一党专政,建立宪政政府,巩固中日合作,实际上就是在经济上帮助日军对沦陷区人民进行掠夺,成为不折不扣的专为日军统治服务的工具。

在中国的传统观念中,"汉奸""卖国贼"往往最容易引起民众激愤,"人人得而诛之而后快"。历史上的秦桧已是千古骂名,而抗战中出现的这些叛徒,却甘愿冒天下之大不韪,在民族生死存亡的关键时刻,背弃先祖"天下兴亡,匹夫有责"的古训,背弃整个中华民族的利益,心甘情愿充当侵略者的走狗,奴役自己的骨肉同胞。因此,刺杀这些汉奸走狗,就成了鼓舞我方士气的重要手段。在上海这样的城市,国民党经常采用扰乱、暗杀、爆炸、恫吓、策反、反间等方式打击日伪,破坏日军机场、兵营、仓库、粮库、弹药库等军事设施,铁路、公路等交通设施,如此种种,不计其数,堪称"城市游击战"。

所谓战场,并非一定要面对面拼出你死我活,暗地的刺杀活动往往能收到出人意料的效果,很多时候,它甚至是战争中一个必不可少的组成部分。在上海这座"孤岛"内,随着伪政府的成立,一系列有组织的暗杀活动逐渐呈现出来,"孤岛"内呈现出了浓重的火药氛围,随时都会一触即发。

1939年1月底的上海,正是隆冬时节,寒风萧瑟。此时离年关还有大半月左右,屈指一算,日本人进入上海也快有一年多的时间了。自那时起,这座城市就没太平过,几乎每月都有暗杀活动,不时响起的枪声、爆炸声充斥着各个角落,报纸从不乏令人震惊的头条,人们似乎习惯了这样紧张而不安的生活。然而自去年12月份开始,整个城市完全安静了下来,仿佛暴风雨过后的大海,一切又归于平静和安详。但正是这种安静,反而给人一种窒息的感觉,让人压抑地喘不过气来。又一轮寒流天气眼看马上就要来了，此时的城市，大有山雨欲来风满楼之势。2月份，刺杀狂潮即将袭来，打得日伪措手不及。国民党特工的巅峰之作是将伪维新政府外交部长陈箓刺杀于其家中。

陈箓其人

陈箓，1877年出生于福建省闽侯县书香世家（今属福州市），字任先，号止室。15岁那年，"以国势陵夷，非墨守旧闻所能匡救"，遂进入福州马尾船政学堂学习法语。该校由左宗棠创办，是中国第一所近代海军学校，当时通过该校出国深造的人不计其数，严复、詹天佑等人即是其中的著名代表。

1901年，陈箓自武昌自强学堂毕业后，留校教授法文。当时的清政府，正值甲午战败之后，富国强兵，培养人才已成为共识。年轻的陈箓也曾"奋厉有当世志"，他于1903年争取到了"留学生领班"的职位，护送八名被清政府选派的学生赴德。后转赴法国，进入巴黎大学学习法律。1905年，清政府派载泽等五大臣赴欧洲考察宪政，陈箓调充随员，遍历欧洲各国。1907年获法学学士学位，成为中国第一位在法国获得法律学士学位的留学生。

同年陈箓回国，参加了清政府的留学生考试，名列优等，被授予法政科进士，历任法部制勘司主事、翰林院法律馆编修、外务部考工司郎等职。清政府倒台，中华民国成立后，学法语出身、熟悉国际法的陈箓再次被北京政府重用，被委任为外交部政务司司长。1913年12月，陈箓出使中国驻墨西哥全权公使，开始了独当一面的外交生涯。

客观来讲，陈箓在早年任职期间也做过一些实事。对外蒙古问题的处理，使其在中国外交舞台上崭露头角。

民初，沙俄为谋求自身利益，策动外蒙古王公闹"独立"。1913年12月，在俄国政府压力下，袁世凯与俄国签署了解决外蒙古问题的《中俄声明文件》及其附件。其中规定，关于中国及俄国在外蒙的利益，均应由中、俄、蒙三方共同商议。由于陈箓曾追随陆征祥和继任外交总长孙宝琦参与过中俄外蒙古问题谈判，了解和熟悉内情，遂被委任为中方"会议外蒙古事件全权专使"。

1915年6月7日，沙俄政府、外蒙当局和北洋政府三方又在外蒙的恰克图签订了《中俄蒙协约》，确认 1913 年的"中俄声明"，并予以具体化。当时，北京政府在日本"二十一条"的压力下，无力用军事手段作为谈判后援，陈箓一人"折冲于樽俎之间，力卫国权"。最终《协约》的签订，迫使外蒙取消独立，承认中国的宗主权，但失去了在外蒙的实际统治权。不过，陈箓也为中央政府赢得了册封哲布尊丹巴名号，在库伦派驻大员监视外蒙古自治官府及其属吏行为等权利，并促使哲布尊丹巴宣布撤销独立。

之后，陈箓出任都护使驻扎库伦（今乌兰巴托）办事大员，成为当时处理蒙古事务的首席长官。后被任为外蒙活佛册封使，于任内完成了中华民国总统册封哲布尊丹巴的程序，促使哲布尊丹巴派人晋见民国总统，同意中央政府在唐努乌梁海地区设立佐理专员，维护了中国在外蒙古的正当权益，逐步把外蒙古从"独立"状态拉回到了承认中国宗主权的"自治"现实中。对此，陈箓专门著有《蒙事随笔》《蒙古逸史》等著作。

外蒙事务的处理使陈箓积累了一定的外交经验。1917 年底，陈箓出任外交部次长。不久，巴黎和会召开，在外交总长陆征祥出席巴黎和会期间，陈箓代理外交总长一年，达到了其外交生涯的顶峰。

当时人们对北京政府高官印象普遍不佳，称为"市侩神情财政李（财政总长李思浩），洋奴态度外交陈（外交代总长陈箓），哈腰送客曾云沛（交通总长曾毓隽），斜眼看人靳翼青（陆军部长靳云鹏）"。

巴黎和会上，德国在中国山东的权益被全部转交给了日本，这个消息传到国内，立刻激起了民众的义愤。外交部首当其冲，陈箓整日提心吊胆，甚至不敢到部办公。紧接着"山东问题"，"福州事件"等中日冲突接踵而来，备受煎熬的陈箓最终递交了辞呈，他在上面写道："一年以来，临深履薄，陨越时虞，困苦艰难，担荷之肩交瘁，风云变幻，维护之力已穷……"

1920 年 9 月，陈箓被北京政府任命为驻法全权公使，他在这个位置上坐了近八年，是晚清和民国期间任职时间最长的驻法公使。陈箓凭借着其以前留法经历的优势，四处经营，多方打点，将方方面面的人际关系处理得恰到好处。此外，他还著有《法语陟遐》《欧美留学相谱》等书，为他赢得了一个"法国通"的美名。

当时的法国是欧洲重要的政治文化艺术中心之一，来法国留学的中国人非常多,著名的有周恩来、陈毅等人,都有过在法国勤工俭学的经历。秉承北京政府意旨办事的陈箓,自然就成为中国留法学生攻击的目标。甚至多年后陈毅等人还记得这个"顽固反动的封建官僚"。

1921年2月,甫一上任的陈箓,就遇到了棘手的中国留法学生请愿事件。一战结束后,在华法教育会的鼓动下,"赴法勤工俭学"运动在全国各地如火如荼开展起来,大量青年学生怀抱理想来到法国,但现实却让他们一度陷入窘境,许多学生求学不得,求工不能,甚至到了生活困难的地步。而华法教育会却于1921年1月发出通告,声明与来法学生脱离经济关系。学生不得不转向中国驻法使馆申诉,使馆给出的答复是将无钱无工的学生遣送回国。学生们表示对这个答复无法接受,要聚众示威,陈箓只得请来法国警察维持秩序,允诺由使馆发给学生6月生活维持费,并答应替无工学生找工作,才化解了这场危机和矛盾。

此后更是冲突不断,陈箓公然成为留法学生的"公敌"。1922年3月20日,四川留法学生李合林用手枪袭击了陈箓的座车,但这次刺杀没有成功,让陈箓逃过一劫。

风云变幻几时穷。1927年4月18日,南京国民政府成立,端坐8年驻法公使位置的陈箓也随着政府的"改朝换代"而被撤销了职位。1928年7月,失意落魄的陈箓回到上海,做回他的本行——律师。1934年,出任国民政府外交部顾问和外交会谈判委员会副主席等虚职,算是受到了冷落和闲置。对此,陈箓在他的诗存录有一首"自嘲",颇似其当时心境:

蝴蝶庄生缥缈踪,罗浮回首已云封。年来不做邯郸梦,为听深山一杵钟。

不是陈箓不想做邯郸梦,而是时局如此,似乎颇有寂寞无奈的味道。

曾经"风光无限好"的陈箓,一直在静静等待时机。抗战爆发后,日军大力扶持伪政权。外交经验丰富、虚职以待而又谋求再举的陈箓似乎就是专门为他们而设的一样,很快,他便同意出任1938年3月28日于南京成立的"中华民国维新政府"外交部长一职,地位仅次于梁鸿志。而他的儿子陈友涛(张学良妹妹张怀英的丈夫)也担任了伪外交部的总务司司长。不仅如此,陈箓还以南北总长的身份,凭借其以往在北京政府任职时的关系,斡旋于南京"维新政府"和北京的傀儡政权"中华民国临时政府"之间,极力说服梁鸿志和王克敏南北联合,以扩大伪政权的

·千古刺客的谋杀悬案·

图文珍藏版

力量。

纵观抗战中所出现的一批"高级汉奸",大多都是为权势所惑,失去了中国传统"士人"应有的气节。如1947年3月6日被首都高等法院判处死刑的罗君强,此人曾历任伪税警团总团长、安徽省省长、上海市政府秘书长兼财政局长、警察局长。判刑后他在狱中检讨说:"我之落水当汉奸,完全昧于国内国际形势的正确认识,只从反革命立场看问题,醉心于个人权势,忘了民族大义,一失足成千古恨。"

所谓"功名富贵无凭据,费尽心情,总把流光误",而汉奸巨贼们为了"功名富贵"四字,却不仅仅是误了时光这么简单。

刺杀缘由

与此同时,以戴笠为领导的国民党军统也开始了大规模的暗杀活动。刺杀对象,开始主要是各类汉奸,少数是租界里与日伪勾结的高级警探。固据估计,从1937年8月到1941年10月,戴笠的军统刺客在上海租界内进行了至少150次暗杀行动。1941年后两年,军统特工向日本军官发起了40多次攻击,50多次破坏敌人包括机场和军火库在内的军事设施。仅1939年2月份的前半个月中,就如火山爆发般出现了一连串的军统暗杀活动,下面列出一份在此时间内的暗杀名单,从中我们可以一窥当时暗杀的频繁与惨烈。

2月1日,伪警察局侦缉队分队长耿寿宝被暗杀。

2月5日,伪社会局局长朱锦涛被暗杀。

2月6日,在日本控制的报刊审查局出任顾问的钱华被暗杀。

2月7日,江浙箔类捐税局局长、南京财政部顾问周纪棠被暗杀。

2月10日,教育处处长何舒双及山东高等法院院长张昭祺被暗杀。

2月16日,南市地方法院院长屠镇鹄及伪水警局警长高鸿藻被暗杀。

此月的暗杀活动以2月19日陈箓的被刺为最高潮。有意思的是,这次"重大行动"并非出自戴笠的命令,他事先对此毫不知情。说来好笑,这一行动是由于军统内部的人事纠纷引起的。当然也是陈箓命中该有此劫,本已声名在外,树大招风,却又不顾晚节,以六旬之龄投敌卖国,自然成了军统首要攻击目标。

抗战时期由军统组织的暗杀活动许多都具有中国传统意义上的侠义色彩,暗杀陈箓事件便是一个典型。当时的许多报纸都把刺客比作替天行道的当代奇侠。我们可以在这一事件中看到许多熟悉的古代侠客的身影:舍生取义的献身精神,无私无畏的兄弟义气等,所有这些,都使这一事件"充满神秘色彩和英雄主义"。

这同戴笠一直以来都将"忠孝仁义"作为军统的组织原则是分不开的。戴笠曾就读于浙江第一师范,1919 年以前,一师的课程还是传统的文史科目。从上层到中层,军统官员从小读的都是经史之学。传统文化中对于刺客的歌颂和赞美数不胜数,正如李白在《侠客行》中所称颂的:"十步杀一人,千里不留行。事了拂衣去,深藏身与名。"

他们就是在这种文化氛围的耳濡目染中长大的。他们崇拜侠客,渴望建功立业,他们惩奸除恶,义薄云天,然而他们中大多数人的名字可能并不为世人所知晓。所谓"一将功成万骨枯",戴笠就曾经对部下说过:"千百万无名英雄的牺牲才换来历史短暂的辉煌……历史记载丰功伟绩,白纸黑字一目了然……你我的历史地位在于为这些丰功伟绩做出无声的贡献。我们为其他人的成就作铺垫,我们是无名英雄。""无名英雄就要随时准备做出牺牲。我们是坚忍不拔,忍辱负重的典范。"并说:"我们是领袖的工具,而只有领袖才能创造伟业名留青史。"

后来,戴笠在"陪都"重庆市中二路罗家湾 29 号——军统局本部后面山坡上竖的石碑就是献给这些无名英雄的,而碑的两面则一字不刻。

幸运的是,这里所要介绍的刺杀大汉奸陈箓的英雄,并非默默无闻不为人知,他叫刘戈青。

从抗战前期开始,上海就一直是军统进行暗杀活动最为活跃的舞台。这主要"得益"于"孤岛"的存在,一方面日军势力到不了这个地方,对于军统特工来说,碰到风声紧的时候,可以随时撤入租界避难;另一方面,租界生活消费环境较为奢靡,许多汉奸和日本居留民常来此活动,甚至把家安在这里。这里因此也就成了军统特工重点活动的地方。军统上海特区自从在 1938 年 9 月 30 日在法租界暗杀了政坛大佬唐绍仪后,名震一时。为躲避租界当局与日军的搜查与追捕,时任特区区长的周伟龙只能撤离。考虑到军统上海区的任务重要性(当时军统潜伏在上海的任务主要是收集日伪情况和暗杀汉奸卖国贼),戴笠认为必须选派老练的、有经验的人手接替周伟龙特区区长一职,遂改派他的得力助手王天木前往上海。

王天木,原名王仁锵,军统著名的"四大金刚"之一。早年毕业于东北讲武学堂,后留学日本,获明治大学法学学士学位。抗战初期,王天木是抗日锄奸的中坚力量,任军统局天津站站长时,他曾和一众爱国学生结拜为十兄弟,并成立抗日锄奸团,专门对付日军和汉奸。1933年,王天木得知曾任湖南督军的张敬尧受日本人板垣征四郎、土肥原贤二的指使潜入北平,企图策动驻军叛变,制造暴乱。王天木遂同北平站站长陈恭澍以及北平站的白世维,将张敬尧刺杀于北平东交民巷六国饭店。

令戴笠没有想到的是,正是王天木的到来,引发了一连串的风波,导致上海区后来遭到极大破坏,并促使陈篆命赴黄泉。

事情的起因是由于王天木和上海特区副区长赵理君之间的矛盾引起的。

赵理君是上海特区专门负责行动的副区长。此人不是等闲之辈,江湖人称"追命太岁"。他毕业于黄埔五期,后入杭州浙江警官学校特训班,是戴笠最得意的学生和得力助手。当年他暗杀过著名民主人士杨杏佛、史量才,深得戴笠的宠信和器重。因此他居功自傲,飞扬跋扈,目空一切,平日里就对同事和部下颐指气使,擅作威福。他本以为周伟龙一走,凭他在刺杀唐绍仪行动中的功劳,特区区长一职非他莫属。没想到戴笠又调来个王天木,资格比他老,又擅长暗杀,这样一来,以后辛辛苦苦干出来的成绩,岂不竹篮打水一场空?赵理君越想越不是滋味,眼看做成的美梦就这样化为了泡影。因此他不但不配合王天木的工作,反而与他势如水火,处处作对,在戴笠面前也不遗余力地对他实施攻击和诽谤。王天木只是带了自己的几个副官来上海,在上海没有自己的得力干将,被赵理君这么一搞,结果上任数月一事无成。为此王天木大为恼火,迫切希望能找个心腹之人,忠心为他做事,好干出一番成绩来,压压赵理君的嚣张气势。只奈他初来乍到,人生地不熟,没人肯出来为他卖命。正在此时,平日没少受赵理君欺压的上海区人事主管陈明楚出于同病相怜之故,便投靠了王天木。

王天木到上海后,一直无法展开具体行动。他授意陈明楚从下面选择一两个能干的行动人员作为自己的基本力量。陈明楚想到了刘戈青。他的身份较为特殊,不同于大多数军统成员,刘戈青"既不是黄埔系的,也没有什么老乡关系",他"不是军统核心圈内的人",但他却"真正地倾心于戴笠所推崇的侠义之道"。

陈明楚于是把刘戈青推荐给王天木，称他"勇敢镇静，过去的表现很不差"，是干事的最佳人选。

英雄出身

刘戈青父亲刘建寅，世居台湾省云林县，以务农为业。清廷甲午战败后，日本人占领台湾，他聚集了一帮兄弟和日本人作战，杀死六名日军和警察，自己也身中六刀，险些丧命。幸亏乡亲们鼎力相救，刘父才保住性命。后来为逃避日本人的追捕，背井离乡漂泊到福建厦门。因痛恨满清政府割让台湾，暗中联络革命党人反清。福建道台对此十分头痛，进行招抚。他们其中的两个兄弟被招抚，刘建寅拒不投降，为明心志，将自己改名为刘汉臣。满清一力追剿，刘汉臣被迫到处躲藏，在厦门安溪茶商李福连的帮助下，刘汉臣躲过追捕，并娶得李女为妻。辛亥革命，刘汉臣参加攻打漳州。民国成立，刘汉臣做了第七混成旅旅长，是年刘戈青出生。此时的刘汉臣仍念念不忘国恨家仇，常常叮嘱儿子刘戈青，一定要牢记这刻骨铭心的深仇大恨。

1935年，刘戈青自国立暨南大学毕业。因其父在漳州购置的一大块田地上发现有锰矿，于是他决定开办一个国兴矿业公司筹备处。他找到他父亲的老友，曾任上海淞沪警备司令的杨虎作发起人，自己集合了十几个同学，准备从事他的开矿事业。

一天晚上，为商议开矿事宜，刘戈青父亲的另一个朋友山东人孙祥夫约他在杨虎公馆见面。刘戈青准时应约，到达后却发现杨虎和孙祥夫均不在，于是便在客厅等候。不久，来了一位四十多岁，身穿学生服的中年人，也是来找杨虎办事。中年人上下仔细打量了刘戈青，见他眉宇间有股英气，心生好感，遂同刘戈青攀谈起来。这个人"问起话来，追根究底，一步紧一步，一点也不放松"，刘戈青觉得这个人"相当讨厌，头一次见面，歪着头，啰啰唆唆，问个不休"。不久孙祥夫电话来，说喝醉了，明天再谈。刘戈青借机告辞。

第二天，刘戈青一到杨虎家，杨虎就告诉他昨天那个中年男人是戴笠戴雨农。初出校门的刘戈青对此人一无所知。杨虎告诉他，戴笠是"蒋委员长最亲信、得力的干部"。原来，戴笠看上了刘戈青，想要拉拢这个年轻人为自己效力，所以才不厌其烦地仔细盘问。杨虎劝刘戈青为戴笠工作,刘戈青不愿意,他不想让自己刚刚起步的事业半途而废。然而最终禁不住杨虎和他太太陈华一番国家兴亡匹夫有责的劝说,再加上父亲从小的训导,于是便答应了。

就这样,刘戈青戏剧性地认识了戴笠,戏剧性地加入了军统。和他一同加入军统的还有几个他一同开矿的同学。他们先到南京受训,后来又到杭州受训。

1938 年,刘戈青从湖南临澧训练班毕业后,自告奋勇回到上海,一直担任行动工作。在刺杀陈箓之前,作为行动组组长的刘戈青已在上海执行过 11 次暗杀行动。虽然如此,他的这些功劳却被赵理君一人独揽。由于不满赵理君的骄横跋扈,刘戈青一直冷落闲置。

密谋策划

王天木听了关于刘戈青的介绍后,喜出望外。但陈明楚刚提出要叫刘戈青来见他,却被叫住了。原来王天木想要效法三国刘玄德,来个三顾茅庐,亲自登门拜访。刘戈青过往早已习惯了周伟龙、赵理君这类人目中无人、趾高气扬,不可一世的高傲态度,这次他做梦也想不到堂堂区长会亲自"大驾光临",着实让他受宠若惊了一番。

王天木对刘戈青也大为赞赏,称他"虽是一个白面书生,却有坚毅气派",这让他"胆气也壮了不少"。

很快,刘戈青便成为王天木的心腹,彼此间称兄道弟,过从甚密。

一日,王天木突然神情沮丧地告诉刘戈青:"戴先生要我去香港,你知道,此去凶多吉少,说不定我们从此一别,不会再见面哩。"

王天木的担忧不无道理。自从上任之后,他一无所成,赵理君又不断在背后诋毁他,这次前往香港述职,实在吉凶难料。目前唯一可以挽救自己的办法就是让刘戈青尽快干掉一两个大汉奸,否则拿什么汇报工作?

刘戈青倒是很仗义,毫不犹豫地拍着胸脯说:"我一定替你干一两件漂亮的工作给你壮壮行色,见了戴先生也好有所交代。"王天木激动地握住他的双肩,连连摇晃着,仿佛怕他反悔似的。

经过一番商议,两人把目标锁定在了陈箓身上。刘戈青表示枪支太少,只有埋在地下的三支生锈的手枪。王天木说："这个不成问题，找林之江来。"他接着又说："如果你老弟能够把陈篆干掉，我想对民心士气必能大为振作。"

王天木第二天便离沪去港，刘戈青也开始了刺杀陈篆的筹划准备工作。刺杀这样一个大人物不是一件简单的事情，必须经过长时间周密的部署和细致的准备。当然，这样的行动也不是一个人就能独立完成的，作为行动组长的刘戈青有一只专门的行动队伍，其小组的成员由上级指派，统一归刘戈青领导，众人协同作战。

以刘戈青为组长的刺杀小组成员主要有以下几人：平福昌、谭宝义、朱山猿、徐国琦、尤品山、徐志浩，这几人同刘戈青一样，均在临澧特训班受过专门训练。

临澧训练班成立于 1938 年 3 月，位于湖南长沙外临澧县的一个旧中学校址。它由戴笠苦心筹建，目的是为军统培养大批最优秀的特工人员，为以后的反共打下基础。训练期限一年，在这里他们要学习基础间谍技术，然后按个人才能、资质分配到"情报队""行动队""谍参队""军事队"等部门进行专业学习。最终毕业的700 多名毕业生均受到了重用，他们以"戴主任的学生"自诩，形成了一个戴笠的亲信集团"临澧派"。

平福昌，出生于上海闸北。曾就读于南市的小学，后就读于育青中学。18 岁时退学，在其父开设在南市的眼镜店里工作。因忍受不了闭塞的环境和枯燥无聊的生活，他于 1935 年参加了戴笠的军统组织。平福昌的掩护身份是汉口湖北警察队的一名探员，但实际上他隶属于军统第二处，负责监视和调查在永兴花园影院工作的演员们的行动和思想。在赴临澧特训班报道之前，他一直躲在法租界内从事地下工作。平福昌毕业于临澧特训班军事队，但被派往行动队，并于 1938 年 9 月奉命回到上海，向一位叫作"尤何清"的业务主管报到，"尤何清"即刘戈青。为躲避监视，平福昌搬入了法租界内的一家旅馆中，伺机而动。

4 个月后，谭宝义所在的第二组抵达上海。谭宝义，当时 23 岁，出生于松江一农民家庭。毕业于南市的上海中华商业学校。谭宝义在抗战前的身份一直是衡阳汉冶平钢铁公司的勘察员。之后加入军统，并于 1938 年 7 月在临澧特训班接受训练。受训三个月后，军统局命令他前往上海，指导那里的抗日活动。第二组成员还有另外两人，分别是朱山猿和徐国琦。到达上海后，他们立即前去向刘戈青汇报。刘戈青要他们耐心等待进一步的命令。之后，谭宝义与一位堂兄一起居住和工作在法租界福履理路上的一家杂货铺内。

春节前一个星期,谭宝义前赴大世界娱乐厅隔壁的国泰饭店看望徐国琦和朱山猿。徐国琦叫谭宝义搬至霞飞路上的东昌饭店,随时等候紧急召唤。平福昌也收到消息,暗杀行动即将开始。

准备行动

暗杀行动往往也必须讲究一个"天时、地利、人和"。行动队已准备就绪,现在就缺少一个有利时机来执行了。然而做贼心虚的陈箓出行动辄20多个保镖和警卫护身,旁人根本难以接近。刘戈青等人商议,不如来个出其不意,攻其不备,直接冒险潜入陈箓家中,杀他一个措手不及。

陈箓上海的家位于愚园路668弄25号,紧靠镇宁路口,处于华界和公共租界的交界处,是一栋三层的小洋楼。小楼东北紧靠公共租界意大利警备地区,南边是公共租界英军警备区,靠近沪西警察署,西距忆定盘路(今江苏路)、南距大西路(今延安西路)伪特工机构丁默邨、李士群活动的地点很近。在这样的一个"禁区"连踏入一步都很难,更别说带枪行动了。为保险起见,陈箓还在家门口设置了警卫岗亭,常年派两名保镖值守,可谓戒备森严。然而,百密终究会有一疏,有些时候,自认为最安全的地方往往会是最危险的地方。

此时,刘戈青从他的好友刘海山那里得到了一个重要情报。

他得知陈箓打算于2月18日农历大年三十下午秘密返回上海,在他位于愚园路上的陈公馆内祭祖,并与亲朋好友一起吃团圆饭。这个刘海山并非军统成员,而是刘戈青的朋友,刘戈青对其以大哥相称,两人关系一直不错。刘海山是东北人,曾是孙中山的卫士,枪法很好。后担任少帅张学良的卫队长,抗战爆发后,留在了上海,对日本侵略者一直恨之入骨,十分支持军统刺杀汉奸的行动。因此,当刘戈青找到他,让他同陈箓家保镖接触以获取情报时,他毫不犹豫地答应了。很快他便将陈箓在大年三十的出行计划以及陈公馆的房屋布局图交给了刘戈青。

刘海山之所以能从陈箓家保镖处获得这些信息,是因为这些保镖都来自东北,刘海山平时同他们混得很熟。当初陈箓儿子陈友涛娶了张学良妹妹张怀英,这些保镖遂一同跟随少帅妹妹来到了陈家。陈箓不知道,他在此不知不觉犯了一个严重错误:即任用的保镖都是一帮同乡,而他自己却是一个外乡人,一个局外人。这样一来,"一旦一个人暗中破坏,其他诸人都会迅速响应"。正是这百密中的一疏,让陈篆防不胜防,命丧枪口之下。

1939 年 2 月 18 日,农历大年三十上午,陈篆从南京打电话给上海家中,告诉提前回沪为其打前站的儿子陈友涛,说自己将于下午 3 点抵达上海北站,要陈友涛安排接站。

下午 2 点半,陈友涛便带着两辆汽车,急匆匆地赶赴火车站。陈篆的私车由其司机黄永贵驾驶。3 时,火车准时驶入北站,陈篆与保镖赵玉定一起下车。由陈友涛驾驶的第二辆小车(保镖何鹏也在内),则停在四川北路和虹江路的转角处等候。接着,两辆车快速驶向 1934 年春季竣工,设在上海外白渡桥北侧的百老汇大厦(现为北苏州路 20 号,1951 年改名上海大厦),维新政府的外交部便在大厦的四楼,陈篆来上海时,有时将这里作为起居处。停留 10 分钟后,便立即离开,开回愚园路陈公馆。为防刺客,这一行人都穿戴同样的驼毛大衣和毡帽,从外表上很难分辨。安全到家后的陈篆终于松了一口气,祭祖、吃年饭、放烟花,一派欢快热闹的景象。

下午 4 点,刘戈青得到了陈篆已经回家的确切消息,立刻通知徐国琦等人,翌日(大年初一)下午 4 点在愚园路口的沧州饭店会合。并通知了躲藏在法租界旅馆的平福昌,让他次日一早到沧州饭店会面。此前刘戈青曾问过平福昌是否"有勇气为国民政府干点积极的工作",如今,条件齐备,正是一显身手的时刻。

2 月 19 日大年初一早上,平福昌准时到达愚园路口的沧州饭店。刘戈青此时已坐在大堂的沙发上,他递给平一张字条,让他去喇格纳路(今崇德路)刘之江家里去取武器。并嘱咐 24 岁的平福昌:"拿到武器,赶快回这里!"

平福昌前脚刚离开,刘海山后脚就走进了沧州饭店。一进门,他就对刘戈青说道:"戈青老弟,我也想参加你们的刺杀行动,你看行不行?"

刘戈青摇头道:"不行,这样会连累你。不管刺杀成功与否,租界肯定会全城通缉,到时整个上海都无容身之地,你这不是自毁前途吗?"

刘海山说道:"杀贼锄奸一直是我的夙愿,我还会在乎区区前途?"

听他这么慷慨陈词,刘戈青只好答应。他这次邀刘海山来,是为了进一步核对情况,以确保万无一失。他问道:"海山大哥,陈策篆宅的情况。不会有变动吧?"

刘海山说:"陈篆从昨天回家起,就没出过家门。昨晚他祭完祖后,7点吃的年夜饭,一直忙着过年,谁会在意我们做什么?"

刘戈青放心地点点头。两人再次研究了一遍陈公馆的房间布局图,计划先解决门卫,然后进厨房,再从厨房进入客厅行刺。时间以傍晚6、7点钟为宜,刚好是厨房准备晚餐的时间。

过不多久,平福昌从喇格纳路回到了沧州饭店。只见他带回来一只木制野餐盒,盒内藏着4只勃朗宁手枪,每枪4发子弹,另有一把日本制造的手枪,附带15发子弹。武器齐备了。

与此同时,行动组的其他成员也在积极准备行动。谭宝义搭乘徐国琦的车,于年初一下午4时来到沧州饭店,这时行刺小组人已齐全,他们分别是:谭宝义、徐国琦、平福昌、朱山猿、徐志浩、尤品山、刘海山和刘戈青。刘戈青从野餐盒内取出4支手枪,交给徐国琦、尤品山、平福昌每人一把,自己留了一把。一切安排妥当后,刘戈青才将此次行刺的任务告诉了大家:"我们将要去行刺一个姓陈的人,他是维新政府的高官,刚从南京抵达上海"。刘戈青将所有人分为三个小组,分工协作,互相配合。行动时,刘海山和徐志浩在外把风;平福昌,朱山猿在院内房外接应、掩护;徐国琦、尤品山、谭宝义和刘戈青4人进客厅行刺。

各自任务下达后,8人分作几批离开了沧州饭店,约定傍晚在愚园路上的渔光村外集合。

夜登鬼录

当日下午,平福昌和徐志浩搭乘1路双层汽车首先赶到了愚园路。随后,尤品山、刘海山和刘戈青乘坐出租车来到集合地点。5人等到下午6点,谭宝义、徐国琦和朱山猿也准时到达。此时天色已暗,寒冷的北风呼呼刮着,天上开始飘起丝丝细雨。8个人分开在陈公馆外绕了一圈,路上已是行人稀少,只有陈家门口张灯结彩,宾客进进出出,人来人往,热闹非凡。经过一番实地勘察,刘戈青认为现在人多嘈杂,不易下手,他们决定先到附近的一家酒吧中打发时间。

晚上7点,雨已是越下越大。8人穿上黑色雨衣,悄悄穿过陈公馆周围的愚园路北侧的小弄堂,向 25 号大门扑过去。

通常,陈公馆的前门有两个门卫,但当时一名警卫邵富生不在岗位,剩下一个警卫宋海林,腰间佩着一支左轮手枪,正在单独值班。此时正值晚饭前,站了一天班的宋海林是又累又饿,神情疲惫,注意力也大为松懈。他看见一群黑衣人从两侧围上来,来势汹汹,顿觉情况不妙。

刘海山一步跨向前,用东北话问他是否带着枪。他还没来得及开口回答,其他人便一拥而上把他的枪卸了。解决了警卫后,刘海山和徐志浩留在弄堂里扮作警卫,看守大门。朱山猿与平福昌将宋海林五花大绑,拖入内院,用布堵上他的嘴,一边监视,一边观察情况。刘戈青、谭宝义、尤品山和徐国琦则拔出武器,悄悄推开了没有上锁的厨房门。

厨房里两个厨娘正忙得热火朝天,突然看见 4 个身穿雨衣、手持短枪的人闯进来,惊得手足无措。刘戈青示意谭宝义、尤品山留下监视,自己带领徐国琦从厨房进入了客厅。

客厅内布置得富丽堂皇,张灯结彩,桌上摆满了丰盛的晚餐,热气腾腾,一派喜庆气氛。陈箓夫妇正在客厅里款待前驻丹麦公使罗文干夫妇俩。陈箓与罗文干靠在一只长沙发上,两位夫人则坐在两侧的扶手椅上。突然,两个身穿黑色雨衣的陌生男子从客厅的后门闯了进来,还没等到陈箓开口问话,徐国琦甩手冲他一枪,子弹顺着陈箓的耳朵飞了过去。大惊之下,他一把抓起沙发上的绣花靠垫,护住脑袋和胸口,顺势滚到了一边。

枪声一响,客厅已是乱作一团。陈夫人跌倒在枪手和丈夫之间,而罗文干夫妇则拼命冲向客厅的另一道门。刘戈青的原计划是用绳子或刀将陈箓杀死,然后割下他的脑袋,悬挂在外面。此时此刻,千钧一发,已来不及实施这些行动,他大踏步走上前去,对着陈箓的头部连开了数枪。

眼看绣花靠垫慢慢从陈箓身上滑落,人已经死了。陈的胸部、头部、颈部、腿部多处中弹,最致命的一击在他的太阳穴上,委顿在地的脑袋兀自冒着鲜血。

刘戈青对缩在地上,战战兢兢的其他人说:"别怕,我们只杀汉奸!"随后掏出早在旅馆客房中准备好的两张纸,丢在这个汉奸的尸体上。一张纸上用黑色大字写道:"处死通敌分子,蒋总裁万岁!"另一张纸上写道:"抗战必胜,建国必成。共灭奸贼,永保华夏!"两纸都署名"中国青年铁血军"。

陈友涛当时正在楼上,听到枪声,立即奔到楼梯口探头大声询问:"怎么回事?"当他看到地上一片血泊时,立刻意识到大事不好,一边大喊保镖一边反手将楼梯口新安的铁栅栏关上,防止刺客冲上楼去。

刘戈青知道不可再久留,于是虚张声势地冲楼上打了3枪,然后夺路而逃。4个行动组成员以及两名东北保镖何鹏和赵玉定(事后被报纸报道为刺客裹挟保镖一起逃跑)立即撤出了陈公馆,对着外面说了一句"事件成功",谭宝义与刘戈青便坐上事先准备的出租车迅速离开。其他人释放了门卫,消失在小弄堂内。

陈友涛不知来人底细,不敢贸然追下楼,指挥着两个保镖在楼上冲弄堂出口射击,想封锁其退路。同时也是想用枪声引起左邻右舍和院内其他保镖的注意,让他们出来援救。谁知,他的如意算盘落了空。意大利兵营的宪兵、警卫们听到枪声后,还以为是陈家在放除旧迎新的鞭炮,谁也懒得伸头往外看上一眼;而院内其他的保镖正围在桌边喝酒打牌,个个晕头转向,枪声一响,他们就像没头的苍蝇到处乱窜,根本不明白发生了什么事。

出租车是刘戈青事先请东北人刘子衡雇好等在巷口的。司机一开始听到枪声,接着就看到一群年轻人冲了出来,心里发慌,想把汽车开走。幸好刘子衡机灵,他把手放到衣服下,假装有枪的样子,顶住司机,让他不要乱动,车子才没开走。刘戈青等人上车后,司机吓得浑身哆嗦,一路上车子开得摇摇晃晃,东碰西撞。开到距陈公馆大约1公里多的杜美路口,脱离险境的刘戈青和谭宝义才下了车,并将枪支全部丢弃,以免被查获。

刘戈青回到家后,立刻换了一身考究的衣服,直奔舞厅。他找了张不引人注目的桌子坐了下来,然后把茶房叫了过来,说自己从5点钟等到现在,一个舞小姐都没找到。他这样说的目的就想让别人误以为他一直在舞厅,提供一个不在谋杀现场的证据。

晚上7点半,当工部局警务处接到报警电话赶到现场时,哪里还有这些刺客的身影?

身陷囹圄

陈箓暗杀事件的成功是戴笠军统局的一个胜利,沉重打击了日本侵略者和日伪政权,同时又为上海市民献出了一份最好的新年礼物。用著名汉学家魏斐德的话说:"在此期间,恐怕没有其他行刺能使通敌分子更加牙齿打战了。"试想,连如此戒备森严的陈公馆军统特工都能来无影去无踪,这能不令他们心惊胆战吗?

2月20日,上海报纸纷纷用头版大标题刊登了刺杀事件,称其为重庆政府对汉奸的重大打击,一家报纸模仿武侠小说中章节标题写道"汉奸陈箓夜登鬼录,飞快将军从天而降"。《中央日报》还在第三版配发了题为《精神动员》的短评。南京伪维新政府则一方面痛感损失,另一方面人人自危,提心吊胆,害怕随时遭遇和陈箓同样的命运。他们为陈箓举行了隆重的葬礼,沪、宁两地均下半旗,并对陈箓家属发给10万元抚恤金。

这次刺杀取得了重大胜利,"堪称八年抗战中最为重要,也最为经典的暗杀之一"。事件发生后没有给警方留下任何破案线索,刺客们如同人间蒸发一般,踪迹全无。

之后刘戈青等人迅速登船离开上海,奉命前往香港会见戴笠,论功行赏。1939年6月1日,平福昌、谭宝义两人在刘戈青的指示下再次潜入上海,准备谋刺汪精卫,因事泄于6月29日被工部局警务处警察逮捕。经过4个月毫无结果的审讯之后,他们被引渡给日本宪兵队,在6天时间里的严刑逼供下,平、谭两人于11月8日终于供出刺杀陈箓的全部情形。于是各报9日再次竞相刊登新闻,陈箓被刺案的详情才大白于天下。平、谭二人后被关押至日本宪兵队,于1940年6月11日被日本宪兵总部的军事法庭判处死刑。

陈箓被刺后,日本人认为有必要创建中国自己的特务机关,以保护像汪精卫这样的大汉奸,并"消灭上海的军统特工,压制上海租界内中国报纸的反日宣传"。

76号特工机构由此诞生,它位于上海极司非尔路76号(今万航渡路435号),以杀人如麻闻名,时人将它称之为"阎王殿",人人谈虎色变。其创始人是李士群。

李士群曾是中国共产党员,后被中统特务逮捕,经受不住严刑拷打,叛变投敌。被委任为国民党中统上海工作区直属情报员、南京区侦查员,从事特务活动。后又投靠日本人,成了人人唾骂的汉奸。

1939年夏末,李士群向军统上海区发起了"反攻",促使王天木、陈明楚等相继投敌,很快便使军统上海区几近陷入瘫痪状态。

要摧毁军统上海区,首要目标当然就是王天木。不过对诡计多端的李士群来说,暗杀王天木只是最下策的方法,他的目标是要将这位老练的军统上海区长纳入自己麾下,为他效力。

因此,他特地仿效《三国演义》中曹操对待关羽的做法。李士群首先派人将王天木绑架到 76 号,关了 3 个星期后又把他放了出来,毫发无伤。之后,王天木差点丧命在军统人员的子弹之下,愤怒不已的王天木怀疑是戴笠指使人来刺杀自己,而此时另一位军统成员给王看了所谓戴笠从重庆发来的下令处死王天木的电报,于是一不做,二不休,直接倒戈相向。

这正是李士群精心设下的一个局。

如果说王天木的投敌是"被逼无奈",那么陈明楚则是完全自愿。可能正是他利用赵理君和王天木的矛盾,伪造了一份戴笠电令,并导演了一场刺王未遂的假戏。

刘戈青时在香港,一日突然接到王天木的一封急信,信中写道:"兄于 15 日被赵理君暗杀未中,查系老板命令。此乃太无天理是非,遂于翌日开始自由行动。弟见信速返,兄天木。"

刘戈青看完后知道事情不妙。信中所说的"自由行动",其实就是指投靠敌伪特工总部 76 号。刘戈青立即向戴笠做了汇报。戴笠认为王天木这是要诱捕邀功,刘戈青则认为可以将计就计,借此机会打入敌伪内部,或许还可以说服王天木、陈明楚,利用他们现在投敌后的身份去设法接近汪精卫,趁机将其暗杀,阻止南京敌伪政府的建立。洗心革面,将功赎罪。

戴笠同意了刘戈青的计划,当即写了一封信,让刘带给王天木。信中写道:"余遇君素厚,因念多年患难相从,凡事皆曲予优容。人或为之不平,余则未尝改易颜色,有负于君。乃竟背余事逆,天理何在?良心何在?"

"汝一人投敌,或为一时失足,尚有可谅解处。今复函诱戈青附逆,是汝甘心做贼,自绝于国人矣!本应接团体纪律制裁,但念你我多年情谊,还望戴罪图功,此其时也,望勿负余意……"

王天木看完信后,表面上表示接受戴笠命令,掩护刘戈青行刺汪精卫,实际上内心并无反悔之意。他当即回复了戴笠一封信,上面只写了 8 个字:"违仁背义,男盗女娼。"他同时提出，刺汪是大事，需要得到陈明楚的协助。刘戈青本想要策动陈明楚，于是欣然同意。

在王天木的安排下，两人见了面。陈明楚提出，必须释放他被捕的家属，才肯同意合作。刘戈青遂急电戴笠，建议派人将陈明楚妹妹陈弟燕送到上海，兄妹相见，以安其心。

陈第燕到了上海后，哭着跪下请求陈明楚不要再当汉奸，同时把老父劝其改邪归正的亲笔信交给他，上面写道："按古律，叛逆者，罪夷九族，今汝不肖，累及家人，幸蒙优待，未及言诛者，政府之曲容也。如汝尚有天良，当思戴罪立功，否则，噬脐莫及矣！"陈明楚见如此，当场表示要痛改前非，重新做人。

谁知陈明楚死性不改，借口同刘戈青商量刺汪之事，开车将刘同其女友陆谛送到了76号伪特工总部。

虎穴游龙

76号的严刑拷打是向来出名的，刘戈青不慎落入魔窟，自知难逃一死。但他却毫无畏惧，既来之，则安之。第二日一早，李士群亲自来到牢房讯问这位日军通缉多时的要犯。面对审问，刘戈青心下坦然，不卑不亢，尽显一股英雄之气。李士群见此人镇定自若，对于刺杀陈箓事件，毫不隐讳，侃侃而谈，并历数陈箓种种该杀理由，理直气壮，大义凛然。李士群心下也不禁暗自佩服，他顿生相惜相怜之意，想将他拉过来为己所用。

这次他继续故伎重演，对刘戈青青眼有加，备尽礼数。他专门为刘戈青准备了一桌丰盛宴席，席间耐心而又热情地用他的汉奸理论开导刘戈青，试图让刘加入他的门下，并许以京沪方面的要职加以诱惑。

刘戈青意志坚定，不为所动。他不说国恨，单说家仇："我父亲挨过日本人6刺刀，小时候父亲一直对我说，长大了去杀日本人。现在我不能为父报仇，也决不能帮助有杀父之仇的日本人。"他除了暗示自己准备随时牺牲，不愿与李"共图大事"外，还虚虚实实地透露了军统上海区的力量，说只要随便一个电话，立刻就会有人冒险来76号看他。

李士群将信将疑，却装出一副"君子"风度，表示电话可以随便打，只要有人敢过来看他，他李士群就能做到毫不干涉，让他们自由交谈。

刘戈青立即打电话给朱山猿，他称自己现在 76 号，问朱是否愿意来"陪他杀头"。朱山猿立刻毫无顾忌地应约赴难，同时将刘戈青的私交包天擎也带了过来。包天擎是一个新闻记者，同刘戈青算得上生死之交，他还拿了几件换洗的衣服、毛巾、牙刷带给刘戈青。

两人不顾自身危险，为看望朋友而深入险境，这种侠义精神令李士群大为慨然。戴笠的传记中这样写道："在落难之际，同志间的这种牢不可破的友谊连李士群这样的人也不得不为之佩服"，这是"我们集体的侠义之举，我们将为之自豪"。

此时的李士群不得不履行先前诺言，让他们单处一室。

刘戈青告诉朱山猿，此地有进无出，只可以来一次，不能来第二次，让他赶紧离开上海。第二日包天擎再来探望，刘戈青写了个纸条让包交给朱山猿，上面写道："三元兄（三元为朱山猿的号），弟决不愿以任何条件换取个人安全，死生有命，兄勿以为念。弟戈青。"

李士群见刘戈青一副忠胆义肠，更加起了拉拢之心。在这里刘戈青受到了"特殊照顾"，每日好酒好饭款待。日本特务机关得知刺杀陈箓的主犯已被李士群拘捕，几次派人来要提走他，都被李士群设法搪塞过去。不久，南京汪伪政府成立，李士群即把刘戈青和陆谛转到了南京宁海路 25 号敌伪特务监狱。

在特务监狱，刘戈青同其女友不再受到优待，他们被分别关押进了特务监牢。一日放风时，人多拥挤，刘戈青也被夹在中间慢慢挪动着脚步。他后面的监牢看守不耐烦，催他走快一些。

"前面的人走不快，我怎么走快？"刘戈青不服地顶了一句。平日作威作福的看守们看惯了犯人的低声下气，哪里想到会突然冒出个敢顶嘴的，这不是冒犯他们的权威吗？于是二话不说，立即把刘戈青带到了看守所长唐国中的办公室。

唐国中气势汹汹地吼道："你这重庆政府的走狗！你也不看看这是什么地方？竟敢叱咤，老子非给点颜色你看看不行！"一边嚷着，一边向刘戈青走来。

刘戈青早已准备好，只等唐国中走近，对着唐的鼻子就是一拳，并破口大骂："汉奸王八蛋！"

唐国中一愣，顿时鼻血长流。他怒不可遏，立即让看守们一拥而上，打得刘戈清不省人事。

李士群听说刘戈青被打晕了过去，把唐国中臭骂了一顿，命令他把刘送进优待牢房，为其治伤。

就在这段时期，发生了陈明楚被军统特工暗杀的事件，王天木侥幸逃脱。李士群以为这是刘戈青的部下为他报仇，于是决定把刘戈青送到日本去"镀金"，回来后或许能为伪政权效力。当他把这个想法告诉刘戈青后，刘表示愿意去日本，但必须先释放他的女友陆谛。李士群马上下令释放，并开始为他去日本办理申请。

很快，刘戈青要去日本"镀金"的消息传遍了整个监狱。看守所里那帮势利小人们认为刘戈青已成为李士群的红人，为讨好刘戈青，这帮见风使舵的家伙竭尽阿谀奉承之能事。他们首先把刘戈青从牢房转到福利社，改善他的居住环境，接下来邀请他一起外出洗澡、下馆子、上舞厅，已完全把他当作自己人看待。"有钱能使鬼推磨"，刘戈青有的是钱，每次出去花销的钱都由他一人承担，看守们也就越玩越来劲。以后发展到出去后就各行其是，最后约定一个地方集合，对刘戈青完全放松了警惕。看守们甚至为刘戈青弄了一张身份证，以防止刘戈青在外面遇见宪兵、军警查证而惹出麻烦，还叮嘱说："这身份证只能在城里有效，出了城就没用了。"

刘戈青有了这张身份证，活动就更为自由了。他开始利用外出机会把出城路线、火车时刻等情况摸了个一清二楚。1940年6月20日，刘戈青借外出之机，买好京沪头等车票，于开车前最后一分钟登上了火车，前往上海。抵达上海后，他又立即搭乘客轮前往香港，终于顺利脱险。

1941年初，刘戈青携带着女友陆谛安然回到重庆。戴笠在军统总部为其大摆宴席，迎接英雄归来。当时有人得知他俩的事迹，写下一首诗赠英雄美人："居然匕首戮神奸，易水重歌壮士还。载得西施仍许国，肯随范蠡五湖问。"

蒋介石、戴笠都害怕的刺客
——王亚樵被杀案

1936年，一则新闻轰动了海内外：王亚樵被暗杀了！这位专门从事暗杀活动的传奇式的人物，这位在国民党政界要人眼中的"暗杀党""帮匪"，江湖人士心目中的"上海滩上的小孟尝",外国殖民者称作"一个臭名远扬的刺客,若干政治谋杀案的主谋人",沈醉称为"一个连蒋介石、戴笠都害怕的人",最后的结局竟为别人暗杀,有人为之欣喜若狂,有人为之扼腕叹息。

王亚樵,字九尧,又名王鼎,1877 年生于安徽合肥,家境贫困,自幼受豪绅地主的欺压。早年曾追随孙中山先生参加辛亥革命,从事反清活动。辛亥革命失败后,开始流亡上海。最初,白日做苦工,夜晚露宿街头。他为人刚强、机敏、疾恶如仇,颇讲义气,深得下层民众的拥护。二三十年代间,开始活跃在上海、南京、安徽、两广、香港等地,行动诡秘、来去无踪。新中国成立前一些悬案、奇案均由他精心策划或亲自指挥:

1923 年 11 月 14 日,淞沪警察厅厅长徐国梁被刺,导致了"齐卢大战"。

1928 年 6 月,在南京梅溪山庄刺杀安徽省主席陈调元(未遂)。

1930 年 7 月 24 日,上海招商局督办赵铁桥被刺身亡,结果引出一场上海大亨之间的生死争斗。

1931 年 7 月 23 日,国民党财政部长宋子文在上海北站遇刺(未遂)。

1932 年 4 月 29 日,在上海虹口公园炸死日军司令官白川大将,炸伤日本驻华公使重光葵。

1935 年 11 月 1 日,在南京,国民党中央五届六中全会期间,刺杀汪精卫。

……

上述震撼人心,惊动海内外的要案,使得王亚樵声雀倍增,前来投奔他的人急剧增多,故而他的手下人多势广,高手如云。王亚樵也因之名声大振,时人曾称之为"九哥"。

旧上海尽管帮会林立,但莫不仰黄金龙、杜月笙、张啸林之鼻息,唯独王亚樵使大亨们伤透了脑筋。蒋介石在上海的支柱杜月笙更是告诫他的党羽,碰上王亚樵那伙人,让他三分为上策,这其中有一定的原因:

1930 年,王亚樵受李鸿章长孙李国杰(上海轮船招商局董事长)委托刺杀了官方委任的总办赵铁桥后,李国杰按事先约定,将"江安"轮船交付王亚樵。但当时该船的经理是张啸林的侄子,杜月笙的门徒张延龄。他自恃后台强硬,拒不交船,双方僵持不下。王亚樵随即派人乘夜黑将张啸林住宅的后院墙炸了个大窟窿,以

20 世纪 30 年代的上海

示警告。此后,他又派徒众数百人,手持小斧头,赶至江安轮,声言若不交船,即砍杀张延龄。张吓得躲进杜月笙宅里,向杜求助。当时,王、杜、张几派剑拔弩张,大有一场火并之势。但最后杜月笙做了让步,着即张延龄交船。可能是杜月笙因势力雄厚,资财万贯,妻妾成群,不愿同王亚樵抵死相拼吧!

王亚樵一生致力于暗杀,其暗杀对象涉及各行各业的各种人员,其中有流氓大亨,也有国民党军政要员。

行刺宋子文、蒋介石和汪精卫是王亚樵毕生暗杀事业的高潮,也是他由暗杀到被暗杀的开始。

1927 年,国民党右派背叛革命,宁汉逐渐合流,但由于内部矛盾重重,不久又出现分离。蒋介石为了独裁,先是把白崇禧逐出北平,接着又囚禁了胡汉民。胡汉民被放出后,通过关系找到王亚樵,希望他能给予"帮助",恰逢这一时期行政院院长孙科也派人找他,让他除掉财政部长宋子文。因为财政大权掌握在宋手中,孙虽为行政院长,却左支右绌,处境颇为尴尬。王亚樵素与西南势力交好,眼见蒋介石排挤、打击西南势力,早就想帮上一把。此刻,胡、孙又来求他,所以他决定,先除掉宋子文,给蒋介石来个釜底抽薪,到时蒋自然会倒台。这样,既可以帮了孙科的忙,也为胡汉民出了一口气,更去掉了西南势力的压力。

1931 年 7 月,王亚樵经过精心策划,派出得力干将,决定在宋子文乘火车由南京返回上海时发难。但狡猾的宋子文却自有其精明之处，每次他都带着秘书唐腴胪。此人身材长相乃至风度都颇似宋子文，再加上一身同样的打扮，即使熟人，远看也一时难分真假。

7月24日的《新闻报》刊登了一则消息："财部秘书唐腴胪在北站遇刺身亡，财长宋子文安然无恙。"原来王亚樵手下人刺杀的是宋子文的秘书，宋只是虚惊一场，唐腴胪做了替死鬼。

蒋介石在南京接到宋子文在上海遇刺的报告后，立即召见了戴笠，大发雷霆，命令他亲自去上海破案。戴笠坐镇上海，经过周密部署，在上海开始了大搜捕，陆续逮捕了一批案件涉嫌者。在严刑之下，有人终于供出了行刺宋子文的指使者乃是王亚樵。

戴笠得到口供后深感此案棘手，他从内心惧怕王亚樵。想当年，戴笠曾在王手下任职，并以他为师，执礼甚恭。他之所以能进黄埔军校学习也是王亚樵引见的。如今要戴笠在上海捉拿王亚樵归案，谈何容易。但蒋介石亲口交办的案子，戴笠不敢不从命。

宋案后，王亚樵为躲追捕，被迫寄居香港。但他明白，"庆父不能，鲁难未已"，除蒋之心更切。他得知蒋介石将要上庐山，因而加紧部署，准备在庐山刺杀蒋介石。因戒备森严，身上不能带武器，他们就把手枪拆开，塞进金华火腿，外用盐泥封口，由其妻王亚瑛带上山。但蒋介石行动更为诡秘，戒备更为严密，王亚樵他们根本不能近身。无奈，庐山刺蒋计划只能搁浅。

"一·二八"事变后，日本侵华野心日益膨胀，全国人民强烈要求抗日，但汪精卫却极力鼓吹妥协投降言论。王亚樵等人决定刺杀奉行投降政策、散布投降言论的汪精卫。1935年11月，国民党中央召开五届六中全会。会议召开期间，王亚樵手下人如期发难，汪精卫遭到突然袭击，身中三枪，差点丧命。

王亚樵的举动使得蒋介石惊魂不定。蒋介石视其为"心腹大患"，欲置王于死地而后快。他命令戴笠"限期擒王亚樵归案"，并悬赏100万。

戴笠心里清楚，他若交不出王亚樵的脑袋，将无法向蒋介石交代。于是，他派出大批干员，在海内外加紧搜捕王亚樵。王亚樵的一些亲戚连遭逮捕，其中，王亚樵的胞弟王述樵，重要助手洪耀斗均被捕，形势对于王亚樵日益险恶。

1936 年后,王亚樵由上海取道香港,然后改乘小火轮,悄悄地来到广西梧州。

梧州位于广西桂江与西江交会之处。广西当局与蒋介石集团矛盾重重,时今虽然归属国民政府,但仍貌合神离,保持着半独立的状态。王亚樵在梧州隐蔽下来后,广西当局不仅容纳了他,而且每月支付给他丰厚的生活费。戴笠虽得知王亚樵居住该地,但鞭长莫及,一时也奈何不得。

但狡猾的戴笠经过缜密的观察,精心的策划,终于发现了一个可以置王亚樵于死地的机会:原来王亚樵此行随身带着一名小妾,此女每月都要从梧州动身去香港一次,购置所需的日常用品。为了消遣时光,她还乘在香港期间,时常光顾交际场所。戴笠随即派出一名干将陈质平。陈质平长得一表人才,极善言辞,外号"拉马天使",是一个引诱、玩弄女性的行家里手。

一日,王妾如往日来到舞厅,恰遇到陈质平。陈质平的慷慨大方、潇洒举止,深深打动了她的芳心。陈质平更是使出浑身解数,竭力靠近王妾,终于讨得她的欢心,将她引诱过来。王妾为情所诱,为利所诱,把王亚樵以 10 万元的价格,卖给了戴笠,答应在刺杀王的行动中充当内线。

戴笠获知一切顺利后,大喜过望,他当即命令手下特务王鲁翘抓紧行动。为保险起见,他们在广州特备了一艘小汽艇,并先后试航了三次。一切准备就绪后,王鲁翘偕助手岑家焯,乘汽艇直扑梧州。午后两人到达了目的地,并按约定时间同王妾接上了头,然后静待天黑。

此时的王亚樵住在西江北岸、桂江东岸的一幢小楼里。数十天来平安无事,已使他心神稳定了许多,更何况有广西当局的袒护,因而他的戒心便日益疏忽起来。这日黄昏时分,王妾发出了一切正常的暗号,特务王鲁翘见后,立即飞身上岸,留助手继续监视,他单独闯入王亚樵的卧室。进门后,他蹲下身子,昏暗中撤亮了手电。此刻的王亚樵像往日一样躺在床上,突然见一个身影进入房间,起初他并无戒心,以为是仆人。等看到电光照射,方知情况异常,急忙大喝一声"什么人!"同时从床上跃起。说时迟,那时快,只听"砰、砰"两声,王鲁翘手中枪响,王亚樵已倒在了血泊之中,一代暗杀高手就如此丧生了。

王亚樵被刺后,全国各大报纸均以头版头条新闻予以报道。一时间,王亚樵被杀案成为人们谈论的主要话题,但大家心里明白,刺杀王亚樵的幕后指使人就是蒋介石。那个出卖王亚樵的女人在事后赶赴香港去领她的 10 万元的赏金。但事与愿违,她只得 15000 元,那个使她倾心的陈质平连面都没露。那女人后悔不迭,此时她只有靠大骂一通来泄愤了。

狗与狗的较量
——李士群被鸩案

上海极菲尔路 76 号,大特务、大汉奸李士群的"特工总部"所在地。就在这里,不知有多少抗日爱国人士、无辜群众惨遭酷刑,以至于被送上刑场。

76 号,一个一度令人闻之毛骨悚然的魔窟。

1943 年 9 月 9 日,一个令人意料不到的事发生了:76 号魔窟的主人,大特务、大汉奸李士群暴亡。人们诧异之余,不禁要问:李士群这个恶魔是怎么死的?

一

佛经有云:欲知前世因,今生受者是;欲知后世果,今生作者是。要知李士群暴亡之谜,还得从李士群本人说起。

李士群,浙江遂昌人,生于 1905 年 4 月 24 日,家境贫寒,自幼苦读,曾留学苏联。后参加中国共产党,大革命失败后,因被捕,投敌。后参加 CC 系,因不为受重用,他寡廉鲜耻地投降了日本,为日本驻上海使馆搜集情报,并深受赏识。1939 年初,他又受日本特务机关指使,改为从事特工行动,专门负责为日搜集情报。李知自己声威不足服人,请出国民政府军事委员会调查统计局第三处(当时已被裁撤)处长丁默村。后得日方大力支持,势力愈大。汪精卫降日后,丁、李在日方同意后,成立了归汪伪集团领导的"特工总部"。丁默村任主任,李士群、唐惠民分任副主任。

汪精卫汉奸政府成立后的"第一支武装"特工总部,备受重视。丁默村身兼数职:特工总部主任,社会部长,肃清委员会主任委员。李士群看到丁默村权位日高,妒心日重,心道:唉呀呀,搬起石头砸自己的脚,请来个丁默村,却挡了我的前程。李士群越想越气,连夜给汪精卫写了一封长信,说明与丁的关系,丁之所以有今天,是靠李某人的"本钱",并说自己对汪氏政权忠心不贰,至死不渝。此刻的丁默村也是野心勃勃,欲彻底控制"特工总部",然因班底还是李士群的那帮人,故计划落空。

两人之间的矛盾,随权力之争的加剧,愈来愈深。在特工总部,丁默村与唐惠民关系较好,但李的基础深,根深蒂固。唐惠民受命成立南京区后,因为与重庆频送秋波,被李士群抓住实证后,被驱除出特工总部,永不听用。丁默村如失左膀右臂,两人矛盾渐趋公开化,明争暗斗,相互拆台。尽管丁已居高职,然李既具根基,又深得日特与汪伪政府实力人物周佛海的大力支持,终于赶走了丁默村,独掌了"特工总部"。

丁默邨

二

李士群主政"特工总部"后,野心日炽,心想就凭我李士群,哪一点比周佛海、陈公博差,一个小小的"特工总部"怎能尽施我之才华。于是,他便开始追逐更高的目标,第一个目标:抢夺周佛海兼任的警政部长。

排丁罢唐的斗争中,巨奸周佛海功不可没。李士群为达到目标,对周佛海采取了一轮轮的"攻击"。李觉得,周佛海这条粗腿还非常管用,必须尽一切方式,获得周的充分信任和宠用。李士群对这一套是手到拈来,可谓出神入化,登峰造极。每次见到周佛海,不论什么场合,李士群总是毕恭毕敬、俯首帖耳。逢年过节,金银珠宝、珍奇古玩,应送尽送,且总能遂周之所需。随着关系越来越亲切,李士群便常带着女儿到周家闲玩,周佛海的妻子杨淑慧见李的女儿灵慧可爱,非常招人喜欢,大加赞赏。李见机忙命女儿拜杨淑慧为干妈,乐得杨淑慧合不上嘴。

为进一步讨取周的欢心,1940年周母大寿之日,李士群跑前跑后,亲自出面张罗。在76号请来上海的名角连着唱了三天的堂会,周母一边看戏,一边夸李士群,说李人好,心眼好! 李士群把周母寿诞搞得热闹非凡。周佛海非常高兴,愈发视李士群为亲信。

为能登上"警政部长"的宝座,李士群可算是绞尽脑汁,用尽心机。他知周与罗君强关系至深,把罗视为最可信任的亲信之一。一个时期中,他便几乎每晚到罗处,与罗搓麻将,与罗喝酒闲聊,一来二去,罗也不再把李视为外人,关系十分熟络。一天,在罗处,李士群委婉提出,请罗帮忙,在周面前进一言,请周把所兼任的"警政部长"让给他。罗君强没二话,果真就告诉了周佛海。

李士群觉得这还不能达到目的,又连忙跑到日特机关,找到老关系晴气中佐,装作后悔地说:"都怪我,太大意,事先把话说绝了,给部下吹可以做部长了。不过,如果现在真的不成,我的部下背后不笑掉大牙才怪。老朋友,请多帮忙。"李士群在晴气身上也真没少下了功夫,两人交往很深。晴气听后,沉思良久,说:"好吧! 那就试试看吧!"晴气委婉地和周佛海说明了意思。周佛海见晴气也这样说,不好驳这个面子,遂以"无暇兼顾"为由,把"警政部长"一职让给了李士群。

李一见"部长"到手,不由得手舞足蹈,心花怒放;而野心膨胀的李士群并不满足,又陷入了深深的思考。他深知,下一步的前景更辉煌,然矛盾将更加突出,首先与实力派周佛海的矛盾就会出现且会日益尖锐起来。李士群思前想后,决定暂不与周佛海撕破脸皮,还得假亲假近。然这时"更上一层楼"还得另找门子,找"公馆派"。这是汪精卫的"贴身"帮系——以汪的老婆陈璧君为代表。李士群开始亲近"公馆派"。陈璧君是个爱慕虚荣,好露聪明的婆娘,而汪精卫早就患有严重的"妻管严",对陈璧君的话奉若圣旨。李士群比靠拢周佛海时更加用心,把个陈璧君哄得恨不得早识此君。搭上"公馆派"这条船,他并未中断与周佛海的来往,仍然花很多的时间和精力去应付。

1940年,李士群为攫取更多的权力,向周佛海建议,仿照宋子文任财政部长时办税警团的先例,成立汪伪自己的"税警团"。周佛海虽身兼数职,可手中没有兵权,也是一块心病。一听李士群提起,立刻应允,并托李士群负责此事。李士群为此事上蹿下跳,得到在华日方军事头目、特务头目的一致支持,答应供应武器装备,并将人数扩大到3000人以上。李士群一见事情成,喜上眉梢,忙派汪伪"第10师师长"谢文达主持。

周佛海一直视李为亲信，见"税警团"的事进展顺利，直赞李士群办事干练。一日，罗君强与周佛海说起李士群，说出自己的想法："周公，你觉得士群这人怎么样？"周佛海答道："好啊，有才华，办事麻利。"罗君强言道："并不尽然。士群这个人，我观察很久时间，愈来愈察觉此人极富野心。他和我们的关系虽表面上很是亲热，但究系不深。若有朝一日，士群得势，则后果就不可想象了。"周佛海乍听惊愕，思之再三，认为罗言甚是，就告诉李士群，因故将"税警团"权责转交罗君强。

　　李士群见到嘴的肥肉又给了别人，心中甚恼，然度己权力还不足与周论个上下输赢，只得乖乖地交出。时隔不久，周佛海又任命熊剑东为"税警团"副总团长，李士群闻知此事心道："好啊，周佛海，你这是故意给我使绊子。好，有你的！"原来，熊剑东本系国民党特务头子康泽指派潜入租界的特务头目，在上海附近活动甚烈。1939年春被李俘获。知熊剑东非系庸辈，李亲自作保，把熊收络到特工总部。然李对熊时有疑忌，未予重用，一见熊被周挖去，李不禁火冒三丈。

　　这时，江南、江北一带，日本占据着零散的重点城市，而广大的乡村领域却活动着大量的新四军、游击队。新四军声东击西，打得日伪据点的敌人胆战心惊。1941年春，日寇提出要汪伪成立"清乡委员会"，汪当即照办，定名为"清乡督办公署"，任罗君强为督办。李士群听说此事，嫉恨万分，跑到汪精卫面前，进言说："清乡事务乃一次大规模军事行动，遍及数省，动用兵力甚巨，事关重大，先生，怎么可以将大权委之他人呢？罗此人浮躁狂妄，怎可担此重任呢？"汪精卫这时已对李士群深加信赖，闻言细思，深感有理，即令罗君强停止筹备，成立"清乡"委员会后，由汪自任"委员长"，陈公博、周佛海分任"副委员长"，李士群兼任秘务长。汪、陈、周因事务繁忙，大权就落到李士群手里。当时来说，"清乡"主要在江苏进行。日寇有意让李士群执政江苏省，汪精卫、陈璧君也对李情有独钟。不久，李就被任为"江苏省长"。

　　周佛海见李士群青云直上，醋意日浓。与罗君强多次密谋，从经费上卡李的脖子，又在"行政院"会议上抛出撤销"警特部"的提案。因周握有实权，此提议竟获通过。李士群慌急中找日本特务头子晴气哭诉此事。在晴气的干预下，汪伪政府又增添了一个"调查统计部"，任命李做了部长，才善罢甘休。

　　李士群性本小人，一日得志，便不可一世。自主持清乡后，他自认羽毛已丰，狂妄至极,接连攻击陈公博、周佛海等汪伪实力派人物,致使群奸愤然,议论渐多。

此外,罗君强日后得知是李士群从中做鬼,从自己手中夺走"清乡"的职权,愤恨至极,心道:"好啊!李士群,你这个小人,想当初,你是怎么得志!?账咱先记在心里。"罗多次偷偷地找周佛海,两人密谋,商议杀掉李士群。

三

1942 年冬,晴气调离上海。太平洋战争爆发后,国民党中央军统头子戴笠下令逮捕了周佛海的母亲、岳父、妹妹,及岳父的姨太太,将其囚于贵州息烽。周佛海得知,知是戴笠迫他为蒋做事;虽心中千万个不愿意,但也只得虚意应承。事过不久,"军统"上海站为日本宪兵队破获,站长程克祥、彭寿被捕。周佛海得知后,为其保释。就这样,周佛海又再次与蒋介石搭上联系,与戴笠建立了关系。程、彭获释后速赴蒋统区,并带去一张"忏悔"名单,上列周、罗、丁、熊等人。戴笠得此,即向蒋上报。蒋介石认为,很有必要进一步瓦解汪伪集团,就批准周、罗等在汪伪区为"军统"做事,并授意戴笠,由戴笠书信一封,交由程、彭,令二人速返与周、罗等人联系。周、罗见信后,即委程克祥为财政部秘书,并送他一本支票簿,作为二人的活动经费。

日特的耳目获知周、罗与蒋、戴暗送秋波,即上报汪伪政权特务总机关。然此时日本已非昔日可比,日本由于战线太长,兵力不继,陷入战争的漩涡,不能自拔,汪伪政权的成员已认识到自己虽甘心为日做事,然不能维系人心,早想与蒋联系,别做他求。故对周、罗二人所为,假装不知,甚至希望他与蒋介石重新联系。

1947 年初,程、彭接到戴笠手令,要二人与周、罗筹杀李士群。程、彭连忙告知周、罗等人,周、罗、熊等人连夜密商。罗君强不等别人发言,就急躁地大声说:"杀!既然戴处长指示,那就干掉他。李士群这家伙太他妈的不是东西,上房撤梯子,要不是我们,他凭什么会有今天?可他倒好,不感恩也便罢了,反而恩将仇报,处处与我们为敌,像这样的人可杀不可留!"周佛海低头沉思,默然无语,好半天,才说:"那好吧!不过记着要干得利落,不留痕迹。若无妥善策略,还是先不动他为好。切记!"

罗、熊领命,一连几日,商谈对策。李士群手握重兵,暗线遍布,要杀李谈何容易。二人思之再三，反复斟酌。正觉山穷水尽之时，忽熊剑东眼睛一亮：就从这里下手。罗疑惑不解，熊如此这般诉说一遍，罗听后，连声赞道："好主意！这样神不知鬼不觉，对戴处长那边既可交差，又不易被人抓住把柄。妙，太妙了！"

四

二人商议已定，就由熊剑东凭自己熟通日语，又与上海日本宪兵高级特务冈村中佐关系熟络的条件，着人收集李士群"清乡"中抵制日本人，所辖"清乡"部队仇恨日本人的"证据"，连续多次到冈村处煽风点火。

冈村平日与宪兵队不睦，双方摩擦不断，且通过耳目得知李士群自上任以来，贪污受贿，舞弊营私；又兼李士群近来觉身份已高，见了冈村，总摆出一副傲慢不恭的样子，心中早就憎恶，恨不得要杀之才解恨。今又听熊剑东一番"言语"，怒火上燃，决心除李。熊剑东与冈村计议半天，终于想出一条妙计。

1943年9月7日，冈村中佐出面柬邀李士群，说是受人之托，为熊剑东与李士群二人解除误会，同心协力共成大事。李士群接到请柬，左右为难：去吧，又怕宴无好宴，中人奸计；不去吧，日本主子出相面相邀，又为劝和而为，不好回绝。思前想后，还是不敢违日本主子的意思，心存侥幸，带着满怀疑惧，带着妻子上了汽车。

一到冈村寓所，冈村、熊剑东及各自太太，热情地出门迎接。入席后，冈村显得异常热情而真挚，不断地劝酒劝菜，一边说："士群老兄，现官居要职，才气过人，真乃中华之福也。"李士群谦词一番。熊剑东也是满面笑容，非常殷勤，言说："部长驾到，与我不计前嫌，真可谓宰相肚里能撑船，小人自愧不如。"李士群见此，越觉气氛不对劲，好像这番亲热中总蕴含有什么东西，使他越加警觉。他假说自己近来身体不爽，医生嘱咐不让饮酒，于是他滴酒未用，菜也动得很少，且是看冈、熊二人动哪个盘，他就吃哪个盘的菜。熊剑东见此，心中暗急：这小子起疑了。

宴会已近尾声，那位声称是冈村太太的日本妇女端出三杯冰淇淋。冈村连忙说："这是我的妻子特意为两位异国朋友制作的，请二位赏光，亲口一尝，以慰我妻一片诚挚。"李士群心存戒惧，推辞说已酒足饭饱，就是不伸手。熊剑东知其中奥妙，从左边拿了第一杯，边喝边夸赞滋味佳美。冈村假装盛情，连连伸手，示意李士群先饮。李士群见此情景，实出无奈，端起一杯，放下，又端起另一杯，略一打量，稍微一锨,就放在桌上,笑说:"实在无能为力。"说完,就忙着和冈村、熊剑东等人告辞,携妻子匆匆离去。

回家后,一时无事,谁知当天夜晚,李士群忽发高烧,出汗不止,医生抢救无效,第二天竟一命归天。

案发后,人们不禁议论纷纷。有人说,李士群害人太多,是仇人在其饭中投毒,将其毒杀;也有人说,是仇人乘夜黑进入其室,将其勒死;人们也怀疑是冈村和熊剑东在宴会的酒菜中,特别是在冰淇淋中放了毒。但问题是,李士群在宴会自始至终都小心谨慎,如真的如人所想,为何冈村、熊剑东等人安然无恙呢?⋯⋯

此时的汪精卫,在悲痛之余,令人追查李士群的死因,但无论如何,他也不敢调查日本主子的情况。李士群被鸩案也就如此不了了之。杀人魔王李士群得到了应有的惩罚。

慨然赴死的绝代红颜
——郑苹如暗杀丁默邨

明知九死一生,却慨然赴死而义无反顾。明知身受侮辱,却虚与委蛇而强颜欢笑。你笑靥如花,他却形销骨立。他不能成为"他",应该称为"它",因为他不配做一个中国人,只配做万世被中国人唾骂的畜生。你功败垂成,香消玉殒。而"它"却最终没有逃脱历史的惩罚。你——勇敢的郑苹如,虽然没有成功送大汉奸丁默邨下地狱,却留下了千古传诵的不灭传奇!

静安路上的枪声

1939 年 12 月 21 日傍晚的上海市静安寺路,夜幕降临、华灯初上,依旧是一派繁华迷离的景象。坐落在静安寺路(今南京西路)1135—1137 号的西比利亚皮货店内,进来了挽着臂的一对男女,中年男子得意扬扬却又阴气逼人,而年轻的时髦女郎则顾盼生姿、明艳动人。没多久,只见男的突然独自一人从皮货店的另外一侧大门破门而出,笔直地奔向马路对面弄堂口的一辆黑色轿车,扑入车中,与此同时,一阵刺耳的枪声划破了宁静的暮色。司机立即发动引擎,向东疾驰而去。飞来的子弹打在车身和防弹玻璃上，发出"卜卜"的声音。宁静的静安寺路陷入一片混乱。

这一离奇的枪击事件，立即引起人们的猜测和揣度。第二天，汪伪集团的《中华日报》，以"静安寺路匪徒枪击黑牌汽车"为题对这一事件进行了报道。而到枪击事件之后的第十天，重庆出版的《新华日报》《大公报》却以转载"香港电讯"的方式，明明白白地报道了"丁逆默邨在沪被刺"的消息，并说丁已经受伤，"生死不明"。

"丁逆默邨"究竟何许人也？

被刺者——汪伪汉奸、第一大刽子手丁默邨

"丁逆默邨"，汪精卫身边的"红人"，汪伪汉奸集团的第一刽子手——汪伪"中国国民党中央特务委员会特工总部"的主任，臭名昭著的"76号"的首领。

丁默邨，湖南常德人，1903年生，中共叛徒，国民党CC系干将。1921年，其在上海经施存统介绍加入共产主义青年团。同年与湖南党组织取得联系，被派往湖南常德开展建团工作。1924年，丁默邨背叛中共，在上海加入国民党。1926年，丁默邨到广州追随CC系首脑陈果夫、陈立夫。1928年北伐胜利后，国民党中央从广州迁至南京，国民党在中央组织部内设调查科（中统前身），由陈立夫担任科长，丁默邨在调查科内担任办事员，开始从事谍报工作，其最初的主要任务是对付国民党内的其他派系，后来其工作重心转向对付共产党。1929年，徐恩曾任调查科科长后，逐渐将调查科扩大为调查处，在全国设立对付国民党其他派系和中共的情报网络，丁默邨又成为徐恩曾的马前卒。1932年，丁默邨担任了上海区直属情报小组组长，该小组以《社会新闻》杂志为幌子，对上海文化界开展特务活动。丁默邨的小组的主要任务是宣传"反共"，对当时的共产党和进步人士竭尽污蔑和诽谤之能事，另外，对以汪精卫为首的国民党改组派也展开大肆攻击。丁默邨背叛中共投入国民党中统怀抱后，牵连了一大批中共地下党的成员，其中包括日后成为其重要助手和对头的李士群。当时李士群以《社会新闻》记者的身份对外活动。丁默邨是其顶头上司。

1935年，蒋介石在军事委员会下设立全国综合性的特务机构"调查统计局"。已成为CC系大将的丁默邨在局长陈立夫以及同乡好友周佛海等人的推荐下，由

南京国民政府秘书转任"军事委员会调查统计局"第三处处长,主管邮电检查业务,与主管特务的第二党派、党政情报的第一处处长徐恩曾和主管军事情报的第二处处长戴笠平起平坐。1938年,共产党中央要员张国焘从延安叛逃武汉,陈立夫命丁默邨主持"招待"。丁默邨受重用,引起二处处长戴笠嫉妒,向蒋介石控告其贪污招待费。丁默邨被安上了"国难期间,靡费公帑"的罪名,其主管的第三处被撤销,丁默邨改任有名无实的国民党军事委员会少将参议。1938年7月,国民党在汉口正式成立两大特务机关,一是"中国国民党中央执行委员会调查统计局"(简称"中统局"),一是"国民政府军事委员会调查统计局"(简称"军统")。徐恩曾和戴笠分别出任"中统"和"军统"的副局长,负实际领导责任。丁默邨眼见着昔日的老同事一一高升,而自己只有一个有职无权的空头衔,一气之下,以"身体不好需静养"为名,到昆明"疗养"去了。

丁默邨在昆明"疗养"了将近一年时间。1939年,丁默邨在他的老部下、已经沦为汉奸和侵华日军"爪牙"的李士群的拉拢下,来到上海。当年2月,在受到在华日本特务机关头子土肥原贤二召见之后,丁默邨正式"落水",答应帮助日本人组建伪政权的特务组织。听闻这位老牌国民党特务来到上海后,很多身处沦陷区的国民党特务纷纷来"拜门子"。丁默邨和李士群将这些前来"拜山门"的国民党特工大都拉下水,不服从者或是被捕或是被杀。丁默邨以这批人马为基础,组建了汉奸政权的"特工总部",因为其办公场所是极司菲尔路76号,对外简称"76号",也就是以后臭名昭著的"76号魔窟"。

1939年8月,丁默邨参加汪精卫在上海秘密主持召开的伪国民党"第六次全国代表大会"。不久丁默邨、李士群的"特工总部"与汪精卫集团合流,成为汪伪的"特务委员会特务工作总指挥部"。"76号"专门从事绑架、暗杀租界里各界坚持抗日的爱国人士,其手段之残忍和血腥,让平民百姓在听到"76号"时都感到不寒而栗。"汪伪中央特务委员会"的最高负责者是汪精卫和周佛海,丁默邨任汪伪中央特务委员会副主任兼特工总部为主任,李士群、汪曼云为伪特工总部副主任。伪特工总部下设政治保卫局,由李士群兼任局长,吴世宝为警备队长。

丁默邨是老牌特工,他对中统与军统的内部机构及活动规律一清二楚。在他离开"76号"的1940年3月之前,他在上海沦陷区疯狂地镇压反日的爱国人士,并与军统和中统展开了血腥的特工战,在这些特工战中,中统与军统在上海的组织常常遭到致命的打击。丁默邨手段之毒辣,就连日本记者都将他称之为"婴儿见之都不敢出声的恐怖主义者",普通老百姓将他骂为"丁屠夫"。

"76号魔窟"罪恶滔天曾在上海新闻、教育、司法界制造一系列的恐怖事件,包括暗杀记者金华亭、大美晚报编辑朱惺公、程振章等骇人听闻的血案,中统和军统在上海的组织几乎被其破坏殆尽。以中统上海区为例,1939年9月,丁默邨促使中统上海区副区长兼行动组长苏成德反水,除了区长徐兆麟、会计蔡均千及情报组外勤嵇希宗等少数几人得隙逃脱外,其余中统上海区人员全部被抓。

受到重创的国民党中统局针对"76号"展开了一系列的反击行动,并将焦点放在了"76号"的主任、实际负责人丁默邨身上。因为正是他向日本对华特别委员会头目土肥原贤二提交了"以组织对组织,以特工对特工"的《上海特工计划》,一手促成了汪伪"76号"特工机构的建立,也正是在他的指挥下,军统和中统在上海的组织才受到了如此大的损失。干掉他,可以斩断很多线索,并且还可以起到杀一儆百的作用。

然而丁默邨生性狡诈多疑,在投靠日本人后,其深知自己已经不容于国人,想取他性命的人实在太多了。因此,丁默邨对于自己平时的防卫,做得严密而谨慎,不仅其行踪神秘莫测,一般人根本不知道他会在什么时间出现在什么地方,很难找到机会对他进行刺杀,而且他出门所乘坐的汽车也是防弹的,想用枪械刺杀他几乎不可能。

不过,丁默邨有一个众人皆知的癖好—贪恋美色。据与丁默邨熟稔的金雄白回忆,丁默邨虽然瘦弱得弱不禁风,而且还患着第三期的严重肺病,却仍仰仗春药不断地与漂亮女子鬼混。在郑苹如成为丁默邨的女友之前,丁默邨曾在沧州饭店开有专门的包房,与一个专演《大劈棺》《纺棉花》之类色情戏的女伶鬼混。因此,中统准备利用丁默邨的这一弱点清理门户。可是机会只有一次,对于有着丰富特工经验的丁默邨而言,美人计只能用一次。

美女特工郑苹如

中统将这一重任交给了郑苹如。1939年的郑苹如22岁,正是花样年华、风姿绰约,是上海滩有名的美人,当时全中国最为畅销、最有影响力的画报——《良友》画报,在1937年7月的第130期就以她为封面女郎。金雄白在《汪政权的开场与收场》一书中也曾对这位美女进行过白描:"每天傍晚,郑苹如常常骑了一辆脚踏车由学校返家,必然经过我的门口,一个鹅蛋脸,配上水汪汪的媚眼,秋波含笑,桃腮生春,却有动人之处。"

郑苹如除了本身资质出众,还有着许多得天独厚的条件。她家境殷实,父亲郑钺担任最高法院上海特区分院检察官;母亲是一名日本人,仰慕中华文化,学识教养不俗。在良好的教育下,郑苹如会说一口流利的日文,爱好广泛,聪慧活泼,尤为可贵的是她的爱国热忱很高。抗战发生后,郑苹如参加了抗日救亡运动;上海沦陷后,因她自身的优越条件、社会关系和良好的日语能力,其秘密加入"中统",成为中统的秘密情报员,那时她只有19岁。她的名媛身份为她从事间谍工作,提供了很好的掩护。

其实,郑苹如在色诱丁默邨之前,已经立下过大功,她是最早获得汪精卫决定叛变,并将这一消息传递给国民党的人。可惜这一战略性的情报未获得实质性的重视。凭着一半的日本血统和流利的日语,她认识了许多日军高级军官,还和日军首相近卫文麿的和谈代表早水亲重攀上了关系,并结识了日本首相近卫文麿的儿子近卫文隆以及华中派遣军副总参谋长今井武夫等人,她探听到了汪精卫"将有异动"的重要情报,并通过秘密电台上报重庆,可惜国民党政府并未引起没有重视,等汪精卫离开重庆投敌后,才知道郑苹如这一情报的价值。此外,郑苹如还参加了绑架近卫文隆的行动。她企图通过绑架近卫文隆,以此要挟近卫首相签署停战协议,可是重庆方面担心会近卫文麿把推向强硬派一边,最后命令她停止了行动。在多次的特工实战中,郑苹如练就了过硬的心理素质,与敌人周旋的技巧也越来越娴熟。

让郑苹如来色诱丁默邨,还因为她能够与丁默邨扯上一点关系。据档案记载,丁默邨在1934年1月曾担任民光中学校董主席,直到1934年12月前才离任;而郑苹如在1933年9月(16岁)插班民光中学高三年级。这就是说,他们之间至少存在着名义上的师生关系。这种关系为他们的初次相遇制造了契机。

郑苹如接到组织的命令后,曾犹豫是否接受,因为她当时已经有了钟爱的未婚夫。她与父亲进行过一次倾心的交谈,她的父亲支持她接受这项工作,他说:"抗日除奸,对国家民族有利,对四万万同胞有利,非做不可。"父亲的勉励,让原本就有着强烈爱国心的郑苹如决定捐弃自己的清白之身,完成这项艰巨的任务。为了接近丁默邨,郑苹如将自己清纯的形象进行了大改造,将自己伪装成了一个贪图虚荣,擅长撒娇要赖,不洁身自爱的女子。

为了使郑苹如接近丁默邨的行动更加自然,不引起丁的怀疑,中统局精心安排了一次的"偶遇",昔日的学生一下子认出了过去的"校董主席",惊喜地与"老师"相认,而"老师"却以色眯眯的眼光先把她周身打量一遭之后,发现站在自己面前的是一个正值妙龄的绝世美女不禁心旌摇荡。很简单,第一次的"邂逅惊艳",就吊起了这个大色鬼的胃口。

丁默邨一下子拜倒在郑苹如的石榴裙下,郑苹如也投桃报李,两个人很快打得火热。按照日本顾问晴气大佐的回忆,此后丁每次出席宴会,都带上打扮入时、容貌艳丽的郑苹如,并对外称是自己的私人秘书和翻译。丁与汪伪二号人物周佛海来往密切,常带着郑苹如去两流湾8号周公馆打麻将。据日本特高课的监视记录,在郑苹如被捕之前,两人约会不下50次。

郑苹如凭借自己出色的容貌和演技取得了丁默邨的信任之后,中统便开始策划刺杀行动。按照中统上海区副区长张瑞京的计划,拟在12月10日,趁丁默邨送郑苹如回家之时,在郑苹如家后门处进行狙击。可是老奸巨猾的丁默邨警觉性太高,不管郑苹如如何盛情邀请他"上楼坐坐",他就是不肯走下防弹汽车,刺杀丁默邨的第一次行动以失败告终,郑苹如只得含垢忍辱,继续充当他的情妇。

中统上海区随即策划了第二次刺杀行动。12月21日,丁默邨到沪西一个朋友家吃中饭,临时打电话邀请郑苹如前往,得知这一消息后,中统上海区立即做好了刺杀准备。郑苹如赶到丁默邨的朋友家,陪他吃饭吃到傍晚。吃完饭后,丁默邨提出要回虹口,郑苹如便推说要去南京路逛逛,于是丁默邨便带上郑苹如同车而行。从沪西到南京路或是到虹口,静安寺路都是必经之地,那里有一家上海最好的皮货店——第一西伯利亚皮货店,主营各式高档皮毛大衣。郑苹如放出温柔手段,把这个大色狼撩拨得欲火中烧。等车子开到静安寺路时,郑苹如发嗲,提出要丁默邨陪她买一件皮毛大衣当作圣诞礼物。由于是"情到浓时"临时提出来的,被整得服服帖帖、乐乐呵呵的丁默邨居然同意了，两人下车走进了第一西伯利亚皮货店。当时，丁默邨身边一个警卫也没有，只有一名司机，还留守在车内。

一直密切关注丁默邨动向的中统刺杀队员们，立即各就各位，装作行人驻足在橱窗前面流连着这些奢侈的衣服。可是还是被老奸巨猾、经验老到的丁默邨看出了破绽，他从穿衣镜中发现，门口出现了两个彪形大汉，而且在腋下都夹着一个大纸包，里面显然包着东西。另外，对面人行横道上又出现了两个大汉，这两个大汉往皮货店方向走近，眼睛一直盯着皮货店里的动向。丁默邨立即知道了自己陷入了圈套。这个大汉奸、大特务，顾不得儿女私情，猛地从怀里掏出大把钞票，往空中一撒，随即猛地拉开大门，冲向防弹轿车。于是就出现了开头的那一幕。哄抢钞票的人群干扰了中统行动队员的行动。执行锄奸行动的中统行动队员，对这些始料未及，他们没有料到丁默邨会一个人对着他们的枪口从正门冲出来，待辨认清楚确实是丁默邨，并立即向他射击。就在他们一愣神的工夫，丁默邨已经钻进防弹汽车，并夺路而逃。子弹只击中了车身和防弹玻璃，丁本人毫发无伤。第二次刺杀行动又失败了。

报应

刺杀行动失败后，郑苹如被逮捕。狱中，郑苹如拒不承认自己是特务，"推算"这次谋杀是因某人"争风吃醋"而引起的情杀。由于刺杀未遂且没有日伪方面没有掌握确凿的证据，郑苹如本来可以脱身。可是日本人在调查郑苹如的过程中，发现郑苹如与日本主和派过往甚密，日本对华强硬派领导的特务机关对郑苹如十分恼怒，在他们的授意下，圣诞节过后，郑苹如被押赴沪西刑场秘密枪杀，至今烈士的埋葬地及遗骨仍无法找寻。

此时的丁默邨与李士群的关系，已经不是鱼与水的关系，而是冰与火的关系。李士群授意亲信将丁默邨贪色遇刺一事透露出去，立即成为轰动一时的新闻，大报小报纷纷转载这起"桃色恐怖事件"。丁默邨很快就便在汪伪群奸内部的权力斗争中被李士群排挤出"76 号"。1940 年 3 月 30 日，汪精卫在南京拟定汪伪政府要员名单，丁默邨被内定为伪中央监察委员、伪警政部部长，"76 号"特工总部将划归为伪警政部；李士群被内定为警政部次长。由于李士群仗着日本人的支持，加上这个"打手"有不少血腥的成绩,他毫不相让,要求将警政部长的职位给他。丁、李二人闹得不可开交,最后只得由周佛海兼任伪警政部长。原本打算升官的丁默邨在权力斗争中失败,不仅没有升官,反而被李士群赶出特工总部,李士群不仅从丁默邨手中夺了"76 号"的大权,而且出任负实际责任的警政部次长。从此,两个大汉奸反目成仇。丁默邨在汪伪政府中仅得一个无甚实权的"伪社会部"部长,虽然手中没有了"杀人的利器"——"76 号",但他仍然为日本人卖命。再次在权力斗争中失败的他终日荒淫无度,在声色场所中消磨岁月。1943 年,丁默邨出任汪伪"国民党中央政治委员会"委员,参与伪政府国策的制定,是"中日基本条约","中日满同盟条约",及对英、美宣战的主谋者之一。1944 年 3 月,汪精卫赴日就医,11 月身死。陈公博接掌汪伪大权,丁默邨又积极钻营,遂于 1945 年 1 月被任命为伪最高国防会议秘书长,由其私党彭年继任伪社会福利部部长一职。3 月,丁逆又兼任伪军事委员会政治保卫部副总监。5 月,丁逆调任伪浙江省省长、省党部主任委员、驻杭州"绥靖公署"主任、省保安司令,集浙江党、政、军权于一身。

时值日寇侵华崩溃前夕,丁默邨又投靠了重庆政府,他千方百计与蒋介石的"军统"头子戴笠、第三战区司令长官顾祝同取得联系,并通过戴笠、顾祝同向蒋介石保证:"决心以原样的浙江归还中央,决不让共产党抢去。"1945 年 8 月 10 日,日本宣布无条件投降。12 日,蒋介石任命丁默邨为军事委员会浙江地区军事专员。其实这只是蒋介石的权宜之计。9 月 30 日,丁默邨与另一大汉奸周佛海被逮捕,解到重庆白公馆监禁。1946 年 7 月,丁逆又被押往南京老虎桥监狱看押。1947 年 7 月 5 日,丁逆被国民政府首都高等法院以"通谋敌国,图谋反抗本国"罪执行枪决。

评语

丁默邨在抗战期间,表现出十足的利己主义和实用主义。其丧失民族大义,其投敌的原因主要是因为在权力斗争中失败,继而出于一种怨妇式的报复心理,对自己原先服务过的阵营"反戈一击",全然置家国于不顾,把民族大义抛诸脑后。这种民族败类,只能给中华儿女提供反面素材,只能让他的家族和后裔永远蒙羞。

而郑苹如短暂的一生,则是光辉的一生。她的牺牲,并非完全是因为刺杀丁逆失败,而是因为她之前还做过很多有益于国家和民族的工作。她为国家贡献了她的爱情还有生命。她为国捐躯,带给她的家人无尽的痛苦,爱国的老父亲病情加剧,一年后病逝。抗战胜利后,其母以受害者家属身份坚持起诉丁默邨,其所陈述的事实最后成为判定丁汉奸罪的重要佐证。郑苹如的朋友也多次撰文讴歌她的英勇事迹。郑苹如烈士的清誉最终得以恢复,其烈士的英明永垂不朽。

郑苹如爱国爱家,她所在的高级知识分子家庭理解并支持她的工作,并在她死后坚持为她正名。郑苹如的牺牲是壮烈的,但她并不孤独,因为她有品节高尚的家庭和坚持正义的朋友们的支持和守护。虽然烈士的遗骨终无所获,但她在泉下知道丁逆已经伏法,必能死而无憾,含笑九泉!

郑苹如烈士用她的青春和热血告诉我们:头可断,血可流,民族大义不可丢!

郑苹如烈士千古!

要共和还是要独裁?
——恺撒遇刺案

公元前 1 世纪,一场场政治风暴猛烈地拍打着古老的亚平宁半岛,罗马开始了其历史上前所未有的动荡,各种社会矛盾激化,斗争此起彼伏。一次次战争的洗礼,一个个军事独裁者的崛起猛烈地冲击着罗马古老的共和体制,昔日的古罗马人正是在这种共和制的"恩赐"下获得了自由、财富和土地,而如今它已无昨日的风采,有如即将凋谢的花朵在专制独裁这股强风之中左右摇摆,瑟瑟发抖。何去?何从?罗马人在默默地思索着……

就在此时,一个出身于朱里亚名门的青年,像勇猛的古罗马战士一样首先向行将就木的共和制度发起了进攻,历经 30 余年腥风血雨的搏杀,他却在一个风和日丽的清晨身中 23 刀永远地倒在了血泊之中。一代天骄未寿终正寝,却惨死敌手!他就是罗马历史上著名的政治家、军事家、扫荡欧非大陆,威震八方的恺撒(前 100~44 年)。

谋政权 平步青云独撑天

尤利乌斯·恺撒生自贵族之家,姑夫是多谋善断、心狠手辣的军事家马略。俗话说:近朱者赤,近墨者黑。少年时期的恺撒在家族的熏陶下就有了非凡的抱负和志向,幻想着荣誉并渴望着有朝一日能达到权力的顶峰。当他16岁时,虽然在政治上默默无闻,但他已开始了自己的政治生涯,踏上了充满陷阱和诱惑的从政之途。在马略执政时期,青年恺撒先是被选为罗马最高神"朱霹特"的祭司,接着又与马略派执政官秦纳的女儿、贵族克妮莉娅结婚。公元前82年,马略的政治宿敌苏拉得势,恺撒的祭司公职被撤销,又因拒绝苏拉提出的让其脱离马略派的要求而遭受迫害,四处流浪。可怜的恺撒风餐露宿,几天工夫嘴上就起满了水泡,在亲属走后门求情的情况下才得以赦免。血气方刚的恺撒哪能受得这般羞辱?"留得青山在,不怕没柴烧"。公元前80年,恺撒愤然离开罗马远走亚细亚,做代行大法官特尔莫的幕僚,并很快赢得器重而被委任为驻米底宫廷使节。不久,因作战勇敢而获得橡叶花冠奖赏。以后,又参加清剿海盗的军事活动。这一时期(前84~78年)对于恺撒政治信念的形成、军事经验的积累、获得仕途进阶的资本都打下了基础。

公元前78年,闻知苏拉死讯,恺撒毅然放弃军职回到罗马。他选择了在共和制轨道上从事合法政治活动的道路。他因势利导,先在法庭上控告苏拉派人在行省敲诈勒索的丑行,为自己赢得了最初的声望。后又去希腊拜名师学习演说术、修辞学,练就了一张"能把煮熟的鸭子说飞"的好嘴巴和清新流畅的文笔。同时,他又慷慨捐资,热心公务,迎合公众需要,并且及时靠近和支持庞培、克拉苏等权势人物。他倾其所能,左右逢源。公元前73年,恺撒被选入最高祭司团。公元前68年,任财政官。以后,他越发专注于政治活动,为此忘乎所以,常常一掷千金,不惜债台高筑,因此在仕途上一发不可收拾。他先后任阿普亚大路监护人、市政官、大祭司长、大法官、西班牙代行大法官,跻身于高级官阶之列。在西班牙期间,恺撒大刀阔斧、我行我素、苦心经营,为日后创下了进可攻退可守的根据地,也为公元前60年与庞培、克拉苏结成"三头同盟",为公元前59年得到执政官权位提供了政治资本。此时的恺撒羽翼日趋丰满,绝非当年寄人篱下的小鸟了,他的目标已指向了苍穹。

公元前58年,恺撒卸任执政官后开始治理高卢,一直到公元前49年的9年间,他大部分时间羁身军伍,跋涉征途。他先后统率十几个军团,征服了奈波高卢行省以外的全部外高卢。此外,还制止了日耳曼人向莱茵河西岸的迁移,并两渡莱茵河,二进不列颠,集中优势兵力,各个击破敌人,拿下800多个城镇,杀死百万敌军,俘虏也逾百万,把50万平方公里的土地纳入罗马版图。经恺撒的大手笔这么一描画,罗马版图上又增添了一大块幅员辽阔、民族众多的土地。罗马城沸腾了,高卢战功几乎是史无前例的,以致元老院为恺撒举行三次谢神祭。恺撒一时春风得意,好不威风。同时,他又培植起一支只知恺撒不问共和为何物的由13个军团组成的大军,可谓是招之即来,挥之即去,唯恺撒马首是瞻。

克拉苏在东征安息时折戟被杀,从此,"三头"变成了"二头"。但迅速发迹的恺撒使一直吃老本的庞培黯然失色,况且"一山难容二虎",庞培对恺撒力量的日渐膨胀深感不安,必欲除之而后快。元老院也正想趁克拉苏之死,打破军阀控制罗马的局面。因此,庞培与元老院心照不宣,一拍即合,开始联手打击恺撒。不久,元老院宣布恺撒为"人民公敌",并散布诬蔑恺撒的谣言。是可忍,孰不可忍!况且恺撒乃一代枭雄,自然不会束手就擒。公元前49年1月,恺撒毅然率兵渡过卢比康河攻入意大利,罗马的新内战开始了。在60多天的时间里,恺撒兵不血刃占领了整个意大利,接着又转战西班牙。次年1月进军巴尔干,8月法萨卢战役一举歼灭庞培的17.4万军队,10月挥师埃及,以迅雷不及掩耳之势战胜庞培旧日盟友法那西斯,征服非洲的努米底亚。公元前45年3月,蒙达之役再度平定西班牙,灭掉庞培派最后残余,从而结束内战。在埃及逗留期间,风流的恺撒"地中海畔逢佳丽",与埃及女王克赖奥帕特拉上演了一幕美女爱英雄、英雄惜美女的爱情剧。想那女王乃千年难遇的尤物,有着非凡的风姿,罕见的娇态,一张梦幻般的俏脸,优雅中带着妩媚,艳丽中透着婀娜。而恺撒仪表堂堂,是独领风骚、勇挑大梁的刚强男子汉。二人一见钟情,堕入情网,终日厮守,形影不离,沉湎于尼罗河旖旎风光之中,一泡就是大半年。

这样,自公元前59年以来,恺撒五任执政官,四任独裁官,内战结束后,奴隶主国家给予他的荣宠已无以复加,授予他"祖国之父""解放者""大元帅"之类荣誉称号。之后,他把元老院降为咨询机构,把公民大会当作可有可无的装饰品,偌大一个罗马帝国成了恺撒一个股掌中的玩物。随即这"无冕之王"开始对重床叠架、支离破碎的旧制度进行了大刀阔斧的改革。

颁新政　顾比失彼令人叹

恺撒一生戎马倥偬,在罗马主持政务的时间很短,自公元前59年,他首任执政官后多次进出罗马,但停驻罗马的时间最长的一次也不过一年零三个月。时间的短促限制了改革的推行和政策的实施。在独撑帝国大厦之前,恺撒只断断续续进行了零星的改革:提出了优待老兵的土地法,实行了颇得人心的反贿赂法,在经济上,采取折衷方案恢复信贷关系,取得债务人、债权人双方的欢心。

公元前46年7月25日,非洲战役后,恺撒独执权柄。此公真不愧为当世之雄才,一点也不含糊,一朝权在手,便把令来行,随即甩出几个口袋里早就装好的法案。恺撒办事的确雷厉风行,比起拖拖拉拉的元老院要干脆利索得多,多年拖而未决的问题,像人口普查、土地分配、扩大公民权、扩大行政机构、改革历法等问题都在不到两年时间内统统解决了。尽管恺撒仍然在共和制轨道上行进,然而他的实践却在步步促进历史的必然进程,即从共和向专制的转变。通过改革,他正逐渐架空元老院,树立个人威信,只要元老院这个共和制的旗帜一经降落,偌大的罗马帝国就成了恺撒他一人的天下了。况且,恺撒的改革行罗马人所想之事,颇得民心,见效颇大,既照顾了民众的感情,又给他们以实惠。这进一步提高了恺撒个人的威望与声誉。

然而,就在四海升平,形势大好之际,帝国这艘大船却触礁搁浅了。其原因何在? 主要原因是恺撒在对敌斗争中大搞宽容政策。政治之争斗,对政敌当斩尽杀绝,以除后患,岂能以妇人之仁,饶了那些反复无常的小人?

宽容政策主要适用于罗马公民、统治阶级中的政敌,对这些人恺撒行怀柔之道,和风细雨,而不采取高压政策。他认为,残酷不仅招致仇恨,而且使胜利不能持久,仁慈和慷慨是巩固自己地位的新的取胜方式。恺撒想以自己的仁义之举感化自己政治上的宿敌,这真是"聪明一世,糊涂一时"啊! 比如,他对西塞罗和多米齐乌斯,这两个与恺撒不共戴天的对手,他不仅宽容他们而且倍加信任,可他们至死都与恺撒为敌。还有盖约·喀西约和马可·布鲁图,这两位共和体制坚贞不渝的卫道士,被恺撒宽恕并委以重任,并且恺撒对此津津乐道,颇感自豪。然而,正是这两个人成了反恺撒阴谋集团的首脑。

宽容政策的产生有其深刻的根源。随着帝国疆界的拓宽,民族成分的复杂,为了扩大帝国统治阶级的社会基础以适应在整个帝国范围内加强统治奴隶阶级和下层人民的需要,进一步巩固帝国的统治,实行宽容政策有其一定的作用。此政策的施行笼络了元老院中不坚定的庞培派成员,争取了被征服地区的上层分子,有利于被征服地区的迅速稳定和发展。另外,宽容政策的实施还有恺撒个人的因素。他常常感情用事,以善意度人,比较重视友谊。在政治角逐中,此种思想危害甚大。恺撒自以为天下已定,以"和平使者"自居,广施仁政,妄想以此收买人心,重塑帝国。正当他踌躇满志、大展宏图时,孰料却为此丢了身家性命。

遭厄运　独裁之路步履艰

自从恺撒正式入主罗马城之后,随着他权势和威望的日益增加,他本人的架子也变得越来越大了,并且他随意撤换保民官之类的高级官员。恺撒是以民主派的身份进入罗马政治生活的,如今的所作所为俨然一副帝王之相,罗马人岂能接受?但同时,社会上开始出现尊崇他为国王的舆论和行动,恺撒有心称孤道寡,可又深知罗马人在推翻王政后对君主制有一种本能的厌恶,因而对劝进即不明确反对,又不明确支持,实际上是在怂恿这种思潮的发展。因此,关于恺撒做国王的谣传越来越盛了,而恺撒却说:"我不是国王,我是恺撒。"但他的一些举动已违反了法律和古罗马的传统,逐渐引起了部分民众的愤怒。

为了检验自己的人心向背,观察一下争取做国王的时机是否成熟,在公元前44年初春,在罗马人传统节日"牧人节"上,恺撒的亲信安东尼与恺撒上演了幕"双簧戏"。根据节日习惯,安东尼参加完裸体涂油赛跑之后,突然跳上讲坛,把一个王冠加在了恺撒头上。公众一片寂静,大多数人暗中叹息,恺撒见状佯装愤怒摘下王冠,顿时掌声如雷。安东尼又一次将王冠戴在恺撒头上,当发现再度冷场时,恺撒二掷王冠。人们欢呼起来,拥向讲坛向恺撒喝彩。

牧人节事件使恺撒明白了:办事不能操之过急,罗马人不喜欢独裁者。这也同时使他的敌人看准了时机,这些庞培派的遗老遗少初受恺撒赦免之时还对恺撒存在一点感戴之情,然而时过境迁,当恺撒抓住权力不放、元老院变成一个空架子时,他们便对过去产生无限怀念,伤心至极,个个如丧考妣,痛哭流涕,对夺走其特权的这位独裁官切齿痛恨。要说这种痛恨在公民大会和元老院机制健全时还可通过广场斗争和元老会议宣泄出来，但此一时，彼一时，现在合法斗争已无可能。商议良久，不成功便成仁，唯一的出路就是密谋刺杀，从肉体上消灭独裁者恺撒。

且说这些刺客也是出师有名：几百年的共和体制不能丢，罗马不需要国王。暗杀集团的主要人物有喀西约，以及风传是恺撒私生子的布鲁图，他们拉拢了一些反恺撒的元老，多达 60 余人，他们彼此互相保证不泄露秘密、不变心。因为恺撒即将远征，时间很紧迫。在地点的选择上，他们认为在元老院中进行最适合，这样可以表示这不是一个私人的阴谋，而是为了祖国，因为是为了公众的利益，不会遭到恺撒军队攻击，并会得到民众的支持。为了这些缘故，他们选中了元老院，并且听从布鲁图的意见，只杀恺撒一人，不杀他的朋友，以免被认为是庞培派报私人之怨。

再说恺撒，有一次同朋友们讨论死亡的最好方式，各人发表不同意见，但恺撒表示宁愿突然而死。这样，他预言了自己的死亡。在被刺前夕有种种征兆，预示着恺撒的不祥，其妻突做噩梦，用作占卜的牺牲没有内脏，亲属和朋友都劝阻他外出。但他不以为然，带着安东尼和少数仆人准时来到元老院。此时的时间是公元前 44 年 3 月 15 日的清晨。

恺撒坐在他的黄金象牙宝座上，一个叫西姆柏的元老佯作请求状。当恺撒回答时，他抓住恺撒的紫袍，露出恺撒的脖子，大声喊道："朋友们，你们还等什么？"一个叫卡斯卡的首先用剑向恺撒的喉部刺去，但却刺中了他的胸部。元老们一拥而上，你一刀，我一刀，恺撒愤怒地大叫着，元老们都发疯般地刺着，喀西约刺伤了他的面部，布鲁图伤了他的大腿，当恺撒受到布鲁图的攻击之后，终于失望了，他用紫袍盖着他的脸，倒在庞培雕像的脚旁，他倒下来之后，他们还在继续刺杀，直到他受了 23 处重伤才止。他们中间有好几个人彼此也刺伤了。

事后，恺撒的合法继承人屋大维进入罗马城，几经辗转，与安东尼以及恺撒另一爱将雷必达结成"三头同盟"，随后大开杀戒，通缉处死大批元老贵族。喀西约兵败伏剑自尽，布鲁图在绝望中让仆人用剑刺入了自己的腰部。

恺撒之死纯系个人悲剧，他死于过分的自信，对于敌对分子不予揭露镇压，反而置若罔闻，以致不屑于对政敌做起码的防范，甚至故作镇静拒绝配备卫队，这都是他的宽容政策在作怪。从共和体制之中崛起的恺撒多少难以摆脱共和制的束

·千古刺客的谋杀悬案·

图文珍藏版

缚,他也许意欲行君主之制,却瞻前顾后,畏畏缩缩;有行专制之心却无干独裁之勇。当历史选择了恺撒之时,恺撒却痛失良机,与之擦肩而过。

虽然某些罗马人对共和制度有一种特殊的眷恋之情,死死抱住祖宗的成法旧制不放,但共和制已经衰亡,君主独裁即将登上亚平宁神圣的殿堂。因此,恺撒遇刺并不能使历史车轮逆转。屋大维吸取恺撒的教训,完成了恺撒未竟之业,而恺撒则成了奥古斯都的先驱。

因祸得福的"铁血宰相"——俾斯麦遇刺案

就像美国人无法忘记林肯——这位统一美国的伟大总统一样,德国人将永远怀念俾斯麦——以王朝战争的"铁和血"来统一德国的铁血宰相。这位宰相曾有遇刺的险情,不料命大福大,因祸得福,成就了他一世的威名。

大街遇刺　俾斯麦有惊无险

且说德国宰相俾斯麦国政繁忙,日理万机,又重病在身。1866年5月7日这天,俾斯麦的病情稍有好转,他立即到王宫去晋见威廉国王,并向他提出一个建议:规定在男子普选权的基础上建立一个直接选举的德意志议会。这个建议的目的在于争取全德国的民族派支持普鲁士,孤立奥地利。威廉听了这个建议后,吃惊

俾斯麦

地说:"可是您向我建议的是革命啊!"国王难以理解,这位三年半前才向他表示效忠的"封臣"怎么能向他建议这种策略呢?他表示坚决反对。为了说明他建议的真正意图,俾斯麦与威廉国王争论起来,这使他本来就很脆弱的神经一下子绷紧了,脸色变得苍白。国王见他气色不好,就停止和他争论,并邀请他在王宫里休息。因官邸还有很多事情等着他处理,俾斯麦婉言谢绝了国王的好意。他表示要从王

宫散步回去,以放松一下过度紧张的神经;国王没办法,只好吩咐他的两名卫兵要倍加小心,不要离宰相太远。

王宫外天气晴朗,虽然有点冷,但空气却格外清新。俾斯麦走在路上只觉得心旷神怡,几天闭门不出的闷气及刚才与国王争论时的激动都在慢慢地消散。他回过头来叫卫兵跟在他身后远一点,不要打搅他。他又要思索下一步的计划了,这是他多年来的习惯。路上行人看到难得一见的宰相在散步,纷纷停步向他挥手致敬,他很有礼貌地向他们点头回谢。他心里暗暗想,一定要想出个办法来,以争取他们对我的支持,想到这,他不由得加快了脚步,赶回官邸。这样,两名卫兵就离他更远了。

当俾斯麦走到菩提树下大街一个僻静处时,一个瘦削的年轻人迎面向他走来。只见这人耸着双肩,双手插在上衣口袋里,眼睛直盯着他神情有点异样。俾斯麦还以为这只是一个对他的政策不满的人而已,所以并没有在意。他万万也没有想到有人竟敢在光天化日之下行刺他。当他与这个年轻人擦肩而过时,这个年轻人突然伸出一只手来勾住俾斯麦的手臂,并迅速从口袋里掏出一支手枪,顶住俾斯麦的腰部。俾斯麦虽感突然,但仍能马上反应过来,连忙侧身避开,就在这一瞬间,年轻人连开了两枪。由于当时枪口顶在俾斯麦笔挺的大衣上,他转身之时,枪口已滑离了他的腰部,因此,这两枪并没击中他。俾斯麦的脑袋顿时清醒过来,意识到自己并未死去。他拿出以前格斗的好本领来,用一只手使劲按住年轻人持枪的手,另一只手死死地抱住他,不让他逃脱。俾斯麦虽然身材高大,但毕竟年事已高,又满身病痛。因此,在扭打过程中渐渐不支。年轻人拿着枪的手正慢慢地指向俾斯麦的脑袋,就在这危急关头,两名卫兵已闻声赶到,帮助他逮住了刺客。俾斯麦才松下一口气,抹去满额的冷汗。当他脱下大衣检查有否受伤时,发现有一颗子弹打穿了他的大衣、礼服和衬衫。由于子弹擦过,他的肋骨疼得像被人猛击一拳似的,但值得庆幸的是他并没有受到致命伤。那么,这位吃了熊心豹子胆的年轻人因何要行刺当朝宰相?

政见分歧　布林德枪击宰相

行刺俾斯麦的刺客名叫费迪南德·科恩·布林德,是蒂宾根大学的学生,普鲁士国内激进的反战主义者。由于他害怕被追究行刺俾斯麦之罪,害怕要他供出指使者而对他施行的毒刑,所以在被抓获的第二天晚上,就在牢房里自杀了。令人感到有趣的是,这位狂热地反对俾斯麦政策的年轻人,是卡尔·布林德的继子。卡尔·布林德是一个被放逐的激进的社会主义者,1870年普法战年前夕,他狂热地拥护俾斯麦的对法战争,并号召流亡国外的社会主义爱国者为德国的统一而与俾斯麦携手合作,父子两人的政治观点截然不同,父亲狂热地支持俾斯麦的政策,儿子却十分仇视,以至达到了枪击宰相的地步。真个大千世界,无奇不有。

因祸得福　俾相借机统德国

不料想这次未遂行刺竟使俾斯麦因祸得福满足了一统德国的夙愿。

19世纪60年代,德意志的统一在其历史上是一个带根本性的转折点。

然而,德国在统一历程上并非一帆风顺。自中世纪来,德意志各邦一直处于分裂状态之中,诸侯们的战争连绵不断。由奥地利和法国分别控制的一些小邦离心力更大,德意志最强大的普鲁士邦要完成统一的使命是十分艰难的。当时普鲁士国内的民众也缺乏战斗热情不愿与有兄弟之缘的奥地利开战。眼看着统一德国的大好时机就要错过,行刺铁血宰相的案件却使事态急转直下。因行刺未遂,俾斯麦却因祸得福,他更加深信自己是上帝选定的必不可少的工具,上帝委给他的正是统一德意志的大任,他更坚定了统一德国的决心。这次行刺还给俾斯麦带来了一个意想不到的好处,报界大肆渲染这次行刺是奥地利人指使的,由此激起了普鲁士人民的民族感情。在柏林,群众举行了一次支持俾斯麦的大集会。人群集中在威廉街向俾斯麦欢呼。俾斯麦走出官邸的阳台时,向人们挥手致意,人群中爆发出热烈的掌声。普鲁士国内和德意志其他一些小邦原来一大批反对俾斯麦的人都纷纷谴责奥地利采用这一卑鄙的手段,这样俾斯麦原来为之伤透脑筋,并弄到神经质的民族热情问题,在这两声枪响后全部解决了。俾斯麦开始获得民心,于是他加快了对奥地利作战的准备工作。普鲁士很快就完成了战争的准备工作。1866年6月7日,俾斯麦出兵荷尔斯泰因,普鲁士与奥地利为争夺德意志统治权的战争终于爆发了。7月14日,奥地利被迫投降,同意永远退出德意志联邦并承认普鲁士在德意志的领导地位。经过几年的准备,1870年7月,普鲁士又向统一道路上的最后一道障碍法国开战。在打败了拿破仑兰世的法兰西第二帝国后,与德意志四个邦脱离了法国的控制,加入了德意志联邦。1871年1月,普鲁士国王威廉在法国的凡尔赛宫宣布成为德意志皇帝。4月,新选出的议会批准了德意志帝国宪法,俾斯麦当选为德意志帝国的宰相,德国统一了。天下大势,合久必分,分久必合。这德意志之统一,已是大势所趋,人心所向,然亦是历尽艰险,方毕其功。

追根溯源　方知统一非易事

说来话长,俾斯麦统一德意志,历史源远流长,问题众多。统一意义,又非同小可。仅此一功,足以名彪千古。

大家都知道,公元962年,德王奥托一世在德国的圣彼得大教堂加冕称皇帝,建立了帝国。1250年定名为"神圣罗马帝国",到了1440年又改称"德意志民族的神圣罗马帝国"。其疆域之大,令人咋舌,除今日德国外,尚包括奥地利、瑞士、卢森堡、荷兰、比利时、法国东南部、意大利北部、西西里岛、捷克、匈牙利、波兰西部等地。地域如此之辽阔,民族如此之多,其中矛盾重重,各诸侯居心叵测,各为其利,使得神圣罗马帝国处于动荡之中。各路诸侯凭借手中兵权,互相攻伐,再加上法国、瑞典等异国外邦的虎视眈眈,使得帝国到了1648年时,已成了一个"银样镶枪头",除了"帝国"空名之外已是一无所有,德意志皇帝再也无权驾驭诸侯。德意志境内众多邦国、城市均得保有自家之主权。倒是几家大诸侯拓展了领土,占得了好处,诸如勃兰登堡、巴伐利亚、萨克森等。这众多的"国中之国"必将使德意志长年纷争不止,国无宁日,还难免遭邻邦侵扰。从战火中真正牟得暴利者,却是法国、瑞典等异邦,大片德意志领土为这几个国家割占了去,自此以后,德意志江山破碎,百业凋敝,生灵涂炭,内争不已。尽管如此,到了17世纪后期18世纪前期,帝国境内终究还是有些地方出现了活力,经商贸易逐日兴隆起来,在莱茵地区,勃兰登堡、萨克森、波希米亚等地资本主义手工工场也在兴起,在营造业中也占十分之二的成色。经济上的起色,令这些邦国的国势也慢慢地强盛起来,其中首推普鲁士。

普鲁士,由于在德意志境内的得天独厚的条件:四条通往:大海、航运繁多的大河要流经它的领土,对过往货物的税收是一大财源,另外,此时执政的霍亨索伦王室对于营造业经商之业甚是看重,多方奖励扶掖;另一节在普鲁士疆域内的易北河以东地区,尽多良田沃土,古来便是农耕的大好地段,那里原本是斯拉夫人的住地,久已被日耳曼人征服,是以土地皆为征服者所有。随着历史车轮的缓缓前进到了19世纪初期,德意志虽然还是四分五裂,又因拿破仑战争,屡遭兵燹,满目疮痍,但有几处地方的经济发展却还是极为迅速的,普鲁士便是其中的佼佼者。它曾因败在拿破仑手下而在1807年被逼签订了提尔西特和约,遭受了奇耻大辱,使得大片领土沦丧。是以自1808年起为救亡图存,雪洗国耻,便历行改革。维也纳会议后,它挣脱了枷锁,发展迅速,1818年又施行了关税法,将国家数处不相连接的国土从经济上结为一体。令众多德意志邦国的资产者大生艳羡。普鲁士诸邦在经济上均甚有起色,只是苦于分裂割据,发展受阻,经济的发展使得政治上的统一逐渐提上了日程,而此时的历史舞台却给了一个人施展才华的机会,这个上帝的宠臣就是素有"铁血宰相"之称的俾斯麦。时势造英雄,上帝选择了他,使他挑起这一历史重任。

天赋异禀　造就斯人担大任

这位"铁血宰相"也是大有来历的。日耳曼人征服易北河后,大片的良田沃野也为其所占有,这班既为地主,又有贵族封号之人,通常唤作"容克"。这些容克极为跋扈,还握有警察司法等诸般特权,故而鱼肉乡里,欺压百姓,为所欲为,俾斯麦就是出生在一个容克之家。他出生时正值拿破仑帝国最后倒台的前几个月。俾斯麦两岁时,随家由勃兰登堡迁至波美拉尼亚,家中庄园唤作克尼帕霍夫。俾斯麦虽非名门望族,但却极具专横暴戾的容克门风。只有其母出身资产者之家,且学识渊博,对子女教育甚是看重,俾斯麦才满6岁,其母便将他送到柏林读书。17岁时他就读于哥根廷大学,后又转入柏林大学,修习法律。在所修各课中,他尤喜历史和外语。20岁后,他起始在柏林法院做公务员,曾去王家卫队中服过役,又曾在亚琛地方法院供职。俾斯麦髫龄搦管,自幼饱读典籍,但其容克习性却甚是浓烈。他身材魁伟,精神健旺,性情粗野,精于格斗,暴戾易怒。大学时,与同窗学友反目格斗,大打出手竟有28次之多,恶名播于校园。俾斯麦虽是蛮横霸悍,但却懂得鉴貌变色,侬实情处事,从不存悬空无妄之想,只活在现实之中。另有一节,他认准一事时,必执着不舍,决不轻易退缩,兼且不择手段,不拟常礼,务须如愿。

1848 年他 29 岁时,他亲自经营起雪恩豪森庄园。在经营过程中,他慢慢悟出,还是依照资产者所倡之市场经济理事才是出路。若恪守旧制容克势必衰微下去,他将王家史官兰克所书之言录了下来,当作自家之信条,即:人总归是要追逐荣誉与财富。此时已是 50 年代初叶了,此时他既于经营农事上意念有变,于政治上也改变了初衷,信奉了民族主义。于是,他不再信仰旧日观念,起始赞同将德意志统一起来,且须以普鲁士为首,将奥地利排斥出去。

普鲁士的宫廷内部的一次内讧,给了俾斯麦上台的时机。事情是这样的:普鲁士皇帝威廉一世想利用宪法的"漏洞"抛开议会,由朝廷及内阁任性行事,议会对此自是难以忍受,极力抗争。由此便产生了普鲁士历史上有名的"宪法纠纷"。王家与议会谁来主宰国政,议会与朝廷争持不下。陆军大臣罗恩将军向王上进谏奏请俾斯麦入宫,委以首相之职。那时俾斯麦已先后任过驻俄及驻法公使,显露出才能。国王威廉虽然素知俾氏独断专行,恐难驾驭,但事已至此,也只有请俾斯麦这个铁腕人物来执政了。幸好,他不负所望。在一次议会预算委员会上说:"当今之大事(指德意志统一)绝非发表演说可决,也不指靠议会多数来议决,这原是 1848 年及 1849 年时所犯的错误,谋大事只需'铁与血'。"于是被反对派们冠以"铁血宰相"恶名。俾斯麦原喜恃强逞暴,于此倒也闻之坦然,此时已是公元 1862 年。由是观之,俾斯麦纵横捭阖统一德国也是情理中事,强国权相,岂有不成就大事者!

功高震主　高鸟尽罢良弓藏

虽然 5 月 7 日事件使俾斯麦因祸得福。但一旦帝国统一后,国王威廉二世对他的功高震主和铁血性格再也不能容忍。狡兔死,走狗烹;高鸟尽,良弓藏。俾斯麦 1890 年退休后到 1898 年八年中一直是在和威廉二世的明争暗斗中度过的。自从其妻于 1894 年病故后,他日感衰弱,健康状况一蹶不振。1898 年 7 月底,俾斯麦终于患肺炎死去。墓地落成时,碑上刻着"冯·俾斯麦侯爵……威廉一世皇帝忠实的德国仆人"。

但是,德国人心中永远怀念这位赫赫有名的"铁血宰相"。

伟大总统之死
——林肯被刺之谜

在美国内华达州的一座山上,雕刻着美国历史上 4 位最伟大总统的巨大头像,他们中有美国之父华盛顿、《人权宣言》的起草者杰弗逊、美国鼎盛时期的奠基者西奥多·罗斯福,还有一位就是黑奴的解放者林肯。亚伯拉罕·林肯,这位具有传奇经历的总统,以其巨大的勇气和魄力,领导了一场旨在废除奴隶制的斗争。他的胜利使无数的黑奴获得了解放,开辟了美国乃至人类历史的新纪元,也使他成为美国历史上最伟大的总统之一。然而,就是这样一位伟人,却在 1865 年 4 月 14 日,被一颗罪恶的子弹击中,永远地倒下了。当载着他遗体的列车从华盛顿开向他的家乡斯普林菲尔德时,千百万人默默地站在铁路边目送列车远去。同时,关于他的被刺,也成了美国历史上众多的政治悬案之一。

美国历史上最伟大的总统之一

亚伯拉罕·林肯(1809~1865 年),美国第 16 任总统。与其他大多数美国总统相比,林肯的一生可以说是充满了艰辛和坎坷。林肯的出身比较贫寒,正如他曾经感慨的,他的童年简直就是"一部贫穷的简明编年史"。1809 年 2 月 12 日,林肯出生在肯塔基州哈丁县的一个伐木工人家里。从幼年起,他就开始帮助父母劈柴、提水、做农活等。更不幸的是,当他 9 岁时候,母亲因病去世了,这对少年林肯而言无疑是非常残酷的打击。不过,命运似乎又在补偿这位未来的总统,因为他遇到了一位非常善良、贤德的继母。尽管条件有限,继母仍常常教林肯识字学习,但林肯正式读书时已经 15 岁了。长大后,林肯离开父母,开始独立谋生,迫于生计,他先后做过店员、村邮务员、测量员等工作。1833 年,林肯与朋友合开了一个杂货店,由于经营不善,被迫倒闭,使他用了 10 年的时间才还清了杂货店的债务。一年后,他的恋人安妮又因病去世,使他悲痛万分。然而,自强不息的林肯一直坚持勤奋自学,于 1835 年成为一名律师。1842 年 11 月 4 日,林肯与一名富商的女儿玛丽·托德拉结婚,不过由于妻子脾气暴躁,他的婚后生活并不幸福。

1830 年,林肯一家迁居到伊利诺伊州,而林肯也就在这里开始了他的政治生涯。1832 年,林肯初次参加伊利诺伊州议会竞选议员,结果失败了。此后,针对当时美国社会存在的一些问题,林肯常常通过政治演说表达民众的心声,他所提出的一些有利于公众事业的建议,也得到广泛的响应。1834 年,林肯加入了辉格党,并终于在 1834 年当选为伊利诺伊州的议员,从而正式开始其政治生涯。不久,林肯又当选为州议会辉格党领袖。1846 年,他进一步当选为国会众议员。

当时的美国社会,正面临着一个十分严峻的社会问题,这就是南方诸州所实行的奴隶制不但日益引起奴隶的反抗,而且越来越影响到整个美国的国家利益。由于历史所造成的原因,当时美国南方诸州的奴隶制非常猖獗。一方面,在奴隶主的残酷压榨和迫害下,广大黑奴过着暗无天日的生活,遭到了世界各国所有具有正义感的人士的谴责;另一方面,由于美国的版图日益扩大,而南方的奴隶主们竟妄图把这种野蛮的制度扩张到新加入联邦的西部各州,这就与北方的工业资本主义产生了矛盾。于是,在废奴主义者们的发起下,一场轰轰烈烈的解放黑奴的运动开始了。而奴隶制度的废除,就成为当时美国社会最敏感的政治问题,北方与南方各州之间形成了水火不容之势。

1854 年,主张废除和限制奴隶制的北方各州人士成立了共和党,而林肯很快就成为这个新党的领导者。不久,南部奴隶主竟派遣一批暴徒拥入堪萨斯州,试图用武力强制推行奴隶制度,从而引起了堪萨斯内战。这一事件使林肯意识到斗争的尖锐性,于是他明确宣布了"为争取自由和废除奴隶制而斗争"的政治主张。1856 年,林肯作为共和党副总统候选人竞选失败。1858 年,林肯发表了著名的废奴主义宣言,要求限制黑人奴隶制的发展,实现祖国统一,他说:"一个分崩离析的国家是维持不久的,我坚信,我们这个政府不会永远容忍这种半奴隶制、半自由制的状况。我不希望联邦制解体,更不希望我们这个国家崩溃。我相信奴隶制终究要归于灭亡的,不分地域,南北奴隶们都会获得自由的。"这一宣言立即震动了美国,因为它不仅表达了北方资产阶级的愿望,同时也反映了全国人民的意愿,因而为林肯赢得了巨大声望。

1860 年 3 月,众望所归的林肯作为共和党候选人,以高票当选为美国第 16 届总统,但他马上就不得不面对前所未有的严峻的国内外形势。由于与林肯的政治主张有不可调和的矛盾,南方诸州决定起来反抗,甚至不惜以分裂美国作为代价。在林肯当选后的3个月中,先后就有11个州宣布退出联邦,他们组建"南部联盟",另外组成美国政府,还推举出总统和副总统,并制定了新宪法,开始公开叛乱。内战一触即发,北方政权岌岌可危。1861年4月12日,南方联盟开始向联邦军队发起攻击,内战正式爆发,这就是美国历史上著名的南北战争。在战争初期,由于各种复杂的因素,联邦军队一再失利,而黑奴问题也没有根本解决。为了获得包括黑奴在内的广大民众的支持,在关键时刻,1862年9月22日,林肯宣布了亲自起草的具有伟大历史意义的文献——《解放黑人奴隶宣言》草案(即后来的《解放宣言》),宣布废除奴隶制,解放黑奴。从此,由于极大地调动了广大民众的热情,北方联邦军队获得了最广泛的支持,战争形势才开始发生了明显的变化,北部军队很快地由防御转入了进攻,终于在1864年获得了彻底的胜利。而《解放宣言》,也由此成为"联邦成立以来美国历史上最重要的文件"。

美国内战终以北方的胜利而告终,也使得美国继续向着民主、自由、平等的道路前进。因而,林肯被美国人视为历史上最伟大的总统之一,足以与华盛顿、杰弗逊、罗斯福等并列。

由于林肯的卓越功绩,1864年11月8日,他再次当选为美国总统,开始了他的第二个任期。随后,他着手进行战后重建工作,然而,还没等林肯把他的战后政策付诸实施,悲剧发生了。1865年4月14日晚10时15分,当林肯在华盛顿福特剧院看戏时,突然被一名凶手开枪刺杀,该凶手据说是一个同情南方的精神错乱的演员。1865年4月15日清晨,林肯与世长辞,时年56岁,任总统4年又42天。林肯去世后,他的遗体在14个城市供群众凭吊了两个多星期,后被安葬在普林斯菲尔德。他本来希望总统任期结束后,能回到家乡去开一个律师事务所,但他的愿望最终没能实现。

但是,历史不会忘记这位伟大的总统、伟大的解放者,也不会忘记他在《解放宣言》中所宣布的:"我,亚伯拉罕·林肯,合众国总统,今依宪法授予的权力……宣布,在上述各州及区域,所有被视作奴隶的人立获自由并于以后永保自由;合众国政府包括陆海军当局将承认和维护他们的自由。我同时在此嘱咐上述获得自由的人们,除非为了必要的自卫,应当避免使用任何暴力;并劝告他们在任何可能情况下，为了合理的工资而忠诚地从事工作。我特此宣告并希周知，凡条件适合者被吸收为合众国的武装部队，参与守卫堡垒、据点、兵站和其他地点，并于上述部队各类船舰上服役。我们大家确信这是一个正义的行动，它出于军事必要并为宪法所认可，我请求人类对之详加审鉴，上帝为之赐福。"

革命导师马克思曾高度地评价林肯说，他是一个"不会被困难所吓倒，不会为成功所迷惑的人，他不屈不挠地迈向自己的伟大目标，而从不轻举妄动，他稳步向前，而从不倒退……总之，他是一位达到了伟大境界而仍然保持自己优良品质的罕有的人物"。

福特剧院的枪声

随着美国内战的结束，林肯所领导的解放黑奴的伟大事业也迅速在全国开展起来。然而，就当千千万万的黑奴获得解放的同时，一场针对林肯的阴谋却在悄悄地进行着。

1865 年 4 月 14 日，似乎注定是一个悲哀的日子。这天，林肯为自己预定的日程表是这样安排的：8 点以前办公，然后进早餐，在 10 点内阁开会前接见来访者；午餐，再接见客人；傍晚偕同夫人乘马车兜风，同伊利诺伊州的旧友非正式会晤；去陆军部两次；再次会客，然后和夫人及几名随从去福特剧院观看演出。

上午 10 点钟，内阁会议准时召开，前来参加会议的有陆军部长、代理国务卿弗雷德里克·西华德，以及从前线返回华盛顿的格兰特将军等一些重要人物。不过由于意见分歧，会议非常短暂，最终决定在 4 月 18 日再开一次会议，讨论关于如何医治国家的战争创伤等问题。午餐时，还发生了一个小插曲。一位名叫南希的黑人妇女来到白宫大门口，要求面见总统。可是，卫兵拦住她，告诉她总统正在用午餐，现在不能接见她。不料，南希一下子叫了起来："看在上帝的面上，让我去见林肯先生吧；我是忍受饥饿步行了 5 英里才走到这个鬼地方的！"她的叫喊引起一阵小小的骚动。就在这时候，林肯开门走了出来，他温和地说："让这位善良的妇女进来吧，我有时间同所有需要我帮助的人交谈。"原来，南希和她的丈夫托姆原是里士满附近一个种植园的奴隶，直到《解放宣言》发表后他们才来到华盛顿。目前，托姆参加波托马克军团去了，家里留下一对双胞胎男孩和一个女婴，起先托姆的军饷还按月送来,可现在却不知在哪儿才能领到托姆的军饷。她的孩子们嗷嗷待哺,她想问总统能否帮她领到托姆的军饷。总统听她讲完后对她说:"你有权得到你丈夫的军饷。明天这个时候再来吧,我会把签好的条子交给你的。"当深受感动的南希转身要走时,总统又叫住她并语重心长地说:"我善良的妇人,也许你以后还会遇到更加艰难的日子,甚至家里全部食物只有一块面包;即使这样,也要分给每个孩子一片,并把他们送去上学。"说完,还对她深深地鞠了一躬。

到下午,林肯按计划和夫人乘坐马车兜风,他们一路谈笑风生。林肯还对夫人表示,希望第二次任职期满后,能出国旅游一次,然后回到故乡,或是重操律师旧业,或是经营一个农场。总之,这一天林肯的心情似乎也不错,唯一美中不足的就是妻子上午的表现让他大失颜面。原来,上午的内阁会议结束之后,格兰特将军曾和林肯讨论晚上的社交活动安排。本来外出的建议是林肯夫人提出来的,她想和丈夫一起放松放松心情。但是玛丽一看到格兰特的妻子朱莉娅·格兰特也要一同去的时候,立即打翻了醋坛子。因为玛丽容不得任何一个别的女人接近她的丈夫,而且她还担心声名鹊起的格兰特的锋芒会盖过林肯。结果玛丽竟然用粗鲁的言行来对待格兰特夫人,恼怒的格兰特夫妇遂拒绝丁总统的邀请,借口说要去新泽西州看望家人。

当天晚上,林肯偕同夫人如约前往罗德岛大街的福特剧院看戏,随同的有志愿兵少校亨利·里德·拉恩伯恩和他的未婚妻丽娜·吉米卡特,负责总统林肯警卫的是约翰·帕克,他的任务就是寸步不离地守护总统,严密监视任何可能伤害总统的行为,因为当时不断有关于刺杀总统的传言。晚上 9 时 10 分,总统一行进入剧院,由引座员莉丽莎·加里福斯带着进了包厢房。在场的 1000 多名观众听说总统林肯到来,便一起鼓掌欢迎,许多人都站了起来欢呼,林肯也礼貌地走出包厢向欢迎他的观众挥手致意。接下来就是看戏,演出的是英国戏剧作家托姆·泰勒的作品《我们美国的表兄弟》。当时的情形是:林肯在包厢内坐在扶手摇椅上,他只能看到包厢里同他坐在一起的几个人,以及舞台的演员演出;包厢内有两道门,前门是开着的,便于看戏,后门是锁着的,有利于保卫工作。然而,谁也没有留意到,在林肯侧面的后门上竟然有一个约 10 厘米的小洞,显然是有人故意凿穿的,而其目的便是能在包厢外面往里看窥探到林肯所坐的位置,然后选择时机溜进包厢采取行动。

渐渐地,戏剧的演出达到了高潮,人们的注意力都被吸引到了舞台上。就在这时,最令人震惊的事情发生了。有一名男演员,从容地走进了总统的包厢,然后突然掏出一把手枪瞄准林肯的左耳和背脊之间,随即扣动了扳机,只见总统猝然倒下。由于现场非常吵闹,观众中只有很少人听见枪声。最先反应过来的是坐在林肯旁边的夫人和几个陪同看戏的人,他们纷纷尖叫起来。接下来包厢里一片混乱,而那位刺客则立即从包厢里跳到舞台上,转身向观众喊了句"一切暴君都是这个下场"后,转身就向外逃跑了。

据当时人回忆,全场观众都被眼前所发生的一幕惊呆了,以至于尽管凶手在仓皇逃跑时将自己的脚扭了竟没有一个人反应过来去追拿凶手。结果,短短的几分钟后,凶手就骑马成功脱逃了。当人们将总统送往医院时,一切都为时已晚了。尽管林肯总统被击中后并没有立即身亡,尽管他的夫人紧紧地握住他的手,再三地告诉他:"活下去! 你必须活下去!"但是几个小时后,当时钟指向 1865 年 4 月 15 日凌晨 7 时 22 分 10 秒时,这位将自己的一生都献给了黑奴解放事业的伟大总统——亚伯拉罕·林肯,终于永远地停止了心跳。巧的是,这一天正好是耶稣殉难日。

是什么人策划了阴谋

回头说那罪恶的凶手。事后,经过有关方面的调查,人们得知,他的名字叫约翰·威尔克斯·蒲斯。据说,蒲斯本出身于美国戏剧界名门之后,是一位著名演员的儿子,他哥哥也是一位著名演员。但是,26 岁的蒲斯却是一位平庸的演员。不过,这名演员还有不为人知的一面,那就是:渴望出名,同时在政治上是一个坚定的南部联邦的极力支持者,对林肯所领导的事业极度仇视。还在内战进行期间,蒲斯就纠合了一群人暗中活动,包括他的死党米切尔·奥劳夫林和萨姆·阿诺德,马里兰州一个制造马车的乔治·阿茨罗德,药店员工大卫·赫罗尔德,前南部联邦士兵路易斯·鲍威尔,以及曾为叛军提供过情报的约翰·萨拉特等人。他们试图通过一些极端手段包括绑架暗杀等来破坏联邦政府的事业,为此他们曾经在华盛顿的一所公寓密谋了绑架林肯以交换南部被俘战士的计划,但这些计划都先后流产了。

但是,始终贼心不死的蒲斯等人一直在寻觅新的机会。4月14日那天,他们获得一个重大新闻,因为海报上说,林肯和格兰特等将前来观看演出。于是,蒲斯立即召集死党实施他们的最后计划,他们决定兵分三路:由阿茨罗德去刺杀副总统约翰逊,由佩因和赫罗尔德去刺杀国务卿西华德,而蒲斯本人则亲自去刺杀总统林肯。不过他们的行动并没有达到预期目的。根据有关资料的描述,首先,临阵退缩的阿茨罗德根本就没有去刺杀副总统约翰逊。至于佩因和赫罗尔德二人,倒似乎进行得不错。他们摸到了西华德家外面,由赫罗尔德守在马车上接应,佩因直接进了西华德家,他拿着一包药,这也是早就策划好的。西华德的儿子告诉佩因,他的父亲正在睡觉,现在还不能吃药。但是佩因坚持要送药进去,小西华德感到此人不可理喻,命令他立即滚蛋。由于害怕被看穿阴谋,佩因立即掏出了手枪,对准小西华德的头部就是一下,可惜不知什么原因,手枪居然没响。佩因赶紧握紧枪,用枪托猛砸小西华德的头,可怜的小西华德头骨被打裂了。扫除了门外的障碍,佩因从包裹里抽出一把大刀冲进了西华德黑暗的卧室,这时他才发现卧室里除了西华德还有西华德的女儿和一个男护士。男护士见势不妙,立即跳将起来冲向佩因,佩因抢起大刀就把他的前额砍破了,而西华德的女儿在惊吓之余也被佩因打晕了过去。随后,佩因冲到西华德的床边,一刀一刀地猛刺国务卿。这时,西华德的另一个儿子听到声响也冲了进来,不料被手持凶器的佩因在前额划了一刀,并且砍伤了手。佩因感到此地不宜久留,于是迅速离开卧室,跳下楼梯,在楼梯上他又撞见了一个倒霉的国务院信使,佩因一不做,二不休,把这信使又砍伤了。直到逃到大门前,狂奔的佩因不停地尖叫:"我疯了!我疯了!"更令人不可思议的是,所有遭到佩因袭击的人最后都康复了,西华德在继林肯之后的约翰逊总统的任期里还继续做他的国务卿。

再说元凶蒲斯,他在剧场内径直走向总统所在的位置,右手握着一把八盎司重的单发大口径袖珍手枪,左手持着一把匕首,然后从容不迫地开后门进入包厢,最后冷酷地把一颗直径不到半英寸的铅弹头射进总统的后脑。当枪声响时,最先反应过来的拉思伯恩少校一跃而起,扑向刺客,却被他手中的匕首刺伤。不过凶手在纵身往下跳时,被装饰包厢的联邦锦旗缠住了马靴上的马刺导致失去了平衡,一下从10英尺的高处跌落到舞台上,折断了胫骨。但凶手仍以惊人的速度冲过舞台,跑出了剧场大门。后来人们计算了一下,凶手从射出子弹到跑出大门,总共才不过六七十秒的光景。不过,警察总算得以沿着血迹去追踪。4月26日上午,负责缉拿凶手的联邦侦探和纽约第16骑兵队终于在弗吉尼亚州的加勒特农场将凶手包围并将其击毙。

尽管看起来林肯遇刺案就是如此的简单:一个支持南方奴隶主的凶徒将仇恨发泄在总统身上。然而事实似乎并非如此,多年来人们始终对此存有许多疑问。

最大的疑点就是关于总统包厢上的那个大洞。当时,林肯的包厢有前后两道门,而且都上了一把大锁。林肯总统坐在扶手摇椅上,除了能看清舞台上的演员外,再能看到的就是和他一同坐在包厢里的夫人和几个站立他周围的护卫。这一切看起来再安全不过了。然而,谁也没有料到包厢的后门早已被人做了手脚。门上的那个窥视孔显然是刚钻不久的,而且那把形同虚设的大锁也早被人弄断了锁簧,而这道门离总统还不足5英尺,这也正好使得凶手能够轻而易举地进入总统的包厢行刺。那么,人们不禁要问:为什么锁坏了没有人报告?

第二个疑问是:护卫林肯的警察当时都干什么去了?本来为确保总统的安全,除了随从总统的4名白宫卫士之外,陆军部还特意派来一名颇受信任的武官布莱恩携其未婚妻同往。另外据说,忽然有不祥预感的林肯为了自身的安全考虑,曾亲自要求作战部长斯特顿派一个名为埃克特的陆军上校来做自己的保卫,但斯特顿通知总统,埃克特早已在当晚安排了任务,后来只得委派布莱恩作为总统当晚身边的警卫官。而按照事先安排,警察约翰·派克本来应该是守在大厅通往包厢的必经之路上的,但是他对看戏毫无兴趣,竟趁演出换幕的间隙,躲到另一个房间去喝酒去了,使得凶手能溜进包厢。这一切,难道都是巧合吗?

第三,一直有很多人怀疑,刺杀林肯一定是一起政治阴谋。尽管公开的说法是,凶手之所以要刺杀林肯,一方面是为南方奴隶主报仇,同时也想使自己出名。但这只是官方的调查结果,很多人并不相信这种说法,他们认为刺杀总统一案一定有不可告人的内情。正如人们所知,林肯在去剧院之前曾有过不祥的预感,所以对作战部长点名要求要埃克特陆军上校担任自己的警卫,作战部长则借口说埃克特上校当晚要执行别的任务而改派他人。而据事后的调查得知,事实上埃克特当晚根本就没有执行什么任务,他在家里待了一晚上,那么作战部长为什么要说谎?至于派去顶替埃克特的布莱恩,一向行为不轨,认识他的人对他都没什么好印象。至于对凶手的追捕,抓活口也不是不可能的,可最终却把唯一的直接参与者击毙了,是谁开枪打死他的呢? 又是谁下命令要把凶手杀死的呢? 更令人奇怪的是,在后来的凶手缉拿报告中,人们惊奇地发现上面居然写着:凶手系自杀身亡。人们对这些问题都希望能有所了解,只可惜直接犯罪嫌疑人已被击毙,看来这又将是一桩永久的悬案了。

许多资料披露,林肯在遇刺前似乎已有某种预感,如果这是真的,是否意味着他已觉察到了什么针对他的阴谋? 其实在林肯当总统时,各种暗杀总统的计划就满天飞了。据说就在被暗杀的那天早上,林肯同一直不和的副总统安德鲁·约翰逊突然摒弃前嫌,似乎他知道自己大限已尽。林肯在任时,由于经常发生恐吓事件,周围的人非常担心他的安全问题,他们经常提醒林肯要小心。面对这一切,林肯虽然他表现得满不在乎,但似乎也早有心理准备。就在他遇刺的当天傍晚,当林肯在陆军部谈完公事后,突然对随从而来的克鲁克说:"克鲁克,我相信有人想要杀害我,你知道吗?"这令所有在场的人都大吃一惊。因为在平时别人常常告诫他要注意自己的安全时,他总是一笑置之,而这次却相当严肃,而且据说他还曾自言自语地说:"我毫不怀疑,他们会这样干的。"

因此,尽管当时联邦军事法庭判定凶手与其他8名同伙共同策划了这次暗杀,并将其中4名判处绞刑,另4名被判罚苦役。但社会各界对此产生了大量的推测,究竟谁是这次暗杀行动的幕后策划者? 有一些人认为,当时的副总统约翰逊可能由于某种原因介入了此事。有的历史学家认为,幕后策划人是当时陆军部情报机构的负责人拉斐特·贝克,因为他在组织和领导那次追击中打死了蒲斯。而大多数人则推测,由于对林肯的重建政策不满,陆军部长斯坦顿为了共和党激进派的利益而策划了这次暗杀。甚至有一些作家认为,在弗吉尼亚被击毙的并不是蒲斯,而是一位与他长得十分相像的人作了替罪羊。不过由于上述说法均缺乏有力的证据,也只能是一种假设而已。

最令人遗憾的是,目前解答这一疑问的希望似乎已很渺茫了,因为在1926年时,林肯的儿子罗伯特·托德·林肯也离开了人世。在他去世之前,竟把父亲的一些私人文件付之一炬。当朋友表示困惑时,他说,他要把那些文件毁掉的原因是这些文件里有内阁成员犯有叛国罪的证据。如果他说的是真的,则进一步证实了刺杀林肯是一场政治阴谋的猜测。

子弹命中了总统
——肯尼迪遇刺之谜

1963 年 11 月 22 日,达拉斯的枪声震惊了世界! 美国历史上最年轻的第 35 届总统约翰·肯尼迪被暗杀了。指控的凶手奥斯瓦尔德随之又被杰克·卢比杀死,不久卢比死于狱中,众多的见证人、知情人陆续被暗杀或神秘失踪。这一切给总统之死罩上了层层疑云。

美国国家档案馆绝密处存有 51 本《关于谋杀肯尼迪和奥斯瓦尔德的调查案卷》,但必须过 75 年之后,即到 2038 年才能公之于世,这更给此案蒙上了一层神秘的色彩。

美国历史上最年轻的总统

在美国,总统号称"美利坚合众国第一公民"。约翰·肯尼迪是第一位出生于 20 世纪的美国总统,也是至今美国历史上最年轻的总统。他还是美国历史上第四位惨遭暗杀的总统。

肯尼迪 1917 年 5 月 29 日出生于马萨诸塞州波士顿市郊的布鲁克林。他的父亲曾任驻大不列颠大使。1935 年,肯尼迪在伦敦经济学院曾就教于著名的政治学教授拉斯基,1940 年毕业于哈佛大学。二战期间,肯尼迪于 1941 年 10 月应征入伍,参加海军,并成为一名海军下级尉官。1943 年 8 月 2 日,在所罗门群岛海域与日军作战时负重伤,在海上漂游 15 小时后,登上一个小岛。此后长期住院治疗。1945 年退役后,在国际新闻社任记者,1946 年在波士顿参加了民主党众议院议员

肯尼迪

的竞选活动获得成功。在众议院任职 6 年后,1952 年又由众议员当选为参议员。1960 年为竞选民主党总统候选人,肯尼迪与参议院多数派领袖的林登·约翰逊展开了激烈的角逐。结果,肯尼迪以 806 票对 409 票击败了约翰逊。最后他又以约翰逊为竞选伙伴参加了同年的总统竞选。而当时他面对的对手是共和党的总统候选人理查德·尼克松。尼克松是艾森豪威尔政府的副总统,在政治上十分老练。对 43 岁肯尼迪来讲面对的是一个实力十分雄厚的对手。但肯尼迪凭着他坚定的信念,超群的才华和出色的演讲,年轻人的神采和魅力吸引了绝大部分选民。最后他以 303 张选举人票对 219 票击败了劲敌,登上了总统宝座。

1961 年 1 月 20 日,约翰·肯尼迪宣誓就职。他在就职演说中号召人民参加斗争,反对人类的共同敌人:苛政、贫困、疾病和战争。

1 月 29 日他向国会发表了国情咨文,开始实施他在竞选中提出的"新边疆"理论。在他实施的社会经济发展计划中,包括反经济衰退,要求增加失业津贴和社会保险金,提高最低工资标准,对农民提供紧急救济,对房屋建筑和清除贫民窟提供经费和重新开发萧条地区等;成立由工会、企业和公众三方面代表组成的总统劳资政策顾问委员会,加强政府对劳资谈判的控制;用温和手段控制民权运动;发展尖端科技;解决财政赤字等方面的内容。

肯尼迪的国内"新边疆"是罗斯福"新政"以来民主党人进行社会经济改良政策的继续,这些政策对于限制大垄断资产阶级的贪婪,缓和阶级矛盾,促进社会稳定和经济发展起到了一定的作用。

在对外政策方面,他一方面继续推行与苏对抗的"冷战"政策,一方面又主张同苏缓和。1963 年 8 月,美、苏、英三国签订了"部分禁止核武器试验条约",对拉美推行一种被称为"进步联盟"的计划。

肯尼迪的内外政策,在某些方面触犯了如石油、钢铁等一些门阀财团和极端保守势力的利益。他们对肯尼迪恨之入骨,甚至扬言要把叛徒总统干掉。

达拉斯的枪声

1963 年 11 月 21 日上午 11 点零 5 分,美国总统座机"空军一号"从安德鲁斯空军基地起飞,载着美国第 35 任总统约翰·肯尼迪及夫人飞往得克萨斯州。

总统的这次旅行,是应副总统得克萨斯人林登·约翰逊之邀,去调解该州民主党内的分歧,也是为第二年举行的下届总统竞选做准备。

　　在起身前的 11 月 20 日,几名参议员和众议员劝说总统"不要到达拉斯去,那是个非常危险的地方",去那里无疑是去"钻黑窝"。

　　但是,肯尼迪总统一般是不轻易听从别人的劝告和建议的,对于暗杀之事,他从不放在心上。

　　总统的第一站是圣安东尼奥。在这里肯尼迪出席了美国航天医疗科研所成立庆典,随即飞往休斯敦,然后前往沃思堡。当夜下榻在沃思堡的得克萨斯饭店。

　　11 月 22 日清晨,总统助理奥唐奈给总统送来了一份当日的《达拉斯晨报》。刊登总统的照片竟像一张罪犯卡片照,而且用带有侮辱意味的通栏大标题《肯尼迪! 达拉斯欢迎您》。下面是一连串的指责:肯尼迪违背宪法,使合众国的主权受到限制,从而让联合国得到好处;肯尼迪出卖朋友,却和敌人(苏联、波兰、前南斯拉夫)打得火热等等。总统阅读了这则类似拘捕令的报道,脸色顿时沉了下来,默默地将报纸递给妻子杰奎琳。他不安地摇了摇头,一字一顿地对她说:"你要知道,今天我们将前往那个疯狂的地方。"

　　一种不祥之感涌上了总统的心头。他凝视着窗外说:"如果有人想枪杀一个总统,这不是一件很难的事。只要登上一幢高楼,获得一支带望远瞄准镜的步枪就行,没有人能制止这种事。"

　　上午 11 点 32 分,总统座机从沃思堡起飞,8 分钟后在达拉斯的拉夫·菲尔德机场徐徐降落。候机大楼前欢迎总统的有达拉斯的达官贵人和民主党的头面人物,但金融巨头却一个也没到场。整个欢迎气氛是冷淡而克制的,许多人显得小心翼翼,只有副总统约翰逊及其夫人满脸堆笑,兴高采烈。

　　上午 11 点 50 分,总统车队浩浩荡荡地驶离机场。前面是荷枪实弹的警车开道,后而由约翰逊等官员的车辆压阵。肯尼迪乘坐的林肯牌敞篷大轿车夹在其中。

　　一路上,街道两旁的^群情绪激昂,欢呼雀跃,不断挥动着花束和彩旗,有将近 25 万人在夹道欢迎总统的到来。这对得克萨斯来说,是破天荒头一遭。总统十分欣慰,他神采奕奕,不断向沿途群众挥手致意。总统夫人杰奎琳显得更加激动,使劲地挥动着手中那束鲜艳夺目的玫瑰花,以表示对达拉斯人民的感谢。

"总统阁下,真好! 现在您可不能说,达拉斯人不喜欢您了吧?"州长夫人半开玩笑地笑着问肯尼迪。

"是的,现在谁也不会再讲达拉斯城不喜欢我!"肯尼迪兴高采烈地说。也许,这就是他说的最后的一句话。

12点28分,总统车队从休斯敦拐向埃尔蒙街。

12点30分,车队从一栋教科书仓库大楼旁通过。"叭!"响起了第一声沉闷的枪声。这时,杰奎琳·肯尼迪转过头来,一下子明白了发生了什么事情,但紧张得她说不出话来,只是连惨叫:"呵,不,不……"第二枪响了,接着就是第三枪,总统头部和颈部中弹,倒在了他妻子的膝上,康纳利州长的身子也在往下滑。

总统卫队的卫兵们从惊愕中清醒过来,立即抛下摩托车,拔出手枪,警觉地环顾四周,试图发现开枪的凶手。

与此同时,经验丰富的司机比尔·格里加大了油门,向前疾驶而去。但不是去目的地——贸易中心,而是转了一个弯,驶向达拉斯中心医院。

12点38分,格里在达拉斯市最好的医院——帕克兰德纪念医院刹住了车,人们马上把伤员推上了活动推车。

这样,第一声枪响后仅10分钟,身负重伤的肯尼迪总统已经被送进了医院。医生们虽然进行了竭尽全力的抢救,但因伤势过重,肯尼迪总统于当天下午2时与世长辞。

"凶手"被杀

总统遇刺身亡的消息广播后,在美国首都,人们都愣住了,惊诧、不解涌上心头。他们聚集在街头巷尾,纷纷询问:"这是真的吗?"回答他们的,只有那教堂钟声在不停地哀鸣。

悲愤、惊愕充斥着美利坚合众国的每一角落。人们困惑的疑问:"怎么会发生如此事件? 总统的保镖在哪儿?""是谁杀了肯尼迪总统?"

美国保安部门在保护总统方面虽有欠缺,但在寻找杀人凶手方面却似乎雷厉风行,颇有作为。

一个叫弋瓦德·布伦南的证人站出来证实,他曾看见仓库6楼窗口里有个拿步枪的人,这个人曾向总统开枪。他还绘声绘色地描绘了此人的面貌,虽然他未必能从大街上看清楚 6 楼窗口里的那个人。12 点 34 分,即案发后 4 分钟,30 名警察已开始搜查教科书仓库大楼。警方从大楼的一名职员口中了解到,1 分钟前,一个内穿草绿色衬衣,外套黑色高领绒线衫的年轻人在食堂开过一瓶柠檬水,后来不知去向,看来形迹可疑。仓库主任补充说,那人是新雇的工人李·哈菲·奥斯瓦尔德。

12 点 40 分,警察在仓库大楼的 6 楼发现了一支装有日本瞄准镜的意大利"卡尔卡诺 38 型"步枪。接着又发现了 3 个弹壳。这一切使警察认为,似乎侦破工作进展十分顺利,案发后才几分钟,他们就已经知道了凶手的姓名,掌握了他用过的凶器。

被确定为凶手的奥斯瓦尔德,行凶后既没躲藏,也没有像常人估计的那样,事先选好退路,然后驾车溜走;而是大模大样地走上已有数十名警察进行搜捕的大街,拐过街角,登上公共汽车。在车上,还饶有风趣地与车上的乘客攀谈关于总统刚刚遭到枪击的新闻。

但没坐多远,他就在第二站下了车,然后改乘出租车前往 6 公里外的奥克利夫地区。他就住在该区的一座公寓里,他彬彬有礼地向女房东问好后,走进自己的房间,脱下绒线衫,换了件灰色上衣。几分钟后,走出公寓。

13 点 38 分,在街上遇到一名叫蒂皮特的警官的盘问,他以为自己的行为败露,他猛然掏出手枪,连发子弹把警察打倒在地,然后跑进得克萨斯戏院躲了起来。

10 分钟后,15 名警察包围了戏院。当他们走到奥斯瓦尔德座位前命令他站起来的时候,这个心中有鬼的凶手又和警察进行了一番搏斗,最后终被擒获。

警方认定奥斯瓦尔德毫无疑问就是凶手,尽管他本人矢口否认。

在达拉斯警察局的侦查史上,大概从来还没有如此走运的事:从第一声枪响后经过陆陆续续的 100 分钟,警方就成功地确定了暗杀总统的凶手并将其捉拿归案。人们不能不怀疑:难道一个敢于谋杀总统的恐怖分子竟如此幼稚可笑得犹如一个天真、任性的顽童?可是,警方却十分乐观,他们毫不怀疑地认为凶手已在掌握之中,下一步就是立案审讯奥斯瓦尔德。如此而已!

11 月 24 日,星期天,也就是肯尼迪总统遇刺后的第三天中午,达拉斯警察当局准备把奥斯瓦尔德从市政厅监狱转移到 1000 米以外的更为安全的地区监狱去。记者们闻风而动,蜂拥而至,在市监狱门外架起电视摄像机,准备拍下这轰动一时的场面。

千百万美国的电视观众们,也等待在电视机旁,想看看这个杀死总统的凶手的"尊容"。

出来了,凶手奥斯瓦尔德被两名联邦调查局的特工押解着,走出市政厅监狱。尽管双手抱着手铐,但他还是矜持地昂着脑袋,仿佛像个胜利者似的,对着四周的电视摄像机镜头不时露出微笑。

突然,画面上的平静被打破,只见奥斯瓦尔德突然弓下身子,张着嘴巴,对着镜头拼命咆哮起来。随即,一个身体粗壮的男子冲上前来,拔出了手枪……

时间仿佛凝固了。特工完全被这突如其来的袭击惊呆了,一只手按住疑犯的胳膊,两眼呆愣地望着冲上来的杀手。

没有枪声,也没有火光。然而,只听奥斯瓦尔德一声惨叫,慢慢地扑倒在地,鲜血从身上流了出来。

7 分钟后,奥斯瓦尔德被送往帕克兰德医院。

13 点零 7 分,医生宣布:中弹后一直昏迷不醒的奥斯瓦尔德已经死亡。

当场被抓获的杀手名叫杰克·卢比,是一家夜总会的老板。他表示,干掉奥斯瓦尔德纯属一时感情冲动,出自对总统被害的义愤,是处于精神极度忧郁所为……真是这样吗? 但不管怎样,由于奥斯瓦尔德的死,关键的一条侦察线索就此中断了。

到底谁是真凶? 是奥斯瓦尔德,还是幕后另有其人? 卢比到底为什么要杀害奥斯瓦尔德? 这一连串的疑问,使美国舆论为之哗然。

美国警方立即围绕这一震惊世界的大案,展开了大规模的调查。

新任总统约翰逊命令政府成立了一个以最高法院首席法官厄尔·华伦为主席的委员会(人称"华伦委员会"),来负责调查此案。

漏洞百出的华伦报告

1963 年 12 月初,华伦委员会的调查工作正式开始。整个调查持续近 10 个月,共听取了 552 个证人的证词。联邦调查局访问了大约 2.5 万人，向华伦委员会呈交了总数 25.4 万页的 2300 份报告，特工处向 1550 人做了调查，向委员会递交了总数达 4600 页的 800 份报告。

华伦委员会的最后报告达 912 页，共 29.6 万字，另外还有证据、证词、照片等附件 26 本，总数达几百万字。

华伦委员会的主要结论是：

1.使肯尼迪总统死于非命和康纳利州长身负重伤的子弹是由李·哈菲·奥斯瓦尔德发射的；这些子弹从教科书仓库东南角的 6 楼窗口射出，一共发射 3 颗子弹，穿透肯尼迪总统喉咙的同一颗子弹也使康纳利州长受伤。

2.在暗杀肯尼迪总统大约 45 分钟后，奥斯瓦尔德杀害了巡警蒂皮特。

3.委员会发现没有证据表明，奥斯瓦尔德或杰克·卢比与国内外任何暗杀肯尼迪总统的阴谋组织有牵连。

4.委员会没有发现奥斯瓦尔德和卢比之间存在任何直接或间接的联系。没有找到任何足够的证据，证明他们互相认识。

5.根据委员会所掌握的全部资料判断，委员会中没有人认为奥斯瓦尔德是联邦调查局、中央情报局和其他政府机关密探、职员或情报员。委员会详细调查了在暗杀之前奥斯瓦尔德和美国各政府机关的关系，这些机关与奥斯瓦尔德之间通常是通过签订的协议协调他们完成各自义务的。

6.委员会没有发现证据表明，任何联邦的、州的或地方的官员有针对美国政府的密谋、颠覆或不忠的活动。

7.经过详细调查后，委员会未找到任何足够的证据证明，卢比和打死蒂皮特的奥斯瓦尔德相互认识或者奥斯瓦尔德与蒂皮特相互认识。

既然很难证明否定态度的可靠性，就不能断然确定其他人参加了奥斯瓦尔德活动或者卢比活动的可能性；但是如果具有这方面的证明材料，那么，他们也是美国侦查机关无能为力的，同时本委员会对此也一无所知。

8.根据委员会现在掌握的资料，可以做出如下结论："奥斯瓦尔德纯属个人行为"。

9.委员会没有能最终确定奥斯瓦尔德的犯罪动机，但归因于他对一切权威的根深蒂固的憎恨,归因于他叛逃到苏联和努力去古巴所显示出的对马克思主义和共产主义的公开信仰。

一切都像拼板游戏那样巧妙,似乎是天衣无缝,无懈可击。

显然,华伦报告是无法让人信服的;尤其是在一系列事实面前,它更是漏洞百出,难以自圆其说。

1. 一颗子弹留下 7 个枪眼?!

华伦报告说,从达拉斯教科书大楼向肯尼迪总统一共开了 3 枪。这 3 枪全是从总统背后开的,第一颗子弹穿透总统的脖子,击中康纳利州长的背部,接着从州长胸部穿出,又穿过州长的右手腕,还打伤了他的大腿。结果,一颗子弹留下了 7 个枪眼;第二颗子弹击中人行道,又反弹过来,打伤了一个行人;第三颗子弹击中总统的后脑勺,造成他的死亡。

这里最神奇的是第一颗子弹,它能违背物理学和弹道学的任何规律,它能在空中向右急转弯。可惜人们都知道,子弹并非导弹,它是转不了这个弯的。

那么,为什么华伦委员会非要赋予这颗子弹如此大的魔力,以致不顾最起码的常识呢?因为不这样的话,就意味着凶手不止开了 3 枪。而凶手用的是 1940 年生产的,没有自动装置、瞄准不便的旧步枪,在从射击开始到结束的那五六秒钟内,从这支步枪中最多能射出 3 颗子弹。如果不止 3 枪,而是 4 枪、5 枪,那就说明不只是奥斯瓦尔德一个凶手,那么报告的最主要结论,谋杀是奥斯瓦尔德个人行动,不存在杀害肯尼迪总统的密谋的说法也就不攻自破了。

根据当时一位业余摄影爱好者实地拍摄的影片研究,发现州长是在子弹击中总统 1.7 秒后才被击中。联邦调查局用认定为凶器的步枪进行了实弹射击实验。专家一致认为:实验的技术数据表明,该枪绝不能胜任这种射击。

2. 奥斯瓦尔德是一位狂热的"赤色分子"?!

根据华伦委员会的报告,奥斯瓦尔德是个极度狂热的赤色分子,即曾叛逃到苏联,又公开亲卡斯特罗和古巴。

对于这样一个随时有可能威胁社会安全的危险分子,联邦调查局事先竟然没有向负责保卫总统安全的特工处通报任何情况。并且迈阿密警察局事后报道:"在暗杀肯尼迪总统两周前,一个人向警察局的情报人员报告说,可能出现这种事(指暗杀)。"但达拉斯警察局的情报人员没有通报这一情况。这是为什么呢？一个重要的原因，奥斯瓦尔德很可能是联邦调查局的特工。

1964年1月22日上午，得克萨斯州首席检察官瓦格纳·卡尔打电话给华伦委员会首席顾问李·兰金说，他得到消息，奥斯瓦尔德是联邦调查局秘密特工，证章号码"S—179"，从1962年9月到暗杀总统时为止，每日领取200美元津贴。兰金随即将这个消息报告了华伦。

华伦马上在委员会总部召开紧急会议，从下午5点30分持续到7点。兰金在介绍了消息来源后说："我们很难证实这件事，我相信联邦调查局绝不会承认。"大家七嘴八舌，各抒己见，会议未能达成任何一致意见。

又过了几个月，华伦委员会最后决定，让联邦调查局和中央情报局的首脑来委员会作证。

1964年5月14日，联邦调查局和中央情报局的局长来委员会作证时，对上属事实予以否定。华伦以国家安全为由也拒绝查阅两局的档案。

但许多材料证明，奥斯瓦尔德是中央情报局和联邦调查局的密探。

奥尔良的区检察官吉姆·加里森曾组织人员对总统遇刺案进行了千辛万苦的调查。据加里森披露，奥斯瓦尔德是中央情报局的密探，早在美国海军陆战队服役时，就加入了中央情报局。后来中央情报局把他派往苏联，任务是：侦察和造谣、中央情报局还让其带去了一些真实情况出卖给苏联，以便取悦于对方。由于苏反间谍机关的严密防范，他未能完成任务，最后返回美国，奥斯瓦尔德和他妻子回美的费用，是根据中央情报局的请求，由美国大使馆支付的。中央情报局还违反美国现行法令，发给奥斯瓦尔德的俄国妻子赴美护照。

奥斯瓦尔德返回美国以后接受了新任务，参加筹备由古巴反动侨民组成的中央情报局特别行动小组，任务是在古巴登陆，从事反卡斯特罗的恐怖活动。

这批特务小组曾在新奥尔良的一所专门学校培训。杰克·卢比也是中央情报局的高级密探，曾和奥斯瓦尔德一起在这里受过训。

奥斯瓦尔德的任务是乔装成"共产党员"，在新奥尔良建立了一个假的"古巴正义政策实施委员会"分会，并以分会的名义在城区散发传单、在电台发表讲话，干着名义上支持卡斯特罗而实际上反对古巴革命的勾当。

1963 年夏天,中央情报局收到了总统下达的严格命令,停止反对卡斯特罗的行动,然而中央情报局暗地里没有停止这一切行动。他们认为肯尼迪是叛徒,决定"为了美国"必须把肯尼迪收拾掉。

从这个行动一开始,奥斯瓦尔德就扮演了替罪羊的角色,但他并没觉察到这一点。挑选他作为牺牲品是因为他"过去与共产主义的联系"——到过苏联,参加过"古巴正义政策实施委员会"的工作。这样一旦行刺成功,就可以证明"阴谋是由共产主义分子发起的"。

奥斯瓦尔德参加了谋杀肯尼迪的准备工作,但他并没有向肯尼迪射击。当时参加谋杀活动的有 7 个人。他们从 3 个地点射击,其中包括奥斯瓦尔德工作过的学校教科书仓库的窗口,射击的是 3 个神枪手。他们旁边有 3 个助手。任务完成后他们将步枪藏入了附近的载重汽车的车厢。这辆车在暗杀总统后很长时间藏在吉里——普拉扎大街附近。第 7 个暗杀行动的参加者——身穿绿色的工作服——完成吸引观众的任务。在肯尼迪的车队到达谋杀地点前几分钟。他发出一声尖叫,然后倒在地上,伪装成癫痫病突然发作,以吸引观众的注意,掩护神枪手进行射击准备。这 7 个人利用微型步话机联系协调一致行动。

暗杀总统后,7 个人中有两个曾被警察局拘留过,但很快就被放了出来,以后便从人们的视野中消失了。

领导这次 7 人小组的是新奥尔良的商人克莱依·肖,他们是经过中央情报局同意和默认的。肖得到了一小撮富有的石油工业家支持。加里森认为,杀死总统的唯一原因是:企图改变美国与苏联和古巴改善关系的对外政策。

华伦委员会报告发表两年后,哈里斯研究所进行了一次民意测验,结果 72% 的美国人认为报告不正确;10% 的人对报告有怀疑,但不能(或不愿意?)说出明确的意见;只有 18% 的人回答:"报告完全说明了达拉斯的暗杀"。

不容置疑,报告的结论基本上是不正确的。但是是什么原因,它为什么能出台?最简短地可以这样回答:是白宫的主人不让华伦委员会讲出暗杀真睛。英国的一位记者曾评论华伦委员会及其报告时说:"委员会是什么?救世主!被救的就是林登·约翰逊。"

接踵而至的神秘死亡

既然白宫的主人不愿让人们知道谋杀肯尼迪总统的真相，故此，一些勇敢正直、具有正义感的美国人毅然站出来，开始了独立的调查工作。但他们的调查很快就遇到了一系列意想不到的阻力和障碍：与暗杀肯尼迪总统事件有关的一些最重要的证人一个接一个地命归黄泉，他们或是死于不知凶手的暗杀，或是似是而非的莫名自杀，或是令人费解的飞来横祸，或是可疑的心脏病发作等等。诸如此类，到1983 年，丧命的重要证人已达 188 名。

其中，第 19 位受到死神光顾的，就是出于"义愤"杀死奥斯瓦尔德的夜总会老板杰克·卢比。他在众目睽睽之下锒铛入狱后，很快就醒晤：他已被主子无情地抛弃了。为此，他请求华伦法官将他转移到华盛顿，他可以将事情的真相全部讲出来。这一请求被记者在报界披露，在这种情况下华伦大法官在 1964 年 6 月 7 日，在达拉斯警察陪同下，来到"男—6"号牢房会见杰克·卢比。卢比流着泪，一字一句地哀求华伦大法官将杀害总统的侦察工作由达拉斯转到华盛顿。"到了那里我将说出真实情况……在这里我的性命有危险。在这里我不能说……"

请看华伦大法官是怎样回答卢比的呢？回答是这样的："如果我处在你的地位，当然我也不想说出来。我必然仔细斟酌，这样做对我有没有危险。"

大法官对卢比进行了这番"忠告"后，拒绝了将卢比转到华盛顿的请求。华伦说，他不想这样做。这样做将要引起"全社会的注意，同时在飞机上也要加强，必要的保卫措施。"

杰克·卢比完全明白了，在告别大法官时他大声喊道："我相信，你们再也看不到我了。"

通过以上事实，华伦委员会是不是真想搞清谋杀案的真相？我们无须再去探讨它了。

后来卢比"病了"，病得还不轻，是癌症。评论家们认为，有人在达拉斯监狱给卢比注射了癌细胞。1967 年 1 月 3 日，卢比死了，永远闭上了他那张想讲出真相的嘴。

除此之外，一份《关于肯尼迪总统被暗杀的报告》还详细罗列出一长串可怕的神秘死亡：

沃伦·雷诺兹——巡警蒂皮特被枪杀的见证人。他作证说看见杀害蒂皮特的凶手不是奥斯瓦尔德，结果两天后头部中弹致死。

南希·穆尼——沃伦·雷诺兹被杀的见证人，在监狱中的一个牢房里被吊死。

多明弋·贝纳维德斯——蒂皮特被杀的另一个证人，被一群身份不明的人打死。

比尔·亨特——记者，卢比的朋友，在警察局里被警察"走火"的手枪打死。

吉姆·凯特——记者，他曾对卢比进行过采访，结果很快便在寓所中被杀害。

多罗茜·基尔加琳——记者，卢比的密友，死在寓所中，死因不明……

最重要的一名受害者，是另一名肯尼迪也被暗杀，他是肯尼迪总统的弟弟罗伯特·肯尼迪。1968年，当他即将在总统竞选中获胜时，被至今也未能查明的凶手杀害了。有人害怕他入主白宫会大张旗鼓地调查肯尼迪总统被害一案。

死神的频频降临，令人触目惊心，不寒而栗。

但欲盖弥彰。一系列的暗杀和神秘死亡只能使人们越发清醒地意识到：无疑存在着一个全美国性的密谋集团，力图从肉体上彻底消灭所有潜在的和不利于某些人的肯尼迪总统被害案的证人。

谁是真凶？

由于那些能够帮助弄清肯尼迪被杀之谜的人接二连三地被暗杀和神秘失踪，致使调查真相的工作面临更大的困难和重重阻力。一时间，有关谁是暗杀肯尼迪总统的真凶，更是众说纷纭，莫衷一是。

谁希望除掉肯尼迪总统？暗杀肯尼迪之后，谁可以获得益处？

让我们围绕这一线索，拨开重重迷雾，去探寻一番肯尼迪被杀之谜！

1.约翰逊是头号嫌疑人。

达拉斯的枪声，将林登·约翰逊送上了总统宝座。他是这场谋杀的最大获利者。

1968年3月31日，林登·约翰逊公开声明，他将不再重新参加总统竞选。

有影响的华盛顿刊物《美国新闻与世界报道》对此评论说："其实正像白宫工

作人员解释的,存在这种可能,总统被他的党从白宫撵走"。并进一步解释说:"在白宫不应存在这种情况,即人们把你叫作谋杀者,在大街上纠集着成群愤怒的人群……"

在华伦报告发表两年后,哈里斯研究所进行的一次民意测验中,就有2%的美国人认为约翰逊参与了谋杀肯尼迪的阴谋。

实际上,1968年春天很多美国人对新总统是公开这样认为的。事情已经发展到这样的地步,甚至在华盛顿的政治上层人物(包括国会议员和政府内阁成员)中,都流传着这样一个"有趣"的笑话。

"你是怎样看,在达拉斯发生射击的前45秒钟,林登·约翰逊在做什么?"

一个美国人问,被问人的困惑不解。

"约翰逊是这样做的……"这时讲话的人捂住了自己的双耳。

实际上到1963年,肯尼迪已深深感到,与权欲熏心、器量狭小而善于钻营的"幕后大师"——约翰逊很难配合,决定在下届总统选举中将其抛弃,并在私下场合多次表示过这种意愿。无疑约翰逊也早已感到了这种威胁。除此之外,他在他故乡德克萨斯的权力也有可能被剥夺。

人们知道肯尼迪的德克萨斯之行是在约翰逊的促使下成行的,人们也逐渐清楚了是白宫的新主人不让华伦委员会调查出或讲出暗杀的实情的,也是他千方百计维护那个82%的美国人不相信的华伦报告的。

肯尼迪被杀两年后,大洋彼岸开始公开将林登·约翰逊和他的妻子贝恩斯夫人与莎士比亚历史剧中的马克白斯(苏格兰大贵族。他谋杀了国王邓肯,篡夺了王位,他的夫人是个阴险毒辣的女人。)比较。一位参议员则这样说:"当然,约翰逊先生不十分像马克白斯夫人,但是完全可以比较。马克白斯疯狂地追逐权力,约翰逊对权力也崇拜得丧失理智。"

前面我们曾经提到的新奥尔良的区检察官吉姆·加里森在1967年声称:"当知道全部历史以后——许多人将睡不着觉,其中包括总统。"加里森调查公布的谋杀总统的7人小组,"是经中央情报局同意和默认的。林登·约翰逊虽然在阴谋中不是重要角色,但他知道谋杀肯尼迪的动机和凶手。"是不是这样,我们还无法断定。

2.肯尼迪死于门阀财团之争。

肯尼迪家族是美国的一个新兴大家族。它和某些家族有过旧恨,而且积怨甚深。故有人认为,肯尼迪是死于门阀财团之争。

肯尼迪总统的重要仇敌之一是达拉斯的亿万富翁石油大王罗德·亨特,他是极端保守分子,对肯尼迪的政策极为不满,曾扬言要除掉肯尼迪。在总统遇害的那一天清晨,《达拉斯晨报》刊出的那一整版框以黑边象征哀悼的广告,其幕后人就是亨特的儿子。

另外,肯尼迪遇害前,还曾与美国钢铁工业的巨头们发生过激烈的冲突。当时,总统为了与通货膨胀做斗争,期望得到钢铁大王的帮助。但钢铁大王却突然宣布每吨钢提价6美元。肯尼迪立即予以回击,命令五角大楼不向提价的钢铁公司购买钢材。钢铁大王们气得发疯,但为了巨额利润,又不得不让步。事实上,肯尼迪的行为、政策已到了令一些门阀财团无法原谅、无法容忍的地步。不少材料证明他们参与和支持了谋杀肯尼迪的行动。

3.联邦调查局和中央情报局策划了这次谋杀。

1961年,发生了入侵古巴的猪湾事件,美国雇佣军全军覆没;肯尼迪声明,要从越南撤军。这样,美国情报机关和军队的头目们的愤怒达到了忍无可忍的地步。他们对总统最为不满的是因为他在猪湾事件中拆了他们的台。猪湾行动的主要负责人、中央情报局副局长查尔斯·凯贝尔公开称总统是叛徒。

在肯尼迪遇刺几年后,人们才发现了一个不可忽视的重要细节:本来白宫安排总统通过达拉斯市区的路线在最后一刻突然做了改变。总统车队从中央大街突然向右转向豪斯顿大街,接着又立即向左转到埃尔姆大街,即从教科书仓库大楼的窗口下驶过,而正是在这个地方发生了惨案。

而是谁下令改变了行车路线,把总统车队送进陷阱的呢?这完全是遵照市长厄尔·凯贝尔的旨意,而他恰恰是中央情报局副局长查尔斯·凯贝尔的亲兄弟。

除此之外,总统还面临着另一个凶险的敌人——以胡佛为首的联邦调查局。1961年总统的弟弟罗伯特·肯尼迪在当上司法部长后,第一次迫使联邦调查局服从司法部的领导,这就限制了胡佛独断专行的权力。此外,肯尼迪兄弟开始了与有组织犯罪的斗争,而胡佛长期以来却十分奇怪地对此类犯罪采取放任容忍的态度。

这种针锋相对的斗争终于导致胡佛与肯尼迪兄弟之间不融洽的关系转为白热化的矛盾。

正是联邦调查局和中央情报局策划制造了这起震惊世界的大血案。

4.美国黑手党的魔爪伸向肯尼迪。

1988年6月,英国电视台播放了一部由英、美合拍的资料片,片名是《杀害肯尼迪的人》。

这部资料片通过出示大量现场照片和重要证人的证词,几乎得出一个肯定的结论:奥斯瓦尔德绝不是杀死肯尼迪总统的真正凶手。真正的凶手是来自马赛的三名刺客,这三名刺客是黑手党派来执行刺杀任务的人员,分别叫萨蒂、贝龙蒂、布库奈亚尼。

美国黑手党为什么要暗杀肯尼迪呢?

早在30年代中期,美国黑手党就选中古巴这块"风永宝地"作为基地,进行赌博、卖淫、贩毒等肮脏活动,给黑手党匪首们带来巨大利润。然而,1959年,这一切都随着卡斯特罗革命政权的诞生被一扫而光了。所以,不难想象,他们对1961年4月的猪湾入侵寄予多大希望,而且理所当然地将入侵的失败归咎于肯尼迪总统。

1961年,被罗伯特·肯尼迪驱逐出境的黑手党匪首马尔切洛在新奥尔良召开了一次黑手党党魁会议,决定着手制定暗杀肯尼迪兄弟的计划。

也就在这一年,富裕的古巴侨民何塞·阿雷曼向联邦调查局报告了从黑手党党魁桑托斯·特拉菲坎特那里得知的消息:约翰·肯尼迪将被杀。

令人不解的是,这个报告被束之高阁。

5.罗斯科·怀特等3人是真凶。

在肯尼迪总统遇害26年后的1990年8月6日,法新社达拉斯发出一条题为《一个男子说他已故的父亲根据中央情报局的命令杀害了肯尼迪》的电讯。电讯报道:一个29岁的名叫里基·怀特的美国男子8月6日说,他父亲罗斯科·怀特在1963年11月22日行刺前两个月回到了达拉斯警察队伍,制定刺杀方案。罗斯科·怀特曾是中央情报局三人突击队的成员,这个三人突击队是刺杀肯尼迪的真正凶手。在行刺时,他父亲化名曼达林,位置是在草坪上,另两名刺客分别化名为"黎巴嫩"和"索尔",位置是在临迪利广场的公共建筑物内。里基·怀特说,奥斯瓦尔德只是参与了这次阴谋,实际上并没有开枪……在里基·怀特举行的关于刺杀肯尼迪的记者招待会上,还有一位名叫杰克·肖的牧师也证实说,罗斯科·怀特曾好几次,其中包括临终时的一次,跟他谈了这次谋杀。罗斯科·怀特从1965年就离开了达拉斯警察局。但1971年他险些被杀,杰克·肖说他从中看到了中央情报局的黑手想除掉这次谋杀的所有知情者。罗斯科·怀特已于1990年8月6日去世。里基·怀特称,他是12年前从他父亲写的一篇日记中知道此事的。而联邦调查局把日记拿走了。对此,美国中央情报局的一些负责人说,里基·怀特的所有说法都是假的、可笑的,并断言罗斯科·怀特从未被情报局雇佣过。

光阴似箭,转眼三十多年过去了,肯尼迪总统遇刺案仍然是扑朔迷离,这个不解之谜依旧困扰在人们的心头。一些年轻人们跃跃欲试,力图努力寻找新线索,想揭开这一谜底。

但是,那些了解事情谜源的人,或守口如瓶,或明哲保身,或佯装不知……

那些能帮助查清真相的人,或意外猝死、或销声匿迹,或身遭毒手……

那些能够证明事实的文件,或被销毁,或被篡改……就是到了2038年,那51本案卷公之于世,能否消除笼罩在肯尼迪遇刺事件上的重重迷雾,将真相大白于天下呢? 仍然是一个未知数。正如一个个调查报告所预言的那样:"即使有朝一日不得不对此事来个清算,那也要悄悄进行。……像所有的政府机构一样,司法部的官员们服从的不是现在躺在棺材里的死人,而是眼下业已掌权的活人。"

肯尼迪被刺事件的真相,或许是个永远解不开的千古之谜了。

枪声打碎了一个梦
——马丁·路德·金遇刺之谜

我有一个梦:总有一天这个国家能够觉醒起来,真正实现它的信条:"我们把这些看作是不证自明的真理:人人生而平等。"

我有一个梦:总有一天我们能将种族不和的喧嚣变为一曲和睦的乐章。在佐治亚红色的山丘上,昔日奴隶的子孙和昔日奴隶主子孙同坐在友爱的桌旁,一同祈祷……

我有一个梦:我的 4 个幼小的孩子总有一天会生活在这样的国度里:鉴定他们的标准不是肤色,而是内在的素质和品格。

……

这感人肺腑,令人心灵震颤的话语,代表了无数黑人兄弟姐妹的心声,而描绘这个美好梦想的人,就是美国著名黑人解放运动和民权运动的领袖马丁·路德·金。

马丁·路德·金

然而,1968 年 4 月 4 日,一声罪恶的枪声,打碎了他所有美妙、伟大的梦想。

为梦想而奔走

1929 年 1 月 15 日,马丁·路德·金出生在佐治亚州亚特兰大市的一个黑人牧师家庭。少年时代的金从母亲那里学会了怎样去爱、同情及理解他人;从父亲那里学到的是果敢、坚强、率直和坦诚。幼小的心灵里早早地萌发了对种族歧视的强烈仇恨。15 岁时,聪颖好学的金以优异成绩连跳两级,从高中毕业,进入摩尔豪斯学院学习,成为院长梅斯博士的高才生。在梅斯博士的教育下,金不畏强暴的思想被上升到了理论的高度。

面对美国黑人备受压迫和歧视的丑恶、冷酷的社会现实,17 岁的金矢志成为一名为社会平等与正义而斗争的牧师。1949 年,他进入著名的克拉泽神学院学习两年。获得神学学士学位;尔后进入波士顿大学攻读宗教学和教理神学,获神学博士学位。5 年大学期间,他孜孜不倦地尽情遨游在人类知识的海洋之中,他潜心研究过马列主义、法国哲学家勒努维埃的人格主义、爱尔兰哲学家伯克利的道德理想主义。他阅读柏拉图、卢梭的著作,潜心钻研过尼采的"超人"哲学和甘地的"非暴力主义"。他并非简单、机械地接受这些思想家的观念,而是兼收并蓄,逐步形成了自己独到的理论。

金认为,人人生而平等,每一个人都应该受到尊重。

金主张公正无私的爱、普遍的爱,爱一切人,甚至要爱敌人。

信仰人的尊严和价值、基督教的普遍仁爱、甘地的非暴力不合作精神,构成了金的思想基础和行为准则。

1955 年,26 岁的金成了蒙哥马利市德克特斯特街浸礼会教堂牧师,也就在这一年,一个忍无可忍的事件揭开了美国民权运动的序幕,并使金博士锻炼成为民权运动的领袖。

1955 年 12 月,蒙哥马利市黑人女缝纫工罗莎·帕克斯夫人因在公共汽车上拒绝给一个白人男子让座,被警察以"擅自占用白人专座"罪加以逮捕。法院又以违反隔离法为由,判处罚金 14 美元或监禁 14 天。帕克斯夫人提出上诉,被驳回,而且成衣店将其解雇。此事件引起黑人同胞的同情和愤慨。广大黑人在马丁·路德·金的领导下,展开了声势浩大的抵制公共汽车运动。人数达到 5 万人,时间持续一年多,使汽车公司损失惨重。1956 年美国最高法院不得不判决"在公共汽车上实行种族隔离,即为违反宪法"。这是南部黑人第一次以自己的力量取得的胜利。

从此,黑人争取彻底的种族平等和公民权利的斗争风起云涌,席卷全国。为了进一步统一领导各地的民权运动,1957 年南方 60 位黑人运动领袖举行会议,成立了"南方基督教领袖联合会"。金被一致推举为该大会主席,从此金成为黑人运动和民权运动的领袖。他为了正义与和平,紧张地往返于美国南北各大城市,四处奔走呼号。

1960 年 2 月,在北卡罗来纳州格林斯波罗城,4 名黑人大学生在一家饮食部买咖啡,遭到服务员的拒绝并粗野地让他们走开,这几名大学生在此静坐。在金的号召下,南部各大、中城市的黑人进行了有 20 万人参加的大规模"静坐"示威活动。结果,迫使南方社区的几十家联合商店分别在 1960 年和 1961 年取消了便餐部的种族隔离制。

1963 年,为了使世界人民关注美国种族隔离问题,金发起了"向首都华盛顿进军"的运动,要求职业和自由。就是在这次斗争中,金发表了他著名的演讲"我有一个梦"。这一斗争终于使国会通过了 1964 年民权法案,授权联邦政府取消公共膳宿方面的种族隔离,宣布在公营设备方面和就业方面的种族歧视为非法。

但是，联邦法院的一两条法令对根本改变黑人的命运无异于杯水车薪，而且随着黑人群众反对种族隔离、要求种族平等的斗争广泛深入地发展，美国军警加强了对黑人的血腥镇压，白人种族主义者以恶毒的手段袭击黑人的事件层出不穷。声望日高的黑人领袖马丁·路德·金自然成为打击迫害的主要对象。美国联邦调查局在金下榻的旅馆安装窃听器，企图在"亲共产主义"和"性行为不端"这两个敏感问题上抓他的把柄，结果是枉费心机。接着，当局又罗织种种罪名将他14次逮捕入狱，使他几乎坐遍了美国南方的所有监狱。有一次，他还被一名黑人妇女刺中胸膛，伤及主动脉，险些丧生。事后，凶手竟以"精神错乱"为由被释放。

辱骂、恐吓、监禁、暗杀，这一切都没有能动摇马丁·路德·金的斗争决心。他大声疾呼："黑人应当争取全部自由，否则就没有自由。"他坚信赤手空拳的黑人群众能够同全副武装的军警对抗，能够在白人的石块和辱骂中前进。他写道："像波涛汹涌的海洋把巨大的悬崖打成碎石一样，人民要求获得权利的运动，总会使旧秩序崩溃。"1964年，他在奥斯陆接受诺贝尔和平奖，被誉为"世界有色人种的榜样"。在领奖时，他宣称："总有一天，地球上所有的人都会看到人与人之间和平相处，宇宙的哀号将变成友爱的诗篇。"

但是，正当他为梦想的实现而不懈努力，日夜奔忙的时候，一只罪恶、血腥的黑手正悄悄向他袭来。

罪恶的枪声

1968年4月3日，马丁·路德·金及其他的追随者再次来到田纳西州的孟菲斯市，支持清洁工人争取同工同酬的大罢工。

晚上，在教堂的集会上，面对成百上千的热心听众，金神情激动地发表了演讲："许多年来，人们议论战争与和平。但是，现在已不能这么说了，因为今天已不再有和平与暴力之间的选择，选择只有一个：或者和平，或者死亡。这就是我们今天的处境……"人们认真地倾听着，不时地爆发出赞赏、信任的欢呼声。

早在约翰·肯尼迪遇刺身亡之时，金就曾对妻子说过："在我身上将发生同样的事。我已经对你说过，这是一个病态的社会。"而今在动荡的1968年，可能丧命于某个黑手之下的预感更是不止一次地袭向他的心头。所以，在演说中，他讲到：

"在这儿,人们在议论,我们病态的白人兄弟可能对我干些什么。我不知道可能发生什么事。我与所有人一样,希望活得长久。长寿自有好处。但是,死亡也并不使我着慌……"

然而,善良的人们没有料到,就在第二天,死亡之神就叩响了金博士的生命之门。

4月4日下午6时左右,金和几名助手在下榻的洛兰旅馆306房间内共进晚餐。

晚餐后,金沉思着走到阳台上,把臂肘支在栏杆上面,凝望着远方渐渐消逝的余晖,黑暗即将来临。

突然,一声刺耳、清脆的枪声。金立刻挺直腰身,用手捂住自己的脖子,扬起充满愤怒的脸,慢慢地仰面倒了下来。

几分钟后,一辆白色救护车急驶而来,撕肝裂肺的笛声划破长空。下午7时零5分,医生宣布:由于子弹炸开了大动脉血管,切断了颈髓,金溘然长辞。美国黑人运动史上一颗巨星,带着他的"梦"陨落了。

金的被暗杀,激愤了黑人同胞,他们纷纷涌上街头,他们烧毁房屋,砸碎橱窗,捣毁商店。在金被杀害后的一个月内,全国就有172座城市,发生了202起黑人抗暴斗争。爆炸、火焰、枪声与芝加哥、华盛顿等城市连在一起。约翰逊总统下令,首都华盛顿实施紧急状态。1.2万名士兵被调往首都,国会大厦前的台阶上架起了机枪。

金的葬礼于4月9日举行。这一天被宣布为全国哀悼日,国家机关奉命下半旗致哀。数以万计的热爱正义、平等、自由的人们涌上街头,为这位惨死在罪恶枪口之下的诺贝尔和平奖获得者送葬。

然而,隆重、浩大的葬礼并不能寄托人们对金的哀思和对杀人者的愤怒。他们强烈要求美国司法部门迅速查明案件的真相,将凶手缉拿归案。

缉拿凶犯

马丁·路德·金遇刺后美国警方和联邦调查局就展开了大规模地对案件的侦破。4月5日凌晨,联邦调查局就正式宣布已掌握破案线索,并列举了罪证。

枪声来自洛兰旅馆对面的一家出租公寓,经营出租公寓的布鲁尔太太说,4月4日下午3点15分,一个叫约翰·维拉尔德的人租下二楼一个窗户对着洛兰旅馆的房间,预付了一周租金,但他晚上6点后就失踪了。

出租公寓临时住户查尔斯·斯蒂芬斯对警方说,枪响后,他立即看到有人手拿什么东西匆匆离开二楼浴室,奔向通往大门的楼梯。他描述了此人的外貌,联邦调查局根据他的描述画出了此人的模拟肖像。

与布鲁尔公寓邻近的一位游艺场老板作证说,枪响后,一个身穿深色衣服的人扔下一个包袱,驾着一辆白色"野马"牌汽车飞驰而去。在离出租公寓十步之遥的人行道上,警方发现了一个被人丢弃的旅行袋,内有一架望远镜,一支雷明顿公司造的760型"打猎能手"式步枪,还有衣服等杂物。联邦调查局孟菲斯分局局长詹森派人用飞机把包袱立即送往华盛顿进行鉴定。

4月8日就确定了,那支"雷明顿"牌步枪的购买者名叫埃里克·斯塔尔沃·高尔特,购抢地点是伯明翰市的一家商店,时间是1968年3月30日,即金被杀前5天。

此人在1967年8月29日购买了白色"野马"牌汽车,该车驾驶执照上注明高尔特的面貌特征,与出租公寓失踪的约拉尔德很相似。

在凶杀案发生16天后,即4月20日,联邦调查局宣布,根据步枪上的手纹鉴定,这个借宿者维拉尔德和购枪者高尔特,事实上就是同一个人,真名叫詹姆斯·厄尔·雷。他曾在密苏里州监狱服刑,1967年4月,越狱逃跑。

詹姆斯·厄尔·雷出生于1928年,中学未毕业,就于1946年入伍,后因"不适应服役要求"而提前退伍。退伍后,他长期失业。1949年,他因企图盗窃一架打字机而被抓住,坐牢3个月。1952年,他用手枪顶着一个出租汽车司机的太阳穴,抢走了11美元,被捕入狱。获释后,他又企图洗劫一家杂货铺,被逮捕判了20年。由于他数次企图逃跑,为此刑期增加到48年。可是,1967年4月,他终于孤身一人越狱成功。不到一年,他就向马丁·路德·金下了毒手——不管怎么说,联邦调查局就是这么断言的。

从雷的种种犯罪经历看,联邦调查局是同一个职业罪犯打交道,但同时也是在与一个脓包窃贼,天生的倒霉蛋打交道。雷虽频频作案,但总是落网。第一次,他作案时身份证丢失在地板上;第二次,他在逃避追捕时,躲进了电梯间,但忘了关电梯门而被抓获;第三次,他在作案后驾车奔逃,在急转弯时,被甩出车外……

面对这么一个频添笑料的可怜家伙,联邦调查局竟然束手无策。除了告知新闻界侦查工作正在进行,其规模之大前所未有外,对于雷现在何处? 他如何得以逃脱联邦调查局布下的天罗地网? 那就无可奉告了。

直到 1968 年 6 月 8 日,在伦敦机场候机厅,两名新伦敦警察厅刑事部人员发现了一名形迹可疑的男子。此人并不企图拒捕。从他身上搜出两份姓名为拉蒙·斯奈德的护照和一支子弹满膛的左轮手枪。指纹鉴定很快确定。拉蒙·斯奈德就是詹姆斯·厄尔·雷,正是杀害金的杀手。

至此,一次历史上规模最大的追捕逃犯的行动结束了。

动机何在

联邦调查局断然肯定:詹姆斯·厄尔·雷就是真凶。

但为什么这样一个从无严重暴力罪行的人,突然转向暗杀行动? 其动机何在?

联邦调查局通过分析所谓的雷在狱中服刑的情况,证明了雷的作案动机:

1955 年,雷在堪萨斯州利文沃思堡联邦监狱眼刑期间,曾拒绝转到荣誉监狱,因为那里不实行种族隔离制度。雷在密苏里监狱的一个同狱犯告诉联邦调查局人员:雷曾经说过,这座监狱的黑人囚犯统统"应该杀掉"。还有一些犯人说:雷曾表示,如果赏格优厚,他愿意去杀死金博士。他曾被怀疑在 1960 年的一次监狱暴动中参与杀害 3 名黑人。

这就描绘出了这样一个形象:他仇恨黑人,达到了咬牙切齿的地步。

雷在狱中还曾对其他人透露过,等他出狱后,打算"捞一大把钱"。这笔钱来自一个"工商业家协会"。据他讲,该协会已出 10 万美元赏格,要杀死金博士。

据上述调查,联邦调查局认为,判断雷是否出于自命不凡和捞油水的心理而从事暗杀活动,已经有端倪可寻。

此外,联邦调查局还对雷的心理健康情况进行了调查。1954 年,一位监狱的社会学家发现:雷的犯罪,可能是出于冲动,尤其是饮酒的时候。马克·弗里曼博士是雷在洛杉矶曾求助过的一位心理专家,他认为雷具备暗杀行动的潜在能力,是个有明确动机而又能单独行动的人,很可能极其荒谬地自以为是个了不起的人物。

尽管对雷心理方面的这些探索,不足以得出任何结论,证明雷刺杀金博士的动机,但联邦调查局却固执地判定:雷仇恨黑人,认为民权运动是颠覆活动。这样一个人极有可能认为,把马丁·路德·金式的人物从世界上消灭掉是自己的"义务"。

就算联邦调查局对雷杀人动机的分析是对的,但仍难解开人们心中的疑问。

这样一个蠢得可笑的倒霉蛋,怎么会如此巧妙地一再绕开警方和联邦调查局设置的重重罗网,耗费了联邦调查局的大量人力物力?

他曾先后冒用几个姓名,并堂而皇之地手持这几个假名的证件周游各地。难道是这个下三流的笨拙的窃贼,伪造了这些足以乱真的假证件?

何种神奇的力量一夜之间把他从一个糊涂、愚蠢的倒霉蛋变成了一个工于心计、能力超群的犯罪高手?

刊登在美国《展望》杂志上的文章,或许可以帮助我们解开这一谜团。

密谋作案

1968 年 10 月底,对詹姆斯·厄尔·雷进行开庭审判的前夕,《展望》杂志刊登了一篇马丁·路德·金案件的文章,由作家威廉·休伊撰写。这是该杂志预告要刊登的三篇连载文章中的第一篇,叙述了雷在 1967 年 8 月越狱后至杀害金之前的经历。这段经历,其实是雷本人的自述。雷在狱中把这段经历写下来,再转交给作者。为了取得发表这些纸片和在上面添加评论的权利,休伊向雷支付了 4.7 万美元。这段经历大体是这样的:

1967 年雷越狱后,遇到一个名叫劳尔的古巴人。劳尔身材不高,浅色头发。他主动与雷相识,许诺给雷大笔钞票,并让他在某个安全地点过小康生活。在那里雷的安全不用担心。为了这些好处,雷应该完成劳尔的若干任务。雷想知道是什么任务,但劳尔答道:"给你钱不是为了让你提问,而是为了让你办事。"

于是,雷这个逃犯就开始了奇特的生活。按照劳尔的吩咐,他从一个城市迁到另一个城市,用各种名字(证件由劳尔提供)在旅馆登记,雷还动过一次不大的整形手术。他曾多次驾车往返墨西哥。雷本人猜测,他很可能在转运毒品,毒品藏在备用车胎的内胎里。他从劳尔那里得了相当多的钱。按劳尔的命令,雷弄到了驾驶执照,花 2000 美元买了一辆"野马"牌汽车,购买了一支"雷明顿"步枪,并于 1968 年 4 月 4 日驾着"野马"来到孟菲斯市。按照劳尔的命令,在布鲁尔太太的出租公寓租下了 5 号房间,这个房间与浴室毗连,从浴室窗口能清楚看到洛兰旅馆的阳台,而且正好是"306"号房间所在的位置。

休伊的文章非常令人信服。在雷本人的每段亲笔供述之后,都有休伊的附文。他在附文中提到,他为了核实雷所提到的每个姓名、地址、跑遍了全国,重复了雷按劳尔吩咐完成的全部旅行。拜访了几乎所有见过雷的人,用磁带录下了他们的谈话。他确信,雷没有搞错过一次谈话,也没有记错一个地址。

休伊接连在两篇文章中做了以上叙述。第二篇文章是接着第一篇文章刊登在该杂志的下一期上。

休伊没有走访劳尔,因为连雷本人也不知道这个神秘主子的常住地址。始终都是这个古巴人主动提出会晤,而雷只是必须出现在主子命令他呆的地方。

《展望》杂志发表了头两篇文章,许诺将刊登第三篇文章。预先宣布,第三篇文章,作者将谈到马丁·路德·金如何在 4 月 4 日被害。美国人民焦急地等待这具有结论性的第三篇文章的发表。

突然,新的意外出现了。

在刊登第三篇文章的《展望》出版的前几天,报纸登出消息说,说文章不再发表。这是谁的决定?作者?编辑?还是杂志老板?

不得而知。

应该说,决定不刊登已发出的、千百万读者翘首以盼的文章,这在美国新闻界是绝无仅有的怪事。

记者们迫切地去找作者威廉·休伊,以便尽快弄清连载文章夭折的真相。

但休伊长时间不愿接见记者,拒绝回答记者的问题,在记者们千呼万唤的情况下,休伊做出了令人惊诧万分的回答:

"我得出了雷是单独作案的结论。"我哪儿都找不到神秘的劳尔。雷也说不出一个认识劳尔的人,我得出结论:劳尔是雷编造的。所以,我自己拒绝发表第三篇文章。"

休伊的回答不能不使人困惑不解:是谁迫使休伊改变了说法?是谁要推翻密

谋作案的结论？是谁要定下单独作案的论调？不得而知。

尽管休伊的第三篇文章没有发表，但由于文章曾交到了编辑部。看过的人少说也有十几人。所以，关于这篇文章内容的消息仍然不胫而走。

按雷本人所述，他的确在布鲁尔太太出租公寓租下一个房间，然后，劳尔来到这个房间，而雷则按他的命令下了楼。枪响片刻之后，劳尔匆匆奔到"野马"车前，途中把装有步枪的口袋扔在人行道上。他钻进了汽车，躺在后座前的车板上，连头带身子用垫子盖住。雷驾驶"野马"向市区北部疾驶。过了一会儿，当他在红绿灯前停车时，劳尔打开车门，下了车，就不见了……

这就是雷所说的经历，而且完全可能已得到休伊的证实。

然而，这究竟是一个什么样的密谋？除了劳尔和雷，还有哪些人参与了密谋？劳尔的幕后策划者是谁？

人们疑窦重重。

能够和应该回答这些问题的只有侦查和审判。人们等待着此案的公开审理。

令人费解的公开审判

开庭日期定在 1968 年 11 月 12 日。

在孟菲斯，开庭的一切准备工作都已经就绪。100 名警察被挑来担任警戒。每一个要进入审判庭的人都要填写专门调查表，留下 10 个手指指纹，并用摄像机摄下每个人走路姿势，面部表情，然后进行极其严格的搜身。厅内安放多台旋转摄像机，镜头对准人们，记录下在场者的每个动作。

可见，防卫措施是天衣无缝。

突然，在正式开庭前夜，1968 年 11 月 11 日，詹姆斯·厄尔·雷宣布，他决定更换辩护律师。审判不得不延期。

孟菲斯司法当局对新闻界解释说，这个决定是由雷本人做出的。没有任何人向他施加任何压力。但是，人们仍然感到难以理解。

要知道，雷聘请的律师阿图·海因斯是位名律师，已工作了近半年。雷要支付给他 1.5 万美元酬金。而他要再聘的是更著名的珀西·福尔曼律师，他要支付更大一笔酬金。再者，福尔曼还得从头开始调查、取证、核实，并从中得出自己的结论。这不是一天两天或轻而易举的事。雷难道不希望真相早日揭开？自己早日洗雪不白之冤？他换掉海因斯这样经验丰富的律师原因何在？人们不得而知。

经过多次延期开庭，终于，再次确定了开庭的最后日期——1969年3月10日。

可是，突然又发生了不可思议和令人难以置信的新情况。

3月9日，开庭的前夜，孟菲斯司法当局宣布，公诉方和辩护方已达成协议：雷承认自己有罪，作为交换，他将不坐电椅，而是坐99年牢。常规的审判将不再进行。不再由证人出庭作证，也不再搞交互讯问，将只是由公诉人发一次言，援引被告在金被害案有罪的主要证据；再由辩护律师发一次言，表示赞成公诉人的论据，最后就宣布被告承认自己有罪。仅此而已。

等走完这些程序后，雷要求"补充一件事"：

"我承认自己有罪，可我不同意没有密谋的说法……"

"这已经没有意义，"法官决定刹车，"主要的是，你已承认有罪，我再问你一次，你是否同意承认有罪，并以服刑99年代替坐电椅？"

雷看到的都是对他不抱任何同情的目光，只得无可奈何地把脑袋耷拉下来，嘶哑地说："是的，先生……我同意……"

如此开庭审判雷的消息轰动了美国全国。记者们团团围住了孟菲斯法院大楼。不准记者进楼，也没有人走出大楼。记者们决定死守所有出口，但他们仍然受骗了。深夜一点，雷被乔装成副州长的模样，从记者鼻子底下溜了出去，致使无冕之王也无法解开不公开审判雷的真相和雷自愿认罪的背景。

不绝于耳的鸣冤

雷在被送进监狱后，没过几个小时，就向监狱当局提出，希望得到新的辩护律师。他说："他们使我相信，如果不承认自己有罪，就得上电椅。我的辩护律师花了六个星期对我说，我所能做到的似乎最好是认罪……这样就可以免去一死……真见鬼，现在我明白了，这么做是徒劳无益的，带着他们强加于我的一切，生命对我就是最可怕的惩罚……"

为此，他向俄亥俄州辛辛那提市法院提出上诉状。他声称，自己是无辜的，是在被人逼迫、诱骗下做出的认罪。他请求法庭重新审理他的案件。可是，诉讼程序一拖再拖，因为接受雷申请的法官普雷斯顿·贝特尔，于 1969 年死了。所以，被告雷又不得不向田纳西州的司法部提出申请，但被拒绝。在此后的 10 余年中，虽然雷仍坚持这个要求，但当局根本不予理会。

1981 年 6 月 4 日。4 名囚犯闯进监狱图书馆，狠狠揍了雷一顿，致使他 22 处受伤，缝了 77 针。此后不久，雷被转移到田纳西州首府纳什维尔的州监狱，11 道紧锁的铁门将他与其他囚犯隔开。从此，他就被这样单独囚禁着，虽然多次要求转移地方，但一直无人理会。

1986 年 8 月 1 日，美国《进步》月刊记者约翰·伊杰尔顿与身陷囹圄的雷进行了 3 个小时的长谈。雷说："如果将来查明，联邦调查局插手了杀害金的准备工作，我不会感到惊奇……已经证明，在杀害金的组织中有联邦调查局的人，他们还监视金，企图杀害金。当金被害后，联邦调查局就急忙寻找像我这样的单独的替罪羊……"

联邦调查局的特工阿瑟·马塔赫，他曾于 1960 年开始，负责秘密监视金，他认为："在与金的斗争中，联邦调查局局长胡佛变得越来越狂热。他是真正的残忍之徒，无情地渴望从肉体上消灭金。当凶杀发生后，他不希望联邦调查局进行侦破。最后，即使不得不介入这个案件，胡佛也会努力摆脱出来。还没有确定这个密谋，他就急于把罪过挂在什么人身上。"另外，曾任联邦调查局副局长的威廉·沙利文，在他著的《美国联邦调查局内幕》一书中，也详尽地叙述了胡佛对金的仇恨：他派人长期监视金，在金的住处安装窃听器，写匿名信进行威吓，利用种种卑鄙的手段妄图封住金的口，制止他对联邦调查局的批评。

迫于舆论压力，在金被害 10 年后，1978 年美国国会不得不对金被刺一案重新进行专门调查。调查材料达数 10 万页，总结报告达 800 页。最终做出了金死于密谋的新结论，但却无法查明密谋的具体参加者。

马丁·路德·金的被害真相仍是一个谜。

金虽然离开了人们，但他那美妙的梦想和不屈的形象永远留在了美国和世界人民心中。

随着时间的推移，金在美国人民心目中的地位愈发高大。从 1986 年开始，联邦政府宣布，每年 1 月份的第三个星期一是马丁·路德·金的纪念日，全国放假一天,以资纪念。这在美国历史上,继首任总统乔治·华盛顿之后金是享有这一崇高荣誉的第二人。1986年联合国秘书长宣布:从1989年起金的生日(1月15日)被定为联合国纪念日。金受到了美国和世界人民的敬佩,他的精神已超越种族、国界,鼓舞人们为正义、平等、和平而战。

引起重重怀疑
——埃及总统萨达特遇刺之谜

　　1981年10月6日,在埃及庆祝10月革命胜利8周年的阅兵式上,总统萨达特遇刺身亡。他的死震惊了非洲,也震惊了世界各国。有人认为是凶手个人为了报私仇,有人认为凶手是被某个组织派去执行任务的,还有人认为是萨达特一次非公正的搜捕行动导致了刺杀事件的发生。

　　1973年10月6日,埃及军队越过了苏伊士运河,对以色列占领的西奈半岛发起了猛攻。在这次战争中,埃及军队打破了以色列不败的神话,在世界上的威望大增,而组织策划和指挥了这场战争的萨达特则在一夜间成了阿拉伯世界的英雄。因为战争是发生在10月,所以此次战争也被称为十月革命。从此以后,每年的10月6日,都成了埃及一个重要的节日,人们为了庆祝那场战争的胜利,还要举行盛大的阅兵典礼。1981年10月6日,是十月革命胜利的8周年,然而就是在这个8周年的阅兵式上,总统萨达特遇刺身亡了。

　　1981年10月6日,在8周年的阅兵式进行到快要结束的时候,是空中战斗机的特技表演和地面部队同时接受检阅。萨达特总统在副总统穆巴拉克和国防部长加扎拉的陪同下,十分投入地欣赏着战机的精彩表演。当6架幻影喷气式战斗机掠过广场上空时,人们的注意力全被机尾拉着的六道彩色烟幕所吸引,没有注意到地面上正要通过主席台的炮车。在车队行进过程中,一辆炮车稍稍离开队伍并在检阅台前停下来,但这并没有引起人们的警觉,只是认为车出现了故障,因为出现故障在埃及军用车辆中是平常的事。而萨达特总统则以为车上的军官要过来敬礼。没想到,当车停下来以后,一名士兵从车上下来,迅速走向主席台并且向主席台投掷了手榴弹,接着又用冲锋枪对着主席台一阵猛射。萨达特总统和另外几个人当场倒在了血泊中，整个过程仅仅45秒钟。

当射击停止时，萨达特被迅速送到9英里以外的马迪军医院，虽然医生们采用了各种办法抢救但仍然没有救活萨达特。

不久，射杀萨达特的凶手伊斯兰布里就被抓到了，但是军事法庭在审判他时只是单纯地讯问暗杀的具体细节，并没有涉及其他方面。所以，伊斯兰布里是独自策划了刺杀事件，还是与别人共同策划，或者幕后还有其他参与者，这些问题都没有得到清楚的解释。

在萨达特遇刺身亡的事件中，一些不合理的现象引起了人们的怀疑。首先，作

为总统，萨达特竟然毫无防卫。在来检阅游行时，萨达特的轿车周围共有五名卫兵，当枪击开始时，这些卫兵以及其他的保安人员不见踪影。其次，在枪击开始时，没有任何武装警卫出来保护萨达特，也没有任何狙击手从上面的阳台上开枪。这些不由得让人怀疑此次遇刺事件是一个早就布置好的阴谋，也并不是单个人就能完成的。

有人认为伊斯兰布里是接受了组织领导的指令，和别人共同策划了谋杀萨达特的行动。但是有人却认为，伊斯兰布里刺杀萨达特纯属个人目的，因为他的哥哥就在一个月前的大搜捕中被捕，所以他刺杀萨达特纯粹是报私仇。

也有一些人认为萨达特之所以会被刺杀，和埃及与以色列的和解有关。为了有效地解决中东问题，1977年6月13日，萨达特总统出访以色列，打破了埃及和以色列关系的僵局。1979年3月，埃及与以色列签订了《和平条约》，并且在1980年正式建交。萨达特的和平政策引起了埃及国内的原教旨主义者强烈反对。另外利比亚、巴勒斯坦、伊朗、叙利亚和黎巴嫩的领导人也都对萨达特的中东和平政策给予了无情抨击。一些巴勒斯坦武装组织则把萨达特称为"叛徒""卖国贼"。利比亚、伊拉克、阿尔及利亚和叙利亚等国还宣布断绝与埃及的外交关系。埃及赢得了

以色列的好感,但失去了大多数国家的支持,外交上空前孤立。除此之外,国内的反对声也高涨起来。

1981年9月3日,萨达特以"维护民族团结和社会安宁"之名,进行了一次空前规模的大搜捕。根据知情人士透露,在逮捕的3000余人中除了真正的反政府主义者和宗教狂热分子,还有很多是政治观点与萨达特相左,而且还曾经攻击过他本人及其家庭的人。因此有很多人认为正是这次非公正的搜捕行动,直接导致了他一个月后的遇刺。

萨达特死后几天,他的葬礼在埃及纳斯尔城胜利广场无名战士墓地举行。在一块黑色大理石墓碑上,题着萨达特本人三年前提出的墓志铭:"穆罕默德·安瓦尔·萨达特总统,战争与和平的英雄,他为和平而生,他为原则而死。"1982年4月24日,以色列军队按照《戴维营协议》全部撤出西奈半岛,埃及收复了被以色列占领了长达15年的领土,也结束了30余年的对立状态。到此为止,埃及人民才真正感受到这一切正是他们的领袖萨达特用鲜血换来的,也充分意识到了萨达特墓碑上所刻的墓志铭的分量。

飞机舷梯旁的谋杀
——菲律宾"政治神童"阿基诺之死

归来的斗士

1983年8月21日,对菲律宾人来说,是个极不寻常的日子。这一天,菲律宾的著名政治活动家、反对党领袖、总统马科斯的政敌尼奥·阿基诺(人们习惯称他"尼奥"),在度过了3年的流亡生活后,即将回到他日夜思恋的祖国。

尼奥是菲律宾这个太平洋岛国的一颗璀璨的明星,被称为"政治神童"。

1932年11月,阿基诺诞生于菲律宾北部达拉省的名门望族。他的祖父是反抗西班牙殖民统治时期的一位将军,父亲是菲律宾国民议会的著名议员。阿基诺17岁时就成为全国最大的报纸《马尼拉时报》的记者。

1950年,朝鲜战争爆发后,18岁的尼奥作为特派记者,奔赴前线,在枪林弹雨下报道过战况,发送了前线的最新消息。他的报道在国内引起了强烈的反响。当他回到马尼拉时,已成为新闻界的明星人物。1955年开始从政,被当时的总统拉曼·麦格塞塞任命为"特别政治事务助理"。尼奥超人的才华和天资得到了淋漓尽致的发挥。也就在这一年,年仅22岁的他参加了康塞普西昂市的行政选举,并以压倒多数的选票当选为市长,成为菲律宾历史上最年轻的市长。尽管7个月后,因他的竞争对手指控他参加选举时的年龄比法定年龄小19天而被解职,但他作为"孩子市长"的名声却由此大振。被解职的他并没有气馁,毫不灰心地等待着下一个时机。1959年他又被选为达拉省副省长,1963年当选为省长,这也是全国取得这个职务的最年轻的人。1967年,年仅34岁的尼奥成为菲律宾最年轻的参议员。这一次次的成功,证明他是一位吉星高照的政治家。年轻有为、精力旺盛、绝顶聪明的尼奥,被人们看作是未来总统的最佳人选,当时被誉为"菲律宾的肯尼迪"。

对这位年轻的政治神童来说,下一个目标就是要登上权力的顶峰——总统职位,马科斯自1965年以来已盘踞了两任的位置。菲律宾宪法限制了马科斯再连任第三届总统的可能。尽管马科斯还想抓住权力不放,他想让他的夫人伊梅尔达出场参加竞选,但在全国范围内,舆论普遍认为,尼奥是自由党旗帜下最有可能成为下届总统的人选。尼奥·阿基诺的时代即将来临!

很显然,尼奥的存在已经对马科斯构成了严重威胁;他已成了使这位菲律宾的霸主坐卧不安、食不甘味的眼中钉,肉中刺。

1972年,也就是总统竞选前一年,马科斯为了继续大权独揽,采取断然措施,下令实行军管,废除了议会中的所有民主制度,取消了副总统制和一切选举制度。还逮捕了他的头号政敌——自由党总书记尼奥·阿基诺。从此,尼奥度过了近8年的铁窗生涯。

1977年,尼奥被军事法庭以"谋杀罪""颠覆罪"宣判死刑。然而国内反对派对这一判决极为愤怒,他们四处奔走,寻求国内外的援助。迫于国内外舆论的压力,马科斯只好答应重审此案。在狱中,马科斯软硬兼施,企图逼阿基诺就范,阿基诺则以绝食来进行反抗。马科斯甚至还叫人在尼奥的牢房里装上电话,直通马科斯的办公室。马科斯吩咐,阿基诺什么时候愿意,只要通过这部"专线电话"说一声"我赞成你",马上就可以出狱,也许还能做个副总统!但阿基诺始终没有碰一碰电话。

1980年，在狱中受了8年煎熬的阿基诺，由于心脏病严重，要求去美国做心脏手术，得到马科斯批准。5月尼奥在美国得克萨斯州的达拉斯经历了那场与死神较量的手术后，便在美国居住下来，开始了长达3年的背井离乡的流亡生活。尼奥在美国并未停止反对马科斯的政治活动。

菲律宾在马科斯的独裁统治下，经济衰竭，货币贬值，物价飞涨，失业猛增。菲律宾政府被迫大举借债。但政府不仅无力偿还，就连利息也拿不出来。可是总统夫人伊梅尔达却扬言自己是亚洲头号女财主！人民的血汗被榨干侵吞了！

阿基诺不忍坐视陷入绝境的祖国，他要回去拯救她。1983年，尼奥向马科斯政府提出了回菲律宾的要求。美国国务卿舒尔茨于1983年3月访问菲律宾时也明确要求马科斯允许尼奥回国，以增加菲的"民主色彩"。马科斯凭着他多年苦心经营独裁政权养成的敏锐嗅觉，预感到一旦尼奥回国，四分五裂的反对党将团结在阿基诺的旗帜下，那时，局面对他会是何等的不利！为此，1983年5月马科斯的夫人伊梅尔达亲赴美国，对阿基诺进行金钱的利诱和死亡的威胁；7月初，菲律宾外交部副部长卡斯特罗警告所有的航空公司，如果没有合法的文件，不能让尼奥登机，否则，他们的航空公司就将失去在菲律宾的着陆权；国防部长恩里莱打电话给尼奥，说政府情报部门已经发现有企图谋杀阿基诺的阴谋，危险太大，正在设法予以缓和，要他推迟一个月再回来。然而，在这一个月里，一个经过周密策划的暗杀计划，已经有时间得以反复演练。尼奥对此虽有所察觉，但也希望以善良和仁慈软化刽子手的屠刀。阿基诺不顾坐牢甚至杀头的危险，宁愿用自己的鲜血来唤醒他的同胞！

8月13日，星期六。尼奥从波士顿飞往洛杉矶。

由于菲律宾驻纽约领事馆拒绝为尼奥办理入境签证手续，他用了一份从阿拉伯国家获得的假护照，用的是假名。为掩人耳目，甩掉紧盯着他不放的秘密警察的追踪，他先于8月14日飞往新加坡，又从新加坡飞往马来西亚，然后又回到新加坡，最后于8月19日飞抵中国台北，将台北作为回国的最后登机站。因台湾与菲律宾没有任何外交关系，可以减少菲律宾官方侦察的机会。

也可能是由于曾做过记者的经历，尼奥相信，如果有记者陪同就会安全一些。

一方面有什么情况会被记者及时报道出去,造成广泛影响;另一方面,慑于新闻宣传的压力,当局也许不敢对他采取威胁生命的行动。所以,20日星期六,应邀陪同尼奥返回马尼拉的记者到达台北。当天下午,又有两名日本电视摄像记者也加入了他们的行列。

在台北,尼奥接到一位在美国的同胞打来的电话,告诉他马尼拉机场很危险,一个暗杀阴谋正在策划;从马尼拉打来的电话也告诉他切勿回国;一位日本朋友在20日晚与他通话,劝他取消此行,但他说:"我决定明天回国。我是菲律宾人,要死,就死在菲律宾的土地上。"

21日上午7时,他给留在马萨诸塞州的夫人科拉松和几个孩子打电话。他告诉科拉松,如果她能取得护照,那么在回国前要带着他们三个较大的女儿去欧洲游览。科拉松答应着,并为前程未卜的丈夫念了一段圣经。电话里,他哭了。他知道,这次回国凶多吉少。他也知道,这也许是他们最后一次通话。临行前,他给每个孩子留下了一封信,他想这也许会成为他留给孩子们的遗书。

21日上午11时15分,尼奥在台湾中正国际机场登上一架飞往马尼拉的波音767客机。在飞机上他发表谈话,回答记者的问题,同人们握手。他说,在到达马尼拉国际机场时,一定会有热烈而隆重的欢迎场面,希望记者们不要错过拍摄的时机。他又看了一遍准备在机场发表谈话的讲稿:"我回国完全出于自愿。我回来是为了参加通过非暴力的手段恢复我们的权利和自由的斗争。""我知道死刑正等待着我……"他引用甘地的话:"无辜者甘愿牺牲是对专横暴政的最有力答复。"

"女士们,先生们:飞机即将抵达马尼拉,请诸位系好安全带……"尼奥走进盥洗室,迅速穿上防弹背心,外边又套上一件白色猎装。他三年前离开菲律宾时穿的就是这件衣服。随后,他把他的金表不由分说地送给随行的妹夫克恩·卡希瓦哈拉,像交代后事似的说:"我只想让你留个纪念。"接着,又说:"别忘了,等我们着陆后去我家,让人给我往监狱里送些日常必需品。"显然,他自认为下机后是会被直接送入监狱的。

此刻的马尼拉国际机场停车场已是一片涌动着的黄色海洋。3万多名尼奥的拥护者和支持者头扎光彩照人的黄丝带,身穿黄衬衫和裙子在翘首企盼着尼奥的归来。黄色是菲律宾人欢迎重新获得自由的人的象征。反对党著名的领导人劳雷尔等人来了,尼奥73岁的母亲、兄弟姐妹及其家人也来了,都等候在贵宾室里。他们无法接近停机坪,因为今天机场戒备森严,5000名航空保安部队,荷枪实弹的士兵三步一哨、五步一岗,把人们挡在十几米外的地方,就连被称为"无冕之王"的记者们也被拒之门外。人们束手无策,只得焦急地等待着那激动人心的时刻。

远在大洋彼岸的阿基诺夫人,此刻也正在惴惴不安中等待丈夫平安回国的消息。

罪恶的枪声

上午1点,波音767客机庞大的机身平稳地滑行到8号跑道。机门打开了,这时,3个身材魁梧的穿制服的士兵登上飞机。其中一个是菲律宾保安警察马里奥·拉加萨,另外两个是机场保安人员阿努尔福·梅萨和克拉罗·拉特。他们走向阿基诺,不由分说,一把扭住他的胳膊。

"你们要把我带到哪里去?"阿基诺质问。

"下飞机,先生。"

"我和他一起去,我是他的妹夫。"卡希瓦哈拉说。

"老实坐在你的位置上。"不容置疑地命令。

卡希瓦哈拉还是紧跟着尼奥朝前走。新闻记者也一拥而上,冲向机门。

刚进入过道,拉特和梅萨突然向左一转,打开了紧急出口,那里有一架落地的舷梯通向跑道。在两名警察的挟持下,尼奥开始沿着19级台阶往下走。记者们涌了过来,但被一名叫赫苏斯·卡斯特罗便衣军人,用身体蛮横地堵在了舷梯的出口处。

仅仅三四十秒钟时间,尼奥和那一群人就从摄影记者和摄像师的视线中消失了。

这时,TBS电视台的记者们举起摄像机,试图从出口处往下继续拍摄。当他们的摄像机举起来对准打开的舱门时,便衣警察伸手挡住了镜头。记者们继续向前拥着、推着,想抢个镜头。

这时,从传声器里传来一段紧张的对话:

"Ako na!"(我来!)

"Ako na!"（第二个声音）

"Eto na!"（就是这个!）（第三个声音）

"Pusila!"（开枪）（同一个声音）

"Pusila"（第四个声音）

"砰"的一声,沉闷、震耳的枪声响了。

一位妇女禁不住发出一声惊恐、刺耳的尖叫。舷梯上的人们顿时乱作一团。

记者松村昂从舷窗里看到,尼奥像一根很重的圆木那样朝前栽去。只见尼奥四肢伸开地趴着,脸朝下,殷红的鲜血如泉水般从头部和颈部喷涌而出,在沥青地面上四溢开来。

几秒钟后,又响起了四声枪声。

一具身穿机场蓝色地勤服的男尸躺在了尼奥的身旁。后来经验证,此人名叫罗兰多·加尔曼,是屡教不改的强盗和职业杀手。

在尼奥尸首旁六七米处,一部蓝色中型卡车车厢后面被打开,跳出数名身着草绿野战军装的士兵,开始猛烈地向加尔曼的尸体射击。其中两名士兵迅速把尼奥的尸体投入车里,卡车全速驶离机场。另一群守护机场大楼的军人,望着车子离去的方向,又是一排乱枪,形成了一个紧张混乱的局面。

一切都像演习那样,安排得紧凑而逼真。

从尼奥离开座位起到把他的尸体撤离机场,只有短得不可思议的 82 秒钟。这位刚从流放中归来的斗士、有望成为未来总统的"政治童星",就这样被一颗罪恶的子弹击落了。

"他们把他杀死了!""他们把他杀死了!"卡希瓦哈拉精神恍惚,冲进贵宾休息室,大声哭喊着。

尼奥的母亲和亲友当时正侥幸地希望他只是受点伤。他们立即到附近的尼克拉兰教堂祈祷,而后回到家中。刚进家门,就听到天主教真理电台宣告说,尼奥已经死去。他们立即赶到博尼费乔堡的军人医院。在凄惨的太平间里,尼奥的尸体裹在一条绿床单里,躯体还没有僵硬,双眼紧闭,鲜血从脖颈处向外流淌,浸透了白色的衬衫。

8 月 22 日早晨 6 点,家人把尼奥的遗体运回时代大街 25 号的家中,从当天下午起,就有成千上万群众络绎不绝地涌向那里。

尼奥的老母亲不许任何人碰他的儿子,不许为他擦洗换衣。她要让尘土、血块、颈骨上的子弹出口和脸部的擦伤,这种种暴行的痕迹都暴露在光天化日之下。"我要菲律宾人民看看,他们对我儿子做了些什么!"

雷雨中的"送行"

8月31日,尼奥死亡10天后,马尼拉圣多明戈教堂。尼奥的葬礼在这里举行。早在凌晨5点,成千上万的人们就从四面八方聚集而来,等待着上午9点的弥撒。

安灵弥撒由马尼拉大主教、红衣主教海梅·辛主持。红衣主教布道时说:"为了保护被压迫者的权利,为了恢复人民的尊严,尼奥为和解的精神所鼓舞,重返家园。尼奥以牺牲为代价,给我们留下了一笔宝贵的遗产。"

接着,由尼奥的夫人科拉松·阿基诺讲话。她用悲痛而又庄严的声音说道:"从达拉省到马尼拉,我们一路看到数百万人。他们已在烈日下等待了几个小时,不吃不喝,只为要看到我丈夫的灵车经过。为此,我现在向全菲律宾的人民表示深深的感谢,他们知道怎样向我,向我的孩子,向我们全家表明,尼奥并没有白死。"

弥撒由几家无线电台实况转播。"尼奥爱人民,现在轮到菲律宾人民爱你。"科拉松那悲怆的声音回荡在菲律宾群岛的上空。

弥撒结束后,一支近200万人组成的绵延20英里长的送葬队伍自然形成。黄铜棺上覆盖着国旗和黄灿灿的向日葵,缓缓前行着。队伍不断地扩大。悲愤的人们祈祷着、哭泣着,挥动着旗帜怒吼着。谴责马科斯的呼声,不知不觉间,竟升华成一个"正义属于尼奥,正义属于祖国"的大合唱。

傍晚时分,一场特大雷雨袭过马尼拉。好似苍天也在为一位杰出政治家惨遭暗算而泪雨倾盆。在滂沱的雷雨中,送葬的队伍仍旧有条不紊。耀眼的闪电,轰鸣的雷声,瓢泼的大雨,吓跑了恫吓群众的军警,11个多小时后,灵柩才到达墓地——帕拉尼亚克区的马尼拉纪念公园。

21点10分,棺柩入墓。

科拉松用那强忍悲痛的坚强嗓音,要求大家默哀一分钟,以向尼奥致以最后的敬意。这时,浩瀚的人海倏地屏住了呼吸。

一曲悠长、悲凉、圣洁的"熄灯号"在雷雨过后的广寂的夜空中回荡,似乎在为这位人民爱戴的民主斗士安魂。

就在这一刻,人们明白了:"他虽然死了,但一个不朽的、永恒的英雄铸成了。"

的确,飞机舷梯旁那一声罪恶的枪声虽然从肉体上摧毁了尼奥,但却使他变成了一个英雄式的殉道者。尼奥的死仿佛在吕宋岛上投掷了一颗原子弹,震惊了成千上万的菲律宾人,使他们认识到再也不能对政府的腐败和残忍熟视无睹了。走出麻木! 走出恐惧! 走上大街! 他们手挽着手,高呼着:"打倒马科斯!"

整整一个月,声势浩大的群众游行示威抗议浪潮席卷全国,一浪高过一浪,对马科斯政府的统治基础形成了巨大的冲击波。随之,整个菲律宾经济也濒于崩溃的边缘。

这时就连在菲拥有两个庞大军事基地和大约 20 亿美元投资的美国,也公开流露出对马科斯政权的不满。《纽约时报》直言不讳地说:"马科斯已成为菲律宾人的沉重负担。"马科斯自己也明白,要摆脱这种困境,平息众怒,必须对暗杀尼奥事件做出应有的交代。

嫁祸于共产党

8 月 22 日,即尼奥遇刺的次日,马科斯在记者招待会上宣称:"这次暗杀也许会使共产党的领导核心感到高兴。""他们肯定会除掉尼奥……但他们会使政府为难,使问题复杂化。"显然,马科斯总统一开始就想为审理定下调子,要嫁祸于共产党。

紧接着,马科斯政府宣布:躺在尼奥身边的那个人就是凶手。他是在向尼奥的头部开了致命的一枪之后,被保安人员击毙的。一周后,政府又宣称,凶手的"全名是罗兰多·加尔曼,一个为黑社会和颠覆分子卖命的职业杀手。此人是受共产党雇佣执行暗杀计划的。"

军方声称是共产党让罗兰多·加尔曼和罗森达·考维根执行暗杀计划的,并声称准备让考维根提交法庭作证,但不久又说考维根因"心脏病"突发死去了。

然而,种种疑点使人无法相信加尔曼是这次"共产党阴谋"的执行者。

尼奥身高 1.76 米,当天还穿着 5 公分的高跟鞋,而所谓的凶手加尔曼,身高仅

1.65 米,但尼奥的伤口却是由上而下射击所致。如加尔曼行凶,就必须在平坦的停机坪上有一个台阶垫高身子才能由上往下射击。

暗杀当天机场内外戒备森严,数以千计的军警把守着机场的各个出口,十几名军人包围着飞机,四名士兵团团挟持着尼奥,加尔曼何以靠近尼奥呢? 除非他有特别通行证。

尼奥所乘航班以及准备的降落时间、地点是保密的,作为共产党的雇佣杀手何以知道这些? 除非他有"内线"。

加尔曼是一个有经验的杀手,但他却没有可供逃走的车,他的口袋也只有两个多比索的零钱,甚至不够回他的住所布拉干省的路费。难道他"疯了"?

凡是稍有判断能力的人都不难发现,官方所谓"共产党的阴谋"是一个编得极其拙劣、荒谬可笑、漏洞百出的弥天大谎。尽管马科斯政府企图遮掩,甚至以武力相威胁,但觉醒的公众不再甘于被愚弄,举国上下强烈要求追查真凶的呼声震撼着马科斯的总统宝座。

为早日平息这场风暴,摆脱困境,马科斯下令成立一个五人司法委员会,最高法院法官费尔南多任委员会主席,调查尼奥被杀案。由于这 5 人全是马科斯的"忠实信徒",人们强烈怀疑它的公正性,因此它无法开展调查,不久该委员会寿终止寝。最后,马科斯把这个职位交给了一个退休的女法官阿格莉娃·朱莉安娜。

由马科斯点名组成了由朱莉安娜负责的委员会,将站在什么立场,最终将搞出个什么结果? 人们拭目以待。

调查委员会说:凶手是军方

由阿格莉娃领导的调查委员会从 1983 年 11 月 3 日开始,到 1984 年 8 月 20 日结束,历时九个半月。审阅了 1294 份文件,1472 张照片,14 部录像带,查验了 91 件物证,召开了 138 次公开和秘密的听证会,调查了 193 名证人,其中包括总统夫人、总参谋长贝尔和一大批高级军官、政府部长、机场工作人员、记者、加尔曼的家属等。整理各种证词、证据多达两万多页。

在草拟调查报告时'委员会发生了尖锐的意见分歧。阿格莉娃认为,凶手为军方所为,负责机场保卫工作的空军准将卢瑟·卡斯特多是谋杀策划者。马科斯政府对尼奥遇刺不负任何责任。她采取各种手段,甚至又哭又闹,非要把她的观点写入报告不可。而其余4名委员提出了与她针锋相对的观点,认为军方领导人精心策划了暗杀计划。委员会中互不相让地争论了两个月,无法取得一致,只得于1984年11月同时发表了两个不同观点的报告。

但两个报告有一个共同之处:所谓的共产党嫌疑犯加尔曼不可能是凶手,他只是一个替罪羊。暗杀阿基诺的是陪同他走下舷梯的士兵。遗憾的是这两个报告均无确凿证据来指明开枪打死阿基诺的士兵。

纷争不休的委员会之所以在加尔曼不是凶手这一点上达成一致,关键在于他们调查出了一系列不可辩驳的事实:

加尔曼有个在夜总会当女招待的情妇奥丽瓦。她证实加尔曼死前3个晚上都同她一起在机场附近一家小旅馆度过的。他们始终处在军人的监视下。事发前夜,一名军人甚至盘踞在他们房里,可能是为了防止加尔曼向她透露什么秘密。加尔曼只对奥丽瓦说过:"这是一次艰巨任务,你不要多问了。"

两名民航工作人员说他们看见阿基诺遇刺倒地时,加尔曼站在他前方,被军人围着,他根本不可能从后面开枪。另两名私人保镖说,枪响时,阿基诺还在梯子上。枪响之后,他们看见两名军人架着垂着脑袋的阿基诺从梯子上急步走下来。

一名叫桑多斯的人自称是菲律宾情报局的暗杀突击队——"猴子队"的队员。他在美国国会作证,某位将军曾直接向他下达过暗杀阿基诺的命令。菲律宾保安部队的一名律师揭露说:"在阿基诺出事的两个星期前,一名情报局的高级军官告诉他,阿基诺已上了秘密判决的黑名单。"那位军官还对这位"杰出人才"即将死去表示惋惜。

加尔曼16岁的女儿回忆说:她父亲临死前4天就被几名军人领走了。加尔曼死后,几名军人又到她家带走了她的母亲。母亲临走时曾说,是菲律宾武装部队参谋长贝尔找她有事。从此,她母亲再也没有回来。

经过认真地复查勘验,两个月后,菲律宾检察院于1985年1月正式向法院控告武装部队参谋长贝尔等25名军人及一名政府官员。贝尔随即离职待查,其他嫌疑犯都被法院煞有介事地下令逮捕。

1985年2月1日,阿基诺案审判在万人翘盼中正式开庭,可是听证工作进展得非常不顺利,不少关键证人先后神秘地失踪或死去。加尔曼的情妇奥丽瓦被一辆装有步话机的军车劫走;两名目睹尼奥之死的航空公司职员奇怪地失踪;几名和尼奥同机的人都逃往国外。这些重要人证的失踪绝非偶然巧合。

由于没有证人,听证会一再延期,前后共延期37次之多。

直到1985年5月2日,一名32岁的青年妇女雷贝卡·基汉诺勇敢地登上证人席。她与尼奥同机回国,因在飞机上亲眼目睹了尼奥被杀的惨状而吓哭了,故被称作“哭泣女郎”。

在一年多的时间里,她由于害怕有生命危险而始终隐居不出。后来,她终于打消了顾虑出庭作证。她作证说:“我看见保安警察用枪对准阿基诺的头部,后来就是一声枪响。”后来又揭露有人打匿名电话恐吓她;也有人想以200万比索收买她,要她收回证词。

与此同时,军方律师也不失时机地抬出了一个“亲吻女郎”。这位妇女叫佩拉吉亚·伊拉里奥。由于她在飞机上吻过阿基诺,故而得名,她证实自己亲眼看见加尔曼在停机坪开枪打死了阿基诺,而且凶手被在场士兵乱枪打死。

但是,伊拉里奥的嫂嫂却对报界揭露,她曾在1983年回家探亲时亲口说过,打死阿基诺的是士兵,可惜法院却不愿深究。

这两位女郎都与阿基诺同机到达马尼拉国际机场,都说目睹了当时的情景,但结果却截然相反,孰是孰非?

最后,法院在判决时否定了“哭泣女郎”的证词,理由是缺乏证物,以及证人本身不可靠:她过去曾因偷汽车被控犯罪,并曾利用假护照出国,因携带伪币和假支票而在香港被捕过,因此她的证词不可信。

“哭泣女郎”是检察院所能提出的唯一亲眼目睹军人杀害阿基诺的证人。否定她的证词,就为宣判被告无罪扫清了道路。

1985年12月2日,菲律宾反贪污法院在历经10个月的审理后对阿基诺谋杀案进行了宣判。长达90页的判决书说,无数“确凿”的证据表明,杀死阿基诺的杀手是一名叫加尔曼的共产党嫌疑犯,而凶手又被机场执勤的士兵当场击毙。这名士兵是“执行职责”,不存在任何预谋,因而“法庭认为全体被告均无指控的罪行”。谎言再次被重复。

这一宣判,令人们大惊! 大疑! 大怒!

法庭内外一片沸腾,击掌跺脚,口哨不断。示威人群在外面猛敲电线杆,并拦住所有过路司机:"您如果认为贝尔有罪,就按响喇叭。"顿时法庭外喇叭喧天,汇成一曲震耳欲聋的怒歌;仿佛在宣判一个人心丧尽的政权的死刑。

美国《时代》周刊指出:此案是"菲律宾的水门事件"。阿基诺被害揭开了马科斯政权即将垮台的帷幕,这一无罪判决则更是敲响了马科斯政权彻底完蛋的丧钟。

科拉松说:头号嫌疑犯是马科斯

在判决公布后,阿基诺的遗孀科拉松·阿基诺在记者招待会上说:"我的全部身心告诉我,罗兰多·加尔曼不可能枪杀尼奥。被告中的一名还是全体被宣判无罪,这无关紧要,因为头号嫌疑犯是马科斯。"

在两份调查报告公布之后,科拉松就发表了自己的看法,她指出,报告展示的事实"正如我们所有的人看到的那样——不是加尔曼枪杀了尼奥,这其实是军事当局的阴谋"。但"这些报告始终没有回答自1983年8月21日以来一直让我困惑不解的问题——为什么军方要杀害尼奥?"

科拉松的结论是:刺杀尼奥的政治决定如果不是出自最高的权力核心,是不会有任何军人,不管他的权力有多大,会想到这样做的。

用尼奥生前的话说,马科斯先生"能洗掉他手上沾着的我的血吗?"

或者马科斯先生能说他始终不知道其他人的计划,对其他人准备对尼奥采取的断然措施一无所知吗?

在寻找答案之中,科拉松列举了一系列与之密切相关的事实:

1.批准逮捕和监禁尼奥的是马科斯。在尼奥被监禁的过程中,有关尼奥的一切事情都必须事先向马科斯请示,经他批准后才行。

2.审判尼奥的军事法庭是由马科斯控制的。

3.国防部长恩里莱和军方监禁尼奥的计划实施是马科斯控制的。1987年8月17日,尼奥经批准回家一趟,因为那天是他大女儿的生日。回家证书是由恩里莱签发的。但到了那天,那个决定被最高的权力核心撤销了。那么还有谁能比国防部长权力更大呢?

4.批准释放尼奥并给他签发旅行护照的权力控制在马科斯之手。

……

列举出上述种种事实,科拉松理直气壮地责问道:难道还能说马科斯对于他控制下的军方手中的尼奥是没有责任、完全清白吗? 难道还能相信暗杀尼奥的计划马科斯事先完全不知道,也没有得到他的许可吗?

众所周知,被调查委员会指控的武装部队总参谋长贝尔一是菲律宾历史上最无廉耻观念、最阴险毒辣的人物,是马科斯的忠实走狗。50 年代末他是马科斯的司机兼警卫。马科斯入主马拉卡南宫后,贝尔也步步高升,1981 年被晋升为武装部队总参谋长,他对马科斯言听计从,绝对忠诚。难怪菲律宾人开玩笑说,"假如马科斯命令他从窗口跳下去,贝尔只会问:'从第几层跳?'"按照常理不难推断,如果没有马科斯的授意,贝尔是断然不敢对尼奥下毒手的。那么是否还有别人能操纵得了贝尔呢?

另一种说法:伊梅尔达是元凶

1986 年 8 月 10 日,美国最著名的报刊评论专栏作家杰克·安德森在《华盛顿邮报》上发表专栏文章,其中引用了美国中央情报局的部分报告。报告表明:由于马科斯抱病在身,健康状况日益恶化,马拉卡南宫的政治斗争达到了顶点。"铁蝴蝶"伊梅尔达加紧了政治活动,她开始全权代表马科斯在公共场合露面,在马尼拉大酒店最顶层客房里接见记者、朋友和拜访者。同时,她还与忠诚的总参谋长贝尔订立了联手同盟。

国防情报部的消息说,伊梅尔达曾在 1983 年 5 月秘密地见过阿基诺,她警告尼奥不要回国,否则暗杀等厄运将等待着他。

"他不顾这警告和威胁,不久后便毅然飞回了菲律宾。正当他走下飞机时,被子弹击中身亡。""这些情报部门的报告或多或少暗示了尼奥的被暗杀可能是在伊梅尔达命令下由贝尔执行的。"安德森这样写道。

菲律宾报刊专栏评论家奥多里·瓦仑西亚透露:"阿基诺被枪杀的消息传来时,马科斯正在马拉卡南宫","当时他大发雷霆,把手边的东西往助手们身上扔去。"

很显然,马科斯对这次暗杀事先是一无所知的。

那么真正的罪犯到底是谁呢?科拉松·阿基诺并不急于为丈夫伸张正义。她认为,只要马科斯还盘踞马拉卡南宫一天,阿基诺遇刺身亡之谜就谈不上有揭晓的可能。

尼奥之死终于打开了犹如一潭死水的历史的闸门。洪水无情地冲击着马科斯总统的一切堤坎,直至他完全垮台。

1986年2月25日,科拉松·阿基诺穿着象征民主的黄颜色衣服,庄严地举行了总统就职仪式。终于将马科斯这样一个阴险残酷的专制暴君从他长期独霸的总统宝座上掀了下去,完成了尼奥梦寐以求的事业。

科拉松·阿基诺上台执政后,菲律宾广大群众纷纷要求新政府立即查清尼奥遇害真相,然而这位女总统并未应允。她懂得,当务之急是巩固政权、降伏政敌。上台伊始就重审丈夫被害一案会被人误解为急于报私仇,成为敌人闹事的借口。经过一年多的努力,她的地位已比较牢固,新政府也基本站稳了脚跟。于是在1987年初,她毅然下令把尼奥惨遭杀害一事查个水落石出。

然而时至今日,历史的车轮又行进了10个春秋,却仍不曾从菲律宾国度传出真相大白的信息。1991年,伊梅尔达在纽约接受伦敦《观察家报》记者访问时,谈及刺杀阿基诺的凶手,曾说:"阿基诺夫人已获得全部档案,上面有凶手的名字。"伊梅尔达的话可信吗?是故弄玄虚呢?还是确有其事?如果确实,那么为什么阿基诺夫人却迟迟不公之于世呢?

人们期盼着此案的真相能大白于天下,尼奥的冤魂早日得到安宁。

850万美金的悬赏
——瑞典首相帕尔梅遇刺之谜

举国悲痛悼名相

1986年3月10日,中午12时整。瑞典——这个举世闻名的"和平之邦",笼罩在一片悲痛、肃穆的气氛中。境内的所有飞机停止起降,车辆停驶,电台停播,工厂停工,商店停业,每一位瑞典公民全部就地肃立——为他们衷心爱戴的帕尔梅首相遇刺身亡而默哀 1 分钟。

寒风凛冽,国旗低垂,仿佛整个空气在哀痛中凝固了。只有那教堂悲壮的钟声在空中回荡……

3 月 15 日,瑞典举行了隆重的葬礼。瑞典国王卡尔十六世·古斯塔夫打破惯例,第一次参加了本国首相的葬礼,参加葬礼的有政府官员、各党派领袖和各阶层人士及帕尔梅首相的亲属和生前友好。另外,还有 132 个国家和国际组织的代表近 500 人也专程前来斯德哥尔摩,与这位深受人们崇敬的一代名相做最后告别。

帕尔梅

葬礼上,国王古斯塔夫发表了沉痛的讲话。他说,帕尔梅首相的死使瑞典失去了"一个大家都听从的声音,一个热情地公开反对暴力和压迫的声音。"

在帕尔梅首相灵柩移往弗雷德里教堂的路上,数十万人站在冰雪覆盖的人行道上,迎候灵柩的到来;一双双泪眼目送首相缓缓离去。

帕尔梅首相遇刺殉难,不仅使瑞典人民悲痛万分,也使世界为之震惊。

挪威首都奥斯陆的民众,自发地为帕尔梅举行数万人的火炬悼念大会和游行;印度、阿根廷、尼加拉瓜、坦桑尼亚等国,宣布为帕尔梅举行 1 天到 7 天的哀悼日。法、西德、加拿大、苏联等 23 个国家的元首和政府首脑,专程前往斯德哥尔摩参加帕尔梅的葬礼。

里根、撒切尔夫人等国家元首纷纷发表谈话或打电报,愤怒谴责这种无耻的恐怖活动,对帕尔梅的不幸身亡深表痛惜。

美国参议员爱德华·肯尼迪说:"失去他的声音给世界留下了一个真空,一切政治家和将军们的演讲和呼喊都无法填补这一真空。"

除瑞典本国外,苏联等国家相继发行了纪念他的邮票。在世界各地有一百多个建筑物、公司、街道以"帕尔梅"的名字命名。

举世对帕尔梅之死的哀悼足以显示:他是一位颇有名望的政治家。

帕尔梅的崇高名望是他几十年如一日用实际行动赢得的。他将毕生精力都贡献给了世界人民的和平事业。

1966年3月1日，当时的瑞典首相埃兰德发起支持越南人道主义运动——"募血"，当时身为交通大臣的帕尔梅，3月2日早晨，第一个来到红十字会献血。

1968年2月，任教育大臣的他，多次谴责美国对越南的侵略，并亲自参加群众反美示威游行，抗议美国对河内的狂轰滥炸。

他对苏联出兵捷克斯洛伐克，入侵阿富汗持反对态度，多次呼吁苏联撤军。

1969年，帕尔梅就任首相伊始，便宣布向美国侵越的逃兵和躲避征兵的人提供政治庇护，引起美瑞关系长期冷淡。

70年代，他的政府增加了对发展中国家的援助。在各种会议上，他呼吁富国要更多地考虑第三世界国家的经济要求。

1977年他亲自去非洲进行实地考察。他反对南非种族主义政权对黑人群众的残酷镇压，曾下令冻结瑞典对南非的投资。

1980年11月，他作为联合国秘书长的特使，不辞辛劳穿梭往返于巴格达和德黑兰之间，从中斡旋调解，劝说双方停火，以避免两国人民继续遭受战争的煎熬。

同年9月，在他的倡导和推动下，成立了非政府间组织"裁军和安全委员会"，他出任该委员会主席。

帕尔梅反对大国的太空武器竞赛。他认为，"军备竞赛就像吸毒者必须不断增加剂量一样，它无时不在破坏世界的稳定和安全。"

1984年10月26日，在日内瓦万国宫举行的纪念1984年裁军仪式上，他指出："两个超级大国'拥有使地球毁灭五十多次的手段"，这种手段"威胁着我们每个人的生存，包括远离冲突地区的人民。"

他反对超级大国干涉他国内政，主张国与国之间的问题冲突应通过谈判来解决，不应诉诸武力；主张东西方和解，加强南北对话。

帕尔梅就是如此不懈努力，长期为世界和平事业奔走呼号。用他的话说，是基于这样的信念："经历了几千年的进化发展起来的人类文明不属于一个或几个国家，它属于全世界的各国人民，属于我们和我们的后代……我们所做的每一件事都是为了保护人类的文明而不是毁灭它。"

联合国秘书长德奎利亚尔称赞帕尔梅为"联合国宪章最高理想的化身。他使和平战士这一概念富有活力,是一位为维护人的价值和尊严而不屈奋斗的先锋战士。他毫不含糊地站在穷人和被压迫者一边。""他为和平,为国际安全,为社会进步、公平和正义做出的贡献将永不泯灭。"

然而,谁也没有料到这位受瑞典人民爱戴的一代名相,世界人民钦佩的"和平战士"却不幸丧命于恐怖的黑手之下。

一代名相遇刺身亡

1986 年 2 月 28 日,星期五,和其他瑞典人一样,帕尔梅首相又迎来了一个周末。经历一周紧张繁忙的工作,该是放松放松的时候了。

以往的周末,帕尔梅首相总是和妻子一起,带着 3 个孩子去法罗群岛的别墅。共享天伦之乐。而这一天,由于天气阴沉,寒风凛冽,帕尔梅一家决定前去市中心格兰德影院观看瑞典新故事片《莫扎特兄弟》。

晚上 8 点 40 分,帕尔梅与夫人莉斯贝特乘地铁抵达电影院,与等在门口的儿子及其女友会齐,走进了电影院。

晚 11 点 10 分,电影结束。老两口挽臂并肩,冒着刺骨的寒风,踏着积雪,缓缓地向家中走去。

由于已近午夜,店铺已关门打烊,一天的喧闹已经消失,大街上人车稀疏,显得格外空旷、静谧。

晚 11 点 21 分,他们步行到斯韦亚瓦根大街尽头与通内加尔坦胡同相交叉的路口。通内加尔坦街是一条冷冷清清的背街,路灯在黑沉沉的夜色中闪烁着十分昏暗惨淡的光。突然,一个黑影闪了出来,只见此人头戴便帽,身穿大氅式夹克衫,高个头,黑头发,长着一双露着凶光的眼睛,年龄在 30—40 岁之间。他几步窜到离帕尔梅夫妇不到两米的地方,迅速拔出手枪,"砰、砰"开了两枪。刺耳的枪声划破寂静的夜空。帕尔梅背部中弹,一头栽倒在尚未融化的雪地上,血流如注,鲜血浸透了他的衣衫,染红了洁白的积雪。背部受轻伤的莉斯贝特,顿时被这突如其来的袭击惊呆了,一时六神无主,不知所措。

凶手趁机朝通内加尔坦街跑去,他越过一个高坡,拐过几条小街,窜到亚尔斯加坦大街。在那里,他跳进一辆车门敞开着的大众牌汽车,一溜烟消失在茫茫夜幕中。

当莉斯贝特清醒过来时,看到倒在血泊中的丈夫,立即大声呼救。两名过路的少女闻声赶来,紧接着一个小伙子也跑来相助。一开始,他们还误以为躺在地上的人是心脏病发作,忙着做心脏按压和人工呼吸,但很快发现帕尔梅血流不止,脉搏微弱,生命垂危。他们见自己的努力毫无结果,顿时没了主意。

就在这时,一辆出租汽车急驶而来,司机见此情景,立即通过车内电话向他的总部值班室报告,请求马上报警和派救护车。

4分钟后,警车呼啸而至。警察马上封锁现场,顷刻间,救护车也飞驰而至,救护人员试图立即进行现场急救,但发现帕尔梅伤势严重,情况万分紧急,遂决定马上把他送往附近的萨巴茨贝医院抢救。直到这时,人们才知道他们所抢救的竟是他们的一国之相——帕尔梅。

无影灯下,医生们紧张地进行抢救。他们发现,罪恶的子弹是从帕尔梅背部射进,穿过胸腔,切断了一根大动脉和气管。由于失血过多,尽管大夫竭尽全力也未能挽回首相的生命。

3月1日凌晨零点7分,帕尔梅溘然与世长辞,仿佛一颗熠熠发光的巨星,从空旷的夜空中悄无声息地陨落了,甚至都没有来得及留下一句遗言。

兴师动众大侦破

帕尔梅遇刺后,瑞典警方以最快速度赶到现场,立即封锁了出事地点及周围一些街道,全力以赴,在斯德哥尔摩全城,展开了历史上最大规模的搜捕和侦查。附近的每条街道,每一个垃圾桶,每条下水道都搜遍了,但收获甚微,仅发现了两粒直径0.357的穿甲子弹。瑞典警方宣布,在瑞典库存的500种子弹中,没有这一型号的子弹。最后只好求助于联邦德国和美国警方专家,进行技术检查和鉴定。警方遂把搜查线索和注意力转向了几位目击者。

作为当事人和目击者之一的帕尔梅夫人,回忆说,当时,由于惊慌,她没有看清刺客的面容,只觉得似乎有点面熟,好像在哪里见过,可无论如何也没有记起曾在何时何地见过此人。

·千古刺客的谋杀悬案·

图文珍藏版

另一位目击者是 27 岁的出租汽车司机代尔斯博恩。他于 3 月 5 日向警方提供线索说,他当时在现场附近听到枪声,并看见一个人提着还在冒烟的手枪,向等候在离现场 500 米远的地方一辆大众牌"帕萨特"型蓝色小轿车逃去,并看见车上似乎还有一个人,等凶手一上车,轿车便飞速离去。由于车速过快,没来得及记全它的车号。

另两名目击者是护校的学生,17 岁的安娜和卡琳。她们作证说,凶手身高 1.8 米左右,年龄在 35~40 岁之间,身穿一件深色的长大衣,头戴一顶戴帽沿的帽子。

一位当晚在出事地点的 22 岁的女画家提供了另一条线索。她说,那晚大约 11 点 24 分,她正沿着斯韦亚瓦根大街走,忽然同一位迎面跑来的男子相撞,他长脸形、黑头发、高鼻子、黑眼睛、深眼窝、厚嘴唇,年龄在 32 岁左右,样子像是中东人或拉丁人。后来,她根据记忆,描绘出一张凶手的模拟头像,并将它交给了警方。警方负责人汉斯·霍尔默于 3 月 6 日下午,在记者招待会上宣布,刺杀帕尔梅首相的凶手模拟像,已由德国赶来的两名刑警局凶犯绘像专家做了技术性的修改和鉴定,并于当日公布于众。

根据上述线索,警方立即组织大规模力量,对在瑞典注册的所有 200 辆大众牌"帕萨特"型蓝色小轿车进行检查,并拘捕了 30 多人,但经审讯后,没有发现重大嫌疑者,拘捕的人被陆续释放。

警方还动用了警察局里的电脑资料系统,将凶手的特征与 830 万瑞典人及其外籍人进行核对,结果毫无收获。

最后,警方又悬赏 50 万瑞典克郎(约合 7.5 万美元),要求广大公众向警方提供线索,协助警方破案。在随后几天内,警察总部大楼里电话不断,热心的人们纷纷向警方提供他们认为与案情有关的各种线索。警方将所获得的 1 万余条线索全部输入电脑,进行处理、比较、分析。根据电脑处理后提供的信息,警方传讯了 1500 多名嫌疑犯。但最终由于证据不足,一名名嫌疑犯都相继被释放了。

连连失误无建树

帕尔梅首相遇刺整整 3 个月后,摆在警方面前的仍然是毫无头绪、毫无价值的 1 万多条线索,近 2000 名嫌疑犯和若干自称为凶手的国际恐怖组织,而真凶却无法捉拿归案。警方处境窘迫,进退两难,似乎已到了山穷水尽的地步。人们对警方的办事不力,效率不高变得越来越不耐烦,舆论转而开始尖锐地批评、指责警方在侦破过程中的连连失误。

1.没有保护好现场。警方接到报案后未派大批警员封锁现场,致使现场被完全破坏。

2.没有及时封锁国界。稍微有点头脑的人都能估计到,凶手会从水路或空中逃离瑞典。然而,出事的当夜,警方竟没有一个人想到应当立即通令全国各机场、港口等出境处加强管制,并加派人员监视出入机场车站的人。由于关卡没有接到任何通报,因而关卡查验不严,出入自如,凶手极有可能有足够的时间大摇大摆逃出瑞典国境。

3.追捕凶手行动迟缓。当警方赶到现场后,几位目击者都向警方报告了凶手的逃跑方向。但警方把精力集中在抢救帕尔梅和在医院值班守卫方面,没有及时去追捕逃犯。

4.警方人员工作草率。在搜索现场时竟没有发现什么重要物证。后来,是由行人发现了两颗子弹头。

5.平时对治安问题缺乏研究。警方在帕尔梅遇刺后,心中无数,手忙脚乱,充分反映出过去对突发性重大刑事案件没有思想准备和实战准备。

6.政府要员的保卫制度不健全。瑞典的国王、首相、大臣的办公室和寓所平时都守卫不严。他们外出时通常很少带警卫,即便带了警卫,有时也离得很远,起不到保护作用。

其实警方的失误又何止这些?

1988 年,帕尔梅被刺两年后,正是侦破工作茫无头绪,一筹莫展之际,瑞典一家报纸突然爆出一条轰动一时的独家新闻。披露了鲜为人知的内幕消息:英国情报机构 M16(即军情 6 处)根据它的情报来源,早在 1985 年就已警告瑞典的情报机构:瑞典将发生恐怖主义分子袭击事件,帕尔梅首相处于危险之中。但可能因为,瑞典近 200 年还未发生过政府要员遇刺的事件,也可能有别的什么原因,总之瑞典情报机关竟把这重要情报抛在脑后,置若罔闻,没有采取任何有效的防范措施,致使帕尔梅首相惨遭不幸。这条消息传出后,一时间全国震惊,舆论哗然。

疑凶抓了又被放

1988 年 12 月,在经过旷日持久的调查之后,侦破工作突然有了新的进展。据报道,警方让帕尔梅夫人观看了所有可疑分子的录像。当她看到一名 40 岁左右的男子时,她惊呼到:"就是他!他的脸型、眼睛和令人生厌的外表跟我以前所说的一样。"这名嫌疑犯叫彼得松,41 岁,无正当职业,家住斯德哥尔摩郊区,曾因盗窃、行凶和杀人被判过刑。警方随即逮捕了他。

这是帕尔梅遇刺近三年来,瑞典当局正式逮捕的第一名嫌疑犯。以前只是拘留过一些嫌疑犯,但都因证据不足而予以释放。

1989 年 5 月 29 日,彼得松在被关押近半年之后,于斯德哥尔摩地方法院被起诉。起诉书指控他杀害了帕尔梅,并企图杀害其夫莉斯贝特。检察官提出起诉的主要依据是,有人能证明嫌疑犯在事发之前曾"像鬼影一样尾随帕尔梅夫妇"。

6 月 5 日上午,斯德哥尔摩地方法院正式开庭。除关键证人帕尔梅夫人以外,还有嫌疑犯的一个熟人出庭作证。嫌疑犯声称出事那天夜里他未到过现场。但这位熟人证明在格兰德影院外曾见到他,当时两人相隔不到两米。另据嫌疑犯的朋友揭发,他曾谈到帕尔梅夫人在她丈夫被刺时是怎样尖叫的。

彼得松本人对起诉书的指控矢口否认,他一再声称自己是无辜的。在接受审问时,他说:"如果我是凶手,那我心甘情愿承认,以结束这场官司。"他的两位辩护律师对证人的一些证词持怀疑态度,坚持认为彼得松无罪,应立即予以释放。

在法庭上,被告律师阿尔内·里耶罗斯主要从 5 个方面与检察官展开针锋相对的辩论:

1.被告没有杀害帕尔梅的动机。据警方调查,他一直是社会党的支持者,并十分崇拜帕尔梅,历次选举他都向帕尔梅所属的社会党投赞成票,与帕尔梅无任何私人恩怨。另外也没有证据证明他同任何政治组织或外国集团有联系,法庭检察官对此未能提出有说服力的杀人动机。

2.彼得松以前的犯罪史中从未使用过枪,而许多迹象表明,此案是有组织、有计划的政治谋杀案,绝非一人之举。

3.行刺发生之际,被告不在现场。根据是有一位 68 岁的证人在法庭上作证说,案发时,他在斯德哥尔摩郊区一火车站见过彼得松。

4.40多位出庭作证在格兰德影院外和斯韦亚瓦根大街上见过彼得松的证人,都是在当时昏暗的灯光下,且时隔不久,可能认错了人。再者,所有证人中也没有任何人作证明,的确看见彼得松开枪或持枪。

5.帕尔梅夫人的证词是她在极度惊慌中所见,并且时隔3年的记忆,其未必准确,不能作为裁决的主要依据。

法庭对彼得松的审判持续了几个星期。

7月6日,检察官赫林在听取证人作证后提出最后报告,认定被告即凶手。

7月10日,原、被告陈述意见及证人出庭作证完毕。其后,法庭开了三次内部会议,研究案情。7月27日,法官宣读了判决书,被告彼得松以谋杀罪被判处无期徒刑。

作为被告的彼得松从审判开始至宣读判决书后,一直坚持自己无罪,说帕尔梅案与他毫不相干。在法庭辩论时,他曾坦然地说:"我曾误杀过人,但不是杀人犯。"当问他是否枪杀了帕尔梅时,他肯定地回答:"我没有杀害帕尔梅,也从来没有企图杀害帕尔梅。谋杀是可耻行为,我决不去犯这种罪。"

法院的判决并未解开民众的疑团,3000人打电话给瑞典电视台,其中就有2000多人认为彼得松不是真正的凶手。

8月1日,彼得松向瑞典中级法院提出上诉。

9月12日,瑞典中部地区的斯维亚上诉法院在斯德哥尔摩开庭,重新审理此案。

10月12日,斯维亚上诉法院以证据不足为由,判决立即释放彼德松。

斯维亚上诉法院的这一判决,使帕尔梅遇刺案的调查工作跌入"山穷水尽"的境地,重新成了一桩无头案。

重金悬赏无人领

在帕尔梅遇刺后的整整一年里,警方抽调全国最佳警员,组成了3000人的庞大特别侦缉队,耗资600万美元,审查了1.7万名嫌疑人,侦查记录多达2.9万份,并曾向1万多名证人做了调查,但掌握的情况和案发第二天掌握的情况相比没有多大差别。为此,瑞典警方缉拿凶手的赏金由最初的50万克朗提高到500万克朗。1987年11月12日,再次把赏金提高到5000万克朗(约合850万美元),而这笔钱不需纳税,还可以根据领取者的要求,在外国银行开一个秘密账户。由此可见警方侦破此案的决心和焦急心态。

可是,至今还没有见到能领走赏金的人。世界人士都在猜测着,到底是谁杀害了帕尔梅?归纳起来,主要有以下5种说法:

1.联邦德国的红军派。

1986年3月1日凌晨3时左右,即帕尔梅首相遇刺大约3个小时后,瑞典驻西德大使馆接到一个奇怪的电话。一个声音嘶哑的男人说:"我们德国红军派的霍尔德·迈因斯突击队已杀死了你们的首相帕尔梅……"翌日上午,驻伦敦的一家国际新闻社,也接到一个匿名电话,声称:"刺杀瑞典首相是霍尔德·迈因斯突击队干的。"至于为什么要暗杀首相,打电话的人说:"你们只要去查一下历史就会明白的。"

那么,德国红军派的霍尔德·迈因斯突击队到底是一个什么组织呢?它为何要暗杀帕尔梅呢?

所谓德国红军派系德国一个极端左派的恐怖组织。霍尔德·迈因斯是红军派的创始人之一。他于1972年6月被捕入狱,两年后因绝食而死于狱中。该集团的6名成员于1975年4月到瑞典,突袭并占领了联邦德国驻瑞典大使馆,劫持了12名人质,要求联邦德国释放被捕的26名红军派成员,但西德政府没有答应,于是他们杀害了两名人质,并引爆炸药,酿成火灾。瑞典警方对他们采取了紧急搜捕措施,当场击毙1名企图顽抗的突击队员,逮捕了其余5人,瑞典政府将他们全部引渡给联邦德国政府。当时,帕尔梅首相直接参与并处理了这件事。

警方分析,如果说他们出于报复心理而暗杀帕尔梅首相倒有可能。但仅凭这些,而没有充分确凿的证据,是无法定案的。

2.库尔德分裂分子。

1988年7月31日,瑞典斯德哥尔摩《晚报》报道,一直在调查帕尔梅暗杀案件的埃伯·卡尔松说,土耳其侨民埃尔多安·萨勒卡亚是杀害帕尔梅的凶手。萨勒卡亚现年31岁,是土耳其被取缔的库尔德工人党党员。

土耳其的一家报纸《国民报》也曾推测,总部设在叙利亚大马士革的库尔德工人党与此案有干系。这家报纸的理由是,该党的一个激进的地下组织,经常在北欧几个国家活动。帕尔梅首相为限制他们在瑞典活动,曾令警方和海关拒绝试图以移民身份进入瑞典的该党9名成员入境。移民局还在他们的护照上加盖了"恐怖分子"的印章。此外,该党还有两名成员因犯杀人罪而被瑞典司法局判处无期徒刑。因此,该党恨透了帕尔梅,早在两年前就扬言要暗杀帕尔梅首相。但这也仅仅是推测而已,同样没有任何证据证明他们就是真凶。

3.欧洲国家社会主义联盟。

1986年3月13日,即案发不久,瑞典通讯社收到一封匿名信,声称:"欧洲国家社会主义联盟已于2月28日成功地处死了帕尔梅,下一个该轮到维利·勃兰特了……"这个联盟是一个新纳粹组织,早在1972年就扬言要杀帕尔梅的好友,当时的联邦德国总理勃兰特!

但是,仅凭这种自称作案的信件,自然也无法判断他们就是真正的凶手。

4.瑞典情报机关。

1987年2月15日,英国伦敦《今日报》引述一名前瑞典情报组织成员所透露的消息说,暗杀帕尔梅首相所用的手枪缘由警方军火库保管,后来只有瑞典情报组织才使用这种手枪。他还说,帕尔梅生前曾企图制服瑞典情报组织,瑞典情报组织对他恨之入骨。情报组织的一些高级官员在帕尔梅死后得意地说,他的死使情报组织的权力迅速扩大,经费大大增加,真是"皆大欢喜"。

显然,不能排除帕尔梅被国内极端分子暗杀的可能性,可谁又能拿出确凿的证据呢?

5.伊朗人。

最新情报表明,帕尔梅遇刺似乎与限制军火交易有着密切联系。

1987年11月3日,瑞典《晚报》援引伊朗前总统巴尼菲德尔的话说:"去年暗杀帕尔梅事件是德黑兰下令干的。他从一位非常可靠的伊朗人士和一些独立人士那里得知,之所以暗杀帕尔梅是因为他知道瑞典在卖军火给伊朗并想对此进行调查。"

瑞典是世界上屈指可数的军火出口大国。有人分析,在帕尔梅积极调停两伊战争的同时,瑞典军火商却在暗中同交战一方大做军火生意。而根据帕尔梅宣布的政策,军火是绝不允许出售给正在交战的任何一国的。当帕尔梅得知此事后,立即下令中止这种有损瑞典这种中立国名誉的军火交易。显而易见,帕尔梅此举直接触怒了伊朗。干掉帕尔梅已成为他们当务之急要解决的问题。

然而,依旧缺乏足够、确凿的证据。

到底谁是凶手?!

还能捉到刺杀帕尔梅的真凶吗?

负责调查、追捕暗杀帕尔梅首相一案的瑞典上诉法院大法官伊瓦尔·斯卡斯泰特 1988 年 1 月 7 日对记者们说,他认为凶手已经死了。"我们不会再活捉到刺杀帕尔梅的凶手了。他不是自杀,就是已经被杀灭口。"

真是这样吗?

人们仍期待着,那 850 万美金的悬赏能有人领走,杀人凶手被绳之以法。

血溅蓝天　魂归何处
——巴基斯坦总统齐亚·哈克坠机之谜

1988 年 8 月 17 日晚 8 时,巴基斯坦电台和电视台公布了一条凉人的公告:巴基斯坦总统兼陆军参谋长齐亚·哈克因飞机失事遇难身亡,随行的 30 多名高级官员无一幸免。噩耗迅速通过无线电波传向巴基斯坦,传向全世界,人们无不为之震惊。在惊诧之余,人们不禁会问:齐亚·哈克的座机为什么会坠毁? 这次空难是一起意外事故还是人为破坏? 是暗杀吗? 如果是,那凶手是谁?

然而,时至今日,这仍然是困扰在人们心头的一个不解之谜。

空难乍起

1988 年 8 月 17 日上午,"巴基一号"(总统座机 C130 飞机)从空中缓缓降落在巴哈瓦尔普尔机场上,巴基斯坦总统齐亚·哈克身着戎装健步走下飞机舷梯。他此行的目的是视察在本地的第 31 军并观看由美国最新提供的新型坦克在沙漠中的作战演习。

这天早晨，哈克总统以前的军事秘书、现任装甲兵司令的穆罕默德·杜拉尼少将异乎寻常地打来几次电话，坚决请求哈克总统出席观看今天的坦克射击表演，说届时整个陆军司令部的头面人物都将出席，言外之意，如果他不出席的话，就会被认为是一种"轻慢"。

下午 3 点 30 分，哈克总统一行又登上了 C130 座机，准备飞回伊斯兰堡。同

齐亚·哈克

机返回的有巴基斯坦第二号强有力的人物、参谋长联席会议主席雷曼将军及 8 位陆军高级将领，另外还有哈克总统的两位美国朋友：一位是美国大使阿诺德·拉斐尔；另一位是美驻巴军事援助代表团团长赫伯特·沃森将军。

飞机起飞前，陆军副参谋长贝格中将站在跑道上向他们告别。他是那天唯一没有登上"巴基一号"座机的陆军高级将领。在起飞前一分钟，齐亚·哈克还邀请他登机。但贝格说，在他回家的路上还有一个会要参加，他将乘另一架飞机前往。

3 点 47 分，机场发出起飞信号。"巴基一号"腾空而起，相继起飞的还有两架护航战斗机。

驾驶舱内坐着 4 名机组成员：驾驶员、空军联队指挥员马什胡德是哈克总统亲自挑选的，副驾驶员、导航员和工程师也都是一流的。在"巴基一号"升空后，驾驶员通过无线电回报巴哈瓦尔普尔控制塔："巴基一号"准备发送信号。但出人意料的是，接下来竟出现一片静默，地面人员开始惊恐万状，同马什胡德取得联系的努力很快令人绝望了："巴基一号"座机起飞后 4 分钟就失踪了。

与此同时，护航机上的驾驶员突然报告地面说，总统座机显出烟雾和火花。报告的话音刚落，紧接着又传来护航机上的驾驶员惊慌失措的呼叫声："总统座机起火爆炸了！"

此时，时钟指向下午 3 点 51 分。

空难发生时，在离机场 7 公里的一条河边，目击者看见一架飞机在空中东倒西歪地向前飞行。突然，机上喷出一团黑烟。几秒钟后，一个大火球顷刻间就吞噬了

整架飞机。附近村庄的村民看到，飞机令人恐惧地急速向下坠落，剧烈地颠簸翻滚。在做第三个环形运动之后，它一头栽到地面，机上的 4 个涡轮螺旋桨发动机反弹起两三次，然而便是震耳欲聋的爆炸声。

还有一些目击者说，他们看见总统座机在该地区上空盘旋了两圈，接着就听到两声爆炸声，之间仅隔约 5 秒钟。一位当时正在茶馆喝茶的当地村民事后说，他相信其中一声爆炸是在半空中，而另一声则是飞机在坠地撞毁时发出的。他又说："当我们跑到现场时，已有两架直升机在那儿降落，但由于火势猛烈，他们无法进入坠毁飞机周围 200 公尺内。"

"巴基一号"座机大部分残骸散落在一个直径不到 40 米的小地带里，而且已被大火烧得面目全非，可以辨认的最大部件是一个机翼。另一个机翼跌落在离飞机坠毁地点 1 公里的地方。

总统座机坠毁后，军队和警察立即封锁了出事现场，以阻止记者和其他人员入内。

有关人员在直升飞机配合下开始搜寻总统及其他遇难者的尸体。直到 18 日，才发现 23 具尸首。人们根据死者所佩戴的军衔、勋章和奖章等其他饰物，辨认出哈克总统。

哈克的一生

齐亚·哈克总统遇难前 5 天，刚刚度过了 64 岁生日。他一生戎马生涯，二战期间，他加入了英国皇家印度骑兵部队，转战于缅甸、马来西亚和印尼等地。血气方刚，骁勇善战的哈克很快便崭露头角，于 1945 年和 1955 年先后毕业于印度台拉登军事学院和巴基斯坦参谋学院。1966 年起他担任装甲团团长，后升为师长。由于受到佐勒菲卡尔·阿里·布托总统的赏识，哈克平步青云，三四年间就从少将升为中将。1976 年升为上将，同年越过四位资深的将军荣升陆军参谋长。

1977 年 3 月，大选后的巴基斯坦，政局动荡不安。在野党指责布托领导的人民党在大选中舞弊，要求布托辞职，重新举行大选。反对派联盟发动示威游行，各地骚乱不断。布托为稳住局势，毅然宣布军管，在各主要城市实行宵禁，并逮捕了所有反对党领袖。政治危机把巴基斯坦推向了内战的边缘。这一切为军人出来收拾残局提供了契机。

1977 年 7 月 5 日凌晨 2 时,驻扎在首都伊斯兰堡的军人在陆军参谋长哈克将军的一手策划下突然倒戈,一举推翻了布托的政府。

哈克政变成功后,在全国实行军法管制,稳住了政局;布托及其夫人和女儿被投入监狱。但哈克觉得活着的布托对他是一种潜在的威胁,为彻底根除这一大隐患,巩固自己的军人统治,1979 年 4 月 4 日在哈克的操纵下,拉合尔高等法院全然不顾全世界一片遗憾和反对声以谋杀罪将布托推上了绞刑架。

1978 年 9 月 16 日,齐亚·哈克出任总统,同时兼任武装部队总司令。

作为国家元首,哈克总统在国际舞台上十分活跃。

面临大批苏军压境,哈克表现出极大的勇气和决心,号召全国人民团结起来捍卫领土完整。

他还主张谴责苏联入侵阿富汗的行径,为政治解决阿富汗问题和安置流入巴基斯坦境内的 300 万阿富汗难民,发挥了举世公认的作用。

为改善长期以来印巴不和睦的关系,他三次主动访印,充分显示了一位政治家的顾全大局、豁达有识的风范。

为谋求南亚地区的稳定与安全,他频频出访,四处奔波,积极争取外援,借助国际力量保卫国家的安全和领土完整,维护该地区安宁。

哈克还曾作为 40 国伊斯兰会议选出的和平使者,调解两伊冲突。穿梭于海湾国家之间,为两伊冲突的和平解决做出了不懈的努力。

国际社会为表彰哈克对世界和平国际合作所做出的贡献,授予他国际和平与合作金奖。

这样一位政绩显赫、名扬世界的政治家的意外遇难,无疑是在巴基斯坦人民心中投下了一枚重型炸弹,举国上下沉浸在极大的悲痛之中。

哈克的猝然身亡不仅震动了巴基斯坦全国,同时在世界也产生了强烈反响。

8 月 17 日下午举行的联大会议为哈克默哀 1 分钟,秘书长德奎利亚尔在致联大的声明中,赞扬哈克是一位具有远见卓识的领导人。

不少国家发去唁电、唁函,对哈克遇难表示遗憾和悼念。

一度与巴关系紧张的印度,对哈克的去世也做出了友好的姿态,全国降半旗致哀3天。

从震惊、悲痛中清醒过来的人们立即想到的是:齐亚·哈克总统的座机怎么会爆炸?是人为的破坏还是技术故障?

人为的破坏

8月18日,由空军司令员阿巴斯·米扎尔率领的由空军和巴航高级技术人员组成的调查小组前往巴哈瓦尔普尔进行调查。美国也应邀派出两队人马,一队由五角大楼费斯特准将率领,由8名空难专家组成;另一队来自原联邦德国基地,主要帮助巴方辨认尸体。调查小组调查了巴哈瓦尔普尔和木尔坦等地的500多人,并于21日隔离性拘留了与齐亚·哈克总统座机爆炸事件有关的80多人。此外调查人员还在座机坠毁现场周围6公里的范围内进行搜索,收集座机的各种残骸,以便确定是否有定时炸弹爆炸的证据,并将其中一些关键部件运往美国鉴定。而美国专家则在死者遗体中寻找可能存在的爆炸物碎片,如果有的话,就要进一步确定是什么爆炸物。

据有关专家推测,这次空难的原因有以下5种可能性:气候恶劣、机械故障、技术错误、两机相撞和人为破坏。调查人员对以上5种可能采取排除法,根据调查的事实,对总统遇难之因进行了详细分析:

1.排除气候恶劣的因素。

据当地居民、军警的证词和气象台记录,空难发生的当天下午,巴哈瓦尔普尔地区晴空万里,能见度很好,丝毫不影响飞机正常的空中飞行。气候因素首先被排除。

2.排除机械故障之因素。

首先,排除了引擎出毛病的可能性。C130中远程军事运输机是美国洛克希德公司生产,以其质量优良、性能稳定和安全系数高而闻名于世。这种飞机装有4个引擎,即使只有1个引擎在运转,它也能继续飞行。并且只要有陆地,它就能降落。哈克总统这架座机机械状态非常好,历经10多位高级技师全面检查都合格。而且事后经专家调查分析证实,飞机引擎未出故障。

其次,排除了机械失灵——控制系统失灵的可能性。C130飞机的控制系统有

3个,在两个液压控制系统都漏液的情况下,还有一个控制索的机械系统作后盾。调查人员将控制系统的位置同液压阀的结构和机尾稳定器进行比较后,确定在飞机坠毁时控制系统是正常的。可见,机械故障的原因完全可以排除。

3.排除两机相撞之因素。

巴基斯坦空军参谋长哈基穆拉·汗说:"当齐亚·哈克总统前往巴哈瓦尔普尔观看坦克部队表演时,所有空军基地都采取了常规的安全措施,其中包括飞行控制和地面指挥。"巴基斯坦驻联合国大使在谈到是否可能发生两机相撞时回答说:"不会的,因为在齐亚·哈克总统座机飞行时,附近不会有其他飞机飞行。"

经有关部门查证,事实上在出事的时候,此地区上空确实没有任何直升飞机飞行,地面上也未发现直升飞机的残骸。

4.排除技术错误之因素。

哈克总统座机的机长,主管飞行员马什胡德空军中校,是巴基斯坦技术超群的老牌飞行员,他驾机技术高超,曾荣获多枚勋章。C130机组人员一般只需4~6人,而这架总统专机是双倍建制,共13人之多,都是经过严格挑选的技术尖子。况且,飞机失事不是处于飞行的关键时刻,比如起飞或降落。因此,这样一个实力雄厚,经验丰富的机组肯定不会起飞后数分钟就出现技术错误。

排除了以上4种因素,剩下唯一的可能就是人为破坏。这也是巴基斯坦官员们的普遍怀疑。

8月17日,参议院主席伊沙克·汗根据宪法接任总统后,在谈到哈克总统蒙难时说,这是一个预谋行动,而不是简单的飞行事故。

8月18日,巴一位高级官员说,巴基斯坦情报部门几天前曾经报告说,一个谋杀齐亚·哈克总统和政府要员的阴谋正在计划之中。

8月20日,伊沙克·汗在记者招待会上说,政府仍怀疑是人为破坏造成了这次总统座机爆炸事件。"各种情况表明,巴基斯坦的敌人正对我们国家的安全构成威胁,他们已渗透到我们国家的防卫内层中。"

如果真的是有意破坏的话,那么是用什么手段制造这次爆炸事件的呢?

由巴空军调查委员会和美国专家组成的联合调查组经过两个多月紧张细致的调查,于10月16日向巴基斯坦政府递交了一份长达350页的调查报告,其结论是：运用高技术而又精心策划的破坏行为导致了这场空难事件。

这份报告分析说，由于在驾驶室内及其他地方发现几种化学物质的不正常痕迹，其中包括锑、磷和硫以及破坏分子常用的爆炸物四硝酸季戊四醇酯、硫磺。专家们认为：破坏者有可能使用了毒气爆炸装置，这些装置可能混于装上飞机的芒果筐中或是包装饮料中，然后通过自动或遥控手段引爆这些毒气装置，使机组人员在几分钟内不知不觉中毒，最后造成飞机失控而出事。

那么，这枚遥控炸弹可能藏在哪里呢？有的专家认为，可能安放在某个装设备的集装箱内。也有的专家认为，在总统座机起飞前最后一分钟搬上飞机的，由地方知名人士向总统赠送的 20 箱芒果里可能藏进了炸弹。

但是，炸弹究竟藏在哪里？又是谁动手藏的？对此，调查委员会没有做出明确回答，似乎也不想查出真相。

种种迹象令人不解　耐人寻味

飞机坠毁后，美国似乎对此没有给予足够重视。美国国务院就表现得不怎么热心。国务卿舒尔茨参加齐亚·哈克葬礼后回到华盛顿，就劝说联邦调查局不要插手巴基斯坦对这次事件的处理。尽管联邦调查局有权调查涉及美国公民的可疑的飞机坠毁事件，但它还是默默同意了。至于原因何在，就不得而知了。

飞机失事次日，现场的美国国防部调查员曾指出："坠机并非机械故障的结果。"但其后新闻综述却援引美国国务院的一位人士的话说："'美国专家'相信坠机乃机械故障所造成。"据一位巴基斯坦高级官员透露，事故发生后，美驻伊斯兰堡大使馆曾通知巴当局，叫他们不要利用坠机事件使苏联尴尬，应避免"拧熊的尾巴"。

杀死或麻醉驾驶员的化学剂只有通过尸体解剖才能确定下来。然而，巴有关方面从未对机组人员的尸体进行解剖。8 月 17 日晚，受害者包括两名机械师的遗体被送往巴哈瓦尔普尔军事医院，尸体被冷藏起来，以备剖验。可是，8 月 18 日，医院收到官方一项命令，不准进行验尸，尸体随后被装入棺材运走。不知这是为什么？

事后，警方对机场接近"巴基一号"座机的人以及与其安全有关的人进行的调查有所放松。没有受到有计划的彻底查问。坠机时在巴哈瓦尔普尔的军事人员也被调换了。

更令人不解的是,空难"见证人"飞机上的黑匣子或座舱声音录音机自始至终找不到。

这些细节综合起来分析不难发现,似乎有一双无形的手,在竭力巧妙地掩盖坠机事件的真相。是谁在操纵这一切? 这又是为什么?

谁是真凶

一位西方分析家说:"齐亚·哈克总统树立了许多敌人,现在有几十个反对他的组织,其中任何一个组织都可能这么干。"据有关报道,巴基斯坦问题专家还开列了一大串可能的嫌疑犯名单,从国外的宿敌到国内的反对派,无所不包。大体可分为两类:

其一,巴基斯坦国内反对齐亚·哈克的势力。

1.布托的兄弟米尔·穆尔塔扎领导的"佐勒菲卡尔"恐怖组织。

在过去的 9 年里,米尔·穆尔塔扎在国外领导这个团体,旨在推翻齐亚·哈克政权。他们使用的手段包括破坏、劫持和暗杀。

米尔·穆尔塔扎承认,他曾企图在 5 个场合暗杀齐亚·哈克,以报杀兄之仇。其中一次就是 1982 年运用一枚地对空导弹,射向正飞行在拉瓦尔品第上空的哈克总统座机,但没有击中。1988 年 8 月 17 日,齐亚·哈克遇难后,"佐勒菲卡尔"一开始声称是它炸毁了"巴基一号"座机,后来得知美国大使也死于坠机后,它又予以否认。该组织的一名成员 8 月 26 日在伦敦宣称:"佐勒菲卡尔"组织现在已不复存在,它也不再活动了。真是这样吗? 不得而知。

2.巴基斯坦穆斯林中亲伊朗的什叶教派。

这个教派占巴基斯坦 1 亿穆斯林人口的 20%,他们因齐亚·哈克总统同美国亲热和把他们的敌对势力逊尼教派树为巴基斯坦正统穆斯林,对他日益不满。他们甚至认为,属于逊尼教派的哈克总统是 8 月 5 日什叶派著名宗教和政党领袖胡申尼在白沙瓦遭人刺杀的幕后策划者,发誓要对齐亚·哈克实行报复。自那天起,两大教派之间的关系更加恶化,甚至几个地方发生了两个教派之间的激烈冲突。

哈克处在两大教派冲突的前沿,完全有可能成为争斗中的牺牲品。

3.巴基斯坦军方势力。

齐亚·哈克自1977年7月政变上台后,一直紧紧抓住军权不放。1984年前,哈克对全国实行军法管制,依靠军队实行专权统治。1985年后,哈克通过全民投票方式当选为民选总统,恢复了议会和民选政府。这时,哈克作为陆军参谋长在当选总统后理应脱掉戎装。然而,哈克却全然不顾国民议会、反对党以及军队内部要求哈克辞去军队中最有实权的陆军参谋长之职的呼声,声称死也要穿着军装死。这无疑对一些寄希望再升一步的高级军官们给了当头一棒。同时他们对哈克不断在军内各重要位置安插亲信不满,部分中下级军官受西方"民主"思想的影响,对哈克实行强权统治以及推行伊斯兰化政策极为反感。另外,军队里还有人认为巴基斯坦援助阿富汗游击队的东西实在太多而怨气冲天。西方舆论认为,从这次总统座机爆炸事件中分析,无论是国内还是国外势力,无论是采取什么手段,都需要在军队里找到一只"鼹鼠",否则不可能突破哈克总统周围严密的防卫。

其二,外国敌对势力。

1.阿布·尼达尔领导的巴勒斯坦恐怖主义组织。

专家们普遍认为,哈克总统在国外的最危险的敌人或许是这个巴勒斯坦恐怖组织。因为在哈克执政期间,巴基斯坦曾指控该组织的5名枪手参与了1986年在卡拉奇劫持美国泛美航空公司一架喷气式客机事件,并缺席判这5人死刑。从此,这个恐怖组织就与哈克总统结下了不解之仇,发誓要干掉齐亚·哈克。

2.阿富汗情报机关"卡哈德"。

1979年12月,苏联军队侵占阿富汗,扶植巴布拉克·卡尔迈勒上台。巴基斯坦政府立即宣布,不承认阿富汗现政权。此后,巴政府向阿富汗圣战组织转运了大量军火、武器,支援他们的武装斗争。阿富汗政府遂对巴基斯坦恨之入骨。截止到1986年,阿富汗政府军用飞机侵入巴领空近千次,阿炮兵炮击巴边境城镇和驻军数百次。1986年5月和1987年2月,巴军队击落阿空军战斗机两架,击伤一架。在此情况下,阿政府和阿情报局更加仇恨巴基斯坦政府,尤其是齐亚·哈克总统。于是,阿情报局遂将暗杀齐亚·哈克总统和其他高级领导作为自己的主要任务,并不断在巴基斯坦制造恐怖事件,以干扰和影响巴政府对阿富汗圣战组织的支持。

巴基斯坦、美国和西方国家一些情报专家和司法人士认为,目前,虽然没有足够的证据证明这次事件就是阿富汗情报局所为,但它却是最大的怀疑对象。

3.印度政府。

印、巴两国关系自分治以来一直存在芥蒂。两国之间曾爆发过3次战争,其中1971年11月的战争导致巴基斯坦的肢解,此后巴同印断交。虽然两国于1976年恢复了外交关系,但关系并未真正融洽。1986年2月,印度指责巴基斯坦插手印度国内锡克问题,向锡克教恐怖分子秘密提供武器,同时还谴责巴从美国购买武器威胁印度安全。1987年初,印、巴都在边境地区举行军事演习,导致两国关系再度紧张,直到4月,局势才得到初步缓和。1988年8月15日,印总理拉·甘地曾发出警告,巴基斯坦将会对出售武器给锡克分子之举感到"后悔"。但也有外国观察家分析,认为印、巴矛盾已经平稳,还达不到印方暗杀巴基斯坦哈克总统的程度。印外交部发言人也断然否认了印度幕后策划哈克空难事件的说法。那位发言人称,将印度列入涉嫌谋杀啥克总统的名单之中"完全是荒谬的,毫无根据和居心不良。"

4.苏联。

自苏联入侵阿富汗以来,巴基斯坦一直没有停止对阿富汗抵抗力量的军事、政治及各方面的援助,特别是哈克总统一再表示支持阿富汗游击队。对此,苏联当局十分恼火。1988年6月,在巴一次秘密会议中,德高望重的资源部部长凯塔曾这样提醒齐亚·哈克总统:"你现在处境危险,请随时注意防范。"因为在几个小时前,凯塔从阿富汗境内一个可靠方面获得消息说,在阿富汗有一个受命于苏联克格勃的特种暗杀组织,哈克已被列为他们暗杀名单中的第一位。8月初,苏联暂时停止从阿富汗撤军,以抗议齐亚·哈克违反了日内瓦协议。同时,苏联人还迈出了异乎寻常的一步:召见美国驻莫斯科大使杰克·马特洛,通知他苏联想教训一下齐亚·哈克。

但在空难之后,苏联外交部第一副部长沃龙佐夫立即召见了巴驻苏大使穆罕默德·阿明,指出关于苏联参与谋杀哈克的臆想是荒谬的。

迄今为止,对哈克总统座机爆炸的调查仍在迷离中进行着。齐亚·哈克的大公子伊贾兹·哈克辞去了他在巴林岛美国银行的工作,亲自出马调查杀害他父亲的凶手。或许他的执着,他的努力会感动上帝,将真正的凶杀绳之以法。但人们更寄希望于,随着时间的推移,巴国内各种势力的较量和政局的变化,此案的真相有朝一日会大白于天下。

卫兵变刺客　献花为谋杀
——英·甘地、拉·甘地母子遇刺

1991年5月21日10时20分左右,一声巨响,印度前总理拉吉夫·甘地和在场的20多人被炸得血肉横飞。消息传出,不仅令全印度感到悲痛,而且也使世界为之震惊。人们在悲痛、震惊之余马上联想到6年前,即1984年10月31日,他的母亲英迪拉·甘地总理被卫兵枪杀的悲惨的一幕。

这一天上午9时19分,印度总理英迪拉·甘地从她的位于新德里南区的萨夫达尔路一号官邸步行去她的办公室,准备接见英国著名演员彼得·乌斯季诺夫。他带领爱尔兰电视台的一个摄制组专程来印度采访甘地夫人,并要为她摄制一部电视纪录片。当英·甘地总理走到院子的拱门前(她每天都从此走过,前往办公室),她照例向卫兵们双手合十用印第语"那玛斯特"问好。在拱门处值勤的卫兵

拉吉夫·甘地

是本特·辛格,手持自动步枪,甘地夫人身后约7米远还有两名卫兵跟随着,其中一名是萨特万特·辛格。就在此时,萨特万特·辛格窜步上前,拔出左轮手枪向甘地夫人连射3枪,紧接着本特·辛格端起自动步枪,对准甘地夫人扫射。英·甘地随即倒在血泊中,洁净的莎丽服浸透了殷红的鲜血。

听到枪声,卫兵们迅速奔向出事地点,英·甘地的大儿媳、拉吉夫·甘地之妻索尼亚,从楼上急速下来,紧扶着婆母呼喊:"妈妈,啊,上帝啊!妈妈!"但英·甘地已不能回答。

总理的助手达温立即指挥惊慌失措的卫兵们把英·甘地抬上一辆轿车,飞速

驶向全印医学科学院。与此同时,卫兵们击毙了萨特万特·辛格,击伤并俘获了本特·辛格。本特·辛格没有反抗,只表示:"我做了该做的事情,现在你们随意处置吧!"

全印医学科学院集中了印度最有名的医生。12 名医生全力抢救,但是,已经无济于事,她全身共中了 16 颗子弹,其中一颗命中了心脏。医生从她体内取出 8 颗子弹,给她输了 88 瓶 O 型 RH 阳性鲜血,大约有 200 多人在医院现场献血。下午 1 时 20 分,这位印度著名的政治家与世长辞,终年 67 岁。

英·甘地遇刺时,其长子拉吉夫·甘地正在西孟加拉邦准备参加一个群众集会,当警方告知他总理出事消息后,他立即乘坐专机返回新德里,当他到达医院时,英·甘地已经逝世,在她周围的是那些泪流满面的内阁部长。拉·甘地抑制住极大的悲痛,表现出一位年轻政治家应有的冷静。正在也门出访的总统宰尔·辛格也匆匆赶回新德里,当即举行内阁紧急会议,决定由当时已是国大党总书记的拉吉夫·甘地接任总理。当晚,印度政府发布了英·甘地遇刺身亡的消息,印度人民极为震惊和悲痛。人民爱戴他们的总理,因为她为印度的进步和团结统一做出了贡献,甚至献出了生命。英·甘地在被刺前一天在群众集会上曾经说:"如果我今天死,那我也毫无憾意。因为,我的每滴血都是为了印度的民族。""人的肉体可以消灭,血液可以干涸,但人的灵魂是不会泯灭的。一个人致力于国家进步、民族团结的精神和信仰是永生的。犹如圣雄甘地,他人虽死,但他的精神不死。"

宗教仇杀

刺杀英·甘地的两名卫兵,是她卫兵中的仅有的两名锡克族人。他们为什么要刺杀自己的主人呢? 据事后查明,这两名锡克人卫兵的行动与金庙事件有关。

印度旁遮普邦的居民大多数是锡克人,信仰锡克教。16 世纪初,纳那克"祖师"创立锡克教,认为在神的面前人人平等,种姓划分和歧视妇女违背神意。19 世纪初,锡克人建立了独立的封建王国。英国殖民统治时期,殖民者曾利用锡克人的体格健壮、艰苦朴实、勇敢尚武的特点,充当英国殖民地的警察、巡捕和门卫等。不少锡克人取名为"辛格",意即狮子。1947 年印度和巴基斯坦分别独立后,旁遮普邦划入印度境内,锡克人要求有更大的自治权和独立性,极力想从印度独立出去,建立锡克人的"伽利斯坦国"。1982年8月,阿卡利党发动了争取锡克人更大自治权的运动。10月,锡克教宗教领袖宾德兰瓦勒在锡克教的活动中心阿姆利则金庙设立了总部,要求印度中央政府除国防、外交、货币和交通外,其余均由锡克人自治。英·甘地政府一方面通过谈判,对锡克人的要求做出某些微小的让步;另一方面对锡克人的过激行动采取坚决镇压。1984年4月4日,英·甘地总理宣布旁遮普邦为"危险的骚乱地区",派遣大批保安部队前去维持秩序。4月5日,以金庙为总部的宾德兰瓦勒号召锡克人"迎接挑战",抗击中央政府军的"侵略"。双方不断发生流血冲突。6月2日,英·甘地命令10多万政府军包围金庙,冲突进一步扩大。6月7日黎明,政府军攻克金庙,宾德兰瓦勒自杀。在这次冲突中有576人死亡,其中锡克教徒492人,伤348人,逮捕1471人。与此同时,政府军还对旁遮普邦的30处锡克教寺庙采取行动。逮捕人数增加到7000人。直到9月29日,政府军才与锡克教长老们达成协议,撤出金庙。金庙事件暂告平息。但矛盾并没有解决,一部分锡克教徒发誓要对金庙事件进行以血还血的报复,他们扬言,要以印度教徒的血来祭奠锡克教领袖和殉难的兄弟姐妹。于是,他们暗中策划,利用英·甘地的卫兵中的锡克人来刺杀她。而英·甘地却过分信任了这两名锡克教徒卫兵,才酿成了这一悲剧。

尼赫鲁家族

英迪拉·甘地1917年11月19日生于北方邦的阿拉哈巴德,贾瓦哈拉尔·尼赫鲁的阿南德宫(即欢喜宫)。其父贾瓦哈拉尔·尼赫鲁是印度著名的独立运动领袖、国大党主席,印度独立后第一任总理;其祖父莫蒂拉尔·尼赫鲁也是国大党和独立运动的著名领袖。因此,英迪拉自幼受到民族运动的思想熏陶。1924年"圣雄"甘地倡导手工纺织运动,只有7岁的英迪拉,便在甘地指导下组织了一个"儿童手纺协会",自备纺车,虔诚地纺纱。她是尼赫鲁家的独生女,是她祖父母和父母的掌上明珠。1929年,英迪拉根据《罗摩衍那》里猴王驱邪的故事,组织了有1000多名儿童参加的"猴子队",投入国大党的抗英民族运动。她先后在德里和阿拉哈巴德接受初等和中等教育,1934年在泰戈尔创办的香蒂尼克坦国际大学学习一年。1936年,其母卡麦拉病逝瑞士,当时英迪拉18岁,曾在瑞士由贝克斯新闻学校学习过一段时间。1938 年她加入印度国大党。1939 年 2 月,英迪拉考取了牛津大学的萨默维尔学院,攻读政治、历史、人类学等学科,但因中途辍学未获学位。

1942 年 3 月 26 日,英迪拉和费罗兹·甘地结婚。费罗兹·甘地 18 岁就参加了国大党,在参加独立运动和上学期间,结识了英迪拉。他们的婚姻曾得到圣雄甘地的支持和关注。

1942 年 8 月,英迪拉因参加要求英国"退出印度"的运动而被捕 8 个月。她说:"这 8 个月的监狱生活锻炼了我的性格,锻炼了我的人格。"1944 年 8 月 20 日,英迪拉·甘地的长子,拉吉夫·特拉纳·甘地于孟买出世。1946 年 12 月,英迪拉的次子桑贾伊诞生。

1947 年印度独立后,贾·尼赫鲁任印度第一任总理,英迪拉成为父亲的助手和私人秘书,尼赫鲁自妻子卡麦拉 1936 年病逝后未曾续娶,因而尼赫鲁在会见和宴请外国的元首、政府首脑时需要女儿英迪拉做女主人。与此同时,她还从事妇女、儿童等社会活动。1952 年,印度举行第一次大选,英迪拉随父到全国各地竞选。1948~1953 年期间,她随父访问了英、美、苏等国。1954 年随父访问中国。1955 年随父参加了万隆会议。她在政治上已越来越成熟,获得了许多有益的经验,结识了许多国家的首脑,这为她日后的发展奠定了坚实的基础。

1955 年她当选为国大党工作委员会委员,1959 年 2 月至 12 月任国大党主席。在此期间,做出了显著的成绩,表现了她的聪明才智。1964 年 5 月 27 日,尼赫鲁年迈病逝。英迪拉首次进入内阁,任夏斯特里内阁新闻和广播部长,8 月当选联邦院议员,后为历届人民院议员。

1966 年 1 月 11 日,夏斯特里在访苏期间因心脏病复发,病故塔什干。1 月 19 日,国大党议会党团选举领袖,实际上也是选举总理。当时提出的候选人除英迪拉外,还有老资格的德赛。德赛自认为此次总理之职非他莫属,而英迪拉却表现得十分谦逊诚实。结果,英迪拉以 355 票对 169 票获胜,当选为国大党议会党团领袖,成为印度第一位女总理。其后,在 1967 年和 1971 年第四、五届大选中又两次蝉联总理,并先后兼任过计划委员会主席、原子能委员会主席、外交部长、财政部长、内政部长、国防部长等职,被认为是"世界上最有权势的女人"。但是,在 1977 年 3 月第六届大选中国大党惨败,英迪拉辞去总理职务。她并没有气馁,重整旗鼓,在

1980年1月举行的大选中再次获胜,出任第七届总理。1980年6月13日任命她的次子桑贾伊·甘地为国大党总书记。但天有不测风云,仅仅过了10天(即6月23日),桑贾伊·甘地即因飞机失事,丢掉了他年仅34岁的生命。1981年6月,她的长子拉吉夫·甘地在北方邦阿麦提选区当选人民院议员。1983年2月,国大党(英·甘地派)工作委员会任命拉吉夫·甘地为该党总书记。

英·甘地去世后,拉吉夫·甘地继任总理。他是尼赫鲁家庭的第4代,也是该家庭的第三位总理。他在印度接受完中等教育后,到英国剑桥的三一学院和伦敦帝国学院深造,学习工程学。在英国学习期间,他虽贵为"印度王子",而他却在课余找一些工作做,与同学们同住狭窄的宿舍。他在那里与意大利北部的一位学语言的普通女生索尼亚相识,经过三年恋爱,于1968年2月结婚。起初,索尼亚并不知道拉·甘地的身世。

拉·甘地和索尼亚回印度后,并没有从政。1968~1981年他在印度航空公司担任飞行员,夫妻感情很好。1981年他的从政的弟弟桑贾伊飞机失事去世后,英迪拉和国大党内的许多人劝他从政。但索尼亚坚决反对丈夫从政,经多次相商,她才勉强同意。当母亲遇刺,拉·甘地继任总理时,他才40岁,是世界上最年轻的总理,不少人都担心他能否掌稳印度政治经济之舵。然而不久,他就用自己的行动和才能解除了人们的担忧。他首先以政治家的风范同锡克人的温和派领袖达成和解协议;另一方面提出要用"计算机把印度引向21世纪"。因此,在他执政的1985~1989年期间,印度经济增长率超过了过去。但是,1987年发生了博福尔斯军火丑闻案,即印度在向瑞典博福尔斯公司购买军火时有人受贿。此案严重影响了拉·甘地政府的形象,也加剧了国大党内部的矛盾,从而导致了国大党在1989年11月的大选中失败,拉·甘地辞去总理职务。

但是,人民党新政府的政绩远逊于拉·甘地政府。1991年3月决定提前大选,拉·甘地和国大党呼吁人民在国大党领导下成立稳定政府,以解决国内紧迫的政治和经济问题,颇得人民支持。据民间测验,拉·甘地很可能在大选中获胜,重新执政。

1991年5月,印度举行大选,21日拉·甘地前往印度南部大城市马德拉斯市,然后驱车去40公里外的斯里佩隆布杜尔,参加一个竞选集会。当他下车走向讲台时,会场上挤满了人,许多人向他欢呼,也有人向他献花,其中一名妇女,向拉·甘地献上花束后,立即跪下来向拉·甘地行吻脚礼。此时,约 10 时 20 分左右,突然发生爆炸,顿时血肉横飞,约有 20 人被当场炸死。拉·甘地被炸得只剩下一条腿,其余部分和其他被炸烂的尸块混在一起,其状惨不忍睹。在场的人在这一瞬间被惊呆了,随即一片混乱,有的人在呼喊:"甘地在哪里?! 甘地在哪里?!"

真凶——泰米尔猛虎组织

经事后查明,拉·甘地是被斯里兰卡泰米尔猛虎组织的头目普拉巴卡兰为首的一伙人炸死的,具体指挥这次暗杀行动的是该组织的情报头目西瓦拉钱,直接执行这次暗杀的是泰米尔族妇女达努,她已与拉·甘地等人同归于尽。

泰米尔猛虎组织为什么要谋杀拉·甘地呢? 主要原因是拉·甘地任印度总理时曾派兵支持斯里兰卡政府镇压泰米尔人。1991 年 5 月举行的这次大选,拉·甘地很有可能重新执政,这对泰米尔族人是非常不利和危险的。为此,普拉巴卡兰在斯里兰卡北部丛林中的一个秘密指挥部召开了会议,策划了谋杀拉·甘地的计划。

据西方有关情报透露,泰米尔族人猛虎组织暗杀拉·甘地的计划从 1990 年 10 月便开始付诸实施。但是在 1991 年 5 月 21 日,斯里兰卡泰米尔伊拉姆猛虎组织驻伦敦的发言人否认该组织卷入暗杀前总理拉·甘地的活动。

西瓦拉钱组织了一个 4 人行动小组,由斯里兰卡潜入印度南部的泰兰尔拉德邦,并在那里搜罗了一批反拉·甘地分子,掩护他们实现暗杀计划。在 1991 年 4 月 18 日和 5 月 12 日,他们曾两次想暗杀拉·甘地,但都没有得手。5 月 21 日,当拉·甘地到达斯里佩隆布杜时,达努携带高爆炸弹,混入欢迎的人群,手捧花束,佯装向拉·甘地献花,她终于挤到拉·甘地面前,献上鲜花,跪下行吻足礼,借机引爆了捆在腰间的炸弹。她实现了自己的凤愿,也完成了猛虎组织交给她的任务。后来,印度中央调查局查明,达努是斯里兰卡泰米尔族妇女,真名佳雅特丽。1987 年,印度拉·甘地政府派兵去斯里兰卡镇压泰米尔游击队时,她曾遭印度军人强奸。因此,个人仇民族恨使她决心冒死报复。泰米尔猛虎组织很有策略地选择了她充当杀手。

与此同时,他们还在现场安排了另一名斯里兰卡妇女苏帕充任替补杀手,即一旦达怒行刺失败,就由她接替行刺。苏帕身上也缠着高爆炸弹,她也曾遭印度军人的强奸。

暗杀事件发生后,一方面,印度最高法院和中央调查局成立专门委员会调查这一事件,至 1991 年 6 月,共逮捕了 7 名嫌疑犯,其中 4 名为印度人,3 名是斯里兰卡泰米尔人,但主犯西瓦拉钱和替补杀手苏帕尚未捕获;另一方面,国大党工作委员会于 5 月 22 日推举拉·甘地的遗孀索尼亚·甘地担任国大党主席,以继承其丈夫的遗志和事业,继续进行竞选。但是,索尼亚于 5 月 23 日发表声明,坚决予以拒绝。她曾目睹婆母和丈夫被惨杀,不愿再从政。

5 月 24 日,印度政府为拉·甘地举行国葬。下午 1 时 15 分。拉·甘地的遗体从新德里总理府被抬到一辆炮车的拖车上,这辆炮车的拖车在 1964 年 5 月曾拉过印度第一任总理,拉·甘地的外祖父贾·尼赫鲁的遗体。1984 年 11 月,它又拉过母亲英迪拉·甘地总理的遗体。如今,它又把拉吉夫·甘地的遗体送往朱木拿河畔的火葬圣地,这里建有圣雄甘地、贾·尼赫鲁、英·甘地、桑贾伊·甘地的陵墓,现在又要加上拉吉夫·甘地之墓。

这是印度悲恸的日子,烈日把气温升到 41 摄氏度,拖车庄严地缓缓前行,10 公里长路两旁站满了人群,含泪送别这位年轻的前总理。人们向拖车上敬献花环,送上一束束鲜花,悲愤地呼喊:"拉吉夫永垂不朽!""母子同牺牲,记住吧印度斯坦!"

疑点太多
——以色列总理拉宾遇刺之谜

1995 年 11 月 4 日,以色列总理拉宾在特拉维夫遇刺身亡,他为中东和平进程做出了贡献。虽然刺杀他的凶手被当场抓住,然而他的死却让人怀疑是被谋杀,真凶至今也没有缉拿归案。

拉宾全名为伊扎克·拉宾,生于耶路撒冷,在特拉维夫长大。1974 年至 1977 年拉宾出任以色列总理,后因其夫人在美国存款一事被揭露,他辞去了总理一职。1992 年,拉宾再度当选为工党主席,并且在 7 月的大选中获胜,再次成为以色列总理。拉宾任总理之后,极大地促进了中东和平的进程,他与阿拉法特握手言和,接

受了巴勒斯坦提出的"以土地换和平"的
主张,并且与阿拉法特签署了"塔巴沙"
协议。协议中规定,以色列逐步从约旦河
两岸撤军,把约旦河西岸归还给巴勒斯
坦。但是以色列的极端右翼分子却多次
示威游行,他们骂拉宾是卖国贼,甚至将
他与希特勒相提并论。一些政府部门也
遭到了不同程度的破坏,有人还扬言要杀
掉拉宾来阻止和平进程,但是拉宾对于这
些传闻不以为然,并且表示要依然坚持中
东和平进程。1994年,拉宾因极大地推
动了以巴和平进程而荣获当年度诺贝尔和平奖。

拉宾

1995年1月4日,是犹太教的安息日,也是以色列的法定假日。夜幕降临后,
约有10万市民涌向了市中心的"国王广场",去参加主题为"要和平,不要暴力"的
盛大集会。拉宾在外交部长佩雷斯和其他内阁成员以及埃及、约旦大使的陪同下
来到了集会中心,并且慷慨激昂地发表了要继续坚持中东和平进程的演讲,在集会
结束前,拉宾还和大家一起唱了象征以色列和平运动的《和平之歌》。集会结束
后,拉宾在众人的簇拥下快速走下主席台,准备乘车离开广场。然而当拉宾走到自
己的车旁正准备上车时,从台阶阴影处冲出一名男子,他撞开了拥挤的人群扑向拉
宾,并且在距离拉宾几米远的地方开枪,拉宾被击中。在一名卫士的帮助下,拉宾
被抬上了车,并很快被送往医院。当晚11点06分,以色列电台向全国宣布,拉宾
总理伤势非常严重。11点10分,医生宣布拉宾抢救无效身亡。拉宾总理对世界和
平、特别是阿以和平具有重大的影响,因此他遇刺身亡的消息震惊了整个以色列,
也震惊了全世界,人们悲痛万分,纷纷要求政府严惩凶手。

刺杀拉宾总理的凶手被当场抓住,他叫扎伊尔·阿米尔,还是一名大学生。阿
米尔是一名极端右翼分子,他认为拉宾以及拉宾政府想把他们的国家送给阿拉伯
人,所以他要刺杀拉宾,阻止中东和平。而且他还说自己完全是遵照上帝的旨意干
的,也是完全出自自愿的个人行为,他并不感到后悔。而且他还交代,以前他曾经

两次试图行刺拉宾,但都没能得逞。阿米尔最后被判终身监禁。

拉宾遇刺身亡后,虽然凶手阿米尔得到了惩罚,但是人们却认为事情并没有那么简单,在整个案件中有太多的疑点,让人不得不怀疑拉宾遇刺案另有隐情。据说在拉宾遇刺之前,就有人向政府举报过阿米尔有刺杀总理的企图。但是当时并没有引起有关部门的重视,也没有对阿米尔采取过任何措施。不知道这是有关部门的疏忽还是由于放纵,很难让人不怀疑。

拉宾遇刺后,有人向电台打电话说,拉宾的死和一个名叫"犹太复仇组织"的团体有关,并且还说拉宾和巴勒斯坦人和解背叛了犹太圣经。也有人说阿米尔同一个称为 EYAL 的反阿拉伯的好斗组织有联系,而且这个组织的领导人也承认了认识阿米尔,不过他否认这次暗杀是 EYAL 组织所为。除此之外,还有一个署名 AIN 的组织声称暗杀拉宾的行动是他们所为,但是这个组织以前根本不为人知。

拉宾遭暗杀身亡后两个月,以色列的一家电视台播出了震惊世界的"凯姆普勒录像带"。在录像带中,拉宾与凶手出现在同一画面,让人们开始怀疑真凶的身份。但是后来当人们开始关注拉宾之死时,这盘录像带却再也没有出现过,就连拍摄录像带的摄影师也在电视台露过一次面后消失不见了。很明显,录像带和摄影师被有意藏了起来,这表示有人要故意隐瞒什么。有人猜测,当年阿米尔确实参与了暗杀拉宾,但是拉宾身上致命的伤却并不是阿米尔所致。当枪响后,保镖将拉宾抬进车里后,藏在车里的真正的凶手开枪打死了拉宾。

拉宾的女儿达利亚·拉宾在拉宾逝世四周年纪念仪式上表示,他父亲被刺事件仍是个未解之谜,许多疑问也都没有得到令人满意的答案。有人说拉宾遇刺是以色列安全总局辛贝特策划的一起假暗杀事件,想以此使支持右翼分子的反对党名誉扫地,而且拉宾本人对这一计划也知道。但是达利亚对这一说法却不以为然,她表示如果暗杀事件是假,他的父亲就不会中弹身亡。如果真是右翼分子所为,那么安全总局在事件发生时的反应又十分无法理解。所以拉宾被刺背后一定还有什么没有暴露的阴谋。

拉宾总理去世后,他所倡导的和平进程也停滞不前了。如今,距离拉宾总理遇刺已经过去十几年了,但是谋杀他的真凶也一直未能缉拿归案。这不得不让人遗憾之余有些悲痛。

第二章　讳莫如深的帝王宫闱

秦始皇身后留下的悬案

秦王嬴政用了 10 年时间,横扫六合,一统天下,建立了中国历史上第一个多民族的中央集权的封建国家——秦朝。秦始皇是一个卓越的政治家,为了加强帝国的统一和稳固,在政治上、经济上、思想上实施了一系列措施,对历史的发展做出了巨大的贡献,堪称千古一帝,被西方人尊为"东方的拿破仑"。但是,他 12 年的统治也充分暴露了他狂妄自大、专制暴虐、穷奢极欲的本性。所以,有人对秦始皇做过这样的结论:秦始皇,因完成统一大业而名垂青史,因实施暴政遭千古骂名。

其实,千百年来,引人注目的不仅是秦始皇的功过,他的身世、死因,甚至他的陵墓也因众多未解谜团而备受关注。

谁是秦始皇的父亲

秦始皇留给后人的一系列悬案中,第一个就是他的身世之谜。关于秦始皇身世的争论,可谓由来已久。有人认为他是大商人吕不韦的后代;有人认为他是正宗的秦国王室血脉,即子楚的儿子。

秦始皇

最先提出秦始皇是吕不韦的儿子的观点的人,应该是司马迁,因为在他之前的史书从未有过这方面的论述,直到《史记》问世后,人们才在《史记·吕不韦列传》中看到了这样一个信息:吕不韦把已有身孕的爱妾赵姬送给子楚为妻,时隔不久,

赵姬生下一个男孩，取名为赵政。

司马迁的观点在汉代，乃至从汉到宋代这么长的一段时间里并未引起什么争议，甚至他的观点还被沿用到后来的权威史学论著之中，比如，东汉班固的《后汉书》，北宋司马光的《资治通鉴》。班固还直接称秦始皇为"吕政"。

无论是班固还是司马光，在中国史学界，乃至在中国历史上，都是让人尊敬、值得信赖的。人们相信他们之所以会采用司马迁的观点，应该都是经过考证的。所以班固和司马光对司马迁的认可，无疑更给"秦始皇乃吕不韦之后"的论断增加了可信度。

可是，随着社会的变迁和人们历史观、价值观的变化，后世之人开始对司马迁的观点产生了质疑。据记载，质疑的开端是从明人汤聘尹开始的。汤聘尹在自己的《史稗》中明确地提出了秦始皇是吕不韦之子这个传说不可靠，他认为"秦始皇为吕不韦之子"实乃"战国好事者为之"。

汤聘尹的论断一出，立即引发了"秦始皇乃吕不韦之后说"和"秦始皇乃子楚之后说"的持久论战。支持"秦始皇乃吕不韦之后说"的人首先以司马迁的历史地位和影响压人：司马迁治学严谨，不会贸然记述此事。言外之意就是司马迁的治学态度不该被否定吧。

支持"秦始皇乃子楚之后说"的人以牙还牙，同样以《史记》为论据来证明自己的观点。他们说，《史记》记载，（赵姬）至大期时，生子政。期，即一周年。就是说子楚娶了赵姬一年后，赵姬才生嬴政。十月怀胎，一朝分娩。从时间上看，嬴政是子楚所生还有什么可怀疑的吗？再说，如果赵姬真的在进宫之前已经怀孕，迁延日久，秦始皇就会不及期而生。身为一国之君的庄襄王子楚不会不明白这个简单道理的。如果他发现嬴政不是自己的骨血，又怎么能立他为继承人呢？

真是有理有据，言之凿凿。可是支持"秦始皇乃吕不韦之后说"的人并不认可，又提出了疑问：为什么汉代以后的诸多历史资料都认可该说法，承认"嬴政是吕不韦之子"呢？

支持"秦始皇乃子楚之后说"的人解释说，这很可能是后来的史学家为汉取代秦寻求历史依据。他们的逻辑是，秦内宫如此污秽，王位继承制这样混乱不堪，怎么能治理好一个国家，故秦二世亡是自然的。另外，秦末的人们愿意承认秦始皇不是秦王室的嫡传子孙,因为这样他们就会有很好的造反理由,为推翻秦朝在舆论上做准备。

由汤聘尹引发的争论,激发了不少历史学家的兴趣,也赢得了一些历史大家对"秦始皇乃子楚之后说"的支持。与汤聘尹同朝的王世贞、清代的梁玉绳,都做了相关的考证,并分别在《读书后》和《史记志疑》中支持汤聘尹的观点。王世贞还提出了两种可能,一种是吕不韦故意编造,以求自己长保富贵;另一种是吕氏的门客泄愤,骂秦始皇是私生子,使天下人都知道秦比六国先亡。

认为嬴政是子楚骨血的学者也不甘示弱,又提出新的论据:秦昭王在位时,子楚还在赵国做人质,他会轻易地将王位传于一个在敌国当人质的王子吗? 子楚的命运都握在赵国人手里,飘忽不定,他未来的儿子的命运更难料定。如此说来,当年吕不韦阴谋得逞的可能性极其渺茫。反对者则说,吕不韦本来就是一个大投机者。只要有一线希望,他是不会放过机会的。

20世纪70年代后期,秦始皇身世问题再一次成为史学家们争论的热点。这一轮争论是从历史学家钱穆先生的特别考证开始的。在《系年》中钱先生否定了始皇为吕不韦子之说,否定了吕不韦荐嫪毒替己之说,同时还指出了吕不韦与始皇之间可能有政治上之冲突。紧接着,中国科学院原院长、著名历史学家郭沫若在《十批判书》中对吕不韦为秦王政生父之事也提出了怀疑。书中,郭沫若先生提出了3个疑问,为什么仅见《史记》中有记载,而《战国策》却半字未提呢? 这个故事及类似春申君与女环的故事,情节就像小说一样,可信吗? 在《吕不韦列传》中说"子楚夫人赵豪家女",显然说赵姬不是吕不韦买来的歌姬,这不是自相矛盾吗? 郭沫若还提出了一个特别的看法,即"嬴政是吕不韦之子"这种说法始于西汉初年,是吕后授意编造、散布的,目的无非是为她的夺权作铺垫。当时她就曾让诸吕散布谣言说天下本是吕家的,是被刘家夺去的。也就是说,吕家夺权是理所当然的。

针对郭沫若的3点质疑,获中国图书奖的《秦始皇大传》的编著者郭志坤先生作了针锋相对的批评。他以为《战国策》没有记载并不能说明《史记》的真实性就必然值得怀疑;尽管与春申君与女环的故事雷同,也不能就说《史记》的记载不真实。之所以相似,说不定这种斗争手段在当时是比较流行的也不可知;关于赵姬的来历,《史记》的说法并不是自相矛盾,《史记》记载的"邯郸诸姬绝好善舞者"献于子楚,把此"姬"说成"赵豪家女"也是完全可行的。

中国著名学者韩兆琦先生为了支持"秦始皇乃子楚之后说",也就赵姬的出身提出了新的论点:既然赵姬出身豪门贵族,又怎么会给地位卑微的商人吕不韦做侍妾,进而被献给庄襄王呢?由此推断,赵姬先怀上吕不韦的孩子,再被献给庄襄王,封为王后,根本无从说起。韩兆琦还对司马迁记载这件事进行了解释:"因为他贯有好奇之心,喜欢记载这种奇闻怪事。"

支持"嬴政是吕不韦之子说"的人们则针锋相对地说,即便赵姬出身豪门,也不是没有可能沦为歌姬。当时赵国的政局动荡不安,今天的贵族、官僚说不定明天就会失势,沦为乞丐和囚徒,妻女沦为供人玩弄的优伶、歌姬也不是什么新鲜事。加之当时的吕不韦财大势大,赵家若败落,赵姬投靠到他那里完全在情理之中。再者,凭着吕不韦高强的手段,暂时隐瞒赵姬已有身孕的事实亦非难事。况且,当时的子楚正在赵国当人质,孤苦伶仃。财大气粗的吕不韦送给他小妾,他高兴还来不及,难道非得刨根问底,查个水落石出不可?

当代秦汉史专家张传玺坚持认为嬴政应为子楚之子,他说"有关秦始皇身世的史料都出自司马迁之手,没有其他材料佐证。我个人不赞成这种说法。并且从嬴政的出生时间来看,嬴政是吕不韦所生这一点是值得怀疑的。"他说的"其他材料"主要指的是《战国策》,《战国策》确实没有"秦始皇是吕不韦的儿子"的相关记载。

而历史学家张大可教授则说:"我个人赞成司马迁的说法,因为至少有两点是肯定的:一是嬴政之母的确为吕不韦所献,二是嬴政的确生于赵国。"

真是公说公有理,婆说婆有理。这场旷日持久的争论显得比以往更激烈了,一方观点一出,另一方必然应对自如:

支持"秦始皇乃吕不韦之后"的人说:《史记》虽然具有文学色彩,但它并不移花接木;支持"秦始皇乃子楚之后"的人说:司马迁因为受自身的遭遇影响,就给暴君涂上不良的墨迹也是可以理解的,所以,在《史记》中,"也不能排除,司马迁在记录秦始皇时,因反感而夸大其词"。

支持"秦始皇乃吕不韦之后"的人还提出了一个颇引人深思的问题:吕不韦由商人而为丞相、仲父,如果没有政治资本和有关隐私,能成就这样的"大业"吗?

……

有关秦始皇身世的争论还在继续。但无论秦始皇是吕不韦的儿子，还是秦王室的血脉，都无法埋没他在中国历史上的重要地位及作用。也许正因为他的特殊地位，这场争论还会继续下去。

身形猥琐还是英武潇洒

说起秦始皇的长相，人们不免会联想到唐代画家阎立本的《历代帝王图》。在《历代帝王图》中，君主们都是方脸、高鼻、垂耳的形象，生来就是一副帝王相。所以，秦始皇，作为中国的第一个皇帝，肯定也不会差到哪里去，人们于是就根据晋武帝司马炎的画像推演出秦始皇嘴角紧闭，双目有神，挺腰站立，雍容华贵的样子。

不过，推测就是推测，是立不住脚的，北京师范大学历史系的晁福林教授认为：伟人也并非个个都是潇洒之人，由于历史资料对秦始皇的相貌记载不多，文人墨客描绘他的形象时想象的成分很大，所以多不足为凭。

那么，号称"千古一帝"的秦始皇，其相貌到底是什么样的呢？史料上就没有确切的记载吗？当然不是。司马迁在《史记·秦始皇本纪》中，就曾引用尉缭子描述秦始皇体貌特征的话："秦王为人，隆准，长目，鸷鸟膺，豺声。"隆准，就是说鼻子呈马鞍形；长目，就是说他的眼睛细而长，这一点倒很像现在西北一带的人；鸷鸟膺，指胸骨突出，应该是今天所说的鸡胸。西汉解释儒学典籍的《纬书》中的《易纬》《春秋纬》《礼纬》等篇也包含有一些关于秦始皇相貌的记载。这些书中，除了说他具有"隆准""长目""鸷鸟膺"等特征之外，还说他"虎口""日角"。虎口，就是说他嘴巴外形像老虎的嘴巴；日角，就是说他的两眉之间有一块鼓起来的骨头。并且根据《礼纬》中的记载，秦始皇的个头特别高，有八尺六寸，腰围为七围，是典型的西北大汉形象。

郭沫若根据《史记·秦始皇本纪》中尉缭子的话分析，认为秦始皇有生理缺陷。其胸形（鸡胸）、鼻形变异（马鞍鼻）与气管炎（豺声即表明有支气管炎）等症状显示他是个软骨病患者。影片《荆轲刺秦王》中身形猥琐、身体孱弱的秦始皇形象就是迎合这种说法而设计的。

秦始皇的长相果真如此猥琐吗？中国人民大学历史系孙家洲教授提出了不同的观点，他认为尉缭子这么描述秦始皇不是客观的，带有恶意的夸张。由此可见，郭沫若推断秦始皇有生理缺陷也是不可靠的。

北京大学历史系秦汉史专家刘华祝比较认同《纬书》中关于秦始皇体貌特征的记载。《纬书》相当于汉代的经书,该书在我国失传,20世纪80年代末期才从日本运回。他特别对《礼纬》中记载的秦始皇身高和腰围做了推究。书中说秦始皇高八尺六寸,将其换算成今天的长度单位,大约相当于1.98米。对于秦始皇的腰围,书中说他腰围是七围。关于围,现在有几种解释,有人认为合抱为围,有人认为五寸为围,还有人说一尺为围。当时的一尺相当于现在的七寸。如果是五寸为一围,那么秦始皇的腰围就是三尺五寸。刘华祝教授根据上下文分析,认为一尺为一围的说法较为可信。这样算来,秦始皇的腰围应相当于现在的四尺七寸。刘华祝教授说:"如果记载属实的话,那么秦始皇的形象在今天看来,肯定是异常高大威武。"

在史学界,和刘华祝教授观点相近的看法很多。已故历史学家翦伯赞先生就曾推断:秦始皇的相貌应是相当漂亮的;清华大学工艺美院的杜大凯教授说,秦始皇出生在秦地,属西北人,按照常理应该是典型的西北大汉,高大魁梧。

秦始皇到底长什么样还是说不清,道不明,于是,有人从秦始皇的性格、情感经历入手,判断他的长相。这些学者认为,特定的情感经历会影响一个人的外在形象和性格,像秦始皇这样有非凡经历的人,无论身材威武还是身形猥琐,在五官表情上肯定有他的特别之处。陕西历史博物馆的张铭洽研究员则表示,一个人的外在形象是其内在性格的外化,同时从一个人外在的性格也能大致推断出他的相貌。他根据秦始皇的种种性格分析,认为秦始皇的体貌特征应该是:身材高瘦,眼睛深陷,眉毛和眼睛较细长,鼻梁较高,腮帮突出。

真是各说各的理。秦始皇到底是身形猥琐还是英武潇洒呢?想必到目前为止没人能说个明白。

为何不立后

一般说来,中国古代的帝王登基时即立皇后,旷世之主秦始皇却终身未曾立皇后,致使秦始皇陵园内一墓独尊,没有皇后墓。究竟是什么原因使堂堂的始皇帝没有立后呢?

对于秦始皇未立皇后之谜，千百年来，历史学者们争论不休。先前有学者指出，秦始皇未立皇后可能是由于他在位期间，秦国内部政局动荡不稳，对外兼并战争频繁，以致忽视了立后大事。但是，2004年，参加"秦俑学第六届学术研讨会"的历史学家们提出了不同的看法，他们认为立后关系秦王朝的政权建设，秦始皇未立后不会是因为他不重视，或者是皇太后不操心，抑或大臣们不尽职尽责，其根本原因应在于嬴政的性格缺陷及家庭环境影响。

据秦兵马俑博物馆副研究员张敏分析，从13岁登基到22岁亲政，在这9年的太平日子里，秦始皇未立皇后的原因应该跟他追求长生不老和后宫美女过多有关。秦始皇在位期间，曾四次巡视六国故地，其中三次召见方士，以求长生不老之药，甚至还派徐福率数千童男女赴东海的神山求取神药。古代的皇帝立后，很大程度上是出于日后有嫡出皇子继承皇位的考虑。当时的秦始皇正有长生不死的愿望，所以，在一定程度上延迟立后的进程是很有可能的。

张敏副研究员还说"由怨母而仇视女人的心理阴影，使秦始皇长大后在婚姻能力上未能健康发展。宫中众多嫔妃，仅仅能满足他的生理需要。由母亲行为而形成的心理障碍，是秦始皇迟迟未立后的重要因素之一。"

说到这里，我们有必要把赵姬与嫪毐的故事交代一下。据史料记载，秦始皇的生母赵姬一度行为失谨，与嫪毐等人秽乱后宫。开始，秦始皇由于年幼无知，对此并不知情。他听信母后的话，请她迁往雍宫。从此母子不在一处。在雍宫，赵姬肆无忌惮地与嫪毐淫乱，连生两个男婴。嬴政仍不知晓，还在母亲的要求下，封嫪毐为长信侯，并赐给他数千奴婢，食邑山阳。

有一天，嫪毐与大臣饮酒，喝醉后彼此之间起了口角。嫪毐口出狂言："我是秦王的假父，你敢与我斗口，难道不识高下吗？"大臣不甘心受辱，遂将此言告诉秦始皇。嬴政听到这个消息，愤怒异常，密令人调查虚实。密报说，嫪毐本不是阉人，确有与太后通奸生子之事。

嫪毐得知消息，情急之下，伪造诏书调动卫兵攻打咸阳宫。秦始皇命御林军迎敌，嫪毐兵很快被击溃，嫪毐被擒。嬴政下令车裂嫪毐，又灭其三族，旋即派兵搜查雍宫，捕杀两个私生子。赵姬亦被拘禁，数年后赵姬亦死。

由此看张敏副研究员的推断不无道理。

　　另外,按照礼法,皇后为后宫之主,秦始皇深恐皇后对其不忠,觊觎他手中至高无上的皇权,所以才迟迟不立皇后。同时,秦朝后宫佳丽的行为处世态度也令秦始皇不满。后宫佳丽多为原六国子民,她们忘记了昔日的国亡主辱,一门心思地讨秦始皇的欢心。在秦始皇看来,"主辱而臣死"才是正理,因而对她们的不贞极为鄙视。因此,尽管他每日与宫女颠鸾倒凤,寻欢作乐,却从不以她们为意。

　　关于秦始皇重视贞节的观念,有学者以下面一则事例进行了佐证:当时,秦国有一位寡妇名清,青年丧夫,始终守节,克勤克俭,秦始皇极为赞赏,并破格赐令旁座。秦朝的等级制度是异常严格的,即便是当朝丞相,上朝时也只能站着。一个寡妇受到如此礼遇,实属难得。另外,秦始皇还为她筑造怀清台,以旌扬其节,至今蜀中尚有台山,亦称贞女山,相传就是这位寡妇的清居之地。

　　关于秦始皇不立后一事,张敏副研究员还提出了另外一个看法,即秦始皇统一六国后,东方六国的佳丽尽充秦始皇的后宫。从中选定一个既是名门之后又贤淑靓丽的女子也不是一件简单的事。况且秦始皇统一六国之后,认为自己功德无量,甚至超过了远古时代的圣王——三皇五帝,皇后的标准无从确定,选定皇后就更难了。

　　仅张敏副研究员一人就提出了如此多的观点,这个问题的复杂性可见一斑。

　　对于秦始皇不立皇后的原因,历代学者给出了各种各样的答案,但孰是孰非,至今仍然没有一个定论。

焚书坑儒了吗

　　据史料记载:秦始皇灭掉六国以后,采取了一系列措施加强中央集权。公元前213年,秦始皇在都城咸阳与文武群臣及众儒生大排筵宴。宴会之上,众儒生围绕分封制和郡县制孰好孰孬的问题,发生激烈争论。博士生淳于越等人主张恢复商周时代的分封制,丞相李斯等则赞同郡县制,并严厉指责淳于越等人"道古以害今"。淳于越等人不以为然。李斯遂向始皇帝进献《谏逐客书》,大力批驳儒生不识时务之后,建议焚书。

　　焚书的前后,秦始皇迷恋仙道,追求长生不老,派徐福、侯生、卢生等人四处寻求仙药。侯生与卢生等人未能找到仙药,心急如焚,又害怕受到惩罚。于是,他们咒骂了秦始皇一番,悄悄地逃走了。秦始皇闻讯十分恼怒,下令把诸生统统集中到都城咸阳,交给御史审查讯问,借以查出造谣惑众的侯生、卢生两人的行踪。诸生人人自危,为保全性命,只得相互推

焚书坑儒

诿。秦始皇失去耐心,亲自圈定460余人,悉数坑杀。

这就是千百年来一直流传的秦始皇"焚书坑儒"事件的始末。可是,随着时间的推移,史料的丰富,历史学界对秦始皇"坑儒"产生了疑问,认为把焚书坑儒的罪过一股脑推给秦始皇的做法值得商榷。

从以上有关记载来看,焚书的决策确实是秦始皇做出的。关键是他焚书之后有没有"坑儒"呢?分歧就在这里。有相当一部分学者认为,从"坑儒"事件的起因看,秦始皇坑杀的460余人应该是方士,而非儒生。这是符合逻辑的。但相关历史资料显示:当时始皇帝的长公子扶苏进谏:"众儒生都学习孔子的学说。"这样一来,秦始皇坑杀的这些人又像是儒生,或者说有相当部分儒生。

另外一部分学者则认为,应把秦始皇的"坑儒"视为"焚书"的继续,因为这两项举措均为了钳制思想、防民之口,所以被"坑"的这些人应该是儒生,而不是装神弄鬼的方士。他们的有力证据是东汉卫宏《诏定古文官书序》的相关记载:秦始皇焚书之后,儒生多愤愤不平。于是,他命人在骊山的温谷挖坑种植瓜果,这些瓜奇迹般地在冬季成熟。秦始皇以评论这种奇异现象为名,召博士诸生集于骊山观看。正当众儒生们说东道西,争论不休时,秦始皇趁机命令兵士突然填土埋之,700多名儒生全部被活埋在山谷中。根据这一点来看,秦始皇确实有过"坑杀儒生"的行为。

除以上两种观点外,研究正史的学者又有新说。他们认为,"坑儒"纯属子虚乌有,它应该是"坑方士"的讹传。史载,"坑方士"确有其事,它出现于始皇三十五

年,原因就是侯生、卢生咒骂秦始皇并逃跑。这些学者分析指出,"坑方士"之所以讹传为"坑儒",是因为当时的方士多兼通儒术,加之此前有焚毁儒书之举,后人由此附会,误把坑杀方士说成坑杀儒生。

这些学者强调,这不是说被杀的460多人中没有儒生,全是方士,也可能有一些倒霉的儒生由于为方士求情,而一同被裹挟其中。至于这些人被杀的原因则与儒家的政治主张和学派观点无关。所以即使被杀者有儒生,也并非因其为儒生而得罪,而是与方士们有某种牵连之故。因此绝无理由说秦始皇"坑儒"。

对于到底是坑杀了460余方士还是700多儒生,有的学者提出两者可能都是事实,或者说是前后两件事,即秦始皇集体坑杀文人可能不止一次。他们的理由是,秦始皇是一位典型的暴君,嗜杀成性,无论是方士找不到长生不老药还是儒生非议朝政,都有可能被坑杀。这种观点有一定合理性,但揣测、臆断的成分比较多,有力证据不足。

尽管秦始皇早已背上"坑儒"的千古骂名,但直到今天,秦始皇究竟有没有"坑儒"这一谜团还是没有解开。

真有阿房宫吗

"六王毕,四海一,蜀山兀,阿房出……楚人一炬,可怜焦土。"晚唐杜牧的一篇《阿房宫赋》,人们耳熟能详。它勾起了人们对阿房宫的无限憧憬,但它存在的真实性,是否建成、被毁,以及大小、地理位置等都成为让人费解的谜。

关于阿房宫,《史记》也有记载:"东西五百步,南北五十丈,上可以坐万人,下可以建五丈旗。周驰为阁道,自殿下直抵南山。表南山之巅以为阙。为复道,自阿房渡渭,属之咸阳,以象天极阁道绝汉抵营室也。阿房宫未成;成,欲更择令名名之。作宫阿房。故天下谓之阿房宫。"无论是《史记》还是《阿房宫赋》都绘声绘色地描述了阿房宫的宏伟气势和瑰丽景象,但事实究竟是什么样子的呢?历史学家和考古工作者试图用他们的努力给我们一个准确的答案。他们通过对遗址的勘测,对史料的综合分析,得出的结论却让人大跌眼镜。

首先,阿房宫的真实性受到质疑。历史事物存在与否,只能依据当时的确切记述或实物。然而,中国社科院考古研究所研究员、阿房宫考古队领队李毓芳经过在阿房宫遗址长期考察，迄今没有发现任何实物实证。北大历史系教授刘华祝则分析认为，秦宫可能有阿房宫的档案，只是经过秦末八年的战乱，荡然无存了。"秦始皇造的长城、秦陵还看得见，但证明阿房宫的，也就只有后来《史记·秦始皇本纪》那句'先作前殿阿房'了"，他说。

阿房宫

对此有人提出质疑，生活在秦始皇百年之后的司马迁的话的可信度有多大？中国秦汉史研究会副会长张传玺谈到这个问题时说："的确值得怀疑。但司马迁距离秦朝不过100年，就像我们讲述民国初的事，应该不会出入太大。况且司马迁连商王世系年表都没写错，阿房宫的存在应该可以肯定。"

不过几乎所有的专家都认为，即便阿房宫存在，也没有杜牧说的那么大的规模，至多有其所说的百分之一大。

现在，我们姑且承认阿房宫存在过。那么，第二个谜又摆在面前：它有没有建成？西安市文物保护考古所所长孙福喜表示，阿房宫周围14平方公里内，有60多处夯土基址，一些地方可能建成了，另外一些地方当时还未建成。他对阿房宫的前殿是否建成持怀疑态度。2004年11月，阿房宫考古队的最新调查显示，闻名遐迩的阿房宫只有一个绵延上千米的大土堆。

经过近两年缜密的考古挖掘，李毓芳领队整理出一份关于阿房宫的"身世报告"，报告中称"阿房宫'名宫无宫'"。她曾对记者说："目前在考古中发现，阿房宫没有宫，前殿遗址只有3堵墙（东、西、北），南墙都没来得及建。很显然，当时建得太仓促，而且尚未完成。"李毓芳分析说，前殿相当于皇帝的"办公楼"，但"办公楼"现场，除了上面谈到的3面墙，只有一个东西长1270米、南北宽426米、现存最大高度 12 米的夯土台基。

　　尤其令人费解的是,考古过程中,始终没有发现秦代建筑的痕迹。李毓芳就此分析:"如果秦始皇当初建造的阿房宫气势那么恢宏,它的文化堆积到哪里去了呢?考古发掘的过程中,汉代堆积层内倒是出土了不少秦代板瓦片和筒瓦片。但目前为止,遗址内还没发现秦代宫殿建筑中最常见的,也是必不可少的建筑材料之一——瓦当。"

　　基于这些疑点,李毓芳初步给出了结论:阿房宫没有建成是不争的事实。同时,也有一些专家认为,所谓的阿房宫实际上仅指一个前殿,根本没有什么其他的配套建筑了。在阿房宫前殿的土台子中,考古队员的探铲接触到了非常坚硬的夯土,并发现了一堵东西走向的夯土墙。土墙建在台子的北沿,大体上中间较宽,两端较窄,最宽处有 15 米,窄的地方有 6 米多,全长近 1000 米。顺着夯土台的北沿,考古队员挖出了一个 100 米长的探方。他们把夯土台的边缘部分打开了一个纵向剖面后,夯土台地基的南面立即呈现出了一个坡道。古代,为了方便运输黄土,夯筑地基,通常都会修建一条坡道。如果阿房宫前殿已经建完,就没有必要再留一条运土坡道。这条不该出现的坡道,让李毓芳更加肯定了自己的论断——宫殿并未修建完毕。

　　况且在发现夯土墙的地方,探方底部又露出些许瓦砾,然而除了少得可怜的秦代瓦片,巨大的台基只是一个平平整整、干干净净的夯土堆,丝毫没有宫殿建筑的蛛丝马迹。

　　李毓芳领队为了印证考古发掘的结果,翻开了年代久远的历史典籍。她发现当初秦始皇开始建造阿房宫的时间是公元前 212 年,但在公元前 210 年他就突然病逝了。在这之前,规模宏大的秦始皇陵也正在施工。为了尽快建好陵墓,安葬秦始皇,秦二世不得不暂时停止阿房宫的工程,集中力量修建秦始皇陵。从开始计划修建阿房宫那天算起,阿房宫前殿的工程历时不到 3 年。这项庞大的工程,在当时的技术条件下很难在短短几年内完成。

　　同时,李毓芳从地基中部采集了一些土样。通过检测,土壤中不仅没有大块的碳灰,连植物细胞也少得可怜。土样检测的结果再次证实了李毓芳最初做出的结论:阿房宫前殿遗址上除了 3 面土墙之外,没有任何其他建筑,阿房宫根本就没有建成。

在阿房宫建成与否的问题还没有彻底解决的时候，另外一个关于阿房宫的谜团也引起了人们的极大关注，那就是它有没有被焚毁过。在《阿房宫赋》中，晚唐诗人杜牧不但用大量笔墨描述了阿房宫的恢宏，还为后人留下了"楚人一炬，可怜焦土"的传说。正是因为杜牧的极力渲染，才使很多人对此事深信不疑。

李毓芳领队当初来到西安时，脑子里也全是杜牧笔下的情景。考古发掘过程中，她一直在考虑这个问题："会不会阿房宫里那些秦代建筑都随着当初项羽的那把火付之一炬了？"她曾经对咸阳宫进行过挖掘，对于如何认定古建筑是否经过火烧很有经验。在考察阿房宫前殿时，李毓芳第一次对杜牧的说法提出质疑：整个遗址没有被烧的红土、灰迹和结块，勘探、试掘阿房宫前殿的台基时，发现其地层构成为耕土—扰土—晚期堆积—夯土台基或者是耕土—扰土—汉代堆积—夯土台基，没有一处被烧过的迹象。许多专家认为她下"阿房宫没烧过"的结论太草率，事情已经传到国家文物局，局领导要她写报告。李领队坚持己见，还是那两字：没烧。

李毓芳不仅坚持自己的结论，还做出了解释："火烧阿房宫应该是误传。"她说，关于项羽火烧阿房宫、火三月不灭的说法，秦汉时期的正史资料中并没有确切的记载。至于《史记·项羽本纪》中说项羽在秦都咸阳屠杀民众，"烧秦宫室，火三月不灭"，她分析指出："秦咸阳是秦朝都城，所烧毁的宫室应是首都宫殿，根本不是地处渭水之南的上林苑中的阿房宫。"

那为什么杜牧的《阿房宫赋》描写得如此惟妙惟肖，甚至还有图作证？对于这个问题，李毓芳这样解释："阿房宫图实际上出现于明代之后，得出这个考察结果后，我又仔细阅读了杜牧的《阿房宫赋》。我认为杜牧所描述的阿房宫图景是他通过合理想象得来的，而明代之后出现的阿房宫图则又是建立在杜牧的这个合理想象上。"李毓芳还说，杜牧的这篇文章的主旨并不是为了描写阿房宫的真实图景，而是想讽古喻今，所以可信度并不高。"杜牧的合理想象，千年以来，无意间误导了大家对阿房宫的认识。"她最后说。

在李毓芳阐述"没烧"的观点时，记者却在现场听到支持"烧了"的一种新论据："文化大革命"期间，这里曾兴起过平整土地的"千亩会战"，外面那一层长不出庄稼的红烧土，早被刨得干干净净。对此，李毓芳领队反诘：考古队员是在打了一米多深之后才见到夯土层，上面那一层是"浮土"。难道说，谁会先刨掉了红烧土，再堆上一米多厚的"浮土"？

北大的蒋非非教授则认为，人们争论的问题根本就是伪问题，不值得争论。《史记》中的确记载项羽放过一把火，但同时说得很明白，这把"三月不灭"的火烧掉的是"秦宫室"。至于项羽火烧阿房宫，那不过是诗人的附会妄言，哪里能当正史？

在争论阿房宫是否被烧过的同时，人们对它的建筑规模也十分感兴趣。阿房宫到底有多大呢？杜牧说它"覆压三百余里"，这可能正是阿房宫出名、甚至于成为历史地标的最主要理由。中国秦汉史研究会副会长张传玺对此分析说："杜牧偷换概念，要说300里，应该指从咸阳到临潼'关中计三百余'的全部秦宫，阿房只是其中的一个代表。或者说，300里仅仅是夸张的说法。"所以，他与众多专家都认为，阿房宫的规模应该如《史记》中所描述的那样大："东西五百步，南北五十丈"。

把汉代的计量单位换算成今天的长度单位，《史记》描述的阿房宫总体建筑面积约为11万平方米，相当于天安门广场的四分之一。对于这个说法，有专家马上质疑，因为这与最新探明的阿房宫夯土台基面积（54万平方米）对不上。张传玺副会长解释说，阿房宫有可能像故宫太和殿那样，采用托盘式台基。台基很大，有54万平方米，而主殿只占了11万平方米。

一波未平，一波又起。人们又开始质疑阿房宫的确切位置，因为它既没有地面建筑，又没有图纸保留下来，《史记》中笼统地说阿房宫建于"渭南"，如今划定的"遗址"就一定是真的阿房宫遗址吗？中国社科院考古所所长刘庆柱做了如下推演：根据《史记》所说，阿房宫的方位北不过渭河，南不过秦岭，在这个范围内，现在就发现这么一个大土台子，阿房宫应该就是它了。这显然难以服众。北大的蒋非非教授说："说到底，仅凭一个大土台子，很难断定它就是阿房宫。考古上的事没铁证就什么也定不了。"上海大学的谢维扬教授也说："谁都希望史存水落石出，但能讲几分就几分，不能急。"

几乎是同时，人们又问：阿房宫有"瓦"吗？2003年，某媒体报道"中国首次在阿房宫遗址出土完整秦宫铺瓦屋顶"。原来，考古队员探孔时一直往南打出去，找到了"土台子"的南边沿，还在边沿外发现6行筒瓦、5行板瓦的"铺瓦屋顶"。既然许多专家都认为，阿房宫根本就没建起，哪来屋顶的瓦？但这些货真价实的秦瓦，并非在54万平方米的"遗址"上出土的，而是在其南边沿的3米之外发现的。而且，严格地说这不是"秦宫"瓦，所以不能证明"土台子"上曾建过秦宫，更不能证明阿房宫的存在。如果不是阿房宫的瓦，又是什么建筑的瓦呢？李毓芳领队说，这些谜有待于进一步考古发掘，才能解答。

病死，还是被害而亡

公元前210年，秦始皇巡游至沙丘平台（今河北广宗西北），猝然病逝。他死后发生一系列重要变故。这不禁让人们怀疑，他究竟是怎么死的，是病死的，还是被谋杀的？如果是谋杀，那么又是什么人，出于什么目的谋杀威震四方的秦始皇呢？

关于秦始皇之死，司马迁在《史记·秦始皇本纪》中有明确记载，说他在第五次出巡时，途经平原津患病，之后扶病抵达沙丘平台一带，死在那里。人们普遍认为，秦始皇平时骄奢淫逸，纵欲无度，导致身体虚弱不堪，又加之出巡期间车马劳顿，以致一病不起。秦始皇死后，大家如临大敌，气氛一度很紧张。《史记》上说，丞相李斯恐宣布秦始皇的死讯会使天下有变，于是秘不发丧，把盛殓始皇帝遗体的棺木置于辒凉车中，让亲信宦官日夜守护，同时昼夜兼程赶回咸阳。每到一处，地方官要按例进膳。官员奏事时，李斯命宦者在车内应答。时值酷暑，尸体发臭，李斯命人在车帐中放入一石鲍鱼，来混淆尸体的臭味。直到巡游队伍进入咸阳，才正式发丧。这种种做法，无疑给秦始皇之死蒙上了一层更加神秘的色彩。

后世历史学者通过分析《史记》中的《秦始皇本纪》《李斯列传》《蒙恬列传》等文章中关于秦始皇死亡的史料，指出秦始皇死得非常蹊跷，并非如人们所说的"病死于路上"。他们的理由是，秦始皇并不像历史上的某些封建帝王那样体弱多病。诸多秦汉史籍中，都未发现他患有暗病、宿疾的记载，从各方面的情况判断他的身体一向健壮。突出的事例是，秦王政二十年（公元前227年）他遭遇荆轲行刺时，还能在惊慌中挣脱衣袖，绕着柱子逃跑，而且没让荆轲追上。

秦始皇第五次出巡是前210年，当时他才50岁，并不算衰老。况且，他在平原津得病之后，又坚持走了140多里到达沙丘；即便在沙丘平台养病期间，还能口授给公子扶苏的诏书。种种迹象表明，当时的秦始皇思维清晰如故，根本不像患了什么致命的急病。最起码,他还不至于在沙丘一病不起。所以,学者们有理由把注意力转向其他方面。

值得一提的是,秦始皇养病的沙丘宫周围的环境。相传,它原本是殷纣王豢养禽兽的处所,四面极为荒凉,宫室空旷深邃。战国时期,一代枭雄赵武灵王因庇护叛乱的长子章,被公子成和李兑率兵包围于此,欲出不能。宫中储备的食物有限,武灵王和公子章竟然活活饿死在沙丘宫中。可见沙丘宫这个地方与外界隔绝的程度。在这种与世隔绝的封闭环境之中,发生不测的可能性是很大的,尤其是在关键的历史时期。

专家们根据秦始皇生前死后赵高的言行,以及他与扶苏、蒙恬、胡亥、李斯等人之间的利害关系推测,他弑君的可能性最大。赵高与蒙恬、蒙毅兄弟二人有宿怨。据说,赵高曾因徇私枉法之罪,被蒙毅(蒙恬的亲弟弟)依法判处死刑,后因秦始皇亲自过问,赵高才捡回一条性命。当时,蒙恬北击匈奴,有大功;蒙毅官至上卿,受秦始皇信赖。他们一个为武将任外事,一个为文臣在内谋划,不仅深得始皇信任,还与公子扶苏往来过密。一旦扶苏即皇位,蒙氏兄弟的地位必将更加巩固。因此,赵高对声望煊赫的蒙氏兄弟既恨又怕,如何解除蒙氏兄弟的威胁对他来说关乎生死荣辱。他认为,只有设法压制扶苏,扶持胡亥才是唯一的一条出路,这是比较可行的一个方案,因为秦始皇最宠爱胡亥,扶苏之外也只有胡亥最有可能继承皇位。同时,他也在寻找机会除掉蒙氏兄弟。当时,秦始皇在沙丘养病,给赵高提供了一个扭转命运的机会。始皇病重期间,下诏给扶苏:"与丧会咸阳而葬。"很明显,这是要扶苏继承皇位。赵高思谋已久,当然不会错过这样的良机。那时候,秦始皇身边有丞相李斯和上卿蒙毅,李斯私心重,容易控制,蒙毅与赵高势不两立,是其行动的障碍。其他侍从均是赵高的同党。

秦始皇病重期间,作为皇帝亲信的蒙毅,竟然被遣,"还祷山川"。学者们认为这可能是赵高的计谋。因为当时蒙恬正领兵30万随公子扶苏戍守上郡,赵高从秦始皇身边赶走蒙毅,就去掉了扶苏的耳目,从而为自己后来计谋的实施清掉了一个绊脚石。

还有,从赵高当时的处境看,他只能走这一步险棋,否则就得坐以待毙。秦始皇口授诏书给扶苏时,赵高在场。诏书中有什么内容,他最清楚不过。诏书封好后,他却扣压未发,以便寻找机会说服胡亥和李斯,矫诏杀死扶苏、蒙恬。但诏书扣压的时间又不能太久,万一秦始皇病情有所好转,得知诏书未发,赵高肯定被处死。或者说;秦始皇弥留不死,李斯又没被说服,反而向始皇告发,赵高也是一死。所以,赵高在劝说李斯、胡亥之前杀了始皇,才能确保万无一失。秦始皇一死,就不怕李斯不就范,自然也不会有人再追问诏书的事了。可见,赵高在扣压诏书的那一刻起,就再也没有退路了。

赵高劝说胡亥取代扶苏自立时说:"臣闻汤武杀其主,在下称义焉,不为不忠。卫君杀其父,而卫国载其往,孔子著之,不为不孝。狐疑犹豫,后必有悔,断而敢行,鬼神避之,后有成功。"认为是赵高谋杀秦始皇的学者从这些弑君言论推断,他完全有可能对重病中的秦始皇下毒手,使其提前结束生命。他们分析认为,赵高可能早就有谋害秦始皇的想法,只是秦始皇平时深居宫中,戒备森严,无法下手。现在他在旅途中病倒,给了赵高一个机会。

另外,赵高不仅有肆无忌惮的弑君言论,而且在后来还有公开的弑君行动。秦末农民战争风起云涌之际,赵高曾指使亲信咸阳令阎乐率兵千余人,乔装为盗,闯入皇宫,逼迫秦二世自杀。阎乐还骄横地说:"臣受命于丞相(赵高),为天下诛足下。"胡亥自杀身亡之后,赵高把玉玺佩在自己身上,来到大殿,欲自立为帝,无奈群臣不服,他才立皇族子婴为王。

尽管如此,秦始皇之死,仍然疑云重重,正如赵高对胡亥说的那样:"沙丘之谋,诸公子及大臣皆疑焉"。从逻辑上分析,赵高弑君的可能性与必然性都存在,但事情毕竟过去了两千多年,无论是认为秦始皇死于疾病,还是遭他人谋害,都没有确凿的证据。

秦始皇陵墓中的重重谜团

秦始皇陵墓是中国历史上的第一座皇帝陵园,位于陕西临潼城东约五千米处。据史料记载,秦始皇自即位之初就开始营建这座陵墓,前后延续30多年,秦亡时仍未完全竣工。20世纪60年代后,考古界对该陵墓进行多次调查和探测,但出于保护文物的目的始终未发掘。20世纪70年代,秦始皇陵墓中的兵马俑发掘出土。它们在让人们震惊之余,也使这座骊山脚下的秦始皇陵闻名于世。据中央电视台报道,骊山脚下的那座幽深而神秘的秦始皇陵,无论是从陵园的封土、地宫、内外城垣的形制上看,还是从其附属建筑和布局角度分析,与先秦时期的任何一座国君陵园都有很大差异。其陵寝规模之宏大、设计之奇特、用工人数之多、持续时间之久均属空前绝后。

这座充满神奇色彩的地下"王国",千百年来引发了无数人的猜测与遐想。地宫的深度、门户,以及其中的"上具天文"、水银、奇珍异宝、始皇帝棺椁和遗体、防盗装置等重重谜团不仅困扰着诸多专家学者,也使秦始皇陵更加引人注目。

秦始皇陵的众多未解之谜,首先引起人们注意的是其地宫的深度和广度。地宫究竟有多深呢?司马迁在《史记》中说"穿三泉",《汉旧仪》则言"已深已极",说明已经深到不能再挖的地步。这个问题引起了华裔物理学家丁肇中先生与陈明等3位科学家的兴趣,他们利用现代高科技手段探测并推测地宫的深度应为500~1500米。

国内文物考古、地质学界的专家和学者对地宫的深度进行了多方面的研究与探索,得出的结论是:地宫并没有人们想象的那么深。他们说,实际深度应与芷阳一号秦宫陵园墓室的深度接近。这样推算下来,从地宫底部至坑口的实际深度约为26米,至秦代地表最深也就在37米左右。但事实是否如此,有赖于考古专家进一步勘探、验证。

至于秦始皇地宫的广度,最新的考古勘探资料表明:东西方向上,它的实际长度为260米,南北方向的实际长度为160米,总面积达41600平方米,其规模相当于5个国际足球场那么大,堪称秦汉时期规模最大的地宫。考古专家通过钻探进一步证实,幽深而宏大的地宫为竖穴式。所谓竖穴式,即由地面垂直向下挖成竖向土坑,利用坑壁作为墓穴的一部分或全部墙壁。

人们除了关心地宫的深度和大小,还对地宫设有几道门非常感兴趣。关于秦始皇陵地宫门道的数量问题,《史记》有明确的记载:"大事毕,已藏,闭中羡,下外羡门,尽闭工匠藏,无复出者。""大事毕,已藏",就是说秦始皇的丧事完成了,棺椁及随葬品全部安放妥当。这时,工匠们正在中门以内忙活,外面突然间"闭中羡门,下外羡门"。工匠们"无复出者",都成了陪葬品。这里涉及既有中羡门,又有外羡门,因而内羡门不言自明。地宫有三道门似乎已成无可辩驳的事实。但司马迁说到中羡门,用了个"闭"字;说到外羡门,则用了个"下"字。由此可见,中羡门是能够开合的活动门,外羡门则是由上向下放置的。专家们推断,中羡门可能是横向镶嵌在两壁夹槽中,是一道无法开启的石门,内羡门可能与中羡门类似。三道羡门极可能在一条直线上。

司马迁在《史记》中描述秦陵地宫时,写到"上具天文,下具地理"。其中的含义是什么呢?著名考古学家夏鼐先生经过反复考证,初步推断:"'上具天文,下具地理'的含义应理解为,墓室顶有绘画或线刻的日、月、星象图。这一古老的传统可能仍保存在秦始皇陵中。"近年来,西安交通大学的考古专家在汉墓中发现类似"天文""地理"的壁画。其上部是象征天空的日、月、星图像,下部则为代表山川、河流的壁画。由此推断,秦始皇陵地宫的上部可能绘有完整的二十八星宿图,下部则为以水银代表的山川地理图。

说到"以水银代表山川地理",人们不禁会问:秦始皇陵地宫真的埋藏有大量的水银吗?秦始皇陵以水银为江河大海的记载始见于《史记》,稍后的《汉书》中也有类似的表述。那么,陵墓中到底有没有水银始终是一个谜。2003年,地质学专家经过反复测试,终于发现秦始皇陵的封土中有"汞异常"现象。该处土壤中含有大范围、强异常的汞含量,而秦陵周围其他地方的土壤汞含量极低。这初步证实了《史记》所载"以水银为百川、江河、大海"的真实性。

在接下来的物探考古过程中,中国地质调查局研究员刘士毅还发现,秦始皇陵封土堆的汞异常分布别具特色,颇为耐人寻味:北、东方向最强,南、西方向次之。根据秦始皇陵内以水银模拟天下江河湖海的传说推测,这样的分布可能与秦朝时期中国人的江河地理概念有关,也可能与秦始皇到过渤海、徐福东海求取长生不老药有关。考古专家由此进一步推断:《史记》中关于始皇陵中埋藏大量汞的记载是可靠的。

那么地宫为什么要以大量水银模拟天下的江河湖海呢?北魏时期的地理学家郦道元对此的解释为:"以水银为江河大海在于以水银为四渎、百川、五岳九州岛,具地理之势。"历史学家的说法更为贴切:一是水银的形态、颜色像水;二是水银有毒,墓中有大量水银存在,微生物不易存活、繁殖,这样遗体、棺椁和陪葬品腐朽的速度会慢一些;三是大量的水银挥发到墓穴的空气中,一旦盗墓者潜入墓室吸进过量的汞蒸汽,轻则肌肉瘫痪、精神失常,重则一命呜呼,这在一定程度上起到防盗的作用。

地宫中埋藏的奇珍异宝当然也受到人们热切关注。《史记》中明确记载,秦始皇陵中有"金雁""珠玉""翡翠"等珍宝。《三辅故事》中说,项羽入关盗掘秦陵时,曾有一只金雁从墓穴中飞出,一直朝南飞去。斗转星移,几百年之后的三国时期,有人送一只金雁给名叫张善的官吏。他从金雁上的文字立即判断它出自始皇陵。秦始皇陵也因这个神奇的传说而笼罩上了一层神秘的色彩。但秦始皇陵中具体有什么稀世之宝现在不是很清楚。

20 世纪 80 年代末,在秦始皇陵地宫的西侧,考古专家们还发掘出土了一组大型彩绘铜车马。车马无论从造型上,还是从装饰上看,都是极为精美、别致的。除了铜车马,考古专家还发掘出了一组木车马。之所以说它是木车马,因为车、马、御官俑等都是用木头制成的,而一些饰物,比如说辔头等,都是用金、银、铜铸成的。地宫的外侧尚且有如此之精美的随葬品,地宫内的随葬品之丰富、藏品之精美是可想而知的。

到目前为止,考古界对秦始皇陵的发掘断断续续地已经历 40 多年,发现的主要遗址和遗迹(主要包括帝陵封土、铜车马坑、寝殿、便殿、陪葬墓区、珍禽异兽坑、铠甲坑、百戏俑坑、文俑坑等)中有大量价值连城的文物。但据专家透露,这些重要发现仅是秦陵的"冰山一角"。由于条件所限,秦始皇陵的外城以外地层也只勘探了很小的一部分,至于地宫中的文物情况知道的还很少。

秦始皇陵的核心是地宫,地宫的核心是秦始皇的棺椁,备受瞩目的秦始皇棺椁是铜质还是木质的? 对于秦始皇使用什么样的棺椁,早期的《史记》和《汉书》等重要历史典籍均未明确记载。司马迁只以一句"下铜而致椁"一笔带过。于是,学者们据此得出结论:秦始皇使用的是铜棺。但相关文献资料记载,秦始皇的棺椁"冶铜锢其内,漆涂其外",并且"披以珠玉,饰以翡翠",使得"棺椁之丽,不可胜原"。既然能够"漆涂其外""饰以翡翠",那么棺椁恐怕只能是木质的,因为铜棺或石棺用不着用土漆涂其外,只有木棺才可能使用土漆。就此看来,秦始皇使用木棺的可能性大一些。

再者,从先秦及西汉的棺椁制度考察,天子使用"黄肠题凑"的大型木椁已是约定俗成的规矩。秦始皇生前自命功高盖世,胜过远古的三皇五帝,不可能放弃"黄肠题凑"的木椁而改用其他棺椁。

秦始皇棺椁的材质还没有搞清楚,人们又开始探索秦始皇陵地宫有没有空间的问题。秦始皇陵墓的主持者之一李斯描述地宫时曾说:"凿之不入,烧之不燃,叩之空空,如下无状。"如果他的这段话记载无误,那么地宫明显有个外壳,总体上是一座密封的、真空的大地堡式地宫。但目前的考古勘探结果已经表明,秦始皇陵地宫为竖穴式。墓内可能有"黄肠题凑"的大型木椁。如果真是竖穴木椁墓,墓道及木椁上部都必须以夯土密封。这样一来,墓室内外就会严严实实,不会再有空间。

如果地宫没有空间的说法成立,显然与李斯"叩之空空,如下无状"的表述相矛盾,而相关文献资料则更多地支持"地宫是空的,且有较大的空间"的说法。事实怎样呢? 由于目前的考古勘探尚未深入到地宫的主要部位,所以地宫内部是虚是实的谜还没有揭开。

人们在关注秦始皇使用的棺椁的同时,更关心的还是秦始皇的遗体。20 世纪70 年代中期,长沙马王堆汉墓"女尸"出土,其尸体保存之完好令人瞠目结舌。由此,有学者推测秦始皇的遗体也会完好地保存下来。客观上,当时已经具备了保护遗体的技术和手段,但秦始皇遗体是否完好地保存下来呢? 多数专家对此持否定态度。

公元前 210 年,秦始皇死在出巡途中,当时又正值酷暑时节。根据目前遗体保护的经验,一般遗体保护必须在死者死后即刻着手处理。稍有延误,尸体本身已开始变化,再先进的技术也回天乏术。而秦始皇死后辗转了数千里,才回到咸阳安葬,前后间隔近两个月。史载,李斯等人为了掩饰尸体的臭味,把一石鲍鱼放入运送秦始皇遗体的车帐中,可见,遗体在途中已经开始腐烂。照此推断,秦始皇的遗体不等运回咸阳处理早已面目全非了。所以说,秦始皇遗体保存完好的可能性很小。

秦始皇陵考古队队长段清波指出,秦始皇的遗体完好保存下来的可能性不是很大,但是根据目前在墓中探测到的水银和秦汉时期对人尸体处理的手段分析,保护完整的骨骼的可能性非常大。他说:"一旦发现其骨殖,我们从骨架当中能提取出秦始皇本人的 DNA 片段,之后再结合与秦始皇相关的秦的祖先的 DNA 分析结果,就可以解决一个大的问题,即秦人的来源问题。"段队长进一步指出,根据秦始皇的骨架还可以复原他的长相。

秦始皇的遗体究竟有没有完好保存,以及利用它能做什么,还有待科学家们进一步研究探索。随着发掘秦始皇陵这个话题的升温,另外一个问题摆在人们面前:秦始皇陵地宫的防盗设施如何,有没有重重机关和弩箭?据《史记》记载:秦始皇陵地宫"令匠作机弩矢,有所穿进者辄射之"。按照这个说法,地宫中应该是安装着一套自动发射的暗弩。如果这些文字记载属实,它算得上是中国古代最早的自动防盗器。

光靠这段文字还不够,专家们联系当时的秦军装备情况分析,秦代曾生产过连发三箭的弓弩。而且秦陵附近已经出土秦代强弩的箭头,这些箭头为三棱流线型,三个弧面的弧度完全相等,原理类似于今天的子弹头。从力学角度考虑,这类箭头对铠甲有极强的穿透力。另外,从秦兵马俑复原和《六韬》的表述来看,当时秦军中射手所占的比例很大,按最低的说法也有15%,而且射手中弓、弩手的比例为1∶2。

就以上资料分析,秦始皇地宫中布置弩箭的可能性极大。但是安放在地宫的暗弩是不是一套自动发射的弓弩(当外界物体碰到机关,弓便会自动发射)值得商榷。到目前为止,能够证明秦代制造自动发射弩箭的资料还很少。所以,秦代何以生产高超的自动发射器仍是一个谜。

玄武门之变真相之谜

唐高祖武德九年六月四日(公元626年7月2日)一早,太子李建成接到内线密报,说秦王昨夜入宫,向父皇密奏建成、元吉淫乱后宫,要他早做准备。于是,李建成与齐王李元吉立即进宫,一来向近臣打探消息,二来赶快向父皇解释。此时,李世民与长孙无忌等早已埋伏于玄武门。李世民对准李建成射一箭,李建成中箭身亡。李元吉急忙向西逃去,被尉迟敬德射杀。六月初七世民被立为皇太子,不久,李渊传位于太子,自己退位为太上皇。这就是史书记载的"玄武门之变"的始末。对于"玄武门之变"这一石破天惊、喋血宫门的宫闱大事,历来正史都认为秦

玄武门之变

王是在一忍再忍、被逼无奈之下,不得已而做出的自卫之举。一切真如史书所述吗?历史学家对此多有分歧,说法不一。

李建成是个阴险狡诈的人吗

正史上对李建成人品的记载多有虚构的成分,大多评价他阴险狡诈、贪功好色、妒贤嫉能;与功勋卓著、光明磊落、英武仁厚的李世民不可相提并论。可是我们通过实际分析不难发现,李建成绝非平庸等闲之辈。从军功上看,李渊晋阳起兵后,李建成西渡黄河,攻克长安。后占据长安,使唐军声威大振,不但使威胁蜀地的势力依附了唐,也使西秦霸王薛举被切断在西北成为孤军,还决断了王世充西逃之路,更有效遏制了虎视眈眈的突厥。长安城在隋末群雄并起、问鼎天下的过程中所起到的战略作用是相当大的,并不比洛阳逊色。

除此之外,李建成还有许多其他功绩:武德二年,李建成又率兵平定司竹群盗祝山海;武德四年,有稽胡数万叛乱为边害,李建成以计杀其壮男六千有余,敌首领逃走;武德六年,他和李元吉一起进攻刘黑闼,以王圭、魏徵之策擒之。

由此看,李建成的军功与李世民相比并不逊色多少。虽然史书中李建成没有李世民"虎牢一战"的经典战例,但也不能据此断定其用兵能力有多么差。再说玄武门之变后,李建成败北,舆论更是倾向李世民。即使有再经典的战例,想来也不会被详尽地记入史册,顶多一句"李建成纳计,乃克长安"。

再从人品上分析,《资治通鉴》引《新唐书》言其"性颇敦厚",《通鉴纪事本末》

道其"性宽厚""得众心"。试想,李建成能让魏徵、王圭等一代良臣为其效力,肯定也非庸碌无德之辈,不得人心之徒,甚至可以说礼贤下士,深得人心。并且据说,魏徵曾多次规劝李建成杀掉李世民,李建成都多存仁厚之心,不忍下手,这似乎也反映了李建成心怀仁德,并非阴险狡诈。至于头脑,李建成身为太子,很清醒自己所受到的威胁,他先团结李元吉,又与坐镇幽州的庐陵王李瑗联手,并笼络高祖身边的重臣,多为自己美言。他还能与后宫交好,注意团结那些皇亲国戚,宫内宫外大多是太子系。这些都说明他足够精明睿智。

由以上分析,不难看出李建成不仅有继承皇位的资格,还有君临天下的能力,并且得到了许多人的拥护,远非史书记载的阴险狡诈、贪功好色、庸碌无为之辈。既然如此,玄武门之变的真正起因就有待进一步推敲了。

谁是始作俑者

既然李建成具备君临天下的能力,如果他稳坐太子宝座,安分守己,不轻举妄动是否就能继任大统呢? 玄武门之变确实是秦王无奈之下的不得已之举,且"既喜且怜"吗? 李世民究竟是否真如史书所载,在玄武门之变中处于被动自保的位置呢? 晋阳起兵后,他是否也就甘心只做秦王呢? 我们再从事变的另一个主角秦王李世民入手来逐层分析。

《资治通鉴》引述唐史,有这样一段记载:"……上之起兵晋阳也,皆秦王李世民之谋。上谓李世民曰:'若事成,则天下皆汝所致,当以汝为太子。'李世民拜且辞。及为唐王,将佐亦请以李世民为世子。上将立之,李世民固辞而止。"这段史实大有可疑之处,其实隋末农民起义此伏彼起,李渊自知无力挽回隋亡败局,又深晓隋炀帝猜忌嗜杀,政局动乱,难以自保,因而早有反意。再说,据史料记载,实际上首提造反的是刘文静,李世民只是鼓动者之一。怎么能"皆秦王李世民之谋"? 况且这时天下未定,鹿死谁手不知,"皆汝所致"从何说起。特别是这个"请以李世民为世子"的"将佐"可谓料事如神,然而如此神明,能为太宗脸上贴金之人,并不见史书对其有载。由此可见,这段"废立"之说,实为捕风捉影,"事后诸葛亮"编造而来,是为后来李世民继任大统"正名"的。

而实际上,李世民觊觎帝位之谋,是随着自己军功的不断增长而日益膨胀的,这从记载李世民早期活动的史书中，也可窥见一斑。据《旧唐书·隐逸传》记载："道士王远知，琅玡人也……武德中，太宗平王世充，与房玄龄微服以谒之。远知迎谓曰：'此中有圣人，得非秦王乎？'太宗因以实告。远知曰：'方作太平天子，愿自惜也。'"太宗登极后便要'加重位'，对方还是归隐山林，贞观九年太宗降诏曰：'朕昔在藩朝，早获问道，眷言风范，无忘寤寐。'"如果这一记载属实，李世民称"早获问道"，对道士的预言"眷言风范，无忘寤寐"，不正道出了李世民早就萌生了称帝之心吗？

武德四年，当李世民攻克东都洛阳，更是分散钱帛，笼络人心。设天策府、文学馆，招贤纳士，闲则共话古今，纵谈天下，俨然君臣气派，时人称其天策府为"小朝廷"。封德彝更是一针见血地指出："秦王恃有大勋，不服居太子之下。"此后，李世民还苦心经营洛阳，并派陈亮到山东联络山东豪杰，扩大自己的实力。还让妻子长孙氏入宫活动，"孝事高祖，恭顺妃嫔，尽力弥缝，以存内助"。从而多方面培植自己的力量。其身边更是聚集了大批文臣武将。这些史实进一步证明，秦王不但有当皇帝的野心，更为此做了积极的准备。李世民后来还收买了李建成东宫官王晊等人，玄武门政变前夕，入秦王府告密的正是其人。收买一个人，也非一朝一夕之事，如果秦王没有预谋，至于如此吗？

从常理分析，如果李世民安于做秦王，不培植势力，虎视眈眈，可能会与太子相安无事。

正因为他自恃功高，有称帝的野心，无奈却是高祖二子，按"立长子以长不以功"的原则，长子在先，他岂有称帝的可能？正由于此，李世民才处心积虑地积聚力量，寻找机会，企图除掉这个正统皇位继承人，为自己继任大统铺平道路。而李世民身边的文臣武将出于自身利益的考虑，当然也会怂恿李世民夺取帝位，当上皇帝。在这种背景下，"树欲静而风不止"，李建成感受到了巨大的威胁，才拉拢四弟李元吉，结好朝中大臣，以稳固自己的太子地位。

从当时的形势发展来看，由于李建成得到了弟弟、宫中、朝中多数高官甚至父亲的支持，李世民不可避免地处于弱势地位，虽然于情于理他都应处在主动出击的位置。但是在东宫实力远远超过秦王府的情况下，逼迫李世民必须示弱退让，保存实力，营造环境，以求一击必杀。这就是说，李世民在夺取帝位这一事件上，在战略上始终是主动的,只是处于斗争的需要,才在战术中被动罢了。并且可以说这场政变的起因就是李世民。著名学者陈寅恪就明确指出:"唐自开国时建成即号皇太子,太宗以功业声望卓越之故,实有夺嫡之图谋,卒酿成武德九年六月四日玄武门之事变。"因而谈不上李世民对太子一忍再忍、宅心仁厚之说。

不过,可以肯定在夺取帝位和保住帝位的明争暗斗之中,李建成也并非坐以待毙,面对日益增强的秦王势力,李建成无疑十分担忧。《资治通鉴》曰:"世民功名日盛,上常有意以代建成,建成内不自安,乃与元吉协谋,共倾世民,各引树党友。"这自然是可以理解的。甚至有记载,起初,秦王随父皇临幸齐王府,李元吉在寝宫中埋伏护军宇文宝,劝说李建成杀掉秦王,李建成生性仁爱宽厚,阻止了。随着双方斗争的进一步深化,李建成曾试图重金收买秦府骁将尉迟敬德、段志玄等人;还准备调程知节(程咬金)往康州任刺史;并通过高祖之手将房玄龄、杜如晦逐出王府,并不许私见秦王等。想以此分化、瓦解秦王府的文臣武将,孤立李世民,逐步消除他的势力。然而事实上,李世民则更技高一筹,他将计就计,让手下假装离开长安,然后偷偷潜回秦府,示敌以弱,积蓄力量。之后他又以其人之道还治其人之身,收买了东宫集团中的要人,在后来事变中发挥了重大作用。

那么,史书中记载的太子屡害秦王是真的吗?

在众多有关李建成陷害李世民的事件中,以下两件事最为突出。第一件是,突厥退兵之后,李渊率领三个儿子一起狩猎,命他们驰射角胜,李建成有意把一匹健壮却易于颠扑的劣马授予李世民,并说道:"这马善于急速奔驰,能够跨越数丈宽的山涧,弟弟善于骑马,可以试着骑它。"结果劣马连颠三次,每次李世民都跃到数步之外,才幸免于难,否则几死马下。李世民对宇文士说道:"彼欲以此见杀,死生有命,庸何伤乎!"李建成、李元吉由此打小报告道:"秦王自言,我有天命,方为天下主,岂有浪死。"给李世民扣上谋反的帽子,因此李世民被责。这一记载历来为人怀疑,要知李世民久经战阵,怎么能不知道战马对一个骑射者的重要作用呢? 在双方剑拔弩张、明争暗斗之时,他又怎么会舍弃自己的战马,反而听信李建成劝骑之言呢? 况且,李建成又怎么会授马于李世民呢? 即使盛情难却骑上了劣马,一蹶当应换骑,又岂能容忍连蹶三次? 由此看来,这件事很难自圆其说,破绽百出,有待考辨。第二件事尤为离奇,说的是武德九年六月,也就是政变前夕,史载,李建成与李元吉邀李世民入宫宴饮,并在酒中下毒。结果李世民饮后"心中暴痛,吐血数升",他们的叔叔淮安王李神通搀扶李世民"还西宫"。这件事想必虚造,无中生有之嫌更大,历来让人质疑。如果李建成果真设下鸿门宴,谋行鸩毒之举,岂能在他中毒后,不斩草除根,轻易放他而去?李世民"吐血数升",却安然无恙,是其内功高强,还是所卖毒药是假冒伪劣产品?假使果真中毒,有淮安王在,李建成不便动手,李世民能够回到西宫,怎么三天后,就康复得能够手握强弓,一箭射杀李建成性命?何况,双方矛盾已经相当激烈,哪还能彼此信任,聚宴狂饮?其真实性难免令人怀疑,而诋毁兄长的嫌疑极大。

还有一件事特别值得一提,史书上记载"玄武门之变"前夕李世民进宫"密奏李建成、李元吉淫乱后宫"。我们知道"淫乱后宫",是最不堪的人伦大忌,也最易搞垮政治对手。如果此时李渊已有意接受李建成建议,削弱秦府势力,说明他已明确站在太子这一边。如果李世民在没有真凭实据的情况下,如何敢"冒天下之大不韪"密奏此事。高祖知道此事,怎会善罢甘休,必定会追查到底。再说李建成身为太子,自知秦王对其威胁极大,能否顺利登上皇位,还在两可之间,行为怎么会如此放肆,从而给政敌制造把柄。并且李世民又怎么可能会愚蠢到如此地步,在父皇面前直接揭发淫乱后宫这等丑事?对此,司马光认为此乃"宫禁深密,莫能明也"。由此看来,此事为史官恶意中伤的嫌疑极大,因为这样不但使李建成、李元吉名声扫地,也为太宗继任大统埋下伏笔。退一步说,如果这一事件属实,很可能就是李世民为玄武门之变所设的诱兵之计,因为高祖要三人第二天上朝对质,李建成、李元吉进宫必定经过玄武门,从而为该日政变提供了条件,至于李建成与李元吉是否真有淫乱后宫是值得怀疑的。

从以上分析来看,李世民并不甘心只做秦王,早有当皇帝的野心,并且招贤纳士,不断壮大自己的实力,对太子构成了威胁。随着形势的发展,秦王与太子争夺帝位的斗争也日趋紧张。史书中记载的李建成陷害李世民的史实,很有可疑之处。

此外,还有一点是很关键的,那就是玄武门总兵常何是谁的人。我们知道,玄武门乃入宫必经之地,所以,玄武门政变的双方谁能得到玄武门总兵常何的配合,无疑成功的概率就大大增加。那么,常何是否为秦王收买了呢?

对此曾有两种观点,一种认为玄武门总兵常何隶属李建成,为李世民所利用。

·讳莫如深的帝王宫闱·

图文珍藏版

政变之日，常何驻守，李建成不致生疑，李世民才能侥幸成功；另一种观点认为，常何早在攻洛阳时就跟随李世民，后虽曾跟随李建成征讨河北，但入长安却是奉李世民之命，所以是李世民的人。

著名史学家陈寅恪先生考证认为：常何原是太子李建成安插的人，后被李世民用重金收买。他能被收买还有一条重要因素：据《常何墓碑》记载其籍贯是汴州浚仪，他与李世民帐下的山东豪杰人物有着乡土连衣的关系。这也是收买可以成功的重要因素。正因当日常何是值班将领，从而放李世民领人进入宫内，提前设置下了伏兵。后在常何率领的禁军配合下，秦王集团迅速控制了宫城其他诸门。这可从《安元寿墓志》捕捉到一条线索："皇基肇建，二凶构逆。公特蒙驱使，委以心腹。奉敕被甲，于嘉猷门宿卫。"该墓志的主人守卫的嘉猷门，是宫城西面的北门。太极宫其他七门，也被李世民集团迅速接管了。从而顺利逼宫，促使高祖把兵权交付李世民，并下诏封李世民为太子。

现在看来，玄武门之变的始作俑者很可能正是秦王本人，只是不知历史真相是否如此。

史官是否篡改史实

通过以上分析，可以看出，玄武门之变也许并非史书所载，是唐太宗忍无可忍，不得已的自卫之举，甚至很可能是他主动出击，设下圈套，诛杀了太子、李元吉，从而为自己继任大统扫清了道路。司马光和范祖禹就指出李世民杀兄"贻讥千古""无君父也"。王夫之则直言痛斥曰："太宗亲执弓射杀其兄，疾呼以加刃其弟，斯时也，穷凶极惨，而人心无毫发之存者也。"那么，我们仍难免会产生疑问，玄武门之变的真相真的如此吗？正史上关于玄武门之变的史料又如何解释呢？这不禁让我们进一步产生疑问，李世民篡改史实了吗？

我们知道，历史是胜利者书写的，难免会依据胜利者的意旨和利益编撰。"玄武门之变"的史实，最早见于《国史》《高祖实录》《太宗实录》，这均为李世民继任大统后，由其亲信房玄龄等人删略，编撰而成。在"玄武门之变"中，李世民是胜利者，舆论无疑会导向他这一边，所谓"胜者王，败者寇"，房玄龄等人会依据史实，忠实记录"玄武门之变"的来龙去脉吗？他们难道不会顾及太宗的"龙颜"吗？这不能不让人产生怀疑。据《贞观政要》记载："贞观十四年，太宗谓房玄龄曰：'朕每观前代史书，彰善瘅恶，足为将来规诫。不知自古当代国史，何因不令帝王亲见之？'对曰：'国史既善恶必书，庶几人主不为非法。止应畏有忤旨，故不得见也。'太宗曰：'朕意殊不同古人。今欲自看国史者，盖有善事，固不须论；若有不善，亦欲以为鉴戒，使得自修改耳。卿可撰录进来。'玄龄等遂删略国史为编年体，撰高祖、太宗实录各二十卷，表上之。太宗见六月四日事，语多微文，乃谓玄龄曰：'昔周公诛管、蔡而周室安，季友鸩叔牙而鲁国宁，朕之所为，义同此类，盖所以安社稷，利万人耳。史官执笔，何烦有隐？宜即改削浮词，直书其事。'"这段话颇值得玩味，"太宗见六月四日事，语多微文"，让房玄龄"史官执笔，何烦有隐？宜即改削浮词，直书其事"说明史书对"玄武门之变"所述，水分极大，不合史实处极多。奇怪的是《国史》既然不让当代帝王看，房玄龄已明确回答是为了保持"善恶必书"，唐太宗为何还非要亲自观看《国史》呢？并且又特别详细地看了"六月四日"玄武门一事呢？究竟是欲盖弥彰，故弄玄虚？还是真心规劝史官"善恶必书"呢？太宗阅后，房玄龄真的又"改削浮词，直书其事"了吗？这恐怕就不得而知了。

而后世编著的新、旧《唐书》等正史均取材于《国史》和这两部"实录"，所以，"玄武门之变"的本来面目究竟如何，是否为史官有意粉饰，肆意修改，只怕谁也说不清楚了。毕竟至今，我们还没看到有关李建成、李元吉的亲信之人所撰书的"玄武门之变"的史料。我们也只是从这些正史的蛛丝马迹之中，寻找一二破绽进行辨析、破译，但所知可能只是冰山之一角，离整个事件的真相差距尚远。当然，也不排除后人因为李建成本为太子，从"立长不立功"的封建礼教出发，同情失败者，而对太宗"玄武门之变"产生质疑。

我们只有期待将来人们能从地下发掘出一二当时知情者的秘密记录，从而还原全部事件的"庐山真面目"了。

武则天无字碑之谜

自秦汉以来，帝王将相无不希望自己死后能树碑立传，歌功颂德，但是中国历史上唯一一位女皇帝的石碑却没有刻一个字。此无字碑坐落于陕西省咸阳市区西北方向五十公里处的乾陵。它在乾陵司马道的东侧,北靠土阙,南依翁仲,西与述圣纪碑相对,奇崛瑰丽,巍峨壮观。

乾陵是唐高宗和武则天的合葬陵,其陵前并排矗立着两块巨大的石碑,西侧的一块叫"述圣碑"(或称述圣纪碑),这"述圣碑"是武则天为高宗李治歌功颂德而立的碑,她还亲自撰写了5000余字的碑文,黑漆碑面,字填金粉,光彩照人。而东侧的那块就是武则天的无字碑了。

根据有关史料记载,唐高宗死后,乾陵的选址、设计及营建,都是由武则天直接指导完成的。因此,乾陵地面的主要大型石雕——无字碑很可能就是当时树立

武则天无字碑

的。再从无字碑与述圣纪碑相互对应的关系来看,这两块碑很可能同时而起。由此看来,无字碑确实应该为武则天所立。这块武则天精心设计并树立的无字碑不仅因为位于乾陵陵园的显著位置而引人注目,并且其精湛的雕刻艺术,独特的丰姿韵味,以及各种富于传奇色彩的传说故事使得它倍受世人青睐,名播八方。游客们到乾陵来,几乎都要一览无字碑的风韵。无字碑在中外游人的眼中不仅是乾陵的象征,更是女皇武则天的象征。

但是,这块无字碑上为何无字却始终是个难解之谜,对此目前民间主要有以下三种说法。

第一种说法认为,武则天立"无字碑"是用在自夸,表示自己的功高德大不是文字所能形容的。要知道,武则天从公元655年开始荣居皇后,到公元705年被迫退位,参与和掌握最高权力的时间长达50年。即使从唐高宗驾崩时算起,也有21年。她是中国历史上唯一的一位,也是政绩十分出色的女皇帝。她在政治上打击豪门世族,并大兴科举制度,使得大量人才进入政府部门,抑制了豪门垄断;她奖励农桑、兴修水利,减轻徭役并整顿均田制,使社会经济不断发展,人口数量不断增长;她知人善任,经常破格提拔有用之才,鼓励各级官吏举荐人才,还虚心采纳大臣

之言,从谏如流,"累朝得多士之用"。她加强国防建设,改善与边境少数民族的关系。由此可见,武则天是一个富有政治才华和远大抱负的人,在她统治期间做过许多有益于国计民生的事,稳固和发展了"贞观之治",推动了历史的发展,并对后来"开元之治"起到了承前启后的作用。

第二种说法认为,武则天立"无字碑"是因为其自知罪孽深重,感到还是不写碑文为好。一是,武则天以阿谀奉承的手段取得了唐太宗和唐高宗的信任,从地位卑微的"才人",渐渐爬到母仪天下的皇后的宝座,最后她还不满足,竟窃得皇位;二是,武则天培植党羽、任人唯亲,建立宫廷奸党集团,打着李唐"朝廷"的旗号,铲除异己;三是,武则天任用酷吏,实行告密和滥刑的恐怖政策;四是,唐初社会的经济发展呈马鞍形,而武则天当政期间处于最低处;五是,武则天在位期间,曾丢掉了安西四镇,造成了国家领土的不完整。也许正因为如此,武则天无法为自己立传,只能立了一块"无字碑"来为后世定基调。

第三种说法认为,武则天是一个有自知之明的人,立"无字碑"是让自己的功过是非由后人评论,自己不妄做评断。武则天当政期间,既有值得肯定的地方,也有应该否定的地方。一是,自贞观以来经济发展的趋势,在武则天时期一直继续;二是,在处理唐高宗去世前后的复杂局面中,她表现了非凡的个人才干;三是,就"纳谏"和"用人"这两点,连许多内心反对"武周"统治的大臣,都对其赞叹不已。但是,武则天的消极面也十分突出。她为了维护个人的统治地位,任用"酷吏",也曾滥杀无辜。她还崇信佛教,奢侈浪费,淫乱宫闱。特别是在"武周"后期,朝廷政治日趋腐败,一批奸臣佞党为武则天所庇护,无法无天,引得天怒人怨。最后,武则天迫与形势交出权力,还政于唐中宗,她知道自己的一生,毁誉参半,碑文写好写坏都是难事,因此决定立"无字碑",由后人去评价。

此外,有学者提出过几种观点。一是,继位的唐中宗李显对武则天无法称谓,是称武则天为先帝呢?还是称太后呢?二是,唐中宗虽然是武则天的儿子,却曾经被废黜,故心怀怨恨,而李唐王朝中插进一个21年的"武周"更是奇耻大辱,为了雪恨,故意立了块"无字碑",想使武则天难堪。三是,如何撰写碑文,评价武则天,一直争论不休,由于没完没了,那碑就始终空着。这三种说法的可信之处在于,帝王一般不会死前下诏对如何撰写碑文发表自己的意见。

还有一说法为,武则天辞世后,政局动荡,无人过多关注,等到人们重新关注时,她的那段历史早已众说纷纭,真假难辨了。

另据最新发现,在陕西文物研究所的一次考查中,无意间发现在无字碑的阳面,从上到下刻满了方格子,这些方格子每个长4厘米,宽5厘米,排列整齐。经考证,这些并不是后人刻上去的,它们极有可能就是当初准备在石碑上刻字用的,而且已经准备好了碑文。根据留在碑面上的格子计算,碑文大约有3300多字。那么,为什么已经准备好的碑文没有刻在石碑上呢?

历史学家们做出了这样的推测。武则天生前已经撰写好了碑文,并交给了李显,但随着"神龙政变",武则天被迫让位给李显,将国号"周"恢复为"唐",李显虽是武则天的亲生儿子,但由于武则天的压迫,终日惶惶不安,重登皇位后虽然不能发泄憎恨,但也讲不出对母亲歌功颂德的好话,只好不说不刻,为武则天留下了一块无字碑。

至于以上各种观点,哪个最贴近历史真相,还有待更进一步的考证了。

宋太宗即位之谜

宋太宗(公元939~997年),北宋第二位皇帝(公元976~997年在位),在位22年,享年58岁,是宋太祖赵匡胤的亲弟弟。宋太宗本名赵匡义,为了避赵匡胤"匡"字讳,曾改名赵光义。在宋代历史上,宋太宗算得上是一个有作为的皇帝,因为他勤于政务,关心民生,所以死后谥号神功圣德文武皇帝。不过,这位英明君主,在野史记载中也有见不得人的污点,说他有弑兄篡位的嫌疑。

今天的史学者,围绕这一记载和正史中的种种说法,形成了两种截然不同的观点,一种认为是宋太宗"弑兄篡位",夺取了哥哥的江山;一种认为宋太祖之死与他没有关系,他的继位合于情理。那么事实究竟如何呢?

斧声烛影中杀兄夺位吗

开宝九年(公元976年)十月二十夕,"上御太清湖以望气,……召开封王,即太宗也。延入大寝,斟酒对饮。宦官宫妾悉屏之,但遥见烛影下,太宗时或避席,有不可胜之状。饮讫，禁漏三鼓，殿下雪已数寸。太祖引柱斧戳雪，顾太宗曰：'好做，好做。'遂解带就寝，鼻息如雷。是夕，太宗留宿禁内，将五鼓，伺庐者寂无所闻，太祖已崩矣。太宗受遗诏，于枢前即位。逮晓登明堂，宣遗诏罢，声恸，引近臣环玉衣以瞻圣体，玉色莹然如出汤沐。"

宋太宗

这就是宋朝初年文莹和尚著的《湘山野录》一书关于斧声灯影的记载。斧声灯影之所以引人关注，就因为事情如此发展于情于理多有不合：正值盛年的太祖突然驾崩于"万岁殿"，并且未传位于两个儿子，而由弟弟赵光义继承大统。人们于是产生疑问：斧声烛影中，是太祖力劝弟弟继任大统，还是光义谋杀病中的哥哥篡位？

《湘山野录》关于"斧声烛影"的记载于是成了宋太宗弑兄篡位和后人对其即位合法性怀疑的直接证据。除此之外，后人还找出另外一些太宗可能弑兄篡位的证据。

《宋史·太祖本纪》中对太祖之死的记录就有不少疑点。该书对太祖的死只简略地说："癸丑夕，帝崩于万岁殿，年五十，殡于殿西阶。"根本没有说明猝死原因。太祖无病无恙怎么就突然崩逝于"万岁殿"呢？这难免让人怀疑。毛泽东在评点《宋史·太祖本纪》时，也曾对此批注："不书病，年五十？"所以，后人认为太祖突然猝死，是个历史疑案，而太宗此夜"留宿禁内"，且有"斧声烛影"之说，其弑兄篡位的嫌疑明显。

南宋遗民徐大绰在所著《烬余录》中更是直接写道，赵光义对归降的后蜀主孟昶的妃子花蕊夫人费氏垂涎已久。可是，孟昶去世后，宋太祖将花蕊夫人纳为己妃。后来，太祖因病卧床，半夜时赵光义叫他，见他不答应，便乘机调戏花蕊夫人，但"太祖觉，遽以玉斧砍地。皇后、太子至，太祖气属缕"，赵光义慌忙逃回自己的王府，次日太祖驾崩。从这段叙述来看，赵光义好像是在皇宫陪伴患病的太祖，并趁他昏睡不醒，想乘机调戏钟情已久的花蕊夫人，但被太祖发觉，可能是他盛怒之下欲砍赵光义，由于病体虚弱，力不从心，未中赵光义而砍了地。等皇后和太子闻声赶到之时，赵匡胤已气息奄奄了。

太祖是病怒交加而死，还是为赵光义所害？尚难下断语。

另外，从太宗继位的过程来看，也大有可疑之处。据司马光的《涑水纪闻》记载，"太祖初晏驾，时已四鼓，孝章宋后使内侍都知王继隆（按：其他书籍上做王继恩）召秦王德芳；继隆以太祖传位晋王之志素定，乃不召德芳，径趋开封府召晋王。见医官程德玄坐于府门，……乃告以故，扣门与之俱入见王，且召之。王大惊，犹豫不敢行，曰：'吾当与家人议之。'入久不出，继隆促之曰：'事久，将为他人有。'遂与王雪下步行至宫门，呼而入。……俱进至寝殿。宋后闻继隆至，曰：'德芳来耶？'继隆曰：'晋王至矣。'后见王锷然，遽呼官家曰：'吾母子之命，皆托于官家。'王泣曰：'共保富贵，无忧也。'"这段记载与文莹《湘山野录》中说，"是夕，太宗留宿禁内"不同，而是说赵光义当夜回到了自己的府中，是在半夜由宦官王继隆和心腹程德玄陪同下一同前往宫中的，似乎证明赵匡胤崩逝之时，他根本不在现场，与"斧声烛影"无关。即使如此，也不免让人怀疑，宦官王继隆何以知道"太祖传位晋王之志素定"，平时有诏书吗？他是"金匮之盟"的见证人吗？宋后命他去召秦王德芳，为何竟敢擅作主张？程德玄怎么这么巧也到了晋王府？至少，这段记述明确表明，宋后召的是秦王赵德芳，即太祖小儿子，而并非是赵光义。只不过赵光义先于诸王子，抢先进了皇宫。再说，假如太祖已经明确传位于赵光义，他又何必"犹豫不敢行，曰：'吾当与家人议之。'"这话从何说起？宦官王继隆又说："事久，将为他人有。"又说明了什么？司马光的这段记载，显然考虑到了为尊者讳，有意为太宗开脱，但是这些含糊其词的记载，是否又暗示了什么呢？

《宋史·太宗本纪》中在肯定宋太宗是"贤君"的同时，明确指出了四点非议："若夫太祖之崩不逾年而改元，涪陵县公之贬死，武功王之自杀，宋后之不成丧，则后世不能无议焉。"用白话来说，就是后代人难免对太宗有以下四点不解：其一，太祖去世后，他荣登皇位，为何不尊惯例次年改用新年号，而是连仅剩的两个月也来不及等待，就迫不及待地将开宝九年，改为太平兴国元年呢？他如此急于改弦更张是不是心怀鬼胎，想以此先入为主，造成不可逆转的既成事实？这难免让人生疑。

其二，赵光义的弟弟赵光美，既然是"金匮之盟"中"兄死弟及"的又一皇位继承人，为何赵光义继位后，先任命其为开封尹兼中书令，封齐王，后来却将这位因避讳而改名为廷美的弟弟莫名其妙地剥夺了王位，贬为涪陵县公，导致其不久就"抑郁"而死呢？其三，太宗继位后，曾封为节度使和武功郡王的太祖儿子德昭，为何征讨北汉之后，好意规劝太宗信守诺言，奖励出征的有功将士，太宗非但不听，居然说："待汝自为天子，赏未晚也！"德昭由此感到自己受到了深刻的猜忌和防范，性命早晚难保，回家后自刎而死。这种行径，无异于逼其自杀。一年之后，太祖年仅23岁的幼子德芳，也神秘地暴病身亡。人们由此不免怀疑"共保富贵，无忧也"的诚意。其四，太宗曾经把皇嫂宋后加封为"开宝皇后"，但其死后，却不按皇后礼仪发丧，这又是为什么呢？所以"察其言，观其行"，太宗根本没有兑现"共保富贵"的诺言，只看到他斩草除根，逐一消除了皇位竞争中的最后隐患。以上四点的出现，难道全部源于偶然？

最后，我们再听听宋朝民间的声音。由于宋太祖暴死，五六年内两个儿子也不明不白地丧生，当时，民间就流传有各种版本的太祖神秘暴死和因果报应的故事。除"斧声烛影"之外，还有"宋太祖转世为斡离不，灭北宋，杀太宗子孙几尽"的传说。其中还有一个颇有影响的说法是这样的：宋太宗弑兄篡位，大逆不道，丧尽天良。由于其得位不正，导致北宋末年，半壁河山被占，钦、徽二帝被掳，宋太祖借金太宗完颜晟之手，报了是夜刀斧之仇。值得注意的是，宋太宗的后世子孙似乎也相信此说不假。南宋高宗赵构，因为他没有儿子，大臣们曾就皇位继承一事议论纷纷，多认为：太祖是宋朝创造者，应该在他的后代中选择皇位继承人。对这种含沙射影之言，高宗开始时严加斥责，但是，突然有一天，他彻底改变了主意。据说，是夜晚上他做了一个奇怪的梦，梦见宋朝开国君主赵匡胤带着他，逆转时光，回到当日的"万岁殿"，让他看了那夜"斧声烛影"的全部情景，并且说："你只有把皇位传给我的子孙，国势才可能有一线转机。"也许梦境之说，纯属后人附会，但是高宗传位于宋太祖后代却是事实。高宗最终找到了宋太祖的七世孙赵慎，并把皇位传给了他。这时距离"斧声烛影"之夜，已经有187年。我们也难免惊诧，宋高宗这一举动是否含有认识并承认了自己先祖的罪孽，并通过自己的努力，向宋太祖及其子孙偿还了亏欠的历史孽债的意思呢？当然，也可能太祖子孙继承南宋江山只是历史的巧合,这种因果报应之说只是后人附会而来。但是这些民间流传的故事,不也在某种程度上反映着历史的真实?

金匮之盟的真伪

前文多处提及的金匮之盟也是太宗即位的关键所在。围绕金匮之盟,学者们各执一词,有的认为确有金匮之盟,有的则认为那只不过是太宗为了稳固自己的统治在几年后的欺世盗名的杜撰而已。

据《杜太后传》记载:"建隆二年,太后不豫,太祖侍药饵不离左右。疾亟,召赵普入受遗命。太后因问太祖曰:'汝知所以得天下乎?'太祖呜咽不能对。太后因问之,太祖曰:'臣所以得天下者,皆祖考及太后之积庆也。'太后曰:'不然。正由周世宗使幼儿主天下耳。使周氏有长君,天下岂为汝有乎?汝百年后当传位于汝弟。四海之广,万机至众,能立长君,社稷之福也。'太祖顿首曰:'敢不如教。'太后顾谓赵普曰:'尔同记吾言,不克违也。'命普于榻前为约誓书,普于纸尾书'臣普书'。藏之金匮,命谨密宫人掌之。"

这就是历史上有名的"金匮之盟"。

关于金匮之盟,《宋史纪事本末》《续资治通鉴》《续资治通鉴长篇》也有类似的记载,只是言语上稍有些出入。但是由于年代久远,"金匮之盟"的真伪,很值得怀疑。因为从当时的情况看,杜太后去世的时候,赵匡胤年仅34岁,正当壮年,这时他的儿子德昭已经14岁,即使太祖三五年后去世,也不会出现后周世宗遗下7岁孤儿继承大统,造成群龙无首的危险局面。在这种背景下,杜太后怎么会做出有悖封建社会"嫡长子继承制"常理的决定,而说什么"汝百年后当传位于汝弟"的"金匮之盟"呢?退一步说,假定真有"金匮之盟",且"藏之金匮,命谨密宫人掌之"。那么,太祖去世后,赵光义就应该立即拿出来,正大光明地宣示天下,说服众人。为何直到5年后,才在众论哗然的情况下,如梦初醒般地记起这件事来,并煞有介事地列举证人,公布誓约。因此,这难免让人怀疑,所谓的"金匮之盟"只是出于政治需要,太宗才伙同赵普伪造而来,以达到掩人耳目,为自己继位"正名"的目的。

对"金匮之盟"的可信性也有许多学者持肯定态度。从背景来看,北宋政权是通过陈桥兵变得来的,赵匡胤能够黄袍加身,主要在于后周时期典兵将领权势过重，赵匡胤大权在握；另外后周恭帝年龄太小不能控制局面，从而使赵匡胤有机可乘，取而代之。杜太后亲身经历过五代，面对五代君主13人，在位超过十年者无一，有7人死于非命这样一个王朝更替频繁、"你方唱罢我登场"的混乱局面，杜太后凭什么能够自信宋太祖就可以摆脱"宿命"，而不像周世宗那样英年早逝、最终导致幼主执政失国呢？加之宋朝初建，国基不稳，成为又一短命王朝的可能性很大。再者，虽然当时太祖正值壮年，身体无恙，但是政治变化无常，"人有旦夕祸福"，谁敢保证他就不会暴死，不会被人杀掉。假如真的这样，只有十余岁的德昭能应付这样的局面吗？而在这种情况下，具有丰富政治经验的赵光义无疑是最佳的继位人选。《宋史·后妃传》上也明确记载杜太后得知赵匡胤当上皇帝时，不但没有什么喜悦，反而语重心长地告诫他"吾闻为君难，天子置身兆庶之上，若治得其道，则此位可尊，苟或失驭，求为匹夫不可得，是吾所以忧也"。在这种背景下，杜太后以史为鉴，打破"嫡长子继承制"的固定模式，由年长者为君，以确保赵氏万年江山，是完全符合当时的时代背景和客观实际的。近代以来，有人否定"金匮之盟"，认为是宋太宗的伪造，毕竟都没有强有力的证据来证明其是伪造的，很可能是"嫡长子继承制"的固定模式在作祟，并由此而否定"金匮之盟"的可能性。综上所述，"金匮之盟"具有存在的条件和背景，其可能性极大。进一步来看，假设没有"金匮之盟"的誓约，宋太祖当时尚存两子，为何不立太子呢？

当然，宋人王禹偁在《建隆遗事》中记载有太祖立太子一事："上将晏驾，前一日，遣中使急召宰相赵普、卢多逊入宫，见于寝阁……普等复曰：陛下艰难创业卒至升平，自有圣子当受命，未可议及昆弟也。臣等恐大事一去，卒不可还。陛下宜熟计之。"这是见到的唯一商议立太祖之子的资料，但查证史实可知，赵普于开宝六年（公元973年）八月被罢相，出镇河阳，不可能在太祖临终时被召入宫并谈及继承人的问题。而且史料中也从没有记载太祖驾崩前一日，有大臣建议立太子之事。由此可见其叙述之荒谬。事实上，终太祖一朝，正史上也未见有立太子一事。宋太祖从公元960年即位称帝，到公元976年驾崩，在位达17年之久，有两位皇子在世。假设没有"金匮之盟"，太祖为何不立太子呢？再说，按照封建王朝的传统，"太子，国之本也"，是封建王朝历代帝王都非常重视的一件大事，从历史上看，很多皇帝继位之初，就立下太子，比如在唐朝，公元618年5月，李渊称帝，"六月，立李建成为太子";唐太宗立李承乾也是"太宗即位,为皇太子,时年八岁",为何独宋太祖迟迟不能定夺呢？也有人认为可能是太祖当时年富力强,圣体康健,不会料到突然驾崩,所以才未来得及立太子。但是事实上太祖去世时已经 50 岁,这在古人绝非早逝,并且在位已经达 17 年之久,若沿古制,早该立下太子了。所以,说太祖突然崩逝或者说英年早逝,不是不立太子的充分理由。再从《宋史纪事本末》记载来看："燕懿王德昭字日新,母贺皇后,乾德二年出阁。故事,皇子出阁即封王。太祖以德昭冲年,欲其由渐而近,授贵州防御使。开宝六年,授兴元尹,山南西道节度使、检校太傅、同中书门下平章事。终太祖之世,竟不封以王爵。"另一皇子德芳也仅仅是在开宝九年被封为贵州团练使,这就是说,太祖在世时,授予两个皇子的职位都不高,离太子的地位还有很大距离。通过这些史实可以看出,太祖在世时根本就无意于立太子。那么太祖为什么不立太子呢？对此合理的解释就是皇位继承另有其人,金匮之盟不假,太祖已经决意由弟弟光义继任大统。

可是反对者对此还是颇有微词,他们说,假设真的有"金匮之盟",太祖着意传位于弟弟赵光义,以免重蹈柴世宗之覆辙,那么赵光义即位后为什么还有那么多的异常之举呢？

比如,太宗即位后,对皇位更替涉及的关键人物都大加封赏。任命其弟赵廷美为开封尹兼中书令,封齐王;德昭为节度使和郡王,德芳也封为节度使。太祖和廷美的子女均称为皇子皇女,太祖的三个女儿还封为公主。太祖的旧部薛居正、沈伦、卢多逊、曹彬等人都加官晋爵,他们的儿孙也因此获得官位。而一些太祖在世时曾加以处罚的人,都予以赦免。这难免让人猜疑,如此举动正是因为有难言之隐,不正之举,所以才广播皇恩,以稳定人心。除此之外,太宗更是注重培养和提拔自己的亲信,其开封尹时的幕府成员如程羽、贾琰、陈从信、张平等人都陆续进入朝廷担任要职,慢慢替换了太祖朝的大臣。尤其是他在位时期,第一次科举取士人数就是太祖朝最多时的两倍,当然科举取士使不少出身寒微的有才之士能够入仕,是一项很好的施政措施。不过,试想这些平步青云的"天子门生"无疑对太宗心存感激,甘心为其效力,从而太宗自然也能够把权力集中在自己手中,将整个朝廷逐渐变成服从自己的机构。此外,太宗还陆续罢黜了一批元老宿将如赵普、向拱、高怀德、冯继业和张美等,将他们调到京师附近做官,便于控制。太宗重用亲信,大规模地取士,让朝廷中的官职大换血,是否有让自己培养的人充当各种要职,即使朝野内外对太宗继位有所非议,也能大权在握无所顾忌呢?当然,所谓"一朝天子一朝臣",太宗培养亲信的举动也许根本就无可厚非,毕竟每位皇帝登基后都会培养自己的亲信之臣,以稳固统治。这些论述无疑包含有后人先验性的有罪推论的影子。

合法继位吗

有学者认为,后世治史者大多乐于从考证"斧声烛影"的各个细节出发,来推断宋太祖死于非命,赵光义弑兄篡位,从而否定太宗继位的合法性。而"斧声烛影"仅仅是稗官野史的传闻,可信度究竟有多大呢?这种研究问题的出发点本身可能就是一个误区。要论证太宗继位的合法性,根本不能简单地从斧声烛影出发,以讹传讹,应该从"金匮之盟"的真伪、太祖兄弟的关系、太祖生前不立太子、太宗继位后各方的反应等方面来分析。此话确有道理。

从前面史料分析可以推断,太祖驾崩之日,赵光义确实来过宫中。但留宿与否是正史与野史的分歧所在。由于年代久远,史料记载如此,我们不好判断孰是孰非,但也不能偏执一词,就断定太宗是夜留宿宫里,此处只好存疑。并且,如果是夜太祖不豫,怎么可能如《湘山野录》记述太祖出殿"引柱斧戳雪"?宫女与宦官听不到二人谈话内容,怎么就单单听到太祖"柱斧戳雪声""好做,好做"以及"鼻息如雷"的声音呢?再说,如果真的是太宗杀死了哥哥,如"引近臣环玉衣以瞻圣体,玉色莹然如出汤沐"。既然野史者都知道太祖是被谋杀,太祖的儿女们能不知道吗?要知道,他们是最后装殓、守灵的人呀。他们怎么就没一点反应呢?退一步来说,就算是慑于太宗淫威,敢怒不敢言、怕祸及家人,可是后来太宗北伐辽国失败后,赵德昭因向太宗进谏赏罚问题,太宗说了句"待汝自为天子,赏未晚也!"一句话就把德昭气得自杀身亡,由此看来赵德昭并非没有血性之人,如果真有不共戴天的杀父之仇,他真的就会在沉默中忍气吞声?通过以上分析,足可看出《湘山野录》所述之谬。司马光《涑水纪闻》等史料中记载宋皇后遣王继恩召德芳一事也有可疑之处。要知道太祖驾崩之时,从德昭与德芳在年龄和官职上的对比来看,如果有子继承大统,也应该是德昭而不是德芳。后人只是耽于"好做"与"好为之"的解释与区别,以及利用"王大惊,犹豫不行""事久,将为他人有"等语来进行臆测,提出各种疑问,难免牵强附会,以讹传讹。至少,在没有进一步发现可靠史料的情况下,单凭揣测而妄下结论,是一种极不科学的方法,也更不能单凭怀疑就去否定一方,肯定一方。

从太祖与太宗的关系方面看太宗即位也是合法的。赵匡胤兄弟在夺取后周政权以及后来统一南方的过程中,向来配合默契,信任有加,史书上对他们之间的关系多有记载,比如,"开宝六年夏四月,召开封尹光义,天平军节度使石守信等赏花习射于苑中""开宝九年六月庚子,步至晋王邸,命作机轮,挽金水河注邸中为池""光义尝有疾,亲为灼艾,光义觉痛,帝亦取艾自灸"。据说,太祖每次外出,必留光义守护都城;决策军国大事时也都让光义参与谋划;太祖曾想建都洛阳,大臣们纷纷劝谏,太祖都不采纳,倒是光义的一番陈说使得太祖改变了主意。太祖还对人说:"光义龙行虎步,出生时有异象,将来必定是太平天子,福德所至,就连我也比不上。"以上叙述难免会有后来史官附会之嫌,但也可从中窥见二人手足情深之一斑吧。再试想,如果太祖预备传位于皇子,以太祖之英明以及"杯酒释兵权"压抑武将的手腕,能不知道让弟弟大权在握,会对皇子的继位构成巨大的威胁吗?可是,事实上太祖从没有压抑太宗的举动,一直对其信任有加,委以重任。这从光义步步升迁直至晋王的过程就可看出:"建隆六年正月甲子,赐皇帝殿前都虞候、匡义为光义";"建隆二年七月"壬申,以光义为开封尹";乾德二年"六月己酉,以光义为中书令";开宝六年九月,"己巳,封光义为晋王,兼侍中";"壬申,诏晋王光义班宰相上"。特别是开封尹之职,是通往皇帝宝座的重要一环,职位相当重要。如果没有对光义的充分信任,太祖是不可能让其担任的。所以,从史书上看,太祖与太宗之间一直关系亲密,彼此没有什么矛盾和分歧。《烬余录》中所述赵光义欲调戏花蕊夫人,被太祖发觉一事,明显是承接"斧声烛影"而来,并且其本身就值得怀疑,徐大绰何以知道此事?《湘山野录》记述"太祖引柱斧戳雪",这里成了"以玉斧斫地",并且又冒出了花蕊夫人当夜也在现场的附会。这些叙述明显为文人借题发挥,附会而来,不足为凭。并且单凭这件事就否定了太祖和太宗兄弟几十年的交情,未免把历史看得过于简单,而把古人猜测得太过于残酷,不合人情。

从大臣幕僚的反应来看太宗即位也是合法的。我们知道宋太祖以军事起家,靠军功进至殿前都点检,在军队中有根深蒂固的关系,这也是他陈桥兵变能够黄袍加身的基础。建国之初，太祖就大封功臣，基本上有功之人都得到了合适的位置。后来虽有"杯酒释兵权"之说，但石守信仍在开宝六年秋被授予"信兼侍中"一职，石守信之子保吉还得以娶太祖第二女延庆公主，拜左衙将军，驸马都尉；高怀德也尚燕国长公主，"开宝六年，加同平章事"；王审琦之子承衍在开宝三年尚太祖之女昭庆公主，其他重臣如楚昭辅在太祖朝时即为枢密副使，曹彬也已为枢密使、检校太尉、忠武军节度使，薛居正为门下侍郎、平章事等。就是说太祖驾崩之时，其功勋重将和亲信大臣仍在朝野中占据重要职位，如果太宗真的大逆不道，弑兄夺位，为何朝野没有一点反应呢？至少在正史和稗官野史中都没有见到因为太宗继位不合法而有人特意发难的事例。况且，太宗即位后并没有刻意压制旧臣，相反还继续留用，虽然，后来通过扩大科举而逐步补充和替换了太祖朝内的旧臣，但那也是说得过去的，"一朝天子一朝臣"，太宗继任大统后为了稳固自己的统治，就是换上自己的人马，也在情理之中。历史上皇帝继位后，不都大多如此吗？有什么可疑的呢？通过臣下的反应以及太宗对这些旧臣的态度，可以得出这样的结论：太祖传位太宗之意，可能早有表露，朝中文武诸将对这种违反"嫡长子继承制"的情况早有心理准备，所以平稳接受。另外就是太祖开国之初，加强中央集权，削弱武将拥兵自重的政策收到了效果。但总的来说，在政权交接过程中，没有出现丝毫的震荡，不正说明太宗即位是合情合理的吗？

由以上分析来看，所谓的"斧声烛影"根本不是太宗能否继承大统的关键，太宗继承大统也并非是"斧声烛影"这个偶然因素所能决定的，而是由当时的历史背景、稳固统治的需要、兄弟之间的关系等多方面因素综合起作用的结果。所以，太宗没有弑杀兄长，而是根据当时的情况，顺理成章登上皇位的。

宋仁宗身世真相

宋仁宗赵祯，宋真宗子，大中祥符八年封寿春郡王，天禧二年（公元1018年）封升王，立为太子。乾兴元年（公元1022年）即位，由刘太后垂帘听政，明道二年（公元1033年）太后死，始亲政。宋仁宗在位42年，是两宋时期在位时间最长的皇帝。宋仁宗早年生活在养母刘太后的阴影下，作为一个守成之君，能守祖宗法度，性情文弱温厚，其武功谋略不及宋太祖与宋太宗，在与西夏的长期对峙中表现平平，对外作战屡战屡败，军事上处于弱势地位。然而，宋仁宗勤于政务，还懂得知人善任，提拔重用了一大批对当时和后世都产生重大影响的人物，因此其在位时期名臣辈出。总体说来，宋仁宗算是一个有作为的皇帝。不过他的一生充满了悲剧色彩，其中也不乏悲天悯人的情怀。

关于赵祯的身世，至今流传着一种说法，即"狸猫换太子"的故事。其主人公的传奇经历几乎家喻户晓，妇孺皆知。清末小说《三侠五义》中称宋真宗晚年时刘氏、李氏同时怀孕，为了争当皇后，刘氏工于心计，一只剥了皮的狸猫调包换掉了李氏所生之子，并污蔑其生下了妖孽。宋真宗大怒，将李氏打入冷宫，并立刘氏为皇后。后来，刘氏所生之子夭折，而李氏所生的男婴在经过几番波折后被立为太子，

宋仁宗

并登上皇位，即后来的宋仁宗。在包拯的帮助下，宋仁宗得知真相，并认回已经双目失明的李氏，而已升为皇太后的刘氏则畏罪自缢而死。

小说、戏剧本身就有一定的杜撰成分，那么历史上是否真有"狸猫换太子"的故事呢？

据说，宋真宗最宠爱的妃子是刘德妃。赵恒登基之后，刘德妃从"美人""婉仪"，一直封到"德妃"。美中不足的是，她一直未能生育。为了和杨淑妃、沈才人竞争皇后之位，工于心计的刘德妃想出了一条"借腹怀胎"的诡计。她刻意打扮身边的一个姓李的宫女，引诱宋真宗上钩。当这小宫女怀上"龙种"之后，刘德妃也假装怀孕。待十月分娩之时，"两个"龙种先后呱呱落地。结果，后宫内就真的上演了一场"狸猫换太子"。随后，李姓宫女被打入冷宫，在落寞中凄凉死去。刘德妃则最终登上了梦寐以求的皇后宝座。

然而，《宋史》则提供了另外一种说法。

李宸妃倒是确有其人。她本是刘德妃的侍女，生得花容月貌，怀上龙子时，刘

德妃已被立为皇后。后来，李宸妃的确生下了一个男婴。宋真宗中年得子，自然喜出望外。赵祯还未来得及睁开眼睛记住自己亲生母亲的容颜，其便在宋父皇真宗的默许下，被一直未能生育的刘德妃据为己子。生母李宸妃慑于已是皇后的刘德妃的权势，只能眼睁睁看着自己的孩子被别人夺走，却不敢流露出任何不满情绪，否则不仅自身性命难保，也会给亲生儿子带来灾难。

后来，宋真宗去世，11岁的赵祯继位，史称宋仁宗。刘皇后成了刘太后。天圣九年（公元1031年）宋仁宗生母病危，刘太后晋升她为宸妃。次年，李宸妃去世。刘太后在其死后，最初是想秘而不宣，准备以一般宫人礼仪举办丧事。但是，宰相吕夷简力劝大权在握的刘太后，现在宋仁宗并不知道自己的生母是李宸妃，一旦将来太后死去，宋仁宗得知了实情，知道自己生身的母亲在生前死后都没有得到应有的待遇，一定会怨恨刘太后，肯定还会迁怒于刘太后的后裔，所以要想保全刘氏一门，就必须厚葬李宸妃。刘太后这才意识到问题的严重性，于是，她吩咐以一品礼安葬李宸妃。

宰相吕夷简又暗中吩咐内侍押班罗崇勋，给李宸妃穿皇后装成殓，并使用水银宝棺，刘太后也一一依允。

公元1033年，刘太后死后，宋仁宗才知道自己的生母是谁。他无比悲痛、无比愤怒。于是，他下令包围了刘太后娘亲的府第。最后，还是宰相吕夷简的一番公道话使宋仁宗冷静下来。吕夷简说："太后虽有不义之事，但以皇后礼仪厚葬宸妃，表明她已有自悔之心；刘、杨虽非生母，但对陛下仍有抚育之情，不可或忘。"

宋仁宗决定重葬生母。他开棺查验的时候，只见以水银浸泡、尸身不坏的李宸妃安详地躺在棺木中，容貌如生，服饰华丽，并没有鸩杀、残害或虐待的迹象，宋仁宗这才叹道："人言岂能信？"随即下令遣散了包围刘氏戚属的兵士，并在刘太后遗像前焚香，道："自今大娘娘平生分明矣。"后来，宋仁宗尊李宸妃为皇太后，谥章懿，亲临殡仪之所祭告。

为了弥补他对生母的愧疚之情，他把李太后的弟弟李用和再擢升，并把福康公主下嫁给李用和的儿子李玮。

由此看来，《三侠五义》等戏剧小说中的"狸猫换太子"，李宸妃没流落到民间的情节并不属实了。至于刘德妃到底是用什么方法把宋仁宗收为己子的，恐怕谁

·讳莫如深的帝王宫闱·

图文珍藏版

也猜不透。

明建文帝朱允炆下落之谜

明太祖朱元璋死后,由于皇太子朱标已于洪武二十五年(1392 年)先他死去,便由皇太孙朱允炆即位,这就是建文帝,后世也称为明惠帝。建文帝即位不久,明王朝内部就发生了争夺皇权的内战。建文帝的皇四叔燕王朱棣以"清君侧"为名,于 1399 年公开反叛建文帝,发动了历史上著名的"靖难之役"。朱棣于 1402 年攻陷京城,赢得了这次争夺皇位的胜利。但是当他带领军队攻入皇宫时,只见宫中大火冲天,建文帝不知去向。他封锁城门,派人找遍了南京城,也没有见到朱允炆的影子。此后,有关建文帝下落的传闻流传甚多,这也成了一桩数百年来争讼不决的历史悬案。

明建文帝

死于大火吗

最容易得出的一个结论,就是建文帝死于大火。这也是正统史书记载最详的一种观点。当年,燕王兵临城下,建文帝见大势已去,悲痛万分,于是下令焚烧宫殿,建文帝携皇后马氏一同入火自焚。燕王朱棣入宫后清宫三日,在火堆里找到了被烧焦的尸体,八天后下葬。《明太宗实录》中是这样记载的:"上望见宫中烟起,急遣中使往救助。至已不及,中使出其尸于火,还白上。上哭曰:'果然,若是痴耶!吾来为扶翼不为善,不意不谅,而遽至此乎!'备礼葬建文帝,遣官致祭,辍朝三日。"就是说,燕王朱棣见宫中火起,派人前去营救,但已来不及了。于是,有太监从火中找到了建文帝的尸体,燕王哭着说:"你真是太傻了,我来是为了帮助你做好事,你怎么就不能理解,以至于如此呢?"随后,厚葬建文帝,并派官员祭奠,自己辍朝三日以示哀悼。

世界经典文库

中外历史悬案

·讳莫如深的帝王宫闱·

图文珍藏版

354

近代也有人认同这种观点，认为建文帝确实是自焚身亡了，因为当时燕军把皇宫团团包围，建文帝就是想逃也来不及了。何况，建文帝深知他的四叔是个贪权无厌、心狠手辣的武夫，落在他手里绝无好下场，还不如一死了之。再说，朱棣也绝不会让建文帝活下去，否则，他就不能当皇帝。朱棣为了不留下"杀侄夺位"的臭名，后来故意苦心寻找建文帝下落，留下了历史疑案，这可能是朱棣的用心之机。

但是，这个看似最合理观点却遭到了后人的普遍反对。首先，据史料记载，当时火中尸体已经满身焦烂，四肢不全，燕王凭什么知道所找到的尸体就是建文帝呢？退一步说，如果建文帝死于大火，并且备礼葬之，那么坟墓在哪里？建文帝是明朝的第二位皇帝，要实行"天子之礼"，如此规模的宏大葬礼，怎么没有坟墓，并且不为世人所知呢？据载，连明崇祯帝也曾感慨想要为建文帝上坟，却不知墓葬何处？不过，也有人提出建文帝确已死于大火，只不过安葬时采取了"不封不树"（就是坟墓上不留标志物，没有封土也没有树立石碑）的方法，因而不为世人所知。但是，这种说法也为许多史学家所反对，如果确实埋葬了建文帝，且"遣官致祭，辍朝三日"，不可能对建文帝葬于何处不留下蛛丝马迹。何况，《明太宗实录》本身的可信度就值得怀疑，作为明朝的官方史书，肯定要避讳，而且据说明成祖还曾下令对此进行了三次修改，以删除不利于自己的言论。

其次，当时的燕王出于政治上的需要，宣告建文帝死于大火，并且把其中一具尸体当成建文帝，上演了一幕假葬建文帝的闹剧也是完全可能的。因为这样，那些追随和支持建文帝的人，看到群龙无首，也只有各自散去，从而有助于政治上的主动，也为自己称帝扫除了障碍。但是所葬者是否为建文帝，明成祖恐怕也不相信，至少将信将疑，怀疑居多。因为，明成祖即位后，曾派人四处寻找建文帝，比如派胡濙以寻找道士张三丰为名，多方察访建文帝的踪迹，达20余年；派郑和率领庞大的船队六下西洋，他们承载的第一使命就是"成祖疑惠帝亡海外，欲踪迹之"。如果确证建文帝已死，仅仅为了掩人耳目，不留下"杀侄夺位"的臭名，至于如此吗？况且，朱棣既然敢于发动"靖难之役"推翻皇侄的统治，还至于因顾忌"杀侄夺位"的臭名，而如此大规模地作秀？

再者，从后世史书记载中也可以找到这方面的论证。据记载，在建文帝被推翻的100多年后，万历二年十月，12岁的明神宗曾向首辅大臣张居正打听建文帝下落一事,张居正也模棱两可,不知所终,只是说道:"国史不载此事,但先朝故者相传,言建文皇帝当靖难师入城,即削发披缁,从问道走出,后云游四方,人无知者。"从张居正的回答也可以看到,建文帝不大可能是自焚而死的。

另外,200多年后,清朝人在所修《明史》中,对建文帝下落记载的存疑态度也似乎佐证了建文帝死于大火不太可信。书中是这样说的:"谷王橞及李景隆叛,纳燕兵,都城陷。宫中火起,帝不知所终。燕王遣中使出帝后尸于火中,越八日壬申葬之。"说"帝不知所终",又说出建文帝和皇后的尸体于火中,8天后埋葬了,这本身就自相矛盾,难以自圆其说。并且接着在后面又加了一句,"或云,帝由地道出亡",就是说有人认为建文帝由宫中地道逃亡而去了。从中可以看出,清朝修《明史》的这些饱学之士,也不认同建文帝死于大火,但是由于对建文帝的具体下落他们也弄不清楚,只好存疑。不过,在当时燕军四面围困京城的情况下,建文帝有可能逃出皇宫吗?会不会真的死于大火了呢?这恐怕难以说得清楚。

总之,从史料分析和明成祖派人多方寻找建文帝的情况看,说建文帝死于宫中大火,是一个无法解释清楚,也无法令人信服的说法。

逃出皇宫说

假设建文帝没有死于宫中大火,他又到哪里去了呢?有人认为,建文帝根本没有死于宫中大火,而是以放火为掩护,乘机从地道逃出了皇宫,并出家为僧,云游四海去了。对于建文帝的出亡经过,传说十分复杂,流传着多种版本。

一种说法是这样的:燕军兵临城下,建文帝见大势已去,不知所措,想一死了之。这时一个叫王钺的太监向他奏道:当年太祖临终时,曾留下了一个匣子,遗命"临难时开启",这个匣子放在奉先殿中。群臣让他赶快拿出了那个盒子,只见这是一只红漆匣子,四周均用铁加固,两把锁也都灌了铁。众人急忙把盒子打碎,看到里面放了三张度牒,分别写着"应文、应能、应贤"三个名字,里头还有袈裟、鞋帽、剃刀等物及白金十锭。匣内还有用朱笔写就的字条,上面说,你们要是不想跑就自杀,要不然的话你们就拿着度牒跑。并画出了逃跑的路线,明确指出应文要从鬼门出去,其他人要从御沟水门走,到薄暮的时候在神乐观会齐。显然,度牒中"应文"所指正是建文帝朱允炆,因为不但年号,就连他的名字也暗合"文"字,而在群臣中正好也有叫应贤、应能的。见此，建文帝不禁仰天长叹，说道："天数也。"随后，这三个人削了发，穿上袈裟、鞋帽，按匣中所示路线分两路逃出了皇宫。等建文帝从鬼门关（也就是皇宫的北门，宫中死了人要从后门抬出，因此也就叫作了鬼门）逃出，与另外两个人会合后，已是傍晚薄暮时分。他们一起来到神乐观，看见一只船停泊在岸边等候他们，站在船上的是神乐观的道士王升，他看到建文帝来了，说道："皇帝万岁，我在这里等候你多时了。"这又是怎么回事呢？原来，王升头天晚上做了个梦，太祖托梦让他今天预备好船只，在这里等候建文帝。于是一行上了船，逃出了京城，从此建文帝带着这批人到处云游去了。

还有史书记载，朱允炆出生不久，明太祖为其占了一卦，知道他将来必有大难，所以留下了这个匣子。也有的认为这是朱元璋册封他为皇太孙时所留。

这是历史上记载颇多、流传最广的建文帝出亡的故事。除此之外，建文帝出亡的经过还有多种传闻，各种记载。有一种说法也极为奇特：燕军入城，形势急迫，建文帝左右均劝他逃亡，建文帝无计可施，情急之下，突然想起了翰林编修程济，便急忙招他问计。

程济是陕西朝邑人，是当时著名的奇术之士。建文帝即位不久，时任四川岳池教谕之职的程济竟斗胆上书，说某年某日北方将有战事。廷议认为，这不是一个小小教谕可以议论的事，于是就把他逮捕至京，引其入见建文帝。程济大呼："陛下且留臣，到时无战事，臣愿服罪。"这才留下了他的性命。等到"靖难之役"起，建文帝服其为奇异之人，任命他为翰林编修，视为军士。后来程济和诸将北伐燕军，在徐州获胜，军中诸将十分高兴，树碑立功，在碑上刻下了此次北伐诸人的名字。只有程济不以为喜，独自一人夜间前往祭吊，"人莫测其故"。其后，燕军再次占领了徐州，朱棣见碑大怒，命人以铁锤砸碑，砸了两下后，又命停下，让人抄录下碑上诸人的名字，以待日后按姓氏追查诸人灭其家族，而程济之名正好被铁锤砸毁，日后家人得免。

程济如此神算，颇为建文帝信赖，燕军强渡淮水后，急忙把他从前线调回。至此危难之际，建文帝急招人问计。程济答道："天数已定，出走可勉。"于是，他为建文帝剃发，换上僧人服，从御沟逃出城去。在程济等人的帮助下，建文帝以僧人的身份云游四海，到过了许多地方。

而在民间也确实流传着各种各样有关建文帝云游到什么地方，留下什么遗迹，作了什么诗词的记载和说法。比如，有传说建文帝曾在四川的平倡佛罗寺隐身，还常在寺里面向京城的方向哭泣，他死了以后被葬在了寺后的山上，这个寺也被改名为望京寺。还有说建文帝曾隐居在四川宜宾的隆兴寺，死后葬在隆兴山下的塔林里，甚至还传说康熙帝曾去那里寻访过。有的还说他在四川的永庆寺曾留下了"杖锡来游岁月深，山云水月傍闲吟。尘心消尽无些子，不受人间物色侵"的诗句；在广西还写了这样的诗："牢落西南四十秋，萧萧白发已盈头。乾坤有恨家何在？汉江无情水自流。长乐宫中云气散，朝元阁上雨声收。新蒲细柳年年绿，野老吞声哭未休。"这些传说都活灵活现，像模像样的，而这些诗句也与建文帝的身世遭遇，痛失江山，漂泊江湖的无奈、凄苦的心情十分相符。

到此，人们不禁疑问，在燕军重重围困的情况下，建文帝真有可能逃出皇宫浪迹江湖吗？因为，前面所述的建文帝在祖父所留匣子的指示下或者在神算程济的帮助下逃出皇宫，都明显带有附会的色彩。如果朱元璋真能猜知皇孙命运，甚至在关键时候托梦于道士王升，为何不在如何巩固皇孙的江山方面出点主意呢？再说如果天数如此，干脆当时就让朱棣继承大统不就一了百了，不也就可避免一场祸及大半个国家的内部权力之争了吗？程济的神算也太有点神乎其神，让人难以相信。

那么，从技术角度考虑，建文帝有逃出南京城的可能吗？在此后的一些典籍中，还真出现了有关建文帝可能逃出皇宫所走密道的描述。如明史专家黄云眉教授在《明史考证》中引《马生龙凤凰台记事》云"宫中阴沟，直通土城之外，高丈二，阔八尺，足行一人一马，备临祸潜出，可谓深思熟虑矣"。如果能够找到这条地道，对于佐证建文帝出亡，无疑具有显而易见的意义，可是这条地道确实存在吗？

几百年后的一个偶然的发现，仿佛使这段历史豁然开朗了。对这段历史很有研究的江苏省社会科学院历史研究所季士家研究员发现，早在1978年南京太平门附近一家工厂在建新工厂楼时，曾挖出了一段地道，而当时发现地道的地方就在原来明皇宫的旁边。从挖出情况看，地道高度大约在2.5米左右，宽度在2米左右，与史料记载基本相符。这无疑是一重大发现，如果当年建文皇帝出逃，很可能就通过这个地道逃出皇宫的。可是这一个地道是否能通出皇宫当时并不知道。

一直到2005年6月，季先生又得到一个消息，说在南京清凉山旁边的国防园发现一个明代涵洞。季老先生随即到现场考察,发现涵洞位于原明故宫的宫城外,推断这个涵洞在当时主要是为排水用的,但不下雨时,就是一个没水的旱洞,完全可以容纳一个人通过。

联系多年前发现的皇宫内地道,这个涵洞很可能就是地道的出口。一位不愿透露姓名的考古专家也说,20世纪80年代,南京市考古工作者在明故宫基建施工过程中,的确挖掘出一条"大阴沟"的故道遗址,此沟可能就是御沟暗道。不管所说地道是否为一条,明代南京皇城有地道通到外面,看来确实是不争的事实。由此推断,为了求生,建文帝很可能使了一个火烧皇宫,自己则从地道逃出了皇宫的金蝉脱壳之计。明史专家潘群也认为:"建文帝就是出亡了,因为到今天为止并没有一个过硬的史料,证明他是死在宫中的。"

至于从火中检出的尸骨,有一个传说认为根本不是建文帝的,而是一个太监的。据说,建文帝在绝望中下令烧毁宫殿,自己也准备赴火自焚。这时,一个太监拉住他说:小臣没有办法保住陛下的江山,但不惜为陛下一死。愿赐御衣冠,代陛下一死,陛下则可脱身逃出,以图将来。建文帝听从了太监的劝告,将自己的衣冠赐予这个太监,然后趁乱从地道逃出。这个太监则穿上皇帝衣冠,乘白马,加鞭奔入火中。众人从远处看去,还真以为是建文帝自焚了!朱棣起先也相信了这种说法,但后来也略微听到了一些传闻,但为了稳定人心,还是以假乱真,以王礼安葬了太监。

传说自然不可靠,但是通过以上分析,建文帝在众人的协助下,从地道逃出皇宫的可能性很大。

穹隆山为僧说

如果建文帝真的逃出了皇宫,在明成祖不断地搜寻之下,他又能藏身何处,终老何方呢?

有人说建文帝到穹隆山出家为僧了。这种说法主要源于《明史·姚广孝传》。姚广孝是明成祖的心腹谋士,他在成祖夺取帝位的过程中出谋划策发挥了重要作用。明成祖夺取帝位后,他舍弃了成祖所给予的所有功名利禄,毅然归隐禅寺,深为成祖敬重。根据《姚广孝传》记载:姚广孝"十六年三月,入观,年八十有四矣,病甚,不能朝,仍居庆寿寺。车驾临视者再,语甚欢,赐以金睡壶。问所欲言,广孝曰:'僧溥洽系久,愿赦之。'溥洽者,建文帝主录僧也。初,帝入南京,有言建文帝为僧遁去,溥洽知状,或言匿溥洽所。帝乃以他事禁溥洽。而命给事中胡濙等遍物色建文帝,久之不可得。溥洽坐系十余年。至是,帝以广孝言,即命出之。"

从这段记载可知,当年有人怀疑建文帝出逃后,被自己的主录僧溥洽救出,藏匿在自己的寺院中,明成祖因此把溥洽关押在狱十余年。最奇怪的是姚广孝在生命垂危的暮年,特地从苏州赶到北京,请求成祖将溥洽放出。这很有点匪夷所思,姚广孝不会仅仅因为佛门中人博爱的情怀而这么做吧?由此难免让人怀疑其中另有隐情。而穹隆山位于当时的江苏吴县(今苏州市附近),查阅史料可知,穹隆正是当年明成祖分封给姚广孝的佛门禁地。

那么这与建文帝可能在穹隆山为僧究竟有什么关系呢?难道辅佐燕王朱棣夺取帝位的姚广孝与建文帝有什么关系吗?

上海《文汇报》记者徐作生先生,在1983~1990年,利用7年时间查阅大量史料和方志,进行多方实地考证,对建文帝可能在穹隆山为僧的说法进行了合乎情理的大胆论证。徐先生查阅史料和多方考证后推测,当年建文皇帝逃出皇宫后,很可能确实被他的主录僧溥洽和尚收留了,藏匿在自己的普济寺里。但是,由于朱棣很快就听到了风声,派人把溥洽抓了起来,逼其说出建文帝去向,据载溥洽什么也没说。朱棣派大队人马继续搜查建文帝,却杳无踪迹。

那么如果建文帝确实逃出了皇宫,他会到哪里去了呢?会不会被溥洽藏到了什么地方?或者被另一个强有力的人接走保护起来了呢?这个人有没有可能就是神秘的姚广孝呢?徐先生又对姚广孝这个人物进行了分析,其中徐先生在姚广孝的家乡(今天的苏州湘城)调查时听到了一个故事很值得玩味:姚广孝功成名就后,向成祖请求回归故里,成祖准许了他的请求。姚广孝充满着衣锦还乡的喜悦踏上了归途,快到故土时,还拿出大量的钱财救济周边的灾民,十分志得意满。可让他想不到的是,回到老家时,人们给予他的竟然是指责与唾骂,指责他的人当中还有他的姐姐。原来,由于明成祖夺取了自己侄儿的皇位,不合封建礼教,而姚广孝"助纣为虐",大家觉得没有什么值得为你高兴的。再说,你姚广孝是个和尚,念好自己的经就是了,干吗去管朱家皇帝的家事,帮他去打仗,死了那么多人,你算什么好和尚？这无疑使姚广孝大为震惊。姚广孝虽然帮助成祖夺取了帝王，可终究是个心地善良的出家人。在这种情况下，为了偿还良心的谴责，"既然能请求成祖释放了溥洽，也有可能庇护起一个已经没有复国之能的皇帝"。并且在当时，他完全具备这个能力，其穹隆山福地就是当时最安全的地方。另外，姚广孝在所写的《逃虚子集》中，也曾叙述自己救过一个五马贵人，这个五马是不是就是建文帝呢？

在这种推测的基础上，徐先生又围绕穹隆山进行了大量的史料和实地调查，发现了一些线索。首先他从苏州吴县明清时期的《苏州府志》中的《吴县志》上找到了这样一条记载："积翠庵，一名皇驾庵。明建文帝逊国时曾移驾于此。"而所谓的"积翠庵"正位于穹隆山脚下。他还在这里发现了一座奇怪的皇坟，从守墓人那里发现了从皇坟附近挖出的两座雕龙柱础，而能够享用龙这个规格的人，非天子莫数。1983 年，他还在穹隆山脚下的一个小村子发现了一块石碑，上面有："皇驾庵明建文帝逊国于此"的字样，这与《吴县志》的记载完全一致。而在穹隆山附近民间还流传着许多有关建文帝的传说，一说穹隆山里藏有建文帝带来的宝贝。

甚至在 1944 年，因为这个传说，这里还发生了一起凶杀案。当时穹隆山住着一群尼姑，某天夜里，一群土匪冲了进来，抓住了一个叫觉性的尼姑，威逼她交出建文帝藏在这儿的宝贝。因为交不出宝贝，被土匪吊在树上活活刺死。穹隆山的这些奇怪现象和各种遭遇，也让人难免怀疑，曾经请求释放溥洽的姚广孝，很可能也真的将建文皇帝藏在了穹隆山上。在此基础上，徐先生又推测：永乐十六年，姚广孝曾不远万里来北京冒死请求明成祖放过溥洽，因为，姚广孝深知如果自己不在了，穹隆山就等于失去了防范，那么建文帝的安全就没有了保障。他的冒死之举名誉上是为了溥洽，实际上是为了建文帝，他是在暗示成祖自己藏匿了建文帝，并希望成祖能饶过建文帝。明成祖当然能理解他的用意，所以在姚广孝死后，就派出探子胡濙去穹隆山寻找建文帝，并且还真的找到了建文帝。那么明成祖为什么没有采取行动呢？可以推测，当时朱棣想要杀掉这个手无寸铁的皇侄易如反掌，但是，他不愿意背负"杀侄夺位"的恶名，因为建文帝不死反而更有利于自己的统治需要。所以，当胡濙找到建文帝后，明成祖没有杀害他，而是将他幽禁起来。到了永乐二十一年，据《明史·胡濙传》有这样的记载："二十一年还朝，（胡濙）驰谒帝于宣府，帝已就寝，闻濙至，急起召入，濙悉以所闻对，漏下四鼓乃出。先濙未至，传言建文帝蹈海去,帝分遣内臣郑和数辈,浮海下西洋,至是疑良始释。"对这段记载,徐先生认为很可能是在这一年心力交瘁的建文皇帝走到了生命的尽头,一直紧密监视他行踪的胡濙急忙赶赴京城,将这个消息奏报成祖。至此,明成祖才对建文皇帝一案"疑良始释",彻底放下心来。而建文帝死后被葬在了皇驾庵后的小山包里。如果这种说法为真,不但说明了建文帝藏身之所,也说明建文帝就是死在了永乐二十一年(1423年)。

建文帝穹隆山为僧的说法具有合理的成分,得到了部分史学者的认可。但是也为许多史学家所反对,毕竟到目前为止,还没有出现过任何一个强有力的证据可以证明事实确实如此。而且这种论断本身就因为缺乏强有力的证据,而包含着大量主观推测的成分。徐先生个人也认为,"作为一个史学工作者,我只认为建文帝是出亡了,那么至于他出亡之后的种种关于他的记载,到现在我们还不能够把它当作真实的东西"。所以建文帝穹隆山为僧说,也只:是建文帝下落之谜的一种说法而已。毕竟历史疑案的破解,是需要大量具有说服力的证据来说明的,仅凭臆测是不行的。

改姓隐居说

2004年8月,南京有线电厂一位84岁的退休工程师让庆光先生带着一本自家保存多年的《让氏家谱》向媒体透露了一个惊人的消息:说建文帝当年并没有自焚于宫中大火,而是逃出南京,改名让銮,晚年在湖南、湖北一带定居。并且世代繁衍生息,他本人就是建文帝的十五世孙。由此,提出了建文帝为让氏先祖的全新说法。

让庆光先生介绍,建文帝当年从地道逃出皇宫后,隐居民间,改名让銮,并假扮僧道,云游于滇、黔、蜀、粤、桂、湘、鄂各省,在游历名山大川期间,还题写过许多诗词和符号,向世人暗喻自己就是建文皇帝。晚年,让銮隐居于武昌,死后就葬在武昌洪山。

这些情况在《让氏家谱》中均有明确记载。至于建文帝隐居民间后,为何改姓"让"姓,让庆光解释,建文帝认为自己是逊位退国让出江山的,所以改名"让銮",就是让出皇位的意思。他还指出,自己出生在武昌,而先祖建文皇帝就葬在洪山宝通寺的宝塔旁。在他小时候,宝通寺的和尚能明确指出建文帝的墓地所在,他们还常指引让庆光的祖辈前去祭扫。不过,经过这么多年的岁月变迁,这座本就隐匿的帝王陵寝,已经无法找到。

那么这本《让氏家谱》是否可信呢?经考证,这本家谱是 1945 年由让氏后人让廉修根据历代先祖口授心传的描述和家藏中元烧包单(上有历代祖先名讳)修撰而成。当时还得到了著名学者张其昀、昌彼得的认同,张其昀为该家谱题写书名,昌彼得则作《<让氏家谱>叙录》,都肯定让氏为建文帝后人的说法。而让庆光的舅舅、台湾的陈万鼐教授在 1950 年由台北百成书店出版的《明惠帝出亡考证》一书中,也认为让氏是建文帝的后裔。不过,他的观点在当时并没有引起史学家们的关注。让庆光介绍,对于自己家族的这段历史,他自小就听父亲讲过,一直深埋心底。但是由于"先祖被夺去了皇位后,朱棣还多方寻找,想斩草除根,明朝的时候,祖先们自然是不敢暴露身份。而到了清代,更不能讲自己是明朝皇族后裔。这 600 多年来,让氏只好一直隐瞒先祖身份,家族的历史也只能口耳相传,这本《让氏家谱》也是到上世纪 40 年代才敢公开编纂的。"到今天,"靖难之役"已经过去了 600 多年,让先生认为,是到了建文帝的后人站出来解开这个千古之谜的时候了。

中国社会科学院历史研究所博士生导师商传充分肯定了《让氏家谱》的价值,他不但详细考证了《让氏家谱》,还在《<让氏家谱>与建文帝出亡考》的论文中肯定了《让氏家谱》的历史意义。但是,他也说,虽然据"让氏家谱"所载让氏就是建文帝后人,但苦于没有实物证据,也就很难下结论了。不过,《让氏家谱》中说"公(指建文帝)生前书法甚佳,武昌候补衔范衷愚家有祖遗一联,是其墨宝。殁后葬于武昌洪山之阳,生殁不详,唯知其享寿一百岁整"。可见,如果真能找到建文帝留下的一副对联和他在武昌的墓地的话,谜团将被彻底解开。

据史料记载,建文帝曾有两个儿子,大的叫朱文奎,建文元年立为太子,燕军攻入南京的时候太子已经 7 岁,下落不明;老二叫朱文圭,当时年仅两岁,朱棣后来把他囚禁在中都(安徽凤阳)的广安宫。从 2 岁一直囚禁到 57 岁,等放出时牛马不辨,如同傻子,并且不久死去。是否如同有的史学者所推测的那样,让氏后人很可能是和建文帝一起逃出的太子朱文奎的后人呢?

总的说来,《让氏家谱》本身的真实性还有待进一步论证,说建文帝改名让銮,也有点让人难以置信。试想,在当时明成祖派人四处察访建文帝的情况下,让銮的称谓也未免太过于张扬了,简直有点"此地无银三百两"的味道。所以,建文帝为让氏先祖的说法,还需要进行充分的论证,必须找到强有力的证据才行。

流亡海外说

建文帝流亡海外的说法流传很广,说是建文帝在随从掩护下逃出皇宫后,到了东南沿海一带,并在泉州开元寺当过和尚,最后经泉州潜逃到了南洋一带。而历史上明成祖曾先后多次派太监郑和率领庞大的船队出使西洋,其首要目的就是为了寻找可能逃亡海外的建文帝。《明史·郑和传》中更明确记载:"成祖疑惠帝亡海外,欲踪迹之。"寻找建文帝为出使西洋的首要使命。另据史料记载,出使西洋的船队上有锦衣卫,有人推测这些人的使命就是寻查和追捕建文帝。

1997年第四期的《光华》杂志上发表的一篇题为《最近在印尼发现了建文帝的后代》的文章,使这一说愈加神乎其神。这篇文章说是在印尼苏门答腊岛东海岸的某个岛上,发现了一个遗世独立的偏僻小村落。这里世代居住着一群华人,他们只懂华语,不晓印尼话,多以捕鱼为生。并且一直保持着古老浓厚的华人习俗,特别奇怪的是在这里每年农历五月十六日这天,都要举行罕见而隆重的祭拜"皇爷"仪式,其中以焚烧龙船节目最为隆重。而这一天,正是建文帝当年的登基之日。在这一天,除了村中男女老少全出动外,也吸引了邻近小岛村民来观看这一年一度的盛典,场面极为壮观。而询问"皇爷"究竟是何方神圣?村里的人也都不知道。耐人寻味的是,这里的华人大多姓"洪",而明太祖朱元璋的年号为"洪武"。据说,他们很可能是建文帝及其随从们逃遁到印尼后,为了表示对故土的忠贞和怀念,也为了避免被朱棣派人追杀,而改称洪姓的。

建文帝真的在泉州开元寺当和尚,并最后逃到了海外吗?

早在多年前,台湾学者陈水源所著《杰出航海家郑和》和日本学者上杉千年所著《郑和下西洋》两本著作中都提出建文帝曾到泉州开元寺当过和尚。不过这种观点至今也没有找到强有力的证据。泉州地方史专家、泉州师院原历史系主任吴幼雄教授对此基本持否定态度。他认为在当时的大背景下,收留建文帝要冒杀头的危险,而开元寺只是个中型寺庙,不具备这个能力,再说开元寺又何苦要冒这个风险呢？另一方面,泉州开元寺地处当地政治中心,泉州府和晋江县的办公地点都在附近,建文帝到此极不安全,还不如到偏僻深山中的寺庙去。此外,明朝泉州港已不如从前繁华,建文帝为什么非要从泉州外逃？

但也有的学者认为,并不能完全否定这种可能,他们通过对大量史料的考证认为,当年建文帝顺着长江坐船到了武昌罗汉寺,得到了住持达玄和尚的帮助,而泉州开元寺的念海和尚是达玄的弟子。经达玄的介绍,建文帝到了泉州开元寺,并最后伺机逃到了海外。不过这种观点仍然没有特别有力的证据证明,就是念海和尚是否真有其人,也没有得到确认。而《明史》中的记载,确实也透露出明成祖派郑和出使西洋,寻找建文帝的意图。明代史籍,如许相卿的《革朝志》等也明确记载郑和下西洋主要就是为了寻找建文帝。至于建文帝是否真的逃到了海外,恐怕难以说得清楚,至少还需要进一步的论证。

明末三大悬案

明万历朝,因立太子一事引起了朝廷的激烈争论。万历四十三年(1615年)五月发生了有人持棒闯入慈庆宫、欲谋害太子的案件,震惊了朝廷内外,史称"梃击案"。万历四十八年(1620年)八月,万历帝去世后,太子朱常洛即位,改元泰昌,历史上称为明光宗。可是明光宗在位仅一个月,就一命呜呼了。随后明光宗长子朱由校即位,是为明熹宗。在短短两个月内,皇位一下子由祖父传到孙子手中,可谓明史之最。

更为引人注目的是从明光宗到明熹宗的皇位更替过程中,又相继发生了两个宫廷大案:"红丸案"和"移宫案"。"梃击案""红丸案""移宫案",被总称为"明末三案"。由于"三案"发生在皇位递嬗和各方斗争的过程中,各种势力纷纷介入,使得案件因无法正常审理,而变得异常扑朔迷离、错综复杂。

"梃击案"的幕后主使是谁

万历四十三年(1615年)五月初四,正是端午节的前夜,太子居住的慈庆宫里的人们正沉浸在节日即将来临的喜气当中,突然,一个手持枣木大棍的男子出现在慈庆宫前。他将守门的老太监一棒打倒，冲进门内，直奔前殿檐下，并拾级而上，试图加害太子。这时，太子内侍韩本用闻讯赶到，与同来的七八名太监一拥而上，将陌生男子擒获，交由东华门的守卫指挥使朱雄收监。第二天，朱常洛将此事禀告明神宗，得旨立即派人审查。于是，案子交到了巡城御史刘廷元等人手里。

联系多年来宫廷内部围绕立储一事而进行的明争暗斗，刘廷元等人隐约觉得此事干系重大，非同寻常。但是他们又左右不敢开罪，于是草草了案。将讯问的结果奏呈万历皇帝：闯宫的男子名叫张差，是蓟州井儿峪人，经再三审讯，"本犯咦咦称吃斋讨封等语，话非情实，词无伦次，按其迹苦涉疯魔，稽其貌系黠猾"。就是说犯人说话颠三倒四，看起来有点癫狂，话里头经常提到"吃斋讨封"等语，但又有些狡猾。报告本身模棱两可，可以理解为犯人看上去是个疯子；又说"貌系黠猾"，似乎预谋不轨。而且认为：这样的案犯，应该严加审讯，从重拟罪；而刘只是个巡城御史，当然不胜此任。

于是，案子被推到了刑部。刑部郎中胡士相、岳骏声等人，深知该案发得蹊跷，干系重大，而以郑氏与东宫的矛盾而言，审案稍有不慎，便会开罪郑氏。由此，他们便想就此了结此案，因而拿"稽涉疯癫"大做文章。初十日，他们上报了审问结果：张差是蓟州人，因当地刚开了一座官窑，一时柴薪走俏，张差变卖田产，收购了大批柴薪前往卖给官窑。由于当地人李自强认为他抢了他们的生意，一把火把张差的柴薪烧光。张"日夜气忿，失态癫狂"，得了疯病，并于本年四月进京审冤告状。路上，受人欺骗说拿一木棍可以当作冤状。张差信以为真，拿着木棒，四处乱撞，最后打伤太监，误入慈庆宫。不知为何，前后两审的结果却不相同，前审中的"吃斋讨封"的结论不见了，代之而来的是纯粹"疯颠"的结论，就连狡黠的性格判断都没了。胡士相等人的处理意见是：按照法律，将张差立即问斩。

可是，此事早已传遍了宫廷内外，大街小巷，人们议论纷纷，闹得满城风雨。人

明万历帝

们推测,此事一定与郑氏一伙有关,说刘廷元、胡士相等人的审讯虎头蛇尾,有意包庇幕后主谋,郑氏无形中成为众矢之的。明神宗朱翊钧对外界传闻十分恼怒,在郑氏的鼓噪下,他下令刑部对张差严加看管,不准任何人探望,想等到舆论平息后,再作处理。然而一些平时对皇太子的安危十分关心的正直官员们对案情的判断也深为不满,慈庆宫虽然禁卫不严,但又怎么是一般人说进就进的呢?这背后肯定有隐情。刑部衙门中有一个叫王之寀的主事,极有正义感,他就抱着这种疑问,暗中探牢,巧审张差,结果再一次引起了轩然大波。

王之寀曾做过县令,颇有审案经验。十一日,王之寀带领一班狱卒为牢中囚犯散发饭菜,他故意留置了张差的饭菜,最后才送。饭拿到张差的狱室后,王之寀见张差身强力壮,神情紧张,决不像疯癫之人。于是,他命令狱卒把饭菜放在离张差一定距离的地方,对他说:"实招与饭,不招当饥死。"张差久久低头不语。这时饭时早过,张差忍不住饥饿,小声说:"不敢说。"于是,王之寀命牢中其他狱吏回避,只留两名狱卒在旁,亲自对他进行审问。张差在招供中说:"我小名张五儿,父张义病故。有乡人马三舅、李外父,叫我跟不知名的老公,说:'事成与尔几亩地种!'老公骑马,小的跟走。初三歇燕角铺,初四到京。……到不知街道大宅子,一老公与我饭,后来又交给我一根枣木棍,说:'你先冲一遭,撞着一个,打杀一个,打杀了我们救得你!'领我由厚载门进到宫门上。守门阻我,我击之堕地。已而老公多,遂被缚。小爷福大。"

到这里谁都看得出,张差棒击小爷(皇太子)是受太监指使的。于是,王之寀立即上奏,不但认定张差"不颠不狂,有心有胆",还请求皇上立即准予朝审或由九卿、科道及三法司会审。

王之寀的奏疏引起了轩然大波。有敢说话的官员,如陆大受,就开始影射背后指使之人必有"奸蜿",暗示此事是郑贵妃之父郑国泰所为。而明神宗对王之寀及陆大受的奏疏,皆扣留不报。但是,舆论已经无法控制,宫廷上下,人心沸腾。大臣们要求查明真凶,彻底查清张差所说太监何人的呼声越来越高,各种奏章纷至沓来。而且有人指出,这个案子是危急太子生命安危的一种讯号,如果不查清,后患无穷,所以"务在首恶必得"。

越来越多的人参与到此案的调查中来。御史过庭训通过蓟州知州戚延龄调查张差的为人,得到的结果是张差实属疯癫之人,大臣中间又有人想以"疯颠"二字定案。五月二十日,刑部会同十三司官,原参审人员王之寀,再次提审张差。在这一审中,张差又交代了一些新的内容:"马三舅名三道,李外父名守才,同在井儿峪居住。又有姊夫孔道住在本州城内。不知姓名老公,乃修铁瓦殿之庞保。不知街道大宅子,乃住朝外大宅之刘成。三舅、外父常往庞保处送炭,庞、刘在玉皇殿商量,和我三舅、外父逼着我来,说打上宫中,撞一个打一个,打小爷,吃也有,穿也有。刘成跟我来,领进去,又说:'你打了,我救得你。'"张差如是说。

原来是太监庞保、刘成主使张差棒击太子的。那么,太监为什么要谋害太子朱常洛呢?背后肯定另有隐情。由于庞保、刘成二人是郑贵妃的人,所以人们不禁把目光投向了郑贵妃。

审讯情况传出后,群情激昂,无法遏制。大臣们的上疏不断,其中多涉及外戚。大臣们并没有把矛头直指郑国泰,郑国泰却坐不住了,为了澄清自己,五月二十一日那天写了一个揭帖。没想到,此举让事中何士晋抓住了把柄。何士晋说:"陆大受疏内虽有身犯奸畹凶锋之语,……并未直指国泰主谋。此时张差之口供未具,刑曹之勘疏未成,国泰岂不能从容少待,辄尔具揭张惶,人遂不能无疑。"郑国泰可谓是弄巧成拙,不打自招,竟将自己卷入了案中。他的愚蠢之举同时也让郑贵妃陷入了麻烦之中,好在郑贵妃因为得皇帝宠,可以日夜向明神宗哭泣。碍于郑贵妃的情面,再加上明神宗本人也不愿让事态进一步扩大,就让郑贵妃去请求太子朱常洛的原谅。在太子面前,郑贵妃为了开脱自己的罪责,求得太子的谅解,一再向太子下拜。太子为了照顾坐在旁边的明神宗的颜面,只好回拜,并原谅了郑贵妃。

五月二十八日,已经25年不见群臣的明神宗,在无可奈何的情况下带着皇太子、皇孙、皇孙女在慈宁宫慈圣太后灵前召见了诸大臣。

明神宗身穿白袍戴着白冠,面向西而坐,右边站着穿青袍的朱常洛,左边阶下并排站着皇孙、皇孙女四人。明神宗拉着朱常洛说:"你们都看见否?如此儿子,谓我不加爱护,譬如尔等有子如此长成,能不爱惜乎?"边说边让太监们将皇孙、皇孙女引上石级,"朕诸孙都已长成,还有什么说的!"

明神宗神态自若地对朱常洛说:"你有什么话,跟大臣们都说出来,别顾忌。"朱常洛道:"似此(张差)疯颠之人,决了便罢,不必株连。"又说:"我父子何等亲爱!

外廷有许多议论,尔辈为无君之臣,使我为不孝之子。"

父子俩简直在给"梃击案"定调子——张差所为源于疯癫,不要株连他人。见此情形,大臣们也就作罢了。五月二十九日,张差被凌迟处死。六月一日,明神宗密令将庞保、刘成处死,梃击一案就此再无从查起。

综观全案始末,郑贵妃为"梃击案"的主谋是毫无疑问的,否则,郑贵妃因何要拜太子?刘成、庞保又为何被秘密处死?然而,就是这已近昭然若揭的真相,却成了历史上的一大悬案。

朱常洛死于红丸吗

"梃击案"以后,朱常洛的地位提高了不少,他在处理"梃击案"中的表现,深为万历帝赞赏。万历帝也觉得这个孩子已经长大,而朱常洛的几个儿女也给垂暮之年的他带来了几分欣慰和喜悦,因此对朱常洛的态度有了很大转变。"梃击案"中大臣们的表现,也使郑贵妃一伙看到了大势所趋,人心所向,意识到太子的地位已经不可动摇。由此,郑贵妃为了保住自己的地位,并为以后打算,对朱常洛的态度骤然判若两人,倒一味逢迎起来,不时派人给太子送去金银珍宝和美食酒馔,并选了美女送来侍奉太子。朱常洛有些受宠若惊了,因为长时间以来,朱常洛的生活都是不尽人意的,突然之间有人可以讨好善待自己,他怎么能消受得了,于是,本就荒唐的生活变得更加放荡。尤其在万历四十一年(1613 年),太子妃郭氏去世,朱常洛少了约束,行为更加不羁,结果本就虚弱的身体更加虚弱。

万历四十八年(1620 年)八月初一,明神宗归西天之后,做了 19 年太子的朱常洛登上了皇帝宝座,次年改元泰昌。即位之初,朱常洛算得上是一个有为的君主,做了许多值得称道的事。比如,连续两次发内帑共计 160 万两,用来赏赐在辽东及北方的前线防军;撤回万历末年引起官怨民愤的矿监和税监;召回在万历一朝因为上疏言事而遭处罚的大臣,补用空缺的官职。

此时的郑贵妃因害怕朱常洛会计前嫌,就向朱常洛的宠妃李选侍示好,还请求朱常洛立李选侍为皇后。李选侍也知道投桃报李,就请朱常洛封郑贵妃为皇太后。郑贵妃还极力讨好朱常洛,向他大献美女。而朱常洛则是照单全收。

或许是出于感激,朱常洛还处处以先皇为借口,优待郑贵妃,似乎他已经忘记了郑贵妃曾经的所作所为,甚至在明神宗驾崩的第二天,朱常洛就传谕内阁:"父皇遗言:'尔母皇贵妃郑氏,侍朕有年,勤劳茂著,进封皇后',卿可传示礼部,查例来行。"见此情景,礼部右侍郎孙如游急奏:"臣详考历朝典故,并无此例。"朱常洛感到为难了,只好将奏疏留中不发直至收回。

虽然如此,郑贵妃仍然不死心,继续向朱常洛献美。这样一来,瘦弱不堪的朱常洛不但要承担诸多政事,还要"退朝内宴,以女乐承应","一生二旦,俱御幸焉",结果身体累垮,到八月初十日已经一病不起,形容憔悴,"圣容顿减"。

十四日,郑贵妃指使自己的亲信太监,时为司礼监秉笔太监兼掌御药房的崔文升给皇帝进"通利药",即大黄。大家都知道,大黄可以攻积导滞,泻火解毒,相当于泻药,朱常洛服用后一昼夜间连泻了三四十次,身体已经接近衰竭状态。

廷臣们见状不妙,就对崔文升产生了怀疑,给事中杨涟说:"贼臣崔文升不知医……妄为尝试;如其知医,则医家有余者泄之,不足者补之。皇上哀毁之余,一日万几,于法正宜清补,文升反投相伐之剂。"杨涟认为,按照朱常洛当时的情况,实应该进补药,而崔文升却给皇帝进泻药,可见其心阴毒。外戚们也都认为其中有阴谋,就向朝中大臣哭诉:"崔文升药,故也,非误也!"

八月二十二日,朱常洛召见大臣,郑重其事地对杨涟等人说:"国家事重,卿等尽心。朕自加意调理。"随后,朱常洛下令逐崔文升出宫。八月二十九日,鸿胪寺丞李可灼想给皇上进献仙丹,太监们实在不敢做主,只好禀告内阁大臣方从哲。方从哲说"彼称仙丹,便不敢信。"

此时的朱常洛预感到自己的时日已经不多,就一边安排后事,一边召见众大臣,嘱咐大臣们小心辅佐太子。说话间,朱常洛突然想起仙丹之事:"有鸿胪寺官进药,何在?"方从哲说:"鸿胪寺丞李可灼自云仙丹,臣等未敢轻信。"朱常洛抱着死马当作活马医的想法,让人招李可灼进宫献药。

很快,李可灼就来到了宫里。他先为明光宗诊脉,述说了诊断结果,得到明光宗的赞同,然后调制好一颗红色药丸,请皇上服用。服完红丸后,朱常洛感觉不错,就让内侍向外传话:"圣体用药后,暖润舒畅,思进饮膳。"

傍晚时分,朱常洛不顾御医们的反对,又服了一粒红丸。服用后,见皇帝没有什么不良反应,李可灼就对询问病情的内阁大臣说:皇上服药后,传如正常。可是,九月初一凌晨，群臣被急召入宫，当大臣们急匆匆赶到时，仅做了一个月皇帝的明光宗朱常洛已经驾崩了。在这种情况下，方从哲仍认为李可灼诊病有功，以皇长子令旨，赏李可灼银五十两，彩缎两匹。

明光宗朱常洛的驾崩引起了朝臣们的议论，大家都认为皇帝之死与进药有关。原郑贵妃属下崔文升先上泻药，使明光宗大泻不止；一贯依附郑氏集团的方从哲引荐的李可灼再进红丸，初服有效，连服三丸，就一命呜呼了。或许正是这两人的特殊身份，才引起了群臣的争议。

联系前面发生的"梃击案"，以御史王安舜、南京太常寺少卿曹珍为首的正统派大臣，认为崔文升、李可灼是有意杀君，实属罪大恶极，不但要立正刑典，还要追查出幕后的指使。所谓的幕后指使，大家也是心知肚明的，当然是指郑贵妃一伙。

首辅大臣方从哲为了表明自己是清白的，就反复强调进药时的情景，然而，明光宗去世后，他极力对李可灼进行奖赏，难免让人生疑。直到内阁大学士韩爌将进药的前后始末详细地上奏给新即位的明熹宗，才让方从哲脱了干系。

事态发展得越来越严重，为了控制局面，阁臣建议明熹宗将崔文升发遣南京，李可灼发配远方充军，这件事才算告一段落。

如果细细琢磨的话，我们会发现"红丸案"中存在许多疑点，比如，崔、李二人的进药究竟是出于自愿，还是受人主使？这个幕后主使真是郑贵妃吗？可是，我们已经很清楚，崔文升是郑贵妃的人，说郑贵妃指使崔文升很好理解，那么李可灼是受谁指使呢？是不是其中还有别的政治阴谋？李可灼的红丸究竟是什么呢？

时至今日，还有人分析，红丸其实就是红铅丸，是用妇人经水、秋石、人乳、辰砂调制而成，性热，正好与当初崔文升所进的大黄药性相反。本就虚弱的朱常洛，在最后的岁月连遭性能相反而且猛烈的两味药物的折腾，岂能不暴毙而亡！

事情是不是真的如此呢？这众多的疑问，也许永远都难以解开了。

李选侍死于移宫吗

在"红丸案"中提到过一个李选侍，"移宫案"就与她有关。李选侍本是郑贵妃的人，是郑贵妃为了讨好朱常洛送给他的，朱常洛将长子朱由校交由她抚养。她一面极力勾结郑贵妃一伙，一面利用自己得宠的机会开始干预朝政。

按照明代的制度，皇极殿和乾清宫，本应归皇帝、皇后专用，可是，明神宗时，郑贵妃以侍奉明神宗为由搬进了乾清宫。朱常洛即位后，郑贵妃本该让出乾清宫，但她欺负朱常洛软弱，仍然霸着乾清宫不搬出来。朱常洛无奈只好居住自己原来的太子宫——慈庆宫内。这种状况一直持续到崔文升进药事件发生，郑贵妃才迫不得已搬出乾清宫。郑贵妃搬出去后，李选侍就随着朱常洛住进了乾清宫。现在明光宗死了，按道理李选侍就应该腾出乾清宫，但是她因为有自己的目的就向郑贵妃学习，也赖着不搬，结果就发生了明末第三大案——"移宫案"。事情的始末应该是这样的：

八月二十九日，明光宗为了安排后事，就在乾清宫召见了大臣们。谈话中明光宗提出要册封李选侍为皇贵妃，可是，还没等皇帝的话说完，大臣们还没反应过来，拉着皇长子朱由校躲在内阁偷听的李选侍使劲推出了朱由校，朱由校言不由衷地接住皇帝的话茬说："要封皇后！"众臣和明光宗被弄得瞠目结舌。礼部大臣孙如游回过神后说："皇上封李选侍为贵妃，臣等不敢不遵命。"方从哲等人也来到皇帝病榻前，奏请明光宗封李选侍为皇贵妃。

可是，谁也没料到当天夜里明光宗因服用红丸没留下遗诏就驾崩了，大臣们被弄了个措手不及。身居乾清宫的李选侍得到消息后，先下手为强，为了能牢牢控制储君朱由校，就命令宦官手持大棒守在门口，不让大臣入内。她的目的很明确，就是以此来要挟群臣答应封自己为皇后的要求。如果能如她所愿，朱由校登基后，她就可顺理成章地垂帘听政，控制朝政。

大臣们当然明白李选侍的用意，纷纷表示反对。大臣杨涟说："天下岂可托妇人？"群臣商议立即去乾清宫，带皇长子出宫。可是，来到乾清宫门口，大臣们被守门太监拦住了。杨涟厉声喝骂太监："皇上驾崩，嗣主幼小，你们拦住宫门不让进去，意欲何为？"说完，他不由分说冲上前去，直闯入宫门，群臣也随其后蜂拥而入。

太监王安赶紧进入乾清宫的暖阁回禀李选侍和朱由校。王安说"如今情形不让群臣见皇长子恐怕不合适，因为皇长子既非嫡子，又未正式册封为太子。"李选侍虽然不甘心，但也没办法，便让王安扶朱由校出宫。

群臣一见到皇太子，一边山呼万岁，一边簇拥着将朱由校引向事先准备好的御辇。朱由校一登上小轿，大臣刘一璟、周嘉谟、张维贤、杨涟等不等轿夫赶到就亲自将轿抬了起来，快步前行。等到李选侍意识到上当了，已来不及了。

到了文华殿，群臣请朱由校即日登基。朱由校不同意，只答应初六日登基。当天，朱由校在大臣的护卫下回到慈庆宫。

后来，李选侍多次使计想诱骗朱由校，都没有成功，只好以先帝有嘱为名，赖在乾清宫不走。可是大臣们不肯善罢甘休，催她移宫的奏章每日不断。为了避免再出现一个郑贵妃，大臣们认为绝不能纵容李选侍，尽管李选侍放出风声说明光宗曾嘱托自己照顾、辅助朱由校。

新帝即位前一天，六部九卿诸臣齐聚乾清宫外，一起声讨李选侍。有些害怕的李选侍在百般拖延不见效果的情况下，不得不领着自己唯一的亲生女儿（朱由校同父异母的妹妹，称皇八妹），灰溜溜地迁出了乾清宫。

可是，李选侍并不善罢甘休，她让手下宦官四处散布谣言，皇上庶母（李选侍）被大臣所逼自缢，皇八妹跳井自杀。一时间谣言四起，弄得满城风雨。刑部尚书亲自入宫探寻实情时，御史贾继春综合各种传说，趁机上了大臣们一本。

奏疏一出立即引起了一场轩然大波。群臣十分气恼，都认为贾继春一向依附方从哲，与郑贵妃及李选侍等也有联系，实属奸党。

刚刚即位的明熹宗为了不让事态进一步扩大，造成不好的影响，只好站出来表明了自己的态度。他不但列举了李选侍的种种罪状，还揭发她"殴毙圣母"，说李侍选曾殴打明熹宗的母亲王氏，就是因为李选侍的羞辱，王氏才含冤而死的。

但首辅大臣方从哲认为如果真如此公布上谕，岂不是"彰父之过"，暴露明光宗的不光彩吗？明眼人都知道，方从哲此举看起来好像是替皇帝着想，可实际上还是在偏袒李选侍。针对方从哲的表现，杨涟立即上疏，详细叙说了移宫始末，并明确指出选侍自缢、八妹跳井都是无稽之谈。

见了杨涟上疏，明熹宗不顾方从哲的上奏再次上谕揭露李选侍的罪行，明确支持杨涟。这份上谕叙述了明光宗去世后，李侍选别有用心，阻止自己召见群臣的情景，以及以前对自己的"漫骂凌虐"。最后，明熹宗宣布免去李选侍的封号，罢免了贾继春的官职。至此，"移宫案"结束。

在"移宫案"中，李侍选是自己一个人对抗群臣，还是与郑贵妃集团勾结，郑贵妃为幕后主使？后来谣言四起，真相不得而知。

皇太极继位之谜

根据当时的历史背景及各种史书记载,皇太极继承汗位应该是由诸贝勒推举产生的,是各种势力斗争和妥协的结果。

爱新觉罗·皇太极是努尔哈赤第八子,在八大贝勒中排名第四,又称为四贝勒。1626年8月11日,清太祖努尔哈赤毒疽发作病逝,9月1日皇太极继承汗位。在获得汗位的数年里,皇太极充分展示了他的雄才伟略,先是巧设离间计除掉了袁崇焕,使明朝"边事益无人,明亡征决矣",从而加速了明朝的灭亡,为1644年清军入关奠定了坚实的基础。然而,这样一位文韬武略的开国皇帝继承皇位的过程却一直存在争议,成为清史的一大谜案。

有学者分析了当时的形式:与皇太极同样有机会继承汗位的还有代善、阿敏、勒莽古尔泰三大贝勒,以及阿济格、多尔衮、多铎三兄弟。二贝勒阿敏是皇太极的堂兄,但其父舒尔哈齐获罪至死,再加上他自己也犯过大错,不具备争夺汗位的优势;三贝勒勒莽古尔泰生性鲁莽,有勇无谋,曾手刃生母富察氏,声名狼藉,不具备争夺汗位的条件;在四大贝勒中,最有资格和条件,也是最有可能获得汗位的应该

皇太极

是大贝勒代善,他宅心仁厚,而且屡获战功。四贝勒皇太极幼年丧母,排行居中,无法享受女真族幼子继承的优先权,而且没有直胞弟兄,各方面均处于不利地位。因此一些学者认为,处于劣势的皇太极之所以坐上汗位是因为他暗设机关。

一种说法认为,努尔哈赤生前已立多尔衮为嗣子,而皇太极的汗位是从其幼弟多尔衮手中篡夺来的,有利证据之一就是逼迫多尔衮生母大妃纳喇氏死殉。持这种说法的学者认为,尽管《太祖武皇帝实录》中记载大妃纳喇氏确实是遵照努尔哈赤遗命"俟吾终,必令之殉"而死殉,但这极可能是皇太极为扫除继位障碍而矫诏。

《满文老档》记载，小福晋德因泽曾向努尔哈赤"要言相告"，说大妃一天二三次派人到大贝勒家去，而且还好几次深夜看见大妃离开院子，认为大妃和大贝勒代善关系暧昧。学者们认为，小福晋德因泽的告发很可能是皇太极在幕后指使，既败坏了他哥哥代善的名声，同时又能削弱大妃对努尔哈赤的影响，进而打击大妃三个儿子阿济格、多尔衮和多铎争夺汗位的势力。对于皇太极来说，只需要牺牲大妃便可以同时削弱代善、阿济格、多尔衮、多铎四个竞争者的力量。还有，当时对为夫殉死的妻子是有一定要求的，必须是爱妻而且膝下不能有幼子，阿巴亥并不符合死殉的条件；《满洲实录》和《太祖实录》等官书，努尔哈赤去世前并没有留下遗言，因此种种迹象表明皇太极具有逼死大妃的动机。

不过，这一说法也存在诸多疑点。在努尔哈赤生前，多尔衮的身份并不高，同母三兄弟中，阿济格和多铎都被其父安排为旗主，而他只不过是一个掌有半旗牛录的贝勒而已。当时多尔衮年仅 15 虚岁，既无功业，也无威望，在八和硕贝勒共治国政的体制下，是缺乏驾驭包括四大贝勒在内的八个旗主的能力的，因此当时多尔衮并不具备被立为汗王的条件。至于其母大妃死殉，很可能是因为努尔哈赤痛恨其不忠，特命她死殉。除此之外，史书记载说，皇太极即位后，对多尔衮是极为器重的。多尔衮也一心一意辅佐皇太极，功勋卓越，成了皇太极最得力的助手。至于多尔衮后来称"太宗文皇帝（皇太极）之位原系夺立"，"夺"，既可作"抢夺"，也可作"争夺"来理解，本来努尔哈赤去世后，八个旗主都希望能当上大汗，必有一番争夺。总之，从历史上看，皇太极与多尔衮的感情非常好，令人无法想象皇太极会对多尔衮做出篡权、杀母这种卑鄙无耻的事情。

根据史料来看，后金建国前努尔哈赤曾想让长子褚英接班，后又有意立次子代善为汗，均半途而废。为了让子孙相互辅佐，避免因抢夺汗位而大开杀戒，努尔哈赤颁布了一道《汗谕》：实行八和硕贝勒共议推举新汗和废黜大汗的制度。对于《汗谕》的存在，已经获得史学界的肯定。在当时的情况下，大贝勒代善应该是最具有竞争力的候选人，但是几乎所有史料中都没有关于代善有争夺汗位之心，而是处处彰显宽容和隐忍。二贝勒和三贝勒的劣势显而易见，多尔衮等兄弟年纪尚幼，因此皇太极成为最佳人选。

史学家们推测：努尔哈赤去世后，代善的儿子岳托和萨哈廉一起找到代善，希望代善推荐皇太极为汗,代善赞成。第二天一早,按照努尔哈赤的遗训,由代善组织召开了贝勒会议,并提议立皇太极为汗。大贝勒提出了之后,得到了其他贝勒的一致赞成,这样皇太极便继承了努尔哈赤的汗位。事实上,在初登汗位时,皇太极并未大权独揽,在军政大事上"四大贝勒并肩而坐,四人轮流分值"。

每一次皇权的更替,都是一场权力与智谋的角逐。综合当时的历史文化背景以及各种史书记载,皇太极继位应该是各种政治势力斗争和妥协的结果,是各派代表推举产生的。

孝庄太后下嫁真相之谜

孝庄太后,姓博尔济吉特,原名布木布泰,蒙古族人,是清太宗皇太极的妃子,顺治帝福临的生母,康熙皇帝的祖母。皇太极去世后,庄妃(孝庄太后)在满洲贵族内部错综复杂的政治角逐中,巧妙联合各种力量,成功地将自己年仅 6 岁的皇子福临扶上了皇位。清廷入关后,功高位重的多尔衮——孝庄太后的小叔子,排斥异己,广树亲信,大权独揽,独断朝纲。在这种情况下,孝庄太后借助各方力量,成功地瓦解了摄政王多尔衮对顺治皇帝构成的威胁。太后下嫁一事,据说就是发生在与摄政王斡旋的过程中。太后下嫁的说法在清代、民国时期就已经在民间广为流传,妇孺皆知。但太后真的下嫁了吗? 对于这个问题,300 多年来,专家学者各持己见,真可谓真假难辨,疑团难解。

太后下嫁不是没有可能

俗话说,无风不起浪,民间之所以盛传太后下嫁的故事,就是因为根据当时的历史情况看,孝庄太后下嫁还是有原因和动机的。不过,后人经过多方分析,得出

孝庄太后

的结论也是说法不一。

有人说，孝庄太后有可能下嫁多尔衮是因为她为了报恩。这种说法多见于文人笔记：皇太极去世后，睿亲王多尔衮完全可以继任大统，因为他有足够的实力和条件。但是，他没这样做，而是将皇位让给了皇太极的第九子，年仅6岁的福临，自己则称摄政王。在他的影响下，诸王公大臣对福临的即位也就不敢多言，福临顺利地当上了皇帝。之后，多尔衮为了大清的江山，又亲率八旗劲旅，挥戈南下。经过艰苦的征战，多尔衮不但大败李自成军，还占领了北京城。

此时，多尔衮仍然有机会称帝，但是他还是没有这么做，北京局势一稳定，就立即迎请顺治帝移驾北京。福临成了清朝入关后的第一位天子。

多尔衮的苦心和忠诚不但让皇帝感动，也感动了大臣们，大臣们都认为多尔衮理应得到回报。久未得到孝庄太后的多尔衮认为，不如借此时机了了自己的心愿，于是，召来大学士范文程等，密谋迎娶孝庄皇太后之事。

第二天，百官上朝后，范文程上奏说："摄政王功高望重，谦抑自持。自入关以来，大权在握，却并不以帝位自居，尽心辅佐皇上。如此让位之德，亘古少有，又如何能够报答得了呢？正好，摄政王是皇上的叔父，今日让位的事，就跟皇父传位给自己的儿子一样。摄政王既然像对待太子一样对待皇上，皇上也应像对待皇父一样对待摄政王，以此作为报答，诸位觉得如何？"众人连连称好。范文程紧接着提议道："近日闻说摄政王妃新亡，而我皇太后又盛年寡居。皇上既视摄政王如父，自然不可使父母异居两处。因此，伏请摄政王与皇太后同宫而居。"众人又都随声附和。于是，史官将此事记载于册曰："皇太后下嫁摄政王。群臣上贺表。"

相传，多尔衮和太后的婚礼极为隆重，京师除了一两个自命清高者，其余的人都亲临现场，同瞻盛典。当时，还以顺治帝福临的名义诏告天下：说"太后盛年寡居，春花秋月，悄然不怡。朕贵为天子，以天下养，乃独能养口体，而不能养志，使圣母以丧偶之故，日在愁烦抑郁之中，其何以教天下之孝？皇叔摄政王现方鳏居，周室懿亲，元勋贵胄，其身份容貌，皆为国中第一人，太后颇愿纡尊下嫁。朕体慈怀，敬谨遵行。一应典礼，着有司予办。"

在这个故事中，多尔衮以摄政王的身份，通过授意群臣请求的策略，达到了逼娶太后的目的。而太后一直没有露面，仅在诏书中称她"盛年寡居，春花秋月，悄然不怡"，故"颇愿纡尊下嫁"。

有些演义小说中称太后与多尔衮早就有私情，太后下嫁是顺其自然。皇太极的庄妃，就是后来的孝庄太后，容貌姣好，冰清玉洁，故得名"大玉儿"。入宫之初，因为年纪尚小，并未引起皇太极的注意。她本是皇后的亲侄女，姑侄俩自会经常来往，久而久之，皇太极被大玉儿的容貌所打动，决定封大玉儿为妃。可是，当时的大玉儿情有所属，心中的情人就是多尔衮。大玉儿和多尔衮可谓青梅竹马，两小无猜，但是皇太极并不知道。皇命已下，实难违抗，结果，大玉儿嫁给了皇太极。她还凭借自己的智谋，帮助皇太极劝降了洪承畴，可谓功勋卓著，深得皇太极的宠爱。多尔衮知道已经与大玉儿无缘了，就娶了小玉儿。据说，小玉儿也是生得花容月貌，但是，因为多尔衮已经心有所属，对小玉儿自不会好到哪里去，于是，小玉儿对大玉儿因嫉生恨。

小说中还说大玉儿和多尔衮虽然各有所属，但是私下里仍然往来频繁，结果出于报复，小玉儿就把两人的私情，通过某王禀告给了正在同明军作战的皇太极。皇太极听后愤怒异常，当即离开战场回到沈阳皇宫，但回宫不到一日就暴病驾崩。

皇太极死后，多尔衮协助大玉儿让福临当上了皇帝，自己成了摄政王，大玉儿成了皇太后。从此，二人以商讨国家大事为名公开往来。小玉儿妃愤恨不平，与多尔衮争吵之后自尽而死。摄政王妃既死，大玉儿便名正言顺地下嫁了多尔衮。

关于太后有可能下嫁的原因猜测还有第三种，那就是太后是为了保住儿子福临的皇位而被迫下嫁多尔衮的。此说还是基于庄妃与多尔衮的私情而起的。太宗驾崩后，庄妃借与多尔衮的私情，得到多尔衮的帮助，使得福临顺利地登上了皇位。庄妃本想垂帘听政，又怕宗室中人反对，就与多尔衮商议。最后，两人决定采用摄政制，由福临做皇帝，太后掌执内权，睿亲王多尔衮摄政。

清廷入关后，摄政王仗着自己的军功将大权独揽，还让王公大臣对他北面而朝。太后十分疑惧，但为了稳住摄政王，她故意下诏命诸臣以皇叔九千岁的礼仪进上，多尔衮并未怀疑，欣然接受。

可是，有一天，太后与多尔衮并辇而行，侍卫前来禀事，都是先太后，后才轮到摄政王。多尔衮大为不满，就要起了脾气，不上朝，不进宫。太后得奏，心中懊丧，当时没有多尔衮还不行，可是多尔衮又如此专横，这可怎么办？如果不想办法，福临的皇位早晚会被他夺去。思来想去,只有一个办法,就是下嫁多尔衮。于是,太后命内大臣往摄政王府议下嫁之事,并命内三院拟太后下嫁及称尊皇父的典礼。

闻听此事,明朝旧臣陈之遴十分惊异,咋舌道:"这种礼也能议吗?"太后听说他的言论后,大怒,要不是有大臣在旁相劝"下嫁是大喜事,不宜用刑见血",陈之遴必死无疑。陈之遴死罪虽免,仍被贬到吉林三姓城入军籍服役。

可见,太后下嫁实在是委曲求全,不得已而为之。

关于太后下嫁的说法还有许多,有些故事荒诞不经,有的如同淫秽小说,都令人难以置信。但是除了民间传说外,史学家也有太后下嫁的说法,大致与第三种说法相似,说是太后为了笼络多尔衮,巩固福临的帝位而下嫁。那么,太后是否真的下嫁了呢?

真的下嫁了吗

时至今日,关于太后是否下嫁,仍是一个颇有争议的问题,当我们把它作为了一个严肃的历史课题对待时,就必须找到太后下嫁与否的正反论据。也只有这样才能在立论和批驳中,寻找和接近历史的真相。

相信太后下嫁的人提出了自己的论据,他们认为作为一桩政治婚姻,太后为了保全福临的皇位下嫁给多尔衮是完全可能的。试想,顺治登基时还只是个孩子,而孝庄太后也是一个30余岁的寡妇,在当时的那种情况下,仅凭他们母子怎么可能撑起整个大清江山?并且,当时多尔衮已经掌握全部军政大权,尤其是入关后他更是专横跋扈,说一不二,连皇帝都不放在眼里,作为福临的母亲,不委身下嫁,恐怕也没什么好法子了。至于是主动自愿,还是被逼迫,以及结婚的时间、地点,是否举行过大典,其实都是不重要的。因为,孝庄太后只要达到政治上的平衡,保住福临的皇位就达到目的了。事实上她也确实牵制住了多尔衮,所以,说两人确实有私情,也是不过分的。

从满洲的风俗看,孝庄太后下嫁也是有可能的,因为旧时的满族,父亲死了儿子可以娶其庶母;兄长死了弟弟可以娶其嫂子。这一点在《清实录》中就有记载:顺治七年(1650年)正月,多尔衮就将肃亲王豪格的福晋博尔济锦氏娶来做自己的妃子。在教士汤若望留下的文字中也曾记载说顺治皇帝最宠爱的董鄂妃实际是自己的弟媳。也就是说,如果我们把太后下嫁的事和旧时满族风俗联系起来的话,太后下嫁就没什么不好理解了。"皇嫂下嫁"成为避讳恐怕也是在满族汉化程度加深后才有的。

从多尔衮"皇父摄政王"的称谓上,也能看出太后下嫁的事实。大概在清末民初时期,有人在顺治初年的科举考卷上发现"皇父摄政王"的字样曾与皇上并排单立为一行。后人对"皇父摄政王"进行考证后发现,福临对多尔衮的称谓是不断变化的——顺治元年(1644年)称"叔父摄政王",顺治二年(1645年)称"皇叔父摄政王",顺治五年(1648年)称"皇父摄政王",因此,人们得出结论,多尔衮名讳变化过程实际上是太后与多尔衮的婚姻由隐秘到公开的一个反映,如果太后未曾下嫁,为什么福临要叫多尔衮为皇父?而且,这一点在朝鲜的《李朝实录·仁祖》卷五十上也有记载:顺治六年(1649年)二月,清廷派使臣去朝鲜递交国书,朝鲜国王李倧看见书中称多尔衮为"皇父摄政王",便问:"清国咨文中有皇父摄政王之语,此何举措?"清朝来使答曰:"今则去叔字,朝贺之事,与皇帝一体云。"朝鲜国右议政郑太和说:"勒中虽无此语,似是已为太上矣。"国王李倧也说:"然则二帝矣。"这说明,关于多尔衮的称谓,朝鲜君臣也表示怀疑过。既然外交文书上都这样写,外交使臣也作此解释,说明太后下嫁是真的。

顺治七年(1650年),多尔衮病死的第二年,朝廷历数了他的种种罪行,其中"自称皇父摄政王"和"亲到皇宫内院"就是他的两条大罪。这一事实,在清朝人蒋良骐的《东华录》中就有记载。从此可以看出,如果太后没有下嫁,多尔衮敢深入内院,并且把福临当成儿子吗?太后和皇室亲王贝勒能接受吗?

顺治的一封诏书也很值得怀疑。顺治十七年(1660年)十二月二十四日,顺治降谕礼部,其中有这样几句话:"睿王摄政时,皇太后与朕分宫而居,每经累月方得一见,以致皇太后萦怀弥切。乳母竭尽心力,多方保护诱掖,皇太后眷念慈衷赖以宽慰。"顺治因乳母李氏病故而写的诏书,透露出了这样一个信息:因为多尔衮摄政,才使得顺治与母亲孝庄太后分宫而居,母子累月不能相见。为什么会这样?"每经累月方得一见","皇太后萦怀弥切",皇太后为什么不与自己的幼子住在一起?顺治为什么不去看望自己的母亲?这中间难道没有别的因素在阻止他们母子相见吗?而这个因素,除了多尔衮之外,还有谁会有这么强的力量?顺推下去,我们很容易就能得出这样的结论，如果皇太后不是下嫁了，怎么会长期不在宫中？

孝庄太后去世后的墓葬也可以说明问题。清朝早期丧葬制度规定，皇后死后，都要与皇帝合葬，同陵同穴，哪怕在皇帝之后死去。可是，孝庄太后死后却没有遵守这一祖制，而是单独葬在了遵化的清东陵风水墙外，并且灵柩还在地面上停放了38年之久。这是为什么呢？

史料中虽记述孝庄太后生前曾叮嘱康熙帝："我身后之事特以嘱汝，太宗文皇帝梓宫安奉已久，卑不动尊，此时未便合葬。况我心恋汝父子，当于孝陵近地安厝，我心始无憾。"可这很有可能只是托词，因为顺治六年（1649年）四月，皇太极的孝端文皇后死后就葬入了昭陵。究其原因，恐怕是随着汉化的深入，孝庄太后和康熙帝都感觉到了下嫁一事不是什么光彩事，尤其是孝庄太后更觉得在阴间无法面对太宗皇帝的缘故吧。至于为什么孝庄太后灵柩要在地面上停放那么久，可能是因为康熙帝感到不知如何是好，遵守太后遗嘱觉得对不起太后，不遵守太后遗嘱又觉得对不起太宗，所以迟迟不能定夺。

另外，清东陵的5个皇帝、14个皇后、136个旗妃，都葬在风水墙内，而只有孝庄太后葬在风水墙外，这又是为什么呢？野史上的解释是，因为下嫁一事对爱新觉罗皇族来说是一件丢脸的事，所以罚她在陵区大门之外永远为子孙后代看守陵门。这种说法虽然经不住推敲，但是不管怎样，孝庄太后被葬在清东陵外，确实有违情理，难免会让人联想到下嫁一事。

从现实主义古典名著《红楼梦》中好像也能看到孝庄太后下嫁的影子。比如，贾氏二房四子的名字分别是敷、敬、赦、政，而这四个字合起来谐音正好是"夫敬摄政"；宁国府老仆人焦大喝醉酒后，说这府里"爬灰的爬灰，养小叔子的养小叔子"。在书中前半句有所指，后半句就不知其出处了。所以，有人认为此处是对孝庄太后下嫁小叔子的影射。还有人把贾母和孝庄太后联系到了一起，这也难怪，贾母年轻时为宁府长媳，老来为荣府太君，这种一身两任的经历与孝庄太后有点相似。

如果我们硬把小说中的零散的隐语作为太后下嫁的证据，似乎有些武断，不过在这部被认为是反映作者所处时代社会生活的百科全书中，这些情节是不是在暗喻什么，或者真有什么含义呢？

1946年10月，近代学者刘文兴在撰写的《清初皇父摄政王多尔衮起居注跋》

中写道:宣统元年(1909年),他的父亲刘启瑞任内阁侍读学士,奉命收拾内阁大库档案,"得顺治时太后下嫁皇父摄政王诏"。这是一个极其重要的信息,如果太后下嫁的诏书确实为真,那无疑就是太后下嫁的铁证了。

综上所述,正是因为有了这么多的佐证,很多人都认为太后下嫁确有其事。只是到了后来,汉化的加深,清朝统治者才意识到这件事很不体面,从而将有关太后下嫁的文件从官方的典籍中全部删掉。并且据说到乾隆朝,主管修史的纪晓岚见到了太后下嫁的诏书,认为:"这种事怎么可以传示后人,以彰其丑?"并请示乾隆帝,将有关内容全部删削,最终使得这一事件成为了历史疑案的。

根本就没下嫁吗

也有不少史学家对太后下嫁一事持否定态度,认为太后下嫁根本就是子虚乌有,捕风捉影之事,甚至是敌视满族的文人士子们故意编造,恶意中伤的产物,根本与史实不符。针对上文观点,他们给出了一一的批驳。

说孝庄太后和摄政王多尔衮之间有难以言说的恋情是可能的,但是说为了保住顺治帝的皇位,孝庄太后被迫接受政治婚姻,下嫁多尔衮,则是完全不可能的。首先,顺治的皇位是经过八旗之间剑拔弩张的斗争,最终作为权力平衡和斗争多方互相妥协的结果而最终确立的,并非多尔衮的个人因素决定的。其次,清军入关后,多尔衮确实曾大权独揽,对顺治帝构成了极大的威胁,然而并不是孝庄太后下嫁多尔衮,就能阻止他称帝野心的。而事实可能恰恰相反,下嫁多尔衮不是增加反而是削弱了孝庄太后牵制多尔衮的能力。因为,按照清初八旗制度的规定,两黄旗作为太宗皇太极的遗产,其合法继承人应该是继承帝位的福临。孝庄太后只有作为太宗的遗孀和当今皇上的生母,才能与儿子共同享有继承权,才能被两黄旗承认为女主人。如果她下嫁了多尔衮,就不再是皇太后了,而成了摄政王妃,这样就理所当然不再被两黄旗认可了,而失去两黄旗的支持,孝庄太后将无所凭依,对多尔衮的制约将更加有限。所以,太后下嫁对维护儿子的帝位,不但无益,而且有害。并且从历史上看,孝庄太后一直是两黄旗的女主人,而这恰恰证明了她没有下嫁多尔衮。

对于有人认为按照当时满族有兄死则弟娶其嫂的风俗,太后下嫁是可能的观点,反对者认为,这只是推测,不能作为太后下嫁的证据。事实上,清朝入关以后,婚姻观念发生了很大的变化,满族贵族内部也逐渐视"族内婚"为犯法。比如,顺治七年多尔衮强娶侄儿豪格的妻子,就引起了许多人的非议,据《汤若望传》记载"是为全国之所愤慨非难的一件事情了"。虽然当时人们迫于多尔衮的淫威,敢怒不敢言,但是他死后,这件事受到了很多人的抨击,成了他的一大罪状;在这种情况下,多尔衮娶自己的皇嫂,无疑罪名会更大。以多尔衮和孝庄太后的英明,都不可能做出这种极不明智的选择。退一步说,就算当时有兄死弟娶其嫂的风俗,但也不能仅仅因此就证明多尔衮娶了皇嫂,这中间并没有必然的联系。

至于"皇父摄政王"的称谓,已故著名史学家孟森认为,清朝入关后,逐步接受了汉族的文化,"皇父"的称呼可能如同古代"尚父""仲父"一样,都是皇帝对臣下的尊称。比如周文王称吕望(姜子牙)为尚父,意为可尊尚的父辈;齐桓公尊管仲为仲父,是事之如父的意思。虽然称呼中都有"父"字,其实并非真的成了父亲,而只是对功高重臣的一种尊称。顺治称多尔衮为"皇父",也应该是如此。另外,满族本就有将亲属称谓与爵秩称号联系起来,以示宠幸的习惯。比如,多尔衮被称为"叔父摄政王""皇叔父摄政王"就是这种称号(当然,孟森之说也只是一家之言,并非定论,胡适当年就对此提出了疑问,认为孟文"未能完全解释皇父之称的理由","终嫌皇父之称似不能视为仲父、尚父一例")。

另外,对于史书所载:多尔衮"亲到皇宫内院",想必是与太后一定有什么瓜葛的说法。反对太后下嫁的学者认为,这一点正是多尔衮去世后,济尔哈朗列举的多尔衮罪行之一。如果太后真的光明正大下嫁了,多尔衮完全可以自由出入宫禁,甚至天天住在皇宫内,"亲到皇宫内院"还算什么罪行呢?再说,如果多尔衮真的和太后有说不清的关系,济尔哈朗提出这条罪行,就不怕"投鼠忌器",连太后也一起羞辱了吗?退一步说,多尔衮就是"亲到皇宫内院",也可能是同太后商议国家大事,这有什么可说的;就算他有淫乱后宫的嫌疑,也有可能是与其他妃子、宫女等,不一定就是太后。况且,太后如果真的下嫁了,并且颁发诏书告知天下,必然会照会朝鲜,朝鲜使臣和国王不可能不知道这件事。而他们的疑问,恰巧证明了太后没有下嫁。所以称多尔衮为"皇父摄政王","亲到皇宫内院"不能作为太后下嫁的证据。

而张煌言的诗更是不足为凭的，因为他是故明旧臣，对清朝怀有敌意，所作诗句难免有诽谤之意。比如《建夷宫词》的题名，建指建州，不称为"后金""清"，并且用"夷狄"的"夷"，本身就带着明显的民族偏见。并且据考证《建夷宫词》作于顺治七年，而《清会殿事例》上则记载："顺治十年建慈宁宫于隆宗门之西。"也就是说孝庄太后最早于顺治十年才搬进慈宁宫的，那么说"慈宁宫里烂盈门"，在慈宁宫中大办婚事，必须在顺治十年之后，而事实上多尔衮早于顺治七年十二月病死，太后嫁给谁呢？另外，据《清实录》中记载，多尔衮在顺治七年正月娶自己的政敌、顺治的大哥豪格的妻子时，曾张灯结彩，铺张了一番。因此，张煌言很可能把多尔衮娶博尔济锦氏当成了"太后下嫁"，写进了《建夷宫词》。再说，张煌言作此诗时，身在江南，根本不在京城，很可能是道听途说，以讹传讹而来。并且诗可以夸张，可以比附，不能作为严肃的史料来用，所以正如20世纪30年代史学家孟森先生所考证的那样："不能据此孤证为论定"。

关于顺治的诏书问题，有人认为可能是太后出外礼佛或者其他活动，并不能据此就认为是太后下嫁的证据。

孝庄太后没有与皇太极合葬，而是葬于清东陵外，据他们分析主要源于以下原因：首先，满族入关以前，实行火葬；入关后，由于受到汉族文化的影响，他们也逐渐认为火化为不孝不仁，开始实行土葬。而孝庄太后知道自己死后肯定是要土葬的，可是这样一来，皇太极的墓必须经过改建，才能放下三个骨灰罐和一口大棺木，而且"卑不动尊"，这对死者是不恭敬的，鉴于此，才决定另行安葬；其次，说太后葬在风水墙外，是罚她为儿孙看陵园，纯属无稽之谈。试想，如果太后真的下嫁了，清廷后来认为是件大丑事，那么必定会严加封锁，讳莫如深，不可能对她如此公开惩罚，留人笑柄。太后之所以葬在"风水墙"外，主要是因为顺治帝的孝陵占据了东陵区的最佳位置（因为他是入关后去世的第一个皇帝，当然要选择至高无上的墓穴），当初也没有考虑孝庄太后会不入盛京昭陵，也就没有在清东陵为她留下一个好地方。由此，当孝庄太后要求葬在孝陵附近时，让康熙帝犯了大难，因为太后是顺治帝的母亲，身份最高贵，把她葬在陵区内的任何地方，位置都低于顺治帝的孝陵。而孝庄太后又遗言"一定要在孝陵附近为我找一块地方安葬"，只有把她葬在孝陵附近，但是又不能葬于陵园，否则就成了一个体系，无法区别。正因此，康熙帝不知如何是好，迟迟不能定夺，这也是太后灵柩迟迟不能安葬的原因。一直到雍正朝，雍正帝看到大清江山永固，康熙帝儿孙满堂，便认为多蒙太后庇佑，也说明太后"安厝"之地为风水宝地，便决定把她葬在了那里。

实际上，孝庄太后的陵墓被称为昭西陵，与孝陵近在咫尺，却独成体系，其名义上仍与沈阳皇太极的昭陵是一个体系。并且，按照清室拜祭皇陵的规定，拜谒时应从高辈分的人拜起，昭西陵处于清东陵门口，正好符合了这一要求。由此，太后葬于清东陵风水墙外，完全出于实际情况的需要，与太后是否下嫁没有关系。

至于《红楼梦》"隐语"的说法，作为学术研究无可厚非，但根本不能作为太后下嫁的论据。即使我们能够确证《红楼梦》中的隐语是指孝庄太后下嫁一事，也可能只是作者对民间广为流传的太后下嫁一事的艺术反映，至于是否真有其事，恐怕连作者也说不清楚。所以太后是否下嫁，并不是《红楼梦》上的隐语可以论证的。

针对刘文兴所说的他的父亲亲眼看到了顺治时期太后下嫁的诏书一事，人们也不免产生怀疑，真有这份诏书吗？现在是否还在世，藏在哪里？据说，有人还曾就此事专门请教了刘文兴的一位朋友、现已病故的故宫博物院研究员朱家溍先生。他说：刘先生在文字声韵方面的研究是很严谨的，但有时也难免开点玩笑。他曾就太后下嫁诏书的真实性，向他提问了几个怀疑问题，刘先生均笑而不语。朱先生便说：这是你老兄又在开玩笑捉弄人了吧？他哈哈大笑说："的确，诏书是没有的，我因为打算卖掉这部书，所以写跋语时加点噱头，你何必认真，姑妄听之而已。不过我相信太后下嫁是真的。"这就是说，太后下嫁诏很可能也是子虚乌有之事。况且，如果太后真的下嫁，并颁发诏书，大办婚宴，那根本就不是什么秘密了，一定会有许多人知道。但是，在当时大臣的笔记等严肃史料中均没有这一记载。

另外，还有人分析，如果太后确实下嫁了，《汤若望传》中肯定要有所反映。《汤若望传》上面对清廷中的许多事情都直言不讳，汤若望与皇太后有义父女关系，太后下嫁作为一件大事，他不可能不知道。而他的笔记中没有记载这件事，也从一个侧面证明了太后不曾下嫁。上面提到的朱家溍先生在一篇涉及太后下嫁的文章中，也认为太后下嫁是假的。他说，人们之所以众口一词，是因为他们都认准了太后下嫁多尔衮确有其事，只不过下嫁诏书在乾隆帝时被偷偷销毁了，所以后世就没了凭证。这只能说明人们不了解清朝制度。按清朝制度，太后下嫁这种大事，

·讳莫如深的帝王宫闱·

图文珍藏版

是要颁诏天下、让世人尽知的,所以,后世君臣即便想否定这件事,也必须发谕旨,否则,只偷偷销毁诏书是没用的。当然,这也只是一家之言。

时至今日,太后是否下嫁仍是史学家颇有争议的论题。至于太后是否确实下嫁,在没有出现新的强力的论据之前,仍是一个历史悬案。

顺治帝出家之谜

中国历史上皇帝信佛的倒为数不少,不过真正肯舍弃万里江山,每天与青灯古佛为伴的可就极为罕见了。在我国历史上正式载入史册的三百多位皇帝中,只有清康熙帝的父亲——顺治帝福临,据说因为感情纠葛看破红尘而出家当了和尚。那么这种说法是否属实呢?目前,学术界尚无定论。

根据清朝官方记载,顺治帝是死于天花。顺治帝本来是佛教的忠实拥趸,在位时就曾剃过头,几次想要出家,后经其孝庄文皇后和众大臣的劝阻,才打消了这个念头。顺治十三年,董鄂氏入宫,为顺治帝所宠爱,当年连封为贤妃、皇贵妃,册封之快史无前例。后开,顺治帝又想借"不孝"的名义废黜孝惠皇后,以便董鄂氏取而代之,但却遭到了其孝庄文皇后的坚决反对。顺

顺治帝

治帝十四年,董鄂氏生下一子,但仅活一百零四天就不幸夭折了。为安慰董鄂氏,顺治帝竟然追封这个还未来得及起名的小阿哥为"和硕荣亲王",并在京东蓟县黄花山为他营建了一处陵墓,墓碑上刻有"和硕荣亲王,朕第一子也",这也体现出顺治帝欲立此子为皇储的愿望。两年后,痛失爱子的董鄂氏在终日抑郁中撒手人寰,这使得顺治帝悲痛欲绝。他亲自为其守陵,并命亲王以下、四品官以上,公主、王妃以下的命妇都要去哭丧,并休朝五天。此后,他命令礼部破例追封董鄂氏为皇后,并拟写了十字的谥号"孝献庄和至德宣任温惠",并以没有"天圣"二字为憾。更让人惊奇的是,顺治帝一口气亲笔撰写了四

千余字的《端敬皇后行状》，备述董鄂氏生平，赞颂她的贤淑孝知，为千古第一女人，并抒发了自己对董鄂氏绵绵的爱意和思念。可以说，董鄂氏的死给了顺治帝以沉重的打击，以致他整日郁郁寡欢，沉溺于佛教，不思进取，不理朝政。半年之后，顺治帝便驾崩了，终年24岁。

但是，民间却对顺治帝之死有着各种不同的说法。其中，流传最广的传说是顺治帝并未病死，而是在五台山做了和尚。顺治帝驾崩当年，便有大文人吴伟业的《清凉山赞佛诗》道出此事原委，该诗共四首，每首四十四句，共一百七十六句，其中"玉母携双成，绿盖云中来""愿共南山椰，长奉西宫杯""可怜千里草，萎落无颜色""长以竞业心，了彼清净理"等句，多用董姓典故和拆董字入诗，暗喻董鄂氏死，顺治帝在五台山出家。此外，濮兰德的《清宫外记》、蔡东藩的《清史演义》《清稗类钞》等均传顺治出家五台山的事。并且，还有一事可做佐证，康熙帝登基后，曾五次去过五台山。然而，康熙帝是一位勤于政务的英明君主，对佛教并不太感兴趣，为什么要五次远去五台山朝拜呢？据说，每次康熙帝去寺内朝拜，都命令随从在寺外等候。第五次去五台山时，顺治帝已死，因此康熙帝写诗悼念，"又到清凉境，峻岩卷复垂。芳心愧自省，瘦骨久鸣悲。膏雨随芳节，寒霜惜大时。文殊色相在，唯愿鬼神知。"另外，光绪帝庚子（公元1900年）年间，八国联军打进北京，清王室西撤，在五台山落脚时，发现了一些宫内御用的器具。人们怀疑这是顺治帝在此清修时所用。而且，清东陵的顺治帝陵孝陵中，除了衣冠和一个骨灰坛外，并没有找到顺治帝的遗骸，这更使人们坚信顺治帝病死是假，真人确已出家。

然而，根据《清东录》《东华录》以及王熙的《王文靖集》、张宸《青洞集》等可靠史书记载，认为顺治帝死于天花。其中，王熙为当时顾命大臣，草拟了顺治遗诏。而张宸当时为中书舍人，受命为董鄂氏撰写祭文，顺治帝死时，他出入宫中，对当时的事情了如指掌，他记载道顺治帝出痘时，朝廷传谕民间不许炒豆、燃灯、泼水，并说顺治帝是由僧人主持，在寿皇殿前焚尸火化的。

同时，清朝时的医药科学较为落后，故在当时得天花而死是很正常的事，皇帝也难幸免；顺治帝陵中没有遗骸，可能是因为按照满族的习俗火化的缘故。不过，民间盛传顺治帝出家，也合乎情理。首先，顺治帝是个虔诚的佛教徒，宫中有两位禅师，即木陈忞和玉琳琇。当时，在清廷任职的汤若望在《回忆录》中说，孝庄文皇后曾拜木陈忞为义父，顺治帝更是称之为爷爷。据木陈忞的《北游集》记载，顺治帝早有出家的念头，而玉琳琇的《续指月录》也说，顺治帝曾剃过发。同时，《玉琳年谱》也记载，董鄂氏所生皇子死后的顺治十五年，顺治帝再次剃发，表达了自己想要出家的意愿。由此看来，顺治有出家的愿望，绝对属实。汤若望的《回忆录》也记载，此后皇帝便把自己委托于僧人之手，僧人亲手把他的头发削去，如果没有他的理性深厚的母后和若望加以阻止，他一定会充当僧徒的。由此可见，民间传言他最终出家五台山也不是空穴来风。那为什么找不到直接证据来证明这个说法呢？相信清朝历代统治者是绝不可能允许有关记载顺治帝出家的书籍材料流传下来的。此外，认为顺治帝得天花而死的学者也很难解释，康熙帝为什么五次"巡幸"五台山，五台山又为什么保存了如此多的宫内御用物品。至于孟森先生对吴伟业《清凉山赞佛诗》的解释，也是按照自己的既定观点，为一面之词，并不具备说服力。因此，顺治帝是否出家，至今仍是一个解不开的谜。

雍正帝继位之谜

康熙六十一年（1722 年）十一月十三日，康熙帝驾崩于北京西郊的畅春园，遗命皇四子胤禛继位，就是后来的雍正皇帝。不过，雍正帝继位的同时，关于他或其他人篡改遗诏的说法就传播开来。之所以如此，原因是多方面的，客观上来说：首先，康熙帝儿子众多，诸皇子中优秀者不乏其人，康熙帝不立太子，也就始终没有指明太子的合适人选。其次，以一纸遗诏传位这种做法与惯例不合，本身就容易令人生疑。另外，康熙帝是十三日病逝，遗诏是十六日才拿出来公开的，这一点也难以自圆其说。在一般人看来，胤禛能够继承大统显得异常突兀。当然雍正帝继位后的一系列举动，也让人生疑。那么，事实究竟如何呢？

改诏篡位说版本众多

认为雍正帝是改诏篡位的人很多，并且说法也各有不同。有人说，康熙帝在弥留之际，留下遗诏："传位十四子"，交给国舅隆科多。而执掌当时京城兵权的隆科多，正是胤禛的心腹，二人勾结，将"十"字改为"于"字，于是，遗诏成了"传位于四子"，胤禛顺利当上了皇帝。还有人说，康熙帝在畅春园病重时，胤禛献上了一碗人参汤，他喝了以后就归天了，然后他和隆科多勾结，伪造遗诏顺利继位。也有人说，康熙帝晚年已决定将皇位传给十四子胤禵。康熙帝病重时，传旨急召胤禵返回，但是，这道圣旨被隆科多截留，没能传出去。因此，康熙帝死时，胤禵还远在千里之外的西北，隆科多假传圣旨，立雍正为帝。

雍正帝

除了以上几种说法，野史中还有一种传说：康熙帝临终时急召大臣入内，久无人至。后睁眼一看，发现皇四子胤禛立在跟前，康熙帝大怒，抽出枕边的玉如意向胤禛掷去……并不久驾崩。胤禛拿出早已篡改的遗诏，顺利登基。

不管是哪种说法，都认为雍正帝是通过改诏或者捏造诏书而篡夺皇位的。支持这种观点的人认为，雍正帝之所以能够成功，一方面源于隆科多掌握着京城兵权和宫廷禁卫军，康熙帝驾崩后，立即把京城中诸皇子监视了起来，控制了京城局面；另一方面，当时康熙帝准备传位的皇十四子胤禵还远在西北边疆，受到了手握重兵的四川总督、胤禵的另一死党年羹尧的牵制，无法兴师反击。而隆科多是雍正帝的亲舅舅；年羹尧则是雍正帝的妻兄，他们帮助雍正帝完全在情理之中。

当然这只是野史所言，史书上对雍正帝的继位则是这样记载的：康熙帝临终，召诸皇子及文武大臣，宣布"皇四子人品贵重，深肖朕躬，著继朕登基，即皇帝位"。持雍正帝改诏篡位说的学者普遍认为正史上的记载，全系伪造，并不可信。有关学者还通过研究，列举了一系列雍正帝即位的可疑之处，作为自己的论据。

从有关史料看，康熙帝对胤禛并不十分看好，几乎从没有派他做过什么大事。康熙帝生前甚至对他喜怒不定、遇事急躁的缺点十分反感。虽然他后来说佛谈道，戒急用忍有所改正，但是爱民如子的康熙帝仍会考虑是否把一个国家托付给一个"喜怒无常"的人。而康熙五十四年，重新崛起的蒙古准噶尔部进兵西藏，威胁甘、北、滇等西北、西南大片领土时，康熙帝派胤禵出任抚远大将军，统筹西北事务，明显表现已经心仪由胤禛为继承人。胤禵出征西北，直到康熙帝病逝，都仍是朝中一等一的大事。可是《清实录》中对此记载极少，这很让人怀疑是雍正帝继位后，大量删除康熙帝时记录的结果。即便如此，仍能从中看出康熙帝让胤禵担任如此要职，确实含有提高他在群臣中威望的意思。甚至在战事后期，康熙帝病情加重，曾指示胤禵通过和谈暂时休战，迅速返京，但和谈尚未结束，康熙帝突然驾崩，给雍正帝制造了机会。从朝中大臣和诸王子的反映来看，也都倾向于皇十四子继位，这至少也代表了部分人心所向。

《清圣祖仁皇帝实录》中记载康熙帝临终的当天，"皇四子胤禛闻召驰至。已刻（早上九点到十一点之间），渐进寝宫。上告以病势日臻之故。是日，皇四子三次进见问安"。这段记载，说明康熙帝当时还十分清醒，一天内曾三次召见了胤禛。如果这些事实为真，恰恰证明康熙帝并无意传位于他，否则为什么三次见面都没当面告诉由他继承大统呢？其中正史还记载，康熙帝在临终的当天（十三日），寅刻（夜里三点钟到五点钟），召皇三子、皇七子、皇八子、皇九子、皇十子、皇十二子、皇十三子共七位阿哥和理藩院尚书隆科多进宫，向他们宣谕："皇四子胤禛，人品贵重，深肖朕躬，必能克承大统，著继朕登基，即皇帝位。"这难免让人疑问，这么重要的事情，为什么却不告诉皇位继承人本人呢？再说，如果真有其事，诸位皇子还至于在得知雍正帝继位后，个个失态，吃惊不已吗？还至于雍正帝自己出来写什么《大义觉迷录》为自己的继位辩护吗？所以这些记载，很可能根本就是无中生有的谎话，是雍正帝继位后编造出来的。

还有一个疑问，康熙帝病逝后为什么由隆科多单独向胤禛宣布遗诏？并且这么重要的遗旨，在宣布时为什么不召集王公大臣和其他皇子到场？这种明显的"暗箱操作"，怎能不让人怀疑？有的学者就认为：这个康熙帝遗旨是篡改的，是假的。另外"康熙帝遗诏"自然应该在康熙帝去世前就已经定稿并经过康熙帝审定，也自然应该在康熙帝逝世后马上宣读，为什么到十六日才公布？不管怎样解释，都难以自圆其说。还有康熙帝驾崩的噩耗传出后，京城九门关闭6天，诸王非传令旨不得进入大内。这是为什么呢？如果确实有康熙帝遗诏在手，明确指明由皇四子继位，至于如此吗？

其实，野史笔记中的某些说法，也并非全是捕风捉影，无稽之谈。比如皇子的书写格式,在雍正帝以前,都写成四皇子、十四皇子的格式;自雍正帝以后,改为了皇四子、皇十四子,这说明了什么?由此,传说把"传位十四皇子",是完全可以改为"传位于四皇子"的。当时隆科多掌握着禁卫军,完全有可能勾结雍正帝,里应外合篡改诏书,假传圣旨,甚至不排除在康熙帝的饮食中下毒。历史上,秦朝宦官赵高不就成功篡改诏书,拥立胡亥当了皇帝吗?以雍正帝后来对待兄弟的残忍看,这种可能完全存在。

雍正帝对待诸兄弟的残忍,仅以他缺乏宽大之心是解释不通的。联系康熙帝临终时的情景看,很可能康熙帝逝世后,由隆科多出面召诸皇子入畅春园并将他们软禁,随后雍正帝装着不知情的样子从外面匆匆赶来,隆科多宣皇四子入内,宣告篡改的遗诏。由于诸皇子在畅春园受到了隆科多的武力威胁,或者他们发现了雍正帝继位的许多可疑之处,诸皇子怨言四起,表示出强烈的不满或者不服。正因此,雍正帝才痛下杀手,对诸兄弟残酷地杀害或者监禁,借以杀人灭口。

年羹尧、隆科多与雍正帝的关系也颇多可疑之处。从史料上看,雍正帝继位后,隆、年二人位置极尊,权力很多,当时任官有"隆选""年选"便是由隆、年二人任命。由此,可以看出雍正帝与这二人关系之密切。年羹尧早期在致胤禛的一封信中写道:"今日之不负圣上,他日不负王爷。"这证明他早就是胤禛的死党,并且把康熙帝和仅仅还是雍亲王的胤禛并列,完全可以看出二人非同寻常的关系。雍正帝登基时,胤禵不敢轻举妄动,是认真考虑了年氏手下大军的牵制作用的。但是随着雍正帝皇位的巩固,这两个可能知道雍正帝夺位内幕的权臣,渐渐为雍正帝所不能容。隆科多后来陆续将家产转移到亲朋家中,以防雍正帝抄家,他还说过这样一句话:"白帝城受命之日,即是死期已至之时。"似乎对自己的命运有所预感。不出所料,后来果被雍正帝宣布 41 条大罪,投入监狱致死。年羹尧也被雍正帝找借口杀掉了。

雍正帝死后不埋在顺治帝和康熙帝所在的清东陵,而是埋在清西陵也颇值得玩味。雍正帝为什么要另辟葬地呢?有人认为雍正帝之所以不"子随父葬",是自觉得位不正,不愿意、也没脸面与地下的皇父相见,因此才另建了清西陵。

经过清史专家王钟翰等通过比较存世的几分满文和汉文诏书,进一步确定《康熙帝遗诏》是参照康熙五十四年(1715 年)十一月二十一日谕旨加以修改而成的。

康熙帝曾说过："此谕已备十年，若有遗诏，无非此言。"因而这份诏书可能确实为伪造。

但是，也有不少史学家提出了针锋相对的观点，认为康熙帝确实遗诏雍正帝继位，雍正帝继位名正言顺，并且将他的诸多恶名一一昭雪，彻底为雍正帝平反。

遗诏继位说

后世还有相当一部分人认为雍正帝本来就是康熙帝心仪的皇位继承人，是遵遗诏即位的，根本不应该对此有什么疑问。

这样的结论是从康熙帝最后十年的有关情况分析中得出的。在康熙帝的诸位皇子中，前太子胤礽被废黜后，最有实力角逐皇位继承人的主要还有皇长子胤禔、皇四子胤禛、皇八子胤禩和皇十四子胤禵。其中胤禔在太子第一次被废后，曾竭力谋取储位，遭到康熙帝的严厉斥责，随后又发现他用厌胜术诅咒太子，甚至建议康熙帝杀掉胤礽，康熙帝对其彻底失望，下令将他永远囚禁。他由此失去了角逐皇位的机会。八子胤禩，聪明能干，有胆有识，党羽广布，在当时确实有成为继承人的可能。但是，操之过急的他，曾发动群臣在皇父面前举荐自己，从而弄巧成拙，引起了康熙帝的震惊和不满。其后，康熙帝知道胤禩也有谋杀太子的意图，斥责他"自幼心高阴险"，不守本分，"妄蓄大志"，不讲臣弟之道，甚至说他"想杀二阿哥（胤礽）未必不想杀朕"。这说明康熙帝对他已经感到恐怖和反感，他的爵位也一度被革除，争夺帝位已经无望。

皇十四子胤禵为胤禛同母弟，在康熙帝晚年，他的地位提升极快，在震抚西北动乱中，他出任抚远大将军，确实成为满朝瞩目的人物，也使他成了一个可以和胤禛匹敌的可能皇位候选人。但是，令人生疑的是，如果说康熙五十七年让胤禵到西北指挥对准噶尔的战斗，是为了让他建功立业，树立威信，那么为什么康熙六十年将立战功的胤禵召回北京述职后，第二年在自己体弱多病的情况下，又让他重返前线，这显然表明皇位不是要传给胤禵的，否则，以康熙帝之英明，怎么会料不到一旦自己驾崩，不管留下多长时间的权力真空，都有可能引发争夺帝位的内乱。所以，康熙帝器重皇十四子不假，要传位于他未必是真。

在这些人逐一被排除后，最有可能成为皇位继承人的便是胤禛。不管别人如何评价,雍正帝为了谋取皇位韬光养晦也好,费尽心机地表现也好,毕竟他确实赢得了康熙帝的称誉。他根据心腹戴铎的建议:适当展露才华,而又克制内敛,不露锋芒,以免引起皇父猜忌。并且友爱兄弟,"不拉帮""不结派",对诸兄弟一视同仁。另外,他紧紧围绕"诚孝"皇父大做文章,如诸皇子为争夺皇位大打出手,磨刀霍霍时,他置身事外,一味表现出对皇父的"诚"和"孝",如太子初次被废,康熙帝大病一场,他入内奏请太医并亲自监视药方,服侍皇父吃药治疗,并劝慰父皇。康熙帝后来就传谕表扬他:"当初拘禁胤礽时,并没有一个人替他说话,只有四阿哥深知大义,多次在我面前为胤礽保奏,像这样的心地和行事,才是能做大事的人。"并说:"四阿哥体察朕意,爱朕之心,殷勤诚恳,可谓诚孝。"再者,对于皇父交给自己的差事,他总是一丝不苟、兢兢业业地做好,并且做事雷厉风行,奖惩分明,严猛相济,效率极高。

这种鲜明的做事风格,对于校正康熙帝晚年政务废弛、积弊丛生的政治、经济局面是十分必要的。主张宽仁的康熙帝,在晚年选择严猛施政的雍正帝,正体现了一个明智的政治家的选择。最后,针对一次康熙帝提起他"喜怒不定"、遇事急躁的缺点,雍正帝很早就开始注意纠正,甚至通过谈佛论道,一心向佛的表现来证明自己。

康熙四十一年,当康熙帝旧事重提时,他央求皇父说:"经父皇教诲已经改正,现在我已经30多岁了,请你开恩将谕旨中'喜怒不定'四字不要记载了吧。"康熙帝于是同意,因谕:"此语不必记载!"由此雍正帝十分完美地在父皇面前回避了自己的弱点,彰显了自己的长处。康熙帝给雍正帝王爵赐号"雍亲王"中的"雍"字,含义极为丰富,大约就有和睦之意。雍正帝的治国之才,不结党、诚孝、有能力,完全符合康熙的太子标准,是诸王子中最有资格继承大统的。

康熙帝晚年,对胤禛的信任和器重与日俱增,生病期间,多次派他到天坛代行祭天大典,要知道康熙帝对祭祀,特别是祭天是十分重视的,历来视为国之大事,在身体允许的情况下,断不会委托他人。从派胤禛代替自己主持祭天,就足以看出对他的认可和信任。

另外,康熙帝作为一个多子多孙的皇帝,在众多的孙子中,最为宠爱胤禛的儿子弘历(即后来的乾隆帝)。据说,他晚年每次围猎都要带上这位聪明伶俐的孙儿。康熙六十一年,康熙帝见到弘历的生母,连连称她是"有福之人"。虽然说以康熙帝之英明,不可能仅仅因为想传位给心爱的孙子,而选择孩子的父亲为皇位继承人,但是至少可以说这也是促成雍正帝继位的有利因素。

至于雍正帝进献人参汤毒死了康熙帝,也是齐东野语之论。首先,康熙帝防人的警惕性很高。皇太子首次被废黜,就源于他在帐篷的缝隙里偷看康熙帝的动静,被康熙帝发现,认为有谋害自己的企图。此后康熙帝更是加强了自我保护,怎么可能让皇子随便害自己。其次,有资料证明,康熙帝认为北方人的身体,不适宜吃人参,并在多种场合说过这种话,胤禛作为善于猜测父皇之心的皇子,怎能不知道这一点。再次,按照清廷制度,皇子不能随意进宫,更不能进出皇上寝宫。即使被宣诏进入寝宫,也有太监在旁边,所以胤禛谋害父皇的可能性极小。

野史中说雍正帝勾结隆科多把康熙帝"传位十四子"的遗嘱,改成了"传位于四子"的说法,也是不大可能的。当时的繁体字的"于"写作"於","十"字很难改成"於"字。并且在清代,皇帝发布的官方文书都是满、汉文合璧,即使汉文的"十"字可以改成"于",满文怎么改?况且,康熙帝病重诸皇子肯定都十分关注,甚至相对于远在天坛斋所的雍正帝来说,他们得到康熙帝驾崩的消息可能更早。事实上,等雍正帝赶到畅春园时,诸多皇子都已经赶到,他们不可能给时间让雍正帝和隆科多密谋并篡改诏书。再说,隆科多也是胤禛的舅舅,他不至于为雍正帝夺得皇位而冒险把"十"改成"于",倒可能是受到康熙帝的临终嘱托,出来辅佐胤禛的。所以,说雍正帝勾结隆科多篡改遗诏的说法是站不住脚的。

《清圣祖仁皇帝实录》中明确记载,康熙帝临终前召见了6位皇子和隆科多等人,宣谕:"皇四子胤禛,人品贵重,深肖朕躬,必能克承大统,著继朕登基,即皇帝位"应该是真实的。虽然有人说这是伪造的,但是也只是一种说法,并没有强有力的证据可以肯定它确实是不可信的。据说,康熙帝召见几个皇子的同时,下旨让雍正帝从天坛赶到康熙帝寝宫,显然是要把皇位交给他。另外,在皇子们还在世时,雍正帝不可能编造康熙帝召见皇子们的事,否则不一下子就被揭穿了吗?可至今也还没发现有人揭发他的档案材料。

至于康熙帝驾崩后关闭京城九门6天,也可能是因为以一纸遗诏继位不符合清朝的惯例,为了避免引起内部混乱和恐慌,才做出如此决定的。之所以遗诏没有在当天宣读也可能事出有因，但并不能以此作为雍正帝篡位的证据。

许多野史传说认为，雍正帝即位后杀兄屠弟的凶德恶行，正是出于掩盖篡位劣迹的考虑，这似乎也有待商榷。首先，皇长子胤禔、废太子胤礽都是在康熙帝的时候已经被囚禁了，雍正帝只是遵循康熙帝生前的谕旨办理。对于胤礽，雍正帝对他还是不错的，登基的时候就封他的儿子弘晳为郡王，允许他到康熙帝灵前哭祭。还派人给胤礽送去衣食和医药，令其大为感动。其次，雍正帝对皇八子胤禩、皇九子胤禟以及自己的同母弟皇十四子胤祯确实十分残酷，雍正帝之所以留下残害手足的恶名也并非冤枉。不过细细分析，这也是由多种原因造成的。这三个皇子在当时党羽广布，势力都很大，对雍正帝这位新君极不尊重。胤禩向朝臣亲友散布对雍正帝继位的质疑和不信任，公开说雍正帝会杀他，与新君对立的态度明显；胤禟的母亲宜妃不顾礼节，在雍正帝生母德妃之前跑进康熙帝灵堂，全然不把雍正帝放在眼里；胤祯对雍正帝继位更是大为不满，行为放肆，以至连胤禩都提醒他收敛点。在这种背景下，雍正帝显然敏感地意识到了他们对自己皇权的威胁，因此才相继对他们罗织罪名，囚禁或者杀害。

这也是对诸皇子多年来储位之争的总清算，再说这种骨肉相残可以上溯到清太祖时期，也并非雍正帝首开先河。

当然，雍正帝对胤禩、胤禟罗织重重罪名，又分别逼他们改叫"阿其那"（满语是狗的意思）和"塞思黑"（满语是猪的意思）的侮辱性名字，确实彰显了雍正帝的残暴、狭隘以及缺少宽容。但不管哪位皇子继位，出于对自己皇位的考虑，可能都会如此。因此，把雍正帝的凶德恶行归咎于他为了掩盖篡位之实，无疑也有"先验论"的嫌疑。

雍正帝杀掉隆科多和年羹尧是为了消灭篡位的活口，也只是一种推测的说法。其实，前面已经有所分析，隆科多与雍正帝合谋篡改遗诏的可能性极小，他的功劳主要也就是口传遗命，帮助雍正帝顺利登基，并在初期保护了雍正帝的安全。年羹尧虽然为雍正帝旧人，但关系也并非像传说的那样密切。至于说年羹尧在川陕总督任上，钳制了抚远将军胤祯，也并非事实。因为，胤祯离京千里，起初根本不知京中变故（因为隆科多在局面稳定以前，曾封锁京城，不准出入），后奉旨进京，当然不会发生兵变。雍正帝起初与这二人关系密切，完全是出于对权臣的笼络，并非传说的他们在篡位中立了大功。后来,年羹尧平定青海之后,持功自傲,骄横跋扈,在军队中竖立起了自己的绝对权威。他的举动让雍正帝起了疑心,这才是他在雍正二年被杀的直接原因。而隆科多则是众大臣共同揭发了40多条大罪,被软禁而死的,并非雍正帝故意杀他的。所以,这二人的死,并不能作为雍正帝篡位的证据。

至于把雍正帝没有遵循"子随父葬"的习俗,作为篡位旁证也是牵强附会的。比如皇太极的昭陵是在沈阳,而顺治死后就没有与他一起葬在昭陵;虽然雍正帝的墓在清西陵,其子乾隆帝的墓却在清东陵。况且如果雍正帝因篡位死后无颜见康熙帝,那他也不敢进太庙才对,因为太庙是皇帝祭祖的地方,那里供奉着清朝历代先帝的灵位,按当时迷信说法,在那里雍正帝不是还能见到康熙帝和他的祖先吗?

因此,通过以上分析,雍正帝继位合情合理,名正言顺。之所以后来会闹得满城风雨,除康熙帝未立太子以及以一纸遗诏继位不合传统外,可能还源于那些争夺皇位失败的皇子以及余党在社会上广布谣言,对雍正帝继位提出诸多质疑,从而使雍正帝非法继位的传言越来越多,真假莫辨。

当然雍正帝对诸兄弟的迫害以及杀害功臣的举动,使他的形象极为不好,这也促使了许多人倾向于雍正帝改诏篡位的说法。当然,这也只是一种说法而已。

无诏夺位说

说雍正帝改诏篡位,有许多矛盾无法解释清楚,难以自圆其说;说他奉诏继位,也没有真正有力的证据,并且漏洞百出。事实上,如果康熙帝真有遗诏传世,断不会弄得谣言四起,众说纷纭,诸皇子也不至于表现出如此不满的情绪。所谓的"康熙帝遗诏"很可能是后来伪造的。而雍正帝改诏通过上面分析可能性极小,并且很可能根本就没有遗诏,改什么呢?所以,康熙帝究竟是心仪皇四子还是皇十四子也不是问题的关键,也许他根本就没有想到自己会突然死去,也就根本没有明确表态由谁继位。在这种情况下,雍正帝凭着自身的优势,在隆科多这个关键人物的帮助下,抢得了皇位。由此,既不能说是雍正帝改诏篡位,也不能说是他奉诏继位,只能说在这场前前后后长达40余年的皇位争夺战中,他凭着自己的阴险狡诈(或者说智慧),取得了最后的胜利,并通过自己严酷的手段巩固了这份胜利。这种观点调和了前两种观点,似乎也有道理。

至于雍正帝继位的真实历史内幕恐怕很难说得清楚,如果是改诏篡位,作为胜利者的雍正帝,自然会销毁所有可能的证据;如果是正常继位,为何自他继位起,民间就开始广泛流传如此众多的非法继位的种种传说呢?他继位前后的一系列异常之举,也确实令人生疑。也正因此,雍正帝继位至今仍是难有定论的历史悬案,更是清朝历史上最耐人寻味、最扑朔迷离的难解之谜。

时至今日,这一历史疑案不但是史学界激烈争论的历史问题,更成为文艺界争相炒作的好题目。

雍正皇帝因何而死

观点:雍正皇帝从患病到驾崩,前后共三天时间,官方记载并没有详细说明死因,于是朝野上下对雍正的死因众说纷纭。有人说雍正死于中风,有人说雍正是服用丹药中毒而死,也有人说雍正是被吕四娘刺死的,还有的说雍正是被宫女缢死的。

雍正帝胤禛生于康熙十七年,是康熙的第四子。康熙六十一年,经过众多兄弟激烈的竞争后,45岁的胤禛继承了帝位,成了清朝入关之后的第三任皇帝。从45岁继位到驾崩,雍正共在位13年。在他最初登基时,大清国的国库空虚,贪官污吏横行无度。为了增强国力,发展经济,他在政治、经济上实行了几项很有影响的改革,比如实行"改土归流""摊丁入亩",耗羡银归公,建立养廉银制度,开放洋禁,加大惩治贪官的力度等这些措施使大清的国力迅速增强,政局稳定,经济得到了发展。为了加强皇权,他还创立了军机处,推广奏折制度。可以说,如果没有他勤政务实的13年统治,就没有"康乾盛世"的出现。

在统治期间,雍正以统治手段严苛而闻名,他是史上最勤政的皇帝,也是清史上最具争议、谜团最多的皇帝。首先,雍正的继位就是一个有争议的问题,有人说他是在十三皇子胤祥的帮助下继承了帝位,也有人说他在大臣隆科多和年羹尧的帮助下夺了本该是十四皇子胤禵的帝位。至于雍正继承帝位究竟是康熙亲传,还是篡改遗诏篡位,可能将成为一个没有定论的千古之谜。可以说,雍正的一生都与一个个谜团相连,就连他的死,也成了清史上的又一大谜案。

雍正十三年，即 1735 年，阴历八月二十三日子时，雍正死在了圆明园。根据官方的记载，八月二十一日雍正感到身体不舒服，但仍然照常听政、办事，大臣张廷玉等也照常觐见，没有中断。二十二日雍正的病情就突然加重了，并且当晚急召诸王、内大臣及大学士到寝宫，授受遗诏。

二十三日子时，雍正便驾崩了。对于雍正的死，官方的记录上说得很简单，并没有详细记载究竟是什么原因导致了雍正的死亡，于是人们对于关于雍正的死因便有了各种各样的说法。

由于雍正在统治时期十分苛刻，很多人都认为他狠毒、阴险，于是在民间就流传着雍正是被宫女缢死的说法。传说在雍正九年，一名宫女伙同两名太监，乘雍正睡着之际，用绳子将他缢死，但是他并未断气，后来又被救活了。后来这种说法被证实纯属张冠李戴，因为被宫女缢死的事情是曾经发生在明世宗嘉靖皇帝身上的真实故事，而雍正与嘉靖的庙号都是"世宗"，所以，这种说法很明显是民间将明世宗的故事安在了清世宗的身上。

清朝时，由于文字狱的关系，有很多人因此而丧命，所以有人认为雍正是被死于文字狱的吕留良的后人吕四娘谋刺死的。据说，吕四娘是吕留良的女儿，也有说是吕留良的孙女。吕留良是明末清初的著名学者，因为文字狱而被雍正钦定为"大逆"的罪名，并且惨遭死后戮尸枭示之刑，吕氏一门也受到株连，或被处死，或被流放，无一幸免，铸成了当时震惊全国的文字冤狱。不过据说吕留良的后人吕四娘逃了出去，为了报仇，她隐姓埋名在民间多年，拜高人学艺，练得了精湛的剑术后乔装改扮混入了宫中，乘机砍下了雍正的脑袋。所以现在泰陵中的雍正遗体是没有头的，后来在安葬的时候，只好铸造了一颗金头安上去。也有人说吕四娘的师傅是一个僧人，原来是雍正的剑客，因为不愿为雍正效力所以离开了，后来收留了吕四娘，并将一身的武艺传授给了她。不过有学者认为这种说法也不可信，当年因为受吕留良一案的牵连，吕氏一门的后代都被发配到了边远的地方，而且还被严格地看管起来，不能自由活动，因此不可能有人逃跑。就连吕留良父子的坟墓都有人监视，所以他的后人吕四娘是不可能逃跑，更不可能进宫行刺。何况当年负责此事的浙江总督李卫以擅长缉捕盗贼而著称，如果吕留良后人有逃出的，他必定能搜捕到案，怎能让主犯的子孙逃脱？所以关于雍正是被吕四娘刺死的这种说法纯属野史逸闻。

　　还有一些人认为雍正因为对道家的长生不老十分痴迷,所以长期服用丹药中毒而死。雍正在身为皇子的时候就好佛、崇道,并且给自己取了"圆明"的佛号。在他登基做了皇帝之后,更是对道家的长生不老成仙的说法更为痴迷,不仅把道士请进宫内,专门为他炼丹,而且还希望将宫殿修建成有名的佛寺和道观。在十三皇子允祥去世后,雍正更加渴望长生不老,于是就加大剂量服用道士为他炼制的"长生不老"丹药。因为这些丹药中汞、铅、朱砂等矿石含量较高,再加上都是高温烧制而成,所以热性很大。由于长期服用这种丹药,加上后期加大了剂量,所以雍正终因丹药中毒不治身亡。在雍正的心腹大臣张廷玉的私人记录中也写到,当时雍正宾天时"七窍流血"。这"七窍流血"正是严重中毒的反映。还有一点,在胤禛死后三天,新帝乾隆就下令驱逐宫中的道士,并严谕他们不许透露宫中的任何事情。因此有学者推测,乾隆帝对道士的严厉态度,可能和雍正帝服用道士烧炼的丹药而死有关。不过这种说法是否准确,现在也无法考证了。

　　还有一种更为传奇的说法,说雍正是被曹雪芹和恋人竺香玉合谋毒死的。据说,《红楼梦》的作者曹雪芹有个恋人叫竺香玉,可是后来被雍正强占为皇后。曹雪芹因为想念恋人,便想方设法混入了宫中,最终与竺香玉合谋,用毒药毒死了雍正。

　　除此之外,还有人认为雍正是因为中风而死的,但是对于此种说法并没有给出合理的解释。

乾隆帝身世之谜

　　清高宗乾隆帝弘历,是中国有史以来最长寿的皇帝,也是历史上实际执政时间最长的皇帝。他在继承康熙帝、雍正帝两朝文治武功的基础上,继续致力于国家的大一统和多民族国家的巩固和发展。历史上著名的"康乾盛世",就是在他的统治下达到了顶峰。乾隆帝一生南巡北狩,赋诗作词,御笔文墨遍布全国;并且娴熟武事,善喜用兵,夸耀"十全武功",自称"十全老人"。然而,这位生前风光无限的封建帝王,死后却因为身世问题让人议论纷纷。生在何处? 生母是谁? 这些对于一般人来说一清二楚的事情,在乾隆帝这儿却离奇得真假难辨,这不能不说是这位"古稀天子""十全老人"最为尴尬和无奈的事情了。

乾隆帝

生于雍和宫,还是承德避暑山庄

按常理说,一个人生在何处,应该是一清二楚的事情,不应该有什么含糊。可这事儿在乾隆皇帝这里,却偏偏说不清、道不明,尽管他贵为龙子龙孙。

乾隆帝是雍正帝的第四个儿子,史书明确记载他出生于康熙五十年(1711 年)八月十三日,可是关于他的出生地点却颇有争议,有人说他生在北京雍和宫,有人说他生在承德避暑山庄。乾隆帝本人一直认定自己出生在雍和宫。

位于北京城安定门内的雍和宫,在康熙帝时候,四皇子(雍正)的府第当时并不叫雍和宫。该名"雍和宫"是雍正帝登基后的事。乾隆帝继位后,把父亲雍正帝的画像供奉于雍和宫的神御殿,派喇嘛每天念经。因此,雍和宫还被称为喇嘛庙。

乾隆帝对雍和宫可谓是情有独钟,不但每年正月初七日都要到雍和宫瞻礼,就是平时路过这里也要进去小驻片刻。他还多次作诗或诗注表明雍和宫就是自己的生身之地:乾隆四十三年(1778 年)新春,在《新正诣雍和宫礼佛即景志感》诗中,有"到斯每忆我生初"的诗句;乾隆四十四年(1779 年),在《新正雍和宫瞻礼》的诗句中说"斋阁东厢胥孰路,忆亲唯念我初生";乾隆四十七年(1782 年)正月初七日,作《人日雍和宫瞻礼》诗注云"余实康熙辛卯年生于是宫也";乾隆五十年(1785 年)正月,曾作有"来瞻值人日,吾亦念初生"的诗句。

从以上诗句和注释来看,乾隆帝一直认为自己出生于雍和宫,并且还特别指出了是雍和宫的东厢房。

既然乾隆帝本人都这么说了,按道理是不应该有什么怀疑的,可是,却有人在乾隆帝在位时就提出了他出生于承德避暑山庄的说法。

乾隆四十三年（1778年），军机章京管世铭在随乾隆帝到承德山庄打猎的过程中，先后写下了34首诗，其中的第四首写道："庆善祥开华渚虹，降生犹忆旧时宫。年年讳日行香去，狮子园边感圣衷。"管世铭在这首绝句的后面还加了注解："狮子园为皇上降生之地，常于宪庙忌辰临驻。"就是说，狮子园是乾隆皇帝的降生之地，因此乾隆帝常常在先帝雍正帝驾崩的忌日到那里小住几天。狮子园是承德避暑山庄外的一座园林，因为它的背后有一座形状像狮子一样的山峰而得名。康熙帝到热河避暑时，雍正帝作为皇子经常随驾前往，狮子园便是雍亲王一家当时在热河的固定住处。

　　那么，管世铭所言究竟有几分可信呢？据考证，管世铭虽然官职不高，担任军机章京多年，并且还和朝中的一些官员往来频繁，比如与当朝元老阿桂就关系非常。因此，他是完全可能了解一些宫廷掌故和秘闻的。作为军机章京，他随扈乾隆帝驻跸山庄、进哨木兰，对皇帝在避暑山庄的行动起居是比较了解的。再说，如果没有把握，他也断不敢把"降生犹忆旧时宫"以及"狮子园为皇上降生之地"的意思写入诗内，而且该诗集在当时就已刻板行世。由此来看，管世铭对这种说法是相当自信和有把握的。

　　大概是乾隆帝在晚年也听到了有关自己出生地的不同之音，因而才于四十七年在所写的诗注中，特别写道："余实康熙辛卯年生于是宫也"，就是说我确实是在康熙辛卯年出生在雍和宫的。这句话十足地包含着澄清事实的意味，显然是针对外面谣言而发的。

　　乾隆五十四年（1789年）正月初七，乾隆帝又作《新正雍和宫瞻礼》诗云"岂期莅政忽焉老，尚忆生初于是孩"，其下自注云："予以康熙辛卯生于是宫，至十二岁始蒙皇祖（康熙帝）养育宫中。"又一次强调自己确实生于雍和宫。

　　然而令人生疑的是，乾隆帝的继承人，他的儿子嘉庆帝也认为乾隆帝生于承德避暑山庄。嘉庆元年（1796年）八月，乾隆帝86岁大寿，以太上皇身份到避暑山庄过生日。跟随到此的嘉庆皇帝写诗庆贺，诗的开头两句是："肇建山庄辛卯年，寿同无量庆因缘。"嘉庆帝在这两句诗文的后面注释说："康熙辛卯肇建山庄，皇父以是年诞生都福之庭……此中因缘不可思议。"意思是说，辛卯年（1711年），康熙帝亲题"避暑山庄"匾额，御制《避暑山庄三十六景诗》，山庄肇建，皇父乾隆帝恰好于这一年诞生在这诸福齐聚之地，这其中的缘由确实"不可思议"；嘉庆二年，乾隆帝又到避暑山庄过生日，嘉庆帝再次写诗祝寿，在诗文的注释中嘉庆帝把乾隆帝的出生地说得更明确了："敬惟皇父以辛卯岁诞生于山庄都福之庭。"嘉庆帝这两次写的诗和注释无意间都明确指明，"皇父"乾隆帝毫无疑问是生于承德避暑山庄的。

但是，十几年后，嘉庆帝却又放弃了这一看法，认同了"皇父"生在雍和宫一说。这是怎么回事呢？原来，清朝每一位皇帝登基以后，都要为先帝纂修《实录》（记载一生经历、言行和功业）和《圣训》（皇帝的训谕）。嘉庆十二年（1807 年），朝臣编修乾隆帝的《实录》和《圣训》，嘉庆帝在审阅时发现，在这两部非同小可的典籍中，编修官们都把"皇父"的出生地写成了雍和宫。嘉庆帝当即命令编修大臣认真核查。此后，翰林出身的文化殿大学士刘凤诰把乾隆帝当年的诗找出来，凡是乾隆帝自己说生在雍和宫的地方都夹上纸条，然后呈送嘉庆帝御览。面对皇父御制诗及注释，嘉庆帝开始感到问题的严重性。在这样一个事关皇父降生地的重大问题上，他总不能违背皇父本人的意见吧！于是，嘉庆帝断然放弃了皇父生于承德避暑山庄狮子园的说法，把乾隆帝的出生地写为雍和宫。这样，在撰修成书的《清高宗实录》中就成了这样的记载："高宗……纯皇帝，讳弘历。世宗（雍正）……宪皇帝第四子也。……以康熙五十年辛卯八月十三日子时，诞上于雍和宫邸。"这段故事很有意味，它表明直到刘凤诰拿出乾隆帝白纸黑字的御制诗之前，嘉庆皇帝一直都是坚信父皇是出生在承德避暑山庄的。其实，嘉庆帝接受这一说法也是很勉强的。

虽然嘉庆皇帝勉强接受了，但是乾隆帝的出生地之争，在嘉庆帝死时又出现了争议。嘉庆二十五年（1820 年）七月二十五日，嘉庆帝突然在避暑山庄驾崩。御前军机大臣、内务府大臣马上撰写嘉庆帝遗诏，但是在遗诏中却再次提到乾隆帝的诞生地就是避暑山庄。当时遗诏是这样写的：皇父乾隆帝当年就生在避暑山庄，所以我死在这里也没有什么遗憾的了。

一看就知道，遗诏是以嘉庆帝的口气写的。可是，新继位的道光皇帝看过之后，却立即下令追回发往天下的遗诏。为什么呢？因为道光帝发现了问题，就是关于乾隆帝出生地问题。当时道光帝的谕旨是这样说的："昨内阁缮呈遗诏副本，以备宫中时阅，朕恭读之下，末有皇祖（即指乾隆帝）'降生避暑山庄'之语，因请出皇祖《实录》跪读,始知皇祖于康熙辛卯八月十三日子时诞生于雍和宫邸。"道光帝进而解释说,嘉庆帝突然驾崩,"彼时军机大臣敬拟遗诏,朕在居丧之中,哀恸迫切,未经看出错误之处,朕亦不能辞咎"。

从他的谕旨中我们不难发现,道光帝一直弄不准祖父究竟出生在什么地方,是专门"跪读"《实录》之后"始知"祖父生于雍和宫的,要不然怎会犯这样的低级错误。

被追回修改后的遗诏很牵强地说成乾隆帝的画像挂在山庄:

遗诏原本:"古天子终于狩所,盖有之矣。况滦阳行宫为每岁临幸之地,我皇考即降生避暑山庄,予复何憾?"

遗诏修改本:"古天子终于狩所,盖有之矣。况滦阳行宫为每岁临幸之地,我祖、考神御(即画像)在焉,予复何憾?"

遗诏把乾隆帝降生在山庄,改为画像挂在山庄,与"予复何憾"相接,实在有些牵强,难以成为嘉庆帝死在山庄而无所抱憾的理由。

此后,道光帝为了把皇祖乾隆帝生在北京雍和宫的说法作为定论确定下来,还做了一项根本性的举措,就是把嘉庆帝当年说乾隆帝生在避暑山庄的御制诗作都做了修改。不过,这一招确有点弄巧成拙,由于嘉庆帝的诗早已公开刊刻流行天下,这样大张旗鼓地修改诗文注释,结果是欲盖弥彰,反倒使乾隆帝的出生地更加令人疑窦丛生。

通过对这些大量异常情况的分析,我们发现乾隆帝出生于承德避暑山庄的可能性更大,否则管世铭怎么会提出这种说法,嘉庆帝和军机大臣们又怎么可能接连犯这种低级性错误呢?可以推断,乾隆帝出生于避暑山庄的说法早就盛行。不过,这也只是一种推断,乾隆帝到底生于北京雍和宫,还是承德避暑山庄?学术界至今还没有取得一致意见,仍是一桩历史疑案。

会不会是在草棚诞生

近年来,还有人提出了乾隆帝降生于承德避暑山庄的一个草棚中的说法,并且这种说法还流传甚广。

据传,乾隆帝的母亲是汉族女子李金桂,诨名丑大姐,是当时避暑山庄的一个下等使女。据说,康熙四十九年(1710 年)秋季,康熙帝带领诸皇子和文武大臣,到"木兰围场"进行狩猎活动。这天,雍亲王胤禛追逐一只长着三只鹿角的大鹿,越追越远,不知不觉脱离了大队人马,只有一个贴身仆人恩普远远跟在后面。追出数里后,胤禛才寻机射杀了那只大鹿。赶上的恩普割断了鹿的喉管,拿出了一个木碗,接了一碗鹿血递给了胤禛。胤禛一饮而尽,随后主仆二人跨上马,缓缓南下。可是没有多久,胤禛便觉浑身不对劲,急躁难耐,满脸通红。

这是怎么回事呢? 原来鹿血是极强的壮阳之物,由于胤禛刚才追得口渴,一下子喝了一大碗,因而鹿血劲发,狂躁难耐。胤禛忙问恩普:"这附近可有人家?"恩普说:"可能没有。"胤禛破口大骂:"混账东西,真没用。"恩普此时已经心领神会,忙说:"四爷,翻过前面的山,就是行宫了,我去想想办法。"下了山坡后,恩普把主子带到了猎场外的一个小园子里,让胤禛在园子里的小屋子等着,自己去去就来。一会儿,恩普领着一个使女边说话边向这里走来。听那女的说:"大老远地来这儿干什么呀?"恩普回答说:"你进去就知道了。"说着就把走到门口的女子推进了屋里,然后掩上了门。胤禛也来不及过问恩普从哪里弄到这么一个女子,就在这间小木屋里迫不及待地与她草草地做了一回露水夫妻。

谁曾想到,胤禛的这番风流,却留下了一个龙种。围猎的大队人马去后,管事的人就发现干粗活的使女李金桂的肚子一天天地大了起来。本来按规矩,园中像李金桂这样的汉家女子,年龄已大,早就应该放出嫁人了。可是由于她长得太丑,没有人家愿意要,娘家早已没人,就继续留在园中。谁料这次竟被人弄大了肚子。避暑山庄总管慌忙把这件事告诉了朝中内务府总管大臣,也是胤禛的舅舅隆科多。隆科多觉得事情重大,亲自前往行宫北面的茅草屋,传询李金桂。他严厉地问:"你说清楚,肚中所怀孩子到底是谁的?"李金桂肯定地回答:"四阿哥的。"隆科多进一步问道:"你认识四阿哥吗?""不认识。""你不认识四阿哥,怎么知道是他的孩子呢?""是恩普告诉我的。"隆科多由此知道此事着实不假,种玉之人必定是胤禛。

知道真相后的隆科多感到此事非同小可,此时正是争夺储位的关键时刻,必须设法让四阿哥渡过难关才是。于是,隆科多和胤禛的母亲德妃为此事,出面向康熙帝求情,胤禛也向父皇承认了过错。康熙帝闻后大怒,但事已如此,也没有什么办法,最终也就没有惩罚胤禛,这场风波才算过去。

据说李金桂怀胎达 11 个月之久，于次年八月十三日，在破旧不堪的马棚里产下了一个白胖男婴。这孩子长得还算体面，一生下来哭声震天，不同凡响。按说，一个使女本来可以不管不顾的，但是由于生下了皇家的骨血，也就非同寻常了。为此，胤禛的母亲德妃想了一个好办法，将李金桂收养在胤禛的府中，把她生下的白胖小子交给了胤禛的侧福晋钮祜禄氏抚养。之所以如此，一来，按清朝家法满汉是不准通婚的，李金桂是汉族女子，当然说不过去；二来，当时满人崇尚子以母贵，这钮祜禄氏是努尔哈赤时代开国功臣额亦都的曾孙女，身份较为显赫，并且她嫁到胤禛府后，已经 20 多岁，尚未生子。由此，这个来历不同寻常的孩子，也就有了一个身份尊贵的母亲。

这个孩子，因为禀赋异常，天资聪慧，深得康熙帝的宠爱，12 岁就被带进宫中恩养，而他正是后来统治中国达 60 余年的乾隆皇帝。

乾隆帝生于避暑山庄草房的说法，极具传奇色彩，但也得到了不少学者的认可。最早提出这一说法的是曾做过热河都统幕僚的近代作家、学者冒鹤亭。据他所说，这一秘闻是他听热河"当地宫监"说的；并且清政府每年都拨专款修葺狮子园中的那个草房也确实令人生疑；还据说后来乾隆帝奉母命南巡，江南命妇私下里都说太后确实很丑。因此，冒鹤亭对乾隆帝由丑女李氏在草房的说法确信不疑。

后来，有个叫庄练的中国台湾史学家在《中国历史上最具特色的皇帝》一书中说："冒鹤亭因为曾在热河都统署中做幕宾之故，得闻热河行宫中所传述之乾隆帝出生秘事如此，实在大可以发正史之隐讳。"另外，自称为"历史刑警"的现代中国台湾小说大家高阳也曾著文，肯定乾隆帝生母是热河行宫的李氏。

除此之外，史学家经过考证还得到了一些相关论据。《清圣祖(康熙)实录》卷二百四十七载，康熙五十年(1711 年)七月，雍亲王确实曾专程赶赴热河向皇父康熙帝请安。根据时间推断，这正是传说中乾隆帝生母李桂氏大腹便便之时，临产在即，康熙帝是否把雍亲王召到热河当面确认此事，确实让人怀疑。反过来说，康熙五十年以前，按例随行的王公们从没有人带家属去过山庄，雍正帝也不可能带着即将临产的钮祜禄氏前往避暑山庄，因而，如果乾隆帝真的出生于避暑山庄，不太可能是钮祜禄氏所生。

再者，据记载，康熙五十一年康熙皇帝将狮子园赐给了胤禛，在众多的园内风景中,却夹杂着一处绝不相宜的"草房"。而这座位于热河行宫内"东宫"(俗称"太子园")之前规制隘陋的茅草房,确实备受礼遇,清政府每年都要拨专款修葺。清代官修的《热河志》,还专门将它作为重要一景写入书中。一座普通不过的茅草屋却被如此看重,确实费人思量,也让人怀疑此一草房,绝非寻常之陋室。

按照《清会典》规定,身为皇子的亲王可封侧福晋四人,但需是生有子女者,而胤禛的侧福晋却只有年氏和李氏二人,均都生子。如果钮祜禄氏确实在康熙五十年(1711年)生下乾隆帝,不应该不封,而事实上其名号一直是"格格",仍是小姐的身份。另外,在清代凡是妃嫔生子为帝而被尊为皇太后者,上尊号的册文中必有"诞育"皇帝的字样,因为这是她当上皇太后的唯一原因,必须表明。而乾隆帝在给钮祜禄氏上皇太后尊号和徽号时,只用了相当于养育的"鞠育"字样,"始终未见诞育"二字。这两点可以证明钮祜禄氏并非乾隆帝生母。

通过以上分析,乾隆帝由热河宫女生在草棚的说法似乎言之凿凿。但是也有学者认为这些"证据"漏洞百出,难以自圆其说。

首先,以胤禛之"隐忍",不可能为逞一时之快,而忘记了处心积虑的皇位之争。并且按照清朝的家法,皇子与宫女通奸,当以秽乱宫闱论处,罪名相当严重。胤禛不大可能一改平时"性量过人,深明大义"的常态,而做出这种事情。要知道当时储位之争相当激烈,又处于康熙帝及诸皇子的眼皮底下,什么事情都是可能暴露的,胤禛不会如此大意。

再说,康熙五十年(1711年)七月雍亲王赴热河请安确有其事,但由此就说是康熙帝质问山庄宫女李氏怀孕一事,很是牵强,更多的成分是在猜测。何况就是说乾隆帝确实生在避暑山庄狮子园,也不能直接证明热河宫女李桂氏就是其生母。特别是史书记载,乾隆帝诞生于康熙五十年八月十三日,而胤禛围猎后离开山庄是在四十九年九月初三,如果乾隆帝生母为李桂氏,就是说她从怀孕到临产足有一年时间。这在小说中可以附会,但在现实中不合常理,实不可信。

至于热河行宫的这座"草房",也未必就因李氏生育乾隆帝而引人关注的。在亭台楼阁一派富丽之间,点缀一些田园野趣,为我国古代园林的惯用之法,根本就没有什么大惊小怪的。况且草房还有雍正帝亲题的匾额,后来乾隆皇帝也常常在这里留下吟咏的圣迹。比如乾隆五十年(1785年)曾作《草房》一诗,开首就是:

"草房缘缀景,朴素倚翠岭"的句子,明确指出了草房含有"缀景"和"示俭"两种意义。正因这两位皇帝的热爱,才使这座茅屋因人而贵,所以它被写进《热河志》也是不足为奇的。

另外,据有关学者考证,亲王可封四位侧福晋,是乾隆七年(1742 年)以后的定制,不仅雍正帝,就是乾隆帝做皇子时,也只有两名侧福晋;并且封侧福晋也并非以是否生有子女为条件,首要条件是看其母家的地位。因此,钮祜禄氏未被封为侧福晋不足为怪。另外,所谓乾隆帝对钮祜禄氏未用"诞育"二字也不确切,在《清高宗实录》中,乾隆帝就多次使用"诞育貔躬,备劳抚鞠""貔躬诞育,备荷恩勤"等字样。这也不失为一家之言。

事实是不是这样不得而知,毕竟大多数史学者都对此说持否定态度。

海宁换子是真事儿吗

对于寻常百姓来说,究竟出生在什么地方,也许并不是十分重要,然而对于乾隆皇帝来说,这却非同寻常。因为他的出生地直接关系到他的生母是谁,而这又与乾隆帝的身世密切关联。

关于乾隆帝身世的问题,还有一个让人震惊的传说,即他是海宁陈阁老之子。

浙江海宁,在清朝时属杭州府,是濒临海边的一个小县。海宁地方虽小,却因为在这里能观看到气势磅礴的海潮而闻名于世。相传,康熙年间,皇四子胤禛与朝中大臣、来自海宁的陈大倌,也称陈阁老,关系很好,两家往来密切。那一年恰好雍亲王的王妃钮祜禄氏和陈阁老的夫人分别生了个孩子,而且是同年同月同日。不过,陈夫人遂愿生了个白胖小子,王妃却生下了个女儿。某日,雍亲王让陈家把孩子抱入王府看看。可是,当孩子送出来时,陈家的白胖小子竟变成了小丫头,陈家上下个个目瞪口呆。陈阁老知道是被胤禛掉了包,但素知雍亲王的手段,知道此事性命攸关,不敢前去理论,劝全家忍气吞声算了。

雍亲王之所以换陈家的孩子,是因他在争夺皇位中与诸兄弟势均力敌,但是当时自己只有一子,且懦弱无用,不为皇父所爱。因此他觉得自己在这一点上处了下风,有必要弥补这一缺憾,这才有换子之举。

而那个被雍亲王调包的胖小子,据说就是乾隆皇帝。这种说法不知产生于何时，但在民间流传相当广泛，并且故事越说越真。还传说雍正帝登基后，特别擢升陈氏宗族数人，礼遇深厚，就与此有关。而乾隆帝当上皇帝后六下江南，竟有四次在陈阁老的私家园邸停驾暂住，目的就是到海宁探望亲生父母。

海宁民间更是盛传，陈家有乾隆帝亲笔题写的两块堂匾，一块是"爱日堂"，一块是"春晖堂"。"爱日"也好，"春晖"也罢，用的都是唐朝孟郊《游子吟》一诗中"谁言寸草心，报得三春晖"句子。乾隆帝若不是陈家之子，谈得上报答父母如春晖一般的深思吗？

还有一种说法，说当年雍正帝府所生为女，雍正帝自己并不知道，是王妃为了提高自己在诸妃中的地位，而暗中调换的。据说，乾隆帝后来知道自己是汉人后，在宫中常常穿汉装，还问下人自己像不像一个汉人，甚至还想下令满族人全部改穿汉装，后经一位亲信大臣百般劝谏才作罢。

当时还有人写了一首诗说此事："钜族盐官高渤海，异闻百代每传疑。冕旒汉制终难复，曾向安澜驻翠蕤。"诗中的高渤海指的是陈氏祖上原为渤海高氏，"冕旒"显然指身为皇帝的乾隆帝。所谓的恢复汉制和"安澜驻翠蕤"，指的就是穿汉服和南巡住在海宁陈家的事。

对于所谓的雍正帝或王妃换出去的那个女儿，在江浙一带的传闻中也有"交代"。据传，这位皇家的金枝玉叶，长大后嫁给了大学士蒋廷锡之子蒋溥。蒋家专门为她建造了一座楼，世称"公主楼"。

海宁换子的说法在民间产生于何时不得而知，不过，从有关资料来看，这种说法最早见诸文字，是晚清天嘏所著的《清代外史》一书。这本书中有一个醒目的标题就是《弘历非满洲种》，文中说乾隆帝知道自己不是满族人，因此在宫中常常穿汉服，还问身边的宠臣自己是否像个汉人。从标题就能看出，当时这一说法带有强烈的反满情绪，对清朝皇帝的诋毁，带有浓厚的政治色彩。

随后，名噪一时的鸳鸯蝴蝶派大家许啸天在所撰的《清宫十三朝演义》中，又对这种说法进行了淋漓尽致的发挥，乾隆帝原是陈阁老的儿子，被雍正帝妻子用调包计换了来，乾隆帝长大后，从乳母嘴里得知隐情，便借南巡之名，去海宁探望亲生父母，但这时陈阁老夫妇早已去世，乾隆帝只能到墓前，用黄幔遮着，行了做儿子的大礼。许啸天自然生动、形象真切的描述，十分投合广大市民的胃口。随着《清宫

《十三朝演义》的风靡,这种说法愈加深入人心。

近些年来,有关乾隆帝是海宁陈家之子的传闻更是接连不断地闯入文艺作品,愈演愈烈,其中影响最大的便是武侠小说大家金庸的《书剑恩仇录》。金庸先生是浙江海宁人,从小就听到了有关乾隆帝的种种传闻,所以他的第一部武侠小说《书剑恩仇录》也就紧紧围绕乾隆帝的身世之谜展开。书中写道,当时江湖最大的帮会——红花会的总舵主于万亭夜潜皇宫,将乾隆帝生母陈世倌夫人的一封信亲手交给乾隆帝,信中详述当年经过,又说他左腿有朱记一块为证。待于万亭走后,乾隆帝便把自己的乳母廖氏传来,秘密询问,知道了自己的身世。当年陈世倌的小孩被抱进雍亲王府,"哪知抱进去的是儿子,抱出来的却是女儿。陈世倌知是四皇子掉了包,大骇之下,一句都不敢泄漏出去"。金庸还在书中写了陈世倌的三公子乾隆帝的亲弟弟陈家洛,继于万亭之后成为红花会会主后,期望激发哥哥乾隆帝的汉族意识,共同成就恢复汉家天下的宏业等情节,读来引人入胜,也使乾隆帝是海宁陈家之子的说法更加妇孺皆知。

传说这么多,传闻这么广,真有点"假作真时真亦假"的感觉,那么乾隆帝究竟是不是海宁陈阁老的儿子呢?

如果事实确实如此,乾隆帝便是海宁陈世倌的儿子,他完全是一个汉人皇帝!那么事实究竟如何呢? 有人对这种说法产生的前前后后进行了考证,发现了一些问题。

从雍正帝方面看,根据清室家谱《玉牒》记载,弘历诞生以前,雍正帝虽然长子、次子早殇,但第三子已经8岁,另一个王妃过了三个月又添了一个儿子。因此,根本没有必要偷换他人之子。再说当时雍正帝年仅34岁,还有生育能力(后来还有孩子诞生),也没有这个必要。退一步说,那时的雍正帝自己能不能登上皇位还在两可之间,他又凭什么知道陈家的儿子就是个大富大贵之人,就能讨得父皇欢心呢? 再说,假设就是为了争夺帝位,偷换了一个汉人之子,以雍正帝的心机,也断不会把皇位传给他,让他稳坐大清江山,这种说法无疑把历史简单化了。

说雍正帝不知内情,是王妃擅作主张把女儿换成了男孩,也是不可能的。因为清代对皇子皇孙的诞生有一套严格的记录制度。皇孙诞生,会马上派遣本府太监报奏内务府奏事官,再有宗人府专折奏闻皇上,以备命名,根本不可能数月、或数日之后才报告。况且生孩子时稳婆环列,御医侍候,还有不少宫女跑前跑后,是男是女众人皆知,岂能轻易调包?

从陈家这方面看,更无这种可能。据考证,当时陈大倌并不在京城任官,即使夫人生下了一个孩子也不可能被雍正帝调包。在这种情况下,人们又把怀疑的目光转到了海宁陈家另一个在京做官的人陈元龙身上。但是这也是不可能的。据《海宁渤海陈氏宗谱第五修》查知,陈元龙育有一子二女,其子于康熙三十三年(1694年)早亡,17年后乾隆帝才出世,陈家二女也早于乾隆帝20多年出生,根本就没有孩子可换。

至于那两块匾额,也与乾隆帝的身世毫无关系。据史学家孟森考证,清国史编撰的《陈元龙传》中说:康熙三十九年(1700年)四月,康熙帝在便殿召见群臣,说:"你们家中各有堂名,不妨当场写给我,我写出来赐给你们。"陈元龙奏称,父亲年逾八十,故拟"爱日堂"三字。《海宁州志》还提到,康熙五十四年(1715年)六月,因陈元龙胞弟陈维坤的妻子黄氏守寡41年,康熙帝便御书"节孝"两字赐之,又赐以"春晖堂"匾额。这就是说,两方匾额的题词都是康熙帝根据臣下的请示书写的,与孝敬父母的意思根本没有任何联系。

其实,乾隆帝与陈阁老属于正常的君臣关系,根本没有传说的那么神乎其神。事实上陈阁老在乾隆六年(1741年)担任内阁大学士后不久,就因为起草谕旨错点被革了职,当时乾隆帝当面痛斥他:"无参赞之能,多卑烦之节,纶扉重地,实不称职。"如此不留情面,哪有半点父子之情?

据档案记载,乾隆帝南巡到海宁,主要是为了视察耗资巨大的钱塘江海塘工程。作为农业立国的封建王朝,清朝的统治者对修造和维护水利工程十分重视,康熙帝时期就对黄河水患进行了大规模的治理,雍正帝以后水利建设的重点移到了东南海塘(沿海大堤)上。到乾隆帝时,海潮北趋,海宁一带潮患告急,而海宁大堤一旦冲破,苏州、杭州、嘉兴、湖州这一带全国最富庶的地区势必被淹,到那时将会严重影响国家的税收和漕粮的征收。因此,为了亲自视察海塘工程情况,乾隆帝仿效其祖父的做法,六下江南,四次亲临海宁,检查海塘工程,当时建造的某些工程,至今仍起着挡潮防患的作用。当年乾隆帝巡视时,作为偏僻的小县海宁的唯一名门望族,由陈家接驾是理所当然的。乾隆帝前后共在陈家住过四次,从未召见过陈家子孙，那么传说中的"升堂垂询家世"之事也就更加无从说起了。

至于蒋氏娶雍正帝公主之事，据考证，蒋溥先后有过三位夫人，其中第二位是个陈姓女子，但并非陈大倌或者陈元龙的女儿，只是陈家的远亲，更与雍正帝毫不相干。对于所谓的"公主楼"，史学家孟森曾专门前往当地进行了调查，结果当地人都说家乡没有什么"公主楼"。

"解铃还需系铃人"，我们看看把乾隆帝是海宁陈家之子的故事写得最深入人心，影响最大的金庸先生是怎么说的。金庸先生曾坦诚地告诉读者：《书剑恩仇录》中所谓的乾隆帝的弟弟"陈家洛这人物是我的杜撰"，他还明确声明："历史学家孟森做过考据，认为乾隆帝是海宁陈家后人的传说靠不住。"后金庸还俏皮地说："历史学家当然不喜欢传说，但写小说的人喜欢。"无可厚非，作为一位武侠小说大家，金庸更重视艺术的真实，而不是历史的真实。

虽然金庸作了如此说法，但毕竟历史已经离我们越来越远，真相如何恐怕谁也不好下个定论。

不过，此说法之所以会在民间如此盛行，原因倒是可以说个二三。首先，海宁陈家当时确实十分显赫，曾经"位居宰相者三"；康熙朝更有陈家三人同榜的荣耀，如此簪缨之族，显贵之家自然格外引人注意，也难免为好事者所热论。其次，乾隆帝六下江南，曾四次驾幸海宁陈家，在封建社会这是何等荣耀，也自然惹人遐想。其三，主要还在于早先这种说法迎合了汉族士大夫对清朝的仇视以及丑化的心理，与民间（汉人）反清情绪的高涨密切相关，比如最早提出这一说法的时间正是晚清末年。最后，文人们的著书立说，对这种说法的传播更是起到了推波助澜的作用，这些也从一个侧面见证了民间俗文化的利害。不过，至今海宁换子说仍旧深入人心，也仍被许多人所津津乐道。

生母莫非是钮祜禄氏

既然说乾隆帝生母是热河行宫汉族女子所生缺少依据，难以成立；说其为海宁陈家之子，更是无稽之谈，那么清史记载乾隆帝的生母是谁呢？

据《清高宗实录》记载："高宗……纯皇帝，讳弘历，世宗……母孝圣……宪皇后钮祜禄氏，原任四品典仪官加封一等承恩公凌柱之女，仁慈淑慎，恭俭宽和，事世宗宪皇帝,……以康熙五十年辛卯八月十三日子时诞上于雍和宫邸。"清宫《玉牒》中也记载:乾隆帝"母孝圣……熹妃钮祜禄氏,系原任四品典仪官加封一等承恩公凌住之女。"这大内秘档似乎可以证实,乾隆帝的母亲不是山庄宫女,而是熹妃钮祜禄氏。

钮祜禄氏,系满洲镶黄旗人,虽然姓氏高贵,实则出身寒微,父亲只是个四品典仪(后才加封一等承恩公)。康熙四十三年(1704年),年仅13岁的钮祜禄氏只是被赐给胤禛作侍女。当时胤禛已有三位福晋,其中嫡福晋更是出身名门的乌拉那拉氏。

钮祜禄氏出身寒微,只是个侍女,人长得也不漂亮,原本没有被雍亲王宠幸的可能,只因康熙四十九年(1710年)夏天,雍亲王得了一种传染病,福晋们都不愿去身边伺候,钮祜禄氏奉命接近胤禛,专心侍奉他。一连五六十天,她白天黑夜地侍奉病中的雍亲王,无微不至,十分体贴。雍亲王病好后,心存感激,"遂得留侍,生高宗"。

据史料记载,乾隆皇帝对母亲钮祜禄氏十分孝顺,他曾侍奉母亲三游五台,三上泰山,四下江南,并多次到塞外避暑山庄。乾隆帝的诗文中也有不少称颂钮祜禄氏养育之恩的诗句。如乾隆四十二年(1777年)正月初八日,67岁的乾隆帝陪侍85岁的皇太后赏灯后作诗说:"家宴观灯例节前,清晖阁里列长筵。申祺介寿那崇信,宝炬瑶簎总斗妍。五世曾元胥绕侍,高年母子益相怜。扶掖软榻平升座,步履虽康养合然。""高年母子益相怜",这饱含深情的诗句,道出了乾隆帝母慈子孝的情怀。

钮祜禄氏去世后,乾隆帝怀念母亲,还别出心裁,命令宫中巧匠用3000多两黄金精心制作了一个金塔,专门用来存放太后生前梳头时掉下来的头发,所以叫"金发塔"。乾隆帝母子感情如此之深,也可从一个侧面证明了钮祜禄氏应该就是其亲生母亲。

然而,从有关文献来看,有关乾隆帝生母的记载确实存在难以自圆其说的疑点。乾隆十七年(1752年),清人萧奭所著的《永宪录》卷二记载:"雍正元年十二月丁卯(二十二日),午刻,上御太和殿。遣使册立中宫那拉氏为皇后。诏告天下,恩赦有差。封年氏为贵妃,李氏为齐妃,钱氏为熹妃,宋氏为裕嫔,耿氏为懋嫔。"萧奭还在书中提出："齐妃或云即今之崇庆皇太后（钮祜禄氏）。俟考。"就是说，在当时就有人对乾隆帝生母是谁提出了疑问，并且当时册封的王妃中，根本就没有钮祜禄氏，有的人认为齐妃李氏可能是乾隆帝生母，但有待考证。高阳先生在《清朝的皇帝》一书中，更是大胆认为：萧奭《永宪录》中，"这'俟考'二字，是一种暗示，是一隐笔兼曲笔的巧妙暗示；齐妃非高宗生母，而故意这样写，是曲笔；齐妃李氏，暗示高宗生母姓李，此为隐笔。"这样说来，乾隆帝生母为汉人女子李金桂似乎也有可能，这确实也是一家之言。

另外，清宫档案的记载也大有问题。清朝的《雍正朝汉文谕旨汇编》雍正元年（1723年）二月十四日记载："雍正元年二月十四日奉上谕：遵太后圣母谕旨：侧福晋年氏封为贵妃，侧福晋李氏封为齐妃，格格钱氏封为熹妃，格格宋氏封为裕嫔，格格耿氏封为懋嫔。该部知道。"

同一件事，成书于乾隆六年的《清世宗实录》卷四却在熹妃的记述上有了差异。其中写道："甲子（二月十四日），谕礼部：奉皇太后圣母懿旨：侧妃年氏封为贵妃，侧妃李氏封为齐妃，格格钮祜禄氏封为熹妃，格格宋氏封为懋嫔，格格耿氏封为裕嫔。"

通过这两则资料的对比可以发现，等到乾隆帝登基后，档案上才有了钮祜禄氏的记载，而先前的"格格钱氏"莫名其妙地变成了"钮祜禄氏"。

这两份清廷档案，对同一件事迥然不同的记载应如何解释呢？有人认为：格格钱氏与格格钮祜禄氏应该是一个人，因为都是同一天，奉太后懿旨受封为熹妃的，不可能是两个人。但这是说不通的，如果是一个人，怎么会写成两个人的名字。于是有人推理：由于雍正朝实行的是秘密立储的制度，起先并不知道谁是太子，因而也就没有注意到子以母贵的问题。可能是乾隆帝登基后，他的母亲总要一个高贵的出身吧，因此才将熹妃钱氏篡改为了钮祜禄氏。有的学者更有创意性的猜想是"四品典仪凌住"将钱氏认作了干女儿，从而使钱氏有了一个高贵的姓氏和出身，这样也就解决了身份与形式的难题。

与这种猜想近似，乾隆帝生母还有另一种说法。这种说法是由晚清一位著名的学者、诗人王闿运提出的。王闿运是曾国藩的幕友，做过大学士萧顺的西席（家庭教师），了解到不少清廷掌故。他指出，乾隆帝的生母虽然是钮祜禄氏，但的确与避暑山庄有关。在所著《湘绮楼文集》里说:乾隆帝之母钮祜禄氏家居承德城中,家里很穷,雇不起仆人。七八岁的时候,她就跟着家里人到了市面上卖豆浆、酒以及各种饭食等谋生。后来开个小饭铺,因为为人热情,经营比较好,生意异常红火。到十三四岁的时候,钮祜禄氏到了北京,正好赶上选秀女,她就混到里头参加了选秀,结果就被选上了,再后来被分到雍亲王府做了粗使丫头。接着所说的雍亲王得病,她精心侍奉,后为雍亲王宠幸,生下了弘历的说法与前面所述一样。

这些说法都表明乾隆帝生母钮祜禄氏确实出身低微,并非多么显赫的大家闺秀。但是,清末民初的清朝遗老金梁等人写文章认为,清宫选秀女是相当严格的,不可能让承德这么一个女孩子混到里头选了秀女,对这种说法持否定态度。

还有一种说法,是民国年间做过国务总理的熊希龄,从"老宫役"口中听到的,他后来把这个说法讲给了胡适听:"乾隆帝之生母为南方人,诨名'傻大姐',随其家人到热河营生。"后来这个女孩子生了一个男孩,就是后来的乾隆帝。由于胡适把它收进了《胡适之日记》里,这个故事得以流传开来。

乾隆帝诞生于何处,生母究竟是谁确实充满了疑窦。野史传闻虽然不可信,但是按正史记载,《雍正朝汉文谕旨汇编》与《清世宗实录》上关于熹妃钱氏与钮祜禄氏记载上的矛盾,至今仍不能自圆其说。其他的各种说法,虽然也有许多漏洞,但也并非全不可信。总之,乾隆帝的身世之谜,注定还要被继续争论下去。

慈禧太后之谜

慈禧太后叶赫那拉氏,咸丰元年(1851年)入宫,封懿贵人,六年后生子载淳(同治帝),晋懿贵妃。同治帝即位后不久,慈禧太后与恭亲王奕䜣联合,发动"辛酉政变",密谋杀害或处置了肃顺等八大臣,实行垂帘听政,控制了大清的实际权力。光绪帝即位后,慈禧太后仍垂帘听政。光绪帝亲政后,在维新派的支持下发动戊戌变法,后被慈禧太后扼杀,光绪帝还被慈禧太后囚于瀛台。光绪二十一年,光绪帝卒。次日,慈禧太后亦卒,被葬于东陵。

作为中国近代史上最有权势的女人,慈禧太后不但三度垂帘听政,执掌晚清政权近半个世纪,是晚清政治舞台上最重要人物,她的传奇人生也为后人留下了许多难解的谜团。

生于何地，说法不一

1851年咸丰皇帝诏选秀女，对中国历史产生重大影响的叶赫那拉——后来的慈禧太后被选入宫，封为兰贵人。1854年又被封为懿嫔，两年后她为咸丰帝生下了皇长子载淳，从而晋封为懿妃。1857年，她的地位再次得到提升，被封为懿贵妃，从此她在宫中的地位仅次于咸丰帝的

慈禧太后

皇后钮祜禄氏。由于得到咸丰帝的宠幸，慈禧太后开始干预朝廷政事。咸丰皇帝死后，她夺得太后的权位，与钮钻禄氏平起平坐。这也标志着继唐代武则天成为中国古代历史上唯一的女皇之后，又有一位女性开始操纵中国的命运。

在慈禧太后众多的谜案中，她的出生地在哪里，也就是她的身世究竟如何，是近年来最惹人注目，说法最多的历史之谜。

按清朝史书记载，慈禧太后出生于满洲镶蓝旗一个官宦世家，父亲名叫惠征。清宫档案《内阁京察册》（清政府对京官三年一次的考察记录）记载：惠征在道光帝早年一直担任吏部笔帖式，二十六年（1846年）调任吏部文选司主事。后因工作成绩突出，受到了皇帝的接见，并被外放。道光二十九年（1843年），出任山西归绥道；咸丰二年（1852年），调任安徽徽宁池太广道的道员。从慈禧太后父亲惠征的履历看，他曾先后在北京、山西、安徽等地任职。这就导致了慈禧太后出生地的多种说法。

另外，几乎没有任何文献记载过慈禧太后的出生地，因为谁也没料到这个出身普通官宦之家的女子，几十年后会成为执掌大清国朝政近半个世纪的圣母皇太后，所以慈禧太后的出生地也就成了难解之谜，有人说她出生在北京，有人说她出生在安徽芜湖，有人说她出生在甘肃兰州，还有人说她出生在浙江乍浦，也有人说她出生在内蒙古自治区呼和浩特。至于哪种说法准确，一直以来都没有一个确切的结论，因为任何一种说法都有看似合理的依据。

北京说。持这种说法的学者认为慈禧太后出生于北京西单牌楼北劈柴(今辟才)胡同一带或者北京东城方家园。有关学者在清宫档案中发现了咸丰五年(1855年)慈禧太后的亲妹妹(也就是后来醇郡王奕䜣的侧福晋,光绪皇帝的生母)被选为秀女的记录。其上明确记载:此女属满洲镶蓝旗,姓叶赫那拉氏,父亲名叫惠征,最高官职做到五品的道员。而按照京师八旗分城居住的规定,乾隆三十五年(1770年),镶蓝旗满洲都统衙门在阜成门内华嘉寺胡同;到民国初年,镶蓝旗满洲都统衙门旧地在阜成门内华嘉寺14号,劈柴胡同距华嘉胡同很近。慈禧太后的父亲属于满洲镶蓝旗,应当住在劈柴胡同一带。因此有学者认为,咸丰五年之前,慈禧太后的娘家应该住在北京西单牌楼北劈柴胡同,慈禧太后的出生地也应该在这里。

慈禧太后的后人根据祖辈的口述,也确证慈禧太后诞生于此。另外,现代小说大家高阳在《清朝的皇帝》中记述:"慈禧太后母家在东城方家园,父官至安徽徽宁池太广道,时当道光末年,洪杨起事,惠征守土无方,革职留任,旋即病殁,遗妻一子女各二,慈禧太后居长。"也有的书上说:"恭亲王曾慷慨言之:'大清天下亡于方家园'!"注云:"方家园在京师东北角,为慈禧太后母家所在地。"从这些史料看,慈禧太后则可能出生于北京东城方家园。慈禧太后出生于道光十五年(1835年),这时慈禧太后的父亲还在北京任职,因此慈禧太后出生于北京的可能性较大。但是这种说法也只是一种猜测,由于进宫以前对慈禧太后的生平资料并没有留下什么记载,慈禧太后入宫时选秀女的"排单"至今还没有发现,因此并没有过硬的资料或者证据可以证明慈禧太后就出生在北京。

安徽芜湖说。这种说法主要是根据慈禧太后的父亲惠征曾做过安徽徽宁池太广道的道员,道员衙署在芜湖,因此说她出生在芜湖。据说,慈禧太后善于演唱南方小曲,比如民国时期出版的《清朝野史大观》中就记载:"那拉氏者,惠征之女也,惠征尝为徽宁池太广道,其女生长南中,少而慧黠,缦艳无匹俦,雅善南方诸小曲,凡江浙盛行诸调,皆琅琅上口。"一些小说、影视中也多有这样一个情节,兰贵人(就是后来的慈禧太后)在圆明园桐荫深处唱一曲"女儿十八正当年"的缠绵小曲,咸丰帝听得如醉如痴,从而博得了宠爱。不过,这种说法还是比较勉强的,因为根据史书记载:惠征当徽宁池太广道员是在咸丰二年(1852年)二月,正式上任是在同年七月。而慈禧太后已经在咸丰元年(1851年)入宫,被封为兰贵人;档案中还发现了兰贵人受到赏赐的赏单。惠征未曾到安徽上任,慈禧太后已经入宫了,不太可能出生于芜湖。再说,从慈禧太后会唱南方小曲,就说她出生在南方,不和北方人会唱黄梅戏就说她生在安徽一样滑稽吗?所以,认为慈禧太后出生在安徽芜湖纯属无稽之谈。

甘肃兰州说。这一说法源于慈禧太后的父亲惠征曾任过甘肃布政使,传说慈禧太后就出生在兰州八旗马坊门(今永昌路179号院)。不过专家们经过查阅文献、档案,认为这种说法恐难成立。

浙江乍浦说。1993年8月22日《人民日报》刊登了一篇不足三百字的报道:"史界新发现,慈禧太后生于浙江乍浦。"文中说,慈禧太后的父亲惠征,在道光十五年至十八年(1835~1838年)间,曾外放到浙江乍浦,任正六品武官骁骑校,而慈禧太后正是在这一时期出生,所以她的出生地是"浙江平湖市乍浦城内的满洲旗下营"。该报道还举证说:在现今的浙江乍浦老人中,仍有种种关于慈禧太后幼年的传说。单从时间上来看,这种说法是可信的,因为慈禧太后的确出生于道光十五年(1835年)。但是,一些学者查阅清朝考核官员的档案记载却发现道光十四年官员考核时,惠征被定为吏部二等笔帖式,三年后又被作为吏部笔帖式进行考试,可见这时惠征在北京做吏部笔帖式,为八品文官。可见说慈禧太后出生在乍浦,是不恰当的。因为,如果惠征这几年确实在乍浦为官的话,他将从一个京城八品以下的二等文官,忽然连升几级,成了正六品的武官,这实在不合常理。再说,正六品武官怎么会一下子又降回到八品文官,并且没有任何原因,显然,这一说法存在许多破绽。

内蒙古自治区呼和浩特说。这一观点的依据是慈禧太后的父亲惠征曾任过山西归绥道的道员,归绥道驻地在归化城就是今天的呼和浩特市。传说,慈禧太后就出生在呼和浩特市的落凤街,她小的时候还常到归化城边玩耍。可是,据文献记载,惠征任山西归绥道道员时是道光二十九年(1849年)左右的事,可那时慈禧太后已经15岁,正在宫中参与选秀女,所以慈禧太后不可能出生于归化城。不过,说慈禧太后随父回归化城住过,倒是可能的。并且从礼法角度讲,慈禧太后的母亲也不可能从大老远的北京回娘家生孩子。所以,说慈禧太后出生在今呼和浩特市是没有根据的。

慈禧太后出生地又有新说法

近年,关于慈禧太后的出生地又出现了一种新的说法,即山西长治。一段时间以来,这种说法相当盛行,并且得到了许多相关学者的认可。

据山西长治人传说,慈禧太后不是满族人,生父也不是惠征,而是地地道道的汉族女子,在长治出生并度过了自己的童年。据说,她原是山西省潞安府(今长治市)长治县西坡村王增昌的女儿,名叫王小慊。王家极为穷困。母亲病死后,年仅四岁的王小慊被卖给上秦村宋四元家,并改名为宋龄娥。可是,没过几年,宋家又遭遇灾难,王小慊又被卖给了潞安府知府惠征家。惠征夫人见王小慊模样俊俏,又聪明伶俐,非常喜欢她。有一次,惠征夫人无意中还发现王小慊的双脚心各长一个贵痣,认为她是大福之人,就收她为养女,改姓叶赫那拉,更名玉兰,归为满族。知府还为玉兰在府署后院专设了书房,供她读书。

咸丰二年,玉兰被选入宫,后来还当上了皇太后。由于清廷严禁满汉通婚,违者满门抄斩,因此惠征及其家人不敢向外泄露半句,慈禧太后的真实身世也就不为世人所知了。

百余年来,在长治县西坡、上秦两村及附近村落一直流传着慈禧太后是本地人的说法。为此,上秦的宋家还曾联名写信,要求政府调查澄清这件事。中国人民大学历史系杨益茂教授在《慈禧太后童年应当考订清楚》一文中写道:"在这些成果中,我认为最值得注意的是近百年来流传不息的口碑史料。并且,山西省长治地区那两个村子里的人也都口口声声地说慈禧太后就是他们那的人,而且不因慈禧太后名声不佳或历史政治批判所湮没,这实在是一个值得重视的问题。如果说解谜的话,应首先解开这个口传史料之谜。"

王家从乾隆五十九年(1794年)一直记录到现在家谱上,也明确有"王小慊后来成为慈禧太后"的记载。当地还盛传,在西坡村外边的山脚下,还有据说是慈禧太后生母的坟。坟前有碑,原来是木碑,后来竖立石碑。在上秦村关帝庙后,至今还保存着一处娘娘院,据说是慈禧太后入宫前住过的院落,一直保存至今。宋家还祖传有光绪年间清廷特制皮夹式清朝帝后宗祀谱(简称"皮夹子")。据有关学者考证,皮夹子"与清廷宫规相符,显然是皇家之物,并非假造。在普通老百姓之家发现这种物件,必然有其缘由,值得重视"。

在上秦村宋家的土炕上,还曾刨出了慈禧太后给宋家的信,从中可以看出慈禧太后与宋家的关系及慈禧太后的身世等方面的一些情况。另外,上秦村宋六则家还祖传有慈禧太后寄(送)给宋家的单身照片。慈禧太后如果不是长治人,宋家又怎么会出现这些"宝物"呢?

据考证,慈禧太后酷爱长治一带的食品,如沁州黄小米、壶关醋、襄垣黑酱、酸菜,尤其爱吃团子。据说,慈禧太后当上皇太后后,还专门请了一个长治厨师给她做团子。特别是慈禧太后还会唱长治地区的上党梆子,而这种戏曲不但地方性强,很难懂,也从没有走出过本省。据说,在她六十大寿时,还专门请长治壶关一个叫"十万班"的戏班,为她唱这种戏。作为太后的慈禧太后,不但能听懂还会唱,如果她不是长治人就太让人奇怪了。

一些资料还表明,慈禧太后对满文知之甚少,批改奏折基本都是用汉文。慈禧太后还是小脚,有满族后裔回忆:"慈禧太后的脚不是我们满人的那种大脚,是缠过又放开的那种。"我们知道满族女子都是天足,而慈禧太后缠过足,也见证了她可能是汉族女子。

一些学者还从慈禧太后极不尊敬惠征夫人以及相关亲戚等认为,慈禧太后不是惠征夫妇的亲生女儿。并从她关心农事,喜欢乡下风景,对山西的官员比较袒护等细节来佐证她是出身长治贫苦农村的汉族女子。

也有的学者认为,"慈禧太后是汉家女"的说法不仅破解了一些清末历史中的难解之谜,也为合理解释慈禧太后的某些行为提出了依据,从而为史学家研究慈禧太后打开了一个全新的视角。比如一些学者就认为,慈禧太后年纪轻轻就发动"辛酉政变"处理了肃顺等八大臣,并且执政后敢于打破清廷的常规,大胆启用汉臣,如曾、左、李、张等。她这种敏锐、果敢的政治素养,没有满、汉之分的成见,不大可能出自养尊处优的清朝贵族,而更有可能得益于她出身汉族贫寒家庭、幼失怙恃、备尝艰辛的生活经历和磨炼。这种说法从另一个侧面反证了慈禧太后出身于长治农家的可能。

慈禧太后出生于山西长治的说法,在长治可谓众口一词。对此,当地有关部门进行了长期的研究和大量资料的论证,长治市还专门成立了"慈禧太后童年研究会"。这种说法也引起了许多专家、学者的重视,如今流传深广,影响巨大。

但是持否定态度的学者也大有人在,这些人认为,王家的家谱不是原来的家谱,是后来抄的,"这只是后人所为,是什么人所加,根据是什么都不知道",因而不足为凭;所谓慈禧太后写给宋家的书信残片,经考证,字迹不像是慈禧太后的;全信的内容更是支离破碎,仅剩下了45个字,而由"山西说"的学者按自己的意思增加上去的就达118个字,并且关键性的字是加上去的,所以可信度很低;所谓的皮夹子,确实制作于清光绪年间,但是说持此皮夹者应为高级官员和皇亲国戚则不一定,由这个皮夹子而推断宋四元夫妇为慈禧太后养身父母也缺乏根据;经有关专家考证,在相关的时间内,历任潞安府的知府共有七个人,但是没有惠征,那么既然惠征没有在山西潞安府做过官,慈禧太后怎么会在潞安府被卖到惠征家呢? 显然在这些疑窦没解开之前,"山西长治说"也只能作为一种重要的说法存在,也非定论。

从上面的分析可以看出,慈禧太后的出生地究竟是什么地方,身世究竟如何,是出身满族的千金,还是山西长治的贫穷汉家女子,至今仍然没有定论。在这种种说法中,以"北京"和"山西长治"两种说法的可能性最大,而这两个中又究竟是哪个呢? 我们还需拭目以待。

她害死了慈安太后吗

同治、光绪两朝初年,慈安太后、慈禧太后两太后先后两次垂帘听政。慈安太后性喜清静,对政治权力不是很感兴趣。而慈禧太后则不同,辛酉政变后,她的权力欲不断膨胀,参与朝政,处处揽权。但是慈安太后居慈禧太后之上,手上握有咸丰帝临终授予的"御赏"印,对慈禧太后还是有很大限制的。不过,在两人的长期相处过程中,两位太后并没有出现什么大的矛盾。但是,同治八年慈禧太后宠监安德海之死,被认为是两位太后之间矛盾的集中体现。

安德海是慈禧太后十分宠信的太监,辛酉政变时,他受慈禧太后派遣,往来于承德和北京之间,与恭亲王奕䜣秘密联络,为政变的成功立下了汗马功劳,此后更是极得慈禧太后赏识。

安德海自恃慈禧太后娇宠,气焰嚣张,行为跋扈。皇宫上下,从王爷、军机大臣、嫔妃、公主,到小太监和宫女们,无不畏其三分,这引起了慈安太后的极大不满。野史甚至传言安德海不是真太监,据说还有性能力,与慈禧太后有染等等。到了同治八年,安德海奉慈禧太后私令,到江浙一带采办龙衣。安德海乘船顺运河南下,龙旗招展,铺张声势,宛如天子出巡一般。他还沿途搜刮民财,招摇滋事,激起了极大的民愤。行到山东时,山东巡抚丁宝桢以假冒圣命的名义将其逮捕。

原来按照清初制度,太监不得出宫门,更没有让太监出外采办之先例,所以丁宝桢逮捕他名正言顺。丁宝桢的这一手出乎慈禧太后意料,使她陷入被动,因为她出面保护安德海,就说明她违反祖制,于常理不合。而慈安太后早就对安德海大为不满,抓住这个好机会,趁机召开军机大臣及内务府总管等议安德海之罪,并下令将安就地正法。

慈禧太后拖延了数日,终因众议愤然,还是被迫下发了谕旨。安德海之死暴露了两宫太后之间的矛盾,使慈禧太后更深切地感到,慈安太后是自己进一步控制大权的障碍。

光绪七年(1881年)三月十日,慈安太后偶患感冒,微疾小恙,根本就没有引起臣工的注意。谁料,当晚却传出了病故的消息。慈安太后小病猝死,年仅四十五岁,自然引起了人们对其死因的猜疑。不少野史和民间传说更是不约而同地把矛头指向了慈禧太后,认为是慈禧太后害死了慈安太后。所以,关于慈安太后之死,世上流传着多种说法。

相传,咸丰帝死前,就觉察到慈禧太后是一个不法乱政、野心勃勃的女人。因此,他特别密授慈安太后朱谕,嘱咐她如果自己死后,慈禧太后恃子为帝,胡作非为,就以此谕将其除掉。咸丰帝死后,慈安太后曾把密谕拿给慈禧太后看,以示警醒。密谕的存在,让慈禧太后惶恐不安,办事谨小慎微,不敢胡作非为。对慈安太后更是言听计从,百般讨好。在慈禧太后的蒙骗下,慈安太后放松了警惕,并在一次同宴后,当着慈禧太后的面将遗诏烧毁。不久,慈禧太后派人给慈安太后送去了几样小点心,慈安太后吃后就中毒而死。

野史中还有一种说法,说慈禧太后好看戏,后来在某次看戏时相中了一个姓杨的戏子,并暗中将他召入宫中,肆意淫乱,乃至怀孕。光绪七年慈禧太后患了一场病,实际上是她乱服打胎药,导致流产所致,御医们不明就里,久治无效。后来,薛福成兄弟入宫以血崩之名医治,实际上暗用产后补药,因而得以痊愈。这中间,慈安太后对其病因微有所闻,深为不满,这让慈禧太后十分害怕。于是,慈禧太后为了大权独揽,干脆一不做二不休,决意除掉慈安太后。

还有一种说法是慈安太后下令诛杀安德海让慈禧太后怀恨在心,因而决意铲除她专权道路上的绊脚石,就密令太医用不对症之药,将慈安太后害死。后世的史学家也有相信此说的,明清史专家商鸿逵先生就认为:安德海为慈安太后下令杀掉,慈禧太后由此痛恨慈安太后,所传慈安太后因食慈禧太后所献食物暴死,"揆诸情由,当属可信"。《清朝野史大观》也载:"或曰慈禧太后命太医院以不对症之药致死之。"

根据以上野史传闻以及史学者的推断或许可以得出这样的结论——慈安之死慈禧太后有着难以推脱的嫌疑,可是,正史上对这件事却并无记载。不过从翁同龢的日记记载看,慈安太后之死确实异常:慈安太后三月初十感冒,非常想喝点什么,然而当晚就传出了病亡的消息。次日,翁入宫看到了十日的药方尚在,据说慈安太后头疼厉害,早上喝了一顿药;中午时已经神志不清,牙关紧闭;晚间只开了一些喝的药,但慈安太后已经进入了弥留状态,不能喝药了,当晚就离开了人世。从发病到死亡如此之快,确实令人不解。

当然,也有人认为慈安太后与慈禧太后共同垂帘听政达20年之久,二人的根本利益是一致的,慈禧太后没有必要害死慈安太后,慈安太后可能是患了脑溢血等急性病去世了,与慈禧太后并没有什么关系。

总之,慈安太后之死涉及深宫隐秘,除翁同龢的日记外,没有发现还有什么资料对慈安太后的死因有记载的。退一步说,如果真是慈禧太后害死了慈安太后,她必定会销毁一切罪证。不过,按常理猜测,以慈禧太后的阴险和狡诈,为了大权独揽害死慈安太后的可能性极大,但是在没有确凿的证据发现之前,这也只是一种合理的猜测,毕竟历史疑案的破解终究是需要充分证据的。

缘何逼死珍妃

珍妃,他他拉氏,满洲镶红旗人,礼部侍郎长叙之女。光绪十四年(1888年)十月选为珍嫔,光绪二十年(1894年)春因慈禧太后六旬庆典,晋封珍妃。珍妃是光绪帝一生中唯一宠爱的妃子,也是唯一一个给光绪帝无助和压抑的生活带来阳光和喜悦的女人。1898年戊戌政变后,光绪帝被囚于瀛台,珍妃也受到牵连,被囚禁于紫禁城东北部的北三所。1900年八国联军进攻北京,慈禧太后携光绪帝出逃,行前,令人将珍妃推入乐寿堂后井中溺死。可是,慈禧太后缘何逼迫珍妃堕井?珍妃堕井的真相究竟怎样?长期以来流传着多种说法,令人真假莫辨。

一种说法是因珍妃请求"皇上留京",触怒了慈禧太后,被慈禧太后下令扔进了井里。八国联军侵入北京后,慈禧太后胁迫光绪皇帝离京西逃。珍妃从北三所中放出来后,跪求慈禧太后将皇帝留在京城,主持朝廷的正常事务。慈禧太后大怒,以"扰乱后宫,不守本分"为名,令太监崔玉贵把珍妃推入了井中致死。曾为溥仪当过英文教师的庄士敦就认可这种说法,他曾写道:"珍妃曾跪在冷酷无情的太后面前,乞求她不要强迫皇帝随其出走。珍妃是皇帝最宠爱的妃子,她知道他愿意并渴望留下,去面对联军的司令官们……据说太后没有给跪在面前恳求她的珍妃任何回答,而是对她的随从太监勃然大怒,命他把泪流满面的妃子扔进井里。"

另一种说法是慈禧太后以贞洁观为由,逼珍妃自尽,珍妃不愿,慈禧太后便命令太监把她扔进了井里。珍妃之死的见证人,原清宫太监唐冠卿曾这样回忆:"庚子七月十九(1900年8月12日),八国联军攻进北京,宫中一片恐慌。太监总管崔玉贵率领快枪队四十人守在蹈和门,我率领四十人守在乐寿堂。中午的时候,我在乐寿堂后门休息,突然看到慈禧太后从内殿出来,身旁并没有随侍的人陪伴。我想她可能要到颐和轩,于是就上前去扶她。走到乐善堂右边,太后又沿着西廊走,我感到很惊讶,就问她:'老佛爷到什么地方呢?'她说:'你不用问,随我走就行了。'到了角门转弯处,她对我说:'你到颐和轩走廊上守着,如果有人偷看,就打死他。'我正吃惊,崔玉贵来了,扶着太后走出角门向西走去。我私下想,她不会是殉难的吧!但不敢开口问。一会,听见珍妃来了。她向太后请了安,并祝老佛爷吉祥。太后说:'现在还成话吗,义和团捣乱,洋人也进入北京了,该怎么办呢?……'接下来几句,声音太小,我辨认不出说的是什么。忽然又听到太后大声说:'我们娘俩跳井吧!'珍妃哭着求太后开恩,并说:'我没有犯重大罪名。'太后说:'不管有无大罪，难道我们留下遭受洋人的毒手吗？你先下去，我也下去。'珍妃不停地叩头请求太后开恩。接着又听到太后叫崔玉贵，就听到崔玉贵说：'请主儿遵旨吧。'珍妃说：'你算什么人，也逼迫我？'崔玉贵说：'主儿下去，我也下去。'珍妃怒曰：'你不配。'我听到这里，已木立神痴，不知所措。突然又听到太后大声喊道：'把她扔下去。'然后听到有挣扎扭动的声音，过了一会，听到'砰'的一声响，想来珍妃已经落到井里了。"唐冠卿作为清廷太监，应该说是最接近珍妃之死现场的人，这种说法相对比较可信。

金易、沈义羚著的《宫女谈往事》中，"崔玉贵谈珍妃之死"一节对珍妃之死的叙述，与上面两种说法十分接近，基本上是将二者合一，大致是这样的：慈禧太后在出逃前，已经深思熟虑要逼珍妃自尽，当珍妃被带到颐和轩后，有这样一段对话（注：因为是宫女转述崔玉贵所说，这里是崔玉贵说的话）："到了颐和轩，老太后已经端坐在那里了。我进前请跪安复旨，说珍小主奉旨到。我用眼一瞧，颐和轩里一个侍女也没有，空落落的只有老太后一个人坐在那里，我很奇怪。珍小主进前叩头，道吉祥，完了，就一直跪在地下，低头听训。这时屋子静得掉地下一根针都能听得清楚。老太后直截了当地说，洋人要打进城里来了。外头乱糟糟，谁也保不定怎么样，万一受到了污辱，那就丢尽了皇家的脸，也对不起列祖列宗。你应当明白，话说得很坚决。老太后下巴扬着，眼连瞧也不瞧珍妃，静等回话。珍妃愣了一下说，我明白，不会给祖宗丢人。太后说，你年轻，容易惹事！我们要避一避，带你走不方便。珍妃说，您可以避一避，可以留皇上坐镇京师，维持大局。就这几句话戳了老太后的心窝子了，老太后马上把脸一翻，大声呵斥说，你死到临头，还敢胡说。珍妃说，我没有应死的罪！老太后说，不管你有罪没罪，也得死！珍妃说，我要见皇上一面。皇上没让我死！太后说，皇上也救不了你。把她扔到井里头去。来人哪！就这样，我和王德环一起连揪带推，把珍妃推到贞顺门内的井里。珍妃自始至终嚷着要见皇上！最后大声喊，皇上，来世再报恩啦！我敢说，这是老太后深思熟虑要除掉珍妃，并不是在逃跑前，心慌意乱，匆匆忙忙，一生气，下令把她推下井的。"这一记载如果确实是出自崔玉贵之口，那么显然是最接近历史真相的，就是慈禧太后在西逃前，逼死了珍妃，珍妃也确实曾请求让皇帝留下主持大局。这应该是珍妃死因的第三种说法了。

还有一种说法是珍妃因为当时患天花，请求不随慈禧太后西行，慈禧太后十分恼怒，把她淹死在井里。据太监小德张过继孙张仲忱在《我的祖父小德张》一文中回忆：当年八国联军进城后，慈禧太后来到了御花园旁，在养心斋前换上了便装。各宫妃嫔陆续到来，光绪帝也由瀛台过来，换上了青衣小帽。这时，慈禧太后命人把珍妃叫来，让她换好衣服一起走。不大一会，珍妃披散着头发，穿着旗袍走过来。慈禧太后大怒说："到这时候了，你还装模作样，洋人进来，你活得了吗？赶紧换衣服走！"珍妃说："皇阿玛，奴才面出天花，身染重病，两腿酸软，实在走不了，让我出宫回娘家避难去吧！"慈禧太后不同意，仍然叫她走，珍妃跪在地上就是不走。慈禧太后大为恼怒，回过身来大喊一声，叫太监崔玉贵把珍妃扔进了井里。据后人考证，当时珍妃可能真的患了天花，卧病在床。

最后还有一说，出自《我所知道的慈禧太后》一书。这本书是慈禧太后的曾孙叶赫那拉·根正所写，书中对珍妃之死经过是这样叙述的：由于珍妃聪明而又漂亮，非常有才干，仿佛就是年轻的慈禧太后，也因此慈禧太后实际上十分喜爱珍妃。后来由于珍妃通过关系从外国人手里买了照相机，在宫中乱照相，并且穿的衣服在当时看来很失体面。慈禧太后当时对照相机缺乏认识，认为是妖术，邪术；珍妃爱穿男人衣服，也让慈禧太后不能理解。因此，慈禧太后与珍妃之间有了隔阂，但慈禧太后并没有因此而有加害珍妃之意。八国联军攻进北京后，慈禧太后决定西行，可是西行带不了那么多人，便决定带上皇帝和隆裕皇后一起走，而其他的一些亲属都暂回娘家躲一躲，妃子也不例外。然而，在这紧要时刻，珍妃一直缠着慈禧太后说：我是光绪帝的妻子，我也要跟着去，您有偏见，皇后是您的侄女，所以您有偏心。这让慈禧太后十分难堪，大清国，包括皇帝在内，也从来没有人敢顶撞她。随后，珍妃一直跟着慈禧太后叙说自己的理由，走到了颐和轩附近，不死心的珍妃又说：我是光绪帝的妻子，就要跟皇上在一起，不在一起，宁愿死。活着是皇家人，死了是皇家鬼。慈禧太后一听更加生气，现在是什么时候了还大吵大闹的，就随口说："你愿意死就死去吧。"当时说话不远处正好有一口井，珍妃就说：既然这样，我就死给你看。于是就直奔井口而去。慈禧太后一看不妙，赶忙叫太监崔玉贵去拉住她，但已来不及了，珍妃已跳下了井。由于情况危急，太后来不及管她，就西行去了。由于该书为慈禧太后亲属所著，这种说法明显带有为慈禧太后开脱的意味，真实性很值得怀疑。

在以上 5 种说法中,前 4 种说法较为可信,可是在当时的情况下,慈禧太后究竟为何非置珍妃于死地,是深思熟虑后的谋杀,还是一怒之下的冲动? 至今仍是个莫衷一是的历史之谜。

世界经典文库

图文珍藏版

破解千年悬案 再现人类秘史

中外历史悬案

刘凯⊙主编

线装书局

中外历史悬案

图文经典

戈登 主编

光绪帝的死因

公元 1908 年 11 月 14 日黄昏，北京中南海之中的清朝光绪皇帝突然死去，时年 38 岁。这一消息立刻在中华大地掀起了轩然大波，人们最惊奇的倒并非光绪帝壮年丧身，而是在 15 日下午他的政敌慈禧太后也在中南海病故，前后竟然相差不到 24 个小时！这不得不使海内外亿万人疑窦丛生。

许多人认为光绪帝死于慈禧太后的毒手。他们认为，慈禧太后临死前，不想让光绪帝在她死后卷土重来，使维新派复起，打压封建顽固派，因此派人谋害了他。

但是，也有一些学者认为光绪帝是袁世凯用毒药毒死的。因为，在维新变法期间，袁世凯曾经无耻地出卖了光绪帝及以康有为、梁启超、谭嗣同等改革派。他怕在慈禧太后死后，光绪帝找自己秋后算账，砍自己的脑袋，诛自己九族，便下药毒死了光绪帝。并且，此过程还有一个旁证——一位亲自给光绪帝治过病的御医说："光绪帝在死前三天，已逐渐好转的病情突然恶化，在床上乱滚，大叫腹痛。可以肯定地说，光绪帝确实是被人害死的。"

还有些人认为光绪皇帝的死与大太监李莲英等人有关。因为，李莲英是慈禧太后的亲信、忠实走狗，平时专门与光绪帝作对，还派小太监或宫女监视光绪帝……无所不用其极。一旦慈禧太后归天，光绪帝再度登基，总揽大权，一定不会放过他们的，因此就一不做二不休，先下手为强了。

还有些人认为光绪帝的死是慈禧太后、李莲英等人共同密谋策划的。不过，也有人认为光绪帝是自然死亡，与慈禧太后死的时间纯属偶然巧合。持这种观点的学者认为，根据中国第一历史档案馆所藏的大量光绪帝的"脉案""病原"（即现在的"病历"）研究，发现光绪帝自幼体弱多病，体质很差，用药十分频繁。又由于光绪帝从小在孤独中成长，不但要遵守宫廷里的繁文缛节，而且还经常受慈禧太后的训斥和虐待，根本没有童年的欢乐，精神抑郁，"无人敢亲爱之"。久而久之，精神不振而导致身体羸弱，落下了日后的病根。到光绪二十六年（公元 1900 年）之后，光绪帝的病甚至已经"深入五脏"，从对他的病历的研究分析，光绪帝极可能患有神经官能症、关节炎、骨结核以及血液系统疾病，而光绪帝"亲政"的十来年内，"后

世界经典文库

中外历史悬案

·讳莫如深的帝王宫闱·

图文珍藏版

党"与"帝党"之间激烈的权力斗争进一步损害了他的健康。"百日维新"失败,光绪帝被囚禁,慈禧太后与李莲英等人想方设法折磨他、凌辱他。他整日整夜地提心吊胆,但又毫无办法,只能任人宰割,坐以待毙。在这种长期的"囚徒"生活中,光绪帝终于精神崩溃,旧病复发,最终病重不治。

光绪帝临终时的病情最有说服力。从'脉案'来看,大约是在光绪三十四年农历十月17日前后,光绪帝的病情进入危重阶段。10月16日这天,光绪帝出现了肺炎症及心肺衰竭的临床症候,情况危急。第二天又有三名御医入诊,其中就有杜钟骏,他们一致认为光绪帝已经是病入膏肓了。事后,根据杜钟骏的描述,"皇上气促口臭,带哭声而言曰:'你有何法救我?'予曰:'皇上大便如何?'皇上曰:'九日不解,痰多气急心空。'……复退至军机处拟方,预案中有'实实虚虚,恐有猝脱'语。继大臣曰:'你此案如何这样写法,不怕皇上害怕吗?'予曰'此病不出四日,必出危险……此后变出非常,予不负责,不能不预言'……"

到10月19日,光绪帝的病象已呈现"中气虚损,不能承领上下,以致上而逆满喘咳,下而大便不行。清气不升,浊气不降,而通体为之困乏矣"。此时,御医们都束手无策。10月20日,光绪帝已是"目睑微而白珠露,嘴有涎而唇角动",这是现代所谓的中枢神经症状,说明他已经命悬一线。10月21日子刻(夜半),光绪帝开始进入弥留状态,即"脉息如丝欲绝。肢冷,气陷。二目上翻,神识已迷。牙齿紧闭,势已将脱"。到这天午刻,脉息"若有若无。目直视,唇反鼻煽,阳散阴涸之象"。待到酉刻,终于"龙驭上宾",与世长辞了。

综观光绪帝的一生,他在生活上是孤独凄凉的,在政治上是忧患失望的,在身体上又病魔缠绕,并且这三者相互影响。查究他的死因,是属于虚劳之病日久,五脏俱病,六腑皆损,阴阳两虚,气血双亏,终以阳散阴涸,出现阴阳离决而死亡。从现代医学上来分析,则主要是肺结核、肝脏、心脏及风湿等长期慢性消耗性疾病,导致了抵抗力的下降,出现了多系统的疾病。而光绪帝的直接死亡原因,可能是心肺功能的慢性衰竭,合并急性感染所造成。从光绪帝的"病原"及其"脉案"所载的病因病状及死状分析,他自病重至临终之时,其症状演变属于进行性加剧,并无特殊异常症状出现,既无中毒或其他伤害性的征象,也没有突然性暴亡的迹象,应属于正常死亡。

当然,上述结论,仅仅是有关学者详细分析了档案文献记载后所得的结论,至于在档案记载之外,是否另有难以作正常推论的奥秘,那就不能断言了。

温莎公爵是篡权夺位的阴谋者吗

1936年,英国国王乔治五世驾崩,王储威尔士亲王继承王位,即爱德华八世。这位年轻的国王文武兼备,精力过人,当英国人正为自己国家有这样一位英明的国王举国欢庆时,新国王的婚事却引起一场轩然大波。爱德华八世登基不到一年时,提出要与辛普森夫人结婚。然而让一个美国女人,且是两度离婚的美国女人为王后,这是英国王室、政府、议会绝对不可能接受的。因此,国王只能在王位和辛普森夫人之间做选择,若坚持与辛普森夫人结婚,就必须下诏退位。经过几天的思考,爱德华八世做了一个惊人的决定:退位,与辛普森夫人结婚。辞去王位后,爱德华八世受封为温莎公爵,随后与辛普森夫人顺利结婚。

几十年来,英国温莎公爵不爱江山爱美人的故事被传为佳话。然而,近年来发现的一批关于温莎公爵夫妇的书信,披露出温莎公爵退位其实是另有隐情,而且曾密谋篡权。

在英国出版的一本名为《秘密记录》的书中,温莎公爵被指为卖国贼。该书作者历史学家马丁·艾伦声称自己拿到了当年温莎公爵写给希特勒的信件,信中向希特勒披露了英国的盟友法军的防御弱点,致使德军在二战时首先征服法军,进而击败英军。目前,这封信的真实性尚存争议。但不争的事实是,温莎公爵在退位后不久,即1937年10月,不顾英国政府的反对,带着他的新婚妻子前往德国会见希特勒。令英国人更为难堪的是,这位前英王竟然堂而皇之地在希特勒面前行纳粹礼。除此之外,温莎公爵夫妇与希特勒举行聚会的照片在当时也是随处可见。据说,希特勒为了表示他对温莎公爵的友好,曾于1940年制定了一个"威利计划",打算在登陆英国后将温莎公爵扶上英王宝座。随着第三帝国的战败,温莎公爵的这段历史成为各界争议的焦点,也成为英国王室小心翼翼、不去碰触的禁地。

最近,英国王室权威传记作家克力斯多夫·威尔森在加州图书馆发现了一批20世纪40年代,温莎公爵夫妇与他们的贵族密友肯尼斯·迪科西的往来信件。根据威尔森的相关资料,1946年在乔治六世继承英王王位十年后,健康出现了严重问题,其长女伊丽莎白公主成为第一顺序继承人。当时伊丽莎白公主年仅23岁,一些英国宫廷侍臣和资深政客担心伊丽莎白太年轻,无法担当重任,开始偷偷摸摸地讨论设立"摄政王"的可行性。

英国王室对伊丽莎白公主继位的担忧,令在法国流亡的温莎公爵夫妇对回国摄政又重新燃起了希望。"我们在巴黎讨论的那件事,……目前形势很有利……我在信中不便多说,近期有机会我们碰面再议。此事需万分谨慎。"这是1946年3月19日温莎公爵寄给迪克西的信。在这封信中,温莎公爵以本名"爱德华"署名,在用字遣词上也非常谨慎,生怕沾上欺君叛国的罪名。

三个月后即1946年7月,见英国王室迟迟没有邀请温莎公爵回国,公爵夫人开始沉不住气了,她给迪克西的信中写道:"此事我们必须做点什么了,一场雷电交加的暴风雨或许能使空气变得清新……我们不能坐视温莎公爵被人当成废物。"

1949年5月,乔治六世因患严重动脉硬化接受神经切除手术。5月13日,迪克西给公爵夫人的信中巨细无遗地描述了国王的病情:"……现在看来,可能会指派一位摄政王。"迪克西在信中还建议公爵回国后在伦敦附近买一处庄园,亲自种地,借此吸引注意。同时在等待的这段时间里,可以在部分支持他的王室成员和政府要员的帮助下伺机复位。

然而,就在温莎公爵夫妇野心勃勃地筹备这一切时,乔治六世奇迹般地暂时恢复了健康。之后,乔治六世又活了3年,于1952年2月病逝,这使得支持温莎公爵复辟的势力逐渐瓦解。1952年,伊丽莎白继承王位,温莎公爵重返英国执政的希望被彻底粉碎。

终身未嫁的伊丽莎白一世

众所周知,当今英国的国王伊丽莎白二世女王在全世界都享有崇高的威望。其实,在英国历史上,曾先后出现过不少女王。除了我们目前所熟知的伊丽莎白二世之外,还有两位也在世界历史上扮演过重要角色:16世纪时的伊丽莎白一世和19世纪时的维多利亚女王。尤其是伊丽莎白一世,她在执政时期,鼓励海外贸易,推行殖民活动，使英国国力大增，并于1588年打败海上强国西班牙的无敌舰队，为日后英国成为"日不落帝国"奠定了坚实的基础，是英国在近代成为欧洲强国的当之无愧的奠基人。同时，这位集美貌、智慧、权力、财富于一身的女王，却给后世留下了一大悬案——终生未嫁，这也成为几百年来人们一直谈论的话题。

不平凡的王者之路

伊丽莎白一世（1533～1603年），英国都铎王朝的最后一任也是在位时间最

伊丽莎白一世

长的一位君主（1558～1603年在位）。1533年，伊丽莎白一世出生在英国的格林尼治，她的父亲就是著名的亨利八世，此人因实行宗教改革而成为英国乃至欧洲历史上相当有影响力的一位国王。她的母亲安娜·波琳是亨利的第二个妻子，由于亨利八世和安娜·波琳的婚姻一直得不到英国国会的承认，所以伊丽莎白也一直被认为是私生子。在伊丽莎白两岁的时候，安娜王后再次怀孕。不幸的是，亨利八世此时已经开始厌倦这位妻子，并另觅新欢。于是心惊胆战的安娜只好希望自己能够生出一位皇子以避免重蹈前王后凯瑟琳的覆辙。由于终日在惊惶中生活，安娜流产了——是个已经成形的男胎。亨利八世勃然大怒，让武士们从格林尼治宫里把正在养身体的安娜王后拖了出来，关进了阴森可怖的伦敦塔；后又借题发挥，把曾经入宫安慰表妹的王后表兄乔治也捉了起来，随即以通奸罪为名将二人送上了断头台，此时的伊丽莎白年仅3岁。半个月之后，亨利八世又迎娶了他的新王后。

尽管如此，伊丽莎白还是在皇室中生活，并受到了良好的教育。幼小的伊丽莎白显得异乎寻常的早熟和敏感。据说，在为人处事方面，她8岁时的表现就已经超过了40岁的女人。她知道怎么保护自己，怎样讨人喜欢，为了讨好父亲和继母，她从来不在任何人面前提到自己惨死的母亲；她甚至还学会了精良的手工，为弟弟做衣服、为父亲和继母制作小礼物。与此同时，伊丽莎白如饥似渴地学习各种知识，

如同一块海绵,把她能够接受的全部吸收进去。她能说希腊语、法语、意大利语,而且都像她的母语英语一样流利。另外,她对神学和音乐、文学也掌握得十分熟练,还能翻译难度极大的法文诗,以至于有些研究者认为她就是莎士比亚戏剧的真正作者。在她那个时代,如此学识渊博的年轻贵族小姐,简直就是凤毛麟角。

1547 年,当伊丽莎白 13 岁的时候,亨利八世死了。继位的是伊丽莎白同父异母的弟弟爱德华六世,但他执政没几年也死了。随后,伊丽莎白同父异母的姐姐玛丽即位。在这位玛丽女王统治期间,英国恢复了罗马天主教,她还下令迫害国教徒,据说大约有 300 人被处以死刑,这使她赢得了"血腥玛丽"的不光彩的绰号。更不幸的是,由于伊丽莎白的母亲安娜·波琳当年为了维护自己女儿的利益,曾让正迷恋着她的亨利八世强迫已近成年的玛丽去做婴儿伊丽莎白的侍女,并促使议会通过了一件《继承法案》,将王位继承权全部归属给了自己的孩子。因此,当时的玛丽曾受了不少委屈。当登上王位后,报复心极强的玛丽立即找借口逮捕了伊丽莎白,并将其关押在伦敦塔内。伊丽莎白后来虽然被释放了出来,但在一段时期内仍处于危险之中。1558 年玛丽死去,25 岁的伊丽莎白终于继承了王位,是为伊丽莎白一世。

一代女王的传奇

当时,年轻的伊丽莎白即位之初就面临着许多问题:与法国的战争,与苏格兰和西班牙的紧张关系,尤其突出的是英国国内的宗教派别之间的尖锐矛盾。不过在解决这一系列问题的过程中,伊丽莎白很快就显示出了非凡的才能。

伊丽莎白执政不久就通过了"至高权力与同一性法案"(1559 年),确立英国圣公教为正式的英国宗教,同时允许天主教的存在,并在其整个统治期间使这一折中法案得到了坚决的贯彻执行。就这样,她领导英国在没有严重流血的情况下通过了宗教改革的第二阶段。不可否认,伊丽莎白的正确决策在一定程度上解除了英国天主教和新教徒之间的深仇大恨,她成功地保持了民族的统一。

伊丽莎白同时开展灵活多变的对外政策。1560 年她缔结了《爱丁堡条约》,提出了一个与苏格兰和平解决争端的办法。英国与法国的战争结束了,而且两国的关系也得到了改善。伊丽莎白企图避免战争,但是由于 16 世纪西班牙有好战的天主教势力，西班牙和英国之间的战争无法避免。伊丽莎白是个智慧超群的女子，她显然讨厌战争和流血，但是需要时她毫不犹豫。由于当时的英国国力远不如西班牙，于是伊丽莎白长年不断地发展英国海军，终于在1588年双方进行的一场大规模海战击败了西班牙的"无敌舰队"。这场胜利使英国一跃成为世界头号海军大国，直到20世纪它还保持着这种海上霸王的地位。

这位女王的功绩还有：1563年出台了"穷人法"，该法的颁布使得当地政府可以从市民身上收取经费去帮助最穷苦的农民，这对后来欧洲社会的福利制度产生了深远影响。伊丽莎白时代的英格兰以其非凡的作家和作曲家闻名，最著名的英国作家威廉·莎士比亚就产生在这个时代。这当然包含着她的一份功劳：因为她曾不顾伦敦地方当局的反对，支持莎士比亚剧院。伊丽莎白时代也是英国探险的时代，有开往俄国的探险，有马丁·弗罗比歇和约翰·戴维斯发现通往远东的西北之路的创举，有弗朗西斯·德克雷爵士路过加州的环球航行，有沃尔特·罗利爵士和其他人在北美无意中发现了英国移民的奇遇。

虽然在伊丽莎白的统治时代，英国还不是一个世界强国，但是她给英国留下了世界上最强大的海军，为随后发展起来的大不列颠帝国奠定了坚实的基础。

她为什么终身未嫁

俗话说，"男大当婚，女大当嫁"，可是，拥有至尊地位的伊丽莎白却始终独身，一再错过结婚的时机，这到底是为什么呢？

据历史记载，伊丽莎白登基时年方25岁。她身材修长，略显瘦削，当时的宫廷服饰特别适合她的身型，在鲸骨紧身衣的作用下，她的腰围仅有13英寸；而轮状皱领恰到好处地遮掩住她稍长的颈项，散开的大篷裙则更进一步地衬托出她的高贵。女王漂亮的鹅蛋脸上嵌着一双水汪汪的大眼睛，虽然略有一些近视，但却并不妨碍她的美丽，反而使得她的眼神具有一种特别的诱惑。她有一头浓密而光润的金红色长发，皮肤雪白得几乎透明，还有一双纤长如艺术家的玉手。女王不仅喜欢打扮，而且也很会打扮自己，天生的丽质配上闪亮的珠宝，时髦的衣饰，优雅的谈吐，绝对是当之无愧的美女，再加上头顶上的王冠，吸引着欧洲大陆不少王公贵胄争相拜倒在她的石榴裙下，用尽心机，渴望成为她的王夫。由于关系到以后英国王位的继承和国家的稳定,伊丽莎白女王的婚事曾被作为国家大事提上英国的政治日程。在议会里,大臣们纷纷强烈要求女王早日结婚。可是,一年又一年过去了,伊丽莎白却仍旧保持独身。

关于美貌的伊丽莎白女王为什么终身不结婚,后人有过种种猜测。有的人认为,最大的可能就是因为其父亨利八世曾两次杀妻、六娶王后,使伊丽莎白从小就蒙上了一层心理阴影,不信任男人和家庭,患上了婚姻恐惧症。还有人认为,从古至今各国王室成员的婚姻,无不烙上深深的政治烙印,只是国家政治、国际关系的附属物,包含了太多的阴谋与利益关系,所以聪明的女王宁愿选择独身也不愿终生生活在龌龊的交易中。更有一些女王的政敌宣称,伊丽莎白根本就没有正常的生理功能,是一个阴阳人,因为宫中曾传出女王的月经少得可怜之类的流言,而另一些持相反意见的人则说女王有过私生子。从这些观点看来,有些虽说是猜测,但似乎不无道理。

首先,父亲亨利八世对伊丽莎白的影响可以说是相当深刻的。亨利八世的第一任妻子是其亡兄的遗孀、西班牙亚拉冈公主凯瑟琳,这次婚姻的目的是为了继续与西班牙的联盟以共同对付法国。后来亨利八世为了与王后的女侍安娜·波琳也就是伊丽莎白的生母成婚,不惜与教廷决裂,自立英国教会。然而安娜·波琳很快就被亨利八世厌弃并被冠以通奸不贞的罪名而遭到处决。再后来亨利八世又娶了四位王后,她们或因生育而死,或被亨利遗弃,或与安娜·波琳同样结局。只有最后一位凯瑟琳·帕尔活得比亨利久,她后来嫁给海军大臣托马斯·西摩,于1584年9月死于难产。父亲的寡情让伊丽莎白领略到了男人的薄幸,性和死亡的阴影也如梦魇一般紧紧地盘踞着伊丽莎白的内心世界。

在弟弟爱德华六世当政时,摄政大臣西摩让自己的亲弟弟托马斯当上了海军大臣,又让他娶了亨利八世的遗孀凯瑟琳·帕尔,没想到帕尔却因难产而死。王太后妻子就这么死了,让满怀野心的托马斯无比懊丧,因为他做梦都想有朝一日能登上英国国王的宝座。于是,英俊的托马斯盯上了伊丽莎白公主,妄图以男色引诱她。而他的哥哥摄政大臣却不能容忍弟弟明目张胆窥视王权的做法,将他毫不留情地丢进了伦敦塔,并以此为名声讨伊丽莎白。年轻的公主义正词严地驳斥了这种无稽的指控,对别人诬陷她与托马斯养下私生女的说法予以反击,摄政大臣无奈之下只好砍了弟弟一个人的脑袋。但是尽管如此,朝臣们仍然通过小爱德华国王对伊丽莎白"不清白的名誉"加以惩处:一年半都不准姐姐踏入宫廷,还把她身边的忠实仆从予以监禁。这是年轻的伊丽莎白第一次的情感经历——追求她的男人动机如此卑劣,又为她带来了如此不堪的后果。这恐怕进一步加深了她对婚姻的恐惧感。

但是女王的婚姻无疑是英国上下关注的最大焦点,大臣们轮番向女王进言,请求她尽快选择一位合适的丈夫,尽早为王国诞育接班人。实际上,早在女王一登基,欧洲各国的求婚大使便踏上了英国的土地。最早的一群使节中当数法国和西班牙的客人最为醒目,然而女王对这两国都没有丝毫的好感。因为在玛丽女王时期,法国夺去了英国在欧洲大陆上的最后一块领地,并迫使伊丽莎白最后在放弃的条约上签了字;而西班牙国王腓力二世对英国干过的那些事,就更不用说了:掀起宗教迫害狂潮,使用酷刑,还在最后关头抛弃了身为前英国女王的妻子。又因为西法两国本就是敌对国,答应谁也不合适。不过,初登王位的伊丽莎白由于私生女的身份,英格兰女王的合法地位一直得不到承认,而西班牙在当时的国际社会中有着举足轻重的地位。于是聪明的女王不动声色地利用起腓力二世,对他的求婚态度暧昧,既不回绝又不应允,使腓力二世对联姻一直抱有希望,求婚之事因此拖了好几个月,以致当时西班牙驻英大使惊呼道:"这个女人真是为十万妖魔所纠缠着。"直到伊丽莎白的地位得到国际社会的承认后,她才以宗教信仰不同为由明确拒绝了腓力二世。后来,伊丽莎白又经常以自己的婚姻为筹码,周旋于欧洲各大国之间,为英国谋求利益。

尽管如此,这位"童贞女王"并不缺乏罗曼史。据说,早在被姐姐玛丽一世囚禁在伦敦塔里的时候,伊丽莎白就认识了罗伯特·达德利,从此就一直对他情有独钟。伊丽莎白把绝境中降临的爱情看得十分重要,终其一生都矢志不渝地将达德利称为"我的眼睛"。1558年伊丽莎白一世即位以后,立即封达德利为御用马夫,后来达德利还得到了莱斯特伯爵的封号。本来达德利可以说是英国国内最适合成为女王丈夫的人选,然而摆在眼前的事实却是残酷的:罗伯特·达德利已有妻室。伊丽莎白只好接受了这个事实,自己虽然贵为女王,却不可能遂心所愿地嫁给自己想嫁的人,这也许是上天为了让她更好地服务国家所做的安排。从痛苦的爱情里渐渐解脱出来的伊丽莎白,仍然一如既往地和罗伯特出双入对。就在此时,突然传来了罗伯特·达德利之妻艾米死在乡间居所的消息。从现场来看,这位可怜的妻子是不慎从楼梯上摔下来,扭断了脖子而死的。但是谣言立即像风一样传播开来,认为达德利一定是幕后主谋,他担忧女王日渐移情别恋,为了尽快升做王夫而扫除了这块绊脚石;甚至有人认为,女王才是幕后黑手,她为了和心爱的达德利双宿双飞,派人谋杀了这位可怜的妻子。这样的谣言,令女王大为恼火。她珍视自己历尽艰辛才得来的王座,怎么会为了一个男人、一个愚蠢的村妇损害自己在臣民间的好名声、动摇统治权呢?关于这件事的调查,持续了一年半之久,最后的结论是:达德利夫人确实死于意外。但是女王已经不太可能下嫁达德利了,无论什么时候,只要她嫁给他,人们马上就会联想到这起事故,那些可怕的谣言势必会影响伊丽莎白的威信,甚至让她失去王位。

在29岁时,伊丽莎白女王不幸患上了天花,病重的她非常清楚地意识到自己如果死去,国家和王位将面临怎样的将来。她似乎有些追悔莫及,没有早日结婚,没有给王国留下合法的继承人。她甚至留下遗嘱,封罗伯特·达德利为英国的大护法。没想到,女王的病情却奇迹般地逐渐好转起来。所有的人都认为,经过了这次生死考验,女王一定会毫不犹豫地下嫁达德利了。然而事实并非如此,病中的女王看清了很多人的真实面目,她的当务之急是要清除这些企图取自己而代之的王位威胁者。她的外甥女苏格兰的玛丽女王可以说是其中最强劲的一个。玛丽本是法国王后,因国王丈夫早死,自己又和婆婆不和而返回苏格兰。她的“未婚”身份必然使得企图攀上她这根高枝的各国政要、本国政敌想要利用她来推翻伊丽莎白的统治。因此,伊丽莎白决定,要先促成玛丽的婚姻,让她的“未婚”身份消失,大掉其价。不久,玛丽就嫁给了表哥汤利——这位汤利也拥有英国王位继承权,伊丽莎白就这样不露声色地把窥视王位的汤利远远地赶到了苏格兰去。伊丽莎白没有想到的是,欧洲各国君主见风使舵的本领如此之强,前一刻还在向玛丽许诺政治利益的使节,一旦知道玛丽已婚,下一刻就转而奔向英格兰,将利益转送给未婚的伊丽莎白。因此伊丽莎白决定,要好好地保护自己的未婚身份。不久以后,从苏格兰传来的消息也进一步地坚定了她不嫁的念头。

玛丽女王和汤利结婚一段日子之后,就有了身孕。刚刚得知这个消息时,伊丽莎白很是不安，唯恐玛丽生下儿子而威胁到自己的地位。好在汤利完全是一只绣花枕头，真正能够协助玛丽料理国政事务的，是她的秘书瑞其欧。就在玛丽即将分娩的时候，她那愚蠢自大的丈夫汤利，在近臣的怂恿之下，竟当着玛丽的面，在荷里路德宫中率众杀害了瑞其欧。玛丽十分伤心痛苦，她万万没有想到，自己主动将苏格兰国王的宝座和权柄让给汤利，放弃女王的尊贵身份做王后，最后居然成了汤利富贵的跳板，由堂堂女王沦为这个轻浮男人的囚徒。玛丽的血泪史为伊丽莎白敲响了一记警钟，无论是达德利还是别的情人，他们真的仅仅是在爱着自己吗？如果自己也像玛丽那样，由女王变成王后，那么得偿所愿的男人难道就不会像汤利那样翻脸无情吗？汤利不过是个纨绔子弟，就已经如此大胆嚣张，更何况自己这些老练而富于心机的情人？伊丽莎白的王位是她历尽艰险，几次与死神较量后才得来的，她是绝不甘心将王座拱手相让的。更何况，嫁人是为了什么呢？让自己由女王变成王后？6位母亲和一个姐姐的教训难道还不够吗？

从父亲亨利八世那里，伊丽莎白深刻地了解到，男人总是认为自己的性别占有优势，认定女人是弱者。伊丽莎白于是决定将自己的性别变成优势，耍弄那些自认为可以在两性关系上占上风的男性君王。她是个女人，而且是个未婚的女人。她非常清楚自己的身份，也决定将这身份好好加以利用。于是，一旦有哪个国家与英国关系紧张，或是英国需要哪个国家的支持的时候，女王便会暗示自己的重臣们出面，向对方国家的使节提出建议——为什么不向我们的女王求婚呢？一旦成功，就可以不费一兵一卒地得到整个英国。欧洲大陆上所有的王公贵族都无法抵挡这个具有巨大诱惑力的建议，一般都是几乎立刻改变主意，不仅不跟英国过意不去，还想方设法地百般讨好伊丽莎白和她的国家。面对这些求婚，女王将拖拉的"爱情游戏"玩得无比纯熟，很轻巧地就把他们拖进了迷宫。当英国的困境得到摆脱，求婚者就会发现费尽心机和钱财之后，自己收获的只是一场空欢喜。明明知道自己上了当，他们却不能够再挑起战端，因为求婚不成恼羞成怒的行径在欧洲是会遭到讥笑的。另一方面，伊丽莎白却为她的英国赢得了宝贵的时间，将英国的实力再一次提升。令人惊叹的是，在伊丽莎白登基为英国女王之后，这样的"求婚游戏"，竟成功地进行过20多场。

1573年，伊丽莎白已经40岁了，如果再不结婚，那她将永远不能结婚，因为她即将失去生育能力,婚姻也就失去了意义,于是大臣们再次向她提出结婚的请求。然而结果却是,伊丽莎白用嘲讽的口气对大臣们说:"那你们认为我该嫁给谁?"大臣们一时哑口无言。伊丽莎白威严地扫视着御座下或站或跪的大臣们,将手中的戒指戴在了一直空着的无名指上,将一句令人震惊的话甩给了目瞪口呆的大臣们:"我只可能有一个丈夫,那就是英格兰。"就这样,伊丽莎白一世成为英格兰历史上最夺目的一朵玫瑰,对于英国人来说,她就是都铎玫瑰的化身。

1578 年,仍待字闺中的伊丽莎白差点就结婚了。当时,法国国王亨利二世的四弟、年仅 23 岁的安佐公爵到英国做客,年龄相差近一倍的两人一见钟情,手拉手地在御花园里嬉笑调情,甚至当众拥抱。安佐公爵弗兰西斯一心迷恋已是半老徐娘的女王,年龄的差距丝毫不影响弗兰西斯追求爱情的决心,他曾滚烫肉麻地向女王表示,自己将是欧洲最执着的求爱者,并且分别于 1579 年和 1581 年两度向女王求婚。对于女王来说,这个穷追不舍的小子虽然其貌不扬——天生一双罗圈腿、满脸大麻子,但以自己的"高龄"要想找到更合适的郎君谈何容易,没准他还真是自己结婚生育后嗣的最后指望。渐渐地女王有点喜欢上了他,并亲切地叫他"我的小青蛙"。眼瞅着这件好事有了眉目,按捺不住的安佐公爵终于沉不住气了,居然大言不惭地向来访的西班牙大使表示女王和自己不日将举行婚礼。此事顿时在王宫里传得沸沸扬扬,女王因此苦不堪言,龙颜大怒。

人们从哈德菲尔宫堆积如山的历史档案中发现了一封写于 1581 年的情书,这封长达 4 页的情书就是安佐公爵就此事向女王表示歉意的。在信纸的顶端标上了罗马字母"E",并配以公爵家族徽章和一个利箭穿心的符号,让人第一眼便能够看懂信中强烈的示爱信号。由于这封情书是用法文写成的,而且"关键处"还使用了大量密码,所以时至今日它里面的内容还未被人们全部读懂。这封情书上端空白处有几行潦草的字迹,据专家分析这是女王当时为破译信件内容而打的草稿。历史学家、英国国家海洋博物馆客座研究员戴维·斯塔基博士说:"伊丽莎白一世,她的行为就像一个女中学生。面对那些如同天书一般的密码,身为女王的伊丽莎白居然亲自动手破译,简直让人不可思议。"据说伊丽莎白曾经答应了安佐公爵的求婚,但后来不知道是什么原因,也许是考虑到英、法、西班牙之间复杂的国际关系,在将要举行婚礼的前几天,女王突然变了卦。她郑重宣布解除婚约,并表示会一辈子独身。同时她向国民发表了一番这样的谈话："我无须再选佳婿结婚，因为我在举行加冕典礼时，已将结婚戒指戴与我国臣民的手指上，意即我与全体臣民为伴，将我的生命与贞节献于英国。"从此，大受感动的英国人民也常用"贞洁女王"的美名来称呼伊丽莎白女王。

另据英国有关媒体报道，最新发现的一份材料表明，16世纪的俄国沙皇伊万四世（又被世人称作"恐怖的伊万"），在自己的第一任妻子去世后10年，也曾经秘密地向当时的英国女王伊丽莎白一世写信求婚。然而由于求婚失败，于是他向伊丽莎白一世亲笔写了一封内容粗鲁、充满恶毒语言的攻击信，信中竟将一生未婚的英国女王称作是"老处女"。

最终，在位45年的伊丽莎白女王，选择了一条令全世界都为之困惑的人生道路。至于其中的真正缘由，恐怕也是非常复杂的，而以上一些解释，也只能是一种猜测罢了。

第三章　身世离奇的美女佳人

绝世美女花谢何方
——西施去向疑案

西施,中国古代四大美女之首,她是美的化身和代名词。这样一个绝世美女除了给后世人留下了倾国倾城的美貌,还留下了许多传奇的故事:她与范蠡的凄美爱情,她被命运捉弄落入夫差的怀抱,身不由己,最后又不知所踪……令后世人不禁为她感到惋惜、悲伤。

沉鱼落雁之容谁之过

西施,名夷光,春秋末期出生于浙江诸暨苎萝村。长得天生丽质,貌美绝世,远近闻名,所以人们不喊她的姓名,只把这位西村的施家姑娘,称作西施。

当时,吴王夫差为报杀父之仇,领兵打进越国,俘虏了越王勾践,越王夫妇被押到吴国做奴隶。三年以后,吴王夫差放回了勾践,勾践回国以后,卧薪尝胆,力图报仇雪恨。"十年生聚,十年教训",越王勾践采纳大臣提出的"美人计",选出越国美女献给吴王夫差,麻痹夫差的斗志。

一些野史杂稗中是这样说的,越国大夫范蠡周游全国,遍访佳人。一天,在清清的浣纱江畔,与西施相逢了。才子佳人,二人出演了一则一见钟情的故事。然而,国难当头,匹夫有责。范蠡以"爱国"的名义,背叛、出卖了爱情。他把绝代佳人西施选进宫里,与其他美丽的越女一起,进行歌舞礼仪等"培训"。大约在公元前490年,西施为首的越女被献给吴王夫差。

西施能歌善舞、风华绝代,让吴王夫差对她十分深爱。从此,吴国歌舞升平,对西施甚至对越国深信不疑。

而越王勾践,却在暗暗地做着各种复仇的准备。他卧薪尝胆、养精蓄锐、励精图治、发奋图强,历经十年,使得国富兵强;而吴国,却在君王"从此不早朝"的松懈的现状中,逐步走向衰弱。公元前473年,越国灭掉吴国,被围困在圣胥山的夫差走投无路,挥剑自刎。

夫差怎么也没有想到,让他国破家亡原因之一的竟是这个他深爱的女子——西施。也正因为如此,多少年来,有多少人认为她是"祸水",西施就这样背负着"祸国殃民"的恶名。谁能料想,沉鱼落雁之容竟然换来命运的捉弄。在那样残酷的世界,也许,西施无从选择,也不许她选择。当然,也有少数人为她的命运抱不平,如罗隐《西施》:"家国兴亡自有时,吴人何苦

西施

怨西施。西施若解倾吴国,越国亡来又是谁?"为西施破除了"女人是祸水"的论调。

我们对这个美丽而传奇的女子感到惋惜、悲伤,也很感慨:这样一个柔弱的女子,在这十七年里,是怎样的柔肠百转?怎样的万箭穿心?怎样的肝肠寸断?在爱人与仇人之间,祖国与敌国之间,她该如何判断?如何选择?历史早已逝去,西施倾国倾城的容颜却永远留在了我们后人的心中。

种种结局的猜测

那么,越国打败吴国后,西施又该何去何从?是否荣归故里了呢?是否得到越王勾践的奖赏了呢?这给后人留下了种种谜团。对西施的结局,历来有不同的说法。归纳起来,大体有四种版本。

1.归隐说

这种说法最早见于东汉袁康的《越绝书》。书中记载:"吴亡后,西施复归范

蠡,同泛五湖而去。"明代胡应麟的《少室山房笔丛》也有类似说法,认为西施原是范蠡的情人或妻子,吴国覆亡后,范蠡带着西施隐居起来。明代的陈耀文《正杨》卷二《西施》也引用《越绝书》的说法认为西施跟随范蠡隐居。

另外,古人的诗词中也有很多关于西施和范蠡隐居的描述。如李白的《西施》诗里就写道:"一破夫差国,千秋竟不还。"苏轼的《水龙吟》词里也写道:"五湖闻道,扁舟归去,仍携西子。"杜牧《杜娘诗》中有句云:"西子下姑苏,一舸逐鸱夷。"《辞海(1979年版)》也这样说:"西施一作先施,春秋末年越国苎萝人,由越王勾践献给吴王夫差,成为夫差最宠爱的妃子。传说吴亡后,与范蠡偕入五湖。"

西施和范蠡本来是情侣,后来西施为了救国,两人只能为国牺牲自己的爱情。待到西施功成归国后,范蠡认为勾践可以共患难而不可以共安乐,再待下去会有危险,建议西施随他一起逃走,归隐江湖,后来便不知所踪。且因为有范蠡泛于五湖的传说,或许是后人不忍这位绝代佳人遭到悲惨的结局,就流传出西施和范蠡归隐五湖的美满的故事,以寄托对他们的同情。

这种说法似乎有一定的根据。根据历史记载,勾践这个人很有心计,早在他被吴国俘虏做人质之时,一次夫差生病,勾践前往探病,竟口尝了夫差的粪便。夫差很奇怪勾践的这种做法,忙问其故,勾践说:"臣闻尝粪便之类,可知病情的发展;味甘则不佳,味苦则渐愈,今味苦,知大王之圣躬无碍也。"通过勾践这些话,可以看出他是一个阴险毒辣的人。范蠡辅佐勾践几十年,对勾践算是看透了,所以等到越国灭吴复国之后,范蠡便退隐江湖,不失为一种明智的选择。纵观中国历史上的许多统治者,功成以后就杀功臣,这似乎是一个规律。所以勾践不会轻易地放过范蠡。

2.沉海说

关于这一说法,在东汉赵晔的《吴越春秋》中记载:"吴亡后,越浮西施于江,令随鸱夷以终。"西施在宫中三年学习期间,与范蠡深深相爱。越王勾践显然也被西施的美貌打动,但他为了成就自己的伟业,只能将西施献给吴王。为了使西施死心地替他完成使命,勾践和范蠡约定:灭吴之后,将西施赐给范蠡,不仅可成全二人的一番相恋,同时也稳住了西施的心,才能使西施身在吴国,心存越国。但是灭吴之后,阴险的勾践变了卦。他不会让自己心爱的女人落到别人的手中,于是下令将西施鸱夷沉江。

"鸱夷"是什么意思？"鸱夷"本指夏商时青铜所制的鸟形盛酒容器。到了春秋战国时期，多用皮革制成袋囊以盛酒，但仍称之为"鸱夷"。清人黎士宏《仁恕堂笔记》记载："秦巩间人，割牛羊去其首，剜肉空中为皮袋，大者受一石，小者受二三斗，俗曰混沌，即古之鸱夷。"所以鸱夷的意思就是用一整张牛羊皮做的皮袋。

"越浮西施于江，令随鸱夷而终"的意思是：（吴国灭亡后）越王把西施装在皮袋里沉到江里去了。另有《吴越春秋·夫差内传》里面的记载："吴王乃取子胥尸，盛以鸱夷之器，投之于江中。"这段话中的"鸱夷"是伍子胥的代称，伍子胥死后，被装在鸱夷之器里投江。照此理解，引申出西施是被越王献给吴王的，吴亡后，越王把西施沉江，随伍子胥去了，而不是随范蠡泛舟五湖。

也有传说是这样的：勾践灭吴后，他的夫人偷偷地叫人骗出西施，将石头绑在西施身上，而后沉入大海。而且更有甚者传说从此沿海的泥沙中便有了一种似人舌的文蜊，大家都说这是西施的舌头，所以称它为"西施舌"。20世纪30年代著名作家郁达夫在福建时，亦称赞长乐"西施舌"是闽菜中最佳的一种神品。《墨子·亲士》提到，西施因为太美，结果被沉入江中。

还有人认为西施被沉水并非王后所为，而是她的恋人范蠡。这种说法颇为残酷，说吴国灭亡以后，越王因为西施的美貌想要将她留在身边，但是范蠡坚决反对，他要越王吸取吴王的教训，不能被美色迷惑。他设下计策，派人用越王的车把西施骗到太湖，又把她骗上船，到湖心的时候把西施从船上推下，西施就溺死于太湖中了。当然，这种说法是经不起推敲的，越国灭吴之后，范蠡不辞而别，改名叫"鸱夷子皮"，"鸱夷子皮"意思就是皮袋子。为什么在越国时候范蠡姓范名蠡，后来离开越国到陶（今山东定陶）的时候又改姓朱，却偏偏在离开越国的时候改名叫"鸱夷子皮"，这个离奇的举动发生在西施沉江之后，因此这是范蠡和西施相恋的铁证。范蠡并非无情无义之人，既然他已决意离开越国，他对于自己的恋人还不至于下此毒手。

关于"沉海说"的理由是：《墨子·亲士》中说："是故比干之殪，其抗也；孟贲之杀，其勇也；西施之沈，其美也；吴起之裂，其事也。"其中"西施之沈"的"沈"在古代就是"沉"的意思。通过这句话我们推断出西施是被沉于水中的，她的死是因为她的美丽。

世界经典文库

中外历史悬案

·身世离奇的美女佳人·

图文珍藏版

在许多诗词中,也有很多对西施被沉江而死的描绘。李商隐曾作《景阳井》绝句一首:"景阳宫井剩堪悲,不尽龙鸾誓死期;肠断吴王宫外水,浊泥犹得葬西施。"另一诗人皮日休也有诗题《馆娃宫怀古》共五绝,第五首是:"响屧廊中金玉步,采苹山上绮罗身;不知水葬今何处,溪月弯弯欲效颦"。

3.落水说

另外还有西施不慎落水而卒的说法。或许是善良的人们并不希望西施这位无辜的弱女子有个悲惨结局,于是找出初唐诗人宋之问《浣纱》诗:"一朝还旧都,靓妆寻若耶;鸟惊人松梦,鱼沉畏荷花"为依据,认为吴亡后西施回到故乡,在一次浣纱时,不慎落水而死。这一说法似乎最理想,可是最缺乏证据,只是人们的一种猜测罢了。

4.被杀说

这种说法可以说纯粹来自传说了。传说吴王自刎而死时,吴人把一腔怒火都发泄在西施身上,用锦缎将她层层裹住,沉在扬子江心。据《东坡异物志》载:"扬子江有美人鱼,又称西施鱼,一日数易其色,肉细味美,妇人食之,可增媚态,据云系西施沉江后幻化而成。"

四个版本中,沉海说和归隐说流传最广,而且相关的证据资料也最多。

以上的这些说法依然存在着很多谜团,令我们难以解读到真相。

如"归隐说",虽说有《越绝书》的记载,但也有人提出疑问:就算西施逃走,为什么会一定跟范蠡一起逃走呢?而今传的《越绝书》却并无"同泛五湖去"这段文字,另外几段关于范蠡和西施归隐江湖的记载都是根据唐朝版本的《越绝书》,这是历史更迭的时间链中的佚文还是唐朝人自己杜撰的美好的爱情故事,我们就不得而知了。

又如"沉海说",一些学者认为《吴越春秋》是野史,其所记并不是真实的历史,以此为据并不可信。书中提到的"鸱夷",杜牧认为不做皮袋解释,而指的是范蠡,因为《史记·越王勾践世家》说范蠡在吴亡后,"浮海出齐,变姓名,自谓鸱夷子皮",他们以为,以"鸱夷"借代范蠡是成立的,因为范蠡隐居,图的是隐姓埋名,不让越王追杀,他不可能取一个与西施之死、与伍子胥之死联系在一起的"鸱夷"这样醒目的名字。

自古红颜多薄命，她们的生命之所以逐浪花而去，是因为往往被政治家用作"美人计"，成为男人争权夺利的牺牲品。而在事情大功告成之时，也就是这些薄命女子的寿终之日了。

至于各种对西施结局的不同解读，到底是随范蠡归隐五湖还是被沉江底，究竟哪个更有道理，哪个才是真相，还需要做进一步的研究。

深明大义嫁匈奴
——昭君出塞的是非曲直

群山万壑赴荆门，生长明妃尚有村；一去紫台连溯漠，独留青冢向黄昏。画图省识春风面，环佩空归月夜魂；千载琵琶作胡语，分明怨恨曲中论。

杜甫的这首《咏怀古迹》概括了汉代美女王昭君的一生。

在民间传说中，昭君出塞时携着琵琶，随着垂老的呼韩邪单于，走在黄沙漫天的塞外，一个人幽思自叹，望着天边的大雁，不由得弹奏了一首《出塞曲》，悲切的琵琶曲伴着塞外大雁的哀鸣，声声悲怨，句句泣诉：一个身单力薄的弱女子，背井离乡，以身和番，以牺牲个人利益来换取国家和人民的安宁，实在让人可惊可叹。虽然这位绝代佳人最终玉坠香陨化为青冢，但是人们并没有忘记她，她的故事在历史的长河中代代流传。

匈奴是古代我国北方一个强盛的游牧民族，后来由于连年的内外战争，国力消耗巨大，人民倍受战乱的痛苦。在这种内讧频繁的局势下，形成了郅支单于与呼韩邪单于的对抗，而最终呼韩邪单于在汉朝的协助下，歼灭了郅支单于。公元前33年，呼韩邪单于来到长安朝觐，以尽藩臣之礼。而汉元帝为了增强两国的友谊，改年号"建昭"改为"竟宁"，有长久安宁之意。呼韩邪单于入朝时，"礼赐如初，加衣服锦帛絮，皆倍于黄龙时。"同时，呼韩邪单于提出"愿为天朝之婿"的请求。据正史记载，一位名叫王嫱，字昭君的宫女，慷慨应召，"请掖宫，令长官求行"。汉元帝便将其许配给单于。王昭君容貌秀美，仪态端庄，通情达理，深得呼韩邪单于的宠爱，特加封号"宁胡阏氏"，以示将和汉朝建立永远和平、安定的关系。

既然王昭君是主动承担这个和番的历史重任而北出塞外，并对汉匈的和睦相处做出了巨大的贡献，那为什么会有一曲琵琶的哀怨之声弹至今日呢？其中隐情，为历代的文人尽情想象挥洒于作品当中，致使昭君出塞的历史原貌变得模糊不清，众说纷纭，莫衷一是了。

王昭君，名嫱，西汉南郡秭归（今湖北兴山县）人，西晋时，为避司马昭之讳，改"昭君"为"明君"，后渐渐有"明妃"之说。汉元帝建昭元年，下诏征集天下美女补充后宫，年方二八的王昭君纳选入宫。可王昭君入宫之后，却并未见到元帝，《后汉书·南匈奴列传》记载："昭君入宫数岁，不得见御，积悲怨……"原来宫女入宫之后，按照惯例要由画工画了容貌，呈上御览，以备随时宠幸。而当时主画的画师毛延寿生性贪鄙，屡次向宫女索贿，宫女为赢得皇上召见，大都倾囊相赠。王昭君家境平淡，更自恃美冠群芳，既无力贿赂，又生性奇傲未肯迁就。毛延寿索贿失败便怀恨在心，反而将王昭君的画像易美为丑，使其"入宫数岁，不得见御"。

后来，由于呼韩邪单于求亲，汉元帝便决定赐给他五个宫女。王昭君知道，这是一个能使自己逃离寂寞漫漫的后宫的机会，尽管想到大漠的荒凉，前途难卜，但总比深锁于后宫强，便"请掖宫，令长官求行"。

在呼韩邪单于即将北归之时，汉元帝召见王昭君，看着这个浓妆淡抹、娇娆婀娜的女子，惊叹不已，如此佳人真使后宫三千粉黛尽失色！虽心生悔意，但君无戏言，之好忍痛割爱，让昭君远嫁匈奴了。汉元帝本想敷衍了事，以丑送人，没想到却送走了一个千载难逢的绝代佳人。此后，元帝知道了毛延寿索贿的劣迹，虽斩之也于事无补了。

历史上还有一种说法，王昭君出塞是毛延寿设下的救国之计。昭君入宫之后，由于她是良家出身，美貌绝伦，不怕没有临幸之日。宫廷画师毛延寿因为担心汉元帝会沉迷于王昭君的美色之中不理朝政，便在画像时，故意丑化了王昭君。在这一说中，毛延寿虽"为人形，丑好老少必得其真。"（摘自《西京杂记》），但却成了忠君爱国之士。因此，历史上曾有些文人竭力鼓吹毛延寿的"高明"。在他们眼中，王昭君似乎成了妲己、褒姒这样的红颜祸水，如果不除之，必将祸国殃民，后患无穷。不过，这显然是附会了女人为祸水的封建文人之说，把昭君哀怨悲恼的悲剧归于她自身的美貌；把一个客观上维系了汉匈多年和平安定局面的弱女子说成了亡国祸水。此说法显然为大多数人反对，也不可能像前一种说法那样深得民心。

据记载,王昭君在匈奴期间,曾参与政事,她多次劝说单于应明廷纲,清君侧,修明法度,多行善政,举贤授能,奖励功臣,以得民心,取汉室之长,补匈奴之短。同时,在春日之际,管理草原,植树栽花,育桑种麻,繁殖六畜,并向匈奴女子传授针绣的技巧,讲解纺织的工艺。王昭君毫不保留地细心施教,在忙碌与诚恳之中,受到匈奴人民的爱戴。后来,随着呼韩邪单于去世,昭君因不愿嫁给前阏氏之子,上书汉朝要求回汉。但是,未得允诺,敕令其遵照匈奴的习俗,又嫁给了后单于阏氏。一个南方女子在荒漠一呆数十载,后郁郁而逝,也有说是服毒而亡。其墓地在今内蒙古自治区呼和浩特市城南,方向朝南,也许借以表达昭君要回归那山清水秀的南方故里的愿望吧!

貂蝉到底姓什么
——貂蝉身世去向疑案

貂蝉素有"闭月"之容貌。正是因为这种美貌,才使得司徒王允实现美人连环计,让弄权作威的董卓、勇而无谋的吕布反目成仇,使得动乱不堪的朝野稍显安宁。然而,关于貂蝉生平史考的史料,则多见流于坊间的野史杂剧。

貂蝉身世之谜

关于貂蝉的身世,在坊间和史学界都存在二元说:一说是貂蝉其人是罗贯中在创作《三国演义》时,为丰富故事情节而虚构的人物。从正史考,能真实反映三国时期的史书,主要就是《三国志》,而无论是陈寿的原本还是后来裴松之所加之注,都不能找到关于貂蝉的只言片语。经过史料考证,很多历史学家认为"貂蝉。"是汉朝的一个给宫女的比较高的封号,而不是一个具体的人。所以学术界普遍认为,貂蝉其实是

貂蝉

虚构的人物。然而总有好事之人费尽心机查遍资料,从另一角度考证,东汉历史上

确有貂蝉其人。有关貂蝉身世之说可从以下的故事传说中查考。

貂蝉出生在东汉末年江陵的一个没落家庭。兵荒马乱的社会使她的父兄不知去向，也把她和母亲两人推到了洛阳，被王允收留。不久母亲因病去世，这时貂蝉还是个娃娃，王允的夫人既怜她孤苦伶仃，又爱其聪慧雅洁，命她做了贴身侍婢。

到12岁的时候，貂蝉已长得亭亭玉立，由于长期寄人篱下，养成了一套善于察言观色的本领。再加上生性聪慧，善解人意，嘴甜心细，不但颇得王允夫人的欢心，就连王允本人也对她另眼相看，于是她的身份介乎小姐与侍婢和歌伎之间，像是三春的花朵一般盛开在王允府邸的雨露之中。

战乱并没有使貂蝉受到损伤。自火烧洛阳，迁都长安后，把持朝政的董卓仗着有勇冠三军的吕布做义子，更加为非作歹。他在长安郊外建坞，安置家属，自己也半月一回，或一月一回，设帐幔于路，回坞与公卿聚饮。一天，北地招安降士数百人到来，董卓出横门，百官相送。董卓乘机留百官宴饮，却将降士数百人，在座前或断其手足，或挖去眼睛，或割掉舌头，或将他们放在大锅中熬煮。百官战栗失箸，董卓却饮食谈笑自若。并说道："我杀歹心的人，有什么可怕的？"在座的王允胆战心惊，吓得连话也不敢说。

一天，百官在朝堂议事，吕布突然来到董卓身边，耳语数句，董卓点了点头。吕布来到司空张温身边，一声令下，将张温揪下朝堂。不一会儿，侍从用一红盘托张温头献上。董卓命吕布劝酒，把人头在各人面前一一呈过，然后说道："汝等人对我孝顺，我不害你们，我是受天保佑的人，害我的人一定会失败。"一个大臣就这样无缘无故地被杀了。王允惊惧的同时，免不了兔死狐悲。

很晚了，王允站在荼蘼架旁想着白天的事情，暗暗落泪。他知道要除掉董卓，就必须先离间他和吕布的关系。忽然他听到在花园的另一端也有人在暗暗地叹息，他悄悄走过去，发现是貂蝉，他柔声问貂蝉："你有什么伤心事，竟于深夜在此长叹，能不能告诉我。"貂蝉先是讲了王允如何收养了她，如何让她过上幸福的生活，自己如何希望能够感恩图报。然后话锋一转，讲到她最近总见到王允愁眉不展，特别是今晚更是坐立不安，料想一定有什么重大的事情，十分棘手。看到王允痛苦，不禁长叹。

接着貂蝉表示，只要王允有用得着她的地方，她一定万死不辞。王允静静地听着,静静地看着。这时更鼓三下,夜月正圆,料峭春寒中,花影婆娑下,朦胧的光影,美丽的倩影,简直就是一幅空灵秀逸的图画。王允计上心来,立即叫貂蝉跟他到画阁中去。进了画阁,王允叫貂蝉于中端坐,窗外月白风清,书房内红烛吐蕊,王允道出一番话来,吓得貂蝉花容失色。王允跪拜在地,貂蝉跟着跪倒,面对自小抚养她的恩人,面对白发苍苍的老人,她再次发誓,万死不辞。

对于貂蝉的身世以及姓氏,历史上有多种说法。

一是貂蝉杜氏说。貂蝉,正史上虽没有记载,但文学作品中多有描述,其他方面记载:貂蝉姓杜,原为吕布部将秦宜禄之妻,他们还有一个儿子名叫秦朗,字元明,《三国演义》出现过,《三国志》上也有记录,为汉末三国魏国重要人物之一。因为吕布行为不正,爱抢别人的妻子,貂蝉被迫嫁于吕布,其子秦朗也跟随吕布,吕布覆灭后,秦朗追随曹操,后深受曹操喜爱,被曹操认作干儿子。

二是貂蝉任氏说。据学者孟繁仁先生考证,小说人物貂蝉,任姓,小字红昌,出生在并州郡九原县木耳村,15岁被选入宫中,执掌朝臣戴的貂蝉(汉代侍从官员的帽饰)冠,从此更名为貂蝉。

汉末宫廷风云骤起,貂蝉出宫被司徒王允收为义女。不久董卓专权。王允利用董、吕好色的弱点,使貂蝉施"连环计",终于促使吕布杀了董卓,立下功勋。貂蝉故里在忻州市东南三公里的木芝村,位于从太原或忻州去禹王洞的途中。

木芝村原盛产木耳,故名木耳村,后来因为村中槐树下发现一株千年灵芝,遂改名为木芝村。村中传闻,早在貂蝉出生前三年,村里的桃杏就不开花了,至今桃杏树依然难以成活,是说貂蝉有羞花之貌的缘故。村中原来有过街牌楼、前殿、后殿、王允街、貂蝉戏台和貂蝉墓。时过境迁,这些建筑都成了废墟,墓冢在浩劫中又夷为平地。遗址中常有古代砖、石构件、铜币、陶瓷残件出土,据说都与貂蝉有关。

三是貂蝉霍氏说。关于貂蝉的出身,有野史资料这样交代:其人本姓霍,无名,山西人,与名将关羽为同乡。自幼人才出众,聪敏过人,因而被选入宫中,任管理宫中头饰、冠冕的女官,故称"貂蝉"官。因遭"十常侍之乱",避难出宫,为司徒王允收留并认为义女,方才成就了离间董卓、吕布父子的壮举。

有关貂蝉身世之谜的种种说法,现代人无法肯定哪一种说法就一定正确或错误。

连环计实施之谜

今人说起貂蝉，就不得不说她的闭月容貌，不得不说她与王允、董卓、吕布等枭雄之间的故事。也正因为貂蝉的"闭月"容貌，假借东汉年间的历史环境条件，各种只有天知道的机缘和当时那些写手天马行空的想象，成就了今天我们所能知晓的有关貂蝉的各种传说。

自黄巾农民起义后，东汉政权名存实亡，各地军阀割据混战，朝中董卓废掉少帝，另立陈留王，一手遮天。东汉大臣王允于是以貂蝉为工具使用连环计对付董卓，使本已混乱不堪的政治局面更加混乱。

王允与貂蝉计议的第二天，王允就将家藏的明珠数颗，令匠人嵌成一个金冠，使人秘密送给吕布。吕布大喜，当即赶到王允家中致谢。王允果然抓住了吕布的弱点，吕布一介武夫，贪财重利，很容易就上钩了。

王允盛情招待，当酒饮至七分醉时，貂蝉从内室款款走出，吕布眼睛立刻就直了。酒过三巡，醉意重重中，王允告诉吕布，愿意把貂蝉嫁给他做妻子，又欲擒故纵地说，要不是怕董卓见疑，一定会留吕布在家里过夜。吕布在依依不舍中，喜滋滋地离去。第一步成功了，现在就看第二步了。又一个早朝完毕，王允跪在地上请董卓到他家去做客，说道："允欲驱太师车骑，到草堂赴宴，未审钧意若何？"董卓慨然说："司徒乃国家之大老，既然来日有请，当赴。"第二天，王允穿着朝服迎接董卓，再拜起居，称赞董卓，把他比做姜子牙、周公。董卓还未饮酒就已经醉醺醺的了。堂中点上画烛，夜幕降临，只留使女进酒供食。王允说道："教坊之乐，不足以供奉钧颜。辄有女舍之乐，敢承应乎？"董卓答道："深感厚意。"王允立刻叫人放下帘栊，笙簧缭绕，簇拥貂蝉舞于帘外。

董卓本是武夫出身，怎么能受得了这种雾中月、水中花式的东西，立即命令近前来唱。一曲还未唱完，董卓叫貂蝉为他把盏。董卓轻轻问："春色几何？"貂蝉幽幽地答道："贱妾年未二旬。"董卓笑道："真神仙中人也！"王允立即说："老臣欲以此女献主人，未审肯容纳否？"董卓色眯眯地说："美人见惠，何以报德？"一边说着"尚容致谢"，一边就急急起身，王允跟着亲自送貂蝉随董卓到坞。王允送董卓回来后，还未进家门就被吕布拦住了，吕布一把揪住王允，怒骂"老贼戏我"！拔剑就要砍。王允立即鬼话连篇,告诉吕布,董卓把貂蝉带走了,是要为吕布主婚,并要吕布把王允自己家中的一些珠宝带走,说是给貂蝉出嫁做首饰的。信以为真的吕布立即兴冲冲地赶到相府。

可怜吕布兴冲冲赶往相府得到的答复却是:"夜来太师与新人共寝,至今未起。"吕布听后一惊,马上偷偷地来到董卓卧房后偷看。

貂蝉刚好起床梳头,发现了偷看的吕布,立即蹙起眉头,显出忧愁不安的样子,再假装不断用手帕擦拭泪眼。董卓正式接待吕布了,几句寒暄后,吕布总不见董卓提起为他主婚的事,就痴痴地站在那儿看董卓吃早饭。这时貂蝉故意在绣帘后走来走去,引起吕布的注意,甚至不惜露出半个脸来,以目传情,霎时,吕布神魂荡漾。董卓当即警觉,见吕布频频侧身向里而望,恼怒地说:"布儿无事且退。"吕布一肚子不高兴回到家中,他的妻子不知趣地问他:"汝今日莫非被董太师见责来?"吕布一反常态地说:"太师安能制我哉!"

董卓自纳貂蝉后,月余不出理事。吕布一切都知道了,但愈如此,他愈思念貂蝉。终于,吕布利用董卓午睡的机会溜进了董卓的卧室。

貂蝉在床后探半身望着吕布,以手指心而不转睛。吕布感激得频频点头表示明白她的意思。貂蝉用手指董卓,强擦泪眼,吕布似乎心都被揉碎了。董卓从蒙眬中醒来,看到了吕布,猛然回身,看见貂蝉在屏风后面。董卓恼羞成怒,责问吕布:"你敢戏我爱姬吗?"唤左右驱逐吕布,今后不许入堂,吕布怀恨回家。不久,貂蝉将吕布约至相府后花园中的凤仪亭,边哭边说,自己如何思念吕布,董卓又如何将自己奸污。现在此身已污,不得服侍英雄,愿死在吕布面前,以绝了吕布的思念。

话未说完,就手攀曲栏,望荷花池便跳,慌得吕布一把抱住,貂蝉乘机倒在吕布怀中,说道:"妾在深闺,闻将军之名,如雷贯耳,以为当世一人而已。谁想反受他人之制! 妾度日如年,愿将军怜悯而救之。"挑起吕布反对其义父董卓。

话说董卓因久未见貂蝉,便到后花园中寻觅。只见吕布把他的方天画戟放在旁边,抱着貂蝉说悄悄话。董卓顿时无名火起,抢过画戟就刺,吕布掉头便走。董卓胖,赶不上,飞起一戟,被吕布一拳打落在草中。吕布与董卓的关系彻底破裂。董卓带着貂蝉离开了相府,回到坞。

王允也乘机把吕布接到家中,痛斥董卓把吕布的貂蝉抢走,说是要为吕布报

·身世离奇的美女佳人·

图文珍藏版

仇，二人同仇敌忾，刺杀董卓的计划便设计好了。轻车都尉李肃奉命到坞去见董卓，说是天子有诏，欲会文武大臣于未央殿，商议将帝位传给太师之事。董卓心花怒放地起程进京，一路上车轴折了，马辔头断了，而且路上狂风大作，尘土蔽天，董卓大惑不解地认为这些都是不祥之兆。李肃却解释说："弃旧换新，将乘玉辇金鞍；万岁登基，必有红光紫霞，这些都是吉兆。""千里草，何青青；十日卜，不得生。"这一首当时流行在长安街头的童谣，预示着董卓就快要死了。董卓在走进未央殿时，被埋伏在殿内的军士伏击，一戟直透董卓咽喉的就是吕布，李肃早把董卓的人头提在手中。

美人连环计奏效了，是司徒王允诱逼说服貂蝉充当这一道具，还是貂蝉自己为报养育之恩主动请缨担当此任，我们无从考证。

貂蝉归属之谜

自古有"红颜薄命"之说。坊间的野史杂剧中关于貂蝉之死也有种种说法。《三国演义》中关于貂蝉的后事也只做了简单叙述：吕布白门楼殒命，便以一句"妻女运回许都"作结，自此，貂蝉生死成了千古之谜。

然而坊间流传的貂蝉之死如是说：吕布白门楼殒命后，貂蝉被曹操掳回了许昌，纳入后宫。关羽屯土山约三事暂时降曹之后，曹操为了笼络关羽之心，特赐美女十人，貂蝉便是其中一位。当关羽听到貂蝉报出姓名之后，感其胆识，捋髯称了一声"好"之后，闭目不言挥手令去。貂蝉听后，明白关羽全其名节之意，回房后遂自尽而亡。

貂蝉之死另一说：自刎而死。这种说法最罗曼蒂克。貂蝉因为知道了吕布被杀的消息，整日茶饭不思，想到吕布的种种好处，悲恸欲绝，没多久就含泪自刎了。

吕布杀死董卓之后随即率兵偷袭了坞，董卓军群盗无首，四散溃逃。吕布趁机诛杀董卓的家人、部将，把金银、粮食、绫罗绸缎、翠玉珍珠都运回长安，一半送交国库，一半犒赏将士。

董卓部下李傕、郭汜、张济、樊稠等人为了躲避吕布的诛杀，逃到老家凉州。他们曾派人向王允求饶，但遭到了拒绝。在凉州，郭汜等人纠集旧时部众，共十几万人，扑向长安。吕布恃勇轻敌，被郭汜等人杀退。吕布的部将李蒙、王方与董卓感情深厚,趁机开门献城投降。吕布身陷绝地,只率几百骑兵逃出来,来到王允府前,对王允说:"叛军人多势众,无法抵挡,请司徒随我一同避难吧。"王允说:"主上年幼,需我保护。我岂能弃主而去。再说,你走了,女儿貂蝉托付给谁呢?"吕布说:"事到如今,我也顾不得了。司徒若不走,请保重身体。"王允说:"到了关东,请代我向关东诸君传话,望他们以国家为重,不要互相残杀了。"吕布答应之后,逃命去了。

郭汜率军攻进长安后,烧杀抢掠无恶不作。叛军围住皇宫,王允保护献帝登上宣平城楼,城下的郭汜等叛军看到黄罗伞盖,三呼万岁,下马参拜。献帝问:"你们擅自攻入长安,围住皇宫,到底要干什么?"郭汜等人说:"臣等只想替董太师报仇,绝不敢谋反。望陛下交出王允,我们马上退兵。若不从,定叫长安城鸡犬不留。"献帝低下头默不作声。郭汜等人见了,下令攻城。王允站出来说:"陛下保重,老臣去了。"郭汜等人喊道:"董太师竟被你陷害而死,我们前来复仇,你还有什么好说的?"王允笑道:"你们为虎作伥,血债累累。你们不思悔改,反而劫掠京城,围攻皇宫,真是恶贯满盈,罪不容诛呀!"说完,从容就义。

叛军冲进王府,除了貂蝉外,杀个鸡犬不留。此时,貂蝉听说吕布逃走,看到全家被杀,如今自己又要被叛军抢走。貂蝉向郭汜等人提出,若能允许她祭奠父母,她愿听从差遣,否则宁死不从。

郭汜等人舍不得貂蝉,商量了一阵,同意了。貂蝉披麻戴孝,跪在父母灵前哭泣,多年来的酸甜苦辣,涌上心头。貂蝉趁叛军不备,从怀中掏出剪刀,向心窝刺去……

说貂蝉,念貂蝉,解貂蝉之谜,现今自娱自乐年代的众人何须非要弄个清楚?欣赏貂蝉闭月容貌之时若能够长长地叹息:"空有倾国之貌,命似飘萍无依,春花秋月随风逝,多情自古空余限",亦足矣。

婉转蛾眉归何处
——杨贵妃的下落之谜

"一骑红尘妃子笑,无人知是荔枝来。"这是唐朝诗人李商隐的著名诗句,诗中的妃子就是我国古代四大美人之———杨玉环。

杨玉环是唐玄宗的宠妃，她称得上是中国历史上一位传奇式的人物，她与唐玄宗的爱情故事千百年来广为流传，不论是《新唐书》《旧唐书》等官方记载，还是坊间野史，甚至唐宋后人的诗词歌赋，都说杨贵妃死于"马嵬驿兵变"。但民国以来，学术界对杨贵妃之死却有了不同观点，他们认为："马嵬驿兵变"与传统说法有异，杨贵妃之死存在疑问，更有人提出杨贵妃入寺为尼或出海远遁。

杨贵妃

关于"马嵬驿兵变"的真相，流行着以下三种说法。

第一种观点认为，兵变纯粹是唐军因一路逃命，饥饿疲劳不堪，从而对唐明皇的宠妃杨玉环、国舅杨国忠等人肆行非礼，主谋是大将陈玄礼。这是一种很多正史所载，并且比较传统的观点。

第二种观点认为，兵变是因为太子李亨觊觎皇位而阴谋发动的，真正的幕后主使人应当是太子本人，陈玄礼只是被人利用的工具而已。在此观点中，又有些人提出异议，他们首先肯定太子和李辅国共同参与了兵变阴谋，但又认为主谋人物是宦官李辅国。

第三种观点认为，高力士是真正的"带头大哥"，陈玄礼是受高力士的委托，先除掉杨国忠，然后又逼迫杨贵妃自杀。

那么，"马嵬驿兵变"中的主要受害者杨贵妃是怎么死的呢？据正史中所载她是被缢死的。如《旧唐书·杨贵妃传》记载：禁军将领陈玄礼等杀了杨国忠父子之后，以"后患仍存"为由，强烈要求赐杨玉环一死，唐玄宗无奈，与贵妃诀别后只得下令杨贵妃"遂缢死于佛室"。《资治通鉴·唐纪》记载："上命力士引贵妃于佛堂，缢死之。"唐朝小说家陈鸿的《长恨歌传》记载："上知不免，而不忍见其死，反袂掩面，使牵之而去，仓皇辗转，竟就死于尺组之下。"唐朝李肇的《国史补》中记载："玄宗幸蜀，至马嵬驿，命高力士缢贵妃于佛堂前梨树下。"北宋文学家、地理学家乐史的《杨太真外传》中记载："上入行宫，抚妃子出于厅前，至马道北墙口而别之，使力士赐死。妃泣涕呜咽，语不胜情，乃曰：'愿大家好往。妾诚负国恩，死无恨矣，乞容礼佛。'帝曰：'愿妃子善地受生。'力士遂缢于佛堂前梨树下。"史料上的记载大同小异，都说杨贵妃死于马嵬驿佛堂。

但是，唐朝诗人李益、杜甫、贾岛、温庭筠等却在写有关于"马嵬驿兵变"的诗文时，则认为杨贵妃是被乱兵所杀，而不是自缢而死。如杜甫《哀江头》的"明眸皓齿今何在，血污游魂归不得。"杜甫的诗中说杨贵妃并非自缢而死，这首诗作于距"马嵬驿兵变"事发后仅六七个月。李益《过马嵬驿》中说："托君休洗莲花血，留记千年妾泪痕"，贾岛《马嵬》云："一自上皇惆怅后，至今来往马蹄腥。"温庭筠《马嵬驿》亦云："返魂无验青烟灭，埋血空生碧草愁。"从当时激愤的叛军入门先后砍杀了杨国忠父子、韩国夫人、秦国夫人、御史大夫魏方进、韦见素等情况看，乱兵是一路杀进唐玄宗的居屋的，杨贵妃被杀也是大势所趋。大概是出于"为尊者讳"，正史上统统记载杨贵妃是自缢身亡。

不过，有人持另一种观点，即杨贵妃不是死于自缢，也非被杀，而是吞金而死。唐代诗人刘禹锡《马嵬行》云："绿野扶风道，黄尘马嵬驿。路边杨贵人，坟高三四尺。……贵人饮金屑，倏忽蕣英暮。平生服杏丹，颜色真如故。"诗中明明白白地说杨贵妃是吞金而死的。

然而，现在的很多学者越来越相信，杨贵妃当时并没有死，而是逃走了。在20世纪20年代，著名红学家俞平伯通过对唐朝诗人白居易《长恨歌》和唐朝小说家陈鸿《长恨歌传》的考释，提出了独特的见解。他认为，杨贵妃在马嵬驿兵变中并没有死，而是逃跑了。1981年，周煦良在《晋阳学刊》第六期上发表《<长恨歌>恨在哪里？》一文，对俞氏的观点做了进一步阐述。唐玄宗在马嵬驿兵变后在四川避居一年后重返长安，可是当迁葬杨贵妃时，却"马嵬坡下泥土中，不见玉颜空死处"，也就是说迁墓的时候找不到杨贵妃的尸首了。由此推测，当时很可能有人用了调包计，找了侍女代死，从而使杨贵妃得以逃脱。后来，唐玄宗曾派方士寻找过杨贵妃，所谓"上穷碧落下黄泉，两处茫茫皆不见"，这也暗示杨贵妃尚在人间。后来听传闻，杨贵妃逃亡后，出家做了女道士。

1984年，第五期《文化译丛》所载的由张廉所翻译的日本一篇文章——《中国传来的故事》，提出了另一种有趣的看法，认为兵变将领陈玄礼怜惜杨贵妃貌美，不忍心杀害她，就与高力士密谋，以侍女代死。当时，高力士用车运来"杨贵妃"的尸体，由陈玄礼假装验尸，才得以瞒天过海，而杨贵妃逃走后，由陈玄礼的亲信护送，大约在现在的上海附近扬帆出海，东渡去了日本。

日本学者渡边龙策在《杨贵妃复活秘史》一书中，则详细描写了杨贵妃逃出马嵬驿、东渡日本的过程。他认为，杨贵妃能够大难不死，多亏了舞女谢阿蛮和乐师马仙期的帮助，她先往东南潜入襄阳，再漂泊到武昌，随后"烟花三月下扬州"。最终，结识了日本遣唐使团团长藤原刷雄，在他的帮助下，搭上日本使团回国的大船，逃亡到日本山口县向津具半岛的久津，此时为公元757年，正值日本孝廉女帝时代。杨贵妃逃亡后，唐玄宗从谢阿蛮和马仙期处得到了杨贵妃东渡日本的消息，唐玄宗便派方士去日本寻找杨贵妃，并面呈了唐玄宗送给她的两尊佛像，劝她回国。杨贵妃则以玉簪作为答礼，命方士带回献给玄宗，双方互通了消息，但这对有情人终于还是天各一方。

有学者认为这一观点未免太异想天开。其实，这也是合乎情理的，杨贵妃是唐玄宗最宠爱的妃子，再加上唐玄宗是个多情种子，他绝不会坐视自己的心上人死在自己的面前，完全有可能选一貌似贵妃的侍女去替死。乱兵又不认识杨贵妃，这样做也不是没有可能？因此，杨贵妃逃生也并非天方夜谭。

"马嵬驿兵变"已过去了一千多年，这场导致唐玄宗下台的事件究竟是某些上层人物的预谋还是偶发事件呢？杨贵妃是自缢而死还是被乱兵所杀？杨贵妃是死还是出逃了呢？这一历史事件的真相，外人无从知晓，后人所传也多是道听途说和猜测，尤其是诗人所作，更是随性所为，不着边际。

要想还原"马嵬驿兵变"的真相，既要考虑当时宫廷内部的矛盾，也要考虑当时的形势，既不能轻易地根据一些"史料"而下定论，也不能随便否认某种推断。也正鉴于此，杨贵妃的下落才会更加的扑朔迷离。

自古红颜多薄命——陈圆圆的最终去向

公元 1644 年,李自成兵败山海关,而原本盘踞东北地区的满族人随后入主了中原。在这关系到中国从 17 世纪中叶到 20 世纪初的历史大走向和亿万生灵命运的重大历史事件背后,却隐藏着一个既有着许多浪漫气息又充满悲情的一个模模糊糊的关键人物,她就是明末苏州城内一个绝色女子——陈圆圆。说来也奇怪,关外清兵与明政府百年抗衡最终获胜,李自成几十万人十几年浴血奋战功败垂成……这些足以改变历史的事件居然最终都源于一名妓女的被劫。

史书记载,历史上却有陈圆圆其人,她本姓邢,名沅,字圆圆,又字畹芬,出生于江苏常州府武进县。她的父亲是个货郎,母亲早亡,自小家境贫寒,也正因为家贫,后来不得不沦落到苏州桃花坞做了一名歌妓。因为陈圆圆极美有长袖善舞,所以很快就红透了苏州城,成了当时达官贵人们追逐的对象。冒襄《影梅庵忆语》、陈其年《妇人集》、李介立《天香阁笔记》、(道光)《武进县志》等书对以上内容有着详细的记载。虽然也有人认为她出身于大家闺秀,生于四川,父亲曾为四川成都同知,但是此说没有证据支持。

既然陈圆圆是流落在苏州的风尘女子,那么她是怎么到达京城而落入吴三桂之手,并成为其宠妾的呢?这个问题暂无定论。据《清史列传·逆臣吴三桂》记载,崇祯周皇后的父亲嘉定伯周奎有一次到苏州营葬,见陈圆圆美貌就将其带回京城,后来赐给了吴三桂为妾;据《天童密云悟塔铭》说,皇亲田弘遇在崇祯十四年(公元 1641 年)到南海普陀山进香归来时,于次年春天从苏州抢掠而来,起初将其纳为自己的爱妾,后来因为体弱多病,便将陈圆圆送给了吴三桂;而据徐树丕《识小录》卷二《合纪诸不肖事末》记载,崇祯十五年春四月,田弘遇有一个当锦衣卫的女婿叫汪起先,他到苏州办事的时候,在一戏场发现了陈圆圆,被其美色所吸引,便将其强行赎走。而当时已花花公子周玉莎也觊觎陈的美色,不甘心心中所爱被汪带走,便托好友宋某纠集了一批地痞无赖,将陈圆圆从汪起先手里过了回来。宋某的父亲曾入过仕途,知道田弘遇的女儿是当朝贵妃,父以女荣,田终日嚣张跋扈,不可随意冒犯，便亲自去给汪起先赔罪，并将陈圆圆归还给了汪起先。后来，汪起先因为得罪了田弘遇，便忍痛割爱将陈圆圆献给了田弘遇抵罪。再后来，田弘遇又把陈圆圆献给了崇祯帝。

后来，李自成攻入北京，农民军将领刘宗敏被已是吴三桂爱妾的陈圆圆的美色所迷，将其占为己有，这直接导致了时任宁远总兵，下辖十万大军的吴三桂开关降清。不过对这段历史，史学家们观点又出现了分歧。姚雪垠根据《甲申传言录》中所载，刘宗敏向吴襄索要陈圆圆，而吴襄回答说陈已经死在了宁远，并认为陈圆圆与吴三桂降清一点关系都没有，因为当李白成功入北京时，陈圆圆早已命丧宁远了。但是，另外一些学者通过对当时有关记载的辨认考证，认为农民军虽然起初军纪严明，但在进入北京城后，渐渐变得军纪混乱，烧杀奸淫时有发生，并且对达官富豪的拷掠更甚。因此，刘宗敏"系襄索沅"导致吴三桂降清是有可能的。

最后，关于陈圆圆的最终归宿也有不少分歧。

第一种观点认为，陈圆圆根本没到过云南，早就死在了宁远。其根据是康熙二十年（公元 1681 年），清军攻破昆明，查抄吴三桂伪宫时，并没有见到陈圆圆的踪迹，宫中册籍也没有她的名字。

第二种观点认为，陈圆圆在山海关一战，被吴三桂抢回，其后随吴三桂到了云南。后来，当清兵攻破昆明城时，陈圆圆自缢而亡或绝食而死。据刘健《庭闻录》记载，吴三桂有宠妾陈圆圆、八面观音以及四面观音等，并且在城破时，陈圆圆已死去。刘健的父亲曾担任云南同知，吴三桂叛乱时，他知道吴必败，誓不相从，他对吴三桂的记载应该是可信的。孙旭在《平吴录》中云："桂妻张氏先死，陈沅及伪后郭氏具自缢，一云陈沅不食死"。《平滇始末》也记载："陈娘娘、印太太及伪后郭氏，俱自缢。"

第三种观点认为，吴三桂兵败后，陈圆圆并未自杀或绝食而死，而是出家去了。至于陈圆圆在何时何种情况下出家，又众说纷纭。

第四种观点认为，清兵攻入昆明后，吴三桂的手下马宝护送陈圆圆和其子吴启华逃亡到了贵州恩州府，并定居在这里，从此隐姓埋名，直至逝世。其墓有碑文曰："故先妣吴门聂氏之墓位席。孝男吴启华媳涂氏立。""吴门聂氏"即为陈圆圆的代称，并说这是陈家的秘密，只许一代一代相传。

此外,还有观点认为,陈圆圆当时在昆明洪觉寺出家为尼,后逃到城西三圣庵,法名寂静,一直活到八十岁。更有观点认为,陈圆圆随吴三桂到了云南之后,遭到吴三桂其他妻妾的嫉妒,再加上年老色衰,渐渐失宠,后来便向吴三桂请求做了一名女道士,离宫而去。从各种史料来分析,陈圆圆出家是很有可能的。

陈圆圆一届风尘女子之所以成为千古风流人物,吴伟业的《圆圆曲》功不可没,"恸哭六军皆缟素,冲冠一怒为红颜。"有学者认为《圆圆曲》为文学作品,存在艺术上的虚构夸张成分;而有人则认为吴伟业作为历史见证人,以文学形式真实地记录了当时的历史,此诗完全可以作为史料。同时,吴伟业在这一时期所写的其他几部有关妓女的作品,都是真人真事的。并且,据《庭闻录》记载:"至谓三桂入卫之时,方欲取沅,与谓沅在宁远者皆非也。唯吴梅村《圆圆曲》得其实。当时梅村诗出,三桂大惭,厚贿求毁版,梅村不许,三桂虽横,卒五如何也。"然而,从《武进县志》《明史》《清史稿》《明季北略》《甲申传言录》《圆圆传》《天香阁笔记》《影梅庵忆语》等史料记载看,陈圆圆其人其事大体是可信的,她的一生可以概括为:出身贫寒,后流落风尘,以色美艺佳成为苏州名妓。后为皇亲田弘遇购买,后又转归吴三桂。李自成入北京,她为刘宗敏所得,后又为吴三桂所有,随之到云南,或死或出家。

自杀?谋杀?活着?
——好莱坞"艳星"玛丽莲·梦露归宿之谜

1962 年 8 月 4 日,星期六,美国各大报纸报道了一则令人震惊的消息:好莱坞红得发紫的"肉弹""艳星"玛丽莲·梦露,在她的荣华炫彩的不惑之年,于昨夜陈尸寓年,撒手尘寰……

梦露之死,给美国人心中带来的巨大冲击,远远超过当年震惊世界的"加勒比海导弹危机"。人们不愿面对这样一个残酷的事实:美丽、性感迷人、光彩照人的梦露就这样突如其来地死去,抛弃了千百万崇拜她的影迷。

一个星期后,警方和检察机关发表了一份调查报告,断定玛丽莲·梦露是在几秒钟内吞下了 47 粒安眠药之后自杀的,一切正常。

然而，令人百思不得其解的是，梦露这个银幕上美丽的尤物、性感的象征，在美国影视界无论是名声和经济收入都数一数二的大明星，在她正处在年华、容貌、才能、财富都熠熠发光的鼎盛时期，为什么会自杀？真的是自杀吗？

这个可疑的命题至今依旧困惑着人们。

一颗凄苦的明星

梦露这个一向被西方舆论宣传为心地单纯而又美丽、性感的影星，虽然在好莱坞红极一时，赢得过极大的声名，但也有人称她是一颗凄苦的明星，因为她的一生都是在不幸、贫困、痛苦、悲伤、寂寞中度过的。

她原名诺玛·吉恩·贝克，1926 年 6 月 1 日出生于洛杉矶。这个可怜的私生女从来不知道谁是她的生父。精神失常、酗酒成性的母亲在她出生 12 天就将其送给一个奶娘抚养，从此，她像一只旅行箱一样，被几个监护人拎来拎去。母亲也偶尔接她回家过几次，可不但没有得到一丝温暖，还险些被她那疯疯癫癫的外祖母掐死。两个丧心病狂的继父，甚至要强奸尚未成年的诺玛。这就是她那不堪回首的童年。

玛丽莲·梦露

然而，令人惊奇的是，不幸的童年并未在天生丽质的梦露身上留下多少印记。十七八岁时，诺玛已出落成一位亭亭玉立的少女，美丽、梦幻般的眼睛透射出清纯、可爱的灵光。摄影师戴维·康纳沃发现了她，劝她在模特的园圃中争芳吐艳。不久，诺玛的照片开始流行，先后有 5 家杂志的封面登了她的大幅玉照。她的生活出现了转机。

1946 年，年方 20、豆蔻年华、金发碧眼的诺玛被好莱坞的制片商发现了其"商业价值"。她被 20 世纪福克斯公司的老板扎纳克雇用了，并取艺名：玛丽莲·梦露。然而，等待她的并非是五彩缤纷的明星生活。在那样一个群星灿烂、竞争激烈的环境中，一个初出茅庐的小演员，没有名气、没有后台，很难脱颖而出。在梦露从影的最初5年里，她常常在失望中靠饰演一些小角色糊口，被称为"白痴美人"。她在等待、冷落中徘徊。她忍饥挨饿、负债累累。1949年5月，被生活压得喘不过气来的梦露为了得到50美元支付房租和饭费，一丝不挂地让人拍了一幅裸体日历照片。

这张裸照却为她带来了"运气"。好莱坞的制片商们意识到，这位看似纯朴、无邪的美人，既然肯为50美元脱光衣服，那么在更多的金钱诱惑面前，难道会"惜肉如金"？

于是，一部部由梦露领衔主演的暴露片接二连三的推出。梦露在好莱坞的名声直线上升。到60年代初，她拍摄的每一部影片都能创造最高的"票房价值"，成为家喻户晓的好莱坞"艳星"。

尽管梦露的名气越来越大，但在人们的心目中，她始终是一个以挑逗和暴露取胜的轻薄女郎。一个为50美元就可以拍裸照的性感影星。不管她怎么努力，性感影星的称谓却始终像影子一样伴随着她。她依然是制片人用来刺激人们感官的取之不尽的摇钱树。对此，梦露的心中充满了一种无以言状的苦痛。

银幕中那个活泼、欢快的金发女郎梦露，在她的个人生活中却充满了不幸与坎坷。

同每一个普通女人一样，她渴望有人爱她、理解她、关心她，能有一个幸福的家庭。但在她短暂的一生中，却没有得到这种平常人的享受。

为了摆脱孤独和寄人篱下的生活，16岁那年嫁给了大学生詹姆斯·都尔迪。4年后，因梦露从事模特职业而分道扬镳。1954年1月，与垒球冠军、高大健美的乔·迪·马吉奥结为连理。同年年底，乔因无法忍受妻子在影片中的暴露镜头愤然离去。一年半后，梦露又与美国戏剧界领袖、才华横溢的剧作家阿瑟·米勒结婚。对这次婚姻，她欣喜万分，"终于和我多年来热爱、敬佩的人结合了"。而米勒却终于发现身为梦露的丈夫实在太难。5年后的1960年，这次婚姻又告破裂。梦露难以承受这次打击，一度住进了精神病院。此后，更深的孤独、忧郁、沮丧缠绕着她，酗酒遗恨、吸毒振神，时常靠服大量镇静剂压抑内心的痛苦，最后竟饥不择食地投入政坛权贵的怀抱，从制片商手中的摇钱树又沦落为被权贵玩弄于股掌之上的尤物。

肯尼迪兄弟的情妇

1985 年,英国戈兰士公司出版了一本英籍作家安东尼·萨默恩撰写的人物传记《玛丽莲·梦露秘闻录》。在这本书中,萨默恩以大量的事实披露,梦露与约翰·肯尼迪和罗伯特·肯尼迪之间早就有了性关系。

据萨默恩调查,大约在 50 年代初,约翰·肯尼迪去好莱坞游玩,接待他的是查尔斯·费尔德曼,当时他是梦露的代理人,在他家中梦露与后来成为美国总统的肯尼迪邂逅相遇。

在以后将近 10 年里,他(她)们在马利布酒吧一起喝酒。在那儿的假日汽车旅馆偷偷开过房间,还悄悄在一个专供情人幽会的旅馆里几度春风。梦露的朋友阿瑟·詹姆斯说:"我并不认为约翰·肯尼迪对此事看得很重!"但是,即使在他当了总统以后,梦露也没有减少对他的眷恋。最后,他们的幽会地点改在圣莫尼卡,也就是肯尼迪的妹夫彼得·劳福德的家。

据劳福德的一位女友说,劳福德是在为约翰·肯尼迪拉皮条,而且忘乎所以,无所顾忌。尽管劳福德断然否认梦露和肯尼迪的关系。但是他的第二任和第三任妻子都承认,他曾亲口告诉过她们,肯尼迪一直想和梦露幽会,而且这种关系一直保持到肯尼迪任总统之后。

1961 年 1 月 20 日,约翰·肯尼迪入主白宫后,继续与梦露保持关系。为此,与他的妻子杰奎琳关系极为紧张。据说,杰奎琳表示可以和肯尼迪离婚,成全他俩的好事,但是她有个条件,那就是玛丽莲·梦露必须搬入白宫住,做公开的"第一夫人"。

也许是杰奎琳的条件过于苛刻。根本不可能实现,也许是梦露、肯尼迪的知名度太高,约翰·肯尼迪感到作为总统再与她往来有诸多不便;更可能肯尼迪已玩厌了这位性感明星。所以他的弟弟罗伯特·肯尼迪介入了。

1962 年 1 月的一天晚餐之后,当时的美国司法部长罗伯特·肯尼迪作为哥哥的"信使"找到梦露。他告诉她,由于不言自明的原因,总统必须终止与她的来往。梦露为此悲痛不已。于是,从安慰这位迷人的、悲痛欲绝的美人开始,罗伯特很快被梦露那迷人的姿色所倾倒，步其兄的后尘，拜倒在她的石榴裙下面。

罗伯特的风流倜傥也深深地吸引了梦露。他的出现，为梦露孤寂、失落、无望的生活带来了一点温馨、一丝希望。梦露很快做起了当司法部长夫人的梦。她告诉她的一位好友，说打算嫁给罗伯特·肯尼迪。

在别人看来，梦露与罗伯特的往来肯定是场悲剧，有位朋友劝告梦露，罗伯特不会娶她。道理很简单，因为梦露已是三婚三离的妇人，而且作为"肉弹""艳星"，名声不佳。倘若罗伯特真的娶她，不仅会危及他本人司法部长的政治生涯，也会危及他哥哥的总统宝座。而被暂时的幸福冲昏头脑的梦露却丝毫听不进劝告，完全沉浸在对未来美妙的憧憬之中。

不久，罗伯特却真正意识到玛丽莲·梦露是一个具有双重危险的女性。一是她具有一般情女所无法比拟的危险性，她名声显赫，太引人注目；二是她喜怒无常，变化莫测。与之继续交往后患无穷。于是，司法部长便动了断绝往来的念头。然而，要割断这一切已非易事。一头栽进最后绝望境地，开始自欺欺人的梦露，无论如何不甘被抛弃。她对罗伯特百般哀求、纠缠，甚至以将他们的关系公之于众相要挟。

显然，美利坚的司法部长包括他的当总统的哥哥正处在一种十分危险和尴尬的境地。

恰在此时，梦露死了。丑闻外泄的威胁也随之消失了。

那么，梦露究竟是怎么死的呢？

官方说：是自杀

按比较流行的说法，也就是官方的说法，梦露是自杀的。

为了消除可能导致自己身败名裂的隐患，罗伯特·肯尼直当机立断，取消了与梦露的一切约会，甚至取消了他们之间的"热线"电话。

而梦露在她生前的最后几个星期里，她竭尽全力，千方百计要与肯尼迪兄弟通话，但屡屡遭到人为的阻拦。也许到这时梦露才真正认识到，她只不过是上流人物眼里的一个"玩物"。他们与她交往，仅仅是为满足自己的色欲。一旦玩腻了她，或是感到与她交欢会危及他们的地位、声誉、前程时，就会毫不犹豫地像抛弃一块

·身世离奇的美女佳人·

图文珍藏版

瓦砾那样毫不留情地甩掉她。

面对如此惨痛、冷酷的现实，屡遭不幸、感情脆弱、精神濒于崩溃的梦露终于彻底绝望了。

1962 年 8 月 4 日，是个星期六。

由于按量服用镇静剂已无法抑制内心的巨大痛苦，梦露打电话叫来了她的精神病医生格林森。她告诉他，她曾希望晚上去看罗伯特·肯尼迪，但遭到了断然拒绝，她感到像是顷刻间从千层高楼坠落下来。医生竭力劝她镇定下来，在告别时，他相信自己已经取得了成功，梦露的神情似乎已稳定下来了。

周末之夜降临了，四周一片空寂、只有电话机和药物做伴，此刻，孤独、寂寞、失意、悲戚、绝望一齐向她袭来……

大约晚上 10 点多，梦露在绝望中吞食了大量的巴比妥药物后，向罗伯特打了最后一个电话，东拉西扯地说了一些莫名其妙的话。对话者突然意识到：此刻的梦露正进入无意识状态。据此，完全可以做出这样一个假设：罗伯特·肯尼迪见如此情景，顾念旧情，急忙赶到相距不远的梦露寓所，用车将已不省人事的梦露送往圣莫尼卡医院。她可能是到达医院时死的。陪伴她的人可能是罗伯特本人。他面临着一个十分尴尬的境地，即如何解释司法部长怎么竟与死去的性感明星在一起？

唯一的办法是把尸体运回她的寓所，抛尸床上，然后搜走可能危及肯尼迪家族的全部文字材料，然后再让特工人员清理和伪造了现场，在一切布置妥当之后，才给格林森大夫挂电话，并报了警。时间是凌晨 3 点 30 分至 4 点之间。

而此时，司法部长早已乘飞机离开洛杉矶飞往加州北部，有了不在现场的证据。

尽管萨默恩的调查与美国官方认定梦露系自杀方面一致，但仍存在很大差异，所以材料一经公布就立刻引起了轰动。可是，由于肯尼迪兄弟不仅是美国极有权势的肯尼迪家族成员，而且还是美国权倾当朝的显贵，所以无权无势的梦露的死因，就只能隐藏在层层迷雾之中了。

私人侦探说：是政治谋杀

玛丽莲·梦露离开人世 20 年后的 1982 年，一位叫米洛·斯柏里奥的私人侦探声称,他在过去整整 10 年的岁月里,花费了约 5 万美元的费用,走访了许许多多知情人,阅读了上吨重的书面材料,对梦露的死因进行了广泛而深入的调查。最终,他得出的结论是:梦露并非自杀,而是被谋害致死,并且是政治谋杀。

真是一语惊天下!

米洛首先从梦露的尸体解剖报告入手,发现当时那份尸体解剖报告漏洞百出。报告虽然讲她一次吞服 47 粒安眠药丸,可又说,经解剖,胃部几乎是空的,只有仅20 立方厘米呈褐色的液体,没有发现安眠药的残留物。

为慎重其见,米洛还专门请教了温伯格博士——纽约的医药检验总管。温伯格在了解了有关情况后说:"吞服如此多安眠药丸在胃部却没有残留物是不可能的。"

尸解报告又说:"血液中有较高的药物量,4.5 毫克的巴比士酸蓝(一种安眠药)和 8%的水合氯醛。……左臂有一细微的青肿处。"

温伯格博士认为:胃部空空而血液中有如此高的药物量,最大的可能是血管注射的结果。

很显然,梦露不是自杀,而是他杀。

当时签发自杀证明文件的验尸官昂奈·格莱迪逊的证词更加证实了这一点。昂奈说,当时签发自杀证明书时,他受到威胁和压力,有人勒令他在验尸报告上写明梦露是自杀,否则他将被撤销职务。

那么究竟是什么原因使梦露遭到毒杀呢?

米洛了解到,梦露手中掌握有一批至关重要的材料。它包括一批信札和一个红皮记事本。那些信件是罗伯特写给梦露的,红皮记事本则记载着涉及约翰·肯尼迪夫妇、罗伯特·肯尼迪以及圣地亚哥黑手党人物的内容。

当罗伯特决定斩断与梦露的一切联系时,受到冷落的梦露气愤至极,扬言要举行一次记者招待会,公布她掌握的关于总统等人的机密,不仅是隐私方面,还有政治丑闻,包括美国中央情报局企图谋害古巴领导人的阴谋。事实上,梦露生命的最后一段日子里,她确实曾对她旧日的制片人斯拉茨出示过这批材料。

米洛认为,梦露的这把最后"杀手锏"实在是一次自不量力的冒险,正是那批被她视为救命稻草的材料,将她推向了死亡的深渊。因为后来的事实证明,在她死

·身世离奇的美女佳人·

图文珍藏版

后的 24 小时内,梦露那本奉为至宝的有关高级隐私的红皮本就被锁进了验尸官的办公桌内。可第二天红皮本就不翼而飞,从此下落不明。

不言而喻,那个红皮本是某些人的眼中钉、肉中刺,而掌握这个红皮本的梦露更成了可能毁掉肯尼迪总统的前程和肯尼迪家族政治声誉的"政治炸弹"。在这种情况下,干掉她已刻不容缓。而除掉这样一个手无寸铁的弱女子,对于他们更是易如反掌。

至于具体是谁杀害了梦露,米洛根据他掌握的材料分析道:"我不相信肯尼迪兄弟直接插手其中。我的看法是,策划这一阴谋的是为肯尼迪兄弟利益行事的人,更可能是美国中央情报局内的一伙人。我可以向你保证,这不仅仅是推测。"很明显,米洛似乎已经掌握了足以揭开梦露死亡之谜的证据。但是,他却清楚地认识到:"如果解开这个谜,我很可能被迫退休。作为一名私人侦探,你不可能有别的下场。"

这样,梦露死亡真相仍在重重迷雾中若隐若现。

1989 年年底,美国联邦调查局对玛丽莲·梦露之死又搞了一份秘密报告。这份报告虽然重申梦露是服用大量镇静剂死亡的,但也不得不暗示很可能是肯尼迪兄弟策划了此事。

联邦调查局的秘密报告认为,全案的关键人物是彼得·劳福德。是这位好莱坞的花花公子把梦露介绍给了约翰·肯尼迪;为他们提供幽会的场地……但由于彼得·劳福德对梦露死亡之谜一直守口如瓶,所以详情外人无法得知。但是,联邦调查局的秘密报告认为,很可能是劳福德受命于肯尼迪兄弟,买通了梦露的私人医生,偷偷给了她大剂量的镇静剂。

肯尼迪兄弟要干掉梦露主要有以下两个原因:

其一,恼羞成怒的梦露在幻想彻底破灭后,扬言要对肯尼迪兄弟进行报复,致使兄弟二人的前程及肯尼迪家族声望面临毁于一旦的危险。"不是鱼死,就是网破",肯尼迪兄弟似乎已经别无选择。

其二,肯尼迪总统手下的人发现,梦露的第三个丈夫阿瑟·米勒涉嫌为苏联服务,是苏联在美国境内收买的一个特务。梦露不仅在经济上支持米勒,而且还可能也是他们的人,她之所以坚持要公开肯尼迪情妇的身份,有关人员认为很可能受命于苏联谍报机关,目的在于打击美国总统的威信。在这种情况下,唯一的出路就是牺牲梦露,保全肯尼迪总统。

长期担任苏联外长的葛罗米柯,也认为梦露是死于一场政治谋杀。在他于80年代末出版的回忆录中,他认定梦露是由于同情共产党而遭到了毒手。梦露是否真的和苏联情报机关有瓜葛?这又是一个难解之谜。

澳大利亚人说:梦露仍然活着

无论是自杀还是谋杀,人们都毫不怀疑:一代性感明星玛丽莲·梦露已辞别人世,香魂归去。

谁知,进入90年代,却从澳大利亚传出一个石破天惊的消息:梦露其实根本就没死,现在仍在澳洲过着田园牧歌般的恬静生活。

传出这一惊人消息的是一名澳洲退休侦探、年逾八旬的乔治·海登。他在临终时,将他的儿子泰默菲召到病榻前,要求儿子用录音机录下他隐瞒了一生的最大秘闻。他回忆道:梦露与约翰·肯尼迪的关系是逢场作戏,她只不过是想尝一尝与美国总统上床的滋味,但她对罗伯特·肯尼迪却是真心实意的。当罗伯特要与她终止这段露水情缘时,她便失去了自制力。绝望中,她对罗伯特恫吓,声称要大曝肯尼迪兄弟的风流账。乔治·海登现在存放在澳洲一家银行保险箱中的录音带透露,当罗伯特获悉这个消息后,毫不迟疑地决定用对付黑手党"大阿哥"的方法,将梦露送到一个远离美国的地方,以绝后患。

就这样,梦露在肯尼迪兄弟的一手策划下,让其服下大量镇静药,并随即被送上一架开往澳洲的飞机。另一方面,特工人员大搞瞒天过海计,假传梦露自杀身亡的消息,并采取移花接木的办法,将另一个人的尸体假冒梦露,在美国万千伤心断肠的影迷们的眼底下下葬。

到澳洲后,特工人员利用在"朝鲜战争"时期发明的一种最新洗脑术,替梦露洗脑。与此同时,他们不断给她服用一种改脑药物,令她在两个月内,整个人的思想完全崩溃。当梦露完全丧失以前所有记忆后,特工又刻意为她安排了一个当地牧羊人做丈夫。从此后,她便在西澳洲的纽迪基镇不远的一个多见森林、少见邻人的一个小镇上,开始了她以往梦寐以求的、宁静的平常人的生活。……除了容貌上

·身世离奇的美女佳人·

图文珍藏版

的相似,这位已在中央情报局的安排下改名为芭芭拉的女人与当年显赫一时的性感艳星毫无共同之处。

在 20 世纪诸多轰动世界的大疑案中,还没有一个能比玛丽莲·梦露的归宿之谜更加扑朔迷离的了。她目前到底是生、是死?生因何生?死因何死?这个疑问也许将永远萦绕在世人的心头。

人们期盼着,梦露的归宿之谜能够有一天大白于天下。

扑朔迷离
——戴安娜车祸追踪

1997 年,一首名为《风中之烛》的歌曲在全世界广为流传,歌中唱道:"你就像那风中的烛光/即使在凄风苦雨的黄昏/也从不熄灭/你的足迹印在山河大地/遍布英格兰的青山绿水/你的烛光熄灭已久/而你的事迹永远存留/永别了,英格兰的玫瑰/失去你让我们心碎/多少人怀念你的爱心/超出你知道的数倍。"这首歌就是专门为纪念当时在车祸中罹难的英国王妃戴安娜而创作的。戴安娜,作为 20 世纪 90 年代最具魅力的女性,她的身世、她的气质、她的爱情、她的遭遇……无不引起世人的极大关注。令人痛心的是,在 1997 年 8 月 30 日深夜,一代传奇王妃却在巴黎的一次车祸中永远地离开了人世。同时,她的死因至今仍是众说纷纭的一大悬案。

"英国玫瑰"的婚姻悲剧

戴安娜·斯宾赛,1961 年 7 月 1 日出生于英国一个贵族家庭——奥索普子爵家族,其家族与英王室有着密切的关系。遗憾的是,这位出身名门的少女却在学业方面没有取得多大的成就。在中学草草毕业后,没有正式工作的她来到一所贵族幼儿园充当保育员。不过,这位漂亮的女孩儿似乎命中注定要得到上帝的垂青,因

戴安娜

为他不久就认识了一个叫查尔斯的男人。这位查尔斯，正是当时英国的王储。由于古老王室传统的影响，已到而立之年又身为王储的查尔斯在择偶方面一直是世人所关注的话题。正是在这种情况下，戴安娜逐渐走进了人们的视野。1980年，年仅19岁的戴安娜与查尔斯相识了。由于出身、容貌和单纯的性格，她迅速成为王室所认可最恰当的王妃人选。于是，一个现代版的灰姑娘童话上演了。1981年2月24日，查尔斯与戴安娜正式宣布订婚。

1981年7月29日，一个让世人都铭记的日子，英国王储查尔斯和戴安娜正式结婚。当天，伦敦城内所有教堂的钟声都在上午9时一起敲响，服饰鲜艳的英国皇家骑兵仪仗队护送着王室的婚礼车队驶向教堂，沿途是上百万欢呼的民众。英国广播电视公司用33种语言向世界转播了婚礼的盛况，全球有7亿多观众收看。毫不夸张地说，查尔斯与戴安娜的婚礼绝对是20世纪最隆重的盛典之一。

成为英国的王妃后，戴安娜曾一度沉浸在婚后的幸福当中。名誉、地位、金钱，她似乎拥有了一切，更何况她还先后生下了两位可爱的小王子。殊不知，她生命中的阴影也正悄悄地降临。那就是，她将失去爱情。

其实，比戴安娜年长不少的查尔斯，在结婚前就绯闻不断，曾先后与三任女友正式论及婚嫁。与其相比，戴安娜几乎单纯得像一张白纸。更致命的是，教育、兴趣等方面的巨大差异，决定了他们的夫妻感情不会持久。身为英国王位继承人的查尔斯，从小就接受到系统的、正规的传统教育。毕业于剑桥大学的他，爱好历史、哲学、考古学、人类学。大学毕业后，又按照王室的惯例。先后进入英国皇家空军学院、英国皇家海军学院、格林尼治海军学院进行严格的深造。可以说，作为王储，查尔斯具有高贵的品位，良好的教养。在个人兴趣方面，查尔斯喜欢打猎、钓鱼、打马球、听歌剧、绘画等。相比之下，已成为英国王妃的戴安娜自然难以让查尔斯满意。戴安娜喜欢的是时尚杂志和通俗小说，逛街购物和流行音乐。当戴安娜成为王妃后，尽管她可以学会王妃所需要的礼仪、着装、言谈，但本质上的差异注定了他们在现实生活中会产生裂痕。不久，一个叫卡米拉的女人就进入到戴安娜的生活中来。

提起这位卡米拉，在英国几乎无人不知，因为她是直接导致查尔斯与戴安娜婚姻破裂的原因。实际上，在查尔斯与戴安娜结婚前，查尔斯与卡米拉已经有了很长时间的恋情了。早在1969年,二人就认识了。卡米拉出身贵族,其父是富有的酒商,兄弟是作家和探险家,更有趣的是,她的曾祖母还曾是查尔斯的曾祖父英王爱德华七世的情人。论外貌和气质,卡米拉根本无法与戴安娜相提并论,但她却令查尔斯那么地痴迷,因为她和他一样爱好骑马和打猎,她也喜欢阅读历史书籍,她拥有超群的智力。1994年,在为纪念查尔斯被立为英国王储25周年的一次电视节目上,查尔斯竟公开承认了他与卡米拉25年的感情。当时,全世界都无法理解查尔斯的公开表白。然而,甘愿因离婚放弃王位的查尔斯不想放弃他所渴望的感情,对他来说,没有娶卡米拉为妻是毕生憾事。

另一方面,感情上长期受到冷落、备受打击的戴安娜却获得了世人的同情,并以其独特魅力赢得了巨大声望。在与丈夫的感情逐渐破裂后,戴安娜开始将全部身心投入到各种慈善事业中,其中最典型的就是对艾滋病人的关怀。据说,在1991年7月的一天,戴安娜与当时的美国总统夫人芭芭拉·布什一同探访一家医院的艾滋病病房时,曾与一位病得已经起不来的患者拥抱,这一幕让世人都为之感动。由于巨大的国际声望,婚姻不幸的戴安娜的影响力已超过了英国王室,她也由此成了整个英国的骄傲,被人们亲切地称为"英国玫瑰"。在历次公布的民意测验中,她都是王室最受欢迎的成员之一。许多外国游客来到英国,其原因竟只是为了一睹戴安娜的芳容。所以很多经济学家认为她为英国的工业、旅游、健康等领域创造了巨大的经济价值和社会价值。据有关方面的估计,戴安娜为英国带来的旅游价值可达1000万美元。

即使这样,依然不可能弥补戴安娜感情上的缺憾。在与查尔斯的感情走到尽头之后,她也曾有过自己的几次恋情,但似乎总是遭到伤害。其中与皇家骑兵队一名叫休伊特的男子的故事,尤其令她伤心。由于精神上的苦恼,戴安娜认识了休伊特,而后者给予她的激情和赞誉也曾一度满足了她的感情生活。当1991年休伊特被派往海湾时,戴安娜还不停地给对方写情书。然而,她的感情却遭到无耻的欺骗和出卖。无耻而贪婪的休伊特竟将他与英国王妃的恋情以300万英镑的价格出卖给公众,出版了《爱河中的王妃》一书。这一事件,使戴安娜备受打击。

1992年12月9日,英国首相梅杰在众议院宣布,查尔斯和戴安娜正式决定分居。1995年11月20日,戴安娜在接受英国广播公司的采访时,第一次说出了自己感情生活的不幸。后来,她还曾对女友表示她永远不愿离婚。但是事态的发展又决定了她必须离婚,因为英国王室不会允许这种现状一直存在下去。1996年,查尔斯与戴安娜正式宣布离婚。接下来,双方就封号、赡养费、孩子监护权等一系列问题达成协议。根据协议,查尔斯将一次性付给戴安娜1500万英镑至2000万英镑的赡养费,并负担她每年50万英镑的私人办公室开销;离婚后的戴安娜将失去"殿下"封号,但仍以威尔士王妃身份被视为王室成员,并会获得王室邀请出席国家公开活动;戴安娜和查尔斯会共同拥有两名小王子的抚养权,戴安娜可就有关小王子的事做决定。戴安娜仍可继续在肯盛顿宫居住,她的私人办公室也将由圣詹姆斯宫搬往肯盛顿宫;另外,戴安娜还必须签署一项"缄默条款",即不得在离婚后谈论任何使查尔斯或女王尴尬的话题。

1996年8月28日,白金汉宫宣布,王储查尔斯与储妃戴安娜的离婚申请于早上10时27分正式生效。

神秘的车祸

与查尔斯离婚后,戴安娜的一举一动同样成为世界目光所关注的焦点。无论她走到哪里,进行什么活动,总有大批记者跟踪采访,试图获得"猛料"新闻。1997年8月30日深夜,一桩震惊世人的惨剧发生了。当时,戴安娜正与新男友、埃及巨富多迪·法耶兹一起在法国游玩,他们乘坐的是巴黎利兹饭店的司机保罗驾驶的梅赛德斯豪华轿车,车速很快,为了躲避摄影记者们的追踪,当汽车经过巴黎高速公路的一处隧道时,突然失控而发生车祸。最终,司机保罗、戴安娜及其男友多迪均不治身亡,有关方面宣布,戴安娜于凌晨4时去世。消息一经传出,世界都为之震惊。9月6日,英国为戴安娜举行了隆重的葬礼,英国广播公司用44种语言向世界转播了葬礼的实况,全球总共有25亿人收看这悲痛的一幕。

车祸发生后,几乎所有人都认为这起事故太过扑朔迷离。究竟当时发生了什么情况?是什么原因导致了这起车祸?这些疑问都一直困扰着人们,而有关戴安娜之死的原因竟流传有十几种说法。在各方的压力下,事发地法国有关方面为此展开了调查。经过两年多的努力,法国当局于1999年裁定,车祸是因司机保罗过量饮酒以及车速过快而引起的,其报告指出,经检验,保罗当时的酒精度远远高于法定标准,而且饮用的还是掺了药的鸡尾酒。不过相当多的人一致认为,当时正对戴安娜等人进行跟踪的摄影记者"狗仔队"应该负有主要责任,因为据说戴安娜所乘之车正是为摆脱他们的追逐才发生车祸的。但不久之后,法国最高法院对戴安娜车祸一案做出了终审判决,认定车祸是因为司机酒后高速驾驶,而并不是"狗仔"摄影队追踪造成的。

对于法国方面的判决,包括遇难者亲属在内的很多人都表示不能接受,尤其是有关司机保罗众多疑点的结论,更使他们强烈不满。

第一,关于保罗是否酒后驾车的问题。对于法国调查机构的定论,保罗的父母曾予以强烈反驳,他们坚决否认儿子会酒后驾车,而且他们还怀疑法国当局当时从事发现场取到的血样根本就不是保罗的。为此,他们曾要求法国方面交出血样进行:DNA 检查,但没有得到回应。另外,一些与保罗非常熟悉的人也站出来表示质疑。巴黎一位名叫米里亚姆的男子曾亲口说"没有人相信保罗喝醉酒的说法,因为我们太熟悉了,他星期天经常到这里吃午餐。他用餐时所饮用的饮品当中,最烈的也只不过是'尚蒂'(啤酒和柠檬汁的混合饮料)。"

第二,调查机构认为保罗喝的是掺了药的鸡尾酒,但据有的报纸披露,他在驾车前竟被人下了毒! 因为经检测,保罗死时血液内含有浓度高达 20.7% 的一氧化碳,这对于常人来讲是根本不可能的。所以很有可能保罗体内的一氧化碳对他的影响大过酒精。这一消息传出后,立即引来大量揣测和疑问。保罗是如何中毒的呢? 调查员怀疑,由于在去接戴安娜之前在家逗留了两个多小时,所以保罗在驾车前不是被人哄骗就是被迫吸入气体。

第三,关于司机保罗生前曾收到巨额神秘汇款的疑问。据英国《每日快报》前不久的报道,据调查戴安娜车祸事件的英国警方披露,就在事发前不久,为戴安娜开车的巴黎司机保罗的银行账号上刚刚收到 75000 英镑的"神秘汇款",而他的年薪只有 20000 英镑。据说保罗在全世界各大银行竟开有 13 个银行户头,其银行户头上总共有超过 10 万英镑的财富。而且,据了解内幕的时人透露,这笔不菲的款项是从英国汇到了保罗的银行户头上的。不过,到底是谁向保罗汇了这笔钱,以及他为什么要汇这笔钱? 调查仍没有结果。

第四,车祸中唯一的生还者是否真的失忆? 车祸发生时,只有戴安娜的保镖李兹·琼斯侥幸逃生。令人奇怪的是,作为事件中的唯一生还者,这位琼斯一直坚称自己已经完全记不清当时发生的事了。更多的时候,琼斯选择的是沉默,这也使得整个案件的调查难以取得关键性的突破。

第五,戴安娜等人为什么要更换车辆? 在英国政府公布的一批秘密文件中,曾专门涉及该问题。其中一份在车祸当天送交给英国首相布莱尔的备忘录认为,戴安娜和男友法耶兹一抵达巴黎里兹饭店,就立刻引起了媒体的注意,第二天一早,他们准备离开饭店时,被记者团团包围。尽管他们希望尽快离开,但第一辆车子却发动不了,于是不得不临时换车,乘坐另一辆由保罗驾驶的车子。因此这可能也是导致惨剧发生的原因之一。但是,这一论断却受到各方质疑。

最重要的一点就是目击者们的说法也大相径庭。据曾经目击车祸经过的证人穆罕默德·马吉德称,这完全是一起事故,没有任何人为的因素。他说,当时他正开车在戴安娜的梅赛德斯豪华轿车前行驶,后来在一个地下通道里,由于轿车的速度过快,整个车子失去了控制,于是发生了事故。据他描述:"她的汽车快速穿过马路,完全失去了控制,等我加快油门闪开时,汽车一头撞到了路边的柱子上。我随后听到巨大的响声,就像炸弹爆炸一样。汽车的前头裂开了,碎片飞向四面八方。"该男子还信誓旦旦表示,没有迹象表明有狗仔队摄影师乘摩托车跟踪戴安娜一行,也没有所谓的神秘白色菲亚特汽车将梅赛德斯豪华轿车撞到柱子上。他说,这绝对是一场悲剧,但这只是一场事故,而众多阴谋说只是某些隐藏在背后的人编造出来的谎言。奇怪的是,与该男子同乘一车的一名叫苏娅德的巴黎女子却声称,在车祸发生时,现场的确有一辆神秘"乌诺"轿车出现。苏娅德向记者们描述了当时的情景:那辆"乌诺"轿车以极快的速度超过她的座车,然后又突然减速跟她的车一起行驶。开车的是一个30来岁的男子,表情十分奇怪,苏娅德于是让马吉德加速超过他。过了一会儿,他们就听到了后面的轮胎摩擦声,结果看到后面一辆奔驰的车失控撞上了隧道。等他们回头再看"乌诺"时,它已经不见了。相比之下,苏娅德最新透露的情况显然更为可信,因为对戴安娜座车的现场勘测结果显示,戴妃乘坐的轿车在失事前确与一辆"乌诺"轿车发生过碰撞,但不知道这次碰撞对车祸有什么直接的联系。但是为什么此二人的说法有如此大的差异呢? 苏娅德的一番话似乎意味深长,她说自己此前之所以一直保持沉默,是因为害怕会被杀死,但她没有说她究竟害怕谁。

看来,这绝对不是一起简单的车祸。

一封神秘的亲笔信

戴安娜车祸发生后,英国王室立即成为世人所注目的焦点,不过这种关注却使得他们的处境极为尴尬,因为很多人认为他们对戴安娜的死难脱干系。根据一项调查,近半数伦敦人认为戴安娜之死存在阴谋。不过,如果这种阴谋将与王室发生联系,英国民众还是难以置信的。

2003年,正当英国有关部门调查戴安娜案件时,一家著名的报纸《每日镜报》突然刊登出一条爆炸性的新闻:戴安娜生前的管家巴勒尔透露,戴安娜生前曾写信给他,一直怕"有人"给她的车做手脚,让她死于车祸,这个人是英国王室的高级成员! 该报还刊出了这封信,其中写道:"这是我一生中最危险的时刻——××想制造车祸害死我!"而那个写有威胁人名字的地方被编辑涂黑了。不久,该报再次在头版头条点出那个人竟是查尔斯,其标题是:"戴安娜的信:是查尔斯想杀我!"据说这封信写于戴安娜死前10个月左右,其中写道:"我的丈夫正在策划制造一起车祸,使刹车失灵,给我造成严重的脑外伤,以为他的结婚铺平道路。"

这条消息立即在全世界引发了极大反响。这位巴勒尔,曾靠出售戴安娜的秘密赚了130万英镑,然而,他与报纸约定,绝对不允许向外界透露那个"潜在杀手"的名字。所以当《每日镜报》刊出查尔斯的名字之后,巴勒尔非常愤怒,强烈要求解雇该报的总编。当然,也有人认为这只是媒体的炒作。但不管怎么说,英国王室似乎也难以洗脱嫌疑,而有关调查部门也准备为此传讯皇室成员。

还有一种说法认为,英国王室之所以要谋害戴安娜,是因为后者当时已怀有身孕。至于杀人动机,就是为了避免戴安娜与查尔斯的儿子、未来的国王威廉有个同母异父兄弟,王室便策划了这起阴谋。戴安娜到底有没有怀孕,迄今为止也还是个谜。如果真能查证出戴安娜死时已怀孕,那么戴安娜之死系谋杀的可能性将大大增加,英国政府和王室将陷入极度难堪的境地。而如果调查的结果说明戴安娜没有怀孕的话,那么一切传闻和阴谋论将不攻自破。

2003年12月21日,一位法国警方高级官员向英国《独立报》披露了戴妃死因调查的一些最新内幕。该警官说,在法国警方对戴妃死因的调查中,他曾经翻阅过有关戴妃之死的所有文件,有一份从未公开过的医学报告,详细叙述了戴安娜车祸后在法国医院接受抢救时的情景,其中有部分内容显示,戴安娜死亡时已经怀有身孕。然而,由于当时并没有公布这些资料,就使得这种说法成了一面之词。与此同时,另一些当事人则提出了完全相反的结论。

据前英国王室验尸官、曾亲手给戴安娜做尸检的约翰·波顿大夫披露,戴安娜当时并没有怀孕。这位大夫说:"尸检时我就在现场,她没有怀孕,的确没有怀孕。"

那么,到底事实的真相是怎样的呢,恐怕只有对戴安娜进行开棺验尸了,但要做到这一点,恐怕又不是验尸官和英国王室能做得了主的。

事故,阴谋,还是……

除了英国王室的嫌疑外,很多人都怀疑这是一起更复杂的阴谋。2001 年,在戴安娜的忌日,她的儿子威廉王子曾跪在墓前发誓:"我知道你是被谋杀的,直至凶手被法律制裁之前,我绝不会罢休。"据威廉密友透露,威廉相信其母亲之死有太多疑点,最明显的是戴妃平时即使穿上隆重晚礼服也坚持要系安全带,但车祸当晚她却没有这样做。为了早日找到凶手,威廉还曾暗中找来军情五处前探员协助。另外,戴安娜男友的父亲穆罕默德·法耶兹多年来始终坚信儿子和戴安娜是被阴谋致死的,并一直呼吁有关方面进行重新调查。这位埃及巨富曾在多次接受采访中认为,那起车祸绝对是一次有预谋、有计划的谋杀。他认为,自己的儿子和司机当时都遭到了激光手枪的射击,逃生的保镖琼斯也在事后被买通了,而戴安娜也是因有意拖延抢救而致死的。

令人生疑的是,据报道,美国情报机构竟存有 182 份有关戴安娜的情报档案,其中 39 份被列为"最高机密",而英国媒体相信这些资料可能有助当局调查戴安娜车祸的真相。当穆罕默德要求美国情报部门交出这些资料时,却遭到了拒绝。所以,法耶兹的父亲认定美国中情局和其他政府部门卷入了这起事故。

总之,由于当时法国法庭公布的调查报告疑点颇多,根本无法让人信服,所以在社会上就产生了众多有关该事件的说法。其中有些说法可谓稀奇古怪,例如有人认为戴安娜之死是爱尔兰共和军所为,是他们派摩托车手混入"狗仔队"中行

世界经典文库

中外历史悬案

·身世离奇的美女佳人·

图文珍藏版

刺。有一种说法指出，由于戴安娜一直关心地雷带来的祸害，倡议全球禁制地雷，从而损害了地雷商们的利益，所以他们就杀害了戴安娜，甚至有人说在出事当时听到一声状似地雷爆炸的响声。还有的观点认为，戴安娜其实是政治斗争的牺牲品，因为她逾越本身的权限，牵涉到了政治圈子里去，所以被英国特工在法国谋害，借以推卸责任。更离奇的是，竟有人声称戴安娜并没有死，而是因为她想摆脱传媒的追踪，重新过平淡生活，以逃避世俗的纷扰，而且居然有英国媒体煞有介事地报道说，有 5 名为悼念戴安娜而轮候了 10 小时的男女，曾亲眼看到戴安娜现身。

由于整个事件中的确存有众多疑点，几年来，全世界对于戴安娜车祸的猜测一直没有休止，但戴安娜的母亲尚德·基德却不这么认为。对于这段痛苦的回忆，失去女儿的基德太太似乎更愿意尽快结束。她驳斥了有关其女儿是死于谋杀的各种说法，并谴责那些试图利用戴安娜的形象从中渔利的不法商人。她认为，自己迄今为止没发现有迹象表明戴安娜车祸事件存在任何可疑之处。

为了给公众一个满意的答复，英国政府在几年前曾下令警方成立一个专门调查戴安娜之死的小组，并将该行动命名为"帕吉特行动"。据最新的消息称，随着调查的不断深入，他们发现的神秘疑点也越来越多，使他们不得不怀疑戴安娜确有被人谋杀的可能。

2010 年 6 月 1 日，英国媒体报道称，跟戴安娜一同遇难的、她的男友多迪的父亲穆罕默德，近年来一直在调查当年的车祸真相。其聘请的一名顶级律师迈克尔说，戴安娜曾表示过，称她有一篇"曝光日记"，她打算揭露与英国地雷制造商关系密切的人物，而这可能跟戴妃的最终遇难不无关系。

这名叫迈克尔的律师，是英国《泰晤士报》评出的英国最具影响力的 100 名律师之一，他说，所有人都知道英国深深卷入军火贸易，尤其是地雷贸易，这是个巨大的利益集团。而一位曾经见过这本日记的人说，戴安娜曾打算把那些卷入地雷贸易的人公之于众。这可能给她惹来杀身之祸。迈克尔不相信那场车祸仅仅是个意外，他说："两个如此显赫的人物突然死于车祸，我开始思考谁会从中得到好处，这一切是如何发生的。"他介绍说，自己通过许多渠道调查本案，找到了包括一些高级安全部门官员和政治家做证人，或许正是这些人给了他这个"大胆的猜想"。迈克尔的说法让不少人认为他是一个阴谋论者。

相信戴安娜王妃的死因真相终会有水落石出的一天。

为何再嫁
——杰奎琳·肯尼迪的难解之谜

　　1968 年 10 月 20 日，又是一个让全世界关注的日子，因为美国前总统约翰·肯尼迪的遗孀杰奎琳·肯尼迪嫁给了希腊船王——亿万富翁亚里士多德·奥纳西斯。在媒体的争相报道下，这件事几乎和总统肯尼迪被刺一样影响巨大。婚礼的第二天，在美国纽约第五大道杰奎琳的家里就收到了很多斥责杰奎琳的信件，指责杰奎琳背叛了美国。他们到底是怎么走到一起的？太多的人在猜测着。

　　肯尼迪于 1963 年 11 月 21 日在美国达拉斯遇刺身亡，时隔不到 5 年后，1968年 6 月 6 日，肯尼迪的弟弟罗伯特·肯尼迪在竞选总统时也被暗杀。这一切无疑给精神高度紧张的杰奎琳以当头一棒。自她嫁给肯尼迪家这个大家族以来，就没有过安稳的日子，这个家族的权势和荣耀给她带来的是更多的恐惧和担忧。杰奎琳认为肯尼迪家族已经成为暗杀的目标，为了保护儿女，她决定离开美国嫁给有足够金钱和势力，可以保护她的希腊船王亚里士多德·奥纳西斯。她说："我诅咒这

杰奎琳·肯尼迪

个国家，如果他们再下毒手，我的儿女无疑将成为首要目标。"很多人还没来得及弄明白这句话的真正含义，《纽约时报》就在头版登出杰奎琳将与希腊船王奥纳西斯结婚的消息。这个理由显然有点牵强，因为杰奎琳嫁给希腊船王的日子，就在小肯尼迪遇刺仅仅四个月后。这么短的时间，就足以让一个女人决定嫁给一个男人吗？显然有点站不住脚。那到底是为什么呢？我们可以提供几种猜测。

　　第一种猜测是，杰奎琳是一个情场老手，在男女关系的问题上一直很混乱。著

图文珍藏版

名作家在《一场情事》中，就把杰奎琳写成了一个喜欢乱搞的女人。他在书中说，美国前"第一夫人"杰奎琳实际上是一个内心充满激情的女人。海曼指出，他曾采访了一些亲眼目睹肯尼迪夫人和罗伯特眉来眼去的见证人。1964年他们在棕榈滩共度圣诞节，之后不久又一起前往安提瓜岛度假，当时罗伯特的妻子没有同行。除了肯尼迪的弟弟，海曼还提到了杰奎琳和好莱坞著名影星马龙·白兰度的情感纠葛。对于这件事，我们可以很肯定，因为马龙·白兰度在自己的回忆录中也有叙述。在书中，白兰度承认了曾与杰奎琳发生过肉体关系，还有一些两个人在一起的细节描写。另外，白兰度还对杰奎琳做了评价，他说："从我读过的和听说的来看，肯尼迪夫人似乎属于卖弄风情和感性型的，而非欲望型的。如果要描述的话，我想她更属于偷窥狂而非行动派。但事实并非如此，她一直等我引她上床。见我没有动静后，她主动问我。"杰奎琳并不是一个忠贞烈女，甚至是一个风流成性的女人。那么她为了金钱嫁给希腊船王也不是没有可能的。事实上，杰奎琳确实是个天生的购物狂，没有一个有钱的丈夫，她的日子是很难过下去的。对于她的奢侈行为，肯尼迪总统以及家人都曾为此指责过她。嫁给船王后，她的奢侈行为更是变本加厉，十分钟内她就能在数家豪华商店花掉10万美金。这样的行为连船王都看不下去了："尽管我是富翁，但我难以理解这个女人为什么一下子要买200双鞋？除此之外，我还要给她买成打的手袋、裙子、睡衣、外套！"或许是这样奢侈的行为促使杰奎琳在小肯尼迪被刺后迅速嫁给了希腊船王。

还有传言说，杰奎琳是从自己的妹妹手中将奥纳西斯夺走的。当时曾经传出杰奎琳的妹妹将与奥纳西斯结婚的消息，但是杰奎琳为了报复出轨的丈夫主动勾引了奥纳西斯。后来肯尼迪遇刺，杰奎琳嫁给奥纳西斯也就理所当然了。而且，杰奎琳的密友还透露说，奥纳西斯虽然其貌不扬但却有打动女人的独特魅力。影星伊丽莎白·泰勒从女人的角度分析，认为奥纳西斯是一位"迷人、和谐、体贴的伴侣"，而且充满地中海式的幽默。这样的富翁吸引杰奎琳也是理所当然。但事实好像又并不是这样：他们结婚后很少在一起，更多的时间里是杰奎琳满世界旅游和购物。

船王死后，杰奎琳并没有得到那笔巨额的遗产。她一直生活在纽约，为《双日报》当编辑。1994年她被诊断出患有淋巴腺癌，5月19日夜里在第五大道的公寓中去世，享年64岁。随着她的去世，她当年急于嫁给希腊船王的动机，也永远被时间封存了。

谁是凶手

——"小皇后"离奇死亡

琼贝尼特·拉姆齐出生在美国亚特兰大,从小就能歌善舞,乖巧迷人。1996年,年仅6岁的琼贝尼特在美国儿童选美大赛中脱颖而出,当选为"美国小皇后",还荣获"科罗拉多小姐"等多项荣誉。她那浓妆艳抹的小脸蛋和浑然天成的表演让全美观众惊艳不已,这位活泼美丽的小女孩迅速征服了全美国。

天有不测风云,谁也不会想到,给美国人带来了欢乐的小尤物会突遭横祸。1996年圣诞节的次日,琼贝尼特在位于科罗拉多州博尔德的家中被杀的消息震惊了全美国。令人不可思议的是,警方一开始就将琼贝尼特的父母列为首要的嫌疑人,谁会对自己的孩子下手呢? 警方又是基于什么样的证据这样认为的呢,琼贝尼特的父母真的是凶手吗?

根据拉姆齐夫妇的证词,在女儿被杀的那个圣诞节的晚上,他们一家人去朋友家参加了一个庆祝晚会,在回来的路上琼贝尼特就已经睡着了,那时是晚上9点半左右。第二天早上5点左右,母亲帕齐发现女儿不见了,并且发现绑匪留下的纸条。当天下午,父亲约翰在地下室发现了琼贝尼特的尸体。经法医鉴定,她身上有被殴打的痕迹,而且死前遭受过性侵犯。

博尔德警方将怀疑的矛头指向了拉姆齐夫妇,他们认为琼贝尼特是在自己家遇害的,而夫妇俩却丝毫没有听到异常的声音,这显然不符合常理。对此外界出现了一些不利于夫妇俩的说法。其中一种说法是,琼贝尼特当晚吵闹不停,不肯参加第二天的演出,佩西盛怒之下误杀女儿,约翰为救妻子,伪造了女儿被殴打、奸杀致死的现场。更糟糕的是,谋杀案发生的当天下午,博尔德警方就将对拉姆齐夫妇的怀疑告诉了媒体,接着就是各家媒体为了吸引眼球,争相进行的长达6年的夸大和猜测性的不实报道。报道将事实严重歪曲了,也混淆了大众的视听,以至于人们都认为琼贝尼特的父亲是一个强奸女儿的凶手,而母亲就是杀害女儿的帮凶。

直到2003年,案件才出现了转机。亚特兰大警方发现了新的证据,可以证明罪行是外人闯入约翰家所为,博尔德地方检察官也同意这一结论。拉姆齐夫妇终于可以洗清冤屈了。

警方发现的证据主要有以下几点:在发现小琼贝尼特的地下室里,有一扇窗户是开着的,窗外有新鲜的痕迹;拉姆齐住所的外墙根有树叶和包装泡沫的碎片,在距离地下室 18 米处,也有类似的树叶和泡沫碎片,风不可能把这些碎片吹那么远,因此推断凶手爬窗而入,将碎片带到了地下室;现场有一个新鲜鞋印,这个鞋印是一双"海迪克"牌子的鞋留下的,拉姆齐家里没有人穿这个牌子的鞋;在查看验尸照片时,小琼贝尼特后背和脸部有一些奇怪的印记,这些印记很像"泰瑟"枪留下的,这种枪可以发射出带电的镖,使人暂时不能动弹;在小琼贝尼特的指甲里,警方找到一些皮屑,查出了凶手的 DNA。凶手肯定是一名男子,但是约翰·拉姆齐的DNA 与此不符。

据此警方做出了是他人作案的结论,让蒙受了 6 年不白之冤的拉姆齐夫妇可以长舒一口气。但是,真正的凶手又在哪里呢?

2006 年 8 月 16 日,前小学教师约翰·马克·卡尔在泰国被捕,他曾和两名未成年少女结婚,有恋童的倾向,可以说是一个劣迹斑斑的人。被捕后,卡尔声称是自己到学校将"小美后"琼贝尼特接回家,然后用药物将她迷倒并发生性行为,后来无意中勒死了她。但是,现场调查以及尸体解剖显示,并没有发现任何麻醉类药物。另外,这与拉姆齐夫妇提供的案发当晚的情况也是不符合的。有的心理学家认为,卡尔根本不是凶手。由于琼贝尼特的案件影响太广泛,一些心理有问题的人为了出名而认领这些案件,从而让真凶逍遥法外,而卡尔就属于这一类心理有问题的人。据卡尔的前妻回忆说,有一段时间卡尔迷上了儿童谋杀案件,其中包括琼贝尼特和波丽·克拉斯遇害案。卡尔的父亲也证明卡尔对女童谋杀案迷恋到了变态的程度,因为卡尔竟然喜欢收集这些女童的遗物。也有证据表明他去泰国是为了做变性手术,这样的心理状态很难让人认为他是个心理正常的人。本案最重要的证据是 DNA,但是让人大跌眼镜的是 2006 年 8 月 28 日科罗拉多警方宣布,卡尔的DNA 检测结果与案发现场提取的 DNA 不属于同一个人,也就是说卡尔不是杀害琼贝尼特的凶手,但他仍面临 5 项儿童性骚扰的指控。既然卡尔不是凶手,那么真正的凶手又是谁呢?

相信随着警方调查的深入,真正的凶手早晚有一天会被绳之以法的。

第四章　令人神往的宝藏谜踪

神秘消失的至宝
——传国玉玺

"传国玉玺"给后世人们留下了很多神奇的故事,被天下人共传为"至宝"。几千年来有关它的种种传说无不充满了神秘的色彩。这块神秘的"至宝"的原型究竟是什么？如今又在何处？

传国玉玺的由来

玺是封建时代皇帝的宝印。"玺"在秦以前尊卑通用,官、私印均可称"玺"。汉蔡邕《独断》云:"玺者,印也;印者,信也。"到了秦始皇时,秦始皇下令镌刻皇印,宣称只有皇帝印才可称玺,奉为天命的象征。又独以玉作为历代帝王相传之印玺,所以叫"传国玉玺",又称"传国玺"。

"传国玉玺"取材于"和氏璧"。关于"和氏璧"的最早记载,见于《韩非子》《新序》等书,记载的情节大致相同。

在春秋时期,楚国有一个叫卞和的琢玉能手,在荆山里得到一块璞玉。卞和捧着璞玉去见楚厉王,厉王命玉工查看,玉工说这只不过是一块石头。厉王大怒,以欺君之罪砍下卞和的左脚。厉王死了之后,武王即位,卞和再次捧着璞玉去见武王,武王又命玉工查看,玉工仍然说只是一块石头,卞和因此又失去了右脚。武王死后,公元前690年,文王即位,卞和抱着璞玉在楚山下痛哭了三天三夜,眼泪流干了,到后来流出来的都是血。

文王得知后派人询问原因,卞和说:"吾非悲刖也,悲夫宝玉而题之以石,贞士而名之以诳。"意思是说："我并不是哭我被砍去了双脚,而是哭宝玉被当成了石头,忠贞之人被当成了欺君之徒。"于是,文王命人剖开这块璞玉,见真是稀世之玉,于是命名为和氏璧。

司马迁《史记》中记载,在和氏璧面世后,成为楚国的国宝,从不轻易示人。公元前283年,秦国听说赵国有和氏璧,提出以15座城相交换,因赵弱秦强,赵国不敢怠慢,但又不情愿,便派足智多谋的蔺相如奉璧使秦。蔺相如知道其中有诈,偷偷将和氏璧送回了赵国。但后来,和氏璧还是被秦国拥有,至于何时、如何被秦国拥有,史无记载。公元前237年,李斯在《谏逐客书》中说道:"今陛下致昆山之玉,有随、和之宝。""随、和之宝",即指"随侯之珠"与"和氏之璧"两件当时著名的宝物。很有可能,赵国是在不得已的情况下,畏惧秦国的强大,还是将和氏璧送给了秦国。

秦王嬴政一统天下,称始皇帝。命李斯篆书"受命于天,既寿永昌"八字,咸阳玉工孙寿将和氏璧磨平,雕琢为玺,即为传国玉玺。

"传国玉玺"方圆四寸,上纽交五龙,正面刻有李斯所书"受命于天,既寿永昌"八个篆字,以作为"皇权神授、正统合法"的信物。

秦始皇死后,历代帝王都以得此玺为符应,奉若奇珍,尊为国之重器。得到此玺则象征其"受命于天",失去此玺则表现其"气数已尽"。如果有皇帝登大位而没有此玺,就被讥为"白版皇帝",显得底气不足而为世人所轻蔑。这更加促使后世皇帝对这块传国玉玺的争夺,致使这块宝物屡易其主。然而,它在流传1000多年后,却神秘地失踪了。

颠簸辗转在何方

公元前219年,秦始皇乘龙舟过洞庭湖口,这时风浪骤起,龙舟将倾,秦始皇慌忙将玺抛入湖中,祈神镇浪,传国玉玺就此第一次失踪。而8年后,华阴平舒道有人又将此传国玉玺奉上。从此,传国玉玺随江山易主凡不下十数次。尽尝坎坷流离之苦。

公元前206年冬,刘邦率军入咸阳至霸上,秦王子婴投降,奉上始皇玉玺。秦亡后,刘邦即天子位,传国玉玺得归刘汉。因御服其玺,世世相传,称为"汉传国玺",也称"汉传国宝"。

西汉末年(公元8年),王莽篡政。当时皇帝孺子年仅2岁,传国玉玺置于长乐宫,由元帝王皇后代为掌管。王莽篡位,建立新朝,派他的弟弟舜前去索要,太皇太后大骂:"我老已死,如而兄弟,今族灭也!"将传国玉玺摔在殿廷,玉玺被摔碎一角,后来用黄金镶补。天下至宝,从此留下瑕疵。

公元23年10月,王莽被杀,玺被校尉公宾所得,献给绿林军将领李松。又由李松派人送给更始帝刘云。刘云为赤眉军所掳后,传国玉玺落入赤眉军拥立为帝的刘盆子手中。后来刘盆子兵败宜阳,将传国玉玺拱手奉于东汉光武帝刘秀。

东汉末年,宦官专权。外戚何进谋诛宦官不成,反为宦官所害。袁绍领兵入宫诛杀宦官,宫中大乱,汉少帝夜出北宫避难,仓促间未带传国玉玺,返宫后传国玉玺查无下落。

东汉末年,董卓叛乱,天下豪强在袁绍、袁术的率领下讨伐董卓,洛阳城内一片混乱,董卓弃城逃往长安。孙坚率兵驻扎在洛阳城南宫殿中,一天突然发现宫殿中一口井内闪着五彩的光,孙坚感觉奇怪,于是命令手下人下井探望,不想却捞着一位宫女的尸体,宫女的脖子上戴着一个锦囊,打开一看,内有一个用金锁锁着的朱红小匣,启开小匣,里面有一玉玺,上面有篆文八字"受命于天,既寿永昌",玉玺缺一小角。

孙坚知道这正是秦始皇的传国玉玺,窃喜这莫非是天意让他当皇帝。孙坚将玺秘藏于妻吴氏处,没想到他手下的一个士兵与袁绍是同乡,将此事告知袁绍。袁绍早有篡夺帝位之心,当然想占有传国玉玺,他下令扣押了孙坚的妻子,孙坚被逼无奈,只好交出玉玺。后来袁氏兄弟败在了曹操的手下,传国玉玺又回到了汉献帝的手里。

曹魏代汉,传国玉玺作为"君权神授"的象征,落入曹丕之手。曹丕使人在传国玉玺肩部刻下八个隶字"大魏受汉传国之玺"。西晋受禅,传国玉玺又落入司马氏手中。

此后,北方陷于五胡十六国分裂动荡的局面,传国玉玺几经辗转,又落入东晋征西将军谢尚之手,谢尚把它用三百精骑连夜送至首都建康,献给晋穆帝,传国玉玺重归晋朝司马家。公元420年,刘裕废东晋恭帝自立为帝,国号宋,史称刘宋;在南朝,传国玉玺历经了宋、齐、梁、陈的更迭。南朝梁武帝时,降将侯景反叛,攻破宫城,劫得传国玉玺,不久侯景败死,他的部将侯子鉴将玉玺投到了栖霞寺的井中,有一个寺僧将玉玺捞出收存,后来他的弟子将玉玺献给了陈武帝。

杨坚建立隋朝后,公元589年,灭陈统一全国,传国玉玺入了隋宫。唐初,太宗李世民因无传国玉玺,于是刻数方"受命宝""定命宝"等玉玺,聊以自慰。公元630年,李靖率军讨伐突厥,同年,萧后与元德太子背突厥而返归中原,传国玉玺归于唐朝。

唐末,天下大乱,群雄四起。朱晃篡唐后,传国玉玺又遭厄运。后唐废帝被契丹击败,登楼自焚,玉玺也遭焚烧,下落不明。郭威建后周后,遍寻传国玉玺不着,无奈镌"皇帝神宝"等印玺两方,一直传至北宋。

北宋哲宗时,有一个农夫在耕田时发现了传国玉玺,送至朝廷。经十三位大学士依据前朝记载多方考证,认定这就是始皇帝所制传国玉玺。但是朝野也有一些有识之士怀疑它的真伪。公元1127年,金兵破汴梁,徽钦二帝被掠走,传国玉玺也被大金国掠走,随后便销声匿迹。

公元1294年,元世祖忽必烈去世,在大都传国玉玺忽然出现于集市,伯颜命人购买,玉玺从此归入大元。伯颜曾将元帝国从各处收缴来的历代印玺磨平,分发给王公大臣刻制私人印章。公元1368年,朱元璋在建康称帝,建大明。大元朝廷逃往蒙古草原。明朝初,明太祖遣徐达入漠北,追击遁逃的蒙古朝廷,期望得到传国玉玺,最终还是空手而返。至此,经历了1500多年风风雨雨的传国玉玺就此湮没在漫漫的历史长河中。

明清两代,偶尔有传国玉玺现身之鼓噪,但是都是附会、仿造之赝品。明弘治十三年(公元1500年),有一名陕西人得到一块玉印,据称为传国玉玺,呈献明孝宗,但明孝宗对此深表怀疑,"却而不用"。

明末,相传由元顺帝带入漠北的传国玉玺,为其后裔林丹汗所有,林丹汗兵败之后,玺落入后金太宗皇太极手中,皇太极因此称皇帝,定国号为"大清",表示要占领中原,取代明朝的统治。

清朝初期,故宫交泰殿藏玉玺39方,其中一方刻有"受命于天,既寿永昌"八字的玉玺被称为传国玉玺。但乾隆钦定玉玺时,却将这块玉玺剔除在外。由此可见,这是一块传国玉玺的赝品。

直到1924年11月,冯玉祥发动北京政变,末代皇帝溥仪被冯玉祥驱逐出宫,此传国玉玺还是不见踪影。当时冯部将领鹿钟麟等人曾追索此镶金玉玺,至今仍无下文。

后来有人说,传国玉玺现在在台湾的"故宫博物院",或许这只是一种猜测,台湾方面没有承认此事。

历经两千余年风风雨雨,传国玉玺数隐数现。真正的传国玉玺到底在哪里?众说纷纭,莫衷一是。历史在不断发展,人们对传国玉玺的找寻从未放弃过,终有一天能够解开这个千古之谜。

天朝有没有宝藏
——太平天国宝藏疑案

轰轰烈烈、摧枯拉朽的太平天国曾经盛极一时,但到了后期,却腐化成风、相互猜疑、争权夺利,日渐衰败,终于自己给自己敲响了丧钟。至今,最让人疑惑和最感兴趣的话题是:太平天国有两个未能揭开的宝藏之谜,一个是天京宝藏之谜,另一个是石达开大渡河宝藏之谜。

天京究竟有没有宝藏

太平天国在南京苦心经营十载,一直就有洪秀全窖藏金银财宝的传说,"金银如海"之说,攻打南京城的湘军十分相信这个说法。

1864年,太平天国的都城天京(今南京)陷落后,湘军如洪水猛兽般进入天京烧杀奸淫,肆意抢掠,地毯式洗掠全城达三日之久,可称得上是挖地三尺。湘军四处掘窖,曾国藩甚至还发布过"凡发掘贼馆窖金者,报官充公,违者治罪"的命令。就是曾国藩在给朝廷的奏报里,也公然提出"掘窖金"的话。因"历年以来,中外皆传洪逆(清统治者对洪秀全的蔑称)之富,金银如海,百货充盈",湘军领袖曾国藩与曾国荃弟兄怀疑还有更多财宝窖藏在地下深处。

天京究竟有没有宝藏?忠王李秀成被俘后,曾国藩与曾国荃都审讯过这位太平天国后期的"擎天柱",其中有一条问:"城中窖内金银能指出数处否?"李秀成就利用自述来对付曾国藩。他在自述里十分巧妙地作了委婉叙述,然后分别引出"国库无存尽银米""家内无存金尽银"的结论,搪塞了曾国藩。当时天京城陷时,全城的口号是:"弗留半片烂布与妖(太平军对清兵的蔑称)享用!"

按太平天国的财产管理制度,所有公私财产都必须统一集中到"圣库",人们生活的必需品由圣库统一配给,百姓若有藏金一两或银五两以上的都要问斩。这种制度使得太平天国的财富高度集中,为窖藏提供了可能。

然而,在太平天国后期"天京事变"后,"圣库"制度已名存实亡。忠王李秀成在临刑前的供状中说:"昔年虽有圣库之名,实系洪秀全之私藏,并非伪都之公帑。王长兄(指洪秀全)、次兄(指杨秀清)且用穷刑峻法搜括各馆之银米。"这就说明天京事变后,太平天国政权由洪氏嫡系掌管,"圣库"财富已成洪秀全的"私藏"。而洪秀全进入天京后便脱离了群众,避居深宫,十年未出。如果没有其亲许,任何人都不能进入天王府,对其他异姓诸王更是猜忌日深。天王府成为他唯一信赖和感到安全的地方,如果要窖藏的话,最有可能就在天朝宫殿地下。

据历史文献记载,当年天王洪秀全在南京建天朝宫殿时,自然是倾"全国"所有,掠各地奇珍异宝藏于宫内,其他王府也都藏有金银珠宝。据《淞沪随笔》记载:"城中四伪王府以及地窖,均已搜掘净尽。"既然别的王府尚且有窖金,天王府就更不应该没有。

天王府当时并没有被湘军全部毁掉,有不少还未烧尽,当年的核心建筑"金龙殿"依然存在,数百年来,从来没有人对其地下进行过勘察。

"金龙殿"下边到底有些什么?天朝宫殿地下有没有藏金?都显得扑朔迷离。有关天朝宝藏之谜,一般有两种说法。

一种说法是湘军攻克南京,曾氏弟兄听凭湘军掠取财物。曾国荃的部队是最先进入天王府的,相传曾国荃挖得洪秀全的藏金而入私囊,最终为毁灭证据,一把大火烧了天朝宫殿。而曾国藩奏报同治帝搜查"贼赃"的情况时,只说除了二方"伪玉玺"和一方"金印","克复老巢而全无货财",其他别无所获。清末民初学者、文学家王闿运写诗说:"曾侯工作奏,言钱空缕觊",意即曾国荃一掷千金买笺纸,怎么会"全无货财"呢?清人有笔记记载,洪秀全的窖金中有一个翡翠西瓜是圆明园中传出来的,上有一裂缝,黑斑如子,红质如瓤,朗润鲜明,皆是浑然天成。这件宝贝后来居然在曾国荃手中。

当年湘军劫掠天王府时搜查得很仔细,甚至连秘密埋在天王府内的洪秀全遗体都被挖了出来,焚尸扬灰。一大批窖金怎会发现不了呢?所以,曾国荃得窖金的说法有许多人愿意相信。

另有记载:"宫保曾中堂(指曾国藩)之太夫人,于三月初由金陵回籍(湖南),护送船只,约二百数十号。"如此多船只运送,不能不让人怀疑是曾氏弟兄在给老家送掠来的窖金。

清代文人李伯元《南亭笔记》记载:"闻忠襄于此中获资数千万。除报效若干外,其余悉辇于家。"忠襄即曾国荃,说他攻占南京竟然有千万收入。

还有一种说法是蒋驴子、王豆腐靠太平天国窖金致富。近代学者胡朴安《中华全国风俗志·南京采风记·人品绰号》载:"宁俗好以绰号呼人。暴富人家,皆有绰号。如王豆腐,即其家曾业豆腐也;蒋驴子,即其先有人赶驴子也。"位于城南三条营二十号的蒋寿山故居主人,就被人戏称"蒋驴子"。蒋寿山,苏北淮安人,为人诚恳忠厚。清咸丰年间人,其父淮安人,蒋驴子随父流落南京以赶驴为业。太平军攻破南京后,蒋驴子投军养马。被忠王李秀成赏识,升为驴马总管。据说得到太平天国的窖藏而富甲江南,人称蒋半城。大富商王豆腐也相传是靠得到太平天国的宝藏而富起来的。

石达开带走了多少宝藏

除天京宝藏之谜外,太平天国还有一个宝藏之谜,那就是石达开大渡河宝藏之谜。

据中国书籍出版社出版的《宝藏的故事》记载,太平天国翼王石达开率领的太平军覆灭于大渡河前夕,把军中大量金银财宝埋藏于某隐秘处。石达开当时还留有一纸宝藏示意图。图上写有"面水靠山;宝藏其间"八字隐训。

石达开,广西贵县人。太平天国首封五王之一,为翼王。石达开早年在家务农,1851年拜上帝会于金田起兵后,任左军主将。同年12月,在永安被封为翼王。1856年"天京事变"后,石达开在天京奉洪秀全命辅政。后因洪氏兄弟揽权,于

1857年潜逃出走到安庆。1863年5月,石达开的太平军到达大渡河边。当地土司千户王应元拆桥防御,太平军进退无路。6月13日,石达开向清军请降以救全军,于6月25日在成都被凌迟处死。

抗战期间,国民党四川省主席刘湘秘密调了1000多名工兵前去挖掘,在大渡河紫打地口高升店后山坡下,工兵们从山壁凿入,豁然见到三个洞穴,每穴门均砌石条,以三合土封固。但是挖开两穴,里面仅有零星的金玉和残缺兵器。

当开始挖掘第三大穴时,为蒋介石所知。他速派古生物兼人类学家马长肃博士等率领"川康边区古生物考察团"前去干涉,并由"故宫古物保护委员会"等电告禁止挖掘。不久,刘湘即奉命率部出川抗日,掘宝之事终于被迫中止。根据研究人员赴现场考察后判断:该三大洞穴所在地区和修筑程度,似非为太平军被困时仓促所建。石达开究竟有没有在这里藏宝,也成了历史疑案。

而另一种截然不同的说法是,在四川南川市铁厂坪有段传说,当年石达开西征途中曾经路过南川,留下了一批宝藏,只要找到一座名为"太平山"的位置,就能找到石达开的宝藏。

两地的文物部门都肯定了石达开部队在当地的活动,但"至于宝藏,不好解释,找不到东西"。

在大渡河岸边的安顺村,当地老百姓这样讲石达开的传说:"当年石达开率三万大军走到大渡河的时候,有个爱妃生了儿子,石达开犒赏三军用了三天时间。结果三天过后,大渡河涨水了,军队无法渡河。这个时候清军又分别从前后对石达开军队实行追堵。当时他们住在村后的营盘山上,而山上只有几户人家,根本没多少粮食供给军队。""石达开随军带了很多金银财宝,我们的祖辈说,这些金银财宝被装到七个大棺材里,一个连的军队负责埋藏,结束出来的时候,10个人的小分队守在出口处把这一个连的人全部杀死了。然后,这10个人的小分队回去吃完饭后全部死去,而做饭的炊事员后来也被一支毒箭射死。所以宝藏究竟埋在哪里根本没人知道。"

在四川南川市,当地盛传的说法是找到了"太平山",就可能找到石达开的宝藏。据《南川县志》记载,石达开率部经过合口河到桥塘,沿路军纪严明,在老百姓家用饭,都会把银子留下。南川市文物管理所所长李黎说:"这是我们在县志里查到关于石达开唯一的文字记载,至于在太平山宝藏的传说无法求证。"

和世界上所有的宝藏之谜的复杂性一样,太平天国的两大宝藏之谜至今仍未解开。仅靠文物部门的力量肯定是不够的,还需要多方进行考察、探究,早日让这些埋在地下深处的宝物重见天日,以造福人民。

到底在哪
——纳粹宝藏秘闻

作为人类历史上最大的一次浩劫,第二次世界大战留给我们的是无数惨痛的记忆。在欧洲,纳粹德国铁蹄所到之处,无不生灵涂炭。更令人发指的是,他们不仅肆意践踏了许多国家的领土,同时还大肆掠夺这些国家的财物和艺术珍宝,并由此形成了所谓的"纳粹宝藏"。战争已经过去 60 多年了,然而,那些凝聚了无数人血汗的财富的下落,成了纳粹留给后人的众多谜团之一,时至今日仍没有水落石出。

无法估量的纳粹宝藏

第二次世界大战期间,纳粹德国的铁蹄几乎践踏了整个欧洲大陆,对许多国家犯下的滔天罪行可以说是罄竹难书。他们在别国的领土上滥杀无辜,为所欲为。不仅如此,他们还是一群贪得无厌的强盗,对所到之处进行了掠夺式的洗劫。

为了更好地掠夺其他国家的财富,希特勒曾经精心组织了一支特别部队,他们的任务就是专门有计划地对各国的珍贵文物、金银财宝进行有组织的大规模的抢劫。结果,许多被占领国家的古堡、宫殿、博物馆里珍藏的艺术珍宝被洗劫一空。以波兰为例,纳粹在刚刚征服波兰的时候,其第二号人物戈林就下令大肆掠夺波兰的文物。他曾对部下这样说:"你一发现有什么东西可能是德国人民所需要的,就必须像警犬一样追逐,一定要把它弄到手。"在不到半年的时间里,几乎所有的波兰文物都全部被纳粹接收。同时,纳粹只要占领一个国家,其财政人员便马上夺取这个国家的黄金和外国证券、外汇等,并向这些国家征收数目惊人的"占领费"。此外,纳粹还通过种种理由巧立名目,迫使占领国支付"罚金""贡金"等等。根据有关方面的统计,到战争结束时,纳粹仅"占领费"一项的收入就有 600 亿马克。而那些国家被迫支付的"罚金""贡金"等的金额也高达 1040 亿马克。德国官方的一份秘密报告表明,到 1944 年 7 月为止,从西欧运到德国的文物共装了 137 辆铁路货车,共计 4174 箱,20973 件,单单绘画就有 10890 幅,其中绝大多数为名家杰作,其价值简直无法估量。这还只是有据可查的,至于那些没有登记在册的,其数量根本就无法统计。

希特勒

在国家性掠夺的同时,那些纳粹头目也趁机为自己大肆敛财,扩充私人收藏。仅以戈林为例,他一个人所收藏的文物,据他自己估计就值 5000 万德国马克。其中包括 5000 幅世界名画,16 万件珠宝镶嵌的宝物,2400 多件古代名贵家具。这些物品中有 1500 件属于稀世珍宝,绝对可以组建一个颇具规模的博物馆。1945 年 4 月 20 日,戈林坐着他的装甲汽车仓皇逃往巴伐利亚,后面紧跟着的卡车护送队装满了他从各国搜刮来的财宝。结果美国部队在其运送途中截获了最后的一批,其中就包括了 27 箱绝版书,4 箱贵重的玻璃器皿,8 箱金银器,以及无价的东方地毯等物品。

正是这些疯狂的掠夺使纳粹法西斯手中掌握的财富迅速膨胀,数目大到惊人的地步,这些财富经过瓜分形成了令人垂涎的宝藏,其中最为著名的有:希特勒金库、大德意志之宝、隆美尔宝藏等。

所谓希特勒金库,指的就是 1938 年奉希特勒之命而建造的"狼穴"。据说它建造在波兰格鲁贝尔河畔的一座名叫凯特尔赞的小城,以前这个地方叫拉施坦尔。在战争期间,拉施坦尔成了一个军事禁区。"狼穴"建造在地下 20 多米的深处,四周布有 80 处野外防御工事和犬牙交错的地雷网与死亡带。在 1939~1944 年期间,这里一直是希特勒的参谋部所在地,二战中纳粹德国所进行的一系列秘密的军事攻击计划也都是在这里拟定的。在"狼穴"里还有一座造币厂和一个银行。据后来被抓获的纳粹分子交代,在这座神秘的地下金库里曾经存放着数量相当惊人的黄金、白银和各种珍宝。为了确保"狼穴"工程的绝对秘密,纳粹法西斯不仅残忍地把当年参与修建该工程的1万名工人全部枪杀,而且连参与制定"狼穴"工程方案的所有设计人员也无一幸免。这些设计人员被送上一架据说是将把他们运往德国西部的飞机,但是飞机在降落时却突然爆炸了,这当然也是纳粹的计划之一。也正因如此,"狼穴"的位置、内部构造等成了永远无解的谜。二战结束后的10多年内,无论是苏联人还是波兰人,都曾为此费尽周折,但最终也没有能找到这座地下金库,甚至连与这笔财产有关的编制清单也从来没有发现过。

所谓"大德意志之宝",是指1944年底在纳粹德国即将崩溃前夕,希特勒为日后东山再起而开始有计划地藏匿起来的一大笔德国政府的财产。希特勒为此专门下了一道密令:"把当时还留在德国的所有财宝以'国家财产'名义隐藏起来",并派专人负责此事。1945年4月,有近千辆卡车秘密转移了德国银行的财产,按当时的估价这笔财产大概相当于3500亿法郎。同时被转移的还有一大批首饰、金条、宝石、稀世的艺术珍品,以及纳粹头子们的私人财产和教会财产;另外还有从意大利、南斯拉夫、希腊和捷克等国犹太人身上掠夺来的总价值估计可达7000亿法郎的财产。

二战末期,第三帝国行将土崩瓦解,不甘失败的纳粹当局妄图日后卷土重来,遂将战争期间劫掠的财富和部分秘密文件藏匿起来,由此也引发了战后扑朔迷离的搜寻活动。战后的几十年间,尽管不断有人宣称发现了纳粹宝藏,也在欧洲数个偏僻地点先后发现过金条、名画和珠宝等纳粹宝藏,但人们所见到的不过是纳粹藏宝中极小的一部分,那么纳粹的大量财宝究竟藏在什么地方呢?

漫漫寻宝路:初露端倪

纳粹藏宝的数目是如此巨大,自然引起了无数人的垂涎。很多人相信,哪怕只是找到它的凤毛麟角,也能让人一夜暴富,享用不尽。所以有许多发财心切的冒险者纷纷踏上了搜寻纳粹藏宝的道路。不仅如此,不少国家的政府部门也把眼光盯在它的身上。由于都自认有权得到这笔财产,包括原联邦德国政府和奥地利政府以及法国、美国、苏联和以色列的秘密机构都曾竭力地寻找这批财宝。

要寻找这笔巨大的财富,首先得知道它到底藏在哪里。有人认为,"大德意志之宝"的主要财宝已经被多次转移,然后分散隐藏,其主要藏宝处大致分散在奥地利的加施泰因、萨尔茨堡、萨尔茨卡梅尔克附近的地区。也有人认为,这些财物主要藏在奥斯小城周围,原因是奥斯在战争期间是纳粹德国负隅顽抗的最后据点之一,估计有价值2亿多马克的财产被隐藏在奥斯地区。还有人认为,相当一部分的纳粹宝藏被隐藏在奥地利境内的阿尔卑斯山中。

据说,战争结束后不久,盟军就曾经组织过一支寻宝队,并且确实在阿尔卑斯山中的一个盐矿里发现了一批黄金、银器、宝石、瓷器、雕像、名画,价值达100亿法郎。消息一经传出,寻宝者们立即接踵而至,阿尔卑斯山多年来也因此而热闹非凡。1945年,一位瑞士向导宣称自己在山中见到了一架纳粹飞机和驾驶员的遗骸。当有关人员在向导的带领下赶到那里时,却发现一条移动的冰河掩盖了这个地点,飞机、驾驶员也早已荡然无存。根据史料记载,1943年墨索里尼处于山穷水尽之时,希特勒曾密令用飞机为他运去相当于1亿美元的黄金,以使他能够继续苟延残喘。可惜人算不如天算,飞机在阿尔卑斯山阿丹墨罗峰触山失事,因此人们怀疑这名瑞士向导发现的就是这架运送黄金的飞机遗骸。1946年,两位名叫赫尔穆特·迈尔和路德维格·皮切尔的寻宝者带着地图走进了奥地利山区。没过多久,人们就发现了他们的尸体。在离尸体不远的地方,是几个已经被挖开的藏宝洞。由于洞内已经空空如也,所以可以断定被这两个人掘出的财宝已经被秘密转移了。1952年、1953年,人们又在这个地方连续发现了数具尸体和8个被掏空的藏宝的地洞。

综合几年来这些暗杀和失踪事件的雷同性,警方分析的结果是,隐藏在奥地利阿尔卑斯山区的财宝是被前纳粹突击队严密控制和守卫着的。不久之后,警方在这一地带逮捕了一个纳粹嫌疑犯,此人身上带着一份有纳粹德国党卫队将军史坦弗·弗罗利奇正式批示和签名的清单:66亿瑞士法郎、99亿美元、14吨金条、294颗钻石和数万件的艺术品。这份清单的发现,似乎让人们看见了光明的前景。警方当然希望能从此人身上得到些有价值的东西,却始终没能打开突破口。

实际上,在这之前,奥地利警察就曾抓捕过数名与纳粹宝藏有关的人。1949年,警方发现一个叫兰兹的人,在他的衣服里缝着一张奇怪的单子,上面开列有瑞士法郎、美钞、黄金、钻石、鸦片等总值约1亿多美元的东西,签署这张单子的也是史坦弗·弗罗利奇。但是对于这张单子的来历和目的,兰兹守口如瓶,宁死不讲。1950年5月17日,警方又抓住了一个和弗罗利奇有关系的人,警察在他隐藏在一个寺庙的箱子里发现了500多万元的美钞及金条。这个名叫希姆尔的人承认这些都是弗罗利奇叫他保管的。随后,警方终于捕获了弗罗利奇。然而,让大家失望的是,不论是弗罗利奇本人还是希姆尔都非常强硬,拒不说出上述隐藏物的地点。

1954年,一位名叫弗兰克的德国人称,他在奥地利度假期间利用自己过去曾经是纳粹党员以及被希特勒授勋的身份,打进了负责掩护宝藏的纳粹地下组织,并最终看到了那些处于严密守护之下的宝藏。据他披露,在每个地穴上都可以清楚地看到标明了50万、70万的字样;不仅如此,他还听到了许多以度假为名义前来寻宝的人最后却惨遭杀害的故事。但弗兰克其人和这些财宝的真实性却让很多人怀疑。不过,有关国家的寻宝行动仍在继续。1960年,以色列政府就在布拉亚·阿尔默的高山牧场区找到了价值190亿法郎的宝藏。

"杀人湖"的秘密

在众多冒险者为纳粹宝藏而进行寻宝活动时,不少人曾为之付出惨重的代价,但所谓"人为财死",后继者仍是络绎不绝。在众多搜寻纳粹藏宝的故事中,最吸引人也最恐怖的当属"杀人湖"的秘密。

在奥地利萨尔茨堡往东南60千米的巴特奥塞附近有一片山区,这里怪石嶙峋,松林茂密,阴森幽暗。山里面有一个被称为托普里塞湖的湖泊,早先它曾是一个盐矿,大约有2000米长,还不到400米宽,但最深处却达到103米。就是这么个不起眼的小湖泊,50余年来却因为一些恐怖的传说而赫赫有名,这就是和纳粹宝藏有关的著名的"杀人湖"。

1945年5月初的一天,一个常在托普里塞湖上打鱼的渔夫,从湖中打捞上来了一张印着各种奇怪符号的纸片。由于怀疑这张纸片或许是某个国家的钞票,于是渔夫第二天便拿着那张纸片来到巴特奥塞的一家银行,没曾想银行真的付给他了一笔数目可观的奥地利先令。一夜暴富的渔夫当然更加仔细地搜寻那个地方,并不断发现了同样的纸片,随后接二连三地来到那家银行兑换这些纸片。不久,党卫军曾把托普里塞湖当作保存财宝的秘密"保险柜"的消息便不胫而走。紧接着有传闻说,托普里塞湖里埋藏着党卫军攫取的黄金,而且很可能就是第三帝国的黄金储备。

在托普里塞湖发现纸钞的消息传到了当时英美军驻法兰克福的司令部里,这时一个意想不到的事情发生了。当时,由于美军的先遣部队已经进入奥地利,所以公路上到处都是奉命撤退的德军士兵和辎重车队,情况十分混乱。这时有两辆满载箱子的汽车被困在萨尔茨堡和林茨之间。为了解决这种状况,摆脱堵塞,负责押运的德军上尉便命令把其中一辆车上的所有箱子都扔到河里去。两周后,在水流的作用下,那些箱子竟然开了,当地的居民吃惊地看到河上漂浮着成千上万张英镑纸钞!不久盟军又发现一辆德军卡车上装载着23个箱子,里面是总计2000万的英镑纸钞。在盟军的调查中,周边的居民曾称,确实有人看到德国人把一些用白金属制成的大箱子投入托普里塞湖中,每个箱子上都赫然写着"帝国专运"。

大约40年后,奥地利《巴斯塔》报的记者找到了前希特勒德国反坦克部队的军官、奥地利人格鲁伯。此人曾于1944年秋被派往距萨尔茨堡不远的富士尔城堡,由于无意中参加的一次秘密会议而成为重要见证人。据他说,与会的都是第三帝国的高层官员,其中包括戈培尔和时任外交部长的里宾特洛甫。会议之后,一些满载着金锭、金币、珠宝和英镑假钞的货运汽车驶往富士尔城堡。随后,车队转而开往托普里塞湖地区,而美军发现的那辆装有英镑的卡车正是其中的一辆。1945年1月31日,德国财政部长曾建议疏散国家的黄金储备,这一建议被希特勒采纳。于是一列满载黄金、白金、外币、外国股票和帝国纸币的24节火车驶出了柏林。看来,上述那些财物可能正是德意志帝国国家银行的黄金储备。

我们再回到1945年。在发现那些英镑后,美军海军潜水小分队曾在托普里塞湖进行过搜索。但是,当一个潜水兵在水下意外死亡之后,搜索工作就停止了。此后,一些与帝国黄金储备有点干系却又管不住自己嘴的人先后失踪了。即便如此,一批又一批的寻宝者仍旧前赴后继的前往托普里塞湖。1946年2月,两位工程师——奥地利人赫尔穆特·迈尔和路德维格·皮切尔来到托普里塞湖,同行的还有一个叫汉斯·哈斯林格的人,三人均是以"旅游者"的身份来的。由于劳克冯格山可以俯瞰整个托普里塞湖,他们便决定登上这座山。半路上,或许预感到了什么,哈斯林格返回了出发地。一个月后,另外两个人仍是杳无音讯。于是营救小组开始前往劳克冯格山寻找,最终在山顶发现了一座用雪堆成的小屋,现场的情景惨不忍睹:小屋旁边有两具尸体,皮切尔的肚子被剖开,胃被塞到了背囊里。后来经过调查才知道,这两人在二战期间曾参与过托普里塞湖边一个"试验站"的工作,德国海军在这个"试验站"进行过新式武器的研制。很显然,这两个知情者是被灭了口。1947年,有人认出时常出现在托普里塞湖周围的外地人当中有一个是前德军参谋官鲍曼。奥地利法院认为他在战争快结束时曾从这里运走了两箱黄金,并以此为由对他提出了起诉,但被鲍曼矢口否认,他只承认自己从教堂的金库里拿走过收藏的古币。接着,又有人在托普里塞湖地区一个别墅的花园中发现了一堆废弹药,下面埋藏着3只箱子,里面装着1.92万枚金币和一块500克重的金锭。一时间,托普里塞湖一带的种种发现让众多的寻宝者跃跃欲试。

1950年8月,来自德国汉堡的工程师凯勒博士和职业攀岩运动员格伦斯试图爬上雷赫施泰因山南坡的一处峭壁,因为从那里可以一览无遗地观看托普里塞湖。然而在攀爬的过程中,格伦斯身上的安全绳"意外"地断了,整个人也如蒸发般消失了。惊魂未定的凯勒博士不久以后也突然失踪了。到底发生了什么事情?因为不愿让亲人就这么莫名其妙地失踪,格伦斯的亲属进行了私人调查,结果他们发现失踪的凯勒博士二战时曾在党卫军服役并担任潜艇秘密基地的负责人。此时大家才恍然大悟,正是潜艇军人才有可能与托普里塞湖边的"试验站"发生瓜葛,才有可能成为转运和储藏帝国财宝的同伙。同年夏天,3个法国学者拿着一封奥地利因斯布鲁克市军方开出的介绍信前往当地警察局。信中说,他们是专门研究阿尔卑斯山地区湖泊生物的专家,需要潜入托普里塞湖湖底进行相关的研究工作,请求当地警察机关在他们的科考过程中给予支持。当地警察局批准了这一科学考察活动。然而3位法国学者当天所带回的考察成果竟然是4只沉甸甸的箱子!回到下榻的旅馆后,他们付了数目可观的小费将箱子装上汽车便匆忙原路返回。当旅馆经理到银行兑换从3位学者手中得到的外币时,竟被银行发现是假币!对那封所谓的介绍信,因斯布鲁克市军方也是一无所知;而旅馆的女招待事后反映她曾听到3个"法国人"说着一口地道的汉堡方言。看来,这3个所谓的"法国学者"很可能是前德军"试验站"的专家,他们带走的箱子里装的自然就是纳粹藏宝的一部分。

接下来,仍有寻宝者不断前来,而1952年也是死亡人数最多的一年,先后有好几人神秘地死于非命,托普里塞湖因此被冠以"杀人湖"的恐怖名字。1959年夏,由西德《明星》周刊资助的潜水队获得了在托普里塞湖潜水作业5周的许可证,所有的人都希望此次打捞能够揭开"杀人湖"的秘密。潜水队带着超声波探测器和水下摄像机,从托普里塞湖下70~80米深处的湖底打捞出了15只箱子和铁皮集装箱,在里面发现了1935~1937年版的5.5万英镑假钞。这次打捞的最大收获在于,它使当年的"伯恩哈特"行动(即纳粹德国以印发大量假币来扰乱敌对国家金融秩序的行动)真相大白。然而,意想不到的事情让打捞行动半途而废。1959年8月27日,打捞队打捞上来两只标号为"B-9"的箱子,里面装着第三帝国安全总局的文件和集中营犯人花名册。随后,一封严厉命令立即停止搜寻的电报迫使打捞工作戛然而止,理由是资金短缺。紧接着,奥地利内务部的代表发表了一项声明,宣称箱子里除了英镑假钞外别无他物,在文件中也未发现盖世太保头子希姆莱日记一类的东西。但外界一直在怀疑,这是否有人在有意阻挠第三帝国的某些秘密被公开?据说在托普里塞湖里除了假币外,还藏匿着德国秘密机构的间谍名单以及这些人参加过的行动指令的专案文件。而这些间谍中的许多人现如今在各自的国家里都是合法的公民,他们潜伏在政府、议会及著名银行和公司的董事会中。就是在奥地利的一些要害部门里,也有不少人不希望公开托普里塞湖的秘密。

后来发生的事情也许证实了上面的猜想。1963年,前抵抗运动参加者、奥地利人阿尔布雷克特·盖斯温克勒打算申请获得在托普里塞湖搜索的许可证,可是他立即就遭到新法西斯组织的恐吓,而他的申请也被当地政府拒绝了。1983年初秋,托普里塞湖又发生了一件悲剧。一名西德潜水运动员阿格纳不顾当地政府的禁令,执意潜入了湖底,没想到漂上来的却是他的尸体。经调查发现,致死的原因是有人割破了他的氧气管。而他的两名同伴在事后的调查中被发现是前党卫军分子。这次事件发生后,奥地利当局下令严厉禁止一切在托普里湖的民间业余潜水活动。

1984年11月,西德考察专家汉斯·弗里克教授宣布,他将乘特制的微型潜艇探查托普里塞湖。11月15日,汉斯·弗里克教授宣称在水下80米处发现了假英镑,并打捞上一些水雷、轰炸机骨架、带水下发射装置的火箭破损部件等,可是关于大家都十分关心的第三帝国的黄金问题却是只字未提，弗里克本人对此电保持了沉默。

发生在托普里塞湖所有事件都引起了奥地利政府的警惕，后者决定在自己的管理和监督之下对托普里塞湖进行探查。1984 年 11 月，奥地利军队的考察专家们开赴托普里塞湖，并在所有通往湖区的大小道路上都实行戒严。专家们在湖底不仅发现了假币，还打捞出了一枚长 3.5 米、重 1 吨的火箭。令美国工兵部队人员万分诧异的是，沉在水底 40 年之久的金属骨架竟然没有一点锈蚀的痕迹！在湖西南部的湖底，奥地利扫雷部队的专家们借助探雷器和检波器发现，湖底可能有大量金属存在，而且集中在大约 40 平方米左右的范围内。这一发现令大家精神为之一振，是黄金还是地下弹药库？对此，有关人员表示目前还很难确定，也许是湖底原有的稀有金属，也许是第三帝国埋藏的黄金。后来，考察专家们在距离湖岸仅 70 米的环湖山岩的峭壁上发现了一个已被炸毁、被疑为是地下仓库的入口。据说有人还曾由此钻进洞口，并顺着坑道爬进了一个人造的大山洞，里面放着写着"易爆品"的箱子。而文献资料表明，战时确实有一批囚犯被押解到托普里塞湖修筑地下工程，这些囚犯在湖底水下开凿过水平坑道及一些入口。1985 年，萨尔茨堡工兵小分队试图从森林密布的湖南岸进入湖底的地下坑道，但是专家们推断希特勒分子有可能在通往财宝埋藏处的坑道里布下地雷，然后所有的考察活动便很快停止了。遗憾的是，山洞里到底藏着什么，至今仍是个谜。

值得一提的是，时至今日，很多人都在怀疑，在瑞士的银行里，有数目惊人的纳粹财富存放在这里。托普里塞湖里还有可能藏着一些瑞士银行的秘密账号，这些秘密账号里保存的可能就是纳粹分子劫掠来的财富。二战中的有关受害者，包括各国政府和一些民间人士，纷纷要求对这一问题予以解决。然而，由于事情已过去较长时间，许多当事人也已离开人世，所以要想彻底澄清这类问题，还需要相当长的时间。

金"约柜"和"所罗门珍宝"之谜

坐落于地中海东岸巴勒斯坦中部的耶路撒冷，最早叫"耶布斯"，是一座举世闻名的圣城,它是世界上唯一被犹太教徒、伊斯兰教徒和基督教徒共同尊奉为圣地的城市。这是一个充满了神话和宗教魅力的地方,它吸引着世界各地虔诚的宗教信徒,络绎不绝地前来朝拜。

当然,被吸引而来的,还有各地的寻宝者,传说有一大笔宝藏就藏在这座圣城之中。

公元前1000年,犹太人大卫通过战争攻占了耶路撒冷,并以它为首都,建立犹太王国。犹太人把最初迦南人起的城市名希伯来语化,叫作"犹罗萨拉姆",用汉语翻译过来就是"耶路撒冷"的意思。

在希伯来语中,"耶路"的意思是"城市","撒冷"的意思是"和平",耶路撒冷合起来就是"和平之城",这是期望这座城市远离战争,永远和平之意。但是,"圣城"的称呼最早则是由阿拉伯人叫起来的,在阿拉伯语中耶路撒冷被称为"古德斯",汉语意思就是"圣城"。

耶路撒冷能够成为一座真正的城市,都要归功于大卫的儿子,也就是继承犹太王国王位的,犹太国历史上最伟大的王—所罗门王。所罗门王继承王位后,在耶路撒冷大兴土木,兴建了许多的建筑,最著名的就是犹太教圣殿。这座伟大的建筑长200多米,宽100多米,花费了7年的时间才完工。就是这座圣殿成了犹太人心目中的圣地,从此,犹太教徒开始把耶路撒冷视为自己的圣城。

犹太教圣殿建在耶路撒冷的锡安山上,周围还筑了一道石墙。世代传说,犹太教最珍贵的圣物金"约柜"和"西奈法典"就放在圣殿的圣堂里。

据记载,金"约柜"里装着摩西在西奈山顶上得到的圣谕,它属于以色列人最崇拜的上帝耶和华的。与此同时,耶和华还授予摩西一套法典,法典要求以色列人无论什么时间、什么事件都要按照法典办理。摩西得到圣谕和"西奈法典"后,立刻让两个能工巧匠用黄金特制了一个金柜,这就是金"约柜",金"约柜"制成之后,摩西将这两件圣物郑重地放了进去,以示它们的珍贵。

圣谕和"西奈法典"放进犹太教圣殿之后,除了犹太教的最高长老(即祭司长)有权每年一次进入圣堂探视圣物外,其他任何人不得进入圣堂,由此可见这两件东西有多么贵重。

所罗门是古往今来最为富有的王,这是毫无疑问的。所罗门王拥有数量众多的附属国，每年仅从各个附属国征收的黄金就达到 666 塔兰，根据当时的换算单位，1 塔兰相当于 150 公斤，总数将达到 99900 公斤，将近 10 万公斤，这是多么庞大的财富？这还不算他本国的收入，就算所罗门王大兴土木、生活奢侈，但是又能耗费多少呢？

所罗门将他所搜刮的金银财宝都存放在圣殿里，这就是历代相传的"所罗门珍宝"。

所罗门死后，他的王国分裂成两个国家。南方仍由他的后代继续统治，叫犹太国，还是以耶路撒冷为首都；北方则另立王朝，叫作以色列。

公元前 590 年，新巴比伦王尼布甲尼撒二世攻打犹太国，耶路撒冷在公元前 583 年被巴比伦军队攻占，王宫和圣殿全被烧毁，无价之宝金"约柜"和"所罗门金宝"一起失踪。

几千年来，对金"约柜"和"所罗门珍宝"的寻找从未停止过，但是一直踪影全无。早在圣殿被摧毁之初，以色列的长老耶利米，就到圣殿的废墟查看过，想找到金"约柜"，保护犹太教圣物耶和华的圣谕和"西奈法典"，但是只看见了著名的"亚伯拉罕巨石"。据说盛放圣谕的金"约柜"当初就放在这块巨石之上，但是金"约柜"却已无影无踪了。

那么稀世珍宝"约柜"究竟藏在哪里？20 世纪初，一些学者认为，金"约柜"和"所罗门珍宝"可能就藏在"亚伯拉罕巨石"底下的暗洞里。而地下的岩堂高达 30 米的空间，也确实能够放得下金"约柜"和"所罗门珍宝"。但是，几个英国冒险家买通了岩堂的守夜人，偷偷进去进行发掘。一连几天，直到被人发现赶出岩堂也没有找到宝藏。

有学者查阅资料，考证出金"约柜"和所罗门珍宝实际上是藏在"约亚暗道"里。"约亚暗道"相传是大卫王在攻打耶路撒冷时，偶然发现的一条可以从城外通到城里的神秘通道。据说这条暗道后来又和所罗门圣殿连在一起。在耶路撒冷被攻破之前，犹太人就已经把金"约柜"和所罗门珍宝藏到暗道里去了。

1837 年，一位英国军官在耶路撒冷的一座清真寺遗址中发现了一个洞，并且有石梯通向下面。他顺着石梯一直往下走，最后出来一看，大吃一惊，原来，他发现自己已经站在耶路撒冷城里了。

学者们经过科学检测,这条秘密的地下通道已经有 4000 多年的历史了,早在大卫攻占耶路撒冷之前就已经存在,并推测它就是"约亚暗道"。

20 世纪 30 年代,两名美国人到暗道去寻找金"约柜"和"所罗门珍宝"。他们在暗道中又发现了一条秘密地道,并且有流沙保护,这完全符合古代为了保护宝藏不受人侵扰,防止人盗墓所采取的手段。只是暗道中还有暗道,无法检测。或许宝藏真的藏在里面也不一定。

直到今天,金"约柜"和所罗门珍宝仍然是一个谜,但是,肯定的是,宝藏肯定存在,何时发现,何人发现,就要看上帝的眷顾了。

隆美尔巨额宝藏藏身非洲小镇

艾尔温·隆美尔,二战中的名将,有"沙漠之狐"的称号,他的部队有"魔鬼之师"的称号,是纳粹德国的王牌之师。丘吉尔曾这样评价隆美尔:"尽管我们在战争浩劫中相互厮杀,请准许我说,他是一位伟大的将军。"

二战之中,隆美尔驻扎在北非战场,他疯狂地屠杀非洲土著居民,掠夺他们的财富,特别是一些非洲富有的部落酋长,在如此野蛮、血腥的手段之下,很短的时间里,隆美尔就积聚起一批价值极为可观的珍宝,包括金币、金条、金砖和金刚钻、红宝石、绿宝石和蓝宝石,等等。

这些宝藏说是价值连城,一点都不过分,连隆美尔本人,都不清楚这批珍宝的具体价值究竟是多少。有人大略估计,起价值可达 3 亿美金之巨!

随着整个世界局势的变化,在北非战场上,隆美尔自己吹嘘:所向无敌的非洲军团,在盟军的打击之下全线溃退。

1944 年,法西斯德国的形势如江河日下,德国的一些高级军官为了结束战争,计划刺杀希特勒。因为怀疑隆美尔也牵涉其中,希特勒派盖世太保到隆美尔在柏林的住所,逼迫隆美尔服毒自杀。

隆美尔服毒自杀后,他那批珍宝在哪里也没有人知道了。直到今天还是有很多的冒险家在仔细地收集线索,希望将来有朝一日发掘出这批珍宝、拥有这批宝藏。为此,他们不惜花费重金,派专家到世界各地的档案馆查阅有关密档,又千方百计地寻找所有可能知情的人。

但是,关于宝藏的下落一直是众说纷纭。

一说:珍宝沉入了法国的科西嘉浅海区。

在非洲军团被打败前夕,隆美尔紧急召集了一支高速快艇部队,命令将90个箱子分装于艇中,由非洲的突尼斯出发,横渡地中海运到意大利南部一个小岛秘密藏起来,但是,快艇部队被英国空军发现。隆美尔知道难以逃脱,但是又不想自己辛辛苦苦搜刮来的珍宝落入英军之手,咬牙下令炸沉所有快艇。就这样,这支满载着珍宝的快艇部队,在科西嘉浅海区沉没了。

还有一种说法,就是希特勒非洲军团在大势已去的崩溃前夕,给隆美尔发了一道密电,要他想尽千方百计,务必将从非洲搜刮的黄金宝物,运回德国,如果实在难以运回,就销毁它,千万不能落在盟军的手中。

有人调阅1945年的资料,调查当时来往于比塞大港的船只时,发现曾经有一艘德国的海军舰艇,突破盟军的海上封锁之后,偷偷离开比塞大港口,但是不知道执行何种任务,舰艇上配备着极强的炮火,突破封锁线时,只想着逃跑,最后到达意大利北部的斯帕契尔港。从此下落不明,不见踪影。

美国的一份报纸《星期六晚邮报》上,刊载了一篇文章《"沙漠之狐"隆美尔的珍宝之谜》,上面说一向惯于声东击西的"沙漠之狐"隆美尔,使用快艇运输宝藏其实是声东击西、精心布置的骗局,目的就是迷惑别人。其实,这批珍宝根本就没有离开非洲大陆,而是秘密地藏在撒哈拉大沙漠中的一个突尼斯沙漠小镇附近。根据作者考察,找到的资料显示,这座小镇附近有很多形状相差无几的巨大沙丘,而隆美尔搜刮的宝藏就埋藏在其中的一座沙丘之下。

1942年11月,美英盟军在北非登陆,加入北非战场,开始对德军作战。1943年初,英美军队兵分两路从东西两个方向夹击德意军队,盟军的快速反应部队很快逼近突尼斯城。此时,隆美尔就住在距突尼斯城不远的哈马迈特海滨别墅之中,当时盟军已经全面掌握了制海权和制空权,搜刮的宝藏已经无法通过空运或海运运回德国了。无奈之下,隆美尔把珍宝藏在浩瀚的撒哈拉大沙漠之中,以待日后有机会再来取回。

1943年3月8日深夜,在绝对保密的情况下,隆美尔调集了15至20辆军用卡车,将珍宝装上卡车,在黑夜的掩护下,秘密地向突尼斯城西南方向行驶,最后在撒哈拉大沙漠边缘的杜兹小镇停下。小镇的前方就是一望无垠的大沙漠,这毫无生息的地方,是一片死亡之海,是人类的禁区,从来不会有人轻易到这里来。卡车无法在沙漠中继续前行,押运的队伍购买了六七十匹骆驼,将珍宝分别装在骆驼两边的褡裢里,在3月10日晚上进入浩瀚无边的撒哈拉大沙漠。

在沙漠中跋涉两天之后,他们把珍宝埋藏到了某座沙丘之下,这种沙丘在撒哈拉大沙漠中可以说到处都是,没有任何的特征可以辨认;再说,在撒哈拉大沙漠中,夜晚有强烈的热风,在风力的作用下,沙丘的形状可以说每天都在改变,根本无法靠沙丘的特点来发现宝藏。

小分队在完成任务后,回小镇的途中,遭到英军的伏击,全军覆灭。就这样,知道宝藏的位置的人,都回到了上帝的怀抱之中。

就这样,隆美尔留下来的宝藏静静地躺在了撒哈拉沙漠之中,在这片人间茫茫大漠的保护下,永远没有人能轻易找到它。

第五章　令人费解的军事事件

40万赵军被秦军"尽坑之"之谜
——长平之战疑案

　　长平之战,这场发生在秦赵之间的规模巨大的战役,是中国大一统之前的一场关键性战役。这场战役至今仍然存在着很多谜团。比如,在这场战役中被秦军活埋的赵国士兵真的有40万吗?40万赵军都被秦军活埋了吗……一个个谜团都在等着我们去探究。

纸上谈兵的悲剧

　　长平之战是我国历史上最早的且规模最大的包围歼灭战。这场战争,发生的时间是公元前262年—前260年,一共历时3年,地点在赵国长平,交战双方是最有实力统一中国的秦赵两国。最终以秦国获胜结束,活埋赵军40万,使赵国遭受了毁灭性的打击,令秦国国力大幅度超越于同时代各国,极大地加速了秦统一中国的进程。

　　据《史记》记载,战国末年,强大的秦国不断通过战争兼并东方各国。其第一目标便是邻近的赵国。公元前262年,秦昭王派大将白起攻打韩国,占领了野王城,切断了韩国上党郡和国都的联系。韩国想献出上党郡向秦求和,但是上党郡守冯亭不愿降秦,请赵国发兵取上党郡。

　　公元前260年,秦军伐韩野王。野王降秦,上党道绝,韩国上下大为恐慌,议献上党以息秦兵,郡守冯亭不愿入秦,遂派使者向赵请降,赵王欣然接受上党。秦君震怒,命左庶长王龁率军再攻上党。秦军向东进攻,赵王派老将廉颇镇守长平。这样战国时期最大最残忍的一次战争的导火线就点燃了起来。

秦国切断上党与韩本土的联系，目的是要夺取上党，恰如赵臣赵豹指出"秦蚕食韩地，中绝不令相通，固自以为坐而受上党之地"。现在上党之地入了赵，秦当然不甘心，于是立即派左庶长王龁攻赵长平。赵将廉颇知秦远道来攻，欲速战，就采用坚壁高垒以待秦军疲困，然后再反击的策略。廉颇坚守 3 个月不出击，秦军不能进。赵孝成王多次派人责让廉颇出战，范雎又派人用重金到赵国行反间计，称秦军只怕马服子赵括，廉颇容易对付，他将要降秦了。赵王中秦计，于是派赵括代替廉颇为将。

赵括是赵奢的儿子，从小就学习兵法，谈论兵事，认为天下没有比得上他的。曾经和他的父亲赵奢谈论兵事，赵奢都难不倒他，但是并不称赞他。赵括的母亲问赵奢其中的原因，赵奢说："打仗，是生死攸关的事情，而赵括太轻率地讨论它了。如果赵王不让他当将军就罢了，如果一定要让他当将军，打败赵军的人一定是赵括自己。"赵括代替了廉颇以后，全部改变了廉颇的作战方针。秦国听到赵括已代替廉颇，于是暗中任命武安君白起为上将军，王龁为副将，下令军中绝对保密。赵括虽自大骄狂，但对名将白起他还是心存畏惧的。为了让赵括继续保持轻敌思想，所以秦王下令"有敢泄武安君将者斩"。

白起面对鲁莽轻敌、高傲自恃的对手，决定采取后退诱敌、分割围歼的战法。赵括却还蒙在鼓里，赵括到任后，求胜心切，立即派兵出击，秦军佯装败走。赵军追赶，陷入白起设置的包围圈中。秦军把赵军包围后，将其粮道断绝。赵军只得在包围圈中筑工事坚守，以待援军。秦昭王听到后，赶到河内，赐民爵一级，把 15 岁以上的壮丁全部征发到长平助战，用来堵塞赵国的援军及粮道。赵军被围困 46 天，草粮断绝，赵士卒"阴相杀食"。赵军分为 4 队，轮番向外冲击，都不能突围。赵括亲自出战，被秦军活活射死。于是，赵军大败，"数十万之众遂降秦"。白起认为赵士卒反复无信，于是将降卒全部活埋，只放走 240 人归赵报信。

这次战争，秦军前后斩杀赵国士卒达 45 万，仅被活埋的就达 40 万人。赵国这次壮者尽死长平，国力大损，酿成了一个纸上谈兵的大大的悲剧。它继齐国之后，也从此衰落下去，再不能同秦国一争高低了。

被坑的赵卒是否有40万

秦赵之间的这场规模巨大的长平之战,至今仍然存在着很多谜团。比如,这场战争是真实的吗? 在这场战役中被秦军活埋的赵国士兵真的有40万吗?

如今,经过不断的考古新发现,基本肯定了历史上的长平之战的存在,也让"被坑赵卒40万"这一疑问揭开了神秘的面纱。有人认为"40万"是"14万"之误,但学术界多取40万之说。这次"坑杀"一直被理解为:活埋。正因为这样,长平之战就更血腥了。但是细究此事,活埋之说,却极不合理。

"坑杀"赵卒40万实在是了不得的大事,许多古籍对这件事有记载,叙述大同小异。《史记·廉颇蔺相如列传》:"括军败,数十万之众遂降秦,秦悉坑之。赵前后所亡凡四十五万。"《史记·白起王翦列传》:"括军败,卒四十万人降武安君。武安君计曰:'前秦已拔上党,上党民不乐为秦而归赵。赵卒反覆。非尽杀之,恐为乱。'乃挟诈而尽坑杀之,遗其小者二百四十人归赵。前后斩首虏四十五万人。赵人大震。"

司马迁在《史记》中并没有提供答案,以至于后人对这个说法持怀疑的态度,认为不合理:赵军当时不可能在前线聚40多万兵力,赵国国力不可能长期支持这么庞大的军队。这种怀疑当然有其合理性,但是,认真考虑,这些怀疑并不能否定司马迁的记载。其依据主要有三:

一、来自一些考古证据

在山西高平市的一个山谷中,考古人员的发现证实了这个惨烈的结局。在方圆10公里左右的地方,到处都是掩埋尸骨的大坑,仅在一个坑里,他们就发现了100多具尸骨,成堆的白骨旁还遗留着士兵们的兵器和随身携带的钱币。这些尸骨,多是已经死亡或受重伤后被掩土下,并非活埋,而"坑"的本意是活埋,所以,至少可以说,实际发掘和历史记载还是有差别的。更不能证实40万人被"坑"这样的记载。

不过,对于历史记载中的"坑"字的含义,也不能理解得过于执着于活埋,其意更接近大量杀害降卒。对于白起这次杀害赵降卒,在《史记·白起传》中说是"尽坑之",而在同一书的《秦本纪》中,则说是"尽杀之"。活埋是很麻烦的,除了挖坑外，一般需将被埋者捆绑起来，否则会从坑里拼命外逃。如果秦军用武器乱杀一通，不管死活，推扔至坑中，也应算是活埋，即"坑"。

所以，秦军有可能是使诈杀害了放下武器的赵卒，不一定都是活埋，从考古发掘看，也没有发现埋有大量被捆绑的死尸，而是"挟诈而尽坑杀之"。

二、赵军在前线可能有 40 万大军吗

有人认为是有可能的。为了保证长平之战的胜利，秦王"发年十五以上悉诣长平"，即把全国男子都派到长平前线了，这对于秦国是空前绝后的。公元前 295 年，秦在洛阳附近大败韩魏联军，歼灭联军 24 万，所以，联军兵员总数肯定高于此数，而秦国也没有作全国性动员。这样认定长平之战中赵军兵力有 40 万是合理的。

三、赵国国力能支持这样庞大的军队吗

赵国有多少人口历史并无记载。根据专家们研究，战国总人口在 2000 万至 3000 万之间。在战国七雄中，赵国人口少于楚、秦、齐，多于其余三国，处于中游，若以七分之一的平均数计，赵国应约有 400 万人吧。400 万人（含男女老幼）能支持 40 万大军长时间的前线作战吗？确实是个大疑问。

一种合理的解释是在被"坑"的 40 万人中有大量的上党军民。长平之战是因争夺上党而引发的，长平也属上党地区。秦要占上党，上党人向赵国跑，于是赵军进驻上党。这样在和秦军作战时，上党人就可能全民皆兵站在赵军一边，且因保卫自己的家园而积极作战。秦军"坑"杀的降卒中上党人可能占相当大的比例。也就是说，赵国正规军兵力实际上可能大大低于 40 万。

这有一旁证。当白起决定要"坑"杀降卒时说："上党民不乐秦而归赵，赵卒反复，非尽杀之，恐为乱。"可见白起的目的很清楚，要杀两部分人，即"上党民"及"赵卒"，而且是尽杀之，即上党全部人都在被杀之列。

当然这不是说真正的赵卒不多，赵国正规军很可能有 10 多万甚至 20 万，甚至更多一些，这在战国时期各国兵力中不算特别多。赵军降卒全部被杀，必会引发赵国全国震动。把投降的上党军民也算在降卒之中，秦军在长平之战后杀戮 40 万降卒的可能性确实是有的。既然如此也就不能否定司马迁关于杀降卒数量的记载。

如今静静流淌在丹朱岭下的丹水，就是当年的杨谷涧。因白起"坑"杀降卒血染杨谷而改名。从米山村往西，在谷口村还有一处骷髅庙遗迹。这谷口村，旧称

"哭头",三面是山,样子像个口袋,当年白起就是利用这一地形,将这些无辜的降卒一举"坑"杀。村中有一土台,相传是秦将白起"坑"杀 40 万赵军降卒后,收集了无数头颅修筑而成的。到了唐代,唐玄宗为纪念那些被杀的无辜士兵,在此修了一座骷髅庙。唐玄宗巡幸到这里,凄然长叹,曾把该谷改名为"省冤谷"。

据史记载,长平之战不但使赵国一蹶不振,也让秦国元气大伤。大战后,秦国花了 20 多年才恢复元气,重新向东方六国出击。可见战争之惨烈、血腥,秦国如此,何况赵国?

刘邦如何逃脱匈奴 40 万精兵之围
——白登之围疑案

白登之围,是汉高祖刘邦为了巩固建立不久的西汉王朝而进行的一次战役。汉高祖刘邦在白登山中了匈奴的埋伏,被匈奴 40 万大军围困了七天七夜,但最终得以逃脱。然而,关于刘邦是如何逃脱自登之围的,从古至今,人们进行了各种推测。

白登之围

汉匈白登之围的经过

白登之围，发生在公元前200年，即汉高祖七年。为了巩固刚刚建立起来的汉王朝，公元前200年冬，汉高祖刘邦亲率32万大军，出征匈奴，同时镇压韩王信叛乱。

汉军进入太原郡后，连连取胜，特别是铜鞮（今山西省沁县南）一战，大获全胜，使韩王信军队遭到重大伤亡，其部下将领王喜被汉军杀死，韩王信逃奔匈奴。韩王信的将领白土人曼丘臣、王黄等拥立战国时赵国后代赵利为王，聚集韩王信的残兵败将，准备再次与匈奴合谋攻汉。

冒顿单于派左、右贤王各带兵一万多骑与王黄等屯兵广武（山西省代县西南阳明堡镇）以南至晋阳一带，企图阻挡汉军北进。汉军乘胜追击，在晋阳打败了韩王信与匈奴的联军，乘胜追至离石（今山西省吕梁市离石区），再次击败韩王信与匈奴的联军。匈奴再次在楼烦西北集结兵力，被汉骑兵部队击溃。

由于汉军节节胜利，产生了麻痹轻敌的思想。刘邦到达晋阳后，听说匈奴驻兵于代谷（今山西省繁峙县至原平市一带），派使臣十余批出使匈奴，匈奴故意将精锐部队隐藏，将老弱病残列于阵前。派去的使臣十余批回来都说匈奴可以攻击。刘邦派刘敬（娄敬）再去出使匈奴，他回来报告说："两国相击，此宜夸矜见所长，今臣往，徒见羸瘠、老弱，此必欲见短，伏奇兵以争利。愚以为匈奴不可击也。"刘邦不听劝告，大骂刘敬说："齐虏！以口舌得官，今乃妄言沮吾军。"将刘敬抓起来囚禁在广武城，准备凯旋后进行处罚。

刘邦率骑兵先到达平城（今山西省大同市），此时汉军步兵还未完全赶到。冒顿单于见汉军蜂拥赶来，在白登山设下埋伏。刘邦带领兵马一进入包围圈，冒顿单于马上指挥40万匈奴大军，截住汉军步兵，将刘邦的兵马围困在白登山，使汉军内无粮草、外无援兵，不能相救。刘邦发现被包围后，组织突围，经过几次激烈战斗，也没有突围出去。之后，冒顿率领骑兵从四面进行围攻：匈奴骑兵西面的是清一色白马，东面是清一色青马，北面是清一色黑马，南面是清一色红马，企图将汉军冲散。

结果，双方损失很大，一直相持不下。此时正值隆冬季节，气候严寒，汉军士兵不习惯北方生活,冻伤很多人,其中冻掉手指头的就有十之二三。《汉书·匈奴传》记载:"平城之下亦诚苦!七日不食,不能彀弩。"匈奴围困了七天七夜,也没有占领白登。

刘邦采用陈平之计贿赂匈奴阏氏(皇后),阏氏对冒顿单于说:"两主不相困。今得汉地,而单于终非能居之也。且汉王亦有神,单于察之。"冒顿单于与王黄和赵利约定了会师的日期,但他们的军队没有按时前来,冒顿单于怀疑他们同汉军有勾结,就采纳了阏氏的建议,打开包围圈的一角,让汉军撤出。当天正值天气出现大雾,汉军"持满傅矢外乡","徐行出围",才得以脱险。

回国后刘邦尽斩先前进言匈奴可击的十几名使臣,并赦免刘敬,封为关内侯,食禄两千户,号为建信侯。这就是历史上的白登之围事件。

汉高祖怎样逃脱了杀身之祸

从前面的白登之围的经过来看,不得不让人们对刘邦逃脱的理由感到疑惑不解:光凭点"礼物"就能说动单于的皇后,这简直有些令人难以置信。

为这次包围献计成功救出刘邦的人——陈平,是秦汉之际最著名的谋略家之一,《史记》中司马迁评论说陈平"常出奇计,救纷纠之难,振国家之患"。这一次,他为刘邦解困的奇计究竟是什么呢?

《史记》说,陈平送了很多厚礼给单于皇后(匈奴人称"阏氏"),阏氏就劝单于说:"两主不相困。今得汉地,而单于终非能居之也。且汉王亦有神,单于察之。"意思很简单:大家都是老大,要互相给面子。就算你拿到了汉朝的地盘,恐怕也没法处理。更何况听说刘邦很有神异的色彩,您再琢磨一下能不能动他。单于一听很有道理,就"解围之一角",把刘邦放了。

光凭点"礼物"就能说动单于的皇后?但陈平一向就是这样神秘,不肯让人知道他出了什么计策,《史记》中说:"其计密,世莫得闻。"但从东汉以来就有人猜测,陈平出的其实是历史上屡试不爽的美人计。

顺治年间的《云中郡志》记载:"娘子城,去白登村二十里,俗传曲逆(陈平封曲逆侯,此是代称)以美妇艳冒顿、激阏氏,过而借宿焉,故名。"直到今天的《阳高县志》,仍然有线索可寻:"娘子城,传说在今下娘城,被选中一位娘娘,官府为在其故乡建城堡，在堡上用青砖刻下'娘子城堡'四字。"这两则地方志中的资料，虽然一说是"借宿"，一说是"故乡"，但其中的"艳""激""选"等字，依然为我们提供了遐想的空间——陈平在白登山附近选了一个民间女子，要献给单于，同时和阏氏说，我们这里的美女很多，你要是不为刘邦说句话，我们就把更多的美女送给单于——看看你的地位还稳不稳。所以实质上说，这个美女其实是献给阏氏的，用的也不算美人计，而是激将加威胁。

果然，阏氏就肯出面为刘邦说话了。不过，刘邦最终脱险，其实也不全是美女的功劳。

我们还可以再分析一下阏氏的话，先略过"两主不相困"的场面话和"汉王亦有神"之类的话，"今得汉地，而单于终非能居之也"才是问题的关键所在。就是说，即使攻下了白登山，汉朝的实力并未受到多大损失（山上兵力只有两三万人），刘邦就算被生擒、被杀，汉朝还可以再选出一个皇帝来。更何况，当时匈奴并未具备大规模入侵的能力，很可能要被打回来。而且，刘邦的大将樊哙正带着30多万人赶来救援，这样两方近百万人的会战，胜败难料，即使胜利，其损失单于也难以承受。

因此，集合陈平的贿赂、献美人计，阏氏对单于的说劝，还有樊哙的救援，刘邦逃脱了这一杀身之祸。

三国大战——赤壁大战之谜

东汉建安十三年（公元208年），孙权、刘备联军以5万人的兵力击败曹操数十万大军的赤壁大战，是我国历史上一次以少胜多、以弱胜强的著名战役，在我国军事史上有着极其重要的地位。赤壁之战揭开了三国鼎立的历史序幕，对当时时局的发展产生了决定性的影响。不过，由于这一战役发生在一千七八百年以前，而正史《三国志》对它的记载又比较疏略，加上后世的文学家以此战役为题材而创作诗文、小说时，有意无意地掺入夸张、附会的成分，使这次大战的部分历史真相，至今在人们的心目中模糊不清。有关赤壁之战的若干问题，比如赤壁大战发生的时间、确切的地点、双方兵力以及胜败原因等，史学界历来存在着争议。

赤壁之战古战场

决战于十一月,还是十二月

赤壁大战发生于建安十三年(公元 208 年),《后汉书》《三国志》都有明确记述,这是无可置疑的。但是对于大战的决战时间,却存在着争议。就目前看到的资料而言,主要有两种观点:一种是曹军是在建安十三年十月开始自江陵进军,决战发生在当年十一月十三日,当前史学界普遍认可这一观点。另一观点则认为赤壁决战应该是在建安十三年十二月间。那么,这两种观点各有什么证据,哪个更准确、更合理呢?

《后汉书·献帝纪》记载:"建安十三年冬,十月癸未朔,日有食之。曹操以舟师伐孙权,权将周瑜败之于乌林、赤壁。"正史记载,十月初一是癸未日,并且当天发生了日食。两个史料对照,说明这一记载应该不会有错,就是说赤壁大战开始于十月间。

可是在《三国志·吴书·吴主传》和《魏书·武帝纪》中,虽然也都记载有赤壁之战和孙权攻合肥之事,但两处的记载互异,特别是孙权攻合肥和赤壁大战哪个事件发生在前,一直有争议,而这两个事件发生的前后,对于弄清楚赤壁决战的时间是十分重要的。我们不妨将这两种记载摘录如下:

《吴主传》载:"(周)瑜、(程)普为左右督,各领万人,与备俱进,遇于赤壁,大破曹公军。公烧其余船引退,士卒饥疫,死者大半。备、瑜等复追至南郡,曹公遂北还,留曹仁、徐晃于江陵,使乐进守襄阳……权自率众围合肥,使张昭攻九江之当涂。昭兵不利,权攻城逾月不能下。曹公自荆州还,遣张熹将骑赴合肥。未至,权退。"

《武帝纪》载:"十二月,孙权为(刘)备攻合肥。公自江陵征备,至巴丘,遣张熹救合肥。权闻熹至,乃走。公至赤壁,与备战,不利。"

对于这两则记载,东晋史学家孙盛认为:"按吴志,刘备先破公(曹操)军,然后(孙)权攻合肥,而此记(即《武帝纪》)云权先攻合肥,后有赤壁之事。二者不同,吴志为是。"这种说法对后世影响极大,按照孙盛所说,以吴志为准,赤壁大战在孙权攻合肥之前,也应该是十二月之前。《资治通鉴·汉纪五十七》中也按这种说法,把赤壁之战的时间界定在十月间。《三国演义》中则叙述,诸葛亮于十一月二十日夜"借"来了东南风,黄盖因此才于次晚在乌林江边放火烧毁曹船。正是基于以上史料的记载,后世的诸多史学家在史学著作中,也大多把赤壁之战的时间定为十月,决战于十一月十三日。比如翦伯赞主编的《中外历史年表》中记为十月;《中国历代战争概览》(军事科学出版社,1994年)更是明确记载:(曹操)于建安十三年(公元208年)十月亲自率军二十万,战舰千艘,顺江东下……采用黄盖诈降之计,于十一月十三日以蒙冲战舰10艘,火攻曹军水寨……这一观点是目前史学界普遍流行的观点。

但是反对者大有人在,他们从多个角度分析认为,赤壁大战应该发生于建安十三年十二月,从而对十月赤壁之战开始,决战于十一月十三日的观点提出了挑战。

他们认为孙盛所说赤壁之战在孙权攻合肥之前,即"十二月"以前的看法值得商榷。通过对前面两段记载分析可以看出,张熹救合肥一事究竟以哪种说法为准是问题的关键。关于张熹救合肥一事,在《蒋济传》中也有详细的记载:"建安十三年,孙权率众围合肥。时大军征荆州,遇疾疫,唯遣将军张熹单将千骑,过领汝南兵以解围,颇复疾疫。(蒋)济乃密白刺史伪得熹书,云步骑四万已到零娄,遣主薄迎熹。三部使赍书语城中守将,一部得入城,二部为贼所得。权信之,绕围走,城有得全。"将这段记载与《武帝纪》对照,我们可以知道,孙权攻合肥是为了配合赤壁之战的战略行动,其目的是为了牵制曹操的兵力。此举果然奏效,曹操果然派张熹率"汝南兵"救援合肥。但是,因为张部"颇复疾疫",没能及时赶赴合肥,使得孙权得以"攻城逾月",并在确信达到目的后才撤走。由此可见,孙权攻合肥的目的是为了配合赤壁之战，所以时间应该在赤壁大战前。据上述记载，在孙权围攻合肥的时候，曹操已经从江陵出发，开始征讨江东的战争。这是建安十三年的十二月，可见，赤壁之战的时间也一定在十二月。

另外，从曹操大军的行军时间来看，曹操于建安十三年七月南征刘表，九月入荆州，进军江陵。为了巩固后方，进一步扩张势力，曹操到江陵之后做了一系列存恤抚循、招降纳叛的工作。比如，得知刘备已经南逃，于是放弃辎重，带领轻军（包括步兵和骑兵），进军襄阳；进入襄阳，接受刘琮的投降，召见投降的文武大臣；带领俘获的刘备部众，自当阳开进江陵，江陵刘琮驻军投降；"及平荆州，自临江迎表，改葬于江陵，表为先贤也"。整顿投降的水军部队，准备战船、粮草等作战物资。这一系列活动都是需要时间的。曹操还派蔡瑁、张允训练水师也是需要时间的，曹操在给孙权的劝降信中自夸"治水军八十万"，这也说明他正在对北方来的军队进行新的编制和训练，以适应水战。因此，从当时的情况看，曹操进行两个多月的战前整顿和训练是完全可能的。相反，作为一位杰出的军事家，九月份刚占领江陵，不进行必要的准备，就仓促和孙刘联军开战倒是不太可能的。所以，从军事角度分析，建安十三年十二月进行赤壁决战是比较合情合理的。

还有，《三国志·魏志·武帝纪》中载，赤壁之战前周瑜对孙权分析形势时，有"方今盛寒，马无藁草"之语。"盛寒"之语无疑说明正是隆冬季节，由于长江流域的农民靠柴草举炊，原来储存的禾秆、芦苇，特别是稻草必已所剩无几，人尚难以熟食，曹操的战马更是缺少饲料了。这一记载也可证明后来赤壁决战时间必在隆冬季节了，因此十二月间也尤为可信。

上面两种争论由来已久，前一种观点为多数史学家所认可，目前占据优势地位，而后一种观点却也言之有理，大有后来居上之势。孙权攻打合肥究竟在赤壁大战前还是后，赤壁决战究竟是在当年十一月还是十二月？在史学界没有取得定论之前，仍是赤壁大战留给我们的历史疑案之一。

究竟是哪个赤壁

赤壁之战的古战场究竟在什么地方，自南北朝以来就众说纷纭，形成了湖北汉川、汉阳、武昌、黄冈、嘉鱼、蒲圻（今赤壁市）的著名六赤壁说。不过，经过学术界长期的争论,前3种说法已经基本被排除,倒是后3种说法至今仍然争论不休。

认为嘉鱼县东北赤壁是真正的赤壁古战场的说法主要源于《水经注》的记载。《水经注》说:"赤壁山在百人山南,应在嘉鱼县东北,与江夏接界处,上去乌林二百里。"《水经注》的作者郦道元生活于北魏年间,距离三国不远,并且治学一向严谨,这一记载应该比较可信。但是,这种说法认为"赤壁、乌林相去二百里",与史实记载悬殊甚大,自产生起,就遭到了不少人的质疑。比如,南宋著名地理学家王象之在《舆地纪胜》中指出:据《水经注》,"则赤壁、乌林相去二百余里。然疑乌林、赤壁一战相继,乌林之捷,又自赤壁始。及观《江表传》:赤壁败后,黄盖与操诈降书(始)[贻]操,以众寡不敌。交锋之日,盖为前锋。至战日,盖使用火攻之策,操乃败走。"认为"赤壁、乌林相去二百里",而这两次战役是接连发生的,这一记载很值得怀疑,王象之在该书中对赤壁山的具体地点采取了存疑的态度。然而,到了清朝末年,著名地理学家杨守敬却再次肯定了《水经注》上的说法,认为嘉鱼县东北赤壁是赤壁大战的古战场。《大清一统志》中也说赤壁"在嘉鱼县东北江滨",谓"按《水经注》,赤壁山在百人山南,应在嘉鱼县东北,与江夏县接界处,上去乌林且二百里"。可是,今天学者分析认为,这种说法虽把赤壁定位在长江南岸,但与《三国志》记载的曹军与孙刘联军相遇于赤壁,初战不利,曹操引军驻于江北乌林,周瑜、刘备驻南岸赤壁,两军形成南北对峙之势不符。因为赤壁大战后,两军马上就形成了隔江对峙之势,不可能再沿江跑到二百里外,摆开对峙。其次,当时侦察、通讯工具都不发达,如果两军相距两百里,周瑜、刘备又怎么可能及时了解曹军的情况,抓住战机呢?黄盖又怎能用火突袭曹军?正如有的学者指出的那样:"如果相距二百余里,当时的木船要行驶几天才能由武昌的赤壁到达乌林。在这种情况下,孙刘联军全军在江上行驶数天,岂不暴露目标?黄盖诈降岂能成功?在这种情况下,要等待风势发动火攻,岂不贻误战机?"由此可见,嘉鱼县东北赤壁很难说就是赤壁大战的古战场。

认为黄冈赤壁是真正的赤壁古战场的观点是基于以下几点考虑的:首先,北宋许端夫在《齐安拾遗》中最早记述这里为赤壁大战之赤壁;随后,大文学家苏轼被贬为黄州团练副使时,曾两次夜游黄冈(古黄州)赤鼻矶下,更把这里视为赤壁古战场而借古抒怀,写出了著名的前、后《赤壁赋》以及《赤壁怀古》词。苏轼的二赋一词空前绝后，影响深远，加之苏轼博览群书，知识渊博想来不会有错。正是由此这种说法广为流传，大行于天下。其次，据《三国志·吴主传》所载，"当初，曹操一面使人持檄于东吴，一面挥师东下"。当孙权"最终决意逆操，命周瑜率军启程，其时曹军东下至少十天了"，"二军只可能在夏口一带相遇"。苏辙《赤壁怀古》诗云"新破荆州得水军，鼓行夏口气如云。千艘已共长江险，百战安知赤壁焚。"夏口正是今天黄冈一带，所以赤壁之战应该在黄冈。再者，《三国演义》中波澜壮阔、扣人心弦的赤壁大战，也是将地点定在黄州的。有人据此认为，罗贯中不可能凭空捏造赤壁的所在地，这正是他"尊重历史，忠于陈寿原意"之故。不过这种观点受到了普遍质疑。

首先，说苏轼在二赋一词中说黄州赤鼻矶为"三国周郎赤壁"是不成立的，因为在《赤壁怀古》词里，苏轼写得很明确："故垒西边，人道是，三国周郎赤壁。"就是说这个"故垒西边"的黄冈赤鼻矶，听当地人传说是"三国周郎赤壁"，而不是自己考证后确定的。南宋赵彦卫在《云麓漫钞》中也说："东坡黄州词云，'人道是，三国周郎赤壁'，盖疑其非也。"就是说苏轼的《赤壁怀古》就是在听了当地人传说后而作的，所以把它作为考证的论据可见是不合适的。

其次，《三国志》所有纪、传及裴注，都没有曹军曾攻占夏口或越过夏口的记载，亦没有坐镇夏口的江夏太守刘琦败走之事。曹军既未到过夏口，赤壁之战的地点不可能在黄冈赤鼻矶一带。特别是《三国志》中明确记载赤壁在长江南岸，黄州赤壁却在长江北岸，也证明了赤鼻矶不是赤壁大战之赤壁。南宋李壁就在诗中写道："赤壁危矶几度过，沙羡江上吁嵯峨。今人误信黄州是，犹赖《水经》能证讹。"明胡王圭在《赤壁考》中也说："苏子瞻适齐安时，所游乃黄州城外赤鼻矶，当时误以为周郎赤壁耳。"他着重指出："东坡自书《赤壁赋》后云：'江汉之间，指赤壁者三：一在汉水之侧，竟陵之东，即今复州；一在齐安县步下，即今黄州；一在江夏西南二百里许，今属蔡甸区。'按《三国志》，操自江陵西下，备与瑜等由夏口往而逆战，则赤壁非竟陵之东与齐安之步下矣。又赤壁初战，操军不利，引次江北，则'赤壁'当在江南，亦不应在江北。"该说极为正确。

再者，假设赤壁、乌林大战的地点在今黄州赤壁的团风镇，那么，曹军既败，就应向北逃回许都或向西北退保襄阳，何必要跑到西南的华容道呢？王象之在《舆地纪胜》卷79《汉阳军·景物上》中就清楚地指出了这一点，说："黄州之说盖出于《齐安拾遗》以赤鼻山为赤壁，以三江下口为夏口，以武昌县（本鄂县，建安二十五年孙权改名）华容镇为曹操败走华容道，其说尤谬。盖周瑜自柴桑至樊口，后遇于赤壁，则赤壁当在樊口之上。今赤鼻山址在樊口对岸，何待进军而后遇之乎？又赤壁初战，操军不利，引次江北，而后有乌林之败，则赤壁当在江之南岸。今赤鼻山乃在江北，亦非也。又曹操既败，自华容道走，退保南郡。汉南郡，今江陵；华容，今监利也。武昌华容镇，岂（当）赤壁、南郡路乎？东坡《赤壁赋》中皆疑似语，未可为证。"元、明、清时期，地理考据学家均从王象之意见，故称黄州赤鼻山为"东坡赤壁"，以与三国赤壁区别开来。

最后《三国演义》作为小说，并非信史，虚构的地方很多。与《三国志》比较，好多地方都没有尊重历史，有失实的嫌疑，它的许多难以自圆其说的漏洞正好反证了赤壁之战的地点不在黄冈赤鼻山。

由此看来，黄州赤壁被称为"文赤壁"当之无愧，但是把它说成是一战定乾坤的"武赤壁"战场，却颇有争议。

认为蒲圻县（今赤壁市）西北赤壁是赤壁大战之赤壁的说法最早见于唐初。《后汉书》卷74下《刘表传》："操后败于赤壁。"李贤注云："赤壁，山名也，在今鄂州蒲圻县。"杜佑在《通典》卷183鄂州蒲圻县下注云："后汉建安中，吴王孙权破曹公于赤壁，即今县界。"又在岳州巴陵县下注言：《括地志》云："'鄂州之蒲圻县有赤壁山，即曹公败处。'按《三国志》云……曹公进军江陵，得刘琮水军船步数十万，自江陵征备，至巴丘，遂于赤壁。孙权遣周瑜水军数万，与备并力逆之。曹公泊北岸。瑜部将黄盖诈降，战舰数千艘，因风放火。曹公大败，从华容道步归，退保南郡。备、瑜等复追之。曹公留曹仁守江陵城，自径北归。"李吉甫在《元和郡县图志》卷7《江南道三》鄂州蒲圻县下说："赤壁山，在县西一百二十里，北临大江。其北岸即乌林，与赤壁相对。即周瑜用黄盖策，焚曹公舟船败走处。故诸葛亮论曹公，'危于乌林'是也。"因为蒲圻赤壁山的地形与《三国志》所载赤壁大战当时的地形基本一致，所以，后来的地理志书多采用了这一点。

尤其是近代以来"蒲圻赤壁"说更加受到史学界的普遍认可，其主要根据是：《三国志》中对曹军的进军路线是这样记载的："建安十三年，秋七月，公到新野，琮遂降,备走夏口;公进军江陵……公自江陵征备,至巴丘(即岳阳)……公至赤壁,与备战不利。"就是说当年曹操南下的进军路线是:新野—襄阳—当阳—江陵—赤壁。曹军在长江南岸的赤壁初战失利,退屯江北的乌林;后在乌林遭火攻而大败,由华容道逃奔江陵(今湖北荆州市)。今天的蒲圻赤壁、洪湖乌林和华容古道(位于湖北监利东北),与《三国志》记载的赤壁大战中曹军退兵江陵的路线、地形、方位基本一致,所以,有人坚信蒲圻县西北赤壁说是正确的。

另外,宋代以来,在蒲圻赤壁、洪湖乌林的岩缝、地下发现了大量赤壁大战时的折戟、断枪、箭镞等。比如南宋诗人谢枋得在《赤壁诗序》中曾说:"予自江夏溯洞庭,舟过蒲圻,见石崖有'赤壁'二字,因登岸访问父老曰:'乌林有烈火岗,上有周公瑾庙地。今土人耕地得箭镞,长尺余,或得断枪折戟,其为周瑜破曹军处无疑。'"1976年,在赤壁山下,考古学家挖地一米多深后,发现了许多沉船上的铁环、铁钉、东汉铜镜等物;在赤壁山上,考古学家也有所发现,比如铜、铁、玉带钩等;赤壁对岸的乌林,1973年出土了东汉晚期的铜马镫一件,印有东汉献帝"建安八年"的瓦砚一台,并有东汉铜镜、陶瓷器和箭镞等。迄今为止,在这一带出土文物中属于赤壁之战的戈、矛、剑、戟、刀、镞、等铁制兵器已达千余件。从宋代迄今不断出土的实物资料来看,蒲圻西北最有可能是真正的古赤壁战场,这也是蒲圻,如今被命名为"赤壁市"的原因。不过,这一观点也并非最后定论,对此仍有不少学者持否定态度,赤壁大战的地点之争也仍在继续。

败于火攻,还是另有原因

在赤壁大战中,拥有绝对优势兵力的曹操,怎么就被孙、刘联军彻底击溃于乌林了呢? 对此,众多历史学家大为不解,纷纷就曹操败北的真正原因进行了多方考证。

《三国演义》中周瑜在战前预见性地指出了曹军败北的不利条件:一是曹操占有的"北土既未平安,加以马超、韩遂尚在关西,为操后患";二是曹军"舍鞍马,仗舟楫,与吴越争衡,本非中国(中原的意思)所长";三是彼时正值"盛寒",马无草料,会成群饿毙;四是北方士兵远涉江湖之间,不习水土,必传染疾病。裴注引《江表传》还记有周瑜曾向孙权指出曹操征刘表之军"已久疲",而他收编的刘表旧部

"尚怀狐疑"云云。这就是说，曹操还有"以疲病之卒，御狐疑之众"的劣势。由于一场战争的胜负是有多种因素共同起作用的结果，所以曹操败北的原因以上的分析都是有道理的，这一点是史学界共同认可的。那么在此基础上，曹操兵败的主要原因究竟是什么呢？

传统学术界一般认为是孙刘联军采用"火攻"的策略最终导致了曹操的大败。《三国志·蜀书·先主传》载："权遣周瑜、程普等水军数万与先主并力，与曹公战于赤壁，大破之，焚其舟船。"司马光在《资治通鉴》中也说，黄盖"乃取蒙冲斗舰十艘，载燥荻、枯柴，

周瑜

灌油其中，裹以帷幕，上建旌旗，预备走舸，纱于其尾。去北军二里余，同时发展，火烈风猛，船往如箭，烧尽北船，延及岸上营落"。《三国演义》中更是将黄盖诈降、庞统献连环计以及诸葛亮借东风等细节描写得扣人心弦，最后自然论证出曹操主要是兵败于火攻之上。今人分析认为，曹操下令把战船连接在一起，最后导致联军"火攻"，是其水军葬身火海的主要原因。比如《周瑜传》云"权遂遣瑜与程普等，与备并力逆曹公，遇于赤壁。时曹公军众已有疾病，初一交战，公军败退，引次江北，瑜等在南岸。瑜部将黄盖曰：'今寇众我寡，难以持久。然观操军方连船舰，首尾相接，可烧而走也。'乃……先书报曹公，欺以欲降……"因而可以肯定，火攻是曹操水师战败的主要原因，但是水师的战败是否等同于全军的战败呢？能因此而断定整场战争的最后失败也是由于火攻吗？

正是基于对传统火攻论的质疑，近些年来，有的学者提出了一种全新的观点，认为曹操的败北，最主要的原因是因为军队遭遇到了空前的疾病瘟疫，导致战斗力丧失，具体来说是由于血吸虫病导致了曹操的惨败。

首先，从史料记载看，《三国志·魏书·武帝本纪》中并未提到赤壁之战中孙、刘采用火攻之事。据载："（建安）十三年，秋八月，公南征刘表……至赤壁，与备战

不利,于是大疫,吏士多死者,乃引军还。"就是说曹公到了赤壁,与刘军大战,不占上风。后来发生瘟疫,士兵大部分都死了,不得已带领部队回去了。又《武帝纪》裴注引《江表传》"周瑜破魏军,曹公复书与权曰:'赤壁之役,值有疫病,孤烧船自退,使周瑜虚获此名。'"也明确表明正是由于严重的瘟疫疾病,导致了曹军大败,却因此使周瑜获得了虚名。而曹操所说并不是唯一凭证,《吴书·吴主传》中也有"瑜、普大破曹公军,公烧其余船引退,饥疫死者大半"的记载,就是说对手也承认曹操自己曾有烧毁战船之举,曹兵因"饥疫"而死者有大半之多。可见意外的烈性传染病是曹操失败的客观原因和主要原因。

其次,1981年《中华医史杂志》和《文汇报》均曾载文,认为是血吸虫病导致了曹操的失利。从史料记载看,我国很早就存在血吸虫病。远古的《周易》卦象中就有"山风蛊"的病症记载,所指就是血吸虫病;现今,研究者在出土于1973年的长沙马王堆一号墓中的女尸肠壁及肝脏组织中也发现了大量血吸虫卵。由此不难看出,早在汉代,长沙一带就有血吸虫病,并且从资料上看,展开赤壁之战的地区,尤其是湖南湖北一带,正是血吸虫病发区。从时间上来说,血吸虫病的流行季节正好是曹军迁徙、训练水军的秋季。身居北方、以陆军为主的曹军猛地转入南方转而为水军,染上此病也是不足为怪的。现代医学说,血吸虫的潜伏期仅为一个月,一个月后就会使感染的病人出现急性症状。曹军就是在训练时期染上此病,在决战时期进入急性期的,所以,曹军才会变得不堪一击,遭此重创。

可是,出于同样的条件,孙刘联军为什么没染上血吸虫病呢?道理很简单,因为免疫力不同。孙刘联军本身就长期居于南方,体内对血吸虫病已经产生一定的免疫力,即便染病,也是慢性的。

这种观点的提出产生了巨大的影响,同时也引起了史学界新的争论。有人认为曹军败北的原因是多方面的,至于"疫病如何,更有待考查"。《新医学》1981年11期与1982年5月25日的《文汇报》刊登的季始荣《曹军兵败赤壁是由于血吸虫病吗?》一文,就这个问题提出了质疑:

曹操训练水军的地点据载并不在血吸虫病流行的疫区,而是在黄河以北的邺(今河南安阳县境),那里没有血吸虫病,时间又是春正月,气候寒冷,不可能感染血吸虫病。为了追赶刘备,曹操途经江陵可能会在那里停留较久,可是,就因为这一点就说曹军染上了血吸虫病,恐怕就没有道理了。首先江陵不是水军基地;其次,曹军驻留江陵是晚秋时节,这种时候感染血吸虫病的机会是极少的。据史料记载,曹操水军除自己在邺所培训外,大部分收编自刘表余部,这些士兵大多是湖北、湖南人,世居于血吸虫病流行区,与孙刘联军的免疫力没有什么差别。另外,刘璋补充给曹操的兵卒多为四川人,同样来自血吸虫病疫区,也有一定免疫力。由此,认为曹操和孙刘联军的免疫力强弱不同,患病轻重不同,是不值得商榷的;血吸虫病潜伏期一般在一个月左右,极少数在两个月以上。潜伏期越长,发病的症状也就越轻,所以即使曹军在秋季患上了血吸虫病,十二月发病的概率应该很小。至于说因此而引发许多官兵同时发病,导致军事上全线败退,那就更难想象了。

对此湖北大学人文学院的张国光先生认为不是血吸虫病而是流行性脑膜炎导致曹军战败。因为,流行性脑膜炎多流行于冬春之际,一旦爆发,传播速度极快,并且在当时的医疗条件下,一旦感染此病必死无疑。当然这一观点仍需进一步论证。

总的来说,赤壁曹军败北的主要原因,火攻论不可尽信,血吸虫病说也有缺陷,流行性脑膜炎的说法也需进一步论证。因此曹操赤壁败北的主要原因至今仍是难解的历史之谜。

87万大军为何不敌8万士兵
——淝水之战疑案

淝水之战,是中国战争史上一次罕见的、历来被当作以少胜多的典型的战例。对后世兵家的战争观念和决战思想产生着久远影响。这一战役颇具传奇色彩,因而令后世产生了很多疑问,87万大军居然惨败给8万士兵,真是让人匪夷所思。

"草木皆兵"终失败

西晋末年,政治腐败,引发了社会大动乱,当时的中央集权政府瓦解,中国历史进入了分裂割据的南北朝时期。

在南方,晋琅邪王司马睿于公元317年在建康(今江苏南京)称帝,建立东晋,占据了汉水、淮河以南大部分地区。在北方,各少数民族政权纷争迭起。由氐族人建立的前秦国先后灭掉前燕、代、前梁等割据国，统一了黄河流域。由此，形成了一南一北两个政权。

公元373年，前秦攻占了东晋的梁(今陕西汉中)、益(今四川成都)二州，将势力扩展到长江和汉水上游。前秦皇帝苻坚因此踌躇满志，意图以"疾风之扫秋叶"之势，一举荡平偏安江南的东晋，统一南北。

公元383年8月，苻坚亲率87万大军从长安南下，同时，苻坚又命梓潼太守裴元略率水师7万从巴蜀顺流东下，向建康进军。近百万行军队伍"前后千里，旗鼓相望。东西万里，水陆齐进"。苻坚骄狂地宣称："以我百万大军，即使将马鞭扔到长江中，也足以让长江断流。"

东晋得知前秦大军南下，在强敌压境、面临生死存亡的危急关头，以丞相谢安为首的主战派决意奋起抵御。经谢安举荐，晋帝任命谢安之弟谢石为征讨大都督，谢安之侄谢玄为先锋，率领经过7年训练、有较强战斗力的"北府兵"8万沿淮河而上，迎击秦军主力。派胡彬率领水军5000增援战略要地寿阳(今安徽寿县)。又任命恒冲为江州刺史，率10万晋军控制长江中游，阻止前秦巴蜀军顺江东下。

这时前秦的先遣部队已到达离东晋国都不远的洛涧(即洛河，今安徽淮南东)，截断了淮河交通，形势十分危急。谢石、谢玄派了5000名轻骑兵偷袭洛涧的敌军，大获全胜，晋军士气大振，水陆并进直达淝水(淮水支流，在今安徽中部)东岸布阵，揭开了淝水大战的序幕。

苻坚得知先遣部队打了败仗，急忙赶来督战。他登上城楼，观察淝水东岸的晋军。只见对岸营帐林立，旌旗簇拥，军营里还隐隐传来阵阵鼓声，苻坚心中一惊，忙转身远眺北方的八公山。可是苻坚心里还想着刚才晋军军容严整的景象，恍恍惚惚之时，将八公山上的草木都看成了漫山遍野的敌旗、如林的戈戟。他心里非常恐惧，不敢再抬眼看了，转身对部下说："晋军有这么多人马，分明是强敌，你们怎么能说他们弱呢？"

这时，谢石、谢玄经过研究，觉得前秦军队虽然人数众多，但是士兵都是从各族人民中强行征来的，人心不齐，而且前秦队伍庞大，远途行走，人困马乏，晋军应该采取速战速决的战术。于是谢石、谢玄就发信给苻坚，要求前秦军从淝水岸边后撤，留出空地来，让晋军渡过淝水，前来决战。苻坚心想：乘晋军渡河之时，出兵袭击，岂不正好？于是下令前秦军队后撤。不料前秦士兵民族众多，都不愿作战，后面部队听到后退的命令，以为前方战败了，争先恐后地逃跑，前秦军队顿时大乱。晋军乘机抢渡淝水，冲杀过来。前秦军队中又有人大喊："秦军败了，秦军败了！"前秦士兵一听，更加混乱。顷刻间，前秦几十万军队自相践踏，死者无数，苻坚自己也中箭负伤。晋军乘势追杀，苻坚慌忙带着亲信部队往回逃跑。前秦军队逃得疲惫不堪，正想休息一会儿，忽然听到"呜呜"的风声和鹤的鸣叫声，以为晋军又追来了，不敢停留，赶紧又跑。晋军乘胜追击，一直到达寿阳附近的青冈。秦兵人马相踏而死的，满山遍野，充塞大河。苻坚本人也中箭负伤，单枪匹马逃回洛阳。

晋军收复寿阳，谢石和谢玄派飞马往建康报捷。当时谢安正跟客人在家下棋。他看完了谢石送来的捷报，不露声色，随手把捷报放在旁边，照样下棋。客人知道是前方送来的战报，忍不住问谢安："战况怎样？"谢安慢吞吞地说："孩子们到底把秦人打败了。"客人听了，高兴得不想再下棋，想赶快把这个好消息告诉别人，就告辞走了。谢安送走客人，回到内宅去，他再也按捺不住兴奋的心情，踉踉跄跄地跨过门槛的时候，把脚上的木屐的齿也碰断了。

前秦在淝水之战大败之后，从此一蹶不振，两年后就灭亡了。

淝水之战

这一战，晋军以 8 万士兵抗击前秦 87 万大军，并取得了胜利，成为中国历史上以弱胜强的著名战役。这个"草木皆兵"的战役给后人留下了很多乐趣，也因此产生了很多疑惑。

苻坚惨败淝水解疑

淝水之战,使得苻坚以图吞并江南,统一全国的梦想彻底破碎了。他领导的这支号称百万的大军,可谓是"授鞭断流","千里旌旗,水陆并进",结果却因"草木皆兵""风声鹤唳"而全面崩溃,自相践踏,死伤遍野,苻坚身中流矢,单骑北逃,落得一个如此惨败的下场。那么,苻坚为什么会败得如此惨痛呢?

首先,苻坚是一个志大心傲、主观武断的人。

苻坚胸怀"混合为一,以济苍生"的大志,史称他"博学多才艺,有经济大志,要结英豪,以图纬世之宜"。他是通过政变杀死了残暴的苻生而自立登上皇位。他当政以后,依靠汉人王猛锐意改革,按照汉族封建传统制度制定一系列政策措施,增强了国力。为了实现"混一六合",统治全中国,他念念不忘灭晋。王猛在临终时曾经对苻坚提出忠告:"东晋虽偏安一隅,但司马氏仍保持中国之正统,一脉相承,上下和睦。我死望陛下勿图晋,需谨防鲜卑(指慕容氏)、西羌(指姚苌)。如不除之,终成祸端。"而此时沉醉于一些小小胜利之中的苻坚早已忘了王猛的遗言。公元382年,苻坚召集群臣商议伐晋之事,结果多数人反对。甚至苻坚之弟苻融也极力反对伐晋,他流泪进言,但苻坚仍是一意孤行,并宣言:"强兵百万,资仗如山","投鞭于江,足断其流"。他认为灭亡东晋是轻而易举、指日可待的。狂傲的苻坚不听劝阻,一意孤行地轻率开战,把进攻东晋的决策建立在武力强大上面,而对于影响战争胜负的其他重要因素一概未予考虑,这就注定他会走向失败。

其次,前秦内部不稳,意见不一,战线太长,分散兵力。

貌似强大的前秦一直潜伏着社会危机,人心浮动,内部不稳。苻坚能够严厉打击氐族豪强,但对宗室至亲却心慈手软。整个帝国内部的阶级矛盾和民族矛盾十分尖锐复杂,拥兵自重、争夺皇权的叛乱行为时有发生。战争的频繁发生,造成了兵疲民困,士兵厌战,统治集团讲究奢侈,上下离心。各族人民被强征入伍,仇恨苻坚,希望他战败。还有那些被苻坚所征服少数民族的贵族,如慕容垂等,一直怂恿苻坚出兵攻晋,当然他们都是打着自己的如意算盘:前秦胜利他们可以加官晋爵;如果前秦失败,他们可以趁乱恢复自己的民族政权。苻坚正是带着这些心有异志的将士上的前线,焉能不败?前秦大军虽有87万,但没有形成一个强大的拳头,兵力分散,没有凝聚力。同晋军接触的只有苻融统率的先锋部队,他们连同前沿驻军一起,共30万人马已抵达颍上(今安徽颍河下游)。此时苻坚率领的中路军主力仅抵达项县(今河南沈丘),而后续的凉州兵才到达咸阳。东路的幽州和冀州的兵马刚刚到达彭城(今江苏徐州);西路位于蜀汉的水军才顺江东下。战线过长造成了秦军兵力不集中、后勤补给困难、联络不便等不利因素,这些因素足以加重前秦失败的砝码。

第三,用人不当,面对战场上的意外变故不能沉着应对,初战受挫即失去信心,随意后撤,自乱阵脚,给敌人提供了可乘之机。苻坚登上寿阳城楼,遥望淝水对岸的晋军,看见晋军依托八公山(今安徽寿县城北对岸2公里处)扎营,阵容整齐。那八公山上的草木丛中,仿佛也隐藏有东晋的千军万马。他不由得胆怯起来,对身旁的部下说:"此亦劲旅,何为弱乎。"随后他把已经渡过淝水的部队召回,与晋军隔淝水对峙。这一个意外调动实际上改变了双方的攻守态势,前秦由攻转守。当退兵命令下达以后,部分前秦兵掉头就跑,有的还扔下了兵器,结果阵势大乱。那身在秦营心在晋的朱序又在军中大喊:"秦军败了!秦军败了!"前秦军将士不明真情,以为真败,不顾一切北逃。而晋军则乘势渡过淝水奋勇追击。兵败如山倒,苻融欲止退兵,却马倒被杀。苻坚也止不住这败军的潮流,自己也加入北逃队伍。他为流矢所伤,单骑北逃,一路上惊魂不定,听到风声鹤唳,都以为晋兵追至。淝水战场成了苻坚统一全国梦想破灭的地方。

淝水之战是以少胜多吗

淝水之战在中国战争史上是罕见的,历来被当作以少胜多的典型战例载入史册,对后世兵家的战争观念和决战思想产生了久远影响。

但是有人详考史料,对双方兵力之比提出新的见解,认为这次战役的兵力没有这么大的悬殊。他们是这样认为的:

首先,前秦的87万军队是虚数。

从当时北方人数的估计看,前秦全国有87万军队已是惊人数字,即使有,苻坚也不可能全部征调伐晋,至少要留一些驻守各地重镇。更重要的是,这虚数87万也没有全部赶赴前线,苻坚到彭城时,凉州、幽冀、蜀汉之兵均未到达淮淝一带,因而根本没有参加淝水之战。

其次，当时集结在淮淝一带的军队，是苻坚的弟弟苻融率领的30万，他们也没有全部投入战斗，而被分布在西至郧城、东至洛涧500多里长的战线上。驻扎在寿阳及其附近的军队，充其量不过10万。加上苻坚从项城带来的"轻骑八千"，也不过10多万人，况且战争发生时，这些军队也不会全部投入战斗，加起来也就20多万。正因为寿阳一带兵力不多，苻坚才会在看到晋军严整的阵容时，俨然而有惧色，产生草木皆兵之感。

第三，晋军8万除刘牢之所率五千人进军洛涧外，均参加了战斗。当时，晋军在长江中游地区布置的兵力，本来就较雄厚，再加上新投入的8万，因此，当秦、晋双方沿长江中游至淮水一线交战的时候，晋军在前线至少也有20万的兵力。再考虑到前秦军长途跋涉、晋军以逸待劳；前秦内部意见分歧、晋军上下一心等各种因素，晋军占了一定优势。因此，不论从两军交战的时候，还是从整个战役情况看，淝水之战时双方投入的兵力，是大致相当的。

由此分析，这场战役双方的兵力可能并没有史书说的差距那么大。上述之说是否成立，还需要进一步考究，给历史一个真实的说法。

"子逼父反"还是早有预谋
——晋阳起兵首谋疑案

公元617年，中国历史上最大的事件莫过于李渊父子的"晋阳起兵"。它就像一道劈裂天空的绚丽闪电，一举刺破隋帝国的茫茫黑夜；又像是一道穿越浓云的熠熠曙光，瞬间照亮了大唐王朝的清晨。而首发这一起兵计划的人究竟是李渊还是李世民呢？

晋阳起兵始末

关于晋阳起兵的经过，按照官方正史两《唐书》和《资治通鉴》的记载是这样的：

李世民跟随李渊来到太原后，迅速结交了一批江湖义士。《旧唐书·太宗本长孙顺德与刘弘基就是在这个时候与李世民结成了生死之交。长孙顺德是长孙晟的族弟,与刘弘基原本都是隋宫廷的宿卫军官,因逃避辽东兵役,亡命太原投靠了李渊,因此与李世民相识。这两个人后来在募集义兵时都发挥了关键作用。

此外,刘文静和裴寂也在此时先后加入了李世民"潜图义举"的行列之中。刘文静时任晋阳令,裴寂时任晋阳宫监,二人因职务交往而成为好友。他们目睹天下大乱,而自身前途未卜,时常相对而叹。他想让裴寂和他一起依附李世民,可裴寂对此却不以为然。

不久,刘文静因与李密有姻亲关系而坐罪,被关进郡狱。正当他对前途感到茫然之际,李世民忽然亲自来狱中探望他。刘文静大喜过望,马上向李世民发出试探,说:"天下大乱,非汉高祖、光武帝之才华者,不可平定四海!"

李世民笑着说:"先生怎么知道没有?只是常人不知道罢了。我之所以来看你,并不是像小儿女那样注重个人感情,而是来和先生图谋天下大事,不知先生有何见教?"

刘文静

刘文静知道自己没有看错人,于是将自己的想法和盘托出:"如今主上南巡江淮,李密围逼东都,天下群盗多如牛毛。值此之际,若有真命之主应天顺人,振臂一呼,取天下则易如反掌。今太原百姓为避战乱,皆入晋阳,文静为晋阳令数年,知其中豪杰之士众多,一朝啸聚,可得十万人;尊公所领之兵亦有数万,一声令下,谁敢不从?进而乘虚入关,号令天下,不出半年,帝业可成!"李世民听完朗声大笑:"君言正合我意。"从此,李世民与刘文静开始积极部署,准备起事。

而这个时候,李渊在做什么呢?按照正史的说法:"渊不之知也。"而李世民则

"恐渊不从,犹豫久之,不敢言"。

由于裴寂与李渊的私交很好,所以李世民决定从裴寂的身上突破。李世民把自己的密谋告诉了裴寂,同时让他想办法说服李渊。李世民和裴寂很快就想了一计。随后的日子里,裴寂天天去找李渊喝酒,喝完酒又顺便"送上"几位美女。一连数日,把李渊伺候得舒舒服服。几天之后,裴寂找了个四下无人的机会,不慌不忙地对李渊说:"二郎暗中蓄养兵马,欲举义旗,恐大事泄露被诛,所以让我以晋阳宫女奉公,此乃情急之下,迫不得已之计。如今众人心意已决,不知公意下如何?"

李渊一听,当场冒出冷汗。原来,这几天与他合欢的美女竟然全都是晋阳行宫的宫女——皇帝杨广的女人! 这可是灭门之罪啊! 没想到自己的儿子和老友居然使了这么一招把他绑上了"贼船"。李渊愣了很长时间,最后无可奈何地说:"吾儿既有此谋,事已至此,为之奈何? 只好从他了。"李渊虽然一只脚踏上了"贼船",可毕竟是被逼无奈,所以犹豫了几天后又把脚缩了回去。

不久,又发生了一件让他差点掉脑袋的事,再次把他逼入一个进退两难的境地。

从大业十二年(公元 616 年)底到次年正月之间,东突厥屡次出兵进犯马邑(今山西朔州市),李渊派遣副留守高君雅会同马邑太守王仁恭出兵抵御,结果却吃了一场败仗。人在江都的隋炀帝杨广闻讯大怒,以"不时捕虏,纵为边患"为由,遣使赴太原将李渊就地拘押,并准备将王仁恭斩首。

李世民一见时机成熟,终于当面对李渊说:"今主上无道,百姓困穷,晋阳城外皆为战场;大人若再拘守小节,下有盗寇、上有严刑,危亡无日。不如顺民心,举义兵,转祸为福,此天授之时也。"李渊大惊失色:"你怎能说出如此大逆不道之言? 我现在就告发你。"然后找出纸笔,做出一副马上要奋笔疾书之状。李世民一脸沉着,缓缓地说:"世民观天时人事如此,所以敢说;倘若一定要告发我,不敢辞死!"李渊气得把笔一扔,说:"我怎么忍心告发你呢? 你要慎重,别再说这种话了。"

不料第二天一早,李世民又来了。李渊听见他锲而不舍地说:"今盗贼日繁,遍布天下,大人受诏讨贼,贼能讨得完吗? 到最后还要承担讨贼不力的罪名。而且世人纷传李氏当应图谶,所以李金才无罪,却一朝族灭。退一步说,即便大人能将盗贼尽皆剿灭,自古功高不赏,届时危险更大! 只有昨日之言,可以救祸,此乃万全之策,愿大人勿疑!"李渊仰天长叹:"我昨天一整夜都在想你说的话,其实还是很有道理的。今日不管是家破人亡由你、化家为国也由你,一切都由你了……"

此时的李渊真是一副万般无奈、听天由命的样子!几天后,隋炀帝的使者又到了,准备把李渊和王仁恭一起押赴江都问罪。李渊顿时惊慌失措。于是,李世民和裴寂等人再次进言:"今主昏国乱,尽忠无益。偏将副手战场失利,竟然也要归罪明公。危亡已经迫在眉睫,宜早定计。况且晋阳兵强马壮,行宫中又蓄积金钱布帛巨万,以此举事,何患不成?今留守长安的代王幼弱,明公若击鼓向西,据有长安如同探囊取物,何必被区区一个朝廷使者囚禁、坐以待毙呢?"

至此,李渊终于下定决心,开始暗中部署。可没过几天,江都的天子使臣又到了,宣诏赦免了李渊和王仁恭的战败之罪,并且让他们官复原职。赦令一下,李渊立刻反悔,矢口不提举义之事。接下来的日子,越来越多的人都在催促李渊起兵。如鹰扬府司马许世绪、行军司铠武士彟(武则天的父亲)、前太子左勋卫唐宪、唐宪的弟弟唐俭等等。然而,李渊还是迟迟不动。

刘文静忍无可忍,只好向裴寂施压:"先发制人,后发制于人。你为何不快点劝唐公起兵,怎能一再借故拖延呢?再说了,你身为宫监,却以宫女私侍他人,你一个人死就算了,何必拖累唐公?"此后,裴寂软磨硬泡,终于把李渊彻底说服了。李渊随后让刘文静假造敕书,以朝廷准备四征高丽为名,命令太原、西河、雁门、马邑四郡凡二十岁以上、五十岁以下者全部要应征入伍,借此扩大武装力量,准备起兵……

这就是历代正史记载的关于晋阳起兵的起因和内幕。

谁是起兵的首谋者

在正史中,李世民毋庸置疑地成了晋阳起兵的"首谋之人",而李渊一开始则被蒙在鼓里,后来迫不得已卷入了这个事件,几乎是被人用"绑架"的手段弄上了这条起兵叛隋的"贼船",自始至终都表现得碌碌无能而且万般无奈。在李渊父子当中,究竟谁才是这次起兵的"首谋之人"?谁才是这个大事件真正的灵魂人物?谁才是大唐三百年基业当之无愧的开创者?

对此,历代官修正史都异口同声地回答——李世民。后晋刘昫修撰的《旧唐书》声称："太宗与晋阳令刘文静首谋,劝举义兵。"北宋欧阳修等人编撰的《新唐书》也断言:"高祖起太原,非其本意,而事出太宗。"司马光主编的《资治通鉴》更是斩钉截铁地说:"起兵晋阳也,皆秦王李世民之谋";"高祖所以有天下,皆太宗之功!"

然而,历史的真相果真如此吗? 李世民真的是晋阳起兵的"首谋之人"吗?

许多学者认为,李渊是晋阳起兵的首谋者,他作为隋朝统治集团的一位重要人物,早就有叛隋起兵的念头,只是在正式起兵前几年里,一直处于隐蔽状态罢了,"高祖审独夫之运去,知新主之勃兴,密运雄图。"《旧唐书》及《资治通鉴》载高祖"纵酒纳赂以自晦",其实"纵酒"即沉湎,就是装糊涂;"自晦"即混其迹,就是掩盖自己。李渊以"纵酒"作为"自晦"之计,是一种防护性的策略,以消除隋炀帝对他的猜忌,这正是他老谋深算的表现,不能斥之为昏庸的酒徒。

据《旧唐书·宇文士及传》,早在晋阳起兵前四五年,李渊就与宇文士及在涿郡"尝夜中密论时事",武德二年(619 年),宇文士及降唐,李渊对裴寂说:"此人与我言天下事,至今已六七年矣,公辈皆在其后。"涿郡密论天下事,李世民才十三四岁,一个十三四岁的少年怎能左右久居高位的李渊呢?

公元 615 年,李渊受命为山西、河东抚慰大使时,副使夏侯端劝他早做反隋准备,李渊"深然其言"(《旧唐书·夏侯端传》)。又据《大唐创业起居注》载,李渊刚做太原留守,就暗暗自喜,对李世民说:"唐固吾国,太原即其地焉。今我来斯,是为天与;与而不取,祸将斯及。然历山飞不破,突厥不和,无以经邦济时也。"这表明了李渊的政治野心。非常明显,李渊视太原为自己的地盘,早有吞并天下之心,李渊是个颇具雄心、富于权谋的政治家和军事家。晋阳起兵前,他就命李建成"于河东潜结英俊",李世民"于晋阳密诏豪友",为起兵作了组织上的准备。升任太原留守后,很快地取得了聚集在太原的济济群士的信任,成为关中地主众望所归的人。

起兵攻入长安,"约法十二章",很快稳定了关中秩序,当上了大唐开国皇帝。因此,晋阳起兵的主要策划者,首推李渊,他绝不是昏庸无能之辈,而是一个"素怀济世之略,有经纶天下之心"的人物。

横行亚欧大陆的铁骑勇士
——蒙古帝国崩溃疑案

公元 13 世纪,成吉思汗率领蒙古铁骑横扫亚欧大陆,威震四海。然而他的死因以及葬陵却成了千古疑案。他建立的蒙古帝国,曾经在辽阔的亚欧大陆上横行一时,建立了东起朝鲜半岛、南到越南、北至北冰洋、西到波兰的广大帝国。但是这样一个庞大的帝国,如此英勇的军队,为何在短短的百年间崩溃了呢?

蒙古大军西征为何所向无敌

蒙古建国后,于公元 1219 年至 1260 年的四十余年时间里,先后进行了三次大规模的西征,建立起了庞大的帝国,改变了整个亚欧的历史,也促进了欧洲和近东的军事革命,对世界历史的影响非常深远。

蒙古大军西征为何所向无敌? 这有哪些原因呢?

一是蒙古人的战术。

蒙古人特别强调的就是部队的机动性,以远距离的包抄迂回、分进合击为主要战术特征。蒙古人的远距离机动达到了历史上空前未有的程度,他们常常可以上百里地大规模机动,使敌人很难预料和防范到他们的攻击,他们在战斗中亦很少依赖单纯的正面冲击。通常使用的方法是,一小部分骑兵不停地骚扰敌军,受到攻击后后撤,待追击的敌军队形散乱疲惫时,早已四面包抄的骑兵则在一阵密集的弓箭射击后蜂拥而来。这种战术匈奴、汉族、契丹、女真人都用过,但像蒙古人一样利用四处游骑做间谍,大规模的骑兵可以随时远距离攻击的情形则没有出现过。加之,蒙古人大量地编入汉和其他北方少数民族,使用汉族先进的攻坚器材担任攻城的任务,使他们在东方无论是野地浪战还是摧城拔寨,几乎所向必克。另外,蒙古军队常常利用冬季大河结冰时发起战争。

二是蒙古人特殊的装备。

蒙古马,若用现代人的眼光看应该是最劣等的马了。蒙古马身材矮小,跑速慢,越障碍能力也远远不及欧洲的高头大马,但是蒙古马是世界上忍耐力最强的马,对环境和食物的要求也是最低的,无论是在亚洲的高寒荒漠,还是在欧洲平原,蒙古马都可以随时找到食物。可以说,蒙古马具有最强的适应能力。同时,蒙古马可以随时胜任

蒙古马

骑乘和拉车载重的工作,这也是中国传统的好马最终全部被蒙古马取代的原因。

蒙古人使用的发石车、火箭等中原新式武器,在中原的各个王朝原来是守备坚固的城防用于抵御蒙古军队的。但蒙古军队掌握此类装备后迅速用于对高大城防的攻击。火药和火箭类武器出现在冷兵器时代,其威力自然是惊人的,另外,对从未见过它们的敌人来说,也有巨大的心理震慑作用。在欧洲战场,很多时候火药类武器尚未造成城墙被完全破坏的局面,守军就会失去战斗的意志,开始弃城逃亡。

蒙古骑兵随身携带各种武器,使得其可以随时完成不同的任务。蒙古骑兵从未像欧洲一样对兵种的武器进行严格的分工,使用的武器也不像欧洲军队那样笨重。蒙古骑兵随身携带的武器通常有弓箭、马刀、长矛、狼牙棒。此外,蒙古骑兵常常根据个人爱好装备其他武器,譬如套马的绳套和网马的网套,这在正规的欧洲军队看来是匪夷所思也是防不胜防的。另外,蒙古骑兵的装甲多为皮革制成,轻便坚韧,虽然远不及欧洲重装甲骑兵身上的锁子甲,但负担轻,容易保持长时间的战斗力,此外,不会像铁质铠甲那样在严寒酷暑时节成为难以忍受的酷刑。

三是蒙古军人的训练、忍耐力和其军事化的特殊社会组织。

蒙古军队和中国北方的游牧民族一样从小就是战士,在马背上长大,从小的玩具就是弓箭,成年时候就可以算是职业军人了。由于在严寒和艰苦的环境中长大,都具有极为坚韧耐劳的性格,对物质条件的待遇几乎从不讲求,爬冰卧雪在其视为常事,远距离跋涉更是从小的习惯。对物质条件的不讲究,使蒙古军队的后勤负担很轻。蒙古军人拥有东西方各定居的农耕民族素无的连续作战的意志和能力,这是西方养尊处优的贵族骑兵们和中原被征来的军队永远难以望其项背的。

蒙古人建立了与战争相适应的社会组织,各部落的领导既是生产生活的管理组织者,又是军事行动的管理组织者,对外发动战争时,可以全民动员,全民不分男女老幼都可以参加作战行动。

如对花剌子模国的长期围困,就是全民参与,在城下放牧生活,维持军队持续不断的攻击力,直到城市被攻克。

综上分析,蒙古军队在亚欧大陆东征西讨所向无敌几乎是必然的结果。

为何不敌农民起义军

蒙古铁骑曾经横扫亚欧大陆,所向披靡,赫赫战功,威震天下。但为什么在元朝末年的农民起义军面前,却变得如此不堪一击?

正如毛泽东所说:"成吉思汗,只识弯弓射大雕。"大概就是指蒙古民族的脆弱——昙花虽好却极其短命。

蒙古铁骑缘何如此短命?原因有二:

一是骑马民族国家的本质,是以追求现实利益为目的的人们自己组织起来的。掠夺战争常常是战果显赫,其经济利益比游牧生产要高得多;可是,一旦利益下降了,人们就从这些集团里脱伍逃亡,回到原来的游牧生活或另谋生路。到那种时候,"骑马民族国家"也就崩溃解体了。一个民族要想持续发展,必须有其深刻的民族文化内涵。

二是游牧民族的天性就是游动,他们是骑在马背上的民族,他们可以建立自己的国家,但他们不愿意安定下来,他们不愿意跳下马背。他们可以策马奔驰,像狮子一般在辽阔的草原上寻找自己的猎物;他们只会掠夺,不会建设;他们是天生的斗士,跟敌人斗,也跟自己人斗,内部分裂也是他们民族衰落的直接原因。所以游牧民族不懂得长盛不衰的治国之理。

综上因素,蒙古铁骑在统治中国之后,不懂得治国之道,引起了各种社会矛盾,日渐消沉,因此在面对农民起义的时候,再无当年的神勇,不堪一击,最终只能走向崩溃。

一代天骄葬身何方

成吉思汗,被毛泽东主席称为"一代天骄";美国《华盛顿邮报》1995年评选的

"千年之最"中，成吉思汗名列榜首。然而，这位叱咤风云人物的死因以及死后究竟葬在了什么地方，却成了一桩疑案。古今众说纷纭，考古学家也从未给出准确答案。

关于成吉思汗死因的几种说法，如下：

第一种说法，是史学界比较公认的说法：成吉思汗于 1227 年率军攻打西夏的途中患病身亡。

第二种说法，在有关史书中有记载：成吉思汗在征战途中，因打猎时不慎从马背上摔下致死。

第三种说法，意大利著名旅行家马可·波罗在自己的遗著中却认为：成吉思汗死于箭伤。

第四种说法，有一位叫普拉诺·卡尔皮尼的学者则认为：成吉思汗死于雷击。

第五种说法，在蒙古国流传很广：成吉思汗死于西夏国王的娇妻之手，这位美丽的少妇与 65 岁的成吉思汗度过了仅有的新婚之夜。虽然这段故事从未公开被书写过，但不少人认为西夏国王的年轻妻子在与成吉思汗的新婚之夜咬掉了他的性器官，然后她自己也投河自尽了。

第六种说法，成吉思汗选择了秘密藏身的方式：他生前清楚地知道，许多古代墓葬遭到破坏，不仅仅是为了盗取墓中的宝藏，而且还有政治上或民族仇视的因素。种族之间的报复行为往往使许多古代帝王的墓地遭到野蛮毁坏。成吉思汗不愿意自己死后也遭此厄运，所以他选择了秘密藏身的方式。

直到现在，成吉思汗的安葬之处从未在考古中得到准确发现。对这一千古之谜，学术界尚未取得一致意见，有待考察发掘真相。

明军主动发兵为何败给防守的后金军
——萨尔浒之战疑案

萨尔浒之战，是发生在明清之际的重要战役，也是集中优势兵力各个击破、以少胜多的典型战例。萨尔浒之战本由明方发动，后金处于防守地位，然而该战役竟以明军之惨败而告终，给人们留下了一个很大的谜团。

作为明清两朝转折点的战役

万历四十六年，即后金天命三年（公元 1618 年）四月十三日，努尔哈赤率步骑 2 万伐明，以"七大恨"作为伐明的檄文，分兵两路向明军发动进攻。努尔哈赤亲率右翼四旗（正黄、正红、镶红、镶蓝）攻打抚顺，明军守将李永芳举城投降，同时还命左翼四旗（镶黄、正白、镶白、正蓝）攻占东州、马根单等地。明朝辽东巡抚李维翰急遣总兵张承荫率明兵 1 万去镇压，遭后金兵伏击，全军覆没。七月，努尔哈赤又率八旗兵进入鸦鹘关，围攻清河城，明将邹储贤固守抵抗，结果城破被杀，接着后金又战领一堵墙、碱场二城。

努尔哈赤在军事上的节节胜利，不但使"全辽震动"，而且北京也"举朝震骇"，就连饱食终日、万事不理的神宗皇帝也深感"辽左覆军陨将，虏势益张，边事十分危急"。明朝为了安定辽东，早日把后金势力镇压下去，决定发动一次大规模进攻后金的战争。

明朝命杨镐为辽东经略，以杜松、李如柏、刘綎等为副，调兵筹饷，经过 9 个多月的准备，到了明万历四十七年，即后金天命四年（公元 1619 年）的四月，赴辽的

萨尔浒之战

明军都先后到达，再加上胁迫征调的 2.3 万名朝鲜兵，总共有 27 万多人，号称 47 万大军。杨镐与诸将议定，分四路进攻后金，总兵刘綎率军出宽甸由东；总兵马林率军出三岔口由北；杜松率军出抚顺关由西；李如柏率军出鸦鹘关由南，其中以西路杜松为主力，皆直指赫图阿拉。此外，王绍勋总管各路粮草，杨镐坐镇沈阳。明廷被自己虚张的声势所欺骗，扬扬得意地认为"数路齐捣，旬日毕事耳"。

努尔哈赤掌握了明军的战略部署和行动计划，正确地分析了形势，认为明军是采用分兵合击，声东击西的战术。努尔哈赤说："明使我先见南路有兵者，诱我兵而南也，其由抚顺所西来者，必大兵也，急宜拒战，破此则他路兵不足患矣。"因此，只

派五百人抵御和阻滞南路的李如柏军,而把全部兵力集中起来,打击从西而来的杜松的明军主力,所谓"凭尔几路来,我只一路去"。这一部署是正确的,因为从兵力上看明军有10万多人,而后金只有6万人,处于劣势。但明军分成四路,兵力分散,再加上刘𬗟、马林和李如柏三路山高水险,行军困难,一时不易到达,只有杜松一路出抚顺,渡浑河,沿苏子河而上,道路平坦易行,两日就可到达赫图阿拉。努尔哈赤以3万人对付杜松的8万人,才能够在战役上稳占优势,取得主动权。于是他亲自统率八旗大军迅速开赴西线,阻击明军。两军在萨尔浒一带相遇,揭开了著名的萨尔浒之战的序幕。

首先,努尔哈赤以八旗精锐迎击欲立首功的明军主力杜松部。三月初一日,双方对峙在萨尔浒(今辽宁抚顺东)山。

努尔哈赤利用杜松派兵袭击界凡之时,猛攻萨尔浒明军,明兵溃败,勇而无谋、刚愎自用的杜松战死。

接着,努尔哈赤将兵北至尚间崖,击败马林部,马林逃往开原,叶赫兵仓皇撤退。这时,努尔哈赤挥师南下,诱敌深入,在阿布达里,围歼刘𬗟东路军,刘𬗟阵亡,姜弘立所部朝鲜兵投降。杨镐闻知三路军惨败,急令南路军李如柏撤回。努尔哈赤用了5天时间打了一场漂亮的歼灭战,明军文武将吏死者310多人,士兵身亡者45800多人,亡失马驼甲仗无数。这就是历史上著名的"萨尔浒之战"。

当年六月,后金打下开原。七月,攻占铁岭。从此,努尔哈赤由防御转入进攻,明朝在东北地区的统治开始全面崩溃。萨尔浒之战是关系到后金与明兴亡的关键一战,由此成了明清战争史上一个重要的转折点。

此役之后明朝对后金之战略态势由主动变为被动,明王朝在东北地区的主动权逐渐丧失,日后虽调兵遣将、征加粮饷却再也无法获得对后金的战略主动权,并直至明王朝覆灭。

明军战败原因探究

明与后金之间的萨尔浒之战是17世纪初中国境内的两个政权的一场大搏斗。明朝主动发起了进攻,而且经过了近一年的备战,投入了空前多的兵员和物资,结局却吃了败仗。原因何在?

一是明朝的腐朽没落导致。由于明末政治腐败,驻守辽东的明军业已腐朽不堪,名义上虽有8万多人,实则能作战的不过1万多人,而且兵备松弛,士气颓靡,"累年以来,不修兵具,朽戟钝戈,缓急不足为用,金鼓几于绝响,偶令之截杀,股栗腕战,面孔殊无生色",这样的军队实在不堪一击。所以明朝政府只好"以倾国之兵,云集辽沈,又招合朝鲜、叶赫",可是,从全国各地征调的军队也和辽东明兵一样腐朽,许多人"伏地哀号,不愿出关",不少将领"哭而求调"。由此可见,明朝出师并无取胜的把握,只是打一场孤注一掷的冒险战争。可以说,明朝统治者的这种腐朽没落从根本上决定了这场战争注定要输掉的。

二是杜松、马林两路主将的各自为战,导致战败。

杨镐在三月十一日的奏疏中曾把两位主将违制行师作为其失败的原因。他说:"为照报过师期,原以二十一日陆续发兵到边,二十五日该宽甸一路出口,初一日该沈阳、开、铁、清河三路出口。俱约定初二至二道关,合兵前进。乃总兵杜松出师,要占首功,单马行前,辄弃车营。初一日申时(15时~17时)既已活捉夷贼报功,旋又以焚克二寨报功,而不知其已入贼之伏也。贼以备开、铁之兵与备抚顺之兵合而攻之,乌得不败?既初二午时(11时~13时)开、铁总兵马林行至三岔,闻杜松已先出一日,亦仓皇疾出,比至二道关,杜松与王宣、赵梦麟兵马时已败亡,又以备抚顺之兵与备开、铁之兵合而攻之,何能久支?"(《明神宗实录》,卷580)与此同时,巡按监察御史陈王庭也在杜松、马林身上寻找战败的原因。他则列出六个原因:"照得行师必以纪律,自誓师之后经略即谕杜松等务以持重。又约三月初一日出口,乃先期兢进,其失一;刚愎自用,其失二;队伍错乱,为贼所击,其失三;擒夷克寨,不加傍哨,致赚贼伏内,被诱不知,其失四;将兵不习,背水而战,其失五;轻骑深入,撤弃火器车兵,师无老营,其失六。智不能料敌,谋不能驭众,致二万余官军一时并遭陷溃。至于开、铁兵马,初派由三岔出口,马林苦执由靖安出边,临期复由三岔出口。乃抚顺交锋,而该镇未至,比奴众乘胜北驱,守备不设,致虏袭营,兵亦溃败。"(《明神宗实录》,卷580)

三是丢掉了时间,贻误了战机。

就战场交锋而论,杨镐主持策划的四路并进有严格的行师日期。杜松急发,马林迟进,刘綎先走,李如柏故拖,这样参差不齐,就无法达到分进合击的目的。分路进兵最终还是要集中力量进行作战,所以"合击"才是发挥战斗力的保证。而明军四路全是各自为战。在这种情况下,时间就是胜利。明军四路主将"违制行师",完全是没有统一的时间观念,这可以说必然变成"违律丧师"。在时间上还有一个当事人指责的泄露日期的问题。因为努尔哈赤事先已经知道了明军何时进兵,他们得知日期,可以在战前做好充分准备。从这里又得出结论:"先期与如期,皆败道也。"(《明神宗实录》,卷580)

四是贪图立功成了明军失败的一个原因。

刘綎显然不是为了贪功致死,他此行却有点被逼上梁山的滋味。出兵前,朝鲜都元帅姜弘立曾问这位刘都督:"然则东路兵甚孤,老爷何不请兵?"刘綎说:"杨爷与俺自前不相好,必要致死。咱亦受国厚恩,以死自许。而二子时未食禄,故留置宽田(甸)矣。"(朝鲜《李朝实录·光海君日记》,卷138)

五是这场战争的筹划者和总指挥本身从一开始就很被动。

文献上有这样的记载:"是役也,经略(杨镐)意亦初不在战,虚张挞伐,冀取近寨小捷,得塞军书。"(《明史纪事本末补遗》,卷1)杨镐的调兵遣将只是为了虚张声势。还有比杨镐更重要的决策人大学士方从哲也对此战缺乏信心。他拼命鼓吹进兵,实则已感到前途未卜。临战前在一份题本上说:"当此进兵之时,胜败安危决于一举,而前日之风变,若彼连日之阴霾,又若此天心示儆,极其昭著。臣愚欲乞皇上降敕一道,令兵部传谕东征将士,用示鼓舞。"(《明神宗实录》,卷580)

胜负原因是多种条件造成的,胜负不能只从一方面找原因,后金的种种有利因素也是促成明军战败的原因。而这一方面也早已有人谈论过。后金人谈他们之所以在这次决战中获胜,就是靠了"天命"。当然,后金的获胜不是天助,是他们采取了一个非常英明的决策,即"凭尔几路来,我只一路去",就是集中优势兵力,各个击破。明军四路进兵,没有按约定时间行动,连两路都没有同时行动的,于是明军的"分进合击"正好遇上了后金兵的"合进分击",结果明军以数量之多所占的优势立刻消失了,连杜松的一支主力进攻部队,也以2万之众遭后金3万兵马阻击,从而一军皆溃。还有一个不可忽视的原因是新兴的后金,举国上下同仇敌忾,广大群众支持他们的这次作战。

因此,综上可以说,明军在萨尔浒之战中失败的一个原因是,明军的失误、愚蠢、怯懦等等所造成的可乘之机,毫无遗漏地都被后金兵利用了。

谁领导了三元里抗英斗争
——三元里抗英斗争疑案

1841年5月,占据广州四方炮台的英军到三元里烧杀抢掠,腐朽的清政府无法领导反侵略战争,不能也无法组织有效的反抗。这时,三元里人民义愤填膺,拿起锄头、土枪、土炮等,与英军殊死搏斗,终于将英军赶出了广州。历史书告诉我们,这是一次自发的武装斗争,对此,有人却提出了质疑。

三元里抗英事迹

三元里位于广州城北2.5公里,贴近泥城、四方炮台,是一个有几百户居民的村落。

道光二十一年四月初五(1841年5月25日),英军攻陷广州城北诸炮台,设司令部于地势最高的永康台。永康台土名四方台,距城仅一里,大炮可直轰城内。清军统帅奕山等求和,5月27日与英订立了屈辱的《广州和约》,以支付英军赎城费、外省军队撤离广州等条件,换取英军交还炮台、退出虎门。

三元里抗英

但和约墨迹未干,英军就不断骚扰西北郊三元里及泥城、西村、萧冈等村庄,烧杀抢掠,奸淫妇女,甚至盗掘坟墓,从棺材里劫取殉葬品,当地人民深受其害。为此,广大民众义愤填膺,各地团练共图抵抗。各乡民众便利用旧有的社学形式自动组织起来,"集众公盟",联合保卫身家田园,开展打击英军骚扰的正义斗争。

5月29日,三元里村民击退来犯小股英军。三元里民众料到英军必会报复,所以在三元古庙集合,相约以庙中"三星旗"作为指挥战斗的令旗,宣誓"旗进人进,旗退人退,打死无怨"。

同时,爱国士绅何玉成等出面联络附近 103 个乡的群众,准备共同战斗。

5 月 30 日,南海、番禺百余村团练手持戈矛犁锄,群起围困永康台。相持近半日,英军司令卧乌古亲自带兵出击。团练且战且退,诱敌至牛栏冈丘陵地带。时大雨骤至,英军火枪受潮不能发射(印度雇佣兵,英方给他们装备的是比较落后的燧发枪,一遇雨淋便不能使用)。三元里人民精神抖擞,愈战愈勇。英军因火药受潮而枪炮失灵,士气低落,胆战心惊。

田间小路又被暴雨淹没,稻田一片汪洋。穿着皮靴的侵略军,在泥泞中寸步难行。三元里人民以长矛猛烈刺杀英军,英军妄图以刺刀抵挡,然而他们不能不哀叹:"刺刀之于中国人的长矛,只不过是一种可怜的防御物罢了。"这时,没有上阵的妇女,自动把饭做好,送上前方。将近下午 4 时,卧乌古才把自己的部下重新集结起来。他发现 37 团第三连"失踪"了,只得调两连水兵再到战地搜索。天黑雨大,一直折腾到晚上 9 时,水兵们才和找到的第三连共同返回四方炮台。原来,第三连在撤退时和来复枪联队失散,被三元里人民截住了。为了逃命,他们一个挨一个结成方阵,一步步向后撤退。但他们仍然受到三元里人民的惩罚,有一名士兵被打死,一名军官和 14 名士兵受重伤。三元里一仗,打死打伤英军近 50 名,缴获大量战利品。人们热情赞颂:"自从航海屡交锋,数万官军无此绩。"

英军派出两个水兵连,带着"雷管枪"(不怕雨天)前来增援。被围困两小时之后,英军撤退至四方炮台。按国内通行说法,此战共毙伤英军少校军需毕霞以下近 50 人,生俘 10 多人(一说歼敌二百余人)。而据卧乌古报告,为战死 5 人,受伤 23 人,毕霞系"疲劳过度而死"(另一说法死 7 人,伤 42 人)。

5 月 31 日,三元里人民再次包围四方炮台。广州手工业工人以及附近州县如花县、增城、从化等各县共 400 多个乡的团练也陆续赶来,围台民众增至数万,相约饿死英军。他们用土枪、土炮、矛戈、盾牌、锄头、镰锹等,与英军作战,可谓"刀斧犁头在手皆成武器,儿童妇女喊声亦助兵威"。

英军司令卧乌古不敢再战,率兵逃回四方炮台,转而威胁官府,扬言毁约攻城。奕山等闻讯恐慌,急派广州知府余保纯出城,先安抚英军,复率番禺、南海两县令向团练中士绅施加压力。士绅潜避,团练逐渐散去,台围遂解,英军脱险逃回军舰。

英军撤出虎门时发出告示,恫吓中国人民"后勿再犯"。人民群众当即发出

《申谕英夷告示》,警告英军,若敢再来,"不用官兵,不用国帑,自己出力,杀尽尔等猪狗,方消我各乡惨毒之害也!"

三元里抗英斗争,将英军打得惨败,6月1日英军只好退出了广州。

是谁领导民众打退了英军

广州三元里人民的抗英斗争,是近代中国人民第一次大规模的反侵略斗争。它对英国侵略者的沉重打击,有力地证明了人民群众是反侵略的主力军。三元里人民抗英斗争具有广泛的群众基础,因而能够在斗争中显示出巨大的威力。三元里抗英斗争的胜利,极大地鼓舞了中国人民不畏强暴、敢于同西方资本主义列强拼搏的斗争勇气。它像一面鲜艳的战旗,激励着中国人民再接再厉,把反侵略斗争进行到底。

然而,对于三元里抗英斗争,至今仍有两个问题没有找到确切的答案:

一是这次抗英斗争的领导者问题。

有"菜农韦绍光领导说"。这是传统的说法。菜农韦绍光等预计到小股英国侵略者在三元里遭到痛击后是会再次来三元里报复的,必须有所准备,"在韦绍光倡议下,齐集于村中北帝庙前,操起庙中三星旗,对天立誓"。"韦绍光等到周围各村鸣锣串联。肖冈乡举人何玉成也速邀附近各乡士绅参加,共103乡群众代表怀着强烈的义愤会盟牛栏冈"。通过大会,一支人民抗英武装很快组织起来了。另有"举人何玉成领导说"。根据《夷氛闻记》《广东军务记》等史料记载,这一斗争的发起有两个过程,先是英兵到三元里行凶,乡民奋起反抗,打死数名英兵,这一过程群众是骤然而起的,并没有人在他们中间做过发动和组织工作。随后,乡民怕英军报复,便联络各村共同抗敌,举人何玉成"柬传"四方,联系各村,起了重要的组织作用。

二是三元里抗英斗争的主力军是谁?

历来有"人民、民众"说。众多论著、辞典皆为此说,但这个概念外延太大,没有说明斗争的具体组织形式和参加者。因此,对主力军这一说法,众说纷纭。

一种说法是"社学"说。但"社学"是地方民间具有多种职能的社会公共机关而不是纯粹的武装组织。

一种说法是"广东团练"说。团练组织原本是地主阶级的一种地方武装,在这次抗英斗争中,他们以"乡""社学"为单位,统一行动,互相配合,以民族利益为重。

总之,不管是谁领导了这场战斗,他们是近代中国人民反侵略斗争的楷模。

是谁埋没了清军的铁甲舰队
——北洋海军全军覆没之谜

北洋海军是中国近代史上最大的一支海军舰队,曾扬威海上,雄极一时,成为亚洲一流的强大舰队。然而,在中日甲午战争中,仅仅历经不到 7 年时间的北洋海军竟然全军覆没。这次事件震惊了清政府,也震惊了世人!巨额军饷堆砌起来的一流的海军不经一战,原因何在? 到底是谁埋没了北洋海军?

北洋海军惨败甲午中日战争

北洋海军是清政府在洋务运动中苦心经营的亚洲一流舰队,在当时的远东排在第一位。该舰队中的定远、镇远两舰吨位均超过 7300 吨,火力凶猛,被日人称为海中巨霸,畏之如虎。

1894 年的甲午海战中,中国北洋海军与日本联合舰队在辽阔的黄海海面进行了激战。这是一次悲壮的海战,两支装甲舰队的激战是世界海战史上装甲舰队的首次决战。

甲午中日海战

参与甲午海战的"定远"号与"镇远"号是北洋海军的两艘装甲战列舰,它们属于同一舰型,均是清政府为创建北洋海军向德国订购的装甲战列舰,1894 年 8 月 1 日,中日两国宣战。北洋海军主力在丁汝昌率领下出海巡弋,寻找日本舰队决战。丁汝昌的旗舰是"定远"号装甲战列舰,北洋海军从威海基地出发,9 月 13 日,北洋海军主力来到了旅顺，一路上没有发现日本军舰。

9月16日，北洋海军护送运兵船向辽宁大东沟进发。在到达大东沟后，运兵船上的陆军部队上岸。北洋海军主力舰船在大东沟外锚泊地停泊。此时，日本联合舰队也在寻找北洋海军主力。9月17日上午10时，日本联合舰队先头部队在黄海海面上发现了一团黑烟，日军判断是北洋海军的军舰，便排成单列纵队，准备迎战北洋海军。

停泊在大东沟外锚泊地的"镇远"号装甲战列舰发现有12艘日本军舰正向锚泊地驶来，立即做了报告。丁汝昌接到报告后，命令北洋海军由停泊队形变化成横队形，迎战日本联合舰队。这样，中日两支舰队一纵一横相遇。

呈一列横队的北洋海军旗舰"定远"号位于横队阵中间，"镇远"号位于横队阵后翼，它们是舰队中坚，它们率领舰队其他舰船迎战日本联合舰队。就这样，两支装甲舰队在黄海海面进行了激战。北洋海军在激战中先后击中日本的多艘军舰，打退了日军进攻。

后来，日本舰队改变了战法，集中火力攻打北洋海军旗舰号"定远"号，日军的炮火越来越猛，"定远"号不断中弹起火。丁汝昌被打成重伤，还在舰桥上指挥战斗。"镇远"号战列舰用其大口径火炮攻打日本舰队旗舰"松岛"号，迫使其退出战斗。

黄海海面上激烈的海战持续了5个小时，北洋海军受到重创。10艘战舰只剩下"定远"号、"镇远"号等4艘军舰，由于战列舰防护能力强，有效地抵御了日本舰队的炮火攻击。当夕阳西下时，满身伤痕的"定远"号与"镇远"号战列舰无奈地望着远去的日本联合舰队，缓慢地驶离战区。

海战史上装甲舰队的首次决战——黄海海战就这样悲壮地宣告结束了。

参加这次海战的"定远""镇远"这两艘船，在大战时"中数百弹，又被松岛之十三寸大弹击中数次，而曾无一弹之钻入，死者亦不见其多"，可见船舰的质量是何等过硬。据战后统计，北洋海军的装甲数量和质量都大大超过日本海军联合舰队，铁甲舰方面的数量比是6∶1，中国遥遥领先；大口径火炮和小口径火炮北洋海军也均占优势。而清政府也正是基于这种力量对比，才敢于对日宣战。

那么，为何后来北洋海军会全军覆没呢？

1894 年 9 月 17 日在鸭绿江大东沟，一开始北洋海军排出的队形有误，使火力差、航速慢的超勇、扬威两舰在海战开始不久，即被日舰第一游击舰队的吉野、浪速等舰击沉。北洋海军在折一翼后，被日本舰队本队和游击舰队夹击，邓世昌的致远号为撞沉吉野，又被日舰击沉。致远沉没后，济远和广甲逃离战场。日舰又环攻经远，经远以一敌四，最终沉没。靖远和来远结成姊妹舰，一边撤退，一边还击吸引了日本游击舰队的注意力，减轻了被日本本队围攻的定镇两舰的压力。由于日本舰队的旗舰松岛号被定远的巨炮命中受了重伤，日舰首先退出了战场。甲午海战结束。

此战，北洋海军损失过半，不久主力舰镇远又被自己布置的水雷炸伤。北洋海军奉李鸿章的命令坚守不出，被日本人水陆夹击，最终全军覆没，部分舰只成了日本人的战利品。

为何全军覆没

日本人为打赢北洋海军，在 19 世纪 90 年代后，大肆造舰和从国外购买新型舰只，反观北洋海军在成军后没有再增加一舰一炮，海军军费被西太后所用。至甲午开战前，日本联合舰队的总吨位已超过了北洋水师并在速射炮和航速上明显优于北洋海军。

北洋海军是中国近代史上最大的一支海军舰队，曾扬威海上，雄极一时，成为亚洲一流的强大舰队。然而，在中日甲午战争中，使仅仅历经不到 7 年时光的北洋海军全军覆没，而北洋海军覆灭原因则有不同的观点。

一种观点认为，北洋海军覆灭的主要原因是封建专制的中国生产力低下、经济基础薄弱，缺乏坚实的国内工业基础，而使具有近代意义的海军，得不到先进和充足的物质条件去维持和发展。尽管当时的洋务运动创建了海军，也跟不上日新月异的近代发展变化的军事科技形势，及时地使海军更新换代，保持不变的海上强大力量；其次，是由于日本经过明治维新后，社会的政治体制得到了改善，促进了生产力的提高，提供了坚实的近代经济基础，为日本海军迅速崛起、赶上、超过，并最后战胜北洋海军奠定了良好基础；再次，清朝统治集团政治上的腐败无能和军事制度的落后陈旧以及战略战术上面的错误，使北洋海军不能战胜日益强大的日本海军，使之加速了最终的失败。

一种观点认为,战败的责任要推给清末腐朽透顶的官僚体系上。以慈禧为首的清政府高层,因为他们骄奢淫逸、贪图享乐、不肯发展武备,导致中国海军武器落后,最终才饮恨沙场。其实日本战舰被击中的炮弹并不少,如果中国军队使用了威力最大的开花弹,只需"定远""镇远"两舰就可以全歼日本舰队。但由于北洋海军的军火采购存在严重问题,很多炮弹的弹壳轮箍线比炮膛还大,要用锉刀锉低后才能勉强塞入炮膛,这样的炮弹容易炸膛,士兵根本不敢用来发炮,可由于采购人是李鸿章的子侄,所以根本无人敢投诉。到了甲午海战爆发之时,北洋海军使用的炮弹都是些残次品、教练弹,"实有泥沙",有的引信中"仅实煤灰,故弹中敌船而不能裂",说白了就是打上不爆炸。北洋海军在此役中还得到了海岸炮台的协助,但炮台发射的大口径炮弹击中敌船后也不爆炸。据日方记载:清军自旅顺口炮台发射了不少炮弹,"虽其响轰轰,但我兵因之死伤者甚少,之所以如此,无他,海岸诸炮台发射敌之大口径炮弹,其弹中大半填装以大豆或土砂故也"。据战后统计,北洋海军的发炮命中率是1.25%,日舰的命中率也不过1.3%,可以说相差无几,但对轰的效果却有天壤之别,足见炮弹质量是甲午海战失败的主要原因。

一种观点认为,北洋海军覆灭的主要原因是李鸿章和军政当局在战略全局中筹措不力,缺乏积极争夺制海权的"海上决战"的战略理想;其次,则是战役指挥员丁汝昌在战场指挥上的严重失误,而后者比前者对北洋海军失败的影响更大。身任提督的丁汝昌对北洋海军指挥严重失误,一是未能积极大胆地捕捉有利战机,坚持实施以突击日军登陆输送队为主的抗登陆作战;二是置李鸿章与朝廷的多次命令于不顾,率北洋海军守在军港,坐以待毙。使海军舰队失去了机动攻击作战的可贵空间而陷入"虎落平川"英雄无用武之地的困难,处于被动挨打的局面,直至失败后全军覆没。

中日甲午战争以北洋海军的覆灭和中国的战败而告终,自有其复杂而深刻的社会、政治、经济、外交和军事等诸多方面的原因。对以上种种不同的观点,还需要进一步探讨和研究。

水面逞英豪
——水军的营建

在闻名于世的赤壁之战中，曹操率领号称有 80 万的大军，却大败在东吴都督周瑜手下；而宋金时的黄天荡之战，韩世忠、梁红玉率军击退完颜宗弼。这些都是靠水战获取的胜利，它说明我国历史上早就存在了一定规模的水军。但水军究竟是何时建立的？至今仍是个不解之谜。

水军在我国古代被称为舟帅，是现代海军的前身，军队中的一个兵种。它是随着造船业的发展、武器装备的改进以及作战区域的扩展而产生的。相传，在原始公社末期，我国就出现了独木舟和木筏，不过那是它们只用于交通运输，后来渐渐用于渔业和通商。《周易·系辞下》就有"刳木为舟，剡木为可楫"的记载。当时，部落之间争战频繁，黄帝与九夷作战。是否率部渡过淮河、长江，有没有建立过水军，还有待进一步地考证。

在已经出土的商代甲骨文中，多次出现过"舟"字，而西周金文中不仅有"舟"字，还开始出现了"船"字。并且在周朝时，全国的舟船数量得以显著增加，并出现了多人撑驾的大船。商和西周的军事力量，开始由中原地区逐渐向东南扩展，如商代就有军队征讨东夷和南夷的记载。西周时，其势力已达到东南沿海和我国南方多水地区。当时周朝军队的规模已经相当可观，并有运用舟船输送军队或实施渡河的记载，但至今尚未发现记载舟师建立的时间。

春秋时期，临江的吴国、越国、楚国以及临海的齐国等都有水军，并相互之间进行过多次水上交战。那时各国水战中使用的舟船，已具有相当大的规模。据《神机制敌太白阴经》载，"水战之具，始于伍员。以舟为车，以楫为马。"这些舟楫代替了陆上车马的作用，为水军的建立创造了条件。《越绝书》记载，吴国名将伍子胥还著有水战法，规定舟船的尺寸、水军的编制以及船队的战法。《伍子胥战法》记载："大翼一艘，广丈六尺，长十二丈，容战士二十六人，擢（手）五十人，舳舻（手）三人，操长钩、矛、长斧各四，吏、仆、射长各一人，凡九十一人。"由此可见，当时水战所使用的武器，有刀矛弩矢和长钩、长斧。鲁国公输般还创造性的发明了一种水战的武

·令人费解的军事事件·

图文珍藏版

器——"钩拒",这是一种带铁钩的竹篙,对敌船"退则钩之,进则拒之"。有了这些战船和武器装备水军,水战的规模变得越来越大。如《中国大百科全书·军事》战术条所记叙的那样"公元前485年,吴、齐在黄海进行了海战"。当时,吴国的舟师,从长江口出海北上,实行远航奔袭,声势浩大。但齐国舟师,没等吴军到达,就在水面上实施截击,结果大败吴军。显而易见,双方进行这样大规模的水战,一定早就要建立一支强大的水军。公元前549年,楚国派水军进攻吴国,《左传》记载:"夏,楚子为舟师以伐吴"。这次水战比上述吴齐之间的黄海水战早了64年。这里说的是进行水战的时间,而建立水军的时间肯定比水战要早。那么我国水军究竟是何是时建立的? 还要等待相关史料的发掘,才能进一步探讨、考证了。

"无间道"
——间谍的产生

《007》系列电影享誉世界影坛数十年,影片中风度翩翩、身手不凡的男主人公詹姆斯·邦德的身份就是间谍。那间谍是什么人呢? 他们是国家情报机关派出或指使进行窃取、刺探、传送机密情报或进行颠覆、破坏活动的人员。

在我国历史中,各朝的封建帝王都十分重视间谍的使用。他们遴选了各种人才,设置了专门机构,投入了大量金钱,使用了各种手段,为自己对外扩张或巩固政权服务。春秋末期,孙武曾在著述的《孙子兵法》中阐述了间谍的作用和分类。他把间谍分为五种,"故用间有五:有乡间、有内间、有反间、有死间、有生间。五间俱起莫知其道,是谓神纪,人君之宝也。"书

孙武

中还指出要任用大智亲信去进行间谍活动,即"故惟明君贤将,能以上智为间者,必成大功。"强调用间谍要极其秘密,"事莫密于间"等。那么,我国究竟是在何时出现间谍的呢?

有人认为,历史上最早关于间谍的记载可见于《左传》和《竹书纪年帝太康》,夏朝少康时,为攻打过、戈两国,曾派汝艾和季抒分别进入两国,了解情况,查明地形,收买重臣,进行间谍活动,为最终灭这两个国家创造了条件。

还有人认为,间谍出现于夏商之际。据《吕氏春秋·慎大览》记载,商在灭夏前,曾派伊尹两次去夏朝进行间谍活动。伊尹最初曾是有莘氏的媵臣,在有莘氏嫁女时,作为陪嫁的一名奴隶,随着有莘氏来到汤家司烹。以后,伊尹渐渐得到汤的赏识,两次被派去夏王朝了解情况,进行间谍活动,为了让夏桀不怀疑伊尹的身份,汤设下苦肉计,亲自箭射伊尹,造成其有罪逃亡的假象。"欲令伊尹往视旷夏,恐其不信,汤由亲自射伊尹。伊尹奔夏三年,反报于亳……汤与伊尹盟,以示必灭夏。伊千复往视旷夏……"伊尹逃到夏后,一方面积极宣扬汤的仁德,消除夏王与汤之间的嫌隙;另一方面积极刺探夏的军事政治机密,调查中原的地形;同时,不惜重金收买夏朝重臣,离间君臣之间以及夏王朝与各方国、部落的关系,并使一些有影响的臣子叛国投商,使夏王成为真正的孤家寡人,为商灭夏的作战打下了坚实的基础。

传说中西周的太公吕望,曾为西周做过间谍。《史记·齐太公世家》记载,吕望博闻强记,曾在商朝做过官,知道商王朝的许多机密;他也到过各诸侯那里进行游说过,对各方国的情况也有所裂解。"太公博闻,尝事纣。纣无道,去之。游说诸侯,而卒归周西伯。"他到了西周之后,根据掌握的商朝情况和天下的形势,提出各种建议和制定各种正确的决策,使商朝的诸侯、重臣叛变纣王,投归西伯,有效地瓦解了商王朝。因此,《孙子兵法》中称:"周之兴也,吕牙在周。"把周朝的兴起归功于吕望在商的间谍活动。

另据《战国策》记载,郑武公在伐胡前,曾利用了敌方的间谍,反过来使胡上当受骗,从而一举袭击成功。"郑武公欲伐胡,先以其子妻胡。因问群臣曰:吾欲用兵,谁可伐者?大夫关思其曰:胡可伐。武公怒而戮之。曰:胡兄弟之国,子言伐之何也?胡君闻之,以郑为亲己而不备郑。郑袭胡取之。"

以上这些史料都可算我国早期的间谍史,但究竟哪一个可信,可以算作最早使用间谍的鼻祖呢?还得由专家学者们进一步查证。

奖惩严明法有度
——军法的诞生

在中国古代的许多典籍里,有"刑始于兵","师出以律"的记载,"兵律""军律"等军法也有许多专篇。唐代更是出现了一套完整的包括"律""令""格""式"俱全的军法,如《卫禁律》《擅兴律》《捕亡律》《官卫令》《军防令》《兵部式》《兵部格》等,详细地规定了军人的职守、赏罚。凡是违犯了"令""式"中的有关规定,就要按"律""格"进行惩处。然而,最早的军法出于何时呢?学术界到现在也还没有得出明确的结论。

军法是治军的法规,它是统治阶级意志的表现,具有阶级性、强制性。在原始社会,战争的胜败直接关系到部落中每个成员的生死存亡,因此对外作战时常常都是男女老幼志愿参加,不需要军法来强制约束。随着私有制的产生,阶级的形成,氏族制度的瓦解和奴隶制国家的建立,战争开始成为对战扩张和巩固政权的斗争,原始社会时期军事民主制下的群众武装,慢慢转变为由奴隶主操纵的、专为压迫大多数人和掠夺财物的以及夺取和维护奴隶主政权的军队。这时,战争的胜败,直接关系到奴隶主贵族的切身利益。然而,对于军队的大多数成员——平民和奴隶来说,则关系甚小,他们对待战争的态度没有奴隶主贵族那样积极。为了鼓励参战,提高军队的士气,便出现了带有强制性的各种行为规则和明确的赏罚规定。对立功的军人,按军律赏赐钱财、官爵、田地、奴仆,对违犯纪律和军律的官兵,处以杀戮、鞭打、徒刑等处罚。如《尚书·甘誓》中记载,夏王启为了确立其统治地位与有扈氏大战于甘(今陕西鄠邑区西南)时,在战前,召集了带领军队的六个贵族,进行战前动员和宣布作战纪律、赏罚标准。规定凡是服从命令、忠于职守、勇于杀敌、努力完成作战任务的,就在宗庙里予以奖赏;不努力执行命令,完不成作战任务的,就要在宗庙里处死或降为奴隶。正如其文中所述,"大战于甘,乃召六卿。王曰:……用命,赏于祖;弗用命,戮于社。予则孥戮汝。"这种简单的口头规定军队纪律与赏罚的做法,就是早期的军法。

有学者认为,这种口头规定的纪律与赏罚,虽然带有军法的含义,但有很大的随意性,而且赏罚也不容易一致,还不能算是军法。我国真正意义上的军法大约形成于春秋、战国之交。因为,在这一时期,各诸侯国频繁进行"争霸""攻战",为了提高军队战斗力,各诸侯国对攻战的赏罚都做了明文规定,建立起了一套以军功授爵制为中心的赏罚制度,并与严格、残酷的刑罚制度结合起来,形成了带有强迫性的、为统治阶级服务的军法。这些军法,虽然由于各诸侯国实际情况的不尽相同,实行的程度也不尽一致,但基本的宗旨都是根据官兵在战争中的表现和贡献,给予一定的奖励或惩罚。当时,秦国的军法实行得比较彻底,规定得也比较具体,并且在商鞅变法时就全面推行了这种制度。据出土的秦简《军爵律》和《商子》等文献可以看到赏罚的具体规定,如士兵个人,在战争中杀敌一人者,免除其全家徭役和赋税;士兵个人斩杀敌军官一名,并取得其首级者,授爵一级,赐田一顷,宅九亩和赏给一个农奴(庶子);大部队作战,在攻城战斗中斩首八千以上,野战中斩首两千以上,均评为"满功",部队内各级军官都升一级,其中功大者可升三级;士兵五人一伍,其中一人逃跑,余下四人处以二年以上徒刑;畏死不前,临阵脱逃者,处以死刑,在千人大会上车裂等。此外,春秋末期的大军事家孙武,在其所著的《孙子兵法》一书中,也把军法列为进行战争的五大要素之一,"故经之以五事,校之以计而索其情:一曰道,二曰天,三曰地,四曰将,五曰法。"显然,当时的军法已经成为军队建设和进行战争的重要内容。

但是,也有人认为军法形成的时间还要早。据《周礼·夏官》记载,"国有大事,则帅国子而致天大子,惟所用之。若有甲兵之事,则授之车甲,合其卒伍,置其有司,以军法治之。"从这段文字中,大家不难看出此时就已经存在军法了。另据《司马法》记载,"有虞氏戒于国中,欲民体其命也。夏后氏誓于军中,欲民先成其虑也。殷誓于军门之外,欲民先意以待事也。周将交刃而誓之,以致民志也。"虞舜时代的作战命令,是劝告式的,希望民军体念君王的困难,自动应命为国效力。夏代的作战命令是强迫式的,在组成的军队中下达,希望民军完成君王所考虑的任务,商代的作战命令也是强迫式的,在军队列阵处下达,以统一全体的意志,共同对敌作战。周代的作战命令也是强迫式的,在和敌人即将交锋时才下达,用以激励士气,鼓舞斗志。

大家从这些记载中可以看出,军法的形成正和其他事物一样,有一个形成和完善的过程。

更多的安全保障
——盔甲的发明

盔甲是一种古代将士防护身体的装备,是冷兵器时代最好的保护装置。盔在古代叫作胄、兜鍪、头鍪,形状像帽,用以防护头部;甲又叫介、函、铠,形状类似衣服,用以防护身体。可是,盔甲究竟在何时产生呢?现在仍尚没有定论。

据古代传说,盔甲早在原始氏族社会时期就出现了,它的发明者还是黄帝。《事物纪原》卷九记载,"兜鍪、胄也,黄帝内传所述,盖玄女请帝制之,以备身也。"而甲,相传是夏朝第七代帝抒在和东夷人作战时创造的。《世本》记载,"抒作甲","抒或作与,少康(夏第六代帝)子也。"原始的盔甲大多用藤条、兽皮制作,盔似乎也有用金属做的。《史记·五帝本纪》正文中记载:"蚩尤兄弟八十一人,兽身人语,铜头铁额。"这里的"兽身",很可能就是用兽皮制的甲,而"铜头铁额"应该就是金属制的头盔。但是,这些毕竟还是传说和推测,缺乏考证,不足为信。

从考古发现,早期的头盔,由皮和金属做成,到商代时已发展得较为完善。从出土的先秦文物看,商朝青铜盔已经出现,其制作技术也达到了较高的水平,如河南省安阳市出土的商朝青铜胄,不仅有较好的防护性能,而且胄顶还有装缨的铜管。胄面上还铸有虎纹和牛纹及其他图案。除此以外,出土文物中也有皮胄、铁胄,如湖北省随县曾侯乙墓出土的春秋时制作的皮胄,由18片髹漆皮甲片编缀而成,上有脊梁,下有垂缘护颈,既可防护头部,也可防护颈部;河北省易县燕下都出土的战国晚期制作的铁质护头装具,由89片甲片编缀而成,其防护性能更优于皮胄。从这些头盔的实用价值看,其结构科学、合理,有较好的防护性能,已经发展到了较高阶段。

早期的甲由整片的皮革改制而成,可以伸缩活动。它在制作时,通常根据护身部分的不同形状,将皮张裁制成形状各异、大小不等的革片,然后工匠们把两层或多层的皮革合在一起,制成坚固、耐用、美观的甲片,然后在皮片上涂上油漆、穿孔,用绳编联成甲。《周礼·考工记》的"函人为甲"中,较为完整地总结了有关选材、制甲的全套工艺。"函人为甲，犀甲七属，兕甲六属，合甲五属。犀甲寿百年，兕甲寿二百年，合甲寿三百年。凡为甲必先容，然后制革。权其上旅，与其下旅，而其长为之围。凡甲，锻不挚则不坚，已敝则桡。"《旬子·议兵篇》中也记载，"楚人鲛革犀兕以为甲，坚如金石。"此外，还出现过用藤条编织的甲，也有一定防护作用。从这些记述看，这时甲已发展到较为成熟的阶段。出土的文物也证明了这一点。如湖北省随县曾侯乙墓出土的皮甲，经复原后，可以清楚地看出当时皮甲由甲身、甲裙及甲袖三部分组成，并配有一顶由皮甲片编缀成的胄，构成一副完整的盔甲。穿戴后，不仅不影响身体的活动，还能提供一定的防护性能。同时，有的还在甲上使用一些青铜铸件，使皮甲的防护性能更上一层楼，如山东胶县的西周车马坑中曾出土过一件青铜兽面甲；在河南省、北京市等的西周墓中，还发现过钉缀在皮甲上的各式青铜甲泡。它和盾结合使用，可以有效地防御青铜兵器的攻击。此外，《周礼》还记载："司甲下大夫二人，中士八人。"通过这句话可知，当时的盔甲已发展到相当数量，管理盔甲还设立了专门的职官，并规定了一定的编制员额。

通过对以上出土的文物分析来看，盔甲不仅在实用价值、制作工艺，达到了一个相当的高度，并且国家还设置了管理盔甲的职官，这些都说明盔甲不论质量和数量都已发展到一个相当阶段。但是，事物总是有一个从低级到高级的发展过程，盔甲也毫无例外，不可能一出现就那么完善。更何况有学者坚持认为，在皮盔皮甲出现之前还有藤盔藤甲，而这些藤制品都是易于腐烂的，在考古上很难发现实物。因此，大家可以肯定，盔甲的产生要比出土的实物更早。那么，盔甲到底产生于何时？是商代、还是夏代，或者真如传说中的原始氏族社会时期，大家只有等待考古新发现了。

文官武将何时分
——军政分离的时间

文武分离是国家体制的一次重大变革，也是社会政治、军事发展的必然结果。所谓文武分离，是指率兵作战将由专职军将，而文官不再行使这一职责。但是，文官武将究竟何时分开的？学术界尚存不同见解。

据《史记》《淮南子》记载，黄帝时期曾设立"司马"等军事首领官职。文据《今文通典·尧典》《古文通典·舜典》记载，夏王朝设立了"司徒、司马、司空"等文武官职。《尚书·洪范》记载，商王朝有"司徒、司空、司寇"和"马、亚、射、戎、卫"等文武官员。《舀壶》《舀鼎》记载，西周中央政府有"司徒、司马、司空、司寇"等文武百官。从《史记》等古籍来看，西

黄帝

周继承了夏商体制，虽仍旧分别设立了各种文官、武职，但卿、大夫们既执掌政务，又受王命率兵出征，司马只主管平时的军事行政，战时统帅由天子临时任命，征战结束即解除统兵的权力。《周礼》还详细记载了，西周著名政治家周公旦多次率兵平定武庚管蔡及东夷叛乱，即周宣王派秦仲统兵伐西戎，尹吉甫统兵伐狁，方叔统兵伐荆蛮，穆公统兵伐淮夷，亲自统兵伐徐夷的情况……这些史料说明，在西周以前，文官武将并没有分开。

春秋时期周王朝的王权下移，各诸侯国都建立了常备军，根据《史记》《国语》记载，国君是军队的最高统帅，天子常亲自统兵作战，文官武将率兵征伐的也不少。周桓王二年，北制之战，郑庄公派大夫祭足、原繁、泄驾、公子伯及子元率兵抗击燕军（《左传·隐公五年》）。周襄王十四年，桑楚泓水之战，宋军由襄公统帅，太宰子鱼和大司马公孙固辅助；楚成王派成得臣、斗勃等军将统帅楚军（《左传·僖公二十二年》）。楚昭王元年，吴军包围楚国潜城，楚王派王麇（宫廷主管）、王尹寿（营造、手工业主管），统帅援兵增援（《左传·昭公二十七年》）。周襄公十八年，城濮之战中，楚成王令尹子玉率楚军攻宋，晋文公亲自出征，派先轸、狐毛、栾枝、狐偃等军将及大夫领兵作战（《左传·僖公二十七年》）。春秋末期，吴楚柏举之战，吴王率文臣武将伍员、伯、孙武，击败了楚将尹子常、沈尹戎和武城大夫黑及大夫皇率领的楚军（《中国历代军事史》）。以上大量史实证明，春秋时期的文官武将也并没有分开。

战国时期，各国新兴地主阶级执政后，由于以往国家上层官员文武不分，像卿、

大夫等奴隶主贵族们平时管理政务,战时统兵作战,使得军政权力过于集中,削弱了国君对大权的掌握,因此有诸侯国开始采取文武分职,以相、将为百官之长,建立了封建君主专制政权机构,如《尉缭子·王霸篇》《吕氏春秋·举难篇》都有类似的记载。由此,《中国军事史》《中国政治制度史》等都认为,战国才出现了专职军将和独立的军事系统。

战国时期,军队数量不断增加,战争规模扩大,军队指挥逐渐上升为一种艺术。统帅军队的指挥官必须掌握专门的军事知识,富有管理、训练及指挥作战的经验。《韩非子·显学》记载"明君之吏,宰相必起州郡,猛将必发于卒伍。"又据《史记》《吕氏春秋·异宝》记载,战国时期还取消了分封制,按军功授爵,从军中选将帅的记叙,如吴起、孙膑、乐毅、白起、廉颇等名将,正是由于这个制度选拔起来的。这时,文官只在朝中执掌政务,不再率领军队出征。如著名的马陵之战和长平之战,统帅魏军的是庞涓,统帅齐军的是田忌(孙膑为军师);统帅秦军的是王龁(后为白起),统帅赵军的是廉颇(后为赵括)。这些都为专职将军。

综上所述,史学界普遍认为,文官武将分开始于战国,而且一直延续至今。但是,也有学者认为它始于春秋,因为根据《国语》《左传》记载,春秋末期世袭制度多已废除,军将已开始按军功选拔,多数诸侯大国中的军帅,通常都兼三军统帅,平时主管军事行政事务,战时负责指挥军队作战,文官率兵出征者日益减少。

史前文明——史前核战争之谜

关于人类文明,科学界一直有一种观点认为,在现代人类文明之前,地球上曾经出现过史前文明,其发达程度甚至有可能超过我们目前所达到的程度。

科学家和史学家们找到了许多支持这一观点的证据,例如传说中的亚特兰蒂斯,也许就是那时文明的代表。再比如,在玛雅人的编年史中,曾记载了地球9000万年至4亿年间的事情。在那期间,根据我们目前对地球的认知,还没有人类的踪迹,所以,玛雅人究竟记载了谁的历史?

种种迹象都指向了一个高度发达的史前文明,只是这个高度发达的文明是如何从地球上消失的呢? 在印度文明流传下来的史诗和《圣经》中,人们发现了一个非常类似的故事,似乎讲述文明的消失源于一场核战争。

在著名的印度史诗《摩诃婆罗多》中,曾记载了发生在印度恒河流域的多次激烈的战争,其中有两场战争是在恒河科拉瓦人和潘达瓦人、弗里希尼人和安哈卡人之间展开的。从对战争的描述来看,具有非常明显的核战争的特征。

例如,其中讲到一种飞弹武器"阿格尼亚",它的威力无穷,犹如有整个宇宙力,它产生的亮度就像空中有千万个太阳一般耀眼,烟火柱迅速在空中形成一个浓厚的阴影,无比壮观,大地也为之震颤,周围的温度急剧上升,大地也被这种炽热烤焦了。"阿格尼亚"所到之处,动物、人都被灼烧变形成一具具焦尸,指甲和毛发全部脱落,连河水都会立刻沸腾起来。武士们知道这种武器的威力,为了逃命,他们不得不卸下盔甲,跳进河里将浑身上下洗干净。

在《圣经》中关于索多姆的毁灭,也有类似的描述:天神决意要毁灭索多姆,灾难发生前。天使示意城中善良的罗得,让他带着家人赶快离开索多姆城。天使告诫他,不要回头,不要在洼地里徘徊,否则将引来杀身之祸。

将信将疑的罗得带着妻子儿女连夜离开了索多姆,他们身后,硫磺与火从天而降至索多姆,顿时,浓烟如同炉灶烟一般在城市的上空升腾而起,城中的居民和生物无一能逃脱厄运。罗得的妻子没有遵循天使的警告,回头向灾难中的索多姆望去,结果立刻被一道强光杀死。罗得见此情形,不敢再有任何犹豫,拼命朝山上奔去。天亮之后,当一切都平息下来,罗得在山上往下看索多姆时,那地方烟气上腾,如同烧窑一般。这种能在一夜之间毁灭一座城池并带着足以杀死人的强光的武器,与今天大家谈之色变的核武器,有着惊人的相似之处。

人们在今天的研究中发现,各民族流传下来的史诗以及《圣经》中记载的许多事件都能在现实中找到依据,它们很有可能就是一部部史前史书。对于印度的《摩诃婆罗多》和《圣经》中提到的核战争,在千百年后,人们也在现实中找到了与之对应的遗迹。

自19世纪开始,在人类文明的发源地之一——印度河附近,人们发现了一个史前文明遗迹,也就是"印度河文明"。这个遗址位于印度河旁的旁遮普郡一带,东西长1600公里,南北向绵延1400公里,是目前世界上发现的范围最广的史前文明遗址。之所以断定它为史前文明,是因为其中发现的两座古城哈拉巴和马亨佐-

达摩距今至少有 5000 多年的历史。奇怪的是,这两座城池在印度的早期神话中并没有记载,所以人们认为也许它们的历史比想象中的更为久远。

在马亨佐·达摩遗址中,考古学家发现了大量的遗骨。这些人死前似乎都发生了极为可怕的事情,他们中许多人都以双手覆面,好像是在保护自己,又好像是看到了极为恐怖的事情。从他们死前的姿态来看,所有的人都是突然在短时间内死去的,究竟是什么原因造成了所有的人在同一时间突然死亡呢?

考古学家卡哈在对出土的遗骨进行化学分析后发现,这些遗骨都有高温加热的痕迹,马亨佐·达摩城内的建筑物也佐证了卡哈的观点。人们在许多已经坍塌了的建筑物中,发现了高温的痕迹,甚至还发现了一些"玻璃建筑"——托立提尼物质。托立提尼物质的形成,是由于遇到了极高的温度导致物体表面瞬间融化,然后又在极短的时间内迅速冷却造成的。在现代核武器爆炸的现场中,曾发现过托立提尼物质,种种迹象表明,马亨佐·达摩的毁灭与《圣经》中索多姆的毁灭有着惊人的相似,它们都是突然之间遭遇带来高温的武器而被毁于一旦的。根据现今人类的知识,这种武器,就是人人"谈之色变"的核武器。

在地质考古中,考古学家在世界各地都发现了与马亨佐·达摩城类似的遗迹,例如,在爱尔兰的丹勒亚勒城堡,人们发现了被融化了的花岗岩——花岗岩在 1000 度以上的高温中才能融化;在秘鲁,人们发现了一处玻璃化状的岩石;在古巴比伦遗址中,有一座古塔的废墟,上面也发现了高温遗留下的痕迹,大量的砖块被融化了,古塔的泥墙也被烧焦;1928 年,人们在巴西发现一座玻璃山,与美国第一颗原子弹爆炸后,石沙被融化然后又迅速冷却,在现场留下的一层类似玻璃的地面极为相似。科学家认为,巴西的这座玻璃山,是典型的托立提尼物质。

最为直接的证据,莫过于 1972 年在非洲的加蓬共和国发现的一个古老的核反应堆。加蓬共和国在一个 20 亿年前的铀矿中,发现了这个核反应堆,它由大约 500 吨铀矿石组成,运转时间长达 50 万年之久。要知道,人类直到 20 世纪 40 年代才掌握了核能技术,这个古老的核反应堆,怎能不叫现代人瞠目结舌呢?

地球诞生至今的 46 亿年中,曾经经历了怎样的演化、轮回,恐怕不是人类所能够理解的。在漫长的地球历史中,人类的历史短暂得如沧海一粟。那些曾经的高级文明的毁灭或许可以给人类以启示,让人类在不断地向大自然索取、毫无顾忌地

原因难寻——亚历山大为何突然撤军印度

亚历山大大帝出生于公元前356年的马其顿王国,他出生前,母亲奥林匹娅斯梦见雷电,而且派拉市区内刚好有一座女神殿被大火烧毁了。于是,有人认为亚历山大绝非凡俗,"女神殿的焚毁日,已有一个男孩在同日诞生,此儿以后将要灭亡全亚洲。"亚历山大自出生起,似乎就预示着他有一个不同凡响的未来。

亚历山大自小就表现出非凡的才能,在他16岁的时候,他的父亲腓力二世就让他主持马其顿国政,很快,他就显示出天赐一般的军事才能。他成功地平定了马其顿北部边境密底人的叛乱,后来多次随父亲东征西战,军事才能不断得到锻炼。

公元前336年夏,腓力二世遇刺身亡,20岁的亚历山大被马其顿军中大臣安提帕特推举为新国王,开始了一系列的征服战争。他平息了内乱,镇压了希腊人的反叛,巩固大后方,此后才高枕无忧地开始东征。

公元前335年秋天,以马其顿军为主,雇佣兵和各邦盟军为辅,亚历山大组织了一支约有3万步兵、5000骑兵和160艘舰船的远征军,从都城派拉出发,渡过赫勒斯滂海峡,开始东征。

亚历山大东征的第一仗是在波斯打响的。当他带领着东征军渡过赫勒斯滂海峡之后,随即在马尔马拉海南岸格拉尼库斯河遭遇波斯军。东征军与波斯军在河东岸展开了战斗,最终,东征军打败波斯军,波斯军2000余人被俘,而东征军仅损失百余人。

初战告捷之后,亚历山大率军沿小亚细亚海岸南下,沿途先后征服了吕底亚、卡里亚、吕基亚、埃及、巴比伦等地。至公元前327年,亚历山大完成了对中亚的征服,这时,亚历山大征服的地区已经超过他东征初期制定的消灭波斯帝国的目标,他的野心也随着他不断地征服而越来越大,他要征服世界。

公元前327年,亚历山大率领着3万士兵,开始了征服印度的征程。他的随从宣称:亚历山大即将达到世界的尽头了。这种说法也许是亚历山大为了神话自己而制造出来的。但没有料到的是,他征服印度的企图落空了。

当亚历山大率领大军越过兴都库什山脉进入印度河流域之后，他遭遇了平生未遇的劲敌。他没有想到，印度人是如此的好战、善战，印度西北小邦保拉瓦的国王波鲁士率大军严阵以待，亚历山大的东征军最后以伤亡 5000 人的代价战胜了波鲁士大军。这一役之后，亚历山大打算继续东进，向恒河流域进军，攻入印度的心脏地带。

这时已经是公元前 326 年，距离公元前 335 年亚历山大开始东征已经有 8 年的时间了。那些离乡多年的老兵开始思念起家乡，多年的东征西战让他们开始渴望安定的生活，尤其是这时的东征军已经不再是当年亚历山大从马其顿带出来的那支军队，多年的征战途中。不断地有人战死，又不断地有人加入，这时的东征军是一支混合了马其顿人、波斯人、埃及人等的混合部队，他们更不愿意继续亚历山大的征程。

公元前 326 年 7 月，在印度的吉帕斯河畔，思乡心切，再加上被印度的炎热、暴雨和疾病困扰着的东征军将士终于拒绝亚历山大继续前进的要求。无奈之下，亚历山大只得踏上归程。在归途中，亚历山大感觉到自己的威望已经受到影响，他需要通过再一次的征服来提高自己的威望。于是，在到达亚辛河时，他决定征服当地最强大的国家摩拉瓦国。他率领着一支精锐部队穿越当地绵延数百里的沙漠，企图出奇制胜，一举击败摩拉瓦国的军队。他带着精兵突袭了摩拉瓦国军队的侧面，直逼对方的守城摩坦城。为了鼓舞士气，亚历山大一马当先冲在了最前面，结果一支利箭射中肺部。在军医的救治下，亚历山大虽无性命之忧，但他的身体却每况愈下。摩拉瓦之战也是他征途中最后一次冲锋陷阵，在回归的途中，他还命人沿途探险，查明了印度河的入海口，寻找波斯王，并绘制成地图。公元前 324 年，亚历山大终于结束了历时将近 10 年的东征，他建都巴比伦城，建立起了一个西起希腊、马斯顿，东至印度河流域、南临尼罗河第一瀑布、北至药杀水的庞大帝国。

亚历山大的征服之旅在印度走到了尽头，他征服的脚步止步恒河，这给后人留下了不少疑问，亚历山大大帝为何突然撤军印度？如果他当时继续东征，那么后来的历史又会怎样？

有学者认为，士兵厌战只是一方面的原因，真正的原因是亚历山大并未在印度得到他想要的财富，加上在印度的战役打得非常艰难，亚历山大显然非常失望。然

·令人费解的军事事件·

图文珍藏版

而,他又不得不在士兵面前竭力掩饰他的失望。

据一些史料记载,为了神话自己,亚历山大声称自己拜访了狄俄尼索斯的出生地,并有幸遇到上帝显身,将他变成了另一个狄俄尼索斯。这样一来,他就可以声称自己的成就早已超过了印度的第一位征服者——狄俄尼索斯。

也许是受母亲奥林匹娅斯的影响,亚历山大相信鬼神、占卜。据说,在打算跨过恒河之前,他曾经占卜过,结果出现的是凶卦,暗示他此行会有危险。于是,他决定踏上返乡之旅。

不论是因为士兵的厌战,还是亚历山大对神谕的敬畏,他的东征从进攻印度起就已经开始走到尽头了。这是一场侵略性的战争,没有人知道如果他继续东行的话,会给世界带来多大的变化,但可以肯定的是,东征客观上加强了东西方文化的交流。

丧生的英军
——"加尔各答黑洞"之谜

为了达到侵略印度的目的,1600 年,英国人在印度设立了东印度公司,利用东印度公司在印度做生意,慢慢地渗透到印度的政治、经济等各个方面。1698 年,东印度公司向印度莫卧儿政府买下了位于孟加拉湾的加尔各答,将东印度公司的贸易总部设在这里。

东印度公司只是英国侵略印度的一个工具,东印度公司的商人在孟加拉湾境内滥发许可证,勾结贪官污吏,并在加尔各答的威廉堡修筑工事,架设炮台。英国人的种种违法行径引起了印度人的不满。

1756 年 4 月 8 日,年迈的孟加拉省纳瓦布阿拉尔瓦迪汗因病去世,他 20 岁的外孙西拉杰·乌德·道拉继任纳瓦布之职。年轻的道拉早就对东印度公司的种种行径颇为不满,于是,他在上任之后就向东印度公司提出拆除私自修筑的工事,并停止插手孟加拉国内部事务,交出受到英国人庇护的贪官污吏。然而,他的这一要求遭到了拒绝。6 月 4 日,血气方刚的道拉率领 5 万大军占领了科辛巴萨的英国商馆。第二天,道拉率军进攻加尔各答,他们于 6 月 20 日抵达加尔各答,对其构成包围之势。被困在加尔各答的英国东印度公司负责人德雷克以及威廉堡守军长官霍威尔几乎没有做任何反抗就弃城投降了,道拉顺利地占领了加尔各答。

一些仓皇之中未来得及逃离的英国商人以及守军成了俘虏,道拉下令,在黎明到来之前,任何人不得随意处置任何一名俘虏。这些人被关进一间只有一个小窗户的小屋子,据后来幸存下来的霍威尔描述,屋子里人挨着人,空气十分浑浊。后来,屋内的温度越来越高,所有人都汗流浃背,口干舌燥,体力好的年轻人拼命挤到窗户底下,呼吸几口新鲜空气。

好心的看守给他们送来了几袋水,人群中立刻引发了骚动,人们纷纷争抢着为数不多的几袋水,不少人被推倒在地踩死、压死。直到第二天早上,一支由英国殖民军官克莱武和沃尔森率领的队伍重新占领了加尔各答。当他们打开那间关着英国俘虏的阴暗小屋时,眼前的一幕让他们惊呆了。这间小小的屋子里竟然容纳了146名俘虏,其中的123名因为窒息和踩踏死了,死状惨不忍睹。

这一消息很快传到了英围,在英国国内引起轩然大波,英国人发誓要惩罚"残忍""野蛮"的印度人。

作为报复,1757年6月23日,英国殖民者克莱武率领3000名士兵,在距离加尔各答83公里的普拉西,与道拉的5万大军展开了激烈的战斗。英军收买了道拉的陆军总司令米尔·贾法尔,导致道拉一方在战场上倒戈,使得克莱武以区区3000人打败了道拉的5万大军。普拉西战役也是印度沦为英国殖民地的开端。

对于"加尔各答黑洞"事件,史学界一直存在争议,争议的焦点主要集中在究竟有多少英国人在这次事件中死去,对于具体的人数,至今仍然是一个谜。

根据霍威尔的描述,那天的死亡人数达到了123人之众。英国正是根据霍威尔的叙述,将"加尔各答黑洞"事件描绘成"悲惨的夏夜故事",进而对印度发动了战争。但是,霍威尔的这一说法遭到了许多史学家的质疑。

英国著名的印度史学家斯皮尔在《牛津印度近代史》中认为,关于该事件的叙述,只出自事件的当事人霍威尔一个人的叙述,其可信度难免会打折。巴基斯坦学者拉希姆所著的《巴基斯坦简史》中,呈现了另外一个不同的事实。根据事件的另一位当事人、加尔各答东印度公司负责人德雷克的叙述,当天被俘的英国人只有39人,其中16人在当晚丧生。对于具体的人数,许多史学家都倾向于霍威尔夸大了事实,其目的就在于鼓动英国政府出兵印度、为英国人侵印度找借口。霍威尔的说法一直为英国史学家所沿用,无非是为了给普拉西战争提供正当性。

引发史学界质疑的,还有一个关于那间小屋的大小的描述。根据比较常见的说法,那间关押了146人的小屋有20平房英尺大,四面漆黑,仅留有一扇很小的窗子以供通风。但在《印度历史词典》中,在"黑洞事件"条目的释义中,我们看到这间小黑屋长18英尺,宽14英尺1英寸。不过,在印度文献目录学家夏尔马所编的《印度争取自由斗争百科词典》中,这个黑洞仅有18平房英尺,这么小的一个房间,怎能容纳下146人之众的英俘呢?

关于在黑洞事件中,究竟有多少英国人丧生,至今仍是一个谜。当时正值加尔各答时局混乱之时,没有确凿的证据可以说明当时究竟有多少英国人滞留加尔各答被俘,但这的确给印度带来了巨大的灾难,为英国发动普拉西战役提供了合理的借口,印度从此沦为不列颠的殖民地,它给印度人带来的灾难,远大于黑洞事件给英国人带来的生命损失。

英西之战
——西班牙"无敌舰队"缘何覆灭

一代海上霸主"无敌舰队"的覆灭,既缺乏"天时、地利"等取胜的外在因素,也与它没有跟上形势的变化有着不可分割的联系,它的覆灭为一个新的霸主的崛起拉开了帷幕。

16世纪,自从哥伦布漂洋过海发现了美洲大陆后,西班牙通过掠夺财富,迅速成为欧洲最富有的海上国家。为了保障自己的海上交通线和海外的利益,西班牙建立了一支强大的舰队。这支舰队拥有100多艘战舰、3000余门大炮,士兵人数达到数万人,在它的鼎盛时期,曾有千余艘舰船,是当时横行于地中海和大西洋的海上霸主,西班牙人骄傲地称之为"无敌舰队"。

此时的英国,正处于资本主义的萌芽时期,轻工业的发展迫使它急于在海外开拓市场,再加上国内航海和造船技术的发展,英国也不断地将自己的触角伸到海外。这样一来,西班牙必不能容忍其他国家抢占它在殖民地的利益,两国之间的矛盾不断激化。直到 1587 年 4 月,英国舰队公然进犯西班牙的加的斯港,还击毁了西班牙 18 艘防守浆船。

无敌舰队

西班牙岂能容忍英国如此公然的挑衅,国王腓力二世决定派出"无敌舰队"远征英国。1588 年 7 月 31 日,"无敌舰队"浩浩荡荡地驶进英吉利海峡,准备与英国舰队在这里展开决战。

西班牙"无敌舰队"共有 20 艘大型的"盖伦"船,44 艘武装商船和其他各种船只共 130 艘,2431 门大炮和近 3 万名士兵,堪称史上阵容最豪华的"无敌舰队"。而英国此前一直犹豫不决,英王伊丽莎白深知西班牙海上舰队的厉害,不敢贸然迎战,一直想通过和谈解决。最后在大臣的劝说之下,英王才仓促应战。

英国海军原来只有 34 艘战舰,为了应战,又集中了一批海港城市的武装商船,最后终于组成了一支拥有 197 艘船的舰队,船上共有 200 门火炮和至少 18 磅远程卡巴林炮、16000 名船员。英国舰队虽然阵容没有"无敌舰队"那么豪华,但它也有自己的优势。英国舰队擅长在恶劣天气作战,且它的船只轻便、机动性好,火炮射程远。

1588 年 7 月 31 日拂晓,双方在英吉利海峡开战。西班牙无敌舰队摆出半月形的船阵,舰队中战斗力最为强大的"圣·马丁"旗舰昂然屹立于半月形凹面中央的正前方,整个西班牙无敌舰队带着一种王者的霸气挑战着对面的英国舰队。

这本该是一场毫无悬念的战斗,但战斗局势的发展却超乎了人们的预期。擅长逆风扬帆作战的英国舰队,使得西班牙舰队在处于上风位置时也没有占到太大的优势。所以,从战斗一开始,无敌舰队就没有占到一点优势,它的炮火适合短程射击,这时根本派不上用场,尽管英国舰队的远程大炮有了用武之地,却因为射程过远而无法重创西班牙舰队。战斗从 7 月 31 日持续到 8 月 7 日,两军僵持不下,不分胜负。但西班牙舰队经过 7 天的战斗,已经弹尽粮绝,而英国舰队却能不断从英国得到弹药补给。于是,趁着西班牙舰队在加莱港锚泊时,英国舰队总司令霍华德派出 8 艘火攻船趁机进入加莱港对无敌舰队发起攻击,已经弹尽粮绝的无敌舰队仓皇逃窜，早就没有了天下无敌的霸气。

最后，耗尽了弹药的无敌舰队犹如折翅的雄鹰，陷入了毫无还手之力的境地，英国舰队驶进它们的船队如入无人之地，自由地在中间穿梭。无敌舰队固若金汤的阵容早已溃不成军，它们不得不夺路而逃，绕着不列颠群岛的北部和西部返回西班牙。在返航的途中，无敌舰队又有40艘舰船在海上沉没，20艘船触礁失事。西班牙舰队此次出征损失惨重，从此一蹶不振。无敌舰队的溃败鼓舞了英国，使它在商业、探险和殖民开拓方面都取得了相当的进展，一跃而成世界上最强大的国家。

历史上，无敌舰队以多负少、败给英国的结局一直吸引着历史学家和军事研究者不断地探讨，各国学者从各个角度分析考证了"无敌舰队"覆灭的原因。其中，较为人所认可的有以下几种说法：

一种说法认为，是天亡无敌舰队。西班牙选错了出征的时期，舰队在出征的途中，就遭遇了一个非常强大的对手——可怕的大西洋狂风巨浪，许多船只还未来得及出征杀敌就毁在了大西洋的风浪之中。大量的食物由于受潮腐烂变质，水手们疲惫不堪，整支舰队还没有与英国交战，战斗力就大大被削弱了。

还有一种论点认为，西班牙无敌舰队的火炮射程较短，适合近距离作战，而英国使用的火炮适合远距离作战，所以，无敌舰队的炮火很难发挥作用。不过，根据历史记载，西班牙国王腓力二世也深知这一点，在无敌舰队出征之前，他就告诫梅迪纳公爵："你应特别注意，敌人的目的是想做远距离的战斗，因为他们火炮的射程较大；反之，我们的目的是要接近敌船，勾住它们并登船进行肉搏战。"显然，西班牙并非不了解双方作战方式上的差异，因此有学者认为，无敌舰队的战斗计划并非只是在海上与英国舰队作战，他们试图登陆与陆上的西班牙部队会合，但西班牙的整个计划失败了，陆军方面还没有准备好，没有及时赶到英吉利海峡与舰队接应。这从无敌舰队的装备上可以看出，实际上，他们有许多大口径炮火都还处于分解状态留在货仓里，这些还没来得及组装的炮弹是准备登陆后给陆军使用的。

英国史学家一直津津乐道于英国以少胜多，战胜了强大的无敌舰队，但是随着近年来无敌舰队的残骸被打捞上来，许多人对无敌舰队的"强大"和英国舰队的"弱势"产生了怀疑，无敌舰队的名称给人一种天下无敌的感觉，但实际上它的130艘舰船中，只有60艘是军舰，其他的均为运输船，而真正具有战斗力的"盖伦"也只有 20 艘左右。英国一开始就有 30 艘军舰,"盖伦"级的舰船也有 20 艘,而且后面还有源源不断的增援,到后期达到了 190 艘,所以西班牙舰队在数量上并没有占优势。从近些年打捞上来的西班牙舰队残骸来看,西班牙舰队使用的火炮尺寸和口径都与英国舰队使用的类似,一些大口径的重炮都还存在货仓中未来得及派上用场。所以,实际上,在这场战斗中,双方的实力并非如传说中的那么悬殊。

自此一役之后,昔日海上的霸主就此一蹶不振,随着它的消亡的,是一个新的霸主的诞生。

法俄之战——是谁火烧了莫斯科

19 世纪初,法俄两国为了争夺欧洲大陆的霸权,矛盾日益激烈。1804 年,拿破仑创建法兰西第一帝国之后,就开始拔他的眼中钉,英国、俄国等"反法同盟"国家都是他要铲除的对手。相比较而言,消灭强大的英国难度比消灭俄国要大得多。所以,他决定先制服俄国,这样就犹如打断了英国的一个翅膀,这样,再进军英国就要容易得多。

当拿破仑将目光投向俄国的时候,他还是人们眼中战无不胜的神,他率领的60 万大军中,士兵来自被法兰西征服的几乎所有欧洲国家,要征服一个军队只有区区 18 万人的俄国,显然是手到擒来的事情。尤其是沙皇亚历山大从未有过率军征战沙场的经验,拿破仑自信地认为,法国人在冬季到来之前就可以撤出俄国了。公元 1812 年,横扫了欧洲的拿破仑借口沙皇亚历山大破坏了蒂尔西特和约,向俄国发动进攻。

作战经验丰富的拿破仑没有考虑到天气对作战的重要作用,更没有了解到俄国极端恶劣的天气。所以,对俄国之战从一开始就出师不利,强烈的暴风雨天气使得道路异常难行,而拿破仑军队的重型武器和粮食都是靠马车拉,马车的轮子陷入泥泞中难以前行,最后,他们不得不扔掉马车前行。

进攻俄国让法军体验了冰火两重天,当军队穿过立陶宛,向莫斯科进军时,炎热的夏天又让法军吃了不少苦头。

入侵俄国,法军并没有与俄军发生正面的冲突,因为俄国人显然并不想与法国正面交锋,他们在法军的步步逼近之下,节节后退。就这样持续了几个月后,拿破仑的主力部队在追赶俄军的路途中伤亡殆尽。许多人都死于炎热和疲惫,到最后进攻莫斯科时,只剩下 10 万人了。

9 月 7 日,沙皇亚历山大任命的军队最高统帅库图佐夫与拿破仑的十万大军在莫斯科附近打响了历史上著名的博罗季诺战役,战斗以两败俱伤告终。9 月 14 日,库图佐夫宣布放弃莫斯科,带兵后撤,以保存足够的兵力。

9 月 15 日,当拿破仑的军队赶到莫斯科时,这里已经成了一座空城。9 月 7 日,在法军赶到之前,俄军总司令库图佐夫就下令俄军撤出莫斯科,在拿破仑的军队赶到莫斯科的前一天,莫斯科城内的部分居民已经随同军队一起撤离了莫斯科。

所以,法军进攻莫斯科后,开始了新一轮的"攻势"。他们在空荡荡的城里四处扫荡,搜索食物和财宝,长途跋涉的法国士兵都感到很兴奋,他们终于可以在饱餐一顿之后好好地睡上一觉了。此时,拿破仑已经入驻克里姆林宫,静静地等待着沙皇亚历山大前来投降。

可惜好梦不长,第二天晚上,正在克里姆林宫休息的拿破仑被一名匆匆赶到的副官叫醒,副官说莫斯科全城都烧起来了。惊愕之余,拿破仑透过窗户向外望去,只见整个莫斯科城在一片火海之中,夜晚的上空被映得通红,人们的喊叫声、房屋倒塌声、奔跑声,各种声音交织在一起。

拿破仑带着副官和侍卫匆忙逃离了克里姆林宫,这时,他才发现几乎整个莫斯科城都在燃烧。惊慌的法军到处寻找可以灭火的器具,却发现所有的灭火器具都已经被破坏了,就连一个水桶都找不到。他们最后只好用行军提桶和军帽来装水灭火,但在蔓延整座城市的大火面前,这无异于杯水车薪。他们只能眼睁睁地看着他们的粮草、大炮和枪械在大火中慢慢地化为灰烬。

这场大火成了一个转折点,没有了粮食补给,拿破仑不得不在冬天来临之前,带着部队撤离。1812 年 11 月 14 日,拿破仑撤退到第聂伯河,桥梁已经被俄军破坏了,他们身后,库图佐夫率领的大军也逐渐逼近,前有拦路虎,后有追兵,拿破仑不得不强迫士兵在严冬里下到水中架设简易桥。寒冷的天气将所有下水的人都冻死了,最后,拿破仑带着仅剩的 1 万多士兵狼狈地逃回国内。

那把神秘的大火改变了欧洲历史的进程,但至今没有人知道究竟是谁点起了这把火。

比较为大众所接受的观点认为这场大火是库图佐夫一手策划的,他故意从莫斯科撤出,就是要让法军放松下来,舒舒服服地住在里面。莫斯科城中那部分没有跟着军队撤离的农民,就是莫斯科大火的纵火者。

不过,从城里所有的消防水龙和火火器具都被运走的做法来看,拿破仑认为大火应该是莫斯科总督罗斯托普金的"杰作"。据说,罗斯托普金自己也承认策划了这场大火,俄罗斯人愿意以这次勇敢的"焦土政策"来表明抵御外敌入侵的决心。

俄国大文豪托尔斯泰却认为大火是法国士兵造成的。他认为,莫斯科的城市建筑大多以木结构为骨干,容易引起大火,那些法国士兵不知道莫斯科有"木屋市"的别称,他们喝醉了酒后,点着蜡烛闯进私宅,不慎酿成了这场灾难。

不论是谁放了这把大火烧了莫斯科,它改变了整个欧洲的历史,德国评论家弗朗茨·梅林认为:"莫斯科的大火开始了一个时代。"

那场大起义
——斯巴达克率军南下有何玄机

两千多年前,在欧洲大陆爆发了一场波澜壮阔的起义,这场起义是由奴隶斯巴达克领导的,这场起义以反对罗马奴隶主统治为目的,席卷整个意大利半岛,是欧洲古代史上规模最大的起义。

罗马元老院派行政长官克劳狄乌斯带领一支 3000 人的军队前去镇压,他们将起义军逼入一座山谷中,在外面静静地等着,企图把起义军逼入粮草耗尽的绝境,再一举消灭起义军。

斯巴达克叫战士们用十分结实的野藤编成绳梯,趁着黑夜悄悄地从悬崖峭壁上追到山下,直扑罗马军营,将正在美梦中的罗马军一阵厮杀,没有遇到任何反抗,罗马军大败而逃。

这次事件之后,斯巴达克起义的消息像野火春风一样迅速传开,许多受压迫的奴隶、自由农民甚至士兵都来投奔起义军,斯巴达克领导的起义军在很短的时间内就达到了 7 万人,让罗马人惊恐不已。

罗马元老院害怕起义军的力量继续壮大，威胁自己的统治，又派出执政官瓦伦涅率领的12900人的军团去消灭起义军。罗马军团将起义军围在一个山坳里，自认为胜券在握。谁知斯巴达克又安排下妙计，逃出了包围。

瓦伦涅匆忙带领军团前去追击，因为贪功冒进，中了起义军的埋伏，被起义军打得全军覆灭。这一仗使斯巴达克的名字传遍了整个罗马，下层人民欢欣鼓舞，但是，罗马元老院却更加的惊恐难安。

斯巴达克起义

公元前72年，起义军已发展到12万人。罗马元老院担心起义军会倾尽全力前来攻打罗马城，在恐慌中宣布国家处于紧急状态，任命克拉苏为军事统帅，并授予他"狄克推多"（即独裁者）的权力，带领8个最强大的罗马军团前往镇压起义，克拉苏在军团中实行"十一抽杀律"：凡战败或临阵脱逃者，10人当中抽签选出1人处死，部队士气大振。

在起义军面临罗马军团前来镇压的关键时刻，起义军内部却发生了分歧。斯巴达克拟订了一个北上计划："全军向阿尔卑斯山前进，越过高山，北上出境，返回故土。"让大家返回家乡，过自由的生活，这也是人之常情。

可是这个提议遭到了参加起义的原罗马破产农民的反对，他们不愿意离开意大利，希望就近进攻罗马城，攻下罗马城之后，可以在意大利自由的生活，尤其副将克里克苏坚持进攻罗马。

就这样，起义军内部因为意见不统一，出现了重大分裂，克里克苏率领自己手下的两万人，离开大部队单独行动进攻罗马，不久被克拉苏领导的罗马军团击溃，克里克苏英勇牺牲。

斯巴达克坚持自己的意见，率军继续北上，将前来追击的楞图鲁斯和盖利乌斯率领的罗马军团击败，此后，起义军一直攻打到阿尔卑斯山脚下的穆提那城。但是，就在起义军要越过阿尔卑斯山，彻底摆脱罗马人追击的时刻，斯巴达克突然放弃北上计划，率领全军调头南下。此后，起义军与罗马军团，进行了艰苦卓绝的斗争,损失惨重。

公元前 71 年的春天,起义军和罗马军团在阿普里亚境内展开激战,最终,斯巴达克和 6 万名部下英勇战死,官军把被俘的 6000 名起义军残忍地全部钉死在从卡普亚到罗马大道两边的十字架上。

两千多年来,人们也对这次起义提出不少疑问:斯巴达克为什么会放弃北上计划,转头南下呢? 究竟是什么原因促使斯巴达克做出了这个决定?

毫无疑问,起义军内部始终存在着是否离开罗马的分歧。很大的程度上,这个问题是由于起义军的组成造成的。

斯巴达克等在罗马斗兽场里闯出来的起义军,都是来自色雷斯,他们强烈的希望,有朝一日能回归故土。

但是大部分参加起义的义军,在参加起义之前是罗马的破产农民,他们十分不愿意离开罗马。

研究者认为,斯巴达克被迫改变计划,很可能是由于当时的客观形势的变化。在起义军北上途中,将罗马执政官克劳狄乌斯、名将楞图鲁斯和盖利乌斯的围剿军团接连挫败之后,起义军声威大震、士气高涨,战场上的形势变得对起义军有利。所以,起义军应该南下对付罗马,推翻罗马的统治。

第二种意见认为,在北上的途中,他们遇到了阿尔卑斯山的阻挡,要北上就要翻越阿尔卑斯山,但是,阿尔卑斯山平均海拔 3000 米,是欧洲的最高峰,山顶终年积雪不化,气候极为寒冷,要翻越它,谈何容易! 与此同时,起义将士给养不足,没有棉衣。很有可能,在当时还有一部分士兵哗变,拒绝北上,所以,斯巴达克不得不改变计划,掉头南下。

我们无法假设斯巴达克继续北上会怎么样,对于这些为了反抗压迫而牺牲的勇士,我们唯有献上深深的敬意。

哪里去了
——神秘消失的古罗马远征军

在战争中,一个人或几十个人失踪都不足为奇,但是,要是六千余人一起神秘失踪,那就让人觉得不可思议,难以接受了。然而,这样的事确确实实地发生了。

公元前54年,罗马执政官克拉苏为了夺取更多的财富与土地,不顾一批保民官的反对,发动了对帕提亚(中国古书称安息,即今伊朗一带地区)的掠夺战争。三首领之一的克拉苏亲自率领7个罗马军团度过幼发拉底河,占领了美索不达米亚平原的大部分地区,帕提亚骑兵不断地后退,罗马军团步步紧逼,毫不相让,势必要将其全部歼灭。

公元前53年,罗马军团一直追击帕提亚骑兵,来到了帕提亚境内的卡莱。指挥帕提亚军队的是青年将军苏累纳,苏累纳将军虽然年轻,但是足智多谋,在帕提亚拥有很高的声望。苏累纳将军对在后面疯狂的追击的罗马军团采用了诱敌深入、围而歼之的战术。在苏累纳将军的带领下,帕提亚军遇到罗马军团稍做抵抗就撤退,将敌人一步一步地引到方圆百里没有人烟的叙利亚草原深处。这时貌似溃逃的帕提亚骑兵突然掉头,在如雨的箭矢掩护下,向罗马军猛冲过去,罗马军即刻乱了阵形,士兵成片成片地倒下去,溃不成军。

元帅克拉苏的长子普布利乌斯在关键时刻临危受命,将残兵败将集结起来,组成了将近一万人左右的混合兵团,经过浴血奋战,终于杀开一条血路,冲破帕提亚骑兵的包围圈,撤了出来,但是克拉苏却被俘虏了。被俘的克拉苏被安息国王用炼化的金汁灌进喉咙,经过了几天几夜的折磨,在惨叫声中死去。这次战争,罗马军团由于狂妄自大,中了埋伏,在叙利亚草原上留下两万多具尸体,近一万人被俘,这可以说是罗马军团战争史上从未有过的败绩。

克拉苏的长子普布利乌斯带领混合军团经过浴血奋战,成功突围六千余人,但突围之后就踪迹全无,罗马人派出一批又一批的人去寻找他们,但是毫无音信,六千多人的一支大部队究竟去了哪里呢?

2000年来,这成了史学界一个最大的疑惑。

《汉书·陈汤传》中有一段这样的记载,公元前36年,北匈奴郅支单于攻占乌孙、大宛,并且派出骑兵骚扰威胁西域地区,劫掠沿途经过的客商,打劫西域各国进贡给大汉王朝的贡品。汉武大帝盛怒之下,派遣都护甘延寿和都护副校尉陈汤带领大军前往剿灭匈奴骑兵。汉朝大军在经过康居时,见到一支奇特的军队,这支军队"城外有重木城"护卫,"兵百余人,夹门鱼鳞阵,讲习用兵"。

据汉朝人以往的了解，身为游牧民族的匈奴人是根本不可能掌握这些战术的。更令人惊奇的是，当战斗时，这些士兵手持一人高的巨型大盾牌，他们组成正方形队列，用盾牌把队伍包裹得密不透风，然后喊着口号、迈着统一步伐往前走。当敌人相距较远时，他们先把手中的长矛扔出来；稍近以后，则拔出短刀肉搏。

因为实力和数量上存在着巨大的差距，汉军初次见到这种战术，虽然不适应，但是还是获得了胜利。汉朝利用快速的骑兵，很快地将这支部队包围起来，一举攻破郅支城。而使用奇特战术的军队在汉朝大军的猛攻下，只剩下一百多人，被汉军全部俘虏。

汉军将俘虏的士兵带回了中国，汉朝皇帝看见这支奇特的军队之后，特地下诏在河西地区设立骊靬县（今甘肃省永昌县），用来安置这支小部队。《后汉书》记载："汉初设骊靬县，取国名为县。"公元592年，隋文帝下诏将骊靬县并入番禾县。从那以后，中国史书中再也没有关于这些士兵的记载了。

历史学家在翻阅了大量的史料，认真查证了罗马军团战斗的战术之后，认为，只有古罗马军队才会采用构筑木城防御工事，用圆形盾牌连成鱼鳞形状的防御阵式，所以得出结论，这支军队很有可能就是卡莱战役中突围而出的普布利乌斯领导的罗马第一军团的残部。

澳大利亚专家戴维·哈里斯也对此进行了深入的研究，得出结论，推断这支奇特军队就是帕提亚战役中逃出来的6000人。哈里斯推断，当年突围的军队继续向西行进，又突破安息东部的防线，进入了今天的中亚，被郅支单于收编为雇佣军，这恐怕是历史上最早的雇佣军了。在公元前36年，西汉与郅支之战中被陈汤打败被俘，之后就被带回中国。

另外，中国、澳大利亚和苏联的一些史学家还找到一张公元前9年绘制的地图，根据地图指示，确认骊靬县就是现在的永昌县。

尽管大部分学者都持有这种观点，但是仍然有学者对此提出异议，他们认为如果生活在甘肃永昌县的人是罗马人的后裔，那为什么他们没有罗马人的体貌特征呢？

学者对此给出的答案是，罗马人经过与当地居民 2000 多年的通婚、融合，面貌早已大大改变，不再具有当初的特征，虽然有点避重就轻，但是也算给出了答案。

滑铁卢之战
——神勇拿破仑何以惨败

1815 年 6 月 18 日，举世闻名的滑铁卢战役在比利时首都布鲁塞尔南郊 18 公里处的小镇南面 5 公里外的田野上展开，从此，滑铁卢与拿破仑一起被写进历史。

现在每天都有许多来自世界各地的游客到滑铁卢古战场来访古凭吊。

1815 年 6 月 18 日，拿破仑亲自率领 7.4 万名法国士兵，246 门火炮，在滑铁卢对阵威灵顿公爵的拥有 6.7 万名士兵和 184 门火炮的联军。如果不出意外的话，法军凭借着强大的力量，应该可以取得胜利，即使付出一点代价，怎么也不会失败。可是战场上风云突变，竟出现了谁也没有料到的结局。

两支军队在 2000 米的战线上进行了一整天的浴血鏖战，最后法国军队死亡了 2.7 万名士兵，而联军则留下了 2.2 万具尸体。法国军队最后被击溃，狼狈地逃回法国。拿破仑在滑铁卢被打败了，联军获得了胜利。

拿破仑

可是一位学者在看到战争的惨烈之状后，留下了一句经典的话："胜利是除失败之外的最大悲剧！"两支军队谁都没有获得胜利，是啊，一次战役双方共死了 5 万人，这还能算是胜利吗？

可是，在实力上占据优势的拿破仑，为什么会在滑铁卢战役中被打败了呢？近两个世纪以来，众说纷纭。

这场战争的两名直接指挥者，都给出了自己的答案。

胜利者联军统帅威灵顿公爵的观点是，拿破仑的战略从一开始就错了，他因为贸然深入，粮草军需供应不及，导致了失败。他不应该急于进攻，而是应该在法国做好准备，耐心地等待联军的入侵。因此战略失误是拿破仑失败的主要原因。

而根据史料记载，拿破仑自己分析滑铁卢之战时，这样说过：格鲁西未能及时增援，而骑兵又被击溃，以致惨败，内伊行动也不够积极、机智。他的话还是比较符合滑铁卢之战时各位将军的真实表现的，但也是仅仅侧重于在人事方面的分析，而没有涉及其他方面的原因。

那么，我们应该如何客观公正地评价拿破仑在滑铁卢大战中惨败的原因呢？

一、滑铁卢失败的最重要的原因，应该是法军指挥员缺乏，主要将领的不称职。在滑铁卢之战爆发时，法军部队中极度缺乏指挥员，尤其是中高级指挥员。滑铁卢之战后，在对法军将领的评价中，认为格鲁西反应平庸，墨守成规，对战场的形势把握不清，虽然手中握着 3.4 万的兵力，却瞻前顾后，只认拿破仑的命令。面对紧急情况，他拒不回援，并且无视部下的一再请求。不仅没有对战争有一丝的好作用，反而在一定程度上由于他而导致了失败。内伊元帅尽管在滑铁卢表现了非凡的勇气，但其指挥是不力的。在里尼迂回时，不分主次，与两万英军纠缠，致使普军未被歼灭。作为总参谋长的苏尔特元帅，表现也是极不称职。在他领导下的参谋部，不能及时地掌握战场上的信息，甚至连自己的军队行进到什么地方都不知道。

就是这样一群军官在指挥战争，可想而知，战争的结果会是怎样的。

二、军队的组成人员素质低，战斗力差。拿破仑在两个月的时间内，在全法国征调民众，临时组建了 28.4 万法国大军，这支队伍看似人数众多，力量强大。其实，不是这样。军中有不少的老弱病残，而且整个部队仓促组建，还没有进行过系统的训练就被拉人战场，可想而知，其战斗力是不高的。再加上当时，枪械、弹药、马匹十分缺乏，法军在战场上几个人使用一支枪。就这样的军队，实力当然是要大打折扣的。

三、兵力分散、联络中断，不能相互驰援。拿破仑是一位军事天才，他从进入军队开始，经历了无数次的阵仗，可以说是百战百胜。他历来主张集中优势兵力，击破敌军。但是，不知道是什么原因，在这次战役中从一开始，拿破仑就将兵力分散使用。

在里尼之战时，拿破仑不了解对方军事力量的情况下，就派出内伊大军迂回到普鲁士军对的右翼，结果被两万英军牵制即放弃迂回围歼普军的任务，更不能派出援兵支援里尼之战。

同时，在滑铁卢决战时，拿破仑仍未集中全部兵力，而是分出三分之一的兵力，由格鲁西带领去追击去向不明的普军，结果导致兵力不足，无法在决战中获得胜利。可以说，在滑铁卢之战中，法军深受兵力分散之苦。

在滑铁卢战役中，尽管法军表现出了极大的作战勇气，但是在各种因素的共同作用下，还是失败了。6月22日，拿破仑第二次被迫退位，政治生命、军事生涯被迫终结，被囚禁在圣赫勒拿岛上，直到1821年，在圣赫勒拿岛上结束了他那富有传奇性的一生。而滑铁卢战役则被称为是对欧洲历史起"转折作用"的一场大战。

拿破仑自一生雄才大略，攻坚无数，却没有想到在滑铁卢一役中被打得一败涂地，郁郁而终。而滑铁卢一词从此也成了失败的同义词。

现代与吐蕃的较量
——被印第安人打败的卡斯特将军

欧洲殖民者从踏上美洲的那一刻起，就不断地屠杀土著居民。贫穷落后的印第安人在手拿先进火器的殖民者面前，始终处于被动挨打的地位。

可是，鲜有人知的是曾经有一支由700人组成、手持现代火器的部队被印第安人打败，骑兵被全部消灭，而这个部队就是美国历史上有名的由乔治·卡斯特将军率领的第七骑兵团。

美国历史上的传奇人物乔治·卡斯特（1839～1876年），美国骑兵军官，美国陆军西点军校1861届学生。美国历史上最有名的第七骑兵团就出自其手，南北战争后被派到美国西部去镇压印第安人。

在美国内战中，卡斯特以惊人的勇气，身先士卒地冲杀在枪林弹雨之中，却从未负过伤。卡斯特骁勇善战、战绩卓著，被老百姓认为是一位英雄，倍受林肯总统青睐,他因此迅速从中尉升至少将。

然而,1876年6月25日,在"小大角战役"中,卡斯特却中了印第安联盟军队的埋伏。印第安苏族中最著名的战士"疯马"(crazy horse)手举长矛一马当先,身中数弹不后退,最终彻底摧垮了第七骑兵团的最后抵抗,全歼了卡斯特的军队,并将他击毙。整个战役仅用了3小时。这也是整个印第安战争中印第安人所取得的最大胜利。

接受过现代化教育、有着丰富的战斗经验、英勇善战的一位将军,为什么会输给落后的土著居民呢?

1868年,当时作为美国南北战争中战功卓越的将领,卡斯特率领凶猛的美国第七骑兵队奉命来到这里,驱赶西部的印第安人。当他最终与印第安部落酋长达成协议,允许印第安人在黑山地区居住后,却因听说发现金矿而又一次撕毁了墨迹未干的协议。卡斯特强迫印第安人继续西迁,最终惹怒了印第安人。

作为一名统帅部队的将军,卡斯特有一个缺陷是经常低估他的敌人。在美国民众间,他被称为"印第安人克星",对此,他常常沾沾自喜。卡斯特曾经吹牛说,全美国的印第安人加在一起也不够对付他领导第七骑兵团。第二个缺陷是他听不进任何人的话。在向罗斯伯德溪流进军的路上,他有一些经验极为丰富的侦察兵与他在一起,但他对一次次警告都置若罔闻,没得到华盛顿授权和命令就贸然进发。然而最主要的原因在于卡斯特本人残暴粗野的性格。他不关心自己部下的死活,在战争中他部下官兵的伤亡人数,比同时期其他骑兵部队都要多,所以战士们都不想去拥护一位不管他们死活的指挥官。

因此,1876年6月25日,在蒙大那州小比格霍恩河附近的山谷里,无视部下忠告的卡斯特将军率领266名骑兵轻敌冒进,很快他们就遭到了印第安人的伏击。不到3个小时,他本人就和手下的所有人马一起被斩尽杀绝、惨死在印第安人手中。

从欧洲殖民者踏上北美大陆开始,为了争夺土地白人移民和英国殖民政府同印第安人的战争连绵不断,有时达到相当大的规模。合众国成立后,特别是19世纪20和30年代外来移民大量涌入美国以后,对土地的需求大幅度增长。联邦政府不顾过去对印第安人的承诺,企图把他们全部赶到密西西比河以西去。美国政府成为驱赶和迫害印第安人的主角,战争的规模和残酷性不断升级。印第安为了保卫自己的家园痛杀白人,而白人为了夺取土地更是对印第安人无情追杀。但是,从道义上来说,殖民者为了自己利益对印第安人进行种族灭绝的做法是违反了人类的道德准则的,他们的做法势必激起印第安人的满腔仇恨,这种仇恨必然化作与他们拼死斗争的勇气,从这个意义上来说,卡斯特的失败是不奇怪的。

这次战役让我们记住了一个名字——疯马。他 1842 年左右出生在印第安人苏族部落,15 岁时便成为部落里一名骁勇善战的猎手,在一次与阿拉巴霍人争夺土地的战斗中英勇作战,"就像一匹疯狂的战马",在庆功会上被父亲改名为 Grazv Horse——疯马。

1876 年,当卡斯特率领美军第七骑兵队进入黑山地区驱赶印第安人时,年轻的疯马不满卡斯特一再毁约,而部落酋长在谈判中则一味退让,带领着 4000 多印第安人在一个叫小大角的地方围歼了贸然进犯的卡斯特骑兵队。战斗打赢了,但疯马却因此不得不四处躲避美军的追捕,他因此浪迹天涯。1877 年,他的妻子生命垂危,为此疯马回到家中,却不幸被美军抓获,当他被关押在狱中时,被一个白人用刀从背后所杀害。不过也有人说,他是在印第安部落与美军谈判时,在休战旗下被美国士兵从背后杀害的,遇害时年仅 35 岁。

虽然至今人们仍无法确认疯马出生的日期,但却永远记住了他去世的那一天——1877 年 9 月 6 日,还有他著名的遗言:"这是我们的土地,是我们得以安葬的地方。"

难以解释
——"缅因"号爆炸引出美西战争

"缅因"号军舰爆炸事件,对美国人民来说,或许是心中永远不可触摸的痛,爆炸事件的过程也给后人留下了一个个难以解释的谜团。

1898 年 2 月 16 日晚上,停泊在古巴哈瓦那港口外的"缅因"号大型军舰,在片刻时间内竟然爆炸沉没,瞬间而来的爆炸使得军舰上的 260 名水手还没有来得及反应,就全部葬身海底。

"缅因"号爆炸之后，美国所有的新闻媒体都不遗余力地大肆报道，捕风捉影，添油加醋，将所有的矛头引向西班牙，认为这次爆炸事件是由西班牙一首策划的。整个美利坚民族的复仇情绪空前高涨，有的人还发起了请愿行动，要求对西班牙宣战，以报国仇家恨。

美国所有的人一致认为缅因号爆炸是西班牙对美国发动的恐怖袭击，国会经过讨论，一致通过了决议，美国政府正式向西班牙政府宣战。

在整个美国同仇敌忾之下，军队的士气极为高涨，战争仅仅进行了6个月就打败了西班牙，不仅报了缅因号一箭之仇，还将西班牙的势力赶出了美国，美国也凭借这次事件，成为新兴的世界强国。

尽管当时的美国人沉浸在胜利的喜悦之中，举国欢庆，但是仍然有头脑冷静的历史学家，写下了这样评价文字："缅因号军舰爆炸原因不明。"

在缅因号爆炸后几个小时内，舰长就向国内发过一封电报，电报的内容如下："缅因号起火爆炸，原因未明，请暂时不要向外界公布。"

缅因号沉没之后，美国军方派出一支小规模的考察队，对沉没的军舰进行考察。得出的结论是，外部爆炸物在靠近船首下方底部爆炸，引发位于船体前面的三个弹药舱爆炸，使船体在近船首部位一分为二，前面近三分之一的船体被炸毁分离。由于缅因号体形庞大，所以被炸毁的船首和大部分船体都搁浅在离岸不远的浅海中。

1911年，躺在哈瓦那港口外的缅因号船体影响了古巴的航运，古巴要求美国将它移走，美国政府借此机会进行了第二次爆炸原因的调查。这次调查团由4个不懂造船技术的海军将军负责。经过6个月的调查，结论依旧是："缅因号是由于船底外部爆炸导致沉没。"

当然，他们维持原判，也有着他们的原因。最有力的证据是就是船壳底部中央一块100多平方英尺的钢板，竟然奇怪地出现在机舱位置，一定是外部爆炸的强横力量将这块钢板崩入船舱内，这是外部爆炸说法最有说服力的证据。

但是，调查团心中也充满了一个难解的疑问：要在外部炸毁缅因号，如果是采用水雷爆炸的话，这个水雷必须得超过300磅重，才能有这么大的破坏力，而当时，还造不出那么大的水雷。一些历史学家保持严谨的治学态度，有一丝一毫的疑问都要弄清楚,还是坚持认为缅因号爆炸原因不明。

至于缅因号,这一次被拖到深海第二次炸沉,从此之后,人们再也看不到它庞大的,锈迹斑斑的躯体了。

20世纪70年代后期,美国又重新调查缅因号沉没的原因,而这次的调查,是由各个专业的技术人员共同完成。为了真正了解缅因号的爆炸原因,他们决定重新造一个缅因号,然后重新进行一次爆炸,彻底搞清楚爆炸的原因。

这个想法在许多人看来近乎天真,而且有点疯狂,但这却是调查团不折不扣的想法。要想重新造一个缅因号那样的船,在现在看来存在好多难题,虽然美国可以造出来世界上最先进的船,但是要完全使用19世纪的技术来造这样一艘大大不同于今天的船,还要耗费巨大的经费,就显得有点困难了。

重造很困难,研究人员希望能找到一艘年代比较接近的船,经过查询,他们居然找到了。

在美国东海岸的港口城市费城,一家博物馆里,停泊着一艘与缅因号同时建造、结构也相似的19世纪战舰——奥林匹亚号。

研究人员们大喜过望,通过对奥林匹亚号船体结构细致的考察,研究人员提出了一个缅因号爆炸的假设:缅因号是因为右舷的锅炉室位置过于接近一个弹药舱,高温通过隔离的钢板持续传递到弹药舱,引起火药燃烧爆炸,然后再引发另外两个弹药舱的爆炸,导致船首被炸毁,然后沉没。

接下来,研究人员就开始验证假设。研究人员用19世纪的工艺,制成了同样强度的钢板,仿制了弹药舱和锅炉室,然后开始在野外生火实验。当锅炉工作了几个小时之后,监视弹药舱钢板温度,仪器显示了一系列的物理变化。8个小时之后,通过隔离钢板传导过来的高温点燃了弹药舱的黑色火药,发生了爆炸,从而证明了假设的正确性。

下一步工作就是解释为什么爆炸时船底钢板会出现在船舱里。加州大学圣地亚哥分校通过实验,发现缅因号的船体底部钢板是在逐步加压的情况下断裂。马里兰州的海军流体动力研究所为了解释,进行了另外一个实验,终于得出了结果:缅因号船体中3个弹药库爆炸后,产生了巨大真空,在海水的作用下,将爆炸时撕裂扯开的钢板推入船体,送到了船舱中。

辩论到了这里，反对方再也找不出理由，最终接受了研究人员的推理和验证结果，缅因号出事的原因在近一个世纪后终于搞清楚了！

西班牙背了近一个世纪的黑锅，终于可以放下来了。

是否是"苦肉计"
——"珍珠港事件"是一场阴谋吗

第二次世界大战中，战争打得如火如荼之际，美国却按兵不动，直到1941年日本突袭了珍珠港，才最终宣布对日作战。

1941年12月7日拂晓前，日本悄悄地向它发起了进攻。由6艘大型航空母舰、两艘重巡洋舰、两艘战列舰和其他舰只共31艘军舰组成的日本海军机动部队，在南云忠一海军中将的带领下，逼近了美国海军太平洋舰队司令部所在地的珍珠港。

当天空微微露出曙光之后，日本机动部队开始了作战前的准备，战舰马达轰鸣着，战旗开始迎风飘扬。作为第一次攻击波的轰炸机直扑珍珠港，对着港内的美军重型战列舰、巡洋舰和陆上机场展开了猛烈的袭击。一个小时后，日本发动第二波进攻，毫无准备的美军仓促应战，损失惨重。战斗结束后，美军失去了8艘战列舰、8艘巡洋舰，还有8艘其他战舰，美国空军飞机大部分都被炸毁，共有3000多海军和海军陆战队官兵在这次突袭中丧生，严重地打击了美国太平洋舰队的作战能力。

日本突袭珍珠港的消息传遍美国之后，美国民众对日本的野蛮偷袭行径极为愤慨，美国也由此对日本宣战。珍珠港事件是第二次世界大战的一个重大的转折点，它促成了美国正式参战，对二战产生了深远的影响。

全世界都认为珍珠港事件是

偷袭珍珠港

日本的一次偷袭,日本因为玩弄外交手腕、违反国际惯例而遭到世界舆论的谴责。这是对珍珠港事件公认的说法,但实际上,还有一种说法认为,珍珠港事件是美国有意放任日本得逞的。实际上,日本偷袭珍珠港事件看似给了美国太平洋舰队以重创,美国海陆军损失惨重,但日本发动偷袭的真实战略意图并为达到。

当年提出突袭珍珠港的日本海军大将山本五十六,据称是一个酷爱赌博的人,他崇尚大输大赢的理念,这种观念对他的军事思想有着重大的影响。所以在与美国作战的战略方针上,他也力求竭尽全力在一开始就以突然袭击的方式令美军措手不及,力争一举全歼或重创美国太平洋舰队的力量,达到先声夺人的效果。然后不断发动袭击,不给美军继续能量的机会,从而赢得最终的胜利。所以,他的策略就如同赌博,一是要击沉三艘航空母舰,二是要力保对美国宣战的最后通牒必须于发动突袭前的30分钟到达美国。这样一来,既不给美国人还手的机会,又确保自己的袭击名正言顺。

然而,山本五十六没有料到的是他的两个目标都落空了,他们的重点目标三艘航空母舰和其他22艘军舰都不在珍珠港。更为离奇的是,日本发给美国的宣战书竟比预期晚了一个半小时才送达美国人手中,这样一来,日本名正言顺的宣战则变成了为人所不齿的偷袭。

当美国国务卿接到日本外交部递交的最后通牒时,珍珠港的战斗已经打响了20分钟。美国国内得知日本偷袭珍珠港之后,全国上下一片愤慨。

细心的人也在珍珠港突袭前的平静中发现了一些异常。有人指出,突袭之前,美军不知何故,向珍珠港增派了大量的医药物资和医护人员。而且袭击当天是星期天,一些官兵得到通知,进行战备值班;一些战斗机在袭击发生之前,就已被分散到偏远的小机场去了,留在主机场的飞机全都整齐地停在跑道上;袭击结束后,被击沉的军舰很快被打捞上来,并以惊人的速度修理好,有的经过改装之后,战斗水平还得到了提高。有人质疑美军是如何实现短期内成功改装这些军舰的,因为改装军舰是一个非常复杂的工程,仅图纸一项就要花费几个月的时间,更何况还有设备、材料的采购和生产。负责改造的工人们发现,美军似乎早有准备,改装所需的材料早就一应俱全。

基于以上种种疑点,许多人认为,美国在日本突袭珍珠港之前,其实就已经截获了情报,罗斯福将计就计,上演了这么一出"苦肉计"。日本袭击珍珠港时担任飞行部总指挥官的渊田美津雄曾著有《袭击珍珠港》一书,他在书中坚称珍珠港事件是一个阴谋,这是美国总统罗斯福一首策划的"路西达尼亚"事件。

罗斯福此举的目的是什么呢?

珍珠港事件阴谋论的支持者称,由于当时美国国内孤立主义思想严重,美国总统罗斯福多次想伸手援助战争中焦头烂额的英、中等国家,都未能实现。与国内那些目光短浅、只顾眼前利益的集团相比,罗斯福显然是一位极富远见的政治家。他清楚地看到,如不及时援助反法西斯国家,一旦轴心国控制了亚欧大陆之后,美国很难独自抵抗牢固的德、意、日轴心国。所以,参战是不可避免的,而早参战又比晚参战更为有利。为了统一国内的思想,激发全国人民的斗志,他不得不以牺牲珍珠港为代价,唤醒民众的觉醒和敌忾,也才有了此后美国对日本宣战。

无论珍珠港事件究竟是一次卑劣的突袭,还是罗斯福将计就计的"苦肉计",它都给第二次世界大战带来了转折,它加速了日本的投降和反法西斯战争的胜利。

第六章　扑朔迷离的死亡阴影

项羽死亡地点疑案

秦朝末年,出身贵族的项羽勇猛善战,无人能敌。他性格直爽豪放,是令人敬畏的西楚霸王。然而,经过四年楚汉战争后,项羽却偏偏败给了刘邦,最后在乌江自刎,成了一个悲剧人物。西楚霸王为何会败给刘邦,令人不禁想弄清楚原因,但史书并没有给出明确清晰的答案,以至于给后人留下了这个千古疑案。

西楚霸王为何败给泗水亭长

项羽是秦末农民战争中的杰出人物。早在秦始皇东游时,刘邦和项羽都见到了秦始皇的车马仪仗,威武雄壮的气势令人震惊。项羽看到这些,豪兴大发,高喊:"彼当取而代之!"豪放直爽的气派跃然而出。然而刘邦发出的叹息只是:"大丈夫当如是。"其艳羡阴妒之情溢于言表。

秦始皇最后一次巡游时,死在半路。秦二世元年,陈胜、吴广在大泽乡起义。消息传来,在吴中(今江苏苏州)的项梁、项羽起而响应,推翻秦王朝。项羽认为秦王朝既然已经灭亡,就没有入关的必要,因为占据关内的是同属于楚怀王旗帜下的刘邦。但是为了争夺支配全国的大权,项羽便不得不立刻入关与刘邦一决雌雄。由此,开始了刘邦、项羽长达四年的楚汉争霸。

开始阶段,以力量对比来说,项羽的军队拥有四十万人,刘邦只有十万人,项羽想要消灭刘邦是很容易的事。然而,项羽没有这样做。

公元前206年二月,项羽自立为西楚霸王,尊楚怀王为义帝,迁之于江南。他大封诸侯,违背"先入定关中者王之"的约定,令刘邦为汉王,令秦国三降将章邯、董翳、司马欣分王三秦，这让三秦百姓对项羽有所怨恨，而对那个灭秦而不杀子婴，取咸阳而不烧宫屠城，除秦苛法而仅仅约法三章的刘邦很思念。

在东方，项羽的政策也发生了失误，他不该迁逐齐王、赵王、燕王。这三位崛起的诸侯不曾有罪，都曾经派兵遣将来助项羽入关。这不仅令人不平，而且助长了叛乱势力。项羽在山东、河北、辽东都种下了动乱的种子。在中部，魏王变成了西魏王，魏国的东部成了西魏王的领地。韩

西楚霸王——项羽

王郑昌，项羽并不让他回国，于是韩国的旧壤无形中成了西楚霸王的采邑。义帝原都彭城，项羽要他将彭城让出，作为西楚霸王的都城。义帝无奈地被流放到彬县，走至途中，又遭项羽暗杀。当得知义帝被杀，刘邦就为义帝发丧，声讨"楚之杀义帝者"项羽。从此，刘、项二人的争雄正式开始了。

公元前202年，刘邦追项羽至垓下。项羽只剩下八百余人，四面楚歌声中，项羽与宠姬虞姬诀别，突围南走，但最终寡不敌众，项羽知道大势已去，仰望苍天，大吼一声，挥剑自刎。

历时四年的楚汉战争以刘邦取得胜利最后即皇帝位而结束，对项羽失败的原因，很多人进行了探讨，但看法不全一样。

有人认为项羽之所以失败主要是他实行了分封。在政治上刘邦是进步的，项羽是反动的，他大搞分封，符合旧贵族的利益，违背了广大人民的利益，日益陷于孤立，终归败亡。也有人指出项羽缺乏政治头脑，陶醉于眼前的成功，一心沽名钓誉。平时悭吝分封，胜利之后，又极其简单地以封王的形式肯定和承认割据势力。因与历史发展趋势背道而驰，终遭失败。

另一种观点认为刘邦、项羽的成败，是他们个人素质所致。项羽过于残暴，自恃拒谏，是出色的军事家，但不是成功的政治家。刘邦品格低劣，成功在长于权术，善于用人。项羽失败在于用人唯亲，不讲策略。

身死"东城"还是"乌江"

公元前202年,西楚霸王项羽被汉军围困于垓下,四面楚歌。项羽力战脱身,却深感无颜再见江东父老,在乌江岸边自刎而亡。

然而,太史公司马迁在《史记》中这样评价项羽的结局:"(项羽)自矜功伐,奋其私智而不师古,谓霸王之业,欲以力征经营天下。五年卒亡其国,身死东城,尚不觉寤而不自责,过矣。"这里的"身死东城",使本来已成定论的史实,又留下了疑点,让我们感到十分疑惑,项羽究竟身死何处呢?东城究竟在什么地方呢?乌江和东城又有什么联系呢?经过多方考证,现在来一一解读。

《史记》有关项羽之死的全部文字,除《项羽本纪》中有"于是项王乃欲东渡乌江,乌江亭长舣船待"两处涉及乌江,当另做分析外,其余无一处写到项羽乌江自刎。反倒是明确提到:项羽"身死东城","使骑将灌婴追杀项羽东城","破籍东城","追籍至东城"等等。

这个被后人熟知的"乌江自刎"的说法从何而来呢?

《史记》《汉书》均无"乌江自刎"的明确说法。到了唐代,《史记正义》转引古书《江表传》时也只提到"项羽败至乌江,汉兵追羽至此",提到了乌江,但仍无"自刎"一说。在元代的文史资料中,最早记载了项羽乌江自刎。但这段记载其实是出自元代中期剧作家金仁杰的杂剧《萧何月夜追韩信》。由此,项羽乌江自刎是民间传说,由民间传说形成了杂剧。元杂剧流传广泛,影响深远,这大概就是"乌江自刎"的传说得以广泛传播的原因。

有人认为,"自刎乌江"与"身死东城"实为一说。据宋代历史地理学著作《舆地广记》中记载:"乌江本秦东城县之乌江亭,项羽欲渡乌江即此。"这样一来,《史记》中虽明确记载项羽"身死东城",但乌江很可能在东城治下,故而也可称项羽"乌江自刎"。

这个东城又在哪里呢?

一说,东城在今天的安徽省定远县,距离乌江有120公里。

根据史料,项羽从垓下突围出来后还有八百余人,但到了东城激战后,项羽身边还剩下28个人。此时,汉军有数千人将其团团围困,项羽已是步行,手拿短兵器迎敌。从常理推断，又怎么可能从东城突围，再走 120 公里到乌江岸边呢？那么，项羽究竟有没有从东城突围呢？

据《汉书》记载，项羽东城突围不是在东城县城，而是在当时东城县境内一座山上，这座山叫作九头山。初唐李泰《括地志》上被再次提及："九头山在滁州全椒县西北九十六里。""云项羽败至乌江，汉兵至此，一日九战，因名。"按照这个记载，项羽的确曾率领 28 个人突破了汉军的重重包围。然而，经过考察，这座山有名无实，根本找不到。既然九头山哉不到，项羽从东城突围的史实自然也就值得商榷了。

一说，东城在今乌江附近的江苏境内。那么，乌江和东城又有什么联系呢？

根据一些史书记载，东城与乌江具有历史隶属关系。初唐李泰《括地志》说："乌江亭，即和州乌江县也，晋初为县。"这里点明乌江原来是一个县下的一个亭，晋朝初年扩建为县。晋朝扩县以前的乌江亭属于哪个县管辖？北宋地理总志《太平寰宇记》卷 124 说："乌江县，本秦乌江亭，汉东城县地。项羽败于垓下，东走至乌江，亭长舣舟待羽处也。晋太康六年始于东城县界置乌江县。"宋元之际的史学家马端临的《文献通考》载："乌江，汉东城县地。"《续通典》记："晋太康六年，于东城界置乌江县。"《安徽通志》云："乌江废县在州东北，本汉东城县地，晋太康中置，属淮南郡。永兴中改置历阳郡。"章学诚《和州志》记得更详细："和（州）处江北而介于淮海之间，故扬州域内地，春秋战国皆属楚地，秦为九江郡之历阳县及东城县之乌江亭地……。太康六年即东城县乌江亭地置乌江县，与历阳俱属淮南郡。"

由此可知，秦、西汉、东汉、三国时，乌江一直是东城县属的乌江亭。西晋武帝太康六年（公元 285 年），划分东城县属乌江亭为乌江县，从此结束了乌江亭与东城县 509 年的隶属关系。所以说，东城应在乌江附近的江苏境内。

《史记·灌婴传》里有"下东城、历阳"的记载，如果说东城在定远，司马迁只要说"下东城"就够了，没必要再说"历阳"。

所以，以上说法孰是孰非还无法确定，还需要做进一步的考证方能确定。

韩信被杀之谜

一代名将韩信为汉高祖刘邦打下江山,战功赫赫,曾有"兵仙"的美誉。并且,刘邦夺得天下后,在洛阳南宫召集群臣煮酒论英雄时曾感慨地说:"统百万之兵,战必胜,攻必取,我不如韩信"。然而,功成名就之后,韩信却成了刀下之鬼。韩信为什么会被杀呢? 后世学者对此有着各种不同的观点。

有学者据史料所载,认为韩信被杀是因为他有谋反之心。一是,早在楚汉之争的紧要关头,韩信就邀功请赏,逼刘邦封他做齐王,完全暴露了自己的野心,因此楚汉战争一结束,刘邦就剥夺了他的兵权,并徙封为楚王。二是,韩信到楚地后,先是在楚王府中私藏被刘邦通缉的项羽降将钟离昧,当有人向刘邦告密时,刘邦下诏命韩信遣送钟离昧入都,韩信却推脱说钟离昧并不在自己这。另外,韩信在自己的封地,经常前呼后拥,车马喧嚣,声势浩大,似有谋反之意,这引起了刘邦的猜忌,刘邦便采纳了陈平的调虎离山计,以出游云梦,会诸侯于陈为名,趁韩信前来会朝的时候,逮捕了他。最后,刘邦又念及他的战功,赦免其罪,降封韩信为淮阴侯,遣使别居长安。三是,公元前200年,韩信不思悔改,勾结代相陈豨再次阴谋叛乱,两人相约陈豨在代地举事,韩信在都中起事,两相呼应,共取天下。公元前197年,陈豨起兵,刘邦率兵亲征,韩信在都中却以自己有病为由推脱,他一面派人暗中与陈豨联系,另一面与家臣密谋,准备夜袭皇宫,想把太子、吕后一网打尽,以接应陈豨。没想到节外生枝,因为一个家臣得罪了韩信,韩信把他关押起来,准备斩首。家臣的弟弟听说后,便把韩信谋反的事密报给了吕后,吕后找萧何商议,萧何设计诱韩信进宫,将其拿下,吕后下令在宫侧钟室斩了韩信。后世有不少史学家认为,经过多年的战乱,汉初社会满目疮痍,百废待兴。韩信为了一己私欲,制造新的动乱,违背了历史发展趋势,因此吕后杀韩信避免了又一次大规模征战,带有历史进步色彩。不仅为新建的西汉王朝除掉了一后患,并且在客观上也符合社会发展的要求。

然而,有不少学者则持截然相反的观点。认为韩信无意叛汉,吕后杀韩信是千古奇冤。所谓韩信密谋"诈诏赦诸宫奴,欲发以袭吕后、太子",并与叛将陈豨搞里应外合,都是没有真凭实据的。一是,告密者是韩信准备处死的一个罪犯的弟弟,但从常理推断,就算韩信密谋造反,也不可能让此人知道;二是,当年韩信当齐王时,握有重兵,有人劝他"反汉与楚(指项羽)和,三分天下王之",韩信却认为"汉王与我甚厚","吾岂可以乡(向)利倍(背)义乎?"(《史记·淮阴侯列传》)在绝对有利的条件下,他都没有动过反叛的心思,而这时他闲居长安,手中已经没有兵权了,怎么才想起造反呢? 三是,韩信被捕之后,立即在长安宫钟室被斩。宫中悬钟之室,岂是刑场? 这实际上无异于暗杀。若韩信谋反有确凿证据,为什么不昭示群臣? 四是,高祖平陈,事在汉十一年十月至十一月,十二月攻下东垣,而韩信"谋反"则在第二年春正月。陈稀已经难挽败势,而韩信又怎能"从中应之"? 高祖平叛回来,"见信死,亦喜且除之"(《汉书》作"且喜且哀之")。所喜者,畏将已除也;所哀者,大臣无辜就戮也。之所以怀着这种复杂的心情,也反映了刘邦本人并不认为韩信真的会谋反。

纵观汉初全部异姓诸侯王的命运,大致可分为三类。第一类是与韩信一样,并没谋反,也没有其他罪名,而却以"谋反"借口被杀者,如梁王彭越,越王张敖;第二类是由于刘邦的怀疑,逼迫以致走到反叛道路的,如韩王信、淮南王黥布、燕王卢绾;第三类是免于杀戮的,如势力最小的吴芮。凡那些功高震主的将领,不管反也好,不反也罢,汉高祖刘邦总是要找理由把他杀掉的。刘邦对于韩信,既佩服他那"统百万之军,战必胜,攻必缺的军事才能,自称不如"(《史记·高祖本纪》),同时又对他的军事才华很是忌惮,因而对待韩信的政策是"使用—限制—诛杀",即在战争中用其所长,攻城略地;随着战争的渐趋结束,逐渐对其加以限制;一旦夺取全国政权,其才不可留,杀了了事。这样,韩信也就免不了一死了。

但是,纵观韩信的一生,有学者得出了这样一个结论。当年,韩信在项羽营中不受重用,最终背项归刘,是萧何发现了他的奇才,并向刘邦全力举荐。当韩信在刘邦处仍郁郁不得志,决定离开时,又是"萧何月下追韩信",连夜将他追回,使刘邦将指挥大军的权力交给了他。最后,更是萧何向吕后献计诛杀韩信的。

可以说,韩信的功成名就离不开萧何的举荐,但是他的死也是缘于萧何,真是"成也萧何败也萧何"。

换句话说,韩信本不应该轻信萧何。当初,萧何力保韩信,是为了成就韩信的功名,还是为了刘邦的汉室江山呢? 当萧何追回韩信时,对刘邦说的第一句话是:

"大王难道不想得到天下吗？若想，必用韩信。"由此可见，萧何力举韩信，最终目的是为了辅助刘邦夺取天下。但是，萧何能为了帮助刘邦夺取天下而举荐韩信，他就不能为了汉室江山的固若金汤而杀掉韩信吗？

难怪韩信在云梦被缚时，惊叹道："果如人言，狡兔死，走狗烹；高鸟尽，良弓藏；敌国破，谋臣亡。天下已定，我固当烹。"可惜，当韩信幡然醒悟时，为时已晚。

李白死因之谜

生性洒脱的唐代大诗人李白，于宝应元年（公元762年）离开人间，卒于今安徽当涂，享年62岁。一代诗坛巨星的逝世让人唏嘘不已的同时，也让人们也对他的死因产生了浓厚的兴趣。关于他的死，人们有诸多不同说法，不过可大致归纳为"醉死说""病死说"及"溺死说"三种。

一、醉死说

根据《旧唐书》记载，李白"以饮酒过度，醉死与宣城"，这种说法应该比较可信。大家耳熟能详的一句"李白斗酒诗百篇"，正是说明李白一生嗜酒成性是出名的，他也因此有"醉仙"的美誉。即使今人吟诵李白的诗作，也能闻到一股浓浓的酒味。李白的《将进酒》有"烹羊宰牛且为乐，会须一饮三百杯"，《叙赠江阳宰陆调》有"大笑同一醉，取乐平生年"，《赠刘都史》有"高谈满四座，一日倾千觞"，《训岑勋见寻就元丹邱对酒相待以诗见招》有"开颜酌美酒，乐极忽成醉"，《月下独酌四》之三更有"醉后失天地，兀然就孤枕；不知有吾身，此乐最为甚"。由此推断，不少学者自然地将李白的死因与醉酒致命联系起来，如晚唐诗人皮日休曾作《李翰林诗》云："竟遭腐胁疾，醉魄归八极。"该文指出，李白因喝酒加重了病情而导致丧命，并且在诗文中还夸张地说李白升天的灵魂都带着醉意。

从上面的资料及学者的研究推测可见，李白是因为嗜酒加重了自己的病情而丧命的。

二、病死说

据李白的族叔，涂县令李阳冰的《草堂集序》记载，"阳冰试弦歌于当涂，心非所好。公暇不弃我，乘扁舟而相顾，临当挂冠，公又疾丞，草稿万卷，手集未修，枕上授简，俾予为序。"唐代李华的《故翰林学士李君墓志序》中也说："姑熟东南，青山北址，有唐高士李白之墓……（李白）年六十二，不偶，赋临终歌而卒。"并且，作于唐德宗贞元六年（公元791年）的刘全白《唐故翰林学士李君碣记》中更是记载："君名白，天宝初诏令归山，偶游至此，以疾终，因葬于此。全白幼则以诗为君所知，及此投吊，荒墓将毁，追想音容，悲不能止。"古代文献所谓的"疾亟""赋临终歌而卒""以疾终"，都清清楚楚地告诉人们，李白是因病而终的。

现代学者郭沫若由"腐胁疾"得到启发，从医学角度进行研究推测，认为李白61岁曾游金陵，在宣城、历阳二郡间往返。李光弼东镇临淮时，李白不顾自己年迈决计请缨杀敌，可惜刚到金陵就发病了，只得中途返回。这是"腐胁疾"初期，应该是脓胸症。一年后，李白在当涂养病，脓胸症慢性化，向胸壁穿孔，而"腐胁疾"最终也要了诗仙的姓名，使他死在了当涂。

三、溺死说

此种说法颇具有几分神奇色彩，并且与李白的性格也有着几分吻合。

大家都知道李白爱酒，也知道他同样爱月、爱狂，因此有不少学者把他的死因同"水中捉月"联系起来，这便产生了富有神奇色彩的"溺死说"。五代时，王定保在《唐摭言》中云："李白著宫锦袍，游采石江中，傲然自得，旁若无人，因醉入水捉月而死。"此后，元代辛文房的《唐才子传》中记载："（李）白晚节好黄老，度牛渚矶，乘酒捉月，沉水中，初悦谢家青山，今墓在焉。"元代祝成辑《莲堂诗话》也说"宋胡璞，闽中剑南人，曾经采石渡题诗吊李白：'抗议金銮反见仇，一坏蝉蜕此江头，当时醉寻波间月，今作寒光万里游。'苏轼见之，疑唐人所作，叹赏不止。"那么，宋代大文豪苏东坡对李白的死抱有什么看法呢？宋朝陈善《扪虱新话》中记载道："坡（苏东坡）又尝赠潘谷诗云：'一朝入海寻李白，空看人间画墨仙。'"由此可见，李白醉入水中捉月溺死的说法在民间流传较为广泛，并且也深入人心。

当代富有诗人气质的学者安旗在《李白纵横探》一书中，神奇美妙地描绘了李白临终的情景，他这样写道，"夜，已深了；人，已醉了；歌，已终了；泪，已尽了；李白的生命也到了最后一刻了。此时，夜月中天，水波不兴，月亮映在江中，好像一轮白玉盘，一阵微风过处，又散作万点银光。多么美丽！多么光明！多么诱人……醉倚在船舷上的李白,伸出了他的双手,向着一片银色的光辉扑去……船夫恍惚看见,刚才还邀他喝过三杯的李先生,跨在一条鲸鱼背上随波逐流去了,去远了,永远地去了。"的确,怀着对李白无限的敬意,千百年来人们都宁肯相信这位才华横溢、命运多舛的唐代大诗人,是跨鲸背仙游羽化去的。

总而言之,李白的死因与醉酒有关是肯定的,但究竟是醉死、病死还是溺死呢?清人王琦云:"岂古不吊溺,故史氏为白讳耶? 抑小说多妄而诗人好奇,姑假以发新意耶?"也就是说,这几种情况均有可能,很给出定论。因此,李白究竟是由于何种原因而亡恐怕还会争论下去了。

西汉邓通蒙冤案

西汉景帝元年(前156年),邓通被捕入狱。自此,邓通不仅永远失去了昔日的荣华富贵,还背上了许多莫名其妙的罪名。他可能永远也不会知道,陷害他的,乃当朝皇帝——汉景帝刘启,而根源在于他为文帝吮痈。

一

邓通是蜀郡南安人,家境贫寒,并无出众的才华。为谋生计,他自少时起便从事打鱼及帮人划船运货等活计,这使他练就了一身高超的水中行船本领。恰逢一年京城选招御船水手,邓通侥幸入选。这样,他总算获得了一个稳定的活计。每日里,他同其他御船水手候在皇城内未央宫西边的沧池边,听从召使。因他们一向戴顶黄帽子,故时人称之为"黄头郎"。此时的邓通已心满意足:但愿生活能照此下去! 然而,福气却降临到他的头上,他的生活又一次出现了转机。

汉文帝刘恒在位间,始终爱民如子,百姓安居乐业,海内一片平和祥宁的景象。一天晚上,文帝做了一个奇特的梦:他梦到自己腾空而起,踏上祥云直上九霄。可就在离天堂将到未到之际,突然,他感到气力不足,虽拼足气力,也不能够再升一咫。瞬时,他心神浮躁,虚汗淋漓,看来这极乐世界是难以享受了! 恰在此时,不知从何处飞来一黄头郎。只见他神速飞到他的下面,手一伸,便已托到他脚下,然后奋力一推,他顿时感到一股强大的力量从脚下奔出。借得这力,他迅速登上天界,并感心神舒畅,欢喜异常。猛然地,他忆起了那位借力与他的黄头郎,忙俯身下观,只看见一个头戴黄帽的背影。隐约间,他的衣服下面好似已经破裂,露出了一个小洞。他正要唤那人回来,以便详细观看他的面目,但听一声鸡鸣,他从梦中醒了过来。躺在床上,文帝细细品味刚才的梦境,特别是那位黄头郎,他决心明天要在黄头朗中寻找一下。

第二天上朝恰好无事。文帝令群臣退班,然后自己带随从前往未央宫西边的渐台。此时,天色尚早,渐台周围,水雾迷茫。文帝传诏,命将黄头郎全部召来,听候问讯。几十位黄头郎不知发生了何事,急忙战战兢兢前来见驾。文帝正襟危坐,等他们参拜完毕,命他们均站在左边,然后依次慢慢向右走去。一班黄头郎不知皇帝用意为何,但必须从命。十几个人过去了,轮着邓通。他依式一步步地行走,刚刚走到御座前,猛听一声"站住!"顿时,邓通吓得冷汗直流,两腿发软。一位侍从走来,将邓通推到一边,站好。走完一遍后,邓通又被单独问话。邓通跪在文帝前,但听皇帝言语和蔼,心中踏实了许多,认真回答皇帝的问话。猛然,邓通几乎不敢相信自己的耳朵:皇帝封自己做侍臣!

邓通

事情已毕,文帝起身回宫,他特别指出让邓通随从。其他的黄头郎见状大为诧异:平日里貌不出众,才不服人的邓通何得皇帝如此厚爱? 皇帝左右的随员也是百思不得其解,不知皇帝为何要从低微的舵工中选拔一名做侍臣。你道为何? 其实很简单,也就是邓通后衣上面恰有一个小洞,正好与文帝梦中所见相符合;再加上邓(繁体字作鄧)字左旁是一"登"字,文帝确信邓通一定是在梦中助自己登天的人,故平白地将他拔擢,作为应梦侍臣。邓通可谓时来运转,吉星降临。

二

邓通本无什么才能,但性情较敦厚,且特能吃苦。平日里,无论文帝吩咐做何事,他均能尽力去做,且从未违背过文帝的意愿,因而,深得文帝宠爱。不到两三年,邓通就升任大中大夫。尤为令邓通荣耀的是,有时文帝外出闲游,甚至到邓通家休息。到这时,邓通便免不得有时在百官面前随便、放肆地吹嘘一番。这一切均被丞相申屠嘉看在眼里。

　　申屠嘉是山西人,曾跟随汉高祖转战,被封为列侯,先丞相张苍去世后,升迁为相。他平时刚正廉洁,等到官拜为相,更是嫉邪秉正,严格执法。邓通的所作所为,申屠嘉早已看不下去。看到邓通跋扈,他更加气愤不已。一天入朝,他面奏文帝:"陛下若宠爱侍臣,不妨使他富贵,至若朝廷仪制,不可不肃,愿陛下勿示纵容!"文帝听到忙说:"君且勿言,我当私下教戒罢了。"申屠嘉只得愤愤而归。他越想越气,索性一不做、二不休,将邓通唤至相府,好好惩戒一番。

　　邓通在家听得丞相召见,知他不怀好意,干脆不去。哪知,连续几个人传报,传丞相有命,邓通如若不到,当请旨处斩。邓通顿时慌了手脚,赶忙入宫叩见皇帝,请求文帝说情。文帝说道:"你只管去,随后我差人召你回来便罢了。"邓通无奈,只得硬起头皮,赶至相府。一到门口,早有人等在那里。引他进入正厅,只见申屠嘉正襟危坐,高踞堂中,满面带着杀气,好似一位活阎罗王。此时的邓通进退两难,只好上前参见。没想到邓通听申屠嘉开口喊出的第一句,只是一个"斩"字。只吓得邓通三魂出窍,忙跪下连连叩首,乞求免死。只听申屠嘉大声喝喊:"你乃一个小臣,何敢如此无礼,应该做大不敬论处,理应斩首。"说至此,他又连声喝道"斩!斩!……"府吏们满口应允,但并未马上动手,只是为申屠嘉助威恫吓邓通而已。此时的邓通早已抖成一团,只是一个劲向申丞相叩头,如同捣蒜般,心中盼望朝廷的使者快到,好替他解围,谁知头额已磕得青肿,甚至血流如注,仍不见朝中使者的影子。申屠嘉拍案连声大呼,定要将邓通绑出斩首。正当府吏走过来用绳绑邓通时,忽然传来有圣旨到。众人接旨。使者传旨道:"邓通仅为皇帝的一名侍臣,望丞相免他一死!"申屠嘉当即服从,传命将邓通释放,但仍斥责道:"你若仍放肆,即便是皇帝免你,老夫也不肯饶你了。"邓通惶恐称是。

　　回到宫中,见到文帝,邓通禁不住泪流满面,呜咽着说:"微臣差点被丞相杀了!"文帝看到邓通面目红肿,血痕斑斑,三分像人,七分像鬼,心中大为不忍。他忙传命御医为他敷治,并告诫他:"日后不许顶撞丞相。"邓通奉命维谨,不敢再有失礼。文帝见邓通如此，越发对他宠爱，不久擢升他为上大夫。

三

在西汉，相士群体一直兴盛不衰。他们常常同一些公卿士大夫交往，占卜人生吉凶，谈论人世奇验。文帝宠幸邓通，于是召了一个有名的相士为邓通看相。哪知相士毫不隐讳，批出邓通相貌欠佳，五相不齐，日后一定会挨饿受寒，甚至有可能饿死。文帝听完极为不满，大声叱责道："若想要让邓通富起来，这有什么难处？只需我一句话，定让他富甲天下！说什么他将来会忍饥挨饿，简直是一派胡言！"文帝随即颁布一道诏令，将蜀郡的严道铜山赏赐与邓通，准许他铸钱，发行全国。在当时，吴王刘濞占据东南，受封故鄣铜山，所铸钱币极为畅行，有"富埒皇家"之誉。此时的邓通在严道铜山铸钱，渐渐与吴王形成东西对峙局面，史载"东南多吴钱，西北多邓钱"。邓通的富庶可见一斑。

邓通受了如此恩赐，对文帝更是感激不尽，不管多么脏、累的活计，都认真去做。恰逢文帝颈上生出一块病痈，虽经御医多方调治，均不见好转，最后竟溃烂，血脓流溢不止。文帝每日为颈上的病痛折磨得寝食不安。邓通看到文帝如此痛苦，想出一个办法：用嘴吮吸疽中的血脓，将其慢慢除去。大家可想而知，这疮疽中的血脓，又臭又腐，人看在眼里都会恶心，何说用嘴去吮吸！但邓通毫不在意，一日多次与文帝吮吸。文帝身上的痛苦去掉许多，心情也日益好转起来。一日文帝突发感慨，等邓通吮去痛血、漱口已毕，文帝向邓通问道："朕坐江山，依你看来，天下何人最关心朕？"邓通憨直，未领会文帝的话意，但还是答道："至亲莫若父子，按情论理，最关心陛下的乃是太子。"文帝听罢默默地坐了好久……第二天，太子进宫省疾，恰逢文帝又溢出痛血，文帝望了太子一眼，说："你用嘴将这些痛血吮去！"太子听罢，不由地皱起眉头，心中涌起一阵恶心，想推辞，但又父命难违。无奈，太子只好屏住呼吸，向疮痈上吮了一口后，慌忙吐掉，禁不住又呕了几口，差点将所吃的饭食呕出。太子拼命咬紧牙，勉强忍住。这一切，文帝尽收眼底，他长叹一声，挥手让太子退去，然后召邓通进来，重新吮吸。邓通像往日一样，毫无难色，有条不紊地吸净、漱口，然后侍立一旁。这使得文帝更加感动，对邓通更加宠幸。太子回到东宫后好长一段时间，仍觉恶心。他不禁纳闷，这吮痈一事，是由何人所俑？只落得自己如此难堪！他随即差近臣前往仔细探听。不久，近臣回报，是邓通经常入宫吮痛。太子闻罢,对邓通免不得又愧又恨。从此,邓通的人生便罩上了一层阴影。

四

西汉文帝后元七年(前156年),文帝刘恒驾崩,享年46岁,太子刘启嗣位,是为汉景帝。已为人尊的景帝仍念念不忘吮痈一事,即位不久,便下一道诏书,将邓通罢免。邓通不知何故被罢官,起初还以为是丞相申屠嘉作梗。乃至申屠嘉病逝,他以为东山再起的时机已到,忙加紧运动。但他做梦也想不到,免官的原因,是为了吮痈遗嫌,结怨景帝。景帝将他黜免,他还想重新做官,这岂非求福得祸吗?不久,邓通被捕入狱。在酷吏的严刑审讯下,邓通不知从何处回答,只听一声冷笑:"不怕你不认罪,来呀! 带证人! 让他们当堂对簿。"到此时,邓通方知道是有人从中陷害。说他境外铸钱,且目无君主,诽谤圣上。这些罪名全是捕风捉影,子虚乌有之事。邓通满腹委屈,怎不呼口喊冤。审问官心中如明镜般,知道这是个极大的冤案,但按照上面的意思,这案子必须审清,且邓通必须全部供认! 于是主审官绞尽脑汁以图变假成真,他一面严刑拷打,一面巧言诱逼,指出:"此案已铁证如山,供认也罢,不供认也罢,罪名均已成立。倒不如及早供认,落个从轻发落,免得杀头。"邓通左思右想,不知如何做好:供认罢,这明明是有人陷害,供认岂不是自诬;但若不供认,如问官所言,罪名已定,岂不断送了性命。回想起文帝在位时的荣耀,他不禁痛哭流涕,安逸的生活愈发使他留恋人生。因此,邓通决定供认,大不了不做官而已! 无奈之下,邓通为偷生怕死,依言供认。

供认后的一段时间里,押在狱中的邓通度日如年,盼望着早日出狱。这一天,朝中使者持诏书来到狱中,邓通心中充满了一线生机,景帝毕竟得照顾面子! 然而,听罢诏书,邓通如遭雷击:死罪免去;为示惩戒,收回严道铜山,将家产全部抄没,交清所有的官债。邓通不住地呼冤,自己此前富甲一方,何来的欠官债,这分明是罗织成文。

几年后,邓通从狱中放出,但已是家破财尽,无从居食了! 文帝时的荣华富贵已成泡影。他至终不明白,是谁从中陷害他,景帝为何不看在文帝的面子上帮他一把!

最初一段时间里,馆陶长公主还记得文帝的遗训,不能使邓通饿死。因此,她经常遣人送些钱物与邓通,作为赈济。她哪里知道,此时的邓通已是破鼓乱人捶了,他所得的赏物全部被别人夺去。可怜邓通得而复失,终至落个两手空空,每日里有上顿无下顿,朝不保夕,只有以乞食度生。又过了一两年,邓通终于在饥寒之中死去,应验了相士的前言。

华佗之死疑案

罗贯中的《三国演义》给后代人讲述了神医华佗之死的经过,将其死因归咎在曹操的多疑身上。然而历史的真相究竟是怎样的呢?本文将引经据典,从多个角度出发,探究神医招致杀身之祸的真相。

神医华佗之死

华佗(?—208),字元化,沛国谯(即今安徽省亳州)人,人称神医。他在年轻时,曾到徐州一带访师求学,"兼通数经,晓养性之术"。沛相陈珪推荐他为孝廉、太尉黄琬请他去做官,都被他一一谢绝,遂专志于医药学和养生保健术。他行医四方,足迹与声誉遍及安徽、江苏、山东、河南等省。

曹操闻听华佗医术精湛,征召他到许昌为自己看病。曹操常犯头风眩晕病,经华佗针刺治疗有所好转。《三国志》对此的记载是:"佗针鬲,随手而差。"后来,随着政务和军务的日益繁忙,曹操的"头风"病加重了,于是,他想让华佗专门为他治疗"头风"病,做自己的侍医。但是华佗却不愿意。他借口妻子有病,告假回家,不再到曹操那里去了。曹操非常愤怒,派人到华佗家里去调查。曹操对派去的人说:"如果华佗的妻子果然有病,就送给他小豆四十斛;要是没有病,就把他逮捕来治罪。"

《三国演义》中有一节"治风疾神医身死,传遗命奸雄数终",描写了华佗被曹操杀害的情形。

传说华佗被逮捕送到曹操那里以后,曹操仍旧请他治病。他给曹操诊断了以后,对曹操说:"此近难济,恒事攻治,可延岁月。"意思是说,你的病在短期内很难彻底治好,即使长期治疗,也只能苟延岁月。然后华佗又提出了要全部治好,使之不再重犯则需要先饮"麻沸散",麻痹脑部,然后用利斧砍开脑袋,取出"风涎",这样才可能去掉病根。多疑的曹操以为华佗是要借机杀他为关羽报仇,于是命令将华佗杀害。

被关进牢狱以后,华佗知道曹操不会放过他,于是抑制住悲愤的心情,逐字逐句地整理他的三卷医学著作——《青囊经》,希望把自己的医术流传下去。这三卷著作整理好以后,华佗把它交给牢头,牢头不敢接受。在极度失望之下,华佗把它掷在火盆里烧掉。牢头这时候才觉得可惜,慌忙去抢,只抢出一卷,据说这一卷是关于医治兽病的记载。故华佗没有留下专门著作,这是我国医学的一个重大损失。

但是,华佗之死责任果真全在曹操吗?华佗真的没有任何过失吗?

《三国演义》虽然是文学作品,其中有着大量的虚构成分,但是,华佗因为要给曹操"开颅医病"而被曹操杀害却是不争的历史事实。受《三国演义》的影响,今天的许多史学家认为,华佗不仅医术高明,而且医德高尚,时刻心系天下百姓的疾苦,不肯侍权贵。华佗真是这样一个人吗?

曹操杀害华佗的真正原因

在中国古代社会里,"万般皆下品,唯有读书高"和"学而优则仕"是众多读书人的信条。华佗所生活的东汉末期,社会上读书做官的热潮已经达到顶点,公卿大多数是熟悉经术者,汉顺帝时太学生多达3万人,学儒读经成为社会风尚,而医药技术虽为上至帝王、下至百姓所需,但却为士大夫所轻视,医生的社会地位不高。这种社会风尚不能不对华佗有所影响。据《三国志·魏书·方技传》记载,华佗年少时曾经在徐州一带游学,是个"兼通数经"的读书人,在当地很有名气。众所周知,科举制起源于隋朝,东汉时期普通读书人进入仕途的途径只有被"举孝廉",也就是因为品德高尚而被推荐进入官场。

沛相陈珪和太尉黄琬都曾荐举华佗为孝廉,征辟他做官,但是华佗却颇为自负,认为自己才气过人,而不屑于去做他们举荐的那些低级文案工作,再者,华佗此时已经迷恋上医学,他不愿意为此小官而抛弃所喜好的医学。正如《三国志·方技传》中写的那样"然本作士人,以医见业,意常自悔",华佗在行医的过程中,深深地感到医生地位的低下。由于他的医术高明,前来请他看病的高官权贵越来越多,他的名气也越来越大。在这些高官权贵的眼中,华佗即使医术再高明,也只是一个医生而已,在同他们接触的过程中,华佗的失落感更加强烈,性格也变得乖戾了,难以与人相处,因此,范晔在《后汉书·方术列传》中毫不客气地说他"为人性恶,难得意"。在后悔和自责的同时,他在等待入仕为官的机遇的再度降临。

恰恰在此时,曹操得知了医术高明的华佗,而华佗也仿佛看到了走入宦途的机会。华佗正是想利用为曹操治病的机会,以医术为手段,要挟曹操给他官爵。"头风"病确实比较顽固,在古代的医疗条件下,想要彻底治愈确实很困难,华佗虽为神医,也未必有治愈的良策。但若说即使"恒事攻治",也只能苟延岁月,死期将近,就未免危言耸听了,很明显有要挟的成分在内。

但是,曹操毕竟不是一般的人物,他识破了华佗的用心。他后来说:"佗能愈此。小人养吾病,欲以自重。"意思是说,华佗能治好这病,他为我治病,想借此抬高自己的身价。曹操对华佗的"要挟"很不满,他并没有满足华佗的要求。

于是,华佗便以家中有事为借口,请假回家。到家后华佗又托词妻子有病,一直不回,对曹操进行再度要挟。曹操大怒,将华佗拘捕。为了治病,曹操再度容忍华佗,没有将他处死。但是华佗却提出了用利斧砍开脑袋,取出"风涎",去掉"病根"的治疗方法。多疑的曹操再也不能容忍,将华佗杀害。

那么,假如曹操真的同意用此方法治病,会出现什么结果呢?

首先,动手术则克服不了感染的问题。当时的医疗条件下,华佗所使用的器械"利斧"根本不可能做到无菌,在有菌的条件下进行头部的手术,曹操在手术后肯定会发生颅内感染,由于当时没有有效的广谱抗生素,仅仅一个感染就足可置曹操于死地。现代医学那么发达,手术后的感染经常发生,稍有不慎就会造成感染不愈合。曹操那时动手术,后果就可想而知了。除非曹操的抵抗能力非常强,否则他是必死无疑。然而曹操当时已经不再强壮了,他的抵抗力能经得住华佗的折腾吗?

其次,华佗能够顺利地进行脑部手术吗?华佗的确是当时最杰出的神医,但他

华佗

对人的大脑研究以及是否做过脑科手术,在史书中并无一字记载。按照颅脑的解剖来看,人的大脑不同区域的功能也不同,有分管语言的语言中枢、有记忆中枢、有视觉中枢、有味觉中枢。人类认识大脑的解剖只不过是近代的事情。就是现在,大脑斜坡部位仍是手术的相对禁区。按照当时的认识,华佗不可能知道大脑的精细解剖结构。如果真动手术,稍有不慎,曹操就会立即命丧黄泉。

再次,华佗能否对曹操进行急救也是一个问题。开颅手术时要有起码的急救设备,比如心电监护设备、输血补液设施、吸氧设备等,这些起码的设备缺一不可。一旦血压下降或者是心搏骤停,在这些起码的急救条件不具备的情况下,曹操开颅就会凶多吉少。

除此之外,华佗开颅面临的医学问题还有不少,不论哪一项不具备开颅都是十分危险的事情。曹操不开颅尚且可以存活一段时间,如果开颅必然是九死一生。生性多疑的曹操岂能容忍这样的结果? 在这种情况下,曹操认为华佗是在故意暗害自己也是讲得通的。

曹操杀害华佗虽然主要是凭借自己的好恶,但是,从《汉律》上讲,也有他的依据。曹操在"挟天子以令诸侯"的情况下,以"动以王法从事"著称。无论是理政还是治军,甚至齐家、诫子,曹操都以《汉律》为基本准则。依照《汉律》的规定,华佗犯了两宗罪:一是欺骗罪,二是不从征召罪。而令华佗命丧黄泉的主要是后者。《汉律》中有"大不敬"罪,对"亏礼废节"之犯者要处以重刑,《汉书·申屠嘉传》便载有人"通小臣,戏殿上,大不敬,当斩"的案例。"大不敬"的具体内容较多,其中"征召不到大不敬"适用于华佗所犯之罪。在当时的情况下,曹操以此为华佗定罪,别人也就无话可说了。

关羽之死疑案

曾有"温酒斩华雄""过五关斩六将"之威猛神力的关羽,为何会错失荆州,败走麦城? 多少年来一直被后世遗憾。而关羽的死因,更是历来被后世猜疑。历史的真相到底是什么?

大意失荆州之谜

关羽(？—220)字云长,河东解县(今山西临猗西南)人,汉族。东汉末年刘备麾下著名将领,曾任蜀汉政权前将军,爵至汉寿亭侯。谥曰"壮缪侯"。

关羽大意失荆州,多少年来一直被后世遗憾。在关羽身上,曾有"温酒斩华雄""过五关斩六将"的传奇,那么为什么关羽这一次会输得如此惨? 这中间到底发生了什么? 孙权和曹操又在背后做了什么动作,致使关羽大败?

关羽失掉荆州的原因是什么? 关键在哪里?

历来人们都认为关羽失去荆州是因为意外,或者说,是关羽刚愎自用拒绝孙权的联姻造成的。但是,分析历史,我们不难看出,丢失荆州的责任并不完全在关羽身上。此时的刘备可能过高估计了关羽的军事力量,没有给关羽派遣任何援军,也没有在汉中进行任何呼应行动。

以至于关羽需要单独面对整个曹操势力,造成战略上的被动局面。按照诸葛亮的隆中策,汉中方面出兵才是主力,而关羽这边应该只是偏师才对,怎么可以本末倒置,甚至让关羽单独挑战呢? 同时,刘备自己没有处理好孙权方面的问题。两家在之前,就爆发过武力冲突,后因为鲁肃的调停,同时慑于曹操背后的压力,两家以湘水为界才勉强和好。所以,可以说关羽的北伐行动,是刘备在决策上的一大失误,无论是军事上还是外交上。而关羽,在一开始就背负着一个不可能完成的任务。

《孙子兵法》曰:"是故胜兵先胜而后求战,败兵先战而后求胜。"由此看来,在刘备集团决策时,已经注定了失败的结果,这已经不是什么大意的问题了。

有人认为孙权发兵袭取荆州是因为关羽骄矜傲慢,这些盲目指责关羽破坏吴蜀联盟的说法在政治上是幼稚的。关羽骄矜傲慢的确是事实,这个人的确是傲慢得可以,但在对待东吴的外交上,虽然没有起到促进作用,但并无不当之处。为什么这么说呢? 孙权曾经为其子向关羽的女儿求婚,被关羽"骂辱其使,不许婚"。大部分人认为是这个原因造成了孙权发兵。

其实,关羽此举是极具政治敏锐和政治智慧的行为。孙权之妹曾经下嫁刘备,让刘备有变生肘腋之惧,后来孙权在刘备西征之时,派遣舟船将其妹接回江东,双方的政治联姻名存实亡。关羽作为统兵在外独镇一方的大员,避嫌还来不及,又怎么肯与孙权联姻?

自古所谓"人臣无外交",如果关羽擅自答应联姻,或者请示刘备是不是可以联姻,那么刘备会做何感想?孙权的联姻行为实际上是对关羽的拉拢,对刘备集团的分化,根本就不是出于孙刘联合的目的。孙权此举若是得逞,一则离间刘备关羽之间的关系,二则拥有人质。因此关羽不但要拒绝,而且要拒绝得彻底、拒绝得让刘备放心,"骂辱其使"也就不足为怪了。

另外,从荆州的至关重要的地理位置上看,东吴是势在必得的,不管你关羽答应不答应,夺回荆州是东吴的既定战略方针。关羽发动樊城之战才是让东吴看到了发兵的可能性的关键所在。因此,如果要分析荆州失守的原因,还是应该理智地把关羽的责任分清楚。荆州之所以失守,在当时的外交政策和军事局势上来说,可以说是必然。关羽能够独当一面,攻陷樊城,威震华夏,让曹操都有了迁都逃跑的念头,已经是不容易,又怎么可能应付来自背后的孙权射来的暗箭?

但总的来说,如果没有刘备的不作为和孙曹刘三家的联合绞杀,关羽是不会输得那么惨的,至少不会兵败身死、遗恨走麦城。

是否中了他人借刀杀人之计

《三国演义》上说刘备在听说关羽战死的消息后"大叫一声,昏厥于地",那完全是罗贯中虚构出来的。在其他的史料中,并没有关羽死后,刘备哭关羽的记载。相反,庞统死后,"先主痛惜,言则流涕"。法正死后,"先主为之流涕者累日",就是刘备对法正的死也伤心得不得了,居然痛哭了好几天。而结拜兄弟死了之后,居然没有刘备痛哭的记载,让后人感到十分奇怪。

故关羽之死就成了一个千古疑案。千百年来,人们一直对这个奇怪的现象众说纷纭,百思不得其解。对此,一些学者发生过激烈的争论。

有人质疑是诸葛亮借刀杀关羽。章太炎就曾说过:"(关羽)临沮之败,葛氏(诸葛亮)不以一卒往援,昧者讥其无远略,而或解以败问之未通。……关羽,世之虎臣,……功多而无罪状,除之则不足以厌人心,不除则易世所不能御,……故不惜以荆州之全土假手于吴,以陨关羽之命。"说是由于关羽破坏了诸葛亮"联吴抗曹"

的方针,所以诸葛亮决定要借吴人之手除掉关羽!"诸葛借刀杀关羽"于是被炒得沸沸扬扬。

有人认为这是刘备在借刀杀人。在关羽出兵北伐以及后院起火、回师救援的近半年时间里,奇怪的是刘备竟然没有派出一兵一卒救援,且关羽向邻近的部队求援,对方竟然以种种借口推托,不肯出兵。在关羽败亡一年多之后,刘备才打着为关羽报仇的旗号,出兵讨伐孙权,兵败猇亭。虽然有人认为是来不及去救,但因为《三国志》中没有记载,所以后世对此也是猜测纷纷。

刘备与关羽生死之交的关系虽然从来没有人去怀疑,但那只是文学作品给大家留下的印象,事实并非如此。另外,关羽死后,照理说他是为国捐躯,英勇牺牲,刘备应该对他追封,给他谥号,但是刘备没有对关羽追封,关羽的谥号壮缪侯,是后主刘禅追封的。而法正死后,刘备就追封他为翼侯。《三国志》中说,刘备同关羽是"寝则同床,恩若兄弟",但关羽死后,他所享受的待遇还不如法正,这完全是一件令人匪夷所思的事情。刘备和关羽之间的问题也许还涉及关羽被害的真相!

有人认为,这是关羽一意孤行的结果。当时刘备称汉中王才不久,按理说,正需要休养生息,不应该马上大动干戈、出兵北伐。但同月,关羽就进攻襄樊,这很可能是关羽假节钺、获得代天子征伐的权力后,自作主张、一意孤行的结果。即便当初刘备没有引起重视,但北伐前期的辉煌战果和后期的严峻形势,不可能不引起刘备的重视。不派援兵,显然不是疏忽,而是故意。关羽身死后,刘备拖延一年多才出兵讨伐趁关羽北伐袭取荆州的孙权,名义上是为关羽报仇,实际上是为争夺荆州。

关羽之死之所以成为千古之谜,最根本的原因是陈寿的《三国志》中的蜀志太简单。

关羽为何被称为关圣帝君

关羽死后受民间推崇,又经历代朝廷褒封,被人奉为"关圣帝君",佛教称为"伽蓝菩萨",尊称为"关公"——手持青龙偃月刀的关羽神像。被后来的统治者尊为"武圣",与"文圣"孔子齐名。最后被封为"盖天古佛",武圣关公庙数量之多,远远超过了文圣孔子的文庙。而且,有些关公庙的建筑规模也远远超过了孔子的文庙。

关公的忠义勇武仁信等品质集中了中华民族的传统美德，体现了民众的社会愿望和理想人格，因此，他千百年来得到了世人的拥戴。

从关羽的战功来看，他虽然勇猛绝伦威震华夏，但在《三国演义》中不乏英雄豪杰；再从他的身后看，后世战功和成就比他大的名将也不在少数，而只有关羽一个人在死后成了神，被后世所膜拜。这是为什么呢？

一、关羽的"忠""义"

关羽在涿郡结识了当地正在聚众起兵的刘备，从此开始了他的戎马生涯。从中平元年（公元184年）一直到死，关羽始终忠心耿耿地追随刘备，"随其周旋，不避艰险"（《三国志·蜀书·关羽传》）。

这段君臣际遇堪称千古佳话，刘备的前半生颠沛流离，险象环生，跟着他并没有什么好处和利益，这就更显出关羽之"忠"。《三国志·关羽传》中说："稠人广座，侍立终日，随先主周旋，不避艰险。"

关羽塑像

《三国志》是惜墨如金的，能对关羽费了这么多笔墨很是少见，并且表现得极为到位，可见作者陈寿也是佩服关羽的为人的。

还有关羽特别重"义"。明是非、知图报，曹操对他好，他就尽全力报答曹操，但并不背叛本主，自古忠义难两全，关羽的忠和义就处理得相当成功。

二、老百姓的喜爱

关羽有着"士大夫"的傲气，他看不起那些整天以国士自居又不能救民于水火的"名流"，痛恨那些以阴谋权术博取利益的所谓"谋士"，但是他对手下的士卒非常好，据《三国志》记载："羽善待卒伍"，"请诸将饮食相对"，可见关羽是一个没有架子的将军，这样的人往往在士兵中有很高的威信，再加上他刮骨疗毒面不改色，进攻襄樊威震华夏的赫赫神威，这都是一个优秀军事家应有的气质。

在镇守荆州的时候能够爱护百姓，关羽在世时，与荆州民众结下了深厚感情，百姓服其德行,仰慕其神威,珍视其情意,所以在关羽被害之后,荆州百姓曾自发地进行祭奠活动,这是最早的民间祭拜,发展到后来就成了香火鼎盛的局面。

三、人们对叛徒的痛恨与不齿

人们在关羽死后祭奠他还有一个很特殊的原因,就是人们崇拜英雄痛恨叛徒的心理。关羽败走麦城的重要原因是部下士兵的家属被吕蒙所扣,而使军队四散投降东吴,吕蒙的这种手段不光彩,那些投降的士兵和他们的家属多少会感到内疚,他们虽不曾亲手杀掉关羽,但关羽却是因他们而死,加之以往的感情,祭奠活动是免不了的,多少也是一种赎罪的表现。

关羽的死与临阵叛变的几位将领有重要干系,死在叛徒手里的人往往让人痛惜和同情,所以民间传说中的关羽往往被加入很多主观的夸张,至于叛徒当然是口诛笔伐毫不留情了,《三国演义》的"玉泉山关公显圣"这一章节充分表现出人们对关羽的愧疚和敬仰之情。

有人说,关公是一种文化;也有人说,关公是一种精神。在中国以至海外有这样多的关公庙、庙宇、香火遍布世界,不能不说是中国古代史的一个奇迹。

岳飞死亡疑案

岳飞,在中国几乎是一个家喻户晓的抗金英雄。人们不仅敬佩他强烈的反抗侵略精神,还被他宁死不屈的高尚情操所感染,更对他的死因感到愤慨。历来,人们都认为是秦桧害死了岳飞,如今,拨开历史的浮云,又有了新的发现。

十年之功毁于一旦

岳飞,在中国是一个家喻户晓的抗金英雄。他是中国历史上著名的战略家、军事家、抗金名将。岳飞在军事方面的才能则被誉为宋、辽、金、西夏时期最为杰出的军事统帅、联结河朔之谋的缔造者。同时又是两宋以来最年轻的建节封侯者。在他身上所体现出来的强烈反侵略精神和宁死不屈的高尚情操,八百多年来,一直在感染和鼓舞着后来人。

但就是这样一位英雄,生不逢时,正在前线奋勇杀敌的岳飞,突然收到十二道金牌。自此,岳飞的命运改变了,这位抗金英雄也随即离去了。

那么,究竟是谁发出了那十二道金牌? 让我们先一起来回顾下那段历史吧!

七月十八日,即张宪从临颍杀向开封之时,第一道班师诏送达。岳飞鉴于当时完胜的战局,写了一封奏章反对班师:"契勘金虏重兵尽聚东京,屡经败衄,锐气沮丧,内外震骇。闻之谍者,虏欲弃其辎重,疾走渡河。况今豪杰向风,士卒用命,天时人事,强弱已见,功及垂成,时不再来,机难轻失。臣日夜料之熟矣,唯陛下图之。"

隔了两三日,朱仙镇已克,完颜宗弼已逃出开封之时,岳飞在一天之内接连收到十二道用金字牌递发的班师诏。宋高宗发十二道金牌的时间,大约是在七月十日,即他得到七月二日克复西京河南府捷报不久。

岳飞收到如此荒唐的命令,愤惋泣下,"十年之功,废于一旦。"然而友军已经撤退,岳家军孤军难支,不得不下令班师,百姓闻讯拦阻在岳飞的马前,哭诉说担心金兵反攻倒算:"我等戴香盆、运粮草以迎官军,金人悉知之。相公去,我辈无噍类矣。"岳飞无奈,含泪取诏书出示众人,说:"吾不得擅留。"于是哭声震野。岳飞决定留军五日,以便当地百姓南迁,"从而南者如市,亟奏以汉上六郡闲田处之"。

岳飞父子被秦桧以谋反罪名予以逮捕审讯,由于找不到证据而无审讯结果,最终秦桧以"莫须有"的罪名将岳飞杀害。

绍兴十一年农历十二月廿九(1142 年 1 月 27 日)除夕之夜,一代名将岳飞在杭州大理寺狱中被杀害,其长子岳云及其部下张宪斩于临安闹市。岳飞被害前,在狱中写下绝笔字:"天日昭昭,天日昭昭"。岳飞被害后,狱卒隗顺冒着生命危险,将岳飞遗体背出杭州城,埋在钱塘门外九曲丛祠旁。隗顺死前,又将此事告诉其儿,并说:"岳帅精忠报国,今后必有给他昭雪冤案的一天!"

岳飞沉冤 21 年后,绍兴三十二年(1162年),宋孝宗即位,准备北伐,便下诏平反岳飞,

岳飞

谥武穆，改葬在西湖栖霞岭，即杭州西湖畔"宋岳鄂王墓"，并立庙祀于湖北武昌，额名忠烈，修宋史列志传记。我们可以看出，一直操纵着整个事件的幕后主凶是秦桧。十二道金牌是操纵岳飞的唯一的手段，这是一场阴谋。秦桧担心抗金战争的顺利发展会激起女真贵族的不满，也忧虑岳家军的迅速壮大会威胁他们的统治地位，因此，胜利在望之际，迫令岳飞撤退。

宋高宗为何要杀岳飞

岳飞的罪名完全是秦桧一手炮制的，这就是事件的政治背景。然而这里面还有一个更大的背景——那就是宋高宗。像岳飞这样的人物，绝对不是一般的诬陷可以陷害得了的，如果查无实据，不可能成案。事实上岳飞的案件的确查无实据，如果没有宋高宗的默许，岳飞是不可能被杀头的。其实宋高宗与岳飞积怨已久。

南宋政权虽然暂时安定了下来，但外有金兵虎视眈眈，随时可能再次南下，内有各地溃兵败将组成的游寇集团和农民的反抗武装，极大地威胁着宋廷的统治。在这种情况下，高宗不得不抛开压制武将的祖宗家法，着意笼络重用武将。

宋高宗是在向金人求和而不得的形势下才重用武将的，其目的只是自卫，并没有恢复北伐的打算。岳飞收复的失地，实际是从金人建立的傀儡政权伪齐手中夺取的。岳飞出兵前，宋高宗明白他与其他将领只守不攻的作风不同，特地下手诏，告诫他只需收复伪齐所夺之地，千万不可领兵北上，触犯金人，否则就算立下战功，也定要严惩。这一纸诏书，牢牢地束缚了岳飞的手脚，加上岳家军只有不到三万人的兵力，也无力进行北伐，因此岳飞只好在收复襄汉后，率主力退守鄂州。

面对金人的进攻，宋高宗始终不愿放弃投降求和。尽管绍兴四年以后，岳飞、韩世忠等率军先后击退了金和伪齐的两次南侵，但宋高宗并不想利用这绝好的时机进行北伐，宋军的战果只是为他与金朝议和提供了讨价还价的砝码。就在各地抗金斗争接连取得胜利的时候，宋高宗派出求和的使臣络绎不绝。

绍兴七年（公元 1137 年）年底，宋使王伦从金朝带来了议和条件，金朝要求南宋称臣、交纳岁币，作为交换，金朝答应废黜伪齐，归还宋徽宗帝后棺木和高宗生母韦氏，归还河南地。宋高宗得到这个消息，欣喜异常，屈膝求和的决心更加坚定，他再派王伦使金，与金朝商量具体的和谈事宜。

宋高宗议和的决定遭到了朝野上下的强烈反对,其中几位手握重兵的大将的意见,对于议和能否顺利进行至关重要。

绍兴八年(公元1138年)八月,宋高宗召韩世忠、张俊与岳飞入朝,希望说服他们至少不反对议和。张俊向来害怕金兵,在历次对金作战中都极力避免与金兵交锋,其为人又善于逢迎,所以马上表态支持议和。而韩世忠与岳飞则坚决反对,岳飞更是对宋高宗明确表示:"夷狄不可信,和好不可恃,相臣谋国不善,恐贻后世讥议。"这番义正词严的话不禁使宋高宗对岳飞心生嫌隙。

其实,在此之前,岳飞已经在两件大事上冒犯了宋高宗。这位抗金最坚决的大将个性耿直,在战场上有勇有谋,而在政治斗争中却显得缺少心计,太不善于保护自己。

绍兴七年(公元1137年)三月,宋廷解除了"中兴四将"之一的刘光世的兵权,宋高宗本来答应将刘光世率领的淮西军队拨给岳飞指挥,岳飞信以为真,以为这样一来,自己兵力大增,兴奋之余,立即提出要带兵10万,出师北伐,这正犯了宋高宗的大忌。

宋高宗临时变卦,拒绝将淮西军队交给岳飞。对宋高宗的出尔反尔,岳飞十分愤慨,一怒之下,他竟然离开本军驻地鄂州,以为母守孝为名上了庐山。

在宋高宗看来,这种行为分明是要挟君主,但当时金兵的威胁尚在,解除岳飞兵权的时机并不成熟,因此宋高宗不得不再三下诏,对岳飞好言抚慰,敦促其下山。六月,岳飞返朝,向宋高宗请罪,宋高宗表示对其宽恕的同时,引用太祖"犯吾法者,唯有剑耳"的话以示警告,言语之中已经暗藏杀机。

第二件事发生在同年八月。返朝不久的岳飞好心建议宋高宗早立太子。宋高宗的独子赵旉8年前夭亡,他又在扬州溃退时受了惊吓,失去了生育能力,但宋高宗时年才30岁,内心仍抱有生育的希望,此时立太子,在他看来无疑是向天下暴露其难言之隐。宋朝的祖宗家法也规定武将不得干预朝政,所以,岳飞的建议一下又触犯了两大忌讳,更加深了宋高宗对他的记恨。

这两件事以及在抗金一事上毫不妥协的立场,为岳飞日后的命运埋下了祸根。

绍兴八年(公元1138年),宋高宗与金朝的媾和活动正紧锣密鼓地进行,文武百官的反对之声日益高涨,只有秦桧极力支持高宗议和。

十一月，金朝"诏谕江南使"张通古与宋使王伦南来。金使的称号中将"宋国"称为"江南"，敌对两国互通信息，应称"国信"，金朝却称"诏谕"，显而易见，这是金人故意羞辱南宋。金人接下来的要求更令南宋臣民难以接受，金使居然要宋高宗跪拜受诏，奉表称臣。为了苟安偷生，宋高宗对此并不介意，他冠冕堂皇地表示："只要百姓能免于刀兵之苦，朕可以牺牲自己的体面来换取议和。"然而，天子有此"美意"，臣民们却不愿"领情"，朝廷内外群情激愤，抗议运动达到了前所未有的声势和规模，临安百姓甚至在街上贴出醒目的榜文："秦相公（秦桧）是细作（奸细）！"矛头虽然是指向秦桧，实际上表达出对宋高宗的强烈不满。尽管宋高宗恼羞成怒，将反对激烈的大臣一一贬谪，但面对舆论的强大压力，他也不能不有所顾忌。

十二月，宋高宗以为徽宗守孝为借口，由秦桧等大臣代他向金使行跪拜礼，接受了金朝的国书。宋高宗以为议和之事已成，从此就可以安享太平，便大赦天下，给文武大臣加官晋爵。岳飞在接到升官诏书后，当即上书表示拒绝，提醒宋高宗不可相信金人，并重申自己率师北伐的宏图大愿。

宋高宗和秦桧此时对岳飞切齿痛恨，除掉岳飞的阴谋已经在酝酿之中了。

果然不出岳飞所料，绍兴十年（公元1140年）五月，金人撕毁和约，再次南侵，岳飞率军又奔赴抗金前线。北方义军也纷纷响应，收复了黄河南北的部分州县。金兵不得不发出"撼山易，撼岳家军难"的慨叹，并打算放弃开封，渡过黄河北逃。

岳家军的接连胜利当然不利于宋高宗和秦桧与金朝重新议和。

淮西之战后，宋高宗加紧了削夺武将兵权的活动。夺去了三大将的兵权，三大将所辖军队从此直接听命于皇帝。

岳飞的存在，已经对宋高宗产生了威胁。岳飞打破了宋高宗的安乐梦，岳飞的声望已远远超过了宋高宗。看来，岳飞这个眼中钉，不得不除了。这样宋高宗就默许了秦桧的一系列阴谋。可以说，宋高宗才是这次谋杀的主谋。

辽懿德皇后蒙冤案

辽政权（907~1125年），中国北部少数民族——契丹族建立的一个政权。辽政权在建立之初曾对周边各个民族（奚、室韦、女真、渤海、汉等）进行了频繁的用兵,逐步统一了中国北部,结束了中国北方各个民族相互征伐的局面。

随着国力的增强,辽政权曾发动了对北宋的多次战争,并于1004年强迫北宋政权订立了每年供给白银10万两、绢20万匹的澶渊之盟。此后,辽宋之间结束了长期的战争状态,进入了对峙时期。

生于忧患,死于安乐。在强敌压境、战争频繁的年代里,辽统治者们基本能做到齐心合力、励精图治,不断提高辽国的国力。失去了外敌的威胁,处于和平、安定环境中的辽政权却日益走向了腐败。到辽道宗耶律洪基时,政治已极端腐败,朝中文武大臣大多利用道宗的昏聩,不思团结进取,终日沉溺于灯红酒绿、歌舞升平之中;他们争权夺利、结党营私,致使大批忠良惨遭陷害、打击,冤假错案时有发生。辽懿德皇后遭奇冤便是最为著名的一案。

一

懿德皇后,姓萧,辽国枢密使萧惠之女,容貌端庄秀丽,品性贤淑。她自幼聪慧过人,辞赋音韵样样俱佳。长大成人后,她更是出落得一副天生丽质;有辩才,工于诗词,能出口成章,言凿凿、意确确;在音艺方面,善弹琴筝琵琶,在当时堪称一绝,故当时有"小字观音"之美称。萧氏被送入宫后深得道宗宠爱,不久即被封为懿德皇后。

懿德皇后自小就立下远大志向。她很仰慕唐代徐贤妃的行事,做事果断,并且很有主见。被册封为皇后不久,她即着手整顿后宫事务。经她的努力,后宫中原有的诸如尔虞我诈、争风吃醋等现象大有好转。

懿德皇后仪态端庄文雅,为王公大臣们的王妃、夫人做了很好的表率。懿德皇后生有一子名濬,初生之时,朝中各王公大臣的王妃、夫人纷纷入宫祝贺。当时手握兵权、权倾内外的皇太叔重元之王妃也在其中。她浓妆艳抹,顾影自怜,并不时地对道宗眦送秋波,施以媚眼。皇后看在眼内,颇不以为然,她告诫重元王妃说:"你贵为王妃,态度应庄重文雅才是,何必如此轻浮呢?"

懿德皇后饱读中国经书,对中国历代的政治制度深有了解。她常常以史为鉴,向道宗讲谏,指出朝政之得失,并劝道宗要以唐太宗李世民为榜样,励精图治,发扬先祖先宗艰苦创业的精神,提高辽国国力;要爱惜忠良,协调各民族之间的关系,缓和各种矛盾,最终完成统一中国之大业。但此时的辽统治已陷入危机之中。

在统一中国北部地区的过程中,辽政权利用国家权力把大量人口迁入它的统治区域,从事农业和手工业生产,客观上形成了契丹地区各民族杂居的局面。但是,辽区域内的民族歧视和民族压迫的问题一直非常突出,辽统治者对统治区内的各族人民推行残酷的剥削和压迫政策。辽朝派往各地的地方长官到任后都要迫使当地各族人民奉献礼物,并有名目繁多的摊派。人们对此深恶痛绝。特别是所谓的"银牌天使",他们以钦差大臣的名义。到处敲诈勒索,奸污妇女,更激起了人们的强烈不满。到辽道宗时,辽朝的社会矛盾更加尖锐,统治阶级的实力也因内讧而大为消耗,辽境内的被压迫民族特别是女真、渤海和汉人纷纷起义。诸如此类的问题使得辽政权陷于危机之中。但辽道宗耶律洪基不问时事,不理朝政,终日沉溺于骑马打猎,歌舞升平之中。

契丹族是我国北部一支古老的游牧民族,最初生活在辽水上游的潢水(今内蒙古西拉木伦河)流域,长时期过着畜牧和渔猎生活。辽政权建立后,随着封建制度的逐步确立,契丹族开始由游牧生活向定居生活转变,人们也逐渐地从事手工业和农耕。但漫长时间中所形成的生活方式以及所处的特定的环境,使得契丹族很难从根本上改变过去那种畜牧和渔猎生活。整个民族都崇尚骑射,个个都能骑善射,剽悍强劲,特别是那些王公大臣们,更是一有时间就去深山狩猎。对此,道宗耶律洪基身先士卒,甚至他竟规定,以能否擅长骑射作为考察和选拔官员的依据。

对于上述诸多问题,特别是道宗及朝中大臣们嗜好狩猎,懿德皇后深感忧虑。她曾多次劝谏,但道宗根本听不进去。无奈,懿德皇届只得采取一些委婉的方式,利用一切机会进行劝谏。也正由于如此,使得日后皇后蒙上了不白之冤。

二

辽道宗耶律洪基统治的秋季的一天,天高云淡,空气清新。道宗又一次猎性大发,他推开政务,召集文武百官、宫中奴婢使人等数百人,备马带箭出外游猎。一时间,队伍浩浩荡荡,威武壮观。临行前,道宗令懿德皇后吟诗助兴,皇后随口吟道:

威风万里压南邦(指宋朝),

东去能翻鸭绿江。

灵怪大千俱破胆,

哪教猛虎不投降。

当时辽国的统治区域,东到鸭绿江,南与北宋对峙。皇后诗外之意不外乎希望道宗能巩固自己的统治,并能早日挥兵南下以统一中国。但道宗并未理会到其中的含意。他听后大喜,并以诗示群臣,并称赞说:"皇后可真谓女中才子!"

大队人马不久到达伏虎山一带,这里树木丛生,是野兽经常出没的地方。众人围住猎区,然后敲锣打鼓,齐声呐喊。受惊的大小野兽纷纷跃出,四下逃窜。突然,一只猛虎从林中跃出。道宗一见大喜,说:"朕射得此虎,可谓不愧皇后之诗。"他随即令众人前往围截,自己则一马当先,向猛虎冲去。只见他弯弓搭箭,猛然将箭射出,正中这只猛虎。猛虎中箭,挣扎了数下,倒地而亡。群臣见状齐呼万岁。此时的皇后却陷入了深深的忧虑,她不仅为国家的前途担忧,也为道宗的安全担心。身为一国之君,道宗在围猎时仍一直奔在最前面。万一有个闪失,后果则不堪设想。想至此,皇后忙上前劝说道宗要注意安全,不要入山游猎了。正洋洋自得地道宗闻后颇为不痛快。他联想到以往自己每次出猎,皇后总是以这样或那样的理由劝诫自己,越发感到皇后讨厌。自此以后,道宗对皇后日渐疏远。

懿德皇后虽是饱读经书,胸怀大志的才女,但她终究是个女人。柔情似水、多愁善感等女性特有的性格在她身上仍然存在。由于失去了往日的恩宠,皇后一时陷于孤独寂寞之中。于是,她做了《回心院》歌词10首,配以管弦,命宫中伶宫赵惟一在宫内演奏。这些歌词大多深情婉转,凄楚哀怨,寄托着盼望道宗回心转意,恢复往日恩宠之意。有词云:

换香枕,

一半无云锦,

为是秋来辗转多。

更有双双泪痕惨。

换香枕,

待君寝。

然而,事情发展远不止于此……

三

辽道宗大康元年(1075年),皇太叔重元乘国内空虚发动了兵变,谋夺皇位,后兵败而死。在镇压重元兵变的过程中,知北枢密院知事耶律乙辛立下了赫赫功绩,故取得了道宗的信任。此后，耶律乙辛平步青云，总领全国军事，一时间，权倾内外。这耶律乙辛本性骄横，居功自傲，目空一切，根本不把皇帝和大臣放在眼中。懿德皇后鄙夷其为人的品性，上奏道宗请求立皇子濬为太子，奉诏总领国政。道宗接受了皇后的谏议。耶律乙辛受到排挤，政治野心受到抑制，因而他更加痛恨懿德皇后，千方百计进行报复。然而，懿德皇后为人光明磊落，耶律乙辛一时无隙可寻。

重元兵败被杀后，其家产被抄没，满门遭斩，但其中一位名叫单登的伶婢却生存了下来。原来单登善弹琵琶，姿色出众，在当时颇负盛名。道宗久闻其名，忙召单登进宫，并倍加宠爱。而懿德皇后认为此女系重元之人，留她于君侧，恐有不测，就力谏道宗辞了她。单登遭辞后，知道系皇后所为，于是对皇后恨之入骨。

恰逢单登之妹清子被耶律乙辛收留，并颇受耶律乙辛喜爱。由清子引介，单登结识了耶律乙辛，并向耶律乙辛提供了一个重要线索——皇后与宫中伶官赵惟一往来频繁，可在这上面大做一番文章。

懿德皇后由于爱好词曲，加上当时失宠，心中多有不快，故常与赵惟一起弹唱、演奏，二人往来甚多。当时宫内就有人捕风捉影，散布流言蜚语。耶律乙辛正在暗中谋划报复皇后，经单登提醒，他心中猛生一毒计。他随即请人作了《十香词》10首，内容尽是美艳媟语之词。如：

青丝七尺长，

换作用家妆。

不知眠枕上，

倍觉绿云香。

红绡一幅强，

轻阑白玉光。

试开胸探取，

尤比颤酥香。

芙蓉失新艳，

莲花落故妆。

两股总堪比，

可似粉腮香？

耶律乙辛又派其夫人在入宫时将《十香词》献给皇后。正处失意之中的皇后见后大喜，耶律乙辛夫人乘机说："皇后既然如此喜爱此诗词，何不亲笔抄寻下来。"她接着又说："这《十香词》乃汉朝皇后赵飞燕之作，皇后若能亲笔抄录，岂不成了二绝了吗？"懿德皇后本性明达，胸怀坦荡，也没有过多警惕，就用笔纸亲笔抄录了下来，并在笺尾即兴题了一首《怀古》的绝句。诗云：

宫中只数赵家妆，

败雨残云误汉皇。

唯有痴情一片月，

曾窥飞燕入昭阳（昭阳殿，赵飞燕所居处）。

狡猾的耶律乙辛眼见大事即可成功，不禁喜出望外。他用重金买通了一位皇后宫中的伶人，让他将皇后亲笔抄录的《十香词》及题《怀古》诗的纸文原件偷了出来，准备以此作为皇后的罪证。可他仍觉声势太弱，因此又指使手下心腹人将写满关于懿德皇后与赵惟一关系暧昧的几十幅标语，连夜张贴在辽都城的各要害醒目之处。等到第二天，城内居民和朝内官员见到标语都乱作了一团。于是间，街头巷尾，朝廷内外都对懿德皇后议论纷纷，流言蜚语接踵而起。

耶律乙辛见时机成熟，忙奏明道宗，指出朝廷内外已对皇后与伶官赵惟一关系一事议论纷纷，并说自己已掌握了确凿的证据可证明皇后同赵惟一关系暧昧。道宗不料祸起后院，后宫中竟出了如此丑闻，不禁大怒，立命耶律乙辛与宰相张孝杰会同查办此案。

这时在宫中的懿德皇后也听到了外面的风言风语，忙上朝面见道宗，企图澄清那些谣言。一旁的耶律乙辛冷冷一笑："此事有据，证之凿凿，皇后你还想抵赖不成？"皇后没料到耶律乙辛会如此诬陷自己，脸色顿时气得煞白，大声喝道："你分明是图谋报复，你有何证据？"但见耶律乙辛不慌不忙地拿出了皇后为《十香词》所题的《怀古》，说："这就是你的罪证！"皇后不禁诧异："何以见得？这本是我批判赵飞燕之词呀！""不，这正是皇后你怀念赵惟一的诗。"这时宰相张孝杰插话道："万岁，你看，此词中'宫中只数赵家妆'和"唯有痴情一片月'二句不是就包藏了'赵惟一'三个字吗？"皇后听后气得浑身发抖，半晌说不上话来。昏庸愚昧的道宗竟上了圈套，轻信了权奸的谰言。他喝令执法官当堂杖责皇后。皇后哭诉言其并非实事,太子及朝中忠良之士也都跪下为皇后求情。皇太子耶律延潽当面哭求说:"父王,若你偏信佞言,惩处母后,儿臣就离宫出走!"并怒目大骂耶律乙辛等为奸臣贼子、图谋陷害忠良。但道宗耶律洪基固执己见,喝令执法官立即执刑。可怜的懿德皇后当场几乎被打死。皇太子耶律延潽气愤地扯下自己的太子外袍、腰中盘带离朝而去。

惨遭重刑的皇后被抬回宫后,长时间不省人事,接下去便是一连数日不吃不喝,终日神情呆直。离朝而去的太子曾乘夜黑去看望皇后,准备带她一起出宫,但被皇后拒绝。就在太子走后的那天夜里,懿德皇后自缢而亡,时年 36 岁。她在临死前还复作一首《绝命词》,申诉自己的冤情。而那伶官赵惟一理所当然地被杀了头。

耶律乙辛如愿以偿,害死了懿德皇后,逼走了太子,自己又重执朝政。非但如此,他还派人到处追查皇太子的下落,欲将其除掉。

天作孽,不可违,自作孽,不可活。后来,在朝中大臣们的强烈要求下,恶贯满盈的耶律乙辛终于被诛,得到了他应有的下场。这时年迈的辽道宗方明白懿德皇后被害原是耶律乙辛搞的一场阴谋。

传说,懿德皇后死后变成了一只寒号鸟,每晚都在辽都城上空盘旋、啼叫。人们说,那是皇后在诉说着自己的沉冤。

浙江按察使周新含冤被杀案

明成祖永乐十六年,浙江按察使周新因秉公执法,刚直不阿,得罪了锦衣卫而惨遭杀害。此案乃明朝一特大冤案,对明代政治产生了较大影响。

一

明成祖永乐十六年的一个夏夜,浙江按察使周新在书房里审阅状子已整整三个多时辰了。面对如此多的同类状子,周新眉头紧皱,双眼紧闭,陷入了深思之中。原来,这些状子都是告同一个人的,那就是京师派往浙江缉事的锦衣卫千户许应先。他借寻访珍贵宝石为由,到处大肆搜查。许多商号富户被他敲诈勒索,稍有不满,就施以酷刑,直到打死为止;还有几份状子告许应先强抢民女,有的民女被摧残后或被杀,或发往官妓。有一富商女儿不从,被活活掐死,暴尸三天。这些状子张张泣血,字字含悲,不由得使周新怒发冲冠,血往上涌。

周新为官已二十多年,不畏权势,执法如山,人称"冷面寒铁",深得民心。不过今天,他第一次感到为难。许应先是一个小小的千户,但他是锦衣卫,而锦衣卫是皇帝的贴身卫队,深得皇帝的信任。其中锦衣卫指挥使纪纲更是了不得了,可以说他在皇帝面前说一不二,且掌握着专门刑讯朝廷大臣的"诏狱"。许应先是纪纲的亲信爪牙,现在他在浙江,地方重臣都避让三分,致使他们飞扬跋扈,无法无天。现在要审理状告他的案子,颇使周新感到头痛。不过他下决心:要伸长正义,为民做主。

还没等周新去找许应先,许应先自己倒找上门来了。

一天,几名锦衣卫的士兵带着一个衣衫不整的文弱书生前来告状。他们声称此书生深夜潜入千户官邸,盗走巨额资产,现人赃俱获,让周新审理此案,并警告周新仔细审问。那趾高气扬的态度,盛气凌人的话语,几乎把周新气晕。但周新忍住了,锦衣卫扔下一张赃物单后便扬长而去。

周新仔细打量送来的人,满身棒伤,一脸书生气,一看便知是一位知书达理的宦家子弟。他仔细地询问来人,原来此人名李慕才,出身书香门第,因家藏一块胭脂变色璧,被许应先知道,几次索取、求购均未果。李慕才恐怕珍宝被许强抢,准备将其隐匿他处,谁知发现宝石不翼而飞。当知被一亲信管家李云刚刚盗走,便去急迫,追至千户衙门却被擒,且遭一顿苦打,以后便被送至这里。周新知道案情的来龙去脉后,一面将李慕才收监,一面派人查访。果然李慕才说的是事实,最有力的证据是李慕才的管家李云现已成为锦衣卫亲军,在大街上耍威风。周新苦思冥想,终于想起了一个对付许应先的妙计……

二

许应先这次来浙江,想趁机大捞一把,故以刺探消息为名,到处敲诈勒索,横行霸道。全省官员惧怕锦衣卫,没有人敢阻拦他,反而处处巴结他,唯独按察使周新不但不行贿,而且自来后十几天不见他面。许本想参他一本,但他听说周新颇有政声,心中也是畏惮几分。现恰有李慕才一事,他乘机想起这个借刀杀人的毒计。

谁知，就在锦衣卫送去李慕才的第二天，周新便送来报告，请许一起会审李慕才。许应先暗自得意：周新到底是"怕"自己了。

　　此时，周新已做好充分准备，在衙门里布下天罗地网，只待许应先来投。下午，许应先在锦衣卫的簇拥下来到衙门，坐定后，周新没有按惯例提审李慕才，而是向许应先提了几个问题，只问得许应先胆战心惊：

　　"李慕才的管家李云怎会在锦衣卫充当亲军？"

　　"李慕才一人行窃怎会拿得动这么多财宝？"

　　"锦衣卫戒备森严，高手如云，怎会让一文弱书生进去行窃？"

　　……

　　"许应先你为官不过10年，家庭又不富裕，如何弄得这些金银财宝？"

　　许应先顿时汗流浃背，恼羞成怒，站起来大声呵斥周新，并想借反叛朝廷之名将其缉拿。哪知周新哈哈大笑："你来浙江后假公济私，强索民财，霸占民女，铁证如山，此次来到衙门，休想逃脱！"一声大喝"升堂！"只见大堂两侧齐声威喝，站满了强悍的捕头士卒，个个手持钢刀利刃，怒目圆睁，杀气腾腾。许应先先是被吓得胆战心惊，后他又从怀中拿出一道圣谕，云：各地官员不得随意扣押锦衣卫人员。这大出周新的意料之外。因皇上圣谕不得违背，只有将许软禁起来，并将其随从也拿下，同时周新自己也准备上书夺回许手中的圣谕。

　　周新的举动，轰动了整个浙江省，人人纷纷送匾、挂花、敲锣打鼓，前去感谢周臬台。此时的许应先被软禁在一个小院子里，一举一动都在被监视之中。他深知，只有逃走，赶在周新之前到京告密，方可保住自己性命。岂知周新想到了这点，因而对许防守得极为严密。许只得放弃逃走的念头，静等死刑。不过，出乎人们意料的事发生了：一天夜里，李慕才的管家李云用熏香熏倒值班军丁，将许应先救走了。

　　第二天黎明，周新得知许应先逃走，火速传令全城收捕，又向城郊各县传出通缉令，一经发现许应先，立即拿下，送至省府。但两天已过，许的一点消息也没有。周新担心许潜回京师，恶人先告状，于是自己带了四名精干随从，轻装进京。

三

　　周新独自上京师告御状的消息传出后，杭州百姓纷纷支持，并请求两江总督和浙江布政使衙门上书声援周臬台。但他们深知，明成祖朱棣是靠兵变从自己侄子建文帝朱允炆手中夺得政权的,如今最使他担心的是朱允炆一直下落不明,所以自登基后,朱棣大力扶持特务机构——锦衣卫。此次,周新上告锦衣卫,无疑就是太岁头上动土,人们都为他捏了一把汗,但出于袍泽之谊,总督和布政使两人都写了奏折,替周新说好话。

话说周新一路日夜兼程,向京师进发。一路上他不断地打听有关许应先的消息,一旦发现一点线索,便停下来追查,这样过了20多天,才赶到离北京不远的涿州。这天,周新正在一客房,忽听随从禀告:"发现了许应先的踪迹。"周新大喜,忙令随从不要打草惊蛇,暗中将许应先擒获,并持浙江按察使衙门文书,将许应先送到涿州县衙,并立即收监。

许应先落网,周新不再担心自己被诬陷,心情舒畅,便一路走,一路观赏景色。这天,他来到卢沟桥头,正浏览景色,忽然前面来了一路旗牌校尉,得知他是浙江按察使周新后,即传出圣旨:"将逆臣周新拿下!"周新方知那许应先又从涿州狱中逃脱,抢在自己前头在皇帝面前告了自己的状。周新自持身正,严词反抗,却被校尉打得皮开肉绽,体无完肤。

原来,许应先向纪纲报告后,纪纲立即面见皇上,诬告周新本是朱允炆的旧臣,对朱允炆有依恋之情,且早存谋反朝廷之意。这次他拘捕许应先,实则是保护朱允炆。朱棣听后,勃然大怒,他对纪纲一向言听计从,故而决定逮捕并亲自审问周新。

朱棣一见到周新,便严厉斥责周新为什么缉拿锦衣卫,坏了他的大事。周新据理力争,将许在浙江的所作所为一一告知皇上。但朱棣宠信锦衣卫,又见周新顶撞自己,大怒,喝令他回去思过,写上一道谢罪奏折,听候发落。

这天,朱棣在仪天殿进完早膳后,一人在殿内批阅奏折,看到不少奏折都力保周新,替周新说话,还有浙江百姓的万民折,都要求保护直臣,严惩恶吏。朱棣感到为难,此案本该由刑部审理,但如果许应先作为被告人,在刑部大堂上泄露了他

朱棣

一直缉查朱允炆的隐私,他将受到指斥,便决定不让刑部插手。他痛恨周新放跑了自己一心要抓的朱允炆,虽然这是纪纲凭空给周新硬加的罪名,但朱棣却深信不疑。不过真要杀周新必会掀起轩然大波,正在为难之时,朱棣想起周新忠贞秉公,忽动了恻隐之心,心想:如果周新写一道奏折谢罪的话,便顺水推舟,赦他而去。

岂料周新的奏折送上来后,朱棣不禁大怒:原来,周新一句谢罪的话也没有,反而建议他消减锦衣卫职权,废除诏狱,不准锦衣卫官员到京师以外缉查案件。这分明是断皇帝的耳目,减弱皇权!朱棣决定将周新按逆臣罪处以斩刑。

周新就要行刑了。许多刚直的大臣纷纷上书为周新鸣冤,但却被朱棣压住了。行刑这天,天阴雨湿,愁云惨淡,周新身戴刑具被押往刑场。所过之处,都有百姓自备的香案和酒,杭州来的百姓还不顾军士们的阻拦将一束大红绸子披在周新身上,个个泣不成声,喊着:"周大人,百姓给您送行来了……"

来到刑场,周新仰天长叹,厉声高呼:"周新生为直臣,死亦做直鬼!"慷慨就戮。

周新死后,全国上下掀起一场声势浩大的运动,为周新鸣冤。这一运动经过好长时间才被压下去。自此,明朝政治愈发黑暗,锦衣卫更是横行霸道,欺上瞒下,恣意诬陷、迫害忠良。这一切,不能不说是由朱棣枉杀周新一案留下的弊端。

查嗣庭被杀案

有一则广为人知的故事:雍正皇帝时期,朝中大官查嗣庭主持江西的科考,为考生出了一道"维民所止"的试题。这本是《诗经》中的一句话,不足为奇。不料,却有人指出,"维止"二字合在一起,就是去掉雍正二字之首,意谓要砍去雍正皇帝的头。雍正闻知后,勃然大怒:你要砍我的头,我先要砍你的头!于是查嗣庭被斩首处死,并连累家人及家乡士子。

这个故事因其生动形象,而流传很广。然而,它毕竟是则故事,与历史事实有着很大的出入。

查嗣庭遭杀的根本原因是由于他是隆科多的"逆党"。定的罪名是他有"种种悖逆实迹"。

一

查嗣庭,浙江杭州府海宁市人,康熙四十七年(1708年)进士,雍正年间,任内阁学士,后又升任礼部侍郎。查家门户在清初曾有一段极为红火的时期:查嗣庭兄弟四人,大哥查嗣璉,幼时受学于黄宗羲,擅长辞赋,康熙三十二年(1693年)入南书房,受"钦赐"进士出身,改举为翰林院庶吉士,授编修;其子查克建在其父前考中进士,后入刑部;二哥嗣瑮,康熙三十九年(1700年)进士,官至侍讲,并极负才名;四弟嗣瑾,早已过继给其叔查嵋继,虽未功名,但家庭殷实,方圆数十里颇有盛名。

查家门户盛极一时,然而好景不长,雍正四年(1726年),查嗣庭"触犯刑律"而被处斩,查家自此也就一败涂地。

可以说,查嗣庭的平步青云全赖隆科多的大力提携。

据说,查嗣庭长就一副"狼顾之相"。"狼顾",指狼能将头后转180度而身躯保持不动,狼性多疑。具有这样一种面相,这样一种性格的人,往往被认为心术不正,怀有异志。雍正对相面术是深信不疑的。他后来曾说,查嗣庭长相不好,曾引起他的警觉。但一个事实是,查在雍正年间升迁极快,其原因正如雍正在1726年9月26日命将查嗣庭革职拿问时所讲:"查嗣庭向来趋附隆科多,隆科多曾经荐举,朕令在内廷行走,授为内阁学士及礼部侍郎。"一句话,因为查嗣庭是隆科多的党羽。

隆科多,满州镶黄旗人,两朝国戚,其姑母是康熙帝的生母孝康皇后,其姐又是雍正帝的生母孝懿皇后。雍正继位时,隆科多任九门步军统领,雍正能够登上皇帝宝座,隆科多功劳最大。

康熙生性疑心较重,所以立皇太子一事迟迟不能定下来。诸皇子为争夺皇位,相互钩心斗角,结党营私,甚至不惜手足相残。康熙六十一年(1722年),康熙帝病逝于北京西郊的畅春院。弥留之际,康熙传诏将皇位传给四皇子胤禛,因事发突然,胤禛即位也就留下了很多疑点。有人说,胤禛是弑父夺位;也有人说,胤禛将康熙遗诏中的"皇位传十四子"做了手脚,把"十"改为"于"……,本来就对皇位虎视眈眈的诸皇子对胤禛极不服气。刹那间,京城内杀机四伏,大有一场血战之势。此刻的隆科多坚决地站在了胤禛一边,并起了力挽狂澜的作用:一方面,他是康熙弥留之际承旨传位的唯一大臣,康熙既死,遗诏内容如何? 只能是隆科多一语定乾坤;同时,隆科多身居要职,手握兵权,"一呼可聚二万兵",能够确保胤禛在形势极为险恶的情况下登上皇帝宝座。

雍正当上皇帝后,对隆科多格外宠信,加封他为总理事务大臣,承袭一等公爵。一时间,隆科多权倾内外。查嗣庭尽管相貌不吉、"心术不正",但由于走了隆科多的门路,所以官运亨通。

"鸟禽尽,良弓藏;狡兔死,走狗烹"。隆科多扶雍正坐稳金銮殿之时,正是他祸机开始之日。更何况隆科多掌握着雍正继位的隐情,正如他所说:"白帝城受命之时,即死期已至之时。"但隆科多不是诸葛亮,雍正也并非是阿斗刘禅。

年羹尧朋党被铲除后,雍正便把隆科多朋党集团定作下一个打击的主要目标。为给最后铲除隆科多朋党集团作舆论准备,雍正首先将查嗣庭当作隆科多的党羽中一个知名度很高的逆党,首先给予打击。

二

查嗣庭案件揭起时,隆科多已被削去太保衔和一等阿达哈哈番世职,被遣往阿兰善山修城垦地去了。如何通过查嗣庭进一步打击隆科多,根禁"朋党"之弊,巩固自己的统治,雍正着实费了一番脑筋。

雍正首先想到的是从查嗣庭的文字中寻找罪名。但查嗣庭不愧有着一副"狼相",他为人做事谨慎缜密。查的书法极精,朝野闻名,但他从不轻易示人,更谈不上有什么大部头作品刊刻流传于世。据说查嗣庭对文字小心到极点,他的书房每晚紧闭房门,有人曾从窗缝窃视,只见他秉笔疾书,写完后就爬上梯子,把所记文字藏到房梁上。如此,想从文字上寻查的蛛丝马迹,可谓难而又难。

雍正四年(1726年),为各省乡试之期,查嗣庭被任命为主考官,前往江西主持科考。雍正认为,向查嗣庭开刀的时机已到。乡试完毕后,雍正着重查阅江西试题录,经反复思考,发觉其中大有文章可做,但又考虑到仅就此一项治查嗣庭的罪,尚不足以服众。雍正推想,查嗣庭即为一介文人,做官这么久,平日不可能没有文字记录,于是他下令查抄查嗣庭家,果然发现了用细字密写的两本日记。雍正阅罢,不禁大喜过望:罪证已齐备。当年九月,雍正召集群臣,当众公布查嗣庭的罪证。

其一,查嗣庭赴江西主考所出的题目,"显露心怀怨望,讥刺时事之意"。科举考试命题,考官必须从《四书》《五经》中摘取文句,这本不会出现什么政治风险。但欲加之罪,何患无辞。在清朝,因试题涉嫌诽谤或太偏太怪而考官得罪的,屡见不鲜。查嗣庭曾用孟子的话出了一道题目"君犹腹心,臣犹股肱",意谓臣子是君主的左膀右臂。但雍正却从另一个角度看这个问题:为什么称君为"腹心",而不称"元首",分明是不知君上之尊,僭上谋乱。

其二,查嗣庭日记中,"悖乱荒唐,怨诽捏造之语甚多"。罪证中指责查嗣庭诽谤圣祖仁皇帝之用人行政,"以翰林改授科道为可耻,以裁汰冗员为当厄,以钦赐进士为滥举,以戴名世获罪为文字之祸……"又指责查嗣庭捏造事实:"热河偶尔发水,则书淹死官员八百人,其余不计其数,又书雨中飞蝗蔽天……"这些罪证,白纸黑字,腹诽心谤,是足以令人信服的、确凿的、极有分量的罪证。

其三,查嗣庭为官品行不端。罪证中指责查"受人嘱托,代人营求之事,不胜枚举",又如"科场关节及科场作弊书信"更是不计其数,如此庸官何以辅佐大清王朝!

按上面雍正所列的关于查嗣庭的罪证,查嗣庭获罪确与科场命题有关,但并不是传说中所谓"维民所止"。他在江西所出的题目主要有"君子不以言举人,不以人废言";"山径之蹊,间介然,用之而成路;为间不用,则茅塞之矣,今茅塞子之心矣";"君犹腹心,臣犹股肱";"正天而天地之情可见矣";"百室盈止,妇子宁业";"其旨远其辞文"等。雍正也确曾在查嗣庭所出的题目中动过脑筋,但正如他所说:"今若但就科场题目加以处分,则天下之人必有以查嗣庭为出于无心、偶因文字获罪。"一句话,若如此,便不能令天下人心服口服。实际上,雍正所说查嗣庭有"种种悖逆实迹",主要依据便是查的两本日记。

雍正既然称查嗣庭有"种种悖逆实迹",大清皇帝所言乃"金口玉言",谁敢对此持有疑义呢?殊不知,这一案件背后有着复杂的政治背景。

三

查嗣庭的罪名虽已确立,但按大清律例,尚需走走过场。雍正四年九月,雍正当众宣布查的罪证后,便将其革职拿问,送交三法司——刑部、都察院、大理寺审理。次年五月,刑部等衙门奏禀,查嗣庭所犯"悖逆实迹"均属事实,罪名成立,并按大清律例拟将查嗣庭凌迟处死。但判决尚未经雍正准允时,查嗣庭心力交瘁,已死在狱中。既然查嗣庭不能活着"明正典刑"，死后也不能赦免，雍正令刑部，照例戮尸枭示。

查嗣庭一人"触犯"刑律，家人及乡亲均受牵连：

查嗣庭之子查法定为斩监候，秋后处决；另外3个不满15岁的儿子免死，流放3000里。大哥查嗣琏及其子，罢官遣返原籍。二哥查嗣瑮及其子，免死，流放3000里。老四嗣瑾因早已过继给其叔，依律免议。

查嗣庭犯罪之时，其家乡浙江海宁县曾盛传"屠城"，吓得人心惶惶，四处逃避。屠城虽然没有发生，但浙江书生们却因查嗣庭一案而大受牵连：他们不准参加雍正五年的乡试、会试。

李自成兵败后的生死之谜

李自成，陕西米脂县人，明末著名的农民起义军首领。明崇祯十七年（1644年）三月十九日李自成攻破北京城，崇祯帝见大势已去，自缢煤山（今景山），明王朝被推翻。李自成于北京城正式登上了皇帝宝座。然而，登基后不久，他的命运骤然逆转。镇守山海关的明将吴三桂引清军入关，在山海关大战中击败大顺军，李自成被迫带领伤亡惨重的大顺军退出北京，转战河南、陕西、湖北等地，其后屡战屡败，再无回天之力。1645年，李自成兵败九宫山，从此销声匿迹了。于是，有人发出疑问，叱咤风云、赫赫声名的闯王，结局究竟如何？真如史书所言在湖北通山县被地主武装杀害？还是确如民间流传在湖南石门夹山寺出家为僧？时至今日，有关李自成的最终归宿流传着十多种说法，孰是孰非，莫衷一是。

九宫山兵败被杀说

关于李自成的结局，史书记载最详细的一种说法就是在湖北九宫山兵败被杀。据载，李自成山海关大战失利后一路南撤，逢战必败，溃不成军。由于当时清军以为明朝报仇，剿灭"闯贼"为借口入住关内，自然对其狂追不舍。而新建的南明王朝更把李自成视为亡国逆贼，恨之入骨，因此也不断组织人马或联络沿途地方乡勇截击，大顺军面临的环境空前恶劣。1645年4月中旬，大顺军主力行进到距离江西九江不远的地方时,被清军又一次追上。经过一番混战,清军攻破大顺军的大本营,将汝侯刘宗敏、军师宋献策、李自成的两位叔父(赵侯、襄南侯)以及一批将领家属俘获。这一突发变故,使本来就士气低落的大顺军愈加雪上加霜,人心大丧。

李自成

此时,清军已经追到九江一带,大顺军如果继续东下,很可能在长江下游遭到围攻,因为清军的东路豫王多铎部当时正试图经过河南归德府、安徽泗州向南京逼近,如果他回师而上的话,很容易对大顺军形成包抄之势,鉴于此,李自成及时改变战略,掉头准备穿过江西北部转入湖南。在仓皇中,李自成率军来到了湖北通山县和江西宁州(今修水县)交界的九宫山下。

同年5月,在清军铁骑的围追堵截之下,李自成在九宫山下与前来追杀的英亲王阿济格再次激战,其后不知所终。

最先报告李自成遇难九宫山的是清王朝负责追击闯王的靖远大将军阿济格。他在1645年阴历闰六月初四日给朝廷的奏疏中说:"李军兵尽力穷,窜入九宫山中,随后在山中遍寻李自成不得。降兵、降将都说,李自成逃走时,仅携带随身亲信二十人,被村民围困,不能脱,自缢而死。派认识李自成的人去验尸,尸体已经腐烂,不可辨认了……"这一消息上报北京后,清廷十分高兴,认为贼首被歼,无疑是大功一件,多尔衮还因此告祭天地太庙,宣谕中外。地方官员也纷纷上表庆贺。可以看出,此时以多尔衮为核心的清廷是相信李自成已经死了的。

可是,就在阿济格胜利凯旋的途中,多尔衮得到了大顺军重现江西的情报。由于没有得到李自成的首级,多尔衮因此怀疑李自成的死讯不可靠。为此,阿济格又找了认识李自成的人去认尸,但是尸体腐烂,无法辨认。于是在第二次上奏中,他说得更加含糊,至于李自成是死是活也说得不清楚了,说还得继续察访。这让多尔衮大为震怒,七月二十日,他派人对即将进京的阿济格谎报军情进行了严厉地训斥。胜利班师还朝后的阿济格不仅没有得到封赏,还因为欺诳罪由亲王降为郡王,罚银五千两。这明显说明,清廷对李自成的死产生了极大的怀疑。但是,很快阿济格就被恢复了亲王,甚至多尔衮晚年还待他当作了最亲信的人。清廷对阿济格态度的变化,使本来就扑朔迷离的李自成生死之谜,愈加不辨真伪。

南明的五省总督何腾蛟在隆武二年(1646年)阴历二月所写的《逆闯伏诛疏》中也说李自成死了,不过这时距离李自成兵败九宫山已近10个月了。奏疏上是这样说的:"闯逆居鄂两日,忽狂风骤起,对面不见,闯心惊疑,惧清之蹑其后也,即拔贼营而上。然其意尚欲追臣,盘踞湖南耳。天意亡闯,以二十八骑登九宫山为窥伺计。不意伏兵四起,截杀于乱刃之下。相随伪参将张双喜系闯逆义男,仅得驰马先逸。而闯逆之刘伴当飞骑追呼曰:'李万岁爷被乡兵杀死马下,二十八骑无一存者。'一时贼党闻之,满营聚哭……嗣后大行凶问至(指弘光帝被清军俘获),剿抚道阻音绝,无复得其首级报验。今日逆首已泯,误死于乡兵,而乡兵初不知也。使乡兵知其为闯,气反不壮,未必遂能剪灭,而致弩刃之交加,为千古大快也。自逆闯死,而闯二十余万之众初为逆闯悲号,既而自悔自艾亦自失,遂就戎索于臣。逆闯若不死,此二十万之众,伪侯伪伯不相上下,臣亦安得以空拳徒手操纵自如乎?"何腾蛟的这份奏疏是关于李自成死于湖北通山县九宫山下的又一原始文献。由于几个月前李自成的部将接受了他的节制,他有充分的条件从大顺军将领及士兵的口中获悉李自成牺牲的经过,这份奏疏应该是比较可信的。南明的隆武帝朱聿键得到奏疏后,开始"大喜,立拜(何腾蛟)东阁大学士兼兵部尚书,封定兴伯,仍督师"。

应该说何腾蛟关于李自成死于九宫山团练之手的消息直接得自跟随李自成的许多大顺军将领,甚至包括了李自成牺牲时就在身旁的养子张鼐(即张双喜),应当说是相当可靠的。但是,由于没有李自成的首级为凭,隆武朝廷内部表示怀疑的大有人在。右副都御史郭维经就曾经上书认为,说李自成死在九宫山没有任何根据,何腾蛟是七月下旬从李自成投降的部下那知道的,并且是过了年以后才上报的。如果在没有得到正确答案的情况下就封赏,恐怕不合适吧。况且,如今李自成还是生死不知,下落不明,万一哪天有人提着李自成的头来领赏,何腾蛟该做何解释呢?

看了郭维经的上疏,朱聿键也产生了怀疑,就让何腾蛟再报一次,然后再宣布这一捷报。何腾蛟于是第二次上疏辨明"闯死确有实据,闯级未敢扶同,谨据实回奏"。

·扑朔迷离的死亡阴影·

图文珍藏版

　　总的说来,由于清廷和南明都没有得到李自成的首级,由此而产生"自成生死终未有实据"的怀疑是自然的。但是阿济格与何腾蛟上报的奏疏中关于李自成死于九宫山的描述在主要情节上(时间、地点和牺牲经过)是一致的,由于主要消息都源于当时原属于大顺军的兵卒所,应该具有相当的准确性。

　　根据这两份报告,《明史》中也做出了李自成已死,而尸朽莫辨的模糊结论。这个结论,因许多地方志、家谱的发现而有所加强。清初的史家费密在其所著《荒书》中对李自成牺牲的经过做了详细的描写:"大清追李自成至湖广。自成尚有贼兵三万人,令他贼统之,由兴国州游屯至江西。自成亲随十八骑由通山县过九宫山岭即江西界。山民闻有贼至,群登山击石,将十八骑打散。自成独行至小月山牛脊岭,会大雨,自成拉马登岭。山民程九伯者下与自成手搏,遂辗转泥淖中。自成坐九伯臀下,抽刀欲杀之,刀血渍,又经泥水不可出。九伯呼救甚急,其甥金姓以铲杀自成,不知其为闯贼也。武昌已系大清总督,自成之亲随十八骑有至武昌出首者,行查到县,九伯不敢出认。县官亲入山谕以所杀者流贼李自成,奖其有功。九伯始往见总督,委九伯以德安府经历。"费密所提到的牛脊岭,确实是当地的地名,程九伯也确有其人,康熙四年《通山县志》有他的小传:"程九伯,六都人,顺治二年五月闯贼万余人至县,蹂躏烧杀为虐,民无宁处。九伯聚众,围杀贼首于小源口。"另查《德安府志》职官志"国朝经历"条下第一人即"陈九伯,通山人,顺治二年任"。姓名虽稍有不同,但也足以证明程九伯得到清廷奖赏的真实性。这些记载无疑从一个侧面证明李自成很可能死于湖北九宫山。

　　那么,既然李自成死于此处,为什么清军和南明双方都没有得到李自成首级这一重要证据呢?这无疑是李自成死于湖北九宫山的说法需要进一步论证的问题。

　　今人分析认为,对于阿济格来说,未能取得李自成首级可能主要是由于时间相隔稍久,农历五月以后南方天气已相当炎热,"尸朽莫辨"是完全可能的。而清政府得到李自成被害的消息是在顺治二年(1645年)七月十五日,江西、湖广等八省总督佟养和上任后才找到杀害李自成的凶手程九伯的。阿济格向清廷奏报时并没有这个线索,被派去实地查验的人也无法取得实证。

　　而南明方面,大顺军在安葬了李自成遗体后就转入江西和湖南,通山县已属清军的势力范围。何腾蛟当时在湖南长沙,不大可能派人前往清军控制的区域挖掘李自成遗体。再说,何腾蛟名为五省军务总督,实际上实力相当有限,只是由于大顺军将领的主动才建立了联合抗清阵线,"一时骤增兵十余万"。即便何腾蛟会派军队进入通山县,他也不敢轻视大顺军余部,而去把李自成遗体挖出来枭首"报验"。这个道理很好理解,他只能在上疏中含糊其词地解释剿抚道阻音绝,没法拿到他的首级报验。至于多尔衮在阿济格上报李自成死后,又得到情报说李自成直接统率的那支大顺军主力进入了江西宁州、瑞昌一带,一种解释认为,明清文献中"闯贼"一词既可指李自成本人也可指李自成起义军,也可能是大顺军一部进入江西而被误认为是李自成遁走江西了。

因此,从以上的分析来看,李自成被地方武装杀死于湖北九宫山的可能性极大。后人据此还在湖北九宫山建有李自成的陵墓,至于此举是否真的迎合了历史真相就不得而知了。

当然,也有人对此说持否定态度,他们认为李自成是清王朝和南明王朝的死敌,他的生死绝对是当时的重大事件。而阿济格报告中说是"尸朽莫辨",纯属附会之辞,难怪清王朝不会信!何腾蛟的报告更是马后一炮,谎报战功,南明王朝自然也不会相信。特别是,李自成退居湖湘时,他的手下还有40余万兵马,驻九宫山一带至少也有数万人,说他仅带20名亲信与事实明显不符。再说,如果李自成真的被杀,他手下的几十万大军,岂会善罢甘休,必定会对乡勇进行残酷的报复。然而事实上,九宫山异常平静,他手下的几十万大军和他的妻子高氏都是平静的,这就反证了李自成没有死于九宫山。况且除了史料记载外,至今也没有找到过任何强有力的实物证据证明李自成确实死于九宫山,只凭史料记载难以让人信服。至于在民间广泛流传的李自成殉难九宫山的说法,有人认为实际上是李自成与其部下放的烟幕弹,一个缓兵之计,目的是让敌人放松对自己的警惕,一旦时机成熟,便可东山再起,卷土重来。

那么,如果真的如此,李自成没有死于九宫山,他又会到哪里去呢?一种广为流传的说法是李自成在湖南省石门县夹山寺出家为僧了。

夹山寺出家说

湖南省的石门县古称澧阳,又称澧州,而夹山寺位于石门县东15千米的三板桥,是一座唐代时建造的古刹。李自成禅隐湖南石门县夹山寺的说法在民间流传甚广,影响极大。传说李自成兵败后,独窜石门县夹山寺为僧,法名奉天玉和尚。这种说法最早见于《澧州志林》所收乾隆帝时任澧州知府的何璘《书<李自成传>后》一文中。何璘在文中称,有一个姓孙的先生对他说,实际上李自成并未死于湖北九宫山,而是跑到湖南的石门出家了。对此,何璘还专门向当地的一些老年人询问,而他们说李自成确实是从湖北公安跑到湖南夹山寺出家为僧了,并且他的坟墓还在那里。

于是,愈加好奇的何璘就专程到夹山寺调查,寺中一位70多岁服侍过奉天玉的老和尚接待了他,他告诉何璘奉天玉和尚是顺治初年入寺的,当时没有说自己从哪里来,但听他的口音像是西北人。此后,一个自称是奉天玉的徒弟,自号野拂的和尚来到这里。他对待奉天玉更是毕恭毕敬。当老和尚把寺里珍藏的奉天玉画像给何璘看时,何璘倒吸了一口冷气,奉天玉和尚的画像与《明史》中记载的李自成太像了。为此,有人根据李自成曾自称"奉天倡义大元帅",后又称"新顺王",断定"奉天玉"即"奉天王"。至于多那一点,无非是为了隐讳。

现在看来,奉天玉和尚很可能就是李自成。

20世纪80年代,在夹山寺附近的一系列考古发现与何璘的记载完全一致,似乎进一步佐证了这种可能。1981年元旦,当地的考古工作者在夹山寺大路西坡偶然发现了一座古墓,但是古墓挖开后奇特的墓葬体制和庞大的规模让考古工作者大惑不解。该古墓为一墓三穴,有着完整的结构。随后从墓中出土的一块名为《中兴夹山祖庭弘律奉天大和尚塔铭》的碑刻,使考古工作者了解到这个墓穴正是奉天玉大和尚的。从记载看这个和尚是顺治九年来到夹山寺的,他的弟子门徒多达数千人,影响力如此之大,确实绝非一般和尚。

其后工作人员在继续挖掘过程中,在中间墓穴又发现了一只白底青花瓷坛,瓷坛做工细腻,釉面竟然装饰有麒麟和凤凰的图案,尤为奇怪的是青花瓷坛上压着符号奇特的方砖。参与了这次考古的湘西著名考古专家龙西斌认为:"这种瓷器比较少见,还没有发现过这种麒麟和凤凰的图案,所以我们认为这件瓷器,并非一般和尚所用。我们在夹山施掘墓葬的时候,发现其他几个和尚都是用普普通通的瓦罐,像这样精美的瓷器,我们还没有发现,特别是麒麟和凤凰的图案纹饰清晰,应该是一个有等级的和尚才可以享用的。"并且这位和尚的下葬方式也是违背僧规的，他不但没用龛和塔来安置遗体和骨殖，而且按照陕北民俗下葬，实在太不应该了。而李自成的家乡就在陕北米脂县。这是不是可以证明李自成并没有死在九宫山，而是出家为僧了呢？

后来龙西斌等人一次在陕北米脂县开会了解到，据记载，明朝时陕西总督汪乔年派陕西米脂的边大绥去掘李自成祖父的墓，据一个当年掘过李自成祖上墓的知情人透露，李自成祖父的墓，父亲的墓，当时就是一墓三穴型的。由此他们推断这个一墓三穴正与陕北米脂的风俗一致。陕西米脂还提供了另外一个线索，就是陕北的人死了之后，男砖女瓦留下圹符碑的符号，寓意"身披北斗，头戴三台；寿山水远，石朽人来"。这与奉天玉和尚墓中青花瓷坛上奇特的方砖符号是一样的。所有这一系列奇怪的现象，让专家们不由得对这位神秘的墓主人产生出浓厚的兴趣。

1981年秋，文物考古工作者又在与夹山相邻的慈利县发现了野拂大和尚墓，墓碑上明文写道，老禅师出身行伍，出生在明朝，清朝去世。曾经"战吴王于桂州，追李闯于澧水"。

显然他所说的吴王就是吴三桂，并且他是与吴三桂在桂州作战之后追随闯王来到澧水的。另外，研究人员还发现在现在的张家界，也就是原来的永定，有一个天门山，天门山有座庙，相传是野拂大和尚在那里建的。《永定县乡土志》曾记载，野拂为闯贼之余党，从石门夹山寺"飞锡来兹、实繁有徒、丛林大举"，显然说野拂是李自成的一个部将。于是有人推测，"野拂"可能就是李自成的亲侄儿李锦，而被野拂精心侍奉的奉天玉和尚就是李自成。随后，在夹山寺里还发现了镶嵌在大雄宝殿正门东侧墙壁中的《重兴夹山灵泉禅院功德碑》，因立于康熙四十四年，故又被称为"康熙帝碑"，系奉天玉大和尚死后30年的追记，碑文写道：因明朝末年的战火，这里几乎成了废墟。后来奉天玉老人从四川来到这里，重振门庭，几年之后，夹山寺就蔚为壮观了。

另外，立于清道光年间，被称为"道光碑"的《重修夹山灵泉寺碑志》，也记载：顺治初年，有个叫奉天玉的和尚来到这里，招收了很多徒弟，寺庙的衰败得以彻底改观。后来，还从夹山寺一个密藏墙洞中发现了，后来被证实是奉天玉大和尚写的《梅花百韵诗》残版和野佛和尚写的《支那撰述》残版，上面的诗句也透露出奉天玉大和尚很可能就是李自成。比如《梅花百韵诗》中有一首《马上梅》写道:"金鞍玉镫马如龙,来去风花雪月(后面一个字脱落了),满堂春色暖融融。"一个和尚要金鞍玉镫干什么呢?难免让人怀疑;还有一首叫《东阁梅》:"东阁阁东头,徐听三公话政猷,煮茶当酒唤同流。"三公是太师、太傅、太保,皇帝手下的三个参谋,一个寻常和尚怎么可能会同三公有什么关系呢?野拂和尚的《支那撰述》中也反映出同样的信息,比如上面有"皇帝圣躬万岁万岁,尧帝之仁中宫皇,再愿满朝文武功"的句子,野佛和尚称奉天玉为皇帝,然后在夹山再愿满朝文武功,夹山已经作为他的殿堂登基了,一个普通的和尚怎么会写这样的诗句,又怎么会有"皇帝圣躬万岁万岁""满朝文武功"的说法呢?这一发现,更加证明了前人夹山寺的考证并非空穴来风。

1992年9月,工人们重修夹山寺大悲殿时,在大殿中部地基里又发现了一个刻着"来力印"二字的龟形敕印。据专家鉴定,它是明末清初的东西。再查阅夹山寺历史的记载,使用这个敕印的除了奉天玉和尚,再无他人。我们知道"敕"是封建社会皇帝的专用名词,一个和尚竟然运用皇帝的做法,代表皇权的敕印却埋在大雄宝殿的中央,这说明了什么呢?

两年后,在石门附近,有人挖菜窖时偶然挖到一块写着"奉天玉诏"四个字的铜牌。经鉴定,它也是明末清初的,也是奉天玉和尚的东西。众所周知,"诏"历来是皇帝专用,奉天玉和尚敢用"诏"的称号,绝对不是一件简单的事情了。在奉天玉和尚身上,竟然有如此浓重的皇权色彩,说明奉天玉绝不止一个普通的和尚那么简单。

接下来的几年中,夹山附近的石门县、临澧县、澧县等地又相继发现了"永昌通宝"铜币和铸有"西安·王"字样的铜质马铃以及刻有"永昌"字样的折扇扇骨,这些东西的出土说明李自成不是没有禅隐在此的可能性。

除此之外,还有这么一个事实:临澧的蒋家有许多传世的文物,包括香炉、酒杯、玉雕等珍贵的玉器,经鉴定均为明末清初的器物。这些宝物,不但工艺超群,而且价值连城,绝不应该出现在夹山这片山区,所以人们对它的来路难免会有所怀疑。而相传蒋家原本姓李,为躲避清廷的追杀才改姓蒋,当代著名作家丁玲,就是临澧蒋氏一脉,她曾说自己就是李自成的后人。这种种迹象表明,奉天玉和尚极有可能就是闯王李自成,奉天玉的称号正与他"奉天倡义大元帅"的称号相合,此外,敕印、"奉天玉诏"铜牌均属皇帝专用,暗合李自成大顺皇帝的身份。

现在看来,李自成禅隐在此完全可能,可那又是为什么呢?既然他禅隐在此,为什么还会有兵败九宫山被杀的流言呢?针对这一问题,有人推测李自成去当和尚,是形势所迫,不得已之举。当时面对强悍的满清八旗兵,大顺军接连败北,根本无法抗衡。早在大顺军退出北京城的时候,李自成就有联合南明抗清的想法,这其中还包含有民族大义的成分,毕竟清朝是满族人,满族入侵中原,辱我华夏之邦,抗清显然上升为当时的主要矛盾。可是,李自成是朱明王朝的死敌,南明朝廷更以"报君父仇""联清讨贼"为举国大纲,所以联合南明抗清一直无法实现。然而,面对日益紧迫的形势,李自成必须做出决断。有些专家认为,很可能在败退武昌时,就有谋士给他出主意,让他归隐,从而让部下去联络南明,共同抗清。而在当时,也只有这两股力量联合,才有可能同士气极盛、战斗力极强的清军决一胜负。也许正是在这种情况下,李自成采纳谋士的建议或者自己决定退隐。而选择出家在当时无疑是最为明智的做法,况且李自成小时候曾有过一段出家的经历,再续前缘是顺理成章的事情。

那么为什么会选择石门出家呢?据考证,当时石门地区处于政治边缘地带,清朝和南明的势力均未渗入,并且这里是土家族的地盘,归隐最为安全,因此,选择了在此出家。至于史书上记载的九宫山被杀说,正如前面已提到的,很可能是李自成和属下设下的一个迷局,或者说缓兵之计。因为扬言李自成已死,可以起到一箭三雕的作用:首先,可以打消南明王朝对这支大军的敌意,为联合南明抗清铺平道路;其次,可以麻痹清王朝,使其放松警惕,一旦时机成熟,便可乘势再起,卷土重来;再次,可以成功掩护李自成顺利归隐。

可以想到,在夹山寺禅隐后,胸怀天下的李自成仍然密切关注着时局的发展,与大顺军余部保持着密切的联系,继续在幕后指挥着他的部队联明抗清,"奉天玉诏"铜牌就是直接的证据。但是联合南明抗清的计划难以实现,新兴的清王朝更以秋风扫落叶之势,逐个歼灭了反清的军事力量,李自成东山再起的愿望最终落空。这位在风云集会的明末政治舞台上声名赫赫的末路英雄,也只有在晨钟暮鼓、青灯黄卷中度过自己的后半生。澧州知府何璘的记载,如此众多的文物考证,加之对当

·扑朔迷离的死亡阴影·

图文珍藏版

时时局的分析,李自成归隐湖南石门夹山寺确实证据确凿,合情合理。可是这究竟是不是历史真相呢?对于此说反对者也大有人在。

他们认为此种观点漏洞百出,根本无法自圆其说。首先奉天玉从何处、何时来到夹山寺与李自成联系不上。出土的塔铭上明确表明,奉天玉是顺治九年从四川来到夹山的云游和尚,初到夹山,见古刹破败,便沿门托钵,求乞多方支持,以修复寺庙。而事实上李自成在顺治二年五月,就从历史记载中消失了,这段时间他到哪里去了?并且从未见到有什么记载说李自成到过四川,因此怎么能把这个明确记载从四川来的和尚硬附会为李自成呢?其次,塔铭记载还说奉天玉曾和当地的地方官员往来密切,修复夹山寺的时候,当地官员还捐了钱,甚至说他"历经清要"。所谓清要,据《朝野类要》卷二解释"职慢位显谓之清,职紧位显谓之要,二者兼之,谓之清要"。而事实上,完全可以肯定李自成作为明末的农民起义领袖与官方所谓的"清要"之说不可能有任何关系。再说如果真是李自成禅隐于此,试想作为清朝和南明通缉的要犯,他怎么可能抛头露面沿街求乞修庙之资呢?又怎么可能与地方官员往来密切?起码的保密措施,他都不懂吗?

据考证,塔铭的作者刘萱为明朝遗臣,他是忠于大明朝的,又怎么可能为颠覆了明朝统治的李自成写铭记功呢?因此,奉天玉作为一个公开的身份,又与官方有着密切的关系,恰好证明了他不是李自成。

1982年冬,湖南慈利县发现的《野拂墓碑》中还有"久恨权阉""也逐寇林""方期恢复中原"等词句,表明野拂和尚痛恨明朝宦官当权,对农民起义军和清军入关十分憎恨,期望有朝一日能够收复中原失地,显然是明朝遗臣口吻,与李自成部下的身份不符。野拂与奉天玉关系密切,恰好从另一个侧面证明奉天玉不是李自成,可能也是明朝的遗臣。

从李自成余部的表现来看,如果李自成并未死去,那么大顺军强有力的领导人仍在,本应调度有方,进退有序。可是实际上,李自成余部的历史表现却异常混乱:有降清的,有降明的,降明又降清的,或者降清降明之间徘徊不定的。出现这种局面,正好证明李自成已经死去,才会群龙无首,乱作一团。

退一步说,当时李自成还有40余万人马,如果他仍健在,完全可能占据险要之处,占山为王,再树大顺旗帜,与清军继续争锋。即使不能夺回失去的江山,也不至于那么快就从明末清初的历史舞台上销声匿迹了。至少1645年五月以后，史书上再也没有任何关于李自成的政治活动了，总是不争的事实吧？这足以证明李自成确实已经兵败而亡了。

现在看来，奉天玉和尚是不是隐遁出家的李自成，一时间还真说不清楚，因为正反两方面论证都言之有据，合情合理，究竟孰是孰非，史学界也难以做出定论，而所有的研究推理终久只是一种猜测。

被部将所杀说

假设当年李自成没有身死九宫山，也没有出家为僧，那么他的最终结局究竟如何呢？这恐怕谁也无法说得清楚了。近年来，随着对各地史料、地方方志研究的不断深入，有关李自成的结局，又出现了在广东乐昌万古金城被部将所杀的说法。这一观点是粤北乐昌市考古学者丘陵于2004年9月提出的。他说："轰轰烈烈的明末农民大起义兵败后，李自成并没有出家做和尚，也没有前往九宫山，而是辗转来到粤北乐昌的金城山，蜷伏6年继续着其抗击清军的战斗，不幸为自己内部的叛军所害，死于'湘粤之途，马背之上'，乐昌万古金城是其最终归宿。"

丘陵先生的观点是基于对史料、传说的论证和实地考证得出的。据史料记载大顺军兵败后是分东西两路南撤的，东路人马由刘宗敏、田见秀、牛金星等人带领，西路人马由李过、高一功等人带领。可是，据丘陵考证事实并不是这样，他说大顺军是兵分三路撤退的，也就是说在原来的说法上，多出了一支由李自成率领的中路军。中路军是在部队到达襄阳时从东路军分出来的，并且由襄阳经荆州、澧州、凤凰、广西龙虎关、连州市、宜章莽山等地，最终到达了广东乐昌金城山。之所以史书对此没有记载，主要是大军师宋献策的功劳，他巧妙地分路行军，主要是为了迷惑清军，以便让闯王能够安全脱险。看来，大军师的妙计不但瞒过了清军，也瞒过了考古学家们。

他还说，李自成到达金城山后，化名"曹国公"，并以此为根据地，着力打造新的大顺京城——万古金城。在此期间，他与北边据守坪石金鸡岭的高桂英率领的女兵、东边镇守庆云凑云山的宋献策所部遥相呼应，共同抗清。

后来，李自成被叛军所害，安葬在金城山的山岭中，后被太子移迁至佛地凑云山。"前三山，后三山，面前流水转九弯；左有青龙倚皇榜，右有白虎朝马山。"就是一首隐喻李自成墓地的隐诗。

所谓的金城山为粤湘边境的一带群山，坐落于乐昌梅花镇西北的武江三角洲，据坪石、梅花各约8千米。这一带山势险峻，山间小路崎岖，易守难攻，只有一条小路通往山顶。随着这条小路来到山顶，有一段用石头砌成的古城墙将山路堵死，顶部为半弧形的拱门仅容一人通过，可谓"一夫当关，万夫莫开"。丘陵认为，这就是万古金城的城门。进入城里，可以看见一个个巨石形成的小山头，各山头之间地势相对平缓。这些平缓地带就是李自成的屯兵之所。穿过城门，由一条山道往里走大约1公里处，有一座名为"万福仙"的寺院，寺内供奉着曹国公的木雕像。寺外有两块石碑，石碑上的字迹因年代久远已经看不清楚，但经过整理后仍可依稀看到"曹国公"的字样。据丘陵考证，此碑是民国时期的人为纪念"曹国公"刻写的。至今，石碑还可辨认出"明末清初之际有曹国公结寨于此，并勒石于其间曰'万古金城'"的字样。

说到将曹国公确定为李自成的依据，丘陵说，不仅粤湘考古专家已经考证，就是在乐昌梅花一带的民间，也流传着这样的说法：曹国公不是姓曹，而是姓李，人称李大人。当年曹国公部众万余，石工数千，石头建筑如城墙、廊亭、庙宇等均标志有龙形图案。由此，丘陵判断，曹国公应该就是李自成，因为在明末清初，以真龙天子自称的李姓之人，除了李自成，再没有别人。

丘陵还指出，李自成之所以选择在金城山一带屯兵，就是因为这一带山势险峻，易守难攻。另外，化名曹国公的李自成还到过凤凰、龙虎关、莽山一带，这一点在当地的县志中均有记载，而此前已论证过的军师宋献策与太子逝于庆云凑云山之说都印证了自己的新说。

当然，丘陵提出的这一全新的观点，具有合理的成分，但是假设的嫌疑极大，没有强有力的论据可以证明，比如无法判断当时李自成确实到了广东万古金城。而曹国公是否就是李自成，也大有可疑；并且李自成被哪个内部叛将所杀，都难以自圆其说，论据都不充分。况且，明末清初，天下大乱，完全有可能是其他拥兵自重的明朝将领或者农民起义军落草为寇，盘踞在此，而并非李自成。况且，当时军事斗争异常紧张，南明和清朝的军队又都在四处追查李自成，规模如此巨大的行军，能不被他们发现？因此，有人说这一观点论据多为牵强附会，难以为史学家所承认。

另外，还有人提出甘肃榆中青城可能为李自成终老之处，主要论据是在那里的一户人家发现了一本抄修于康熙三年（1664年）的《李氏家谱》。上面有李氏族人逃难青城的明确记载。至今当地民间还有李自成化装成和尚来青城投靠其族人的传说。当地李氏都以李自成后人自居，并有坟墓为证。然而，这一说法的可能性极小，多不被人认同。

总的说来，李自成这位出身于贫苦农民家庭的传奇英雄，在我国明末清初的历史上，叱咤风云，戎马一生，以大无畏的革命精神坚持与腐朽的明王朝斗争，屡经沉浮，并最终推翻了明朝的统治，留下了无数的传奇故事。至于他兵败后，究竟落得了一个什么样的结局，恐怕很难说得清楚。

嵇康之死

公元262年，一代名士嵇康因为参与了吕安一案，被冠以"不孝者同党"的罪名被斩杀，但是他的真正死因却成了一个谜。有人说嵇康是被钟会害死的；也有人说是嵇康得罪了司马氏政权，所以惹祸上身；还有人则说嵇康的死是因为他的一些思想和言论。

嵇康，字叔夜，弱冠之年便隐居竹林，是"竹林七贤"之一，在魏晋时期的风流名士中间，嵇康无疑是最具影响力的一位。他是个令人嫉妒的天才作家，除此之外，还能工草书，善丹青。最具魅力的当数他在音律方面的深厚造诣。他创作的"嵇氏四弄"——《长清》《短清》《长侧》《短侧》与蔡邕创作的"蔡氏五弄"合称"九弄"，是一组著名琴曲，当年还被隋炀帝作为取士的条件之一。嵇康以弹奏《广陵散》而闻名于世，而《广陵散》除嵇康之外，也无人会弹，从而成为

嵇康

绝响曲目。公元262年,嵇康和吕安被押到洛阳东市斩首,嵇康时年四十岁,他的罪名是"不孝者的同党"。但事实上,嵇康真正的死因,却成为了历史之谜。

嵇康与吕安吕巽兄弟都是挚友。吕安的妻子容貌娇美,而且温柔贤惠。有一天趁吕安外出时,吕巽便用酒将他妻子灌醉,并将其奸污。吕安原本打算报官,但是吕巽由于害怕坐牢便请嵇康从中调停,并且发誓说不会恶人先告状。于是,在嵇康的劝说下,吕安决定就此作罢。没想到,吕巽害怕吕安反悔便抢先诬告吕安虐待母亲。由于在当时提倡"以孝治天下",所以不孝是大罪,于是吕安便被抓了起来。嵇康知道真相后,愤然而起,写下了《与吕长悌绝交书》,并且出面为吕安作证。因此,嵇康也被打入死牢,罪名是"不孝者的同党"。

嵇康入狱后,立刻激起舆论的不满,许多豪杰纷纷要求与嵇康一同入狱,并且还将能与嵇康一同入狱当作是荣幸的事情。据说此事也震惊了司马昭,他没想到嵇康入狱会引起如此大的反响。不过,他并未因此赦免嵇康,而是将嵇康和吕安都判了死刑。据说,在行刑那天,曾经有三千名太学生集体请愿,请求赦免嵇康,并要求让嵇康来太学做老师。但是,这些并没有帮助嵇康逃脱一死,反而让司马昭更坚定了杀嵇康之心。就这样,一代名士就在仓促间因为一个莫须有的罪名而被杀了。据说临刑前,嵇康神色毫未改变,而且还向兄长要来了平时所用的琴,在刑场上弹奏了一曲《广陵散》。曲毕,嵇康叹息道:"《广陵散》于今绝矣!"

嵇康死了,虽说罪名是"不孝者的同党",但是人们却认为这其中还有一些疑点。吕安是否虐待自己的母亲,只要向其母亲求证即可,但却是匆忙间便定罪。嵇康只是作为一个调停人。没有做违法之事,为何也会被一起判了死刑,这其中一定有一些不为人知的原因。

一些人认为,嵇康的死是钟会在背后起了推波助澜的作用,目的是要报当年嵇康怠慢他的仇。据说当年隐居竹林时,时任司隶校尉的钟会想结交嵇康,于是便率众去了嵇康那里。当时,嵇康与向秀在树荫下锻铁,对于钟会的到来并未理睬。于是,在等候了一段时间后,钟会便准备离开。这时,嵇康开口问:"何所闻而来,何所见而去?"钟会回答:"闻所闻而来,见所见而去。"从此以后,钟会便对嵇康心生怨恨,并一直找机会报复。所以,当嵇康入狱后,钟会便立刻劝司马昭杀掉嵇康,他说嵇康是司马昭得到天下的威胁和障碍。所以在他的怂恿下,嵇康便因为吕安一案被问斩了。

还有人认为嵇康之所以被杀，是因为他是曹氏集团的人，所以被司马昭不容。嵇康成年后娶了长乐亭主为妻，成了曹氏的女婿。司马氏的政权是用诡计从曹氏手中夺来的，所以司马昭始终是有所忌惮。再加上司马昭曾想聘嵇康为自己的掾吏，但是嵇康却不愿出仕，而且还离家躲避到河东，这似乎也表明了他对当政者的不满与不屑。他的好友山涛曾经推荐他做官，本是一番好意，但是嵇康非但不领情，反而写了一篇《与山巨源绝交书》，这封绝交书无疑是一篇与当权者决裂的宣言。嵇康作为名士，在文人墨客中能一呼百应，所以既然不能拉拢，便只能除之后快了。因此，司马昭便借吕安一案解除了日后的威胁。

还有一些人则认为嵇康之所以被杀，是因为他恃才自傲，不肯从政，并且还导致了很大一批文人名士产生了隐居的想法，所以司马昭杀他是为了"杀一儆百"。嵇康是当时文人阶层中最好的代表，而以他为首的一批人则厌倦了战乱，欲归隐山林，这便造成了很大的人才流失。司马政权初期正是需要人才的时候，而嵇康等归隐的做法更是激起了司马昭的不满。于是在初期的怀柔政策不起作用的情况下，便决定牺牲嵇康，以此达到"杀一儆百"的作用，从而让更多的文人步入仕途。事实上，司马昭的这一政策确实起到了一定的效果。在嵇康死后，敢与司马氏对抗的士林集团也逐渐瓦解，有不少文人纷纷入仕，做了官。这样一来，不但解决了人才流失的问题，而且还避免了一些对自己政权攻击的言论。据说，十八年后，嵇康的儿子嵇绍也在山涛的举荐下入朝为官，后来还成了晋朝的忠臣。

不过，还有人认为嵇康的死是因为他"越名教而任自然，非汤武而薄周孔"的思想言论。意思是他看不起商汤王、周武王、周公和孔子，以此来借古讽今，直指以周公自居的司马昭和被统治者当作幌子的虚伪礼教。所以他惹怒了权贵，必死无疑。

嵇康的死，可以说是历史上的一大谜案，也是文史上的一大损失。一代名士虽然悲壮地结束了自己的生命，但是他高大的风骨和人格却像那首千古绝响《广陵散》一样，成了千古流传的佳话。

郑成功猝死之谜

公元 1662 年 6 月 23 日,郑成功在台湾突然暴病身亡,年仅 38 岁,而他的死也成了一个谜。有人说他是被气死的,有人说他是被人下毒害死的。

郑成功,福建南安人,明隆武帝曾赐姓朱,名成功,因此又被人称为"国姓爷"。他骁勇善战,公元 1662 年,在收复台湾的战事中一举打败荷兰军队,并将荷兰侵略者赶出了台湾,成功地收复了台湾。然而,就在他收复台湾后不久便突然暴病身亡,年仅 38 岁。据说,郑成功临死前突然发狂地喊叫道:"吾有何面目见先帝于地下也?"既而用两手抓面而逝。

郑成功的父亲郑芝龙曾被南明永历皇帝封为南安伯,负责福建全省的抗清军务。后来,郑芝龙、郑鸿逵兄弟在福州奉明唐王朱聿键为帝,年号隆武,郑芝龙被册封为南安侯,负责南明所有军事事务。清军进军福建之时,郑芝龙降清,隆武政权也随之灭亡,而郑成功则单独到了南澳岛,招募了几千人马,坚决抗清。清王朝几次三番派人诱降,都被他拒绝了。后来,在郑成功攻打南京城时,因为中计后败退到了厦门。郑成功回到厦门后,便开始筹划攻占台湾,想以此作为反清复明的根据地。恰在此时,郑成功得到了一张绘有荷兰军事力量布置的台湾地图。于是,公元 1661 年郑成功准备攻打台湾。他派自己的儿子郑经带领一部分军队留守厦门,自己亲率两万多名将士,分乘几百艘战船,浩浩荡荡从金门出发。荷兰侵略军为阻止郑成功军队进攻台湾,将军队集中在台湾和赤嵌两座城堡,并在港口沉船,以此阻挡郑成功的船队登岸。郑成功在一名翻译的领航下,利用海水涨潮的时机,登上台湾岛。经过激战,荷兰侵略军惨败,他们一面搬救兵,一面向郑成功求和。但是郑成功断然拒绝了荷兰侵略者的求和要求,并且以切断水源的方式围困他们。终于在围困八个月后,郑成功下令强攻台湾城,荷兰侵略军被迫投降并撤出了台湾。

郑成功在收复台湾的同时,也得到了父亲的死讯。他父亲被家奴伊大器告发,称郑芝龙和郑成功之间不时有书信往来,图谋不轨,所以清廷一怒之下便将郑芝龙全家处死。郑成功听到消息后,捶胸顿足,望北恸哭。不久郑成功又得知,在家乡的郑氏祖坟被叛将黄梧挖了,郑成功更是悲伤痛哭了很久。

公元 1662 年 4 月，南明兵部司务林英削发为僧，从云南逃到台湾见郑成功。从他嘴里得知，皇上听信了奸臣的话去缅甸避难，而吴三桂攻打缅甸的时候，缅王又将皇上献给了吴三桂，而且听说已经被吴三桂杀害了。得知这些，郑成功更是痛哭不已。谁知不久之后，他的儿子郑经又被人告发与乳母通奸，郑成功顿时气塞胸膛，立刻派人到厦门，欲斩郑经与其所生婴儿及乳母陈氏，但留守厦门的众将没有执行命令。郑成功天天登高眺望澎湖方向是否有船来，因而患上风寒。到了第八天，突然发狂地喊叫道："吾有何面目见先帝于地下也？"既而用两手抓面而逝。所以，有人说郑成功是被气死的。

郑成功正值壮年，却突然暴病而亡，因为他死前的一些症状与中毒后毒性发作的症状极为相似，再加上当时郑氏集团内部斗争的背景，所以有人认为郑成功是被人投毒杀死的。

有人认为是清政府下毒杀害了郑成功。《台湾外志》记述说，当时清政府曾经派人携带一枝孔雀胆混入郑军，用重金买通专为郑成功做饭的厨师，让他将孔雀胆混入郑成功的饭菜中。这个厨师害怕事情暴露，便把这件事交给了他弟弟办理。而他弟弟同样不敢下毒，最后还把下毒的事情告诉了他们的父亲。他们的父亲不但狠狠怒斥了兄弟俩，还带他们到郑成功住处自首。郑成功非但没有处罚他们，而且还重赏了他们。虽然此次暗杀没有成功，但是很难说清政府不会派人再次找机会下毒。

郑成功的部将马信神秘地死去似乎也证明了郑成功的死有可疑之处。马信是清降将，后来成为郑成功的亲信。郑成功去世当天，是由他推荐的医师开的处方。郑成功死后不久，马信也无缘无故地死了。因此，有人认为马信可能参与了谋害郑成功的行动，但后来又被人灭了口。

虽然，对于郑成功的死清政府有重大的嫌疑，但同时，郑泰也有着巨大的嫌疑。郑成功生性暴烈，用法十分严峻，他的许多部下，甚至一些长辈亲族都曾被他处以极刑，于是很多人在清廷高官厚禄的诱惑下叛逃，并且很多人被收买去刺杀郑成功，从而导致郑氏集团内部的关系极其紧张。郑泰和郑成功的矛盾早在攻打台湾时就已经产生了。当时，郑泰为运粮官，郑成功因为军队补给出现困难，对郑泰的失职极为不满，而且还说如果出了乱子要处分郑泰。郑泰长期操纵郑氏集团的东西洋贸易。掌握财政大权,当年郑成功要出兵收复台湾时他就极力反对,而收复台湾的初期,当郑氏政权财政出现困境时,郑泰却偷偷在日本存了30多万两白银。除此之外,郑泰很有可能还和当时的清廷有所合作,他们在郑成功感冒时在他的酒里下毒,最后又在医生所开的药方中下毒,最终将郑成功毒死。等到郑成功去世,郑泰等人迫不及待地伪造郑成功的遗命来诛讨郑经,并抬出有野心但无才干的郑袭来承兄续统。最后,阴谋被郑经挫败,郑泰入狱而死。因此,郑成功的死很可能与郑泰等人有关。

遗憾的是,当年郑成功死后,由于郑经既要忙着平息叛乱,又要追讨郑泰存在日本的几十万两银子,所以对于郑成功的死就没有继续追查下去。因此,郑成功的死因到现在还无法确定。

林则徐的死亡之谜

1850年11月22日,林则徐在赴广西的途中病逝。关于他的死,人们说法不一,有人说他是被人在食物里下了药毒死的,也有人说他是因为年老体弱、疾病缠身猝死的。

1850年,林则徐被任命为钦差大臣赴广西督办军务,然而在路过广东普宁时竟一病不起,最后离开人世。他患病期间疑点重重,而且在临死前留下了三个难懂的字,给后人留下了一桩蹊跷的历史谜案,让人猜测不已。

林则徐是福建侯官人,1811年中了进士,被召入翰林院,从此开始了仕途生涯。在他的仕途中曾官至一品,担任过江苏巡抚、两广总督、湖广总督、陕甘总督和云贵总督,并且两次受命为钦差大臣。

林则徐

1837 年,林则徐升任为湖广总督,当时关于是否禁止鸦片的问题已经逐渐成为朝堂上争论的问题。当时,林则徐坚决支持禁烟,他向朝廷上奏力陈禁烟的重要性和方略,并且在自己管辖范围内厉行禁烟,同时收缴烟膏、烟土和烟具,还找人专门配制了戒烟的药丸。林则徐的禁烟策略成效卓著,道光帝接受了他的禁烟主张,并且特命他为钦差大臣赴广东查办禁烟。1839 年,林则徐抵达广州,随后便开始了轰轰烈烈的禁烟运动。通过和洋商以及鸦片贩子的斗争,林则徐收缴鸦片近 2 万箱,约 237 万余斤,并且在虎门海滩上将这些鸦片当众销毁,这就是举世震惊的"虎门销烟"。

1840 年英国发动了鸦片战争,清政府兵败议和,林则徐遭人诬陷被罢职并被发配到伊犁充军。成丰元年,天地会在广西的反清活动蔓延开来了,形势危急之下,咸丰帝决定启用林则徐,任命他为钦差大臣赴广西督办军务。

成丰元年 11 月,65 岁的林则徐带着儿子林聪彝和亲信幕僚刘存仁,离开了家乡福建,直奔广西。当他们路经广东普宁时,林则徐突然发病,而且病情越来越重。刘存仁差人从潮州请来了名医连夜为林则徐切脉诊病。3 天后,林则徐的病情果然有了起色。当他一觉醒来时,感觉饥饿,儿子林聪彝便叫人到厨房传饭。因为觉得父亲已经有所好转,于是林聪彝吩咐完下人后便回屋休息了。没想到吃完饭的当晚,林则徐就开始腹泻不止,最后又卧床不起了。到第四天,也就是 1850 年 11 月 22 日,便离开了人世。因为林则徐死得有些突然,所以在他死后,曾有人劝林聪彝追查此事的真相。但是依照清朝法律,凡是被毒死者必须开棺验尸,林则徐的家人不忍心在他死后还要被折腾,便决定不再追究此事。

由于林则徐的死有些突然,而且还有一些蹊跷,虽然他的家人不再追究,但是人们却忍不住纷纷猜测。

有人说林则徐是被人在粥里下了药害死的,幕后的凶手正是那些洋行的商人。根据林则徐的儿子林聪彝回忆说,他父亲在临死前曾经用手指指着东南的方向大呼了几声:"星斗南……"。"星斗南"是福建的方言,音同"新豆栏"三字。当时广州十三洋行所在地和洋商聚居的地方正是"新豆栏街"。那么,林则徐死前所说的"星斗南",可以推断,意思就是广州"新豆栏"的洋商害死了自己。当年林则徐禁烟的时候,曾经惩办过不少十三洋行的鸦片贩子,而且还查抄了一些人的家财,所以他们既痛恨林则徐，又害怕他再去广州，断了他们的财路，于是便决定一不做二不休除掉他。于是他们买通了一名厨子，在林则徐的粥里下了药。据说，在林则徐死之前，有人在广州一家酒店里看见十三洋行总头目手下的一名亲信，用银子收买了一名叫作郑发的厨子。郑发正是林则徐在广州禁烟时，行辕里曾雇佣过的厨子。郑发被收买后，在林则徐所喝的粥里下了大量的巴豆，导致了林则徐腹泻不止，最后死亡。据说当时郑发做好之后，亲自将粥端给林则徐食用。林则徐无意中瞥了一下正躬身退下的厨子，觉得很面熟，但一时又想不起来是谁，于是一边想，一边喝粥。后来想起那个厨子正是他在广州禁烟时，为自己做饭的厨子，后来又去了十三洋行给洋人做饭。林则徐急忙令人传唤郑发，但郑发早已逃之夭夭了。虽然这种说法被很多人认可，但是一些史学家研究了很多关于林则徐病逝前后的史料记载，也没有找到任何有关林则徐曾经中毒的证据。

不过，也有人认为林则徐并非死于中毒，而是因为他本来身体就不好，再加上星夜兼程，最终一病不起。林则徐当时身为钦差大臣，警卫必定十分森严，一般人要想混进他们的队伍中，特别是要负责饮食，那就更难了。况且当时林则徐是要去广西镇压反清活动，根本不会对身在广州的洋商们造成威胁，他们也没必要冒着危险去谋害林则徐。更何况，当时的林则徐已经是一个60多岁的老人了。所以被洋商下毒的说法应该不成立。事实上，在林则徐被任命为钦差大臣之前已经身患疾病，再加上急着赶路，中途又吃了不干净的食物引起了急性吐泻，最后才会脱水致死。所以林则徐是病死，而不是被人下毒害死的。不过这种说法也同样缺乏有力的证据。

如今，距离林则徐的死已经过去100多年了，但是关于他的死，仍然是让人疑惑不解的悬案。到底他是病发身亡，还是被人暗中下毒？或者另有隐情？但是人们始终不会忘记他是中华民族在抵御外辱过程中伟大的民族英雄，尤其是他"虎门销烟"的壮举更是会被历史记住。

太监李莲英暴死之谜

李莲英是清朝权势最大，官品最高，财富最多的太监，他的财富到底有多少是个谜,就连他的死也是一个谜。有人说他是寿终正寝,有人说他是被仇人暗杀的,也有人说他是被贪财之徒图财害命的,还有人则说他是被革命党人暗杀的。

根据清宫档案记载,李莲英出生于直隶河间府,在他 13 岁的时候由郑亲王端华府送进皇宫当了太监,据说他的名字也是进宫后由慈禧太后赏赐的。李莲英因为聪明乖巧,善于揣摩主子的脾气和爱好,所以进宫后由一个小太监最后升任为总管大太监。在同治和光绪两朝中一直任太监总管,并且没有被任何一位太监取代过。虽然一直未能当上敬事房大总管,但是李莲英却深得慈禧太后的赏识和宠爱。雍正皇帝规定太监品级以四品为限,然而慈禧却为李莲英破了这项祖上传下来的规矩,特赏他二品顶戴花翎,这是太监中从未有过的殊荣。据说,李莲英因为深得慈禧的宠信,曾经权倾朝野,成了能呼风唤雨的人,就连一些王公贵族都会想方设法讨好他。

自从被调入储秀宫,李莲英就从未离开过慈禧。虽然慈禧身边的人换了一茬又一茬,但是只有李莲英深得慈禧恩宠,并且与慈禧的感情十分深厚。1908 年慈禧逝世,李莲英在参与料理了丧事之后,便离开他呆了 50 多年的皇宫。当时,主政的隆裕太后也特别恩准他带薪退休。1911 年 3 月 4 日,李莲英去世,时年 64 岁。据说为了防止后人盗墓,在李莲英下葬的那天,北京的东、西、南、北四个郊区同时发丧出殡,目的就是为了混淆视听。据说,李莲英死时,清廷还特拨发了 1000 两白银,在北京恩济庄的太监墓地为他修造了一座豪华坟墓。

1966 年,位于北京市海淀区恩济庄的李莲英的墓被人砸开。据说,那个墓是真正埋葬李莲英的地方。但是让人吃惊的是,除了数不清的金银珠宝之外,在棺材里面就只有一颗骷髅头颅和一条 1 米来长的辫子,没有任何尸体残骸。从尸体下葬到坟墓被挖,只过去了 50 年,尸身不可能全部化为乌有。由此可以推断,当时下葬的时候,棺材里就只有一个头颅,也就是说李莲英死的时候是身首异处的。这一发现,让人们不禁开始怀疑李莲英暴死的真正原因。

根据史料记载,李莲英是因病而死的,但对他的病因却只字未提。就连李莲英的墓志铭上也并没有详细说明他的死因到底是什么。李莲英的后人声称,李莲英是因为得了急性痢疾,最后医治无效而病故的,从生病到死亡仅仅四天时间,属于善终。如果事实真是如此,那么,为什么在李莲英的棺材里只有头颅,而不见其余身体残骸呢？于是，人们纷纷开始猜测李莲英的真正死因。

有人说，一些贪财之徒为了图谋李莲英的钱财才害他的。据说李莲英十分爱财并且贪财，是清朝最有权势，最富有的太监。他在他的一生中到底搜刮了多少钱财，没有人知道。据说在皇宫里，他就拥有三间大屋专门堆放着他的几百万两白银。后来，在他要离宫之前，因为害怕巨额财产会招来大祸，便全部捐给了朝廷。不过，虽然他将宫中的钱财全部捐给了朝廷，但是在宫外，他仍然有巨额的资产。于是，一些宫内外的贪财之徒便想将这些钱财占为己有，因此而起了杀心。所以就找了个机会，将李莲英暗杀了，而他的仆从只找到了一个头颅回去安葬。还有一种说法是，李莲英离宫后还怀念跟随慈禧时的风光日子，于是去遵化拜祭慈禧。因为他曾经是慈禧面前的大红人，甚至权倾朝野，再加上敛财，得罪了不少人。所以在他回京的路上，就被仇人杀死了，而且他的身体和头颅还被分别丢弃了。甚至有人说是光绪皇帝的弟弟醇亲王载沣，派人杀了李莲英，因为他认为是李莲英毒死了光绪皇帝。所以他为了给哥哥报仇，便找机会派人杀了李莲英。

也有人说，在李莲英的墓里只有一个头颅，并不是因为他横死，而是因为他太监的身份。虽然李莲英的亲人因为他的巨额钱财而过上了富足的生活，但是他们仍然认为家里出了个阉人，是有辱祖宗容颜的事情。所以，就在李莲英死后，将他的残缺之身舍弃了，只将他的头颅下葬了。

还有一些人说，李莲英是被革命党人暗杀的。根据李莲英的墓志铭记载，他死于1911年3月4日，而那正是辛亥革命爆发的前夕。当李莲英离开皇宫的时候，清王朝已经危在旦夕了。随后，全国各地的武装起义不断涌现，为了彻底摧毁封建统治，并且打击封建势力，李莲英便成了革命党人暗杀的对象，因为李莲英曾经在慈禧太后和光绪皇帝的争斗之中支持太后，而陷害帝党。但是一些人对此说法提出了质疑，认为革命党人没有必要杀李莲英。因为顺治皇帝在开国之初就规定太监不能干预朝政，李莲英虽然贪财，但是对于政事却并没有干涉，所以也就不可能得罪革命党人。再说李莲英出宫后，对政事已经没有影响了，也就没有必要杀他了。

虽然对于李莲英被杀的说法有很多版本，但是每种说法又都找不到直接的证据来证明。不过，虽然说法不同，但是都暗示了李莲英并非正常死亡。据说在北京的南郊有一家人，父子两代都是为李莲英家看坟的。有人曾经试图从他们嘴里获得一些有关李莲英死因的信息，但是他们却闭口不谈。所以直到现在，虽然关于李莲英暴死原因的争论一直没有停止过，但是却没有人能真正找到答案。

袁世凯死因疑案

对袁世凯的评价，一般负面评价较多，千夫所指，是一个十足的投机分子。从他的身世、家事，以及到他的死因，都为人们津津乐道。袁世凯无疾而终，一命呜呼，关于他的死因更是喜于被人们猜测评论。那么，袁世凯究竟是死于何因呢？

袁世凯猝死

民国五年（1916年）6月6日，窃国大盗袁世凯一命呜呼！

千夫所指，无疾而死！因而人们对他的死因讳莫如深，据讣告说是病死的。但通常说是气死的，诸说不一。但人们一定会问，到底鼎鼎大名的袁总统是怎么死的？

袁世凯

一说袁世凯是病死的。

在《袁氏盗国记》还做了详细说明，"五月二十七日，经中医刘竺笙、肖龙友百方诊治，均未奏效；延至六月初四日病势加剧，即请驻京法国公使馆医官诊治，才知为尿毒症，加以神经衰弱病入膏肓，殆无转机之望。"佚名《袁世凯全传》也称袁世凯所患"相传为尿毒症，因中西药杂进，以致不起。"

《袁氏盗国记》是袁世凯死后推出的出版物。自有其可信之处，因而20世纪50年代刘厚生的《张謇评传》说"袁世凯患尿毒症，摄护腺肿胀，如果及时采取外科手术治疗，绝无生命之虞。可是在医疗方案上，袁世凯的两个儿子意见出现分歧，大儿子袁克定相信西医，主张动手术；二儿子袁克文则竭力反对，相持不下，贻误时机，终致不治。"又说据当时形势"说他会被活活气死，这断然不可能"。

一说袁世凯是被活活气死的。

通常的一种说法是四川督军陈宦的一通电报,宣布"代表川人,与项城告绝,自今日始,四川省与袁氏个人断绝关系",是促使袁世凯死亡的一服催命药。

据说,当袁派陈宦带兵入川前夕,他向袁辞行时,就行三跪九叩之大礼,陈宦先是用臣子礼节,而后又是学喇嘛拜叩活佛的最高敬礼,真可谓是阿谀奉承到了极点,果然使袁世凯对他感觉良好,以为只要陈宦坐镇成都,就可以安心地处理北方的事务了。因而陈宦在这年 5 月 22 日宣告独立,对毫无思想准备的袁世凯是最大的打击,让袁世凯十分恼火。此中还有一个原因是陈宦又为袁的其他亲信起到带头羊的作用。他们就是 5 月 26 日宣告陕西独立的陈树藩和 5 月 29 日宣告湖南独立的汤芗铭,所以有人说:"袁世凯最后服了一服'二陈汤'以致送命,这 3 个人对他宣布独立是他所料不到的,因此活活气死了。"

另一说袁世凯贪恋女色,肾亏而亡。

据当年袁世凯身边的人回忆,"袁世凯的死主要由于贪恋女色所致"。此说认为袁生活十分腐朽糜烂,除原配夫人外,另有姨太太九人,由此每天服用鹿茸、海狗肾等补药,以满足性生活需要。自 1916 年春节起,身体日趋不佳,以后常患腰疼,经法国医生抢救无效,死于尿毒症。

此说完全排除当时政治大背景对袁的精神、心理的负面影响,显然出自不明国事的下人想象、推理,以致传播,信以为实。但袁世凯死时,民间确有谣传,通常说是袁知帝制失败,且总统宝座也遭国人反对。竹篮打水一场空,在悔恨交加中,吞金自尽。与此相近者,还有说他是被章炳麟说梦话吓死的。

袁世凯一生都在欺世盗名,这大概就是他最后留给历史的一个谜团吧!

滋补导致死亡

民间最普遍的看法是:滋补过度,房事频频。

袁自小身体强壮,后来又进军队历练,人们因此有理由推断,中年以后的袁即使染疾,也不至于就此撒手归天。殊不知袁身体后来的所谓健康强壮,其实恰恰掩盖了这表象后面的不良生活方式。简言之,袁的短命,其实早已为他的不良生活方式所决定了,正所谓冰冻三尺,非一日之寒。

据天津袁府任总管的陶树德回忆，其父与他两代人在袁帐下奔走，他本人更是随侍袁左右直至袁去世。他说袁每天凌晨5时起床，之后进办公室批阅一会儿文件，"然后喝茶、牛肉汁、鸡汁。七时早点，包子四色，鸡丝面一碗（一般仅吃包子一两个，余下由侍从分充早点）"。"十时左右，进鹿茸一盖碗。十一时许，进人参一杯。中午十二时午餐"。下午"点心为西餐，然后服自制活络丹、海狗肾。七时晚餐……"不难看到，袁所食用的"多为补血强身、滋阴壮阳者"。过分补血强身，导致袁经常患牙痛，大便秘结，以致每隔两三天就要请中医诊治或灌肠……这些情况外人是无从知晓的。

陶没有交代袁午餐时的进食内容，据袁静雪回忆，其父午餐最爱吃清蒸鸭子，尤其入冬后"每餐必吃"。除此之外还有红烧肉、肉丝炒韭黄等。这就是问题的症结所在。须知人患病的一个重要原因，就是吃了不当食物，这不当就包括多吃、强补。而人体对食物过度的摄入、滞留、累积打乱了自然的平衡。吃进去的营养如不能正常排泄，积存在人体里也会逐渐变成"万毒之源"。由于排泄器官负担过重，毒素会流窜全身，影响血液清洁度，污染身体内环境。在这方面，袁的"进补"就是一个绝妙之例。

袁从二十五六岁起就天天吃补品，"常常一把一把地将人参、鹿茸放在嘴里嚼着吃"。另外"还雇用着两个奶妈，每天就吃这两个奶妈所挤出的奶"。就短期而言，此时袁给人的印象也许确是体质强健。但"就中医的医理说来，人参、鹿茸等，都是热性的补品，他却长年累月地在吃，日子长了，是要影响他的健康的"。而且我们发现，在袁的日常食品中，难觅蔬菜、水果的影子。我们也就不难理解，袁越是进补，越会加速他走向死亡的步伐。直到袁56岁时他才黯然叹道："我的身体不行了，参茸补品不能接受了。"

袁的短命，除了饮食、滋补"出格"外，再一原因就是伤于情色。袁妻妾成群，她们共为袁生育了32个子女。据陶树德回忆，这些孩子小时候"多肥头大耳，一如乃父，稍长即均不甚结实矣。当时北京流行一句歇后语：'大总统的儿子——人参鹿茸。'即指此"。所谓"多肥头大耳"，用今天的话说就是小胖墩。这显然不是小孩身体健康的象征。袁自以为多摄入滋补品，就会补身壮阳，其实他不知，人参鹿茸作为高级滋补品，不是任何人都可以服用的，而且服用的量绝对有讲究。像袁这样没有节制地胡乱服用,就像纵欲一样,会对身体产生极大的伤害,长此以往,势必付出生命的代价。

迷信的袁氏家族为何短命

1859年9月16日袁世凯出生,恰在此时袁世凯的叔父袁保庆的妻子牛氏也生了一个儿子,但生下来不久就死掉了。袁世凯的生母刘氏产后奶水很缺,而牛氏的奶水却十分充足,因此袁世凯就由婶婶牛氏哺乳。牛氏视袁世凯为己出,十分疼爱,袁世凯的亲生父亲袁保中见胞弟年近40尚无子,便按当地的风俗于1864年将袁世凯过继给了袁保庆为嗣子,小时的袁世凯便和袁保庆夫妻生活在一起。

1866年,7岁的袁世凯随嗣父袁保庆去了济南,两年后又去南京,在南京生活了六年。1873年7月袁保庆因染上霍乱而死,这年冬天袁世凯随嗣母牛氏扶棺还乡。1874年袁世凯的堂叔袁保恒从西北回来,发现袁世凯举止不凡,就又把袁世凯带到了西北。后袁世凯随袁保恒先后去了北京、开封,1878年5月袁保恒又染病去世,袁家人个个伤心不已,袁世凯也郁郁寡欢。

项城地处中原,有着浓厚的文化底蕴,特别是相命、堪舆、巫术在当时的社会中异常活跃。悲伤的袁家人在失去几位亲人后,开始认真地思索,发现袁家男人都不满花甲而死。袁世凯的曾祖父袁耀东仅活到不足40岁就死了;袁甲三1863年因病去世,算是袁家人寿命最长的一个,也只活了57岁;袁世凯的亲生父亲袁保中终年51岁,嗣父袁保庆终年只有49岁,堂叔袁保恒只活了52岁。活着的袁家人对去世先祖寿命进行一番统计后,提出袁家男人生命最大极限为57岁的说法。袁世凯在心理上受到这样的暗示,晚年的袁世凯虽然十分注重健康,但他最终也没能活到58岁,在57岁时也就咽了气。

历史上这样的例子就有不少,宋太祖赵匡胤的先祖早亡者居多,即使活得较长的年龄也就41岁。宋太祖尽管每天为此事而费心,但他的寿命也只有49岁。用今天的生物学来解释的话,应该是遗传或基因所致,当然那个时候人们不了解这些。袁家人为了延寿,就请来了一位风水先生,提出解决的办法就是分室而居。而当时袁世凯不足20岁,这件事在他的心里投下了不能抹去的阴影,四世同堂的袁家由此瓦解了。

袁家全家都迷信相命之术,袁世凯当然也不例外。晚年的袁世凯被摄政王载沣以患有足疾而开缺回籍,隐居于彰德,就更加醉心于相命、堪舆之术。据说一个当地有名的相命大师也称袁不会活过58岁,袁就焦急地问:"有何攘解否?"大师说:"难呀!只有龙袍加身才能化解。"袁听后什么也没有说,只是派人把大师给除掉了。而1916年袁世凯刚好是57岁。

对于堪舆袁世凯也是深信不疑的。袁世凯称帝前,把大总统府改为"新华宫",并从山东请来一个著名的堪舆家陆某来北京看风水。陆某煞有介事地查看一番后说,新华宫门气散而不聚,难免出现一些波折,但可以进行补救,就是在新华门左侧修建一个厕所,以收聚其气。袁世凯认为在堂堂皇宫门建厕所不太雅观,也就没有建。但称帝后,反对之声四起,最终袁世凯还是建造了一个厕所。还有一个堪舆家推断袁家达官虽多,但都寿命不长,都不会超过58岁,原因就是祖坟的葬地不是正穴,因而禄高命短。后来袁世凯就让堪舆家选定河南彰德安阳作为他生前的住宅及死后的葬地,不再回河南项城老家。

对迷信袁世凯也是十分痴迷。袁世凯有一只朝鲜国王赐给他的由上等碧玉雕刻的茶杯,袁每次睡觉醒来必先喝一杯由这个杯子盛放的香茶。一次茶童给袁世凯送茶,见袁还在鼾睡,就直直地去看床上的袁大总统,看了一会儿眼就花了,越看眼前就越模糊,看到最后袁大总统竟然变成了一只大蟾蜍。茶童魂飞天外,手中托的袁世凯最心爱的茶杯掉了地,茶杯碎了。茶童慌了手脚害怕起来,就跑去找侍奉领班,领班告诉了他一个好主意。

当袁世凯醒来时,见茶杯摔碎了,就生气地大声训斥茶童,并问茶童怎么回事。茶童故意轻声支吾几句,才怯生生地说:"小人不敢说,说了怕大总统怪罪。"袁世凯瞪大眼睛说:"你就说吧!"茶童说:"刚才我看见睡在床上的不是大总统,而是一条玉爪大金龙,金龙全身闪闪发光,正要腾空飞起。"袁世凯听后脸上的怒容全消,变得异常平静,顺手在床上拿了一件不太值钱的东西赏给了茶童,并对茶童说:"此事千万不要告诉别人。"

如此迷信的袁世凯终究没有变成玉爪大金龙,也没有逃脱死亡的命运,称帝也不过是一场闹剧,只是为后人留下了一则笑料罢了。

李小龙暴死之谜

1973 年,一代功夫巨星李小龙在香港猝然离世。他的死轰动了整个世界,然而关于他的真正死因却也成了世纪之谜。

一代武术宗师李小龙,原名李振藩,武道哲学的创立者,截拳道的创始人。他是华人世界,乃至全球武术界的传奇人物,是他第一个将中国功夫传播到全世界,也是他开创了华人打入好莱坞的先河。他一生拍过几十部电影,他所创造的成就和辉煌是一个无法超越的神话。然而,就在他的事业如日中天之际,却突然于1973年 7 月 20 日在女影星丁佩家猝然去世,年仅 33 岁。

根据媒体的报道,当时李小龙已经拍完《龙争虎斗》返回香港准备继续拍摄《死亡游戏》。在李小龙死的当天,他拍戏拍到六点,按照约定他晚上要和嘉禾的老板邹怀文一起吃饭,但是当时时间还没到,于是他就去了女友丁佩家。丁佩的家离片场比较近,大概七点左右李小龙就到了那里。由于太累,李小龙喝了一口冻啤酒后,就回房休息了。等丁佩忙完自己的

李小龙

事情,回来看他时,李小龙屋里已经没有动静了。后来他虽然被送到了医院,但抢救已经无效了。当晚 11 点 30 分,医生正式签署了李小龙的死亡证明书。

一代功夫巨星猝死的消息使整个香港乃至世界一片哗然,他的死对于影迷们来说犹如晴天霹雳。人们不敢相信世界上最敏捷、最健壮的传奇人物竟然就这样离奇地死了。7 月 28 日,官方宣布了李小龙的死亡原因:服用止疼药物过敏而引起脑部水肿,从而导致死亡。对于这个结论,很多人认为不能接受,一个健壮的人死得如此离奇是不能不让人怀疑的。于是,关于李小龙的死因便众说纷纭,一时间竟然有了很多版本。

有人说李小龙死于旧病复发。在大家眼里李小龙是功夫巨星,是世界上最健

壮的人，但事实上，因为超负荷的工作，李小龙的身体状况已经出现了问题。在洛杉矶进行全身检查时，李小龙曾经被初诊为"脑部有问题"，但是他拒绝对脑部的检查。在他死前两个月，有人曾经看见他在公司的卫生间昏倒，但是他却要求不要将他昏倒的情况向外界公布。所以，有人推断李小龙的死可能和他的脑病有关。

也有一些人说李小龙的死和他的精神压抑有关系。据说，李小龙在死前几个月里精神状况跟身体状况一样糟糕。他的脾气变得非常狂躁，常常因为一些小事发火，事情过后他又会感到非常后悔。有人怀疑李小龙患了严重精神抑郁症。

有人说李小龙是被人暗杀的。因为李小龙在全球范围内大力提倡中华武功，而且在美国得罪过不少武林中人，曾经还遭到过几次暗算，险些丧命。当他回到香港后，更是将所有的心思都用在了专研武学和拍电影上，所以便懒得应酬，也因此得罪了不少人。据说有黑道人物想力捧他，他都很不给面子地拒绝了。于是，便给自己找来了杀身之祸。

有人说李小龙死于一种特殊草药的毒杀。有一种草药能在人体死后迅速分解，当年李小龙很可能就是被这种草药毒死的，所以警方尸检的时候才没有在他体内发现任何中毒的痕迹。不过现在距离李小龙的死已经过去了几十年，很多证物都已经不复存在，所以也无法考证这种说法的真实性。

一些武术界的人则说李小龙可能死于运动过量。据说，李小龙生前曾经用一个有着高压电的肌肉震荡机来训练，这种机器每次震 10 分钟，就像平常人练 10 小时一样。由于这个机器主要是靠高压电运转，长时间使用的话，会把身体的疲惫信号打消，从而破坏人身体的神经系统和生理系统。运动猝死的例子并不罕见，虽然发病率很低，但是也不能排除这种可能。因为当人的身体承受了一定的强度和负荷后，就有可能引发一些隐性疾病出来，从而导致死亡。

后来，香港警方在破获一起犯罪案件时，无意中从一名黑社会分子嘴里听到了有关于李小龙暴毙的另一种说法，说李小龙是被一个叫作"铁血党"的黑社会组织间接毒死的。据说，李小龙的女友丁佩在认识李小龙之前曾经和"铁血党"的龙头老大屈达夫很亲密。屈达夫是演艺界的黑幕人物，掌握许多演艺界女演员的隐私，并且心狠手辣。丁佩是屈达夫捧红的，而且对屈达夫言听计从，所以屈达夫的许多事情并不瞒着丁佩。但是后来丁佩认识了李小龙并且两人很快相恋了。屈达夫怕丁佩将他的黑幕泄露出去,便打算除掉她。他知道丁佩有头晕和头疼的毛病,于是设法在她经常服用的止痛粉里面放入了"柠红酸纳"。"柠红酸纳"是一种缓发性药物,服用后能够使人产生脑部肿胀,继而死亡,临床解剖好像是脑部疾病自然病死。然而阴差阳错的是,李小龙在丁佩那里突然头晕,吃了那些止痛粉。最终,导致了死亡。不过屈达夫已经病死,"铁血党"也四分五裂了,想要证实这个说法是难上加难了。

1993年,在纽约,一盘录像带的公开,旨在揭秘李小龙真正的死因,再次引起了人们的关注。录像带的录制者是美国的亿万大亨休·博比,录像带中详细讲述了他谋杀李小龙的原因和过程。原来他的女儿在一次偶然的机会认识了李小龙,并且喜欢上了他,可是李小龙只是不她当作普通的朋友。后来他的女儿声称有了李小龙的孩子,但是李小龙否认了此事,并且还说自己已经订婚。休·博比的女儿无法接受这个事实,患上了精神病,后来又勒死小孩后割脉自杀。他的儿子也因为此事而在车祸中丧生。所以休·博比为了报丧子丧女之仇,便决定杀掉李小龙。他在一位医术高超的脑血管专家的帮助下,使用了一种导致血管爆裂的致死药物,结束了李小龙年轻的生命。由于休·博比要求在他死后,这盘录像带才能公之于世,所以当人们看到录像带的时候,休·博比已经去世了。至于录像带中所讲的事情的真伪,也无法验证了。

一晃几十年过去了,虽然期间不断有所谓的"真相""揭秘"爆出,但是至今也没人能真正确定李小龙猝死的原因。然而不幸的是,李小龙的死因还没有彻底查清,1993年4月1日,他的儿子李国豪在美国拍摄影片《乌鸦》中被枪击身亡的一幕时,不幸被真子弹击中,离开了人世。同样让人疑惑的是,警方宣布李国豪"死于非命"后便仓促结案了,而且还释放了所有的嫌疑人。有人怀疑李国豪的死正是当年暗杀李小龙的仇人所为。李国豪的离奇死亡,为李氏家族增添了几分悲壮的色彩,同时也成了继李小龙猝死之后的又一个世纪之谜。

揭开埃及艳后的面纱

美国好莱坞有一部电影《埃及艳后》(伊丽莎白·泰勒主演),曾经在当时轰动全世界。在这部耗资巨大的史诗影片中，对观众影响最深刻的，莫过于那位风华绝代、经历曲折的埃及女王——克丽奥帕特拉七世了。几千年以来，每当人们提到克丽奥帕特拉，首先就会联想到她的美貌和富有传奇色彩的爱情。无论是莎士比亚、但丁还是萧伯纳，众多的文学大师都曾不吝笔墨地描绘过她的一生，或赞叹，或贬斥……如今，她已成为古埃及文明具有象征性的历史角色之一，而她的故事，也成为全世界经久不衰的话题。

一个女人和两个男人的爱情

克丽奥帕特拉七世，托勒密王朝的后裔。该王朝是由亚历山大的部下托勒密在埃及建立的，也正是古埃及历史上的"希腊化时期"。公元前 51 年，克丽奥帕特拉 18 岁时，其父托勒密十二世去世，遗嘱中指定让长子托勒密十三世和克丽奥帕特拉共同执政，统治埃及。3 年以后，年轻的托勒密支持者将克丽奥帕特拉驱逐流放。就在此时，罗马独裁者恺撒为追击他的对手庞培带兵来到埃及。当时的罗马势力正如日中天，而恺撒已成为这个强大国家的实际独裁者。作为国力并不强大的埃及国王，托勒密十三世和克丽奥帕特拉当然都希望能够让恺撒作为自己的靠山，以此来巩固自己的统治。于是，姐弟二人为此各自展开了活动。托勒密十三世为取悦于恺撒，将逃亡的庞培的人头作为见面礼送给他。而克丽奥帕特拉的故事更具有传奇色彩。传说一个傍晚，一名埃及仆人进来向恺撒报告说，埃及女王有一份礼物要送给他，只见埃及仆人扛着一卷镶有金箔的地毯放在恺撒脚下后，突然从地毯卷里站起一位美艳无比的少女，这就是克丽奥帕特拉。据有关记载说，时年已54 岁的恺撒马上就被她征服了，从此充满热情地与克丽奥帕特拉走到了一起。凭借着恺撒的武力支持，克丽奥帕特拉打败了托勒密十三世，成功地登上埃及王位，与其弟弟托勒密十四世共同执政（兄妹共同执政是托勒密王朝的惯例），史称克丽奥帕特拉七世。

恺撒在埃及逗留了相当一段时间，其间与克丽奥帕特拉共同生活在一起，后者还为他生了一个儿子，名恺撒里昂（小恺撒）。后来，当恺撒打败所有的政敌返回罗马时，克丽奥帕特拉带着他们的孩子随同前往罗马，住进了恺撒在罗马郊外的别墅，据说当时罗马城为他们举行了盛大的凯旋仪式。然而好景不长，公元前 44 年，在罗马的一次政治阴谋中,恺撒被其部下暗杀,顿然失去靠山的克丽奥帕特拉只能重返埃及。不久,托勒密十四世突然辞世,有人认为是克丽奥帕特拉对他下了毒手。她随即指定儿子小恺撒和她共同执政,开始了托勒密·恺撒的统治。

恺撒被暗杀后,他的部将安东尼与恺撒的继承人屋大维等一同控制了罗马的局势。安东尼等上台后,曾传讯克丽奥帕特拉,试图剥夺她的王位,让埃及成为罗马帝国的一个行省,这使托勒密王朝再一次陷入危机之中。然而,克丽奥帕特拉再一次以一人之力改变了历史。当安东尼带兵前来埃及追剿刺杀恺撒的凶手时,与这位传奇女王不期而遇。于是世界历史上最著名的一段爱情故事发生了——安东尼立即坠入情网,很快就成了克丽奥帕特拉的俘虏。身负罗马军国重任的安东尼从此几乎成了一个埃及公民,他与克丽奥帕特拉形影不离,沉湎酒色。公元前37年,安东尼更是做出了令人震惊的决定,他致书罗马元老院,宣布休弃自己原来的妻子(屋大维的妹妹),正式与克丽奥帕特拉结婚,并宣布将罗马东部的部分领土赠给埃及女王和她的儿子。这一决定,不仅在罗马元老院引起了极大的愤怒,同时也使安东尼与屋大维的政治联盟正式决裂,双方兵戎相见势在难免。

公元前32年,在地中海的亚克兴,安东尼所率领的军队和屋大维的罗马海军展开了决战。结果安东尼莫名其妙地临阵退却,在战争中一败涂地,他本人也选择了自杀。克丽奥帕特拉听到这一消息后,悲痛地用国王之礼埋葬了安东尼。为了保全自己的王位和埃及的独立,她传话给屋大维,希望能够得到接见,但遭到了后者的拒绝。同时克丽奥帕特拉又听说屋大维准备将她作为战利品带回罗马游街。于是她给屋大维写了一封信,恳求将她和安东尼埋在同一个坟墓中,然后就用一条眼镜蛇自杀了。

几千年来,安东尼与克丽奥帕特拉的爱情故事在西方广为流传,并成为不爱江山爱美人的典型例子。对于克丽奥帕特拉与古罗马最伟大的两位英雄之间的爱情故事,人们基本上是持批判的态度。在许多文学家的笔下,埃及艳后克丽奥帕特拉的形象多是一个美艳风流、爱勾引男人的妖媚女子。大诗人但丁在他的《神曲》里将她投到了地狱之中;莎士比亚在其名作《尤利乌斯·恺撒》里将她描述成"旷世不遇的肉欲妖妇";20世纪的文学大师萧伯纳也称她为"一个任性而不专情的女性"。

美与丑:关于埃及艳后真实形象的争论

长久以来,无论是在各种文学作品中,还是银幕上,传说中的埃及艳后都拥有无比美丽的容貌。甚至有一种说法,将她与希腊传说中的海伦和中国唐代的杨贵妃并列为世界古代三大美女。《震惊世界的女人》一书是这样描述克丽奥帕特拉的:"她有像青春少女那样的苗条体态;有一双乌黑发亮的大眼睛,高高隆起的鼻子比普通妇女更显得高贵,一头乌黑发亮的长发,衬托出细腻白皙的肌肤,使裸露的肢体如脂似玉;微微翘起的嘴唇,似笑非笑,蕴藏着一种高深莫测的神秘。可以说她既具有东方美女的妩媚,又具有西方美人的丰韵,可谓天姿国色。"法国哲学家帕斯卡甚至在其《思想录》中写道:"假如克丽奥帕特拉的鼻子长得短一些,整个世界的面貌就会改变。"而美国著名影星伊丽莎白·泰勒在好莱坞巨片《埃及艳后》中所扮演的克丽奥帕特拉,更是引起人们无尽的遐想。

然而另一方面,我们不得不承认,尽管在野史、传说和文学作品处处有关于埃及艳后的说法,但有关她本人真实的文献资料却是非常罕见。所以,到底历史上真实的克丽奥帕特拉是什么样的,也成了困扰人们的话题。

要找到这个问题的答案,最好的办法莫过于在克丽奥帕特拉那个年代流传至今的雕像中寻找。可是,要找寻保存至今的 2000 多年前的雕像实在不是一件易事,其中能够保存完好的就更是凤毛麟角了。在德国柏林博物馆有一尊据称是全世界保存最好最完整的埃及艳后的肖像。遗憾的是,如果这尊肖像确系埃及艳后本人的,那就令人大失所望了。因为从肖像看上去,克丽奥帕特拉只是一个平平常常的女人:头发简简单单地打个髻,风格朴实,她的鼻子应该属于鹰钩鼻,而且她的嘴也并不性感。她甚至没有佩戴任何珠宝,包括耳环和项链。

不久前,有些考古学家根据出土的古埃及雕像证实,真实的克丽奥帕特拉其实相貌平平甚至有些丑陋。据报道,英国国家博物馆曾推出了这位埃及女王的展览,展品中有 11 尊女王的雕像。从雕像来看,女王的个头矮小短粗,身高只有 1.5 米左右,体型明显偏胖,甚至脖子上还有很明显的赘肉,牙齿长得也毫无美感;她的衣着相当朴素,长相很一般,脸上轮廓比较分明,看起来有些严厉。这难道就是真实的埃及艳后吗?有专家分析,托勒密王室为了保持血统的纯正,曾实行近亲婚配的制度,所以克丽奥帕特拉就有可能在某方面还会有缺陷。英国《泰晤士报》根据这些雕像,采用电脑技术绘制出克丽奥帕特拉的肖像,结果呈现在人们眼前的古代埃及艳后,原来竟是个又矮又胖的丑女人!但人们不禁要问,如果这是真的,那她有什么特殊的魅力使得恺撒和安东尼都对她如此着迷?

对此,英国方面的专家解释说,实际上只是在克丽奥帕特拉死后,她与恺撒及安东尼的浪漫情史才开始让后人产生兴趣,随着时间的推移,经过各种艺术加工和民间的渲染,到最后就将克丽奥帕特拉塑造成了美艳妖冶、风情万种的女王。

英国媒体对克丽奥帕特拉形象的"更正"则立刻遭到了埃及人的同声谴责。为了维护他们心目中至高无上的"女神",埃及各方人士与"英国佬"展开了一场舌战。埃及大学文物学院前院长布鲁非苏尔说"克丽奥帕特拉脸部的细腻光华和神韵是无可辩驳的,她挺拔的鼻子和端庄的五官在古今世界女王中再也找不到第二个。"埃及吉萨文物局长扎西哈瓦斯博士也指出:"英国人说克丽奥帕特拉丑陋和肥胖是毫无根据的,他们应该到埃及卢克索神庙去看一看,这座神庙里有保存完好的克丽奥帕特拉的浮雕;如果克丽奥帕特拉像英国学者描述的那样丑陋,那么为什么身边绝对不缺美女的罗马帝国的两位盖世英豪会不顾一切地拜倒在她面前?"还有人批评说,《泰晤士报》采用电脑技术绘制出来克丽奥帕特拉的肖像只不过是想多卖几份报纸而已。一些埃及人甚至把这件事和几年前的戴安娜之死拉扯到一起。他们声称:英国人可能故意制造了那次车祸来阻止英国前王妃戴安娜和埃及人多迪谈恋爱,因为英国人害怕戴安娜这位"英国美人"嫁给一个埃及人。此次英国人无端攻击埃及艳后也同样是"不怀好心"。

不过争论归争论,到目前为止,克丽奥帕特拉到底是什么样的容貌这个问题还无法找到答案。

新发现:埃及艳后原来是位才女

由于受传说的影响,后人往往会有一种错觉,即认为克丽奥帕特拉只是凭借其美貌而获得恺撒等人的欢心,由此得以维护自己对埃及的统治。不过近些年来,新的考古发现证实,这位埃及艳后其实是一位非常聪明、智慧非凡的女王。有关研究者也一致认为,不论克丽奥帕特拉到底相貌如何,单凭她使埃及得以在强大的罗马帝国虎视眈眈之下暂时保全，就表明她必定是一位很有才干的女人。作为古埃及王国的统治者，一方面要应付国内的夺权斗争，另一方面又要应付外来的危机，这仅仅依靠美丽显然是不够的，所以克丽奥帕特拉无疑应有很敏锐的政治头脑。不久前，考古学家找到了克丽奥帕特拉当年亲笔签署的政令和她曾经居住的古城，这些都足以证明这位女王远非只靠美貌，而是靠智慧来治国安邦的。

发现克丽奥帕特拉亲笔签名的政令纯属偶然。在德国的柏林博物馆里保存着一具再普通不过的古埃及木乃伊，以至于在被收藏入馆的 100 多年间，从来没有引起考古学家或者研究人员的注意，谁也不会想到它的身上居然隐藏着一个天大的秘密。后来，比利时的纸草考古学家简·比根获得批准对这具木乃伊进行全面研究。有一天，他突然发现木乃伊的布片里夹着一张古老发黄的草纸，凭他的第一感觉，这绝对是古埃及某个时代的文件。

埃及艳后

于是他小心翼翼地从木乃伊身上一点点剔出了那片 16 开大小的草纸，结果他发现，纸草上竟写满了密密麻麻的古埃及文字！如获至宝的比根马上对这张纸片进行了特别鉴定。借助于普通放大镜，比根识别出，这是一份古埃及某个王朝的正式公文，上面还附有收件日期，他断定这是埃及某个农民与某位先生之间的普通合同。然而令人遗憾的是，比根没有再做进一步的研究就急不可待地把其成果发表在考古权威月刊上。随后，一名荷兰历史学家万·明尼看到这篇研究论文后，立即察觉到可疑之处，他认为仅从发表的图片看，这份文件绝非私人间的合同，而极有可能是地地道道的古埃及政府文件。明尼当即向出版社要来了文件的放大照片，当他把这张照片输入电脑后，明尼当即就断定这确实是埃及王宫的文件。当古埃及历史学家将文件抬头的年份换算了出来后，公元前 33 年 2 月 23 日的结果让研究者们大吃一惊。公元前 33 年，这不正是克丽奥帕特拉七世统治下的托勒密王朝吗？接下来的发现更让人吃惊。文件的内容显然是手写的，从笔力来看，似乎出自一名男性官员之手。文件的具体内容,是埃及国王答应给罗马帝国大将军卡尼迪斯以优惠的商品进出口关税——允许他每年免税向埃及出口 1 万袋小麦,进口 5000 安普耳的上好埃及美酒。在这份文件的末尾,有一个娟秀的单词,这个单词的字体显然跟文件内容的字体完全不一样,并且带有很明显的女性笔迹的特征。当那个单词在 40 倍的专业放大镜下显现清楚以后,明尼失声惊叫了起来:genestho,这不就是古埃及国王签署法令时的希腊用语"同意"的意思吗?埃及国王、公元前 33 年、罗马帝国大将军,加上女性签字——这毫无疑问就是克丽奥帕特拉的亲笔签名。

发现克丽奥帕特拉亲笔签署的政令的消息传出后,世界考古学界为之振奋。大英博物馆的考古专家们对荷兰历史学家明尼的学术水平深感佩服,他们深信,明尼发现的手稿绝对是克丽奥帕特拉亲笔签署的,因为作为一名严谨的学者,明尼的研究从来没有错过。大英博物馆希腊与罗马古董馆副馆长苏珊·沃尔克十分肯定地说:"这肯定是克丽奥帕特拉亲笔签名,因为文件的内容可以追溯到公元前 33 年,正是克丽奥帕特拉七世统治时期,这是埃及艳后留下的唯一笔迹。"沃尔克进一步分析认为,这份手写文件不仅仅是一份政府公文,更具体体现了克丽奥帕特拉的政治手腕。古希腊著名的历史学家普鲁塔克在其名著《希腊罗马名人传》中曾有过这样的记录:"埃及艳后克丽奥帕特拉在恺撒死后,急欲求得安东尼的庇护,但却碰了一个软钉子。于是,克丽奥帕特拉马上把主攻方向转向安东尼手下最得力的大将卡尼迪斯,以贿赂的手段最后买通了这位影响力非凡的罗马大将。卡尼迪斯后来说服了安东尼,让他同意庇护克丽奥帕特拉,而安东尼也从此陷入埃及艳后的温柔陷阱中不可自拔。"尽管普鲁塔克把一切描写得绘声绘色,但历史学家和考古学家却从来没有发现过可以证明这些史实的确凿证据。而这次发现的克丽奥帕特拉的亲笔签名文件,无疑是"埃及艳后"收买罗马帝国大将的铁证。另一位埃及远古史学家阿兰鲍曼表示:"这份文献的发现,说明'埃及艳后'绝非只凭美色来保家卫国、捍卫自己王位的。她运用的技巧跟我们现在处理国际关系时的做法并没有什么两样。这才是'埃及艳后'美丽与智慧的真正体现。"

不久后,美国考古学家戈迪奥和他的埃及同事在亚历山大城遗迹的发现,更进一步地证明了埃及艳后克丽奥帕特拉的非凡政绩。他们潜入亚历山大港外海海底的时候，看到了一条又一条的街区、一座又一座的雕像，那就是埃及艳后克丽奥帕特拉和她的最后一个情人安东尼共筑的爱巢——亚历山大城。这次考古发掘证明了在克丽奥帕特拉统治时代，古埃及仍保持着极度的繁荣，同时也证明了"埃及艳后"不仅美丽，而且还有着杰出的才干，否则不可能将埃及治理得如此井井有条。

英国伦敦大学学院埃及古物学者奥卡萨·艾尔·达利在一批以前从未被发现过的中世纪阿拉伯文献中也发现了一个惊人内幕：埃及艳后克丽奥帕特拉可能还是一个富有才华的古代数学家、化学家和哲学家。在对这份中世纪阿拉伯文献进行翻译后，艾尔·达利惊讶地发现，这份几近失传的文献，记载的许多内容都与早期埃及的历史有关，而文献中描写的埃及艳后克丽奥帕特拉，竟是一个富有才华的数学家、化学家和哲学家！文献记载道：克丽奥帕特拉精通多种语言，她的第一语言是希腊语，同时会说拉丁语、希伯来语、亚拉姆语和埃及语；她曾经写过好几本科学书籍，而且每周都要和一组科学专家开会讨论科学难题。艾尔·达利相信，写下这批文献的古代阿拉伯作者肯定获得了有关克丽奥帕特拉的第一手资料，甚至可能亲眼看到过她自己撰写的科学书籍，可惜这些书籍现在早就失传了。美国加利福尼亚埃及玄术博物馆馆长利莎·斯奇瓦帕奇认为，由于在千百年前，古埃及著名的亚历山大图书馆曾被人纵火焚毁过，所以许多古埃及书籍，包括克丽奥帕特拉自己撰写的科学书也许都在这场大火中被付之一炬。不过，一些中世纪的阿拉伯作家，像艾尔·巴克里、亚库特等人都曾在文章中谈到过克丽奥帕特拉。在他们笔下，克丽奥帕特拉当年在亚历山大城设计的建筑计划是"史无前例地庞大"，并开凿运河把尼罗河河水引入亚历山大。

艾尔·达利还认为，人们之所以将埃及艳后看作是一个爱勾引男人的风流女王，完全是因为后人对她的认知全部来自她的敌人——罗马人。在古埃及钱币上铸刻的克丽奥帕特拉，不过是一个很普通的女人，绝非人们印象中的杀人于无形的美人。她的敌人之所以将她形容成一个性感尤物，只是想让世人以为，她不是靠自己的才华，而只是靠风流手段才令罗马的两大统帅对她俯首称臣的。

自杀还是谋杀：克丽奥帕特拉死亡之谜

据有关历史记载和各种传说，克丽奥帕特拉当时是用毒蛇自杀的，加之希腊历史学家普鲁塔克的叙述,后世基本上接受了这一观点。但是,几千年后,人们开始对这一说法产生了怀疑。一方面,普鲁塔克出生在克丽奥帕特拉死后75年,他的说法本身就值得怀疑。另外,现代的法理学家和犯罪专家根据现代科学理论,认为普鲁塔克笔下的克丽奥帕特拉之死有多个疑点。

首先,就是那条在行凶后"消失"的眼镜蛇。在古埃及,眼镜蛇象征着尊贵和荣耀。它是一种体型庞大的爬行动物,平均长度达到2.5米。按照普鲁塔克的说法,女仆将这条眼镜蛇藏在一个装满无花果的竹篮中以逃过卫兵的眼睛——那这个竹篮需要多大体积?卫兵看到这样的竹篮难道就不起疑心吗?按照普鲁塔克的记载,克丽奥帕特拉写了一封信,告诉屋大维她准备自杀,然后她取出那条眼镜蛇,让它咬了自己一口,随后她把这条蛇递给了女仆埃拉斯和沙尔米恩,两个仆人也像主人那样结束了自己的生命。当卫兵闻讯赶到的时候,两个人已经死了,另外一个也已经是奄奄一息,那条蛇也不见了。

牛津大学热带医学和传染病教授戴维·沃勒尔认为,克丽奥帕特拉和两个女仆死得似乎有些太快了。尽管曾经有人在遭到眼镜蛇袭击后15~20分钟之内死亡,但通常来说,毒发身亡的时间要相对长一些,他所见过的最短的死亡时间是两个小时。而屋大维的卫兵仅仅在几分钟之内就赶到了现场,3个人却已经相继死去——这3个人同时创造了毒发身亡的最快纪录,是不是有点儿太巧了呢?除此之外还有一个极为重要的事实:毒蛇并不是在每一次咬人的时候都会释放毒液。沃勒尔说,当人被毒蛇咬到时,中毒的平均概率只有50%,而3个人一个挨一个都中毒的概率简直是微乎其微。

其次,克丽奥帕特拉自杀有悖常理。现代犯罪调查专家帕特·布朗认为,普鲁塔克的说法根本站不住脚。且不说克丽奥帕特拉会不会选择以自杀的方式结束生命,假定她确系自杀身亡,但她临死之前的行为——派人交给屋大维一份"遗书"却让人感到奇怪,决意自杀的人是不会有这种表现的。一般情况下,自杀者往往会把遗书随身携带或放在自杀现场,以便人们能够及时发现。如果一个人已经决定自杀,他会事先把遗书送给某个可能来救他的人吗?再者,对于屋大维来说,战败的将军自杀在罗马人的传统中是一种"体面的结束",但埃及人将自杀看作是一种罪孽,作为埃及统治者的克丽奥帕特拉为何会选择这种方法来结束生命呢?布朗认为，人们对于自己的本性必定是忠实的，"没有人会去做自己都认为愚蠢的事情，克丽奥帕特拉是埃及女王，是一个坚强的女人，如果有反击的理由，她就会不遗余力地这样做"。在克丽奥帕特拉生命的最后几年中，其唯一的目的就是要将儿子养育成人，继而掌管天下。在儿子命运未卜的情况下，她怎么可能会自杀身亡呢？虽然这只是人们的推断，但却增加了普鲁塔克故事的可疑性。

再次，用眼镜蛇自杀不符合人性本能。一般而言，人类对蛇的恐惧是与生俱来的，对于一个平常人来说，即使伸手触摸一条无毒的小蛇也是一种挑战，更不用说抓住一只有毒巨蟒并让它在自己身上咬上一口，那该需要多大的勇气啊！作为一个高贵的统治者，经历过无数风雨，对克丽奥帕特拉来说，死亡也许已经不算什么了，但她的两位女仆呢？我们可以想象一下当时的场景，在看到克丽奥帕特拉被蛇咬后痛苦尖叫的样子后，那两位女仆怎么能够还有勇气接过眼镜蛇并让它咬一口呢？

布朗还分析说，当有人自杀时，通常在现场必须看到两样东西：尸体和完成自杀所借助的工具。因为人已经死去，所以不可能自己把工具转移到其他地方，唯一能将工具转移的，就是在这个人死后到过自杀现场的人。而在这个"案件"中，人们只找到了克丽奥帕特拉和她两个女仆的尸体，除此以外现场没有任何其他的东西，没有蛇，没有毒药，没有匕首，没有任何能够显示是自杀的证据。

最后，研究者认为，屋大维在克丽奥帕特拉之死上有重大嫌疑。布朗认为，屋大维有杀死克丽奥帕特拉的动机、方法和可能性。

第一，屋大维是克丽奥帕特拉死后最大的受益者。对于屋大维而言，安东尼、克丽奥帕特拉以及克丽奥帕特拉的儿子，无疑都是威胁他政治生涯的对手。事实上，当克丽奥帕特拉死后，他还杀了恺撒里昂。克丽奥帕特拉死前，屋大维一直将其软禁着，他控制着她的人，掌管她的饮食。第二，对屋大维来说，假造克丽奥帕特拉自杀的消息简直易如反掌。蛇和遗书的故事不但使他完全洗脱了嫌疑，而且他派人前去救克丽奥帕特拉的"义举"显示了他的仁慈。另外，在埃及历史上，并没有仆人陪葬的传统，那么克丽奥帕特拉的两个女仆为何在能够敲门求助的情况下选择恐怖地死去呢？答案很简单，因为她们见证了谋杀，那么她们就必须保持"绝对沉默"。布朗进一步分析到，安东尼的男仆也随主人自杀身亡，他是不是也目击到了一场谋杀呢？安东尼腹部的致命伤究竟是不是自己造成的呢？有没有可能安东尼也是被屋大维派遣的杀手刺杀，然后被带到克丽奥帕特拉跟前"示威"？

总之，克丽奥帕特拉之死究竟是自杀还是他杀迄今为止也没有最终结论。普鲁塔克对埃及艳后之死的记载虽然让世人颇有微词，但他在书中曾写的"真相无人知晓"又似乎颇意味深长。

亚历山大猝死之悬疑

公元前4世纪30年代，在欧亚非大陆交界之处，出现了一位伟大的征服者——亚历山大，这位比中国的秦始皇还早100年的年轻帝王，率领其军队纵横世界，兵锋所至，所向披靡。短短的10年间，希腊、埃及、巴比伦、波斯、印度这些古代世界的辉煌文明，纷纷向他低下了高傲的头，被迫将各种尊贵的称号赠给他。然而，仅仅10年后，横亘在三大洲大地上的庞大帝国，却因亚历山大的猝死而轰然倒塌，迅速走向分裂和衰落……

昙花一现的帝国

公元前356年，在希腊北部的马其顿王宫，一名王子呱呱坠地了。他，就是后来的亚历山大大帝（公元前356~前323年），古代世界最著名的征服者。

这名天资聪慧的王子，深得国王腓力二世的喜爱。当他长到13岁时，父王就聘请了当时世界最著名的哲学家亚里士多德给他当老师，希望其受到良好的教育。亚历山大从小就具备勇敢、倔强而自负的个性。据说，有一次，当目睹儿子年纪轻轻就驯服了一匹成人都束手无策的烈马后，腓力二世曾意味深长地对儿子说："我的孩子，我这个王国对你已经不够大了，你去开辟新的王国吧！"

后来的事实证明，腓力二世的确是一位具有远见卓识的国王。实际上，当时的马其顿王国，经过腓力二世的锐意改革，已成为希腊地区一个举足轻重的国家，尤其是其军队的战斗力不可小视。公元前337年，经过几次规模不大的战争，希腊大部分地区都已归入马其顿的势力范围。随后，这个新兴的王国就跃跃欲试，跨越赫勒斯旁海峡，向古老的、庞大的波斯帝国发动攻击了。

世界经典文库

中外历史悬案

·扑朔迷离的死亡阴影·

图文珍藏版

公元前336年，一切准备就绪，在准备出兵之前，腓力二世为一位女儿举行了盛大的婚宴。然而，就在宴会上，突然窜出一位青年，手持匕首刺杀了国王。腓力二世死后，马其顿马上陷入了一片混乱。但是，继承王位的亚历山大，凭借其勇敢、才智和抱负，迅速稳定了局势，而此时他刚满20岁。两年后，与父亲一样怀有勃勃野心的亚历山大，再次把注意力转向了东方的波斯。当时的波斯统治着从地中海一直蔓延到印度的广阔领土，并多次入侵希腊，如赫赫有名的马拉松战役就发生在其间。那时，虽然波斯帝国的鼎盛时期已成为过去，但仍是当时地球上最庞大、富强的帝国。

公元前334年，经过一番准备后，亚历山大发动了对波斯帝国的进攻。尽管手中仅有3.5万人的部队，但亚历山大凭借其杰出的军事天才和训练有素的士兵，获得了一个又一个的胜利。据说在临行前，他把自己的所有地产收入、奴隶和畜群都分赠给人。一位大将迷惑地问他："请问陛下，您把财产分光，给自己留下什么？""希望。"亚历山大说，"我把希望留给自己，它将给我无穷的财富！"将士们被亚历山大的雄心所激励，他们决心随他到东方去掠夺更多的财富。

经过短短几年的征服，亚历山大先后打败了波斯，逼死了该国国王大流士三世；占领了埃及，在那里被奉为法老；进入阿富汗乃至印度。在印度，由于气候炎热，士兵们水土不服，加上连年征战，十分疲惫，拒绝再向东前进，才使亚历山大的征服行动暂告一段落。返回波斯后，亚历山大开始对其闪电般建立起来的横跨欧、亚、非三大洲的庞大帝国进行整顿。毕竟是亚里士多德的学生，这位军事天才并不只会打仗，文化修养也很高，行政管理能力很强。在他的努力下，希腊文化和中亚文化很好地融合在一起，从而开启了长达300年的希腊化时代。据历史记载，亚历山大后来还试图继续开展征服活动，在其计划中，甚至包括了阿拉伯、不列颠等地区。但是，这一切都终未发生。因为在公元前323年6月，身在巴比伦的亚历山大突然死去，时年仅33岁。据说，他最喜欢的书是荷马史诗《伊利亚特》，他一心想成为史诗中阿喀琉斯那样的神话英雄，创造辉煌的伟绩。可是，神话英雄阿喀琉斯却也是短命而死。

接下来，在同样短暂的时间里，这个庞大的帝国就如同其创立者本人一样突然消亡了。由于死时非常年轻，亚历山大生前没有指定接班人，结果在他死后不久，帝国内部就展开了一场场夺权斗争。在这些夺权斗争中,包括亚历山大的母亲、妻子和孩子在内的许多人都惨遭杀身之祸。而在他的几位得力部下各自分割地盘、自立王国之后,盛极一时的亚历山大帝国也宣告结束了。尽管亚历山大帝国只存在了 13 年就崩溃了,但该帝国的存在,客观上却促进了东西方经济和文化的交流,以至于直到今天,仍有许多以亚历山大命名的著名城市。

神秘而复杂的人格

至今,亚历山大这个名字仍响彻世界,说他是西方有史以来最伟大的领袖人物之一,一点都不过分。同时,亚历山大在其短暂的一生里,留给后人太多的疑问,尤其是关于他的英年早逝,几千年来一直是人们所热烈关注和探讨的话题,并产生了观点各异的说法。在探究亚历山大的死因时,人们又不得不首先为其极为复杂的人格而迷惑。

毋庸置疑,这位像流星一样划过历史天空的伟人,引来了后世无数惊叹的目光。法国著名作家蒙田在其随笔《论盖世英雄》中评价亚历山大是与荷马并列的英雄人物,他感慨道:"亚历山大大帝,他很早就开始他的事业,用那么少的手段完成那么辉煌的理想;当他还是一名少年,已在追随他在全世界作战的名将中间树立了威信;命运对他的特殊眷顾,使他完成了许多偶然的,有的我甚至要说是轻举妄动的功勋。"的确,当他只有 33 岁时,已在广阔的大地上所向无敌,以致人们无法想象,他若有常人的寿命,还会做出什么来。那些褒扬他的评论者认为他一身集中了众多的美德:正义、节制、豁达、守信、笃爱,几乎是无可挑剔。亚历山大在世界历史上的影响无疑是巨大的,据说,在他逝世后很多年中,人们普遍笃信:他颁发的奖章会给佩戴的人带来幸福。在将他与古代另一位伟大的征服者恺撒进行对比时,大多数人认为他要远胜于后者。

然而,所谓人无完人,这位一代英才也有许多人格上的缺陷。这些缺陷,就如同互相矛盾的水火一样交织在他的身上,令人大惑不解,也招致人们的非议。

对许多人而言,亚历山大是令人敬爱的,因为他对被打败的敌人也能经常给予宽容和爱护。在对波斯的战争中,大流士三世是被自己手下的一名总督贝苏斯杀死的。但贝苏斯去向亚历山大投降并请求宽恕时,性格爽直的亚历山大由于向来

痛恨搞阴谋诡计、反复无常的小人,非但
没有收留这个背叛者,反而下令处死了
他,但是他却娶了贝苏斯之女罗克珊为王
后,不久又娶了大流士三世之女斯塔提
拉。但有时他却没有这种宽容,尤其是对
那些被征服的平民百姓。当他攻打底比
斯、腓尼基等城市时,曾因为遇到过顽强
抵抗而下令屠城,将大批居民卖为奴隶;
当占领波斯后,曾将大量战俘屠杀;当进
军印度时,曾背信弃义地处决许多投降
者;甚至在占领科赛时,曾残暴地杀戮许

战斗中的亚历山大大帝

多儿童。在对待部下和朋友时,他通常慷慨而宽厚,但有时却又凶暴残忍,自私自
利。有一次,因酒后发生争执,他竟亲手杀死了他的亲密朋友、救命恩人克雷图斯,
而在酒醒后又表现得极度悔恨。

还有,亚历山大对待文化艺术的方式也让人很不解。作为亚里士多德的学生,
他智慧非凡,并且尊重文化界人士。据说,他非常尊敬亚里士多德,为其创造了良
好的工作环境,在行军中,他常把沿途的各种见闻写信告诉他的老师。有一次,当
碰到敢于瞧不起自己的希腊哲学家戴俄泽尼时,他居然没有发怒,而是羡慕地说:
"假使我不是亚历山大的话,我就想做戴俄泽尼。"但同样是这个人。却犯下一些
毁灭人类文化成果的罪行,其中之一就是焚毁了壮丽的波斯王宫。

波斯王宫位于今伊朗法尔斯省首府东北60千米处,是国王大流士在位时期于
公元前6世纪至公元前5世纪建造的。据记载,这座王宫规模宏大,有许多精美的
雕像和高大的石柱,还有很多珍贵的壁画和黄金、象牙装饰物,可谓当时世界上的
艺术宝库。公元前330年,亚历山大打败大流士三世后,素来珍爱文化艺术的他,
竟然在占领波斯王宫后,下令将其焚毁,使这一宏伟壮丽的建筑化为灰烬。一些历
史学家认为,亚历山大之所以焚毁波斯王宫,是为了取悦一位名叫泰绮思的妓女。
古罗马著名的历史学家普鲁塔克在其名著《希腊罗马名人传》中,曾对这一事件进
行了详细的描述。据说,亚历山大在一次庆功宴上喝得酩酊大醉,而坐在他身边的

雅典名妓泰绮思对他开玩笑地说,愿不愿意放一把火把波斯王宫烧掉?亚历山大一时冲动,真的就放起火来了,一时之间整个宫殿都陷于一片火海之中,当将士们匆忙赶来时,只见烂醉的亚历山大正不停地放火取乐,因此谁也不敢阻止。尽管当亚历山大清醒之后,对自己的鲁莽行为非常后悔,但波斯王宫的被焚却是无可挽回的。

即使在今天,亚历山大让人捉摸不透的个性,仍是各种文艺作品所热衷的题材。

还有一件趣闻值得关注,那就是亚历山大与其密友赫费斯特翁之间暧昧的关系,这导致很多人甚至认为他是一个同性恋者。尽管亚历山大娶了两位王后,其中一位还为他生下了王子,但大多数人认为他和好友赫费斯特翁的关系暧昧,而这一切并不是空穴来风。据记载,亚历山大是一位外貌非常出众的人,他眉清目秀而气宇轩昂,是个十足的美男子。赫费斯特翁是马其顿贵族,从小就在王宫中生活,深得腓力二世的喜爱,并成了亚历山大儿时最亲密的好友,乃至后来成为他传说中的爱人。实际上赫费斯特翁在军事和外交方面也很有才干,并跟随亚历山大赢得了许多战役的胜利。亚历山大迎娶王后时,正是赫费斯特翁充当男傧相,而他本人后来也迎娶了一位波斯公主。但在公元前324年,赫费斯特翁因病去世,亚历山大似乎受到了严重的打击,从此竟郁郁寡欢,不到一年的时间就因病身亡。

作为历史上最富有戏剧性的人物,后世许多人往往将亚历山大同拿破仑、希特勒进行比较,因为他们都有军事才能、强烈的征服欲和复杂的人格。但客观地说,亚历山大的影响要比其他两个人更加深远。

父子猝死之谜

亚历山大留给后世最大的谜团,就是他的猝死,因为他到底死于何种原因一直是人们希望解答的悬案。巧合的是,亚历山大的父亲腓力二世,同样属于猝死,而且其被刺杀的背后同样有众多疑点。在探讨亚历山大父子二人的猝死时,有一个人是非提不可的,她就是亚历山大的母亲奥林匹亚斯。

奥林匹亚斯本是伊庇鲁王国的年轻公主,在嫁给腓力二世时只有14岁,从现存硬币上的图案来看,她曾是一个非常美丽的女人。然而在历史学家的描述中,这个女人带有浓重的巫婆色彩，还被描绘成性情乖张的妖女，迷信一些原始邪教，甚至把蛇带到他们夫妻的卧房里。奥林匹亚斯的种种怪癖，很快就使腓力二世对她丧失了兴趣，日渐充满了厌恶之情，并转而另觅新欢。而受到冷落的奥林匹亚斯除了对儿子倾注更大的心血外，更加沉溺于那些邪恶的巫术。

公元前336年，正当腓力二世准备集结希腊各城邦的力量向波斯进军时，却在为女儿举行的婚宴上遇刺身亡。这年夏天，腓力二世在王国的旧都皮拉为即将嫁给伊庇鲁斯国王的女儿举行盛大的结婚典礼。婚礼场面热闹而奢华。腓力二世当天身穿节日的白袍，喜气洋洋，没有佩带武器，在一群喜庆的宾客簇拥下，走进礼堂。正当腓力二世通过礼堂入口时，突然，一名卫兵打扮的人猛冲出来，拔出短剑直往腓力二世胸前刺去，腓力二世未及躲闪，转瞬间就倒在血泊之中。凶手早已备好马匹，打算事成后立即逃跑，不料马脚被野藤绊住，他从马鞍上摔了下来，当场被人击毙。经查证，凶手名叫鲍舍尼亚斯，是一个年轻的贵族。尽管当时马其顿宣称刺客是波斯人所派，其意图很明显是为了阻止远征波斯战争的进行，但大多数人认为，谋划刺杀腓力二世的是马其顿贵族，因为腓力二世的政治改革损害了他们的利益。不过，从一开始，就有人暗地里怀疑是腓力二世的妻子策划了这起阴谋，而亚历山大很可能也参与其中！据有的学者分析，由于当时腓力二世已对其妻奥林匹亚斯极度疏远，而且人们都风传他将娶另一位美女为新的王后，而这无疑也会大大威胁身为王子的亚历山大的继承权。

古希腊史学家普鲁塔克也怀疑刺杀阴谋一事与亚历山大有关，他认为：刺杀腓力二世的罪行最主要应该归咎于奥林匹亚斯，正是她指使刺客采取行动，同时应直接受到怀疑的还有亚历山大本人；而亚历山大即位后，马上宣布这件谋杀案完全是出自波斯的国际阴谋，是为了阻止马其顿的东征而使出的手段，但这种冠冕堂皇的解释实际是为了掩饰其真正的动机。在丈夫死后，奥林匹亚斯在国家政治生活中常常扮演重要角色。在亚历山大离开马其顿王国去东征期间，曾任命安提帕特治理国家，然而野心勃勃的奥林匹亚斯每每从中作梗。不过当亚历山大死后，安提帕特的儿子卡山德却成了摄政王。公元前316年，卡山德宣判奥林匹亚斯死罪，并不准她以基督教仪式入葬。

至于亚历山大的猝死，历史上一直有多种说法，至今仍没有绝对使人信服的结论,尽管当时的历史学家曾对他最后的一段日子做了详细的记录。著名历史学家阿利安记录道:(公元前323年)5月29日他因发烧睡在浴室中。翌日沐浴后进入寝宫,与米迪厄斯整日玩骰子。晚间沐浴,献祭神明,进餐,整夜烧未退。5月31日依例再沐浴、献祭,躺于浴室中之际,听尼尔朱斯讲述航行大海探险经历取乐。6月1日烧得越发厉害,他整夜难安,次日整日高烧。他命人将床移至大浴池旁,躺在床上与诸将领讨论军中空缺及如何挑选补足。6月4日病况更为恶化,须由人抬至户外进行献祭。之后他命高级将领在宫廷院内待命,命亲兵指挥官夜宿寝宫外。6月5日他被移至幼发拉底河对岸的王宫中,略睡一下,但高烧不退。当将领们进到宫中,他已不能言语,直到6月6日均是如此……

根据历史记载,亚历山大在临死前曾一直过量饮酒,发病期间有高烧不退症状。古罗马历史学家阿利安在其著作中,对此有详尽的记载。他写道:自从其密友赫费斯特翁死后,在最后的一段日子里,什么都不能制止亚历山大贪恋杯中物,连王后临盆也不顾,反而喝得更凶,以麻痹自己;那年5月他又为尼尔朱斯举办盛大的饮宴,在连喝两天后开始感觉发烧,而且烧得越来越严重,他口渴,又喝更多酒解渴,结果昏迷不醒,最终引发肝功能衰竭而死去。

一些正统的史书认为他是在征服期间不幸感染上了恶性疟疾,由此发烧多日而死的。也有人认为,他是因过量饮酒而导致身体虚弱得病而死的。不过在最近,有一些研究者从医学的角度提出了新的观点。美国弗吉尼亚州卫生健康部的流行病学家约翰·马尔和科罗拉多州立大学的传染病专家查尔斯·卡利谢尔通过研究宣称:亚历山大是感染了一种名为"西尼罗河"的病毒而死亡的,他们声称这是在通过对历史的分析以及先进的测试后得出的结论。他们还认为,这种"西尼罗河"病毒很容易以鸟类或者其他动物作为宿体,通过蚊子传播进而感染人类,而历史著作的记载在很大程度上也与其推理吻合。这两位医生为此引证了历史学家普鲁塔克的记载:"当亚历山大三世到达巴比伦一处断壁残垣时,发现空中盘旋着许多乌鸦,它们互相叼啄,一些死乌鸦从空中摔落下来,掉在亚历山大身边。"根据这一细节,他们分析这些乌鸦很可能就是感染了"西尼罗河"病毒,然后将病毒传染给亚历山大。此外,二人还将亚历山大的呼吸道感染、肝功能紊乱以及皮疹的症状输入到一种诊断程序,程序测试结果显示,亚历山大感染"西尼罗河"病毒的概率是

100%，这验证了他们观点的正确性。不过，对于这种推断，同样有一些医学家表示怀疑。美国罗得岛大学的流行病学家托马斯·马思虽也赞同这是一项值得关注的研究，但是对上述结论却表示异议，其理由在于：易受"西尼罗河"病毒感染的人群一般是老人或者是免疫力低的人，而亚历山大当时只有 33 岁，且年轻健壮，因此他感染此病毒的概率会很小。

不过，无论是在当时还是后世，人们最关注的是，亚历山大到底是否被人投毒，因为许多人根本就不相信他是因病而死。虽然当时包括历史学家普鲁塔克在内的传记作者，基本上无人怀疑亚历山大是遭人下毒而死。但在亚历山大死亡 5 年后，国内突然有传言说他是中毒而死，而其母后奥林匹亚斯也曾因此处死许多人，并命人把亚历山大的斟酒官艾欧拉斯的骨灰散入风中，理由就是怀疑他下毒。甚至有一些历史学家认为，策划毒死亚历山大的，正是其老师亚里士多德，而毒药也完全是由他提供的。多年以来，希腊人一直对马其顿的统治心怀怨恨，对亚历山大本人也深恶痛绝。当下毒者是艾欧拉斯的说法传到雅典时，民主派们一片欢呼，雄辩家狄摩西尼提议大家表决向艾欧拉斯致谢。

还有的研究者认为，亚历山大极有可能是死于慢性番木鳖咸中毒，而聪明的下毒之人正是亚里士多德，因为亚里士多德的弟子兼友人植物学家锡奥夫拉斯特斯曾提及此物的用途及剂量，并说"掩盖其苦味之上策，即使用于纯酒中"，相信这不会完全是巧合。不过对这一段历史了解最清楚的普鲁塔克也没有明确告诉人们真相，他只写道："初时亚历山大对亚里士多德评价极高，敬爱他超过其父，但最后几年渐渐对他产生怀疑。他从未实际害及他，但其友谊已丧失原有之热情与爱，显见两人已渐行疏远。"除了亚里士多德，一些亚历山大的部下也有谋杀的嫌疑。因为随着军事上的极度成功和威望的不断增长，亚历山大当时已变得具有东方专制君王的诸多做派，而这是向来有希腊民主传统的多数人所无法容忍的。结果，很有可能，亚历山大许多昔日的好友和亲信，在目睹他染上东方化的奢靡作风、动辄杀人的暴怒，甚至竟敢自封为神以后，觉得他已变成暴君，为所欲为而喜怒无常，从而终于走出了这一步。正如亚历山大的老师亚里士多德自己说过的："无人可自由地忍受如此统治。"

更离奇的是，在亚历山大死亡 600 年后，他被葬在埃及亚历山大城的尸骸竟突然失踪,这又在后世引起了轩然大波。该事件发生后,考古界就一直将寻找亚历山大的尸骸列为最值得关注的课题之一。不久前,一位名为安德鲁·楚格的英国考古专家公布了他的重大发现:亚历山大的尸骸就埋在位于意大利威尼斯的圣·马可墓中,他主张应掘出墓中的遗骸进行尸检。此言一出,随即招来众多非议,因为圣·马可是天主教的圣徒。

作为研究亚历山大的专家,楚格曾出版过多本相关著作。他坚信在 4 世纪的基督教混乱之中,有人将亚历山大的尸骸伪装成圣·马可的尸骸而秘密埋在当时的亚历山大城,随后遗骸又被辗转运至威尼斯。他进一步论证道:"据记载,亚历山大大帝和圣·马可的遗骸都是用亚麻裹住,经过干尸化处理。亚历山大的尸骸遗失不久就出现了圣·马可的坟墓,而且都是在亚历山大城的中心广场附近,地理位置几乎相同。很有可能是教会中的高层神职人员,甚至有可能是大主教亲自下决定把亚历山大的尸骸伪装成圣·马可的遗体。几个世纪后,威尼斯商人将尸骸偷出并运至威尼斯。"

目前学术界对楚格的观点存有很大分歧,牛津大学的专家罗宾·福克斯认为这是无稽之谈。但是剑桥大学的希腊历史教授保尔·卡勒吉则对这一观点持积极态度。甚至有人提出:"如果能将尸骸挖出并进行 DNA 测试,再和亚历山大的父亲的尸骸进行对比,问题就可以水落石出了。"相信这一系列谜案,绝不会在短期之内得到彻底解答:

恺撒的悲剧

他是古代西方最伟大的统帅和征服者之一,与亚历山大齐名。伟大的戏剧大师莎士比亚曾专门为他创作了一部戏剧:《尤利乌斯·恺撒》。他虽然生活在古罗马共和时期,却常被人们称为"大帝"。在后世的欧洲,他的名字就被作为帝王的专用词,最典型的当属俄国的"沙皇"。然而,他又是一位悲剧性的人物。正当他处于事业顶峰之时,却被阴谋者所刺杀,身中 23 刀而死。更可悲的是,刺杀者当中,居然有他最信任的、被他认为是自己的私生子的人。那么事实的真相究竟如何呢?

伟大的征服者

公元前 100 年 7 月 13 日，罗马著名的尤利乌斯家族诞生了一名男婴，他就是罗马历史上最伟大的人物之一，政治家、军事家尤利乌斯·恺撒。

公元前 1 世纪时的罗马，正面临一个转型时期，虽然它的国力强盛，但同时也出现了许多社会问题。一方面是由于在对外征服中屡屡获胜，大量的奴隶和财富源源不断地流入罗马，从而滋生了一批腐朽的贵族元老。另一方面，国内的阶级矛盾日趋激烈。下层人民不断起来反抗罗马贵族的统治，著名的斯巴达克起义就使得罗马元气大伤。此前的几百年，罗马实行的一直是共和体制，但这时却越来越走向集权和独裁。在恺撒出生的那个年代，罗马就先后出现了马略、苏拉等统治者。正是这一特殊的历史背景，造就了恺撒的成就。恺撒的家世可谓相当显赫，他在父系亲属和母系亲属都出身纯粹的贵族家庭。赫赫有名的马略还是他的姑父，而他外祖父也曾担任过执政官，并在早年给予了恺撒强有力的支持。为此，在登上罗马最高权力宝座后，恺撒还努力为自己创造了一个神圣的家谱，声称自己是罗马神话英雄伊尼阿斯的后裔。

在早年，恺撒接受了良好的教育，学习辩论、哲学、法律以及军事等。经过严格训练，他能讲一口流利的希腊语，而且对希腊历史产生了浓厚的兴趣，并对希腊古代伟大的征服者亚历山大大帝充满了崇敬和羡慕之情，发誓长大后要做亚历山大式的人物，成为"罗马第一人"。

公元前 82 年，恺撒通过在海外活动开始了他的政治生涯，并迅速显示出了非凡的军事和外交才能。公元前 75 年，他曾在旅途中被海盗劫持，最后以 50 塔兰特的赎金获释。而他获释之后做的第一件事就是组织一支舰队，然后捕获所有劫持他的海盗，并把他们全部钉上十字架。30 岁时，恺撒通过选举当选为财务官，并获得元老院议员的资格。此后，他又曾在西班牙负责财政事务。就是在西班牙期间，发生了改变他命运的一件事。有一天，恺撒在神庙中看到了亚历山大大帝的塑像，联想到亚历山大在 30 岁时已征服世界，而自己却依然无所作为，于是抱负宏大的他主动辞职离开了西班牙。再次回到罗马后，恺撒先后担任了市政官、祭司长、大法官以及西班牙总督等显赫的职务，从而一步步登上权力的顶峰。

公元前 60 年,通过一系列政治手腕,恺撒、庞培和克拉苏(庞培是军事实力派,克拉苏则是罗马第一富豪)缔结了政治联盟,这就是罗马历史上著名的"前三头同盟"。三人结盟后,恺撒的势力大增。

但为了获取能与另二人相抗衡的资本,恺撒于公元前 58 年发动了对高卢地区(相当于今天的法国)的战争,在长期的高卢战争中积蓄了实力。其间,恺撒率军征服了外高卢,并占领了不列颠岛北部 800 多个城市。当他回到罗马城时,率领着部下风光无限地通过凯旋门,身后则是抬着缴获的 2800 顶金冠的士兵,罗马城万人空巷,民众纷纷去欢迎他。随着大量战利品和奴隶源源不断地送到罗马,恺撒的声望几乎达到了顶峰。公元前 53 年,克拉苏在亚洲战场上阵亡,于是恺撒与庞培之间的对抗也日趋激烈。公元前 49 年,恺撒与庞培之间的内战终于爆发了。结果,恺撒的军队势如破竹,庞培仓皇逃往希腊,不久又逃往埃及,最终在那里被杀。内战结束后,恺撒被选为终身独裁官,而且还拥有统帅、大教长和"祖国之父"等尊号,集各种大权尊荣于一身,成为名副其实的军事独裁者。后来,西方的一些帝王便纷纷以"恺撒"自称,如俄国的"沙皇"就由此而来。

在西方历史上,恺撒是与亚历山大和汉尼拔齐名的伟大军事家和征服者。他在军事战术上的主要贡献,就是善于选择主要突击方向,巧妙地分割敌军,将其各个击破;在战斗队形中通常留有强大的预备队作为重要组成部分,用来加强部队在主要方向上的突击力量,这是一项伟大的创举。另外,由于他决定采用的历法成为现在大多数国家通用的公历的前身,并且把 7 月以自己的名字命名为 JULY,他成为家喻户晓的人物。更难得的是,恺撒还是一位杰出的作家。他一生勤于著述,流传到后世的著作有《高卢战记》《内战记》等,都是他自己亲身经历的战争回忆录,文笔清晰简朴,行文巧妙。

"祖国之父"的结局

打败庞培,赢得罗马内战后,恺撒被罗马公民大会和元老院授予了终身荣誉头衔——"祖国之父"。恺撒顺理成章地把军、政、司法和宗教大权都掌握在手中,建立起个人的独裁而开明的统治。首先,他对已经非常腐败的共和制度进行了改革,在元老院增补了 300 名成员,而这些成员多数来自被元老贵族轻视的商业和一般职业阶层,他们宣誓绝不反对恺撒的任何命令。另外,恺撒还慷慨地授予自由奴隶的子女和高卢人以公民权,给受迫害的犹太教徒以宗教信仰的自由,还将许多居民移居到法国、西班牙、希腊等地。他采取种种措施制止了税收官的投机活动,保证了货币的稳定和流通等。总之,独裁的恺撒却给人民带来了一个公平、仁慈、开明的社会,将罗马塑造成一个强大的中央集权帝国,使罗马成为古代最鼎盛的帝国之一。正是因为如此,很多历史学家称他是才干卓绝、仁慈大度的君主,一位出类拔萃的政治家。

然而就结局而言,恺撒又是一个悲剧人物,而其根源之一就在于他的自负。事业上的巨大成功,使踌躇满志的恺撒认为,几百年的罗马共和政体已经名存实亡了,他甚至对亲信说:"共和国,这是一句空话,现在已经没有内容了!"恺撒的军事独裁,引起了一部分以共和派自居的罗马元老贵族的严重不满,而有些原来支持他的人也因他的自负而感到失望。于是,有一部分人,包括守旧集团、对改革失望者和宿敌残余逐渐结合起来,为了共同的目的,组织起一个阴谋集团,以保卫"共和"之名密谋采取恐怖袭击。据说当时恺撒已察觉一些危险的迹象并听到暗杀传言,但他却不顾那些善意的警告,未做防范,甚至曾在回答死亡的问题时戏称:"突如其来的死是最好的死法。"

公元前44年3月15日,阴谋集团的成员身藏匕首,邀请恺撒来元老院议事,只待恺撒一到,突然行刺。虽然有人已事先警告他这天有人要暗杀他,恺撒却没带卫队,只身一人来到元老院开会。在他从容地坐上黄金宝座后,一个刺客假装恳求他办事,抓住他的紫袍,其实是行动的暗号,随后所有阴谋者一拥而上,刀剑像雨点般落在他的身上。起初,恺撒还极力反抗,但当他看到最为信任的布鲁图也举刀向他刺来时,便放弃了抵抗,最终身中23刀,死在元老院大厅庞培的雕像旁边,时年56岁。恺撒死后,罗马元老院按照法令将其列入众神行列,尊称为"神圣的尤利乌斯",并决定封闭他被刺杀的那个大厅,同时决定将3月15日定为"弑父日",元老院永远不得在这天集会。

2000年来,在西欧,3月15日这一天一直被视为不祥的日子。不过,恺撒虽然死了,但罗马国家体制变化的历史走向却已不可逆转。不久,他的继承人屋大维建成了真正的帝国,使罗马进入了空前的繁荣。历史也似乎证明,以帝制替代共和制,的确是无法阻挡的趋势,而恺撒只是顺应了这一历史潮流而已。

恺撒与布鲁图

据记载,恺撒在临死前所说的最后一句话是:"还有你,我的孩子?"这句话是针对刺杀者之一布鲁图而说的。长期以来,关于恺撒与布鲁图之间的神秘关系,有着太多的说法,至今没有绝对准确的结论。

布鲁图(公元前85~前42年),也是古罗马一位杰出的政治家。他是罗马显贵家族的后裔,而他的母亲塞尔维利娅年轻时曾是恺撒的情妇。一些历史学家认为,尽管恺撒有许多情妇,但他最爱的却是布鲁图的母亲塞尔维利娅。早在公元前59年,在恺撒出任第一任执政官期间,曾买了价值600万塞斯退尔的珍珠送给塞尔维利娅,可见他们当时的感情绝非一般。事实上,恺撒年轻时确与塞尔维利娅疯狂相爱,而布鲁图就恰好出生于那个时候。因此,恺撒私下里一直认为布鲁图是自己的儿子,许多罗马人也相信这样的传言。

可惜的是,布鲁图本人却一直憎恨这种说法。公元前77年,布鲁图的父亲被庞培暗杀,布鲁图被叔父收养。成年后,他靠发放高利贷迅速地成了显贵,并进入了元老院,开始在政治上崭露头角。不过,在政治上,他属于保守共和派,从而与恺撒站在对立面。因此,在公元前49年爆发的庞培与恺撒的罗马内战中,尽管与庞培有着杀父的不共戴天之仇,布鲁图却加入了前者的阵营。不久,在希腊战场上,庞培大败。可能的确是出于慈父之情,恺撒对反对他的布鲁图非常仁慈。他命令部下,在战争中不得伤害布鲁图。最终,布鲁图写信向恺撒请求原谅,而恺撒也慷慨地既往不咎,将他召入了自己的阵营。据说,恺撒当时把一柄长剑和一把犀利的匕首交到布鲁图手中说:"孩子,这些是作为军人不可缺少的,留在身边用吧。"但是,他做梦也不会想到这武器有一天却用在了他的身上。

归顺恺撒后,布鲁图的仕途可谓一帆风顺。由于他机智过人,富有管理国家的才干,所以得到了恺撒的宠爱和信任。恺撒在征服高卢,建立独裁统治制度之后,把总督大权交给了布鲁图,还使其担任城市法官等显要职务。正像古罗马著名历史学家普鲁塔克所说:"恺撒不但深爱塞尔维利娅而且也爱布鲁图,虽然他不过是私生子。"恺撒一直把布鲁图当作最亲密的朋友,甚至在遗嘱中将他作为第二继承人。

　　然而，政治立场上的冲突最终导致布鲁图再次站到了恺撒的对立面。面对恺撒在罗马的独裁统治，一直以共和传统维护者自居的布鲁图开始发生了动摇。的确，恺撒的一系列政治举措给罗马共和制造成了巨大的威胁。他对元老院熟视无睹，任意处置贵族高官，这些都招来了保守派的憎恨。公元前44年3月，恺撒开始全力准备对小亚细亚地区的帕提亚人的战争。当时许多罗马人都深信一种预言：只有国王才能打败帕提亚人。于是社会上流言四起，认为恺撒将真的要在罗马称王。

　　还有一段有趣的插曲，在某种程度上加深了共和保守派对恺撒的憎恨，也进一步将他推向了死亡的边缘，这就是恺撒与埃及艳后克丽奥帕特拉的关系。

　　据记载，当初恺撒与庞培发生内战时，曾追杀后者到托勒密王朝统治下的埃及。当时，该王朝内部正陷入争夺王权的混乱之中。争斗的双方都希望获得恺撒的支持，以巩固自己的权力。有一天傍晚，恺撒驻地的卫兵通报，说埃及国王要将一件珍贵的礼品送给他。随后一名埃及仆人扛着一条毛毯进来，结果里边躺着一位绝代佳人，她，就是后世闻名的埃及艳后克丽奥帕特拉。很快，两人陷入了热恋当中。恺撒在埃及逗留了相当一段时间，并在这里迎来了儿子恺撒里昂的诞生。在平定了小亚细亚的庞培余部之后，恺撒带领着克丽奥帕特拉和他们的儿子回到了罗马。据说，当恺撒班师凯旋，全罗马都沉浸在狂欢之中。游行队伍抬着2800多个金冠进入城市，威风凛凛的恺撒高坐在战车上接受人民的欢呼致敬；在恺撒身后是规模庞大的步兵、骑兵和壮观的战斗表演；晚上还表演了非洲人与400头雄狮的搏斗，以及亚洲和希腊的舞蹈。

　　但是，在欢迎他们的同时，本来就对恺撒的威望惴惴不安的元老们，对于一同前来的克丽奥帕特拉及其儿子，表现出了高度警觉。他们怀疑恺撒会照搬埃及的东方传统，自立为罗马国王，并让他那并非罗马公民、在罗马没有继承权的埃及儿子接管王位。并且，他们担心热恋中的恺撒很可能把克丽奥帕特拉看得比罗马的统治还重要。

　　于是，一些与恺撒水火不容的人开始秘密联合起来，并成功地将布鲁图拉拢过来。面对有称王企图的恺撒，布鲁图表示了坚决的立场："为国家自由而死，是我们刻不容缓的职责!"事实证明,布鲁图对恺撒可谓是恨之入骨。在他心中,恺撒就是暴君的代表,而除暴安良是他的"天命",刺杀恺撒天经地义。而且,布鲁图从来不把自己看作是恺撒的儿子。另一方面,当时整个罗马城有许多人动员布鲁图行动起来,别再犹豫。他们还不断提及他的先祖,以此来鼓动他,因为他是第一任执政官布鲁图的后裔,而母系则起源于另一个高贵的塞尔维留斯家族。

虽然后来意大利的著名政治理论家马基雅维利曾说过一句经典的话:"如果布鲁图装成一个傻瓜,他就会成为恺撒。"不错,只要布鲁图能够与恺撒站在一起,他迟早会得到一切的。然而,布鲁图却选择了与反对派一起策划推翻恺撒的阴谋。

公元前44年3月15日这一天,当谋杀者们将刀剑刺向恺撒时,恺撒起先还奋力抵抗,并一面喊叫一面挣扎。可是,当他看到布鲁图手里的匕首时,几乎不敢相信自己的眼睛,然后绝望地喊道"还有你,我的孩子?"于是用外袍蒙上了头,心甘情愿地死于乱刀之下。因此,很多后世的历史学家认为,即使恺撒在临死之时,仍认为布鲁图就是自己的孩子,而他也绝对想不到布鲁图会参与谋杀自己。

恺撒死后,其部下宣读了他生前立下的遗嘱。在这遗嘱中,恺撒指定自己姐姐的孙子屋大维为自己的继承人,给其3/4的财产,并指定屋大维为自己的家庭成员,同时将自己的名字传给他;为自己可能出世的孩子指定了监护人,具有讽刺意味的是,其中几个竟是参与阴谋的凶手;此外,他还把台伯河的花园留给人民公用,并赠予每个公民300塞斯退尔。值得一提的是,当中还指定了布鲁图为第二顺序继承人。

2000年来,对于布鲁图的这一行为,众说纷纭。有的人认为,他是大义灭亲、勇于反抗暴政的英雄,在戏剧大师莎士比亚的名作《尤利乌斯·恺撒》中,就称他是"一个最高贵的罗马人"。然而,有些人却将他列入了叛徒和背信弃义者的名单,文艺复兴时代的诗人但丁,在《神曲》中就将他视为一个邪恶的出卖者,在地狱里受到无情鞭笞。但布鲁图始终认为自己的行为是天经地义的伟大之举,正像他曾说过的"我爱恺撒,但更爱罗马"。恺撒死时年已56岁,而这时的布鲁图才40岁,只要稍有耐心,深受恺撒器重的布鲁图很有可能获得罗马的最高权力,他这么做确实非同寻常。但是,不同的立场决定了对他的评说将不会停止争议。

杀死恺撒之后,布鲁图等人立即宣布,这是"自由面对暴政的一次胜利",但是大多数罗马人并不接受布鲁图等人的说法。事实是,恺撒的突然遇刺,使拥有百万人口的罗马城很快陷入了骚乱,帝国处于动荡分裂的危险边缘。恺撒最好的朋友、军事副统领安东尼果断地采取行动,很快平息了骚乱。在恺撒的葬礼上,安东尼将象征权力威望的斗篷,高高举过朋友的脸庞,发誓要为他报仇雪恨。布鲁图等人逃亡希腊,在那里筹集资金、征募士兵、组建军队,但他们根本就不是恺撒派的对手。最后,布鲁图战败自杀,还有一种说法称他是见到恺撒的鬼魂后惭愧而自尽的。其他人也难逃惩罚,阴谋刺杀恺撒的人中,几乎没有谁在他死后活过3年的。所有人都被判有罪,并以不同方式死于非命,其中有些就是用刺杀恺撒的同一把匕首自杀的。

伊凡四世之传闻

伊凡雷帝是俄国历史上第一位沙皇,他3岁就继承了莫斯科和全俄罗斯大公位,人称伊凡四世。他性情凶残又生性多疑,独断专行且手段残酷,因而得名"雷帝"。这与伊凡四世幼年的生活环境有着重要的关系,他17岁亲理朝政以前可以说是生活在一片黑暗中,先是他的母亲倒行逆施且不明原因地暴亡,然后是贵族们为了争权夺利而每天火拼厮杀,没有人顾及年幼的小沙皇的教育。从这种尔虞我诈的环境中成长起来的伊凡四世,过早地目睹了宫廷生活的黑暗和丑恶,在他的性格中埋下了暴戾多疑的种子。俗语说,"虎毒不食子",伊凡雷帝却被怀疑亲手杀死了自己的儿子。

伊凡雷帝杀死了亲儿子吗

俄国著名画家列宾创作过一幅名为《伊凡雷帝杀子》的油画:在灰暗压抑气氛笼罩下的画面上,奄奄一息的皇太子伊凡无力地靠在父亲的胸前,伊凡雷帝惊恐地搂着儿子,他用一只苍老的、血管突出的手抱着伊凡的身体,另一只手紧紧按住儿子流血的伤口,试图挽回儿子的生命。但死神已经快要降临了,儿子的身体软绵绵地支撑在地毯上,用一双绝望却宽恕的眼睛看着衰老的父亲。而伊凡雷帝的双眼中充满着悔恨,两人的眼神形成了强烈的对比,整幅画有着一种摄人心魄的艺术

·扑朔迷离的死亡阴影·

图文珍藏版

魅力。

人们为什么会怀疑伊凡雷帝呢？主
要是伊凡雷帝的性格非常残忍，在他还是
个孩子时，就经常把捉住的小鸟一刀一刀
地杀死，或是站在高高的墙上，将手中的
小狗摔死，从而发泄心中的不满。而在他
13岁的时候，就放出豢养的恶狗，将执掌
朝政的皇叔伊斯基活活咬死。而当他刚
登上皇位后，为了加强皇权，就在全国范
围内实行恐怖政策，惩罚反对皇权的大贵
族，也不可避免地杀害了许多无辜的平
民，用尖桩刑、炮烙、活挖人心、抽筋剖腹
等酷刑处死了数万人，得到了"雷帝"的
称呼，意思就是"恐怖的伊凡沙皇"。

伊凡四世

他的暴政和独裁不仅使遭到镇压的大贵族们心怀怨恨，也引起了广大人民的
强烈反对，就连沙皇身边的人，也有"伴君如伴虎"的危机感。本来，伊凡雷帝的这
种暴戾性格在他娶了年轻美貌、温柔善良的皇后之后有所改变，这位皇后能理解
他，开始以自己的爱温暖着沙皇那颗受伤的心灵，总是像天使一样地抚慰着他。可
是，保佑他的天使没有永远伴随他，1560年，他亲眼看着心爱的女人被疾病夺去了
生命。失去了皇后之后，童年时期形成的性格又激发出来了。到了晚年，孤独的伊
凡雷帝性情更加乖戾、喜怒无常，他总是疑神疑鬼，觉得有人要害他。但是，对于他
的长子、未来的皇位继承人伊凡，他还是宠爱有加的，经常让他跟随在自己左右。
可以说，除了这个儿子，他已经不再相信任何人了。可是这位皇太子却死在伊凡雷
帝的前面，上演了一出"白发人送黑发人"的悲剧。

伊凡太子的死因有着不同的说法，最普遍的一种是：从1581年起，伊凡雷帝开
始怀疑太子有夺取皇位的嫌疑，多疑的性格使这种想法日益强烈，父子关系也因为
他的提防而紧张起来。有一天，伊凡雷帝看见伊凡的妻子叶莲娜只穿了一件薄裙
在皇宫中走来走去，违反了当时俄国妇女至少要穿三件衣裙的惯例。伊凡雷帝勃

然大怒,动手打了儿媳,使已经怀孕的叶莲娜因惊吓而流产。伊凡听到这个消息后,对伊凡雷帝大吼大叫,伊凡雷帝也很生气,一边大骂着"你这个可耻的叛徒",一边举起手中的铁头权杖向儿子刺去。晚年的伊凡雷帝手里常常拿着一根铁头杖,这是一根顶端包有铁锥尖、柄上刻有花纹的长木杖。伊凡四世一旦发怒,就会随时用这个铁尖木杖向对方刺去,所以宫内的人只要听到木杖敲击地面的声音,就会吓得赶紧躲起来。可是没想到当时伊凡雷帝的铁杖正好刺中了儿子伊凡的太阳穴,然后就是列宾笔下《伊凡雷帝杀子》的悲剧场面,最后伊凡因伤势过重而死去了。

俄罗斯历史学家斯克伦尼·尼科夫却不同意这种说法,他认为,当时伊凡父子虽然发生了激烈的争吵,但父亲只不过在儿子身上用权杖敲了几下,并没有造成致命的伤害。太子伊凡原先就有病,再加上丧子和恨父,心情极度悲伤,以致癫痫病发作,后来又引起并发症死去了。因为伊凡雷帝在争吵前几天的信中曾谈道:"儿子伊凡病倒了,今天他仍在病中。"所以,伊凡的死主要是病死,而不是伊凡雷帝失手杀死了他。

各国历史上宫廷内部血雨腥风,像这样的父子相残、兄弟反目的事情层出不穷。伊凡雷帝有没有杀死自己的亲儿子,只有让历史来慢慢寻找真实答案了。

拿破仑传奇

拿破仑·波拿巴,法兰西第一帝国的皇帝、著名的军事家、政治家。这个个子矮小的法国人,拥有传奇的一生。他在战场上所取得的举世无双的胜利,令无数征伐者为之汗颜;他带给欧洲的巨大政治冲击,曾影响了千万人的命运。1812 年,拿破仑发动了对俄国的远征,虽然最终大败而归,但是他在莫斯科城劫掠夺走大量财宝。最后财宝的下落却无人知晓。在一个名为滑铁卢的地方,拿破仑遭到了人生最大的打击,并被他的政治敌手流放到大洋中的一个孤岛上,最终寂寞地在那里结束余生。不过,人们并没有彻底将他忘记,他为何会兵败滑铁卢,他是如何死去的,已成为世界历史上著名的疑案。

辉煌的一生

拿破仑·波拿巴（1769 年 8 月 15 日～1821 年 5 月 5 日），法国近代史上伟大的军事家和政治家。他出生于科西嘉岛阿雅克修城的一个破落贵族家庭，10 岁就进入军校学习，年仅 16 岁就被任命为炮兵团少尉军官。1789 年法国资产阶级革命爆发时，拿破仑同情革命并成为雅各宾派的拥护者。1793 年 7 月，由于一举攻下了保王党的堡垒土伦，拿破仑深受革命领袖罗伯斯庇尔的赏识，被任命为少将、炮兵旅长。1795 年 10 月，拿破仑率炮兵击溃了巴黎保王党人的武装叛乱，被督政府晋升为陆军中将、巴黎卫戍司令，从此开始成为军界和政界的重要人物。

1796 年 3 月，年仅 26 岁的拿破仑被任命为法国意大利军司令官，从此开始了独立作战的生涯。出发前，拿破仑与巴黎著名的交际花约瑟芬举行了婚礼。在意大利，他与处于优势的第一次反法同盟军连续作战，取得了一系列的辉煌胜利。1798 年 5 月，拿破仑又受命远征埃及。1799 年 8 月，拿破仑看到国内局势急转直下，人民怨声载道，认为时机已到，立即率亲信离开埃及，冲过英国海军的封锁，秘密返回巴黎，并于 11 月 9 日发动了著名的雾月政变，成为第一执政。1800 年 6 月，拿破仑打败第二次反法同盟。同时在国内，他利用欧洲大陆短暂的和平，励精图治，发展国力，一时间法国出现了繁荣昌盛的局面。1802 年 5 月，经全民投票通过，拿破仑成为"终身执政"，集行政、司法、立法大权于一身，为向帝制过渡铺平了道路。1804 年 5 月 18 日，拿破仑正式加冕，宣告自己为法兰西第一帝国的皇帝，称号为"拿破仑一世"。在位期间，他还颁布了著名的《拿破仑法典》，该法典确立了资本主义立法规范，至今还对西方社会发挥着作用。

此后，拿破仑又多次打败奥、英、俄等国结成的反法同盟，迫使对手或割地、或赔款求和，其间还占领西班牙等国。1810 年 3 月，他与约瑟芬离婚，娶奥地利国公主玛丽亚·路易莎为妻。1812 年，拿破仑发动了对俄国的远征，这成了他一生中的重大转折点。起初，他的军队长驱直入，直捣莫斯科城。然而，当地的严寒气候和俄国军民的抗法斗争终于使法军大败而归。1813 年，欧洲第六次反法同盟成立，拿破仑率军 40 万余联军作战，结果在莱比锡战役中一败涂地，各附庸国及诸小邦乘机起来摆脱法国控制，拿破仑陷入四面楚歌的境地。1814 年，反法联军向法国本土进军。很快,巴黎沦陷,拿破仑被迫于4月6日宣布退位,并被放逐到意大利的厄尔巴岛,波旁王朝复辟。然而,拿破仑再次创造了世界历史上罕见的奇迹。不到一年的时间,他竟成功地从厄尔巴岛上逃了出来,并迅速集结了数以万计的支持者,于1815年3月20日,不费一枪一弹进占了巴黎,重新登上皇帝宝座,建立了"百日王朝"。当时正在维也纳开庆功会的欧洲各君主国慌忙调集重兵,组成第七次反法同盟军。1815年6月,拿破仑在滑铁卢战役中几乎全军覆没,被迫第二次退位。10月,他被流放至更遥远的圣赫勒拿岛。

1821年5月5日,拿破仑在岛上病逝,终年52岁。19年后,法国的七月王朝派军舰到圣赫勒拿岛迎回了拿破仑的遗骨,将其安葬在塞纳河畔的荣军院。

拿破仑在1812年失落的财宝

有人说,全世界最伟大坚韧的民族有三个,俄罗斯是其中之一。历次侵略俄罗斯的战争,无不以侵略者的失败而告终。无论起初侵略者的气焰多么嚣张,俄罗斯人处于多么被动不利的局面,但他们都能坚持到底,取得最后的胜利。不管是1812年的拿破仑,还是1941年的希特勒,都无法撼动那片广袤的土地以及土地上世世代代生长着的坚韧而顽强的人民。

关于1812年的战争,我们可以从托尔斯泰史诗般的《战争与和平》中看到详尽的描述,也可以从柴可夫斯基雄壮的《1812序曲》中,感受到那个血与火交织的年代,感受到俄罗斯人深厚凝重的情感。而作为拿破仑来说,这是他一生功业的转折点,此后再加上滑铁卢之败,他叱咤风云的一生就只落得病死于圣赫勒拿岛的凄凉结局。后人在研究那段历史时发现,1812年冬天,拿破仑遗落在冰天雪地的俄罗斯草原上的,有冻饿而死的法国士兵,有他称霸世界的雄心,有他横扫欧洲战场所向披靡的辉煌胜利,还有他从莫斯科掠夺的整整25车的金银珠宝。

1812年,拿破仑已是欧洲大陆的绝对统治者,他的权力登峰造极。他下一个目标是吞并庞大的俄罗斯,因为俄罗斯已经站到了以英国为首的反法同盟一边。6月,拿破仑率领50万大军长驱直入,开始了他的远征。他采取速战速决的战术,妄图迅速攻下俄罗斯。有一个事例可以证明他的鲁莽与决心:法国士兵穿着单衣,只带了4天的面包上路,随军供给也只有20天的。也许,对于俄罗斯这样一个庞大的国家来说,速战速决是远征军的唯一取胜之道。近 130 年后,希特勒也效仿拿破仑,于 1941 年 6 月进攻苏联,采取闪电战术。同样的,他们起初都节节胜利。

法军希望寻找俄军主力迅速予以歼灭,俄军则节节败退。8 月,在斯摩棱斯克两军有一次激战,双方互有伤亡,俄军再次后撤。这时候,俄军著名的将领库图佐夫临危受命,掌管指挥权。法军已逼到莫斯科城下,库图佐夫放弃了莫斯科,采取焦土政策,将美丽的首都付之一炬。众所周知,莫斯科是公元 12 世纪由伊凡三世创建的,为了取代当时东正教的中心君士坦丁堡,伊凡三世专门花重金聘请意大利设计师来设计克里姆林宫,庞大的建筑群使之成为巴洛克风格的艺术精品。拿破仑原以为攻下了莫斯科,粮草、辎重、服装等补给都应有尽有。但他没想到的是,9 月 14 日攻陷莫斯科后,俄罗斯人留给他的却是一座废城。当天晚上,城内到处起火,大火一直烧了几天几夜,毁灭了大半个城市。法军疲惫不堪,又得不到休息与给养。俄罗斯的冬天来得又快又早,10 月中旬已经开始下雪。衣衫单薄的法军抵抗不住严寒,10 月 19 日,拿破仑只好下令撤退。这一退兵败如山倒,一发不可收拾。俄军紧随其后追击,法军冻死饿死不计其数,面对勇猛追击的俄军根本没有还手之力。

莫斯科虽是一座空城,但克里姆林宫是艺术的宝库,而且很多贵族仓促之间带不走的金银珠宝仍可使拿破仑大发横财。于是,在法军疯狂撤退的队伍中有 25 辆马车十分特殊,它们满载着的是拿破仑在莫斯科掠夺来的财宝。暴风雪不期而至,不时有人倒毙路旁。12 月底,法军终于走出了噩梦般的俄罗斯大草原。拿破仑此役几乎全军覆没,50 万大军生还的仅二三万人。紧接着拿破仑兵败滑铁卢,被放逐到圣赫勒拿岛,直至病逝。

那么,那 25 车价值连城的财宝呢? 据拿破仑的亲信阿伦·德·哥朗格尔的回忆录记载:拿破仑在万般无奈之下,下令将那 25 车财宝悉数沉之于萨姆廖玻湖底。因为他不想将得之不易的财宝拱手奉还给俄国人。这一说法也得到苏联学者尤·勃可莫罗夫的认同。他从一本 1832 年出版的历史传记《法国皇帝拿破仑·波拿巴的生涯》中发现同样的描写,因不能带走克里姆林宫的珍贵物品、教堂的装饰品以及绘画和雕像等等,拿破仑下令将这些东西沉入萨姆廖玻湖。此书写作时间离1812 年战争刚刚过去约 20 年,所写情况应为属实。而且同时代其他法国人、俄国人的著作中也曾提及拿破仑沉于湖底的财宝。由于法军士兵一般不会重返噩梦般的俄罗斯,而附近的村民即使知道也无力出资打捞财宝,因此勃可莫罗夫断定这笔财宝应该还沉睡在萨姆廖玻湖底。奇怪的是,他遍查地图,都没有找到萨姆廖玻湖的名字。最后,他向国家地理研究所询问,答复是:在比亚吉玛西南 29 千米的有块沼泽叫作萨姆廖玻,由萨姆廖玻河而命名。从时间上掐算,拿破仑大约在 11 月初到达比亚吉玛,看来岁月的变迁,使那片湖水变成沼泽了。

有资料显示,1835 年,斯摩棱斯克地区政府曾对萨姆廖玻河进行勘查,发现湖底 5 米深处有堆积物。政府后拨专款建立围堰,将湖水抽干,但结果只发现一堆岩石。后世又有人进行探索,仍旧没有结果。拿破仑的财宝究竟是否藏身在如今这片沼泽之中? 没有人知道。

官方的说法:拿破仑死于胃癌

拿破仑去世后,有关方面对他的尸体进行了解剖。但在当时复杂的政治环境下,为了避免难以预料的政治风波,解剖的过程和病情结论,始终未对外界做任何披露,最终只是由法国当局出面宣称拿破仑死于"心血管疾病"。然而,一位名叫科斯坦的专家,在对拿破仑生前最后一位医生弗兰斯西科·安东马奇书写的病历进行仔细研究后,提出了新的观点:拿破仑死于胃癌,其理由主要有 3 个方面:

首先从遗传学的角度来看,癌症可以说是拿破仑家族的遗传病,这是支持拿破仑死于胃癌一说最有力的论据。研究者发现,拿破仑一家三代人中大多数死于胃癌,这其中包括他的祖父、父亲与 3 个妹妹。有关专家也介绍说:第一,存在着纯遗传性的胃癌,也就是说由患胃癌的父母等直系亲属直接遗传给下一代;第二,胃癌的遗传性更多的是体现在遗传物质上,它不同于遗传病,父母有就一定会传给下一代。就目前病因学研究结果看,有些癌瘤可能是在一定的遗传特征的基础上,再加外界致癌物作用所致。既然拿破仑一家有多位成员因胃癌而死,并且基本上都是他的直系亲属,那么拿破仑患胃癌的概率自然是很大的。

其次,拿破仑本人也一直认为自己得的是癌症。研究人员根据文献记载发现,拿破仑平时总是喜欢把右手插在马甲中,这个细微的生活习惯正好反映出他一直遭受着严重胃痛的折磨,而恶性胃溃疡发展成为胃癌的可能性相当大。同时,止痛药在拿破仑的日常生活中频繁出现也是一个很好的佐证。据说人们在给拿破仑做尸体解剖时，发现其胃已溃烂，肝部微肿，其他内脏完好。拿破仑的私人医生弗兰西斯科·安托马奇在病历中有这样的记载：拿破仑死前上腹部剧痛难忍，打嗝呼出的气味非常难闻；他还有慢性神经衰弱和厌食迹象；拿破仑患有慢性泌尿系统疾病，夜里常咳嗽，并出冷汗，而这些症状同胃癌病人发病的症状非常相像。科斯坦还表示，报告中用医疗术语暗示，医生在拿破仑体内发现了一个胃瘤。由于当时做尸体解剖的除了有拿破仑的私人医生弗兰斯西科·安东马奇外，一同在场观看的还有5位英国医生，因此一般认为，医生在尸体解剖时做手脚的可能性不大，这一结论性的病情报告的真实性还是有保障的。所以它在相当长的一段时期内，在史学界享有绝对的权威。

最后，近年来又有一项新的研究成果表明，拿破仑确实死于胃癌，这项研究是由瑞士巴塞尔大学医院解剖病理学院专家艾利桑德罗·鲁格里领导的小组和苏黎世大学医学史研究所的科学家们联手进行的。研究的手段则很奇特，它通过对拿破仑不同时期所穿的裤子进行分析得出结论。研究者们共分析了12条拿破仑生前穿过的裤子，其中有4条裤子是他被流放之前穿过的，另外8条是他在流放圣赫勒拿岛的6年期间穿的，包括他临死前穿的那一条。研究者们从死于胃癌的病人的尸检报告中获取了体重下降的信息后，又测量了健康人的腰围，并由此推算出腰围和实际体重之间的关系，随后这些数据被用来作为推测拿破仑死前几个月的体重情况的依据。瑞士科学家们测量了这12条裤子的腰围，然后又研究了一些活着的胃癌病人的腰围变化，结果发现，拿破仑的腰围变化和胃癌病人的腰围变化完全一致。拿破仑生前穿的最大号裤子腰围尺寸是110厘米，而在他1821年去世前，他所穿的裤子腰围已缩小到了98厘米，也就是说裤子腰围的最大差异达到了12厘米。

法国人民的愤怒：拿破仑是中毒而死

由于在法国人民心目中，拿破仑享有无上的威望，所以当他被流放后，在短短的时间内就逝世的消息传出时，很多人都曾对此事表示了怀疑。尤其是在法国人民中间，当时就有拿破仑被毒害致死的传言，并逐渐流传开来。他们认为，既然在英国人眼中，拿破仑是"刽子手"和"最可怕的危险人物"，那么当昔日的敌人成了自己的阶下囚，面对如此绝佳的机会，他们岂能放过他？同时，法国人民并不仅仅是出于对自己民族英雄的爱戴，才产生这种怀疑的，而是有所凭据的。

第一，据说在拿破仑贴身男仆的日记中曾记载到，拿破仑在狱中经常忍受慢性疼痛，这也一度成为他被人投毒致死的证据之一。曾随拿破仑一起流放到圣赫勒拿岛的仆人路易·马尔尚，在其日记中写道：拿破仑去世前"经常失眠，腿部肿胀无力，掉头发，偶尔抽搐，总是觉得口渴"。后来，瑞典牙医和毒药专家佛舒伍德在对日记进行仔细研究后认定，上述症状均与人服食砒霜后的情形类似。

第二，人们后来在对拿破仑的头发进行化验时，从结果中也发现了一些疑点。1957年11月，佛舒伍德在哥德堡的图书馆里，读到一篇新奇的论文，其中提到只需用一根头发就能分析出砒霜含量，这促使他开始着手验证自己的推论。3年后，他专程到巴黎从拿破仑侍从的后裔处索取拿破仑的头发。经过23年的努力，佛舒伍德用现代技术鉴定了拿破仑头发的化学成分。他发现越是接近头发根部，所含的砷就越多，而一般人头发中砷的含量是极低的。因为砷是一种有毒的化学元素，它的化合物——三氧化二砷就是砒霜，一种剧烈的毒药。拿破仑头发中的砷含量比正常人头发的含量高出40多倍。这一结果似乎足以证实拿破仑死于"中毒"的说法。后来，法国斯特拉斯堡的科学家也通过对拿破仑发样分析确认，其砷的含量是正常人的7～38倍。这些科学家认为，只有长时间的慢性砷中毒才会达到如此高的指标，所以他们据此认定拿破仑很可能是死于砒霜中毒。再后来，美国联邦调查局和法国巴斯德大学也对拿破仑的一根头发进行了分析，并从中发现了相当数量的砒霜。所有这些结果，无疑都在向人们昭示拿破仑死于中毒的"事实"。

至于凶手为何选择砒霜作为杀人的工具，怀疑者推测，除了因为它的毒性之外，还在于它无臭无味，难以在尸体上被检验出来，而且人们往往容易将砒霜中毒的症状与其他一些疾病的症状相混淆。但另一方面，有专家认为，根据历史记载，拿破仑是个非常小心谨慎的人，总是时刻保持着高度的戒备心理，他的皇后约瑟芬就曾亲口说过皇帝总担心被下毒害死的话；即便是在去往圣赫勒拿岛的船上，拿破仑也从不随意享用自己喜欢的食品，而是通常要让大臣们亲口尝过一小时后，才开始品尝。那么，如此小心谨慎的拿破仑又怎么会轻易中毒呢？究竟又是谁下的毒？

围绕这些问题,多年来出现了各种各样的说法。

英国历史学家钱德勒等人认为,毒害拿破仑的最大嫌疑犯应是拿破仑的好友查尔斯·蒙托隆伯爵,他当年正是利用自己的这种身份所创造的便利条件,秘密在拿破仑饮用的酒中放入了砒霜,毒死了这位蒙难的法国皇帝。不过,在蒙托隆为何要投毒的问题上,研究者们又存有很大争议。

有人认为蒙托隆是谋财害命,持这一观点的研究者认为,根据当时的文件记载,拿破仑在其遗嘱中为蒙托隆留下了价值 200 万法郎的金币,在蒙托隆后代家中发现的文件也显示,身为律师的蒙托隆当时陷入了非常严重的财务困境。所以他们推测,很可能蒙托隆是为摆脱这种困境,才产生了"提前获得拿破仑遗产"的想法,并将之付诸行动。

还有一些历史学家则宣称,这是一起政治谋杀。他们分析蒙托隆应该是法国保皇党和英国的间谍。由于这两派力量都不希望他长命百岁,尤其是拿破仑的卷土重来,曾使他们胆战心惊,只有拿破仑的死亡才能彻底让他们放心。再有,当年为了防范拿破仑从南大西洋逃跑,英国还派遣了一支舰队和 5000 名士兵日夜轮流地监视圣赫勒拿岛,仅此一项每年所需的军费开支就高达 800 万英镑,如果拿破仑不在了,这笔额外的军费开支岂不是就节省下来了吗?在这种情况下,蒙托隆进入了他们的视野,成为他们除掉拿破仑的最好人选。对于蒙托隆伯爵而言,此举可谓是"一箭双雕"了,他当然会竭尽所能的不辱使命。有人认为,在法国国王路易十八的兄弟阿图瓦公爵指使下,蒙托隆曾多次阴谋杀害拿破仑。这位阿图瓦公爵作为法国王室的继承人,当然担心拿破仑复出推翻君主政体,所以非常支持暗杀拿破仑的行动。

还有一种离奇的说法,认为蒙托隆是因为"爱"才投毒的,提出这一说法的正是当年投毒者的后人——弗朗索瓦·德·孔戴·蒙托隆,他提出这种说法的依据是一本手记。近 30 年以来,弗朗索瓦一直潜心研究拿破仑在圣赫勒拿岛上度过的最后日子的记录。一次偶然的机会,弗朗索瓦在自家祖传的宅院中发现了一个暗室,暗室里藏有其先人蒙托隆伯爵撰写的一部关于圣赫勒拿岛生活的手记,伯爵在这本手记中记载了他和拿破仑在圣赫勒拿岛生活的情景。此外,历史学家还发现了伯爵与同时流亡到岛上的古尔戈将军合写的 8 卷回忆录和一些信件,其中一封信可能就是拿破仑的亲笔信。这些历史文献再一次证实了拿破仑被毒死的说法，凶手正是拿破仑的忠实随从——蒙托隆伯爵。手记中说，伯爵在圣赫勒拿岛上经常给拿破仑吃含有小剂量砷的药，但他此举并不是为了暗杀拿破仑，而是出于对他的无限忠诚的"爱"。伯爵希望能通过给拿破仑服食这种小剂量的毒药，使"伟大的皇帝"身体日渐衰弱，给人以一种患了重病的印象，从而最终促使狱卒能允许拿破仑返回欧洲大陆接受治疗。那么这个伟大的计谋为什么最终没能实现呢？弗朗索瓦推测，也许原因就在于拿破仑一直认为自己胃部有肿瘤，为了减轻胃部疼痛而经常服用止痛药。不幸的是，正是这些止痛药与砷发生了致命的"化学效应"，从而使他命丧黄泉。

不过，也有相当一部分研究者从科学的角度分析，认为拿破仑的中毒并非是人为的，而是另有根源。据介绍，拿破仑被放逐到圣赫勒拿岛时，在他所居住的卧室里贴着一种特殊的墙纸。这种墙纸长不到 1 米，但其成分中有一种富含高浓度砒霜的绿色涂剂。一些专家指出，圣赫勒拿岛位于南大西洋，岛上的气候非常潮湿，含有砒霜的墙纸受潮后会蒸发出水汽，这些水汽中同样也充满了高浓度的剧毒砷化物，进而污染了整个卧室的空气。拿破仑长期呼吸这种有毒物质，不可避免地导致慢性中毒而死亡，这大概就是我们今天所说的室内装修污染吧。当年监狱看守的记录上曾记载道："拿破仑在生命的最后阶段，头发脱落，牙齿露出了齿龈，脸色灰白，双脚浮肿，心脏剧烈跳动而死去"——这类似于砷中毒的症状。英国文献专家理查德认为，这或许能证明导致拿破仑死亡的真正原因的确是砒霜中毒，但并不是人为的。

有趣的是，近年来，随着科学技术的发展，"中毒"说也日益面临质疑。2002 年10 月，应法国《科学与生活》杂志之邀，法国 3 位权威人士利用同步加速器射线对拿破仑遗留下来的头发进行了细致的分析。这 3 位权威人士分别是巴黎警察局毒物学实验室负责人里科代尔、法国奥赛电磁辐射使用实验室专家舍瓦利耶，以及巴黎原子能委员会专家梅耶尔。《科学与生活》杂志将拿破仑遗留下的一些头发交给了 3 位专家，希望他们能据此为拿破仑之死下个结论。据介绍，这些头发共有 19绺，有的是在拿破仑死后从其尸体上取下来的，也有的是在拿破仑在世时保留下来的。3 位专家对每绺头发都进行了上百次的测量，结果显示：无论是在 1821 年拿破仑死后取下的头发里,还是在 1805 年和 1814 年拿破仑在世时保留下来的头发里,砒霜的含量都超出正常值许多倍,这一结论本来正是拿破仑被下毒致死的铁证。然而科学家们认为,关键的问题在于这些头发的取留时间相距 16 年。疑问也随之产生了,首先是不可能有人连续投毒 16 年,而且如此大量的砒霜足以使拿破仑在被流放前就至少被毒死 3 次了。其次是在长达 16 年的时间里,这些头发中的砒霜含量几乎一致,并均匀分布在整根头发上。这就表明头发上的砒霜不是拿破仑摄食到体内的,而是来自外部环境。专家们由此断定,拿破仑不可能是死于砒霜中毒。对此,专家们做出的推测是,头发中的砒霜可能来自以木材取暖、放置老鼠药、摆弄含砒霜的子弹等,而最可能的是来自某种护发剂,因为在 19 世纪时,法国非常流行用砒霜保护头发。

在此之前,曾提出"胃癌"说的瑞士研究小组也表示,拿破仑头发中所含的超过正常人数倍的砷,很可能与他嗜酒的习惯有关。因为当时的葡萄酒制造者通常用砷来干燥盛酒的盆和桶,而拿破仑是极其喜欢享用葡萄酒的。甚至还有一种解释认为,处处对人设防的拿破仑为了防止有人毒害自己,故意服食砒霜以增加抵抗力。

庸医制造的医疗事故

2004 年,美国旧金山法医检验部的法医病理学家史蒂文·卡奇公布了自己的新观点——拿破仑死于一名庸医导致的灌肠医疗事故,从而使有关拿破仑之死的谜团又增加了新的说法。卡奇认为,拿破仑生前曾出现胃部不适及肠痉挛等症状,而他的医生天天用灌肠的方法缓解症状,结果导致拿破仑体内水电解质平衡紊乱,最终引起心律失常而死。

卡奇指出,对拿破仑之死应负直接责任的是他的那些好心办坏事的医生,因为他们对拿破仑的病痛采取了不适当的医疗措施。拿破仑生前由于常年肠胃绞痛,为了缓解症状并且减轻痛苦,医生们时常给他使用灌肠剂。卡奇认为,"那些医生时常使用又大又脏的类似注射器之类的东西"给拿破仑灌肠,并定期把通常用来引发呕吐的石酸氧锑钾注入拿破仑口中,使他因此而经常呕吐。结果却是体液中的钙离子大量丢失,出现水电解质平衡紊乱,同时体重也急剧下降,变得瘦骨嶙峋。

随后,医生们又给拿破仑使用了 600 毫克大剂量的氯酸汞导泻剂(一种灌肠剂),使其本已偏低的体内钙离子水平再次"一落千丈"。而身体已经极度虚弱的拿破仑在经过这般摆布之后,体内严重缺钾,其直接后果就是引发扭转型室性心动过速症状,即由于心跳不规律,输往大脑的血液突然中断,最终导致病人死亡。据史料记载,正是在这种野蛮治疗之下,叱咤一时的法兰西第一帝国皇帝仅仅两天就一命呜呼了。另外,卡奇还指出,拿破仑体内的砷可能来自吸烟或其他外部环境因素,但这无疑使他变得更容易患上扭转型室性心动过速症这种心脏疾病。

尽管卡奇的新理论讲得有板有眼,但这一说法还是遭到了一些人士的强烈反对。美国康涅狄格州著名医生菲尔·科尔索便认为这一推理有些牵强。他坚持认为,拿破仑遭受肠胃病痛折磨已经持续了相当长时间,从症状上来看很可能是胃癌。因此,无论医生采用了何种治疗措施,最终都无法使他逃脱死于癌症的厄运。

除了以上几种主要的观点以外,有关拿破仑的死亡原因还有一些影响不大的说法。比如有的人认为他是在桃色事件中被情敌所谋害;有的人认为他早在远征埃及和利比亚之时,就曾经染上过一种热带疾病,后来虽然经过治疗而痊愈,然而在流放期间恶劣的生活环境导致了他旧病复发,最终夺走了他的生命;还有一些人认为他是死于曾一度在圣赫勒拿岛上猖獗流行的肝病等等。

毫无疑问,伟大人物的死,总是会受到世人的关注。拿破仑的死因,之所以长期成为人们所关注的焦点,一方面是因为他生前的确创造了太过辉煌的业绩,成为无数人所仰慕的对象;另一方面也因为他又是在一种具有悲剧色彩的形势下去世的,而且死时年龄也不算老。所以,一代又一代的历史学家和科学家对这一事件进行研究,试图得出石破天惊的结论,也就在情理之中了。但事情的真相究竟如何,看来需要人们继续研究探索。

恶魔幽灵希特勒之谜

阿道夫·希特勒,一个曾经令全世界恐怖的名字,纳粹德国的缔造者,第二次世界大战的罪魁祸首,屠杀千百万无辜生灵的凶手……他是一位专横、粗暴、傲慢、狡猾、残酷的独裁者,曾以其闪电战蹂躏了整个欧洲。希特勒采用了红地、白心、黑卐字来作为纳粹党的党旗,作为法西斯主义的复征。这是什么用意? 1944 年 12 月 27 日清晨 10 时 45 分,一声闷雷似的爆炸声忽然响起,声音来自挪威电力化工厂诺斯克氢化工厂。这一声爆炸背后蕴藏着第二次世界大战期间一个令人难以置信的故事。同它一同灰飞烟灭的是希特勒想占有第一颗原子弹的梦想。到底是谁摧毁了希特勒的原子弹美梦呢? 1945 年 4 月 30 日,当苏军攻入德国首都柏林时,这位曾经不可一世的战争狂人,

希特勒

在一间秘密地下室里,与其情妇一同自杀,死后尸体由部下焚毁,就此结束了他罪恶而可耻的一生。至此,关于希特勒的一切似乎都已经结束了,然而又似乎远未结束。因为几十年来,关于他复杂而神秘的一生,人们一直有太多的疑问没有得到解答。

来路不明的德国元首

大多数人认为,希特勒出生于奥地利。1889 年 4 月 20 日,阿道夫·希特勒出生在位于奥地利和德国巴伐利亚边境的一个叫布劳瑙的小镇,其父是小镇上的一名海关官员。希特勒 3 岁那年,因为父亲要在德国巴伐利亚的帕骚市管理一个属于奥地利的海关,他们一家曾搬到那里居住。1903 年和 1908 年,希特勒的父亲和母亲相继去世。此后,学业不佳的他便开始流浪般的生活。在维也纳,他曾凭借自己唯一的特长,靠画明信片、水彩画谋生。在此期间,希特勒阅读了不少大肆鼓吹极端国家主义和极端民族主义、反犹主义的小册子。很快,他就成为一名狂热的种族主义者,笃信他所属的"雅利安种族"天生就是高贵的,而犹太种族则恰恰相反,是低贱的。

1913 年 5 月,对大德意志民族充满着狂热情绪的希特勒,离开维也纳移居慕尼黑。第二年,第一次世界大战爆发。对战争充满热情的希特勒作为志愿兵加入了

巴伐利亚步兵第一团,期间曾负伤,并还获得过两枚铁十字勋章。当德国战败后,希特勒决定投身于政治。

1919 年春天,希特勒被调到陆军军区司令部的政治部新闻局工作。1919 年 9 月,希特勒加入了德国工人党,并担任该党主席团的第七名委员。随后,他就开始按照自己的观点和目标来改造这个党。由于的确具有演讲方面的天才,希特勒很快就吸引了大批追随者。他利用德国当时盛行的民族主义和社会主义两股潮流,将德国工人党正式改名为"德国国家社会主义工人党",也就是纳粹党。经过努力,加上合适的政治土壤,纳粹党迅速壮大起来。《凡尔赛和约》的巨额赔款使魏玛共和国初期经济困难、政治动荡,敏感的希特勒认为这正是他推翻共和国的良机,于是策划了慕尼黑啤酒馆暴动,结果却以失败而告终。希特勒被判入狱 8 个月,其间他撰写了《我的奋斗》,这本书是一个集国家主义、帝国主义、反犹主义和反对民主主义思潮于一体的大综合,被看作是法西斯的理论和行动的纲领,是纳粹党的圣经。啤酒馆暴动的失败使希特勒认识到不能通过政变去剥夺台上统治者的权力,而是要通过与他们的合作才能取得政权。1925 年 2 月 27 日,纳粹党正式重建,希特勒又获得了独裁元首的身份。

1929 年 10 月,一场世界性经济危机爆发,德国局势又开始动荡。利用这个机会,希特勒一方面为国家社会主义展开更强大的宣传,对各阶层人民不断做出符合其愿望的慷慨许诺。一方面又通过纳粹党的宣传机器,重点向中下层的中产阶级发动讨好攻势,以争取得到他们的支持。到了 1932 年,纳粹党人数骤增到 100 万,在这一年举行的国会选举中,纳粹党获得了 230 个议席,一跃成为国会中最大的党派。1933 年 1 月 30 日,希特勒终于登上了总理的宝座,第三帝国由此诞生。后来他又将总统和总理这两个职务合二而一,成为实际的独裁者,并逐步走向战争之路。

有趣的是,希特勒死后,一些专门研究其身世的学者,仍在不断制造关于他的新闻。众所周知,希特勒是一位疯狂的种族主义者,他坚信所谓日耳曼人是世界上最优秀的人种,尤其仇恨犹太人,并直接策划了对犹太人进行"解决"的屠杀命令。然而,令人甚感惊奇的是,有关"希特勒是犹太人"这样的说法却一直都在流传。有些历史学家认为,这种传言并非空穴来风,因为的确有一些事实让人颇感蹊跷。

比如,尽管纳粹曾经制定了禁止犹太血统的人加入军队的法律,然而希特勒本人却亲手签署了不少血统证书,证明一部分犹太人是纯日耳曼人:"我,阿道夫·希特勒,根据种族法,宣布你为日耳曼血统。"如此一来,德国军队中也存在了不少犹太人,其中有一些犹太人还能够成为高级军官甚至将军,相传米尔希元帅就有犹太血统。不仅如此,党卫军特工部的头子莱因哈德·海德里希的祖母也是犹太人。当希姆莱曾经就此事向希特勒汇报时,一向主张反犹的希特勒并未采取任何措施,而是让海德里希继续留任,这些做法未免让人感到奇怪。如果要寻找答案,那么"元首其实是犹太人"的说法的确不无可能。不过,由于没有确凿的证据,这种传闻终究不会得到人们的承认。况且,在希特勒的一手导演下,二战中被纳粹德国杀害的犹太人达 600 万之多,如果"希特勒是犹太人"的说法被证实,对全世界的犹太民族而言,企图灭绝自己民族的人竟然是"自己人",这在心理上恐怕是很难让他们接受的。

甚至有一位叫戴维的英国历史学家宣称,经他研究发现,希特勒竟然可能是英国女王伊丽莎白二世的祖母玛丽王后的私生子!只是在他在 13 岁时,才被送到德国,乃至后来当上了第三帝国的元首。戴维之所以敢发表这一石破天惊的结论,依据就是他母亲留下来的一本相簿。据戴维披露,这本相簿中收藏着一些珍贵的照片,还有印着大教堂、宫殿和欧洲风景的明信片。戴维的母亲表示,这本相簿的主人就是希特勒。在仔细研究了希特勒的照片以及明信片背面手稿的笔迹后,戴维发现,这些字迹与德国学者马泽尔编纂的《希特勒的书信及笔记》一书中所有文章中的笔迹,可以说非常相似。

另外,在 1953 年出版的《我的少年朋友》一书中,作者库彼切克曾详细地描写了第三帝国元首的生活,而笔迹鉴定家对该书中作者所写的序言以及序言下面的作者签名进行了细致的鉴定后,也认为其字迹与希特勒字迹的雷同度高达百分之百。由于希特勒年轻时曾有个叫库彼切克的朋友,因此戴维大胆推论《我的少年朋友》一书就是希特勒假借朋友之名写的,这就是说,希特勒并不像人们通常所认为的那样,是在战争结束时自杀而死,而是一直活到战后。同时,由于希特勒的部分个人书信和老照片的签名都是用英文或拉丁文书写的,而希特勒在学校里根本就没有学过英文和拉丁文,这当然令人禁不住怀疑他是从小就熟知这些语言的。戴维还有一条证据,就是当他将约翰王子与希特勒的照片进行仔细对照后,竟发现约翰王子的耳朵与希特勒的几乎一模一样。通过以上种种佐证,戴维相信,希特勒就是玛丽王后的第五个儿子约翰王子。虽然据记载约翰早在 1919 年,也就是 13 岁的时候就病死了,但也有传言说他并没有死,而是被秘密送往德国,寄养在某个家庭里,直至后来成为德国元首。

希特勒生前的种种奇闻

除了其出身存在的疑团之外,希特勒死后,曾在他身边工作和生活的一些人还披露了各种奇闻,使后人至今难辨真假。

一是关于他的心理问题。1994 年 12 月中旬,美国中央情报局披露了他们在 1944 年 2 月完成的一篇有关希特勒的心理特征的分析报告,该报告的作者是哈佛大学著名的人格心理分析专家亨利·穆雷博士,他根据一些惊人的事实对希特勒的性格进行了分析。

在男女感情方面,传闻希特勒年轻时曾狂热地爱上他的"嫡亲外甥女",虽然这种不正常的"爱"最终以其心上人的自杀而收场,但必然会在他心灵上留下深刻的、甚至一生都难以消除的畸形阴影。它完全有可能导致心理压抑,而且这种压抑会越来越深重,最后必然导致严重的变态。此后,他的一生都对女人再无好感,而他所谓情妇——爱娃·勃劳恩其实可能只是一种装点。

在体貌的喜好方面,由于笃信日耳曼人应该有一个高挺的鼻子,从而给人以"刚毅自信、勇敢无畏"的感觉,希特勒当权后曾做了多次"鼻美容"手术。希特勒对自己施行的是"鼻子渐高术",就是让医生一点一点地加高他的鼻子。据说甚至德军在苏德战场上节节败退时,他的鼻子加高手术仍未停止,这充分证明了希特勒的虚荣已经到了畸形的程度。还有,希特勒的肌肉不发达,因此即使在夏天他也从不穿短袖衫。这说明他为了掩饰自己已经到了反常的地步,"永不露体"的衣服无疑会大大加大他与周围人、同外界的隔膜,可见他的心理负担已经很沉重。

在性格的矛盾性方面。据说希特勒一直患有严重的牙病,尽管在拔牙时他会痛苦地尖声怪叫,但他却始终拒绝使用麻醉剂。他顽固地认为,麻药会让他"变傻"。令人难以置信的是,这位杀人不眨眼的魔王居然患有轻度的"晕血症",他见到血,特别是人血后常常会感到不舒服。一方面,希特勒对动物特别是自己饲养的动物关怀备至,充满仁爱。他拥有一个庞大的鸟类养殖场,如果有一只孔雀死了他会伤心得掉泪。有时一只昆虫死了,他甚至也会摇头叹息。然而另一方面,他却能心安理得地下令把几十万犹太人活活毒死。

其他一些令人费解的事情还有:希特勒一生没有驾驶过汽车,可是他的秘密爱好却是在夜深人静之际坐上车,命令司机以时速超过 100 千米的速度飞驶,这在当时可是一个不可思议的疯狂速度,相当危险。后来,他的司机因为过度紧张而精神失常。可是另一方面,他又严格规定他所乘的大车最高时速不准超过 37 千米。希特勒还对长桌有特别的兴趣,他拥有的一张最长的桌子将近 50 英尺,以在举行会议时使用。

从上面的分析可以看出,希特勒很可能患有严重的心理障碍,而确有历史学家经过研究认为希特勒是遗传精神病患者。曾经有人在维也纳的一家医疗机构发现的一份医疗档案,经美国历史学家蒂莫西·里巴克研究认为,其主人就是希特勒祖母妹妹的曾孙女,名叫阿洛伊西亚·V。从档案记录中得知,阿洛伊西亚患有精神分裂症、忧郁症、妄想症等精神疾病。里巴克等人经过对希特勒的家谱进行了 5 年的研究后,发现希特勒家族成员常有身体或精神上的残疾。

精神分析学者埃里希·弗洛姆认为,希特勒是一个施虐—受虐性格的典型例子,这种施虐—受虐性格,也称之为独裁主义性格。弗洛姆还认为希特勒是一个极端的恶性自恋狂:希特勒只关心他自己,他的计划,他的权力,他的愿望。希特勒还是一个十足的恋尸类型(爱死不爱生)的例证,他为破坏所迷狂,死亡的气味对他来说是甜美的。在他成功的那些年里,他似乎仅仅要毁灭他认为是他的敌人的那些人,而当他最后在感到世界末日到来的日子里,他表现出最大的满足是亲眼看到一切的毁灭:德国人的毁灭,他周围的人的毁灭和他自己的毁灭。

关于希特勒,最令人吃惊的一种"发现"莫过于有关其性别的大胆推测了。据说希特勒有一个怪癖,就是对别人的手指很着迷,如果他不喜欢一个人的手,他就会立刻转身走开,拒绝同这个人继续交谈。一般来说,只有女人才比较注重研究别人的手,希特勒对别人的手的兴趣当属一种反常的表现。他的女性性格还表现在他对战争的指挥上。希特勒在指挥所有战役时,下的都是同一条命令:坚守阵地,一步不退,战斗到一兵一卒、一枪一弹。他认为撤退即意味着把"灾难从一个地方转移到另一个地方而已"。如此不惜以几十万官兵的性命为代价来死死守住曾经占领的土地,就为了让自己面目有光。战场上原本很正常的战术性撤退以保存实力,重整旗鼓再卷土重来等等,希特勒全不肯做,而这种疯狂的举动通常只有在女人身上才会体现出来。

果然,在1988年,一条惊人的消息传出:据长期被囚禁在英国的前纳粹德国第三号元凶鲁·赫斯生前供称,第二次世界大战的罪魁祸首希特勒并非男子,按其真实性别,应该是女人! 而希特勒的情妇爱娃和私人医生也曾承认希特勒经常服用雄激素。两相佐证,希特勒的性别确实成为疑团。另据披露,早在第一次世界大战时,希特勒因伤在医院治疗期间,医生就曾意外发现他的体内竟有完整的女性内生殖器如子宫、卵巢等。从医学角度来看,这种可能是存在的。鲁·赫斯证实,希特勒很可能属于半阴阳即假两性畸形。如果此说是真的话,那么有关人士所分析的希特勒具有严重的女性倾向就可以解释了。可惜希特勒遗体被其部下奉命焚毁,再无机会进行解剖研究,他的真实性别问题恐怕将是个千古之谜了。

希特勒选用卍作党徽有何用意

希特勒在《我的奋斗》中这样解释说:"任何党都应该有一面党旗,用它来象征庄严和伟大……黑、白、红三色的旧帝国的国旗……不适合作为我党的象征,因为所代表的德国,可能在以后会受尽耻辱,要被马克思主义所击败,而我党却是要消灭马克思主义的。所以我们不应该沿用旧的德国国旗……但是,在我的理想中,我们的党旗也应保存旧国旗中的黑、白、红三色。我做了很多试验,终于决定我党的党旗最后的形式是红地之中的一个白圆,圆中再画上一个黑色的卍字……"不久,它也成了维持秩序的军队的臂带的图案。

从以上这些话,可以清楚地看到他既把卍当作反马克思主义的标志,又把它当作争取纳粹主义胜利的斗争使命的象征。但为何选用卍字来作为纳粹主义的象征,希特勒并没有明确解释其原因。西方学者对此做过许多推测。有的认为,当希特勒在维也纳流浪时,看到反犹政党的党徽是用卍字来做标志的;也有的认为,德国的反犹的一些右翼组织是用卍字作标志的。其实,当希特勒还很小的时候,就对卍字有着深刻的印象了。美国学者罗伯特·佩恩在其所著的《希特勒传》中对此有过一段描述。

希特勒全家于 1897 年迁到林茨和萨尔斯堡之间的兰巴赫镇居住。那里有许多古老的教堂,其中有一座建于 11 世纪的东正派大修道院,希特勒进了这所修道院的学校,立刻被这里的一切迷住了。在修道院的过道上、天井上、修道士的座位上及院长外套的袖子上他都能见到一个卍字标志。希特勒就在附近的拐角处居住,他每天都能透过他住房的窗口看见卍字。

卍字是一个带钩的十字。修道院院长西奥利多赫·冯·汉根视它为自己名字的双关语。希特勒非常崇拜院长显赫的权势,所以将卍看成是院长的象征。他后来回忆说:"我屡次因教堂里的庄严、豪华的庆典欣喜若狂。我崇拜修道院院长,把他看成是我最渴望、最崇高的理想,这就像我的父亲把乡下的神父看作是他的理想一样,我认为这是很自然的。"

罗伯特·佩恩认为,冯·汉根院长的标志图很可能就成为日后希特勒卍字的原型。

但这种种猜测都是人们在研究希特勒这一特殊的历史人物时所做的假想,究竟希特勒采用卍作为纳粹党标志有何用意,里边是否藏有什么奥秘,目前还无人得知。

谁摧毁了希特勒的原子弹美梦

重水是用于取得铀 235 制作过程中控制原子核反应的理想减速剂。但二战时盟国没有获得足够量的重水,且提炼重水需要一年半时间,只好用石墨作代用品。1940 年 4 月,国际科学家之间流传着小道消息说,德国的凯瑟·威廉研究所正在进行一项广泛的企图分裂原子的试验。接着,正当美国的名为"曼哈顿计划"的研制原子弹的计划在 1942 年开始之时,从英国负责经济战的情报机构那传来了一个惊人的情报:德国人已经命令挪威的电力化工厂诺斯克氢化工厂,每年把重水的年产量从 1360 千克增加到 4500 多千克。

美国和英国最高当局一下子面临一个巨大的危机这是否意味着德国可能先于盟国制造出原子弹呢?罗斯福和丘吉尔对此忧心忡忡。当时的英国外交大臣哈利法克斯勋爵不无忧虑地指出："这意味着希特勒决意将恫吓付诸实施。"

于是，如何摧毁诺斯克氢化工厂和破坏它的重水储存，这成了英国战时内阁考虑的问题。英国空军参谋部报告，由于这个工厂四周为丛山所包围，使用现有飞机进行直接目标的轰炸是行不通的。这只能是突击队干的活。

在第二次世界大战期间，英国非常重视特种作战的价值，着手培养了一支训练有素、具有深入敌后作战能力的部队，并成立了特种作战司令部，亦称特别行动署。它专门以爆破、淹没等特殊手段削弱德国的物质力量，因此，丘吉尔形象地称它为"非绅士风度作战部队"。这支部队令法西斯魁首希特勒坐卧不宁。

艾因纳尔·史吉纳兰德被英国特种部队总部派到伦敦。这个聪明、体格健壮的人是个滑雪能手和神枪手，这对于他将要从事的工作提供了重要条件。更为有利的是，他过去一直就住在诺斯克氢化工厂附近，他还有个兄弟和一些朋友在那里身居重要职位。

史吉纳兰德很快学会操作一台电力强大的短波收发报机，而且也学会了跳伞。不久他得到命令：立即潜回挪威，收集一切有关诺斯克氢化工厂的情报，并发回伦敦，在那里等待增援小组的到来。到达挪威后，他非常谨慎小心地把他的那些最信得过的朋友们组织起来，成为一个提供有关工厂各种信息的"联络网"。这些信息被立即发往伦敦的中央情报机构。因为有了史吉纳兰德准确的报告，"燕子"计划开始实施了。先是第一批的 4 名突击队员空降到工厂附近。1944 年 11 月 9 日，远在伦敦心急如焚的联合作战部军官终于听到他们等待已久的突击队员们发来的信号。他们在诺斯克氢化工厂附近已安排就绪，同史吉纳兰德已联系上，并且已用无线电和着陆信号作为标志，准备迎接滑翔部队送来的破坏小组。

11 月 19 日，两架轰炸机，每一架牵引着一架满载伞兵部队的滑翔飞机从英国起飞了。但是几小时之后，在挪威的一位特工人员用无线电发来报告说，轰炸机和牵引飞机坠毁，机上所有人员不是死亡就是被俘了。

在伦敦，陷于绝望的联合作战部只得一切从头开始。1944 年 12 月下旬，另一项代号为"炮手行动"的计划准备付诸实施。一天晚上，6 名挪威特种部队成员跳伞降落在冰雪覆盖的斯克莱根湖面上，那里离突击队员隐藏的地方近 50 千米。

12 月 27 日上午，他们终于到达了山顶，沿着铁路匍匐向前爬行。距工厂 150

多米时,他们可以听见工厂机器的轰鸣声。大门里面却没有动静,几个人端着汤姆枪,迅速占据了有利地势,包围了住着12个德国卫兵的营房。由于他们工作出色,小组仅用了几分钟的时间就找到了安装电缆线的隧道,它一直通向毗邻浓缩铀部门的一个房间。

正在那间房里值班的德国警卫见到两支手枪枪口对准着他,立刻安静地言听计从。乔基姆检视了储藏罐、管道和机器,并在会造成最大损坏的地方,用颤抖的手把炸药安装完毕。他时时担心的警报器会突然尖厉地嘶叫起来的情况并没有发生。他点燃了30秒钟引爆的导火线后,要卫兵和一位挪威人赶快跑开。刚跑到地下室近20米远的时候,一声爆炸巨响,在硕大的水泥墙后面声音显得低沉,但是却震撼着地面。

警铃之声大作,当酣睡的德国兵纷纷从房子里窜出来时,乔基姆和他的小组成员已经消失得无影无踪。他们只能眼看着极其珍贵的450多千克重水从炸碎了的储存罐里涌流出来,流得满地乱泻,顺着工厂的污水沟流走了。

随后,德国的司令官冯·法尔根霍斯脱将军气急败坏地走进弗马赫,视察着工厂被破坏的情况。他边看边骂:"这是我所见到过的他妈的最厉害的袭击。"接着,几乎一个德国国防军的师,德军滑雪巡逻队和低空侦察机1.2万人开进了这个地区,搜寻了全部山头、大路和小道,但是突击队员一个也没被抓到。

经过了难以想象的艰难路程,6个特种部队队员都安全地撤离了危险之地,有的飞回了伦敦,有的则留下来继续进行其他的地下工作。然而,希特勒的原子弹美梦就这么破灭了,甚至连是谁坏了他的好事都不知道,这的确是英军特种兵史上非常出色的演出。

魔鬼到底终结了吗

1945年4月30日,苏军攻占了国会大厦,希特勒的总理府已在炮火的射程之内。下午3点30分,绝望的希特勒在安排完后事后,回到地下室的避弹房间,先服用了毒药,然后又对自己开了一枪。与此同时,刚刚与希特勒仓促举行完婚礼的爱娃·勃劳恩也吞下了毒药。随后,两人的尸体被侍从用军毯包上,抬至总理府的花园里,浇上汽油,在熊熊大火中化为灰烬,骨灰被埋进了一个炮弹坑。苏军来到这里后,开始到处寻找希特勒的尸体。5月5日,一名苏军士兵注意到花园的一处废墟中露出了灰色毯子的一角。当他们搬走瓦砾、掀开毯子时,看到的是两具烧焦了的尸体,旁边还有一条已经死去的阿尔萨斯狗和一条幼犬。他们怀疑这就是纳粹头子阿道夫·希特勒。但斯大林接到报告后认为希特勒没死,只是隐匿起来了。因为尸体已经焚烧得难以辨认,所以专家便提出通过牙齿来确定身份。法医学专家欣喜地发现,这具尸体的下颚骨居然保存完好。由于世界上所有人的牙齿都不会相同,所以牙齿鉴定的结果是最具说服力的。于是苏联成立了一个以瓦西里·戈尔布申上校为首的秘密机构,这个机构的唯一任务就是验明死者身份。经过在柏林展开的一场大搜索后,他们终于找到了希特勒的牙医布拉什克教授的助手霍伊捷尔曼。她找到了希特勒牙齿的 X 光照片以及制作好但从未使用过的金牙套,戈尔布申等人与从那具尸体上取下的实物仔细对照,最终确认那牙齿应该就是希特勒的。至此,一段公案似乎也有了定论。

然而,在战后,仍有相当一部分人对希特勒的去向问题表示怀疑,他到底是死了,还是消失了?如果确实死了的话,那是自杀还是他杀?他的遗骸又到哪里去了?

最近,美国一位女历史学家德伯拉·海登又提出了全新的说法:希特勒是因为梅毒缠身而万念俱灰,才饮弹自尽的。她甚至认为,正是因为对病情的绝望才促使希特勒演变成了一部疯狂的"杀人机器"。海登女士多年来搜集了大量有关希特勒晚年生活及身体状况的内部资料,在对资料进行整理和综合分析之后,她认为希特勒晚年"顽疾缠身",实际上就是晚期梅毒。根据希特勒的个人首席医生莫雷尔掌握的病例,希特勒的心脏一直有问题:经常心律不齐,或者说鼓膜有伴音,而那是由于梅毒感染伴发主动脉炎引起的。希特勒晚年动辄癫狂暴怒,很可能是梅毒浸染了他的大脑,使他患上了脑炎,以致神经功能紊乱。在生命的最后几年里,希特勒常常被各种疾病困扰,如头晕目眩、胸闷气短、胸口疼痛、肠胃不适、颈部长满脓疱、胫骨受损导致小腿肿胀,有时甚至连皮靴都穿不上……而诸如此类的病症都是梅毒感染的典型症状。希特勒从 1941 年开始定期要接受碘盐注射,这在当时是治疗所有性传播疾病的常规手段。另外,希特勒之所以选中莫雷尔作他的长期私人医生,也极有可能与他深知自己的病情有关。莫雷尔不仅是一位资深的皮肤科专家,更是当时德国最著名的性病治疗权威。在当时的医疗条件下,感染上梅毒就意味着宣判了死刑。同时,梅毒也解释了希特勒的性冷淡,也解释了他为何要在自己唯一的个人传记《我的奋斗》中花13页纸的笔墨来阐述德国根除梅毒的重要性。至于希特勒究竟是如何感染上梅毒的,据说是1908年(或者是1910年)他在维也纳时曾与一位街头妓女发生了关系,从此落下病根。而且据野史记载,这个让希特勒一见倾心的红尘女子居然还是个犹太人。当然这只是一种传闻,缺乏史实证据,但是希特勒却在《我的奋斗》书中认为犹太人对传播梅毒负有不可饶恕的责任。

有关希特勒遗体的下落,在过去几十年里也一直是个谜。最近,俄国一位记者在有关方面提供的档案协助下,终于解开谜底。报道透露,希特勒的尸体残骸后来被重新埋葬了多次,最终被火化。第一次尸体掩埋是在1945年4月30日,希特勒、他的新婚妻子爱娃和他的两条狗被埋在总理府花园内。苏军士兵5月4日在一个弹坑内发现了两具不明身份的尸体。他们搬走了尸体,但因为当时苏军认为已经找到了希特勒的尸体,所以同日又将尸体掩埋。5月5日,尸体再次被挖出,并被送往布赫镇的一个诊所。对尸体残骸的医学检查于5月8日完成后,在苏军反间谍部门的监视下,尸体残骸在费诺大镇第三次下葬。为了让从莫斯科赶来的米什克将军对尸体残骸进行重新检查,尸体残骸于5月17日被再次挖出。1970年3月13日,克格勃负责人安德罗波夫向当时的苏共总书记勃列日涅夫送去一份请示文件称:"第三集团军的克格勃特别部门1946年2月在我们驻马格德堡军营内埋葬了希特勒、爱娃、戈培尔、戈培尔妻子和孩子的尸体。由于作战需要,上述营地将转移给德国方面。考虑到工程建设或者其他土方开挖工程可能会使埋葬地被发现,我建议挖出这些尸体以进行火化。"文件于3月16日得到了苏联最高领导层的批准。克格勃特别部门的工作人员于1970年4月5日早上挖出了希特勒、爱娃等人的尸体残骸。他们将这些骸骨放人盒内,并于当天早上完成了对尸体残骸的"物理摧毁",骨灰则撒人了比德里兹河。报道还透露,希特勒还剩下两块头骨碎片,现存于莫斯科。

著名的研究者列昂·阿尔巴茨基在他的《第三帝国最后的秘密》(副题"希特勒消失之疑案")中,根据有关史料,对希特勒于1945年4月死于自杀一说提出了疑问。1972年,希特勒的牙医在同德国作家马泽尔的谈话中,也说自己无法肯定那的确就是希特勒的颅骨;他的助手也发表了同样的言论,而当初他俩的证言恰恰就是苏联尸检专家鉴定的依据。另外,莫斯科犯罪学实验室对据说是希特勒开枪自尽时在沙发上留下的血迹进行了鉴定,竟发现那不是血,而是色泽相像的液体。被认为是希特勒的那具焦尸的血型,同希特勒的真实血型也不相符,焦尸的大脑内也未发现弹痕。苏联内务机关在数月后对尸体做鉴定时,也未发现服毒痕迹。因此,有人提出,很可能是替身掩盖了"元首"潜逃的事实,而爱娃·勃劳恩的死不过是为了让戏演得更逼真些。在生还下来的所有目击证人中,只有近侍林格一人见过死后的希特勒。希特勒的副官京舍说,他曾下令让警卫离开通向希特勒套间的房舍。所以其余的人只是见过裹在毯子里的尸体从希特勒办公室抬出,至于毯子里究竟是谁,他们并不知道。而实际上,希特勒极有可能在隔壁换了装,改变了外貌,由于在 4 月 30 日午夜逃出总理府,防空洞的人多达 4 万名,所以希特勒很容易夹在人群中混了出去。希特勒警卫队成员凯尔瑙也供称,他在 5 月 1 日还曾看到希特勒活着。后来,人们又曾在丹麦的北海海滨发现过一只密封的玻璃瓶,里面装着一名德国潜艇水兵的信,说希特勒就在这艘潜艇上。由于潜艇撞上了沉船,破了个大洞,仅有部分艇员逃生。而希特勒在艇尾紧闭的舱内无法脱身,极有可能葬身海底。

总之,有许多人相信希特勒不过是伪造了自杀现场,然后以移花接木的手法逃之夭夭。据说此后希特勒做了易容手术,隐姓埋名定居在南美某国,苟延残喘,而后来确实有大批纳粹战犯都将南美作为隐身地。但也有人认为,这种说法不过是那些不甘心失败的纳粹余党散布的谣言而已。

再说"猫王"死因

1977 年 8 月 16 日,是一个令全世界千百万歌迷无比悲伤的日子,这一天,美国摇滚乐天王巨星"猫王"在他的豪宅"优雅园"骤然去世,年仅 42 岁。作为 20 世纪最伟大的一位摇滚乐偶像歌手,"猫王"在人们心目中的地位是无可替代的。时至今日,每年都有将近 60 万人前往田纳西州他的故居"优雅园"参观。由于事前没有丝毫征兆,所以当这位偶像突然撒手西去时,自然给世人留下了无数未解之谜。

一代偶像，神秘地死去

"猫王"，本名埃尔维斯·阿伦·普雷斯利（Elvis Aron Presley），1935 年 1 月 8 日出生于美国密西西比州一个贫穷的农场工人家庭。他从小就喜欢音乐，幼年时曾在教堂的唱诗班里参加演唱。10 岁时，普雷斯利首次登台表演，在密西西比-亚拉巴马博览会上演唱了一首催人泪下的乡村歌曲《老牧师》。1948 年，他随父母迁到孟菲斯。在这里，普雷斯利开始同一些职业乐手接触，并偶尔参加四人福音歌曲演唱组"黑森林兄弟"（Blackwood Brothers）的演出。不久，在一次很偶然的机会下，他开始了自己的音乐生涯。1953 年的一天，为了送给母亲一份礼物，普雷斯利去孟菲斯录音服务公司的录音棚录制了一首歌曲。这家录音棚的老板是萨姆·非利普斯，当时刚刚建立了自己的 Sun 唱片公司。听到普雷斯利的演唱后，

猫王

菲利普斯的助手马里恩·凯斯克觉得普雷斯利很有潜力，就记下了他的地址。差不多一年之后，菲利普斯邀请普雷斯利来公司录制歌曲，几经周折，普雷斯利演唱的歌曲《好极了》（That's All Right）获得了相当大的成功，随后他就推出了自己的首张单曲唱片，在当地很受欢迎。

此后，普雷斯利又推出了几张唱片，并开始进行巡回演出。由于他的音乐体现了一种乡村音乐节奏与布鲁斯的结合，所以知名度也越来越高。不久，他又加盟了著名的 RCA 公司，很快普雷斯利就成了全国明星，他此后的每一张唱片都在排行榜上名列前茅。

普雷斯利是一位具有黑人风格的白人歌星，他向人们展示了一种极富个性和创新意味的白人音乐与黑人音乐风格的融合。作为一位摇滚乐大师，他在 20 世纪 50 年代后期，不仅仅是摇滚乐坛的偶像，还是摇滚乐的象征。尽管现在看来，普雷

斯利的歌曲稍显简单肤浅,也缺少力度和社会责任感,但他那漂亮的容貌、标志性的扭胯动作和出色的舞台表演,已成为后世摇滚歌迷心目中永远的记忆,乐迷们给他起了一个特殊的名字——"猫王"。由于使摇滚乐在世界范围内流行,"猫王"成了20世纪美国流行音乐中最重要的人物,他是第一位将乡村音乐和布鲁斯音乐融进山地摇滚乐中的白人歌手。他是流行音乐历史上唱片销量最高的艺人,甚至在他去世之后,他的任何再版唱片都能保持极其稳定的销量。他是流行音乐历史上唱片销量最高的艺人,据1971年的统计表明,到当时为止,其唱片销量已达到1.55亿张单曲唱片,2500万张专辑和1500万张EP唱片。

但是,正所谓天妒英才。1977年8月16日,正值壮年的"猫王"突然在其豪宅"优雅园"中去世。这一消息,立即使全世界歌迷陷入了无限的悲痛中。"猫王"死后,人们为他举行了隆重的、规模空前的葬礼:一口白色的棺材,17辆白色的高级轿车,还有5万名从各地前来悼念他的歌迷。时至今日,每年仍有大批崇拜者前往"优雅园"追思这位一代偶像。

由于"猫王"的去世的确太过离奇、太过突然,几乎外界所有的人都很想知道,1977年8月16日那天,"猫王"的豪宅"优雅园"到底发生了什么事?

当时的记者是这样报道的:当天的午夜时分,"猫王"和他20岁的未婚妻金吉尔·阿尔登曾去看过牙医,这么晚去专业保健医生那儿给人的感觉有点奇怪。但"猫王"的保镖说,因为"猫王"拥有众多的崇拜者,为了避免歌迷云集,引起不必要的麻烦,此举是相当必要的。凌晨5点的时候"猫王"想打壁球,于是两人一起去了格雷斯兰大楼亮着灯的球场打了大约两个小时。回来之后,穿着蓝色睡衣的"猫王"说他想先在浴室里读一会儿书报再休息,随后他吻了一下金吉尔算是道了晚安。可是在她当天下午两点左右醒来时,却发现他没在床上。她叫喊着他的名字,也没有人应声,当她满腹狐疑地推开浴室的门时,却发现"猫王"脸朝下趴在长绒地毯上。随后,"猫王"的亲朋好友们乱成一团。等救护车到达的时候,"猫王"已经全身发紫。在其私人医生尼可波罗的坚持下,"猫王"被送到他常去的巴提斯医院,随后医生宣布42岁的猫王因药物引发心脏病致死。

对于医院的结论,"猫王"的追随者们表示不相信,事实上有关方面当时也的确发现了一些疑点。尤其是在事后警方前往"优雅园"调查时,惊讶地发现现场已被全部更动，"猫王"的卧室和浴室也已经被女佣整理得干干净净。由于"猫王"去世前一直服用很多药物，甚至要吃8种药丸才能入睡，所以按照常理，室内的柜子里原本是应该装有很多药物的，可此时也已经是空空如也。他的身体里充斥着各种各样的药，但他的医生和家人却是讳莫如深，不愿提起这点，这就不能不让人对"猫王"的死因充满疑惑。

此外，由于"猫王"的验尸报告一直都没有公开，所以有人提出了这样的猜测："猫王"难道是被人谋杀而死的吗？当时曾有传言说，"猫王"在去世前曾受到美国联邦调查局的保护，原因是他将作为证人出庭指控黑帮分子杀人。也许就是因为这一原因，"猫王"成了那些不择手段的黑道人物的眼中钉，一定要除之而后快。由于"猫王"一天需要吃很多药，再加上每天出入"优雅园"的人很多，所以如想下手调换药丸可以说是很容易的一件事。可惜这些仅仅是猜测，缺乏确凿的证据。事情发生后，"猫王"的家人中，除了他年仅9岁的女儿丽莎玛丽外，其余的都被警方侦讯过，但其具体内情至今也没有人透露。

另外，还有认为"猫王"是自杀的。据说，"猫王"的继母曾向外界宣称，"猫王"在去世前曾给他的父亲留下了一封遗书，其内容大概是："猫王"向父亲透露他得了癌症，因为无法面对癌症带来的巨大痛苦，所以不如干脆提前结束生命，这样既可以不再忍受病痛的折磨，又可以和生母在天堂相聚。但这个说法是否确切，又因为"猫王"的父亲已经去世而永远无法得到证实。不过，母亲对于"猫王"的巨大影响却是众所周知的。由于"猫王"的母亲操控和指挥着他的生活，久而久之，他对母亲的依赖已经到了无以复加的地步，离开了母亲他几乎不知道如何生活，而"猫王"爱他的母亲简直胜过一切。在母亲死后，"猫王"曾陷入长期的痛苦之中，所以有人推测也许他真的期盼着和母亲重聚。当"猫王"死后，人们也如其所愿将他和母亲合葬在一起，这也算是对他的一种慰藉吧。

元凶竟是镇静剂

相当一部分了解事情真相的人认为，由于医生在"猫王"体内发现了14种成分不同的毒品，所以他有可能是因为一次性吸食了大量的毒品而送命的。"猫王"因吸食过量毒品而死的一种结论，显然是大家尤其是他的崇拜者最不愿意接受的。

为此，众多热爱"猫王"的人，都希望他们的偶像不会是因非法使用毒品而死的，否则他作为有史以来最伟大歌手的形象岂不是彻底被毁了吗？然而，联想到"猫王"的家人和医生在他死后对他所用的药物都三缄其口，不由使人怀疑真的有这种可能性。况且"猫王"在世时，就一直有传言称他是个大瘾君子，尽管他的经纪人矢口否认了这种流言，并把这位歌手描绘成一尘不染的、喜欢唱福音音乐的田纳西乡村小伙。

就在人们对药物问题争论不休的时候，1979年，在"猫王"去世两年之际，又一种新的说法被提了出来。这年12月13日，美国一位著名的法医西里尔·韦希特在一次电视节目中，第一次对公众宣布："猫王"并非死于心脏病或者其他别的什么原因，而是因为将大约10种镇静剂混合使用才致死的。正是这一举动对他的中枢神经系统起了相当大的副作用，从而导致了他的心脏停止跳动。这种情况在业内通常称之为"复方用药"，一般是指两个以上的大夫在没有相互通气的情况下，为同一个病人开处方。

当初，在"猫王"的尸体解剖工作完成后，负责的法医杰瑞·弗朗西斯科博士曾就"猫王"的死对记者发表过这样的陈述：根据解剖的结果，死因是心力衰竭而引起的心律失常。他还分析道，"猫王"患有几种心血管疾病，一种是轻度高血压，并曾有过一段时间的治疗；一种是心血管硬化。这两种疾病有可能是导致心律失常的原因，但准确的原因目前尚不能确定。而西里尔·韦希特认为，从一个有经验的法医口中说出这样的话简直荒唐之极。每个人的心脏停止跳动都会死去，但关键的问题是：是什么导致心脏停止跳动的？1977年10月，在"猫王"死后数月，浸礼会医院的病理学家们也表示，他们认为是药物而不是心律失常导致了"猫王"的死亡。随后，杰瑞·弗朗西斯科博士举行新闻发布会，再一次宣布"猫王"的死是高血压、心脏病和心血管病导致的。这位法医说，田纳西大学医学院做了彻底的毒理学分析，认为药物是致死的原因是无稽之谈。他甚至无数次地重复着"药物未在埃尔维斯的死上起作用"这句话。当时"猫王"的私人医生尼可波罗博士也当即表示同意弗朗西斯科博士的结论，否认了关于他的病人用药不当的传闻，并以肯定的口吻对记者说："假如他用可卡因的话，我会知道的。"

针对弗朗西斯科博士等人的结论，西里尔·韦希特说出了一个鲜为人知的秘密:在对"猫王"遗体进行解剖的当天晚上,浸礼会医院准备了两份同样的人体组织样本,一套样本给了杰瑞·弗朗西斯科博士,另一套样本则由浸礼会医院的一名病理学家送到了加州梵尼斯生物科学实验室,这是美国最权威的毒理学实验室之一,而这个生物科学实验室的化学家得出的结论,与弗朗西斯科博士所报告的东西却截然不同。西里尔·韦希特宣称自己很幸运地看到了加州梵尼斯生物科学实验室所做的毒理学报告的副本,正是通过对这份报告的仔细审核,他才做出了上述结论。

所谓毒理学报告,就是对人死的时候身体里所含的物质进行化验的结果。韦希特博士之所以认为"猫王"的死是综合药物作用的结果,是因为该报告在"猫王"体内发现了包括安定药瓦连姆瓦尔米德、普拉西定、苯巴比妥鲁米那和丁二烯巴比妥鲁米那在内的多种镇静剂。其中致命的主要是镇痛药可卡因,这种药对中枢神经有压抑作用。令人难以置信的是,这些药怎么可能让一个病人同时服用呢?正是根据"猫王"死后身体里这些药物的含量,韦希特博士声称他绝不相信"猫王"是自杀的,几乎可以确切地说这位伟大的摇滚歌手死于一场事故。如果"猫王"所服用的药物出自两个以上大夫开的处方,那么每一位大夫都不够谨慎,因为他违背了行医的一个原则性的观念:在开对大脑有抑制作用的药的处方之前,必须先弄清楚病人是否在服用有同样病理作用的其他药物。看来,正是这些不负责任的处方要了"猫王"的命。

一石激起千层浪,韦希特博士的结论一经公布,顿时引起了很大的反响。没过几天,田纳西州的法官下令将"猫王"尸体解剖的整个报告公之于众,这个报告证实了韦希特博士提出的疑点。浸礼会医院的病理学家们所做的细心解剖与弗朗西斯科博士所说的解剖结论有多处矛盾的地方:第一,弗朗西斯科博士说"猫王"的心脏器官增大了一倍,这种异常情况表明,他患有高血压心脏病。然而,浸礼会医院的病理学家们称出的死者心脏重量为520克,以"猫王"的身高体重看,其心脏器官的正常重量应该是350~400克之间。所以何来增大一倍之说?第二,解剖报告还说医生们检查了心肌是否有伤痕,结果并没有找到。没有盐和水的滞留,也就是说不存在充血性心力衰竭。第三,大夫们发现"猫王"只是患有非常轻度的高血压,而这种程度的血压,绝不足以严重到要了他的命。第四,脑部的检查表明没有血块、梗塞或动脉瘤，也没有中风的迹象。再有，从解剖学的角度来看，即使是完成了解剖，也没有充分的依据可以确定死亡的原因，而是还要综合稍后才会出来的毒理学报告才能得出结论。作为一名法医，弗朗西斯科博士不等显微观察和毒理学报告出来就宣布"猫王"的死因，可以说是略显仓促了些。

　　几个星期以后，联邦法院召集了一个大陪审团，传唤索取了有关"猫王"一案的所有解剖和毒理学报告。之后，该陪审团提出了一个涉及面颇为广泛的起诉书，指控当过10年"猫王"私人医生的尼可波罗博士对"猫王"开了过量的处方用药。因为官方的调查表明，仅仅在"猫王"死亡之前的7个月内，尼可波罗博士竟给他开了高达5300片的各种兴奋剂和镇静剂！医疗委员会同时也暂时吊销了尼可波罗博士的行医执照3个月。尼可波罗博士聘请了著名的律师詹姆斯·尼尔（此人在全国律师里面也可说是佼佼者之一，他曾被召对"水门"丑闻中的几个关键人物提起过公诉，并使这些人都被定了罪）。在法庭上，尼尔先生说他的委托人的确向"猫王"提供了所有这些处方药物，但其目的是为了试图挽救这个人的性命。因为"猫王"是个毒瘾很大的瘾君子，如果不能从尼可波罗博士那儿弄到这些药，他一定会上街去弄来更危险的药物。所以尼克波罗斯博士这样做至少能监督"猫王"，而实际上却是在帮助他慢慢戒毒。在尼尔先生如此"据理力争"之下，尼可波罗博士被陪审团裁定为无罪。韦希特博士认为这简直就是诡辩，并用了一个很形象的比喻来形容：这就好像在对法官说银行无论如何都是要被抢的，既然如此，我就先来抢——因为我知道自己不仅不会杀人，而且还打算把一部分抢来的钱送给穷人！实际上尼可波罗博士恐怕是出于私心和贪欲——害怕"猫王"解雇他，才没按正确而必要的医疗手段行事。至于弗朗西斯科博士，韦希特博士认为他或许也是一位"猫王"的歌迷，如果按照实情宣布这位歌手死于药物，必定会损害"猫王"的偶像形象。正是出于这种动机，他才替这个案子做了遮掩。

　　又过了12年，时间走到了1991年。埃里克·穆尔海德博士终于公开证实了韦希特博士的观点。穆尔海德博士是位极受人尊敬的病理学家，1977年他在孟菲斯浸礼会医院就是负责"猫王"案的病理分析，并参与和指导了尸体的解剖工作。他说自己从第一天开始就知道"猫王"不是死于弗朗西斯科博士所说的心脏病。他为自己没有及时站出来纠正这一错误说法向大家表示了歉意，看来这一段公案

·扑朔迷离的死亡阴影·

图文珍藏版

似乎也可以告一段落了。

偶像幽灵：稀奇古怪的传闻

事情远未结束。由于仍有不少狂热的歌迷始终不相信"猫王"的死讯，所以多年来竟不断有人宣称"猫王"根本就没有死，他还活在这个世界上。

作为无数歌迷心目中的传奇偶像，"猫王"留给歌迷们的印象是"叛逆"、爱出"怪招"。也许是这种印象太过深刻，所以连他的死也被那些狂热的歌迷当作是他的"怪招"之一。许多人一直认为，所谓"猫王"在1977年8月16日骤然而逝的消息，纯粹是正值盛年的他因为不堪忍受盛名之累，想远离喧嚣尘世好好休息休息，所以终于下定决心以"死亡"这个无可争议的理由告别众多的歌迷，从而来达到最终隐遁的目的。相信"猫王未死"的人还将"猫王"的一位好友的暗示作为证据：如果"猫王"知道还有这么多的人在关注他的话，那么这位传奇人物也许会在某个时候重新现身于世人面前。所以他们坚信发生过的一切不过是个假象而已，等"猫王"休息够了，他就会回来的。有些"猫王"的忠实崇拜者，甚至还创造出了一个更加离奇的关于"猫王未死"的版本：由于"猫王"的歌声美妙无比，连那些外太空的居民也被他的歌声深深吸引住了。为了更好地欣赏他的歌曲，这些具有特异功能的外星人带走了"猫王"，去了另外一个不为我们所知的空间。

就在几年前，2003年10月，类似的惊人消息还在出现——有目击者称在美国田纳西州格里斯兰见到了疑似"猫王"埃尔维斯·普雷斯利的男子，并且有照片为证！目击者是一位53岁的女游客，据她说，由于在田纳西州格里斯兰"猫王"的别墅前见到了一个极似"猫王"的老年男子，于是她便偷偷溜进了别墅并拍下了黑白照片作为证据，而且她坚信她所看到的就是"猫王"本人。从照片上来看，已经68岁的"猫王"韶华已逝，坐在别墅前的一辆轮椅上休息。所有看过照片的人都表示，如果这张照片的真实性可以肯定的话，那么上面的人有98％的可能性就是"猫王"本人。而此前，加州的一位餐馆女招待也称"猫王"曾到她们的餐馆买过一个三明治。

所谓"猫王未死"之类的说法不断掀起轩然大波，引起全世界的关注，但最重要的，还是人们应记住了他的歌声，以及他短暂辉煌而又传奇神秘的一生。

前苏共中央书记基洛夫遇害之谜

1934 年 12 月 1 日下午 4 时,斯莫尔尼宫一声低沉的枪声,前苏共中央书记基洛夫倒在血泊中,凶手列昂尼德·尼古拉耶夫被当场抓获。

这似乎是一桩清楚不过的暗杀事件,而且《联共(布)党史》早在半个多世纪前就为此案盖棺定论了。但事实不然,此案疑云重重,难辨就里。人们至今不仅对凶手的动机和幕后操纵者是谁众说纷纭,就连基洛夫遇害的过程也是说法不一。基洛夫之死,成了苏联和世界现代史上最大的悬案之一。

一颗冉冉升起的政治明星

谢尔盖·米隆诺维奇·基洛夫,真实的姓是柯斯特里科夫,1886 年 3 月 27 日出身于维亚特卡省乌尔茹姆城的一个贫苦家庭。年幼时,父母双亡,被送进孤儿院。漂泊多难的童年造就了基洛夫刚毅朴实的性格。他很早就投身于反对沙皇专制制度的斗争中。18 岁加入俄国社会民主工党,在其革命生涯中 4 次被捕。为了躲避警察的追捕,他多次改名换姓。于 1912 年 4 月首次使用了"基洛夫"这个化名。1917 年,基洛夫在彼得格勒参加了十月革命,并参与制订了著名的《土地法令》。1918 年 5 月,他奔赴前线,参加了著名的察里津保卫战,很可能在这里结识了斯大林。后来基洛夫被派往阿斯特拉罕,曾担任临时革命委员会主席,领导了著名的阿斯特拉罕之战。在这场战斗中,基洛夫拒绝执行托洛茨基的撤退命令,与其发生了直接冲突。这场冲突提到列宁面前,列宁否决了托洛茨基的决定,指示把保卫阿斯特拉罕的战斗进行到底。这场风波使基洛夫和斯大林站在了一起。此后与斯大林交往频繁,两人友谊进一步加深。

基洛夫

20年代,党内发生几次论争,他始终站在斯大林一边。1925年12月党的十四大后,斯大林将基洛夫从偏远的阿塞拜疆调到"第二首都"列宁格勒,出任列宁格勒州委第一书记,以摧毁季诺维也夫为首的"新反对派"的堡垒。基洛夫在领导列宁格勒工作期间,以突出的政绩赢得了赞誉,列宁格勒成为全国最重要的工业基地。基洛夫的政治威望迅速提高,并于1930年当选为党中央政治局委员。

基洛夫有优良的政治品质,是一位非常出色的演说家和政治家。他善于倾听群众呼声,关心群众疾苦,是政治局委员中唯一常去工厂和农村演说的人。

他朴实忠厚,平易近人,与斯大林的粗暴、固执形成了鲜明对比。

他的魅力更在于,生性直率、坚定、诚实,敢于坚持原则,为了人民的利益不惜得罪他的上司。基洛夫虽然拥护斯大林,但是他具有独立思考的精神,并不是无原则地追随斯大林。同斯大林不同,他主张采取宽松的政策,他的这些主张反映了广大党员和群众的情绪,因而得到了普遍欢迎。基洛夫越来越受到广大党员和群众的拥护和爱戴。

1934年召开的联共(布)十七大,基洛夫的威望达到了高峰。在开会前夕,米高扬等一批党的干部曾找基洛夫谈话,郑重提出了撤换斯大林的意见,建议由他接替这一职务。但是,基洛夫不同意撤换斯大林,也不同意由自己出任中央总书记。然而,这些情况通过某种渠道很快传到了斯大林那里。

在这次大会上,基洛夫被选入党中央所有3个核心领导机构,成为政治局委员、组织局委员和书记处书记,而以前只有斯大林一个人这样做到过。基洛夫在中央身兼三职,成了仅次于斯大林的二号人物。很显然,基洛夫已经作为一颗政治新星冉冉升起,对斯大林的地位构成了潜在的威胁。

1934年11月,在联共(布)的中央全会上,基洛夫又取得了全面成功,他长期坚持的意见被全会通过,决定从1935年元旦起取消实行了4年的食品配给制。基洛夫成为全会的明星,比斯大林更引人注目。全会还敦促基洛夫要尽快调来莫斯科。在这之前斯大林曾决定调基洛夫来首都工作。

春风得意的基洛夫怀着胜利的喜悦回到列宁格勒。他定于12月1日召开全市和全州党的积极分子大会,准备传达11月全会的决议。

然而,就这在一天,等待许久的与会代表等来的却是基洛夫遇害的噩耗。当时代表们被震骇得失去了反应，整个大厅鸦雀无声，如同深夜里的坟场。突然，一人放声大哭起来，引发了上千人的悲痛。顿时，整个大厅被哭声和叹息声淹没。

一位女代表压抑不住心头的悲痛，号啕大哭，她把双手伸向天空，悲愤地喊着："基洛夫是个好人啊！是谁杀了他？为什么要杀他呀？"

60多年过去了，这位代表的呼喊声仍然在天空中回荡，在人们的心中环绕。可是，仍没有人能够明确地回答她。

对于笼罩于迷雾中的基洛夫疑案，一些人根据各自掌握的点点滴滴内幕再加上联想、推测，提出了一些令人触目惊心的说法。作为异国之人，我们无法对其真实与否做出判断，只能将现有各种说法作如实介绍。

精心策划的政治谋杀？

亚历山大·奥尔洛夫，苏联最高人民检察院副检察长，曾在内务部的重要岗位上工作过，他为了躲避斯大林的政治清洗，于1938年秘密逃亡，先后逃到了加拿大和美国。1953年他在美国出版了《斯大林肃反秘史》一书，对暗杀基洛夫的情形做了详细的披露。

基洛夫这颗政治明星的冉冉升起，使斯大林感到了对自己地位的威胁。然而，由于基洛夫在党内已树立了崇高的威望，再加上当时"空前的团结和统一"的大好形势，使斯大林无法像对待布哈林等反对派那样，将基洛夫从政治上搞臭，再从党中央开除出去，也很难罗织罪名将其直接逮捕。面对这一棘手的问题，办法只有一个，即除掉基洛夫，同时将暗杀的罪责转嫁到原反对派领袖的头上，这样可以一箭双雕。

而能够实施这一计划的最理想的部门，莫过于负责基洛夫安全的内务部列宁格勒分局。但该分局局长菲利普·麦德维基与基洛夫私交甚厚，是实施暗杀计划的最大障碍。于是，遵照斯大林的吩咐，苏联内务人民委员雅哥达发出调令，把麦德维基调往明斯克，并让斯大林的贴身保镖和密友叶甫多基莫夫接替麦德维基。但基洛夫得知这个情况后，非常恼火，马上打电话给雅哥达，质问是谁授权他不经列宁格勒州委同意就任意调换其主要干部。接着，基洛夫又直接给斯大林打电话，抗议雅哥达这一不能容忍的行为。这样，这一调动只好作罢。

一计不成，又生一计。雅哥达立即将自己的心腹，麦德维基的副手伊万·扎波罗热茨从列宁格勒召到莫斯科。他俩一块去见了斯大林。斯大林原想避免与扎波罗热茨见面，但又不可能，因为这个涉及政治局委员的特殊任务，若不由他亲自交代而仅仅由雅哥达布置，他们绝对不敢下手。就这样，扎波罗热茨带着斯大林的命令回到了列宁格勒。

恰在此时，内务部列宁格勒分局收到一份告密信，揭发一个名叫列昂尼德·尼古拉耶夫的年轻党员，不久前被开除出党，因此再也无法找到工作。愤怒和绝望中的尼古拉耶夫认为自己是党内官僚主义的牺牲品，因此萌生了杀死监委主席的念头以向党表示抗议。

尼古拉耶夫将自己的打算告诉了一位朋友，而这位朋友却向内务部告了密。这引起了扎波罗热茨的极大兴趣，他立即召见了告密者，并让其将尼古拉耶夫的日记偷出，逐篇拍照后又原样送回。

在日记中，尼古拉耶夫详细记述了自己所受的不白之冤：怎样被无故"清扫"出党，当他要求伸张正义时，又如何受到党内官僚的无情冷遇，如何被工厂解雇，一家人又如何落到饥寒交迫的境地中。整本日记充满了对党和国家机关中的官僚主义的刻骨仇恨。

为了进一步了解尼古拉耶夫，扎波罗热茨决定亲自出马，与他见面，于是，那个"朋友"又为他和尼古拉耶夫安排了一次"巧遇"。扎波罗热茨用了化名，以那位"朋友"的老同事身份出现。经过考察，扎波罗热茨确认，尼古拉耶夫是实施暗杀计划的合适人选。

扎波罗热茨向莫斯科汇报情况后得到的指令是：要尽力将尼古拉耶夫的暗杀目标转向基洛夫。于是，那位"朋友"奉命进一步接近尼古拉耶夫，不时地给他钱，赞扬他的思想，怂恿他铤而走险。"朋友"劝说尼古拉耶夫，杀死一个监委干部不足以产生轰动效应。最好去刺杀一名政治局委员，比如基洛夫那样有名望的人物，才能轰动全国。经过一番努力，尼古拉耶夫果然上钩了。"朋友"又帮他弄到了一支手枪。

枪一到手，尼古拉耶夫便开始寻找机会实施暗杀。第一次尝试，是企图在路上截杀基洛夫。

基洛夫有个习惯,喜欢在列宁格勒的街头巷尾散步。他的警卫人员身着便衣,前后成梯形保护着他。有一次,警卫人员发现一个形迹可疑的人跟踪基洛夫,并企图接近他,便当场拘捕了此人,这个人便是尼古拉耶夫。警卫人员发现,在他的皮包背面有一开口的地方,不用打开提包,就能抽出藏在里边的一把子弹上膛的手枪。这里还有一张基洛夫散步的路线图,很显然,可疑人是对基洛夫心怀不轨。于是,嫌疑犯立即被带到内务部。然而,仅两个小时后,这个重大谋杀嫌疑人就获得了自由,并归还了手枪、皮包,真是令人不可思议。

　　几天之后,在那位"朋友"的怂恿下,尼古拉耶夫重新鼓起勇气,打算潜入斯莫尔尼宫去刺杀基洛夫。

　　有一天,尼古拉耶夫提着一个皮包来到斯莫尔尼宫,在内务部保卫处领取了入宫通行证,进入斯莫尔尼夫宫的主道入口处。一名卫兵看了一下证件就放行了。但没走几步就被另一名卫兵叫了回来,命令他打开皮包。经检查,包里有一把手枪和一本笔记本。尼占拉耶夫被当场扣留。仅凭他未经允许私带武器进入斯莫尔尼宫这一条罪状,就可判他三年徒刑。如果有关方面看看他的日记内容,他潜入斯莫尔尼宫的目的便会一目了然。然而,奇迹再次发生了。两小时后,尼古拉耶夫再次被释放,并将手枪和日记本都归还了他。对这一切,尼古拉耶夫和他的"朋友"都感到十分惊讶。

　　原来,这两次奇迹的制造者都是扎波罗热茨,是他迅速将尼古拉耶夫被捕的情况报告给了莫斯科的内务部,很快,雅哥达发回指令,命令释放被捕者,并归还所有物品。4年后,在审讯雅哥达时,他曾承认了这一事实。

　　尼古拉耶夫再次受挫之后,十分沮丧、压抑,"朋友"又不失时机地三番两次地怂恿他再试一次。过了十几天,尼古拉耶夫又恢复了自信。

　　12月1日下午,尼古拉耶夫进入了斯莫尔尼宫,而且仍提着那个公文包,里面装着同样的日记本和手枪。这一次,扎波罗热茨早把一切都安排好了。尼古拉耶夫畅通无阻地进入了走廊。

　　下午4点多钟,基洛夫疾步走进斯莫尔尼宫,当基洛夫走到州委第二书记丘多夫的办公室准备拧动把手的一瞬间,枪声响了。子弹击中了基洛夫的脖子,他一头栽倒在地板上。而凶手不知是出于恐惧还是喜悦,也一头倒在地上,失去了知觉。

当枪声响后,办公室的人纷纷冲向门口,使他们吃惊的是,除死者和凶手外,长长的走廊上再无别的人影,连基洛夫的贴身警卫也不见踪影。过了好半天,才有内务部的官员赶来逮捕了尼古拉耶夫。

尼古拉耶夫被捕后,扎波罗热茨急于在斯大林赶来之前,弄到一份"理想"的口供。于是,他穿上内务部军官制服提审了罪犯。然而,尼古拉耶夫一眼就认出了这个曾与他"巧遇"相识的"朋友",马上意识到自己被人利用,成了政治阴谋的牺牲品。他不肯按对方的要求承认自己是在季诺维也夫和加米涅夫的指使下杀害基洛夫的。这次提审令人啼笑皆非。扎波罗热茨的办公室里传出几声尖叫,门砰的一声敞开,扎波罗热茨向外逃窜,尼古拉耶夫则手举座椅,在后面紧追不舍。

那么,阴谋的直接策划者们下场又是如何呢?下面发生的都是无可争辩的史实。

扎波罗热茨立下了汗马功劳,但并未得到勋章,加官晋爵,而被调离了工作岗位,并象征性判了几年刑,实际上并没坐牢,而是调到了人迹罕至的远东地区工作。1937 年,被枪决。带着不可告人的秘密离开了人世。在此前后,内务局长麦德维基也死于非命。赫鲁晓夫在"秘密报告"中曾经说:"可以设想,枪决他们是为了对谋杀基洛夫的组织者灭口。"

直接指挥扎波罗热茨的内务人民委员雅哥达,则更加得宠。1936 年春天,被破格授予元帅衔,甚至专门为他设计了新的军服。斯大林还提出让他搬到克里姆林宫居住。

然而,好景不长。1936 年 9 月,斯大林的一份命令,又撤销了他内务人民委员的职务,不久被扣上右派和托洛茨基派反苏联盟案主犯的罪名,1938 年被押上被告席。

指控雅哥达的罪名之一是暗杀基洛夫。根据雅哥达的供词,反映了他和扎波罗热茨在谋杀基洛夫过程中肯定存在着非常异常的关系。

多行不义必自毙,雅哥达最终落得个身败名裂的可悲下场。在面临处决时,他发出无可奈何的悲鸣:"我应该受到上帝的惩罚,因为我上千次触犯了他的天戒……"这,也许就是历史的嘲弄吧。

策划情杀除政敌?

基洛夫的被害是一场精心策划的情杀,这又是一种耸人听闻的说法。

我们知道,苏联肃反运动中对军队进行了大血洗,其中 1935 年第一批授衔的 5 位元帅被杀了三位。其中就有战功赫赫的图哈切夫斯基元帅。他的小姨子诺德对 30 年代的大迫害有切肤之痛,同时她又了解不少鲜为人知的政坛内幕。在她撰写的回忆录《30 年代纪实》一书中,详细披露了基洛夫被害经过。

1934 年春,内务部列宁格勒分局副局长扎波罗热茨接到命令,火速赶到莫斯科。抵达卢比扬卡后,有人将一封密信交给他,里面是一张由克里姆林宫警卫司令签发的宫内通行证,还有一张印有克里姆林宫电话号码的小纸条,可以凭此随时同有关方面取得联系。

在一个秘密地点,扎波罗热茨与斯大林的私人秘书波斯克列贝舍夫进行了单独接触。随后,他连夜赶回了列宁格勒。立即要求部下向他提供斯莫尔尼和列宁格勒地区党员活动分子的履历档案,并且整整查阅了两天时间。很显然,正是这次莫斯科之行,扎波罗热茨从斯大林的秘书那里得到了一项极为秘密和重要的任务。

扎波罗热茨在查阅党员档案时,尼古拉耶夫夫妇的材料引起了他的极大兴趣。档案中有两封告密信。其中一封信反映尼古拉耶夫好争风吃醋,多次扬言,一旦妻子变节,他就一定要杀死她和她的奸夫。另一封信则涉及他的妻子尼古拉耶娃的生活作风问题。控告信讲了她的一些风流韵事,最后指出:"尼古拉耶娃特别容易招惹男性的追求,以致在许多党员家庭中引起不愉快的纠纷。"

当晚,扎波罗热茨有幸对尼古拉耶娃进行了"考查"。在一场男高音音乐会上,他亲眼目睹了尼古拉耶娃身上散发出的诱人的魅力。当时曾有一位男子竟魂不守舍,如痴如醉地盯着她不放,结果她丈夫对此显示了十足的醋意。这一切,使扎波罗热茨对档案中的描述深信不疑。于是,一个罪恶的计划在他头脑中产生了。

很快,扎波罗热茨准备了一份详尽的秘密报告送到莫斯科。波斯克列贝舍夫对方案作了一些必要的修改和补充后,脱口而出:"你们放手干吧!"

几天后,有人开始出面威胁尼古拉耶娃,扬言要把她的风流艳史捅给她丈夫和社会。面对这种威胁,这个女人只好屈服了,答应为内务部提供个人的"一点小小帮助"。

有一天,基洛夫忙中抽闲,去马林斯基剧院的"政府包厢"欣赏歌剧。不一会尼古拉耶娃奉命也悄悄地进入了这间包厢。她打扮得花枝招展,香气四溢,不动声色地坐到了基洛夫附近的一个椅子上。

基洛夫虽然平时确实喜欢与漂亮女人相处,但绝不是轻易对女人动心的"好色之徒"。而此时,包厢里回荡着优美的音乐,散发着令人陶醉的女人气息,情调是如此得罗曼蒂克,正是易于激发男人遐想的气氛。待到第一次幕间休息的时候,基洛夫终于注意到了尼古拉耶娃的花容月貌。

第二次幕间休息,基洛夫情不自禁地又看了看这位年轻貌美的女性,恰好遇到了尼古拉耶娃投来的多情媚眼。不知是谁,先问了一句:"你喜欢不喜欢歌剧?"对方很快报以"十分喜欢"的回答。于是,有了这个开端,一切便顺理成章了,尼古拉耶娃想方设法把谈话继续下去。

从这次开始,双方就算结识了,而扎波罗热茨所关心的则是将这种感情推向更深的发展。没几天,在这家伙的导演下,基洛夫与尼古拉耶娃又在一个公共场合"邂逅"相遇了。基洛夫用自己的车亲自送她回家。

从此,两人之间交往日益频繁。身为政治家的基洛夫不知不觉地被引入了一个桃色陷阱。

在扎波罗热茨的安排下,尼古拉耶夫被派到外地出差相当长一段时间,此间,基洛夫与尼古拉耶娃的关系顺利发展,超出了正常范围。于是,尼古拉耶娃开始把自己的爱慕者领到她"姑姑"(实际上是内务部的房子)家幽会。

至此,实施"借刀杀人"的条件业已成熟。

在两人关系进一步发展的同时,内务部特工人员卡塔雷诺夫也正向尼古拉耶夫接近,并成了他的"朋友"。他一再向尼古拉耶夫放风说,基洛夫一直在向他的妻子献殷勤。时间久了,听的风言风语多了。尼古拉耶夫渐起疑心,醋意大发。他根据"朋友"的建议中断了出差,偷偷地返回居住地,开始对妻子和基洛夫跟踪。结果证实了卡塔雷诺夫的说法。接着,这位"朋友"又多次当着尼古拉耶夫的面有意辱没基洛夫的声誉,煞有介事地说基洛夫与他周围的许多女党员都保持着不正当的关系。品质一贯恶劣,是一个死有余辜的坏人。并居心险恶地鼓吹中世纪的骑士决斗,宣扬名誉是男子汉的第一生命,若不挺身捍卫自己的名誉就是懦夫。

火,终于被点燃,尼古拉耶夫在"朋友"的怂恿下,萌生了杀机。

故事再往下发展,就与前面的说法重合了。

关于基洛夫的遇刺还有一种与上述说法类似却又有所不同的说法。

一起被利用了的情杀?

该说法的来源,是莉季娅·沙图诺夫斯卡娅的回忆录。她1904年出生,后来成为俄共创始人之一,苏联最高法院副院长彼·科拉西科夫的养女,并随同他们一起住在克里姆林宫。1931年,她嫁给了劳动国防委员会委员、国家计委工业部委员雅科夫·沙图诺夫斯基后,随丈夫迁居政府大厦。因此,她对苏联从20年代到50年代的上层内幕了解得很多。

1982年,她在美国纽约吉利兹出版公司用俄文出版了《克里姆林宫内幕》一书。她凭自己了解的情况描绘了暗杀基洛夫的内幕。其中不少东西是鲜为人知的。苏联《消息报》30年代时的主编伊·米·格龙斯基,曾与斯大林非常接近,他在50年代的一些说法,能够与沙图诺夫斯卡娅的这种说法互相印证。

按照这种说法,基洛夫确实与尼古拉耶娃有暧昧关系,而且这也并不一定就是扎波罗热茨精心设下的圈套。从动机上看,尼古拉耶夫打死基洛夫与政治毫无关系,而只是普通的情杀案。但是有人巧妙地利用了尼古拉耶夫,借着他的疯狂醋意,唆使他杀掉基洛夫,并为其创造谋杀的条件。

事情是这样描述的:不知从何时起,基洛夫与年轻貌美的尼古拉耶娃卷入了爱河。尼古拉耶娃要求嫁给基洛夫,可基洛夫无论如何不愿抛弃与自己同甘共苦多年的妻子,但又斩不断与尼古拉耶娃的感情,于是,两人陷入了长时间的令人痛苦的感情瓜葛。

尼古拉耶夫因妻子与基洛夫的关系,陷入了极度的痛苦之中,他走遍了党的各级监察机关,寻求"公正",并扬言要杀死基洛夫。

事情闹到如此地步,列宁格勒内务局局长麦德维基便来到莫斯科,向上级报告了尼古拉耶夫的恫吓。当时麦德维基建议,为了防患于未然,立即把尼古拉耶夫调往西伯利亚或远东的某个下级机关去工作,远离列宁格勒。

当尼古拉耶夫最后准备对基洛夫采取疯狂行动的时候,莫斯科指示逮捕了他,并押送来卢比扬卡。他在那里被关了几天,用适当的方式被"开导了一番",便被放回列宁格勒。为了让尼古拉耶夫行刺基洛夫畅通无阻,又让部下做了精心安排,排除了障碍。这样,暗杀机器便无故障地运行起来了。

这一天,尼古拉耶娃来到了基洛夫的办公室,两人再次陷入了那苦恼而又难以割舍的感情纠葛中。由于事先的安排,尼古拉耶夫不仅能携带武器自由地潜入斯莫尔尼宫,而且又毫无阻碍地走近了基洛夫的办公室。令人费解的是,基洛夫的贴身警卫不知为什么也不在。

基洛夫的办公室有两个门,通向走廊的那个门从里面锁着,另一个门通向秘书办公室。尼古拉耶夫顺利地走进了秘书办公室,企图通过这里走进基洛夫的办公室。秘书当然不让他进去。两人拉扯起来。基洛夫在里间屋听到尼古拉耶夫的喊叫声和威胁声后,便打开通向走廊的那扇门先让尼古拉耶娃从这里出去,自己也紧随其后走出办公室,走到走廊里,这时,尼古拉耶夫挣脱了秘书抓住的手,冲向走廊里,追上基洛夫,从后面朝他开了枪。

基洛夫倒在血泊中,一场阴谋的暗杀落下了帷幕。

后来,在审讯暗杀基洛夫一案时,尼古拉耶娃曾出庭作过证,但证词的内容现在谁也不知道。后来,她就失踪了,或许是连同其他证人一起被消灭了。作者认为:人们现在掌握尼古拉耶夫及其妻子的材料很少,并不是偶然的。这说明,为了掩盖基洛夫被暗杀的真相,内务部大做了手脚。

令人费解的审判

基洛夫的被害,激起了列宁格勒和全苏联人民的极大悲痛和愤忾。千万封义愤填膺的电报飞向莫斯科和列宁格勒,人们强烈要求查明暗杀的真相并严惩凶手。

基洛夫遇刺的当天晚上,斯大林与莫洛托夫、伏罗希洛夫、雅哥达等人便乘专列,从莫斯科赶来列宁格勒。在车站上,斯大林一见到前来迎接的列宁格勒内务分局局长麦德维基,连手套没摘,就狠狠地抽了他一记耳光。

斯大林立即把基洛夫遇刺案的一切调查和处理工作的领导权掌握在自己手里。斯大林首先召见麦德维基,但这位显然对此案一无所知。然后,斯大林又与扎波罗热茨单独谈了一个多小时。接着,斯大林决定亲自提审凶手。

审讯在一个大房间里进行,尼古拉耶夫被押了进来。斯大林示意让他走近点,然后注视着他,用温和得近乎亲切的口吻问道:"你干吗要杀害这样一个好人呢?"

尼古拉耶夫坚定地回答道:"我不是向他,而是向党开火!"

"那么,你是从哪里弄来的手枪?"斯大林继续问道。

这时尼古拉耶夫正好看到了站在斯大林身后的扎波罗热茨,马上指着扎波罗热茨回答道:"这事您为什么问我? 请问扎波罗热茨去吧!"

斯大林气得脸色发青,大吼道:"带下去!"于是,一群内务部人员拥上前去,对尼古拉耶夫拳打脚踢,拖了出去。

下一个受审者是基洛夫的卫队长鲍利索夫。但在押解的路上出车祸死了,而押解人员安然无恙。事实上,鲍利索夫是被押解人员用铁棍砸死在车里。这是当时开车押送鲍利索夫的司机讲的。不久,押送鲍利索夫的两个人也被干掉了。

另外一位知情人,尼古拉耶夫的"朋友",也很快被处死了。

这样,对尼古垃耶夫进行公开审理显然已经不可能了。为了向人民交代,或许为了某种政治目的,政府接连发了几封内容自相矛盾的公告。

在最初的公告上,杀害基洛夫的凶手是白党恐怖分子,是从境外潜入苏联的,几天后,内务部宣布抓获了104名白党恐怖分子,并已将其全部处决。

但仅过了几天,杀害基洛夫的罪名就换到了托洛茨基——季诺维也夫反对派头上。季诺维也夫和加米涅夫也相继锒铛入狱。

12月22日发表的通告说,尼古拉耶夫是地下恐怖组织的成员,这个恐怖组织是由原季诺维也夫反对派成员组成的,他们按所谓"列宁格勒反对派"总部的委托而暗杀了基洛夫。

12月27日,报纸公布了控告结论,断言:"谋杀基洛夫是一个长远计划的组成部分,其目的是暗杀斯大林和党的其他领导人。已发现有两个阴谋恐怖组织,一个由沙特斯基领导,另一个由卡达雷诺夫领导,是后者委托尼古拉耶夫杀害基洛夫的。"

一天之后,报纸上登出了判决书,认定尼古拉耶夫和另外13个人是杀害基洛夫的凶手。次日,报纸宣布,这14人已在不公开的审判中被判处死刑,都已被立即执行。

就这样，在基洛夫被害不到一个月，侦察和审讯工作就在疑窦丛生，漏洞百出中匆匆结束了。

历史可以暂时被愚弄，但不会永远沉默。

时至今日，苏联的历史学家普遍认为，这个审讯结果是人为编造的弥天大谎。无论是托洛茨基，还是季诺维也夫反对派分子，都与基洛夫之死没有任何关系。

拨不散的迷雾　难解的谜团

关于基洛夫的遇害，尽管前面提到的三种说法广泛流传，但毕竟还只能是一种"神话"。这之中仍然有许多拨不尽的疑云，解不开的谜。

早在1956年2月，在前苏共20大的秘密报告中，赫鲁晓夫就提出了官方的怀疑："时至今日，在基洛夫事件中仍隐藏着许多无法说明，无法理解的地方。……基洛夫被刺后，人民委员会内务部列宁格勒分部的干部被判很轻的刑罚，却在1939年全部被枪毙。这令人想到大概是为了消灭刺杀基洛夫的人证而把他们枪毙的。"

1961年10月21日，赫鲁晓夫在前苏共22大的总结发言中说："我们越深入地研究有关基洛夫被害的材料，产生的问题就越多。"他对尼古拉耶夫的两次被抓又两次被放，基洛夫遇刺时警卫人员不在场、警卫队长在提审时出"车祸"身亡，及杀死鲍利索夫的人又被杀等一系列问题提出了质疑。

一位与基洛夫关系密切的人彼德·察金说，显然有人一直在追杀基洛夫。1934年间暗杀基洛夫的企图有好几次，这年夏天基洛夫去哈萨克斯坦时就有人企图暗杀他。

基洛夫的好友彼得罗夫斯基的妻子提供情况说，在基洛夫遇害前几天，有两个陌生人企图用铁棍打死彼得罗夫斯基。在得知基洛夫被暗杀的消息时，彼得罗夫斯基马上就断定：这是斯大林干的。

在得知基洛夫遇害后，列宁格勒内务局长麦德维基连帽子没戴，大衣没穿就迅速赶到了斯莫尔尼宫。但在入口处，他却被一名从未见过的来自莫斯科的契卡人员挡了驾。这些人为什么比本地的内务局长来得还早呢？

基洛夫遇害后，其警卫队长鲍利索夫的妻子被强制送进了疯人院。她有幸逃了出来,跑到斯莫尔尼宫请求给予保护,说有人想毒死她。内务部人员讯问过她,企图了解基洛夫遇害前她丈夫对她说过什么。随后,她被送到市立医院,但很快死在病床上,有被毒死的迹象。

原内务部工作人员卡恰发透露,由于担心尼古拉耶夫自杀,他一直在关押该犯的牢房中值班。尼古拉耶夫曾告诉卡恰发,他已得到了保存他生命的保证,条件是他要咬定季诺维也夫分子是此次暗杀活动的策划者。尼古拉耶夫还问卡恰发,当局会不会欺骗他?当法庭向尼古拉耶夫宣布死刑判决时,尼古拉耶夫当即大叫"受骗了",并企图从押送者手中挣脱逃跑。

诸如此类的怪现象,使人们疑云丛生,并给整个案件蒙上了一层神秘的色彩。从这些疑点来看很明显都是对斯大林不利的。前面提到的三种说法都是把矛头指向斯大林的,有许多人却相信这种说法。

然而,也有些人持不同看法,认为无端的猜疑冤枉了斯大林。他们认为,基洛夫从没有取代斯大林的念头,斯大林和基洛夫的关系比较密切,基洛夫是他的亲信,他需要基洛夫。因此,斯大林没有必要从肉体上消灭自己的朋友。斯大林认为,基洛夫遇害是出于政治原因,最终是冲着他来的。所以,为了给同志复仇,也为了保护自己,才下决心要追查幕后策划者,大搞逼供信,使包括布哈林在内的一批领导人成为冤魂。

众说纷纭,孰是孰非,不敢妄下结论。

63 年前斯莫尔尼宫的枪声,夺去了基洛夫的生命,给后人留下了一个难解之谜。1961 年,即案发后的 27 年,赫鲁晓夫在前苏共 22 大上宣称:"必须尽一切努力毫不迟疑地弄清真相。"然而,时至今日真相仍未大白于天下。

1988 年 2 月,苏联中央电视台曾播放了介绍基洛夫生平的最新纪录片,片中已把暗杀基洛夫案称为"千古不解之谜"。

图哈切夫斯基元帅之死揭秘

元帅之死

1937 年 5 月,年轻的苏联元帅(1935 年 11 月授衔)图哈切夫斯基,将代表苏联到伦敦参加乔治六世国王的加冕典礼。正当他那精通法语的妻子尼娜·图哈切夫斯基卡娅加紧突击英语,准备陪同元帅丈夫去参加加冕典礼仪式时,苏联驻伦敦使馆5月4日接到通知:图哈切夫斯基因"健康原因"不能成行。怎么会呢? 前3天即"五一"那天,元帅不是神采奕奕地站在莫斯科红场列宁墓上紧靠在斯大林旁边检阅游行队伍吗?

然而,一个星期过去,即5月11日,元帅被解除第一副国防人民委员职务,贬到伏尔加军区任司令员。这一决定不仅使国防人民委员部和总参谋部的人员,而且使全军感到震惊。图哈切夫斯基把这个决定看作是对他的侮辱。因为受到如此打击,他消瘦下来,心里老感到憋气,经常不断地用手去扯他的衣领。终于,他坐

图哈切夫斯基

下来写信,给伏罗希洛夫写信,给党中央委员会和斯大林写信,要求彻底退役,要求复员……

在总政治部主任加马尔尼克的劝慰下元帅总算平静了一些,愿去伏尔加军区赴任。赴任前他去看望伏罗希洛夫,但伏罗希洛夫没有单独接见他,莫斯科军区特工处处长"偶然地"也在人民委员办公室里。

元帅要去赴任了。伏罗希洛夫专门来到元帅家,元帅不在。伏罗希洛夫告诉元帅之妻,建议她夜里把手枪和猎枪藏起来。临行前内务人民委员叶若夫也表现出同样的"关切",并把元帅手枪里的子弹退了出来。

5月28日,元帅要去车站。他穿好军服,扎上皮带,带上那只退了子弹的手枪,离开了莫斯科,抵达住所。两天后,他坐上一辆白俄罗斯军区司令部司机开的车,去托茨兵营观察。行至途中,军区特工处处长开车赶来,通知元帅,说国防人民委员部有令,急召元帅去莫斯科,并建议元帅改坐特工处的车,以便让司令部的车开到托茨兵营打个招呼,说元帅有事去莫斯科,改期视察。但是当司令部的车绕过特工处的车继续前行时,司令部的车上司机和炮兵主任看到特工处这辆车子里,肃反人员把元帅的那只退了子弹的手枪卸掉了。就这样,元帅被捕了。

——审讯就要结束了。图哈切夫斯基元帅、亚基尔、普里马科夫和科尔克在"事实"面前都"认输"了,因为任何努力均属枉然,他们只想把这场"喜剧"尽快收场,当然对于强加的种种罪行,他们统统断然否认。最后,元帅说了这么一段话:"我为在一生中所犯下的错误,为我坚信苏维埃政权和党并忠诚为之服务而付出的代价,便是我的头颅。我不会去请求宽恕,因为这个法庭只能以三流侦探编造出来的假文件为凭据,任何一个思想健全的人都是不会尊重这种法庭的。你们自以为是法官,可我要告诉你们,犯罪的是你们,不是我们。或迟或早,你们是会因自己的卑鄙行为而受到命运的报复的。有一天,当你们坐到这张被告的位置上,或者当你们站到明天我将站的墙边时,你们这些人会想起我的……"

6月11日,苏联《真理报》突然在显著位置发表了一篇《社论》:"今天,我们公布了苏联检察机关关于将当场捕获的8名间谍交给法院判决的通知。他们,这些外国的走狗,卑鄙无耻的叛徒……图哈切夫斯基、亚基尔、乌博列维奇、科尔克、埃德曼、费尔德曼、普里马科夫、普特纳,这就是目前破获的法西斯间谍核心成员的极其可恶而又可恨的名字。"

社论发表的当天,"苏维埃法庭判处这些恶棍、间谍、资产阶级豢养的小丑和苏联人民的敌人以枪决,内务人民委员部已执行判决。"

这样,一个在国内战争和外国武装干涉时期战功卓著,所向披靡,荣获列宁勋章的、最富天才的元帅,一个在军事理论研究中多有建树,对未来战争高瞻远瞩、满腹韬略的大战略家和军事理论家,一个抱定为共产主义事业奋斗终生的图哈切夫斯基,在他44岁的人生黄金时期却倒在了自己为之奋斗的政权的枪口之下。

这究竟是为什么呢?当年断送元帅性命的那些"罪行"是怎样构成的呢?这是困扰在人们心头的一个谜。下面我们根据已掌握的材料来揭开这个谜底。

元帅死于反间计

德国保安处长海德里希从1935年开始,就建立了反苏秘密组织,并通过特工人员与流亡巴黎的沙皇旧官员保持着联系。

1936年12月中旬,一个叫斯科布林的前沙皇将军在巴黎把两份报告交给了德国谍报机关。第一份报告说,红军的统帅部正在策划一起反斯大林的阴谋,这起阴谋的头目是图哈切夫斯基元帅。第二份报告说,图哈切夫斯基及其亲密战友正在同德国最高统帅部和德国谍报机关的将军们保持着接触。

海德里希仔细看了看这两份报告的内容,认真掂了掂这份报告的分量,约略估了估这两份报告的价值,终于想出了一个异想天开的主意:要是能把这个消息抛给斯大林,再伪造几份文件增添其严重性,那么也许可以一举摧毁俄国的全军指挥部门——借斯大林和苏联国家警察之手加以摧毁!想是这样想的,但假若在付诸行动时露了馅,上了当、咬住手怎么办?海德里希不愧是国家保安处处长,工于心计,冷酷无情,具有策划阴谋的特殊才干,是搞政治阴谋的老手。在安排贝伦茨协助他时,他说:"如果斯大林真的想用斯科布林的这份情报让我们受骗上当,那我也要给这位克里姆林宫的爷爷送去足够的证明,我要证明他的那一套假材料可是千真万确的事实。"既要想如何能够借刀杀人,又要考虑借刀不成如何把不借刀者置于死地,这种心计不谓不周全、手段不谓不毒辣。

于是海德里希开始实施"借刀"杀人的反间之术了。

他命令自己手下的贝伦茨秘密潜入德国最高统帅部(因为对阴谋知道的人越少越好)的秘密档案室里窃取图哈切夫斯基的档案案卷,随从贝伦茨行动的当然少不了若干盗窃专家。他们神不知鬼不觉地得到了所需要的案卷,那当中就有德国军官和苏联统帅部代表之间的谈话记录,其中也有图哈切夫斯基在 1925～1928 年间任红军参谋长时,跟德国参谋总部、跟他们的驻苏武官处的代表的会见时的谈话。可这些会见、谈话都是官方性质的,而且都是在希特勒上台以前的事。怎么办?

海德里希是不乏伪造文件的特殊才干的。他开始在盖世太保柏林总部的一个孤立的地窖中准备起必要的"文件"来。他为了这个目的设立了一个技术用具一应俱全的实验室,并由他个人亲自负责保密措施。一切准备就绪后,他下令把弄到手的案卷进行"加工",在谈话记录和来往通信中增添词句,补充新的信函,更改日期,最后使这个案卷显得很充实。在任何国家把任何一个具有如此齐备罪证的将军送交军事法庭,判其犯有叛国罪,那是完全能够令人信服的。

海德里希认真检查了他的专家们伪造文件的全部技术工作,结果令他十分满意。但这仅仅是"借刀"的准备工作,关键在下一步,也就是"借刀","借"斯大林这把"刀"。就是说,要把这些"真"文件送到斯大林手里,还不要引起斯大林的丝毫怀疑,才能达到"杀人"的目的。海德里希终于抓住了一个机会。

1937年1月底,捷克斯洛伐克驻柏林大使马斯特内给他的总统贝奈斯拍去一份密码电报,说自己过去认识的一名德国外交官,在和他的言谈中流露了这样的"机密":德国人正在跟红军的某一个反斯大林的集团保持接触。贝奈斯得知他的驻柏林大使提供的这一情报后深感不安。因为捷、苏关系是相互信任的,友谊是牢固的。捷克斯洛伐克的苏台德区问题,苏联也是站在捷一边,反对希特勒德国妄图吞并捷苏台德区的阴谋。一旦苏联站在希特勒一边,那就没有什么东西能妨碍希特勒去割占苏台德区了。有鉴于此,贝奈斯立即召见苏驻布拉格大使亚历山德罗夫斯基,把马斯特内的这个情报转告给苏联大使。亚历山德罗夫斯基从贝奈斯口里得知这一情报后,不敢怠慢,急匆匆飞回莫斯科。海德里希就这样绕了个弯,将情报送到了斯大林手里。

为了增强布拉格"效应",过了两三天,同样的情报内容也传到苏联驻巴黎使馆的大使波将金那里,波将金随即给莫斯科电告了这份情报。

当同样的情报从捷克斯洛伐克、从法国飞到莫斯科后,海德里希便要"借刀"了。还是那个海德里希的亲信、党卫队旗队长贝伦茨又被派到布拉格,跟贝奈斯的私人代表进行了接触,出示了一些关于图哈切夫斯基罪证的。"文件"。贝奈斯岂能怠慢,立即向斯大林做了通报。

没过多久,在贝奈斯的斡旋之下,海德里希的代表和苏驻柏林使馆的一名工作人员进行了一次接触。海德里希的人亮出了他们的"杰作"——两封"逼真的"信件,苏驻柏林使馆的这位工作人员提出了要价,并告诉对方,一星期后,他们的全权代表会来"拍板"。

果然,苏联内务人民委员叶若夫的"全权代表"如期而至,提出要价。为使莫斯科不致产生怀疑,海德里希决定施用"狮子开大口"法,张口要价就是300万卢布。"全权代表"匆匆浏览了一下"逼真的"信件,点了点头,很爽快地付给了对方300万卢布。具有讽刺意味的是,这300万卢布也同对方的信件一样,也是精心特制的假货。尽管如此,海德里希还是取得了伟大的胜利。总算把"刀"借到了手,这"刀"也确实要"杀人"了。这300万卢布的假币买下了致图哈切夫斯基元帅等8

位军队高级将领性命的"证据",但事情还远没有了结,一场更大的灾难等待着苏联红军的将领们。

军队大清洗

图哈切夫斯基元帅和其他7位红军高级将领被处决不久,斯大林在1937年8月召开的红军政治干部会议上,号召在红军中根除"人民敌人"。随之,国防人民委员伏罗希洛夫和内务人民委员叶若夫对武装力量发布命令。命令中说,红军中存在着一个分支密布的间谍网。因此要求部队,凡与间谍多少有联系的人都要做出交代;知道或怀疑别人有间谍活动的人,都要汇报。

刹那间,黑云压城,阴风骤起。从1937年到1938年间,镇压机关对红军的基本领导骨干给予了一个接一个的极为沉重的打击。苏联国防人民委员部中央机关,工农红军政治部,苏联革命军事委员会,各军区和海军舰队,大部分军、师、团的大多数主要领导干部都被逮捕了。据估计,共有3.5万人成了牺牲品。他们差不多占全军军官的半数。而且级别越高杀得越多。5名元帅中的3名,15名集团军级干部中的13人,85名军长级干部的57名,196名师长级干部中的110名,406名旅长级干部中的220名,所有11名国防副人民委员,以及最高军事委员会80名委员中的75名都被清洗了。上校以下的军官也有3万名被清洗。真是触目惊心,令人不寒而栗。这种惨无人道的大清洗给苏联红军带来了灾难性的后果,也是苏、德战争初期苏军严重失利的重要原因,这一切引起了希特勒的极大欢心。

平反昭雪

整整半个世纪过去了。1988年3月27日,塔斯社报道:"苏联最高法院军事法庭根据苏联总检察长1957年1月31日做出的结论,撤销了苏联最高法院特别法庭1937年6月11日对因'反苏联托洛茨基军事组织'而受审的图哈切夫斯基、科尔克、亚基尔、乌博列维奇、普特纳、埃德曼、普里马科夫和费尔德曼的判决。"并在"1957年2月恢复了他们的党籍","为上述人员完全恢复名誉"。

图哈切夫斯基元帅及成千上万的在"肃反"运动中冤死的红军将领们,若九泉有知也终于可以瞑目了。

联合国秘书长达格·哈马舍尔德坠机之谜

联合国秘书长——当今世界最显赫的职位。高居于这个位置上的人,是全世界芸芸众生中知名度最高的人物,他肩负着崇高的使命,成为人们对发展各民族合作及维护世界和平的希望和象征,一举一动都关乎着国际舞台的风云变幻。

联合国已经历了半个多世纪的风风雨雨,至今为止,曾经担任过秘书长一职的,包括刚刚上任的安南,也不过7个人。

而在这7人中,唯一一位死在任期内的,便是1961年坠机身亡的第二任秘书长达格·哈马舍尔德。他到底是因飞行事故而以身殉职?还是一场阴谋和暴力的牺牲品?众说纷纭,坠机之谜至今仍被锁在历史的重重迷雾中。

达格·哈马舍尔德

出身豪门

1905年7月29日,达格·哈马舍尔德出生于瑞典南部乔坪市的一个名门望族。

达格的祖父是著名的作家,其父亚里马尔·哈马舍尔德是权倾一朝的显贵。他曾高居于许多重要职位上,包括省长、司法部长、教育部长、大使、最后坐到了首相位置。亚里马尔的显赫官职,对达格的人生道路起了重大的影响。达格度过了锦衣玉食的童年、中学和大学时代。

在同龄人中,达格并不十分引人注目,在大学里教授们也不赏识他。当他写出第一篇学术论文时,法学教授不客气地给了他极低的评价:"毫无才华地重复我说过的东西,没有新意,没有独到见解。"这对于自小就力求出人头地的达格触动很大,他永远放弃了成为法学家的念头,转而攻读经济学。

他也开始明白,通往顶峰的路要凭自己的双手和顽强的奋斗去开辟。他开始专心致志地苦读。很快,在以培养高级人才著称的乌普萨拉大学,他就以多方面的修养和渊博的学识开始崭露头角。

1930年,由于父亲工作的变动,他们举家迁往首都斯德哥尔摩。在这里,他开始步入政坛。他30岁那年就被任命为财政部副大臣。为了赢得信任,他不知疲倦地拼命工作,凭其才干和勤奋获得了人们的赞誉。

1941年,36岁的哈马舍尔德又被任命为瑞典国家银行股东会议主席,成为最年轻有为的银行董事长。1945年,他担任了瑞典政府的经济顾问,受命与美国等一些国家进行了一系列的关于经济合作协定的国际谈判。初次涉足国际事务,就展示了他在这方面的才华。

1949年,他担任了瑞典外交部的秘书长,两年后担任了外交部常务副大臣,这是外交部机构实际上的领导者。

就这样,哈马舍尔德一帆风顺地向权力的顶峰大踏步迈进。人们普遍认为,他也将像他父亲一样成为首相。

然而,就在此时,一个机遇正等待着他。在哈马舍尔德毫无思想准备的情况下,竟被提名担任联合国秘书长。

1952年11月,联大通过决议,解除了首任秘书长挪威人特吕格韦·赖伊的职务。但是,新一任秘书长的人选却十分难产,安理会五大常任理事国的代表反复磋商,均无结果。

后来,法国代表提名哈马舍尔德作为候选人,因为他来自永久中立国瑞典,因此易于被冷战双方接受,而且哈马舍尔德又是联合国圈子里的新面孔,这种神秘感反而容易被人接受。

1953年3月31日,哈马舍尔德被告知,安理会已提议请他担任联合国秘书长。但他认为,这是开玩笑,不抱任何希望地将其置之脑后。第二天,当接到安理会的正式信件时,他才相信历史给他提供了一个新的机遇。他急忙去请教父亲,亚里马尔此时已90高龄。他毫不犹豫地对儿子说:"这是上天赋予的使命,你当然必须接受这项建议。你的全部生命,都是为追求这个目标的。"

1953年4月9日,哈马舍尔德响应命运的召唤,飞抵纽约,担起联合国秘书长这副重担。无论对他本人还是对联合国来说,历史都翻开了新的一页。

哈马舍尔德上台伊始,就大张旗鼓地干了起来,树立起了和他前任大不相同的形象。首先,他把加强联合国秘书长的作用,扩大他的全权范围作为行动目标,以期当联合国内各国发生争执、陷于冲突时,秘书长和他领导的秘书处全体成员能够独立行动。其次,努力扩大联合国调解国际争端的活动范围,即包括联合国"维和行动",也包括安理会调停冲突的活动。这两方面的努力影响深远,对以后几任秘书长都产生了很大作用。

在以后的几年中,哈马舍尔德频频出访世界各地,成了世人皆知的大名鼎鼎的人物。他在建立联合国维持和平部队、清理苏伊士运河、完成联合国委托的一系列调停使命等方面做出的贡献,受到了许多国家的赞赏。1957年底,联大一致通过决议,推选哈马舍尔德继续第二个5年任期的秘书长。

正当他春风得意、计划大展宏图之时,一场灾难正向他袭来,他的人生道路和政治生命也行将画上一个句号。

而导致这一切的都是由于刚果的风云变幻。

刚果风云

50年代末开始,波澜壮阔的民族解放运动的浪潮猛烈冲击着非洲大陆,西方殖民统治面临着土崩瓦解的灭顶之灾。

位于非洲大陆腹地的刚果,争取民族独立的斗争风起云涌。1958年民族英雄卢蒙巴创建了刚果民族运动党,领导人民同比利时殖民者展开了不屈不挠的斗争。1960年1、2月间,在布鲁塞尔举行的谈判中,刚果人民终于迫使比利时殖民者让步,赢得了民族解放运动的胜利。卢蒙巴庄严宣布:刚果将于1960年6月30日宣告独立。

比利时表面上同意刚果独立,但他有自己的如意算盘。他们想把独立当作招牌,在刚果建立听命于他们的傀儡政府,继续操纵刚果的政治、经济命脉。

然而,殖民者打错了算盘。在1960年5月的刚果共和国议会选举中,卢蒙巴的刚果民族运动党取得了胜利,他们主张坚决、彻底地使刚果获得独立。卢蒙巴组织了第一届联合政府,并担任总理。

这一结果,无论是老牌殖民者,还是控制着刚果经济的外国大垄断公司,都对卢蒙巴政府恨之入骨。形形色色的反动力量集结起来,策划着推翻新政府的阴谋。

7月10日,刚果刚刚独立10天,比利时便向刚果的伊丽莎白维尔城空投了一批伞兵,并立即向和平居民开火,打死数百人,两天后,占领了整个城市。

在比利时殖民者的扶植下,傀儡莫伊兹·乔姆贝占地为王,宣布将最富饶的加丹加省从刚果分离出去,并自封为新国家的"总统"。刚果局势骤然恶化。

面对这一局面,卢蒙巴坚决请求联合国介入这一事件,并迫使比利时撤军。

7月13日深夜,安理会通过决议,"授予秘书长全权同刚果共和国政府协商,采取必要措施为该政府提供它所需要的军事援助。"于是,哈马舍尔德立即着手组建联合国部队。一星期后,进入刚果的联合国军已超过1.1万人。

然而,令人遗憾的是,联合国维和部队的行动是消极的,它不仅没有帮助年轻的刚果政府摆脱前殖民主义者的武装干涉和制止分离主义分子分裂国家的活动,反而处处限制刚果政府的行动,从而导致了年轻共和国政府的瓦解。有人认为,哈马舍尔德显然是在某些大国的制约下,背离了安理会的基本精神。

9月14日,在联合国维和部队的纵容之下,蒙博托上校发动了军事政变,宣布接管政权。就这样,刚果的合法政府自独立起仅仅存在了两个半月,就被摧垮了。

刚果总理卢蒙巴被软禁了起来,到11月底,卢蒙巴骗过守卫人员,逃了出去。蒙博托下令搜捕,并命令:"如不能活捉,就打死他。"1960年12月2日,卢蒙巴被抓获。第二年1月,蒙博托将其押解到加丹加省,借莫伊兹·乔姆贝之手,处死了卢蒙巴。

世界舆论对刚果局势的发展极为不安。人们看到,在联合国部队的纵容下,非洲各部族正在刚果丛林中进行火并,而殖民主义者却坐收渔人之利。全世界报刊每天都在报道刚果事件,要求联合国就卢蒙巴等人的下落做出正式答复。同时,很多人都指责哈马舍尔德在刚果问题上的失职,强烈要求联合国维和部队尽快恢复刚果的独立和统一。

哈马舍尔德所珍视的个人威望,陷入了他任职8年来的最低谷。

空中遇难

哈马舍尔德曾一度支持乔姆贝在加丹加省的分裂活动。但到了1961年9月,由于世界舆论普遍要求实现刚果统一,他不得不改变初衷,贸然决定亲自出马去劝说乔姆贝放弃"独立"。

由于安理会督促维和部队采取措施防止刚果爆发内战,乔姆贝已宣布他同联合国处于战争状态。因此秘书长的这次非洲之行,无异于直接去摸老虎屁股,凶多吉少。可是哈马舍尔德别无选择,如果他不能凭个人的介入来缓和刚果的局势,那他就无法摆脱世人的指责,秘书长的位子也难坐稳。

会晤定在罗得西亚的恩多拉举行。那里归乔姆贝的朋友罗得西亚和尼亚萨兰联邦总理罗伊·韦连基爵士统治。

1961 年 9 月 17 日下午 4 点 30 分,哈马舍尔德一行 16 人在恩芝里机场,登上了饰有联合国蓝色标志的"道格拉斯"DC—6B 飞机。

4 时 51 分,飞机腾空而起,向东南方向飞去。

当晚 8 时 30 分,飞机与恩多拉机场进行了联系,告知自己的飞行位置,并预计将于零点 35 分到达恩多拉。

零点 10 分,恩多拉机场再次收到飞机的通报。飞机的报务员说:"我们已在恩多拉上空,看到了你们的灯火,正在降低高度。"

机场导航台调度员马丁确定了飞机的高度,同意驾驶员把飞机降到 1800 米的着陆高度。

飞机在机场上空进入了预定高度,在塔台直视度内按正常航向进入着陆。它还要再做一次回转,以便对准跑道。

大约在零点 13 分,在距机场起降地带直线距离 12 公里的地方,当秘书长的座机在做最后一次着陆回转时,意想不到的灾难发生了。飞机在 60 米的高度上坠落在山坡上,刹那间,燃起了冲天大火,5000 公斤汽油洒在足球场一般大的热带丛林中,熊熊大火映红了赤道之夜。在火海中,躺下了 16 个人。

此刻,在恩多拉机场,已做好了一切迎接准备。地方首脑和警卫人员正翘首以待,早已赶来的乔姆贝稳稳地坐在贵宾休息室。他们似乎谁也没有注意到远处的火光和轰隆声。久久等不来飞机,这些人们便想当然地认为:想必是秘书长临时改变了主意,决定推迟同乔姆贝的会晤,或者认为谈判毫无意义而取消了这次会晤。于是,这些人都回去安安稳稳地睡觉去了。

在恩多拉山的山坡上,烈焰一直燃烧到天亮。直到下午,当几名烧炭工人偶然进入这一区域,才发现了飞机的残骸和人的尸骨。

下午4时左右,一辆辆姗姗来迟的警车和救护车开到了遇难现场。救援人员发现,在距离飞机残骸不远处,躺着两个人。

在其中一个人的手上,警察发现了一个银手镯,上面刻着"达格·哈马舍尔德"。秘书长已经断气,但身体还很柔软,没有出现尸僵状态。从他那半坐半卧的姿势,可以断定,哈马舍尔德不是被飞机坠落的撞击力抛出来的,他并没有在飞机失事时立即死去。或许,他是从残骸中挣脱出来,爬行了一段距离?或许,有人曾赶到现场,把负伤的秘书长从飞机中拉了出来?哈马舍尔德一只手里紧紧地握着一把草,看来是死前抽搐时抓住的。显然,如果救援人员能提前十几个小时赶来,或许秘书长就不会毙命于非洲大陆了。

另外一个躺在草地上的人,是秘书长的警卫员朱莱安中士。在飞机坠落时,他的腿被折断,膝盖也撞碎了,他从飞机的残骸中爬出来,离开了燃烧的飞机。尽管已在露天躺了14个小时,他还是活了下来。

朱莱安是坠机事件中唯一的幸存者,有希望成为揭开坠机之谜的关键。于是,他被送到恩多拉市医院进行抢救。

在朱莱安恢复知觉的一段时间里,警官问他:"我们最后一次听见你们的声音时,你们正在恩多拉机场上空,飞机为什么不降落?"

朱莱安艰难地回答说:"哈马舍尔德说,我们马上回去!"

"后来又怎么样了?"

"发生爆炸了。我们加大速度飞行,接着就栽了下来,到处都响起爆炸声。"

在与世隔绝的情况下,朱莱安活了5天,在这段时间里,他几次开口同护士和医生谈话,但不知为什么,这些谈话记录一份也没保存下来。朱莱安在联合国秘书长的同事都确信,恩多拉的英国医院不是在治疗朱莱安,而是在促使他死去。如果将朱莱安立即送到别的医院进行认真抢救,他是能够活下来的。

至此,遇难飞机上的16人全部丧生,再也找不到证人了。

难揭谜底

为查明坠机之谜,先后成立了几个调查委员会。先是由英国空军上校巴尔贝尔主持的委员会,后是以英国法官克莱顿为首的鉴定委员会,最后又专门成立了一个联合国委员会进行调查。但这些委员会提交的报告都闪烁其词,证据苍白,众多疑点,结论使人无法信服。人们评价说:这些调查委员会的工作似乎不是在寻找真理,而是想掩盖哈马舍尔德座机坠落的真相。

第一个委员会的结论是:飞机失事纯属偶然。这个结论显然是站不住脚的。第二个委员会推翻了这种说法,得出的结论是:由于驾驶员的过错而发生了惨祸。

但事实上,没有任何根据能证明,飞机失事的原因在于技术故障或飞行员失误。

有材料表明,该机在坠毁之前,发动机和螺旋桨仍在正常运转,处于接近着陆跑道时应有的状态。副翼仍处在正确的位置上。这些部分没有发现任何损伤。显然,技术故障导致飞机坠毁是没有根据的。

飞行员操作失误的可能性也可排除。秘书长座机的驾驶员加尼克维斯特上尉,是拥有7800多小时飞行经验的超级飞行员。而除他之外,驾驶舱内还有两位富有经验的飞行员。因此,三个熟练的飞行员不可能同犯一个错误,或者同时失去控制飞机的能力。

既然技术故障和飞行员失误的可能都被排除,那么失事的原因极可能是以下两种:暗中破坏;外来干涉和攻击。

谜底之一:外来攻击。

有很多疑点表明,秘书长的座机有可能是被击落的。乔姆贝这个恶魔是什么狠毒的事都干得出来的。

不少目击者证实,在出事那天晚上,曾看到夜空中有一架小飞机在追赶一架大飞机,并曾听到一阵阵射击声。

坎卡萨是当地行政当局的秘书,他是最早证实在哈马舍尔德的座机后面还跟随着另一架飞机的证人。9月17日晚上,他在回家路上清楚地听到了两架飞机的声响。大飞机在前面,亮着灯光;小飞机跟随其后,没有灯光。他发誓:"我真诚地相信,看见两架飞机。"

9月17日夜里,烧炭工人布列尼同妻子一起坐在家里。午夜过后,他们看到天上有一架飞机,在它后面大约150米,有另一架飞机紧追不舍。随后,他看到大飞机突然爆炸并附向地面,顿时掀起巨大的火柱。而那架小飞机却转了个圈,飞走了。这是很重要的证词,它表明,秘书长的座机是在空中爆炸,然后才坠落。布列尼肯定地说:"我先听见射击声,然后看见火光,最后飞机掉了下来。"

而罗得西亚当局组织的调查委员会断然否定以上这些证词。

要判断飞机在坠落前是否遭到过外来攻击,飞机残骸是一种重要的物证。然而,飞机的残骸却大部分神秘地失踪了。这架飞机的自重为27吨,可当局向瑞士鉴定专家展示的残骸却只有1.5吨熔结块,其余部分下落不明。是谁隐藏了其余残骸?这种隐藏是不是为了销毁罪证呢?

即便如此,技术人员还是找到了一些蛛丝马迹。瑞典刑事警察局长丹涅里松发现,在驾驶舱的窗框和雷达的雏形罩上,各有两个孔洞。这位经验丰富的局长断定,这两个孔洞是机枪的弹孔,他要求进行仔细检查。

罗得西亚的调查委员会非常恼火,便极力贬低丹涅里松的能力。他们辩解说:机上的孔洞是当飞机撞在树梢上时留下的;或者是,当飞机坠地燃烧时,机舱里有荷枪实弹保护哈马舍尔德的卫兵,弹药在火焰中爆炸,从而子弹击穿了机壳。

在加丹加,乔姆贝手下有几十名飞行员,其中大多数是从世界各地雇来的老手,包括纳粹德国空军的飞行员。这是一帮只要给钱什么都干的亡命之徒。所以,人们相信,哈马舍尔德的座机极有可能是被这帮家伙击落的。

谜底之二:暗中破坏。

秘书长的座机在飞往恩多拉之前,曾在无保卫的情况下停留在机场上,所以,有人潜入飞机进行破坏的可能性不能排除。暗算的方法之一,可能是破坏了飞机的至关重要部分;也可能是安放了一枚定时炸弹,在飞机降落时引起了爆炸。有几个证人提供线索说,当他们看到从机场上空飞过的座机后不久,曾看到天上出现了火光。

1962年1月,世界各国报纸都刊登了瑞典记者林德·斯特列姆的一篇文章,引起了轰动。原来,乔姆贝真的曾策划过一个加害联合国秘书长的计划。

这个计划是胆大妄为的。乔姆贝手下的一名特工盖泽利,将弄到的一身联合国维和部队中士的制服和必要的证件,在适当的时机混进护送哈马舍尔德的卫队,然后顺利地登上飞机。当飞机升到高空后,盖泽利用机枪对准驾驶员,强迫他在乔姆贝所控制的地盘上，科尔维兹的加丹加军事基地降落。

可是，就在秘书长座机飞到恩多拉附近的时候，飞机突然爆炸了。劫持秘书长的阴谋是因爆炸而告吹了呢？还是因这个劫持行动而导致了空难？人们设想，如果盖泽利有一颗定时炸弹，而且当他正用机枪威胁驾驶员时，炸弹提前爆炸了，飞机坠地起火。这也完全可能。

在这种种可能性中间，人们至今没有确定的答案。不过，这些数不清的疑点和反常之处，使公众有理由相信，哈马舍尔德肯定是死于一场精心策划的政治暗杀。

历史在询问：

为什么在秘书长的座机失踪十几个小时后，有关方面仍无动于衷，不采取任何搜索和营救措施？

在飞机坠毁后，恩多拉警察当局为什么不仅不搜索失事飞机，反而死死封锁了飞机坠落地点，不让任何人通过？

为什么后来找到的飞机残骸只有 1.5 吨，其余 20 多吨铝和钢铁难道能蒸发了吗？

为什么罗得西亚当局长期阻止联合国人员前去调查？直到 1962 年 2 月 8 日，联合国调查人员才获准来到恩多拉，可此时飞机坠毁地点已长满茂盛的热带植物，什么痕迹也没有了。是谁，故意掩盖哈马舍尔德死亡的真相？

令人遗憾的是，对堂堂联合国秘书长死亡原因的调查，一拖再拖，毫无制果，最后草草收场，不了了之。36 年过去了，此案仍是众说纷纭，扑朔迷离，是一桩解不开的悬案。

"报业大王"马克斯韦尔的神秘死亡

自杀还是他杀？

1991 年 11 月 5 日，西班牙空军的"大力神号"直升机在几艘快艇的配合下，在度假、游乐圣地加那利群岛以北 20 海里的海面上打捞上一具裸体男尸。

死者的身份很快被证实。他就是"传奇人物"——从孤儿到"报业大王""地球村巨头"的马克斯韦尔。他的死立即成了英国各大报纸竞相报道的热点。

他生前生活很不规律。常常夜半三
更起床，日上中天却在酣睡。有时还喜欢
偷偷独自下海游泳。据此，他生前所在的
英国《每日镜报》集团说他的死亡可能是
由于一次意外事故。

马克斯韦尔

联系他生前从孤儿到"地球村巨头"
的传奇生涯和突然死亡前不久陷入债台
高筑境地的尴尬和困窘，伦敦其他报纸不
无幸灾乐祸地暗示人们，他是投海自杀。英国《太阳报》的通栏大标题就是《是掉
海还是跳海？》。

西班牙的验尸官对他的遗体进行了长达 4 个多小时的详细检查后，公布说：
"只在他的头部发现有一道伤痕，但看起来像是他落水时或别人把他打捞上来时磕
破的，所以，可以说没有发现暴力痕迹。"

负责调查此案的西班牙调查官圣·胡安于 12 月 13 日代表西班牙警方宣布
说，他的死亡可能是由于心脏病突然发作，在他的肺里只发现一丁点水。圣。胡安
推测，他当时可能正独自在游艇右舷的甲板上走动，突然心脏病发作、失控而身不
由己地坠入了大海。所以，他的死亡属于"自然死亡"。

但跟随马克斯韦尔多年的私人医生约瑟夫则根据他的病史及最近的健康状况
而对此结论表示了怀疑。约瑟夫说，他从来就没有患过心脏病，而且在他死前的 4
个星期前还接受了全面检查，也没有发现患心脏病的迹象。

马克斯韦尔的传记作者汤姆·鲍则根据自己对他的了解而对自杀说不能同
意。鲍尔说：他不是淹死的，他的肺里没有水。以前他能受得住经济大丑闻，他是
一个坚强的战士。

马克斯韦尔的妻子伊丽莎白在接受《每日镜报》采访时告诉记者，说他可能是
被某个仇人安插在游艇上的杀手推进大海的。她说：杀死他，是许多人都想并曾经
威胁过要那么干的。现在他死了，那些人高兴了。

他的家庭律师克拉维里埃在另一家报纸上也发表了类似的看法。克拉维里埃

还敦请伊丽莎白立即重金聘请私家侦探,尽快查清他的真正死因。

如果查明马克斯韦尔是属于非正常死亡,那么,他所投保的英国某家保险公司就将赔偿 3500 万美元的巨额保险金。所以,这家保险公司也必须弄清他的真正死因。为此,这家保险公司专门请了伦敦经验丰富的高级验尸官伊恩·韦斯,专程前往耶路撒冷,在他人土安葬前几个小时复查了他额头上的创伤。

此外,他的心肺、肾等脏腑器官以及指尖组织的切片也送到马德里、伦敦和特拉维夫的现代化实验室,使用最尖端的医疗器械进行检测、化验,尸体也进行了第二次解剖。但所有的检测、化验和解剖的结果都迟迟没有公布。

马克斯韦尔的死震惊世界,也成了世人想解开的一个谜。

从犹太孤儿到陆军上尉

1923 年 6 月 10 日,捷克斯洛伐克东部的塞洛斯塔蒂纳镇拉布吉霍赫村的一对信奉东正教的犹太夫妇生下一个男婴。这对勤劳的犹太农民用他们居住的村庄的名字给他们的新生儿取名为简·路德维希·霍赫。他们的家境非常贫寒。

简长到 16 岁时,第二次世界大战爆发了。由于德国法西斯残酷迫害犹太人,简的父母和其他许多无辜的人被抓进了纳粹德国的集中营,不久母亲就死去了,而父亲则一直下落不明。

简成了一个孤儿。面对法西斯的暴行,简显示了非凡的勇气、机智和顽强。他设法逃离了纳粹的魔掌,徒步穿越匈牙利和南斯拉夫,最后来到法国,加入了流亡在法国的捷克斯洛伐克地下抵抗组织,成了一名向纳粹复仇的战士。

1940 年,17 岁的他随着成千上万的东欧犹太难民,搭乘一艘难民船来到英国。

只上过 3 年小学的简凭着惊人的聪敏和强烈的生存欲望,仅用了 6 个星期就学会了英语。

简不满意父母给他起的名字,先后三次给自己改名,最后一次更名为罗伯特·马克斯韦尔。

不久,马克斯韦尔虚报年龄,加入了英国军队的先锋军团。他参加了著名的诺曼底登陆,因其英勇善战而被授予了丘吉尔政府颁发的一枚十字勋章。之后,马克斯韦尔随部队节节挺进,一直打到柏林,在这里他被晋升为陆军上尉。

从小职员到"地球村巨头"

二战结束后,马克斯韦尔回到伦敦,任职于英国外交部。虽然他聪敏过人,但在向来讲究门第、出身的英国上流社会,马克斯韦尔感到自己无亲无故,很难出人头地,最后他萌发了弃政从商的念头。

1947年10月,马克斯韦尔进入一家由他的一位"战友"在德国开办的科技书籍出版公司工作,开始涉足出版业。

4年后,他拿出平日省吃俭用的积蓄,又从朋友们那里东拼西凑,以1.3万英磅买下了那位"战友"在英国的一家公司,开创了他的第一份基业——珀加蒙出版公司,开始了他那日后无比辉煌的出版事业。

马克斯韦尔经营有方,珀加蒙出版公司迅速发展。截止到1961年,珀加蒙出版公司已拥有价值600万英磅的资产,一举确立了马克斯韦尔在英国出版界乃至整个商界的地位。

进入80年代,马克斯韦尔的事业开始进入最辉煌的时期。1981年,马克斯韦尔买下了连年亏损、濒于破产的英国印刷公司,并立即着手进行整顿。他把公司改名为英国印刷和通信公司,裁减近半数的职员,大胆引进现代化设备和管理。两年内公司实现了扭亏为盈,不久就成为英国最大的印刷公司,他本人也一跃成为英国最大的印刷商。

1984年,马克斯韦尔又上新台阶。这一年,他终于实现了梦寐以求的愿望——拥有一家全国性报纸。他用2.02亿美元买下了《每日镜报》集团,并且仍用他整顿英国印刷公司的办法对《每日镜报》大动手术,一举砍掉了5种出版物,裁员近1/3。这次他又获得了成功。《每日镜报》发行量直线上升到290万份,成为英国第二大报。

不久,马克斯韦尔又把目光投向了美国。1989年,他以26亿美元买下了麦克米兰出版公司,又以7.5亿美元买下了官方的《航空指南》。

1990年,马克斯韦尔又以6000万美元把《纽约每日新闻》连同它的巨额债务从《芝加哥论坛》报业公司手中买了下来。1991年3月,报纸恢复出版,发行量逐步回升。

这时的马克斯韦尔已拥有了一个庞大的"帝国",传媒和公众在提及他的名字时,总忘不了在前面冠以"报业大王""传奇人物"或"伦敦舰队的冒险家"等等响亮的绰号。

这个庞大的"帝国"主要包括由马克斯韦尔家族控制的两大领地:英国《每日镜报》集团和马克斯韦尔通信公司。

《每日镜报》集团主要包括他在英国和以色列的七种报纸,还有以色列的俄文周刊《时代》。此外还拥有加拿大魁北克印刷公司25.8%及另一家报业集团26.4%的股份。

马克斯韦尔通信公司出版3种日报和4种周刊,其资产的70%在美国。在美国的一些报刊、出版公司等还拥有大量股份。

1990年,马克斯韦尔还创办了《欧洲人》日报,向欧洲和美国一些城市发行。另外在德、匈、捷、苏联、巴西、肯尼亚等地都有自己的报纸。此外,他还拥有新闻机构、计算机和药品公司,在法国和以色列还有电视台。人们发现"报业大王"这个绰号已经显得有点小气,有人已在叫他新的绰号"地球村巨头"了。

昔日的孤儿、难民,今天的"报业大王""地球村巨头",成为许多国家元首的座上宾。马克斯韦尔住在牛津附近的豪华别墅里,每天乘私人直升飞机往返离牛津不远的伦敦《每日镜报》集团大厦上下班。伦敦市政府以安全为由,不准私人直升机在《每日镜报》集团大厦的顶层降落,他一怒之下,竟买下了对面一座建筑物专供他的座机升降,真可谓"财大气粗"。

"帝国"的崩溃

马克斯韦尔从来不愿听到逆耳之言,他最爱说的一句话就是:"面对挑战我从来不说半个不字。"

在马克斯韦尔总部的会客室里,供客人用的咖啡杯内印有一行小字:"我是一个举足轻重的人。"这个一生改换过3次姓名的犹太移民没能改换他身上那个非常顽固的积习——满腹狐疑、常存戒备之心,对谁都不信任。心理分析医生认为,他那暗淡不幸的童年生活在他内心深处无疑留下了很深的阴影,这也正是他在生命的最后一年半中成为孤家寡人的原因。马克斯韦尔亲自说过的一句话也极准确地揭示了他的这一性格："我的首要工作就是招聘编辑,开除编辑。"

马克斯韦尔从荣极一时,声名赫赫的报业大王,在短短的几年内跌到了因负债累累而告破产,最后不明不白地死去的地方。在他死后不久,他的庞大的"帝国"也顷刻间土崩瓦解,其原因是多方面的。

80年代后期,马克斯韦尔把他的摊子越铺越大。他在1989年购买麦克米兰出版公司时,由于股票估计过高,已经造成了23亿美元的债务,加上他从未正式承认过的巨额私人债务,合计比他的全部资产超出10亿多美元。这迫使他狂乱挪用公有和私人的资产来填补空缺。其中包括《每日镜报》报业集团上千职员的8亿美元的养老金。

挪用养老金的丑闻曝光后,人们不再钦羡地称呼马克斯韦尔各种响亮的绰号,而纷纷咒骂他是"本世纪最大的骗子"。一家投资公司的分析家说,马克斯韦尔的晚年是一个"在庞大和自负的帝国大厦集团中用他的股东作炮灰的游戏。"

从陆续披露的材料来看,马克斯韦尔的许多家公司显然是从1990年8月起开始走下坡路的。在1990年、1991年两年里,他受到了西方工业社会经济衰退和高利率的双重打击。为了能获取现钞,他采取了发行债券、变卖部分资产和转让股份等措施,但这只不过是拆东补西,杯水车薪。最终他的报业帝国以44亿美元的巨额债务宣告破产。

魂归何处

马克斯韦尔死前的八九天是在加那利群岛渡过的,他得了流感,不得不闷在他的私人游艇上,在蓝天白云下的万里碧波上东飘西荡。

这艘用他的心爱的小女儿名字命名的"凯瑟琳女士号"超豪华游艇,是他1986年通过《每日镜报》集团的一家附属机构花1500万英镑购买的,艇身白色,长55米,艇上装有卫星通讯设备,通过卫星传输他可看到《每日镜报》的报样,也可以同地球上任何一个角落的客户谈生意。

1991年11月5日凌晨,当地时间4时25分,有船员看见马克斯韦尔在甲板上走动。20分钟后,他从自己的舱室打电话让人把中央空调关掉。

上午9时,有人去敲马克斯韦尔的舱门,但没有人答应。

中午 12 时 45 分,船长格斯·赖吉来找马克斯韦尔接国际商业电话,也没有找到。赖吉命令全体船员找遍游艇的每一个角落,仍不见他的踪影。船长感到事情有点不妙,于是立即发出了求救信号。傍晚时分,一具裸体男尸被打捞上来,那就是我们开头部分介绍的那一幕。

次日下午,马克斯韦尔的妻子伊丽莎白在长子菲利浦的陪伴下来到出事地点。身穿黑外套,神情紧张的伊丽莎白当即认定死者正是马克斯韦尔。母子二人抱头恸哭。

尽管马克斯韦尔已身败名裂,甚至死都没能死个明白,但以色列人不管这些。他们对这一点知道得很清楚:马克斯韦尔是犹太人,他支持以色列。1985 年,马克斯韦尔到耶路撒冷,出席纳粹德国倒台 40 周年纪念会。从此,他在以色列大量投资,购买了以色列第二大报纸《晚报》75% 的股份,为移居以色列的苏联犹太人创办了俄文周刊《时代》。另外,他还利用他在苏联、东欧的影响,在改善以色列与这些国家的关系上帮了以色列不少忙。从这一点来说,有人指责马克斯韦尔兼搞间谍副业,与以色列情报机构"摩萨德"关系暧昧,也并非凭空捏造。

1991 年 11 月 10 日,马克斯韦尔的葬礼在耶路撒冷举行。以色列总理沙米尔和住房部长沙龙、犹太教牧师、新闻出版界人士等数百人出席了安葬礼式。

马克斯韦尔的遗体被葬在橄榄山公墓。按犹太人的说法,安葬在橄榄山的人在末日来临时将首先复活。

马克斯韦尔的尸体连同那传奇生涯被埋进了坟墓,但他的猝然死亡在人们心头引起的巨大谜团并没有随之被埋葬。

最后一次与马克斯韦尔通话的马克斯韦尔的朋友拉比·沃格尔说,在那次通话中,马克斯韦尔的语调很平静,甚至带有些许欢乐,他讲话的声音同往常一样,深沉而很有分量,看不出有什么异常。

游艇上的船员回忆说:他们在马克斯韦尔失踪前后,曾发现有一艘与"凯瑟琳女士号"非常相似的游艇,至少三次在"凯瑟琳女士号"附近出现。

每一次尸体检查和解剖都表明,马克斯韦尔的尸体没有在水中长时间浸泡的痕迹。

进一步检查发现,在马克斯韦尔的左耳下有一个极微小的针孔。

所有这些,都使人们对西班牙官方和英国官方共同持有的马克斯韦尔系"自然死亡"的观点深表怀疑。

1992年1月9日出版的《巴黎竞赛画报》发表了最新的调查结果,并据此分析断定,马克斯韦尔系死于他杀。此语一出,立即在英国、以色列等地引起一场新的争论。

该期的《巴黎竞赛画报》公布了一批有关马克斯韦尔死后,于1991年11月9日、10日,在以色列首都特拉维夫的医学研究所对他的尸体进行第二次解剖时拍摄的录像、照片,并首次披露了当时法医们的谈话记录。

该报报道说,实际在马克斯韦尔身上发现的绝非仅有一处伤痕,而是有12处之多,并且在头颅内发现内出血。以色列的法医们当时说:"从甲板上掉到海里是不可能出现这些伤痕的。"

这些绝密资料的公布,无疑使马克斯韦尔的死亡之谜朝着真相大白的方向前进了一步。就在人们期待着更多的内幕被曝光时,以色列卫生部却为这一严重泄密事件而大为恼火,专门成立了一个调查组追查此事,力图搞清这些录像、照片和谈话记录是怎样到了《巴黎竞赛画报》手中的。而这究竟又意味着什么?

这背后一定藏着与马克斯韦尔神秘死亡有关的至关重要的线索,而这只能靠历史来回答这一切。

巴顿将军死亡之谜

观点:1945年12月21日,陆军四星上将巴顿将军因车祸逝世,他的死也给后人留下了一些难解的谜。有人说他的死和艾森豪威尔有关,有人说他是被苏联特工下毒害死的,还有人说巴顿的死和"奥吉的黄金"谜案有关。

小乔治·史密斯·巴顿出生于加利福尼亚州的名门,他从小就立志要当将军,从西点军校毕业后不久就开始了军旅生涯。他作战勇猛,指挥果断,富于进攻精神,并且是个战术天才,曾经创造过很多军事上被视为不可能的奇迹,也获得过无数的奖项和军功勋章。在第二次世界大战中,巴顿是美国的军事统帅,并且因战功卓著被晋升为陆军四星上将。巴顿将军曾经说过在最后一场战争中战死沙场是他计划中的事,但悲哀的是他从战争中幸存下来。然而更悲哀的是,作为一名曾经叱咤战场的军人,巴顿没有献身战场,却死于战后的一次车祸。他的死还给后世留下了一系列谜团。

1945 年 12 月 9 日,在巴顿将军准备从德国返回美国的前一天,他和参谋长霍巴特·盖伊少将准备最后一次去打猎。然而,谁也没有想到在去猎场的路上发生了车祸,巴顿将军乘坐的轿车与一辆大卡车发生了碰撞。巴顿将军的脊柱严重错位,头骨也受了重伤,但是车内另外的两人却毫发无伤。出事后,巴顿将军很快被送到了附近的海德堡医院。虽然伤势比

巴顿

较严重,但是在住院接受治疗一周后,医生们认为他已经脱离了危险。巴顿将军的夫人也准备让他回美国休养,但是 12 月 20 日巴顿将军的病情突然恶化。12 月 21日,巴顿将军停止了呼吸,医院给出的死亡原因是血栓和心肌梗塞。

巴顿将军逝世的噩耗很快就在部队传遍了,他的不少部将在听到噩耗后都不相信巴顿将军是自然死亡,他们认为巴顿将军是被人害死的。事实上,在那场车祸中,的确有很多可疑的地方。

首先,巴顿将军所在的车里共有 3 人,而发生车祸后,却只有巴顿将军一人受伤,其余两人却毫发无伤,这实在是太匪夷所思了。其次,在车祸后,两辆车和驾驶司机都被拍了照片,但是唯独没有给受伤最严重的巴顿将军拍照,以至于人们到现在都不知道巴顿将军当时到底伤在哪里了,伤得怎么样。第三,车祸现场也被迅速地清理干净了,巴顿将军所乘坐的那辆被撞得很严重的车也被拖走了,此后也没人知道它被拖去哪里了。第四,宪兵们对现场进行的例行调查很草率,而且也没有留下任何官方记录。有人说宪兵队长曾经写下了一份调查报告,但最后却不见了。最让人吃惊的是,肇事者,也就是那辆驾驶大卡车的司机竟然在事后被莫名其妙地放走了。

于是,有人认为巴顿将军的死是一个精心设计的阴谋,他可能是政治斗争的牺

牲品。巴顿将军擅长作战，却并不擅长政治外交，他曾经在美、苏的联谊会上对苏军元帅朱可夫出言不逊，并声称希望对苏联开战，因此被斯大林视为"反苏派"。而且在二战中，巴顿将军不但数次不听指挥，违抗统帅部制订的作战方案，还公开指责他的上司艾森豪威尔将军。二战结束后，巴顿将军成了"亲德派"，他甚至还考虑要扶植几个没有受损失的党卫军部队，艾森豪威尔曾经几次警告巴顿，要求他执行非纳粹化的计划，不要再包庇纵容纳粹分子。但是巴顿根本就不听，而且在两次记者招待会上依旧偏袒纳粹分子，并且贬低盟军关于非纳粹化的计划，还把纳粹分子和非纳粹分子的斗争极为不恰当地比喻为美国共和党与民主党两党之争。鉴于此，艾森豪威尔撤掉了巴顿第3集团军司令的职务。这也导致了巴顿和艾森豪威尔的关系从此走向破裂。所以有人认为巴顿的死可能和他与艾森豪威尔的矛盾有关系。

美国军事历史学家罗格特·威尔科斯在他的新书《目标，巴顿》中披露，巴顿将军是遭暗杀身亡的，因为他扬言要披露盟军领导人的失误而惨遭灭口。他在书中说，巴顿认为，正是由于艾森豪威尔在1944年的错误决定导致了数十万德军逃出了包围圈，随后又发动了阿登战役，致使数千名美军在战役中丧生。而且巴顿还声称他知道很多可以毁掉许多人前程的战争机密。作者还认为如果巴顿活着说出他想说的，那么艾森豪威尔不一定能成功竞选总统。罗格特·威尔科斯声称他是听说了著名艺术家道格拉斯·巴扎塔掌握一些惊世内幕之后，开始研究巴顿之死的，而道格拉斯·巴扎塔曾经是在中情局多次立功受奖的神枪手。威尔科斯的书中包括了对巴扎塔的采访，以及有关他日记的一些摘录。巴扎塔讲述了他当时驾驶一辆军用卡车与巴顿的卡迪拉克相撞，随后用一发低速子弹击中了巴顿，巴顿的脖子被打断，而巴顿车上的其他人员都毫发未损，随后他又设置了车祸假现场。巴扎塔说战略情报局局长多诺万曾下令让他暗杀巴顿将军，而且他还暗示说当巴顿将军的身体开始恢复后，美国官员并没有采取有效的安保措施。任由苏联的特工混进医院，在巴顿的药物里添加了一些能够引起血栓之类的毒药。威尔科斯还找到并采访了美国陆军反间谍部门的一名军官，这名军官透露，当他获悉巴顿将军在苏联的暗杀名单上后，曾多次向多诺万报警。但却被调回国了。

除此之外，还有一些人认为巴顿的死与"奥吉的黄金"谜案有关。据说，1944

年年底,眼见败局已定,希特勒为了日后能够东山再起,便下令将国库储备的黄金和一批价值连城的宝贝分开隐藏起来。其中一批藏在盐矿的黄金被巴顿的第三集团军发现,整整有 250 吨。不久,一名叫作奥吉的宪兵队长报告说在一个山洞里也发现了一个纳粹金库,但是只有一吨左右的黄金。因为这批黄金是奥吉部发现的,所以人们称为"奥吉的黄金"。但是人们奇怪的是,为什么奥吉发现的黄金只有 1 吨左右,和之前发现的 250 吨黄金相比起来实在是悬殊太大了,纳粹没有道理只在山洞里埋藏 1 吨黄金。所以很多人认为奥吉发现的黄金只是其中很小的一部分,剩余的被一些美国的军官们占为己有了。于是,巴顿决定追查此案,然而就在案件即将要破获的时候,巴顿就遭遇车祸死了。自此,"奥吉的黄金"一案就成了谜案。因此很多人怀疑巴顿的死,正是那些盗取了黄金的将领们为了怕罪行暴露而一手策划的。

现在,人们想要了解有关巴顿车祸的真实情况变得非常困难,因为美国国家档案馆中关于巴顿车祸和去世的记录都丢失了,而官方给出的解释是,在战争结束后的混乱时期,档案的混乱和丢失是无法避免的。所以,巴顿将军到底是因何而死,直到今天仍然是个谜。

莫扎特死亡之谜

1791 年 12 月 5 日,奥地利著名的作曲家莫扎特在维也纳突然死亡。此后的两百年间,人们在欣赏他遗留下来的作品时,除了深深的怀念,不禁纷纷猜测他的真实死因。

沃尔夫冈·阿玛德乌斯·莫扎特,是奥地利著名的作曲家,也是维也纳古典乐派的代表人物。1756 年 1 月 27 日,莫扎特出生于奥地利的萨尔茨堡,他的父亲是一位宫廷乐师。3 岁时莫扎特就开始显露出他的音乐才能,4 岁时他跟随父亲学习钢琴,5 岁时开始作曲,并且在 8 岁的时候就已经创作了一批奏鸣曲和交响曲,因此他被人们称为"音乐神童"。然而,就是这样一位让人称为音乐天才却英年早逝。1791 年 12 月 5 日莫扎特死于维也纳,终年 35 岁。他的一生共创作了 22 部歌剧、41 部交响乐、42 部钢琴协奏曲、一部安魂曲以及奏鸣曲、宗教音乐等作品,光是手稿就多达两万多页。

莫扎特逝世后，人们无不为痛失一位音乐天才而感到惋惜。然而就在他逝世一周后，当时在社会上就已经开始流传他非正常死亡的说法。于是，在他死后的两百年间，人们在欣赏他的作品的同时，常常忍不住猜测他的真正死因。从他的忠实崇拜者到著名的医学家再到一些或专业或业余的分析家都纷纷加入了猜测大军，人们从各个不同的角度对莫扎特的死因进行了分析和猜测。于是，一些五花八门、离奇怪异的说法便瞬间流传开了，而且还各有各的一套理论。

据说，莫扎特短暂的一生一直饱受疾病的困扰，他曾经患过天花、支气管炎、肺炎、伤寒、风湿等。所以在他死后一部分人认为他可能是病故的，不过病故的原因却有好几种可能。比如说过度疲劳、梅毒、风湿病、肾衰竭等疾病都被认为是可能导致他死亡的原因。不过也有人认为莫扎特的死并非自然事件，很可能是被人谋杀的，因为在他死后发生的一些事情实在太蹊跷了。

据说，莫扎特的葬礼是在他死后第二天在圣斯芳丹大教堂举行的。当时莫扎特虽然不是知名的音乐家，但他创作了不少的作品，也算是小有名气，绝对不是贫民。然而出乎意料的是，他的墓地却是在距离教堂很远的圣马可斯公墓，那是郊外的一座贫民公墓。莫扎特的妻子因为身体不适没有参加葬礼，而参加葬礼的人竟然也没有人随行到墓地，于是也就没有人为他立十字架和标记。据说，在莫扎特下葬时正赶上暴风雪，送葬人员无法前进，所以只有马车赶往墓地。但是维也纳天文台的气象记录却表明12月6日那天风和日丽，虽然微微刮风，但是没有暴风雪的踪影。莫扎特的灵柩在被匆忙下到贫民用的墓穴后的几周，又与其他穷人的棺材混在了一起，没留下什么痕迹。所以，后来当莫扎特的妻子去为他扫墓时竟然不能确定他的埋葬地点，一直到现在都没有人能确定埋葬莫扎特的准确地点。这一系列不合情理的事情不得不让人怀疑有人想故意掩盖事情的真相。

由于莫扎特去世前几天，他的身体开始浮肿并且还散发出一股臭气，所以很多人怀疑他是被毒死的。有人说在莫扎特死后，身体并没有变得僵硬，而是如同食物中毒死亡的尸体一样是柔软的。

人们认为最有可能和动机毒害莫扎特的人就是与莫扎特同时代的宫廷乐师安东尼奥·萨列里。据说莫扎特临死前的一段时间正在创作《安魂曲》。关于《安魂曲》的创作过程，人们则普遍认为是一位"黑衣人"托付他写的，而这位"黑衣人"就是与他同时代的意大利作曲家安东尼奥·萨列里，他嫉妒莫扎特的才能所以假扮黑衣人去莫扎特家施计害死了他。在德国作家弗伦伯格的小说和普希金的诗歌中都表达了这一说法。甚至在 20 世纪，英国一位剧作家在其著名的舞台剧《上帝的宠儿》中还描写了萨列里如何一步步厌恨莫扎特，直至假扮"黑衣人"将其杀死的过程。并且根据此剧翻拍的电影《莫扎特传》还一举夺得了 1984 年的奥斯卡的最佳影片奖。但是后来有人证实，《安魂曲》是莫扎特的一个朋友委托他为悼念亡妻所写的，并不是受什么"黑衣人"委托而作。

也有人认为莫扎特是被他的情敌维也纳宫廷大臣豪弗梅尔特所杀。根据资料记载，在莫扎特去世的第二天，也就是 1791 年 12 月 6 日，居住在离莫扎特家不远的维也纳宫廷大臣豪弗梅尔特割断他妻子玛达伦娜的喉咙后，自杀身亡。这件事的发生，让人们将莫扎特的死亡与豪弗梅尔特联系在了一起，玛达伦娜是莫扎特的最后一个钢琴学生，而且可能还是他的情人。据说莫扎特不但与玛达伦娜有了恋情，而且还导致了玛达伦娜怀孕，不幸的是，这件事情被豪弗梅尔特知道了，于是他就设法下毒害死了莫扎特，然后杀掉自己的妻子，最后自杀。而莫扎特在死之前，也知道自己被下了毒，但是很可能为了保全情人而没有说出来是谁下了毒。莫扎特在创作《安魂曲》的过程中，对自己的健康状况越来越感到沮丧和恐惧，甚至出现了妄想症状，他曾说："我确切地感觉到我活不了多久了，也确信我已经被人下毒了。"他还断言他所写的《安魂曲》就是为自己而作的。甚至有人认为在他晚期创作的作品《魔笛》其实就是在写他和情人玛达伦娜的故事。由于莫扎特死后，他的情人以及豪弗梅尔特都相继死去，所以这种说法同样也无法考证了。

最新的一项研究表明，莫扎特很可能死于链球菌感染引发的肾衰竭。一些研究人员在研究了莫扎特死亡前后维也纳官方的死亡记录后发现，在莫扎特死时，维也纳正遭受一场流行性风湿热的侵扰，而年轻男性中出现与浮肿相关的死亡病例的比例明显高于其他年份。风湿热的形成是由于某种细菌入侵诱发免疫系统产生抗体，这种抗体可能会袭击体质虚弱的寄主的心脏、皮肤、关节和大脑。风湿热对神经系统造成的后果可以用来解释莫扎特临死前的妄想症，也可以解释他去世前几天性格的变化，因为在他去世前几天，曾经把自己最宠爱的金丝雀从病房中赶了出去。所以,很有可能的情况是,维也纳当时出现了小型链球菌感染疫情,而莫扎特不幸被感染,最后死于这种链球菌感染引发的肾衰竭。他死前出现的皮疹、浮肿、全身疼痛等症状都是链球菌感染的症状。一些专家表示这种说法的可能性比较大,但是仍然需要验证。

莫扎特的一生为世人留下了极其丰富的音乐遗产,然而却在他如日中天的时候突然死亡,这不仅成为乐坛的一大遗憾,而且他的神秘死因也成了两百年来人们众说纷纭、未解的谜。

贝多芬死亡之谜

1827 年 3 月 26 日,著名音乐家贝多芬离开了人世,他的死给后人留下了无限的遗憾和疑惑。

路德维希·凡·贝多芬出生于德国波恩,是世界著名的音乐家,他的一生创作了不少不朽的音乐作品,如《命运》《月光曲》等,被世人尊称为"乐圣"。然而这位音乐巨人的一生却历经磨难,饱受贫穷与病痛之苦,先是在声名如日中天的时候突然失聪,让他的精神支柱在瞬间坍塌,晚年又患了肝病,曾经在一年内动过四次手术,身体情况每况愈下。1827 年 3 月 26 日,贝多芬在贫穷与病痛的折磨下离开了人世,一颗音乐巨星就这样陨落了。

法国著名作家阿尔方斯·卡尔在他的《在椴树下》一书中详细描述了贝多芬死前的情况。他写道:贝多芬死前不久的一天,收到了他侄子的来信,信上说他遇到了麻烦需要伯父帮他脱离困境。贝多芬接到信后立即徒步上路了。当晚他就住在一家农舍,但是到了夜里,却感到浑身发烧,疼痛难忍,于是在无法入睡的情况下他便爬起身,赤着双脚到田野里徜徉,等他回到农舍时已经开始冷得发抖。于是,主人从维也纳请来一位医生,医生确诊为肺积水,而且说他已危在旦夕。得知贝多芬病重的消息后,德国著名钢琴演奏家和作曲家胡梅尔来看他,但贝多芬已无法与其交谈。胡梅尔通过听音筒向他表示他的悲伤之情,贝多芬从听音筒依稀听见几句后,顿觉畅然,于是对老朋友说:"胡梅尔,我果真是个天才吗?"说完后,他张大嘴,两眼直勾勾地瞪着胡梅尔,与世长辞。

在贝多芬死后，人们为这位音乐巨星的逝世感到悲痛和惋惜，同时也对他的死因众说纷纭。

起初，有人说贝多芬死于梅毒，但是后来这种说法就被否定了，因为医生并没有在他的头发内发现大量的汞成分，因为汞被视作治疗梅毒最有效的物质。如果贝多芬真的患有梅毒，那么在他的头发中就应该有汞残留。

也有人说贝多芬是被他的侄儿气死或者逼死的。贝多芬的弟弟卡尔于1814年去世，贝多芬负起了监护养育弟弟儿子的责任。可是他虽然是音乐上的天才，但是却不擅长于与人打交道。他的侄子在别人面前称呼贝多芬为"老傻瓜"，而且只要人家看到他同这个"老傻瓜"在一起，他就会觉得十分丢脸。如果贝多芬对他要求严格或者言语过重，他还会用自杀来威胁贝多芬。这些给贝多芬的精神带来了莫大的痛苦，也大大损害了他的健康。当贝多芬卧床不起的消息传到他侄子那里时，他竟然无动于衷。

英国一名医生声称贝多芬死于一种少见的风湿病，这种风湿病会使身体的每个器官发炎，并逐渐侵袭全身。这位医生还说，如果用现代的类固醇治疗，然后做肝脏移植手术，或许贝多芬还可以多活许多年。

一位维也纳的病理学家赖特尔根据最新的研究指出贝多芬可能是死于他的医生之手，因为这位医生在治疗中误使贝多芬摄入了过量的铅，最终导致了他的死亡，因为在贝多芬头发中发现的铅含量是普通人的100倍。赖特尔声称，他的这项研究来源于贝多芬的一撮头发，而关于这撮头发的来历还有一连串的故事。据说，在贝多芬的葬礼上，曾经有两万名以上的维也纳市民参加，在这些人里面有很多贝多芬的崇拜者。在他死后几天，还有世界各地的仰慕者来到维也纳就为了见他最后一面，这其中有一名犹太音乐家菲丁南德·希勒尔，他是贝多芬忠实的崇拜者，也是一名狂热的粉丝。他在瞻仰贝多芬遗容时，偷偷剪下了一撮头发，此后又将这

贝多芬

撮头发当作宝贝珍藏。后来，由于战乱的关系，这撮头发又到了丹麦医生凯·弗莱明的手里，而最终被弗莱明的女儿拍卖给了四个美国人。所以，赖特尔才得以对贝多芬的头发进行破坏性的检测。

赖特尔用光谱分析的办法，探明了贝多芬的两根头发中的化学物质含量随时间而变化。通过这种变化，赖特尔发现，贝多芬的医生对他进行的缓解腹部水肿的治疗加剧了铅中毒，因为每一次治疗结束，他头发中铅的含量就会达到一个高峰。赖特尔推测，医生在每次治疗后会使用一种含铅药膏敷住伤口。虽然含铅膏药是当时医疗处理中的正常方子，但当时贝多芬的肝脏已经不能承受了，所以正是膏药中的那些铅渗入贝多芬不健康的肝脏，并且日益累积，加剧了他的死亡。后来人们还在那名医生的日记中发现，贝多芬曾经在腹部水肿之前还得过肝炎，而医生使用了一种含铅的盐类药物对他进行了肝炎治疗。这些铅在贝多芬的腹内积累，也会导致持续的铅中毒。

2005 年 11 月 18 日，美国一所研究中心宣布，他们已经获得贝多芬的头盖骨，而且经过当地的司法机构进行 DNA 鉴定后确认新发现的头盖骨和原来的头发一样，都是属于贝多芬的。研究人员使用功能强大的 X 光机分析了贝多芬的骨骼碎片，发现了大量铅残留。这一结果与此前对贝多芬头发的分析结果一致，再次确认贝多芬的死因是铅中毒。

虽然通过头发和头盖骨确定了贝多芬死于铅中毒，但是研究人员还不清楚当时那名医生在对他进行含铅药物治疗之前，贝多芬体内的铅是从哪里来的。有人认为是贝多芬常常饮用含铅的葡萄酒，也有人认为是贝多芬曾经无意间喝过含铅的水，导致了铅在他体内的沉积。与此同时，研究人员也无法确定贝多芬的铅中毒到底是不是意外中毒，或者是被人谋杀。

普希金的死亡背后

1837 年 1 月 29 日，俄国著名诗人普希金在与情敌决斗中不幸中枪身亡。他的死震惊了整个俄国，同时也给人们留下了一些疑惑。一些人认为他并不是真正死于情场上的决斗，而是死于沙皇尼古拉一世的阴谋。

普希金全名为亚历山大·谢尔盖耶维奇·普希金,他是俄国著名的文学家、诗人、小说家,被誉为"俄国文学之父""俄国诗歌的太阳"。然而,这颗俄国文坛的巨星却过早地陨落了,1837 年 1 月 27 日,他在与情敌丹特斯的决斗中中枪,1 月 29 日在圣彼得堡去世。

当普希金逝世的消息传出后,人们简直不敢相信自己的耳朵,天才诗人怎么会突然死亡呢? 对于这个问题还要先从普希金的妻子说起。

1831 年 2 月 18 日,普希金与娜塔丽娅在相爱不久后终于结为夫妻,他们的结合可谓"男才女貌"。普希金的才华自不必说,娜塔丽娅更是美若天仙,年轻的身体犹如刚刚盛开的玫瑰。普希金与娜塔丽娅一见钟情,而娜塔丽娅的美貌不仅使普希金拜倒在了她的石榴裙下,而且还吸引了别的男子的目光。当法国青年丹特斯出现时,普希金与娜塔丽娅几年的婚姻生活开始出现裂痕。丹特斯身材健硕,风流潇洒,当他在一次偶然的机会中认识娜塔丽娅后,便被娜塔丽娅的美貌迷倒了,随即便对她展开了猛烈的攻势。娜塔丽娅也被丹特斯的魅力所吸引,所以对于他的疯狂追求不但不加以阻止和拒绝,反而还愉快地接受了。于是,关于娜塔丽娅与丹特斯之间的流言便逐渐流传开来。

1836 年 11 月 4 日,普希金收到一封用法文书写的匿名信,里面装着所谓的"绿帽子协会"寄给他的成员证书。证书上面写道:绿帽子最高勋章获得者、骑士团长及骑士们会聚勋章局,在尊敬的纳雷什金主席主持下,大家一致同意任命普希金为主席的助手和奖章史研究家。落款是:常务书记——波尔赫。与此同时,普希金的一些好友也收到了同样的匿名信。顿时,整个圣彼得堡都知道了这件事情,普希金也成了上流社会茶余饭后的谈资笑料,并且还有人当面嘲笑他。

普希金被这种羞辱性的匿名信激怒了,经过调查后,他知道这封信是由丹特斯的义父、荷兰驻俄国大使盖克恩男爵策划的。于是,普希金给盖克恩男爵写了一封信,他将满腔怨恨发泄在了信中,言辞激烈,并且充满了质问和谩骂。在接到普希金的谩骂信之后,盖克恩男爵便鼓励丹特斯与普希金决斗。为了捍卫自己的尊严和荣誉,同时也为了捍卫妻子的荣誉,普希金决定选择以中世纪决斗的方式来结束他和丹特斯之间的恩怨。

决斗的日子定在了 1837 年 1 月 27 日,地点选在圣彼得堡的小黑河畔,普希金还请来了他的朋友丹扎斯做公证人。决斗的方式为:双方在十步的距离内射击,并且在第一次双方都没有射中对方之后。决斗再重新开始,直到有一方倒地为止。在丹扎斯的公证下,丹特斯获得了首先开枪的权利,当枪声响过后,普希金腹部中弹倒地。两天后,便撒手人寰了。

普希金死后,人们在悲痛和惋惜的同时,纷纷要求严惩凶手。于是总检察院迅速对案件展开了整理,与此同时也收集了各级军官的意见。军事审判委员会对于如何判决决斗人员产生了一些分歧,一些人认定丹特斯中尉和丹扎斯中校有罪,应该依法判处绞刑。最后,总检察院判定,丹特斯因挑起决斗和谋杀,被剥夺其官职和贵族称号,降为列兵到军中服役;普希金自身的犯罪行为应与丹特斯一样受到惩罚,但因其死亡,就免于惩罚;而丹扎斯也因为对非法的决斗未加制止,而被软禁了两月。据说沙皇在普希金的案件中曾经做过批示:"准此(总检察院所做结论),但丹特斯并非俄罗斯臣民,应扣留其军官证,由宪兵将其驱逐出境。"

普希金的英年早逝震惊了俄国人民,而案件的判决结果也让人们开始思考,难道这位天才诗人真的死于情场上的决斗吗? 这背后是不是还有一些其他的原因?

一些专家在对史料进行详细研究后,指出普希金并非死于决斗,他的死可能是一个阴谋,而真正的幕后凶手就是沙皇尼古拉一世。据说,普希金的妻子非常美丽迷人,普希金的好友曾经这样描述过娜塔丽娅:"她是真正的美人,甚至是从最靓丽的女人中挑选出来的女人也要在她的面前黯然失色。当时彼得堡没有一个年轻人不对她暗暗地恋慕着,她是一个人见人爱的女子,她美丽的姿色具有无坚不摧的魅力。"所以,尼古拉一世也被娜塔丽娅的美色所倾倒,并且想将其占为己有。于是他便指使丹特斯公开引诱娜塔丽娅,并且故意激怒普希金,使其与他决斗,然后乘机将他杀掉。与此同时,沙皇尼古拉还在上流社会大肆宣传,使得普希金的名声大损,最终决定与丹特斯决斗。据说,后来在俄罗斯国家军事历史档案馆中发现的一批档案,也证实了在普希金的死亡事件中,沙皇宫廷扮演了重要的角色。这卷档案名为《御览军事司法案件报告:1837 年 2 月到 4 月》,是 1837 年俄国总检察院、最高军事法庭呈送沙皇尼古拉一世关于普希金与丹特斯决斗事件的材料。不过也有人说,当初是沙皇下令处死普希金的。

普希金在他如日中天的时候突然死亡,虽然凶手受到了惩罚,但是人们却一直心存疑惑，到底谁才是杀害普希金的真正凶手。巧合的是，普希金的死竟与他的诗作《叶甫盖尼·奥涅金》如出一辙。《叶甫盖尼·奥涅金》中诗人连斯基因女人而与无赖叶甫盖尼·奥涅金决斗，最终，奥涅金杀死了诗人。诗人莱蒙托夫的经历和命运，又与普希金极为相似。在普希金去世后不久，莱蒙托夫写了《诗人之死》指出沙皇政府为罪魁祸首，而莱蒙托夫最终也死于决斗。

高尔基的神秘死因

1936年6月18日，一代文豪高尔基在莫斯科突然去世，他的死成了一个让人费解的谜。有人说他是自然死亡，有人说他是被谋害的，还有人说高尔基是被自己最爱的女人下毒害死的。

马克西姆·高尔基，原名阿列克赛·马克西莫维奇·彼什科夫，也叫斯克列夫茨基，是俄国的无产阶级作家，社会主义现实主义文学奠基人，苏联文学的创始人，列宁曾称赞他是"无产阶级文学最杰出代表"。

高尔基

高尔基不但是文学巨匠，还是一个神秘的人物，在他的身上有着许多未解的谜，比如说他年轻的时候得过结核病，曾一天抽过75支烟，这在一般人身上是无法想象的事情；他的酒量惊人，不管喝多少白酒都不会醉；他曾经数次试图自杀，但是每一次都奇迹般地生还。1936年6月18日，高尔基突然在莫斯科死亡，这一次他再也没有醒过来。就像他传奇的经历一样，高尔基的死也成了一个未解的谜，因为在他死后，人们对于他的死因众说纷纭，却最终无法确定他的猝死到底是自然死亡还是惨遭谋害。

最初，人们普遍认为高尔基是病故的。高尔基的儿子在1934年神秘地死去了，1936年6月1日高尔基从克里米亚回到莫斯科就去墓地凭吊了儿子。但是当天他回到家后就感到身体不舒服,随后体温也不断升高,病情一下子变得严重起来。接下来的几天一些医生专门对他进行了会诊,其中包括一位专门从列宁格勒赶去的医生。高尔基的病情似乎十分严重,因为年轻的时候患过肺结核,再加上长期吸烟,所以到了晚年他的肺已经只有三分之一的机能。在他病危期间,当时的苏联政府每天都会向全国人民发布病情公告。虽然斯大林下令要不惜一切代价抢救,但是终究没有能挽救他的性命,6月18日高尔基离开了人世。6月19日,《真理报》在刊出悼念文章的同时,还刊登了关于高尔基死亡的医疗结论和对尸体解剖记录的鉴定。鉴定中说,高尔基的死亡是由于左肺下部严重发炎,使得心肺剧烈扩张并最终停止了活动。

然而,就在高尔基逝世不久,苏联政府突然宣布高尔基是被无产阶级的敌人谋杀而死,这就否定了高尔基自然死亡的结论。1938年3月,苏联政府在莫斯科对谋害高尔基的19名被告行进行了公开审判。最后,除了一名医生被判了有期徒刑,其余18名被告均被判处死刑。

1988年,苏联最高法院在重新调查、研究了高尔基案件后,宣布当年此案的调查组伪造了证词,有关专门委员会根据当年医疗鉴定,还做出结论,认为医生对高尔基的诊断和治疗都是正确的。因此,包括被指控"进行错误治疗,谋害高尔基"的医生等人都获得平反。持续了50年的高尔基死于医生谋害的说法也被否定。

然而,这一说法并没有阻止人们对于高尔基真正死因的猜测。有一些人认为高尔基是被他深爱的女人穆拉谋害的。穆拉原名为玛丽娅·扎克列夫斯卡娅,是高尔基生命中最重要的一个女人。虽然她没有答应嫁给高尔基,但是却以高尔基妻子的身份生活在高尔基家里。最后,身染重病的高尔基也是在她的怀抱中死去的。穆拉不但外表迷人,而且冰雪聪明,拜倒在她的石榴裙下的名人不在少数。因为她一直没有答应高尔基的求婚,但是却一直生活在他的身边,所以有人说她是政府派去监视高尔基的耳目,有人说她是苏联情报机构安插在高尔基身边的特工,还有人说她是同时为苏联和英国工作的双料间谍。所以有人说高尔基的死,也是她奉命下的毒。

高尔基的死不但是文坛上的一大损失,也是历史上的一大谜案。不管是因病而亡,还是被人谋害,今天要想弄清这个问题已经变得非常困难。

热爱生命的梵高为什么自杀

文森特·威廉·梵高是荷兰画家。他是后期印象画派代表人物，是19世纪人类最杰出的艺术家之一。梵高的一生坎坷，他热爱生活，但在生活中屡遭挫折，艰辛备尝。他的绘画是从学习伦勃朗开始的，并且广泛地借鉴了印象派的色彩技巧，同时也受到了日本版画的影响，经过他不断地探索和创新，逐渐形成了自己独特的艺术风格，创作出个性鲜明、洋溢着生活激情、富于人道主义精神的作品。

1890年7月27日，梵高站在麦田中开枪自杀。他自杀的场景跟他几天前画的一幅叫《麦田群鸦》的画中的场景几乎一模一样。中枪后的梵高并没有立即死去，他与死神斗争了两天，也忍受了两天的痛苦，最后在他租住的酒店中去世了，离开了这个他疯狂热爱却无情抛弃了他的冷冰冰的世界。在梵高生活的年代，几乎没有人能理解他和他的作品，在他死后多年，人们才认识了他的价值。此时，人们开始关注他曾经经历的生活，以及他为什么选择以这种残酷的方式离开人世。

关于梵高自杀的原因有好几种猜测。

有人认为梵高死于无法承受的孤独。梵高其貌不扬，性格孤僻，脾气暴躁。人们认为梵高的这种性情妨碍了他和别人的友好相处，难以与人进行感情交流，梵高也始终认为人们给他的只有误解和敌意，他的自杀可以看成是他性格的悲剧。

也有人认为促使梵高自杀的原因是因为经济上的贫困。像许多艺术家一样，梵高的一生穷困潦倒，最后的10年他一直靠弟弟的接济生活。他把钱大部分都用在了绘画上了，但因为他的作品无人问津，根本没有任何收入。据说，梵高的一生将近两千幅的画作只卖出过一幅，还是以极低的价格。他承受不了这样的打击，再加上身体本身的疾病，梵高结束了自己的生命。在梵高生命的最后几天他就一直表示自己不能成为弟弟的负担。这样考虑，梵高自杀也在情理之中。

美国堪萨斯大学教授维·尼·阿尔诺德认为梵高长期饮用艾酒是导致他自杀的原因。因为艾酒中含有一种叫岩柏酮的有害物质，人若过多地饮用可能会失去知觉，并能引发癫痫。此外，梵高的吸烟量也很大，烟中的尼古丁和艾酒中的岩柏酮混合对人体的伤害更大。在梵高生命的最后18个月里，他出现了胃痛、精神恍惚、幻觉等症状,这些都是长期饮用艾酒的常见病态。正是这样,导致梵高最后在恍惚中结束了自己的生命。

还有人说梵高的自杀是因为感情的失落。梵高的爱情屡遭挫折,使梵高深感抑郁、消沉。感情生活的不如意对于这样一位敏感的艺术天才来说是难以接受的挫折,如此他选择自杀来结束自己的一生。

另外,也有人认为梵高自杀的原因是因为洋地黄中毒。梵高患有癫痫症,医生经常让他服用洋地黄和顶针草。但是经常服用洋地黄会造成神经的严重损伤,并因此导致神经混乱。基于这样的原因,梵高在精神恍惚间向自己开枪也不是没有可能。

梵高之前就有过一次自杀的行为,根据前一次自杀的原因,就有人推断说梵高的自杀是他的朋友高更造成的。高更是梵高的朋友,但是他经常嘲笑梵高的绘画,而且经常取笑他情场失意,为此二人的争执总是不断。1888 年 12 月底,二人在阿尔勒发生争吵,暴怒的梵高竟然割下了自己的耳朵。后来,梵高无法忍受高更,在圣雷米喝松节油自杀,但是没有成功。后来梵高的开枪自杀,只是上次自杀未遂的延续。

分析了这么多,那么到底梵高为什么要自杀呢? 其实,哪个原因都是对的,导致梵高的自杀的因素不是孤立的,而是它们相互作用的结果。为什么这么说呢?

梵高长期的抑郁,人际关系也不好,自己唯一赖以寄托精神的绘画又不被世人所接受,爱情的道路总是充满坎坷,再加上自己本身疾病的折磨,他的精神一直处于崩溃的边缘。在梵高死前几个月画的自画像中我们可以看出那疯子般的呆滞凝视的眼神。就是这些复杂原因的叠加让梵高在恍惚中向自己扣动了扳机,让自己死在了自己幻想的画面中。

斯大林之死的背后

约瑟夫·维萨里奥诺维奇·斯大林,格鲁吉亚人,原姓朱加什维利(1879 年 12 月 21 日~1953 年 3 月 5 日),伟大的无产阶级革命家、国际共产主义运动领袖、苏联共产党和政府的最高领导人、苏联红军的最高统帅。

1953 年 3 月 4 日，苏共中央和苏联部长会议发表《政府公告》称，3 月 2 日晚上，斯大林同志在莫斯科自己的住所突发脑溢血，当即失去了知觉，右手和脚瘫痪，并失去了说话的能力。3 月 5 日，斯大林去世。对于斯大林的死，有很多人认为并没有那么简单。

最先提出有别于官方说法的是赫鲁晓夫。1971 年他在纽约出版的英文版的回忆录中记述了斯大林死亡前的情景。他还证实说，斯大林并不是死于莫斯科自己的寓所内，而是死在孔策沃的别墅中。此外，赫鲁晓夫还认为当时的贝利亚有反常的表现，并暗示贝利亚与斯大林的死有关系。

此后就有不少人认为斯大林是死于谋杀。苏联的历史学家弗拉基米尔·瑙莫夫和美国的学者乔纳森·布兰特都认为斯大林是被当时的内务部长贝利亚派人用老鼠药毒死的。证据是，斯大林卫士罗兹加切夫说，斯大林病重的当晚，曾有卫士长告知他们不用在斯大林房外站岗，但是他们不能肯定这个命令来自斯大林本人，而极有可能是凶手故将他们支开，并对斯大林下毒手，而给他们下命令的卫士长就是贝利亚的直系下属。第二天早上，卫士发现斯大林倒在了地上，而且意识已经模糊了。

另外，在对苏联秘密档案的解读后，有人发现斯大林死亡的《原始病历报告》与官方公布的斯大林的死因有很大的差距，为斯大林进行检查的医生们在报告中称斯大林在死前曾忍受胃部大出血的折磨。然而，在官方的报告中却将这一情节删除，只是说斯大林死于脑溢血。而这份报告在经过苏联和美国十几位专家的研究后，一致认为，斯大林死前的症状跟服用一种叫"华法令"的剧毒老鼠药的中毒症状一致。

2008 年，俄罗斯《共青团真理报》从一批秘密文件中找到斯大林中毒身亡的证据，并由斯大林的警卫和国家安全部门的知名将军进行了辨别，斯大林真正的死因终于浮出水面。

许多人认为，斯大林生前健康状况极其糟糕，尤其是在他生命的最后几年，这才诱使脑溢血突发，造成意外猝死。但现在找到的材料证实，这种说法根本不值一驳，斯大林长达 30 年的体检报告可以作证。

斯大林 73 岁时的体检报告："1952 年 1 月 9 日。脉搏每分钟 70 次，正常有力。

血压 140/80……"并且,这次检查时斯大林身患严重流感,当时他还发着高烧。即使再年轻健康一些的人也未必能有这种指标。

斯大林的女儿斯韦特兰娜也说:"他已经有 72 岁了,但他劲头十足,在公园散步时健步如飞,敦实的警卫们只得在后面气喘吁吁地追赶。"斯大林有这样的身体,怎么会突然脑溢血呢?再回过头来看看那些关于斯大林死前身体状况和死因的报道都是来自当时掌权的贝利亚、马林科夫和赫鲁晓夫,其中尤以贝利亚的权力最大。斯大林在住院后,贝利亚曾警告过他们不许让斯大林的病情外传,也不允许谈论,而外界得知的关于斯大林的病情基本上都不是根据斯大林的真实情况报道的。从现存的治疗记录来看,斯大林中毒而亡无可争议。检验报告出来的时间是 1953 年 3 月 5 日子夜前,这时再采取措施为时已晚。因为毒素已进入斯大林体内,不可逆转地损害了斯大林的心脏和整个血液循环系统。1953 年 3 月 5 日的第二份分析报告出来了,它就是"第 14966 号血检报告",其结果:"嗜中性白细胞 85%。(标准值 55%~68%。嗜中性白细胞数量的增加,正是毒性药物出现在机体内的主要证据。)杆状核中性白细胞-18%。(标准值 2%~5%,这也是重要中毒指标。)特别提示:在嗜中性白细胞中,有毒性颗粒。实验员维诺格拉多娃。"在正常的情况下,若出现这样的尸检报告,就可以立即断定为投毒谋杀,但是外界听到的却是完全不同的结论,很明显是有人在故意掩盖事实的真相。

对于贝利亚毒害斯大林的猜测,也不是没有道理。斯大林在苏联肃反运动中,清除了身边的大批亲信,而贝利亚的前两任内务部长都被斯大林处决了,贝利亚完全可能会出于自保而先下手为强。可是贝利亚在后来的党内斗争中失败,被赫鲁晓夫处决,也就使这种说法一直停留在猜测的程度了。

斯大林之死还有很多疑点,被怀疑的凶手也不止贝利亚一个人,相信随着更多的文件的不断解禁,总有一天斯大林的死因会大白于天下。

海明威,选择死亡的硬汉

1961 年 7 月 2 日,蜚声世界文坛的海明威用自己的猎枪结束了自己的生命。整个世界都为此震惊,人们纷纷叹息这位巨人的悲剧。美国人民更是悲悼这位美国重要作家的陨落。

海明威是一位文风简约的语言大师,在 1954 年获得了诺贝尔文学奖。海明威的自杀立刻引起了全世界的关注,对于他自杀的原因也是众说纷纭。归纳一下可以有两种观点,一种是认为他是由于患有"精神抑郁症"而自杀的,另一种认为他是因为自己的才思枯竭而自杀的。

海明威的身体状况一直都很差,这与他自己忽略对身体的保养有关系。海明威得过很多病,如皮肤病、酒精中毒、视力衰退、糖尿病、肝炎、高血压、精神疾病,等等,有的病症甚至一直伴随着他的后半生。这些病症让他的生理和心理受尽了折磨。海明威很赞同尼采关于死亡的观点,人要适时地死。海明威自己也说,人可以被毁灭,但绝不能被打败。

海明威在自己的遗嘱中说:"我所有的希望已破灭,我那意味着一切的天赋如今已抛弃我,我辉煌的历程已尽,为维护完美的自我必须消灭自己。"但是,人们并不完全相信他自己对这一行为的解释。肯尼斯·林在 2000 年出版的《海明威传》中给我们提供了一个解释海明威自杀原因的新方向。作者说,海明威在其成名后的很长一段时间里一直受到 ED 症(勃起功能性障碍)的困扰,这种疾病严重影响了他和前几任妻子的关系,也使他自己内心非常痛苦。由此造成的心理障碍可能使他对自己产生了绝望之情,进而选择自杀。那么这种猜测可不可信呢?

有一些事情可以作为海明威患病的佐证。1961 年 6 月,海明威接受抑郁症治疗,其中的治疗手段有电休克治疗法。这一方法重新唤起了海明威的性欲。他向医生说他欲火难耐,于是医生通知了海明威的妻子玛丽前来。但是事后玛丽说,那一晚"双方都没有完全满足"。据医生说,海明威曾多次要求他发誓,保证永远都不要将他患有 ED 症的事情说出去。另外,海明威的感情生活一直不稳定,先后跟几任妻子分手,或许这也可以作为一个旁证。最后,也是最重要的一点:如果海明威患有 ED 症,那么他是怎么得上这个病呢?得 ED 症主要有以下原因:神经障碍,如脊髓损伤、脊髓横断、脊髓肿瘤、颞叶病变;血运不足,动脉粥样硬化或其他血管病变均可导致血运不足;内分泌障碍,主要是糖尿病,下丘脑—垂体异常及原发性性腺功能不全;外伤,如睾丸外伤阉割、骨盆骨折、阴茎外伤等。以上这些都会造成ED 症。

海明威作为战地记者参加了第一次世界大战,并被意大利政府授予十字军功奖章、银质奖章和勇敢奖章,获得中尉军衔。但是伴随荣誉的是他身上 237 处伤痕和赶不走的恶魔般的战争记忆。1937 年至 1938 年,他以战地记者的身份奔波于西班牙内战前线。1944 年,海明威随同美军去欧洲采访,在一次飞机失事中受重伤。战争给海明威身上留下的伤有那么多,会不会伤到重要部位那我们只能猜测了。尤其是飞机失事事故中,受伤的人往往会伤到脊椎,而脊椎受伤者极易患 ED。还有,海明威不注意保护自己的身体,他患有糖尿病,而且有酗酒的毛病,这些都是可能造成 ED 症的主要原因。综合上面的这些分析,海明威患 ED 的概率还是很大的。

但即使海明威患有 ED 症,他就一定会因为这个自杀吗?

答案是肯定的。在今天看来得这个病没有什么大不了的,可以通过各种方法和手段来缓解甚至治愈,但是在海明威的所处的那个时代是不可能的。纵观海明威的一生,我们会发现,他的生活和创作都受到了 ED 的影响。他的人格首先被扭曲了,因为 ED,他觉得自己缺乏男人的尊严,于是他在自己的行为上和作品中拼命地展示硬汉的形象,以此来填补自己心灵上的创伤。他用自己偏执的行为把自己包装成了一个世人眼中的硬汉。只有他自己知道这有多么的累,他的内心是多么的痛苦。因此,如果他用"适时地死去"来维护自己的尊严,我们应该理解他的选择。

毕加索之死是否因纵欲过度所致

西班牙画家毕加索是位多产的大师,据统计,他的作品总计 37000 件,包括:油画 1885 幅,素描 7089 幅,版画 20000 幅,平版画 6121 幅。

毕加索的一生辉煌之至,他是有史以来第一个活着亲眼看到自己的作品被收藏进卢浮宫的画家。对于作品,毕加索说:"我的每一幅画中都装有我的血,这就是我的画的含义。"全世界前 10 名最高拍卖价的画作里面,毕加索的作品就占据 4 幅,让人们不得不承认毕加索是一位成功的画家。这位大画家性格古怪,他平时隐居在山上的别墅里,拒绝见客,爱搞恶作剧,不愿意跟别人交流,尤其值得一说的是他的感情生活。他可以说是一个花花公子，一生拥有的女人他自己可能都数不清，而女人对于他来说就是用来刺激自己灵感的催化剂。细数一下，公开的和毕加索有过婚姻或情人关系的女人就不下 10 位，更不用说那些只给他当了一次模特就发生关系的女人了。更让人吃惊的是毕加索很喜欢年幼的女子，其中有几个在和毕加索交往时还不满 18 岁。他还喜欢同时跟好几位女性交往。毕加索在绘画上的成就没有人会怀疑，但是他的私生活确实让人不敢恭维。

1973 年，毕加索去世，由于上面提到的原因，再加上没有详细的死亡报告。人们对他的死亡原因纷纷发挥艺术想象进行猜测。1988 年，希腊女记者阿里亚娜·斯特拉辛奥伯罗斯·赫因汤出版了《毕加索——创造和破坏者》一书。书中透露了毕加索的一些奇闻轶事，不少是涉及毕加索感情生活的。作者认为毕加索在感情生活中专横粗暴、不负责任、自私自利、诡计多端。书中说，毕加索曾在巴黎的大街上与一名 17 岁名叫玛丽特里萨沃尔特

毕加索

的姑娘相遇，毕加索垂涎她的美貌，就对她说，我是毕加索，你和我在一起会幸福的。他和自己的妻子度假时悄悄地带着玛丽，白天让玛丽当自己的模特，晚上就趁机溜出来和玛丽约会。但是玛丽最后还是逃脱不了被毕加索抛弃的命运。这种事情对于毕加索来说是家常便饭，他的纵欲之名也就这样留下了。我们可以简单罗列一下我们知道的与毕加索有亲密关系的女人，像初恋费尔南德·奥立维、有夫之妇艾娃·谷维、舞蹈演员欧嘉·科克洛瓦、年仅 17 岁的玛丽·德雷莎·华特、南斯拉夫女摄影师兼画家多拉·玛尔、女画家方斯华姿·吉洛、校刊女记者吉娜维夫、第二任妻子雅克琳·洛克。这些还不是全部，毕加索一生中只有很少的时间只拥有一个女人。在对于女人的态度上，就连毕加索的母亲都认为毕加索靠不住，说他就跟一头种马差不多。因为这些，有不少人认为，毕加索的死跟他的纵欲有很大的关系。

还有人从别的方面分析了毕加索的死因，认为毕加索是抑郁而死的。个人生活的状态对于艺术家创作的影响是不言而喻的，如果艺术家的爱情、婚姻和家庭处于比较和谐美好的阶段，便会给艺术家创造良好的创作环境，对于毕加索也是这样。从毕加索最后 10 年的作品中我们可以看出，他与最后一任妻子雅科琳结婚后焕发了青春的活力。但是在毕加索生命的最后几年，他所钟爱的雅科琳患了精神病，这使毕加索倍受打击，毕加索极有可能是承受不了打击抑郁而死。

以上这些就是人们的猜测，而且其中掺杂了个人情感。也许事情并没有那么复杂。要知道毕加索去世时已经 92 岁了。对于一个 92 岁老人的死因，也许根本没有必要去追究，之所以这个问题如此引人关注，其实是因为人们在他的作品里面感受了永远不会消退的对于生活的激情。

"甲壳虫"灵魂人物神秘死亡之谜

约翰·温斯顿·列侬，英国著名摇滚乐队"甲壳虫"的灵魂人物，摇滚史上最伟大的音乐家、诗人、社会活动家、反战者。1960 年，列侬在利物浦与几位伙伴组织了一个乐队，取名甲壳虫，1963 年，带领甲壳虫乐队开始在英国巡回演出，他们的歌曲《我爱他》《把我所有的捎给你》风靡英伦三岛，在青少年中形成"甲壳虫"热。1967 年他们推出一张融美国各种流行音乐特点的唱片《军队培波尔》，成为当时的轰动事件。1969 年甲壳虫录制了最后一张唱片《修道院之路》，1970 年宣告解散。

1980 年 12 月 8 日晚 10 点 49 分，一名叫查普曼的歌迷在纽约曼哈顿列侬的公寓大楼外将其枪杀，列侬身中 5 枪，当场身亡。而几个小时前，凶手还让列侬在最新专辑《双重梦幻》上签名。1981 年 1 月 21 日，查普曼被判 20 年监禁。

列侬的死标志着"甲壳虫"时代的结束。虽然甲壳虫乐队很早就解散了，但列侬的死立刻震惊了世界。但是没有人能弄清楚凶手为什么要杀列侬，甚至凶手自己都说不清为什么这么做。最后，这个案子只能以凶手有精神病而由草草结案。

那么查普曼为什么要杀列侬呢？关于这个问题有好几种猜测。

纽约的霍尔墁探长说，刺杀约翰·列侬的犯人患有严重的精神分裂症，并且非常喜欢列侬的日籍妻子,在后来媒体传出列侬虐妻丑闻后,出于对列侬的愤怒,他杀害了列侬。这种说法听起来比较合理,但是缺乏事实根据。

2005年是列侬遇刺的第25个年头,在列侬的纪念日上,人们播放了一段凶手马克·大卫·查普曼在狱中的访谈片段。这段采访是在1991年录制的,当时查普曼正在监狱服刑。在录像中,查普曼神态自若,对于刺杀列侬的过程也是毫无保留地都讲了出来,甚至透露说他杀列侬的灵感是来自于塞林格的著名小说《麦田守望者》,他觉得列侬就像书中的主人公霍藤一样是一个十足的伪君子。查普曼还说,杀死列侬是势在必行的事情,是谁也阻止不了的。查普曼说,列侬是个把全世界都拎在手中的成功者,他自己是个一事无成的人。当时的大脑突然不受自己控制,脑海中不断有"动手吧动手吧"这样的声音,于是就扣动了扳机,朝列侬开了5枪。这看起来也许就是事实。

另外还有人认为列侬的死没有那么简单。六七十年代风靡全球的"甲壳虫"乐队以其激进的音乐和叛逆精神在西方社会留下了深深的印迹,乐队的灵魂人物列侬更是以其强烈的反政府立场和广泛的政治参与而成为一个引起广泛争议的敏感人物。后来虽然甲壳虫乐队解散,但是列侬的政治号召力还在。因此,列侬的一举一动很有可能牵扯到政府的利益,所以列侬的死不能就那么简单的被认为是歌迷的一时冲动。

关于这个说法,主要的依据是当时英国《观察家报》曝出的列侬曾资助英国爱尔兰共和军的消息。这个消息让人们对列侬的政治身份产生了怀疑,不自觉地将列侬的死和这件事情联系起来。但一条消息还不能完全让人信服,就在人们将信将疑的时候,英国军情五处的前官员大卫·谢勒向《观察家报》声明,他曾亲眼看见过关于列侬资助北爱尔兰共和军的一些文件,而当时的爱尔兰共和军为了争取北爱尔兰的独立制造了大量的恐怖袭击。此外,列侬还向当时英国激进的极左组织工人革命党提供了46000英镑的经费。这些都有可能给列侬招来杀身之祸。

另外,列侬在美国的政治行为也可能会给他招来杀身之祸。在美国联邦调查局解密的一些文件中,我们可以看到联邦调查局对列侬的电话监听记录。这些记录中显示,列侬与著名反战人士霍夫曼及嬉皮士代表人物杰里·鲁宾等交往甚密,这些人或多或少都是政府的眼中钉,给政府制造了很多的麻烦。列侬曾在他纽约

·扑朔迷离的死亡阴影·

图文珍藏版

的寓所内召开过几次会议,并表示愿意参加一个旨在吸引尼克松的反对者的音乐会。这些事情也可能是给日后列侬招来杀身之祸的导火索。由于现在这些文件还没有完全解密,所以其中的隐情我们还是无法完全的了解。

列侬已经死去很多年,不管是因为什么原因而死那都已经不重要了,而"甲壳虫"乐队以及"甲壳虫"文化早已成为人类在 20 世纪文化领域的一个重要组成部分而被永远铭刻进历史。作为 20 世纪流行文化的商标,他们那些伟大的音乐作品,在新世纪依然散发着永恒的魔力……

山本五十六死于美军之手吗

1943 年,日本突然宣布山本五十六在乘坐飞机视察期间,意外坠机死亡,这个消息不止震动了整个日本朝野,也震惊了世界,可是,关于山本五十六的死因,媒体却没有过多的提及。

山本五十六到底是怎么死的呢?人人都想弄清楚,是谁将这个恶魔收回了地狱。直到多年以后,这个谜底才被揭开,真相大白于天下:原来,山本的座机是被美军战斗机击落的,但是,美国人怎么知道山本要视察前线,并且提前做好准备、一击毙命的呢?

1941 年 12 月 7 日,日军突袭珍珠港,美军太平洋舰队的官兵死亡人数高达3600 人,几十艘舰艇和几百架飞机被击沉。美国人极为愤怒,事后才得知,这次空袭的罪魁祸首,正是当年在美国哈佛大学学习"取经",并在后来担任驻美武官期间在美国各地"游山玩水"的日本联合舰队司令官山本五十六!这下美国人气炸了肺,不知不觉间竟然培养了一条咬人的"狼"。

对于日本采取的海上作战攻势,美国人认为山本五十六是主谋,他是日本海军"跳动的心脏"。无论是为了一报珍珠港之仇,还是对以后战事的发展,除掉山本五十六,都是势在必行的计划。

1943 年 2 月,美国在西南太平洋积极展开对日本的反攻,日军不断收缩兵力。山本五十六对此极为不满,亲自拟定代号为"一号作战"的行动计划,试图消灭美军、打退美军的攻势。

但是，"一号作战"行动的计划还没有实施，就被美军获知了，美军做好了积极的准备，就等着日军前来偷袭，趁机歼灭他们。果然，日本出动了157架零式战斗机和67架轰炸机，对美军驻扎的所罗门群岛进行轰炸，但是他们不但没有占到便宜，反而遭到美军重创，39架战机被击落。

日军飞行员害怕受到惩罚，纷纷谎报军情。山本五十六不了解内情，就为这些飞行员请功，将战绩上报东京参谋部。日本天皇特地向山本五十六发来贺电，祝贺他指挥空中作战有方，夺取了所罗门群岛的制空权，对飞行员进行奖赏。

山本五十六一时头脑发晕，不顾随行将领的反对，决定前去慰问士兵，鼓舞士气。就这样，山本五十六一只脚踏上了鬼门关。

美军情报部门在4月13日截获了一份密电，在密电被破译后，他们得知山本五十六将去所罗门群岛布干维尔岛附近一个前沿机场视察部队。密电上将山本五十六的行踪说得非常清楚，何时中转、何时到达、何时离开。所有的美军破译人员和美军将士都欢呼跳跃、欣喜欲狂，报仇的机会终于来了！

不知道是不是天意，恰好在布干维尔岛南部的瓜达尔卡纳尔岛上，美军停着18架P-38战斗机。这种飞机不同于其他的战斗机，机上配备了4挺机枪和1门20毫米炮，而且所有的武器都是安装在机头的，能够对日机展开迎头攻击。而且该机航程竟然可以达到1800公里。不知是不是巧合，1800公里正好是该岛到布干维尔岛的一半航程，那也就是意味着用这种战机执行任务进行截杀后，可以顺利返航，不用中途加油，这真的是天意！就这样，美国最高指挥部决定，由美军第339战斗机中队长米切尔少校率领18架P-38执行截杀任务。

美军参谋部经过严格的论证和分析后认为，山本五十六的座机最有可能在布干维尔岛的巴拉尔降落。参谋部经过讨论，在否定了各种方案后，选定了一个，那就是在山本五十六座机降落前76公里处截杀，击落座机，击毙山本五十六。

4月18日凌晨，美军18架P-38战斗机起飞，机上满载着用来复仇的子弹。为了很好地隐蔽自己，不被日军的防空雷达发现，P-38编队在太平洋上贴着海面飞行。

P-38编队经过两个半小时的飞行，根据仪表盘显示航程已经接近800公里，就快要接近目标了，于是飞行员们纷纷按照指示，开始测试机载武器，为进行截杀做准备。

　　没过多久,美军飞行员就发现了山本五十六的编队,日军飞机突然看到美军P-38编队,大为震惊,6架护航的日本零式战斗机迅速上前,俯冲拦截。P-38编队在米切尔少校的指挥下,分成两大部分:一部分用来对付6架零式战斗机;另外一部分就是由3架P-38战斗机组成的截杀小队,专门攻击山本五十六座机。三架战机很快击中了山本五十六的座机。

　　山本五十六的座机本身由于机身庞大、速度慢,所以不够灵活速,一击必中,很快机身就燃起大火,最后坠毁在一座海岛上。山本五十六等机上人员全部死亡,无一幸免。

　　山本五十六的死讯,让世界上很多的深受日本法西斯侵略之痛的国家和人民欢欣鼓舞。

第七章　充满谜团的文明故址

华夏文明之初

汉族的形成和发展，是以华夏为主体，融合他族，不断发展壮大起来的。在中华五千年文明的漫漫发展历程中。随着各民族经济文化上互相交流，互相渗透，形成了统一的中华民族——华夏民族。"华夏"是中华民族的称号，凡是今天在中华大地上生活的 56 个民族，都称之为"华夏民族"。作为一名中国人，常常以称自己是"华夏民族""华夏子孙"为荣。尽管我们经常这样自豪地称呼自己，但对于"华夏"的由来，却很难给出一个定论。华夏第一都到底在哪里？传说中，黄帝是中华民族的祖先。然而，真有黄帝这个人吗？据说全国共有黄帝陵 7 处，哪一个是真的黄帝陵呢，轩辕黄帝陵到底在何处？现在仍然众说纷纭，没有统一的说法。

中华民族为何叫"华夏"

关于"华夏"的由来，上古时代就流传这样一个传说。蚩尤原来是炎帝的大臣，是个很有野心的人，他想独霸天下，于是联合苗氏，想把炎帝从南方赶到涿鹿，自称南方大帝。决定胜负的一战开始了，他们大战于涿鹿的野外。大战当时，蚩尤一夫当关，手持长剑，指挥着自己的士兵冲向炎帝的阵营，炎帝部落明显处于下风。不得已，炎帝被迫一面抵抗，一面带着部队仓皇地撤离战场，并向黄帝求援。这时蚩尤已向涿鹿进军，黄帝下令重整队伍，两军开始了新一轮的对垒。黄帝心想，只要我和炎帝携手并肩、齐心协力，一定可以打败蚩尤。但他们低估了蚩尤的法力，蚩尤竟然施起了妖法，刹那间，天地间扬起一片浓雾，而且天黑得伸手不见五指，炎黄的军队什么都看不见，被打得节节败退。面对一意孤行、制造战争、祸害百姓的蚩尤，黄帝决定奋力一搏，他找到了炎帝商量作战计划，并让人利用太极推测演算，后来又派人到蚩尤的大本营探听军情，知道蚩尤马上就要反攻再次施妖法，黄帝掌握了战争的主动权。当蚩尤的部队冲上来时，便被炎黄联军团团包围。此时炎黄联军把骨头做的战鼓擂得震天响，使得联军的士气大振，士兵们个个变得更英勇了。最后终于将蚩尤的部落打得落花流水，蚩尤也被俘虏。不肯投降的蚩尤被黄帝下令斩首，而炎黄部落最后团结一致，统一了整个中原。从此以后，中原各部落都尊黄帝为共主，炎、黄等部落在黄帝的领导下融合成华夏民族，这就是"华夏"的由来。

还有另外一个关于华夏由来的传说，对此有不同的解释。相传，我国历史上第一个朝代是夏朝。大禹历时数年，成功治水，被舜选拔为继任者。之后他开启了一个清明的历史时代。所以在当时，以禹代表的夏后族在当时独领风骚，成为盛极一时的氏族部落。再加上夏后族以华山作为自己的活动中心，所以他们又被人们称为华夏族。这也是禹的儿子建立的第一个王朝叫夏的原因。

今天，对于华夏由来的争论仍然不断。一些专家学者将众多观点归纳为两类。第一种观点认为，"华夏"是民族的名称。他们认为我国古代以"夏"为族名，"华夏族定居在华山之周，夏水之旁，故而得名"，讲的就是这个意思。"夏"这个名词是由"夏水"得到的。中华民族自古以来就是融合了别的不同民族构成的一个庞大的民族。尽管她不是一个单纯的民族，但是在历史的长河中始终以一个核心民族为中心，逐渐地融合和同化别的民族，形成一种"单元性的多元化民族"，这就是今天的中华民族。在先秦时代，她被称为华族或夏族。而"华"指的是居住在华山，以玫瑰花（华）作图腾的"华族"，"夏"则指的是居住于长江中下游的"夏族"，"夏族"的祖先是夏后氏。华夏民族的称谓，由此而来。

还有一种观点，认为"华夏"根本上不是什么民族的称呼，它仅仅指的是一个地域文化概念。

尽管现阶段我们还没有完全解开华夏之名由来的谜底，但我们相信，"华夏儿女"将永远是我们每一个中国人自豪的称呼。

华夏第一都到底在哪里

中华民族有悠久的历史，从早期的人类到原始氏族社会，这片土地上有过我们祖先的身影。随着生产力水平的提高,社会不断进步,尧、舜、禹三代之后,禹的儿子启废除统治权禅让的传统,夺权成立父子相承的国家——夏。"夏"也便成为我国历史上第一个国家政权,我们今天对于夏代的了解相当贫乏,只有少数文献中的一些零星记载。由于商都殷墟的发现,对商王朝的文明状况,我们有了较清楚的了解,而此前的夏代却仍是一片空白,几乎都要让人淡忘这个曾统治华夏几个世纪之久的王朝。如果能找到夏朝的国都遗址,我们就不会对夏代如此迷茫,但作为华夏第一都的夏都到底在哪里,长期以来一直是困扰历史学家的难题。

有人说是位于山西省运城市的夏县。据称,因我国奴隶社会第一个王朝夏朝在此建都而得名,号称"华夏第一都"。其历史悠久,为中华民族的发祥地之一。相传是嫘祖养蚕、大禹建都的地方,素有"禹都"之称。不过至今还没有在夏县找到有说服力的文化遗址。

有人说应该是在今许昌西部的禹州。禹州市是中华民族发祥地之一,大禹因治水有功曾在此受封"夏伯"。禹的儿子启继位后,于钧台大宴天下诸侯,建立了中国历史上第一个奴隶制国家——夏朝,亦被称为华夏第一都。夏都是在禹州吗?目前仍不能确定。

1959 年夏,中国科学院考古研究所组织了一支考古队,开始了探寻夏都的田野考察。从传说中夏人活动的中心地区豫西开始,在拨开重重迷雾后,考古队将目光锁定在河南偃师二里头,集中对其进行考古发掘。以此为标志,中国考古学界开始进入有目的、有计划地探索夏文化的时期。

早期奴隶制夏王朝的存在无可非议,但由于文献和考古资料的缺乏,夏代的文化面貌始终无法确认。20 世纪 60 年代末,考古工作者在河南省偃师县二里头村发现了一些古文化遗址,出土陶器十分特殊,介于龙山文化与商代之间,引起了学术界的极大兴趣。二里头村,位于偃师县西南 9 千米的洛河南岸。古文化遗址包括二里头、圪当头、四角楼、寨后和辛庄 5 个村,面积 375 万平方米。1957 年发现后,1959 年开始进行发掘和研究工作,先后发掘面积达 1 万平方米。文化遗物的特征介于龙山文化晚期和商文化早期之间,尚属首次重要发现,命名其为"二里头文化"。这处遗址的最下层被确认为夏文化,出土有铜刀,为我国发现最早的青铜器。其上层为商代文化,发现有大型宫殿基址,面积达 1 万平方米。遗址中出土了大批工艺精良的铜器与玉器,应为夏商时期的都邑遗址,在考古学上占有极重要的地位,对了解和研究夏商文化的历史有很大意义。

经过几十年的研究,可以确认二里头遗址是一座早期王城。但这座都城是属于商代的还是夏代却还不清楚。2003年,考古人员又在现已发现的中国最早都城遗址"二里头遗址"中找到了两座大型宫殿建筑。其中一座,呈缺了一个角的长方形,东西长为110米左右、南北宽100米,东北部折进一角。整个庭院范围都是建造在高于地面半米的夯筑平台上。庭院四周为走廊,除西廊是外有墙、内有走廊外,其余三面中间都是墙,内外皆有走廊,说明在庭院北、东、南三面可能还会有相邻的庭院。这座宫殿的样式,后代许多建筑都有沿用。新的宫殿建筑群的发现又吸引了人们的目光,无论从其规模还是样式看,都是皇宫大院的建筑。

这两座宫殿遗址的特殊处和意义,不完全在于认定它们是王宫,更重要的是它们发现的位置。早先考察知道二里头遗址所处的社会,很可能是处于夏商两代分界的时期,其上层是商文化遗留,其下层为夏文化遗留。而这两座宫殿初步确定是处于夏文化层,那岂不是说,我们可以确定这是夏代的都城了吗?有位考古专家激动地说,"这意味着人们几乎可以从中触摸到中国第一个王朝的脉动了"。

然而事实上,二里头遗址是不是夏都并未得到公认,首先就此遗址本身的时期争论仍在继续,有人说属于夏文化晚期,有人说属于商文化早期,更为普遍的说法是"界于夏商之间"。历史学家冷静地说,"二里头遗址本身还存在着许多未解之谜,作为都城的二里头,它的内涵布局及其演变过程、它的文化面貌及其社会生活与组织结构、它的族属国别以及人地关系等诸多课题,目前还只是粗线条的把握"。

黄帝是传说中的人物吗

古书中有"三皇五帝"的说法,其中"五帝"是指东方太皞、南方炎帝、西方少昊、北方颛顼和中央黄帝。而传说中,黄帝是中华民族的祖先。然而,他究竟为什么被称为"黄帝"?现在仍然众说纷纭,没有统一的说法。

有学者认为,黄帝是神话传说中的雷电之神,后来才崛起为中央黄帝。相传他长有四张脸,能同时顾及东、西、南、北四个方向。无论什么地方发生了事情,总逃不过他的眼睛。后来,他战胜了东、西、南、北四个天帝,建立了自己的神国。

黄帝和炎帝停战言和后组成的统一的部落联盟，成为中华民族的祖先。所以，今天的中国人自称"炎黄子孙"。

也有学者认为，黄帝实有其人，他应该是原始社会末期一位部落联盟的首领。《史记·五帝本纪》记载："黄帝者，少典之子，姓公孙，名轩辕。生而神灵，弱而能言，幼而徇齐，长而敦敏，成而聪明。轩辕之时，神农氏势衰，诸侯相侵伐，暴虐百姓，而神农氏弗能征，于是，轩辕乃习用干戈，以征不享，诸侯咸来宾从。"

黄帝雕像

这些记载似乎说明历史上的黄帝实有其人，是中华民族形成与发展的创始者。因此，说他是人更有道理。那么，他又为什么被称为"黄帝"呢？

据说，黄帝在五个天帝中是管理四方的中央首领，专管土地，而中原的土地是黄色的，故名"黄帝"。学者们认为，这反映了上古时期，人们对黄土地的崇拜。古史称他为"以土德为王"。后世之人因此而崇尚黄色，把黄色演变成一种权力和尊贵的象征。历代帝王穿的"龙袍""马褂"都是黄色，就是由此引发而来的。

在中国的历史典籍和神话传说中，都有许多关于黄帝的记载，但因年代久远，许多说法都已经无法考证。然而，黄帝作为中华民族的始祖却是不容置疑的。

炎帝，黄帝战蚩尤一事是真的吗

中华民族是龙的传人，又自称炎黄子孙，这是从何而来的呢？传说上古在黄河流域有个强大的部落联盟，其首领分别为黄帝和炎帝。黄帝姓公孙，名轩辕。蚩尤也是个部落首领，长有四只眼睛，三双手，而且还是铜头铁额，吃沙石为生，不过他不像别的部落首领那样臣服于黄帝和炎帝，还兴师作乱，于是炎黄联军便与蚩尤不断地发生战争。最后一战，据《山海经》记载，蚩尤请了掌管刮风和降雨的神仙"风伯""雨师"前来助战，掀起了狂风暴雨扑向炎黄联军，同时又作大雾令炎黄联军不辨方向。这时黄帝也请来天上的女神，请女神止住风雨，做指南车以别四方，最后擒杀了蚩尤。

这段传说太神奇了,神奇得让人难以置信,所以有人说黄帝、炎帝、蚩尤是传说中的人物,不可靠,即使有,也可能只是一个部落的名称。有人说"黄帝他们原本就无其人,无其说",一句话就否定了古代史书的记载。还有人热衷于从远古神话角度把黄帝等描述成非常怪异的形象。

那么炎帝、黄帝、蚩尤等是人还是神,炎黄战蚩尤一事是真的吗?史书记载纷繁复杂,无法说清楚。如果能有考古发掘的遗址来证明才最有说服力。

1928年在山东章丘龙山镇城子崖首次发现一处遗址,据考察时间为公元前二十几世纪。而后在山东境内和河南、陕西都发现众多类似的遗存,考古学界命名为龙山文化。龙山文化,泛指黄河流域中下游地区相当于新石器时代晚期的文化遗存,也有称为金石并用时代的。其命名缘由,是从首次发现地而来的。龙山文化内涵丰富,主要分布在山东境内,年代约为公元前2500~前2000年;河南龙山文化,年代为公元前2600~前2000年;陕西龙山文化,年代为公元前2300~前2000年。其共性是以农业经济为主,石器、骨器、陶器等手工业有了一定的发展,在某些遗址发现了铜器,揭开了青铜文化的序幕。

有人说龙山文化能证明炎帝、黄帝战蚩尤一事。我们对于商代以前的社会状况,因为没有文字的记载,了解很有限,基本上依据的是后人口耳相传的言说,没有确证。所以首先要看按人类社会的发展规律,说明传说中炎帝、黄帝所处的历史时期,是否有可能发生这样的事件。根据人类学、历史学的研究结论,人们在原始社会早期,不可能发生战争。人类社会的发展过程,首先由猿变成人,经过漫长的年代学会制造和使用工具,且这方面能力不断提高,人们的生活从而得到改善,不用过茹毛饮血、食不果腹的日子,于是人口迅速增加,社会组织发展起来,最早产生的形式是动物式的群落,而后变为有血缘关系的部落。发生战争的前提是有大量剩余产品的出现,于是氏族首领就可能利用特权占有多余的产品,产生贫富分化。不同的氏族、不同的部落间也可以通过战争掠夺其他部落的剩余产品,而且战俘在初期是全部杀掉,后来认识到可以强迫战俘劳动,这就是最早的奴隶起源。

龙山文化能否证明那个时期我们的祖先可能爆发过大规模战争呢?据学者研究,龙山文化之前还是母系氏族社会的仰韶文化,那炎帝、黄帝所处的龙山文化时期是以女性为主导的母系氏族,还是以男性为主导的父系氏族社会呢?

　　这个问题关系到炎帝、黄帝战蚩尤的可能性。在农业没有发明以前,人们是依靠狩猎和采集来维持生活的,那时候,男子负担猎取禽兽,捕捉鱼类;妇女负担采集野生植物的果实和块根。后来,在长期的采集活动的实践中,妇女们逐渐掌握了种植野生植物的技术。这样,就发展了初步的农业生产,仍旧由妇女来经营。那个时期,妇女在生产上和社会生活上居于支配的地位。因此,那个时期的氏族公社称为母系氏族公社。经过世世代代的劳动,农业和饲养家畜逐渐发展了,代替了狩猎活动和采集活动。社会的生产力发展到这个阶段,繁重的农业劳动和饲养家畜的劳动,逐渐由男子来负担,男子在社会生产上起着比妇女更大的作用,最后完全代替妇女成为社会生产的主要力量。在社会生活中,男子也逐渐居于支配地位。这样,氏族公社内部发生了深刻的变化——从母系氏族公社过渡到父系氏族公社了。

　　农业和饲养家畜的发展,把原始社会从母系氏族公社推进到父系氏族公社阶段。龙山文化是父系氏族公社时期的一种文化,就是根据这种情况来判断的。只有到了父系氏族阶段,生产发展,出现贫富分化,原始社会的平等被打破,大规模战争才可能发生。考古发掘的事实证明,黄帝所处的龙山文化时期,确实是原始社会开始瓦解、奴隶社会渐渐形成的父系氏族时期,发生部落间的战争是完全有可能的。

　　依据这种解释,黄帝、炎帝是上古的部落首领,为掠夺财富,扩大势力范围,与以蚩尤为首的另一部落发生了冲突,于是灭了蚩尤。史书还记载,黄帝当时对不服从他的部落都实行征伐。后来,因为利益争夺,黄帝与其同族兄弟炎帝也发生了一场大战,最后以炎帝失败而告终。

　　这种说法比较有道理,至少说明这个传说有一定的可信性。不过,炎帝、黄帝战蚩尤具体如何,黄帝、蚩尤是什么样的人仍然没有得到明确的解答,依然是个令人迷惑的传说。

轩辕黄帝陵在何处

　　司马迁所著《史记》关于黄帝的记载:"生而神灵,弱而能言,幼而徇齐,长而敦敏,成而聪明。"15岁就被群民拥戴当上部落领袖,37岁成为中原部落联盟的首领。

轩辕黄帝一生历经 52 战，降服炎帝，诛杀蚩尤，结束了远古战争。由于轩辕黄帝为中华民族创造了丰富灿烂的文化，后世都尊称轩辕黄帝为"文明之祖""人文初祖"。黄帝死后，人们选择了"桥山之巅"，将他深深埋进黄土里，希望"黄帝灵魂升天，精神永远常在"。这就是今天海内外中华儿女拜谒的中华第一陵——黄帝陵。

不管黄帝众多传说的真伪，但黄帝陵却自古以来就有，黄帝陵在哪里呢？

第一种说法是黄帝陵位于陕西北部今黄陵县境内的桥山之巅。据《史记·五帝本纪》载："黄帝崩，葬桥山。"自秦统一六国后，历朝历代每岁祭奠黄帝陵持续不断，因此黄陵县境内的黄帝陵已经有很多各代遗迹。陵冢在桥山之巅。桥山有沮水环绕，群山环抱，古柏参天，有大路可通山顶直至陵前。山顶立一石碑，名为下马石，上有"文武百官到此下马"字样。古代凡祭陵者，均须在此下马，步行至陵前，陵前有一祭亭，亭中立一高大石碑，上有郭沫若题"黄帝陵"三个大字。祭亭后面又有一块石碑，上书"桥山龙驭"四字。黄帝陵冢在山顶平台的中央，陵冢高 3.6米，周长 48 米。四周古柏成林，幽静深邃。历代政府对保护黄帝陵古柏都很重视，宋、元、明、清都有保护黄帝陵的指示或通令。据《黄陵县志》记载，桥山柏林约 4 平方千米，共 613 万余株。历朝历代政府为了表示尊祖，宣扬礼制，都会去祭祀黄帝，又因为此处陕西黄帝陵最早有秦始皇祭奠过，于是后来者都到此祭祀。不过很多人并不认同这就是黄帝陵所在地。

第二种说法是黄帝陵应在今河北省涿鹿县的桥山。

根据《魏土记》的记载："下洛城东南四十里有桥山，山下有温泉，泉上有祭堂。雕檐华字被于浦上。"（《水经注》）《史记·五帝本纪》载，"黄帝与蚩尤战于涿鹿之野"；北魏著名地理学家郦道元所著《水经注·谨水篇》载，"黄帝与蚩尤战于涿鹿之野，留其民于涿鹿之阿"，也记载有此处为"桥山"的介绍。涿鹿县的桥山，在今河北省涿鹿城东南 20 千米，它以山顶上天然形成的一座拱石桥而得名，海拔 981米。在桥山附近的一道山梁上，还有一个巨大的四方石桌，传说是祭祀黄帝时在此摆设祭品的。石桌右侧有一峭壁，壁面平整，像一块巨大的石碑，上面布满与象形文字一样的图案。传说这是古人刻石记事而留下的遗迹，我国古代有许多帝王都到桥山举行祭祀活动。

第三种说法是黄帝陵在北京平谷区。明《顺天府志》卷一上记载："（北京）平谷区东北十五里,传为轩辕黄帝陵,有轩辕庙。"黄帝当时曾在北京附近河北涿鹿一带建都,死后又葬在这里。唐代陈子昂的诗说:"北登蓟丘望,求古轩辕台。应龙已不见,牧马空黄埃……"李白亦有"燕山雪花大如席,片片吹落轩辕台"的诗句。南宋爱国丞相文天祥诗曰:"我瞻涿鹿郡,古来战蚩尤,轩辕此立极,玉帛朝诸侯。"北京市文物研究所与平谷区文化文物局组织中国社科院、历史博物馆、北京历史研究所等单位的专家学者,到平谷区山东庄村实地考察这个村西的轩辕陵,并确认这座轩辕陵即是中华民族始祖黄帝之陵,不过认为这个陵和陕西桥山的黄帝陵一样,是黄帝的衣冠冢。

据说全国共有黄帝陵 7 处,甘肃、河南、山东、河北等地都有黄帝陵,哪一个是真的黄帝陵呢,轩辕黄帝陵到底在何处? 这同黄帝的其他传说一样还没有答案。

殷人东渡疑案

在中美洲奥尔梅克遗址拉文塔太阳神庙祭祀中心的地下发掘出了铭刻着中国古代殷商朝代的文字的玉圭,玉圭上刻写的内容正是殷人远祖、高祖、始祖、先公先王的名号和谱系。

这一重大的发现给人类带来了巨大的震惊和疑问,为什么美洲土著会祭祀殷人祖先呢?

美洲惊现殷人"足迹"

近年来,在中美洲尤卡坦半岛地区,考古学家通过考古发掘,发现了奥尔梅克文明和玛雅文明的多处遗存。他们在奥尔梅克遗址拉文塔太阳神庙祭祀中心地下发掘出十六尊高七八尺的翡翠、蛇纹岩长形或方形高冠雕像和六块玉圭。令人惊讶的是,在这六块玉圭上,竟然铭刻着的是中国古代殷商朝代的文字。经有关学者解读,这六块玉圭上刻写的内容正是殷人远祖、高祖、始祖、先公先王的名号和谱系。这一重大的发现给人类带来了巨大的震惊和疑问,为什么美洲土著会祭祀殷人祖先呢? 在那个遥远的年代到底发生了怎样的事情呢?

由此,人们通过研究认为,很可能是殷人东渡到了美洲。

关于殷人东渡美洲这一重大历史疑案,早在两百多年前就已经被人们论及,随着时间的推移,人们对这一谜团的兴趣只增不减,提出了种种设想和猜测。有意思的是,最早提出殷人东渡美洲设想的,不是中国人,而是在1761年,一位法国汉学家德·歧尼提出的,在他的一份研究报告《中国人沿美洲海岸航行及居住于亚洲东部的几个民族的研究》中最早提出了这种设想。

后来相继有人对殷人东渡提出了设想。

在外国,19世纪,英国翻译家梅德赫斯特指出周武王伐商纣王时可能发生殷人渡海逃亡,途中遇到暴风,被吹到美洲。1907年,日本学者白鸟库吉在日文《地学杂志》上发表的一篇叫作《关于扶桑国》的文章中就提到了一个有关殷人东渡美洲的论述。

1967年,美国学者迈克尔·芄在一篇发表的论文《圣洛伦佐与奥尔梅克文明》中指出拉文塔的奥尔梅克文明有很强烈的殷商影响。

1968年,迈克尔·芄出版的《美洲的第一个文明》中提出拉文塔出土的奥尔梅克文明在历史上出现的时间,接近中国古代文献中记载的大风暴发生时间,由此可见,奥尔梅克文明可能来自殷商。

近年,美国俄克拉何马中央州立大学教授许辉的《奥尔梅克文明的起源》和中国学者王大有等的《图说美洲图腾》进一步阐明殷人东渡美洲论的根据。

两百多年前,由西方学者提出并一直争执不已,而中国学者亦于19世纪末和20世纪初加入讨论的"中国人首先到达美洲"这一现象,引起了学界的广泛关注和极大兴趣。"殷人东渡美洲"之说,就是在这一背景之中被提出的。

在中国,最早涉及这一题目的是1900年左右章太炎先生撰文提出法显发现美洲之说。他认为《佛国记》所载东晋高僧法显去西域取经,由海路归国时遭遇飓风,漂航所至的耶婆提国,即是南美洲所在。后来,中国又相继有魏声、陈汉章、朱谦之等人的文章介入这一问题。国学大师王国维和他的老师罗振玉也判断殷人有可能东迁,他们二位都是研究殷商甲骨文的开先河者。此后还有郭沫若和董作宾也相信殷人东渡。偏巧这两位也都在研究殷商甲骨文上很有建树。

殷商是中国的青铜时代,墨西哥也出土青铜人头像,相貌和华夏人相似。奥尔梅克发现的那六块玉圭刻着和甲骨文类似的图形,王大有、许辉还根据甲骨文将一些奥尔梅克图形解读。而且,奥尔梅克人跟华夏人一样喜爱玉器,奥尔梅克人的玉器上的虎头图案和商代玉器上的虎头图案惊人的相像。这些发现和相似之处,为殷商东渡美洲做出了进一步的论证。

有了殷人东渡美洲这一历史推断,于是人们又大胆推断出美洲大陆首个文明——奥尔梅克文明可能来源于中国殷商文明,甲骨文因此传到墨西哥。那么,我们也就可以理解美洲土著祭祀殷人祖先的原因了。

这个考古学上的重大发现——对奥尔梅克殷人祭祖玉圭文书的破译。不仅让现在的人类确凿无疑地证实了美洲文明源于中华文明的东迁,而且也为我们带来了一个个谜团:在那样交通不发达的时代,殷人究竟是怎样来到遥远海洋之外的美洲的呢?

神秘消失的殷军

为了揭开殷人东渡美洲之谜,现在让我们回到"武王伐纣"的时代。

武王伐纣是我国历史上的一件具有划时代意义的大事,它是商衰周兴的转折点。

据考证,殷帝辛三十二年初春,周武王率军渡孟津,殷帝辛仓皇发奴隶兵七十万迎战于牧野。奴隶兵倒戈,纣王兵败,鹿台自焚。其时,殷帝辛的精锐部队因征林方而留在东夷,所以,朝歌空虚而被武王所破。

商殷灭国之后,留驻东夷的十多万精兵由能征善战的将军攸侯喜统领,却从此杳然无踪。史无所载,成为千古之谜。

根据甲骨文辞学者的研究,一般认为,攸在淮宁县。据赵诚《甲骨文简明词典卜辞分类读本》说,攸在今安徽宿县附近,是前往淮阴的重要通道。从卜辞看,商王曾携同攸侯征人方,并长期在此停留,既可见攸在当时已是一个不小的重要城邑,又可见攸国是与商王友好的方国。

甲骨文

攸,从人从父,字形所示为人方——大父国,手执权杖。攸侯在殷帝辛约三十三年中屡有出现,殷帝辛宠信的人杰主将,也是一个国君诸侯。在殷帝辛每次田猎巡狩后,几乎都有攸侯喜的名字刻在甲骨上,征林方、人方时,尤其多。

再看看各种史书中的记载。《史记·周本纪》载:"周武王于十一年十二月戊午,率师盟孟津,于周历二月殷历正月子黎明陈师牧野,攻入朝歌,商亡。"唐朝司马贞《索隐》中说《史记》记载武王伐纣早了两年,应为"十三年克纣"。彭邦炯著《商史探微》收集商灭亡的时间还有:《书·牧誓》记载为"时甲子昧爽";《利簋》铭文证明所记不误。《国语·周语》说:"昔武王伐殷,岁在鹑火。"据此,各家多有推算,然而时间不一。

对此,甲骨文大师董作宾也提出了相关考证,他作的"殷帝辛日谱"对攸侯喜抚征东夷林方、人方、虎方、粤方,迁殷民十五万与林方、人方等同化,周武王灭商之际,二十五万殷军、军属及和平居民连同涕竹全部失踪,虽无从查起,但东方之东也在东方,可推测殷人东渡应当在美洲,正是东渡的殷人才发展出了奥尔梅克文明。也由于恰在殷商灭国之际,攸侯喜率领的殷军失踪之时,在中美洲尤卡坦半岛突然兴起了带有强烈商殷文化色彩的奥尔梅克文明。

于是,学者们自然联想到:殷人是否东迁到美洲?

首先,殷人东渡的必要性极为可信。大家知道,殷商还处于奴隶制时代,战败的俘虏、亡国的臣民,都要被战胜国当作任人宰割的奴隶。所以中国人后世一直有"亡国奴"之称谓。事实上,后来殷商遗民境遇确乎不妙,大都失去领地、失去贵族身份,被逼为求生计而脱离土地,做些货物贩运的小本生意,以致被鄙称为"商人"。因此,一部分临海的殷商军民为避免灭国为奴的命运,始而东渡。

其次,殷商之际,军队尚以氏族部落的建制形式为主,而氏族部落则惯于迁徙。《史记·殷本纪》所载,殷族"自契至汤八迁",便可说明问题。

第三,查考追溯殷商氏族的形成、发展,可以知道,殷人东渡是合理的。殷人在灭国之际,必须东渡,只有东渡才有生路,而不是逃往其他方向。

美洲土著是否就是殷人后裔

有人大胆推测,如果殷人来到了美洲,那么美洲土著很可能就是殷人的后裔。这个像天方夜谭一样的说法到底是不是真实历史?至今仍然存在着很大争议。认为这种学说有成立可能性的原因是：

一、从人种学来讲，印第安人是美洲的土著，印第安人是黄皮肤黑头发，属于亚洲人种，他们很有可能来自亚洲。在10万到1万年前的冰河时代，北美大陆和亚洲大陆相连，中国大陆的人通过东北——远东——白令海峡——阿拉斯加，来到美洲。中国古代的《山海经》对美洲山脉有比较明确详细的描述。因此中国人很早就知道美洲了，也许那时候就有人移民到美洲。

二、先秦时期，殷商灭国后，殷商的国民被当作奴隶对待，这就提供了向外出逃的"动机"。

三、诗经的《商颂》记载："相土烈烈，海外有截。"按照郭沫若的解释，相土是商代第十一代王，开拓疆土到了渤海，与海外发生了联系。这证明当时的航运水平已经有了很大提高。而在商代一个王妃"妇好"的墓里就发现了7000枚贝壳。

四、洋流为殷商人跨越大洋东渡提供了极大的可能性。高凯说，北太平洋及附近海域存在着一个巨大的、呈顺时针流动的大环流。该洋流自太平洋北赤道附近产生，经吕宋岛北部、台湾东部进入台湾海峡，在舟山群岛交汇，到对马东海，在日本九州南部，有一支分流北上，形成对马流，该海流经对马海峡进入日本海，又经津轻海峡回到太平洋上。这个北上的大暖流也被称为"黑潮"。

这股暖流，冬天20℃，夏天27℃，比流过的其他流域的水温高6℃~7℃，冷暖流交汇，能带来丰富的渔业资源，为远航提供了食物保障。北太平洋环流规模巨大，平均宽度150公里，海水流速在每小时3~10公里之间，这对于顺流航行的船舶十分有利。殷商人的船只沿洋流到达北纬35°~42°之间时，进入西风带，即便不扬帆，也能顺势快速行至北美大陆西海岸。

所以商纣灭亡后，对于早已掌握航海技术、即将成为奴隶的商代亡国者来说，完全有可能利用北太平洋大环流的优势，辗转到达美洲大陆、建立新的海外聚居地。"如果殷商人东渡北美的学说成立，出土文物和人种的相似等问题就容易解释了。"

当然，也有不少疑团仍然存在：

一、基因分析并不可靠。如果美洲土著来自中原系殷商后裔，为什么二者的外貌差别很大呢？有学者研究，这是因为人种的适应性。假定印第安人真的来自中原,那他们的相貌特征会随着地区的改变而发生变化。

二、墨西哥出土文字并非甲骨文。有学者认为古代美洲文明是土生土长的印第安人长期辛勤劳动的独立创造物,绝不可能是外来物。在古代美洲文明中,的确可以找到与亚洲文明有某些相似和巧合的东西,但有更多不同的东西,这些不同带有本质性,是旧大陆文明所根本没有的。美国考古学家在墨西哥奥尔梅克遗址的祭祀中心发现的这六块玉圭上刻有的文字,与殷墟甲骨文存在着差异性。除了一些笔画简单的字,大都无法与甲骨文直接对应,有些甚至不像。

从表面上看,似乎这种年代的接近再加上文字的相似很能支持"殷人东渡",但是问题恰恰在这里——是什么原因使得殷人的文字在短短的几十年间发生了如此巨大的变化甚至是倒退呢?玉圭是祖宗牌位,绝对不能乱写乱画。另外殷人非常迷信,其中也肯定有一些为贵族服务的"贞人"。这些知识分子、贞人的文化水平较高,他们会把殷商文字传授下去。而且,盘庚迁殷后的两百多年中,从殷墟卜辞看,并无祭祀炎帝、蚩尤、少昊等的记载,何以殷人到了美洲后却想起要祭祀这些"祖先"呢?

文明的起源可能不是一元的,很可能是多元的。美洲土著到底是不是殷人后裔,还需要我们做深入细致的研究。

巴蜀文字突然消逝之谜

巴蜀文字在 20 世纪 30 年代以前并不为世人所知,直到在四川境内出土了巴蜀铜器,人们发现铸刻在战国时期的巴蜀青铜器上的一些符号和图像,并不是起装饰作用的,而是有着原始图像表意文字的一些外部特征,可能是用来记录古代巴蜀事物的,这才引起学者的重视和研究。

目前,已知的铸刻有巴蜀文字的青铜器,有以下几类。

(1)船棺葬中的随葬品,如铜戈、矛、铤、印玺以及成都郊区出土的铜戈、矛、铤。

(2)錞于,古代用于战争的乐器。

(3)编钟,其口形近于正圆,渐与汉钟同。

在这些器物中,巴蜀文字较多出现的錞于上最多只有 11 个字,其他器物上铭刻的文字也就有寥寥几个字。

根据这么少的文字来研究和破译巴蜀文字的原始意义,显然非常困难。专家们经过半个世纪的潜心研究证实,这的确是一种古老的文字,而不是图画。它不但有独特的象形文字,如鱼、鸟、虎、豹、人头等;还有合体字,即把两个象形文字组合成一个字,如手形、花蒂等。破译这种文字对巴蜀历史的研究有着极其重要的意义。

据史料记载,巴和蜀是我国先秦时期位于西南地区的两个重要部族,公元前316年前后均被秦国所灭。巴蜀文字从比便与世隔绝,也从未见于古籍。因此,它的突然出现,难免会引起学术界的质疑。

巴蜀文字最早是在20世纪20年代被发现的,随着巴蜀青铜器在四川出土,它们才得以重见天日。在成都白马寺附近,有工人在烧瓦取土时,曾挖掘出近千件巴蜀青铜器,因为不知道它们的来历,这批文物或散失于民间,或被私人收藏,或流失到国外。后来,四川省万县出土的一件錞于,被学者方叔轩见到,这才使得国内学术界对巴蜀文化重视起来。

1937年,学者赵世忠发表了《记錞于》,第一次把錞于以及巴蜀文字推向了世界。在这篇文章中,他不但介绍了四川省万县出土的錞于的外貌特征,形似中原铜器,龟纽,沿盖缘的四周有十个图案花纹等,还用直观认定的方法,辨识这十个图案花纹,认为其中形象较为鲜明的是虎、鸟、人头、手等等,并称此錞于"凡十有一文,皆款焉"。初步认定这些图案花纹是一种文字,即提出了巴蜀文字一说。

1942年,卫聚贤也发表了《巴蜀文化》一文,文中肯定了赵也忠的观点,认为巴蜀青铜器上的这些图像符号是古代巴蜀文字,其尚处于以图像表意的原始阶段,并根据这批青铜器出土于四川省,并且,其上面的图案花纹如心和手等,不同于中原古青铜器,进而提出了巴蜀文化的概念。

由于供研究用的巴蜀青铜器是从商人手里获得的,而不是考古工作者亲自发掘的,对其出土时间、地点、经过都没有资料记载,因此有学者对其真实性产生了怀疑,甚至认为这是商人为牟取暴利而伪造出来的。也有人认为可能是中原青铜器仿制品。也正因为此,学术界对巴蜀地区的历史研究进展缓慢,对"巴蜀文化"的概念也没引起足够的重视,从而使有关巴蜀青铜器的来历以及它所代表的文化,都成了不解之谜。

数十年来,随着四川考古工作的发展,越来越多的巴蜀青铜器出土。有的青铜器纹饰与成都白马寺或万县錞于相同,最为典型的是手心纹。它证实了古代巴蜀文化的存在,并作为先秦时代的一种地方民族文化,引起学术界的高度重视,也确立了它的研究地位。

战国以前记载蜀的书籍只有《尚书·牧誓》。秦灭蜀以前,蜀的历史保存于《华阳国志·蜀志》及《蜀王本纪》中。蜀灭后,其历史只由蜀人代代口传了。在《蜀王本纪》中记载:"蜀左言,无文字。"《世本》又说"蜀无姓",说明蜀的语言文字、社会组织与中原地区是截然不同的。巴的历史,在春秋战国时代的记载中是一片空白。先秦古籍中,对古代巴蜀的记载也是只有只言片语,这其中还有很多传说和神话。因此,想要得到系统且尽量还原真实的巴蜀史迹,巴蜀文字是不可多得的第一手材料。虽然学者们对这一文字给予了极高的评价,巴蜀文字的研究学者也是趋之若鹜,但是到目前为止,对于巴蜀文化的研究依然没有多大进展。

这其中的原因也在于目前学者们对巴蜀文字的研究,还多局限于文字学范围。著名学者徐中舒在《论巴蜀文化》一书中,采用比较学的研究方法,将巴蜀文字和纳西文字进行对比,来辨析其中部分象形文字的形象,认为巴蜀文字是一种原始的象形文字,这种文字虽然于绘画在表达方式上还没有显著的区别,但就语言关系而言,已经出现了会意字,并且与纳西文有着一定的亲属关系。纳西文字只是在巴蜀文字的基础上发展起来,在文字构成体例上和汉字有着一定的共同基础,可能同出一脉。也有学者认为,巴蜀文字中的一些不易看出来的象形符号可能具有某种表音作用,用于记录语言。也正是由于没有任何有关巴蜀文字的文献资料可供参考,这种局限于传统文字学的研究,决定了人们对巴蜀文字的认识还只处于初级阶段,难以有所突破。

正鉴于此,学术界也开始走出这种狭小的文字学范畴,从新的角度和更广阔的领域,重新审视巴蜀文字的性质、作用及含义。于是,有学者提出了"巴蜀符号"这一新概念,用来代替"巴蜀文字"的概念。

而在此基础上,如何定义这种符号,便出现了分歧。有人认为,巴蜀文字并不是文字,而是文字产生以前的一种记事符号。也有人认为,虽然记事符号不是文字,但是与文字一样,具有记事、交流的社会功能,与文字一样都是传递信息的手段,因此不存在什么本质的区别。

还有一部分学者认为,巴蜀文字是古代巴蜀人的族徽、图腾标志以及巫术符号。持不同看法的人则认为,这种观点虽然赋予了巴蜀文字以原始宗教的意义,体现了其社会功能,但是并没有揭示其本质属性。

又由于目前发现的近两百个巴蜀文字中,除了一部分形象鲜明的图画可以用直观方法认定或用比较研究法作辨析外,还有一部分外表抽象或很难看出形象的符号,特别是有十几个重要的符号不能破译,导致始终无法通释巴蜀文字的含义、性质及作用。

最近,有学者指出,巴蜀文字体现的思想内容应该是一种图腾艺术和宗教绘画,用来体现古代巴蜀人的原始宗教信仰和原始自然崇拜等。古代巴蜀人把他们崇尚的自然物质的图形镌刻在器物上,用来驱邪护身或祈神保佑,或者在示意一种崇拜物。在表现形式上,模拟写实方面和初期原始记事的文字相同。但是,有些符号的形象已经具备了一定的艺术欣赏价值。对已经发现的巴蜀文字进行考证,大家可以发现它们尽管处于不同地点,镌刻在不同器物上,但风格、形式都十分相似,这说明它们有既定的程式,这也正符合宗教、艺术的特点。

巴蜀文字究竟是文字,还是符号;是图腾标记、巫术符号,还是一种原始宗教绘画艺术……至今仍是迷雾一团。

夜郎古国之谜

夜郎国为大家所熟悉,多是因为"夜郎自大"这句成语。战国时期有记载说,楚顷襄王(公元前 298 年~公元前 262 年)派军讨伐夜郎国,并迫使其投降了。这时,人们才知道西南地区有夜郎国,其存在至少从战国后期延续到西汉末年,大约能有三四百年的历史。

公元前 122 年,西汉使者到滇国(今云南省),滇王问汉使:"汉孰与我大?"后来使者又到夜郎国时,夜郎国王再次问了同样的话,这个故事就是成语"夜郎自大"的来源。不过据司马迁在《史记·西南夷传》中说:"西南夷君长以十数,夜郎最大"，"所得精兵十余万"。这是司马迁奉命西征时，亲身所见所闻。由此可见，夜郎君主如此自大倒真是有点理由的，毕竟夜郎国在西南诸国中的确是个大国。

那么夜郎古国究竟有多大，它的疆域范围、郡都所在、民族所属以及社会性质等问题都是史学家们一直争论不休的问题。

由于夜郎古国距今已有两千多年了，对于这个西南一隅的小国，史书上着墨不多，因此夜郎古国的历史至今无法考证，甚至有些史学家还怀疑这样一个古国是否真实存在过。

但是，无论在《史记》《汉书》《后汉书》《水经注》《华阳国志》等史籍中的记载，还是明清以来至今的众多学者们的努力考证，夜郎国的存在已经是板上钉钉的事了。尤其在云南晋宁石寨山六号墓附近发掘出《史记》和《汉书》中都提到了"西南夷君长以百数，独夜郎、滇受王印"，更为证明夜郎国的存在提供了直接证据。

对于夜郎国的疆域范围，清代张澍在《续黔书》中写道："今石阡、思南为夷州之夜郎也；进黎平、镇远为龙标之夜郎也；进桐梓、正安为珍州之夜郎也；若秦汉时之夜郎，西距邓雀，东接交趾，地凡数千里。今人徒知遵义之为夜郎，亦不知夜郎之大矣。"张澍认为唐朝在夷州、龙标、珍州都曾设立过夜郎县，这就说明从汉朝至唐朝的五六百年的时间里，这些地方都曾生活过大量的夜郎国遗民，他也因此将这些地区确定为夜郎国曾经的疆域范围。根据南朝范晔《后汉书·南蛮西南夷列传》记载："西南夷者，在蜀郡外有夜郎国，东接交趾，西有滇国，北有邛都国。"同时，根据《云南通志·夜郎考》的考证，可以划出夜郎国的大致范围，其疆域地跨现在的贵州（除去东北部）、云南东部、广西西北部及四川南部边缘地区。

而夜郎国的中心区域又在哪里呢？根据《史记》记载："夜郎者，临牂牁江。"由此，可以判断其中心区域应该在今贵州以南或黔滇贵交界地区。它的郡望所在地，一种观点认为应该临羊可江，今黔西南布依族苗族自治州及六盘水市，其东南境到贞丰、册亨、望漠一带。并根据《安顺府志》及《威宁县志·夜郎县考》中对在西汉成帝河平中时，羊可太守陈立在且同亭斩"夜郎王"的记述，推断且同亭大概在今贞丰、望漠一带，应该是"夜郎国"的经济、军事中心，甚至认为："与北盘汇会于贞丰之者香，即夜郎国都也。"

另有一种观点认为夜郎国的郡望在"今安顺府地即汉夜郎县"。（郑珍《牂牁十六县问答》,载《遵义府志》)赞同这一观点的学者较多,但是分歧也不小,有人说是在安顺北,也有人说是在安顺东南广顺,还有人说在安顺、镇宁、六枝等地。

此外,对夜郎国郡望的地址还有"三合说""水城郎岱说"等,众说不一,各执一词。近几十年,随着考古工作者的不懈努力,在贵州安顺、清镇、平坝、兴义等十多个县内,发现了不少汉代遗址和汉墓,尤其在安顺县东南宁谷乡社百余座汉墓的发掘,更进一步印证了"夜郎国"的中心区域在贵州西部偏南地区的文献记载。

揭开夜郎古国神秘面纱的另一条途径,则是了解夜郎人的族属。不少史学家认为,夜郎人曾为百越民族的一支,远古时期的越人、濮人、僚人是今天在这一带聚居的壮、侗、布依、彝、水等少数民族的先祖。夜郎国虽然是个多民族国家,但其主体民族应为布依族。

根据晋代常璩《华阳国志·南中志》以及《水经注》《后汉书》等记载:"有竹王者兴于遁水,有一女子浣于水溪,有三节大竹流入女子足间,推之不肯去。闻有儿声,取持归,破之,得以男儿。长养有才武,遂雄长夷狄,以竹为氏。指所破竹于野,成竹林,今竹王祠竹林是也。"同书又说:"夜郎县郡治,有遁水通郁竹,有竹王三郎祠,甚有灵响也。"据考证,遁水就是现在布依族聚居的北盘江地区,直到今天北盘江两岸的竹林仍旧郁郁葱葱,而竹子是当地人民生活的重要组成部分。至今在这里生活的布依、壮、侗语系的一些民族中还流传着"竹生竹王",竹子能孕育"神兵神马"的传说,并将竹作为民族的图腾和部族的标志和象征,这足以说明他们有着共同的祖先。同时,也说明夜郎国的中心区域在北盘江地区。

也有一部分学者根据这一地区少数民族的语言习惯、说话构词的语法特征,来分析、考证夜郎族属,并以其组属推断其郡望所在和疆域范围。在对当地少数民族语言发音及语言构词特征进行考证后,不少学者认为当地的布依、壮、侗语系来源自共同的古越族语言,其共同先祖应为古越族人。

还有学者根据夜郎王被汉将陈立斩首后,夜郎人要求汉王给夜郎王立后这件事,并通过《华阳国志》(说是"夷濮族")、《后汉书》(说是夷僚族)的记载分析考证,认为古夜郎人的族属和今天的布依族有着密切的联系。同时,学者们通过对水西彝文巨著《恩布散额》《水西制度》《洪水泛滥史》等大量古彝文典籍和壮侗语系等少数民族古歌及传说的翻译研究,对古代夜郎国的民族迁徙状况有了进一步的了解,古夜郎人的族属也逐渐清晰起来了其郡望和疆域的研究也得到了进一步的验证。

总之,夜郎古国的各种谜团正在随着学者们对史籍的深入研究和这一地区的考古发现,在逐步解开。也许不远的一天,大家终会探清夜郎古国的全貌。

阿房宫疑案

阿房宫,这座中国史书上最早最美最宏伟的皇家宫殿,消逝在了秦朝末年的战火中。这座宫殿曾经被很多文人口诛笔伐,认为它是秦亡的祸根。而它却给后人留下了无尽的美丽与辉煌,也留下了许多谜团。

昙花一现的阿房宫

"六王毕,四海一;蜀山兀,阿房出。覆压三百余里,隔离天日","五步一楼,十步一阁",我们今天所了解的阿房宫,几乎完全来自杜牧的这首《阿房宫赋》。阿房宫,这座在秦朝末年的战火中消逝的中国最早的皇家园林,留给了后人无尽的猜想,也留下了许多谜团。

公元前 221 年,秦王嬴政建立起庞大的秦帝国,随后他以举国之力开始了三项巨大的建筑工程:长城、始皇陵与阿房宫。两千多年后,人们仍然感叹于秦长城的雄伟和始皇陵的肃杀,然而阿房宫却因为战火而离开了人们的视野。如此规模庞大的阿房宫竟然没有留下太多记载,于是,在历代建筑师的眼中,阿房宫的设计图成了一个永远向往而不能触及的秘密。

由于残存资料的稀缺,后代的工匠只能通过历史记载中的只言片语找寻战国时期建筑的种种特点,通过旁证的方法尽量复原阿房宫的旧貌。当时的阿房宫建筑主要是台榭式的高台建筑。只是到底是几层台,台上边的建筑群怎么布置的,有多少座,具体位置在哪儿,每一座有多大,都不清楚。

根据杜牧的《阿房宫赋》,有一位清朝画家画了一幅《阿房宫图》。虽然画的是秦代的阿房宫,可是看上去那些图画里的亭台楼阁却更像是当时圆明园和其他清代皇家园林里的建筑。亭台院落表现得高低错落,宫殿的样子几乎全是清朝皇家园林建筑的样子,让后人很难断定这就是传说中的阿房宫。

阿房宫到底是宫殿还是宫苑？2002 年,中国社会科学院考古研究所的考古人员进驻陕西,开始了为期五年的阿房宫考古。

经过考古发现:阿房宫其实是坐落在战国秦上林苑内的一座大型宫殿,而这里也是汉代上林苑故地。对此《史记·秦始皇本纪》曾有明确记载,"(秦始皇)乃营作朝宫渭南上林苑中,先作前殿阿房……作宫阿房,故天下谓之阿房宫。"

上林苑是秦汉时期的皇家园林,同时也是中国最早的皇家园林之一,它从春秋战国时期的皇家苑囿发展而来,有大片的森林草场和成群的野生动物供王侯贵族们狩猎,同时也有一些离宫式的宫殿建筑。

2004 年末在阿房宫前殿遗址西 1150 米处的上林苑 1 号建筑遗址曾经发现了一座宫殿建筑遗址,那就是战国秦上林苑的高台宫殿建筑遗址之一,不过与后来阿房宫的建筑没有关系,是在秦统一六国以前建成的。

甚至也有专家认为,阿房宫本来就是一座宫苑合一的宫殿建筑,其宏伟建筑不过也是秦代皇家园林整体中的一部分,它和明清紫禁城不是一个概念。

对阿房宫的遗址发掘仍然在进行之中,无论历史的事实如何,能够肯定的一点是,阿房宫及其所在的秦汉上林苑代表了中国宫殿建筑和园林建筑的第一个高峰,只是这座"峰"有多高,仍然掩藏在历史的层层迷雾之中……

项羽有没有火烧阿房宫

随着考古工作人员"地毯式"的全面考古勘探工作的进行,他们对现存的秦代阿房宫前殿遗址进行了勘察,结果并没有发现秦代宫殿建筑的遗迹,更没有发现被大火焚烧的建筑遗存。于是我们对于阿房宫的历史有了更多的疑问:阿房宫真的被项羽烧掉了吗？

在杜牧的《阿房宫赋》中曾将阿房宫的突然消失归咎于楚霸王项羽,"楚人一炬,可怜焦土"。可是根据考古队的最新发现,这种说法可能完全是诗人的一种臆想。

经过勘探发现,考古专家们在阿房宫前殿遗址的 20 多万平方米的范围内仅仅发现了几小处红烧土的痕迹,显然不能够说明阿房宫曾经经历过大规模的火烧。

而且传说中的阿房宫被项羽放火焚烧事件，在《史记》中也没有记载。与此相反，《史记》中却有项羽"烧秦宫室，火三月不灭"这个关于火烧秦都咸阳宫殿建筑的记载，由此可知，这里的宫室应当是指秦咸阳宫而非阿房宫。而在此前，考古工作者在秦都咸阳第一、第二、第三号宫殿建筑考古发掘中，发现了宫殿建筑遗址被大火焚烧的痕迹。由此看来，项羽当时焚烧的应是秦都咸阳宫或其他秦宫室。

会不会因为2000多年过去了，无数次风霜雨雪的侵袭，已经把大火留下的痕迹抹去了呢？

为了更确切地了解被焚毁的遗址究竟是什么样子，阿房宫考古队来到了汉代长乐宫的遗址，这里曾经是汉朝首都长安城中最为华美的宫殿之一，是汉武帝母亲的居所，相传2000多年前，长袖善舞的阿娇就在这里遇到了年轻的汉武帝刘彻，成就了"金屋藏娇"这样一段流传千载的风流韵事。然而，东汉末年，长乐宫也和汉代其他宫殿一样，逃不过被焚毁的命运，2000多年过去了，火烧过的痕迹仍然历历在目。关于项羽焚烧秦宫室的文字，首见于司马迁的《史记·秦始皇本纪》，书中记载："项籍为从长，杀子婴及秦诸公子宗族。遂屠咸阳，烧其宫室，虏其子女，收其珍宝货财，诸侯共分之。"此外是在《史记·项羽本纪》中的记载："烧秦宫室，火三月不灭。"但是无论是"烧其宫室"还是"烧秦宫室"，司马迁都没有明确说项羽焚烧的是阿房宫。

有专家认为，司马迁之所以不说清楚到底烧的是秦王的哪一个宫殿，是一种聪明的做法。作为史学家，必定要对历史作严谨的记载，他不敢违背事实而给项羽加上焚烧阿房宫的罪名，但项羽本人确实残暴，烧杀掳掠无恶不作，他既能坑杀秦降卒50万，又有烧秦宫室的事实，加之楚汉势不两立，故对项羽采取模糊的春秋笔法也是可能的。

同时，这也恰是历史的捉弄人之处，在中国成者为王败者为寇的史观评价下，项羽就成了焚烧阿房宫的千古罪人，更成为史家镜鉴和文人抒发历史怀想的绝好反面典型。故项羽就被唐朝诗人杜牧不经意地给历史盖棺定论了。

如今，考古学家已经确定项羽并未焚烧阿房宫的史实后，我们应该给项羽平反，还原其本来面目，因为火烧阿房宫，真正让项羽蒙冤太久了。

阿房宫到底建成与否

在考古人员还原了项羽没有火烧阿房宫的历史真相之后,他们对这座历史宫殿的调查结果又有了进一步的推断:传说了两千年的宏伟壮丽、如诗幻般的阿房宫并没有建成,它只是一个"半拉子"工程,而且"火烧阿房宫"事件也并不存在。这一判断使整个考古界大为吃惊。

阿房宫遗址位于今陕西省西安市以西 13 公里处的渭河以南,与秦都咸阳城隔渭河相望。

考古人员在勘探过程中,对于目前已经被村庄覆盖的遗址区也没有放过,除水泥地和砖铺地之外,就连花池内、羊圈中、厕所旁、房屋间的空地等都进行了密集的勘探,仅发现了秦时的城墙遗迹。其倒塌的堆积物中含有大量的秦、汉板瓦片和筒瓦片,但没有发现秦代宫殿建筑的遗迹如殿址、明柱、廊道、排水设施等,也没有发现秦代必不可少的建筑材料瓦当。

2003 年底,阿房宫考古队在阿房宫的北墙上发现了大量的碎瓦。大量的汉代瓦片是从哪儿来的呢?为什么会出现在秦代的建筑上呢?难道阿房宫一直沿用到汉代吗?这个可能让考古队兴奋起来。既然都说阿房宫没烧,那让人费解的是项羽为什么要放过阿房宫?就连考古队的专家们也百思不得其解。既然他已经烧掉了咸阳宫、兵马俑等秦代瑰宝,又为什么在阿房宫这儿高抬贵手呢?

由此,考古专家大胆推断,当年阿房宫工程只完成了前殿建筑基址和部分宫墙的建设,而宫殿建筑基址以上部分并未来得及营建。

根据勘探发掘确定,阿房宫前殿遗址夯土台基东西长 1270 米,南北宽 426 米,现存最大高度 12 米,夯土台基面积 54 万多平方米,是迄今所知中国乃至世界古代历史上规模最宏大的宫殿夯土台基基址。

根据文献记载,也可以判断出阿房宫并没有建成。首先,根据《史记·秦始皇本纪》记载:秦二世即位时,阿房宫"室堂未就",因始皇"崩",便停工,将 70 万劳力全赶去修秦陵。等到这年四月"复作阿房宫",七月陈胜吴广就起义了。阿房宫从开始修建到最后停工,前后延续最多只有 4 年时间,实际施工时间还要短得多,仅就前殿 54 万多平方米的台基来看,像阿房宫这样规模的建筑,在当时的条件下是不可能完成的。其次,从文献上来看,也没有明确记载指出阿房宫已经建成。根据记载,从秦始皇晚期至秦二世再到秦王子婴的全部政治活动都是在咸阳宫或望夷宫,而均与阿房宫无关,这也与最新的考古发现相一致。

如今,阿房宫存在与否的铁证只能是当时的文字记述或实物。然而,迄今没发现任何这样的实物例证。如果宫殿建成,无论怎样焚毁,都应像秦咸阳宫遗址那样,有一米多厚的瓦砾堆积遗存,而阿房宫遗址没有。况且,如果宫殿建成,金银财宝会被洗劫,可怎么连一个破瓦片都不见呢?

《史记·秦始皇本纪》中还有一段明确的表述:"阿房宫未成;成,欲更择令名名之。作房阿房,故天下谓之阿房宫。"因为这个宫殿就盖在近旁,暂时就叫作"阿房宫",这并不是名字,本来秦始皇原是打算造完后起个名字的。但是,它没完成,所以也就没有名字,但"阿房宫"却一直叫到现在。至于杜牧那篇声情并茂的《阿房宫赋》,不过是他根据生平所见过的宫殿发挥出来的想象罢了。

其实,对阿房宫前殿没有建成,其规模不过是在图纸上的描述而已,早在南宋就有人提出过疑问,南宋程大昌在《雍录》中写道:"上可座万人,下可建五丈旗者,乃其立模,期使及此。"后两句的意思是:那是设计的模型,希望达到这种样子。这表明其实历史上早就有人指出过。可惜的是,这种声音在很长一段时间内没有引起人们应有的重视。

被人们誉为"天下第一宫"的阿房宫,虽然它未曾建成,但阿房宫的概念早已深入人心。它是秦始皇一个未尽的梦想,也是历史留给后人的美丽与辉煌。

失落的古格王国之谜

在青藏高原西部的阿里高原,曾经有一个拥有灿烂文明、盛极一时的古格王国,公元十世纪前后,吐蕃王朝崩溃,赞普朗达玛的重孙吉德尼玛衮率领着三位大臣和一百多人,逃亡到阿里。吉德尼玛衮娶了当地头人的女儿。后来,吉德尼玛衮将阿里分封给他的3个儿子,其中古格王国即为三子德祖衮的封地。古格王国的建立有着十分重要的意义,它作为吐蕃世系的延续,使得佛教在吐蕃瓦解后又重新在古格找到了立足点,并在此逐渐达到全盛。

古格王国从公元 10 世纪中叶建立到 17 世纪初消亡,其间经历了近 800 年的历史。自古格王国建立之初,就确定了弘扬佛法的政策,以教辅政的政策始终贯穿在古格王国 800 年的历史之中。所以,在古格都城的建筑中有大量的佛殿,在古格遗址中,现存的佛教寺庙建筑就有 6 座,遗址中还有许多佛塔。

古格王国在它 800 年的历史中,雄踞在西藏西部,弘扬佛教、抵御外敌入侵,曾盛极一时,它的领土一度扩张到东部的冈底斯山路,北面曾到达今天的克什米尔境内的斯诺乌山。大约在 13~15 世纪,古格王国出现了经济、佛教和文化艺术发展的昌盛时期,进入 16 世纪后,人民安居乐业,商贾云集。曾到古格进行传教的神父弗朗西斯科·阿则维多这样描述当时的古格王国:"克什米尔、拉合尔和印度的商人们把他们的服装、珊瑚、琥珀贩卖到这里,而这里的羊毛是世界上最纤细、最珍贵的,许多外国人都冒着生命危险来到这个王国购买羊毛。"但是,这样一个强盛的王国,却在一夜之间突然消失了,只留下一座废弃的古城。古格王国究竟发生了什么,那里的人又都去了哪里? 空旷破败的废墟静静地驻守着古格人曾经生活过的家园,没有给出一个回答。

直到 1912 年,这座沉寂的古城遗址才开始为世人所关注。当时,英国人麦克活斯·扬沿着象泉河来到被誉为"阿里江南"的札达县,对这座古城进行了考察。随后,这个被世人遗忘的地方开始热闹起来,旅行家、摄影家、探险家纷纷来这里探奇。直到 1985 年,对古格遗址的真正科考才开始。

这处遗址的总面积达 72 万平方米,整个王国依山而建,建筑物沿着山势层叠而上,直抵山顶,整个城堡由房屋、洞穴、佛塔以及碉堡、工事和地道组成。在古格王国的遗址中,人们发现了这个曾经的王国遗留下来的瑰宝和这个王国最后的遗迹。

据说,古格王国曾以冶炼和金银器制造技艺而闻名,其中有一种叫作"古格银眼"的铜像,可谓佛像中的精品,而这种铜像,据说只有古格人才能制作。考古学家曾在古格遗址中发现一尊精美的"古格银眼"铜像,这尊铜像头戴化佛宝冠、头生 3 眼,其制造技艺之精湛,让今人也叹为观止。

古格王国消失后,王国内的人民也一起彻底消失了,没有人知道他们的去向。后人唯一能找到的古格人的一丝踪迹,就在古格遗址北面的一处断崖之上的"干尸洞"。这是古格王国灭亡后唯一的遗迹,洞内散乱着一些干尸,均为身首异地。没有人知道这究竟是当年的战俘,还是古格人的一种葬礼,这是古格人留给后人的唯一遗迹。

一个繁华的王国在一夜之间、连同它的人民一起彻底地消失了,这一切究竟是如何发生的?

许多学者将古格的消失归结为战争。由于畜牧业发达,古格王国常遭到周边小国的抢掠,不时发生战争。与邻国打仗,需要人力和财力的支持,随着佛教势力的不断扩大,古格王与佛教首领之间的矛盾越来越无法调和。为了限制佛教、巩固自己的势力,古格国王接受了来古格传教的安夺德神父,确立基督教的地位,并支持基督教教义的传播,以达到排挤佛教的目的。他出资建立教堂和教士住宅,施以重金请教士讲经传道,并趁机打击、讥讽佛教。古格国王的做法激怒了国内的喇嘛僧侣。1633年,僧侣们发动叛乱。古格国王的弟弟,也即佛教首领趁机勾结了与古格同宗的拉达克王室,利用拉达克的军队攻打古格王国,企图推翻古格王朝。

古格王国的特殊地形决定了它易守难攻,它的王宫堪称西藏防守能力最强的建筑。只有唯一的一条隧道可以通至王宫,其余几面全是悬崖,外敌要想攻上王宫,简直比登天还难。久攻不下之后,拉达克想出了一招,他们想在古格王国的旁边依山建一座与山顶齐肩的石头楼,这样他们就可以通过石头楼达到王宫了。

于是,古格王国的人民被驱赶着,在古格的半山腰修建这座石头楼。悲惨的古格人民边修楼边唱着哀伤的歌。歌声飘到了山顶的王宫。国王听到后,非常难过,于是,他做出了一个决定。关于古格国王的这个决定,有两种说法,一说国王选择了从悬崖上纵身跳下,结束了自己的生命,古格王国也就不攻自破了;另一种说法中,国王选择了向拉达克投降,结束了古格人民的悲剧。

史学界的观点倾向于第二种情况,根据一些历史资料,古格这位最后的国王和全家都被关押在拉达克都城的监狱之中,古格王国也由此并入拉达克。

楼兰古城为何神秘消失

在新疆维吾尔自治区,有一个地方对于每名探险者来说,都是充满吸引力的。

这就是被称为"沙漠中的庞贝"的西域古国——楼兰。

　　古楼兰位于今新疆维吾尔自治区巴音郭楞蒙古自治州若羌县北境,罗布泊的西北角,是新疆维吾尔自治区最荒凉的地区之一。这里有着悠久的历史,天方夜谭似的传说故事令人神往,而它神秘地在地球上消失,又意外地出现,更引起了许多中外游人和探险家的兴趣——他们都不辞辛劳地沿着丝绸之路向西进发,去探索这座历史遗址——楼兰古城。

　　楼兰在历史上是丝绸之路上的一个重要枢纽,中西方贸易的一个重要中心。司马迁在《史记》中曾记载:"楼兰,姑师邑有城郭,临盐泽。"这是我国古代文献上第一次描述楼兰古城。西

楼兰古城

汉时,楼兰有人口一万四千余,兵甲三千。当地经济繁荣,商旅云集,城内还有整齐的街道,雄壮的佛寺、宝塔。不过由于当时匈奴势力强大,楼兰一度受其所控制,他们攻杀汉朝使者,劫掠过路商人。后来。汉武帝发兵攻破了楼兰城,俘虏了楼兰王,并逼迫其附汉。但后来,楼兰又听从了匈奴的反间计,再次拦杀汉朝官吏,汉昭帝元凤四年(公元前77年),大将军霍光派遣傅介子领几名勇士前往楼兰。设计杀死了楼兰王尝归,立尝归的弟弟为王,并改国名为鄯善,将都城南迁。汉朝也由此加强了对楼兰的管理,"设都护、置军候、开井渠、屯田积谷"。

　　东晋后期,中原群雄割据,混战不休,无暇西顾,楼兰逐渐与中原失去联系。但是,到了唐朝,中原地区的势力再次强大,唐朝与吐蕃又在楼兰多次兵戎相见。由唐代大诗人李白的《塞下曲》:"王月天山雪,天花只有寒。笛中闻折柳,春色未曾看。晓战随金鼓,宵眠抑玉鞍,愿将腰下剑,直为斩楼兰。"以及唐代另一位大诗人王昌龄的《从军行》:"清海长云暗雪山,孤城遥望玉门关。黄沙百战穿金甲,不破楼兰终不还。"可见,楼兰在唐代时依然是边陲重镇。然而,不知在什么年代,这个

繁荣一时的城郭却神秘地消失了。楼兰古城的确切位置,成了困扰学者们若干世纪的不解之谜。

直到公元 1900 年,深埋在沙海之下消失了 1500 多年的古代城市楼兰和它所创造的灿烂文明突然闯入了人们的视野。公元 1900 年 3 月,著名瑞典探险家斯文赫定带领一支探险队到新疆探险,他们在沙漠中艰难行进。作为向导的我国维吾尔族人爱克迪在返回原路寻找丢失的铁锹的过程中,遇到了沙漠狂风,竟意外发现了沙子下面一座古代的城堡,他把这一发现告诉了斯文赫定。1901 年,斯文赫定再次返回到这座神秘的城堡,发掘出了不少文物,经研究后断定,这座古城就是与世隔绝多时的楼兰古城。

楼兰古城的再现,引得各国探险家争相前往探险、寻宝。英籍匈牙利人斯坦因、美国人亨迁顿、日本人桔瑞超先后抵达这座"有高度文化的古城遗址",掠走了一大批重要文物。

由于楼兰古城是在沙丘下被发现的,因此产生了一个更大的谜困等待世人解决:繁华多时的楼兰城为什么会被黄沙掩埋,遭受灭顶之灾呢?

1878 年,俄国探险家普尔热瓦尔斯基在罗布泊考察时,发现中国地图上标出的罗布泊的位置是错误的,它不在库鲁克塔格山南麓,而在阿尔金山山麓。当年的罗布泊湖水涟漪,野鸟成群,而今这里却变成了一片荒漠、盐泽。

普尔热瓦尔斯基的发现给了人们解开楼兰消失之谜的钥匙。1979 年和 1980 年,新疆科学工作者对它进行了几次详细考察,终于揭开了这个被风沙湮没 1600 多年的"沙中庞贝"之谜。使人看到了它的本来面目——楼兰古城的确切地理位置在东经 89 度 55 分 22 秒,北纬 40 度 29 分 55 秒。它占地面积为 10 万 8 千多平方米;城东、城西残留的城墙。高约 4 米,宽约 8 米,城墙用黄土夯筑;居民区院墙,是将芦苇扎成束或把柳条编织起来,抹上的黏土。全是木造房屋,胡杨木的柱子,房屋的门、窗仍清晰可辨;城中心唯一的土建筑,墙厚 1.1 米,残高 2 米,坐北朝南,似为古楼兰统治者的住所;城东的土丘是居民们拜佛的佛塔。

罗布泊怎么会游移呢? 科学家们推测。除了地壳活动的因素外,最大的原因是河床中堆积了大量的泥沙。塔里木河和孔雀河中的泥沙汇聚在罗布泊的河口,日积月累,泥沙越积越多,淤塞了河道,于是塔里木河和孔雀河便另觅新道,流向低洼处,形成新湖。而旧湖在炎热的气候中,逐渐蒸发,成了沙漠。罗布泊滋润着楼兰城内的万物,而罗布泊湖水的北移,使楼兰城水源枯竭,树木枯死。渐渐地,楼兰城失去了生机,百姓们终于弃城出走,留下死城一座,在肆虐的沙漠风暴中,楼兰终于被沙丘淹没了。

不过,科学家也指出,泥沙沉积、河水改道的原因却是人们破坏大自然的生态平衡所种下的苦果。首先,楼兰地处丝绸之路的要冲,汉、匈奴及其他游牧国家,经常在楼兰国土上挑起战争,对当地环境的破坏不言而喻;同时,为了本国的利益,楼兰居民对绿洲环境的开发、利用逐渐加强,良好的植被受到严重破坏。自然环境的恶化并没有阻止人类前进的脚步,反而是人类社会的发展深刻影响了环境的变迁。人类对环境的过度开发加剧了荒漠化,最终沙进人退,古绿洲被废弃。也即"公元3世纪后,流入罗布泊的塔里木河下游河床被风沙淤塞,在今尉犁东南改道南流,"致使楼兰"城郭岿然,人烟断绝","国久空旷,城皆荒芜。"

解密敦煌藏经洞

清朝光绪年间,一个叫王圆的人从军队退伍后,来到敦煌石窟当了一名道士,并且雇了一个姓杨的人,在第十六窟的甬道间替他抄写经文。这个姓杨的是个烟鬼,喜欢抽旱烟,他用一种芨芨草烧火,用不了的芨芨草经常被他插在墙壁的裂缝里。有一次,他发现一个裂缝很深,就用手敲了敲这堵墙壁,便发出了"咚咚"的声响,他连忙找到王道士说,这堵墙可能是空的。于是,王道士与杨某在大半夜凿开了这堵墙,结果发现里面还有一道门,原来里面还有一个小窟,窟里塞满了无数古代写经等珍贵文物。自此,与世隔绝了千年的敦煌藏经洞,终于揭开了神秘的面纱。

后世很多学者都对此产生了极大的兴趣,也因此兴起了一门新的学问——敦煌学,它与甲骨文、汉简以及明清档案并称为中国近代古文献四大发现。但是,藏经洞为什么被封?并且,是在什么时候被封闭的呢?这是近百年来都未能解决的历史悬案。

由于史书上关于藏经洞的情况介绍少之又少,学者们只能根据史载中的一鳞半爪和间接旁证,提出了几种假说,总结起来有以下几种说法。

第一种说法认为,藏经洞是在宋代初年为避西夏之乱而封闭的。第一个提出这个观点的是法国学者伯希和。20世纪初,伯希和从藏经洞盗走了大量经卷,开始潜心研究。他在《敦煌石室访书记》中根据卷本中所题的年号最晚的在宋太宗太平兴国(公元976年~公元983年)年间和至道年间(公元995年~公元997年),并且所用卷本都是用西夏文字抄写这一结果,判断藏经洞的封闭时期应该是11世纪之前半期,又推测具体时间大概是公元1035年西夏侵占西陲的时候。然而,洞中所藏的经书摆放的杂乱无章,随意堆砌,甚为凌乱,可判断这可能是因为藏书的人害怕外寇的抢掠,在藏匿经书的时候慌乱所导致的。这一观点得到了国内外不少学者的支持,其中有我国学者罗振玉、英国学者斯坦因等。

第二种说法认为,该洞在宋哲宗绍圣(公元1094年~公元1098年)年间被封闭。赞同此学说的学者认为,藏经洞的封闭与伊斯兰教东扩有关。当时的哈拉汗王朝信奉伊斯兰教并且对佛教极为反感,宋哲宗绍圣午间,他们曾向宋朝皇帝提出东征西夏的计划,宋哲宗大为赞许。这引起了居住于西域的佛教徒们的恐慌,为了使佛经免遭浩劫,他们采取了封闭藏经洞的保护措施。

第三种说法认为,该洞是在宋仁宗皇祐年间封闭的。著名史学家陈桓先生的《敦煌劫余录序》中说:"《通考》载大中祥符末,瓜州归义军节度使曹贤顺,犹表乞金字藏经。景祐至皇祐,朝贡不绝,知此洞之封闭,大约在皇祐以后。"马世长也认为,根据各种迹象和资料表明,封闭藏经洞应该不是在西夏占领敦煌之前,而是在西夏占据敦煌之后的某个时期,正如陈桓所说的那样。

第四种说法认为,该洞是被当时统治瓜州的曹氏政权封闭。其主要证据是敦煌遗书中没有发现宋真宗咸平年间(公元998年~公元1003年)以后的纪年卷本,这说明在咸平五年(公元1003年)或者更晚,藏经洞就已经被封闭了。而这时恰好是曹贤顺归义军节度使时期。当时,东边的甘州回鹘政权和西部的李氏政权向后被西夏消灭了,曹氏政权不免感到唇亡齿寒,为了以防万一,瓜州曹氏政权不得不封闭了藏经洞。

第五种说法认为,该洞是元代初期封闭的。关百益的《敦煌石室考略》中认为第十七号石窟为元朝以前大佛寺,搜集了很多经典卷本,宝藏极其丰富。元太祖成吉思汗西征的时候,做其军师的道士邱处机一同前往。由于邱处机信奉道教讨厌佛教,在西征路上破坏了不少佛寺,还逼迫很多和尚尼姑蓄发,改穿道服。寺中的僧人听到这个消息后,害怕寺中的珍贵佛经会遭遇浩劫,就把这些经书先藏在动洞中,然后封闭起来。不过,这种说法目前还没有真凭实据,信者较少。

第六种说法认为,藏经洞封闭于元明之际。张维在《陇右金石录》中,谈到《重修皇庆寺记》,认为《重修皇庆寺记》石碑是元顺帝至正八年(公元1348年)所立。根据这个证据判断,这是元末明初,天下大乱,此处的僧人为了避免战火殃及寺中的宝藏,就把经书古籍藏在了洞里。

此外,还有的学者认为,洞内所藏的文物并没有整部大藏和特别有价值的物品,很多都是残卷断章,还夹杂着疑似伪经或者抄错的废卷、涂鸦之杂写,甚至作废或过时的契约文书等,据此提出了"废弃说"。废弃说的依据有三个。一是,惜纸,这些废纸储存起来将来留作他用;二是,尊佛,即使破损的佛经也要收藏起来,不能乱扔;三是,曹氏时期,可能由于中原的比较完整佛经传到了敦煌,敦煌以前所藏的图书就被彻底清点了一遍,像无用的零部残卷、无用的文书、废纸等都被存在了一个较小的不太重要的洞窟内,没想到时间一久,人们渐渐地竟把这个洞窟遗忘了。

此外,还有学者认为藏经洞是由一个书库改造成的。由于在公元1000年左右,折页式的刊本经卷从内地传到了敦煌,当地就建造了新的藏书室来容纳这些书卷。而原来那些用起来不方便的卷轴式佛经和其他一些杂物就被封存在原来的藏书石窟中了。

关于藏经洞何时封闭以及为何封闭的谜题到现在仍然众说纷纭,难有定论。甚至,王道士什么时候发现的藏经洞也曾出现过争议。目前,学术界基本赞同庚子发现说,证据是光绪二十六年,叶昌炽的《缘督庐日记》中记载过这件事,而当时距离发现此洞仅过了三年。

奥梅克文明之谜

在中美洲,除了举世闻名的玛雅文明之外,还曾出现过一种神秘文明——奥梅克文明。如同神秘的玛雅文明一样,奥梅克文明给后世留下了许多文明财富的同时，也留下了许许多多的谜，吸引着人们去追寻、探索。

奥梅克文明是目前已知的最早的美洲文明，它兴起于公元前1200年左右，在公元前400年左右突然之间就消失了，给后人留下了千古之谜。

公元前1200年左右，奥梅克文明在中美洲的圣洛伦索高地的热带丛林中诞生了。圣洛伦索是早期奥梅克文明的中心，这里正是传说中的羽蛇神圣殿的中心地带。在经历了300年的繁荣之后，在公元前900年左右遭到暴力的摧毁，奥梅克文明的中心由此迁移到了靠近墨西哥湾的拉文塔。大约公元前500年左右，奥梅克文明的中心再次迁移，他们迁到了特雷斯萨波特斯，直至公元前400年，奥梅克文明仿佛在一夜之间就消失了。

在墨西哥民间，一直流传着这样一个传说：远古时代的密林里生活着一个古老的民族——拉文塔族。这个民族有着高度发达的文明，他们居住的城市如同仙境一般，里面的人快乐地生活着。

美丽的世外桃源的传说吸引着考古学家的探险。1938年，墨西哥考古学会组织了一支考古队，前往拉文塔的密林中去寻找那个神秘的拉文塔族。很快，考古学家们就发现不虚此行，他们在森林里发现了大量的巨石雕像，最重的竟达20吨。这个意外的发现促使考古学家们开始大范围地寻找，终于在墨西哥湾沿海地区发现了两处遗址：特雷斯萨波特斯遗址和拉文塔遗址。另一处遗址，奥梅克文明的最早的起源地圣洛伦佐却一直到20多年后才被发现。

从已经发掘的遗址来看，奥梅克文明发展得相当成熟，在他们的遗址中，有宏伟的金字塔式台庙、巨大的仪式性的广场、玉石雕刻，甚至还有了文字。其中，最为卓著的是奥梅克的雕像。这些雕像大多以巨大的石头雕刻而成，均为人物的头部雕像，这些雕像的特征十分明显。大都高达10英尺，厚厚的嘴唇，扁平的鼻子，犀利的眼神。种种迹象都说明，奥梅克文化已经处在成熟的阶段。

奥梅克文明的特征十分明显，如巨石建筑金字塔、巨石雕像、玉器雕琢、凤鸟、美洲虎和羽蛇神崇拜、大型宫殿，这些元素在他们遗留下的物品中随处可见，而这也是中美洲各文明的共同元素。所以，许多学者都认为，奥梅克文明是美洲文化的母体，并赋予它"美索美洲的母亲文化"的美誉。

然而，这样一种"母亲文化"，考古学界却找不到它的源头。从已经发掘的奥梅克文明的三处遗址中,我们看到的都是一个已经高度发达的文明。那些恢宏的建筑,重达数吨的巨石雕像、陶器、无一不彰显着这个文明的发展程度。可考古学界寻遍了墨西哥,乃至整个美洲,都没有找到一丝奥梅克社会发展的"初级阶段"的迹象,这个文明仿佛是从天而降的。

在奥梅克文明的遗迹中,还蕴藏着一个谜。考古学家在一个坟墓里,发现了 5 尊巨大的雕像,这 5 尊雕像的面部为黑人的五官特征,它们以一种独特的形式排列起来,被埋藏在地下。没有人能猜透这些雕像究竟代表的是谁,也没有人明白这种充满了宗教色彩的仪式究竟意味着什么。

奥梅克文明的神秘之处还在于,它好像突然从天而降,又突然之间就集体蒸发了。在拉文塔遗址,考古学家通过碳-14 测定,公元前 900 年左右,奥梅克人在此定居,直到公元前 400 年左右,就突然消失了。与玛雅人一样,奥梅克人仿佛在突然之间就接到了命令一样,所有的人都放下手中的事情,匆匆离开了,留下许多未完成的建筑工程,那些已经完成的建筑物也全都被人为地破坏了。公元前 400 年左右,究竟发生了什么事情促使奥梅克人抛下家园匆忙离开? 他们又去了哪里?

尽管许多人都认为奥梅克文明是美洲文明的"母亲文化",从中美洲各地发现的带有奥梅克风格的陶器,到玉雕以及奥梅克人发明的橡皮游戏,都传递出奥梅克文明对其他文明的影响。乔治·华盛顿大学的考古学家杰弗里·布罗姆斯特博士是这种观点的忠实支持者,他认为,奥梅克人把陶器卖到中美洲各地,并将他们的文化带到各地,"奥梅克文化在当时地区里一定比任何其他文化都先进。因此我们说,奥梅克文化是中美文化的开启者。"但也有持反对意见者认为,奥梅克文明相比同期其他文明并没有过人之处,他们在墨西哥盆地的瓦哈卡山谷找到了与奥梅克文明同期的人类文明,不过也有人指出,这两个文明的发达程度是不可同日而语的:奥梅克文明的遗迹圣洛伦佐曾出现过巨大的玄武岩柱子和石雕的宫殿,而瓦哈卡文明还只处在藤条、板条编插而成的小屋阶段。

奥梅克文明在给人类留下大量的文明财富的同时,也留下了许许多多的谜。这个产生于中美洲的热带丛林中的神秘文明,引领着人们不断的探索、解密。

法老的"魔咒"

图坦卡蒙,古埃及众多法老中的普通一员,他本人在历史记载中默默无闻。这位古埃及最年轻的国王小小年纪即惨遭不幸,其死因直到今天仍然是个谜。不过人们关于这位法老议论最多的却是另外一件事:在他死亡几千年之后,其陵墓上的一行"魔咒"曾使无数人望而生畏,该法老也因此而名声大噪。多年来,围绕着这位法老的种种传说和故事,特别是因他而起的所谓"法老咒语",正以各种方式在接触他陵墓的人们身上演绎着……

安息的法老

在古代,世界各地的许多专制帝王,出于同样的目的,都曾为自己修建了豪华的陵墓,其规模之大,往往令人瞠目结舌。而且,为了能够在另外一个世界里继续享受在世时的荣华富贵,他们还实行极度奢侈的厚葬,将大批奇珍异宝、黄金财富随同自己的尸体一同带入陵墓,而这也正是他们的愚蠢之处。因此,他们又不得不绞尽脑汁地防范接踵而至的盗墓者、探险者以及不可避免的政治对手。为了达到这一目的,他们可谓是费尽心机,劳民伤财。除了尽可能把陵墓修建得更加隐蔽、

金字塔

更加坚固外,他们还役使能工巧匠设计了各种机关和陷阱,这些机关陷阱都足以使普通入侵者付出沉重的代价,并使之望而却步。在中国,这样的例子就有很多:举世闻名的秦始皇陵,至今人们还没有完全了解其具体构造;而人们对成吉思汗的墓葬几乎是一无所知;即使主张薄葬的曹操也留下了所谓"七十二疑冢"来迷惑后人。但大多数情况下,历史的教训是,无论帝王们的陵墓如何坚固隐蔽,几乎无一例外地遭到蹂躏和劫掠,近代中国发生的"东陵盗宝"案即是铁证之一。

还有一些帝王,在他们死后,除了同样采取相关防范措施外,还通过另一种极为独特的方式,来试图震慑胆敢骚扰自己陵寝的后来者,这种方式就是诅咒。在埃

及国王谷的深山峡谷之中,有一座属于法老图坦卡蒙的陵墓,其墓道的门上镌刻着这样一行铭文:"谁打扰了法老的安宁,死神之翼将降临到他的头上。"这就是著名的"法老咒语"。据历史记载,图坦卡蒙,这位古埃及第十八王朝的法老9岁就登基,但在公元前1323年,时年仅18岁的他就神秘地死去。

比这位法老本人更神秘的是,虽然从这座陵墓被发现至今仅有100多年的历史,但是围绕着这一魔咒,已发生了太多离奇神秘的故事。所以,数十年来,在历史学界、科学界、考古学界、媒体乃至娱乐界的共同"造势"下,所谓的"法老咒语"竟被渲染到这样一种程度:它不仅令那些盗墓者望而却步,而且连那些考古学家和探险者也不寒而栗。而这也似乎正好达到了法老最初的目的。

那么,所谓法老的"魔咒"到底是怎么一回事呢?它又为什么会引起如此大的轰动,并给那么多的人带来恐怖呢?事情还得从100多年前说起。

冒险者的悲尉

自18世纪以来,由于为古老的东方历史和传说中的财富所吸引,欧洲各国的一些探险家纷纷来到埃及。他们抱着种种不同的目的,试图在这里发现奇迹或找到历史的答案。虽然对于埃及,人们最为熟悉的无疑是金字塔,但对于那些专注于古代宝藏的探险家而言,更有价值的却是法老们真正的陵墓。他们深信,随同法老们一同埋葬的,一定是大批宝藏。

根据各种文献记载和民间传说,古埃及法老图坦卡蒙的陵墓,并不像他的祖先那样藏在金字塔中,而是秘密修建在断崖底下以避过盗墓者的耳目。人们还认为在这位法老的陵墓之中,藏有数量巨大的宝藏。于是,探险家们就将目光转向了埃及神秘的帝王谷,这里,正是传说中多位法老陵墓的所在地。来自英国的考古学家霍华德·卡特,就是众多执着的探险者之一。

卡特熟读古埃及历史,一生都梦想发现图坦卡蒙的陵墓。出于对古埃及考古的痴迷,早在1891年,霍华德·卡特就来到了埃及,并发誓要找到隐藏在地下的法老陵墓。从1903年起,他就带领助手在帝王谷的每一寸土地上搜索。不久后,他的这一宏愿得到了另一位英国人、著名探险家卡纳冯爵士的慷慨资助。在得到有力的资金保障之后,卡特就率领考古队在帝王谷展开了艰辛而漫长的工作。就这样,经过了整整19年的努力,在经历一次次的失败和打击之后,功夫不负有心人,重大发现也在一步步向他们走近。1922年11月,卡特在另一位著名法老拉美西斯六世的陵墓下面发现了一处石壁上开凿的台阶,在台阶的尽头,他们看到了一道显然已尘封几千年的墓门,墓门上赫然有"图坦卡蒙"的封印,这一重大发现顿时令卡特欣喜若狂。同时,他还发现,在墓门上还镌刻着一句铭文,内容为"谁打扰了法老的安宁,死神之翼将降临到他的头上"。这多少让人感到一丝恐惧。然而,面临重大发现的兴奋,他们无暇顾及这几千年前的诅咒。因为,所有的人都深信,这只不过是法老死后苍白的努力,试图恐吓那些入侵者,以保障自己遗体和财富的安宁。

随即,卡特马上发电报将这一消息告知了远在英国的卡纳冯爵士,后者则立刻起程,于11月26日来到埃及。卡纳冯爵士一到达发掘现场,考古队就着手开凿墓门。墓门厚重而坚固,直到次年的2月18日才被凿通。通过这个洞口,卡特举着蜡烛率先进入墓室,卡纳冯爵士紧随其后。烛光照亮了墓室,顿时,他们被眼前的景象惊呆了。墓室保存完好,有镶满珠宝的黄金御座,有大量的黄金珍宝,还有一个石棺。石棺里面嵌套着3层黄金棺材,图坦卡蒙的木乃伊就在最里面,内棺由纯金制成,上面写着这位法老的名言——"我看见了昨天,我知道明天"。躺在棺内的图坦卡蒙戴着一副很大的金面具,面具上还有一块伤疤。这位死时还很年轻的法老看上去既悲伤又静穆,胸前陈放着由念珠和花形雕刻串成的领饰、矢车菊、百合、荷花等,虽然色彩已基本剥落,但仍依稀可见。法老的木乃伊由薄薄的布裹缠着,浑身布满了项圈、护身符、戒指、金银手镯以及各种宝石。其中还有两把短剑,一把是金的,另一把是金柄铁刃的。另外还有法老的两个小女儿的木乃伊以及当时的各种时尚衣物等。这突如其来的宝藏使考察队员们欣喜若狂。

对所有参加开掘的人员来说,这无疑是一个欢乐的节日,谁也不会想到接下来将面临的厄运。而事实正如有些人后来所形容的,神秘的图坦卡蒙法老陵墓犹如希腊神话中的"潘多拉的盒子"一样,打开之后就灾祸丛生。

其实早在墓室还未打开之前就已经初露不祥之兆。就在发现图坦卡蒙陵墓的当天晚上,卡特家中精心饲养的一只金丝雀被一条眼镜蛇吃掉。而当卡特将这只金丝雀从英国带到埃及时,考古队的一位工头看到后曾戏言:"这是黄金之鸟啊,它将带领我们到达陵墓!"。但是,就在他们发现墓门的那天晚上,卡特的仆人忽然恐惧地向他报告说金丝雀被蛇吃了。据说,这位仆人举着黄色的羽毛向卡特叫:"是法老的蛇吃了它! 因为它带你到了陵墓! 请千万别打开它!"但卡特未予理睬,反而辞退了这名仆人。

而厄运才刚刚开始。当他们经过几个月的努力,终于在 1923 年 2 月 18 日打开墓门之后,虽然看到了惊人的财宝,但同样震撼他们的一个噩耗也随即传来:卡纳冯爵士病死了,而且死因相当离奇! 卡纳冯爵士当时年仅 57 岁,而且身体状况一直良好。但 3 月的一天,他的左颊突然被一只毒蚊子叮咬了一口,而这小小的伤口竟使他感染上急性肺炎,尽管他被紧急送往开罗治疗,但最终还是不治身亡。更令人惊异的是,据后来检验法老木乃伊的医生报告说,木乃伊左颊上也有个伤疤,而且与卡纳冯爵士被蚊子叮咬之处的位置完全相同! 另据爵士的儿子回忆说,当父亲去世的那天夜里,他们就在隔壁房间里不停地祈祷,突然,他们看到开罗全城的灯火一下子全部熄灭了,四周一片黑暗。

接下来发生的故事只能用一个词总结,那就是:死亡。卡纳冯爵士的好友乔治·古尔德听闻噩耗后便立即赶至埃及,出于好奇还去法老的陵墓走了一圈。结果第二天,他突发高烧,12 小时之后竟也撒手尘寰。不久,在考古行动中,曾经给法老木乃伊做过 X 光透视的放射专家也感到筋疲力尽,在他回到英国之后不久也去世了。随后,第一批参观该陵墓的英国企业家乔尔伍尔,不久也发起无名高烧并很快死去。在发掘行动中,负责推倒墓内一堵墙壁从而找到了图坦卡蒙木乃伊的考古学家莫瑟,不久患了一种神经错乱的怪病,痛苦地死去。参加考察队的卡纳冯爵士的兄弟赫伯特,不久死于腹膜炎。协助卡特编制墓中文物目录的理查德·贝塞尔,于 1929 年自杀,次年 2 月,他的父亲威斯伯里勋爵也在伦敦跳楼身亡,甚至送葬的汽车又压死了一名 8 岁儿童! 据说他的卧室里摆放了一个从图坦卡蒙墓中取出的花瓶。还有,曾参观陵墓的尤埃尔在一次意外中溺水身亡。

到 1930 年底,在参与发掘图坦卡蒙陵墓的人员中,已有 12 个人离奇地暴死,只有 2 人还侥幸活在世上。而到 1935 年为止,先后有 21 名与发掘图坦卡蒙陵墓有直接或者间接关系的人员死于非命,其中包括主要发掘人卡特的助手、秘书及其家属等。

不过,随后的几年当中,发现图坦卡蒙陵墓的卡特却一直健在,但是事情并未结束。自以为侥幸躲过了劫难的卡特,本来过着隐居的日子,不料也在1939年3月无疾而终。埃及开罗博物馆馆长米盖尔·梅赫莱尔是负责指挥工人从陵墓中运出文物的人,他根本不信当时已沸沸扬扬的"诅咒"一说,还曾对周围的人说:"我这一生与埃及古墓和木乃伊打过多次交道,我不是还好好的吗?"但话说出还不到4个星期,他就死于突发性心脏病,时年52岁。

这一系列的离奇死亡事件,足以使任何不信邪的人为之震惊。人们不得不怀疑这是法老的咒语显灵了。于是,所谓法老的咒语显灵之说,从此在世界各地广泛流传。

特别是在英国,当时曾引起巨大的轰动。《每日快报》曾这样报道说:"接二连三的不祥之兆使得人们迫不及待地将其解释为法老的咒语显灵了。"而《每日邮报》的资深撰稿人、古埃及学权威阿瑟·威格尔也断言道:"这是古埃及神灵的诅咒。"一时之间,英国社会各界一致认定卡纳冯爵士就是死于"法老咒语",甚至连鼎鼎大名的侦探小说家柯南·道尔这样的人也不例外,并曾在小说中详细叙述了这一故事。

此后几十年中,据说仍有法老咒语显灵之事。1966年,法国政府邀请埃及政府将图坦卡蒙陵墓中的珍宝运往巴黎参加展览,此举已得到埃及政府同意。但主管文物的穆罕默德·亚伯拉罕一天夜里忽做一梦:如果他批准这批文物运出埃及,他将有不测的灾难。于是他再三向上级劝阻,但力争无效,只好违心地签署同意。结果他离开会场后不幸被汽车撞倒,2天后去世。1970年,当初的考古队中最后的幸存者在就诅咒一事接受电视采访时,曾宣称"我从来不相信这个神话",结果在回家的路上就遭遇车祸,并几乎丧命。

几十年来,由于这么多离奇事件的发生,许多人开始对"法老咒语"的魔力深信不疑。本来人们以为,古埃及法老之所以将这种咒语刻在墓道上,不过是想吓唬那些盗墓者,使法老的遗体和墓中财宝免遭劫难。而起初那些前来埃及发掘古迹的西方学者和探险家,也没有把这当回事。然而几十年来不断发生的事情,却使那些人们不得不对咒语感到畏惧。人们不得不怀疑:这是法老的咒语显灵了。结果,图坦卡蒙墓门上那短短的一行铭文,也逐渐成了各地阴谋故事的灵感来源,直到今天,它依然吸引着众多猎奇者的目光。

破解之旅

尽管围绕图坦卡蒙陵墓发生的一桩桩命案直接导致了许多人对所谓"法老咒语"的魔力深信不疑,但是,包括历史学家、考古学家、科学家等在内的许多人,仍对这种并无实际科学依据的结论充满疑问,而几十年来,他们对于该问题所展开的科学的、理性的探索也一直在进行,并确实找到了一些答案。

首先,对于所谓当时"法老咒语"的一系列报道和炒作,许多研究者就表示质疑。著名的古埃及考古学家哈瓦斯博士甚至认为,当时之所以有那么多记者热衷于炒作所谓的"法老咒语",其实很可能有不可告人的目的,即出于对死者的报复。因为在当时,发掘法老陵墓一事确实在世界各地引起巨大轰动,各大报纸均想独家报道,而卡纳冯爵士最终选择了英国的《泰晤士报》,从而招致了一些记者的恶意炒作。他还认为,实际上那些有关古埃及的金字塔和法老陵墓的传闻,也是一些别有用心的作家和制片人杜撰出来的,其目的无非是通过制造噱头大赚钞票。

虽然在卡纳冯爵士染病身亡后,许多人开始猜测可能真的有种超自然力量在发挥作用,但科学家们自始至终都不相信会有什么超自然力量,他们一直努力在为卡纳冯爵士之死寻找科学依据。他们认为,卡纳冯爵士要么死于陵墓中的毒菌,要么死于其脆弱的免疫系统。因为经过调查,研究人员发现,其实在启程前往埃及之前,卡纳冯爵士就已经患有一种慢性病,正是这种疾病破坏了他的免疫系统。而科学家在对木乃伊研究时的确发现了一些危险的病菌如黑曲霉和黄曲霉,它们都能够引起从充血到肺出血等各种过敏反应。此外,科学家还在封闭的石棺内发现了氨气、甲醛和氢化硫等,这些有毒气体都有可能伤害人们的眼睛和鼻子,使他们出现类似于肺炎的症状,情况严重时就能置人于死地。更有人提出,一些陵墓中寄居的蝙蝠即是置人于死地的罪魁祸首。

还有一种观点根本就否认卡纳冯爵士之死与陵墓内的有毒物质有关联,有关专家认为,本就年老体衰且患有慢性疾病的卡纳冯爵士是在第一次进入陵墓后几个月才去世的,如果他果真是感染了陵墓里的有毒物质的话,那么症状早该表现出来了。美国夏威夷大学的一位流行病学甚至认为:卡纳冯爵士也许在陵墓内比在陵墓外面更要安全!

对于诅咒的说法,最主要的开掘人霍华德·卡特就始终不相信。他声称,所谓法老图坦卡蒙的诅咒是荒谬的报道。他后来还就这个问题发表了一篇文章,其中提道:"就现代的埃及人来说,他们的宗教传统中根本不容许这种诅咒存在。相反,埃及人却很虔诚地希望生者能对死去的人表示善良的祝愿。"1933 年,为了打消人们的疑虑,德国的古埃及学家乔治·斯丹道尔夫教授也曾就该问题发表了一篇文章,在列举了大量事实后,他认为"法老的咒语"是根本不存在的。

然而一系列的死亡事件毕竟是铁一样的事实,谜底还要等科学家来揭开。

有的研究者认为,所谓"法老咒语"其实就是一种用来对付盗墓者的病毒。1963 年,开罗大学的医学教授伊泽得出一项结论,他认为进入法老墓穴的人是感染了病毒而死的。通过许多考古学家做的体检,他发现这些人均带有一种能引起呼吸道发炎的病毒。

1983 年,来自法国的一位女医生菲利浦提出了新的见解。她认为真正的杀手的是霉菌,但这种霉菌并不是法老有意安排的,而是由于法老陪葬物中的食品腐败后在墓穴形成众多的霉菌微尘,而进入墓穴者不可避免地要吸入这种微尘,结果引发肺部感染而死。

还有一种研究认为,"法老咒语"的魔力来自陵墓的结构。因为图坦卡蒙陵墓的设计,竟能产生并聚集某种特殊的磁场或能量波并致人于死命。但有新的疑问是:即使以现代人的科技水平,也未必能设计出这样的结构,难道几千年前的古埃及人真的就掌握这种能力了吗?

总而言之,以上观点虽各有其道理,但都或多或少存在漏洞。无论是病毒说、霉菌说还是结构说,都有难圆其说之处。若说是病毒,什么病毒能在封闭的空间中生存 4000 多年? 若说是霉菌,陵墓掘开后空气流通,霉菌微尘不久就会逸散,如何会持续多年……

截至目前,似乎最有说服力的研究结论当属于"致癌气体"说,这一全新的理论是古埃及考古学家扎西·哈瓦斯博士提出的。

1999 年,针对长期以来考古界对"有害病菌"的推测,德国的微生物学家哥特哈德·克拉默经过探测,宣称在木乃伊身上发现了足以致命的细菌孢子,而且它们在木乃伊身上可以寄居繁殖长达数个世纪之久。根据这一重大医学发现,哈瓦斯此后每次进入陵墓时都要在墓室墙壁上钻一个通气孔,等陵墓内的腐败空气向外排放数小时之后再进入。不过他认为这并不是全部原因,经过进一步检测,他发现众多法老陵墓的石灰墙内普遍充满了一种叫作氡的气体,医学专家一致认定其可以致癌,由此他怀疑这正是导致部分考古人员患病甚至丧命的直接原因。或许是真的破解了"法老咒语",尽管哈瓦斯博士所发掘的古埃及法老陵墓以及接触到的木乃伊数目要比所有在世的考古学家都多,屡屡"骚扰了法老的安宁",可他依然健在。据说当有记者采访哈瓦斯时,曾问他是否害怕"法老的咒语",他坚称从不相信这一传言。甚至在最近,哈瓦斯博士还带领来自意大利、瑞士、美国等国的放射线学家、流行病学家和法医病理学家们一起,通过最现代化的扫描技术研究图坦卡蒙法老的遗体,这在近几十年来还是第一次。

为了进一步打消人们的疑虑,哈瓦斯还戏言他也曾遇上过"诅咒"。据他说,在一次发掘中,他曾看见一块碑铭上写着:"如果有人擅闯我的坟墓,他将被鳄鱼、河马或狮子吃掉。"但显然这个诅咒不大可能会发生,因为在其现实生活中很少会遇到这些东西。还有一次,当他在一个古埃及坟墓中进行发掘时,突然一块物体掉在头上,他立刻倒地人事不省,别人都认为在他身上发生了法老的诅咒,但是当他醒来后,他笑言那只不过是一次事故而已。

不管怎么说,虽然有那么多的科学家从各种角度否认了"法老咒语"魔力的真实性。但历史上曾发生的令人恐惧的一幕幕,仍在影响着当今人们的心理。就在2002年有关方面进行机器人探秘金字塔行动并通过电视直播时,在诸多媒体的造势下,仍有许多观众不禁要为这次考古活动的负责人、现场的工作人员捏一把汗,担心法老的诅咒会落到他们的身上。

看来,对于这神秘的"法老咒语",至今人们还没能完全解答。

印度河文明古城的消失

巴基斯坦信德省的拉尔卡纳县南部,印度河的右岸,有一座半圆形的佛塔废墟。这里白天狂风怒吼,沙尘飞扬;夜晚寒风习习,尽收眼底的只有一望无际的沙漠。多少年来,这里一片荒芜,满目凄凉,被当地人称为"死亡之丘",但许多学者更喜欢称它为"核死丘"。1922 年,印度勘察队员偶然在这里的佛塔废墟内,找到了几块刻着动物图形和令人费解的文字的石制印章。此后 60 多年,考古学家在这里发掘出了一个建于 4500 年前的古城遗址,向世人证明了印度河文明与两河流域的苏美尔文明一样古老而灿烂。这就是举世闻名的摩亨佐·达罗,标志"印度河文明"的古城,1980 年被列入《世界遗产目录》。印度河文明包括哈拉帕和摩亨佐·达罗两个大城市以及 100 多个较小的城镇和村庄,两个大城市方圆都超过 5 千米。但是,后来印度河文明消失了。印度河文明古城遗迹的发掘能带给人们探索古印度文明的什么线索呢? 印度河文明又是怎样被遗弃的?

两大古城遗迹的发掘

印度河是世界上较长的河流之一。但在 18 世纪之前,人们根本没有想到这条藏身于沙漠、人迹罕见的河流曾有过堪与古埃及相媲美的璀璨昨天。

印度河文明最早引起人们注意是 18 世纪哈拉帕遗址的发掘,在这里发现了大都市残址。19 世纪中叶,印度考古局长康宁翰第二次到哈拉帕时,发掘出一个奇特的印章,但他认为这不过是个外来物品,只写了个简单的报告,此后 50 年,再也无人注意这个遗址了。后来,考古专家以含哈拉帕在内的旁遮普一带为中心,东西达 1600 千米、南北 1400 千米的地域内,发现了属于同一文明的大量遗址。这个发现震动了考古学界,因为涵盖范围如此之大的古文明在世界上可以说是独一无二的。

1922 年,一个偶然的机会使人们发现了位于哈拉帕以南 600 千米处的摩亨佐·达罗遗迹。这里出土的物品与哈拉帕出土的相似,人们才想起了 50 年前哈拉帕出土的印章,考古学家开始注意这两个遗址间的广大地区。这些遗址位于印度河流域,所以被称为印度河文明。据考证,遗址始建于 5000 年以前甚至更早的年代。然而令人激动的还不仅是它的面积和年代,不久,人们就发现虽然这些遗址属于同一文明,但生活水平并不一样,这是什么原因呢?

对哈拉帕出土的印度印章进行研究的结果令人失望,没有人能释读印章上的文字。文字是一个国家文明的水准,有文字的印章可能在政治、经济活动中担任重要角色。而且印章只在摩亨佐·达罗和哈拉帕出土，于是专家们推断，摩亨佐·达罗与哈拉帕都是都市，这就可以解释为什么处于同一文明的人生活水准不一样，当然这只是推测。

为了进一步证实摩亨佐·达罗和哈拉帕的都市性质，考古学家对摩亨佐·达罗进行了最广泛的发掘。摩亨佐·达罗面积约 100 平方千米，分西侧的城堡和东侧的广大市街区。西侧的城堡建筑在高达 10 米的地基上，城堡内有砖砌的大谷仓和被称为"大浴池"的净身用建筑等，其中最令人惊讶的是谷仓的庞大，这似乎显示了这个城市当时的富足。不过装满大谷仓的谷物是怎样征集来的呢？

市区有四通八达的街道，东西走向和南北走向的各宽 10 余米，市民的住房家家有井和庭院，房屋的建材是烧制过的砖块。如果不是亲眼所见，这是难以置信的，因为在其他古代文明中，砖块只用于王宫及神殿的建筑。最令考古学家惊异的是其完整的排水系统。其完善程度就连现今世界上数一数二的现代都市也未必能够达到。二楼冲洗式厕所的水可经由墙壁中的土管排至下水道，有的人家还有经高楼倾倒垃圾的垃圾管道。从各家流出的污水在屋外蓄水槽内沉淀污物再流入如暗渠的地下水道，地下水道纵横交错，遍布整个城市。面对如此密集的地下水道，人们不禁瞠目结舌。住宅区各处均设有岗哨。从挖掘结果看，这是一个十分注重市民生活公共设施的城市。这是一个什么形态的社会呢？为什么它没有宫殿，所有的住房水准又都一样，完全不同于宫殿、神殿林立的古印加，美索不达米亚及国王，法老陵密布、贫富悬殊的埃及呢？除了完善的公共设施之外，还有不少通向印度河乃至阿拉伯海的港埠，这是广泛而积极的经济活动的表现。这所有的一切出于何人的规划？这个设计师可以说具有现代化的头脑。另外，整个摩亨佐·达罗没有防御系统和攻击武器，也没有精美夺目的艺术作品，这也是已知古代文明中的唯一先例。

这些城市的统治者是什么人？考古学家按照惯例首先在摩亨佐·达罗寻找王宫和神殿，结果一无所获。这又牵涉了一个问题：是什么人，用什么样的方法统治这块辽阔的国土？而且摩亨佐·达罗和哈拉帕有着完全相同的城市建设，难道它们都是首都？因为没有神殿，能不能用其他古文明中的例子——古印加、美索不达米亚、古埃及的国王同时兼任法老或祭司王来推测统治者呢？所有遗址中确实没

·充满谜团的文明故址·

图文珍藏版

有发现祭司王统治的痕迹,难道 5000 多年前的印度河文明已经废弃了君主制?这么大的国土不可能没有统治者,考古学家又仔细研究第一块和以后出土的印章,但经过一个世纪的努力,印章上的字还是无法读解。那么,它是否是一种权力的象征,如果是,这两个城市为什么又没有神殿和宫殿呢?

因为有一小部分印章上刻有神像,于是有人推测,这可能是宗教遗物。但也有人反驳说,这完全是家族或个人的保存品,不能说明整个国家具有宗教性质,况且出土的近 3 万枚印章有神像的只是很少一部分。谜团越来越大。有人认为只要能够释读印章上的文字,就可以解释这个文明的来龙去脉。其实,文字固然可以使人了解整个文明的起源和衰落,但大多数考古学家认为必须从多方面研究,以相互印证。

究竟是什么人创造了这个文明?开始人们曾误以为它是受其他文明的影响发展起来的,但是进一步考古发现,无论是文字还是印章都是其他地方看不到的,而且对出土人类骨骼的鉴定也表明这里的人融混了许多人种的要素,不是现在已知的某个特定民族。

那些当时在今天已经无法居住的地方建设如此高度文明的城市的人,如果不是印度人的先人,那又是什么人呢?

有人认为,印度河文明与其他文明是同时崛起并存的。是不是可以说,印度河文明发展之初,受到过外来文明的影响,但在漫长的历史长河中孕育出了独特的高度文明。

摩亨佐·达罗的消失与核战争有关吗

规模宏大的摩亨佐·达罗古城建于印度河流域,全部由毛坯砖建成,包括一座卫星城,周围建有壁垒,是青铜时代的古城遗址。城址占地约 8 平方千米,按城市规模推算,当时的人口在 4 万人左右。城镇街道大部分是东西向和南北向的直路,成平行排列,或直角相交。主要街道宽达 10 米,下面有排水道,用拱形砖砌成,形成一个独特的排水系统。数千间房屋好像棋子般布满全城。每个住宅都有 6~10 间房,并有院子,最突出的是一幢包括许多间大厅和一个储存库的建筑物。它可能就是当时摩亨佐·达罗城的国王或首领居住的地方。住宅大都有水井和整洁的浴室,而且有一条修得很好的排水沟,把废水引入公共排水渠中。大小住宅多半都在外墙里面装有专用的垃圾滑运道。居民可以把废物倒进滑运道,滑到屋外街边小沟。小沟又连接下水道系统。如此复杂的污物和污水处理系统,不仅在上古时代是无与伦比的,就是当今世界上的许多城镇也望尘莫及。

古城大体可分为上城和下城两部分。上城首先看到的是高达 15 米的圆形古堡。从古堡往下走,是著名的大浴池和粮仓,大浴池由红砖和灰浆砌成,四周还有精巧的上下水道。研究印度河文明的专家认为,这座大浴池很可能是为宗教仪式服务的。现在,印度河一些地区仍保留着将沐浴用于宗教仪式的传统。下城离上城约 1000 米,当人们置身于两人多高的街墙之间时,迎面会有凉风习习吹来,使人们对古代建筑师巧妙地利用季风进行自然通风的技巧惊叹不已。

古城出土了数百件奇异的人形陶俑,描绘了当时的"圣母"祭祀仪式,体现了古摩亨佐·达罗人的艺术创作特点,表现了他们对"神力"的敬畏和虔诚。出土文物中有一尊似是教王一类首领人物的塑像,头系发带,面蓄胡须,左肩上斜搭一件饰有三瓣花图案的大氅,双目微睁,显出沉思的模样。另一件精巧的文物珍品是一个舞女的塑像,全身赤裸,叉腰翘首,栩栩如生,一副高傲尊严的神态。此外还出土了大量石制印章、陶器、青铜器皿等文物。印章上刻有牛、鱼和树木的图形文字,很像古埃及的象形文字和苏美尔人的楔形文字。不过,遗憾的是,这些"天书"至今还没有被人们识读。

城市是文明发展水平的一个重要标志,有学者认为类似摩亨佐·达罗先进发达的城市规划与 1000 多年后的古罗马时代处于同等的水平!而在其所处的时代,世界上绝大部分的人们还居住在山洞中,或是住在用树枝树叶、泥土搭起、垒起的简陋棚屋里,最多也不过是 1000 人以下的村落。

可是,在 3500 年前的一天,这座城市神秘地消失了,葬身于黄沙之下。而且种种迹象表明,这里的居民在一个短暂的时间内突然无影无踪地消失,并遗弃了这座城市。为什么会发生这样的事情?摩亨佐·达罗人在离开这个城市后,去了哪里?为什么在别的地方没有再现这个城市的文明?这些谜一直困扰着考古学家们。有意思的是,在印度语中,摩亨佐·达罗的意思是"死亡之丘"。为什么叫这样一个名字呢?难道一开始就蕴涵着某种不解的神秘?

史学家认为,昔日摩亨佐·达罗郊外也是郁郁葱葱,有着和尼罗河一样宽阔古老的印度河。它不仅灌溉着千里沃野,也孕育着人类的文明。只是到了后来,由于过度的放牧和种植,破坏了生态平衡,使得植被稀疏,表土裸露,在强烈的阳光照射下,水分迅速蒸发,最终沦为一片沙洲。可是,这样的解释却无法说明摩亨佐·达罗人为什么也消失了。

也有人提出,是一次大地震毁灭了城市,可是,这里丝毫没有地震遗留下来的痕迹;有人认为,是一场瘟疫使居民们远走他乡,可是,为什么他们没有在其他地方创造同样的文明呢? 还有人认为,是别的部落占领并且洗劫了城市。可是,谁又相信,最文明的国度会被原始野蛮的部落征服呢? 或许可以从摩亨佐·达罗出土的人骨上找到一些线索。这里出土的人骨,都是在十分奇异的状态下死亡的,换言之,死亡的人并非埋葬在墓中。考古学家发现这些人是猝死的,在通常的古文明遗址中,除非发生过地震和火山爆发,否则不会有猝死的人。摩亨佐·达罗没有发生过上述两件事,人骨都是在居室内被发现的,有不少居室遗体成堆地倒着,惨不忍睹。最引人注目的是,有的遗体用双手盖住脸呈现出保护自己的样子。如果不是火山爆发和地震,那是什么令这些人瞬间死去呢? 这在很长的一段时间内是一个谜,考古学家们提出了流行病、袭击、集体自杀等假说,但均被推翻了。无论是流行病还是集体自杀,都不能解释这"一瞬间"的死亡。为了解开这个谜团,印度考古学家卡哈对出土的人骨进行了详细的化学分析。卡哈博士的报告说:"我在9具白骨中发现均有高温加热的痕迹……不用说这当然不是火葬,也没有火灾的迹象。"是什么异常的高温使摩亨佐·达罗的居民猝死呢? 公元前3000多年的大叙事诗《玛哈巴拉德》中记叙的战争景象一如广岛原子弹爆炸后之惨景,提到的武器连现代化武器也无法比拟。另一首叙事诗《拉玛亚那》描述了几十万大军瞬间完全被毁灭的景象。诗中有一点值得注意:大决战的场地是被称为"兰卡"的城市,而"兰卡"正是当地人对摩亨佐·达罗的称呼。最后,英国科学家杰文波尔力排众议,提出了摩亨佐·达罗城遭受了原子弹袭击。研究者们在城中发现了许多爆炸的痕迹,并且找到了爆炸中心。在爆炸中心1平方千米半径内所有建筑物都成了齑粉,距离中心愈远建筑受毁坏程度越小。在距中心的较远处,发现了许多人骨架。从骨架摆放的姿势看,死亡的灾难是突然降临的,人们对此毫无察觉。而且这些骨骼中都奇怪地含有足以与广岛、长崎核袭击死难者相比的辐射线含量。不仅如此,研究者们还惊奇地发现:这座古城焚烧后的瓦砾场,看上去像极了原子弹爆炸后的广岛和长崎,地面上还残留着遭受冲击波和核辐射的痕迹。对遗址中的大量粘土和矿物碎片进行分析的表明,它们被烧熔时的温度高达 1400~1500℃,而这种高温,当时的锻造条件是无论如何也达不到的。

联系到古印度史诗《摩诃婆罗多》对 5000 多年前史实的生动描述,后人也可对"核死丘"的遭遇领悟一二:"空中响起轰鸣,接着是一道闪电。南边天空一股火柱冲天而起,比太阳耀眼的火光把天割成两半,房屋、街道及一切生物,都被这突如其来的天火烧毁了⋯⋯""可怕的灼热使动物倒毙,河水沸腾,鱼类等统统烫死。死亡者烧得如焚焦的树干,毛发和指甲脱落了;盘旋的鸟儿在空中被灼死,食物受到污染⋯⋯"难怪美国"原子弹之父"奥本海默认为这部印度古代叙事诗中记载的分明是史前人类遭受核袭击的情形。

可是,当年繁华的城市,由于岁月的消磨,洪水的冲刷和盐碱的腐蚀,现在仅剩下一片片砖瓦残迹。但摩亨佐·达罗遗址也以其惊人的古代文明、神奇的难解之谜,吸引着无数学者和游客的到来。

特洛伊城的毁灭

荷马是古希腊著名的盲诗人,我们现在所谈的荷马史诗,即《伊利亚特》与《奥德赛》,是他根据当时民间和宫廷歌谣重新创作而成的文学作品。这两部史诗记述的是有关特洛伊战争的一些逸事。读过《荷马史诗》的人一定会为故事中映射出来的远古希腊文明的光芒所深深打动,而始终环绕故事中心的特洛伊古城也必定给你留下了深刻的印象,然而特洛伊城在经历了 10 年的特洛伊之战后最终毁灭。人们在回味希腊部落史诗般的事迹的同时,也不能不为特洛伊感到惋惜。《荷马史诗》作为一部文学史上的不朽之作,对欧洲文明产生的影响非常巨大,而它作为一部史诗也一直深深地吸引着人们去探寻它的真实性。特洛伊城在哪里? 它真的存在过吗? 特洛伊宝藏下落如何?

特洛伊城宝藏之谜

众所周知,《荷马史诗》是古代希腊文化的瑰宝,它宏大的叙事、磅礴的激情以及塑造得栩栩如生的形象不仅是希腊古典文化的高峰,更是欧洲文学的源泉。但人们一般都把它当作神话传说,很少有人会对其中所描写的财富信以为真,并孜孜以求。但恰恰就有这么个人,将荷马笔下的特洛伊城当作他的精神故乡,并终生都在兀兀以穷年地不倦追寻。

特洛伊战争

亨利·谢里曼 1822 年生于德国北部的梅克伦堡。父亲是贫穷的乡村牧师。在小时候听过的故事里,谢里曼最喜欢特洛伊的故事,并立下宏愿,长大了要去寻求伟大的特洛伊城。但他知道这需要一大笔钱。由于家境贫寒,14 岁时谢里曼不得不辍学当了学徒,但他时刻都没有忘记少年的梦想,没有忘记辉煌一时的特洛伊城,在业余时间他开始学习希腊语。这位年轻的学徒怀揣着梦想默默地并坚定地朝着自己的目标进发。

谢里曼有着惊人的语言天赋,他用 3 个月的时间就学会了希腊语,并先后掌握了德语、英语、法语、荷兰语、西班牙语、意大利语、葡萄牙语、俄语、瑞典语、波兰语、拉丁语、波斯语、阿拉伯语、土耳其语等 18 种语言。同时,他的事业也蒸蒸日上,19 岁时他到南美一艘轮船上做勤杂工。22 岁时经人介绍在一家大公司谋得一份通讯员和簿记员的工作,并很快崭露了出众的商业头脑。1850 年,谢里曼搭上开往美洲的轮船,加入加利福尼亚的"淘金热"的队伍,他赚到了一大笔钱。接着,在俄国克里米亚战争与美国南北战争中,谢里曼又投资军火生意,获得巨额利润。谢里曼终于成了百万富翁,这时他已过了不惑之年。他觉得离梦想的实现已经指日可待了,便决定退休,来到小亚细亚半岛的西北隅。因为,据荷马在《伊利亚特》中的描写,他认为那就是特洛伊古城的原址。这已是 1869 年,距荷马所描写的那场伟大的战争已过了两千多年。

说起来,谢里曼是个十足的浪漫主义者,对希腊的迷恋使他在处理个人生活问题时也极富想象力。在和第一个俄罗斯妻子离婚后,他便托朋友在希腊寻觅伴侣,他心目中的女神自是海伦无疑。因此,提出的择偶条件是希腊籍,出身寒微,貌若天仙,最最重要的是"她必须对荷马史诗充满热情"。也许是他对梦想的执着感动了上苍,居然真的让他找着了这样一位姑娘——16岁的索菲亚·英格斯托门罗斯。他们婚后生了两个孩子,取的名字都是《荷马史诗》中的人名:安卓米奇和阿伽门农。

1870年4月,谢里曼从土耳其政府申请到了发掘的许可证,雇用了100多名当地的工人,在土耳其西北部的希萨里克山丘破土动工,开始了他寻梦的传奇经历。在当时,除了希萨里克外,还有一个名叫布纳巴西的村落也被认为与特洛伊遗址有关。谢里曼根据他的"向导"荷马的描述,认定希萨里克更有可能是特洛伊的原址。挖掘工作断断续续持续了3年,炎热的天气、工人的情绪以及疾病、土耳其政府的干预等困难层出不穷,但没有什么可以阻止一个从小就扎根于心的梦想,那颗种子早已萌芽、生长,成为一棵难以摇动的大树。

不断地发现也支撑着谢里曼的信心。开始是一段石墙,他立刻断定这是特洛伊的城墙。接着是一大片的城市废墟,一层叠着一层。谢里曼热情高涨,夜以继日地工作。可惜的是,他毕竟没有受过正规的考古学训练,他没有用科学的方法逐层小心翼翼地寻找文物,而是鲁莽地命人挖开一道130英尺长的壕沟坑,一下子就直达废墟的第六层。因为他认为,特洛伊城肯定应该在最下面。为此,他毁坏了上面几层的文物,这是十分可惜的。逐渐地,城市的路面、陶罐,更重要的是,一栋大型建筑物终于露出地面。谢里曼认定,这就是特洛伊的最后一位国王,那位带领他的人民坚守10年保卫自己国家的普里阿摩斯的王宫遗址。

1873年6月15日,一个同以往一样炎热而尘土飞扬的早晨,大约9点多钟,谢里曼看着工人们干活,突然发现在墙角的旧青铜器后面,有东西在闪闪发光。这无疑是格外激动人心的时刻。谢里曼后来在自传中回忆到:这是他一生中最精彩的瞬间,因为追求一生的梦想就在那一瞬间实现了!

为了不被人察觉,谢里曼立刻叫妻子去让工人们停工回去,他们二人开始拼命地在泥土中挖掘。据说,索菲亚当时解下肩上的红色披肩,把谢里曼从土中找到的宝物一件一件包裹起来。这些东西包括 3 件头饰、60 只耳环、6 只手镯、近 9000 颗黄金珠子以及其他珠宝饰物和银、铜花瓶等等。谢里曼先后还发现了另外 3 处宝藏,难以计数的金银珠宝令人眼花缭乱。其中,最珍贵的就是那些头饰。最大的那顶纯金头带,由 16353 块金片金箔打造而成,底下是一长串的项链,长长短短以心形金片组成的流苏垂在佩带者的前额和双肩。谢里曼断定,这一定是海伦的遗物,只有世界上最美的女人才有资格佩带这么精美绝伦的饰品。他把这个头带戴在索菲亚头上,流光溢彩的头带衬托出索菲亚美丽的脸庞,使谢里曼恍惚间见到了梦中的女神。后来,索菲亚的画像中就戴着那个美丽的头饰,使后人有幸一睹其芳容。

和当时绝大多数欧洲人一样,谢里曼极端蔑视他考古所在的国家,认为只有他们这些文明世界来的人才懂得保护文物。土耳其政府有所风闻,派人来检查,但谢里曼早已将这些珍贵财宝送往附近港口,装船运往希腊的岳父家。

后来,谢里曼掩饰不住他的得意,向全世界公布了他的发现。这个没有受过正规教育,被正统考古学家所瞧不起的业余考古爱好者终于名扬天下。虽然大多数人将信将疑,但他的考古发掘却是不容置疑的事实。谢里曼认为,特洛伊城就在那些遗址的倒数第二层,发现宝藏的地方就是普里阿摩斯王宫的大门。但是,以后的一些考古学家认为,谢里曼的判断是错误的。从年代上推断,谢里曼所发掘的废墟的倒数第二层,即谢里曼认定的特洛伊古城,其实是比特洛伊要早上千年的另一座古城。只有第三层的年代才和特洛伊相差不远,也就是说,谢里曼已经直接穿透了特洛伊城。后来,在倒数第二层和第三层两个假说以后,又有学者提出第六层、第七层是特洛伊的两个假说。那么特洛伊究竟是传说还是真实? 真的存在这样一个古老的繁荣的城市吗? 真的生活着那样一批英雄吗? 因为,没有直接确凿的证据可以证明,谢里曼所发掘的遗址就是特洛伊城,《荷马史诗》中的宝藏真的就是谢里曼发掘出的那些金银珠宝吗?

1890 年,谢里曼逝世,终年 68 岁。他被安葬在自己钟情的国家——希腊,受到了国葬的待遇。但在他临死前,他也不得不承认,他所发掘的不一定是特洛伊城。即便如此,他的伟大发现和执着顽强、孜孜以求的精神仍然令后世的人充满景仰与敬佩。

至于这批被人们称为“谢里曼黄金”的财宝,它的下落也颇富戏剧性。起初,谢里曼觉得希腊政府接受它是顺理成章的事,但迫于土耳其政府的压力,希腊政府最终没敢接收。谢里曼又打算将它们送往英国大英博物馆,并希望英国能为他加封晋爵,可惜他的愿望又落了空。于是,谢里曼和自己的祖国德国谈判。这里需要插叙一点的是,因为当时美国人比德国人更容易获得土耳其政府的信任,谢里曼早在动手发掘之前就已经取得了美国国籍。德国政府许诺授予他封号和勋章,因此,1880年谢里曼把这批宝藏送到了柏林。德国政府举行盛大的欢迎仪式,德皇亲自接见了谢里曼。功成名就、志得意满、美梦成真,恐怕这些词都不足以概括谢里曼当时的兴奋心情。而德国政府也因此大出了一把风头。他们把这批财宝展出,轰动世界。为了安抚土耳其政府,谢里曼到底还是赔偿了他们2000英镑,这在当时是一大笔钱。

二战后,这批财宝不知下落。一说是在战火中毁掉了;一说是被当时的苏联红军运回了苏联,藏在克里姆林宫的某个角落里。1991年,这批财宝终于又在世间传出消息。原来,两个学艺术的学生在普希金博物馆帮忙时,偶然发现了一些尘封的材料,上面记录着二战后从柏林运来的谢里曼黄金的线索。1996年,这批珍贵的财宝终于在莫斯科展出。

至于它们的归属问题,至今众说纷纭,悬而未决。德国政府坚决认为谢里曼是德国人,而且他早已将这批财宝捐赠给了柏林博物馆,理应归还德国;希腊政府以索菲亚的名义要求拥有,因为它们本是从希腊运出去的;而土耳其政府当然也有充足的理由要求占有它们;甚至英国政府也来凑热闹,他们忘了100多年前早已失去了把这批宝藏放在大英博物馆的机会,只是声称二战胜利后柏林博物馆是他们的管辖范围,"谢里曼黄金"自然也应属他们管辖。

无论如何,这笔宝藏不仅意味着财富,更是人类智慧的结晶,昭示着3000多年来人们曾走过的足迹。希望它能得到妥善保管。

古代特洛伊战争的遗址之谜

著名的荷马史诗第一部《伊利亚特》叙述了这样一场战争:英俊潇洒的特洛伊王子到各国游历,到了斯巴达王国,国王不在,受到年轻漂亮的王后海伦的热情款待,这两人一见钟情迅速坠入了爱河,结果特洛伊王子将海伦带走了。这自然引起斯巴达国王的强烈不满,于是他纠集了希腊各国大军,围攻特洛伊城,但整整围攻了 3 年,也毫无所获。这时希腊人想出了一个绝妙的办法:他们首先造了一个大木马,将一支突击部队藏在木马里,然后在两军对垒之时,假装撤退,而让特洛伊人俘获了木马。特洛伊人不知道木马的机关,还以为是希腊军队的新式武器,于是很高兴地抬回去研究。谁知到了晚上,当特洛伊人张灯结彩举办庆功酒宴之时,希腊的这支突击部队从木马中钻出来,打开了城门,之后与城外的部队里应外合进攻特洛伊城,刹那间昔日美丽壮观的特洛伊城变为一座废墟。

这场激烈残酷的战争真的发生过吗? 特洛伊城的遗址究竟在什么地方呢?

1871 年,德国考古学家亨利·谢里曼在小亚细亚北部的希萨里克,大约距达达尼尔海峡 5 千米附近的山丘上进行考古发掘,结果意外地发现了特洛伊遗址的第一和第二文化层。之后他又在当地挖掘第三文化层时,挖出了许多古代的黄金酒杯、王冠、银瓶、手镯等贵重物品,并且发现了有火灾的痕迹。他在进行一番考察与分析后,宣布自己找到了特洛伊城的遗址。

可是出人意料的是,谢里曼的朋友、他的合作者建筑学家多朴菲尔德根据自己的考证否决了他的这一观点。多朴菲尔德认为,特洛伊城自公元前两千多年前到公元后几个世纪,一直有人居住,因而先后应该形成了九个文化层,而不止三个。他在第六文化层里发现了许多尸骨以及大量被烧毁的房屋,这明显是战争的遗迹。据此他指出,特洛伊战争遗址不是在第三文化层,而应该在第六文化层。

多朴菲尔德的观点一时为人们所接受,直到 20 世纪 30 年代,又有人提出质疑,其中最具代表性的是英国考古学家卡尔·布勒根。他根据自己发现的新材料指出,多朴菲尔德在第六文化层发现的大量被毁坏的房屋和许多尸骨,是由于地震造成的,而非战争所为,因此是不能作为特洛伊战争遗址的。布列在第七文化层中发现了大量遭受火烧和抢劫的房屋,而且各家各户都备有埋在地下的大瓮,瓮口仅露出地面,这表明当时特洛伊城正在遭受围困,并且不久就毁灭于战火之中。因此布勒根认为真正的特洛伊战场遗址在第七文化层。

无论是谢里曼还是多朴菲尔德还是布勒根,他们尽管都有各自的看法,但是却存在着共同的认识基础:认为希萨里克附近的山丘就是古代特洛伊城的遗址。假如古代特洛伊城的遗址不在那里,那么他们的推论就完全变成了空中楼阁。事实上,不断有人对古特洛伊城遗址的方位提出新的见解,例如多年从事荷马史诗研究的墨西哥语言学家罗伯特·萨利纳斯最近提出一种新的观点,他认为特洛伊城的遗址并不在小亚细亚,而应该在波斯尼亚和黑塞哥维那的加贝拉镇,该镇位于奈雷特瓦河流入亚得里亚海入口处,这个地形与《伊利亚特》中的环境描述是接近的,并且"入口处"的位置也为希腊大军的停泊船只提供了证明。奥德修斯设计的"特洛伊木马"也不是用木料制作的"马",而是奈雷特瓦河上常见的一种前部雕饰马头形象的船。特洛伊人误以为是自己的船只,就放行了,造成了丢城灭国的悲惨结局。萨利纳斯的观点未能为学术界所接受,不少人提出反对意见。特洛伊木马计中的"马",是木制的马还是船,至今仍在激烈的纷争之中。

据美国《纽约时报》报道,美国特拉华州立大学地质系的约翰·克拉夫特率领一些土耳其和美国的地质学家,对古特洛伊周围的沉积层进行了考察,他们提出了一个新的看法:希腊人可能是沿着爱琴海前进,并且在特洛伊以西的贝西卡港湾登陆,然后折向东方,经由位于特洛伊城东南的平原向该城进攻的。在特洛伊城西北8千米处的贝西卡港湾有深水且深入内地,可以说是希腊军队船只理想的停泊之处。因此,有些专家强调说,特洛伊战场应该在特洛伊城以西的地方。

但是约翰·克拉夫特的说法至今并没有得到很多人的认可。所以特洛伊战争的遗址究竟在哪里,至今还是一个未解之谜。

特洛伊战争是真是假

在《荷马史诗》的滋养下,当代艺术家通过电影再现的火爆的"特洛伊战争",令考古学家倍感压力。特洛伊战争到底有无其事? 多少年来人们争论不息。

来自近20个国家的350多位科学家和技术专家参与了一项对特洛伊遗址的考古发掘工作。这一遗址位于今天土耳其的西北部,其文明活动从公元前3000年早期青铜时代开始,直到拜占庭定居者于公元1350年放弃了它。按照这一项目的现任负责人曼弗雷德·科夫曼的说法,确定荷马所描述的特洛伊战争的真实性,成了这一考察活动的主要任务。

科夫曼说,根据考古遗迹推论,大致可断定特洛伊城大约是在公元前1180年被摧毁的,可能是因为这座城市输掉了一场战争。考古人员在遗址处发现了大量相关证据,如火灾残迹、骨骼以及大量散置的投石器弹丸。

按照常理,在战争结束后,保卫战的胜利者会把那些用于投掷的石块等武器重新收集起来以便应付敌人再次入侵;而若是征服者取胜,他们是不会做这种善后工作的。当然,这些遗迹所反映的那次冲突并不意味着就是《荷马史诗》中所讲的那场特洛伊战争。考古证据还表明,在该城此次被打败的几十年后,一批来自巴尔干半岛或黑海西北地区的新移民定居到了那个很可能已相当凋敝的城市。

在考古学界,传统的主流看法认为,这些遗迹与《荷马史诗》中提到的那个伟大城市毫无关系;作为今天考古对象的那座古城,在青铜时代晚期已没有任何战略意义,因而不可能是一场伟大战争的"主角"。

而科夫曼就此反驳说,对欧洲东南部地区新的考古研究将纠正这些看法。

科夫曼指出,特洛伊城以当时那一地区的标准来看,称得上是一个非常大的城市,甚至具有超地域的战略重要性。它是连接地中海地区和黑海地区以及连接小亚细亚和东南欧的战略中枢。在当时的东南欧地区,特洛伊城的这一战略中枢位置是无与伦比的。特洛伊城显然因此遭受了反复的攻击,它不得不一再进行防卫,以及一再修复、扩大和加强其工事。这在留存到今天的遗址上,还有明显的表现。最近的挖掘还表明,特洛伊城比先前一般认为的规模要大 15 倍,今天遗址覆盖面积就有 75 英亩。

科夫曼推断,当年荷马必是想当然地认为他的听众们知道特洛伊战争,所以这位游吟诗人才会浓墨重彩地刻画阿基利斯的愤怒及其后果。荷马把这座城市和这场战争搭建成一个诗意的舞台,上演了一场伟大的人神冲突。然而,在考古学家看来,《荷马史诗》还可以在一种完全不同的、世俗的意义上得到证实:荷马和那些向荷马提供"诗料"的人,应该在公元前 8 世纪末"见证"过特洛伊城及那片区域,这个时期正是大多数学者所认可的《荷马史诗》的形成年代。

科夫曼认为,尽管在荷马生活的那个时期,特洛伊城可能已成为废墟,但是留存到今天的这一伟大之城的废墟也足以给人深刻印象。生活在当时或稍后时期的《荷马史诗》的听众,如站在彼地某一高处俯瞰,应当能一一辨认出史诗中所描写的建筑物或战场的遗迹。

尽管特洛伊位于安纳托利亚(小亚细亚的旧称),但两位特洛伊考古活动的先驱(德国考古学家谢里曼,1871 年发现了古代特洛伊城遗址;卡尔·布勒根,主持了 20 世纪 30 年代对特洛伊的考察)却带给人们这样一种观点:特洛伊是希腊人的特洛伊。这个观点是一种成见。而科夫曼指出,这一观点并不正确,两位先驱的考古研究仅涉及在"西线"从希腊到特洛伊的考察,却忽视了在"东线"对安纳托利亚地区的整体考察。

科夫曼说,随着考古研究的不断深入,学者们已大致确定,青铜时代的特洛伊与安纳托利亚的联系是相当密切的,这种密切程度要超过它与爱琴海地区的联系。在特洛伊出土的、数以吨计的当地陶器以及其他一些发现(如刻有象形文字的印章、泥砖建筑、火葬现象)都验证了这点。

对安纳托利亚的研究告诉人们,这座今天被称为特洛伊的城市在青铜时代后期曾兴起过一个有相当实力的王国——威路撒。赫梯帝国和埃及人与威路撒都曾保持着密切联系。据赫梯帝国的历史记载,在公元前 13 世纪至公元前 12 世纪早期,他们和特洛伊城之间的政治和军事关系甚是紧张。

这个时期正是《荷马史诗》所描述的发生特洛伊战争的时期。这中间有什么联系吗? 这一点值得继续研究。

几十年前,那些坚持特洛伊战争真实性的学者们曾是少数派,他们的学说曾被主流学术界嗤之以鼻。然而,随着近十几年来相关考古活动的突飞猛进,当年的少数派如今成了多数派。而今天的少数派,那些坚决否认特洛伊战争真实性的学者只能用一句"特洛伊没有任何战略意义"的说法支撑他们的观点,正如科夫曼等人指出的,这种说法过于勉强。

科夫曼说,现在大多数学者已达成共识,在青铜时代后期的特洛伊曾发生过几次冲突。然而,我们还不能确定荷马颂吟的"特洛伊战争"是不是对这几次冲突的"记忆蒸馏",是不是的确发生了一场值得后人永远追忆的大战争。

米诺斯的传说

在希腊神话和传说里,记载着这样一个故事:米诺斯国王是诺色斯、克里特和整个爱琴海的国王。有一次他派他的儿子安德罗吉到大陆去参加运动会。不料,安德罗吉遭到了雅典国王的妒忌并被谋害致死。米诺斯震怒之下,发动战争,众神也纷纷降灾荒和瘟疫到雅典,雅典被迫求和,答应定期送童男童女到克里特。而米诺斯国王把他们关禁在迷宫里,或是让恶兽吃掉,或是饥饿而死。为此,雅典人惶惶不安。这是久远的希腊传说,尽管流传得相当广泛,但一直以来都没能引起人们足够的重视。20世纪初,英国的考古学家阿瑟·伊文斯带考古队来到克里特岛,经过3年的发掘,终于在克里特岛的伊拉克利翁市发现了米诺斯文明中最大最重要的王宫遗址——克诺罗斯王宫。而关于米诺斯国的传奇故事更是吸引了世人的注意。

忒修斯传说

在古希腊神话传说中,忒修斯因其英勇而成为亮点人物。他有过许多英雄的壮举,但他最伟大的行动却是杀死牛头人身的怪物米诺陶洛斯。

米诺陶洛斯是帕西菲王后与一头公牛交配后产下的怪物。当时,强大的国王米诺斯在克里特统治着希腊,他和帕西菲结婚,但帕西菲却爱上了一头漂亮的公牛。帕西菲让发明家代达罗斯为她制作了一只木制的母牛,以便于她可以藏在里面与公牛交配。以后她生下了可怕的米诺陶洛斯——个半人半牛的怪物。

米诺斯便求助于代达罗斯,修建了一个巨大的迷宫来囚禁这头牛头人身的怪物。每隔9年,国王都要送14个雅典童

忒修斯

男童女到迷宫喂这头牛头人身的怪物。这也是为死于雅典人之手的米诺斯之子安德罗奇斯报仇。在忒修斯以前,从来没有一个年轻人生还。忒修斯是雅典国王埃勾斯的儿子,他自愿前往。忒修斯承诺父亲他会回来,并且将升起白色的风帆来表明他的胜利。忒修斯杀死了牛头人身怪物,走出了迷宫。这样就结束了雅典年轻人被残害的无谓牺牲,克里特对雅典的统治也就结束了。

对于忒修斯的故事和克里特文明，后人曾做过深入研究。1900 年，牛津阿尔莫宁博物馆的理事阿瑟·伊文斯来到了克里特。他的发现证明克里特不仅仅是伟大帝国的中心，而且有关忒修斯的故事远远不像曾经看起来的那般充满幻想。

19 世纪 20 年代的艾伦·瓦斯和 19 世纪 30 年代的卡尔·布勒根，发现了与克里特文明同时存在的"迈锡尼"文明的证据，这种文明明显独立于克里特文明。他们认为，在公元前 1500 年后某些时候，迈锡尼人征服了克里特人。至此，迈锡尼文明得以繁荣发展。这些材料，在某种程度上似乎进一步证实了忒修斯的传说是有一定历史根据的。和迈锡尼人一样，雅典人是希腊人，所以忒修斯的胜利可能意味着在某次（或者连续几次）实际的战斗中迈锡尼希腊人击败了牛头人身的克里特人。

是忒修斯（或是他作为希腊人的象征）杀死了牛头人身怪物（或者怪物是克里特人的象征）吗？由于年代久远，此外也没有众多的史料可考，也许进一步的发现和研究能为这个看似完全虚构的故事增加一点可信度，从而解开克里特文明之谜。

米诺斯文明的毁灭

4000 多年前，地中海上的克里特岛是一个光辉灿烂的文化中心，考古学家们现在已经证明克里特属于东方式的奴隶制国家。它拥有强大的王权，处于被奴役的无权地位的是大量的奴隶和农民。从它的艺术面貌可以看出，它同古埃及、古希腊和美索不达米亚有诸多联系，但它并不是东方与西方这两个世界之间的简单过渡，古代东方文明对其影响颇大，但是东方帝国的威严、沉重的气息在它身上是看不到的。克里特艺术生动明朗，优雅秀逸，它最突出也最令人着迷的品质是世俗性和享乐性。克里特文明与后来的希腊文明缺乏直接的承继关系。但它却是后者真正的先导，它在气质上无疑更接近古代希腊。

克里特文明大约萌芽于公元前 3000 年，那时它已经进入了青铜时代，是爱琴海文明的发源地。我们追溯人类的文明发展史，在进入青铜时代这一阶段时，希腊与包括中国在内的四大文明古国相比丝毫都不逊色。今天的考古学家们已经能够轻而易举地描绘出克里特文明的 3 个阶段，他们将公元前 3000 年到公元前 1100 年的克里特文明分为早期、中期、晚期 3 部分，其中米诺斯王在位的时代是克里特

世界经典文库

中外历史悬案

·充满谜团的文明故址·

图文珍藏版

文明的黄金时代。因此人们常常称克里特文明为"米诺斯文明"。

早期米诺斯文明(大约为公元前3000~前1900年),是青铜时代的早期。按考古学家伊文斯的说法,这种早期文明的辉煌发展,"决定因素……可以追溯到渡越利比亚海同尼罗河谷的公开交流"。这种文化交流,通过贸易,或是移民(他们是公元前3000年初埃及国王征服了整个埃及时被逐出的避难者)来进行。尼罗河三角洲的新技艺如宝石的雕琢和彩陶制造被移民们带到克里特,当地的原始社会向奴隶社会的过渡因而大大加速。

在这1000年之间,岛上人口增加速度很快。不仅南部麦沙拉平原拥有众多人口,东部地区也成了繁荣富裕的地区,一些重要的市镇和聚落也在沿海地区出现,如法莱卡斯折、普塞拉摩克洛斯、吉尔尼亚等。由于商品经济的促进,专业手工匠人阶层形成,烧制陶器、木器制作、房屋建筑、葡萄汁压榨等技艺都有所发展,贫富分化已相当明显,略显粗陋的只是金银饰品的制作。

中期米诺斯文明(约公元前1900~前1600年),是旧王宫和新王宫初建时期。这时期克里特岛奴隶制国家形成并开始强盛,这一时期出现了两个重要的变化:第一,出现了王宫;第二,交通困难引起地方差异,文化开始统一。在克诺罗斯、费斯托斯、玛丽亚等地都修筑了规模宏大的王宫。这些王宫的形制布局大同小异,建筑风格和特征相同。

这段时期的陶器制作具有较高的水平,不仅有罐、钵、杯、碗、瓶诸多器型,而且彩陶也非常精美,盛行轮制陶术,生产的"蛋壳陶"非常薄。

王宫的壁画水平令人炫目,不仅富丽堂皇,而且其具有丰富的题材内容,有些壁画以花卉、叶草和海洋生物为主题,也有些壁画描绘宫廷宴乐、礼仪和竞技活动。

海上贸易在这段时期开始兴起和兴盛,因此米诺斯国逐渐富裕起来,它逐渐控制了爱琴海诸岛,以保护海上贸易、控制海上交通,并逐渐成为海上帝国。

晚期米诺斯文明(约公元前1600~前1100年),是"米诺斯霸国"。米诺斯文明在这段时期达到鼎盛。

在这段时期,作为一个世界强国,米诺斯完全有资格与埃及帝国、亚述帝国平起平坐。那些在埃及陵墓墙壁上留下了"岛民"形象的高傲大使们,不是作为臣服国进贡的使者,而是作为大国君王的送礼特使,昂首出入埃及、亚述帝国的宫廷。

克里特国王就在豪华的克诺罗斯王宫里统治他的海外属地。

当时已出现具有较大规模的城市，据测算，首都克诺罗斯大概拥有 8 万人口，岛上有许多城镇。除此之外，米诺斯王朝版图已包括爱琴海诸岛和希腊大陆南部。

那时，米诺斯的海运非常发达，与埃及、叙利亚有较为频繁的往来，并在爱琴岛、希腊大陆南部伯罗奔尼撒沿海设立了商站。

米诺斯王朝在这段时期成为一方霸主。在当时的古代世界，其工农业、海运和商业都达到了顶峰水平。

让我们回过头来再次纵观克里特文明，它于公元前 3000 年萌芽，大约从公元前 1900 年开始进入繁荣期，到公元前 1600 年左右则达到全盛。然而，令许多历史学家和考古学家迷惑的是，在公元前 1450 年左右，发展得蓬蓬勃勃的克里特文明竟在它的鼎盛时期突然于瞬间消失得无影无踪。其中缘由众说纷纭，莫衷一是，我们暂且看一看这样一种比较流行但并非共识的解释。

公元前 15 世纪中期，克里特岛饱受一系列地震及其余震的侵袭，这一切造成了巨大的破坏和人员伤亡。惊恐和沮丧使人们内部出现了纷争，克里特岛的祥和与安宁被打破了。战争终于在克诺罗斯王国和岛上其他统治者之间爆发了。虽然最后的胜利者是克诺罗斯王国，其他王宫都成了一片废墟，但克里特的实力却因为这场内部争斗而大为削弱。从此，它变得不堪一击。克里特的虚弱被希腊大陆上好战的迈锡尼人清楚地认识到了。

迈锡尼人最初从米诺斯人那里学会了航海技术，他们利用米诺斯人暂时的虚弱迅速出击，米诺斯人在许多岛屿上的殖民地很快就被他们占领了。他们一次次地试图攻占克里特岛，但都未能如愿。直到大约公元前 1450 年，另一种从天而降的自然灾难帮助进攻者终结了米诺斯文明。

在克里特岛以北约 130 千米，有一座桑托林火山岛，桑托林火山海拔仅 566 米，20 世纪中的三次喷发规模不大，与维苏威火山相比其威力甚小，它的宁静使岛上居民祖祖辈辈感到很安全。然而，人类历史上最猛烈的一次火山爆发正是在这里发生的。那大约是公元前 1450 年前后，桑托林火山喷出多达 62.5 平方千米的火山灰渣，几乎在瞬间，厚厚的火山灰便把岛上所有的城市都埋在了底下。火山灰直冲天际，弥漫在空中，地中海东部地区都为其所覆盖。

据记载,当时埃及的上空曾出现了三天漆黑一片的情景,巨大的海啸也因火山爆发而产生,海啸引起的浪头高达50米,这滔天的滚滚巨浪迅速南下,很快便来到克里特岛,岛上的城市、村庄和良田都被摧毁了,港口设施被冲毁,船只被狂涛击碎,米诺斯无敌的舰队顷刻间化为乌有,整座岛屿几乎完全丧失了防御能力。

火山内部极大的压力迫使火山发生惊天动地的大爆炸,火山自行崩塌陷落,一个圆周足有60千米的火山口就此形成。炽热的岩浆喷薄而出,火山灰散落地点最远达70千米处。火山爆发给克里特岛带来了灭顶之灾,火山灰很快就掩埋了整座岛屿,克里特岛再次被火山爆发引起的海啸冲击,米诺斯的辉煌终于就这样毁于一旦。

真的是这样绝无仅有的一次火山大喷发,葬送掉了一个古老的文明社会的吗?克里特王国永远的消失在人类的文明史上,渐渐被人们所遗忘了,仅仅留下了神秘莫测的零星传说。

克里特岛上的迷宫是寝陵吗

在中国古代,认真思考生死问题的人们把人的身体称为"逆旅",意思是身体只是灵魂在尘世间暂时歇脚的一个寓所。生和死,住所和寝陵,真的是没有什么分别吗?

4000多年前,地中海克里特岛山上居住的是米诺斯人,他们专门从事航海贸易,创造了比希腊还早的物质文明,而且成为一个光辉灿烂的文化中心。

克诺罗斯王宫里的各类建筑物鳞次栉比,错落有致,中央是一长方形的庭院,周围则是国王宝殿、王后寝宫,以及有宗教意义的双斧宫等房舍建筑,其间有门厅、长廊、复道、阶梯等相互连通,千门百户,曲折通达。宫里有水管和浴室设备,墙壁上有琳琅满目的绘画和浮雕,陈列着精美的陶器、织物和由金银、象牙制成的奢侈品。

这座规模宏大的克诺罗斯王宫是一个由团块结构房间集合成的建筑群,长方形中央庭院东西约29米,南北长约59米,围绕该庭院的是一些至少是两层,少数达四层的房屋。这些房屋看上去是极随意的胡乱组合,其实却是富有韵律的有机安排,所有的房间组合在一起便构成了一个封闭的整合体。从遗址平面图上看,宫室厅堂围抱，通道纵横交错，整个王宫很像是一块叫人眼花缭乱的集成电路板。建在丘陵上的宫殿随地势的高低起伏而错落有致，那些按不同功能需要设计，不计较对称规则与否的建筑物，以及厅室之间遍设的通道、楼梯、台阶，实在是错综复杂。从东麓远望，但见层楼高耸，门窗廊道参差罗列，蔚为壮观。因为建筑物分处于不同的水平上，阶梯和坡道就成为必不可少的了。房间的通风和采光问题则以天井来解决。众多的梯道和天井又使建筑群的空间与受光生出无穷变化，整个宫殿楼层密接，厅堂错落，廊道曲折，实不愧"迷宫"之誉。

这座宫殿的中央庭院以石板铺地，建筑面积颇大，因而较为宽敞，给四周厅室带来了足够的阳光和空气。王宫西面还有一个较小的庭院，而西南部则是王宫的主入口处，宫殿大门的平面呈一个横向的"工"字形，在中间的横墙上开有门洞，在前面设一对有方形柱顶板、圆盘形柱帽和柱础，柱身为略呈上粗下细的圆柱。而西北角上有一个长方形露天剧场，它是目前发现的世界最早的露天剧场遗址。

穿过四对折门，便可以进入到这位于王宫心脏位置的幽秘的厅堂。厅内倚着北墙有一把带树叶状高靠背的石椅，椅背中间稍稍凹进，椅座近乎正方体，整座椅子的造型及图案显得过于简朴。王座两侧还有一些更加简陋的石头长凳，几乎就像我们在山路凉亭里见到的那些。宝座厅墙上布满根据残迹修复的壁画。王座两侧墙上对卧着一对鹰首狮身的神兽，昂着头，胸部绘有美丽流畅的涡卷状装饰图案。

中心庭院的西面，便是那所赫赫有名的有"御座之室"之称的地窖式祭堂。

祭堂呈长方形，中间涂成红色，门的右边，靠北墙有一个高背的石膏宝座，宝座的靠背很高，座位呈斗拱形状。宝座的前面，靠近门的左边有宽敞的阶梯向下通到一处神秘的窖穴。宝座两边，靠着墙壁的是石头长凳。

在外面前屋中，摆放着可能供祭祀时用的小型的石坛和陶坛。

当研究者们刚发现这个祭堂时，曾把它错认为是浴室，后来又认为是米诺斯王议政厅，称之为"御座之室"，但堂内那种结构，却给人一种非常强烈的宗教祈祷场所的印象，所以此房间又叫"地下世界恐怖的法庭"。

面对着地窖式祭堂的是一排房屋，这些房屋中有一间的墙壁上绘有鹧鸪的壁画装饰，所以研究者们称其为"鹧鸪之室"。

"鹧鸪之室"内的壁画色彩清新显明,绝对不像3500多年前描绘的。研究者们认为,克里特的工匠们采用了一种绘画新工艺,即用一种新鲜的湿灰泥来涂画,在石灰泥干后就涂上一层薄薄的透明液体以防止褪色和干裂等现象。

在著名的"鹧鸪之室"的旁边,是一间里面有一个洗脚的水池的小房屋,房屋四周备有休息的石长凳。水池的水可以放掉,流至房屋门口的陶槽里。这个水池可能是供王宫的客人洗脚饮马饮骡之用的。离此不远的一间房屋较大,屋内还留有一只彩色红陶土澡盆的残片和烧水设备的遗迹,应该是为客人准备的浴室。

"后宫"坐落在山岗下的河谷边一个平台上,由著名的大阶梯将后宫与王宫连成一体。

大阶梯一共有五道,上面两道只剩下一些痕迹了,但仍不失宏伟庄严的气派。

沿着大阶梯向下走,中途在大阶梯左边有一堵米诺斯式的墙,墙上是一幅用浅蓝与赤褐色绘成的壁画。大阶梯右边是一道俯瞰中心墙壁的低矮栏杆,这种设计使阶梯具有了良好的自然光源,栏杆上竖着上粗下细的米诺斯式柱,支撑着阶梯上面的平台。柱基和窝眼都是原有的,研究者们对这些建筑进行了部分修复。

大阶梯的脚底,便是建筑精美的"后宫"了。

后宫中王宫妇女的房舍和王后的寝室位于后宫的中央,与外界隔绝,形成一个异常豪华的封闭区域。

后宫的一堵墙上,绘有蓝色的海豚和五颜六色的鱼,壁画是用珊瑚和海绵形状镶边,从那些珊瑚和海绵身上,向上冒出透明的气泡。这是整座王宫中最为精彩的一幅壁画。

整个王宫建筑中最引人入胜的建筑便要数"梯级宫"了。

梯级宫,由宽阔方便的阶梯与上下左右相连,通过阶梯向上通达两层楼房,向下也通达二层房屋,那些阶梯用一排排柱子分开,四周房屋围成一个天井,以便于采光。

在另一边,有一个门道通到更远一点的一套较小的屋子,这套房子外边没有门,只能从内厅进入。套房中有一间小小的浴室,有陶瓷制的澡盆,其样式和现代浴盆十分相似,地下有一个排放脏水用的洞孔。旁边还有一间当作厕所的小房子。

这间厕所建在3600多年前,简直让人无法相信——它居然是冲水厕所。厕所右方一块石膏板面上有一个槽,安放了大约57厘米高的座位。厕所过道外边有块石板斜向一个半圆形的洞孔,形成一个蓄水池,由此开出一个小导管通到大阴沟,这个通过大阴沟的孔穴部分被奇特的凸出物所遮蔽,从座位中心偏离开去,这样,就在右边给用作冲洗浴盆的容器留出了空间。

米诺斯王居住在后宫的几间正堂里。其中以"双斧大厅"的设计最为独特。

"双斧大厅"和紧邻的房间是用一排柱子分隔开来的。这些柱子上都有用来安折叠门的凹槽。这种折叠门冬天可以关闭起来保暖,到了夏天,又可以把门折叠起来推进柱子上的凹槽,使室内气流通畅,清新凉爽。

克里特的建筑艺术是独具风格的。克里特的建筑全都是世俗性的,其主要类型除宫殿外还有旅舍、别墅、公共浴室、作坊等。米诺斯宫殿的外观不像亚述、波斯宫殿那样壮丽,它不追求统一宏伟的外部效果,但内部体验却极为丰富多样。建筑单元都很小,天花板很低,这是一种令人感到亲切的尺度。它的圆柱上粗而下细,使人产生一种俯瞰的感觉。壁画在建筑总体中扮演着重要的角色。它的基本色彩是明亮的红、黄、蓝。在半明半暗的房间里,这些清新的壁画带来的是轻快活跃的气氛。克里特的城市国家就是环绕着米诺斯王宫这样的宫殿群形成的,宫廷就是国家的政治、经济、文化中心。

不过,我们今天见到的米诺斯王宫并非一开始建成的样子。一开始的建筑已经在无数次的地震和其他灾变中面目全非了,如今的宫殿是历经数次修建后保留下来的古迹。最早一批建筑大约完成于公元前2000年,而挖掘所见的这批建筑,即伊文斯所谓的"最后宫殿",则完成于公元前1700~前1500年之间,属于新王宫时期,是在旧王宫的废墟上重建的。

那么,这座富丽堂皇、结构复杂的巨大建筑真的是一座王宫吗?虽然历史学家和考古学家一般都同意这种说法,但德国学者沃德利克则不赞同,而且其说法好像有所依据。在1972年出版的一本书中,沃德利克说:"克诺罗斯这座宏伟建筑,绝对不是国王生时居所,而是贵族的坟墓或王陵。"依据沃德利克的说法,被大多数考古学家所认为的是用作储藏油、食物或酒的大陶瓮,其实是用来盛放尸体的,尸体被放在里面后,加入蜜糖浸泡以达到防腐的目的;石地窖则被用来永久安放尸体;壁画代表的是灵魂转入来生,并且把死者在幽冥世界所需物品画出来。沃德利克还认为那些精密复杂的管道,不是为活人设置的,而是为了防腐措施的需要。

为了支持自己的说法,沃德利克提出几项很有意思的事实,比如说克诺罗斯这座建筑物的位置,绝对不是建筑王宫的绝佳位置,因为它所处的地方过于开敞,四面受敌,如若有人从陆上进攻即无从防卫。同时当地没有泉水,必须用水管引水,水量很难供应那么多居民。"王宫"及附近范围内也无一望即知是马厩和厨房之类的房屋,这里的居民难道不需要交通工具和食物?至于那些被认为是御用寝室的房间,更都是些无窗、潮湿的地下房舍,在气候温暖、风和日丽的地中海地区,绝不可能选择这样的地方来居住。

到底是怎么一回事呢?米诺斯国留给人们太多的谜。

"天堂"奇观

在2500年前,一名希腊经师写下了眩人耳目的七大奇观清单:罗德岛巨像、奥林匹亚宙斯神像、埃及金字塔、法洛斯灯塔、巴比伦空中花园、以弗所阿提密斯神庙以及毛索罗斯王陵墓。这位经师说,七大奇观,"心眼所见,永难磨灭"。这就是所谓世界七大奇观的由来。作为世界古代七大奇迹之一,古巴比伦的空中花园让人惊叹不已,"想象其形而心向往之"。然而,正因为没有见到其实物的存在,从而让人对其真实性产生了怀疑。美丽的巴比伦空中花园到底是什么样子的,怎样建造的呢?关于新巴比伦王国通天塔的传说是真的吗?

宙斯

"空中花园"的建造之谜

巴比伦空中花园是什么时间建造的呢?

一般认为,巴比伦空中花园是在幼发拉底河东面,距离伊拉克首都巴格达大约

100 千米,是在巴比伦最兴盛时期尼布甲尼撒二世时代(公元前 604~前 562 年)建造的。

千年古都巴格达曾是阿拉伯鼎盛时期阿拔斯王朝的首都,向来以文学艺术和雕塑绘画著称于世。世界名著《一千零一夜》中许多故事的出处都在巴格达。然而,美丽的巴比伦空中花园究竟在哪里呢?

据历史记载,巴比伦是公元前 626 年迦勒底人建立的新巴比伦王国的遗址,主要由阿什塔门、南宫、仪仗大道、城墙、空中花园、石狮子和亚历山大剧场等建筑组成。遗址一直埋在沙漠中,直到 20 世纪初才被发现。而汉谟拉比(公元前 1792~前 1750 年)时代的古巴比伦王国遗址,至今还被埋在 18 米深的沙漠底下。

在遗址宫殿北面外侧不远的一堆矮墙中,中间是一个深深的地下室,散发出一种异样的味道,原来这就是空中花园的所在地,阿拉伯语称其为"悬挂的天堂"。据说,花园建于皇宫广场的中央,是一个四角锥体的建筑,堆起纵横各 400 米,高 15 米的土丘,共有 7 层,每层平台就是一个花园,由拱顶石柱支撑着,台阶并铺上石板、芦草、沥青、硬砖及铅板等材料,眼前只有盛开的鲜花和翠绿的树木,而不见四周的平地。同时泥土的土层也很厚,足以使大树扎根。虽然最上方的平台只有 20 平方米左右,但高度却达 105 米(相当于 30 层楼的建筑物),因此远看就像是一座小山丘。

更有历史学家放言道:"从壮大与宽广这一点看,空中花园显然远不及尼布甲尼撒二世宫殿,或巴别塔,但是它的美丽、优雅,以及难以抗拒的魅力,都是其他建筑所望尘莫及的。"公元前 1 世纪作家昆特斯·库尔提乌斯这样描述这座空中花园:"无数高耸入云的树林给城市带来了荫蔽。这些树有 12 英尺之粗,高达 50 英尺。从远处看去,如荫的灌丛让人以为是生长在高大巍峨、树木繁盛的山上森林。"

然而这么豪华的"天堂"现在却什么也看不到了,只有一段修复后的低矮墙中残留的一小块原址遗迹,旁边有一口干枯的老井。据说这就是当年空中花园的遗存品,但尼布甲尼撒博物馆的馆长说,经过考证,现在仍不能确认这就是真正的空中花园遗址,因为这里离幼发拉底河 20 多千米,而资料记载空中花园就在河边上。

事实上,大半描绘空中花园的人都从未涉足巴比伦,只知东方有座奇妙的花园。而在巴比伦文本记载中,它本身也是一个谜,其中没有一篇提及空中花园。所

·充满谜团的文明故址·

图文珍藏版

以真正的空中花园在哪里,至今没人能说得清楚。

至于为什么要建造奇特的巴比伦空中花园,古代世界就有两种不同的说法。

一种说法是,公元前 1 世纪中叶,西西里岛的希腊历史家狄奥多罗斯在他的 40 卷《历史丛书》中提及,"空中花园"由亚述女王塞米拉米斯供自己玩乐所建。空中花园或许真的曾名噪一时,但塞米拉米斯却实无其人,她只是希腊传说中的亚述女王。

另一种说法是,来自巴比伦祭司、历史家贝罗索斯(公元前 3 世纪前期)写过一部向希腊人介绍巴比伦历史和文化的著作,曾提及公元前 614 年巴比伦国王去世,新国王尼布甲尼撒二世即位后,迎娶了北方国米提之女安美依迪丝为妃。而米提是一个山国,山林茂密,花草丛生。米提公主骤然来到长年不雨的巴比伦,触目皆是黄土,不觉怀念起故乡美丽的绿丘陵来。她日夜愁眉苦脸,茶不思,饭不想,本来美丽的身影,不久就瘦骨嶙峋了。这可急坏了巴比伦国王。可是,在巴比伦连块石头也难找到。怎么办呢?他请来了许多建筑师要他们在京城里建造一座大假山。经过几年的营造,也不知花耗了多少奴隶的血汗,一座大山终于造好了。山上还种上了许多奇花异草。这些花木远看好像长在空中,所以叫作"空中花园"。花园里,还建造着富丽堂皇的宫殿,国王和王后得以饱览全城的风光。据说,米提公主从此兴高采烈,思乡病一下子消失得无影无踪。

虽然空中花园已全部为荒漠所吞噬,但同伊甸园一样,空中花园的传说一直吸引了无数人。很长时间以来,许多古代的著作对它是否真的存在过表示疑问。19 世纪,德国考古学家罗伯特·科德卫发现了一些证据,他认为可以证明空中花园确实存在过。第一条线索是若干个石拱,它们可以轻易支撑住树林、土壤、岩石以及导水管的巨大重量。接着,他又发现一根轴从屋顶一直延伸到地面,这可能就是一口井,空中花园的水也就是从这里抽取。进一步的研究表明,屋檐正下方的地面曾用于某种形式的储存,这极可能是一个蓄水库。今天美索不达米亚一带气候干燥、缺少石材,空中花园离幼发拉底河又有一段距离,而花园的花离不开水,那么它是如何解决供水问题的呢?如果真是这样的话,在水泵发明几个世纪前,水又是如何被运到屋顶花园的?

公元前 1 世纪的历史学家兼作家斯特拉博曾记载:"有专门的旋转式螺旋桨把

水送到屋顶。这些螺旋桨的功能就是不断地从幼发拉底河抽取水源以播撒滋润整个花园。"尽管人们一直把这种旋转式螺旋桨视为阿基米德螺旋泵,并且由于它能够较好地输送大量水源,最终引发了全世界农业的革新,然而奇怪的是,古代文卷中没有一处特别提到巴比伦曾使用过这种水泵。可这种水泵却被另一位统治者亚述国王辛那赫里布使用过,他的都城设在尼尼微,横跨巴比伦西北部的底格里斯河。

在有关亚述国王辛那赫里布的许多文献记载中却不止一次地提到他在尼尼微城中建有一座美丽的花园,并引城外的河水入城中浇灌花木。而辛那赫里布的后代也常常提及,他们常在尼尼微的这个人造山形花园中以捕杀从笼子里放到园中的狮子和野驴为乐。

尼布甲尼撒二世死后23年,波斯人出兵占领新巴比伦城,他们还改变了幼发拉底河道,使河道远离了巴比伦城。按理说,巴比伦空中花园的花木肯定会因为缺水而枯萎,在百年之后不可能还保持郁郁葱葱。可是在尼尼微的浮雕却表明,亚述人不仅采用"水泵"抽水浇灌人造花园,还用水槽将山泉引入园中。即使无人灌溉,花园依然可以苍翠如初。

专家们认为,空中花园应该要有完善的输水设备,由奴隶不停地推动着联系的齿轮,把地下水运到最高层的储水池中,再经过人工河流往下流以供给植物水分。同时美索不达米亚平原没有太多石块,因此研究员相信花园所用的砖块定是与众不同,相信它们被加入了芦苇、沥青及瓦。狄奥多罗斯甚至指出空中花园所用的石块加入了一层铅板,以防止河水渗入地基。

事实究竟如何呢?还有待于进一步考证。迷人的空中花园,将无尽的谜尽藏腹中。

新巴比伦王国修建过通天塔吗

如今的人们,已能利用航天飞机深入宇宙,更能用望远镜探望宇宙深处的秘密,但人们还是很向往更遥远的天外,希望能达到世界的顶端。这种愿望自古有之。

　　基督教经典著作《旧约·创世记》第十一章曾有这样一段记述:古时候,天下众多的人口,全都说着同一种语言,人们在向东迁移时,走到一处叫示拿的地方,发现那里是肥沃的平原,就定居下来。他们商定在这里用砖和生漆修建一座城和高耸通天的塔,以此传播声名,免得四处流散。这件事惊动了耶和华,他看到城和大塔就要建成,十分嫉妒人们的智慧和成就,便施法术变乱了人们的口音,使人们的言语个个不同。结果,工程不得不停顿下来,人们从此分散到了世界各地,大塔最终没有建成,后人把这座大塔称作巴别。"巴别"就是"变乱"的含义。

　　如何看待《圣经》中这段记述,史学界众说纷纭。有的人认为《圣经》中的这段传说有所根据,认为《创世记》记载的那座大塔的原型,就是古代两河流域(即示拿)新巴比伦王国时代巴比伦城内的马都克神庙大寺塔。这座大寺塔,被称作埃特曼安基(意为天地之基本住所)。它兴建于新巴比伦国王那波帕拉沙尔(公元前626～前605年)在位时,到其子尼布甲尼撒(公元前604～前562年)在位时才建成。这一传说也反映了新巴比伦王国时代巴比伦城内居民众多、语言复杂的情况。公元前5世纪,古希腊历史学家希罗多德在其所著的《历史》一书第1卷181节中,记载了如下事实:"在这个圣域的中央,有一个造得非常坚固、长宽各有一斯塔迪昂(古希腊长度单位,约合185米)的塔,塔上又有第2个塔,第2个塔上又有第3个塔,这样一直到第8个塔。人们必须循着像螺旋线那样地绕过各塔的扶梯走到塔顶的地方去。那里有一座宽大的圣堂。"希罗多德说塔共11层,可能是把塔基的土台或塔顶的庙也计算在内了。公元前331年马其顿亚历山大到巴比伦时,这座大塔已非常破败。为了纪念自己的武功,亚历山大曾有意重建此塔。可是,据估算,光是清除地面废料,就需要动用1万人,费时2个月。由于工程浩大,亚历山大只好放弃了这个打算。

　　相反,有的学者不同意《圣经》中提到的通天塔就是新巴比伦时代马都克神庙大寺塔的观点,认为在巴比伦城内,早在新巴比伦时代以前就曾有两座著名的神庙,一座叫作萨哥-埃尔(意为"通天云中"),一座叫作米提-犹拉哥(意为"上与天平"),它们很可能就是关于通天塔的传说的素材。但是,有关这两座神庙,没有更多的史料可以提供参考。

古罗马城的覆灭

古罗马城在公元1世纪十分繁荣,一度成为欧洲的政治、文化、经济、贸易中心。然而后来,这座繁华的都市竟在一场大火中变为废墟。1748年,那不勒斯国王的御前工程师阿勒比尔奉命去勘测一条150年前开凿的引水隧道。他在那不勒斯西北部20多千米的地方开始挖掘。挖到6米多深时,发现了一具手握金币的木乃伊和一些色彩鲜艳的绘画。经历史学家认定,阿勒比尔下挖的地方正好就是已经失踪了1600多年的古罗马名城庞贝。人们在阿勒比尔的率领下,开始对庞贝古城展开发掘工作。当时发掘的目的,主要还在于寻找一些艺术珍品和金银财宝。到了1763年,有一个叫约翰的德国人,凭着自己苦学来的知识,从挖掘出的杂乱零碎的遗迹中,第一次整理出庞贝古城的原样。赫库兰尼姆城与庞贝城的命运相似,几乎是与庞贝城同时覆灭的。究竟谁是古罗马城灾难的罪魁祸首? 古今史学家对此一直存在着争议。

重见天日的庞贝古城

1748年,埋葬于地下1000多年的庞贝城遗址被人们所发现。即使到今天,庞贝城也只有3/5被考古学家们发掘出来,仍有许多死难者、器具和建筑物被深深地掩埋在地下。尽管如此,富丽堂皇的庞贝城也使人们产生无限遐想。

庞贝城占地面积1.8平方千米,用石头砌建的城墙周长4.8千米,有塔楼14座,城门7个,蔚为壮观。纵横的4条石铺大街组成一个"井"字形,全城被分割成9个区,每个城区又有很多大街小巷相通,金属车轮在大街上辗出了深深的车辙,历历在目,仿佛马车刚刚驶过一般。

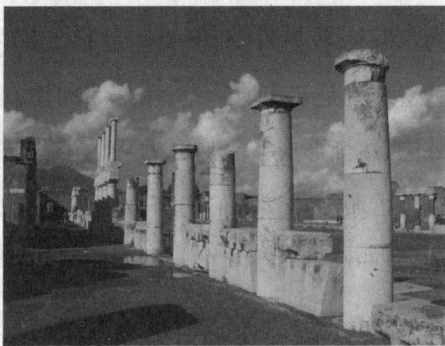
庞贝古城

在大街的十字路口都设有高近 1 米、长约 2 米的石头水槽,用来向市民供水。那么水槽里的水又是从哪里引来的呢?原来水槽与城里的水塔相通。水塔的水则是通过砖石砌成的渡漕从城外高山上引进来的,然后分流到各个十字路口的公共水槽中,这个系统也为贵族富商庭院的喷泉和鱼池供水。

庞贝城里还有 3 座大型剧场。其中最大的一座剧场位于城东南,建于公元前 70 年,可容纳观众 2 万人,也可以当作角斗场,当年人与人、人与兽的角斗就曾在这里举行。

这座大型剧场的东侧还有一座近似正方形的圆形体育场,边长约 130 米,场地三边用圆柱长廊围住,黄柱红瓦,金碧辉煌,场地正中是一个游泳池。这个体育场估计能容纳观众 1 万余名。

城西南有一个长方形广场,是全城政治、经济和宗教中心,四周建有官署、法庭、神庙和市场。城市至少建有一座公共浴室,不但冷热浴、蒸汽浴样样具备,还附有化妆室、按摩室,装修也十分到位,墙上还用石雕和壁画装饰着。

庞贝城遗址充分反映了古罗马社会道德的沦丧,一部分人沉溺于酒色,纸醉金迷,生活糜烂。庞贝城明显有两多:一是妓院多,二是酒馆多。不堪入目的春宫画画满了妓院的墙壁,各种淫荡的脏话在墙壁上随处可见,城内酒店林立,店铺不是很大,酒垆与柜台都在门口,酒徒可以站在柜台外面喝酒,酒鬼们在一些酒店的墙壁上留下了信手涂鸦的歪诗邪文,至今依稀能够辨识出来。

比起埋在地下 20~30 米深且被新城覆盖的赫库兰尼姆,庞贝城埋在地下平均深度为 3.6 米,较易发掘,但要运走那么多的泥石,也不是一件容易的事。目前,整个庞贝遗址就是一座博物馆,用外墙围住,不准任何人居住,更不准车辆入内,而在遗址外围,逐渐形成了一座几万人的游览城市。

庞贝古城在科学家们的努力下重见天日,它反映了古罗马时代城邦居民的日常生活,是一座世界少有的天然历史博物馆。

赫库兰尼姆古城的神秘失踪

无独有偶,在古罗马城,有一座古城有着与庞贝城相似的命运,它就是:赫库兰尼姆。

它的发现是一个偶然：1709 年,一群工人在那里挖井,发现了古时剧场的舞台,进一步挖掘以后,陆续发现了众多的大理石构件。就这样,古城被发现了。

但当时意大利处在奥地利军队占领之下,奥国的亲王闻讯后只关心攫取大理石,以建造他的新别墅,根本不重视考古发掘的事情,更别提能否意识到它挖掘的是世界上独一无二的珍宝——一座完美无缺的古城了。

直到 1738 年,意大利的皇家图书馆馆长、人文学家唐·马赛罗·凡努提侯爵开始在赫库兰尼姆城发掘。他清理出土了 3 个穿长袍的罗马人的大理石雕像,又找到一方铭文,借此了解到曾经有个叫鲁福斯的人出资兴建了"海格立斯剧场"。依据这一点,专家们断定,这里就是失踪千年的罗马古城赫库兰尼姆。

1763 年庞贝城出土了刻有"庞贝市公所"铭文的石碑,人们的目光都聚集到那里,甚至掀起了一股发掘庞贝城的热潮,相应地,赫库兰尼姆的发掘受到了冷落。直到 1927 年,意大利政府终于决定分阶段发掘赫库兰尼姆城,赫库兰尼姆城的原貌才开始逐步展现在世人面前。

赫库兰尼姆城,又叫海格立斯,是以希腊神话中的英雄海格立斯的名字命名的。在人类史上,这座城市曾经被意大利几个不同的民族相继占领和统治过。公元前 89 年,它和庞贝城一起被罗马人占领,成为罗马国的一个属地。当时它的占地面积约为 23 万平方米,人口达到 5000 人。

赫库兰尼姆城是建立在发源于维苏威火山的两条溪流之间的高地上,四周环绕着高墙。但是,赫库兰尼姆城被掩埋在大量巨大的岩石下,平均深度达到了 20~26 米。因此为该发掘工作带来了想象不到的困难。为了穿透异常坚硬的岩层,考古工作者不得不动用空气压缩机、推土机等复杂的现代化工具。在发掘出的遗迹里人们看到:在有家小吃店的柜台上还放着胡桃。修理店里,有铜烛台仍放在远处等待修理……就连墙壁上的涂鸦也被保存了下来。有间屋子的斜坡上,写着一句话:"帕吐姆那斯爱艾菲安达。"但是,赫库兰尼姆城的居民们却神秘地"失踪"了。在最初 250 年的发掘中,仅仅发现 9 具遗骸。所以,人们推测,赫库兰尼姆城的居民大多数逃走了。

但是,事实上并非如此。1980 年,安装地下水泵的工人们发现了两具躺在古海滩上的遗骸。一具是稍胖的男子,考古学家们发现他的身旁有条打翻了的船,另一具是女性,长得很美。1982年,考古学家们在大面积清理海滩时,意外地发现了13具遗骸。同一年,用挖掘机来挖掘海堤下面堵塞有岩石的三处石拱门时,其中的一个拱门下,发现了6个成年人、4个儿童以及一个抱婴儿的保姆,他们的遗骨挤作一团,另外的两个拱门下,分别发现48具尸骨、19具尸骨。

也是在同一年,考古工作者对海岸边的10间小屋进行清理工作时,发现大量保存完整的遗骸。

总共算起来,赫库兰尼姆城大约出土了将近200具遗骸。通过对这些遗骸进行深入细致地研究,考古工作者们已经了解到,在古代罗马,男子的身高一般为1.70米,女子为1.55米,虽然就健康状况来讲,有几具骸骨有患关节炎、贫血症等迹象,但总体说来,大部分人的体格健壮、肌肉发达,健康状况还是相当良好的。

赫库兰尼姆城虽说几乎是与庞贝城同时覆灭,这两座城在各方面的状况却存在着较大的差别。到如今,庞贝城已有大约3/5重见天日了,而赫库兰尼姆城却离发掘完毕之日还遥遥无期,主要由于它掩埋得较深,岩层又坚硬又厚,加上又处在现代城市之下,进展不免困难重重。虽然现在已经发掘出赫库兰尼姆城的4个行政区,还有石头街、古罗马广场、长方形大会堂以及竞技场的一半,但是许多遗迹、遗物还被深埋于地下,甚至赫库兰尼姆城的实际规模也还需要进一步的发掘来评估。基于以上的因素,赫库兰尼姆城已经被誉为"考古史上最引人瞩目的未完成的工程"。

庞贝古城是怎样覆灭的

从1860年以后,经过100多年系统的大规模发掘,庞贝古城基本上已经重见天日了。发掘的结果表明,庞贝古城是一座背山临海、繁荣热闹的避暑胜地。大剧院、竞技场、体育场、酒店、赌场、妓院和公共浴室应有尽有。这表明,庞贝古城当时已经成为古罗马帝国达官贵族们的游乐场了。

在重现的庞贝古城里,人们可以清楚地看到,生活突然中断时的情景。餐桌上放着没有吃完的带壳的熟鸡蛋和鱼,面包炉里有烤好的面包,商店前柜上放着硬币,瓶罐中有栗子、橄榄、葡萄、小麦和水果。完好地保留了已经化成化石的蒙难者当时遇难时的姿态和动作,由此可以猜想当时的场面:有蹲在地上双手捂住面孔

的;有趴在地上不断挣扎的;有头顶枕头仓皇外逃的;还有小女孩抱着母亲的双膝号啕大哭的;乞丐拼命攥住零钱袋;奴隶角斗士死在挣不开的铁链上;看家犬前腿跃起,猫儿钻进柜底……整个庞贝城好像一部电影定格在某一瞬间。这些尸骨周围被火山灰泥石浆包得严严实实,形成硬壳。后来,遗骸腐朽,化为乌有,而尸体原型的空壳却保留了下来。考古学家们就地灌注石膏,让死难者保持原状。庞贝古城当年居民约有3万人,至今掘出2000多具尸骨。

庞贝古城的大部分居民跑到哪里去了? 留在古城里的人为何死得这样悲惨? 人们在探索着答案。

有人说,庞贝古城毁于维苏威火山爆发。公元79年8月24日中午,维苏威火山发出了震耳欲聋的巨响。一瞬间,喷出的岩浆直冲云霄。浓浓的黑烟,裹挟着滚烫的火山灰砂,弥漫着令人窒息的硫磺味,铺天盖地地降落在庞贝城。几个小时之内,14米厚的火山灰就毫不留情地将这座生气勃勃的古城埋没得无影无踪了。庞贝古城是否是在一瞬间毁灭的呢? 有人提出了异议。维苏威火山的爆发有一个过程,前后经历了八天八夜,古城居民完全可以从容地逃生。火山盖被冲开时,岩浆、碎石、烟灰、水蒸气一起喷上天空,天地顿时漆黑一团。半小时后,喷出物才飘到庞贝城,无孔不入的粉尘和硫磺气体使人窒息。4小时后,等到飘落到屋顶的火山灰够重时,建筑质量较差的屋顶才塌下来,人们仍可从废墟中爬出来逃命。在第一次的袭击中,几乎无人丧生。48小时后火山喷出物减少,天空渐渐明朗,逃出城的人以为没事了,纷纷返回,其中尤以回家取财宝的富豪居多。就在这时,第二次大喷发降临了,灼热的气体和烟灰置人于死地,今日所见的遗骸大约都是由这一次袭击所致。

那么庞贝城又是如何在火山爆发中变成"化石城"的呢?

这要归功于"水熔岩"。当年火山灰阵雨足足下了八天八夜,蒸汽遇冷凝成水滴,聚合空气中的灰尘,落下瓢泼大雨。大雨扫荡山顶灰渣,形成滔滔泥流。泥浆流就像水泥一样,干燥后坚如岩石,给积灰的城市盖上了一层硬壳,这就是地质学上所说的"水熔岩"。"水熔岩"将庞贝三座城市严严实实地密封起来,阻止了后人的盗窃,为人类保存了1900年前最完整的"城市博物馆"。

庞贝灾变中还有一大谜就是那不勒斯为何不曾覆灭? 那不勒斯目前有人口

140万,占那不勒斯湾一带人口的2/3,为意大利第四大城市。它比庞贝城更靠近维苏威火山,可是它为什么始终未受破坏?从地理方面考虑,那不勒斯地势略高于庞贝三城,维苏威火山爆发时盛行西北风,火山缺口在东北方,火山灰奈何不了那不勒斯。

事实真的是这样的吗?可惜,繁盛一时的庞贝古城已经消失了,留给后人的仍是一个谜。

失落的玛雅文明

在19世纪之前,人们对于中美洲的古代历史一直非常陌生。尽管有无数的欧洲殖民者来到这里,开辟了新的文明,而他们所认识的土著历史,却几乎是一片空白。与此同时,在当地一些地方,广泛流传着一个故事:古代有一位王子得知密林深处有一个极为神秘的城堡,城堡里的人都遭到了魔鬼的诅咒而长眠,等待他去解救。于是王子勇敢地进入到毒蛇猛兽出没的莽莽森林中,决意去拯救不幸者。当他历尽千辛万苦终于找到了隐藏在密林深处的城堡时,看到了一位被魔法催眠的美丽公主。当他靠着正义的指引将公主及全城百姓救醒后,整个王国又复活了。谁也不会想到,现实中发生的事情,竟真的跟这个传说有几分相似,因为人类重新发现了一个无比神秘的国度——玛雅王国。

湮灭千年的神秘文明

1839年,有两位美国人来到中美洲,他们是约翰·史蒂芬和卡德沃德。此二人一直对流传于当地的古老传说深感兴趣,一心想证实该故事背后所隐含的秘密,从而开始了他们的探险之旅。他们在中美洲洪都拉斯的热带丛林中,披荆斩棘,历经千辛万苦。终于有一天,他们在密林中发现了一座被废弃的巨大城堡。呈现在他们眼前的,有宏伟的神庙、宽阔的马路、豪华的宫殿。尽管这一切都已成为废墟,到处被荒草和荆棘所掩盖,但突如其来的人间奇迹仍震惊了整个世界。

两位美国人在中美洲丛林发现古城的消息传开后,立即吸引了一批又一批的考古人员来到洪都拉斯,并将探索的范围扩大到整个中美洲地区。功夫不负有心

人,进入 20 世纪以来,随着探险范围的不断扩大,一个古老而神秘的文明——玛雅文明,终于被人们全面发现。据统计,各国的考古人员先后发现玛雅文明遗址达 170 处之多。经过初步研究,学者们大致推测出,在公元 3 世纪到 9 世纪的漫长岁月里,玛雅文明就曾经辉煌一时,其辐射范围北起墨西哥南部的尤卡坦半岛,南达危地马拉、洪都拉斯以及秘鲁的安第斯山脉这个广阔的区域。就是在这块土地上,玛雅人创造了一系列不可思议的奇迹,包括他们所获得的天文和数学知识,他们所描绘的古老的宇航图,乃至构思奇特的金字塔建筑,都绝对可以与世界其他任何古老的伟大文明相媲美。因此,尽管美洲大陆很晚才被欧洲人发现,但当这些发现者面对这块新的大陆文明时,不禁惊呼玛雅人为"新世界的希腊人"。

实际上,当西方殖民者初次踏上中美洲的土地时,就接触到了古老的玛雅文明。早在 1566 年,一名叫狄亚哥·兰达的西班牙牧师就曾对该文明有初步的研究。遗憾的是,与所有抱有宗教狂热的西方牧师一样,兰达之所以研究当地人民的文化,最直接的目的不是为了发现,而是为了毁灭。作为西方殖民主义政策的一部分,这些牧师的目标是消灭当地的文化和宗教,让当地人民都皈依基督耶稣。随着研究的深入,他们在玛雅人所遗留下来的文化典籍中发现了越来越多的"邪恶"的东西,这些东西都与基督教的教义毫不相容。于是,在枪炮的保护下,这些牧师将玛雅人绝大多数的典籍付之一炬。

此后相当长的时间里,兰达以及与他同时代的牧师们记录的有关玛雅失落的城市、庙宇和废墟的信息,就静静地躺在西班牙殖民地的档案馆里,没人加以理会。直到 18 世纪,才陆续有一些探险者再次开始了对玛雅文明的探索。最终才有了本文开头所叙述的一幕。

如今,人们已基本对玛雅文明有了一个大概的了解。该文明几乎波及整个中美洲,其最繁华的时代为七八世纪左右。早在公元前 2000 多年,玛雅人已经开始种植玉米。居住于墨西哥尤卡坦半岛的玛雅人,在当地不规律的降水条件下,发展出了依靠高密度劳力和农田水利系统,包括运河、水库及其他落差型储水设施的农业。然而仅仅隔了一个世纪,它就突然消失和停止了。不过,即使面对着一片片废墟,人们仍可以依稀看到玛雅文明那光辉灿烂的影子。而且,由于这一文明所达到的高度,人们往往会疑问:这一切是如何造就的?难道它们是从天而降的吗?虽然科学家们进行了无数的研究和考证，但至今为止尚未能够提供一个圆满的答案。那么，就让我们先大致了解一下它的众多神奇之处吧。

首先，玛雅文明中最著名的难解之谜就是古代玛雅人竟然能够制作出宇航图。20世纪50年代，在墨西哥高原的一个荒凉的山谷里，一群考古学家在清理一座古代神庙时，偶然发掘出一块沉重的、刻满花纹图案的石板。他们发现，在石板上雕刻着一些古怪的图案，内容大致为一个驾驶员手握方向盘在空中飞行，四周围绕着一些装饰性的花边图案。当时，考古学家们一致认为这是一件充分展示玛雅人想象力的图画。然而20世纪60年代以来，当美苏两国先后成功进入太空后，人们的看法就发生了巨大变化。当玛雅人石板的样图被送到美国航天中心时，那些参与航天器材研制的专家无不惊呼：“了不起！这是古代的宇航器！”因为图中仪表、脚踏板以及其他各种宇航操作工具都清晰可见！而当宇航员行走于月球和太空的照片不断传回地面后，人们更是大吃一惊，因为他们推测：玛雅人的石板图画似乎正是描绘宇航员操纵火箭翱翔太空的情景！可是，这一切又显得太过于荒诞了，因为众所周知，古代是不可能有宇航器的。那么，远在古代的玛雅人是怎么了解宇航奥秘的？又如何描绘出宇航员蛰居窄小的驾驶舱，紧张操纵飞船的情形？由此，一些科学家开始推测：在遥远的古代，这里可能有过一批来自外星球的智能生命，他们在玛雅人顶礼膜拜的欢迎中走出自己的飞船，并教给了玛雅人历法和天文知识，还向他们展示了自己的运载工具，向他们传授了农耕的各种知识，然后飘然而去。当然，这种推测又似乎是天方夜谭，因为至今尚无充分的证据。

其二就是玛雅人在天文、历法、建筑等方面所取得的令人难以置信的成就，因为在这些领域的很多方面，他们都要比世界其他古老文明的水平领先得多。

在数学方面，他们根据手和脚20个指头的启发，创造了20进位的计数法，同时还兼而使用18进位计数，这种计数法非常古怪而独特。还有，玛雅人是世界上最早掌握“0”概念的民族。数学上“0”的被认识和运用，标志着一个民族的知识水平。玛雅人在这方面的才能，比中国人和欧洲人都早了千余年。玛雅人所创造的数学，适应他们按年记事的需要，以及决定播种和收获的时间，还能对季节和年度中雨水最多的时间准确地加以计算。在高明的数学水平的基础上，玛雅人还制定出了精妙的18月历法。玛雅人认为一个月等于20天，一年等于18个月，再加上每年之中有 5 个未列在内的祭日,一年实际的天数为 365 天,这正好与现代对地球自转时程的认识相吻合。玛雅人除对地球历法了解得十分精确之外,对金星绕太阳一周所需的时间也非常了解,他们计算的结果为 584 天,而今天人们推算结果为584.92 天。

为了历法的需要,玛雅人还修建了大量金字塔和神庙。根据历法上的指示,他们每隔 52 年要建造一座有一定数目阶梯的大建筑物,一天为一阶,一道平台表示一月,直到顶端共计 365 天;每一块石块都与历法有关,每一座完成的建筑物都需符合天文上一定的要求。玛雅人建筑的金字塔与著名的埃及金字塔有所不同。埃及金字塔是空心的,内部为帝王陵寝;而玛雅金字塔为实心,塔前广场是民众参加祭典的场所,塔顶则供神职人员办公、居住或观察天象之用。

更令人惊叹的是,玛雅人竟然还掌握了现代解剖学和光学知识。1927 年,科学家在中美洲的洪都拉斯玛雅神庙中发现一颗水晶头颅。令人震惊的是,该水晶头颅竟然综合了现代解剖学和光学知识。头颅用水晶雕成,高 12.7 厘米,重 5.2 千克,大小如同真人头,是依照一个女人的头颅雕成的。这颗水晶人头雕刻得非常逼真,不仅外观而且内部结构都与人的颅骨骨骼构造完全相符。头颅的雕刻工艺水平极高,隐藏在基底的棱镜和眼窝里用手工琢磨的透镜片组合在一起,发出炫目的亮光。众所周知,近代光学产生于 17 世纪,而人类准确地认识自己的骨骼结构更是 18 世纪解剖学兴起以后的事。这个水晶头颅却是在谙熟人体骨骼的构造和光学原理的基础上做成的,玛雅人是怎样掌握这些高深的解剖学和光学知识的呢?而且,水晶的硬度非常高,仅次于钻石和刚玉,用铜、铁或石制工具,是根本无法加工的。即使是现代人,要雕琢这样的水晶制品,也只能使用金刚石等现代工具。而玛雅人还不懂得炼铁,他们又是使用什么样的工具加工这个水晶头颅的呢?从这个奇异的水晶头颅来看,也许玛雅人掌握的科学技术比我们所想象的还要高超得多。那他们是怎样获得这些科学技术的呢?这令科学家们大为困惑。

然而,尽管 19 世纪的学者对这一文明非常感兴趣,但顽固和偏见使大多数欧洲人对玛雅文明的内在价值不屑一顾。为了进一步解释这些文明的发达和神奇,一些西方人提出了所谓的"文明扩散论"。这一理论认为:玛雅文明的源头是欧洲大陆的古老文明。有些人据此推断,玛雅文明是由《旧约圣经》中的"失落的十部族"的后裔所创造的。

数百年来,玛雅文明不断吸引着大批探索者。他们对天书一样的玛雅典籍,绞尽脑汁,但到头来,只能望洋兴叹。据说自第二次世界大战以后,为了研究玛雅文化,美国和苏联都投入了大量的人力和物力,甚至还使用了先进的电子计算机,但即使如此,也仅仅破译出了其中的1/3。更神奇的是,1966年,有人根据已认出的这些玛雅文字,破译了一块玛雅石碑,结果发现它竟是一部记有发生于9千万年前,甚至4亿年前的事情的编年史,而4亿年前,地球还处在中生代,根本没有人类的痕迹。难道玛雅文明真的是一种天外来物吗?

玛雅人的圣井

在世界上的诸远古文明中,玛雅无疑是最富于浪漫色彩与神秘气息的一个。在英文词典里,Maya意思是神秘莫测的幻境以及产生幻觉的能力。过去,由于考古学的不发达,人们一直以为在欧洲人来到新大陆之前,这里是蛮荒一片,但玛雅文明的发现让人们看到,它在科学(天文学、历法、工程学、数学)、农业(玉米、番茄、可可、烟草的种植)、文学(象形文字、编年史、神话)、艺术(雕塑、绘画、编织)等诸多方面,都做出了令后世人无比惊叹的巨大成就。它与阿兹特克文明和印加文明一起构成西半球文明。因此,学术界普遍认为,世界各大陆在相互隔绝的情况下,都独立发展了各自的文明。如今,他们大都倾向于摈弃四大文明古国的说法,而讲四大文明区:即东地中海文明区(包括埃及、美索不达米亚、亚述、腓尼基、希腊以及罗马)、南亚次大陆文明区(包括印度及其周边地区)、东亚文明区(中国及周边地区)、中南美印第安文明区(玛雅、阿兹特克、印加)。

大约自公元前3000年左右,玛雅地区就有人类活动了,随后经历了形成期、古典期和新帝国时期等阶段。其中,公元300~900年的古典期为其鼎盛时期。大约9世纪后,玛雅文明开始衰落。这令后人百思不得其解。西班牙人的入侵使玛雅文明古迹遭到严重摧毁。它的秘密深藏于中美洲的热带丛林中。人世沧桑,热带丛林迅速地生长掩埋了一座座古老的城市,直到几百年后才有人拨开密林,让他们重现人间。

最早发现玛雅文明的是美国考古学家约翰·史蒂芬和卡德沃德。1839年,他们在热带丛林中跋涉了 10 个多月,考察了许多玛雅人留存的古建筑遗址,发现这是一个人们完全不了解的、一度十分辉煌的古代文明。但是,关于玛雅的考古是在 20 世纪才顺利展开的。1931 年 12 月 29 日,生物学家伦德尔访问了一处邻近危地马拉北部边境的墨西哥遗址,他惊异地发现这是一处曾经十分恢宏的古建筑群落,他将之命名为卡拉克穆尔。直到 1982 年,考古学界才彻底将此遗址清理出来,令世界瞩目。这里矗立着 103 个纪年石碑,镌亥 4 年代始于公元 514 年,迄于公元 830 年。在方圆 25 平方千米内,大约居住着 5 万以上的人口,已知建筑物超过了 6250 座。

另一个世界闻名的玛雅人遗址是蒂卡尔城。它于 1956 年由美国 100 多位考古专家发掘,这是迄今为止发现的保存最为完好的古代玛雅人遗址。它占地 576 平方千米,有大型金字塔 10 余座,神庙 50 余座,各种建筑物总数超过 3000 座,城市布局十分合理。自公元前 7 世纪起就建有金字塔坛庙建筑群,延续的时间长达 1700 年左右,直到 10 世纪才因某种缘故由盛而衰,变成废墟。蒂卡尔以其所达到的非凡的文明成就,于 1979 年被联合国教科文组织确定为世界文化遗产。

以上两处具有高度的考古价值。除此之外,奇琴伊察也是人们十分关注之地,无论考古学家还是寻宝人。对于考古学家而言,奇琴伊察有神奇的天文台、武士庙和库尔干金字塔;而对于寻宝人来说,这里有古玛雅人的全部财宝。按照玛雅语读音,奇琴伊察意即扎伊人的井口。在那里,有两口玛雅人所谓的"圣井"。

奇琴伊察地处尤卡坦半岛北部干旱地区,几乎没有河流,降水也极为有限。因此,在这里,水源问题是玛雅人最为关切的问题。据考证,在公元前 1500 年左右,这里就有玛雅先民生息繁衍。公元 6 世纪,玛雅人在两个天然大井旁修建了奇琴城。这是两个天然蓄水池,井口开口呈 50~63 米的略不规则的椭圆,井壁陡立,一层一层的岩层叠压在一起,自上面看像一排排密密的圆圈。从井口到水面约 20 米,水面到井底也有 20 多米深。这两口天然井是由石灰岩层塌陷而形成的,是这里饮用水的主要供应地。伊察人来到此处,并把此井冠以自己的名字。伊察人对这两口井顶礼膜拜,奉若神灵,把它们称为圣井、雨神之家。

因为水是生命之源,玛雅人最为看重这两口井,连带他们最重视的神灵也是"雨神"。传说,这两口圣井就是雨神的家。每当遇到饥荒、瘟疫、旱灾等灾害,玛雅人就要举行隆重的求雨活动。祭司们带领大家向上天祈祷："啊,云,我恳求您马上来临,带给我们生命。雨神啊,我们奉献面饼和肉食给您……我对您的请求是给农民以生命,下雨吧,在他们劳动的地方,重新给他们以生命吧。"这个仪式,直到20世纪70年代,还被访问玛雅的人所亲眼目睹。

求雨最重要的内容之一是把活人投进井里,在玛雅人看来,那是请活人前往雨神之家去询请雨神的谕旨。通常充当"神使"的是纯洁美丽的少女。她们会在清晨被投入井中,同时还有一位保护她的卫士。如果她摔进水中很快溺死,那么,人们就感到非常失望。他们会号哭着一起向水中投石头,因为神灵已经把不祥的预兆昭示给他们。假如从清晨到中午,井中的人还侥幸活着,上边的人们就会垂下长绳,把幸存者拉上来,这个生还的人就备受崇敬,被认为是雨神派来的神使。12世纪后期,一位叫亨纳克·塞尔的男子就因投井不死而被奉为神使,最后做了玛雅的最高掌权者。

为了取悦神灵,玛雅人在向"雨神"派送"使者"的同时,还把自己所认定的一切好东西都投进里面,有大量的金银珠宝,还有盘碟刀斧、贝雕等。因此,在后世人眼中,玛雅人的两口圣井实际上就是两个名副其实的聚宝盆。

最先对这两口圣井感兴趣的人是美国人汤普逊。19世纪末,他曾经连续25年担任美国驻尤卡坦半岛的领事。他花了40年的时间研究玛雅历史,并实地考察了奇琴伊察的两口圣井。他和他的助手们用抓斗捞起井底的淤泥,果然从中找到大量珍宝和数十具少女尸骨。据说,他曾经试图有更多的发现。有一次在圣井旁边的神庙中发现一块石板下面是空的,将石板撬开,下面是一个宽敞的地下室。和所有童话中的寻宝故事一样,他连续撬开几块石板,还打死一条藏在那里的大蟒蛇。然后发现一个阶梯,从阶梯一直走下去,是一间人工开凿的石屋。石屋地板上盖着一块非常大的石板。汤普逊用力挪开石板,结果下面是一个15米深的竖洞,里面有无数的珍珠项链、手链,用宝石和玉石制成的花瓶等等。虽然有所发现,但汤普逊显然并没有找到真正的玛雅人的圣井。而且,这个故事似乎太像小说流传在寻宝人中,其可信度令人起疑。玛雅文化的神秘和人们对其知之甚少有关。这也加深了寻宝人的猎奇心理。1977年法国人丹尼尔在奇琴伊察的遭遇还要离奇,并且命丧于此。不过,这些故事都可说是姑妄言之、姑妄听之罢了。

实际上,所谓的宝藏只是玛雅文明的附属,对于今天的人来说,那些曾经辉煌一时又谜一样消失了的文明才更让人唏嘘感叹。他们曾经是人类一路走来的足迹,那些宏伟的金字塔、天象台、宫殿、球场、纪年碑林,那些形象各异、充满异域情调的雕塑,那难以破译的象形文字体系,都是文明发展的印痕,深藏着无数往昔的奥秘。那些镌刻着象形文字铭文的玛雅碑石耸立在丛林的深处,静默而庄严地坚守在沧桑巨变的大地上,向后来者昭示着历史与未来。

玛雅人为何修建金字塔

大凡讲到金字塔,人们往往会想到埃及的金字塔,毕竟这里是"世界七大奇迹"之一。其实,古代美洲的金字塔不仅数量超过了埃及的,而且特色更鲜明。埃及的金字塔是国王法老的陵墓,而美洲玛雅人的金字塔,则不完全是帝王的陵墓,更多的是一种祭坛。

中美洲的玛雅人是一个特别的人种,语言自成一体,脸型轮廓很独特,前额倾斜、鹰钩鼻、厚嘴唇。他们在美洲这片沼泽低洼、人迹罕见的热带雨林中,创造了令人难以想象的辉煌文明,如平顶金字塔祭坛、浮雕、石碑等众多杰出的建筑物。玛雅人创造了一套精巧的数学,来适应他们按年记事的需要,以决定播种和收成的时间,对于季节和年度中雨水最多的时间,准确地加以计算,以期充分利用贫瘠的土地。他们所掌握的数学技巧,在古代原始民族中,高明得令人吃惊。尤其是他们熟悉"0"的概念,比阿拉伯商队横越中东的沙漠把这个概念从印度传到欧洲的时间早 1000 年。凡此种种,使得玛雅文化也成为世界文明史上的奇葩。

玛雅文化诞生于公元前 1500 年,分为前古典期、古典期和后古典期三个时期。据考证,大约公元前后,玛雅人达到了第一个兴盛期,在尤卡坦半岛南端的贝登湖周围建立了第一批"城邦",营造了一个繁华的城市。现今整个遗迹面积达 130 万平方米,其中心地带包括金字塔、祭坛等多处建筑。中心大广场东侧的美洲豹金字塔,塔高达 56 米,分为 9 级,塔顶建有尖型小庙;西侧是 2 号金字塔,高 46 米。最高的 4 号金字塔高达 75 米,站在塔顶可一窥全岛全貌。与埃及最早的几座金字塔进行比较,发现它们竟然如同孪生的姐妹一般。苏格兰天文学家斯穆斯对埃及的两座金字塔作了为期 4 个月的勘测,他们得出了一些令人深思的数据:塔的 4 个面都是等边三角形,它们正好朝着东、南、西、北4个方位;底边与塔高之比,恰好为圆周率与半径之比;塔的高度为地球周长的27万分之一,也是地球到太阳距离的1万亿分之一。

不过玛雅人的金字塔的天文方位计算得更为精确:天狼星的光线经过南墙上的气流通道,直射到长眠于上面厅堂中的死者头部;北极星的光线通过北墙的气流通道,径直射进下面的厅堂里。

一直以来,人们都认为金字塔是一种坟墓,而且确实在很多金字塔中找到了木乃伊。那么,玛雅人会不会是不谋而合地也用工程浩大的金字塔作坟墓呢?如果是,为什么金字塔与塔顶上的神龛是这么不相称,整个塔的建造水平是如此之高,而神龛却是相当粗糙,这不能不令人怀疑神龛可能是后来加上去的。根据这些,人们又推测,金字塔原先很可能是玛雅祖先的祭坛和用来观察天象的神坛,这是由于玛雅人对神有种近乎狂热的崇拜。玛雅人信奉的神主要有太阳神、雨神、风神、玉米神、战争之神、死亡之神等。在玛雅人看来,神的世界远比人间凡世丰富伟大。他们经常举行祭祀典礼,每位玛雅人都认为,为神献身是一种非常神圣的事情。因此玛雅人依照自己的历法建造的金字塔,实际上都是一种祭祀神灵并兼顾观测天象的天文台。

这些宏伟遗迹处处显示的不平凡,使得它与如今比邻的印第安人居住的茅屋和草棚格格不入,而且这些宏伟的建筑并不是出于实际生活的需要,而是严格按照玛雅人的宗教信仰和神奇的玛雅历法建造的,简直令人难以置信。从考古学家掌握的证据来看,当时玛雅人仍巢居树穴,以采集或狩猎为生,过着相当原始的生活,似乎没有文明前期过渡形态的痕迹。那奇迹般的文化并没有经过一个由低向高逐渐发展的过程,而似乎是在一夜之间从天而降,骤然间涌现出了各种超越时代的辉煌成就。任何民族对外部世界的认识都必须和他们的生产方式相一致。后来,在金字塔发掘出了一些精致的透镜、蓄电池、变压器、太阳系模型碎片、不锈钢和其他不知什么合金制成的机械、工具等。因而有些学者以此为基点,认为这些建筑不是玛雅人自己创造的,而是别人传授给他们的,可是又有谁能把这样先进的知识传授给他们呢?

而且从早期的人类文明历史来看,文明的创造和辉煌都离不开河流:埃及和印度的古代文明,首先发祥于尼罗河以及恒河流域,中国古代文明的摇篮则在黄河和长江流域。为何偏偏只有玛雅人把他们的灿烂文明建筑于热带丛林之中呢?

不管怎样,不知出于何种原因,大约公元9世纪,玛雅人放弃了高度发展的文明,大举迁移,他们所创建的中心城市停下了新建筑的建造,城市在某一天被完全放弃,繁华的城市变得荒芜,任由热带丛林将它们吞没。玛雅文明一夜之间消失于美洲的热带丛林中。从后来发掘的仅完成了一半的雕刻来看,这场劫难似乎来得十分突然,然而当时又有什么灾难他们无可抵挡的呢? 玛雅人抛弃自己建造起来的繁荣城市,却要转向荒凉的深山老林,这种背弃文明、回归蒙昧的做法,是出于自愿,还是别有隐情?

关于玛雅文明的消失有着种种猜测,有人说他们是受到了瘟疫、战争等的袭击,但是为什么没有见到尸体? 它的消失与它的崛起一样,充满了神秘的色彩,为世人瞩目。

有人认为,玛雅人有可能被外族入侵,他们被迫离开家门。可是,有谁比正处于文明和文化兴盛时期的玛雅人更强大呢?

有人认为玛雅人是由于发生地震而被迫离开家园。可是直到今天,那些雄伟的石构建筑,虽然有些已倒塌,但仍有很多历经千年风雨依然保存完整。

有人认为,可能是因为隔代争斗,或是年轻的一代起来反对老一代,或是发生内战,或是因为一场革命,玛雅人离开了故土。如果真有上述情况中的任何一种发生的话,那么也只有一部分居民,即失败者,离开国家,而胜利者则仍留下生活。但调查研究没发现有玛雅人留下来的任何迹象,哪怕是一名玛雅人!

当历史渐行渐远,成为一种遥远的回忆后,我们所能了解到的只是梦呓般的神话,以及一幢又一幢遗弃的建筑,然而神秘的玛雅人,神秘的玛雅文明,神秘的玛雅金字塔,无不让我们记住不只有一个埃及金字塔……

文明,是毁于战争的吗

大约在9世纪以后,玛雅文明突然衰落了,而且是在极短的时间内就湮没在了密林深处。这是一个令研究者百思不得其解的问题,为当今史学界一大悬案。

考古发现表明,玛雅文明曾相当繁荣,当时玛雅人的经济、文化都非常发达。

农民们依靠先进的生产水平垦殖畦田、梯田和沼泽水田,生产出大量的粮食,供养激增的人口;手工业和商业也都很发达。在750年左右,玛雅文明达到了顶峰。据估计,当时他们共有人口在300万~1300万之间,但此后,玛雅文明就逐渐走向了衰落。大约9世纪,玛雅人突然陆续放弃他们的发展中心。他们离开了辛苦建筑的城池,舍弃了富丽堂皇的庙宇、庄严巍峨的金字塔、整齐排列雕像的广场和宽阔的运动场。玛雅文明开始衰落,其征兆是不再雕刻石碑。考古学家发现,当地最后一块石碑完成于869年,整个玛雅区最后一块石碑则完成于909年。不但如此,神殿、宫殿等最足以代表玛雅文明的建筑也不再兴建,彩陶也不再制作,一般民众也很少兴建新房舍,而他们的人口也急剧减少。至今,历史学家们也没有弄明白是什么力量终止了玛雅文明,以至于有学者认为这是"人类历史上最为彻底全面的一次文化失落"。有很多研究人员认为,玛雅城市之间的战争,城市内部贵族之间的争斗,森严的等级制度,以及人口过剩所引起的经济形势恶化,是导致玛雅文化的全面崩溃的直接原因。

为了进一步确定其中的原因,20世纪80年代末,一支包括考古学家、动物学家和营养学家在内的45人组成的多学科考察队,来到了中美洲危地马拉的热带雨林地区。这支科考队用了6年的时间,对200多处玛雅文明遗址进行了考察。结果,该考察队认为:玛雅文明是因争夺财富及权势,自相残杀而毁灭的。特别是随着对玛雅文字研究工作的不断深入,科学家们已经破译了所有玛雅文字中的80%以上,从而能够对玛雅文明和社会有了一个新的认识,其中一些发现就有力地支持了上述观点。

现在我们知道,古代玛雅世界并不是一个单一的统一王国,而是由许多相互独立的小国和城邦拼凑而成的,就像古代希腊一样。文字记载和考古发现都能表明,在多数时间里,这些玛雅城邦之间一直疲于相互征战。玛雅人并非是传说中那样热爱和平的民族,相反,即使在9世纪之前的全盛时期,玛雅各城邦之间也一直在进行着争权夺利的战争。

更可怕的是,玛雅人不断战争竟是他们所共同信奉的宗教的需要。从现存的一些玛雅图像作品上可以看到各种战争场景,他们的战争就好像是一场恐怖的体育比赛,士兵们用矛和棒做兵器,袭击其他城市,而其目的就是抓俘虏并把他们交给本国的祭司,作为向神献祭的礼品。这种祭祀正是玛雅社会崇拜神灵的标志。这是一种嗜血的古老信仰。也是各个好战的城邦的共同宗教。在玛雅人的信仰里,人类十分危险地处于魔鬼神之间,随时可能遭受毁灭性力量的打击。为了不让这些毁灭性力量降临,他们必须诚惶诚恐地侍奉神,包括用牲口和人祭祀。于是就出现了历史上经常上演的一幕幕出于宗教原因和胜利者力量的炫耀,战俘常常遭到杀戮。另外,玛雅宗教仪式中最重要的一条就是血祭,要求祭祀者以一种极为痛苦的方式献出自己的鲜血,因为他们相信只有让神感到满意后宇宙才能运转得井然有序。从他们留下来的一些雕像中,我们常常能看到,一些国王和王后居然在自己身上放血。

彼拉斯城本来是面积很大的玛雅城邦,但在761年时,该城的王宫却覆灭了。考古学家从废墟上发现的石板文字记载上了解到,当时它遭到了邻近的托玛瑞弟托城的攻击,并遭到了斩草除根的大屠杀。随后,胜利者举行了庆祝仪式,他们破坏了王宫、神庙。而此后,这座曾繁荣一时的城市就被舍弃在热带雨林之中。考古学家在废墟中还发现了一个装有13个8~55岁男人头颅的洞。

此外,各玛雅城邦内部也矛盾重重。8世纪中期以后,随着政治联姻情况的增多,除长子外的其他王室兄弟受到排挤。于是有一些王子离开家园去寻找新的城市,而大部分则留下来争夺继承权。长期的争夺权力、财富和美女的战争,使得生灵涂炭,贸易中断,国家毁灭,而最终估计只有10%的人幸存下来。

今天,虽然仍有200万以上的玛雅人后裔居住在中美洲各国,但是玛雅文明中的精华,如象形文字、天文、历法等知识却永远地成为了历史。

是大自然带来的灭顶之灾吗

有些学者尽管也认同玛雅人历史上曾发生过的战争,但却对玛雅文明的突然湮没抱有更有新意的看法。特别是一些历史学、考古学以外的科学家,提出了一种更大胆的观点,即认为玛雅文明的衰落更多的是由于大自然的原因。

一些科学家经过多年研究,认为玛雅文明是毁于干旱,这一观点目前也被许多研究者认可。他们认为,连年发生旱灾摧毁了古文明赖以生存的农业;而玛雅人当时的水利知识却很贫乏,于是农业的歉收引起了一系列连锁反应,最终导致文明的毁灭。不过,导致这些地区旱灾频发的原因是什么呢? 这又成了学术界争论的焦点。

曾有一些学者认为,对环境的破坏是造成干旱的直接原因。他们的理由是:玛雅人的宗教信仰使他们所有的城市都是以宏伟巨大的金字塔和神庙为核心,在兴建金字塔和神庙时,玛雅人习惯于用白石灰来粉刷外墙;而烧制石灰就需要大量木柴,于是玛雅人便开始砍伐森林。随着城市规模不断扩大,金字塔的日益增高,对木柴的需求量也越来越大,最后,大片森林被砍伐殆尽,当地的环境也逐渐恶化,从而引发包括干旱在内的一系列后果。

最近,一些科学家提出了新的观点,他们认为玛雅地区发生的旱灾有着明显的周期性,大旱灾每隔208年就发生一次,并因此提出一个新的见解:玛雅文明的消失与太阳的周期性活动增强有关。来自美国佛罗里达州大学的地质学家霍德尔就是这一理论的提出者,这一观点曾发表在权威的《科学》杂志上。

霍德尔领导的这项研究,是从墨西哥南部的奇昌卡纳布湖湖底的沉积物开始的。他们在湖底钻孔,取得了1.9米的沉积岩岩芯样本,并对样本中的碳酸钙浓度进行了研究。由于干旱年份湖水的蒸发量较大,相对时期沉积物中碳酸钙的浓度也就较高。碳酸钙浓度高的岩层,对应的年份就一定发生过旱灾。研究的结果是惊人的。沉积岩中的碳酸钙浓度,在年代上表现出了明显的周期性。每隔208年,湖底的沉积物中就有高浓碳酸钙层出现,也就是说,每隔208年,当地就会发生一次旱灾。最严重的一次发生在公元750~850年。而208年这个周期,和目前太阳活动每206年就有一次增强的周期正好吻合。霍德尔在地质学上的研究,为解决这一历史之谜带来了突破。科学家指出,虽然太阳活动的周期事实上变动的幅度大约仅有1%,但却足以造成玛雅文明心脏地带干旱的发生。事实上,当科学家将玛雅文明的发展与太阳活动的周期一起研究比较时,就发现每次遇到干旱发生,该社会文明的发展便有趋缓的现象。

瑞士苏黎世联邦技术研究院的一个国际研究小组也有类似的发现,在公元750~950年间,玛雅文明经历了一次漫长的旱季,中间发生过3次持续时间为3~9年的大旱灾,上述三次大旱灾分别发生于公元810年、公元860年和公元910年。这些灾害给予玛雅这个早已濒临绝境的文明最后一击,使其彻底崩溃。在9世纪早期,许多城镇都遭到废弃。正是由于太阳活动带来的气候异常和干旱,使得玛雅文明走向衰落。事实表明,在 8 世纪时,玛雅社会曾有大约 1300 万人,但是在后来不到 200 年的时间里,他们的城市却迅速变得荒芜了。

不过,有些学者却并不认同上述观点。比如宾夕法尼亚大学考古与人类学博物馆馆长沙布诺夫就认为,干旱只是一连串事件中的一件,但绝不是全部答案。因此,学者们一致认为"玛雅文化为什么崩溃"和"玛雅文化是怎样崩溃的"仍是当今文明研究中最棘手的问题。

被遗弃的吴哥古城

吴哥古城大约建于 12 世纪前半叶吴哥王朝全盛时期,当时,高棉国王耶输跋摩二世信奉婆罗门教,为了祭祀"保护之神"毗湿奴,便建造了著名的吴哥窟(也称小吴哥)。吴哥窟是属于印度教的神庙,在吴哥窟周围一度坐落着一座由耶输跋摩二世主持修建的城市。但现在已经消失了。吴哥窟轴线向心形平面布局乃是由拥有柱廊的许多矩形平面所组成。在矩形平面矗立着一座座塔,愈接近中心主塔者其规模愈大。较大的塔,其塔身轮廓之曲线,多少带有印度教神庙的特色,尽管吴哥文明深受印度教文化影响,并是在继承印度教文化的基础上发展起来的,但多数

吴哥古城

学者认为吴哥文明的高度发展是印度教文化的发源地所无法比拟的,尤其是吴哥的建筑工艺。大吴哥位于吴哥窟的北部,是阇耶跋摩七世统治时期建造的新都。吴哥城规模非常宏伟壮观,护城河环绕在周围。城内有名式各样非常精美的宝塔寺院和庙宇。在吴哥城的中心是巴扬庙,它和周围象征当时 16 个省的 16 座中塔和几十座小塔,构成一组完美整齐的阶梯式塔形建筑群。吴哥古城独特而永久的魅力吸引了全世界的目光,它与埃及金字塔、中国长城、印度尼西亚的婆罗浮屠并称为"东方四大奇观"。考古学家们在柬埔寨的丛林中发掘吴哥古迹时,一次次地为吴哥古迹所感叹,也一次次地产生疑问:吴哥古城是怎样建立起来的? 它又是为何被人们遗弃了呢?

吴哥王朝的发展

公元 6 世纪下半期,曾经兴旺发达的扶南王国开始走向没落,真腊国在北方地区逐渐崛起,最终取而代之。伊奢那跋摩一世登上真腊王座后,锐意进取,大胆改革,并派出使者出访中国,向中国皇帝讲述自己国家历史的变迁、真腊兴起及取代扶南的过程、两代先王及在位君主的作为等等。中国史官们根据真腊使者的叙述写成"真腊传"列入官史之中。《隋书·真腊传》记述的就是实现这个历史转变的真腊。

伊奢那跋摩一世把都城建在伊奢那补罗,研究者们把伊奢那补罗作为国家首都时的文化称为前吴哥文化,建筑和雕刻构成了这一文化的主体。

作为王都,伊奢那补罗对经略东西部都十分有利,它既是全国的政治中心,还是一个文化中心。全城有居民 2 万余户,10 余万人,在当时是一个大城市。

城内的建筑主要有两大类。一是世俗的建筑,这类建筑的代表作是王宫,宫中的宫殿宽阔而高大,《隋书》中称它为"大堂",是国王听政之所,光护卫阶庭门阁的武士就有上千名。二是宗教方面的建筑,这类建筑以寺庙和宝塔为主。高棉人对超人的力量即神有着虔诚的信仰和崇拜,于是便把想象中神的形象塑造出来供奉在寺庙和宝塔中。那时,息瓦教和诃里诃罗教是两个最大的宗教,前者崇拜林伽,后者信奉一种把毗湿奴与湿婆合而为一的偶像。这些建筑用砖石建造,并尽量加以装饰和美化。装饰的主要手段和形式是雕刻,比如在门楣和天花板等处雕刻各种图案花纹,塔式建筑分为单塔和塔群。印度风格在这个时期的建筑和雕刻有着明显的表现,但高棉人已经发展出了具有高棉民族特色的艺术风格。

构成前吴哥文化的另一重要内容就是碑铭,它是刻在石碑上的文字。它的存在与宗教活动有关,许多碑铭的内容反映了宗教的活动与传播。今天,当人们把一块块石碑从地下挖出来时,碑铭就成了解读柬埔寨古代历史的珍贵史料。这里的碑文,是前吴哥文化中的珍宝,文字优美,富于韵律,十分适合阅读,文章或委婉悲痛,或铿锵有力,极具文学价值,使你在了解真实的吴哥历史的同时,又领略到了高棉人的文学神韵。目前人们已知的最早的碑铭,刻在今吴哥波雷发现的公元611年的石碑上。人们还发现了这之后的一些石碑。从611到9世纪初统一的真腊王国建立之前的石碑上,碑铭差不多都是用梵书刻写的。而从伊奢那跋摩一世建都伊奢那补罗开始,又出现了用高棉文刻写的碑铭以及高棉文同梵文并存的碑铭。这一变化是历史的一个转折,它凸显出高棉民族文化的发展,反映出当时人们在书刻记载重大历史事件和宗教活动的碑铭时已打破梵文的垄断,开始使用本民族的文字。高棉的民族文化已经在印度文化的影响中繁衍起来。

公元9世纪初,阇耶跋摩结束了近200年的分裂局面,将陆真腊与水真腊合而为一,创建了吴哥王朝在柬埔寨历史上最灿烂辉煌的时代。

阇耶跋摩二世是吴哥王朝的缔造者,虽然缺乏文献记载,但还是能看出他是一位大有作为的国王。他在考仑山京城及其附近地区修建了王宫和行宫,还修建了一座著名的寺庙——宝剑寺,这些建筑的风格,对后来的吴哥式建筑具有启蒙作用。

在宗教方面,阇耶跋摩二世任用了一位精通婆罗门教经典的婆罗门僧侣伊朗亚达玛,由他制定了一套与婆罗门经典相符的典礼仪式,并创立了一个新的宗教——天王教。印度教把林伽作为造物之神湿婆的象征;天王教把林伽视为湿婆和王权的化身加以崇拜,还把林伽像供奉在京城中央圣山的尖塔上。这种宗教是神与王的统一,是加强王权和巩固统治的工具。阇耶跋摩二世还赐名婆罗门为"巴辣菇",意为"圣贤之士",并加以供养,为吴哥走向辉煌奠定了文化和政治基础。

阇耶跋摩二世死后,他的儿子阇耶跋摩三世继承王位。阇耶跋摩三世鼓励生产,减轻赋税,国内呈现一派欣欣向荣的景象,虽然他没有多大的丰功伟绩,但在他统治期间,吴哥王朝更加强盛了。

阇耶跋摩三世死后无嗣,由其堂弟继承王位,这就是因陀罗跋摩一世。他的最大功绩是,作为第一个在吴哥地区兴建水利工程的真腊国王,建造了一个庞大的水利灌溉系统工程。他利用一个人工开凿的蓄水湖,把一片不毛之地变成了丰产的稻田。后来,人工灌溉系统的高度发展,促进了以农业为主的封建社会的经济的发展,才使吴哥王朝的统治者,能够以吴哥地区为中心,建立起一个人口稠密、中央集权制的强国。也正是由于有了这种灌溉系统,也才能使吴哥王朝有足够的人力物力来建造规模宏大的吴哥王城和吴哥寺等一系列建筑。由此可见,因陀罗跋摩一世为吴哥王朝的兴盛打下了物质基础。

在建筑艺术方面,砖石结构的建筑是从因陀罗跋摩一世开始的。他建造的有神牛之意的波利科寺于公元 879 年建成,专门供奉他的父母、外祖父母和阇耶跋摩二世及王后的神像。研究者们认为,巴孔庙、波利科寺及其洛利寺,标志着高棉古典建筑艺术的开端。

在政治方面,因陀罗跋摩一世还划分了王室内部的等级,建立起王室体制,为以后各朝代所沿用。由于他卓越的政绩,后人在碑铭中称颂他为"王中的狮子"。

因陀罗跋摩一世死后,由其子继承王位,称耶输跋摩一世。这是一位在吴哥王朝史上非常有影响力的帝王。耶输跋摩一世也非常重视水利灌溉系统的建设,他登上王位不久,就在都城的东北建造了东巴莱湖,这个大水库长 7000 米,宽 2000 米,与暹粒河相通。发展和完善水利灌溉系统,对于以农业生产为主的封建社会来说,意义十分重大。耶输跋摩一世在建筑方面的功绩远不止于此,他还设计了一个新都,根据他的名字起名为耶输陀罗补罗。这是在吴哥地区建立的第一个吴哥城,占地约 26 平方千米,是环绕着巴肯山的天然山丘建造的,四周有一条 200 米宽的护城河。在都城中心的巴肯山上还建造了 5 座砂岩方塔,中间一座供奉着国王自己的形象湿婆林伽。耶输跋摩一世还在全国各地修建了代表湿婆教、毗湿奴教和佛教等各种教派的寺庙共达 100 多所,它代表了吴哥早期的建筑风格。

在政治方面,耶输跋摩一世不仅击退了侵扰真腊沿海地区的占婆和爪哇海盗,还扩大了王国的疆土,使疆域东至占婆,西抵缅甸,北至老挝中部,南达暹罗湾直至马来半岛北部,与扶南国全盛时期的疆土不相上下。

由于缺乏史料,关于10世纪时期吴哥王朝的历史,除留下的寺庙建筑遗迹以外,其他方面就知道得很少了。这些遗留下来的古迹,可以让现代人清楚地看到当时社会的文明程度和生产力水平,但却无法知道具体的历史事件。当时中国正处在唐末及五代的动荡时期,根本找不到有关吴哥王朝的任何记载,历史学家们只好在那些残破的碑铭上寻找线索。不幸的是,目前10世纪的吴哥历史仍是空缺的。

由于耶输跋摩一世统治时期打下了良好的基础,到10世纪以后,吴哥王朝走向了更辉煌的时期。耶输跋摩一世在11世纪初期,击败他的竞争对手,登上了吴哥王朝的王位。耶输跋摩时期最引人注目的建筑是披梅那卡寺和茶胶寺。披梅那卡寺("空中宫殿")是当时吴哥的王宫,故有"天宫"之称;茶胶寺是第一座用砂岩建成的高棉庙宇。在宗教方面,耶输跋摩一世是第一个皈依大乘佛教的真腊国王,因而在其死后人们给他以高尚的圣名——"涅槃佛"。

耶输跋摩一世死后,乌迭蒂耶跋摩登上王位,在他统治期间,发生了多次战争。由于国王有一位英勇善战的军事首领,因而在战争中取得了完全胜利。在这一时期又增加了一些新的建筑,其中以巴普昂寺最为有名,它与"空中宫殿"同属于一个类型的建筑。乌迭蒂耶的重要业绩是在吴哥城的西郊,开凿了西巴莱湖,这是一个长8000米、宽2200米的大水库,它扩大了灌溉系统,对发展农业经济起到了重要作用。

12世纪,自称"太阳护卫神"的耶输跋摩二世登上了吴哥的王位,他带领军队东征西讨,使真腊国的疆土日益广阔。1128年,他率军征讨现在越南境内的大越国,并使其臣服,他还依靠强大的军力使宿敌占婆沦为自己的属地长达5年之久。他使吴哥王朝成为当时东南地区的王者,也使他本人成为柬埔寨史上一位非常著名的国王。

耶输跋摩二世的武功,让后人赞叹不已。然而他为修建豪华的庙宇,而耗尽国力、民力的行为,也使他留下了千古骂名。耶输跋摩二世是一位无坚不摧的勇士,也是一位出色的建筑家。他主持建造了自己的陵墓,即举世闻名的吴哥窟。吴哥窟的地基总面积在40000平方米以上,上面至少建有10余个有重要文物价值的建筑物和其他遗迹。从1112年开始建造,到1201年才全部完成。其中心神殿高40米,供奉着一尊毗湿奴金像。有人称其为世界上最大的宗教建筑物。

由于耶输跋摩二世好大喜功,沉醉于庞大的神庙的建筑,耗尽了国力,1150 年他死去以后,吴哥王朝便一度出现了衰落的景象。于是,占婆便乘机大举入侵,大约在 1175~1181 年间,占婆占领真腊达 5 年之久,与过去吴哥军队占领占婆的时间相等。

直到阇耶跋摩七世登上柬埔寨历史的舞台,吴哥才又重新走进鼎盛时期。1181 年,他率领军队彻底击溃了占婆军队,使吴哥结束了长达 30 年的动荡局面。他建立了一支强大的军队,并努力开拓吴哥王朝的版图。除真腊以前的领土被收复以外,现在的老挝、泰国、马来半岛的北部和缅甸的一部分也成了吴哥王朝的领土。这位战功卓著的国王还进一步发展水利事业,促进农业经济的发展,鼓励工商业,使吴哥王朝进入了历史上最富强的时期。

阇耶跋摩七世是吴哥王朝最杰出的君主,他把吴哥王朝推向最鼎盛后,总结了耶输跋摩二世的历史教训,建造了一座坚不可摧的城堡——吴哥通王城(大吴哥),并在城内建造了众多的宝塔、寺庙等建筑。直到今天,人们仍能从柬埔寨丛林的废墟中一睹吴哥通王城当年的风采。

寻找吴哥艺术发展的轨迹

纵观吴哥的建筑和雕刻艺术的发展过程,可谓漫长而曲折,经历了由简单到复杂、由幼稚到成熟的漫漫长路。它从公元 1 世纪开始,经过几百年的发展、繁荣,在公元 9 世纪以后达到了顶峰。人们在探索吴哥艺术的发展过程中,沿着柬埔寨历史变迁的印迹,层层而上,描绘出整个吴哥艺术的发展轨迹。高棉的寺庙,以吴哥城为中心,向四面辐射,遍及全国各地。各个时期的寺庙代表了各个时期高棉人在建筑和艺术上所达到的水平,表现出各个时期的风貌和形成的风格。当人们将其贯穿起来,便会发现,它犹如一个艺术百花园,争奇斗艳,婀娜多姿,各展风采,使人们从一个艺术台阶步入另一个艺术台阶,直到艺术的高峰。

最先让研究者们感叹的是众多的建筑及石雕艺术品。这个艺术平台是由阇耶跋摩二世建造的。这位国王不仅缔造了吴哥王朝,还奠定了吴哥艺术的基础。被爪哇人俘获的经历不但促使他义无反顾地投身到反抗外族统治的斗争中去,同时,也使他看到了异族宗教和文化的精华,为创造自己独特的民族文化吸取了大量的营养。

802年，他正式宣布国家独立，从而开始了一个新的时代。同时，也预示着一个文化复兴时期的到来。他将政治与艺术巧妙地结合在一起，使坚硬的政治内核包装上绚丽的文化外衣，一时间成为东南亚地区的亮点。他先后在湄公河下游的因陀罗补罗、诃里诃罗洛耶、阿摩罗因陀罗补罗、摩诃因陀罗跋伐多建立都城，并在每个都城里展示艺术成就，成为留给今人的一笔文化遗产。

这一时期的雕刻艺术，以荔枝山上的摩诃因陀罗跋伐多最为有名，它们是一个时代的产物，代表的是为吴哥文明奠基的那个时代，它们处在同一个文化平台上。当然荔枝山上的建筑可称得上是它们中的代表，我们不妨称它为"荔枝山文化平台"。

"荔枝山文化平台"上的建筑包括荔枝山上的丹雷格拉、奥邦、卢阿列、克登斯拉、特莫达、果基、果罗霍姆和山外的桑波波雷古、波雷波罗萨等。该平台建筑以"山形建筑"为主要特色，建筑物高大，而且多层。它以砖石为建筑材料，且建在山上，这同宗教理念相一致。建筑上的雕刻也出现了一些变化，正面过梁浮雕图案呈现多样化，支撑建筑物的柱子也发生了变化，方柱或八角形主柱取代了以前的圆柱，柱面饰满花纹和人物雕像。三角楣的楣框呈猫爪印形。求变、追求多样性是这一时期雕刻艺术的潮流。

研究者们从荔枝山平台向上探寻，就来到了阇耶跋摩二世选定的都地——罗鲁豪斯。巴孔庙、波利科寺和洛利寺是当时都市中最恢宏的建筑。三座庙宇是早期吴哥文化的代表作，而且是早期吴哥时代建筑物中保存得最好的。在三座建筑中仍然体现了对多样性的追求。三座寺庙建筑并非完全一样：一类是多层的山形建筑，如巴孔庙；另一类则是把多个建筑共建在一个台层上，便于祭祀先人，波利科寺和洛利寺即是如此。但它们有一点却是共同的，即每座庙内都供奉着象征人神合一的湿婆林伽。这些供人们崇拜的偶像实则是当政国王的形象，每一个湿婆林伽都具体有所指。

这一时期建筑物的雕刻，在艺术上更显成熟。罗鲁豪斯建筑群标志着高棉建筑和雕刻艺术经过本土艺术与外来艺术的交融后，诞生了本民族独特的艺术风格，有人说这是高棉古典艺术的开端。

9世纪末,耶输跋摩一世当政,他把首都从罗鲁豪斯迁到吴哥通王城,在吴哥地区建立了第一个都城。耶输跋摩一世是一位从小受过良好的教育、知识十分渊博的学者。他既热衷于本民族文化传统的学习,也乐于接受外来的优秀文化。耶输跋摩一世也是一位乐于在建筑上下功夫的国王,特别是对于寺庙,他更是情有独钟。新都是围绕着巴肯山建筑的,整个布局以它为中心展开,寺庙也是以巴肯山为中心建造。在他建造的众多寺庙中,以巴肯寺最为有名,它是吴哥文明形成过程中具有代表性的建筑之一。寺的核心部分是5座用砂岩砌成的塔,呈梅花状分布在一座名叫"耶输跋摩山"的山上。中间的一座内供奉着湿婆林伽——国王自己的形象。巴肯寺有大小塔100多座,分层排列,高低相间,布局完整而协调。巴肯寺仍是以砖为主的砖石结构建筑,具有早期吴哥建筑的特点。除此之外,还有普依巴肯、普依格罗姆和普依博,它们建于同一时代,具有共同的文化和特性,构成了巴肯风格。

10世纪中叶,吴哥王朝又出现了一位充满智慧和远见的国王,这就是因陀罗跋摩二世,他建筑的"空中宫殿"和班迭斯雷庙把吴哥艺术水平又向前推进了一大步。所谓"宫殿",并非王宫,而是国王和王公们祭祀的神殿。宫殿构筑于高台之上,远远望去,就像悬在空中。在设计上,它独具匠心,增加了前代所没有的回廊。"空中宫殿"回廊建筑是后来有名的吴哥寺回廊的雏形,后者便是在此基础上发展起来并趋于成熟的。

创新的另一项标志性建筑则是班迭斯雷庙。这是一座以精美著称的珍珠般的小型庙宇,无论是造型,还是雕刻,它都堪称是吴哥建筑中的一颗明珠。这是一座供奉婆罗门教主神的圣寺。寺门上的浮雕在继承传统的基础上又向前跨进了一大步,显示出高棉古代劳动人民的智慧和才能。雕刻的题材广泛,有神像,也有图案花纹,还有神话故事,细致精美,是高棉古代艺术的杰作。同前代相比,班迭斯雷庙在布局上跳出了把建筑物建在高台的各阶层的固有格局,而将塔寺建在平地上,只将中心部分建在一个较低的平台上。这样,建筑群的布局显得分散、匀称和疏朗,给人以爽朗的感觉。在用材上,班迭斯雷庙用以石为主的砖石结构代替了以砖为主的砖石结构建造。石结构的重要性被大大突出,高棉人在此基础上,将后来的建筑完全采用石结构。

总之，耶输跋摩一世和因陀罗跋摩二世创造了吴哥艺术史上的空前时代。吴哥艺术发展到了新的阶段，勤劳智慧的高棉人，在此基础上把吴哥艺术推向了顶峰，吴哥寺是这一辉煌时代最耀眼的建筑，在建筑技巧和雕刻艺术上都成为空前的奇观。

还有在阇耶跋摩七世时建造的巴扬庙，是吴哥时代最成熟的艺术作品，是吴哥艺术的最高峰。而且吴哥文化以此为代表，形成了巴扬风格的艺术。

吴哥古城建立和湮灭之谜

重现于世的吴哥古迹，具有独特和永久的魅力，这使世人为之倾倒、赞服，同时又使人们产生了无穷的遐想和许多疑点。由于有关柬埔寨中古时代的史料极其缺乏，所以这些疑点就成了千古之谜。

疑点之一是，何人建造了美妙绝伦的吴哥古城？它的每一块石头都是精雕细琢，遍布浮雕壁画，其技巧之娴熟、精湛，想象力之丰富、惊人，使人难以置信，以至于长时间流传吴哥古迹是天神的创造，不可能出自凡人之手。在垒砌这些建筑时，没有使用黏合剂之类的物品，完全靠石块本身的重量和形状紧密相接，丝丝入扣。时至今日，吴哥古迹的大部分建筑虽历经沧桑，却仍岿然不动。吴哥古迹充分向人们展示了柬埔寨人民高超的艺术才能和过人的智慧。

疑点之二是，通过对吴哥城的规模进行估计，在这座古城最繁荣的时候，至少100万居民生活在这儿。可是为什么这样一座繁荣昌盛的都城竟然淹没在茫茫丛林里呢？它的居民为什么都不见了呢？有人猜测，这里曾流行瘟疫或霍乱之类的疾病，使他们迅速地在极短时间内全部死去；还有人猜测，可能是外来的敌人攻占这座城市后，将城里的所有居民赶到某一地方去做奴隶了。

疑点之三是，在柬埔寨历史上放弃吴哥是一个具有重要转折意义的事件，它标志着一度强大的吴哥王朝的瓦解。那么，是不是有别的因素呢？中国有一些学者认为，这种结局与暹罗人的不断入侵有关，这使得高棉人做出了撤离吴哥的最终决定。自从暹罗人不断强大后，使高棉人蒙受了深重的灾难和巨大的损失。日益衰竭的国力使高棉人无法应付暹罗人的挑战，只好采取回避的方法。O.W.沃尔特斯博士也有相似的看法。但是他认为，吴哥王朝的衰弱和抵抗力的丧失，并非完全是暹罗人所造成,而是高棉王族之间内部矛盾斗争发展的结果。这时,暹罗人入侵,从而导致了吴哥王朝放弃古城之举。

15世纪上半叶,吴哥王朝被迫迁都金边,曾经繁华昌盛的吴哥城,杂草灌木丛生,逐渐被茂密的热带森林湮没。从此,它留下了一系列的问号和悬案,有待后人去探索研究。

第八章 神秘莫测的密码谜案

玛丽女王死于密码被破之谜

她出生仅六天，就成了苏格兰女王；她是虔诚的天主教徒，死后封为圣徒，跻身耶稣会殉难者之列；她美貌与才华都格外出众，却成为宫廷斗争的牺牲品；她本有可能当上英格兰女王，却以"叛国罪"的名义被斩首——充满传奇色彩的玛丽女王，最终死在一封被破译密码的书信上……

玛丽·斯图尔特 1542 年 12 月 8 日出生在苏格兰林立思戈宫，她是苏格兰国王詹姆斯五世和法国王族吉斯玛丽的独生女。出生之后 6 天，其父詹姆斯五世就死于霍乱。1543 年，一岁大的玛丽在斯特灵城堡加冕为苏格兰女王。由于年纪幼小，苏格兰王后，法国吉斯公爵的妹妹玛丽·德·吉斯代为摄政。

1548 年，英国国王亨利八世开始他的"粗暴求爱"，利用军事行动施压，代儿

玛丽女王

子向玛丽求婚。苏格兰贵族会议所早就有既定的联法攻英的方案，于是玛丽女王被迅速送到法国宫廷，成了法国皇太子的未婚妻。法王亨利二世和凯瑟琳·德·美第奇王后非常喜爱她，给了她无微不至的照顾和最好的教育。玛丽女王 17 岁那年，正式与同龄的法国皇太子弗朗索瓦成婚。同年，亨利二世死在一次骑士比武大会上，弗朗索瓦成了法国国王，玛丽则成了法国王后。1560 年，一直体弱多病的弗

朗索瓦二世因耳部感染引起的脑病变在奥尔良去世,年仅16岁。孀居的玛丽王后结束了在法国的生活,回到了家乡苏格兰。

玛丽回到苏格兰后,欧洲各皇室及苏格兰宫廷内部的各种纷争搞得她焦头烂额,但玛丽不是一个柔弱的普通女子,1565年7月,她选中了新的夫婿——表兄亨利·斯图尔特·达恩利爵士。这位英俊年轻,风度潇洒的爵士有着玛丽更为看重的资本:亨利可以在伊丽莎白死后继承英格兰王位(条件是伊丽莎白没有后嗣)。

然而,玛丽女王这一次看走了眼。婚后不久,玛丽就发现亨利是个好色成性的浪子,并且其吃醋的功夫纯属一流。他大肆打击女王的宠臣们,尤其是女王的意大利籍秘书大卫·里奇奥,甚至还纠合苏格兰贵族当着女王的面杀害了里奇奥。玛丽女王决计除掉他,1567年2月9日,达恩利勋爵被发现死在了爱丁堡柯克欧菲尔德宫的花园里,尸体有明显的被人掐死的痕迹。人们认为这是女王的情人博斯韦尔伯爵所为,但女王纠合了一群支持自己的贵族组织了一次虚假的审判,结果是伯爵本人无罪释放。

1567年5月15日,女王和博斯韦尔伯爵在圣十字架宫成婚。这次不得人心的婚姻激怒了苏格兰贵族们,他们开始公开反对玛丽一世的统治。尽管玛丽打算做出一些让步,但最终还是被囚禁在列文湖畔的城堡里。王位传给了她和达恩利勋爵的儿子詹姆斯,玛丽的同父异母兄弟、马里伯爵詹姆士·斯图亚特摄政。

1568年,玛丽寻找机会,成功从列文湖城堡逃了出去,她组织了几次未遂的军事政变,但在兰塞德战役中损失了全部的军队。穷途末路的玛丽被迫逃到英格兰,寻求伊丽莎白一世的庇护,希望能说服伊丽莎白帮她夺回王位。不料,玛丽不仅没有得到帮助,反而被伊丽莎白软禁在卡莱尔城堡。伊丽莎白一世之所以这样做,有着不得已的苦衷。一方面,看到与自己有亲戚关系的女王被人从王位上赶下来,她感到很不安。另一方面,为玛丽夺回王位,就必须与在苏格兰境内的亲新教、亲英格兰的派别交战,这是伊丽莎白不希望看到的。

就在这里,囚禁中的玛丽女王与伊丽莎白一世展开了近20年的明争暗斗。这是欧洲历史上非常著名的史实,整个过程跌宕起伏,简直就像一部小说。

我们都知道,玛丽女王的曾外祖父是伊丽莎白的爷爷亨利七世,两位女王有血缘关系。当时的苏格兰从属于英格兰又有相对的独立性,伊丽莎白一世必须要谨慎处理这层关系。她软禁了玛丽女王，一方面安抚了苏格兰的亲新教的那帮盟友，一方面也是变相保护了玛丽，这样就不会得罪国内信奉天主教的人，使他们不至于采取极端措施。

当时的英格兰，新教与天主教的斗争正呈白热化的争斗局面。众所周知，伊丽莎白一世的父亲亨利八世与教皇关系紧张，甚至已经到了水火不容的敌对状态。亨利八世死后，其长女、伊丽莎白的姐姐玛丽一世，登基成为英格兰女王。玛丽一世是个极其虔诚的天主教徒，她登基后努力把英国从新教恢复到罗马天主教，为此，她曾处决了差不多三百个反对者，而被历史称为"血腥玛丽"（Bloody Mary）。伊丽莎白一世登基后，颠覆了其姐姐的政策，开始扶持新教势力。因为根据天主教的教规，伊丽莎白是亨利八世的私生女，无权继承王位。

与苏格兰女王玛丽相比，伊丽莎白一世欠缺美貌与罗马教廷的支持。但是，这位沉默寡言的女王有着难以想象的城府与意志力。她借助国内民众的支持，不断镇压天主教徒组织的一次又一次武装叛乱。而被她软禁的玛丽，则成为其手中的一枚棋子。事实上，伊丽莎白一世对玛丽有着足够的戒备心，尽管后者一直被严密封锁在卡莱尔城堡里。

按照亨利八世的遗嘱：他死后，由独子爱德华和他的后代继位；如果爱德华没有后代，爱德华死后由玛丽和她的后代继位；如果玛丽没有后代，玛丽死后由伊丽莎白和她的后代继位。伊丽莎白一世登基后，爱德华与玛丽一世都没有子嗣留下，如果伊丽莎白一世再没有后代，那玛丽有当然的承袭英王王位的权利。玛丽女王的血统就来自玛格丽特·都铎，她的母亲吉斯玛丽与亨利八世是亲姊妹关系。至于罗马教廷，由于她的父母是按新教教规结婚的，教廷早就宣称伊丽莎白一世没有资格当英国女王，而应该由玛丽女王承袭。

当时的伊丽莎白一世已经打定主意独身，欧洲各皇室向她求婚的皇族有许多，其中就包括她的前姐夫，西班牙的菲利普国王，以及她的宠臣莱斯特伯爵。伊丽莎白一世知道，许多人追求她只是觊觎英王王位，而要找到一个门当户对又信仰新教的夫君，并不是一件容易的事。不想结婚的伊丽莎白也没有指定自己的继承人，因为她明智地认识到假如她指定一个继承人的话。她的地位会被削弱，而且这一举动可以给她的敌人方便，他们有可能利用继承人来反对她。

　　一直遭软禁的玛丽并没有甘心老死在城堡中,她不断与欧洲各国同情她的各种势力通信,其中就包括她曾经嫁过去的法国皇室。聪明的玛丽女王为了掩人耳目,在书信中使用了许多密码,这些密码属于恺撒密码(Athbash)系统,与明文相对应的密码符号都是按照某种模式编制的。不幸的是,当时的英国王室中有精通密码的人才。当时的首席大臣弗朗西斯·沃尔辛厄姆受命监视玛丽女王的一举一动,并且此人精通频率分析。玛丽女王的信件事先都被他看到并判读,那些隐藏在字里行间的秘密几乎都被他截获。同样的,外界送给玛丽女王的密码也逃不过弗朗西斯·沃尔辛厄姆的眼睛。

　　伊丽莎白一世对玛丽女王的行为一直了如指掌。英国女王对这些天主教势力与玛丽的预谋时刻保持着警惕,直至到最后无法容忍。弗朗西斯·沃尔辛厄姆告诉女王,他破译出玛丽阴谋暗杀伊丽莎白女王以便继承她的皇位。

　　1586年8月15日,玛丽女王因叛国罪被审判,她被指控密谋刺杀伊丽莎白女王并取而代之成为英国新女王。伊丽莎白的首辅大臣弗朗西斯·沃尔辛厄姆已经逮捕了其他的同谋者,逼供并处决了他们。最后,法庭以叛国罪成立判处玛丽极刑。

　　1587年2月8日,玛丽女王在弗斯利亨城堡被处决。传说玛丽临刑前镇定自若,看上去就像去赴宴而不是去赴死。刽子手砍了三次才把玛丽的头颅斩下,当把玛丽女王冷峻的头颅展示给众人的时候,人们惊愕地发现女王的嘴还在喃喃地动。

　　此后,关于玛丽女王的历史评价有许多版本,这名虔诚的天主教徒在死了400年后的今天仍然拥有众多粉丝和崇拜者。尤其在苏格兰人眼中,玛丽女王更像一个悲剧中的女英雄而不是统治者。玛丽的英国国王的梦想最终在她的儿子身上实现——1603年,她的亲生子、苏格兰的詹姆斯六世继承了童贞女王伊丽莎白的王位,成了名副其实的英国国王。从这个意义上说,玛丽最终与伊丽莎白一世打了个平手。而使得她最终丧命的密码破译的事实,成为西方现代密码历史的开端。

二战英德密码大战之谜

　　英德两国在二战中展开了有史以来最大规模的密码战。可以说,二次世界大战中,看不见的密码较量,比硝烟弥漫的前线战争更为精彩和刺激。

在整个密码的历史上,ENIGMA 密码机的发明称得上是一件具有里程碑意义的事件。众所周知,在 ENIGMA 发明之前,不论多么高级巧妙的密码,所有密码都是使用手工来编码的。手工编码的缺点在大规模战争中逐渐显示出致命的弱点——发送信息的效率极其低下。战争时传递信息需要既保密又快速。当大容量的信息需要快速发出时,手工编码无法胜任,除非有大量的人力支持。此外,效率低下的手工操作也使得许多复杂的保密性能更好的加密方法不能被实际应用,而简单的加密方法根本不能抵挡飞速发展的解密学的威力。无论是军方还是民用商业,世界都需要一种可靠高效的方法来保证通讯的安全。

1918 年,一个德国人注意到了这一点。亚瑟·谢尔比乌斯(Arthur Scherbius)对手工编码的效率低下深有感触,他曾在汉诺威和慕尼黑研究过电气应用,对当时刚刚兴起的电子技术有深刻了解。他认为,可以用二十世纪的电气技术来取代那种过时的铅笔加纸的加密方法。简单说,他想发明一种机器,可以高效安全地取代手工编码的工作。

为了实现这个想法,亚瑟·谢尔比乌斯创办了一家公司,并很快研制出了一种机器。谢尔比乌斯为这种全新的机器取名为"ENIGMA",中文的意思是"迷"。这种 ENIGMA 机器外表看上去就是一个装满了复杂而精致的元件的盒子。由键盘、转子和显示器三个部分构成。用几句话是无法说清这种机器工作的效率,但有一个数据可以说明它编码的效率及威力。德军升级后的,ENIGMA 改进了连接板装置,理论上,三个转子不同的方向组成了 26 * 26 * 26 = 17576 种不同可能性;三个转子间不同的相对位置为 6 种可能性;连接板上两两交换 6 对字母的可能性数目有 100391791500 种;如果有需要,这种 ENIGMA 机器可以提供 17576 * 6 * 100391791500,大约为 10000000000000000,即一亿亿种可能性。在这巨大的可能性面前,一一尝试来试图找出密匙是完全没有可能的,这使得暴力破译法(即一个一个尝试所有可能性的方法)在机器面前无可奈何。

遗憾的是,亚瑟·谢尔比乌斯发明了这种机器之后,当时还没有人真正意识到它的价值。这种机器售价大约相当于现在的 30000 美元,没有人愿意为此付出这么昂贵的金钱。

　　此时,德国军方却注意到了这个新颖的发明。一战中,德国饱尝密码被盟军截获破译的痛苦。用他们自己的话说:"由于无线电通讯被英方截获和破译,德国海军指挥部门就好像是把自己的牌明摊在桌子上和英国海军较量。"为了避免再一次陷入这样的处境。德军对谢尔比乌斯的发明进行了可行性研究,最终得出结论:必须装备这种加密机器。从 1925 年开始,谢尔比乌斯的工厂开始系列化生产 ENIG-MA,次年德军开始使用这些机器。除了军方,德国的政府机关、国营企业、铁路部门等也开始使用 ENIGMA。为了保密,这些商用型号的机器与军方使用的不同,商用型机器的使用者不知道政府和军用型的机器具体是如何运作的。

　　德国人在 ENIGMA 上的投入是巨大的,十年间,德国军队总计装备了约三万台 ENIGMA。陆海空各部队都有独立的使用方法与编制程序,德国在外界没有注意到的情况下建立了可靠的加密系统。

　　此时,只有一个国家对德国的这种行为保持了警惕,一战中饱受德国侵略之苦的波兰时刻关注着自己身边这个危险的邻居。他们注意到 ENIGMA 的高效与高保密性能,开始偷偷搜集相关的资料,研究这种机器。至于英国法国,这些一战的胜利国家认为德国不会发展武装,对 ENIGMA 的使用也毫不关注。

　　当二战打响之后,英国法国的大意让他们一上来就吃了大苦头。二战开始时,德军通讯的保密性马上显现出威力,一条条犹如天书的密电不断在战场上被截获,但没人能够破译。可以说,ENIGMA 在纳粹德国二战初期的胜利中起到的作用是决定性的,在 1942 年之前,装备了英格玛的德国潜艇部队一共击沉了盟军舰船 1000 余艘,由于短时间内不能破译德军密码,盟军在北大西洋的军事补给线面临着灭顶之灾。

　　此时,盟军亡羊补牢,开始重视 ENIGMA 机器的破译工作。问题是,德国人的保密工作做得如此之好,根本无法得到 ENIGMA 的具体资料。所幸的是,一个德国人的贪婪,使得英国在破译德军密码方面有了转机。

　　一个名叫汉斯提罗·施密特的德国人为了获取金钱利益,将有关 ENIGMA 机的资料出卖给了盟军方面。这名在德国密码通讯机构——密码处(Chiffrierstelle)工作的德国人在比利时的一间旅馆里向法国情报人员提供了两份有关 ENIGMA 操作和转子内部线路的资料。事后他得到一万马克。靠这两份资料,早就对

ENIGMA 有研究的波兰人复制出了两台 ENIGMA 样机。但是单单得到这些是不够的,必须要知道当日通讯的密钥。

为了解决大运算的破译密钥的工作,英国于白金汉郡的布莱切利公园(Bletchley Park)里成立了代码及加密学校,这是归属于 40 局的新设机构。就是在这里,二战中最富传奇色彩的密码大战开始打响了。一开始在布莱切利公园工作的只有大约二百人,可是到了五年后战争结束时,城堡和小木屋中已经多达七千人!

在整个战争过程中,ENIGMA 机被不断改善,英国的破译人员也不得不随时改变破译手段。英国人能够在战争期间成功地持续破解 ENIGMA 密码,关键就在于这些破译人员中有各行各业的精英与天才。这其中,贡献最大的人就是阿兰·图灵(Alan Turing)。

图灵进入布莱切利公园工作后,对破译德军的 ENIGMA 机做出了卓越贡献。战争进入中期后,英国人研制的密码破译机器"炸弹"就是建立在图灵机基础上的。"炸弹"说简单点就是一台反向运作的"ENIGMA"机,它的作用就是利用远超手工计算的效率来找出德军 ENIGMA 机每日使用的密钥。1940 年 3 月 14 日第一台运抵布莱切利公园,这台机器起初要一个星期才找得到一个密钥。工程师们花了很大的努力来改善"炸弹"的设计,然后开始制造新的"炸弹"。到后期,经过改进的一台"炸弹"可以在一小时里找到一个密钥。

德军对英国的破译工作毫不知情,仍然认为他们的密码系统是坚不可摧十分安全的。事实上,德国人的计划和行动已经暴露无遗。如果德军计划一次进攻,英军就可以采取相应的增援或撤退措施;更妙的是,如果德国将军在他们的电报中争论己方的弱点,英国军队就可以采取德国人最担心的计划。在英伦战役之初,密码分析人员准确预告了德军轰炸的时间和地点,并且取得了德国空军(Luftwaff)极为宝贵的情报,比如飞机的损失情况,新飞机的补充数量和速度等。这些情报被送往 M16 的总部,再由那里转送战争部、空军部和海军部。

毫无疑问,布莱切利公园的密码分析专家大大地加快了战争的进程。历史学家估计,如果没有英国破译,ENIGMA 的因素,战争很可能要到 1948 年,而不是在 1945 年,才能结束。如果是这样,希特勒将能够更大规模地使用 V1 和 V2 飞弹对整个英国南部进行轰炸。2001年7月,一个纪念这些功臣的基金会在布莱切利公园安放了一块基石,上面刻着丘吉尔的名言:"在人类历史上,从未有如此多的人对如此少的人欠得如此多。"这是为了纪念所有在破译ENIGMA的行动中做出贡献的人们。

女裙下的密码之谜

特工、间谍在从事情报工作的时候,其传递情报的手法与技术可谓五花八门各显神通,只有想不到,没有做不到。为了不让敌方发现真实信息,密码科技人员绞尽脑汁,想出了很多匪夷所思的点子。

密码的首要功能,就是它的隐秘性。各国情报机构,都有自己的密码研发部门。二次大战中,德国的情报机构突发奇想,居然利用"女装设计图"传递情报。这次经典的密码隐藏事件,前不久被英国政府正式解密,向世人透漏了战时情报工作的一个方面。据路透社报道,英国安全局近日解密的一批文件,首次向世人展示了英国情报部门破译德国"裙中密码"的事件。

二战期间,德国特工在英国大肆活动,搜集有关英国政府的所有军事、经济及社会情报。特工在收集到有价值的情报后,将这些情报传递给他们的负责人,从而决定作战方针。当间谍对获取的情报进行处理后,他就必须想方设法把情报传递给上级部门。

从古至今,谍报人员想出各种各样的情报传递方法,包括让联络员直接传送;使用物体携带情报进行传递,还有用牲畜传递情报等等。德国特工传递情报也遵循"最不起眼之处蕴藏玄机"的原则,他们把密码隐藏在各种各样的看似平常的地方。有一次,英国的检查员截获了一张设计图纸。这张设计草图上是3位年轻的模特,穿着时尚的服装。表面上看起来,设计草图很寻常,就是普通的服装设计图,但细心的检查人员还是看出来端倪。就在这张看似"清白"的图纸上,英国反间谍专家们识破了特工的诡计,命令密码破译员和检查员迅速破译这些密码。

原来,德国特工利用莫尔斯电码的点和长横等符号作为密码,把这些密码做成装饰图案,藏在图上诸如模特的长裙、外套和帽子等图案中。只要把这些图形密码按照莫尔斯电码的规律识别,整张设计图就是一份电报——英方最终从这张设计图纸上密码破译员们读出了这样的信息——

"大批敌方援军随时可能到来"。

除了隐藏在服装设计图上的信息,他们还会把密码藏在活页乐谱、象棋棋谱以及速记符号里面。这些带密码的情报被伪装成普通书信。德国特工运用各种巧妙的传递情报的方法,例如为了把情报伪装得"天衣无缝"从而顺利寄出,他们采用了隐形墨水密写、针刺小孔以及字母的凹进等惯用伎俩。德国特工利用这些手段,告知上级盟军的活动、轰炸式袭击和军舰建造的具体细节。德国特工还利用字母表"作弊"。看起来只是一份普通的信件,但把每个单词的第一个字母拼起来,就是一封"机密情报"。盟军情报人员和解码专家不放过任何一个细节,但最终还是有一些情报顺利被德国方面获知,这也反映了当时谍报战的激烈残酷和情报人员无穷无尽的智慧。

说到间谍隐藏密码的本事,真可谓是无所不用其极。二战时,盟军特工就曾经想到了一个绝妙的传递介质。他们将李子干里填满地图或其他秘密文件,偷偷携带给关押在集中营中的囚犯,以便为他们日后越狱提供回家路线。据知情人士透露,当时的特工们将坚硬的李子干用水泡软后挑出果核,再小心翼翼地将用蜡纸包裹好的秘密纸条卷好放进果子里,这些纸条上详细绘制了欧洲铁路线。纸条放入后,特工再将李子晒干,并装入食品袋中送给狱中的囚犯,帮助他们越狱后找到回家的路。尽管当时集中营的管理人员仔细检查所有送入集中营的物品,但这些李子干还是瞒天过海,顺利送到囚犯手中,并且在日后发挥了巨大作用。战后,这些李子干为英国女间谍多琳·穆洛所收藏,并由其侄孙理查德·马歇尔保管至今,成为证明当时谍战的一个物证。

德国特工的"女装密码",是隐藏情报的一种方法。早期的间谍,大多通过密写的方式隐藏信息。

除了密写和利用掩护传递情报,窃听及偷拍也是当代间谍掌握的最基本技术。2004年10月,美国情报部门曾展示过一种"口香糖无线电窃听器",该窃听器重约6克,从外表看和普通的口香糖一模一样,但里面却另有玄机,装置的电子器材可以将情报源源不断地发送出来。近年来,随着电脑的广泛应用,各国情报机构又将

·神秘莫测的密码谜案·

图文珍藏版

目光瞄向"键盘窃听"。当人们敲击电脑键盘时,它们发出的声音是独特并且有规律的,利用"键盘窃听"技术,情报人员可以成功地还原出电脑录入的内容及信息。

利用特殊相机窃取情报也是各国间谍们最常用的手段之一。到目前为止,最精巧的微型间谍照相机是由德国人制造出来的,它只有一粒纽扣大小,一次可以拍摄6张照片,并可多次循环使用。俄罗斯情报部门则研制出一种手表照相机,间谍们可以伪装成看时间,从而对目标进行拍照。

有照相机,就得有胶卷。微型胶卷就是间谍存储情报的重要手段。大容量的数据可以缩微到非常小、几乎无法检测的胶片里。在冷战时期,各国情报部门大量使用微型胶卷携带情报,它本身的体积很小,要藏起来也很容易。间谍们往往把微型照片藏在邮票的后面或者是夹在明信片的夹层里,普通信件就成了传递绝密情报最安全的方法。

随着科技的发展,越来越多的技术手段也被应用到了间谍战中。前几年闹得沸沸扬扬的英国俄罗斯间谍案就是这样一起例子。

英国间谍在俄罗斯活动,利用公园一块不起眼的"石头"来从事情报传递。俄罗斯特工注意到他们重点监视的一位英国间谍经常去一个公园,这位间谍到了公园从不与任何人接触,只是坐在长椅上玩一台笔记本电脑。周围既无接头的别人,也没有可疑的车辆。俄罗斯特工长期跟踪,虽然找不到这位间谍的纰漏,但总觉得事情可疑。最后,他们发现这名间谍每次到公园总是坐在同一个长椅上。恍然大悟的俄罗斯特工赶紧检察长椅及其周围的物品,最终发现了这块经过伪装的"电子石头"。

据俄罗斯联邦安全局称,这块"石头"中间全部被挖空,里面装有蓄电池和加密情报收发机。"石头"看起来很完整,没有任何孔隙,同时还涂有特殊的密封胶以防止雨淋及透气。俄罗斯特工称,这种"石头"的作用原理非常简单,英国招募的俄罗斯线人在约定时间来到街心花园,怀揣一台普通的掌上电脑,走过石头时,计算机会自动处理信息,把情报传送到石头内的电子接收装置,存入电子间谍档案。几天后,英国情报人员再前来收取情报,经过石头时同样借助掌上电脑读取情报。通过这种装置传递情报速度极快,在20米距离内2秒就能全部完成,"几乎无法阻止"。俄罗斯特工指出,这块石头的作用就像传统信箱一样,交接情报的人之间完全可以不进行直接接触。

"北极行动"中的密码大战之谜

观点:这是一起非常精彩的二战期间德英两国的一场间谍战,最终,英国方面付出了沉重代价,而引发这一切的原因就在于英方工作人员忽视了密码情报中那一点小小的反常……

第二次世界大战期间,英国在各条战线与希特勒德国展开交战。其中,两国情报机构为配合作战进程,在隐蔽战线上也展开了惊心动魄的斗争。在这个过程中,英国人曾经上演了破译"奇迷机"的密码大战好戏,但是,也曾经遭受重大挫折。由德国情报机构——"阿勃韦尔"策划的"北极行动"就是这样的一个案例,这次行动使英国秘密情报机构——特别行动局在荷兰的间谍组织受到了毁灭性的打击。

1941 年秋天,纳粹德国秘密军事情报机关派遣少校赫尔曼·吉斯克司到德国军事占领区荷兰指挥反间谍活动,出任德国驻荷兰反间谍机构司令一职。

赫尔曼·吉斯克司到达荷兰后,经过几个月努力终于取得突破性进展。一名打入荷兰地下抵抗组织的德国情报人员报告,两名英国间谍正要在海牙组织一个新的谍报网。

吉斯克司得到这条消息后,命令无线电监听人员加强对无线电信号的监视。很快,电讯截获室收听到一个新的秘密电台呼号,使用的是 RLS 呼号,发射地点就在海牙。这个秘密电台活动有个规律,就是每隔一周的星期五晚 6:30 会准时发报。吉斯克司非常重视这个秘密电台,命令手下密切注视 RLS 电台的活动,很快,无线电探测方位仪查明了 RLS 电台的位置,并且最终锁定了具体的住址。德国人迅速出动,一举将这一电台的操作者休伯特·劳韦斯捕获,并在 2 个小时内,将这个英国间谍网的其他成员一网打尽。这次行动,为吉斯克司下一步行动开了一个良好的头。

吉斯克司得手后,并没有急于由自己的发报员发报,而是耐心地等待劳韦斯动摇。因为他知道,任何一个谍报员在发报的细微技术上都与其总部有某种默契。后来的事实证明,他的这一着棋是十分高明的。在劳韦斯被捕的第三周后,吉斯克司亲自提审了他。吉斯克司只向他提出一个简单的条件，只要劳韦斯向伦敦方面发出他在被捕时未能按时发出的三则电讯，他和他那些被捕的同伴都可以免除一死。如果不从，等待他们的则是死亡。

休伯特·劳韦斯是英国特别行动局在荷兰招募的一名志愿者，他被捕后，起初并没有慌张失措，尽管深知盖世太保的残酷与死亡的威胁；但是，他心里还存在一丝幻想，因为他与英国方面有一个别人不知的约定——发送情报时的"安全校验码"。休伯特·劳韦斯与伦敦总部有一个约定，在他发出每一则电讯时，应该在每项电文的第 16 个字母上制造一个错误，这是一种伦敦用以核查身份的暗记，如果没有这一暗记，那就表明，他已经出事，是在强迫状态下发报。休伯特·劳韦斯觉得这是一张别人不知的王牌，于是就假意答应了吉斯克司，表示愿意反水，为德国效命。

赫尔曼·吉斯克司并不知情，他对劳韦斯的叛变非常高兴，并且马上制定了一个与英国人周旋的计划，即著名的"北极行动"。

于是，遭到逮捕的休伯特·劳韦斯答应了吉斯克司，向英国发送了那三条未及发送的情报。他按照先前的约定，故意使用这样一种方法：即在两条密电中，在单词的停顿处故意加入错误，而第三条电文则保持正确。劳韦斯确信自己已经发出了明确的警报，他也相信伦敦特别行动局总部将会注意到他采取了与原来不同的错误。

问题是，如此明显的警报与"错误"的发送规则，英国方面居然没有看出来。据前几年解密的二战档案记载，伦敦总部的密码员在收报时根本就不注意安全校验码，他们认为，许多间谍经常忘记甚至根本不用这些校验标记。就这样，英国特别行动局以为休伯特·劳韦斯他们已经成功地在荷兰建立起了工作架构，行动局不仅对假"情报"信以为真，而且继续发回报告，把荷兰自由战士的行动计划传递给"劳韦斯"。就这样，由于英国工作人员的疏忽大意，赫尔曼·吉斯克司制定的"北极行动"居然顺利实施下来。

在接下来的时间里，休伯特·劳韦斯继续做出努力，在他与伦敦的发报中一再暗示自己的处境。遗憾的是，这一切始终没有引起伦敦方面的警觉，反而引起了德国人的注意。赫尔曼·吉斯克司终止了劳韦斯的发报，并向伦敦请示，由另一名

"后备"发报员取代劳韦斯。就这样一个请示，居然也被伦敦方面批准。

从那以后，赫尔曼·吉斯克司利用英国方面的毫不知情，大肆开展情报欺骗与间谍大战。比如，特别行动局电告劳韦斯，英国将空投一名特工到荷兰组织地下活动。结果可想而知，德国人早早来到预定地点，毫不费力抓获了这名跳伞的特工，随后空投的8名特工也遭遇同样的结果。

赫尔曼·吉斯克司实施"北极行动"可谓像模像样，达一点也使得英国方面长时间毫无觉察。有一次，伦敦命令荷兰特工破坏德军的一个雷达站，吉斯克斯为了让英国不起疑心，居然把自己的人化装成荷兰抵抗战士对雷达站实行了一次假进攻。为了进一步向英国特别行动局证明，他还特意引爆了一艘载满金属碎片的驳船。

其后的发展可以用戏剧化来形容，在长达两年的时间里，赫尔曼·吉斯克司掌控的电台网络与伦敦无数的电讯往来中，英国方面居然未有一丝警觉，近百次的空投全部由德国人截获，五十几名谍报人员全部落网。

这场谍报大战直到1944年才开始有了完结的迹象。英国方面从这年年初开始起了疑心。1944年2月，两名被德国逮捕的英国特别行动局间谍皮埃特·多雷恩和约翰·尤宾客成功越狱回到英国。他们汇报说，他们刚刚到达荷兰时就被敌人抓获。但是伦敦特别行动局的官员却认为他们是在说谎，因为他们从吉斯克司编造的假电报中得知这两个间谍已经为盖世太保工作。后来这两个人被送到布里克斯顿监狱。

这件事情引起了英国特别行动局解码专家里欧·马科斯的重视。马科斯其实一开始就对荷兰的事情充满疑虑，不仅是因为安全校验码的丢失，他还注意到了荷兰来的电文的"异常"。根据经验，以往特别行动局的间谍在其他各种行动中常常会出现大量情报信息无法阅读的情况，因为间谍在紧张的野外作业时常会因为匆忙发生密码错误，而来自荷兰的情报编码却一直一丝不苟，清晰完整地"令人不安"。

里欧·马科斯知道两位间谍越狱的事情之后，决定向英国特别行动局提出警告。最终，英国特别行动局也觉察到了不对，但觉醒太晚了，为了支持这个根本不存在的"荷兰抵抗运动"，特别行动局已经供给德国无数炸药，8千支轻武器，50万发弹药,75 部电台以及其他许多的物资,损失了 52 名特别行动局的间谍。

此后,赫尔曼·吉斯克司发现英国来的情报变得毫无价值。他意识到,英国人终于发现了他的"北极行动"。取得巨大成功的赫尔曼·吉斯克司决定最后再羞辱一下对手,1944 年 4 月 1 日,他指令在荷兰参加"北极行动"的 10 部电台,同时向伦敦特别行动局发出一份内容相同的电文:"近两年来,我们收到 95 次空投,计有电台 75 部,枪 8000 支,子弹 50 万发,炸药 3 万磅,另有经费 50 万荷兰盾,足够开一个小银行,我们的合作一直很默契,很有成效。近来我们感到,你们似乎要甩开我们另有所为,我们对此感到格外遗憾,因为在这个国家里,长期以来我们是为你们办事的唯一代表,并且取得了双方满意的效果,但是我们可以向你们保证,如果你们想向大陆进行大规模的拜访,我们将对来访者采用我们一贯的殷勤态度,并且给以同样热烈的欢迎!"

吉斯克司选择愚人节这样一个特别的日子发送这样一条信息,为这起历史上著名的间谍大战画上了一个并不滑稽的句号。

世界经典文库

图文珍藏版

破解千年悬案 再现人类秘史

中外历史悬案

刘凯·主编

线装书局

二战美日密码大战之谜

在整个二战期间,除英国与德国的密码大战之外,美国与日本的密码战争也非常激烈精彩。可以说,美国人的情报工作组织得更加严密、有效,有力支持了战争。美国人几次大的胜利乃至战争的转折点,都离不开出色的密码破译工作。日本人一直到二战结束,也没想到自己的密码会被敌人破译。

二次大战中,尤其到了战争后期,美国与日本的较量是整个世界战场的重要组成部分。事实上,早在1920年,美军就开始截收、分析和破译日本人的密码了。在这方面,美国不显山不漏水,却一直做着未雨绸缪的工作。

美国最先对日本密码进行系统研究的是赫伯特·奥斯本·亚德利(有时也翻译成雅德利),此人性格乖僻,却是一位密码天才。说起来此公与中国还有一定关系,在中国抗日战争期间,亚德利给予了中国情报工作不小的支持。1938年,亚德利受国民政府邀请,为中国破译了不少侵华日军的电报。亚德利还为中国人提供一种新型密码,使得日本人一直无法破译。

赫伯特·奥斯本·亚德利起初与美国军方没有什么关系,只是得到军方在资金上的支持,破译了不少国家的密码,其中就有日本。1922年,世界列强在华盛顿召开军缩会议,由于亚德利提前破译了日本外务省的密电,日方代表在这次会议上非常被动,最后没能达到他们预想的扩军计划。

1940年8月,美国通信情报处成功破译了"紫密"。据说情报处几乎全部解读出"紫密"的密钥,除百分之二、三以外可全部还原,绝大多数密电可在数小时内译出。"紫密"的解读使得美国截获了日本不少重要消息,其中就包括日美谈判必将破裂,日军可能会大规模袭击美国这一极为重大的秘密。可惜,由于美国政府忽视,没有引起美国军政要人的重视,导致太平洋舰队后来惨遭日本重创。

1941年5月,海军少校约瑟夫·约翰·罗彻福特被任命为第十四海军区无线电小队司令。他上任后,把无线电小队改为太平洋海军的作战情报小队,组织破译日本海军全部战术级小型密码。他本人则主攻保密程度最高的大型密码"司令长官密码"。罗彻福特是一位颇具传奇意义的密码天才,在对日密码破译工作上占有重要的历史地位。

罗彻福特 1918 年毕业于新泽西州斯蒂文斯理工学院,同年以少尉军衔入海军服役。罗彻福特外表文静,性格内向,不善言辞。但在他木讷的外表下,藏着坚定果敢和不折不挠的本性。他早先的愿望是当一个海军航空兵。1929 年至 1933 年,海军部为了更全面地理解日本这个迅速强势崛起的东方帝国,派出四个年轻的军官到日本学习日语,研究日本文化,罗彻福特就是其中的一个。到了 1941 年,罗彻福特被派往珍珠港,这时的他已经是经验丰富的密码破译专家,精通日语、熟悉日本文化。

与此同时,日本方面也在加紧军事准备工作。日本偷袭珍珠港后,虽然获得了重大胜利,但由于当时并没有美国的航空母舰在港内,对日军的海上威胁并没有根本除掉,始终难解日本的心头之患。为此,山本五十六制定了一个新的作战计划,拿下位于夏威夷群岛东北方的美国重要航空基地——中途岛,然后以它作为日军的作战基地。这就是"中途岛"战争计划。"中途岛"计划进攻的日本海军,仍由策划指挥偷袭珍珠港的山本五十六率领。

日军制定作战计划后,无线电波发射日益频繁,5 月份达到最高峰。由于美国一直没有彻底破译"JN-25"密码,日本的具体动向无法掌握。但是,美国太平洋舰队总部领导破译"JN-25"的约瑟夫·罗彻福特少校意识到,频繁的无线电活动表明日军正在计划大规模的作战行动。那么,其攻击目标是哪里呢? 1942 年 1 月 20 日本潜艇被击沉后,美军终于拿到了"JN-25"密码的样本,在以往破译的基础上,日军最高级别的密码体系被美国破译。

紧接着,由于获得"JN-25"密码,美军在日本人毫不知情的情况下破译了日军的大量情报。在这些情报中,日本人反复使用了"AF"这两个字母。约瑟夫·罗彻福特少校猜测,这应该就是日军攻击的目标。经过分析研究,他认为"AF"代码指的就是中途岛。为了证明判断的准确性,约瑟夫·罗彻福特少校领导手下来了个"验证工作"。美军情报人员先是通过可靠安全的潜艇电报系统,授意中途岛守岛指挥官西马德海军中校用普通英文发紧急无线电报,称中途岛淡水蒸馏设备发生故障,淡水变得紧缺;同时又由第十四海区司令官布洛克海军少将回电表示,有一艘供水船正前往该岛紧急供水。日本人果然中计,还不到 24 小时,美军作战情报处就截获日本海军在威克岛电台发出的密电,上面说"AF"缺乏淡水。接着,东京本部方面发出命令:入侵部队要多带淡水……

情况到了这里,已经很清楚了。"AF"就是中途岛的隐语,而日军很快将对此发动大规模军事袭击。约瑟夫·罗彻福特少校将这个情况汇报给太平洋舰队新任总司令切斯特·尼米兹海军上将。将军同意罗彻福特的看法,认为"AF"就是中途岛,在得到罗斯福总统之命后,他飞往中途岛,亲自领导一次大规模伏击。虽然美军的实力在太平洋方向远不如日军,但由于有准确而详细的情报,尼米兹仍有足够的信心打赢这一场战争。于是美军紧急拼凑了3艘航母和20多艘大小舰艇,组成第16、第17特混舰队,悄悄埋伏在中途岛北东洋面,等待日本人上钩。

1942年6月4日,海军中将南云忠一带领以4艘航母为核心的先导部队逼近中途岛,日本舰队开始进攻了。结果可想而知,由于准确的密码破译工作,早有准备的美军以逸待劳,静静等在日军进攻的路线上……当首批日机距离中途岛还有30英里时,美军25架"野猫式"战斗机组成的拦截队,出现在日本机群前。日军"零式"战斗机上前缠住"野猫式",掩护轰炸机继续飞赴中途岛。迎着美军高射炮的猛烈火网,一颗颗250公斤、甚至重达800公斤的强力炸弹,从日机上投下。然而,岛上机场和跑道上空空如也……随后,在一团混战中,美国方面有备无患从容不迫,日本舰队惊慌失措伤亡惨重。5日凌晨,这次计划的指挥官山本五十六不得不命令,取消中途岛行动。随后,山本五十六在自己的住舱里闭门不出,一连三天拒绝会见任何人。他做梦都不会想到,是因为电报被截获,使日军的密码被破译了。至于具体指挥战斗的日军南云中将,在率残存的日本舰队返航途中,试图自杀谢罪,但被部下阻止。

中途岛战役结束后,为了掩盖自己的失败,避免挫伤国民的士气,日本海军对内全面封锁消息。所有伤员回到横须贺军港后,就被连夜送进医院,同外界完全隔绝。日本当局也对公众谎称取得了大捷,宣布歼灭美军两艘航母和120架飞机。

美国取得了中途岛之战的胜利,但是,起关键作用的罗彻福特却结局悲惨。事后,华盛顿海军情报处有人硬说中途岛情报战中主要功劳是他们立下的,甚至不惜买通他手下的人做伪证。结果,尼米兹提出的军功奖名单到了华盛顿后,罗彻福特的名字被抹掉了。更糟糕的是,当年10月,罗彻福特以"需要专家意见"为名被调到华盛顿,实际上解除了他的夏威夷情报站站长职务。尼米兹将军听说后勃然大怒,但他的抗议也无济于事,最后,罗彻福特被派到旧金山去管理一个船坞,再也没能回到情报部门。

历史是公正的,时间来到 1985 年,罗彻福特被追授"海军杰出贡献勋章";此时,他去世已经 9 年。1986 年,里根总统向罗彻福特追授了"总统自由勋章",这是和平时期给军人的最高荣誉。2000 年,罗彻福特的名字被刻进了美国国家安全局名人厅,他的历史贡献终于得到了承认。

中美合作智破日本间谍密码之谜

抗日战争中,日军疯狂侵略中国,其中的"重庆大轰炸"给中国人民带来极大损失。中美两国密码人员通力合作,巧妙破译日本间谍密码,打掉了潜藏在国军内部的特工人员,沉重打击了日军的嚣张气焰,堪称抗日战争中密码大战的一个经典案例。

1937 年 7 月七七事变后,中国展开对日抗战。11 月,国民党军在淞沪抗战中失利,南京陷入危机,国民政府自 11 月 20 日起迁往重庆作为战时首都。迁都后,日军为了瓦解中国军民抵抗的士气,开始丧心病狂对重庆发动长时间大规模的空袭轰炸。1938 年 2 月 18 日开始,至 1943 年 8 月 23 日,日本对陪都重庆进行了长达 5 年半的战略轰炸。据不完全统计,在 5 年间日本对重庆进行轰炸 218 次,出动9000 多架次的飞机,投弹 11500 枚以上。重庆死于轰炸者 10,000 以上,超过 17600幢房屋被毁,市区大部分繁华地区被破坏。

日本轰炸重庆时首次大量使用燃烧弹,用以燃烧市区的房屋。这种残暴疯狂的举动,激起了中国军民更大的抗敌决心,但是,由此带来的损失也是巨大的,重庆人民付出了惨痛的代价。

当时的国民政府由于空军力量弱小,防空能力有限,日本飞机轰炸时,只能采取被动的防御措施。事实上,就在日本飞机开始轰炸重庆前,中国的情报人员已经开始了破译日本军队密码的工作。1938 年 2 月 18 日上午,就在日机还在飞往重庆的路上,国民党密电组就截获了一份密码电报。这份由潜伏在重庆的日本间谍发出的密码电报日文字母杂乱排列,是一种前所未有的编码方式。随后,中国密码员又截获了十几份类似的电报。正当密电组的破译专家紧张工作时,重庆上空传来了日本飞机的轰鸣声,尖厉的空袭警报响彻重庆上空。9架日军轰炸机投下十几枚炸弹,对重庆实施了抗战以来的第一次轰炸。

这次轰炸虽然没有造成太大的损失,但由于事前没有捕捉到任何关于袭击的蛛丝马迹,国民党情报部门承受了很大压力。情报部门的官员们大为光火,命令手下的密码破译人员务必早日找出这种新型日本密码的规律。

国民政府的密电组投入了很大精力,但是,仍然一无所获,那个神秘的特工的情报还是源源不断发往日军的情报部门。同年10月4日上午,28架日军飞机又对重庆发动猛烈袭击,平民死伤60余人。面对咄咄逼人的日军和无从下手的密码,密电组陷入了困境。正在这时,国民党驻美国华盛顿使馆军事副武官肖勃将一个关键人物推荐出来。他,就是美国具有传奇色彩的密码大师——赫伯特·亚德利。

当时的赫伯特·亚德利在美国的境遇不佳,生活都成问题。1938年,戴笠得知亚德利的情况后,立即报请蒋介石批准,通过中国驻美大使胡适秘密联系。以年薪一万美元为条件,聘请亚德利来华帮助破解日军密码。当年11月,化名为"罗伯特·奥斯本"的亚德利经香港抵达中国战时陪都重庆。国民政府授予他少校军衔,并安排30多名留日生,组成专职破译小组。

亚德利到达重庆后,立即投入了对日本神秘密码电报的研究。他通过观察发现,在重庆发往日军的电报中,有着一个规律。这些电报为提高发报速度,以日文48个字母中的10个字母代替10个数字进行电报编码。亚德利细细研究这些字母与数字的转换规律,对已有的电报进行初步筛查破译。很快,亚德利凭经验断定,国民政府截获的这些神秘密码,应该是间谍向日军反映重庆云高、能见度、风向、风速的气象密码电报。这些情报都与天气有关,很可能就是为了日本飞机空袭重庆所用的情报。有了这个指导思想,经过推敲论证,亚德利与破译小组破译出电报中经常出现的相同数字的含义,如频繁出现的"027"代表重庆,"231"代表早6时,"248"则为正午,"459"代表着天气不佳,"401"则通知敌方:可以轰炸。

找到了上述规律,破译小组终于有了突破。在接下来的两个月中,小组又3次截获密码电报,行动人员通过早已准备好的测向仪,捕捉到了发报信号的具体发射源。很快,搜索人员在重庆南区抓获了伪装成当地人的日本间谍。此间谍是由日本侦察机偷送至重庆,负责向位于汉口的日本空军基地发送气象密码电报。

国民党情报部门很快秘密枪决了日本间谍,亚德利亲自上阵,向日军发送假情报,希望暂时拖延敌人的轰炸。与此同时,小组截获了大量以更为复杂难解的新密码编写的电报。亚德利据此判断还有更为深藏不露的间谍埋伏在重庆城内,敌方可能会展开新一轮的攻势。果不其然,5月3日上午9时,日军飞机从武汉直扑重庆,共投下了100多枚炸弹。第二天,20多架日机再袭重庆。抗战历史上悲惨的"五三""五四"惨案就这样发生了,重庆6000民众在这次惨无人道的大轰炸中死伤。

日本人的暴行激起了亚德利和破译小组的更大愤慨,他们决心尽快抓住这个间谍。亚德利发现:国民党在重庆市区花大力气部署了防空部队,但是,历次空袭中,高射炮部队却没有打下几架敌机。这其中必有玄机。经过密切跟踪,亚德利发现日本间谍发出的新密电中开始混杂一些英文字母。通过重新地排列,他发现电报中开始出现诸如"her(她的)""light(光线)""grain(粮食)"等具有实际意义的单词,可是这些单词从何而来,又有什么意义呢?有一份密码中出现了"he said(他说)"的字眼,这引起亚德利的注意,因为这样引起对话的词组一般出现在小说中。亚德利推测日本间谍采用了"书籍密电码"的编制方法,密码底本是一本英文长篇小说,它的前100页中必定有连续三页的第一个词分别是her、light、grain,可上哪儿去找这本小说呢?

就在此时,国民党军统局提供了一个重要线索:一位名叫"独臂大盗"的国军军官有时公然使用附近一个川军步兵师的无线电台和他在上海的"朋友"互通密电,他很有可能是一名汉奸。亚德利把目光放在了"独臂大盗"身上。

亚德利假扮为美国来的皮货商,通过中国女友徐贞介绍,结识了"独臂大盗"。此人是驻守在重庆的国民党某高射炮团的一位营长,其出身于土匪,人送绰号"独臂大盗"。这人绿林出身,但居然说一口流利的英语。亚德利与其结识后,十分投机,但每当亚德利问起"独臂大盗"为何高射炮打不中目标的问题时,这位"独臂大盗"总是搪塞开去,顾左右而言他。

亚德利对"独臂大盗"深表怀疑,并且对自己的"书籍密电码"的推测很有信心,他决定采取行动,对"独臂大盗"来一个"深入虎穴"的冒险计划。

亚德利和徐贞商定,决定利用"独臂大盗"有一次请客的时机,到其家中一探虚实。徐贞是一个具有爱国热情的女子,她听了后决然应允。两人巧妙周旋,经过一番困难丛生的波折,徐贞终于在"独臂大盗"的书房中发现一本美国著名女作家、诺贝尔文学奖获得者赛珍珠的长篇小说《大地》,该书的第 17、18、19 页上第一个词用笔画过,它们果然是亚德利推导出的那三个英文单词。亚德利回家后,立即寻找到一本《大地》,连夜组织多名破译人员,终于破译出"独臂大盗"密电的详细内容。

根据密电看来,"独臂大盗"是汪伪政权安插在重庆的耳目,他与国民政府中的德国籍顾问赫尔·韦纳等人组成间谍网,密告日军轰炸机保持 3660 米的飞行高度,以避开射程仅达 3050 米的国民党军高射炮的射击。密码的秘密终于告解,"独臂大盗"等内奸被逮捕枪决。在这之后的一段时间,日军的轰炸行动有所收敛,而日军对重庆的轰炸越来越多地付出了沉重代价。

破获了日军的无线电通讯密码,亚德利得到了蒋介石的亲自召见,以示嘉勉。徐贞也在破获此案中立下汗马功劳。为了摆脱日伪特务机关的跟踪,徐贞决定前往香港。可是,在她渡过嘉陵江前往机场时,日伪特务制造了她所乘的舢板的翻沉事故,她被淹没在滔滔江水中。

1940 年 7 月,亚德利回到美国。为了保密,美方没有透露他的消息。后来,亚德利在他的回忆录《中国黑室——谍海奇遇》中才公布了此事的详细经过。

达·芬奇密码说了些什么

《达·芬奇密码》用一连串的密码将故事层层推进,制造出悬念,在不断地解码过程中,从历史、宗教、哲学等多角度、多学科构建情节,令作品在独特的情趣中增添了许多知识性。

2006 年盛极一时的好莱坞大片《达·芬奇密码》是根据美国畅销书作家丹·布朗的同名小说改编而成。故事从法国卢浮宫馆长雅克·索尼埃的被杀开始,他留下的一串双关语和密码线索,指引着他的孙女索菲·纳弗以及哈佛大学符号学教授罗伯特·兰登去探秘,在经过重重的解码之后,索菲和兰登教授揭开了基督教的秘密。

　　整个故事就是一个破译密码的过程,一个谜底往往是下一个谜的谜题。卢浮宫馆长雅克·索尼埃显然是一个密码高手,他在临死前设下了一个迷局,第一道谜题就从他身边的一串数字和一句看似莫名其妙、毫无意义的话开始。这其中就涉及著名的斐波那契数列和变位字链,经过这两种解码之后,看似无意义的数字和话中隐藏的信息就出现了——一个神秘的账号和达·芬奇的名画《蒙娜丽莎的微笑》。

　　根据第一条线索,索菲和兰登找到了那副举世闻名的名画《蒙娜丽莎的微笑》,等待他们的又是一个谜——循着一串血迹,他们在画旁边的墙上看到了一行字:男人的骗局如此阴暗。这行字的谜底经兰登破译之后,又指向了达·芬奇的另一幅名画——《岩窟中的圣母》。在达·芬奇的这幅名画《岩窟中的圣母》中,索菲和兰登又找到了下一个线索:一个带白色鸢尾花的钥匙。上面刻有苏黎世银行的地址,而雅克·索尼埃留下的那串数字正是银行的账号。在这家银行里,索尼埃藏着一个与传说中的圣杯有直接关系的秘密——藏密筒。这是一种古老的密码机器,索菲对这种密码机器十分熟悉,在她孩提时代,雅克·索尼埃似乎就有意识地在培养她破译密码的能力,亲手做了一个藏密筒给她。人们将秘密信息写在一张很薄的莎草纸上,然后将莎草纸卷在一个装满醋的易碎的玻璃小瓶上,放入藏密筒内。藏密筒的外部有 5 个圆盘,每个圆盘上都刻着 26 个字母,只有转动圆盘拼出正确的密码,藏密筒才会打开,如果有人强行将其打开,就会弄破玻璃瓶,瓶中的醋会迅速溶解莎草纸,这样一来,其中的秘密信息就无法得知。

　　玫瑰标志之下,正是圣杯所在,这是雅克·索尼埃临死前对杀手西拉所说的,这个装在带有玫瑰花标志的盒子中的藏密筒也许藏着圣杯的秘密,联想到“男人的骗局如此阴暗”和白色鸢尾花,研究历史的兰登教授想到了一个秘密组织:锡安会。这个组织的徽标即是一朵白色鸢尾花,它肩负着一个神圣的使命——保护上帝权力的来源。

　　为了了解更多的关于圣杯的历史,兰登带着索菲前往维莱特庄园,向他专门研究圣杯的朋友雷·提宾求助。提宾是兰登教授昔日的同事,同时也是一个对圣杯历史有着狂热爱好的历史学家。在提宾的介绍下，索菲了解到，所谓的"圣杯"，并非真的杯子，而是一个关于耶稣的秘密。他甚至说出了一个惊人的秘密：耶稣是人而非传说中的神，他与抹大拉的玛利亚结婚并有自己的血脉，玛利亚死后被葬在一个秘密的地方，她的后代也隐名埋姓不为世人所知，锡安会要保守的就是这个秘密。长期以来，锡安会一直有一位盟主和三大护法共4人保护着这个秘密，即玛利亚遗骸所在。而索菲的祖父雅克·索尼埃正是锡安会的盟主。

兰登在装着藏密筒的盒子上玫瑰花的标志下发现了新的内容，其中有一句"在伦敦葬了一位教皇为他主持葬礼的骑士"，提宾指出，这句话指的就是伦敦的圣殿教堂，这里埋葬了10位圣殿骑士，在过去，圣殿骑士是玛利亚的忠实护卫者。

在提宾的帮助下，兰登与索菲赶到了圣殿骑士教堂，等待他们的，不是圣杯的下落，而是提宾露出了真面目，原来他就是指使杀手西拉杀死索尼埃的"导师"。他使计抢走了藏密筒，兰登与索菲也趁乱逃脱，并在威斯敏斯特教堂与提宾再次碰面。

提宾靠一己之力无法破译藏密筒的密码，他便威胁兰登和索菲二人，要求他们打开藏密筒。兰登受到启发，最终发现掉在牛顿（他也是锡安会早期成员之一）头上的"apple"正是打开藏密筒的密码，他偷偷取出了里面的纸条，将藏密筒摔碎。

兰登和索菲根据纸条上的指示，找到了索尼埃密码提示的圣杯藏身之处——罗斯林教堂。罗斯林教堂又名"密码教堂"，位于苏格兰爱丁堡市以南10公里处，为圣殿骑士所建。在这里，兰登揭开了索菲的身世，她正是耶稣和玛利亚的后裔，她的身上流淌着耶稣的血液。

到这里，故事似乎已经走到了结尾，不过，罗斯林教堂只是圣杯曾经的栖身地，索菲在这里与她的祖母相认，兰登独自回到酒店。在刮脸时，兰登不慎将脸刮破，血顺着池子流淌时留下一道血痕，这让他脑子里灵光一闪，回想起索尼埃曾在他所著的《神圣女性的符号》这本书中提到"玫瑰线"的书页中留下血迹，终于明白了玛利亚遗骸的藏身之处。他在夜色中来到卢浮宫，在玛利亚静静躺着的地方蹲了下来，静穆良久。此时，玛利亚躺在大师们的杰作围成的怀抱里，天空中繁星闪闪，正暗合了那句"在繁星闪烁的天空下终于得到了安息"，谜语最终被完美破解。

整个故事就是索尼埃设下的谜，随着谜底不断被揭开，故事层层推进，最终真

·神秘莫测的密码谜案·

图文珍藏版

相大白。作者丹·布朗运用历史、地理、宗教等知识组成许多密码，要揭开谜底，就必须具备相应的知识。丹·布朗有如此功力，这要得益于他深厚的家学，据介绍，他的父亲是数学教授，母亲是宗教音乐家，每一年的圣诞节，丹·布朗都要经历一番"寻宝"，从父母给出的蛛丝马迹中，找到他的圣诞礼物。幼年的经历给他的创作带来灵感，《达·芬奇密码》正是一个"寻宝"的过程，当所有的线索都集中起来后，宝藏也就出现了。

10 种至今难以破译的密码

在密码学日益系统化，科学化的今天，世界上依旧有一些难以破译的密码，它们沉默地固守着自己的秘密。

随着编制密码和破译密码活动的不断进行，为了研究密码变化的客观规律，以便更好地编制密码和破译密码，密码学这门学科便诞生了。经过归纳整理，从古至今的密码大体可以分为人们所熟知的几类，如栅栏密码、恺撒密码、摩斯码等等，这些系统化的方法可以使密码的编制、破译简单易行，但世界上还有一些密码，它们的编制方法并不如密码学中所归纳的那几个套路，因此，它们的破译也就成了一道摆在密码界前面的难题。其中，有 10 个最难破译的密码，至今还吸引着无数密码爱好者前去解谜。

1.克里普托斯雕塑（kryptos）

克里普托斯雕像位于美国中央情报局（CIA）总部庭园内，是艺术家詹姆斯·桑伯恩创作的。1988 年，当时的美国中情局要在当时的总部后面建一幢新的大楼，于是想在两栋楼之间建一个标志性的建筑物。在众多的方案中，中情局采纳了桑伯恩的方案，在雕塑上用希腊文字刻下所要表达的内容。

这座雕塑被命名为"Kryptos"，在希腊语中，kryptos 意为"隐藏的"。Kryptos 雕塑高 10 英尺，上面刻着 865 个字母密码，每个字母高 3 英寸。

创作者桑伯恩并未受过严格的密码训练，但他出的这道难题却难倒了 CIA 的密码破译员。尽管他们已经破解了 Kryptos 密码上相对比较简单的前 3 节，却对第 4 节（K4）一筹莫展。

畅销书《达·芬奇密码》掀起了一股解谜 Kryptos 第 4 节的热潮,因为作者丹·布朗在书中暗示"Kryptos"十分重要。许多人试图破译 K4,但显然它的难度远高于前 3 节,至今无人能破。不过桑伯恩半开玩笑地暗示说,揭开谜底的钥匙就在大家眼皮底下,却一直被人们所忽视了。

2.费斯托斯圆盘(Phaistos)

费斯托斯圆盘是在希腊克里特岛的第二大古王宫遗址——费斯托斯王宫发现的,粗算起来,距今有近 3600 年左右的历史。1908 年,考古学家普尼在这里进、行考古挖掘时,发现了这个"黄泥饼"。它直径约为 17 厘米,与普通的菜碟无异,引起普尼注意的,是印在上面的"天书"。这些神秘的形符看上去像是有人趁着泥饼还未干透的时候,用金属印章印上去的。这些形符十分奇特,有的像人像,如男人、妇女、儿童。他们呈奔跑、站立的姿态,有的双手背在身后,好似战俘;有的形符像动植物,如羊、鱼、鸟、橄榄枝、花等;还有一些像日常生活中的器具,如刀、斧子、锤子、角规、水准仪、拳击手套、狼牙棒……这些大大小小、形态各异的形符共有 241 个,以竖线分隔开来,圆盘的两面分别形成 30 和 31 个形符节,以螺旋形排列。

这些圆盘作何用途? 其中的形符又有什么含义? 至今无人能解。有人认为它代表了一种朦胧的印制意识,是活字印刷的雏形;圆盘上的形符的排列有一定的规律性,有些形符多次出现,带着某种韵律和节拍,像是一首歌,而从它发现的地方来看,圆盘可能与祭祀有关,也许是献给神的颂歌;也有人从形符中判断,圆盘记载的是与战争有关的文献。

无论是象形文字说还是外来文明说,都无法破译费斯托斯圆盘上密码,它至今仍浑身上下都是谜。

3.shugborough 大厅牧羊人纪念碑

在英国斯塔福德郡的 shugborough 大厅,有一个著名的牧羊人纪念碑。纪念碑是 18 世纪时期的海军将领乔治·安森下令所建,上面刻有两行至今无法破译的密文。

纪念碑上的雕塑显示的是一位妇女遇见了三个牧羊人,这三个牧羊人都指着一座坟墓。坟墓上以拉丁文刻着一行字"Et in arcadia ego",翻译过来意为"我也在阿卡迪亚",这个雕塑是根据法国艺术家尼古拉·普桑的作品创作而成的,所不同的是,牧羊人所指向的字母与原画有所不同,在尼古拉·普桑的作品中,牧羊人指向的是 ARCADIA(阿卡迪亚)中的"R",而雕塑中牧羊人的手指断了,并指向"in"中的"n"。最为神秘之处在于,雕塑上多出了两行神秘的拉丁文字:

O·U·O·S·V·A·V·V

D·   M·

人们猜测这是安森传递爱意的一组密码,用以纪念死去的安森小姐。字母 D.M.在罗马的纪念文中常指代"Diis Manibus"的缩写,意为献身黑暗。又有人指出,其余的字母代表的是拉丁文"Optimae Uxoris Optimae Sororis Viduus Amantissimus Vovit Virtutibus",它的含义是"最好的妻子,最好的姐妹,最忠诚的鳏夫以此向你的忠贞表达敬意"。

那些相信圣杯传说的人们,则认为牧羊人纪念碑指出了圣杯所在。根据《圣血和圣杯》一书所说,普桑是锡安会的成员,他的画中暗藏了圣杯的藏身之处。

这些说法都是基于猜测,并没有确凿的证据,它可以有多种解读,但无法仅根据密码术就判断哪一种是正确的。至今,牧羊人纪念碑还吸引着众多密码爱好者去探寻谜底。

4.毕尔密码(Beale code)

19 世纪初,美国一个名叫毕尔的年轻人带领着一支 30 人组成的探险队前往西部平原探险,在圣达菲北部的一个峡谷中,他们发现了丰富的金矿和银矿。历时整整 18 个月的开采之后,他们采到了大量的财富,在 1819 年到 1821 年间,他们历经千辛万苦将这笔财物悄悄地运回弗吉尼亚,并将它们藏在一个隐蔽的地洞之中。不久,毕尔他们一行人打算再次前往西部平原,他们需要将带回来的财富交给一个可靠的人保管。毕尔考虑再三,决定将宝藏的秘密交给一家旅店的老板来保管。

毕尔将宝藏的地点、内容和宝藏所有人的亲属的信息分别写在三张纸上,装入一个密封的盒子里交给了旅店老板,并告诉他,如果自己 10 年之内都没有来取盒子的话,就请老板自行打开盒子,到时会有人把钥匙寄给他。

但是十多年过去了,一直没有人来取回盒子,旅店老板左等右等不见人来,便自己打开了盒子,发现了盒子里的秘密。但是关于宝藏的具体的信息,全都是以密密麻麻的数字写成,没有任何文字说明。旅店老板花了十多年的时间去破译其中的密码,直至他临终前,都无法破解其中的秘密。密码后来流传出去,有人确定那些数字是一种键盘编码的密码,经过悉心研究,破译了第二张纸上的内容,知道了宝藏的数量。但另外两张纸上的内容却始终无人能破译,1885 年,这两张纸上的内容被编辑成小册子出版,出版人希望有朝一日,有人能破解它,找到宝藏。这个小册子还一度被列入美国中情局的破译密码训练内容,但至今无人能破解其中的秘密。

5.Dorabella 密码

1897 年 7 月 14 日,音乐家爱德华·埃尔加给他的朋友杜拉·彭妮小姐发了一封加了密的信,至今无人知道信中的内容是什么,连彭妮小姐对此也是一无所知。

这封信,或者说是密码,由 87 个字符成,排列成 3 行,看上去像是由 24 个象征性的字母转化而来,其中每一个字符都包含 1、2 或者 3 个半圆。在第三行的第 5 个字符后面有一个小点,不过小点的含义和意义并不明确。许多人猜测这是音乐家的新作的乐谱,不过至今也没有人有幸能听到他的这首新作。

6.Chaocipher

1918 年,Byrne 发明了 Chao 这种密码方法,并于 1953 年将其写到他的自传《沉默年》中。Byrne 认为 chaocipher 很简单,但却不可能被破译。Byme 还宣传,他用来加密的机器可以装进一个雪茄盒子里,并承诺如果有人能破解他的密码,就能得到他的奖励。

Chaocipher 由两个字母表组成,右边的字母表用来确定普通文本的位置,而左边的字母表用来读相应的次密文。它的演算法涉及动态替换的概念,如果其中一个字母表发生了变化,另一个相应的也会发生变化,这也正是它难以破译的原因所在。

7.D'agapeyeff 密码

这个密码于 1939 年由 D'agapeyeff 编制,它曾被收录在《代码与密码》一书中,但是在该书随后的版本中,都没有收录 D'agapeyeff 密码,据说连创作者 D'agapeyeff 本人都忘了该如何破译它,所以至今也没有人能破解它,但也有人说,之所以无法破译,是因为 D'agapeyeff 本人在加密最初的文本时出现了错误。

8.Linear A 密码

这是在古克里特岛发现的由两种不同的线性文字组成的字符,在克里特文明时期,Linear A 是宫廷中使用的官方文字。它由亚瑟·伊文思发现,在 1952 年的时候。米歇尔·文屈斯发现,Linear B 是早期迈锡尼文明时期的文字,但是,尽管 Linear A 与 Linear B 之间存在着一些关联,但 Linear A 依旧无法破译,它看起来似乎是公元前 1900—公元前 1800 时期的字母表。

9.黄金密码

1933 年,在中国上海发现了 7 块黄金,与一般黄金不同的是,这 7 块黄金上刻有一些图片和汉字,但是其中的含义至今无人能解,而这几块黄金因其所包含的密码而身价大增,据说已经超过了黄金本身的价值。

第十个留给世人的难题就是前面所说的"伏尼契手稿"之谜。这 10 种神秘密码已经超出了现代密码学的范畴,即便是在计算机技术如此发达的今天,也难以将其破译。它们成了密码界挑战,引来众多的挑战者。

纳斯卡线条,宇宙的密码

纳斯卡线条究竟是远古的图腾还是宇宙密码,至今仍无人能说得清楚。那些线条的形成和含义就像一个个密码一样,隐藏着一个巨大的秘密,破解了线条的密码,也许就发现了一个宇宙的秘密。

在秘鲁南部一片荒凉的平原——纳斯卡平原上,有一处令人震惊的奇迹,在方圆 50 平方公里内的地表上,有许多深大约为 0.9 米,宽度在 15 厘米到 20 米之间的"沟槽"。这些线条是由两个美国人、考索克夫妇发现的。他们在纳斯卡平原考古时,发现了这些像机场跑道一样的线条,直线条、弧线……这些线条绵延几公里。他们的发现震惊了考古界,考古人士纷纷来到这里,他们推测这些线条至少有上千年的历史,但对于这些线条的含义,却一直不得其解。直到后来,考古学家从高空俯瞰时,才发现这些或直或弯的线条,原来是许多巨大的图案中的一部分,因为图案覆盖的面积太大了,以至于人们在地面上无法看清其全貌。

这些图案的内容十分丰富,包括了各种几何图案,如三角形、梯形、平行四边形、螺旋形等,还有一些动物和植物的图案,如一只巨大的、栩栩如生的蜘蛛,猴子;

有人形图案,其中有一个人形图案,只有一个头和两只手,且一只手只有4根手指……这些图案从北边的英吉尼奥河开始,往南延伸至纳斯卡河,面积达200平方公里。纽约长岛大学的保罗·科苏克博士在驾驶着飞机在空中俯瞰到这些巨大的图案之后,不由得惊叹说:"我发现了世界最大的天文书籍。"

的确,这些神秘、巨大的图案就像一本"天书"一样,至今没有人能读得懂。它是一个令人着迷的谜,吸引了许多学者来解谜。德国女数学家玛利亚·赖歇来到纳斯卡之后,就再也舍不得离开,她将自己的一生都献给了这些线条。

纳斯卡线条太大了!站在地面上,人们根本无法领略到它的魅力,那么2000年前的人又是如何创造出来的呢?无法想象在看不到全貌,又没有掌握现代飞行技术的情况下,古代的纳斯卡人是如何设计和制造出那些图案来的。

在纳斯卡不远的地方,矗立着一些玛雅人遗留下来的金字塔。人们猜测,与玛雅人比邻的纳斯卡人也许也掌握了建造金字塔式高台的技术,他们曾经建造过一座宏伟的高台来监督整个纳斯卡线条的制作过程。

但这种猜测很快被否定了,显然纳斯卡平原并不具备建造高台的条件,这里常年干旱少雨,没有茂密的树林,也就没有建造高台的木头。

考古学界在考察玛雅人的遗迹时有一个奇怪的发现,玛雅人似乎从来都不用轮子,他们建造的金字塔靠什么搬运材料呢?有人猜测,那是因为玛雅人已经发明了一种低空的飞行器,那么纳斯卡人也许也是乘坐着一种飞行器来监督线条的制作的。从已经发掘的纳斯卡陶器和织物上,人们发现有一些飞行的图案,比如气球风筝和鸟一样的飞人。但并没有任何的飞行器被发现。

最主要的是,人们始终猜不出纳斯卡人制作出这些巨大的图案究竟有什么意义?这些巨大的、线条勾勒出的图案背后究竟隐藏着什么样的含义呢?

有人认为,纳斯卡线条是一种天文历法的直观表示,因为这些直线中,有几条十分精准的指向黄道上的夏至点与冬至点。那些直线和螺旋形的线条代表了星球的运动轨迹,而那些动物图案,则指代的是星座。

有的科学家认为,这些图案可能是一幅很有实用价值的古地图,甚至有可能是一幅藏宝图,宝藏的秘密就藏在这幅巨大的图案之中,只是至今还无人能破译其中的密码。

显然,这些猜测都充满了神秘色彩,但也有"务实"的科学家认为,这只不过是纳斯卡人的一张供水系统图。美国麻省理工学院研究院戴维·约翰逊就持这种观点。他长期研究纳斯卡地区古代的灌溉系统,有一次他正准备探察一个岩石断层时,无意中发现那些线条正指着他所要去的那个断层。他突然意识到了什么,激动地仰起头对着天空说:"我的上帝,我想我知道它是什么意思了!"

戴维认为这些巨大的图形标记了地下水源的位置,这些神秘的线条正是古代纳斯卡人绘制的供水系统图。而那些蜘蛛、猴子、巨鸟的图案,也许是古纳斯卡人各个家族的徽标,家族之间为了分配水源,将自己家族的徽标在各自的水源地上标出来,避免了纷争。

纳斯卡线条至今还是一团谜,无论是线条的形成本身,还是那些线条勾勒出来的图案所蕴含着的意义,都是一个超越了现代密码学范畴的密码,没有一位解码者能够成功将其破译。

第九章 尘封难解的名人往事

司马迁受宫刑疑案

司马迁是我国历史上伟大的史学家和文学家,因为给李陵投降匈奴之事辩护而触犯汉武帝,遭受宫刑之辱。这一历史事件让后人始终百思不得其解。

因李陵案而触怒龙颜

司马迁是我国历史上伟大的史学家和文学家,生长在西汉武帝时代,曾任太史令,因为李陵投降匈奴之事辩护而触犯武帝,遭受宫刑。关于这一历史,始终让后人百思不得其解,汉武帝为何会对司马迁用这种酷刑? 李陵案究竟又是怎样的真相? 汉朝李陵是飞将军李广的孙子,英勇智绝,有勇有谋,而且爱惜士兵。可惜,一生抱负一世武功,却生不逢时、命运多舛。

公元前 102 年,汉武帝派将军李广利出战匈奴,召骑都尉李陵为李广利军押运辎重。但志向远大的李陵却不愿意,他向汉武帝叩头请命,要自带一队人马去钳制匈奴。汉武帝见李陵自告奋勇,很赞赏他的豪壮之气,为之所动,就答应了,另外派了路博德率部在半道做李陵的后援。

司马迁

李陵以五千步兵孤军深入,出关以后在大漠行军一个月,扎营浚稽山,和匈奴单于相遇对峙。匈奴派出约三万骑兵围住李陵,见李陵所部人少,立刻发起冲锋,但李陵布阵有方、丝毫不乱,前队是长戟盾牌,后队是弓箭、强弩。先是和匈奴近战相搏,然后千弩俱发,把匈奴打退,还追杀数千人。

匈奴单于大惊,再召八万铁骑合众围攻。敌人十倍于己,且是骑兵,李陵的队伍抵不住,一边打一边南撤。一路血战,在山谷、树林、山下等各种地形都曾激战,击杀敌军数千人。匈奴倚仗人多,有时一天要打几十仗,总是死伤众多。单于眼见大军连这点人都打不过,心里胆怯,疑心李陵有大军埋伏,准备撤军。就在这时,军候管敢因为被校尉所辱,愤恨投敌,把李陵没有后援、粮食且尽以及李陵的部队旗帜等情报都告知单于,匈奴于是全军压上,李陵力战难脱,南逃时,成安侯韩延年又战死,李陵自觉无颜见汉武帝,遂束手就擒。此时,距离边塞不过百里之地,所属五千,亡归四百。

汉武帝本欲李陵死战,得知李陵投敌,勃然大怒,问太史令司马迁应该如何处置。司马迁是李陵的朋友,知道李陵为人,说李陵转战千里,虽败犹荣,"彼之不死,宜欲得当以报汉也",结果被盛怒之下的汉武帝处以宫刑。

后来,汉武帝也知李陵孤军无援,力有不逮,派公孙敖将四万步骑深入敌后营救。公孙敖无功而返,却说俘虏称李陵正在教匈奴练兵。汉武帝族诛李陵家室,事后才知那人不是李陵,而是降将李绪。李陵得知后大怒,派刺客将李绪杀死,以泄心头之恨。李陵自知惭愧,本想亡归汉室再行效力,但公孙敖怕汉武帝责怪,敷衍搪塞,以致汉武帝盛怒之下,族诛李陵全家,使李陵后路被隔。李陵受命劝降苏武时,见苏武不降,甚是敬佩,说自己有负汉室,罪责通天。后来苏武回归,李陵告别,说自己本想戴罪立功,保全老母,"使得奋大辱之积志",可惜全家被杀,为世人所恨,自己也无法再回去了。这些虽是旧事,只是把自己的苦衷讲给苏武听听。后汉武帝死,辅政大臣霍光、上官桀都是李陵的旧时好友,派李陵的故人去招李陵。李陵说:"归易耳,丈夫不能再辱!"最后终死匈奴。

阴差阳错,这桩千古奇冤"李陵案",让司马迁触怒龙颜,为自己招来羞辱之祸、牢狱之灾,不禁让人唏嘘不已。

为何蒙受宫刑之辱

司马迁本来很受汉武帝信任,却不料遭宫刑惨祸。肉体上的摧残和精神上的羞辱使司马迁蒙受了奇耻大辱。宫刑,也叫腐刑,是古代一种破坏生殖的残酷肉刑。郑玄给《周礼·秋官·司刑》作注说:"丈夫则割其势,女子闭于宫中。"关于宫刑的记载最早见于《尚书·吕刑》。《尚书正义》说："妇人幽闭，闭于宫，使不得出也……隋开皇之初始除男子宫刑，妇人犹闭于宫。"宫刑集对肉体的摧残与精神的侮辱于一身，对被施予者的伤害是巨大的。

令我们不解的是，为什么司马迁会因几句公道话而遭此惨祸呢？

平心而论，司马迁的分析是很客观的。汉武帝起初也接受了司马迁的看法，并派公孙敖率兵深入匈奴境内迎接李陵归汉。但事实上公孙敖并未深入匈奴境内，只是在边境候望一年多，没等到李陵归来，便谎报李陵正在训练匈奴兵以防汉军北伐。汉武帝得知此情非常气愤，便灭了李氏一门，同时为李陵申辩的司马迁也以"诬罔"罪被逮捕入狱。按汉律，"诬罔"是一种死罪，若想免去一死，可以纳钱五十万，或者接受宫刑。司马迁无钱赎死，便接受了宫刑。在司马迁看来："太上不辱先，其次不辱身，其次不辱理色，其次不辱辞令，其次绌体受辱，其次易服受辱，其次关木索被垂楚受辱，其次剔毛发婴金铁受辱，其次毁肌肤断肢体受辱，最下腐刑极矣。"

这十大耻辱中腐刑（即宫刑）为奇耻大辱，生不如死。但是为了完成父亲司马谈未竟的事业，司马迁勇敢地选择了宫刑。在司马迁受刑后的很长一段时间里，精神一直处于极度恍惚之中，"肠一日而九回，居则忽忽若有所亡，出则不知所往……汗未偿不发背沾衣也"。司马迁在《报任安书》中列举了数位身处逆境而发愤成就事业的先贤圣哲之后，也说服自己成就了撰写《史记》的泰山事业。

汉武帝既是一位雄才大略的君主，也是一位非常荒诞的暴君。《史记·酷吏列传》共写了十个酷吏，其中九个都是汉武帝时期的人，他们都是汉武帝的帮凶和"哼哈之将"，可管窥汉武帝之暴。

汉武帝时代是一个大一统意识强烈的时代，也是一个渴望建功立业的时代。当时汉朝处于与匈奴斗争的关键时期，而讨伐匈奴的成败对西汉帝国的整个发展都将产生重大影响。

文景以来的西汉盛世赋予了汉武帝张扬自大的个性特征——敢作敢为又喜怒无常，"顺我者昌，逆我者亡"，这是其一。其二，西汉与匈奴关系是当时一个极为敏感的话题，李陵的投降使好大喜功的汉武帝大失脸面。其三，汉武帝时期"罢黜百家，独尊儒术"，儒家的"三纲五常"理论已经建立起来，仁义礼智信是衡量士大夫大是大非的重要标准。儒家的仁义观要求士大夫"无求生以害仁,有杀身以成仁"(《论语·卫灵公》)。李陵投降,无论就国家利益来说还是儒家礼义来说,都是与之相悖的,所以汉武帝盛怒之下迁怒于他是必然的。

从当时的政治形势来看,汉武帝重用"酷吏",正是打击豪强、消除动乱隐患、巩固大一统局面的积极表现,从总体上或主流上看,是值得肯定的。而司马迁却对这些积极措施带来的负面影响耿耿于怀,看不到由于时势变化而"攻守之势异矣"的客观事实,拿落后的、保守的政治眼光来评判进步的社会特征。这是他所以招致宫刑的主要原因,也是其悲剧性所在。

因此,从广阔的社会背景和历史环境中寻找司马迁受宫刑的原因,也就能够得出准确的结论了。

狄青功过评价谜案

狄青英姿神武,颇有大将风范。他在西北抵御赵元昊进犯,在广南平定侬智高之乱,尤其有着不可磨灭的功劳,这在当时是无与伦比的。然而,为什么如此战功卓著的名将,最终却遭受猜忌,抑郁而死呢?狄青之死与宋代的社会风尚有无关联?

武将成功的缘由

狄青是河东汾州西河人,自幼家境贫寒,长大后只能靠参加军队来谋条生路。

韩琦、范仲淹刚到陕西的时候,有人向他们推荐,当地军官中有个叫狄青的,英勇善战,有大将的才干。范仲淹正需要将才,听了这话,很感兴趣,要部下把狄青的事迹详细说一下。

狄青

狄青本是京城禁军里的一个普通兵士。他从小练得一身武艺,骑马射箭,样样精通,加上胆壮力大,后来被选拔做了个小军官。西夏的元昊称帝以后，宋仁宗派禁军到边境去防守，狄青被派到陕西保安。不久，西夏兵进攻保安。保安的宋军多次被西夏兵打败，兵士们一听说打仗都有点害怕。守将卢守勤为了这件事正在发愁。狄青主动要求让他担任先锋，抗击西夏军。卢守勤见狄青愿意当先锋，自然高兴，就拨给他一支人马，跟前来进犯的西夏军交战。

狄青每逢上阵，先换一身打扮。他把发髻打散，披头散发，头上戴着一个面具，只露出两只炯炯的眼睛。他手拿一支长枪，带头冲进敌阵，东挑西杀。西夏兵士自从进犯宋境以来，没有碰到过这样厉害的对手。他们看到狄青这副打扮，已感到害怕了。狄青和宋军猛冲了一阵，西夏军便阵脚大乱，纷纷败退。

狄青带领宋军打了一个大胜仗。捷报传到朝廷，宋仁宗十分高兴，把卢守勤提升了官职，狄青提升四级。宋仁宗还想把狄青召回京城，亲自接见。后来因为西夏兵又进犯渭州，调狄青去抵抗，不得不取消了召见的打算，于是仁宗叫人给狄青画了像，送到朝廷。以后几年里，西夏兵不断在边境各地进犯，弄得地方不得安宁。狄青前后参加了 25 次大小战斗，受了八次箭伤，从没有打过一次败仗。西夏兵士一听到狄青的名字，就吓得不敢跟他交锋。

范仲淹听了部下的推荐，立刻召见狄青，问他读过什么书，狄青出身兵士，识字不多，要他说读过什么书，他答不上来。范仲淹劝他说："你现在是个将官了。做将官的如果不能博古通今，只靠个人的勇敢是不够的。"接着，他还介绍狄青读一些书。狄青见范仲淹这样热情鼓励他，十分感激。以后，他利用打仗的空隙刻苦读书。几年中，他把秦汉以来名将的兵法都读得很熟，又因为立了战功，不断得到提升，名声更大。

有一年，狄青要出守边塞，他的好朋友韩将军向他推荐了一名猛士，这名猛士叫刘易。刘易熟知兵法，善打恶仗，对狄青守卫的那段边境的情况非常熟悉，狄青带他一起到边境去十分必要。然而刘易有个不好的嗜好，就是特别爱吃苦口菜，一顿饭吃不到苦口菜就呼天喊地，骂不绝口，有时甚至动手打人，士兵、将领都有些怕他。

刘易和狄青一起到边塞后，每天忙于军务，早起晚睡，很快从内地带的苦口菜就吃完了，而边塞又见不到这种野菜。这天，士兵送来的菜里缺少了苦口菜，刘易便把盛饭菜的器皿掀翻在地,并在军营中大闹不止,有士兵将情况报告狄青,狄青听了非常生气。

一般来说,在戍边军队中不能有这样的人,但刘易确实与众不同。狄青考虑,与这种性格刚烈的人发生正面冲突,不仅破坏了自己与韩将军的朋友关系,而且会影响刘易的情绪;如果放任不管,则会动摇军心,影响戍边大业。

于是,狄青出面好言安抚刘易,并立即派人回内地去取苦口菜。有些将领见到这种情况,非常不服气,说狄将军骁勇善战,屡建奇功,那刘易何德何能,却要狄将军放下军务派人去给他弄苦口菜吃。特别气盛的将领还要去与刘易比一比武艺,杀一杀刘易的威风。狄将军急忙劝阻众将说:"刘易一来不是我的部下,如果你们与他计较,争强斗胜,传出去势必会给敌人以可乘之机。我们现在要加强团结,不争一时之短长。"

这些话传到刘易的耳中,他非常感动。狄将军派人专程去弄苦口菜,刘易觉得得到了别人的同情和理解;狄将军劝阻将领勿争强斗胜,刘易觉得是真正顾全大局,宽宏大量。在这种情况下,自己不该再给非常忙碌的狄将军添麻烦。

过了几天,刘易懊悔地去找狄青,说:"狄将军,您治军严整,我在韩将军手下时就有耳闻。这次我因这么点小事就大闹,您不仅不责怪我,还原谅了我,我一定会报答您。"从此,刘易再也没为苦口菜闹过事,并且逢人便夸狄将军的宽阔胸怀。

宋仁宗皇祐四年(公元1052年),狄青调回京城,担任枢密副使。不久,南方的侬智高起兵反宋,闹得不可开交。侬智高是宋代羁縻广源州的世袭豪强,那里原来是唐朝的安南绖一略使辖界。侬智高不堪忍受李朝的压迫,起兵造反,建立政权,要求宋朝册封,但宋朝不愿与李朝交恶,拒绝了他的要求,侬智高转而迁怒于宋朝。皇祐四年(公元1052年)五月,侬智高偷袭攻陷了南宁,建立"大南国",建元称帝,和宋朝分庭抗礼。然后挥兵连下广南路十几州,兵锋直指广州,围攻两个月不能攻下,才退回南宁。

宋仁宗虽然调派了援军,但广南路一向缺乏战备,兵器锈钝,不堪征战,守城官员不是战死就是逃亡,满朝文武一筹莫展。狄青主动请求出征广南,讨平叛逆,仁宗就任命他为经略广南战事,却又不放心这位武将,要派一个宦官当监军,有人认为宦官监军不足法,宰相庞籍也不同意,仁宗才下令岭南诸军全听狄青号令,并亲自为他置酒壮行。

狄青到达岭南后认为敌人士气旺盛，宋军新败需要恢复，而且南方各军良莠不齐，只能用来声援，难以作战，命令诸军不得贸然出战，一切听其号令。但广南西路兵马使陈曙、殿直事袁用等贪图功劳，贸然出战昆仑关，大败而还，又丢弃溃军脱逃战阵，全部被狄青以军法处死，其他将领心惊胆战，军纪大为改观。

狄青又在元宵节下令大军休整十天，麻痹敌人的军中密探，然后在第二天突然进军到达昆仑关口，封锁消息，命令大军驻守关外，只率领本部兵马和先锋张玉连夜绕到昆仑关之后，在归仁浦迎击敌军主力。他所率的军队都是西北的藩人骑兵，直接冲击敌军的步兵，然后先锋张玉的步兵突入形成夹击之势，一场血战大败敌军，侬智高的军队被斩首6千多人，俘虏500人，自相踩踏死伤不计其数，只能逃往大理。广南全境就此平定。

狄青只此一战就平定了声势浩大的侬智高之乱，回到开封后，仁宗打算重用他，力排众议授予他枢密使的职权。一个小兵出身的人当上枢密使，这是宋朝历史上从来没有过的事。有些大臣嫌狄青出身低，劝仁宗不要把狄青提到这么高的职位，但是宋仁宗这时候正是重用将才之时，没有听这些意见。狄青当了枢密使，有人总觉得他的出身和地位太不相称。有一个自称是唐朝名相狄仁杰后代的人，拿了狄仁杰的画像，送给狄青说："您不也是狄公的后代吗？不如认狄公做祖宗吧！"狄青谦虚地笑了笑说："我本来是个出身低微的人，偶然碰到机会得到高位，怎么能高攀狄公呢？"

狄青在其任职的四年中，每次出入府邸，开封的平民和军士都会前呼后拥，堵塞街道，争相观看，他们都把军士出身的狄青视作英雄。宋仁宗曾要他消去脸上的金印，但狄青自豪地表示要让天下人都知道出身低贱的人也可以建立奇功，成为国家栋梁。国家要改变重文采、轻武将的社会风尚。

遭受歧视的缘故

狄青出身行伍，脸上是刺有字的。宋代兵士和犯人都照例刺字，犯人刺在脸上，兵士有时刺在手背上，有时刺在脸上。刺字同时涂墨，墨痕深入皮肉，水洗不去，历久格外明显，所刺的字称为"黥文"，正是出身行伍的标记。狄青由小兵累立战功，做到枢密使，自己看来，这脸上的标记，是很光荣的，但旁人却常借此取笑他或骂他。

狄青在定州做副总管时,一天赴知州兼安抚使和都总管韩琦的宴会,有个侍宴的妓女名叫牡丹的向狄青劝酒说:"劝斑儿一盏"意在讥笑他脸上的黥文。一个妓女居然敢当面讥笑副总管,可见出身兵士的人如何被人轻视了。又据《孔平仲谈苑》引《魏公别录》,狄青在定州,有一天宴请韩琦,邀布衣刘易作陪。席间"优人以儒为戏",刘易以为乃狄授意,勃然大怒说:"黥卒敢尔!"把他骂个不歇,连碗盘都摔碎了。狄青一点儿不动气,次日还亲自向刘易致歉。还有一次,韩琦要杀狄青的旧部焦用,他立在阶下为焦用求情说:"焦用有军功,好男儿。"韩琦讥讽道:"状元及第的才是好男儿,焦用一介武夫,哪有这个资格?"硬是当着狄青的面杀掉了焦用。这简直是给他难堪。他不堪韩琦的欺负,每每说:"韩枢密功业官职与我一般,我少一进士及第耳。"

其实,狄青的功业远过韩琦,少一进士及第并不算什么。但在当时,少一进士及第,硬是不得不低头受气了。后来他由延州知州入为枢密副使,枢密院派人迎接他,等了几天,他还没有来。迎接的人骂说:"接一赤老,屡日不来!"原来开封一带俗称兵士为赤老,因此许多文人都称他为"赤枢"。这也可见兵士出身的人,就是做到与宰相同等地位的高官,仍不免要被人瞧不起。及至他做到枢密使,科第出身的王尧臣为枢密副使。尧臣笑他脸上的黥文说:"愈更鲜明。"他不客气地回答说:"莫爱否? 奉赠一行。"不仅同僚讥笑他,皇帝也看不惯他脸上的黥文。

宋仁宗曾命王尧臣传谕狄青把脸上的黥文用药除去,狄青不肯奉诏,对王尧臣说:"青若无此两行字,何由致身于此? 断不敢去,要使天下贱儿知国家有此名位待之也。"他这几句话,真是为当时的武臣出气了,可是不免忤旨。狄青的战功,在当时是无与伦比的。他在西北抵御赵元昊进犯,很有功绩,他在广南平定侬智高之乱,尤其是有不可磨灭的功劳。而且他当年接受范仲淹的劝告,认真读书,熟悉兵法,与一般有勇无谋的粗人不同。征讨侬智高时,昆仑关一役充分表现出他的谋略过人。

这样一个能谋善战的国家干将,大家是应该钦敬的。哪知当时自天子以至于庶人,都囿于成见,对他的出身和脸上的黥文总有点轻蔑或歧视,这当然在精神方面给他很重的打击。他脸上的黥文,本极易用药除去,譬如真宗时杨妃的兄弟杨景宗,曾"以罪隶军,黥黑,至无见肤","既贵,遂用药去其黥痕,无芥粟存者,而肥皙如玉"。(魏泰《东轩笔录》)这就是前例。但他宁肯违背皇帝的旨意,也不愿这样做。一方面可以看出他个性坚强,不徇流俗,同时也可想见他内心是很痛苦的。

欧阳修为何诬陷狄青

宋仁宗皇祐四年(公元 1052 年),狄青升任枢密副使,第二年他领兵镇压侬智高,出敌不意,夜度昆仑关,所向披靡,一举歼灭敌人。班师回朝后,他就任枢密使,但是很快被人诬陷而去职,出判陈州而死。是谁诬陷狄青呢?

始作俑者是时任御史中丞的王举正等人,但诬陷狄青最深者是时任翰林大学士的欧阳修。

欧阳修(公元 1007 年—公元 1072 年),是北宋文学家,仁宗天圣八年(公元 1030 年)中进士,参与范仲淹推行的庆历新政。仁宗嘉祐年间拜枢密副使、参知政事、刑部尚书、兵部尚书等职。他还是宋初文坛领袖,著有《新唐史》和《新五代史》等史学著作。他的散文对后世影响很大,是唐宋八大家之一。欧阳修为什么要陷害狄青呢?《宋史·欧阳修传》载:"狄青为枢密使,有威名。帝不豫,讹言籍籍。修(欧阳修)请出之(指狄青)于外,以保其终。遂罢知陈州。"

《续资治通鉴》载:"臣(指欧阳修)观枢密使狄青,出自行伍,遂掌枢密。三四年间虽未见过失,而不幸有得军情之名。武臣掌国机密而得军情,岂是国家之利!欲乞罢青(狄青)枢务,任以一州,既以保全之,亦为国家消未萌之患。""书凡再上,留中不出。"

《啸亭杂录》载:"有宋一代,武臣寥寥,惟狄武襄(狄青)立功广南,稍有生色,仁守置诸枢府甚为驾驭得宜。乃欧阳公(欧阳修)露章劾之(狄青),至恐其有他心,岂人臣为国爱惜人才之道?狄公(狄青)终以忧愤而卒。其后贼桧(指秦桧)得以诬陷武穆(指岳飞)者,亦袭(欧阳修)故智也。"

以上这三条史料虽出自不同的史书,但都明确指出是欧阳修劾奏与诬陷狄青,致使狄青被排挤去职的。只是在语气和原因上有所区别。《宋史·欧阳修传》只是说狄青任枢密使有威名,而宋仁宗病重,社会上有许多流言蜚语。为爱护狄青,欧阳修请示罢免狄青枢密使之职,贬为陈州知州,没有点出狄青有野心,因而语气上显得轻。

·尘封难解的名人往事·

图文珍藏版

《续资治通鉴》对欧阳修诬陷狄青的原因揭示得十分具体：一是狄青为行伍出身却掌握枢密大权。也就是说，行伍出身的狄青不配当枢密使，不能掌握枢密大权，这就表明欧阳修对出身行伍的狄青采取歧视的态度。二是狄青太了解军情，尽管他任职三四年都没出现过什么差错，但是武臣掌管军事，这对国家来说是最大的危险。基于这两方面的原因，欧阳修请宋仁宗罢去狄青的枢密使之职，而且是多次请求，"留中不出"就是说欧阳修连着上了多次奏折，但宋仁宗都不批准。

于是，为了能使宋仁宗罢免狄青，公元 1056 年时任翰林学士的欧阳修上奏仁宗，欧阳修在这次奏折上就直接点明要罢免狄青的理由是"为国家消未萌之患"，这实质上就是诬陷狄青有篡位野心。宋仁宗看到欧阳修这一奏折，极为重视，不超过一个月，就"以熟状"（宋代的一种任免方式）罢免狄青枢密使之职，贬到陈州任州判。这条史料揭露了欧阳修诬陷狄青的目的，因而在语气上明显比第一条史料重得多。

第三条史料是说欧阳修担心狄青有篡位野心，而给宋仁宗上奏折并公布，请示罢免狄青枢密使之职。同时，将欧阳修与秦桧相提并论，认为秦桧诬陷岳飞是仿照欧阳修诬陷狄青那样去做的，揭发了欧阳修诬陷狄青所造成的影响。原因是清楚的，语气也是重的。

综合上述三条史料所揭示的内容，我们不仅可以看出欧阳修诬陷狄青，使狄青被罢去枢密使之职的情况是确实的，而且我们还清楚地看到欧阳修诬陷狄青的原因和目的。欧阳修诬陷狄青的原因，是他认为行伍出身的狄青掌管了国家的军事大权，了解、掌握许多军事机密，且又有威名，深受士卒拥戴，因此会有篡位的野心。欧阳修诬陷狄青的目的，是"为国家消未萌之患"。

此外，宋朝"得天下"的手段和在治国上所施行的国策即推行的政治路线，是欧阳修诬陷狄青的又一重要原因，即背景原因。宋朝开国皇帝赵匡胤是靠手中掌握的兵权，趁周世宗不幸早逝，留下孤儿寡母，以出兵戍边为借口，发动了"陈桥兵变"，"黄袍加身"而当上皇帝，取得天下的。

因而，宋朝历代皇帝就一直忌惮武臣，特别是忌惮武臣掌兵权。所以，宋太祖赵匡胤一上台，就立即采取了加强中央集权的各项措施，巩固他的封建统治。北宋中央集权，最为重要的就是兵权。为了集中兵权，防止各藩镇如唐末五代的朱温、李存勖、石敬瑭、刘知远、郭威以及赵匡胤自己那样的拥兵自重、威胁中央，甚至当了皇帝，因此，赵匡胤一上台就采取了"杯酒释兵权"的手段，以高官厚禄为条件，削去藩镇重将的兵权，派文官指挥军队。

如有战事，则临时委派统兵将领，使调兵权与统兵权分开，防止兵变的发生。在禁军制度上，形成了"将不得专其兵""兵无常帅""兵不识将，将不识兵"的局面，使禁军将领难以拥兵割据。

同时，加紧完善确立选官制度即科举制，使宋朝形成文官治国的政治体制。宋朝忌惮武将和文官治国的这一"重文轻武"的政策，虽然有效地削除了武将专权而加强了中央集权，但却形成了轻视武将的风气，从而也就削弱了军队抵御外侮的战斗力，造成了"积弱"的局面。欧阳修之所以敢于诬陷狄青，也正是宋朝忌惮、轻视武将和"重文轻武"的国策所造成的。

狄青死因揭秘

宋自开国以来，极力压低武将的地位，以绝其觊觎之心，把扬文抑武作为基本国策。从宋太祖的"杯酒释兵权"，分割禁军统帅的权力，到实行"更戍法"，使"兵不知将，将不知兵"，直至发展到凡将帅出征，要由朝廷授以阵图，将帅只能按图作战的荒唐地步。在这样的政治环境中，随着狄青官职的升迁，朝廷对他的猜忌、疑虑也在逐步加深。

早在皇祐四年（公元1052年）狄青任枢密副使时，御史中丞王举正就认为，狄青出身行伍而位至执政，"本朝所无，恐四方轻朝廷"。右司谏贾黯上疏皇帝，说狄青升官有四不可，御史韩贽等人亦皆附和。在侬智高纵横岭南，满朝文武惊慌失措，狄青受命于危难，率兵出征之际，朝廷在欣喜之余，也仍然不忘"狄青武人，不可独任"，要以宦官任守忠监军，监视狄青。后因谏官李兑力言"唐失其政，以宦者观军容，致主将掣肘，是不足法"，朝廷也迫于形势紧急才作罢。到狄青还朝做了枢密使时，这种疑忌和不安达到了顶点。臣僚百官纷纷进言，不仅始终反对狄青做官者如王举正竟以罢官威胁，就连原来屡屡称颂狄青战功，誉之为良将的庞籍、欧阳修等人也极力反对任命狄青。

难道是狄青居功自傲，怀有异心而招致众议吗？恰恰相反，狄青始终对朝廷忠心耿耿。在他做了枢密副使之后，脸上仍保留着宋代军士低贱的标记——黥文。

宋仁宗曾劝他用药抹去,狄青回答说:"陛下以功擢臣,不问门第,臣所以有今日,由此涅尔,臣愿留以劝军中。"他首先想到的是鼓舞士气,而不是自己做官的尊严。在侬智高败逃之后,有人曾主张报侬智高已死,以此邀功,狄青却以为"不敢诬朝廷以贪功"。

史称他"为人缜密寡言,其计事必审中机会而后发。行师先正队伍,明赏罚,与士卒同饥寒劳苦——尤喜推功与将佐"。狄青的品行和武功在朝野广为传颂,京师的百姓"诵咏其材武。青每出入,辄聚观之,至雍路不得行"。就连力主罢免他的文彦博也称他"忠谨有素"。欧阳修在嘉祐元年(公元1056年)七月上疏请罢狄青,洋洋数千言,举不出一条有力罪证,反而称赞他,"青之事艺,实过于人","其心不恶","为军士所喜",任枢密使以来,"未见过失"。

那么罪名是什么呢?他不得不假托虚妄的阴阳五行说,把当年的水灾归罪于狄青,说:"水者阳也,兵亦阴也,武将亦阴也。"今年的大水就是老天爷因为狄青任官而显示的征兆。简直是无中生有,罗织罪名。为什么朝廷如此急于除掉狄青呢?文彦博说得明白,就是因为"朝廷疑耳"。在文彦博请罢狄青时,宋仁宗说"狄青是忠臣",文彦博立即反驳说,"太祖岂非周世宗忠臣"。

嘉祐元年(公元1056年)正月,仁宗生了一场病,后来慢慢康复,大臣刘敞上疏说:"天下有大忧者,又有大可疑者,今上体平复,大忧者去矣,而大疑者尚存。"竟把狄青树为朝廷最大的威胁。在这种猜忌、疑虑达到顶峰的时候,谣言纷起,有人说狄青家的狗头长角,有人说狄青的住宅夜有怪光,就连京师发水,狄青避于相国寺,也被认为是要夺取皇位的行动。嘉祐元年(公元1056年)八月,仅做了四年枢密使的狄青终于被罢官,出知陈州,离开了京师。

狄青到陈州之后,朝廷仍不放心,每半个月就遣中使,名曰抚问,实则监视。这时的狄青已被谣言中伤搞得惶惶不安,每次使者到来他都要"惊疑终日",唯恐再生祸乱,不到半年,发病郁郁而死。这位年仅49岁,曾驰骋沙场,浴血奋战,为宋王朝立下汗马功劳的一代名将,没有在兵刃飞矢之中倒下,血染疆场,马革裹尸,却死在猜忌、排斥的打击迫害之中。

狄青之死,据《宋史·狄青传》所记,是因为"疽发髭",这不过是近因。依我们看来,狄青之死是多年忧虑惊恐的结果。他为国家血战立功,而一般人却讥笑他、轻视他、侮辱他、以科第自负的文臣,更随时欺负他、压迫他,怎教他不愤懑? 他是很忠于国家忠于朝廷的,而一般人却要散播他的谣言。与他不和的文臣,便搜集关于他的谣言想陷害他,怎教他不忧虑、不惊恐? 他若不是遇事谨慎,恐怕早已遭祸了。谣言越来越多,以致皇帝也怀疑、猜忌他,将他罢免,使他格外惊恐。他抱着颓丧的心情走向陈州,已自知不久于世。假使在陈州的生活稍微安静一点儿,他也许可以多活几年。

哪知宋仁宗和文彦博还是不放过他,每月两次遣使探视他的近况。他一听有使者来,即"惊疑终日",不久他便"病作而卒"了。这样恐吓他,是文彦博的设计,但一定得到了宋仁宗的同意,如果宋仁宗要保全他,绝不会有如此的结局。

中国古代的名人,往往因愤懑忧虑而"疽发背死",如范增、刘表,都是很著名的例子。狄青的发疽,与他的心境是很有关系的。不过他疽发于髭,不像范增、刘表疽发于背罢了。

狄青之死,可不是明显的被杀,他是被时代和环境杀死了。不明显的被杀,比明显的被杀还惨。提到岳飞的死,大家同声感慨,提到狄青的死,有几个为他抱屈的?

北宋采用重文轻武的国策,终自食其果,在后来的民族战争中,一直处于被动的地位。到宋神宗登基,希图重振国威,但又苦于朝中没有能征善战之人,这才又想起了狄青,他亲自撰文,派使者到狄青家祭奠亡灵,并将狄青的画像挂起,但已于事无补,只能是叹息国势日颓,发思古之幽情而已。

柳永奉旨填词疑案

柳永一生在仕途上抑郁不得志,他为人放荡不羁,终生潦倒,独以词著称于世。他是北宋第一位专业词人,几乎一生都在烟花柳巷里亲热唱和,他还自称是奉旨填词,这里面到底有什么秘密? 他为何始终不被宋仁宗录用?

抑郁不得志的仕途

白衣卿相柳永(约 987 年—约 1053 年),崇安(今福建武夷山)人。北宋词人,婉约派最具代表性的人物,代表作《雨霖铃》。原名三变,字景庄。后改名永,字耆卿。排行第七,又称柳七。宋仁宗朝进士,官至屯田员外郎,故世称柳屯田。

柳永的父亲、叔叔、哥哥三接、三复都是进士,连儿子、侄子都是。柳永本人却仕途坎坷,景祐元年(公元 1034 年),才赐进士出身,是时已是年近半百。柳永词作极佳,流传甚广,其作品仅《乐章集》一卷流传至今。描写羁旅穷愁的,如《雨霖铃》《八声甘州》,以严肃的态度,唱出不忍的离别,难收的归思,极富感染力。

柳永一生都在烟花柳巷里亲热唱和,大部分的词诞生在笙歌艳舞、锦榻绣被之中,当时歌伎们的心声是:"不愿君王召,愿得柳七叫;不愿千黄金,愿得柳七心;不愿神仙见,愿识柳七面。"柳永晚年穷困潦倒,死时一贫如洗,是他的歌伎姐妹们集资营葬。死后亦无亲族祭奠,每年清明节,歌伎都相约赴其坟地祭扫,并相沿成习,称之"吊柳七"或"吊柳会"。

柳永一生在仕途上抑郁不得志,独以词著称于世。他为人放荡不羁,终身潦倒。其词多描绘城市生活的繁华,歌伎悲欢、愿望及男女恋情,尤长于抒写羁旅行役之情。此外也有些反映劳动者悲苦生活、咏物、咏史、游山玩水等等。创作慢词居多。铺叙刻画,情景交融,语言通俗,音律谐婉,在当时流传很广,对宋词的发展有一定影响。《雨霖铃》《八声甘州》《望海潮》等颇有名。但作品中时有颓废思想和庸俗情趣。诗仅存数首,《煮海歌》描写盐民贫苦生活,甚痛切。

柳永是北宋第一位专业词人,他精通音律,尤其熟悉歌伎们演唱的民间乐曲,加之他长年往来于秦楼楚馆,流连于教坊歌台,受到了乐工、歌伎的影响,才得以创造出以白描见长、铺叙点染、状抒情致的柳体词。与皇帝贵族相比,柳永是仁爱的。他的词对聪明多慧而又不幸的歌伎深表同情,写出了她们对正常人生活的向往,对真挚爱情的追求,因此柳永受到了她们的爱恋和尊重。

柳永历经宋真宗、仁宗两朝四次大考才中了进士,这四次大考共取士 916 人,其中多数人都顺顺利利地当了官,有的或许还很显赫,但他们早已被历史忘得干干净净,然而柳永却至今还享有殊荣。

当时无人欣赏柳永的才华,只因其不咏家国天下。柳永不是没有雄心壮志,而是不得志,就像他《少年游》中曾道:"狎兴生疏,酒徒萧索,不似少年时。"不过在当今他也终于为世人承认,在中国词艺术上有了他该得的名位。

奉旨填词真相揭秘

柳永一生仕途不顺，但是在诗词领域却成就卓越，"凡有井水处，即能歌柳词"，就是对他在词上贡献之大的真实写照。他自称奉旨填词，究竟又是怎么一回事呢？

柳永的才名远播而功名却仍未就，有一件事还让他有了罪名。公元 1017 年第一次赴京赶考，没有考上。他轻轻一笑，填词道："富贵岂由人，时会高志须酬。"等了五年，第二次参加科考又没考上。不服输的柳永沉不住气，由着性子写了一首牢骚极盛而不知天高地厚的《鹤冲天》："黄金榜上，偶失龙头望。明代暂遗贤，如何向？未遂风云便，争不恣狂荡？何须论得丧。才子词人，自是白衣卿相。烟花巷陌，依约丹青屏障。幸有意中人，堪寻访。且恁偎红翠，风流事，平生畅。青春都一饷。忍把浮名，换了浅斟低唱。"

很明显这是一首发牢骚的词，说的是我没考上有什么关系呢？只要我有才，也一样会被社会承认，我是一个没有穿官服的官。要那些浮名有什么用呢？还不如抛弃它，把酒高歌。

发牢骚的柳永只图一时痛快，压根没有想到就是那首《鹤冲天》铸就了他一生辛酸。落榜的书生写了几句调皮的诗句本没有什么，然而柳永不知自己的名字和词作已经覆盖了远近的市井巷陌、楼堂馆所，更不知道，在某些阴暗的角落，有人在窥视他的行迹，有人在分析他词作中的不安定因素。

没有几天，柳永的《鹤冲天》就到了宋仁宗手中。仁宗反复看着、吟着，越读越不是滋味，越读越恼火。特别是那句"忍把浮名，换了浅斟低唱。"真是刺到了宋仁宗的痛点上。三年后，柳永又一次参加考试，好不容易过了几关，只等皇帝朱笔圈点放榜。谁知，当仁宗皇帝在名册上看到"柳永"二字时，龙颜大怒，恶狠狠地抹去了柳永的名字，在旁批道："且去浅斟低唱，何要浮名？"皇上轻轻地一笔，彻底把柳永推到市民堆里去了。

柳永只好自我解嘲说："我是奉旨填词。"从此他终日流连于歌楼伎馆，他的文学才华和艺术天赋与这里喧闹的生活气息、优美的丝竹管弦、多情婀娜的女子产生了共鸣。仕途上的失意并没有妨碍他艺术上的创造，可以说，正是这种失意造就了独特的词人柳永，造就了独特的"俚俗词派"。被除名的柳永咽泪装欢，玩世不恭地扛着"奉旨填词"的御批招牌,浪迹江湖。深入歌楼舞场,堂而皇之地贯彻落实仁宗的圣旨,夜以继日地"浅斟低唱"。

柳永浪迹于歌楼伎馆,以卖词为生,这样生活了17年。然而就是这17年,成就了他日后在中国文学史上的盛名。17年后,在柳永47岁那年,他将名字改成了柳永(之前叫柳三变)方才考中进士,做了几任小官,做过睦州椽官、定海晓峰场盐官和屯田员外郎等小官,故世号"柳屯田"。也有资料说,在这之前,他也曾做过一任余杭县宰,为官清廉。对柳永而言,很难说他的经历是幸运的还是不幸的。然而,对于中国文学尤其是宋词来说,这段"奉旨填词"的遭遇却绝对是大幸。

宋仁宗为何不用柳永?有两种说法:

一种认为宋仁宗深受理学熏陶,容不得杂门旁学。对柳永进行打击,是出于一种狭隘心理。柳永违反封建礼教的作风,让宋仁宗很反感,一曲《鹤冲天》更是惹恼了他。

一种认为,柳永仕途坎坷完全是咎由自取,宋仁宗不用他是有道理的。宋仁宗当政时,比较重视政治建树,所以他主张净化文化,对有腐蚀作用的艳词淫曲持反对态度,而柳永好为这些词曲,正好与宋仁宗的主张大相径庭,故而宋仁宗看不上他,不用他。

对于柳永奉旨填词,不受宋仁宗重视的历史事件,还是要根据一定的历史进行具体的分析,任何一种偏执的说法和做法,都是不可取的。

吴三桂降清的真实原因

明崇祯十七年(公元1644年)三月十九日,李自成率领的大顺军攻陷了明朝的都城北京,崇祯皇帝在煤山(今北京市景山)自缢身亡,这使前来增援的明山海关总兵吴三桂仓皇逃回了山海关。由于,吴三桂扼守抗清战略要地——山海关,为招降这支明军,李自成派唐通拿着明降将、曾提督北京兵马的吴三桂之父吴襄写给的劝降书及犒师银四万两前去劝降,但被吴三桂拒绝。于是,李自成亲自率领大顺军兵发山海关,想以武力逼迫吴三桂投降。吴三桂迫于压力,竟向清军请援。决战当天,正当李、吴两军在山海关前杀得难解难分之时,清军的精骑兵突然出现在阵前。

李自成所率领的大顺军措手不及，战败退走，从此便一蹶不振。

　　吴三桂勾结清军入关镇压农民起义这一事件，在史学界一直引人瞩目。长期以来，史学界公认，吴三桂这一举动便是投降了清朝，做了卖国贼。但是，近年来也有学者提出，吴三桂引清军入关并不代表他投降了清朝，并提出了相关的论据。这一说法使似乎本已盖棺定论的问题罩上了一层迷雾。那么，吴三桂引清军入关与向清朝投降到底是不是一回事呢？

　　按传统观点，由于李自成率大顺军压境，吴三桂迫于压力，曾向清朝求援，他亲赴清营，与清兵统帅多尔衮拜天盟誓，并归顺降服，这表明他已投降了清朝。而且，吴三桂降清，也有向李自成所率领的大顺军报家仇的缘由，"开初，吴三桂对于李自成有归顺之心，只是尚在踌躇观望而已"。但是，李自成手下大将刘宗敏不顾大局，曾把吴三桂的父亲吴襄五花大绑，还抢掠了吴三桂的爱妾陈圆圆。辱父之仇、夺妻之恨，使得吴三桂义无反顾地投奔了清朝。

　　并且，根据各种史料记载，有三点理由能证明吴三桂确实降清。一是，清朝最高统治者已将吴三桂视为降将，如清摄政王多尔衮就把吴三桂当作部下驱使，"命三桂军先锋"，又"命吴三桂以步骑二万前驱追贼"。清廷还根据吴三桂的战功，为他加官晋爵。后来，清康熙帝下诏削吴三桂爵位时，也称其为降将，即"逆贼吴三桂穷蹙来归，我世祖章皇帝念其输款投降，授之军旅。"（《清圣祖仁皇帝实录》）由此可见，吴三桂在清廷的眼中，就是一个明朝降将的身份。二是，吴三桂开关后的所作所为也足以证明他已真心降清。吴三桂起初引清军入关虽说可能是为明王朝复仇，但是随着农民军节节败退，南明政权的福王曾多次派人拉拢吴三桂并给他送去粮饷，没想到吴三桂不念旧情，断然回拒。在福王之后，另有几任南明王，吴三桂也从未表示要辅助他们反清复明，反而向清廷提议并亲自出兵缅甸追缴南明永历王，真可谓斩尽杀绝。因此，可以确定，不管吴三桂当初引清兵入关时是什么心态，但

吴三桂

是到了清兵入关后,他已顺应了所谓"时势",彻底投降了清王朝。他一不敢立朱明太子,二不敢同南明政权联合抗清,三不敢要求清军退兵,四不敢违抗清朝廷的命令。并且,为了讨好清王朝,他"破流贼,定陕,定川,定滇,取南明王于缅甸,又平水西土司安氏"(《圣武记》),俨然成了供清廷驱使的一员猛将。三是,清康熙十一年(公元 1672 年),吴三桂迫于朝廷撤藩的压力,举兵反清,随后"思窃号自误,其下争劝也,遂以三月朔称帝,改元昭武"(《清史稿·吴三桂传》)。吴三桂即使反清,也没有打出明朝旗号,而是自称皇帝,国号为"周"。这些都足以说明吴三桂并没有为明王朝复仇的心思。

对吴三桂"降清"持异议者则认为,李自成率大顺军攻陷北京后,当时有三股较强的政治势力,即吴三桂、大顺军、清王朝形成鼎足之势。这其中以吴三桂的力量最弱,又夹在这两股势力中间,摆在吴三桂面前的只有两条路:要么联合大顺军抗清,要么联合清军抗击农民军。由于其父亲被农民军扣押,爱妾被掠,在选择的天平上,吴三桂最终倾向了联合清军的道路。吴三桂此举是否说明他真心降清呢?通过以下理由,大家可以得出否定的答案。

其一,从吴三桂一贯的抗清立场上看,他是不会轻易降清的。在吴三桂任辽东宁远总兵期间,曾多次参加抗清斗争,即使在明清松锦战役后,明军节节败退,在许多大将被迫投降的情况下,"明之将帅孰不惶惧",而吴三桂仍不为所动。后来,明朝降将致函劝降,吴三桂也都不做理睬。

其二,吴三桂同多尔衮磋商联军过程中的书信也能证明吴三桂未降。三桂遣书说:"我国与北朝(清朝)通好二百余年,今无故遭国难,北朝应恻然念之……速选精兵,三桂自率所部,合兵以抵都门,灭流寇于宫廷,示大义于中国,则我朝之报北朝者,将裂地以酬。"(《清世祖实录》)吴三桂在信中只说联军在战败大顺军后将割国土相赠,并不是投降清朝,帮助其夺回明朝江山。

其三,山海关战后多尔衮玩弄权术之举,也证明了吴三桂未降。在山海关之战胜利的当天,多尔衮便封吴三桂为平西王,又拨调步骑一万归吴三桂直接支配。这表明多尔衮是想笼络并进一步控制吴三桂。

其四,山海关战后,吴三桂的檄文证明其未降。山海关战争胜利后,清军与吴三桂军乘胜追击,吴三桂便"传檄远迩",提出"周命未改,汉德可恩","试看赤县之归心，仍是朱家之正统"的口号。如果吴三桂已经降清的话，那么他就不会发布这样的檄文，同时，清廷也不会允许他发布这样的檄文。

其五，吴三桂在攻陷北京前后，曾经想立朱明太子登基，也可证明其未降。山海关战后，李自成败军至永平，吴三桂以议和的名义，提出让大顺军迅速撤离京城，好让其奉太子即位，又传帖到京城，宣布自己的大军即将进城，让臣民为先帝服丧，整备迎候东宫太子。但是，吴三桂的如意算盘最后却被"多尔衮命其西行追贼"的策略打乱了。吴三桂因为势单力孤，不能与清军匹敌，所以只能西行。

其六，吴三桂一直在暗中积蓄力量以反清复明，也可证明其未降。首先，他招揽人才，广布党羽；其次，他积极准备战备，训练士卒，为将来的大战储备资源。那么吴三桂反清朱明的愿望为什么没能兑现，学者们认为这与后来随着清廷统治的强化，"复明"旗帜渐渐失去号召力不无关系，而后来的历史进程已无法证明吴三桂是否真正降清了。

石达开降清之谜

公元 1863 年，太平天国翼王石达开率本部兵马转战到四川。到了当年 5 月，石达开率军初到大渡河时，对岸尚没有清军，但是就在石达开下令准备船筏，准备次日渡江的时候，当晚突然天降大雨，河水暴涨，无法渡河。三天后，清军陆续赶到设防，石达开的部队被提前涨水的大渡河所阻，再加上左边是松林河，右边是老鸦漩河，其成了笼中困兽，被迫困守于大渡河南岸的紫打地。在万般无奈的情况下，石达开"率其子定忠及各官佐释兵表降"。不过，石达开"释兵表降"究竟是真降还是诈降，还是另有隐情？时至今日是，史学界依然争论不休。这其中主要有三种观点。

一、真降说

支持石达开真降的学者又分为两派。一派认为石达开为拯救自己的部队而降；另一派认为石达开真降是因为贪生怕死。

石达开在大渡河畔一个多月，组织了无数次殊死的战斗，但是始终未能强渡大渡河、松林河。随着军粮的枯竭，部队刚开始杀马充饥，然后只能以桑葚为食，最后竟出现了吃死人肉的现象。

终于,在抢渡屡遭失败、军中粮食匮乏之际,石达开表示愿"舍命以全三军"。他在致四川总督骆秉章的信中说:"死若可以安境全军,何惜一死。"他要求骆秉章"宥我将士,赦免杀戮","则达开愿一人而自刎,全三军以投安"。由此可见,石达开是为了手下将士的安危选择了投降。

说石达开是贪生怕死而降的,其证据主要见于骆秉章在杀害石达开后给清廷的奏报。奏报中说,清军参将杨应刚奉命在洗马姑清营竖立了"投诚免死"大旗之后,石达开便带着自己的儿子和宰辅曾仕和、中丞黄再忠、恩丞相韦曾成来到了洗马姑清军军营乞降。另一根据是清朝书吏笔录的石达开口供:"达开正欲投河自尽,因想真心投诚,或可侥幸免死。达开想救众人,俱令弃械投诚。"但是,这些证据来源于清朝官方,不排除敌人的丑化意图。

二、诈降说

1945年9月,《翼王石达开江被困死难纪实》发表,该文章使研究太平天国的一些专家改变了传统看法,有人开始认为石达开是诈降。这份史料原名《擒石野史》,记载了石达开第十四王娘刘氏抚孤报仇、后被擒获的事迹,记载中有的直接来源于石达开第十四王娘刘氏的口供,这部分史料应该可以算是真实可靠的。

当时,石达开兵困老鸦漩河,身陷绝境,一时间,叫天天不应叫地地不灵。此时,军师曹伟人献上诈降计,劝说石达开先诈降,然后伺机渡河劫粮,以图东山再起。石达开权衡再三后,找来曾仕和商议,定下计策后,就命曹伟人写诈降书。曹伟人写完降表后,竟然在半夜投江自杀了。第二天,石达开被王应元包围,腹背受敌,道穷路绝。看到大势已去,石达开正要举刀自刎,王应元忽然停止了进攻,于是就出现了"释兵表降"。然而,对于石达开的诈降计,清军是早有防备的。《黎雅纪行记》曰:"骆公虑伪降以缓我师,乘懈而逸。"骆秉章是个老狐狸,他估计到石达开可能会诈降。他担心前线将领不能随机处理,因此特派四川布政使刘蓉亲自去受降。

据说石达开诈降不成,后悔不已。许亮儒记道:"五月一日,友耕(指清重庆镇总兵唐友耕)复面达开,亦诳抚之。唯达开见所部阻渡,诈降计绌,阴甚悔恨。"罗尔纲经过考证,认为许亮儒所记载的石达开诈降是有理有据的。另外,刘蓉的幕僚在《代刘蓉致骆秉章禀称》中认为,石达开和他的部下选择投降是迫于无奈,并不是真有投诚反正的心思。有的史料记载,石达开被解送成都后,见骆秉章时长揖不拜。骆秉章问:"你愿投降吗?"石达开答:"我是乞死,兼为士卒请命。"石达开如此大义凛然,说明他并非真心投降。

三、诱降说

据说,石达开被围时,骆秉章曾派遣参将杨应刚去劝说石达开解甲归田,共商善后。石达开见已经无力回天,便轻骑前往,没想到进入清营后就被擒了。并且,有观点认为诱降是唐友耕的主意,"石逆粮尽势穷,唐提督商令汉士各营设计诱降,遂生擒石逆。"(《唐公年谱》)不有观点认为这个计谋出自越西厅同知周歧源,即周歧源向王松林"授以密计,王松林亲践其垒",王松林与杨应刚二人对石达开指天誓曰,约许"待以不死","石达开信之,与之订盟"(光绪《越西厅全志》卷六),结果在洗马姑清营被擒。

石达开被押往成都后不久,就被清廷处以凌迟。在行刑时,石达开致死都默然无声,观者无不动容,一代军事名将就这样离开了人世。石达开真降假降之谜也随着当事人的离世而成了一个至今未解开的题。

杨门女将疑案

杨家将的故事中国老百姓十分熟悉,他们忠心报国世代相传的优良家风、前仆后继捍卫祖国的忠勇行为,被后世竞相传诵。杨门女将的故事更是被后人津津乐道。但是令人奇怪的是,杨门女将在史料中却不见踪迹。

后世人眼中的杨家将

杨家将是一部英雄传奇系列故事,以话本、戏剧等形式在中国民间广为流传。它对北宋前期的一些人物和事件加以演义,讲述了杨家四代人戍守北疆、精忠报国的动人事迹。然而,关于小说和传说中的杨家将,半真半假、扑朔迷离。并且在人们的传统印象中,杨家将的谱系是这样的:

第一代,金刀令公杨继业,继业有八个儿子,其中第六个儿子名杨延昭,又名杨六郎,六郎生子名宗保,宗保之子名文广,文广生子名怀玉。

然而,这些印象都不可靠。

首先,杨继业历史上真有其人。

提起杨家将,人们首先想到的便是杨业(即杨继业)。历史上,这位名震千古的一代名将,弱冠之年便入事太原的北汉政权,受到北汉皇帝的信任,任侍卫新军都虞候。

杨继业

当时,宋太祖赵匡胤已经夺取后周政权,建立大宋王朝,全国统一大局已定。杨业向北汉皇帝刘继元提出了"奉国归宋"的建议,遭到反对。但他深感刘氏厚遇之恩,并未变心投宋,而是舍命保卫北汉政权。后来,北汉战败,杨业却仍在城南与宋军苦战。宋太宗早就听说杨业是一员勇将,便派北汉亡国皇帝刘继元的亲信前去劝降。见到刘继元派来的劝降使者,杨业悲愤地大哭了一场,投降了宋朝。宋太宗因他"老于边事,洞晓边情",任命他为左领军卫大将军,知代州兼三交驻泊兵马部署,与河东三交都部署潘美共同担负起了山西防御契丹的任务。杨业不负宋太宗的重托,在契丹军出入的各个要道口,连续修建了阳武寨、崞寨、西陉塞、茹越寨、胡谷寨、大石寨(均在今代县、繁峙境内)6个兵寨。宋太宗太平兴国五年(公元980年)三月,契丹十万军马来攻雁门关,杨业率部用堵截和奇袭的办法,大败契丹军,杀死他们的节度使、驸马、侍中肖咄李,活捉马步军都指挥使李重海。朝廷由此提升他为云州观察使,仍知代州。

但是,民间盛传的他与潘仁美(原型是潘美)之间的恩恩怨怨大多是假的,不妨以《宋史·杨业传》为证。

其次,杨业共有七个儿子,而不是八个。

小说《杨家将》和电视剧《杨家将》中,杨业共有八个儿子,这也不完全对。据《宋史》记载,杨业共有七个儿子,他们是:杨延朗、杨延浦、杨延训、杨延环、杨延贵、杨延彬、杨延玉。其中杨延玉随父征战,于陈家谷口一战殉国,其余六子,延朗为崇仪副使,延浦、延训并为供奉官,延环、延贵、延彬并为殿直(官名)。这七个儿子除杨延玉战死外,余皆善终。并无流落番邦、身死奸臣之手一说。

第三,杨六郎应为杨大郎,杨宗保应为杨文广。

在《杨家将》中,杨府男性主角,除了老令公杨业以外,最有名的就是杨六郎和杨宗保这父子二人了。这两个人物也非历史之本貌。

杨六郎者,杨大郎之谓也。他是杨业的儿子杨延朗(后改名为杨延昭),这没错,但他却并非杨业的第六个儿子,而是长子,他卒于北宋真宗大中祥符七年(公元1014年),《宋史》上说他:"智勇善战。所得赏赐悉犒军,未尝问家事。出入骑从如小校。号令严明,与士卒同甘苦。遇敌必身先行阵。克捷推功于下,故人乐为用。在边防二十余年,契丹惮之。"

杨文广,是杨家将的第三代,他是杨延昭的儿子,也是宋代一名边防名将。在宋仁宗时期,他先后在河北、陕西边境做过镇守将军。他镇守陕西时,主要是防务西夏国对中原地区的骚扰。

杨家将正是这样一代接一代地为保卫祖国恪尽职守。他们的事迹不断走入传说、故事、戏曲舞台和影视剧创作。北宋著名文学家欧阳修,称赞杨业、杨延昭"父子皆名将,其智勇号称无敌,至今天下之士至于里儿野竖,皆能道之"。

宋元之际,民间艺人把杨家将的故事编成戏曲,搬上舞台。到了明代,民间文学家又把他们的故事编成《杨家将演义》《杨家将传》,用小说评书的形式在民间广泛传播。这些传说和故事,把杨家将英勇战斗、牺牲的过程,叙述得十分详细和感人。他们还把宋代功臣潘美描绘成大奸臣作陪衬,使杨家将的英雄形象和崇高家风更加高大和完美。七郎八虎闯幽州、穆桂英挂帅、杨门女将、十二寡妇征西、佘太君百岁挂帅、杨排风……一个个栩栩如生的爱国者形象,在世间广为流传,家喻户晓,尽人皆知,以至分不清哪些是史实,哪些是演义和传说。

对于杨家将忠心报国世代相传的优良家风,对于一个家族前仆后继捍卫祖国既忠又勇的行为,人们传诵他们,缅怀他们,热爱他们,崇敬他们,以各种形式为他们竖起一座座丰碑。

杨门女将为何在史料上不见踪迹

曾统领欧洲盟军战胜德国法西斯的蒙哥马利元帅(英国人),在20世纪60年代初访问中国,从事外事活动之余,他对中国方面安排他看的一出京剧《杨门女将》大惑不解,通过翻译,蒙翁提出质疑,认为女人当元帅不可能。中方工作人员年轻气盛,同时也因为对杨门女将故事深信不疑,遂回敬了一句:"怎么不可能,你们的女王不就是三军统帅吗?"事后这位工作人员受到了严厉批评。

很显然,除了犯有外交礼仪上的错误以外,这位工作人员还和成千上万的中国人一样,相信杨门女将于史有证,从而不知不觉地进入了一个误区——杨门女将系从《杨家府世代忠勇通俗演义》及《杨家将》二书附会而来,主要人物有佘太君、穆桂英等。这些人物中有的因为艺术形象塑造得好,深为老百姓所喜爱,但考诸正史,却都属"子虚乌有"之流。

中国古代虽然向有"男尊女卑"的传统,但女将女帅倒也并非没有。

据《后汉书·刘玄刘盆子列传》记载:王莽新王朝天凤元年(公元14年),山东琅邪就出了个奇女子,此人名吕母,后来成为统领一方的女将军。《后汉书》上说:"吕母之子为县吏,犯小罪,宰论杀之。吕母怨宰,密聚客,规以报仇。母家素丰,资产数百万,乃益酿醇酒,买刀剑衣服。少年来酤者,皆赊与之;视其乏者,辄假衣裳,不问多少。数年,财用稍尽,少年欲相与偿之。吕母垂泣曰:'所以厚诸君者,非欲求利,徒以县宰不道,枉杀吾子,欲为报怨耳。诸君宁哀之乎!'少年壮其意,又素受恩,皆许诺。其中勇士自号猛虎,遂相聚得数十百人。因与吕母入海中,招合亡命,众至数千。吕母自称将军,引兵还攻,破海曲,执县宰。"

吕母以后,有名的女将还有隋末唐初的平阳公主。据《新唐书·诸帝公主传》记载,唐高祖李渊起兵反隋时,平阳公主逃到鄠县(今陕西鄠邑区),散家财招纳南山的亡命之徒,得到好几百人以响应李渊。又派遣家奴马三宝招降义军领袖何潘仁,与他合兵一处,攻克鄠县。接着又陆续收降李仲文、向善志、丘师利等人,连克周至、武功、始平等县。"勒兵七万,威震关中"。李渊渡过黄河以后,平阳公主领精兵一万与李世民会师渭北,并开设幕府。

这些都是见诸信史的。十分遗憾的是,在小说和电视剧里轰轰烈烈的"杨门女将",正史中却连点影子都没有。

《宋史·杨业传》中只收录杨业及其子延昭等七人,和其孙文广一人,并无一字提及女眷。倘若杨门女将确曾有过的话,那么,专收"义妇节妇"之事迹的《宋史·列女传》也会记载。

但我们仔细地查找了《宋史·列女传》，该传共收近 40 名"奇女子"，她们是：朱娥、张氏、彭列女、郝节娥、朱氏、崔氏、赵氏、丁氏、项氏、王氏二妇、徐氏、荣氏、何氏、董氏、谭氏、刘氏、张氏、师氏、陈堂妻、节妇廖氏、刘当可母、曾氏妇、王袁妻、涂端友妻、詹氏女、刘生妻、谢泌妻、谢枋得妻、王贞妇、赵淮妾、谭氏妇、吴中孚妻、吕仲洙女、林老女、童氏女、韩氏女、王氏妇、刘仝子妻。

其中，竟然没有一个人出自杨门。

"杨门女将"不过是小说家留给后人的一个美丽的传说，因为人们热爱她们。同时，这一纯属子虚乌有的故事告诉我们，千万莫把文学当成历史，对历史要保持一种谨慎的态度。

张三丰身世疑案

很多人知道张三丰这个人，主要是通过金庸的作品或其他一些传说来知晓的。张三丰有出神入化的武当神功以及仙风道骨和高尚德行，是一个值得钦佩的人。历史上确实有张三丰这个人，那么，他的身世如何？身份是什么呢？

张三丰是哪个朝代的人

很多读者通过金庸的作品了解到张三丰其人，对他出神入化的武当神功以及仙风道骨和高尚德行，钦佩不已。历史上确实有张三丰这个人，而且可能有三个张三丰，宋朝的张三丰，元朝的张三丰，明朝的张三丰。

宋朝的张三丰，又名张三峰，大概生活在北宋末年。明末清初著名思想家和历史学家黄宗羲在《王征南墓志铭》（王征南生平时间为 1617 年—1669 年）说，内家拳"盖起于宋之张三峰。三峰为武当丹士，徽宗召之，道梗

张三丰

不得进，夜梦玄帝授之拳法，厥明，以单丁杀贼百余"。黄宗羲儿子黄百家，也是清

代著名的历史学家,跟王征南学过内家拳,在他写的《王征南先生传》中说:"盖自外家至少林,其术精矣。张三丰既精于少林,复从而翻之,是名内家。得其一二者,已足胜少林。"王征南是黄宗羲的朋友,是黄百家的师父,黄氏父子作为严肃的历史学家,关于宋朝张三丰的记载应该是有依据的而且相当认真的。

雍正年间,宁波知府曹秉仁撰修的《宁波府志·张松溪传》中说:"张松溪,鄞人,善搏……其法自言起于宋之张三峰。三峰为武当丹士。徽宗召之,道梗不前。夜梦玄帝授之拳法。厥明,以单丁杀贼百余;遂以绝技名于世。"这里张松溪自己说他的武功来源于宋朝的张三丰。清光绪六年,即1880年,武式太极拳创始人武禹襄的外甥李亦在《太极拳小序》开宗明义地说:"太极拳始自宋张三丰,其精微巧妙,王宗岳论详且尽矣。后传至河南陈家沟陈姓,神而明者,代不数人……"

元朝的张三丰,本名张阳,字三风,中岳武当山道士,中岳慈云寺佛徒,创张阳拳和二路通臂拳。然而元朝的张三丰似乎很难确定,《明史·方伎列传》记载:"或言三丰金时人,元初与刘秉忠同师,后学道于鹿邑之太清宫,然皆不可考。天顺三年,英宗赐诰,赠为通微显化真人,终莫测其存亡也。"刘秉忠(1216年—1274年)是元代前期著名政治家、文学家、建筑设计家。刘秉忠现存作品较多,但是没有提到"张三丰"这个人。《名山藏》也说:张三丰曾与刘秉忠、冷谦同师元初著名的海云禅师。清人李西月编写的《张三丰全集·芦汀夜话》里,张三丰自称生于蒙古定宗三年(1248年),曾任中山博陵县令,后弃官出家,做全真道士,在终南山遇到火龙真人,得到真诀。最后在武当山修炼多年。

明朝的张三丰是一名被神化的人物,据说有时候三五天吃一顿饭,有时候两三个月才吃一次饭。精神好的时候穿山走石,累了的时候铺云卧雪。有时一日走千里,"人皆异之,咸以为神仙中人"。洪武二十四年,明太祖朱元璋为了加强对道教的控制,派遣一些道士出使全国各地道观,特意叮嘱使者:"有张玄玄,可请来。"但始终没有找到张三丰。

明成祖朱棣信仰神怪之说,奉祀武当玄帝,而张三丰是武当山最有名的道士,也崇尚玄帝。因此,朱棣想把在民间影响很大的张三丰"延请诣朝",一方面可以粉饰太平,收买民心;另一方面也可获得仙药,延年益寿。

张三丰的弟子众多,散布各地。明人任自垣的《太岳太和志·张全一传》记载,张三丰在武当山的弟子,有道士丘玄清、卢秋云、刘古泉、杨善澄、周真德五人,各奉师命住一地。《张三丰全集·道派》中说,张三丰的弟子还有秦淮富翁沈万三及其婿余十舍,以及曾助朱元璋军粮的富翁陆德厚。另外淮安人王宗道,也从张三丰学道,永乐三年命寻访张三丰而不遇,封为"圆德真人"。明武宗时候的李性之说在正德年间(1506年—1521年)入武当山遇张三丰而得诀,算起来,其时张三丰已二百五六十岁,似乎不大可能。

北京白云观抄《诸真宗派总簿》列出奉张三丰为祖师的道派,有王屋山邋遢派、自然派、三丰派、日新派、蓬莱派、檀塔派等17支。清朝道咸年间,四川乐山人李西月所立内丹西派,继承张三丰,并称张三丰一系为"隐仙派",编排了从老子、文始真人尹喜至张三丰的传法谱系。这一谱系虽不尽可靠,但突出隐遁为该派独特宗风,也确实反映出了张三丰的人格特点:一种类同于中国历代隐士风骨的"隐仙"风范,这种隐仙精神,和那些包括当时腰金衣紫的正一道士在内的达官贵人、趋炎附势之徒相比,张三丰是多么难能可贵,从当时主流传统来说,张三丰的人格颇符合儒家那种不慕富贵的精神。张三丰是哪个朝代的人,这个问题似乎不太重要了,重要的是:张三丰是一个值得人们尊敬的历史人物。

武士、道士抑或隐仙

关于张三丰的容貌形象的描述,历来有多种版本。史书记载张三丰龟形鹤背,大耳圆目,须髯如戟,寒来暑往仅一衲衣,雨雪天气蓑衣着身。

张三丰在武当山创立一个新的道派——三丰派,掀起了中国道教发展史上的最后一拨,并成为武当武功的创立者。

他将儒、释、道三家同一起来。年幼时,教张三丰学习道教经书的启蒙老师是碧落宫的白云禅老张云庵。中年时与他论玄谈道、使他毅然出家的是丘真人。老年时终南山传播秘诀,使他得道的是火龙真人。这样,不仅自己出身低微,而且所跟随的这三位道士也皆不见于经传,在社会上影响很小,收不到惊世骇俗的效果。于是,张三丰在自称江西龙虎山张天师的后裔的同时,还自称师承华山睡仙陈抟老祖。

他在《蛰龙吟》最后几句道:"天将睡法传图南,图南一派俦能继,邋遢道人张半仙。"他又在《太极炼丹秘诀》中称陈抟为"希夷老祖",称火龙先生为"吾师",并宣称,火龙之所以没有名气,是因为他轻视浮名,所以连姓名都没有留下,仅仅给后人遗留一首绝句便离开了人间。其绝句云:"道号偶同郑火龙,姓名隐在太虚中。自从度得三丰后,归到蓬莱弱水东。"后来,崇奉张三丰的清代道士李西月因此而将三丰派归为以陈抟为代表的隐仙派,并排列其师承统序为:"麻衣传希夷,希夷传火龙,火龙传三丰。"

事实上,陈抟是否有火龙这个弟子,还大有疑问。但有一点可以肯定,那就是张三丰确实继承了陈抟以来道教宗师的三教同一学说和内丹炼养思想。

张三丰著述丰富,诸如《大道论》《玄机直讲》《玄要篇》,被后代收集成集,这就是流传至今的《张三丰先生全集》。其中不少篇章为后代奉道者所推崇,称他的《大道论》穷尽性命归真之道,发挥圣贤仙佛之理。不过,张三丰的杰作当称《无根树》丹词。千百年来道家理论玄奥,文字晦涩,不能为社会所广泛接受,从而阻碍了道教的深入传播。

张三丰在内丹修持的各个环节,诸如戒欲、采药、炼药等各有一首词加以阐述。就其内容而言,可以说没有超乎前人的独到之处。但是,他却突破了长期以来道学文字艰深玄奥的规束,把魏伯阳《参同契》、陈抟《无极图》、张伯端《悟真篇》的炼形、保精、调神、运气、归真还原等修真理论以通俗易懂的歌词形式表现出来,这便是张三丰在促进道教思想传播方面的贡献。

武当绝技、少林功夫,集中华武术之大成,是民族历史遗产宝库中两颗灿烂的明珠。人们根据武当与少林武术的不同特点,分中国武术为南派北派、内家外家,素有"南尊武当,北重少林"之说。少林拳奉达摩为始祖,武当拳则以张三丰为开山。张三丰是怎样创造出内家拳的呢?这是明清以来武术界、学术界普遍感兴趣的问题。迄今为止,流行三种说法:

一是真武神授。《王征南墓志铭》和《宁波府志》载,张三丰北赴汴京途中的一个夜晚,梦见真武神君降临,向他传授拳法。次日黎明,张三丰被一群拦路抢劫的强盗围住,便运用神授拳技打败了这群强盗。从此,张三丰以拳技闻名于世。

二是鸟蛇斗的启示。在武当山至今流传着张三丰观"鸟蛇斗"的故事,说张三丰在"邋遢崖"看见一只鸟与一条蛇打架,每当鸟上下飞击长蛇时,蛇就蜿蜒轻身,摇着闪避,不曾被击中。相持时久,鸟已精疲力竭,无可奈何地飞走了。长蛇也自由自在地钻进了草丛。张三丰由鸟蛇斗得到启发:以柔可以克刚,以静可以制动。于是,模仿长蛇的动作创造出了内家拳。

三是脱胎少林拳。拳师王征南的弟子黄百家在他所著的《内家拳法》中,说张三丰早先精熟少林拳法,后来对少林拳进行加工改造,遂自成一派,名内家拳。金一明所著《武当拳术秘诀》说得更为具体:少林拳以五拳为精髓,以十八式为骨骼。张三丰始习少林拳,既得其精微奥旨,复从而翻之,变十八式为十八字,纳五拳法入段锦。内家拳就这样诞生了。

以上三种说法都有一定道理。张三丰所创内家拳技"内以养生,外以却恶"。实践证明,习练这一拳法可以收到增强体质、延年祛病、陶冶性情、磨炼意志的功效,同时也能起到防身抗暴、抵御外敌、振奋民族精神的作用。

因而,张三丰创造内家拳有益于人类,是遗泽后世的一份珍贵历史文化遗产,他将永远受到后人的仰慕。

颇具争议的马可·波罗

1254 年,在意大利商业城市威尼斯的一个商人家庭,一个叫马可·波罗的男孩出生了。准也不会想到,就是这个男孩,他在长大后,竟会跟当时人们还非常陌生的、遥远的东方中国发生奇妙的联系。更想不到的是,他将在未来的几百年里成为影响西方世界的重要人物之一。1298 年,当 44 岁的马可·波罗在热那亚的监狱里向狱友鲁思蒂谦口述他在东方的见闻时,大概没有人会想到,就是这本后来被称为《马可·波罗游记》的书,将会在西方世界引起怎样的轰动,激发多少发现者的灵感,又招致多少争议。

马可·波罗其人其事

马可·波罗(1254~1324 年)出生于意大利古老的商业城市威尼斯。他的家族世代经商,其父亲和叔父常到地中海东部地区进行商业活动。据说,他的父亲和叔父曾因经商于 1260 年到过伊斯坦布尔,后来又到中亚的布哈拉,并且在那里遇到了一个波斯使臣,随即和使臣一起到了中国,见到了当时中国元朝的皇帝忽必烈。

1269年,当马可·波罗15岁时,他的父亲和叔父才从遥远的东方回到威尼斯。回来以后,他们将在东方的种种见闻,讲给马可·波罗听,这使得他从小就梦想长大后做一个商人去漫游东方。

17岁那年,马可·波罗的这一梦想终于实现了。1271年,他的父亲和叔父决定再次动身去中国,并要带马可·波罗同行。于是,年轻的马可·波罗便以意大利威尼斯商人的身份,怀着对东方的向往,踏上了漫漫征程。他们从威尼斯起程,渡过地中海,到达小亚细

马可·波罗

亚,然后经由亚美尼亚折向南行,沿着底格里斯河谷到达巴格达,再由此沿波斯湾南下,向当时商业繁盛的霍尔木兹前进,继而从霍尔木兹向北穿越荒无人烟的伊朗高原,折而向东。在他们到达阿富汗的东北端时,马可·波罗由于适应不了高原山地的生活,不幸病倒了,只好停下来疗养。过了一年之后,马可·波罗恢复了健康,继续前进。大病初愈的他与父亲一道,克服了种种困难,才翻越了帕米尔高原后来到喀什,沿着塔克拉玛干沙漠的西部边缘行走,抵达叶尔羌绿洲,继而向东到达和阗和且末,再经敦煌、酒泉、张掖、宁夏等地,终于在1275年到达当时元朝的上都(即今天内蒙古的多伦),历时三年半之久。他们又到达大都(即今北京),并在那里居住了十几年。

据马可·波罗在游记中说,当21岁的他跟随父亲和叔父去觐见忽必烈大汗时,忽必烈非常高兴,在宫内设宴欢迎,并留他们在朝中居住下来。由于马可·波罗聪明好学,很快就熟悉了朝廷礼仪,并掌握了蒙古语等语言。而忽必烈在和马可·波罗的接触中,对他产生了好感,于是授予他官职,对他很器重,曾好几次安排他到国内各地和一些邻近国家进行巡游和访问。根据游记记载,马可·波罗曾到过云南,他从大都出发,经由河北到山西,自山西过黄河进入关中,然后从关中逾越秦岭到四川成都,再由成都西行到建昌,最后渡金沙江到达云南的昆明。他还去过江南一带,取道运河南下,在他的游记里,有淮安、宝应、高邮、泰州、扬州、南京、苏

·尘封难解的名人往事·

图文珍藏版

州、杭州、福州、泉州等城市的记载,其中还记载他曾在扬州担任官职 3 年。此外,马可·波罗还奉命访问过东南亚的一些国家,如印尼、菲律宾、缅甸、越南等国。

后来,由于旅居中国多年,马可·波罗和他的家人开始思念故乡,非常渴望返回故乡威尼斯。终于在 1290 年底,大汗准许他们一家返乡,同时命他们护送阔阔真公主往伊儿汗国完婚。他们由泉州出航,由海路经印度抵达波斯湾,在那里父子三人由陆路返回威尼斯。据说,当马可·波罗回家时,模样像个乞丐,穿着一件破旧的大衣,就在邻居们怀疑的目光中,他脱下外衣,拉出衬里,只见里面塞满了各种珍贵的宝石。于是,马可·波罗的大名迅速传扬开来,而他也开始将把自己的见闻公之于世。1298 年,马可·波罗 44 岁时,参加了威尼斯与热那亚两座城市之间的战争,结果被对方俘虏。在狱中,为了打发时光,马可·波罗向狱友们口述了他在东方的见闻,并由鲁思蒂谦执笔记录下来,这就是举世闻名的《马可·波罗游记》。1324 年,马可·波罗去世,葬在威尼斯的圣·多雷教堂,时年 70 岁。

可能马可·波罗永远也不会想到,当他的游记问世后,立即广为流传。700 多年来,世界各地用各种文字辗转翻译,译本之多,超过了 100 种。据历史记载,《马可·波罗游记》是在 1298 年写出的,原本早就不见了,现存的各种版本有 150 种,包含多种语言的译本,最老的为 1351 年版,现在流行的是 16 世纪的版本。

《马可·波罗游记》的出现,在欧洲引起了巨大轰动,使西方人了解到原来还有一个比他们的家园更为富庶繁荣的东方世界。此后,西方人对东方产生了极大的兴趣,从而出现了探寻东方世界的狂热。例如著名的发现者哥伦布,就深受马可·波罗的影响,企图开辟海上通向中国的航路。而当他于 1482 年 8 月 3 日开始航行时,随身携带的,就包括西班牙国王致中国皇帝的书信,以及一本《马可·波罗游记》。如今,这本他做过眉批的书,还保存在西班牙的一座图书馆里。

《马可·波罗游记》分四卷,第一卷记载了他们东行时的沿途见闻;第二卷记载了蒙古大汗忽必烈及其宫殿、都城、朝廷、政府、节庆和游猎等事,以及在杭州、福州、泉州等地的见闻;第三卷记载日本、越南、印度等地的见闻;第四卷记载了成吉思汗的后代之间的战争和在亚洲北部的见闻。全书共 229 章,涉及 100 多个国家和城市的山川地形、物产、气候、商业、居民、宗教信仰、风俗习惯等。

马可·波罗的这本游记,重点部分是关于中国的叙述,因为他在中国停留的时

世界经典文库

中外历史悬案

·尘封难解的名人往事·

图文珍藏版

间最长。他在书中以大量的篇幅,热情洋溢的语言,记述了中国无穷无尽的财富,巨大的商业城市,极好的交通设施,以及华丽的宫殿建筑等。

马可·波罗的游记问世后,很多人因其内容新奇而争相传阅,成为当时很受欢迎的读物,被称为"世界一大奇书",并对后世产生了巨大的影响。首先,它打开了中古时代欧洲人的地理视野,在他们面前展示了一个宽阔而富饶的国家和文明,引起了他们对于东方的向往,也有助于欧洲人冲出中世纪的黑暗,走向近代文明。其次,马可·波罗的游记对后来欧洲航海事业的发展,也起了促进的作用。当时一些著名的航海家和探险队的领导人就是读过他的书后,从中得到巨大的鼓舞和启示,激起他们对于东方的向往和冒险远航的热情。因此,作为世界历史上第一个将地大物博的中国向欧洲人做出报道的人,马可·波罗被誉为"中世纪的伟大旅行家"。

据说,当马可·波罗临终时,他的朋友们都劝他取消那些令人难以置信的说法,因为只有这样,死者的灵魂才能进入天国。而马可·波罗马对那些好心人说的却是:"我所写下的还不及我看到的一半。"

质疑:《马可·波罗游记》是不是虚构的

不可否认的是,由于马可·波罗的游记实际上是两个人合作的结果,即由马可·波罗口述,由鲁思蒂谦执笔,因此很有可能出现一种情况:这位充满想象力的作家会将情节夸张甚至添油加醋。而且,这部游记的原稿早就失传了,留存下来的只是一些经过不断誊写的手抄本,其版本据统计达 150 多个。这自然会产生许多前后矛盾和与史实不符的情况,而这也使得后世一些研究者产生了巨大的怀疑。

事实上,自这部游记成书 700 多年来,就不断有人质疑书中那些夸大和虚构的东西,甚至怀疑他是否真的到过中国。德国学者徐尔曼在其著作《中世纪城市组织》中就最早提出马可·波罗根本没有到过中国的观点,认为马可·波罗在元朝所谓 17 年的历史完全是荒诞的捏造。而另一位德国汉学家福赫伯也列举出了许多疑点加以印证。美国学者海格尔和英国学者克鲁纳斯、吴芳思等也不约而同写了《马可·波罗到过中国吗》的文章表示质疑。总结起来,他们的主要质疑集中在以下几点:

第一,马可·波罗自称在中国 17 年深受忽必烈器重,但是为何元朝史书中找不到哪怕一条可供考证的记录? 包括他自称在扬州做官 3 年,扬州地方志里同样没有记载。

第二,他自称学会了蒙古语和汉语,但游记中叙述的许多地名、人名甚至动物、器件,都使用波斯人的叫法,而他并没有提到自己懂波斯语。

第三,游记中只是描写了一些人们较为熟知的资料,而当时最富中国特色的汉字、印刷术、茶叶、筷子以及其他极其引人注目的东西没有提到,其中最典型的就是没有提到长城。

第四,游记中记载混乱、错误百出,并且描写了许多明显不符合史实的场面。例如他自称曾向元朝献抛石机帮助攻打襄阳,而实际上襄阳在他到中国前一年就撤围了。

其他疑点还有,书中几乎很少提到马可·波罗的父亲和叔父,也从未提到过他们的生意,没有提到过在中国符合他们身份的任何经商活动,这是否能从侧面说明他们没有到过中国,所以经商也无从谈起。怀疑者发现,马可·波罗回国时没有携带任何中国特有的东西,而威尼斯珍宝馆收藏的所谓马可·波罗罐,其实是 14 世纪的德化白瓷,与他毫无关系,而他带回的一些宝石实际上是波斯的特产。书中还有一些明显与史实不符之处,如将成吉思汗的病死说成是膝上中箭而死等,都属于明显的疏漏和错误。

尽管另有一些学者与上述怀疑的观点进行了辩护,但最终他们往往也陷入了困惑。比如:怀疑者认为关于马可·波罗自称在扬州做总管 3 年是谎言,因为史书和扬州地方志都没有记载。辩护者们解释说马可·波罗当时也许只是一个管理盐务的小官,因为他在游记中写到了产盐区长芦、海门和真州。但是扬州地方志中明确记载了元代大小官员,包括外国人的详尽名单,仍然没有找到他的记录。辩护者后来又解释说后人可能是将马可·波罗的原话"奉大汗命'居住'扬州 3 年"误抄成了"奉大汗命'治理'扬州 3 年"。但怀疑者马上反驳说仅仅"居住"扬州为何要"奉大汗命",而且他"居住"扬州 3 年都做什么?似乎除了知道繁华扬州出产马饰外,就很少提到了。

关于马可·波罗竟然没有记载长城的问题,辩护者认为元长城已经年久失修破败不堪,况且元长城土木结构并非明长城砖石结构那样引人注目,因此没有引起他的足够重视。但怀疑者指出当时的长城其实损坏并不严重,如果马可·波罗真的游遍中国,必然要数次经过长城,不可能视而不见。而同时代的元朝大臣张德辉就曾记载"北上漠北途中,有长城颓址,望之绵延不绝",为什么单单马可·波罗就忽视了它呢?

关于没有茶叶的记载,辩护者们认为可能蒙古人不喜饮茶,所以马可·波罗对此也无印象。但实际情况却是:忽必烈于当时已下令官方组织茶叶贸易,还曾设立常湖等处茶园都提司"采摘茶芽,以供内府"。而且,早于马可·波罗的一位波斯商人苏来曼在所写的《中国印度见闻录》就明确提到了茶。

关于汉字书法和印刷术,辩护者们的解释是马可·波罗不认识汉字,因此对中国汉字书法和印刷术不会做记载。但怀疑者认为,如果他真的到过中国,那么当他回到欧洲,看到落后的手写方式时,必然会联想到中国神秘的汉字书法和先进的印刷术,而比他早30年到蒙古的传教士鲁不鲁乞就记载了中国的书法和印刷术。

至于其他一些疑点,如筷子、缠足等,其他外国人著作如《爵士游记》《中国和通向中国之路》中都有记述,而唯独马可·波罗游记里没有任何记载。更让人们产生疑问的是,这部书中的叙述描写常常充满夸张失实的情节、信口妄说的逸事,其中许多地方即使今天看来也是非常夸张而令人吃惊的。由于书中动辄使用"百万"这个词,以至于人们送了"百万先生"的绰号给马可·波罗。

1995年,英国不列颠图书馆中国部主任吴芳思博士出了一本书,书中概括了前人对马可·波罗游记提出的疑问,结合自己的研究,明确表示:马可·波罗并未到过中国。吴芳思博士甚至进一步指出马可·波罗可能从来没有到比黑海沿岸和君士坦丁堡更远的地方,有关中国的种种描述则是从来往经过那里的波斯商人们口中打听来的,并加以想象和夸张而形成的。因为马可·波罗自称懂蒙古语和汉语,在意大利用法文写成此书,但书中很多名称却偏偏采用波斯语,而当时来往的商人们以波斯人居多。

假如这些怀疑者的论点成立,那么马可·波罗为什么要编造并不高明的传奇故事呢? 对此,德国的徐尔曼教授认为他企图借以激发蒙古贵族对西方人士的热情和帮助,以及西方人士对东方古国的向往和兴趣。而另一部著作《详编不列颠百科全书》指出,这很可能与他的社会地位较低而又想向上层社会爬有关。有一个例子也许能说明问题:和马可·波罗差不多同时代的、并自称是他的旅伴的约翰·曼德维尔,写出了《约翰·曼德维尔爵士的游记》。他也仿效马可·波罗的说法,声称自己和大汗共同生活了一年半。他的书和马可·波罗的书一样获得了巨大的成功。但后来证明他是一个剽窃者,大量抄袭了阿尔伯等人关于中国的记述,这或许可以说明马可·波罗说自己到过中国也不过是追逐名利罢了。

1999 年,美国有关方面为了证实马可·波罗事迹的真伪,组成一个科学考察队。他们决定重走当年马可·波罗走过的道路,不过是用现代交通工具代步,并全程网上直播。

考察队先在北京集中准备,然后转赴新疆维吾尔自治区喀什。丝绸之路在敦煌以西分 3 条路线,马可·波罗走的是塔克拉玛干沙漠南缘这条路,考察也选择了这条路线,1999 年 10 月 4 日,考察从这里开始。大体上沿着马可波罗的足迹穿越塔克拉玛干沙漠,经过河西走廊、黄土高原,于 11 月 2 日到达北京。11 月 5 日,全部考察活动结束。考察队将自己的见闻和《马可·波罗游记》进行了比较,证明许多记载是真实的,但同时也有许多出入。

《马可·波罗游记》中说,喀什是一个都会,当时归属大汗,这里是从西方进到中国的入口,中亚的通衢要道,城市繁荣,商业兴盛。考察队发现,这里的风情仍有不少和马可波罗的记述相似。马可波罗曾着重记述的葡萄和棉花,仍是这里主要的农作物。《马可·波罗游记》中记述的丝绸、服饰、食品和手工艺品,不少在市场上还可以见到,并保持着旧日的风格与情调。《马可·波罗游记》中说叶尔羌的居民,因饮水带来的疾病使腿和喉咙肿胀而苦恼。结果他们在今天的叶尔羌,真的看到了这样的大脖子病人(因缺碘引起)。就这件事看,《马可·波罗游记》是真实可信的。不过经过考察,他们发现游记中有些记载属明显错误,还有些应该记下的事物没有记,而这些都足以成为否定马可波罗来过中国的依据。

游记中说在喀什和田一带,丈夫如果外出超过 20 天,妻子就可以自行改嫁。考察队注意到,这里的妇女言行谨慎,出门还戴面纱,700 年前也是这样,根本不存在这种风俗。游记说,在张掖的一座庙中,有几尊约 5 米的卧佛。考察队员、考古学家福克斯到张掖寻访时发现,这里的大佛寺确有卧佛,但其长度是游记所说的 7 倍,即 35 米。福克斯质疑:如果马可·波罗是亲眼看过,误差怎么会如此之大? 福克斯感到《马可·波罗游记》中好些记述,不像是他自己的经历。如穿越塔克拉玛干沙漠,非常危险艰辛,当年马可·波罗一路上遭遇的困难,肯定比他们今天遇到的要大得多,应该大书特书,但在《马可·波罗游记》中,仅占有200字的篇幅,不免使人生疑。

总之,经过切身体会,考察队发现了不少疑点。根据考察所得和其他相关学者的研究结果,福克斯得出结论:《马可·波罗游记》对推动东西方的经济文化交流,的确起了不可磨灭的历史作用,但马可·波罗极有可能没有到过中国。

接下来,那些收看网上直播的年轻人,在考察结束后进行了投票,结果65%的人否定马可·波罗到过中国,35%仍肯定他来过。仍然相信马可·波罗到过中国的人,承认游记里面有错误和缺失,但认为这并不能得出马可·波罗没到过中国的结论。他们认为:马可·波罗只是一个商人而非作家,游记是由他口述,别人写的;他到过的地方也许没有那么多,观察不仔细,记录也会有疏失,但记下的事物也够多了,何况在这次考察中不少也确实得到了证实。

回应质疑:另一种声音

尽管《马可·波罗游记》中的确存在不少疑点,那些认为马可·波罗在编造的研究者似乎有相当多的证据,但同时也有大量的学者认为这部游记所叙述的内容是不容置疑的,这些肯定者中间不仅有中国人,也有外国人。国际知名马可·波罗研究专家、南开大学历史系教授杨志玖,多年来一直致力于维护《马可·波罗游记》真实性的研究,他明确地表示,这部游记绝对不是伪造的。

杨志玖指出,当前所有怀疑论者的论据不外有4点:一是在浩如烟海的中国史籍中没有一件有关马可波罗的可供考证的材料;二是有些具有中国特色的事物在其书中未曾提到,如茶叶、汉字、印刷术等;三是书中有些记载夸大失实或错误,如冒充献炮攻襄阳、蒙古王室谱系等;四是从波斯文的《导游手册》抄来的。

对此,杨志玖认为,上述事例除第四点外,其他在马可·波罗的书中确实存在。但是由此断定马可·波罗的记载不可靠或他根本没有到过中国,显然过于草率了。因为在马可·波罗前后到达蒙古的西方传教士、使臣、商人留有行迹的不下10人,但他们的名字和事迹同样极少见于汉文记载。可见在汉文史籍中找不到名字或事迹并不是鉴定某一人物、著作真伪的唯一标准。而且他指出,在《永乐大典》中,他曾发现了一段与马可·波罗一家人离开中国有关的可供考证的资料。杨志玖认为，马可·波罗书中记载了大量的有关中国的政治、经济、社会情况，人物活动和风土人情，其中大部分都可在中国文献中得到证实。随着研究的深入，还可以继续得到证实。虽然其中不免有夸大失实或错误等缺陷，但总体上可以说是基本属实。为什么非要抓住他没有提及的事或个别错误记载而全盘否定其真实性呢？不错，马可·波罗的某些记载确实有错误、不清楚和疏漏的地方，但同时持怀疑论者也没有认真仔细地对这些缺陷加以分析研究，找出其缺陷的原因，或根据可靠的资料证实其并非缺陷，而是以偏概全，夸大这些缺陷，进而怀疑其全部记载的真实性，抹煞马可·波罗书的价值和贡献。

另外一位学者、来自北京大学的党宝海博士，也认为马可·波罗到过中国是很有证据的，他对该问题有着独到的观点，其论据主要有：

首先，《马可·波罗游记》中记载畏吾儿人（今维吾尔族）的祖先不古可汗是从树瘿里诞生的，13～14世纪的波斯文和汉文文献也记载了类似的传说。尽管马可·波罗的记载比较粗略，但故事情节基本相同。而这个传说应是马可·波罗在中国听到的，因为他在欧洲或近东不可能看到有关的文献。

其次，《马可·波罗游记》记载元朝政府在灭掉南宋后，大量拆毁南方的城墙，而在元朝有关文献里的确可见有关记载。迄今为止，马可·波罗是记载此事的唯一外国人。如果没有到过中国，他能从哪里抄袭呢？

另外，《马可·波罗游记》还写到忽必烈曾下令在国家主要道路的两侧栽植树木，给行人提供阴凉，指示方向，这条记载和同时期元朝法律的规定是一致的。而马可·波罗仍是记载此事的唯一外国人。

的确，几乎中国所有的元史和蒙古史研究者都认为马可·波罗到过中国，但这主要是基于他们的学术背景而不是所谓民族感情。当人们对元朝历史有较多了解之后，再去阅读《马可·波罗游记》，就能够明显感受到，如果没有到过中国，他根本不可能写出这样一部著作，因为书中涉及元代政治、经济、社会生活的大量细节。到目前为止，人们还没有发现任何同时期的欧洲、西亚、中亚文献对元代中国的记述如此翔实。比如其中记载了忽必烈的生日、元朝的庆典及狩猎、元朝在东北和西南地区的战争、阿合马被刺事件、大都（今北京）与行在（今杭州）的高度繁荣、镇江的基督教教堂、中国各地的物产、宗教、风土人情等。事实上，学术界对13世纪中国的很多研究都要使用该游记提供的资料。从 12~13 世纪东西方的了解程度来看,如果马可·波罗没有到过中国,他绝不可能靠抄袭写出这部行记。

对于那些质疑者,党宝海博士等人也有自己的看法。他们指出,像吴芳思本人并不是元史或蒙古史专家,而只是一个中国问题的研究者。具体到对马可·波罗的研究,她对元代历史没有深入的了解,因而不具备必要的知识基础。她的论据大多是引用其他学者已有的观点,比如德国学者的研究,她自己并没有提出有力的新证据。另外,吴芳思认为马可·波罗抄袭,那她必须告诉我们,马可·波罗究竟抄了谁的什么书。她不可能回答出这个问题,因为 12~13 世纪没有哪个外国人对中国的了解能超过马可·波罗。

最后,持肯定观点的学者们一致认为,从身份来看,马可·波罗是一个得到忽必烈信任、享受特权的色目人,能出入元朝统治的高层,地位相当特殊,这和学界的主流看法是一致的。从马可·波罗本人的特点来看,他的观察力和记忆力惊人,对不同地区的物产,如矿物、动植物的观察非常细致,也很关注各地的商业活动、经济水平、宗教信仰、风土民情等,他四处旅行,记录了各地的地形和交通状况。不过,马可·波罗爱吹嘘自己,喜欢夸大其词。

另外,也有一些外国研究者加入为马可·波罗辩护的行列中来。美国国家地理频道的摄影师麦可·山下先生,为了证实自己的看法,曾用了一年时间,重走了马可·波罗的中国冒险之旅,试图解开有关真相。结果他发现,马可·波罗所描绘的世界,精确程度之高令人惊奇,有太多的信息可以证明这一点,如果不是亲眼所见,绝对不会如此精确地描绘出一些的细节。

不过,由于观点对立的双方势均力敌,都认为自己有充分的证据,所以,马可·波罗有没有到过中国将要成为一个长期存在的悬案了。

寻找真实的莎士比亚

伟大的思想家马克思称他为"人类最伟大的天才之一",恩格斯也盛赞他作品的现实主义精神与情节的生动性、丰富性。他的作品几乎被翻译成世界所有文字,他是英国文艺复兴时代最负盛名的首席剧作家。他所生活的时代正值伊丽莎白女王当权时期,也是英国拓展海上霸权的时代,当人们称这一时期为"伊丽莎白时代"的同时,也有很多人以他的名字命名这一时代一直到300多年后的今天,他的魅力依旧有增无减,后人仍然将他的作品视为剧本的范例,几乎每个人都会朗诵几句,其影响力之深远,无人可及。他的许多经典作品,被世界各国以各种语言一次次地搬上舞台和银幕,长久不衰。然而,一直以来,对于他的真实面目,人们又一次次地陷入困惑,并由此产生了种种猜测。

莎士比亚

伟大的戏剧大师

威廉·莎士比亚(1564~1616 年)是英国伟大的戏剧家和诗人,也是欧洲文艺复兴时期人文主义文学的集大成者。1564 年 4 月 23 日,莎士比亚出生于伦敦西北方的斯特拉特福镇的一个富裕市民家庭,其家族世代务农,但到他父亲时,由于与富家女联姻而逐渐改变家庭状况。其父曾任地方参议员及政府官员。16 岁之前,莎士比亚一直在当地文法学校就读,学习拉丁文,在那里掌握了写作的基本技巧和较丰富的知识。但因父亲破产,他未能毕业就走上独自谋生之路,曾与父亲一同经商,当过肉店学徒,也曾在乡村学校教过书,还干过其他各种职业,这一切都大大丰富了他的社会阅历。然而父亲却很快发现,年轻的儿子却对写作有更大的兴趣。18 岁时,莎士比亚在很快的时间内与一位比他大 8 岁的女子安妮结婚,不久,其妻先后为他生下一个女儿苏珊娜和一对双胞胎:哈姆内和朱蒂丝。

22 岁那年,莎士比亚将妻儿留给父母照顾,自己单独前往伦敦,决心开创自己的事业。最初,他只能给到剧院看戏的绅士们照料马匹,后来他当了演员,演一些小配角。尽管莎士比亚本来渴望为剧团写作剧本,并以此收入来养活妻儿和父母。但初到伦敦的威廉,既没有经验也没有名气,为一展所长,他便加入剧团,为日后的剧本寻找市场。不久,莎士比亚被"女王剧团"雇用,夏天随剧团巡回演出,秋天返回伦敦,冬天则呆在酒馆里,为即将进宫演出的剧本做准备。1588 年前后,莎士比亚开始写作剧本,先是改编前人的剧本,不久即开始独立创作。当时,英国的剧坛为牛津、剑桥背景的"大学才子"们所把持。据说,一个成名的剧作家曾以轻蔑的语气写文章嘲笑莎士比亚这样一个"粗俗的平民""暴发户式的乌鸦"竟敢同"高尚的天才"一比高低。但是,天才的莎士比亚却很快就便融入了伦敦的上流社会,而且十分得心应手。

由于当时正逢英国海军击败西班牙无敌舰队取得海上霸权的时代,英国各地庆祝仪式不断,戏剧表演成为不可或缺的重要节目,也给了在"女王剧团"修习多年的莎士比亚一个崭露头角、打响知名度的好机会。

1592 年,莎士比亚完成了他的第一部剧本《亨利六世》,该剧一经上演,就使他一举成名。由于剧中的用词华丽、夸张矫饰,立刻获得大众好评,从而使莎士比亚一跃成为知名剧作家。不久,由于瘟疫流行,已由演员升任为剧作家的莎士比亚返回阔别 5 年的家乡。在此期间,他完成了著名的《驯悍记》《错中错》以及大量十四行诗。后来,莎士比亚又转至"大臣剧团",以寻求更好的发展。从 1594 年起,他所属的剧团受到王公大臣的庇护,称为"宫内大臣剧团"。詹姆斯一世即位后,也对该剧团予以关爱,命其改称为"国王的供奉剧团",因此剧团除了经常的巡回演出外,也常常在宫廷中演出,莎士比亚创作的剧本进而蜚声社会各界。1596 年,莎士比亚完成了经典的《仲夏夜之梦》《罗密欧与朱丽叶》等名作,从而确立了在英国戏剧界的绝对地位。1599 年,莎士比亚加入了伦敦著名的环球剧院,并成为股东兼演员。莎士比亚逐渐富裕起来,并为他的家庭取得了世袭贵族的称号。1612 年,他作为一个有钱的绅士衣锦还乡。1616 年 4 月 23 日,莎士比亚逝世于家乡斯特拉福特镇,葬于圣三一教堂,享年 52 岁。

莎士比亚在其 20 余年的写作生涯中,共创作了 37 部戏剧,其中只有 16 部在他生前以 4 开本盗印版出版,原因是当时作家将剧本卖给了剧团,而剧团为垄断便不发表,被盗印的剧本则是由演员口授,或在演出时被人速记下来,故而版本多有遗漏和错误。1623 年,莎士比亚去世 7 年后,曾与他在"宫内大臣剧团"共事的演员海明和康德尔收集莎士比亚遗作 36 部,出版了第一个莎士比亚戏剧集,即后人所谓第一对开本,其中的剧目不是按创作年代,而是按喜剧、历史剧和悲剧三类编排的。从 18 世纪后期开始,越来越多的学者对莎士比亚的作品及其本人进行研究。

莎士比亚的主要作品有:《亨利六世》《理查三世》《理查二世》《亨利四世》《亨利五世》《错误的喜剧》《驯悍记》《维洛那二绅士》《爱的徒劳》《仲夏夜之梦》《威尼斯商人》《温莎的风流娘儿们》《无事生非》《皆大欢喜》《第十二夜》《尤利乌斯·恺撒》《安东尼和克丽奥帕特拉》),而最为人所知,也是最多人改编成舞台剧、电影等艺术作品的,就是著名的四大悲剧《哈姆雷特》《奥赛罗》《李尔王》《麦克白》。

莎士比亚的戏剧大都取材于旧有剧本、小说、编年史或民间传说,但在改写中注入了自己的思想,给旧题材赋予新颖、丰富、深刻的内容。在艺术表现上,他继承古代希腊罗马、中世纪英国和文艺复兴时期欧洲戏剧的三大传统并加以发展,从内容到形式进行了创造性革新。他的戏剧不受三一律束缚,突破悲剧、喜剧界限,努力反映生活的本来面目,深入探索人物内心奥秘,从而能够塑造出众多性格复杂多样、形象真实生动的人物典型,描绘了广阔的、五光十色的社会生活图景,并以其博大、深刻、富于诗意和哲理著称。

17世纪始,莎士比亚戏剧传入德、法、意、俄、北欧诸国,然后再到美国乃至世界各地,对各国戏剧发展产生了巨大而深远的影响,并已成为世界文化发展、交流的重要纽带和灵感源泉。我国莎士比亚研究的权威朱生豪先生认为,在世界的文学史上,能够与莎士比亚相提并论的,只有荷马、但丁、歌德,而若以"超越时空限制"这点来看,在所有的文学家中,莎士比亚是无与伦比的。

到底谁是莎士比亚

当莎士比亚的作品在全世界得到广泛的传播时,围绕莎士比亚本人的一桩悬案也在吸引人们的目光,这就是关于他真实身份的种种怀疑和猜测。一方面,人们一致承认莎士比亚是世界文学史上最为重要的作家之一,甚至在国际上专门有人对他进行研究,并形成了一门独特的学问——"莎学"。另一方面,却是有人不断提出,莎士比亚其实只是一个化名而已,他并不是真实存在的。

实际上,早在18世纪80年代,就有一些人开始考虑关于莎士比亚作品的作者身份的问题。当时,一名叫詹姆斯·威尔莫特的牧师,曾花了4年的时间,设法在这位斯特拉特福商人和他的作品之间建立联系,然而却一无所获。还有人声称,尽管经过了200多年的研究,人们仍未发现任何记录如手稿、诗、信、日记或任何出自莎士比亚本人的文件,就连他向一位律师口述的遗嘱中也没有提到其文学遗产以及由谁来继承的问题。甚至有人宣称,他们发现在莎士比亚的家乡小镇保存的他的遗嘱中,连"莎士比亚"的签名都是由别人代笔的,而且拼法也不统一,很像当时文盲的通常做法。人们的众多疑问还包括,有关莎士比亚的生平,有很多不为人知之处,不但他个人没有留下这类文字,相关的材料很少。耐人寻味的是,即使在他的女婿霍尔医生所写的日记中,也难以寻找到其岳父是杰出剧作家的一点说明。即使在当时,也没有人明确地指出哪些作品是莎士比亚创作的。除了两首自己生前发表的长诗之外,他的其他作品都是死后别人搜集整理成书的。在莎士比亚去世时,也没有太多人表现出关注之情,理由就是,当时没有一个人根据习俗为他的去世写表达缅怀之情的哀诗。因此,世人对莎士比亚真实身份的怀疑越来越多。包括像拜伦和狄更斯这样的大作家,也对莎士比亚的那些杰出成就表示怀疑,狄更斯就曾表示一定要揭开"莎士比亚真伪之谜"。

首先明确表示怀疑的便是美国作家德丽雅·佩肯。他曾发表了一个新奇的观点,即认为英国著名哲学家弗朗西斯·培根才是莎剧的真正作者。其理由主要有:第一,莎士比亚生活于英国伊丽莎白王朝宗教、政治以及整个社会大动荡的时代,在那个时代,上流社会认为写剧演戏是有伤风化的可耻的事。但在牛津大学和剑桥大学的知识分子中,仍有不少学者一直在悄悄地排戏。可能迫于社会压力,撰写剧本的人就虚拟出一个"莎士比亚"的笔名。而在当时的知识分子中,培根才华超群、阅历丰富,理所当然是剧作者。第二,莎剧内容博大精深,气势恢宏,涉及地理、异域风情、宫闱等诸多方面,而出身于一个普通市民家庭、从来没有上过大学的演员莎士比亚,是不可能写出这样的剧本的。相反,只有说它们出自才华横溢的培根之手才是合理的解释。第三,将莎士比亚剧本尤其是初版作品和培根的笔记进行对比后,人们竟可以发现二者有惊人的相似之处。

1955年,美国的文艺批评家卡尔文·霍夫曼又提出了一个轰动一时的观点,他认为,与莎士比亚同时代的杰出剧作家克利斯托夫·马洛才是莎剧的真正作者。霍夫曼认为,1593年时,马洛由于受到迫害,只身离开英国逃往欧洲大陆。在以后的生活中,他便以威廉·莎士比亚的笔名,不断将创作的一些戏剧作品寄回英国,从而不断在英国发表并搬上舞台。霍夫曼的依据就是,与莎士比亚同样年龄、毕业于剑桥大学的马洛是一个才华超群、阅历丰富的作家,著名戏剧《汤姆兰大帝》就是他的作品。而他的作品的文体、情节以及作品中塑造的人物和莎剧都极其相像,据此,霍夫曼断定这些剧本均为马洛一人所创造。

还有学者的猜测则更离奇,这些人竟然提出,莎士比亚是伊丽莎白女王借用的名字。这一观点的确让人十分吃惊,不过他们似乎也有自己的理由。据记载,莎士比亚的第一本戏剧集是潘勃鲁克伯爵夫人出版的,而她正好又是伊丽莎白女王的亲信密友和遗嘱执行者。这些学者认为,伊丽莎白女王知识渊博,智力超群,对人们的情感具有极高的洞察力,是完全能够写出那样的杰作的,而且莎剧中不少主角的处境都与女王出奇地相似。更巧合的是,女王能言善辩、词汇丰富,据统计,莎剧中的词汇也非常丰富,多达21000多个;当1603年女王去世以后,以莎士比亚为名发表的作品数量随即大为减少,在质量上也大打折扣,这些很有可能是女王早期的不成熟之作,而在她死后由别人收集出版的。另外还有一些稀奇古怪的说法,认为莎士比亚其实是一个名叫玛丽·悉尼的女性。

不过,20世纪90年代以来,有些学者提出了更新的观点:他们认为莎士比亚极有可能是伊丽莎白时代的一位朝臣:牛津伯爵爱德华·德维尔。由于已经有越来越多的人对此观点表示认同,以至于目前"牛津派"的影响也最广泛。

"牛津派"认为,莎士比亚最多只读过小学,根据已知的情况,他也没有去过斯特拉特福和伦敦以外的地方,并且很可能在40多岁的时候离开首都,一直过着谷物商和地产商的乏味生活。由此他们怀疑,莎士比亚不可能在如此复杂的作品中融入那么多有关王室、宫廷、政治和外国的知识。1616年,莎士比亚默默无闻地辞世。1622年出版的亨利·皮查姆著作——《地道绅士》一书中,曾列举了伊丽莎白时代最伟大的诗人,其中头一位就是爱德华·德维尔,而对莎士比亚却只字未提。

那么,爱德华·德维尔是何许人呢?经查,爱德华·德维尔(1550~1604年),是伊丽莎白一世统治时期的一名贵族,是牛津十七世伯爵,他比莎士比亚年长15岁,1550年出生在赫丁厄姆堡。德维尔曾在牛津和剑桥大学求学,并在欧洲大部分地方旅行过。根据专门对此进行研究的文学组织德维尔学会的说法,莎士比亚仅仅是运气好而已。当他身无分文地来到伦敦时,正好被身为贵族的德维尔抓住,为他带有揭露和讽刺意味的写作和表演充当一种"掩护"。该学会宣称,牛津伯爵爱德华·德维尔才是被官方认定的莎士比亚37部戏剧作品的真正作者。正如该学会的秘书理查德·马利姆所说言,德维尔是最适合这种工作的人,因为他受过相应的教育,并有相关旅行经历,而莎士比亚却没有这些背景。

1992年,"牛津派"的又一强有力的证据诞生了。美国马萨诸塞大学的一位博士研究生罗吉·斯垂特麦特,在华盛顿福尔吉莎士比亚图书馆1427号收藏柜中,发现了一部于1570年在日内瓦翻译和出版的《圣经》。经考证发现,这部《圣经》竟是莎士比亚真实身份的证明,它最有力地证明了德维尔就是莎剧作者,而莎士比亚学界则将其称为"日内瓦圣经"。

日内瓦圣经封面和封底银片上雕刻的那些标记都是牛津伯爵家族的几种纹章上的内容。而且根据保留至今的伯爵的家庭账目,他确实在1570年购买过一部《圣经》。因此基本可以肯定,这部《圣经》的主人是德维尔。根据福尔吉图书馆专家的研究,其纸页上的边注和文本字行下面划的线条所用的黑色和红色墨水,大体可以断定是17世纪以前的产品,所以这些字符可能是《圣经》的第一位主人德维尔阅读时加上去的,对此,一般也没有什么疑问。这部《圣经》装帧十分华丽考究,精致的红色丝绒书面,四角镶着银质护片,封面和封底之间有银质搭扣,封面中央镶着一块椭圆形的银片,银片上雕刻着一个戴着王冠的野猪头,封底中央也有一块银片,上面雕刻着分成4块的盾牌,盾牌左上方的弧形部分中有一颗星,盾牌的上面也是一顶王冠。正文的内容分成3个部分:第一部分《旧约》、第二部分《新约》,第三部分是《诗篇》和《祈祷书》,分别注明1570、1.568、1568的字样。

众所周知,莎士比亚戏剧同《圣经》有密切的关系。因为莎剧文本中包含着极其丰富的历史和文学知识,可以发现许多作品影响的痕迹,而其中影响最大的就是罗马作家奥维德的《变形记》和《爱经》。由于没有任何证据能证明斯特拉福的威廉·莎士比亚有过《圣经》,他的遗嘱对遗产进行分配时也没有提到《圣经》。因此这部德维尔读过的《圣经》的发现立即引起了"牛津派"的极大兴趣,吸引他们开始了对这部《圣经》的研究。而斯垂特麦特和其他人的研究成果也在报刊和互联网上陆续发表。并制成光盘广为宣传,产生了很大的影响。

他们研究的重点是德维尔加上的字符同莎士比亚戏剧有无直接的联系。"日内瓦圣经"有许多地方用红笔或黑笔画了线,有的是划在各节的编号下面,有些是划在文字行的下面。另外还有一些简单的边注，用工整的斜体字写成，不过有些字的靠外部分被切掉一点，估计是重新装订时被切除的。这些边注大都是单字，比如"罪过""怜悯""宽恕""高利贷"，个别边注稍长，比如在《旧约·箴言》3章10节"这样，你的仓房必充满有余；你的酒榨有新酒盈溢"的旁边加了一个边注："给穷人赐福"。此外，页边也有一些用花朵或是符号作的标记。

他们研究的主要对象是莎剧中的一些人物，特别是福斯塔夫。福斯塔夫在《亨利四世》和《温莎的风流娘儿们》中都出现过。这是个老不正经、流氓气十足，但又风趣、快活的喜剧人物，偏偏是莎剧中引用《圣经》最多的角色。"牛津派"认为，福斯塔夫引用的《圣经》内容，许多在"日内瓦圣经"中都有标志。比如在《亨利四世》中，福斯塔夫骂他的一位朋友是"婊子生的亚西多弗"，这可是个偏僻的典故，许多人都不知道"亚西多弗"是什么意思。经考查，"亚西多弗"出之于《圣经·旧约·撒母耳记（下）》，是给大卫和他的儿子押沙龙出主意的人。而研究者发现，在"日内瓦圣经"中，提到"亚西多弗"的这一节的下面就画了横线。又如，福斯塔夫说他的仆人巴道夫"全然是黑暗的儿子"，而在《圣经·新约·帖撒罗尼迦前书》中也有这样的话："你们都是光明之子，都是白昼之子。我们不是属黑夜的，也不是属幽暗的"，结果研究者发现，在"日内瓦圣经"中这几句的下面也划了线。还有，在《温莎的风流娘儿们》中，福斯塔夫对人吹嘘说："就算歌利亚拿着织布的机轴我也不怕。"歌利亚是《圣经》中的著名巨人，为大卫王所杀，在西方是家喻户晓的故事，但是歌利亚拿着"织布的机轴"人们就未必熟悉，在《圣经·旧约·撒母耳记（下）》中确有这"这人的枪杆粗如织布的机轴"的话语，而在"日内瓦圣经"中这句的下面也划着线。

最后，按照"牛津派"的统计，"日内瓦圣经"中边注有40多处，划线有1000多行，两项相加共1066行。他们认为，这些作了标记的部分，大约1/4直接出现在了莎剧文本中，还有更多的句子同莎剧文本有关。莎士比亚最出色的名句共66处，其中有29处同"日内瓦圣经"中做了标记的部分有所关联。而这些作了标记的《圣经》句子，同时代的其他作家基本上都没有引用过。因此，"牛津派"得出一个结论：德维尔记住了《圣经》中的这些内容，并写进他的戏剧作品；"日内瓦圣经"是莎士比亚真实身份的证明，它最有力地证明了德维尔就是莎剧作者。

与此同时,经过 10 年的努力后,斯垂特麦特的博士论文《德维尔"日内瓦圣经"的边注》也于 2001 年通过了答辩。无论人们是否同意斯垂特麦特等人的结论,这部"日内瓦圣经"都是莎学史上的一个重大发现,斯垂特麦特等人的研究无疑具有重要的意义。为此,德维尔学会的秘书马利姆主张把名誉还给真正的剧作家,他甚至说"如果你坚持认为埃文河畔斯特拉特福的威廉·莎士比亚是作家,你就扭曲了整个文学历史"。

悬案仍将继续

由于莎士比亚的形象已在全世界人们的心目中扎下了根,所以如果没有铁一样的证据,历史形成的观念是很难改变的。而且无论对于哪种违背传统的观点,人们总能找到反驳的理由。有一位著名的伊丽莎白时代文学专家,曾在英国的《泰晤士报》上发表了一篇文章,居然从"性"的角度就轻而易举地推翻了它。这位专家指出:莎士比亚作品中充斥着大量的有关性的描述,而那些人们曾相信的莎剧的作者如培根、马洛和牛津伯爵等人,却都是同性恋者,这就说明他们的猜测是毫无根据的。

对于德维尔说的流行,莎士比亚家乡的莎士比亚出生地基金会明确表示不屑一顾,认为那些人完全是胡说八道。他们始终坚持,爱德华·德维尔并没有写莎士比亚的作品,莎士比亚的作品就是莎士比亚写的。就德维尔学会认为是德维尔将莎士比亚当做"掩护"的观点,该基金会的负责人韦尔斯反驳说,在莎士比亚时代"繁忙、充满流言蜚语的戏院"里,这种欺骗手段根本不可能成功;而德维尔作为一个大忙人,却能"在他各种各样的活动间隙写出如此多的杰作,这本身就是荒谬的"。

对于斯垂特麦特的结论,正统的"斯特拉福派"并不同意,他们认为把"日内瓦圣经"同莎剧联系起来,本身就是很牵强的。美国芝加哥大学的戴维·凯斯曼也对"日内瓦圣经"进行了研究。按照他的统计,"日内瓦圣经"有 1000 行做了标记,其中只有 20% 在莎剧中出现,而莎士比亚戏剧中至少有 2000 行同《圣经》有关。他还指出:"日内瓦圣经"中划线和做边记最多的是《撒母耳记》(上、下)和《列王记》3篇,大约 1/4 的记号在这里,而《圣经》中被莎剧引用最多的几篇,如《创世记》、"四福音书"和《启示录》,"日内瓦圣经"中做的记号却不多。此外,"日内瓦圣经"中还有几篇,如《哥林多后书》《何西阿书》以及几篇所谓"伪经",都做上了比较多的记号,但这些做了标记的内容,在莎士比亚戏剧中却很少或者根本没有引用。所有这些足以证明,"日内瓦圣经"的所有者同莎士比亚有不同的兴趣,不可能是同一个人。最后,"斯特拉福派"的结论就是:"日内瓦圣经"同莎剧文本的对应只是偶然,根本无法证明二者之间有必然联系,而"牛津派"在有意夸大其价值。

由于争论涉及著作权的问题,学术界的争论甚至惊动了司法界。

1987 年 9 月 25 日,美国联邦最高法院曾在华盛顿做过一次模拟"审判",结果 3 位法官一致投票把著作权判给了威廉·莎士比亚。不过不久后,他们又都改变了态度,并且一再用不同的方式向"牛津派"表示歉意。在斯垂特麦特的博士论文获奖后,3 位法官中的史蒂文斯,作为美国法律界的权威,甚至以严谨的法律文书的形式表示了他的祝贺和评价。他在贺信中说:"你证明了德维尔《圣经》的所有者同莎士比亚经典作品的作者同样地熟悉《圣经》文本……我相信你不会不同意将来什么时候我评论(莎剧)作者问题,如果提到你的论文,会有越来越多的持传统观点的学者不得不承认你收集来的、用于支持'牛津派'立场的那些证据的力量。"

不过,对于数以亿计的普通读者而言,莎士比亚究竟是谁? 在短期之内,这还将是一大悬案。

哥伦布与新大陆的发现之谜

西班牙著名城市巴塞罗那海滨的港口广场上,有一座高达 60 米的圆柱形纪念碑,底座四周雕有 8 只神态各异的狮子,环绕柱体中部雕有 5 个凌空飞舞的女神,碑顶端是一尊巨大的人物雕像。这位巨人双眸凝神远望,挥手遥指大西洋彼岸。在雕像不远处的码头上停泊着一艘古代船只的复制品"圣·玛丽娅"号,这是一艘中世纪的黑色木帆船,虽不大,但精致坚固,别具一格。这就是世界上最伟大的航海家哥伦布和他当年横渡大西洋的帆船。1492 年 8 月 3 日,在西班牙王室的资助下,哥伦布乘着这艘长仅 20 多米的船,从巴罗斯港出发,航行 70 天,到达巴哈马群岛的圣萨尔瓦多岛,发现了美洲。哥伦布发现美洲大陆的事实早就被载入了史册,而他本人也因此彪炳千秋。距哥伦布发现美洲大陆到现在已有四五百年的历史了,有关哥伦布的传说仍在大西洋两岸流传着。这位划时代的航海家到底是哪国人呢? 他是阴差阳错发现美洲大陆的吗? 是他发现了新大陆吗?

国籍不明的哥伦布

哥伦布虽然不是西班牙人,但他当年是在西班牙国王斐迪南二世和女王伊萨贝拉的资助下开始冒险生涯的,哥伦布也为西班牙在世界航海史上写下了浓墨重彩的一笔,他是西班牙的骄傲。

可是,这位划时代的航海家到底是哪国人呢? 中外各种史书上通常引用的说法是:克里斯托夫·哥伦布,意大利热那亚人,生于 1451 年。他的祖父乔凡尼·哥伦布住在意大利旧热那亚城以东 8 千米处的昆特镇,是一个经营毛纺织业作坊的手工业者。父亲多米尼科·哥伦布,学徒出身,开了一个呢绒作坊和一个小客店,是织布行会会员,在同行中有一定的威望。1445 年,他与一位纺织工女儿苏桑那·芳塔娜罗莎结婚,6 年后,哥伦布诞生在这个家庭中。关于哥伦布家庭和他的早期生活,人们知道得很少,只大略知道他曾在拉丁文学校学习,很早就出海航行了,还有过当海盗的记录。1476 年,哥伦布移居葡萄牙,参加了葡萄牙对热那亚的一场海战,后来他向葡萄牙国王建议探

哥伦布

索一条向西航行可以直通东方的新航线,但未被采纳。1485 年,哥伦布移居西班牙,终于得到了西班牙王室的资助,前往东方寻找黄金,结果发现了美洲大陆。他晚年贫病交加,1506 年寂寞地死去了。意大利为了纪念这位伟大的航海家,把热那亚哥伦布少年时代住过的房屋列为文物,加以保护,现在还不时有人前往那个地方去参观。

有人却认为这些事实不能说明哥伦布是意大利人,很早就有人提出异议。《大英百科全书·哥伦布条》说,哥伦布本人从未明确宣布自己是热那亚人;他没有用

意大利文写下任何东西,他给弟弟和他人的信及日记都是用西班牙文写的,他喜欢用西班牙语来拼写自己的名字,也希望别人这样来拼。这些似乎证明哥伦布是一个曾经居住在热那亚的西班牙犹太人。但《美国百科全书》的有关条目则说,哥伦布之所以没用过意大利语,是因为他的母语利古利亚方言并不是一种书面语的缘故。

关于哥伦布是意大利人的说法,在 1978 年 4 月再次受到了置疑。委内瑞拉史学家马利亚提出了一个石破天惊的观点,引起了人们的关注。经过长期的考证以后他发现,史书上记载的这位克里斯托夫·哥伦布根本没有去过美洲,他只不过是一位在地中海从事商业航行的航海家。而到过美洲是另一位叫作克里斯托瓦尔·哥伦布,是一位道地的西班牙人,由于两人名字的发音和拼写近似,导致了长期以来人们把这两个人当作了一个人。

西班牙一位研究哥伦布的权威学者阿尔夫索·恩塞纳特教授称:哥伦布不是出生在公认的 1451 年,而是 1446 年,虽然出生地是意大利的吉诺阿,但他在非常年幼时全家就搬到了西班牙的伊比利亚岛,因此他实际上是西班牙人。他讲西班牙语和葡萄牙语,但是不懂意大利语,后来也从未回过意大利。恩塞纳特教授并非信口说胡话,他曾经花了十年时间研究哥伦布,广泛细致地收集各种资料。虽然这种做法不亚于大海捞针,但也不能说一点儿收获也没有,他最后得出了哥伦布是西班牙人的结论。

最近,一位挪威的海运史作家发表了一种新看法,认为哥伦布可能是挪威人,出生于一个贵族家庭。他的说法在挪威引起了广泛报道、怀疑和兴趣。

还有个别的美国人竟认为,哥伦布是印第安人,只是因为"被风吹过去了",因而他知道回家的路,这种说法带有浓厚的神话色彩,当然是不可信的。

总之,目前为止关于哥伦布的一切都"众说纷纭",我们不得不承认,这是历史的遗憾,前人的疏忽大意造成了一大片的空白。人们愈是想"拨云见日",愈是感到迷雾重重。

美洲大陆的发现是阴差阳错吗

传说中航海英雄哥伦布只是阴差阳错地发现了美洲大陆。但是,进入 20 世纪以来,人们便逐渐对这些说法产生了怀疑。

　　许多历史学家会提出这样的问题,哥伦布如何会犯下这种错误? 大量证据显示出他发现的地方既不是日本也不是中国,他为什么在此情况下还一再坚持说他发现的地方就是印度,居住在当地的人就是"印度人"呢? 在一些历史学家看来,哥伦布从没想过要去亚洲,他的"雄心勃勃的印度计划"只是为了把其他探险家的注意力引开而精心设计的一个障眼法。他们认为哥伦布的目标从一开始,就是去发现新大陆。

　　哥伦布向世人宣布,他是以印度作为目的地的,他那个时代的编年史家们相信了他的这种说法。

　　哥伦布在 1492 年 10 月 21 日,登上了一座在他看来极为偏远的岛屿,在当天的航海日志的一开始他就写道,亚洲大陆仍然是他的航行目标,他要亲手把伊莎贝拉和斐迪南写的介绍信交给"大汗",即中国的皇帝。哥伦布在返回西班牙途中,给伊莎贝拉和斐迪南写了一封信,其中谈到他建立了一座将有利于"和邻近的大陆……以及大汗做一切交易"的要塞。

　　从这些资料中,我们可以推断出哥伦布的航向和他的目的地。为哥伦布辩护的多为传统主义者。传统主义者们在著名的航海家萨穆埃尔·埃利奥特·莫里松的领导下,回应了这些质疑,他们说《授权条款》虽然没有非常明确地提到印度,但它所规定的哥伦布享有利润的份额中所罗列的宝石、珍珠以及香料等,全部都是亚洲的产品,因此,他的目的地显而易见。

　　哥伦布发现美洲新大陆的航行只是他 4 次航海生涯中的第 1 次;其后,他又在 1493 年、1498 年和 1502 年先后 3 次前往那里。持与比尼奥德特相同观点的人推测,哥伦布在途中肯定曾注意到他所发现的这些岛屿与约翰·曼杰维利以及马可·波罗所描写的地方完全没有共同之处。日本和中国等伟大帝国究竟在何处呢? 金屋顶和大理石街道到底在何处呢? 这里有的只是一些原始的村落。

　　可能直到第 3 次航行时,哥伦布才把事情的真相搞清楚了。他在 1498 年 7 月航抵了今天委内瑞拉的帕里亚海湾,才开始觉得可能这里并不是中国海岸线外围的岛屿。眼望着宽阔的奥里诺科河三角洲,他估计如此多的淡水只有可能来自一块具有相当大规模的陆地。依照拉斯·卡萨斯的记述,哥伦布在航海日记中曾这样写道:"我相信这块陆地是相当广袤的,迄今为止,我们仍对它一无所知。"

但在这短暂的清醒之后，哥伦布再次陷入了比他最初的"关于印度的伟大事业"更荒诞的想法之中。他把这块新大陆当作"人间天堂"，认为它是传说中的伊甸园。对此，他还做出了进一步的解释，因为它"就位于被权威人士认作是天堂的所在地的赤道附近"。

哥伦布很可能到死时还一直相信他去过的地方就是印度。如果事实果真如此，那么哥伦布的目标专一和倔强可真是天下无双；如果不是这样，他绝不可能对他在以后的航海中所得到的证据视而不见——当然也包括他第一次航海中所得到的证据。不管怎样，无论哥伦布的意图究竟是什么都不重要，我们只要知道美洲大陆的发现为人类文明史增添了重要的一笔。在这块富庶的土地上，后来曾发生许多历史事件，世界史从此改写。丑恶与美好并存，财富与贫穷同在，历史短暂而又意义深远，这些在哥伦布当初也许都没有料到吧。

是哥伦布发现了新大陆吗

哥伦布发现美洲大陆已经成为人们的共识，然而现代却有一些学者对此提出了质疑。

大多数历史教材中，关于哥伦布和美洲大陆都会有这样的记载 1492 年 8 月 3 日，在西班牙王室的资助下，哥伦布率领三艘大船前往东方，虽然没有找到他热切盼望的黄金，但却成为第一个发现美洲大陆的欧洲人。

但是在 1978 年 4 月，有人却对克里斯托夫·哥伦布第一个到达美洲的说法提出了质疑。新说的提出者是委内瑞拉史学家艾尔马诺·内克塔里奥·马利亚。这位史学家认为，西班牙人阿隆索·桑切斯·德韦尔瓦才是第一个到达美洲的人，他横渡大西洋到达美洲的时间为 1481 年。他在返航途中，住在桑托港一个叫克里斯托瓦尔·哥伦布的人家，不久在那里病死。临死前，他把去往美洲的全部航行资料都交给了克里斯托瓦尔·哥伦布。10 年后，按照他的航行路线，克里斯托瓦尔·哥伦布开始了他远渡美洲的行程。而这个克里斯托瓦尔·哥伦布和我们通常所说的克里斯托夫·哥伦布绝不是同一个人，后者根本没有踏上过美洲的土地。

此外，还有一种说法认为，在 1170 年的探险途中，威尔士王子马多克·格威内德曾到过北美的莫比尔海港。有的人则认为在 1472 年，冰岛总督匹宁在葡萄牙国王和丹麦国王的共同倡议下，也曾带领一支探险队到达格陵兰和纽芬兰一带，后来这一带被葡萄牙人称为"产鳕的地方"。

还有一些学者证明中国的航海家可能在他们之前就已越过浩瀚的太平洋到达了美洲,这些学者还提供了一些耐人寻味的证据。虽然未曾在美洲发掘出中国古代的工艺品,而且这种相关的记载也没能在中国的古籍中找到,但是最近发现的一些颇为神秘的联系却让人困惑不解。如果古时候太平洋两岸完全音讯不通,没有接触,这些联系仿佛就无法解释。而在所有的联系中,小小的花生是最叫人困惑的。

植物学家认为,中国直到 20 世纪初才开始引种原本生长在美洲的花生。那么为什么 5000 年前生长的花生会在中国的江苏、浙江两省出现呢?花生的种子既不能在鸟类的胃里存活,经咸水长时间浸泡后又不能发芽。这么一来,花生经过人手从一个半球移植到另一个半球的可能性就较大了。

带轮泥塑动物是公元纪年前后在墨西哥发现的,而中国在公元前 3 世纪末的汉朝时期就已制造这种泥塑动物了。在欧洲人 15 世纪到达美洲之前,美洲文化都没有使用车轮的记录,所以在美洲发现这种泥塑动物实在叫人诧异。中国古钱币有斧形的,而居住在墨西哥和厄瓜多尔的阿兹泰克人铸造钱币时也仿照薄铜斧。据说,在墨西哥陶蒂华康和危地马拉卡密纳尔胡猷等地曾出土过三足圆锥盖圆柱形容器,而这种容器在中国汉代也可以找到。

1977 年冬天,美国地质调查队的一支沉船打捞队在加利福尼亚州洛杉矶帕拉斯维德半岛浅海处将一个重 250 千克的轮胎形大石圈打捞上来,它被初步认定是一个石锚。1981 年,在相同地点又有两位美国地质学家挖出类似的石锚和压舱石。据估计,这艘遭暴风袭击在南加州一带触礁沉没的大商船长 24~34 米,载客量为 80~150 人。经过对石锚取样化验分析,这种岩石与中国福建、台湾的灰岩相同,并不存在于美洲。石锚的沉海时间可依据它上面所积累的厚达 2.5~3 毫米的锰矿外衣计算出来,约为 2000~3000 年。

另外,想要用巧合来解释中国和中南美洲在文化上相似的地方似乎很困难。如中国有死人口中含玉作为护符的风俗,而墨西哥阿兹泰克人和玛雅人也有此风俗。更叫人惊奇的是,太平洋两岸的人们都喜欢把绿玉染成赭红色。风俗相同得如此细微,对于天各一方的国家来说是非同寻常的。再如中国商代(公元前 16~前

11世纪)和墨西哥古老文明之一的奥梅克文化(约公元前14~前10世纪)都有拜虎为土地神的风俗,而且它们都被塑造成没有下颌的形象。

由于中国有着5000年的灿烂文明,因此越来越多的历史学家认为中国人最早到达了美洲,但什么时间、如何分布以及与土著印第安人是什么关系等一系列的问题仍然是不解之谜。

布鲁诺蒙冤何日昭雪

1600年2月17日,意大利著名的天文学家乔丹诺·布鲁诺因反对《圣经》,否认神学真理被罗马教廷烧死在罗马鲜花广场上。宗教裁判所又制造了一桩大冤案。

威尼斯 卑劣的陷阱

冬去春来,意大利到处春意盎然,孕育希望的季节到了。1592年,一个惊人的新闻传遍了整个意大利,教皇克利门特八世将召见帕特里西入觐! 早就恶名在外的哲学家公然得到恩宠! 帕特里西可是攻击教会最猛烈的人物,竟能得到教皇如此礼遇,或许他布鲁诺也有这个福分吧? 他的所作所为,无非都是出于对真理

布鲁诺

的热爱。教皇如此开明,一定会宽恕他的。凑巧的是一个威尼斯富商莫切尼戈接二连三地来信邀请他到那儿去讲学,这是一个多么难得的机会呀!"我应该到那儿去!"他的心一阵狂跳。偌大的世界,故乡却只有一个! 他太想念祖国了,毕竟在外流亡15年了。

危险总是和希望并存的。布鲁诺清楚一旦回到罗马将会丧失自由,极有可能被送上火刑架。但威尼斯毕竟不是罗马,它是一个强有力的城市,绝不是事事都听命于罗马教皇,甚至有时也能保持宗教的独立,连教皇都奈何不得! 更何况今天的

归心似箭的布鲁诺踏上一艘到威尼斯的帆船,准备开始新的生活。然而他想得太乐观了,等待他的将是一个布置妥当的陷阱。帆船一靠到威尼斯港码头,布鲁诺就大步地迈下甲板,他要寻找他那位学生的府邸。突然,几个彪形大汉一拥而上,将他连拖带拉地绑进了一辆马车,疾驰而去。

他失去了自由,刚燃起的希望之火熄灭了。"这是一个阴谋!"布鲁诺满腔愤慨。莫切尼戈以为通过威胁手段便能得到布鲁诺的哲学秘密,学会控制人的思想。然而他想错了,他从布鲁诺口里得不到任何"魔法"。他要报复!更何况罗马的教士又给了他那么多银子。受人钱财为人消灾嘛!他搜罗了布鲁诺的著作和书信,给教皇写信告密,把布鲁诺的著作作为"异端的证据"寄给教皇。他要给这个不合作的家伙一点厉害。"这个十足的该死的东西,不信神的家伙!疯子!"莫切尼戈没有失望,布鲁诺被关进了监狱。

求真理　叛逆的历程

1548 年,布鲁诺出生在那不勒斯附近的小城——诺拉。父母都是农民、家境清贫。布鲁诺度过了辛酸的童年。15 岁时被送到一个多明我修道院去做工,被称为诺拉人乔丹诺。

在修道院,他拼命地做工,诵读经书,然而活泼好动、思想活跃、敏而好学的他很难适应那严格的纪律,枯燥单调的生活。最让他难以忍受的就是那些道貌岸然的教士的卑劣行为和那些愚蠢、无知的故弄玄虚。唯一让他感到高兴的事就是读书。文艺复兴时期,意大利有很多进步的著作,然而占统治地位的仍然是亚里士多德和托勒密的学说,他们的这些观点被教会利用,成了神学的支柱。任何观点都不能与此相悖,否则就被斥为"异端"而禁锢起来。

神学是靠信仰而不是靠理性来维持的。布鲁诺这个鄙视教士的"叛逆"在读过亚里士多德的一些著作以后,越来越怀疑他的观点,便开始寻找那些被教会列为禁书的哲学和自然科学著作来读,这些书在修道院的图书馆很容易得到。他被那些希腊、罗马哲学家的观点折服,特别是波兰天文学家的《天体运行论》中提出的"太阳中心说"更让他激动和佩服。"大地是运动的!"布鲁诺欣喜万分。

一件法衣披在了布鲁诺身上,但是它并没能改变他那颗反基督教的心。1572

年他被送到高级神学院深造,这给他提供了优越的研究条件,他更广泛地阅读前人的著作,更深刻地研究哲学问题。哥白尼的学说被逐渐地完善。亚里士多德荒诞的有限的天球被打碎了。教会苦心孤诣地种下的龙种竟收获了跳蚤。教会岂能容他如此胆大妄为。他被指控"流入异端",革除教籍并通缉全国。布鲁诺从此过上了流亡生活。

在瘟疫盛行的意大利北部他无处安身,只好翻过阿尔卑斯山逃到日内瓦。在那里,他半工半读,开始天文学著述。但是,新教和天主教一样仇视自然科学。信士们不是孜孜以求地探索自然的奥秘,而是高谈阔论冥界的生活,最关心自己的信仰纯正与否。教士们攻击古典哲学中的宇宙间存在众多世界的学说,甚至还怀疑地球是圆的,新大陆是否存在!布鲁诺瞧不起那些博学的神学家,更反对新教对自然科学的迫害。这个天主教的背教者又被新教作为异教徒驱逐出境。

他辗转来到亨利三世统治下的法国。亨利三世志大才疏,却拥有礼贤下士的虚名。一心渴望国内和平,怎奈生性懦弱,无法平定雨格诺和天主教徒间的争斗。布鲁诺在巴黎颇得法王的尊重。但是他的新哲学——"万物同一,宇宙无限"深深地刺痛了教士们的心,加上他那桀骜不驯的性子和对教会的无情嘲讽,引起两派教会的不满。他被指控为亵渎神明,无可奈何地离开法国,决定到新教国度英国去寻找安宁。

在伦敦,他埋头著述。仅1584年就出版了《论原因、本原与统一》《论无限性、宇宙和诸世界》《驱逐趾高气扬的野兽》等光辉著作。在书中,他系统地介绍了自己的天文学学说,无情讽刺基督教会的黑暗和虚伪。神学家们怎容得他如此放肆!他再次遭到驱逐。

他又回到了巴黎。布鲁诺坚信自己的学说,决定给恶毒攻击他的蠢驴们一个有力的回击。在坎布雷学院举行了一场公开辩论。他详细地阐述了他的学说:宇宙是无限的。太阳是太阳系的中心,而不是宇宙的中心。太阳不过是宇宙中无数星体中的一颗尘埃。地球绕太阳旋转,太阳也不是静止的。宇宙根本没有固定的中心,存在着众多世界。他将哥白尼的学说向前推进了一大步,根本动摇了"地心说"的基础。他激昂地宣布:"我们应当超越亚里士多德有限天球的限制,因为宇宙是无限的!"

布鲁诺雄辩的讲演,以大量的事实征服了听众的心。辩论会群情激昂,而那些顽固的教士万分恼怒:"主啊!他被魔鬼充斥了脑袋!"他们煽动学生围攻布鲁诺,要将他撕碎。布鲁诺转身走向门口,将吼声抛在身后。

他被迫到德国去,在那里宣传自己的学说,度过了五年多的流离生活。艰难的生活和教会的迫害并未能将他摧垮,他成长为坚定的科学战士。苦难铸就了他顽强的性格,他要同愚昧和黑暗做最后的斗争。

裁判所　不屈的斗争

且说布鲁诺被投进异端监狱以后,受尽折磨,然而他丝毫不改脾性。教士们采用软法子企图从精神上摧垮异端。他们要他悔罪。悔罪!他犯了什么罪?无非是因为他的思想超出了教会的规定!他的眼光比别人敏锐远大!因为他发现了自然的真实;因为他认为理性比无知有用!就为这,他得去祈求无知的俨然神圣博学的人的宽恕,他做不到!承认!承认什么?不承认什么?他心里明白,只有不触及他世界观实质的东西他才会放弃。他可以忏悔没有持斋、破了色戒、不敬神像、亵渎了神灵,同异端往来,了不起承认他曾怀疑过某些教义。那些无聊的教义,荒诞不经的迷信,可耻的偶像崇拜,虚伪的戒律,野蛮的仪式,这一切同他什么也不相干!

他依旧我行我素:"我是任何宗教的敌人!"天啊!这哪有忏悔的影子,这个背教的诺拉人就是这样亵渎神灵。早年,在修道院就曾将圣像抛到窗外;就曾讥笑三位一体说;就曾怀疑圣母的圣洁。现在他更不成体统,斗胆敢在半夜醒来时气冲冲地大叫:"是坏蛋在统治这个世界!"还握拳对天示傲!

教皇再也不能容忍诺拉人对神的亵渎,将他投入罗马宗教裁判所监狱。这里是以酷刑闻名。任何敢于顽抗到底的"异端犯"都将被送往鲜花广场,处以火刑。

裁判所的教士的确很精明,不再仅仅相信布鲁诺的供词和威尼斯的卷宗记录。一方面卖力地劝说他悔改,放弃异端,这可是教皇最希望看到的结果;一方面到他的著作中去寻找异端。教士们捕风捉影、毫无廉耻的将一个个罪名扣在布鲁诺头上。要他承认异端,亵渎神灵,辱骂基督,指摘先知;强迫他承认他的灵魂学说是错的;要他放弃众多世界学说信从基督教义。但他义正词严地给以驳斥:宇宙无限!

教士们从不服输。软的法子不行,用硬的。1597年3月,教皇敕令对布鲁诺动用酷刑。他们再一次失败了。枯瘦如柴的布鲁诺承受了最残酷的刑罚。肉体的折磨怎能摧垮精神的力量！教士们费尽心血地搜集各种证据,捏造各种证词,极尽恐吓威胁之能事。侦讯继续了八十多个月,但仍然不能证明布鲁诺是一个顽固的异端犯。布鲁诺的理论深深动摇了神学基础,这犹如一把利刃直插基督教的心脏。教皇心想,必须除掉这个眼中钉、肉中刺,不论什么方法！

卑鄙的教士故伎重演,又设下了一个陷阱。他们把布鲁诺著作中的天文学说的基本观点作为异端邪说,诱使他承认异端并表示放弃。只要承认,他就能获得自由。这种拙劣的表演怎能将他欺骗。他给教皇的回答是:我不愿放弃自己的主张。没有什么可以放弃的,没有什么根据要放弃什么,也不知道放弃什么。他对他的学术观点坚信不疑！

诺拉人的哲学消灭不了。亚里士多德的荒诞的有限天球被粉碎了。真乃是:青山遮不住,毕竟东流去。人类从此将目光投向了无限的宇宙。教会妄图螳臂当车,岂能遏住人类思想的发展。

卫学说 烈火中永生

再说教皇克利门特八世收到布鲁诺的声明之后,勃然大怒。立即责成裁判所了结布鲁诺的案子。将他作为蔑视神学,顽固不化的异端分子送上火刑架。愤怒之中的教皇顾不得自己一向仁慈为怀的形象了。

罗马裁判所的教士们得到敕令岂敢怠慢。1600 年 2 月 8 日,就是教皇做出决定的 10 天后,他们就把布鲁诺纷繁复杂的卷宗搞"清楚"了:布鲁诺——顽固的拒不悔改的大异端犯,应当处死。教皇的命令比任何证据都有力,他们最擅长听从主的旨意:信仰比什么都重要！他们把布鲁诺押到枢机主教马德鲁锡的府邸,在那里将宣布对他的判决。主教面色阴郁,他为没能挽救这个人的心灵而内疚,或许他为没能替教皇说服布鲁诺而自责。公证人大声宣读判决书:"乔丹诺·布鲁诺系怙恶不悛、顽固不化的异端犯。拒绝承认其观点为异端邪说;否认神学真理,反对《圣经》。兹判决剥夺其神品,革出教门,交给世俗政权,治以应得之罪。其一切作品应在圣彼得广场当众焚毁并列入禁书目录。"

这漫长的 7 年多来用以恐吓他的威胁实现了——教会筹划了对他的火刑。布鲁诺神情决绝而严峻,高声说道:"你们向我宣判比我听到宣判更感到恐惧！"

最后的 8 天布鲁诺是在托尔·迪·诺纳监狱度过的。那是异端犯走上火刑架必经的地方。死刑定在 1600 年 2 月 17 日执行。

天还未亮,刽子手便把布鲁诺带到了处决地——罗马鲜花广场。经过 7 年多的非人牢狱生活的折磨,他身体消瘦,两脚浮肿,已经不能站立,但他神情坚毅,镇定自若。刽子手用铁索把他绑在高杆上,用沾水的绳子一圈圈地绑在他身上,以便使湿绳经火一烤绷紧嵌入肉里,让他在痛苦中慢慢死去。

天已经亮了。僧侣们手中几十把燃烧着的火炬更显得杀气腾腾。人们念着经文,睡眼惺忪,表情冷漠。

广场上挤满了人,人们低着头,寂静无声,刽子手把火炬伸向他:"你还有什么话要说吗?"

"黑暗即将过去,黎明就要来临。真理是抹杀不了的!"布鲁诺坚定地回答。

他以罕见的英勇迎接死亡。他在烈火中慢慢地死去。此际,一根长杆把耶稣受难像向他伸过来——他的眼睛炯炯发光,愤怒地转过脸去。

"火并不能把我征服,未来的世纪会了解我,知道我的价值的。"

烈火中,挺立着一个坚强的身躯。浓烟未能遮住无边的天空。教会能杀害布鲁诺,但真理决抹杀不了。一个科学的战士在历经磨难之后,在烈火中永生,在人们的心中树起了一座不可磨灭的丰碑,鼓舞着人们起来同邪恶做斗争,去探求那无限的宇宙。

布鲁诺在与黑暗势力最后搏斗中,英勇地牺牲了。他把自己宝贵的生命,无私无畏地献给了宣传真理、发展科学和树立新的世界观的斗争。他抱着对科学真理无比坚定的信念,经受了教会带给他的种种磨难仍痴心不改。他大无畏地继承、捍卫和发展了哥白尼的"太阳中心说",为中世纪黑暗里的人们点燃了前进的火炬。

真金不畏火炼。他虽被诬以种种罪名,但真理的燧石愈经敲打愈加发光。历史不会忘记为真理而献身的不屈战士——布鲁诺。

大师达·芬奇的性取向至今成谜

达·芬奇是文艺复兴时期最伟大的艺术家之一,在世界艺术史上有着举足轻重的地位,留下了大量非常伟大的作品。除了绘画作品以外,他身上的种种神秘气息,更是给后代人留下了足够的悬念。

提起达·芬奇,世人除了关注他的名画《蒙娜丽莎》和他留下的神秘手稿外,就是热衷于对他性取向的探究了。那么,达·芬奇到底是不是同性恋呢?

达·芬奇出生于 1452 年,出生地是佛罗伦萨共和国的文西村近郊,去世于 1519 年,享年 67 岁。达·芬奇是个私生子,是赛尔·皮耶罗·达·芬奇与卡特里娜所生。也许由于是私生子,从小没有得到应有的父母之爱,造就了达·芬奇迥异

达·芬奇

于常人的性格,也为后人对他的种种猜测埋下了伏笔。

1476 年,在佛罗伦萨,当时 24 岁的达·芬奇被控与韦恩基奥犯了同性恋之罪,最后由于证据不足和达·芬奇的矢口否认,在两次听证会后,法庭判决指控不成立,达·芬奇被无罪释放。这是最早的关于达·芬奇可能是同性恋的证据。这次审判无疑给达·芬奇带来了巨大的心灵创伤,之后他离开了佛罗伦萨,去了米兰。后来的岁月里,他竭尽所能保护自己的私生活,甚至用倒写法隐藏真实思想。

那么其他证据呢? 正因为那场官司让达·芬奇受到了惊吓,所以他在表达自己想法的时候便变得含蓄而神秘。他通过一些细节传达自己的真实意图。从他作品的细节中人们试图找到蛛丝马迹。达·芬奇好像很喜欢圣约翰,在他的画《施洗者圣约翰》中,圣约翰就像大家看到的一样,被刻画得很女性化,面孔相当柔美。如果不看作品标题,根本分不清眼前的圣约翰到底是男还是女。还有《最后的晚餐》中,坐在耶稣旁边的人脸部表情看似是女性。达·芬奇的很多作品都会让我们不禁问自己画面中的人物到底是男还是女这个问题。作为一个绘画大师,只有一种解释,那就是达·芬奇故意画成这样的。如果这样解释,他就更有同性恋的可能了。

达·芬奇遗世的手稿有用左手反写的意大利文,他似乎很刻意地采取了一些手段来隐蔽自己的思想。人们发现,从侧面看《蒙娜丽莎》时会发现比正面看蒙娜

丽莎的表情更丰富,而达·芬奇把画中背景的地平线画的一高一低,是不是告诉我们只有在同一平面也就是从侧面看蒙娜丽莎才最好看呢?达·芬奇还很喜欢玩文字游戏,他对双关语和字谜游戏非常感兴趣,在 Codex Arundel 手稿的第 44 页有一长串有关阴茎的好玩的同义字。另外名画《姬尼瓦·德·彭齐》中松树的希腊语发音和《抱银鼠的夫人》中银鼠的希腊语发音都与主人公的名字是谐音。这些都是达·芬奇的小秘密。

现代科技给我们提供了帮助的手段。科学家施瓦茨运用现代数字技术,将蒙娜丽莎和达·芬奇晚年自画像进行比对,发现二者达到了惊人的一致,也就是说达·芬奇晚年的自画像就是蒙娜丽莎老了以后的样子,这就更为人们对于蒙娜丽莎的真实身份的猜测增加了悬念,但反过来想,达·芬奇为什么不能把自己画成一个女人呢?也许这也是达·芬奇在暗示自己的性别取向。另外,有一位犹太学者曾经写过一篇论文,从心理学角度分析了达·芬奇,最后也得出了达·芬奇是同性恋的结论。

在达·芬奇 35 岁的时候,他收养了一个义子。这种关系很微妙:他的义子同时扮演了儿子、朋友、爱人的角色。达·芬奇终生未娶,与这个义子一起生活了 30 年。虽然没有关于他们生活情形的记载,但是我们可以想象一个曾经被指控犯有同性恋罪的男人和另外一个男人一起生活了 30 年,这之间可能发生什么,他们之间应该是什么关系。

畅销小说《达·芬奇密码》中提到过,达·芬奇不仅是个同性恋,也是个女性主义的信仰者,而且书中提过 MONALISA(蒙娜丽莎)是由埃及象征男性生殖器的神阿蒙(AMON)和女性生殖器的女神伊希斯,古文 LISA 组成的(AMONLISA),不仅面容,就连名字也是由男女双性元素组成。当然这些也是作者的分析,但是这些分析让人觉得不无道理。

达·芬奇在对待男女性别上的模糊态度,要么是他故意所为,在向人们传递信息,要么就是他在这个问题上,根本没有能力去分清,而这两者都恰恰都能证明了达·芬奇的性取向异于常人。

牛顿终生未娶，孤独造就天才

牛顿可以说是世界上伟大的科学家之一，一生中取得的成绩无数，获得了前所未有的赞誉。但是世界上没有完美的人，拥有大智慧的牛顿直到死去仍是孤零零的一个人。那么，牛顿为何会一生不娶呢？

首先，我们从牛顿的家庭谈起。1643年1月4日，牛顿出生在英格兰林肯郡小镇沃尔索浦的一个自耕农家庭。他是遗腹子，也是早产儿，出生时只有三磅重。在他两岁时，母亲改嫁给一个牧师，11岁时，母亲才回到牛顿身边。牛顿自幼沉默寡言，性格倔强，甚至可以说是怪异，很难与人相处。

大约从5岁开始，牛顿被送到公立学校读书。他成绩一般，但喜欢读书，喜欢看一些介绍各种简单机械模型制作方法的读物，对自然现象充满好奇心。他还喜欢别出心裁做些小工具、小发明、小试验。

牛顿

1661年，19岁的牛顿以减费生的身份进入剑桥大学三一学院，靠为学院做杂务的收入支付学费，1664年成为奖学金获得者，1665年获学士学位。

1665～1666年，严重的鼠疫席卷了伦敦，学校因此而停课。牛顿于1665年6月离校返乡。1665～1666年这段短暂的时光成为牛顿科学生涯中的黄金岁月，他在自然科学领域内异军突起，思考前人从未思考过的问题，创建了前所未有的惊人业绩。这期间，他第一次爱上了美丽、聪明、好学、富有思想的表妹。表妹也很喜欢这个学问渊博、见识非凡的大学生。但是，当牛顿回到剑桥大学后，又聚精会神地沉浸到科学研究中去了。他早已忘记了远方的表妹，而表妹却误以为牛顿对她无意，便择夫另嫁了。牛顿因醉心于科学研究而贻误了爱情的良机。

牛顿整天沉浸在自己的世界中，他满脑子只有自己的工作和学习。他整天不

修边幅,穿的邋里邋遢。尽管如此,牛顿毕竟是个年轻人,一次,"青春迫不及待地激情"使他向一位年轻姑娘求婚。但当他跟姑娘约会时,不知道什么原因又走神了,以至于把情人的手指当成是通烟斗的通条,硬往烟斗里塞。姑娘痛得大叫,才让他清醒过来。爱情又成了泡影。

除了醉心于科学,牛顿的性格缺陷也妨碍了他获得自己的爱情。他从小就受狂躁症的困扰,很难与人相处。1692年,50岁的牛顿表现出严重的迫害狂症状,他那时写的信件显示他已经明显的精神错乱。1693年9月16日,牛顿给著名的哲学家洛克写信说:"先生,我认为你竭力用女人和别的手段来纠缠我,我的感情大受影响,以致当有人告诉我你有病,将不能活时,我回答说,最好你死掉。"这样的心理状态已不能让他在自己的晚年再去寻找自己的另一半了。

此外老师的影响也是原因之一。牛顿的几何光学老师贝若,是一位很优秀的老师,牛顿很喜欢他,他也把牛顿当成自己的儿子一样看待,这位老师和牛顿有着近乎一样的童年,而且也是终身未娶。牛顿可能是受了老师的影响,对婚姻的态度变得无所谓。

当然,终身未婚在欧洲无论是过去还是现在都太普遍了,据资料显示,英国詹姆斯四世时期,英国的所有50岁以上的妇女未婚率是25%,50岁以上的男子的未婚率也差不多是20%;维多利亚女王时代未婚率下降到大约20%,工业革命以后又有上升,但始终保持在50岁以上人口25%左右的未婚率。所以,在英国,牛顿终身未婚也不是什么稀奇现象。

天王之殇:杰克逊是否多次整容

2009年6月25日,美国流行巨星迈克尔·杰克逊在洛杉矶去世,终年50岁。这个消息让全世界哗然。他的一生,正如美国《时代》周刊发表的一篇文章的标题:《迈克尔·杰克逊之死:天才与悲剧》。

迈克尔·杰克逊的一生是充满争议和坎坷的,其中他不同时期在容貌上的显著变化,正是人们所津津乐道的。尽管迈克尔·杰克逊声明自己只做过两次整形手术,而且都在鼻子上,但整容专家根据杰克逊不同时期的照片统计指出他曾接受过12次整容手术,包括6次鼻子、3次下颚、2次嘴唇和1次面颊。到底是像杰克逊说的次数那么少,还是像别人说的那么多呢? 那么他为什么这么热衷于改变自己的容貌呢?

杰克逊的整容是从鼻子开始的。杰克逊天生有个大鼻子,甚至比一般黑人的鼻子还要大一些,这是遗传了他父亲的基因。从小家里人就开始嘲笑杰克逊的鼻子,甚至给他起了一个外号叫"大蒜鼻"。在后来接受的采访中,杰克逊也透露他很苦恼自己的鼻子,认为自己的大鼻子给自己的自尊心带来了打击。所以,他迫不及

杰克逊

待地对自己的鼻子进行了手术。杰克逊的整容之旅由此开始。由于在音乐上的成就,让杰克逊的公众形象逐渐变得完美,他对自己长相的要求也变得苛刻,于是便带来了他对于自己容貌的不断改造。杰克逊的朋友就说他是个完美主义者,别人很难改变他的想法。这难道就是他不断整容的原因吗?

也有人说杰克逊整容是为了与自己的父亲划清界限。杰克逊幼年有着不幸的经历,他经常遭到父亲的殴打,他很憎恨自己的父亲,父亲的暴行也在他幼小的心灵留下了阴影。因此有人推断,他在自己事业发展顺利,摆脱父亲的管束后,开始从身体特征上摆脱父亲的影子,于是开始了整容。这样说是有道理的,在迈克尔·杰克逊2002年立下的遗嘱中,受益人有母亲凯瑟琳和三个孩子,父亲则被排除在外。杰克逊之所以这么"不孝",就是为了报复父亲儿时对他的毒打。杰克逊传记作者兰迪·泰拉波雷利在杰克逊传记的第二部分中透露,为了让自己看起来一点也不像父亲,杰克逊顶着舆论的压力并承受着锥心的肉体折磨,一次又一次对自己的身体发狠。

随着年龄的增大。杰克逊的整个相貌发生了很大的变化,除了人本身的衰老因素外,他的容貌似乎已经到了要崩溃的边缘,开始失去基本的轮廓。

英国《太阳报》曾报道,杰克逊染上了外界俗称"超级恶菌"的抗药性金黄葡萄球菌,至于感染原因,美国著名整形手术医生曾表示:"杰克逊的情况很严重,可能是他做整鼻手术期间感染的。有些病例是在接受整形手术时发生的。"由于该种病

菌具抗药性,并非接受一般的抗生素治疗可以对付。杰克逊所染的超级球菌是一种十分具侵略性的病菌。医生称:"最怀的情况是外科医生会去除死去的组织,再让病人接受复原手术。如果脸部感染病菌的话,我们尤其担心,一定要好好处理。"自此,杰克逊已经只能依赖手术来维持自己的相貌了。

另外,杰克逊肤色的变化也是人们议论的话题。他从一个黑人变成了一个甚至比白人还白的人,这又是为什么呢?

关于迈克尔·杰克逊的肤色,最主要的说法是他进行过皮肤漂白和植皮。但我们知道的皮肤漂白,作为一个美容项目,它对因后天保养不善而引起的皮肤变黑、毛孔粗大等有一定的改善,亦可用作治疗黑色素细胞过盛的情况,但对先天皮肤黝黑、粗糙皮肤等没有明显的改善。因此这种说法纯属子虚乌有。

比较靠谱的说法是杰克逊患有很严重的白癜风,他皮肤内的黑色素大面积消失,导致肤色变白。杰克逊家族有患白癜风的家族病史,像迈克尔杰克逊的姐姐拉脱亚·杰克逊也有白癜风病,只不过没有迈克尔·杰克逊那么严重罢了。据说杰克逊还有一位姑妈也有白癜风。严重的白癜风患者嘴唇头发也会变白。其实早在1993年,他就自己解释道:他肤色的改变是因为患了"白癜风",而且这个病早在70年代就开始了。他还提到,他的肤色很不匀称,必须要用浓妆来掩饰。

另外迈克尔·杰克逊的恩师昆西在谈到他时,认为杰克逊之所以整容并不是因为患病,而是不想再做黑人。这好像也可从他的生活轨迹中以找到那么一点蛛丝马迹:杰克逊有两任妻子,都是白人,一个是猫王的女儿,另一个是一名护士;杰克逊的朋友多数是白人,像摩根·弗里曼这样的黑人寥寥无几。这些似乎都表明杰克逊有白人情结,但谁又能说得清呢?

杰克逊已经走了,我们还谈论他的种种,是因为他曾经带给我们太多的东西。希望留在我们心里的,除了他令人费解的"整容",还有以下这些:迈克尔·杰克逊是出色的音乐全才,在作词、作曲、编曲、演唱、舞蹈、乐器演奏方面都有着卓越的成就;他与猫王、甲壳虫两组歌手并列为流行乐史上最伟大的不朽象征;他开创了现代 MTV,把流行音乐推向了巅峰;他一个人支持了世界上 39 个慈善救助基金会,保持着 2006 年的吉尼斯世界个人慈善纪录,是全世界以个人名义捐助慈善事业最多的人。

希望他在天堂里安息。

第十章　悬而未决的文化难题

未知动物集合体
——龙的原型之争

　　大家常说,中国人是龙的传人,因为龙是中华民族文明的象征,是炎黄子孙始祖崇拜的图腾。关于龙的传说和记载可谓五花八门,相当丰富。但是,龙究竟是个什么样的生物? 它又是起源自什么呢? 自古至今这都是一个无法解开的谜题。

　　众所周知,龙是一种虚拟动物。在《说文》一书中,解释说:"龙,鳞虫之长,能幽能明,能大能小,能短能长,春分而登天,秋分而入渊。"由此可见,龙被描写成了一种水族类的超级神物。不过,龙的形状在中国历史上并不是一成不变的。在商周时期的甲骨文、金文上的龙,很多都是有巨头、长吻,生耳或角,卷曲身躯,一

龙

或二足,被鳞,有目,有点类似鳄鼍。到了汉代,龙则变成头大尾小,嘴巴长,上唇长于下唇,鼻端肥厚拱起或向上翻卷,脑袋像马,爪似禽类,耳状如牛,尾类野豹,细颈厚胸。魏晋时期,龙的形态才基本定型,大体是牛头(或马头、扬子鳄头、鱼象混合头、鳄虎混合头、蛇头等)、象鼻、鹿角、马鬃、蛇躯、鳞身、鳄棘、鱼尾、鹰爪、鼍足,能在水中游、云中飞、路上爬,呼风唤雨,腾云驾雾,司掌旱涝,成为自然界的最高主宰。

　　龙的种类更多,有鳞的叫蛟龙,有翼的称应龙,有角的为虬龙,无角的是螭龙,还有诸如鱼龙、并逢龙、窃取龙、枳首龙、饕餮龙、玄武龙、象鼻龙、凤尾龙、返祖龙、

麒麟等,而且龙还有九子。那么,这么多种类的龙,其追根溯源应该是什么呢?

1. 龙的原型为一种蛇

著名学者闻一多在《伏羲考》中认为,龙是由许多图腾融合而成的一个综合体,是由于部落兼并而产生的混合图腾。但龙图腾,尽管有的部分像马、像鱼、像猪或像鸟,但它的主干部分和基本形态却是蛇。这表明在远古各部落图腾林立的时代,蛇图腾最终兼并和同化了其他弱小部落的图腾。但是,有的学者认为,蛇和龙的演进虽然有关系,但是蛇属于演进系列,而龙另有一个演进序列,原生龙并没有以蛇为主体融合其他动物而演化为定型的龙,反而是在龙图腾的演化中,蛇是作为被综合的特征融入龙的形象的。

2. 龙起源于闪电意向物化

持此观点的人认为,古代科学落后,每当雷电交加时,有光宛转如腾蛇,人们无法解释这个现象,就想象出"马首蛇尾"的"鳞虫之长",即龙的原型。并且,在历史上"龙"的确和天象联系紧密,古人并不是因为看到了与龙相似的动物,而是根据天空出现的闪电,幻想出神异的物种——龙,也就是说龙是自然现象的物化神话。但反对者认为,龙作为图腾崇拜,肯定是先有其物,才谈得上崇拜,因此龙一定是自然界存在的动物。

3. 龙源自灭绝的恐龙

支持该学说的人认为,古人以具有四足、细颈、长尾、类蛇、牛、虎头的爬行动物为龙,很可能是他们根据所见的某种恐龙形象描绘下来的。并且,古龙的图案,也酷似某些"恐龙",如湖北随县战国曾侯乙墓编磬上的"异兽",汉徐州画砖上样子很像恐龙的一种东西,尤其四川发现恐龙化石最多,而古代很多地方也以龙命名。

4. 龙源自彩虹

李圃在《甲骨文选读·自序》中称,虹总是出现在水面和天空之间,而能够上天入水者只有龙而已。甲骨文中的虹字上面两道弧形恰似龙身,下面两端好像两只龙头,正在作二龙吸水。

5.龙源自云

何新在《诸神的起源》中说,有云即会产生雨,这就是龙原型产生的意象基础。

6.龙源自猪

有学者在对辽宁阜新县胡头沟红山文化墓中出土的玉器,及红山文化遗址中出土的豕形玉和内蒙古翁牛特旗三星塔拉村发现的三星塔拉玉龙等进行研究比对后,认为龙首形象极有可能来源于猪首。而且,有些龙也确实叫猪龙。但是,另有学者认为,距今四五千年前在长江流域和黄河流域之间,生活着以作为图腾的古老民族,所以在良渚文化、大汶口文化、红山文化、龙山文化、夏家店文化中出土大量豕玉和各种变形豕纹,豕形玉虽然在尾端与头部封闭或开口的状况类似龙的钩形卷曲状,但钩形弯曲状是商周及其以前玉器配饰、礼器的一种定式,不是只有龙。因此,豕形玉未必就是龙形玉,更不能将猪视为龙的原型。

7.龙源自蜥蜴

唐兰在《古文字异论》中认为,龙像蜥蜴长角的形状。

8.龙源自鳄鱼

王大有的《龙凤文化源流》中指出,中国最原始的龙是湾鳄、扬子鳄,商周甲骨文和铜器铭文中的徽号文字,有许多为龙的形象,这应当被看作是对真实龙的描绘,从一个侧面也反映出龙应该是客观存在的自然动物。这些描绘在特征上与自然原型极为贴切,这点与纳西族文字和巴蜀文字相似。

9.龙源自河马

刘城淮在《略谈龙的始作者和模特儿》一文中,根据王充《论衡·龙虚》的"世俗原龙之像马头蛇尾"载,认为龙的原型为河马,而在原始社会我国南方曾有河马。历史记载中,马和龙的关系也颇为紧密,周代有"马八尺曰龙",典籍上说"龙马"河图而天下大吉,马具有龙的飘逸奔腾形状。历史上还有"冉国"

究竟龙的原始起源和造型是以上各种学说的哪一种或者是人们今天还不知道的什么东西呢? 至今还是不得而知,这个问题得留待后人慢慢解决了。

洛水女神知是谁
——曹植《洛神赋》的隐情

三国时期的曹植(曹子建)有着独占天下八斗之才的美誉,而《洛神赋》就是为他赢得此美誉的代表作之一。在这篇文章中,曹植以高超的想象力描绘出了一个"翩若惊鸿,婉若游龙,荣耀秋菊,华茂春松"的美貌绝伦、超凡脱俗的女子形象——洛水女神与"余"的一段情事。其"皓齿内鲜,明眸善睐","使余情悦其舒美兮,心振荡而不移。"于是,"余"对洛神表达了爱慕之心,实施了求爱之行。洛神之"抗琼珶以和","指潜渊为期",并"凭微波以通辞","解玉佩以要之",余"感交甫之弃言","惧斯灵之我欺"。正当此时,分别的时候却到了,曹植发出"恨人神之道殊,怨盛年之莫当"的感慨,禁不住"泪流襟之浪浪","思绵绵而增慕",最后也只能是"虽潜会于太阴,长寄心于君王",人神的情爱实在是非同凡响,全赋词采华茂,语言凝练,思绪流畅,描述得生动、优美,特别是"余"对"洛神"那种刻骨铭心的爱慕之情抒发得淋漓尽致,真切动人,获得了历代学者们的极高评价。

曹植

《洛神赋》作于"黄初三年(有说黄初四年),余朝京师"之际。曹植本有"戮力上国,流惠于民"的志向,怎料由于受到兄长曹丕的算计,不仅没有当成世子,反而受到进一步的迫害。曹操死后,曹丕继位,同时,一向受到曹植敬重,以礼自持的长嫂甄后,遭到了郭后的陷害,被曹丕遣使赐死,殡葬时"令被发覆面,以糠塞口"。处于这种境地下的曹植,既不敢怨,也不敢言,只能"慷慨有悲心,兴文自成篇"。《洛神赋》就是在曹植这种极端悲怨的心境下作成的,因此全赋弥漫着极为伤感的情绪。也正因此,《洛神赋》成了日后众文人争论不休的话题,而人们也对这篇文章产生了大相径庭的理解。

一种观点认为,《洛神赋》记述了曹植和长嫂甄后不为人知的一段隐情,即"感甄说";另一种观点认为,"赋"是曹植对哥哥曹丕"忠爱之心"的寄寓,即"寄心君王"说。两种观点针锋相对,至今没有定论。

早在南朝梁代昭明太子萧统所编《文选》中,就把《洛神赋》归入"情类"。唐代李善为《文选》作注,注引《太平广记》说这篇赋是曹植为感念长嫂甄后而作,原名为"感甄赋",后来魏明帝将其改为《洛神赋》。曹植是否和其长嫂有什么隐情,千百年来,众说纷纭。

唐代大诗人李商隐也支持"感甄说",并为此写下了"东阿王""涉洛川"等不下六七篇诗文。曹雪芹在《红楼梦》中也表达了同样的观点,在对"赋"的文学价值给予了极高评价的同时,也为曹植和甄后的暧昧关系所不齿。南宋词人、诗人、诗论家刘克庄认为,这是好事者乃"甄后之事以实之",而明代文学家史学家王世贞则说:"今洛神见之,未免笑(子键)伦父耳"。唐代文人唐彦谦更是挖苦说:"惊鸿瞥过游龙去,虚脑陈王一事无。"对曹植为长嫂作赋一事进行口诛笔伐。

"寄心君王说"主要以清代文人何焯和丁晏为代表。何焯在《义门读书记》中称:"《离骚》'我令丰隆乘云兮,求宓妃之所在'。植既不得君,因济洛川作为此赋托词宓妃,以寄其心文帝,其亦屈子之志也。"丁晏在《曹集铨评》附录中也说:"抑宋玉之辞为《洛神赋》,托之宓妃神女,寄心君王,犹屈子之志也。"

而清代诗文家、文学评论家潘德舆则是"寄心君主说"最坚定的拥护者,他极反感"感甄说"。他在《养心一斋诗话》卷二中说:"不理解此赋者,何以阑入甄后一事,致使忠爱之苦心,诬为禽兽之恶行,千古奇冤,莫大于此。"他还痛斥支持"感甄说"的人是"文人轻薄,不顾事之有无,作以谰语,而又喋喋不已,真可痛恨"。并且,他还认为《洛神赋》"纯是爱君恋阙之词"。

坚持"寄心君主说"的人士还认为唐代文人李善的注本无此批注,是宋人尤袤刊《文选》时误引,曹植不可能因为爱上长嫂而作此赋,要知道曹丕与曹植正在进行世子之争,曹植也正处于劣势,他不可能色胆包天,冒杀头的危险区"感甄"。就算真有此事,又写此赋,为什么"其有污其兄之妻而其兄晏然,污其兄子(指魏明帝)之母而兄子晏然,况身为帝王者乎?"因此,绝无可能。

另外,还有人认为"感甄说"中的"甄"不是甄后的"甄",而是鄄城的"鄄"。古文中的"鄄"字与"甄"字相通,曹植在写此赋前一年,恰任鄄城王。

正在两派相互争执不肯相让之际,当代学者陈祖美在《恨人神之道殊,怨盛年之莫当——<洛神赋>的主题和艺术特色》一文中提出了一种新的看法,即用"感甄说"和"寄心君王说"来概括《洛神赋》的思想内涵都不恰当。他认为"赋"原意是说限人神道殊,"洛神"与"余"不得交接,临别时,除赠信物外,还说了"长寄心于君王",但这个"君王"与现实中的君王曹丕并不是同一个人,所以把"寄心君王理解为屈子之志",对曹丕的"忠爱之苦心"是有悖于文章主旨的。同时,他还认为感甄不同于"记甄""赋甄",更不是人物传记式的某人赋。这里只是指曹植感念甄后,抒发情怀而作此赋。陈祖美还认为"感甄说"是对《洛神赋》的曲解和误解造成的,它不仅把梦境与现实同日而语,还把甄后和洛神混为一谈,把虚构的艺术形象和现实画上了等号。从而把并不难理解的问题复杂化了。

陈祖美进一步分析,当时的曹植正处于"身轻于鸿毛,谤重于泰山"的处境,心情郁闷而沉重,路经洛水,从神话洛神联想到现实,不禁为无辜惨死"惠而有色"的甄妃而触景生情。对美好过去的回忆与受兄长迫害的苦恼,再加上对前途的无限担忧,这种种感受交杂在一起孕育出了一个美艳无比的洛神。因此,曹植和甄后的叔嫂之情,并不等同于理想中的人神之爱,曹植只是在洛神的身上寄寓了一定的知遇之感而一往情深,这与心胸狭隘、挟嫌报复的兄长曹丕丝毫没有关系。陈祖美由此得出结论,即《洛神赋》其实是曹植通过现实感受描写一对男女苦恋的爱情故事。并且,在这个故事里,隐喻着曹植身不由己、好梦未圆的惆怅和愤怒。

《洛神赋》究竟是"感甄",还是"寄心于君王",或者是一首男女苦恋的悲歌,这些观点都是后人的推测,而其中的缘由也只有曹植自己清楚。

传世名帖今何在
——《兰亭序》疑案

传世名帖、天下第一行书——《兰亭序》中记下了诗宴盛况和观感,通篇遒媚飘逸,字字精妙,如有神助,成为书法史上的一绝,是中国书法史上影响最大、流传最广的作品之一。然而,这座书法史上的丰碑历年来却引起很多学者的争论,争论的焦点是《兰亭序》究竟是不是出自王羲之之手,而《兰亭序》的去向又何在呢?

《兰亭序》是否为王羲之所写

兰亭序,又名《兰亭宴集序》《兰亭集序》《临河序》《禊序》《禊帖》,是行书法帖。

东晋穆帝永和九年(公元353年)三月三日,王羲之和当时的名士谢安、孙统、孙绰、支遁等41人,宴聚于绍兴市郊会稽山阴的兰亭溪畔,26人赋诗41首,并聚诗成集,王羲之于酒酣之际乘兴用鼠须笔在蚕茧纸上为诗集写了一篇序,是为《兰

王羲之

亭序》。序中记叙兰亭周围山水之美和聚会的欢乐之情,抒发作者好景不长、生死无常的感慨。法帖相传之本,共二十八行,三百二十四字。

王羲之的这篇《兰亭序》中记下了诗宴盛况和观感,通篇遒媚飘逸,字字精妙,如有神助。如其中的20个"之"字,竟无一雷同,成为书法史上的一绝。以后他多次重写,皆不如此次酒酣之作,成为中国书法史上影响最大、流传最广的作品之一。

然而,这座书法史上的丰碑却历年来引起很多学者的争论,争论的焦点是《兰亭序》究竟是不是出自王羲之之手,因为《兰亭序》的风格和王羲之其他作品不太相同。

姜夔是最早对《兰亭序》提出疑问的人。后来到清末时,李文田提出"晋人书法,应仍不脱汉魏隶书面貌"的观点。

1965年,新出土的王谢墓志字迹和冯本《兰亭序》相比无论形貌与神采均相距千里,故郭沫若先生进一步提出对《兰亭序》的疑问,发表了《由王谢墓志的出土论到<兰亭序>的真伪》一文,在学术界一石激起千层浪。郭沫若认为,王兴之与王羲之为同代人,"不仅是兄弟,而且还曾经共事"。"《王兴之夫妇墓志》,可能是王羲之所书",这是对于传世东晋字帖,特别是王羲之所书《兰亭序》,提出来的一个很大的疑问。郭先生还以《兰亭序》及《临河序》的文辞对比,指出"《兰亭序》是在《临河序》的基础上加以删改、移易、扩大而成的",进而认为陈代僧人智永为《兰亭

序》的写作人。就此观点，高二适、商承祚等学者纷纷发表自己的意见，指出郭沫若观点的牵强，但考辨《兰亭序》与王氏变法痕迹，可略做比附考察。

1972 年 8 月，郭沫若在《新疆出土的晋人写本〈三国志〉残卷》一文中断定："这个问题，七八年前曾经热烈地辩论过，在我看来，是已经解决了。不仅帖是伪造，连序文也是掺了假的。"其实，这一问题，并未得到解决。时至今日，争论仍在进行中。

不过，《兰亭序》是否出自王羲之之手本身已经不重要了，因为这个问题已经涉及晋朝书体问题，涉及文字史、书法史、考古史等方面，其意义深远。进一步考察，将会为历史掀开新的一页。

《兰亭序》是否藏在唐代皇陵里

这件千古杰作，给世世代代的后人留下了诸多的谜团。而且直到如今，《兰亭序》的下落仍然是一个谜，给人们留下了无尽的遗憾。

比较公认的说法是：《兰亭序》藏于陕西昭陵唐太宗的棺材里。

唐太宗李世民喜爱书法文字，尤其喜爱王羲之的笔墨，吩咐下人在天下广为搜寻。每每得一真迹，便视若珍宝，余兴来时临摹揣度，体会其笔法兴意，领略其天然韵味之后，便珍藏身旁，唯恐失去。不仅如此，他还倡导王羲之的书风。他亲自为《晋书》撰《王羲之传》，搜集、临摹王羲之的真迹。唐太宗晚年，喜好王羲之更甚。虽然收藏王羲之墨迹不少，其中也有《兰亭序》，但始终没有找到王羲之的《兰亭序》的真本。一国君主，却不能得到前朝的稀世珍品，太宗每想到此，便显得闷闷不乐。

监察御史萧翼出京调查，打听到《兰亭序》传到王羲之第七代孙智永禅师处，智永临终把它传给了他的弟子辨才和尚。于是萧翼作了精心设计和准备，更名改姓，扮成赶考的举子出发南下，企图将《兰亭序》弄到手。

一天清晨，辨才和尚打开了永兴寺门，迈出的脚踩到一个软软的东西上，低头一看，原来地下躺了一个人，散发出一股酒气。辨才自语："原来是个醉鬼！"谁知此人翻身坐起答道："醉虽醉了，未必就是鬼呀！"辨才见此人一副飘逸潇洒之态，便开玩笑地说："虽不是鬼，亦不像人！"此人脱口应道："如此便是佛了！"言毕大笑举步下山。辨才见此人谈吐不凡，便问道："施主从何而来？"此人对曰："我乃应试举子，昨夜月光皎洁，在山下旅店对月饮酒，苦无知音，店主说山上师父佛法上乘，且书画尤佳,便上山拜访,谁知醉卧山门,有失体统,无颜面佛。"辨才对这书生很是欣赏,俩邀他入寺小住读书候试,双方谈学论禅,十分投缘。

一天,扮作赶考书生的萧翼喝得烂醉如泥,他突然从囊中取出一轴《兰亭序》摹本,对辨才和尚说道:"这是王羲之真迹,万金难买,你我是莫逆之交,才拿出来让你一饱眼福。"为人忠厚的辨才不知是计,对萧翼说:"你这个不是真迹,真迹在我的阁楼上藏着呢!"萧翼装作没有听到,昏昏睡去。辨才和尚也知道失言了,赶紧住嘴。萧翼一直"醉而不醒",似未听见。第二天辨才见萧翼迟迟未来吃饭,前去催请,发现萧翼已不辞而别,只见桌上放着一张感谢馈赠的纸条和许多银两。

唐太宗得到《兰亭序》后非常高兴。因为萧翼智取《兰亭序》有功,唐太宗升了他的官,并赏赐给他银瓶、金缕瓶、玛瑙碗各一只和珍珠等。又赐给他宫内御马两匹,并配有用珠宝装饰的鞍辔,宅院与庄园各一座。唐太宗初时还生气辨才和尚将《兰亭序》秘藏起来不奉献给他,稍稍平息后考虑到辨才年事已高,不忍心再加刑在他身上,又过了几个月,唐太宗又赐给辨才和尚锦帛等物三千段、谷三千石,下敕书让越州都督府衙代为支付。辨才和尚得到这些赏赐后,不敢将它们归为己有。将这些赐物兑换成钱,用这些钱造了一座三层宝塔。他本人因为受刺激身患重病,不能吃硬饭,只能喝粥,过了一年多就去世了。

得到《兰亭序》后,唐太宗命令侍奉在宫内的拓书人赵模、韩道政、冯承素、诸葛真四人,各拓数本,赏赐给皇太子及诸位皇子和近臣。

又有一说法:隋末,广州一位好事的僧人得到了王羲之的《兰亭序》。这个僧人有三样宝物,非常珍惜地收藏着。一是王羲之手书《兰亭序》,二是铜质神龟,三是铁质如意。唐太宗知道后,派去一个人,用欺骗的手段,从这位僧人手里弄到了《兰亭序》。僧人失去《兰亭序》后说:"第一宝物没有了,其余的宝物还有什么收藏价值呢?"于是用如意击石,打断了扔了;又将铜龟的一只脚摔坏了,从此不能行走。这一种说法可能是第一种说法的误传。

无论如何,这两种说法都承认是唐太宗得到了《兰亭序》。然而,唐太宗千辛万苦得到的《兰亭序》是否是王羲之的真迹却遭到了后人的怀疑。

1965年5月22日起,《光明日报》连载了郭沫若写的长文《由王谢墓志的出土论到〈兰亭序〉的真伪》,文中的王兴之是王羲之的堂兄弟,谢鲲是晋朝宰相谢安的伯父,二人的墓志都是用隶书写成,和王羲之用行书写的《兰亭序》不一样,他推断当时还没有成熟的楷书、行草,并经多方考证,认为《兰亭序》后半部分有悲观论调,不符合当时的思想,从而确认《兰亭序》既不是王羲之的原文,更不是王羲之的笔迹,而是王羲之第七代孙永兴寺和尚智永所"依托",即冒名王羲之的伪作。他还进一步提出,"现存王羲之的草书,是否都是王羲之的真迹,还值得进一步研究。"郭沫若此文发表后,引起学术界的震动和极大关注。著名书法家高二适写了《<兰亭序>的真伪驳议》,认为当时就有楷书、行书的记载、传说和故事,而且流传至今的许多碑帖摹本也足以证明楷书字体在当时已经形成,并趋向成熟,认为《兰亭序》"为王羲之所作是不可更易的铁案"。

1998 年 8 月 17 日,在南京东郊与王羲之同代的东晋名臣高崧墓中,出土了两件楷体墓志。另外,南京及其周边地区先后发现的 30 多座同时期墓碑上,不仅有隶书,还有行楷、隶楷,说明当时多种书体并存。1999 年在南京举行的关于《兰亭序》的学术研讨会上,依然存在各种不同意见。看来这样的学术争论还将继续下去,只不过在书法界的多数人以及广大书法爱好者仍持传统观点罢了。

虽然后人对于《兰亭序》存有真伪之争。可当年唐太宗得到了《兰亭序》却是一致的看法。那么,唐太宗死后,《兰亭序》又流落何处了呢?

唐太宗临死前,他嘱咐儿子李治,也就是后来的唐高宗,把《兰亭序》放进他的棺材。李治遵命,用玉匣装着《兰亭序》藏在了唐太宗的坟墓昭陵里。

唐末五代的军阀温韬在任陕西关中北部节度使期间,史籍记载:"在镇七年,唐帝之陵墓在其境内者,悉发掘之,取其所藏金宝。"李世民的昭陵自然难以幸免,由于昭陵修筑得异常坚固,他让士兵费尽力气打通了 75 丈长的墓道,进入地宫,见其建筑及内部设施之宏伟壮丽,简直跟长安皇城宫殿一样。墓室正中是太宗的正寝,正寝东西两厢各有一座石床,床上放置石函,打开石函,内藏铁匣。铁匣里尽是李世民生前珍藏的名贵图书字画。其中最贵重的当推三国时大书法家钟繇和东晋时大书法家王羲之的真迹。打开一看,二百多年前的纸张和墨迹如新。这些稀世珍藏,全被温韬取了出来,但迄今千余年来下落不明。

对此,有些人认为,史书虽然记载温韬盗掘了昭陵,发现了王羲之的书法,但是并没有指明其中包括《兰亭序》,而且此后亦从未见真迹流传和收录的任何记载。温韬盗掘匆忙草率,未做全面、仔细清理,故真迹很可能仍藏于昭陵墓室某更隐秘之处。但是,与之相反,也有另一种说法,就是《兰亭序》没有埋藏到昭陵之中,而是埋在了唐高宗李治的陵墓乾陵之中。持这种观点的人认为：唐太宗死时，并没有提出要将《兰亭序》随葬，而是将《兰亭序》交给了同样喜爱笔墨丹青的李治。李治多病，不久病亡。临终前，他在病榻上传遗诏，下令把生前喜欢的字画随葬。因此，在《兰亭序》失传之后，就有人怀疑《兰亭序》并非随葬昭陵，而是被藏在乾陵。

唐代皇陵有十八座，据说被温韬挖了十七座。唯独挖到乾陵时，风雨大作，无功而返。在唐之后，再没有人见过《兰亭序》的真迹，这也使更多人相信《兰亭序》随葬乾陵的说法。总之，《兰亭序》真迹的下落问题，成为长期以来众说纷纭、争论不休的一个历史文化之谜。究竟如何，看来只有到以后昭陵、乾陵正式发掘之时，才能见个分晓。

变态的审美观念
——古代女子缠小脚疑案

缠小脚是中国封建社会"男尊女卑"最突出的表现之一，这一封建社会的恶俗具有悠久的历史，千百年来残害了数不清的中国妇女。这一变态的审美观念，是从什么时候开始的呢？为什么要缠小脚呢？

缠小脚是从什么年代开始的

什么是缠小脚，是指古时女子从幼时（七八岁）以布缠裹脚趾，将大脚指以外的四趾全部压迫到脚掌之下。因此致使脚趾畸形，变成长不过三四寸，近似于三角状的小脚。这种小脚及其鞋子的美称即为"三寸金莲"。

据考古资料分析，于公元961年—975年南唐后主李煜在位时期，南唐绝代才子，薄命君王李后主是女子缠足的始作俑者。

李后主喜欢美色及音乐，为寻欢作乐，他令宫女舞娘用丝帛缠足之后在黄金制成的莲花台上翩翩起舞，"金莲"由此而得名。

后来缠足之风越出宫墙吹向民间，一些赶时髦的女子开始模仿，宋代时已出现歌咏小足金莲的诗词，说明当时统治阶层对"三寸金莲"的审美情趣已悄然形成。后来这个做法流传到民间，缠小脚之风渐渐普及到了百姓人家。

但也有人认为，早在战国时期，缠小脚就已出现了，或许更早还可追溯到商代。

这种缠足风俗在中国历史上到底是什么时候形成的？至今难定确切年代，可以说，缠小脚是父权制传统下"男尊女卑"最突出的表现之一。据记载，民间女子从四五岁就开始缠小脚，到成年时脚长若不超过三寸，即成为备受赞赏的"三寸金莲"。

在当时，这样的小脚被认为是"女性美"的一个重要方面。即使长相、身材再好的女子，如果是一双天足或脚缠得不够小，也会遭人耻笑，并且嫁不出去。"好大脚"也成为谩骂、羞辱妇女最难听的一句话。而实际上，小脚"美"是以女性身心被摧残为前提的。

总之，缠小脚这一封建社会的恶俗具有悠久的历史，千百年来残害了数不清的中国妇女。

残忍变态的"三寸金莲"

缠小脚，是一种极端残忍的做法。其方法是通过人为的强力，野蛮地造成女子两脚的跖骨脱位或骨折并将之折压在脚掌底，再用缠脚布一层层裹紧，被缠足的女性步履艰难且疼痛非常，更有可能引发残疾和致死。民间有"小脚一双，眼泪一缸"的说法，就是女性千百年来遭受这一苦难的集中反映。

而一旦把天然的脚缠成了"三寸金莲"，女性在劳动和交往方面必定是十分不便、大受制约，唯有困守家中，站立、行走必扶墙靠壁，不仅"男主外、女主内"顺理成章，"男强女弱"也成了事实，女性若有什么不满、反抗、私奔之类更是难上加难了，唯有忍气吞声，听人摆布。

事实上，这种违背自然与健康、建立在摧残妇女身体基础上塑造出来的"美"，是美的极度扭曲和变态。对于父权制社会施行对女性的压迫与控制，的确收到了强化的实际功效，正如《女儿经》所说："恐他轻走出房门，千缠万裹来拘束。"

缠小脚因男性的癖好而兴起，而男性的审美观畸变也因"三寸金莲"一发不可收拾，直至女性被摧残的小脚成为激起男人性兴奋的重要物品。

据记载，自宋代开始，在许多妓院的欢宴中流行起一种"行酒"游戏，从头至尾突出的都是妓女的小脚和她们的小脚鞋，嫖客把酒杯放入妓女的小脚鞋里来传递、斟酒、饮酒。直到20世纪初，仍有一些男人喜欢参与这种"行酒"游戏，并为有机会使用妓女小脚鞋中的酒杯来饮酒而兴奋不已。

至于历代的酸腐文人，更是兴趣盎然地把探讨小脚当作"学问"来做，不惜笔墨,撰写文章,细细品评,以卑琐为乐事,唯恐未把男人玩小脚的美学成分和调情作用诠释清楚。如清代有一个叫方绚的文人就自诩为"香莲博士",写就了一篇题为《香莲品藻》的文章,费尽心机地把小脚划分为五式九品十八种,并因此出了名。

苏轼有一首《菩萨蛮》,叙述纤足的种种妙处:涂香莫惜莲承步,长愁罗袜凌波去;只见舞回风,都无行处踪。偷穿宫样稳,并立双趺困;纤妙说应难,须从掌上看。

东坡先生对纤足还只是一种赏玩的态度,后代则有不少人达到了痴迷的程度。

早有人将小脚当成了一种性爱工具,元人吕止庵有一首散曲《夜行船》咏金莲,完全是一首淫词:比如常向心头挂,争如移上双肩搭? 向得冤家既肯,须当手内亲拿。或是胳膊上擎,或是肩儿上架,高点银灯看咱,惬弄彻心儿欢,高放着尽情儿耍。

明朝的风流才子唐寅有一首艳词《咏纤足俳歌》,不仅有"新荷脱瓣月生牙"的生动比喻,也有种种玩弄手法:第一娇娃,金莲最佳。看凤头一对堪夸。新荷脱瓣月生牙,尖瘦帮柔绣满花。从别后,不见她,双凫何日再交加? 腰边搂,肩上架,背儿擎住手儿拿。

苏东坡

清代文豪蒲松龄所著《聊斋·绩女》里有一首《南乡子》咏三寸金莲:隐约画帘前,三寸凌波玉笋尖。点地分明莲瓣落,纤纤,再着重台更可怜。花衬凤头弯,入握应知软似棉。但愿化为蝴蝶去,裙边,一嗅余香死亦甜。"一嗅余香死亦甜",以臭为香,有点变态了。更有一些"逐臭之夫",非一亲"芳"泽而不罢休,如《采菲录》中录有一首咏小脚的诗如下:褪去香鞋见玉钩,嫩如春笋实温柔。捉来不向牙尖啮,总觉情丝袅不休。

清代方绚还曾仿宋代张功甫《梅品》之意,写了一篇《香莲品藻》,系统地论述女子小脚之美及赏玩之法,有"五式""三贵""十友""九品"等等说法,比如"香莲九品"为:神品、妙品、仙品、珍品、清品、艳品、逸品、凡品、厌品。最高为神品:"农纤得中,修短合度,如捧心西子,颦笑天然、不可无一,不能有二。"此类恋脚癖,将对

· 悬而未决的文化难题 ·

图文珍藏版

小脚的赏玩当成风雅的艺术,甚至将小脚当成性具,认为一双纤足集中了女性全身之美:"眉儿之弯秀,玉指之尖,乳峰之圆,口角之小,唇色之红,私处之秘,兼而有之。"清代李汝珍在《镜花缘》中批判说,使女子缠足,"与造淫具何异?"

小脚除了可以满足男子变态的性心理以外,还有一个作用,就是使女人无法远行,被禁锢在家中,因此女子缠足也得到封建卫道士们的支持和推行。《女儿经》云:"为甚事,缠了足?不因好看如弓曲;恐他轻走出房门,干缠万裹来拘束。"缠足使无数女性经受了肉体上的残害和精神上的折磨,"小脚一双,眼泪一缸",一语道尽了小脚女人的悲苦。明·冯梦龙《山歌·卷十》有一首桐城时兴歌《送郎》云:送郎送到五里墩,再送五里当一程。本待送郎三十里,鞋弓袜小步难行。断肠人送断肠人。

能够勉强走十里路还是很不错的,清·李渔《闲情偶寄·声容部》记载:"宜兴周相国,以千金购一丽人,名为'抱小姐',因其脚小之至,寸步难移,每行必须人抱,是以得名。"双脚小到寸步难行的地步,可算是登峰造极了。

缠小脚是何时结束的

缠小脚一直被视为美,到了元代,还规定只有有钱人家的女子才可以缠足。而明代更有禁令,贱民阶层的女子是不许缠足的。

清朝入主中原后,起初极力反对汉人的缠足风俗。顺治二年起就下诏禁止,康熙元年又下诏禁女子缠足,违者罪其父母。但此时缠足之风已是难以停止了,康熙七年,王熙奏免其禁,于是民间又可以公然缠足了,旗人女子也纷纷仿效。到了乾隆时,多次降旨严责,不许旗人女子缠足,于是在旗人中此风稍敛,但汉人却越来越为小脚癫狂,缠足风气大盛。这件事,被渲染为所谓的"男降女不服"。因清兵入关后,有"剃发令",在武力高压下,汉族男子最后不得不屈服执行,故而男子剃发,被视为向清廷屈服的象征。与此同时,女子缠足虽也同样为清廷下令停止,但后来并未达到禁止的目的,故而有"男降女不降"之说。

正因为此,妇女缠足在清代可谓到了登峰造极的地步,社会各阶层的女子,不论贫富贵贱,都纷纷缠足。甚至远在西北、西南的一些少数民族也染上了缠足习俗。男子娶妻,非小脚不可,竟以大脚为丑为耻。而汉族女人却凄凄然欣赏着自己残缺的脚说:"女人生来就是待在家里相夫教子的,又不东跑西颠,要那么大的脚干吗?"随着社会对小脚的欣赏崇拜之风日盛,对女性的身心摧残也到了无以复加的程度。

清朝中后期的太平天国运动,也曾推行禁止缠足运动,但最后依然未能成功。到了清朝末期,开始推行反缠足运动,成立许多天足会。

中华民国成立后,临时大总统孙中山于1912年3月13日发布命令,通告全国劝禁缠足,不缠足运动更加轰轰烈烈地在全国展开。

至此,"缠足"在法令上得到禁止,中国的缠足风俗开始从沿海大城市消失,并逐渐影响到内陆地区。缠足风俗的完全消失,最晚则是在1940年甚至1950年以后。这种残忍变态的审美终于结束了,女性得到了前所未有的解放。

《永乐大典》为何无一正本
——《永乐大典》正本下落疑案

明成祖朱棣即位之初,为了证明自己的文治武功,组织编纂了一部大型"百科全书"。这部书就是《永乐大典》。但修成之后,此书就被束之高阁,消失在众人的视野。现今传世的《永乐大典》都是副本,无一正本。《永乐大典》正本为何不知所踪?它究竟在哪里呢?

千古奇书惊现在"金匮"之中

千古奇书《永乐大典》编纂于明永乐年间,初名《文献大成》,是中国的百科全书式的文献集,全书目录60卷,正文22877卷,装成11095册,约3.7亿字,这一古代文化宝库汇集了古今图书七八千种。《永乐大典》常遭浩劫,大多亡于战火,今存不到800卷。

《永乐大典》是中国最著名的一部大型古代典籍,它的规模远远超过了前代编纂的所有类书,为后世留下许多丰富的故事和难解之谜。

相传,明成祖朱棣即位之初,为了证明自己的文治武功,组织编纂了一部大型"百科全书"——《永乐大典》。据说有三千人参与编纂,历时三年,终于修成。明成祖甚是满意,亲自作序赐名。但修成之后,此书就被束之高阁,消失在众人的视野,令人十分遗憾。

明朝之后，当《永乐大典》"重出江湖"时，已是其成书 250 年后的康熙年间。

《永乐大典》再现江湖，天下已不是原来的天下，明朝已成明日黄花上百年，努尔哈赤的子孙占据中原多年，康熙正将清王朝推向巅峰。清朝康熙年间的一天，内阁学士徐乾学、翰林院侍讲高士奇等官员，推开了北京南池子大街的皇史宬大门。这是一座古老的皇家档案馆，建成于明朝嘉靖十五年。这也是一座独特的建筑，整个建筑用大石头雕砌而成，防火防潮，能很好地保存各种皇家档案。明清两朝历代皇帝实录、皇帝家谱等，就存放在这里特制的"金匮"中。让人惊讶的是，明末以来近百年间一直下落不明的《永乐大典》也在其中。但据记载，这个时候《永乐大典》已经残缺不全了，它终究没有逃脱厄运。

朱棣

现在，在中国国家图书馆的地库里，收藏有 161 册举世闻名的《永乐大典》。从明成祖朱棣编写《永乐大典》至今，已经有 600 多年。在漫长的岁月中，《永乐大典》经历各种不幸遭遇，丢失了一万多册。目前全书仅有不足百分之四，400 册左右的《永乐大典》流散在世界各地。然而，专家们发现，目前全世界所能见到的《永乐大典》都有一些共同特征：每本书的书后都注明了当时的重录官员，而这些官员全都是明朝嘉靖皇帝时期的官员。

这就是说，目前世界上所有能见到的《永乐大典》都不是永乐年间编纂的，都是副本。那么，《永乐大典》的正本在哪里？

深埋于永陵还是被焚毁

《永乐大典》为何会有正本和副本之分呢？

据史书记载，《永乐大典》修成之后，明朝各代帝王中查阅过《永乐大典》的却寥寥无几。明世宗嘉靖皇帝却是一个例外。嘉靖皇帝虽然昏庸，但似乎对《永乐大典》产生了特别的兴趣。与其他皇帝不同，嘉靖皇帝的案头常常放置了几册《永乐大典》以便随时翻阅。

一直以来,嘉靖皇帝很想将《永乐大典》重录一部,同大学士徐阶谈过多次。但这个想法都因为工程过于浩大,重录难度太高,而被搁置下来。嘉靖皇帝当然也应该非常清楚,要重录这样一部大型书籍,其难度可想而知。那么,又是什么事情让嘉靖皇帝下定决心,克服各种困难,开始重录《永乐大典》呢?

据史书记载,嘉靖三十六年(公元1557年)四月,皇宫发生大火,火势连绵。存放《永乐大典》的文楼受到威胁,情况非常危急。大火消息传来,让嘉靖皇帝感到最为担心的就是《永乐大典》的安全。他一夜下了三四道命令,令左右登上文楼督促抢救《永乐大典》。幸亏抢救及时,《永乐大典》才能逃过这次浩劫。嘉靖皇帝因此心有余悸,决心将《永乐大典》重新抄录一部,"两处收藏,以备不虞"。

大火之后的第五年秋天,工程浩大的重录工作正式开始。工作进行了整整六年,直到嘉靖皇帝去世,重录工作还在进行。新皇帝明穆宗继位之后,重录工作才得以完成。

据史书记载,重录的《永乐大典》在内容、格式、装帧方面与原本如出一辙,令人叹为观止。此后,《永乐大典》便有了两个版本。现在人们习惯于把永乐年间的第一个版本称为正本,把嘉靖年间的重录本称为副本。这就是说,国家图书馆收藏的所有《永乐大典》全都是明朝嘉靖时期的副本。

不仅如此,历史上被八国联军毁掠的是明嘉靖后期重抄的副本,流失海外和国内陆续搜集的残本也均为嘉靖重录副本或其抄本。而《永乐大典》的正本至今一卷也没有发现,并且其下落也一直不见准确的记载。这就是说,《永乐大典》正本失踪了!

《永乐大典》正本究竟何去何从? 它还存在于这个世界上吗? 如果存在,它到底在哪儿? 如果已经不存在于世界上,它又是什么时候被谁用什么方式毁灭的? 对于正本的下落,为什么历代史书中不见任何准确记载?《永乐大典》正本下落之谜成了"中国书籍史上的最大疑案"。

关于正本的第一种说法,毁于清乾清宫大火说。清朝末年的一位学者缪荃孙提出了这种看法。乾清宫的历史可以追溯到清顺治十二年(1655年),康熙八年重修。然而,我们目前所见的乾清宫并不是建成于这个年代,而是在1797年嘉庆二年之后重建的。重建的原因,正是嘉庆二年发生的一次大火,将整个乾清宫几乎彻底毁灭。那么,《永乐大典》正本是否像缪荃孙所说,在当时藏于乾清宫,而且不幸毁于这场大火呢？有人对这种说法提出了不同意见。乾隆九年至四十年间，清政府曾对宫中藏书进行清理，所有善本典籍全部集中在一起，编成了《天禄琳琅书目》。《永乐大典》是书籍中的庞然大物，又有一万多册，假如正本在乾清宫，是极容易发现的，怎么可能不编入《天禄琳琅书目》？

无独有偶，史书中关于乾隆时期曾经大规模查访《永乐大典》的记载似乎也质疑了《永乐大典》正本毁于乾清宫大火的真实性。乾隆年间编纂《四库全书》时，因为要从《永乐大典》衰辑佚书，曾经在宫里宫外都查找过《永乐大典》。当时有人怀疑在康熙年间修书时，徐乾学、高士奇等人常在皇史宬翻阅此书，有可能取走查阅未能交回。于是乾隆下令两江总督高晋、浙江巡抚三宝到两家查访。特别讲明《永乐大典》是官物，即使当年拿取，也是无意收藏，只要交出，并不追究，但一本也没有找到。

假如当时正本存放在乾清宫，何必舍近求远去寻查副本呢？这样看来，既然正本毁于乾清宫大火的说法站不住脚，那么正本的失踪会不会早在清朝以前呢？

关于正本失踪的第二种说法是毁于明亡之际说，被李自成焚毁了。崇祯十七年的三月，李自成和他的大顺军队攻占北京，四月二十九日，李自成即位称帝之后便匆匆撤离北京。他将怒火发泄在京城这些几百年的宫殿和城楼上，下令放火焚烧。在这样一个人人自危的乱世，已经没有人会去顾及一部书的存在和命运。《永乐大典》正本是否在此时无声无息地全部化为灰烬了呢？然而，这种说法也没有真凭实据。

关于正本失踪的第三种说法是在永陵之中。

前面提到嘉靖皇帝重录时明确强调，"两处收藏，以备不虞"。"两处收藏"是否暗示着什么呢？《永乐大典》正本最后的出现时间是在嘉靖的丧葬期间，所以有人认为这两者之间应该有密切的关联。

在《明实录》中有关嘉靖丧葬和《永乐大典》重录两件事的大量记载中，有这样几个日期："嘉靖四十五年（1566 年）十二月十四日（庚子），嘉靖帝崩，年 60，在位 45 年。""三月十七日（壬申），嘉靖帝入葬永陵。""四月十五日（戊戌），隆庆帝赏赐重录《永乐大典》者。"

嘉靖的丧葬与正本的失踪难道真的存在某种巧合吗？中国古代皇朝修典既成，在大肆张扬进行褒奖的同时，必然会记载该书典藏于何处，并在官修书目中着录,以彪炳皇恩浩荡。这已是历代皇帝修典的定式。《永乐大典》的重录却没有这样做,成为仅有的特例。这是为什么?是不是有意的隐瞒呢?

有人认为《永乐大典》正本的消失,带有明确的人为的突然性质,而人为的焦点显然在嘉靖皇帝。他对《永乐大典》如此珍爱,对重录倍加关注,却又给后人留下了暧昧的"两处收藏"。在他下葬之后,《永乐大典》正本也从此销声匿迹。因此,令人立刻联想到他自己几乎经营了一生的地下皇宫——永陵。对于中国古代帝王来说,死后要带走自己生前所喜爱的东西,无一例外地都会选择陪葬这种方式。

当然,《永乐大典》正本是否做了嘉靖皇帝的陪葬物,在打开永陵地宫之前,只能是一个合理的推想。对于现在的人们来说,更为现实的课题是:如果《永乐大典》正本确实保存在永陵地宫中,经过400多年的岁月,它们是否依然能保持完好?一旦将来有可能出土,我们应该怎么更好地保护《永乐大典》?

如果《永乐大典》正本被嘉靖皇帝带入永陵,将来正本的出土无疑将让整个世界为之震惊。

然而,这一切猜想在打开永陵地宫之前只能是一个理论上的假设。消失了几个世纪的《永乐大典》正本,也许还有更多未解的谜团等待着人们去不断地探寻。

古典文学《水浒传》和《红楼梦》的作者之谜

《西游记》《水浒传》《三国演义》《红楼梦》并称为我国古典文学的四大名著。《水浒传》是我国古代第一部农民起义为题材的长篇白话小说。小说通过梁山英雄从个人复仇到集体反抗而最终又失败的悲壮历程,塑造了农民起义的众多英雄形象,它深刻地揭露了封建统治阶级的罪恶,歌颂了反抗封建压迫的英雄人物,揭示了封建时代尖锐的社会矛盾和起义产生、失败的社会根源。其中的宋江、鲁智深、林冲、武松等梁山好汉,流传了几百年,家喻户晓。但是,它的作者是不是施耐庵呢?

四大名著中又以《红楼梦》成就最高,达到了我国古典文学的顶峰。《红楼梦》成书至今已有200余年的历史了。作为我国最重要的一部小说,它不仅感动了中国人,也得到了世界人民的重视与喜爱。《红楼梦》有各种不同的版本,数十种续书,流传到世界各国。长期以来,人们普遍认为曹雪芹只写了《红楼梦》的前80回,后40回是清代文人高鹗所写。然而由于《红楼梦》的成就如此之高,人们对它的热爱如此之深,曹雪芹心中的《红楼梦》的后40回究竟如何,一直成为文学界乃至热爱"红楼"的人的一大遗憾。

《水浒传》的作者是谁

《水浒传》的故事取材于北宋末年宋江领导的一次农民起义,历史上确实有宋江等36人起义反抗北宋朝廷一事,起义给了当朝统治者沉重的打击,但最后还是失败了。《徽宗本纪》和《张叔夜传》等文献都记载了此事。后来这个故事就在民间广泛流传,而且不断丰富与充实,在南宋时被民间的说话艺人用说话的形式继续传播,到了宋末元初时,就被人写入了《大宋宣和遗事》话本,到了元代,戏剧艺术空前繁荣,当时杂剧表演中就有《水浒》戏,百回本《水浒传》的问世是在元末明初,从民间口头流传到说话艺人话本再到文人的加工创造而成,这是一个相当漫长的过程,然而这项再创造、再加工的工作难度非常大,它的完成者究竟是谁,学术界目前还有很大的争议。

大多数的人还是对施耐庵是这一名著的作者持肯定意见的:施耐庵是江苏兴化人,他出身船家,家境贫寒。童年时随父到了苏州,13岁时在苏州附近的浒墅关读书,29岁时中举人,后来经朋友推荐,到山东郓城任训导。在山东,他遍搜梁山泊附近有关宋江等人的英雄事迹,熟悉了山东的风土人情,有关他搜集这些事迹还有很多有趣的记载。35岁时施耐庵考中了进士,到钱塘任县尹,两年后因与当权者不合,任期不满便辞官回苏州,在家从事创作。后来,施耐庵做了起义领袖张士诚的幕僚,这使他熟悉了农民起义军的军营生活和许多起义军首领。时间一长,施耐庵发现张士诚等首领日益骄逸,料

施耐庵

想他们肯定不能成功,于是便离开了张士诚,居住在常熟河阳山和江阴祝塘一带以教书为生,并根据民间故事和说话艺人话本,还有自己所搜集的资料,潜心创作《水浒传》。张士诚失败后,朱元璋搜捕有关人员,施耐庵为了避祸,只好到现在大丰区的白驹镇定居,并继续《水浒传》的创作。《水浒传》一书著成后,在民间流传甚广。朱元璋看到此书后愤怒至极,将施耐庵关进刑部天牢。后经刘伯温的帮助,托病就医被释放,施耐庵在天牢关了一年多,精神上、肉体上都受到很大摧残。出狱时,已是瘦骨嶙峋,步履艰难了,不久后,他就去世了。从《水浒传》这篇名著里我们可以看出施耐庵的爱憎,他对于朝廷、皇帝的昏庸的憎恶,对奸臣当道的痛恨,对于有才识之人在这个社会当中难以生存的这种不满,他在那些英雄人物身上也寄托了自己的理想和希望。明人胡应麟《少室山房笔丛》认为,虽然《水浒传》的创作大体上经历了从南宋初年到元末约134年的时间,是群体创作与文人加工润色后的结果,但是,它的主要创作人还是施耐庵。这个观点是大多数人都接受的,而且,至今所有版本的《水浒传》基本上都冠有施耐庵的名字,《水浒传》的作者是施耐庵,也成了基本的文学常识。

另一种观点则认为《水浒传》的作者是罗贯中,罗贯中是施耐庵的门生,根据考证,罗贯中所做的《三遂平妖传》的21篇赞词中,有13篇被插入到《水浒传》中,这种情况表明,两书的作者是同一个人,就是罗贯中。而且他们认为罗贯中创作的《三国志通俗演义》和《水浒传》之间存在的差异正好表现了作者在世界观方面发生的变化。

还有人认为《水浒传》是施耐庵和罗贯中师生二人通力合作而完成的,施耐庵死后,罗贯中在淮安又住了几个月,他把施耐庵留下的书稿做了番整理后,动身到全国的刻书中心——福建的建阳去,准备把《水浒传》刻印出来。可是,这里所有的书坊,没有一家敢刻印。罗贯中只好在建阳住下,这期间,他又将《水浒传》重新做了纂修和编次,同时集中精力,写成了《三国演义》。不久后,他也染病,离开了人世。明人高儒《百川书志》著录有《忠义水浒传一百卷》,题为“施耐庵撰,罗贯中编次”。大多数学者认为《百川书志》所载是《水浒传》的祖本,材料很有权威性。此外,天都外臣作序的《水浒传》题署“施耐庵集传,罗贯中撰修”,是如今能见到的最早的《水浒传》的版本,也很有权威性。这又可佐证施耐庵和罗贯中两人都是此书的作者。

部分学者还认为《水浒传》的作者是郭勋,他组织门客,参考了宋元人的话本、诗词、笔记和元杂剧等编写而成的。他们提出的论据有两个:一是明初时尚无人提及《水浒传》,郭勋的百回本《水浒传》应该是《水浒传》的最早版本,现在见到的最早谈到《水浒传》的文献出现在嘉庆年间,此时明朝已经灭亡一百多年,所以《水浒传》不可能产生在元末明初。

二是《水浒传》里的不少地名都是明代的建制,元末年明初的人不可能写出来。这说明元朝末年的施耐庵不可能是《水浒传》的作者。而《水浒传》上所署的施耐庵,很有可能也不是真实姓名,而是为逃避祸害而取的别名。

这些观点各执己见,也没有一种观点能够理由充分地驳倒其他观点,《水浒传》的作者究竟是谁,到目前为止还没有定论,有待学者们进一步考证。

高鹗续写了《红楼梦》吗

"高鹗续书说"最早是由我国大学者胡适提出来的。他最早看到《红楼梦》的时候,认为小说的诗词是在暗示人物的命运和结局,但是看到后来,有些人物的结局并不按照诗词所预言的那样。所以他提出小说的前80回和后40回有矛盾,进而猜测《红楼梦》可能是由两人所写。同时,经他考证,高鹗的同年进士张船山在《赠高兰墅鹗同年诗》题解中写道:"传奇《红楼梦》后四十回俱兰墅所补。"于是胡适便将补书的作者认定是高鹗。这种观点提出后长期被人们接受,也就是很多人普遍认为《红楼梦》后40回是由高鹗所写的原因。对于高鹗补写后40回,也有不同的说法。一种说法是高鹗根据自己的喜好编出自己喜欢的后40回,自娱自乐,还有一种说法更可笑,那就是高鹗奉清廷的要求,修改和续写"红楼",所以在思想上必然受到约束。

然而,随着对内容的进一步研究,很多学者、专家认为高鹗不可能续后40回《红楼梦》。首先,从高鹗的生平来看他不可能续写《红楼梦》:高鹗,字兰墅,一字云士,清代文学家。因为他酷爱小说《红楼梦》,所以自取别号"红楼外史"。他是汉军黄旗内务府人,祖籍铁岭(今属辽宁)。他于乾隆五十三年(1788年)中举人,六十年(1791年)中进士。据胡适考证,高鹗续写"红楼"的时间是在1791~1792年,只有两年的时间。然而,这么短的时间,高鹗可能写出占原书一半篇幅的后40回吗?高鹗怎么可能求取功名的时间里花如此多的精力续写《红楼梦》?这显然是件不合情理的事情。其次,高鹗续写"红楼"的时候,真本的《红楼梦》并没有完成太久,可能根本就没有消失,只是零散不全,需要补充,那么高鹗何必又要舍弃原来的而自己另写后40回呢?难道他想替曹雪芹干活,自己做无名英雄吗?

而且据我国的红学专家周汝昌老先生考证,《红楼梦》的结果不是高鹗所续的那样,而是在大抄家后,贾府全家败落,在贾环及赵姨娘等的密告下宝玉和凤姐入狱,后来被小红(红玉)和贾芸搭救,凤姐因此心力交瘁而亡,宝玉沦为更夫时宝钗也已郁郁而亡。在抄家前黛玉与湘云投湖自尽,后来史湘云被搭救,沦落风尘。最后与宝玉邂逅二人结为夫妻。这才是故事真的结局。这么说,高鹗续书又何必两头不讨好呢?

我们再来看看曹雪芹。传说他曾"披阅十载,增删五次",这说明《红楼梦》很可能本来就已经写完了,只是一些原因,我们没有看到后40回。那么高鹗是否真的续写后40回呢?

目前,一些专家学者认为高鹗不仅没有续写后40回,而且现存的红楼梦都是曹雪芹本人所写。据他们考证,将1959年山西发现的《乾隆抄本百廿回红楼梦稿》(简称《红楼梦稿》)与其他所有版本进行了比照,发现《红楼梦稿》才是曹雪芹的手稿本,而其他所有版本都是曹雪芹在这部稿本上一边修改一边由不同的人抄录出去的。只是由于全书修改的时间很长,抄出去的版本很多。另一方面,从语言上来考证,全书120回通用的语言风格都是南京话,而东北人高鹗是写不出来的。况且,"红楼"中的人物是变化发展的,不一定与诗词的预言发生矛盾。

无独有偶,一位计算机专家从数学统计方面入手,在语言风格上,通过计算机的统计、处理、分析,也对《红楼梦》后40回由高鹗所作这一流行的看法提出了异议,认为120回都是曹雪芹所作。

《红楼梦》后40回到底是由谁续写的?也许这并不重要,正如断臂维纳斯的完美之处,因为不完美而完美,后40回是给读者留个想象空间。到底是谁误读了《红楼梦》?高鹗是否钻了只有80回的这个空子?他是否真见到了80回以后的残稿?到底他的40回续书,和雪芹真书有无关系?这成了一个历史之谜,不过也正是因为后人的续写,才使得《红楼梦》这一经典成为一部有始有终的完整作品。

意境幽远意难测
——李商隐"无题诗"之谜

晚唐诗人李商隐一生诗作很多,文采斐然,与杜牧合称为"小李杜",他的传世诗作有600多首,可分为政治诗、咏史诗、抒情诗、咏物诗、无题诗五大类。其中,李商隐的"无题诗"成就最大,这类诗约占他总创作量的十分之一以上。李商隐无题诗中最著名的一首如下。

相见时难别亦难,春风无力百花残;春蚕到死丝方尽,蜡炬成灰泪始干。晓镜但愁云鬓改,夜吟应觉月光寒;蓬山此去无多路,青鸟殷勤为探看。

从表面上来看,他的无题诗意境幽远,是以淡淡的情思、华丽的辞藻来表达自己忠贞不渝的爱情和相思的痛苦。然而,其中所蕴含的真正含义,却是十分隐晦、难以理解的。时至今日,李商隐的无题诗依然是一组可望而不可即的美丽谜团。

李商隐

如果以上面那首《无题》为例,单从字面分析,首联写离别时的依依不舍,次联写对女子的苦苦相思之情,三联设想女子也在日夜思念着他,末联则笔锋一转,想象着青鸟替他传书,帮他探望远在他乡的意中人。

但细细想来,又觉得有很多疑问,诗中的"女子"指的是谁?"蓬山"又意喻何物?长期以来,针对这些问题,很多人提出了自己的看法,然而到现在还没有定论。

有学者认为,这首《无题》诗根本就不是爱情诗,李商隐只是想借用诗的形式,来表达自己在仕途上的失意落寞却不甘沉沦的心情。据说,李商隐本人也否认这首《无题》是爱情诗,只是借用一些事物来表达自己的某些情感。

既然这首《无题》不是爱情诗,那么李商隐想借助这首诗寄托什么呢?大家可以试着从李商隐的生平中寻找蛛丝马迹。李商隐生于唐宪宗元和八年(公元813

年），怀州河内人。他从小才华出众，17岁就受到太平军节度使令狐楚的赏识，三次资助他到长安赶考。25岁时，经令狐楚的极力推荐，李商隐终于考取了进士，并留在朝中任校书郎。由于令狐楚十分偏爱李商隐，他的儿子对李商隐的印象也特别好。可是，不久之后，令狐楚去世，这使李商隐在政治上失去了靠山。只好投奔当时的经原节度使王茂元，并娶了王茂元的女儿为妻。

当时，朝廷里的官员分为势不两立的两大派，即以李德裕为首的李党与以牛僧孺为首的牛党。当时，牛李两党恩怨很深，明争暗斗，长期争执不下。正是这种党派之争，给李商隐的仕途埋下了祸根，也是导致他烦闷的原因。而后世推测，这也许就是这首《无题》诗的背景。

综合以上的分析，一些学者就推而广之，认为应该把李商隐的无题诗系列看作是他的一种感情寄托。清代的学者朱鹤龄认为，男女之情与君臣朋友之情完全相通，如《楚辞》就是借"芳草""美人"来表达君臣之情的。试想，李商隐因为党派之争，身处政治的漩涡之中，讲话作诗怎么敢直抒胸臆呢？因此，他的无题诗不能看作是情意绵绵的爱情诗。清化的吴乔和冯浩也支持这一观点，他们认为，李商隐的无题诗多是有所寄托，单纯表达爱情的很少。在当时的政治环境下，李商隐并不敢直抒心意，只好借男女情爱来表达这种既渴望又怨恨的复杂心理。

但是，还有一些学者认为，分析李商隐的无题诗要区别对待。这种提法以《四库全书》"提要"为代表。"提要"指出，李商隐的无题诗有表寄托的，如"来是空言去绝踪"等；有表达缠绵悱恻的爱情的，如"近知名阿候"等；有实属狭邪者，如"昨夜星辰昨夜风"等；还有失去本题的，如"万里风波一叶舟"等。如果一概以美人香草来理解，就有可能出错。但是，一旦涉及具体篇章分类时，又往往各执一词了。

其余的学者则认为，分析李商隐的无题诗要就诗论诗，不能坚持同一个标准。这种意见以清人屈复为代表。他认为，任何诗都有作者的某种寄托，只是有些可以分析到，有些则无法知晓而已，如"月中箅□斗婵娟"，"终遣君王怒僵师"诸篇皆是表达男女之间的爱情，但也有寄托。如果非要弄清诗中的寄托之意，还需要认真斟酌。

实际上，到底如何解读李商隐的"无题诗"，至今仍无统一意见。现在流行的观点认为，对于一般读者，姑且把它当作爱情诗来读，领略他细腻的笔触，精美的用词，深沉隽永的情感。至于有无寄托，寄托了什么，还是留给专家学者们去研究吧。

传世名画的纠结
——《清明上河图》的含义之争

北宋画家张择端绘制的长卷风俗画《清明上河图》，属国宝级文物，现存于北京故宫博物院，它与唐代画家韩滉创作的《五牛图》一同被称为画苑"国宝"。最早收藏《清明上河图》的是宋徽宗（赵佶），用"瘦金体"书写的"清明上河图"真迹和双龙小印（宋代皇帝的闲章，用于鉴赏或收藏艺术品时钤记），可证明此画最初被收藏在宋代皇宫内。公元1126年"靖康之耻"中，随着汴京陷落，这幅名画和宫中所有名贵文物，都被金人掠走了，但金人起初却没意识到此画的价值。又过了59年，即金世宗大定二十六年（1186年），金人张著最早在《清明上河图》上撰跋文转引《向氏评论图画记》说，证实宋人张择端有《清明上河图》及《西湖争标图》。这样《清明上河图》的名称才终于被确定下来。

《清明上河图》（局部）

然而，《清明上河图》中的"清明"与"上河"两个词都包含哪些含义呢？

《清明上河图》的专家学者们通过对"清明"一词的考证得出三种观点：一，"清明节之意"；二，"清明坊之意"；三，"清明盛世之意"。

持"清明节"观点的专家学者，有我国文物鉴定专家郑振铎先生和书画鉴定专家徐邦达先生等。其中，郑振铎先生甚至指出"清明"就是清明节这一天。据明代的《味水轩日记》中记载，这幅画不但有宋徽宗的"瘦金体"题签、双龙小印，并且还有宋徽宗的题诗；诗中有"水在上河春"一句。由此推断，这画卷描绘的应该是春天清明节的景色。

持"清明坊"观点的专家学者,有河南开封中学的孙宪易先生。他在1981年《美术》杂志第二期上发表的《清明上河图的"清明"质疑》一文中,通过对木炭、石磙子、扇子、西瓜、服饰等的考证研究,提出了八点质疑,认定《清明上河图》上所绘是秋景。"清明"之意是指"清明坊"。根据是当时东京城划分一百三十六坊,外城东郊区共划分三坊,而第一坊就是"清明坊"。

持"清明盛世"观点的专家学者,有著名鉴定专家史树青先生。他认为,清明不是指清明节这一天,而是含有称颂太平盛世的寓意,而"清明"即政治清明。

河南大学历史系教授周宝珠先生在对《清明上河图》进行了几十年的细致地考证后,在他所编著的《清明上河图与清明上河学》一书中,提出了对孔宪易先生秋景之说的质疑。其中,对扇子的考证资料叫人折服。《清明上河图》中有十多处场景出现了扇子,这是孔宪易先生产生秋景说法的原因之一。周宝珠教授考证认为,在北宋时期,扇子除了有拂暑驱蝇主要功能之外,还另有他用。在当时,扇子可题诗作画、扑卖馈赠,还可用于"便面"。然而"便面"这一风俗由来已久。书生文人、达官显贵、平民百姓在街上碰到熟人不愿寒暄时,就以扇子遮面,对方心领神会并不责怪,并且会认为此为礼貌之举,故曰:"以扇遮面,则其两便。"由此看来,"便面"习俗是不受季节影响的。

周宝珠教授对"政治清明"一说持肯定态度,并进一步证明了这种可能性。北宋长期实施的"偃武修文"的国策,使国家经济繁荣,人民生活富足,出现了一派太平盛世的景象。这一时期的文人官宦,为了仕途腾达,无不争相歌颂当朝皇帝的政治清明。而《清明上河图》中展现出的磅礴气势和繁盛景象,最能反映北宋"偃武修文"的治国成就。如果称太平盛世显得太过露骨,"清明上河图"这五字却一语双关,弦外有音,实在是拍了个很妙的"马屁"。不过,也有学者提出疑义,虽然《清明上河图》中展现了磅礴气势的繁盛景象,但是其中也描绘了乞讨的乞丐、街上跑着的猪以及官衙门口坐着懒散的士兵,这些与太平盛世相悖的另一番景象又该如何解释呢?

许多专家学者对于《清明上河图》中的"清明"有着如此多的解释与争论。那么《清明上河图》中的"上河"又代表什么含义呢?长期以来,专家学者们对"上河"二字的含义同样众说纷纭。现在,对于"上河"的含义主要形成了四种观点:一,

"上河"是指"河的上游";二,"上河"是"逆水行舟"之意;三,"上河"即"上坟"之意;四,"上河"即"赶集上街"之意。

根据《东京梦华录》中记载,汴河自西京洛口分水入京城,东去泗州人淮,运东南之粮。根据这段文字,由西北向东南是下水,反之是上水。因此,有专家学者认为"上河"即汴河上逆水行舟的意思。

但是,也有专家学者提出了不同的观点。根据《清明上河图》明代李东阳的题跋记载:"上河者云,盖其世俗所尚,若今之上冢然,故其如此也。"一些专家学者以此为据,提出了"上河"即是"上坟"一说。然而,还有专家学者则提出了不同的观点,认为"上河"不能作为动词解释,而应该作为专用名词解释,即"上河"应该是指御河。

虽然关于《清明上河图》的谜团,很多后人都提出了自己的见解,但是除了创作者张择端本人,恐怕后人很难揣摩他当时的创作意图。也正因如此,关于《清明上河图》的争论也许还将继续下去。

路易十四的囚徒——铁面人

"铁面人"被路易十四关押34年之久,无人见过他的真实面目。有人认为他是路易十四的亲生父亲,有人认为他是路易十四的兄弟,还有人认为他是当时法官兼警察头子拉雷尼。

1789年7月14日清晨,愤怒的巴黎市民手执武器涌向巴士底狱,在他们呼喊中巴士底监狱被彻底摧毁。人们在监狱的入口处发现了一行字——"囚犯号码64389000,铁面人",正是这一行字引起了后世的无限猜测。那么"铁面人"是谁呢?

最早在作品中提到"铁面人"的是法国伟大启蒙思想家伏尔泰。他在其名著《路易十四时代》有这样一段记录:"1661年,一位身材修长、举止优雅的神秘客人来到了圣玛格丽特岛上的一座城堡。之所以说他是位神秘的客人,是因为他的头上罩着一个特制的铁皮面罩,并且被严令禁止摘掉。由于在下颌部装有钢制弹簧,并不影响喝水吃饭,因此不论是在押解途中还是被囚禁在监狱里,从来没有人见过他的真面目。这个神秘的囚犯无疑是个重要人物。可是在这位神秘人物被押送到圣玛格丽特岛时，当时欧洲并没有什么重要的神秘人物失踪。在圣玛格丽特岛上关押了一段时间后，这位"铁面人"被移至巴士底监狱监禁。在当时法国最黑暗的监狱里，他受到了特殊的优待：住的地方非常舒适，吃的东西也都是根据他的口味专门制作，另外还有医生定期为他检查身体。1703年，这位头戴面具在监狱里度过了大半生的神秘人去世了，当晚便被葬在圣保罗教区。"然而，这位囚犯死时和活时一样，不露面容，和其他死在巴底士监狱的人一样，埋葬时使用假名，在档案里记载的名字是"尤斯塔奇·道格"，职业是仆役。

一位法国公主寄给英国皇室友人的一封信也曾提到过这名被关押了三十四年的"老囚犯"："这么多年来，巴士底狱一直住着一个戴着面罩的人。两名武士贴身守护，只要他一摘面具便会被杀死……除此之外，他生活得非常舒服，各项供应无缺……这里面肯定有蹊跷，也没有人知道他是谁……。"

这个神秘的囚犯到底是谁？为什么要戴着面罩？是因为什么被关押？又为什么会受到路易十四的特别优待？对于这些问题，欧洲的历史学家们提出了多个不同的说法。

在法国大革命后影响比较深远的一种看法是，"铁面人"是路易14的亲生父亲，这一观点得到了政治家及学者奎科斯吾勋爵以及法国社科院院士潘约里的支持。根据史料记载，路易十三与王后安娜不合，分居达14年之久，也一直无所出。在当时担任红衣大主教的黎塞留的调和下，两人才重归于好，并在和好后不久生下了路易十四。有人猜测，在王后和法王和好之前已经与一位贵族有了孩子；也有人认为，是黎塞留为了自己的权力，说服王后，为她物色了一位面首，生下了路易十四。总之，长久以来，路易十三和路易十四的父子关系一直受到人们的质疑。

如果这个说法是真实的，那么很可能在王后和法王和好后，与王后交好的贵族为了掩人耳目被迫远走他乡。后来在路易十四登基后，他可能认为已时过境迁或者希望从权威赫赫的儿子那里得到优待，于是悄悄返回法国并向路易十四说出了事情的真相。但路易十四害怕丑闻暴露令皇室难看，甚至影响自己的地位，于是决定将生父完全隐藏起来。他不忍心对生父下毒手，只好给他戴着面罩，送到监狱里生活，并给予最好的照顾，但除狱吏外不能与任何人接触。

有人认为，"铁面人"是法王路易十四的长兄。路易十四阴谋夺取了他哥哥的王位,为了掩盖真相,对其判处了终身监禁,并用铁面罩掩盖他的真实模样。但是宫廷之中的权势之争向来极为残酷,用秘密处死和毒药的方式处理这类问题在当时并不少见,那么以凶残著称的路易十四何必大费周折,让自己的把柄活在世上,还给予优待呢?这种说法显示是缺乏证据支撑的。

除此之外,关于"铁面人"的真实身份还有多种说法。一种观点认为,"铁面人"是当时的警察头子兼法官拉雷尼;还有一种观点认为"铁面人"是路易十四时期的国务秘书马基欧力;也有人认为是当时的财政大臣富凯。然而上述任何一种观点,似乎都有道理,但同时也都缺乏有力的证据。据说在 18 世纪,法国国王路易十五、路易十六都曾下令调查过"铁面人",但最终都不了了之。因为,所有关于"铁面人"的资料,都被有意识地进行毁坏和掩盖,留下了的史料不仅凌乱不堪,而且还相互矛盾。法国记者阿列兹在整理收集这一谜案时曾感叹:"这实在是个难解之谜。"

冷战最大悬疑案——"007"原型失踪之谜

"007"原型之一的英国王牌特工克莱伯在执行任务时神秘失踪。有人说他叛逃苏联。有人说他被苏联士兵杀害,也有人说他被自己人杀人灭口。

自从 1962 年"007"系列影片登陆大银幕以来,詹姆斯·邦德这位充满魅力和冒险精神的英国间谍便深入人心,人们纷纷猜测邦德的原型是谁,但"007"系列小说的作者伊恩·弗莱明对此却讳莫如深。在"007"系列电影中,詹姆斯·邦德不仅风流倜傥,而且身手不凡,具有高超的潜水本领。媒体普遍认为,英国皇家海军王牌特工、最著名的"蛙人"莱昂内尔·克莱伯就是"007"的原型之一。

克莱伯出生于 1909 年,二战时加入英国陆军,后又跳槽皇家海军。由于其精湛的水下技术,很快被提升为皇家海军驻意大利北部的总潜水官,曾荣获"乔治勋章"和"帝国勋章"等多项至高荣誉。1947 年退役后,克莱伯继续在民间从事潜水活动。1950 被再次召回皇家海军,在 1956 年一次刺探苏联军舰的任务中失踪,克莱伯的失踪被称为冷战时期最大的悬疑。

根据《信息自由法案》,英国国家档案馆新近解密的一批资料再一次将人们的目光聚焦在克拉伯的失踪上面。根据资料显示,1956 年 4 月,苏联领导人赫鲁晓夫乘军舰访英期间,军情六处曾派克莱伯秘密潜近苏联到访舰队刺探情报。4 月 19日清晨,在同伴的协助下克莱伯悄悄潜入海下,从此神秘失踪。事后,英国皇家海军将领宣布,克莱伯在执行"水底装备测试任务"时未能返回,据推测已经死亡。而苏方则称在他们军舰附近发现不明潜水者,要求做出解释。由于克莱伯执行的是绝密任务,为了避免"本次行动的真正性质彻底曝光",英国皇家海军放弃了搜救克莱伯的行动。

克莱伯失踪 14 个月后,在英格兰南部奇切斯特港海岸上发现了一具身穿潜水服的尸体。由于长时间海水浸泡,再加上鱼虾咬食,尸体的头部和双手已不复存在。经过检验,这具无头尸体的主人正是克莱伯,但是死因不明。令人疑惑的是,克莱伯的前妻和生前女友都无法确认尸体,因为尸体明显没有克莱伯的"大脚趾头"。但即便是这样,英国政府还是将无头尸当作克莱伯埋葬了。对于由于当时正值冷战激烈阶段,所以克莱伯失踪事件的所有细节都成为高级机密。尽管英国政府对克莱伯之死守口如瓶,但是民间对此事真相的猜测却层出不穷。

版本一,克莱伯在靠近苏军战舰时,被苏军发现后用麻醉枪击昏,后被带到苏联,在苏联海军秘密服役。

版本二,克莱伯早在执行侦查克鲁晓夫乘坐的军舰前,就已经被苏联克格勃招降,成了苏联间谍,这次侦查只是找到了一个叛逃的机会。

版本三,克莱伯是被"自己人"灭口的。2006 年 3 月,英国《星期日邮报》引用了一条克莱伯昔日搭档西德尼·诺里斯的说法。他说,克莱伯退役后由于身体和经济的原因情绪非常低落,产生了叛逃苏联的想法。情报部门获悉后设下圈套,利用克莱伯执行任务的时候将他杀死。西德尼说:"当时我也被要求去认尸,但很明显那不是他。"还有一种说法是,克莱伯在执行任务时遇到故障,军情六处为了避免任务曝光而将其杀了灭口。

版本四,克莱伯死于苏军士兵刀下。2007 年 11 月 17 日,现年 74 岁的俄老兵科尔佐夫在一档历史探秘节目中爆料,是他当年亲手杀死了克莱伯。当时,科尔佐夫也是一名"蛙人"。他奉命下水调查在本国军舰附近出现的可疑潜水者。下水后,他发现克莱伯正在往军舰上安设水雷,两人发生搏斗,他用匕首割断了克莱伯的喉咙。

关于克莱伯失踪的种种说法,克莱伯的家人有他们自己的看法。其外甥女洛蒙德·汗德雷说:"克莱伯掌握丰富的爆破和潜水技术……我们全家人都相信克莱伯当年没有被杀死,他只是被劫持到苏联了……我们期盼真相。"

半个世纪过去了,克莱伯当时到底执行什么任务?死亡原因是什么?为什么让一名中年退役老军人去执行如此危险,并可能危及外交的任务?关于种种疑问,官方至今拒绝解释,或许我们要等到几十年后正式解密时才能揭晓这个"冷战最大悬疑案"的谜底。

困惑太多——耶稣留下的悬案

耶稣,也称基督,意思是王或弥赛亚,世界最大宗教基督教的创立者,也是西方历史上最伟大的人物之一。现代文明把时间分为公元前(即基督前)和公元(即主年)的纪年方式来纪念耶稣的诞生。可见,耶稣对人类历史的影响是巨大的。在基督教徒的心目中,他是神,是圣人,是救世主。然而,或许正是由于这一原因,耶稣又带给世人许多困惑。

探询耶稣的真实生平

众所周知,对于基督教的创始人耶稣,人们对他的历史真实性存有争议。

基督教信仰的耶稣,是福音书中记载的耶稣。信徒们综合了先知们有关弥赛亚的预言,认为耶稣的一生全都可以从先知预言中找到根据,这就证明耶稣就是上帝应许的弥赛亚。有些学者则主张福音书中的耶稣是信徒们塑造的。

据说,在耶路撒冷的加利利有一座城,名为拿撒勒,城中有一位童女玛利亚,已经许配给大卫家的一个木匠约瑟,天使加百列奉上帝的差遣来到玛利亚面前,对她说:"玛利亚,不要怕,你在上帝面前蒙恩了。你

耶稣

要怀孕生子,可以给他起名叫耶稣。他要为大,称为至高者的儿子,主上帝要把他祖先大卫的位置让给他。他要做雅各家的王,直到永远,他的国也没有穷尽。"于是玛利亚就有了身孕。善良的约瑟悄悄地把她接到家中,并一起前往伯利恒,在那里耶稣降生了。"耶稣"这个名字的希伯来文原义与"约书亚"是一个词,意思是"上帝拯救"。

耶稣出生时,东方有几位博士发现天上有一颗新星,据他们占算,这说明有一位新的犹太人之王降生。于是,他们就千里迢迢来到耶路撒冷寻找这位犹太王,并向他敬献了黄金、乳香、没药。不久,犹太王希律听说了这件事,下令将境内所有婴儿杀死,而约瑟已遵天使之命举家逃往埃及了。直到希律死后,他们才返回巴勒斯坦,住在拿撒勒,耶稣就在那里长大,所以他就被称为"拿撒勒人耶稣"。

成年后,耶稣开始在加利利传道,并行了很多神迹奇事,包括使瞎子看见、聋子听见、瘫子行走等等,影响越来越大。他还吸收了很多门徒。其中有 12 位门徒,成为耶稣的得力助手。耶稣的传道迅速得到人民的欢迎,但也遭到了犹太祭司贵族的嫉恨与反对。经过密谋,祭司贵族买通了耶稣 12 门徒中的加略人犹大做内应,决定除掉耶稣。耶稣也觉察到了犹大的叛变活动,但认为这是上帝的安排,所以就泰然处之。公元 30 年 4 月 6 日晚上,耶稣与 12 门徒共进晚餐,席间他说"你们中间有一个人要出卖我了",这就是著名的"最后的晚餐"。当天,耶稣就被祭司贵族们逮捕,并被罗马总督(当时此地归属罗马帝国)彼拉多判处死刑。第二天,耶稣就被钉死在十字架上。门徒们把他的遗体安葬在坟墓里,第三天,当门徒们前来探视时,发现他的遗体不见了,于是他们就相信耶稣复活了。

不过对于研究者而言,关于耶稣其人是否真的存在过,一直是一个争论不休的问题。

斐洛(约公元前 30 年~公元 45 年),亚历山大里亚的犹太思想家,足迹几乎遍及罗马全国,到 1 世纪上半叶才去世,与传说中的耶稣应为同时代人,而且 39 年时还曾到巴勒斯坦去访问过。但在他的著作中却从未提到过基督教或耶稣其人。

约瑟弗斯(约公元 37~98 年),是稍晚于斐洛的犹太历史学家,他所著的《犹太古事记》是现存的唯一的一部作于 1 世纪的犹太史。约瑟弗斯在书中曾两次提到耶稣:一次称耶稣"是一个有智慧的人,如果我们敢说他是人的话"。他是"一个行神迹的人,一个全心信奉真理的教师",他就是"救世主基督","关于他的千万奇迹",先知们早有预言等等。这段描述完全是一个基督教徒的口吻。然而据记载，约瑟弗斯是一个虔诚的犹太教徒。犹太教徒激烈地反对以弥赛亚自居的耶稣，并把他送上十字架。3世纪时的基督教护教学者奥利金（约公元185~254年）甚至还称约瑟弗斯"不信耶稣是救世主基督"。因此很难相信约瑟弗斯会如此称颂耶稣。16世纪时，学者们对约瑟弗斯这段描述就提出了怀疑。到19世纪，有学者经考证认为它是3世纪下半叶时的基督教徒添加进约瑟弗斯的书中去的。在同书中另一处提到，公元62年，犹太大祭司阿那努斯处死了"被称为基督的耶稣的兄弟雅各以及其他人"。这段记录的可靠性同样也有争论，有的学者将其作为历史上确有耶稣其人的证据之一，但也有学者认为这是后人篡改的。

塔西佗（约公元60~120年），罗马历史学家，在他所著的《编年史》中描绘公元64年罗马城大火、尼禄皇帝迫害基督徒时，曾这样说："那些通常被称为基督徒的，因有种种恶性受到痛恨，尼禄把他们定为罪犯，予以严刑惩罚，那个使他们有基督徒之称的人，基督，已在提庇留时期为巡抚彼拉多所杀。"这段贬斥基督教的文字，可确信出自罗马人之手，但塔西佗在这里只提到"基督"，没有提到"耶稣"，因此无法直接断定这个基督就是拿撒勒人耶稣。由于塔西佗这段文字与《新约圣经》中有关耶稣的某些记载相符合，所以也有部分学者把它视为证明历史上确有耶稣其人的重要史料。

自1947年《死海古卷》被发现以来，历史学家们对公元纪元前后巴勒斯坦的历史研究有了长足的发展，史学家们对艾赛尼派的情况有了更深刻更明确的了解，发现他们与初期基督徒社团有惊人的相似之处。早在4世纪时，埃比法尼乌斯（约公元315~403年）主教曾提到，从公元前直到4世纪，在叙利亚和巴勒斯坦一带有一个犹太教派别，称为拿撒勒派。他们与艾赛尼派使用同样的经书，同样相信弥赛亚的拯救和世界末日即将来临。有的学者认为这个拿撒勒派很可能是艾赛尼派的一个分支，耶稣可能是这一派的创始人，因为据《新约》记载，耶稣曾在拿撒勒长期生活过。2世纪初，有一些被犹太文献称为拿撒勒人耶稣的门徒的人，在犹太和加利利一带活动。他们人数众多，发展极快，以致犹太领导集团深感不安，把他们当作异端分子采取严厉措施加以防范，限制他们的活动与发展。

可见，拿撒勒人耶稣是个历史上确实存在过的人物，他反对犹太教祭司贵族的腐化生活，倡议改革，获得了一批追随者，成为犹太教的一个小宗派——拿撒勒派。

后来,他的门徒可能出于虔诚的信仰或宣传上的需要,根据犹太先知们的有关弥赛亚的预言,认定他就是弥赛亚,把他描绘成一个神奇人物,进而逐渐视其为崇拜对象——耶稣基督。

结合《福音书》和各种历史资料,我们可以大概描绘出耶稣的生平轮廓。他生于约公元前6年,约在公元30年遇害。在30岁以前,耶稣曾做过木匠,过着犹太人的传统生活。30岁以后,他开始创立自己的教义,向世人布道,并行了神迹而被记载下来。不过可以确定的是,他的活动范围基本上局限于耶路撒冷一带。很快,耶稣的名声就传遍了全国。耶稣声称自己就是神,而这直接触犯了犹太律法,也直接威胁到犹太宗教领袖们的利益。于是后者要求罗马政府处死他,并最终将他钉死在十字架上。然而,有500多人见证说,耶稣在3天以后就复活了,而且此后的40天里多次现身在门徒们面前,还有很多见证说他在耶路撒冷升到天上去了。

由于人们所掌握的有关耶稣生平的材料很不可靠,甚至不能肯定他的原名是什么。多数人认为,很可能是一个常见的犹太人名"约书亚"。

前不久,一件可能会提供关于耶稣生平线索的文物被发现。据报道,在耶路撒冷附近发现了一块大约有2000年历史的石头,上面刻有2000年前的一种语言文字,内容为:"詹姆斯,约瑟夫的儿子,耶稣的兄弟。"学者们在对碑文文字做了分析后得出结论说,这很可能是迄今为止发现的有关耶稣生平的最早文物,是除《圣经》外已知最早的有关耶稣的文献。专家称,如果碑文是真实的,那么它指的"耶稣"真的就是拿撒勒城的耶稣。

学者们分析,詹姆斯、约瑟夫、耶稣这些名字在碑文里以亲属次序同时出现实属非同寻常。在《新约》中,曾数次提到耶稣有一个兄弟叫詹姆斯,他在耶稣受难后成为耶路撒冷的基督社区的领袖,并被认为是复活后的耶稣得以现身的第一位使徒。

耶稣"裹尸布"传奇

作为世界最大宗教的创始人,耶稣的生与死都是人们所关心的话题。特别是耶稣在人们心目中的形象模糊不清,因此更留下了许多疑团。其中在世界上影响最大的,就是围绕扑朔迷离的"裹尸布"而引发的长时间争议。

在意大利西北部的城市都灵,从16世纪起,就有一件镇市之宝保存在约翰大教堂附属的小礼拜堂里。它世代承受着基督教虔诚者的顶礼膜拜和欢喜赞叹,被认为是不可思议的奇迹和基督教珍贵的圣物,这就是著名的"都灵裹尸布",又称作"耶稣的裹尸布"。

据《新约》记载:耶稣在十字架上被钉死后,门徒逃的逃、散的散,只剩下几名妇女在那里哀哀哭泣,尸体无人收殓。幸好有一位名叫约瑟的义士,将耶稣的尸体取下来,用细麻布裹好后安放在坟墓里。3天后,当门徒们前去吊唁时,发现耶稣的遗体不翼而飞,只有那块细麻布还在那里。对于这块细麻布的下落,《圣经》中没有再作交代,只是在《伪福音书》中略有一些记载,说它珍藏在耶路撒冷。13世纪初,一个叫克劳里的编年史家曾写了一本书,其中提到他本人于1203年在君士坦丁堡看见过一块据说是耶稣的裹尸布的亚麻布,这也是1000多年来有关裹尸布第一次有迹可查的记载。经过对众多经书和史书多年的研究后,历史学家们对"耶稣的裹尸布"的来龙去脉有了一个大概的了解。

当耶稣在耶路撒冷殉难后,门徒们为了保留一些同耶稣有紧密联系的纪念物,很有可能将裹尸布偷偷地藏起来。后来,耶路撒冷被纳入阿拉伯帝国的版图。当11世纪十字军东征时,小亚细亚地区建立了一些基督教王国,爱德萨城就是其中之一。相传,该城国王阿布贾有一次得了重病,无论怎么医治都不见起色。一筹莫展之际,有人带来一块印有耶稣身体影像的布,结果这块布竟奇迹般地治好了国王的病。从此,这块神奇的布就被后人称作"爱德萨之布"。几百年来,欧洲的画家们,尤其是宗教画家,一直不能确定拿撒勒城的耶稣的长相。但自从发现了爱德萨之布,几乎所有的耶稣画像都开始趋于一致。欧洲各处的基督画像大部分作于十六七世纪,似乎都是来自爱德萨。

几十年后,阿拉伯军队卷土重来,灭亡了爱德萨王国,基督教徒们为了避免他们心目中神圣的爱德萨之布落于异教徒手中,将圣布藏进了城墙。又过了500年后,在爱德萨曾经出现过一块有基督头部影像的麻布。这块麻布很快就成了基督教徒所膜拜的圣物,并被称为"曼迪兰"。与爱德萨之布不同的是,曼迪兰所展示的似乎只有基督的头部而已。

当拜占庭军队高举着曼迪兰回到东罗马帝国的首都君士坦丁堡时,他们受到了最热烈、最隆重的欢迎。据记载:当曼迪兰在街道之间穿行展示的时候,人们眼中溢出了激动的泪水。口中不断重复着感恩的祈祷。然而,在1203年,第四次东征的十字军前来攻打君士坦丁堡,该城被洗劫一空,而那块神奇的曼迪兰也神秘地失踪了。所以人们一直怀疑,是十字军中的圣殿骑士团得到了这件神圣的遗物。

直到1355年,在法国一座小城,这块细麻布突然再次出现,并立即吸引了无数的信徒前来朝拜。裹尸布的所有者是一个法国骑士,他声称这件"圣物"是在参加十字军东征时,于君士坦丁堡得到的。1578年,"耶稣的裹尸布"在礼炮齐鸣声中隆重到达都灵,被作为罗马天主教的圣物之一保存至今。每过50年,裹尸布会在教堂的主持下向信徒们展示一次,接受基督教虔诚者的膜拜和赞叹。于是,从16世纪起,都灵小城也成了无数基督教徒心中的圣地,而这块"耶稣的裹尸布"就被视为基督教的圣物,并被赋予种种传奇色彩。

都灵裹尸布长4.2米,宽1米,为亚麻质地,透过裹尸布上隐约的印迹和斑驳的血渍,依稀可见一个男人正面和背面的影像。影像上的男人身高1.8米,蓄着长胡,长发垂肩,双手交叉放置于腹部。影像显示他的头部、手部、肋部与脚部有清晰的红色血渍状色块,手腕处有被巨钉钉穿的伤痕,还留有血迹。头部前额有血迹和多个被刺伤的小洞,像是被荆棘所伤,全身有100多处鞭打伤痕。这些正与《圣经》上所记载的耶稣钉死时的状态相同。数个世纪以来,众多基督教信徒都坚信这就是那块《圣经》上记载的包裹耶稣圣体的尸布。面对这块裹尸布,虔诚的教徒们眼中常常噙着泪水,口中重复着感恩的祈祷,因为他们笃信,这些都是"神迹"。对虔诚的教徒们而言,这块在2000年前用于包裹耶稣遗体的裹尸布,是伟大的救世主替人类承担一切痛苦、折磨和惩罚的记录和证明。

民间还流传着许多故事,证明裹尸布有巨大的神力,能够帮助它的信徒摆脱痛苦,获得救赎。据说,在1955年,有一名10岁英国小女孩,一直遭受着骨髓炎的折磨,在别人的帮助下,她到达了都灵,并被特许用双手触摸裹尸布。不久之后,她竟能像常人一样行走了!

真伪之辩

然而,自从"耶稣的裹尸布"现身以来,就有相当多的人对其持怀疑态度。人们往往会发出这样的疑问:为什么在13世纪前居然没有任何关于它存在的历史记录?就好像是圣物从来没有在人世出现过一样;在耶稣殉难后的1000多年中,这块裹尸布究竟藏在什么地方?甚至还有人怀疑,这根本就不是来自古巴勒斯坦的耶稣遗物,而只是一个中世纪的伪造者精心炮制的赝品。

怀疑者的证据似乎也很有道理,因为他们认为这块麻布上存有许多明显的疑点。他们指出:既然尸体是平放在墓穴中的,人像的头发就应该是平平散开的,而非现在所见的垂直向下;陈年血迹应该呈黑色,而非现在这样红得好像是有人刻意弄上去的;如果这真的是包裹尸体的布,为什么上面的印迹却连一点点因为包裹造成的皱褶都看不到?为什么布上"耶稣"的轮廓与中世纪法国哥特式绘画中的耶稣形象出奇地吻合,都是身体偏长偏瘦,鼻子比一般人长,手臂长度也不符合正常比例,甚至还留着在当时的以色列被坚决禁止的长发?不过,在基督教占据统治地位的中世纪,所有这些怀疑都是很危险的。

到19世纪末,科学的理性思想已经战胜了神秘主义,1898年,都灵大主教终于同意第一批科学家直接对耶稣裹尸布进行考察。为了存档,首先要对其进行拍照。当摄像师赛根多·皮亚在暗室里冲底片时,一个奇怪的现象出现了:他从照片底片的负像中看到了更为逼真的"耶稣"形象。他注意到,感光板上清晰地显示出一幅头部的正片,而不是通常底片的那种黑白颠倒的图像。这就意味着裹尸布上的图像本身是底片图像,即是说,裹尸布上的图像是根据一张照相底片绘制的。在摄影术发明前,谁能绘制出一个照相底版来呢?这一发现使赞同裹尸布真实性的声音明显低沉了许多。

进入20世纪后,随着科学的发展,越来越多的学者更加深入地考察这块裹尸布的真实性。1986年,在科学工作者与宗教界人士长达10年的接触和协商后,终于达成协议,科学家被允许用改进了的碳-14年代测量法对裹尸布进行分析。取样在极其秘密的情况下进行,并由国际上3个著名的碳-14实验室分别进行测定,这3个实验室分别来自美国亚利桑那大学、英国牛津大学考古学研究所及瑞士苏黎世联邦科技学院。每个实验室都得到4个样品,其中只有1个样品是从裹尸布上剪裁下来的,其余3个样品为不同时代的对照样品,分别装在编了号的金属盒中,但只有都灵大教堂的大主教和英国大不列颠博物馆的考古权威才知道这4个样品中哪一个是从裹尸布上剪裁下来的。结果,3个实验室的科学家们得出了相当一致的结论:这块裹尸布与耶稣毫无关系。因为它的年代在1260~1380年的可能性为95%,不早于1200年的可能性为100%,也就是说,它应该出现于耶稣遇难的千年之后。

1988年10月13日,红衣主教在都灵大教堂举行记者招待会,宣布存放在都灵大教堂的所谓的"裹尸布"为中古时期的赝品。这个结论虽然给长达几个世纪裹尸布的真伪之争下了一个确定的答案,但显然不是一个令所有人都满意的答案。有许多持不同观点的科学家,仍然用不同的证据和方法为自己所坚持的观点辩护。

　　据报道,最近对都灵裹尸布的研究又出现了新的结论。研究结果表明,都灵大教堂里印有耶稣像的裹尸布不是中世纪的产物,而应出现于《圣经》上所记载的时间。特别是针对1988年的实验结果,许多研究者从多方面提出了质疑,其代表人物正是当时实验的参加者、美国科学家雷蒙德·罗杰斯,近日,他对1988年碳放射年代鉴定法得出的结果提出质疑。他指出,在都灵裹尸布上没有找到化学物质香兰素。香兰素是亚麻等植物中一种叫作木质素的化合物加热分解后的产物,尽管随着时间的推移,留在亚麻布中的香兰素含量会逐渐减少,但如果都灵裹尸布是中世纪的产物,那么它还是会含有香兰素,而罗杰斯实验中的布料采样没有了香兰素。罗杰斯表示,通过化学动力学、分析化学学等实验表明,碳放射年代鉴定实验中的采样不是都灵裹尸布的原有部分,而是后来经过修补的部分。事实上,在1532年,存放都灵裹尸布的教堂曾发生了一次火灾,导致裹尸布的几个角被烧出了一些小窟窿,随后修女对其进行了修复。而1988年三大实验室的化验样品恰好就是"都灵裹尸布"的一块补丁,当时的科学家却浑然不觉。为此,罗杰斯等采用"微化学法"重新对裹尸布进行了取样分析,他宣称,他这次用于实验的32块采样完全取自于裹尸布的原有部分。通过对采样的纤维成分进行化学分析后,罗杰斯指出,都灵裹尸布应有1300～3000年的历史,这一结论推翻了此前有关这块布是中世纪"假冒圣物"的说法。

　　此外,其他一些学科领域的科学家也从自己的角度出发,就该问题提出了新的观点。

　　英国著名病理学家詹姆斯·卡梅隆在研究了裹尸布上的伤痕后,他发现布上人物额头上的伤痕有的是由荆棘做的王冠造成的;从裹尸布背面看,人物身前的血痕是分层的,并显示先上下移动,然后平行移动,再上下移动的轨迹,这应该是流血时手臂运动留下的印迹。一个人在被带到十字架上钉死之前,他必须被双臂绑在木枷上往前走。如果突然被推倒,他应该以左膝盖和左前额着地。而从裹尸布的照片上的确可以发现左膝盖的擦伤和左前额的擦伤。甚至连背上擦伤、发炎的棱角都有显示。因此如果这块布是赝品,那只有一种解释:中世纪的伪造者技术太高超了! 还有一个令人震惊的事实,据研究者分析,耶稣受难时应该是被钉住手腕,而非手心,而裹尸布上的伤痕居然显示了这一点。据历史记载,钉穿手腕这种酷刑在中世纪前1000多年就已经废止了,所以我们很难想象,中世纪的伪造者如何会对这一切了如指掌。

有一位叫伊兹贝尔·皮泽克的画家,多年来一直从事对裹尸布的研究,并终于从绘画本身分析出了裹尸布的神奇之处。在他看来,如果真如实验室的测定结果所言,这块布是中世纪的赝品,那么它就太"伟大"了。因为他认为,纵观整个艺术史,没有人画过没有轮廓线的画,因为即使画家想尽量避免画出轮廓线,或者有这样的绘画技巧,所用的绘画材料本身也会留下轮廓。然而,都灵裹尸布中的影像就没有轮廓线!

还有一位瑞士科学家马克斯·弗雷,他从裹尸布上发现了48个花粉的实样,其中有相当数量的花粉来自法国和意大利的一些植物,这证明了裹尸布确实曾暴露在法国和意大利的空气中。而另外几种花粉则来自死海沿岸、土耳其以及巴勒斯坦。这就是说,在裹尸布的早期旅程中,有一段时间位于圣地耶路撒冷附近。1999年夏天,以色列科学家又从裹尸布中发现了在耶路撒冷附近才能找到的植物花粉,这种植物花粉的残渣显示,裹尸布的年代要早于8世纪。

一些纺织学专家则从纺织学的角度进行了研究,结果他们发现这块裹尸布有着远古时期耶路撒冷的特征,因为这块裹尸布的料子里不但含有少量的中东棉纱,而且其编织法也是古代中东地区的编织法。

直到今天,关于"耶稣的裹尸布"的争论依然在继续,也没有人能给出一个准确的答案,也没有任何一方有绝对的证据说服对手。或许关于"耶稣的裹尸布"的悬案将永远存在下去。

令人浮想联翩——蒙娜丽莎微笑的背后

在法国的卢浮宫博物馆里,保存着一幅名为《蒙娜丽莎》的油画。如今,这幅画是世界上最昂贵的艺术作品之一。每天,都有来自世界各地的众多艺术爱好者,在它面前流连忘返。这幅人物肖像画由意大利画家达·芬奇创作于1502年。几百年来,画中人那神秘、悠远的微笑,不知让多少人浮想联翩。人们对神秘微笑了几百年的蒙娜丽莎的真实身份,产生了众多传闻和猜测。

天才画家达·芬奇

列奥纳多·达·芬奇(1452~1519年)是意大利文艺复兴时期的艺术大师,与拉斐尔、米开朗琪罗并称意大利文艺复兴美术三杰。1452年4月15日,达·芬奇出生于文艺复兴的发源地、历史上著名的城市共和国佛罗伦萨附近的一个小镇——芬奇。由于是一名私生子,因此他的名字在意大利文中的意思是"芬奇镇的列奥纳多"之意,而没有冠之以父亲的姓氏。年轻时,达·芬奇跟随佛罗伦萨画派画家韦罗基奥学画。1481年,他离开佛罗伦萨前往米兰,之后应法国国王弗兰西斯一世的邀请,前往法国,在法国他度过了自己的一生,1519年在克劳城堡去世。

作为文艺复兴时期最卓越的代表人物,达·芬奇是世界历史上罕见的全才,他的成就和贡献是多方面的,在多个领域都很有建树。他不但是一位天才的大画家,还是一位数学家、音乐家、发明家、解剖学家、雕塑家、物理学家和机械工程师。他不仅以其高超的绘画技巧而闻名于世,还设计了许多在当时无法实现的超时代的发明,而这些设计后来都被现代科学技术所实现了。同时,达·芬奇还推动了建筑学、解剖学和天文学的发展。他是欧洲第一位描画风景的画家,他画中的人物真实、栩栩如生,构图严谨、稳重。他最著名的画作是为米兰圣玛利亚修道院作的壁画《最后的晚餐》和肖像画《蒙娜丽莎》,著作有《绘画论》。

达·芬奇这位当时世界的天才,其主要才能表现在科学发现和想象上。他曾经设计过直升机、飞行器、热气球、攻城器以及城市防御体系、排水系统,还研究过人体解剖、比例、透视,是一位多才多艺、全面发展的人。他道德高尚,举止温雅,且体格健壮,力量过人,据说他一只手就能轻易地折断马蹄铁。更有趣的是,他左右手都会写字、作画,而他用左手写的字是反向的,人们只有在镜子里才能看懂!

从达·芬奇留给后人的12幅绘画作品和7000多页手稿、设计图来看,他对科学的兴趣要比对绘画大得多,他在科学研究上的成就绝不亚于他的艺术成就。他曾提出"太阳是不动的"这一超时代的结论,早在哥白尼之前就否定了地球中心说,他当时就认为月亮本身并不发光,只能反射太阳的光辉,甚至幻想过如何去利

·悬而未决的文化难题·

图文珍藏版

用太阳能。在物理学方面,他发现了液体压力,提出了连通器设想,还发展了杠杆原理。他关于物体惯性的描述后来为伽利略的实验所证明。达·芬奇对解剖学和生理学也很着迷。他研究解剖最初是为了让艺术造型更加准确,后来却发展成了一个独立的科学研究领域。他在解剖学上的最大贡献是创造了一套图解,而这种样式至今仍被广泛应用着。他是设想采用玻璃和陶瓷制作心脏和眼睛的第一人,他甚至绘制过婴儿在母体中的发育图。达·芬奇研究过心脏和血液循环系统,并画出了心脏瓣膜,这是有史以来第一幅有关动脉硬化的解剖图!

在军事和机械领域,达·芬奇设计了飞行机械、直升机、降落伞、机枪、坦克、潜水艇、双层船壳战舰、起重机、纺车、机床、冲床、自行车等等。达·芬奇还是一位杰出的思想家。他坚信科学,常常流露出对宗教的怀疑和厌倦。他认为认识起源于实践,知识的获得要依靠直接的观察和经验。他的实验工作方法经伽利略从实践上加以发展,后来由英国哲学家培根从理论上予以总结,成为近代自然科学最基本的研究方法。

在生前,达·芬奇的大多数著作和手稿都没有发表,直到他逝世后多年,这些天才的产物才被人们发现。正如一位科学史学家评论的:"如果他当初发表他的著作的话,科学本来一定会一下就跳到一百年以后的局面的。"因此,恩格斯就曾称达·芬奇称为文艺复兴时期"巨人中的巨人"。

人们几乎不能相信上天会慷慨地把盖世奇才和美德完美地赋予一个凡人。而天才达·芬奇却能集这两者于一身,在世界人物史上也很鲜见,他为何如此幸运地得到上苍的青睐成为一个难解之谜。欧洲一些专家学者近年来广泛而认真地研究了达·芬奇的生平,企图从中找到一些奥秘。有人用计算机分析了他一生的成果。结果令人们大吃一惊,若要完成他全部的绘画、雕塑、研究和各种发明等工作,就算一刻不停地做,需要的时间至少也是 74 年。这对他来说,简直不可能,因为他只活了 67 年。

人们从达·芬奇的生平中,还能隐约感觉到某种神秘之处:他一无家庭,二无亲友,终其一生都在躲避着那些被他称为"多嘴的动物"的女人,他隐秘的生活使他从事的事业非常机密。这更使专家们怀疑,达·芬奇可能是得到了神秘人物的帮助。否则,一个人的精力是有限的,如何能取得如此大的成就?

达·芬奇的社交圈很狭小,这就使人们很容易对达·芬奇唯一的仆人托马兹·玛奇尼产生兴趣。托马兹·玛奇尼是一个时刻跟随在达·芬奇左右的人,他是一位面目慈祥、体格强壮并有一双智慧之目的中年术士,阅历十分丰富,曾到过东方,受到过东方圣人和统治者的接见,还带回了大量的古阿拉伯和古埃及的书籍。据记载,他是一位出色的水力专家、雕刻家、机械师,同时对炼丹术和妖法极为热衷,只是因为他身份低微,故不为人们所知。有些学者从这些史料中得出结论:托马兹·玛奇尼是达·芬奇的有力合作者。

但大多数历史学家对上述的观点颇有微词。他们认为,托马兹·玛奇尼这个人物是人为臆造的,并不是历史人物。

有些专家认为,达·芬奇可能是立足于古人的创造发明并对它们进行了再创造和改良而得到如此丰硕的成果的。他们指出,类似直升机的画,早在达·芬奇之前的佛来米派艺术家手稿中就已出现过,与达·芬奇后来的设计很相像。另外,有记载表明,达·芬奇与东方祭司相交甚密,长期往来。他可能从这些古代文明的传继者那儿,得到许多人类知识的精华。

对达·芬奇一生的创造也有人表现出不以为然的态度。他们指出,达·芬奇的科学创造,都只是停留在构想阶段,与真正的科学发明有着本质的区别。但是,持这种观点的专家不得不承认,达·芬奇是一个集崇高美德和天才智慧于一身的奇才。

被后人视为旷世奇才的达·芬奇为后人留下了充满智慧的财富,即便是几百年后的今天,仍然令人叹为观止。不过对于后世大多数人而言,似乎认为他只是一名画出了永恒微笑的画家,这幅画,就是举世闻名的《蒙娜丽莎》。作为达·芬奇的代表作品以及文艺复兴时代的一个象征,这幅名画拥有着超越时空的无穷魅力。首先就是画中女子那神秘的微笑,几百年来不知吸引了多少人流连忘返,试图从不同角度捕捉她的神情,却总是百思不得其解。其次,关于画中女子真实身份的猜测,长期以来,一直困扰着研究者。她的原型到底是谁,与达·芬奇又有什么关系,一直是世界文化艺术界的重大悬案。

寻找蒙娜丽莎的原型

几百年来,《蒙娜丽莎》——达·芬奇所创作的这幅名画,是世界上最永恒的女性阴柔美的象征。画中的女子天生丽质,带着谜一样的迷人微笑。从风格上讲,这幅画和同时代其他的画都不一样。更让人产生疑问的是,画上面没有签字,也没有日期,更没有透露画中人的名字,那么达·芬奇创作时的原型究竟是谁?对此,学术界和民间一直争论不休,因而长期以来流传着不少有关蒙娜丽莎身份的说法。

很多人认为,画中人可能是当时意大利社会上层的某位贵妇人,他们还提出几位极有可能的候选者,包括伊莎贝拉·德艾斯特、伊莎贝拉·古亚兰达以及塞西利娅·加莱拉妮等。另有一些人认为,蒙娜丽莎不是别人,其原型就是达·芬奇的情妇。也有相当一部分人认为,画中人是当时佛罗伦萨城内的一位名妓。此外,也有人声称画中人是达·芬奇的母亲。最令人感到新奇的是,有人对达·芬奇的面部线条与画中人的面部线条进行了研究后,认为二者的线条非常相似,于是得出结论:这是达·芬奇的自画像!而他之所以把自己画成女人,只不过是因为达·芬奇天性好玩。像畅销小说《达·芬奇密码》中就坚定地认为《蒙娜丽莎》是达·芬奇本人的女版自画像,甚至更进一步推测达·芬奇很可能是个极其自恋的同性恋者。还有一些人则干脆认为,《蒙娜丽莎》是达·芬奇的即兴发挥,根本就没有什么原型。

种种争论,一直持续了 400 多年的时间。不过,最近的一项研究结果似乎正逐渐澄清着史实。该项研究表明,"蒙娜丽莎"的真名叫丽莎·吉拉迪妮,她是一位名叫弗兰西斯科·吉奥康多的意大利丝绸富商的妻子。更有趣的是,早在 1550 年,便有人提出了这一观点,只不过直到今天才找到证据而已。

来自意大利佛罗伦萨市的教师吉乌塞普·帕兰蒂,在经过了 25 年的时间对达·芬奇的一生进行研究后,将自己的成果全都写进了他的著作《蒙娜丽莎真有其人》中。该书出版发行后,立即引起不少人的关注。

在 25 年当中,吉乌赛普·帕兰蒂一直在研究佛罗伦萨市的档案,试图在这里获得突破。功夫不负有心人,他终于找到了明显的证据。经过研究发现,达·芬奇一家与丝绸商弗兰西斯科·吉奥康多的关系非常密切。1495 年,吉奥康多娶丽莎·吉拉迪妮为妻。帕兰蒂还指出,其实早在 1550 年,专门描写意大利文艺复兴艺术家的传记作家吉奥·瓦萨里便认为这位丝绸商的妻子是《蒙娜丽莎》的原型,因为这位作家本人与吉奥康多一家的私交甚好。如今看来,瓦萨里的这一说法是可信的。实际上,《蒙娜丽莎》这幅画还有另外一个鲜为人知的名字——"拉·吉奥康多",这个名字正好与瓦萨里的说法相吻合。

在对佛罗伦萨市的档案进行了长年研究后，帕兰蒂发现，达·芬奇的父亲、公证人赛尔·皮埃罗·达·芬奇与赛尔·弗兰西斯科·吉奥康多相识多年，建立了密切的社会关系，为后者做了很多事，包括帮助他们兄弟写契约，还于 1497 年帮助他解决了与佛罗伦萨修道士的货款纠纷。据帕兰蒂考证，蒙娜丽莎是达·芬奇父亲朋友的妻子，她的名字叫丽莎·吉拉迪尼，出嫁前居住在基安蒂市。帕兰蒂发现的丽莎的结婚登记表证明，1495 年 3 月 5 日，16 岁的丽莎于与年长她 14 岁的赛尔·弗兰西斯科登记结婚。弗兰西斯科的第一任妻子卡米拉·鲁塞拉伊在 1494 年去世，丽莎是吉奥康多的第二任妻子，出嫁时只有 16 岁。

在自己的著作中，帕兰蒂指出，吉奥康多非常爱自己的妻子，甚至专门在家中修了个小礼拜堂，使妻子能在那里祈祷。在临终前，吉奥康多立下遗嘱，将全部财产都留给了丽莎，并把她称为"心爱的、忠实的妻子"。此外，帕兰蒂还透露，当时佛罗伦萨城中一位酒商也认识丽莎，这位酒商曾在日记里写道："丽莎·吉拉迪尼的生命属于佛罗伦萨和基安蒂……我也是基安蒂人，我想记下她的故事。"丽莎 24 岁那年，达·芬奇的父亲请儿子为她画像。当时达·芬奇正被一场财务纠纷所困扰，为了帮儿子一个忙，达·芬奇的父亲自己拿出一笔钱，然后告诉儿子这是丽莎和她丈夫出的画像费，于是，达·芬奇欣然完成了这幅人物肖像。

此外，帕兰蒂还找到了这对夫妇生下的 5 个孩子中的 4 个孩子的档案：皮埃罗生于 1496 年；卡米拉生于 1499 年；安德里生于 1502 年；吉奥康多生于 1507 年。其中，卡米拉和妹妹后来成为修女。

帕兰蒂表示，他一直没有找到丽莎的死亡档案，但具体时间可能是在 1540～1570 年之间。因为从 1540 年开始，当地居民的死亡档案管理混乱，许多档案都是空白，但自 1570 年后，死亡档案步入正轨。帕兰蒂还发现，1570 年，也就是丽莎的丈夫去世一年后，她把在奇安蒂的一个农场转让给自己的小女儿鲁多维卡修女，这个农场是丽莎的嫁妆。帕兰蒂认为，丽莎之所以转让这个农场，可能是为了换取鲁多维卡修女同意照顾她，因为当时她已经 60 岁了。

由于破解蒙娜丽莎之谜的贡献，一些学者给予帕兰蒂很高的评价，不过仍有一些人对这一结论表示怀疑。对此，帕兰蒂强调自己并没有进行任何虚构，只是把搜集到的资料整理成书而已。他说："我不是写小说，我要用事实说话，我的书里只有真实的历史资料。"

关于这幅名画的创作过程,也是文艺复兴时期最大的谜团之一。前不久,意大利研究人员宣布,他们找到了达·芬奇在佛罗伦萨的工作室,而这正是《蒙娜丽莎》诞生的地方。

在佛罗伦萨市中心的桑蒂西马·安兹亚塔修道院里,三名研究人员还发现了一个从修道院通往一个工作室的隐藏的楼梯和门口。经考证,人们发现这就是达·芬奇在16世纪初进行创作的画室。画室还用壁画进行了装饰,其中一幅壁画描绘的是一张被群鸟围绕的有翅膀的天使的脸。专家认为这表现的是"天使报喜"的主题,与佛罗伦萨乌菲兹美术馆保存的达·芬奇创作的一幅"天使报喜"图使用的是类似的技法。专家们认为,这些壁画是达·芬奇和他的学生们画上去的。也正是在这个地方,达·芬奇遇到了激发他创作出名画《蒙娜丽莎》的那个女人,也就是佛罗伦萨丝绸商人弗朗西斯科·吉奥康多的妻子,因为吉奥康多一家在这座修道院有一个小礼拜堂。当时,达·芬奇还在这里创作了《圣女和抱孩子的圣安妮》,目前保存在意大利国家美术馆里。

在过去的100多年里,这座修道院一直由军事地理研究所占用。直到最近对修道院的部分设施进行修缮时,专家们才发现了达·芬奇的这个工作室。佛罗伦萨保存与恢复委员会主席克里斯蒂娜·亚西迪妮表示,发现这个工作室是一件令人激动不已的事件,她说:"我们需要进行更深入的研究,但发现这些壁画的确鼓舞人心。"

几百年前,专注于意大利文艺复兴人物的传记作家吉奥·瓦萨里曾在《艺术家们的生活》一书中写道,当修道院的修道士带他进入他们的房间时,他看到过达·芬奇当年使用的东西。可是直到现在,达·芬奇的工作室才被确认。达·芬奇研究专家阿莱桑德罗·维佐西表示,达·芬奇工作室的发现可以使学者们更好地理解达·芬奇当年的创作情况。

永恒的神秘微笑

无论什么人,只要置身于达·芬奇的《蒙娜丽莎》前,必定会被画中女子的微笑深深吸引。蒙娜丽莎嘴角微皱,眉宇舒展,脸部的微笑似乎一掠而过,却又能恰好被人捕捉。她的笑,视你的心情而变化,在你沉静时,你看她的笑,真是清水芙蓉,翠山之黛,不由你不沉醉;若你欢欣时去看,此时倘或带些轻浮的意念,那么画中的笑,又是冰清玉洁,如断臂的女神,教你油然生出庄重之感;或者你是在心情悲寂的时候去看,那么这笑容里又有一丝哀绪与你共鸣,又有一份关心抚慰你正在抽搐的心……总之,蒙娜丽莎的微笑,神秘莫测,令人神往,引人遐想。

为什么这幅画会有这样的艺术魅力呢? 是因为出手于大画家达·芬奇之故,还是跟这幅画的模特有关? 自从这幅画问世以来,几百年的时间里,人们争论不休,可惜仍然不能拨云见日,解开这个尘封已久的谜团。

有人用审美心理学的原理解答这个问题,说一件艺术品,不同的人来观赏,或者同一个人在不同的时间观赏,其感受和效果自然是不同的。人们欣赏一件艺术品,往往是以自己日常生活经验为基础的。所以说蒙娜丽莎微笑的神秘,实在没有什么好研究的,争论这个问题,就好比中世纪经院哲学家们争论一枚针尖上可以站立几个天使一样无聊。比如我国的一首曲词《天净沙·秋思》,无论何人,只要读到"断肠人在天涯",是无论如何也不会哈哈大笑的;又比如有人吟诵李白的《将进酒》或者苏轼的《念奴娇·赤壁怀古》,即便是他当时再不开心,也断然不会让另一个人感受到他所吟诗歌的悲凉气氛。其实只要我们仔细想想就知道了,并不是任何一件文艺作品都会给人以神秘莫测之感。因此争论蒙娜丽莎微笑的神秘,绝非是毫无意义的。

无论从艺术表现力上,还是从光学、解剖学等方面而言,它都充满着神奇色彩。因为我们从不同的角度去欣赏这幅画时,总会得到不同的效果,这也是它令全世界无数艺术爱好者着迷的原因。

美国旧金山斯密斯凯特威尔眼科研究中心的一名科学家研究发现,人类视觉讯号的干扰可改变他们对《蒙娜丽莎》面部表情的判断,这就可以解释为何不同人对她的微笑有不同看法,有时看来哀伤、忧心忡忡或快乐。而她的微笑可能源于人们脑部的判断受到视觉噪音干扰,就像收不清台的电视机上的"雪花"。

这位专家指出,传送到我们眼睛的讯号的自然"噪声"似乎会改变我们看到的影像。照射到视网膜的光子数目随着不同时刻而变动,有时会对我们所看到的视觉图案造成误导性的干扰,效果跟电视受到干扰相似,令面部和对象的轮廓模糊不清。

有研究者分析,具备科学天才的达·芬奇在画"蒙娜丽莎"的嘴巴时,运用了模糊轮廓的手法,这种手法在意大利原文的字面意思为"像烟般蒸发"。而美国哈佛大学一名神经生物学家利文斯通其著作《视觉和艺术：观赏的生物学》中提出一个理论：以模糊手法绘画的微笑，在周边视觉下较为明显，所以当你集中望向她的嘴巴时，笑容便会消失，就像我们观看暗淡的星星时，直接望上去星星便会消失。他认为，这不只是单纯的模糊手法，达·芬奇绘画时还试图"欺骗"人类的视觉，令欣赏者要从侧面观看，才能清楚看到"蒙娜丽莎"的笑容。

在这里，我们就不得不关注一下达·芬奇这个将科学与艺术完美地结合在一起的天才。但是按照达·芬奇的界定，艺术，尤其绘画，不但是一种科学，甚至是"所有科学之后"。达·芬奇的独到之处就在于，他既能发现事物表面迷人的美感，又具备物理学者与解剖学者的视角。他同时具有科学家的观察力与艺术家的表现力，是艺术史上第一位对人体和动物的比例做过系统研究的艺术家。他不但熟悉人体外部的比例，而且了解人体的内部构造，因此笔下人物的比例、结构、动态都十分准确，无懈可击。正是因为达·芬奇对几何比例与构图十分精通，才使《蒙娜丽莎》除了那永恒的神秘微笑外，还创造性地解决了半身肖像的构图问题。几个世纪以来，西方那些卓越的半身像无一不受这幅画的影响。

达·芬奇最大的艺术贡献，体现为运用明暗法使平的画面呈现出空间感和立体感。在文艺复兴初期，画家一般都用线条来表现透视，单线平涂，色彩较单调。而达·芬奇研究光影学，首创明暗渐进法，用光线和阴影的技巧来描绘人物、景致，使之呈现逼真的立体感。甚至一直到印象派出现之前的几百年内，无人能够逾越达·芬奇建立的三度空间绘画体系。由他首创的明暗法使这一时期的绘画为之一变，艺术史家普遍认为它是绘画艺术的一个转折点。在同时代的人看来，达·芬奇就像一位充满传奇色彩的魔术师；而在现代人眼中，令人惊异的是，他仅用12幅完整的作品就奠定了最伟大画家的地位。

今天，面对着这幅《蒙娜丽莎》，人们除了惊叹，还是惊叹，就像一部艺术史著作所总结的："这是世界美术史上最美的一只右手；这副脸庞，只要见过一次，就永远离不开我们的记忆……这是人类绘画的极品，这幅画的巨大成功致使以后的画家没人敢再涉足这个题材！"

更有甚者，有人从医学的角度别出心裁地对蒙娜丽莎的生理状况进行了一番检测，结果认定她患有内斜视，甚至发现她右下脸上有一点肿，这些"大夫"们指出，这或许是蒙娜丽莎神秘微笑之谜吧？

后来甚至关于蒙娜丽莎的年龄，也有人提出质疑，认为早不是什么妙龄少妇了，已经"人到中年"。很可能已经40岁往上了。这无疑使得蒙娜丽莎的微笑越发显得扑朔迷离。

稀奇古怪——原始民族的"处女禁忌"

恩格斯在《家庭私有制和国家的起源》一书中说："在一些民族中，新郎的朋友和亲属或请来参加婚礼的客人，在举行婚礼时，都可以提出古代遗留下来的对新娘的权利，新郎按次序是最后一个；在巴利阿里群岛和在非洲的奥及娄人中，在古代都是如此。在另一些氏族中，则由一个有公职的人一部落或氏族的头目、酋长、萨满、祭司、诸侯或其他不管是什么头衔的人，代表公社行使对新娘的初夜权。尽管新浪漫主义者极力掩盖这一事实，但这种初夜权至今还作为群婚的残余，存在于阿拉斯加地区的大多数居民"。

确实，世界上有些地方视处女为珍宝，另一些地方却出现"处女禁忌"现象，并用各种稀奇古怪的方法来破除少女的童真。

处女，又被人称为"在室之女"，意思是指"还没有出嫁的女子"。布雷多克的《婚床》中说："某部落的女子在结婚之前，都要先经部落酋长用手指将其处女膜捅破，之后才能与男子交合。"中国战国时期的著作《荀子·非相》中说："妇人莫不愿得以为夫，处女莫不愿得以为士。"在科技还不发达的远古时期，原始先民对一些自然现象和人体自身的生理现象无法解释，故而产生了诸多忌讳习俗。

南半球的澳大利亚，是一块被隔绝的大陆，长久以来与外界几乎没有接触。在那里的一些原始土著部落里，保留着最原汁原味的"处女禁忌"现象。每当有人结婚，部落里的人都会前来祝贺，大家尽情地跳舞、喝酒。当庆祝的狂欢达到最高潮时，部落里的人把新娘带到另一间房间里，用特质的石器弄破她的处女膜。然后，由部落的一个人带着沾有处女血的石器向其他人展示。到这里，婚姻仪式才算完成。

这种"处女禁忌"现象在远古时代非常具有普遍性，这是人类童年流行的一种很普遍的现象。在澳洲某些原始部落中，当姑娘到达青春期时，就由年老的妇女弄破处女膜。在赤道非洲的马萨,在马来亚的沙凯族,苏门答腊的巴塔斯族都有这样的习俗。

一些部落是请丈夫的朋友,一些部落是由姑娘的父亲,有的则是由部落里的特殊的人物来弄破处女膜。在西里伯尔的阿尔福族那里,新娘的父亲充当这种奇怪的角色,在爱斯基摩人的某些部落里,巫师帮助新娘弄破处女膜。

在欧洲的古希腊,处女要在神庙前向神的代表献出处女膜。在欧洲的中世纪时期,欧洲领主权力很大,拥有姑娘的初夜权,这很可能也是一种处女禁忌的遗风。在印度的不少地区,新娘用特质的木制"神像生殖器"弄破处女膜。

在上面提到的原始部落里,所有的人甚至包括新娘的丈夫,不仅不重视处女的贞操,甚至对少女的贞操有很深的恐惧感。因此,出现了由部落第三者帮助破除处女膜的婚姻现象,对这种婚姻现象,心理学家们和对原始人类史和民俗学缺乏了解的人会认为是不可思议的。他们对于以上这些地方的"处女禁忌"现象深感不解,大多数人认为这种做法有悖于人的伦理,由第三者来破除新娘的童贞,是对女性处女童贞的不重视,或者是一种对女性的轻蔑。

中国所谓"新婚三日无大小"、闹新房这一风俗,也"实为蛮风之遗留,即初夜权之一变相"。

这种"处女禁忌"现象引来了诸多学者的关注,他们对原始人类史和民俗学进行了深入的剖析。

一部分伦理学者认为,这种奇特的"处女禁忌",是远古时期先民性自由的群婚生活时代的一种心理沉淀和遗留。处女禁忌由部落第三者,常常由男性真实性地或仪式化地进行,有时由多个男子公开地、仪式化地进行,这是对古代群婚生命的一种回忆和重演,也是向群婚生活的一种告别。

也有学者认为,这种"禁忌"是原始先民对处女流血的一种恐惧心理的防止。原始先民在最初大多对红色有一种神秘的心理,原始埋葬中常常把红色粉末作为殉葬品,认为它能注入生命的活力。另一方面,原始人有喜欢饮血的习俗,正是所谓的"茹毛饮血"。他们喝动物的或敌人的血,鲜血会引起原始人的疯狂嗜杀欲望。

安达曼群岛上居住着一群人,至今还保留着一些禁忌,在女孩子初潮时,严禁女孩外出,不得用原来的名字,等等。原因就是害怕处女初潮时的血会带来可怕的祸害。而这种祸害与结婚的喜悦是矛盾的,作为避免的方法,就由第三者来承受可能带来的祸害。

　　而著名的心理分析学之父弗洛伊德对这种"处女禁忌"现象提出了自己独到的见解，弗洛伊德的观点是，男女结婚会导致女孩肉体器官的受损和严重的心理创伤，这种心理常常表达为对于逝去的童贞的茫然和惋惜，其表现就是对夺去自己童贞的人，怀有极大的恼怒。为了避免新娘之后会产生这种恼怒心理并对丈夫施以报复，于是就由专门人员来承担破除童贞的任务。

　　从这个方面看，处女禁忌的目的，就是使将来要与这个女子结合的男人避免成为女子迁怒并处罚的对象，避免少女因童贞的丧失而产生对丈夫进行报复和仇视的心理。原始先民把少女看成是令人恐惧的、无法解释的，害怕女子在初婚时会对丈夫造成某种危险。因此，丈夫也认为处女禁忌的某些做法是正确的。这种做法实际上是对丈夫的一种很好的保护方法，能够保护丈夫不被嫉恨，有利于婚后双方的和谐。

　　由于处女禁忌的原始与落后，除去极少部分地区的少数土著人还有存留的痕迹外，早已为社会文明的发展、进步所淘汰。对于一些落后地区或民族仍然或多或少保留着这种习俗，我们应该用科学的观点来正确对待。

是为了美吗——远古人文身

　　绘身和文身是人类特有的现象，也是一种文化。起初，它应该与信仰有关，后来却形成了一种艺术。因为有了艺术的因素掺杂在其中，现代人的绘身、文身之风有愈刮愈大的倾向。

　　绘身和绘面，是各个原始部落都有的古老而神秘的人体装饰手法，原始先民使用矿物如石青、石绿等，还有植物的汁液，在身体各个部分如头部、胸部、背部、四肢上绘成各种图案。一般来说，各个部落的图腾和信仰，代表着各个原始种族独特而复杂的内心世界。这种手法不仅流行于原始先民，就是现在保留较多原始生活状态的土著居民也会在身上绘成各种图案。原始先民绘制的花纹色彩艳丽，但是颜料是涂上去的，很容易从身体上洗去，只能临时性地装饰一下身体，要想让身上的花纹永久性的保留下去，就必须文身。

考古学发现,在旧石器时代晚期的地层中发现了大量赭石,数量如此之多以至地层都被染成紫色。据此,有学者推断,当时的原始先民很可能已经掌握了绘身的技巧,有了绘身习俗,而后来的文身则是因为绘身不容易固定,慢慢地先民将绘身的技术发展而来的。

绘身慢慢地发展成文身,原始文身的方法就是人为地用尖锐的石块、骨器等在皮肤割划,留下伤痕,并在伤口上涂抹染料,使染料渗入。这样就能使色素经久不褪地保持在表皮之下,这种方法留下的文身被称为"瘢纹"。还有一种方法是用针在皮肤上刺,然后涂抹染料,这种方法留下的文身被称为"黥纹"。两者实质上都是一样的,只不过是方法不同而已,效果还是一样的。

考古学家和符号学家发现,在澳洲和非洲的土著居民那里,这种较先进的"瘢纹"和"黥纹"是经常和绘身交替使用的。经过仔细地询问、比较,很明显,它们相互之间存在着密切的联系。考古学家和人类学家们通过考古发现指出,绘身和文身的习俗,至迟在旧石器时期就已经产生,慢慢地发展到今天,成为一种十分独特的原始艺术,现代人可以通过绘身和文身,窥见原始人最初的某些宗教信仰和社会风俗,这也是现代人了解远古人生活和信仰的一面生动的镜子。

考古学家认为:在原始人心目中,绘身和文身是一件重大而又神圣的事情。澳洲的土著居民,平时随身带着红、白、黄各种颜料,一旦身上的颜色淡了,就及时地在颊、肩、胸、腹等处在涂抹上,而到了部落的重大庆典时,部落的族长就要求族人把全身涂成五彩缤纷的样子。生活在北美洲的印第安人,在他们的节日里喜欢用动物的油脂配制成各种颜料在脸上绘制各种图形,绘制完成后,还要撒上一些闪闪发光的云母碎片以渲染喜庆气氛。

相比于在身上绘制图案,割破皮肤来进行的文身就多多少少的要忍受一些痛苦了。比如澳大利亚的一些土著居民,会在海边捡来尖锐的贝壳或石片在胸部或腹部划出创口,为了使划出的纹路更明显,不少人不断地将愈合的伤口运用各种方法再弄开,比如用泥土揉擦伤口。而伊利安岛上的巴布亚人,则更是显得疯狂,他们会用火在皮肤上烧烫,直到出现想要的结果为止,其痛苦可想而知。

现代人不禁会发问,原始人究竟为什么要忍受各种痛苦、费尽心机地在身上弄出各种图案呢? 原因当然不会像现代人追求的时髦那样简单。

有的学者提出了一种观点,那就是出于图腾或对祖先的崇拜。学者根据现有的人类学调查资料和对土著居民的调查,发现最常见的绘身和文身,就是把本部落的图腾绘制或文刺到自己身上。在原始人的心目中,本部族的图腾不是象征着自己的祖先,就是象征着最受崇拜的主神,而在身上绘有或文有这些图案,就能够在战斗或灾害中得到神灵的护佑。

学者还提出,绘身和文身的另一个重要原因可能是出于某种巫术或信仰宗教的目的。根据现有澳洲土著的记载材料和口耳相传,澳洲的土著人在出发打仗时会在全身绘满鲜艳的红色,而在为死者举行葬礼时则在全身绘满白色,这样做的目的就是求得天神的庇护。与此同时,生活在澳洲中部的阿兰达部土著人,把他们的图腾绘在自己身上,还会用山鹰的羽毛蘸上自己的血贴在那些图案四周,并且跳一种"图腾舞"以与神灵交流。几乎所有澳洲土著部落的巫师在做法时都要绘上花纹,如果不这样做,就会被认为法术不灵,而失去人们的信任。此外,绘身和文身的颜色和位置,也往往反映出一个人在部落中的地位,巴布亚部落的年少者一般用红色绘身并黥刺面部。而老年人则是用黑色绘身并加刺手臂、腿部或胸部、由此可见,绘身和文身也代表了不同的社会等级。

当然,还有不少学者坚持地认为,原始人绘身和文身的目的很简单,不像人们想象的那样复杂,只是出于人类与生俱来的爱美的天性,而现在学者所提出的其他意义都是日后衍生出来的。

通过对现在的土著居民的调查,大多数的土著居民都认为,他们绘在或文在身上的花纹是最美的,一旦缺少了绘在或文在身上的花纹,人就会变得光秃秃的、变得很丑。据史料记载,南半球的新西兰土著毛利人,妇女到了成年以后都会由专人在下颌部、特别是在嘴唇上文出一条条的横线,其原因是因为她们认为红嘴唇是最难看的,一个男人如果娶了红嘴唇的女人做妻子就是对他的极大的羞辱。

当然,慢慢地随着社会的发展和文明的进步,在最近几个世纪的原始部落中,人们绘身或文身的目的,完全可能出于宗教、文化或者爱美等多种不同的需要,以此简单地把绘身与文身归于某个原因是难以解释这种种复杂的现象的。

许多在绘身和文身风俗方面有着较深研究的学者认为,原始时期的绘身和文身不可能孤立地存在,很显然还与远古人类的服装、发式和所用的其他装饰物有密切的关系,人类很早的服装可能就是没有服装,那就是在身上绘制各种图案。

历史发展到今天,在现代化大都市里,绘身和文身不仅出现在各种戏剧杂要表演中,更多的是在爱自我表现的青年人和某些神秘的社会团体中流行,或许不少人去绘身和文身也仅仅是处于好奇、时髦。但是,也可能是为了表明自己的某些观点或者对生活人生的不同态度。

然而,原始绘身和文身所具有的,充满神秘诡异色彩的线条和图案一直吸引着学者,现代的抽象艺术家更是从中吸取了不少灵感,可见其影响之深。

死后的极乐世界
——慰藉心灵的古埃及《亡灵书》

"肉体死亡为灵魂开启通往永生的大门。"这是埃及《亡灵书》中的记载,古埃及人认为今世的欢乐极为短暂,死后的极乐世界才是人的终极追求。

但是,早期埃及人相信,亡灵在进入极乐世界前,要先进入冥界,要面对各式的恶魔,甚至黑暗。这些恶魔都有着狰狞的外相和丑恶的言行,它们通过阻挠亡灵通向"奥西里斯王国"而控制该地区;甚至这一带的神灵都非常害怕,只能诵念"宙斯"的咒语来保护自己。

在埃及的传说中,古埃及人相信他们的太阳神"拉"永远存在的原因,是由于万神之神宙斯给了他一个别人谁也不了解不知道的名字。在埃及史料记载中说,太阳神每天升上天空,带给大地光明并不是他自愿的,而是受到恶魔"阿柏卜"的威胁,"阿柏卜"每天待在太阳升起的地方,等待这机会一口将太阳神吞下。

太阳神只能带给大地光明,自己的力量本身不是十分强大,无法将恶魔打败,所以每天都生活在恐怖中,但是因为有了一个与众不同的名字。所以,万神之神宙斯赐予他一套咒语,太阳神遇上恶魔,可以口诵咒语,这样便可麻痹阿柏卜的四肢,使之不能动,这样便能自保无虞。

古埃及人信奉的神灵并不是万能的,尽管他怜悯多苦多难的大众,却也无法将古埃及人的亡灵从邪恶的魔头手中解救出来。所以,亡灵们便祭拜万神之神宙斯,希望得到他的眷顾。让万神之神赐予亡灵咒语,得到咒语的护佑。古埃及祭司受到宙斯咒语护佑亡灵的启发,便写了大量的祭文咒语,到公元前 3700 年,已经有大量的咒语流传于世。

作为关于来世咒语最完备的汇编，《亡灵书》为我们提供了了解古埃及人来世观念的详细依据。《亡灵书》虽然被称为书，但实际上只是些奇特文字的组合，一般有两百多个章节，埃及人称它们为"企求来生的手册和万人升天的指南"。埃及人相信，通过这些符号可以帮助死者顺利到达来生世界。当时《亡灵书》的内容包括祈祷文、颂歌和咒语等。

但是开始时并非人人都有获得《亡灵书》的权利。在大约 4000 多年前的埃及古王国时，只有法老和王室成员才能使用这些祈福的文字，他们把这些奇特的咒语刻在金字塔的内壁上，被后人称为金字塔铭文。

历史发展到古埃及中王国时期，不但埃及王室能得到《亡灵书》护佑的特权，埃及的贵族官员们也可以享受。到王室、贵族官僚下葬时，《亡灵书》上的咒语被刻在石棺上，这些咒语称为石棺铭文。

到了公元前 1400 年，由于科技的发展，古埃及发明了一种纸草纸，随着纸草纸在民间的普及，《亡灵书》上的咒语写在纸草纸上，流传到民间。《亡灵书》上写满了死者一生的功绩，然后将《亡灵书》藏在幽冥之神奥里西斯雕像足底的暗格内，然后再放置于墓穴之中。古埃及人相信，只有这样冥王奥里西斯才能看见，从而护佑自己，将自己带往永生之地。

奥里西斯神象征着永恒的生命，即不死之神。奥里西斯以人的形状出现在壁画中，但是两条腿没有分开，就像传说中的人首蛇身。他的手里握着连枷以及象征至高无上权力的权杖，颌下留着长长的胡须，头顶戴着象征上埃及的白色王冠，王冠周围插满了红色羽毛。但是，他的皮肤是象征生命的绿色，代表着植物——因为他在做国王时教会了埃及人如何耕作。

奥里西斯原本是埃及的一位有名的法老，生前很开明，备受国民的爱戴，在国民中享有很高的威望。但是，在一次王室举办的宴会上，被自己的弟弟赛思欺骗，喝醉酒之后装进了袋子里，因为还念着一点兄弟之情，没有杀死他，而是将他扔进尼罗河。奥里西斯的妻子伊西斯找到祭司，施展法力又重新找到了他，并且，召唤了他的灵魂，使他复活。但是，阴谋夺权的赛思再次捉住了他，这次没有心软，将他杀死，尸体分成了 48 块，扔到了全国各地，使之不能复活。但是，伊西斯通过相同的方法再次找到他的尸骸，拼在一起。由于时间拖得太久，奥里西斯无法在人间复活，便成了地底的主宰和死亡判官——冥王。

奥里西斯虽然是冥界之神，死亡判官，但是他并不代表死亡或者魔鬼。相反，因为他几次三番没有死，给了别人希望，古埃及人认为他象征着人死后可以复活的希望，执行人死后是否可得到永生的审判。

在埃及古王朝时代，万神之神的宙斯一直被当作是埃及《亡灵书》的传授者。埃及《亡灵书》的内容大都是写给太阳神"拉"的赞美诗、奥西里斯的赞美诗、审判大殿的描述。

其实，《亡灵书》并不是万神之神宙斯所写的，而是古代的抄录员为亡灵所做的经文，内容包括冗长的开释、各类礼仪真言、神名、咒语、赞美诗等，它们一般都被镂刻或书写在金字塔或坟墓的壁上，有的则印在棺椁或镂于精美的石棺之上。

《亡灵书》所涉及的思想、信仰皆与埃及文明一脉相承，其中有些非常有趣的内容与我们已通晓的有关经文亦相符合。另外，其中很多经文可以追溯到远古。

埃及《亡灵书》是一部真正的"死者之书"、一部绝妙的"弥留手册"或"来世指南"。它给了死者以希望，以慰藉他们不安的心灵，让他们的灵魂得到安息，引导他们的灵魂进入天堂。

第十一章　疑云密布的历史谜团

欧洲上空的草原雄鹰
——匈奴人寻踪

匈奴是我国北方的一支古老的游牧民族，他们繁衍在河套地带，游牧于大漠南北。相传，匈奴人的先祖是夏朝的遗民。商代甲骨文称其为"鬼方"，同代的诗集中又称其为"獯鬻"；周朝人称他们为"猃狁"；到了春秋战国时期，"狄""戎"则成了他们的代名词。直到秦汉时期，才有了匈奴之名。

匈奴曾在我国北方活跃了几百年，同中原王朝连年争战，在我国历史上画下了浓墨重彩的一笔。公元 1 世纪后，匈奴分为南北两支，南匈奴人居内地，后来逐渐和汉民族融合。北匈奴在西汉帝国的军事打击之下，一路西逃。那么这群昔日在草原上翱翔的雄鹰究竟飞往何处了呢？这成了一个长期不为人知的谜题。

匈奴骑兵

大约三百年后，欧洲东部突然出现了一支强大的骑兵部队，他们骁勇善战，自称匈人。4 世纪，这些匈人在匈牙利平原上建立了匈人帝国。

这支震撼欧洲的匈人骑兵，与中国西逃的北匈奴有无渊源关系。此一问题引起了中外学者的极大兴趣。

史学界不少学者认为，欧洲匈人即北匈奴后裔。法国学者德搂尼最早提出这一观点。随后，英国历史学家吉本、学者伯克、德国学者夏德都在自己的著作中引用了这一观点。中国许多著名学者也赞同这一观点,如章太炎认为,"今之匈牙利即匈奴音转。"学者何震亚认为,匈牙利的《匈》为种族名,《牙利》为地名,匈牙利即《匈人住地》。

人们还从风俗习惯、文化艺术等方面进行了考察,研究发现欧洲匈人和匈奴人在祭祖天地鬼神、崇拜日月、献血为盟、脱帽致谢等方面非常相似。1907 年,匈牙利探险家斯坦因在中国新疆乌鲁木齐以东 50 公里处发现了一处古墓群。最近,匈牙利的考古学家在重新分析研究这处古墓群的墓内陪葬品时,意外地发现这些陪葬品与 9 世纪、10 世纪的匈牙利国内墓群的陪葬品十分相似。

此外,匈牙利的考古学家还在古墓群附近碰到一个少数民族群体——乌戈尔人。乌戈尔人与当地的维吾尔人截然不同,他们全族仅有 9000 人,且能歌善舞,他们的民歌中有 73 首与匈牙利的五声音阶完全合拍。有人还发现匈牙利民歌中,有不少曲调和我国西北少数民族——裕固族的民歌极为相似,像是一首歌曲的不同变奏。要知道,西汉时,匈奴曾长期统治裕固族,因此裕固族民歌保留匈奴民歌的风格是很自然的。远在欧洲的匈牙利也有和裕固族一样风格的民歌,说明匈牙利和匈奴确实有很深的渊源。匈牙利文学家基塞里·伊什特万曾多次来中国,他也发现了这一情况。他还发现裕固族对有些名称的叫法和匈牙利人完全相同,如苹果都叫"奥尔莫",绿色都叫"凯克",妈妈都叫"奥尼奥"。他认为,匈牙利人和裕固人有"亲戚关系"。

因此,很多学者坚信,今日欧洲的匈牙利人很可能是匈奴人的后裔。

但是,并不是所有人都能接受这一观点的。相反的观点有以下几个。

一、匈牙利与匈人无直接关系

公元 453 年阿提拉死后,匈人(Hun)帝国迅速瓦解。尽管欧洲人从此习惯把来自东方的各种游牧民族都称作"匈人",真正匈人的后代却下落不明。只是有点证据能表明 7 世纪后期进入巴尔干半岛的保尔加人(保加利亚人的祖先之一)中或许有些匈人成分。

匈牙利人自称马扎尔(Magyar)人。他们在 9 世纪后半叶出现于欧洲时,真正可考的匈人差不多在四百年前就消失了。根据著名匈牙利裔历史学家 Denis·Simor 教授的名作《匈牙利史》,把匈牙利人称为匈人是典型的时序倒错,因为没有任何历史资料表明两者有直接关系。

许多人想当然地误认匈牙利 Hungary 一名与匈人 Hun 有关,这是大错特错的。Hungary 一名真正的来源是 On ogur,也即突厥语 On Oghur,按照中国历史习惯不妨译为"十姓"(突厥语 On 为"十";Oghur 是历史上著名的突厥部族名,与维吾尔的古称回纥 Uighur 不无关联)。欧洲人的这一称呼起因于早期马扎尔人和突厥族的密切接触,因此历史上欧洲人常常把匈牙利马扎尔人视为突厥人。但是,严格地讲,突厥语属阿尔泰语系,匈牙利语属于乌拉尔语系。两者并非同一语系,因此马扎尔人和突厥人绝不是一回事。

不过,可以肯定的是马扎尔人的祖先来自亚洲草原,而不是印——欧种人。今天,匈牙利人还保留一项文化特异:他们是欧洲唯一将姓列在名之前的民族。这一姓名顺序与中国、日本等东亚国家是一致的。

二、匈奴与欧洲匈人的关系不明

有许多人认为欧洲匈人就是中国历史上的北匈奴。尽管这一说法非常流行,但是在历史研究中,这是一个始终没有确证的假设。Denis·Simor 教授的《剑桥早期亚洲内陆史》就对这一观点不断提出质疑。已故匈人史专家 E·A·Thompson 的名著《匈人》也重申,在研究匈人时,不宜引用关于匈奴的资料。

"匈人就是匈奴"这一假设基本上完全建立在语音的近似上,并无其他任何历史和考古证据。从北匈奴在中国历史上消失到匈人在欧洲的出现之间有几百年的空白,再加上巨大的地理间隔,如果没有直接间接的历史记载或考古实物发现,光凭语音上的近似做出这种判断是不科学的。

近年来,随着科学技术的发展,DNA 等测试手段也被派上了用场,但令人遗憾的是,现在还未发现任何一个有力的证据能回答这一问题。中国古代的匈奴人和欧洲的匈牙利人是否有血缘关系或系同一民族,恐怕还需要若干年才能解答。

什么原因导致紫禁城失火
——1923 年紫禁城特大火灾疑案

1923 年紫禁城发生了特大火灾,大火燃烧了将近三天才被完全扑灭。这把火烧毁了很多宏伟壮丽的楼阁建筑,以及难以计算的珍品宝贝,损失相当巨大和惨重。追究这次起火的原因，众说不一，给后世留下了又一疑案。

紫禁城

特大火灾造成惨重的损失

1923 年 6 月 27 日晚上 9 点多钟，一道火光从紫禁城东北角冲天而起，熊熊的火光映红了夏日的夜空，这一场特大火灾从紫禁城东路静怡轩开始烧起，延烧到延寿阁。

宏伟高大的延寿阁倒塌时，将正燃烧的椽梁架在别的宫殿上，这样一来，慧曜楼、吉云楼、碧琳馆、妙莲花室、积翠亭、广生楼、凝辉楼、香云亭等顿时化为一片火海。宫中数百年的参天松柏，也变成一棵棵火树。

这场大火据说是意大利使馆的消防队发现并首先赶到的。但大火发生时，内务府中堂绍英为防意外，令紫禁城卫队先不要开宫门，结果消防队被阻在宫外，导致火势蔓延。及至宫门打开，军警和全城的消防队赶到，又因宫中无水而一时无用武之地。后来将所有的水龙接在一起，取紫禁城外御河之水扑救，但面对一片火海亦是杯水车薪。意大利消防队指挥大家拆除房屋、隔断火道，直到次日早上才将这场大火扑灭。这次大火共烧毁房屋三四百间。

这些楼阁建筑都非常宏伟壮丽，里边存放的奇珍异宝堆积成山，是清宫存放珍宝最多的地方。烧毁的珍品主要有：敬慎斋所藏明景泰年间刻制的《大藏经》板数千块，广生楼所藏全部《大藏经》，吉云楼、凝辉楼所藏钻石顶金亭四座、金佛及金质法器数千件，中正殿所藏大金塔一座、《全藏真经》一部。此外，还有清代 9 个皇帝的画像和行乐图，历代名人字画、古铜、古瓷，以及溥仪结婚时所收的全部礼品。

事后清理火场,仅将熔入土中的金水重新熔化而成的纯金即达三四百斤之多。这场特大火灾造成的损失没有具体统计,但无疑是极为惨重的。

据爱新觉罗·溥仪《我的前半生》回忆,大火发生于他决定清点宫廷藏储之时,结果"清点的和未清点的,全部烧个精光"。"建福宫附近一带,包括静怡轩、慧曜楼、吉云楼、碧琳馆、妙莲花室、延春阁、积翠亭、广生楼、凝辉楼、香云亭等一大片地方烧成焦土。这是清宫里贮藏珍宝最多的地方,究竟在这一把火里毁掉了多少东西,至今还是一个谜。"

溥仪和他的亲叔伯兄弟事后也都曾回忆说,到了八月初,内务府的人找来100多人清理火场,虽然灰烬里已经找不出字画、古瓷,但是金佛、金塔烧熔后有的成了碎块,有的化成金水,结成的半土半金板块还有很多。内务府曾经找来北京各个金店投标,一个早已经打通关系的大金店以50万元的价格买下了灰烬处理权,从中拣出金块金片1.7万多两。金店拣完了,内务府的人又把余下的灰烬装麻袋,分发下去;据说有人后来施舍给雍和宫柏林寺的黄金"坛城"就是从麻袋里的灰烬中提炼出来的。烧剩下的尚有这么多,真不可想象损失有多大了!

大火燃烧了将近三天才被完全扑灭。关于建福宫火灾的损失,据内务府事后呈报说:这次大火共烧毁房屋120间,金佛2665尊,字画1157件,古玩435件,古书几万册。其实这也不过是内务府的一笔糊涂账,由于建福宫花园深得乾隆皇帝的喜爱,经常作诗赋词加以赞美,还将众多自己喜爱的珍玩宝物存此处。以后的清朝历代皇帝都把这里当作存放珍宝的秘密仓库,里面古玩、字画、瓷器、彝器、珍宝堆满了库房,数不胜数。究竟建福宫原有多少东西,就连内务府自己也无法搞清楚。

2006年5月16日,位于故宫西北角的建福宫花园复建完成。据介绍,作为目前故宫唯一一处复建项目,该工程历时5年,耗资近一亿元。

修缮一新的建福宫花园,占地4074平方米,楼、阁、斋等一应俱全,11座宫殿和乾隆花园中的建筑有异曲同工之妙。

修复过程尽量体现原汁原味,其中80%的石基被继续沿用。在阳光照射下,整座花园显得金碧辉煌,十分耀眼。据介绍,此次工程共应用了2800多克库金和赤金,用金量堪称国内古建筑之最。另外,工程仅用瓦就达126309件,将其一字排开相当于奥运会马拉松赛跑的距离。

·疑云密布的历史谜团·

图文珍藏版

据史料记载,被烧毁的建福宫里面存有 6000 多件乾隆珍爱的东西和大量字画和古籍,但当时人们只在大火中抢救出来 300 多件,简直是凤毛麟角。

纵火、失火还是天火

要追查责任,首先要弄清这场火灾是怎么发生的。对于紫禁城这场特大火灾的起因,众说不一。

据当时的《申报》报道:起火原因传说不一,有如下述:

(一)此次宫中起火,系某太监平日将宫内所存御用宝物,私自运出盗卖,价值数十万之多,因虑某太监揭发,乃仿燃灭参战案办法,预施此计,暗下火种,以为灭迹之计。

(二)宫中原有金佛爷一座,本远代之物,佛爷头顶悬有一珠,价值甚巨,早日觊觎者苦无机会,此次中正殿之失慎,佛爷之珠,早已不翼而飞,不为无因。

(三)电线走火,将屋顶引燃,延及各宫殿。

报纸为一时之新闻,由于时间紧急,未必会调查得详尽,后来人们反思这场火灾,得出了更多的原因。

溥仪退位以后,经常与溥杰等人将宫中珍玩偷盗出宫,太妃们也常将珍贵物品交给心腹太监运出变卖。"上有所好,下必甚焉",内务府官员与太监勾结,偷盗之风愈来愈严重。仅 1922 年至 1923 年 6 月火灾前,已经查实的被盗物品就有重达百余斤的金钟两个,古铜器、金器、玉器数十件。北京当时的古玩铺,经常发现宫内的古物。大火以后,建福宫首领黄进禄供述了太监多次偷盗古物的内情。那段时间,溥仪无所事事,经常与庄士敦在一起,叫太监们将宫内收藏的古玩一一取来欣赏。有几次,溥仪所要的古玩竟然取不出来,监守自盗的太监们眼看纸包不住火,罪行马上就要暴露,于是纵火灭迹。

据参加宫中灭火的消防队说,他们初到宫中时,曾闻到一股浓烈的煤油味。溥仪闻讯后,认定太监监守自盗,纵火灭迹,下令拘捕了几名太监,但是谁也不承认自己是纵火犯,因查无实据,只得不了了之。这场大火以后未久,养心殿东暖阁又着火,幸被及时扑灭。溥仪认为,太监不仅监守自盗,还图谋报复,要将他活活烧死,于是下令将太监驱逐出紫禁城。驱逐太监与火灾仅隔 20 天,太监一走,火灾的起因更无法查清了。

关于电线走火的说法,当时紫禁城里造一座小型发电厂,专供宫内照明之用。因电线质量差及铺设使用不得法,宫内已不止一次发生电线漏电走火的事,但未酿成火灾。此次大火烧毁的东路楼阁,全部铺设有电线。起火的晚上,东路楼阁有 7 个太监值守,彼此证明未纵火,也未见有其他人纵火。9 点多钟,火从静怡轩起。

还有一种说法是渎职失火。紫禁城当时虽已采用电灯照明,但因紫禁城面积大,房间多,发电厂功率小,尚不可能全部采用电灯照明。许多地方仍采用旧法,用铁油灯挂在柱上照明。日久天长,木柱烤焦,便易引发火灾,还有太监晚间行路,以灯照明,也是火灾的隐患。清代仅道光以后就发生失火案数起:道光十六年(1836 年),太监韩进钰失火延烧西佛堂;道光二十五年(1845 年),太监马庭贵失火延烧延禧宫;咸丰八年(1858 年),太监禹得馨失火延烧延辉阁;同治八年(1869 年),匠役城钰失火延烧武英殿;光绪十四年(1888 年),护军富山失火延烧贞度门。紫禁城这场特大火灾,有人说是失火而起。但是失火于何处? 谁是肇事者? 没有人能说得清。

还有一种说法是"天火"。"天火"即因雷电而引起的火灾。紫禁城自明永乐十八年(1420 年)初步建成、永乐皇帝朱棣迁都北京开始,因"天火"引起的重大火灾,史料有明确记载的至少有三次:永乐十九年(1421 年),金銮宝殿因雷击而起火,奉天、华盖、谨身三大殿化为一片焦土;嘉靖三十六年(1557 年),重建的奉天、华盖、谨身三大殿再次遭雷击起火,并延烧奉天门、左右顺门、午门外左右廊等;万历二十五年(1597 年),重建的三大殿(改名皇极、中极、建极)再次起火,延烧乾清、坤宁二宫。三次"天火"均发生于明朝,大清二百多年,紫禁城里没有因"天火"焚烧的记录。只是在光绪末年,天坛祈年殿遭雷击焚毁。因祈年殿为香楠木所造,着火时香闻数里。6 月正是夏季雷雨季节,据说是日曾有人听到雷鸣。这是紫禁城的第四次"天火"吗?

是史实还是传说
——徐福东渡之谜

徐福东渡一事,最早见于司马迁《史记》的记载。公元前 219 年,秦始皇首次东巡,登泰山刻石颂德后,南下琅玡台(今江苏赣榆),逗留数月。在此期间,齐人徐福趁机上书秦始皇,说:海中有名为蓬莱、方丈、瀛洲的三座神山,为仙人所居,那里有长生不老之药,自己愿带童男童女前往,求来献上。秦始皇听后大悦,先后于公元前219年和公元前210年,两次派徐福泛海东渡。但是最后,徐福"黄鹤一去不复返",音信渺茫,不知所终。除了《史记》记载,关于徐福东渡,民间还有太多的传说,针对这些疑问,各方学者投入了极大的关注,进行了不懈的查证和探讨,但始终都没有得出一个确切的结论。

是史实还是传说

毕竟时间太久远了,所以一提起"徐福东渡"这件事,人们不仅要首先质疑,它到底是史实,还是传说? 历史上真有徐福这个人和徐福东渡这件事吗?

关于这一问题,多数人认为徐福东渡是史实,因为从史料看,西汉与秦朝相距

徐福东渡

不远,司马迁治史严谨,不可能没有依据就捕风捉影两次记载此事。并且先秦时期方术盛行,秦始皇统一全国后,为确保帝业万古,难免产生延年益寿,长生不老的想法。这从他耗费大量财力,在咸阳营造宫殿,自诩为"真人"期盼能与神仙沟通的情况看,也是完全可信的。在这种情况下,他派徐福出海求取仙药,完全可能。再说,这么多的民间传说,不可能都是空穴来风,无稽之谈吧。况且,五代后周时济州开元寺的义楚和尚在《义楚六帖》的《城郭日本》一文中,还转述一个渡海来到中国洛阳的僧人的话,说徐福东渡到了日本。

不过,也有人认为,徐福只不过是《史记》中辑录的一个传说人物而已,并非真有其人其事,司马迁根据传闻所记,目的是借秦始皇信神仙、迷方士的行为,来讽喻汉武帝相似的爱好。何况,所谓的蓬莱、方丈、瀛洲三神山也都是无稽之谈,只是海上偶尔出现的海市蜃楼罢了,根本不可能是什么日本。

还有人质疑,如果徐福东渡是真,司马迁在《史记》中记载这件事后,为什么在以后漫长的时间内都没有人再提及呢? 怎么会留下这么长时间的记载中断? 五代后周《义楚六帖》转述日本僧人的话,有可能是为了中日友好的需要所说的附会之

语,并非确有其事,"徐福东渡"完全可能是后人附会而成的。

因此,对于徐福东渡究竟是传说还是史实,专家学者至今尚未形成一致的看法,这个问题也仍然是一个需要继续探讨的历史之"谜"。

随着"徐福热"的兴起,中日学者都做了大量的考证。从大量的考古实物看,徐福东渡并不是不具有可能性的。我们姑且认为确实有徐福东渡这么一码事,那么,徐福故里又在哪里呢?

徐福故里在哪里

关于徐福故里,也就是说徐福究竟是我国什么地方的人,司马迁在《史记》中只笼统地说他是"齐人"。问题是"齐"既是一个历史概念,又是一个称谓广泛的地域概念,它既可指战国时期的"齐国",也包含有"齐地"的含义,甚至还包括秦朝的"齐郡"。根据史书对"齐国""齐地""齐郡"的界定,史学家推测:如果"齐人"指齐国之人,那么现在的江苏赣榆、琅玡、山东黄县(今龙口市)等都包括在内;如果指"齐地人",赣榆则被排除在外,而只包括琅玡、黄县;如果是指"齐郡",则琅玡也被排除,只有黄县可能。由于《史记》记载的笼统和"齐地"含义的丰富,后世学者对徐福故里的确认,难免产生分歧。

1982年6月,江苏省赣榆县在进行地名普查工作时,发现有个"徐阜村原名为徐福村",调查现存的嘉庆元年《赣榆县志》和几种乾隆年间的"宗谱",也都证实该村原名为"徐福村"。通过实地考察还发现,在这里的乡民中间,至今还广泛流传着徐福的许多事迹,比如说他是个会针灸和医药的名医,救治过许多乡亲,后来被秦始皇派到海外寻求仙药,从此一去不返。乡人为了纪念他的恩德,还在村上建有徐福庙。

有关学者据此推断,《史记》中的"齐人",应指齐国之人,位于江苏赣榆县城北金山乡南一公里处的徐阜村就是徐福的故里。但是,这种观点受到了许多学者的质疑,他们认为"徐福村"的记载多为附会之词,不足为凭。首先,徐福村肯定不是秦代的村名,因为村一级的建制是唐宋以后才出现的,秦代县以下基层建制为乡、里。经考古发现,在这里出土的遗物也仅仅是汉代的;其次,按照中国为尊者讳,为亲者讳的传统习俗,后人为了纪念徐福为其建造庙宇可以理解,但以徐福名字为村名,使其死后被人千呼万叫,是完全不可能的,因为这与封建社会的避讳观念完全相悖。另外，赣榆只是在一段时间内为齐国的土地，而到秦灭六国时，赣榆为楚国领土，这与《史记》所载之"齐人徐福"之"齐人"，诚为不相关之事。因此，有的学者认为所谓徐福村很可能是以讹传讹，根据史书附会而来，相沿至今的。所以，江苏赣榆徐阜村不可能是徐福故里。

那么，徐福故里会是什么地方呢？有的学者认为徐福故里应是汉代的徐乡县，故城在今山东龙口市黄县镇西北。因为，从文献资料记载看，《史记》称徐福为"齐人"，从黄县的历史地理沿革看，自春秋后期至战国时期，该地一直为齐国疆域；秦统一六国后，黄县隶属齐郡，与《史记》"齐人徐市"的记载也完全一致。另外，《史记封禅书》又载："自威、宣、燕昭使人入海求蓬莱、方丈、瀛洲，此三神山者，其传在渤海中……燕齐海上之方士。"这段记载表明，黄县在先秦时期方术就极为盛行，炼丹求仙之人甚多，与徐福前往"三神仙"求取仙药的背景完全相符。再者，《汉书地理志》记载："东莱郡有县十七……徐乡。"而关于徐乡县的由来，元代研究齐国史地的著名学者于钦在《齐乘》中明确指出："徐乡，盖以徐福求仙而得名。"这就是说，这个县因徐福求仙而得名，徐乡就是徐福的故乡。中华人民共和国成立以后，考古工作者在今龙口市乡城镇东村发现了徐乡故城遗址，证实文献记载不假。并且至今在黄县民间还流传着许多徐福入海求取仙药的故事，全县境内与这一事件有可能相关的村庄达 20 余处，比如徐家庄、登瀛村、海庙徐家等等，每个地方还都流传着与徐福紧密相关的故事。鉴于此，一些学者认为徐福为秦齐郡黄县徐乡（今龙口市乡城镇）人。

但是，也有学者对这一观点表示怀疑，因为于钦在《齐乘》中说"盖以徐福求仙为名"，"盖"乃大概，可能之意，表明作者也只是臆测，并不肯定。至于说资料记载、考古发现等依据也并非黄县一地所有，因此龙口市黄县镇也不一定就是徐福故里。此外，还有徐福是琅玡人的说法，不过也只是依据史料的猜测，难以定论。

由此看来，徐福故里在哪里仍是一个有待进一步考证的问题，关于这一话题的争论，也难免会继续下去。

从哪里起航，走的是哪条航线

说到徐福东渡，人们难免会问：徐福东渡的起航港在哪里？这是很自然的事情。这一问题其实也是徐福研究中的一个热点问题。

从各方学者所列举的起航地点来看,几乎包括了整个中国海域。不过中心大致围绕在山东半岛所在的渤海、黄海地区。有人说徐福是从江苏赣榆起航的;有人说是从山东黄县(龙口市)起航的;有人说是从徐山起航的;也有人说是从河北饶安(盐山)起航的;还有人说是从山东琅玡起航的。除此之外,我国台湾学者还提出了从"浙江沿海起航"的说法,日本学者提出了"广东沿海"起航的主张,不过,经过论证,这两种说法的可能性极小,这里就不再论述。

江苏赣榆起航说。这一说法是建立在认定赣榆的徐福(阜)村就是徐福故里的基础之上的。这一观点为我国地理学家罗其湘、徐福研究专家汪承恭最早撰文提出的。他们认为:徐福第二次出海东渡的起航点,据实地考察,是在离徐福故乡——徐福村不远的海州湾沿岸的岚山或连云港附近。并断言秦始皇三到琅玡,有两次到过赣榆,秦始皇最后一次东巡(公元前210年),由江南渡江"并海上、北至琅玡"时,徐福在他的家乡一带,又一次见到秦始皇,并再次受命出海。另外,据赣榆的《徐福故里古遗迹考察材料》称:在赣榆大王坊村附近古河中曾发现了距今2000多年的造船木材,认为是徐福造船遗留,继而论证,"徐福在这里造船,以荻水口入海东渡,是有根据的",并肯定地指出:"在始皇三十七年,秦始皇出游,五六月间,来到秦东门,为秦东门建成和徐福东渡,举行盛大海祭,徐福率队出荻水口,进行东渡,'得平原广泽,止王不来'。"但是,这一观点遭到了有关学者的质疑:首先这一说法是建立在赣榆是徐福故乡的基础上,然而徐福故里是不是这里,如前面已述存在争议,因而这一结论也自然值得怀疑。其次,从《史记》记载看,徐福两次拜见秦始皇都是在琅玡,并未见记载他在异地拜见过。至于秦始皇的最后一次东巡路线,据《史记》明确记载是自咸阳"至云梦……浮江下……过丹阳,至钱唐……上会稽……还过吴,从江乘渡。并海上,北至琅玡",根本就没有经过赣榆,怎么可能到赣榆造船出海呢?再说,古代森林茂密,遍及沿海各地,造船在沿海哪个港口都能进行,赣榆具备的条件,在其他地方也完全可以。至于在赣榆出土的沉积木头是很正常的事情,与徐福造船遗址没有什么必然联系。况且,数千童男女的征集、训练和给养补给及百工、船员的配备,也是小小的赣榆一地所无法解决的。因此,所谓在赣榆造船、出海之说是不大可能的,更谈不上是定论。

山东黄县(龙口市)起航说也主要是基于黄县可能是徐福故里的论证。龙口市徐福研究专家李永先曾撰文认为:"徐福东渡从琅玡徐山和黄县北海岸这两个海港起航,不仅从《史记》中可以找出根据,后来也有许多古籍记载和民间传说。"并指出"徐福第二次东渡是从黄县家乡起航","徐福从黄县北海岸东渡,这里就是后来的登州湾"。他还论证说秦始皇三十七年,秦始皇再次相信徐福的谎言,为徐福第二次东渡配备了射手。他还亲自在芝罘(今烟台)射死一条大鱼,象征为徐福东渡扫清道路。徐福第二次东渡即在这一海域的黄县北海岸(今登州湾)起航。但是,据青岛市社会科学院研究员张树枫分析,徐福船队在出海求仙期间,为了躲避风浪、补充粮食,而在黄县沿海停泊,在民间留下相关传说的可能性极大,但仅此就确定徐福从黄县起航东渡是没有道理的。如同赣榆起航港的论述一样,黄县是否为徐福故里是徐福船队是否在此起航的主要依据,然而黄县是不是徐福的故里,有待进一步论证。另外,从有关资料分析,当时的黄县只是一个偏僻的县城,不管是从轮船的制造,人员的征集,还是物质的供给等各方面来看,都无法满足大规模远航的要求。事实上,当时在山东半岛只有琅玡是中心城市和沿海大港,徐福没有道理舍弃琅玡优越的航海条件,而到荒僻小县的登州湾装备船队、起航东渡。所以黄县作为徐福船队的临时停泊港可能,作为起航港则是完全不可能的。

河北饶安(盐山)起航说的主要依据是这里有千童县。据唐代李吉甫《元和郡县志》记载:"饶安县,北至州九十里,本汉千童县,即秦千童城,始皇遣徐福将童男女千人入海求蓬莱,置此城以居之,故名。汉以为县,属渤海郡。灵帝置饶安县,以其地丰饶,可以安人。"有的学者据此认为徐福当年在盐山县一带招募童男童女,并百工、水手、弓箭手等人,最后乘船经无棣沟入海,辗转漂泊,最后到了日本。针对这样的论述,有的学者提出了反对意见,他们认为,千童城的存在确实是不争的事实,但是很可能是徐福首次出海时,船队抵达渤海湾后上岸休整时所留下的遗迹。按一般常理,徐福在芝罘(今烟台)与秦始皇别过后,不可能随秦始皇"并海西",再跑到盐山去筑城休整征发童男女,然后再起航东渡。据此,盐山只能是徐福航海求仙活动中曾停留过的休整地点,但不是徐福东渡的起航港。

徐福自徐山起航说,是流传最久、史书记载最多的少数入海地点之一,影响极大。其主要依据为:北宋《太平寰宇记》引《三齐记》云:"始皇令术士徐福入海,求不死药于蓬莱方丈山,福将童男童女二千人于此山集会而去,因曰徐山。"元人于钦所撰《齐乘》也记载有"又东徐山,方士徐福将童男童女二千人会此入海采药不返。"民国年间成书的《增修胶志》转引《三齐记》也说:"小朱山又东徐山,方士徐福将童男童女二千会此,入海采药不返。"这些记载均证明,徐山为徐福入海求仙之地。从位置看,徐山位于胶州湾南侧,距徐福活动中心琅玡不远,从此招募童男童女、百工、神射手等起航东渡的可能性是极大的。从自然条件看,这里有茂密的山林和优良的港湾,也具备制造和停泊船只的条件。但是也有学者指出,徐福从徐山起航东渡的记载主要源于《三齐记》,而此书成书时间不详,可能为晋人所著,而这时已离秦朝有数百年之久,这一说法很可能是源于民间传说,从而以讹传讹。而"徐山"地名的出现,据确切考证最早见于唐代时的《隋书·地理志》,而这时距离秦朝已经近 900 余年,由此史书上记载的徐福自徐山起航东渡的真实性很值得怀疑。甚至有学者指出,徐山是因三国徐庶而得名,当地民间至今还流传着这样的说法,徐庶推车到此,在西山的山洞中住过,故名徐山,至今这里流传有"徐庶不离帽子峰"的谚语。由此,也有人认为徐山称呼的由来与徐福也许根本就没有什么关系。另外,当时徐山周围穷乡僻壤,徐福没有必要舍弃距离这里不远的琅玡,而专门跑到这里征集人员、物资,进行东渡。至于良港和山林也并非该地独有,不能作为徐福由此东渡的确证。因而徐福东渡自徐山起航的说法,也并非定论。

琅玡(山东省黄岛区西南)是目前多数学者认可的徐福东渡起航港。首先,琅玡在当时经济发达,人口众多。在春秋时期,琅玡就一度是强大的越国的都城;战国时,琅玡更是齐国大邑,人民安居乐业,经济繁荣,是少有的富饶之地;秦统一后,琅玡仍为当时全国少数政治、经济、文化发达的中心城市之一,亦是 36 郡中唯一濒海的郡治所在。因此琅玡拥有雄厚的物质基础,人口资源丰富。而这些条件对"费以巨万计"的徐福东渡物资的筹集、人员的招募起着决定性的作用。其次,除琅玡山外,附近还有徐山以及大小珠山等,山上有着大量的优质木材,具备打造木船的充足条件。再者,琅玡自春秋以来就是优良港湾和海军基地,秦统一后,琅玡港北接齐、燕,南连吴、越,附近属花岗岩侵蚀性海岸地貌,水深港阔,起航条件极佳。从《史记》记载看,琅玡一直就是徐福海上求仙的活动基地,他第一次向秦始皇上书就是在琅玡,蒙准后,所有出海的准备工作也自然会在所有条件都具备的琅玡进行,并由此起航。第二次徐福通过"大鲛鱼"骗过秦始皇后,始皇"乃令入海者赍捕巨鱼具,而自以连弩候大鱼出射之。自琅玡北至荣成山,弗见,至芝罘,见巨鱼,射杀一鱼,遂并海西。至平原津而病"。也就是说秦始皇和徐福船队一起自琅玡起航北上到荣成山,没有见到大鱼,一直到"芝罘",才射杀了一巨鱼,寓意为求仙船队,扫除拦路恶神。之后,他与徐福在芝罘别过,徐福踏上了东渡之路,并从此杳如黄鹤。因此从《史记》记载来看,徐福就是在琅玡港第二次出海东渡的。这一观点为多数学者所认可,但事实是否真的如此,仍有待进一步论证,以取得一致意见。

如果徐福船队真的是从琅玡起航的,目的地也假设为日本,那么他们走的是哪一条航线呢?

关于这个问题,目前学术界最具代表性的两种观点是"北行航线"和"南行航线"。支持"北行航线"观点的学者认为徐福船队是从琅玡出发的,他们绕经辽东半岛南、朝鲜半岛西后,又穿过对马海峡,到达日本北九州和歌山等地的;支持"南行航线"观点的学者又因出发港意见不一致,提出了两条航线:一条航线是从山东半岛的青岛或芝罘出发,横渡大海,再经朝鲜半岛南部到达日本九州等地;另一条航线是从苏北沿海诸港口出发,横渡黄海,或者是到了朝鲜半岛后穿过济州海峡抵达日本九州。

一些专家学者研究认为,从当时的造船技术、航海知识、海洋条件以及考古发现等来看,"北行航线"说比较可信。首先,从造船技术看,琅玡本来就融会了春秋时期越国和吴国的造船工艺,齐国时候更是得到了进一步发展。秦始皇统一全国,打破了区域限制,造船业和航海技术进一步交融,无疑得到了更大进步。在这种条件下,完全可能造出具备一定远航能力的大型船只。并且自战国时期就不断有方士出海求取仙药,在长期的航海实践中,必定积累了一定的航海经验。其次,据史书记载,早在战国时期,我国就探索出了一条经朝鲜半岛到达日本的航海线。齐威王、宣王和燕昭王时,就有不少齐燕方士入海寻找三神山,求取仙药。这些方士的入海地多在碣石或山东半岛,入海后可能就有到达朝鲜半岛南部或日本岛的。汉武帝时,曾有从山东半岛发楼船攻打匈奴的记载,其所经之地就是前述北行航线到朝鲜岛西岸之一段。因此,距此110年前的徐福东渡,最大可能也是走这一航线。北大历史系教授刘华祝先生也认为,北行航线上海岛相望,航程中可随时就近躲避风浪,补给淡水、食物等,安全系数大。而南行航线要经过黄海,在当时没有罗盘,船队导航主要靠日月星辰或目视,船行动力主要靠海风和人力的情况下,成功的概率较小。而且这一航线的开通,据史书记载也是南朝以后的事。日本人宫泰彦了也曾指出:"日本海有一种左旋之回流,利用此种回流,可以由朝鲜南部古辰韩地方到达日本山阴。中、朝、日的古代使者曾在这条航线上往来了近千年。北行航线沿岸不断出土有战国时燕齐的刀币,还有青铜剑、青铜戈、铜铎等,说明战国时已开通此航道。"从以上资料来看,徐福东渡很可能走的是北行航线,但事实如何未得而知。

徐福到日本了吗

徐福东渡究竟到了什么地方,无疑是诸谜中最惹人注目的一个。我们知道徐福等人出海的初始目的是为了到渤海中寻觅蓬莱、方丈、瀛洲三神山,向山上神仙求取长生不老之药,但是古代渤海的海域概念与今天所指大为不同,它不仅包括了今天的渤海,还包括黄海,乃至东海。而我国东面的大海中,有今朝鲜半岛、我国台湾岛、菲律宾的吕宋岛、日本群岛等。司马迁只说"得平原广泽,止王不来",而这"平原广泽"究竟是什么地方呢? 徐福究竟到了哪个岛呢?

针对这一疑问,也有多种不同的看法。有人说徐福东渡到了朝鲜半岛,还有人认为徐福到了舟山岛或者台湾或者吕宋岛。这两个观点的支持者只不过是从方位上做的判断,都没有强有力的证据可以证明,所以观点相对勉强。

这两种观点的反对者倒是举出了一些史料进行了批驳。

《三国志·吴书·吴主传》中对徐福东渡的目的地有这样的记载:公元230年,孙权曾派遣将军卫温、诸葛直率领士兵万人,出海寻找"夷洲及亶洲"。而"亶洲在海中,长老传言:秦始皇帝遣方士徐福将童男童女数千人入海,求蓬莱神山及仙药,止此洲不还。世相承有数万家,其上人民。时有至会稽货布,会稽东县人海行,亦有遭风流移至亶洲者。所在绝远,卒不可得至,但得夷洲数千人还。"从陈寿的这段叙述可以断定,亶洲绝对指的不会是台湾,因为卫温和诸葛直已经到了台湾(夷洲);也不会是吕宋岛,因为陈寿说亶洲有人口"数万家",而吕宋岛至元世组时仍旧"民不及二百户";更不可能是舟山岛,因为该岛离大陆较近,容易到达,谈不上"所在绝远"。因此,司马迁所记载的"平原广泽"不可能是上述列岛。

那么,这里的亶洲到底是哪里呢? 关于这一点,前已有述,五代后周的义楚和尚在所著《义楚六帖》中记载了公元927年渡海来到中国洛阳的日本僧人倡弘大师所说情况:"日本国亦名倭国,在东海中,秦时徐福率五百童男、五百童女止于此国。"他还说,日本有座富士山,又称蓬莱山,徐福定居于此,其子孙至今皆称秦氏。当然,"亶洲"就是日本的说法在三国时候就已经有了。法国人希格勒在《中国史乘中未详诸国考证》一书中也明确指出亶洲即日本岛。

近代的中日学者最初也都肯定了此说。他们支持"亶洲"就是日本的说法,不仅是因为前面的史料,更是因为至今日本九州半岛的佐贺县还有"徐福上陆地纪念碑"以及徐福的石冢和祠堂等遗迹。徐福还被当地人尊为司农耕、蚕桑和医药的大神,并长时间被大规模地祭祀。在该县金立山神社供奉的主神就是徐福。在日本的史籍文献中,关于徐福东渡日本的记载更是多得不胜枚举。

日本学者奥野利雄先生还考证,徐福东渡后主要活动地域在日本九州、熊野一带。研究《富士古文书》的权威铃木贞一先生甚至认为徐福是70岁去世的。这些观点无疑都认为徐福当年确实到了日本。

1950年,台湾学者卫挺生在专著《徐福入日本建国考》一书中,进一步提出一个石破天惊的观点,认为徐福与日本传说中的神武天皇是同一个人,就是说日本的开国天皇就是徐福。这一观点提出后,在日本引起了极大的反响。日本学者于当年便自发组成了"日本民族头骨指数测定会",由文部省补助经费,让日本各地大学的解剖系教授对各大学男女生的头骨进行测量,测量的总人数多达六七万人。5年后这些集中代表了全国280个县市居民的头骨测量数据,由日本体质人类学权威长谷部言人博士进行整理分析,并同日本周围民族的头骨指数进行了比较研究。结果表明,现代日本人大多数的头骨指数与中国浙江、江苏、安徽、福建等省人的头骨指数完全相同,与上述省份外的居民部分相异,并由此得出了"日本史前时代的祖先,曾经留住在中国的东海沿岸"的结论。这一结果从一个侧面证明了徐福东渡日本的可能性。

20世纪80年代,随着中国以及日本徐福研究热的兴起,对徐福是否东渡日本的研究更加深入。台湾学者彭双松于1975~1981年间,先后8次赴日本实地考察。据他统计,日本各地与徐福姓名联系在一起的墓、祠、碑、宫、庙、神庄等遗址有50余处,登陆点20余处,传说故事30余个。在取得了大量调查资料的基础上,他于1982年6月发表了《徐福即神武天皇考》一文,进一步论证了卫挺生的观点,认为:"昔日中国的徐福,就是日本开国第一代神武天皇。"此后,中国社科院历史研究所研究员赖长扬先生在1985年著述的《港台的徐福研究及其在日本的影响》一文中则记载:昭和天皇之弟三笠宫就表示过赞同"徐福即神武天皇"的观点,1975年"香港徐福会"成立时,他在贺词中肯定"徐福是我们日本人的国父"。1980年4月29

日,九州岛佐贺县在日本"天皇诞生日"举行了隆重的"徐福大祭",祭歌中有这样的词句:"二千余年悠久的历史啊！欢欣庆祝神社的祭典,奉到秦皇的命令,率领童男和童女,徐福一行在明海的寺井湾登陆,劈开茂密的芦苇向前迈进。"

此外,据考证,在认为最有可能是徐福登陆地点的日本歌山县(纪伊半岛)熊野河口(现在的新宫市),至今还有"秦住""秦须浦"的称谓,相传为徐福时相沿至今。这里还有被认为是当时徐福等人住过的草屋模型,新宫市还遍布着一种叫"天台乌药"的老草药,相传就是徐福要找的长生不老之药。一些学者还考证认为,在日本除"秦"姓外,"羽田""钿""波多"等姓氏的读音也与"秦"的读音相同,而这些姓氏多为徐福后代,或者至少与徐福有一定的关系。如前日本首相羽田就称自己是徐福的后裔。据说,当时与徐福一起东渡蓬莱的人为了免于秦始皇的追杀,才改了这么多姓氏的,但是故土难忘,都带着秦的读音。另外,新宫市内还有不少姓"东""西""南""北"的居民,据当地人传述这些姓氏也为徐福的后裔。日本民间流传,徐福率领三千童男女仓促到达日本后,由于这些童男女都是被秦始皇强行征调的,并不知道他们的姓名,只能问出他们是住在哪一个方向的,住在东边的就让他们姓"东",住在西边的就让他们姓"西"等。这些人的后代也就顺其自然姓"东""南""西""北"了。目前住在新宫市的居民中,有大量这类姓氏的人,虽然没有人直接承认他们是徐福所率童男女的后代,但都奇怪地聚集在徐福登陆的新宫市一带。

以上资料充分论述了徐福东渡确实到了日本,甚至有可能他就是日本传说中的神武天皇。但是,必须承认仍有部分日本学者对徐福东渡日本的观点表示怀疑。他们认为,按当时的造船技术和航海知识,徐福的船队无法战胜海洋上的狂风恶浪,只能停留在中国千里海岸的某个港口或沿海大小岛屿上,并逐步向中国内陆移居;再说传说中徐福到达的三神山,只是渤海湾的小岛,并非日本境内。其次,从时间上考证,徐福东渡的说法,产生于 10 世纪左右的日本,以前并没有记载,很可能是当时随着中日交流的频繁,东渡到中国的日本和尚牵强附会地带去了有关徐福的传说,不辨真伪的义楚和尚将其载入《义楚六帖》中,并且经过以讹传讹,到了宋代乃至今日,人们对此更加深信不疑。退一步说,即使徐福带领大批童男和童女到达了日本,为什么当时没有把汉字传入日本,而是直到公元 2 世纪才传入日本呢？甚至还传说徐福把造纸术也传到了日本,但事实上,中国当时还在使用竹简写字,这种说法岂不荒谬？据此，他们认为，日本国内史料的记载以及现存的有关徐福的遗迹，是当时的僧侣为了将徐福树为中日友好的旗帜而伪造骗人的；至于日本神武天皇，只是日本历史上神话时代的人物，根本无法与徐福挂钩；徐福日本后裔之说，更是捕风捉影，无稽之谈。

不过，这些否定徐福到达日本的说法，大多被认为是极其牵强的。徐福东渡日本一事，由于时代久远，难免会有谬传，但是，毕竟有那么多的文献记载，实地物证以及日本徐福墓址，甚至徐福被称为农神、蚕桑神、医药神的史实证明了徐福东渡确实到了日本列岛，这仅仅用后来作伪者使然，是难以解释清楚的。而且事实上，秦朝时期，我国沿海齐国等地的造船技术和航海知识已经有了相当发展，徐福第一次出海又顺利归来，就证明了他已经掌握了一定的航海技术。至于汉字，秦始皇时才逐步统一规范，后来又有不少变化，徐福没有把汉字带入日本，是完全可以理解的。

总体来说，中日的学者大多倾向于徐福确实到达了日本。不过由于年代久远，史料过简，加之论者所处角度不同以及对史料理解的歧义，甚至带有政治色彩，使得这一问题在许多方面都产生了激烈的争论。也因此，对于徐福东渡是否到达日本，注定还要在不断地论证和反驳中，继续下去。

难解之谜——郑和下西洋

1405年，明成祖委任35岁的郑和为正使总兵太监，以钦差的身份，在7月11日那天，率领水手、翻译、医生、护船的兵士共2.7万余人，乘宝船62艘，从太仓刘家港出发，开始了第一次西洋之旅。当年秋，郑和船队经过长途航行，载着爪哇等国的朝贡使节和数十船朝贡贸易换回的异域珍品，完成处女航，载誉归来。此后，郑和率领着庞大的舰队又进行了6次西洋之行，历经亚非几十个国家。

郑和的远洋之行，为亘古未有之壮举。但是，由于时代久远，加之郑和下西洋的相关资料莫名被毁，致使许多关键性的问题竟成了扑朔迷离的难解之谜。

为何下西洋

郑和下西洋这样规模浩大的远航，究竟是为了什么，肩负着什么样的使命呢？

后人对此众说纷纭,各执一词,猜测甚多,却很难取得一致意见。

最流行的一种说法认为是为了寻找失踪的建文帝。我们知道,明朝建文帝即位不久,燕王朱棣就以"清君侧"为名,大兴"靖难"之师,公开反叛。于1402年率军攻破南京城,颠覆了建文帝的统治。但是,当其带兵冲进皇宫时,只见宫中大火冲天,建文帝不知去向。《明史》对此记

郑和下西洋

载:南京陷落时,"宫中起火,帝(建文)不知所终"。明成祖疑其逃往海外,为了长治久安,防止建文帝东山再起,威胁自己的统治,便派遣郑和出使西洋,寻找建文帝的踪迹,以消除政治隐患。《明史·郑和传》也清楚记载:"成祖疑惠帝亡海外,欲踪迹之。"自此以后,附和其说者不乏其人,一些历史学家比如范文澜、吴晗等在自己的著作中也都认为郑和下西洋是为了寻找建文帝的下落。许立群在《中国史话·三宝太监下西洋》一节中也写道:"永乐皇帝派郑和航海的目的是寻找建文帝,因为永乐篡了建文帝的帝位后,建文帝失踪了,永乐怕他逃到国外,将来回来复辟,所以派人去找他。"

这就是郑和出使西洋的真正目的吗?后人对此提出了质疑。

有人说这种说法很可能是明代中后期封建文人囿于狭隘的思想观念得出的结论,中国明史学会名誉会长刘重日先生就是这样认为的。他说,明成祖无疑是一个雄才大略的皇帝,"既然朱棣在只有几千部卒的情况下都不怕建文帝,怎么会在大权在握时怕一个十几岁的小孩子呢?""再说也没必要为一个失踪的人费这么大的劲啊!"北京郑和下西洋研究会副理事长毛佩琦教授也认为通使西洋是明成祖对外关系的一项大政策,可以认为朱棣命郑和在出海时顺道寻访建文帝的下落,但如果说寻找建文帝就是郑和下西洋的使命,"是小看了明成祖的胸襟"。这两种观点都有道理,那么郑和下西洋究竟是为了什么呢?

有人认为是为了耀兵海外,宣扬朱棣天下观。《明史·宦官传》记载:郑和"且欲耀兵异域,示中国富强","遍历诸国,宣天子诏,因给赐其君长,不服则以武摄之"。据此有人认为,明成祖心高气傲,一心想超越前代帝王,建立不世伟业,把文

治武功永垂史册,所以才派郑和"耀兵异域",显示中国富强,满足自己"天朝上国"君主的虚荣心。梁启超在《祖国大航海家——郑和传》书中云:朱棣富有雄心壮志,想通过扬威壮举,达到震慑与笼络海外诸国受封之目的。李长博在《中国殖民史》书中也称郑和下西洋之动机是"耀兵异域",别无他意。

可是,下西洋的原因就真的这么简单吗? 有人通过明成祖向西洋诸国颁布的诏书,提出了新的观点,认为郑和西洋之行主要是为了推行朱棣的"天朝礼制体系"。其诏书是这样说的:"朕奉天命,君主天下,一体上帝之心,施恩布德。凡覆载之内,日月所照、霜露所濡之处,其人民老少,皆欲使之遂其生业,不至失所。今特遣郑和赍敕,普谕朕意:尔等祗顺天道,恪遵朕言,循礼安分,毋得违越,不可欺寡,不可凌弱,庶几共享太平之福。"大意就是说:我奉天命,君主天下,施恩四海,不希望四海有流离失所之人。故特别派遣郑和告诉大家,我的想法,我的这番意图。你们要遵守天道,安守本分,不能恃强凌弱,要和睦相处,共享太平之福。一些专家认为这份诏书正体现出了明成祖自己对于天下秩序的设想,也就是他的天下观,他的理想的世界秩序,也就是希望在自己的主持下,建立一个各国之间睦邻友好,和平共处,共享太平的和谐世界,或者叫国际秩序。后人将其称为"天朝礼制体系"。毛佩琦教授以及当代明史研究专家郑一均都支持这种说法,认为这一思想体现了中国儒家的天下观天子受天命统治中国,覆载之内不论近远,大家一律平等,不能够以强凌弱,以众暴寡。

不过,这一看法明显带有拿现代人的观点衡量古人的意思。郑和七下西洋,耗资巨大,劳民伤财,就是为了这一目的吗? 此说也不为定论。

还有人论证郑和下西洋主要是为了打通海上通道,发展海外贸易。中国周边的国家大多分布在东南亚和南亚地区,由于南洋诸岛与大陆地理分散,交通不协调,受到海洋空间的限制,缺乏进一步联系的基础,因而成祖派郑和下西洋。也就是说,郑和下西洋的目的是为了大力发展海外贸易,以经济交往为纽带,将分散于大洋中的各个国家和地区联结起来。

但是这一观点遭到了普遍的反对。明史专家、复旦大学教授樊树志教授认为郑和的航海并没有贸易的成分。他指出,当时郑和所带去的物品主要是为了实现朝贡关系,郑和代表中国皇帝接受当地国王的朝贡,并代表皇帝把礼品赏赐给那些国家,他带去的东西主要用于赏赐,而不是做生意。并指出:"从经济的角度来讲,明朝方面是非常不合算的,所收到的朝贡礼品很少,而赏赐的东西非常之多,常常是用数倍的礼物回赠给臣服的各个周边国。"下西洋"主要是政治行为,贸易是附加的"。他还特别指出,夸大郑和下西洋的贸易活动,就是歪曲了郑和下西洋的目的。朱晨光在《郑和下西洋目的辨析》一文中也认为说郑和下西洋是经济因素是一叶障目之见,因为考察明代有关文献,未见过郑和屯兵异域,进行经济上的巧取豪夺。毛佩琦教授也认为:"这种说法是用现代的经济观念,来解释古代人的行为。特别是当时中国是一个农业社会,没有必要寻求海外的市场,它不是后来资本主义积累时期,希望通过海外贸易发展自己的商品经济,中国的经济发展还没有达到这个程度。所以说简单地说,郑和下西洋是为了发展海外贸易,也是不确切的。"因而此说显然不能服众。

与此同时还出现了一种折中的观点,认为郑和下西洋既有政治目的,又有经济意图。韩振华在《厦门大学学报》上发表的《论郑和下西洋的性质》和陈得芝在《历史教学问题》1959年第3期的《试论郑和下西洋的双重任务》以及翦伯赞在《中国史纲要》等书中均认为郑和下西洋既有政治目的,又有经济意图。这种观点认为朱棣夺取了侄儿的帝位,自知名声不佳,便派遣郑和出使西域,耀兵海外,造成万国来朝的胜景,彰显自己继承王位的合法性和正统性。同时安抚或镇压逃亡海外的将士和臣民,宣扬国威,巩固自己的统治地位。另一方面开拓通往西洋诸国的海上航道,扩大官方贸易,用中国的瓷器、丝绸、茶叶等,换取海外的香料、补药、奇珍异宝等物品,以满足王公贵族的奢侈之需。正因此,郑和率领的船队被称为"宝船"或"西洋取宝船"。这种说法比较全面,但是如前面所述,贸易并非出使的主要使命,下西洋也根本不是为了赚取利润,一些皇室用品也只是顺道买回罢了;从政治方面看,如果真是为了安抚逃民,迎接各国来朝使节,有必要大张旗鼓,在28年间屡下南洋吗? 所以此说也有人质疑。

最后一种观点认为郑和七下西洋各有目的。尚钺在《中国历史纲要》认为,郑和第一次出使西洋是为了"联合印度等国抄袭帖木儿帝国的后方,牵制帖木儿帝国继续东侵"。后六次,由于帖木儿帝国的危险消除,则主要是为了开辟一条新航海路线,以便与国外进行贸易。李光璧的《明朝史略》进一步指出郑和首次西下带有扩大贸易、提高"威望"、联络印度等国的三重任务,后六次主要是为了通商的目的。郑鹤声、郑一均在《郑和下西洋简论》中认为,郑和前三次下西洋,主要是为了和东南亚、南亚沿海诸国建立关系，维护国际和平局势，提高明朝的威望，附带解决"疑惠帝亡海外"的问题。后四次主要是向东亚以西的更远的地区前进，开辟新的航道，让从来不与中国往来的海外之国"宾服中国"。刘重日先生也有类似看法，认为第一次下西洋是明成祖为了与更多国家和地区交流、结好，宣扬"天朝上国"的优越性，其后的几次是为了加强联系，并进行通商，当时，各国使节和商人来华朝拜进贡的渐多，为了能让他们安全回国并进行进一步交流，明成祖就让郑和进行了第五次和第六次远航。而第七次远航，则是宣德皇帝命郑和出行的，他的目的不外乎是要延续永乐皇帝的丰功伟绩。由此可以看出，七次远航的目的都是为了与各国交流以及进行商业贸易，只不过每次的具体目的略有不同罢了。但是事实上真的如此吗？该说也不为定论。

总体说来，以上各家之说各有道理，并且随着时代的不同，人们对郑和出使西洋的认识也在不断加深，甚至明显赋予了一种时代性的看法。可是到底哪种说法更符合历史真相呢？目前尚难定论，仍需进一步探讨。

郑和船队最远到了什么地方

大海浩瀚，航者无疆。那么郑和下西洋，最远到了什么地方呢？究竟如西人所说，深入大西洋，发现美洲，到达南极？还是仅止步于非洲东岸呢？

对于这个问题争论很大，国内外的专家、学者各执一词，根本无法取得一致意见。英国史学家李约瑟在《中国科学技术史》中，引用地图学家弗拉·毛罗所言，认为15世纪初郑和船只已经绕过好望角。20世纪50年代，澳大利亚的菲茨拉德在发表的《是中国人发现了澳洲吗？》一文中，认为郑和的船队很可能到达了澳大利亚西北的达尔文港，因为1879年曾在那里出土了一尊中国寿星石像，为明朝遗物。随后，马来西亚学者祖菲加甚至认为，郑和船队最远到达了南极，也到过澳洲大陆。并具体指出郑和船队于1422年抵达南极大陆，之后途经澳洲大陆，返回中国。

把这一争论推向高潮的是2002年英国退伍海军孟席斯在英国皇家地理学会上做出的结论：中国郑和下西洋舰队1421年到达美洲，比哥伦布早70年发现了新大陆。孟席斯的主要依据是，在美国发现了一张根据经纬度绘制出的古代地图，经有关人士考证，认为是中国人绘制。并且在加勒比海还发现了一艘沉船，可能是郑和的航船。另外,在加拿大岛屿遗址的坟墓中发现了汉字,遗址中的居民有黄种人的基因。孟席斯的这一结论震惊世界,他的著作《1421:中国发现世界》一书也成为最畅销的书籍。

但是对这些说法,中国学术界大多持否定态度。因为《明史·郑和传》和郑和助手马欢的著作《瀛涯胜览》中,都记载着郑和船队最远到了非洲东海岸木骨都束、竹步、麻林,也就是今天的肯尼亚和坦桑尼亚一带。并且在非洲索马里、肯尼亚、坦桑尼亚境内,考古发现了很多14、15世纪的中国古瓷。从事海洋地图研究的专家朱鉴秋认为:"这可以作为郑和航海到达非洲的有力佐证。"对于孟席斯的观点,毛佩琦教授则持全盘否定的态度,他认为:"不是有多大可能,而是完全不可能。"对于那张地图,毛教授认为中国古代地图的绘制方式不同于西方,在当时不可能出现根据经纬度绘制的地图,"因此孟席斯所指的地图根本就不可能是中国人绘制的"。对于加勒比海沉船、坟墓中的汉字、黄种人的基因,这几个证据,所有的中国专家都基本持否定态度,但也找不出具体反驳的理由。毛教授认为:"这些都是没有确凿依据的,无法考证的。"但是,孟席斯很自信自己的观点,认为自己通过实地考察掌握了许多中国学者不曾见到过的证据,他认为"中国学者大多数都是在中国本地做研究、查资料,没有像我这样走出去,在欧洲、美洲、非洲等其他地方做实地考察和查阅资料。而这些资料中国的学者是看不到的。"孟席斯的话也是有道理的,因为中国学者的考证多源于史料记载,只是在故纸堆里找线索,难免会有很大局限性。况且,值得注意的是,郑和下西洋的船队由大小船只百余艘组成,由于海风、迷失方向等各种原因,很有可能会有个别船只脱离船队,在大海中漂泊,并由此发现了澳洲、美洲,甚至南极洲,因为据载,有许多小船往往在船队回航几年后,才从西洋返回,这其中肯定也有许多船只不能返回,而在大海中漂泊,由此不能排除他们在偶然的情况下发现新大陆的可能性。但是,在没有确凿的证据之前,郑和船队最远到了什么地方,还是一个有待进一步考证的难解之谜。

西洋之行为何戛然而止

郑和七次西洋之行后,大明帝国永远停止了航海的壮举,中国的航海史也由此而沉寂了数个世纪。而此时的欧洲却掀开了地理大发现的狂潮……所以,我们不禁疑问,郑和航海的壮举为何戛然而止了呢?

有人分析西洋之行停止的主要原因是耗资巨大，得不偿失，缺少经济动力。据史料记载，早在郑和第六次航海归来后，明成祖就命他驻守南京，停止远航，以减轻百姓负担。明成祖去世后，明仁宗继位，下发的第一道圣旨就是"下西洋诸蕃国宝船，皆悉停止"。直到 1431 年，朱棣之孙明宣宗心血来潮，想要恢复日益衰败的朝贡贸易体系，再现大明"万国来朝"的盛况，才命郑和进行了最后一次远航。1433 年，郑和在第七次下西洋归途中病死，也宣告了西洋之行的彻底结束。中山大学袁伟时教授明确指出："'支费浩繁，库藏为虚'，是终止下西洋的直接原因。"根据史料显示，郑和下西洋以及朱棣对西洋外邦朝贡者的大量赏赐，损耗极大，仅白银一项，每年就要花费 600 万两，还不包括对出使西洋两万官兵的嘉奖。另外，由于船队携带巨额铜钱出国收购，导致铜钱大量外流，造成国内"钱荒"，严重消耗了国库储备。并且物价大幅度上涨，人们生活困苦。更可怕的是，数万官兵葬身大海，数不清的船只在大海上漂流，直到实行海禁多年后，仍有船只陆续返回。明成祖去世后，反对西洋之行的浪潮一浪高过一浪。明朝成化年间兵部车驾郎中刘大夏就认为下西洋"费钱粮数十万，军民死且万计"，"于国家何益，此特一弊政"，而坚决反对再次出海。袁伟时教授进一步认为，郑和的西洋之行，与哥伦布等人的探险活动旨在掠夺黄金、白银、土地或其他奇珍异宝完全不同，其目的是"宣扬国威""完全是政治挂帅！对中国来说'何必言利'"。因此，西洋之行只是皇帝的个人行为，根本没有足以支撑的经济基础。

但是有的学者不同意这种说法。郑和研究专家郑明认为耗资巨大，只是停止航海的一个借口，并非根本原因。他说："封建制度和保守的思想才是实行闭海的主要原因，即使个别英明的封建统治者突破这个桎梏，在一定的范围里做出有声有色的事情，但是，最终封建制度是没有开放的态度的，陈腐的保守思想也是不要求下西洋的。"他还举例指出清朝的国力远远超过了明朝，但是清朝皇帝并没有一个想到要下西洋，面向海洋开放。因而国家的经济对航海的影响远远没有那么大。由此，他认为从根本上说是农业帝国的土地理念打败了海洋理念，而郑和只是一个非常好的执行者和组织者，但不是决策人，郑和的去世对航海是有影响，但绝不是决定性的影响，完全有人可以接替他继续航海。

还有一种观点认为主要是朝中文官集团和以郑和为首的宦官集团争权夺利，宦官集团失败，从而导致航海事业也从此搁浅。

上面各种说法，均有一定道理，但也都是一面之词，究竟是哪种原因，或者是哪种主导因素，抑或是综合因素的作用导致了航海事业的结束，就不得而知了。

郑和航海档案被毁原因

郑和下西洋的官方资料，即当时称为《郑和出使水程》的海航档案（记载了郑和及其部属在将近30年间的7次远航的航海经验及机密史料），据传被明朝兵部官僚藏匿并销毁，不知是真是假。如果真是这样，那么，人们不免产生疑问，为什么要把那些宝贵资料销毁呢？以致后世对这段历史的研究因为资料的缺乏而困难重重。

一般认为是明朝成化年间反对下西洋的兵部车驾郎中刘大夏所为。因为当时普遍认为郑和虽然"宣威异域，普及南洋，为中国历史所未有，然以天朝大使，属诸阉人，褒渎国体，毋亦太甚"。刘大夏据此，又认为郑和下西洋，劳民伤财，是一大弊政，担心后人步郑和之后尘，便一把火烧毁了郑和出使西洋各国的详细资料。明人《殊域周咨录》一书记载了此事，说明宪宗成化年间，有太监怂恿皇帝效仿成祖派郑和下西洋之事，于是皇帝下诏到兵部索要郑和出使南洋的海图和相关资料。时任兵部车驾郎中的刘大夏事先把这些资料藏匿了起来。兵部尚书项忠索要无果后，责问看管档案的小吏。在一旁的刘大夏答道："三宝下西洋，费钱粮数万，军民死且万计，纵得宝而回，于国家何益，此特一弊政，大臣所当谏也。旧案虽存，亦当毁之。"项忠无言，只好以散失复奏皇帝。明人顾起元在专记史事掌故的笔记《客座赘语》中也记载了这件事情。由此，"旧案虽存，亦当之"成了刘大夏焚毁这些资料的重要证据。

但是，藏匿资料和焚毁资料是完全不同的两个概念，刘大夏真的焚毁了这些资料吗？明朝法律对官员极为严酷，按照《大明律》的规定，官吏遗失"事关军机钱粮"的文书资料，不但要停发俸禄，还要承受残酷的杖责。

无意丢失尚且如此，刘大夏竟敢故意焚毁这些资料？而刘大夏为明朝中期重臣，先后辅佐四位皇帝，岂能不知明朝的律令。况且明朝正史中，也从来没有见到过刘大夏焚毁资料的记载。《明史》中有刘大夏的传记，篇幅不短，也未曾见有焚毁资料的记录。因而，仅凭明朝私人书上记载就说刘大夏焚毁了郑和航海资料，后人难免会有怀疑。

甚至有的史学家认为，根本就没有什么航海资料。复旦大学教授樊树志就认为，郑和下西洋也许根本就没有留下过什么航海日志，因为现在没有任何史料可以证明这样的日志确实存在过。但是，海军少将、中国造船专家郑明则不同意这种观点，他举例说，现在能看到龙江船厂志里写了八个字"海船已革，尺度无考"，很明显有被消除掉记录的痕迹，显然是有人毁了资料。

那么，假如刘大夏没有焚毁这些资料，这些资料又确实存在过，它们又被谁焚毁了呢？对此又有不同的说法。如果刘大夏只是藏匿了这些资料，不可能被带出档案库，它们应该还在府库之中。目前用于保存明清历史档案的中国第一历史档案馆中，保存有3620余件明史档案，但是几乎全部是明末天启、崇祯两朝的。明初和中期的都荡然无存，这其中当然也包括郑和下西洋的资料。

对此有学者解释："明代档案所以保存不多，一因明清之际的战乱，二因清代乾隆帝时期修撰《明史》之后，按照当时惯例，对所依据的档案史料往往弃置甚至焚毁掉。"因此如果刘大夏把资料还保存在府库中，很可能毁于战火，或者被清乾隆帝朝修史时弃置或者毁掉。

要是这样，乾隆皇帝就逃脱不了焚毁资料的嫌疑了，但是，这一说法也缺乏有力的证据，只是一种猜测而已。这些资料究竟被谁毁掉了，是刘大夏，还是清朝修史时所为，恐怕是永远都解不开的历史疑案了。

落选仅因南方人
——明初南北榜糊涂案

明太祖朱元璋统治时期，全国科举会试曾出现了一次奇特的现象：南方因战乱较少，百姓安居乐业，文人才子受干扰较少，故中选52人全部为南方人；北方战乱频仍，刚刚统一，较之南方大为逊色，故参选的举子全部落榜。

这本是一个很自然的客观结果，但明太祖朱元璋却将之上升到是否能巩固大明统治的高度，他唯恐会由此引起北方动乱，便下令调查此案。其结果是主考人被捕入狱，并被冠以"蓝党""胡党"分子而处死；中榜者也做了重大调整，此次中榜者出现了另一个极端：中榜者全部为北方人！

建立科举

朱元璋自从淮西起兵，最重视网络知识分子。他手下的开国元勋刘伯温、李善长、宋濂等人都是名闻天下的文人。正是由于这些人的辅佐，大明朝才能扫荡群雄，驱逐元虏，统一天下。因此，在定都南京后，他立即建立科举制度，以充实官僚队伍。

明太祖洪武三十年（1397年）三月初五这一天，是明朝开国以来第九次科举会试放榜的日子。会试每三年才举行一次，参加考试的都是各省经过乡试选拔上来的举人，被录取后就是荣耀异常的贡士；再进行殿试，一旦殿试中选，就获得进士称号，按成绩依次担任上至翰林院下至知县以上的官吏。那各省来的举子经过十年寒窗苦读，三场苦心构思，都眼巴巴地盼望这发榜的日子。今天要发榜了，怎不令人激动？心急如焚者有，面容矜持者有；锦衣裮袍者有，衣帽不整者有；单人独行者有，结伴同行者有；大步流星者有，方步缓进者有。各路举子各怀心境，形成一股杂乱的人流向贡院涌来。

朱元璋

辰巳时分，贡院辕门大开，监场官员捧着大皇榜走出辕门，由贴榜的小吏将其高高悬挂辕门之前，一时间万头攒动，千万双眼睛一齐投向皇榜。只见中选者欢喜若狂，落选者垂头丧气，天近中午，仍有一些失意者聚集在榜前评论着中试者的学识和人品。忽然，有一位落选者自言自语地喊道："怪哉，怪哉，中选的52名贡士都是南方人，莫非北方人就连一个合格的也没有？"随着他的喊声，其他人都一起重新审视皇榜上的名字。可不，从宋琮、陈郊，直到第52名的刘子信，确实都是南方人。这时有人又喊了："主考官刘三吾是茶陵人，副主考自信蹈以及各房考官也都是南方人，他们用乡里之情，压制北方才子，天理难容。"霎时间，人声鼎沸，群情激愤，不到两个时辰，街头巷尾，茶馆店铺都充满着考官有私，尽取南方人的愤怒气息。礼部官员不敢隐瞒，急忙将众举子的议论随即写成奏本呈报到明太祖的案前。

没有冲动

毕竟执政 30 多年,朱元璋并没有冲动,他把目光又投到那份被掷的折子上,那是礼部申报这次科举会试举子闹事的折子。他想:今年会试,中榜者尽为南人,显然有弊,这会影响全国读书人的情绪,不利于大明江山的巩固。于是他慎重地在奏折上批曰:"南人尽占皇榜,举子群情激动,着礼部官员将试卷再阅来报。"言外之意,不要把全部北方人摈弃在外,以免举子闹事,愈演愈烈,不可收拾。并将批示火速派内侍发往礼部。

话说主考官刘三吾,虽 73 岁方被举荐,但他素以博学多才、一身正气,名闻江南,朱元璋召见以后,深为他的远见卓识所倾服,随后授为翰林学士。刘三吾也不负众望,12 年来,制定了一整套开科取士制度,并奉旨亲自修订了《寰宇通志》《礼制集要》等书籍,成为受人尊敬的学界老前辈。这次会试,他依旧严格把关,对递条送礼者正色回绝,阅卷过程中,亲自主持。三场试罢,凡被录取的试卷全都经过他的圈点,并与落选者的试卷进行抽样对照,反复核实之后,才开列全榜呈送礼部。关于开榜后举子闹事,被指责为徇私舞弊,有悖圣恩的各种舆论,这位 85 岁的学界泰斗却始终泰然处之。尽管有许多人替他担忧,他仍照例接见中试举子,谈笑风生,使人感到这位老学士身上充盈着一股正气。

这天,刘三吾刚刚接见了新科会元宗琼,回到府中靠在藤椅上,不久便朦朦胧胧地睡着了。老家人刘忠见主人入睡,赶紧给他盖上棉被。这时,礼部官员传来圣谕,要他立刻进宫详报本科会试情况。刘三吾随即唤刘忠:"备换朝服面圣。"于是又以 85 岁的高龄,托着疲惫的身体进宫。

改变老皇历

今天,朱元璋改变了老皇历,在自己居住的宫城内接见刘三吾。一切君臣礼节过后,朱元璋开门见山地问:"本次会议,一切事物皆由刘先生料理,可一榜之中金系南人,未免有些奇巧。"刘三吾躬身回奏:"这并不为怪,北方元虏统治,民不聊生,文人墨客备受摧残,历数十载,自然南方要捷足先登了。"朱元璋听罢不满意地说:"先生既知此情,为什么不特拔几名北方举子,以鼓北人之心呢?"刘三吾据理力争:"臣为国取才,只有以试卷文字优劣为标准,不能以南北人为依据。"如此往返,各不相让,最后朱元璋大为恼怒,厉声喝道:"朕让你改变皇榜,你是改与不改?"刘三吾斩钉截铁地说:"断不能改!"朱元璋拍案而起:"刘三吾,朕从即日起,免去你翰林院学士之职,回府听参。"说罢,一挥手,刘三吾被几个侍卫架出皇城。

刘三吾回到家中,一头扎进书房,闭门谢客,整日一语不发。家丁刘忠发现,许多锦衣卫的便衣在暗中监视刘府的动静,便回禀主人。刘三吾生怕有人来访而再受牵连。一天,偏偏有翰林院一位同僚来访,婉转地劝说未成后,告诉刘三吾:皇上已派翰林院侍讲张信调查此案。并说张信是个才学低而又善于迎奉上司之人,在翰林院名声不好,不知用什么方法混上了翰林侍讲之职,现在却被皇上委派为复校大臣,难道他能不顾自己的安危而去支持正义吗? 所以,他认为,不管怎样,刘三吾还是上书谢罪为好。但这位老先生宁死不屈,婉谢了好友。

张信自三月中旬主持阅卷以来,贡院辕门紧闭,锦衣卫严密把守,并规定阅卷人一律不准回家,严格批阅,违者交锦衣卫惩办。参加阅卷的人虽心中不快,却也没办法,只有背地里发上几句牢骚。由于一切有关消息被封锁,刘府的家丁刘忠曾三次去贡院打听消息,结果一点也没有打听到,就冒着风险去张信家拜访,结果只得知,张信已很长时间没有回家了。这使忠厚的老家人倍感失望。一天,他外出买东西,却见辕门前贴了一道告示:"复阅已近尾声,文章好坏自有公议,各路举子不要着急,静候复榜。"言外之意就是推翻了原判,这无疑是给老家人当头一棒。回家的路上他又听到各种传闻,说原监考官"受贿","私庇乡邻","皇上要怒惩主考官",直听得他头昏脑涨,几乎不能自持。回到家中,仍见刘三吾一副行若无事的样子。

果然,四月十二日从皇宫内传出一道圣旨,明天皇上亲自听取张信复卷的结果。十三日这天阴沉雾朦,皇宫内外一片肃寂。朱元璋特别严肃地高踞宝座,等群臣朝拜完毕,用洪亮的声音说:"开科取士乃我朝百年大计,岂能营私舞弊,今命张信等人复卷,结果已明,朕欲当众揭示,以求公道,当场解疑。"随示意张信汇报复审结果。

众人目光随之射到张信身上,只见他不慌不忙地行了个大礼,然后将几份悉心评点的试卷由太监呈送到朱元璋面前,清楚而缓慢地奏道:"遵照万岁的旨意,臣等仔细复审,还特别注意北方举子落选的试卷。今日所呈,均是前榜落选者,其文理通顺,韬略可行,实为北方举子之佼佼者,也不能不算是国家的才子。"众官员便意识到原榜被推翻了,都为刘三吾、白信蹈等人捏了一把汗。

朱元璋心中大喜,看着所呈的卷子,频频点头,催促快讲下去。只见张信长揖一礼,接着说:"若论才华,臣等以为这几份卷子均可以入选……"群臣面面相觑,诸多正直之人面露不安。朱元璋见其突然中断,随让他快讲,张信并没有接着讲,而是回到公案旁取出另一叠试卷呈送上去,这才平静地说:"臣将方才的几份试卷与前榜中试者相互对照,才发现南北方的考生相差实在悬殊,仅第52名的刘子信而言,其才学也远远高出北方之佼佼者。因此,同诸官员众议,中选人员皆依前榜。"

暗自欢喜

朱元璋本来暗自欢喜,可结果被打了一闷棒,半天说不出话来,好大一会儿才冷笑着说:"张爱卿真会演戏! 是刘三吾交给你劣等北方举子的卷子审阅,你也拿来哄朕吧?"张信沉着地说:"臣等奉旨,未敢妄动,所有批卷官员在复审的二十余天,都未曾回家,且外有锦衣卫严密把守,这又如何谈起?"朱元璋被他这一顶撞,拍案而起:"你的家丁在你府门前与刘三吾的家丁一起密谋,难道还有假?"张信说:"如果家丁密议,当找隐蔽处所,何以在光天化日之下的臣府门前密议。"朱元璋无话以驳,拍案怒吼:"久闻翰林院官官相护,今露真面,实负朕意。来人,将张信、刘三吾、自信蹈之徒拿下,送刑部追问,所有试卷提交大内,待朕亲自批阅,以定取舍,退朝。"说罢甩袖而出。张信等二十余人被送往刑部大狱。

朱元璋借"刷洗""秤竿""抽肠""剥皮""挑膝盖""锡蛇游"等毒刑已制造了种种冤狱,诸如洪武十三年杀宰相胡惟庸,二十六年杀大将军蓝玉,并大抓所谓的"胡党""蓝党",仅这两个冤案就杀了近3万人。当然,刘三吾等人入获,也少不了重刑逼供。可他们个个铁骨铮铮,审了十几天也没有一点口供。朱元璋派人不断追问结果。无奈,刑部经过密谋,四月底将与刘三吾、张信等人有过来往的尽数收捕入狱,一面严刑逼供,一面暗示诱导,结果不到3天的时间内就罗织了许多罪名。

朱元璋接到定罪的呈报后,心里也不好过。他不信刘三吾等人是蓝党,更知道在胡惟庸被杀17年后,把张信等人定罪为"为胡惟庸鸣冤,反叛朝廷",有似荒唐。但想到刘三吾这个倔强的书呆子不尊圣意,更可恨的是张信替刘三吾鸣冤,还在大庭广众之下顶撞自己,让自己下不了台,再加上北方不好统治,而且又是大明朝的军事重镇,于是为了维护自己的统治,他做了如下裁决:刘三吾因年事已高,又是皇太子的老师而充军边塞;张信等20余人都判为凌迟处死。这道圣旨公布之后,全京城为之默然,就连闹事的举子也觉得处理过重。更令人叹为观止的是,五月初,朱元璋公布了由他亲自评点出的贡士,第 1 名是河北韩克忠,第 2 名是山东任伯安,其余 49 名皆为北方人。

此即为被史学家们所称道的"南北榜"事件,那朱元璋也在此案后的第二年死去了。

文名虽虚身致死
——清代石卓槐刻诗案

历来文人多贪图虚名。得到一点点名声,便可意气风发,得意扬扬,自以为从此就是大家了,身价也会抬高百倍,日后也可流芳百世。文人的这种劣根性,同时又是他们罹祸的一个主要根由。

清代就有这么一个名叫石卓槐的文人,他为得到那个虚名,不惜花费巨资,不耻于弄虚作假,只想"一鸣惊人"。但石卓槐做梦也没有想到,他竟因刻印诗作,身致凌迟,并连累家人及一大批无辜的人,真可谓"文名虽虚身致死"。

附庸风雅

石卓槐,乾隆时期,湖北黄梅县的一名小小的监生而已。从小读过几年书,性情轻浮,才学平平,可偏偏喜欢吟诗唱词,附庸风雅,且好结交上流官员名士。

乾隆三十二年夏,黄梅闹水灾,河坝决口,民不堪命。上司命令石卓槐的叔叔石待仿负责此事。石待仿闻知有此肥差,心甚高兴,与侄儿石卓槐闲谈中提起此事。石卓槐一听,忙上前道贺,要叔父给他找个差使做。石待仿稍思片刻,让石卓槐帮忙照料。石卓槐闻知内心暗喜:机会来了,平日里,结交的全是俗子土人,既有公任,便可攀龙附凤了! 便叩头谢过叔叔。

修筑堤坝时,石卓槐认识了黄梅县丞苏珽,石卓槐凭着一张三寸不烂之舌,满嘴的甜言蜜语,把苏珽恭维得腾云驾雾一般。时隔不久,苏珽就视石卓槐为已人了,二人来往甚密。恰巧,汉阳知县候补同知蒋业晋试用湖北,被委命到黄梅来督察事宜。一天,蒋在苏珽的官署里看到石卓槐所写的《忆梅行》。一读,觉得没多大味道,就对苏珽说:"这首诗让我拿回去吧! 我改一下,定叫它点石成金!"苏珽见此,也不好说些别的,就任由蒋业晋揣走了。苏珽回访时,见蒋业晋手中有一幅画,名曰《驻马看云图》,画得说不上特别超人,可贵的是上面有已故大诗人沈德潜的题诗,蒋业晋为之炫耀一番。苏珽见果真有沈题诗,也想细瞻墨金,就向蒋业晋提出借看一时。蒋业晋见苏珽赞不绝口,就得意地答应了。

一天,石卓槐又来府上闲坐。苏珽便谈起蒋氏的种种情况,并特地把《驻马看云图》夸了一番。石听说蒋业晋如此风光,不由心动,便想攀附。心想:姓蒋的曾就学于沈德潜门下,一定很不简单,我若交游这样的官员,岂愁没前程。哎呀,那《驻马看云图》上,沈德潜题诗一首,我若能写上一首,题于上边,该多风光啊!回家后,搜尽枯肠,写成题《驻马看云诗》一首,完毕,就立即去拜见蒋业晋。一见面,石卓槐将蒋业晋吹捧一番,并言要拜蒋为师,蒋业晋听后,自是受用,把石卓槐鼓励一番。然石卓槐无名无位,蒋并未把他放在眼里,不屑与石来往,故回省后,便不再来往。而石卓槐热情未退,手绘兰花一幅并题诗欲寄给蒋业晋。后知蒋业晋对己甚是冷淡,便将心冷下,没再寄出。诗就保存下来。

乾隆三十八年,曹麟开继黄梅知县。偏巧,姓曹的也嗜好卖弄,请了一个举人赵帅做本县书院院长,并把自己所绘《楚江揽胜图》与黄鹤楼诗四首高悬于书院墙上,以便学生们瞻仰。赵帅见此,知曹知县乃是浮名之人,便进而以此图为题,课试于学子。书院本为文人墨客云集之所,自然少不了石卓槐。事有凑巧,这天石卓槐到书院来,正遇曹知县在场,石卓槐见机把曹麟开奉承了一番。曹知县洋洋自得,浑如喝醉酒一般,随便也把石夸了一通。石卓槐闻之,心里美不胜收,很想套套近乎,与曹知县再近一层关系。抬头一看,见曹之《楚江揽胜图》,便趁机赋诗一首,以赞此画。曹知县看到此诗,言语之中甚见崇仰,不由得喜不自胜。石卓槐受宠若惊,心说,嗯,好机会!谁知世事难料,后曹知县因去职,又断了音信。石卓槐又暗自感慨一番。

羞恼之余

日月如梭,又是几年过去了,乾隆四十年二月。一日,石卓槐正在家中阅读诗书,忽有人来访。此人名叫项章,是个"出版家"。一见到石卓槐,项章便连连作揖:"先生可是石卓槐,久闻大名,久闻大名啊!"石卓槐就爱听这话,笑脸相迎,忙请入书房。分宾主落座后,项章便神色恭敬地说道:"石先生,本人乃是一书商,嗜好诗文,有意编一本诗集,录选本朝名作,名字已想好,称之为《国朝正声集》。"石卓槐忙问:“项先生,我能帮什么忙吗?”项章内心暗笑,面色愈恭。“闻先生诗才卓著,名震一方,远近驰名,本人想请石先生自择几篇佳作,录进此书,不知先生可愿赐否?”石卓槐言道:“多谢先生。”项章见此情景,知石卓槐已上钩,就又谈了刻书,需要资本等问题。石卓槐闻此,当场拿出五两银子交给项章,作为资助。项章见事已成,告辞走了。

项章走后,石卓槐兴冲冲地将自己的诗作翻阅一遍,择出几篇,自我欣赏起来。他想:想我石卓槐,不知竟有如此名气,可和本朝名家相提并论……但岁月匆匆,他左等右等,项章的音讯皆无,这时他才悟出是上当了。

羞恼之余,石卓槐却从此受到启发——我自己何不刊刻自己的诗篇呢?越想越该自行刊印。这样做,再不会遭人欺骗了,万无一失!说干就干,石卓槐翻箱倒柜,把自己的往年旧作,逐一翻拾出来,挨个审阅,最后算了一下,计总900多首。放下诗篇稿,石卓槐暗自寻思,数量倒也不少,传世佳作,不也才几首诗吗?部头是够了,可还得有名人作序啊!有大名人的评析,方显得我人才出众啊!唉,这些年,虽然屡纳名士,可总是阴错阳差,没有谁同自己有过多大来往,可谓少之又少。唉!我石卓槐时运不及啊!石卓槐思之至此,眉头紧皱,不能释怀。可如果无名人捧场,又怎能扬名于世呢?忽见石卓槐眼底一明,微露喜色,何不如此如此。接着沉思半晌,他研墨运笔,自撰一文,末尾署名“沈德潜”。可这沈德潜已亡故多年,又怎么能让人信以为真呢?就说蒋业晋在乾隆三十三年求得沈德潜为己之诗文著序。还嫌不足,于是,又连忙又作一跋,署其弟石卓椿之名,在书前写上蒋业晋,曹麟开为己鉴定;叶也度等10人同鉴;黄庭等55人参订;又请胡善麐——自己的文友,写了一个自己的小传。看着这庞大的阵容,石卓槐满意地笑了,足矣!

诗集经石卓槐一番著心杜撰,定名称《芥圃诗抄》。下一步是刊印的问题了。找谁印刷,印多少,在什么地方印,一连串的问题萦绕在石卓槐的脑子里。在本地校印吧,可是现今蒋业晋还在本省为官,如果这诗集让他看到,满意还则无事;若是不乐意,说我是冒名诓骗,岂非鸡飞蛋打,那可大大不好,不可在本省印。对,让小侄石思密前去办理此事,他江湖经商,人缘颇熟,还可为我做一宣传,算得上两全其美!计议一定,连忙召来石思密。石思密听此事,拍手叫好,慨然应允,言道:“这是光耀门庭之事,万般皆下品,唯有读书高,这事包在我身上!”临行时,他又嘱咐石思密,数量不要太多,不要过于张扬,只要满足出版之愿足矣!石思密按其嘱托,认真照办,在江西刻印了 34 部。事毕,带回黄梅县。到家后,族人听说石卓槐的诗文已印好,纷纷前来观看,族家石元吉等人搬走了 16 部,石卓槐高兴之余,送给来往的文友徐光济等人 10 部,最后只留下 8 部在自家,还有书版。

风云难料

出书事毕,石卓槐好好得意了一段时间,然风云难料,大清乾隆帝掀起的文字狱一波推一波,波叠浪高。石卓槐见此阵势,不住地心里打鼓:我这部诗集怎么样,有无妨碍,现在为文字获罪的人比比皆是,我石卓槐可不要栽到这个刀口上。石卓槐越想越怕,又听说徐述夔《一柱楼诗》案,因诗文犯忌,被刨坟掘墓,尸体遭戮等不一而足,不由胆战心惊,他一把火烧掉了自藏的 8 部书及全部书版,又赶忙将族人所取的 16 部要回,也投进火里,化成了灰烬。赠予文友的 10 部却因居所不一,而未立刻收回,仍有白纸墨宝遗留人间。哪曾想到,就是这其中的一部就害掉了石卓槐的性命。

"文友"徐光济,平日与石卓槐诗来词往,唱和甚悦,两人引为知己,可这问题偏出在"知己"身上。

石卓槐其人曾家资丰裕,可为人疏忽,不善理财,故而家境是一日不如一日。眼见着光景一日日沉落,致使入不敷出,家境困窘,石卓槐心急火燎,然又无计可施。为度生计,他就把自己的田地押当给了自己的好友徐光济。事后石家的日子可谓朝不保夕,更见破落。石卓槐又爱外场,花钱大方,所欠的外债愈来愈多。石卓槐心急之下,为偿还债务,没来得及告知徐光济,擅自把押当之田变卖抵债了。徐光济知后,十分气恼,自此两人关系恶化。

徐光济不肯善罢甘休,怒发冲冠,一气之下,到黄州府把石卓槐告下。黄州知府见此案情,心想,些些小案,何劳我知府之手,便把案子批转黄梅县。黄梅知县忙派人查探此事。在此期间,徐光济认为自己稳操胜券,便悠哉悠哉四处游乐。一日,他到城县一个相好的女子家里,两人卿卿我我,宽衣解带,熄灯灭火。不想,黑暗中有人破门而入,将徐光济办个正着。徐光济两人急忙穿衣系带,狼狈至极。来人叫卢得胜,声称若徐光济若不破费点,就把事情捅出去。徐光济担心名誉扫地,立即顺口应允,给了卢得胜一笔钱,方将此人打发离去。徐光济越想越觉纳闷,这事情怎么如此巧,卢得胜怎么知道我在此处?一定是石卓槐做的手脚,好啊石卓槐,有你瞧的！怎么报复呢？仅此小案不足以解我心头之恨！如今文字狱四起,何不从《芥圃诗抄》上下功夫呢？

次日,徐光济回到家,捡出《芥圃诗抄》,细细搜查,发现"违碍之处"倒也不少,不由喜上心头,快马加鞭赶到黄州府呈上诉状,状告石卓槐文字犯法。

凌迟处死

黄州知府李同麟阅过此状,不由大惊,民事诉讼变成了"悖逆"之案！他不敢稍有怠慢,速令差人直奔省城,上告湖北巡抚郑大进,以及湖广总督富尔浑;又差人下令黄梅知县加速寻求物证,提捕人犯。黄梅知县也知事态重大,不敢疏忽,立即派人到徐光济家中缴获《芥圃诗抄》,上交省城,又令人到石卓槐村上悄悄将石捕拘归案。此时石卓槐方知悔之已晚,心想,名之何用,引火烧身而已！

郑大进阅查《芥圃诗抄》,戴着花镜,看得很仔细,恐怕漏掉一个字。一看,果然事态严重,这诗中"狂逆"之处不可不立案,其中有"大道日以没,谁与相维持",大道日没,无人维持,狼子野心,狂谬至极！郑大进看毕,又气又恐。见诗抄上,本朝皇帝庙名之讳从无恭避,仍直呼之,心下大怒,飞令黄知府李同麟亲自到黄梅走一趟,到石卓槐家细搜一遍。李同麟即日起程,不敢耽搁,在黄梅石卓槐处大小各个角落都搜遍了,可什么东西也没搜出来。

郑大进见没搜出什么,立即将石卓槐押赴省城。郑大进、富尔浑两人亲自审讯,见犯人已带到,郑大进一拍惊堂木,质问石卓槐。石卓槐见事已至此,便大包大揽,说此案系自己一人所为,与任何人皆无联系。郑大进怒问:"你的印书呢？怎么一两本？"石卓槐说:"知书犯禁,全将其烧光了！"郑又问:"还送于何人？"石卓槐心一横,想,不要再将别人牵进去了,就一口咬定再也记不得了。郑深为不信,严刑逼供。而石卓槐还算个硬汉子,坚称已经记不起来了。郑大进见状,信以为真,也只得作罢。郑又质问,当今皇朝鼎盛,人民乐业,国力兴盛,你为何说"大道日已没,谁与相维持",这不是狂吠圣朝,心存叛逆吗？石卓槐忙声辩是为文而造,并非攻击圣朝。而郑大进、富尔浑两人见状,恼羞成怒,厉责:"刁民本有心诽谤,肆其狂吠。"

郑、富两人待案审毕,速奏乾隆。乾隆见折,见又是文字大案,挥笔下谕:"概不容恕！"郑、富两人接谕,判石卓槐以大逆罪,凌迟处死,其家人照律连坐,家户、田地全部充公。石卓槐以此虚名换来杀头之罪,可怜可叹啊！

可怜的，更数被石卓槐借名之人，蒋、曹等人，无一丝好处，全不知情，都跟着倒其大霉。蒋业晋、曹麟开被革职查办，严加审讯。后经审，发现两人的确与此案无关；《驻马看云图》虽遭火灾，石卓槐也不曾在上书写诗篇；曹麟开的《楚江揽胜图》已搜到，其上也无石卓槐的墨宝。看来，这两位确真未曾与石卓槐有过诗文相和之事，可罪过还是不能减。

乾隆四十五年五月，湖北巡抚郑大进与湖广总督富尔浑联合奏表乾隆，折中

乾隆

道，汉阳县知县候补同知蒋业晋，前任黄梅县知县候补，知州曹麟开虽未曾见石卓槐之诗抄，也未曾转求作序，删定诗集，然蒋业晋奉公差委，与狂逆石卓槐交结，曹身任地方，却对石卓槐无甚知觉且以诗画交接，致石卓槐得以假托，罪不可赦，降革职外，应流放到乌鲁木齐等处……

乾隆接奏，龙笔飞舞，圣旨降下，石卓槐着即凌迟处死，余则依议行刑。

石卓槐就要被凌迟处死了，他的心情特别复杂，感慨万千——名利，原系身外之物。虚名啊！不为这点浮名，又怎么会有今日之祸呢？又能怨谁呢？自作孽尚且好说，众人不知悉印书之事，而因我死的死，亡的亡，我罪不容恕！

在悔恨交加中，在清廷的残酷统治下，一个并无异心，只想出名的石卓槐被送入了地狱！

欲加之罪　何患无辞
——徐述夔《一柱楼诗》案

徐述夔《一柱楼诗》案曾是乾隆帝间的一件大案。此案本由微不足道的小事引起，只不过由于乾隆帝在上面大做了一番文章，因而搞得沸沸扬扬，害得江南才子们惶惶不可终日。

招来大祸

徐述夔,原名赓雅,字孝文,江苏省扬州府东台县人。自幼熟习诗书,才华出众,时人誉之为"神童"。年岁既长,文才誉满扬州府。徐本人颇为自负,自比前朝文学名家唐顺之,董其昌。不料屡试不第,好容易在乾隆三年(1738 年)中了举人,初登仕途。入仕后,因性格耿直,终其一生也不过做了个七品芝麻官。

徐科举不顺,仕途坎坷,深感怀才不遇,心中抑郁,便常发而为诗,以抒情怀。后来,他把写成的诗加以整理,编为《一柱楼诗》《小题诗》《和陶诗》。徐时常为之陶醉,聊以自慰。徐死后,其子徐怀祖为纪念先人,在乾隆二十八年,把徐述夔诗集刻版印制出来,公之于众。不料,此举却招来大祸。

乾隆四十三年十一月二十七日,乾隆帝下诏:徐述夔编造狂悖诗词,妄肆诋讥,其子徐怀祖将逆书公然刊刻流传,二人虽已身故,仍须按大逆凌迟律,锉碎其尸,枭首示众。徐食田藏匿逆书,照大逆知情隐藏律应拟斩立决,徐食书依律缘坐拟斩立决。

案情回顾

案情原来是这样的:

乾隆三十九年,为杜绝不利于清政府统治的各种书籍,皇上通谕在全国范围内查办禁书。乾隆四十二年,又制造了王锡侯《字贯案》,牵连数位封疆大吏。一时间,华夏上空,阴霾密布,人人自危。

徐怀祖在世时,曾以银 2400 多两从邻人蔡耘处买田数顷。蔡为人忠厚,其堂兄蔡嘉树却实为一泼皮无赖。他素知徐家曾私自刻书,便趁官府查办禁书之机,要挟徐怀祖之子徐食书、徐食田,言称徐田中有蔡家祖坟,须赎回,否则便将徐家藏匿禁书事上报衙门。徐氏兄弟知此事关系一家性命,忙应允。

打发走蔡嘉树,徐氏兄弟仍觉不安,他们知道,官府查办禁书风声正紧,徐家私藏祖父遗书,恐官府追究,不如将诗集上交。主意一定,他们匆忙将集子找出来,上交学署。

再说蔡嘉树回去后,发觉讹诈如此容易,不禁大为懊悔:几亩破地能值几个老钱! 不如再讹他一次。徐家兄弟见蔡嘉树几次三番地讹诈,不禁恼怒万分,一怒之下,将蔡轰了出去。

蔡本欲再捞些便宜,不料遭此屈辱,恼羞成怒,急到县衙上告徐家。

东台县令见此,恐事情闹大,忙命人将徐家上交之书呈解江宁书局。江局见该书并无注明违碍的粘签,便又将书打回东台县,言手续不完备,等一切就绪后方能审查。无奈,东台县令升堂召来徐氏兄弟,审问案情。听完审问,县令方清楚,是蔡嘉树讹诈不成,恶人先告状。案情原本简单,但因涉及"禁书",县令不敢疏忽,不如就此将事情化解。因此,县令判决,由徐家再拨十亩地给蔡家,案子到此了结。

然而蔡并不想就此罢休,他到金长五(金乃东台县书吏)处索要徐氏兄弟交书的批语。金长五说:"徐家共缴书两次:四月六日一次,批语已贴于署前的照墙之上;第二次是四月十六日,徐食田交的未刻本,这次的给你吧。"蔡看完批语,觉得批语过轻,尚有机可乘,就稳赴江宁,上告布政使衙门。

江苏布政使陶易素与民善,在民间声望较高。今日他接到蔡嘉树的诉状,大意是:徐述夔的诗集,大多为悖逆之词,如《一柱楼诗》中有"明朝期振翮,一举去清都",反逆之心,人人共鉴;且徐食田缴书并非自愿,而是告发在前,是出于无奈;徐家行贿于金长五,金私改为自行呈缴。陶易深知此案干系重大,为慎重起见,他专派师爷陆琰去把徐家兄弟缴书一事作一调查,后得知蔡所言纯属虚造。按当时规定,凡自行呈缴禁书,应免于追究。此事理当由官府了断。于是陶易在控状上批到:书版已经呈具,如有违碍,应行销毁,该书自当交局,与你何干。表达了对蔡嘉树挟嫌倾陷的强烈不满。师爷陆琰对蔡的恶劣行径也很讨厌,也想为无辜的徐家兄弟开脱,就在陶易的批语上加上"纯属诬造",并为陶易代拟批交扬州府就近查办的牌文,说徐文是:"讲论经传文章,发为歌吟篇什,若止字句失检,涉于疑似,并无悖逆实迹者。将举首之人即以所诬之罪,依律反坐。"这样,案子便转到了扬州府谢启昆手上。

禁书高潮

恰于此时,在金坛,江苏学政使刘墉按试。有一名叫童志磷的来投递呈词,大意是:徐述夔诗文悖狂,蓄叵测之居心,小民从坊间购得,忙呈上。刘墉读罢徐诗,心里明白:这徐诗多怨愤之语,谈到蓄谋反心还远远未必。但又想到,此时正是皇上严厉禁书之际,若此书滞于我处,岂非自找是非。刘墉沉思良久,决定一面将呈词交两江总督萨载与江苏巡抚杨魁审理，一面又拟奏折上报皇帝。

乾隆一直盘旋于脑际的问题，就是如何震慑读书之人，使其不敢稍越禁规。自在全国推行禁查书籍以来，虽说在各地均收缴了不少书，但乾隆仍嫌力度太小，不能使人震恐，如何将禁书之事再推向一个高潮呢？

这一日，刘墉的奏折恰好送到。御览已毕，乾隆不禁大喜：机会来了，正可借此为突破口，煞一煞江南才子的锐气。他当即下谕，令两江总督和江苏巡抚严厉查究徐述夔的一切诗文。谕中写道："徐之诗，大多心怀怨愤，不知皇朝厚恩，使其人尚活于世，必贻毒甚大，应重治其罪。徐之后人私藏其祖先如此之书，亦应治以应得之罪。"

刘墉

江苏巡抚杨魁见谕令不敢怠慢，急命人调查此事，后经与陶易接触，又到东台县深入探访，终于将案情弄清，忙具实奏禀。折中言明徐家已自行呈交，只是蔡嘉树丛中作梗。乾隆接到奏折，发觉原来的如意算盘不好打了，但转念又想，皇帝乃金口玉言，万国之君，将此事按自己的意志做下去又有何难？因而他提笔批道：徐食田既隐匿其祖书籍不早呈缴，得知事已败露，复敢贿赂县吏，捏称自缴，其诈伪殊为可恶！将刁民徐食田解京严审，东台县书吏金长五一并解京师。批后，乾隆急命差人疾速送往江苏。

扬州府谢启昆，素性刁滑，官场混迹多年，深谙为官之道。他接到徐案后，连夜审阅。他深知当今之形势，稍有不慎，不仅丢掉乌纱帽，身家性命也难保。他不顾陶易等人的批示，用笔将徐诗文中的"违碍"文字逐一抄出，之后，又急忙呈缴两江总督萨载。

萨载自刘墉将童志璘言语交过以后，就未曾闲着，与江苏巡抚杨魁多次派人细查此案，收到谢启昆呈报后，忙拟折呈禀皇上，折中措辞甚为严厉，言徐诗悖逆文字较多，此人虽已身死，而其罪大恶极，殊不可恕，其尸应锉骨扬灰，其子孙亦应从重发落。

乾隆阅罢奏折后,稍做思考,又批下三道谕旨。第一道旨,厉责布政使陶易,对于告举之事不以为意,而以寻常之事理之,不能查出徐家兄弟有贿赂行径;第二道旨,严责前任两江总督高晋,历任多年,为何不能查出此重大逆书之案;第三道旨,谕令萨载、杨魁,所告徐述夔诗案非等闲禁书案,应以特大逆书案视之,谕中言道"徐身系举人,乃丧心病狂……实为罪大恶极,虽其已死,仍当剖棺戮尸,以伸国法。"

圣上谕令

谕令下至江苏,萨载、杨魁急忙商议。他们明白此案的关键在于徐氏兄弟交书是自首还是检举。因此,他们调来与此案有关的全部材料,见案宗注的清清楚楚:"徐食田四月六日呈出各书,蔡嘉树于四月九日告发。"两人不敢怠慢,忙据实上报。乾隆见到奏折,不由得怒火中起:两个不中用的奴才,全然不理会朕的用意!既然箭已在弦,不发亦得发。拿定主意后,乾隆横下一条心,又下一道谕令:命萨载、杨魁速将江宁布政使陶易、扬州府谢启昆、东台县令涂跃龙等一并革职查办,押解入京,交大学士、九卿会同刑部严审。

谕令传至江苏,萨载、杨魁不禁暗暗吃惊,他们至此方明白主子的真实用意,忙立即办理。同时又上一份奏折,禀明:江宁书局的官员曾因徐书无签而拒绝查办,陶易师爷陆琰也有涉嫌之处。此外,徐述夔诗集的校对人徐首发、沈成濯也应同时治罪。乾隆见奏,即批手谕:"准。"

时隔不久,涉案人全部押解到京。但经过三审五问,案情仍未改变,即徐氏缴书在先,蔡氏告发在后,案卷有录,铁证如山。此时的蔡嘉树也不得不据实相报。会审大员见如此结果,只好如实上奏乾隆。乾隆无奈,只得密诏刑部尚书,授以机密:"为大清江山,不得不将错就错。"一切都必须按照皇帝的意志办理。刑部无奈,只得绞尽脑汁,寻隙办理。欲加之罪,何患无辞?他们终于从《大清律例》中找到了这么一条:"知人欲告而自首,只能减罪,不能免罪。"这样一来,由于徐家兄弟是闻蔡嘉树欲控告才不得不赴县缴书,因而罪行不能免除。

乾隆四十三年十月十九日,徐案做出判决:

徐述夔、徐怀祖父子虽已身故,但罪行滔天仍照大逆凌迟律,锉碎其尸,枭首示众。徐食田、徐食书藏匿逆书,照大逆知情隐藏律拟斩立决;徐首发、沈成濯列名校对,又不举发逆书,照大逆知情隐藏罪拟斩立决;陆琰有意消弭重案,照故纵大逆律拟斩立决。乾隆恩准五犯为斩监候,秋后处决。

江宁布政使陶易处理此案怠玩错谬,又欲反坐控告之人,拟斩立决。乾隆恩准改为斩监候,秋后处决。陶易心力交瘁,又年老力衰,不久就病死在狱中。

扬州知府谢启昆怠玩公事,发往军台效力。东台知县徐跌龙玩延公事,杖一百、徒三年。徐述夔亲属查明后照律缘坐,财产照律入官。

蔡嘉树虽挟嫌诬告,但无罪释放。

徐述夔《一柱楼诗》为后人酿成如此大祸,江南乃至全国士人均为此惶恐。乾隆达到了他的目的! 蔡嘉树乃一芥刁民,贪心如狼,竟使如此之多的士人、官员大受牵连。冥冥苍天,到底怨谁呢?

清末奇案——杨乃武与小白菜奇案

"杨乃武与小白菜案"为清末四大奇案之一,当时震惊朝野、家喻户晓。清同治十二年(1873 年)十月,浙江省余杭县的余杭镇一个豆腐店伙计葛品连暴病身亡。知县刘锡彤因与本县举人杨乃武有仇,就诬陷杨乃武与葛品连之妻毕秀姑(小白菜)合谋毒死了葛品连。杨乃武的姐姐杨菊贞(淑英)坚信弟弟不会做出"谋夫夺妇"的事情,就两次上京告御状。后慈禧太后亲下谕旨由刑部开棺验尸,真相大白,杨乃武与小白菜的冤案才得以昭雪。在这一桃色案件曲折的案情中,隐藏不少扑朔迷离,真假难辨之疑点。比如,小白菜的身世,杨乃武与知县刘锡彤结仇的原因,大案是如何引发的等一系列问题,都成了令人费解之谜,这些疑谜大大激发了后人的好奇心。

小白菜与杨乃武果有奸情吗

关于小白菜的身世一直以来就有多种说法。有人说她是南京人,父亲是个教书先生,太平天国时随父母逃离南京来到余杭。不久,父母相继去世,她成了孤女,后被喻敬天妻喻王氏收养做女儿。还有的说她原是一个土妓或者是葛家的一个童养媳。

而据杨乃武的后人称,小白菜姓毕,名秀姑,余杭人,童年时父亲就已去世,其母王氏改嫁小贩喻敬天,随母到了喻家。小白菜容貌秀丽,人很聪慧,但不为继父所喜,加之无伯叔,亦无兄弟,常常被市井无赖调戏、侮辱。因她喜欢穿件绿色衣服,系条白色围裙,人又清秀,就被起了个绰号叫"小白菜"。

不管小白菜的真实身世如何,反正杨乃武冤案是由她而起的,她也就自然而然地成了故事的主人公。既然是故事的主角,人们关注的程度肯定不同于那些小角色,所以,她和杨乃武之间的"情事"就被演绎出了几个版本。

为何要在"情事"上加注引号呢?因为,有人说她与杨乃武之间本就没有什么私情可言。

小白菜嫁给葛品连后,因葛家无可居之屋,他们便寄住在秀姑继父喻敬天家。因为小白菜模样长得标致,经常会遭到一些市井无赖的骚扰,喻敬天怕惹麻烦,就催逼葛品连、秀姑搬出,另找住处。葛品连继父沈体仁,不久前帮杨乃武家修房子,知道杨家是三楼三底,除自家居住外,还有空房一间。经沈体仁介绍,杨乃武同意将空房出租给葛品连住,每月租金一千文。于是,这年四月二十四日葛品连与毕秀姑搬进了杨家。杨乃武夫妇见秀姑聪明伶俐,都很喜欢她。秀姑也称呼杨乃武夫妇为伯父伯母,叫杨乃武的姐姐为姑妈。

因为葛品连常不在家,平常只有秀姑一人,杨氏夫妇也常常请她同桌吃饭。秀姑有时也请杨乃武教她识字念经。然而,日子一长,那些占不到便宜且嫉恨杨乃武的市井无赖,便捏造谣言,肆意污蔑杨乃武奸占小白菜,还张贴了"羊(杨)吃白菜"的招贴。

谣言传到葛品连耳里,他也起了疑心,几次潜回家,在门外屋檐下偷听。不过,只听到杨乃武在书房里教秀姑念经写字,并未发现私情。葛品连将谣言和偷听的情况告知了母亲沈喻氏,沈喻氏也见到过杨乃武与小白菜同桌吃饭,心里也有点怀疑,便将这件事向邻居说起。于是街头巷尾,流言就多了起来。为了避嫌,同治十二年(1873年)闰六月,葛品连与秀姑搬到了喻敬天表弟王心培家楼上住。

据王心培说,他曾留心观察过,并未见到杨乃武来过,也未见秀姑再到过杨家,可见杨乃武与秀姑根本没有私情,如果有的话,二人不可能会断得这么干净。

可是,关于杨乃武与小白菜的关系,市井中还有这样一种说法:

某日,年轻貌美的小白菜与英俊威武的杨乃武不期而遇,杨乃武顿被小白菜的美貌吸引。恰好,小白菜和葛品连托人介绍租住的正是杨乃武家的房子。出于好感，再加上怜惜，杨乃武就让小白菜帮忙做些事，给她点钱以贴补家用。二人朝夕相处，不觉生情，私下里互换信物。杨乃武还许诺小白菜，等他中了举人，就帮小白菜与葛品连解除婚约，自己则休掉杨詹氏娶她为妻。可是两人的私情却被丫鬟葛三姑察觉。还好葛三姑答应为二人保守秘密。

虽然如此，杨乃武与小白菜的私情还是被杨乃武的妻子杨詹氏和姐姐杨菊贞（淑英）发觉。在家人的逼迫下，杨乃武答应斩断私情，专心求取功名。因为割舍不下与小白菜的感情，杨乃武还不时与小白菜相会。

为了避免节外生枝。杨詹氏提醒葛品连应尽快与小白菜圆房。杨詹氏的话引起了葛品连母子的警觉，就商量尽快从杨家搬出来。

见此情形，不愿失去杨乃武的小白菜私下找杨乃武商议。而此时的杨乃武，不知是为了避免麻烦，还是真的一心为了考取功名，就坚决地劝小白菜以名节为重，斩断私情。

小白菜愤而生恨，指责杨乃武一番后，搬出了杨家。

因为同情小白菜，人们多愿意相信小白菜与杨乃武是清白的，是因恶人陷害才遭此厄运的。或许正是因为这一点，后世文人才故意对故事进行了顺乎民意的演绎。可是，这样一来，真相难免就会变得模糊不清了。

小白菜、刘子和与葛品连

要叙述杨乃武的冤情，还有必要澄清一下小白菜与刘子和，即诬陷杨乃武的知县刘锡彤的公子的关系。但是，这个问题也不容易说明白，因为关于这一点，民间也流传着不同的说法。

其一：小白菜搬出杨家之后，那些曾大造谣言的市侩无赖便肆无忌惮地去王心培家调戏秀姑。知县刘锡彤大儿子刘子和（又名刘海州），是个花花公子，素知秀姑长得美艳，对其垂涎已久。一天，在其妍妇、县衙里的女佣的密谋下，以帮做针线活为名，把秀姑骗到了家里，让刘大公子暴力奸污了秀姑。

秀姑惧怕刘公子权势，又怕事情败露后，不见谅于自己的丈夫，因此忍辱不敢声张。

不料，这个女佣又把小白菜受辱之事，告诉了不守妇道的女人阮桂金。阮桂金与粮官何春芳有染，她又将这件事告诉了何春芳。何春芳早欲染指小白菜，得知此事后愈加放肆，于八月二十四日潜入王心培家，要奸污小白菜。当小白菜挣扎叫嚷时，正巧葛品连下工归来，何春芳才悻悻而去。这件事街坊邻居均有闻知。

支持这一说法的人们无疑是先认为小白菜是个善良的女子，并把小白菜置于弱者的地位，或者说他们宁愿让小白菜遭遇奇耻大辱，也不愿意相信小白菜会做出什么对不起别人的事。

相反，同情杨乃武的人则更愿意相信另一种说法：搬出杨家后，小白菜以葛品连流火病未好为由拒绝马上圆房。可在盂兰会上，余杭知县刘锡彤的儿子刘子和见到貌美如花的小白菜后，竟然神魂颠倒。刘锡彤的师爷陈竹山为了讨好主子，就设计让刘子和迷奸了小白菜。

清醒之后，小白菜痛不欲生，但生米已经煮成熟饭，再加上县衙女佣从旁相劝，就顺坡下驴甘心接受了刘子和的一份真情，并时常与刘子和幽会。刘子和也决心不辜负小白菜，改头换面，娶小白菜为妻。

此种说法，对于小白菜来说似乎残酷了点，或许对于善良的人们来说，也是不忍接受的一个结局。但是，苦于找不到更有力的证据，证明哪种观点更接近事实，所以我们权且相信这两种说法都有可能性吧。

杨乃武与小白菜这一奇案的诱因还是葛品连之死，即如果能说清楚了葛品连的死因，杨乃武也不至于被屈打成招了。

关于葛品连的死，人们的说法也是不一样的。有人认为，葛品连是被刘子和害死的。

自从刘子和钟情于小白菜之后，就整天朝思暮想如何将小白菜娶回家，可是碍于葛品连，刘子和一直无计可施。于是，他又找到了那位"绍兴师爷"陈竹山。陈竹山听说葛品连正好犯了流火病，就想出了一个毒计，趁喻敬天来爱仁堂买药时偷换上桂圆和洋参。流火病属热症，桂圆、洋参都是热补，服之口鼻会出血，足以致人死亡。

就这样，在神不知鬼不觉中，刘子和心愿得偿，毒死了葛品连。

还有人说，葛品连根本就是正常死亡，并不是谁害死的，就算是吃了东洋参及桂圆而死，那也是因为不懂医理，误食而亡的。

经过是这样的：十月初七日那天，葛品连旧病复发，身发寒热，两脚红肿。秀姑知他痼疾，劝他不要上工了，休息两天再说，葛品连不听。初九日早晨，葛品连在上工时,实在坚持不住,浑身发冷,就回到家中。秀姑见他叫冷,忙给他盖上两床棉被。葛品连以为自己气弱体虚,要秀姑取一千文钱,托喻敬天买来了东洋参及桂圆。随后秀姑为其煎汤服下,并托王心培之妻去告知其母喻王氏。喻王氏赶来,见葛品连仍卧床发抖,时有呕吐,照料了半天就回家去了。

当天下午,葛品连病情变坏,口吐白沫,秀姑忙请王心培叫人。两家母亲到时,葛已不能说话了。随后忙请来了医生,医生说是痧症,弄来万年青、萝卜子煎汤灌救,无效,申时气绝身亡。

熟知杨乃武与小白菜的故事的人们都知道,葛品连的死与杨乃武是一点关系都没有的。但是也有人对此产生怀疑,真的没有吗?既然有人振振有词地说出了杨乃武与小白菜的私情,那么,葛品连的死会与他一点干系都没有吗?

当然,知道结局的人都知道,葛品连的死确实和杨乃武没关系,可是鉴于上面的材料,有人提出这样的疑问也是可以理解的,只是对杨乃武本人来说就显得有些不公了。

杨乃武因何与刘锡彤结仇

在杨乃武与小白菜的故事中,杨乃武的命运自始至终都没离开过知县刘锡彤。因为一己私仇,刘锡彤就让杨乃武背上了"夺妻谋夫"的罪名。杨乃武虽然最后得以活命,却也落了个革除举人功名的结局。

可是,要弄清楚二人的仇怨,似乎也不是一件容易的事情。

杨乃武性情耿直,为人正派,疾恶如仇。由于平日看不惯地方官吏欺压百姓,常为百姓打抱不平,帮助弱小代写状纸,也常把官绅勾结、欺压百姓的事编成歌谣,四处传唱。

余杭仓前镇,距离县城十余里,地临苕溪,周运畅达,为当年漕米汇集的地方。百姓完粮,官方陋规极多,交银子有火耗,交粮米有折耗。仓前镇粮官何春芳,在官府明令取消"脚踢淋尖"征粮的陋规之后,仍然在量米时踢三脚,将溢出斛外的米,作为耗米归己所有。受其欺压的中小粮户,苦不堪言。

虽然粮官对杨家不敢如此盘剥,但杨乃武见状不平,依然代小粮户写状纸,请求官府革除钱粮积弊,减轻粮户额外负担。而何春芳捏词反诬杨乃武煽动农民抗交皇粮,从中牟利,反咬了杨乃武一口。

知县刘锡彤为官贪暴,对杨乃武多管闲事本就不满,当即传讯杨乃武。杨乃武谴责地方官包庇下属为非作歹,欺压黎民百姓。刘锡彤竟反诬杨乃武吵闹公堂,怒斥哄逐杨乃武出衙。杨乃武十分气愤,于夜间在县衙照墙上贴了一副对子:"大清双王法,浙省两抚台",讽刺刘锡彤违背朝廷王法与抚台的禁令,盘剥百姓。由此,杨与刘锡彤、何春芳等结下仇怨。

据相关资料记载,杨乃武与刘锡彤的结怨还有一种说法。

刘锡彤曾是余杭县城外一处关卡的九品小税吏,负责增收来往商船的课税。借工作之便,刘锡彤对老百姓大行敲诈勒索之事,百姓对他是深恶痛绝。当时还是秀才的杨乃武,决定找机会为老百姓出口气。

恰好,那一年当地要修桥铺路,杨乃武就自告奋勇承担起到杭州府采购基建物资的任务。当时的杭州任知府正好是杨乃武的老师。把所购置的建材装完船后,杨乃武去拜会了他的老师,他还请老师给自己出了一张免税的公文。杨乃武是想利用这份公文算计一下刘锡彤。

押运货船回到余杭关卡时,杨乃武不但没对查税的税吏说明船上是为公家买的建材,也没把知府的免税公文给检查的人看。检查的人把他的船当作了商船,就扣押了他的船,并让他回杭州府取钱。

杨乃武回到杭州后,立即去见老师。他对老师说:"刘锡彤扣船敲诈,见了免税的公文欲夺取撕掉,被自己抢得快,才抢得这半截。"当然,公文是他自己撕毁的。刘锡彤也太胆大了!知府大怒,遂立即发签免去了刘锡彤的税吏之职。

刘锡彤被莫名其妙地免了职,当然不肯善罢甘休,他多方探察,才知道是当地秀才杨乃武做了好事,从此对杨恨之入骨。

他到北京花了 5000 两银子,弄到了余杭知县的官职,寻机报复。不过其时杨乃武已经考中举人,刘也一时找不到报复的机会。

这段记载是否属实不得而知,杨乃武与刘锡彤如何结的仇,也就成了不解之谜。就么一件事情也说不明白,可见其中的隐情还不知有多少呢。

小白菜有意诬陷杨乃武吗

不管杨乃武自己觉得怎么冤枉,在他的有生之年确实背上过"夺妻谋夫"的罪名,这是不可辩驳的事实。可是,据估计,最让杨乃武不甘心的除了那些贪官污吏所受的制裁太轻之外,恐怕就是小白菜对自己的诬陷了。

这一点也是后人比较关注的问题,因为它的澄清不仅会呈给人们事情的真相,也在无形中对人性本质的东西进行了一次考验。按理说杨乃武对小白菜是有恩在先,或者干脆就是有情在先,为什么小白菜还要诬陷他呢?

关于这一问题,人们也是说法不一。同情小白菜的人认为,小白菜是受了别人的欺骗才诬陷杨乃武的。经过是这样的:

葛品连去世时,在场的亲人并未见尸体有什么异状,都认为是病死的,并没有什么怀疑。但是,由于江南十月是小阳春天气,气候很暖,葛品连身胖,至十日入殓时,尸体口鼻有淡黑色血水流出。葛品连的干娘冯许氏见状,对沈喻氏说,品连死的可疑,要慢点入殓。沈喻氏爱子心切,又见尸体脸色发青,也起了疑心,就叫来地保王林代缮呈词,到县衙喊告。

十一日,知县刘锡彤接到沈喻氏呈词,即准备带领仵作(检验命案死尸的人)前往验尸。恰巧,这时当地一个秀才出身的绅士陈湖(即陈竹山),到县衙给人看病。此人一向巴结官府,包揽词讼,从中牟利。有一次因为帮地主逼租使一个贫苦农民被关进牢房,后经杨乃武反诉救出,因此对杨十分痛恨。

他听到葛品连身死不明,即对刘锡彤说,外面早有传言,说杨乃武与葛品连之妻有私。自葛从杨家搬出后,葛妻经常吵闹,还把头发剪去,今葛品连之死,恐另有隐情。

本就对杨乃武恨之入骨的刘锡彤,听到陈湖(即陈竹山)的话信以为真,当即认定杨乃武就是害死葛品连的凶手,于是,仵作沈祥的验尸结果就成了这样:

把手脚趾灰暗色,认作青黑色;口鼻里血水流入两耳,认作是"七孔流血";用银针探入喉管作淡青色,认作青黑色;将用过的银针不按规定用皂角水擦洗,以为银针变色,就断定葛品连为服毒身死。

刘锡彤立即下令将小白菜带回县衙。回到衙门后,刘锡彤立即坐堂审问小白菜,逼问其毒药从何而来,如何毒死丈夫? 小白菜称不知丈夫是服毒身死,更不知毒药从何而来。刘锡彤百般劝诱,小白菜始终说不知。夜间再审,刘锡彤不再问毒药来源,却问她与何人通奸,小白菜只说没有。后又问她居住在杨乃武家时,是否与杨有过私情,小白菜只说杨乃武除教她识字念经外,并没有别样不好之事。审问多时,仍审不出奸情。

世界经典文库

中外历史悬案

·疑云密布的历史谜团·

图文珍藏版

可是，曾经侮辱过小白菜的刘子和和何春芳，唯恐逼问奸情，小白菜说出他二人苟且之事，当夜即叫阮桂金入狱诱骗恐吓小白菜。阮桂金对小白菜说：葛品连是被毒死，验尸已经明确。外面都传言是你谋杀亲夫，如果这个罪名成立，你就要被活活割3600刀凌迟处死；你在杨家住过，如果你说是杨乃武指使你毒死丈夫的，你就判不了死罪了，而杨是新科举人，有功名，也不会判成死罪；如招出刘大公子之事，不但知县刘大老爷不会相信，还会被判为诬陷好人，罪上加罪，更不得好死。小白菜沉默不语。

第二天再审时，刘锡彤再次逼问毒药及奸情，小白菜还是说不知道。刘锡彤就叫动刑，一连三拶（音za，旧时夹手指的刑具），小白菜熬刑不过，又不敢说出刘大公子之事，只好违心按阮桂金所说供述。说是本月初五日，杨乃武带给她一包药，说可治流火病，结果丈夫服后就死了。

就这样，杨乃武背上了谋害葛品连的罪行。关于小白菜诬陷杨乃武的过程，还有一种说法：

杨乃武和小白菜分手后，经过努力还真中了个举人。衣锦还乡后，杨乃武决定设宴庆祝一下。在邀请的客人名单中，杨乃武把小白菜一家人也列上了。并且他还决定亲自去请这家人。

这天，他来到小白菜家，正赶上小白菜不在家，只见到了生病在床的葛品连。杨乃武向葛品连说明了来意，可没想到葛品连竟生起气来，还把杨乃武赶出了门外。杨乃武只好悻悻地离开。可是没走多远就碰到了葛三姑。

当天下午，葛品连就犯病了，喝了小白菜煎的药后病情越来越重，最后一命呜呼了。沈喻氏见尸体口鼻流血，怀疑儿子是中毒而死，就让地保王林写了呈词，控告小白菜与杨乃武合谋害死了葛品连。在刘锡彤的威逼之下，小白菜因忌恨杨乃武的负情在先，就招供是杨乃武毒死了葛品连。

现在看来，小白菜还真有可能是有意诬陷杨乃武。

慈禧太后为何要主持公道

且不说小白菜是否真的有意诬陷杨乃武，因为那已经不重要了，不管是有意还是无意，杨乃武终归是惹上了官司。事情发展到这一步，人们关心的更多的就是在审案过程中，刑部官员为什么一定要为杨乃武翻案？事情惊动慈禧太后以后，为什么慈禧太后也要为杨乃武与小白菜这么两个小人物做主呢? 葛品连被杀案,经过几番折腾后,杨乃武被定下了"夺妻谋夫"罪,按律必须问斩。尽管杨乃武不服,但终因受不了严刑拷打,杨乃武还是招认了。可是,杨乃武的姐姐杨菊贞(淑英)却坚信弟弟不会做出那种有辱门庭的事,决定上京告御状。然而,第一次上京不但无功而返,还让杨乃武重新经受了一番皮肉之苦,致使杨乃武仰天长叹:"而今天下一般黑,京官疆吏一窝生,今天没有包龙图,冤沉海底无处伸。"

但是,杨乃武的姐姐不甘心,决定再次上京告状。

或许就是杨菊贞的不屈,打动了上苍,感动了身居要职的京官们站出来替杨乃武主持了公道,这也是为什么正直的人们坚信朗朗乾坤之下必然会有人主持公道的原因吧。

可是,事情远没有那么简单,从下面的文字中我们就会发现这一点。

有人首先提出了这样一个观点,即如果没有杨乃武同科举人们的举动,恐怕京官们根本就不会关注这件事。

杨菊贞第二次上京前,杨乃武让姐姐先到杭州看望自己的几个故交。

当时,有个浙江籍的京官、翰林院编修夏同善,因为丁忧期满要回京,"红顶商人"胡雪岩为其饯行。胡雪岩的一个西席吴以同作陪,吴以同就是杨乃武的故交,同学同年,深知杨之为人。席间,吴以同向夏同善讲述了杨乃武冤案的曲折经过,并且请他在京设法帮助。夏同善答应回京后,相机进言。随后,杨菊贞到杭州先后拜会了杨乃武的三个好友,即吴以同、汪树屏(其祖父在京里做过大学士,哥哥汪树棠也在京里做官)以及夏同善的堂弟夏缙川(是个武举)。这三人都热情予以帮助,并且写了信,叫杨菊贞到京后去找夏同善。

胡雪岩了解到杨菊贞进京的盘缠没有着落后,慷慨解囊,鼎力相助,赠送杨菊贞200两银子,这对杨家来说,无疑是雪中送炭。

到京后,杨菊贞凭借这些关系,先拜见了夏同善,送上其弟夏缙川等的书信及控诉状。夏同善夫妇对此深为同情。后经夏介绍,杨菊贞又遍叩在京浙江籍大小官员30余人,接着向步军统领衙门、刑部、都察院投送诉状。夏同善多次访问大学士、户部侍郎、都察院左都御史翁同龢,请他去刑部查阅浙江审理该案的全部卷宗。

翁同龢对此也深为同情,在查阅了案宗后,把本案内情面奏两宫太后,请朝廷重视。正是在同乡京官仗义执言,翁同龢出面干预以及都察院、步军统领衙门的重视下,两宫太后才为该案发了谕旨:"着由刑部饬浙江巡抚杨昌濬,督同臬司(按察使署)亲提鞫讯,务提实情,毋枉毋纵。"同时又叫御史王昕到浙江私访。

可是,杨昌濬接到谕旨后,依然敷衍塞责。而慈禧太后对地方大吏承办的要案,也不愿轻易更张,以避免拖累人证为名,还是不准提京复审,只是指示浙江学政胡瑞澜复查此案,再行申办具奏,审理时候不要用刑。没曾想胡瑞澜再审时偏徇逼供,依然维持原判。

此时,京中的一些浙江籍举人、进士、翰林等,也认为这件案子如果有冤屈不能平反,不仅是杨乃武、葛毕氏两条人命问题,更关系到浙江读书人的面子,因此不断上疏,请求提审京城。翁同龢在刑部看了胡瑞澜的奏疏后,发现逼供和不实之处,为伸张正义,又同夏同善、张家骧等臣,亲见两宫太后,请将此案提交刑部研鞫。翁同龢、夏同善等奏说,此案如不提京复审,平反冤情,浙江将无人肯读书上进。至此,慈禧太后才干光绪元年(1875年)十二月十五日下了谕旨:提京审问,着刑部彻底根究。

毫无疑问,杨乃武案能有如此进展是和杨乃武的关系以及浙籍在京官员对朝廷施加的压力分不开的。

不过,还有人提出了一个更深刻的观点。

京审之后,案情已经大白,本应依据大清律例,如实上奏,予以惩处。但是,刑部再审后,准备题拟奏章时,统治集团内部却掀起了一场激烈的争论,俨然形成了对立的两派。一派以大学士翁同龢,翰林编修张家骧、夏同善为首,边宝泉、王昕等参与,这些人大多都是浙江人,附和他们的也以浙江人为多,所以称为浙江派。该派认为不仅要让冤案彻底平反,还要严厉惩办各级办案官吏,以平民愤。另一派以四川总督丁宝桢为首,附和的多系湖南、湖北人,称为两湖派。因为这一派都是封疆大吏,因此又称实力派。这派认为刑部对此案不应平反,承办此案的各级官员也并非一无是处,不应给予任何处分。

特别是此时正在京城办事的丁宝桢听说刑部要参革杨昌濬等官员,竟跑到刑部大发雷霆,面斥刑部尚书桑春荣老耄糊涂,说这个铁案要是推翻,以后就没有人做地方官了。他还质问验骨的司官,说人已死三年,毒气早就消失了,毒消则骨白,刑部验尸何足为凭!

这样一闹,刑部也拿不定主意,对参革各员的奏疏,一改再改,迟迟不能上复。

对此，翁同龢、夏同善等商议由御史王昕出面，再次上书两宫太后，弹劾杨昌濬和胡瑞澜，疏云："现刑部勘验，葛品连委系因病身死，胡瑞澜承审此案，熬审逼供，唯恐翻异，已属荒谬；而杨昌濬于刑部奉旨，行提人证，意公然谓刑部不应请提……臣揆胡瑞澜、杨昌濬藐法欺君，肆无忌惮……案情如此去离，大员如此欺罔，若非将原审大吏，究出捏造真情，恐不点头以昭明允而示惩儆。且恐此端一开，以后更无顾忌，大臣倘有朋比之势，朝廷不无孤立之忧。"这份奏疏指出了朋比为奸、欺君枉法的危害，无疑触及了统治者的神经。另外，由于慈禧太后的宠信太监安德海死于丁宝桢之手，慈禧太后对丁极端厌恶和憎恨，丁宝桢大闹刑部，更加深了慈禧太后的愤怒，这也加速了案件的平反过程。

就是在这种情况下，一直到光绪三年（1877 年）二月十日，刑部的奏疏才交上去，其中还没有提及惩办杨昌濬、胡瑞澜。二月十六日慈禧太后的平反谕旨下发，对杨乃武案做出了最后的判决，还下令革去了杨昌濬、胡瑞澜的官职。

由此可见，杨乃武的冤情能够平反昭雪，的确不是简单一个天理就能说了算的，实在是多方力量抗衡、较量、博弈的结果。从这一点看，杨乃武不能不算是一个幸运之人，尽管他只是借助别人维护自己利益的机会赢回了清白，尽管几个被免职的官员不久就官复原职。

官场受贿　贿品竟为妓女
——清末杨翠喜案

杨翠喜，清末光绪年间天津演艺界一位非常有名的歌妓。

杨翠喜生于光绪十五年（1889 年）北京通县的一个官宦之家，原本不姓杨。其父曾是清朝文官之中的显赫人物；杨母也是朝中官宦之女，并且谙习曲调，琴棋书画皆有造诣。小翠喜受家庭的熏陶，加上她自幼聪慧，悟性极好，四五岁时就能表演一些高难度的曲艺名段，尤其对歌舞有着与众不同的天赋，深得周围人们的赞赏。

人云，宦海沉浮，变幻莫测。小翠喜 8 岁时，其父因在朝为官耿直，不合时俗，得罪了当时的权赫人物。结果，满门受牵连，其父被流放到今甘肃一带，任地方官吏。因路途遥远、行路艰难，翠喜的父母被迫于临走时将小翠喜托付给一位姓杨的曲艺名家，并让她改姓杨姓。从此以后，杨翠喜再也没有得到过家人的消息。没有几年，那位养育杨翠喜的艺人也不幸病故。杨翠喜从此流落到天津一带街头，以小曲、片词等卖艺为生。在一个偶然的机会，她被天津大观园戏园收留。不久，杨翠喜在那里一唱走红。

15 岁那年，杨翠喜已出落得楚楚动人，标致漂亮，方圆几百里有名。此外，杨翠喜的吹拉弹唱等技艺颇娴熟，更令人叫

杨翠喜

绝。在大观园戏园登场，她以擅演《拾玉镯》《卖胭脂》等曲段而出名，故深得戏园老板的器重。但同时，她也成为纨绔子弟们所猎取的对象。

在杨翠喜所结识的人物中，有一部分是达官显贵，其中有一人叫段芝贵。

段芝贵，安徽合肥人，光绪十二年（1886 年）入北洋武备学堂学习，1897 年投效袁世凯的新建陆军。1900 年后，因参与镇压义和团运动被保升为天津道员。此人贪恋酒色，为人处世八面玲珑，溜须拍马、逢迎上司是他的拿手本领。杨翠喜的迷人容貌和出众演艺曾一度引得段芝贵深深倾倒，杨翠喜也一度成为他的"私物"。但在关键时刻，段芝贵却能做到忍痛割爱。

光绪三十二年（1906 年），载振与徐世昌等一行人奉慈禧之令前往东三省查办事务，路过天津。当时任直隶总督的袁世凯和天津道员段芝贵为讨好奕劻而格外热情地款待载振一行人。

奕劻，乾隆皇帝第 17 子永璘的孙子，1884 年（光绪十年）任总理各国事务大臣，并封为庆郡王。1894 年封为庆亲王。1900 年八国联军侵入北京后，慈禧太后与光绪帝逃往西安，奕劻奉命留北京，与李鸿章同任全权大臣，与各国议和，并与次年签订《辛丑条约》；1903 年又任军机大臣。一时间，奕劻权倾朝廷内外。

载振为奕劻之子，本是个缺才少德的公子哥儿，经常出入歌台妓院，吃喝嫖赌，不学无术。但靠其父的庇荫，14 岁那年，载振即被赏以头品顶戴，19 岁便被封为二

等镇国大将,后又赏加贝子衔,并于光绪二十八年作为出席英国女王加冕典礼的专使而到英、法、比、美等国访问。由于他善于吹捧奉迎,故深得慈禧太后的宠爱,不出一年,又连升为镶黄蓝旗汉军都统、商部尚书、御前大臣等职。就当时而言,载振也成为朝中的显赫人物。

鉴于上述原因,袁、段等人极力讨好载振,招待得可谓不遗余力。为助酒兴,段芝贵特地把杨翠喜招来。

当晚,杨翠喜遵照段芝贵的吩咐,专意精心打扮了一番,更加妖媚动人。载振本是个寻花问柳的公子哥,霎时便被杨翠喜的一个眼神,一个动作,一句唱词深深地迷住了,桌上的美酒佳肴也顿觉无味。

段芝贵早将载振对杨翠喜的痴迷神情尽收眼底,他不禁心中大喜:讨好、结交载振的好机会有了!当晚宴罢,段芝贵立即命令其好友、手下天津巡警队队长、知府杨以德:"务必将杨翠喜弄到手!"杨以德接到命令后,于是夜12点派兵包围了杨翠喜居住的天津大观园,并以追捕搜查罪犯为名,冲进了杨翠喜的住室,将其蒙面、塞嘴、捆绑四肢,偷窃了出来。第二天,大观园老板发觉杨翠喜失踪后,立即到巡警府报案。杨以德对大观园老板软硬兼施,言称一位富商暂时将杨"租用"一段时间,并送给大观园老板1200两白银作为酬金。老板无奈,只得不作声张。

杨翠喜被带出去后,先被安排在巡警府住了一整天,次日夜间,便被段芝贵悄悄地送入载振的住所内。早就对杨翠喜垂涎三尺的载振,今见爱物送来,不禁心花怒放。

然而载振公务在身,不敢长时间与杨翠喜鬼混,但又舍不得这个"宠物",于是他向杨许诺,等时机成熟之时,便将她带到北京。所谓"时机成熟",是因为载振对娟妓心存余悸,他过去曾与天津名妓谢姗姗鬼混,遭御史张元奇参劾,一度处境难堪。此次,他之所以如此谨慎,便是吸取了上次的教训。

1907年为庆亲王奕劻61岁寿辰之年,各省大小官吏纷纷送上贺礼。段芝贵更是不失时机,一方面备下10万两白银的贺礼,同时又以1.5万两白银买下杨翠喜,准备送给载振。

贺寿的那天晚上,段芝贵将杨翠喜偷偷送到载振处。

功夫不负有心人,段芝贵的一番苦心,终于得到回报。不久,他便被委任为署理黑龙江巡抚之职,掌握东三省的行政事务。

世界经典文库

中外历史悬案

·疑云密布的历史谜团·

图文珍藏版

但正当段芝贵春风得意,踌躇满志时,他万万没有想到此中丑行,竟被御史赵启霖获悉,他更没有料到,御史赵启霖竟敢蔑视奕劻父子的权势,上奏参劾。

1907 年 5 月,御史赵启霖上奏折,弹劾段芝贵:"上年贝子载振前往东三省,道过天津,段芝贵夤缘充当随员,所以逢迎无微不至,以 1.5 万金于天津大观戏园买歌妓杨翠喜,献之载振。其事为路人皆知。复从天津商会王竹林筹措 10 万金,以为庆亲王奕劻寿礼"。

奏折上达后,朝野震动,一片哗然。虽然此时的奕劻正得宠于慈禧太后,有恃无恐,但鉴于朝野得沸沸扬扬,慈禧太后只好委派醇亲王载沣和大学士孙家鼐调查此案。

对于御史赵启霖的参劾、上奏之事,早有人给载振通风报信。于是他慌忙将杨翠喜偷偷送回天津,同时告诉段芝贵一定要设法隐瞒此事。

当载沣和孙家鼐派人到达天津调查此案时,段芝贵暗中指使杨以德出面作伪证,说杨翠喜是由一位富商买去做使女了,根本没有赠给载振作妾之事;同时,段芝贵又指使天津商会总办王竹林等人否认措银两献于奕劻做寿礼之事。

本来查办此案就是虚张声势,走过场,所以当载沣、孙家鼐得到一面之词后,便立即返京将情况呈报慈禧太后,并奏称御史赵启霖"查无实据","奏劾不实"。获得载、孙二人的奏称后,清廷即刻颁布谕旨,"御史赵启霖着即行革职","以示惩儆",并声称,"该御史于亲贵大臣名节攸关,并不详加访查,辄以毫无根据之词率行入奏,任意污蔑,实属咎由应得",还宣布"嗣后如有挟私参劾,肆意诬罔者,一经查明,定予以严厉惩办。"

谕旨公布后,报章沸腾,人们纷纷指责清廷的丑行;朝中大臣也是愤愤不平;都御史陆宝忠、御史赵炳麟等先后为赵启霖上书辩白,都按院全体御史更是声言要联名会奏……一时间,弄得清廷声名狼藉,处境极为尴尬。

清廷出于无奈,又一次派大员前往天津调查此案。案情很快明了:赵启霖所奏属实!这样,清廷只好下令撤免段芝贵署黑龙江巡抚之职。

段芝贵被撤职查办后,清廷并没有处分奕劻父子,但载振鉴于当时朝野的纷纷抨击,并且感到自己确有难言之隐,只得上书辞去了商部尚书等职。在朝中舆论的压力下,赵启霖又被重新起用。

至于此案中的牺牲品杨翠喜,她被载振送回天津后,匿藏在一位姓王的富商家中。从此以后,她再也没有在歌舞台公众场合露面。据说,她后来在王家为姓王的商人生下一子,晚年因病而殁。

蒙冤仅因误待客
——民国时期的故宫盗宝案

1933 年 5 月,全国各大报纸均以头版头条登载了一则新闻:国民党政府司法院副院长张继夫人崔振华,控告北平故宫博物院院长易培基,控告他参与其婿李宗侗的故宫盗宝案件。不久,又有新闻报道:易、李二人已畏罪逃往外国;农业部次长肃谕因代易培基盗运国宝而被迫逃往法国,现在马赛被法国海关查出并扣留等等。

30 年代的故宫盗宝一案曾轰动全国,成为当时新闻媒介的热门话题,同时也成为人们街谈巷议的主要内容。然而易培基盗宝是真是假,最后结局如何等等,请看下文。

一

易培基,字㦻村,湖南善化人(今长沙市人),出生于清末一个官宦之家。易培基早年曾留学日本,后参加了辛亥武昌起义,曾充任黎元洪的秘书;1919 年,曾参加了湖南的"驱张敬尧运动",胜利后,任湖南省公署秘书长,在此期间,他结识了湖南省省长兼督军的国民党要员谭延闿;1924 年,易培基由湖南来到北平,从事国民党学生运动及留法勤工俭学学生组织领导工作,因而与国民党元老李石曾建立了密切的关系。冯玉祥发动北平政变以后,易培基经李石曾推荐出任了摄政内阁的教育总长。此后,易、李二家来往更加密切,易培基不久将其独生女儿易漱平许嫁给了李石曾的大侄子李宗侗。

易培基素爱玉石、古器,平日里常闻清官古董被盗、散失,而不胜惋惜,他曾多次将自己的想法讲给李石曾、冯玉祥等人。国民党统治北平以后,故宫博物院成立,易培基很自然地被推荐为故宫博物院院长。此后,易培基又依靠国民党元老吴稚晖、李石曾等人的帮助及谭延闿的赏识,当上了劳动大学的校长,国民政府农矿部部长等职。

但好景不长,随着蒋介石的羽翼渐丰,李石曾、吴稚晖等人逐渐失势。不久,谭延阎又在南京病死。易培基的靠山逐渐失去,加之他一向自视清高,待人傲慢,又不太懂人情世故,因而在国民政府中的处境日益困窘。在他当农矿部部长时,蒋介石曾推荐陈立夫出任农矿部次长,而易培基没有答应。这样,易不仅得罪了蒋介石,也得罪了国民党"四大家族"。不久,易培基的劳动大学校长、农矿部长等职相继被罢免。易培基无奈,只得全家迁往北平,专任故宫博物院院长之职,而当时任故宫博物院秘书处秘书长的正是他的女婿李宗侗。这种特殊关系使得他们一同被推向了审判席。

二

"九一八"事变以后,国民政府财政紧张,财力支绌,各部、各院所得的经费大为削减,故宫博物院同样是入不敷出。无奈之中,李宗侗便向易培基建议,将清宫中所藏的贵重毛皮、药材等不重要的物品处理一部分,这样既可以减轻保存宫藏物品的压力,也可以利用所得款项充实经费。

一天,处理皮货的工作正在紧张、有序地进行。在神武门口进来一位衣着华贵的女人,只见她气宇轩昂,旁若无人,进门后就向东拐弯。值班警察以为她是来故宫的游客,于是上前劝阻。谁知此人不但不听劝阻,且出言不逊,竟与警察发生了口角,并扬言:"故宫博物院养了些什么东西!见人就咬。"她始终不告诉自己的来意和身份,冲突逐步激化。

你道来人是谁?此乃当时国民党政府司法院副院长张继的夫人崔振华,崔振华生性骄娇、刁蛮,是个千人万人都不敢靠近的悍妇。更何况她现在又是司法部副院长的夫人,别人都敬而远之。今天她是来看皮货的,不期与人发生了冲突。就在崔与一位警察互相辱骂,口出浪词之际,恰巧李宗侗外出回来。他见有这么多人围观、瞧热闹,并不时地传出大吵大骂之声,他便推开人群走了进去,一看便是一愣,他曾与崔振华打过照面,深知其禀性恶悍,急忙言道:"张太太……"话还没等说出口,余怒未息的崔振华张口便责怪李宗侗:"你们这群狗,竟敢对我如此无礼,都是你平日缺乏教养!"

李宗侗乃李石曾的侄子,大少爷出身,自幼养尊处优,对世事也不知其险恶,性格也极为孤傲。他见崔振华如此无礼,不仅没给崔振华赔礼道歉,反而出口顶撞:"你来看皮货,应早告诉我,我当预先吩咐警察放你过来。你早不说话,为何来怪我们？岂有此理！"崔振华闻罢，更如火上浇油，大发雷霆。

崔振华憋了一肚气，怒气冲冲地回到家中，对丈夫张继说："故宫博物院的人，尤其是李宗侗，竟敢顶撞老娘！"并迫使张继向易培基施加压力，令其撤去李宗侗的职务。张继也是个惧内的人，他立即向易培基打电话，要求罢免李宗侗秘书长的职务。岂料易培基也是个不谙世事的人，他听李宗侗讲了事情的来龙去脉，早就憋了一肚子气，因而既没有向张继及崔振华道歉，也没有处分李宗侗。崔振华气愤难平，私下扬言，一定要将易、李搞垮。于是她暗中收集易、李及博物院的各种材料，为制造事端寻找借口，因而不久便有了轰动全国的"故宫盗宝案"。

三

张继、崔振华为寻找搞垮易培基、李宗侗的事端，通过多方调查，终于了解到，故宫博物院会计科有一个叫秦汉功的职员，曾因有不良嗜好，被易培基处分并免职过，以后虽又被重新起用，但他对易一直耿耿于怀，总想寻找机会加以报复。崔振华很快同秦汉功建立了联系。由于二人目标一致，臭味相投，因而一拍即合。崔振华并向秦汉功许诺，如能提供能搞垮易培基、李宗侗的材料，将给予秦一大笔钱，同时为他提升官职。

说也凑巧，就在崔、秦合谋的日日夜夜，恰逢故宫博物院报销账目。因会计科要赶办数年积压下来的报销凭证，去中央财政部充销，故这次报销历时长、数额大、种类繁多。为便于充报分类，故宫博物院会计科的负责人便在一家文具店分开了几张文具单据。此事被秦汉功捕风捉影地听到了，他误以为故宫博物院单据报销有鬼，便将此事密告给了崔振华和张继。二人听罢，心中大喜，暗想整垮易、李的时机到来了。

崔、张立即行动，一方面指使秦汉功找出经改造开的那几张单据以作物证；另一方面，张继派其一手提起的心腹，当时任检察署署长的郑烈去具体办理此事。与此同时，崔振华向法院起诉，控告易培基营私舞弊。

郑烈当然是唯张、崔的马首是瞻，他接到张继的指令后，立即派检察官朱树声前往北平调查此案。此后北平地方法院也传讯了易、李等人，并派人查封了故宫博物院会计账簿。全国的报纸也以醒目位置刊载了此则消息。莫须有的罪名，几次三番地审讯使易培基精神遭受到沉重的打击。

再说被派来的检察官朱树声,到北平后即对崔振华状告易培基的故宫博物院会计科开改单据之事进行了核实,那家文具店老板称:"我们文具店同博物馆有多年的生意交往,每月月底开一总账单交会计科对账。这次适赶上会计科编造科目报销,要将总账单分开成几张小账单,这样有利于会计充填科目,因此我店应会计要求为其进行了分开。我店所开的几张账单金额与总账单金额,以及同实物金额完全相符。"朱树声听罢大失所望,当天便离开了北平。

朱树声刚走,检察署署长郑烈又发来一封电报,电文称:"张继嘱托秦汉功即来,费用先筹给。"然而朱树声已走,后来不知怎么电报转到了易培基手中。也就在这时,秦汉功不知是良心发现还是觉得事情不妙,他找到易培基将张继给他酬金,让他密告报销册之事统统告诉给了易培基,同时又把郑烈写给他的一封信交了出来,信中称:"奉张太太谕,秦一切花费均由张太太付给,此机会千万勿错过……"如此一来,张继、崔振华等人制造事端,陷害易、李的用心暴露无遗。张、崔弄巧成拙,反被易培基抓住了把柄。

没过几天,郑烈的书信及秦汉功的坦白书都拍成了照片,在各大报纸上公布。顿时,公众舆论哗然,纷纷指责司法、检察机关执法犯法。张继、郑烈恼羞成怒,一面强词夺理为自己辩护,另一方面通知各大报馆,称未经检查机关核准的新闻材料,一律不允许登载。这样,凡易、李的反击文稿全部被报社压下。张、郑等人垄断了新闻宣传,也就扼住了易、李的喉咙。此后,报纸上只见易、李遭审判,通缉,逃亡国外等报道,而易、李悄然无声了。人们还以为易、李理屈词穷,无言以对了。自此,造成了世人只知易、李舞弊,至于此前报载盗宝如何,盗什么宝,等等,报界也说不清楚了。

四

轰动全国的易培基故宫盗宝案,持续了好几年,虽经严密侦查,最终也得不到易、李一点点盗宝证据。

1935年,华北危机,故宫博物院奉令将宝物南迁。一天,博物院一职员在装箱时,因一凤冠装不进去,便将凤冠上的凤珠摘下,又当众装入箱内,连同其他宝物一起封钉。这本是一件很自然的事情,可郑烈、张继等人却抓住不放。他们以"破坏古物,有盗窃之意图"为由起诉这位职员,并声称这事是易、李二人指使的,同时在报纸上大肆宣传,称易、李盗窃故宫之宝物,实属真事。其实,易、李对这位装箱的职员根本不熟悉。然而,由于张、郑等人的坚持,报纸的造谣,易、李盗宝的罪名也便被世人所默认。

自反诉的喉咙被扼住后,易培基再没有露过面,他深深地感到了时局的黑暗。在那以后的日子里,他万般无奈,携家眷离开北平去了上海,从此深居养病。

此后,国民党一些元老如李石曾、吴稚晖等曾为易培基案致函行政院院长汪精卫,要求重新审理该案,但没有回音。易培基含垢忍辱,在重病和精神摧残的交迫之下,终没等到反诉申明之日,于1937年10月在上海私寓病故。丧礼上,吴稚晖曾送他一副挽联:"最毒悍妇心,沉冤纵雪公为死;误交卖友客,闲官相攘竟谋深。"这里不言而喻,"悍妇"指崔振华,"卖友客"乃指张继。

新中国成立后,李宗侗携眷去了台湾。易漱平因沉冤难雪,不久抑郁而死。李宗侗生前也绝口不提故宫盗宝之事,他的两个孩子常因此事受人讥讪,便回家追问父亲:"此案到底是怎么回事?"李答:"死之前夕相告。"等到李宗侗临危之时,电召其子女回到身边。不料等到他们奔至病榻前时,李宗侗张口欲言,已不能成声。易、李"故宫盗宝"案,也就成了后世之谜。

一桩轰动一时的奇案
——上海"怪西人案"

1935年,白色笼罩下的上海,发生了一桩轰动一时的奇案。据《申报》8月24日报道:"上海怪西人,又称神秘西人之约瑟夫·华尔顿,前因勾结刘燧元、萧柄实、陆海防等组织机关,刺探中国关于政治上及军事上之秘密,报告第三国家案发,经淞沪警备司令部于本年5月5日派探将陆海防捕获,继由陆自首指供,先捕获该两人等,分别以危害民国紧急治罪法起诉,开庭审判。"怪西人约瑟夫·华尔顿怪在何处?怪就怪在他被捕后,一言不发,俨然一个哑巴。国民党军警特务虽绞尽脑汁,动用了各种审讯方法,所得到的回答都是约瑟夫·华尔顿的沉默。数月过去了,军警特务也未能查清这个西方人的身份。无奈,只好称之为"怪西人",聊以自嘲。

世界经典文库

中外历史悬案

·疑云密布的历史谜团·

图文珍藏版

一

怪西人约瑟夫·华尔顿，真名叫罗伦斯，出生在苏联的立陶宛。他早年受过很好的教育，能流利的运用德、俄、英、法四国语言。青年时期，他加入了布尔什维克党，并热情地投身于布尔什维克革命，担任过红军上校。罗伦斯仪表堂堂，处事也极机敏，具有相当的地下工作经验。1933 年，罗伦斯受苏联红军情报站（苏联国防部军事情报局的前身）派遣，来到了中国，接替他的前任，"红色间谍"左尔格的工作。

1919 年 3 月，共产国际（第三国际）成立后，立即开展了组织、领导各国共产党进行反对反革命势力的斗争。中国共产党领导的民主革命同样自始至终得到了共产国际的领导和帮助。第一次国内革命失败后，中国共产党领导全国人民开展了武装推翻国民党反动统治的斗争。国民党反动派也加强了对革命势力的镇压，一方面，他们加强了对统治区的统治，大肆搜捕进步和革命人士；一方面又加紧"围剿"苏区红军。苏联红军情报部派遣罗伦斯来华工作的重点便是搜集有关情报，以协助中国工农红军粉碎国民党军队的"围剿"。

经过一番艰辛的努力，罗伦斯很快打开了情报工作的新局面。当时的情报网遍布以上海为中心的全国各大城市，人员也遍及各个部门，甚至渗透到蒋介石的武汉行营、北京行营、南京警备司令部等关键部门。

罗伦斯的工作取得了巨大成效，他们将获得的重要情报迅速地送到上海中共中央处，然后再送至苏区，极大支援了苏区红军的反"围剿"斗争。但由于情报工作的迅速发展，很多细节问题均未来得及考虑和解决，特别是情报人员的审查和安排。当时情报人员来自各行各业，可谓鱼龙混杂，良莠不分，这便给情报组织日后遭到灭顶之灾埋下了祸根。

二

罗伦斯的前任"红色间谍"左尔格在领导苏联红军情报部上海站时，曾发展了在国民革命军十一军政治部工作的于生，并很快使他成为该组织的主要人物。1930 年，于生偶然遇到了过去的同事——陆海防。陆海防是湖南岳阳人，北京高等师范的学生。陆海防同情革命，思想较为激进，经常发表一些抨击时局的议论，因而也引起人们的侧目。鉴于陆海防精通英文，又倾向革命，于生便吸收他参加了情报组织。最初，根据秘密工作的原则，陆海防只与于生一人单线联系，工作也较为简单，只是每天把当天中国报纸上刊登的有价值的材料译成英文。1933年，左尔格和于生相继调离上海，陆海防的工作也随之繁忙起来。他接手了于生负责的一部分情报关系，并直接受罗伦斯（即约瑟夫·华尔顿）的领导。

在陆海防接手的各种情报关系中，刘燧元是一个极为重要的人物。刘燧元的公开身份是蒋介石武汉行营第五处上校法规专员。当时，正值国民党军队集中全力"围剿"苏区红军，武汉行营成为蒋介石"围剿"大别山、洪湖地区湘鄂赣边区各路红军的大本营。刘燧元便利用自己有利的身份，搜集有关围剿的方针措施、政策等绝密情报，然后再通过交通员转交给罗伦斯。此前，罗伦斯、左尔格获得的绝大部分军事机密情况均是由此而来。

1935年4月中旬，罗伦斯将一封亲笔信交给陆海防，让他马上派交通员到武汉将信送至刘燧元，并特别告之，一定要注意安全。为安全起见，信是由罗伦斯用德文写的。然而，陆海防丝毫没认识到秘密交通的严重性，他违背秘密工作的原则，竟让自己的弟弟陆独步去完成该项任务。陆独步此前从未做过秘密交通工作，实际上，他也不具备做此种工作的条件。陆独步曾就读于上海劳动大学，为人不修边幅，大大咧咧，典型的中国30年代的玩世不恭的所谓"名士派"。这类人在当时颇引起人们的注意。陆独步一踏上去武汉的船，他的言行举止便招来了人们的注意，也引起了国民党便衣特务的怀疑。一上岸，陆独步便被逮捕了，他随身携带的德文信件也被特务搜出。在敌人严刑审问下，陆独步彻底抛弃了往日里那种放荡不羁，天不怕地不怕的样子，全盘托出了来武汉的任务和接头地点。万幸的是，罗伦斯为安全机密起见，没有告诉陆海防接头人的姓名、真实身份及面貌。但仅这一点成效，已使武汉行营的特务们为之欣喜若狂了。他们马上行动，严密监视交通员接头地点——汉口太平洋饭店，准备抓捕接头人。

刘燧元按约定的时间来到了太平洋饭店，凭着过去长期地下工作积累的经验，他发现此时的气氛有点异常，"茶房""伙计"贼眉鼠眼，面露凶相，店里坐着几个不三不四的人。猛然，他想起了走进店时，曾发现这里比往日多了一些摊位。他当机立断，不再与任何人接头。刘燧元点了几样菜，吃罢后，不慌不忙地走出店。回到住处后，他迅速销毁所带的情报材料，并立即电告上海的罗伦斯。罗伦斯接电后，凭经验,知道内部已出了叛徒。他随即派专人乘飞机去武汉,指令刘燧元及家属马上离开武汉,并送给他们 350 元钱作路费。为避免引起特务的注意,刘燧元决定他和妻、孩子分别离开武汉,到上海会合后再决定今后的去向。

当晚,刘燧元以去广州探望病重的父亲为由向上司告假,获许后,取道天津准备再赴上海。但狡猾的特务马上发现了他的行踪,并尾随其后,刘燧元处境越发危急。无奈,他找到他过去的朋友,在他们的帮助下,刘燧元上了泰山,找到了隐居此处的冯玉祥将军,在他的掩护下,终于脱险。但刘妻带着孩子离开武汉去上海时,被特务盯上了。抵达上海后,刘妻住在了南京路上的东亚宾馆。特务随即在此严密布防,监视着来往的可疑人员。5 月 5 日,一个中年男子来到这里看望刘妻,特务们当即抓捕了他。来人竟是地下情报处的负责人之———陆海防。

原来,陆海防在派出其弟陆独步去武汉后,一直杳无音信。他不禁着了慌,生怕弟弟出了意外。现在他忽然听说武汉有人来到了上海,竟然不顾地下工作的基本原则,在未获罗伦斯允许的前提下,贸然来到了刘妻住处,结果落入了特务的魔爪之中。

由于参加革命时间不长,更由于革命信念不坚定,陆海防在受审时被凶神恶煞的特务吓破了胆。为了免受皮肉之苦,更为了保住性命,他供出了所知道的一切机密,并无耻地表示愿意带领特务去抓捕他的上级领导"约琴夫·华尔顿",罗伦斯就这样被捕了。

三

罗伦斯被捕后,软硬不吃,一言不发,以沉默来回答特务们的千方百计。十几天过去了,特务们一无所获,竟然连约瑟夫·华尔顿的真实姓名、国籍、职业、具体住所都未得到。罗伦斯的沉着机智,一方面给军警特务们施放了很大的烟幕,迫使特务们的举动大大收敛;一方面又拖延了时间,保护了一大批情报人员和机密文件的安全。

罗伦斯的具体住处是在上海法租界一所外国人公寓中。叛徒陆海防对此秘密据点是一无所知的,当然特务们也无从查获。当时罗伦斯身边有三位苏联派来的助手:一位是法国人,任无线电通讯员;一名波兰人,任技术机要员;还有一位苏联人,担任他的交通员,专门负责莫斯科和上海之间文件的传送。他们几位分居各处，但常去罗伦斯的寓所。自罗伦斯被捕后，他的三位助手发现罗伦斯的房门连锁数日，也得不到他的任何音讯，估计已出意外。这三位助手当即决定冒险破门入室，将罗伦斯房间里的机密文件和器材尽快转移出去，以免落入敌手。

在一天深夜，那一位膀大腰圆的年轻交通员在其他两位同志的掩护帮助下，用身体撞开了罗伦斯的房门，将房间内的所有器材、文件安全地做了转移。这位勇敢的交通员回国后，受到了红军情报部的表彰，荣获一枚勋章。

由于陆海防的叛卖投敌，除罗伦斯外，国民党当局还陆续逮捕了苏联红军情报部人员陈绍韩、黄维祜、汪默清、胡克林、俞瑞允等人，使地下组织遭到极大的破坏。

但国民党当局明白，陆海防提供的情况还远远未全，肯定还有其他情况人员尚未捕获。因此，国民党当局绞尽脑汁，千方百计想从约瑟夫·华尔顿身上找到突破口，以破坏整个情报组织。然而，罗伦斯以不变应万变，始终以沉默来回答，就像个哑巴。国民党当局颇感棘手，深知遇到了一个难以对付的对手。罗伦斯案件的奇特性很快被外人所知，各大报纸、新闻媒介纷纷予以报道，人们对此也津津乐道，均称为前所未遇的"怪案"。"怪西人案"成为轰动一时的大案。

"怪西人案"发生后，国民党当局千方百计想搞清此案的背景和组织情况，以破坏整个情报组织。中共中央对此也极为关注，尽力获取有关信息。当获悉日本情报系统已掌握了此案内幕时，中共中央迅速委派"左联"成员关奚如等请鲁迅先生通过内山完造和其他日本友人了解案情。三天后，内山完造即通过胡风向关奚如转告了有关此案的情报。中共中央了解此案内情后，立即密切配合其他设在中国的国际革命组织采取紧急措施，使一部分情报人员迅疾转移，避免了事态的进一步扩大。

罗伦斯被捕后，国民党当局虽对他进行了无数次的侦讯，但始终没有取得任何有价值的线索。无奈，国民党当局将罗伦斯押解到武汉。1935年8月24日，湖北高等法院开庭审判"怪西人约琴夫·华尔顿"，以危害民国紧急治罪法起诉，但罗伦斯仍以沉默来应付各种变化，他既不请律师进行辩解，也不回答法官所提出的任何问题。此举颇使法院法官头痛。最后，湖北高等法院判处罗伦斯有期徒刑15年，这个"怪"案方告一段落。

抗日战争爆发后，苏联政府在道义上、物质上给予了中国政府极大的支援。蒋介石也不得不多次派出代表团，恳求苏联给予更大的支援。在此前提下，苏联政府提出了释放罗伦斯等被捕的情报人员的要求。在苏联的压力下,蒋介石政府被迫于 1937 年将罗伦斯等人释放,罗伦斯取道新疆返回了苏联。

本意打"老虎"反被"老虎"咬
——蒋经国与"扬子案"

1948 年,人民解放战争已转入全面进攻,蒋统区人民所开辟的反内战、反饥饿、反压迫的第二条战线也迅速得到发展,国民党的军事、政治已走向全面瓦解。与此同时,蒋统区的财政经济也陷入了全面崩溃的绝境。这一时期,蒋统区货币贬值,物价急剧膨胀,民族工商业纷纷倒闭。农村的破产情况更加严重,农民负担日益沉重,拉夫抓丁现象时时发生,农村劳动力严重匮乏,人民生活处于水深火热之中。国民党统治已濒临灭亡的边缘。为挽救国民党统治,蒋介石决定整顿全国财政,以避免财政经济的全面崩溃。1948年 8 月 19 日,蒋介石颁布了所谓《财政经济紧急处分令》及挽救方法,实行币制改

蒋经国

革和限价政策,发行总额为 20 亿元的金圆券作为本位币,限期以法币 300 万元折合金圆券 1 元的比价收兑法币;全国各地各种物品及劳务价格,应照 1948 年 8 月 19 日各该地各种物品货价兑换率折合金元出售。此类工作由当地主管官署严格监督执行。蒋介石还在全国设立了上海、天津、广州等若干个经济督导区。他并且着重指出,应加强对上海的经济督导,以为全国树立样板。为此,他任命上海中央银行总裁俞鸿钧为上海督导区督导员,而协助督导员是蒋介石之子蒋经国。

一

蒋介石的一系列挽救财政经济危机的政策并未起到立竿见影的作用。上海的物价一日万变,金圆券也在急剧贬值,大批的不法分子仍囤货居奇,上海区人心惶惶。8 月 23 日,蒋经国在上海外滩中央银行的 302 室正式办公,从而拉开了上海区

"打虎"的序幕。

在此之前,蒋经国任国民党中央委员、国民党中央干部训练委员会副主任委员、国防部政工局全国政工督导。蒋介石统治已处于四面楚歌的景况,蒋经国已了然在胸。每日里,他奔波在南京、杭州之间,既为国民党统治培养训练忠实骨干,又为全国的形势而忧心如焚。他曾不止一次向蒋介石建议,应采取铁腕手段打击不法投机分子,整顿全国财政经济。这次在上海督导区,虽为名义上的协助督导员,而实际上由他全面负责。俞鸿钧也很知趣,乐得给他个面子,以使他大施才能。

蒋经国受命于危难之际,自知肩上责任沉重。他踌躇满志,大有力挽狂澜,重振国民党经济之气势。在他的周围集聚了大批的亲信,即所谓"热血男儿"。实际上,大多是他以前在苏联留学时的老同学或赣南时的伙伴。23 日,即他上班之日起,蒋经国正式宣布上海经济实行全面管制。这就是蒋经国公开宣布的上海"打虎"。

蒋经国管制经济的重点是限制物价,规定一切货物必须冻结在 8 月 19 日的市价上,违者严惩。管制的对象就是那些不法投机商人。为此,蒋经国制定了诸如抄没家产、逮捕、枪毙等一系列措施,重点打击那些囤货居奇、垄断市场、操纵物价、扰乱金融的奸商。在全国币制改革和实际限价政策之初,蒋经国配合已制定的辅助制度,雷厉风行的加以推行。他公开声明:"只打老虎、不拍苍蝇"。意思是要惩治几个典型,杀鸡给猴看。在两三个月中,蒋经国的打虎队先后逮捕了上海青帮头子、大流氓杜月笙之子杜维屏,粮食大王詹文浒,枪决了林王公司总经理王春哲。一时间,上海的空气异常紧张,大批的不法投机分子对蒋经国谈虎色变,上海的经济秩序大有好转。蒋经国的这些行动及所收到的效果,在当时赢得许多人的称誉。有人称他是"打虎将",还有人称他是"蒋青天"等等。蒋经国听后也有些飘飘然,大有再鼓一把劲,争创更大业绩的架势。然而,知内情的人则指出,小蒋的这些方法肯定会碰钉子,这种"打虎"方法断不会长久致效。弄不好,小蒋会被"大老虎"倒咬一口。

二

1948 年 9 月 29 日,蒋经国如往常一样,早早地来到中央银行的 302 办公室。秘书早已将当日的报纸及各种要件放在办公桌上。他拿起报纸,迅速地浏览各主要内容,其中不乏对他的赞誉之辞,但蒋经国自己明白,清理、管制工作远未彻底,肯定还有相当一部分人在囤货居奇,不然的话,何以币制改革的推行如此缓慢,市场物价为何居高不下,货物又何以如此匮乏? 突然,桌上的电话铃响了起来。他抓起电话,啊! 蒋经国如触电般跳了起来:又有重大发现,上海经检发现在扬子建业股份有限公司的仓库里违法囤积了大批物资! 蒋经国闻讯后激动得心突突直跳:"又一只大老虎!"他当即命令,各成员立即开赴现场,并告之上海经检人员查封扬子公司。

从扬子建业股份有限公司清理出来的物资数目之大,令人瞠目结舌。仅从一个仓库中就查出新型汽车车身 100 辆,零件数百箱,西药两百余箱,洋货 500 余箱。此外还有其他数不清的贵重物品,这些物品将占有七八亩面积的大厦堆积得毫无空隙。这可真是个前所未遇的"特大老虎"!

然而事情的处理结果远未如前面打老虎那样顺利、简单! 扬子建业股份公司是孔祥熙的儿子孔令侃,也就是蒋经国本人的"姨兄弟"所经营的。特别让人头痛的是,孔令侃极被宋美龄所宠爱。此外,8 月 22 日,也就是小蒋由南京来上海赴任的那一天,宋美龄也乘飞机赶到上海,并且放着自己的官邸不去,偏偏住在孔祥熙的家里。23 日的各大报纸均在醒目的位置报道,并大加渲染此事,这明明是告诉蒋经国,不许他蒋经国在上海损害孔宋大家族的一根毫毛! 现在蒋经国竟然下令查封孔氏家族的公司,其难度可想而知! 有人建议蒋经国应采取如下措施,方能将眼下的特大老虎痛打一番:首先将案情公布于报刊,在舆论上造成先声夺人的有利形势,然后再将此案送交法院审理,谅法院也不敢逆民众的意愿而动。这样先发制人,造成既成事实,即使有人从中作梗那也爱莫能助了。然而,蒋经国有他自己的打算:身正不怕影歪,自己为党国效力,丝毫不贪图个人之私利,何况,如不严惩这些贪官污吏,党国何以振兴,何以能抵御中共的凶猛攻势! 特别是一些党国要员,显赫家族不顾国家利益,大发国难财。每想至此,蒋经国就感到愤愤不平,而今总算抓到这个把柄,为何不严惩以示警诫,怎能就此罢休! 特别是,他对他的继母一直存有严重的成见,借此他也想告诫她一下。他相信自己的父亲会以党国利益为重而站到自己这一边的。

果然不出人们所料。30 日,宋美龄飞抵上海。之后她立即找到蒋经国,命令他从中周旋,帮助把此案子打消,并告诉他,她来时已给正在北平部署军事行动的蒋介石发了一份十万火急的电报,向他告诉了这件事。随后,蒋经国又收到了孔令侃的一封亲笔信。信中,孔令侃对他称兄道弟,并极力为自己辩解,说什么扬子建业股份有限公司所存的物资,都是经过合法登记的,不应该查封他的仓库。这实际上是给蒋经国一个台阶下,但蒋经国并不肯打消此案。他据理力争,与宋美龄发生了严重冲突,双方相持不下。最后,宋美龄搬出了蒋介石,告诉蒋经国:此案关系重大,必须由你父亲亲自处理。在他来到之前,你不准乱动,必须保持原状。蒋经国虽然雄心勃勃,且颇看不起这个女人,但他毕竟害怕蒋介石,只得允诺。

三

蒋介石于北平收到宋美龄的电报后,马上给上海市长吴国桢发了封加急电报,指令扬子案由吴接办。但蒋介石并未告诉办理此案的方针。吴国桢接电报如同捧了个烫手的窝窝头,他既不敢违背蒋经国的本意,又不敢得罪宋美龄,虽绞尽脑汁,也未想出良策,只好采取拖延方法,静观事态的发展。然而孔令侃却坐不住了,他做梦也未想到,他的"姨兄弟"竟把打虎棒挥到了他的头上,尽管软硬方法都已用上,但都未能使小蒋撒手。如今事态虽未扩大,但仓库里数百万美元的货物却仍被查封了,且不说不能乘机再捞一把,还有可能使库里的物资变质、流失,那损失就大了!孔令侃如热锅上的蚂蚁,没有办法,只有哀求宋美龄,让她催促蒋介石快来上海,出面料理此案。在宋美龄不断的催促下,蒋介石不得不亲自赶到上海。10月8日,蒋介石抵达上海机场。机身刚刚停稳,宋美龄一个人首先登机,与蒋介石秘密交谈。许久之后,蒋介石才由宋美龄陪同走下飞机,随后在警备司令宣铁吾、市长吴国桢及蒋经国等陪同下到达上海蒋宅。蒋经国早就憋了一肚子话,准备向父亲诉说,以阐明自己的立场,同时取得父亲的支持,否则,日后上海的工作……当一班人马在蒋宅客厅坐下来后,没料到宋美龄抢先说道:"蒋总统长途奔波,很疲乏了,一切事情待到明天再谈吧!"大家只得告退。

次日清晨,蒋经国进入蒋介石卧室。他思考了一晚上,生怕宋美龄从中作怪,害怕夜长梦多,他准备这次同蒋介石好好地谈一谈。但不料半小时后,蒋经国垂头丧气地走了出来。很快蒋介石也从卧室走出来接见几位上海的国民党要人。在谈及"扬子案"时,蒋介石操着他的浙江奉化口音说道:"人人都有亲戚,叫亲戚大大丢脸的事情,谁又愿意去干呢?请你们各位想一想,谁能够真正铁面无私呢!我看

· 疑云密布的历史谜团 ·

图文珍藏版

这个案子就打消了吧!"大家转眼再看蒋经国,有人忍不住想笑:此时的他,早已失去了昔日神采飞扬、叱咤风云的神态,坐在一旁,头都不敢抬起了。

由于宋美龄的干预,"扬子案"一事就被打消了。本来应该绳之以法的孔令侃依旧逍遥法外,且又远飞美国,继续发他的大财去了。"扬子案"一事的胜利是属于宋美龄的,而蒋经国却大受挫折,来上海后两三个月辛辛苦苦树立起的一点威信如泡沫般烟消云散了。蒋经国的"打虎"口号也成为人们的笑料:"只打老虎,不拍苍蝇"变成了"只拍苍蝇,不打老虎"。

"扬子案"在全国也引起了注意,各大报纸均以头版头条加以报道。上海的不少资本家在蒋经国打虎中吃过一些苦头,这时也乘机对小蒋大肆攻击:什么"徇私枉法""官官相护""名为正人君子,实为无耻小人"等等大帽子一齐抛向蒋经国。蒋国经异常痛苦。经过这件事的打击,他感慨道:"我只有先在家尽孝,而后对国尽忠了!"从此,上海的公开场合失去了蒋经国的影子,上海人益发嘲笑他了。

伴随着蒋经国上海"打虎"失败,全国其他经济督导区的工作也都先后中止,国统区物价急剧上涨,金圆券更是一跌再跌,市场出现了抢购货物的风潮。各地市民们见物即买,尽量将金圆券花出去,深恐次日币值再次大跌以致蒙受损失。南京路一带的著名绸布店和河南路的呢绒店,每日开门均会涌进潮水般的顾客,满架、满店的货物顷刻间抢购一空。小花园一带的鞋店也遭此命运,甚至连满清以来几十年最老式的不论大脚小脚穿的各式各样鞋,都被抢购一空。到 1949 年 6 月 25 日,国民政府行政院规定银行 1 元等于金圆券 5 亿元,金圆券变成了废纸。相应地,物价更是一日万变。以上海批发价为例,到 1949 年 4 月 15 日,物价较 1948 年竟涨高了 62719 倍。国统区经济已陷入全面的总崩溃,宣告了国民党反动统治的最后灭亡。

真伪难辨——阿波罗登月

曾经令全世界为之振奋的壮举,如今遭到太多太多的质疑。惊世之举还是惊天骗局,两种截然相反的可能性,反映的却是人类对登上月球的向往。

人类 20 世纪在航天史上的壮举,莫过于 1969 年的美国阿波罗号成功登上月球。当美国宇航员尼尔·阿姆斯特朗在月球上迈出人类的第一步,并留下"个人的一小步,人类的一大步"这句名言后,地球人都为之疯狂。

人类自古就对自己邻近的月球充满了好奇心和向往之心,中国古代"嫦娥奔月"的故事表达了人类登上月球的渴望。到了近代,各国都在尝试着登月,不过登月的目的就没有"嫦娥奔月"那么浪漫了,这是因为月球上有一种非常稀缺宝贵的资源——氦-3。这是一种清洁、安全高效的能源,它是在太阳内部核聚变过程中大量产生的。遗憾的是,地球上氦—3 的总储量只有区区 10 吨左右,无法解决人类长期的能源供应问题,而科学家意外地发现,月球上有丰富的氦-3,它的总储量大约为 5 亿吨,它提供的能量足够人类使用上万年。

1961 年,受到苏联宇航员加加林首次顺利进入太空的影响,当时的美国总统肯尼迪下定决心,要在航天技术领域赶超苏联。为此他们制定了一个目标,宣布美国最终将第一个登上月球。于是,当年美国宇航局开始了一项"阿波罗计划",这个计划的目标是"将美国人送上月球,并保证其安全返回"。

这项计划历时十几年,美国总共投入了 255 亿美元,终于在 1969 年 7 月 16 日,开启了美国的登月之旅。"阿波罗 11 号"在全世界的瞩目下,于美国东部时间 7 月 20 日下午 4 点 18 分登上了月球。

这个壮举令世人为之振奋,但不久之后,质疑声也随之而来。从美国宇航局公布的美国"阿波罗"登月后拍摄的照片和录像来看,人们指出了许多疑点。许多人怀疑,所谓的美国宇航员登月照片和录像,都是好莱坞摄影棚中的杰作。也有人认为,那组登月照片是在美国的内华达州美军的绝密禁区"51 区"完成的。

一名曾经参与设计了"阿波罗"飞船火箭的前工程师比尔·凯辛曾说:"将人类送上月球然后将他们安全带回地球的概率大约只有 0.0017%。"换而言之,以当时的技术,人类登月几乎是一项"不可能的任务"。甚至连"阿波罗"登月计划期间担任顾问的布莱恩·奥利尔也含蓄地表示:"我不敢 100% 确定人类是否真的曾在月球上行走过。"他的质疑,无疑给了美国宇航局一记重击。

到现在,美国国内还有 10%(约 2500 万)的美国人认为,阿波罗登月是美国宇航局制造的一个大骗局。人们对阿波罗登月事件的质疑,集中在以下几点:

第一、在美国宇航局提供的登月录像中,插在月球上的美国星条旗竟然迎风飘扬起来,实际上,月球上根本不可能有风能把旗子吹动起来;

第二、宇航员在月球上行走时如履平地，就像是在地球上行走一样。实际上，因为月球上的重力仅为地球重力的六分之一，人在月球上轻轻迈动一步就相当于在地面上跳起5~6米的距离；

第三、登月仪器移动时，轮子弹出的小石块的落地速度与地球上的速度一样，基于第二点同样的原因，它的速度应该是地球上的6倍；

第四、在没有大气折射的情况下，月球上看星星应该更为明亮清晰，但登月照片却向人们展示了一个没有星星的天空。

还有许多人从摄影、光学、物理学等多个角度对阿波罗登月提出了质疑。一些人保守地认为，美国宇航员受制于当时的技术条件，并没有登上月球，只是接近了月球表面。鉴于"阿波罗计划"发起的背景和目的，不难理解美国为何要制造这样一个惊天大骗局。

美国宇航局对来自各界的质疑进行了一一反驳。对于旗子飘动起来，他们的解释是，宇航员在插旗杆时，手触动了旗杆产生了弹性运动。对于这一点，中国探月工程首席科学家欧阳自远院士也予以认同，他认为美国国旗飘飘，恰恰证明了"阿波罗"成功登月了，因为月球表面是真空环境，没有空气摩擦的阻力，旗杆晃动的幅度会较大，持续的时间也会较长，就给人以"飘扬"之感。美国宇航局还指出，登月照中，背景一片漆黑，看不到一颗星星，那是由于阳光下月球表面的亮度远大于夜空中星星的亮度，这时夜空中的星星是很难在底片上留下痕迹的。一些职业的摄影家也证实了这一点。

关于"阿波罗"登月真伪的争论至今没有停止，双方各执一词，但始终没有结果。认为登月是真的支持者们认为，如果登月计划是一场骗局，则不仅"阿波罗"计划中的所有参与者的人格受损，那些参与造假的工作人员要守着这个谎言生活一辈子，这对他们来说，是一种煎熬。值得一提的是，自1969年登月以来的几十年里，美国再也没有实现过登月。

震惊全球——"9·11"恐怖袭击之谜

震惊全球的"9·11"恐怖袭击事件。在美国人的心里留下了巨大的阴影。但事件中的许多疑点都得不到解答,美国政府对事件含混、躲藏的态度,让人不禁猜测"9·11"的真相是什么。

2001 年 9 月 11 日,美国东部时间早晨 8 点 50 分左右纽约市曼哈顿区发生了震惊全球的恐怖袭击事件。两架被恐怖分子劫持的民航客机撞上了纽约的标志性建筑——世贸中心双子大楼。

"9·11"恐怖袭击

顷刻之间,两座大楼烧了起来,并冒出滚滚的浓烟,在市民惊魂未定的目光之下,大楼里的人纷纷坠下,不久之后,双子楼也相继坍塌。整个纽约市上空弥漫着浓浓的烟尘,消防队员、警察和纽约市民纷纷奔走,整个纽约市一片混乱。在这次事件中,有数千名美国人丧生。

事件发生之后,美国政府宣布"9·11"恐怖事件是本·拉登一手策划的,并由此展开了旷日持久的伊拉克战争。

就在美国政府忙于伊拉克战争的时候,美国国内关于"911 真相"的呼声日益高涨。显然,美国人对于"9·11"恐怖袭击有太多的疑问,而美国政府对公众提出的这些疑问均采取低调处理的回避态度,这种态度引起了人们更深层次的怀疑:"9·11"的真相是美国政府一场有预谋的爆破,其目的是为伊拉克战争提供理由。

人们的怀疑基于"11 个关于'9·11'事件的显著事实"。在这 11 个事实中,提到了世贸中心 7 号楼的坍塌。在"9·11"事件发生的当天,世贸中心的 7 号楼并未遭到飞机的撞击,但是当晚 5 点 20 分的时候,7 号楼突然原地直立着坍塌了。目击者称,7 号楼的坍塌像极了专业的爆破方式,完全粉碎、丝毫未伤及周围的建筑物、接近于自由落体的速度。在美国政府成立的"9·11"委员会提供的报告中,对 7 号楼的坍塌只字未提;"9·11"事件发生后,世贸中心建筑中的钢架被迅速运往外海熔毁了;按照惯例,飞机与地面失去联系后,20 分钟之内就会有战斗机在空中常规性地进行巡查,而"9·11"中的飞机与地面失去联系近 2 个小时都没有侦察;安全部门在截获恐怖袭击的情报后很长一段时间里,并没有加强对布什总统的保护,他反而还在一间开放的教室中拍照;恐怖袭击发生之前,军方高层官员和旧金山市长都接到警告,让他们不要飞行;布什政府迟迟不愿成立"9·11"委员会,在4名勇敢的"9·11"受害者家属组成的"泽西女孩"的努力下,事件发生441天之后,才促成了"9·11"委员会的成立,但政府领导下的最终报告,未就任何指向美国官方的证据做出解释……

在美国,许许多多的个人以各种方式参与到"9·11真相"运动中来,教授、记者、普通人等,不断地以自己的方式关注着"9·11"事件的真相。畅销书作家Vincent Bugliosi曾著有《起诉乔治·布什谋杀》一书,作者在书中用大量的证据,论述了布什为发动战争而制造了一个惊天大谎,构成了对几千人的蓄意谋杀。

2004年,由Louder Than words, Korey Rowe制片人Dylan Avery担任编导的纪录片《Loose Change》(译为《"9·11"恐怖大骗局》),再一次揭示了"9·11"中那些鲜为人知的破绽,将矛头直指布什政府。

该纪录片开头处引用了半个世纪前美国军方的一份秘密文件。1962年,美国军方曾建议使用"苦肉计",在关塔那摩附近制造恐怖袭击事件,击沉美国军舰,在古巴领海上空击落一架客机等,为武装干涉古巴制造借口,不过这个计划被当时的美国总统肯尼迪否决了。显然,影片试图以此告诉观众,"9·11"恐怖袭击也有可能是美国政府的"苦肉计"。

在片子接下来的部分,编导提出了一系列的质疑:

其一,从世贸大楼的现场来看,没有飞机的残骸,在美国官方公布的一张照片里有一个直径约为1米的涡轮,专家解释说这是波音757飞机的尾部装置,但有专业人士指出,它属于空军A3飞机。

其二,三栋大楼坍塌,美国官方的解释是,飞机的汽油燃烧引起高温导致大楼的坍塌。实际上,高温燃烧的说法无法解释大楼在燃烧1小时左右,就在10秒内轰然坍塌。为了说明这一点,片中还列举了一些例子做比较,例如1988年,洛杉矶一栋63层的大楼在燃烧了3个小时、火势从顶楼蔓延到4楼的情况下,都没有坍塌;1991年,一栋位于费城的38层的大楼在燃烧了19个小时后也没有出现倒塌……在铁一般的事实的对比之下,110层的世贸大楼迅速坍塌,着实可疑。当时的目击者、亲历者、消防官员称,他们听到大楼内部有爆炸声,有人还看见大楼内有连续闪光，像是有东西在爆炸。联想到"9·11"事件之前，大楼取消了保安轮班守卫制；""9·11"发生前1周，整个周末全楼停电，所有安全措施和记录都缺失了，大楼的整个98层突然全部撤离，一批人突然进入大楼内"架设网线"，种种迹象都让人怀疑这是一场蓄意已久的阴谋。

其三，美国政府称，93号航班原计划是要撞击白宫的，后来在宾夕法尼亚坠毁。但最早赶到现场的媒体记者除了看到一个长约5—7米、宽约3米多的坑之外，没有看到任何飞机的残骸和尸体。两年后，一名航空公司的工作人员在芝加哥O'Hare机场发现了那架93号航班。

此外，美国官方公布的19名恐怖劫机者，在"9·11"发生几年之后，还有人看到他们活跃的身影。在美国政府公布的一盒本·拉登的录像带中，有一个镜头本·拉登用右手写字，不过编导指出，本·拉登是个左撇子。

"9·11"事件有太多太多的疑点，都足以让人们怀疑这是布什政府自编自导自演的苦肉计，其目的除了为发动伊拉克战争提供借口，还有可以让许多人从中获益。该纪录片中指出，在"9·11"发生一个半月前，有人为世贸大楼购买了35亿美元的保险，事后获得70多亿美元的赔偿；世贸大楼地下存放的1670亿美元的黄金在事发之后仅找到价值2亿美元的黄金……

有人指出，对于普通人来说是一场灾难的"9·11"事件，对于一些利益集团来说，却可能是一场收益颇丰的阴谋。

政治丑闻——水门事件之谜

水门，一座位于美国首都华盛顿的综合大楼。1972年6月17日清晨，据称是共和党所指派的5名"暗探"，闯入了数十年来一直设在此处的民主党全国总部办公室，在他们企图窃听民主党参加大选的情报时被发现，随后遭到逮捕。事件一经发生，美国舆论顿时哗然。这一事态最终导致时任美国总统的共和党人尼克松辞职，从而也使其成为美国有史以来任期未满而被迫辞职的第一位总统，这就是曾震惊全世界的"水门事件"。不过，作为美国历史上最为严重的政治丑闻，该事件显然隐藏有种种内幕，而绝不可能像表面上看起来那样简单。

举世震惊的水门丑闻

理查德·米尔豪斯·尼克松,美国共和党人,在1968年的美国大选中,他击败民主党人汉弗莱和独立竞选人华莱士,当选为美国第46届总统,1972年又连任第47届总统。对于中国人民来说,尼克松是一位非常特殊的美国总统。1972年2月,为了打破中美之间数十年的坚冰,尼克松毅然决定访华,成为访问中国的第一位美国总统。访华期间,他受到了中国人民的热烈欢迎。2月28日,中美联合发

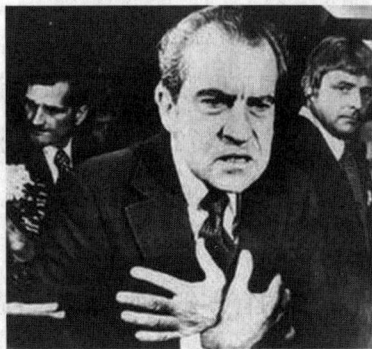

尼克松

表了著名的《上海公报》。尼克松的这一大胆举动立即震惊了世界,同时也为打开中美关系大门及改善和发展中美两国关系做出了重要贡献。退出政坛后,尼克松一直过着隐居式生活,并从事政治著作的写作,先后出版有《尼克松回忆录》《1999:不战而胜》《超越和平》等著作。1994年4月22日,尼克松因突患中风,在纽约康奈尔医疗中心逝世,享年81岁。

然而,中国人眼中的杰出政治家,在美国心目中,却因为轰动一时的"水门事件"而使其形象大受影响。1974年8月,正是由于这一事件,迫使正在任期中的尼克松狼狈地宣布辞去总统职务,这在美国历史上可是绝无仅有的。

1972年,时任美国总统的尼克松为了在下一届总统竞选中获得连任,成立了专门的"争取总统连任委员会",并任命自己的好友、司法部长约翰·米切尔担任主席。委员会为这一次竞选制定了一整套的行动方案,其中就包括偷拍文件和窃听。在执行窃听计划时,委员会安全顾问麦科德雇用了4名古巴流亡者当自己的助手。民主党全国委员会总部设在水门大厦六楼,这里理所当然地成为他们窃听的目标。1972年5月30日,麦科德等实施了第一次窃听行动。但意想不到的情况使第一次窃听毫无结果:安装在民主党总部两部电话上的窃听器,一个不知因何故障失灵,一个虽然窃听了200个电话,却没有丝毫价值。

1972年6月17日,麦科德又开始行动了。他在水门大厦对面的旅馆安排了负责望风和窃听的人,又在水门大厦二楼的某个房间安置了指挥联络人。午夜零点

左右,麦科德和 4 个古巴人进入大厦。为了方便出入,麦科德用透明胶布粘住了大厦门锁的锁舌。他万万没有料到就是这块小小的胶布让他的行动毁于一旦。大厦的门卫发现了被粘住的锁舌然后打了报警电话。就在麦科德和 4 位助手在民主党总部办公室里忙着安装窃听器、四处翻阅和拍摄文件时,一辆没有任何标记的车停在了水门大厦门前,3 名便衣警察进入了大厦。对面旅馆望风的人虽然看到了他们,却没有意识到他们是警察。当警察破门而入时,麦科德等人还在全神贯注地工作着。

事情发生后,水门事件与白宫还没有联系到一起。"争取总统连任委员会"立刻发表声明:麦科德只是被雇用来协助委员会装置安全系统的,此外再没有其他使命。委员会还强调:麦科德等人"既不是为我们干的,也不是经我们同意的","我们决不会允许或纵容这类活动"。但他们没有料到的是,一位化名"深喉"的知情人将一条重要线索透露给了《华盛顿邮报》的两位记者鲍勃·伍德沃德与卡尔·伯恩斯坦:被逮捕的古巴人随身携带的通讯本上有白宫官员的名字和电话号码。随后他们又查知,尼克松的竞选官员曾将 25 万美元的竞选费用转到了在水门被当场抓住的其中一个古巴人的账户上。于是,一篇篇揭秘文章在《华盛顿邮报》刊出,顿时引起了举世震惊。不论约翰·米切尔如何表白,许多人认定"夜闯水门"与白宫必定有牵连。总统本人对此事究竟是否知情呢?

跟看局面对自己越来越不利,尼克松无奈之下同意了手下提出的一个方案,即让涉案中的一人承担全部罪名,以使局势暂时缓和下来。不料在此紧要关头,尼克松的亲信米切尔却后院起火。米切尔夫人为了让丈夫摆脱政治羁绊,以便有更多的机会和时间在家里陪着她,宣称她那里有一本手册,里面详细记载着"夜闯水门"的预定计划,而她本人也了解整个事件的全部细节等。此言一出,米切尔果然于 1972 年 7 月 1 日辞去了"争取总统连任委员会"主席的职务。

面对种种打击和挫折,尼克松使出了浑身解数来摆脱水门事件给他制造的麻烦。1972 年 7 月,美军终于从越南撤军,基本上结束了美国无限期地卷入越南的武装冲突;接着尼克松采取果断措施,成功制止了因越南战争而引起的持续性通货膨胀,在控制国内工资和物价的同时,为了阻止美元外流,又降低了美元与外币的兑换率。这一系列措施无疑给尼克松带来了巨大的好处,让他得以扳回劣势。在 1972 年 11 月 7 日举行的大选中,尼克松获得了决定性的胜利,连任第 38 届美国总统。轰动一时的水门丑闻似乎就这样不了了之了,美国民主党也只能吞下这枚苦果。当场被捕的那些人,也在开庭之后分别以 1 万~5 万美元的保释金取保释放。

不久后,尼克松连任后对内阁进行的改组激怒了他的政治对手,使得水门事件再一次成为大家关注的焦点。1973 年 1 月 8 日,"夜闯水门"的那些人被重新收审。3 月 20 日,麦科德写信给联邦法院承认:"被告们都曾受到政治压力,要他们承认有罪,并保持缄默。我担心有人向我的家人采取报复措施。"这封信一公布就引起了轩然大波,公众对此事也兴趣大增。不久白宫法律顾问、国内事务助理约翰·迪安向司法部门自首,并在 1973 年 6 月 25 日水门事件委员会的听证会上作证:尼克松曾亲自参与掩盖"夜闯水门"一事。

1973 年 7 月 16 日,尼克松的前助手亚历山大·巴特菲尔德向参议院特别调查委员会透露,从 1970 年以来,尼克松就在白宫的办公室里安装了录音装置,以便把自己同所有人的谈话都录下来。于是水门事件的检察官考克斯要求尼克松交出录音以供检查,但遭到拒绝。1974 年 7 月 24 日,美国最高法院以 8:0 通过裁决:尼克松无权扣留刑事诉讼中的证据,并下令总统必须交出录音带。无奈之下,尼克松只得将录音带交给了法官。随后法官发现,有一盘录音带上的 18 分钟的录音被人为地洗掉了!而这盘录音带正好录自水门事件发生后的第三天,即 1972 年 6 月 20 日,谈话人是尼克松和他的办公厅主任。于是最高法院又一次下令,要求尼克松将其所有的录音带全部交出。这一次法官们在录音带中找到了尼克松参与掩盖水门事件真相的直接证据:在 1973 年 6 月 23 日的一盘录音带中,尼克松同办公厅主任讨论如何"让中央情报局压倒联邦调查局,使这次调查不能进行",总统甚至粗暴地嚷道:"我他妈的才不在乎发生了什么呢!我要求你们给我保密……不管是掩盖事实还是其他什么手段,只要能保住密,就那样干!"情况的发展已经使尼克松别无选择,为了避免弹劾,1974 年 8 月 8 日上午 11 点,尼克松在白宫宣布辞职。美国设置总统职位 185 年以来,还是第一次出现现任总统任期未满而在如此不光彩的情况下被迫辞职的情况。

30 多年后,一位尼克松总统昔日的高级助理透露:正是尼克松本人下令闯入水门大厦进行窃听活动的。这位名叫杰布·斯图尔特·麦格鲁德的昔日白宫高级助理,当年曾经指证下令闯入水门大厦内窃听和偷拍情报的是约翰·米切尔,并因涉嫌在揭穿"水门丑闻"中密谋作伪证而被判入狱 7 个月。根据麦格鲁德的说法,他曾在1972年3月30日同米切尔会面,并与FBI的一名特工戈登·利迪讨论了闯入民主党总部,窃听其主席布瑞恩电话的计划。米切尔随后与总统通了电话,虽然麦格鲁德没有听到尼克松讲的每一个字,但却听到了"最重要的"——"约翰……我们需要获得有关布瑞恩的信息,而我们唯一的办法就是按照利迪的计划行事,我们需要那样做。"由于尼克松说话的声音非常独特,所以他相信自己听到的绝对是总统本人的声音。挂了电话之后,米切尔让他通知毛利·斯坦丝(尼克松的商业秘书,后来出任金融委员会的委员长,负责为尼克松二次竞选筹集资金)给利迪25万美元。照他所说,尼克松自始至终都对"水门丑闻"了如指掌,而不仅仅是事后掩盖,但这一新说法却遭到一些历史学家的怀疑。研究尼克松白宫录音带的专家斯坦利·库特勒把这称为"一个可疑人物所说的可疑的话"。他是研究尼克松白宫录音带的专家,而这些录音带正是1974年白宫司法委员会建议投票对总统尼克松进行弹劾的重要证据,在那次投票以后尼克松就被迫辞职。库特勒说,如果尼克松和米切尔之间确实有麦格鲁德所说的那样的电话交谈,白宫应该保存有这样的记录,但是他却没有发现任何尼克松说"闯进水门,窃听电话"的录音。如今米切尔、斯坦丝和尼克松都已经作古,谁又能揭开尘封已久的历史真面目呢?

神秘的"深喉"

在"水门事件"中,有一个人一直深受公众的关注。就是这个人,抖搂出了美国历史上最为严重的政治腐败内幕,对美国的政治体制提出了严峻的挑战,并把一位现任的总统赶出了白宫。同时,也正是这个人改变了美国的新闻业,使秘密的消息来源从此得以登上"大雅之堂"。他就是向《华盛顿邮报》记者提供"水门事件"关键线索的神秘幕后核心人物——"深喉"。他到底是谁?作为美国民众"最熟知的匿名者",他的真实身份一度成为美国新闻史上最大的谜团。

"深喉"究竟何许人也,《华盛顿邮报》一直拒绝透露有关此人的任何消息。当时的知情者据说只有4个人:《华盛顿邮报》的两位记者鲍勃·伍德沃德与卡尔·伯恩斯坦、《华盛顿邮报》前执行编辑本·布拉德利,以及"深喉"本人。在《华盛顿邮报》上,许多关于"水门事件"的报道使用的都是不署名的消息源,时任《华盛顿邮报》总编的西蒙斯引用了当时一部颇具知名度的色情电影——《深喉》的片名作为告密者的化名。从此以后,"深喉"也成为这种秘密报道的代名词。

告密者为何如此害怕自己的身份被揭穿？在美国社会里，"告密者"显然是不受欢迎的，这大概也是"深喉"最为担心的，世人究竟会给自己冠以怎样的名号，是揭露真相的英雄，还是绊倒总统的叛徒？在谜底未揭晓以前，答案是无法预想的。也许正是基于这种担忧，虽然最初揭露"水门事件"的《华盛顿邮报》的两位记者将与当年事件有关的一些秘密文件部分曝光，但"深喉"其人的身份却一直处于保密状态。当然，这丝毫阻挡不了世人对"深喉"到底是谁的种种猜测。

弗雷德·拉吕，在水门事件中被称为"皮包人"。由于密闯水门大厦行动的谋划地是在尼克松总统在佛罗里达的度假地，而拉吕本人当时就在其中。人们以此为由推断拉吕有可能是"深喉"，而弗雷德·拉吕则对此大喊"冤枉"。后来，拉吕因被指控妨碍司法公正而被判入狱四个半月。此人于2004年7月28日去世。

当年的联邦调查局执行局长帕特里克·格雷因为符合鲍勃·伍德沃德在书中的描述，而且能够在"接头时间"出现，因此也成了怀疑的对象，被认为是最有可能的"深喉"。1973年，参议院曾考虑提名格雷为联邦调查局的正式局长，但他却退出了竞争，自动提出辞职，这当然留给世人无限遐想。目前，格雷是美国康涅狄格州新伦敦县一家律师事务所的合伙人。

此外，人们曾经把怀疑的目光对准尼克松总统办公厅主任黑格、前国务卿基辛格、总统演讲稿撰写人帕特里克·布坎南乃至前总统老布什。

《华盛顿邮报》的记者鲍勃·伍德沃德能够获得如此之多的内幕消息，那么"深喉"很有可能就是埋伏在尼克松总统身边的人。由于"水门事件"中有数位尼克松政府的高级官员包括总统的特别助理在内都被牵连其中，被判入狱，最后就连总统本人也被迫辞职，而总统办公厅主任黑格和国务卿基辛格却在"水门事件"中全身而退了，于是人们便把怀疑的目光盯在了他俩的身上。

在众多的嫌疑人中，最令人惊讶的当数美国前总统老布什了。2005年2月，美国《纽约邮报》爆出猛料：一名研究"水门事件"的美国专家哈维尔称，"水门事件"中出卖尼克松的神秘"深喉"就是老布什。哈维尔还指出，老布什和《华盛顿邮报》记者鲍勃·伍德沃德具有非常相似的背景，比如两人都曾在美国海军服过役，都是耶鲁大学的毕业生等。

尽管出现了这么多疑似"深喉"的人，但毕竟都只是世人的怀疑和猜测罢了。30多年过去了，蒙在"深喉"身上的神秘面纱不仅没有消退，反而因时间的久远而愈加朦胧了。

最新消息："深喉"浮出水面

美国当地时间 2005 年 5 月 31 日，美国《名利场》杂志终于将这一悬案的谜底曝光，美国联邦调查局前副局长马克·费尔特在接受该杂志记者约翰·D.奥康纳的采访时亲口承认："我就是那个被称为'深喉'的人。"这一自白也终于让"水门事件"神秘线人的身份水落石出了。接着，鲍勃·伍德沃德与卡尔·伯恩斯坦也通过《华盛顿邮报》发表了一份官方声明，确认马克·费尔特就是"深喉"。为什么时隔 30 多年后，费尔特才承认自己的"深喉"身份呢？

现年 91 岁高龄的费尔特与女儿一起居住在加利福尼亚州圣罗莎市。究竟是把秘密带进坟墓，还是有朝一日公之于众？费尔特称自己经过了艰难的思想斗争。早在 1999 年，感觉身体每况愈下的他就曾郑重其事地告诉自己的密友、社会活动家伊微特·拉加德："我就是让尼克松下台的'深喉'。"拉加德当时为之目瞪口呆。尽管拉加德发誓要为好友保密，但在 2002 年，他终于忍不住将真相告诉了费尔特的女儿。随后，费尔特警告女儿和儿子小马克必须保守秘密，否则就"断绝关系"。2005 年年初，由于身体状况越来越差，意识到自己时日无多的费尔特约见了自己的律师约翰·奥康纳，向他咨询联邦调查局会怎样看待"深喉"——是高尚的人，还是告密小人。费尔特担心一旦秘密公开，自己的声誉将会受到影响，说不定还会受到法律制裁，所以他坚持要把这个美国历史上最大的政治秘密带进棺材。但他最终没能抵挡住儿女们的劝说，决定将自己就是"深喉"的事实公告天下。

其实早在 1974 年，一份美国杂志就曾将"深喉"锁定为费尔特，但立即遭到了他的全盘否认，并声称要告上公堂。而今，费尔特却又亲口推翻他以前的表态。那么，作为联邦调查局的二把手，费尔特当年为什么要出卖尼克松呢？《名利场》杂志在报道此事时认为，主要有两个方面的原因：

第一，白宫与联邦调查局积怨已深。"水门事件"的曝光并不是一件偶然的事情，而是有其根本原因的，可以说是多年的矛盾激化的结果。当年，白宫和联邦调查局的关系就不和。据费尔特本人讲，1971 年，尼克松总统为了查出是谁将政府与苏联的战略武器会谈的消息透露给《纽约时报》，决定通过窃听器找出泄密者，但联邦调查局对此种做法表示出了不同意的态度。这件事使得尼克松政府与联邦调查局的关系更趋恶化,并导致尼克松转而向中央情报局寻求合作,于是臭名昭著的"铅管工人小组"就这样成立了,这个小组曾在"水门事件"中发挥了重要作用。作为联邦调查局的"二把手",费尔特对总统的行为当然极不赞成,他认为,安装窃听器是要得到法律许可的。为此他还亲自到白宫走了一趟,和总统的国内事务助手克洛赫小组展开了一场争辩。克洛赫小组的成员为尼克松辩护说,在政府和国会至少有四五百人值得怀疑。此后,费尔特发现,由于联邦调查局的不合作态度,尼克松政府已经决定要"惩罚"他们了,而"铅管工人小组"的工作也已经交接给了别人。后来发生的另外一件事情,对白宫和联邦调查局的关系更是雪上加霜。1972 年 3 月,美国国际电话电报公司一份备忘录曝光,备忘录称,向尼克松的总统连任选举班底"进贡"40 万美元就能帮自己了结一桩公案。此事让尼克松政府陷入极为尴尬的境地,被搞得灰头土脸。于是尼克松的特别顾问查尔斯·科尔森立即责令下属"求助"于联邦调查局,让他们断定这份备忘录系伪造的,没想到负责此事的费尔特却给出了与他们预期的结果相反的结论,如此,联邦调查局和白宫关系自然更加紧张,费尔特的不合作将白宫不满的怒火再次点燃。

第二,费尔特与尼克松是老冤家。当联邦调查局开始调查"水门"一案时,白宫开始为他们设置越来越多的障碍。要查清"水门事件"的真相,必须突破重重阻挠。费尔特将 1972 年的那些天称为"黑暗的日子"。为了查清雇佣水门"夜贼"的资金来源,费尔特决定对墨西哥城的一家银行展开调查,但帕特里克·格雷却认为他们应该在墨西哥城召开新闻发布会,以便将中央情报局在那里的行动摧毁。费尔特担心这样做也会涉及联邦调查局的名誉,除非他们能得到中情局不在墨西哥进行调查的文字证明。费尔特认为,他们必须做些什么以得到国会和总统律师顾问约翰·迪安的合作,然后重新选举总统。

"水门事件"发生后不久,联邦调查局的传奇掌门人胡弗老局长就去世了,谁来继承大统立刻就成了各方瞩目的焦点。代理局长共和党人帕特里克·格雷希望能够继承胡弗的光辉业绩,而费尔特作为胡弗老局长的得意门生,一直深得这位传奇掌门人的信赖,被视为左膀右臂,外界也普遍认为费尔特是胡弗的当然接班人。所以费尔特满心希望自己可以接掌帅印,将恩师的辉煌事业进行下去。然而尼克松最终任命副司法部长、"自己人"格雷继任联邦调查局掌门人。与当家人之职失之交臂,费尔特当然深感不满。事实上,对于费尔特的"雄心",尼克松班底堪称了如指掌。据事后公开的白宫录音带表明,"水门事件"发生 6 天后,尼克松曾与属下商议,准备以与中央情报局冲突为由下令联邦调查局停止介入调查,费尔特也被特意"点名"。录音带中,白宫办公厅主任霍尔德曼说:"马克·费尔特想要合作,因为他有野心。"尼克松回复道:"是的。"

此时的白宫已经将费尔特视为敌人了。从后来的秘密录音中可以知道,费尔特早已是尼克松监视的目标之一。1972 年 10 月,尼克松曾经说过"一定要将讨厌的联邦调查局放把火烧掉",并明确提到了费尔特。对费尔特的调查也是细之又细,甚至连他的宗教信仰也进行了彻底调查,一会儿说他信天主教,一会儿又说他是犹太人。根据费尔特的回忆,在接下来对"水门事件"的调查中,格雷成了一道主要的障碍,甚至将费尔特的调查引向了歧途。他将擅闯水门大厦的"夜贼"嫌疑人限制在了 7 个人的身上,并对费尔特说,他的调查不能超出这 7 个人的范围。费尔特因此陷入了对"水门事件"调查的迷茫之中,正是在这种状况下,费尔特决定向《华盛顿邮报》的记者透露"水门案"的重要线索。

无奈的结局——尼克松早知谁是"深喉"

随着费尔特自曝"深喉"身份,尘封已久的"水门事件"再次吸引住了世人的眼球。2005 年 6 月 15 日,美国《国家》杂志宣称从最新获得的联邦调查局解密文件中得知,费尔特在"水门事件"中还扮演着另一个鲜为人知的角色:他曾两次受命向《华盛顿邮报》的记者追查泄密者"深喉"的身份! 也就是说,费尔特曾经带领着大批联邦调查局探员,装模作样地追查他自己!

为了保护自己,证明自己和"深喉"毫无关系,费尔特甚至还煞有介事地以联邦调查局副局长的身份约见伍德沃德。两人会面时,费尔特还特意让自己的助手、具有 25 年资历的联邦调查局资深探员瓦森·坎培尔在现场陪伴他。费尔特在后来的回忆录中称,那次会面是伍德沃德提出的,费尔特只不过同意了他的要求,之所以要求助手坎培尔做伴,是为了避免自己和伍德沃德的谈话内容被人"错误地引用"。在那次会面中,费尔特表现得极不合作,拒绝回答伍德沃德提出的许多问题。正是这样故布疑阵,炮制假线索,费尔特不仅成功的保护了自己,而且将联邦调查局特工耍得是团团转,让所有人都以为"深喉"藏在美国司法部中。就连尼克松的亲信、联邦调查局局长帕特里克·格雷也对费尔特的话深信不疑,即使当尼克松怀疑费尔特就是"深喉"时,被蒙在鼓里的格雷仍然拍胸脯向尼克松保证,费尔特"绝对忠诚清白"。

费尔特不知道的是,当时他已经成为尼克松的怀疑对象。1972 年 10 月 19 日的谈话录音中显示,白宫办公厅主任 H.R.霍尔德曼告诉尼克松,经秘密渠道确认,费尔特就是主要泄密者。那尼克松为什么没有对费尔特采取措施呢?谈话录音给出的答案是尼克松对情报有所怀疑。在 1973 年 2 月 28 日的录音中,尼克松的私人顾问约翰·迪恩再次向总统进言,费尔特是知道那么多细节的"唯一一人",因此是"深喉"的最可疑人选。但尼克松怀疑道:"假设费尔特出面揭露了一切,这么做有什么好处?"再加上费尔特的泄密已经对尼克松政府造成了无法挽回的致命伤害,所以尽管尼克松和他的助手确信费尔特就是告密者,也已经是于事无补了。

从"我不是"到"我就是",费尔特将这个秘密守了 30 余年。对于泄露"水门事件"线索的做法,费尔特多年来一直感到自责,他甚至曾表露,成为"深喉"可"不是一件光彩的事"。如今终于摘掉了面具,等待他的是福还是祸?在 1973 年 5 月 31 日晚些时候,争论就已经开始了,许多原尼克松政府要员就纷纷指责费尔特的做法。当年"水门事件"的幕后策划者之一戈登·利迪曾为此蹲了四年半监狱,出狱后花了大量精力查阅档案,试图查出"深喉"究竟是谁。他认为:"如果他(费尔特)掌握了丑行的证据,为了荣誉应该将其提交给陪审团,提起指控,而不是有选择地泄露给某一媒体。"尼克松昔日的"捉刀人"帕特里克·布坎南则直呼费尔特为"叛徒"。而参议院"水门事件"调查委员会成员特里·伦兹纳则为费尔特辩解说,如果没有《华盛顿邮报》当年的报道,调查委员会也无从成立,"一切真相将被掩埋",而费尔特是为了挽救联邦调查局的声誉才出此下策的。

两国争斗引起的宫廷流血
——伊丽莎白一世诛苏后

公元 1587 年 2 月 8 日,苏格兰王后玛利被伊丽莎白送上了断头台。这场刀光剑影、血雨腥风的宫廷斗争是玛利与伊丽莎白王位的争夺,其间,又夹杂着西班牙利用王位斗争,企图控制英国。西班牙怎么利用玛利与英国争斗?玛利又扮演怎样的特殊角色呢？英王伊丽莎白、西班牙国王腓力二世、苏格兰王后玛利三者之间，真可谓恩怨丛生，关系错综，矛盾复杂。即有个人之间感情的纠葛与恩怨，又有国家利益之间的冲突，还有宗教派别与势力的瓜葛。

情难结　两国起争端

伊丽莎白一世的父亲，先王亨利八世，一生娶过六位王后，但身后只遗留下两个公主和一个太子：长女玛丽，次女伊丽莎白，独生子爱德华。弥留之际，亨利曾降下遗诏：朕子爱德华为朕独生子，故朕归天后，即由其继承王位大统；若爱德华身后无嗣，由长女玛丽继承王位；玛丽无嗣，王位由次女伊丽莎白继承。亨利真可谓一位天才的预言家，他的遗诏不幸被言中：太子爱德华9岁荣登王位，15岁时崩殂。按照遗诏，公主玛丽继承王位。

玛丽加冕王位后，向她求婚的王公贵族成群结队，络绎不绝。向其求婚者，皆"醉翁"也，其意不在玛丽的品行相貌，而在其手中的权势与地位。这就使其婚姻涂上了厚厚的政治色彩。最终，37岁的玛丽允可年仅26岁的西班牙太子腓力的求婚。

伊丽莎白一世

这腓力二世与玛丽结婚后，移居英格兰。此时的他，正值青春年少，春风得意。每日里，总不免宫里宫外这里走走，那里转转。一次，一位天使突然闯入了他的视野，那少女正坐在树下看书，披一头金色的长发，碧蓝的眼睛，嫩白的肌肤，娇美的面容，典雅的举止，传情的眉目，诱人的微笑，轻盈的体态，无不撩拨着这位王子的心扉。与她真是一见钟情，相见恨晚！这女子就是后来的女王伊丽莎白一世，她早就注意到这位王子姐夫对她有意了。于是，她就利用自己的美貌与歌舞，频频向腓力献殷勤。慢慢地就将这位西班牙王子拉入了感情的沼泽。其实，伊丽莎白并非那种轻薄女子，其做法是有着重要的政治目的的。

英国属新教国家，西班牙为旧教国家，大英臣民认为女王嫁给西班牙太子，将

会使他们这个新教国家受制于旧教的西班牙。于是,一些新教贵族开始策划废除玛丽,拥戴伊丽莎白为王,其中有一位新教贵族叫约翰斯·韦艾特,纠集了一伙肯特郡的叛变力量向伦敦进军。结果被俘,审讯中,韦艾特竟然把伊丽莎白也牵扯了进去,诬陷她是这次叛乱的策划者。可想而知,伊丽莎白将大祸临头。而韦艾特并没因转嫁罪责而逃避被判死刑的结局。就在1554年4月11日登上断头台时,他把真实情况坦白了出来,说他以前牵连伊丽莎白的供词都是虚构的。伊丽莎白总算保住了性命与地位,从此,没有了活动自由。为了免除姐姐玛丽及其政客的迫害,并为探析玛丽的政治内幕,伊丽莎白对姐夫所献的殷勤及频频秋波未去拒绝。由此却导致了腓力王子与玛丽的感情破裂,腓力无情地离开了玛丽,寻找借口返回了西班牙。玛丽只身一人,独守空帷,忧思伤感日深,终患病疾,日愈加重。1558年11月17日,玛丽女王一命呜呼。伊丽莎白按诏继位,是为伊丽莎白一世。

且说伊丽莎白继承王位之后,在西班牙的腓力王子则是茶饭不香,夜无倦意,一刻也不能摆脱伊丽莎白的影子。忽闻玛丽病死,这腓力真是大喜过望,以为单相思的苦头总算快熬到头了。他急忙派媒使向伊丽莎白求婚。可在伊丽莎白的心中,玛丽政权的悲剧教训仍历历在目,嫁给腓力就意味着要改信天主教,就会重新受制于旧教国家西班牙。她心里清楚,她继承王位之后,之所以国内深孚众望,就是因为她适应了新兴资产阶级和新贵族的需要——信奉新教。于是,伊丽莎白据此拒绝了腓力的媒使,并以嘲弄的口吻向媒使发问,说自己怎么好嫁给那位把自己嫂子夺为己有,又是自己姐夫的人呢? 还说:腓力二世与姐姐结婚时曾招致臣民的极大反感,更何况西班牙又是一个旧教国家,而英王国是一个新教国家。就这样,伊丽莎白断然拒绝了腓力的媒使,无情地断绝了与腓力的情缘。感情的打击使腓力痛恨交加。心灵的伤口,无法去愈合。爱有多深。恨有多深,曾为红颜,今为江山。腓力发誓要夺取英国王位,两国争斗的序幕就这样在沉沉雾霭中徐徐拉开了。腓力二世时刻都在寻求挑衅的时机。

国运隆　海盗引祸水

经济发展引起的一系列问题,是西班牙誓与英国相斗的另一方面的重要因素。16世纪下半期,英、西丽国均处在资本主义前夜,经济增长速度较快。西班牙是当时欧洲乃至世界强国,英国在当时伊丽莎白统治时期发展更为迅速。她顺应历史发展潮流,采取了一系列有利于政治、经济发展的措施,尤其在经济上,创建了许多海外贸易公司,大力发展海外贸易。这对于英国海上霸权事业的建立起了极大的作用。为适应各方面的发展,伊丽莎白选贤用能,以辅佐自己,富商汤姆斯·格勒审时度势,被英王任命为财政顾问,为英国赚了大量的钱财,为英国工商业经济的发展做出了巨大贡献。随着英国经济的发展,国力的强盛,伊丽莎白试图在美洲寻求殖民地,以发展其海外殖民事业。其早期殖民活动虽然均未成功,但却藐视了教皇关于批准西、葡瓜分世界的训令。在工商业发展过程中,英国开始公开支持海盗活动,结果只能是导致英、西两国矛盾的尖锐化。英国海盗行为之所以盛行,主要因为当时英国的海军实力远远不如西班牙,但却又不甘心西、葡对世界的瓜分。在中世纪史上,英国海盗行为的猖獗是世界闻名的,约翰·霍金斯和弗朗西斯克·德雷克就是当时最为有名的大海盗。

霍金斯和德雷克的行为并非单纯个人冒险,寻求黄金,而是在政府支持下的打击西班牙海上霸权与贸易独占,争取分享世界市场的活动。德雷克的环球航行及其对西班牙的殖民地袭击,它实质上是有政府支持的商业战争,是西班牙海外贸易独占与英国反独占的商业战争。这对西班牙的海外贸易势必是一种潜在威胁,是对其海外殖民地独占的一种宣战,这必然会在两国外交关系中显现出来。这种经济方面的深刻原因引起的矛盾只有去用争斗来解决,其形势牵一发则触千钧,只不过坐待时机罢了!不怕苦心人,只怕无心人,时机总会有的。

纵情欲　玛利遭驱逐

花开两朵,各表一枝,且说前文被伊丽莎白绞死的玛利。这玛利并非别人,而是先王亨利七世的外孙女,苏格兰女王,与伊丽莎白有着相同的血缘,论辈分,这玛利还是伊丽莎白的表侄女,虽无亲情,却是同根生。依据英国的法典,玛利对英格兰王位有着合法的继承权。所以,在王位问题上,玛利是伊丽莎白的最大潜在威胁。

玛利是一个比较放纵的轻薄女子,拿感情从不当回事,要则给之。先是嫁给了法国国王法兰西斯二世。不久,丈夫故去,玛利回到苏格兰。可这一个人的日子实在难熬,独守空帷,夜不成寐。偏巧,亨利·达恩利闯入了她的生活。这亨利·达恩利非他人,乃是玛利的先前情夫。小伙子仪表堂堂,春心荡漾,自玛利回国后,频献殷勤。结果,玛利草率同达恩利结婚。二者的结合只是基于相互间对对方的各自需要,并不存在感情基础。所以,婚后不久,玛利便对丈夫厌弃,另觅新欢,与博斯维尔公爵打得火热,如胶似漆,卿卿我我,缠缠绵绵,真有一种"芙蓉帐暖度春宵,皇帝从此不早朝"的感觉。后来,两人的作为竟发展到与情夫私通暗杀自己丈夫的地步。杀死其丈夫后,玛利立即宣布与博斯韦尔公爵结婚,这在信奉天主教的苏格兰是绝对不允许的,所以,玛利的举动立即激起长老会派的愤怒。他们即刻纠集兵力对玛利进行讨伐。在当时,玛利的做法是不得人心的,况且,这个女人优柔寡断,并无用兵之术,所以,一经交手,便败下阵来,几经周折,最后逃到英格兰请求伊丽莎白的庇护。伊丽莎白对这位不速之客并不欢迎,始终把她看作觊觎自己王位的危险人物。且两人信奉着相敌对的教派,所以,伊丽莎白不得不将这位表侄女"可敬"地监护了起来。

玛利是虔诚的天主教徒,而西班牙也是旧教国家,在这一点上,玛利与腓力二世存在着共同的语言。天赐良机,腓力二世大喜过望,决计利用这一点与玛利套近,并利用她们之间的王位之争达到自己之目的,这便有了一场惊心动魄的间谍战。

争王位 腓力暗插足

1571年的一天,在英国海关上接受检查的人员当中,有一个穿着人时,风度翩翩的青年,与其他人相比,并无任何寻常处,如果海关人员没有接到上司的命令的话,不会有人会注意他。这个人就是西班牙派到英国的间谍人员——巴依。他一露面,就被逮捕,送到南方的总督那儿。经过审查,从他身上搜出了一本名为《捍卫苏格兰女王的名誉》的小册子,书中讲了一些煽动叛乱的话。另外,还有一些密码信件,可怎么也看不懂,也找不到收信人的姓名。审问巴依,巴依硬说不知道。于是,总督打算送他给国务大臣威廉·塞西尔,这种想法即刻被其弟托马斯给打住,劝他不要轻举妄动,说不定会引火烧身,总督信以为真。其实,这总督心里本来就有鬼,因为他与腓力的间谍里尔多菲有来往,而里尔多菲恰是这场间谍战的主谋。他企图利用巴依秘密与英王宠臣诺福克公爵联系,准备里应外合,推翻伊丽莎白,为玛利争过王位。为什么作为女王宠臣的诺福克公爵要参与这场阴谋呢?原来,诺福克公爵对玛利早就一见钟情,梦想与之结为秦晋之好。然而,好事难成,伊丽莎白年轻、精力旺盛,毫无归天之意,心里就琢磨着怎样干掉她。这恰巧与里尔多菲的阴谋不谋而合,于是,两人一拍即合,决定联手除掉伊丽莎白。谁知天有不测风云,他们派出的间谍巴依竟遭逮捕。

纸永远包不住火,如不把巴依及密件上交,罪行会更大,但若如实上交,一经查出,势必要受牵连。怎么办?干脆来个一不做二不休,总督把心一横,造了一封假信。这封信虽也使用了假信的密码,也是仇视女王的,而不同的是一些谋反指令统统删掉。办妥后,总督将真信交给诺福克公爵,假信则派人送给国务大臣塞西尔。

威廉·塞西尔并非一般凡夫俗子,乃是英国的反间谍老手,老谋深算。他从这信中早就看出其中必定有文章。经过反复调查与考虑,他决定施用反间计,将事情弄个水落石出,同时,加强对玛利的监视。

且说西班牙间谍人员频繁活动。他们千方百计与囚禁中的玛利秘密联系,企图谋反。然而,他们做梦也不会想到,这些活动均被英国破获。证据越来越确凿,玛利就是罪魁祸首。国家要安宁,必除此祸根。为能一网打尽,塞西尔又制造了另一个反间谍计划,诱使敌人上钩。具体工作则由其助手弗伦西斯·沃辛海去做。沃辛海很快就物色到一个叫米福特的谍报人员。这个米福特出身于一个天主教贵族家庭,年轻时受过严格的间谍训练,表面上看,是反英的坚定分子,实则是沃辛海手下的一名得力助手。米福特很快取得了巴黎的玛利党分子的信任,并委以与玛利联系的重任。米福特便利用一家啤酒店做根据地。这家酒店每星期向城堡内送一桶啤酒,他将这些信件交给酒店老板,老板把信放在酒桶夹层里,等酒倒出后,再将空酒桶送给玛利的贴身侍卫,侍卫再把桶打开,拿出信件,呈送给玛利。玛利用同样的方法给予复信,可谁知这些信件均到了沃辛海手中。沃辛海将这些密码破译,就得到了玛利党叛乱活动的全部内容。但为了进一步挑逗玛利党的反英情绪,米福特亲自去巴黎煽风点火,鼓动他们加紧谋反伊丽莎白的活动。反间计成功,并探知玛利党已开始了暗杀活动,第一步,让玛利的贴身侍卫安东尼·巴宾顿秘密与玛利转交了一封信,要她在刺杀伊丽莎白的同时请求外国干涉,以引起暴动。玛利对这种做法非常赞赏,尤其对刺杀伊丽莎白的行动更是满意。回信——同意——真是引火烧身,信件落到了沃辛海手中。

不几天,巴宾顿及几位贵族被处以死刑,玛利也被送上了断头台——结束了她梦幻王位的一生。腓力二世耗费人力物力,结果也是竹篮打水一场空,好不气恼!

自天下为私,王位成为最大私产,便生出诸多事端。虽说王位"神器"不可轻窃,哪一位枭雄不见机行事,跃跃欲试,得之而后快?这就难免有些打打杀杀的勾当。于是乎,婚姻、宗教、感情都成了具有政治色彩的工具、招牌,断然谈不得美满的婚姻,坚定的信仰,纯洁的感情。或大功告成,弹冠相庆;或忧心忡忡,如履薄冰;结果万事成空,乱哄哄,你方唱罢我登台,却不知为何人作嫁衣裳!综观这场争斗,岂止是玛利一人的悲剧呢?

种族灭绝式的大屠杀
——纳粹屠犹之谜

犹太民族是人类历史上一个非常独特的民族。它有着悠久的历史和极优异的素质,为人类文化做出了突出的贡献。它所造就的希伯来文化是西方文明的两大源头之一。在数千年的历史长河中,它孕育了许多伟大的思想家、科学家、文学家和艺术家,如耶稣、马克思、弗洛伊德、爱因斯坦等等。它不愧是一个伟大的优秀民族。

然而,自从最古的王国以后,犹太民族就分崩离析,人民被迫流散于世界各地,一直到20世纪中叶,才建成了一个以色列国。在近2000年的流离中,犹太民族受尽了排挤和迫害。在人类历史上,以犹太民族为仇恨对象的行为持续时间之长、散布范围之广、后果结局之惨,是空前绝后的。

尤其是1933~1945年间,在德国及其占领的领土上,纳粹及其帮凶对犹太人进行了有组织有计划的迫害和屠杀。纽伦堡国际法庭的判决书指出,按照德国保安总局犹太事务处头目埃希曼的统计,纳粹分子总共屠杀了600万犹太人,其中仅儿童就有100万。被屠杀的犹太人数占当时全世界犹太人总人口的1/3以上。在欧洲,平均每7个犹太人就有6个遭杀害。

在人类历史上,没有任何民族经历过如此残暴的行径,没有任何民族经受过如此巨大的浩劫。人们不仅要问:犹太民族为什么遭此惨祸?纳粹为什么要屠杀犹太人?纳粹是怎样来实施这种族灭绝式的大屠杀的?

骇人听闻的纳粹暴行

1933 年,随着希特勒登上德国政治舞台,一场以犹太民族为主要迫害对象的历史大屠杀便拉开了序幕。纳粹屠犹一般分四个阶段:

第一阶段,1933 年 1 月至 1939 年 8 月。

1933 年 1 月希特勒成为德国总理。3 月在国民议会选举中,纳粹获得胜利,并控制政府。随后很快通过决议,旨在把犹太人从社会生活中清除出去,并迫使他们离开德国。3 月 9 日,在柏林发生了一系列反犹事件。3 月 11 日纳粹突击队冲进弗劳兹拉夫的法院,赶走

纳粹党

了犹太法官、检察官和律师。在同一个月中,反犹浪潮遍及德国许多城市。1933年 4 月 1 日,纳粹从经济上抵制犹太人。4 月 7 日公布的法令确定了"雅利安人"的概念,从而导致 2000 名犹太人被解除公职。4 月 22 日的法令禁止医院聘用犹太医生。同一年还规定了高等学校中犹太大学生的比例(不到 1%)。4 月 29 日取消了犹太艺术家在艺术家联合会中的会员资格。1934 年的经济困难和纳粹领导层的党内斗争,放慢了反犹立法的速度,但是,1935 年各种反犹措施重新加强,这年的 9 月 15 日颁布了纽伦堡法令。1936 年奥运会在柏林举行,德国力图加强自己的国际威望,在某种程度上缓和了对犹太人的政策。但是,在随后积极备战的年代里,袭击犹太人的事件频频发生,通过反犹立法的过程加速了。1938 年 1 月通过法令:每个犹太男性必须在自己的名字后面加上"以色列",每个犹太女性则必须加上"撒拉"。3 月取消了德国犹太社团的法律地位,4 月规定犹太人的财产必须登记,以便以后没收。6 月 15 日约 1500 名犹太人被关入集中营。同一个月中,犹太医生禁止从事医疗工作。8 月犹太法律工作者禁止从事法律活动。10 月 5 日犹太人的护照被宣布无效,侨居境外的犹太人的证明上标有字母 J(Jude,犹太人)。10月 28 日开始逮捕作为波兰公民的犹太人。在几天中,约 1.7 万犹太人被遣送到波兰边境,可是波兰政府拒绝接受他们。犹太青年格林什潘的父母也在被逐的波兰

世界经典文库

中外历史悬案

·疑云密布的历史谜团·

图文珍藏版

犹太人之列,他杀死了德国驻巴黎大使馆的一名外交官。纳粹以此为借口,对犹太人大肆迫害。德国和奥地利数千名犹太人遭到殴打,数十人被打死,约 3 万犹太人被关入集中营。一夜之中焚烧和捣毁了约 200 所犹太会堂。

1938 年 3 月 13 日,奥地利归并德国,奥地利 18.2 万犹太人遭到同样的厄运。犹太人侨居国外开始时具有自愿性质。自 1938 年起就成为强制的,变成把犹太人从德国及其占领国驱逐出去的运动。1938 年 8 月在维也纳建立了犹太移民中心机构,其头子是埃希曼。1939 年 1 月 24 日犹太移民帝国中心在柏林成立。领导该机构的盖世太保强迫犹太人侨居境外,并没收他们的财产。第二次世界大战前夕,在纳粹德国的统治范围内,约有 40~41 万人被迫离境,而在这之前已有差不多数目的犹太人被迫移居国外。

第二阶段,1939 年 9 月至 1941 年 6 月。

波兰西部归并德国后,约 200 万波兰犹太人处在德国统治之下。在 1939 年 9 月德国占领波兰后所颁布的公告中,帝国保安总局头子海德里希下达了把波兰犹太人集中到隔离区的命令。当全世界分成两大作战集团后,移居已无可能。1941 年 10 月 1 日犹太人的移居被彻底禁止了。犹太人必须在服装上佩带犹太标志。他们禁止从事任何经济活动,被迫进行强制劳动,在隔离区与世隔绝;并开始把犹太人从德国及其保护国赶往德国所占领的波兰。这个阶段末,数千名犹太人被关进劳动营。尽管消灭他们的计划尚未出笼,但被打死的犹太人的数目急剧上升。贫困、繁重的强制劳动、饥饿、疾病,隔离区中非人的生活条件和苦役营中的恐怖主义造成了犹太人大规模的死亡。

纳粹还在波兰中部建立了总督管辖区,在被占领的头几个月中,对犹太人颁布了一系列歧视性的法令。例如,14~60 岁的所有犹太人必须参加强制性劳动;犹太人禁止变更住所;犹太人的存款必须集中到一家银行,并加以冻结;犹太人禁止持有超过 2000 兹罗提的现金;每个犹太人从 10 岁起就必须在右袖上佩带特殊的臂章;每个犹太店铺应该做出标志;犹太财产应该登记等等。与德国接壤的波兰领土上的犹太人被赶往东方。纳粹在有限的范围内集中了大量受到严密监视的犹太人,剥削他们的劳动,企图通过饥饿和疾病造成很高的死亡率。1940 年 7 月德国外交部讨论了一项计划,要把 400 万欧洲犹太人运往马达加斯加。计划被否决了,因为这时候已经制定了消灭被占领的欧洲领土上的犹太人的计划。

从 1939 年 9 月起,在总督管辖区的各个城市中开始建立隔都(隔离区)。德国当局不仅把当地居民,而且把附近地区的犹太人送入隔都。1940 年夏季,数万名犹太人被集中在看守严密的苦役营中。纳粹驱使他们修筑道路、架设桥梁,并且把工事一直修到苏联边境。力不胜任的劳动、高度密集的人口、严酷的纪律和饥饿使苦役营中的犹太人过着悲惨的生活,在很短时间内,大量犹太人被折磨得丧失体力,并因病死去。在不到两年的时间内,德国占领了丹麦、挪威、荷兰、比利时、卢森堡、法国、南斯拉夫和希腊。在斯洛伐克、匈牙利、罗马尼亚、保加利亚、北非等地也加强了对犹太人的迫害。

第三阶段,从 1941 年 6 月至 1943 年秋。

对苏战争的准备工作要求详细制定消灭苏联共产党员和知识分子的计划。苏联犹太人首先作为"布尔什维克主义的体现者"被消灭。集中营所积累的经验使纳粹能够制定直接的大规模屠杀犹太人的详细计划。完成这项计划的责任由党卫军头目希姆莱承担,他通过帝国保安总局开展活动。在帝国保安总局中设立了以埃希曼为头子的犹太事务处。

在发动侵略苏联的战争几周后,德军就深入到犹太人口相当密集的地区。当时,波兰东部有 130 万犹太人,立陶宛有 25 万犹太人,拉脱维亚有 9.5 万犹太人,爱沙尼亚有 5000 犹太人,比萨拉比亚和北布科维纳北部有 27.8 万犹太人,乌克兰、白俄罗斯和俄罗斯西部有 200 多万犹太人。到 1941 年 7 月底,在立陶宛的考纳斯已有数千名犹太人被德军杀死。维尔纽斯的 6 万犹太人中,有 4.5 万在延续到 1941 年底的屠杀运动中丧生。在拉脱维亚,几周中外省城市的犹太人几乎被杀光,只有里加、陶格夫匹尔斯、利耶帕亚的犹太社区还存在。里加 3.3 万犹太人,有 2.7 万在 1941 年 11 月底至 12 月初被消灭。爱沙尼亚在 1941 年 9 月被占领,为数不多的犹太人中的大部分及时撤到苏联,约 1000 名犹太人被关在塔林的集中营,一个月就被杀死 500 人,其余的被逐步消灭。

在白俄罗斯,只有为数不多的犹太人撤离。5 天中,明斯克及其周围地区的 8 万犹太人被关进 1941 年 7 月 20 日建立的隔都。在冬季来临前,有 5 万人被杀死。被占领的头几个月中,威帖布斯克、戈麦尔、波勃鲁依斯克和莫吉廖夫的大部分犹太人也遭屠杀。在白俄罗斯和被占领的俄罗斯地区(主要是斯摩棱斯克省)建立的 23 个隔都中,有 12 个在 1941 年头几个月中被消灭。

1941年6月27日,在别洛斯托克有2000名犹太人被杀死,几天以后又有数千犹太人丧生。在乌克兰,1941年6月30日至7月3日,里沃夫有4000名犹太人被杀死,7月25日~27日,又有2000名犹太人被杀。德军占领卢茨克后的几天中,有2000名犹太人丧生。1941年11月,罗夫诺的2.7万犹太人中有2.1万被消灭。随着德军向东方推进和占领了越来越多的苏联领土,一些战争初期从苏联西部撤退的犹太人,又落入德军的魔掌之中。乌克兰的许多社区荡然无存。1941年10月底整个克里米亚被德占领,约5000当地犹太人被杀。

被德占领的西部波兰,也发生着同样规模的屠杀:罗兹和卡里斯地区的5.5万犹太人在死亡营中遇害。1942年3月17日到4月14日,卢布林的3.7万人在贝尔热茨死亡营被处死。到1942年底,腊多姆地区的30万犹太人中,活着的仅剩下3万。到1943年4月,东加利西亚约有45万犹太人被消灭。1942年夏季,纳粹开始消灭隔都。7月,德寇在隔都的街道上进行搜捕。被捕者集中在货场上,然后把他们用货车运往特雷布林卡集中营去消灭。运输部门每天往集中营运送9000人。到1942年9月,华沙约有26.5万犹太人被押送去杀害,数千犹太人在搜捕时于隔都街道上被打死。

1943年,斯大林格勒战役后的变化促使纳粹迫害犹太人的速度加快。波兰、乌克兰、白俄罗斯、拉脱维亚和立陶宛尚残存的隔都和集中营几乎全部被仓促消灭。犹太人从被意大利、挪威、法国、比利时、斯洛伐克和希腊大规模押解出境。这场行动一直延续到1944年10月。

第四阶段,从1943年冬至1945年5月。

根据某些研究者意见,1943~1945年5月德国投降为止,纳粹屠犹的计划完成了2/3。人力的不足,以及经济上毫无意义的对数百万人的屠杀,在1943年~1944年引起纳粹当局对"最终解决"犹太人问题的计划发生动摇。1943年希姆莱下令利用犹太人的劳动以有利于战事的进行,甚至建议释放部分犹太人,以作为取得政治让步或巨额赎金的交换。

在德国败局一定的情况下,希特勒仍继续要求彻底消灭还活着的犹太人。苏军向西的迅速推进,促使纳粹疯狂地消灭最后一批隔都和苦役营。为了掩盖罪行,专门的队伍在大规模枪杀人的地方焚烧尸体。1945年1月希姆莱下令,位于前线附近的集中营的囚徒步行撤退。在这场"死亡行军"中,约20万疲惫不堪的人被转移至 8 德国集中营,其中 8~10 万人在战争最后几个月中死去。

根据 J·鲁滨孙的统计,在纳粹屠犹中约有 582.1 万犹太人死亡。其中,苏联和波兰的犹太人为 456.5 万人,德国犹太人为 12.5 万,奥地利犹太人为 6.5 万,捷克斯洛伐克犹太人为 22.7 万,匈牙利犹太人为 40.2 万,法国犹太人为 8.3 万,比利时犹太人为 2.4 万,卢森堡犹太人为 0.007 万,意大利犹太人为 0.75 万,尼德兰犹太人为 10.6 万,挪威犹太人为 0.076 万,罗马尼亚犹太人为 26.49 万,南斯拉夫犹太人为 6 万人,希腊犹太人为 6.5 万。

这些触目惊心的数字,这场针对犹太人的前所未有、亘久凶残的大屠杀,使人在扼腕痛惜之余不断追问:这到底为什么?

纳粹屠犹的历史根源

在历史上,厌恶、憎恨、排斥、仇视犹太人的思想和行为由来已久,希特勒纳粹德国以最残酷的形式把这种反犹运动推动了历史的最高顶点。

犹太民族伴随着犹太教进入了历史进程。特殊的宗教信仰、与之相应的律法、体现于社会行为方式的种种风俗习惯,使犹太教成为犹太民族最本质的东西,这也是二千年来犹太民族遭受种种迫害的总根源。

犹太教认为,世界上只存在一个上帝。所有其他的神或受到崇拜的物都是虚妄的、不存在的。如此一来,犹太人的一个神信仰,实际上在威胁着周边民族所信仰和崇拜的神祇存在,并对他们的世界观构成威胁。犹太人由此指出:上帝制定的一系列道德律法、伦理秩序不仅对犹太人适用,而且对每一个人、每一个民族都适用,这一观点无疑对其他民族的传统价值体系也提出了挑战。毫无疑问,这些必然会引起非犹太人的愤怒和仇恨,因为当时除犹太人外,没有哪一个民族、没有哪一种宗教敢于做出这样的断言。

犹太律法是将这一信仰付诸行动的具体体现,涵盖了生活的所有方面,确保犹太人在行动上表现他们一神信仰的同时,还要求犹太人在生活中保持犹太民族的独特生活方式和价值观念。而任何一个群体试图保持自身独特生活方式和自身价值观念的做法常常会引起周围其他群体的不满和反感。对于一个犹太人来说,仅仅私下承认一神教是不够的,他还必然公开表明对唯一的、万能的上帝的坚信和对异教偶像崇拜的谴责和拒绝。这种固执的信仰态度不仅与周围划开了一条鸿沟,也必须激起周围异教信仰者的憎恨。这正是两千年来犹太人一直遭到厌恶、憎恨、敌视、迫害的根本原因，只是在不同历史时期掺入了诸如经济、政治等不同的现实因素。

1.古希腊、罗马时代。

亚历山大大帝通过东征把希腊思想和文化带给东方各民族之际，地中海区域及近东居民几乎无一例外地怀着钦佩的心情欣然接受。而犹太人固守他们的古老传统、顽强地坚持自己的信仰。在犹太人看来，希腊文化同偶像崇拜、无神论、不道德行为以及异教没多大区别。他们不去希腊人的剧院和竞技场，不向希腊神庙献祭，不与希腊人同桌吃饭，不与希腊人通婚。这一系列拒希腊文化于门外的做法，使希腊的统治者怒火中烧，视其为拒绝接受希腊统治的表现，因而决心以希腊宗教取代犹太教。公元前168年，安条克四世公开发布命令，宣布犹太教为非法，掀起了历史上第一场大规模的反扰运动。为了消灭犹太教，他采取了各种严厉的措施，如下令废止一切犹太教的节期，禁止行割礼，禁守安息日，大肆焚烧犹太人的圣书，在圣殿中竖起希腊神宙斯的祭坛，并用犹太人视为不洁的猪献祭等。

罗马帝国统治时，时兴向罗马皇帝效忠的仪式。由于犹太教明文规定反对进行偶像崇拜，于是犹太人拒绝参与任何形式的皇帝崇拜活动。在罗马人看来这是一种拒绝罗马统治的表示，导致了罗马统治者和非犹太人的憎恨。罗马皇帝卡利古拉得知这一点后，曾针对性的命令犹太人在耶路撒冷树一座他的塑像，并向之朝拜。一场危险的正面冲突即将爆发的紧要关头，皇帝遇刺身亡，这种正面对抗才得以避免。罗马皇帝哈德良在公元2世纪曾明令禁止犹太人在其圣城耶路撒冷居住，开创了以法律手段迫害犹太人的先河。

2.基督教时代初期

随着基督教的兴起和影响的扩大，犹太人被说成是上帝憎恨的民族、渎神的乌合之众。

在基督教奉为圣书的《圣经·新约》中出现了大段对犹太人和犹太教的谴责。福音书列举了导致基督教反对犹太人的两大基本因素：(1)犹太人已经承认他们对耶稣被钉十字架一事承担集体责任。《马太福音》第27章25节说："众人（指犹太人）都回答说，他的血归到我们和我们子孙身上。"(2)犹太人就是恶魔的化身。《约翰福音》第8章44节写道："你们（指犹太人）是出于你们的父魔鬼，你们父的私欲,你们偏要行,他从起初是杀人的,不守真理,因他心里没有真理,他说谎是出于自己,因他本人是说谎的,也是说谎之人的父。"为了讨好罗马统治者,基督教还把罗马人在公元70年摧毁圣殿一事说成是上帝对犹太人罪恶行径的一种惩罚。由于传统的犹太教对非犹太社会仍具有很大影响,年轻的基督教作为犹太教的一个分支教派,一方面需要犹太教的传统思想,另一方面又不愿看到它的影响超过自己,于是大肆宣扬肉体上的以色列人已被上帝唾弃,只存在以色列人精神的观点,以此来证明上帝已经不再理睬他过去的选民犹太人,而把他的关爱转向了基督徒。基督教成为罗马帝国的国教后,罗马皇帝开始把神学家对犹太人的看法和指责运用到实际生活中。犹太人古已有之的特权被剥夺,拉比的审判权被废止,皈依犹太教的行为被禁止。不得与基督徒通婚,不得占有基督徒奴隶,不得修建新的犹太会堂。渐渐地,犹太人失去了所有的政治权利和公民权利。持续的迫害破坏了犹太人的社会和经济结构,他们不仅从手工业部门被排挤出去,而且还失去了从事农业的机会,最后只剩下经商和放高利贷两条路。公元613年,西班牙国王强制全部西班牙犹太人接受基督教洗礼。公元629年,法国国王迫使犹太人做出抉择:要么接受洗礼,要么流放。由于不断受到迫害,基督教国家的犹太人数急剧减少。

3.伊斯兰教时代

尽管伊斯兰教是在犹太教影响下出现的一种宗教,它的创始人穆罕默德也曾得到过犹太人的帮助,但由于犹太人从自己的教义出发拒绝承认穆罕默德是上帝的使者和先知,穆斯林便开始打击和迫害犹太人:麦地那的两个曾与穆罕默德签订和约的犹太部落先后被逐出,另一个犹太社团遭灭顶之灾,男子全部被处死,妇女、儿童沦为奴隶,财产归穆斯林。穆斯林统治者还制定了一系列特别立法,规定犹太社团须交纳特别税,向犹太人征收人头税,禁止修建新的犹太会堂。穆斯林还开创了规定犹太人必须佩戴犹太标志的先例,一项法令规定:每个犹太人必须在帽子上贴上一块黄布条,身上悬搓铸有非信徒字样的银币。还为犹太妇女规定了特别标志:穿两只颜色不同的鞋,一红一黑,鞋上缀有小铃铛,以便从很远的地方就能听到。法蒂玛王朝的哈里发曾强迫犹太人在脖子上挂一件重5磅的物体,以牢记他们的祖先曾崇拜过金牛犊的恶行。伊斯兰教的《古兰经》把犹太人说成是敌视伊斯兰教的恶人,说:"你必定发现,对于信道者仇恨最深的是犹太教徒。"谴责他们背弃了易卜拉欣(亚伯拉罕)所传之道,诽谤正教。

11世纪一个作家曾这样描述伊斯兰教对犹太人的迫害和歧视:"雇用暴徒去折磨犹太男人和女人,千方百计地咒骂和诽谤他们,使他们痛苦。异教徒嘲笑犹太人,巴格达街上的群氓和孩子经常侮辱他们。"就总体而言,犹太人在穆斯林社会的处境远比在基督教社会的处境好。

4.中世纪

基督教会统治下的欧洲,犹太人被看成是在种族和宗教上均属特殊类型的人。以宗教为由的迫害,是这一时期的最大特征。

11世纪,在罗马教会的煽动下出现了十字军东征。尽管其起因不是因为犹太人,但实际上一开始犹太人就成了十字军东征最惨重的牺牲品。德国和法国的一些东征十字军不是袭击犹太人,就是抢劫他们的财产,坏事做尽。莱茵河畔的一支十字军以集体屠杀犹太人的方式作为东征的开始。另一支队伍在鲁昂屠杀犹太居民,住房也被付之一炬。1099年7月,攻占了耶路撒冷的十字军先是把当地犹太人赶进犹太会堂,然后放火统统烧死。十字军统治耶路撒冷的200年中,犹太人再次被禁止居住其中。

基督教会还制定了一系列针对犹太人的特殊法律。1215年的第四次拉特兰公会明确禁止犹太人和基督徒生活在一起,命令所有犹太人穿上特殊服装,佩戴特殊标志。教会把惩罚异端分子的措施也用于犹太人,犹太人的经典《塔木德》被认为是异端而受到审判。1240年,巴黎发生了一起轰动西方的焚书事件,被焚的《塔木德》达24车之多。

这一时期以莫须有罪名对犹太人进行诬告的事件开始不断出现。一是血祭诽谤。犹太人被指控无端杀害基督徒,特别是基督教男童,用他们的血祭犹太人的神。他们声称犹太人不仅用基督受难的方式杀害基督徒,而且用基督徒的血水做犹太人在逾越节食用的无酵饼。尽管犹太教明文规定禁止食用血液,人们还是相信这类谣传。被控告的犹太人往往被屈打成招,被判死刑,财产也被没收。二是玷污圣饼。诬告声称犹太人怀着对基督的仇恨,偷走基督教做弥撒用,象征基督身体的圣饼,用针把饼穿透放在水里煮,然后捣成泥,最后再挤压这些捣烂的圣饼。直到有血从中流出,并说这是犹太人为了再一次折磨和杀死基督。这一子虚乌有的捏造出现一起,就有犹太人遭到迫害。三是传播疾病。1331年,新的谣言指控犹太人用金钱收买麻风病者把麻风病毒投入井里,从而使麻风病蔓延开来。无数犹太人在这一指控下遭到毒打和杀害,财产被充公。1348 年,黑死病流行于欧洲大陆,顿时有谣言指控这场导致欧洲 1/4 人丧生的传染病系犹太人在水井投毒所致。这一诬告导致无数犹太居住区被捣毁,而且造成数以千计的犹太人被杀害。

这一时期对犹太人的另一迫害是驱逐。法国在 1182 年到 1394 年间 6 次驱逐犹太人。英国则在 1290 年下令驱逐了所有犹太人。在西班牙 10 多万犹太人被国王逐出,生活在那里一千多年,为西班牙社会和文明发展做出重要贡献的犹太社区竟不复存在。此后几年,葡萄牙国王也驱逐了境内的所有犹太人。在东欧,驱逐事件也时有发生。

5.近现代时期

步入近现代,在社会政治、经济发生深刻变革的情况下,反犹思想和行为出现了新形势。

宗教改革运动时期,受加尔文派影响的英、法等国开始以较为友善的眼光看待犹太人。在德国,由于犹太人像拒绝穆罕默德一样拒绝路德的新教思想,路德派开始利用各种机会和形式攻击犹太人。路德派的立场对德国的各种反犹主义均有影响。

与此同时,在天主教统治区的犹太人处境更加恶化。天主教统治者在 16 世纪下半叶全面推行"犹太隔都"制,用强制手段将犹太人与当地社会隔绝开来,导致犹太社团在以后的 200 年发展成为一个"封闭式的社会",严重阻碍了犹太社会的发展。

当 18 世纪席卷欧洲的启蒙运动开始后,许多启蒙思想家对犹太人的处境表示同情,认为把犹太人作为一个民族进行压迫是一种社会不公正的现象。与此同时,启蒙思想家们驳斥蒙昧主义,向宗教宣战,主张以科学和理性代替宗教对社会的统治,犹太教也成为他们攻击的一个目标。这些人士认为,犹太人的最好出路就是犹太人放弃他们的传统宗教,与主流文化融合。

宗教改革和启蒙运动之后,对犹太人的迫害开始由宗教原因转向其他形式,这在德国得到充分体现。

德国　根深蒂固的反犹传统

19 世纪中叶以前,欧洲犹太人与非扰太人的冲突最激烈的场所是德国。当时,资本主义和工业化的出现打乱了原有的社会结构,德国社会开始了新的组合。犹太人由于在经济领域的成就很快成为社会中最引人注目的一个阶层,不仅有许多人跻身中产阶级,还有一些跻入上层,在经济上对贵族地主形成严重挑战。一些被排除在赢利范围之外的中下层群众,以及日益丧失权势的贵族地主把一切不幸归结为犹太人登上政治、经济舞台的必然结果,要求重新限制犹太人的权利。1819年德国的农民暴动就是针对犹太人而来。

19世纪初,一种新的反犹思想在德国知识界流行。这一时期德国的哲学家、思想家和其他知识分子几乎毫无例外地接受并宣扬以种族论为核心的泛日耳曼主义的各种信条。这种种族优胜论经过几十年的发展和传播,对德意志民族产生了灾难性的影响,许多人都不愿再与犹太人接触,唯恐造成种族上的衰退,犹太人的存在再次成为全社会厌恶、憎恨的焦点。19世纪的最后25年,反犹主义终于成为德国政治生活中的一个普遍现象,成为政治领导人争取中下层人民支持的一种口号和方式。德国保守派政治家施特克尔是第一个公开发表反犹讲演的政治家,第一届国际反犹大会的组织者。他还将基督教社会党改造成为一个公开反犹的政党。

德国在第一次世界大战中的失败,以及战后的经济崩溃和失业现象,为民族主义情绪和反犹主义培育了土壤。一些反犹分子和极右政党开始把德国在一战中的失败归罪于犹太人,所谓"背后刺来的刀子"的说法四下流传,指控犹太人的懦弱精神影响了德国军队的战斗力。20年代德国经济的混乱形势和犹太人的经济地位加剧了德国公众对犹太人的憎恨。

希特勒纳粹的出现及当政时期,反犹不可避免地成为德国社会主导思想的重要组成部分。随着希特勒登上历史舞台,开始以反犹为核心的种族主义为政治手段,利用国家政权的力量,把犹太人从德国的社会、文化、经济生活中清除出去,尽可能地把他们与德国其他人民分隔开来,最后统统消灭之。于是,纳粹便把两千年来对犹太人的迫害推向顶点,进行惨绝人寰的种族大屠杀。

而这一切,又和"反犹魔王"希特勒的反犹思想是分不开的。

希特勒的反犹思想

希特勒的反犹思想由来已久。铸成这一思想的是历史上众多反动思潮共同作

用的一种结果,其主要根源在于:

1.泛德意志思想的影响

希特勒出生于奥地利的一个日耳曼族家庭。由于普选制的确立,只占总人口1/3 的日耳曼人在政治上占统治地位的局面因此而告终。那些狂热的日耳曼人不甘心这一结局,为了恢复往日的主宰地位,不断煽动泛德意志主义思想,希望以此恢复昔日的绝对权威。

所谓泛德意志主义也称泛日耳曼主义,是一种旨在使所有操德语或日耳曼语的人民实现政治统一的思潮。它最早产生于反对拿破仑的战争中出现的希望德国统一的愿望。一些泛德意志主义者主张把中欧、东欧和低地国家的德语民族统一起来,但主张建立大德意志的人则希望把奥匈帝国的日耳曼人也划入德意志国家,还有人甚至希望将斯堪的纳维亚人也包括进去。

希特勒从少年时代就表现出对这一思想的极大兴趣。上小学的时候,他就向往德国。德国的"铁血宰相"俾斯麦成了他心目中的民族英雄。有一次,他对自己的好友凯普林格直言不讳地说:"你不是日耳曼人。你的头发是黑的,眼睛也是黑的。"小小年纪的希特勒对他人是否是日耳曼人如此关注,足见受泛德意志主义影响之深。

希特勒读中学时,他的历史教师珀奇是一个老牌的泛德意志主义者,经常向学生灌输泛德意志主义,给希特勒留下极为深刻的印象。希特勒回忆说:"他利用我们萌芽状态的民族热情作为教育我们的手段,常常唤醒我们的民族荣誉感。"在此影响下,历史成为希特勒最喜爱的专业,而且对他产生了强有力的,后来证明是决定性的影响。希特勒把德国看得比自己祖国还要至高无上。第一次世界大战爆发后,他亲赴德国,为德国而战。当德国战败消息传来,希特勒如丧考妣、痛不欲生,愤恨不已。他书中写道:"在这些夜晚,我的心中滋长了仇恨,对那些干出这件事的人的仇恨……卑鄙的堕落的罪人。"

希特勒的中学同学沃纳·梅瑟认为,"早在 1904~1905 年的学生时代,希特勒就已经成为一个生物学上的反犹主义者了。"

2.种族主义论的影响

种族主义论是一种认为人们在遗传上的体质特征同个性、智力、文化之间有一种因果关系,从而认为一些种族天生就比其他种族优越的理论,在社会表现形式上为种族偏见、歧视隔离、迫害、灭绝等。种族主义对希特勒反犹主义思想的最终形式和深化起到很关键的作用。在德国,种族主义与泛德意志主义是一脉相承的,都是宣扬"日耳曼种族至上论"。

以种族为由的迫害比以宗教为由的迫害更加残酷和无情。因为一个人的宗教信仰是可以改变的,而一个人的种族是无法改变的。

希特勒接受种族主义理论是他在维也纳的时期,这是造就他思想的时代。希特勒写道:"在这个时期中,我形成了一种世界观,一种人生哲学,日后成为我一切行动的巩固基础。除了我当时打下的基础之外,我后来很少需要学习什么东西,也不需要改变什么东西。"

当时,希特勒经常阅读《东方天坛星》和《奥斯塔拉》杂志,这都是种族主义和色情的大杂烩,煽动对犹太人的恐惧。它们喋喋不休地宣扬:通过消灭黑人和混种人的办法,让雅利安人统治世界。

对希特勒影响最大的是张伯伦的种族主义著作《19世纪的基础》。该书主要观点:一是人类古往今来的历史是一部生存斗争史;二是历史的关键在于种族。这两点成为希特勒所谓"民族的世界观"和"反犹主义立场"的基石。

希特勒在他的《我的奋斗》中连篇累牍的种族主义观点论述,表明反犹主义已在他脑中深深扎下根,并成为一种指导他行为的思想,进而成为纳粹德国行动方针和国策。希特勒在谈及泛德意志主义和种族主义思想对他的影响时公开承认:"慢慢地,我开始憎恨他们……对我来说,这里我曾经不得不经历的精神上最大震荡的时刻。我不再是个优柔寡断的世界主义者。而成了一个反犹主义者。""当我离开维也纳时,我是个彻底的反犹主义者,是整个马克思主义世界观的死敌。"

希特勒这么说的,也是这么做的。他当权后制定的一系列排犹、灭犹政策就是见证。这个"彻底的反犹主义者"至死没有改变与犹太人不共戴天的思想,也没有放弃对犹太人的罪恶攻击。在他的最后遗嘱中不仅再次把战争的全部责任推到犹太人身上,而且下达了他一生中最后一道攻击令:"最重要的是,我命令政府和人民要竭尽全力维护种族法律,无情地打击一切民族的毒害者国际犹太人。"

3.《犹太人贤士议定书》的影响

《犹太人贤士议定书》是一份伪造的声称犹太人要瓦解基督教文明的文件。该议定书宣称犹太人和共济会员于1897年在瑞士巴塞尔召开它的第24次会议,会议制定了一项瓦解基督教文明、建立一个在他们联合统治下的世界性国家的计划,宣布实现这一计划的主要手段为自由主义和社会主义。议定书还暗示,万一颠覆失败,他们将不惜一切手段毁灭欧洲的所有都市。议定书的主要内容最早由俄国的《旗帜》月刊于 1903 年刊出,并没有引起人们的过多注意和重视,但在爆发了十月革命和第一次世界大战后,议定书开始引起人们的极大关注。在俄国和欧洲其他地区流传开,成为战后欧洲人寻找大战爆发起因的一种解释。后来,经过俄国历史学家布尔采夫的研究,揭露了议定书是一位俄国秘密警察为了把俄国出现的政治动荡归罪于俄国犹太人而于 19 世纪末在巴黎炮制出来的。尽管如此,人们对它的兴趣仍然不减,并到处流传。议定书对德国的影响尤为深远,早在希特勒上台之前就有大批信奉者。

这份议定书对希特勒有着巨大的影响。希特勒在《我的奋斗》一书中列举了犹太人的两大罪状:其一,犹太人掌握着"国际金融资本",是"嗜血犹太人","交易所强盗"。犹太人是彻底摧毁德国的最大煽动者。世界上对德国的攻击,其炮制者都是犹太人。犹太人已经把欧洲各国看作他掌握中的无意志的工具。犹太人不仅迷惑了旧世界,而且同样的命运已经在威胁新世界。其二,指责犹太人是德国内部的敌人。犹太人利用马克思主义学说"毒害德意志民族的灵魂",把民族划分为阶级,控制马克思主义政党和工会搞阶级斗争,破坏"民族经济"。"犹太人曾利用资产阶级反对封建世界,现在又利用工人反对资产阶级,指望在工人的生存斗争中找到一条建立犹太人自己的统治的道路。"

从这些指责不难看出这完全是议定书内容的翻版。《犹太人贤士议定书》对希特勒的影响还可以从他的诸多演讲如:《高利贷者和黑市黑人》《为什么我们是反犹主义者》《德国的崩溃和重新崛起》等体现出来。希特勒疯狂攻击、恶毒谩骂、肆意诽谤所谓的"犹太人和国际阴谋"。

他说,犹太人是国际交易所资本,他们用金钱操纵英法政府、使之犹太化,来打击德国,使德国落到这一地步。

他说,犹太人是革命的煽动者,十月革命是犹太人搞的。

他说,整个德国被犹太人统治着。犹太人坐在政府里,搞幕后交易。而德意志用脑和用手的劳动者竟然受犹太人的煽动,这简直是"耻辱","我们要进行斗争,直到最后一个犹太人被赶出德国。"

他说,犹太人所主张的各民族一律平等以及国际团结,不外乎是瓦解其他民族的士气的阴谋。犹太人是破坏者、强盗和企图"破坏所有民族"的害人虫。希特勒号召向所有犹太人开战,无论是东方、西方,无论是贫是富。"全世界无产者联合起来!"这一口号已不再适用,战斗口号应该是"全世界反犹的人们联合起来"。

希特勒把犹太人当作万恶之源,当作危害民族生存的病毒,把社会主义和民主主义都当作犹太人为达其经济和政治目的而使用的手段。他把与犹太人的冲突看成是一种无法妥协的斗争,来自"犹太血统"的内在威胁只能用流血的办法来消除,于是便有了"最终解决方案"的出台和不分青红皂白地集体屠杀。千年易过,希特勒的反犹罪孽难消。

"福兮祸之所依,祸兮福之所伏",犹太人的不幸遭遇导致了犹太复国主义运动的兴起、发展和成功。纳粹暴行"动员"和"逼迫"越来越多的犹太人投入到犹太复国主义运动中。纳粹暴行使犹太复国主义运动得到国际社会的巨大的同情和支持。1947年11月29日联合国大会以2/3的压倒多数通过了建立一个犹太人国家的表决议案,就是最明确的表达。在两千年的持续迫害中,犹太民族对压迫的反抗和迫害的抗争不是武装起义、暴力行动,而是更加忠于自己的信仰,坚持自己的传统,发扬传统的文化,巩固自身的团结。尤其是纳粹的历史性大屠杀,虽使1/3的犹太人丧生,却也导致了失去国家的两千年后又重新建立起了一个新的犹太人国家。由此,犹太信仰、犹太传统、犹太文化都得到了空前发扬光大。

克雷夫茨意味深长地指出:无论过去还是现在,正是反犹主义成了犹太人成功的原因。对犹太人的存在的这种永久威胁,使得犹太人为了成功和生存就必须卓然超群。

死囚牢中的魔鬼
——中非皇帝博卡萨烹食儿童案

你可能不会相信,他用"血肉"铸成皇冠,他烹食儿童,他把手伸向所有人的钱袋……连上帝也不敢睁眼。但这确是事实——这是五国大法官联合调查的事实,而且就发生在我们当今生活的这个时代。他就是贪婪、暴虐、荒淫无度的暴君——

中非魔鬼皇帝博卡萨。

倾尽国库　登基加冕

1966 年 12 月 31 日凌晨，中非共和国首都班吉枪声大作，国防部参谋总长让·贝德尔·博卡萨发动政变，将中非第一任总统、博卡萨的堂弟戴维·达科赶下了台。博卡萨登上了总统宝座。1972 年他又在总统前面加上了"终身"二字，1974 年他又自授"元帅"称号。

从此，从小就对拿破仑崇拜得五体投地的博卡萨，穿起"拿破仑式"的元帅服，自诩为"中非的拿破仑"。但美中不足的是拿破仑穿御衣，戴皇冠，权力无比，威风八面，而自己要逊色得多。一个总统怎比一个皇帝？如果能像拿破仑一样当上皇帝，那平生之愿足矣！

皇帝梦搅得他食不甘味，夜不成寐，神魂颠倒。

博卡萨

一天上午，博卡萨突然"失踪"。等着召见的总理、部长急得团团转，四处打电话没有音讯。博卡萨的贴身警卫找遍了总统府的各个角落，仍不见总统的踪影。难道总统被绑架了？刚上任一年的非洲第一位女总理多米蒂昂夫人急出了一身冷汗。她是总统的心腹，和博卡萨的关系非同一般。她亲自出马，率领众人四处察访。

原来，博卡萨想当皇帝已神不守舍。晚上做梦，"神"来到他的身边，他跟着"神"半夜里悄悄出了总统府，连睡在床上的夫人也未发现。他走到一个离首都有40 公里远的村庄，没有和任何人打招呼。

一间破烂的房子，"神"就在那里，他走进去祈祷，求"神"保佑他能当皇帝。当多米蒂昂夫人和文武百官找到他时，天哪！总统赤条条一丝不挂跪在地上，众人不敢惊动，在烈日的烘烤下也不肯离去。博卡萨终于笑了。他意识到了下属对自己的赤胆忠心。当他挂着象牙拐杖走出来时，大家都不敢相信眼前这位面色憔悴、满脸胡楂的瘦老头就是他们的总统。

部长们怯懦地低声问道:"亲爱的老伯伯,你怎么啦!你有什么心事请告诉我们,我们愿意为你献出一切,甚至生命。"

博卡萨被下属的忠诚所感动,流着眼泪像孩子一般终于说出了自己的心病:"……我想当皇帝!"

犹如一声惊雷,把女总理和部长们都震呆了。你望望我,我看看你,很久无人开腔。他们知道这不是闹着玩的。如果同意的话,将是历史的大倒退,不同意的话,自己的命运就攥在博卡萨的手里。博卡萨上台以来独裁专制,大搞顺我者昌、逆我者亡。在他执政的 9 年里,改组政府 20 多次,不同政见者,有的丢了官,有的入了狱,有的送了命。就连他的左膀右臂,帮助他发动政变的班扎中校和马朗多米亚上尉最终也未免一死。

面对沉默,博卡萨大为不悦,瞪起双目恶狠狠地逼问:"怎么?你们不愿?!不赞成?!"

"赞……赞……赞成……"女总理和各部长结结巴巴地赶快回答。

一场噩梦在中非大地上遂成了现实。

1976 年 12 月 4 日,中非共和国电台发布重大的新闻:博卡萨亲自宣布,从即日起"中非共和国"改名为"中非帝国",博卡萨是帝国一世皇帝。接着帝国首相帕塔塞发表公告,宣布废除接吻、拥抱和握手等"不文明"礼节。规定无论任何人遇见博卡萨均应在 6 步之外俯首致敬。首相还宣读告示:朝廷群臣和各国使节必须于本月 12 日穿大礼服,戴白手套向博卡萨一世拜贺。

博卡萨搬进了富丽堂皇的贝林戈皇宫。他封卡特琳为皇后,还有 17 位正式皇妃以及上百名皇子皇女。他完全仿照拿破仑的一举一动,深居简出,尽情享乐,寻求刺激。这些还嫌不够,他又挖空心思想出加冕典礼的主意,向全世界显示他的至高无上。时间定在 1977 年 12 月 4 日——博卡萨称帝一周年。

为了使加冕辉煌显赫,轰动世界,博卡萨下令包租了 22 架外国大型运输机,从世界各地购买了昂贵的物品,其中包括 22 吨红香槟酒、150 吨法国上等葡萄酒,200 吨玫瑰花瓣,25 万束郁金香鲜花。还从诺曼底订购了 2000 米红色高级挂毯,进口了 80 辆高级豪华轿车组成车队,订购了一个价值 700 万美元的金皇冠、一个价值近千万美元的皇帝金宝座。仅黄色的御袍就有 25 公斤重,上面镶了 78 万粒珍珠和近万粒的水晶珠子。这件豹皮镶边的天鹅绒皇袍长达 7.6 米,是 110 个高级裁缝花了 1.6 万个工时赶制出来的。他指令法国第一流的时装设计师皮埃尔·卡丹为宫廷设计了大量的礼服和鞋子,请法国上百名名厨师制作加冕宴席。

这场加冕典礼耗资 3000 多万美元,几乎占了"中非帝国"当年年度财政预算的一半。

加冕礼在班吉体育馆举行。8 匹特地从欧洲选购的白色纯种骏马并辔挽着博卡萨皇帝和卡特琳皇后乘坐的御车在专门为皇帝修筑的现代化的御道上缓缓行进,一队队身着拿破仑时代军服的长枪骑兵和手执明晃晃马刀的侍从前簇后拥,从贝林戈宫出发,朝加冕宫——体育馆进发。

皇亲国戚、宫廷大员、文武百官、宗教代表以及各国代表团,驻中非的各国外交使节都参加了仪式。典礼开台,鸣礼炮 101 响,军乐队吹奏中非国歌。博卡萨犹如恺撒大帝执一柄宝剑在右前方,手按宪法宣誓,随后披上御袍,亲自戴上皇冠。再把另一顶皇冠戴在单膝跪在他面前的皇后卡特琳头上。

全场欢呼,群臣叩首。皇帝一行浩浩荡荡吹吹打打又往班吉圣母院做弥撒。博卡萨龙颜大悦,下令全国欢庆三天。

然而,非洲人民怎么也笑不起来,他们正被饥饿、贫困折磨着,新生婴儿的死亡率高达 80%。世界人民正发扬人道主义把一批批救援物资运往非洲大地。

博卡萨心中的偶像仅有拿破仑。他以自己的身世同拿破仑相比。两者都是由士兵到终身总统,再到皇帝。所以博卡萨把加冕仪式搞得同 173 年前拿破仑的加冕仪式一样辉煌,就连程序也是完全照搬的。

为了使博卡萨王朝"世代相传""千秋万代",博卡萨又立他的小儿子让·诺贝尔·博卡萨为皇太子。这位皇太子是博卡萨 8 个正式妻子所生的 38 个儿子中的倒数第 2 个。年仅 2 岁。他被封为"博卡萨二世"。

横征暴敛　寡廉鲜耻

一场超出国力沸沸扬扬的加冕仪式,无疑给这个灾难深重的国家雪上加霜。钱花完了,国库空了,债台高筑,怨声载道,真可谓"一场加冕礼,国库如水洗"。

怎么办? 财政大臣一筹莫展。博卡萨让首相代他起草了一道道圣旨:

他下令,职工工资停发数月,大学生停发助学金,预征 3 年税收以填补国库。

他下令。中非帝国的每一个公民都是唯一执政党"黑非洲社会发展运动"的党员,每一个党员都必须向组织交纳党费,凡没有钱交党费的人,罚劳役 1~6 个月。

他还下令,帝国不再担负公共企业职工的工资。文职官员虽从"帝国金库"领到薪金支票,但很难兑成现金。

但遗憾的是,中非人民太穷了,皇帝的这些"绝招"也榨不出多少油水。

然而,寡廉鲜耻的博卡萨,又把他那双肮脏的手伸向了外国人的腰包。

博卡萨在内阁会议上公然说:"我们的外交目的就是钱。""魔鬼的钱我也要!""凡是给我们好处,哪怕是筑一条路,送一条船,办一个医院的人,都是我们的好朋友。"钱,就是命根子,钱就是我们活动的中心。"

中非的预算大部分由原宗主国法国资助。博卡萨曾甜言蜜语地对法国大使说,法国是中非人的"第二祖国",两国间的友谊是"永恒的","世世代代的"。阿谀之词到了登峰造极的地步。1970 年下半年,博卡萨要求法国有关公司帮助修一条铁路,因无利可图,法国有关公司拒绝了博卡萨的请求。博卡萨马上翻脸不认人,下令驱逐在中非工作的法国专家,并宣布:"从现在起,我们将站在进步和社会主义阵营之中,我们准备与中国人民恢复外交关系。"可话音刚落,他又跑到台湾做了一次"正式访问",在那里捞了一大笔钱。博卡萨为了钱马不停蹄地访问利比亚。对卡扎菲总统提出的种种要求言听计从,满口答应,好像中非共和国是利比亚的附属国,博卡萨甚至把自己的基督教教名改为赫赫拉·阿丁。但当钱一捞到手,他又把名字改了过来。

利用这些"绝招",外国人的钱源源不断地流入了博卡萨的国库和个人腰包。

登极加冕后,博卡萨自认为身价提高了百倍,亲自出马骗钱,觉得有失身份。为此,他下令,内阁大臣倾巢出动,向能伸手的地方都伸手,然后论功行赏。在美、苏、法、中及非洲各国都有中非的"友好使节",他们如同一群乞丐、四处乞讨、丧尽廉耻。

中非曾是法国的殖民地,1960 年获得独立,建立了共和国。国土面积 62 万平方公里,比法国还大,人口约 200 多万,拥有丰富的自然资源,发展经济有良好的基础。可是自博卡萨执政以来,人民一天比一天穷,国家经济几乎到了完全崩溃的边缘。

国库成了博卡萨的私囊。"国库,就是我"是他挂在嘴头的一句话。他把财政部看成是他在银行的私人户头，想花多少就取多少。财政部长成了他的大总管，日夜伺候在博卡萨的身边。

然而，国库有限，博卡萨号召政府官员从商赚钱。他本人身先士卒。他与瑞士商人合股，在首都班吉办了一家手表装配厂，他从国库里出资20％，瑞士商人出资80％，得利平分。为了多赚钱，他下令全国不得再进口任何手表。

1979年1月，在职工领不到工资的情况下，博卡萨又别出心裁地颁布一道圣旨，强令所有中学生必须穿印有"中非帝国"字样和皇冠图案的学生制服，不从者一律开除学籍。其中的奥妙是，这些服装都由皇后的服装加工厂生产，每套售价5000非洲法郎，相当于普通职工一个月的工资。博卡萨的如意算盘，一来可以宣扬他的"千年帝国"，推进奴化教育，二来可乘机大发横财。这种变本加厉搜刮民财的举措，激怒了民众。学生们率先上街游行示威抗议，并喊出了积压在人人心中的呼声："打倒博卡萨！"

由于博卡萨的野蛮掠夺，中非的工农业生产连年下降，出口减少，财政赤字增加，国际收支逆差达11.3亿非洲法郎，外债高达212亿非洲法郎。经济形势日趋恶化，无法医治。中非成了当时世界上25个最贫穷的国家之一。

相反，博卡萨及其皇族的财富却以几何级的倍数不断翻滚，博卡萨在法国修建了多处别墅，他在巴黎拥有大量汽车，银行有无以计数的存款和股票。在瑞士等地也有大量存款，并修建了令世人咋舌的豪华别墅。

残如虎豹　烹食儿童

为了镇压人民的反抗，博卡萨制定了残酷的刑法。如对小偷的惩治，他签署了一项法令，初次偷盗割掉一只耳朵，二次偷盗砍掉另一耳朵，第三次偷盗砍掉右手，再偷判处死刑。博卡萨自称"专制君主"，禁止提"民主与选举"。从1967年到1977年，博卡萨就改组政府20余次，撤换总理4次，外长8次。这期间失踪、被绑架、逮捕和监禁者不计其数，大小监狱都关满了犯人。政治犯遭到最残酷的迫害，然后秘密处决。

多年来，博卡萨培植了一个个"心腹"，但到头来却都离他而去，他们实在无法忍受博卡萨的胡作非为。非洲第一位女总理多米蒂昂的良心醒悟了。她对博卡萨的称帝表示了异议，立即被革职赶出了政府。博卡萨整天提心吊胆，疑神疑鬼，担心有人阴谋"政变"。他看谁不顺眼就以此为借口,逮捕、法办。没有口供就残酷地施以酷刑、割耳、挖眼、割生殖器,直到整死为止。就这样他清除了一个个现实的或潜在的对手。

撤换最多的应属军界人物,因他政变上台,最知道军权意味着什么。他把帮他"政变"成功的两名开国元勋清除后,对谁当国防部长都不放心。

1977年9月,国防部长被无辜撤职,他把军权交给了自己的儿子掌管。但时隔一个月,因儿子对加冕典礼表示了不同的意见,博卡萨便以"阴谋罪"将儿子逮捕,并要处死,王后苦苦哀求,儿子才免遭父亲杀害,而被永远驱出中非。

他自尊、自大、自傲到了癫狂的程度。他取消所有报纸,不许报道他以外任何人的新闻消息,他规定全国广播电台只能广播他一个人的声音,他的一切都是上帝的旨意,违反了就是对上帝的亵渎。他经常装神弄鬼,编造出一些离奇古怪的故事在全国传播,造成对他的神迷和崇拜。

他花300万非洲法郎在首都班吉为自己铸造了一座巨型全身铜像。他的头像印在学生的练习本封皮上,许多建筑物用他的名字命名,把自己的头像铸在货币上,从而使自己名扬天下,万世永存。

博卡萨独揽全国一切大权,特别是登基称帝后,更是为所欲为,专横跋扈,他按照封建王法来控制这个国家,在他看来君要臣死,臣不得不死,一切都得听他的。

他万万没有想到,强令学生购买校服引起了"火山"爆发。愤怒的学生涌上街头,高呼"给我们父母发工资!""打倒封建帝国!""处死皇帝!"接着工人和失业者也都参加进了示威者的行列。游行队伍如不可遏制的洪流,奔腾呼啸,猛烈冲击着中非王朝的独裁统治。

面对这次空前浩大的造反行动,博卡萨慌了手脚,东躲西藏,惶惶不可终日,他下令帝国卫队加强对他个人的保护,并请求邻国扎伊尔派兵援助。当扎伊尔的士兵在街上开始巡逻时,他又神气起来,在电台宣布:"结束骚乱! …'禁止任何集会游行示威活动!"他下令治安部队迅速采取行动。

催泪弹、水龙头、棍棒、枪弹一齐抛向街头,手无寸铁的示威群众遭到残酷镇压。结果,几十人受伤,250多人被关进牢房。其中大部分是少年儿童,由于监狱狭小,许多人窒息而死,狱卒把尸体装在袋子里,趁黑夜偷运到荒郊野外掩埋。

1979年4月,博卡萨皇帝亲自拷打和屠杀这些无辜的孩子们。他身着军服亲临恩加拉格巴监狱,手持象牙权杖,辱骂那些十几岁的孩子:你们说要处死皇帝,现在是我处死你们。在博卡萨的指令下,100多名学生惨遭杀戮。博卡萨自鸣得意地自语道:"看你们今后谁还敢放肆反对我做皇帝!"

漆黑的夜遮盖着滔天的罪恶,上帝也不敢睁开眼睛。

被打死的孩子们有的被扔到宫廷花园喂了狮子和老虎,有的还被送到冰库中冷冻起来供博卡萨食用。他说,儿童的肉是最美的佳肴。

罪恶滔天　死囚罪犯

1979年是国际儿童年,博卡萨残害儿童的罪行被总部设在伦敦的"大赦国际"公开揭露。世界舆论为之哗然。博卡萨在人们的心目中是一个十恶不赦的罪犯。斥责、抗议的浪涛汹涌袭来。博卡萨感到大事不妙,失魂落魄,赶紧出来"澄清事实",加以"辟谣",他声嘶力竭地叫嚷:"这些纯属讹传,我本人深信基督教,我是30多个孩子的父亲,不可能伤害孩子。"但博卡萨的言论在国际上已失去了可信性,也没有人对他的"辟谣"感兴趣。当时正赶上泛非首脑会议在卢旺达首都基加利举行。会上博卡萨自然成了众矢之的。会议决定就博卡萨问题成立由塞内加尔、利比里亚、多哥、卢旺达和科特迪瓦五国法官组成调查委员会,专门调查博卡萨事件真相。博卡萨一面表示"欢迎"调查委员会的到来,一面竭力赶在调查组到来之前把那些受害者的父亲迁离班吉,并破例地给了这些迁移户一些钱。他以为这样可以万无一失。然而纸里包不住火,调查组经过10余天的调查了解,公布的结果确认,"在皇帝的命令下和几乎肯定是在皇帝亲自参加的情况下,杀害了约100名儿童。"

调查报告公布后,博卡萨傻了眼,无言以对,世界舆论再次掀起了斥责中非皇帝的怒涛。法国政府决定暂停对中非帝国的军援和经援;接着美国也宣布停止对中非提供援助,并召回了驻中非的大使,以示制裁。

博卡萨能够上台并维持政权,主要靠的是法国的支持。法国派驻军保护他,每年给他提供大量的经济援助以维持他必要的国事活动,现在法国认为再支持这位声名狼藉的皇帝,不符合法国的利益,应该换马了。法国的停援制裁,使博卡萨陷入了绝境。

驻法国以及国内的一些被博卡萨排挤的军政人员、进步人士也纷纷建立反博卡萨的组织。1979年7月上旬,中非所有反皇帝的政治组织在贝宁首都科托努开会,决定成立协调委员会,统一反皇帝行动。

众叛亲离的博卡萨看到大势已去,他命令在皇宫大院修筑一条飞机跑道,以备紧急时逃命,全部加冕奢侈物品都被秘密转移。把两个寄宿学校的皇子也接回皇宫,以免受害者家长报复。博卡萨曾想,我死,大家也甭想活。他打算派飞机轰炸首都班吉,然后将全家及所有部长统统杀掉,最后自己在皇宫等死。不过贪生怕死的博卡萨还是没有下这一最后决心,他仍幻想政治气候由阴转晴,风雨过后他继续执掌皇帝大印。

财断路绝的博卡萨最后又想出了绝招,他要把中非的北部一块领土卖给利比亚,换取美元,以解燃眉之急。就在他前往利比亚访问,商谈这笔交易时,1979年9月20日,博卡萨王朝的丧钟敲响了。

被他政变推翻的中非前总统达科在法国支持下,又重新执掌政权。20日晚,博卡萨皇帝的私人顾问,前总统戴维·达科在电台宣布:博卡萨一世已被推翻,中非帝国已不复存在,中非恢复共和国……一场不流血的政变成功了。

人们纷纷涌上街头,欢呼雀跃。博卡萨皇帝和皇后的肖像散落在地上任人踩踏。一群狂欢的年轻人拣起石块狠狠地向皇帝的宝座猛力砸去。博卡萨的铜像被人们推倒,有人用脚踩,有人用脚踢,有人向铜像吐唾沫……中非首都班吉一派欢天喜地的气氛。

昔日耀武扬威,专断独裁的贪婪暴君一夜之间变成了令人厌恶的丧家之犬。正在利比亚的博卡萨得知政变消息后,无可奈何地耷拉着脑袋发出一声苦笑。突然一阵刺耳的电话铃声响起,话筒里传来的是利比亚当局向他发出的逐客令,要他马上离开利比亚。

到何处安身呢?到自己的"第二祖国"法国去,博卡萨思忖片刻做出了这一决定。可他的"快帆式"座机飞临法国奥利机场上空时,机场发出拒绝该机降落的信号,并告知他,法国考虑到他的罪行,不希望他在法国定居。博卡萨只好改飞另一个机场,不料该机场仍不让其降落,但飞机油已快耗尽,最后经再三恳求,才允许该机在埃夫勒空军基地作临时降落,但不允许博卡萨离开飞机,只能呆在机舱内等候加油,博卡萨面对"第二祖国"对自己的冷淡,不禁伤心落泪。博卡萨考虑在瑞士有他的豪华别墅和大量存款,计划到那里去度残生。但同样遭到拒绝。

最后,经他的再三请求,西非的科特迪瓦乌弗埃·博瓦尼老总统召开紧急政治局会议讨论决定收留博卡萨避难。从此,开始了他的流亡生涯。

1980年12月19日,中非共和国法庭经过5天的缺席审判后,判处博卡萨死刑,他被指控犯有盗窃国家财产,屠杀儿童和烹食人肉等罪行。法院发出了一道逮捕博卡萨的国际通缉令,并下令没收他的全部财产。

1986年,65岁的博卡萨回国后,立即被中非政府逮捕,这个中非的魔鬼皇帝,只能在死囚牢中度过残生。这位拿破仑的"最大崇拜者"的下场比拿破仑当年的下场更惨。

东床驸马　锒铛入狱
——勃列日涅夫女婿受贿案

1988年12月30日,苏联最高军事法庭庄严宣布:判处贪污受贿、滥用职权的罪犯尤里·米哈伊洛维奇·丘尔巴诺夫有期徒刑12年,没收其全部财产。这一轰动苏联、震惊世界具有特殊背景的大案,经过4年多的调查和长达4个月的审判终于大白于天下。

站在被告席上的丘尔巴诺夫何许人也?他就是昔日威风凛凛、不可一世的苏联内务部第一副部长、领有上将军衔的前苏共中央总书记勃列日涅夫的"东床驸马"。

攀龙附凤

1936年,丘尔巴诺夫出生在莫斯科的一个普通干部家庭里。他父亲是首都莫斯科某区的党委书记,母亲是一位家庭妇女。他在某技术学校毕业后当了机械工人。在工厂期间,当过共青团的小组长、车间的团支部书记。后来参了军,1961年转到内务部之后被授予内务部队上尉军衔。1964年他从莫斯科大学哲学系函授班毕业。文凭到手后,他寻找借口同已为

勃列日涅夫

·疑云密布的历史谜团·

图文珍藏版

他生了两个孩子的结发妻子离了婚,并转到团中央宣传部某处当了处长。1970年,丘尔巴诺夫又找门子调回了内务部,获得了中校军衔。

一个偶然的机会,丘尔巴诺夫结识了当时苏联最高领导人勃列日涅夫的千金小姐加琳娜。善于阿谀奉迎讨好上司而心术不正的丘尔巴诺夫立即意识到机会来了。他知道,这位公主离婚后正寡居在家,如果能讨得她的欢心,那自己就前途无量了。于是他极力巴结讨好加琳娜。由于双方频繁接触,俩人很快坠入情网。风度翩翩的孤男刻意追求、投其所好;身份特殊的寡女一见钟情、心有所归。不到半年时间,他们就已经谈婚论嫁了。

消息传到勃列日涅夫那里,正在为自己的不孝女犯愁的他立即命令他的老朋友、内务部长谢洛科夫对丘尔巴诺夫进行调查。而谢洛科夫正巴不得玉成此事,以解除总书记的心头烦恼。他知道,勃列日涅夫的爱女从小就粗暴、蛮横、放纵、任性。1951年她嫁给了一个杂技演员,但不到半年,就离婚了,然后就住在他父亲家里,经常酗酒耍疯,还不时与社会上的一些不三不四的人鬼混。加琳娜已经成了勃列日涅夫的一块心病。谢洛科夫认为,自己的下属和勃列日涅夫总书记的女儿成婚,这不仅帮了总书记的大忙,还能使他们之间的关系更加密切。很快,他使总书记的要求得到了满足。

1971年4月17日,勃列日涅夫在自己的乡间别墅里为丘尔巴诺夫和加琳娜举行了婚礼。新郎只有35岁,体形矫健、仪表堂堂。而新娘体态臃肿,其貌不扬,年龄也比新郎大整整9岁,已是徐娘半老。但别有所求的新郎官并不在乎这些。一结婚,老泰山立即把一辆"施科达"牌高级小轿车交给女婿使用,而且马上让他们住上了一套单独的房子,还在自己的别墅附近为他们添置了一幢别墅……丘尔巴诺夫对此怎能不激动万分,刚迈出第一步,富贵豪华就立竿见影。于是他踌躇满志洋洋自得,为自己当上驸马爷暗自庆幸,并开始向自己的第二个目标冲击——升官。

飞黄腾达

第一步得手后,丘尔巴诺夫立即把巴结加琳娜的手段转向权倾当朝的老丈人身上。他十分注意揣摩勃列日涅夫的心思,研究勃列日涅夫的喜好。在政治上对勃列日涅夫毕恭毕敬,在生活上对他照顾得体贴入微,很快,博得了勃列日涅夫的赏识。于是勃列日涅夫授意丘尔巴诺夫的顶头上司谢洛科夫,要他关照丘尔巴诺夫的进步。

谢洛科夫对总书记的意思心领神会。丘尔巴诺夫与加琳娜结婚不久,内务部便给丘尔巴诺夫提了一级,由中校晋升为上校;1973年,他又被越级提拔,晋升为少将,这时的他,年仅37岁;到1975年,他即被提升为内务部政治部的副主任,后又荣升为主任;1976年他被"选为"苏共中央检查委员会委员;1977年,他再次晋升为中将;同年11月被任命为内务部的副部长;1979年又被提升为内务部第一副部长,这时他名义上只是第二把手,而实际上已经扮演一把手的角色,对内务部大权独揽了;1980年,他受岳丈之命到阿富汗战场上去转了一圈,回国后即获得红旗战斗勋章;1981年,45岁的他竟以"沙场"有功被晋升为上将;同年他又被"选为"苏共中央候补委员。就这样,靠着老丈人这棵大树,他竟在10年之内连蹦带跳,从一个普通军官成为高级将领,由一个无名小卒成为大权在握的实权人物。

扶摇直上、官运亨通的丘尔巴诺夫一旦得势便忘乎所以。对那些不畏权贵敢于顶撞他的人一律加以排挤打击。原内务部主管科技的克雷洛夫中将先是被丘尔巴诺夫罗织罪名降职为内务部科学院院长,继而又以"经济问题"迫使他辞职退役,因忍受不了这种污辱和打击,这位将军最后开枪自杀。原内务部政治思想教育工作局局长扎祖林少将,因批评丘尔巴诺夫工作不力、作风涣散,遭到打击报复,终于被解除职务连降数级。

敛金聚宝

升了官,还要发财,这是丘尔巴诺夫梦寐以求的又一宏伟目标。为了钱,他不惜利用自己的特殊身份敲诈勒索;为了钱,他拼命借助手中的权力巧取豪夺,攫取财富;为了钱,他煞费苦心不惜以身试法。

据法庭揭露,他从1976~1982年6月间受贿的现金总额就高达656883卢布,折合110万美元。此外,他还接受或索要了大量实物,如高级地毯、精制茶具、珍贵文物、金银首饰等,至于日常用的吃的喝的,如衣服、皮箱、烟酒和时鲜果品等更是不计其数。他在受审期间承认,连自己也无法弄清人家送了多少钱多少东西给他。

丘尔巴诺夫受贿钱财中,绝大部分是苏联乌兹别克共和国的庞大而有组织的贪污盗窃集团送的。这一贪污盗窃案被称为"乌兹别克黑手党案"。这一贪污集团的首犯、原乌兹别克中央第一书记、苏共中央政治局候补委员拉希多夫就曾向其集团成员面授机宜：对于用得着的人，送点物质好处是"必不可少的"。他们正是看中了丘尔巴诺夫这位身份特殊的"用得着"的人物，所以在他身上着实下了一番功夫。有一次，拉希多夫命令下属们要以"国家元首"的规格接待一位"贵宾"，等他亲自率领大队人马前往机场迎接时，人们发现从飞机上飘然而下的竟是胸前佩满勋章的丘尔巴诺夫将军。据查，乌兹别克贪污集团侵吞国家资财达 20 多亿卢布，折合 30 多亿美元，他们之所以如此肆无忌惮，就是因为找到了丘尔巴诺夫及内务部长谢洛科夫这样的庇护伞。他们上下勾结，互相利用，狼狈为奸，行贿者有恃无恐，受贿者当仁不让。据报道，仅乌兹别克内务部副部长别格尔曼一人就向其顶头上司丘尔巴诺夫行贿 20 多万卢布。

有一次，丘尔巴诺夫到乌兹别克的布哈拉州视察，当他听到有人抱怨商品短缺时，立即把脸一沉，当着州委第一书记卡里莫夫的面表示回莫斯科后要"如实汇报"，吓得六神无主的州委书记当晚即设宴款待，并塞给他 1 万卢布作为他视察期间的"零花钱"。见钱眼开的丘尔巴诺夫立即换了一副嘴脸，他满脸堆笑地拍拍州委书记的肩膀说："请书记同志放心，我是不会给你找麻烦的。"类似这样的巧取豪夺，对丘尔巴诺夫已经是驾轻就熟，司空见惯了。

原乌兹别克部长会议主席胡代别尔德耶夫在法庭上供认："丘尔巴诺夫是勃列日涅夫的女婿这点我们很清楚。因此，他来乌兹别克时，我们想同他建立个人关系，这时小家子气是不体面的，于是我一次送给他 5 万卢布，还有一套高级茶具。"

原乌兹别克纳沃伊州州委第一书记叶辛也向法庭交代说："给丘尔巴诺夫留个好印象很重要。我们州是新建的，将来有许多事情还要求他帮忙。于是，我送给他一件镶金的长袍，在衣兜里还装了 3 万卢布。"

与此同时，丘尔巴诺夫还利用职权，通过国防部调来的工程兵，为他在莫斯科郊外修建豪华别墅。据计算，光用去的建筑材料费一项就超过 2 万卢布。

据报道，苏联国家博物馆在 5 年内就有 130 万克拉的宝石不知去向，其中大部分被丘尔巴诺夫据为己有。如博物馆的一块价值连城的珍贵古表就成了他的囊中之物。

他为了笼络人心，拉帮结派，还常常慷国家之慨。如他为了感谢促成他与加琳娜的婚事而又多次推荐提拔他的内务部长，在谢洛科夫 70 寿辰时，竟佯称要买一块金表送给捷克斯洛伐克总统胡萨克,但胡萨克走时两手空空,表却戴在了谢洛科夫的手腕上。

丘尔巴诺夫拼命搜刮来的钱财,除了自己花天酒地的挥霍之外,自然也没忘记使他能有今天的"娇妻"加琳娜。他经常把别人进贡的金钱和珠宝之物等赠送给她供她尽情享乐。据丘尔巴诺夫自己供认,他给予加琳娜的钱物至少不下 30 万卢布。

锒铛入狱

1982 年 11 月 10 日,担任苏共中央总书记长达 18 年之久的勃列日涅夫去世,安德罗波夫继任总书记。这对于"背靠大树好乘凉"的丘尔巴诺夫简直是灭顶之灾。年底,他的同伙、内务部长谢洛科夫即被撤职并开除党籍,他的妻子跳楼自杀。勃列日涅夫的儿子和女儿的一些朋友纷纷被捕。这些对丘尔巴诺夫无疑都是不祥之兆。

1983 年,丘尔巴诺夫被革去内务部第一副部长职务,降为该部政治部主任。同年,"乌兹别克黑手党"案开始暴露,涉及此案的原内务部长谢洛科夫和此案的首脑人物拉希多夫因受到起诉先后畏罪自杀。丘尔巴诺夫的罪行再也包不住了。

1985 年 2 月,丘尔巴诺夫被解除一切职务,军衔被剥夺,党籍也被开除了。1986 年 9 月被拘留审查,1987 年 1 月 14 日,他终于正式被捕,锒铛入狱。

1988 年 9 月 5 日,位于莫斯科市中心的沃罗夫斯基街 15 号门前,三步一岗,五步一哨,戒备森严。当地时间上午 8 时 30 分,4 辆囚车由警车开道,径直驶进最高法院的边门。军事法庭正面墙上悬挂着苏联国徽,旁听席上坐着 100 多名观众和记者。审判席上端坐着米哈伊尔·马罗夫为首的 3 名神情严肃的法官,整个法庭庄重威严,一场正义的审判就要开始了……上午 10 时整正式开庭,第一个被法警押上被告席的就是丘尔巴诺夫。他背部微驼,神情木然,内着黑色无领衬衫,外套灰色夹克衫,昔日那西装革履、骄矜自若的风采已荡然无存。

法庭出示的调查材料多达 110 卷,仅起诉书就有 5 卷,长达 1500 页,详细记录了这位显赫一时、权倾全苏的驸马爷及其犯罪团伙的罪行,审判一直持续到 12 月 31 日,终于做出了最后判决。这时的丘尔巴诺夫才感到多年来的苦心钻营换得的那将军头衔、无数的勋章、大把大把的钞票、漂亮的别墅……只不过是过眼烟云,生不带来，死不带走，而摆在他面前的只有一座阴暗潮湿不见天日的牢房以及冰冷的脚镣和手铐。

1982 年，当丘尔巴诺夫处于权力巅峰时，曾冠冕堂皇地宣称："列宁主义的原则是，社会主义法制不容践踏，无论何人，概不例外。"你听，说得多好啊！然而，具有讽刺意味的是，历史把这位主管法制而知法犯法的"驸马爷"送上了审判台，不知他在讲那番话时想没想到他自己？！

一部小说竟惹杀身祸
——拉什迪《撒旦诗篇》案

刚过不惑之年的萨尔曼·拉什迪是一位加入英国籍的印度作家。在宗教色彩浓厚的印度和高度发达的英国，他接受了不同的教育和影响，这也自然反映到他的创作中来了。面对繁杂绚丽的大千世界，他看到了神圣与庸俗、宗教和尘世的阴暗面，试图用手中的生花妙笔来调侃这个有趣的世界，给忙忙碌碌的人们以茶余饭后的谈资与笑料。他既没有想要惊世骇俗，也没有去试图探求人生的意义。他只是想把自己的感知与想象传播给那些有缘的读者。于是，他写了一部叫《撒旦诗篇》的小说。这本书以荒诞的手法，描述了一个名叫穆罕默德·麦享德的商人受到神的启示，成了先知。这个穆罕默德·麦享德在一座叫贾希利亚的城市创立了一种宗教。在拉什迪笔下，麦享德是一个反复无常、寡廉鲜耻的骗子和好色之徒。麦享德为了大把地赚钱，运用其聪明的大脑，进行了不择手段的欺诈，许多事情是见不得阳光的。他利用群众的盲目和信仰激情，摇其如簧之舌，倾倒大批信众。麦享德不失时机地亲近美色，整天处在天仙般的温柔乡里，虽南面王也不啻如此。

拉什迪哪里会料到，这一部荒诞无稽的小说竟犯下了弥天大罪，惹下杀身之祸。千般委屈，无法诉其冤；世界之大，无处容其身，惶惶不可终日地过着隐居生活，至今也不敢在公众场合露面。《撒旦诗篇》到底出了什么问题？

原来这部《撒旦诗篇》被穆斯林看到，他们认为拉什迪是影射先知穆罕默德和圣地麦加，因此亵渎了伊斯兰教。

1988 年 9 月，印度国会的两名穆斯林议员向政府提出动议，要求禁止《撒旦诗篇》在印度的出版和发行。他们声称,拉什迪写的这本小说亵渎了伊斯兰教,书中影射和丑化了先知穆罕默德。印度政府很快就下达了禁止这本书在印度出版和销售的命令。连年来,一直有宗教麻烦的印度政府生怕这部书再引起全印穆斯林的不满情绪,自然赶紧禁书。

哪知,禁书的影响迅速扩散到其他国家。巴基斯坦、南非、沙特阿拉伯、埃及、孟加拉国、印度尼西亚、马来西亚等许多国家也相继对《撒旦诗篇》下了禁令。

在英国,穆斯林怒火中烧。《撒旦诗篇》由伦敦企鹅出版社出版后,由英穆斯林组织联盟把该书中有冒犯伊斯兰教的段落摘录和复印下来,寄给一些伊斯兰国家和组织,呼吁他们采取行动,并要求英国政府禁止《撒旦诗篇》继续发行。成千上万旅居英国的穆斯林在伦敦等地集会抗议,并点火焚烧一本又一本的《撒旦诗篇》。事态进一步发展,抗议和谴责的浪潮蔓延到欧洲其他国家,蔓延到伊朗、巴基斯坦、印度、埃及……12月12日,数千名愤怒的巴基斯坦人冲击了美国文化中心,警察开枪镇压,5人死亡,数十人受伤。

事不止此。从1989年初开始,斗争的矛头从这本书转向了书的作者,有人喊出了绞死拉什迪的口号。1989年2月14日,伊朗最高宗教领袖阿亚图拉·霍梅尼说话了。他发布了一道被称为"20世纪最重要的"宗教命令,提出不仅要禁书,而且还要惩罚书的作者和出版者:

"我谨以真主的名义通知全世界虔诚的穆斯林,《撒旦诗篇》一书的作者及出版者已严重冒犯了伊斯兰教、先知和《古兰经》,必须将他们处死。我要求每个穆斯林不论在何处发现他们就立即执行其死刑,旨在使任何人都将不再敢亵渎穆斯林的神圣价值。无论谁因此而牺牲都将成为光荣的烈士,并将直升天园。"

命令既下,举世震动。

德黑兰街头立即出现了浩浩荡荡的示威游行队伍,人们高呼口号,响应霍梅尼的死刑令。伊朗政府也马上公布了处死拉什迪的悬赏金:杀死拉什迪的穆斯林可以得到260万美元,外国人可以得到100万美元。数日之后,这笔悬赏金一升再升,上述两个数字分别超过了600万美元和400万美元。据英国反恐怖专家说,几支训练有素的伊朗职业杀手已开始潜往英国。世界许多国家怒火冲天的穆斯林,包括英国的穆斯林也都表示,只要他们发现拉什迪,一定要亲手将他杀死。一些国家的伊斯兰反对派组织都对死刑令表示了赞同,如黎巴嫩的"真主党",巴勒斯坦的"圣战者组织"都立刻发表声明,坚决拥护霍梅尼的命令。全世界 45 个伊斯兰国家的政府和领导人,无论与伊朗关系是好是坏,虽然有的私下对此事也表示了不同的看法,但谁也没有明确表示反对态度,也没有哪一个替拉什迪说一句免死的话。只有利比亚领导人卡扎菲强调说,拉什迪本人并不重要,"重要的是在这本书的背后的反对阿拉伯和伊斯兰教的基督徒与犹太人"。

面对霍梅尼的死刑,西方世界却是一片愕然。他们从自己的价值观念出发,无论如何也无法理解和容忍这样的命令。西方国家纷纷指责伊朗和霍梅尼,说:"一个国家的政府绝对没有权力判处另一个国家公民的死刑","这纯属无耻的恐怖暴徒行为","文明世界决不能容忍这种号召国际恐怖主义的行为"。萨尔曼·拉什迪是英国人。英国政府一方面向伊朗提出强烈的抗议,停止了正在进行的与伊朗改善关系的外交谈判,后来又进一步断绝了两国的外交关系。同时在另一方面,由伦敦警察厅采取了对拉什迪的安全保卫措施,把他送到一个秘密地点严密保护起来。

《撒旦诗篇》事件本身固然是一个文学作品伤害人们宗教感情的事,但整个伊斯兰世界竟会做出如此强烈的反应,是许多人始料不及的。接踵而来的是人们一连串的疑问:《撒旦诗篇》如何冒犯了伊斯兰教?霍梅尼为何有如此的权威向全世界的穆斯林发号施令?世界各地的穆斯林为什么如此热烈地响应这一命令?这种情况下,拉什迪将如何生活下来?

难怪穆斯林指责拉什迪的《撒旦诗篇》亵渎先知和伊斯兰教,因为主人公穆罕默德·麦享德与伊斯兰教先知穆罕默德的经历太雷同了。

伊斯兰教的创始人、先知穆罕默德公元 570 年出生在麦加古来氏部落的哈希姆家族。他 6 岁就成了孤儿,由祖父、伯父相继抚养。先知在青少年时,生活贫困。他从小放牧,12 岁就随祖父和一支商队来往于巴勒斯坦、叙利亚等地。25 岁时,先知受雇于麦加贵妇赫蒂彻,替她经理商务。同年,先知与她结婚。婚后,先知的生活有了雄厚的基础。他于 40 岁时,常到麦加城北希拉山上的一个山洞修行,觉思冥想。41 岁那年的一个夜晚,先知照常潜居山洞时,突然接到蒙召的启示。此后,穆罕默德不断接到通过圣灵降临的启示,天使长哲布勒伊来为真主的信使。穆罕默德起初以秘密的方式在亲友中传教,三年后公开传教。他的宣教活动必然要冲击到麦加古来氏贵族及偶像崇拜者的利益,因此遭到他们的反对和迫害。迫于形势,大批信徒暂时避往他乡。后来,先知的生命受到威胁,于是和信徒迁往麦地那。麦地那的居民接受了伊斯兰教。穆罕默德以其卓越的宗教精神和政治智慧,逐步解除了麦地那犹太人的威胁,并使麦加贵族接受了伊斯兰教。632 年,穆罕默德亲临麦加进行了告别朝觐。三个月后,他便离开了人世,完成了一个宗教革命家、政治家的历史使命,使阿拉伯半岛走上文明史的历史道路。穆罕默德完成了作为总遣和封印先知的使命,成全了伊斯兰教。

穆罕默德的品德没有什么缺陷和污点。即使是他的敌人,对他的品德也是无可厚非的。他仁慈宽厚、平易近人,物质生活简朴之至。在他 35 岁时,就得到了"艾敏"(忠实可靠者)的称号。即使他成为宗教、政治领袖,仍旧给羊挤奶,自己缝衣、补鞋、料理生活,和侍从们一同用饭。他与弟子们亲密无间,与他们的小孩逗乐。他应答自由人、奴隶、女奴、可怜人的请求,探望住在城市最远地方的病人。穆罕默德说:"我的使命为宗教的、现世的、精神的、物质的、个人的、集体的各种事多都做了完善的安排。"他觉知自己负有如此神圣的使命,乃深感责任重大,任重道远。穆罕默德为圣之前是个拥有他妻子巨额财富的富有者,但他却耗尽了这些财富,以至于在他去世时曾是位欠债的人。他极为清廉寡欲,临终前对自己家人说:"我们是众先知的家族,我们不可继承应施舍的遗产。"他 25 岁才结婚,第一位妻子去世后才又娶了妻子。他的一生是清心寡欲、辛苦操劳、饱经忧患的一生。在穆斯林心目中,穆罕默德是神圣无可侵犯的"穆圣"。

穆罕默德与《撒旦诗篇》的主人公穆罕默德·麦享德在品德上有天壤之别,但经历上却如此相似,难怪穆斯林认定拉什迪居心叵测了。

天下穆斯林异口同声地对拉什迪口诛笔伐,也由于伊斯兰教中的圣战思想。《古兰经》规定,除了礼拜和旋舍外,拿起武器与多神教徒战斗,以财产和生命为圣道而奋斗,也是一项重要宗教义务,它包括为传播伊斯兰教做出的一切努力。近代以来,穆斯林在圣战的旗帜下抵抗殖民侵略的斗争史不绝书。既然拉什迪亵渎了穆斯林的神圣价值,对他及其支持者与维护者的坚决斗争,无疑具有圣战的色彩了。

在理论上,发动圣战是哈里发的一项重要职责。而哈里发,作为伊斯兰教政教合一的领袖和先知的继承人在现代社会已不存在了。最后一任哈里发为土耳其的凯末尔所废止了。霍梅尼的一纸通告是否具有发动一场针对亵渎伊斯兰教的行为的圣战之效力呢？答案是肯定的。

霍梅尼生于伊朗的一个宗教世家。他聪颖好学，长于思考，对《古兰经》体会尤深，颇得一些神学们的赏识。至 60 年代初，他已是伊朗六大最高宗教领袖之一，被尊为阿亚图拉（意为真主的象征）。他是位公认的演说天才，思路清晰、能言善辩、热情奔放，三寸之舌足可当百万雄师用。他教授神学 40 年，桃李满天下，徒众甚多。时间不长，他就成了伊朗众望所归的宗教领袖。更为重要的是，这位宗教领袖从小与当政的巴列维王朝势不两立。1941 年，他就公开著书抨击伊朗礼萨王的独裁统治。60 年代，他又带头抨击巴列维国王的"白色革命"和"现代化"。国王对他虽然恨得牙根疼，无奈霍梅尼徒众太多，影响太大，奈何不得。于是一队秘密警察奉国王旨意，将这位宗教领袖神不知鬼不觉强行送上飞机，算是将他放逐了事。在客居他乡的 10 多年间，霍梅尼反对巴列维王朝的立场一如既往。他的著作、演讲以各种方式、各种渠道流入伊朗，灌输给成千累万的教民们。巴列维冒冒失失的改革等于给全国布满了干柴，浇上了燃油，经霍梅尼的点燃，已成燎原之势。巴列维垮台出走后，霍梅尼回国，德黑兰市民倾城出动，如痴如狂地簇拥欢迎他。他自己集神权与政权于一身，成为至高无上的领袖。霍梅尼是神的化身。他开口说话，便是神谕真理；他举手投足，便是万众楷模。

霍梅尼一上台，便干出让世界瞠目结舌的几件大事。内政暂且不表。且说在国际上，霍梅尼一上台便名震一时。1979 年，忠于霍梅尼的青年学生闯入美国驻伊朗大使馆，将 60 余名美国外交官悉数捉拿，扣作人质，以此要求美国把在美避居的前国王巴列维立刻遣返回伊朗，接受审判。美国当然不肯在这些人面前失了身份，坚决不接受伊朗方面的要求，而要伊朗无条件放大。伊朗则寸步不让。结果将这批官员扣押了一年之久。此举震惊世界。霍梅尼则得意地宣布，扣押人质是穆斯林对美国异教徒的圣战。他不仅要把伊朗建成一个纯粹的神权国家，还下大气力向国外输出他的伊斯兰革命。他向世界上所有的穆斯林呼吁，要他们行动起来，推翻伊斯兰世界的一切专制腐败政府。此言一出世界震惊。于是，沙特阿拉伯、科威特、阿联酋、伊拉克、巴林、阿曼等国都出现了"伊斯兰革命"的骚动。到处有示威者高举霍梅尼画像，要求政府仿效伊朗的革命，响应霍梅尼的号召。可见，霍梅尼在世界穆斯林心目中的威望早已树立起来了。当他下令处死拉什迪时，全世界的穆斯林无不积极响应，也就可想而知了。

当然这一事件的发生与伊斯兰复兴运动也是分不开的。近代以来,在西方资本主义侵略下,伊斯兰世界的大部分地区先后沦为西方帝国主义的殖民地和半殖民地,欧洲人成了这一地区的主宰。欧洲殖民主义者不仅在人力和资源上疯狂掠夺,还不遗余力地进行思想和文化的侵略。伊斯兰教被说成了是一种"野蛮和愚昧"的宗教。由于长期殖民统治和掠夺,使大多数穆斯林国家的经济文化落后。另一方面,世俗化越来越严重,在西方文化思想的侵蚀下,先知的法度渐被忽视……70 年代以来世界各地出现了以伊斯兰教为旗帜的社会政治运动,涉及领域极为广泛,其主旨是反对世俗化和西方化,主张返回伊斯兰教的初始教义,严格遵循《古兰经》和圣训。在这种思潮的强大影响下,穆斯林重新认识到伊斯兰教的神圣价值,自我意识回归并得到加强。

在这个节骨眼上,拉什迪无意也罢,有心也好,绝对脱不了干系。

尽管拉什迪为自己辩解说,根本无意污蔑伊斯兰教,只是叙述了一个想象的故事,并发表了一个悔过的声明。霍梅尼立刻通过电台说,拉什迪不能得到宽恕。1989 年霍梅尼去世了,但那道死刑令却仍使拉什迪度日如年地在警方保护下过着隐居生活。直到 1993 年初,伊朗政府仍表示不能解除霍梅尼对拉什迪下的死刑令。

小城秘会
——拿破仑和亚历山大会谈之谜

1807 年 7 月 7 日,法俄通过签订《提尔西特和约》结成同盟,俄国参加对英"大陆封锁"。但此后几年间,两国在奥斯曼、波兰和中欧地区争夺日趋激烈,而俄国对"大陆封锁"体系的破坏,更为拿破仑一世所不容,最终爆发了 1812 年法俄之间的大规模战争。

其实,在 7 月 7 日正式签订合约之前,拿破仑和亚历山大进行了将近两个星期的秘密会谈,会谈的地点在提尔西特小城中。他们的会谈没有第三个人在场,两个人的谈话有时会一直进行到深夜。

由于没有第三人知道会谈的内容,外界对于两位皇帝的会谈内容充满了好奇。

他们对一系列重大问题的真实立场是什么？会对第三国采取怎样的措施，这么多年过去了，后人一直在对此进行研究。

法国历史学家比尼翁在《法国史》第六卷中描述道：两位皇帝见面后互相拥抱，亚历山大说，我对英国人的仇恨和你一样深，我一定支持你对他们采取的一切行动。拿破仑当即回应说，这样的话，一切都好办，和解也就实现了。如果是这样的开场白，那么下面的会谈就太容易了，因为双方的会谈基础打得很好。比尼翁认为，在提尔西特的会谈中，拿破仑只想让亚历山大和英国决裂，而同法国结盟。这个观点依据的事实是这样的：法俄正式签订的"和平友好条约"对俄国极其宽松，简直不像在对待一个战败国。俄国不仅没有丧失自己的领土，反而从普鲁士得到一部分土地，同时还获得了在瑞典、土耳其的行动权。而俄国所要做的就是承认拿破仑在历次战争中的丰功伟绩。同时，法俄还签订了一份秘密盟约，大致内容就是在一切战争中，两国都要全力对付共同的敌人，并且使出全部的力量。盟约专门规定，如果英国不接受俄国的调停，或者在 1807 年 11 月 1 日前，不承认各国船舶在海上航行的自由，不归还 1805 年以来从法国及其盟国夺取的土地，则俄国将加入法国的大陆封锁体系并向英国宣战。由此，我们可以知道，盟约缔结的基础就是共同对付英国。由此推断，两位皇帝见面后的融洽气氛是完全有可能出现的。

法国另一位历史学家阿尔芒·勒费尔在《执政府和帝国时期欧洲各国内阁史》中有和比尼翁相似的记载，书中说：拿破仑伸出手，亚历山大同他握手，两位皇帝相互拥抱。亚历山大说，我同您一样仇恨英国人，您在为反对英国所做的一切中，将得到我的协助。拿破仑回答道，这样一切都能解决，和平已经实现。另外，英国历史学家约瑟夫·阿鲍特在《拿破仑的一生》中也用类似的话描述了这一场景。

但约翰·霍兰·罗斯就持不同的意见。他在《拿破仑一世传》中，很明确地反对了以比尼翁为首的一些专家的观点。他说，所有关于这一情节的传说，归根到底都是以比尼翁的描述为依据的，而比尼翁在书中却没有举出任何确实的证据。罗斯认为，在没有第三人在场的情况下，除了两位皇帝是不会再有第三人知道会谈的情况了，因为两位皇帝是不会主动告诉别人他们的会谈内容的。罗斯认为，在会谈中，亚历山大是不会表明与英国决裂的决心的，因为这样做不是明智之举，而且会使俄国陷入尴尬的境地。法国史学家塔蒂舍夫在《亚历山大一世和拿破仑》一书中的说法证明，亚历山大是很想拖几个月再同英国决裂的。所以，比尼翁所记述的亚历山大在会谈中的态度就存在疑点。另外，一些专家从盟约及和约的内容进行分析，得出的结论是，俄国并不急于与英国决裂，更不愿意和法国结盟。因为参加大陆封锁体系，英国封锁俄国的港口会使俄国的海军建设和滨海地区的贸易损失巨大，这对于俄国来说是不能接受的。所以，可以推断在会谈中关于英国的问题，并不像比尼翁说的那样。

猜测在1963年得到了部分的证实。1963年，苏联公开出版了一批沙俄时期的外交文件，在第一集第三卷中记载了在提尔西特会谈期间，亚历山大一世对法和谈全权代表的训示草案和补充训示。从这份文件中我们可以清楚地看到俄国的立场。亚历山大在文件中说，我现在还看不出两国结盟的必要，而且不符合两国的长远利益。亚历山大还指出，两国结盟就意味着俄国要付出和英国绝交的代价，在当前形势下和英国决裂还存在很大的困难。亚历山大还特意叮嘱和谈代表，一定要向法方代表说明，两国结盟既不符合法国的利益，也不符合俄国的利益。从这些训示中我们可以明确看到亚历山大的对法态度，这样的态度肯定也会在他和拿破仑的密谈中有所表现。

拨开历史的迷雾，我们对于当年俄国和法国之间在对待英国的立场方面的一些重大问题的分歧可以看得非常明白。和今天的外交谈判一样，亚历山大和拿破仑各自代表着自己国家的利益，无论外交辞令如何美妙，他们是不会在关键的地方让步的。至于拿破仑和亚历山大是怎么具体表达的已经并不重要了。

永垂不朽
——华盛顿拒绝连任总统的背后

乔治·华盛顿是美国开国总统，由于他对争取美国独立、发展美国经济、建设民主法制和巩固联邦基础所做的贡献，被美国人尊称为"国父"。1797年，在两届总统任满后，华盛顿拒绝再参加竞选，隐退回乡。此举开创了美国历史上摒弃终身总统制及和平转移权力的范例。当时美国的法律没有规定总统不能连任第三届，而且当时华盛顿的年龄也不是很大。那么华盛顿为什么拒绝连任第三届总统呢？

一、党派斗争说。一些历史学家认为，华盛顿是怕卷入激烈的党派斗争中，而自愿放弃连任的机会。华盛顿作为一名成熟的政治家,早已意识到党派斗争扩大化的危害,他在《告别词》中呼吁人民要团结,坚决反对党派斗争和其他分裂势力。在这一点上,美国著名的历史学家约翰·卡瑞蒂分析得很精辟。他说,《告别词》被他当成冷却政治欲望的良药,而广大人民把它当成一个信号,这个信号预示着竞争即将开始。华盛顿之所以在《告别词》中那样说,是因为一直以来他都是中立者,但在第二任总统任期末,他丧失了非党派的立场,成了一个联邦党人。在这样的形势下,他中断自己的政治生涯,看来是很明智的选择。

华盛顿

二、舆论压力说。有些历史学家认为,舆论的攻击是华盛顿放弃连任第三任总统的重要原因。许多政治家也持上述观点。在华盛顿的第二个总统任期内,由于党派斗争太激烈,不利于华盛顿的言论有很多,有很多人攻击他是"伪君子""恺撒",讽刺他独断专行,蔑视公众权利,这些已经让华盛顿焦头烂额。舆论的压力甚至在他卸任时都没有放过他,在华盛顿结束第二任期并且拒绝连任后的第二天,费城的《曙光报》宣称:"这一天应成为合众国的纪念日,因为,原是我国一切灾难根源的那个人,今天已降到与他同胞们平等的地位。"可见当时舆论的压力对于华盛顿来说到底有多大。在这样的舆论环境下,如何能让华盛顿安心连任呢? 他提出隐退,也多少掺杂着些许无奈。英国的一位历史学家则一针见血地说出了事情的本质。他说,华盛顿拒绝连任第三任总统的最主要原因是想获得身体和精神上的"空闲"。换句话说,便是因为人们的反对而感到自己的能力有限,信心大打折扣。华盛顿也在自己的日记中这样写道:我现在把自己比作要寻找一个休息之处,并正在屈身扶椅之上的疲惫旅客。

虽然华盛顿拒绝连任第三任总统让他自己的人生有些许遗憾,但是却对美国的政治制度产生了深远的影响。虽然当时美国的宪法没有规定总统不可以连任第三届,但是自华盛顿开始的这一传统一直沿用到 1940 年富兰克林·罗斯福当选第三任总统为止。1947 年,国会鉴于总统权力不断扩大的趋势,制定了《第二十二条宪法修正案》,即"任何总统不得连任两届以上",该修正案在 1951 年正式实行,从法律上确立了华盛顿创立的传统。华盛顿创立的这一传统也很好地保证了美国政治权力的平衡分配,让政治权力得到了应有的约束。

华盛顿在解甲归田后的 1799 年死于自己的家中,但他对美国及对世界民主制度的发展所做出的贡献却让他永垂不朽。

占了大便宜
——约翰逊为何购买阿拉斯加

1867 年 3 月 30 日,美国国务卿威廉·西华德与俄国公使爱德华·德施特克尔签署了关于阿拉斯加的条约:美国以 720 万美元购得阿拉斯加及阿留申群岛。阿拉斯加面积 151.8 万平方公里,位于北美大陆的西北端,包括亚历山大群岛和大陆沿岸部分,阿拉斯加的土著居民主要是爱斯基摩人和印第安人,从 19 世纪开始成为俄国的殖民地。

1959 年,阿拉斯加成为美国第 49 州,也是美国最大的一个州。

阿拉斯加与美国本土之间隔着一个大国加拿大,距离数千公里,终年冰雪覆盖。为什么美国当时会决定购买这样一块土地呢?

其中的猜测之一是出于美国 19 世纪的对外领土扩张的政策。在 1823 年,门罗总统突出了以对外扩张为主要内容的"门罗主义",标志着美国开始了领土的对外扩张——不仅向南部,还要向北部扩张。当时,英国的经济军事实力很强,在全世界的范围内都有自己的殖民地,俄国也不甘落后大肆扩张,可是由于自身力量的限制,俄国的扩张活动越来越感到力不从心,俄国人甚至感觉到自己把扩张的触角伸到了阿拉斯加有点过头了。沙皇显然明白,在世界各地与英国争霸,如果失败,俄国有可能失掉一些属于英国海上霸权控制范围内的地区;另外,俄国也感觉到阿拉斯加不能永远为自己提供皮毛,皮毛总有耗尽的一天,到那时候,阿拉斯加只会拖俄国的后腿,也就会变成烫手的山芋。因此,到 1867 年,它已"想把这块广大而寒冷的扩张成果卖掉了",俄国最终选择把土地卖给美国。这样一笔让双方都看到巨大的利益的买卖自然是很快就成交了。

另一个猜测有人把它称之为约翰逊总统的个人原因。因为当时美国的内战刚刚结束,国内百废待兴,美国的国力也还没有恢复,这些条件并不利于美国在领土方面的扩张。而且,在当时战后重建的问题上,约翰逊总统和国会的意见严重不合,国会甚至还要罢免他,约翰逊正经受着一场政治考验,1867年1月7日,国会众议院通过对约翰逊总统进行弹劾的决议案,约翰逊在政治上彻底处于被动,但是他在购买阿拉斯加的行动上却主动出击。大约3个月后,美国就和俄国签订了关于购买阿拉斯加的协议,之后的一个月国会就批准了该项协议。同年7月6日,约翰逊又把该项条约提交国会众议院,以便获得为购买、占领和管理该片领土所需要的拨款。约翰逊被弹劾的事情也就不了了之了。所以有人说,约翰逊总统收购阿拉斯加不是为了美国的领土扩张,而是借收购阿拉斯加来取得外交上的成绩与国会对抗以挽回自己在执政上的颓势。这样分析也是有一定道理的。

在当时的情况下,国会为什么很快就批准了关于购买阿拉斯加的条约呢?其中一个主要原因是当时的西德华议员做了一份详尽的报告,证明了阿拉斯加的自然资源价值和战略价值绝对有利于美国。而且因为在南北战争时期,俄国曾支持过后来掌权的北方政权,所以当时的俄国和美国的关系很好。这些都帮助约翰逊总统顺利将阿拉斯加收入囊中。

今天看来,无论当时到底有什么样不为人知的背景,这笔生意美国人都确实占了大便宜。也许在俄国人提出要出卖阿拉斯加时,约翰逊总统当时就是这种感觉呢!

真伪之辨
——侵华前奏《田中奏折》

1929年2月南京的《时事月报》刊出一条新闻:《惊心动魄之日本满蒙积极政策——田中义一上日皇之奏章》,这篇报道一出来立刻引爆了全世界的舆论,各国纷纷表示惊讶和谴责,中国各地举行了声势浩大的示威游行,反日浪潮席卷全国。

《田中义一上日皇之奏章》明确表示："过去的日俄战争实际上是中日战争，将来如欲控制中国，必须首先打倒美国势力，这和日俄战争大同小异。如欲征服中国必先征服满蒙；如欲征服世界，必先征服中国。倘若中国完全被我国征服，其他如小亚细亚、印度、南洋等地异服的民族必然会敬畏我国而向我投降，使全世界认识到亚洲是属于我国的。"该《奏章》从军事行动、经济、铁路、金融、机构设置等方方面面，对侵略行动做了详细的安排部署，彰显了日本帝国主义武力侵吞中国及整个亚洲的狼子野心。

《田中奏折》的作者田中义一从 1913 年开始公开鼓吹侵华，他宣称"大陆扩张乃我民族生存的首要条件"，日本政府"必须确定经营满蒙的大方针"。在日本军部的支持下，1927 年 4 月 20 日，田中义一上台组阁。在这届政府中，田中义一除担任首相外，还兼任外务大臣与拓殖大臣，亲自掌管对外扩张事务。他们与日本军部的法西斯分子勾结，密谋策划加紧侵略与分割中国东北的阴谋计划。

1927 年，田中主持召开了一个研究积极侵华政策的内阁会议——"东方会议"，会议由田中亲自主持。会议的中心议题是制定"对华政策的根本方针"。会议确定了以将"满蒙"从中国分离出去为根本方针的日本国策。会议公开发布了一份《对华政策纲领》，这份文件措辞含蓄隐晦，但其基本内容与精神实质则是"征服满蒙侵略中国"。1927 年 8 月，日方又在中国旅顺、大连召开会议。1927 年年底，田中将"东方会议"与"大连会议"的全部结果及其制定的侵华方针与计划写成奏折，上呈裕仁天皇。这就是臭名昭著的《田中奏折》。

《田中奏折》上呈后，世人对于田中奏折内容非常关注，因此奏折成为各国情报人员搜求的对象。后传苏俄已从日本高官手中购得奏折。当时的外交部长王正廷也想获得田中奏折，并派人赴哈尔滨，准备出价 50 万现洋购买。又传美国也愿出款 20 万美元，但结果都没成功。

最终，《田中奏折》还是和世人见了面。关于奏折获得的途径有两种说法。第一种是：一位叫蔡智堪的日籍华人，以研究学术为名，通过关系混进了日本皇室枢密院图书馆中，无意间发现了《田中奏折》并将其翻译抄录了下来，带出了图书馆。这份译文几经辗转被送回了中国。

另一种说法是，东北军将领张学良在听说有《田中奏折》后，特地拨专款，通过地下渠道获得。

奏折虽然被公布,但是日本政府并不承认有过奏折,并宣称说奏折是伪造的,目的就是挑拨中日关系。1930 年,日本的外务省向中国国民政府抗议,称田中奏折是伪造。也有历史研究者认为田中奏折是苏联情报部门伪造的,目的在于引日本"南进派"侵略中国和东南亚,遏制日本侵略势力"北进派"侵略苏联,从而缓解苏联东西两面面临的反侵略压力。日本某些历史学家也认为这个奏折是伪造的,因为一直以来都只发现奏折的汉文版本,而不见日语原文。另外,俄罗斯解密的部分档案也证实此事为当时苏俄所为。文件证实,1929 年,当时的中国杂志《中国评论家》在苏联特工的帮助下刊登了著名的《田中奏折》,奏折的出现,彻底改变了中日关系的历史。作为一个积贫积弱的国家,中国在当时根本没有资格成为日本的战略对手,日本一直以苏联作为它的战略敌人,但田中奏折使中日两国的仇恨急剧升温,并最终导致 1937 年中日战争的全面爆发。

但是有更多的人相信奏折真的存在过。日本投降之前曾大量销毁证据,从此种行为推测,不排除其销毁此证据的可能性。该奏折在战败之前是机密内容,而此类内容经常在一定时间后销毁。因此上文所说该奏折只有汉文版本,不见原文所以系伪造的观点不成立。有些常识的人都知道,当时日本国的诏书、呈给天皇的正式奏折都用汉语写成,此已是惯例。而且后来有学者研究发现,日本的对外侵略步骤和侵略政策和《田中奏折》中罗列的有惊人的相似之处。

其实不管《田中奏折》是否存在,日本侵略中国都是一个不容掩盖的事实,而且给中国带来了巨大的灾难。今天研究《田中奏折》,我们更关注的应该是如何以史为鉴,让世界永远和平。

是否存在
——《苏德条约》附有秘密议定书吗

1939 年 8 月 23 日,苏德在莫斯科签订《苏德互不侵犯条约》。

苏德签订合约的主要原因,是当时欧洲各国的力量不均衡,当德国法西斯政权崛起之时,英、法、美等西方国家一直采取以维护自身利益为目的的绥靖政策,这种政策除了使自己免遭军事扩张势头正猛的德意志帝国损害以外,还有另外一个目的,就是将德国这股祸水引向苏联。苏联当然不会坐以待毙,因此斯大林在对英法绥靖政策失望的同时,果断地做出了决定,他宣布停止和英法等国的军事联盟谈判,转而和纳粹德国修好,以保护苏联的利益。同时,德国因为要避免在东西两线同时作战,也要寻求先稳住苏联的方法。基于以上的理由,两国签订了互不侵犯条约。

关于条约的秘密议定书最早是 1946 年 5 月 30 日英国《曼彻斯特卫报》刊登出来的。报道中称,1939 年《苏德互不侵犯条约》附有一项秘密议定书,并且对其内容进行了披露。另外,有不少西方的学者都认为《苏德条约》附有秘密议定书。比如,英国学者阿诺德·托因比等人合著的《大战前夕,1939 年》一书载有《苏德互不侵犯条约》的秘密议定书的重要条款;法国的史学家让·巴蒂斯特·迪罗塞尔在其《外交史》中明确地说,《苏德条约》中存在着无可争议的秘密协定书;英国学者艾伯特·西顿在其《苏德战争,1941~1945 年》一书中也有《苏德条约》附有一份草率拟就、措辞模棱两可的秘密议定书的叙述;美国学者威廉·夏依勒在其名著《第三帝国的兴亡——纳粹德国史》中还有对《苏德条约》秘密附属议定书的主要内容的列举。那么让如此多的人关注的秘密议定书里是什么内容呢? 其实主要内容为划分两国在东欧的势力范围。实际上就是苏联任由德国侵略欧洲各国,只要保持中立态度,就可坐享渔翁之利。原纳粹德国上将蒂佩尔斯基希在其《第二次世界大战史》中叙述了关于希特勒将部分波兰领土划给苏联、对与苏联接壤的东欧小国不感兴趣的问题。这实际就暗合了人们猜测的秘密协定中的内容。苏联的这种做法严重地伤害了欧洲各国人民的感情。它也表明苏联放弃了同西方民主国家建立反法西斯统一战线的努力,使希特勒避免了两线作战的危险,为德国发动世界大战创造了有利条件。条约对欧洲势力的划分也暴露了苏联大国主义的倾向。

但是,虽然很多人认为存在秘密协定,甚至有人罗列过它的内容,但是谁都没有见过协定的原本。苏联一直不承认存在过秘密协定,而且几乎没有关于秘密协定的记载。收入《苏联对外政策文件汇编》第四卷的《苏德条约》中没有涉及秘密协定的内容;阿赫塔姆江等人著的《苏联军事百科全书》在谈到《苏德条约》时,也没有涉及秘密协定;萨姆索诺夫主编的《苏联简史》中也没有涉及秘密协定。曾参加 1940 年苏德谈判的比列日科夫在其回忆录中不仅没有提到《苏德条约》的秘密协定,而且声称,对 1939 年苏德条约问题,虚假报道堆积如山。1939 年 8 月 24 日苏联的《消息报》所发表的《苏德条约》的条款,不但没有秘密附属议定书,而且还批评道,资产阶级世界有人陷入伪造的泥潭而不能自拔,继续就条约和敌视苏联的目的撒谎。由此可见,关于秘密议定书的消息是来源于英美一方,这是不是有什么隐情呢?

我们来看一下 1946 年后的世界格局。当时,第二次世界大战已经结束,同时,美苏两极争霸已经开始。西欧国家获得美国的大量援助,站在美国一边,东欧许多国家建立了社会主义政权,跟着苏联走。德国被分为东方和西方两部分。在这样的形式下,英美炮制秘密协定的谎言,挑拨苏联和其他东欧国家的关系,以达到削弱苏联势力的目的也是极有可能的。

中国学术界对于秘密议定书的存在是肯定的,只是对于苏联是否承认议定书的存在有两种看法。一种认为,苏联并没有否认议定书的存在;一种认为,苏联否定议定书的存在。

秘密议定书是否存在的问题已经争论了几十年,到现在仍然没有一个确切的定论。弄清楚这个问题对于正确评价国际关系、深入了解第二次世界大战的历史有着至关重要的作用。

居心何在
——克里普斯二战访印的真实原因

1942 年,正是第二次世界大战正进行得如火如荼的关键时刻,英国下院领袖、掌玺大臣克里普斯携带解决印度问题的《宣言草案》,飞往新德里访问。由于《宣言草案》没有得到印度的同意,所以 4 月中旬克里普斯离开印度返回英国。克里普斯的印度之行耐人寻味,引起学者和政界的关注和兴趣。在这样一个敏感的时期,克里普斯访印的原因是什么?为何会失败呢?对这些问题,至今尚无定论。

对于克里普斯访印的原因有很多种猜测。比较流行的有以下几种:

"丘吉尔决定说"。1941 年 12 月,太平洋战争爆发,日本加速了侵略步伐。1942 年春,新加坡、仰光先后沦陷。南亚次大陆的安全受到直接威胁。素以维护大英帝国利益而著称的丘吉尔首相,为了确保帝国生命线——印度殖民地的完整无损,免受日军蹂躏,派遣克里普斯访印。

"工党压力说"。第二次世界大战中,英国内阁在对待印度的政策上存在着意见分歧,工党的内部也有不和谐的声音,对丘吉尔施加压力,要求他改变对印政策,缓和双方的矛盾,争取印度能加入反法西斯阵营中来。丘吉尔害怕内阁分裂,慑于工党压力,才做出上述决定的。另外,克里普斯是力主改善英印紧张关系的,所以克里普斯访印也就在情理之中了。

丘吉尔

"罗斯福干预说"。美国一些学者并认为,克里普斯访印主要是由于美国总统罗斯福的影响和干预。因为当时的国际战争环境不利于反法西斯同盟国。当时,英国在东南亚战场上,没有取得应有的进展,接二连三地丧失阵地,已经严重地威胁到了同盟国在远东战场的战略利益。另外,由于中国与外界的海上联系被切断,中国战场更难得到盟国的支持和合作。当时中美两国政府首脑出于盟国共同事业的需要,并以印度所处战略地位考虑,曾向丘吉尔频频施加压力,要求早日解决印度问题,以争取印度人民尽快投入反法西斯战争。1942年2月,在罗斯福的支持下,蒋介石夫妇访问了印度,试图劝说英印政府改变对印政策,但未能成功。3月中旬,罗斯福本人获悉克里普斯即将启程的消息后,立即电告印度总督林利思戈,说他已任命约翰逊上校作为他的私人驻印代表,名义上担任美国驻印度军事代表团团长。后来约翰逊上校多次向罗斯福汇报克里普斯与国大党领导人会谈情况,并多次从中斡旋,力促达成协议。所以,罗斯福对于克里普斯访印有着重要的影响。

"印度呼吁说"。第二次世界大战爆发后,由于当时的印度总督在未与印度各党派商议的情况下,轻率宣布印度参加第二次世界大战,激起了印度人民的强烈不满和抗议,反英反战斗争高涨。至于印度自由派一些人士,例如萨普鲁等人也联名上书,向丘吉尔本人直接呼吁,要求英国采取实际行动,以缓和日趋尖锐的英印矛盾。

会谈失败的原因又是什么呢？英国一些当权者站在殖民主义立场上，把失败的责任推在印度身上。当时担任印度事务大臣的多艾默里说，克里普斯不远千里飞往印度会谈，以求达成协议，可是印度国大党领导人却不肯向前走动一步来使彼此接近。克里普斯把失败责任推在甘地身上，因为甘地打电话给国大党工作委员会，建议拒绝这个方案。战后出任首相的工党领袖艾德礼则把失败的原因归咎于印度两大教派之间的矛盾。然而，也有的学者认为，克里普斯赴印使命的失败，是同罗斯福总统屈服于丘吉尔的压力有关。特别是同罗斯福的特使霍浦金斯带给丘吉尔的口信有关。因为前者告诉后者，约翰逊上校并非罗斯福派去调处印度问题的代表。所以，后来丘吉尔告诫罗斯福不要介入印度事务，以免处于尴尬地位。罗斯福接受劝告，最后不得不做出印度问题"不关我事"的表态。

当然，国大党领导人和印度史学家并不这样认为。他们的看法是，会谈失败的真正原因，在于英国内阁中，以丘吉尔为首的强硬派和林利思戈总督顽固地坚持帝国主义殖民主义立场。克里普斯赴印的目的有两个：一是安抚人心，稳住印度局势，以增强南亚的防务力量；二是安抚盟国，主要是为了安抚罗斯福，以此表明英国并非不打算解决印度问题。正如尼赫鲁所说，真正的问题是，英国不想把它所掌握的权力移交给国民政府。不仅如此，在国大党领导人看来，《克里普斯方案》不是填平了印度国大党与穆斯林联盟之间的鸿沟，而是进一步加深和扩大了分歧，英国正好利用这一矛盾，拖延印度独立。

综合了出访原因和失败原因的各种分析，我们可以看出，英国出访印度的目的是为了维护英国在印度的殖民利益，英国不想让日本占领它的殖民地，当然也不想让印度在战乱时期趁机独立，脱离英国的控制。印度看到世界战乱，英国忙于战争，无暇东顾，当然想借机会独立，二者的出发点就截然不同，可以想象他们的谈判进行的有多么艰难，失败也就在情理之中了。

如何控制
——二战中巴尔干为何掀起政治纠纷

巴尔干地区位于欧亚两洲的接壤处，是欧洲的下腹部，扼黑海、地中海的咽喉，战略位置十分重要。自古以来,这里就是欧洲的火药桶。同时,这里民族成分复杂,宗教多样。巴尔干地区一直是各大国觊觎的对象,多次遭到大国的统治。14世纪下半期,奥斯曼帝国入侵巴尔干;19世纪中期,奥匈帝国也开始将巴尔干的西北部地区纳入自己的统治之下;俄国自从15世纪以来一直打着解放斯拉夫人的旗号在巴尔干地区争夺势力范围。近百年来,巴尔干前后发生了7次大的战争。1912~1913年塞尔维亚、黑山、希腊和保加利亚结盟,发动针对奥斯曼土耳其的战争;1913年塞尔维亚、黑山、希腊和罗马尼亚一起反对保加利亚的战争;第一次世界大战;1919~1923年的希腊和土耳其之间的战争;第二次世界大战;二战后的希腊内战和波黑战争。由于自己内部斗争,加上外部斗争祸及,巴尔干几乎没能避免任何一次战争,这给巴尔干地区的人们带来了深重的灾难。

在第二次世界大战中,巴尔干对希特勒来说不仅是其第三帝国的东部前线,而且由于其丰富的自然资源尤其是战略资源——石油,使它显得尤为重要。同时,巴尔干的保加利亚、罗马尼亚和匈牙利还为德军提供了数以万计的士兵。那么希特勒是如何控制巴尔干的呢?

保加利亚是一个山地国家,长370英里,最宽处185英里,位于黑海之滨,南临希腊,北临罗马尼亚。保加利亚在战争中扮演了一个十分奇特的角色。1941年12月,保加利亚君主鲍里斯三世对英美宣战。但是,他对与德国作战的苏联却非常小心,尽量避免与之发生冲突。因为保加利亚和苏联的关系暧昧,所以希特勒对保加利亚的举动格外关注。与此同时,保加利亚地理位置优越,军事战略地位显著,另外还有丰富的地热资源,早已引起斯大林的垂涎。被两大集团同时关注,这就意味着稍有不慎就会有杀身之祸。

不幸的事情很快就发生了,1943年春,当时英国和美国的特工散发了一些很高明的谣言,内容就是盟军将要进攻保加利亚,继而以此为缺口拿下巴尔干半岛。也就在这个令人紧张的时刻希特勒得到消息,称保加利亚国内有分裂势力,意图将保加利亚分裂出轴心国。这一消息让希特勒顿时警觉,由此一场闻名世纪的政治纠纷就这样发生了。

事情的经过是这样的。当时盛怒之下的希特勒担心保加利亚分裂出去,整个巴尔干半岛将会投入到同盟国的怀抱,那德国的南部将失去保护的屏障,直接变成战场,于是他在巴伐利亚的行宫中紧急召见了鲍里斯三世。希特勒对鲍里斯三世恩威并施,力劝他不要让保加利亚脱离轴心国,鲍里斯三世最后勉强答应希特勒保证保加利亚不脱离轴心国。但是事情远远没有结束,鲍里斯三世在和希特勒会面回到保加利亚的几个月后突然死于自己的官邸中,死因竟是中了一种罕见的蛇毒。很明显,鲍里斯三世是死于谋杀,但是是谁下的毒手呢?德国人、英国人、美国人、苏联人,甚至保加利亚本国人都有可能。鲍里斯三世一死,保加利亚国内的局势很快就陷入了混乱的状态。

轴心国和同盟国也随即展开了争夺保加利亚的斗争。斯大林在这场斗争中显然比希特勒看得更远。他率先做出反应,宣布苏联对保加利亚开战。当时的德国在欧洲战场已经处于颓势,各大同盟国正对德国进行全面的进攻。保加利亚显然不愿意做德国的陪葬,于是在苏联出兵的强大压力下,1943年9月8日,保加利亚宣布对德开战。保加利亚用了一半的兵力在德国的南线与德国开战。与此同时,保加利亚的摄政委员会在莫斯科与英国、美国和苏联签署了停战协定,标志着保加利亚成了同盟国的一员。可是,斯大林很快就派乌克兰第三方面军进入保加利亚。保加利亚共产党接管了政权,摄政委员会的成员被逮捕并处死。保加利亚几乎在一夜之间就变成了社会主义国家,速度之快让人惊叹不已。由此这场纠纷也以苏联获得最大的利益而告一个段落。

谁来负责——日本天皇战后逃脱审判之谜

日本裕仁天皇生于1901年4月29日,是大正天皇嘉仁的长子。1926年裕仁继承皇位,改年号为"昭和",成为日本第124代天皇。裕仁天皇在位63年,是日本历史上最长寿、在位时间最长的一代天皇,也是世界上最后一位去世的经历过第二次世界大战的君主。

第二次世界大战日本投降后,日本的许多战犯都被送上了军事法庭,接受审判,但作为当时日本最高统治者的裕仁天皇却没有被送上法庭受审,这在当年引起了轩然大波。一个罪孽深重的战败国的头子为什么居然能够逍遥法外?其中有什么隐情?

第二次世界大战结束后，不管是在国际上，还是在日本国内都希望裕仁天皇能接受审判，就连天皇本人也认为自己应该承担战争责任。当时的军事法庭审判长澳大利亚法官威廉·维著也认为，如果不审判天皇，其他战犯则无法进行审判，为了维护法律的公正，裕仁天皇应该在国内或国外受到监禁。苏联、中国、英国、澳大利亚、新西兰等国都将裕仁列为日本头号战犯。英国首相艾德礼、苏联统帅斯大林分别致电麦克阿瑟，要求严惩战争罪犯裕仁天皇，建议经公审后绞死。但是，后来的事情却出乎人们的意料。

1945年9月27日上午，裕仁天皇会见了美国五星上将麦克阿瑟将军。在会谈中裕仁天皇勇敢承认了自己在战争中的责任，给麦克阿瑟留下了深刻的印象。很多年后，麦克阿瑟回忆说：在当时，我感觉我面对的是日本第一个当之无愧的有素养的人。作为盟军在日本的最高司令，麦克阿瑟要求裕仁天皇承诺了很多事情，包括肃清日本的黩武精神，否认天皇神圣性等。在会谈结束后，美国改变了对裕仁天皇的态度。由于美国态度的改变，致使对天皇的军事审判不了了之。就这样，裕仁天皇逃脱了应有的审判。那美国为什么改变对裕仁天皇的态度呢？

自古以来，天皇在日本民众心中是至高无上的神，受到民众无条件的敬仰。战后，天皇地位有所动摇，但其影响力仍然是不可替代的。保留天皇有利于更好地控制战后日本的国内局势，也有利于更好地控制日本。早在德国投降时，美苏之间的矛盾就已显露出来，两个超级大国都在谋求自己的世界霸主地位，因此双方都在积极地培植自己的势力。在欧洲，美国主控西欧，苏联主控东欧，算是平手。那么，谁能在亚洲及太平洋地区占据主导地位，谁就占据了称霸世界的主动权。而日本是亚太地区最重要的国家之一，扶持日本的关键就是控制裕仁天皇。所以，为了自身利益，美国同意不把裕仁天皇送上军事法庭。正是由于美国的干预，1946年4月3日，远东委员会决定对裕仁天皇不予起诉。6月18日，远东审判首席检察官基南在华盛顿宣布不对裕仁天皇以战犯论处，同时远东审判日本辩护团一致通过决议，不追究天皇及皇室的战争责任。

那么裕仁天皇到底应不应该对战争负责呢？

1936年2月，日本军部内部的"北上派"和"南进派"内斗最终以裕仁支持的"南进派"获胜而结束，军部控制了政府，裕仁借此也绝对掌控了日本中央政府过去难以控制的日本军队。1937年，中日战争开始，日本很快吞并了大部分东亚地区,使其加入"大东亚共荣圈"。在政府决定加入战争这件事上,裕仁作了正式的批示。根据他对宪法的理解,他有义务支持内阁通过的政策。日本立教大学的访问学者保阪正康认为天皇有战争责任:"即使天皇仅是一枚橡皮图章,但他是唯一处在对军队有发言权地位的人。而且在现实中,许多人都是高喊着'天皇万岁'才敢于献出生命的。"日本亚洲史档案中心的高级研究员牟田昌平认为,德国有希特勒,意大利有墨索里尼,但日本缺少一个与之匹配的人物。通过这些我们可以看出来裕仁天皇作为国家的领袖对国家实施的军事政策是有决定权的,所以他是应该被追究战争责任的。

惨绝人寰
——朝鲜战争前的韩国大屠杀

关于战争中惨绝人寰的大屠杀的事例,除了第二次世界大战期间德国对犹太人屠杀和日本侵华时的南京大屠杀,我们还可以列出很多。但是,人类之间的相互残杀毕竟不是什么光彩的事情,因此还有一些事实就被人有意无意地掩盖了。找出真相,让这种野蛮与残忍不再出现于人类的历史,成为许多人孜孜不倦的追求。

朝鲜战争结束迄今已半个多世纪了,但50多年来,政治家、军事家和研究者一直致力于这场战争的研究,各国陆续解密的档案成为研究朝鲜战争的重要文献。美国国家档案馆文件的逐渐解密让我们对一场我们视野之外的大屠杀逐渐有了一个清晰的了解。

2008年,美国国家档案馆解密的一些文件表明,1950年朝鲜战争爆发之初,韩国军方和警方对左翼人士及其同情者进行了大规模的屠杀,被杀害的人数可能高达10万之众。这批档案显示,在1950年6月朝鲜军队大举南下之际,韩国军队和警方在数周内将监狱清空,将大量犯人迅速地分批集中处决,抛尸于临时挖成的坑中和废弃的矿井中。大多数被害者都没有经过审判程序。战后,韩国当局一直试图掩盖它犯下的屠杀暴行。直到上世纪80年代,韩国开始了民主化进程,这才为最终解决这桩历史悬案提供了政治契机。

事情的发现源于一次偶然,2002 年,一场台风横扫韩国,将一个埋有众多遇难者遗骨的墓葬坑掀开;同时,一家电视台在一个封闭矿井内发现了被草草掩埋的大量遇难者遗骸。之后,时任韩国总统的卢武铉下令成立了一个专门的调查委员会,在全国范围对朝鲜半岛南方和北方的战时恐怖行为展开了调查。经过三年的努力取得很大的进展,找到了当年很多的尸体掩埋坑。委员会经过大量认真细致的工作,将档案文件与目击者和幸存者的证词相匹配,已经正式确认了两个大型处决场——分别是韩国中部的清原和东南海岸的蔚山。另外,据"真相与和解委员会"的历史学家估算,大约有 10 万人被害。这一数字是基于釜山的一个非政府组织的推断做出的,相比当时韩国 2000 万的人口总数,这一比例相当惊人。仅在庆尚南道就有 25000 人被杀,"国家教导团"中的 3 万人大多数也被杀害了。除了委员会找到的尸体证据,再加上美国提供的档案,可以完全肯定当年在战争中发生了一场惨绝人寰的大屠杀。

那么为什么会发生如此大规模的屠杀呢?

首先要从当时的国际大环境来看。二次世界大战结束后,美苏争霸直接导致朝鲜正式分裂为南北两个部分,双方的对峙也日益地明显。朝鲜战争爆发后,北朝鲜军队一路南下,势如破竹,李承晚在南方的政权一触即溃。这让韩国方面陷入了恐慌,于是对本国的左翼人士进行了血腥的大清洗。1951 年接任麦克阿瑟担任"联合国军"总司令的马修·李奇微在自己所著《朝鲜战争——李奇微回忆录》中这样描述了战争爆发时的态势:"北朝鲜人民军不仅为这次进攻作了充分的准备,而且还拟制了详细周密的计划,甚至连派某些部队混杂在难民之中潜入南朝鲜境内、破坏交通、散布恐怖言论以及摧毁坚固工事等问题都考虑到了。"这些潜入南方的北方秘密力量给韩国方面造成了巨大的心理和军事压力,为后来韩国军方进一步捕杀左翼势力提供了部分口实。

在这场屠杀中,除了韩国政府的残暴令人发指外,美国政府态度的冷漠也让人唾弃。美国人在一系列屠杀事件中的立场成为人们追问的焦点。在目前解密的档案中,美国可以用"态度暧昧"来形容。如此重视"民主"和"人权"的美国政府缘何采取旁观立场呢? 这要从美国长期的反共产主义政策说起。第二次世界大战后,反共意识形态在美国国家政治生活中的地位大为提高,成为战后美国政治形态中的重要内容。苏联在东欧主宰地位的强化以及中苏结盟,进一步增加了美国对共产主义的恐慌。也就是在这样一种恐慌的反共氛围中,美国参加了朝鲜战争,这就直接决定了美国对韩国屠杀左翼人士的做法采取睁一只眼闭一只眼的态度。

2008年1月,韩国总统卢武铉为当年在蔚山发生的870人被屠杀事件进行道歉,称这是"当时政府犯下的罪行"。虽然工作取得了一定的进展,但委员会要在2010年前出台一份最终的全面报告,面临的困难也是不小的。"真相与和解委员会"现有240名工作人员,但仅为1900万美元的年度预算资金在如此宏大的工作前显得捉襟见肘。另外,现任总统李明博所在的大国家党,是一个保守的右翼党派,因此委员会能否获得足够的政治支持乃至预算都不明了。再加上年代久远,幸存者寥寥无几,一些受害者也不愿接受委员会的采访,想要完全揭开真相,存在的困难是可想而知的。

暗中较量
——柏林隧道窃听案的前因后果

20世纪50年代,是美苏争霸的关键时期,两个超级大国在暗地里的较量也进行得如火如荼,其中窃听对方的情报是斗争的主要方式之一。

在用窃听的方式获得情报方面,美国显然走在了苏联的前面。在1948年以前,美国就已经开始了对苏联的窃听战。二战结束后,美国对于苏联情报的窃听技术更是得到了巨大的发展。因为,二战后有很多在苏联工作过的西方科学家来到美国,他们非常了解苏联的通讯技术,所以,美国在窃听技术上进行了有针对性的改进,进展也比较迅速。

由于当时无线电信号经常会被拦截,保密性很差,所以苏联又重新开始使用比较安全的陆上通讯线路,采用高频信号传输。但是,美国中央情报局的电讯专家卡尔·纳尔森发现了一种特殊的技术,可以从电缆上把加密的电讯信号的回波收集起来,再通过技术处理,就可以把讯号还原成原来清晰的通讯内容。

1953年,美国中央情报局在华盛顿召开如何窃听苏联电话的专题会议,最后,他们决定以联邦德国为基地,并策划了代号为"金子"的窃听行动。

行动的组织者在西柏林挖了一条延伸至东柏林的长约 1476 英尺,直径为 78 英寸的隧道,用来拦截在卡尔斯霍斯特的苏联空军司令部与柏林连线的陆上通讯。隧道开挖时,美国把施工现场伪装成正在建造无线电雷达站的样子,在离东西德交界处 100 码的地方建了一个巨大的地下仓库,目的是存放从隧道里挖出来的 3100 多吨泥土,就这样轻松地骗过了苏联。从 1954 年 8 月到 1955 年 2 月,中央情报局在英国情报机关的协助下,用了近 7 个月的时间,耗费了 3000 多万美元,终于将隧道挖好。隧道正式投入使用后,每天的工作量是很大的。整个隧道中有 600 台录音机,一天要用掉 800 盒录音带。但是,由于窃听的资料太多,一直用了两年零 5 个月才翻译完毕,所以有的情报在翻译出来以后就失去了它的效用。通过"金子"行动获得的最大收获是:美国对苏联是否有向西方发动进攻的意图有了事先的了解。

苏联方面也不是毫无察觉,乔治·布莱克的公开身份是英国驻柏林的高级官员,其实他是一名苏联间谍。他最早向苏联方面透露过隧道的事情。因为苏联人觉得自己的密码系统是绝对安全的,另外也为了不让乔治过早地暴露,所以并没有采取什么有效的措施。

隧道在使用了 11 个月后,被苏联发现,从而宣告"金子"行动的结束。其实,苏联发现隧道也纯属巧合。苏联人发现有一根电缆线因长期受到雨水的侵蚀,工作的状态欠佳。水汽渗透到了电缆线内,使电缆传递信号的功能失灵,于是,他们动手把电缆线挖出来维修,这才发现电缆线被人搭线窃听了。

"金子"行动的组织者一开始就知道,行动早晚会被发现,但是他们同时也认定,苏联肯定不会对外声张,因为这样做只会使他们自己丢脸。但是事情最后还是被捅了出来。

1956 年 4 月 21 日,柏林卫戍区的代司令在搞不清状况的下,草率地做了一个决定,向柏林的记者们介绍了如何发现美国中央情报局秘密隧道的经过,还让记者们参观了隧道里面的各种设施。这顿时成了一个爆炸性的新闻。值得美国中央情报局的欣慰的是,世界各地的反应是偏向美国的。有的报刊甚至宣称,这是现代间谍史上的奇迹。1956 年 5 月 11 日,《华盛顿邮报》以"爱的隧道"为题发表了社论,高度赞扬了中央情报局特工的聪明才智。5 月 7 日,《时代》周刊以"充满奇迹的隧道"为题目,介绍了柏林隧道的情况。

　　"金子"行动就这样在世界媒体的一片喧嚣中结束了,但是,美国情报部门的"窃听事业"却没有停下脚步。现在,美国的窃听技术已运用到了各个领域,甚至可以监听任何一个他们认为有必要监听的电话。

第十二章　没有硝烟的谍战掠影

当心希腊人的礼物——木马屠城

"木马"程序是目前比较流行的病毒文件,"木马"(Trojan)这个名字来源于古希腊传说,也就是《荷马史诗》中木马计的故事,"Trojan"一词的本意是特洛伊,代指特洛伊木马,也就是木马计的故事。

一个苹果引发的战争

在西方,有两个著名的苹果,一个砸在牛顿的头上,让他发现了万有引力定律;另一个与我们所要讲的木马计的间谍故事有关。在约公元前12世纪,希腊和特洛伊之间爆发了一场战争,这场战争的起因是一个苹果。神话中说,英雄阿喀琉斯的父母国王珀琉斯和海中女神的女儿忒提斯举行婚礼,奥林匹斯山上的许多神仙都应邀来了,唯独争吵女神没有被邀请。她很生气,便抛出一个金苹果,上面写着"给最美丽者"。雅典娜、阿弗洛狄忒和赫拉都宣称自己应该获得这个苹果。最后,她们请求特洛伊王子帕里斯裁决。帕里斯把金苹果给了阿弗洛狄忒,作为报答,帕里斯在阿弗洛狄忒的帮助下,拐走了当时希腊最美的女子海伦——斯巴达王墨涅依斯的王后。为了夺回海伦,希腊人大举进攻特洛伊城,争吵女神的金苹果引发了西方历史上著名的特洛伊战争。

特洛伊城是个十分坚固的城市,希腊人攻打了九年也没有打下来。特洛伊人也不敢贸然出城进攻,希腊人只得侵占附近的城邦。第十年,希腊将领奥德修斯想出了一条妙计。一天早晨,希腊联军的战舰突然扬帆离开了,特洛伊人经过长时间的观望,确信希腊人已经离开,他们以为希腊人撤军回国了,于是纷纷跑到城外。在海滩上,除了特洛伊人烧毁的帐篷,他们还发现了一只巨大的木马。这匹木马制作得非常精致,马颈上装了精致的马鬃,马头和马尾上粘了细密的绒毛。马的两耳竖起,圆溜溜的马眼睛炯炯有神。总之,就像活的一样。

木马:不怀好意的礼物

特洛伊人并不知道他们的灾难就藏在这匹木马的腹中。原来,希腊人围攻特洛伊城,久久不能得手。于是,占卜家和预言家卡尔卡斯开会,说:"我昨天看到一只雄鹰追逐一只鸽子,鸽子飞进岩缝躲了起来,雄鹰等了许久,鸽子就是不出来。于是,雄鹰假装离开,却躲在附近的灌木丛中。鸽子以为雄鹰飞走了,于是飞了出来。雄鹰立即扑上去,用利爪抓住了它。所以,对特洛伊城不能强攻,而应智取。"

大家绞尽脑汁,最后奥德修斯想出了木马计:"我们造一匹巨大的木马,在马腹里隐藏足够多的士兵。其余的人则乘船离开特洛伊海岸,让特洛伊人以为我们已经离开。同时我们让一个士兵冒充逃难的人混进城去,告诉特洛伊人,希腊人建造的木马是献给特洛伊人的敌人帕拉斯·雅典娜的礼物,并设法说动特洛伊人把木马拖进城内。当敌人熟睡时,他再给躲在木马里的人暗号,让他们赶快爬出来,召唤隐蔽在忒涅多斯岛附近的战士们。这样,我们就能轻而易举地摧毁特洛伊城了。"

计划周密的木马计执行起来并不容易。首先是要制造能容纳许多战士的巨型木马,并把它装饰得像奉献给雅典娜的礼物。于是,希腊人着手制造木马。木马做好后,还需要挑选钻进马腹的人,而钻进马腹比直面敌人作战需要更大的勇气!最重要的是在木马附近还要留下一个胆大机智的报信人,因为他要使特洛伊人相信木马是希腊人献给雅典娜的礼物,并使特洛伊人将木马完好地拉入城中。

这个报信人的艰巨任务最终落在了奥德修斯的好友西农身上。为了取信于人,奥德修斯还在西农身上用了苦肉计,把西农打得鼻青脸肿。

其余的希腊人听从阿伽门农和涅斯托耳的命令,放火烧毁帐篷和营具,然后登船起航,朝忒涅多斯岛驶去。到达忒涅多斯岛时,他们抛锚上岸,急切地期待着远方传来预定的火光信号。

当特洛伊人发现了那匹巨大的木马后,他们围着它,惊讶地打量着它,因为它实在是一件令人赞叹的艺术杰作。士兵们争论起来,有的主张把它搬进城去,有的人主张将它推入大海,或者用火烧掉。

"我想，我们应该烧掉这个东西。"面对希腊人突然遗留在战场废墟上的这只巨大的木马，特洛伊王国的小王子帕里斯对他的父王说。因为他有一种不安的感觉，他觉得这个突然出现的物体会带来厄运。

阿波罗的特洛伊祭司拉奥孔也感到木马里面有阴谋，他从人群中走出来，大声叫喊道："公民们，你们犯什么傻呀！难道你们对希腊人的阴谋诡计了解得还不够吗？你们就不想预防它吗？依我看，我惧怕希腊人，就算是他们赠送礼品给我们，同样还会惧怕他们。"他同样意识到了木马中包藏的危险，他从站在一旁的战士手中夺过一根长矛，将它刺入马腹。长矛扎在马腹上抖动着，里面传出一阵回声，像从空穴里传出的声音一样。然而特洛伊人已经被胜利的假象冲昏了头脑，他们并没有怀疑马腹内藏着危险。

突然，有几个牧人发现了藏在木马腹下的西农。西农巧妙地扮演着自己的角色，他两手向天，悲哀地哭泣："天哪，我能到什么地方去，到哪儿乘船呢？希腊人将我赶出来，而特洛伊人也一定会杀死我的！"并且他告诉特洛伊人，自己被希腊人作为祭品，在将要被杀的关键时刻，他幸运地逃了出来。"我已经无法回到我的家乡了。我现在落入你们的手中，我希望你们仁慈和慷慨地留我一条命，不要像我的同乡一样将我处死！"

西农天衣无缝的谎言不仅欺骗了俘虏他的牧人和士兵，连普里阿摩斯国王也相信了他的话。国王抚慰他，并让他说出这匹木马的秘密。西农对他们说，这是献给密涅瓦争取和平共处的祭祀之物，木马造得如此之大，就是为了不让人将它搬到城里去，因为木马拖进城里，雅典娜就会保护特洛伊人而不保护希腊人了。

这些话深深地打动了特洛伊人的心，而且还发生了一件奇怪的事情，更让人们不再胡思乱想。原来，出现了两条巨蛇，将可怜的拉奥孔和他的两个儿子活活地咬死了，这两条巨蛇最后盘绕着躲在女神的脚下。

西农说："这是因为拉奥孔想毁掉献给女神的礼物，所以他得到了惩罚。"特洛伊人也相信这场恐怖的事件是因为祭司怀疑木马而遭到的惩罚，于是特洛伊人赶紧把木马往城里拉。但木马实在太大了，比城墙还高，特洛伊人只好把城墙拆开了一段。另一些人给木马脚下装了轮轴，并搓了粗绳，当木马通过城门的高门槛时，有四次被阻，但终于滚过去了。每次颠动时，马腹中都传出了金属撞击的声音，但被胜利冲昏头脑的特洛伊人已经充耳不闻。

屠杀从特洛伊人梦中开始

当天晚上,特洛伊人欢天喜地,庆祝胜利,他们跳着唱着,喝光了一桶又一桶的酒,直到深夜才回家休息,做着关于和平的美梦。这时,西农走到木马边,轻轻地敲了三下,这是约好的暗号。藏在木马中全副武装的希腊战士一个接一个地跳了出来。他们悄悄地摸向城门,杀死了睡梦中的守军,迅速打开了城门,并在城里到处点火。隐蔽在附近的大批希腊军队如潮水般涌入特洛伊城,特洛伊就这样被攻破了。

阻挡了希腊军队整整十年的城墙,就这样被一只木马轻易地摧毁了,留下了木马屠城的故事和一句发人深省的谚语:当心希腊人的礼物。

最是那可堪亡国的温柔——香艳的颠覆

"水光潋滟晴方好,山色空蒙雨亦奇。欲把西湖比西子,淡妆浓抹总相宜。"

面对西湖之美,几乎连苏轼都不能言喻,只好借助西施进行比拟。可见,西施之美已经不再是沉鱼落雁、闭月羞花可以形容的,她的美集中了人们一切最美好的想象。就是这样一位玉作肌肤、花作肚肠,整日捧心蹙眉的娇弱女子。却与中国历史上一次著名的间谍事件联系在一起。

最是那可堪亡国的温柔

春秋末期,吴越争霸,越军大败,越王勾践向吴王夫差乞降。吴王夫差不听大夫伍子胥"杀掉勾践,以绝后患"的劝告,允许越国投降,把勾践夫妇和越国大夫范蠡囚禁在姑苏虎丘,为夫差养马。勾践君臣含垢忍辱,使夫差以为他们已真心臣服,三年后就把他们放回了越国。

勾践回到越国后,立志复国。他卧薪尝胆,励精图治,经过"十年生聚,十年教训",越国逐渐强盛起来,但当时越国的军事实力远远不敌吴国。勾践在训练军队、发展农业的同时,决定派间谍到吴国内部进行策反,西施就是在这样的背景下登上了历史舞台。

在中国历史上,西施并不是第一个女间谍,在她之前有夏桀的妃子妹喜。夏桀在征伐有施氏时,有施氏的首领迫不得已把她献给了夏桀。据《列女传·夏桀妹喜传》载,桀"日夜与妹喜及宫女饮酒,无有休时。置妹喜于膝上,听用其言"。又据《帝王世纪》记载,妹喜喜欢听"裂缯之声",夏桀就把缯帛撕裂,以博得她的欢心。夏桀对妹喜的宠爱最终导致了夏朝的灭亡。如果说妹喜是迫不得已的牺牲品,那么西施则是中国历史上最早的一位政府机构培养的"间谍"人物,她是越王勾践专门培养出来奉献给敌国的礼物。

能使国亡的美女,自然不是一般的美女,"一笑倾人城,再笑倾人国",而在实战中,能够倾国倾城的美女,不仅要美貌过人,更要胆量过人、机智过人。经过千挑万选,担任选秀任务的范蠡最终选定了西施。

西施

西施出生于风景如画的浙江诸暨的苎萝山,家境贫寒,但她的美貌远近闻名。范蠡向西施说明了选美的原委,西施被范蠡的爱国热情感染,表示愿意担此重任。

勾践亲自接见西施,对西施面授机宜。勾践向她交代了三项任务:让夫差沉溺于酒色之中,以荒其国政;怂恿夫差对外用兵,耗其国力;离间夫差和伍子胥,去其忠臣。另外,被越王宠爱的一宫女认为,美女必须具备三大条件:一是美貌,二是善歌舞,三是体态。第一点西施自然已经具备,于是勾践让人教她习歌舞和宫廷礼仪,让人为她讲解历史、时局和权谋。西施发愤苦练,在悠扬的乐曲中,翩跹起舞,婀娜迷人。进而,勾践又差人训练她礼节,一位浣纱女逐渐成为极有修养的宫女,一举手,一投足,均显出体态美,待人接物,十分得体。然后,又给她制作华丽适体的宫装,方进献吴王。

西施倾国两相欢

一切准备就绪,范蠡带西施入见夫差,夫差见了西施,以为是仙女下凡,魂魄俱醉。伍子胥谏道:"臣听说夏亡源于妹喜,殷亡源于妲己,周亡源于褒姒,美女自古便是亡国的祸水，大王万万不可接受！"

夫差说："好色是男人的本性。勾践得了美女不敢自用，进献于寡人，这是他尽忠于吴国的表现，相国不要多虑！"于是把西施纳入后宫。

西施不辱使命，她使出浑身解数让吴王宠爱并听信她的话，夫差果然对她宠幸有加，立即命王孙雄在灵岩之上特意建筑了一座馆娃宫，饰以珠玉，作为美人游栖之地。夫差自从得到西施以后，便以姑苏台为家，终日沉溺于歌舞声色之中，不再上朝听政。伍子胥若求见，吴王便会想法拒绝。

为了让吴王成为无道之君，荒废国事，西施还用了一个得力的助手伯嚭。伯嚭是吴国的大夫，深得吴王宠信，为人奸诈、贪婪。越国利用他的这一弱点，经常给他送些金银珠宝，因而他对越国是死心塌地，常常与西施一起向吴王说越国的好话。

这时的越国在勾践的治理整顿下，国力日益增强，军队也已训练有素。吴王夫差感受到了威胁，想要征伐越国，被伯嚭巧言阻挠。不久，齐国与吴国关系恶化，夫差想要攻打齐国。伍子胥认为，越国才是心腹大患。

他说："齐国与吴国，习俗不同，言语不通，即使我们得到齐国的土地也不能与齐人融洽相处，得到齐国的百姓也不能役使。而吴国与越国接壤，习俗一致，言语相通。我们得到越国的土地就能够与越人融洽相处，得到越国的百姓也能够役使。吴国与越国势不两立，越国对于吴国如同心腹之疾，虽然没有发作，但它处于体内，造成的伤害深重。而齐国对于吴国只是癣疥之疾，不愁治不好，况且也没什么妨害。如今舍弃越国而去讨伐齐国，这就像是担心虎患却去猎杀野猪一样，即便获胜，也不能除去大患。"伯嚭说："不能听信伍子胥的话，君王您的命令之所以在中原行不通，是因为齐、晋两国的原因。君王如果进攻齐国并战胜它，然后移兵直压晋国边境，晋国一定会俯首听命。君王这是一举而收服两个国家啊！这样，君王的命令一定会在中原各国得到推行。"

西施也一直怂恿吴王伐齐，夫差听从了二人的话。结果，初次伐齐吴王侥幸胜利，一向与伍子胥有矛盾的伯嚭就乘机挑拨吴王和伍子胥之间的矛盾，吴王夫差中计赐伍子胥自杀，并提拔伯嚭为相国。

伍子胥临死前大笑曰："必取吾眼置吴东门，以观越兵入也！"夫差把他的尸体投进江里，把他的眼睛挖出来挂在国都的东门，然后说："你怎么会看到越军侵入吴国？"

这时,勾践交代的三大任务,西施已基本完成。夫差流连于美色而荒废了国事,对齐用兵削弱了国力,更重要的是失去了国家栋梁伍子胥。而伍子胥的死,让勾践看到攻打吴国的时机到了。公元前482年夏,越国伐吴,吴国溃败,夫差也被活捉,他不堪忍受投降的侮辱而自尽,临死时说:"死人如果有知,我有什么脸面在地下见伍子胥呢?"于是以巾盖脸自杀了。

玉殒香未消

范蠡的老师计然曾预见,越王勾践心狠手辣,能共患难,不可同富贵。过了数日,勾践班师回越,携带西施而归。越夫人私下派人引出西施,用大石捆绑在她身上,然后将她投进了江中,说:"西施是亡国的祸根,留有何用?"绝代佳人就这样香消玉殒。

西施的千秋功过引来后人无尽的评说,李白诗《西施》曰:"西施越溪女,出自苎萝山。秀色掩今古,荷花羞玉颜。浣纱弄碧水,自与清波闲。皓齿信难开,沉吟碧云间。勾践征绝艳,扬蛾入吴关。提携馆娃宫,杳渺讵可攀。一破失差国,千秋竟不还。"

王维也以《西施咏》为题写过:"艳色天下重,西施宁久微。朝为越溪女,暮作吴宫妃。贱日岂殊众,贵来方悟稀。邀人傅脂粉,不自着罗衣。君宠益娇态,君怜无是非。当时浣纱伴,莫得同车归。持谢邻家子,效颦安可希。"

王维和李白对西施的评价显然不同。李白对西施多赞美,而王维却批评西施是一个贪恋富贵的忘本女子,这可能是所有的女间谍所得到的共同下场,她们一方面是爱国的英雄,另一方面却是亡国的祸水。

秦赵间谍影重重——无处不在的离间计

公元前262年,秦赵之间著名的长平之战爆发。战争初期,赵国处于劣势,廉颇根据敌强己弱、初战失利的形势,决定采取坚守营垒以待秦兵进攻的战略。廉颇的策略遏制住了秦军的进攻势头,造成两军对峙于长平三年的僵局。

一场四十万大军的"葬礼"

长平之战,秦军约60万,远离本土约500公里,而赵军是在本土作战,廉颇采取守势是一个很英明的策略,秦赵双方的相持状态事实上对秦军是一种消耗,是特别不利的。在2000多年前,要从500公里远的都城为一支60万人的军队运输粮草是近乎不可能完成的任务。秦军眼看就要输掉这场关系国家命运的战争了,但出人意料的是,这支远离本土作战的秦国军队却最终取得了胜利。

在秦赵两国的僵持中,赵军损失巨大,这给国力相对较弱的赵国造成了极大的压力,这时的赵国迫切需要"国际援助"。而秦国的间谍系统很快发现了这一点,于是秦国的范雎游说各国,诈称秦赵联盟将攻击诸国,各国误判秦赵将和好,从而使得赵国寻求诸国兵力与粮食支援的努力失败。

更重要的是,秦使人携千金入赵行反间计,言秦军不惧廉颇,只怕马服君赵奢之子赵括,而赵王也正在为廉颇与秦国长久的僵持而造成的国力衰弱不满,于是便派只会纸上谈兵的赵括代替廉颇为将对抗秦军。秦国闻知此事后,暗中派武安君白起为上将军,决战时刻,赵括冒险出击,致使赵军全军覆没。从此,赵国一蹶不振,淡出了统一中国的历史角逐。

战国时期,因为战争频繁,军事情报、外交情报、农业情报(某国的丰收和歉收往往决定别国对它是守还是攻)、人才情报、君王和大臣的性格情报,等等,都成为收集的对象。当时,各国互派间谍,各种间谍活动此起彼伏。而秦国的间谍无疑是优秀的,秦国通过一系列的情报系统,或者情报链,或者情报方法,最后达到了出乎意料的效果。他们对对手,就是敌方的核心人物,首先进行笼络,如果不奏效,便暗杀,在长平之战中,秦国间谍的精彩表演只不过是其中的一个个案而已。

秦赵战争背后的手腕

长平之战的胜利,向世人展示了秦国间谍系统的威力,而在间谍较量中,赵国也不甘示弱。长平一战,赵国精锐尽失,这时是秦国歼灭赵国的最佳时机,而秦国却在这时做出了让世人不解的行为,它与赵国签订合约,允许赵国割地求和。秦国之所以出此"昏招",在于赵国同样在秦国内部进行了策反。秦国长平大胜之后,韩、赵两国合谋派苏代携重金游说在长平之战中一直起正面推动作用的秦相范雎。苏代以白起灭赵会使白起的爵位高于范雎,不如让赵国割地求和而不让赵国灭亡对其个人更有利为由说服了范雎。范雎随后以秦军疲惫急需休整为由劝说秦王,最终使赵国免于白起的彻底进攻。

秦赵的间谍较量并没有至此结束，虽然，在这场较量中，赵国也小有胜绩，但在秦赵两国的间谍较量中，还是秦国技高一筹。秦国在利用间谍对赵国进行的颠覆中，起关键作用的一个人就是赵国的郭开。郭开是一个擅长吹牛拍马的小人，郭开身为赵国的大夫，且深得赵王宠信，正是他一手导演了逼走廉颇、谗杀李牧的悲剧，而他之所以做起坏事来有恃无恐，是因为秦国早就对他的将来给予了保证。所以赵国灭亡后，郭开到秦国照样做官，可见秦国间谍系统在赵国已经是无孔不入。

郭开之所以逼走廉颇，除了接受秦国的策反外，更是为了报一己私仇。疾恶如仇的廉颇看不惯郭开，曾在一次宴会上当面斥责过他，郭开因此对廉颇一直怀恨在心。孝成王死后，其子悼襄王继位，悼襄王昏庸无能，好听谗言，宠信小人，于是郭开大得信任。郭开向悼襄王进谗，使悼襄王解除了廉颇的军职，派乐乘代替廉颇。廉颇因受排挤而发怒，攻打乐乘，乐乘逃走，廉颇于是离赵投奔魏国大梁（今河南省开封市）。廉颇去大梁住了很久，魏王虽然收留了他，却并不信任和重用他。后来，秦国大举进攻赵国，悼襄王在大臣们的提醒下想重新起用廉颇，廉颇也想再被赵国任用。赵王派遣使者带着一副名贵的盔甲和四匹快马到大梁去慰问廉颇，看廉颇还是否可用。但郭开用重金贿赂了赵王派出的使者，结果使者给赵王带回的考察报告是："廉将军虽老，尚善饭，然与臣坐，顷之三遗矢矣。"这不足 20 个字的结论，断送了一位宿将的一腔报国热情，也断送了赵国的生存机会。

秦国间谍王敖曾就郭开谗间廉颇之事问郭开道："你不怕赵国灭亡吗？"郭开答："赵国的存亡是整个国家的事，可廉颇是我个人的仇敌。"

哀之而不鉴之

赵正迁七年（前 229 年），趁着赵国干旱闹饥荒，秦王派大将王翦、羌瘣、杨瑞和率军，南北夹击赵国首都邯郸，赵王派李牧与司马尚率军抵抗。公认的战神李牧将军采取一贯的逐垒固守、避免仓促决战的方针，秦军屡攻不胜，形成漫长的对峙，一直相持到第二年。

但同样是军事天才的王翦利用赵王的庸碌，着手运营秦国的间谍系统。他遣间谍携重金入赵都贿赂郭开，郭开在宫内散布恶毒流言，毁谤李牧私自与秦军议和，相约在秦军破赵后分地代郡。昏聩的赵王迁对诬陷过廉颇的秦国间谍郭开宠信不疑，马上派赵葱及齐将颜聚取代李牧。李牧治军有方，在边境与匈奴战斗多年,又曾大败秦军无数次,深受军民爱戴,邯郸城的老百姓大骂赵室无情。想当初,赵王以只会纸上谈兵的赵括替换老将廉颇,以致长平一战惨败,赵兵遭秦坑杀四十万。有了悲惨的前例,李牧为社稷军民考虑,毅然决定拒交兵权,继续奋勇抵抗。昏庸的赵王惊惧万分,百般算计,终于捕杀了李牧。李牧是战国末年东方六国最优秀的将领,他的无辜被害,使后人无不扼腕叹息。

三个月后,王翦大破赵军,杀死赵葱,俘虏了赵王迁及颜聚,攻占邯郸,灭掉了赵国。

胡三省注《通鉴》时曾将李牧的被害与赵国的灭亡联系在一起:"赵之所恃者李牧,而卒杀之,以速其亡。"司马迁在《史记·赵世家赞》中说赵王迁:"其母倡也,素无行,信谗,故诛其良将李牧,用开。"

秦能够统一六国,其间谍利用的纯熟是其中的一个重要方面,而六国之所以灭亡,其自身君主的昏庸则难辞其咎。"物必先自腐,而后虫生。"间谍之所以在赵国大行其道,赵国之所以屡屡战败,与赵国国君昏庸有直接的关系。

汉尼拔的"极盛帝国"与"滑铁卢"
——成亦"谍",败亦"谍"

公元前218年,一支迦太基军队突然出现在罗马本土,带领这支军队的是汉尼拔,他被称为"西方战略之父",是迦太基将领哈米尔卡尔·巴尔卡的儿子。25岁时,年轻的汉尼拔已经成为迦太基驻西班牙部队的最高统帅。有人曾这样描写他:"没有一种劳苦可以使他的身体疲乏或精神颓丧。酷暑也好,严寒也好,他一样受得了。无论在骑兵还是步兵里,他总是把其他人远远抛在后面,第一个投入战斗,最后一个退出战场。"

汉尼拔带领这支军队跨越阿尔卑斯山远征而来,行程近900公里,军队也由原先的九万步兵、一万两千骑兵和几十头战象组成的大部队只剩下两千步兵、六千无马的骑兵和一头战象了。可就是这支困顿之师,却在未来的16年内,成为不可一世的罗马军队有史以来最惧怕的敌人。一本关于汉尼拔的传记中这样评论道:"一个军人对于一个具有高度文明的强大民族表现出如此巨大的精神、智力和技术上的优势,这在全部人类历史上是无与伦比的。这就是汉尼拔值得我们景仰的缘故。"

细致入微的战略部署

汉尼拔在罗马纵横驰骋,战无不胜,他指挥的最著名的战役是发生在公元前216年的坎尼战役。当时汉尼拔以约四万的兵力对垒罗马约八万的军队。迦太基军队取得了辉煌的胜利,以8000人的代价,消灭了罗马军队五万余众,其中包括80名罗马元老院的议员。《剑桥古代史》称之为"汉尼拔的最高成就,以其时机选择上的无比精确,骑兵、步兵战术的高度协调,成为古代战争史上一个无与伦比的军事艺术典范"。

汉尼拔

一支优秀的军队是由众多因素构成的,除了优秀的统帅和训练良好的士兵外,出色的后勤支援部门是不可或缺的。对汉尼拔来讲,他的后勤保障主要在于他那发达的情报系统。汉尼拔拥有当时地中海地区最大的间谍网,对于罗马人的征兵活动、罗马元老院关于和战的讨论情况,以及后来的罗马军的数量部署,汉尼拔都了如指掌。汉尼拔手下有庞大的情报机关,他的谍报人员甚至渗透到了罗马城内,并在那里居住了许多年。汉尼拔注意利用罗马和意大利各同盟之间的矛盾,目的在于孤立和削弱罗马。与此同时,他还与地中海沿岸的罗马邻国结成反罗马联盟。

在坎尼战役中,汉尼拔优秀的谍报系统发挥了至关重要的作用。依靠谍报系统收集来的信息,汉尼拔能够进行知己知彼的准备,并采用恰当的战术,在战争中有效地把握战略实施的分寸,正是这一切决定了这场战役的胜负,也最终成就了汉尼拔西方"战略之父"的美誉。

其实,包括汉尼拔的远征也是汉尼拔优秀的谍报系统的一个成果。汉尼拔首先获悉到波河流域的高卢人与罗马不和,因此认为将根据地首先建立在那里是最理想的。汉尼拔还派出密使与高卢人进行了长期的联络,详细地询问了高卢使者当地的情况,如地形、气候、人口、兵力以及合适的进军路径。翻越阿尔卑斯山的远征是一次冒险,阿尔卑斯山常年被冰雪覆盖,山高坡陡、气候恶劣、岩多路滑。但高卢人告诉汉尼拔,阿尔卑斯山并非不可翻越,还主动做了他们的向导。汉尼拔利用马其顿和罗马之间的矛盾，获得了马其顿的支持。综合所有的情报和对敌人进行了有效的分析后，汉尼拔决定出征，把战火烧到罗马境内。

利用敌人营垒中的内部矛盾分化和瓦解敌人，充分利用间谍在敌人内部进行策反，内外夹击攻破敌人的营垒，这是汉尼拔在对罗马的作战中创造的具有自己独特风格的战略战术。

狼烟起，军情突变

公元前211年，汉尼拔带领军队开始进攻罗马的沿海港口城市，诺拉城成为他第一个进攻的目标。在这里，汉尼拔在罗马遇到了第一个能与之抗衡的对手——马凯路斯，也因为双重间谍的出卖遭遇了人生的滑铁卢。

汉尼拔在诺拉城外扎营，他屡次列出战阵企图引诱马凯路斯出城与他交战，但是罗马军不予理睬。许多天过去了，汉尼拔到城前列阵却未见城内有任何反应。

为了尽快攻下诺拉城，汉尼拔准备对诺拉城实行策反。汉尼拔将谍报人员派入城中，四处散布对罗马不满的谣言，并网罗对罗马统治不满的居民做内应。由于汉尼拔的威望，很快，由一些仰慕他的居民组成的内应部队便组建完成。按照既定的战略，一旦马凯路斯率部队出城应战，作为内应的部队就立刻关上城门，把罗马军队关在城外，而他们则趁机控制城内，与汉尼拔军队里应外合攻下诺拉城。

一切似乎正在朝有利于汉尼拔的方向发展，而夺取诺拉城也只是迟早的事。但他在内应部队中的亲信路西乌斯·本提乌斯的叛变，最终使汉尼拔功败垂成。本提乌斯原是汉尼拔在坎尼战役中的一名俘虏，当时他身负重伤，汉尼拔不但救了他，在他伤愈后还给了他自由。对汉尼拔感激涕零的本提乌斯总想寻找机会报答他。当汉尼拔的大军来到诺拉城下时，本提乌斯恰好在城内生活，他感激上苍给了自己报答恩人的机会，于是主动出城与汉尼拔联系。汉尼拔也对他深信不疑，并对他委以了在城内负责组织接应的重任。

开始的时候，本提乌斯没有辜负汉尼拔的期望，为了组织更多的人做内应，本提乌斯每天游走于诺拉城的各个角落。他的行为很快引起了罗马人的注意，在与汉尼拔商定好里应外合的计划后不久，他便被马凯路斯抓获。在生死的考验和利益的诱惑下，本提乌斯变节，成为马凯路斯在汉尼拔内应部队中的一个眼线。这样，本提乌斯最终背叛了汉尼拔，变成了效忠马凯路斯的双重间谍，并且在他的指认下，内应部队被马凯路斯一网打尽。此后，只有本提乌斯与汉尼拔继续联系"里应外合"之事，但这时的里应外合已经成为针对汉尼拔的一个阴谋。

后来，马凯路斯从情报得知汉尼拔正计划实施强攻，他在三座城门内列好战阵，将罗马步兵和骑兵放在中路，同盟国骑兵、步兵以及轻步兵团则居于两翼。同时，他派伤残病弱士兵与非战斗人员防守城墙，令其后备队保护城内补给。部署完毕，他就在城内等待汉尼拔上钩。

对城内发生的一切，汉尼拔毫不知情，按照原来的计划，他对诺拉城发起进攻。正当迦太基军接近城墙之时，马凯路斯命令打开城门，令其部下突然冲向迦太基军。马凯路斯主动率部出城应战让汉尼拔喜出望外，他马上派大军前去迎战。然而由于掌握了汉尼拔的作战计划，当汉尼拔攻城的时候，城内整队的士兵突然打开城门杀出来，以迅雷不及掩耳之势发动猛攻。马凯路斯还在城外安排了一支快速骑兵部队于汉尼拔部队的两翼，从而形成了夹击之势，很快就将汉尼拔的军队打得阵脚大乱。

汉尼拔没有料到会发生这样的变故，但仍然稳住了局势。他派骑兵发动反攻，阻止了罗马军的前进，然后成功地指挥全军撤出了战斗。玩鹰的人反被鹰啄瞎了眼，这次攻城失利不仅给汉尼拔百战百胜的神话画上了句号，更糟的是，这次攻城的溃败使他名誉受损。军中的部分将士甚至开始公开质疑他的指挥能力，一些曾跟随他攀越比利牛斯山和阿尔卑斯山来到罗马战斗多年的老兵也弃他而去。而此后汉尼拔在对阵罗马的战争中也逐渐陷入窘境，迦太基也逐渐丧失了与罗马抗衡的实力，最终走向了覆灭。

间谍中的天才——唤醒不列颠的"竖琴手"

在第二次世界大战中，英国以其民族性中特有的顽强老辣力抗强大的德国，显示了其不屈的精神气质。并且，在对抗德国对不列颠的空战中，英国全民动员，侦察德国的轰炸机，有力地阻碍了德国的战略计划。这样一种全民皆兵、全民皆间谍的风气非一蹴而就，而是由来已久，这种风气是由阿尔弗雷德大帝所开创的。

维京人军队里来了个"竖琴手"

当历史的脚步进入铁器时代时，来自大陆的凯尔特人开始进入英伦三岛，经过长达三个多世纪的征服和混合,征服者和被征服者渐渐混合成了一个民族,即英格兰。公元 9 世纪时,来自北欧的以丹麦人为主的维京海盗开始入侵英格兰。公元 867 年,一个竖琴手来到了丹麦维京人的军事驻地。他的到来,让枯燥的军营顿时沸腾起来,他被邀请到各个军营进行表演,成了丹麦军人的座上宾。但沉醉在优美竖琴声中的丹麦人并不知道,这琴声宣告了他们厄运的到来,因为眼前这个人其实是英格兰人的间谍,而且是一个非同一

阿尔弗雷德大帝

般的间谍,他就是后来成为英格兰大帝的阿尔弗雷德。

阿尔弗雷德大帝曾是一个王子,年幼时就是一名好猎手,因此,他更多的是从一个猎手的观点来看待战争。在抵抗维京人的过程中,阿尔弗雷德大帝逐渐成长起来,并成为不列颠的拯救者。

维京人中最残暴和最可怕者莫过于又瘦又高的"无骨者"伊瓦尔,他先指挥海盗们在冰岛练习进攻作战的技巧,并集中兵力,等待时机。当盎格鲁一撒克逊人被内乱弄得精疲力竭时,伊瓦尔认为时机已经成熟,便集结大批海盗对英格兰发起进攻。

公元 867 年,维京人已经逐渐征服了诺森布里亚,包围了麦西亚王国,并且已经在约克和诺丁汉安营扎寨,并占领了伦敦。

丹麦人占领伦敦后,寻机同西塞克斯抵抗部队决战,形势要求英格兰人在战略上迅速做出调整。阿尔弗雷德在交战期间采取极为稳妥的防御措施,他加固旧有的要塞,在战略要地修建新的堡垒。此时的英格兰已在他的领导下,建造了更大的军舰。

但有了这些还不够,想要在战争中百战百胜,必须知己知彼,要对敌人有充分的了解。其中,就需要有人潜入敌人内部,获取敌人的信息。而谁能够担当这个任务呢? 阿尔弗雷德大帝认为自己是最合适的人选,因为他具备间谍所具有的一切素质,更为重要的是,他还是一个优秀的竖琴手。在作战期间,想要进入敌人内部

是很困难的,但浪迹天涯的吟游歌手是个例外,他们广受欢迎,因为他们不是作战人员,竖琴就是他们的通行证。阿尔弗雷德大帝扮作吟游歌手到丹麦军队的营地里侦察,并且亲自潜入丹麦入侵司令官古瑟罗姆的营地。

当时,丹麦军已在切本哈姆扎营准备过冬,阿尔弗雷德来到此地,经过观察,他发现,丹麦人不仅搜刮吃的、喝的,还抢掠妇女,而他们抢掠妇女并不是为了淫乐,而是为了在此地长久居住下来。他们想边生活边作战,这导致了丹麦军纪律松弛,他们以征服者自居,安全措施马马虎虎。尤其重要的是,阿尔弗雷德发现,他们靠掠夺附近居民的财物生活。如果断绝了他们掠夺的源头,丹麦军必然不战自败。于是,阿尔弗雷德在敌营待了一个星期后,回到了阿塞尔纳。他集结在那里的军队和丹麦大军相比是微不足道的,然而,阿尔弗雷德断定,丹麦人已不再适应持久的战争。

间谍中的天才,帝王中的能手

根据获得的情报,阿尔弗雷德迅速对战略做出了调整,他决定采用游击战的方式来打击敌人。因此,面对丹麦人的进攻,阿尔弗雷德没有贸然同敌人作战,而是采用骚扰敌人的战术。他派出巡逻队阻止敌人抢劫,让饥饿威胁着丹麦军队。他的部队不停地转移,牵着敌人的鼻子,让他们跟着跑。结果不出一个月,丹麦人就投降了。

曾经不可一世的丹麦人在阿尔弗雷德面前变得不堪一击,而这一切都是阿尔弗雷德优秀的谍报工作的结果。可以说,正是通过他潜入丹麦军中考察,充分了解丹麦军队,从而制定了切实可行的战略战术,才使战争很快取得胜利。

阿尔弗雷德不仅在战争中运用间谍的技巧,在处理与他国的关系上,也注意通过一切可能的方式来刺探别国的信息。

在有关阿尔弗雷德大帝的史料中,曾经详细描述了他和挪威商人奥塔交往的趣事。当时,在挪威国王金发王哈拉尔德统治时代,维京人在商业上有了重大发展,他们在许多地方已迅速发展成为欧洲的零售商。挪威北部哈洛加兰郡的维京商人奥塔,曾应邀来到阿尔弗雷德国王身边,并给他讲了很多有关挪威拉普人的趣事。

奥塔讲到,他住在挪威的最北边,其家乡已进入北极圈,在他的家乡不远处,住的是拉普人。阿尔弗雷德向奥塔了解了很多拉普人的故事,并要求他的手下如实记载下来。奥塔向他介绍了拉普人的生活习性,驯鹿是拉普人住地最常见的动物,他们日常的生活主要是放牧驯鹿。他还向阿尔弗雷德讲述了怎样捕猎鲸和海象及海象的用途。拉普人心灵手巧,他们捉到海象后,将海象皮从头至尾以螺旋状切割,再制成绳索或缆绳,这种绳索的长度几乎是海象本身长度的10倍,且非常结实耐用。在寒冷的季节,他们捕猎麋鹿、狐狸、貂等各种珍贵的皮毛兽。在夏季,他们沿着海岸捕鱼,收集从鸟巢滚出的鸟蛋,猎取鲸、海象和海豹。

从阿尔弗雷德宫廷中的许多记载不难看出,阿尔弗雷德对各地信息的征集是不遗余力的,他之所以对挪威商人奥塔如此客气,除了因为他宽厚的本性外,更重要的是当时的挪威对英格兰来说是战场上的对手。

他是英格兰历史上最聪明、最有智慧而又多才多艺的国王,而他深入敌人内部刺探情报的故事,更可以说是王室谍报活动中最精彩的篇章。

清太宗导演民族英雄的悲剧人生
——后金版"蒋干盗书"

明朝末年,关外的后金政权和大明王朝之间冲突不断,在这一系列的冲突中,后金大量利用间谍,袁崇焕一案便是这一系列间谍事件中的经典。

忠肝义胆何处是

明朝末年,明朝提督大坝马房太监杨春、王成德被清兵俘虏,当时后金参将鲍承先、宁完我和巴克什、达海对他们严加看守。他们夜里回营,坐在两个太监卧室的隔壁,秘密谈话。他们在谈话中明示袁崇焕已经与皇太极有密约,攻取北京,城下之盟,很快可以成功。太监杨春、王成德假装卧睡,却将这些密谋一字不漏地听入耳中。他们在震惊之余,也深深为大明的江山社稷担忧。"幸运"的是,他们很快就觅得了一个逃跑的机会,并"顺利"脱身了。于是他们十万火急地跑到北京,把听到的密谋内容告诉了当时的明朝皇帝崇祯。

于是,"蒋干盗书"在明末又一次上演。1630年(崇祯三年),中国历史上又一幕冤案惨剧发生了,崇祯帝以"咐托不效,专恃欺隐,以市米则资盗,以谋疑则斩帅"等罪名于崇祯三年八月对袁崇焕施磔刑（分裂肢体），弃尸于市。这还不算，崇祯皇帝竟然允许京城百姓论价购买，吃掉这位"公敌"。于是，不明真相的愚民们，在押送袁崇焕处死的途中，竟然在凌迟还没有开始的时候，就开始吃人了，"咬穿肚腹，直达内脏"（《明史·袁崇焕传》）。民众们就这样吃掉了这个曾为了保卫他们而令满清铁骑心惊肉跳的民族英雄。

大明王朝：谍影重重

袁崇焕惨死的消息很快传到皇太极耳中，他在衷心感谢崇祯的同时，也在为自己所施反间计的成功而沾沾自喜。

其实，在明朝和后金的对抗中，后金利用间谍对明朝进行打击这已经不是第一次。后金的间谍培养从努尔哈赤就已经开始，努尔哈赤不打无准备之仗，除失策于宁远之外，在他40余年的军事生涯中，几乎没有败仗的记录。他出神入化的谋略与他所建立的庞大间谍网络有直接关系，由于其拥有发达的谍报网络，明朝政府的一切都尽收后金眼底。整个战争处在敌明我暗的态势之下。后金时代，努尔哈赤"奸谍满辽阳"，令时人侧目。"奴酋最狡，善用奸细"；"其用计最诡，用财最广"；"奴最工间谍，所在内应"。

袁崇焕

有了既快又准的情报，努尔哈赤就能够做出正确而有效的对策。正如王在晋所言："奴酋举动必先布机关，潜图协应。虚实之情，头头熟；缓急之势，着着不差。"

在著名的萨尔浒大决战中，后金经过潜入辽阳明军总指挥部的谍工活动，使明王朝"师期先泄"，后金"得预为备"，短短的四天时间，明王朝就损失了 4.5 万余人的有生力量。

努尔哈赤定都辽阳以后，谍工活动更为广泛，北京、南京、山西、陕西、登州、天津、苏州、杭州等地，都有大量的后金间谍在频繁活动。相关关隘、要塞的地图、资料被后金不断获知，更为重要的是，后金的谍工，除了让他们以战术为目的完成眼前的任务外,努尔哈赤还注意从战略的目标出发使用他们,以实现更长远、更大的利益。他们长期集散于明王朝的政治、军事、经济、文化中心,或谋求武职,掌握兵权,或者对明朝高级官员曲意靠近、重金拉拢,以期播入谗言,发挥分化瓦解其统治堡垒的作用,而袁崇焕一案就是后金对间谍成功运用的典范。

万事俱备,只欠一"刀"

崇祯三年十月,皇太祖率精骑十万,避开袁崇焕把守的锦远防线,突然绕道袭击察哈尔,攻占遵化。袁崇焕急忙调遣军队,赶在后金之前到达通州。后金军改道西犯京师,想给骄傲自大的明政府带来最大的震撼。袁崇焕这时已擢升为辽东军区总司令(辽东督师),他得到消息,立刻统率五千骑兵向北京驰援,日夜不停地奔驰400公里,到达北京时,人与马都已疲惫不堪,但仍在广渠门(北京城门之一)外抗击后金大军。

皇太极对这个屡次阻挠后金军事行动的袁崇焕恨入骨髓,一个小说中虚构的反间谍故事,移上了真实的政治舞台。皇太极运用"周瑜计赚蒋干"的方法,实施了他的阴谋。这个阴谋中扮演蒋干角色的是两个被俘虏的明王朝宦官,对于如此低级的反间计,应该说瞎子都看得出其中的问题,但崇祯却深信不疑。皇太极也算准了崇祯一定会中招,因为,在袁崇焕蒙冤的过程中,先期的间谍工作已经让后金心中有底。后金情报机关头子范文程了解北京的形势,也深知崇祯的个性以及他与袁崇焕之间的矛盾。

崇祯皇帝虽然不得已而用袁崇焕,但在用他之初便对他一直存有疑心。明史载:"崇焕入都,先奏陈兵事,帝召见平台,慰劳甚至,咨以方略。对曰:'方略已具疏中。臣受陛下特眷,愿假以便宜,计五年,全辽可复。'帝曰:'复辽,朕不吝封侯赏。卿努力解天下倒悬,卿子孙亦受其福。'崇焕顿首谢。"袁崇焕说了句不该说的大话,五年平辽根本是不可能的事,不过崇祯信以为真了,于是,一句错话就此埋下了祸根。而后袁崇焕经人提醒,意识到话中有误,再作弥补,声称五年之举,要多方配合才行,崇祯表面应承,但是心中不信,于是两人开始离心离德。

袁崇焕一生精明,在被委以重任时,他便对崇祯说:"我制辽没问题,但怕身后有谗言,此次出关,万一背后有暗箭谗言伤人,足以坏事。"崇祯表示这个问题不会发生,并给了袁崇焕尚方宝剑。但袁崇焕未免把问题想得过于简单了,他与皇上彼此之间的信任岂能用一把尚方宝剑来保证？更何况,他第一次使用这把剑便出现了纰漏。"崇焕始受事,即欲诛毛文龙。"(《明史·袁崇焕传》)这是直接导致崇祯对袁崇焕产生最大信任危机的导火索,因为毛文龙也不是等闲之人,他功劳极大,名声亦佳,现在袁崇焕杀他,没经过皇帝,而且还是在杀他之后一个月才报告的,当时朝中对此颇有非议。

貌似简单的反间计得以成功正因为此。或许,后金已经算准了崇祯正想找个借口清算袁崇焕,后金给了崇祯一个机会,崇祯不问事实真伪,他甚至懒得再查,何况袁崇焕有与敌和议的事实,有书信,有证据,有舆论支持,有民意呼应,于是,中国历史上最大的冤案之一就这样发生了。就在袁崇焕还在京城外面为大明江山拼死抵抗时,一直好谋无断的崇祯便迅速下定决心,立刻将袁崇焕召回,未等袁崇焕明白出了何事,便将其缉拿入狱。

痛恨,还是感谢

令袁崇焕最痛苦的不是死,而是成为大明王朝最卑劣、最下流的公敌,是名誉的彻底损坏。不知该痛恨还是感谢,袁崇焕一直被自己人作为奸臣和公敌,最后却由其敌人来为其平反昭雪。1772年(乾隆四十九年),乾隆帝下诏为袁崇焕翻案。《清高宗实录》载:"袁崇焕督师蓟辽,虽与我朝为难,但尚能忠于所事,彼时主暗政昏,不能罄其忱悃,以致身罹重辟,深可悯恻。"

袁崇焕冤死,却还要由其死对头来翻案,这让人们看到了大明皇帝的昏庸,也体现了皇太极用间手段的高超。

"童贞女王"的间谍网——女王的保护神

英格兰女王伊丽莎白一世被认为是英国历史上最杰出的国王之一。她智力超群,聪慧过人,在她执政的45年间,英格兰经济进入了黄金时代,但在伊丽莎白女王执政期间,英格兰国内宗教派别间却矛盾不断。自从登上王位以后。作为新教徒的伊丽莎白女王就不断受到来自天主教徒的谋杀威胁。不过,幸运的是,伊丽莎白女王周围有一帮忠心耿耿的人在默默地守护着她,其中弗朗西斯·沃辛汉爵士建立的保密局起了至关重要的作用。

英伦谍史的一面旗帜

16 世纪中叶的英国,正处于封建社会都铎王朝(1485—1603)时期。和欧洲其他国家一样,英国的间谍活动都是通过大使、使者充当特务或在国内外雇人刺探情报。这种情报工作的最大弱点是一旦情报工作的组织者失宠或被处死,他那不像样的情报组织也会随之销声匿迹。而沃辛汉建立的保密局却弥补了情报工作的这一弱点,沃辛汉在年轻的时候所学的专业是律师。他是一位脑袋很灵活的人,由于机智过人,而且铁面无私,伊丽莎白一世起用他来负责日益重要的谍报工作。很快,沃辛汉在英格兰的情报搜集行动中扮演了关键性的角色。同他的前任不一样,沃辛汉没有其他任务,他将主要的精力都投入到了"伊丽莎白女王的间谍网"的工作上。

保密局尽管规模不大,但已具有现代谍报机关的雏形。它拥有一批具有专门技能的间谍,沃辛汉还用薪水雇用间谍,同时还创办了一所专门训练间谍的学校,教授密写和破译技术。沃辛汉的间谍在国内外无孔不入,以至于从罗马发出的情报还没有到达敌国手中,沃辛汉就早已洞悉无遗了。他还建立了密码破译组织和一个规模不小的商业间谍组织。密码破译组织能够破译当时使用的大多数密码,商业间谍组织的活动范围则从低地国家(指现在的荷兰、比利时、卢森堡等国)一直延伸至瑞典和俄国。

沃辛汉爵士建立的保密局成为英国早期间谍史的一面旗帜,他的间谍生涯对以后间谍工作的开展产生了深远影响,成为英国谍报工作的奠基者。

"谍网"恢恢,疏而不漏

伊丽莎白一世建立的这个间谍网的首要功绩是,成功查获觊觎英格兰王位已久的苏格兰女王玛丽企图暗杀伊丽莎白女王的阴谋,并找到了审判玛丽女王叛国罪的证据。两个女王之间的间谍大战随玛丽女王的人头落地而告终。

本来是苏格兰女王的玛丽由于宫廷兵变,从苏格兰逃到英格兰避难,在她周围很快聚集了一群对伊丽莎白女王一世心怀不满的人。在他们的策划下,一系列的阴谋活动开始在英格兰各地展开,这些针对伊丽莎白女王的阴谋活动最后都被及时揭穿。

为了自身的安全,在英格兰避难的玛丽女王不得不经常更换自己的居住地。

看起来风光的她早就成了伊丽莎白的阶下囚，她自己更不知道她的所有行动，包括书信往来，都已经处在英格兰的首席间谍沃辛汉爵士的严密监控之下。为了找到玛丽女王企图谋反的证据，沃辛汉费尽心机。在等待了近乎 20 年，在 1586 年，沃辛汉终于找到证据，证明玛丽女王正在同以安东尼·巴宾顿为首的一伙阴谋分子进行通信，企图谋杀伊丽莎白一世，拥立玛丽为英格兰国王的阴谋。沃辛汉多年的心血总算没有白费。

沃辛汉派了手下一位名叫吉福德的间谍以双重间谍的身份与当地一位啤酒制造商交上了朋友。在吉福德的授意下，这位啤酒商成功说服玛丽同意让吉福德利用啤酒桶作掩护处理她的秘密通信。通过这枚嵌入敌人内部的棋子，沃辛汉爵士得以非常轻松地截获和破译玛丽的私人信件，并将破解后的信息送交伊丽莎白女王。在获悉密信的内容后，吉福德会重新将密信封入啤酒桶内，这样，信件得以在被软禁的玛丽与其同伙之间继续流通。

玛丽一伙终于中了沃辛汉的圈套，沃辛汉通过那些密信，不仅掌握了他们谋反的详细计划，而且获得了谋反者的详细名单。沃辛汉爵士很快准备收网了，玛丽也意识到自己掉进了沃辛汉爵士精心设计的陷阱里。

在被审判的时候，她对沃辛汉进行了人身攻击："间谍都是一群没有信义的人，他们当面一套，背后一套。"由于伙同他人谋划刺杀伊丽莎白一世并取而代之，玛丽被指控犯了叛国罪，最终被判死刑。

清朝，不设防的国家——日谍如入无人之境

1894 年爆发的中日甲午战争是中国乃至世界近代史上的重大事件。甲午一战，日本成为亚洲的暴发户，日本第一次尝到了侵略的甜头，其侵略扩张的欲望也日益膨胀。

把脉陆海，风云将起

早在 1868 年，明治天皇睦仁登基伊始，即颁行诏书，宣称"开拓万里之波涛，宣布国威于四方"，志在向海外扩张。海外扩张的首要目标指向了中国。1880 年，日本参谋本部长山县有朋向明治天皇进呈的中国军队调查报告指出，"邻邦之兵备愈

·没有硝烟的谍战掠影·

图文珍藏版

强,则本邦之兵备亦更不可懈"。1890 年后,日本以国家财政收入的 60% 来发展海、陆军,举国上下士气高昂,以赶超中国为奋斗目标,准备进行一场以"国运相赌"的战争。

在这场战争中,日本的间谍机构当仁不让地做了开路先锋。1886 年,日本在华成立了最庞大的间谍机关乐善堂,它是日本对华谍报头目荒尾精在汉口创办的。另一个重要的间谍机构是 1890 年成立的日清贸易研究所,所长也是荒尾精,代理所长根津一,这是一个以培养"中日贸易人才"为名的间谍训练机构。这两个间谍机构相继在北京、长沙、重庆、天津、福州等地建立了众多分支机构,组成了一个遍布中国主要城市的间谍网,并以这些城市

明治天皇

为中心,把势力逐渐伸展到中国的广大农村。

1893 年,为了准备对华战争,日本间谍活动尤为猖獗。1893 年 4 月,对华谍报头目、日军参谋次长川上操六亲自到朝鲜和中国进行实地考察,为发动战争做最后的准备。川上操六在考察了朝鲜的釜山、仁川、汉城等地之后,乘船经烟台转赴天津,对中国沿海地区做了细致的考察。

清政府不仅没有丝毫警觉日本间谍的频繁活动,反而给日本间谍的活动大开方便之门。李鸿章视川上操六为座上宾,奉若神明,还请他参观了军工厂、军事设施和军队的操练。川上在天津停留了一个月,这次中国之行,使他进一步了解了清政府的极端腐败,而且对清军战斗力及地形、风俗人情均做了详细考察,给以后日本发动战争提供了详细的事实依据。

回到日本后,川上操六又密令公使馆武官井上敏夫于 5 月从烟台出发,考察中国沿海炮台驻防情况。井上敏夫所行洋面每距约 100 公里,便用千斤砣试水深浅,收集作战所需的地理水文数据,并绘制成图表。与此同时,泷川具和也乘船从塘沽出发,沿渤海岸北行,历时一个月,对沿岸各海口的水深、海底是泥沙还是岩石等,都做了详细的记录。

千防万防，家贼难防

日本间谍活动所取得的很多成就是在中国人的帮助下完成的，其中最重要的就是李鸿章的外甥刘芬。

日本间谍曾经登上了小船到刘公岛暗暗了解水师的布防情况，但由于北洋舰队防备较紧，一时收效不大。正在一筹莫展之际，日本间谍石川打开了局面。他认识了一个清兵汪开甲，并在他的介绍下结识了李鸿章的外甥，时任军械局书办的刘芬。经过一番交谈和观察，石川很快看清了刘芬是一个色欲、贪欲兼具的人。于是石川便精心策划，他首先满足了刘芬的贪欲，使刘芬喜不自禁。在感激之余，刘芬更是对石川言听计从，不断为石川提供情报。结果，石川不费吹灰之力就顺利得到了援朝清军的有关情报。

在日本间谍中，最诡计多端的是在天津的神尾光臣，他被誉为日本陆军"三大中国通"之一。甲午战争前夕，大本营给神尾光臣一个特殊任务，除了获取绝密情报外，还要发回一些中国正积极备战的假消息，激起日本国民的战争情绪。在一系列歪曲事实的假情报诱导下，1894 年 7 月 12 日，日本内阁以"中国在平壤集结大军，欲与日本一战"为由，向中国发出第二份绝交书。清政府被迫采取措施，李鸿章提出作战计划，调兵遣将应战日本，不料神尾光臣在天津收买了清政府军机处的一位官员，将清政府的军事机密全盘送达日本大本营。于是大本营向日军发出命令，提前行动，以逸待劳阻击清军，致使清军大败。

烽烟未起，胜负已明

在甲午战争中，日本间谍最成功的运用是在黄海海战中。在这次海战中发挥重要作用的是日本间谍宗方小太郎，他将自己伪装成中国老百姓，来往于威海、旅顺之间，窥探中国海军的情报。

1894 年 9 月上旬，清政府鉴于平壤之战即将爆发，准备增派援兵。为了争取时间，决定将驻防大连一带的总兵刘盛休所部铭军八营 4000 人由海道运至中朝边界大东沟登陆，再辗转去前线。为防止日本舰队袭击，李鸿章电令北洋舰队主力护航。停泊于威海附近的"镇远"号等 14 艘中国军舰投入出征准备。

而这时活跃在中国的日本间谍宗方小太郎在威海得知北洋舰队的出发时间，立即将"镇远号"等 14 艘中国军舰开赴朝鲜的具体日期电告日军大本营。日军大本营判断北洋舰队有可能在鸭绿江口一带,于是率军舰 12 艘于 16 日下午出发,向黄海北部的海洋岛挺进,17 日晨抵达该岛附近。18 日上午 11 时 30 分,中日两支舰队互相发现目标,震惊世界的黄海海战爆发。由于敌我力量悬殊,中国北洋舰队惨遭重创,损失"超勇""扬威""致远""经远""广甲"五舰,包括邓世昌、林永升在内,死伤 800 多人。黄海海战历时五个多小时,其规模之大、时间之长,是近代世界海战史上所罕见的。

不久,宗方小太郎被召回日本,他着中国装,接受天皇的召见。陆军大将本庄繁评价宗方说:"日清战争之时,他密行威海卫军港,详细侦察敌情,对君国做出极大贡献。"

对于日本间谍的活动,张之洞等有识之士十分忧虑,纷纷上书,就反间谍问题提出了一些具体建议。清政府曾采取过部分防谍措施,破获了几起间谍案。但不可否认日本的谍报活动取得了成功,这与清政府吏治腐败、不能严守军事机密、不重视防范间谍有很大关系。李鸿章本人在处理日本间谍的问题上,表现出十分明显的袒护之意。对清军抓获的间谍,李鸿章不仅不杀,还以杀了要赔钱为由,送给他们路费,释放他们回国。甲午战争爆发后不久,清军搜出日军俘虏进攻山东半岛时携带的一张地图,上面村、路、炮台、营房、山、河、井、树都画得十分翔实,一目了然。

在这场中日以国运相赌的战争中,清政府其实在未开战之前就已经输了。

天山脚下的情报流失——"宝地"争夺战

19 世纪末,中国成为世界各国争相分割的对象,当时掀起的瓜分狂潮让中国失去的不只是财富与领土,还有千千万万中华子孙的自信与骄傲。在这股瓜分狂潮之下,沙俄也将贪婪的目光投向了中国的蒙古、新疆等地区。

科学考察的背后

沙俄对中国西北部地区垂涎已久,但由于对当地情况不甚了解,其战略野心受到很大制约。1906 年,法国科学家保罗·佩里埃特向沙俄政府提出申请,希望进行一项科学考察,路线是塔什干—喀什—罗布泊—兰州—大同—北京。佩里埃特的考察无疑是刺探中国军事情报的绝好机会，沙俄军队总参谋部因此决定在考察队中秘密安插一名沙俄军官从事间谍活动。

经过多番考虑之后，总参谋长帕里辛亲自挑选了一位名叫卡尔·古斯塔夫·曼纳海姆的上校军官来完成这项任务。曼纳海姆接到的任务是收集中国西北部地区军事、政治情报，有关中国军队改革的情报以及从沙俄进军到兰州和北京的行军路线等。曼纳海姆出生在芬兰，参加过日俄战争，由于在奉天战役中表现勇敢而提前晋升为上校军衔。曼纳海姆精明强干，是沙俄军中小有名气的"中国通"。更重要的是，他持芬兰护照，不容易引起中国的怀疑。

一切准备就绪后，1906 年 7 月，考察队从中亚塔什干出发。进入新疆后，曼纳海姆为方便与中国人沟通，他还给自己取了个中文名字"马达汉"。他走遍了南疆和北疆，而且专门选择那些偏离"丝绸之路"的路线，对所有关隘和军事要塞都做了详细的考察并绘制了地图。沿途他特别注重考察少数民族的情况，并拜访了一些民族首领和部落领袖。他还在和田古城废墟等著名历史遗址进行了考古发掘，并广泛收集经文、木牍、碑铭等文物。

此后，曼纳海姆又走过了甘肃、陕西、河南、山西、内蒙古、河北等地，最后到达北京。每到一处，他都广泛结识当地官吏，以参观游览的名义打探军事、经济情况，详细地记录各地具体情况，其中包括沿途各地的地形地貌特征、河流水系分布、动植物资源、城镇和居民点位置、历史沿革及交通、商业、文教、军事、经济情况等。

两年的考察活动，曼纳海姆走过了中国的 8 个省份，收集了大量的情报，他撰写并呈交给沙皇的考察报告，作为正式情报资料在沙俄军队内部广为流传。这位在 77 岁时接任总统的曼纳海姆应该是在新疆活动过的级别最高的间谍。

"日不落帝国"的谍影八十年

除了沙俄外，其他国家也都觊觎新疆这块"宝地"，其中间谍活动最猖獗的便是号称"日不落帝国"的英国。当时，英国在完成了对中国南邻印度的吞并后，将侵略的目光投向了中国西北边陲——新疆。

从 1865 年起，英印殖民当局就多次派人潜入新疆南部。1867 年，中亚古国浩罕军官阿古柏在喀什窃土自立，与英国相互勾结，英国殖民者顺畅地进入了中国的新疆地区，从事间谍活动。在英国的支持下，阿古柏公然威吓清政府，要求其允许自己"独立"。1877年,忍无可忍的清廷勒令英政府从喀什召回沙敖(英常驻喀什的正式代表)。此时,已窃取了南疆大片中国领土的阿古柏匪帮面临崩溃,英国人操纵阿古柏的计划也就此泡汤。

尽管如此,英国人并没有放弃其在新疆的间谍活动。19世纪90年代,一个名叫马继业的英国游历官进入了新疆,由于清政府始终无法成功驱逐马继业,只得承认其英国驻喀什游历官的合法地位。马继业的到来,让相对平静的新疆再次进入英国殖民者贪婪的视线。英国在新疆大肆兴建了一个占地达三万多平方米的喀什领事馆,馆内设施一应俱全,还有机要情报室。这个领事馆成了英国人在新疆进行间谍活动的"心脏",也成了南疆甚至整个新疆的祸患。

马继业在新疆马不停蹄地忙碌着,他通过在当地建立免费医疗机构笼络人心,又打着共同抗俄的旗号迷惑当地官员。他还借口保护英方信使邮站,派遣英军强行进驻色勒库尔边卡。此外,他在新疆非法登记"英侨",然后把他们变成间谍。在马继业的支持下,大量西方"考古学家"顺利进入新疆,在丝绸之路上掀起了一股规模甚大的掠夺、盗取文物狂潮。那个能三次进入新疆盗取敦煌藏经洞文献的斯坦因,之所以可以如此出入自如,正是因为背后有马继业做靠山。马继业因在新疆的贡献,成为当时英国数一数二的人物,其地位甚至超过了驻京的英国公使朱尔典。

从马继业开始,英国的间谍活动进入了最猖獗的阶段。英国驻喀什总领事都是军人或所谓的"中国通",有时甚至就是职业间谍。任职期间,他们每年定期访问迪化一次,每两年到阿克苏、莎车、和田巡视一圈,沿途窥探当地政局,搜集情报、发展间谍,并伺机潜伏至中苏边境进行活动。

这些间谍的目的当然不只是刺探情报那么简单,他们的一系列行动,使新疆一直处于一种混乱的状态之中,时不时地便会有动乱发生。直到1933年,在平息了一场喀什的战乱之后,领事馆的间谍活动才有所收敛,1948年才最终撤馆。英国人在这片土地上,进行了长达80余年明目张胆的间谍活动。

长袖善舞，多谋善武

——日俄战争中日谍的精彩表演

1904 年，日俄之间爆发了战争，这场战争以日本人的胜利而结束。列宁在评价这场战争时说："沙俄在这场战争中的失败是封建主义的失败，但从另一个侧面，我们也完全可以说，沙俄在这次战争中的失败是在用谍防谍上的失败。"

日本人"守株待兔"

1904 年 3 月，日俄战争刚刚开始便进入高潮，日本海军在陆军支持下包围了沙俄在中国最重要的港口——旅顺。这是一场围困与反围困的较量，最终的结果将决定整场战争的胜负。在经历了几个月的犹豫与徘徊之后，6 月 2 日，沙皇尼古拉二世终于宣布将抽调部分沙俄波罗的海舰队兵力进入战争。1905 年 5 月 14 日，沙俄海军当局命令正在航行途中的波罗的海舰队开赴海参崴。从当时的情况来看，要到达海参崴有 3 条路线可供选择：一是穿过对马海峡；二是穿过日本本州岛和北海道之间的津轻海峡；三是穿过北海道与库页岛之间的宗谷海峡。穿过对马海峡路程最近，但风险也最大。几经考虑，波罗的海舰队司令罗日杰斯特文斯基最后还是决定走对马海峡。为了迷惑日本海军，沙俄军队派出两艘伪装巡洋舰到日本东海岸近海一带，装出要走津轻海峡的样子。

日本联合舰队此时对选择在哪条路线上截击沙俄军队同样大伤脑筋。沙俄舰队有战列舰 8 艘、装甲巡洋舰 5 艘、防护巡洋舰 3 艘、巡洋舰 4 艘，包括其他舰艇共 38 艘，如果让它进入海参崴，日本前一阶段的战果有可能完全化为泡影，因此聚歼沙俄波罗的海舰队便成为日俄战争最为关键的一役。

日本海军军令部面临的最大问题是侦获波罗的海舰队的确切航迹。日本海军派遣森恪潜入新加坡，刺探到波罗的海舰队抵达的舰只数目和驶离的确切时间。而后，他又与同伙雇了一条中国轮船，一路尾随，直到确认该舰队确实已驶向对马海峡，才向日本海军发出急电。1905 年 5 月 27 日凌晨 4 时 45 分，"发现敌舰队！"东乡平八郎在旗舰"三笠"号上升起 Z 字旗，发出了"皇国兴亡在此一战，各员励精努力"的号令，同时，舰队大角度转向，与沙俄舰队形成丁字形作战队形，堵住了沙

·没有硝烟的谍战掠影·

图文珍藏版

俄舰队的去路。于是,从拿破仑战争到第一次世界大战期间世界海战史上最大的一次海战——日本海大海战就这样爆发了。

经过30分钟激战,波罗的海舰队旗舰"苏沃洛夫"号、二号舰"亚历山大三世"号和五号舰"奥斯里亚别亚"号3艘战舰相继起火,脱离战斗行列。到日暮时,沙俄舰队的主力舰几乎全部被击沉或受重伤,这场空前规模的大海战胜负已成定局。由于受到以逸待劳的日本联合舰队的攻击,38艘军舰中有19艘被击沉,5艘被俘,11艘逃往中国而被解除武装,只有巡洋舰、驱逐舰、运输舰各一艘逃到海参崴。波罗的海舰队司令罗日杰斯特文斯基以及6000人被俘,4000人葬身海底,而日本联合舰队只损失3艘鱼雷艇,获得了压倒性的胜利。

对马海战是日俄战争中决定性的一战,日本的情报活动则在这决定性的海战中立了大功。由于掌握了沙俄军队的大量情报,因此,日俄战争一开始,沙俄就陷入了被动挨打的局面。随着日本海战的结束,日俄战争以沙俄的惨败而告结束。

散落大陆的"樱花瓣"

早在日俄战争爆发之前数年,日本就已经开始了对沙俄的间谍活动。日本在19世纪80年代就对西伯利亚进行过兵要地志调查。在这方面有突出贡献的是日本最著名的谍报专家、当时驻德国公使馆的武官福岛少佐。1892年2月11日——1893年6月12日,他单骑从柏林出发,经沙俄欧洲部分,越乌拉尔山脉,横穿西伯利亚,抵海参崴,搭船返日。经过这次长途跋涉,福岛沿途勘察了详细兵要地志、风土人情,搜集到大量有价值的情报,使日本加深了对沙俄的了解。另外,日军参谋次长川上操六中将于1895年8月率一批军官经海参崴、伯力、海兰泡到伊尔库茨克沿途考察了沙俄的详细军情。而这次日本的考察,目的性更强,也更有参考价值。

除了对沙俄地理进行详细的考察外,日本间谍还多方面全方位渗透到沙俄社会内部,广泛筹建情报据点,尤其是海参崴柔道馆的间谍椎叶入义。他实地勘察了海参崴俄军炮台具体位置,甚至测算出了炮台间的准确距离,并绘制了海参崴全市炮台位置图,为实战提供了重要的依据。

为了获得更多有关沙俄的情报,许多日本侨民都直接或间接地从事间谍活动,最著名的是海军大尉伊木壮次郎兄弟。伊木壮次郎奉海军军令部的派遣,冒充日本邮船公司俄语研究生,化名又东健次,潜入海参崴进行间谍活动,被沙俄警宪发觉后自杀。伊木壮次郎死后,其弟伊木壮之助只身潜入西伯利亚,多方刺探沙俄军情,成为日本海军军令部的一名重要情报员。

日本侨民在帮助谍报机关刺探情报方面,特别值得一提的是被称为"丑业妇"的日本妓女。日本妓女从19世纪80年代来到符拉迪沃斯托克(海参崴)以后,因其"温柔、诚实和善良"而"到处受人欢迎"。到20世纪初,她们形成了一个"庞大的、现成的情报网。遍及沙俄和远东地区"。1903年,日本妓女安藤芳来到哈尔滨,她很快被一沙俄将军纳为妾,备受宠爱。后来,安藤芳偷出一张沙俄军队在东北地区的兵力分布详图,记载着沙俄军队在东北地区的驻军地点、防御工事、物资储备等重要情报,她连夜逃往北京送给日本公使馆。由于日本妓女在谍报活动中起了特殊作用,以至于几十年后日本情报机关仍认为"这些女人是真正的日本人,是真正的爱国者"。鉴于日本妓女的特殊作用,日本人将她们比作日本飘零到大陆的樱花花瓣和与日月同辉的明星,将这些妓女溢美为"最崇高的爱国者"。

在谍报网络的建设方面,日本不遗余力。1903年秋,随着战争的临近,日军参谋本部的谍报活动进入临战部署。日本谍报机关指挥日本驻外武官,搜集欧美各国对日俄战争的态度与动向,直接搜集与战争或战役有关的重要情报以及在中国东北地区进行武装侦察活动。由于日本对间谍活动的高度重视,注意选拔最优秀的人才充当间谍,而且他们把间谍工作视为光荣的职责,并善于利用、发挥所获的情报,这使得日本的谍报能力在很短的时间内赶超了欧美一些老牌谍报国家。

作为日本最优秀的军事情报官之一的福岛在日俄战争胜利后说:"孙子倘若在世,一定会为我们的情报工作感到骄傲。他一定会说我们完全是按他的兵法行事的。但是我们知道,我们干得比他还要漂亮,我们是在为他的兵法写续篇。"

致命的脱衣舞娘
——"一战"中法国最大的间谍案

她是男人眼中绝对的尤物,她拥有天使般的脸孔、魔鬼般的身材,一颦一笑间让男人丧魂失魄。英雄难过美人关,男人天生的弱点给了她可乘之机。她用美色做诱饵,以生命当赌注,在色与戒间完成神秘使命。谁说"战争让女人走开"?玛塔·哈里在战争中足以让男人汗颜,也让男人不寒而栗。

滴血的钞票

1903 年,一位专门跳印度婆罗门神婆舞蹈的舞娘出现在巴黎,她就是玛塔·哈里,在爪哇语中意为"清晨的明眸"。

玛塔·哈里优雅的舞姿、迷人的微笑,使法国的军政要员和巴黎各界名流纷纷拜倒在她的石榴裙下。但是,女人总是会衰老的,当年华老去,容颜不再,她感到了一丝不安,因为她快 40 岁了。当她感到经济困难的时候,她开始想通过其他的办法挣钱。

1915 年,她正式成为德国情报机关的间谍。她利用美色引诱无数法国的军政要人,骗取军事机密,并把情报卖给德国。德国人向她付出了数百万美元的报酬。

"一战"开始后,德国利用玛塔·哈里提供的情报,取得了战场上的主动权。马恩河战役前夕,玛塔·哈里从一名即将奔赴战场的法国将军那里盗取了情报。这位交际花丝毫不懂军事,自然不了解这个情报的厉害,她不知道这关乎几十万法国士兵的性命。更何况,在金钱面前,她已经不在乎了。在一次舞会上,她把法军的出发地点传给了德方。根据这个情报,德军知晓了法军的战略意图,第一天就有几千法军倒在德军的枪口下。在整个战争期间,共有十多万法国士兵因为玛塔·哈里的情报而送命。一女能抵十万兵,没有人敢再轻视女人。

玛塔·哈里对于"间谍"一词毫无概念,她所做的一切仅仅是因为她太爱金钱了,就像她在法庭上所辩解的:"我是妓女,这没错,但我不是叛徒,永远不是。"她的背叛与爱国精神或者政治毫无关系。她同时为德国人和法国人工作,成为各国间谍机关最痛恨也最头疼的人——双重间谍。玛塔·哈里将双重间谍的工作做得十分到位,她在德法两国间左右逢源。正如《间谍大师:阿兰·杜勒斯》一书的作者詹姆斯·史劳德斯很多年后对她的评价:"从任何角度来看,她的工作都非常出色。"

永载谍史的灵光:213515

玛塔·哈里的间谍生涯充满了传奇,而盗取"英-19"型坦克设计图仅是其中一个经典。1915 年 3 月,玛塔·哈里接到德国人的一个命令,让她盗取一份藏在法军统帅部高级机要官莫尔根将军家的绝密金库中的"英-19"型坦克设计图。玛塔

·哈里当即回电:"静候佳音。"

经过周密策划,玛塔·哈里在一次舞会上"邂逅"了独身的莫尔根将军。不久,他们俩就同居了。玛塔·哈里在俘获了目标之后,每天利用收拾房间的机会寻找金库的位置。终于,有一天她在书房的一张巨幅古典油画后面找到了金库。她发现库门上有一个号码拨盘,上面有 0~9 的数字。她试图找到有关提示密码的蛛丝马迹,但是均告失败。

德国人已经有点等不及了,向她下了最后通牒:"务必于 24 小时内把胶卷送出,不得有误。"为了完成任务,当晚,她悄悄将大量安眠药倒入莫尔根的酒杯,很快使莫尔根将军进入了梦乡。

玛塔·哈里走进书房,开始试着拨保险柜的密码。德国人曾经告诉她密码是六位数,于是她先试曾猜想过的一些数码,但都一一碰壁。之后,她就不断随手拨上六个数。她越拨越快,不到两小时,她的手指就已麻木,臂膀酸痛不堪,汗流浃背,精疲力竭。歇了几分钟,她继续试拨。可是她知道,六位数字有 15 万多个组合,这样随机拨下去,恐怕一个月都打不开。

"难道就要前功尽弃了吗?"在绝望中,她隐隐约约地听到隔壁房间里的女仆已经起床了。按惯例,过不了多久,她就要前来打扫书房。玛塔·哈里甚至想放弃了,但倔强的个性又使她不甘心就这样惨败。在焦急中,她突然想到莫尔根曾在一次饭后说:"唉,老了,这几年记性真是越来越差了。"既然如此,一定有提示六位数密码的东西,而这种东西很可能就安置在保险柜四周,以便开保险柜门时可看见。

玛塔·哈里当即仔细环视保险柜周围,忽然,她的目光在墙上的老式挂钟上停住:黎明将近,钟为什么却停在 9 时 35 分 15 秒? 关于这只钟,她曾经问过莫尔根为什么不叫钟表匠来修,莫尔根回答说以前修过几次,但没修好。

玛塔·哈里记起当时莫尔根在回答这个问题时神情似乎有点不自然。秘密一定就在这钟里,9 时 35 分 15 秒,不是 93515 吗? 可是只有五位数,还少一位呢。

时间一分一秒地过去了,女仆已经在收拾隔壁房间了,留给玛塔·哈里的时间不多了。她死死盯住挂钟,苦苦思索。猛然间,她灵光一闪,9 时不就是 21 点吗?六位数出来了! 她快步走到保险柜前,用有些颤抖的手拨出了"213515"这组数字,"咔嚓"一声轻响,锁开了!

"213515"也因此成了世界间谍史上的传奇数字。

玫瑰一枝溅血红

尽管为德国人干活十分得心应手,但随着第一次世界大战进入相持阶段,玛塔·哈里担心有朝一日协约国取得胜利,自己给德国做间谍的事情就会被人知道。因此,她开始有意识地向法国靠拢。她设法与法国间谍头目拉杜见了面,告诉拉杜自己可以为他搞到德国的机密情报。就这样,玛塔·哈里又成了法国间谍。为了好好表现,玛塔·哈里开始向法国方面传递大量的德军消息。结果,很多德军成了玛塔间谍成绩的牺牲品。

1917年,玛塔·哈里抵达中立国西班牙开始巡演。她的到来,令西班牙人痴狂,据说甚至有情侣因为她反目成仇。在演出获得成功的同时,她将西班牙政府的一些动态源源不断地发往柏林。但她的活动已经被英国谍报机构监视,英国方面立即将她的动向通报给法国反间谍机构。

法国方面在此时也截获一份德国密电,密电写道:"通知H21速回巴黎,并支付1.5万法郎费用。"而玛塔·哈里这时竟突然中断在西班牙的演出返回法国。综合有关情报,法国情报部门认为H21就是玛塔·哈里,她极有可能为德国方面提供了大量情报。1917年2月13日,玛塔·哈里刚刚抵达法国边境,就以间谍罪被逮捕。法国反间谍部门指控玛塔·哈里使用美人计为德国人窃取情报,造成数万法国士兵身亡。玛塔·哈里的情人参议员埃米利奥·胡诺伊证实,她当时的确接到过一封来自巴黎的电报,不过,法国情报部门截获的那封电报纯粹是有人为陷害玛塔·哈里设的局。但法庭无情地驳回了代理律师的申诉,最后,玛塔·哈里被判死刑。

1917年8月15日,玛塔·哈里被带出巴黎女子监狱执行枪决。这一天,她精心打扮了一番,戴上了一顶宽檐黑帽,手戴一副黑色的羊皮手套,脚穿一双漂亮的红舞鞋。临死前,玛塔·哈里拒绝被蒙上双眼,她说想看着那些杀死她的男人的眼睛。在巴黎郊外的空地上,这个41岁的女人面对11个行刑队员的枪口,笑着对领刑的军官说:"这是第一次有人肯付11法郎占有我。"(在法语中,"法郎"和"子弹"是同一词汇。)枪手扣动扳机前,她向他们送去了最后的飞吻。也许,对于她来讲,死亡是最后的解脱,是她对男人最大的嘲笑。

不管玛塔·哈里是正义还是邪恶,她的生命还是以死亡告终了,留给世界的只是一朵永不凋零的溅血玫瑰。

惊醒中国东北的爆炸——日谍弄巧成拙

1928 年 6 月 3 日凌晨 1 时,张作霖离开北京,4 日清晨 5 时 30 分,张作霖专车进入沈阳皇姑屯,在南满路与京奉路交叉路桥下,突然"轰"的一声巨响,一整节车厢都飞上了半空,落下的时候桥塌车毁。吊桥桥板塌下,刚好压在第三、四、五节车厢上。火车被炸后,现场尸骸累累,惨不忍睹。张作霖受重伤,并因伤重于上午 10 时去世,享年 56 岁。这就是震惊中外的皇姑屯事件。

被炸的吊桥桥板分为三节,柱外包以钢骨水泥,厚六尺,而火车通过桥下,若非用电流计算时间,若非受过专业训练的间谍操作,不可能如此准确,而这已经明白无误地表明是日本间谍所为。

机关算尽,枉送了大帅性命

张作霖,人称"东北王",由土匪起家,在不长的时间里就从一个"山林野大王"摇身一变,成了一代枭雄、真正独霸一方的"土皇帝"。

张作霖虽出身绿林,没有读过书,可他深知国家民族大义,他遭此厄运的最大原因是他未能执行所谓"二十一条中有关南满、东蒙古农工业的中日新约"部分。日本人曾威胁张作霖说:"你要真不接受,日方当另有办法。"张反唇相讥,答道:"怎么说!你们有什么好办法,尽管拿出来,难道又要出兵吗?我姓张的等着你好了!"

张作霖

1928 年,国民政府军北伐,奉系交战不利,张作霖决心退出北京。日本对这种局面很不安,派芳泽曾秘访并威胁张作霖,劝他接受日本的条件,张作霖说:"我姓张的不会卖国,也不怕死。"

当时关东军的司令官是村冈长太郎，他认为张作霖是日本控制东北的最大障碍，所以村冈决定亲自主持暗杀张作霖。后被河本大作否定，他认为北京耳目众多，暗杀工作不易掩匿，所以改在张作霖返回东北时行动，即由河本担任行动总指挥，由神田、富田两大尉负责勘定地点，由工兵队长管野负责装置电流炸弹，由独立守备队长东宫负责发放电流，由荒木五郎率领行动员准备在爆炸后若张作霖不死再临时砍杀。此外，日本驻北平武官建川美次和田中隆吉负责调查火车组织与张作霖的启程时间，同时派出大批暗探在山海关、锦州、新民屯等地布防。

在皇姑屯事件中发挥重要作用的一个人是川岛芳子，川岛芳子与张作霖有着深仇大恨。张作霖的意图是打进关内并希望"统治天下"，他的这个图谋使自己在东北和不少人结了怨。他独霸东北觊觎中原的图谋与川岛芳子恢复大清的梦想严重冲突。

川岛芳子原名金璧辉，是清王朝最后一代王族肃亲王之女，排行十四。三岁时被生父当作"小玩物"，寄养于曾任清室顾问的日本人川岛浪速家中，认川岛为义父，易名川岛芳子。按照川岛芳子父亲和义父的设想，东北和蒙古独立出去就可以作为复辟大清的"基地"，以此为基础，总有一天大清还可以东山再起。

但没有"东北王"的同意，在这块土地上的所有图谋都不可能成功，而张作霖压根就没想过有人会向自己索要地盘。在张作霖的阻碍下，肃亲王终于在抑郁中驾鹤归西了。"满蒙独立"因为张作霖的阻碍成了一个神话，川岛芳子自然对张作霖恨之入骨。所以，在这次暗杀行动中，川岛芳子扮演了重要的角色。

1928年春末，何本大作召见了川岛芳子，向她介绍整个计划，让她尽快查清张作霖由北平返回奉天的准确时间。经过一番秘密活动后，川岛芳子发现张作霖的防备十分严密，很难有机会接近他身边的人，但十分走运的是，川岛芳子结识了张作霖新娶的天津名妓马月清，终于从她身上打开了缺口。

川岛芳子女扮男装，从北平赶到天津，找到了马月清曾经待过的天宝班妓院。进入天宝班后不惜重金买通了老鸨，了解到马月清的许多生活习惯、个人爱好。摸清了马月清的底细后，川岛芳子返回北平，将准备好的金首饰送给马月清，博得了马月清的欢心并取得她的信任，从而得知张作霖最近返回奉天的详细情报。

关东军本部收到川岛芳子发来的情报后，经过紧急策划，最终在皇姑屯将张作霖炸死。关于事件发生后的掩饰，日本亦有安排：日本兵迅速赶到现场，以抢修铁路为名销毁了现场证据；由浪人安达隆盛觅得中国失业军人刘载明，还抓了两名抽大烟的中国人，诬陷他们是北伐军派来搞爆炸的案犯，由日兵押到皇姑屯在吊桥下用刺刀杀死了。

东北在悲剧后醒来

为了斩草除根，何本大作又密切注意少帅张学良离京回奉天的时间，准备暗杀张学良。沈阳军署于1928年6月4日中午和在北京的少帅张学良联络，请其火速返沈，而张学良亦已获悉皇姑屯事变。奸诈的何本大作做梦也没想到，张学良会化装成一个伙夫，搭乘火车由北京赴沈阳，经过南满路检查站时，步行绕过，再换乘汽车直驶沈阳，径入帅府。

张作霖没立遗嘱，但张学良能模仿张作霖的笔迹，所以伪造了遗嘱："余不幸归途遇险，今病势已笃，殆朝暮间人矣。余自京发从军，早自誓以身报国，今年五十有六，死已非天，唯是报国之志未遂，不免耿耿尔。今以奉天重任付之学良，望汝善为料理，延聘贤良，修明内政，以慰父老悬悬之望，更望我袍泽同仁，事事以国家人民为重，勠力同心，精诚团结，余身虽死，亦瞑目矣。"根据这份伪造的遗嘱，张学良就任东北保安总司令。

对于刺杀张作霖这件公案，日本国内也掀起了轩然大波，关东军如此作为显然把张学良推向了抗日的一面。但日本的田中首相屈于少壮军人的恐吓，最后不得不以"张案经过周密的调查，发现关东军并未牵涉在内"的含糊语句结案，并且呈报昭和天皇。

林久治郎于6月29日、7月18日两次谒见张学良，7月19日更把田中的意旨面送给他，传达了日本要求张学良结好日本，不要倾向国民党的意旨。张学良看了田中的三点建议，说："我是不是可以把日本不愿中国统一的意见，或东北不能易帜是由于日本的干涉这项事实报告国民政府？"因为从纯外交上而言，这就是干涉中国内政，林久治郎避不作答。

1928年12月29日，张学良不顾日本的反对，毅然宣布"遵守三民主义，服从国民政府，改旗易帜"。至此，国民政府实现了形式上的统一。日本制造的皇姑屯事件，将原本处于朦胧中的东北人狠狠地向抗日方推了一把，真可谓"偷鸡不成蚀把米"。

祸起萧墙,攘外必先安内？——纳粹的反间计

在苏联历史上,大清洗给其造成重大影响,苏军将领格里戈连科曾评论说:"世界上任何一支军队,它的高级指挥干部在任何一次战争(包括第二次世界大战)中都没有受到这样大的损失,甚至全军覆没的结果也不至于如此。就是缴械投降的法西斯德国和帝国主义日本所损失的高级指挥干部也比这少得多。"而这一切就发生在斯大林判断战争即将临近之时。

苏联的那场血雨腥风

1937 年 6 月 11 日,苏联《真理报》突然在显著位置发表了一篇《社论》:"今天,我们发布了苏联检察机关关于将当场捕获的 8 名间谍交给法院判决的通知。他们,这些外国的走狗,卑鄙无耻的叛徒……图哈切夫斯基、亚基尔、乌博列维奇、科尔克、埃德曼、费尔德曼、普里马科夫、普特纳,这就是目前破获的法西斯间谍核心成员的极其可恶而又可恨的名字。"社论发表的当天,"苏维埃法庭判处这些恶棍、间谍、资产阶级豢养的小丑和苏联人民的敌人以枪决,内务人民委员部已执行判决"。

在这之前,已经有迹象表明,苏联的政治已经在悄悄发生变化。也就是在一个月前,苏联元帅图哈切夫斯基作为苏联代表到伦敦参加乔治六世国王的加冕典礼,他的妻子尼娜·图哈切夫斯卡娅加紧突击英语,准备与丈夫一同出席加冕典礼。就在元帅即将成行之际,苏联驻伦敦使馆 5 月 4 日接到通知:图哈切夫斯基因"健康原因"不能成行。

元帅离奇的生病让苏联阴云密布,人们已经预感到一场暴风雨即将到来。一个星期之后,元帅被解除副国防人民委员职务,一个月之后,元帅就成了间谍、叛国者被处死。临死前,元帅说了这么一段话:"我不会去请求宽恕,因为这个法庭只能以三流侦探编造出来的假文件为凭据,任何一个思想健全的人都是不会尊重这种法庭的。你们自以为是法官,可我要告诉你们,犯罪的是你们,不是我们。"

当元帅在为自己的命运愤愤不平的时候,他并没有想到,这将是民族灾难的开始。按照斯大林在联共(布)中央全会上作的《论党的工作缺点和消灭托洛茨基两

面派及其他两面派的办法》的报告中"在我们所有的和几乎所有的组织中……都在某种程度上碰到了外国代理人的暗害、破坏和间谍活动","外国代理人,包括托洛茨基分子在内,不仅打入了我们的基层组织,而且窃取了某些重要职位"的这种认识,用"连根拔除和粉碎的方法",苏联的大清洗运动开始了。据初步统计,1936年—1939年,大清洗几乎整个消灭了苏联红军的军官阶层,红军指挥人员和政工人员有4万多人被清洗,其中1.5万人被枪决。大清洗枪决了5名元帅中的3人,4名一级集团军级将领中的3人以及全部12名二级集团军级将领,67名军长中的60人,199名师长中的136人,397名旅长中的221人。

有人欢喜有人愁

当苏联在疯狂自残的时候,有人却在窃喜,那就是德国纳粹,因为所谓的间谍不过是德国一手炮制的阴谋。消灭苏联,是希特勒称霸世界的战略构想之一,但在对苏联觊觎已久的同时,希特勒却又对苏联心怀忌惮。因为苏联的重工业使苏联军队装备了大量先进的武器,尤其是长期的革命战争,红军成长起了一大批优秀的指战员。而图哈切夫斯基元帅就是其中最典型的代表,他是苏联红军公认的天才将领,也是红军真正的灵魂。他不仅在军事理论研究中多有建树,对未来战争也能高瞻远瞩,是一个满腹韬略的大战略家。他提出的大纵深作战理论和大规模机械化作战的理论,曾远远领先于西方的同行。

要想进攻苏联,就要先除掉进攻道路上的绊脚石。于是,图哈切夫斯基元帅成了德国纳粹必须除掉的对象。但是,杀一个普通的人也许简单些,但要杀掉一个苏联元帅,一个在国内战争和外国武装干涉时期战功赫赫、所向披靡、最富天才的元帅可就不那么容易了。为此,德国间谍机构进行了精心的策划。

德国间谍头子海德里希从1935年开始就建立了反苏秘密组织,并与流亡巴黎的沙皇旧官员保持着密切联系。1936年12月中旬,海德里希从一个前沙皇将军那里得到了报告。报告称,图哈切夫斯基正在同德国最高统帅部和德国谍报机关的将军们保持着接触,共同策划一起反斯大林的阴谋。

看到这份报告,一直为如何除掉图哈切夫斯基而烦恼的海德里希眼前一亮,一个借刀杀人的计划在他心中产生了。要是能把这个消息"透露"给斯大林,再精心伪造几份文件增加消息的可靠性,那么苏联的全军指挥部门也许可以一举被摧毁了。想到这个借刀杀人的计划,他的嘴角浮现出一丝得意的冷笑。

海德里希吃定斯大林

既然借刀杀人的计划已经有了,那就要立即行动。他先命令自己的手下从德国最高统帅部的秘密档案室里窃取图哈切夫斯基的档案案卷,案卷到手后,海德里希仔细地进行了翻阅,发现其中有图哈切夫斯基于 1925 年—1928 年任工农红军参谋长时,跟德国参谋总部代表的会见、谈话。当然,海德里希不是要研究他们谈话的内容,而是要在里面添加一点生猛的材料,以勾起斯大林的胃口。为了达到这个目的,他设立了一个技术用具一应俱全的实验室,下令把弄到手的案卷进行"加工":篡改谈话记录和来往通信,在其中添加图哈切夫斯基与德国秘密勾结的内容。总之,要使一切看起来像真的一样。认真检查了专家们伪造文件的全部技术工作

海德里希

之后,他觉得很满意,那份伪造文件无论放到哪里都不会有人怀疑它的真实性。

计划的第一步顺利完成,但这只是为即将上钩的鱼准备好了鱼饵,为了钓到大鱼,还需要有人把鱼饵送到鱼的嘴里。

机会终于来了。1937 年 1 月底,捷克斯洛伐克驻总统贝奈斯通过在德国的大使马斯特内得知,德国人与红军的某一个反斯大林的集团有相互接触。作为苏联的盟国,贝奈斯得知这一情报立即召见苏联驻布拉格大使亚历山德罗夫斯基,把马斯特内的这个情报转告给苏联大使,苏联大使又紧急告知了莫斯科。为了增强消息的真实性,过了两三天,同样的情报内容也传到苏联驻巴黎使馆的大使波将金那里,波将金随即给莫斯科电告了这份情报。

鱼儿上钩了,但海德里希并不急着收线,他要等待鱼把钩咬牢。海德里希没有经过太长时间的等待,捷克斯洛伐克总统贝奈斯的特使就带着莫斯科方面的人找上门来,海德里希派人拿着两封"逼真的"信件和苏方代表进行了一次接触。经过谈判,一周后,苏联内务人民委员会委员部叶若夫的"全权代表"如期而至,海德里

希下令开了一个 300 万卢布的天价。"全权代表"爽快地付给对方 300 万卢布,取走了信件。

就这样,杀人的刀就递到了斯大林手中,斯大林也毫不犹豫举起了这把刀,揭开了大清洗的序幕。

痛定思痛,痛何如哉

在大清洗中元气大伤的苏军很快就在 1939 年的苏芬战争中尝到了苦果。90 万苏联红军花了四个月时间,才迫使 300 万人口的芬兰屈服,而在这次军事行动中,红军却付出了伤亡 50 万人的代价。看到这一切的希特勒在 1941 年 6 月 22 日发动侵苏战争时曾宣称:"我只要在苏联这个破房子的门上踹一脚,它就会垮掉。"他相信,被大清洗大伤元气的苏军不堪一击。在卫国战争中,苏联虽然取得了反法西斯战争的最终胜利,但在当时军事实力并不弱于德国的形势下,由于指挥上的失误,苏联在战争初期节节败退。在整个战争中,苏联共伤亡约 6000 万人,代价惨重。

斯大林的大清洗无疑是帮了希特勒的大忙。为纪念那些在大清洗中死去的冤魂,为纪念那些在苏联时代的政治受难者,苏联作家索尔仁尼琴在其伟大著作《古拉格群岛》卷首,写下这样的献辞:"献给没有生存下来的诸君,要叙述此事,他们已无能为力。但愿他们原谅我,没有看到一切,没有想起一切,没有猜到一切。"

不列颠生死存亡的"密钥"——厄尔特拉

"厄尔特拉"是英语"ULTRA"的音译,意即"超级机密"。

1940 年 4 月,希特勒入侵比利时、荷兰、卢森堡、法国,一路所向披靡,横扫欧洲。英国在欧洲大陆的谍报机构立即土崩瓦解,但英国秘密情报局长孟席斯却没有惊慌失措,因为他已拥有一件秘密武器——这时的布莱切利庄园破译中心破解了德国"恩尼格玛"密码系统,这对当时的英国来说,无疑是救命的最后良药,而"恩尼格玛"密码电文成了整个"二战"期间英国高级情报的主要来源。鉴于它的重要性,英国情报机构给它取了个代号叫"厄尔特拉"。

考文垂,不设防

1940 年 11 月 8 日,希特勒在慕尼黑勒文鲍恩啤酒馆做完纪念啤酒馆暴动 17 周年演说后刚离去,英国皇家空军便对慕尼黑进行了空袭。啤酒馆被炸,逃过此劫的希特勒暴怒了,他疯狂叫嚣:"要对英国进行狠狠地报复!"

"德国空军将在 11 月 14 日至 15 日对英国城市考文垂大教堂和工业区进行毁灭性轰炸,行动代号为'月光奏鸣曲'。"这是英国人通过"厄尔特拉"得到的信息。

考文垂,距伦敦 100 多公里,是英国重要的工业城市,还是主要军火库之一,拥有 25 万人口。

保卫考文垂,给希特勒一个狠狠地教训! 在英国最高司令部召开的讨论保卫考文垂的措施的紧急会议上,群情激奋。

但丘吉尔的一番话却使得大家立即陷入了沉思。"我以为,任何超出一般性的防御措施,都会使德国人怀疑我们已经获得了空袭情报,难免就会怀疑到他们的密码系统出了问题。""不! 不能冒使敌人产生怀疑,从而更换更新型的'恩尼格码'的风险,希望大家都理解。"

英国人忍痛做出决定:考文垂不加强防卫。

1940 年 11 月 14 日夜,尖厉的空袭警报声响彻考文垂上空,市民们惊慌地看着德军的海因克尔飞机成群飞临,在他们头顶上轰鸣,英国的防空炮却鞭长莫及。

第一批敌机投下了燃烧弹,引起了冲天大火,后继机群投下更多燃烧弹和高爆炸弹。连续 10 小时的轰炸中,德国飞机共投下了 509 枚海因克尔Ⅲ高爆炸弹和无数普通炸弹,考文垂一片火海,整座城市变成了一片废墟。市民死亡约 554 人,伤约 4860 人。"月光奏鸣曲"奏效了,却让英国人保住了"厄尔特拉"。

解密"恩尼格玛"

英国人之所以如此重视"厄尔特拉",不仅仅是因为其重要,更因为其来之不易。1938 年秋天,英国情报局收到了驻德国的间谍发来的密电:

德国陆军已试验成功一种名为"恩尼格玛"的密码机,其排列组合可能是无法想象的天文数字,难以破译。"恩尼格玛"为希腊语,意为迷惑。这是一个名叫胡戈·科赫的荷兰人在 1919 年发明的,舍尔比乌斯根据胡戈·科赫的设计图造出了一部样机,并以"恩尼格玛"的名字取得专利。在为了推销这种"密号器"而印的宣传小册子上说："竞争对手天生的好问会马上遭到机器的阻止，这是一部能使你对你的所有文件，或者说，至少对这些文件的重要部分进行彻底加密的机器。"

德国人在整个战争时期共生产了10万台各种型号的恩尼格玛密码机，发至德国陆、海、空三军部队和情报机构使用。这种密码机还有一个优点，那就是即使敌人得到了机器，不知道编码程序也是毫无用处的，因为破译恩尼格玛电文除了需要一部同型号的机器外，还必须知道密钥的设置表。似乎"恩尼格玛"在任何时候、任何条件下，它的密码电文都是不可破译的。

英国人最终破解了"恩尼格玛"是得益于一个叫理查德·莱温斯基的波兰籍犹太人。他是位数学家和工程师，曾在德国生产恩尼格玛机的一个工厂里工作。

"我憎恨纳粹！仅仅因为我是个犹太人，就被纳粹驱逐出境了。我有责任制止战争疯子。"共同的反纳粹情结使莱温斯基和英国有了合作的基础，在英国情报机构的帮助下，莱温斯基也不负众望，为英国制造出了第一台"恩尼格玛"。

但并非有了一台机器就万事大吉，因为战争期间，德国的恩尼格玛机密钥（编码程序）是经常变换的，面对敌军司令部发布的大量命令，必须以超乎常人的速度来进行复杂的计算才能破解。

数理逻辑学家图林这时发挥作用了。在其他科学家的协助下，他发明了一种叫"炸弹"的破译机，1940年4月，"炸弹"取得了英国人盼望已久的对恩尼格玛密码电文破译的突破。1942年，第一台电子计算机在英国出现并投入使用，每秒钟能阅读5000个符号，这种电子计算机代号"巨人"。不久，"巨人"2号研制成功，每秒钟可阅读2.5万个符号。科学家们在计算机中编入了有关程序后，各种型号的恩尼格玛机密码电文均被破译出来。德国的密码失效了，而英国的"厄尔特拉"也诞生了。

不列颠生死存亡的"密钥"

"厄尔特拉"在对德作战中发挥了重要作用。1942年8月，英军情报部门破译了隆美尔发给希特勒的关于进攻英国第八集团军的长篇电报。第八集团军司令蒙哥马利将军有针对性地制订了歼灭隆美尔的"捷足作战计划"。10月，英国第八集团军对"非洲兵团"发起了阿拉曼战役。蒙哥马利通过德军无线电报做出战略调整，向德军和意军之间的结合部发动了进攻。同时英军还根据截获的电报，击沉了所有的德军运输船,使隆美尔处于孤立无援的境地,终于溃散而逃。

"厄尔特拉"最重要的作用在于它曾经拯救了英伦三岛。

1940年7月2日,希特勒开始实施代号"海狮"的作战计划,全面入侵英国。1940年9月15日,这一天被德国元帅戈林宣布为"鹰日",因为在这一天,德国空军将发动一次旨在摧毁英国皇家空军的强大攻势。"厄尔特拉"还告诉英国:"鹰日"袭击成功,希特勒就入侵英伦三岛,如失败就停止侵略。

"一切都取决于打赢这场战争了……"在英伦三岛人民生死存亡之际,丘吉尔忧心忡忡地说。于是,英国皇家空军收到了严厉的命令:只准胜利,不准失败。

大战在即,德国方面精心布置,一份份电文不断传达到各个部门,比德国更紧张的是英国。一份又一份"厄尔特拉"密电被送到丘吉尔首相和空军参谋部,对于希特勒的进攻,英国已经做好了精心布置。

1940年9月15日,德国空军出动1000架轰炸机和700架战斗机对伦敦袭击。英国的高射炮阵地等防御设施拼命拦截敌机,所有大厦顶层都布置有机关枪阵地参与防御战斗。

英国空军中队占据了最佳位置迎击来犯之敌,全英国都下定决心,即便只剩最后一架飞机,也要投入战斗,抵抗,坚持,再坚持。下午5时左右,德国空军撤退了。

两天后,"厄尔特拉"传来了希特勒下令拆除荷兰机场上装运兵伞设施的信息。希特勒放弃了入侵英国本土的计划,英国获得了难得的喘息机会。"二战"中的英国情报战取得了最为辉煌的业绩。

拥有"厄尔特拉",是一个了不起的胜利。获得"厄尔特拉"是困难的,更困难的是在长达五年的战争岁月里,他们成功地保卫了"厄尔特拉",德国人一直以为自己的信息传递方式是最安全的,他们对自己的一切行为都暴露在敌人眼皮底下的事实浑然不觉。直到投降前夕,他们还在使用"恩尼格玛"发报。

双重间谍的"无间道"——忠诚与背叛

1940年9月6日晚,只听见飞机发动机声由远而近一滑而过,在英国白金汉郡的一片田地里,朦胧夜色中摇摇晃晃地出现了一个黑点,由高而低,那个黑色物体连同上面的锥形包一起稳稳地落在田野里。"二战"期间,英德之间展开了殊死的较量,间谍自然成为战争中的重要砝码,而那个锥形包正是德国为了获取英国的机密而派遣的一名间谍。不过德国的这次间谍行动不仅没有收到预期的效果,反而给了英国获得双重间谍的机会,可谓是赔了夫人又折兵。

初秋夜,请君入网

1940年9月7日清晨,一位农家少女向警察局报告,她发现她家的庄稼地里好像有人踩过。当地警方立刻展开调查,不久,一个陌生人被带到埃尔兹伯里警察局,并被迅速转交给军情五局,军情五局的军官们立即确定了他的身份。

他是一名代号3719的间谍,昨晚被空投到当地,他的真实姓名是戈斯塔·卡罗里。卡罗里被编入一个叫"莉娜队"的间谍小组,管理他们的是汉堡空军一处的尼古劳斯·里特少校。实际上,英国军情五局早已打入了这个间谍网,而且正在操纵其中一名间谍充当双重间谍。因此,无论德国人怎样制订他们的间谍方案,英国的反间谍组织皆了如指掌。

军情五局并不打算以间谍罪对卡罗里进行处理,他们试图通过努力使他成为双重间谍。在英国军情五局的威逼利诱下,被德国视为敢作敢为、智勇双全的卡罗里最后完全缴械,他在投诚的同时又提出:假如军情五局同意给他的一位同事同样的待遇,他将说出此人抵达英国的详细计划。这人就是"二战"最著名的双重间谍武尔夫·施密特。

武尔夫·施密特的父亲是德国人,曾服务于德国空军,母亲是丹麦人。武尔夫是一个富有才华、金发碧眼的帅小子,他非常喜欢希特勒的《我的奋斗》的哲学思想,乐于冒险,这使他自然而然地成为德国间谍人员的招募对象。

武尔夫·施密特本来就能读写英文,也能说一点,他悟性高、名声好,里特少校才确信他是派往英国的理想人物。于是,1940年9月19日夜间,武尔夫登上一架德国军用飞机,朝英国飞去。当降落伞打开的一刹那,他还为此行的顺利而洋洋得意,完全不知有人已经撒开大网等着他。

囚徒与军情局的博弈

武尔夫·施密特着陆时,由于降落伞碰上了一棵树,他的足踝被扭伤了,这使他行走不便。当他走过一个村口时,看见一台抽水机正在抽水,便走上前去洗脚,想以此减轻痛苦。这时,一个巡逻兵走了过来,并对他说:"请拿出你的证件,先生。"他的外国口音引起这位巡逻兵的怀疑,于是,他被带往剑桥警察局。其实,根据卡罗里的供述,他的行踪早已泄露,被捕只是英国谍报机关为了不打草惊蛇而精心导演的一出戏。

武尔夫同样被很快转移到军情五局,令他意想不到的是,在这里,他还得到了两名陆军军官和哈罗德·迪尔登博士彬彬有礼的接待。

迪尔登认为,在某些方面,武尔夫是独一无二的,恰恰由于这一点,使他比卡罗里更有价值。在武尔夫身上,有一点必须利用,那就是他有幽默感,这正是他可能转变的因素。审问在彬彬有礼的交谈中进行,很少提什么问题,仅仅提出种种暗示。"当我被带到那里审问时,我被这位穿便服的奇怪老人强烈地吸引住了。他正在翻一本杂志,我走进来时,他只瞥了我一眼,就又继续翻看着杂志。我简直不能将我的眼睛从他身上移开。"这是武尔夫后来对迪尔登博士的评价。

在反复的较量中,武尔夫终于投降,代号是"塔特",英国谍报机关将塔特视为他们双重间谍的杰作。一位高级官员曾经这样评价他:"他成了我们最可信赖的无线电谍报员之一,而且,作为谍报员,保持了长距离通讯纪录,从 1940 年 10 月到 1945 年 5 月,他始终为我们从汉堡收报或发报。他的工作具有巨大的价值。最初是为了反间谍目的,后来是欺骗敌人,他帮助我们从德国人那里搞来了大笔金钱。"

双重间谍的"无间道"

作为双重间谍,塔特在德国间谍部门的眼里同样优秀。塔特按照德国方面给他的任务,定期发送有关英国战斗机地和军舰制造计划等情报。当然,这些内容都是"真实的谎言",比如夸大机场被轰炸后的损失程度,诱开德国空军偏离轰炸的目标,提供虚假的军舰制造计划,低报新的飞机产量。直到 1945 年春天,塔特还发回了关于海上布雷区的错误情报,诱使德国潜艇不能进入有效的封锁区。

在德国间谍的档案里,他的领导里特少校这样写道:"3725 号间谍抵达后不久就积极为我方异常勤奋地工作,除按时发给我们气象预报以外,他发来了关于机场及其他战略目标的情报。所有这一切,柏林主管当局均予高度评价,认为是极有价值的。"

德国方面一经确信塔特是他们在英国最好的间谍,便向他提出了各式各样的问题,如:"在福克斯通、利明和奥尔厂通地区有无足以阻碍空降的任何建筑物或机械装置？在切斯特以西的哈瓦登是否已建成一家维克斯地下工厂？"在英国军情五局的帮助下，他总能顺利地提供假情报。

德国人也有怀疑的时候。在向塔特提供了许多金钱后，德国人就提出让他到更大范围的地方去活动。于是军情五局为塔特设想了一个虚构的女朋友，叫玛丽，在艾森豪威尔将军的司令部工作，而这个"玛丽"也只能有部分虚构，以躲避德国人的核对。于是，一个原在政府某部的密码部门工作的姑娘被调到艾森豪威尔司令部。塔特也时常给德国人提供某些真实的情报，比如他被允许泄露关于空袭迪埃普的确切情报，以此使德国人相信他提供的其他假情报。

但对双重间谍的利用也不是万无一失的。1941 年初，卡罗里在剑桥郡的欣克松附近同塔特一起度过圣诞节后，他感到背叛祖国的羞辱，企图自杀，结果被及时发现，阻止了事态的发展。没几天之后，他又偷了一辆摩托车，向沼泽地带跑去。那辆摩托车在路上坏了，卡罗里在伊利再次被捕。英国间谍部门的一个负责人这样说道："他如果逃跑成功，会把我们的一切策划都毁掉……双重间谍是些狡猾的家伙，需要不但从物质方面而且在心理方面予以最严密的监视。要监视他的每一点情绪变化，要研究他对各种事件的每一点反应。由于这种原因，我们以后一直坚持，办案官须负责管好每一个间谍。"

假如卡罗里的逃跑成功，也许德英的战事局面就会重写，或者正是这些双重间谍改变了战争的进程。这些双重间谍一方面经受着"无间道"式的煎熬，另一方面又在直接影响着战争的进程。

掐断希特勒的海上生命线——弗兰顿计划

1942 年 6 月 12 日，英国特种作战司令部接到军事情报总局五局传来的一份情报：在过去的 12 个月内，德国从波尔多港转运到本土的大量战略物资，仅橡胶就有2.5 万吨。

这个情报引起了丘吉尔战时内阁的高度重视，因为如果这种趋势持续下去，希特勒就会凭借这条供应线源源不断地得到大量原料，对盟军在欧洲大陆开辟第二战场十分不利。经过反复论证，最终丘吉尔决定让军情五局与特种作战司令部联合组织一个突击队，炸掉波尔多港。

英雄救美

特种作战司令部和军事情报总局五局紧锣密鼓地进行了破袭准备工作,他们制订了代号为"弗兰顿"的突袭计划,并且从海军陆战队物色了名叫哈斯勒的人领导这次行动。哈斯勒曾在地中海接连将 10 颗高爆炸弹附在意大利军舰的舰腹,使 10 艘军舰全部报销。哈斯勒又从海军陆战队挑选了 11 名优秀队员,他们除了刺杀、爆破、擒拿、驾车、开船外,还会讲法语。

1942 年 11 月 30 日,哈斯勒率领特遣队登上了"金枪鱼"号潜艇,悄悄离开南开普顿港,在夜色中向南驶去。12 月 3 日凌晨,他们在法国波尔多港外 5 海里爬出潜艇,分乘 5 艘橡皮舟向岸边划去。大海正起着早潮,波浪滔天,橡皮舟就像大浪中漂浮的树叶,有一艘橡皮舟很快被打翻,3 名特遣队员被冲得无影无踪。最后,9 名队员在一个名叫圣·维维恩的渔村登陆了。

炸毁波尔多港,首先要有港口平面图。如何才能得到这个平面图呢? 他们从一个叫希拉克的地下人员口中得知:港口平面图、轮船进出港的时间表、泊位以及运输计划等材料都存放在档案室。档案室的钥匙由一个名叫洛格尔纳的老姑娘保管,此人生性孤僻,活像个机器人。保险箱有警铃连着警卫处,擅自开箱警铃就会大叫。困难又一次考验着特遣队员们,而另一个精心设计的苦肉计也在此时诞生了。

几天后,在波尔多市圣马丁大教堂外,一位身穿黑衣的中年女子准备穿过马路时,一辆黑色轿车突然冲来,在汽车就要撞上她的一刹那,一个男子猛冲过来,把那女人扑倒,而自己却因此而受伤,血顺着前额流下来。那个女人掏出手帕,替他包扎伤口,并叫了辆出租车,把男子送进了医院。这个男子就是哈斯勒,那个女的当然就是洛格尔纳,而那辆黑色轿车,其实是特遣队员精心安排的。

对于这一切,洛格尔纳始终蒙在鼓里。哈斯勒在医院的日子里,她细心照料,逐渐对他暗生情愫。

不久,哈斯勒就出院了。洛格尔纳去接他,并邀请他到自己的寓所喝咖啡,哈斯勒点头答应了。坐在出租车里,哈斯勒看上去很平静,内心却在一刻不停地盘算,因为所有计划的最终目的是那张地图。

得到的不仅是地图

"请进吧。"洛格尔纳为哈斯勒打开门。哈斯勒坐下来暗中打量着洛格尔纳。

"先生,您为我付出了这么大的代价,让我怎么感谢您呢?"洛格尔纳恬静地问道。

"这倒无所谓。不过我想问您一下,那天为什么那样漫不经心,与男朋友吵架了?"哈斯勒按照既定的目的把话题往自己想要的方向引导。

洛格尔纳脸色一红:"男朋友?我哪有那个福气。"

"您怎么会没福气?倒是别人没有福气得到您。"哈斯勒大胆地挑逗说。

"说吧,您需要什么?"洛格尔纳满脸通红地问。

"我需要你,亲爱的。"哈斯勒站起身。把她搂在了怀里……

天渐渐暗了,由于实行灯火管制,屋内屋外一样的暗。半夜时分,哈斯勒悄悄溜下床,向沙发摸去。他记得洛格尔纳的手提包放在那儿,钥匙当然也放在手提包里。终于,他摸到了手提包,轻轻提出那串钥匙。

"那不是保险柜的钥匙!"一个声音轻柔地说,但在哈斯勒听来却如炸雷一般。哈斯勒回过身,只见洛格尔纳半裸上身,坐在床上,神情冷漠地看着他。

没有必要再隐瞒什么,哈斯勒对她说出了一切,并说他需要档案室的钥匙。洛格尔纳被哈斯勒的爱国情怀感动。但听说哈斯勒需要档案室的钥匙,洛格尔纳表示爱莫能助。

"没有人能弄到那钥匙,德国人规定,每天下班要把钥匙交到警卫处,任何人都不许动它。我能给你拿到波尔多港平面图、泊位等材料,但次日必须归还。"

哈斯勒大喜过望。第二天下班前,洛格尔纳把哈斯勒所需的资料从保险箱里取出,放在内衣里,压抑住内心的激动,她飞奔回家,把图纸交给了哈斯勒。

波尔多港在凌晨"沉没"

洛格尔纳带出的情报标明了港内的设施、泊位、船舶进出港的时间。但是港口戒备森严,从正门入港已不可能,唯一的道路是一条通往港口的河汊。这条河汊与其说是河,不如说是片沼泽,水位很浅,有的地段完全是泥沼。1942 年 12 月 29 日,他们顺着河汊整整划行了两天,终于在 12 月 31 日走出河汊,抵达了目的地。

决战的时刻来临了。他们来到波尔多港,哈斯勒少校从望远镜里观察了港内的情况,然后对大家说:"现在港内 1~8 号泊位有 4 艘大型货船和 4 艘待修的巡洋舰。咱们 1 个人一条船,2 个人一组,在今晚凌晨 2 时将炸弹安装完毕,完成任务后回到这里集合,4 时准时起爆。"

隆冬的水面已经很寒冷,哈斯勒从怀里摸出酒瓶,咕嘟咕嘟喝了几大口,然后悄悄潜入冰寒刺骨的水中,向泊位游去,然后将磁性高爆炸药附在船身上。任务完成得非常顺利,8 名队员也顺利回来了,于是他们马上登陆,换上便衣,分头返回祖国。

1943 年元旦凌晨 4 时,接二连三的爆炸声从波尔多传来,巨大的声浪震碎了港内所有的建筑物窗户上的玻璃。爆炸声过后,德军 8 艘货船、10 艘炮舰被炸毁,很快沉入港内,将波尔多港全部堵塞,致使德军的重要供给线被切断,直到战争结束也没有完全恢复。

德军见波尔多港被炸瘫痪,恼怒到极点。希特勒专门从柏林发来指令:凡英国特遣队员,一律格杀勿论,整个比斯开湾处于德军的大搜捕中。

不久,有 6 名特遣队员被德国人逮捕,不幸遇难。只有哈斯勒等少数几个特遣队员躲过了搜捕,他们辗转 5 个月,在法国抵抗力量的帮助下,经直布罗陀回到了英国。

"弗兰顿"计划的成功,使希特勒的海上生命线从此被掐断,加速了法西斯德国的败亡。

业余间谍奉献的"土豆"——拯救伦敦的情报

2004 年 4 月,一辆来往于英法两国之间的"欧洲之星"列车在伦敦滑铁卢车站以迈克尔·霍拉德的名字冠名,当时,英国外交部欧洲事务大臣麦克谢恩、霍拉德的儿子文森特等人都前往出席了火车冠名典礼。霍拉德是何许人也,他有何功绩能获此殊荣?

艾森豪威尔在《远征欧陆》一书中曾写道:"如果德国早半年完善并使用他们的新式武器,那么我们对欧洲的登陆将会极为困难,也许根本不可能。"而迈克尔·霍拉德就是阻止希特勒实施新式武器的人。

无法起飞的导弹

"我要在伦敦扔下 5 万枚 V-1 火箭!"希特勒狂妄地叫嚣着。为了实现这一计划,希特勒在法国的被占领地上,沿海岸线修筑了一批绝密工程,从那里可以向伦敦发射新型的 V-1 火箭。很快,在一条长 200 公里、宽 30 公里、大致与海岸线平行的带状地区,104 座特殊的建筑物建成了。在这些建筑物里,都有一条水泥槽,上面还有用蓝色油漆描成的笔直的指示线,它的方向正好指向海峡另一端的伦敦,这就是希特勒用来发射 V-1 火箭的发射架。所有的工程已经接近尾声,伦敦危在旦夕,要拯救伦敦,必须炸毁这些发射台。

时间一天天过去,离希特勒计划轰炸伦敦的日期越来越近了,难道伦敦就要这样毁于一旦? 危急时刻,盟军的轰炸机终于来了。它们一来就对 V-1 发射台进行准确的轰炸,并且持续不断地进行了 5 个星期,发射基地几乎被破坏殆尽,纳粹企图炸毁伦敦的宏伟计划破产了。虽然希特勒最后还是向伦敦投射了导弹,但只投了 2500 枚而不是 5 万枚,当然也没有实现"炸毁伦敦"的目标。是谁破坏了希特勒的计划,是谁泄露了希特勒的天机,是谁指引了盟国的轰炸? 他就是迈克尔·霍拉德。

拯救伦敦的"土豆"

1943 年秋天,一个黎明前的短暂黑夜,一道铁丝网把法国和瑞士简单地分开。在法国边界的丛林中,出现了一个结实的矮小伙,他就是米歇尔·霍拉德,他的手上紧紧拎着一袋土豆。他迅速地向边界移动,这已是他第 49 次穿越边界了。是什么事让他如此冒险呢? 原来他肩上扛着的不只是土豆,在这些土豆中还有一张图纸。这张纸关系着整个伦敦的命运,因为这张纸上画着 V-1 导弹发射场的蓝图。

米歇尔·霍拉德这时正在临近边境线,他飞速地奔跑着,不一会儿,他已经到了隔开法国与瑞士的铁丝网边。他把斧子和土豆扔过了铁丝网,然后迅速地低下身,正要爬过铁丝网时,他感觉膝盖被一个"铁钳"夹住了,回头一看,一条硕大的德国警犬凶猛地站在那里,血盆大口正卡在自己的膝盖上。霍拉德顿时紧张起来,他不是害怕这条警犬,而是知道附近一定有警犬的主人。情急之下,他随手拿起一根长长的棍子,尽平生力气直插警犬气管,警犬挣扎了一会儿就死了。他挣扎着爬过铁丝网,捡起他的麻袋,却发现自己面对着两个黑洞洞的枪口,他下意识地举起手,却发现枪口并不是对准自己,而是对准对面两个正准备射击的德国士兵,两个德国兵无奈地把他们的枪口朝下嘟哝着走开了。霍拉德迅速把情报送给盟军设在瑞士的间谍机构,间谍机构又迅速把情报送到伦敦,不久,伦敦方面发回电报"土豆收到"。接着,盟军的轰炸机开始轰炸 V-1 发射台。

事后,英国陆军中将布赖恩·霍罗克斯爵士谈起这件事时说:"谁都不会怀疑,霍拉德完全有资格在勇敢方面获得最高荣誉勋章。可以毫不夸张地说,他是一个拯救了伦敦的人。"

业余间谍的专业精神

很少有人知道,霍拉德其实不是一个专业间谍。没有人要求他做间谍,也没有人将他培训成间谍,他能够成为间谍完全是自愿、自动的。霍拉德在"二战"前是一名工业设计师,当德国人占领巴黎,霍拉德的老板开始为德国人工作时,霍拉德辞掉了他的工作以示抗议。为了拯救自己的祖国,他变成一名间谍。在他递交给英国政府的军事情报中,曾经非常精确地描绘出纳粹德国在法国的秘密机场和海岸炮兵群的位置,甚至报告整个德国师团的调动情况,而最有价值的当然是他的这份土豆情报。

霍拉德有一个妻子和三个可爱的孩子,由于怕连累他们,他很少去看望他们。他建立了一个叫"行动网"的间谍组织,最后这个组织发展到 120 人。霍拉德在间谍生涯中曾经有过难以置信的逃生经历。有一次,他深夜从瑞士回来,居然忘记隐蔽,点起了一根香烟。当德国人发出"站住"的命令时,他才如梦方醒,但他急中生智,把燃着的香烟插在树上,然后扑倒在地,爬行着迅速离开,就在这时,两颗子弹钻进了树皮。

霍拉德之所以能够探明自动控制的 V-1 导弹的秘密,源自一次偶然。有一次,他的同伴无意中听到了两个建筑承包商在谈论一项德国人正在搞得很不寻常的基建。那项建筑需要的水泥数量大得惊人,这引起了霍拉德的注意。为了查明真相,他打扮成牧师的模样进入了建筑工地。

他发现,工地上几百名工人正在浇灌混凝土。他还注意到了那些水泥槽,上面还有用蓝色油漆描成的笔直的指示线,他取出随身的罗盘,发现它正好指向海峡另一端的伦敦!德国人一定又在搞什么阴谋。

他立即把他的发现向英国报告,盟军的领导人对这个消息十分重视。原先,情报部门发现德国人似乎正在制造一种"无人驾驶飞机"。另外,一个丹麦人曾经发现有一种显然是从天上掉下的某种奇怪武器的残骸。一切迹象表明,德国正在研制一种新的闪电式武器。在这种情况下,霍拉德的报告引起了高度重视。英国方面通知霍拉德放下所有的其他工作,全力探寻那种神秘的建筑物。

路破铁鞋绘图纸

霍拉德和他手下4个人骑着自行车开始到法国北部进行一次周密细致的旅行。时间越来越紧迫,但由于这些秘密基地大都隐藏在深山老林之中,寻找特别费力,同时还不得不应付德国人的严密盘查。经过不懈努力,3周后,他们发现这种神秘基地竟有100多处。后来,一个巧合让霍拉德毫不费劲地获得了V-1火箭发射台分布总图。

这一天,在卡利的一个基地已经竣工,4个德国工程师进行了验收。霍拉德驾驶一辆小汽车,远远地跟踪到了一座灰色的二层小楼。幸运的是,他发现自己的一位朋友就在这栋楼里工作。几天以后,在霍拉德的精心安排下,一份复印的V-1火箭发射台分布总图便到了他的手里。

霍拉德还不放心,他将所有零碎资料拼凑起来,与图纸进行了比较,证明这就是自己想要的希特勒最有威慑力的新武器——V-1导弹发射基地的图纸。

霍拉德随后又乔装打扮,发现了德军藏在位于诺曼底奥菲村一个火车站包装箱中的大量V-1导弹。随后,他把这些情报放在土豆里送给了盟军。

霍拉德把这件无价之宝交上去之后,紧张的神经才突然松弛下来,这时,他感到极度疲倦了。英国当局出于对他的感激和考虑到他的安全,坚持要他暂住瑞士时,他确实想这么做,但想到那些冒着生命危险仍然在法国坚持工作的同事,他又义无反顾地回到了法国。不幸的是,几个月之后,由于一个同事的疏忽,他在一家小酒店里被捕了。在监狱中,霍拉德受尽了折磨,幸运的是他未被枪毙,战争结束后,他被营救了出来。

英国皇家空军派了一架飞机接他到伦敦,他获得了外国人在英国所能获得的最高军事勋章,即"功勋勋章"。当载着他的飞机飞过V-1导弹基地时,飞行员特意降低了高度,霍拉德第一次看到他发现的V-1导弹基地上东倒西歪地残留着的屋梁和瓦砾。

一谍能抵数万兵——忠诚的背叛者

"二战"结束将近50年后，英国《星期日泰晤士报》以显著的版面刊出一段惊人的历史真相：一个潜伏在德国外交部的间谍曾在"二战"时向盟国提供了上至德国军队作战方案和日本海军作战序列，下至纳粹大屠杀计划等无可估价的情报。美国国务院在评价这些情报时说："这些情报使第二次世界大战的欧洲战事提前结束，也使日本海军遭到毁灭性的打击。"

出于保密等原因，这位伟大的间谍一直隐姓埋名，直到美国中情局、联邦调查局、美国国务院将1600份绝密情报档案解密后，这位"二战"时最伟大的间谍才浮出水面。

想当间谍不容易

1943年8月22日，一位神色慌张的德国官员悄然溜进瑞士伯尔尼的英国领事馆，说要见领事馆情报部门最高负责人。

工作人员将其带进领事馆情报部门负责人亨利·卡特怀特上校的办公室里。看到眼前这个额头直冒虚汗、自称是德国外交部高级官员的德国人，亨利·卡特怀特警惕地扫了一眼他带来的自称是绝密情报的文件。不相信天上会掉馅饼的卡特怀特根本不敢相信其中的内容，因为情报中的内容太惊人了。他立刻断定这是纳粹设下的一个圈套，于是冷冷地指着办公室的门喝道："别把我当傻瓜，双面间谍的鬼把戏我见多了，我不会上当的，给我滚吧！"

尴尬的德国人一把抓过桌上的文件，匆匆跑离了英国领事馆。以后的事实证明这位英国上校是第一号傻瓜，他赶走了"二战"中最伟大的间谍，并使英国抱憾终生。

这个德国人就是科尔贝，他当时在德国外交部供职，因为他痛恨纳粹，所以愿意向盟国提供这些绝密文件。被英国人武断拒绝后，科尔贝没有灰心，他决定到美国人那里试一把。不过，这回他不再那么鲁莽了，他悄悄地委托侨居瑞士的反纳粹秘密斗士德裔医生科切尔泰勒先跟美国人接洽。科切尔泰勒医生将情况紧急通知了美国驻瑞士伯尔尼的联络官吉拉德·迈耶尔。迈耶尔虽然对情报也有所怀疑，但他没有像英国人那样一口回绝，而是当晚就安排科尔贝与美国战略勤务办公室驻伯尔尼最高长官杜勒斯碰一次面。

见面以后，科尔贝先冷静又谨慎地介绍了自己，然后介绍了自己要为盟国提供情报的原因，还说自己苦于无法与盟国方面取得联系。科尔贝还解释说，实际上，他目前在外交部所处的位置是外交部联络官卡尔·里特尔博士的助手。

里特尔博士负责外交部与纳粹所有武装力量之间的联络沟通，知道军队调动、潜艇秘密战以及在整个欧洲的德国军队行动的情况，而他本人也有机会接触到所有这些重要文件，特别是德国国防军呈交给德国外长里宾特洛甫的绝密文件，还有德国情报局的绝密情报。

为了证实他所说的一切，科尔贝掏出一卷微型胶卷递到杜勒斯手上，告诉他微型胶卷里装着他偷偷拍下的186页纳粹德国外交部绝密文件。他告诉杜勒斯，他不属于任何组织，他基本上是单独行动。

"说真的，我们现在没法证明你是不是双面间谍。"杜勒斯说出了他的疑虑。

"我很理解你的心情，但这些绝密文件会说明一切。"科尔贝冷静地说。

杜勒斯大致翻了翻这些文件，里面的内容让他感到震惊，有德国外交部长里宾特洛甫谈话的备忘录，有德军谍报局设在葡萄牙某港口的谍报网情况……件件绝密！杜勒斯努力按捺住内心的震撼与激动，他凭直觉判断，此人价值重大。于是他与科尔贝约定，两个月之内，让他再来伯尔尼联络。

科尔贝离开后，这些情报被立即呈报到美国情报部门。美国情报专家立即对科尔贝带来的情报进行仔细的研究，他们最后断定，这是货真价实的纳粹德国绝密情报。然后这些情报被迅速送到美国总统罗斯福手中，他立即指示应该把科尔贝发展成美国安插在德国境内最重要的间谍。从此，科尔贝开始了潜伏在纳粹德国外交部里的间谍活动，他的代号是"乔治·伍德"。

复活节的礼物

辞别杜勒斯，科尔贝悄然返回德国柏林，开始为盟国搜集绝密情报。不久，他再次来到瑞士，这次他没有像第一次那样把微型胶卷塞在裤腿里，而是把秘密文件堂而皇之地放进他将要递交的合法的外交邮袋里，抵达伯尼尔后，他取出秘密文件,交完外交邮袋就立即去跟杜勒斯接头,把绝密文件交给杜勒斯。

科尔贝前往瑞士跟杜勒斯接头途中充满了惊险:由于盟国空军已经在白天开始对德国进行轮番轰炸,只要盟军的飞机一出现,火车就赶紧靠边停,整个的接头过程就需要好几天。当火车驶抵瑞士边境时,还得接受秘密警察的搜查和询问。科尔贝告诉他们自己是外交官,然后取出一个大信封,上面盖着一个纳粹徽章,信封口是红色的蜡封。秘密警察不能打开合法的外交邮袋信封,科尔贝就这样冒险利用"合法"的途径让美国和盟国获得了价值不可估量的情报,有纳粹德国 V-1 火箭的研制,纳粹德国入侵希腊的阴谋,日本军队的部署,西班牙与纳粹德国的勾结,以及纳粹大屠杀惨剧等,这些情报使盟军避免了无数的损失。

1944 年 3 月,战略情报局突然需要一些有关日本的情报,这个任务交给了杜勒斯,杜勒斯立即和科尔贝联系。他给科尔贝发一张明信片,上面写着:"亲爱的朋友,你还记得我的小儿子吗? 他的生日马上就要到了,你能不能在柏林帮我买一些这里的商店过去常卖的日本玩具?"科尔贝没有让杜勒斯失望,当他出现在杜勒斯面前时,带来了大量缩微胶片,里面包括一份完整的日本海军战斗序列的清单绝密情报,这不但让美国能够按单消灭日本海军舰只,并且,美国据此破解了日本海军的通讯密码。杜勒斯兴奋地致电华盛顿:"伍德(科尔贝的代号)带来了 200 份以上价值极高的复活节礼物。"

背叛是因为忠诚

在"二战"期间,科尔贝最大的一个贡献是他曝光了德国纳粹安插在英国驻安卡拉大使馆内一个代号为"西赛罗"的间谍,这一间谍案于 1952 年被好莱坞拍成超级大片《五个指头》。科尔贝还提供了关于纳粹德国大屠杀方案的情报,他是第一个让盟国知道纳粹对欧洲犹太人进行系统大屠杀的人。

第二次世界大战期间,科尔贝一共向盟国提供了 1600 份情报,这些情报摞起来足足有 10 米高。这些情报统一的代号是"波士顿系列"。美国政府此次解密后的正式评价是:这些情报挽救了无数人的生命,缩短了第二次世界大战欧洲战争的时间!

科尔贝的这些情报只限在白宫极少数人之间传阅,当英国几百名专家大汗淋漓地破译纳粹绝密电报的时候,美国总统早已悠闲地看着科尔贝送来的绝密情报了,并且,英国人往往比美国人晚好几个星期才能知道相同的情报,而且情报还相当不完整。但英国人并不知道他们的损失仅仅是因为一个英国外交官一次愚蠢的拒绝。

1944年7月20日,德国发生了反纳粹秘密地下组织暗杀希特勒未遂的事件,希特勒进行了大搜捕,数千名秘密成员被杀,科尔贝也失去了消息。杜勒斯心中不由得一阵绝望,以为科尔贝也在被处决之列。但让杜勒斯惊喜的是,几个星期后,科尔贝又恢复了与他的联系,并且继续向盟国提供价值连城的情报。

战争结束后,科尔贝隐姓埋名开始做生意,从那以后直到他死,谁也不知道他在哪里,"二战"期间盟国最伟大的间谍似乎就这样永远消失了。只有叛逃到苏联的英国间谍王子菲尔比在他的自传中隐隐约约透露说,第二次世界大战期间,美国曾从德国外交部内的一个"朋友"那里获得过大量的情报,但并没有指出是谁。

1970年,科尔贝悄无声息地去世。他最后留下的话是:"一切为了德国和德意志民族,总有一天会有人理解我的良苦用心!"

腿软的"远跳"
——希特勒与三巨头在德黑兰的暗战

1943年9月,希特勒突然收到双面间谍"西塞罗"发来的密电:"11月29日,斯大林、罗斯福和丘吉尔将在伊朗首都德黑兰进行秘密会晤……"

这可是个一举消灭三巨头的绝佳时机,希特勒当然不会错过。于是,希特勒下令,不惜一切代价暗杀"三巨头"。由德国军事情报局头目卡纳里斯和纳粹保安总局局长卡尔登布隆纳亲自指挥刺杀活动,曾救出过墨索里尼的德国传奇式特工斯科尔采尼具体执行,行动代号叫"远跳"。一场针对三巨头的刺杀活动就这样展开了。

德黑兰:风声鹤唳

对于希特勒的活动,盟军早有察觉,他们自然不会束手待毙,一场刺杀与反刺杀的暗战拉开了。

"远跳"行动的主要对象是斯大林。1943年夏,苏联与希特勒德国进行了第二次世界大战中有名的库尔斯克大会战。这场持续了50多天的会战以苏联的胜利宣告结束。这次会战彻底扭转了苏德战场的战局，使希特勒德国陷入被动。为了扭转局面，迅速结束东线战斗，集中精力进行西线战役，希特勒决定把这次刺杀的主要对象定为斯大林。

卡纳里斯

为确保斯大林此行的绝对安全，苏联方面为防备希特勒的刺杀进行了周密的准备。在伊朗，驻伊朗的谍报机构和苏军情报总局开始了紧张的工作，他们的任务就是"揪出德国间谍及其帮凶"。在斯大林到达伊朗之前，伊朗秘密警察搜捕了150多名德国间谍。但这只是冰山一角，大量德国间谍仍然漏网，并继续活跃在各行各业之中，就连伊朗警察内部也潜伏着大批德国特工，形势不容乐观。

为了对付希特勒的暗杀，1943年的一天深夜，阿塞拜疆安全委员会主席叶梅利亚诺夫当面给27岁的苏尔坦·阿尔马佐夫布置了一项十分机密而重要的任务：一列从莫斯科开往的旅客列车将于当天上午8时抵达巴库，乘坐列车的是出席德黑兰国家元首会议的苏联政府的代表团。阿尔马佐夫的任务是率领一个由13人组成的小组负责代表团成员的安全。

其实，这次列车上并没有斯大林。苏联的情报部门早已获悉了希特勒"远跳"计划的内容，在斯大林的授意下，制造了一个斯大林乘火车去德黑兰的假象。实际上，斯大林、莫洛托夫和伏罗希洛夫等人已乘飞机到达巴库，然后转乘汽车前往德黑兰。在德黑兰逗留期间，斯大林只有一次走出安全区。12月1日，斯大林与莫洛托夫一起去拜会伊朗国王巴列维。苏联保卫人员接到报告，说德国间谍已摸清了此次会晤的时间和地点。苏方立即采取紧急措施，在斯大林出发前半小时，苏军封锁了通向王宫的全部街道，苏联武装警卫还进入王宫执行警戒，最终挫败了德国间谍的阴谋，希特勒从一开始的"起跳"，便已经表现出了明显的"力不从心"。

"会议改在明天"

到达德黑兰后，阿尔马佐夫和他所率领的13人小组开始了紧张的工作。1943

年 11 月 30 日，会议按计划在英国驻德黑兰使馆举行。就在会议开始前，阿尔马佐夫接到报告，德国间谍在准备举行会议的英国使馆小礼堂里安放了定时炸弹，炸弹很有可能就在会议开始时爆炸。

而丘吉尔显然早就听到了风声，他通知会议主席团，自己有点事要晚点到达。会议马上就要开始了，但炸弹还没有找出，阿尔马佐夫和手下心急如焚，他们立刻把这一情况向斯大林做了汇报。斯大林立刻给罗斯福打了个电话，委婉地说："尊敬的罗斯福先生，我想请您和丘吉尔先生吃烤鱼串，如果您不反对，会议改在明天，在苏联大使馆举行！"罗斯福知道内有隐情，没有反对。而这个建议自然正中丘吉尔的下怀，于是会议延期举行。

接着，特工们对英国使馆进行了紧张的搜查，在英国使馆的地下室里，他们搜出了 5 枚定时炸弹，"远跳"计划遭到挫败。

没有跳"远"的"远跳"

希特勒的暗杀计划可谓光怪陆离，据当年被擒获的纳粹间谍供述，"纳粹敢死队"原计划通过苏联驻德黑兰大使馆底下的下水道秘密潜入使馆内部，进行暗杀和破坏工作。然而苏联人抢先一步，等德国间谍到达时，几条下水道出口早就被卫兵防守得严严实实。德国间谍一计不成又生一计，他们转而在经常出入苏联使馆的人员身上打主意，他们试图通过收买一名经常出入苏联大使馆的老年牧师混进使馆区，以便在夜间将 5 吨重的炸药埋藏在使馆的建筑底下。但这名牧师获知纳粹的阴谋后，立即把这一切告诉了苏联大使馆，纳粹间谍不仅暗杀计划遭到破产，两名纳粹间谍也被逮捕。

德国间谍还有一个暗杀罗斯福的计划。在"三巨头"会晤前几天，几名纳粹间谍在苏联使馆到美国使馆的必经之路上选出"最佳射击地点"埋伏了起来，因为他们事先已经得到消息，美国总统罗斯福已经去苏联使馆拜访斯大林，他们企图等美国总统罗斯福的车队回来时，杀他们一个措手不及。该计划进行了周密的安排，要求一组射手先将罗斯福乘坐的汽车车胎射穿，使之不能逃走，另一组狙击手用机关枪将罗斯福的车打成马蜂窝。纳粹间谍对于这个似乎万无一失的计划很是得意，他们甚至还"预算"出了成功暗杀罗斯福所需的精确时间是 5 分 9 秒。

出乎意料的是，罗斯福在拜访苏联大使馆后干脆在那儿住了下来，并没再返回美国大使馆,这次暗杀计划当然就无疾而终。

20世纪90年代,英国历史学家布洛克曾写了一本叫作《希特勒和斯大林》的书。在书中,布洛克说,丘吉尔受英王之托把一支专门为俄国人打造的荣誉宝剑授予斯大林格勒保卫者。书中还配有一幅图片,是斯大林吻这支宝剑的情景。在斯大林身后第二排站着一位面带笑容的年轻人,他就是苏尔坦·阿尔马佐夫。可以说,在这场在德黑兰进行的暗战中,阿尔马佐夫居功至伟,也正是像他一样的特工们所进行的大量的斗争,才挫败了希特勒纳粹的阴谋,保证了德黑兰会议的召开,也保证了"三巨头"的安全。

猎获"孔雀"的恢恢天网——为珍珠港复仇

1943年4月18日,对于日本和美国来说,都是个难忘的日子。一年前的4月18日,杜立特尔的B-25轰炸机群首次轰炸了东京。一年后的这一天,同样让人震惊。

山本最后的"大餐"

1943年4月18日一大早,山本五十六身穿雪白的海军新军装,走近他的座机,然后转身向腊包尔的海军司令草鹿任一中将说:"我明晨出发,黄昏前回来,别忘了等我一起用晚餐。"他不知道在前方,美军已经为他预备好了另一顿大餐,这顿大餐让他再也没有了与别人共进晚餐的机会。

在瓜岛"亨特森"机场,美"仙人掌"航空部队第339大队的18架P-38"闪电"式战斗机轰鸣着引擎,已经随时准备出击。米歇尔登上飞机,敏捷地坐到坐椅上。此时,专程来送行的米彻尔少将紧闭着嘴,神态严峻,斩钉截铁地下了最后一道命令:"不论怎样都必须坚决完成任务!"

山本乘坐的飞机于东京时间清晨6时整准时离开腊包尔。有6架"零"式战斗机在他们上空护航,经过3个多小时的飞行,布干维尔在左下方出现后不久,机群开始降低飞行高度,准备在巴莱尔机场着陆。

在美军阵地上,清晨7时35分整,米歇尔带头进入跑道,由于起飞时其中两架飞机出了故障,结果只起飞了16架。从瓜岛飞抵目的地的直线距离是480公里,为了避开日军雷达网的探测，还必须绕道飞行。经过准确计算，双方将于 9 时 35 分在空中相遇。此时，只见狙击队穿过布干维尔岛绿色的海岸线，在一片丛林上空盘旋，他们只比山本预计到达的时间早了 45 秒。

这时，护航的"零"式日机已发现了空中伏击者。米歇尔立即飞上 6000 米高空，引诱日机。日本护航的"零"式战斗甩开山本的座机，勇敢地向美战斗机扑去。而在另一边，担任截击任务的兰菲尔

山本五十六

狙击队迅速按下机头，4 架 P-38"闪电"式战斗机向山本的座机扑去。上当的日本"零"式护航机大吃一惊，赶紧俯冲，以掩护山本的座机，可为时已晚。

截击功臣兰菲尔后来回忆说："轰炸机全身橄榄绿色，比树叶的颜色还深，擦得锃亮，在阳光下闪闪发光。我扭转机身，对准山本座机的前进方向连续扫射，就在两架飞机即将错开的瞬间，我发现对方右发动机起火，接着右机翼也着了火。这种轰炸机一旦起火，就无法挽救，而且处于这样的低空，降落伞也无济于事。我的机头差一点撞在因起火而失速的山本座机的屁股上。"

"我好像一个足球中卫，踢进了一个奠定乾坤的决胜球。"后来，兰菲尔这样说。美国 P-38 机群凯旋后，米彻尔海军少将立即向哈尔西将军发电汇报战果。哈尔西将军立即回电表示祝贺，他在电文中幽默地说："祝贺你和米歇尔少校以及他的猎手们作战成功！在猎获的鸭子中，似乎还夹着一只孔雀。"

锁紧目标

山本的行踪是日本海军的高度机密，美军又是如何知道的呢？1943 年 4 月 14 日上午 11 时，在华盛顿美国海军部，一份被破译的日本海军绝密电报呈放在海军部长诺克斯的办公桌上。刚从参议院开会归来的诺克斯扫了一眼电文，看到电文的内容是山本海军大将将飞抵前线视察以及视察的详细日程表。这种电报在海军部里已是司空见惯，似乎毫无价值可言，于是诺克斯便顺手将电报塞进了军装口

袋里。

恰巧，诺克斯应邀到白宫与罗斯福共进午餐。其间，诺克斯在闲谈中提到了那份电报。罗斯福总统马上问道："唔，是一份什么内容的电报?"诺克斯顺手将电报递给了罗斯福，罗斯福见电报中写道：

山本司令长官将于4月18日上午6时由腊包尔起飞，前往布干维尔岛南端布因岛视察，希做好一切护航准备。

山本的名字强烈刺激了罗斯福，珍珠港仇恨立刻在他心中燃烧：击落山本座机，干掉这个家伙，以报珍珠港一箭之仇! 但罗斯福只是平静地顺手把它压在了餐具底下。

当天下午2时，罗斯福总统指示尼米兹将军，要坚决干掉山本，他还给这一行动起了耐人寻味的名字——"复仇"。很快，刚刚就任所罗门群岛美航空部队司令官20来天的米彻尔海军少将就收到了哈尔西的下述命令："山本司令将于4月18日清晨由新不列颠岛北端的腊包尔，去东南方最前线航空基地布干维尔岛南端的卡希利（日本人称布因），但不是直达卡希利，而是在巴莱尔机场降落，然后乘猎潜艇到达对岸的卡希利，预定到达巴莱尔岛的时间是上午9时45分……总统重视这次战斗。结果速报华盛顿! 这份电报不得转抄和保存，战斗结束后立即销毁!"

在电报的结尾处，哈尔西将军幽默地说："看来孔雀会准时飞来，用鞭子狠狠地抽它的尾巴。"没想到，这次行动不仅抽打了孔雀的尾巴，还结束了孔雀的性命。

都是密码惹的祸

对于山本的这次视察行动，今村大将充满担忧，因为自己在布干维尔附近曾遭到一架美国战斗机的攻击而差点丧命，但山本却坚持己见。当负责通讯的军官无线电发出通知时，有关人员认为美国人能截获电报内容并有可能破译，可通讯官却坚持道："这部密码4月1日才启用，不可能被破译。"

1943年4月13日黄昏，位于腊包尔的第八方面军司令部发出了决定山本命运的绝密电波，而美国的间谍迅速破译了电报，并立即行动，干净利落地击落了山本的座机，报了珍珠港的一箭之仇。

1943年5月17日上午10时，载着山本大将骨灰的"武藏"号战列舰由特鲁克海军基地起航直达东京湾。5月21日，日本大本营正式发布了山本五十六的死讯。美军奇袭山本五十六是太平洋战争中最富有戏剧性的事件之一。山本暴死,对东京大本营来说,是战争爆发以来一次沉重的打击,被日本大本营称为"甲级事件"。

山本事件也进一步说明,在间谍战中,美国已经逐渐摆脱了战争初期的不利局面。而对于山本的死因,还有很多说法,但有一点毋庸置疑,就是在击毙山本的行动中,美国的间谍机构对日本电报密码的成功破译是这次行动成功的关键,美国间谍机构在这次行动中居功至伟。

"希特勒的炸弹"胎死腹中——釜底抽薪

1944年2月20日上午10时45分,一辆铁路渡轮"海多罗"号正穿过波浪滚滚的挪威廷斯贾克湖。忽然间,随着甲板下闷雷似的爆炸声,渡船剧烈地摇晃起来,大量的湖水不断涌入,不到5分钟,"海多罗"号便沉入了湖底。

当时很多人并不知道,连同"海多罗"号一同沉没的还有德国一批珍贵的重水以及制造重水的设备。此举彻底粉碎了希特勒占有世界上第一颗原子弹的梦想,而这一切全是英国特工的杰作。

核弹未出,阴云已布

早在1939年,已经有消息说,德国的一家研究所正在进行一项广泛的企图分裂原子的试验。而希特勒在闪击欧洲之初就多次声称:"我们将使用一种别人不知道的而又能保护自己免受攻击的武器。"英国的情报机构也认为,美、英、俄以及西欧物理学家的脑子里藏着原子弹的雏形,而最有条件制成原子弹的是希特勒。

1939年9月16日和9月26日,德国科学家在柏林召开会议,讨论制造原子弹的可行性,决定由维尔纳·海森堡主持理论研究工作,其他人则分别进行实验以确定其他重要的核参数。陆军部为原子弹的研制拨了足够的资金,并将设备精良的威廉大帝物理研究所接管过来,供研究原子弹使用。英国安全协调局还在1939年10月列出了一份"德国一直在进行试验的武器"的清单,其中,原子武器被列在第一位。英国情报部门综合各方面的情况断定,希特勒在可能的情况下将使用原子弹来摧毁英国。对此,英国外交大臣哈利法克斯勋爵不无忧虑地指出:"这意味着希特勒决意将恫吓付诸实施。"

一定要阻止德国制造出原子弹！要达到这个目的，盟军面临着两个困难：一是世界上最权威的原子科学家之一玻尔被德国控制；二是生产重水的挪威维莫克化工厂也被德军所占领。而要彻底摧毁希特勒制造原子弹的计划，从软件上，要阻止掌握原子弹制造技术的科学家为希特勒服务；硬件上，要摧毁希特勒制造原子弹的工厂。盟国决定，首先应对玻尔进行策反。

她会演戏，更会导戏

1940年4月的一天，玻尔教授和一位朋友去看古雷特·嘎尔波演出《茶花女》。在闲聊中，朋友告诉玻尔，嘎尔波非常讨厌希特勒，说希特勒是"歇斯底里的病患者"。玻尔对此反应冷漠，他说："她该好好演戏，管希特勒干吗？"作为世界著名原子物理学家，玻尔一贯认为科学家的任务是用科学为全人类服务，因此，科学家的任务应该是潜心研究，不应为政治分心。

但不久以后发生的一件事却改变了玻尔这种看法。为了实现称霸欧洲的野心。法西斯德国向玻尔的祖国丹麦发出了最后通牒，要求丹麦立刻接受"德国的保护"。虽然玻尔教授主张科学家应该两耳不闻窗外事，但亡国之感还是深深刺痛了他。另外，希特勒对犹太人的大规模迫害，让身为犹太人的玻尔教授也深感不安。但纳粹对玻尔这位原子物理学家很宽容，为了达到利用玻尔加快德国原子弹研制的工作，纳粹不但没为难玻尔，反而继续鼓励他研究原子弹。

必须想办法把玻尔教授弄到反法西斯的队伍里来，谁能担当这个任务呢？曾

玻尔

经被玻尔教授教训为"该好好演戏"的嘎尔波担当起了这个重任。作为演员，嘎尔波因演《茶花女》里的玛格丽特蜚声欧洲拥有许多崇拜者。而她反对希特勒的思想，使她义无反顾地参加了反法西斯的情报工作，并担当起了协助玻尔教授逃出丹

麦的重任。嘎尔波利用她建立的"像蜘蛛网一样"的秘密交通联络线,给玻尔送去了美国原子物理学家吉姆·查得威克所写的一份呼吁书:《纳粹拥有原子弹之恐怖》,使玻尔在读后大为震动。传递信件的人乘机对玻尔说:"教授,不知你想过没有,原子弹这种武器如果落在战争狂人手里,岂不摧毁人类? 如果希特勒有了原子弹,还不用原子弹去屠杀吗?"

在反抗组织的争取下,玻尔教授表示要脱离纳粹的控制,投入反纳粹的斗争中,并在嘎尔波的精心策划下,安全脱离了虎口。当时,玻尔教授并不知道是嘎尔波一手策划了自己的叛逃,所以,当他发现前来接应自己的竟是古雷特·嘎尔波时,他惊讶地握住嘎尔波的手,说:"我认识你,我很爱看你演的《茶花女》。""我也认识你,玻尔教授,你曾让我好好演戏。"玻尔教授一惊,在别人的提示下,他才想起那天看戏时所说的话,两人不禁相视而笑。

廷斯贾克湖:希特勒核梦想的终点

玻尔的叛离使希特勒的原子弹计划大受打击,但并没有完全阻止希特勒的核计划。在其他科学家的带领下,希特勒研制原子弹的计划仍在进行,其进展也超越了盟军。所以,要彻底阻止希特勒制造出原子弹,就一定要摧毁希特勒的核工厂。于是,盟军的间谍机构又开始了紧张的行动。

重水是生产原子弹的关键原料,希特勒生产重水的工厂是挪威的维莫克化工厂,而这个工厂最先是为法国的一个原子反应堆提供重水。1940 年 5 月,德国人占领了挪威维莫克化工厂,维莫克化工厂转而成为德国人制造重水的重要基地。如何摧毁维莫克化工厂和破坏它的重水储存,成了英国战时内阁考虑的首要问题。

36 岁的化学博士挪威人利夫·多伦斯达德在摧毁希特勒核工厂的过程中发挥了重要作用。他建立了一个提供有关工厂各种消息的"情报网",这些消息立即发往伦敦的中央情报机构。在他的策划下,英国特工先是偷袭了维莫克化工厂,令德国人耗费数年建成的重水实验室在几秒钟内陷入瘫痪状态,450 公斤重水从炸毁的水槽中流出,淌进了污水沟。德军驻挪威司令官冯·法尔根霍斯脱将军赶到工厂,在视察了被爆炸的现场之后怒吼道:"我一生中还没有见到过被破坏得如此彻底的现场。"

1943 年底,潜伏在维莫克化工厂的间谍密报说:维莫克化工厂通过一年的修复,重新生产重水。收到电报之后,伦敦立即派皇家空军进行空袭。英国飞机轰炸了这家工厂的发电站,并多次轰炸这家工厂。在遭到多次轰炸之后,德国人决定把所有维莫克化工厂提炼重水的设备和储存重水统统搬迁到德国的一个地下基地。

绝不能让德国人转移重水的计划得逞的重任又落到了英国特工的肩上。英国特工经过调查打探,了解到有约613公斤的重水将于1944年2月从维莫克化工厂运往德国,于是他们决定袭击德国的重水运输线,炸掉德国人的重水和相关设备。通过调查,特工们得知,德国人先用火车把重水从维莫克化工厂运到廷斯贾克湖边的铁路渡口,从湖上轮渡到廷诺塞特,再从那里把重水分两批通过铁路和公路运到黑罗伊,而后再继续装船运往德国。经过周密计划,特工们决定在重水经过廷斯贾克湖时,在渡船上安装炸弹,让重水及其设备沉入湖底。

1944年2月19日晚11时左右,重水正在廷斯贾克湖口装船,英国特工本泽和他的两位助手装作逃跑的样子闯入轮船。当他们被一名守卫人员拦住时,他们谎称有盖世太保正在追捕他们,请求帮助。于是守卫人员把他们送到底舱,让他们暂时躲避一下。本泽随即带着助手从底舱摸向船头,迅速装好炸药,并调整好引爆装置的时间,随后便离开了渡船。

当天夜间,"海多罗"按时起航了,当船驶入深水区时,随着一声巨响,德国最后一批珍贵的重水及其设备一同沉入了挪威的廷斯贾克湖。

盟军的间谍机构经过3年艰苦卓绝的努力,在付出了若干军人的生命之后,以超乎寻常的表现,终结了希特勒的原子弹梦想。

无中生有的完美骗局——肉馅计划

这是"二战"中从伦敦飞往北非执行任务过程中,因为飞机失事而被溺死的英国马丁少校的墓碑。

英国领事馆为马丁少校举行了葬礼,1943年6月14日,在英国《泰晤士报》公布的由海军公证司伤亡处提供的阵亡将士名单上,马丁少校的名字赫然其中。

特殊的少校,特殊的任务

马丁少校的尸体是西班牙韦尔港附近的渔民发现的。在"二战"中,西班牙表面上是中立国,但与希特勒德国却有着千丝万缕的联系,于是,马丁少校的尸体被发现后,连同他的公文包一起被交给了德国。英国驻西班牙大使塞缪尔·霍尔爵士当即向西班牙提出交涉,要求尽快归还尸体和公文包。德国人很快就把尸体和公文包还给了英国大使,德国人自然不会放过这个获取英国机密的机会,他们把文件复制之后,将文件和信件放回文件包里,重新加封,仿佛完全没有看过。

英国大使收到马丁少校的公文包后,立刻把它送往伦敦,海军情报局17F科科长尤恩·蒙太古中校拿到从西班牙送回的公文包后,立即送技术侦察处检查,结果很快出来了,文件已经被用专业技术拆开过了,也就是说,文件中的军事机密全部被德国知晓了。知道这一结果后,蒙太古松了一口气,因为他的"肉馅计划"终于有了一个成功的开始。原来,"马丁上校"是为了蒙蔽希特勒而精心设计的一个诱饵,目的就是让他带着假情报让德国搞不清盟军在意大利登陆的地点。

当盟军在"二战"中肃清了北非的轴心国之后,他们在地中海战区的下一个目标毫无疑问将是西西里岛,正如英国首相丘吉尔所说的:"傻瓜都知道下一步是西西里岛!"

希特勒当然不是傻子,为了对付盟军,当时德意军在西西里岛已经部署了约30万的兵力等待着盟军的到来,这使盟国的登陆战役面临巨大的困难。如果不能让希特勒分散兵力,如果不能让希特勒放松西西里岛的防御,那么登陆作战将会面临失败,即使取得胜利,也必将付出惨重的代价。

所以,现在盟军的主要任务就是让德国最高统帅部相信,他们将在其他地点登陆。但盟军司令部并没有对此抱有太大的希望,因为德军并非笨蛋。盟军希望通过这次行动能够分散守卫部队,使攻打西西里的登陆部队少遇到些阻碍,也使盟军减少伤亡。

这个艰巨的任务落在了谍报部门的肩上,而"马丁少校"便成了这次任务的主要执行者。这个计划是英国谍报人员乔治中尉构思的,当初,在讨论如何蒙骗希特勒的过程中,方案一个个被蒙太古否决,最后乔治中尉突发奇想,把一具尸体装扮成总参谍部的一名意外死亡的参谋人员,在其随身携带的公文包里装上一份明确表示打算进攻西西里以外的某一地点的级别较高的文件,然后将尸体抛入大海,利用潮汐把他送到德国人手里,让德国人上当。

世界经典文库

中外历史悬案

·没有硝烟的谍战掠影·

图文珍藏版

假作真时真亦假

真正要使希特勒上当可不是一件容易的事。首先，要用潜水艇把尸体送到一定会被潮水冲上岸去的海域。至于想要尸体被冲到哪一个海域，最后确定为西班牙的韦尔发港口附近最合适，因为，表面上中立的西班牙实际上完全是德国的合作伙伴。德国在韦尔发设置了一个颇为活跃而又高效的谍报机关，西班牙人一旦发现尸体，一定会把尸体上所发现的一切交给德国。另外，一定要使对方认为这具尸体是因为飞机坠落入海淹死的，而且已经在海上漂浮多日了，因为泡在水里好几天的尸体，眼看着就要腐烂，这个时候来断定死亡的时间和原因是极其困难的。

之所以给这具尸体取名威廉·马丁，是为了给德军造成调查上的困难而精心为死者挑选的大众化的姓名，他们还为死者制作了贴有照片的身份证。

但这并不是最困难的，在一次讨论会上，蒙太古少校提出了迫切需要解决的问题：也就是德国人见到了尸体，首先会问：一个英国海军陆战队的军官，为什么要从伦敦去北非？如何解答德国人的这个疑问成了当务之急。

当然，这个问题还要"马丁少校"自己去回答，最好的办法是让他带上能够透露自己任务内容的信件。但最棘手的是密件的形式和内容，形式和内容安排不巧妙，敌人就不会相信，还会弄巧成拙，前功尽弃。经过反复论证，他们决定，让"马丁少校"带上一封公函，函中写明"马丁少校"是一位潜水作战专家，被派遣到北非舰队去协助计划中的登陆攻击。

为什么要去北非的任务解决了，而最重要的任务还没有落实，也就是如何让"马丁少校"把盟军不在西西里登陆的消息传达给德国，而这正是"马丁少校"最重要的任务。他们决定由英军总参谋部的实权人物皮尔德·奈副总参谋长给英国驻北非突尼斯的远征军司令部华德·亚历山大将军写一封亲笔信。这两位英军高级将领是一对多年的老朋友，于是，这封信就成为老朋友之间亲密而非正式的个人通信。另外，在信中，也要提到在西西里是虚假登陆，是为了迷惑德军，但它在整封信中占的分量很轻。

此外，蒙太古和他的同事还为"马丁少校"伪造了许多私人信件和物品。他们还为"马丁少校"伪造了一封他父亲的来信。同时，"马丁"还带着他与律师的来往信件与离开伦敦的账单和半张飞机票。一切准备就绪之时，"马丁少校"的尸体已经有一部分开始腐烂。他们决定在 4 月 29 日或者 30 日那天把尸体投入海中。这样，德国人会相信他们发现尸体时，他已经在海上漂浮了四五天之久。

只缘"情报"遮慧眼

1943 年 4 月 17 日，"马丁少校"的尸体装入了印有"光学仪器"标签的金属圆筒，在苏格兰格里诺克军港被运上英国海军"六翼天使"号潜艇。4 月 19 日，担负着特殊使命的"六翼天使"号潜艇从苏格兰格里诺克军港起航。4 月 30 日拂晓，"六翼天使"号潜艇在西班牙韦尔瓦附近浮出水面，一名艇员给"马丁少校"的救生衣吹足了气，将公文包用铁链系在手腕上，然后放入海中，顺着潮汐向海滩漂去。天亮后，尸体被潮汐推上了海滩，很快就被渔民发现并被交给了德国。

一切似乎天衣无缝，但对于如此重要的情报，德国人不会轻易相信，虽然德国军事情报局鉴定"马丁少校"所携带的文件全部是真实的，希特勒还是命令必须对此进行调查。

五月中旬，德国的王牌间谍对出售马丁穿着内衣的商店、发出欠款信的银行以及女友住处都进行了细致的调查，在英国间谍机构的精密安排下，一切都毫无破绽，这样，终于使德国情报机关相信"马丁"是真的！

1943 年 5 月 14 日，希特勒在会见墨索里尼时，向他透露了"马丁"信件的内容，并且说："我想这的确是真的！ 在我们举棋不定时，这个情报太重要了。"当墨索里尼提出质疑说："我总有一种预感，盟军还是要进攻西西里岛。"希特勒说："直觉并没有情报重要，我们得到了可靠的情报！ 情报！"

在第二天召开的最高统帅部作战会议上，希特勒命令："所有与地中海防御有关的德军指挥部迅速密切协同，集中全部兵力和火器，在 6 月 30 日前完成对撒丁岛和伯罗奔尼撒的集结和部署。"

按照希特勒的部署，隆美尔元帅被派往希腊，组织一个集团军群，会同随后从法国南部调来的第一装甲师，在希腊东部的爱琴海域设下三道防线，希特勒又从苏德战场抽出两个装甲师，命其在 9 天内抵达希腊。同时，他又把党卫旅派往撒丁岛，从西西里岛抽出装甲部队加强科西嘉岛的防卫。而在盟军要登陆的真正地点——西西里岛，其防御力量却较弱。

奉希特勒的命令，当隆美尔元帅把他的大本营搬到希腊时，盟军集中主力于

1943 年 7 月 9 日夜在西西里岛登陆了,以假乱真的"肉馅"行动计划帮助盟军成功地攻占了这个具有战略意义的岛屿。此战,德意军队伤亡及被俘 22.7 万多人,而英美军队仅伤亡 2.1 万多人。

"卫士"助"霸王"成功
——诺曼底两岸的谍影

1944 年 5 月 26 日凌晨,一架飞机抵达直布罗陀,蒙哥马利在人们的欢迎中走下飞机。随后,总督伊斯特伍德亲自出迎,并于当晚举行了欢迎宴会。27 日,蒙哥马利乘飞机到达阿尔及利亚,入住圣乔治饭店。顷刻间,蒙哥马利到来的消息传遍了整个阿尔及利亚。在随后几天中,蒙哥马利在摩托警卫的护卫下,风驰电掣地参加一个又一个会见,当然,德国间谍也没有闲着,他们不停地把这些消息一个又一个地发回德国。

德国间谍的努力这一次起到了适得其反的效果,因为这个蒙哥马利根本就不是真正的蒙哥马利,而是盟军为造成蒙哥马利不在欧洲的假象而对德国进行的战略欺骗。

卫士计划

1943 年 1 月,英美苏三方决定打开欧洲西线战场,以减轻苏军在东线的压力,英美两国开始了代号为"霸王行动"的登陆战役计划。对盟军的登陆,德国人也早有防备。德军虽然在整体对抗中已经处于劣势,但仍然有相当的实力,仅在西线的"大西洋壁垒"后面,就有将近 100 万的军力。而登陆战役又是最困难的战役,如果让德国人判断出盟军登陆的时间和主要方向,登陆就可能失败。为了保证这次登陆能够成功,诺曼底登陆前,盟军为此专门制订了代号为"卫士"的战略欺骗计划。与以往很多间谍计划不同,"卫士"计划不是主要依靠个别优秀间谍,它主要通过盟军与德国双方间谍网的整体对抗来实现,这种间谍网的激烈对抗使诺曼底两岸出现了计中计、谍中谍的复杂局面。伦敦监督处负责"卫士"计划的具体实行,为此,他们制订了一个代号为"杰伊"的计划,这个计划将从五个方面为"霸王行动"提供掩护,包括窃取情报、反间和保密、敌后特别行动、政治宣传和心理欺骗。心理欺骗是其中重要的一项,它要实现的目标是:使德国最高统帅部相信,盟国横渡海峡的作战计划在 1944 年 7 月以前不可能实施,登陆的主要方向不在诺曼底。丘吉尔对计划比较满意,并且提议重新命名为"卫士"计划,因为他曾经说过这样一句名言:"真相经常应由虚假来做卫士。"

诺曼底登陆

以假乱真

"铜头蛇"计划是"卫士"计划的一部分。1944 年 3 月 14 日,英国陆军特种战委员会副主任杰维斯里德中校看到了一幅"蒙哥马利元帅"的照片,可照片下面的说明让他大吃一惊,因为下面写道:"你错了——他的名字叫詹姆斯!"

这个发现让里德精神一振。原来,里德的特种战委员会正在担当着盟军实施庞大战略欺骗计划的具体工作。詹姆斯的出现使里德想出了一条妙计:利用这个假蒙哥马利,让他在意大利和非洲的战场上频繁出现,造成蒙哥马利远离英国的假象,以牵制德国驻在卢瓦尔河以南的 4 个装甲师,使德国的防御重点离开诺曼底,从而保证诺曼底登陆计划的顺利实施。里德将这一计划定名为"铜头蛇",并获得了伦敦监督处的认可。

克利夫顿·詹姆斯是英国皇家军饷团的中尉军官,战前,他是地方舞台上的一名演员。当里德见到詹姆斯时,他几乎不相信自己的眼睛,因为詹姆斯从五官长相、体格姿态,到行走举止,与蒙哥马利几乎一模一样,二人简直像一个模子刻出来的。里德还发现,詹姆斯完全能够模仿蒙哥马利快速而又尖声刺耳的讲话和他那特有的威严神态。经过训练,以及对詹姆斯的外表进行包装,让他穿上蒙哥马利常穿的外衣,戴上他的金表,拿上他的手杖,另一个蒙哥马利就这样打造出来了。这样,真蒙哥马利便在欧洲隐藏起来,当假蒙哥马利在非洲风光无限的时候,詹姆斯的家人和军队却为他的离奇失踪而焦急万分。5 周后,詹姆斯重新出现在众人眼前时,人们纷纷要求他交代行踪,他的上司甚至以要把他送上军事法庭相威胁。面对来自各方面的压力和威胁,詹姆斯始终保持沉默。直到"二战"结束,詹姆斯才向人们公开了谜底。

深入虎穴

在"卫士计划"的执行过程中,涌现出了许多优秀的间谍,约瑟芬·巴特勒就是其中非常典型的一个。

1943 年秋的一个深夜,一架英国皇家空军的联络机悄悄出现在纳粹德军占领下的法国卡昂的上空。它慢慢降低高度,进入低空滑翔状态。一个人影在飞机距离地面还有几英尺时敏捷地跃出机舱,在地上打了几个滚后,迅速站起身来消失在茫茫夜色之中。

这个人就是代号"蜜蜂杰伊"的英国女间谍约瑟芬·巴特勒,她这次的任务是侦查一个德国装甲师的去向。原来,在盟军已经即将在诺曼底实施登陆的"霸王"作战计划时,德国一个党卫军装甲师突然不知去向。如果该部队驻扎到了诺曼底,盟军的登陆部队必然会遭受巨大伤亡,甚至会导致整个登陆行动的功败垂成。所以,一定要打掉这个装甲师。危急关头,丘吉尔命令巴特勒奔赴法国,即时搞清楚那个党卫军装甲师所在的位置。

卡昂距离诺曼底海岸的路程不足 8 英里,驻守着不少德军部队,但要确定那支党卫军装甲师是否仍在此地及其具体位置绝非易事。在当地法国抵抗组织的帮助下,巴特勒伪装成一所小学的校长,伺机接近德军指挥部。巴特勒从地窖里取出一些抵抗组织准备好的上好法国葡萄酒、咖啡和美食,以为德军提供服务为由,进入了德军的指挥部,趁与德军军官攀谈之机,凭借超强的记忆力,将挂在墙上的德军地图上的标记、字母和位置牢牢记住,回到自己房间后,立即用隐形药水在手帕上照样绘制了一幅地图,由抵抗组织成员悄悄取走,送回伦敦,按照她的情报,盟军空军出动了大批轰炸机对卡昂地区实施轰炸,将该党卫军装甲师的坦克全部炸毁。当盟军如期在诺曼底登陆,失去了装甲部队增援的德军防线顷刻间土崩瓦解。诺曼底登陆能够取得胜利,巴特勒功不可没。

让情报"搭便车"

当英国情报部门的工作开展得如火如荼的时候,美国情报部门也不甘寂寞。一天,驻扎在伦敦的美国情报局的斯蒂夫接到密报:"德国最美艳的女间谍汉妮·哈露德突然离开柏林,去往英国。"听到这个消息,斯蒂夫心中一动,一个计划在他的心头产生了。

此前,为配合盟军这次大规模行动,斯蒂夫成立了"爱丽斯电影公司",这个公司的使命是让德军误信盟军将在荷兰登陆。为了迷惑德军,他们在麦西岛四周布置了大批潜艇,成群结队的坦克也出现在陆地上,但这些都不是真的,都是为了欺骗德军而利用的道具。在"爱丽斯电影公司"的积极造势下,德国的陆军和空军不停向荷兰境内集中。可是,希特勒却始终对盟军登陆荷兰一事心存疑虑,不断派飞机到荷兰上空侦察。为了使希特勒对盟军在荷兰登陆的假象坚信不疑,斯蒂夫决定设下一个陷阱,把精心伪造的登陆荷兰的战略图借汉妮之手,送到德国人手中。

经过精密策划,斯蒂夫巧妙地安排第 2677 特勤队英俊少尉狄恩罗斯假装禁不住诱惑,拜倒在汉妮的石榴裙下,然后出于"疏忽大意"让汉妮盗走了战略图。不出一天,德国大军纷纷奉命调往荷兰。盟军终因反间谍计划成功,减少了无谓的伤亡,取得了登陆战的胜利。暴怒之下的德军情报负责人希姆莱立刻命令将汉妮处死。

诺曼底登陆战的成功,虽然不全是间谍的功绩,但他们在幕后的工作,却使许多生命免遭牺牲。当我们在感叹诺曼底登陆战的划时代意义时,不要忘了那些冒着生命危险工作的间谍们。

间谍王子的无声战争——"鼹鼠"传奇

1988 年,间谍王子菲尔比,这位冷战时期最成功、最具破坏性的双重间谍安详地离开了人世,享年 76 岁。他被安葬在莫斯科的一个公墓里,享受了最高的国葬待遇。

初入"谍"场

哈罗德·金·菲尔比是英国人,早期就信仰共产主义,1934 年在维也纳进入苏联情报机关成为情报员。此间,他曾任自由党月刊《评论的评论》副主编,而后到西班牙当了一名记者。菲尔比之所以会到西班牙,是因为当时西班牙政府跟苏联关系不错,菲尔比做《泰晤士报》驻佛朗哥军队的战地记者,正是奉苏联间谍机关的指示,给西班牙政府军传达消息。菲尔比不辱使命,出色地完成了任务。他的间谍才干不仅让苏联赏识,也引起了英国间谍部门的重视。在西班牙待了几年之后,菲尔比又被《泰晤士报》派到英军阵地担任战地记者。1940年,几名国防部的官员找到他,问他是否可以"做一些国际方面的事情",菲尔比欣然答应。就这样,菲尔比便进入英国国防部的情报机构,并如愿以偿地来到从事反间谍活动的第五科当上了科长。第五科的基本任务是从国外获取有关针对英国谍报活动的情报,他曾把英美联合向阿尔巴尼亚派驻反共分子的计划泄漏给苏联。因此,当英国情报人员秘密潜入阿尔巴尼亚时,被早已张网守候的阿尔巴尼亚人逮了个正着,致使很多英国情报人员被杀和被捕。

"贼"去捉"贼"

菲尔比掌握第五科大权后,在源源不断地向苏联提供情报的同时,他通过秘密途径了解到,当时苏联驻伊斯坦布尔总领事馆副领事伏尔科夫寻求到英国政治避难。为了达到这个目的,身为苏联情报机构官员的伏尔科夫答应向英国提供苏联在国外工作的间谍网和情报员的材料。并且声称,他知道在英国工作的三名重要苏联间谍的真实姓名,其中一名是英国情报机构的负责人之一,这显然指的是菲尔比,菲尔比双重间谍的生涯似乎就要结束。

幸运的是,苏联方面为了保护菲尔比,借故将驻土耳其外交官员进行了大调换,使这位伏尔科夫得以高升,也使他打消了到英国避难的念头,当然他也没有必要再把情报细节透露给英国。

其实,英国早就怀疑情报局内部有奸细,英国情报机构也开展了几次抓捕"鼹鼠"的运动,有几次还让菲尔比主抓,结果当然是什么人也没有抓到。而菲尔比在英国间谍机构的地位之所以如此稳固,与苏联的大力支持是分不开的。为了让菲尔比有政绩,苏联方面也提供了许多没有价值的小情报,或者提供一些被"废弃"的间谍。正是这种双簧表演,使得菲尔比在第五科的科长位置上一待就是11年。

后来,菲尔比又被派到土耳其,担任英国秘密情报局土耳其站站长,不久又前往美国,担任该局在美最高负责人,具体任务是"与中央情报局和联邦调查局进行联络,办理由截收电报引起的种种案子"。这项命令对菲尔比具有极大的诱惑力,他可以由此仔细地看清美国情报机构的情况。华盛顿是苏联间谍最理想的工作地点,从此,菲尔比把他看到的每张纸、听见的每段谈话、参加的每次会议,只要他认为对当时的苏联有用的,他就告诉苏联。北约和西方国家针对苏联的许多重要情报就这样经由菲尔比传给了克格勃。

谁放走了"鸟儿"

对于屡屡发生的泄密事件,英国情报当局很恼火,于是下令菲尔比查处泄密者。菲尔比把与泄密事件有关的外交部人员名单一一排列,很快,他就发现与此有关的人员有 4 人,其中最后一人是麦克莱思。菲尔与他早在 30 年代就认识了,是同一个战壕里的苏联间谍。毫无疑问,所谓的泄密者就是他。与此同时,有关泄密者的几十份报告仍陆陆续续给菲尔比送来,所有的报告显示,一场针对麦克莱恩的调查就要展开。如何在罗网罩上自己的老战友之前就把他救出去,这让菲尔比绞尽脑汁。这时,一个人的出现让麦克莱恩绝处逢生。

正当英国大使馆泄密案调查进行得如火如荼的时候,盖伊·伯吉斯从伦敦调到华盛顿任使馆二等秘书。伯吉斯是菲尔比剑桥时的好友,正是菲尔比把伯吉斯作为可征募对象推荐给了苏联情报机关,两人曾在秘密情报局一起共事,他们不仅是秘密的同事,而且是公开的好友。但伯吉斯到华盛顿没多久,就后悔不该到美国,因为他脾气暴躁,经常使大使馆的工作遭到损失,这使他在大使馆的工作介乎辞职和半辞职的状态。

这倒给菲尔比一个很好的拯救麦克莱恩的启示,菲尔比认为,如果让伯吉斯回去告知麦克莱恩他的危险处境,那是再好不过的了。于是,经过两人密谋,很快,伯吉斯就因为连续三次超速驾驶而使州长对有人如此滥用外交特权提出了强烈抗议。没过几天,伯吉斯就被遗憾地告知他不得不离开美国了。

一天清晨,军情五处驻美国代表佩特森给菲尔比打来电话,说刚接到伦敦打来的一份很长的特急电报,希望菲尔比能够帮助他翻译出来。这个消息让菲尔比大吃一惊:麦克莱恩被捕了吗? 他已经跑了吗? 伯吉斯出什么事了? 菲尔比不得不坐下来镇静了一下,然后径直走进佩特森的办公室。佩特森垂头丧气,用几乎是耳

·没有硝烟的谍战掠影·

图文珍藏版

语的声音说:"金,鸟儿飞掉了。"菲尔比故意装出吃惊的样子:"什么鸟儿？是麦克莱恩吗?"佩特森回答说:"还有更糟糕的,伯吉斯也跟他一块儿走了。"听到这个消息,菲尔比就不用假装惊讶了,而且,这次他不仅是惊讶,而且感到了深深的不安。

"间谍王子"一身是胆

菲尔比陷入了沉思,他与两人过密的交往使他自己无论如何也摆脱不了干系,调查的下一个对象就是自己。

"抓紧逃跑"这是菲尔比首先萌发的念头,但他很快又冷静下来,他认为,他没有必要逃跑,他已经在情报部门里干了11年,跟军情五处合作了8年,跟美国情报机关配合了将近两年,这就是他最大的优势。而且,他认为以他对英国特工的了解程度,已足以预见他们会采取的行动。他了解法律和惯例对他们工作的种种限制,这些限制会使他们在调查工作中无所作为。更重要的是,有许多身居高位的人非常希望看到他清白无辜。最后,还有一点是最关键的,虽然他值得怀疑的地方很多,但他们根本拿不出什么实际证据来,就这样,菲尔比决定继续潜伏下来。

事情果真如他所料,虽受到质询和秘密审问,但他们拿不出证据。所以英国外交部除了将其开除外,并没有做更多的处罚。他被外交部开除以后,就以记者的身份到贝鲁特去工作,在此期间他继续为苏联情报机关活动。

菲尔比的间谍生涯一直到1962年才结束,这一年,苏联情报机关的高级人员乔治·布莱克被捕,菲尔比正式被确认为苏联情报人员。于是,英国政府签发了对他的逮捕令。但1963年1月23日晚,菲尔比在贝鲁特神秘失踪。正当人们对他的去向产生种种猜测的时候,苏联政府宣布获准菲尔比在莫斯科政治避难的要求。1965年,苏联授予他最高荣誉勋章之一的"红旗勋章"。

菲尔比的逃亡给英国情报机构带来重大打击,整个情报网络几乎陷于崩溃的境地,更重要的是使英国人对政府的能力和高级官吏的忠诚产生了怀疑。这使得英国麦克米兰政府处境十分难堪,最后不得不辞职。但是,这个案件对英国社会的影响并没有以麦克米兰政府的辞职而告终。在后来的几十年中,英国情报机构和政府一直处于这个叛国案的阴影中。

双重间谍的生涯让菲尔比在间谍历史上谱写了一段传奇,也让英国政府和军方丢尽了脸面。

亚洲第一间谍的离奇叛逃——"隐面人"

1954 年 11 月和 12 月,美国《生活》杂志披露了克里姆林宫高层的权力斗争内幕、有关朝鲜战争内幕等,让苏联政府着实出了一次丑,这些机密的透露让苏联高层极其恼火,但又无可奈何。

披露这一消息的是叛逃到美国的苏联特工拉斯特沃罗夫,拉斯特沃罗夫是"二战"后苏联在日本最成功的间谍,他的叛逃,几乎破坏了苏联在亚洲的整个间谍网。但自从拉斯特沃罗夫在《生活》杂志上对苏联做了报复性的揭露之后,他便消失在人们的视线中。

2004 年 1 月 19 日,在美国波多马克河边的麦诺尔肯特养老院里,一位名叫马丁.F.西蒙的美国老人因为"中风"孤独地离开了人世。在朋友眼里,西蒙是一个技艺娴熟的网球手,有两个宝贝女儿。他风度翩翩,慷慨好客,衣着时髦,常开一辆高档车。但令人意想不到的是,俄罗斯的《绝密》杂志却刊登出一个惊人消息:所谓的"马丁.F.西蒙"其实是 50 年前叛逃到美国的苏联驻亚洲头号特工——尤里·亚历山大罗维奇·拉斯特沃罗夫中校!

克格勃的亚洲第一号

拉斯特沃罗夫出生在库尔斯克州一个小城——拉斯特沃罗夫是间谍中的天才,他的父亲是莫斯科达卡恩军区政委,1941 年,他的同龄人都上了前线,但拉斯特沃罗夫却由于父亲的关系被派往特务学校学习日语。日本投降后,斯大林认为:考虑到对远东地区影响力的争夺,对日本的间谍行动不但不能因为日本的投降而削弱,反而要极大地加强。在这种背景下,拉斯特沃罗夫就被派驻东京,以苏联外交官的身份开展工作。但这一次他还肩负着一项秘密使命,以东京某网球俱乐部为据点招募克格勃间谍,搜集在日本的美国人情报。也许正是借着工作的便利,拉斯特沃罗夫的网球技艺练得炉火纯青。

为了实现在日本招募克格勃间谍的目的,他盯上了苏联在中国东北和朝鲜战俘营内的 60 万日本关东军战俘。拉斯特沃罗夫的首次任务完成得非常出色,他取得了日本战俘的信任,在战俘中享有很高的威望。在这种情况下,充足的间谍来源

世界经典文库

中外历史悬案

·没有硝烟的谍战掠影·

图文珍藏版

已经不成问题，拉斯特沃罗夫开始考虑如何提高间谍的质量，为了发展最合适的间谍，拉斯特沃罗夫把目标锁定在 180 名日本将军级的战俘和日本政要亲属们的身上，并在他们当中发展起大量的间谍，这些人对苏联的情报工作发挥了极其重要的作用，也使拉斯特沃罗夫很快就获得了亚洲第一间谍的美誉。

间谍生涯中成绩突出，事业也正如日中天的拉斯特沃罗夫为何忽然选择了叛逃呢？

满腔怨恨洒向叛逃路

最先使他产生叛逃念头的是因为他遇到了一个好色的上司。当拉斯特沃罗夫在日本的工作开展得有声有色之时，他自家的"后院"却起火了，他的顶头上司、当时的苏联内务部长贝利亚看中了他的妻子。拉斯特沃罗夫的妻子是苏联内务人民委员会歌舞团的台柱加利娜，他们夫妻本来十分恩爱，并在 1945 年有了一个可爱的女儿塔特亚娜，对于贝利亚的卑劣行径，拉斯特沃罗夫敢怒不敢言。因为心情不好，拉斯特沃罗夫整天借酒浇愁，在酒吧和网球场消磨时光。有一次，在网球场上，他认识了美国女教师霍普·玛卡特妮·西蒙，而她的真实身份则是美国中情局的特工。借着教拉斯特沃罗夫英语的机会，西蒙与失意的拉斯特沃罗夫很快就打得火热，出于报复和失意的双重心理，拉斯特沃罗夫乐得接受这段情缘，这为他以后的叛逃打通了道路。在拉斯特沃罗夫消极度日的时候，又传来一个让他浑身发冷的消息，1953 年 3 月 5 日，斯大林逝世。这意味着贝利亚有可能掌握最高权力！令他欣慰的是，不久后贝利亚被捕了！但很快莫斯科再次开始全面清洗，所有与贝利亚有关的人员都将被"清理"！亲眼目睹过苏联在斯大林时代大清洗运动的拉斯特沃罗夫明白这意味着什么。

1954 年 1 月，拉斯特沃罗夫被通知将被召回莫斯科。这时候，同事的一句话让他下定了叛逃的决心："你应该知道虾是如何过冬的，有人会把你的皮扒下来！"

"父亲心里明白，只要他一回国性命就会玩完。"拉斯特沃罗夫的女儿詹尼弗·沃瑟回忆道。

为了避免被扒皮的命运，1954 年 1 月 24 日晚上，他找到了中情局西蒙求助。在这名"女教师"的帮助下，他很快与美国军事反间谍机构取得了联系，并和"女教师"在东京被送上了去往冲绳的飞机，然后飞往华盛顿。于是，一个令世人震惊的消息公开了：苏联在亚洲的"一号间谍"从东京叛逃美国！

中情局一颗无奈的棋子

逃到美国的拉斯特沃罗夫和盘托出了他所知道的所有秘密——在东京和他直接联系的日本人有 36 名之多，他还列出了他们的具体姓名，还有苏联曾在日本的秘密间谍活动、朝鲜战争期间苏联的幕后活动，等等，为此前中情局（CIA）局长艾伦·杜勒斯还专门向他发了封感谢信。

此时的拉斯特沃罗夫已经正式蜕变成一名 CIA"秘密特工"，在 CIA 的一份绝密文件中称，拉斯特沃罗夫是一个"高价值间谍人才"，"他提供了大量克格勃和苏联政府的内幕背景情报，他是年轻 CIA 官员的导师，教给他们关于俄国人和克格勃的知识。"现已退休的 CIA 反间谍部门主管保罗·雷蒙德说："在进行反间谍工作中，他给了我们极大的帮助。"

拉斯特沃罗夫在美国的生活并不都是荣誉和鲜花，随着时间的推移，拉斯特沃罗夫逐渐失去了利用价值，于是在 CIA 的"策划"之下以另一个全新的身份出现在世人面前——马丁.F.西蒙。CIA 还为这个虚构的"角色"编造了一整套"煞有介事"的"历史档案"：1959 年，根据美国政府颁布的一项特殊法案，西蒙正式获得了美国国籍、一个社会保险号以及一本名字上写着"马丁.F.西蒙"的美国护照。他开始专心致志地扮演起西蒙这一角色，并且十分成功。20 世纪 50 年代末，他当上了一名经营电器的公司经理。

异国生涯并不平静，在克格勃待过的拉斯特沃罗夫自然知道他们对付叛徒的种种手段。更何况，1954 年莫斯科的军事法庭对其缺席审判处以死刑！这使他常常处于担惊受怕的状态下。即使在苏联解体之后，他仍在为自己的生命安全担忧。所以，他对自己的过去经历讳莫如深，女儿也是直到 11 岁时才得知父亲的"双重身份"。

一天，母亲霍普·玛卡特妮·西蒙神色凝重地告诉她的女儿："你们的爸爸有两个生日——"沃瑟和姐姐都感到莫名其妙，母亲继续说："他并不是你们以为的那个人，他是个苏联叛徒。"他的女儿沃瑟回忆说，拉斯特沃罗夫对妻子把他过去的经历告诉孩子们的做法很恼火。因为当时莫斯科方面正重金悬赏捉拿他。沃瑟说："当时父亲可能有些妄想狂，但他的担心不无道理，事关生存大计，不能不谨慎。"

拉斯特沃罗夫担心妻子这么做很可能暴露他的身份,这会让他们全家处于极度危险之中。沃瑟回忆说,父亲十分谨慎,就连她婚后想向丈夫坦白父亲原名叫作拉斯特沃罗夫时,也必须事先得到父亲的批准。

在叛逃之后的相当长一段时间,拉斯特沃罗夫一家在华盛顿定居。沃瑟说:"父亲是一个很擅长做交易的人,他为 CIA 做成了许多笔买卖,20 世纪 50 年代后期,他为 CIA 谈成了一笔电子生意。他经常坐长途飞机到外地开会,为防泄露他的位置,他从不和家人分享他工作的细节。"

2002 年,拉斯特沃罗夫曾遭遇一次严重的中风,一直没能完全康复。2004 年,就在他叛逃美国 50 周年纪念日的前 5 天去世了,结束了他传奇而又凄怆的一生。

摩萨德的复仇行动——万里大追杀

阿道夫·艾希曼是纳粹德国的高官,也是在犹太人大屠杀中执行"最终方案"的主要负责人,被称为"死刑执行者"。将犹太人移送集中营的运输与屠杀作业大部分都是艾希曼负责的。艾希曼首先将不具备劳动能力的犹太人通过毒气室的"莱因哈特行动"迅速处死。他参与、策划了波兰三大灭绝营,他参加、监督了奥斯维辛、玛伊达奈克、布亨瓦尔特、毛特豪森、达豪等大型集中营增设灭绝设施的改建工程。

"最终方案"至少消灭了 580 万犹太人,其中包括 100 多万儿童;爱沙尼亚等一些国家的犹太居民几乎被杀绝,这是犹太民族有史以来最大的血仇。

十年潜伏,一朝被捕

第二次世界大战结束后,国际军事法庭在德国纽伦堡城经过 216 次开庭,于 1946 年 10 月 1 日结束。法庭对戈林、M.博尔曼、H.弗兰克等 12 人判处绞刑。但"二战"中重要的战犯艾希曼并没有像其他纳粹战犯一样,在纽伦堡国际军事法庭受到审判。他利用当时的混乱,多次更改身份,乔装打扮,巧妙地逃脱了一次又一次的追捕。艾希曼先乔装成伐木工,在德国一个偏僻村庄藏匿了 4 年,然后逃至意大利。1950 年 6 月,他来到南美的阿根廷后改名换姓,混入了阿根廷梅尔塞德斯汽车公司。多年过去了，很多人逐渐将他淡忘，他似乎从这个世界上消失了。别人可以忘记，但以色列人没有忘记，艾希曼一直是犹太人心中的伤，于是，追捕艾希曼，让他受到应有的惩罚就成了以色列特工组织摩萨德的重要任务。一天，一份来自法兰克福某地的密码电报向摩萨德总部透露了一个惊人的消息，这封电报证实，艾希曼依然在阿根廷某个地方活着。

摩萨德首脑伊塞·哈雷尔得知这一消息后，为摩萨德定下了一个艰巨的任务：活擒艾希曼并将其送回以色列，接受犹太法庭的判决。而要做到这一切谈何

阿道夫·艾希曼

容易，以色列离阿根廷有18000公里，坐飞机也要花20几个小时才能到达；而且越境抓捕弄不好会影响两国关系，酿成政治事件，但即使面临天大的困难也不能让身负累累血债的艾希曼逍遥法外。哈雷尔为此事请示了以色列开国总理本·古里安，总理当即表示："把他弄来！死的、活的都行。"

1960年，阿根廷筹备独立150周年庆祝活动，以色列领导人被正式邀请参加。机不可失，摩萨德当即决定，利用这架专机返航时顺道将阿道夫·艾希曼带回以色列。专机返航时间在5月11日，劫持时间定为5月10日。

这时，化名为克莱门特的艾希曼每天都处在以色列特遣队的监视之下。特工人员不久就掌握了艾希曼的行踪规律：在每晚7时40分左右，艾希曼总是乘203路公共汽车回家。

一直从事谍报工作的艾希曼自然懂得如何保护自己，潜伏到阿根廷后，他不但更名换姓，而且经常变换住址，日夜提防犹太人的追杀。可天网恢恢，疏而不漏，他终究没有逃脱正义的惩罚。

预定绑架的日子日益临近，就在特工队员摩拳擦掌准备行动时，阿根廷礼宾部门突然通知以色列：由于组织方面的原因，以色列国代表团的抵达时间推迟到5月19日。具体负责这次行动的哈雷尔当即进退维谷：如期逮捕艾希曼，安全地把他

藏匿起来就成了一个难题,把行动时间推后又怕夜长梦多,经过反复斟酌,哈雷尔把行动时间推后了一天,也就是在 5 月 11 日实施抓捕。5 月 11 日晚 7 时 25 分,绑架小组的汽车驶抵目的地。这时,第一辆汽车按预定计划出现了"故障",第二辆汽车停在公路另一侧的停车道上,司机和助手们打开汽车罩盖,煞有介事地不停摆弄发动机。

艾希曼下班的时间到了,他却没有出现,这时班车已经过去了两趟,是不是情况有了变化,焦急的行动负责人立即用无线电对讲机请示哈雷尔,得到的答复是:5 分钟内如果不见"猎物",即全队撤回。眼看摩萨德的这次行动就要无功而返,这时,又一趟班车开过来,特工们终于等来了他们的"猎物",在朦胧夜色中,艾希曼正向他们走来,他浑然不知一张大网已经悄悄为他铺开。

"劳驾,先生。"尾随其后的摩萨德特工彼得·马尔欣轻轻拍了拍艾希曼的后背说,艾希曼还没反应过来,便被马尔欣按倒在地,迅速将一块棉布塞入他口中,迅速把他塞进了汽车。两辆汽车飞快地驶离绑架现场,艾希曼又一次神不知鬼不觉地消失了。

迟到了十五年的审判

1960 年 5 月 23 日,参加阿根廷独立庆祝活动的以色列专机安全返回。哈雷尔一下飞机便直奔总理办公室。

"我给你带来了一件小小的礼物。"他对着本·古里安说,本·古里安惊呆了,他简直不敢相信这是真的。这天下午,耶路撒冷时间 4 点整,以色列总理本·古里安怀着难以抑制的激动心情,向大家宣布:"今天,我要向诸位郑重宣布,以色列国家安全机关抓获了一个十分重要的纳粹战犯阿道夫·艾希曼。该罪犯罪恶昭彰,罄竹难书,他在所谓的'最后解决犹太人问题'上,和其他纳粹领袖负有同样的罪责,即近 600 万居住在欧洲的犹太人惨遭灭绝的滔天罪行。阿道夫·艾希曼目前正被关押在以色列的监狱里,依据 1950 年颁布的惩治纳粹分子及其合作者的法律,不久将艾希曼移交以色列法庭审判……"

整个以色列沸腾了,人们欢呼着英勇、机智的特工人员的功绩。对艾希曼的审判是旷日持久的。为了防止在场旁听的观众表现过于激动而当场刺杀艾希曼,在审判时,特地设立了一个上面敞开的玻璃罩,在数不清次数的审判中,旁听的观众由于忍受不了触目惊心的事实，竟有人不止一次地晕倒在法庭上。

1961 年 12 月 25 日，以色列最终判艾希曼灭绝人性罪，处以绞刑。

艾希曼临刑前对摩萨德采取的行动进行了一番评价："这件事（绑架）办得很在行，组织和计划工作很出色。我对此发表自己的看法，是因为本人在警察和特工部门积累了亲身经验。"

1962 年 6 月 1 日晨，濒临地中海的以色列海法港外，一艘以色列海军小艇驶出以色列领海时，一名戴白手套的以色列海军军官把一个铁皮罐抛入茫茫大海。那铁皮罐内装的是艾希曼的骨灰，由于他的子女们不敢露面来领取骨灰，1962 年 6 月 1 日，以色列海军奉命将艾希曼的骨灰倒在公海里，以免犹太国领土受玷污。

万里擒魔，犹太人终于报了血海深仇，而这次行动，也使以色列摩萨德声名鹊起。

美苏缓和之际的"烫手山芋"
——U-2 间谍飞机事件

U-2 侦察机是 1955 年 8 月美国洛克希德公司试制成功的一种新型高空侦察机，它的机型特殊，酷似滑翔机，翼展 24 米，比机身几乎长一倍。整个机身为黑色，未涂任何识别标志，在飞机里装有各种侦察设备。这种飞机在对抗日趋激烈复杂的冷战时期，对苏联等社会主义国家进行了广泛的电子侦察。U-2 飞行高度比当时任何喷气式飞机的飞行高度都高出一倍多，因此，常规武器根本无法将其击落，苏联的高射炮和米格战斗机也只能望之兴叹。

艾森豪威尔的"五一"献礼

1960 年 5 月 1 日的莫斯科红场上，每年例行的"五一"节阅兵在举行。各种型号的坦克、装甲车、火炮和火箭正缓缓通过主席台前接受检阅，这时，苏联防空部队总司令比留佐夫元帅走上主席台，在苏共中央第一书记赫鲁晓夫耳旁轻轻地说了些什么，赫鲁晓夫笑眯眯地点了点头。此举引起了人们的注意，究竟发生了什么事？

5 天后，谜底被揭开，赫鲁晓夫在克里姆林宫召开苏联最高苏维埃会议。在报告的最后赫鲁晓夫说："各位代表！苏联政府授权我向你们报告最近几周来美国对苏联采取的侵略行动。5月1日清晨，莫斯科时间 5 时 36 分，一架美国 U-2 侦察机越过了我国边境，向苏联领空深入。我们击落了这架飞机。"

U-2 飞机 1956 年开始投入使用，在长达 4 年的秘密飞行中，拍摄了大量照片，有效地刺探了苏联发展导弹和进行核试验的情报。对此，美国中央情报局局长艾伦·杜勒斯曾经得意扬扬地说："U-2

赫鲁晓夫

收集的情报，比起地面上任何特工人员来，要更快、更正确、更可靠。从某种意义上讲，其高明手段只有直接从苏联机关和实验室取得技术文件可以比拟。"

苏联通过雷达系统早已发觉了 U-2 的挑衅行为，但苦于不能将之击落，以致在长时间内未公开揭露此事。1960 年 5 月 1 日，鲍尔斯驾驶的 U-2 飞机刚越过苏联国界，就被苏联防空部队的搜索雷达发现。5 月 1 日 5 时，苏联国防部长马利诺夫斯基元帅立即打电话把情况通报给赫鲁晓夫，赫鲁晓夫发怒了："无论如何也要将这架飞机打下来。"于是，防空司令比留佐夫元帅下令把炮火排列成棋盘形等待着 U-2 飞机的到来。当 U-2 飞机进入射程之后，防空部队发射了导弹，其中第二枚击中目标。鲍尔斯根本没有想到他会受到袭击，他紧急跳伞，没来得及连接好飞机的自我爆炸装置，也没按照指示吞服氰化物自杀。他降落到地面时，迎接他的是荷枪实弹的苏联士兵，他被逮捕并送到莫斯科接受审讯。

美国人没有了招架之功

苏联击落 U-2 侦察机的当天，在华盛顿，美国总统首席军事副官古德帕斯特将军打电话给总统："我们的一架侦察机在从土耳其阿达纳基地起飞的一次例行飞行中，至今没有归来，可能已经失踪。"不祥的预感已经爬上艾森豪威尔的心头。

但是在飞机被击落的消息传出之前，美国还是寄希望于 U-2 飞机不会出事，因为飞机的整个设计和研制工作都是绝对保密的，考虑到间谍飞机与国际局势、外

交关系紧密相连,艾森豪威尔总统指示,U-2 飞机的每一次行动,从计划到执行都必须报告于他并由他亲自批准,以防走漏风声,1960 年春夏之交,东西方关系出现转机。5 月,美、苏、英、法四国首脑要在巴黎举行高级会晤;6 月,艾森豪威尔将访问莫斯科。因此,在 U-2 飞机活动方面,美国更加慎重,经过再三研究,艾森豪威尔将飞行时间定在 5 月 1 日,也就是在四国首脑会议召开前做最后一次间谍飞行。

但随着时间的推移,飞机仍然踪影全无,1960 年 5 月 2 日清晨,艾森豪威尔接到报告说:"U-2 侦察机仍然下落不明。飞行员在深入俄国境内 1300 英里处报告说发动机着火。根据飞机上的油量,它不可能仍然在飞行。"飞机肯定出事了,白宫的要员们马上研究应急对策,经过讨论,一致同意按兵不动,然后看赫鲁晓夫的反应。因为白宫推定飞行员鲍尔斯不可能还活着;再者,飞机有自我爆炸装置。即便发生事故也会爆炸,不会让苏联抓到证据;还有,即便以上两种情况都不存在,赫鲁晓夫抓住了证据,为了顾全面子,他也不会声张。

事实证明这只是美国一厢情愿,1960 年 5 月 5 日,一封保密加急电报迅速将赫鲁晓夫 5 月 5 日在最高苏维埃会议上的讲话传到了白宫。赫鲁晓夫已经扯破脸了。让赫鲁晓夫保持缄默的希望破灭了。

既然赫鲁晓夫已经出招,美国只好接招了,艾森豪威尔立即主持召开国务院、国防部、中央情报局有关首脑的紧急会议,最后决定由国务院发言人林肯·怀特在 1960 年 5 月 5 日中午在新闻记者面前,宣读一份声明:"本院曾接到国家航空与宇宙航行局的通知,一架以土耳其阿达纳为基地、由一位平民驾驶的非武装飞机 U-2 气象研究飞机自 5 月 1 日起失踪。在飞行期间,该机驾驶员曾报告说他的氧气设备发生了故障。赫鲁晓夫先生宣布的同一天在苏联上空击落一架美国飞机很可能就是这架失踪的飞机。由于氧气设备失效而使驾驶员失去知觉,飞机继续自动驾驶一段相当长的距离并偶然地侵入苏联领空,是完全可能的。美国正就此事,特别是驾驶员的命运与苏联政府进行接触。"1960 年 5 月 6 日,美国国务院煞有介事地发表声明:"美国没有——绝没有——有意侵犯苏联领空之事。"

美国做出上述声明是寄希望于苏联没有抓到切实证据,所以,美国企图靠死不承认蒙混过关。

但赫鲁晓夫的一句话彻底粉碎了美国的梦想:"同志们! 我必须告诉你们一个秘密。两天前,我在这儿做报告时,故意避而不谈以下情况:我们已经找到了 U-2

飞机的残骸,而且还抓到了飞行员,他现在还活得好好的!"

赫鲁晓夫有心,艾森豪威尔无意

赫鲁晓夫尽管对美国极尽挖苦,但又留有情面,以便使最高级会议不致"流产"。似乎有意给美国最高当局留一个台阶下,为此,他在讲话中说道:"有可能艾森豪威尔总统并不知道这次飞行。"

因为赫鲁晓夫并不想"煽起"反美的狂潮,从而使即将缓和的东西方关系又陷入紧张,因此,他对在场的美国大使汤普逊说:"我尊重美国大使,并且确信总统与此次入侵事件无关。"他还私下对汤普逊说:"这个倒霉的 U-2 飞机事件使我十分为难,你必须帮助我摆脱它。"

赫鲁晓夫说艾森豪威尔与 U-2 飞机事件无直接关系,是为了给他一个洗刷自己和保全面子的机会。对于即将召开的巴黎四国首脑会议,这样做对赫鲁晓夫是有利的。只要艾森豪威尔不卷入,赫鲁晓夫就能够同他商谈加强两国关系的措施。

起初,艾森豪威尔不想将自己卷入这场间谍活动的旋涡。于是,1960 年 5 月 7 日傍晚,林肯·怀特在国务院向记者们宣读了一份半真半假的声明。声明称:"美国承认,一架用于搜集情报的飞机可能飞越了苏联领空;然而,华盛顿当局并没有批准任何这类飞行。"这一切似乎表示美国在顺着苏联方面给的台阶在一步步走了,但艾森豪威尔并没有摆脱担心,他并没有明白赫鲁晓夫的良苦用心,他怕赫鲁晓夫再次拿出更多无可辩驳的证据来说明美国总统确实授权了此类飞行。如果那样,他的信誉将一落千丈。权衡再三,艾森豪威尔决定自己将责任承担下来。1960 年 5 月 9 日,艾森豪威尔发表一项声明,承认多年来这样的间谍飞行一直是根据他的总统命令,是为了"对俄国军事和工业综合部署有充分的了解"。

声明一被公布,全美国为之哗然,《纽约时报》发表评论说:"今晚,首都呈现出一幅悲哀和茫然不知所措的景象。人们都在谴责愚蠢的政府、错误的判断和糟糕的信念,陷入一片混乱之中。"

艾森豪威尔的最新声明打乱了赫鲁晓夫的如意算盘,赫鲁晓夫气得大发雷霆,一片良苦用心付诸东流。既然矛盾已经公开,赫鲁晓夫态度开始强硬起来。他在接受记者采访并被问及"美国的最新声明是否已使您改变了对美国总统的看法"时,赫鲁晓夫说:"这个声明改变了我的看法。我原本以为这只是一个不负责任军官的心血来潮,当知道这一行动得到美国总统的批准时,我大吃一惊。他一点也不为这种侵略行为感到内疚和羞耻,反而硬说这些行为是有道理的,并扬言还要继续下去。只有处于战争状态的各国之间才能这样干!"在回答"您仍想邀请艾森豪威尔总统来访吗?"时,赫鲁晓夫沉默了一会儿说:"你要我说什么呢?……我抱有过希望,但它被出卖了!现在,我怎么能够让我们的人民走上街头去欢迎这位正向我们走来的客人呢?"

"冷战"似乎又开始了,四国会谈已经阴云密布。

不欢而散的美苏"蜜月"

1960 年 5 月 16 日,美、英、苏、法四国首脑分别率自己的代表团聚会巴黎,在爱丽舍宫举行首脑会议的预备会议,会议由东道主戴高乐主持。入席时,赫鲁晓夫同艾森豪威尔"相互做了冷淡的礼貌性地致意和短暂的没有笑容的握手"。赫鲁晓夫首先站起来发言,他怒斥美 U-2 飞机在 1960 年 5 月 1 日及以前的侵略飞行:"我们不能理解,你们究竟为什么在首脑会议前夕对我们采取这一挑衅行为。如果没有这种事,我们就会在友好的气氛中在这里会晤。"赫鲁晓夫要求艾森豪威尔就此事公开道歉并保证以后不再发生,否则苏联代表拒绝出席会议,并且他正式宣布撤销对艾森豪威尔总统的访苏邀请。

面对赫鲁晓夫的攻击,艾森豪威尔一声不吭。他强行压制的火气让他那光秃秃的头顶一阵阵泛起紫红的颜色。然后他回应了赫鲁晓夫的指斥,他说:"我不知道下任总统会做什么决策。但是,无论在这次会议期间,还是在我今后的任期内,都不会恢复这类飞行。"与此同时,艾森豪威尔还反击说:"如果赫鲁晓夫先生的基本目的是不让我进入他的国家,也大可不必做这样令人厌倦的解释来说明为什么如此的理由……我来到巴黎谋求与苏联达成协议,以清除包括越境飞行在内的一切形式的间谍活动。我看没有理由利用这个偶然事件来中断会议。"并且他拒绝就此事向苏联道歉。

巴黎四国首脑会谈失败,而此时,冷战缓和的希望、东西方关系改善的希望都破灭了,美苏的"蜜月"也结束了,东西方关系又进入了一个不稳定的"严寒时期"。

中情局带给美国的难堪——猪湾事件

1961 年 4 月 17 日,1400 名装备精良的古巴流亡分子在静悄悄的黎明,从猪湾的吉隆滩和长滩登陆,向古巴发起了攻击,这就是猪湾事件。2001 年 3 月 22 日上午 9 时,也就是猪湾事件发生 40 年后,古巴领导人卡斯特罗叼着雪茄,坐在哈瓦那一家五星级宾馆的会议桌边,与昔日曾多次谋划置他于死地的敌人重新回顾那次事件。

美国的傲慢

据最新解密的美国与古巴的档案显示,猪湾事件完全由美国中情局一手策划。中情局为了给干涉古巴事务找到冠冕堂皇的借口,便有意识地推动古巴与苏联结盟,根据中情局当时一位官员的话说:"接下来,中情局就有事可干了。"

卡斯特罗

自从卡斯特罗于 1959 年 1 月领导古巴人民推翻了美国扶植的巴蒂斯塔政府,他就成了美国的眼中钉、肉中刺,作为一直把古巴作为自己后院的美国来讲,古巴的革命烈火是让人无法容忍的。所以,美国一直在寻求颠覆古巴政权的机会。

1960 年 1 月 18 日,美国中央情报局专门成立了古巴专案组。对于古巴,艾森豪威尔要求中央情报局尽快搞垮卡斯特罗,他说:"我们应该制订一个方案,真正能对卡斯特罗干出点名堂来。"于是,中央情报局根据艾森豪威尔的指示,策划了一次专门针对古巴的行动,他把这次行动命名为"冥王星行动"。1960 年 3 月,美国中央情报局局长艾伦·杜勒斯向白宫递交了一份计划,提出把聚集在佛罗里达的古巴流亡分子组织起来进行训练,并在古巴内部开展秘密活动,推翻卡斯特罗政府。艾森豪威尔总统同意了这个计划,并表示美国将对这些反卡斯特罗游击队"援助到底"。

美国高层和中情局的最大错误在于过度轻视古巴的力量,他们认为颠覆自己身边的小国是轻而易举的。所以,当卡斯特罗在 1959 年 4 月带着 100 箱兰姆酒,出访华盛顿表达与美国发展友好关系的渴望时,却吃了当时美国总统艾森豪威尔的闭门羹,艾森豪威尔根本不给他这个面子。美国副总统查理德·尼克松接见了他,卡斯特罗抓住一切机会,向美国人陈述自己的观点。他与代理国务卿赫脱吃牛排,在参议院外交委员会同议员谈话,以表达他对美国的友好态度。

尼克松在给总统的报告中说卡斯特罗的态度是诚恳的,国务院也做了分析,认为卡斯特罗谨慎地表示古巴将留在西方阵营内。艾森豪威尔不以为然,在报告的结尾批道:"我们要在一年后查查账!"美国的霸权主义让卡斯特罗失望,这让他想起自己 9 岁时曾请求总统能寄张 1 元面额的美钞给他,让他开开眼界,而罗斯福总统根本不加理会,这让他见识了美国人的傲慢与伪善,而傲慢的美国人最终为自己的行为付出了代价。艾森豪威尔的不合作态度促使古巴开始左转,这实际也是美国所需要的,这样,美国对古巴采取行动就不再师出无名了。

梦断吉隆滩

1961 年 1 月 22 日,即肯尼迪就任总统后不久,获悉中情局有此项计划,对此也表示支持。训练完毕的美国雇佣军被编成代号为"2506"的突击旅,下辖四个步兵营、一个摩托化营、一个空降营、一个重炮营和几个装甲分队。为了支援雇佣军入侵古巴,美国派遣了 8 架 C-54 运输机、14 架 B-26 轰炸机、10 艘登陆舰艇。五角大楼还派了几艘潜水艇前往古巴沿海侦察地形,寻找登陆地点。1961 年 4 月 4 日,当选不久的肯尼迪总统在与五角大楼和中央情报局官员联席会议上,批准了这次计划。

于是,1400 名流亡者组成的"古巴旅"在尼加拉瓜的首都马那瓜集结后,向猪湾进发了。这些人大多是古巴流亡者,不少人还未经历真枪实弹,但个个想当还乡团,做着复辟梦。他们当中最大的 61 岁,最小的只有 16 岁。当他们在距离海滩 2000 米时,由于猪湾附近都是暗礁,大船无法靠岸,流亡者只好借助附带的玻璃钢小船向岸边划去。

卡斯特罗的民兵小分队发现了登陆者,枪声引来了古巴政府军,双方发生激烈的交火,登陆的速度放慢了。天亮之后,古巴政府军的两架"海神"式飞机、两架 T-33 喷气式教练机和一架 B-26 轰炸机出现在海滩上空,对着入侵分子和海面上的船队一阵狂轰滥炸。美国中央情报局的4驾B-26轰炸机飞来增援入侵者,其中一架被T-33喷气式教练机击中而解体,机上4名美国顾问也一命呜呼。

当年只有34岁的卡斯特罗在吉隆滩附近一座制糖厂临时改成的指挥部坐镇指挥,他下令:"击沉所有船只!"他对他的战友切·格拉瓦说:"现在我们真的在战斗了,胜利属于我们!"

没想到预想中势如破竹的进攻变得如此艰难,美国总统肯尼迪不得不同意停泊在猪湾外面的航空母舰"埃塞克斯"号上的6架无标记的喷气式飞机出动。

1961年4月19日,登陆行动进行72个小时,入侵者已溃不成军。美国海军抓紧时间救助海滩上的入侵人员。但只有26人乘上美国舰艇,还有22人乘一艘帆船上了墨西哥海岸,其他人员都当了俘虏。在这次军事行动中,古巴军队共击毙114名,俘虏1189名流亡分子。

冲冠一怒为"猪湾"

策划了两年的"冥王星计划"就这样破产了,美国最大的难堪还在后面。吉隆滩之战发生的第二天,赫鲁晓夫写信给美国总统肯尼迪,认为这场在古巴发生的"小规模战争"将在全世界引发连锁反应。他呼吁肯尼迪停止侵略,并声称,苏联准备向古巴提供反击侵略所需要的一切帮助。肯尼迪政府被迫声称,美国没有支持推翻卡斯特罗的行动。肯尼迪总统不得不在美国大众面前公开承认猪湾事件是一件绝不能再发生的错误,然后声称对该事件负全责。美国中央情报局策划的这次颠覆行动,使美国损失惨重,这起事件让美国政府大为难堪,成为世界媒体嘲讽的对象。

一年之后,经过多方交涉,美国付出了3500万美元,猪湾入侵中被俘的原"古巴旅"士兵获释回到美国,卡斯特罗用这些钱购买了医疗用品和儿童食品。

猪湾行动的失败,让肯尼迪恼羞成怒,1962年1月19日,美国总统肯尼迪下令:"干掉卡斯特罗是美国政府最优先的行动,其他都是第二位的。无论花费多少时间、金钱、精力和人力,都在所不惜。"

为此,中央情报局也无所不用其极。为了干掉卡斯特罗,美国中央情报局曾雇用了一位德国美女玛丽·洛伦兹,她是卡斯特罗的情妇,中情局企图让她给卡斯特罗吃毒丸。中央情报局还研制出了可以让卡斯特罗头脑发晕的迷幻药;制作毒性巨大的雪茄烟;计划在卡斯特罗的鞋子里撒下铊盐;在卡斯特罗经常去游泳的海滩安置装有炸弹的海蚌壳……

卡斯特罗在经历了600多次暗杀后居然不可思议的安然无恙,中情局终于宣告失败。中情局在古巴的行为,使整个美国为之蒙羞。

在猪湾事件中,至少100多名中情局招募的古巴流亡分子被击毙,1000多人被古巴逮捕。中情局惨败归咎于肯尼迪总统,因为他曾许诺的空中支援压根儿就不见踪影,这为以后肯尼迪被暗杀埋下了伏笔。

肯尼迪的伟大剧作——修筑冷战的墙

1989年11月9日,东德政府计划放松对东德人民到西德的旅游限制,但由于当时东德的中央政治局委员君特·沙博夫斯基对上级命令的误解(或者是有意的),错误地宣布柏林墙即将开放,于是,数以万计的市民走上街头,东德人络绎不绝地穿过开放的边境,与西德那边的同胞和亲人热情拥抱。此事件被称为"柏林墙倒塌",柏林墙的倒塌被历史学家认为是东西方冷战终结的开始,也是东西柏林和东西德统一的标志。

谁来背黑锅

作为冷战的产物和象征的柏林墙是东德政府1961年8月12日—13日夜间修筑的,目的是制止东德居民包括熟练技工大量流入西德。柏林墙一直被认为是苏联修建起来的冷战防线,若干年来,人们一直把那高高的柏林墙所筑起的隔离和分裂归到东德和苏联头上,然而,德、美、英历史学家研究了东西德统一后大量解密的政府文件,德国波茨坦大学著名的

肯尼迪

历史学教授伯纳德·斯托夫尔在柏林召开的"柏林墙专题研究研讨会"上发言时表示:"东西德统一后解密的东德绝密资料,特别是去年、今年德国政府解密的大批

政府秘密文件都能证明:不论是美国间谍情报机构,还是肯尼迪总统本人对柏林墙在一夜之间的出现都没有感到丝毫的意外,只是对柏林墙立起来的日子是哪一天不清楚罢了。"柏林墙是美国情报部门推波助澜,促使东德政府修建的,东德和苏联只不过是中情局的替罪羊。

事情要追溯到 1961 年年初,一天,潜伏在东德的美国间谍发回了让美国高层感到不安的情报:由于东德经济状况持续恶化和西方媒体关于西方"遍地黄金"的误导,越来越多的东德公民逃入西德,随着逃入西德的东德难民的急骤增加,西德政府叫苦不迭。

而肯尼迪政府则更加担心:随着东德公民逃亡人数的急骤增加和各种流言的传播,东德境内极可能发生骚乱。如果发生这种情况,那么东西方平衡就会被打破,恼羞成怒的苏联集团极可能会与西方开战,甚至会发生灾难性的核战争!因此,必须阻止东德难民继续涌入西德。

但这种行为与西方一直宣传的自由民主政策相违背,谁采取这个措施,谁就会受到世人的指责。为了逃避责任,肯尼迪决定让东德和苏联来背这口黑锅。

中情局经过密谋之后,开始发动潜伏在东德政府和东德民间的所有特工,散布"如果东德公民再继续逃下去,就会导致东德灭亡"的谣言。这种宣传正戳中了东德政府的痛处,他们也在为大量逃亡的难民而烦恼,而中情局的宣传自然加深了他们的危机感。在国家"生死存亡"的关头,经过秘密商议后,东德决定,在东西德之间筑起一堵墙!他们在建这堵墙的时候犹豫再三,唯恐此举会激化东西方矛盾,让敏感的东西方关系更加恶化。由于害怕苏联最高领导人赫鲁晓夫不同意修墙,所以他们决定立即采取行动,等墙建起后再告诉苏联方面。此时的东德领导人并不知道,一直鼓吹自由民主,并不断煽动东德民众逃亡的西方国家比他们更渴望这堵墙的出现。

美国人偷着乐

1961 年 8 月 13 日凌晨 2 时,全副武装的东德边防军和武装警察在东西柏林之间拉起了一道锋利的铁丝网,柏林城活生生地被分隔成东西两半!东德边防军的坦克占据了各交通要道,东西柏林之间的交通全部中断,东西柏林民众再也不允许相互往来,6 万名奔忙于东西柏林之间的民众要么丢了工作,要么回不了自己的家园。

赫鲁晓夫听到这个消息时大吃一惊,他害怕与肯尼迪的冲突进一步加剧,甚至担心会引起与西方的战争!但事已至此,赫鲁晓夫也只能硬着头皮为东德出面,向全世界承认这道墙是苏联政府修起来的,他说:"柏林墙是阻止西方帝国主义侵略的篱笆,德国工人阶级修起这堵墙后,恶狼就再也别想闯进德意志民主共和国了!"所谓打掉牙和血吞,这堵墙似乎建在了赫鲁晓夫心里,让他窝火。

肯尼迪则在一边偷着乐,美国人的阴谋得逞了,柏林墙的出现对美国乃至整个西方阵营来说都太及时了,中情局最高层将中情局战略情报专家对柏林墙出现后对东西方冷战格局的影响以及对美国的好处一一呈报:柏林墙长达107公里,将柏林市192条大街一分为二。不过,这丝毫不影响西方集团的利益,因为东德政府内部已经商定:西方军队仍可驻扎在西柏林。这对肯尼迪来讲太重要了,因为此前,苏联政府在1961年时已经开始要求西方放弃西柏林,西方当然不可能答应苏联政府的要求,但双方都为此举可能引发的核大战担心,而柏林墙的出现却使得苏联不得不接受冷战欧洲的格局!从此,肯尼迪总统还可以摆脱所谓"把东德人民从苏联人手里解放出来"的重负。

"功"在苏联,利在北约

柏林墙给西方带来的好处不止这些,它还成了西方间谍活动的掩体。柏林墙建成后,柏林被一分为二,柏林墙也就成了苏联和西方间谍的战场。美国间谍发现,苏联军事设施有地下通讯电缆通往东欧各国,于是,美国中央情报局就在苏军通讯电缆附近秘密挖掘隧道,进行窃听。当时的中央情报局局长希伦科特把这项窃听工程命名为"黄金"计划,希伦科特还要求英国人参加这个计划。

英国的加入大大加快了这项计划的实施,英国间谍迅速查出,苏联与东德及东欧驻军的通讯是以东柏林为中心的。于是他们以西柏林南面一处美军设施为起点,在地下5米处开挖,直指苏联的地下通讯电缆,窃听隧道于1955年2月竣工,其中一段竟然接通了苏军总部的电话通讯电缆。1954年8月,柏林窃听隧道开始试验截听苏军的电话,这条隧道使用了一年多后,被苏联驻东德的通信兵在对通讯线路进行检修时发现,苏军突击队员火速赶到,炸开隧道攻入里面,几名在隧道里秘密作业的美国情报人员慌忙逃走,其入口迅速自动堵塞。

1961 年,苏方重新检查了通讯电缆,但西方情报人员透露,苏联人发现的仅是隧道的其中一段,尚有隐秘地下隧道未被发现,且一直在运作,直至柏林墙被推倒。

"自由有许多困难,民主亦非完美,然而我们(民主国家)从未建造一堵墙把我们的人民关在里面,来防止他们分开我们。""自由是不可分割的,只要一人被奴役,所有的人都不自由。"肯尼迪总统在慷慨激昂、义愤填膺地发表这些讲话时,不知是怎样压制自己内心的狂喜。若干年来,苏联一直在替中情局背着柏林墙这个沉甸甸的黑锅,直到柏林墙在被推倒前夕,罗纳德·里根在柏林墙演讲时还在一直呼吁:"戈尔巴乔夫先生,打开这扇门。""戈尔巴乔夫先生,推倒这堵墙!"里根能够说出这番话,是因为他曾经是个演员,而纵观肯尼迪在这个事件中的表现,他完全能够算作一个伟大的导演。

失踪的"响尾蛇"——克格勃的得意与失败

1967 年 9 月,联邦德国泽勒空军基地,温暖的阳光慷慨地洒向大地,警卫们懒洋洋地靠着墙根晒太阳。离他们 200 米远的跑道上静静地停放着一架 F-104G "星"式战斗机,几名军械师正紧张地为其挂载 AIM-9E"响尾蛇"空空导弹。

这时,在跑道附近的杂草丛中正鬼鬼祟祟地猫着一个中年男人,他中等身材,其貌不扬,上身套着一件非常不合身的基地工作服。此人就是本文的主角之一——约瑟夫·林诺斯基,一个技艺精湛的修锁匠。如果林诺斯基只是个普普通通的修锁匠,那么他来这军事重地的目的是什么? 他又是如何混入基地的呢? 这一切还得从头说起。

"投桃报李"的计划

1967 年 3 月,莫斯科。位于卢比扬卡广场一侧的克格勃总部内,科学技术局(克格勃内专门窃取先进技术的部门)负责人奥涅金眉头紧蹙,痛苦地在办公室内踱来踱去,耳边仿佛回荡着上司的严厉斥责:"……1966 年 8 月,以色列人明目张胆地偷走了我们生产的米格—21,可你们呢,连颗美国的螺丝钉也没搞到!"奥涅金暗暗发誓,一定要拿出点像样的东西让他们看看! 几天后,他得到一份来自联邦德国因格尔施泰特的情报:"……泽勒基地的保卫工作太落后了。任何一个晚上你都可以轻易偷走一架战斗机。"这个消息让奥涅金喜出望外。他知道,位于因格尔施泰特的泽勒基地驻扎有西德空军第 74 战斗机中队,而该中队几个月后将率先换装80 架先进的 F-4E 战斗机。F-4E 是 F-4"鬼怪"战斗机的最新改进型,最大作战半径为 1200 公里,装有多种先进设备。"既然有这么好的机会,何不⋯⋯"想到这里,愁眉不展的奥涅金露出了一丝难得的微笑。

很快,克格勃总部的有关部门就向隐蔽在因格尔施泰特的"鼹鼠"小组发去密电,要他们隐蔽待命,伺机行事。

在因格尔施泰特做卧底的总共有 3 只"鼹鼠":建筑师曼福列德·兰明戈,此人于 1963 年加入克格勃,是这次行动的直接领导;西德第 74 战斗机中队飞行员沃尔夫·戴瑟德·诺普,他对泽勒基地的武器装备情况了如指掌;修锁匠约瑟夫·林诺斯基,波兰人,精通溜门撬锁。这个间谍小组的"业务水平"是不容置疑的。1967年春天,林诺斯基就在诺普的帮助下进入了基地的仪器仓库,窃取了一个绝密的陀螺导航仪。之后,他们俩又联手在汉诺威工业展览会上偷走了一个价值 10 万美元的导航仪。

这天下午,兰明戈正琢磨着行动计划,诺普突然兴冲冲地闯了进来。"嗨!曼福列德,我有个好消息告诉你。"诺普异常兴奋地喊道。紧接着他就滔滔不绝地讲开了⋯⋯原来,第 74 战斗机中队新近装备了一批 AIM-9E"响尾蛇"空空导弹。"响尾蛇"导弹是一种近距格斗空空导弹,由美国雷西昂公司、福特航空通讯公司及雷诺公司联合研制。联邦德国空军使用的 AIM-9E 是 AIM-9B 的改进型号,该导弹的热电制冷硫化铅探测器使其导引头的跟踪角速度提高到每秒 16 度,导引头视角则达到 40 度。此外,它还采用了全新的电子元件和引信系统。这些改进措施使"响尾蛇"导弹的低空攻击范围大大增加。

飞行员出身的诺普当然知道 AIM-9E 的价值,所以才急不可耐地把这个情报告诉了兰明戈。

"曼福列德,你觉得弄枚导弹怎么样?我认为照咱们的水平应该不成问题。"诺普咽了口唾沫,然后满怀希望地看着兰明戈。

经过短暂的思考后,兰明戈确信这个"顺手牵羊"的行动非但不会影响他们窃取 F-4E 战斗机,还能给远在莫斯科的同志们带来不小的惊喜。于是,兰明戈领导的克格勃小组未请示就擅自制订了偷窃"响尾蛇"导弹的计划,并立即开始了准备

· 没有硝烟的谍战掠影 ·

图文珍藏版

活动。

偷"蛇"行动

诺普先对导弹库的周围环境进行了观察,然后乘人不备溜到库房,仔细研究了各道门锁的情况。为了行动方便,诺普还给林诺斯基搞到了一张可接近导弹仓库的通行证。此后的几天里,林诺斯基和诺普几乎走遍了泽勒基地的每个角落,窥探其保安措施和相关情况。

机会终于来了。由于泽勒基地老鼠泛滥,严重影响到正常的工作和生活,因此基地决定在1967年10月7日的晚上展开"全民灭鼠运动",统一投放毒饵消灭老鼠。为防止意外,当天晚上所有的狗都要关起来喂养,这意味着兰明戈小组可以自由出入基地而不必担心那些警惕性极高的猛犬。第二天下午,林诺斯基先拿着通行证进入基地,诺普则在天色擦黑之后偷偷摸摸地溜到了环绕基地的围栏旁,迅速剪开一块事先选好的铁丝网,然后将其恢复原状。在杂草的掩护下,有谁会想到看似戒备森严的空军基地此时已被人偷偷地开了"天窗"。

夜,像一口黑色的大锅扣在因格尔施泰特的上空。喧闹了一天的泽勒基地早已沉沉睡去,而兰明戈小组的行动却刚刚开始。诺普和林诺斯基像猫一样疾步潜行,悄无声息地摸向了导弹仓库……望着近在咫尺的库房大门,两人心中一阵窃喜。突然!一道明晃晃的光柱从后面直射而来,走在前面的林诺斯基心中"咯噔"一下,知道遇上了麻烦,他随即面对墙壁,装出解手的样子。

一个拿手电的警卫慢慢地靠近林诺斯基,警觉地问道:"老兄,你躲在这儿干吗?"

"我不过……不过想方便一下,刚才我……我喝的啤酒太多了。"林诺斯基答道,同时像变魔术似的取出个小酒壶,把里面的黑啤酒全倒在了大腿上。看着跟前这个酒气熏天的醉鬼,警卫无可奈何地摇了摇头,转身离去。

警卫的背影渐渐消失在朦胧的夜色中,惊魂未定的林诺斯基赶紧掏出撬锁的家伙,迅速打开库房大门。进入仓库后,他们才发现所有的"响尾蛇"都被牢牢地锁在了托弹架上。林诺斯基当机立断,砸开了一枚导弹的固定锁。诺普知道,克格勃需要的是位于导弹前端的导引头,而不是体积庞大的推进系统(即弹体),可他们俩谁也不会拆导引头,只好费劲地把长3米,重达74.5公斤的庞然大物整个抬上推车。林诺斯基和诺普迅速把"响尾蛇"导弹推出仓库,锁好大门,并抹去了所有的指纹。当他们将导弹运到铁丝网的缺口处时,兰明戈已经按原计划守候在那里,旁边停着诺普的马帝拉塞牌汽车。三个人齐心协力把这个宝贝疙瘩运出基地,小心翼翼地装上汽车。由于弹体长达 3 米,小小的马帝拉塞根本容纳不下,诺普只好忍痛把后车窗打破,让弹头伸出车外。之后,他又找了块毛毯,把破窗而出的弹头包裹起来。

一个小时后,诺普的马帝拉塞车已经离开因格尔施泰特,奔驰在宽敞的高速公路上。一路上,兰明戈总感到心里不踏实,因为这辆用破毯子做伪装的"导弹运输车"实在太惹眼了,"如果在白天上路,一定会有许多人向我们行注目礼!"兰明戈心想。

经过 300 多公里的长途跋涉,兰明戈小组来到了小镇克雷斐尔德的一所旅馆。在租来的套间内,他们将"响尾蛇"卸成两块,分装在两个大木箱中。为了掩人耳目,诺普还在箱子外面贴上了表示普通商业货物的标签。然后,诺普以最快的速度赶回了基地。而兰明戈和林诺斯基继续驱车前往一个叫杜塞多夫的机场。在那里,他们俩办好了将木箱经哥本哈根运往莫斯科的托运手续,兰明戈本人也随机前往。

克格勃乐极生悲

收到兰明戈小组的"礼物",莫斯科真是又惊又喜。虽然苏联科学家早在 1958 年(一说为 1959 年)就根据初期的"响尾蛇"导弹仿制了 AA-2"环礁"近距空空格斗导弹,但这种俄版"响尾蛇"的性能实在让人不敢恭维。而现在,一枚最新型的"响尾蛇"导弹竟赫然摆在苏联人面前。得知这个消息后,奥涅金激动得半天都说不出话来。

兰明戈小组的此次行动确实为克格勃挣足了面子,因此总部特地奖励该小组 3 万多美元的"活动经费"。

然而,这次看似天衣无缝的偷窃行动还是露出了马脚。就在"响尾蛇"导弹失窃后不久,一个在基地服役的军医在摘野菜的时候意外地发现了那块被豁开的铁丝网,军人的职责使他立刻将此事报告了有关部门。在经过详细的检查后,基地发现一枚最新型导弹被窃。经过调查,联邦德国谍报机关把诺普列为头号可疑人物并立即传讯,而原本是个花花公子的诺普没等用刑就供出了全部同伙。

兰明戈小组被一网打尽,三人均被指控犯有间谍罪,其中诺普被判刑3年,林诺斯基则被判了4年,而最惨的就是小组长兰明戈,被判7年监禁。

摩萨德移花接木——"诺亚方舟"行动

1967年6月,以色列不顾西方国家的强烈反对,悍然发动了"六日战争"。愤怒的法国总统戴高乐立即宣布对以色列实行武器禁运,其中包括以色列已付款的5艘"美洲虎"导弹快艇。一向强硬的以色列人这一次却异常平静,对戴高乐的禁运之举反应平淡。

1969年11月,以色列以电话正式通知承建这五艘快艇的诺曼底造船厂的厂长阿米奥,以色列政府不准备再要最后的5艘快艇了,希望造船公司能帮忙尽快脱手,以便让政府能早日收回购买这批快艇所预付的款项。厂长立即转告巴黎请示处理意见,总统办公室对以色列人的识趣非常满意。

法国人不知道表面上放弃快艇,实际上是以色列人取回快艇计划的一部分,这是一项由摩萨德承办,由海军上将利蒙总负责的秘密计划,代号叫"诺亚方舟"。该计划准备将法国瑟堡港内的5艘"美洲虎"导弹快艇从海上航行3000多英里偷开回以色列。为了实现这个计划,摩萨德这次准备放长线,钓大鱼。

一纸救命的订单

当法国政府为摆脱以色列和阿拉伯国家的纠缠而欣喜的时候,负责制造这五艘导弹快艇的诺曼底造船厂却陷入了进退两难的境地。剩下的5艘导弹快艇接近完工了,继续造下去,却没有了买家,停止制造,已经投入的资金就打了水漂。正在阿米奥左右为难之际,他在一次商界大会上"幸会"一家巴拿马石油公司的老板奥莱·马丁·西姆先生,而这位摩萨德特工假扮的商人很快就让阿米奥摆脱了困境。

就在阿米奥邂逅西姆后的第三天,阿米奥正在办公室往杯子里冲咖啡的时候,秘书进来告诉他:"阿米奥先生,一个叫西姆的先生,说有事想要和你谈一谈。"

"西姆先生,快请进来。"阿米奥对秘书说。

在瑟堡市诺曼底公司总部,阿米奥热情地接待了"风尘仆仆"的西姆先生。

"我想你是从巴拿马来的吧?"阿米奥先生当然记得西姆先生是巴拿马一家公司的老板。

"不,我刚从挪威的奥斯陆来。"

"哦,想必你们公司又在挪威有了好买卖。可是,那里有石油吗?"

西姆告诉阿米奥,根据科学家的最新研究,在挪威的海域有着丰富的石油储量,他此行的目的正是为了商榷那里的石油勘探与开采事宜,但他遇到了新的难题,因为钻探石油永远也离不开船只。在钻探石油时各个石油平台之间的穿梭运输是必不可少的。可是他们现在就是缺少这种用以穿梭运输的快艇,这也就是他来找阿米奥先生的原因。

真是天无绝人之路,正当阿米奥先生在为那五艘快艇的未来愁眉不展的时候,买家却找上门来。

"你们需要快艇?需要多少?"阿米奥一听快艇,一下子来了劲。

"5艘。质量要有保证,而且越快越好。"

阿米奥简直想站起来亲吻西姆,他好不容易控制住自己的激动情绪,告诉西姆先生,他们恰好有5艘正在建造之中的快艇,完全可以满足他们对质量的要求。因为这是以色列人订购的军用物资,如果抓紧工期,在一年半以内完工,交易很快进入了实质性的谈判。由于西姆先生自己所需快艇只用于钻探石油,因此快艇上的武器装备可以不要,当然,阿米奥在价格上做出了让步。随后,西姆先生提出要先看一看正在建造之中的快艇,随后又兴致勃勃地参观了船厂的其他车间以及港口。

很快,西姆给诺曼底船厂汇来了5500万美元,诺曼底船厂立即用这笔钱退还了以色列的预付款。诺曼底船厂并不知道,这笔钱只不过是到船厂转了个手而已,因为,这笔钱是以色列人自己出的。

瞒"法"过海

以上就是摩萨德局长阿米特设计的"诺亚方舟"计划的开局。根据阿米特的指示,摩萨德驻巴拿马站的特工先注册了一个石油钻探公司,同时,通知造船厂自己不打算再要那五艘快艇以造成对方的麻烦,然后再让"西姆"先生以石油公司全权代表的身份来订购五艘快艇,这样既不会使快艇落入他人之手,又能够使这宗买卖顺利成交。然后瞅准机会再把快艇运回国内,这就是以色列为了得到这五艘快艇而制订的"诺亚方舟"计划。

而这一切,法国一直被蒙在鼓里。造船厂为了使这宗买卖顺利成交,他们自然不会仔细调查"西姆的公司"。在西姆离开之后,造船厂当即把此笔交易上报巴黎,法国作战物资出口部国际研究委员会收到报告后,部分是基于对此家造船企业的同情,部分是因为他们认为既然以色列对快艇不感兴趣,且艇上没有装备武器,这笔交易已经脱离了战备物资的范畴,于是在由财政部长、外交部长和国防部长各自的代表组成的高级委员会——战争物资出口研究委员会,在一次例行的会议上同意了此宗转手贸易。

而西姆回去之后,当即向总部报告了整个情况,并依据记忆,绘出了整个造船厂以及整个码头的平面详图。摩萨德决定,静观其变,一旦船只建造完毕,便择机实行"诺亚方舟"第二步行动计划。

转眼到了1969年10月,5艘快艇已经造好并下水了。西姆一接到通知,便马上带着助手来到船厂。

但西姆这次却给船厂带来了一个不好的消息:"很抱歉,厂长先生。"西姆对造船厂厂长说,"由于公司在财务的规划上最近出了一点小问题,一时不能拿出这么大一笔款子来,这笔款子要等到12月24日才能全部到位,只有到那时候方可付给贵公司现款。"

船厂方面在表示失望之余也对西姆的处境表示理解,因为公司财务资金在一定时期内流通不畅是双边贸易中的正常现象。

"你们能确保12月24日全部交付货款吗?"阿米奥问。

"没问题,为了表示我公司的诚意,我们决定留下我的几位助手在这里,以便保持同贵公司在交款之前的日常性业务联系。"西姆边说边把自己的三位助手介绍给了阿米奥。

就这样,三位摩萨德特工留在了瑟堡港,并很快同造船厂的工人们打成了一片,熟悉了瑟堡港的每一个角落和每一条路线走向。

在12月24日之前,"挪威老板"西姆还派去了一批"挪威人"。这批"挪威人"一来到船厂就投入了紧张的工作,他们把快艇的名字由原先的犹太名改为挪威人习惯的名字,并向艇上装运食品、香烟等生活用品,他们还把一面挪威国旗高高地挂在快艇上,每天晚上定时进行令人讨厌的马达试验。

12月24日晚10时，例行的马达试验又开始了，午夜零点，当圣诞狂欢到达顶点的时候，整个城市人声鼎沸，甚至盖过了那讨厌的马达声，船厂的5艘快艇也在这喧闹时刻出发，沿着事先探好的航道，导弹快艇编队绕开隐现于海中形状各异的礁石，全速向外海驶去。他们很快穿过英吉利海峡，绕过伊比利亚半岛，全速驶入地中海，经过2500海里的航行，终于驶进了以色列海域，当第二天法国人发现5艘快艇不翼而飞时，5艘"美洲虎"已安全抵达海法港。

以色列人偷走导弹快艇的时候，正在度假的戴高乐将军举行了一个新闻发布会，通过媒体严厉地谴责了以色列的行为，并且宣布对以色列实行更为严格的武器禁运。然而，除了这种口头愤怒外，法国人对摩萨德的行为也无可奈何。

事实也证明，以色列花费巨大的人力、物力"偷"回来的5艘"美洲虎"导弹快艇确实是物超所值，快艇取回来后，以色列人立即装上以色列早已研制好的"加布里埃尔"导弹，"美洲虎"在随后爆发的第四次中东战争中大显神威，取得了辉煌战果。摩萨德千里偷运"美洲虎"的传奇更给摩萨德的历史增添了不少亮色。

克格勃最奇特的谍案——换妻行动

1969年10月9日，美国的司令官们收到了一份美国参联会主席惠勒尔上将发来的绝密电文："从10月13日起到25日止，全球美军核战部队立即进入特别战备状态，以应对苏联可能对美国发动的核突击！"另外，惠勒尔上将指示驻欧洲和阿拉斯加地区的美军核攻击飞机立即进入备战状态，保持无线电静默。全球的美军核战部队立即进入最高核警戒状态，美国的战略空军司令部和"北极星"核导弹部队保持无线电静默，非重要的作战飞机全部停飞以为装备有核武器的B-52战略轰炸机让出空域，核战潜艇悉数出海。山雨欲来风满楼，一切都在显示，一场核大战即将爆发。

尼克松的独角戏

是不是尼克松真的要与苏联打一场核战争，答案是否定的，这只不过是尼克松一手导演的一出戏。

1969年3月2日，尼克松和他的"权力十人组"举行了事关美国人命运的绝密会议。这次会议的中心议题是如何让越南人尽快回到巴黎的谈判桌上,体面而迅速地结束这场不受美国民众和全世界欢迎的越战。在讨论中,尼克松有了一个更疯狂的想法,那就是动用核武器的威慑力,把苏联和越南人唬住,并给这个战略起了一个代号——"疯子"。

为了把这场戏演逼真,1969 年 3 月 17 日,尼克松核准了对柬埔寨实施前所未有的猛烈轰炸,但这没有动摇越南人民军的意志。10 月,失去耐心的尼克松决定实施他的"疯子"战略,于是下令部署在全球各地的美国核战部队进入"非常状态"。

美军完全是一副孤注一掷的架势,对此,白宫办公室主任赫德曼得意扬扬地在他 10 月 17 日的日记中写道:"苏联和北越没有理由不发现美国人正在准备向越南河内掷核弹,或者打一场全面核战争哩!"

一切布置完毕,然后是耐心地等待。尼克松坚信,在美国第一架核战飞机起飞的时候,苏联间谍机构克格勃就能嗅出异常的气息,并迅速告诉苏联。于是,在白宫地下指挥中心的秘密情况室里,尼克松静静地等待苏联找上门来。然而,5 个小时过去了,10 个小时过去了,24 个小时过去了,苏联方面却没有任何动静。

尼克松坐不住了,联邦调查局特工奉命到苏联驻美国大使馆门前蹲守,要求一有苏联使馆的车奔美国国务院方向而来就赶紧汇报。美国驻莫斯科使馆的高级外交官也奉命蹲在电话机旁,只要有苏联外交部紧急召见,立即向华盛顿报告。美军的监听部队也奉命竖起了耳朵。他们奉命捕捉苏联最高领导层的"特殊反应",但一切正常,出乎意外的正常。情急之下,美国国家安全顾问基辛格直接向苏联驻美国的大使吹风说:"尼克松好像有点失控,正在准备大动作。"苏联驻美国大使听后只是淡淡地说:"哪个领导人不偶然发发疯的?"

"疯子"战略让尼克松实现了一次没有观众的表演,难道是苏联并不害怕美国的核轰炸,还是美国的表演不够逼真。法国的《情报界》杂志在后来披露这件事情背后的天大秘密时,一名安插在白宫里的苏联间谍和盘托出了他的战略计划,而且这名苏联间谍就是帮助尼克松制定"疯子"战略的决策者之一。

不光彩的换妻任务

若干年前的一个夏天,在克格勃驻纽约工作站工作的尤里和妻子妮娜从美国回到莫斯科度假。有一天，尤里突然接到通知——克格勃对外情报总局局长莫尔金要召见他。一阵寒暄之后，莫尔金对他说："尤里，安德罗波夫很想找您谈谈。"

尤里简直不敢相信自己的耳朵，安德罗波夫是克格勃主席，而自己只是一个小职员，能跟情报总局局长谈话已经是荣幸之至，没想到还会受到克格勃主席的召见。

但天上不会掉馅饼，这次的召见让他接受了一个难堪的任务。

克格勃主席安德罗波夫对尤里说："有这样一个美国人，我们就叫他 X 先生。他跟总统的关系非常密切，我们很想利用他，但苦于找不到能控制他的手段。可是有一次，我们的特工录下了他和妻子的一段谈话，他们两个很想玩换妻游戏，并且在谈话中提到了你们夫妇，因为在纽约您经常同他们见面。他们对你们的印象非常好，打算选你们作为游戏的对象。"

尤里如遭雷击，他没有想到上司竟然派他去干这种事，就算他是苏联方面急于争取的人，但平白无故地让他把自己的妻子送给别人，然后自己去接他的老婆，他就觉得恶心。但想到自己在进入克格勃之前曾经发过的誓言，以及多年来形成的服从命令的习惯，他还是机械地说："我，可以的，但我妻子不会同意的。"

"希望你能劝说她完成这个使命。"

本来，克格勃主席亲自交付的使命，他应该感到光荣，感到自豪，可干这种事，而且还要说服自己的妻子一块儿去干，这让尤里左右为难。当天晚上，尤里与妻子进行了认真的谈话。尤里一把这件事告诉她，她当场就气哭了。这完全在尤里预料之中，接下来就是耐心地说服，从《圣经》里的例子到伟大的侦察员的生活，最后到对祖国应尽的义务，最终，妻子平静下来说："既然事情对国家这么重要，那我也就只好答应了。"

不堪回首的成功

1969 年 9 月，尤里和妻子回到了纽约，准备实施安德罗波夫交代的那宗交易。在一次尤里和妻子妮娜参加的会晤上，他们同那个 X 先生坐在了一起。随着交往的增多，他们的关系发展得很快。没有多久，他们之间就没有礼节性的客套了。到了一起，他们互相用西德尼和尤里相称，他们的妻子则以丽丽安和妮娜相称。一切朝着预想的方向发展，西德尼如愿以偿地得到了妮娜。

他对尤里说:"尤里,丽丽安和我非常感谢你们所做的一切。这是我有生以来的第一次,也是最后一次干这种事。现在我和你就像兄弟一样,我们要把这份情谊保持到生命的最后一天。为了你,我的兄弟,我没有什么不能做的。"

尤里向莫斯科发去一份电报,汇报行动取得了成功,当然,西德尼并没有成为莫斯科的间谍。但是由于他跟尤里的特殊关系,每当莫斯科中心遇到难题,需要得到确切的解答时,就指示尤里去找西德尼。当尼克松开始他精彩的表演时,苏联搞不清他的真实意图,当然,正是西德尼给了苏联肯定的解答。

这宗桃色交易堪称克格勃历史上使用色情间谍最奇特,也是最成功的一次行动。除了当事人外,当时只有克格勃主席安德罗波夫和对外情报局局长莫尔金知道此事。不过,直到今天也没有人知道这名在尼克松身边的间谍到底是谁,美国人似乎也不愿意深究,因为这对于美国政府来说毕竟是一桩脸上无光的事。

"上帝复仇",九年不晚
——摩萨德追杀"黑九月"

1972 年 8 月 26 日,第 20 届奥运会在西德慕尼黑召开。在运动会召开的前一周里,人们都沉浸在奥运盛会的祥和与欢乐之中,盛赞这是一次"和平欢乐的盛会"。没有人会预料到血腥的屠杀会与这样一届盛会联系在一起,当人们沉浸在奥运会带来的欢乐之中的时候,灾难也悄悄来临。

"上帝的复仇"

1972 年 9 月 4 日,以色列队没有赛事,大多数运动员晚上出去看完电影后陆续回到了奥运村。5 日凌晨 4 时许,当他们还在熟睡中,奥运村外面忽然出现了 8 个模糊的身影,这 8 个人是一个名叫"黑九月"的恐怖组织的成员。他们带着冲锋枪、手榴弹潜入以色列人住的一号公寓套房。25 分钟后,两名以色列运动员被打死,其余 9 人被劫为人质。西德警方在解救人质的过程中,与恐怖分子展开激战,9 名以色列人质全部被恐怖分子杀害。

第二天,当全世界千百万电视观众在贝多芬的葬礼曲中悼念在参加奥运会时被杀害的 11 名以色列运动员时,时任总理的梅厄夫人对当时摩萨德最高领导人兹维·扎米尔将军进行了如下的训话："从现在起，以色列将进行一场消灭杀人成性的恐怖分子的战斗，不管这些人在什么地方，以色列都将无情地杀死他们。"

接到命令后，摩萨德迅速组成一支"死神突击队"。突击队的任务是要找到慕尼黑大屠杀的元凶，并将这些人干掉。于是，一场世界上最大也最残酷的地下追捕拉开了序幕。

慕尼黑惨案发生后，摩萨德承受了巨大的压力，在以色列运动队去往西德之前，摩萨德接到过关于"黑九月"要在慕尼黑举行奥运会期间进行一次活动的情报，但扎米尔对这情报显然大意了，虽然扎米尔提前一个月派了两名特工去联邦德国，仔细检查过西德安全机构保卫以色列运动队的情况，但他认为恐怖分子是不敢袭击以色列运动员的。两名特工很快就撤回了，只派了一位随队医生代表运动队负责与当地保安机构联系。

虽然扎米尔事后为自己辩解说："世界上只要存在着横下一条心来拼命地残暴敌手，而一个国家周围又没有筑起防护高墙和拉起吊桥，那么，任何一个负责国家情报安全的机构都不可能做出保证，他们能保护本国的人民永远免受恐怖分子的袭击。"但这并没有消除人们对摩萨德的信任危机，摩萨德必须用实际行动来证明自己。扎米尔决心要暗杀"黑九月"中举足轻重的关键人物，使这个恐怖组织陷入瘫痪，而不是对难民营进行轰炸。扎米尔给这个报复性的暗杀行动取代号为"上帝的复仇"，并且制定了他复仇的对象。扎米尔通过冷静而精确的分析，制定出了他的"死亡名单"。

追杀：充满艺术韵味地进行

第一个在摩萨德枪口下倒下的是瓦埃勒·兹怀伊特，他的正式工作是利比亚驻罗马大使馆的翻译，兹怀伊特给人的公开印象是一个一文不名的诗人，一个落魄的知识分子，但就是他策划了 1968 年劫持以色列航空公司从罗马飞往阿尔及利亚班机的行动，他最值得炫耀的行动就是他曾经与来罗马旅游的两位英国姑娘交上了朋友，临别时还友好地赠送她们收录机，天真的姑娘在感谢这位朋友好意的时候，并不知道收录机里面其实装有定时炸弹。她们还兴致勃勃地把它带上了以色列航空公司一架波音 707 飞机，差一点酿成机毁人亡的惨剧。

1972 年 10 月 16 日晚 10 时，40 岁的兹怀伊特像往常一样从他的意大利女朋友家里回他的公寓,当他走到电梯前时,两个人走到他跟前,友好地问道:"你是瓦埃勒·兹怀伊特吗?"他下意识地点了一下头,然后他眼前就出现了两把贝雷塔手枪,然后他就听到装有消音器的贝雷塔手枪发出柔和的"咔嚓"声,这也是他在这个世界,听到的最后的声音,兹怀伊特倒下了,身中 14 发子弹。

事后,马路上的目击者说,有一对谈情说爱的男女坐在一辆停放在公寓外面的小汽车里,突然间,有两个男人从公寓里冲出来,跳进这辆汽车,然后这辆汽车就开走了。

第一次暗杀之所以取得如此圆满的成功,得益于摩萨德为暗杀进行的周密准备,他们在暗杀前先设法建立自己的掩护和安全的藏身之处,对谋杀目标进行了细致的研究,然后策划行动的每一个细节,制订出行动方案报到摩萨德总部,扎米尔亲自视察,对行动计划做出评定或修改,然后才给以最后批准。所以,突击队第一次行动就旗开得胜。

行动有了良好的开端,摩萨德随即在世界范围内继续展开行动。第二位罹难者是马赫穆德·哈姆沙里博士,他是巴勒斯坦解放组织驻巴黎的正式代表,他利用外交官的身份作掩护,策划了好几起有名的恐怖活动,这次在慕尼黑袭击以色列运动员的事件与他有直接关系。

对哈姆沙里的暗杀充分体现了摩萨德特工过人的想象力和创造力。1972 年12 月 5 日,在哈姆沙里寓所旁边的一座楼房里,一名管道工正在着手修理水管。谁也没有注意这位摩萨德军械师伪装的管道工实际上在是沿着管道铺设电话电缆。很快,哈姆沙里的电话机就开始出毛病,并且一直不好,他打电话给电话局要求派人来进行检修。一位技师果然开着一辆像是电话局的工具车来了,电话很快就修好了,但他并没有发现技师偷偷地放了一枚新式炸弹在电话底部。1972 年 12月 8 日上午 8 时 25 分,哈姆沙里的法国夫人像平时一样,送女儿上幼儿园去了。

哈姆沙里的夫人一出门,一位"意大利记者"打电话来要对哈姆沙里进行采访,哈姆沙里接过电话,对方友好地问他是不是哈姆沙里博士本人,哈姆沙里回答:"对,是我。"说完之后,电话里响起了尖厉的蜂鸣声,接着,电话机爆炸了,哈姆沙里没有当场死去,他在医院里治疗了一个月,于 1973 年 1 月 9 日去世。

用同样的方式,摩萨德特工让阿巴德·谢尔从黑名单上消失。阿巴德·谢尔是"黑九月"领导人之一,当时正顶着假名在活动。有一天,以色列电子专家来到了他下榻的奥林匹克旅馆，用一把万能钥匙打开了他的房间并安装好了炸弹。很快，这个旅馆接到一个电话，要求接阿巴德·谢尔房间。电话接通了，阿巴德·谢尔拿起电话，当他对电话的另一方说"我是阿巴德·谢尔"的时候，他同样听到了"某种奇怪的声音"，然后他被炸成碎片从窗口飞了出去。

侯赛因·阿巴德·希尔比较幸运，因为他收到了摩萨德为他准备的一份特殊礼物。为了实现对侯赛因·阿巴德·希尔的追杀，他们研制了一种特殊的炸弹，这是一种压力炸弹，这种炸弹必须被人体那样的重物压迫才会弹开保险，弹开保险后还需要接收到特定的信号才会爆炸。所以，这种炸弹非常可靠。

炸弹准备好后，摩萨德特工开始跟踪希尔，他们见希尔回到饭店，确定没有别人和他一起进入房间后，他们开始在饭店外面等待。大约20分钟后，希尔窗内的灯光熄灭了，暗杀小组的头目发出"动手"的命令。当一名特工掀动遥控器的按钮时，什么也没发生。可能是希尔还没有上床，因此压力炸弹的保险还没有弹开，过了一会儿，那位爆破专家再次掀动按钮，这次没有让他们失望，一阵惊天动地的爆炸将希尔送进了天堂。暗杀小组负责善后工作的特工进入饭店，发现饭店里的其他人都皆安然无恙，但希尔和他的床都已化为灰烬。

至此，死亡名单上已经勾掉了4个名字，扎米尔随后进行了更大胆、更有效的行动：派遣突袭队去袭击远在黎巴嫩贝鲁特的巴解组织总部，把"黑九月"连锅端掉。为此，他派遣了一个突击队去完成这个任务，突击队与"黑九月"成员进行了激烈的枪战，最后，巴解组织总部大楼终于被以色列人占领。他们迅速整理了保险柜里的文件，便放置了大量炸药，把大楼夷为平地。在这次行动中，又有3名黑名单上的恐怖分子被解决。

追杀行动一直在继续，直到1981年8月1日，黑名单上的最后一位——阿布·达乌德在波兰一家旅馆的大厅里被摩萨德特工枪杀，复仇计划才最终结束。当时，这位特工的任务并不是刺杀达乌德，只是偶然在旅馆里认出了这位著名的"黑九月"领导人，他立即拔枪把他击毙于大庭广众之下，然后不可思议地逃脱了。

历经九年，"上帝的复仇"行动终于结束。"死亡名单"上的人员全部已死，"黑九月"从此一蹶不振，巴勒斯坦人也认识到用恐怖手段与以色列作战行不通，巴勒斯坦的恐怖行为也就逐渐消失。

萨达姆核梦想的破碎——巴比伦行动

1975 年,伊拉克开始引进核反应堆设备和技术。以色列情报机构分析,至 1981 年底,伊拉克便能生产核武器。随着由法国援建的奥西拉克核反应堆即将竣工运转,萨达姆总统的口气变得越来越强硬:"阿拉伯民族不会永远软弱,他们将在适当的时机,一劳永逸地回击犹太侵略者!"以色列对此深感不安:要消除伊拉克对自己的核威慑,必须将其彻底摧毁。

打草未惊蛇

1980 年 9 月,爆发了两伊战争。以色列军事情报部部长耶胡舒阿·萨吉在接受特拉维夫《晚报》记者的采访时说,他对两伊战争中有一事感到不解,这就是伊朗为什么至今不去轰炸伊拉克的核反应堆呢? 有人也许对此话不在意,然而以色列特工组织摩萨德的首脑胡菲却非常清楚,此话有两个作用:一是向人们给予暗示,二是企图转移对以色列活动的注意

萨达姆

力。也就是让人们清楚,如果有人轰炸伊拉克核设施,那肯定是伊朗干的,当然以色列的军事行动就没人会注意了。

在提示性的发言后不久,1980 年 9 月 30 日,两架涂有伊朗空军标志的战斗轰炸机袭击了伊拉克的核中心,但核中心的设施只是受到有限的损毁。巴格达立即把此举归罪于伊朗。伊朗方面立即发表声明与其无关。其实,伊朗的飞行员的确是无辜的,萨达姆和以色列也都明白,这次空袭来自何方,萨达姆之所以归咎于伊朗,是想煽动国际舆论对伊朗进行谴责。

以色列对伊拉克核反应堆的第一次攻击未能精确地投中目标,实际是摩萨德有意在这次空袭中减低损毁程度,希望利用这次空袭作为一个警告,使法国以及意大利在这一空袭之后有所害怕而撤回所有的技术人员,以使核反应堆瘫痪。然而

事与愿违,核中心的工作依旧紧张地进行着,到1981年的圣灵降临节时,伊拉克核反应堆的建设已经接近尾声。

必须不惜一切代价阻止伊拉克的核计划。这个任务责无旁贷地落到了摩萨德身上。于是,摩萨德的首脑胡菲一手炮制了摧毁伊拉克核设施的"巴比伦"计划。这个计划的具体内容是:以色列直接派出轰炸机,摧毁伊拉克的核设施。

磨刀霍霍向核武

要实施巴比伦计划,摩萨德面临着难以想象的困难。首先,轰炸机要飞经约旦和沙特阿拉伯,这两个与以色列关系紧张的国家自然不会坐视以色列飞机自由地飞翔而不闻不问,此外,飞机还要一直飞过伊拉克大沙漠,直抵巴格达郊区,这就得有远距离飞行的轰炸机。最重要的是,要想炸毁伊拉克的核设施,首先要了解核设施的内部结构。

于是,以色列开始向美国寻求帮助,但由于伊朗发生革命后,成为美国在中东地区的敌人,而这时的伊拉克正在和伊朗进行战争,美国当然站在伊拉克一边。所以,以色列的要求被拒绝了。

但摩萨德并没有放弃,他们找到了曾经风雨同舟的老朋友——美国中央情报局。经过耐心的工作,美国中央情报局私下向以色列提供了一卷有关伊拉克核反应堆内部设施的绝密照片。三天以后,他们在以色列与埃及接壤的奈格夫沙漠中建造了一个与伊拉克奥西拉克核反应堆一模一样的同比例模型。然后,空军司令伊夫里将军着手挑选了20多名飞行员来执行这一任务,摩萨德首脑胡菲亲自指挥飞行员们进行轰炸演习。他们担心直接从高空投下炸弹可能会从核反应堆坚硬的水泥外壳上弹跳开去。于是,飞行员便练习低空飞行,以平直弹道扔炸弹,使炸弹能穿透外壁,在里面引起爆炸,从而把核反应堆的圆顶掀开,彻底炸毁里边所有的东西。

在找到能够进行远距离飞行的飞机方面,美国帮了以色列的大忙,几架最新式的F-16战斗轰炸机很快就交付给以色列使用,有了这种飞机,伊拉克的核反应堆就在航程范围之内了。而如何躲过约旦和沙特阿拉伯的雷达追踪,就要靠伪装和飞行技巧了。

一切都准备就绪了,就在摩萨德首脑胡菲将要把"巴比伦行动"计划付诸实施时,总理贝京却迟迟不下命令。因为这件事非同小可,若此举成功,可以提高他在解决黎巴嫩导弹危机中讨价还价的地位。可是如果失败,那么,一切都将前功尽弃,他甚至会成为人们的笑柄。更何况,这次行动还关系到以色列和阿拉伯世界的关系问题。所以贝京不断地权衡利弊,举棋不定。

深知总理心思的胡菲给他进行了一番细致的分析:"根据摩萨德得到的情报,两伊战争战事正紧,一旦核反应堆被炸,他们也腾不出手来报复。并且,两伊战争激发了阿拉伯世界的矛盾,他们也不可能联合起来反对以色列。"于是,贝京痛下决心:立即执行"巴比伦行动"计划。

剑指巴格达

1981 年 6 月 7 日,早已潜入伊拉克的摩萨德特工,在那个至今仍不为人知的秘密制高点上,距巴格达东南 32 公里处发来了"一切正常"的密码电报。"出发!"胡菲一声令下,8 架 F-16 战斗轰炸机和 6 架 F-15 护航机冲出跑道,飞向了天空。6 月 7 号下午 2 时 45 分。F-16 轰炸机在以色列上空再次加油。然后紧贴近千公里长的约伊边界线南侧低空飞行,躲过了雷达的扫描。当编队机群沿沙特阿拉伯一约旦边境飞行时,被对方雷达发现,以色列军飞行员用极流利的阿拉伯语回答:"约旦空军,例行训练。"由于以色列轰炸机全部涂上了约旦空军标志,沙特阿拉伯人员信以为真。巴哈里在确认沙特阿拉伯已经不再注意他们这批"约旦空军"之后,用"黄沙丘"这句暗语向总部发回了表示飞行顺利的密语电报。当约旦雷达站发现时,由于以色列机群以密集队形飞行,在雷达屏幕上呈现出一个大的模糊亮点,很像一架大型民用客机,以色列飞行员又用国际民航常用的英语回答:"尊敬的指挥官先生在雷达屏幕上看到的是一架大型商业喷气式飞机。"下午 5 时 30 分,偷袭飞机发现了坐落在巴格达附近的核反应堆,进入轰炸航路前,6 架 F-15 跃升进行空中掩护,8 架 F-16 爬高到大约 610 米高度开始突击目标。攻击的第一枚炸弹是由带队长机巴哈里上校投下的,炸弹垂直贯穿了敷在反应堆堆体顶层厚达数米的防爆水泥隔层,引起了反应堆主体内部的猛烈爆炸。紧随其后的另外 7 架 F-16,依次飞过带队长机的中心投弹点,投下了 14 枚炸弹,全部准确命中目标。

如梦初醒的伊拉克防空部队这时才想起利用防空火炮开始还击。但一般的防空火炮对这样先进的飞机来讲根本没有威胁。附近伊拉克空军机场正在开晚饭,在这种情况下,他们的飞机升空至少要20分钟。于是,以色列飞机又从容地开始了第二轮轰炸,巴哈里把担任警戒掩护的另外6架F-15战斗机也投入轰炸编队。从不同角度,对反应堆附属设施进行破坏性的轰炸。下午6时45分,16吨炸弹被倾泻一空,伊拉克奥西拉克核反应堆已经荡然无存。

随着巴哈里一声令下,14架飞机垂直升入高空,踏上了返航的归程,只留下已经成为一片废墟伊拉克核反应堆和萨达姆破碎的核梦想。

巴比伦行动后的地震

此次行动在国际上引起了强烈的反响,当以色列总理兼国防部长贝京在所有的部长召开的紧急内阁会议上冷冷地宣布说"我们在这里开会之前,我们的飞机正朝东向伊拉克飞去,去炸掉巴格达郊外的伊拉克核反应堆"时,部长们都愕然了。对以色列的这次偷袭反响最激烈的是阿拉伯世界,而以色列的这次行为也激起了阿拉伯世界极大的义愤,使他们感到消除分歧、团结一致、抵御外侮的必要。以色列这种公然践踏国际法准则的恐怖行为,也使美国处于一种十分难堪的境地。因为这样不仅激化了阿拉伯和以色列的敌对情绪,而且使阿拉伯的反美情绪进一步高涨。48小时后,里根总统决定暂停交付原定于6月12日给以色列的4架喷气式战斗机。

不管事后各方面如何反应,"巴比伦行动"是摩萨德取得的又一次成功,它彻底摧毁了伊拉克的核能力,以军以14架飞机编队飞行,往返两千多公里,并出色地完成任务,引得举世关注,成为世界各国军队教科书上的经典战例。

在若干年后的美伊冲突中,当萨达姆被美国大兵打得东躲西藏的时候,他心里愤恨的应该不仅仅是美国人,还有把他那作为能与其他强国公然叫板的核设施炸得灰飞烟灭的以色列人。美国人则不会再对以色列的这次军事行动说三道四,而应该是由衷地感谢这次行动使他们在出兵伊拉克时可以无所顾忌。

"难念的字"——布什的一场划算交易

"这实在是太便宜了。我真的很奇怪,苏联在对阿富汗的战争中花了那么多钱,为什么到最后还是一败涂地?看来在这点上,他们没有我们聪明。"在推翻塔利班政权之后的一次采访中,布什兴奋地对记者说。而使布什政府如此聪明的,是在此前"9·11"事件中备受指责的中情局。

用金钱砸通阿富汗

"9·11"事件让声名显赫的中央情报局(CIA)颜面扫地,但"失之东隅,收之桑榆"。CIA终于在以后推翻塔利班的战争中挽回了颜面。从"9·11"事件发生起,总统布什就在苦苦等待CIA情报人员搜集到足够的信息。布什知道,要想成功地、有效地取得胜利,不能缺少CIA的情报工作。而此时CIA已经将侦察卫星、间谍飞机,还有人力情报等准备就绪。

2001年9月26日12时30分,一架CIA的俄制米-17直升机正向高处奋力爬升,以进入阿富汗东北部的潘杰希尔山谷。机舱内坐着一个59岁的男人,他叫加里,是美国CIA的一名秘密官员,在CIA特别行动组已经工作了32年。加里两腿夹着一个绑得结结实实的大金属箱,里面全都是号码不连续的百元美钞,一共300万美元。他将带动布什总统反恐战争的第一次高潮,和他在一起的是CIA的一支秘密准军事小队,他们的身旁放着可以直接与位于美国弗吉尼亚州CIA总部进行秘密联络的通讯器材。

钱是世界通用的语言,CIA深知这一点。加里这次的任务就是用金钱铺平进入阿富汗的道路。

之所以选择加里领导这次行动,不仅仅因为他曾经在德黑兰和伊斯兰堡招募、发展和管理间谍,有着丰富的经验,而且他还是阿拉伯联合酋长国迪拜地区的CIA负责人。20世纪90年代,加里任沙特阿拉伯情报站代理站长,1996年—1999年,他一直是伊斯兰堡情报站站长、CIA近东和南亚部门的代理负责人。他会说阿富汗的两种主要语言:普什图语和达力语。在担任伊斯兰堡站站长期间,他去过阿富汗好几次,与北方联盟领导人及反塔利班地方武装、部落首领会面。

"9·11"事件发生的时候,加里正准备退休了。但是"9·11"之后的第四天,他受到了CIA反恐中心负责人科弗·布莱克的接见。"我知道你准备退休了,但有一个任务需要你去执行。"布莱克表情严肃地对他说,"你们要去那里说服北方联盟与美国合作,为美军进入阿富汗做好准备,包括提供安全的军用通道、修建简易机场。这次行动要完全保密,你们没有后援,一旦发生特殊情况,没有搜救队去营救你们。""好的,我参加。"加里没有任何的犹豫。

花美国人的钱,为美国人推磨

加里领导的这次行动有一个别致的代号:"难念的字"。"难念的字"除了为推翻塔利班铺平道路外,还有个任务,引用 CIA 高级官员的话就是:"找到'基地'组织并消灭他们。我们要让他们彻底消失。抓住本·拉登,把他的头装在盒子里,拿着这个盒子去见总统。"

拉登和"基地"组织这样的敌人,没有国家、没有固定资产,甚至连战线都没有,他们就像蚊子一样让你的拳头无处使力。对付这种非传统的敌人就要用非传统的方式,这正是 CIA 一显身手的时候。

"难念的字"最终于当地时间 2001 年 9 月 26 日下午 3 时,在北方联盟控制区的心脏地带——喀布尔以北 70 英里处着陆。这支小分队由十人组成,这些人有老有少,有高有矮,有胖有瘦,年龄最大相差 30 岁。他们穿着野营时才穿的衣服,从外表看,谁也不知道他们是身带巨款前往阿富汗为战争铺路的 CIA 特工。到了晚上 6 时,队员们已经把通讯设备调试好。加里发了一封电报,一方面向总部报平安,另一方面要求补充资源(即美元现钞)。加里当天晚上还会见了北方联盟情报与安全机构的头儿——工程师穆罕默德·阿里夫·萨瓦林。加里将 50 万美元现金放在桌子上说:"我们想让你们做的就是花掉这些钱,买食品、武器,任何用来壮大队伍的、你们需要的东西。当然,这些钱也要用来收集情报,美国人有的是钱,我很快就会要求中情局总部再给我们送来 1000 万美元现金。"望着堆得像小山一样的美元,阿里夫笑了,"北方联盟欢迎你们"。

9 月 27 日,加里又和北方联盟军队指挥官法希姆将军坐在一起,加里把 100 万美元现金堆在桌上,告诉他们这些钱他们想怎么花就怎么花。法希姆满脸堆笑地说:"欢迎你们的到来,我们会竭尽全力。"

他们撒出去的几百万美元产生了奇迹,有几万名塔利班士兵被收买了。北方联盟试图引发塔利班内部叛乱。他们对塔利班的收买甚至明码标价:从甲地前进到乙地,你们就能拿到几十万美元。一位官员说:"CIA 收买的塔利班比他们杀死的塔利班要多。"有一次,他们打算出 5 万美元让一个指挥官叛变。那个人答复说:"让我考虑一下。"于是特别行动队叫来精确制导炸弹在他的司令部门口一顿滥炸。第二天,他们又把那个指挥官叫去了,"4000美元怎么样?"他立刻说:"行。"据CIA统计,他们总共只在阿富汗撒了7000万美元,这其中还包括建立战地医院的费用。

"难念的字"还有一个重要的任务,就是找到阿富汗塔利班的重要军事设施或基地组织头目的住宅,然后在那些地方用特殊的技术留下记号,为美军提供重点轰炸目标的精确位置。以让美国的轰炸机就识别目标,进行轰炸。在他们撒完美元后,行动小组开始了他们的另一项任务。

中情局和美军唱双簧

2001年10月3日,CIA反恐特别行动负责人汉克会见了美军中央司令部指挥阿富汗战争的汤米·弗兰克斯将军。根据中情局(CIA)局长特内特的指示,汉克表示CIA将与军方成为合作伙伴。对此,弗兰克斯十分高兴,因为直到10月中旬,"难念的字"仍然是阿富汗土地上唯一的一群美国人。

10月19日晚10时20分,代号"3个5分镍币"的特别行动队分别乘两架超低空重型攻击直升机,陆军一级准将戴维·迪亚兹和他的12名成员到了预定地点。特别行动队利用这些激光目标定位仪来指挥美军轰炸。尽管最初取得了一些胜利,但加里很快就发现了问题,他们与军队之间缺乏有效的配合,当美军轰炸机被指派轰炸固定目标时,他们只会轰炸固定好的目标,但根本不理睬前线的塔利班士兵。当加里发现塔利班部队或"基地"组织的卡车从眼皮底下慢悠悠地通过时,他们呼叫轰炸,飞机却根本不加理会。经过加里和军队有效的沟通,情况很快发生了改变,美军轰炸机开始按照小组的指挥攻击目标,扔下的炸弹如同长了眼睛。塔利班的补给线和通讯线路在地毯式轰炸中遭到了毁灭性打击。他们的几百辆汽车和掩体被摧毁,成千上万的塔利班士兵被杀,被抓,或逃跑。

在美国推翻塔利班政权的过程中,总共有110名CIA军官和316名特别行动队成员直接参与了阿富汗战争。他们给美国的空袭提供了强有力的支持,战争进行得十分顺利。所以美国用时仅仅两个月就将塔利班政权推翻了,可以说,在阿富汗战争中,CIA发挥了重要作用。即使是五角大楼的官员也不得不承认,在阿富汗那样错综复杂的环境下CIA的反应速度比起美军部队来说要灵敏快捷得多,为特种部队打前阵的正是他们。

深入阿富汗的 CIA 特工表现出来的智慧和勇气世人有目共睹。在推翻塔利班的战争中,CIA 特工们没等阿富汗周边国家同意其登陆,便悄悄到达了阿富汗北部,并且,他们也没有理会美国军方对其提出的善意要求:任何一次突击行动都要事先制订一个撤退计划,并且配备一个搜索和营救小组。特工们的行动大都是孤注一掷的,没有后援部队,在孤军奋战的情况下,一旦被敌人发现,后果不堪设想,而就是在这样的形式下,他们出色地完成了任务。美国特工的最大成绩是在巴基斯坦逮到了号称本·拉登继承人的阿布·祖巴达耶赫。

在"9·11"事件中饱受指责的 CIA 终于在随后推翻塔利班政权的战争中挽回了颜面,也趁机提高了自己的地位。

第十三章　神秘玄妙的古迹文物

"北京人"化石失踪之谜

　　1927年春天,在美国洛克菲勒基金会的支持下,周口店考古拉开了序幕。1929年12月2日,从北京大学地质系毕业的裴文中,在一个洞里发现了一枚"北京人"头盖骨。1931年,因为裴文中赴法国学习古人类学,贾兰坡开始主持周口店的挖掘工作。1936年,考古队员发现了许多头盖骨碎片。贾兰坡将这些头盖骨的碎片对碴粘好后竟然得到了两个完整的头盖骨。不久,他们又找到了一个头盖骨碎片。几天之内连续发现三个头盖骨,这一令人激动的消息传遍了全世界。

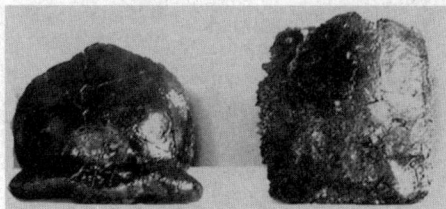

北京人头盖骨化石

　　"北京人"化石的出土,为认识人类的起源做出了重大的贡献。但十分不幸的是,第二次世界大战以前挖掘出来的"北京人"化石除了三颗放在瑞典实验室的牙齿以外,其余都神秘地失踪了。

"北京人"化石如何失踪

　　周口店考古是在1937年7月7日卢沟桥事变爆发两天后停止的。当时周口店发现的所有古人类化石,都保存在北平协和医院里。可是,随着日本和美国的关系越来越紧张,人们也越来越担心,如果两国之间发生战争,日本一定会占领协和医学院,那么,珍贵的"北京人"化石恐怕就会落入日本人的手中。怎么办?要么把化石运到抗战大后方重庆去，要么在北平找一个妥善的地方把化石秘密收藏起来，要么就想办法送去美国暂时保管，只有这三条路可走。经过认真的思考、比较，人们认为还是送到美国去比较安全。可是，在发掘周口店之前就有过这样的约定，即经费由美国洛克菲勒基金会提供，但标本不得运出中国。

为了确保化石的安全，协和医院的负责人与远在重庆的中国政府多次协商，最后征得同意，可以委托美国大使馆把化石运到美国暂为保管，但是等到战争一结束化石就得运回中国。

1941年2月初，包装在两个大木箱里的"北京人"和山顶洞人的化石，被移交给了即将离开北平撤回美国的美国海军陆战队，由海军陆战队上校阿舒尔斯特负责。12月5日，因为该部队要乘火车离开北平去秦皇岛，阿舒尔斯特就又让一名叫福莱的军医负责看管这批装有化石标本的箱子。福莱军医受命后，先行将这批箱子寄往秦皇岛霍尔坎伯兵营，接着他也赶到了那里。他打算在那儿改乘预计8日到港的美国轮船"哈里逊总统"号回国。

出人预料的是珍珠港事件爆发了，没等"哈里逊总统"号赶到，日军就占领了霍尔坎伯兵营，在那里的所有美国海军陆战队队员都成了俘虏，后来被押送到了天津战俘营。两个星期后，这些行李被运回天津，福莱军医领回了他的大部分行李。他把他个人箱子打开，发现属于他自己的现代人头骨标本不见了。而上校委托他保管的箱子虽然也在，但他没有打开检查，也就是说虽然箱子好像未被日军打开过，但并不能确定"北京人"化石是否还在箱子里。

初到天津战俘营时，福莱德行动还没受到限制，他就寻机将行李分别保管在三个地方：瑞士人在天津开设的仓库、法租界的巴斯德研究所以及几个中国朋友那里。后来，福莱军医没有了行动自由，他就不知道这些箱子的下落了。

其实，日本人早就注意到了"北京人"化石。据《裴文中关于"北京人"化石标本被劫及失踪经过报告》介绍，早在1941年12月8日珍珠港事件爆发前，日本东京帝国大学教授长谷部言人及其助教高井冬二就来过北平，高井当时还提出要到新生代研究室工作两周的请求。珍珠港事件爆发那一天的清晨，日本人迅速占领了协和医院，并详细检查解剖系的铁柜，然后进行封存，并派兵守护。

几天后，日本占领协和医院的负责人田冈大尉找到裴文中，说保险柜中所存放的全是石膏模型，追问"北京人"化石的去处。因为化石标本的装运是悄悄进行的，裴文中并不知情，所以也就无从说起。

另据有关报道说，日本人发现化石标本不见了之后，一面在报上大肆宣扬"北京人"化石"被窃"，一面指派侦探锭者繁晴负责搜寻工作。大约两个月后，锭者传出在天津找到了"北京人"化石的说法。但是很快就否定了找到的东西与"北京人"化石有关，之后不久，搜索工作就停止了。

二战结束，日本宣布无条件投降后发布的公告，声称已将劫掠到东京的一批古人类化石连同劫掠的发掘工具一起，移交给了盟军当局，以便归还中国。然而中国政府从盟军总部接收到的日本归还物品清单中，却没有"北京人"化石。盟军总部也应中国政府之邀，动用驻日盟军参与广泛搜寻，结果一无所获。

目前，唯一健在的"北京人"头盖骨的"见证人"就是我国古人类学家胡承志。当年他年仅24岁，任北京协和医院新生代研究室技术员。据他回忆，1941年11月份的一天上午，大约是在珍珠港事件爆发前的18天到21天之间，也就是3个星期左右，他突然接到美国的新生代研究室名誉主任魏敦瑞的女秘书的通知，把"标本装箱运走"。第二天，在医院解剖科技术员吉延卿的帮忙下，胡承志开始了小心的装箱工作。

他把化石从保险柜里一件件取出，给每件化石都穿了6层"衣服"：第一层包的是擦显微镜用的细棉纸；第二层用的是稍厚的白绵纸；第三层包的是医用吸水棉；第四层是医用细棉纱；第五层包的是白色粉莲纸；第六层用厚厚的白纸和医用布紧紧裹住。包完之后将化石装入小盒，并用棉花将小盒填满，然后分装在两只没有上漆的白色大木箱里。两个木箱一大一小，大的长48寸、宽22寸、高11寸；略小一点的木箱长45寸，宽和高均为22寸。木箱内6面都垫有弹性很好的黄色瓦垄纸数层。小盒逐一放入木箱后再用木丝填满，然后将木箱封盖、加锁，并在外面分别标上"CASE1"和"CASE2"的字样。

装好之后，胡承志把箱子送到了协和医院总务长博文的办公室，然后，他就离开了，再也没有从事化石工作研究。

胡承志认为"北京人"头盖骨被不懂化石价值的日本人砸烂扔掉的可能性不大。"因为化石包装得极考究，整整包了6层。但凡有点文化的人，即便不完全了解化石的真正价值，也不会轻易将之丢弃。"

从整个运送的过程看，"北京人"化石并未真正遗失。但它们究竟在哪里呢？

是被埋藏在哪儿,还是被人有意隐藏起来了?这就不得而知了。

追寻"北京人"化石

北京房山周口店发现的"北京人"遗址,毫无疑问是20世纪古人类学研究中最具价值的贡献,因为它将人类历史的年代推前了数万年,至今仍是目前全球发现最完整、最丰富、最具说服力的古人类活动遗存。也就是说,无论从科研角度还是从政治角度看,找到"北京人"头盖骨化石都是极具历史意义的一件事。所以,抗战胜利后,裴文中等中国许多古人类学者、考古学家一直都没放弃过对"北京人"的寻找工作。

1945年8月28日、11月26日,裴文中先后两次致函地质调查所原所长翁文灏和现任所长李春昱,在信中,裴文中说:"猿人标本前曾装二大箱交美国大使馆,唯未能运出,战争即行爆发。一年后东京帝国大学人类学教授长谷部言人和高井冬二来平,拟继续研究。曾找过胡顿问话未果。后日人至秦皇岛,天津及北平各处寻找,谓未找见,此后亦再无人追究……胡顿等猜疑标本或为日人得去,而故作不知。"信中裴文中还提出了至秦皇岛察访的请求,并提请赴日调查团代为留意"北京人"化石一事。

在此期间,裴文中还致信在美国的魏敦瑞,希望能寻求到麦克阿瑟情报参谋的合作,同时,他还在《纽约时报》发表了有关中国猿人标本失踪的文章。

同年12月,为了提高搜寻效率,裴文中应《大公报》记者徐盈之邀,撰写了《"北京人"在哪里》一文,在重庆、上海、天津三地发表。此举果然见效,文章发出不久,社会上就出现了"北京人"化石在日本的消息。1946年1月19日,一听到消息,翁文灏马上给美国马歇尔将军写了一封信,请求把"北京人"化石归还中国。可是,得到的东西虽与"北京人"化石有关,却不是"北京人"化石。

空欢喜了一场之后,中国政府又指令中国驻日代表团切实追寻,教育部还委派"清理战时文物损失委员会"专家李济之前往日本协助。但是结果却不令人满意,日方以"根据现有情况无法进行更深入的调查"将责任推得一干二净。

1948年12月6日,裴文中写信给李春昱说:"弟前于李济之先生赴东京之时,曾函他,请询问高井冬二和长谷部言人,因他二人寻找之时,距遗失之时甚近,且曾询问在丰台集中营之美军陆战队官兵,更加利用日军军力寻找,当有所知。然而据李先生到平时云,美军总部以不知二人下落为辞,竟求与二人一见而不可得。现高井冬二仍在东京帝大地质系任助教,岂能以不知下落回答之","日方之复函,谓曾询问日军中之在秦皇岛者,彼等当不知之,即知之亦否认之。故弟认为,关键仍在东京之盟军总部。如询问高井和长谷部及当时之日宪兵'锭者繁晴',更为有力,且可得确实消息","对化石之下落推测,则为日人所得(即长谷部),因何以彼于寻找后,即不再寻找? 协和之胡顿,亦如此想法;惟博文则认为不可能。然无论如何,则询问高井等,可得第一手资料,则无疑问。高井现对人表示(现弟之一学生在彼处读书),曾寻找数月,毫无结果。纯系搪塞之辞。我们应知者为:曾于何处、何人寻找过,所得结果如何? 要他历述所找之经历,他不能否认没有找过","惟找到之希望甚微,我始终认为,关键在'盟总'"。

为什么美方不调查被俘的陆战队员,也不愿中国方面会询高井? 由此信可知,盟总和美国方面并不热心此事。由此,我们可以判断化石不排除流入美国的可能,因为美国科学家和陆战队员不但是当事人,还是化石遗失的最后见证人,按理说他们是最清楚化石的去向的,即便不知道在哪,至少他们也应该知道化石是在什么时候、什么地方丢失的。可迄今为止美方人士没能提供任何有利于化石回归的证据,这不能不让人产生怀疑。

看来,要找到"北京人"头盖骨化石只有靠我们自己了,可是,它又在哪里呢?

"北京人"化石可能在哪里

关于"北京人"化石的下落,流传有各种各样的说法。有人说"北京人"化石在运送美国的途中遗失了,可是从时间上来判断,这种可能根本不存在,因为"哈里逊总统"号早在抵达秦皇岛之前的长江口就触礁沉没了,福莱军医当然不可能带着化石登上这艘船。

还有人说"北京人"化石现在在美国,并且持这种观点的人还不少。1972 年,美国总统尼克松访华,为了表示诚意,他想找到"北京人"化石作为礼物送给中国,但没有成功。可是,此事却引起了随行人员中的一位金融家贾纳斯的兴趣。回国后,他悬赏 5000 美元寻找"北京人"化石,虽然得到了很多线索,却都不是要找的标本。有一次,贾纳斯接到一位女士的电话,那位女士说"北京人"头盖骨化石就在她的手上。贾纳斯很激动,迫切要求与女士见面,双方约定在帝国大厦 102 层楼见面。见面后,女士只给贾纳斯看了一些照片。看着照片,贾纳斯疑为真品。可是,就在他们交流的过程中,有人给他们拍照。那位女士很生气,抓过照片就走了。贾纳斯没能追上。可是,后来照片传到北京,裴文中看后认为这不是"北京人"头盖骨化石。

20世纪80年代,美国的一位古人类学家夏皮罗在他的《"北京人"》(Peking Man)一书中说,一位原海军陆战队军人曾告诉他,化石辗转到驻津美海军陆战队兵营,被埋在了6号楼地下室木板层下。他因此提出了"北京人"化石在天津的地下室被调包的观点。人们也是据此判断"北京人"化石可能在美国的。经过调查,那个兵营现在是天津卫生学校,6号楼已在唐山大地震时倒塌,可是,根据图纸发现,这座楼没有木板层,铺的是水泥地面,所以化石不可能被埋在这里。

1993年3月8日,美国海军某部军官、历史学家布朗又提出了"北京人"头骨化石可能在纽约的观点。《纽约邮报》还曾发布过他悬赏25万美元寻找"北京人"头骨化石的消息。

说"北京人"化石在美国的还有一种说法,当时守护在美国海军陆战队总部与美国驻华大使馆相通的便门口的一个卫兵,半夜时曾看到两个人将一箱东西埋在了大使馆门外十几米的后院里。所以,人们猜测,这箱东西说不定就是"北京人"化石。对此,长期研究"北京人"去向的中国学者、光明日报出版社社长李树喜认为,既然中美已经就保管头盖骨化石事宜达成官方协议了,就不存在私埋的可能性。可是,谁都知道私埋的结果,不但可以说化石失踪了,还可以将其据为己有,运回美国了。难道这种可能性不存在吗?

不管支持"北京人"化石在美国的人有多少,毕竟到目前为止还没有一个确切的消息,所以,人们不免产生疑问,"北京人"化石会不会没在美国,而是在日本呢?道理很简单,如果当时美国陆战队队员的确在秦皇岛成了日军的俘虏,那么化石不在日本人手里又能在哪呢?

可是,如果这种说法成立的话,又如何理解战时日本方面的搜寻呢?针对这一点,有人说日本人不过是为了掩人耳目而已。不过,不可否认,化石也的确有不在日本人手里的可能。李树喜就认为化石在日本的可能性基本可以排除,并且据他说贾兰坡在世时也不相信"北京人"头盖骨在日本。认为化石标本不在日本,是基于化石本身的研究价值考虑的,也就是说化石只有用来研究才有价值。李树喜曾说:"从常理来推测,'北京人'头盖骨之所以珍贵,主要在于其研究上的重要价值,关注的人多才有意义。假如在日本,无论是在政府手中,还是在民间,都应该将它公布出来,没有秘而不宣的道理,这样做没有任何意义。"

不过,这种想法是不是有些幼稚呢?毕竟这样最起码的行为,现实中的日本确实没有做到。战时日本从中国掠夺了大量文物,按上面的道理,日本应该主动归还,可是日方不但不配合,还要极力阻挠文物的回归。这种事情在一段时间以来时有发生。

尤其是 20 世纪 80 年代后期,古生物学家周兴国到东京举办"恐龙展"时,想进一步探查"北京人"的情况,请求与高井冬二面谈,可是却遭到了拒绝。在高井冬二的婉拒信中他不但否定化石到过日本,还断言化石"由海上运到了美国"。

可是,此举并不能扰乱周兴国的视听。周兴国认为,化石在日本的可能性比在美国的更大,因为日本有很强的掠夺性,化石遗失这件事毕竟是在日本人控制的局势下发生的。并且,日本在这方面也是有先例的,二战期间就窃取过一具在爪哇发现的梭罗人头骨化石,并且直到战后才被追回。

也有人认为遗失的头盖骨化石就在国内。对此,周口店古人类学研究中心的主任助理张双权说,经常会接到说见过"北京人"头盖骨的电话,但是进一步追查的时候,往往又都不是那么回事。

另据曹家骧的《考古发现漫笔》记载,1996 年初,一个叫仰木道之的日本人,从他的朋友的朋友处得知"北京人"头盖骨化石被埋在距北京城外东 2 公里的地方,那还有一颗做了记号的松树。1996 年 5 月 3 日,中国方面得到这一信息后,各路专家先对北京日坛公园"埋藏"地点进行了探测,然后于 6 月 3 日上午正式发掘。发掘了近 3 个小时,一无所获。

在种种谜团无法解开的情况下,有人提出了不耐烦的猜测,装化石的两个箱子保存在秦皇岛的库房中时,该库房曾被日军抢劫两次,说不定在战乱中日军把化石摧毁了,而他们并不知道。如果真是这样,那岂不是中国,乃至全世界、全人类的一大损失?好在,就在人们要陷入绝望的时候,又出现了一种新说法——"北京人"头盖骨在沉船"阿波丸"号上。这一说法是由 20 世纪 70 年代美国方面提供的资料率先披露的。

"阿波丸"号是一艘日本远洋油轮,船长 154.9 米,宽 20.2 米,深 12.6 米,总吨位 11249.4 吨,建造于 20 世纪 40 年代,1945 年 3 月 28 日,被日本军队征用。在新加坡,"阿波丸"号装载了大批撤退的日本人,准备驶回日本,可是,在 4 月 1 日午夜时分,行至中国福建省牛山岛以东海域时,被正在巡航的美军潜水舰"皇后鱼"号发现。"阿波丸"号遭到数枚鱼雷袭击,3 分钟后沉没。船上 2009 人中只有三等厨师下田勘太郎一人生还,其他乘客、船员以及船上装载的 40 吨黄金、12 吨白金、40 箱左右的珠宝和文物、3000 吨锡锭、3000 吨橡胶以及数千吨大米,全部沉入海底。

1972 年,美国总统尼克松首次访华时,原想把"北京人"化石作为礼物送给中国,可是心愿未果,就又准备了一份大礼——"阿波丸"号沉没在中国海域的具体方位和装载货物清单。"北京人"头盖骨化石很可能也在上面。

1977 年初,我国对"阿波丸"号进行了打捞。在打捞过程中发现,伪满洲国政要郑禹的家藏小官印(玉印)及郑孝胥安葬时分赠后人的圆砚竟然也在船上。这说明,"阿波丸"号上果然有中国的文物,"北京人"头盖骨或许真的在这艘船上。

但也有人提出了疑问,按时间推测,如果化石真的落在了日本人的手上,那也应该是 1941 的事,为什么当时不将化石运回日本,而要等到 1945 年才装上"阿波丸"绕道东南亚运往日本呢?

如果,"北京人"头盖骨化石不在船上,那又在哪呢? 在中译本著作《黄金武士》中,作者引述美国相关人士对话称,对于举世关注的"北京人"头盖骨下落一事,"我可以对《圣经》发誓,这些化石('北京人'头盖骨)和其他财宝一起被放在(日本)皇宫的地下室里。"

说得像真的一样,不过在经过了那么多的失望之后,人们不免会想这会不会只是文学作品用来吸引人眼球的一个噱头呢?

没有消息就是好消息,只要不能确切论证"北京人"头盖骨已经化为乌有了,那就有找到的可能,我们拭目以待吧。

秦代兵马俑的不解之谜

1974 年,考古工作者在陕西临渔县西杨村,距秦始皇陵东侧 1.5 公里的一片荒原上,发掘出了被称为"世界第八大奇迹"的秦代大型地下兵马俑军阵,它的问世引起了世界性的轰动。

秦始皇兵马俑

这些如同真人、真马的陶俑、陶马依次排列在三个俑坑中,共 8000 件。陶俑身材高大,约 1.8 米左右,容貌不一,神态各异,整装待发,浑然一体;陶马则昂首肃立,肌肉丰满,装备齐全,栩栩如生。此外,俑坑内还有 130 多辆战车及大量的青铜兵器、金、铜、石饰品等。这些陶人、陶马及青铜兵器的精良和完美令人叹为观止。秦代兵马俑坑也俨然成了世界上最大的军事博物馆,结构严整,气势磅礴,再现了秦始皇傲视天下,横扫六国的雄风。兵马俑是一个人间奇迹,也是一个难解之谜。

一、为什么没有统帅俑

俑坑中的陶俑无论是步兵、弩兵、骑兵、车兵,都属武士俑,却不见统帅俑。这是为什么呢? 有人认为,可能是按秦制,每次出征前由秦王指定一名将领任统帅。然而,修建作为指挥部的 3 号俑坑时,虎符正掌握在秦陵地宫中的秦始皇手中,既然秦始皇并未任命将帅,工匠们当然不敢随意塑一位统帅了。还有人认为,也可能是因为秦始皇是秦军最高统帅,为维护皇帝的绝对权威和神圣尊严,不能把秦始皇的形象塑在兵马俑坑之中。这两种说法,都是臆测,并没有什么真凭实据。

二、兵马俑为什么会被焚毁

发掘兵马俑时,考古工作者发现:1 号俑坑与 2 号俑坑的木质结构几乎全部被烧成炭迹或灰烬。很多陶俑和陶马耳上的彩绘颜色因为火烤都脱落了,有的青灰色陶俑被烧成了红色。俑坑经火焚后全部塌陷,陶俑和陶马被砸,有的东倒西歪,有的身首异处,有的头破腹裂,有的腿断臂折,有的断成数段,有的成为碎片,完整的很少。

究竟是谁在俑坑放的火呢? 后人推测有三种可能。

一是，秦人自己点的火，以烧毁祭墓物品及墓周的某些建筑，使死者灵魂将此带去阴间享用，即所谓"燎祭"。但是，如果真的是出于古代的丧葬制度和民间风俗习惯而烧掉兵马俑，为什么只烧1号俑坑和2号俑坑而3号俑坑能幸免呢？假如真的是秦人自己烧的，那么肯定从建成到焚毁的间隔时间不会太久。可是据考古发掘来看，俑坑底下浸地砖上普遍都有十几层的淤泥层，这种淤泥层绝不是四五年能够形成的。

二是，秦兵马俑可能是被项羽率领的军队焚毁的。据《汉书》《史记》《水经注》等史籍记载，烧秦宫室火三月不灭。但上述史书中并没有一个字明确指出项羽军队焚毁秦兵马俑之事，甚至连秦兵马俑零星半点的记载都没提到。因而，说项羽又火烧了兵马俑，只是后人的猜测罢了。

三是，兵马俑坑中的火是因为坑内的陪葬物等有机物腐败产生沼气，自燃造成的。但是，同样的俑坑，同样的环境条件，为什么只焚毁了1号俑坑和2号俑坑而3号俑坑却没有起火呢？这个观点也没找到相应的科学根据。

三、陶俑制作之谜

兵马俑坑中的陶俑和陶马都是泥制灰陶，其火候高、质地硬。经研究，这些陶制品并不是通过模具制作出来的，它们肯定是一个个地雕塑而成。陶俑、陶马身上原来都绘有鲜艳的颜色，只不过因为俑坑被毁，加上长期埋于地下，颜色几乎全部脱落。但是，从陶俑身上残留的颜色仍可看出，制作当初所用颜色的丰富，有绿、粉绿、朱红、粉红、紫蓝、中黄、橘黄、纯白、灰白等。各种色调和谐、艳丽，更增添了整个军阵的威武雄壮。

这些陶人、陶马在地下掩埋了两千多年，不见天日，但其出土后，仍然保持了色泽纯、密度大、硬度高的特点，以手敲击，金声玉韵，制作技术真是达到了"炉火纯青"的境界。当代的制陶工艺大师经过十多年的努力至今仅能仿造一些简单的陶人。他们想要复制陶马，却始终无功而返。秦代这种杰出的泥塑工艺和制陶工艺，使今人佩服得五体投地。但它的技术、配方都已经失传，制作工艺也就成了千古之谜。

四、青铜剑铸造之谜

从2号俑坑出土的青铜剑，长86厘米。剑身上有8个棱面，极为对称均衡。19把青铜剑，误差都不到10丝。它们历经两千多年，从地下出土，没有腐蚀也没有生锈，都光洁如新。用现代科学方法检测分析，这些青铜剑表面竟涂有一层厚约1/100毫米的氧化膜，其中含铬2%。这一发现足以震惊世界。因为，这种铬盐氧化处理是一种近代才掌握的先进工艺。据说德国和美国分别在1937年和1950年才先后发明了这项工艺，并申请了专利。而且，他们的这项工艺还必须需要一整套比较复杂的设备和工艺流程下才能实现。秦人的铸造水平之高，真是令人不可思议。

另外，这些青铜剑的韧度之高也是非常惊人的。俑坑挖掘之处，有一口剑，被一具150公斤重的陶俑压弯了，弯曲度超过45°。可是就在陶俑被移开的一瞬间，奇迹发生了！青铜剑立刻反弹平直，自然还原。这么精湛的铸剑技艺，实在令人瞠目结舌，而这高深莫测的铸造技术也成了一个难解之谜。

围绕兵马俑的谜团还有很多。不过，随着科学技术的进步和考古发掘的深入，最终一定会找到答案。

马王堆古尸千年不腐疑案

震惊世界的马王堆汉墓自出土之日便屡屡创造奇迹，经考古人员发掘，其中埋藏着数千件珍贵文物及一具完好无损的女尸，这具女尸的皮肤覆盖完整，毛发尚在，指、趾纹路清晰，皮肤仍有弹性，部分关节可以活动，几乎如同刚刚死去一般。埋藏于此的距今已有两千多年的尸体，为何会千年不腐呢？

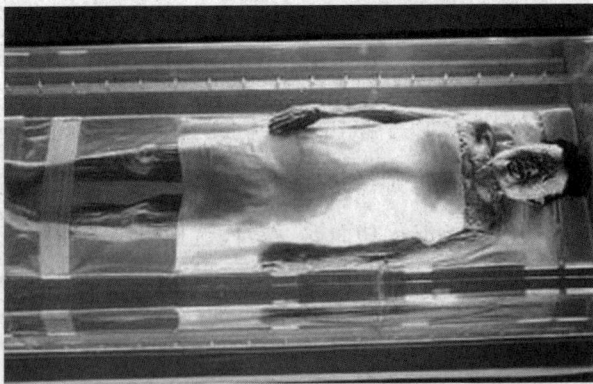

马王堆女尸

马王堆惊现完好无损的女尸

长沙是一座古老的城市，相传在战国时期，这里就已是楚国的重要邑城，当时叫作青阳。秦始皇统一六国后，设长沙郡。汉高祖称帝后封吴芮为长沙王，此后汉代贵族世居于此。在长沙有着许多关于古墓和宝藏的传说。而1971年的一次偶然机会，一场惊心动魄的"火灾"却真的为我们带来了几千年前的神秘汉墓和数之不尽的奇珍异宝……

在长沙市的东郊有两座直径六十米、高十六米的土冢。土冢大小相仿，中间相连，形似马鞍。历来，人们沿袭着一个说法，说这里是五代时楚王马殷及其家属的墓地，因此把它称为"马王堆"。据当地地方志记载，马王堆是五代十国时期楚王马殷的家族墓地。

在1971年底，当地的驻军要在马王堆的两个小山坡建造地下医院。工人在施工的时候，发现地下全是红白点的花斑土，而且越往深处挖，土质越坚硬。随后，在花斑的红土层中，还挖出了一大块油光闪亮的白膏泥。这种白膏泥，用手一捏，又细又软，如同面团，而且越挖越宽。这白膏泥到底有多宽多深？几个好奇的小伙子，急于要弄个水落石出，嫌镐头铁锹挖得慢，就找来了钢钎，一个劲地往下钻。这一下可钻出了一点儿名堂：从钻洞里冒出了一股难闻的怪气味。大家都跑过来凑热闹，看个稀奇。就在这时，不知是谁发了烟瘾，他刚划着了火柴，只听得"嘭"的一声，气孔着了火，喷吐出蓝色的火苗。这可吓坏了在场的人们，大家有的忙着救火，有的吓得往外跑，还是年纪大的有见识，他们说，这里面一定有宝贝，最好请考古工作者来研究研究。

这一研究果然研究出了大名堂。经过专家鉴定，此处极有可能是一座汉代古墓。钻洞中喷出的火焰是由于墓中大量有机物分解后产生的沼气而引发的。新中国成立前，这种火坑墓在长沙就发现过数起。在古书中也多有记载，如王充的《论衡·死伪篇》中就提过："改葬定陶共王丁后，火从藏中出，烧杀吏士数百人。"

随后，有关部门迅速组织了科学的考古发掘。在发掘的过程中，考古人员居然在填土中发现了绿色的树叶和竹枝，这都是说明墓葬白膏泥密封良好，没有空气进入的力证。工作人员激动不已，或许墓葬能够呈现出惊人的保存程度，说不定墓主人的尸体还尚未腐烂。人们按捺着激动的心情，怀着无限的期许，继续进行发掘。

随着发掘的继续,一个硕大的方形墓穴渐渐显露出来。从墓口往下,墓穴的四周是一层又一层的土质台阶,每层台阶的高度和宽度都是一米左右,每下一层台阶,墓口四周就各收缩一米。整个墓穴呈漏斗状自上而下不断延伸。

很快,墓坑的夯土清理完毕,棺椁外层的白膏泥开始大面积地显露出来了。本想这白膏泥最厚不会超过半米,因为长沙附近发掘的几百座墓葬中,白膏泥最厚也不过是几厘米。然而令人吃惊的是,这个墓穴的白膏泥竟厚达1.3米。更令人难以想象的是,在白膏泥的下部,又露出了一片乌黑的木炭。木炭也像白膏泥一样,密不透风地包裹着一个尚不明真相但可能是棺椁的庞然大物,其厚度为40~50厘米。当一万多斤的白泥膏和木炭被取出后,发掘人员又发现了覆盖在墓室中那个庞然大物上的竹席。一张张竹席刚一出土,都呈嫩黄色,光亮如新,如同刚从编织厂运来的一样,令人惊叹不已。但正当考古人员紧张忙碌地照相、绘图、记录时,由于接触到空气,迅速氧化,未等将图绘完,嫩黄光亮的竹席已全部变成黑色的朽物。就这样,直到最后一层竹席被轻轻掀开的时候,一副庞大的棺椁终于呈现在眼前……

停放棺椁的整个墓坑是一个带斜坡墓道的长方形土坑竖穴。斜坑墓道在墓坑北边正中间,上宽3.1米,下宽2米。墓坑口南北长19.5米,东西宽16.8米,墓口到墓底深16米。从墓口向下有四层台阶,每层台阶向内收缩一米左右。台阶以下,是一个上大下小的斗形坑壁,一直到墓底。

墓葬的椁室构筑在墓坑底部。葬具之庞大,结构之复杂令人瞠目。整个葬具托在三根垫木上面。外椁的盖板和底板都是双层,从垫木底到外椁盖顶面的高度是2.8米,几乎有一层楼房那么高。盖板上面平铺着26层竹席。上层外椁盖由外框和盖板所组成。外框是用四根方木四角搭榫接合而成的,长6.73米,宽4.9米,厚0.4米。盖板是用五块木板横铺成的,嵌在方框内。

仔细观察,整个棺椁光亮如新、刻画各种纹饰和图画。棺木的四边,是四个巨大的边箱,边箱里塞满了数以千计的奇珍异宝,这些宝物在阳光照耀下熠熠生辉,耀眼夺目。墓室椁内的头箱实属罕见,而内中摆设就更是奇特,箱内两侧摆着古代贵族常用的色彩鲜艳的漆屏风、漆几、绣花枕头和两个在汉代称为漆奁的化妆盒。将这些小盒子逐一打开,里面皆为化妆用品,形同现代人类常见的唇膏、胭脂、扑粉等物。同时，考古人员发现，另一个外观基本相似的单层奁盒，里面除了5个小圆盒外，还放置一个小铜镜和镜擦子、镊、木梳、木篦等物，另外有一把环首小刀，这些无疑都是梳妆用具。因此，人们推测，墓主人应该是一位女性。

随后，椁内四个边箱的随葬品陆续被取出，但这只不过是第一层外棺，里边尚有重重棺椁，等待揭秘。与第一层不同的是，面前的这层木棺，每一面都用漆涂画了极其美丽的黑地彩绘。紧接着，第三层木棺又露了出来。这是一副朱地彩棺，是先用鲜红的朱漆为地，然后以青绿、赤褐、藕荷、黄、白等较明快亮丽的颜色，彩绘出行云流水般的图画。挖掘至此，大家都吸了一口气。按照史料中的"天子之棺四重，诸公三重，诸侯两重，大夫一重，士不重"这一说法，已经开到第三层木棺的墓主，当是诸公一级的人物了！

然而，令众人大感惊奇的是，第三层木棺打开，里面竟还有一层木棺！想不到墓主人竟有如此显赫的地位。这实属和天子并驾齐驱的墓葬规格了。墓主人到底地位多高，身价几何，一时尚难断定。但从木棺的形状和外表的装饰看，这应是最后一层木棺了。在这层木棺的盖板和四壁板上，装饰着锦绒和羽毛贴花绢。锦绒上是棕色的花枝形几何图案，用它作为镶边。羽毛贴花绢上是菱形花纹，上面贴着金黄色和黑色等彩色的羽毛。这种用锦绒和羽毛贴花绢装饰的木棺，迄今还是第一次发现。

掀开棺盖，只见棺内装载着约有半棺的红色液体，不知这些液体是入葬时有意投放，还是后来地下水的渗透所致。在这神秘的棺液之中，停放着一堆外表被捆成长条的丝织品。从外表看去，丝织品被腐蚀的程度不大，墓主人的尸身就包裹在这一堆被捆成长条的物件之中。而揭开丝织品，一个50来岁的贵妇长眠于这团团锦簇之中。这具女尸身着丝绵袍和麻布单衣，足蹬青丝履，面盖酱色锦帕，并且用丝带将两臂和两脚系缚起来，然后包裹18层丝、麻衣衾，捆扎9道组带，又覆盖了两件丝绵袍。

尽管历经2100年，这具女尸外形完整，面色鲜活，发色如真，身体各部位和内脏器官的外形仍相当完整，并且结缔组织、肌肉组织和软骨等细微结构也保存较好，甚至腹内一些食物仍存。

这一发现，不得不让人震惊。这是世界上首次发现古代湿尸，也是世界防腐学上的奇迹。这不仅是世界考古史上的奇迹,而且也是人类历史上的奇迹。

为什么能两千多年不腐

这个马王堆的墓主人叫辛追,为什么当时比辛追地位高的人没有保留下尸骨,而辛追却能历经 2100 年不腐?实在是让人百思不得其解。一般说来,只有在温度很低和无氧气的环境中,湿尸才可能不腐烂。但古墓中的温度虽然比较恒定,可也不可能很低的,到底是什么原因使得最容易腐烂的尸体能够保存如此完好呢?

前面提到,在马王堆女尸出土的时候,棺内装载着约有半棺的红色液体。专家们预测这种液体应该是这具两千多年前的尸体保存完好的"神液"。

经过化验证实,这种红色棺液的成分较为复杂,之所以会呈现出红色,是因为里面掺加了朱砂。朱砂的化学成分对人体是有害的,其中含有砷和汞,可以肯定,这种红色液体具有杀菌作用,可以保证尸体不腐。

另外在棺液中还检测出了许多中药的成分,这些东西混在一起就成了深红色。而且整个墓室是建在地底 16 米以下的地方,由于墓室非常深而且墓室的周壁均用可塑性大、黏性强、密封性好的白膏泥筑成,封闭得很严,这样就阻隔住了空气,不透气加上不透水也不透光才使尸体奇迹般地保存了下来,而且马王堆汉墓一直没有被盗。地质条件加上人为因素,都为辛追的尸体奇迹般地保存下来创造了条件。

因为尸体的保存环境发生了变化,辛追的棺木中已经不再是红色的液体了,所以就可能会出现一些变质的可能性,为了能够更好地保护好尸体,专家们在辛追的尸体上注射了福尔马林为主的固定防腐液,但是女尸骨头中的钙还是已经出现流失。科研人员加强了对辛追的检测,包括对固定液的浓度、pH 值、离子、氨基酸含量的检测,如果想要辛追的尸体再继续"存活"千年的话,这将是一份十分艰巨的任务。

千年悬空寺缘何不倒

在山西省浑源县的恒山脚下,有一座堪称中国建筑史上的奇迹——悬空寺。与一般坐落在平地上的寺庙不同,悬空寺的"奇",就奇在这个"悬"上。悬空寺悬挂在恒山金龙峡西侧的翠屏峰的悬崖峭壁上,远远望去,犹如一尊镶嵌在峭壁之上、玲珑剔透的浮雕,近看之又有凌空欲飞之势。自北魏时期建成以来,悬空寺在这陡峭的崖壁上"悬挂"了数千年,无论是山崩地裂,还是风吹雨打,它都岿然屹立不动,被誉为恒山的第一奇观。

悬空寺原名"玄空阁",这个名字源自道家的"玄"和佛家的"空",后来因"悬"与"玄"音近,寺院又像悬挂在半崖之上,故称作悬空寺。

悬空寺建于北魏时期。公元398年,北魏天师道长寇谦之仙逝前留下遗训,要求后人建一座空中寺院,以实现"上延霄客,下绝嚣浮"的目的,让世人有幸能够与天上的神仙交流,将凡俗的烦恼抛诸脑后。他的弟子历时43年,多方筹备之后,将寺庙选建在恒山脚下的这处奇妙之处,

悬空寺

其建筑之奇、结构之精巧,都超出了常人的智慧,其特点可概括为"奇、悬、巧"。

悬空寺之奇,体现在它选址的奇妙,它刚好建在悬崖凹进去的位置,这样一来,悬崖突出的部分就成了它天然的屏障,抵挡了风吹日晒雨淋,大大降低了岁月对悬空寺的侵蚀。

悬空寺距离地面约50米,共有40间殿阁,这么大的一个建筑,全靠着十几根颤颤悠悠的细长的木柱在下面支撑着,40间阁楼之间,全部靠栈道相连。游客踏上栈道,就会不由自主地屏住呼吸,小心翼翼地踮起脚后跟,生怕会一步太重就将寺给踩塌了。但实际上,尽管它"吱呀"作响,岩壁上的楼阁却依旧纹丝不动。"悬"是悬空寺的又一大特色。

悬空寺的"巧",就巧在这峭壁之上看似促狭的空间里,巧妙地实现了陶弘景三教合流的思想。在这一处空中寺院中,将三教殿建在最高处,并实现了40多间殿阁的合理分布布局。山门、钟鼓楼、大殿等的设计十分精巧。殿阁的分布对称中有变化,分散中有联络,布局紧凑,错落有致,其设计之精巧令人叹为观止。

这座空中寺院自建成以来至今已历时上千年,这期间经历了自然和社会的变迁,都未曾遭到破坏。这座重达十吨的建筑仅靠着十几根木柱的支撑,屹立在峭壁

之上以达千余年,在令人叫绝之余,不免让人心生疑惑:这座颇具规模的寺庙究竟是靠什么支撑着悬挂在半空的呢?

恒山地区流传着这样一句民谣:"悬空寺,半天高,三根马尾空中吊。"这其中的马尾,指的就是那些上接寺庙、下至岩石的红色立木。细细数来,这些立木共有30根,这些细细的、直径不超过十厘米的立木足以支撑起重达十吨的悬空寺吗?

从悬空寺早期的照片中,人们并没有发现这些立木的存在,也就是说,没有这些立木,悬空寺照样能够屹立不动,更令人惊奇的是,这些看似支撑着悬空寺的立木实际上有的根本不受力,它们甚至可以晃动起来。究竟是什么在支撑着悬空寺呢?

一些专家经过观察发现,在悬空寺大大小小40间殿阁和栈道下面,都埋着一些横梁。这些横梁直径达50厘米,共有27根。这些深深地插入岩石中的横梁,露在外面的部分大约有1米左右,刚好有木板铺在上面形成走廊,专家估计,这些横梁可能就是支撑整个悬空寺的关键。

这些横梁又是如何被插入陡峭的崖壁之中的呢? 曾有考古学家在金龙峡南部的石壁中发现两排方形的石孔,这些石孔沿着山崖一字排开,延伸至山谷之中。这些石孔,就是古时候修栈道用的孔洞,将木材插入孔洞,然后再在上面铺上木板之后,一条栈道就修成了。由此不难猜测,悬空寺下所埋的横梁,也是以这种方式插进去的。文物保护部门曾试图替换掉悬空寺的部分横梁,却发现怎么也无法将横梁从石孔中拔出。经过专家仔细观察发现,横梁被打入石孔的一段打上一种特殊的楔子,这种楔子撑开横梁,使横梁牢牢地卡在石孔壁上。最为重要的是,为了防止风雨对横梁的侵蚀,这些横梁都用桐油浸泡过。这样一来,既可以抵抗岁月的侵蚀,又可以防止虫蚁的腐蚀,建造者在建造时心思的缜密,令人十分敬佩。

悬空寺因其建造的上"奇、悬、巧"的特色,加之它是中国唯一一坐佛、道、儒三教合一的寺庙,是历代文人骚客心驰神往之处。唐朝诗仙李白游览了悬空寺之后,竟也词穷,提笔在崖壁写下"壮观"二字,明朝的徐霞客游历了之后,也留下了"天下巨观"的赞叹;德国的一位建筑专家在游历了之后,赞叹悬空寺"把力学、美学和宗教巧妙地结合在一起"。许多外国建筑专家在看了制造精巧、奇妙的悬空寺之后,都不由地感叹世界真正的艺术在东方。

定陵地宫疑案

明定陵是明十三陵中第十座陵墓,埋葬的是明朝第 13 位皇帝神宗朱翊钧(年号万历)和孝端、孝靖两位皇后。明定陵 1956 年 5 月开始挖掘,1957 年打开地下玄宫,出土了大量明朝晚期最精美的宝物。然而,至今已过了半个多世纪,万历皇帝的葬式为何采用"北斗七星"的姿势,至今都是未解之谜。

万历皇帝古怪的"北斗七星"葬式

定陵在明十三陵中规模较大,与永陵相差无几,仅次于长陵,占地面积 18 万平方米。到现在开启的明墓并不多,皇帝陵墓只有万历皇帝的定陵被打开。它是新中国成立后,有计划发掘的第一座皇陵,由此,明代帝王陵墓的秘密将被揭开。

据考古资料记录,定陵地宫是由前、中、后、左、右五座高大宽敞的殿堂连接组成的,全部为石结构。后殿(玄堂)的正面棺床上停放着三口棺椁,中间的特别大,是万历皇帝朱翊钧的棺椁。另两口分别是皇后孝端和孝靖的棺椁。

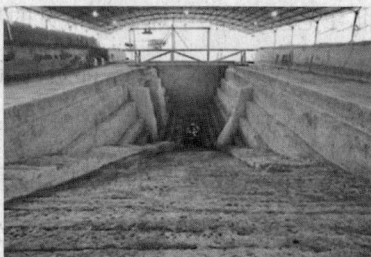

定陵地宫

万历皇帝朱翊钧是明朝在位时间最长的一位皇帝,足有 48 年的时间。万历皇帝的定陵地宫被打开,除了揭秘了墓中并无传说中的重重机关,同时出土了大量明朝晚期最精美的宝物之外,最引人注目的,就是几位主人下葬的姿势。他们的姿势很是特别,在现在所发掘的古代墓葬中是独一无二的,仰面朝天,右手扶着自己的面颊,被称为"北斗七星"的葬式。

这神奇的"北斗七星"葬式具体是什么样子呢?

据材料讲,在出土的万历皇帝棺材里,万历的尸体已经腐烂,只剩下骨骼,但是还能清楚地看到他的姿势。他的身体头朝西、脚朝东,整体是仰卧在棺材里的棉被上,但是四肢的位置很有特色。头是仰面朝天,但头顶有些微向右偏;右胳膊向上弯曲着,右手放在脸旁边,扶着自己的面颊;左胳膊向下弯曲,左手放在自己的小腹位置，还拿着一串念珠。两条腿也各不相同，左腿正常伸直，右腿却向外弯曲，两只脚各向外。

两位合葬的孝靖皇后和孝端皇后的葬式也不是一般的仰卧。孝靖皇后和万历皇帝类似，下肢弯曲，左臂弯曲下垂，手扶在腰上，右臂向上弯曲，手在头旁边。孝端皇后左臂与孝靖皇后一样，右臂却垂直向下，两只脚交叠在一起。

按理来讲，他们下葬的姿势应该是一样的，可能是因为在尸体入棺之后的运送过程中出现颠簸，导致了最后出现姿势的差异。据《泰昌实录》记载：葬神宗皇帝及孝端皇后时（孝靖皇后比万历皇帝早逝九年，已入葬于天寿山东井平冈地）仅抬杠军夫就多达8600人。一路上绳索常有损坏，不断更换。棺椁到巩华城时，抬棺椁的木杠有断裂声，右边一角曾坠地。这样完全有可能使尸体姿势发生改变，出现姿势的不同也就不足为怪了。孝靖皇后的姿势应该是本来的姿势，整体看来，她的整个身体就像是天上北斗七星的形态。

北斗七星，是北半球天空常见的星座，斗柄指向北极星，历来为中国人所重视。很多中国古代的风水、天象，都是与北斗七星密切相关的，甚至每颗星都被赋予了名称，斗身是天枢、天璇、天玑、天权，斗柄是玉衡、开阳、摇光，几颗星的方位及运行对于古人来说是很重要的材料。更重要的是，北斗七星被赋予了政治上的意义。古人认为，皇帝的居处正对着天上的紫微星，这也就是明清两代的皇宫被称为"紫禁城"的原因，而北斗七星在星宿理论中是属于紫微星垣的，也就是人间帝王在天上的对应物，他们在天上就住在北斗星附近。所以，他们要以北斗七星的形制下葬，就更易于他们走到北极星天边，为死后去向天上的帝所提供了更便捷的通道。

在万历皇帝统治明朝长达半个世纪的时间里，他昏庸腐朽不理朝政，明王朝渐渐走向衰败腐朽，直至无药可救。而他却没有体会到亡国的苦果，仍是安然入土了。在他之前为自己营造的地下宫殿，以北斗七星的葬式长眠在定陵地宫中。大明王朝可以说是他断送的，他却享乐一生；继位的崇祯皇帝努力想要励精图治，试图大刀阔斧地改革，拯救这个王朝，但是病入膏肓的明王朝已经无法治愈，他只能眼睁睁地看着国破家亡。躺在定陵里的万历皇帝，不知道是否会不安？

明朝皇帝为何要用这个奇怪的姿势

皇帝为自己营造的陵墓当然是辉煌无比的，他们下葬的姿势更是别有讲究。

从夏商周开始,不同文化系统的氏族就有着独特的葬式,在已经发掘的古墓葬里,有仰卧、屈肢、双手胸前交叉等多种葬式,葬式是辨别墓主的属性的一个重要方法。

不过值得注意的是,从出土的帝王墓葬来看,只有定陵万历皇帝的葬式是这样的,其他却未如此。这也许是因为明朝皇帝格外重视这一点,朱元璋所葬的明孝陵虽然没有开掘地宫,但是从地上建筑来看,并不是像一般的陵园呈笔直左右对称的,而是弯弯曲曲,不成直线。这一方面是顺从梅花山的地形,因地制宜,更重要的则是陵园神道也是形似北斗七星的样子,这在中国的帝王陵里也是唯一的。从明孝陵的神道可以看出,明朝开国皇帝朱元璋就格外重视北斗七星的形制,把自己的墓道建成弯曲状,那么万历皇帝作为他的子孙,以北斗七星的葬式下葬,也就不足为怪了。定陵是唯一一座被开启的明帝陵,一般认为,其他明朝皇帝的葬式也都应该与他一样,呈北斗七星状。

有人大胆推断,明代帝王均为身体侧卧、双腿微屈如睡眠状的"北斗七星"葬式。陵墓的位置、地面布局、地下玄宫布局都与天象有关,皇帝的葬式当然也要源于天象了。

封建皇帝认为自己是上天派到人间的主宰。自称"真龙天子",信奉"君权天授""天人合一"的思想,视皇位为"天位",并时刻把自己的行为与天联系在一起,每当天空有变化时,他们便"自省",认为是自己哪些地方做得不对。

基于这种思想观念,他们将死视为"升天",所以皇帝升天也就意味着到北斗七星上去住了。在十三陵中,明代开国皇帝朱元璋的陵墓孝陵,主要建筑走向就呈北斗七星布局。孝陵反映的是陵寝地面布局(因地宫未发掘),已发掘的明定陵地宫的布局即是仿生前皇宫模式,也是源于天象。

在古代,基于原始的宗教迷信思想,大多以为人死后灵魂还在,并且和活人一样,有饮食起居等各种要求。基于此因,历朝帝王的陵墓大多反映着其生前所居宫室的某些形制和特点。

除此之外,在陵墓选址上也与天象有关,陵址的前后左右要有山,象征前朱雀、后玄武、左青龙、右白虎。以山象征天上的星座,而皇帝的陵则位于星座之间,自然皇帝也置于天宫之上了。

从古代风水学的角度来看,这种"北斗七星"式的 s 形葬式最能够"聚气"。

古代科学还不发达,古人认为天体有一种神秘感,认为北斗七星具有避邪功效。如河南发掘的仰韶文化遗址就发现墓主人东西两侧和脚下分别塑龙、虎和北斗天象图。古人还把它刻在避邪剑上。其奥秘在于北斗七星的形状恰为一个巨大的聚气的 S 形。

皇帝选陵址,要选能"聚气藏风"的地方,选择标准是山环水抱,因山环水抱必有气。在风水学中,用"曲则有情"来形容水和路的吉祥。山脉的起伏呈 S 形,河流则更明显,总是蜿蜒曲折。明孝陵和明十三陵的选址及设计是与古代的风水理论相合的。

按照"事死如事生"的观念去分析,皇帝死后,也需要生气,"北斗七星"式这种 S 形葬式能够"聚气",有了生气,就有了万物,预示着子孙万代繁衍不息。如果依此而论,帝、后的葬式源于天象是有一定道理的。

朱元璋采用天象来设计皇宫、帝陵,他的思想肯定要影响到他的子孙后代。明十三陵所葬都是朱元璋的后代,在陵墓选址和规制上均效仿明孝陵。作为明太祖朱元璋的子孙,又身为皇帝的朱翊钧的葬式"源于天象"也就不奇怪了。

目前明代帝王只有万历皇帝朱翊钧的陵被发掘出来了,其他的陵还未发掘。但有专家据此推断,从朱元璋开始明代的帝王可能都采取"北斗七星"葬式。

郑和宝船之谜

郑和下西洋不仅是我国而且也是世界航海史上的一大奇迹。郑和曾七次远赴重洋,其航线从西太平洋穿越印度洋,直达西亚和非洲东岸,到达南端的好望角,也就是说抵达了大西洋,涉及三大洋,历时 28 年,其时间之长、规模之大、范围之广都是空前的。七下西洋的壮举不仅发展了明朝的贸易,而且还加深了中国与南洋诸国的联系。不过,郑和下西洋这一历史事件又充满了各种谜团,其中郑和在航行时所用的宝船就是一例。

据史料记载,郑和下西洋的船队共由五种类型的船舶组成。第一种船叫"宝船",据《明史》《郑和传》记载,郑和远洋航海宝船共有 63 艘,最大的长四十四丈四尺,宽十八丈,载重量八百吨,是当时世界上最大的海船,如果折合成现在的计量单位,该船的长度达到 151.18 米,宽 61.6 米。船有四层,船上 9 桅可挂 12 张帆,锚重有几千斤,要动用二三百人才能启航,一艘船可容纳有千人。有《明史·兵志》为证,"宝船高大如楼,底尖上阔,可容千人。"它的体式巍然,巨无匹敌,可称得上是当时的"航空母舰"。第二种船叫"马船",长三十七丈,宽十五丈。第三种船叫"粮船",长二十八丈,宽十二丈。第四种叫"坐船",长二十四丈,宽九丈四尺。第五种船叫"战船",长十八丈,宽六丈八尺。由此可见,郑和远航舰队中的船只,有的用于载货,有的用于运粮,有的用于作战,有的用于居住。船舶功能分工明确细致,种类较多,并且完全按照海上航行和军事组织进行编成的。可以说,郑和的船队是一支以宝船为主体,配合以协助船只组成的规模巨大的舰队。

史上确实存在郑和的巨大船队是毫无疑问的,但是关于宝船规模的记载是否真实,学术界并没有统一观点。持肯定观点的学者认为《明史》上所述基本正确,并进行了仔细考证。

一是,有人曾以南京静海寺郑和残碑所记"两千料海船"体积不符合《明史》记载为由,推断"宝船"的体积被夸大其词了,但挣肯定态度的学眷指出"料海船"并不是"宝船",而是较小的"战船"。

二是,在对南京郑和造船厂的考古发掘中,发现了一根约 15 米长的舵,这和《明史》所述宝船大小相符。

三是,史书上所记宝船宽 18 丈,而南京郑和造船厂的船坞宽可容 20 丈,这使宝船的建造成为可能。

四是,伊本·白图泰(ibn Battuta)(公元 1304 年~公元 1377 年)在其游记中曾有如此纪录,中国有巨大的 12 张帆可载千人的海船。白图泰的游记可作为宝船的旁证。

持质疑态度的学者却认为木材的强度是有限的,船体过大就无法保证水密性,难以做长时间的航行。根据南京静海寺郑和所立残碑记载,郑和首次出海宝船为"两千料",根据他们推论,折合长约为长十五到二十丈,宽六到八丈左右。载重量约为五千吨。最为关键的是,至今未有人能复制出可以实际航行的四十四丈"宝船"。目前,复制中的宝船多采用持质疑态度的学者的说法。不过,即便是采用持质疑态度的学者的说法,郑和宝船仍是当时世界首屈一指的巨型船舶。

上图为按照当年郑和船队中的中型宝船尺度设计建造的仿古宝船,展示于南京宝船厂遗址公园。船长 63.25 米、船宽 13.8 米,6 桅 8 帆,排水量约为 1300 吨。

北京城墙为何缺一角

我国首都北京,是一个世界闻名的古城,距今已有 3000 多年的历史。北京城内文物古迹众多,无不让人流连忘返。但是,这其中最具神秘色彩的,恐怕就属北京的古城墙了。

据考证,现存的北京旧城墙在元代开始修建,于明代定型。公元 1215 年,蒙古军占领中都城,烧毁了宫城,郊外的大宁宫则幸免于难。元世祖忽必烈至元四年(公元 1267 年)以大宁宫为中心,建成了一座规模宏大的新城——大都,这项浩大的工程整整用了 4 年时间。元大都的兴建,揭开了中国城市建筑史上的新篇章。它在全城设计上体现了我国传统的"前朝

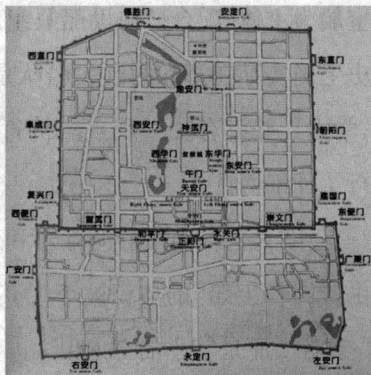

北京城墙平面图

后市,左祖右社"的建都原则。元大都的宫城位于太液池(今北海、中海)东岸。宫城的中心恰好位于全城的中轴线上。而隆福宫、兴圣宫分别建立在了太液池西岸。三组宫殿的周围则加筑了一道城墙,也就是后来的皇城。整个皇城构成"前朝"。皇城后面(今钟楼、鼓楼)成规,《礼记》云:"'规矩城设,不可欺以方圆。'我看还是稍做改动为好。"说完,就提笔将矩形图案的一角抹去。随后,这张由朱元璋改动的城池图式便昭示天下,这也导致明代所建之城也大都遵照此式,即四角缺一角。由此,北京城四面城墙并未组成矩形,它的东北、东南、西南角是整齐的直角,而西北角从德胜门至西直门一线却成了抹角。

也有的历史学家、考古工作者研究后认为,元代大都的北城墙,在现今德胜门和安定门以北五里处,至今遗迹还在。引人注目的是,它的西北角是呈直角的。明代重修北京城时,为了便于防守,便放弃了北部城区,在原城墙南五里处另筑建了

新城墙。新筑的北城墙西段穿过当时积水潭最狭窄的地方，然后转向西南，把积水潭的西端隔在城外，于是西北角就成了一个斜角。明初时，积水潭的水远比现在要深得多，面积也大得多。为了城防和建筑的需要，城墙依地形而呈抹角是合乎情理的。因此，这种观点被大多数人所接受。

近年，一些地质工作者提出了不同的看法。他们在研究卫星照片时发现，紧贴着城墙西北角的外侧，正巧有一条断裂平行于城墙通过，他们称这条断裂为车公庄，即德胜门断裂。然而，在抹角的外侧，卫星照片上隐约能看到直角的影像，他侧这可能是老墙基的影像。于是，一些地质工作者提出了这样一种设想：城墙西北角最初修筑时很可能也是建成直角的，城墙西北角也因此正好斜跨断裂。由于地基建在断裂破碎带上，而断裂很可能还有一些微弱的活动性，城墙的坚固性就受到了影响。也许是因为多次倒塌，后来才改建成现在这种抹角式的城墙。这样，城墙也就巧妙地避开了断裂，进而能够长存于世。

由于古籍、史书上没有这方面的确切记载，因此人们还不能肯定哪一种说法是历史真相，要找到问题的全部答案，无疑还需要广大学者做进一步的探索、分析、研究。

开封地下的城叠城之谜

在开封，祖祖辈辈流传着这样一句话："开封城，城摞城，地下埋有几座城"和"开封城摞城，龙亭宫摞宫，潘杨湖底深藏几座宫"。尽管流传了多少辈人，但一直以来都没有人能指出这"城摞城"究竟在哪儿。

直到1981年5月中旬，开封市园林部门在传说中藏着几座宫的潘杨湖清理淤泥的过程中，推土机推出许多古代建筑中常见的方八砖和朱砂红绦的帘子篾。联想到祖祖辈辈人常说的"潘杨湖底深藏几座宫"，施工人员立刻猜到这也许就是传说中的"城摞城"，于是他们停止施工，将情况汇报给了开封市博物馆。

开封的考古人员历时20多年，通过细心的发掘和勘探，将开封地下"城叠城"这个奇观展现在了世人面前：在如今的开封城下面，一座古城叠在另一座古城上，整整有6座古代城池。经过考古人员的仔细辨别，这6座城池的顺序自下而上分别为:战国时期魏国的大梁城、唐朝的汴州城、五代及北宋时期的东京城,金代的汴京城,明朝的开封城以及清朝时期的开封城,其中,处在最下面的魏大梁城据地面十余米,唐朝的汴州城距离地面 10 米左右,再往上,北宋时期的东京城,距离地面有 8 米,汴京城为 6 米,明朝和清朝的开封城则分别距离地面 6 米和 3 米。

这层层叠压而成的 6 座城池,就像是开封历史的"活化石",透过它,人们可以看到开封自建城以来的古代城市变迁和王朝的更替。在中国历史上,与开封城命运相似的城邑很多,但能够有开封这样叠压得层次之多、规模之大的,不仅在中国的历史上,甚至在世界考古史上都是独一无二的。

那这"城叠城"的奇观又是如何形成的呢?

在开封,有这样一句话:黄河泛滥两千载,淹没开封几座城。在开封地区从事考古研究的研究院也表示,开封城的数度衰落与黄河有着不可否认的联系。两千多年以来,正是由于黄河的不断泛滥,使得开封古城屡屡被淹,才造就了"城叠城"的奇观。

开封地处黄河流域的中下游,黄河穿过世界上最大的黄土高原后,进入了地势平坦的华北平原,河水的流速减缓,从中上游裹挟着而下的大量的泥沙,在这个地段便沉淀下来。尤其是处在黄河流域中下游的开封地段,这种现象尤为明显。据统计,黄河下游地区,每年的泥沙淤积量达到 3 亿吨之巨,如此之巨的泥沙使得该段的河床每年都会上升 10 厘米。

可以说,黄河给开封带来了毁灭性的灾难,但同时也形成了这"城叠城"的奇观。考古人员在发掘的过程中,还发现了一个有趣的现象:时间跨度达几千年的这些古城和现代坐落在它们之上的开封市,它们在城市规划建设的时候,南北中轴线都始终未变。这带来的一个奇特现象是,不光是城市之间互相叠压着,各个城市里的门、大马路、墙都互相叠压在一起,形成了"路叠路""门叠门""马道叠压马道"的奇特景象。

令人奇怪的是,开封在历史上屡屡被淹没,却为何又屡淹屡建呢? 开封这个地方究竟有什么神秘的力量吸引着历代的人们在这里定居下来?

长期研究开封城叠城的专家认为,人们屡屡在开封建城的一个原因,是因为这里的气候一年四季分明,适宜居住。

再者,黄河固然是开封淹没的罪魁祸首,但它的存在,也使得开封处在了南北交通的水陆交通大道之上。魏国当年定都大梁城于开封后,在附近开凿了一条人工运河鸿沟,这使得大梁成为当时名扬天下的水陆大都会。

还有一个重要的原因是,自古以来,历代就有"得中原者得天下"的思想,开封所处的地理位置符合古代帝王称帝并向四周扩张的理想,因此,才会有那么多代的统治者都将都城建在了开封。

开封"城叠城"的发掘令世人兴奋不已,许多人都渴望着一睹这"城叠城、马道叠马道、门叠门"的奇观,但由于开封市的地势低于黄河河床,地下水位很高,给开发地下城带来了一定的难度。再加上,古今开封市的中轴线都是一致的,要想开发地下的古城,就需要把现今的开封市整个进行搬迁才能实现,这个代价难免太大,所以,开封地下城的开发,还有待时日。

临安寻梦

钱塘自古繁华

在钱塘江下游北岸,有一座古老的城市。公元589年,隋文帝废钱唐郡,在历史上第一次赋予了它一个全新的名字——杭州。隋炀帝开凿京杭大运河之后,杭州作为这条经济动脉的终点,逐渐富庶于东南。五代时期,吴越国选择了这里作为都城所在地。到了北宋朝,积累了丰盈的财富与无数华美的建筑园林,杭州获得了"东南第一州"的美誉。

公元12世纪,历史把这座城市推到了转折的关口。继吴越国选中它作为国都之后,杭州又一次等来了机遇。

公元1115年,来自白山黑水间的女真人建立金朝。迅速崛起之后,金朝与北宋联手消灭称霸北方的辽国。不料取得胜利不久,金兵转而将矛头对准了盟友大宋王朝。1127年,这是北宋历史上最悲惨的一年。金兵大举南下,攻陷国都东京。北宋王朝在女真人的铁蹄下彻底崩溃。

亡国之君宋徽宗和钦宗被迫北上归为降臣。燕云十六州,曾是北宋初年几代皇帝梦想征服的土地,而如今随着大宋天子沦为金国的囚徒,那里将成为他们最终的栖息地。

就在亡国之君北上归为降臣之时,在河南应天府,一个名为赵构的年轻人成为宋室王朝的继任者——高宗皇帝。然而这样的幸运充满了尴尬的意味。作为宋徽宗的第九个儿子,他本来没有资格继承皇位。可偏偏父亲徽宗与兄长钦宗一道成了金兵的俘虏。唯一漏网的嫡系皇九子赵构,在中兴大宋的旗帜下众望所归,成为号令全国的领袖。

于是,公元1127年有了两个年号,北宋覆灭,南宋王朝在风雨飘摇中宣告诞生。

在焦灼迷惘之中,即位不久的赵构度过了二十岁生日。回想父兄被挟持北去的屈辱,无论朝野人士如何恭请还驾,赵构就是不肯回銮旧都东京。面对虎视眈眈的金兵,他意识到,也许退避江南才是保全自己的唯一选择。恰在此时,一首名为《望海潮》的宋词吸引了他的目光。

"东南形胜,三吴都会,钱塘自古繁华。"诗人柳永浓墨重彩地渲染着杭州的富庶和美丽。"烟柳画桥,风帘翠幕,参差十万人家。"这首美妙绝伦的宋词,深深打动了赵构。南下,成为萦绕在他心头挥之不去的情结。

1129年春天,经历了多日流亡之后,赵构终于如愿以偿踏上了柳永笔下的杭州。诗人穷尽华美之词描绘的景象第一次在眼前徐徐展开。让赵构尤为动心的是胜似仙境的西湖。重湖叠山,三秋桂子,十里荷花,还有日夜荡漾在湖面上的笛曲和采菱歌。一年来,被金兵追逐得左奔右窜,很是狼狈。对于疲惫不堪的高宗皇帝来说,恢复中原,王师北定早已力不从心,此刻他最想做的便是停下脚步,为自己物色一处合适的休息场所。就在这时,杭州向他敞开了温软的怀抱。

登临凤凰山顶,赵构越发相信,杭州早已为他的到来准备好了一切。位于杭州城南的凤凰山是昔日吴越王宫所在。到了北宋时期,这里继而成为杭州府治。庞大的古建筑群分布于山林间,楼堂亭观错落有致。南渡之后,重建皇宫的经费问题一度困扰年轻的高宗皇帝。眼前这些历经战乱而幸存的建筑和园林,无疑就是最恰当的居所。

这一年,赵构诏令将凤凰山上的杭州府治改为行宫,意欲定都于此的想法逐渐流露。不久之后,杭州被赋予了一个颇有意味的新名字——临安。从北到南,从应天府到临安,赵构终于找到了属于自己的临时安乐窝。

迎战金兵

赵构如何也想不到,自己在安乐窝的美梦这么快就被惊醒。落脚杭州不到一个月,最信任的护卫亲军竟然在宫廷内发动兵变。先是逼迫赵构退位,接着将他软禁在显忠寺。

突如其来的宫廷政变让赵构惊恐万分,叛乱军官对他继承皇位合理性的质疑更是深深刺痛了赵构。这一刻,赵构刻骨铭心地意识到,自己的性命就如同暗夜里的残烛,随时都有可能熄灭。

从各地汇集而来的勤王之师迅速击溃了叛军,几经周折,赵构勉强复位。然而他又一次面临棘手的问题。朝廷之上,定都临安的想法遭到了激烈的反对。力主抗金的大臣们提出,收复中原,还都东京势在必行。杭州太靠东南,生活过于舒适,容易灭了光复中原的志向,唯有南京才是国都的妥当之选。

大敌当前,为笼络人心,赵构不得不做出抗战复国的姿态。尽管对临安十分不舍,最终赵构还是下诏,离开杭州,移都南京,全面迎战金兵。

1129年5月,当南宋王室的车队即将启程时,赵构回头看了一眼夕阳下的凤凰山。他根本想象不到,这个恢宏的建筑群竟然在不久的将来永远地消失。

赵构似乎命中注定颠沛流离。移都南京不久,金朝军队再次南侵,南宋的长江防线全线崩溃。赵构被迫从南京城仓皇出逃。就在他一路奔波逃亡之时,金兵占领了临安城。退无可退之时,赵构不得不将小朝廷装进几只船里,入海避敌。

这一年,南宋君臣飘荡在大海的波涛上度过了春节。高宗深切地怀念起临安城。如果没有这场巨变,此时西湖边该是如何一片华灯异彩,焰火映天的景象。

高宗皇帝躲藏在颠簸的小船上,对曾经的安乐窝念念不忘。准备撤离临安城的金兵在凤凰山上点燃了大火。黑色的烟雾遮天蔽日,大火烧了三天三夜。当朝阳再次升起时,凤凰山上只剩下一片废墟。

由于不善水战,金兵最终撤回长江以北。临安城失而复得,侥幸逃生的赵构再一次返回凤凰山。昔日壮观已化为灰烬,眼前的凄凉之景让他不禁黯然神伤。在过去两年艰险的逃亡中,赵构越发坚定自己定都临安的想法——南京并不安全,唯有临安才是国都的首选。南京离金人锋镝太近，单凭一条长江天险，绝非轻易能守。临安则不然，它不仅有着一道天然的屏障——钱塘江，水路更是四通八达，对内对外都能借舟楫之利，进可攻，退可守。

定都临安

1132年，不顾众多大臣的反对，赵构正式宣布临安成为南宋政权的最终归宿。为了抚慰一心还都东京的抗战派，临安从未真正获得过作为国都的名义，它仅仅被称作"行在"，意思是皇帝行宫的所在地。不久之后，一道圣旨昭告天下，消息很快传遍了全国。一个繁华至极的都市，一座最为独特的宫殿也将由此诞生。

重返临安后，面对凤凰山上被烧毁的宫殿，赵构不得不重新为皇城物色一个合适的地方。西溪之行给他留下了极深的印象。河网交错，港汊纵横，鱼塘密布，梅香竹翠，一派江南水乡风光。

独特的景致和宜人的气候让赵构倾心不已，但他却始终无法释怀。在惊恐不安中，年轻的赵构度过了他登基之初的岁月。从未间断的逃亡给他留下了无法磨灭的阴影。保全自己的身家性命，被这位大宋王朝的继任者奉为了人生的最高准则。很显然西溪并不符合这个标准。相比之下，曾短暂居住过的凤凰山才是最为安全的居所。

凤凰山坐落在杭州城南，钱塘江环绕前方。作为全城的制高点，这里不仅便于控制形势，更是易守难攻的绝佳之地。即使金兵再次南下，自己也能从钱塘江上迅速逃离。

居住在凤凰山上大可高枕无忧，赵构对此颇为心动。但他也十分清楚，这样的选择必然会造成临安反常的格局。

由于凤凰山位于杭州城最南端，再往南去便是钱塘江，坊市民居只能往宫殿以北发展，如此一来，南宋皇城便会呈现坐南朝北之势。坐北朝南作为中国的王宫定制一贯被历代统治者遵守。公然违背传统建都规制，势必会在朝野间引起轩然大波。赵构又一次站在了选择的关口。

这一夜，赵构提笔在临安城的规划图上写道："西溪，且留下"，情深意笃之中似有缕缕难舍的情意。西溪暂且留下了，凤凰山成为他最终的选择。

按照常理，凤凰山上一场浩大的工程很快就会拉开序幕。但事实却恰恰相反。

定都临安后的十几年间，由于国家财力衰竭，皇城中兴修的建筑屈指可数。直到1142年，定都临安的第十年，上朝区的正殿——文德殿最终才建成。这座大殿，相当于北京故宫的太和殿，却因为不敷应用，不得不靠临时更换殿牌来行使其他宫殿的职能。举行大朝会，称大庆殿。宣布重大任命，叫文德殿。为皇帝祝寿，就改为紫宸殿。一殿多用，这是中国历代皇宫中绝无仅有的奇事。

赵构

为了在日出前赶到凤凰山上朝，居住在皇城北面的大臣们三更时就要从家里出发。遵循上朝从南而入的惯例，他们不可就近从北门进入皇城，只能沿着宫墙绕行很长的距离才能来到南门。经过大臣多次上疏建议，赵构才勉强下令，允许官员平日上朝可以从北门进宫。由后门进出皇宫的奇事可谓空前绝后，但南宋皇城中反常的现象远远不止这一处。

受到地形影响，南宋宫殿只能依山而建，被历代统治者视为权威象征的中轴线不得不被忽略，于是出现皇宫的南北门不在中轴线上，存在错位的情况。甚至本该设在皇城里的朝廷机构，也因为宫内太过拥挤，没有立足之处，而被迫移到了皇城之外。

将皇城建在了凤凰山上，赵构的这个选择造成了种种不便，甚至使临安成了历史上最不符合规制的国都。为了平息议论，皇城坐南朝北这一不得已的结果，也被赵构赋予了新的含义——坐断东南半壁江山不忘北归。这样一来，满朝官员再也无法提出任何反对的意见。

从即位到如今，赵构度过了人生中最艰难的十年。迁都江南，南宋王朝得以生存。但孤独始终伴随着他。当年，金朝以胜利者的姿态带走了赵构所有的亲人，包括母亲韦太后。和所有普通人一样，赵构的内心强烈渴望着亲情。每次想起杳无音讯的母亲，他都不禁潸然泪下。

事情到了1139年突然有了转机。金国派来的使节透露了韦太后的下落，并表示可以以割地的形式进行交换。

听闻这个消息，欣喜若狂的赵构决定征调天下的能工巧匠，为归来的母亲建造一座宫殿——慈宁殿。从建筑外观样式的选择到室内器物的布置，一切事务赵构都要亲力亲为。在他的督促之下，大殿的建设速度极快，不到半年时间便竣工完成。

不久，谀美此事的诗歌开始纷至沓来，重楼飞阁高下曲折，装饰金碧辉煌，宫殿的顶层更是高若凌天……在慈宁殿繁复的造型和奢华精致的装饰中，人们终于找到了北宋盛世宫殿的影子。

讴歌赞美不绝于耳，赵构心中的重担却依然无法释怀。当年被簇拥推向帝位的确是身不由己，但坐上龙椅之后，赵构才发现号令天下、万民跪拜的感觉是如此让人迷恋。如今抗金形势的好转和随之可能到来的胜利，时常让他茫然若失。

父亲徽宗已客死异乡，但兄长钦宗被困在冰雪覆盖的五国城侥幸存活。倘若有朝一日战胜金国，这位名正言顺的皇帝返回大宋，自己必然失去现在拥有的一切。面对这挥之不去的噩梦，赵构意识到，既然胜利将对自己的皇位造成威胁，那么偏安江南，向金人求和以维持现状才是最佳的选择。

1141年，赵构以十二面金牌下令岳飞班师回朝，此时南宋的军队离旧都东京仅有一步之遥。为了将帝国的权利牢牢掌握在自己的手里，高宗皇帝丢弃了唾手可得的胜利。接下来他要做的就是将议和道路上的障碍一一清除。

奇妙的历史造就了独特的临安。违反常理，不合规范，这是后人给予临安最多的描述。但无论如何，这座注定在历史上与众不同的国都已经粗具雏形。从此它开始伴随着风雨飘摇中的南宋王朝，经历一个多世纪的大喜大悲。

南宋的短暂和平

公元1141年，在离临安不远的绍兴城里，少年陆游正满心期待着岳飞的凯旋而归。自小耳边常有父亲收复中原的慷慨言辞，出身名门的陆游踌躇满志，意在功名。

然而就在春节前夕，到访的客人带来了惊人的噩耗：高宗皇帝以莫须有的罪名杀害了岳飞父子，宋金议和几乎紧锣密鼓地同步进行。南宋王朝的偏安早已让年少的陆游无法接受，岳飞的死讯更是给他带来深深的悲痛和困惑。

向金国纳贡称臣,换回了半壁江山的统治权。梦寐以求的议和得以实现后,赵构终于可以腾出时间打造属于自己的宫殿。南渡之初立下节约经费、草创皇宫的承诺被抛到了九霄云外,大内宫殿开始大肆翻修增建。很短的时间内,凤凰山上的皇城就已有了轮廓。

自皇城南面进入丽正门,再穿过南宫门,大庆殿平地而起,成了前朝的主体。史料记载,大庆殿并非宏大之作,规模大小仅是北宋大殿的三分之一。缺失了坐拥天下的胸怀,柔弱的王朝极大地影响了宫廷建筑的风格。一改汉唐的雄浑质朴,南宋建筑不再追求规模上的宏伟大气,结构逐渐趋向纤弱轻巧。宫殿屋顶的坡度增大,挑檐不再沿袭汉唐的诚实稳重,而是翘立飞扬,旖旎多姿。建筑风格渐趋柔和浪漫,这是中国建筑史一次重大的转型。

为了适应临安乍暖乍寒的气候,来自北方的王公贵族,甚至还创造出来一种新的建筑样式。围绕在房屋四面的不是墙壁,而是一圈从屋檐到地面的格子木窗。天热时,整扇拆除,屋子就变成了仅有立柱的凉亭。春秋时则是保留部分窗户。到了冬天,将四面窗户重新装回,再挂上厚厚的布帘。这种散热取凉、防寒保暖兼具的建筑可谓南宋独有。

历史就是如此妙不可言。正是无能者以每年缴纳岁币所换来的苟且偷生,为南宋赢得了短暂的和平。江南的繁荣滋润了这个弱不禁风的王朝,北宋都城的盛世图景再次重现。

南宋初年,为了躲避中原战乱,大量北方人跟随着南迁的宋室,涌入了狭小的临安城。在拥挤的街巷之中,临安不仅奇迹般地消化了巨大的人口,商业规模甚至达到了鼎盛。

据考证,面积仅为15平方千米的杭州,在当时竟容纳了将近百万人。人口密度远远超过了今天的上海。为了尽可能地节省土地,当时的民居沿街巷彼此紧挨,并且向内进深。这种迎大街开屋门的房子,带来了传统封闭的坊市崩溃,于是出现了各式店铺分布于大街小巷的情景。

开放式街巷的出现,大大刺激了商品经济的发展。临安城里繁忙的买卖昼夜不绝,商品样样齐全,甚至于像香水、睫毛膏这一类的化妆品都能买到。一位南宋大臣抱怨临安富庶奢靡时说:现在的农夫居然也穿上了丝制的鞋子。因为羡慕南

·神秘玄妙的古迹文物·

图文珍藏版

宋国都的繁华,金国国主完颜亮竟然偷偷派画工潜入临安进行描摹,并最终将这一美景绘在了书房的屏风上。

在这场旷世大移民中,北方人带来了先进的技术和思想,杭州则以它灵动的地形和湿润的气息为新文明的产生准备了最好的土壤。在它们的碰撞和融合中,一座繁荣至极的华贵天城出现在江南山水之间。

陆游来到了临安

1144年的元宵节,因赴京赶考,刚满20岁的陆游来到了临安。立志功名,学优入仕,以实现报国之志,这是他人生的必经之路。临安的富有奢华给陆游留下了很深的印象。华灯异彩中,人们幻想着北宋太平盛世的重新到来。但年轻的陆游却分明看到这繁华背后的隐忧。

命运并没有眷顾一心报国的陆游。进士考试中,他在试卷上慷慨陈述,力主抗金。在朝廷上下一片议和声中,这显然是格格不入的论调。当权的秦桧大笔一挥,划去了陆游在功名榜上的名字。从此陆游的功名仕途路坎坷曲折。十余载的时光,他多次来到临安参加科举考试,却屡遭失败。投降派一手遮天,宋高宗只求苟合,陆游的失意早已注定。

1162年,一味屈辱求和的赵构终于激起民愤。在统治难以维持的困境下,他被迫将皇位交给了养子赵昚——也就是后来的孝宗皇帝。

因为宫内房屋紧张,孝宗不得不在皇城外为赵构寻找新的居所。颇具讽刺意味的是,他最终选定的竟是奸臣秦桧的府第。经过大事扩建,秦桧旧宅摇身一变,成了太上皇安享晚年的寓所——德寿宫。

耗资无数建造园林再次上演。德寿宫内广筑亭台楼阁,遍植奇花异草。据说当年在赵构的后花园中,用于造型的石材都是来自江苏太湖。这是江南奇石中的上品,经过几个世纪在湖底不断冲刷之后,才能呈现出如此千奇百怪的形态。仅仅擅长诗词绘画的皇帝无法成功驾驭一个庞大的国家,但叠石造山艺术却在他充满才隋的设计中发展到了极致。

德寿宫的兴建,使南宋宫廷的格局出现了变化,中国历史上第一次出现了皇家宫殿分布于皇城外的奇观。为了区别于凤凰山上的皇城"南大内",德寿宫被称为北大内。南内与北内并置,独特的皇宫组合,如同充满黑色幽默的象征——退位之后的赵构仍然拥有干预朝政的能力，南宋王朝还要继续笼罩在他的阴影之下。

1162年，对于孝宗皇帝和陆游，都是命运的转折点。刚刚即位的孝宗尚有一股锐气，重用抗战派大臣，意在筹划北伐，收复中原。此时陆游已年近四十，赋闲在家，但诗名远扬。爱国情深，更是人所皆知。

即位后不久，孝宗皇帝第一次召见了陆游。殿堂之上，陆游慷慨陈述，力主抗金。收复中原的政治主张颇为符合孝宗当时的心意。宋孝宗龙颜大悦，赐予陆游进士出身，并在朝廷担任官职。

十月的临安城秋高气爽，久霾的天空里，陆游终于看到了阳光。即便临安如何繁华，也无法让他忘怀对中原的思念。如今孝宗皇帝即位，收复中原势在必行。二十年的企盼，终于得以实现。

此时满怀喜悦的陆游忽略了一个关键，孝宗皇帝的御座后，还坐着一个谈金色变的太上皇。他又一次从幕后伸出手，将收复中原之举扼杀在摇篮中。在赵构的主持下，老一套的割地赔款占了上风，宋金之间新的和议条约再次出台。

此后二十多年间，南宋皇城中亭台楼阁的数量急剧增加。在太上皇赵构的高压控制之下，北归故土的声音渐渐微弱。孝宗皇帝能做的，除了向退休的太上皇请示汇报，剩下的时间都用来继续营建凤凰山上的宫殿。

在这恢宏的建筑群里，有一座大殿颇为奇特。因为违反常理，大门朝北，它被称为"倒坐殿"。据说为了表达南迁的宋室回望北方，思念故都之意。这样的做法颇具讽刺意味，将北方拱手让给了金人，南宋统治者早已没有了回望中原的勇气。正是这坐南朝北的延和殿，见证了陆游人生的几度沉浮。

抗金受挫，投降派控制朝廷之时，在延和殿上陆游仍然慷慨陈词，力主抗金。不适时宜的真知灼见，往往衍生成罪名。遭遇贬职的陆游被迫离开临安。

数年后，孝宗皇帝心血来潮，又将他召回都城。依然是在延和殿上，陆游再次痛陈收复中原的心愿直至泪眼滂沱，一番诤言，被孝宗轻描淡写地打发了。言辞之中孝宗暗示陆游还是当个闲适诗人，不要插手国事。心灰意冷的陆游离开了延和殿。在政治生涯的起起伏伏中，他消耗了人生又一个二十年。

南宋的造园艺术

繁盛与安逸之中，北归故土被南宋统治者抛到了脑后，此时他们最大的理想是将一切江南美景汇聚在后宫庭院。于是御花园里挖凿大池，引水注之，以像西湖，垒石为山，仿灵隐寺飞来峰，名曰万岁山。

临安皇城与清代宫殿的严谨肃穆大有不同。北京故宫的布局完全从封建礼制思想出发，个人兴趣爱好的展现受到限制。但在中央集权还未高度强化的南宋，皇帝的意愿往往可以决定宫殿的设计模式。

同赵构一样，孝宗皇帝在艺术上也有着很深的造诣。御花园的设计处处铭刻着他的审美情趣，每一处亭台楼阁更是被别具匠心地制造出中国画的意境。南宋帝王居处的奢华不在于宫殿的宏大，而尽在园林的精致。建筑和自然山水花木相结合，中国传统造园艺术在南宋达到顶峰。

对自己的设计成果，孝宗皇帝极为满意，此后大部分时间他都待在这里。陆游应诏面圣的地点也从延和殿换到了御花园。但他再也没有机会表达自己收复中原的夙愿。奉圣旨作诗赞美这座盛世园林，成为孝宗召见陆游的唯一目的。在这座竭力模仿着江南风景的园林中，陆游陷入了深深的失望。他意识到，南宋王朝离北方的故土已经越来越远。

1203 年，心灰意冷的陆游上疏朝廷，提出告老还乡之请。离别临安前，他一连两天独自游览西湖。重湖叠山，亭台楼阁和无休止的轻歌曼舞重现眼前，陆游却触景伤情。临安曾是陆游的企盼，从意气风发的少年到白发苍苍的老人，这里收纳了他跌宕起伏的一生。目睹繁华依然的京都，在名为《武林》的诗中陆游感慨万分："楼台飞舞祥烟外，鼓笛喧呼明月中。六十年间几来往，都人谁解忆衰翁？"

萧瑟的秋风中，年迈的陆游踏上了归乡的旅途，从此他永别了临安。

七年后的冬天，在绍兴荒凉的山村中，陆游离开了人世。"死去元知万事空，但悲不见九州同。王师北定中原日，家祭勿忘告乃翁。"这是他留给世间的最后一首诗。

柔弱的南宋摇摇晃晃地生存了近一个半世纪。南迁的宋室在临安城重现了北宋东京的盛世繁荣。但谁又能料想到，被同样复制的还有一出相似的灭亡悲剧。

公元 1206 年成吉思汗统一蒙古各部，建立蒙古国。1234 年蒙古征服西夏。次年消灭金国。失去金朝作为屏障，南宋面临着更大的威胁。

然而在这强敌压境、国家危难的存亡关头，西子湖畔，凤凰山上却依然是一片湖山歌舞,尽事逍遥。曾经繁华的旧都东京荒芜不堪,南渡君臣早已不思收复。他们甚至忘了,外面的世界已经变了。

临安,在锐利的刀锋下酣然入睡,香甜的美梦总有一天将要醒来。

1276 年正月,蒙古元军大举南下,攻陷南宋都城临安,五岁的皇帝赵㬎被俘。北宋亡国的悲剧在一百五十年后又一次上演。在元军的押解下,年幼的皇帝和王室成员踏上了北上大都归为降臣的征程。绵延三百多年的大宋王朝在临安完成了最后的落幕。

南宋灭亡后,凤凰山上的宫殿人去楼空。第二年,民间失火殃及皇城,南宋宫殿在大火中被焚毁过半。此后,宫墙倒坍于地,园林荡然无存,凤凰山上几乎是一片废墟。

曾经举世无双的南宋皇城就这样在一场大火中黯然消失。从此,杭州失去了临安之名,凤凰山也逐渐荒芜废弃。华贵天城临安最终淡去在中国历史版图上。伴随它消失的,还有一个帝国华丽的梦。

七百余载的时光,悄然飘逝。凤凰山上宋宫建筑荡然无存,唯有赵构的亲笔题字深深地镌刻在崖壁之上。西湖边,南宋皇家花园早已败落,在岁月的流逝中这里变成了百姓游春踏青之地。古老的城门也是无处可寻,那些曾耳熟能详的名字被铭刻在石碑上,悄然屹立在城市的角落。

昔日的南宋古都,早已化作了深埋于地下的废墟。奇妙的是它并没有真正消失。今天在杭州的富庶繁荣和休闲安逸的生活中,依然可以寻觅到南宋留给这座城市的印记。

迷城

两千多年前的一个夜晚,在中国南方一座偏远的城池之内,弥漫着不祥的寂静。后来发生的一场浩劫,将一个巨大的秘密推入了历史的迷雾之中。

2002 年 5 月,在湘西酉水河畔,一座深埋地下的古城重见天日。古老的城墙、城壕,以及街道的出现,证明这座城池兴建于遥远的战国时代。湘西里耶古城遗址的一口大井之下发掘出大量的秦代政府档案,出土的简牍超过万枚。而在此之前,

·神秘玄妙的古迹文物·

图文珍藏版

全国发现的所有秦简只有三千枚左右。

大量的简牍破解了迷城的传奇。

沉寂在酉水河畔的里耶镇

1996年的一天,位于湘西的酉水河被连绵的雨水笼罩着。河面上,一艘渔船正逆流而上,驶向中游的里耶镇。傍晚,船到达里耶,但是,有一位客人并没有立即上岸,而是让船沿着靠近镇子的河岸边来回游弋,看样子像是在寻着什么。

雨渐渐停了,岸边的镇子里如往常一样平静。里耶是酉水河边一个有名的地方,曾经的繁华在这里留下了痕迹,一条条古老的街道常常使初到此地的人恍若隔世。这里的人们日出而作,日落而息,过着平淡而从容的日子。此时,他们并不知道身边熟悉的一切,即将因为一个神秘客人的到来而发生改变。

1996年来到里耶的这个人叫龙京沙,作为湘西自治州的田野考古专家,多年以来,他的足迹几乎遍布湘西的每一寸土地。而龙京沙这次来到里耶调查的原因,正是一个困扰他多年的谜题。

里耶盆地位于中国西南腹地的武陵山脉之中,一条叫酉水的大河穿山而过,静静地滋养着两岸肥沃的土地。北面高耸的八面山将这里与巴蜀的广阔平原彻底阻隔。在武陵山区,像里耶这样开阔的山间盆地并不多见。由于交通不便,居住在河边的人们始终和外界保持着某种距离。对于山外的人来说,这片土地上发生的一切,总显得扑朔迷离。1989年,里耶镇的几个泥瓦匠在附近一个叫麦茶的地方取土时,意外地挖出了一批陶器和青铜兵器,随后到来的考古队就地发掘,很快清理出了五十多座战国时代的古墓,龙京沙在现场见证了这次发掘。当年的发掘在地表留下一个巨大的深坑,也给旁边这座小镇留下了身世之谜。

龙京沙:给我们的第一个概念就是,如果有人被埋葬的地方,那也应该有适于他生活的地方,当然不是每一个生活的地方都能够埋上像麦茶这么规模庞大的一个古墓群,这肯定有它的来由。

根据多年的经验和最近的实地勘察,龙京沙感觉到,麦茶古墓群的规模超乎想象,当年的发现很可能只是冰山一角。因为龙京沙认为:"像麦茶这么庞大的一个战国墓群,那肯定不是一般的居住点,而且绝对与早期人类密集活动相关,或者是与当时的历史背景有一定关系。"

很快,龙京沙在麦茶的调查再次取得进展,又有上百座战国时期的墓葬被陆续探明。从大量出土的器物上,可以看到一系列明显的楚文化特征,几乎可以确定,在两千多年前,这里曾经是一片楚国的领地。站在这个巨大坟场当中,龙京沙似乎能够感到阵阵寒意,但此时此刻,他必须面对一个更加迫切的问题,那就是安息在这里的人们生前的居住之所到底在哪里。这如此集中的庞大墓葬群,是否意味着在不远处一座城池的存在呢?

但是龙京沙对墓葬周边的调查没有取得任何进展,而墓葬当中出土的战国时代的器皿和闪亮的铜剑,似乎正在无声地告诉人们,这里曾经是某个遥远年代的一片乐土。

两千多年以前,规模空前的兼并战争主宰着中华大地。在 7 个强大的诸侯国当中,秦国和楚国是最有可能完成统一的两股力量。秦人从西北草原渐渐壮大,势力一直延伸到成都平原,他们武器精良,作战勇猛,令对手胆寒。楚国则占据着中原以及江南的广大区域,是名副其实的泱泱大国。因此,秦楚争霸贯穿了整个战国时代,这场争夺也最终决定了中国历史的走向。

从清朝嘉庆年间修订的《龙山县志》中可以看到,里耶所在的武陵山区,在战国时代就隶属于楚国的巫中,这完全印证了麦茶古墓群中的一系列发现。不仅如此,县志当中还记载了一件更为重要的事情,那就是秦楚两国曾经对这里进行过反复争夺,最终,秦始皇在消灭了楚国这个强大对手之后,将这里纳入了统一的帝国版图。

无独有偶,《史记》中记载了这样一件事情,楚国的谋士苏秦由于看到有一条从乌江至酉水的通道可直通楚国后方的洞庭湖地区,因此他向楚王说出了自己的担心,一旦战争爆发,占据巴蜀的秦人如果从背后夹击楚国,楚国的处境就十分危险了。

袁所长:当时苏秦分析黔中的战略地位的时候,他就讲过这么一句话,他讲如果是秦要攻楚国的话,他必然从两个地方走,一个是下武关,下武关也就是从汉中地区从秦国直接往南,对楚国进行进攻,另外一个是通过巴蜀四川然后攻打黔中,如果这两条线都成功的话,即如果是这么打的话,占领了这两个地方,楚的首都鄢郢难保,楚国很快就会灭亡。

·神秘玄妙的古迹文物·

图文珍藏版

苏秦的担心最终变成了残酷的现实。当楚国的大军在中原战场上与秦军主力奋力厮杀的时候，另外一支秦军正悄悄沿着一条水路向楚国的后方迂回。

按照专家的论证，当年的秦军首先从涪陵沿乌江而上，再经过一段陆路，转道酉水，沿河而下直达沅水，最后长驱直入楚国腹地的洞庭湖地区。在这个过程中，酉水河畔的里耶恰恰是秦军的一个必经之地，那么，当年的秦军在经过这片楚国领地的时候，他们的面前是否出现了一座城池呢？

带着疑问采访了湖南省考古所研究员柴焕波，他在对里耶附近的出土文物进行鉴别之后，竟然没有发现任何关于秦人的信息。柴焕波说："多达两百多座的战国墓当中，全是楚文化的东西，没有秦文化的东西，在遗址上面也是这样，所以从考古资料这个角度来说，秦人好像在战国时期没有到里耶。"

莫非秦人根本就没有到达过里耶？可在同属武陵山区的其他地方，却陆续发现了很多当年秦军留下的物证。

柴焕波：秦人跟楚人进攻黔中郡，文献上是有记载的，有两次，一次是公元前280年，一次是公元前277年，这两次它是进攻了黔中郡，而且这个已经被证明在我们湘西武陵山区其他两个地方，一个是张家界，一个是溆浦，怀化的溆浦，两个地方的考古发掘证实了，那个地方确实有战国时候秦国留下的文物，留下的墓葬，确实有这个历史时期，这个已经证实了，可是在里耶没有发现。

很难想象，在秦楚两国漫长的战争过程中，这个酉水河畔的战略要地竟然会被秦人忽略。如果真是这样，县志中关于秦国曾经两度征服这里的记载又该做何解释呢？而且，麦茶古墓中出土的很多器物，目前仍然无法确切断代，这使柴焕波隐约感到，关于秦人是否到过里耶，现在就下结论也许还为时过早。正当他一筹莫展的时候，向酉水河上游展开调查的龙京沙却有了意外收获。

这天，当他来到距离麦茶墓群1.5千米外的大板附近时，岸边一座座凸起的巨大台地，突然引起了他的注意。随后，在这些连续的台地之上，龙京沙很快发现了大面积的夯土。

不久，在酉水流域的地图上，又多了两座巨大的墓葬群。加上先前发现的麦茶古墓群，三座墓群遥相呼应，成品字形分布在酉水河两岸。

龙京沙：看来无形中就是在里耶这个盆地里面同时分布着三个大时期的墓葬，

也就是说它序列延续得特别好，从战国到西汉到东汉，有可能在这个盆地里面，人类活动得比较频繁密集，而且人口比较多，才有这么多的墓葬出现，通过这一点，我曾经就想过，可能在这个盆地里面会有一个城。

然而，此前展开的所有调查没有提供半点关于城的信息，可大量聚集在一起的墓葬群却接二连三地出现在里耶镇周围，一切似乎正在冥冥之中，为龙京沙指引着一座城的方向。

调查展开的这些天来，考古队的频繁光顾，使原本平静的里耶镇上弥漫开一丝不安的情绪。在镇子周围突然出现了大批墓葬的消息，一时间流传开来。对于里耶镇的人来说，身边那些古老的木制建筑已经是年代久远了，但考古队的到来，却将他们身边的一切，突然推向了一个更加遥远而未知的年代。人们似乎能够感觉到，自己居住的这个古老的镇子即将有大事发生。

为了证实自己对城的预感，龙京沙开始沿酉水河徒步踏勘，这种寻找线索的做法无异于大海捞针。他首先推测，古人在建城的时候应该不会离河岸太远，那么，在三座墓葬群之间的夹角地带最有可能隐藏着这座城。于是，龙京沙向里耶镇上游展开了调查。时间一天天过去，辗转于酉水河畔的他却始终一无所获。

问题究竟出在哪里呢？难道说一开始就在方向上出现了偏差？那座两千多年前的城池，会不会早已经随着河道的更改被洪水带走，所有的证据已经沉入河底？这是龙京沙感到最为担心的事情，那样一来，就意味着一切线索的中断，但他宁愿相信城依然存在，假如在沿河的岸边确实找不到任何线索的话，现在便只剩下一种可能，那就是古城的位置和今天的里耶镇一致。但是近年来，这座小镇已经因大规模的基础建设而发生了巨变，龙京沙感到希望渺茫。

这天，他和另外一名考古队员经过里耶镇沿河的一段，远处传来里耶小学孩子们的读书声。这里的河堤终年被水冲刷，形成一个个断层，这些断层引起了龙京沙的注意。他停下来用锄头仔细清理地层，天色渐渐昏暗，按计划明天就要离开里耶，龙京沙决定最后碰一下运气。突然，一个坚硬的薄片从土层中剥落，龙京沙迅速辨认，很显然这不是天然形成的东西，而是人工烧制的陶片。很快，大小不一的陶片纷纷出现。一切似乎在冥冥之中印证着他的预感，根据多年的经验，龙京沙断定这绝不是普通的碎陶片，而是两千多年前曾经覆盖在某座巨大建筑上的瓦。

龙京沙:这是给我的最好的一个信息,一般地讲,就是说筒瓦和板瓦不是一般老百姓建筑能够使用得了的,这肯定与当时一个较大建筑规模有关系,由此我就产生了一个想法:有可能以它为中心有建筑群,我们开展了以它为中心的漫向四边的调查,果不然,往北追了一点,我就发现了夯土,顺着这个夯土一追,它的长度也远不是墓葬里面的夯土了,那应该就是与城墙有关了。

龙京沙沿着夯土继续追踪,他感到,这座神秘的古城已经离自己越来越近。经过对住在附近的老百姓进行走访,龙京沙又获得了一条重要线索。龙京沙讲:"听老百姓说,这里经常涨河水,每涨一次水,老是从这边的台地里面,能拾到一些铜箭镞,兵器,他们经常捡这些东西去卖,那也不是说是一斤两斤,一件两件,看来拿去当废铜去卖,那可想而知是比较多的。"

随后,在里耶小学的外侧,一条断断续续的水塘引起了龙京沙的注意。经过调查,这明显是一条人工挖成的壕沟,而且当地没有人能够说明这个水塘的来历。

龙京沙:这个水塘分布很有规律的,是从东往西走,再由北往南转折,很有规矩,那就不是一般自然的了,假如是自然的话肯定曲曲折折。

龙京沙在里耶小学附近的发现,使身为湖南省考古所研究员的柴焕波十分惊讶,出现在他面前的这些巨大陶瓦,跨越战国至秦汉的千年岁月。根据瓦的尺寸可以推断出,两千多年以前,曾经有许多高大的建筑矗立在酉水河边。

一系列证据的出现,使龙京沙越发坚信自己的判断,他认为,环绕在学校四周的池塘正是两千多年前的护城河。如果按照池塘的范围框定这座城的话,古城面向河水的一面已经由于河道变迁被泥沙带走,城的绝大部分正好被埋在里耶小学操场的下方。

龙京沙:正好在里耶小学旁边,也是在古城内,当时有一个庙,叫婆婆庙,我就按照这个婆婆庙给它定了一个名,叫婆婆庙战国古城。

龙京沙清楚,目前的一切只是一些零星的线索。想要证明这座古城的确存在,必须找到直接的证据。由于各种原因,1996年的这次调查在刚刚出现转机之后,便戛然而止。但从此以后,龙京沙再也无法平静下来,他的头脑中时常出现里耶小学周围的古老池塘,被老百姓当作废铁的青铜兵器,还有那些来历不明的巨大瓦片。

考古队的悄然离去带走了许多不为人知的秘密,一系列对古城的猜测也随着调查的结束陷入沉默。但是,就连龙京沙自己也没有料到,一个震惊中外的大发现就这样与他擦肩而过。

6年后的2002年春天,千年不变的酉水河被一座巨大的水利工程唤醒。里耶镇临河的一段将与上游一样,成为连绵百里的巨大堤坝的一部分,而龙京沙六年前发现古城线索的地方,刚好将被埋入大坝的下方。这件事引起了文物部门的重视,考古队再次来到里耶,这一次龙京沙将彻底解开一个困扰他多年的谜题。但是由于工期紧迫,留给他的时间已经不多。

2002年5月,古城遗址的发掘工作全面展开。考古队在当年发现巨大陶瓦的地点附近布方,不远处大坝工地的轰鸣声清晰可闻。这是一个紧邻河岸的狭长地带,考古队的临时办公地点就近选在了一户老乡家中,后面就是里耶小学的校园。龙京沙说:"只有这次机会能够解决这个里耶古城问题,首先它是不是城,其次它是不是始建于战国时期,和我们原来的判定是不是一样,但是它废弃时间是不可能了解的,那肯定要考古发掘才能决定的,再第三个就是说它会不会有大量的信息给我们,因为我们在湘西这一块还没有正儿八经地挖一个城。"

这天,一名考古队员来到探方中向下清理地层,突然,土的颜色起了变化,在原来厚厚的黄土之下,出现了深色的青膏泥,这是当地一种常见的土层,可这一变化却引起了龙京沙的注意,他知道,自然形成的青膏泥分布很有规律,在大片黄土之下突然出现,很可能是人为造成的。果然,青膏泥的范围越来越大,渐渐呈现出一个深色的圆弧形,向下依旧是很深的淤泥。更为重要的是,在厚厚的淤泥之下大量的残留物开始出现。龙京沙说:"一般来说,我们挖的灰坑都是和这个地层的土质土色密切相关的,无非就是里面的一些废弃的垃圾可能就是颜色变深一点,或者是杂物多一点。但是这个灰坑很怪,一挖它就是淤泥。"

随着时间的推移,大量的古代垃圾从厚厚的淤泥之下被清理出来。这大都是一些破碎的陶罐和瓦片。龙京沙仔细地记录着每一样东西,经过反复确认,这些垃圾的特征从汉代一直延续到了宋代,这足以证明此地一直有人居住。

灰坑下方的堆积物越来越多,不久,一件令人意想不到的情况发生了,当人们将厚厚的青膏泥清理出去时,坑中竟然出现了一个巨大的正方形木框,龙京沙发现,这个奇怪的木框四周,竟然以榫卯结构严丝合缝地对接在一起,而大量的淤泥和垃圾则被裹在木框之中向地下延伸。

龙京沙:一开始暴露的木头,腐烂得比较厉害,也不成型,最后一追,追出来一个两米一的,一个四四方方的木头架出来,明显是人工套榫的,人工造的一个东西,四四方方的,宽度也就是二米一乘二米一,这样一个方的木头架到底是个什么东西,当时也不好判定。而且这个木构建筑至少给了我们一个信息,即与住房或者是与其他什么因素有关,可是这么小的一个面积内不可能是这么房间,再一个它又这么低洼,远远超过了我们发掘的当时人生活的正常的活动面。因为已经下去很深了,暴露出这么四四方方的东西,后来一清一看,再往下清了两层,下面板子还越来越好,越来越规整,做得特别好,而且板子的厚度都是三四十厘米,最窄的都是30厘米,一般都是三十多四十厘米,这么宽的,一块一块板子,厚度达到十厘米,而且都是榫卯扣得相当好,到下面查了一下,木板非常扎实。"

在没有弄清楚这个巨大方框的来历之前,人们只有先将大量堆积物不断运上地面,然后在河边对淤泥中的杂物进行筛洗。种种猜测笼罩在考古工地上方,有人提出这是一个巨大的地窖,甚至认为这可能是通向某处的一条通道。根据从前的发掘经验,龙京沙感到这个木框的结构与战国时期的水井十分相似。但是,按照当时的河道与城址的关系来看,河水距离城内最多不过几十米远,取水不是难事。为什么人们还要在城内修筑水井呢?况且,仅仅用来取水的话,这口井也显得过于庞大了,在龙京沙的考古生涯当中还从未见过如此巨大的战国水井。

河边对遗物的筛选正在紧张地进行,人们知道对于这座古城的一切猜想,都需要来自地下的证据加以验证。此刻,无论人们感到如何的疑惑,这个巨大的方框依然静静地仰卧在灰坑的下端,吸引着所有人追问的目光。

深埋的古城即将重见天日

随着遗址内一口巨大古井的出现,考古现场的气氛陡然变得紧张起来。人们看到,这口井的四壁十分规整,两千多年来井下积满淤泥,四周的木板已深深嵌入土层当中。中间的原木是考古队员对井壁进行的支撑。这样既可以方便人的上下,也能最大限度地保证井的安全。

但就在几天之前,最先露出地表的是一个正方形木框,内部充满淤泥和年代久远的垃圾。一时间各种离奇的猜测笼罩在工地上方。不久之后，这个巨大的方框已经深入地下达到四米，这时，人们终于发现，出现在面前的竟然是一口前所未见的大井。

考古队员龙京沙在日记中写道："2002 年 5 月 26 日城址的发掘越来越明了，水井暴露一口，正方形，其露头于树叶夹层之下，这应是战国时修建被后代沿用的。"龙京沙十分清楚，在这口堆满遗物的井下，很可能埋藏着重要的信息。清理这口大井对于解开整座古城的身世之谜将至关重要，考古队的发掘重点随即转入井下。很快，大量沉睡地下两千多年的东西被运上了地面。

龙京沙：里面也是瓦片，也是大量的筒瓦、板瓦的残片，和一些陶器的残片，很正常的生活垃圾，更多的就是人类当时的果壳，水果、桃子、果壳，杏核。还有很多的人生活的一些垃圾都进去了，铁渣滓什么的都有。

随着井下的堆积物被不断清空，井的深度也在逐步增加。考古队员必须将蜡烛带入井下进行照明，随着井越来越深，潮湿闷热的井底开始缺氧，蜡烛在井下过不了多久，就再也无法点燃。于是，在每天下井工作之前，考古队员必须先将一个灯泡送到井下。这样，漆黑一团的井底才渐渐有了一丝生气。

龙京沙：距地表六米二八的位置，这底下我们就已经发现了倒塌的井圈有两层，而且这个倒塌的井圈落下去的那一头是直接压在 6.28 米的位置上。

拼接严密的井圈突然崩塌，这是自然脱落，还是人为的破坏，一时很难确定，但是，这已经向人们传达出一个很不寻常的信息。龙京沙认为："由此我们就肯定，从这个 6.28 米的位置到这个井圈的位置应该是一个时间段了，否则这个井圈它一掉下去，肯定要掉到井底去，为什么它只掉到从地表到 6.28 米的这个位置，它无疑提示了我们，从这以下又有另外一个时期的堆积了。"

正如龙京沙的判断，在发现井壁下塌的地方，并不是井的最底部，继续向下清理，堆积物更加丰富。这就推翻了他几天前的判断，这口井显然并没有被后代沿用下去，而是在一个特定的极短时间内被人为废弃。

那么，一个新的问题紧接着出现了，像这样一口大井在当时绝非一般百姓所能建造，而且，在距离河岸很近的城内建造如此巨大的水井，足见当时的决策者对城内的水源格外重视。既然是这样，这口水井又为什么会突然在短时间内被人填入大量的垃圾而遭到废弃呢？种种疑问背后似乎正暗藏着关于这座古城的一系列玄机。

发现古井后的第三天，龙京沙在日记上写道："2002 年 5 月 28 日，阴，阵雨，一号水井下掘，四壁木板明显，规模之大，实为城址所罕见，为我区资料之首。井分为三大层，一层为宋，二层为东汉，三层就到了战国，以下应该至少可分为两层。看来通过几天来的工作，该城的性质逐步明朗，只要有两天时间，发掘工作可告结束。"

后来的事实大大超出了龙京沙此时的估计。三天之后，井还在加深，井下的情况依然不明。龙京沙在日记中记载："2002 年 5 月 31 日，晴，城内遗址基本发掘完毕，工作人员陆续离开工地，目前主要任务是城内遗址的清理和地层的统一。井已到第四层，黑色土加大量杂物如木屑、碳、炭化的树叶等，继续下掘，看遗物的变化怎样。"

这些天来，古城其他地方的工作都已接近尾声，但是一号井下的出土物仍然没有什么变化，依旧是大量裹在淤泥中的垃圾，龙京沙不免有些着急。

此时的一号井距最上层地表已接近九米。运上地面的淤泥和遗物数以吨计，支撑井壁的木头也达到十多层，漆黑的井壁耸立在考古队员的上方，使人不寒而栗，每向下掘进一层，危险也就逼近一大步。缺氧开始成为井下发掘人员的最大威胁，一条鼓风机管道也被投入井中，即便这样，在弥漫着一股浓烈的腐烂气味的井下，考古队员也无法坚持很久。每过一段时间，井下的人便要艰难地爬回地面进行休整。

时间一天天过去，在整座古城遗址当中，只剩下这口两千多年前的神秘大井依然没有见底的意思，他似乎正在默默考量着这群后来者们的耐心和勇气。

湘西的雨季如期而至，涨落不定的河水不断威胁着靠近岸边的考古现场，在一号井下，井壁两侧的泥土面临着向下渗透的雨水，随时可能发生塌方。然而最可怕的威胁并不是来自头上，而恰恰正潜伏在这群考古队员们的脚下。

考古队员：因为我们发掘的深度已经接近了正常水位，如果洪水暴发，最大的洪水都快接近我们的这个遗址面了，所以说这个压力特别大，在这么大的一个压力下，肯定就会造成管涌，这管涌来了，地下水一冲出来，就没有一个人能跑得掉。

此时，在井下的人心里都很明白，时间拖得越久危险也就越大，现在能做的就是尽快探到井底,赶快结束这次可怕的发掘。

龙京沙在日记中记载道:2002年6月2日,天气又转坏,一号井的任务较重,始建年代不明,井虽打到了西周的地层,但其始建年代还是不明,加之遗物发现没有变化,多掘些标本是目的之一,更重要的是最下层的东西。

不知这篇日记里是否透露出了某种征兆,就在龙京沙写完这篇日记的十几个小时之后,里耶古城一号井下的情况突然出现了变化。

这一天,是2002年6月3日,清晨的薄雾笼罩在考古工地上。此刻,连日来疲惫不堪的考古队员们还在酣睡,但远处水电站大坝的工地上已经传来巨大的轰鸣,原定42天的发掘时间已经到期,但是,古城遗址中最为关键的一号井仍然没有给出最后的答案。在简单的准备工作之后,龙京沙向十多米深的井下进发,很多天来的井下作业,使他的动作已经相当熟练。

那是一个令人窒息的环境,在一个四平方米的地方,通常有三四名考古队员埋头工作,如果没有灯,这里将是一片漆黑,向上望去,井口收缩成一个小小的圆圈,似乎遥不可及。由于井的深度太大,井壁形成了一个巨大的共鸣箱,只要井口有人大声说话,底下的人便会被巨大的声浪所淹没。所有参加发掘的人都倍加小心,只要稍有不慎,哪怕掉下一个陶片,一块卵石,对于井下的人来说都是极其可怕的事情。龙京沙说:"六月三号这天,我们也是和往常一样,就是按照昨天下午的安排,还是由(考古队员)周伯平负责那边的筛选,还是搜集所有筛选出来的一些植物标本,所有的遗物全部搜录,这边井下还是只能下去四个人,两个在清,一个在送土,上面还有提的,还要一周一周地转上去,很不方便,收集土都需要一个过程。因为这一天天气也很闷热,我们所有在井下作业的都感觉到汗流浃背,再加上蚊子又盯住不放,感觉到的确很想尽快地就把这个遗物清完,好像也可以做个了结,有个交代。"

清理裹在淤泥当中的遗物,是一项需要耐心和经验的工作,这些被古人丢入井下的垃圾对于考古队员来说,全都非常重要,他们在不断提供关于整个神秘古城的准确信息。时间似乎过得很慢,井下的人开始感到呼吸困难,他们不时地停下来,拿起身边的鼓风机管道大口地呼吸。井下的堆积物仍旧看不出什么变化,看来这一天,又将是一个漫长而乏味的日子。

突然，从井上传来一个急促的声音。龙京沙说："上面报告我，说，哎呀，龙兄，在上面发现了一枚竹简，有文字，哦，当时我一听，就哦了一声。"龙京沙是在确定自己没有听错，得到确认后，他说："这一下，我脑袋就像那个血往上冲一样，一下子叹了一口气，往井圈背后一靠，即便是冰凉的，有泥什么都不管了，只差往下坐了。"

龙京沙迅速向井上爬去。作为一个富有经验的考古人，他十分清楚在这样一口古井之下出现文字将意味着什么。也许，这座神秘古城的真正主人就要出现了。此刻，是2002年6月3日，上午9点整。

在一堆杂物中间，龙京沙看到这枚长不足十公分，宽不到一点五公分的残简，但是上面的文字已经超出了他的经验，龙京沙就决定马上把它采取密封状态，不往下挖，同时立刻向湖南省考古所报告此事。

龙京沙迅速回到井下，他用塑料薄膜严密地封住了井底，同时，命人封存井上所有出土的遗物，并立即进行重新筛选，因为他担心，像刚才那枚残简一样，稍不留神，写有文字的无价之宝就会被当作垃圾处理掉。

发现竹简的第二天，一号井上出现了一个新面孔——张春龙，他的到来令龙京沙分外高兴。张春龙，是湖南省考古所的古文字专家。

张春龙：一号井一开始出现的是十几片竹简的残片，文字都是楚国文字，秦以前的六国文字里边的楚国文字。说它是楚国文字，因为它特征非常的鲜明，扁宽，笔道很弯曲，是字形比较独特的一种文字，作为我们专业人员一看就知道。

这就是最初发现的那枚残简，古时候八尺为一寻，从字面上看，似乎是对数量的一种描述，但这背后似乎又暗藏着巨大的玄机。因为来自井下的楚国文字，恰好印证了古城附近麦茶墓群的文化特征。越来越多的证据显示，在里耶这块土地上，的确存在过一座楚国的城池。

更多的答案也许就在井下，但此时的龙京沙却陷入了另一个困境。一号井深度超过10米。两千多年以来，由于古井当中被淤泥填满，始终保持着内外压力的平衡，而这些天来的发掘彻底打破了这种平衡，随之而来的是一连串不祥之兆。龙京沙说："挖到大概10米深的时候，那个时候危险性就越来越大了，一个是随着井内的遗物、填塞物被掏空，井口已经开始开裂，甚至下沉，井口的开裂有一厘米，下沉也一厘米，所以每天我们都是把开裂和下沉的记录都用一张纸记下来，贴在我们的工作现场,看是不是它还在变化,是不是还在下沉、还在开裂,相应地我们好采取措施,或者是加固或者是采取其他什么办法。"

井下的考古队员一面抓紧时间加固支撑,一面急切地期待着新的发现。但一切却又恢复到了先前的状态,井下依旧是裹在淤泥中的残破陶器和生活垃圾,任凭河边的人反复筛选,再没有一枚简的影子,工地上的气氛开始变得沉重起来。

祸不单行,一场暴雨不期而至,龙京沙心急如焚,雨后工地上必然大量积水,雨水会迅速向地下渗透。古老的井壁如果受到长时间的浸泡,后果将不堪设想。

第二天,天空放晴,经过对井下进行排水之后,龙京沙决定冒险下井。此时,下方的井壁果然已经出现渗漏,两千多年前的木板在十字形支撑的帮助下正顽强地抵抗着来自各个方向的压力。现在必须争分夺秒,巨大的危险随着时间的推移在一步步逼近。谁也不知道,洪水会在什么时候突然冲入井中。

终于,当龙京沙小心地揭起一层淤泥的时候,他的指尖触到了一些规则的木片。果然,当井上的张春龙慢慢剥裹在木片上的淤泥之后,他再次看到了来自井下的文字。

张春龙:我们刚从土里面找到木片,如果轻轻地把表面的泥去掉以后,能够看到淡淡的黄色,墨迹在里面能够显出来,字也不同了,字已经不是楚国的字了,这个时候简的形状都不太一样了,前面发现的竹子简都是碎的,就几厘米和十厘米长,现在它是比较规范的,23厘米长,我们现场都有尺子,量出它23厘米长,宽有两到三厘米,字就是隶书了,我们都知道这个起码是西汉初年到秦朝的古隶。不是后来有这个波折的隶书,不是八分书,是古隶,秦汉时候的。

而此刻井下的龙京沙吃惊地发现,大量散乱的简牍开始暴露在淤泥之外。龙京沙:"因为那些简有很多都是直接插在井圈旁边的,还有斜的,还有直接垂直的,到处都是很不规则的,很凌乱的一种堆积方法。"

当来自井下的简牍不断出现在张春龙面前时,他却陷入了巨大的震惊和疑惑之中。简上居然明确地写着秦代的日期,那么,这就和前几天出现的楚简形成了一个奇怪的误区。张春龙:"哎,上面出的是楚国的文字,是早的,底下出的还是晚的,这个就从一般的常理上来说,这都有点怪,你说我们都知道,我今天丢了东西在这个位置上,我明天丢的就压在他的上面,你说应该是晚的在上面,我们现在是早的在上面,晚的在下面。这里边的这个可能性到现在都没有一个确定的解释。"

出乎所有人的意料,一天之内,三百八十多枚简牍被运上地面,这让张春龙感到措手不及。更重要的是,从这些简上很快便透露出惊人的信息。张春龙说:"大概有两三百枚简,字迹很清楚,就是宽窄不一,但是下端都削成尖的,文字都是"迁陵以邮行洞庭",底下削成尖的是一个什么意思呢,就是说他是一捆信件,一袋子信件,或者是一批物资,一箱子物资,表面这一支插在外面,就说明这批物资,或者这个信是迁陵县要寄往洞庭的。"

迁陵这个地名在简牍上的频繁出现,似乎在向人们证明,酉水河畔的这座神秘城池正是秦代的迁陵县城,而这些信件的目的地洞庭又是哪里呢? 张春龙:"我们现在可以肯定,现在里耶这个地方就是秦的迁陵县,到了上级的政府就是洞庭郡,现在大量的文书和物资,是由迁陵发往洞庭的,也有洞庭发到迁陵的文书,但是那个我们并没有见到第一枚简,表面上的标志性的简,洞庭、迁陵都没有见到这情况,我估计是专门送过来以后的事情,不知道当时是怎么处理的,但他们肯定是一种隶属关系,当时的洞庭郡应该是管到我们现在重庆甚至贵州的部分地方,和我们湖南的大部分地方的一个郡。"

一时间,考古队被这一突然到来的巨大发现深深震撼。参考已知的资料,这些简牍极有可能是秦代的政府档案。

张春龙:我就在旁边跟他说,我们这个湘西,现在发现这个资料太可怕了,因为我是做这些工作的,我知道这个意义有多大的,到 6 月中旬,这些都是极其重要的发现。

早在 1975 年,湖北云梦睡虎地的一座墓葬中,发现秦简 1155 枚;1979～1980 年发现四川青川秦牍二枚;1986 年甘肃天水发现放马滩秦简 460 枚;1989 年湖北龙冈发现秦简 283 枚;1990 年江陵杨家山 135 号墓发现秦简 75 枚,写有文字的木牍一方;1993 年湖北荆州王家台发现秦简 800 余枚;1993 年湖北沙市周家台 30 号墓出土秦简 389 枚。总之,历史上发现秦代简牍的全部记录,总数大约三千枚。

2002 年 6 月,从里耶古城一号井中发现第一枚秦简开始,短短十几天时间,运上地面的简牍已达且万枚。而且,井下的考古队员还依然没有看见井底。

一直在井上的古文字专家张春龙终于按捺不住激动的心情,决定亲自下井看个究竟。因为他急切地想要了解,这些内容丰富、格式规范的文书档案究竟来自哪里?他们又为什么会被人埋入井下?

对于今天的人来说,秦王朝的面貌只是在后代史学家的点滴记载之下流传至今,而大量秦简的出现,使这口巨大的古井变成一条时空隧道,将这群后来者直接引向一个未知的年代。

张春龙:正史上留下来的事情,就是那么多丞相,大将,皇帝,一说我们都知道的,当时的大的历史人物,始皇、赵高、李斯,再就是白起、王剪,这些大将军、大的官员,而这个档案的记载却是仔细到当地的每一个老百姓,你是缴粮是缴租还是被处罚,被征调去干别的事,还是让你去送信让你去当邮差等都有记录,这个是正史上没有任何记载的。当它们呼啦一下就从地底下冒出来了,你说我们那个感觉会怎样?真是兴奋!确实是那样,就是以为已经在跟他们交流了,这个是任何的电影电视或者是什么书籍,正史历史记载所不能给我们提供的。

但是,在法律异常严密的秦代,官署档案竟然和大量生活垃圾混杂在一起,被人埋入水井当中,这绝对不是一件正常的事情。张春龙:"我们当时发掘的时候就特别在乎这个现象,你说简和生活垃圾,包括穿过的鞋,用过的水瓢、筷子、烧过的柴火棒子,就是说有的木棒是明显被烧过的,我们现在看到的这个简也有被烧过的,放一起,怎么正常呢?"

关于古城的一切答案就隐藏在井下这些文字之间,正当张春龙加紧解读简上内容的时候,一件意想不到的事情突然发生。张春龙说:"拿着看着看着,哎,怎么了?本来把这个胶泥剥掉一块,看着木头,带点黄色木片,字是黑的,可慢慢地整个木头的简颜色就变深了,慢慢地慢慢地变得字也看不见了。"

大量氧化变黑的简牍被迅速运回湖南省考古研究所,负责简牍保护的专家面临巨大压力,他们要根据这批秦简的特点找到为其还原颜色的办法。但是,面对两千多年前书写的文字,谁也没有绝对的把握。

迷城的传奇

2002 年 5 月,在湘西酉水河畔,一座深埋地下的古城即将重见天日。古老的城墙、城壕,以及街道的出现,初步证明这座城池兴建于遥远的战国时代。

可是意想不到的事情还是发生了,很多秦简被运上地面之后,由于接触空气,迅速氧化变黑,字迹无法辨认,这样下去,接下来对简文的解读工作将面临巨大的困境。

2002年6月的一天,湖南省考古研究所的工作人员,正在将一批刚刚出土的重要文物运进库房。在旁边的一间实验室内,文物保护专家方北松正面临一项艰巨的任务。最近的反复试验即将得出结果,而这直接关系到一个重大发现的成败。

此刻,在湘西里耶古城遗址的发掘现场,古文字专家张春龙正在焦急地等待回音。十几天前,大量的秦代政府档案突然出现在古城内的一口大井之下。现场的发掘仍在继续,出土的简牍超过万枚。而在此之前,全国发现的所有秦简只有三千枚左右。

最近的一次测量已经显示,里耶古城一号井的深度已超过十米,两千多年前的井壁正在承受越来越大的压力。支撑井壁的原木已经用光,而井口的开裂和下沉却日益加剧。但是,下面的人仍然没有看到井底。负责井下发掘的人十分清楚,必须竭尽全力争取时间,因为在淤泥中还埋着大量的简牍,更重要的是,没有人知道这口摇摇欲坠的古井到底还能坚持多久。

在湖南省考古所的实验室内,为秦简还原颜色的实验到了关键时刻,工作人准备在预先配制好的溶液当中,放入一枚漆黑的秦简残片。瞬间,木片的颜色发生了变化,上面出现了清晰的文字。令人惊讶的是,这些两千多年前留下的墨迹,并没有被化学药物分解,仍然牢牢地附着在木片之上。方北松说:"究竟这个墨它的成分是什么,现在还不是很清楚,现在也在专门做这方面的研究,但是因为这个材料很少,很难取样分析。为做测试分析,现在我们也做了一些研究,比如它用了一种炭粉的话,那它是用什么胶质来调的,然后把它写在上面去,写肯定是用毛笔写,但他用什么胶质来调的,这个现在还不是很清楚。"

还原颜色的简牍照片被迅速送回发掘现场,张春龙兴奋不已,在他看来,这些散落在木片上的文字里,隐藏着这神秘古城的全部谜底。以下便是古城的故事。

公元前215年,中国进入统一的秦王朝已经6年。在帝国的一座叫迁陵的县城之中,人们刚刚开始新一天的劳作。一个叫昌的人是这里的最高长官。作为法律严苛的秦朝官吏,他兢兢业业,十分勤勉。

每天,城中的官吏们都要经手大量的公文,这当中有从咸阳中央政府下达的命令,也有其他地方的往来公函和下级乡村递交的信件。按照制度,凡是在此地处理过的文件,都要仔细抄写备份,建立档案,以便日后查验。负责抄写档案的是一些专门的写手,他们要在每一份档案的最后,认真地写上自己的名字。

这天,隶属于迁陵县启陵乡的乡长夫正在向自己的上级写一封推荐信,在信中,他提到了乡里缺少一个里长和一名邮差的事。这封信在公元前215年的正月十七这一天发往县城,送到了昌的面前。

4天后,启陵乡的乡长夫收到了县长昌的回信。回信的口气十分严厉,这令他感到非常紧张。

夫和昌是服务于秦帝国的两个普通官吏,他们在按部就班地履行着各自的职责。但他们不会想到,两千多年后的公元2002年6月的一天,一位年轻的古文献专家,看到了这件事情的全过程。

张春龙:秦始皇三十二年的这枚简就比较好玩,三十二年正月,就是说迁陵县底下有一个启陵乡,这个乡长可能有点儿糊涂,他就上了一个文书,就是说他底下的这么一个村子,要任命一个里长,就是里典,他避秦始皇讳不说里正说里典,还要任命一个邮差。把这个文书送上去以后,第四天县长的文书就下来了,说你们启陵乡里二十七户人家,已经有一个村长了,你怎么稀里糊涂还要任命一个,邮差的话还是要任命的,就按你推荐的那个人办,你把再任命一个村长的理由再给我找出来,就是说要他把依据再找出来。

这就是记录那封推荐信的档案,上面有夫和昌的署名,还有抄写这份档案的写手壬的名字。更为重要的是,在这枚简上,张春龙发现了一个极不寻常的情况:负责递送这封公文的,竟然是一个有罪的女人,她的名字叫冉。

张春龙:秦朝的法律里面写明白了,就是说犯了罪的人和确实不值得相信的人,就是诚实度有问题的人,不可让他送信。

通过参考秦代的法律记载,张春龙发现,秦朝对邮差的规定十分严格,通常各级政府间往来的信件有专职的邮人负责传递,他们往往能够因此而避免可怕的徭役。

这些邮人平时在驿站旁照常劳作,一旦有重要信件到来便要立刻出发。他们的足迹编织成维系帝国统一的严密网络,但是,这道铁一般的律令为什么会在遥远的迁陵县出现例外呢?

张春龙:从里耶这个简来看,到了秦始皇三十一年、三十二年,也就是他统一中国六七年以后,可能这个犯法的人也多了,当时要干的活多,可能他也就将就一下,让这个轻犯人帮助送信送物资的可能就出现了。

张春龙感到,迁陵县档案中出现罪人送信的情况,不仅意味着秦王朝严酷法律的松动,在这背后必然暗藏着整个国家的危机。历史证明,正是连年的征伐和浩大的工程,耗尽了举国上下的力量,最终导致中国第一个统一时代的迅速崩溃。

那么在两千多年以前的酉水河畔,这座城池是否见证了秦帝国崩溃的瞬间呢?无论怎样解释,大量政府档案被人杂乱地扔进井下,这足以让人看到一个不祥的征兆。

目前,里耶古城一号井下的发掘仍然没有结束,而出土的秦简已经超过两万枚,对张春龙来说,简上的信息越来越重要,他感到,自己正在一步步接近那个神秘的年代。

在浩大的秦始皇陵兵马俑坑中,至今没有发现一枚简,但是,人们却在甬坑中出土的青铜兵器表面,看到了很多字迹:这些文字透露了秦国军事工业的管理机密,最上面的名字是秦国的宰相吕不韦,下面是监制这支兵器的寺工,相当于兵工厂的厂长,在厂长的下边是丞,相当于车间主任,最后是亲手打造这件兵器的工人。这就是秦代物勒工名的严格规定,也就是要求制造者把自己的名字刻在器物的表面,以便追究责任。

而里耶发现的秦代政府档案中,也出现了相似的特征,简牍上的这些人是秦王朝的各级官吏,以及抄写档案的写手,他们的名字出现在公文执行的每一个环节之中。可见,在秦王朝的每一个角落,正是这些普通人严谨细致的工作,在维系着整个帝国的运转,但关于他们的一切,却始终被历史尘封。

1975年,在湖北的云梦附近,当人们打开一座普通秦人的墓葬时,发现了两块写满文字的木片,经专家考证这是中国已知最早的家书。写信人是在外当兵的两个兄弟。信中表达了对亲人的思念和对自己命运的担忧,他们由于缺少衣服和无钱还债而面临绝境。最终,这两个士兵很可能没有回来,书信被留在家乡的兄长带入了自己的坟墓。

同样是两千多年以前，在秦帝国的统治之下，距离云梦千里之外的酉水河畔，正有一群普通的士兵，命运难卜。

张春龙：让我们高兴的就是，有一串十二枚简像豆腐干一样地摞在一块出来，这是我们从始到终的发掘过程里面最好的一次，别的都是散的、是乱的、是碎的，这个是 12 枚完整的简，弄到一块，我们在室内小心地把它揭开的时候，按照这个顺序把它揭开，看这个内容的时候，那就更加让人高兴。

简上的内容是关于 12 个普通士兵的，今天的人们可以清楚地看到他们的名字和在家乡的住址。

张春龙：公元前 215 年，可能是现在陕西省的阳陵县，他们当地政府出这个公文说，我们阳陵有 12 位士兵，在我们当地欠了债，现在在你们这里服兵役，但我具体不知道你安排在哪里，现在希望你们当地政府追缴这个钱。

假如简上提到的地方就是今天陕西的阳陵，那么偏远的迁陵离这群士兵的家乡足有上千里的路程，但是在秦王朝庞大邮政体系的笼罩之下，讨债的文书还是翻山越岭到达了这群士兵服役的地方。

张春龙：欠当地政府钱最多的是八千多，少的是八百多，参照别的出土文献记载，当时一般的人给政府干活八个钱一天，你要自备伙食，不备伙食的话只有六个钱一天，也就是说，他这个数量都不那么简单。

从这些讨债的公文上，我们无法知道士兵们欠钱的真正原因，但档案中却明确提到，这些士兵的情况早已被调查过了，他们的家中无一例外都是一贫如洗。

奇怪的是，这批公文履行了很长时间，从秦始皇三十三年，一直到秦始皇三十五年，两年过去，事情仍然没有结果。迁陵的官员受到来自阳陵方面的追问，于是，迁陵县的县丞将此事向上汇报给了洞庭郡主管军事的最高长官尉。

张春龙：这个尉，他看完了以后，也就是在秦始皇三十五年，三十五年也就是我们现在说的公元前 213 年，是 4 月 6 日那一天，集中把这个文书签署了，签署了以后，只是说你们阳陵是有战士在这儿当兵，但是这个涉及有关事务，不管是经济债务还是别的，你们都依法办事。

可见，这位洞庭郡的长官并没有给自己的下属施加压力，而是针对前来迁陵讨债的阳陵县方面，做了一番官样文章之后，便将这批文书重新下达给了迁陵县。

12个普通士兵的命运就这样辗转于当时各级官员的手中,最终在两千多年以后,出现在一口巨大的古井之下。也许,这些士兵一生也没能还清身上的债务;也许就在文书传递的时候,其中很多人已经战死疆场或病死他乡了。

此时的秦王朝虽然在表面上依旧维持着强大的统治,但种种迹象显示,帝国的法令正在受到来自各个方向的挑战。

2002年6月23日,就在里耶战国古城井下出简的第二十天,人们终于看到了一号井的全貌。这是一口深达17米的巨大水井,始建年代为战国末期,种种迹象表明,正是两千多年前的一场浩劫使这口井突然废弃。

整个发掘过程中,这口古老的大井,顶住了突然清空带来的巨大压力,在这险象环生的二十多天里,一号井经历了洪水暴发,井下严重缺氧和井口的不断开裂。幸运的是,所有考古队员和井下文物全部安全回到地面,古人精湛的造井技艺和后来者们的巨大勇气共同成就了这个奇迹。

出于安全考虑,当最后一个考古队员撤离井底之后,井下被注水封闭。这口大井终于完成了自己的使命,他将一个巨大的秘密一直保守到今天。经过最终统计,从里耶古城一号井下共出土秦简三万六千多枚,简上的文字多达数十万字,全部是秦代洞庭郡迁陵县的官署档案。这些简牍的突然出现,为秦代历史和考古学研究注入了空前的活力,也给今天的人们提供了中国第一个统一时代的鲜活样本。

张春龙:中国的历史特别长,在纸的产生之前,所有的历史文献也好,书籍也好,都是抄在竹子或者木头或者是丝织品上面,但留下来的极少,文字在传抄的过程中间有很多的错误,我们能够找到这些秦朝的或者是战国时候的简牍,就是直接记载当时历史的和反映当时实际情况的这些文字,可见是极其重要的,大家当然都很高兴了。我们一挖到秦朝或者战国的更早的这些别的文物时,它没有文字,需要我们考古学家和历史学家根据知识或者文献记载来推,推测它是干什么的,比较难,而我们现在这个简牍上的文字,就可以直接给我们提供说明,证明它是什么。

在湖南省考古所内,对简牍的保护和整理工作要一直持续几年时间。最终将呈现在张春龙面前的,是一座庞大的秦代档案库。

在数量巨大的简牍之中,张春龙发现有一枚简显得非常特别。和其他写满文字的简不同,这枚简上竟然满是数字。这就是中国目前发现的最古老的乘法口诀表,上面的内容居然与今天学生的启蒙教材没有多大的出入。简上出现的二半而一,明显包含了分数运算,而在口诀表的最后:"凡千一百一十三字",究竟是什么意思,至今没有人能够解释。

这些坐在里耶小学教室中的孩子们并不知道,他们背诵的乘法口诀,早在两千两百多年以前,就已经被人埋在他们的课桌之下了。而且,在这张两千多年前的口诀表背后,还留下了当年孩子们模仿和练习的痕迹。

但对于张春龙来说更加重要的是,简牍上的大量信息使他终于看到了这座秦代迁陵县城的命运。

秦始皇二十四年,秦国终于征服了楚国,并将现在的武陵山区纳入自己的版图。随后,他们在一座楚国城池的基础上,建起了一座迁陵县城。张春龙说:"当时的城和我们现在的城市是两个概念,它的城就是指有官府衙门在里面,政府官员住里面,还有驻军,如果说我们有集贸市场的话,就是在这个城外,政府规定的什么时候才能够有这个市,或者城里边,政府规定比如一个月的哪一天什么时候有这个市,当时对商品交易是管得非常严的。"

然而,这座城池却从未真正地平静下来,周边的土著部族对这里时刻构成威胁,加上大量不甘臣服的楚国故人,迁陵县始终危机四伏,这就不难理解为什么在县城当中会有如此巨大的水井了。

张春龙:这么大一个井当时做起来肯定是很费事的,做这个井它肯定当时有很强烈的目的和实际的用途,比如说江边那个水当时没有任何污染,可以洗衣服,可以洗菜,可以淘米,水可以喝,他为什么在里面费事打这么一个井,我们在里面没有发现,他不可能在城里边进行很大的工业生产,还有就是说,当有这个少数民族的反扑围城的时候,或者秦楚力量互换,就是说你在城外我在城内围城的时候,城里面还要生活嘛,他不能出城取水,井主要还是用于军事防御目的的。

张春龙还发现,秦简上记载的时间在公元前209年戛然而止,这时离秦王朝最终灭亡还有两年,统治者的暴政终于激起了各地的起义,战火将至,远离都城的迁陵县危在旦夕。

张春龙:想了一想我们简里面年代的记载,好多简都记载到年月日么,我看到最晚的简是秦二世,就是秦始皇的儿子胡亥,秦二世的二年,离秦的灭亡,就是离咸

世界经典文库

图文珍藏版

破解千年悬案　再现人类秘史

中外历史悬案

刘凯◎主编

线装书局

被遗忘的工程

漫山遍野的坟头,默默无语的巨石。是未能实现的绝世工程,还是精心策划的宫廷阴谋? 一个貌不惊人的村庄,一段令人惊悚的历史……

坟头村之谜

在中国南方有一个小村落叫坟头村。虽然它是那种常见的普通村庄,但这个名字却并不常见,甚至有些怪异。"坟头"两个字触目惊心,不禁使人浮想联翩:这样一个名字的背后,有着怎样曲折离奇的故事呢?

马孝信在坟头村已经生活了50多年了,祖上好几代人也都生活在这里。据他说,坟头村这个名字的来历可以追溯到几百年以前。

马孝信:坟头村原来不叫坟头村,叫龙头镇。传说几百年前,石匠在深山采石,当时有的人就累死了。人们把死的这些人都拖到大石块下面一个大场子,在荒山上全部就地掩埋。渐渐地,就把原来的龙头镇忘掉了,叫成了坟头村。

马孝信所说的那次死伤惨重的采石行动就发生在离坟头村大约500米远的阳山上。不知从哪一辈人开始,就有一些巨大的石块静静地卧在阳山山谷中了。它们分布在一个小山包的两边,仿佛是巨人留下的砖石。巨石上至今还留有当年工匠们敲凿的痕迹。在那些还没有被岁月侵蚀的地方,仍旧可以看到作为石材留下的规矩平整的立面。如果这仅仅是一个劈山工程,似乎并没有什么特别令人惊讶之处。但从石头的形制来看,事情远非如此简单。在这些巨石的底部,有许多贯穿的长方形孔洞,巨石由此与地面分离开来。由此推测,这些巨石不仅要被切凿成形,可能还要被整体运走。他们要被运向哪里呢?

坟头村里至今还有一些人在做着采石的营生。那几块巨石的往事仿佛早已离他们远去。打铁作坊里的铁匠师傅偶尔也会为人们打造出一些铁钎之类的工具。或许没有人会认为阳山上的石材就是靠铁钎这样简单的工具打凿出来的,因为那几块巨石实在太过庞大了。单是一块靠山横卧的石材就高达十几米,而长度则达到了40余米。另外两块虽然形状不一,但体量都大致相当。多少年来,面对这样的几块巨型石材人们都在猜测:什么样的建筑竟然需要如此巨大的石材? 它们到底是做什么用的? 那是一个怎样的工程? 又是一个怎样的意志在背后支配着这一切呢?

几名考古队员带着疑问来到了阳山,领队的是南京市博物馆的考古学家贺云翱。贺云翱一直以来都对阳山的这几块巨石有着浓厚的兴趣。从20世纪90年代开始,他频繁地到阳山考古,希望能弄清阳山巨石的真正用途。贺云翱在他的研究中发现了一件奇怪的事情:阳山巨石工程和它的用途没有任何官方文字记载。这意味着,只能从几百年前林林总总的历史中去寻找揭开巨石之谜的线索了。

虽然巨石悄无声息地隐藏在阳山深处,但这里却并不是一个人迹罕至的角落。多少年来,人们络绎不绝地在山谷中往返出入。历史上是否有文人曾对这些神秘的巨石产生过兴趣呢? 也许会有一些记载可以帮助人们从中找寻到一些线索。

贺云翱首先想到的是与阳山渊源深厚的清代文人袁枚。袁枚对阳山可谓情有独钟,曾将他的多位亲人埋葬在这里。贺云翱认为对于山谷中那几块惊人的巨石,袁枚肯定不会视而不见。果然,在袁枚的《小仓山房诗文集》里收录了一首关于大石碑的诗歌:青龙山前石一方,弓尺量之十丈长,直斩奇峰为一座,欲负不负身尚卧,碑如长剑青天倚,十万骆驼拉不起。在这首诗行文开端的小注里,明确记录着"离汤山十五里"。阳山所在的辖区就是汤山镇,方圆数十千米内不会再找到第二个地方存在着这样"碑如长剑青天倚"的巨石了。可见,诗中字字句句所描述的正是阳山脚下的这几块巨石。

贺云翱:主要从两个方面确认它应该属于碑材。第一个方面就是到了清朝时候,袁枚当时到阳山区,他也亲眼看到了这三块巨大的碑材,而且为还写了一个《洪武大石碑歌》,在诗中袁枚就直接讲到它们的巨大以及它们的作用,还有现在存在的这三块石头,它正好符合做碑的要求,就是碑座,碑额和碑身。

中国传统石碑的基本特征是,整个石碑分为三部分——碑首、碑身和碑座。修建于明朝嘉靖年间的一块石碑可以明显地看出这三部分:顶部雕刻有龙纹图案的部位是碑首;其下是碑身,碑身表面布满了标明此碑用意的刻字;底部的雕刻是碑座,通称龟趺。

贺云翱:碑座呢,它正好是一个比较宽大的,能够把它雕刻成一个龟趺的形象,而且它的碑身的形状也是大约符合做碑的要求,就是扁长方形的;碑额就更加形象了,它基本上已经是一个碑额的形状了。所以我们认为,作为一个碑的三件构件,应该是没有问题的。

这样看来,阳山这三块长短不一、形状各异的巨石的确就是用来造碑的。此外,人们还发现在石壁上清晰可辨的密集钎痕中出没着一种多脚的长条虫子。这种在石壁上四处游走的虫子只在这里出现。人们传说这些虫子是一个个游荡的鬼魂,是几百年前无数摔死在这里的工匠魂灵。他们魂灵不散,化作这样的多足虫子,生生世世在这夺去他们生命的巨石上徘徊不去。

到底怎样的权势才能号令这死伤无数的浩大工程呢? 中外历史上都曾有过很多不惜血本的巨大工程,常常需要调动整个国家的人力和物力。在生产力低下的古代,如此强大的动员能力只有集权统治势力才能具备。4000 年前,在漫天的黄沙中,古埃及的法老下令让整个国家的奴隶堆筑起后人叹为观止的金字塔;在欧亚板块的另一边——中国,第一位极权霸主秦始皇也曾召集万千民众,垒起万里长城。无疑,曾耗费了数以万计生命的阳山碑材也应该是专制帝王的手笔。

从地域上看,在阳山西边二十几千米的地方就是南京古城,阳山应该隶属于南京。南京城在中国历史上曾几度喧嚣。在1800多年前战火弥漫的三国时期,孙吴就在长江之滨的南京建都。此后,曾有多个朝代以这里为都。一直到朱元璋建立明朝,也选定了南京,他希望踞长江以临天下。无数个世纪的古都历史,给南京留下满城的各代遗迹。那位出手惊人的建碑者很有可能就诞生在这里,但到底是这其中哪一个朝代的皇帝要在阳山采石造碑呢?

贺云翱在研究过程中发现,关于阳山碑材的文字记录非常稀少,其中最早的记录距今约 600 年,当时正处于明朝统治时期。南京的天空柔和湿润,城内的明代故宫遗址却依然巍峨森严。600 年前,就是在这座大内宫城里,相继有三位明代皇帝号令天下。他们是开国皇帝明太祖朱元璋;建文帝朱允文(朱元璋之孙)和明成祖朱棣(朱元璋第四子)。阳山碑材的始作俑者会不会就在他们中间?

那首由清代文人袁枚所做的诗歌全名叫《洪武大石碑歌》。"洪武"是明太祖朱元璋的年号，后人因此又称朱元璋为洪武帝。这是否意味着阳山碑材与朱元璋有一定关系呢？南京城内的台城遗址是朱元璋所建城墙中保存最完好的一部分。朱元璋当年不遗余力地修筑高大的城墙以把整个南京城都包围保护起来。地图上清晰地标明了明代的南京城区域，外城那条界限便是漫长绵延的城墙，总长度达34千米。如今所能看到的虽然只是短短一段，但从高高的城墙之巅，却不难想见，朱元璋这个出身草莽的皇帝十分看重建筑物的高大。事实上，朱元璋的确曾在早期就采纳过"高筑墙、广积粮、缓称王"的建议，其中"高筑墙"三字恪言更是被他一直奉守下去。巨大高耸的阳山碑材是否会是这三字恪言影响下的一个结果？

陶庐鸿是阳山地区的一位民间学者，多年来，他搜集了很多关于阳山碑材的民间传说。

陶庐鸿：按照我们民间的传说，这个碑材是朱（元璋）洪武下令开凿的，开凿干什么用的呢，是用来摆在南京的一个后宰门。在上面立成一个大的碑石，用来阻挡敌人在紫金山上面放大炮攻打后宰门。

然而传说毕竟是传说，显然无法因此证明阳山碑材就是洪武帝朱元璋下令开采的。如果这个说法不能成立，那么《洪武大石碑歌》中的洪武二字，是否就可以理解为大石碑是为纪念洪武帝朱元璋而立呢？在中国古代，人们常采用立碑的方式纪念先辈功德。特别是对于皇帝，这种方式更是被发挥得淋漓尽致。北京的十三陵就是一个很好的例证，人们可以在十三陵里看到很多用于歌功颂德的石碑。

贺云翱：是在帝陵的神道上面用来记功的或者用来做纪念的。当然也有无字碑，此地无声胜有声，此碑无字胜有字。但它的主要作用是体现了一种帝王或者身份很高的一些人的一种神道的礼仪要求。

一条静寂肃穆的甬道通向一代帝王的永生之地。明朝开国皇帝朱元璋就长眠于那茂盛的丛林之下。然而，任何皇帝都不会甘于仅仅占有一片葬身之所。朱元璋在位时，早已替自己规划好了一座占地宽阔、规模非凡的陵寝——位于南京城内的明孝陵。如今孝陵内所能见到的一切，几乎都是朱元璋的手笔，但他却并没有将孝陵工程彻底完成。600多年前，在这片砖砌城楼里曾空缺着一项需要后任皇帝来填补的工程,那就是用以追思圣德的石碑的修建。

朱元璋是明朝的开国皇帝,他的孝陵是整个明代陵寝中规模最大的,其中那形制独特的明楼色泽鲜艳,似乎也标志着他的特殊地位。他完全有理由获得后任皇帝为他修建一座震惊世人的功德碑。

朱元璋死后,将大明江山传给了他的孙子朱允文,即建文帝。虽然关于这位皇帝的历史记载并不多,但已足以使人了解其人其事。他性格优柔,年纪轻轻就成为一国之尊,坐上龙椅的第一年被迫卷入战争。在其统治期内,始终忧心于保护皇位,显然没有余暇去为祖父建立一座耗费人力物力无数的巨碑。

战争只持续了短短四年,南京城边长江水依旧,而建文帝的历史却如同那随波逐流的枯枝,迅速消逝。公元1403年,时局突变,江山易主。那位一手将建文帝从皇位上拉倒的新一任霸主,那位令明朝气象发生翻天覆地变化的一代枭雄,就是朱元璋的第四个儿子朱棣。

如今,在南京城内与北京城内各有一座故宫遗址。几百年来,只有朱棣一人曾独享过这两座城池。朱棣把大明江山的腹心之地从南京迁移到了北京,他成为在南京号令天下的最后一任皇帝。对阳山碑材始作俑者的推测似乎只能从朱棣这里着手了,而他本身的传奇色彩也成为这一推测的生动注脚。

朱棣曾多次征战北方大漠,意图彻底剿清元朝的残余势力,统一天下,做一个完全意义上的盛世之君;朱棣曾亲自下令编写《永乐大典》,一部包罗万象的百科全书,其无所不有的修书之法前无古人、后无来者,生动地映现了他一切求大的心理;朱棣还曾一手发起举世闻名的"三保太监郑和下西洋"的辉煌壮举,前所未有地将其圣君之名拓展到了海外。所有这一切,都表现了其好大喜功的性格特征。历史学家陈平毫不犹豫地肯定,就是朱棣下令修建的阳山碑材。

陈平(原南京市文物局副局长):朱棣好大喜功,他愿意把事情做得很一鸣惊人,所以他要搞这个阳山碑材。他搞这个碑是有这个可能性的,他很想这个碑竖起来,将是最高的碑。

这种说法是否有籍可查呢?江苏省博物院院长徐湖平一直致力于古迹的保护,也很早就开始关注阳山碑材了。他坦言,即使翻遍明史,也找不到任何关于阳山碑材的记载。在舍弃官修史书,另辟蹊径地搜寻时,人们竟然找到了一篇关于阳山的明代游记,那就是永乐时期一位文臣胡广所写的《游阳山记》。在游记里终于找到了阳山碑材的最终答案:阳山碑材确为朱棣为朱元璋所选的神功圣德碑碑材。

徐湖平(南京博物院院长):他就要表示他对父亲的一种忠,一种孝。怎么表示?就用这个巨大的碑去做。让世人看到我对我的父皇是多么尽忠尽孝,让世人看到,古人做不到,他却做了。

然而,就在轰轰烈烈的开山劈石工程即将结束时,它却突然停了下来。从那时起,一个巨大的谜团笼罩在阳山山谷中。直到今天人们还在问,这庞大的建碑工程为什么又被它的发起者放弃了呢?那些本应该立在明孝陵里的巨大碑材,至今却还静静地躺在阳山山谷中。在那巨石的背后,曾有过怎样的往事?是一个未能实现的宏伟工程理想,还是一场险恶的宫廷阴谋?

形象工程?

在离阳山山谷20千米的明孝陵里埋葬着明朝的开国皇帝朱元璋。朱棣在阳山所采的巨石,就是为他建神功圣德碑用的。但是,早在朱棣的时代,这里就已经有了另一块神功圣德碑,而立碑者正是朱棣本人。

明孝陵

贺云翱:我们在阳山看到的那么巨大的碑材,没有做成功。但是在现在的明孝陵里面,仍然有一块巨大的神功圣德碑。这块碑虽然不能和阳山碑材相比,但它仍是南京地区目前最高大的碑，有 8 米多高。这块碑上所记载的内容应该讲就是朱棣当年想在阳山碑材，那块巨大的石材上，所雕刻的内容。

既然已经有了一块碑，为什么还要在阳山兴师动众地开采那空前巨大的碑材呢？朱棣到底是怎么想的？明孝陵中的神功圣德碑似乎让阳山山谷中的迷雾更加浓重起来。

在北京城北面的骊山山谷中长眠着明朝的十三个皇帝，第一个埋葬在这里的皇帝就是朱棣。他没有给后人留下任何可以解开阳山碑材之谜的文字，历史的真相随着他的离去也成了永远的谜。

贺云翱：朱棣这个人，应该讲是一个很有气魄的人，或者讲是一个好大喜功的人，在他做皇帝期间，做了很多巨大的工程。

人们发现，在胡广所写的《游阳山记》中有"永乐三年，为在明孝陵建碑，于阳山开采石材"的记载。也就是说，阳山碑材工程开始于永乐三年。此时，朱棣登上皇位仅三年时间。这个野心勃勃的皇帝，此时正在做着另外两项更加重要的工程。

像中国历史上所有的帝王一样，在得到至高无上的权力之后，朱棣很快就开始为自己修建陵墓。沿着骊山龙脉分布的 13 个陵墓中，朱棣的陵墓——长陵是其中规模最大的。几乎与此同时，朱棣又颁发了另一道御诏。他要在自己做藩王时的封地里大兴土木，修建宏伟的宫殿和城池（也就是后来的北京城）。在历史上从未如此辉煌的北平，自此即将成为一国的都城。

相比之下，阳山碑材工程似乎并不如修陵和建都那样重要。毕竟，对于一个刚刚成为天子的人来说，为前朝皇帝立碑与安排自己的身前身后事是无法相提并论的。但朱棣并不是一个平庸的皇帝，在明朝的皇帝中，他可以算得上是一个非常精明的政治家，而且往往行动起来敢作敢为。

朱棣为何要在这个时候为先父建功德碑呢？而且又建得如此巨大？恐怕这要从朱棣当时的处境说起。事实上，朱棣并不是一个名正言顺的皇帝。在南京朱元璋宽阔的陵园里，有一个小小的角落，这里埋葬着一位不走运的太子，他就是朱棣的大哥朱标。朱标被朱元璋封为太子，却在继承皇位之前就离开人世。朱元璋悲痛万分，而朱棣与其他几名被封藩到各地的皇子却暗自欣喜。太子的死，令他们有了再一次登上皇位的希望。然而,朱元璋对嫡长制的坚持近乎顽固。他竟然舍弃了其他所有的皇子,而将皇位传给了年仅16岁的朱标之子朱允文。朱元璋无论如何也想不到,他的这一决定造成了之后叔侄相争的惨剧。

就在朱元璋葬入明孝陵仅一年之后,一个月明星稀的夜晚,蓄谋已久的朱棣在北平燕王府聚集将士。他在《燕王告天文》中慷慨陈词,以驱逐皇帝身边奸臣为名出兵南京,发动了著名的"靖难之役"。朱棣的大军从北平出发,苦战三年,渡过长江天堑,从当年的金川门一路杀进南京城。朱允文在熊熊燃烧的宫城内失踪,朱棣终于坐上了皇位,改年号永乐。

依靠篡位当上永乐皇帝的朱棣表现在世人面前的形象虽然理直气壮,但在他内心深处恐怕并不能得到安宁。作为一个篡位皇帝,他似乎更在意人们怎样看待他。为了标明自己的正统地位,朱棣曾开展了一场盛况空前的祭孔活动。因为在中国封建社会中,抓住了尊儒也就等于抓住了正统。朱棣还一直宣称自己是朱元璋嫡妻马皇后之子,以此标明自己出身正统。而事实上,他本是朱元璋的一个妃子所生,而报恩寺就是朱棣当上皇帝后为自己的亲生母亲贡妃所建的。

一个违背了父亲旨意的儿子,最能遮掩天下人耳目的莫过于为父亲立功德碑了。而巨大无比的功德碑,宏伟浩繁的工程,将会是一个无与伦比的自我标榜。从这个意义上说,阳山碑材工程似乎有着与修陵和建都同等重要的地位。

贺云翱:在当时一个特殊情况下,因为他是采取了一个非正当手段夺取了皇位的,当时全国反对的声音还是非常多的。就是说,一个正常的皇帝被他推翻了,而且下落不明,他自己坐上了皇位。那么他为了收买人心,所以就在阳山这个地方做了三块巨大的石材。

假如这种解释能够成立,却又给人们带来更大的疑问:如此重要的工程,朱棣为什么最终还是放弃了呢?所有历史线索显然都无法解答这个问题。一手操纵全局的朱棣已经沉睡在长陵墓穴里了,他的时代早已远去,留下只言片语的零星记载并不能为人们拼凑出关于阳山碑材的完整故事。同样,经由朱棣留传下来的孝陵功德碑,似乎仅能作为一项对阳山碑材做出推想的证据,却又仿佛只是它的一个代替品。虽然布满刻字,却找不到任何一个字可以帮助人们探询朱棣的想法。

那些布满钎痕的庞然大物是凭着当年工匠们一锤一凿的工夫才得以开采成型的，俨然就是等待装载运送了。虽然工程就此戛然而止，但无可置疑的是，这的确是一项宏伟浩大的工程。奇怪的是，这样一项工程却没有在官方史册上留下任何正式记录。人们根本无从知道，朱棣打算花费国库里多少银两；阳山碑材工程的财政预算是怎样。

除了一些有案可查的古代工程可能可以提供一些参考，这些疑问显然也只能留待推测了。北京故宫内有一块体积颇大的中道阶石，这块石头长 10 米，宽 3 米，厚约 2 米。史书记载，这块石头在明朝嘉靖年间采于北京郊区房山大石窝。从北京到房山，车程不到一小时。今天的房山大石窝村，依然出产高质量的汉白玉。工人顶着烈日采石的身影，不禁令人想到古代那些无名的工匠。尽管有了汽车和现代的采石设备，基本的工作程序还是和古代一样。采下石头或就地加工或运出山去。据记载，当年北京故宫那块 10 米长的中道阶石，动用了民夫 2 万人，足足 28 天，耗费白银 11 万余两。如果根据这些数据，仅以简单的计算方式来推测阳山碑材所需要的人力物力，就已经能得出难以想象的天文数字了。然而，对于阳山碑材这样超大的工程来说，这恐怕是无法成立的。因为，工程本身面临的问题和难度纷繁复杂，远远不是北京故宫那块中道阶石所能比拟的。由此看来，推测还要从碑材本身入手。

岁月如织，阳山碑材目睹了山谷内 600 次花开花落。时间到了 1998 年，考古学家贺云翱带领几名考古队员来到阳山，对阳山碑材做了一次精确的测量。测量工作进行到正午时分，惊人的数字出现了。按照考古人员的测量记录，如果把碑材的三部分像立碑一样重叠起来，它的总高度将达到 78 米。一座 78 米的石碑，会是什么样子呢？北京的街道上高楼耸立，如果把那座 78 米高的巨碑竖立在这样的街道上，与四周的高楼相比它也不会有丝毫逊色。通过考古人员的测算，这几块碑材的体积总量达到 11543 立方米，合重量 31147 吨。

贺云翱：现在明孝陵的大明孝陵神功圣德碑，它的高度是 8 米多高，是南京最大的碑，可是它和阳山碑材比呢，已经是小巫见大巫了，也就是它（的体积），只有阳山碑材的五十分之一。

工匠们或许是不得不停止了,这样如此巨大的石材如何运送,简直令人无法想象。没有人知道他们究竟曾经想过、试过什么办法。在北方苦寒之地,人们沿路凿井取水,泼地成冰,然后利用坚冰的滑溜表面拖运重物。这样的办法在南京是否可行呢? 土木专家崔京浩对此曾做过十分科学的调查。

崔京浩(清华大学土木工程系):南京气温呢,没有结冰期,很难造成一个足以把重达一万吨的石头拉过去的这样一个时间段。就算能够做到,那么还有一个(问题),冰作为路面材料来说,它的承载力不够。即使是在大北方,运送这么重的石头,在冰上,冰本身的承载力不够。

看来,工匠们也并没有寄希望于南京的冰。在三块碑材的下面,分别都有一些刻意打凿的孔洞,这些孔洞并没有特定的形状,似乎只是打凿出来留做某种用途的。工匠们是否在思考另一种更为有效的办法来运输碑材? 一种普遍的推测认为,这些孔洞应该是古人特意留出的空隙,准备将圆木塞入其中,然后用滚木的方式将碑材运出山去。

徐湖平:古时候的人非常勤劳,非常聪明,他们用各种办法,把枕木垫到它(碑材)下面去以后,用人工推或拉的形式,也不是做不到的,但是 40 米是绝对做不成的。

的确,什么样的木料才能承受如此的重量,而且还可以滚动自如呢? 根据专家分析,通常用作建筑材料的红松具备足够的抗压系数,但也需要它的直径达到 50 厘米左右。

崔京浩:大概一万吨重的一块石头,重量分配下来,把圆木的抗压强度用足了,至少也要 330 根木头。330 根直径是 50 厘米的圆木,在 40 米长的一块石头下是摆不下的。

事情还远不止这么简单。如今明孝陵内的神功圣德碑,其碑额、碑身、碑座三部分严丝合缝地重合为一个整体。那三块体积比孝陵碑大了几十倍的阳山碑材,一旦运到孝陵,就是要按照这种模式相互重叠起来。这就意味着,需要面对的还有起吊碑材的严峻任务,这是否可能完成呢? 即使在今天,要起吊运输那么巨大的石材,恐怕也有难以想象的难度。

李建平(中国石化集团南化公司化工机械厂厂长):现在吊运一百来吨的物品已经不是一个小项目。目前我们国内海上最大的起重设备,有3000吨级的浮吊,长江沿线陆地最大起吊(设备),桅杆吊是600吨级的。

李建平所说的600吨桅杆吊设备是陆地上起重工具中的顶级设备。然而这与阳山碑材每块都上万吨的概念,简直不可同日而语。很显然,即使在现代,要把三块碑材起吊、重叠,也是难以想象的。现代起重技术尚且无计可施,那么在600年前的明代,以当时的工程技术水平,是否能做到呢?答案似乎只有一个,根本不可能。

一个根本不可能实现的工程,又如何去计算它将耗费的人力物力呢?这应该是一个根本无法做出来的预算。而这,是否就是阳山碑材工程没有官方预算记录的原因呢?作为阳山碑材工程的发起者,当朝皇帝朱棣本人是否知道这是一个无法完成的工程?

贺云翱:按照他(朱棣)的智慧和他人生的经历来说,他应该知道阳山碑材的这三块材料,是运不出来的,因为它太巨大、太重了。

徐湖平:当时,他选碑材的时候,这么大的体量,他明知道运不下来,他为何又有意为之,这说明什么问题呢,我们现在来反思这个问题,可以提出些疑问。

一个更大胆的猜想应运而生:或许,朱棣从一开始就根本没打算完成这个工程。明知道没有结果而又劳师动众的阳山工程,在其他浩大工程纷繁累积之时,由天子一声令下,轰然开始,又轰然结束。这下令的天子朱棣,到底是怎样的心理呢?

刚刚在南京登基的朱棣,确实面临着巩固自己统治地位的问题。朱棣在就位初期,巩固政权的最直接手段就是杀戮。杀掉所有反对他当皇帝的前朝臣民,以此强迫所有人承认他的统治名正言顺。今天的南京明故宫内保存得最完好的午门遗迹,虽然一片落英缤纷的柔美景象,在朱棣统治时期却充满了血腥气息。每一块残存的石块都记录着当年朱棣杀戮无数的暴虐行迹。其中有一块上有一绺殷红如血的痕迹的方石被称为方孝孺血迹石,它被人们特意陈列起来以纪念一位忠臣。公元1402年,朱棣攻破南京城,在满城的血腥气息中,建文帝朝的忠臣方孝孺在朱棣的威逼下为之起草诏书。一位文士颤抖着手拿起笔来……

一声震惊朝廷的投笔之声,展示了一名忠臣的凛然气节,却也招致满门的杀身之祸。盛怒的朱棣连带着诛杀了与方孝孺有关者达 847 人。像这样的屠杀不可胜数。朱棣为了替自己正身、巩固江山而打的这场战争是漫长艰巨的,作为一个精明的政治家,他同时还在思考另外一个战略,那就是,阳山碑材。选择这样一个时机开始一项替先父立碑的巨大工程,朱棣的目的是显而易见的。

徐湖平:恐怕朱棣当时作为天子,他的思考和他的这些做法,都是为了巩固他的政权,巩固他的地位,都是从这些方面来做出决定的。

看来,阳山碑材工程对朱棣而言,是含义丰富而隐秘的。这项工程无疑非常重要,因为它关系着朱棣的整个江山;然而它又似乎并不是那么必要,因为一旦朱棣的江山稳固了,它就可以寿终正寝了。

贺云翱:更大的可能就是朱棣完全把它当成是一个形象工程,把它作为一个宣传(的手段),一旦他的皇位坐稳了,那么他也就不需要这个东西了。这是很有可能的,但是目前没有直接的证据,我们只能做一种推测。

这样的推测又似乎有着它的根据,在阳山采得大石后,朱棣一再派朝臣前往观看,之后又特意让翰林学士胡广、解缙等人去观看。学士们正是用以宣传皇帝功德的最好工具,他们会将看到的都记录在案,于是有了至今仍然留存的《游阳山记》。这些煞费苦心的安排,似乎也显示了朱棣利用阳山碑材塑造自己形象、巩固统治地位的用意。

贺云翱:那么制作的过程,为什么要组织在朝的官员去大面积的考察、观看并加以宣传?我觉得这里面是有一定的政治目的的,也就是说他并不需要一个结果,他只需要一个形式。

永乐十一年,朱棣已经在位 11 年了,他也早已显露出英武精明的明君气质。明朝一国太平,人丁富足,江山牢牢地掌握在朱棣手中。就在这一年,明孝陵里立起了另一块神功圣德碑。而此时,阳山碑材工程也已销声匿迹。

昔日漫山遍野的坟头如今成了过往云烟,600 年前的累累白骨消失得无影无踪,而阳山山谷中的三块巨大碑材依然默默相对。在今天的人们眼里,它们仍然是一项惊人的绝世工程。虽然这项工程被神秘的历史所笼罩,却可以令人在其中猜测不断,联想无穷。

石碑上的战争

远远看去,这是一座普普通通的石头坟茔,但墓前的石碑上雕刻着这样几个字:"大唐天宝战士冢"。尽管只有区区 7 个字,还是足以让人们想起中国历史上一个不可一世的王朝、一个恢宏的年代和一群势不可挡的战士。但这座坟茔的主人究竟是因何而亡,我们却不得而知。

在离这座坟茔不远的地方,还有一座更大的坟茔,石碑上也同样雕刻着"大唐天宝战士冢"。但石碑旁多了一首后人写下的祭文:"唐将南征以闻捷,可怜枯骨卧黄昏,唯有苍山公道雪,年年披白吊忠魂。"从祭文中我们得知,这两座坟茔里埋葬的原来是一群战死疆场的唐代将士。据当地的百姓讲,那座小一点的坟茔是座千人冢,大的是一座万人冢。

在相距不到几千米的地方,竟然埋葬着这么多的唐朝将士,其中必然隐藏着某些腥风血雨的故事。

大唐天宝战士冢

两座坟茔所在的地方,在云南大理州的苍山脚下。石碑上所提到的大唐天宝,指的则是唐玄宗在位的公元 742 年到 756 年期间。

在 1200 多年前,在远离中原腹地的这片土地上,究竟是怎样一场战争,使得成千上万的唐朝将士魂断他乡? 那个敢于和唐王朝抗衡的对手又会是谁?

如今的大理,在青山绿水间已经很难找到当年战争的痕迹,但一千多年前的那场战争,毕竟是一场万人大战,而且战争的一方,毕竟是一个强大的王朝,历史应该对此有所记载。

这天,大理市文物管理所的黎瑞财所长来到了一座石碑前。这座石碑的全称叫"南诏德化碑"。人们说这上面记载了天宝年间发生的那场战争。但眼前的这块石碑却是一片模糊。经过仔细观察,其间虽然能看到文字,可是字迹少得可怜,根本无法解读,更不要说了解碑文的内容了。

经调查黎所长了解到,这上面曾有过一篇3800字的碑文,详细介绍了天宝之战的经过。那么当初的碑文是否还能拓片保存下来?

黎所长最终在大理州博物馆找到了王查在200多年前抄录的碑文,并了解到碑文是在公元766年写成,这时已是唐天宝时代结束的十年后。

原来这块石碑的主人是一个叫南诏的古老王朝。

历史上云南大理地区的确曾经有过一个地方王朝——南诏国。而在1200多年前,唐王朝大军南征的目的地也正是这里,显然这个南诏国就是在那场战争中与唐王朝大军抗衡的对手。

尽管从南诏人撰写的碑文中能够了解他们是被迫开战,但天宝之战的真正原因会是怎样,战争的结局又是如何?人们对这个唐王朝的对手还是知之甚少。

南诏的兴起与"叛乱"

云南大理地处中国的西南部,远离中原腹地,可谓是偏安一隅。

历史上,这一地区与中原王朝的联系也是时而紧密,时而松散。在唐以前,还没有哪个中原王朝的势力能够涉足这里。但就在唐王朝刚刚立国的时候,发生了一件和南诏密切相关的事情——还有一个王朝也觊觎着这块地方。

吐蕃王朝占据着西藏一带,大理地区正好处在两个王朝的中间地带。

这是一块有着重要战略意义的地区,两个王朝都势在必得。而这时的洱海地区并没有和哪个王朝建立隶属关系。

这时,一个叫蒙舍诏的部落脱颖而出,因为它的位置是在洱海的最南面,人们便称它为"南诏"。

南诏很快平灭了北方的其他5个部落,在大理地区逐渐强大了起来。而这一切正是在唐王朝的支持下完成的。

南诏是从公元649年开始强大起来的,也就是唐朝大将梁金方南下大理的第二年。在不到100年的时间里,南诏逐渐壮大成为一个地方王朝,公元728年,南诏的第5代王阁逻凤在苍山脚下,洱海之边建起了自己的都城太和城。

在建筑了第一座都城太和城后,南诏又修筑了一个更大更坚固的都城羊苴咩城。但这时的南诏并没有正式立国,而是向唐王朝称臣纳供。正如德化碑上所书:"我自古及今,为汉不侵不叛之臣。"南诏人始终认为自己是唐王朝的一部分。

但为何在唐朝天宝年间,两个和睦相处的政权却发生了战争,而且是一场规模浩大的战争。据调查人们发现战争的原因和这样两个人物密切相关,他们就是南诏王阁逻凤,和当时唐朝驻守云南的太守张虔陀。

在德化碑的碑文中,南诏人有这样一段话:"今节度背好贪功,欲致无上无君之讨"。

原来南诏王阁逻凤受到欺辱后上告无门,一怒之下杀了云南太守张虔陀。但唐玄宗李隆基却误以为南诏要背叛唐朝,所以发兵征讨。

尽管这时的南诏已经可以雄霸一方,但比起强大的唐王朝,它还是异常弱小的。

显然双方的军事实力相差极为悬殊,和唐王朝相比,南诏只有招架之能,而绝无还手之力。

但最后赢得战争的似乎不是强大的唐王朝。德化碑上对唐朝大军也有着这样的记载:"三军溃衄,元帅沉江"。

在苍山脚下有一座小小的庙宇,庙宇的形式完全是按照大理当地白族人的习俗建造的,但里面却供奉着一位特殊的人物。

庙宇门口牌匾上的一橛诗文道出了这个人将军的身份和他最后的归宿。

这就是那位姓李的唐代将军,他端坐其中大概因为他就是那场战争中级别最高的军官了。在他的身边,还聚集着几位带兵打仗的军官,人们说那是将军的 3 个儿子。

这些将士虽然个个身披铠甲,威风凛凛,但摆出的却是一副抵挡的架势。

如果和那两座坟茔,以及那些诗文联系起来,显然这些疆场将士,他们是因战败而死的,而唐王朝的那次南征,更是以失败告终的。

一千多年前,一个小小的南诏究竟凭借着什么,使得唐王朝的远征大军全军覆灭?

南诏与唐朝的战争

当唐朝大军兵临城下的时候,南诏的第二个都城还没有完全建好,它的老都城太和城,正是唐军进攻的主要目标。

南诏国已经消失了1000多年,它的都城也早已消失殆尽。在苍山脚下的缓坡地带,人们通过考古发掘,找到了一片古代建筑的遗迹。

这里背靠苍山,面向洱海,依托着绝好的天然屏障,是建造都城的最佳地点。如果太和城就是建在这样一个易守难攻的地方,南诏人在战争中就能够多一分胜算。

经过各方面的调查考证,专家们认为,这片古代建筑遗迹就是当年的南诏都城太和城。这座都城的东面紧靠洱海,西面是海拔3000多米的苍山,如果加上都城南北两道城墙,这里就是一个固若金汤的堡垒。

在距离太和城南面10多千米的地方,人们还发现了一片古代建筑的遗迹。

专家们从史料中了解到这是一个叫金刚城的城堡。金刚城也是坐落在苍山的山坡上,但这里已经是苍山洱海的最南端,金刚城像个卫城一样,扼守在南诏都城太和城的南面。

在这样的地方修筑一个卫城,一定会给进攻的人带来极大的难度。从金刚城上向下望,因为这里是苍山和洱海的最南端,山海之间自然形成了一个狭小的关口,从太和城到关口之间,不仅有金刚城,南诏人还利用绝好的地形修筑了一个更加易守难攻的关口。这就是龙尾关。

在龙尾关原址上后人沿用南诏时期的城墙基础重新翻修了城关,坚固的城墙和居高临下的地势让人们依然能看到它据险可守的效果:关口的一边是高高耸立的苍山,另一边是洱海的出水口西洱河,山海之间的龙尾关,可谓是一夫当关,万夫莫开。龙尾关的地形对南诏守军极为有利。

也许是唐朝大军根本没有把一个地方王朝看在眼里,所以根本无视南诏所凭借的天险。两次进攻,都选择了这里为突破口。第一次唐朝派遣6万大军进攻南诏,结果全军溃败。时隔4年,李将军带领着军队又来到了龙尾关下。当十几万大军兵临城下的时候,南诏到了生死关头。

这是南诏国生死攸关的时刻,他们只有殊死一战。南诏人倾尽全部兵力,凭借着天险竟然将十几万大军,挡在了西洱河边。唐朝军队在龙尾关下未能前进一步,最后全军覆没,李将军和他的随从将领们也全部葬身西洱河。

最终南诏人战胜了唐朝军队,保全了自己的家园。

在天宝战争结束的第12年,南诏人写下了一篇3800字的文章。这就是后来的德化碑碑文。碑文中写道,南诏自己没有丝毫背离唐王朝的举动,只是因为被奸臣挑拨,才导致了天宝之战。为了表明自己依然是唐王朝的一部分,南诏人收敛了唐朝将士的尸骨,并郑重安葬了他们。

这块德化碑记录了一场遥远的战争,记录了中国西南边陲一个古王朝的历史,更记录了人们向往永久和平的心愿。

沉默的石窟

它位于浙江省中西部的龙游县,是建造在小小洞口下面的地下洞穴。它们组成了目前发现的全世界最大的人工地下建筑群——龙游石窟群。它们是由一凿一斧人工开石而成的古代石制建筑,在石窟墙壁、顶面、柱子上全凿刻着纹理匀称、排布工整的花纹。石刻花纹规则有序,该平则平,该弧则弧,犹如出自一人之手,又似机械加工一般,具有极强的装饰美化的作用。在石窟西侧有一个预留的坡道,这个坡道是通向洞口的唯一通道,坡道自石窟洞口向下,陡坡约按36度向下伸展,直至洞底,斜而甚陡。在1号石窟北面石壁上方还有一组岩画,内容为马、鸟、鱼,呈不规则排列。

古人为我们留下了伟大的工程,同时也给我们留下了无数谜团。十余年来,各种疑问和猜测从未间断。石窟中的陡坡,花纹是干什么用的?巨大的石窟要用多少人工,要用多长时间才能建成?采石、穴居、仓库、陵墓,石窟用途为何?21世纪,石窟仍然保持着被发掘前的沉默,有关它的详细记载全部沉没在历史长河之中。

石窟惊现龙游

那是在 1992 年 6 月 12 日,中国浙江的一个普通村民吴阿奶在探宝时无意中揭开了一个埋藏了很久的秘密。

龙游石窟的秘密为什么到今天才揭开呢?因为龙游县位于浙江省中西部,地处金衢盆地。从空中俯视,一条衢江环绕而过龙游县,视野开阔,颇有神往飘逸的感觉。龙游县东西宽约 29 千米,南北长约 61 千米,面积 1138 平方千米,人口约 39 万。与龙游县城隔水相望,有一座凤凰山。凤凰山只是个山丘,海拔 69 米。背山面水,安逸宁静。到 20 世纪 50 年代前,凤凰山一直无人居住,保持着宁静和神秘。在凤凰山上还有许多不为人知的水潭也一直在静静地沉睡。

20 世纪 50 年代,一场特大的洪水,袭击了山下的村庄,村民们被迫移居山上,这才有了凤凰山上这个叫作石岩背的村庄。四十多年来,村里人过着宁静的日子。山上原有的水潭,成为村民们唯一的生活水源。

这些方形水潭大小相仿。水潭水质很好,取之不尽,用之不竭。几十年来,村民们在水潭边洗衣做饭,然而他们没想到就在他们脚下隐藏着巨大的秘密。有好奇者曾经试探过水潭深浅,由于个个深不可测,好奇者也就停止了对水潭的探索,就这样龙游石窟的秘密一直保留到 1992 年 6 月。而这些水潭便被村民们称为"无底潭"。此后因传说有一块玉石掉入"无底潭"才让石岩背村的吴阿奶等人下决心抽干潭中之水。

吴阿奶组织了另外三人于 1992 年的 6 月 9 日正式开始抽水,一直抽了 4 天 4 夜,水位降下去 1/3 左右,下面的洞面积越来越大,露出了四根石柱。沉睡多年,龙游石窟被惊醒了,容颜初现,让发现者既惊又怕。吴阿奶回忆说:"我们三个人一看,看了下面的面积越来越大,三个人好像有一点怕,怕什么呢,有一点怕抽不干,面积相当大,抽不干我们资金就白投了,后来经过 4 个人协商,下决心再抽,后来 4 台机器抽了 17 个昼夜,结果把它抽干了。"就在这些农民的坚持之下,水落洞出了,一个神秘的世界展现在世人面前。村民惊呆了,怎么也不敢相信,他发现了一个宏大的古代人工石窟。因地处龙游,该石窟被称为龙游石窟。消息极快地飞向四方。龙游石窟的发现引起了世人的关注,人潮从四面八方涌来。疑问也随之迭起。

未解之谜重重

围绕这一震惊世界的发现，人们提出了种种疑问，重重猜测。疑问此起彼伏，猜测难有定论。

未解疑问之一：建造龙游石窟需要动用多少人力、花费多少时间？

龙游石窟是目前发现的全世界最大的人工地下建筑群，其单体面积达到1200平方米，数量之多仅凤凰山就发现20余座。龙游石窟群均是建造在小小洞口下面的地下洞穴。5个石窟中，2个大的，面积一共约4000余平方米。3个小的，面积一共近2000平方米，石窟高30米。5窟需开挖废石18万立方米。推测凤凰山已经发现的石窟24座，共需开挖86万立方米。建造龙游石窟需要动用多少人力，需要多少时间，在龙游石窟没有找到有关记载。

可我们知道，其他巨大工程的用人费时情况，比如长城——地上建筑，是用砖土夯堆而成的，修建长城的时间堪称是"上下两千年"。修筑长城动用的劳动力数量也十分可观，据历史文献记载，秦代修长城除动用三十万至五十万军队外，还征用民夫四五十万人，多时达到一百五十万人。北齐为修长城一次征发民夫一百八十万人。而以明代修筑的长城估算，需用砖石5000万立方米，土方一亿五千万立方米。又如秦始皇兵马俑，我国古代大型地下建筑。这个被誉为"世界第八奇迹"的秦陵兵马俑，至今尚未统计出关于它的用工时间和用人数量。龙游石窟人工地下建筑群，石窟数量达到30个以上，如此规模的地下建筑，仅次于我国古代大型地下建筑秦始皇兵马俑。兵马俑位于中国西安临潼区东5千米的下河村，是地下夯土建筑结构，第一号兵马俑坑东西长230米，南北宽62米，深近5米，总面积14260平方米。二号坑，面积6000平方米，三号坑面积约520平方米。而同样由一凿一斧人工开石而成的古代石制建筑古埃及吉萨的10座金字塔，耸立在尼罗河两岸的沙漠之上。金字塔如此高大，使人们很容易相信它们是神或巨人所建造的古代传说。3座最大、保存最完好的金字塔是由胡夫、海夫拉和门卡乌拉3位法老在4000年前建造的。在这3座大金字塔中最大的是胡夫金字塔。它是一座几乎实心的巨石体，用200多万块巨石砌成。关于它的建所需要的时间至今仍是未解之谜，普遍认同的说法是，建成一座金字塔的工程可能要花费30多年的时间。

可我们仍无法推测建造龙游石窟需要动用多少人力,多少时间。龙游石窟群均是建造在小小洞口下面的地下洞穴。5 个石窟中,2 个大的,面积一共约 4000 余平方米。3 个小的,面积一共近 2000 平方米,石窟高 30 米。5 个石窟需开挖废石 18 万立方米。凤凰山已经发现石窟 24 座,面积是 5 个石窟的 4.8 倍,推测总共需开挖 86 万立方米。据专家推测,矩形人口按 4×5 米计,可容 3~4 个挖凿面,挖深几米后可再增加。出口只一处,初搬时距离近,10 米以下距离加长加陡,劳动强度增大,劳动力也同比增加。几千精壮劳力轮换施工,一锤锤、一凿凿挖下 8671. 立方米石块,又一筐筐、一担担日日夜夜从窟底搬抬。绝非几年时间。尤其是开在石窟顶部的狭小洞口使人员进出和物品搬运极为困难,加大了施工难度。也使工程量的推算难上加难。

未解疑问之二:预留坡道的用途是什么?

石窟西侧有一个预留的坡道,高大的阶差使人望而却步。它是干什么用的?是供人行走?还是运送石料?十几万立方米的石料是从这个坡道上运出的吗?

细看坡道自石窟洞口向下,陡坡约按 36 度向下伸展,直至洞底。斜面甚陡。坡道呈凹曲状,陡坡平、斜相间。这个坡道是通向洞口的唯一通道。说到半米高的坡道台阶,竟与金字塔石块的高度十分相似。金字塔由大约 60 厘米高的石块堆砌而成,当人们攀登金字塔时需要吃力地抬高腿脚。同为古代石制建筑为什么出现同样的阶差尺寸,不知是一种巧合还是一种必然。我们知道,北京猿人距今有 2000 多年的历史,是公认的古代人类,依据复原的北京猿人模型测量,古人类的身体情况同现代人一样,下肢约 50 厘米高度。可龙游石窟的坡道是干什么用的?为什么不做成 20 厘米的正常台阶?

龙游石窟的地下材料,长 60 厘米,宽 40 厘米,高 20 厘米,重量是 60 千克。龙游石窟的坡道是运送石料的吗?现代的工人曾选择了陡坡中最缓的部分,尝试着在坡道上搬运石块,仍然十分吃力。然而无论是采石场的石料,还是通过龙游石窟开采痕迹中推测的石块尺寸,都要比这实验石块大几倍。坡道真是搬运石料的吗?相关疑问还来自 4 号洞的一块石料。这是古人遗留下的并不完整的石料,重 240千克。无法想象怎样从坡道上将它运出。更大的疑问在坡道的最上端,陡坡最上层的台阶像个大平台,距洞口高达 4 米,在这里根本无法行走或搬运石料了。龙游石窟的坡道是怎么用的呢?

在尚未搞明古人为何建造高阶差坡道的原因时,在 5 号洞又发现了古人在坡道上铺垫石块形成的台阶,为什么不一次造成,坡道究竟是做什么用的? 难道古人的设计有所失误? 这疑问使研究人员百思不得其解,只好留待来日,以期有新的发现能解开这个谜底。

未解疑问之三:石窟是随意开凿还是事前总体规划呢?

考察龙游石窟已经开发的 5 个洞窟,从平面图发现,石窟各洞,行制相近似,相距较近。1 号洞和 2 号洞只一墙而隔。这个墙后面是另一个洞,古人只开凿到这里,就停住了。从龙游石窟立面布局可以看出龙游石窟洞与洞上下相隔很近。龙游石窟确有总体规划吗? 通过实地考察,清除了 6 号洞下的淤泥,发现 6 号洞和 2 号洞,上下间隔,其距离仅为 50 厘米。就此估计龙游石窟是经过了认真的总体规划,既由统一的指挥,统一的组织,并且在一个连续的时期内完成的工程。否则不可避免地会出现打破现存格局,破坏相对独立的情况。针对龙游石窟的这个现象,相关专家发表了见解。

杨鸿勋,原从事建筑历史与理论研究工作,在梁思成先生研究室做其助手,后来任研究所所长,此后进入中国科学院考古研究所,并创立《建筑考古学》学科。自 1992 年龙游石窟被发现后,杨鸿勋一直未间断对龙游石窟的研究。他认为:各个石窟在下面互相看不到,是平行的,方向一致,距离很近。石窟间的墙壁都很平行,所以它施工的测量仪器很先进,非常准确;开凿技术,很高明。施工组织开凿这么大的石窟必须事先有设计,有想法。由此可以看出龙游石窟不是随便开凿的。

孙均,1949 年于上海国立交通大学土木工程系毕业,后从事隧道与地下工程研究和教学。1962 年参与创建了《地下结构工程力学》学科。他认为:石窟之间靠得非常近,却没有打通过、连通过。依照龙游石窟的地下结构,从岩石力学来看,石窟的上部基本上是圆的拱顶,所以它要靠底下的岩柱、岩壁来承受,这个实际上是一个承重的结构,否则它要塌下来。顶上面是圆的,底下间隔虽然薄了,但是它是不通的。这个等于大家没想打通。

对龙游石窟石柱的研究,进一步印证了龙游石窟存在事前规划的可能。石窟中粗大的石柱是用预留的方法开凿而成,这些石柱与石窟保持着完整统一,看它的底部与岩体和谐有机地联成一体。而就是这些预留的柱子,在石窟中的排列非常规则,或沿直线等分,或在平面中均匀分布。这就说明在预留第一根柱子的时候就已经确定了整个石窟的长度。从石柱建造上还可以看到,石柱非圆、非方,以弧形过渡,形成"鱼尾"状。石柱尖端指向洞的深处,与石窟顶倾斜方向一致,关于古人有意制造并修饰石柱的情况,在 1 号石窟得到证实。1 号石窟中有一个未完工的柱子,上半部是鱼尾型,下半部为不规则长方形,上部鱼尾型的方向指向洞的延伸方向。而石柱中间遗留下的未完工程迹象。

未解疑问之四:古人所用的工具是怎样的?

我们找到了佐证古人曾有事前规划的事实,但是有了规划古人用什么测量和定位工具来实施这些规划呢?如果他们尚未掌握这样的工具,规划就毫无意义了。

距今遥远的古代,人们使用什么样的测量工具?他们怎样实现相关规划呢?他们怎样完成即使是现在也十分复杂的垂直定位和地下定位呢?找不到开凿龙游石窟使用工具的记载,只好对石窟测量并对石窟的定位进行分析。

应用现代的测量工具和手段对石窟洞内墙尺寸进行测量,发现龙游石窟型制规整,整体建筑误差极小,从石窟的型制上看,基本上实现了原有规划设计。此外对石窟的地下布局进行重新测量发现,石窟地下定位十分精确。几个洞窟相隔的墙壁都很薄,这些墙壁呈等厚,平行延展几十米,最近处不足 1 米。如果有一点失误都会打穿。这当中最为突出的是,1 号洞与 2 号洞的隔墙,厚度仅 50 厘米。使得凤凰山 24 个石窟,左右相邻而不通,上下相依而不连的,难道是那些最原始的工具?罗盘,将中国四大发明之一的指南针加以发展,是中国古代普遍使用的线坠简朴而准确的垂直定位工具。

众多专家无不坚信古人使用了测量技术,但很难想象出当时可能使用了什么测绘工具,为此困惑不解。

罗哲文:当初开凿这个工程时,当然不像现在用很精美的仪器、很精美的测绘,但是从他开凿的经验上来说,他还是有考虑的,例如它高 20 米左右,宽 20 米左右,如果不小心顶部会塌下来。所以它要根据需要,在一些关键的位置,留下这个石柱。至于他当时怎么计算现在还不知道。

孙均则:那时候肯定没有测量的仪器,没有经纬仪,也没有水平仪,更没有现在GPS这套东西。石窟的定位是个谜。当然石窟的墙壁比较薄,并且相当平,不打穿,还要保持一定的间隔,特别是地下施工,地面是看得见的地下看不见,怎么放线、用什么测量工具都是迷。从运输困难、光线的困难考虑,石窟的开凿不是一年两年的事情,说不定就是一二十年。

未解疑问之五:花纹和图形的意义是什么?

看来古人对龙游石窟如此精心建造,再观看布满石窟的凿刻花纹时,不禁对古人凿刻花纹的目的产生了疑问。龙游石窟的石刻花纹是什么凿痕? 是出于开凿的结果,还是有意于装饰呢? 如果是装饰这些线条有什么意义呢?

龙游石窟墙壁、顶面、柱子上全凿刻着纹理匀称,排布工整的花纹。石刻花纹为弧形石纹和水平石纹两种,每组间隔60厘米左右。石刻花纹规则有序,该平则平,该弧则弧。犹如出自一人之手,又似机械加工一般,具有极强的装饰美化的作用。

有经验的采石工介绍,弧型石纹可能来自开凿,而水平石纹则是开凿中不常见的,尤其是这样多。究竟弧型石纹是不是凿痕? 水平石纹又是怎样来的? 当地的两个石匠用完整的工序在地上开采了一块石料,以验证会产生何种凿痕,借此彻底分析这些龙游石窟凿刻花纹的产生原因。他们选择了一个同龙游石窟石质相同的岩体,清理好工作面后,开凿工作才正式开始。

采取的是十分普遍的开凿方法,首先用铁钎采取一种斜凿的方式,从两侧把岩石和岩体剥离,显然龙游石窟的弧形凿痕就是在这样一锤一锤中产生了。当岩石与岩体完全分离后,再用铁钎从正面凿出几个小孔,最后使用粗大的凿子从正面击打震动,此时岩石裂缝会沿着水平方向延伸,直至刚刚的开凿处,到此岩石彻底分离。从这个采石的全过程可以看出,这些痕迹确实同石窟中的凿痕十分接近,只是没有横线。

博物馆几件出土文物中我们有了新的发现,一件青铜器上面有与龙游石窟凿痕类似的装饰图案,也许正是古人将这些十分欣赏的装饰图案沿用到石窟中。石窟洞顶花纹呼应石窟主体,回转处随石窟走向,如河弯中的流水,由近及远,涓涓流淌。笔直处贯穿石窟东西,和谐舒畅。龙游石窟的石柱上也布满了由弧线和横线交织而成的装饰花纹。沿石柱向上看去可以发现石柱与洞顶衔接之处的工艺十分细致,石柱与洞顶的花纹以组相接十分和谐,洞顶的横线流畅地连接到石柱上面。另一处的柱顶出现了罗马柱一般花纹,这种"弧形过渡"的斜托,既增添石窟的整体美感,也有利于石窟顶部围岩的稳定。石窟由不同的工作面同时开采完成的。这里出现了高差是因为古人放弃原有工作面的基准,以便下一个工作面与石窟整体相一致。这里古人通过精确地控制和细致的修饰,使两个工作面的连接几乎无法看出。

谈及龙游石窟的装饰,在1号石窟北面石壁上方还有一组岩画,内容为马、鸟、鱼,呈不规则排列。中国的岩画十分丰富,岩画的创作可追溯到六千年至三万年,这为我们推测这幅岩画的创作年代及石窟建造年代,提供了更大的时空背景。

曹定云,北大考古专业毕业。一直从事甲骨文研究。其参与发掘"小特蓝地"甲骨文项目,被评为新中国成立后十大发现之一。现在从事安阳"殷墟"甲骨文的考古研究。不久前他发现石窟岩画中的"月"字,并就此有了新的发现。他确定石窟岩画中有个月亮,这就为这个图打开了一个缺口。与月亮相对应的西边是一只鸟,金鸟。金鸟实际上就是古代的巫,代表太阳。太阳下面是鱼,在太阳和月亮的上方肯定就是天马,因为它在太阳和月亮的上方来回奔跑。所以这个图被他定名为天马行空图。天马行空是西汉以后才有的,西汉以前不会有天马。因为汉武帝在抗击匈奴的时候从西域引进来一种非常好的大宛良马,在抗击匈奴、战胜匈奴的过程中间,起了一个很关键的作用。所以后来他们就把大宛良马定为天马。从汉代以后在我们中国民间,这个天马就非常(受到)崇拜。

龙游石窟的石刻花纹是出于开凿的结果,还是有意于装饰呢?初步推测龙游石窟的石刻花纹是在开凿痕迹的基础上加以修饰以达到装饰目的。而这些线条组成的图形,就是当时古人所喜爱的图形。

未解疑问之六:开凿石窟的古人是怎样照明的?

身处龙游石窟宏大的洞室中，不禁要问，古人是如何获得照明的呢？没有照明怎样看装饰，又怎样施工呢？

如果当时石窟没有充足的采光，这样巨大而细致的工作是如何完成的？同样如果没有充足的采光，这宏大规模的修饰又有何用途？古代没有电灯，照明只能依靠火把，然而在整个石窟也找不到用火的痕迹，就连非常稳定、很少消退的火烧炭黑也毫无踪迹。难道是被水泡掉了吗？

贾岗，上海同济大学岩土工程系教授，专门从事地下结构力学和施工组织学的研究。他认为：照明问题是需要研究的问题。因为石窟洞口很小，完全靠自然采光，只能在某一个时段，或者太阳偏到某一种（角度）才能受光，而且是越向里面，它的光线越淡。石窟的深度现在有的是几十米深而且是倾斜下去的，所以肯定要有人工的照明才行。

火是古老的照明手段之一。为了照明人们将最新的技术应用在照明上面。龙游自古生长下来的乌桕树，曾为人们提供了蜡烛的原料。为了了解龙游石窟的照明方法，我们考察了位于安徽的黄山市屯溪新安江的花山迷窟。花山迷窟面积有1000余平方米，在洞中的石柱上遗留着当初放置可燃物品作为灯具指引路径的痕迹，显然他们也使用同样的方法获得照明。花山迷窟中发现有古代灯具，底座，燃油盘。

心怀关于龙游石窟照明的疑问，看到阳光从石窟上面的洞口照到洞下时。不禁要问，难道为了获得照明，古代人充分考虑了利用自然？仔细品味龙游石窟，它确实有别于其他洞穴，石窟西南隅顶部的洞口使得石窟一天之中始终有阳光从洞口中照到洞中，尤其是中午日照最强的时候，太阳向石窟内射进极强的光线。当在黑暗中适应了一段时间后我们发现，即便在石窟较深的地方也可以看清周围。

未解疑问之七：龙游石窟的用途是什么？采石场、居所、仓库、屯兵或陵墓还是其他？

龙游石窟的凿痕使人猜测：龙游石窟是不是采石场？多达几十万立方米的石料用在何处？为什么选择地下开采？只有找到证据才能证实猜测。

自古，采石场的石料均有明确的用途。在浙江温岭，开采出的石料广泛用于建造房屋。通过查阅《龙游县志》寻找有关采石、用石的记载，发现龙游曾在明代兴建县城，广建城墙，石方量达到 5 万多方。然而县城的公路下一段老城墙遗址满目青灰的颜色说明，这里的石料与龙游石窟的红砂岩之间毫无关系。那醒目的"官砖"字样，也为这个结论加上了印记。也许因为古今地域有所不同，县志记载的城墙不在龙游，而在衢州。为此研究人员对衢州城墙进行了调查。

衢州旧城的水亭门，作为文物古迹保存至今。我们在古城墙中发现了零星散落的红砂岩的石料。它来自龙游石窟吗？如果是的话，为什么数量如此稀少？犹疑之间发现，在衢州老城边上有一个旧城墙纪念处，红红一片的红砂岩似乎成为解锁之匙。然而很快发现这里石料的尺寸和石窟凿痕出入很大。

从衢州经水路返回龙游，一路随江而下，见船只随水漂流，不由对从石窟采石产生了一个新的疑问。龙游和衢州均在凤凰山的上游，如果从龙游石窟开采石料建造城墙，岂不要逆水运送？也许县志中关于兴城建墙的用石记载，非指龙游石窟。这动摇了采石说的理由。龙游石窟真是采石场吗？龙游石窟拥有规整、相似的空间与凿刻统一、和谐的花纹。这些是采石场的特征吗？还有那无始无终的横线，也是采石场的开凿痕迹吗？

为了考证这些问题，研究人员选择了同属江浙地域的几个采石场进行考证。

浙江温岭，这座有 1500 年古老采石场，由组成。因岩性和石质差异，开凿时择优采集，顺势成洞，1300 多个洞窟形式各异，洞穴多为横洞，进出方便。黄山屯溪，花山迷窟有石窟 30 余个，石窟里洞内套洞，洞下有洞。相比空间完全不同。再看花山迷窟洞壁，不同的开凿面，呈现着方向不同的凿痕。但无论哪种方向的凿痕，都没有水平凿痕。

那么水平凿痕是怎样产生的呢？考察发现，若仅为获得空间，开凿时横凿点可能低于下凿深度，岩体会向上裂开，并留下了残石。而水平凿痕是清理残石留下的。

解释地下开采的理由，来自当地民间传说"地下开采石质较弱，有如刀切豆腐"。地下的石头有多软？这是采石场猜测的依据吗？石匠们介绍：那些刚从岩体中开凿出来的石料，经过风化硬度可以加大，有利于加工成型。为了验证这种说法的准确性,研究人员在现场取了两块石料,并加工成实验要求的正方体。

在中国建工学院材料实验所进行了实验,这里有专门从事建筑材料强度实验的专家和设备。结果表明地表风化后的石料稍硬,而风化前的石料稍软。但这不能成为地下开采的理由。因为无论在什么地方开采,新开凿面上的岩体,在 2~3 天内都不会严重风化。

研究人员贾岗认为,从用途上来讲,现在是说法不一,采石场也是其中之一。但从他个人感觉来说,若是作为采石场用不着精雕细刻。而且采石场侧面开采从运输、人工来讲比从地面挖下去要省力很多。

确实,凿痕或地下开采,未能说清石窟的用途。疑问仍需探索。

如果龙游石窟不是采石场,那是做什么用的呢?

在龙游石窟中没有发现任何记载,可供考证的只有宏大的洞穴。这里有没有谜团的答案? 龙游石窟是洞口在上的竖向洞穴。这是人类最早的大型空间建筑。那么龙游石窟是古人栖居的洞穴吗?

杨鸿勋,依据对龙游石窟长期的研究认为龙游石窟是在非常的压力下,用非常的措施和巨大的决心完成的。他认为笼统可以把龙游石窟归为穴居的系统。穴居遮风避雨,因此就比较暖和一点。"穴居最早按照我们有一个科学假说,推断它就是人自己动手,创造自己的生存空间,一种居住形式,从不会盖房子到盖房子,开始是选择一个适宜栖居的环境,遮风避雨找一个自然山洞,这儿淋不着雨,这儿没风,这儿避风因此就比较暖和一点。龙游历史悠久,曾出土不少古代石器,这证明龙游很早就有人类生活。龙游石窟是不是这些古人栖居的洞穴?"

孙均认为龙游石窟可能是一种群居,就是部落与部落彼此之间不连通。龙游拥有背山、靠江的环境。这与中国公元前 6000 年到公元前 2000 年间大量的新石器聚落遗址的环境完全相同。这些水源可以满足生活和生产用水的需要,同时还是各聚落之间交往的通道。

龙游石窟是不是古人栖居的洞穴呢? 洞中有没有古人生活过的痕迹? 它在哪里? 龙游石窟有很多这样的导水槽,它的开凿是为了施工,还是为了生活? 古人栖居洞穴会有哪些痕迹? 我们前往其他古人栖居洞穴进行了解。北京延庆,古崖居遗址。这里布满了朝向各异、或圆或方的大小崖居遗址。走进洞内可以看到,这是一个3间一套的石室。左侧有马槽,上下之间有观察口,右侧有炕,这个石室面南朝阳,可以充分享受一日的阳光。因此石室内十分温暖,干燥。这个石室群还有公众活动的地方。古人生活痕迹十分清晰。龙游,据老人传说,龙游曾有一个石室,室内生活痕迹清晰,只是十分隐秘。经过努力石室找到了。石室原是两层,隔板和横梁已经不见。两侧墙壁上安放横梁的结构还在。

屋顶遗留着为平整屋顶的凿痕。龙游石窟是否是古人栖居的洞穴呢?这里没有古人栖居的迹象,是没有找到,还是根本没有古人栖居?如果龙游石窟不是古人栖居的洞穴,那是做什么用的呢?

原始的建筑首先用于居住,其次用于储藏。龙游石窟是不是古代仓库?龙游有没有这样的社会需求?

钱塘江是浙江最大河流,衢江为钱塘江南源水系。龙游就在衢江的中游。古时,钱江下游河面开阔,水量充沛,百吨级船只终年往返杭州—龙游之间。春秋的姑蔑就是今天的龙游,姑蔑曾是水运中心,并有商帮形成。东汉,姑蔑更名太末。

劳乃强,《龙游报》副总编,曾负责龙游县志的收集和编整工作。他认为,龙游商帮的最大特点,就是做生意不怕远,到处都去四海为家,所以当时有"遍地龙游"这样一种说法,当然这个龙游商帮的形成,也不是凭空而来,有各种各样的原因,其中一条非常重要的原因,就是龙游得到衢江,交通水路的方便。尚存的造船作坊印证了当时水运繁荣的景象。6000多人的龙游商帮,促进了龙游的造船业。这一切也证实了龙游曾有繁荣水运的历史。

历史的长河淹没了关于龙游石窟记载。就像衢江淹没了江堤上撑竿的钎痕。可以看到的只有曾经拴船的将军柱。龙游石窟是不是仓库呢?

褚良才,浙江大学军事教研部主任,全国高校孙子兵法研究会会长。1992年首批参与对龙游石窟进行研究的专家之一,其提出了龙游石窟是仓库的推测,并逐渐补充完善其论点,近期将推测锁定在军事仓库上。他说:"为获得一手资料,我们组织了调查。根据我们连续一年的观察,我们这个石窟里面的气温跟湿度,它有这样的特点,这里面夏天的温度始终能够恒定在15度左右,这个到了冬天的话,这里面的温度随着室外的温度下降,冷空气下滑进来之后,这里面的气温有所下降,但是也能够保持在 6 到 7 度以上。实验看到龙游石窟的相对湿度为 86%,温度为 13 度,它确实适合储藏。"他还指出在汉代龙游是一个重要的军事基地。所谓兵马未动粮草先行,所以它必须要有供它军事行动的这样一个大的基地,那么这就是需要有很多战备物资来囤积在这个水陆交通枢纽。龙游当时叫太末。那么而且龙游石窟有一些很独特的特点,例如洞与洞之间不相连,它都是单个呈一个个单元。洞口都是方的。在汉代的时候,著名经济学家高诱就说过方口曰窖,这个方口它就是窖的典型的标志。洞口都是方的,垂直打下来,然后下面的空间是按照将近 45 度这样一个角度开凿下来,这个空间高有 30 米左右,是一个相对独立的洞,又是小洞口。它这里面温度、湿度,包括里面小气候相对稳定,也就是它很适合储藏一些粮食呀,或者其他一些物资设备。

"百尺苍崖水气昏,我来避暑动吟魂。千年尽露碧波色,万古犹存斧凿痕。倒跨苍龙探月窟,醉骑老鹤蹑云根。天心水面无穷意,日日乘舟到洞门。"根据宋代诗人张正道一诗的记载,我们找到了翠光岩。"千年尽露碧波色,万古犹存斧凿痕。"这个岩洞在宋代已成万古之谜。一张题目叫《翠岩春雨》明代图画,描述了当时翠光岩储存物品的情景。然而这个发现并不能为仓库说提供依据,因为这些洞窟全是横穴,与龙游石窟的形式存在着很大的差异。龙游地区有不少以岩命名的洞穴。随着地貌的变化,这些临江的横穴多数淹没在水中。他们和龙游石窟有什么关系呢?龙游石窟也是仓库吗?

杨鸿勋不太相信这种推测。原因就是仓库有一个目的性使用要求。造仓库,目的是储存货物,越方便越好。以江为主要交通要道的地方,坐船运载非常方便,现在还有不少仓库。地上遗留的洞,都在江边上。把龙游石窟作为仓库,运送和储藏货物都不方便。

如果龙游石窟不是仓库,那是干什么用的呢?屯兵?在紧邻衢江的山丘顶部,草树茂盛,人迹罕见。这也正是龙游石窟的洞口所在地。龙游石窟的洞口一定有特别的目的。难道为了遮人耳目,避免暴露?

杨鸿勋认为,龙游石窟应该是为了满足一个社会需求,绝不是一个普通人,为了个人而开凿的。一直往前推演，东周时期龙游可能是越国的版图。在越国消灭五国、报仇雪恨之前，它是一个古蔑小国，这个时期越国有这个修建龙游石窟的可能。国君要十年生育十年教训，在其敌人占领它的国土情况下，移居到邻国外面。这在正史上都有记载。龙游是春秋时代的姑蔑，也是东汉时期的姑蔑。据说文解字解释，"末""蔑"为边境的意思。那时的龙游曾有不少战事发生。越王勾践卧薪尝胆的故事就发生在那个年代。"十年生聚"即奖励生育、扩充兵源，这是可以在敌人的监视下不动声色地实施的。但"十年教训"即军训，却不可能在敌人的监视下进行。越国借姑蔑之地练兵也在情理中。龙游石窟跟战备有关，是储存物资的，但是绝对不是屯兵。那里不可能屯兵，屯兵人在里头受不了，老在那里受不了，既不能练武憋着也难受，但是它储存物资是可以的。而且开凿石窟并非一朝一夕所为，岂不消耗越国本已弱小的实力？另外春秋铁器尚未成熟，青铜虽硬但脆，怎能开凿这样大的石窟群？

龙游石窟不是屯兵的，是干什么的呢？陵墓？

研究人员到处寻找信息。在博物馆他们看到许多汉代出土文物，不由得联想到汉代流行建造石墓，龙游石窟是不是汉墓呢？很快他们又看到了冥器和汉代官印。这就加深了他们的猜测。

龙游石窟是不是汉墓呢？谁是墓的主人？经查，古代龙游地区确实有姑蔑王，徐偃王等人可能修建陵墓。当中以徐偃王的可能最大。记载徐偃王庙碑的拓片只有一半碑文，且十分模糊。我们在文物馆的石片中寻找徐偃王庙碑，终于发现半块石碑，碑文记载有：偃王死，民号其山曰徐山，凿石为室，以祠偃王。龙游石窟是不是汉墓呢？

汉墓有上天下地的现象，龙游石窟为七星布局：这为什么？

它没有天象学，这是天象学知识的范畴，它那时候没有这个东西，但是它能够根据七星的布置搞形状，这个了不得，天上那么多星，它不是天文学家也不是天象学家，他怎么会布置得像七星呢？

龙游石窟是不是汉墓呢？研究人员抽去洞中积水，进一步发掘龙游石窟。同时派人来到汉墓较多的徐州。徐州狮子山楚王陵墓。进入走道，可以看到部分物品,这些物品是在残乱的盗墓现场中找到的一些遗存物品文物玉衣等。

在龙游石窟,水被抽干后,首先露出的是向下的台阶,尔后发现了几件陶片,然而仅凭它们还不能确定,龙游石窟就是陵墓。龙游石窟工整大方,具有王者风韵。这与徐州汉墓相同吗?徐州龟山汉墓,是楚国襄王刘注夫妇合葬陵墓。在龟山汉墓研究人员没有更多的收获,只是发现即便是汉代王陵墓建筑的精致程度远不比龙游石窟。这进一步证实了龙游石窟的建筑确非常人之举。

未了的探秘,期待的谜底

古人为我们留下了伟大的工程,同时也给我们留下了无数谜团。

自龙游石窟发现以来,各种疑问和猜测从未间断。

石窟中陡坡、花纹有何用途?建造石窟需要多少人工、多长时间?龙游石窟聚集了众多探索者的目光。

采石,穴居,仓库,陵墓,石窟用途为何?更被众人关注。

对龙游石窟的探索始终在继续。一个神秘的世界,一次惊人的发现,一段不懈的探秘,神秘的石窟将再续新的故事……

通天之塔

公元 5 世纪的华夏大地,正经历着一个风雨飘摇的动荡年代。

一个掌控着国家命运的女人兴建了一座震惊世界的巨大佛塔,并把整个王朝的命运寄托在它的身上。

然而就在这个建筑奇迹诞生之时,她的王朝却开启了衰落的日程。

作为绝对权利的象征,这座巨塔本该在朝代更替的战火中毁灭,但这一次历史却偏偏给了它另一个归宿。

永宁寺:北魏迁都洛阳唯一皇家寺院

一千多年前的一天,一名东魏的官员,正在家中写着一本前朝都城的传记。这个人就是曾经做过北魏奉朝请和辅军府司马的杨炫之。

而他所写的这本书，便是中国历史上第一部完整记录中国佛教遗迹的史书——《洛阳伽蓝记》。

永宁寺

杨炫之不知道的是，因为他的这个举动，使得今天的我们可以穿越时间的轮回，去感受那座曾经笼罩在浓厚佛教氛围中的都城——洛阳。

被誉为中国华夏文明发祥地之一的洛阳，位于中国中部的河南省。据不完全统计，历史上从夏朝开始，曾经有十二个朝代曾在这里建立都城，君临城下。

今天，在洛阳的市区及周边，都布满了这些王朝遗留下来的宫殿遗址和帝王陵墓。

在洛阳市东郊一片长林古木之中，有一座被称为"中国第一古刹"的白马寺。这座2000多年前建造在邙山、洛水之间的寺院，现在依旧香火旺盛，吸引着来自世界各地信众与游客前来观摩朝拜。

白马寺，是佛教传入中国后，由官方营建的第一座寺院。它的营建，与我国佛教史上著名的"永平求法"有着紧密的联系。

自白马寺以后，我国僧院便通称为寺。因而，白马寺也被普遍认为是我国佛教的发源地，历代高僧甚至外国名僧也都来此览经求法。所以白马寺又被尊为中国佛教的"祖庭"和"释源"。

历朝历代的佛教史籍对于这座被誉为华夏第一古刹的白马寺，都是不惜笔墨，着重记录，其中的大部分更是将它放在首位。

但是在《洛阳伽蓝记》中,白马寺却只出现在全书的最后,被杨炫之用寥寥数字提及。记录在这本有着浓厚佛教信息的书中,第一篇所介绍的则是一座叫作永宁寺的寺院。

那么,这座永宁寺,又是一座什么样的寺院,会让杨炫之如此重视呢?

根据杨炫之的记载,永宁寺是北魏年间的最高统治者下令修建的一座皇家寺院。

那时的华夏大地,正是佛教自东汉传入中国后,第一次得到鼎盛发展的时期。而永宁寺中,更是耸立着一座令世人瞩目的百丈宝塔。

但是,那时的华夏大地,也是历史上的一段分裂时期,南北双方各自为政,都声称自己为正统,之间相互征伐不断。

当时的中国北方,在继五胡十六国之后,成了胡汉融合的新兴时代。

后来统一北方的北魏王朝,它的前身游牧民族鲜卑族,在这段时间内势力不断壮大,一跃成为北方最为强大的一支力量,它的势力范围遍及黄河以北的大部分地区,并定都于今天山西大同的平城。

而北魏的建立标志正是道武帝正式定都平成。而道武帝之所以选择这个地方定都,建立南下的态势,作为自己新的战略基地,作为自己立国之基,是他深思熟虑的结果。

平城是一块天赐良地,自然条件与周围地带相比非常优越。正是由于此地有着良好的自然条件,对于人口不多的鲜卑族和北魏王朝来说,地方也足够宽畅。

定都平城后的百年间,北魏的政权不断稳固,国力不断增强。与此同时,北魏的最高统治者对佛教的兴趣,也越来越浓,开国皇帝拓跋珪,开始不断派人求见高僧,并诚心结纳。

在拓跋珪的影响下,北魏的王公贵族们,也开始纷纷信仰佛教,开凿石窟以示礼佛,并在平城广建寺庙。而北魏的王室家族,也代代相承,都成了虔诚的佛教徒。

到了北魏中期,在大力推广佛教的同时,孝文帝拓跋宏为了以示正统,于公元495年迁都到地处中原的洛阳,并改姓为元。

对于一个强烈要求取得天下正统地位的,并且具有统一天下志向的王朝来说,平成这个地方显然已经不能再满足它。平城不利于王朝号令天下,也不利于进一步摆脱北方少数民族的影响,这样就会阻碍北魏去拥抱整个中国。由此专家们认为,迁都洛阳对于王朝的影响力会更大。

地处南北双方前线的洛阳,此时已经被战火损毁得破败不堪。迁都后,孝文帝在这里开始大兴土木,整个城池,由内而外,被划分为宫城、内城和外城三大区域。

永宁寺,正是在这段时期,孝文帝在最初准备营建洛阳宫时,计划修建的一座皇家寺院,也是唯一一座皇帝御批,在洛阳城内修建的寺院。

迁都到洛阳以后,在当时关于洛阳城的规划中,孝文帝有过这样一个设想:在皇城之内,也就是安置官府和宫廷的狭小区域内,只设一座寺院,而不设更多寺院。正是因为这个设想,才有了今天皇城之内只有永宁寺的格局。

永宁寺的规模有多大,一方面可以从有关文献记载中看到,此外后来的考古发掘也得到了印证。可以说,永宁寺达到了繁华惊人的程度,不管是它的规模还是布局,都有许多首创的意义。

但是,这座震惊后人的皇家寺院,却并非孝文帝完成。

公元499年,孝文帝在迁都仅五年后便突然去世。直到15年后,一个或许连孝文帝都没有想到的人,完成了他的遗愿。而佛教此时在洛阳的发展,也远远超出了孝文帝的最初设想。

唐代著名诗人杜牧,曾在描写南朝建康城佛教兴盛的著名诗篇《江南春》中写道:千里莺啼绿映红,水村山郭酒旗风。南朝四百八十寺,多少楼台烟雨中。

杜牧的这首诗,让我们能够感受到,建康城内寺院林立,烟雾缭绕的佛教盛况。

其实,杜牧不知道的是,在当时的北方都城洛阳,已经不仅仅只有孝文帝早期规划的一座永宁寺。

截止到公元534年,北魏洛阳城内佛寺的数量,已经从公元518年的500多所激增到1367所。短短16年间,寺院数量增加了一倍多,全国僧尼人数达到200万人以上。

城内的寺院数量,远远超出了同期南朝都城建康的数倍。其中,最为人们瞩目的,便是那所皇家寺院中的百丈宝塔。

百丈宝塔：令人叹为观止的古代奇迹

一座当时世界上最高的巨塔，生在乱世，却被命名——永宁。

一个为得到至高无上的权力而毒杀自己亲生骨肉的女人建造了它。

这座巨塔的命运和它背后的王朝究竟写下过怎样的传奇？

穿越时空，历史的真相即将揭开。

皇陵还是塔基

1962 年，中国社会科学院考古研究所组建考古队，开始对洛阳汉魏故城进行考古工作。其中最主要的工作，便是寻找永宁寺中的那座百丈宝塔。

根据以往的考古经验，考古队员首先对故城内的村民进行走访。因为，这样规模庞大的一座建筑，即使已经毁坏，也会留下一个很大的建筑基础。

但是，在走访中队员们了解到，在这里遗留到现在的，更多的是众多皇帝的陵墓。

对于建筑，村民们表示，这里并没有什么大型建筑的基础，也不知道这座曾经的都城有着怎样的辉煌。因为，这座城池遗留给后人的更多的是在地下。

那么，那座传说中耸入天际的百丈宝塔会在哪里呢？

汉都洛阳城的考察工作是在 20 世纪 60 年代初期开始的。当时的中国社科院考古研究所组队进行了发掘勘察，最早主要是对城市的城圈、城内布局，以及部分道路、重要的遗址进行的初步勘探和位置确定。对于迦蓝寺寺院的位置，在当时也进行了大致的认定。

1979 年，在 60 年代进行的首次对汉魏洛阳故城考古勘察的 17 年后，考古队开始对洛阳故城进行再次考古发掘。

这一天，考古队员来到 60 年代确定的永宁寺塔塔基遗址。

当队员们准备进行清理发掘时，却发现在遗址的土堆旁，有一块刻有"汉质帝"的石碑。

难道，这里并不是永宁寺塔塔基的遗址，而是一座皇陵？

带着这个疑问，考古队决定先对土堆的四周做初步勘察。

随后的勘察结果就让队员们大吃一惊。在这个"静陵"周围的地表下，竟然有一个1万平方米大小，深6米的巨大夯土层。

而土堆所处的位置，是这个巨大夯土层的正中心。

在土堆内部，是一个近四十米见方，几乎和一个篮球场大小相等的，由土坯砌筑而成的正方形土台。

而组成这个土台的土坯排列十分规则，土坯与土坯之间非常紧密、整齐。

这样的结果出乎队员们的意料，考古队员纷纷开始猜测，这究竟是个什么所在？不过那时考古队的基本意见还是统一的，那就是这里根本就不是什么皇陵，而是一个巨大建筑的基础。

据当时参与挖掘的工作人员回忆："那是一个100来米规模的建筑，厚度达到6米，是我们在以往的建筑体量中，尤其是在汉都洛阳城并不多见的一种建筑。从它的规模来看，当时一定是承载着重量非常大的建筑。"

我们查阅建筑史相关资料可以看到，古代建高塔的时候，塔基地下都要先做一个大的基础，方形，很厚，范围也比较大。在此基础上再做建塔的台基，然后才开始建塔。

通过这个发现可以判定，60年代考古队所确定的遗址位置并没有错。但是，这个理应是永宁寺塔的遗址，怎么又变成考古队员眼前的皇陵了呢？

历经了13个朝代的古都洛阳，地处风水极佳的邙山脚下。除了帝王，无数的文臣武将也埋葬在这里，曾有"北邙山头少闲土，尽是洛阳人旧墓"的形容。这些陵墓群和建筑遗迹集中在一起，相互交叉，难以分辨。

而在当地，也有这样一个说法，在清朝乾隆年间的一个知县，看到这里有一个大土堆，在随意翻查了一些资料，简单询问了几个农民后，就认为这个土堆是汉质帝的陵墓。

他看到帝王的陵墓竟落得满眼黄土、一地衰草，心中有些不忍，就为"汉质帝"刘缵立了一通青石碑。从那时开始，当地百姓也就认为这里是一座皇陵了。

事实上，《洛阳伽蓝记》开篇记载中，就明确指出了永宁寺的位置，并详细描述了整座寺院的规模与奢华。

这座皇家寺院,建造得与当时的皇宫极为相似,寺院的四面院墙,都有着如同宫城大门一样的寺院山门。寺中的大殿,更是建造得如同宫殿一样宏伟,整个寺院仅僧房就有 1000 多间。

但是,整个寺院最为世人惊叹的,还是寺中那座堪称奇迹的百丈宝塔。

女主兴佛

公元 515 年,北魏宣武帝元恪病逝,时年 6 岁的元诩被大臣拥立为帝,就是被后世称为肃宗的孝明帝。他的母亲胡氏,就是创造了那个佛教史上奇迹,被后人称为灵太后的胡崇华。

因为孝明帝的登基,胡崇华很快就由嫔妃而一跃成为皇太后。

胡崇华有一个当尼姑的姑姑,而此人正是给宣武帝讲佛经的尼姑,而此人正是利用了这一便利条件,在给宣武帝讲经的过程中推荐了侄女胡崇华,最终得以入宫成为宣武帝的嫔妃。

由于儿子孝明帝年幼无知,无法治理朝政,这时候只有两种选择:一个是立辅政王,就是指派亲信的大臣,尤其是忠实的大臣,比如皇帝的父辈或祖辈的人来实际执掌国政,帮助皇帝维持天下;另一个就是太后临朝称制。经过再三斟酌,胡崇华被大臣推崇为临朝称制。

也就是从这时候开始,小皇帝元诩手中的权力,也因年幼而被正式剥夺。从此,胡崇华这个极度热衷佛教的女人,开始在洛阳大建佛寺。

被尊为皇太后的胡崇华,初临殿堂后不久,便开始改令称诏,群臣上书言必陛下,她也自称为朕,将北魏王朝的大权揽于自己一人之手。从此,做事也开始无所顾忌。

同时,一心崇佛的她,不仅大力推广佛教,更是多次派遣使臣前往西域拜求佛经。

公元 514 年,她更借口完成先帝未了心愿大兴土木,首项浩大的工程就是永宁寺。

北魏的佛教香火极盛,吸引了西域等许多国家和地区的僧人来到洛阳。面对这样的盛况,皇太后胡崇华甚至下令,修建了专供各国使节及商人使用的四夷馆。

相传，被誉为中国禅宗始祖的菩提达摩，在受师父般若多罗指点后，前来中国弘扬佛法。当他千里迢迢来到洛阳见到永宁宝塔后，当即便双掌合十，口念南无。

有专家认为，胡崇华建造永宁寺，还把永宁寺建得规模如此宏大，这与当时中国南北竞争的格局不无关系。胡崇华希望把永宁寺作为南北关系中的一个砝码，因此可以说，把永宁寺建得如此壮观，如此奢华，这其中寄托胡太后一定的政治用意。

我们可以做如下猜想：假设当初菩提达摩住在四夷馆，那么他要想见到永宁寺，就要先从内城南面正门——宣阳门进入内城，沿着当时整个洛阳城的中轴线——铜驼大街一路北行大约4千米，就能看到位于铜驼大街西边的永宁寺。

而菩提达摩如果继续向北行走500米，就可以看到在永宁寺塔的东北侧不远处，就是当时皇宫南面的正门——阊阖门。

今天，那座被寓意永宁的宝塔已经消逝，留给我们的只有残缺的塔基遗址。

每天，就在它的身旁，有着数万人在此经过，却很少有人知道，在1500年前，它曾是世界的第一高塔。

塔高之谜

对于它的高度，当我们翻阅古籍，却发现有关塔高的记载虽不多见，却有着巨大的悬殊。

《洛阳伽蓝记》中对塔的高度记载是："举高九十丈。上有金刹，复高十丈，合去地一千尺，折合一百丈。"而中国早期的著名地理著作《水经注》中对塔高的记载则是："自金露盘下至地四十九丈。"只有前者的一半。

如果根据塔高百丈进行换算，百丈高塔的高度应该是330多米，即使根据《水经注》的记载，它的高度也有163米。

可是，哪一个才是它真正的高度呢？

专家杨鸿勋介绍："北魏的尺度分为前尺、中尺和后尺三种，其中前尺最小，大约28.88厘米，中尺其次，后尺最大。所以要弄清塔的高度，就必须先考察当时究竟是用哪种尺来计量的，这样才能换算出塔身有多少丈，折合今天是多少米高。"

根据这个数据，杨鸿勋对记载中的各种高度进行换算对比后发现，《水经注》

的记载:塔基 14 丈,应该是现在的 39 米,这与现存遗址宽度 38.2 米,相差只有 0.8 米,数值非常接近。

他据此认为,郦道元对永宁寺塔塔高 49 丈的记录,应该是正确可信的。

通过计算,杨鸿勋最后得出,永宁寺塔塔身的高度应为 133.7 米,再加上塔刹,总高度应该是 147 米。

如果这是真的,那么在它 500 年后建造,高 67 米的世界现存的最高木塔——山西应县木塔,高度也不过只有它的一半。

但是,杨炫之为什么会在《洛阳伽蓝记》中记为百丈呢?

杨鸿勋:我认为应该是杨炫之记错了。从《洛阳伽蓝记》字里行间看出,杨炫之是一个文人,而不是建筑家,他的建筑知识就是凭生活常识而来,很可能是他通过目测估计出的一个高度。

专家认为,杨炫之估计的时候应该通过第一层的高度来计算的,因为第一层离地面最近,可以比较容易地判断出它的高度,甚至可以用尺或绳子等丈量工具来测量一下,再用这个高度乘以 9,于是得出了塔高 90 丈的结果。可是他忽略了塔的高度是逐层减少的,第一层最高,以后高度逐层减少,塔尖最矮,所以他的计算方法存在误差。

但是,也正是因为杨炫之对永宁寺塔的大胆描述,才使我们能够在 1500 年后再次回到那个宝塔凌云、广厦庄严的年代,这也正是因为北魏统治者对佛教的极度推崇才造就了那个时代在佛教史上的神话。

但是,这座佛教史中的传奇建筑短短的十几年之后突然消逝,同样,它的命运也被后人与北魏王朝的命运相互联系到了一起。

从今天的河南洛阳市东 15 千米的地方,穿越 1500 年的时空,我们可以看到一座令当时人们梦牵魂系的繁华世界。那时的中国中原大地正处于北魏王朝的统治之下,他们对佛教的热忱,使当时的中国佛教建筑达到了空前规模。

但是,当时的统治者很难想象到,他们轰轰烈烈的一次大兴土木,却创造了当时世界上的第一高度。

抽丝剥茧：塔基内部暗藏玄机

位于中国中原地区的河南洛阳，在漫长的历史长河中，有很长一段时间都被各代统治者赋予了代表着正统中心地位的意义。其间，更是有诸多王朝在此建立都城，君临城下。

公元五世纪到六世纪的华夏大地上，虽然洛阳地处南北双方交战的前线，但是，北方统治者为了以示正统，依然定都于此。

但是，他们的统治并没有维持多久便成了过眼云烟。

随后的岁月里，有一个虔诚的佛教徒，用文字为我们记录了当时北魏的都城洛阳，城内佛教建筑四处林立的盛况。其中，城中的那座世界最高佛塔，耸立在北魏的国寺，永宁寺中。

据当时的民间传说，建成后的永宁寺塔，远在洛阳百里开外的地方，人们就可以看到它的身影。每当漫漫长夜，清风袭来，宝塔上所有的铜铃就一起铿锵作响，10里外的地方，依然清晰可辨。

今天，这座曾经高耸入云的伟大建筑，已经消失在历史的云烟中，遗留给我们的，只是一些残缺的塔基。

意外发现

中国社会科学院古建专家杨鸿勋，曾经对这座堪称奇迹的永宁寺宝塔做出了大胆推测，它高达147米。

但是，就在杨鸿勋提出这个观点的时候，也有人提出了永宁寺塔的高度最多不超过81米的说法，并认为即使加上塔基下面的夯土部分，高度也不可能达到100米。

那么，这座佛塔真的有147米吗？

为了揭开这个谜团，1994年考古队对永宁寺塔塔基遗址再次进行考古发掘。这次考古队要做的，是打开塔基遗址的内部，进行彻底的解剖式发掘。

随着发掘工作的一步步展开，塔基内部的结构逐渐展现在考古队员们眼前。随之而来的，是考古队员们的震惊。因为，在塔基内部那个由土坯垒砌而成的土台里面,还有着一个惊人的内部结构。

在这个 40 米见方的土台内部,规律排列着五圈立柱,而在这五圈立柱之间,还有数百根方木与它们相互穿插,形成了一个巨大的网状结构。其中部分立柱下面,还有着三层巨大的青石衬垫。

杨鸿勋:这些木柱子在土基里包围着,这是我们第一次看到这种构造方法,叫做土木混合结构。横着的部分叫作横梁,但实际上并不是梁,那些横着的木头的功用相当于现在我们把钢筋混凝土放到钢铁里,有点像现在的钢筋。为什么这么说呢? 横向是土基砌块砌成的整体,可以加强整体抗震性,如果发生地震,无论地震波是横波还是纵波,都具有一定的抗震性。在修建的时候,当砌到一定高度,就开始横着往里摆木头,是那种很粗大的木头,摆一层然后继续砌,达到一定高度再摆一层。而竖向里面是很规整的柱网,木头的柱网砌在里面形成一个土木混合结构的塔心。

也就在此时,杨鸿勋发现了自己早期所犯下的一个错误。

他发现,自己先前所绘制的塔基平面图和这次遗址所揭露出的情况有些出入,其中最主要的是,这个巨大土木合构的塔心内部,从第四圈开始,那个庞大的柱网就已经全部由土坯垒砌,并不是他早期所猜测的,只有最里面的三圈才有木柱。

不过,也正是这一点使得杨鸿勋更加确定,永宁寺塔的高度足以达到 147 米。

今天,我们所看到的这个由土坯包砌着的,数百根木柱和横梁所构成的高大墩台,就是那个土木混合结构的巨大塔心。也正是它,支撑起了近 150 米高的整座宝塔。

而组成永宁寺塔各层围廊的层层木柱,也是通过梁、枋等构件,连接在这个土木合构的巨大塔心上,使全塔成为一个坚实的整体。

但是,在那个南北相互征伐,战火频繁不断的年代,各个朝代的命运都是十分短暂,那么,北魏的最高统治者,为什么要建造这么高大的一座佛塔呢?

朝野崇佛

公元 514 年,已经临朝称制的灵太后胡崇华,借口完成孝文帝之遗愿,下令开始修建,孝文帝在迁都之初便已规划建造的永宁寺。并继孝文帝之后,在洛阳城南继续大力开凿石窟，以示礼佛。

与此同时，饱受战火侵扰的人们也纷纷效仿，寻求精神慰藉，而双方的最高统治者，也纷纷推广佛教，大建佛寺。佛教很快就发展到传入中国后的第一个鼎盛时期。华夏大地上的人们，都投入到了崇佛的狂潮中。

而在整个北魏时期，仅在洛阳的短短几十年间，就开凿了3万多间石窟。

崇佛是当时北朝统治者，甚至是南北朝统治者共有的一种自发举动，无论是民间的、官贵的，还是朝廷的，当时达到了官民朝野一起崇佛的境地。大家都崇佛，谁都想给自己多带来点儿福气，要带来福气的办法就是开石窟或者就是造寺院、做功德，于是整个社会就形成了这种风气。

公元515年的一天，负责营建的官员呈上了一个奏折。他奏折中写道："初掘基至黄泉下，得金像三十躯，众惑之不解。此金佛突见，乃佛祖献瑞，太平祥和之兆也。于此建塔，必保一国之兆民康乐，太平天下也。我大朝因得佛祖之庇佑，必天下一统，传之千年之远也。"

正是这个奏折，促使灵太后胡崇华下定决心，大建佛塔。

在与南朝"承传中华正统"之争的大背景，灵太后胡崇华决定倾国家之财力、物力，集中当时建筑、雕塑、佛教文化等各方的顶尖人才修建此塔，并要把它修建成最为宏伟、豪华的皇家首刹，以示自己对佛祖的崇敬，期望在佛祖庇佑下，北魏王朝可以得到千年传承。

而那三十尊佛像，是下面的官员为了奉迎她而人为杜撰？还是真的是前人遗留？如今，已经是无从查证。

那么，建成后的永宁寺塔又是什么样子的呢？

最初兴起于印度的佛塔，相传是佛祖释迦牟尼涅槃之后，弟子和信徒们出于对佛祖的尊敬，修造了样式考究的坟墓，将舍利子藏供起来，这种坟墓在以后的岁月里逐渐演变成为今天我们所见到的佛塔。佛教徒以塔为中心，绕塔建堂，作为供奉佛祖、诵经宣教的场所。

随着佛教的传播与发展，佛塔的形制逐渐多样化，功能也演变为主要用于供奉佛像，埋藏高僧骨灰、经卷以及佛门七宝等法器，所以又被人称之为宝塔。

由于佛塔是佛祖的象征,其体量的大小、数量的多少代表着对佛祖的崇敬程度。

随着佛教传入中国,受中国传统文化中"高台近仙"思想的影响,修建体量高大的佛塔,更接近佛教宣扬的神圣天国,也更能体现对佛祖的虔诚。从此,耸入云颠的宝塔也逐渐林立在辽阔的华夏大地上。

北魏的永宁寺塔,是佛教传入中国初期就已经基本上汉化形成的一个佛教寺院,所以它主体建筑是一座高大的建筑物,后来人们称作塔。但那时候的塔实际上是一个塔式的殿堂,印度佛寺的主体建筑就是一个大的塔殿,所以传入中国初期塔也是一个塔殿。

今天,这座佛塔已经不复存在,对于它的真实面貌,我们无法重见,只有通过史书的记载,去猜想它当年的辉煌。

母子相残

公元 516 年,历时三年之久的永宁寺塔终于完工,建成后的永宁寺塔每层 9 间,设 3 门 6 窗,涂以朱红色油漆。每扇大门上都排列着 5 行镏金铜钉,如同宫殿那样庄严。塔的最顶端,是巨大的镏金铜制宝瓶,闪烁着金色的光芒。铜瓶下面又有 13 重铜盘,周围都悬挂着大铜铃,塔刹连到顶盖四角的四根链条上,也挂着许多铜铃,全塔一共有 5000 多枚铜铃装饰。整座宝塔,耗费巨大,巧夺天工。

佛塔的建成,令皇太后胡崇华大悦,而此时的她,也如同这座宝塔一样,成了北魏王朝的最高发号施令者。

作为营建者的她,在塔建成后不久,便带着 7 岁孝明帝元诩登上宝塔顶层。当她发现在这里足以把洛阳城看得一清二楚,整个皇宫更是一览无余时,顿时感受到了莫大的威胁。她随即下令,严禁世人登临此塔。

但是,就在这佛法庄严的氛围下,自阶级产生后所衍生的权利,也使得人与人之间的亲情变得越来越淡漠。

大权在握的皇太后胡崇华,面对年幼的未来君王,作为母亲的天性虽然没有丢失,但是,面对着这个将来早晚要收回权力的人,内心的担忧也在一天天加重。

在至高权利的诱惑下,这种看似温馨的画面背后,却隐藏着极大的危险。

一天，因为这个俊秀天子的一个无意举动，让他的母亲从此对他产生了强烈的戒备之心。

北魏，作为一个少数民族掌权的王朝，不仅仅要与中原地区的汉族保持友好关系，同时，它还防备着来自北方的其他少数民族对政权的虎视眈眈。

为了防止北方少数民族的入侵，已经迁都中原的北魏，不得不在北方派驻重兵进行防范，但是，这也为政权的灭亡埋下了危险的种子。而这个种子就是，掌管北方驻守部队的尔朱荣。

在洛阳的皇宫内，孝明帝元诩已经慢慢长大，距离自己亲政的年龄越来越近，但是，随之而来的是，元诩不再讨母亲的喜爱。

此时的灵太后胡崇华虽然皇权在握，但在更多的时候，她已经明显地感觉到，长大的孝明帝对权力的渴望。

不过，此时的孝明帝势力还十分单薄，无法与自己的母亲抗衡。母子之间的罅隙，日渐加深。

公元524年，一直受到母亲压制的孝明帝元诩，情急之中决定密诏北方驻军统领尔朱荣，让他举兵内向都城洛阳，以此来胁迫灵太后胡崇华归政。

但是，就在当尔朱荣的军队出发后不久，孝明帝却又以私诏制止尔朱荣军队前行。

看到自己身边的亲信纷纷被太后杀掉，孝明帝决定采取行动。他最初的想法，是让尔朱荣到洛阳来帮助自己解决问题，但是鉴于历史教训，在诏书下达后他又犹豫了。

孝明帝很清楚，自己和尔朱荣之间的关系，母亲不会不知道，而尔朱荣一旦进入洛阳，他的下场会是什么？想到这一点，孝明帝犹豫了，他最终决定，不让尔朱荣进城。

但是，这并没有彻底打消掉灵太后胡崇华的疑虑。宫廷里的政治血腥，使她的人性产生了极端扭曲。

公元528年，胡崇华毒死已经到了亲政年龄的孝明帝。此后的一段时间内，北魏王朝开始了无人与她争权的时代。

任何围绕着最高权力的东西,都不免要发生扭曲,无论是亲情还是友情,或者还有其他的感情。所以当灵太后胡崇华临朝听政以后,正常的朝政她固然要处理,而她做的最重要的事情却是巩固自己的权利,巩固自己的位置。

但是很遗憾,胡太后没有处理好她与儿子孝明帝的关系。当孝明帝年满18岁的时候,也就意味着他从此开始亲政。胡太后不愿失去到手的权力,于是狠心将自己的亲生儿子杀死。这就是权利惹的祸。

灵太后胡崇华的所作所为,正好给了尔朱荣一个有利的借口,就在孝明帝被害后不久,尔朱荣正式发兵洛阳。

尔朱荣的军队进入洛阳后,灵太后胡崇华的亲信四处逃窜,形单影只的她为了保住自己的性命,亲自落发,希望可以皈依佛门,为自己曾经的所作所为赎罪。

但是,这一切却并没有如她所预期的那样,这位曾经母临天下、不可一世的灵太后,最终被尔朱荣扔进了滔滔黄河之中。

重见天日

随着尔朱荣进驻洛阳,一场导致北魏土崩瓦解的内乱就此展开。这场不停地连环诛杀,整整历时6年间的洛阳城到处刀光剑影,血腥遍地,城内大部分建筑,也在连年的战火惨遭损毁。

那么,寓意永宁的那座九层宝塔,是否也是在这场内乱中而灰飞烟灭的?

1994年,时任汉魏洛阳故城考古队副队长的钱国祥,在查阅以往的工作记录时发现,根据1979年的考古记录,寺院的东、南、西三个门址遗址已经被确定。

但是,从这三个已发现的山门遗址的位置关系图上来看,与中国早期的寺院建筑格局并不相符。难道是早期的勘察有误?

杨鸿勋:永宁寺是一个皇家工程,质量很高,要求也很高,这一点从历朝历代的文献记载和遗址都可以看得出来。寺院有一条严格的南北向的中轴线,在寺院的正中,与两边距离相等。

不仅如此,永宁寺的东西向还有一条次轴线,叫作东西轴线,也就是塔和左边、右边两个门之间的连线。

根据记载,如果在寺院中相对的山门之间画一条线,那么,东西山门与南北山门之间的轴线,应该是垂直相交,而它们的交汇处就是永宁寺塔。

但是,早期的勘察结果却与记载不同。其中,寺院的西山门基址位置,很有可能存在偏差。

钱国祥:我们当时对整个寺院,除了对塔基进行发掘外,另一个重要的工作就是,对它的西门进行发掘。而对西门的发掘,我们主要是依据以前的勘探资料进行的,也就是通过第一次勘察时留下的一些平面资料来判断遗址的位置。在永宁寺院的西墙有一个豁口,当时的考古勘探认为这就是西门,但后来证明,西门实际是在塔基的正西方向略微偏北一点。

经过考古队对早期确定的西山门进行重新勘察发掘后的结果显示,早期所确定的位置并不正确。在经过考古队再次对遗址现场的各个建筑基址位置的重新勘测定位后,很快便找到了真正的西山门遗址的准确位置。

塔基的遗址,正是处于这两条轴线垂直相交的地方。

至此,1500 年前的这座庞大寺院的地下基础,完整地呈现在世人眼前。整个寺院南北长 305 米,东西宽 215 米,面积有 6.5 万多平方米。

但是,这座豪华的皇家寺院的精神徽章,却是缀于寺院正中的那座九层宝塔。

不过,根据杨鸿勋的推测,这座九层宝塔的巨大中心实体,并不是由下而上整体贯穿,而是从塔基向上逐级内收,垒砌到第六层。佛塔最上面的三层,由于截面减小,不再砌筑土坯,而只是采用木结构支撑。而这三层也成为整座宝塔最为薄弱的一个地方。

杨鸿勋:塔的造型是为了稳定,底层的面积大,上面逐层减小,最里面的塔心最小,就只能用土基砌块砌筑而成。因为面积太小,受力也就相对减弱,所以只能主要依靠木结构了。

他推测,七层以上的部分因为面积很小,砌土基不起作用,所以七层和八层是四根柱子做支撑,塔心柱就是木结构的柱子。

今天,这座曾经耸入天际的宝塔已经消逝,究竟是什么导致了这座佛塔的毁灭,我们已经无从考证。相对于在战争中被认为损毁,我们更愿意相信,杨炫之在《洛阳伽蓝记》中给出的,宝塔被雷击着火而焚毁的答案。

公元 534 年二月的一天夜里，一场大雷雨不期而至。147 米高的塔刹遭受雷击，木质塔端由此被引燃，从而导致了一场灭顶的天火。雨夜中，一百多米高的寺塔火炬般燃烧。寺中僧众却无法扑救，只有眼睁睁看着宝塔在焚焰中轰然倒塌。

从建成到毁灭，短短 18 年，令人为之惋惜的不是它的奢华，而是一个超越了时代的建筑作品，就这样消失在世人的眼前。

就在永宁寺塔损毁不久，北魏的衰落也随之开始，很快便和永宁寺一样，成了过眼云烟。也正是因为北魏如此之快的消亡，永宁寺塔的命运，也往往被后人与北魏王朝的命运联系在一起，而遗忘了它自身在建筑史上的地位。

清凉寺的秘密

如冰似玉备受北宋皇帝偏爱与赞赏的汝官瓷，窑火仅仅燃烧了二十几年，就带着所有的谜团湮灭了——

发现惊世宝物

2000 年 6 月，河南省宝丰县偏僻的清凉寺小村突然热闹起来：大批考古工作者、文物贩子几乎同时来到了这里。在村民居住的房子地下考古工作者有一个惊人的发现：这里有一批千年难得一见的宝物——汝瓷碎片。

这些碎瓷片被送到了河南省文物考古研究所。

对主持汝窑考古发掘工作已有 20 多年的孙新民来说，这些碎瓷每一片都价值连城，或许其中的一片碎瓷就隐藏着汝官窑的秘密。因为这些碎瓷局部的光泽依然能折射出当年很高的烧造水平。

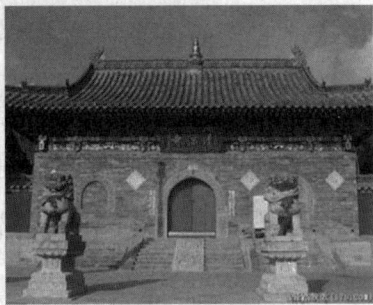

清凉寺

这些破碎的瓷片隐藏着什么秘密呢？

名列宋代"汝窑、官窑、钧窑、哥窑、定窑"五大名窑之首的汝窑，因地处河南古汝州而得名,在中国陶瓷史中有"青瓷之首,汝窑为魁"之誉。

这些专为北宋宫廷烧造的御用瓷器,即"汝官瓷",简称"汝瓷"。汝瓷之所以被称为五窑之魁,就在于它独特的颜色——天青色。

汝窑的天青釉色在北宋时期达到了最高峰,目前还没有发现比汝窑烧得更好的这种釉色。

为了烧制釉色独特的汝窑瓷,工匠们不惜工本,选用名贵的玛瑙入釉,最终使汝瓷呈现出汁如堆脂、面若美玉、莹润纯净、素雅高贵的皇家之气。

历代皇帝都把汝瓷视为吉祥之物,镇宫之宝。南宋文献记载:汝窑宫中禁烧,内有玛瑙为釉,唯供御拣退,方可出卖,近尤难得。

到了元、明、清各朝代,汝瓷更是深藏宫中,直至清末八国联军入侵北京,汝瓷才流出宫外。几百年来,汝瓷可谓弥足珍贵,有价难求。

专家介绍,在五大名窑之中,汝窑瓷传世最少。目前,全世界传世仅有 77 件左右,主要保存在北京故宫博物院、台北的故宫博物院以及上海博物馆。

家有万贯,不抵汝瓷一件,这是民间对汝瓷的认识。时至今日,汝瓷的市场价格仍在不断攀升,海内外收藏家对汝瓷更是情有独钟。

1992 年,散失民间的一件直径为 8 厘米的北宋汝窑瓷盘在美国纽约拍卖,成交价为 154 万美元;而在香港的一次拍卖中,一件宋汝窑三牺尊,以 5000 万港元易主。

烧造汝官瓷的窑址究竟在哪里,它是如何烧造的

最早对汝窑瓷的寻找是从陈万里先生开始的。1950 年,北京故宫博物院专家陈万里先生专程来河南寻找汝窑。他跑了不少地方,临汝、宝丰、鲁山等地都走遍了,回去后写了一篇文章《汝窑之我见》。但直到 20 世纪 60 年代,也没有找到汝窑。

"清凉寺到段店,一天进万贯。"这句流传于宝丰县清凉寺一带的乡间俚语诉说了这里曾经有过的贸易盛况,引起了来此进行调查的考古人员的注意。

20 世纪 80 年代初,一群年轻的考古工作者沿清凉寺到段店进行考察,10 多千米范围内竟发现数十座窑址。但是,却未发现汝官窑遗址的任何线索。

与此同时,当地民间一些酷爱汝瓷的人士,也以自己的方式寻找着汝官窑窑址的蛛丝马迹。

74 岁的王留现老人,家就在宝丰县的大营镇,距清凉寺不足 4 千米。小时候也耳闻这一带有宝藏的传说。

自从他进了县文化馆,就开始把传闻当作一项事业去研究。后来,他调到陶瓷厂从事陶瓷研究工作,更加留意从田地里寻来的碎瓷片。他不断问自己:汝窑会不会就在清凉寺一带呢?

1985 年盛夏的一天,有人告诉王留现,大营镇清凉寺村有户人家的红薯窖塌了,露出了一件瓷器。

王留现(收藏爱好者):到那儿一看,让我心里一惊,那个东西猛然一见,眼前有一种雾光效应,很短时间就消失了。

最后,王留现毫不犹豫地借了 600 元钱,买下了这件从未见过的瓷器。

但它到底是官窑还是民窑,王留现的心里也没有数。

1986 年,王留现带着从清凉寺出土的那件瓷器,参加了在西安召开的中国古陶瓷研究会。会议即将结束时,他找到了著名古陶瓷专家、上海博物馆副馆长汪庆正。

王留现:他一看,说,哎哟,你怎么不早点叫我看,我这离去飞机场只剩 15 分钟了。他回上海以后,就派人上清凉寺去调查了。

一年后,王留现意外地接到了一封从上海博物馆的来信。信上说,看到你那件东西基本完整,希望你能够拿到上海来和上海博物馆的馆藏汝瓷进行对照鉴别。

王留现立即赶到上海博物馆。经鉴定,那件瓷器就是汝官瓷。

王留现:汪庆正副馆长给我说,这个汝窑洗是国家珍贵文物,应当献给国家。我说,我是河南的,要捐献应当捐献给河南,河南博物馆还没有汝瓷。他说,河南以后一搞发掘,会得到不少的,河南有的是。

最终,上海博物馆给王留现颁发了国家文物局的奖状,并发给奖金 5500 元。王留现老人当年花了 600 元钱买下的这个汝瓷洗,据说现在的市场价近 1000 万美元。

1987 年 5 月,上海博物馆依据他们在清凉寺采集到的与传世汝窑瓷器完全相同的 46 块碎瓷片,和王留现捐献的汝瓷洗,首次向世人宣布了汝窑的发现。

对宝丰县清凉寺进行第一次试掘

孙新民(河南省文物考古研究所所长):咱们河南省文物考古研究所,于 1987 年 10 月份进行了第一次试掘。当时开了两个探方,发现 11 件比较完整的汝窑瓷器,从而证实宝丰清凉寺就是汝窑的产地。

10 年后的 1998 年初,考古队对清凉寺窑址进行了第 4 次重点发掘。

他们先后发现了 4 座烧制民用青瓷的窑炉,找到了汝窑瓷器的单独烧造区。但是,最为关键的汝官窑的中心烧造区仍扑朔迷离,一直不肯与考古学家们谋面。

1999 年,在发掘过程中,清凉寺有个村民说,他们挖了个地窖,发现一些瓷片。专家们立即赶到现场,捡到了 10 片汝窑碎瓷。这个意外发现让他们兴奋不已,初步判断汝窑的中心烧造区应该是在清凉寺村内。于是,立即报请国家文物局试掘,并很快得到了批准。

但是,面对清凉寺村密密麻麻的民房,孙新民犯了难。

孙新民:我们很担心,因为要试发掘,就必须让村民搬迁。当时我们仅仅是在村外的小便道,或者村民的院内进行了局部钻探,还不敢完全肯定这里就是汝窑烧造区。如果没有发现汝窑,就太对不起搬迁的村民。

最后,孙新民还是决定冒这个险,毕竟,半个世纪的寻找积累的经验,使他们对这次挖掘还是有信心的。

孙新民:连续 5 次发掘,前后经过十几年一直没有线索,一旦碰见这么好的线索,如果不发掘,这个汝窑之谜就可能永远解不开。因此,我们最后下决心,报请当地政府搬迁了 4 户村民。

有了惊人的发现

2000 年,专家们开了十几个探方,共 500 平方米,揭露出当时的窑炉和作坊,瓷片堆积厚度达 20 厘米。发现四五十种汝窑器类,比传说中的汝窑器类还要多。

毫无疑问,宝丰县清凉寺村就是半个世纪以来,考古学家苦苦寻觅的北宋汝官窑瓷器的中心烧造区。

汝官窑遗址经探定面积约为 25 万平方米,几乎全部在清凉寺村内。

这次发掘,共发现窑炉 19 座,作坊 2 处,以及水井、灰坑、过滤池、沉泥池等重要遗址,弥补了长期以来不见汝官窑窑址和实物标本的遗憾,出土文物之丰富也是历年发掘所没有见过的。

中心烧造区汝官瓷的烧制工艺,到底有什么显著的特征呢?

孙新民:汝瓷有 4 大特点,一是纯正的天青釉色。这个釉色相当于雨过天晴云破处的颜色;二是香灰胎。它的胎色就像香灰的颜色,这是其他瓷器所没有的;三是奇特的开片,在它的不少器物的表面,有一种相当于冰裂纹或者鱼鳞状的开片;四是满釉支烧,这是汝窑所达到的高峰,因为它的整个器物从口、腹到底部全是满釉,只有在圈足的底部,有三到五枚很小的支点没有釉。

北宋以来,汝窑制瓷工艺一直处于领先地位。它不仅保持了汝窑的传统工艺,又具有自己的独特风格,烧造出一批精良作品,博得北宋皇帝的赏识。

在一幅古画中,人们可以清晰地看到桌上陈列着许多瓷器,足见那个年代瓷器业的兴盛,而此图正是宋徽宗皇帝亲手所绘的《文会图》。

可以说,如果没有宋徽宗就没有汝窑的辉煌。徽宗不仅书画技艺精湛,还十分喜欢瓷器,是他首先肯定了汝瓷的精美。据南宋史料记载:"本朝以定州白瓷器有芒,不堪用,遂命汝州造青窑器。"这里指的正是徽宗所下诏书的决定。

"雨过天晴云破处,这般颜色作将来"。是宋徽宗对汝瓷的最佳赞誉。

然而,汝窑昙花一现,在短短的 20 年间它便消失于战乱的尘烟之中。它的烧制工艺也随之失传,后来的工匠们也再烧制不出同样的精品了。

清朝康熙、乾隆年间,瓷器烧造蔚然成风,大规模地仿烧也使北宋五大名窑中的官窑、哥窑、钧窑、定窑四大名瓷重回人间。只有价值连城的汝官瓷,因为没有留下烧造工艺的片言只语,找不到任何要诀,从而使历朝历代争相仿烧汝瓷的工匠们,费尽心力也未能成功。因而,世人便有了"造天青釉难,难于上青天"的说法,这更加给汝官瓷蒙上了一层神秘的色彩。

那么,今天的陶瓷艺人们能否破解汝瓷的烧制之谜呢?

仿汝窑难,难就难在仿其釉色上

朱文立从一个活人祭窑的民间传说中悟到,天青釉色或许跟骨头有关。

朱文立(制瓷专家):骨头的成分是磷和钙,是不是磷和钙对天青色起到主要作用呢?因为磷和钙本身不是作色剂,我就用各种骨头来试,包括猪骨、羊骨、牛骨等。把它搁到火里烧,但一直出现不了这种天青色。后来把它兑到釉色里,重量一两一两地逐渐往上添,但是,烧出来的结果仍是一点天青色也不出现。

无数次的失败,让朱文立真正体会到了"烧天青釉难,难似上青天"这句话的意味。

1987年4月,朱文立决定再试烧一窑,如果再不成功,就永远不烧什么天青色瓷器了。

朱文立:经过5年的努力,全都白费了。连续烧了三天两夜,把我熬得非常狠啊!我回家蒙头睡了几天,啥也不想,铁了心这个项目永远不再进行了。

然而,奇迹出现了,在那一窑所装烧的100多件瓷器中,置于窑中间的瓷器出现了4件天青色。

为什么只有4件呈天青色,而其他却不呈呢?这种神秘的窑变到底是怎样发生的?为找到准确答案,朱文立又连续烧了几窑。

终于,他发现了汝瓷窑变过程的秘密。

朱文立:随着温度下降,它会发生神秘的变化:停火以后,随着窑温的下降,瓷器的颜色也在发生变化。当窑温开始下降60度,瓷器的颜色变成月白色;再下降60度,就变成蓝色;下降800度取出来,就是天青色。烧制汝官瓷为啥难呢,它不但在烧的过程中窑变,烧成停火以后还在窑变,釉色神秘莫测。

朱文立经过5年多的研制,先后调试配方328个,在1500多次的失败后,1987年5月,终于使汝官瓷的"天青釉"重回人间。

但是,有一个无法改变的事实是,从800多年前的北宋到今天,"雨过天晴云破处,这般颜色作将来"的"天青釉色"还是时隐时现,它的出现最多只占到一窑百件瓷器中的10%,也就是说,现代汝窑精品在烧成工艺上仍有"十窑九不成"之说。

孙新民:现在有10余个厂家在仿烧汝瓷。但目前还达不到北宋汝窑瓷器的效果。釉色要么直蓝,要么偏淡,都达不到纯正的天青色效果。尽管现在科学比较发达,对汝窑瓷片的多种成分测试得很清楚,但要达到宋代汝瓷天青釉色的效果,目前还做不到。

汝瓷烧造非常不易,它对釉料的配方和火候的掌握都有极其严格的要求。每件瓷器坯在窑中所处的位置不同,受热程度不同,产生的窑变效果也不一样。即便有了现代科技的帮助,仍然很难对窑内温度进行严格控制。面对一次次的失败,研究人员在感叹汝瓷烧造工艺难度之大的同时,更为古代工匠们的智慧所折服。

稀世珍贵的汝窑,通过人们近千年的探寻,终于揭开了它神秘面纱的一角。现代研制的汝瓷,也以其大气、典雅、宁静的气质和不带任何华丽装饰的自然、纯净之美,而被世人追捧。

王者之剑

1965,在湖北省江陵地区出土了刻有"越王勾践自作用剑"八字铭文的宝剑。这把宝剑虽然在地下埋藏了 2500 年的时间,却一点也看不出岁月的痕迹,轻轻一划就能割破十几层纸,一剑劈下,竟能劈碎铜钱,它一出土就被列为国宝级的文物。

然而,这仅仅是这把举世绝伦宝剑的表面现象,它身上的铭文记载了中国历史上最为传奇的君主之一——越王勾践的故事。对剑身铭文的解读凝聚了中国近代最优秀学者的心血,郭沫若、容庚、唐兰等十几位学者都参与了这种奇特文字的研究。

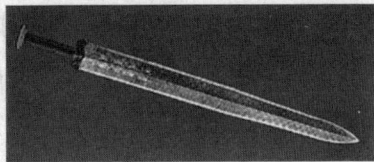

勾践剑

可是,这把越王的宝剑为什么会在楚国的墓葬中出土? 考古学家们依然众说纷纭。也许,只有历史本身才有答案。

像远古传说中神的兵器

在冷兵器时代,当地球上各个角落的人们在挥舞着不同兵器的时候,唯有剑,跨越了地理和文化的隔阂,形成了统一的格式。剑就是勇气和智慧,剑就是权力和威望。于是有人说,"剑的历史就是人的历史"。

时至今日依然固若金汤的古城,在历史上却是小字辈,还远不足以目睹沧桑中的故事。2300多年前的一天,楚王对城中禁卫军颁布动员令,部队即日开拔。于是人喧马嘶,一场大战即将开始。他们的对手是长江下游的诸侯国越国。此时的楚国,军事实力如日中天,正要把整个中国南方纳入自己的版图。

1965年,湖北省江陵地区漳河水库的修建工程开工,它将改善这一地区的灌溉系统,使纵横交错的水网遍布这片平原。开始的阶段,一切都很顺利。

然而,当水渠延伸到楚国都城纪南城西北7千米时,灌溉工程的挖掘却被一次不期而遇的考古挖掘代替了。

挖掘工作由一位年轻的考古工作者谭维四主持,当时他并不知道,两个多月的考古工作将会影响他的一生。

30多年以后,已经退休的谭维四教授还在研究考古学,和学生一起对青铜时代进行讨论依然是他最大的享受。

偶尔,他也会回到工作了一生的湖北省博物馆转一转。夹杂在参观的人群中,谁又知道身旁的老人就是橱窗中那些旷世珍宝的发现者。

1965年12月的一个清晨,考古小组开始对楚墓群进行挖掘。这里地下水位很高,土质极易崩塌。然而,似乎有一种磁力在强烈地吸引着考古人员,他们不得不打扰那些沉睡了2000多年的古人了。

附近的一座破旧的道观在1965年底忽然热闹起来,墓葬发掘指挥部临时设在其中。几天后,这里已经集中了近400件文物,可是,人们似乎还在期待着什么。

不久,人们在内棺墓主人的手边,发现一把寒气逼人的青铜剑。这把宝剑究竟从何而来,又何以如此重要,以至墓主人死后也要把它放在手边,形影不离?

宝剑制作的精美程度极其罕见,剑长55.7厘米,剑首呈圆箍形,圆箍最细的地方犹如一根头发丝。

剑格正面镶有蓝色玻璃,后面镶有宝石,就像远古传说中神的兵器那样,在黑暗中也能看到它散发出来的幽幽蓝光。

剑身上布满了黑色的菱形花纹，纵横交错，似乎是铸造者与上苍的某种神秘联系。

破解了越王剑剑主之谜

1965年，年逾60的考古学家方壮猷教授受命主持宝剑的研究工作，他要破解的是2500年前一个血雨腥风的故事。文字，当然是开启古代之门最好的钥匙。于是，故事就由解读铭文、寻找剑的主人开始。

剑身共有8字，其中6字为"越王自作用剑"，在现场就已经被专家们解读。然而，中间代表人名的两个字却百思不得其解。方壮猷异常兴奋，无论剑上人名是谁，它已经是一把极为罕见的王者之剑。

然而，越王的宝剑，为什么在楚国的古墓中出土？方教授遍查古籍，仿若进入了历史交错的时空。

从出土的竹简中，可以确定墓主人姓邵，他会不会是楚国灭越的第一功臣邵滑呢？或许越王剑就是他征战越国时的一件战利品。又有人根据楚墓的规格推测，楚国士大夫邵固才是墓的主人。

越国历史可以追溯到3000多年前的夏王朝。古越国在吸收了中国北方文化和生产技能之后，逐渐成为诸侯国中的强国。史书记载，古越人披头散发，身上纹有猛兽的图案，重义气轻生死。青铜器的人物造型据说与当时的古越人有某种联系，喜好用剑是越人的传统。

相传此时越国有一位全中国最好的铸剑师欧冶子，在天神帮助下，他为越王做了5把天地之间最好的宝剑，其中的鱼肠剑，曾被刺客专诸藏在鱼的肚子中，以迅雷不及掩耳之势刺杀了吴王。秦王为了得到其中一把湛庐剑，不惜对楚国发动战争。

透过历史的尘埃，我们仿佛看到了这把王者之剑在历史变迁中的卓然不群。然而，它到底是哪位越王的佩剑呢？

1965年底，一封邮递员手中的求助信，把全国考古界的关注目光吸引到了武汉市。

越王剑考古小组的专家们对剑身铭文作了临摹、拓片与拍照。对照着这些更清晰的图片，专家们依然迷惑不解。

方壮猷把信与照片寄给了全国十几位最著名的考古学家、古文字学家及历史学家，破解剑主人之谜的研究工作以一种最传统的方式在全国展开了。

没过多久，第一批学者对宝剑的研究结果陆续反馈了回来，其中最引人注目的是著名学者郭沫若的研究。郭沫若，被人称为三百年来中国最有才气的学者之一，因对甲骨文的解读而天下知名。在信中，他赞同方壮猷初步的研究结果，认为此剑中不能确定的两字为"邵滑"，甚至认为邵滑是越王玉的名字。

1966年1月5日、6日两天，方壮猷又收到来自故宫博物院的信件。唐兰，这位早年曾学商从医的老人，是中国认识甲骨文最多的学者，他与郭沫若相交至深，然而在学术研究上，却往往有不同的见解。唐兰指出，此剑的主人不是别人，正是中国历史上最具传奇色彩的人物之———越王勾践。

越王勾践卧薪尝胆的故事至今仍为人们津津乐道。勾践在与吴国的战争中失去了国家，他也沦为吴王夫差的马奴。为了复国，他把越国最美丽的女人西施献给吴王。于是，夫差在歌舞升平中放松了警惕。勾践在暗中为进攻吴国进行了长达十多年的准备，当年战死疆场的越国士兵的后代成长为新的勇士，在新的战争中，勾践一举灭掉了吴国，成为春秋时代最后一位霸主。

历史就像一个旋转不定的陀螺，没有人知道从哪一点最先旋转，又是在哪一点最后停止。在灭掉吴国的100多年后，越国也由盛而衰，在公元前306年，被强大的楚国吞并。

唐兰的字形分析犹如一场比赛智力的猜字游戏，这是一个费尽脑汁的旅程。他用铭文推出了一个很奇怪的名字鸠浅，而鸠浅正是勾践两字的通假字。他的研究在学术界引起轩然大波。连郭沫若也改变了原来的看法，他在2月28日的复信中写道："越王剑，细审确是勾践之剑。"越王剑剑主之谜终于破解了。

神秘的人工外镀技术

越王勾践剑为什么出现在楚国的墓葬中，这或许是一个永远难以解开的谜。一方认为是楚王灭越的战利品，还有一方认为这把剑是越王的女儿嫁给楚王时带到楚国的。

在公元前 500 年那段动荡的时间里,越灭吴,楚灭越,大大小小的国家兴起覆灭,犹如露水中的倒影。

唯有勾践的宝剑,时隔 2000 多年,依然锋利无比,至今不带一点锈痕。是什么原因使这把宝剑历久如新?难道说大自然施展了无尽魔力,还是古人掌握了现代科技也不能实现的加工手段?

20 世纪初期的时候,骄傲的法国人对中国的青铜器产生了浓厚兴趣。他们惊奇地发现,中国古墓中出土的青铜器,有许多历经千年却不带锈痕。

法国人没有找到答案,但是他们却提出了一个大胆假设,中国古代青铜器上,存在着神秘的人工外镀技术。

如果法国人的假说成立,早在 3000 年前中国人就掌握了一种非常复杂的化学手段。对原子的认识只有两个世纪,古代的人能够掌握化学反应的进程吗?他们又是如何窥视无法想象的微观世界?

1977 年,上海复旦大学利用先进的科学手段对越王勾践剑进行研究,发射质子束的静电加速器可以利用辐射回来的 X 射线能量判断古剑元素的成分。测试结果表明,剑的表面存在着大量硫化物,问题是,这是古人在剑的表面做过人工处理的痕迹吗?因为不能对剑进行有损害的研究,工作只能到此为止。这一次科研经历,犹如途经宝山却空手而归的旅行,留下的只是无穷的遗憾。

2500 年前,越国的铸剑技术举世闻名,是越国铸剑师有秘不外传的绝技,还是存在着一些我们没有注意到的原因?

越国的铸剑师们是否真的掌握了人工外镀技术呢?20 世纪 90 年代,一直关注着这一谜团的马承源教授重新展开了研究工作。他确信,以今天的科技手段,一定可以破解有关人工外镀的谜题。

谭德睿,这位学习铸造业出身的研究员接过了研究工作。

1994 年,在上海博物馆的研究室里,谭德睿打开了电脑,要从哪里来破解剑身上人工外镀的技术之谜呢?此时的他,需要用 2500 年前古人的大脑来思考。

突破口设想在剑身的菱形花纹上,如果剑身上的菱形花纹是古人用腐蚀的化学手段所做,就几乎可以肯定古剑上存在着人工的外镀技术。

研究的焦点集中在了菱形花纹上。然而,令人失望的是,谭德睿与助手廉海萍却一无所得。

几乎同时,在湖北省鄂州市博物馆里,副研究员董亚巍也在从事传统青铜铸造技术的研究,他认为,越王剑身上的菱形花纹是通过物理手段铸造出来的。

20年来,他遍寻各种各样的金属实验室,寻访菱形花纹的铸造依据。

为了证实他的观点,董亚巍开始着手以传统铸造方法铸剑。这是用物理手段再现菱形花纹的第一步,古人是这样做的吗?董亚巍心中也没有十足的把握。

从阳模上揭下来的泥模,果然形成了一层美丽的菱形花纹。

公元前3000年,两河流域的美索不达米亚产生了最早的青铜器。

令学者们不解的是,中国的青铜时代虽然要晚上许多,但是却以极快的速度度过了它的婴儿期,在一个没有明确的历史纪年里,中国突然间成为世界上最好的青铜剑铸造国家之一,甚至很快超过了美索不达米亚,这是一个谜。

科学家们对此提出一种全新的假说,中国的青铜器铸造技术建立在早已经相当发达的烧陶技术之上。

对于古人来说,他们可以把烧陶技术当作已知的条件,然后把它们带入到一切铸铜方程中去,幸运的是,他们的每步解答都既精确又完美。

在湖北省鄂州,董亚巍相信,如果古人的铸剑工艺真的来源于烧陶技术的话,那么越王剑上的菱形花纹就一定可以通过烧制成的范模进一步浇铸出来。

打好的范模在炉中高温加热后,成为坚固而又耐高温的范模,它就成为铸剑的模子了。

和董亚巍不同的是,谭德睿还在力图找到用化学手段做出菱形花纹的依据,他来到了上海材料研究所,和一群经验丰富的研究员共同研究。

谭德睿要找到一双明察秋毫的眼睛,他相信,他要找的东西就在研究所里。在高清晰显微镜的帮助下,谭德睿再一次对剑的表面进行观察,扫描结果很快出来了。

剑的表面依然没有看到化学痕迹。难道说越王剑身上的菱形花纹真的和人工外镀技术无缘吗?在湖北鄂州,董亚巍通过物理铸造手段再现越王剑菱形花纹的工作还在继续。

助手已经准备好了范模,范模都用专用的铁夹固定了起来。

精心配比的锡料,将决定剑的硬度与柔韧性。

铸剑的时候就要到了,助手把烧得通红的铜炉取出来,铜水的冷却时间很快,留给他们的时间并不多。他们期待着,每一个范模里都能铸出一把美丽的宝剑,这也是最后的铸剑步骤,能否铸出菱形花纹就取决于此了。

铜水进入范模中,会依照剑身上的厚度不同而逐渐冷却,当铜水完全凝固后,就可以打开范模取剑了。

这是关键的一刻,宝剑如同跨越了2500年,又一次从历史中走出来。

董亚巍证明了以传统的物理铸造手段完全可以完成菱形纹饰的制造。

此时,执着的谭德睿又来到上海宝山集团钢铁研究所,这里有全国倍数最高的电子显微镜,他要捕捉到2500年前的蛛丝马迹。

在高倍度电子显微镜下,谭德睿与所有的研究人员都有些紧张。

四周一片寂静,只有李忠博士独自操纵设备的微弱声音。

谭德睿显得比其他的人更紧张。

扫描的结果就要出来了。

通过3000倍的放大显微镜,谭德睿终于从1%毫米厚度的金属表层发现了他期盼已久的化学处理痕迹,菱形纹饰或许真是通过化学手段制造出来的。

所有的人都轻松了起来,人生难得的是,可以笑得像个孩子。

在1997年国际研讨会上,谭德睿的发现引起了各国学者的高度重视。与会专家认为,中国的古人很有可能用化学手段做出了这种菱形花纹。

2500年前,一个古代工匠种下的前因,在2500年后却引发出鄂州与上海两个截然不同的结果,制造菱形花纹是通过物理手段还是化学方法,似乎异曲同工。但可以肯定的是,我们的祖先确实掌握了高超的青铜器制造技术。

越王勾践剑,这武器的拥有者——国王一方面是创造者,一方面是毁灭者。就像英国人李查·伯顿在其书中所说,"剑的历史就是人的历史,它成就了国家,塑造了世界"。

浦城问剑

一处偏僻山村,隐藏着庞大墓葬群;一把青铜剑出土,改写了福建历史。

发现土墩基

2004 年的一天,为了准备即将开始的文物普查工作,浦城县文管所召开工作会议。会议进行到一半时,所长陈寅龙接到一个令他吃惊的电话。文管员报告,管九村山下自然村的石公山上发现盗洞,陈寅龙立刻带领工作人员赶往事发现场。盗掘现场有个一米见方的盗洞。

由于发现及时,墓葬并没有遭到严重破坏。考古队员首先对墓葬进行了钻探,根据夯土层判断,这座墓葬可能是汉代的。

随后,队员们又对墓葬周围进行了考察,发现了一些商周时期的印纹陶片和黑衣陶片。

商周时期的陶片为什么会在这里出现,难道只是巧合吗? 根据这个线索,陈寅龙做了一个极为大胆的推测:这里很可能是一座年代更为久远的古代墓葬——土墩墓。

陈寅龙介绍说,土墩墓是在地上挖一个浅坑,用鹅卵石铺底,放入棺木、方形枕木,人字形搭盖,然后进行回填,形成一个坟包的墓葬。

土墩墓这种墓葬形式曾经在西周和春秋时期流行于长江中下游地区,但是,在福建极其罕见。如果可以确定这座墓葬是土墩墓,则意义重大。

于是,他们立即开始抢救性发掘。

随后发现了一些细节:墓穴比较浅,呈长方形,四周并不是十分规整,底部则是铺有一层鹅卵石——无疑,这正是土墩墓的典型特征。福建省博物院的考古专家立刻给出定论:这是一座土墩墓,可能属于春秋战国时期的墓葬。

当地老百姓说山上有一个一个的土包,一共九个被叫作九节龙,就像龙灯似的一节一节的。陈寅龙到现场数了一下,的确有 9 个土墩。

这时，陈寅龙恍然大悟。原来，所谓的九节龙就是指 9 座土墩墓。随后，考古人员确定管九村一带共有 30 多座土墩墓。这个小村庄竟隐藏着如此庞大的土墩墓群，这是一个极为惊人的发现。

为了获得更完整的信息，考古人员在继续清理这座墓葬的同时，也开始着手周边墓葬的挖掘工作。就在发掘工作顺利进行的时候，一件意想不到的事情出现了。在这座土墩墓的底部，考古人员发现有个隐秘的盗洞。盗洞是圆形的，但不太明显，可以肯定是古代被盗的。

福建盗墓的历史可以追溯到汉代。公元前 110 年，汉武帝平定闽越，为了彻底消除后患，诏令将闽越举国迁往江淮内地，并焚毁闽越国的城池宫殿。从此一直到三国时期的 300 多年，福建一直处于真空状态，无人管理。于是，盗墓者从四面八方涌入，一时间，闽越时期的遗址和墓葬几乎被逐一盗掘。闽北有一句话：古墓十墓九空。

好不容易发现的土墩墓竟然在古代就被盗了，难道，这座墓葬的发掘就这样一无所获吗？陈寅龙有些不甘心。

出土青铜剑

这天下午，一个负责清理工作的考古人员，触到了一个坚硬的东西，觉得像是玉器。

慢慢剔除上面的泥土，显露出的是一截手柄。通过材质可以判定，这件器物不是玉器，而是一件青铜器。

商周时期，中原已经进入了鼎盛的青铜文明，出土的这一时期青铜器不仅数量众多，品类丰富，工艺更是极为精湛。

然而，福建这一时期，不仅相关的记载少之又少，青铜器更是罕见。似乎这一时期的福建还是蛮荒之地。

福建博物院院长杨琮说，以往福建历史上认为没有一个完整的青铜时代，落后、蛮荒，没有文化。

如果管九村土墩墓中发现的的确是一件青铜器，那么，就意味着福建的历史将被改写。

·神秘玄妙的古迹文物·

图文珍藏版

随着清理的进一步深入，呈现在大家眼前的竟然是一把保存完好、造型精美的青铜剑。

经过专业人员细心清理，这把青铜剑终于露出了真容，剑全长34.2厘米，宽4.7厘米，通体呈黑绿色，喇叭形圆首，两边有镂空雕刻的双耳，剑身上饰有勾连云纹和蟠螭纹。精湛的工艺令人惊叹。

管九村土墩墓的发掘还在进行，两天后，再度发现令人震惊的随葬品。

继青铜剑出土之后，考古人员在墓葬中又发现了戈、矛、刮刀和箭镞等一系列青铜兵器。

陈寅龙感觉到，这把青铜剑与大批青铜兵器的连续出现，似乎隐含着一个重大玄机。这是否预示着，先秦时期的福建，同样存在着辉煌的青铜文明？历史的缺环能否因此而弥补完整呢？

神秘的墓主人

管九村位于福建省的最北部，是个群山环绕的村庄。一个偏远的村落，为什么会出现大量的青铜兵器？在那个遥远的年代，还隐藏着什么秘密？这些神秘的墓主人又是什么人呢？

在浦城发现的土墩墓中，规模最大的一座位于大王墩山顶。相传山上埋葬着一个大王，所以当地的百姓一直把这座山叫作大王墩山。

遗憾的是，大王墩墓葬中的随葬品在古代就全部被盗。除了一具几乎完全腐化的人骨架和几颗牙齿之外，什么都没有留下。

大王墩山上的墓非常大，整个山顶就是一座墓，有16米长的封土堆。其余土墩墓都在山脚下，可见大王墩上的墓等级最高。

看来，大王墩的传说并非空穴来风。古人认为这里土地肥沃、河流发达，地势较平缓，对于古代农业社会的先民来说，非常适合居住。独特的地理位置自然成为他们心中一块理想的风水宝地。

浦城位于福建最北端，与浙江、江西两省交界。

在古代，从中原进入福建，必须经过浦城，所以这里自古就是要塞之地。这就不难解释，为什么会有如此大规模的土墩墓集中在浦城。但是，那些用青铜兵器做陪葬品的墓主人,又是一些什么人呢?

陈寅龙:墓主人肯定是武官,军衔比较高。在古代,铜和金是一个概念,这么多的青铜兵器,纹饰、工艺非常精关,证明墓主人的身份等级比较高。

随后,考古人员做了进一步推测,管九村的这些土墩墓群,很有可能属于同一个部落。而大王螃山上埋葬的那位大王,则是这个部落的最高统治者。

青铜剑改写了福建历史

一把青铜剑的出现,让隐藏在历史烟云中的神秘部落浮出水面。但是,这把剑到底是什么年代的? 它能否代表先秦时期的青铜文明呢?

在考古界,确定器物的年代要看绝对年代和相对年代的综合分析。绝对年代是指碳14测定的数据;而相对年代则要靠墓葬出土的原始青瓷与陶瓷器来参照。

考古队根据墓葬的形式、碳14测定的数据,认定青铜剑距今2900年左右,是西周时期的。

浦城出土的青铜剑,竟然改写了福建历史,它不仅填补了福建地区考古学序列中夏商周的缺环,并由此可以推测,先秦时期的福建并不是落后的蛮荒之地。这把福建文明史向前推了1000多年。这一结论震惊了中国的考古界,由此,这把青铜剑被称为福建第一剑。

但是,陈寅龙又发现了一个奇怪的现象,在所有出土的青铜器物中,为什么全是兵器而没有像北方中原商代墓葬那样出现青铜礼器呢?

夏商周时期,祭祀是一项非常重要的活动,祭祀用的礼器是必不可少的。可是在浦城的发掘过程中还没有出现过一件礼器。是被盗走了还是另有原因呢?

正当陈寅龙为此苦恼的时候,一个新的发现让他兴奋不已。

在一座土墩墓中,三件精美异常的青铜器出现了。

这三件青铜器分别是青铜杯、青铜盘、青铜尊。每一件器物的造型都异常精美,纹饰也充满独特的魅力。它们是做什么用的呢?

陈寅龙推测,西周时期,位于管九村的这个部落已经具备相当发达的生产力,而且分工明确、各司其职。这三件礼器,尊,是装酒的;杯,是酒器;盘,用来装干肉。

在土墩墓里,又先后出土了10把青铜剑,其中5把剑柄两侧有两个耳朵。

这几把青铜剑虽然纹饰有所区别，但是长度与形制极为接近。那么，剑柄上的双耳有什么特殊的意义吗？

杨琮：只有中国南方有这种剑，有很强的地域特征。我认为这是越式剑，浙江南部、福建北部有分布，属于古代越国。

据考证，土墩墓、越式剑以及印纹硬陶都属于典型的越文化实物。这些考古材料，不仅可以证明闽越其实是同一文化，而且可以确定，他们都是百越族的一支。

史书记载，早在春秋时代，越人因一流的铸剑技术而享誉天下。湖北省的一座楚墓中就曾出土过一把轰动国内外的青铜剑——"越王勾践自用剑"。

在冷兵器时代，剑是百兵之首。相传春秋战国时期，著名的铸剑大师欧冶子。铸剑技术举世无双，冠绝华夏。

据说，在吴越争雄期间，欧冶子曾奉越王之命铸剑，所铸的就是青铜剑。三年以后，他铸成5把惊天地、泣鬼神的宝剑，受到越王的奖赏。而他铸剑的地方，正是离浦城不远的湛卢山。《越绝书》记载，欧冶子在湛卢山铸造了五把绝世好剑。分别是：纯钩、胜邪、鱼肠、巨阙和湛卢。其中，以湛卢剑最为著名。"朝士兼戎服，君王按湛卢。"在当时，湛卢剑一度成为霸业的象征。

同时，有人对欧冶子的身份，进行了另一种解读。

无论欧冶子是一个人还是一个行业，它都可以印证一件事：历史上，闽北地区曾经有着发达的剑文化。在北方铸鼎技术不断走向巅峰的时候，闽人的铸剑技术也进入到一个炉火纯青的阶段。这也解释了浦城何以能够出土如此精美的青铜剑。

从浦城出土的西周时期的青铜剑，再到湖北楚墓中出土的春秋时期的越王剑，剑的长度、形制已经随着时代的变化有了改变，但相同的是，这些宝剑都是百越先民智慧的结晶。

至此，浦城土墩墓的发掘全部结束，考古人员从浦城的土墩墓群中陆续发现了大批青瓷、黑衣陶器，以及72件青铜器。这一发现，被中国国家文物局评为"2006年中国十大考古新发现"之一。

探秘佛光寺

1937 年,梁思成、林徽因夫妇带着营造学社的助手前往中国山西省的群山中寻访古建筑。

此时,距"卢沟桥事变"爆发还有不到一个月时间,山雨欲来风满楼。

他们从北京出发,一路辗转,换乘火车、汽车、马车赶到五台县,最后雇了骡子,沿着崎岖小道朝荒凉冷清的深山进发。

他们似乎是在和时间赛跑。

那么,他们究竟要寻访什么样的古建筑呢?

寻找中国古建筑

梁思成和林徽因这次前往五台山的考察已经是他们在山西寻找中国古建筑的第 3 次远行。

尽管他们知道,在五台山寺庙群中有大量的古建筑,但他们并不想在此停留。因为这里的寺院大多都在明清年间经过重修,这并不是他们要寻找的目标。

这一次,他们把全部希望寄托在五台山西南的那一片群山之中。

梁思成,1901 年出生在日本,他的父亲梁启超是中国近代史上著名的政治活动家、启蒙思想家、康有为的学生、戊戌变法领袖之一。

晚年的梁启超逐渐从政治舞台上淡出,把主要精力用在对中国传统文化的研究和梳理上。当梁思成长大成人的时候,作为父亲,梁启超为儿子设计了文化创造的人生目标。最终使 20 世纪的中国又多了一位有永恒价值的文化人物。

林徽因,梁思成夫人,1904 年出生在福建,她的父亲林长民是中国近代立宪派领袖、擅长诗文、书法,曾经出任北洋政府司法总长等职。

在梁思成 18 岁的时候,梁启超和挚友林长民出面,为梁思成和林徽因定下了姻缘。但梁启超的态度是,我只提供邂逅,并不包办婚姻。

梁思成和林徽因,这一对现代史上令人惊艳的传奇夫妻,有着极其炫目的出身和起伏跌宕的故事。

1924 年,梁思成与林徽因结伴共赴美国。

当时,美国费城的宾夕法尼亚大学建筑系,由著名的法国建筑师克雷主持。克雷教授尤其主张学生要深入研究建筑史并强化透视图的训练。

梁思成顺利进入宾大建筑系读书,但林徽因却好事多磨,由于建筑系不招收女生,她不得不先在美术系注册入学,而后才转入建筑系。

当建筑系教授向他的中国学生询问中国建筑史的时候,梁思成感到十分茫然,他告诉教授,古代中国似乎从来没有把建筑当成一门艺术,建筑史的研究更是一片空白。

就在梁思成为中国建筑史感到茫然的时候,北京的商务印书馆刊印了一部新发现的古书《营造法式》,发现者朱启钤曾经是北洋政府大名鼎鼎的人物,也是梁启超的故交。

《营造法式》是现存的中国历史上最早的一部建筑手册,它收录了北宋时期的建筑图例和施工标准,作者李诫是宋徽宗的工部侍郎。

1925 年,梁启超给在美国留学的梁思成、林徽因寄去《营造法式》一书,并特意写了他的评价:"一千年前有此杰作,可为吾族文化之光宠也已。"

尽管梁思成当时几乎无法读懂这部"天书",但他隐隐感到,一扇探索与研究中国建筑史的大门正在悄然开启。然而,他们的第一步将向哪里迈出呢?

北京东城区有条不起眼的巷子,名叫赵堂子胡同。

中国营造学社就诞生在这里。学社的创建人朱启钤,曾任北洋政府交通总长、内务总长。

1930 年,朱启钤发起成立了"中国营造学社",这是中国第一个建筑学术团体。营造学社早期的工作,注重文献方面,中国古代流传至今的有关建筑技术方面的书籍,仅仅两部,一部是宋代的《营造法式》,另一部是清代的《工部工程作法则例》,由于书中词语日久失用,构造做法就更加难以理解了。于是,营造学社需要受过现代建筑学训练的专业人才,参与破解这两部巨著。

此时,已从美国学成归国的梁思成和林徽因,让朱启钤翘首以待。

梁思成、林徽因回国之后，在东北大学创办了建筑系。九一八事变后，东北沦陷了，他们只好回到当时的北平。刚好这时，朱启钤成立了营造学社，就找了两位，一个就是梁思成，还有一个叫刘敦桢。

对于梁思成以及历史遗产保护事业而言，1931 年都是一个重要的年份。

这一年，日本军国主义入侵并占领中国东北；

这一年，梁思成出任中国营造学社法式部主任，正式开始了他研究中国传统建筑的学术生涯；梁思成认为，唐代建筑艺术是中国建筑发展的一次高峰，而他确信，中国木框架建筑的建造原则以及过去三千年来这种建筑方法的演变之谜，就隐藏在现存的古代建筑遗迹中。

但最大的困难是，如何在广袤大地上找出那些可能幸存的古代木构建筑。

而日本出版的《中国建筑史》更是断言：唐及唐以前的木结构建筑在中国已不存在，只有在日本奈良才能见到。

这个断言深深刺痛了梁思成。

但这个近似冷酷的断言至少在当时就是事实，日本京都和奈良的中国唐代建筑保存完好，随处可见。

1932 年春，梁思成从北京鼓楼展出的一张风景照片上，发现蓟县独乐寺不同于清故宫的建筑风格，于是促成了营造学社的首次田野考察。

那一次，由于人手不足，梁思成特地把在南开大学读书的弟弟梁思达找来帮忙。梁思达后来回忆这次难忘的旅程时说：从北京出发的那天，天还没亮，大家都来到东直门外长途汽车站，挤上了已塞得很满的车厢……

梁思成则在日记中写道："那辆公共汽车在松软的沙土中寸步难移，我们这些乘客得帮忙把这老古董一直推过整个河床，为了这五十英里路程，我们花了三个多小时，但这使人感到兴奋和有趣。当时我还不知道，在此后的几年中我会对这样的旅行习以为常，而毫不以为怪了。"

独乐寺建于辽代，距今一千多年。独乐寺的建筑形制上承唐代遗风，下启宋式营造，是研究中国建筑发展的珍贵实物。观音阁内高达 16 米的辽代泥塑观音像，与独乐寺建筑群一起经历多次大地震而奇迹般的幸存。更让梁思成兴奋的是，独乐寺在时代上虽然属于北宋,但形制上却更接近梁思成渴望见到的唐代建筑。也就是说,对独乐寺的考察让梁思成相信,他看到了黎明前的曙光。

从此,梁思成和林徽因率领考察队频频走出北京,去寻找那些濒临灭绝的古建筑,为它们测量、照相、登记。这支非官方的考察队,出现在当时混乱纷扰的乡镇和田野上,倒也自成一道奇特的风景。

前往河北的宝坻县,他们在东四牌楼长途汽车站搭车,梁思成看到:"汽车站在猪市当中——北平全市每日所用的猪,都从这里分发出来——所以我们在两千多只猪的惨号声中,上车向东出朝阳门而去。"

到达宝坻县后,在泉州旅馆住下,开始考察广济寺。梁思成的日记里有如此描写:"泉州旅馆坐落在南大街,南大街每日最主要的商品是咸鱼——由天津经一百七十里路运来的咸鱼——每日一出了旅馆大门便入'咸鱼之肆',我们在那里住了五天。"

中国营造学社相继调查了蓟县独乐寺、宝坻县广济寺,正定县隆兴寺,山西大同金辽时期的华严寺和善化寺,以及著名的应县辽代木塔等古建筑,遗憾的是,他们并没有找到唐代的木建筑。

在考察中,常常有这样的情况:他们受到文字材料上可能找到古代遗址的鼓舞,满怀希望跑了几百千米,却只发现一堆废墟,或许还有几片屋瓦或几根柱础作为此行的回报。

客观上说,木头是一种易损的建筑材料,即使有宽广、外伸的瓦顶作保护,木柱和桁架也很容易遭受虫蛀、腐蚀和火灾;更何况,还有人为的破坏和战乱的侵扰。每次战乱都是珍贵古建筑厄运当头的时刻。战胜者为了彰显自己的武力和威风,往往以焚毁战败者的宫室为荣耀,以项羽当年焚烧"咸阳宫室"的那场大火开始,几乎每次朝代更迭都不能幸免。

但在一些气候适宜,地处偏远的地方,木构建筑还是可以留存的。

当时的西北科学考察团在新疆发现了保存完好的汉代木简,梁思成由此坚信,上至唐代的中国古代木构建筑一定有所留存。

从1932年到1937年初,梁思成和林徽因已经实地考察了137个县市,1823座古建筑。

可是,他们一直期望发现的一千年以前的唐代木结构建筑却从未出现过。

唐朝已经过去了 1000 多年。

1000 多年的战火,1000 多年的风霜雨雪,一座木结构的建筑能够从公元 10 世纪保存到 20 世纪,实在是难以想象的奇迹。

然而奇迹来自一个偶然。

梁思成偶然看到了一本画册《敦煌石窟图录》,这是法国汉学家伯希和在敦煌石窟实地拍摄的。

在这本书中,梁思成有一个重要发现。他看到 61 号洞中有一幅唐代壁画"五台山图",这幅巨型壁画上绘制了佛教圣地五台山的全景,其中有一座叫"大佛光之寺"的庙宇引起了梁思成的注意。

五台山,中国四大佛教名山之一,佛家称为"文殊菩萨的道场"。五峰当中的小镇叫台怀,五峰以内叫"台内",以外称"台外"。

台怀周围寺刹林立,香火极盛,建筑经过历代多次的重建或改建,所以少有明清以前的庙宇存在。台外因地处五台外围,寺刹散远,交通不便,人迹罕至,香火冷落,寺院经济拮据,没有力量重修,反倒可能让一些古老的建筑侥幸保存下来。

1937 年,日本侵华步骤急剧加快,时局日益紧张。

梁思成越来越感到时间的紧迫,他和林徽因希望在战争爆发前把华北、中原的古建筑调查做完,以免这些人类的宝贵遗产毁于战火而不能给国人留下一图一景,成为他们终生的遗憾。

循着《敦煌石窟图录》的线索,梁思成和林徽因很快在北平图书馆查阅到了有关大佛光之寺的资料,五台山《清凉山志》记载,佛光寺始建于北魏,唐武宗灭佛时被毁,仅仅 12 年后佛光寺重建。

由于大佛光寺处于五台山的外围,祈福进香的信徒很少。这份记载和梁思成的推断吻合。

为此,梁思成给围绕这座寺庙的整个山区道路都绘制了地图。

也许,这就是最后的机会。

梁思成和林徽因决定立即前往五台山。

1937 年 6 月,梁思成、林徽因把一双儿女托付给大姐,带着助手莫宗江、纪玉堂动身前往五台山——这是他们第 3 次前往山西寻找古建筑了。

而就在当时,他们的状况并不好:梁思成拖着一条伤腿,林徽因患着肺病。

他们到达五台县城后,没有去台怀镇,而是直接去了南台的外围。

他们的目的很明确,就是要寻找《五台山图》中的大佛光之寺。

可是,唐武宗时曾有会昌灭佛,再后来又有五代十国的后周毁寺,如今,他们找到唐代寺庙的可能性到底有多少?

1937 年 6 月 26 日,从清晨走到黄昏时分,梁思成、林徽因一行来到台怀镇西南两百余千米的豆村。

转过山道,他们远远望见一个隐藏在连绵山峦下的古寺。难道这就是佛光寺吗?

当年的古寺早已香客冷清,荒凉破败,看守寺院的只有一位年逾古稀的老僧和一位年幼的哑巴弟子。

当老僧明白造访者的来意后,佛光寺寂寞多年的山门,便为这几位神秘的远方客人敞开了。

据五台山《清凉山志》记载,佛光寺始建于北魏,唐武宗灭佛时被毁,被毁之前的"大佛光之寺"当时的影像,被描绘于几千里之外的敦煌石窟,可想而知这座寺院在唐宋时代五台名刹中的地位。

梁思成进入寺院,看到出檐深远的大殿,一眼就断定这是一座比他们以前所见的更古老建筑。

然而,梁思成和林徽因依然感到疑惑。因为他们之前反复研究的《五台山图》上,"大佛光之寺"院内,分明画的是一座三层高的大殿,可眼前的建筑却只有一层。

它究竟是不是古籍上所记载的佛光寺呢?

1964 年,也就是梁思成、林徽因发现佛光寺 27 年之后,一位叫柴泽俊的年轻人,在北京的古建学习班上,当面向梁先生询问了他见到佛光寺东大殿的第一印象。

柴泽俊:走上来到了佛光寺,梁先生高兴极了,他说,我看到东大殿,我简直都顾不上休息,我就着急在里边看,外边看,看了一大圈子出来我才喝的水,我都顾不上休息,高兴得很。我没有想到,在五台还能保存下这么好的一座唐代建筑,这座建筑一见之下就把我吸引住了。

大殿内的景象让梁思成和林徽因惊讶不已。

梁思成后来写道:"那高大的殿门顿时就给我们打开了。里面宽有七跨,在昏暗中显得更加辉煌无比。在一个很大的平台上,有一尊菩萨的坐像,他的侍者们环他而立,有如一座仙林。"

眼前这些身材高大、造型别致的彩色塑像,仿佛让他们回到了遥远的历史时空。

从艺术造型上看,佛像面颊丰满,弯弯的眉毛,端正的口唇,都具有极其显著的唐代风格。菩萨立像大都微微向前倾斜,腰部弯曲,腹部略微凸起,这都是唐中叶以后菩萨造像的典型特征,与敦煌石窟里的塑像极为相似。

柴泽俊:当时有一批匠师终生为寺庙服务,终生研究塑像艺术,达到了极高的境界。

看人家那个塑像,那个神态,侍女的柔润,手卷的柔离,给人都感觉到,到这儿以后,上千年的东西依然这样可贵。

寻找确凿的证据

穿行在大唐盛世的时空中,这让梁思成夫妇感觉进入了一个魔幻的世界。尽管他们熟知中国雕塑史,重大的发现就在眼前。但是他们仍需要找出确凿无误的证据去证实这个发现。

梁思成写道:"在平台左端,坐着一个真人大小的着便装的女人,在仙人丛中显得非常渺小畏缩。和尚告诉我们,她就是篡位的武后。"

梁思成和林徽因感到有些困惑:且不说这个女人是不是武则天,如此写实的塑像与天国的菩萨安放在同一个佛坛上,这已十分罕见。梁思成记得,只有敦煌壁画上信女像的位置才与此类似。

这个女人究竟是谁? 她与佛光寺又有什么关系呢?

天色已暗,更多的疑问还需要明天的详细探查才能释然。

由于这座寺庙附近没有可供住宿的学校,梁思成和林徽因他们只好留在大殿过夜。

平日工作时,梁思成管林徽因叫"scale"（标尺）,那是因为林徽因总是作为参照物出现在建筑照片上。而测绘的时候,梁思成大多是爬在屋梁上,所以林徽因管梁思成叫"梁上君子"。

这一晚,"标尺"和"梁上君子"彼此依偎温暖着,计划明天的工作。

那一年,梁思成 36 岁,林徽因 33 岁。

当第二天黎明到来的时候,他们迫不及待地开始了调查:大殿的佛坛上有唐代彩塑 35 尊,金刚等 33 尊。另两尊特别的人物塑像,按照老和尚的说法,一尊是建殿施主武则天,另一尊是建殿主持者愿诚和尚。这两尊塑像虽然小些,但形态却很生动。此外,大殿两侧,还有明代塑造的罗汉像 296 尊。

大殿的斗拱、梁架、藻井以及雕花的柱础也都细致看过,无论是单个或总体,它们都明白无误地显示了晚唐时期的特征。

其实,面对佛光寺内诸佛菩萨的塑像,梁思成、林徽因一眼就可看出是晚唐的作品,因为这些塑像和敦煌石窟的塑像极为相似。尤其是林徽因,她受过严格的美术训练,只要看一眼,就可以大致分辨出作品的年代。

假如这些塑像是唐代遗存,那么,庇护塑像的建筑就完全有可能是唐代的了。

梁思成、林徽因认为,如果大殿经过不断重修,眼前的唐代塑像将很难完整保存至今。

问题明摆着:任何对房屋的重建,就必定会损坏里面的一切。

柴泽俊:所可惜的是,1929 年,寺院老和尚,诚习老和尚,化了许多布施,出于好心,对佛光寺的佛像全部油饰一新。所以现在看来,唐代塑像有点炫光刺目,颜色有点太鲜丽,而且不是按照原来的颜色油饰的,所以塑像的声色略有减退,但是它的骨骼、体量、造型、神情,依然是唐代原作。

面对近在咫尺的佛光寺,梁思成被那层层交叠而又宏大雄伟的斗拱所震撼。虽然这些斗拱像是承受了千年的委屈一般,交错折叠在宽大深远的屋檐下,而正是这种稳健牢固的姿态,支撑着佛光寺千年的骨骼和历史。

斗拱,是中国古建筑特有的构件,在立柱和横梁交接处,在柱顶上层叠形成弓形的承重结构叫拱,拱与拱之间垫的方形木块叫斗,合称斗拱。通常在较大建筑物的柱与屋顶间的过渡部分设置斗拱,用于支撑和承接庞大的屋顶,将其重量直接、或经过额枋间接地传递到柱础上。

这种转角铺作,被称为"七铺作双抄双下昂结构",斗拱高度约等于柱高的一半,其中每一构件都有其结构功能,从而使整幢建筑显得非常庄重。这是后来建筑所未见的。

梁思成评价,此殿"斗拱雄大,出檐深远"。

经测量,斗拱断面尺寸为210×300厘米,是晚清建筑斗拱断面的十倍;屋檐探出达3.96米。这在宋以后的木结构建筑中也是找不到的。

这种莲瓣造型的柱础,是唐代最流行的风格。

这种梁带有曲线,称为月梁。一般是古老的建筑才使用。

天花板叫作平闇,佛光寺东大殿的平闇,方格密小,是唐末及五代建筑通用的做法。

眼前的陈列,美轮美奂,世间罕有,他们仿佛来到了一座古人特地为他们留下的艺术宫殿。这是一件人间的珍品,纯净而典雅,这将是一个惊世的发现。可是,创作者是谁? 作品诞生的年代又是何时? 反复搜寻一直没有找到任何碑刻和题记上的文字记载。大殿里也没有发现通常写在屋脊檩条上的文字。

梁思成决定,爬到天花板上去碰碰运气。

70多年前,梁思成究竟在佛光寺东大殿的天花板上面的隐秘处发现了什么? 我们在拍摄这部纪录片的时候,决定根据梁先生的记录,重新找到并体会他当年的感觉。

我们从未有过探索黑暗阁楼的经历,所以,这个奇特的场景看起来像是发生了时空错乱,我们似乎正在穿过隧道回到遥远而陌生的唐朝,只有强烈的动物粪便的气味才使人又回到现实中。裸露的木头,看上去似乎还很新,尺寸也比我们想象的要粗大很多。

关于天花板上的奇特见闻,梁思成是这样写的:"我在那里看到了一种屋顶架构,其做法据我所知只有在唐代绘画中才有。使用'大叉手',而不用'侏儒柱',这和后世中国建筑的做法全然不同,大大出乎我们的意料。"

大叉手这个结构,从汉代开始有,在南北朝也有,在石窟上边有这种形象,但是实物没见过,因为梁思成夫妇做了大量的古代建筑调查,在中国北方调查了数百种,从来没有见过这样的结构,所以这种结构可以明确地判断它就是唐代的原物。

叉手的作用,是承托屋顶的重量。佛光寺东大殿叉手的做法,到宋代,就演变成叉手之间加上侏儒柱,而到了清代,叉手完全不见,只保留了侏儒柱。

梁思成写道:"这个'阁楼'里,住着好几千只蝙蝠,它们聚集在脊檩上边,就像厚厚的一层鱼子酱一样,这就使我无法找到在上面可能写着的日期。除此之外,木材中又有千千万万吃蝙蝠血的臭虫,工作至苦。"

我们有幸见到了梁思成见过的那些蝙蝠的后代,只不过对留美的梁先生而言它们颇像是鱼子酱,对我们来说实在有点毛骨悚然。

脚下的尘土曾留下过梁思成的脚印,我们用硬物试着刨了一下,发现这些颗粒状的、足足有几寸厚的东西竟然是蝙蝠的粪便!阁楼中弥漫的浓烈的腥臊味正是源于此物。

经过连续3天的辛勤查勘,梁思成仍然没有找到确切的建造年代。

如果仅靠大殿的唐代结构和雕塑的风格特征来判断建筑的年代,误差有时可能多达半个世纪。

而就在此时,一直负责地面工作的林徽因突然欢快地叫了起来,她说她发现一根大梁上有很淡的毛笔字迹!这个发现对大伙来说如同电击,没有比写在木梁下或刻在石头上的字迹更让人兴奋。

当时这个建筑上边刷了一层土朱,就是红色的一种颜料,这种颜料就盖了当时的这个题记。林徽因她本身是一个远视眼,她就隐隐约约在梁架下看见一行墨迹,墨汁写的字,但是看不清楚是什么,当时请寺里边的老僧在附近村庄里边找两个农民,费了很大劲,找了一天才找到两个人,找到两个人搭起架子来。

架子搭好以后,林徽因自告奋用上去擦洗污垢。没想到的是,这个看似简单的过程,竟然整整持续了三天!

梁上那行文字是:"佛殿主上都送供女弟子宁公遇",这句话的意思是说,大殿是由一位叫宁公遇的女性捐钱建造的。正当大家还在琢磨这段文字的时候,林徽因突然快步奔向大殿外的石经幢……

因为她忽然记起,在佛光寺大殿前的石经幢上似乎也有相同的名字。

果然,石经幢上刻有这样一句话"女弟子佛殿主宁公遇",这绝不是偶然的巧合,梁上的题字,经幢上的刻文相互吻合,那么大殿的建造时间终于能够确定了。

石经幢上刻写的纪年是:唐大中十一年。根据推算,这应该是公元857年,距发现之日整整1080年。

调查进行到这个阶段,似乎又需要从第一天开始把思路重新再理一遍:寺院老僧说的那尊武则天塑像,其实就是功德主,也就是捐钱修建佛光寺的宁公遇本人。宁公遇像是一位年近40岁的贵夫人,面貌丰满,衣着入时,是一尊写实的肖像。

在中国的雕塑史里,真正做一个活人的肖像是很少的,这不是中国的传统。比如要纪念一个人,不会做一个肖像,往往是刻个碑或者用文字方式来表述。

与这座非凡建筑的诞生有关的人物除了施主宁公遇,还有一个人,他叫愿诚禅师。唐武宗灭佛后,40岁左右的愿诚禅师四处化缘,复兴了佛光寺。另一位叫王守澄的人,他以"功德主"的名义与宁公遇的名字出现在同一根木梁上,这个颇神秘的人究竟是什么身份? 他与佛光寺的诞生又有什么关系呢?

在梁架上的这两行题记,提供了一个非常重要的信息,右军中尉是唐代管宦官的一个首领,那么佛殿主宁公遇,记载的只有一个唐长安送供女弟子宁公遇。那么根据梁思成先生的推测,有可能宁公遇就是王守澄的家人,因为在唐代时候,有宦官娶妻的习俗,所以王守澄是那样有权势的一个人,有可能宁公遇是他的人。因为作为一个普通的老百姓没有那样大的财力,她必须有强大的后盾。

柴泽俊:因此,我今天说,东大殿是京都长安的布施者,带上长安的建筑大师们,和当地建筑匠师结合在一起修成的这样一座东大殿,发挥了民间匠师的特色而形成的东大殿,这样一座唐代的代表性作品。

众多的代表当时最高水平的艺术作品汇集在一座寺庙里,而且同时被发现,如此重要的意外收获,成为多年来梁思成和林徽因寻找中国古建筑最快乐的时光。

梁思成后来满怀欣喜地说:"这是我们这些年的搜寻中所遇到的唯一唐代木建筑。不仅如此,在这同一座大殿里,我们找到了唐朝的绘画、唐朝的书法、唐朝的雕塑和唐朝的建筑。它们是稀世之珍,但加在一起它们就是独一无二的。"

他们临走的时候,林徽因面对宁公遇塑像沉默了很久,然后对梁思成说:

"我真想在这里也为自己塑一尊像,让林徽因这位女弟子永远陪伴这位虔诚的唐代大德仕女,在这肃穆寂静中盘腿坐上一千年。"

梁思成后来写了一段颇富诗情的感慨:"施主是个女的!这位年轻的建筑学家,本身是个女人,将成为第一个发现中国最稀奇的古庙的人,而该庙的施主竟然也是个女人,显然不是一个偶然的巧合。"

在以后的时间里,梁思成和林徽因全面查阅和研究了这座寺庙。

五台名刹佛光寺

佛光寺创建于北魏孝文帝时期。

隋唐之际,已是五台名刹,"佛光寺"这个寺名屡见于各种史书记载。

公元845年,也就是唐武宗会昌五年,皇朝发动灭法运动,寺内除几座墓塔外,其余全部被毁。偌大的佛光寺土崩瓦解,变成了一片废墟,僧人也全作鸟兽散。

公元857年,也就是大中十一年,京都女弟子宁公遇和高僧愿诚主持重建佛光寺。

现存东大殿及殿内彩塑、壁画等,即是这次重建后的遗物。

柴泽俊:佛光寺原来的寺庙规模比较大,从寺前边地基上钻探到的那些砖瓦情况来看,寺庙的规模原来比较大,在隋唐时期,佛光寺是五台山的一座著名佛寺。

佛光寺在唐代重修以后,因为佛教当时已经开始走入衰败,在当代以后除了宋代有一点壁画,跟后来建的这个文殊殿以外就没有任何记载,在佛家里边基本上就不提了,这个古建筑就基本上被人忘了。

到了12世纪的金代以后,佛光寺前院两侧兴建了文殊、普贤二殿。在文殊殿对面,曾经有普贤殿和天王殿,但是,这两间殿堂分别在明崇祯年间、清光绪年间不慎被烧毁。院内的南北厢房是民国初年增筑的,这些就是梁思成与林徽因当年见到的模样。在长达一千一百多年的漫长岁月中,经历过8次5级以上地震的佛光寺东大殿为何硕果仅存呢?

柴泽俊:它的台基前半截是垫起来的,做得非常坚固,把山坡的碎石清掉以后,后半截就坐在石岩上,潮气不容易上升,它里边的塑像没有腐蚀现象。

东大殿天棚下拱眼壁上遗存的唐代壁画,是梁思成在大殿梁架上测绘时偶然发现的,唐代壁画上所使用的白色颜料一千年后会变成黑色,这个认识得益于他对古代壁画所用颜料的了解。因为唐代的时候壁画的矿物颜料有锌白,画白颜色的部分,从面部、涉及需要调和白颜色的地方,经过多年的变化它就会发黑。

梁思成、林徽因之后,对佛光寺的深入研究实际上延续了半个世纪之久。梁思成当年对东大殿正面的大门做了仔细研究后认为,"其造门之制,是现存实例中所未见的"。由此他留下了这样的悬念:"门部的结构恐怕是明以后物,其结构法是否按最初原形,则尚待考。"

那么,东大殿现存的五扇大门究竟是不是后人在维修时添加上去的呢?

27年后的1964年,梁思成的学生,中国营造学社最后的传人罗哲文先生来了,他是佛光寺的常客。那一次,他和山西考古专家孟繁兴一同前往佛光寺考察。

罗哲文:因为佛光寺我经常去,不知道去多少次了,在那儿刚好是碰到大雨,当时交通很不便,也不能下山了,就在那里住着。

那一年的七月偏偏多雨,一连下了好几天,像是老天爷有意要把客人留下。在寺院住下来的罗哲文,每天都打着电筒在东大殿里查看,这一看,又是石破天惊!

细观之下,罗哲文在大门背光处的门板上发现有墨迹,经过仔细搜寻,罗哲文和孟繁兴竟然在大门内面的门板、门框上,找到了数十处从唐代到明、清时期的墨书题词。年代最早的一处题词仅四个字"成通七年",这是唐懿宗的年号,相当于公元866年,距佛光寺落成仅仅9年。

那么,这些门上留下的珍贵的"到此一游"又说明了什么问题呢?

罗哲文:当时有一个争论,对东大殿,很多很有名的专家认为它的前面,这一排柱子中的门是后来改的,而它原来应该前面是廊柱,空的,这个门在后面。

根据梁思成当时绘制的东大殿平面图,东大殿主体建筑由外围的檐柱一周和内柱一周组成,跟《营造法式》所称的"金箱斗底槽"做法大致相同。由于梁思成曾有"门部的结构恐怕是明以后物"的判断,所以后来不少专家据此认为,现在大门的位置,应该是一道回廊。

罗哲文:所以这个,我为什么解决这个问题呢?它这个,题记题在门上头的,而且题在门框上头的,柱子上还有,所以这样就解决了佛光寺研究里头一个争论的问题。

门上的题词就如同书画上的落款印章,天衣无缝地证明了大门的结构并未经过任何改动,依然是唐代原物。

罗、孟二位先生的运气真好,他们不仅发现了门上的题词,而且还找到了一幅画在佛座背面的唐代壁画,此画由于长期密闭,不见阳光,所以发现时色彩如新。经过比对,这幅珍稀的唐壁画与唐代吴道子的《天王送子图》内容和结构比较相近。

10年后,1974年,柴泽俊先生在东大殿研究壁画的时候,再次发现了多处唐代壁画,加上梁思成、罗哲文、孟繁兴等人此前的发现,佛光寺遗存的唐代壁画多达60余平方米。

柴泽俊:全国寺庙当中保存下来唐代壁画全国仅此一例,就这一处,其他就是敦煌莫高窟里边,石窟里边保存下来的唐代壁画。因此,佛光寺为数不多的壁画,是我国绘画史上的重要一页,或者是当前保存下来最早的壁画的实证,再没有比它早的。

在佛光寺工作一个星期后,他们决定离开寺院。

梁思成告诉寺院老僧,自己已准备把这一重大发现报告山西省当局,以敦促实现对佛光寺的永久保护。

他们向老僧表达了敬意和感谢之情后,告别了佛光寺。

几天后,梁思成从报纸上得知,日本军队的枪炮声已响彻北京城。

此后,中国已没有了安宁。

但是,他们几天前的发现,将最终奠定梁思成与林徽因作为中国建筑史学者的最高成就。

但遗憾的是。在距离佛光寺西北几十千米的山中,有一座南禅寺,它的建筑年代比佛光寺还要早。

由于时局的纷乱，梁思成林徽因和它擦肩而过。

在梁思成和林徽因发现佛光寺 16 年之后，1953 年，山西考古人员考察了南禅寺，他们根据殿内屋梁上写有"大唐建中三年"的墨书题词考证，南禅寺是公元 782 年重修的，这个时间比佛光寺的落成要早 75 年。

这也意味着，南禅寺是中国现存最古老的一座唐代木结构建筑。

这也意味着，由于梁思成、林徽因对佛光寺的发现，历史仅存的两座唐代木结构建筑，从此在中国的大地上双星闪耀。

1961 年，五台山佛光寺被列入首批国家重点文物保护单位。

1984 年，梁思成《图像中国建筑史》在美国出版，佛光寺考察成果是其中重要篇章。

最后的图瓦

在丛林掩藏着的阿尔泰山深处，生活着一个神秘的部落，他们的风俗习惯和相貌特征与蒙古人十分相似，有些人也自称是成吉思汗西征时军队留下的后裔，但令人感到奇特的是，他们的语言和蒙古语截然不同，反而源自神秘的古突厥语。那么，图瓦人的先民和古代突厥语各民族是什么关系，他们又是什么时候来到喀纳斯的呢？由于阿尔泰山区的图瓦人只有语言，没有文字，因此没有直接的历史记录。所以要了解图瓦人的来历，首先要依靠广泛的民间调查。

经过一段时间的调查后，关于图瓦人的来历大致有三种观点：广为流传的说法是，他们是成吉思汗西征时带来的军队的后裔。从历史记载来看，成吉思汗统一蒙古各部落之后，于公元 1219 年亲自率领蒙古骑兵大举西征。当时他们的行军路线的确翻越了阿尔泰山。图瓦人的长相和蒙古人很相似，并且服装服饰及生活习惯也基本一致。加之对成吉思汗的崇拜，大多数人似乎更愿意认为自己是英雄的后代。当然，也有人认为图瓦人早在 1000 多年前成吉思汗还未西征时就已经在禾木生活了，是世居，因为禾木村的"禾木"一词本身就是图瓦语。另外，还有人认为自己的祖辈大约在 100 年前才从俄罗斯、外蒙古迁徙过来。这些观点似乎都有道理，但又都不足以服众。图瓦人到底来自何处？这个神秘的部落曾谱写了怎样的传奇？随着专家调查的不断深入，图瓦人的历史轮廓渐渐地明晰了起来……

"不要问我从哪里来，我的故乡在远方……"

这是一个不为人知的部落，在深山中孤独地延续着自己的传奇。

图瓦人 = 蒙古人？

在密林深处的一块牧场，人们正在为举行一场婚礼而忙碌。所有的人都说着一种奇特的语言，只有他们自己能听得懂。随着夜幕降临，炉火生起，村中的男女老幼从四面八方赶来……

清晨，薄雾缭绕，整个村庄还在酣睡之中，所有的人都因为昨夜的婚礼而酩酊大醉。由于语言不通，难以交流，没有人更多地了解这个村落，只知道它位于阿尔泰山脚下，隐藏在密林深处。

随着位于村子西北的著名风景区喀纳斯湖的旅游开发，人们开始慢慢接触到这个酒乡，当地人称这个地方为禾木喀纳斯，并自称图瓦人。但从已知的民族分布来看，阿尔泰地区主要分布着哈萨克族、蒙古族等，并没有单独的图瓦人一说。他们究竟是什么民族，是从何时在这儿生活下来的？

禾木村四面环山，发源于喀纳斯湖的禾木河从村边流过。清晨最早出现的身影大多是妇人和孩子，他们赶着牛去山上放牧，而其他很多人因为醉酒还没有醒来。据说，最初让人们关注到图瓦村的就是酒。传说他们酷爱喝酒，曾在一个冬天喝了 45 吨白酒，而整个村子也仅仅只有 80 多户人家。

但接下来令人困惑的就是他们的族别，为此还专门组织了民族识别专家前来调查。中央民族大学民族学系的程适良教授曾在新疆从事民族学和突厥语言学的研究，也是最早参与调查图瓦人的专家之一。

程适良：图瓦人生性豪放，处世乐观。他们有语言但没有文字，因此没有留下自己民族的史志，当地的地方志上也很少有关于他们的记载，所以当初的调查从村民中开始。

一位叫出快的老人小时候就失去了双亲，后来因舅舅在禾木村，就投奔过来。

在他的记忆中，似乎并没有人告诉他自己家族的历史。

出快：那个时候没有具体的生存位置，哪里能生存到哪里，像流浪汉一样。

出快的说法正是一般图瓦人的写照。历史上，图瓦人可能是在游牧和渔猎的过程中发现喀纳斯是个水草丰美的地方，所以才相对固定地居住下来。现在，图瓦人夏天选择在山上避暑，冬天则赶着牛羊下山在温暖的冬窝子里越冬。当地政府曾考虑让他们定居，便在山下给他们修建了房子，分了田地。但他们并不习惯于精耕细作的农业生活，后来又陆陆续续返回了山林。

图瓦人居住得很分散，有些住在偏远山林中的牧民为参加村里的婚礼，必须提前几天就骑马踏上征途。例如：分散在喀纳斯湖对岸的图瓦人，如果要到河对岸的村子里去，绕过湖区就要花费一天的时间，尽管湖面仅两三千米宽。

通过调查，程适良教授了解到，居住在我国新疆的图瓦人大约有 2500 人，主要从事畜牧业和简单的渔业。散居生活使他们互相联系的机会非常少，因此遇到婚礼这样的聚会，大家都会前来祝贺。

图瓦人的婚礼要持续很多天，昨天的聚会仅是拉开了序幕。第二天上午，大家又陆续来到婚礼现场。婚礼中的具体事宜由女方家出人主持，而所需的食品用具等由男方承担。托海是这次婚礼中的新郎，他在这几天要兢兢业业地承担劳力。所以第二天一大早，他就起来去河边挑水了。托海刚刚在县城里读完中专，对于自己民族的历史稍微有些了解。

托海：图瓦人是成吉思汗西征时留下。

托海的说法是当地比较普遍的一种观点：喀纳斯地区的图瓦人就是成吉思汗西征时留下的。据说有的人家里还留有成吉思汗留给先辈们的信物，只是被埋在祖坟里，成为不可证实的传言。

从历史记载来看，成吉思汗统一蒙古各部落之后，于公元 1219 年亲自率领蒙古骑兵大举西征，当时他们的行军路线的确翻越了阿尔泰山。据史书记载，蒙古军队曾有三次大的西征，每次都要在"也儿的石河"畔休整，而"也儿的石河"就是现今的"额尔齐斯河"的古代称呼，"额尔齐斯河"从阿尔泰山下的布尔津县城边流过，在其上游 30 千米处汇入其中的一个重要水系正是风光旖旎的喀纳斯湖。成吉思汗的国师丘处机曾在此写下诗句"谁知西域逢佳景,澄澄春水一池平",诗中的澄澄春水正是指喀纳斯湖。

托海:喀纳斯湖就是大汗的水。

"大汗的水"进一步说明了成吉思汗和喀纳斯的关系,800年前蒙古大军西征路过喀纳斯已是不争的事实。当时是否确实留下了一部分军队?若当时图瓦人已是蒙古人,为何又留下"图瓦"这个称呼?虽然史书上并没有关于这段历史的明确记载,但从现今图瓦人的具体情况来看,首先,图瓦人的长相和蒙古人很相似,并且服装服饰和生活习惯也基本一致。图瓦人习惯于从事畜牧业,一些居住在喀纳斯湖边的图瓦人本可以利用自己的房屋经营旅游业,但他们还是愿意将房屋常年出租给他人,自己搬到山里过自由自在的游牧生活。其次,从宗教信仰上看,图瓦人和蒙古人现在都信仰喇嘛教,同时也都保留着一些萨满教的遗俗。

大多数图瓦人都认为自己和成吉思汗有关系,图瓦人家家户户都挂有成吉思汗的画像,但对为何这样做却有不同的看法。曾在边防公安任职的哈尔哈斯现已退休在家,对于自己家中供奉的成吉思汗像,他的解释是:崇拜成吉思汗更多的是因为他是英雄,而不是他和图瓦人有直接的关系。

禾木村有一所学校,附近牧民的孩子都在这里上学,学校的老师都被认为是村里最有学问的人。所以,问及图瓦人的历史,大家都推荐去找老校长塔良海。塔良海如今已退休在家,安享天伦之乐。

塔良海:图瓦人是近100年被当成蒙古人了。

塔良海的意思是,图瓦人和蒙古人本来并不相同,后来由于生活在一起,所以就被外人看成是一样的了。其实在禾木村除了图瓦人以外,还有真正的蒙古人。为了证明他们之间的差异,塔良海建议去找县教育局的督导师巴德尔湖。因为巴德尔湖虽然住在图瓦村,他却不认为自己是图瓦人,而强调自己是蒙古人。

巴德尔湖根据自己家族的历史,不否认图瓦人曾参加了成吉思汗西征的军队,并因此有一部分人留在了喀纳斯。但他也暗示当时的图瓦人和蒙古人并不对等,所以后来成吉思汗专门从蒙古草原派自己的族人来管理这片地域。

当初的图瓦人和蒙古人是什么关系?他们存在着何种差别?要解答过去的秘

密只有到今天图瓦人的生活中去寻找踪迹,于是考察图瓦人特有的风俗习惯成为调查组当时的工作重心。

和每一个第一次来到图瓦村的人一样,当初调查组来到禾木的第一感觉就是,这里为什么没有蒙古包?图瓦人的房舍很特别,都是清一色的木头房子,房子外面还有一圈一圈的栅栏,整个村庄的景致与北欧的村落十分类似,却和人们一般印象中草原上的蒙古部落大相径庭。

对于蒙古包,图瓦人也会偶尔使用。例如,在婚礼这样的聚会上,为了接待宾客,就要搭制临时的蒙古包。这时搭建蒙古包还具有象征意义,每一个人都要参与其中,并在支架顶部拴上白布条,以表示自己的祝福。在这个特殊的蒙古包里,还要举行一个特殊的抢羊头仪式,这也是图瓦人独有的古老风俗。由新郎将羊头从蒙古包内扔出,年轻的小伙子们一哄而上,谁抢到了就意味着谁肯定能娶到一个称心如意的姑娘。

参加图瓦人的聚会喝酒是免不了的,而且酒大多都是自己酿制的奶酒。但是和一般蒙古人酿制奶酒所使用的原料不同,图瓦人用的不是马奶,而是牛奶。酒的制作有一套专门的工艺,每家每户都有制酒的设备,发酵过的牛奶通过高温加热后,经过盛有凉水的铁锅冷却,然后顺着导流槽引出,汇聚成壶。这样酿造出来的酒尽管有四五十度,但图瓦的男女老少都喜欢喝。这些生活习惯上的差异说明图瓦人和蒙古人有一些区别。

对于研究民族语言学的程适良教授来说,有一个现象让他感到疑惑:图瓦人说着一种奇特的语言。最初,调查组的成员猜测这可能是类似蒙古语的一种方言,但很快就发现它们有根本性的差别。这种语言和他们以前接触过的其他语言都不一样,只有图瓦人自己能听得懂。对语言的敏感,让专家们意识到这可能是揭开图瓦人身世之谜的一个突破口,于是他们决定调查从学习语言开始。

对于这些陌生的语言,调查组的成员都采用国际音标进行记录,同一词汇还必须找三个人以上验证,到了晚上大家又聚到一起核对校正。解决了语言的障碍之后,交流变得容易起来。

通过整理分析,专家们发现,图瓦语里借用了一些蒙古语的词汇,但主体部分却完全不同。在查阅了大量的国内外文献资料之后,他们渐渐地意识到图瓦语和一种非常古老而神秘的语言有关。20 世纪中叶,考古工作者在蒙古国挖掘了一批古代墓葬,在这些墓葬周围发现了很多石碑,石碑上刻着一些奇特的符号。通过清理考证,人们得知这是古代突厥贵族的墓葬。石碑上刻着的正是失传已旧的古突厥文。后来通过比较分析,专家们逐渐破译了石碑上大部分字母的意义和读音。在对图瓦语进行了进一步分类研究后,程适良和他的同事们都意识到,图瓦语的很多发音和古突厥语相似,这是否意味着图瓦语就是由古突厥语发展演化而来?

带着这个疑问,专家们在当地的学校中调查,他们发现了一个有趣的现象:学校里有图瓦学生,还有一些哈萨克学生。图瓦学生经过专门的蒙古语学习,说蒙古话还很困难,但是经过简单的生活交流之后,几乎每个学生都会说流利的哈萨克语。相似的现象也存在于当地的哈萨克人当中,外人觉得十分难懂的图瓦语,哈萨克人却可以听出大概。所以给调查组当翻译的大多是一些哈萨克人。

后来专家们发现,图瓦语和哈萨克语之间有一些类似的语法和字汇,这恰好印证了图瓦语和古突厥语的关系。因为哈萨克人的先民曾经也是说古突厥语言的一个部落,尽管后来哈萨克语有了新的发展和变化,但仍保留了一些原始的东西,使得它和直接源于古突厥语的图瓦语言很接近。

探祖寻源

学术界普遍认为,突厥部落发源于今俄罗斯的叶尼塞河上游地区。在我国隋唐时期发展强大起来,征服了亚洲草原上的许多游牧部落,成立了强大的突厥汗国。汗国内所属的不同民族渐渐通用了一种古突厥语。突厥汗国消亡之后,这些民族就各自分化独立发展出来。今天,我国的维吾尔、哈萨克等民族的语言中就存有古突厥语的痕迹。

但是图瓦人却和这些民族在人种体质、宗教信仰以及生活习惯上有很大的差别,反而与蒙古人非常接近。专家们意识到,解答问题的关键是弄清图瓦人发展的历史。由于我国阿尔泰山区的图瓦人只有语言,没有文字,因此没有直接的历史记录。所以,要了解图瓦人的来历,首先要依靠广泛的民间调查。

图瓦人中流传着一种说法,他们的先辈是成吉思汗西征时留下的,但这仅是传言而没有任何证据。以前在边防公安任职的哈尔哈斯就并不认同这种观点，虽然他也在家里供奉着成吉思汗的画像，但他说那只是出于对英雄崇敬的缘故。对于自己的家世，他有不同的看法。

哈尔哈斯：从俄罗斯过来的。

和哈尔哈斯的家族经历相似的在禾木村还有一些人，他们有人认为是从俄罗斯来，有人认为是从外蒙古来且时间都不长。如果是从哈萨克拜的爷爷一辈才从俄罗斯过来，就意味着有一部分图瓦人居住在禾木的历史不过 100 年左右。而成吉思汗西征距今已有 800 年，差距非常之大。为了证实自己的观点，哈尔哈斯还提供了一条线索。前几年曾从俄罗斯来过一个图瓦人，长相和他们基本一样。在交流过程中他们发现，彼此语言相同，只是音调略有区别。

哈尔哈斯提供的情况促使专家们到更广阔的地域去寻找图瓦人的踪迹。喀纳斯湖北端是连绵的雪山，翻过雪山就进入了俄罗斯境内，而在那里的确有一个图瓦人的聚集地。据说生活着约 18 万图瓦人。如此看来，我国阿尔泰山区的图瓦人仅仅是世界图瓦人数量很少的一部分。如果成吉思汗西征遗留下来的仅是一个传言，只是因为他们对英雄崇拜的结果，他们的祖辈是否正如哈尔哈斯所说，是在100 年前从俄罗斯的图瓦人聚集区迁徙过来的呢？禾木村学校的老校长塔良海对于以上两种观点都不同意。

塔良海：图瓦人本来就在这里。

按照塔良海的说法，早在 1000 年前，也就是比成吉思汗西征还早，图瓦人就已经在禾木村生活了。为了证实自己的观点，塔良海还指出，禾木村的"禾木"一词本身就是图瓦语，指的是黑熊腰身上的肥膘。据说当初就是因为有两个图瓦人在这里打了黑熊，将腰身上的肥膘取了下来以示纪念，所以就将此地命名为"禾木"。虽然说不出具体的细节，但塔良海的观点就是认为图瓦人在禾木是世居的。现在图瓦学校年轻的校长庄别斯也持同样的看法。

庄别斯：图瓦人本来就在这儿。

禾木村学校的图瓦学生都可谓是语言天才，他们本身说图瓦语，又无师自通学会了哈萨克语。在学校老师教授蒙古语，和外界交流时又使用汉语，这种奇特的语言现象正映衬出他们复杂的身份。在专家的调查中,虽然还有一些人支持图瓦人在禾木是世居的观点,但他们更多的是因为爷爷一辈的人生活在这里,而再往前的历史又无法得知,所以就认为图瓦人一直生活在这里。

在喀纳斯当了近30年护林员的金刚,因为经常和山外的人接触而被问及图瓦人的问题,所以平时就很注意搜集这方面的资料。金刚实际上是一个地地道道的蒙古人,他是林业学校毕业后从外地调来的,而他的妻子则是当地土生土长的图瓦人。退休之后,他们在旅游区开了一个小商店,今年冬天他决定把商店关掉,以便专心致志地筹办一个图瓦人的文化节。

金刚:本来就在这儿。

和图瓦人在一起生活了几十年,金刚认为他们和蒙古人没有差别,虽然有语言的不同,但在蒙古族其他部落之间也存在这种现象,不能作为区分民族的唯一标准。

在金刚了解图瓦人资料的过程中,很多帮助来自富蕴县一个叫塞恩买提的图瓦老人。一般人并不知道,离喀纳斯大约300多千米之外的富蕴县也生活着少量的图瓦人。塞恩买提曾在法院工作,具有良好的文化素质。他仔细研究了阿尔泰地区蒙古族的历史,加上对自己家族史的了解,他认为研究图瓦人必须放到大的历史背景中去。

塞恩买提:富蕴也有,而且是蒙古一支。

塞恩买提:蒙古历史上有几个大的"台帕","台帕"就是比一般部落还大的群体,兀良哈就是蒙古的一个"台帕",图瓦就在兀良哈"台帕"里,当时的兀良哈也是受成吉思汗统治的,整个"台帕"里各个部落的风俗习惯、宗教信仰等等都和蒙古族一样,只是图瓦和蒙古的语言不一样。

在塞恩买提老人的叙述中提到了蒙古兀良哈部落,而金刚曾说过阿尔泰乌梁海,"兀良哈"和"乌梁海"读音很相近,这可能都是历史上与图瓦相关的称呼,必然会存在着某种联系。

经过一段时间的调查后,关于图瓦人的来历大致有三种观点:广为流传的说法是,他们是成吉思汗西征时带来军队的后裔;也有人认为图瓦人1000多年前就在禾木生活了,是世居;还有人认为自己的祖辈大约在 100 年前才从俄罗斯、外蒙古迁徙过来。考察组还了解到,图瓦人的风俗习惯等都和蒙古人相似,语言却直接传承了古突厥语的很大部分。专家们结合这些调查结果,又查阅了世界范围内图瓦人的资料,渐渐地他们的历史轮廓就明晰了。

程适良:各种说法都对。

程适良教授的结论是,这些不同的说法都有历史依据,只是发生在不同的历史阶段。"图瓦"只是现代的一种汉译。不同时期、不同地区还有其他略微不同的称呼,例如:"都播""秃巴""德瓦"等等,实际上都是一个意思,是由于不同的方言或翻译造成的差别。

这些称呼早已出现在中国的古代文献中,都称图瓦为我国境内的一个古老民族。比如在《隋书·铁勒传》中就记载:"北海南则都播等",北海就是今天的贝加尔湖。当时的图瓦人就聚集在今贝加尔湖以南,游牧在叶尼塞河上游、萨颜岭以北的广大区域。

而早在隋朝以前,图瓦的先民就在此生活。西汉初年,他们受北方民族匈奴统治。公元 4 世纪左右,图瓦又被西迁的拓跋鲜卑部落统治,有学者认为"都播"称呼的来源可能和"拓拔"有关。到公元 6 世纪隋唐时期,突厥部落正是从图瓦人的世居地崛起,图瓦地区属于突厥汗国的一部分,图瓦人和汗国的其他部族一样,都开始通用古突厥语,信仰萨满教。

突厥汗国衰亡之后,曾经所属的各个民族都独立出来。一些部落由于战争等原因陆陆续续向南向西迁徙,进入今天的中国新疆南部以及中亚等地区。这些地区的土著居民有一大部分是属于高加索人种的塞人,他们和塞人发生混血以后,体质上发生变化,呈现出高鼻深目的一些特点。后来随着伊斯兰教的传播,他们又放弃了原先的宗教,进一步被伊斯兰化,逐步演化发展成一些现代民族,例如:维吾尔、哈萨克等等。

图瓦部落后来却经历了不同的历史过程,主要和蒙古人生活在一起,所以仍然保留了典型的蒙古人种的特点,并接受了喇嘛教。这就是为什么它和同样从突厥部落发展而来的维吾尔、哈萨克等民族在语言上相近,但人种和风俗上却有巨大差

·神秘玄妙的古迹文物·

图文珍藏版

异的主要原因。在图瓦人的早期历史进程中,他们主要活动在叶尼塞河上游萨颜岭附近。由于频繁的战争和游牧生活的需要,很可能游牧到邻近的阿尔泰山一带。所以有人认为,他们的先辈早在 1000 年前就在喀纳斯地区生活了。到了公元 12 世纪左右,成吉思汗统一了蒙古诸部落之后,便开始向周围扩张。首先征服的就是被他们称为"秃巴思"的部落,也就是今天所说的图瓦人。图瓦人开始大规模地和蒙古诸部落融合。在此后统一的蒙古帝国中,有一支居住在东北方向的大部落被叫作"兀良哈",不久图瓦也被纳入了不断向西扩大的兀良哈部落中,这便是塞恩买提老人说图瓦人曾是蒙古兀良哈部落的原因。成吉思汗率大军东征西讨,难免有图瓦人参与其中,加上人们对这位英雄的仰慕,所以民间流传着图瓦人是成吉思汗西征时留下的说法。

元帝国崩溃之后,图瓦地区基本上一直由西部蒙古直接管理,并且受中央政府统治。从公元 17 世纪开始,沙俄势力逐渐侵入到图瓦人世居的地区,图瓦人开始大规模地向南迁徙。他们不仅翻越了萨颜岭,有的还继续向南向西跋涉。现今中国阿尔泰地区和蒙古国科布多地区的图瓦人主要是那个时期游牧过来的。当时这些地区仍然属于清朝政府的版图,其中唐努山以北萨颜岭以南的区域,被称为唐努"乌梁海",其得名当与元代的"兀良哈"有关。这时不同地区的图瓦人还可以自由地往来,保持着紧密的联系。这期间,清政府还专门从今外蒙古所属的喀尔喀蒙古部落调配官员到图瓦地区任职,因此巴德尔湖会提到自己的先辈是从外蒙古到这里做官。

随着中俄一系列不平等条约签订之后,沙俄侵吞中国的野心继续膨胀,开始逐步蚕食唐努乌梁海地区,中国政府也极力保卫这块领地,直到民国初期仍然在中国版图中,并且还在阿尔泰的图瓦地区设立"乌梁海左翼左旗札萨克",这枚象征权利的大印至今仍保留在当地博物馆中。但俄国终于在连任何不平等条约都没有签订的情况下,将唐努乌梁海占为己有。后来外蒙古独立,图瓦地区被分割成三个部分,约 90%,共 18 万图瓦人生活在今天的俄罗斯境内,后来成立俄罗斯的图瓦共和国。另外还有近 3 万人生活在今蒙古国的科布多地区,只剩下极少数不到 3000 人留在了中国新疆的阿尔泰山区。

曾经连为一体的一个民族被国界分割开之后,提起自己先民的来源,就会形成跨越国境迁徙而来的事实。居住在中国的图瓦人由于人数很少,长期隐居在与世隔绝的山林中,又被蒙上了一层神秘的面纱。随着喀纳斯旅游景点的开发,外界逐渐了解到这个民族,由于图瓦人的生活习俗、相貌体质和蒙古人基本一样,而且存在着较普遍的婚姻关系,所以在中国将他们的民族成分划分为蒙古族。

通天石人

在那辽阔的草原上,矗立着一张张朴实的面孔。它们历经风霜雪雨,见证了大草原的风云变幻。它们没有国界的区分,不受高山和湖泊的阻隔,成为北方草原上一道独特的风景。

最初学术界倾向于认为,草原石人应该是突厥人的遗存,但不同种类石人之间的巨大差异,又动摇了这个结论。阿勒泰地区的切木尔切克古墓葬群的发现,为人们提供了另一个寻找答案的机会。

对于古代的游牧民族来说,无论是墓地石人还是随葬石人,都具有灵魂保护的含义。其根源是对石头本身的崇拜,认为石头具有通灵的作用。因此,石碓墓普遍存在于亚洲草原上,甚至在民族差异巨大的相距甚远的不同地理位置,也会出现极为相似的石碓墓,这很可能是源于对死亡的相同认识。而这种精神领域的共同性源于同一种原始宗教——萨满。亚洲北部的许多民族曾经普遍信仰过萨满教。萨满教崇尚大自然,认为万物有灵,并没有统一的崇拜偶像和宗教规则。因此,居住在高山和草原上的民族会对山石、天地进行顶礼膜拜。

在石人存在的 2000 年中,草原上的民族频繁发生战争、迁徙和融合,所以石人研究中的很多问题至今无法解释。现在,矗立在草原上的石人已经成为一道风景,成为一种神秘主义的象征。

没有国界的风景

阿米娜是一户牧民,她的家住在阿尔泰山脚下一片辽阔的荒原上。与其他牧民不同的是,阿米娜全家人都不放牧,而是常年守护着山坡上一堆黑色的巨石。这些石头被当地牧民称作来自天上的神物。更为奇特的是,在一块独立的石头上还刻有人的面孔。它在陪伴着这堆黑色的巨石的同时,也掩藏着阿尔泰山下一个久远的秘密。

自从一条公路从阿米娜家门前修过之后,被黑色巨石吸引的路人也越来越多。通常,阿米娜会为他们准备一个小铁锤,因为黑石头能敲击出悦耳的音符。收取参观门票成为阿米娜全家的经济来源,她也努力搜集关于黑石头来历的说法,以给游人一个满意的解答。

阿米娜:陨石的传说。

尽管这些黑石头的质地很像铁陨石,但实际上并没有人看见它们从天而降,也没有任何历史资料的记载。

王明哲是一位在新疆从事了近40年考古工作的专家。对于这片黑石头,他和同事有一些初步的看法。

王明哲:可能不是陨石。

经过相关专家的进一步分析认定,这可能是一种叫闪长岩的含金属量很高的石头。作为考古专家,真正吸引住王明哲的其实是角落上那块刻有人脸的石人。正是这张质朴的面孔,见证了亚欧大草原几千年来的风云变幻。

其实,在阿米娜家周围的黑石堆中,原本并不止一个石人。

阿米娜:原来有四个。

离阿米娜家不远的公路边上,还有很多地方都埋着黑石头,其中有的石头上也隐约能辨别出简陋的人形。有的是两副憨态可掬的面孔,仿佛一对怡然自乐的夫妻;而有的石头上则刻着的是一头羊,映衬出一种和谐简约的生活。

沿着阿尔泰山继续往北前行,在喀纳斯风景区一个叫阿贡盖提草原的地方,也有十几座石人矗立在旷野之中。它们有的已被风雨剥蚀,仅留下一个石柱;有的已断裂倒地,身首不全。但不难发现,它们的石质和形态与阿米娜家周围的石人截然不同,很早以前,石人的存在和它们的差异就引起了人们的注意。

王明哲:清代徐松发现石人。

徐松发现的石人位于天山腹地,这说明石人并非仅仅阿尔泰山才有。从上个世纪初开始,国内外学者就开始关注这个问题。除了新疆的天山和阿尔泰山,向东与之相连的蒙古国、南西伯利亚草原以及我国的内蒙古部分地区,向西穿越中亚腹地,一直到里海和黑海沿岸都存在着石人。它们没有国界的区分,不受高山和湖泊的阻隔,成为北方草原上一道独特的风景。如果在地图上将这些石人的分布由东向西连接起来,则出现一条贯穿欧亚大陆的通道,而这条通道正是令无数学者痴迷的草原大通道。游牧民族的马蹄在这条大道上奔驰,他们可能出生在一个地方,长在一个地方,而死又在另一个地方。他们沟通贸易、发动战争,生前轰轰烈烈,死后悄无声息。留给后人的便是这沉默不语的石人。

由于现在生活在石人地区的民族,如哈萨克、维吾尔、蒙古族等都没有立石人的习俗,因此石人的族属必须到古代民族中去寻找。在中国北方草原,曾先后生活过鬼方、塞种、匈奴、突厥、回鹘、蒙古等游牧民族,这些民族长期处在频繁的迁徙和战争之中,谁才是这些草原石人的主人成了人们需要思考的一个问题。从黑石头背后的土堆看,很明显是一座坟墓,墓的四周被石头所包围。而阿米娜家周围的黑石头也正立于一个大土堆旁,并且在石人身边还单独有一个石头圈子。因此,专家们首先想到从石人身后的墓葬来寻找证明石人身份的直接证据。

王明哲:石人和墓葬。

在阿贡盖提草原上的石人,虽然排列得错落有致,但经过调查之后,专家们发现这些石人是从不同的地方挪移过来的,它们已经失去了和各自墓葬的关系。布尔津县文管所的工作人员经常去野外收集石人,对于石人的遭遇,所长再努尔深有感触。

再努尔:石人从老乡家来的。

能够从牧民家来到文管所,也算是幸运的结局。但石人一旦失去了和自己墓主人的联系,就失去了灵魂,成为一尊普普通通的石头。不幸的是,这正是许多草原石人最后的结局。寻找关系保存完好的石人和墓葬成为问题的关键,但这种情况并不多见。同时,出于文物保护的需要,专家们一般只进行抢救性挖掘,只清理那些被盗和被破坏过的墓葬。

由于游牧民族的葬俗原本就很简单，从这种被破坏的墓穴中就更难找到直接的证据。一时间，鉴定石人身份的问题遇到了很大困难。在野外寻找考古证据的同时，专家们也把目光投入到历史资料当中。亚欧草原的游牧民族，曾经几度改写世界历史的进程，但只有在周边地区的史料中能够偶尔见到相关的记载。《周书·突厥传》中记载，突厥人死后要"于墓所立石建标"。这说明，古代突厥人有在墓地立石的风俗。但问题仍然存在，这个"石"是指石人，还是仅仅指石块？因为新疆草原上有很多古墓，包括现代一些民族的墓葬都存在石块垒砌的情况。例如，哈萨克家族的墓葬群，单个的墓葬都是由石块堆砌的，在主墓葬的围墙外还有一块立着的石柱。在《隋书·突厥传》中也有突厥人尚武好战，死后要"图画死者形仪及其生时所经战阵之状"的记载。或许，人们可以就此推断，墓地立石之上刻画的正是墓主人自己的光辉形象。

王明哲：确定是突厥石人。

突厥是历史上的一个游牧民族。在强盛时期，曾征服了亚洲草原上的许多游牧部落。上个世纪中叶，在蒙古国挖掘了一系列立有石人的古墓葬，墓中出土的碑文上也明确记载这正是突厥贵族的墓葬。在突厥人兴盛时期，其文化直接影响了其他游牧民族。其实，近代哈萨克人的一些部落用石块砌墓的风俗正来源于此。只是由于哈萨克人后来接受了伊斯兰教，而伊斯兰教是无偶像崇拜，所以刻画人形已

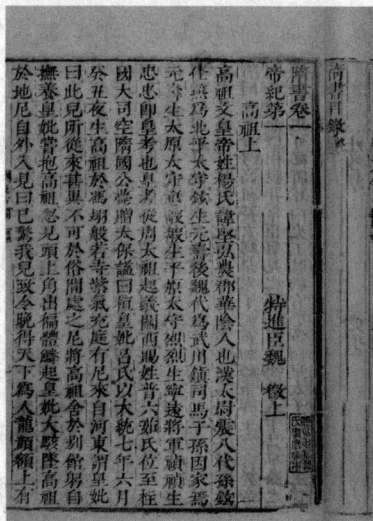

《隋书》书影

被禁止，代之以更加抽象的石块。在阿勒泰市文管所里，有几尊石像被认为是比较典型的突厥石人。其中一尊石人高鼻深目，留着浓密的胡须。尤其引人注目的是它右手执杯，左手握剑。

王明哲：突厥石人是武士型石人。

武士型石人广泛地存在于亚洲草原上，王明哲认为，位于温泉的阿尔卡特石人

是武士型石人的典范。它们的共同特点是一手握剑,一手执杯。石人中有的雕琢细腻,不仅刻出了刀鞘和挂件,还雕出了披氅的衣领;有的则简而化之,仅以阴刻的方式勾勒出双臂的轮廓。有的脸型是很明显的蒙古人种,有的则显出欧罗巴人种的特点,这说明所谓的突厥人可能也是由不同民族组成的联合体。石人之所以握剑,很可能就是由于突厥人有尚武的风俗。至于为何总会在另一只手中托着一个杯子,有一种观点认为是权力的象征。

王明哲:权力的象征。

另外,还有一种解释认为杯子的含义仅仅就是酒杯,石人代表的就是死者本人,它也和活着的人一样,正在参加追悼自己的丰盛酒宴。所以,石人应该具有通灵的作用,即使人死之后,他的灵魂也会依附在石人身上,只要石人不倒,他的灵魂就不会消失。正因为石人延续了一个人的生命,所以在敌人的眼中依然是要被征服的对象。在布尔津县文管所里有一具倒在地上的石人,呈现出一种奇特的形态。

再努尔:双头石人。

对于双头石人的一种解释是:当本部落的首领死后,族人会将敌对部落的墓地石人破坏掉,然后刻上自己人的形象,表示对敌人的永远征服。

武士型石人很好地吻合了突厥人的一些生活习性,但所发现的石人远远不止这一种类型。有的石人神态谦和,头上还挽着高高的发髻似乎是一个女性;有的石人鼻子粗大,眼睛细小,还留着一个尖尖的秃顶;还有的石人双手抚在胸前,脖子上和头上还裹着一个奇特的饰物。有一种观点认为,石人的差异只是社会中不同阶层的表现,但某些差异却是根本性的。尤其在阿米娜家周围的黑石头人像,它们的选材十分特殊,雕刻也具有简单的程式化,似乎来自更远古的年代。

渐渐地,黑石头石人在突厥石人的论断中突显出来。20 世纪 60 年代,考古学家发现荒原深处有一大片古墓葬群,这一墓葬群根据地名被称作切木尔切克墓葬群。这里的墓葬和石人形态比较复杂,远不是突厥石人那么简单。

王明哲:墓葬形式多样。

切木尔切克墓葬群是一处比较典型的墓葬,墓的四周由花岗岩石板砌成,有 5 尊石人立于墓的东面,由南向北一字排开。石人都是由黑色岩石雕成,有些地方因糊上泥水而发黄。石人的脸廓和眼睛都呈圆形,面颊上还刻有三角状饰纹,整个表情显得质朴谦和。仔细观察,石人的颈部还有一些装饰性条纹。中间的一尊石人脸部缺失,双手抱在胸前,可以依稀辨别出它的右手握着一把镰刀。在它左边的石人被认为是一个女性石人,因为其他四尊石人的嘴唇上都刻画有胡须,唯独这尊没有。出现女性石人和手握镰刀,这是典型的突厥石人所没有的。如果这些石人不是突厥人留下的,它们的主人又会是谁呢? 石人身后的墓葬成为解答问题的关键,所有的秘密只有到黄土下面去寻找。

石人通灵

切木尔切克墓地被证实是一个大的古墓葬群,由于游牧民族的埋葬很简单,加上许多墓被盗过,所以墓穴打开之后,陪葬物都很少,尸骨也很凌乱。

王明哲:时代背景不单纯。

这一现象说明切木尔切克古墓葬群是不同年代墓葬的组合。在出土文物里,有一类陶罐引起了专家们的注意。这种陶罐呈橄榄形,上面雕刻着水波样的弧线纹。

王明哲:卡拉苏克文化的遗存。

通过比较,专家们认为切木尔切克出土的一些文物属于卡拉苏克文化的范畴。而突厥人生活于隋唐时代,它们之间至少有上千年的差距,肯定不可能是突厥人的遗存。这一论断在石人研究问题上具有划时代的意义。

在中国早期古籍《庄子·逍遥游》中,记述有一极北之国被称为"穷发国",同时古希腊历史学家希罗多德在其著作《历史》中说,阿尔泰山下居住着一种"秃头人","秃头""穷发"很可能就是指某个民族不留发辫的习俗,意思相近,不谋而合。这些黑石头石人,它们圆形的头顶上没有任何发饰,是否正显示了它们民族的一个特征呢? 希罗多德的著作中还说:秃头人长着"狮子鼻和巨大下腭",而这些石人的嘴部和下颚的确有较大的空间,在阿尔泰山另一处发现的一个名叫萨木特的石人,这种蒙古人种的脸型表现得尤为突出。

非常有意思的是,希罗多德说秃头人在山中看守着黄金,而阿尔泰山的确自古以来就是金矿。学术界所说的草原丝绸之路,4000 年以前就已存在。那时人们交易的商品不可能是丝绸,除了一些生活用品之外,最有可能的就是黄金。所以,草原丝绸之路又被称为黄金大道。

从阿尔泰山下不同年代的墓葬挖掘来看,贵族陪葬物中大都有黄金制品,所以直到今天阿尔泰山依然有"金山"一称。从生态环境的特点来看,阿尔泰山附近存在着农业耕种的可能性,不排除出现过原始的农业文明,这就是为什么石人手中会拿镰刀的原因。镰刀是他们最常用的劳动工具,只不过后来大范围的游牧文明改变了他们的生存方式。

把新疆早期石人都归结为所谓"秃头人"的遗留物,也许过于简单了。中外古籍中对新疆青铜时期的居民称谓多种多样。在西方史料中,曾把亚欧草原的一些早期游牧部落称作斯基泰人。国内部分学者认为,这正是中国先秦史料中提到的塞人,他们也活动在阿尔泰山、天山一带。塞人和秃头人又有何关系?

在新疆呼图壁县的天山深处,有一个叫康家石门子的地方,石门子重叠的山峦之中有一块赫然屹立的峭壁,峭壁由红色砂岩层层叠加而成。令人惊奇的是,在其底部有一幅面积达 100 多平方米的岩画。据考证,这是一幅在世界上都很罕见的生殖崇拜岩画,而它的创作者正是 3000 多年前在此游牧的塞人。

王明哲:塞人的作品。

岩画的主要内容表现的是男女交媾,这反映出当时塞人在严酷的自然环境下,为壮大自己的部落而祈求繁衍的强烈愿望。更为重要的信息是,岩画上的人物大都体态修长、高鼻深目,具有某些欧罗巴人种的特点。这似乎说明塞人和秃头人并不是一个民族。

在布尔津县文管所里还收藏着两根奇特的小型石人,它们是在 3000 年前的古墓葬里作为陪葬品而出现的。淡黄色的石人高鼻深目,和康家石门子岩画上的人种非常相似。石人只雕刻出头像而留有长柄,轮廓已非常光滑,说明在下葬前经过反复的摩挲,或许它们正是死者生前形影不离的信物。如果墓地石人的作用是纪念死者、沟通天地,那么,随葬石人意义何在?

王明哲:辟邪的作用。

无论是墓地石人还是随葬石人,都具有灵魂保护的含义,其根源就是对石头本身的崇拜,认为石头具有通灵的作用,所以也就会在阿尔泰山下出现数量众多的石碓墓。经过千年的风吹雨打,石碓上已经杂草丛生,有的墓葬呈家族形态,好几个石碓连成一片,在阿尔泰山中一个叫三道海子的地方,有一个巨型石碓高达20余米,远远望去,蔚为壮观。在这些石碓的周围,还可以看到半隐半现的散石,其实它们是围绕着石碓的同心圆,圆圈和石碓由放射状的线条连接,它们构成的图形只有站在制高点才能看得清楚。

石碓墓普遍存在于亚洲草原上,甚至在中国吉林省长白山一带,高句丽王陵的早期形态也是如此,只不过由于当地石质的不同,石碓的颜色显得不一样而已。虽然地理位置和民族差异如此之大,但墓葬却惊人地相似。这很可能源于他们对死亡的认识相同,而这种精神领域的共同性正来源于同一种原始宗教——萨满。亚洲北部的许多民族曾经普遍信仰过萨满教,萨满教崇尚大自然,认为万物有灵,因此并没有统一的崇拜偶像和宗教规则。居住在高山和草原上的民族,自然对山石、天地进行顶礼膜拜。

在阿尔泰山深处有一个叫唐巴勒塔斯的村庄,村中巨大的山岩之上有一个洞穴,牧民们一次偶然的经历,发现了洞穴的岩壁上画满了奇异的红色符号。唐巴勒彩绘被认为是原始萨满教的遗存,有一类符号尤其引人注目,它像一个草帽,长着三只眼,专家们猜测,它不是冥冥之中的神灵,就是沟通人神的萨满巫师的形象。

可以想象,唐巴勒洞窟中正是有巫师作法,而洞窟之下的山坡上,成百上千的氏族成员则在翘首企盼。这是一个非常理想的宗教集会的场所,从山顶望下去,山坡上正遗留有石碓墓的痕迹。对山石的崇拜自然会反映到丧葬风俗上去,游牧民族普遍认为人死之后,灵魂可以升天,而搭乘升天的阶梯便是可以通灵的石头,将死者刻画在石头上的人像,那便是通天石人。

一种观点认为,立有石人的墓葬并不仅仅是死者的坟墓,可能还是部落的祭祀场所,一些专门用于祭祀的神物在墓葬周围也有所发现。在某些墓地上,可能和石人并排或单独存在着一种奇特的石柱。出于保护的需要,它们大多被收藏在博物馆里,石柱上雕刻的基本都是鹿形图案,因此就被叫作鹿石。

王明哲:鹿石的年代。

鹿石立于旷野之上,很显然有沟通天地神灵的意思。但令人不解的是,与游牧民族长相为伴的动物应该是牛、马、羊,为什么却要选择鹿?

王明哲:鹿的奔腾之意。

体态轻盈、奔跑迅速的鹿成为沟通天神的最好化身。一般的鹿石都分为三个部分,最上面刻有一个圆,显然这是太阳的意思,紧接着是一条点线,它或者指地平线,或者指草原上的栅栏,而下面便是向上奔跑的鹿群。鹿石上的鹿群具有抽象化的美感。更为奇特的是,所有的鹿嘴都被拉成了细长的鸟喙,这种鹿身鸟喙的造型为神灵安上了翅膀。

学术界认为,虽然鹿石和石人有并存的年代,但相对来说,鹿石要早于石人出现,而且很可能就是石人的前身。这是一种被称为非典型的鹿石,因为石柱上只有一些抽象的符号,这些符号分为三个部分,上面是三道斜线,中间是一些小圆圈,下面是一把剑。是否可以这样理解,斜线意味着五官或者人脸,小圆圈则是脖子上的项链,而剑代表的部位正是下半身,这三部分代表的恰好是一个抽象的人体。

石人通灵的作用不可置疑,它们最早出现的年代也被确定在公元前1000年左右。随之而来的问题是石人在何时消失?突厥石人是否是最后的终结者?学术界较一致的看法是,突厥石人之后,石人文化的确开始急速衰退,随着伊斯兰教在草原地带的广泛传播,石人便彻底消失了,因为伊斯兰教是无偶像崇拜,刻画人形已被禁止,这个时间的下限大约在公元11世纪。

在石人衰退期间,石人选材和雕刻逐渐趋于简陋。在阿勒泰市文管所里有两尊石人可能年代较晚。第一尊身材高大,五官细小,头饰发髻,刻画的似乎是一位女性。第二尊以浮雕形式刻出脸型,其余的仅以阴刻方式勾勒出轮廓。在阿贡盖提草原上也有一尊晚期石人,在一块不加修整的石柱上,有一个简陋的人脸,而随着风雨的侵蚀,它正逐渐消失于历史的风尘之中。

王明哲:简易型石人很难断代。

在石人存在的2000年中,草原上的民族频繁发生战争、迁徙和融合,所以石人研究中的很多问题至今无法解释。现在,矗立在草原上的石人已经成为一道风景,成为一种神秘主义的象征。

新疆博物馆的年轻研究员张晖，提出一个大胆的猜想，他认为石人及其相关遗迹正是古代人类对外星文明的记录。对此，张晖也列举了自己的证据。在倒地断裂的石人背上刻着两个奇特的物体，它的线条类似于一个现代机械。另一个高大的石人，它的头上戴着一个类似太空帽的东西，而脖子上重叠的线条正是太空服形成的褶皱，这或许是一个穿着太空服的外星人的形象。通过对石碓墓所做的大量的统计分析，他发现，从高空俯视石碓墓，它们的形状恰好与传说中外星人的遗留物——麦田圈吻合。至于鹿石，张晖认为刻画的正是外星飞船虐杀地球动物的情景。据说有外星飞船降临地球，通过巨大的吸引力将地面上的动物吸上天空。而鹿石上的鹿群不正奔向上方，鹿嘴恰是因巨大的吸引力而被拉长了吗？

张晖的观点一出，令学术界一片惊讶，但对一般人而言，这仍不失是一个令人兴奋的想法。毕竟，当城市里疲惫的游客来到草原、来到戈壁，去寻找石人踪影的时候，字斟句酌的历史考证已并不重要，如同石人曾被古代先民看作自己灵魂的守护神一样，它也成为现代人的精神归宿。

消失的王陵

1000 多年前，云南大理地区曾先后出现过两个地方王朝——南诏国和大理国。

隋末唐初，在今云南大理的洱海周围及哀牢山、无量山北部地区，分布有乌、白蛮众多部族和部落，其中有六个势力最大的乌蛮部落（彝族先民），史称"六诏"（"诏"之意即王），即蒙舍、蒙嶲、浪穹、邓赕、施浪及越析；或称"八诏"，则加石和、石桥二诏。其中蒙舍诏因地处南方，故亦名南诏。

649 年，蒙舍诏首领细奴逻 1 建"大蒙国"，自称"奇嘉王"，臣属于唐，遣使入贡。武则天时，细奴逻之子逻盛亲自入朝。南诏最早的三代国王先后定都龙于图（今云南巍山西北）。至唐玄宗时，逻盛之孙皮逻阁在唐的扶持下统一六诏，迁都到苍山脚下的太和城 2（今云南大理南太和村），779 年又迁羊（阳）苴咩城 3（今云南大理）。738 年，唐赐名皮逻阁为蒙归义，封云南王。皮逻阁及其子阁罗凤 4 即以洱海地区为中心,发展其势力,向东消灭踞有今云南中部、东部和南部的爨氏,向西南囊括今澜沧江以西的寻传、朴子、望苴子等族地区。

南诏之统一六诏,本由唐朝促成。统一后,南诏向外扩张。时唐设置姚州(今云南洮安北),建安宁城(今属云南),向今云南各地发展势力,与南诏发生矛盾冲突。玄宗天宝年间,唐朝开始抑制南诏的扩张。但剑南节度使鲜于仲通、云南太守张虔陀等贪狡无谋,进一步激化双方矛盾。750年,阁罗凤发兵攻陷姚州,杀虔陀,遂背唐而附吐蕃。752年,吐蕃封之为"赞普钟",意为吐蕃王之弟,给金印,号称"东帝"。时杨国忠为唐相,调全国各地兵十万征讨,但为南诏所败。其后安史之乱起,吐蕃东进,唐无力应付西南,南诏乘机扩展疆土,控制今四川大渡河以南,包括今四川西南部、云南全部及贵州西北部的广大地区。

阁罗凤孙异牟寻时南诏势力最盛,曾以二十万兵力与吐蕃并力攻袭剑南西川。吐蕃以南诏为属国,向其征发兵、赋,又派兵驻其境,南诏王异牟寻不堪其扰。787年,唐剑南西川节度使韦皋不断进行争取南诏的工作。789年,吐蕃与回鹘争夺北庭,征发南诏兵力,引起南诏不满。794年,南诏终于与吐蕃决裂,与唐恢复盟好,并与唐联军大败吐蕃,异牟寻接受唐的"南诏王"的封号。

南诏晚期,由于频繁发动战争,赋役繁重,生产凋敝,各种矛盾激化。897年,南诏王隆舜只知畋猎饮酒,不理国事,为其臣杨登所杀。902年,权臣郑买嗣(郑回七世孙)利用民怨沸腾之机,杀死南诏王舜化真,夺取王位,另建政权,南诏亡,历时250余年。

南诏国的时代过去后,大理国立国并沿用了南诏的都城。后唐明宗天成三年(928),杨干贞灭郑氏,拥立赵善政,改国号为"大天兴"。天兴国存在仅十个月。杨干贞即废赵氏自立,又改国号为"大义宁"。杨干贞"贪虐无道,中外咸怨"。后

武则天

·神秘玄妙的古迹文物·

图文珍藏版

晋天福二年（937），通海节度段思平（白族先民）以"减尔税粮半，宽尔徭役三载"为口号，联合滇东三十七部的反抗势力，驱逐杨干贞，自立为王，改国号为"大理"，亦即段氏大理。大理国立国并沿用了南诏的都城，政区亦与南诏相当。在苍山洱海一带大理国的都城又伫立了 300 余年。直到公元 1253 年，忽必烈攻占云南地区，南诏和大理国 500 多年的历史才最终结束。

自 19 世纪和 20 世纪考古学在欧洲和中国兴起之后，国内外很多考古工作者都关注南诏和大理，希望通过考古发掘发现南诏国和大理国王族的古墓葬，从中折射和反映出当时南诏和大理国地方政权的政治、经济、文化上的一些情况。人们在以往的考古发掘中曾在大理地区发现过大量的火葬墓5。这些墓穴中只有一个装着死者骨灰的火葬罐。然而，令人感到奇怪的是，南诏国和大理国王族的火葬墓至今在大理苍洱地区毫无痕迹，甚至连一点蛛丝马迹也无从发现。

根据有限的资料，人们得知唐代南诏国和宋代大理国王族和中原历代王朝王族的葬俗不同。这同佛教的盛行大有关系。佛教在南诏时传入云南，至大理时盛行。南诏蒙氏王族不仅提倡佛教，而且信奉三宝。大理崇圣寺及三塔即为南诏时所建，至今仍矗立于苍山之麓。大理统治者以好佛，对佛教在云南的传播有深远影响。段思平岁岁建寺，铸佛万尊。据《南诏野史》载，大理段氏二十二传，竟有八人避位为僧，这在中国历史上是罕见的。正因为信奉佛教，南诏大理国的丧葬制度反中原王朝棺葬的习俗而实行火葬。

唐代樊绰撰著的《云南志·蛮夷风俗第八》对南诏王族及乌蛮的丧葬作了生动具体的记载："西爨及白蛮死后，三日内埋殡，依汉法为墓。稍富室广栽杉松。蒙舍及诸乌蛮不墓葬。凡死后三日焚尸，其余灰烬，掩以土壤，唯收两耳。南诏家则贮以金瓶，又重以银为函盛之，深藏别室，四时将出祭之。其余家或铜瓶铁瓶盛耳藏之也。"《云南志》所记述的白蛮即今白族的先民，在唐代和唐之前，一直"依汉法为墓"，实行棺葬。宋代，由白蛮段氏贵族建立大理国地方政权后，崇奉佛教，大理国王族及白蛮依佛教葬俗，也实行火葬。

从文献记载来看，当地一直流传的关于国王的陵墓使用金瓶（黄金打造的火葬罐）的传说似乎并非子虚乌有，南诏大理国的王陵似乎也是存在的。1300 多年来，有关南诏、大理王族的金瓶银函从不见史料披露,它们究竟哪里去了?那曾经的王朝又有着怎样的辉煌呢?也许只有真正找到了王陵,才能找回那段古老神秘的历史。

来于尘兮归于尘,金瓶火葬有独钟,昔日王朝灰飞灭,深山洞穴隐王陵。

秘洞金瓶

在一个夏季的傍晚,山里的雷声一阵紧于一阵地响起,一场暴风骤雨即将来临。这时一位进山采药的彝族老汉不由得加快了脚步,他要赶紧找个地方暂避风雨。大山里通常会有很多洞穴,老汉在草丛中寻找着。果然,他发现了一个小小的洞口,急忙走了进去。洞中漆黑一片,地面上也坑坑洼洼,但洞里仿佛有种神奇的东西吸引着老汉向前走去。就在火光照亮前方的时候,老汉惊呆了,山洞深处显现出一些金灿灿的东西。再定睛细看,原来这是些黄金打造的罐子。这时,老汉仿佛受到了更大的惊吓,全然不顾外面的狂风暴雨,跌跌撞撞地跑出了山洞。山洞中的黄金罐子似乎不是什么金银财宝,而是更加诡异的物品,竟使得老汉如此惊恐万分。

山洞被发现的时间是 2001 年,地点就在大理州东南的巍山县。也许是由于受到惊吓又淋了雨水,老汉回家后便一病不起,不久就去世了。人们都说老汉看到了不该看的东西。那些金瓶是属于很久以前一些国王的,里面存放的是他们的魂灵。在当地一直流传着这样的古老的说法,一个秘密的山洞里藏匿着许多国王的金瓶,但从没有人能够找到它们。随着老汉的去世,刚刚被发现的山洞也悄然消失了。

几年过去了,山洞里国王的金瓶已被人们淡忘,谁也无法核实那些神秘的金瓶究竟是传说还是事实。但大理市文物管理所的黎瑞财所长却始终关注着这些山洞中的金瓶。这天他和同事来到了大理市的苍山脚下,传说这里也有一个藏匿着金瓶的山洞。

黎瑞财:很多人都说见过这个洞,还传说这个洞可以穿到苍山,到达苍山背后的漾濞县。

这里离巍山有 100 多千米远,同样是藏着金瓶的山洞为何会出现在两处?而山洞中的金瓶真如人们传说的那样存放着国王的灵魂?那些金瓶又会是属于哪个王朝的国王？黎所长在反复查阅史料后发现了一条线索。

黎瑞财：蛮书上记载是火葬了以后，南诏王割下双耳处于金瓶，两个耳朵放在金瓶里面。藏进密室，到时候再适时将其取出祭之。

看来，按照蛮书的记载，老汉的发现和人们的传说并不是子虚乌有，国王的金瓶的确存在。但黎所长也清楚地知道，如果山洞是存放金瓶的地方，那就如同是国王的陵墓，它的位置一定非常隐秘。

黎瑞财：皇家葬掉以后，会派人将金瓶藏到密室里面，这个秘密只有继位的南诏王才知道密洞的所在地。为了不让后人发现这个金瓶的所在地，首先派第一批人把金瓶储存收藏好，埋好以后就派第二批人把知道这个洞穴所在地的人杀掉，杀掉后这个洞的地点就永远是个谜了。

如此重要秘密的山洞，能够轻易找到吗？

黎瑞财：前后进行了两次勘察工作，但是在山坡一带没有发现任何的洞穴。

尽管，两次勘察没有找到传说中的洞穴，但黎所长在对这里的地形做了细致地观察后，他发现从整个的形制来看，在苍山的峰麓下面，前面有上下两个平台，两个平台之间有个通道。黎所长认为这样的地形很像是大型祭祀的场所。如果按照传说和蛮书中的记载，每到国王的忌日，从附近的洞中取出金瓶，在这里举行祭奠活动，一切似乎是顺理成章。但由于没有发现山洞，人们始终无法证实它的存在。

三山聚佛

1000 多年前，大理地区曾有过两个地方王朝，这两个王朝的都城就建在苍山脚下。但有关这两个王朝的文字记载却寥寥无几。

黎瑞财：在明朝，朱元璋派当时的傅有德平云南后，记载就是把所有在官典籍都全部烧毁了。

朱元璋所毁掉的正是大理地区两个古王朝的历史文献，它们就是南诏国和大理国。这两个王朝先后存在了 500 多年，但灭亡已有近 1000 年的时间，再加上后人毁灭性的破坏，地面上已经没有了王朝的踪影，只有地下还可能埋藏着都城的废墟。

如果金瓶中存放的是国王们的遗骸，它们有理由被隐藏在苍山脚下的某个洞穴里,因为那里曾有着古老王国的都城。但为何在巍山县的大山中也有着神秘山洞的踪影,而这里与苍山远隔100多千米。

在巍山县的巍宝山下,有一座小小的庙宇,这里供奉着一位特殊的人物。他就是南诏国的创始人——细奴罗。根据有限的历史资料人们了解到,早在公元600多年时,细奴罗曾是巍山地区的一个种田人。那时的大理地区只有一些部落分布在洱海一带,细奴罗就是其中一个被称为南诏的部落首领。后来他所带领的部落在唐王朝的扶持下,打败了当时洱海一带其他的五个部落。细奴罗统一洱海地区后,在家乡的一座山上建造了自己的都城。他们很有可能把自己的归宿选在巍山,而老汉发现的那个山洞也就有可能真的存在。90多年后,南诏的第四代国王将都城迁到了苍山脚下,随着势力的不断扩大,南诏成了云南一带强盛的地方王朝,历时250余年。

南诏国的时代过去后,大理国立国并沿用了南诏的都城。在苍山洱海一带大理国的都城又伫立了300余年。直到公元1253年,忽必烈攻占云南地区,南诏和大理国500多年的历史才最终结束。所以在苍山脚下有着神秘山洞的可能性也是存在的。

从细奴罗创建南诏到南诏国消失,一共有263年。在这期间,南诏曾有十几代君王继位。而其后的大理国存在的时间更长,延续了308年,继位的国王也应该更多。500余年中,两个地方王朝中皇室的人数加起来应该是个不小的数字。但这些君王的陵墓不仅始终没有被找到,甚至连一点点的蛛丝马迹也无从发现。

对此人们有着各种各样的推测。有人认为,由于南诏大理只是两个地方王朝,他们的国力无法和中原王朝相比,没有足够的实力为每一位国王修建大型的王陵。也有人认为,南诏大理远离中原内地,其丧葬习俗与中原完全不同。他们信奉佛教,时兴火葬,所以无须为保存尸骨大兴土木。

但从大理地区保存下来的这些火葬墓中可以发现,即使是普通百姓,实行火葬后死去的人也还是要有一个墓碑。或许由于帝王本不能和百姓同归一处,所以南诏大理的国王们将归宿选择在了山洞里。

在大理州的剑川县,人们传说这里的石宝山上也有一个神秘的山洞,和巍山、苍山脚下的洞穴一样,存放着南诏大理国国王们的金瓶。从南诏时代,剑川县的石宝山就成了佛教圣地,南诏大理国的国王们曾命工匠在这里开凿石洞,修筑佛像。至今山上依旧保留着很多的佛教造像。但与其他信奉佛教的地区不同的是,南诏大理国的君王们在为神仙打造石像的同时,也将自己甚至连同家人的石像置于其中在石宝山上的佛教雕像中,人们一共找到了三位南诏国的国君。其中有南诏创始人细奴罗的全家福。还有一位南诏的国君,在他的身旁还坐着一位出家的僧人。人们推测,在南诏时期不仅国王信奉佛教,国家大事的制定也会有僧人来参与。早在南诏国创建初期,佛教就被确定为南诏国的国教。包括后来的大理国,也沿袭了这种宗教信仰。从保留下来的一幅国王理佛图中,人们可以看到南诏大理国信奉佛教的盛大场面。

尽管石宝山也远离南诏大理国的都城所在地苍山,但从国王的雕像可以看出,南诏的国君似乎对这里更加情有独钟。因此,国王们将其最终归宿选择在此地也是很有可能的。

黎瑞财:南诏有 13 代王,大理国有 22 代。三十多代的王、后、妃等等的墓,对大理人来说是个谜。

如今,苍山脚下的公路要扩建,人们必须先探明地下是否有古代建筑,才能动工修路。2004 年的冬季,考古工地悄然开工。当然,考古人员更希望能够在此地发现南诏大理国的遗迹。

经过一个多月的发掘,考古工地的现场有了明显的变化。一些大大小小的土坑被专门清理了出来。人们发现在每一个土坑中都埋放着一块大石头。黎所长和考古工地的领队对这些土坑异常关注。他们认为土坑中的大石块呈现了一种古人特殊的建筑手段。那就是在坑中先放上石块,然后在石块上竖起木柱。用这样的办法建筑房屋正是南诏大理时期建筑的特点。在文献中记载,历史上这一带曾是南诏大理国的都城。这次为了扩建公路而进行的保护性考古发掘,果然探察到了南诏大理国的踪迹。

魂归何处

在大理地区,人们在以往的考古发掘中曾发现过大量的火葬墓。这些墓穴中只有一个装着死者骨灰的火葬罐。但随着死者身份的不同,火葬罐的材质也不同。普通百姓多是一个陶土烧制的罐子,只有在贵族的墓葬中人们才能见到精致的火葬罐。

黎瑞财:南诏大理国以前,砖石墓、土葬墓出土了很多,跨过南诏大理国500多年以后,明代的墓葬,砖石墓土葬墓也有很多发现。唯独南诏大理国时期的500多年,没有发现土葬墓,都是火葬墓。

由此可见,由于南诏大理国的人们信奉佛教,相信人来于尘也归于尘,所以选择了火葬。而那些国王们因身份显贵,他们的火葬罐则应该是用黄金打造的。人们有理由相信,那些传说中的金罐子很可能就是南诏大理国国王们的火葬罐。而彝族老汉发现的山洞也因巍山县是南诏的发祥地而显得更加可信。

既然南诏的国君们能把自己的雕像留在大理剑川县的石宝山中,也有可能会在山中的某个地方选择一个安息之地。而作为南诏大理国都城所在地的苍山脚下则更是国王们最好的归宿。

在苍山脚下的工地上,人们依旧在进行着考古发掘。根据记载,1000多年前,南诏大理国的都城就建在这一带。尽管考古工地所在的位置并不是记载中当年都城的中心地带,但人们还是在地下发现南诏大理时期留下的建筑遗迹,证明这里的确有都城建筑存在。人们从考古发现的角度,找到了南诏大理国存在的证据。

工地上到处都堆积着小山般的瓦砾,工人们对它们早已司空见惯,只有黎所长格外关注。他希望能从这里面找到南诏大理国王陵的信息,因为这些建筑残片上存留着南诏大理国的痕迹。

几天以后,黎所长和同事再次来到苍山脚下传说中有山洞的地方。在以前的勘察中黎所长就发现这里有着两个大平台,地形很像举行大型祭祀的场所。他推测这两个平台有可能是人工建造的。黎所长从第一阶平台的地上取下了一块泥土,果然泥土中显现出了一层层不同的土质。从事考古发掘的人都了解只有人工夯筑的土层才会有这样的痕迹。如果这里是南诏大理国为国王的灵魂举行祭祀的地方,当年人们除了要夯筑起一个平台,平台上还应该有相应的建筑。黎所长来到了第二阶平台,这里的地面上散落着许多瓦砾。但只有找到有着南诏大理国特征的建筑残片,才能确认平台上曾有过那个时期的建筑。黎所长在泥土里挖出了一块瓦片,经过仔细辨认,他发现瓦片上隐约有些纹路。

带着从苍山脚下挖出的瓦片,黎所长回到了办公室。在这里黎所长曾反复查阅资料,寻找南诏大理国王陵的踪迹。但由于那个时期的历史文献几乎全部被后来的明代人所焚毁,在仅存的文字中查找始终没有收获。

黎所长又采取了实物对比的方法,他找出了从考古工地带回的瓦片。人们已经确认考古工地中发现的建筑遗迹就是南诏大理国留下的,而这块瓦片上的纹路具有那个时代的鲜明特征。再将平台上挖出的瓦片和它放在一起,黎所长看到两块瓦片上的纹路有着同样的特征。

在随后对平台的勘察中,人们有了更多的发现。

黎瑞财:在这个遗址里发现了南诏有字瓦6。铺地砖是一尺见方的,铺地绿釉砖。从这些构件来说,按照大理时期这个地方就有官方建筑,根据各方面的综合分析,这应该是我们王陵探查的一个重点。

如今各种迹象都表明,南诏大理国的王陵是存在的,国王的金瓶也是存在的。而苍山脚下那个深藏不露的洞穴比起其他传说中的洞穴更可能是王陵的所在地。

尽管这些王陵也许就是一个普通的洞穴,也许洞穴中就只有些国王们的黄金火葬罐。但这对人们了解那个带着500多年神秘历史的古老王朝,却是异常重要的。

被遗忘的将军

在湖北省北部的大洪山与桐柏山之间,有一条古代的交通要道,人称"随枣走廊"。在这条走廊与北部的枣阳市之间,有一条南北向的低冈,3000米长的冈地上,有9个巨型的"馒头状"土堆,当地的老百姓叫它"九连墩"。一直以来,在当地的老百姓中间。流传着一个神奇的故事。

相传楚国有一位英勇无比的将军,所向披靡、功勋累累,但却因为一次捕风捉影的军事政变而被楚王误杀。真相大白之后,楚王追悔莫及。为弥补过失,楚王赐给将军金头一个，并命人连夜挖建9冢，将金头葬入9冢之一，迷惑后人，以免被盗。

历经千年的岁月剥蚀，如今这里已是山野土坡、杂草纠结。然而，这9个巨大的土堆到底是不是古墓，里面又有没有金头？那曾经的叱咤风云又是怎样的一段传奇？2002年底，为配合湖北省的基础工程建设，湖北省文物考古所对九连墩古墓进行了发掘，一个尘封千年的谜团，即将揭晓……

一座雄伟奢华的千年古墓，一段无字竹简书写的传奇。曾经的叱咤风云似乎可以被岁月随意抹杀，又仿佛在以别样的方式寻找永恒。是历史将它遗忘，还是选择被历史遗忘？

九连墩

2002年6月，湖北枣阳由襄樊到孝感的高速公路建筑工地上一片繁忙景象。工程已经进行了两个多月，进度很快。再过一段时间，一条由中国中部通往西北的高速公路就要建成了。然而这一天工程队突然得到消息，在工程正前方横挡着一道低岗，据说是一大片古代墓葬。

这条低岗绵延近3千米，正是传说中古墓群的所在地。因为上面排列着9个"馒头状"的土堆，所以当地人叫它"九连墩"。相传有一位神勇无比的楚国大将军死后被葬在这里，老人们说："墓里有很多金银财宝，东西多得很。"传说墓中还有一件非常特殊的陪葬

九连墩

品——一个用纯金打造的头颅！人们曾在辽代契丹公主墓中发现过黄金面具，神秘威严的造型就是墓主人地位的象征。在古代，只有王族成员才能享有这样至高无上的待遇！

九连墩的土层下到底封尘着怎样的秘密？高速公路工程是否继续施工？要解决这些问题就必须先对这片区域进行调查，掌握真实可靠的信息。于是，湖北省文

确定低岗上的土堆是否是古墓，首先要做的就是分析封土。在孝襄高速公路的设计方案中，正线会穿过9个土堆中一个叫"鹰子包"的山坡。因此，考古人员首先对这个土堆进行实地勘查。经过长年累月的风雨剥蚀，鹰子包西部已有大片缺损。从断面取下的土质可以看出：这座巨大的土堆是人为堆成的。在自然形成的岗地上人为堆积土堆，显然不是为了好看，倒更容易让人联想起坟堆。

会不会是古代墓葬上部的封土呢？考古人员开始对土堆进行勘探，分析深层土壤的成分并进一步取证。探铲一点点地往下延伸，工作人员将取出的土质按顺序排列起来，等待专家鉴定。勘探小组的负责人黄文新对土样进行了仔细的观察。在这些细小的颗粒中有一处土样吸引了他的注意。他掰开褐黄的黏土，专注地分辨黏土之中的另一种成分：颜色青灰，质地细腻如膏。没错！考古人员都知道，这就是青膏泥——一种在古代专门用来密封棺椁的泥土！他们激动地把这个消息告诉了王红星，这个关键的证据可以证明鹰子包的确是一座古代墓葬！

经过测量，鹰子包高出地面3米，直径约70米，远远看去就像一座小山。九连墩其他土堆也很大。在古代，平民叫庶人，是不封不树的，死后绝不会有这么大的坟冢。有封土的必定是有一定等级的人。这说明，鹰子包墓的主人应该是位贵族。村民们告诉专家：传说中那位楚国大将军骁勇善战，在楚王扩张领土的征战中立下赫赫战功，因此加官晋爵，富甲一方。

为了确定这座正挡住高速公路的古墓是否是一座高等级的贵族墓，数十名勘探人员从东赵湖村几户人家的后墙外开始摆开阵势，准备寻找鹰子包墓的准确范围。3天后，初步勘测结果出来了：封土堆下的大墓长约40米、宽约35米，比最初预想的还要大。在大墓西侧，还探测到一片特殊区域，形状窄长，好像也是一个埋葬坑。据经验判断，黄文新认为这应该是一座车马坑。通常，在以往的大型墓葬旁边多会有一个随葬的车马坑。

黄文新说：我给王所长打了个电话，当时好像在山东开会，他说"还有车马坑呢，有车马坑那这个墓地的规模就不得了了，那要弄准。"我说："肯定要弄准，弄不准的话我要掉面子的。"

到9月11日，鹰子包墓的规模已基本清楚。正当人们认为勘测工作可以结束并准备收工时，忽然有人报告在北边又探到了青膏泥！大墓北边是一片平地，上部的土已在早年被夷平了，因此在一开始并未引起人们的注意。但现在发现在这里还有一座大型古墓，而且也有随葬车马坑！这样的结果着实出人意料，现在没人能说清九连墩下到底会有多少秘密。

办公室中，王红星根据最新获知的情况进行分析，判断两座墓葬的关系：两座大墓最近距离不到20米，并且规模大小不相上下，是否是一对异穴埋葬的夫妻呢？如果事实确实如此，这座墓葬的规模则相当不一般。在湖北省以往的古墓发掘中还未遇到过这样完整的大型墓葬组合。

有大型古墓已经确定，高速公路的修建该怎么办？也许清晨的阳光对很多武汉人来说，意味着悠闲自在地开始享受新的一天。然而在湖北省文物考古研究所的会议室里，气氛却显得有些紧张。会议讨论的中心议题就是九连墩：要保护大型古墓，公路就要改线，但这样高速公路会因弯度太大而产生严重的安全隐患。切实可行的办法只有一个：发掘古墓，抢救性保护！

一个尘封千年的谜团，就要露出真面目了。然而就在这时，枣阳突然传来消息：九连墩墓葬被盗墓团伙袭击了！就在一天前的晚上，一声爆炸让当地村民从梦中惊醒。由于发现及时，还未引爆，盗墓活动没有得逞。但人们却在附近发现了更加不容乐观的情况：墓周围有很多探孔和探坑，非常密集，有可能是专业的盗墓团伙。

虽然盗墓事件暂时平息，古墓躲过一劫，但王红星心头却掠过一丝不祥的预感，这座古墓已有上千年的历史，谁能保证它从未被盗呢？在前期调查时当地村民就盛传：墓里埋的是位爵位很高的大将军，因遭人陷害而被楚王误杀。真相大白之后，楚王追悔莫及，下令厚葬，并赐给将军一个金头！为了迷惑盗贼，楚王命人在一夜之间堆起9座坟冢。这些坟冢后来就被叫作九连墩。这样充满诱惑的古墓，能一直安然无恙地保存到现在吗？有人说，"过了这么多年金头要是有也早都偷光了。"尚未进行考古发掘的大型古墓，是否会像人们所说的那样，已经只剩一座空壳了？

带着这些疑问,考古人员开始了挖掘的时间并不长。因为不久后再次启动伸到这里,横穿九连墩岗地,占据发掘工作迫在眉睫,考古队决定路同时挖掘。

考古人员将鹰子包大墓和西侧的车马坑编号为一号墓、一号车马坑,将后勘测到的大墓和车马坑编号为二号墓、二号车马坑。2002年9月下旬,对大型组合墓葬的挖掘正式开始。一个月后,一号墓上部的封土堆被取平,二号墓挖出了阶梯状层层向下延伸的坑壁。随着墓坑的挖深,大墓东边渐渐显出一条宽大的墓道。大墓朝东,车马坑列西,这是战国时期楚国墓工作。事实上,留给古墓挖掘的孝襄高速公路工程就会延这座组合墓葬现在的位置。调动一切人力,兵分几葬的典型布局。

在2000多年前的战国时代,南方有一个实力雄厚的大国——楚。在这个王国最旺盛的扩张期,它占领了整个江淮流域,甚至直逼黄河,问鼎中原,成为历史上著名的战国七雄之一。九连墩所在的枣阳市,曾经是楚国向北扩张后征服的领地,也许鹰子包大墓里埋藏的正是那一段浴血厮杀的故事。

夜色中,九连墩考古发掘的现场依旧灯火通明,考古人员还在加班加点地工作。大墓还处于清挖墓坑中填土的阶段,因此人们首先将注意力集中于车马坑。两个车马坑已经向下挖掘了1米多,却没有一件文物出土,也不见任何车辆马匹的痕迹。又经过一个不眠之夜,车马坑的挖掘再向下深入了1米(一般随葬车马多埋在这一深度)。专家们仔细辨别着土壤中的细微变化,生怕错过了重要的信息。或许就在下一厘米的土层中,器物就会露头了!

11月13日,接近中午,二号车马坑传出消息,发现器物了!在2.2米深的地下,出现了一些雕刻着复杂花纹的铜制品,个头不大却很精美。经分析,这些嵌错着银纹的铜构件是随葬车辆上的装饰物。按照先秦时期的礼制,只有贵族车辆才能使用这些装饰。

第一批出土的文物印证了人们的判断:墓主人享有较高的爵位。他是怎样获得爵位的?世袭还是屡立战功?在烽烟四起的战国时代,图强的大国纷纷改革,渐渐剥夺了旧贵族世袭爵位的特权。只有军功的大小才能决定一个人在国家中地位的高低。爵位,正是受封者能征善战的象征!这些车马装饰仿佛是个好兆头,鼓励着人们继续接近那个神秘的人物……

11 月 22 日,在一号车马坑的南部,随葬车辆和马匹开始出现了。保存状况很好—虽然历经千年,车轮却还直立在坑内,车身上的漆绘的花纹也依稀可辨。经过细心清理,整辆马车的轮廓就显现了出来。当时的情景令专家们心头一惊:这辆马车,看上去粗犷结实,比以往出土的随葬车马体积大得多! 可以肯定,这是一辆战车! 推测似乎又前进了一步:能够驾驭这辆战车的人,必然是驰骋疆场的猛士!

一号车马坑显露的规模越来越大,已有 33 辆马车出土了。虽然坑北部的保存状况不太理想,一些车辆木质的车身已经腐朽,难以看出其大小和排列方式。但南部出土的马车,却全是大体积的战车! 这些战车分列两行,一字排开。整齐而威严,犹如蓄势待发的军阵,只要一声号令便可冲锋陷阵。经过长时间的测量与分析,专家们发现:这些战车两两成组、左右呼应,是按照战国时领兵作战的基本阵形排列的。

这种阵势使人们忍不住会问:这是为保护墓主人而特意设立的吗? 还是一位将军生前身份的真实写照呢? 虽然在以往出土的楚墓中也曾经发现车马坑,但九连墩一号墓的车马坑却是当时发现的规模最大的一座。它全长近 53 米,坑中有车 33 辆,马 72 匹。可以说一号墓主人拥有楚国最大的随葬车马阵列! 如若他生前不是掌握重要军权的高级将领,怎么会有这样的实力,在死后继续拥有如此规模的军事力量?

更加惊人的发现接踵而至:在接近墓坑的中部,有一辆极特殊的葬车。细长的车辕两旁,各自并行排列着 3 匹马;两旁各有一辆 4 乘马车护驾;前方还有一辆 2 乘马车开道。这个壮观而特殊的阵形仿佛在告诉人们:这是整个车阵的中心,而中心的中心,就是墓主人乘坐的六马战车! 古书记载"天子六乘",这样级别的车辆,只有统领天下的王者才有权利驾驭!

这难道真是一位觊觎王权的楚国大将军吗? 传说中,那位金头将军就是被人诬陷为抗命或篡权才招来了杀身之祸。那时,枣阳位于楚国的北部边陲,处于各国交界的敏感区域。既是楚国要重点布防的地点,又是楚王权利控制的薄弱地带。在这个杀机四伏、风云突变的地方,蕴藏着征服与背叛的各种可能。

在楚国的历史上,确实曾有一些权力极大的将军,他们统领着千军万马,在某种程度上甚至掌握着楚国的命运。在一号车马坑出土的六马战车《史记》中记载的战国时楚国最著名的将军就是吴起。司马迁曾把他和大军事家孙子并列在一起,写成了《孙子吴起列传》。吴起锐意改革,又领兵征战,使日渐衰落的楚国重新成为南方劲雄。然而《史记》中明确记载着吴起是被反对改革的王公贵族射杀而死,尸体还被车裂,因此不可能为他修建如此壮观的墓葬。专家们也曾翻查过很多史料,却找不到任何与九连墩一号墓主人有关的记载。因而考古人员还无法判定:这座大墓的主人到底是谁。然而无可否认的是,仅从车马坑的规模就可以判断一号墓主人绝非等闲之辈。从考古角度来说,目前的收获已经足以令人感到兴奋了。

很快,时间走到了12月12日。经过两个多月紧张而细致的清理,两个车马坑已经全部清理完毕,两座大墓墓坑里的填土也被悉数挖出。至此,整个大墓的规模已经完全展露在人们面前。考古队决定用热气球升空拍摄一张大墓组合的全景照。一旦高速公路建成,压过古墓,这座古墓的全貌也就永远消失了。这张全景照将是古墓规模最后的证明。

一切准备工作就绪,人们盼望已久的时刻来到了。

黄文新:那个热气球非常漂亮,五颜六色的,跟人的心情一样,然后上去的人也穿着红的、绿的衣服。

高度在一点点增加,千年古墓的整体风貌也一点点映入眼帘:倒金字塔形的古墓,像两座雄伟的露天体育场,呈阶梯状向下延伸着。两座大墓的西边,是两个陪葬的车马坑,整齐威严,展示着墓主人的奢华与英武。这气势宏伟的地下遗迹,跨越了2000年的时光,终于再一次展露在世人面前。

鹰子包大墓雄壮的气势和车马坑史无前例的规模,似乎在告诉人们墓主人正是位所向披靡的大将军,因为功勋累累而享有很高的社会地位。然而,他就是那个传说中被砍了头的将军吗?他到底官至何级,以致楚王如此重视,竟在死后以金头相赐呢?这样一位显赫的人物,为什么史书中没有记载?难道他被历史遗忘了?随葬车马坑已经无法回答这些问题,答案要到墓室里去寻找。人们期待着丰富的随葬品会揭开谜底。

将军传奇

人们把破解谜团的希望寄托于大墓椁室的发掘。然而早在前期调查时,当地的老乡就告诉专家:古墓历经千载,又有金头诱惑,恐怕已经被盗了。果然,在一号墓露出的椁盖板上,出现了一片可疑的区域。

一号墓有5个墓室,楚墓清理专家丁家元发现东南角的几块椁盖板看上去有些奇怪。其他墓室的椁板虽然坍塌,却排列整齐。而在南室的角落上,断裂的椁板散乱无章,中间有很大的空隙和豁口,还有几块椁板已经掉到了墓室底下。

丁家元:坍塌的方式、塌下去的形状跟别的室不一样,异常就异常在这一点。

丁家元小心翼翼地下到椁室里,仔细鉴别混有椁板残渣的淤泥。战国时期的楚墓盛行一种深埋、密封的习俗,为了密封住棺椁,在椁室上方常有几米厚的青膏泥。因此,如果椁板是自然塌陷,掉落到墓室中的泥土应该是青膏泥。在青膏泥上部是五花土,用来填充墓坑和堆积封土堆。这两种土质本来应该泾渭分明,但现在,却混杂着同时出现在南室里。

丁家元:不完全是青灰(膏)泥,青灰(膏)泥颜色非常纯,都是青色的,非常软,稀的。五花土就不一样,它的硬度大一些,一捏还捏不动,掰开的时候还要费劲才能把它掰开。它们有一定区别。

这不由得让人推想:如果上面没有洞,五花土怎么会漏得下来? 大量漏入墓室的五花土,会不会是人为带进来的? 但为什么又看不见其他人为的痕迹? 丁家元注意观察了那些掉落在泥里的木屑残片。

丁家元:痕迹不是很明显,年代长了不容易看出来。

他又拣起了身边一块稍大的木条,因为体积大,或许保留的信息能多一些。猛然间,他心头一惊,就在他手中拿着的这块木块的一侧,可以清楚地看到了几条参差不齐的纹路,仿佛就是斧头一刀刀砍下去的痕迹。

丁家元:非常非常之明显,那个砍痕,是呈阶梯状的,是那么一阶一阶砍下去的,最明显的就那么一块。

丁家元赶紧把这块木板递给黄文新,审慎地征询同行的意见。

黄文新:被斧砍了的痕迹非常清楚。那块(木)板应该是东室和南室交界的一块隔梁板。非常清楚。

这是确凿无疑的证据！盗墓贼已经打通了椁盖板！

碎木板和淤泥清除干净后，却没在这里发现一件器物！这片区域内的随葬物品已经全部被盗墓贼盗走了！洗劫一空，这难道就是一号墓最终的结果吗？如果真是这样，人们将找不到任何能够证明墓主人身份的证据。二号墓虽然没有盗洞，但规模较小，处于从属地位。一号墓才是主墓，是整个谜团的核心。如果没有随葬品，那位拥有强大军权的神秘人物到底是谁，将成为一个永远的谜。失落的情绪弥漫在考古现场，但发掘工作还得按着程序继续做下去。

黄文新：这个事儿越是急，但是你作为帅啊，越不能露出来。我跟大家强调，无论被盗还是没被盗，咱们按照考古的操作规程，一样的要把它做出新东西来。

其他墓室情况怎样？盗墓贼是否会通过南室打通其他墓室？一号墓里到底还有没有东西？没有任何答案。淤泥堵满了椁板之间的缝隙，什么也看不见。人们只能抓紧时间，尽快把5个墓室的椁盖板全部卸除，让整个墓室完全暴露。5个小时过去了，终于，一号墓的最后一块椁盖板也被人们运出了坑外。

黄文新：我一看，真是眼睛一黑，血啊，顺着那个血管往头顶上一冲，那个感觉，真是舒服，现在仍然记忆犹新。

眼前的景象令人震惊：在将近8立方米的东、西、北三个椁室中，层层叠叠的器物几乎堆到了椁口，尽管器物上夹杂着淤泥，摆放得也并不整齐，但却保存完好，完全没有被盗的迹象。南室的状况更令人意外：只有盗洞下方的区域没有器物；揭开盖板后，其他部分仍可看到里面的随葬品。与此同时，二号墓也传出喜讯——随葬器物丰富完整。没有盗洞，也没有塌方，墓内文物保存得比一号墓更加完好。

一个十足的惊喜！仿佛是上天有意让这座千年古墓躲过一劫，看似山穷水尽的考古发掘，在转瞬之间变得海阔天空了。

丁家元：当时我跟王所长就开玩笑，我说你"火好"，我们原来挖的一些墓，有盗洞，东西都没了，但是这次虽然说盗了，但东西没丢，就是"火好"，所以心情非常高兴。

人们由衷地感到庆幸，但又有些不解：为什么盗墓贼明明打穿了椁盖板，却只取走了为数不多的器物？

丁家元：有可能在盗的时候，椁室已经塌了。所以他挖了一块儿呢，没法向别处延伸。

二号墓椁室里的文物大多浸泡在水里。这些水并非当年下葬时就有，而是地下水不断渗入的结果，这又给了人们另一种启示。

丁家元：第二种可能就是盗墓贼光顾的时候，像这种大型贵族墓啊，内空有3米多高，但是它已经满椁清水，里面都是水，盗墓贼没法下去，靠从上面往下面捞，那他就只可能破坏那一块儿。

一号墓的大批文物已经保存了下来，这对考古发掘来说是最大的幸运。文物没丢，考古人员就能够通过它们了解墓主人的相关信息。掌握着楚国重要的军事力量，驻扎在与北方强国交界的边陲地带，这应该是一位深受楚王信任的大将军。而他也必然在楚国的军事和外交上发挥过重要的作用。两千多年前的战国时代，墓主人在这里一定声名显赫。但令人失望的是，在史料中人们却查不到任何与之呼应的记载。现在，一号墓众多的随葬物品点燃了人们的希望，也许在出土文物中可以直接找到文字记录，证明这位传奇人物的真实身份。据经验，专家认为一号墓中一定会发现竹简。多年前，在距离九连墩不到70千米的随州，曾出土过一座轰动一时的战国墓——曾侯乙墓，墓里就发现了竹简。上面记载着随葬物品的清单以及与墓主人有关的信息。根据这些竹简，人们知道墓主人生活在战国早期，是楚国属国曾国的国君，名字叫作乙。如果在九连墩一号墓中也能发现竹简，关于墓主人的一切疑问将迎刃而解！

新的一天开始了，人们细致地清理着一号墓坑的每一个角落。各种器物被陆续取了出来——大到各种青铜器，小到一盏灯、一把扇子。一号墓的文物种类繁多，不胜计数，然而却唯独没有竹简。就在人们感到疑惑时，二号墓却突然传来消息：在南室的一个角落里发现了竹简！而且数量惊人！

黄文新：一组，一千多支啊，这么大的量，以前没见过。

人们的焦点立刻转移到二号墓。在这里，竹简密密麻麻地排列着，像是泡软了的面条，裹挟在淤泥里。这些竹简极难清理，只有靠专家高超的技巧才能尽量完整地把它们脱离出来。二号墓是妻墓,处于从属位置,竹简出现在这里,似乎有些违背常规,但从另一个角度来说,既然是夫妻墓,妻墓里的文字记录也必然会涉及夫墓。埋葬的位置并不重要,关键是竹简上的文字内容,里面可能会有各种疑问最直接的答案。

黄文新:墓主人的身份、出身、家庭都要涉及,通过这个东西,我们对他的爵位、对他出身的族属、他的家族、在当时整个社会中的地位等等,就会有一些比较直观的了解。

这批珍贵的文物出土后在第一时间被送到了湖北省博物馆,专业工作人员对它们进行处理以最大限度地恢复原貌,尽早显露出书写在上面的文字信息。与此同时,两座大墓的清理工作仍在继续进行。

12月21日,在一号墓局部被盗的南室,发现了大量的兵器和车马器:长杆兵器、短杆兵器、铠甲、佩剑,还有大量箭镞、盾牌。这些随葬器物无一不与战争有关,它们与车马坑里壮观的车阵彼此呼应,再一次印证了墓主人叱咤疆场的军人身份。紧接着,一号墓东室出土了一个铜鼎,其意义非同小可。铜鼎是古人祭祀用的礼器。在先秦时期,钟鼎的使用有严格的等级规定。铜鼎的数量直接显示了墓主人的身份等级:数量越多,则级别越高。第二天夜里,在一号墓东室内,考古队员费尽九牛二虎之力又取出一个铜鼎。这是一号墓最重,也是最后一个被取出的铜鼎。至此,一号墓共发现铜鼎5个。这个数字令考古人员心头一惊,楚王在祭祀时可以使用7个鼎,5鼎只比楚王低一级!这说明,这位大将军生前在楚国的地位仅次于楚王!

除此之外,还有更加惊人的结果:在随葬铜鼎中,最大的一个直径82厘米,比过去人们在楚王墓中发现的铜鼎还要大!这种越级的随葬方式让考古人员又一次联想起随葬车马坑:一号墓主人拥有目前所见楚国规模最大的随葬车马和只有天子才能驾驭的6马车!这位将军是在显示比一国之君更强大的实力吗?难道这是一位野心勃勃,企图脱离楚王控制的边防大将?要在楚国与韩魏交界的地带建立起一个属于自己的王国?还是像传说的那样,因为奸臣诬告而被楚王砍头,在真相大白之后,楚王特意赐予了黄金头颅和这样非同一般的随葬规模呢?这个被历史遗忘，只有传说相伴的楚人到底是谁？一个个问号在人们的头脑中浮起，所有问题的解答似乎都寄托于那一卷卷竹简。

在武汉湖北省博物馆里，工作人员正在小心谨慎地处理竹简。在化学试剂的浸泡下，竹简背面黑色的氧化层已经渐渐退去了。在一些竹简上，工作人员似乎隐隐约约看到了什么——漆绘的花纹。虽然还没有看到文字，但那优美的曲线和花纹却带给人们更大的期望。这足以看出，墓主人对这批竹简是极为重视的！在以往发现的竹简上。从未出现过漆绘花纹！

一千三百多支竹简，精美程度超乎寻常。卷到外面的简的背面是用漆绘的花纹，像精装书一样，带给人们无尽的想象：千年前的古人，在竹简上写了什么？是所有谜团的答案吗？修复室里，工作人员每天都在观察，期待着在黄色的简面上显露出墨书的痕迹，以尽快用最直接的证据平息大墓发掘中此起彼伏的各种悬念和猜测。

地点又转移到了枣阳。伴随着南方湿润多雨的天气，大墓里的文物已基本清理完毕，只剩下存放尸棺的中室了。考古发掘步入最关键的一环。

12月24日，发掘工作在大雨中继续。一号墓要在这天开棺。这就是放置着墓主人尸体的亲尸棺——里面有那位神秘人物的真实形骸。棺材里到底有没有楚王赐予的金头？一个充满诱惑的悬念即将浮出水面，人们的心也跟着提到了嗓子眼儿。

终于，一号墓残朽腐坏的棺板被掀开了。

亲尸棺内一片狼藉，骨架保存的情况很差。人骨的骨头已经不在原始的位置了，散乱的尸骨斜靠在一边，像一堆七零八碎的骨头渣子。一时间，人们竟找不到这具尸体的头骨。一具无头古尸！这难道真是那个传说中被砍了头的将军？但为什么棺中却并没有金头呢？既没有人头，也没有金头，在这位神秘古人的身上，究竟发生了什么？

专家们再一次细致谨慎地辨别残损的骨架。终于，在一堆零碎的骨片中，人们看到了一排牙齿。这说明墓主人的身体是完整的，至少在生前他并没有被砍头。这位将军是被完整下葬的。不管死因如何，能够如此厚葬说明他的地位在死后依然得到了认可。这应该是一位始终受到楚王信任和重用的大将,唯有如此才能在死后将生前的显赫一并带入地下。

史书中记载着许多著名的楚国将领,然而他们却无一例外地结局凄惨。子玉在流亡途中饮恨自尽;吴起被车裂;唐昧、景缺则战死沙场。这些人有的连尸体都不知在何处,更不可能有如此规模的厚葬。相比之下,九连墩一号墓的主人是功名圆满的幸运者,却又偏偏没有被后人记录下来。更加遗憾的是,在漆木器、青铜器,甚至是标明墓主人身份的青铜鼎上,人们也没有发现任何铭文。墓主人没有在任何一件器物上留下自己的姓名。除了竹简之外,整个大墓里没有其他的文字记录了。人们把所有的希望寄托在了那批竹简上。如果二号墓确实是妻墓,墓中出土的竹简必然会记录着这个家庭的信息。

3天后,二号墓主人的尸棺打开了。专家们对完整的身体骨骼进行了鉴定,确实是一位女性。至此可以肯定,这就是一对异穴埋葬的夫妻。

与此同时,博物馆修复室里,考古人员急切地等待着结果。这唯一有可能揭晓谜底的珍贵文物现在是人们最后的期待。一千多只竹简已经全部清理出来了,除了绘在背面的花纹之外,上面没有一个文字,竹简正面竟是一片空白!

人们简直不敢相信这样的结果。会不会是因为年代太长,墨迹已经褪掉了?工作人员经过仔细鉴别,得出了最终的判断:这些竹简完全是新的,根本就没有在上面写过字!仿佛是一个巨大的玩笑,这样的结果,一时间让人觉得不知所措,也无法在心理上接受。确实令人难以置信,本应是最关键的发现,现在却完全无法判断它的意义了。谁也不知道那些奇怪的漆绘花纹是什么含义;更无法根据它们获知有关墓主人生前的任何信息。本应迷雾散尽的九连墩现在却变得更加扑朔迷离了。

这座充满传奇色彩的古墓,仿佛始终要以传说为伴:一位拥有巨大权力的楚国贵族,将自己生前所爱悉数带入地下,壮观的规模和随葬器物处处都显示着墓主人非比寻常的地位。然而,这位神秘的人物却好像有意要抹杀自己的存在一样,没有给后人留下任何关于自己的故事,任凭岁月流逝,模糊了他的面目。是历史把他遗忘了吗?还是这位将军选择被历史遗忘呢?沧海桑田,他以这样的方式延续了自己的传奇。

历时数月的考古发掘结束了。考古人员正在对发掘出的文物进行后期清理和修复，他们将努力保护好这些特殊的文物，在以后的研究中继续探索。也许某一天，人们会在展室或仓库里的某件器物上找到真正的答案；也许，在随枣走廊那片绵延起伏的山野低岗上依旧耸立的其他封土堆下，才能找到那永恒传奇的真正缔造者。

哥窑谜案

这是一种奇特的瓷器，它出自南宋，有着一个十分特别的名字——"哥窑"。它的开口处，泛着淡淡的紫红色，而足底则呈现出幽深的铁锈色；更为特别的是这种瓷器的表面装饰着两种神秘的断纹，一种呈黑色，另一种则是不可思议的金色，这就是被称为"金丝铁线"的奇异装饰。

这是一个神秘的传奇，一个只闻其声却不见其形的传奇。它的名字，就是大名鼎鼎的"宋代五大名窑"之一——"哥窑"。它的形状，近百年来却影影绰绰，甚至没人能够确信他们看到过真正的哥窑。

20世纪30年代的一天，在北京的故宫里，一位名叫郭世武的文物专家，意外地发现一种从未见过的古代瓷器——它们有着各不相同的釉色，表面还装饰着黑色和金

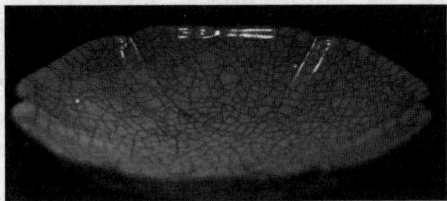

哥窑瓷器

色两种诡异的断纹。据说，这就是"宋代五大名窑"之一的哥窑瓷器。根据文献的记载，它的产地就在浙江的龙泉，然而，1959年，当考古队来到龙泉时，他们却失望了。这里根本没有与故宫相同的瓷器。那么，举世闻名的"宋代五大名窑"岂不成了空穴来风？

神秘哥窑惊现龙泉

民国初年,在浙江龙泉的山沟里,几乎每天都有数百人在这里拼命地挖掘。他们挖开遗址、撬开坟墓,搜寻的不是金银财宝,而是一种传说中的古代瓷器。古董商纷纷汇聚于此,其中,不仅有德国人、美国人和日本人,还有法国人,他们甚至连破碎的瓷片都要成箱地运走。

据说,这场持续10多年的疯狂盗掘,起因于一种价值连城的南宋瓷器。根据明代文献记载:哥窑是出自南宋的一种奇特瓷器,这种瓷器的开口处,泛着淡淡的紫红色,而足底则呈现出幽深的铁锈色;更为特别的是,这种瓷器的表面还装饰着两种神秘的断纹,一种呈黑色,另一种则是不可思议的金色,这就是被称为"金丝铁线"的奇异装饰。问题是,这种奇特的瓷器,仅在文献中有过不多的记载,它们的真面目世人还从未见过。纵然疯狂盗掘,有谁见过,这种仅在文献中有过零散的记载的珍贵瓷器究竟是何模样呢!没有人见过。那疯狂的盗掘者10多年的挖掘是否真的找到了它们呢?这成了一个无人知晓的秘密。

垂于史册的探宝者

1928年的中国,正处于北伐之后的短暂平静之中。在知识界,谈论科学和民主成为一种时尚。与此同时,如何运用科学和实证来重新认识古老的中华文明也成为人们争论的一大热点。1928年6月,又一位外乡人被吸引到了龙泉,他就是年轻的医务工作者陈万里。发生在龙泉的盗掘事件引起了陈万里对哥窑的极大兴趣,但与盗掘者不同,陈万里仅仅是想亲眼证实传说中的哥窑是否真的存在。然而,要实现这看似简单的想法,却并不容易。因为他要寻找的正是中国陶瓷史上最为神秘的瓷器。作为一个医务工作者,他为什么对这种虚无缥缈的瓷器感兴趣呢?

故宫博物院研究员李辉柄说:"他这个人爱好非常多,对什么兴趣浓就喜欢搞什么,所以他的朋友就说,万里先生永远是在兴趣生活当中过着的。他会唱戏,他研究昆曲,他会自演自唱,他喜欢摄影,后来又学医,在医学上也是很有名的,还当过北大的校医呢。"故宫博物院陶瓷专家李辉柄曾经是陈万里的一名学生。多年之后,陈万里鲜明的个性仍然深深地印在他的脑海中。

对于陈万里来说，龙泉之行既是兴趣所至，也是一次十分偶然的机缘，令他意想不到的是，正是这次即兴的考察却深刻地影响了他的一生。

　　当陈万里带着好奇的目光，第一次踏上龙泉的时候，这个山区古镇已经历了长达 10 年的非法挖掘，但凡稍有价值的古代瓷器都已被搜罗殆尽，甚至就连这里是否出过哥窑瓷器都无人知晓，寻找哥窑的想法从一开始就陷入了困境。虽然哥窑大名鼎鼎，但是有关它的传说似乎只有从文献中去寻找。

　　陈万里知道，根据明代文献记载，远在 500 年前，哥窑因其前所未有的奇特装饰，就已经成为文人墨客争相追捧的对象，身价非常之高。在明代的《宣德鼎彝谱》中，还曾对哥窑有过一段影响深远的记载。书中说：在 1000 多年前的宋代，曾经有 5 个最为著名的瓷窑，它们是：官窑、哥窑、汝窑、定窑和钧窑。这是关于宋代五大名窑的最早记录。令人奇怪的是，五大名窑中，除哥窑之外，其他四大名窑都有瓷器流传下来，唯独哥窑瓷器人们却只闻其名未见其形，以至于哥窑是否存在都成了人们怀疑的对象。神秘的哥窑会不会是子虚乌有呢？陈万里能够一偿心愿解开这段中国陶瓷史上最大的谜案吗？连他自己都怀疑。

　　6 月的龙泉，正是多雨的季节。为了寻找哥窑的线索，陈万里在当地人的带领下，开始了最初的寻访工作。在龙泉，10 年前那场震惊世界的盗掘，已使得古瓷器的身价极高，其知名度已到了妇孺皆知的程度。陈万里所到之处，无一例外地被当作了古董商，他们纷纷取出自家的珍藏让他一一过目。然而，经过细致查看，陈万里却失望了，这些被当地人视作传家之宝的瓷器，甚至连一丁点类似"金丝铁线"的哥窑特征都找不到。这令陈万里十分迷惑，难道这里没有哥窑吗？可是，陈万里知道，在一部名叫《天工开物》的著作中分明记载着哥窑就出自浙江的龙泉。《天工开物》是明代学者宋应星的一部旷世杰作，他在书中这样写道："宋、元时，龙泉琉华山下，有章氏造窑，出款贵重，古董行所谓哥窑器者即此。"而在另一部明代著作《春风堂随笔》中，更明确指出"哥窑"就在龙泉的琉田窑。难道这些屡见不鲜的记载都是空穴来风吗？神秘的哥窑到底还存不存在呢？他准备去实地考察。

　　李辉炳这样谈到陈万里考察古窑址的意义："由于我们过去对中国瓷器的研究方法，只是从文献到文献，而不是去实地考察、去实地调查，所以他看出来，如果再

这样从文献到文献,研究不会有好的成果,必须把考古学的方法用到瓷器的研究上,到古代烧窑的地方去调查。"

一经调查就出现了转机

当地人对哥窑的无知反倒激起陈万里的好奇心,他更加执着了。功夫不负有心人,有一天,在闲聊中,一位姓蔡的士绅偶然提道:距此30里,有一个叫作大窑的村子,曾有人在那里看到过古代的窑址。这个不经意的话题立刻引起了他的极大兴趣,书中说哥窑就出自龙泉的"琉田窑",那么,这个拥有窑址的大窑村,会不会就是所谓的"琉田窑"呢?

然而,陈万里并不是第一个对大窑感兴趣的人。发现大窑的第一人是奔德牧师。早在1910年,一位名叫奔德的德国传教士,就来到了这个偏僻的山村。在这里,他一边传教,一边置地耕田。令人意想不到的是,有一天,这位牧师居然在刚买的一块地里,挖出了许多精美的古代瓷器。这些瓷器一经面世,立刻引起了巨大轰动。并使各地的寻宝者蜂拥而至,在这里展开了一场近乎疯狂的盗挖。16年后,当这座偏僻的山村终于恢复了往日的宁静,那位发现瓷器的牧师,连同用心险恶的古董商都早已不见踪影,但那段特殊的历史,却给当地村民留下了无法抹去的记忆。村民叶放说:"我祖父有3个儿子,大伯父叫叶祖恩,二伯父叫叶祖德,我父亲的名字叫叶祖仁,名字都是戴祖字头的,因为是基督教家庭,是奔德牧师帮着起的名字。"当年陈万里来到大窑的时候,正是与传教士颇有渊源的叶祖仁给了他极大的帮助。陈万里先生第一次到大窑来,就慕名找到叶祖仁,并住在他的家里,当时叶祖仁也只有二十几岁,叶祖仁因为受到传教士影响,也很喜欢和收藏古董。

通过叶祖仁,初到大窑的陈万里很快就有了令人振奋的发现:就在村民的院墙上,居然星星点点地镶嵌着许多古代的瓷片。令人惊讶的是,像这样的景象,在村里并不少见。据说,村民们取土建房的时候,甚至想要避开这些瓷片都非常困难。看来大窑确实拥有古代的窑址,找到哥窑似乎并没有想象中那么困难。

那是一个阳光明媚的上午,在村民的带领下,陈万里从村口出发,走过短短的一段山路之后,终于来到了古窑址的所在地。然而,一眼望去,在这个群山环绕的谷地,却根本看不到任何窑址的踪影,只有遍地的荒草在风中摇曳,难道这就是书中所说的琉田窑吗?

当心有不甘的陈万里来到山前的时候,眼前的景象把他惊呆了。原来,就在荒草的下面,竟然是一个巨大的土坑,土坑中破碎的古代瓷片和窑具散落得遍地都是,显然那些捷足先登的盗掘者已经对这里进行了彻底挖掘,那么,这里还能找到珍贵的哥窑吗? 正当陈万里疑惑之际,他却发现这里不仅是一个三面环山的谷地,而且最高的一座山峰就叫琉华山,若把琉华山的名字与山前的田野联系起来,不就是"琉田"二字吗? 如此看来,文献中的记载确实有根有据,这里必定就是所谓的哥窑产地琉田窑,神秘的哥窑极有可能就藏在某个角落之中。然而,如果不找到窑址,这一切都将无法证实,甚至五大名窑的真实性也将受到怀疑。

就在大窑的山谷中,陈万里见到一处不可思议的壮观窑址,在堆积如山的瓷片中甚至连杂草都无处生根。这是他生平第一次看到如此规模的古代窑址。然而,接下来的仔细搜寻却令他十分困惑,在纵横交错的古代窑址中,随处可见的都是些普通的青瓷,上面并没有传说中的哥窑特征。

就在为哥窑的考证一筹莫展之际,陈万里又有了一次惊人的发现。他发现,为了利用传说中的哥窑大发横财,溪头的李某竟能仿造哥窑瓷器。据说李某上窑时是秘密地操作,烧成后便埋入土中,许多作品居然可以乱真。在进一步的寻访中,陈万里还发现,像这样的仿造者,仅在龙泉就有4家。

这不由得使他想起了一段史书中的记载。这是一个关于明仁宗的故事。300年前,为了得到珍贵的哥窑瓷器,明仁宗曾经别出心裁,下旨仿造。数年之后,历经艰难的实验,仿制居然获得了成功。可见哥窑的仿制由来已久。那么,陈万里在窑址中发现的瓷片又是什么时候烧制的? 它们会不会也是后人的仿制之作? 难道文献中的"龙泉哥窑"仅仅只是传说而已吗?

未了的结局

从踏上龙泉的那一天,陈万里就一直在搜寻哥窑踪迹,尽管他对这里的古窑址已经进行了深入考察,但是,所获得的种种证据,非但没能揭开宋代龙泉是否确有哥窑这一谜题,还使得这一历史之谜变得更加复杂。

不仅如此,由于发现瓷片的窑址已被盗挖者严重破坏,依据地层学进行的年代判定已无法进行,如果再加上好事者几可乱真的仿制,那么,谁还敢说这些瓷片的年代就是南宋的!

面对一个个令人困惑的谜题,陈万里意识到:除非进行大规模的考古发掘,否则,根本无法证实哥窑的存在。

奇异的发现

10 年后,正当人们对哥窑充满疑惑之际,在北京的紫禁城,却有了意外发现。紫禁城,这是一座充斥着奇珍异宝的宫殿。这天傍晚,文物专家郭世武正在细心地为这些稀世珍宝编制新的目录。

就在这时,一种奇异无比的瓷器引起了他的注意。它们通身都布满了断纹,黑色和金色两种神秘的纹线正稳稳散发出异样的光泽。在此之前,郭世武还从未见过如此怪异的装饰,它们会是什么瓷器呢?就在这时,郭世武注意到,瓷器表面神秘的断纹与文献中对哥窑的描述极其相似,那么,这种古怪的瓷器会不会就是失落已久的"南宋哥窑"呢?

问题是,传说中的哥窑世人还从未见过,要想证实它们就是哥窑,必须找到更有说服力的证据。然而,人们翻遍了故宫的所有角落,却找不到这种奇特瓷器的任何记录,它们到底是不是哥窑呢?

1959 年,为了解开故宫瓷器的谜团,相关部门的专家组织了一支考古队,前往龙泉。在杭州市区的一座普通居民楼里居住着已经 69 岁的朱伯谦,他就是那支考古队中的一员。1959 年,他曾经亲身经历了那次充满悬念的考古行动。

20 世纪 50 年代,那是一个令人难忘的年代。

就在 1959 年的 12 月,一个阳光明媚的早晨,朱伯谦和他的同事作为新中国第一代考古工作者,终于来到了这个被称为大窑的僻静山村,这也是历史上第一支来到大窑的专业考古队。然而,当年陈万里面临的困难同样摆到了这支专业考古队面前,在被破坏得七零八落的古窑址上到底能不能找到哥窑的蛛丝马迹呢?浙江省文物考古研究所研究员朱伯谦说:"大概上个世纪初期的时候,就有一些日本人,到龙泉的大窑收集瓷器碎片,另外还高价收购瓷器,这样一来呢,当地的老百姓为了钱财,就兴起了大规模的盗掘窑址现象,好多瓷窑,都盗坑累累,盗坑很多,把很有保存价值的窑址和古代文物遗迹给破坏了。"

对考古队来说，他们此行的目的，就是要从窑址中找到与故宫相同的瓷器，进而证实故宫的瓷器就是神秘的"南宋哥窑"。否则，不仅哥窑的谜底无从知晓，甚至由于哥窑的缺席，"宋代五大名窑"的传统说法都也将面临质疑。

就在初步勘察中，考古队被意外的发现震惊了——原来这个方圆不到 5 千米的峡谷内，竟然分布着大大小小 53 处古代窑址，如此密集的窑址群落，在考古史上还是首次发现。

不幸的是，盗掘者不仅挖走了大量的瓷器，而且还严重破坏了遗址的原貌，考古队直接找到哥窑的希望显然十分渺茫，他们的工作几乎到了流产的地步。

这时，有人提出能否另辟蹊径，从制作工艺中去寻找线索，证实故宫瓷器与哥窑的关系。

事实上，故宫发现的奇特瓷器有着明显的特征，这就是"紫口铁足"和"金丝铁线"。问题是，要生产出如此奇特的瓷器，必然需要极其高超的工艺，那么，在 800 年前，大窑是否具备这样的能力呢？

由于众多的窑址已被盗掘者严重破坏，考古队为了搜寻有价值的发掘目标，在 1960 年 1 月，他们选择了一处并不起眼的农田，进行正式发掘前的实验。正是这次不经意的选择，却让他们有了新的惊喜——在农田的下面，竟然隐藏着一处建筑的遗迹。这是一个南北向共 3 间的建筑。这会不会只是一个普通的民居呢？令人惊奇的是，就在建筑的前方，还有 3 个大小不一的砖池。根据建筑与砖池的布局，人们发现这里原来就是一处加工瓷土的工房遗址。不仅如此，他们还发现，为了生产出优质瓷器，当时的窑工已经开始利用水力，来捣碎坚硬的瓷土。捣碎后的瓷土将被放入砖池中加水沉淀，去除杂质。像这样的沉淀，将在不同的砖池中反复进行 3 ~5 次，才能得到制作瓷器所需的细腻瓷土。这是一项极其繁复的工艺，它的发现证明龙泉的制瓷业曾经达到了很高的水平。

朱伯谦说：发现了淘洗沉淀池，都是四五个池并列在一块，这种规模过去在别的瓷窑是没有见过的。还有练泥池，就是瓷土淘洗以后，还要经过处理，加强它的黏性。所以说，当时的龙泉窑，瓷土的处理是很严格的。问题是，如果这个遗址的年代不够久远的话,它的考古价值也将大打折扣。

为此,队员们在房址的文化层中进行了反复搜寻,终于找到一枚保存完好的钱币,钱币上印有"元丰通宝"4个字,这正是北宋元丰年间使用的钱币,说明遗址的年代应该就在宋代。既然远在宋代就已拥有如此严格的工艺,那么,这里就很有可能烧制出哥窑那样的奇特瓷器。

工房遗址的发现,令考古队备受鼓舞。为了在窑址中搜寻进一步的线索,这一天,他们来到山间一处古代窑址。在茂盛的杂草下面,他们发现,排列整齐的匣钵原来就是古代瓷窑的窑壁。而且,令人惊喜的是,这个窑址居然还躲过了盗掘者的视线,保存依然完好,有着极高的考古价值。

一个月以后,随着挖掘的深入,沉寂多年的窑址逐渐显露出了它的真相。长长的瓷窑从山脚一直延伸到了山顶,正如一条长龙匍匐在山脊之上。也许正是因为它们酷似龙的造型,这种瓷窑又被形象地称为"龙窑"。

在龙泉,当地的窑工仍然沿用着这种古老的龙窑。不同的是,仍在使用的龙窑长度通常都只有30多米。而考古队所发掘的这条古代龙窑,窑身长度居然达到了80米,这简直是一个惊人的长度。据有经验的窑工说,像这样规模的龙窑,一次就能烧出2万多件瓷器。

令人意想不到的是,就在这个窑址下面还隐藏着一个更大的秘密。

数天以后,他们在这里又接连挖到了两个新的窑址。很快,新的轮廓显现了出来:3座窑址一座压着一座,在山坡上形成了一幅十分罕见的景观。与此同时,队员们还在土层中找到了9枚宋代的钱币。依据考古学的断代标准,这个窑址的使用时间应该就在南宋中期。这一发现,充分说明——大窑的制瓷业早在800年前的南宋就已经非常发达。

至此,根据现场的证据,朱伯谦和他的考古队终于得出了一幅完整的景象:南宋时,在这个方圆五六千米的山谷中,有数十座龙窑正日夜不停地运转着。众多的窑工就生活在简易的工房内。他们在这里精心地制作瓷坯,并把上釉过的瓷坯小心地放入匣钵中。这种陶质的匣钵将在烧制过程中,对瓷器起到极佳的保护作用。这时的龙窑每座都长达80米。光是烧制瓷器所用的木材每窑就达5吨之多。

对当时的情景,文献中曾有过这样的描述:每当秋冬烧窑的季节,这里白天烟雾弥漫、夜晚炉火辉映。山谷中众多的工棚更是座座相连,就算遇上下雨天,行人都无须使用雨具。

不远处,沿着瓯江,大量的青瓷正源源不断地运往山外,第一站就是数百千米之外的温州。产自大窑的瓷器将从这里销往全国,远及至南亚、非洲和欧洲。

据说,欧洲人最早看到的中国瓷器"雪拉同",就是这种优质的龙泉青瓷。虽然它们不是哥窑,却已经足以令世人震惊。

可是,考古队苦苦寻觅的哥窑又在哪里呢?

就在队员们一筹莫展的时候,在另一个挖掘现场,他们挖出了一个奇怪的遗址。这是类似炉灶的小型瓷窑,直径仅有 2 米宽。值得注意的是,像这样的小型瓷窑,仅在古代的官窑遗址中出现过。在古代,"官窑"就是专为朝廷烧造瓷器的瓷窑。与民间瓷窑不同,为了得到非比寻常的完美瓷器,官窑的生产可谓不惜工本。这种小型瓷窑就是官窑瓷器制作过程中的一个重要工艺,被称为素烧炉。

朱伯谦:这是属于南宋官窑的制作工艺,为了生产薄胎厚釉这种瓷器,先把坏体素烧一次,然后上釉,再素烧再上釉,再素烧,一般都要素烧三四次、上釉三四次,才会出现那种厚釉的瓷器。在古代,由于这种工艺成本极高,所以在民间窑厂中还从未见过,在大窑也是首次绽现。

那么,这种官窑所独有的素烧炉为何会在大窑这样的民窑中出现?当时的窑工会不会用它来烧制奇特的哥窑呢?

不久之后,在发现素烧炉的附近,队员们找到了 3 件叠烧的八角碗。从破损处还可以看到,小碗的胎骨非常薄。要把瓷胎做到如此之薄,就必须使用素烧炉事先进行反复素烧。先前发现的素烧炉终于找到了具体产品。不仅如此,他们还发现,小碗胎骨的颜色十分特别,它与普通的龙泉青瓷不同,不是白色,而是灰褐色。

此外,从当地发现的另一个小碗还看到,它的碗口隐隐透出淡淡的紫红色,而碗底则是幽深的铁锈色。这不正是哥窑的典型特征"紫口铁足"吗?更为重要的是,就在碗的表面还清楚地分布着细细的断纹。这会不会就是神秘的哥窑瓷器呢?令人不解的是,如果它们就是哥窑,又为何会与普通青瓷混在一处?难道两种截然不同的瓷器是在同一个窑中烧制的吗？

有人提出，要得到正确的答案，还得深入瓷片的内部。

在上海硅酸盐研究所，人们利用化学分析法，试图找出它们与普通青瓷的内在区别。人们很快发现，这种瓷器的化学成分十分特别，其中的氧化铁含量远远高于普通的青瓷。而造成这一差异的原因就是瓷胎中加入的紫金土，这是一种氧化铁含量极高的天然瓷土。它们经过烧制之后便会呈现出幽深的铁锈色，这正是形成瓷器"紫口铁足"的原因所在。

出人意料的是，含量如此之高的氧化铁还带来了严重的后果——在烧制中一旦温度高于1200℃，瓷器便会被熔化。而普通的龙泉青瓷烧成温度都在1300℃以上，可见两种瓷器对温度的要求存在巨大差异。那么，它们又怎会在同一个窑址中出现呢？难道古代窑工还拥有不为人知的神秘技术吗？

从考古证据中可以得知，在南宋，人们就是利用龙窑来烧制瓷器的。在龙窑的内部是一个长达数十米的人工隧道。炉火点燃之后，火焰便顺着坡道贯通整个龙窑。问题是，要在如此巨大的空间内实现温度的精确控制，同时烧制两种成分不同的瓷器，就成了几乎不可能的事情。

1960年5月，就在出土断纹瓷器的遗址中，一道横在龙窑内的矮墙引起了大家的注意。在这道墙后不远，又发现了另一道隐约可见的墙基，接下来是第三道，还有第四道。根据遗址中的线索，人们推测：当时的窑工通过加设的砖墙，把长长的龙窑进行了分段，这样在相对较小的空间内，就能对窑内的温度进行有效控制，这就是被称为"分室龙窑"的先进工艺。

在龙窑中部的温度最为稳定，是烧制断纹瓷器的理想环境。而其余部分则适于烧制不开片的普通青瓷。分室龙窑的发现，证明布满断纹的瓷器是与普通青瓷在同一个窑混烧的。问题是，烧成温度的不同，并不足以形成瓷器表面的断纹。那么，这种奇异的断纹又是如何形成的呢？

关于哥窑的断纹，在龙泉还有一个有趣的传说：据说哥哥最初所烧青瓷并无断纹，但却十分畅销。有一天，妒忌已久的弟弟为了出气，偷偷往哥哥窑中泼了许多凉水，不料，哥哥的瓷器却因此出现了奇特的断纹。难道这就是哥窑断纹的成因吗？

为了找到哥窑断纹的答案，在龙泉的瓷厂中，一位名叫叶小春的年轻人开始了艰难的仿制实验。他首先在胎骨中加入适量的紫金土，并遵循古人的方法，对泥胎进行多次素烧和反复上釉。经过这一复杂的工序之后，釉料终于在泥胎的表面形成了一个厚厚的外壳。这是瓷器能否达到玉石般美丽质感的重要一步。然而，瓷器烧成之后，却并没有出现意想中的断纹。那么，问题出在哪里呢？

就在几近绝望之际，叶小春根据古代釉料的化学分析结果，对釉料配方进行了细心的调整。仿制断纹的实验能否成功，就要看这最后一次努力了。

第二天，当叶小春从热乎乎的炉膛中把瓷器取出之后，人们听到了一种奇妙的声音。这是瓷器发出的动人音响。在冷却过程中，由于胎骨和釉面的收缩率不同，终于导致了釉面不可挽回的断裂。这是一种用手都无法触摸到的细微裂纹。

在此基础上，叶小春通过对断纹进行上色处理，终于得到了装饰着"金丝铁线"的奇特瓷器。

至此，哥窑断纹的秘密终于有了相应答案。但是，这是否与古人制造哥窑的工艺相同呢？迄今为止，还难以断定，但叶小春的仿制毕竟是一种可能的解释。

对于考古队来说，他们还有一项最为重要的工作，那就是对龙泉的断纹瓷器进行最终的认定，找出它们与故宫瓷器之间的联系。

令人惊讶的是，他们发现故宫瓷器不光有着"紫口铁足"和"金丝铁线"两大特征，而且，它们的釉色非常庞杂。其中，除了粉青色，还有淡雅的灰白色和浓郁的米黄色等等。然而，龙泉的断纹瓷器不仅"金丝铁线"的特征不明显，而且釉色也仅有粉青色一种。可见，它们与故宫瓷器存在巨大的差异，甚至可以说是截然不同的两种瓷器。

于是，专家们提出了一个大胆的推测：既然文献中都把龙泉称为哥窑的产地，那么在龙泉发现的断纹瓷器就应该是哥窑。然而，如此一来，那些故宫中的奇特瓷器又该做何解释？难道这种与文献描述的哥窑如此相似的瓷器不是哥窑吗？

50年后，已逾古稀之年的朱伯谦又有了新的疑问。通过对出土瓷器的细致研究，他发现：龙泉的哥窑居然与宋代的官窑瓷器十分相似，那么，龙泉哥窑会不会是宋代官窑的仿制品？若果真如此,文献中所谓的"哥窑"也许根本就不曾存在。那么,真正的答案到底在哪里呢？

哥窑新的传奇

一个神秘无比的王朝,一次惊人的发现,一种最新的解读,神秘的哥窑将再续新的传奇。

那是 16 年之后的事了——正当人们对哥窑充满疑惑之际,在遥远的韩国近海,却发生了一件考古学上的大事,可最初,人们并不知道它对哥窑的研究将会带来怎样的影响。

1976 年的夏天,几位韩国渔民正驾着他们的小船出海打鱼。就在这一天,他们的渔网突然捞起一个古旧的木箱。紧接着,他们还发现了许多精致的中国瓷器沉睡在木箱里。真正令人震惊的还在后面——他们从海底打捞到了古代香炉。人们发现,这些瓷质的香炉表面居然也装饰着断纹。这不是哥窑瓷器独有的奇异装饰吗？它们会不会就是价值连城的南宋哥窑呢？要知道,数百年来,"宋代五大名窑"中的哥窑,一直是中国陶瓷史上的不解之谜。除了文献中的只言片语之外,它们的真正面目人们却从未见过。

如今,来自海底的古怪瓷器,再次触动了人们敏感的神经——它们是从哪里来的？年代是否就是南宋？我们能够从中破解哥窑的秘密吗？也许,所有的答案就隐藏在这片翻滚的海浪之下。

1976 年 10 月,韩国的水下考古队开始了他们更引人注目的打捞工作。数天以后,在起重机的轰鸣声中,一条条巨大的木质残骸浮出水面。人们从沉船的特征看出,这是一条来自中国的古代商船。问题是,这条船又来自中国何处？它会是哪个年代的？如果找不到答案,那哥窑的研究仍将一无所获。

数天以后,当潜水员再次潜入昏暗的海底时,海床上一处奇怪的影子引起了他们的注意。众多的瓷器就在遗骸的附近散落着,这正是他们搜寻的目标。随着打捞工作的继续,考古队找到的瓷器也越来越多。令人失望的是,在两万多件瓷器中,却没有一件装饰着断纹。那么,如此众多的瓷器与先前发现的断纹瓷器是一个怎样的关系呢？专家们通过细致地研究后发现:这些瓷器绝大部分带有龙泉青瓷的特征,它们的产地应该就是浙江的龙泉。

这是令人振奋的消息,因为龙泉正好就是文献中所说的哥窑产地,而且,种种迹象都表明,先前发现的断纹瓷器也出自这条沉船,只是它们的数量远远少于普通的青瓷而已。于是,人们有理由相信,它们同样产自龙泉,这一切都与文献对哥窑的记载不谋而合。

剩下的唯一问题就是沉船的年代,如果是南宋,那么,"哥窑出自南宋"的记载将被最终证实,有关哥窑是否存在的疑问也将从此销声匿迹。

然而,在幽暗的海底,潜水员经过反复搜寻,不仅没能找到沉船的年代是南宋的证据,反而发现了许多元代钱币。这是个不可思议的结果。依据考古学的断代规则,这条沉船毫无疑问是一艘元代的沉船。可是,布满奇特断纹的瓷器怎么会跑到元代的沉船中呢?难道它们本来就是元代的产品吗?

1978年,就在人们为"哥窑"是否产自元代而争论不休的时候,在龙泉又有了一个新的证据。这一次,瓷器的出土地点改在了一个叫作上俨儿的古代窑址。人们在这里发现了两件布满断纹的瓷盘,它们与故宫的瓷器几乎一模一样,蛛网般断纹非常清晰。尤为重要的是,现场发掘表明窑址的年代也是元代。这是人们发现的又一个元代证据。如果它们就是传说中的哥窑,那么,是否可以得出哥窑瓷器产自元代的结论呢?可是如此一来,广为流传的"南宋哥窑"岂不成了无稽之谈。尤其令人困惑的是,如果哥窑是元代瓷器,为什么文献却把它列到了南宋?

事实上,宋代作为中国文化高度发达的朝代,在陶瓷的制造史上也占有特殊的地位。上古时粗糙的陶器,经过汉代和唐代的长足发展,到北宋终于达到了前所未有的辉煌高度。其中,最重要的标志就是出现了专为宫廷烧制瓷器的"官窑"。由于"官窑"服务的对象是皇宫,所以它的生产集中了当时最优秀的工匠,并以不惜工本的复杂工艺进行精雕细刻。这些瓷器不仅民间不得使用,而且每一件都可称得上精品中的精品,对后世有着极为深远的影响。到了公元1014年,为了躲避金兵的进犯,曾经盛极一时的北宋迁都南下,在杭州另立都城,史称南宋。"官窑"瓷器的生产也随之来到了南方。

到了明代,文献中反复提到的"宋代五大名窑"就横跨了北宋和南宋200多年的历史。有趣的是,在"宋代五大名窑"中,官窑、汝窑、定窑和钧窑这四大名窑,都拥有为宫廷烧造瓷器的历史,属于官窑性质,而唯独"南宋哥窑"仅仅是个民间瓷窑的身份。

在宋代,民间瓷窑生产的瓷器量都很大,价格相对低廉。问题是,如果哥窑是民间产品,那么,它为何会如此罕见?如果故宫的瓷器就是哥窑,那么,哥窑作为一种民窑产品,又怎会被皇家收藏?而且,它们在故宫之外从未被发现过,一个区区民窑怎会与四大官窑并列一处呢?这种种疑问使得哥窑的探索,几乎陷入了绝境。

凤凰山窑址的意外发现

地处西子湖畔的杭州,曾经是南宋王朝的都城临安。既然文献中说,哥窑出自南宋,那么,人们不由得猜测,神秘的哥窑会不会在这里留下线索呢?

1996年的夏天,在经历了一场暴雨之后,一位文物爱好者来到了西湖边的凤凰山。他惊奇地发现,经过暴雨的冲刷,地面上居然露出了许多古代的瓷片。这些瓷片极其精致,不像是民窑瓷器,而更像是官窑的产品。这里距离南宋当年的都城仅有一步之遥,那么,它会不会是南宋的官窑遗址呢?经过查阅,南宋官窑文献中有着明确的记载,它们就是"修内司"和"郊坛下"两个窑厂。当年,宋室南迁之后,南宋朝廷为了举行祭天仪式,曾于都城外设立郊坛。其中"郊坛下"遗址已在附近被发现,而"修内司"窑址迄今还未找到。那么,这里会不会就是"修内司"官窑的遗址呢?

到了第二年,考古工作者果然在这里找到了官窑的证据—素烧炉。这是官窑所特有的加工工艺。此后,通过对遗址瓷片的复原,人们发现,它们都明显带有宋代宫廷的风格特征。人们推测,这里可能就是南宋"修内司"官窑遗址。若果真如此,那将是中国陶瓷考古的一个重大发现。然而,意外的是,这一看法没过多久就遇到了严峻挑战。人们在这里找到了带有断纹的瓷片,它的特征与故宫的藏品几乎一模一样。人们不禁猜测故宫的瓷器会不会就出自这里。

更为重要的是,在地层中,有一件窑具上居然清晰地刻着八思巴文字——这是一种元代特有的文字。由此不难看出,这些布满断纹的瓷片必定出自元代,故宫的瓷器同样可能是出自元代。如此一来,南宋也许根本就没有哥窑。

巧合的是，曾经参与龙泉考古的陶瓷专家朱伯谦，从古代瓷器造型风格中，也找到了故宫瓷器出自元代的证据。朱伯谦说："因为它的胎都比较厚，器型也比较笨重，这样的瓷器，和南宋的社会风格不一样，应该是属于元代的风格。另外，从宋代的墓葬、宋代的窑址中，从来也没有出土过一件传世哥窑的瓷器。"既然故宫中所谓的"传世哥窑"在宋代墓葬中从未出土过，这无疑再次证明它们不是宋代产品。

迄今为止，几乎所有的发现都表明：布满断纹的哥窑，产出时间应该是元代，产地则有两处：一处在龙泉，一处在杭州。只是，这一切与明代的文献记载却格格不入。文献中说哥窑仅仅出自龙泉的大窑，而且，时间是南宋。难道，文献的记载全都弄错了吗？

为了解开考古发掘与文献记载之间的矛盾，浙江省博物馆的古陶瓷专家李刚，把目光集中到了"哥窑"名称的来历上。经过多年的研究，他终于有了新的发现。现为浙江省博物馆副馆长的李刚说："元代当时有一个人叫孔齐，写了一本书叫《静斋至正直记》，里面提到哥哥洞窑，这样，在同一个记载的传抄过程中，大概有了脱漏，前面说哥哥洞窑，后面又说哥哥窑，把洞字给漏了。这样，到了明代初期的时候，《格古要论》就把它简称为哥窑了。哥窑的名称真正出现是在明代的早期，它就是从元代的哥哥洞窑简化而来的一个名称，所以，宋代是没有哥窑这个说法的。"

原来哥窑之名，最早竟出自元代。可是，就在同一个记载中还有一个疑点——文中说：哥窑瓷器非常像过去的官窑，这是怎么回事？它为什么把哥窑与官窑相提并论呢？李刚对此也有自己的看法。他说："南宋灭亡以后，烧南宋官窑的那些工匠，换了一个地点，就是到了现在的凤凰山，他们到所谓的老虎洞和修内司来烧。工匠没有变，原料没有变，因此，制瓷技术是一脉相承的。因为官窑瓷器在当时的临安城，它已经有很高的经济价值和审美价值了，所以在民间非常看重这个东西，所以就从元代开始大量地仿烧，也就是元代孔齐所说的。'绝类古官窑'，非常像古官窑，用现在的话说就是造假古董、蒙人。他说他当时在杭州买到了一些香炉，被他称叫香鼎的，他就说'绝类古官窑'。"

至此，根据李刚的推论可以说，神秘的哥窑是元代仿造南宋官窑的一种瓷器，由于南宋官窑到了元代，瓷器上的裂纹已经被尘土染上了颜色，所以，这时的窑工为了达到惟妙惟肖的效果，就在仿制的瓷器上染了颜色。此后，奇特的断纹逐渐发展下来，就成了一种独立的瓷器类型。问题是，宋代五大名窑的说法已经深入人心，如果缺了哥窑，那么，五大名窑岂不也成了无稽之谈？

龙泉的陶瓷专家杨冠富，对此提出了自己的看法，他的怀疑对象正是"五大名窑"这一说法的提出者——吕震。吕震在明代初期一部名叫《宣德鼎彝谱》的著作中这样写道：内府收藏才、汝、官、哥、钧、定名窑器皿，款式典雅者，写图进呈……

杨冠富（龙泉市博物馆副馆长）：吕震是在朝廷里面当差的，用现在的话来讲就是管理库房的，他就是这样职位的一个人，大概是为了方便自己产品登记和分类，才出现上述的记载情况。

作为宋代五大名窑的最早提出者，居然只是库房管理员，"五大名窑"说法的可信度可想而知。这说明"哥窑出自南宋"的说法，很可能仅仅只是后人以讹传讹的结果。

另一种解读

装饰着断纹的瓷器出自元代的说法，并不能说服故宫博物院的李辉炳。作为第一位质疑哥窑的陶瓷专家陈万里的学生，李辉炳认为，人们关于哥窑的所有争论，从一开始就出了差错，因为，把故宫中的这种瓷器称为"哥窑"瓷，本身就是大错特错。李辉炳说："别人提出很多问题可以，因为他没有见到宫里的情况，他不了解皇宫里的问题，有一种说法是：宋无哥窑，把它定到元代，因为它也是根据文献来的，这种说法，我觉得是完全错误的。"在李辉炳看来，问题就出在20世纪的30年代。当时，人们在故宫中首次发现了这种奇特的瓷器。只是，当人们为它定名的时候，却遇上了难题。他们翻遍了故宫的所有档案，却没有找到任何记录。于是，由于它们与传说中的哥窑特征十分接近，便称其为"传世哥窑"。

因此，李辉炳认为，这些瓷器已在故宫深藏了很久，此前世人还从未见过，在没有确凿证据的情况下，称之为"传世哥窑"显然过于草率。他又认为，这种布满断纹的瓷器工艺极其复杂，在当时，恐怕只有南宋宫廷才能享用。因此，它不可能是民间产品，而更像是专为皇宫烧制的官窑瓷器。他说："什么是官窑呢？官窑它是由皇宫直接控制的窑,它的造型由皇家的设计,它的用途是适应皇宫里的需要,它同时也是一种非商品生产,它是专门为皇宫服务的一种瓷窑,不卖钱的,这种瓷窑在墓葬里没有发掘出土过,一件也没有出土过,它是完全由宫里传承下来的,当时就到了皇宫里头,皇宫里又把它作为一个贡品来对待,根本不可能把它随着人埋入墓葬中。"

李辉炳的看法,正好说明这种奇特瓷器在南宋墓葬从未出土的原因。不仅如此,李辉柄还进一步提出了更大胆的推断,他认为:故宫里的奇特瓷器,事实上应该是尚未找到窑址的南宋"修内司"官窑。他说:"宫里有产品,有这个东西,就是人们称的传世哥窑的那种东西,墓葬里没有出土过,它在性质上也是皇宫里的,也是墓葬里不可能出土的,也是非商品生产,它跟汝窑、钧窑是一样的,我们这个东西是南宋初期的,比郊坛下官窑还要早,它是修内司官窑,而且造型也是皇宫里的色彩,不是老百姓所能拥有的。"

根据李辉柄的看法,把这种瓷器称为"传世哥窑",实为张冠李戴,它们不仅不是元代的产品,而且还是南宋的"修内司"官窑所产。问题是"修内司"官窑虽然有推断,但它的遗址迄今仍未找到,所以,这种观点仍然有待检验。

不仅如此,有的学者还从美学的角度,对这种瓷器出自南宋的说法提出了质疑。

杨冠富:哥窑这种东西,从本身有纹片来讲,这个东西是四分五裂的,不是一个完整的器物,不是一个完美的器物,那些粉青、梅子青的青颜色,很碧绿,看上去很舒服,这种器物摆上去,那个断纹很多的,都是四分五裂的,而且,这种瓷器通身布满了密密麻麻的断纹,十分繁琐,与宋代其他官窑浑然天成的自然之美完全不同,很难想象,南宋宫廷会欣赏这样的装饰。在当时,估计也就是一种残缺美,不是很欣赏的,它的价值是后来的文人墨客描写出来的。

遗憾的是,龙泉市博物馆副馆长杨冠富这种观点同样缺乏具体的物证,仍然只是一种推测。

面对如此的局面,几乎所有推论都无法自圆其说。由于哥窑出自南宋的说法由来已久,仅仅依据文献中的只言片语和考古发掘的零星证据,就做出否定的结论,似乎仍然无法令人信服。那么,还有没有更可信的证据呢?

新的鉴定方法

2002 年,为了解决这个难题,第一批采自龙泉的瓷片被送到了北京,中国科学院的核分析专家冯松林,将用最先进的微量元素分析法,尝试破解人们关于"哥窑"的种种困惑。

事实上,如何利用现代科技,对古代陶瓷的产地和年代进行准确认定,一直是考古学中的难点。要想读懂瓷器本身所包含的年代和产地信息,对它们的化学和物理特征进行分析,是一条可行之路。遗憾的是,以往人们使用的分析法,都需要对瓷器进行采样,会对瓷器造成损坏,这种分析法显然无法适用于珍贵的古代瓷器。冯松林的研究正好弥补了这一缺陷。

冯松林(作为中国科学院高能物理所研究员):无损定量的分析,是一个老问题,但是一直这么多年都还没有解决,对这个问题呢,我们现在也有了一些进展。我觉得只要与哥窑瓷器相似的样品能拿得到的话,我想解开产地和年代的困惑问题,应该是可以的。

由于瓷器中的"微量元素"具有不可替代的唯一性,所以,它又被称为"指纹元素"。如今,冯松林将从微量元素入手,来建立古代瓷器的微量元素数据库。有了完备的数据库,他就能用先进的无损鉴定法,对珍贵的古代瓷器进行测定,找出它们确切的产地和年代,最终破解陶瓷史上这个最大的谜案。

为了探寻神秘的哥窑,从龙泉到杭州,从故宫的皇家收藏到科学家的实验室,人们已经经历了数十年的艰苦努力。尽管最终的答案仍未找到,但是,通过这一过程,人们对龙泉这个哥窑之谜的起点,有了新的认识。

李刚(浙江省博物馆副馆长):现在我们在宋六陵也出土了龙泉窑青瓷,从大窑和溪口出的黑胎瓷和郊坛下官窑是一样的,说明它是宫廷用的瓷器,这个地位可以说是顶级了,最高了,应该确立龙泉官窑的地位,这才是正确的。

当年的陈万里,正是为了追寻哥窑的踪迹,第一次踏上了龙泉的土地,多年之后,不仅他本人彻底迷上了陶瓷考古。而且,沿着他的足迹,众多的后来者,已经为我们打开了一道又一道窥探这一神秘历史的窗口。也许,我们看待历史的眼光,会因他们的努力而不断改变。尽管哥窑的答案仍未揭晓,然而,无可否认的是,这种装饰着金丝铁线的奇特瓷器,在中国陶瓷史上仍将占据不可替代的位置。

黄金面具

公元 1018 年,神秘的黄金面具和它年轻的主人,被一同深埋于地下。考古人员偶然地发现,一段黄金面具的历史传奇,出现在内蒙古的大草原上。

惊现奢华古墓

1986 年 6 月,内蒙古通辽市奈曼旗的一个小山村的水库施工现场,推土机的声音轰轰不断。突然,施工停了下来。

锡木德(通辽市博物馆副馆长):推土机直推到墓室的墓门上。墓门是大青砖,还有壁画,壁画是红颜色。他们觉得这不是一般的东西,可能是一座古墓,就报告给我们。

锡木德是最早来墓地勘查的考古队员之一。听到这个消息,锡木德的第一感觉,这可能是一个辽代贵族墓,因为在墓的附近,他们曾经发现一个辽代遗址,很像是辽代贵族居住的私城。

说起大辽和契丹,很多人可能并不熟悉,但是杨家将的故事,杨家将和辽国萧太后对阵沙场,几乎家喻户晓。历史上,

内蒙古出土的辽代黄金面具

契丹人建立的大辽王朝曾一度雄霸中国半壁江山,它的疆域北到外兴安岭贝加尔湖一线;东邻库页岛;西跨阿尔泰山;南抵河北、山西北部。然而强大的契丹民族在历史上仅活跃了 200 多年,便神秘地消失无踪了,今天甚至连保存完整的辽代墓葬都很少见。眼前的这座辽墓,能否为我们打开一个真切感受契丹文明的通道呢?

锡木德:当地辽墓比较多,几乎百分之百被盗了。

契丹人讲究厚葬,贵族建墓更是极尽奢华,而厚葬所引发的后果,就是难逃被盗。所以在清理墓地时,考古队员都觉得这座辽墓也难逃"十墓九空"的历史噩运。大家最大的希望就是能出土墓志。没想到这处墓葬竟然保存得那么好。

当墓道两壁上带有明显契丹特色的壁画惊现在考古队员面前时,他们更是欣喜若狂。

锡木德:契丹人的特点:大眼珠子,黑胡子,小平头。他穿着蓝色衣服,牵着马,马全副武装:马笼头,马嚼子,马鞍子,整个全套。非常漂亮。

《侍从牵马图》证实了考古队员的猜测,墓主人的身份应该就是契丹的贵族,而任何一座没有被盗墓贼光顾过的辽代贵族墓,都可能是一次轰动世界的考古大发现。

尽管有这种心理准备,当考古队员第一次看到尸床之上的两张面孔时,还是大吃一惊。尸床之上的两人,都戴着纯金的面具,浑身上下布满了稀世珍宝:金花银枕、鎏金银冠、金带銙、金荷包、金针筒,且不说那些金银之器如何华丽精美,光是耗费十几千克的黄金白银,就让人惊叹不已。而琥珀璎珞、提链水晶杯和众多的玉佩饰,随便哪一件都价值连城。尸床的周围还有大量精美绝伦的随葬品,特别是高颈玻璃瓶和带把玻璃杯这些西域的玻璃器皿,更是让考古人员开了眼,因为类似的古玻璃制品在世界各大博物馆中,一共珍藏不超过30件,而此墓中竟有7件。

墓葬的主人究竟是什么人? 二人为何死后要葬在一起? 他们的身份到底有多尊贵,竟然死后如此风光? 在感叹和惊异之余,考古人员感到尸身上那两个眼神忧郁的黄金面具,却是所有宝物中最吸引人目光、最具神秘色彩的。

很快,考古队员就发现,这两个神秘的黄金面具的确非同一般,面具下的亡灵,竟然还用了许多精美的龙凤纹饰随葬品,这是只有皇族才能使用的图案。如果黄金面具的主人真是契丹的皇族,那这座辽墓就是迄今发掘的,唯一没有被盗墓贼光顾过的辽代皇族墓。

在辽国存在的200多年里,一共有9位皇帝。除了辽太祖耶律阿保机,与宋朝订立"澶渊之盟"的辽景宗耶律贤在历史上记载最多,而他的皇后萧绰,就是杨家将故事里那个大名鼎鼎的萧太后。

眼前这座契丹贵族墓如此奢华,应该是辽国最鼎盛时期的产物,那黄金面具的主人,会不会是辽国萧太后的亲人呢?

种种发现虽然表明两个金面具主人的身份不同寻常,然而在这些透露着墓主人尊贵身份的精美宝物上,却没有任何记录他们身份的文字。根据以往考古经验,贵族墓中应该都有记载墓主身世的墓志,只要找到墓志,金面具下的秘密就有望揭开了。

一个看着像石头盒子的东西,就是考古人员最想看到的墓志。墓志的盖上刻有汉文小篆:故陈国公主墓志铭。

契丹人建立了大辽王朝后曾参照汉字先后创造了两种契丹文字,直到灭亡前,契丹文字一直都在使用。可为何这个陈国公主的墓志铭不用契丹自己的文字而用汉字呢?而且墓内的众多随葬品,也不像其他辽墓那样,带有契丹文字。

最令人疑惑的是,这个墓志无论从形式还是其周围的纹饰图案,都与汉人的墓志没有任何区别,甚至墓志铭盖子四周刻画的十二生肖的神化图案,也是身着汉式装束。难道,金面具下的陈国公主,不是契丹人而是汉人吗?陈国公主墓位于内蒙古的通辽地区,1000 年前,这里可是大辽帝国的腹地。一个汉族公主的墓葬怎么会出现在契丹人的领地中呢?难道这座墓,根本就不是一座辽墓?

为了确定黄金面具主人的身份,考古队员查阅了大量的历史资料,但辽史中却没有任何有关陈国公主的记载。这个陈国公主究竟是谁?大家只能希望从墓志铭的内容上发现线索了。

要看墓志铭,必须将墓志的盖打开,辽代墓志所用石料叫砂岩,在潮湿环境中浸泡多年,一碰就掉渣,石头像酥了一样,要等墓志风干到能打开的程度,至少也得个把月的时间。于是只能先靠墓内随葬品,来推断墓主人到底是不是契丹公主。

锡木德:契丹是马背民族,马具是必不可少的。马具也是最普遍、最有特点的东西。

在墓葬的西耳室里考古人员果然发现了大量精美的随葬马具。马具上钉缀的各种装饰,多得让人眼花缭乱,其中仅白玉雕刻的配饰就有 200 多件。如此精美和豪华的马具,绝非民间所能制作。但这却不能证明陈国公主就一定是大辽的公主,因为这个墓里有两个戴着黄金面具的人,而这些马具很有可能是为另外那个人随葬的。那么这两个戴着黄金面具的人,到底哪一个是公主呢?考古队员把目光再次停留在二人的黄金面具上,并且从面具的一些细节上发现了二人年龄和性别上的一些特征:

右边的面具虽然修复后仍有些变形,但是仔细看就会发现,它的脸型圆润,上额舒展,鼻梁狭长,双唇微抿,似有年轻女性特有的柔润之感;而左边的面具,上宽下窄,颧骨微突,脸型清瘦,双唇紧闭,呈现出男子的刚毅之态。

金面具下的一男一女死后也要同穴!从两人相牵的双手,考古人员推断他们的关系:是两口子。

但这对夫妻的面具上有一个共同的细节,令人十分疑惑。为何二人都是双目睁开的?这与人们通常讲求的死后瞑目的观念是不相符的!而且考古人员以往所发现的契丹面具,眼睛大多都是闭着的。

陈国公主与那个可能是驸马的人,到底是怎么死的?他们会不会是辽国萧太后的亲人?二人为什么死后要戴上黄金面具,不让世人看到真面目,却要一直睁眼看着世界?

黄金面具传奇

从古至今,无论是祭祀、战争还是庆典和戏剧中,都可以看到面具的影子。

眼前的这两个契丹金面具,又有着怎样的传奇故事?而传奇出现的开端,是从揭开金面具主人墓志铭的那一刻开始的。

关于公主的身世,墓志是这样记载的,"公主姓耶律氏,景宗皇帝之孙,秦晋国王和正妃萧氏之女"。景宗是辽国第五位皇帝,他的皇后就是我们所熟悉的萧太后。公主的父亲秦晋国王耶律隆庆,是萧太后的二儿子,所以陈国公主应该是萧太后的亲孙女。

不幸的是,陈国公主戴上那个金面具的时候太年轻了,根据墓志记载,她在18岁时就离开了人世。就连给他写墓志的人都感叹,"呜呼!自古人虽皆有死。陈国公主太夭年。"

根据墓志记载,驸马萧绍矩,也是契丹的大贵族,是当朝皇后的亲哥哥。令人不解的是，夫妇二人贵为皇族至亲，辽史却对他们没有任何的记载，难道公主和驸马生前发生过史书不便记载的隐秘之事吗？

从墓志的记载上看公主是病死的，在陈国公主死之前，当时的皇上辽圣宗去看望过她，并且诏太医为她选灵方，让她服良药，只可惜公主最终大限难移。年仅18岁的公主，到底得了什么病，连太医都救不了她的命呢？在仔细研究了驸马和公主的身世后，考古人员发现了一些线索。

孙建华（内蒙古自治区文物考古研究所研究员）：从这个墓志记载，驸马是仁德皇后之兄，仁德皇后是萧太后的侄女，按亲戚套亲戚这么套下来，驸马是萧太后的侄子，公主是萧太后的孙女，就是说公主嫁给了自己的舅舅。就算不论辈分，恐怕二人的年龄也不适合婚配吧！

墓志中关于二人结婚的时间和驸马的年龄没有记载，但是考古人员发现了可以推断驸马年龄的证据。

孙建华：根据出土的牙齿和头骨做鉴定，驸马也就是30岁左右。公主是18岁死的，根据这个推算，他们结婚可能没几年。

这段让人有些不能理解的婚姻，存在的时间可能不会超过两年。而这段奇特、短暂的婚姻，和公主的死是否有关系呢？

孙建华：一个十几岁的小姑娘，嫁给30多岁的男人，相差几乎一半的年龄；又是舅舅和外甥女。可是这由不得她选择。她必须要嫁的。

盖之庸（内蒙古自治区文物考古研究所专家）：萧姓的后族，跟皇族耶律几乎是相辅相成的两大姓，构成了辽代的统治阶级上层。由于后族的身份高，导致公主下嫁，只有耶律姓跟萧姓通婚，这是规定的。

根据辽史记载，辽国所有的皇后都姓萧，为了保住萧家在辽国的政治地位，甚至连陈国公主的奶奶萧太后和辽景宗都是近亲结婚。很可能就是这个奇特的皇族婚姻制度导致了公主的早逝。

盖之庸：陈国公主的父亲耶律隆庆也是把他姐姐的孩子给娶了。

考古人员发现，辽代贵族的平均死亡年龄都不大，像驸马三十多岁去世都不算短命的。

契丹黄金面具下的陈国公主夫妇，不但自己是舅舅和外甥女近亲结婚，父母也是甥舅婚。这种亲上加亲的婚姻，虽然对皇室的政治稳定有好处，但是对他们的生命和健康却有极大的危害。现代科学研究告诉我们，近亲结婚会导致后代夭折率和患遗传病率大大提高。因为每个人身上都有隐性的不良基因，而近亲结婚很容易使那些隐性的有害基因变成显性的，从而生出有基因缺陷的孩子。近亲结婚导致的最常见的遗传病就是血友病。患上这种病，皮肤只要轻微受伤就会流血不止，可以想象，如果陈国公主因为父母近亲结婚而患上血友病，就算她生活在医学发达的今天，也会早逝。

消失的契丹文明

在古埃及人的观念中，法老死后戴上与真人肖像相似的面具，既可再现死者生前的威仪；又能使死者游荡的灵魂轻易地找到自己的肉身而与之结合。

契丹陈国公主死后为什么也戴着神秘的金面具？

从陈国公主和驸马的黄金面具出土的那一天起，这个问题就一直被各种争论和猜测包围着。

盖之庸：在辽史中有类似记载，公主下嫁的时候，她所有的衣物、钱财，包括死后的送终之具，都由皇室陪嫁。辽史中记载，"覆尸仪物成在"。

所谓的"覆尸仪物"，是一套完整的丧葬服饰，不仅有金面具，还包括与面具相连的银丝网络，像渔网一样的人形编织物。陈国公主身上就裹着银丝网络。

对契丹人来说，面具和网络到底意味着什么，让他们不顾忌讳，在办喜事时就将死后的葬衣准备好了？

盖之庸：不是所有的契丹人都这样，它是贵族流行的葬俗，跟汉代的玉衣类似。

玉衣是汉代一种奢侈的殓服，身穿玉衣下葬的人手中一般还要握着玉璜等宝物。他们认为，玉是"山岳精英"，用玉殓尸，可以使人的精气不外泄，能保持尸骨千年不腐。难道陈国公主和驸马用面具和网络殓尸，也是为了追求尸身千年不腐吗？

在离陈国公主墓不远处的一个契丹古墓中，人们看到了这样的奇迹，1981年10月，考古工作者在乌兰察布盟豪欠营村发掘了一座古墓，墓内女尸头戴鎏金铜面具、身穿铜丝网络。女尸非但千年不腐，皮肤甚至尚有弹性。

经专家鉴定，豪欠营出土的女尸，并没有经过防腐处理，而其千年不腐的原因，居然与穿戴的鎏金铜面具和铜丝网络有关。

在对女尸进行化学分析时，专家们发现，她的身体里铜含量比正常值超出几百倍，这应该是因为尸身与铜面具和铜丝网络长期接触，吸收了大量的磷酸铜和硫酸铜所致。磷酸铜具有轻微的杀菌作用，而硫酸铜可促使皮肤皮革化，这应该对尸体的防腐起了一定的作用。但是，考古人员在其他辽墓中也出土过铜面具和铜丝网络，却没有发现不腐的尸身，这说明含铜化合物的防腐作用也是有限的，豪欠营的女尸千年不腐一定还有其他的原因。

陈国公主和驸马的网络是银制的，面具是黄金做的，黄金可以不朽，银也是一种可以杀菌的金属，但是历经千年之后，公主和驸马却尸骨无存，就连驸马的银丝网络也被尸体腐蚀，只剩下头部与黄金面具连着的那一小部分。这说明面具和网络本身基本不具有防腐的作用。而黄金面具和银丝网络，作为一种契丹贵族特有的葬俗，出现在公主和驸马身上，一定还有其他缘由。

契丹的皇族能不顾忌讳让面具和网衣出现在公主的嫁妆里，是因为这种葬具和他们独特的葬俗有关系。

陈永志：辽代的丧葬有一种特殊的习俗，尸体不立即埋葬，要放置一段时间。放的时间非常长，三五个月，甚至是一年到两年。

从陈国公主的墓志铭上我们可以看出，公主死于开泰七年，也就是公元1018年的3月7日，而她与驸马合葬的时间是当年的闰四月三日，中间相差了近两个月的时间。

陈永志：在尸体停放期间，他（她）的亲属、后人，或者臣民们要定期到尸体存放地点进行拜祭。而受早期裸葬和树葬的影响，辽代的大贵族死后往往不用棺材。而是直接将尸体放在石制或木制的尸床上。

盖之庸：时间长了，面容可能会比较狰狞，而且有些大贵族还具有神的身份。为了保持尊严，就必须对死者的面部采取一些相应的美化措施，金属面具就是一个不错的解决办法。

陈永志：尸体放了一年两年或者放三五个月以后，尸骨腐烂了埋葬时就产生一个问题，为了防止尸骨的散乱，就编织一种金属的网络，在人死后很短的时间内给他穿上。

有了金属网络的保护，就算是手指骨这些特别细小的部分，在入殓的时候也不至于散乱。

那为什么只有辽代中晚期的贵族墓中才出现这种特殊的葬具呢？

盖之庸：它是辽代社会文化发展到一定时候的产物，中期经济最强盛的时候才出现这个东西，文化已经积累到一定时间才出现了这么一个特殊的葬俗。

据墓志考证，陈国公主是萧太后的亲孙女，而萧太后统治的时代，正是辽代的经济和文化最强盛的时期，在陈国公主墓中，我们不但看到了辽国的强盛，也看到了契丹人的胸怀。在出土的3000多件精美的文物中，到处可以看到中原文化和西域文化对契丹人的影响。

孙建华：这个民族特别开放，只要觉得好就学。包括文字方面，他们创立自己的文字，但觉得它不太好用；大量汉族的人过来以后，他们觉得还是用汉字好。用汉语比较方便。虽然创立了契丹字，但使用得很少，就逐渐把自己的那个慢慢放弃了，已经没有了。

今天，在中国56个民族中，并没有契丹族，人们似乎感觉契丹人随着辽国的灭亡，也神秘消失了。但实际上契丹人和他们的文化并没有真正地消失，他们已经融入中华民族的血液，为我国的第一次民族文化大融合，做出了贡献。今天，当强大的契丹在大多数人的记忆中，只剩下和杨家将对阵的辽国萧太后时，代表着契丹独特文化的黄金面具，为人们开启了一个时间隧道，去追寻那些消失的契丹文明。

神奇的金字塔

古代埃及有这样一个神话：在一次宫廷阴谋中，国王奥西里斯被自己的兄弟残忍地杀害，并被碎尸扔到尼罗河里。王后伊西丝找到其遗体后，悲痛欲绝，哭声感动了太阳神。于是太阳神帮助她把丈夫的尸体还原，并做成木乃伊。结果奥西里斯获得再生,成了冥界的主宰。从此以后,古埃及的每个法老死后,都要制成木乃伊再装入石棺,然后送进其"永久的住所"——金字塔中,这样,法老们的灵魂就能永生。

金字塔到底何时所建?为何而建?由何人修建?又是如何修建?所有这些难解之谜都曾在世人心中留下一串串问号。同时,有关金字塔这种建筑的种种神秘现象和趣闻,也使人们产生许多困惑。

只是法老的陵墓吗

翻阅世界各国的古代历史,人们会发现,在许多专制统治的国家,其帝王往往修建了豪华奢侈、规模宏大的陵墓,比如中国的秦始皇陵以及举世闻名的兵马俑就是这方面的典型。不过,从这些统治者的出发点来说,修建陵墓的主要目的是要在死后继续享受荣华富贵。但古埃及的法老们之所以修建金字塔,其目的却不仅仅如此,或者说有根本的区别。

迄今为止,在埃及发现的金字塔共有 90 多座,它们散布在尼罗河下游西岸,人们通常认为它们是古代埃及法老的陵墓。埃及人称金字塔为"庇里穆斯"(pyramids),意思是"高"。由于古埃及人崇拜太阳神,他们相信人会死而复生,渴望灵魂的永恒,所以才有了木乃伊的制作,进而有了存放木乃伊的金字塔。而古埃及所有的金字塔之所以都坐落在尼罗河西岸毗邻沙漠的吉萨高地上,是因为在古埃及人心目中,尼罗河东岸是太阳升起的地方,是生命的源头,而日落的西岸则是超度亡灵的西方彼岸世界。所以,作为最高统治者的法老,为了达到"永生"的目的,并试图在"天国"里继续享受荣华富贵,驱使其臣民为自己修建了一座座金字塔。

不过,后世研究者发现的众多神奇现象,又使人们产生疑问:花费如此之多的劳力和钱财,为自己建造一个尸体贮存所,除了国王们固有的豪华奢侈心态外,是否还有其他的原因呢?因为在实际上,人们在金字塔里发现的法老的木乃伊数目是极少的。科学家们的研究表明,金字塔的形状,使它产生一种奇异的功效,即能使尸体迅速脱水,加速"木乃伊化"。假如把一枚锈迹斑斑的金属硬币放进金字塔,不久,就会变得金光灿灿;假如把一杯鲜奶放进金字塔,24 小时后取出,仍然鲜美……

1963 年，俄克拉荷马大学的生物学家们证实：已经死亡几千年的埃及公主梅纳，其躯体上的皮肤细胞仍具有生命力！最使人毛骨悚然的一件事是：埃及考古学家马苏博士宣称，当他在帝王谷下从事发掘，打开一座古墓石门的时候，竟然有一只大灰猫，满身尘土地凶猛地向人扑来，而几个小时以后，它就死在了实验室里，难道它真的忠实守卫主人 4000 多年吗？这不由使我们联想到好莱坞电影《木乃伊归来》中的情景。

尽管有的科学家推断，金字塔的结构本身就是一个很好的微波谐振腔体，所产生的微波能量的加热效应可以杀菌，并且使尸体脱水。可是，4000 多年前的法老，怎么知道利用微波呢？还有的科学家认为：任何建筑物都可以根据它们的外部形状而吸收不同的宇宙波，而金字塔内的花冈岩石恰好具有蓄电池的作用，它吸收各种宇宙波并加以储存，而金字塔内所产生的那种超自然力量的能，正是宇宙波作用的结果。可是，难道 4000 多年前的古埃及人就已经知道这些了吗？

是谁修建了金字塔

在过去，由于有明确的文字记载，关于金字塔的建造者，人们有一个普遍的共识。一直以来，金字塔都被看作是古埃及劳动人民智慧的结晶。关于这一点，被称为"西方史学之父"的希罗多德（他曾漫游埃及）就认定金字塔是奴隶辛劳的结果，并在 2000 多年前就曾详尽地记载：在建造胡夫金字塔时，法老强迫所有的埃及人为他做工，10 万人为一群，每群人劳动 3 个月。不计其数的古埃及奴隶从遥远的阿拉伯山（有人认为即今天的西奈半岛）拉来巨石，借助畜力和滚木，把巨石运到建筑地点，然后将场地四周天然的沙土堆成斜面，把巨石沿着斜面拉上金字塔，堆一层坡，砌一层石，逐渐加高金字塔。就这样，用了整整 20 年的时间才修建完毕。因此，金字塔的修建在当时给埃及人民带来了巨大的灾难，它耗竭了埃及三个朝代的资源，给埃及留下了一片荒凉，并最终激起了人民的反抗。

但是长期以来，这一传统观点却不断面临挑战。

在埃及，大大小小的金字塔有 90 多座，其中最大的一座是第四王朝法老胡夫的大金字塔。它大约建造于公元前 2700 多年，塔高 146.5 米，相当于一座 40 层高的摩天大楼；塔基成正方形，每边长 230.6 米，占地约 52900 平方米；由大约 230 万块大小不等的石块砌成,平均重量约 2.5 吨,最轻的也有 1.5 吨。在比大金字塔稍小的卡夫拉金字塔旁,还屹立着一尊巨大的石雕,也就是举世闻名的狮身人面像。据说在 1798 年,当拿破仑带兵占领埃及时,由于听信在此藏有宝藏的传闻,曾下令用重炮轰击狮身人面像,结果石像岿然不动,轰断的几根胡须现在还保存在英国博物馆里。

人们的疑问就在于:这么巨大的工程,难道真是几千年前的古埃及人完成的吗?因为按照希罗多德的描述,修建金字塔的各个环节如采石、运输、下河、上岸,不仅需要大批的石匠、建筑工人、运输工人、水手,而且需要一大批工程师、施工人员和管理人员,一支有足够的镇压能力的军队也是必不可少的。而且,他们要吃、要穿、要住、要消耗,这就又要有一支庞大的服务队伍。另据估计,支持这样的建筑工程需要 5000 万人口的国力,而一般认为,公元前 3000 年左右全世界的总人口也不会超过 2000 万。何况,已经发现的金字塔有 90 多座,即使像希罗多德在《历史》中所说的,30 年完成一座,总计也需 2700 年以上,埃及承受得了这样浩繁、这样长久的消耗吗?

所以有人怀疑,金字塔不可能是地球人力所为,而极有可能是外星人所修建的,是他们遗弃的着陆标志,更有人推断这是"失落的部落文明"的创造。不过,所有这些只能归于猜测,并没有确凿的证据。

真正具有说服力的要属来自考古界的新发现,因为考古是研究历史悬案最科学的手段。考古人员在金字塔埋葬者的随葬品中发现了大量用于测量、计算和加工石器的工具,这表明这些埋葬者就是金字塔的建造者。同时发现的还有一些原始的金属手术器械以及死者在骨折后得到医治的证据,这说明这些死者生前得到了很好的医疗待遇。这样的发现很自然地使人对先前认为金字塔的建造者是古埃及奴隶的说法提出了质疑。因为在古埃及,地位低下的奴隶不可能有医疗的机会,死后更不可能被安葬。此外,考古人员通过对这些遗迹测算,认为只有大约 25000 名劳工参与了建造金字塔,这就意味着希罗多德有关金字塔由百万名工匠建造的论断是不准确的。

更重要的发现是埃及考古学家在最近二十几年里获得的。考古学家在吉萨高原金字塔区陆续发现了一个规模非常大的工人墓地、一座工人城市和一具可能是人类有史以来发现的最古老的石棺。通过对这些遗址的研究，很多考古学家改变了自己以往的看法，转而认为建造金字塔的是自由人，很可能就是农闲时期的农民，他们做工是要领工资的。据现存的记录显示，古埃及政府主要用面包和洋葱作为这些工人的报酬，而且还有证据表明，工人们为了争取更高的工资曾举行过罢工。

2002 年 9 月，为了进一步揭示金字塔建造者的身份，埃及考古学家打开了在吉萨高地金字塔群附近地区发现的神秘石棺。当时，包括中国中央电视台在内的上百个国家的电视台对此进行了直播。这具 4500 多年来没有被人动过的石棺长 2 米，宽 1 米，埋在吉萨高地金字塔区的东南角。石棺的主人是一座金字塔的监工，他生活的时代是埃及的第四王朝时代（公元前 2613～前 2494 年）。尽管最终除了一具骸骨之外，没有获得重大发现，但这些考古发现的价值却是不容置疑的。

修建之谜

除了对所需的劳动力产生疑问外，后人对金字塔最大的困惑在于其修建的具体过程，而这也是它留给世界的最大悬案。从技术角度来讲，这的确令人感到不可思议。

众所周知，金字塔是由无数巨石堆砌的。可实际上据考察，古埃及并不出产这种巨石，希罗多德也称其是从遥远的阿拉伯山运来的。那么，这些石块是怎样开采、运送的，又是怎样堆砌的呢？要知道，即使在今天，拥有世界上所有现代化技术手段的建筑师也很难完成如此艰巨的工作。我们无法想象，在那么遥远的年代，在只有粗陋的工程技术水平的年代，古埃及人是怎样建造出这一举世罕见的宏伟工程的。毕竟当时的建造者既没有起重设备，也没有滑轮，甚至连轮子在当时都还没有发明出来。那他们是怎样将相当于 10 辆汽车重的大块石头提到金字塔上的呢？

最关键的就是运输和堆砌问题，因为即使有足够的人力，也无法把这些 2.5 吨到 160 吨的巨石运送到工地。人们对此进行了种种推测。有人认为是用撬板圆木棍运石法，但是这种方法需要消耗大量的木材，而当时埃及的主要树木是棕榈，无论是数量、生长速度、还是木质硬度，都远远不能满足运输的需要，而进口木材几乎是不可能的。还有人认为是水运法，但也因论据不充分而未被接受。

2000年，法国的一位科学家杜维斯经过研究，提出了新的见解。他认为金字塔上的巨石并不是天然的，而是一种混凝土。杜维斯借助显微镜和化学分析的方法，认真研究了巨石的构造，并根据化验结果得出全新的结论：金字塔上的石头是用石灰和贝壳经人工浇筑混凝而成的，其方法类似今天浇灌混凝土，由于这种混合物凝固硬结得十分好，人们难以分辨出它和天然石头的差别。为了进一步使自己的观点更具说服力，杜维斯还提出两项佐证：一是他在石头中发现了一缕人发，而唯一可能解释这一发现的，就是工人在操作时不慎将这缕头发掉进了混凝土中，保存至今；二是他发现石料中夹有矿物质和气泡，而化验得知石块是不会含有这两种物质的。所以他认为修建金字塔的巨石其实是用模板浇灌而成的，而整个金字塔也就是这样一层一层堆砌起来的。同时，这也解释了为什么在石块之间严实无缝，甚至连很薄的刀片也插不进去。由于现代考古研究也的确证实人类早在数千年前就知道如何制作混凝土，所以许多科学家比较赞同杜维斯的论断。

其次就是设计问题。长期以来，胡夫金字塔作为人类史上最伟大最古老的建筑物之一，由于其建筑技术上的高超、定位技术的精确，一直以来使世人惊叹不已。据测算，它的4条底边相差不到20厘米，误差率不到千分之一；它的东南角和西北角的高度，相差仅1.27厘米，误差率不到万分之一，而这即使对于现代建筑而言也是一大难题，即所谓的"正直角技术"。神奇的是古埃及的建筑大师们竟能将该技术游刃有余地应用于金字塔的转角建构上，并且只有极小的误差。他们居然在没有水平仪、没有动力设备、没有现代化测量手段的情况下，完成了塔基的勘测和施工，实在不能不令后人叹服。

尽管自9世纪开始，就有盗墓者、探险者、考察者不断进入胡夫金字塔，然而，它的内部结构仍然是个谜。塔内有迷宫般的通道和墓室，通道有整齐的台阶，脉络一样地向墓室延伸，直到很深的地下。墓室另有两条通气孔通到塔外，据说死者的"灵魂"可以从这些小孔里自由出入。奇怪的是，这两条气孔，竟然一条对准天龙座（代表永生），一条对准猎户座（代表复活），这样精巧的设计和构思，真是几千年前的古人所完成吗？

在金字塔中,内部结构极为复杂和神奇,并装饰有雕刻和绘画等。由于墓室和甬道里十分黑暗,创作这些精致的艺术作品需要光亮才可能进行,所以必须在火炬照明或者是在油灯下才能完成。但是,事实再一次使研究者困惑。因为如果当时的确使用了火炬或油灯,就多少会留下一些痕迹。而在研究者对墓室和甬道里积存了4000多年之久的灰尘进行了全面仔细的科学化验和分析后,结果证明:灰尘里没有任何黑烟和烟油的微粒,没有发现一丝一毫使用过火炬或油灯的痕迹。这就意味着,古代艺术家在胡夫金字塔地下墓室和甬道里雕刻、绘制壁画时,根本不是使用火炬或油灯来照明,那么他们又是如何解决这一问题的呢?难道真的像有些人猜测的,距今4000多年前的古埃及人竟已掌握了类似现代电灯的技术吗?

据历史记载,古代世界曾有七大奇迹(如古巴比伦的空中花园等),然而随着岁月的流逝,它们有的倒塌了,有的消失了,只有金字塔依然屹立在沙漠之中几千年之久,毫不动摇,这与其设计的奥秘是密不可分的。

人们发现,自然形成的52度锥角是最稳定的角,并称之为"自然塌落现象的极限角和稳定角"。金字塔的锥角就正好是51度50分9秒,这说明它就是按照这种"极限角和稳定角"来建造的。我们知道,金字塔是处在沙漠中的。由于金字塔的独特造型,使沙漠中凌厉的风势得以沿着塔的斜面或棱角缓缓上升,塔的受风面由下而上,越来越小,在到达塔顶的时候,塔的受风面趋近于零,这种以逸待劳、以柔克刚的独特造型,把风的破坏力化解到最低程度。人们还知道,磁力线的偏向作用能够使地面建筑,甚至高山崩溃,而胡夫金字塔塔基就正好处于磁力线中心,它随着磁力线的运动而运动,随着地球的运动而运动,因此,它所承受的振幅极其微弱,地震对它的影响也就不大了。可以看出,52度"角",方锥体的"形",与磁力线同步运动的"位",是金字塔稳定之谜。但是,古埃及人能够将这些奥秘一一掌握,实在让现代人称奇。

谜中之谜

对于围绕着金字塔的一些悬案,人们已经有了一些认识,特别是由于考古发掘的不断进展以及现代科学技术的应用,相信许多重大问题不久就可以得到解答,然而,作为人类历史上最大的谜团,金字塔所带给后人的一些疑问,又是短期之内很难得出结论的。

　　比如,随着考古发掘工作的逐步深入,有越来越多的证据表明,就连传统上对于金字塔建筑时间的判定上都非常值得怀疑。首先,狮身人面像很有可能并非是在卡夫拉统治期间修建的。1992 年,美国的一名法医学专家弗兰克·多明哥对埃及法老卡夫拉雕像的头部及狮身人面像的"人面"作了深入细致的研究,结果证明两者差别很大,不可能是同一人,因此,考古学家先前对它的面部进行的主观诠释显然是错误的。另外在 1992 年 8 月,来自波士顿大学的地质学修奇博士,根据狮身人面像所受腐蚀的特点与程度,同样也得出了一个惊人而又严谨的结论:狮身人面像至少在埃及历史上最后一次雨季的早期,也就是公元前 7000 年至公元前 5000 年就已建成。而从公元前 3000 年以来,吉萨高原上一直没有足够造成狮身人面像侵蚀的雨水,所以只能解释这些痕迹是很久以前、吉萨高原上雨水多、温度高的时代残留下来的。修奇博士的论点在当年美国地质学会年度大会上获得了 3000 名同行的一致支持。而事实上,据埃及考古学家分析,它在修建技术方面甚至要比其他已确定的年代晚了几千年的建筑都要高超得多。这就使人们产生了新的疑问:难道在埃及古王国建立之前,古埃及人就有相应的社会组织来动员足够的人力从事此类大规模建筑工程吗?

　　其次,一些广泛流传于世界各地的许多有趣的数字,则从另一个侧面也昭示了金字塔的玄妙,比如:

　　1.金字塔的自重×10^{15}＝地球的重量

　　2.金字塔的塔高×10 亿＝地球到太阳的距离(1.5 亿千米)

　　3.金字塔塔高的平方＝塔面三角形面积

　　4.金字塔的底周长:塔高＝圆围:半径

　　5.金字塔的底周长×2＝赤道的时分度

　　6.金字塔的底周长÷(塔高×2)＝圆周率(π＝3.14159)

　　这一系列的数据,到底是偶然的巧合,还是精确计算的结果? 它们无不使考古学家、建筑学家、地理学家、物理学家迷惑不解。

　　还有一些奇妙的发现,比如:延长在塔底面中央的纵平分线,就是地球的子午线,这条线正好把地球的大陆和海洋平分成相等的两半;金字塔的塔基正位于地球各大陆引力中心;大金字塔的尺寸与地球北半球的大小,在比例上极其相似,难道古埃及人在几千年前就已经计算出了地球的扁率?

木乃伊传奇

相信许多人都曾观看过好莱坞的一部电影,名为《木乃伊归来》。在该影片当中,古埃及金字塔的墓室里,那逐渐复活并且具有无穷法力的木乃伊,自然令大家都不会忘记。其实,在西方,有关神秘木乃伊题材的文学和影视作品,多少年来都层出不穷,从而带给人们无限的联想。那么,这些创作者的想象力是从何而来的呢? 是凭空臆造,还是有所根据?

木乃伊

神秘的期待复活者

木乃伊,泛指长久保存下来的干燥的尸体,它是人类历史的长河中最值得称奇的。实际上,木乃伊在世界各地都有发现。由于多数木乃伊生前只是普通人,他们的尸体被不经意地保存了下来。它可能是冰人或干尸,只要骨头上有组织,并被保存下来,就是木乃伊。不过,木乃伊又特指古代埃及人用特殊的防腐药品和埋葬方法保存下来的没有腐烂的尸体。因为在埃及发现的木乃伊数量最多、时间最早、技术也最复杂,所以每当提起木乃伊,人们往往会首先联想到古埃及、法老、金字塔等等。因此，还是让我们先回到古埃及的历史中，追溯木乃伊的由来吧。

在古埃及，木乃伊的由来与人们的宗教观念息息相关。古埃及人的宗教信仰非常独特而强烈，他们都对来生有一种强烈的信仰。古埃及有一部反映这种信仰观念的经书——《亡灵书》，其中写道："肉体死亡为灵魂开启通往永生的大门。"这个对死亡极为重视的观念在古埃及很早就出现，大概已有6000余年的历史了。从《亡灵书》的内容可以看出，古埃及人有这样一种基本思想：灵魂并不随同肉体一起死亡，而且还会回到原来的肉体中。古埃及人对死亡的态度，与世界其他民族都有着很大差异。他们并不惧怕死亡，而是把冥界当作今世快乐生活的再现。这就驱使他们很认真地为死亡做准备。在古埃及，每一个稍有身份和地位的人，在世时都要为自己准备一个能够永生的坟墓，而且要一直忙碌到生命的最后一刻才算完成。对古埃及人来说，死亡只是生命的暂时中断，而不是彻底结束；人死后并不就此消失，而是进入另一个比今生更为美好的永恒生命。

正是由于古埃及人相信灵魂不死而且有时会回到原来的肉体，所以非常注意尸体的保存，并逐渐形成了一种普遍的社会风气。他们为了保全尸体，发展出制作木乃伊的方法。按照古埃及人的观念，人生在世，主要依靠两大要素：一是看得见的人体，二是看不见的灵魂。他们把灵魂称为"卡"，形状是长着人头、人手的鸟，人死后，"卡"可以自由飞离尸体。同时，尸体仍是"卡"依存的基础。为此，就必须要为死者举行一系列名目繁多的复杂仪式，使他的各个器官重新发挥作用，使木乃伊能够复活，继续在来世生活。

"木乃伊"一词来自阿拉伯文，本意为"沥青"。因为大多数木乃伊在出土时呈发亮的黑色，而在中世纪时，人们往往以为这种黑色是木乃伊身上涂的一层沥青。古埃及人对来世生命的信仰和相关的墓葬习俗，至少在大约距今6000多年前就已经在古埃及的巴达遗址中出现。在古埃及奇妙的丧葬文化影响下，为了达到永生的目的，古埃及人对尸体的保存和丧葬的礼仪都有一套非常讲究的程序，而其神话结构和礼仪在古王国时期（大约距今4500年前）就已逐渐发展完备，一直到中世纪都没有太大的变化。

无独有偶，类似于古埃及人制作木乃伊的现象，在世界各地都存在。事实上，古代文明较为发达的大部分民族都曾掌握了尸体防腐的技巧,尽管他们的水平和方式有差异。不过,在其他民族中,没有像古埃及那样广泛地制作木乃伊,而是只有个别贵族或富人才有这种举动。

在对散布于世界各地的木乃伊及各民族奇特的丧葬文化进行研究时,一些研究者开始不断产生疑问,而有些研究者所提出的大胆而新奇的看法,也在某种程度上使这一本来很简单的现象蒙上了一层神秘的色彩。其主要疑问有二:古代人是如何学会木乃伊的制作方法的?制作木乃伊是否能真的复活?

美国有一位名叫冯·丹尼肯的学者,他对人类的众多史前文明都持有与众不同的观点,特别是金字塔、木乃伊等,他都认为是一种外星人文明的结果。而在学术界,像冯·丹尼肯这样的人并不在少数。而他们手中,也似乎确有一些"证据"。比如,他们认为古埃及人制作木乃伊的技术,在距今6000多年前就如此成熟,简直不可思议。同时科学研究也的确发现,古代人类留下的木乃伊,其技术含量在那个时代是"太高了"。古埃及一位公主的木乃伊被发现后,科学家居然宣布其皮肤的细胞仍具有活力;在南美某地发现的一具婴儿木乃伊,在6000多年后依然显得稚气而可爱;而中国著名的马王堆女尸在2000多年后的今天依然肌肤柔软!面对这些惊人发现,人们提出了疑问:古时候的人到底是从哪儿知道人体的细胞经过一定的处理后,生命会延迟万亿倍而继续活下去呢?如果按常规推理,那就几乎是不可能的,除非是有某种"神"教会了他们。而这种"神",如果不是真的神仙的话,就可能是天外来客。

同时,考古学家的一些重大发现,似乎更支持了这些我们看来非常荒诞的结论。19世纪80年代,俄国人鲁登克在蒙古发现了一座陵墓,陵墓内发现了用冰冻法制作的木乃伊。更重要的是,陵墓内的一些符号引起了考古者的兴趣。人们对墓里的符号进行鉴定,辨认出一些四角形符号,每个符号有六排成四行的正方形图画,还有狮身人面状的奇特形象,她们头上还有结构复杂的角状物,背上有翅膀,其姿态都呈飞天状,一切都清晰可见。很多人据此推断,这正是外星人为死者留下的标记,便于他们将来复活。

另外一个疑问就是,这些古代的木乃伊是否真能在某个时刻复活。长期以来,人们一直在探询复活的观念是从哪儿来的,是某位古代的首领偶然想到的,还是像有些学者大胆推测的:很可能是某位古代首领仔细观看了"神"对尸体的复杂处理过程,从而掌握了让尸体苏醒的秘密? 考古发掘表明,在许多埋葬木乃伊的陵墓里,除了墓主人以外,还有许多陪葬者,他们不是死于暴力之下,而是自愿而死。这就说明他们的确相信在未来能获得第二次生命。

1954年6月,人们在萨卡拉发现了一座陵墓,墓室里横着一只装满珠宝和金首饰的箱子,说明陵墓未被盗过;奇怪的是棺材没有棺盖,而代之以滑板。当考古工作者将棺材打开时,发现里面根本就没有东西。难道是木乃伊丢下自己的珍宝悄悄地消失了?

在深入考察了世界各地的木乃伊现象后,冯·丹尼肯等人愈发坚定地认为,这些木乃伊是会复活的,当"神"实践他们的诺言重新返回地球时,他们将唤醒这些几千年来苦苦等待的木乃伊。尽管这些观点在常人看来简直就是天方夜谭,但面对那些存在了几千年而未朽的木乃伊,人们还是会感到神秘而敬畏。

制作之谜

无论是埃及还是其他地区发现的古代木乃伊,留给后人最大的疑问就是其制作之谜。像埃及木乃伊,尽管一些历史著作曾有详细记载,但仍有许多神奇的现象至今人们无法破解。迄今为止,人们了解最详尽的,当属古埃及木乃伊的制作过程。作为古埃及文明留给后世的一份特殊遗产,制作木乃伊的技术,在长期的实践过程中逐渐积累和提高起来。虽然古埃及人本身并没有为后人留下有关木乃伊制作方法的记载,但古代历史学家希罗多德等曾在他们的著作中谈到他们听说的情况,而他们的记述已为现代的科学研究和实验所证明。

据生活于公元前5世纪的希罗多德等人记载,木乃伊是由专门的制作机构负责,经过一系列处理后,采用埃及某些地区出产的氧化钠使尸体完全干燥而形成的。其具体过程如下:制作师先通过鼻腔吸出脑髓,注入药物洗清脑部,然后在腹部开一个口子,取出肺、胃、肠等器官,而只在体内留下心和肾(古埃及人认为这两样器官对将来的复活而言非常重要)。再用椰子酒和捣碎的香料冲刷体腔,然后填入某种树脂、浸过树脂的亚麻布以及锯屑等物,最后照原样缝好。尸体需全部埋入氧化钠中干燥。70天后,制作师取出尸体进行清洗,仔细地涂上油膏和香料,在防腐程序完成之后,还要在头发上涂抹香油,保持发质亮泽,接下来还要用特制的化妆品为脸部上妆。然后用大量的浸泡过香油的亚麻布包裹严密,再在外面涂上树脂。最后进行包扎,从手指和脚趾开始,直至四肢、全身,在这一过程中,要特别小心防止指甲脱落,腹部的切口处也要盖上。这样包裹好的木乃伊,会保持着脱水前的形状。有些上层社会人家的木乃伊头上,还套有特别的面套罩,其外形酷似死者生前的面貌,一些王公贵人的脸上甚至戴上黄金面具(比如人们所熟知的图坦卡蒙法老),身上也用黄金包裹起来。至于从尸体取出的内脏,经干燥处理后,也用亚麻布包裹,装入特殊的大口瓶子,储藏在墓中。在木乃伊的表面和绷带内,一般都放有护身符和蜣螂雕像,以起到在阴间保护死者的作用。在清理木乃伊的头部时,埃及人用一种特制的有倒钩的金属工具,从鼻腔伸入,使鼻腔裂开一个小孔,但又不会使整个头骨破裂。然后从鼻孔倒入棕榈酒,用一种细长的工具伸入脑中搅拌,脑髓会充分溶解于棕榈酒,然后把尸体翻转,棕榈酒和溶解于其中的脑髓就会从鼻孔流出,使得整个脑壳变干净。

制作木乃伊的全过程极为复杂,通常耗时达70天之久,且费用也很昂贵,除需要各种药品、香料、避邪物、护身符等物品外,包裹尸体也需要很多优质亚麻布。因此,一般只有国王、贵族、富豪才能承担得起,而穷人制作木乃伊时,只能草草了事。所以,希罗多德还在著作中谈到过另外两种比较便宜的木乃伊制作方法,这些方法虽然很难保证尸体的完好,但多少也可以给穷人一些心灵上的安慰。而且,也许正是这些便宜的方法,才使制作木乃伊的传统在埃及得以传播和延续。直到4世纪以后,当基督教在埃及占据统治地位后,由于当时埃及属于拜占庭帝国的版图,而基督教的教义主张尸体应自然腐烂,于是制作木乃伊的习俗被废止。

从医学角度讲,由于古埃及专门有一批人以制作木乃伊为职业,他们掌握的技术代代相传。这一行业的存在,同时也表明古埃及人已经掌握了物理、化学、医学等多方面的知识。他们用作干燥剂的氧化钠,经现代科学分析,其实是碳酸钠、碳酸氢钠、盐和硫化钠的混合物。但是,世界各地还有很多各种形式的木乃伊,有的也存在了几千年的时间,而对于它们的制作经过,人们就不是非常清楚了。

在南美洲的安第斯山地区,人们发现了古印加人所留下的木乃伊,它们居然是用童男童女制成! 考古学界因其发现之地,又称之为印加人山地木乃伊。据说,出于神秘的信仰,印加人常将童男童女制成木乃伊供奉给神灵,而安第斯山脉的干冷空气又将他们的身体冷冻起来。更为神奇的是,透过厚厚的布料,人们发现他们的血液竟仍然凝结在血管之中。

还有一种木乃伊,也是在南美洲发现的,考古界称之为泥木乃伊,这也是人类最早制作的木乃伊。大约6000年前,居住在智利海岸附近的秦科罗人,盛行将死去的族人制成木乃伊。可以说,他们的木乃伊制作历史比古埃及人还要早。当然在制作方法上,秦科罗人的水平要比古埃及人逊色得多。他们先是取出死者的内脏,肢解尸体并除去大部分肌肉。然后,他们用植物纤维填充尸体,并在尸体的表面裹上厚厚的黑泥,因此这些木乃伊也被称为黑色木乃伊。不过经过几千年的演变后,秦科罗人的木乃伊制作技术也越来越成熟,他们甚至在木乃伊的脸部绘出各种精美的图案。直到最后,他们开始用红色的泥土包裹尸体,也就是今天我们所发现的泥木乃伊。

在世界各地发现的木乃伊中,能够与古埃及人的成就相媲美的极为罕见,而中国的木乃伊制作技术绝对位列其中。考古发现表明,中国人很早就发明了保存尸体的方法。所以他们不像古埃及那样,制作时必须事先取出容易腐烂的内脏器官与大脑,而这种木乃伊的制作技巧迄今仍是未解之谜。在桂林发现的一具保存完好的木乃伊上,甚至仍然蓄有指甲,还有鼻塞和耳塞,这说明尸体内仍留存有体液。而世界其他各地的木乃伊,基本上都是干尸。在中国发现的众多木乃伊中,最著名的当推在长沙马王堆汉墓发现的女尸。可以毫不夸张地说,它是世界上保存最完好的古代木乃伊。

长沙马王堆汉墓位于长沙市芙蓉区马王堆乡,原来是河湾平地中隆起的一个大土堆。堆上分布西汉墓三座,三座汉墓中,2号墓葬的是汉初长沙丞相利苍,1号墓是利苍之妻,3号墓是利苍之子。1972年,当考古工作者对1号墓葬进行发掘时,令人惊叹的事发生了:一具西汉不腐女尸浮现在人们面前。据考证,这位女性的身份是西汉初期长沙丞相利仓的妻子辛追夫人,她死于2000多年前,死时大约

50 岁,神奇的是她的四肢在 2000 多年后竟仍能弯曲自如,而肌肤的触感也相当柔软。由于这具木乃伊非常柔软,因此考古人员可以像对待常人一样进行尸体解剖。

长沙马王堆女尸的发现,不仅是中国考古界的惊天发现,即使在世界考古史上,也产生了深远的影响。时隔 2000 多年,这位贵夫人的尸体竟能保存得如此完好,简直令人难以置信。那么,古代中国人是采用何种方法使古尸保存得如此完好呢?随后,来自各学科的研究者们开始了艰苦的探索,大致总结出了一些原因。

首先,女尸不腐的基本因素就是近似真空的墓室条件。由于该墓室在深达 16 米的地下,上面还有直径 50~60 米,高 20 多米的大封土堆,不透气,不渗水,封闭极严。而尸体又安放在 6 层之多的厚木板涂漆棺椁之中,棺椁四周还采用黏性和致密性很强的白膏泥、吸湿性很强的木炭填实。这层层保护阻挡了水与空气的侵蚀力,从而造成了一种与外界隔绝的独特环境,几近于真空。

其次,人们在棺椁中发现了一种红色的液体。化验表明,这种液体具有防腐的作用,是墓主人葬时特意注入的防腐剂。这种特殊的防腐剂,可以杀死尸体和随葬品入葬时所附带的细菌。在我国古代的药物书中,就有关于防腐剂的记载,但是,这种红色液体究竟是由哪些物质所构成,对于今天的研究者而言,还是个未解之谜。

最后,人们发现,在墓室密封之后,不但可消除外界光线、温度、湿度等对于尸体的损害,而且在墓室里形成了恒温和相对稳定的湿度,使整个墓室处于一个稳定的环境之中。更绝妙的是,当初发掘的时候,人们用探铲往墓室里打洞,结果从里面喷出了很强的气流。这种气流的急剧喷出,说明墓室内的大气压高于墓室外面。研究者推断,这种气流是由细菌作用所产生的沼气,沼气的积聚达到饱和,从而加大了墓室内的压强。饱和的沼气对于细菌有杀伤作用,而高压也同样使细菌无法生存,这与充气罐头的杀菌道理是一样的。问题在于,古代中国人是无意识还是已经真的掌握了这种奥秘呢,答案不得而知。

木乃伊水晶起搏器从何处来

在埃及卢索伊城郊外,一名埃及祭司发现了一具木乃伊。在人们将这具木乃伊抬出墓穴,准备进行处理时,突然听到体内有声响,大感诧异。人们怀疑有什么有害的东西收藏在木乃伊体内，便将这具木乃伊原封不动地运到开罗医院。医生对干枯的尸体进行解剖后，发现在尸体心脏中有一个起搏器。人们可以很清楚地听到这具起搏器促使心脏跳动的声响，大约每分钟 80 次。那个心脏已经存在 2500 多年，早已干枯，但仍能够跟随起搏器的节律跳动。经科学仪器测试，这个心脏起搏器是用黑色水晶精制而成的。由于黑水晶含有放射性的物质，故而能够不断地跳跃。经化验之后，医生将这个起搏器再次放入干尸内，以供其他的研究人员参观。

　　水晶用于现代医疗，人们已不再感到新奇。小小水晶石，貌不惊人，缘何有如此好的疗效？中外医学专家历经持久地探索，做出种种科学探索：水晶与其他宝石一样，形成于特殊的地质构造环境。水晶保健性的物质基础是它的化学成分，而这种物质构成了生命的基本，于是人体与水晶之间有了共同的振动与沟通。水晶所含有的微量元素通过人体的经常摩擦，会沿毛细孔、汗腺等浸入到人体，这样有利促进体内微量元素平衡，使身体各部分更加协调。人的周围有能量磁场，以不同的形式振动，影响自己也影响四周人。经过切削打磨的水晶，具备了聚焦蓄能的功能，会起到给人体"补磁"的作用，可以消除由于缺磁或弱磁带来的毛病。有人认为，水晶的振动能开发大脑，脑细胞的电磁场不断得到修正，自然保持活力与生机。水晶会令一个人更加聪明，更懂得思考。还有人认为，切磨后的水晶，尤其是按某种方向切磨的水晶，"白天吸光，夜晚放光"，其光华对人体具有保健性。民间相信水晶蕴藏一股神秘的力量。那是因为水晶能平衡人体内分泌、加强细胞功能、增强活力，更为重要的是，它能吸纳四周的负性能量（俗称煞气），所以能趋吉避凶，给人带来好的运气。

　　千年古尸中的心脏起搏器事情，震惊了全世界的考古学家及电子科学家，其中不少人立即赶到开罗医院，参观那具藏着心脏起搏器的木乃伊。他们也大感惊讶：这块黑色水晶是从什么地方找到的呢？因为现在我们所找到的水晶，几乎全是白色的，只有少数水晶是浅红色或紫色，黑色的水晶从来没有发现过。更让人不解的是，即使古埃及有些术士懂得黑水晶含有放射性的物质，可以使心脏保持跳动，那么他们又是怎样将黑色水晶放进胸腔里面去的呢？在远古时代，又是什么神力造得出那么精密、先进的水晶质医疗用具呢？这些谜题都等待着考古学家、电子科学家的进一步探索和解答。

死者的魔咒

长久以来，无论是在东方还是西方，由于对死亡的忌讳，以及受鬼魂观念的影响，人们对于尸体，普遍存有一种畏惧的心理。即使盗墓者，也一般不去碰死者的尸体。但是，作为一种独特的尸体，木乃伊从来就是许多人猎奇甚至是谋利的对象。同时，几百年来，围绕着木乃伊，又不断发生一些千奇百怪的事件，很大程度上又进一步增强了它的神秘性。这方面最著名的事件就是古埃及法老图坦卡蒙的传说。由于探险者、考古学家和研究者以及参观者，很多与这位法老的木乃伊有接触的人，都曾先后遭遇到难以解释的不幸，使得所谓"法老的咒语"在世界各地让人闻风色变。的确，如果古人当初制作木乃伊是为了"永生"和"复活"，那他们自然不希望在死后遭到骚扰。但是，作为一具尸体，难道它真的具有传说的那种神秘魔力吗？

大约公元前 1500 年，埃及有位名叫亚蔓蕊的公主，这位公主在古埃及的历史上并不是非常有名。当她去世以后，遗体也遵照古埃及习俗制成木乃伊，葬在尼罗河旁的一座墓室之中。3000 多年后，也就是 19 世纪 80 年代末期，有 4 位英国年轻人来到埃及探险，他们遇到了一名走私贩子，后者向他们兜售一具古埃及棺木，而棺木中所装的，正是这位亚蔓蕊公主的木乃伊。4 名英国人经过一番商议，决定由其中最有钱的一人以数千英镑的高价买下这具木乃伊。故事就此开始了，从此之后，这位在古埃及史上默默无闻的公主便给许多人带来了一连串最离奇的、可怕的厄运。

首先，买得木乃伊的那名英国人将棺木带回旅馆后，仅过了几个小时，这位买主莫名其妙地离开饭店，走进附近的沙漠后再也没有回来，从此消失得无影无踪，没有人知道这到底是为什么。仅过了一天，他的同伴之一在埃及街头遭到枪击，在枪击中他受了重伤，最后不得不将手臂切除。而剩下的两个人也没有逃脱厄运：其中一人回国后荒唐地破产，另一人则由于生了重病，最后沦落到街头贩卖火柴。

不过，木乃伊本身所具有的吸引力，使得这具神秘的木乃伊后来还是被运回了英国,途中也是怪事不断。到英国本土后,一位钟爱古埃及文化的富商买下了这具木乃伊。于是,厄运又降临到新主人身上了。买下木乃伊不久之后,这位富商就有3名家人在一场离奇的车祸中身受重伤,经过这一变故之后,充满恐惧的富商不得已决定将这具木乃伊捐给大英博物馆。然而亚蔓蕊公主木乃伊的魔力远非如此,还没有进入大英博物馆,它便开始频频"发威"。据目击者称,在载运木乃伊入馆的过程中,载货卡车突然无缘无故地在停车场失去控制倒退,并压伤了一名无辜的路人;两名运货工人将公主的棺木抬入博物馆内,在楼梯间棺木掉落,砸伤了其中一人的脚,而另一个工人则在身体完全健康的状况下,两天后无故死亡! 真正的麻烦还在后面,亚蔓蕊公主的木乃伊后来被安置在大英博物馆的陈列馆中。在陈列期间,夜间的守卫曾报告称,在这个棺木附近听见了敲击声和哭泣声! 更让人毛骨悚然的是,陈列室中的其他古物也常随之发出怪声。怪事一件件地发生,新的命案也不断出现:一名守卫在执勤时死去,吓得其他守卫集体提出辞职。还有一名观光客声称,他在参观木乃伊时,曾随手将一块抹布挂在亚蔓蕊公主棺木上,结果不久他的小孩便染上麻疹死去。由于怪事层出不穷,大英博物馆高层被迫决定将木乃伊放人地下贮藏室,认为如果不将它公开,其魔力就会停止。但事实证明这只是幻想,因为不到几天,决定将木乃伊送入地下贮藏室的博物馆主管就死在他的办公桌前。于是,这具似乎充满诅咒的木乃伊成为恐怖的代名词。据说一位报社的摄影记者在特地深入地下室,为亚蔓蕊公主的木乃伊拍照后,结果其中一张照片上竟出现了可怕的人脸。第二天,这名摄影记者在家中开枪自杀。

最后,连大英博物馆也不敢再收藏这具木乃伊了。一位胆大的私人收藏家买下了它,并邀请当时欧洲最负盛名的灵媒(类似于女巫)波拉瓦兹机夫人为这具木乃伊除灵。经过反复的除灵仪式后,波拉瓦兹机夫人宣布这具木乃伊上有着"惊人的大量的邪恶能源",任何人都对其束手无策,最好的办法就是将它脱手。

更让人困惑的是,所谓遭遇"魔咒"的事情,并不仅仅在古埃及木乃伊身上发生。外国媒体曾经报道,世界上最古老、保存最完好的木乃伊"冰人奥茨",自从在意大利北部的阿尔卑斯山谷被发现后,5名曾经接触过这具干尸的人相继死亡,导致"奥茨诅咒"的传言开始在民间流传开来。传言认为,这些人之所以死亡,正是因为中了奥茨的咒语。奥地利因斯布鲁克大学历史系"冰人研究小组"的负责人康拉德·斯宾德勒教授曾表示他从来不相信什么诅咒，但是当他不久前也去世后，人们还是对此事有很多议论。据当地的一些人说，奥茨具有无边神力，自从十几年前他的沉睡梦被打破后，就开始一步一步地向那些打扰他的人采取报复行动。

古代的木乃伊是否真的具有某种"魔力"，我们不得而知。从科学的角度出发，我们也应该更理性、更深入地进行探索。仅就围绕某些木乃伊所发生的种种神秘故事来看，人们要彻底解开其中的悬案，要走的路的确还很长很长……

狮身人面像的迷雾

传说埃及人很崇拜狮子，他们认为狮子是力量的化身，因此古埃及的法老把狮身人面像放在他们的墓穴外面作为守护神。斯芬克斯狮身人面像位于开罗市西的吉萨区，在卡夫拉金字塔的南面，距胡夫金字塔约350米。斯芬克斯狮身人面像是世界上最大的狮身人面像，石像脸长达5米，头戴奈姆斯皇冠，额头上刻着"库伯拉"圣蛇浮雕，下颌雕有象征帝王威严的长须，在阿拉伯文中，它被称为"恐惧之神"，象征着君主的威严与权力。每天来到广场参观的人很多，关于斯芬克斯石像的出现时期在学术界也有很多种说法，至今不能得到统一，斯芬克斯和其石像仍是一团迷雾。

是谁建造了狮身人面像

在埃及的尼罗河畔，除了众所周知的金字塔外，还屹立着一座巨人——狮身人面像。它从埃及向东方凝视，面容阴沉忧郁，既似昏睡又似清醒，蕴含着一股雄壮的气势，给人以神秘的遐想。多少年过去了，经过几千年的风吹日晒雨淋，一切都在变化之中，狮身人面像却一直默默地守护在尼罗河畔，似乎在捍卫着什么，守望着什么。然而又是谁建造了它，保护了它，为它除沙除尘呢？

有种意见认为，狮身人面像在埃及"古王国"时期建成，是由第四王朝的法老卡夫拉（公元前2520~前2494年）建成的。这是传统历史学观点，它出现在所有埃及学标准教科书、大百科全书、考古杂志和常见的科学文献中。这些文献都表示，狮身人面像的面部是按照卡夫拉本人的模样来雕刻的——也可以说，卡夫拉国王的脸就是狮身人面像的面孔，这一点已被认为是历史事实了。

狮身人面像

比如，闻名世界的考古专家爱德华兹博士就说过，狮身人面像的面部虽已严重损坏，"但依然让人觉得它是卡夫拉的肖像，而不单只是代表卡夫拉的一种象征形式"。

他们之所以这样说，根据之一乃是竖立在狮身人面像两前爪之间的一块花岗岩石碑上刻着一个音节"khaf"。这个音节被认为是卡夫拉建造狮身人面像的证据。这块石碑与狮身人面像并不是同时出现，而是对图特摩斯四世法老（公元前1401～前1391年）功德的纪念。这位法老把即将埋住狮身人面像的沙土彻底清洗干净了。这块石碑的碑文说狮身人面像代表了"自始至终存在于此的无上魔力"。碑文的第13行出现了卡夫拉这个名字的前面一个音节"khaf"。按照瓦里斯·巴杰爵士的说法，这个音节的出现"非常重要，它说明建议图特摩斯法老给狮身人面像清除沙土的赫里奥波利斯祭司认为狮身人面像是由卡夫拉国王塑造的……"。

然而仅仅根据一个音节，我们就能断定卡夫拉建造了狮身人面像吗？1905年，美国埃及学者詹姆斯·亨利·布莱斯提德，对托马斯·扬的摹真本进行了研究，却得出了与此相悖的结论。布莱斯提德说："托马斯·扬的摹真本提到卡夫拉国王的地方让人觉得，狮身人面像就是这位国王塑造的——这完全是没有事实根据的；摹真本上根本看不到古埃及碑刻上少不了的椭圆形图案……"

你也许会问什么是椭圆形图案。原来，在整个法老统治的文明时期，所有碑文上国王的名字总是包围在椭圆形的符号里面，或是用椭圆图案圈起来。所以，很难使人明白刻在狮身人面像两前爪之间的花岗岩石碑上的卡夫拉这位大人物的英名——实际上其他任何一位国王都不例外——怎么可以缺少椭圆图案。

再者，即使碑文第13行的那个音节指的就是卡夫拉，也不能说明是卡夫拉雕

世界经典文库

中外历史悬案

·神秘玄妙的古迹文物·

图文珍藏版

刻了狮身人面像。卡夫拉可能还因为其他功绩被怀念着。卡夫拉身后的许多位（或许其身前也有许多位）国王（如拉美西斯二世、图特摩斯四世、阿摩斯一世等等）都修复过狮身人面像，卡夫拉怎么就不可能是狮身人面像的修复者之一呢？

实际上，19世纪末和20世纪开创埃及学的一大批资深学者都认为狮身人面像并不是由卡夫拉雕刻，这一说法才是合乎逻辑推理的。当时担任开罗博物馆古迹部主任的加斯东·马斯伯乐也是那个时代受人推崇的语言学家，也是认同这种观点的学者之一。他在1900年写道："狮身人面像石碑上第13行刻着卡夫拉的名字，名字前后与其他字是隔开的……我认为，这说明卡夫拉国王可能修复和清理过狮身人面像，这在某种程度上也证明了狮身人面像在卡夫拉生前已被风沙埋没过……千百年过去了，'斯芬克斯'仍然伫立在尼罗河畔，即使它的身上已经是千疮百孔。也许对于敬仰它的人，膜拜它的人来说，这无损于它的形象。"

"斯芬克斯"究竟何时诞生

关于狮身人面像还有一个神话。在埃及神话中，狮身人是个妖兽，作为驱灾的象征常常被置于墓顶或刻于盾牌上。它形象特异，长着蛇尾，背上还生着两只老鹰翅膀。在古埃及神话中它是男性。但是，在迈锡尼时代传入希腊时，希腊人把它改造成女性，还给它起名为"斯芬克斯"，意思是"绞死者"的意思。

在希腊，它的神话故事也被完善了。宙斯的妻子赫拉是个忌妒心和报复心很强的神。宙斯喜欢上了忒拜城国的女儿塞墨勒。这引起了赫拉的嫉妒。于是，她派斯芬克斯到忒拜来为祸人民。斯芬克厮守住城门，给要进城的人提出难猜的谜语，猜中的人才能进城，斯芬克斯也立刻自杀；猜不中的会立即被它撕碎吃掉。

一天，俄狄浦斯路过这里，他知道了斯芬克斯的所作所为，决心把它除掉。他来到斯芬克斯的面前。斯芬克斯的谜面是："什么生物早年用四只脚走路，中年用两只脚走路，晚年用三只脚走路？而脚最多的时候，又是速度最慢、力气最小的时候？"俄狄浦斯想了一下："这太容易了，这是人啊！人在幼年的时候用双脚双手爬着走路，中年的时候用两只脚直立行走，等到老了，腿脚不灵便了，就必须挂上一根拐杖作为支撑，这样就变成三只脚了！"斯芬克斯见谜底被揭开，又气愤又羞愧，自杀身亡。此后，"斯芬克斯之谜"被用来比喻不可理解的人或是难以猜到的事情。

当时的国王瑞翁为了让人们记住这个罪恶滔天的恶魔，便在斯芬克斯经常出没的地方即今天狮身人面像所在之地，造了一座石质雕塑，流传保存至今，成为今天的文化珍宝。传说也许只是因为时代久远，非常神秘，于是就有了人们的种种想象和猜测。人们一直认为狮身人面像修建于大约公元前2500年，然而科学家们发现，狮身人面像比人们认为的年代可能要更早。波士顿大学的地质学家罗伯特·M.肖赫对吉萨遗址进行了一次从地震方面切入的研究，结果表明，狮身人面像最初雕刻的时间比通常人们认为的要久远，因为这座石像裸露在外面，与周围的石灰石床岩受风化和侵蚀的时间要比人们认为的长得多。另外，狮身人面像和其他年代确凿的建筑物侵蚀程度有着显著的差异，这也表明了存在时代之间存在的距离。

科学家们利用各种先进的仪器和方法对狮身人面像进行了研究，经过声波穿行速度等科技测试，他们惊奇地发现，狮身人面像的"尾部"是卡夫拉统治时期出现的，要比石像前面的部位和两边部位的壕沟年代晚一半以上的时间。也就是说早在卡夫拉修建狮身人面像之前，狮身人面像的头部就已经存在1000多年了。这一发现使他们大为振奋，并且深信不疑，地质学家于1919年10月22日在圣地亚哥举行的美国地质学年会上提交了他们的研究报告：狮身人面像的实际修建时间是公元前7000年到公元前5000年之间。

然而考古学家们完全不能接受这样的研究结论，他们认为这与他们所了解的古埃及的情况完全不相符合。就他们所掌握的考古知识来看，在卡夫拉统治的几千年前，古埃及人根本不可能拥有建造这一巨型建筑物的技术，甚至也完全不可能有这种愿望的产生。狮身人面像的建造技术比已经确定年代的其他建筑物的技术已经要先进很多，如果再将它的建造年代提前，那将是不可思议的事情。如果承认地质学家的结论，那么几千年前，修建狮身人面像的不应该是古代埃及人，而只可能是另外的一群高级智慧生物，即所谓的外星人。

宇宙学的研究者根据金字塔建筑群种种与天文现象的巧合神奇之处以及金字塔内遗存的超前于现代的物品，推测金字塔是外星人在不同时期单独或帮助法老建造的。科学家以先进的仪器探测发现狮身人面像之下也有类似金字塔内的秘密通道和密室，于是猜想斯芬克斯是否也是出自外星人之手，原本是作为宇航导向的标志而后又被法老发现并占为己用,当然这仍然属于推测。

　　斯芬克斯像雄伟壮观,它表情肃穆,凝视远方。学术界的争论与猜测使斯芬克斯到现在为止都还扑朔迷离,它凝视远方的眼睛里一定充满了等待被理解的渴望,但是它到底出自谁手,来自哪个久远的年代,都没有准确的答案。期待研究者找到更能让大家都信服的证据,拨开深藏在狮身人面像后面沉重而神秘的历史云雾。

巨石阵遗址

　　在 17 世纪初期,一位名叫约翰·奥布里的考古学家在英格兰南部平原发现了一些独特的巨石建筑,它们巍然屹立,宏伟壮观,散发着神秘诱人的魅力。由于他初次发现这些巨石建筑,所以将其命名为"奥布里坑群"。坑群内圈竖着两排蓝砂岩石柱,现已面目全非,有的只留下原来的痕迹。巨大的石柱群建筑的原始用途一直是人们研究的主题。有人认为它是纪念碑,有人认为它被用于举行宗教仪式。考古学家们都认为它有宗教和天文用途。这些巨石阵到底是谁建造的呢? 至今仍是个谜。

巨石阵遗址

英格兰规模庞大的巨石阵

　　英格兰巨石阵最壮观的部分是石阵中心的砂岩圈。它是由 30 根石柱架着两架横梁组成,横梁间彼此用榫头、榫根相连接,构成一个封闭的圆圈。这些石柱高 4 米、宽 2 米、厚 1 米,重达 25 吨。砂岩圈的内部是 5 组砂岩三石塔,排列成马蹄形,也称为拱门,两根巨大的石柱,每根约重 50 吨,另有一根约 10 吨重的横梁嵌合在石柱顶上。这个由巨石排列成的马蹄形坐落于整个巨石阵的中心线上,马蹄形的开口正对着仲夏日出的方向。巨石圈的东北侧有一条通道,在通道的中轴线上矗立着一块完整的砂岩巨石,高 4.9 米,重约 35 吨,被称为"踵石"。每年冬至和夏至,如果人们从巨石阵的中心远眺踵石,就会发现太阳隐没在踵石的背后,这种奇特现象也给孤独荒凉的巨石阵增添了神秘莫测的气氛。

依据科学家实地考证,巨石阵最初建于新石器时代后期,约公元前 2800 年,那时巨石阵已初见规模——圆沟、土岗、巨大的踵石和"奥布里坑群"。约公元前 2000 年是巨石阵建筑的第二阶段,在此期间整个巨石阵已基本完成。这个阶段的主要建筑是蓝砂岩石柱群和长长的通道。巨石阵的第三期建筑尤为重要,约在公元前 1500 年,这时建成了沙石圈和拱门,巨石阵也全部完工,这就是我们现在看到的雄伟壮丽的巨石阵遗址的整个面貌。需要特别提及的是,建造这个庞大无比的巨石阵整整需要 150 万个人工,并且在整个建筑过程中,自始至终没有使用轮载工具和牲畜的痕迹。这是令人惊讶的现象。

1932 年,地理学家 H.H.托马斯探寻到了他们使用的原料蓝砂岩,它是一种污迹斑斑的灰色物质。这些蓝砂岩中的三种岩石种类与在史前巨石柱附近发现的任何岩石都不同,但是托马斯发现同样类型的三种石头在威尔士的卡梅宁山和富尔·特里冈之间山峰上露出地表的自然岩石中都能够找到。

英格兰南部平原上的人们是如何把这些重达 5 吨的石头从威尔士运到英格兰的呢?

英国史学家杰弗里在其著作《中世纪编年史》中曾有过亚瑟王的谋臣默林从西方(尽管不是从威尔士,而是从爱尔兰)获取石头的描述。据流传的民间传说,把这些石头运送至史前巨石柱,可能是通过爱尔兰海这一途径,对此杰弗里也有过记载。在英格兰南部的索尔兹伯里平原附近有大量其他种类石头的情况下,那些建造史前巨石柱的人们为什么要舍近求远地跑那么远去取石头呢?

一部分地理学家对此进行了研究分析,其中最著名的 G.A.凯拉韦认为,这些蓝砂石是通过冰川,不是由人力搬运的。但是,大部分专家反对凯拉韦的观点,因为他们不相信最近的冰川作用会向南延伸到普里斯里山或者索尔兹伯里平原上。即使事情真是如此,冰川运动把威尔士一小块地区的蓝砂石收集起来,然后通过沉积作用再把它们置于英格兰的另一小片地区,而并非把它们散落于各地,这对于自然界来说,出现此种情形似乎不太可能。布里斯托尔海峡的南部或东部没有任何其他的蓝砂石这一事实从反面证实了冰川理论的不可信。

因此,最普遍的解释是,来自索尔兹伯里平原的人们把一些独木舟捆绑在一起,然后通过爱尔兰海运输这些蓝砂石。但这种推论最重要的一点是要找到证据来证明索尔兹伯里平原的人们已掌握了一些令人叹服的技术手段。

除了英伦诸岛,巨石建筑还广泛存在于爱尔兰、西班牙、法国一部分地区、斯堪的纳维亚地区、地中海诸岛等等。产生这些巨石结构的文化被称为巨石文化。巨石结构有可能是新石器时代的重要遗物,其种类很多,形状、结构、性质也不尽相同。

巨石结构之所以遍布广大地区,可能与新宗教和埋葬的习俗有关,即巨大的石块是用来作为祭祀或坟墓之用的。欧洲新石器时代的农民死后普遍被埋葬在山坡上,尸体摆成屈曲四肢的姿势或仰卧的姿势。在英国,次新石器时代的民族实施火葬,把骨灰埋葬在圆形的圈地内。在这种圆形圈地中,最著名的是青铜时代的斯通亨治祭坛。

而且,研究巨石建筑的专家们认为,斯通亨治石栏的建造者们,是利用绳索、杠杆、滚木、土坡等方法,把巨大的石块从遥远的地方运到这里并建造起来的。由于石栏非常庞大,巨石又不是从近处开采的,如果没有统一的计划安排,没有集合很多人力并发挥卓越的才智,进行长期艰苦的劳动,完成这样的工程简直是难以想象的。这就说明了一个重要问题:这种巨石结构一定具有非常重大的意义,很可能就是太阳神的庙宇和祭坛,否则在生产力极为低下的条件下,原始人决不会付出如此巨大的代价去建筑它们的。由此可知,样式不一的巨石结构与当时丧葬风俗及原始宗教息息相关。

是谁建造了巨石阵

究竟是谁或者他们是怎样建造了这种独具特色的庞大建筑呢?在这方面没有

留下任何只言片语的解释。英国南部索尔兹伯里平原的原始居民的文明程度在当时仅仅处于生存线上,也就是说他们无力建造这些如今建造起来也颇费力气的巨大石阵。

12世纪时,牧师杰弗里认为应把建造巨石阵的功劳归于亚瑟国王的宫廷男巫默林。根据他所著《不列颠国王的历史》记载,有些作为纪念碑的石阵是受亚瑟王的叔叔的委托建造的。这些石阵是为纪念反侵略战争而建的。

17世纪时,国王詹姆斯一世也对这些石阵颇感兴趣,并派人调查。调查者认为,当地居民不可能建造出这样的石柱,并得出结论说,如此精巧构造只能出自罗马人之手。

而根据20世纪人们发明的用放射性碳元素来测定当地石阵的年代的数据显示,这些巨石阵可能造于公元前1500年以前。而那些有可能建造石阵的古代人类的出现远远落后于测定的年代。

1953年,一位名叫阿特金森的考古学家从偶然在石阵旁发现的一把匕首中得到启示。他认为此种匕首有可能来自希腊迈锡尼城堡的皇家坟墓。而那把匕首制造年代大约也在公元前1500年。

据此,阿特金森认为石阵是由来自更加文明的地中海地区的建筑师所建。考古学界接受了这种理论。

就在他们备感欣慰之际,这种理论又很快被否定。20世纪60年代发明了一种新的放射性碳元素测定年代法,由此得出的有力证据表明,巨石阵比原先设想的要古老得多,甚至比迈锡尼文明也要古老。新的放射性碳元素测定年代法证实迈锡尼城堡建于公元前1600和前1500年,这表明巨石阵起源更为久远,远远早于任何地中海文明所带来的影响。

依靠这个最新推断,石阵周边的河床和外部沟渠大约开始建造于公元前2950年,周边内的一些木结构大概建于公元前2900~前2400年,以后的某个时间段这些木结构才被石头所代替。

新的年代测定法彻底动摇了该理论传播者的思想体系。这些巨石阵产生的年代如此久远,它不可能是由欧洲文明所建造,非欧洲文明离此更加久远。所以,大部分专家学者被迫接受这样一个事实:建造巨石阵的是那些居住在附近的原始居民,并且是在没有任何外界的帮助下自行完工的。

从1980年到1984年,英国考古学家对巨石阵遗址进行了大规模的发掘考察,比较清晰地揭示了斯通亨治巨石阵是新石器和硅铜时代维塞克斯文化的图景。通过对放射性同位素的鉴定,证实这一伟大建筑始建于公元前3100年,距今已经5000多年了。当时,这里有绵延不断的原始森林,是大不列颠岛上人类文明的发源地。维塞克斯的原始部落就在这里繁衍生息,他们制作了石器、兽骨工具和陶铜器皿,大不列颠岛上的远古人们最初在这里建立了土坛。大约在公元前2100年,原始居民的农牧业社会已经能够从远方运来大青石,开始在石坑中筑起石坛,并且从坛中央向东方建起大通道,形成了轴线。后来的五六百年间,人们又从更远的地方运来巨石,经过精心雕琢和设计,建成了我们今天所看到的马蹄形石阵。

从最初的木结构、小石结构到后来的巨石阵,先后经历了2000年之久。这样雄奇的建筑工程和高明的数学、天文知识,令今天的人类赞叹不已。正是这一灿烂的维塞克斯文明,推动了英格兰岛的进步。

自公元前1世纪开始,先后统一英格兰这块土地的人们在策马驰过平原的时候,无不在斯通亨治巨石阵前发出赞叹声。那威严的气势迫使统治者拜倒在石头下,乞求神秘力量的庇护。

巨石阵的作用之谜

有学者认为,巨石阵是远古时代的天文观测仪器。

持这种观点的主要是一些天文学者。确实,巨石阵的神秘莫测与天文学有着紧密联系。远在200年前,就有人注意到巨石阵的主轴线指向夏至时日出的方位,而冬至的落日又在东西拱门的连线上。1965年,波士顿大学的天文学家霍金斯利用计算机测定表明,巨石阵的排列方式可能与太阳和月亮在天空运行的位置相关,而56个奥布里坑群则能准确地预报日食、月食。

这些内容记载于他的史学名著《破译史前巨石柱》一书中,这本书出版后很快成为一本畅销书。

霍金斯发现,巨石柱上165个主要点之间的定线与太阳和月亮的升落有着极其密切的联系。更能引起争论的是,他认为史前巨石柱上的称为奥布里孔的一圈坑穴曾被古人用来预测月亮的圆缺。霍金斯称史前巨石柱为"新石器时代的计时器"。

自从发现"迈锡尼"雕刻以来,仍然是史前巨石柱问题的研究权威的阿特金森也以同样显著的标题《史前巨石柱上的月光》进行回击。阿特金森认为史前巨石柱上的天体准线很有可能是偶然出现的。至于奥布里孔作为月亮圆缺的预测物的观点,阿特金森提出证据说这些洞孔曾被用作火葬坑穴,而且在挖掘后不久即被掩埋掉。

天文学家们提出了多种方法证明史前巨石柱可能被用作一个天文观测台,其中一些比霍金斯的方法更离奇。但是,天文学家们有这样一个倾向:他们看重的是不同的点与太阳或月亮如何成一条直线,而疏忽了这样的事实,即这些想当然的圆点中的一个可能比另一个晚造于几百年甚至上千年之后的某个时候。考古学家们很快就找到了大部分理论的难以成立之处。

到了20世纪末,虽然纷争仍在延续,但是几乎所有的考古学家(包括阿特金森)都认为天体准线中至少有一些,尤其是太阳准线,绝不仅仅是巧合。大部分人对于这一观点持相同意见:至少从现代意义而言,巨石阵很可能从未被用作天文台,但是,或许作为史前宗教仪式的一个组成部分,建造史前巨石柱的人们很可能从那儿观测过太阳。

然而,甚至连极不成熟的天文学也表明,索尔兹伯里平原的人们曾观测过天空,并且用某种方法记录了他们的所见所闻。显而易见,史前巨石阵的建造者尽管在某些方面有些原始,但是在其他方面却是高度发展的。从这种意义上而言,最近的发现在加深我们对史前巨石阵理解的同时,更增添了到底是谁建造了它这一问题的神秘色彩。

但是,也有学者认为巨石阵是原始人打猎的特殊装置。

因为巨石阵的全部建筑时间都属于新石器时代,一些专家推测,巨石阵是猎取大型野兽的狩猎装置。他们认为由于当时的工具和武器都很落后,为了猎取较大的野兽,如猛犸、熊、河马、犀牛等,自己又不至于被猛兽所伤,人们就想出了这种办法。专家们认为,今天人们只看到巨石阵的残迹,当初它一定还有一些由木头、骨头和兽皮等制作的工具,由于年代久远早已不复存在。另外,遗迹周围还散落有不少石块,这可能也大有用处。由此他们的结论是,巨石阵很可能是一种具备狩猎、生活多种用途的设施。复原后的结构可能是这样的:

巨石阵围成一个院落,在两根石柱之间是进出口,大小可通过比较大的猛兽,在洞口正上方,有用木棍撑起的大石块,叫"警戒石"。当野兽触碰到木棍时,石头便落下来砸在野兽身上,同时向院内之人发出警告。

院子里面还准备了第二道防线,即悬挂一块"打击石"。当猛兽闯进来时,站在高处的人用手一拉操纵绳,巨石便会准确地砸向野兽。

院内的中间地带还建了一座二层小楼,是由圆木和一些巨石柱围建而成的,楼板铺在巨石柱的上面。它的目的在于监视大院及周围的情况。

这种狩猎工具也并不是在原地等待野兽自投罗网,一般是在其中放置一些引诱物,如利用野兽幼仔叫声作为诱饵。因此,猎手们把捉来的小兽拴在院子里,让它不停地叫唤,以引诱母兽到来。兽群在听到幼仔的叫声后,会不顾一切地拼命冲入院内。即使野兽没有被巨石砸死,高处的猎手们也会向其投掷石块,置它们于死地。

获取野兽后,他们便把猎物拖进小楼进行加工,把兽皮、肉等晾干并贮藏,而把其他无用之物扔到院内作为引诱物。每次狩猎后,他们又会重新恢复设置狩猎工具,以有利于下一次狩猎。

多数学者把巨石阵视为古人举行祭祀的宗教场所。

在最早叙述巨石阵的《中世纪编年史》一书中,作者认为是亚瑟王的谋臣默林用魔法把巨石阵从爱尔兰移到英格兰做墓地。学者们把巨石阵的石桌看作石棺,把高大直立的石条推断成重大事件和人物的纪念碑。如果人们从空中俯瞰巨石阵时,能清楚地辨认出巨石阵是极有秩序地排列成了蜥蜴、鹰等动物的图案,据推测,这些动物图案可能被古人视为心中的图腾。

就英国南部的斯通亨治巨石阵而言,它既有明显的宗教意图,又有严密的天文功能。在石阵表面刻有不少蛇、月亮、太阳等图案,而平面石阵的布置,又体现了相当复杂的天文计算功能。这个巨石阵占地极广,巍峨耸立,显得庄严、肃穆,从而迫使古人向神灵顶礼膜拜。斯通亨治巨石阵是人类最早的祭祀建筑之一。

更有一些学者把巨石阵视为一种文化标志。他们认为古人崇尚巨石般的坚硬刚毅,向往巨石般的高大威猛,所以巨石阵所体现的恢宏磅礴的气势正是古人心中理想所在。巨石文化一方面表现了古人对自然伟力的崇拜精神,另一方面也蕴含着他们追求生命永恒的观念。不同形式的巨石结构所营造和渲染的空间氛围,似乎具有一种超越自然与生命力的恒久永存。

巨石阵遗迹究竟是谁建造的? 它是进行祭祀活动的宗教场所,或是天文观测仪器,还是古人狩猎的工具,甚至是其他别的东西? 目前这仍旧是不解之谜,也许永远也找不到答案。但如此雄伟壮观的巨石建筑,所体现出的勇气和智慧不能不令我们深为叹服。更重要的是,巨石结构以其所体现的宗教精神和科学意识确立了自身的价值意义,因此,它成为人类精神最远古的纪念碑。

维纳斯断臂之谜

断臂维纳斯是举世公认的伟大作品,雕像高贵端庄,丰满的胸脯、浑圆的双肩和柔韧的腰肢,将一种成熟的女性美展露无疑。她残缺的双臂成了这件艺术作品最大的特点,多少年来,人们都以“残缺之美”来形容这尊断臂维纳斯雕像。许多人认为断臂是作者刻意为之,为的就是展现一种不完美的美。事实真的是这样吗?

维纳斯是希腊神话中的爱神、美神,是至美之神,在希腊神话中叫作阿芙洛狄忒,维纳斯是意大利语中的称呼。希腊神话中,阿芙洛狄忒早期的形象大多容光焕发、光彩照人,所以她经常以半裸的女性出现。在阿芙洛狄忒的各种作品中,最为著名的就是我们现在看到的那尊断臂雕像。据说,它是公元前 2 世纪时期的雕刻家阿历山德罗斯的作品,雕像为大理石圆雕,高 2.04 米,双臂残缺。关于断臂维纳斯雕像,一直以来的说法,都认为这是雕像的作者刻意的。这尊雕像在中世纪捣毁偶像运动中被埋入地下,这一埋就是千年。直到 1820 年,才在爱琴海米洛斯岛,被一名挖地的农民挖了出来。因此断臂维纳斯又称为“米洛斯的维纳斯”。

后来，人们无意中发现了 19 世纪法国舰长杜蒙·居维尔的回忆录，终于揭开了维纳斯的断臂之谜。

1820 年，在爱琴海的米洛斯岛上，农民伊奥尔科斯和他的儿子正在田间劳作，突然地面出现了一个凹陷，走进一看，竟是一个洞穴。伊奥尔科斯和儿子在洞穴里发现了一座神坛和大小不一的大理石雕像。这个消息不胫而走，吸引了许多人前来参观。

根据希腊当时的一条不成文的规定，一个人如果发现了有价值的古代雕刻品，他可以据为己用，任意处置。伊奥尔科斯将雕像从洞穴中取出，其中就有那尊著名的维纳斯雕像。出

断臂维纳斯

土时，维纳斯双臂俱全，右臂下垂着，手扶衣襟，左上臂伸过头，握着一只苹果，在雕像的基座上还有一些铭文："美安德罗河畔、安屈克亚的阿历山德罗斯作"。

得知消息的法国驻米洛领事路易斯·布勒斯特匆忙赶往伊奥尔科斯的住处，一眼就看上了这尊雕像，表示愿意高价收买。得到了伊奥尔科斯的应允之后，布勒斯特立即给远在君士但丁堡的上司写信报告了此事，要求批准汇款收购。谁知信函发出后就杳无音信，两个月过去了，布勒斯特没有等到上司的回复，也没有收到一分钱。

伊奥尔科斯那边也不想再等下去了，前来询价者络绎不绝，他与另一位法国人都尔费达成了协议，将这尊雕像出售给他。都尔费是法国派驻米洛斯岛的一名海军少尉，他也给君士但丁堡的法国大使馆秘书马塞留斯写信告之了此事。接到消息后，法国大使馆极为重视，立即派出马塞留斯前往米洛斯岛接洽此事，要求他要不惜一切代价抢购到这座雕像。

这一来二回的中间，时间已经过去了很久，得到消息的人都纷纷赶到米洛斯岛来抢购这尊雕像。一位传教士受波斯王子之托，已经捷足先登与伊奥尔科斯洽谈

好，等到马塞留斯赶到米洛斯岛的时候，这尊雕像已经被搬到一艘悬挂着希腊国旗的土耳其货船上，就等着波斯方面付款。

马塞留斯经过多方走动，最终说服了米洛斯岛当局宣布伊奥尔科斯与波斯的买卖无效，并以约550法郎的价格买下了这件无价之宝。这时，意外发生了，负责运送维纳斯雕像的土耳其货船上的水手与法国水手发生了冲突，双方共有100多人进行了一场激战，混乱之中，被包装好放在一辆马车上的维纳斯雕像被人从车上推了下来，双臂被摔断了。

1820年5月26日，装载着维纳斯雕像的法国"列斯达佛都"号即将起航离开米洛斯岛，马塞留斯将雕像的断片、握苹果的手掌、不完整的胳膊上部等都罗列整齐，分装好放置在中间甲板上的船舱内。经过一番几个月的海上航行，维纳斯雕像在1820年10月24日抵达君士坦丁堡。第二年2月中旬，维纳斯雕像到达法国巴黎，被收藏在卢浮宫博物馆。维纳斯雕像的断臂后来不知何故不见了，人们看到的是那尊残缺的雕像，所以一直误以为这尊雕像本来就没有手臂的。维纳斯的断臂究竟去了哪里，一直都没有答案。

2003年8月5日，维纳斯失踪已久的断臂终于找到了。据说人们在克罗地亚南部的一个地窖中发现了它们，但当人们看到这双手臂时，都大大的失望。人们想象着美丽圆润的维纳斯应该有着一双线条柔美的女性的手臂，但眼前的这双断臂，完全是一双丑陋的"男人手"，它们粗狂得像是水管工的手臂。

艺术家们将断臂火速送到了巴黎卢浮宫，经过一番对比，发现它们与维纳斯的雕塑拼在一起时惊人的吻合。为了进一步确认断臂是否属于维纳斯雕像，露德维国家艺术馆的历史学家奥维迪欧·巴托里等人又对断臂做了碳元素测定，测定结果证实这是真品。这个发现引起了轩然大波，许多艺术家发出质疑："难以置信！一个在解剖学上有着如此高天赋的艺术家竟然连合乎比例的手指都塑造不出来？"在断臂发现之前，许多人想象着它们的样子，或高举着灯，或手指着前方，谁也没有料到会是这样一双手臂。

当人们魂牵梦绕的这双断臂终于回到了维纳斯身边，人们终于有机会一睹维纳斯最初的形象时，许多人却开始犹豫了。就"是否该将断臂接到维纳斯身上"这一问题,艺术界展开了一场激烈的争论。持反对意见的一方认为,那双断臂对整个雕像来说是一个败笔,将它们复原只会使原来完美的维纳斯雕像失去她的艺术之美而成为一件普通的雕塑,巴托里是反对者中的一员,他表示:"我敢肯定创作者正是因为这个原因才将它们从维纳斯雕塑的主体上取下的。他知道如果没有这对难看的手臂,作品反而足完美的。"

但无论美丑,这双断臂都是整座雕像的一部分,双臂健全的维纳斯才是雕像的创作者真正想要展现的。所以,艺术评论家古塞比·韦斯伯就支持将断臂复原,他表示:"这足一个历史发现,雕塑应该被恢复原状。"

轰动科学界的复活节岛石雕

在浩瀚的太平洋中,距离南美洲海岸大约 5950 多千米的地方,有一座呈三角形的小岛屿。虽然它是一个普通的小岛,但在这个小岛上,矗立着神秘的人面石像,它就是当今智利著名的旅游胜地——复活节岛。岛上总共有 600 多尊雕像,它们按照外形和大小不同可分为四类,最矮的有 3.56 米高,最大的有约 20 米高。这些雕像有 95% 是石雕,这些石头来自岛上一个叫拉诺拉拉库的山上。是谁雕刻的这些巨大的半身人面像?为什么要雕刻这些石像?为什么有一部分雕像还没有完工就遭到了抛弃?200 多年过去了,人们对于这些问题的思考还在继续着。

神奇的人面巨石像

那是 1722 年复活节的下午,荷兰探险家、海军上将罗格温率领一批欧洲水手,在一望无际的太平洋上航行,途中发现了这座孤悬于太平洋东部的波利尼西亚最东的一个小岛。那天恰好是复活节,所以人们就以"复活节岛"来命名这个神奇的小岛。随着 18 世纪的探险热潮,1770 年西班牙航海家冈萨雷斯、1774 年英国探险家库克船长也相继来到过复活节岛。

在登上小岛后,罗格温几乎不敢相信自己的眼睛:岛上遍布着数以百计的巨大的半身石雕人像!总共有 600 多尊,都整齐地排列在 4 米多高的长行石台上,石台大约有 100 多座。这些巨大的半身人像,都有着奇形怪状的长耳朵,长脸,一副冷漠的神情,一双长手放在腹前,面朝无边无际的大海仰首凝视着,神色茫然。这些石像仿佛从正面、侧面以及各个不同的角度瞅着你,让人不寒而栗……

这些石像的雕刻大致分为两个时期,前期约开始于公元 700 年,石像的制作比较粗糙,大多为中小型。后期约为公元 1000～1700 年,以短腿、长身型的巨大石像为特征。造型上和前期相差无几,但是个体较大,石像头部长而且大,正面是长方形,下颌突出,鼻子略凹,两臂曲放在腹部,头顶平坦,上面安放着被当地人称之为普卡的圆柱形头冠。复活节岛雕像的质地是火山凝灰岩,取自岛东部火山口斜坡上的石场;头冠的材料则是红色的凝灰岩,取自岛西部的另一个采石场。奇怪的是,在小岛的东南部山区,还有 300 多尊没有竣工的人面巨石像,有最大的一尊高约 20 米,重 400 吨,其中一顶帽子就有 30 吨重;有的已加工好放在远处等待着运走;有一尊石像最奇特,脸部已雕琢完成,只有后脑勺的一点还和山体连接。这里的一切仿佛是突然停止的,因为到处是石斧、石镐、石钎、石凿,大石料上深刻的凿痕还分明可见。小岛四处布满石屑,好像人们接到一个突如其来的无法抗拒的命令,顷刻间舍弃了一切匆匆离去似的。这又是怎么回事呢? 小岛上到底发生了什么重大的事情?

罗格温发现复活节岛的事件,轰动了整个科学界,于是世界各地的历史学家、地理学家、考古学家、航海家以及探险家们纷至沓来,都想到这个小岛上来,亲眼一睹岛上群体石像的风采,并探索石像的奥秘。

有人做过精确的计算后指出,雕刻这么多的石像,至少需要 5000 个身强力壮的劳动力才能完成。雕刻一件中等大小的石人像,就需要十几个工人干上 1 年,还不包括完工后的运输。如果 320 个劳动力产生的拉力,可以拉动一尊 8 吨重的石像,那些 10 吨、20 吨、80 吨重的石像又要拉动、又要竖起来、戴上 30 吨重的红帽子,简直是不可思议的。在贫瘠的小岛上,居民们无法种植粮食,食不果腹,最多能勉强维持 2000 人的基本生存需求,要养活 5000 名强劳力雕刻石像,更是没办法用常理来解释的。

在离复活节岛 500 米的海面上,有 3 座高达 300 米的小岛——莫托伊基、莫托努俟、莫托考考——四周是危崖绝壁,任何船只都无法靠近。然而岛民们却清楚地记得,原本是有几尊巨人石像高高耸立在这危崖的顶端的。法国考古学家马奇埃尔证实,这些石像确已跌入海中,可石像的基座石坛还稳稳坐落在危崖绝顶上。

考古学家面对着这3个小岛上的石坛,更是目瞪口呆。因为他们知道,就是在现代社会,除了最先进的直升直降的飞行器,谁也无法把这些巨人石像运到悬崖绝顶。

石雕人出自谁手

在这个几乎与世隔绝的孤岛上,出现了这么多的神奇雕刻,不能不让人想到这样一个问题:这些石雕是怎么一回事? 究竟它们是在什么时候产生、又是如何产生的? 为此,人们进行了种种猜测与研究。

有人认为,复活节岛是曾经存在高度文明的古代亚特兰提斯大陆的一部分。古希腊著名哲学家柏拉图在《对话录》里曾经提到过亚特兰提斯大陆大约在10000年以前,由于地壳变动的影响,南太平洋这个拥有灿烂文化的古大陆,和它的几千万居民一起沉到了海底。而当时属于大陆一部分的复活节岛因为种种原因逃过了这一劫,因此古文明的冰山一角——复活节岛上的千尊石雕人像得以保存下来。

还有人认为这些石雕是印第安人的手笔。因为复活节岛的住房样式与智利、秘鲁这些国家大同小异,而这些国家的最早居民则是印第安人。几千年前他们在这里创造了包括文字、图画、雕刻、系统的天文知识和风格独特的建筑等在内的高度文明。在复活节岛的南部石雕像里,有一个显然与众不同,他是坐着而不是站在那里,因此当时很可能已经出现了阶级社会。但后来不知道出于什么原因,这一切统统神秘地消失了,于是只留下这些石雕作为对已逝文明的缅怀。

另外有人认为,当时岛上的文明程度再高,他们的劳动工具只不过是粗笨的玄武岩扁铲,并没有铁器,而且人数又少,这么巨大的石雕,他们怎么可能完成呢? 就是把石头从雕刻地运到海边,也不是一件简单的事,要知道,这些石雕一般高达10米,重几十到上百吨啊! 所以这些石雕绝对不是岛上的远古居民完成的,而很可能是外星人的作品,说不定这神秘的复活节岛曾是外星人的一个基地呢!

其实本来存在一把打开复活节岛石雕人之谜的钥匙,那就是当地土著居民说的"天书"或"会说话的木板"。岛上有许多刻着奇怪符号的木板,系用鲨鱼齿刻写而成,有的像人,有的像鱼,有的像工具,还有的像花草树木。当地人说从这些符号中可以知道复活节岛的历史,那么有关神秘石雕的问题也就迎刃而解了。可是,第一,这些木板曾经遭到传教士的掠夺,遗失大半,现在已经所剩不多了;第二,这些符号变化太少;第三,这些符号与岛上居民现在使用的文字没有丝毫联系,所以全世界的古文字学家都拿之毫无办法。据说关于这些"会说话的木板"还有这样一个故事:复活节岛上曾经有一个叫加伯利尔的人懂得这些符号,可是没等他传授给别人,就因麻风病死去了。从此,这些"会说话的木板"变成了永远的哑巴。而要找到石雕的答案,也就难上加难了。

就连岛上的当地居民,也说不清楚关于复活节岛石雕的来历。他们没有从祖辈那里获知关于石雕的任何事情,只知道在很古老的时代就有这些石雕了。事实上,他们连对自己居住的岛的历史也不是很清楚。历史留给我们的谜实在太多了,但这何尝不是对人类智力和毅力的一种挑战呢? 现在,越来越多的考古学家络绎不绝地赶到复活节岛进行考证,相信不远的将来,人类的科学一定能够揭开笼罩在复活节岛上的神秘面纱。

印加文明的悬疑

印加帝国在印第安人的传说中,就是一个金子的王国。传说中的印加宝藏在哪里呢?"马丘比丘"的意思是"古老的山峰",它坐落于安第斯山脉两座险峻的山峰之间,是印加帝国的都城遗址。这座建于西班牙人入侵前100年的城市,现已成为传奇般的印加文明的一个代表。在印加人留下的遗迹中,最引人注目的特点就是以巨石为材料的建筑艺术,其规模之宏大,技艺之高超,常常显示出超越当时的工艺水平。太阳门位于秘鲁的蒂亚瓦纳科城,它是古印加文化最为杰出和典型的代表,它是用一整块巨石雕刻而成的。太阳门因其神秘性成为专家研究的目标。马丘比丘人在云雾缭绕的山顶建造了美丽的空中花园,可是早在1533年西班牙人征服印加帝国之前,马丘比丘人就已经离开了这座美丽的"空中之城"。他们为何弃城而去？

太阳贞女城马丘比丘

在印加语中，"马丘比丘"意为"古老的山峰"。位于古印加帝国首都库斯科城西北 112 千米高原上的马丘比丘历史圣地被四周的崇山峻岭环抱，海拔 2280 米的古城两侧为 600 米的悬崖峭壁，下临湍急的乌鲁班巴河，地势极为险要。智利著名诗人聂鲁达曾在他的长诗《马丘比丘之巅》中写道："我看见石砌的古老建筑物镶嵌在青翠的安第斯高峰之间。激流自风雨侵蚀了几百年的城堡奔腾下泻……"

马丘比丘古城建于印加帝国后期 1440～1500 年，1531～1831 年统治秘鲁的西班牙殖民者由于古城周围山高路陡、丛林密盖，一直未发现这个城市，到了 1911 年，美国耶鲁大学南美历史学教授海勒姆·宾加曼才发现了这个面积 13 平方千米的古城。

由于马丘比丘古城三面环河，一面临山，所以长年笼罩在云雾之中。古城内所有建筑都用石头砌成，石头之间完全没用岩灰等粘合物，但连接处的缝隙连薄薄的刀片都插不进去，可见当时建筑技术的高超。马丘比丘古城遗址外围是层层梯田形成的农业区，城区有 200 余座建筑。城内规划井然有序，北部多为庄严的宫殿和神庙，南部是作坊、居室和公共场所。马丘比丘的建筑因地形而建，从城脚到城顶部共有 3000 多级石阶，城内各个街区和建筑之间都有石阶相连。

在古城的高处平台上，有一块巨大无比的石头，这便是印加文化传说中的"拴日石"。拴日石呈长方形，表面被工匠们打磨得十分光滑，棱角齐整。相传，印加人非常崇拜太阳，认为世间万物皆是太阳所赐。但太阳每天东升西落，每当太阳落山之时，他们都担心第二天太阳不会升起。于是，有人便想出一个办法，在马丘比丘兴建拴日台，竖起打磨好的石头来把太阳拴住。

关于马丘比丘的兴建，有一种比较神秘的说法。传说，马丘比丘是印加帝国为"太阳贞女"修建的，为了满足太阳神的需求，帝国每年从全国选拔出才貌双全的美女来到马丘比丘，她们为太阳神所有，终身不能嫁人，在马丘比丘城内从事宗教活动，为印加帝国祈求国运昌盛。为了维持城内女人们的生活，帝国也派一些男人作为奴隶为女人们耕田，提供生活必需品。但男性和女性绝对不能通婚，一旦他们之间发生性关系,便会立即被处死。所以,马丘比丘又被称为"美女云集的城市"。

马丘比丘的神秘莫测和诡异一直吸引着世界各国好奇的人们。为此,秘鲁政府还专修了一条 80 千米长的铁路,从库斯科直接把旅游者送到古城遗址旁。

古老的印加有文字吗

公元 1200 年左右,以太阳之子孙自称的印加部落征服了库斯科盆地和以它为中心的邻近部落及氏族,在高原上建立了强大的印加帝国。印加帝国农业和手工业水平都有着较高的发展水平。他们用棉花或羊驼毛在织布机上织布,并能编织出各种式样、色泽鲜艳的动植物图案和几何图形,他们把劳动、生活等场景刻在陶制或青铜铸造的器皿上,能够达到以假乱真的程度,据说 1533 年西班牙殖民主义者打进库斯科的印加王御花园时,竟然会把点缀园景的金花、银花当成了鲜花,伸手去采摘的时候才发现是人工镂刻的。印加人民的天文知识也达到了相当发达的水平。信奉多个神的印加人把日月星辰都视为神灵,从而把天文学和信仰巧妙地联系在一起。他们通过对星辰尤其是对月亮圆缺的长期观察,编制了相当精确的历法。为了观察太阳位置,与农业季节的关系,印加人民在库斯科附近建造了观察台。在马丘比丘还发现了一个土语叫"因蒂华姐娜"的古代测时仪器。

印加文化如此丰富,瑰丽神奇,但是印加人到底有没有自己的文字却一直是史学家长期以来争论不休的一个问题,有的学者认为,印加陶器上那些类似豆子的符号就是他们的文字,是一种特殊的会意文字,只是尚未破译出来而已。有的学者则认为,16 世纪以来,在库斯科太阳神庙里的金柜装饰物上的那些"图画"就是传说中的象形文字。1980 年 5 月,英国工程师威廉·波恩斯·格林经过整整 7 年的考察,写了题为《介绍印加人的秘密文字符号》的学习论文,提出以下观点:印加文字有 16 个辅音和 15 个元音组成,这种秘密文字是美洲最早的象形和表意文字之一。然而,这种观点却并不被史学界、考古学界和学者所接受。

更多的学者认为,印加没有自己的文字,他们创造了结绳记事的方法,管理有序的驿道制度和有关宗教技艺等的教育制度去维系整个印加帝国的正常运行。印加的结绳记事方法有两种:基普和基尔卡,主要用于辅助记忆、统计和记事。但是这两种方法通常为少数祭司、贵族所垄断。基普是印加人用羊驼毛或骆马毛编成各种结的彩色绳子。1981 年 1 月 19 日,在秘鲁利马省拉帕斯村发现的印加古记事绳长 250 米,是迄今发现的最长的记事绳。细绳的不同颜色代表不同的事物。根据专家们研究,褐色代表马铃薯,白色代表银,黄色代表金,黑色代表时间,红色代表士兵。印加人借助绳的颜色、结的形状、大小和位置,来进行对各种重要事件、自然现象的区别和统计,印加王则通过原始邮政系统传递的记事绳来了解各地的收成、账目和治安等状况。基普是一种辅助记忆的手段,而不是一种文字形式。基卡尔是另一种辅助记忆的手段,它是画在毛织品、布板、石板上的历史图画符号。基卡尔的形式是多样的,一种是在布板或织物上画的没有年表的历史图画符号;一种是在一些奇怪的石板上画的像堡垒开放状的一排排四边形。有的学者推断这只是一种计算和统计的符号。最初侵入印加帝国的西班牙人曾记述,他们在库斯科的太阳神庙附近的一所专门的祭司秘房中,发现了贴在木板上的大幅粗布画,画布记述着印加人的传说和历史事件。16 世纪,西班牙驻秘鲁总督托莱多曾亲眼见过那种布板,上面画着印加统治者的像,人像的周围有关于印加神话传说的符号。但遗憾的是布板的金框被西班牙殖民者劫走,金框中的历史图画被焚烧化为灰烬,因此并不能成为事实的依据。

在印加王国有专门掌管和运用"基普"的官员,官名为"基普卡马约克",一般均为贵族和贵族子弟,他们经常陪同印加王使臣去各地巡游,负责监督税收和人口统计,实际为王室的会计和兼职秘书。他们依据记事绳向国王汇报情况。在印加王国为贵族子弟设立的学校里,教师还专门传授结绳记事的知识和方法。专家研究说这样的学校设立在首都库斯科,培养从事专职工作的专业人才,学习期限是 4 年,第一年学克丘亚语,第二年学天文历法,第三年学会表达和识别基普,第四年学习其他专门知识。

印加王国是西班牙殖民主义者入侵前美洲最主要的文化中心,在印加文化中占重要地位的巨石建筑群和纵贯南美洲的石砌大道,令当今建筑师都赞叹不已,然而这一切如果说是在没有文字的情况下完成的,实在难以让世人信服。虽然到现在为止确实没有确凿的证据证明印加人有过文字,但史学家和学者一直在努力地寻找,所以关于印加文字的有无问题还会继续争论和探索下去。

惊人的印加宝藏

曾经生活在南美大陆上的印加人早在新大陆被哥伦布发现之前，就已经创造了属于自己的辉煌的古代文明。印加帝国在印第安人的传说中，就是一个金子的王国。由于那里盛产黄金，所以人们在建筑宫殿时会用大量的黄金作为装饰，比如首都库斯科的太阳神庙和黄花园就闪耀着金灿灿的光芒。

最初到南美大陆掠夺黄金的是西班牙人弗朗西斯科·皮扎罗。1533年，皮扎罗率领180名骁勇善战的西班牙士兵穿越危险重重的安第斯山脉到达了印加北部重镇卡沙马尔卡，从未见过这些周身涂满金粉的印加人，以为是天使降临人间。为了打败印加人，皮扎罗精心策划了一场战斗，180名西班牙人以少胜多，打败了4万多人的印加军队。被杀的印第安人有5000人之多，而西班牙人几乎没有伤亡，他们还抓获了阿塔瓦尔帕国王。战斗结束后，皮扎罗不但派人前往印加军营搜刮了价值8万比索的黄金，而且还以国王阿塔瓦尔帕为要挟向印加人勒索巨额赎金，最终13265镑黄金、26000镑白银被送到西班牙殖民者的手中。尽管得到了巨额宝藏，皮扎罗却背信弃义地依然要将国王阿塔瓦尔帕这位最后的印加太阳王子杀掉。当阿塔瓦尔帕走上绞架之时，他面对印加人世代崇拜的太阳之神和浩渺神秘的亚马孙丛林，痛切地诅咒这些可恨的刽子手。这些双手沾满了罪恶与血腥的强盗最终都应验了这些咒语，他们在掠夺了印加人的大量金银之后，终因分赃不均而引发了激烈内讧，几乎所有的头目，包括皮扎罗、他的4个兄弟及伙伴都被杀死或囚禁。那批巨额的印加财宝也因此下落不明，不知所终。

有关印加人宝藏的传说还远不止这些。1576年，西班牙商人古特尼茨就发现了"小鱼宝藏"。他在一位印第安部落首领的带领下，通过一条崎岖的地道进入了秘鲁印加国王的墓穴，发现了大量令人眼花缭乱的金银珠宝。这个宝藏之所以叫作"小鱼宝藏"，是因为其中有许多眼睛由翡翠打制、全身由黄金制成的小鱼。传说在发现"小鱼宝藏"的地方另一侧还埋藏有"大鱼宝藏"的陵墓。几个世纪以来，为了找到"大鱼宝藏"，寻宝者前赴后继，寻遍了附近所有的陵墓，结果一无所获。现在秘鲁政府为确保宝藏不落入他人之手，公开宣布在政府不允许的情况下，任何人不得擅自开掘、破坏陵墓。

还有一处印加宝藏，即传说中的印加"黄金湖"，也令人格外瞩目。据传，印加王的加冕仪式就在湖畔举行。周身涂满金粉耀眼夺目的新国王，代表着太阳之子的光辉，然后国王在湖水中将金粉洗去，臣民们纷纷把自己最珍贵的宝石、黄金献于国王的脚前。新国王把所有的这些都投入湖中，作为奉献给太阳的礼品。如此世代积累，黄金湖中就积存了大量金银珠宝。自从 16 世纪西班牙征服印加帝国后，对黄金湖的寻找和打捞行为就从未中断。最后人们确定传说中的黄金湖就是今天哥伦比亚的瓜达维达湖。1545 年一支西班牙探险队在该湖中捞起了几百件黄金制品，更加证实了黄金湖的传说，更多的寻宝者纷纷被吸引到这里。1911 年，一家英国公司妄图抽干湖水获得宝藏，花费了巨大的人力、财力，结果却没有找到他们想要的巨额财宝。为了保护湖中的宝藏，1974 年哥伦比亚政府下令禁止在湖中打捞任何物品，并派军队加以保护。黄金湖的传说从而也更加神秘了。

与"黄金湖"宝藏对应的是"黄金城"的传说，这是一个更让寻宝者向往的地方。皮扎罗在得知这一传说后，为探寻其源头严刑拷打了一些印加贵族。一位贵族承受不了重刑，吐露了黄金的所在——位于亚马孙密林中的一位印第安酋长帕蒂统治的玛诺阿国，那里产有堆积如山的金银，但这个地方只有国王和巫师知道，其他人无从知晓。西班牙人立即组织了一支探险队开赴那个既不知道方位、又不知道道路的神秘地区。面积达 280 万平方千米的亚马孙原始森林是如此广袤无垠、遮天蔽日，在这里前进一步意味着更向死神靠近。因此无数的探险队不是狼狈逃回，就是下落不明，损失极其惨重。

直到 17 世纪时，有 6 个葡萄牙人带领一群印第安人和黑人闯入了亚马孙丛林。辗转数年，突然有一天，他们透过密林发现了一座壮观辉煌的古城遗址和一片大草原。古城中间有一座手指北边高山的石像，几位幸存者将探险经过写成报告，放置在巴西里约热内卢图书馆里。后来有人依据报告的记载来到遗址，但只找到了小部分的宝藏。

传说中的印加宝藏并不止于此，有人统计过，印加人黄金的数量相当于当时世界其他地方黄金数量的总和。但面对危险丛生的亚马孙密林，更多的冒险家只能"望林兴叹"。或许死去的印加王的灵魂附着在这些珠宝上，它们牢牢看守着这些藏在密林深处的宝藏，世人永远不会找到。

印加人的"巨石文化"之谜

数百年来，马丘比丘古城历经山洪暴雨和雷击地震的摧残，这座山城中的多数建筑已经倒塌，但仍有216间石屋至今仍完好无损。尤其是这座山城中用花岗岩巨石砌成的墙垣，更是巍然屹立。建造这道墙垣的石块，体积大小几乎相等，层层叠加，不施泥灰抹缝，却坚固无比。在简单的金石工具的时代，印加人的石砌技术能达到如此精湛的程度，既让人感到无比惊奇，又让人觉得不可思议。

在印加人留下的遗迹中，最引人注目的特点就是以巨石为材料的建筑艺术，其规模之宏大，技艺之高超，常常显示出超越当时的工艺水平。考古学家和史学家把这些巨石建筑说成巨石文化，该文化中首先应该介绍的是印加帝国的首都库斯科。这座城市的主要建筑全部由精工凿平的巨石砌造，石块之间没有任何黏剂衔接，但至今却连剃须刀片都插不进去。

在库斯科城四周的山岭上有很多古堡，其中城北的萨克萨瓦曼古堡有3道石墙围护，每一道石墙高18米，长540米以上。每块巨石长8米，宽4.2米，厚3.6米，体积约121立方米，重量达200吨。在500多年前的美洲，既没有钢铁工具，又没有开山炸药、车轮技术，印加人怎么能开采出如此巨大的石料呢？又怎么能运到目的地呢？这些疑问都让人困惑不解。

许多考古学家和历史学家经过长期研究和考察认为，印加人石砌技术的秘密正在逐步为人们所认识。印加人的叠石建筑艺术，是从以前各个时代的巨石文化传统中继承下来的。在印加帝国鼎盛时期，各地优秀的工匠集中到库斯科，从而为巨石文化的进一步发展创造了前提。在进行大规模的建筑活动中，又总是出动上万人做工，这就使得滚木运石的方法得以实行。

法国著名学者、美洲史专家波尔·里维等人通过考证指出，印加人虽然还不知道怎样冶炼钢铁，但他们却能够利用铜、锡、金、银的不同比例，配制成多种合金，并熟练地掌握了锻造、加工和成型蜡模浇铸等工艺技术。特别是他们使用含锡量不同（3%～14%）的青铜合金，再经过高温锻炼，就可以造出坚硬如铁的斧、凿、钎、锤等破石工具，这样就可以比较轻松地进行巨石开采。

对于印加人加工巨石的方法，秘鲁的专家们获得了一个惊人的发现。他们在

·神秘玄妙的古迹文物·

图文珍藏版

对库斯科附近的一个采石坑进行考察时,发现里边有许多植物的枝叶残迹。据当地传说,有一种啄木鸟,常常用嘴衔着一种神奇的植物在岩壁上钻孔筑巢。照此推测,这种植物具有软化石头表面、降低岩石硬度的奇妙功能,印加人掌握了用这种植物软化岩石的方法,然后再利用金石工具,就可以随心所欲地对中长石、玄武岩、闪绿石进行加工,凿成各种形状,刻成各种浮雕。

如果真是这样的话,那么巨石文化的秘密就基本揭开了。可惜的是,以上解释只不过是专家们的推测,还需要加以证实。

太阳门何以神秘

蒂亚瓦纳科文化是 5 ~ 10 世纪影响秘鲁的一支伟大的文化,以精美的石建筑为特征。

作为该文化最杰出的象征和代表,太阳门用重达 100 吨以上的整块巨型石雕刻而成。造型庄重,比例匀称。高有 3.048 米,宽 3.962 米,由一块完整的巨型石岩凿成,中间凿有一个门洞。门楣中间有一个浅浅的浮雕神像,呈人像的头部放射出许多道光线,双手各持着护杖,在其两旁平列着三排 48 个较小的、生动逼真的形象,其中上下两排是面对神像的带有翅膀的勇士,中间一排是人格化的飞禽,浮雕展现了一个神秘莫测的神话世界。据说每年的 9 月 21 日,黎明的第一道曙光总是准确无误的射入太阳门中,"太阳门"也正是因此而得名。

太阳门的出现引起了很大的轰动,在印加人创造蒂亚瓦纳科文化的年代,运输工具是很落后的,甚至都还没有带轮子的驮重工具,何况蒂亚瓦纳科文化遗址在峰云相交、峭拔陡立的安第斯高原上,太阳门的雄伟和它所处的背景环境有着太大的反差,堪称奇迹。16 世纪中叶,西班牙殖民主义者见到这座庄严的古建筑时,认为是印加人或艾马拉人建造的。但是艾马拉人不同意此说,认为太阳门很古老,是太阳神自己建造了太阳门和蒂亚瓦纳科的建筑群。欧美大百科全书记载了两种传说:一个是太阳门是由一双看不见的神秘之手在一夜之间建造起来的;另一种说那些雕像本来是当地的居民,后来被一个外来朝圣者变成了石头。奥地利考古学家阿瑟·波斯南斯基在 20 世纪上半期提出一个设想,认为该文化可以追溯到 1.3 万年前。从太阳门秋分时节射入第一道太阳光这点来看,可以认为,太阳门上刻的是历法知识,太阳门是石头日历。后来火山爆发或自然灾害毁灭了这座古老的城市和文明。如果这些图案与符号是表达历法的,那么古印加人又是如何测算出秋分时节太阳与太阳门位置关系的?

为弄清楚蒂亚瓦纳科文化的真实原貌,美国考古学家温特尔·贝内特用层积发掘法证明该文化最早年代为公元300~700年,太阳门约在公元1000年前正式建成。这里原是宗教圣地,朝圣的人群跋山涉水而来,举行朝拜仪式,并建造了这些宏伟的建筑物。苏联历史学家叶菲莫夫、托卡列夫也赞同这一观点。但是反对者也有着充分的理由:建造太阳门的安山岩产于的的喀喀湖上一个名叫珂帕卡班纳的半岛上,它是怎样搬运到蒂亚瓦纳科来的? 玻利维亚的科学家们做过实验,用木筏在水上只能运输较小的石块。如从陆上运输,6名士兵才能拖动一块半吨重的石头。在当时生产力极其低下的时候,如果要把重达100吨的巨石从5千米外的采石场搬运到指定地点,至少需要每吨配备65人和数英里长的羊驼皮绳,而以当时的条件是不可能达到的。另外要把这么庞大沉重的石门立起来,必须要用大型的起重机,而当时的印加人连车辆都没有发明,他们是怎样把这巨大的石门立起来的?

著名的考古学家卡洛斯·旁塞·桑西内斯和伊瓦拉·格拉索用放射性碳鉴定,蒂亚瓦纳科始建于公元前300年,公元8世纪以前竣工。一般都认为太阳门是宗教建筑,不过前者认为蒂亚瓦纳科是当时举行宗教仪式的中心场所,太阳门是一个重要庭院的大门,门楣上的图案反映了宗教仪式的场面。伊瓦拉·格拉索认为,太阳门很可能是阿加巴那金字塔塔顶上庙堂的一部分。美国的历史学家艾·巴·托马斯也认为遗址不是宗教活动的场所,而是一个大的商业和文化中心,阶梯通向之处是中央市场,太阳门上的浅人形浮雕,其辐射状的线条表示雨水,两旁的小型刻像朝着雨神走去,以象征承认雨神的权威。

太阳门是建筑史上的一个奇迹,它超越了它的时代,它是南美大陆最负盛名的古代文明奇迹,凡是看到过"太阳门"的人,无不为它的宏伟壮观惊叹不已,惊叹的同时它也吸引了很多专家学者的关注。虽然到现在太阳门仍然还没有昭告它的形成原委,但是相信太阳门的光芒一定可以照亮寻求它骄傲历史的眼睛。

古印加人为何将"空中之城"弃之而去

神秘的"马丘比丘"这座空中古城在被废弃了近1个世纪之久后又重新展现在世人的面前,它的雄伟壮丽让世人惊叹不已,但对它的种种疑问也时时萦绕在人们的心头。

根据传说,"马丘比丘"是印加帝国的缔造者曼科·卡帕克的出生地。它三面临河,一面靠着白雪皑皑的萨而坎太山,地势极为险要。正是因为如此,它才躲过了西班牙征服者和天主教士的侵扰与破坏,得以完整保留。

城中建筑极具宗教色彩,凡是磨制光滑、对缝严整的建筑均为神庙,且都配备3扇窗,缝与缝之间没有任何黏合物粘接,连最锋利的刀片也插不进去。墙上的每一块石头都像是在玩拼图一样被巧妙地连接起来,与其他印加遗址的风格大相径庭。在城市中间的"神圣广场",矗立着一座巨大的日晷,马丘比丘人通过它来测定每天的时刻。在古城的一端还有著名的太阳神庙和"拴日石",印加人希望用拴日石永远留住他们心中至高无上的神——太阳——万物生命和希望的起源。

勤劳的马丘比丘人还在城堡对面的山峰上筑出一层层梯田,并在每一层上开凿了引水渠,引来雪水浇灌农田,企望获得丰收。

拥有如此美丽而逍遥的空中之城,马丘比丘人为何离开自己理想的家园?没有任何留恋,没有任何先兆,到底是什么原因呢?很多人认为是因为西班牙征服者的原因。可是,根据历史记载,当年侵略者的铁蹄并未能够踏上这里。并且,考古学家在研究中还发现,早在1533年,西班牙人征服印加帝国之前,马丘比丘人就已经离开了这座美丽的"空中之城"!即使真的是因为西班牙人的入侵,想想印加帝国的雄厚实力,拥有万骑精锐的印加人,怎会不敢和100多人的西班牙入侵者作殊死搏斗?这种解释恐怕站不住脚。

今天的考古学家在绵延的安第斯山脉中,陆续发掘到许多印加帝国的遗迹,证明印加人确实是抛弃他们美丽的家园,而在荒芜的山地中重建了他们理想的国度。

马丘比丘人在云雾缭绕的山顶建造了美丽的空中家园,他们在此安居乐业,可是他们又离开了这方他们赖以生存的乐土去重建家园,到底是为了什么?是上苍的旨意,还是部落之间的侵袭与纷争,还是奴隶们的反抗使其统治坍塌了?目前没有任何证据能解释他们为何弃家而去,印加人和马丘比丘人给人们留下了一道无法解答的谜题。

第十四章　悬而未决的古墓疑云

商代墓葬悬疑

甲骨文是中国最早的成熟文字,其与埃及的纸草文、巴比伦的泥版文字等同为人类最珍贵的文化遗产,后两种都已失传,而中国甲骨文几经变异,一脉相承,终于成为现在中国通行的文字。小屯村甲骨文的发现使殷墟遗址渐渐呈现在人们眼前。商朝是我国奴隶社会的发展时期,从成汤到商纣,共传 17 世,31 个王,前后约有 496 年。商朝时,地域辽阔,势力最大时东到大海,南到长江流域,西达陕西西部,是当时的一个大国。商朝前期,王朝内部的政治斗争十分激烈,由此也导致外患不断,为保持国家的长治久安,商朝经历了五次迁都。公元前 14 世纪,商王盘庚把都城迁到殷,从此商王朝稳定下来,因此商朝又称为殷商。殷墟是我国考古史上最早的、历时最长的、规模最大的考古发掘之地。在小屯村西北地发掘的妇好墓是谁的墓藏,是"商王武丁王后"的这个妇好的墓藏吗?商代墓藏留给人们许多疑问。

小屯村甲骨文发现引出的殷墟遗址

在 19 世纪末的一天,河南安阳市西北郊小屯村的一位农民耕作之时,偶然从地下挖掘出数片龟甲和兽骨。他拿起来看时,发现上面刻有文字,但却不知道是什么东西。这一地带的农民农耕之时,常常能发掘出铜器、古钱、古镜等物,并转卖获利。此人发现甲骨后,以为自己这次又能得些意外之财,便继续挖掘,结果发现很多甲骨,于是,他把这些甲骨拿回家中,准备出售,不料却无人问津。后来,小屯村又有许多甲骨出土。许多农民就把甲骨充作龙骨和龟板卖给中药店铺,当时中药店铺有龙骨、龟板等药材,药铺又常常以古骨充当龙骨,而且古骨研磨成粉,可治刀伤,因而这些甲骨有了一些"销路",但价格低廉,一斤仅得数钱。对贫穷的农民而言,这又是一条财路,村民便乘农闲之时四处挖掘。他们把形状大的甲骨卖给药铺,小的则填塞枯井。由于药铺收购的"甲骨"不能有文字,村民们又每每把甲骨的文字用刀刮去以后出售。他们不知道,自己愚昧无知的行为毁灭了许多无价之宝。

小屯村出土的甲骨文,基本上都是商代遗留下来的。小屯村曾经是商朝后期的国都所在地。

公元前 16 世纪前后,商汤灭夏,在中原地区建立了商。在当时特殊的历史背景条件下,商王盘庚曾 5 次迁都于殷。直到商纣亡国,273 年间殷一直是商代晚期

甲骨文

的统治中心。周取代商以后,殷民迁走,殷都也在漫长的历史变迁中沦为一片废墟。殷都的文明也只局限在文字记载上,甚至有人认为那些记载几近传奇,不可尽信。然而一连串的偶然事件逐渐使人们否定了这种怀疑,殷都积淀的古文明在考古者的手下逐渐展现出来,而甲骨文就是人们认识殷都文明的最丰富材料。

小屯村农民的意外发现引来了无数的学者,经研究,他们确定了这些刻有文字的甲骨属商代王室占卜用的刻辞。继甲骨文后,大规模的发掘工作随之而来,于是,一座标志古代文明的都市遗址——殷墟遗址被发现了。

殷墟遗址是商代后期的王都所在地。河南安阳市西北 2.5 千米的小屯村是遗址的中心,洹水两岸的后岗、武官村、高楼庄、花园庄、孝民庄、侯家庄、四盘磨、大小司空村等 10 多个村庄都在遗址的范围内,总面积约 24 平方千米。

殷墟遗址从 1928 年开始共经历了 15 次发掘。1937 年抗日战争爆发后,发掘工作被迫停止。1949 年后,殷墟的发掘继续进行,直到今天尚未间断。

从遗址上看,小屯村是当时的王宫所在地。到目前为止,已发掘出 70 多处版筑房基,其中有大型宫殿和宗庙基址,也有小型居住址,都排列有序。在房基附近还发现有 700 多个大小深浅不同的窖穴,这些窖穴大都用来贮藏粮食、器具、甲骨,

少数则作为居穴。在小屯村也发现有墓葬,它们集中分布在宗庙基址周围,多为人祭坑。另外,在遗址的东边曾发现包括有名的妇好墓在内的属于王室贵族的中型墓。

王陵区分布在洹水北岸的侯家庄和武官村一带。在这里共发现 13 座大墓和千余座小墓、排葬坑,其中赫赫有名的商王大墓就在武官村。据推测,大墓多半是王陵,小墓和排葬坑应该是附属于大墓的陪葬墓和人祭坑。

古代居民遗址和墓地在其他各村也有发现,但规模都略小,在小屯村东南的苗圃北地和小屯村西北的北辛庄分别发现了规模较大的铸铜和制骨作坊遗址。

殷墟是我国考古史上最早的、历时最长的、规模最大的考古发掘之地,所获实物资料也极为丰富,其中经科学发掘所得刻字甲骨将近 3 万片,青铜器多达数千件,以及不计其数的玉、石、骨、角、牙、蚌、陶等各类遗物。所有这些都是研究商代历史最珍贵的实物资料。

妇好墓的主人究竟是谁

殷墟是商王朝后期的王都。据文献记载,自盘庚迁殷至帝辛覆亡,历经 8 代 12 王。据历史学家确认盘庚迁殷为公元前 1300 多年,武王克商年为公元前 1046 年,共有 200 多年,商王朝居殷最久是无可争辩的。按理,出土最多文物的就应为诸商王的陵墓了,特别是一些功勋显赫的商王,但是已发现的商王陵都被历代盗墓者洗劫,失去了研究的宝贵资料。直到妇好墓发现,一大批文物才得以面世。妇好墓位于当时小屯村的西北地,这里原是一片高出周围农田的岗地,1975 年冬考古工作者对其进行考古勘探,在这一带用洛阳铲打孔钻探,几天后在钻一个孔的时候发现土层有变化,工作人员马上兴奋起来,这预示着里面可能有遗迹。这时在场的人谁也没有出声,小心翼翼地向下铲去,在大概钻到 6 米深时,慢慢向上拔铲,探铲提上来了,满铲都是鲜红的漆皮,漆皮就是腐坏的棺木,气氛顿时活跃起来,大家异口同声地说,是墓葬。

发掘结果证实,这便是妇好墓。妇好墓保存完好,随葬品极为丰富,共出土不同质料的随葬品 1928 件,有玉器、象牙器、骨器、宝石器、青铜器、蚌器等,其中制作水平最高的是青铜器和玉器。青铜器共 468 件,以礼器和武器为主,礼器类别较全,有炊器、食器、酒器、水器等。尤为珍贵的是有诸多成套器皿,圆鼎12件,每组6件;铜斗8件,每组4件。还有成对的方壶、方尊、圆鼎;有的酒器竟配有完整的10瓡、10爵(瓡、爵为古代的青铜酒器)。

玉器类别比较多,有琮、璧、璜等礼器,作仪仗的戈、钺等,另有工具和装饰品。其中,玉人是研究当时人的发式、头饰、着装等的形象资料。各种动物形玉饰有龙、凤,有兽头鸟身的怪鸟兽,各种动物形象以野兽、家畜和禽鸟类为多,如虎、熊、象、鹿、马、牛、羊、鹦鹉等,也有鱼、蛙和昆虫类。

人们惊异于墓藏的奢华,感叹随葬品的精美和极高的艺术成就,于是疑问产生了,这个墓主人究竟是谁呢?肯定是个显贵无疑,那么又是哪个显贵?商代历史几乎没有记载,甲骨文的发现及释读,却使我们得知了部分情况。从出土文物看,有部分铸有铭文,其中铸妇好铭文的共109件,占有铭文铜器的半数以上。其实妇好墓的发现正好解决了一个难题,因为专家们在此之前早就知道有"妇好"这个人。解读甲骨文的记载,妇好为商王武丁的妻子,是我国有文字记载的第一位文武双全的女将军。甲骨文中有关她的记录有200多条,属于数量相当多的。她曾率领1_3万多人的军队去攻打前来侵略的鬼方,并大胜而归,因功勋卓著而深得武丁、群臣及国民的爱戴。妇好终因积劳成疾而先逝,国王武丁予以厚葬,并修筑享堂时时纪念。

这个墓葬便是妇好的了,大量的刻有"妇好"的铭文器物,说明是她所有。而且墓室中发现兵器:商妇好大铜钺。钺主要是作为军权的象征。妇好墓出土了4件青铜钺。其中一件大钺长39.5厘米,刃宽37.5厘米,重达9千克。钺上饰双虎扑噬人头纹,还有"妇好"二字铭文。该钺并非实战兵器,而是妇好统帅权威的象征物。

虽然墓葬与甲骨文一定程度上相印证,认定墓主就是妇好,不过她又是什么样的人呢?甲骨文本身的记录也是让人无所适从。

有的甲骨片上说她是个大元帅,带兵镇压奴隶起义,辅助国王武丁南征北战;有的龟甲上说她是个诸侯,有自己的领地和供奉;也有的龟壳片上说她是商王武丁最宠爱的王后,武丁对她情深意笃,为她的怀孕和生子而焦虑。从这些发现上看,有人综合以后，说她是王后又有独立的领地，兼为一方诸侯。

可是后来发现的龟壳片上又出现了奇怪现象，有一些铭文中居然说她又嫁给了武丁前几代的君主，而且嫁了3个人！这令研究妇好的人们产生疑问：妇好到底是一个人，还是一类人的总称？为什么她在时间跨度长达300年间嫁给4个商王？于是原来肯定的墓主"商王武丁的王后"这个妇好，究竟是不是墓主，还是另有其他妇好？历史之谜解开一层，又显出一层。商代妇好墓主人究竟是谁？

谜团重重的后母戊鼎

后母戊鼎是世界上罕见的青铜器贵重文物之一，而且也是到今天为止所有出土的鼎中最大最重的。它的存在和发现本身就是一个传奇故事。从它的发现和出土无不充满神奇色彩，再加上它的特定发现时期，使本来就具有很大价值的后母戊大方鼎蒙上了一层层神秘的面纱。

后母戊大方鼎的鼎耳为什么不翼而飞？这里有这样的传说：1939年是一个动乱的年代。时局的混乱，加剧了盗墓风气的盛行，身居河南省安阳市武官村的村民自然不会忘记身居殷墟之旁这块风水宝地，村民们开始有组织地在夜间盗掘古墓。3月的某个深夜，在河南安阳侯家庄武官村吴玉瑶家的农田里，距武官村大墓西南隅大约80米处，随着村民的铁锹"仓啷"的脆响，华丽雄伟的青铜之冠、国之重宝——后母戊大方鼎出土了。村民们忙碌了一夜，但因为鼎太大、太重而实在无法搬动，他们不甘心整夜提心吊胆地忙碌无功而返，于是一个私掘者取来锯子，将大鼎的一只鼎耳锯下，然后又将大鼎重新掩埋。事后他们相约谁也不准说出此事。后来，侵华战争爆发，日本人闻知此事，想花重金购买都没有得到。抗日战争胜利后，后母戊鼎在1946年6月重新出土。但当年被盗墓的村民偷偷锯下的一只鼎耳在动荡的年月里下落不明，这也成为后母戊大方鼎的永远的遗憾。今天我们看到的后母戊大方鼎，有一只鼎耳就是后来补铸上去的。1959年，中国历史博物馆在北京建馆，后母戊大方鼎又被运到北京展出。现在中国历史博物馆展出的是原鼎的复制品，真品早已作为珍贵的历史文物保护起来了。

后母戊鼎整个总重875千克，高达133厘米，口长110厘米，宽78厘米，足高46厘米，壁厚6厘米。因为此鼎大得足够做马槽，所以人们又称它为"马槽鼎"。

后母戊鼎立耳方腹、四足中空,除鼎身四面中央是无纹饰的长方形素面外,其余鼎身各处皆有饰纹,而且各部分纹饰各具形态。鼎身四面的长方形素面周围以饕餮作为主要纹饰,四面交接处,则饰以扉棱,扉棱之上为牛首,下为饕餮。鼎耳外廓有两只猛虎,虎口相对,口中含人头,鼎耳侧是鱼纹纹饰。四只鼎足的纹饰也很有特色,在三道弦纹之上各饰以兽面。鼎腹内壁铸有铭文"后母戊"。其造型、纹饰、工艺均达到极高水平,堪称商代青铜文化顶峰时期的代表作。

关于鼎身腹内的"后母戊"铭文也存在着种种猜测,据此,也产生了一些对后母戊大方鼎属商朝哪个时期的种种说法。目前学术界主要有 3 种观点:第一种认为这鼎是商王为祭祀他的母亲戊而铸造的,这也是大多数人认可的解释;第二种观点认为,"后母戊"是一个氏族的名称;第三种观点认为,根据最早的推测,"母戊"一般被认为是殷王武乙的配偶妣戊,即文丁的母亲,铸鼎者则为文丁。卜辞记载文丁的配偶为妣癸,而武乙的配偶却不见记载。因此陈梦家认为,"母戊"可能是武乙的配偶。据此,则大鼎为殷墟晚期的器物(陈梦家:《殷代铜器》,见《考古学报》)。还有一种意见称,"母戊"可能是指武丁的配偶或祖甲的配偶,因此铸鼎者可能为祖庚、祖甲,或廪辛、康丁。这样,该鼎就是殷墟前期的遗物。

后母戊大方鼎最为神秘也最难让人猜测的是它是如何铸造的。后母戊大方鼎表明商朝青铜器的制作技术已经达到炉火纯青的地步,标志着我国古代青铜工艺出现第一个高峰。但是铸造后母戊大方鼎,在当时的生产力情况下是一件相当困难的事。据推测,后母戊大方鼎的铸造过程是这样的。在商代,冶炼青铜用的是陶制的坩埚,它的形状和后来倒放着的头盔差不多,考古工作者趣称它为"将军盔"。据科学估算,每个"将军盔"能熔铜 12.7 千克。假使铸造一个中小型的铜器,只需用一个坩埚就可以了。但是,要铸造后母戊大方鼎这样的庞然大物就需要七十多个"将军盔"同时浇铸,这意味着要求几百人同时操作。如此浩大的工程该如何施工呢?有人认为勤劳智慧的奴隶们采取化整为零的战略,先分别铸好鼎耳、鼎足、鼎身,然后再把铸好的各个部分合铸在一起。经过奴隶们的长期艰苦卓绝的劳动,终于铸成了后母戊鼎。但这种猜测没有得到相关科技的论证。直到今天,在发达的科技面前,都没有人能再现铸鼎的情况。

后母戊大方鼎是中华文明的瑰宝，它纹饰美观庄重，工艺精巧，一向为世人所钦羡。因此它的价值更高，而围绕它的种种迷雾也增添了它在世人心目中的地位，后母戊大方鼎之谜的解开，有待考古和科学技术的进一步发展。

诡异的中山王墓

公元前 770 年，周平王迁都洛邑（今河南洛阳），中国历史进入东周时期。东周分春秋和战国两个历史时期。春秋时全国共有 100 多国，经过不断兼并，到战国初年，只剩下十几国，大国有秦、楚、韩、赵、魏、齐、燕 7 国，即有名的"战国七雄"。除七雄外，并存的越、宋、卫、中山、鲁、费等小国后来也都被 7 国所吞并。中山国是春秋战国时期北方少数民族鲜虞族建立的方国，位于河北省中部，因城中有山而得名。1978 年以来对中山王墓的发掘和对中山国都城灵寿城的勘探，揭开了中山国千古之谜。河北保定满城县的满城汉墓从一开始就让人觉得与众不同。据考古工作者介绍，西汉流行的是竖穴土坑墓，而满城汉墓则显然是一座崖墓。所谓崖墓是指依山开凿的横穴墓。那么，墓主为何要如此别出心裁呢？这位墓主人又是何许人也？满城汉墓出土的完整的金缕玉衣是全世界为之倾倒的国家级文物，"金缕玉衣"能让尸体不朽是真的吗？

中山王墓为何有众多的鲜虞族珍宝

中山国是春秋战国时期北方少数民族鲜虞族建立的方国，中山王墓中最令人叹为观止的是出土的文物诡异奇巧，这些文物是北方少数民族特色文化与中原文化融合的结晶，多为稀世珍宝，在世界各地展出时不断引起轰动。

1974 年，考古学者在平山县三汲乡的南七汲村发掘了 1 号、3 号、4 号、5 号和 6 号等战国时期的墓葬以及无数的车马坑和陪葬墓，发现了战国时期中山国的都城灵寿古城，而离城西 2 千米处的 1 号墓就是中山国王后的陵墓，结果发现挖掘的出土文物都具有北方民族的文化风格。

1 号墓和 2 号墓都有高大的封土台，其中 1 号墓保存较好，封土台南北长 110

米,东西宽 92 米,高 15 米,成三级台阶状。台上有带回廊和厅堂的三层建筑。两座墓都有陪葬墓和车马坑。王陵的墓室结构基本相同,平面为长方形,中间为方形椁室,南北为两条墓道。其中 1 号墓的椁室用厚约 2 米的石块砌成,椁室内约有 4 层套棺。两个墓出土的随葬器数量惊人,总数达到 1900 多件,其中包括青铜礼器、乐器、生活用器、雕塑,以及玉石器、漆器、陶器等。

春秋战国时期,大量错金银器的出现,成为这一时期工艺水平高度发展的一个标志。北方少数民族地区出土的大量金银器工艺所体现出的水平,令人惊讶。

墓中出土的许多文物堪称艺术珍宝,比如错金银镶嵌龙凤形铜方案,错金银的青铜动物形器座,错银双翼青铜神兽以及牛、犀牛、虎噬猪等形象,形如大树的十五连盏铜灯和银首人俑铜灯等,这些器物的形制特点都是战国前期所没有的。尤其是翼龙、水牛座、犀牛座以及龙凤方案座等青铜镶嵌工艺品,其镶嵌的技巧和图案,与战国前期颇不相同,技艺精湛、造型生动、组合巧思,为其他镶嵌器物难以比拟。

如错金银镶嵌龙凤铜方案,周身饰错金银花纹,下部有两牡两牝四只侧卧的梅花鹿环列,四肢蜷曲,驮一圆环形底座。中间部分于环座的弧面上,立有四条神龙,分向四方。四龙独首双尾。龙身蟠环纠结之间四面各有一凤,引颈长鸣,展翅欲飞。上部龙顶斗拱承一方形案框,斗拱和案框饰勾连云纹。此案动静结合,疏密得当, 一幅特殊的龙飞凤舞图跃然眼前。

再如十五连盏铜灯,高 82.9 厘米,座径 26 厘米,重 13.8 千克。由灯座和 7 节灯架组成,全灯仿若一棵茂盛的大树,树干周围伸出 7 节树枝,托起 15 盏灯盘。每节树枝均可拆卸,榫口形状各不相同,便于安装。树枝上装饰着夔龙、鸟、猴等小动物,构思奇特,造型新颖。

中山陵墓作为处于北方地区的中山国陵墓,在铭文记述的资料和金银器工艺方面,向世人展示了中山国的历史与文化面貌。墓中出土了大量具有中原文化特点的文物,如青铜礼器、陶礼器等都与同时期的赵国、魏国墓葬出土的文物近似。有趣的是,它同时又出土了许多反映游牧生活的帐幕构件、巨大的山字形青铜饰件和动物造型的金银青铜饰品。

考古学家认为,中山国最早可能是北方民族鲜虞所建立的国家,所以有鲜虞族

中山靖王墓

的器物在墓中。有些考古学家则认为,在战国时期,出现鲜虞族器物在中山墓中的原因,是由于不同民族长期的交往与共同生活,使得文化上的差异逐渐消失,中山国同其他列国一起经历了当时的民族大融合。

孰是孰非,还有待人们的进一步探索。

满城汉墓的主人是谁

满城汉墓位于河北省保定市满城县西南的一座陵山上。之所以称之为"陵山",是因为当地相传这座山丘是一位古代帝王的陵墓。只是不知道这里埋的是哪一位帝王而已。

那么,满城汉墓的主人究竟是谁呢?满城汉墓其实有两座墓,1 号墓全长 51.7 米,最宽的地方为 37.5 米,最高的地方为 6.8 米,容积近 2700 立方米;2 号墓全长 49.7 米,最宽的地方为 65 米,最高的地方为 7.9 米,容积约为 3000 立方米。打开 1 号墓,惊现一件传说中的"金缕玉衣",此外当然还有不计其数的稀世珍宝。但令考古工作者摸不着头脑的是里面竟然没有发现人的尸骨!据说,当时的负责人郭沫若同志马上推测道:可能是 1 号墓原本就是一座埋殉葬品的仓库,所以没有埋入尸体。如果此种假设成立的话,那么周围肯定还有一座或几座大墓,墓主人也许就埋在里面。墓主人所在的墓葬在哪里呢?郭沫若同志认为,可能就在发现金缕玉衣的地方还藏有另一层墓穴,但也可能在 1 号墓的周围一带。后来,他经过认真思考,认定在 1 号墓北面的一座山坡上还有一座墓!就这样,满城汉墓的 2 号墓重见

世界经典文库

中外历史悬案

·悬而未决的古墓疑云·

图文珍藏版

天日！

令考古队员大为震惊的是，2 号墓竟然又发现了一件价值连城的"金缕玉衣"！不过，这件金缕玉衣与 1 号墓中的金缕玉衣有明显的不同，瘦小得多，似乎为女性所有。考古工作者还在 2 号墓中发现了两件刻字的铜器，上边有"长信尚浴……今内者卧"的字样，同时考古学家还发现了刻有"窦绾"和"窦君须"的铜印以及写着"中山祠祀"的封泥。

很显然，2 号墓的墓主并不是我们要找的人，而是另有其人，而且还是一位女性。根据所掌握的资料来看，这位女性是中山王的妻子，名字可能就叫"窦绾"，字"君须"。

绕了一大圈子，问题还是没有得到解决，满城汉墓的主人究竟是谁？考古工作者不得不重新思考这个问题。在 1 号墓中出土了不少铜器和漆器，上面不时刻着"中山府""中山宦者""御"等字样；出土的封泥作"中山御丞"；墓中还出土了大量西汉时期的五铢钱；墓主还有玉衣，这在汉代是只有皇帝、诸侯王和高级贵族才配穿的殓服，而满城汉墓在汉代为北平县地，属于中山国。综合上述这些情况，1 号墓主很有可能为西汉中山王的陵墓。

只是，在历史上西汉中山王共有 10 位。到底是哪一位呢？1 号墓中的出土文物给我们提供了重要线索。细心的考古专家发现，在 1 号墓中出土的铜器和漆器中，刻有许多纪年。有"卅二年""卅四年""卅六年""卅七年十月""卅九年""卅九年九月"，等等，都是在 30 年以上。由此考古学家们断定，这必是中山国第一代王靖王刘胜无疑！因为据史料记载，中山国 10 个王中，只有靖王刘胜在位 42 年，其余的都没有超过 30 年。

满城汉墓的主人身份水落石出了，只是，靖王刘胜的尸骨究竟到哪去了呢？后来清理修整金缕玉衣时，专家们发现里面竟然有些灰褐色的骨灰与牙齿的珐琅质外壳碎片。原来，经历了千年，刘胜的尸体早已腐朽，而他身穿的金缕玉衣又全部锈蚀在了一起，所以当时谁也没有注意。就此，这个困扰考古学家多时的谜团终于解开。

身穿金缕玉衣，仍旧没能保住尸骨，恐怕是靖王刘胜做梦也没想到的吧！玉衣在史书中称为"玉匣""玉柙"等，据文献记载，玉衣是汉代皇帝、诸侯王和高级贵族死后的殓服。玉衣分为金、银、铜三个等级，对应不同等级的王公贵族，是很有讲究的。《后汉书·礼仪志》中提到，只有皇帝才有资格葬以"金缕玉匣"，诸侯王、列侯、贵人、公主等使用"银缕玉匣"，而大贵人、长公主只能穿"铜缕玉匣"。刘胜只是一个诸侯王，按规矩只能穿银缕玉匣，为什么他们夫妇俩胆敢冒如此大不韪呢？

也许是为了显示自己的尊贵，但更可能是为了使尸体不朽。在汉代，人们普遍认为"玉能寒尸"。所以，汉代的皇帝贵族都争相大量使用玉衣作为葬服。《后汉书·刘盆子传》中对古尸不腐有这样一句总结，"有玉匣殓者率皆生"。可是，现在看来，这只不过是古人一厢情愿的美好愿望而已。刘胜夫妇虽不惜工本制作了两件金缕玉衣，但不朽梦落空，还是没有能保住他们的尸体。而与他们同时代的马王堆汉墓出土的一具女尸，身上并没穿什么金缕玉衣，历经千年却依然栩栩如生，这对刘胜夫妇来说，不能不算是一个极大的讽刺。

"金缕玉衣"真的能让尸体不朽吗

古代皇帝莫不希望长生不老、灵魂不灭，寻找长生不老药、喝甘露、炼丹丸等等是他们一生中的大事。为了长生，他们想尽了一切可能的方法，这种求生的欲望也寄托在死后的裹尸衣上，这就出现了汉代特有的玉衣。玉衣是什么样的？它是如何制成的？它真可以使寒尸不腐？种种谜团被考古工作者解开了。

据载，玉衣是汉代皇帝、诸侯王和高等贵族死后特制的一种殓服，史书中称"玉匣"或"玉柙"，但它的形状究竟是什么样的，汉代以后就没有人知晓了。考古工作者在1968年河北满城县的一座小山丘上，发现了西汉中山靖王和他的妻子窦绾的墓。许多小玉片分散在刘胜和窦绾棺内的尸体位置上，经过考古工作者的精心修整和研究，终于复原出两套完整的玉衣，使我们得以亲眼目睹史书中记载的玉衣的样子，这个谜团随之被解开了。

这两套玉衣制作很精细，他们的外观和人体的形状一样，分为头部、上衣、裤筒、手套和鞋五大部分，各部分都由许多三角形、长方形、梯形、圆形等图形的玉片组成，玉片上有许多小的钻孔，玉片之间用编缀着纤细的金丝，所以又称为"金缕玉衣"。刘胜穿的玉衣形体肥大，头部的脸盖上刻画出眼、鼻和嘴的形状，腹部和臀部突鼓,裤筒制成腿部的样子,颇似人体。可能是出于对女性形体造型的避讳,窦绾的玉衣比较短小,没有做出腰部和臀部的形状,刘胜玉衣全长1.88米,由2498片玉片组成,用于编缀的金丝约重1100克。

汉代人喜欢用玉衣做殓服与当时人的迷信思想想必有关联。在汉代,人们深信玉能使尸体不朽,玉塞九窍,可以使人气长存。九窍指的就是两眼、两鼻孔、两耳孔、嘴、生殖器和肛门,一共九个孔。出土的玉衣经常就搭配有用玉做成的眼盖、鼻塞、耳塞、口含、罩生殖器的小盒和肛门塞。其中最讲究的是要用玉蝉含口,因为古人认为蝉是一种代表清高而且品格修养好的昆虫,它只饮露水而不吃东西。人死后,其灵魂离开尸体,正如蝉从壳中蜕变出来时一样,所以古人可能就是借"以蝉为含"的寓意。还有的学者持偏向于生物学的解释,他们认为汉人用玉蝉作口含,是受这种昆虫循环生活的启发,从蝉蜕转生而领悟再生,因此给死者含蝉比喻这只是暂时的死亡,而生命可以获得再生。

在2000多年前的西汉时代是如何制作出来如此精美的玉衣的?让我们现代人确实捉摸不透。玉衣制作所用的玉料要经过开料、锯片、磨光及钻孔等多道工序,每一片玉的大小和形状都必须经过精心的设计和细致的加工,制作过程是很复杂的。据科学测定,玉片上有些锯缝仅0.3毫米,钻孔直径仅1毫米,它的工艺繁杂与精密程度实在令人惊叹。整个玉衣制作过程所花费的人力和物力当然也十分昂贵,据推算,汉代一名玉工制作一件玉衣需要花费十余年的工夫。

汉代皇帝可谓费尽心机,用玉衣作为殓服。但其结果适得其反,由于金缕玉衣价格昂贵,往往好多人去盗墓,以致汉代帝陵都被挖掘一空。盗掘者取出金缕玉衣加以焚烧,汉代帝王的尸骨也一并化为灰烬。因此,公元222年,魏文帝曹丕下令禁止使用玉衣,从此历史上就没有玉衣了。有幸躲过被盗命运的那些诸侯墓葬,尸骨早已化为一抔泥土,但他们所留下的精美绝伦的玉衣,让我们不得不惊叹2000多年以前工匠们的高超技艺。

秦公大墓

礼县,地处甘肃省南部地区。在这个默默无闻的国家级贫困县上,诚实善良的五十几万农民精打细算地与穷苦进行着艰难的抗争。

疯狂的古墓盗掘

20世纪末期的几年时间,礼县一时在中国乃至世界经济大国声名鹊起,其原因却来自一场令许多专家、学者、政府官员和普通有良知的老百姓都深感痛心的盗墓风潮。这场"古墓浩劫"堪称千古遗恨。

据公开的文字记述,1987年,礼县部分乡村的农民在经济利益的驱动下,四处寻找"龙骨",悄悄开始了一股挖掘"龙骨"的地下活动,将"龙骨"作为名贵中药材出售,换取钱财。

所谓"龙骨",其实就是大型的古生物化石。

挖掘龙骨很快成为一时风潮,由礼县波及邻近的天水市、西和县的数十个乡镇,蔓延西汉水流域一百余千米及其主要支流。期间有人挖龙骨时挖到古墓、得到宝藏的消息像风一样快地传播各地,也风一样快地引来了一些不法文物贩子。他们最初以低廉的价格搜罗流散在农民手里的零星古董,继之以越涨越高的现金坐地收购出土文物。对穷困有切肤感受的农民深知"一分钱难死个英雄汉"的硬道理,他们做梦也不会想到,那些锈迹斑斑的铜壶烂罐、一小块渗透土沁的玉石片竟然能够轻而易举地卖到三五万元钱,这种从前想都不敢想的暴利,石头立马变成金疙瘩一类的美梦眼下果真变成了现实。

"若要富,挖古墓,一夜变成万元户"。"龙骨",很快就被人置之脑后,忘得一干二净,再也没有人指望依靠它发家致富了。

关于礼县盗掘古墓的起因,还存在另一种没有见诸文字的说法。

赵小钧,作曲家,兰州城市学院副教授,礼县永兴乡龙槐村人,近年一直在搜集礼县盗墓活动的资料。

赵小钧:盗墓是从1990年开始的,在我们村的村头河边有一个乌鸦洞,据说盗出来了7个鼎、6个簋,其中有2个方簋,4个圆簋。

无论起因怎样,个别农民通过盗墓的确有钱了,而且是突然间有了很多钱。

赵小钧:有个小伙子在榆树坡上的车马坑盗完后,晚上文物贩子就把钱给他了,他把钱装在自己的衬衣里面,回到家里面站到炕头把衣服一提,钱就全部落在炕上了,把他的父亲吓哭了。他的父亲认为他的儿子肯定在哪里偷盗了,就下炕悄悄地把大门锁上,开始盘问儿子,说你是不是偷盗了,哪儿来的这么多钱,儿子就讲是挖古墓卖的钱。

个别农民的瞬间暴富,刺激了更多农民的致富欲望。一场肇始于"先富起来"的脱贫梦,很快演变为部分村庄大规模的盗掘古墓活动,而且来势迅猛,极为罕见。

隐藏在幕后的不法文物贩子以金钱为诱饵,推波助澜;当地的不法农民为挣钱不择手段,不计后果,把礼县的古墓推向了毁灭性的灾难。

盗墓者利令智昏,几近疯狂。如果出去盗墓,没有收获,回来时就会把铁锹反复抛向空中,砍断电线,以发泄心中的怨恨。

渐渐地,盗墓的中心地址集中到了礼县永兴乡的大堡子山上。

大堡子山位于西汉河北岸,像连绵的群山中独独伸出的龙头,挡住了通往礼县的去路。新中国成立后,为了通行便利,炸开岩石,在县南侧修筑了一条盘山公路。

1987 年以前,礼县大堡子山附近的农民在山上种庄稼、栽果树,延续着数千年以来的劳作方式,修梯田的时候,他们也偶尔挖出过青铜器,但没有人拿回家去,更谈不上贩卖。农民认为,那是死人用过的死铁烂铜,"拿回家坏人",意思是拿到家里会给家人带来不祥,所以就主动卖给国营废品收购站,拿到三五块钱卖些煤油、食盐,补给家用。

然而,这些二十多年前的寻常景象,现在来说仿佛已是遥远得犹如另一个星球上的故事了。

到了 1992~1993 年,礼县的盗墓活动进入了最疯狂时期,大堡子山成了部分农民实现发财梦想的天堂。各地不法文物商贩趋之若鹜,住在距离礼县 70 千米以外的天水市,派出"马仔"打探消息,鼓动、引诱、收买当地农民不分昼夜挖掘墓葬,迅速形成了勘探、挖掘、收购、贩运一条龙的作业系统。

一些目不识丁的农民,在盗墓过程中很快掌握了基本的文物知识,他们对文物的识别、断代、辨伪能力和职业文物工作者相比毫不逊色。

当地农民:刚开始掏古墓的时候,古墓都是这样找到的,土色有混合土,生土和熟土的分界线找到了,根据这个线索就掏进去,生土是白色的,熟土不白。发现了混合土,就往里面掏,看有没有分界线,如果再有一个分界线,这里面有第一道墓门,挖进去,可能还有第二道墓门。有时一个墓里面有 3 个墓室、4 个墓室。

外来文物贩子雇用的"马仔"们拿着所谓"老板"给的钱东奔西走,从农民手上压价收购,加价后交给守株待兔的"老板"。

外地文物贩子看到这些几乎都可以定为国宝级的文物器型厚重高大,独特完整,纹饰精美,锈色一流,明知"马仔"从中加了钱,也一概收买,根本不在乎价格高低。他们清楚,到手的文物卖到广州等沿海口岸城市就会获取暴利,卖到国外的价格更是天文数字。

李永强(礼县秦风艺社社长):这些文物贩子为了不引起别人的注意,故意把钱的数字说得很小,通常把一万元称作一块钱,把一千元称作一毛钱,把一百元叫一分钱。

疯狂盗掘古墓的野火,最终"包剿"了大堡子山。这座尘封的古代大墓,遭遇了一场千古浩劫。几乎一夜之间,大堡子山就变成了满目疮痍的狼藉之地。

目睹古墓被盗的惨状,当地的一些有识见、有责任感的人士忧心如焚,开始了呼吁行动。

祁波,礼县人,靠着勤奋,从县通讯员当上了《甘肃日报》社的记者。

祁波(《甘肃日报》当时驻陇南地区记者):1993 年春天,西汉水流域大堡子山一带,盗掘古墓的活动非常猖獗,我记得 5 月份有一天到这一带进行采访,第一次上来我点了一下有 6 个洞,时隔不到一个月,我发现满山遍野千疮百孔,大约有 64 个洞,最多的一天这一带盗掘古墓的农民有两千四百多人,波及全县 18 个乡镇,56 个村。有一些来盗墓的群众带着铺盖卷,拿着锅碗瓢勺,晚上打着灯笼火把,有时候一家有五六口人参加盗墓。

1993 年 6 月 20 日,《中国青年报》发表的《古墓悲歌》和《甘肃日报》的《盗墓贼西窜》《礼县盗墓狂潮为何愈演愈烈》等文章,引起了甘肃省领导和有关部门的高度关注。

此前,已经了解礼县盗墓活动、时任甘肃省副省长兼甘肃省文物管理委员会主任的陈绮玲,深感事态严重,不久即赶往礼县。

陈绮玲(甘肃省原副省长):上了大堡子山以后,看到挖得到处都是坑坑洼洼,有很多没有点完的蜡烛,还有废弃的手电筒,到处都扔着呢,这说明那些盗墓者除了白天挖以外,晚上也在抢时间,挑灯夜战。据说当时的文物贩子是坐地收购,如果挖出来的是铜器、金器、玉器,文物贩子就收,如果是陶器,文物贩子不收,就当场砸碎了,非常可惜。

从盗墓现场回到礼县招待所,陈绮玲副省长心情沉重,彻夜难眠。

回省城之前,陈绮玲副省长又召集有关人员,在天水市召开了更大范围的专题会议。回到兰州,甘肃省委、省政府又召开了联席会议。

接二连三的省、市、县三级文物保护会议精神的贯彻,基本控制住了礼县的盗墓活动,现存礼县博物馆的部分文物就是那时截获并保护下来的。

考古工作者进驻大堡子山

1994年3月,料峭的春寒还未散尽,甘肃省文物考古研究所和礼县博物馆的工作人员就进入了大堡子山,对被盗掘的墓葬进行抢救性的清理发掘。

王辉(甘肃省文物考古研究所副所长):现状是惨不忍睹,漫山遍野都是巨大的坑洞,就跟上甘岭战役写的美国人炸上甘岭一样,全是非常大的坑洞。

现状如此,考古工作者在大堡子山被疯狂盗掘后的墓地上能有重大发现吗?能够揭示出一些鲜为人知的秘密吗?

礼县地跨长江、黄河两大流域,人类早期的文明活动在这里留下了清晰痕迹。早在7000年前,这里诞生了灿烂的仰韶文化;4000年前,寺洼文化和仰韶文化在这里交融。高寺头遗址出土的仰韶文化半坡类型的红陶少女头像,是《中国美术史》选用的经典。

在大堡子山脚流过的嘉陵江支流——西汉水是一条倒流河,从东向西把卤城、祁山等三国名城和大堡子山串联在河道北岸十千米长度的距离内,在那一带行走就像走进了历史的长廊。然而,正是这条长廊所拥有的丰富的地下遗存,使它遭到了千年不遇的最严重的破坏。

在将近8个月的时间里,甘肃省文物考古研究所考古人员和礼县博物馆清理了一座车马坑、两座大墓和9座小型墓葬。这是两座"瓦刀"型车马坑。西面的车马坑盗损严重,已无发掘价值,考古人员就发掘清理了东面的车马坑,也叫一号墓。这座车马坑全长 36.5 米,墓室长 14.65 米,宽 12.95 米,深 5.4 米。根据遗存残迹判断,原葬车马 4 排,每排 3 乘,总计葬车 12 辆,马 48 匹。两座大墓均坐西朝东,南北并列。北边一座为"目"字形大墓,全长 115 米,墓室呈斗状,有二层台,深 16.5 米,墓底中央有腰坑。南边一座为"中"字形大墓,标号为三号墓,全长 88 米,墓室也呈斗状,有二层台,深 15.1 米,墓底中央也有腰坑。

这次发掘,使考古队员倍感痛心。偌大的墓葬,早已被盗墓者洗劫一空,没有发现重要的器物,收获极小,只有坑底比比皆是的盗洞,给考古人员留下了伤心的记忆。

长 115 米、深 16.5 米的墓道,怎么会盗得那么干净、彻底呢?

大堡子山掏墓的有上千人,卖啤酒的、凉面的,都上山搭帐篷。

由于盗墓者对大堡子山的盗掘是从墓地的东北和北部开始的,经过几年的盗掘,逐渐蔓延到墓地的中心区域,所以盗洞均按中、小型墓的规格,5~7 米挖一个,竖挖下去之后,盗墓者按照土色,留下防止塌方的保安土柱,又横向挖掘,最终盗洞相互串通,当恰巧挖至置放随葬品的位置时,其他盗墓者便蜂拥而至劫掠干净。

尽管如此,考古队员仍感欣慰,因为这次发掘,基本上探明了大堡子山陵区墓葬的分布特点和墓葬的型制,有助于对陵区性质、规模的研究和判断。大墓残存的礼乐器物、车马、殉人、殉葬的牲畜等遗迹证明,大墓应属西周晚期至春秋早期。车马坑与两座大墓处于同一方向,坐西向东,合为一体,形成完整的陵园格局。只是墓葬主人的身份,却因大量文物的流失而无法考定。陵区的主人会是谁呢?

王辉:现在盗墓都是集团化的,有人负责收赃,有人负责销赃,有专门的渠道,在日本、法国等看到的那些中国古代的东西,都是非常精美的,无论从艺术价值还是历史价值来说都是无法估量的。

秦人第一陵区——西垂陵区

按照农民的说法,他们只是把文物就地卖给了天水人,然而,令人大为震惊的是,礼县大堡子山出土的国宝级文物在短时间内却出现在美国、法国、英国、德国、日本和我国的台湾、香港等地,其品位之高、数量之多、外流速度之快,令国人瞠目结舌,痛心疾首。也正是有关专家、学者对一时间国外、国内出现的这批文物的高度关注和重视,逐渐揭开了这个陵区的主人之谜。

1994 年春,陕西省考古研究所所长韩伟先生在法国的一家私人博物馆发现了出自甘肃省礼县的五十余片秦人金箔饰片和两只金虎。金箔饰片镂压鹰、龙等图形,长 52～57 厘米、宽 32—37 厘米,与中国海关查获的二十余片走私金箔如出一辙。

1994 年夏天,中国科学院历史研究所著名史学家李学勤先生在美国纽约发现了礼县大堡子山出土的一对秦公壶。这对青铜秦公壶通高 42.3 厘米,型制庄重,纹饰瑰丽,是秦人在春秋早期使用的盛酒礼器。

1995 年春,礼县大堡子山出土的四只青铜列鼎和两件青铜簋在我国香港"露面"。上海博物馆出重金将其买了回来。四鼎腹内壁皆铸有铭文,其中,两件铜鼎的铭文为"秦公作铸用鼎",另两件铜鼎的铭文为"秦公作宝用鼎"。

根据目前国内外所藏实物的信息资料显示,大堡子山所出器物,主要是数量可观、规格甚高的青铜器和各类金制品,还有数量相当多的玉器。

因为散落世界各地的礼县大堡子山出土的青铜器多有铭文"秦公"二字,专家、学者就初步断定,礼县大堡子山可能是秦人早期的一处园陵,后来的考古发掘和研究证明,它就是几个省一直在寻找的秦人第一陵区——西垂陵区。

祝中熹(先秦史学者):当时寻找的范围是在陕西关中一带,西垂陵区发现之后就把秦人最早的一处国君陵墓找到了,不仅在地域的分布上,而且在时间的顺序上都填补了一段空白。

礼县大堡子山的被盗大墓是秦人的第一陵区,其损失自然就可想而知了。

礼县博物馆已经去世的资深文博工作者吕自俭先生在回忆录中写下了这样一句义愤填膺的感叹:"礼县大堡子山先秦陵墓的被盗抢是历史的耻辱与悲哀。"

就在我们拍摄时,一个当地的文化工作者对摄制组的工作人员说:"你们录下的这些声音千万不要销掉,现在国际上收藏的礼县大堡子山出土的文物还有没有面世的,更多的恐怕还是重器。如果有一天出来了,和他们说的能对上,那就能证明那是礼县大堡子山墓葬的器物"。

这些目前公之于世的文物,可能只是礼县大堡子山陵区被盗掘文物的极小一部分,其他的文物至今下落不明。在礼县的农民中,不少人还记着他们见过的那些稀世之宝。

陕西省考古研究所原所长韩伟先生从法国带回的图录,是法国收藏家收藏的礼县大堡子山出土的金箔图录。依此作为参照,考古工作者说,很难断定还有多少礼县大堡子山的文物深藏在国内外的密室里。

陈绮玲:历时3年,我们从1993～1996年,把盗墓的狂潮基本上控制住了。

圆顶山的贵族墓葬

礼县大堡子山的盗墓活动平息几年之后,一些盗墓者受暴利的驱使,又将黑手伸向了大堡子山西垂陵园的另一处墓葬——圆顶山。

李永强:盗墓比礼县开矿的还厉害,一般开金矿的人把钱投资进去,有时候连一小块金子都找不着,文物弄出一件倒卖出去就是几十万元。

圆顶山在礼县永兴乡赵坪村西北的南河岸,从西和县向北流来的漾水河,经圆顶山脚下西流而去,在不远的西北角与西汉水汇合。圆顶山上有赵坪村和西边的龙槐村。

和高耸独立的大堡子山相比,圆顶山地势平缓,河南岸广阔的二级台地上,散布着许多先秦的贵族墓葬。远远看去,仿佛死去的贵族依然隔河仰望着大堡子山陵区里的主人。他们生前无法预料的是,在沉睡了两千多年以后,盗墓贼疯狂的铁锨和撅头捣毁了他们的葬身之所,绞碎了他们在地下宁静的守望。

祝中熹:那个地区非常重要,早在很多年之前就经常出土一些比较贵重的文物,它和大堡子山陵区隔水相望,它的时代比大堡子山陵区要晚,是一个贵族墓区。

在永兴乡龙槐村的紧靠河川的地埂前,就是逶迤西去的漾水河。在长度不足70米的土崖上,至今彰显着紧密相连的盗洞,足见那时盗墓的规模之大,参与的人数之多。

大堡子山秦公墓被盗掘的惨状历历在目,圆顶山贵族墓葬的保护迫在眉睫。有关方面认为,这些贵族墓葬拥有极大的考古价值,为了防止大堡子山墓葬的悲剧重演,必须进行抢救性发掘清理。

1998 年 2 月 23 日至 5 月 22 日,甘肃省文物考古研究所和礼县博物馆完成了圆顶山部分墓葬的发掘清理工作,出土了大量精美的青铜器。

考古人员发现,圆顶山墓地范围广,跨时长,墓葬时代应为春秋早期,但也不排除春秋中期的可能性,具体年代要比大堡子山的西垂陵区时间晚得多。

祝中熹:现在大家都承认这里可能是春秋中期的秦国墓葬,好多墓葬被完整地保存下来了,墓葬里面的东西损失的只是很小的一部分,这就让我们对秦人在西汉时的墓葬情况有了初步了解。

圆顶山墓地和出土的器物证明,秦人都邑东迁之后,仍有秦国公室贵族留居西垂,也就是现在的礼县,守护着桑梓故土上的先祖宗庙和公陵祖茔。

圆顶山的五座墓葬共出土青铜器三百余件,还有玉器、石器、骨器、铁器、陶器、贝类等百余件。陶器有大喇叭口罐、鬲、壶、仿青铜鼎的陶鼎等。

礼县圆顶山贵族一号墓出土的秦人蟠虺纹车形器,是该墓区所出器物中最引人瞩目、研究价值最高的一件。全器通高 8.8 厘米,长 11.1 厘米,宽 7.5 厘米。盒为长方体,有盖,盖由中间纵向启缝的两扇合成。盒沿四角各饰一较大的立鸟,鸟足部可以 360 度转动,当四只鸟方向旋转至同舆向一致时,厢盖可开启;如果鸟站立的方向同舆的方向错位,则厢盖即被锁住,构造设计十分巧妙。盖扇对接处,一侧为一蹲坐的熊纽,一侧为一跪坐的人形纽,人、熊相向,车厢体四楞上各有一只行虎,虎首向上昂扬,大耳巨嘴,和同地所出器物附饰的虎形风格相似。盒体下附带轴的四轮,每轮辐条八根,车毂突出,车轮至今仍可转动运行。盒身四侧及盖面,通体饰蟠虺纹。

车形器物的功用是什么? 有的专家认为是缅怀先人的微型挽车,有的专家认为是贵族妇女的首饰盒。

王辉:四轮的车比较少,这东西不多见,有些东西我们可能还没有看到。

圆顶山二号墓出土蟠虺纹扁圆腹盉,通高 32 厘米,宽 35 厘米。全器附饰各类动物共计 32 只,有圆雕,有浮雕,有镂空,大小不一,形态各异,生动活泼,配置协调,再衬以繁密细致的蟠虺纹,充分展现了春秋中期青铜器华丽瑰异的纹饰风格。

秦人贵族墓里的青铜器尚且如此精致,秦公大墓里的器物理应更加精美绝伦。

然而,面对洗劫一空的大堡子山秦公大墓,我们只能沮丧地合理想象、推猜墓葬里存有的那些不知去向的、宝贵的、震撼人心的各类器物。

2004年,甘肃省文物考古研究所、北京大学考古文博学院、国家博物馆考古部、陕西省考古研究所、西北大学考古文博学院等五家单位组成联合课题组,启动早期秦文化考古调查、发掘与研究项目,2006年,联合课题组在甘肃礼县秦人西垂陵园——大堡子山遗址进行发掘。这次令国内外考古界高度关注的发掘,将会出土哪些国宝级的文物?破解哪些历史上的谜团?

大堡子山遗址的重点考古

1974年,秦始皇兵马俑在陕西出土,这座被誉为世界第八大奇迹的“地下军团”一面世就轰动了世界,同时也激发了人们对秦史的兴趣。众多历史学者、考古专家通过对历史文献和考古研究发现,秦人有四大陵园。到1987年,秦人四大陵园中的第二、第三、第四陵园,即雍城陵园、芷阳陵园和临潼秦始皇陵园在陕西省先后发现,唯有秦人的第一陵园却一直难觅踪影。学术界出于秦史研究的需要,地方政府出于改革开放后对旅游产业的开发,都在积极寻找秦人的第一陵园。然而,在长达近十年的寻访中,谁都没有找到。那么秦人的第一陵园究竟在哪里呢?

《史记·秦本纪》记载,秦的祖先最初居住在“西犬丘”,因牧马有功,且在与西戎的长期战争中不怕牺牲,最终被西周王朝封地授侯,得以建立秦国。然而,《史记》后的个别重要史书却记载“犬丘”有两个,一个在今陕西省,一个在今甘肃省。因此,确定秦祖先最初居住的“西犬丘”的准确位置,就成为解开秦人第一陵园在哪里谜题的关键。

1919年,甘肃省礼县红河乡出土了一件后来被称作“秦公簋”的青铜器,这件现藏于中国历史博物馆的国宝,上有铭文105个字。七十几年前,这件簋几经周折传至北京,著名学者王国维、郭沫若等人考证后撰文认定,该簋是“秦公”簋,是秦肇始文明的最重要实物证据之一。王国维先生参照《水经·漾水注》的说法认为,秦的早期都邑西垂就是“汉陇西郡之西县”。西县,是汉代的县治,也就是今天的礼县。另一些学者认为,秦人第一陵园是在陕西省宝鸡市的西山。这两种意见都因为没有实物证实只能成为推测秦人第一陵园所在地的参考理论。

　　让王国维、郭沫若等大师难以预料的是,20 世纪 90 年代礼县大堡子山两座秦公大墓的被盗,却意外地给他们的推断做出了定论,他们的推断是正确的,西犬丘就在甘肃省礼县。礼县是秦人早期的一处重要都邑,是秦先祖、秦文化的真正发祥地,是千古一帝秦始皇的"老家",礼县大堡子山被盗秦公大墓就是秦人的第一陵区——西垂陵区。

　　2004 年,甘肃省文物考古研究所、北京大学考古文博学院、国家博物馆考古部、陕西省考古研究所、西北大学考古文博学院五家单位,组成联合课题组启动早期秦文化考古调查发掘与研究项目,重点调查礼县西汉水上游地区,新发现数十处早期秦文化遗址。2006 年联合课题组将工作重点转移到大堡子山遗址。

　　大堡子山位于礼县永坪乡和永兴乡交界处的西汉水北岸。大堡子山以东河谷平坦开阔,一马平川。以西则河谷狭窄蜿蜒,山势险峻。墓葬遗址大堡子山西面、南面石壁陡峭,不可攀登。东面较缓,北面与如海涛起伏的群山相连接。遗址总面积约 5 万平方米。

　　从地理位置看,大堡子山"两河夹一山"的独特地势完全符合先秦选择陵园的"风水"取向。

　　一位守护大堡子山秦公大墓考古发掘现场的农民说:"山下的一户人家看好了这块地方,埋葬了老人后家里不顺当,只得把坟墓迁往别处。埋葬秦始皇先人的地方,一般的老百姓,能镇得住吗?"

　　足见现在的当地人,仍对秦帝国怀着深深的敬畏心态。

　　20 世纪 90 年代被疯狂盗掘后抢救性发掘的秦公大墓遗址南北长 107 米,东西宽 16.4 米,建筑基址四周为夯土围墙,中间有 18 个大型柱础石,每一个的直径都接近一米。东墙、北墙以及南墙东半部只剩地基部分,宽 2~3 米左右。从地层堆积和夯土内的包含物判断,这个建筑规模宏大。大约始建于西周晚期,春秋初期至战国时期被废弃,于汉代遭到严重破坏。由于现代平田整地,东墙地上部分完全被毁。专家认定,这个遗址应该是秦人的大型府库类建筑。

　　早期秦文化联合考古队又在被盗秦公大墓西边二十余米处发掘出了一个祭祀遗迹,发现的主要遗迹有人祭坑 4 座,灰坑 6 个,乐器坑 1 座。

人祭坑里有一具年龄约为35岁的女性尸骨和一具中年男性尸骨,还有童男、童女的祭祀骨架。专家认为,这种把人当作祭品的祭祀可能是用于祭祀地神,非常符合秦人的历史特征。

在这座东西方向的长方形乐器坑内,南北两侧排列着乐器。南侧为铜钟镈与钟架,北侧为石磬与磬架。11件属于春秋早期的3个铜镈和8个甬钟,在坑道里一字排开,外观完整,锈色深绿,花纹精美无比。

铜钟、铜镈由西向东、由大到小依次排列,在3件镈上发现3件铜虎,镈、钟上附有铜挂钩,置放在镈、钟之上或一侧。镈和甬钟的表面还有残留的布纹。在20世纪90年代礼县群体性的疯狂盗墓事件中,这些钟镈和石磬与盗墓者擦肩而过,侥幸地保存下来,实乃不幸中的大幸。

在钟架的一侧,考古人员发现了一组石磬,共10件,也是按照由东向西、由大到小的方式排列,石磬的上方是磬架。这组石磬很有可能就直接悬挂在磬架上,这套编钟保存得非常完好,出土后仍然可以发出清脆悦耳的美妙音响。

朱东生(西北师范大学音乐学院教授):从镈到钟,在这11件乐器中,它们的音域宽到3个多八度。有3个多八度的音域,就可以演奏很多器乐。古人对器乐的排列是按宫、商、角、徵、羽编排的,按咱们现在的话讲是哆、来、咪、嗦、啦,用这5个音组成,这5个音就可以演奏很好的乐曲。

这些钟、镈和石磬再现了秦人的音乐,也向后世昭示了秦人宫廷乐队的宏大规模。

礼县大堡子山钟、镈和石磬的出土,轰动了甘肃和邻近的省份,许多秦文化研究人员和新闻记者纷纷来到发掘现场观看,报道这批稀世珍宝。

然而,这些国宝还不能够说就是礼县大堡子山出土的最大最好的乐器,流失世界各地已经面世的钟镈就可以证明;只是它们再也不能团聚一起,重现早期秦人音乐的辉煌了。

一些珍贵文物流落到国外

乐器坑里出土的这些珍贵文物,只不过是礼县大堡子山秦公大墓殉葬坑里的一部分。联系到与祭祀坑相距不过二十多米距离的两座秦公大墓,其中一座"目"

字形大墓全长115米,一座"中"字形大墓全长88米,任谁都会想:一个殉葬的乐器坑尚且有如此精美的青铜器,那么,在那两座被盗掘一空的秦公大墓内的器物,又该是何等的精美绝伦?

陈琦玲:听到当时参与盗墓的农民说,挖出来的棺材是用金箔包的。

秦公大墓的器物被盗掘,被倒卖,四处流散,我们只能沮丧地承认,没有流落到国外也算是一种最低级的幸运吧?毕竟它们被国家追缴收藏的可能性相对国外较为大一些。

然而,礼县大堡子山上秦公大墓的文物到底有多少流散到了国外,谁都说不上具体的数字。从当地一些自诩见过真东西的人的话语中,还可以得到一些信息,它们也能够帮助我们展开对那些流失文物的想象与怀念。

法国收藏家克里斯蒂安·戴迪先生收藏有礼县大堡子山出土的六十余片秦人金箔饰片和两只金虎。1994年,为了在两年一度的巴黎古董展览会上配合他的展览,印刷了图册《秦族黄金》,在该书的序言里戴迪用流利的繁体中文写道:

"一个难得的天赐良机,让我获得了如此罕见的珍宝。"

他说的珍宝中最珍贵的一定是一对通长41厘米、高16厘米的金老虎。

法国人克里斯蒂安·戴迪是通过何种"天赐良机""获得了如此罕见的珍宝"?这个过程的背后肯定掩藏着一些不为人知的故事。

有人传说,金虎一共出土了8对16只,另外的6对12只又流落谁家?现在哪里?

1993年12月21日,法国人克里斯蒂安·戴迪收藏的这批文物,在苏黎世联邦综合科技研究所做了碳14分析,标本表明,秦人金箔饰片和两只金虎的铸造年代在公元前943年至791年,距今2805年至2700年左右。

至于秦人黄金的来源,克里斯蒂安·戴迪分析,早在公元前八九世纪,秦人已经从中亚得到黄金。如果真的能够证明这一说法,那么就"可能会将中亚地区与中国之间的贸易往来的已知年代推早七八百年"。

应克里斯蒂安·戴迪先生的邀请,陕西省考古研究所所长韩伟于1994年参观了法国的"秦族黄金"展览。对于黄金的来源他推测可能来自"河西走廊和阿尔泰地区"。这也意味着秦人"大约在公元前八九世纪已与西域甚至西亚进行交通贸易了,这比汉武帝时要早七八百年"。

如果这种结论能够得到实物和史料证实,那么早期秦人的外贸历史又得重写。

也有早期秦史学者认为,礼县自古就是秦陇和巴蜀的交通要道,不能排除黄金来自四川的可能。考古学研究证实,秦文化和巴蜀文化的交流由来已久,四川广汉三星堆遗址出土过大量的黄金制品,而且时代远远早于大堡子山的秦公大墓。

事实上礼县本地就产黄金,并且矿点多,品位高,现在就是甘肃省年产过万两的黄金大县。秦人黄金的来源又该如何解释? 秦人的黄金真是对外贸易换来的? 或者出自礼县之外? 到目前这还是一个没有答案的谜题。

无论黄金来源于何处,秦人大量使用黄金装饰棺椁等器物的做法充分证明在秦始皇嬴政统一中国的 600 年前,秦国的国力已经非常强盛。秦人用黄金装饰棺椁,在当时是一种僭越行为,有悖于周王朝的礼制。因此,有专家认为,春秋早期的秦人,对传统制度是极其蔑视的,也"正是这种反传统的民族性,使得秦人从甘陇一带一步步向东挺进,创造了秦族、秦国、秦朝的辉煌发展史,对中国历史给予了深刻影响"。

法国人克里斯蒂安·戴迪收藏的秦人金饰片上,镂压着鹰、虎等动物,精美无比。而散出的兵器,也见证了秦人高超的冶炼技术。

西垂陵区的发现解开了许多历史之谜

秦人以养马起家,马匹和车仗是他们生活中必不可少的组成部分。考古人员在清理大堡子山秦公大墓及其周围的墓葬时发现,这些墓葬都有车马坑,由此可见秦人对马的重视程度。

秦人的车马器做得何等精美、何等牢固、何等独特!

强盛的国力、剽悍的性格、锐利的兵器和众多马匹战车,成了秦人由西往东攻伐扩张的保障。公元前 221 年,秦人的后裔嬴政,吞并齐、楚、燕、韩、赵、魏六国,建立了中国历史上的第一个统一的中央集权的封建王朝。秦始皇称帝 15 年之后,这个帝国就被揭竿而起的农民大军所埋葬,随着短命的秦王朝的灭亡,和这个帝国有关的许多历史真相也逐渐模糊。尤其是很少见诸于历史文献记载的秦人在建国以前的历史,一直迷惑、困扰着学术界,秦西垂陵区的发现,为揭开这些问题提供了线索和实物依据,具有非常意义。

司马迁的《史记·秦本纪》记载:"女修织,玄鸟陨卵,女修吞之,生子大业。"

赵逵夫(西北师范大学文史学院教授、博导):大业就是秦人的祖先,从大业开始,秦人进入到父系氏族社会。玄鸟是什么呢? 就是燕子。《毛诗》的毛传中说,春天的时候就来,那正是燕子,是候鸟。

秦人把自己和鸟卵联系在一起,就说明秦是原属于以鸟为图腾的氏族。

但是,也有人结合礼县大堡子山上秦西垂陵区出土的装饰棺椁的黄金鸱鸮认为,秦人的性格既剽悍又是反传统的,不会把温顺、弱小的燕子作为他们的图腾,秦人以鸱鸮这种猛禽作为图腾更加符合秦人的性格,这也为秦人为什么在棺具上装饰鸱鸮找到了更为合理的解释,至于木棒上的金皮老虎则只有施展合理想象的余地了。

早期秦文化联合考古队在礼县发掘了8处周秦文化遗址,它们与礼县众多的寺洼文化遗址明显分开但又紧密相连,由此形成了一个特殊景象。

祝中熹:从文献记载来看,秦人活动的时间正是犬戎族活动的时间,秦人活动的地域正是犬戎族活动的地域,现在通过考古发现了他们的实物存在,形成了一种犬牙交错的情况,和秦人打交道最多的就是犬戎族,犬戎族被秦人征服之后,他们共融相处,共同开发了陇南地区。

寺洼文化主要分布甘肃东部。考古学家认为,寺洼文化应该属于西戎文化遗产。秦早期文化联合考古队调查发现,西汉水上游除了周秦文化之外,其余都属于寺洼文化,数量有22处之多。寺洼文化陶器多见双马鞍口罐、带划纹的簋式豆、无耳高领罐、双耳罐、鬲等。参照其他地区的寺洼文化年代估计,西汉水上游寺洼文化的年代是从西周早期前后延续到春秋时期,基本与当地周秦文化遗存的时代是重合的。从出土实物分析,当时居住于西汉水上游地区的寺洼文化创造者,就是与"在西戎保西垂"的秦人经年战事不休、厮杀不止、发生过许许多多纠葛的"西戎"民族。

赵逵夫:"西戎"实质上是对远古时候一直到秦汉时代西部少数民族的统称,

在西部的少数民族汉代以前主要是羌族、氐族。

出现在礼县周秦时代墓葬中的秦文化与寺洼文化器物,肯定包含着更多更深刻的内容和不为人知的秘密,因为有关西戎的研究目前还存在许多空白。

礼县地处长江中上游区域,古代是一片浅海湾,现在的那些美丽的山峦就是古老的地理遗存。和礼县秦人西垂陵区发现紧密相关的一系列问题的出现,给历史学、考古学、人类学、地方史、地理学等专家学者提供了更宽泛的思考空间。为什么礼县出土的器物有的带着明显的巴蜀文化特色?

在古代,礼县"地扼蜀陇之咽喉,势控攻守之要冲",是黄河秦陇文化与长江巴蜀文化的交汇点。文物出版社出版的《秦西垂陵区》就登录了礼县出土的许多巴蜀文化的器物。

秦人第一陵园——西垂陵区和"西犬丘"两大千古之谜地解开,系统可靠地解释了秦人由东西迁,在西垂发祥、到雍城发展、于咸阳壮大、进而灭掉六国,一统天下的历程,填补了先秦文化研究的部分空白。对研究秦人早期的政治、经济、军事、文化、冶金、铸造、礼制、陵寝制度等方面有着不可估量的历史价值和学术价值。

现存礼县出土的青铜器上,诸器大多自铭"秦公",诸如秦公鼎、秦公簋、秦公壶等等,那么,礼县秦西垂陵区到底埋葬着哪位秦公呢?

从目前看,根据学术界研究的情况,多数学者倾向于可能是襄公或文公的墓。也有人认为,二号墓墓主可能是秦襄公,三号墓的墓主可能是襄公夫人。其论据主要是秦公大墓出土的青铜器有浓郁的西周晚期风格,与秦文公有着不应忽视的时间差异。

"秦公"究竟是谁?学术界目前众说纷纭,一时还不能确定。早期秦文化联合考古队于2006年9月,在礼县大堡子山被盗掘的秦公大墓西侧祭祀遗址上发掘出来的三只镈,型制和纹饰相同,铸身布满龙纹图案,其中最大的一件高65.2厘米,通宽49.3厘米,镈鼓部铸有6行28字铭文:"秦子作宝龢钟,以其三镈,乃音锈锈灉灉,秦子唆索命在位,眉寿万年无疆。"

这三件镈的主人显然就是这个"秦子",可是,这"秦子"又是指的谁?

目前,海内外已经发现了多件署名"秦子"的器物,其中的大部分出自礼县大堡子山被盗的秦公大墓。

那些有"秦子"的器物,学者们都认定属春秋早期,可是,笼统的一个"早期",时间跨度最少也有几十年,在君位更换比较频繁的情况下,"秦子"不可能只有一个。至此,"秦公"没有确定,"秦子"又成为学术难题。这大约就是秦西垂陵区发现之后给学术界提出诸多问题的一个缩影吧?

事实上,秦西垂陵区出给学术界的所有难题,全部可以归结到一个核心问题上,那就是20世纪90年代发生在礼县的疯狂盗墓,在那次堪称千古遗恨的盗掘秦公大墓中,倒卖之外不知毁坏了多少被盗墓者认为不值钱的宝贵的文物。陶器被砸了,石磬白白送给了外地的不法文物贩子,只有青铜器、金器、玉器,他们才认为是文物,而金箔竟按克算重量,也给卖了:

2006年,秦早期文化联合考古队在礼县调查钻探面积150万平方米,发现城址一座,夯土建筑基址26处,中小墓葬四百多座以及零散分布的文化层堆积等等,足以证明礼县文物遗存的丰富,也说明礼县的地下还埋藏着一些历史的真相。

2008年11月,中国国家文物局主管的《文物》月刊,以二分之一还多的篇幅发布了礼县大堡子山秦公大墓及其周边墓葬的发掘简报。礼县大堡子山遗址考古项目在2006年入选"全国十大考古新发现"之后,2007年又获得了2006~2007年度国家文物局田野考古奖三等奖。

秦早期文化联合考古队在礼县大堡子山遗址发掘出土了一些国宝级的文物,破解了一部分历史之谜,同时也提出了更多的历史和现实问题。

著名历史学家、中国先秦史学会理事长李学勤先生在《甘肃考古文化丛书》总序中写道:"中国历史文化早期的一系列核心疑问和谜团恐怕都不得不求解于甘肃。"

1996年,甘肃省人民政府将礼县大堡子山秦公墓地列为全省重点文物保护单位,并公布了大堡子山秦公墓地保护范围。

2001年7月,该墓地又被国务院正式列为全国第五批文物保护单位。

现在,被盗的车马坑和秦公大墓的二号墓、三号墓已经被回填了十几年,遗址上年年生长着青青的冬小麦。

想想这处祭祀坑东边甚至使用炸药回填的长 115 米和 88 米的两处秦公大墓、一处车马坑，到现在多少专家、学者、研究人员也确定不了到底是哪位"秦公""秦子"的墓葬，想想流失的那些不知数量的珍贵文物……我们对此深感难过与愤怒。难道只是因为失去了一处两千多年前秦人墓葬和墓葬里珍贵的国宝级文物吗？不仅仅如此，被盗掘的是中华民族一段珍贵无比的历史，是一段我们的骨肉血脉。它的缺失留给我们的是无法弥补的文化断层和痛彻肺腑的千古遗恨。

20 世纪末期在礼县发生的群体性疯狂盗掘大堡子山秦公大墓事件，是中华民族的一段伤心记忆，那些曾经参与过盗墓的人是可悲的，是历史的罪人。

王陵遗梦

曹操率领大军盗墓

2009 年年末，河南省安阳市成为中国瞩目的焦点。东汉的曹操墓在这里得以发现。

很少有人知道，曹操这个中国历史上声名显赫的人物，在东汉末年，当了一回盗墓贼。

2000 多年前的一个夜晚，曹操带兵隐没在一片群山中。这里丛林掩映，夜色中，曹操率领士兵大肆挖掘。

一个地下宫殿，赫然出现眼前。

当墓主人的石棺被撬开，一丝惊异掠过曹操的脸庞，数不尽的宝藏尽现眼前。

最终曹操得到了 72 船金银财宝。

曹操这样位高权重的人物是被什么人的财宝所吸引，使他不怕声名狼藉，竟敢冒天下之大不韪？地宫里的主人又是何等显赫的人物呢？

在今天中国的版图上，有一个不起眼的小城，它位于河南省的东部，人口只有一百多万，过去只是一个小县城。今天被称为河南省永城市。

历史上，永城从夏代开始，就被封为属地，到了秦的时候在这里设砀郡，西汉从高祖刘邦开始,在这里设置梁国,隋朝时开始称永城县。

永城之所以成为历朝历代比较重视的地方,与它的地理位置有关。

永城与山东、安徽、江苏三省毗邻。素有豫东门户之称。自古就是战略要地,其北部的芒砀山就成为进入中原的东大门。

当年曹操盗墓的地方,正是在芒砀山的群山之中。

《三国志》中记载,汉末曹操"引兵入砀,伐梁孝王冢,破棺收金宝万斤"。也就是说,曹操盗的是西汉梁孝王之墓。

梁孝王叫刘武,是汉高祖刘邦的孙子,文帝和窦太后的儿子,汉景帝的同胞兄弟,是西汉诸侯国梁国的国君,因为死后谥"孝",史称梁孝王。

王立群(河南大学教授):史书记载,梁时的富有超过了天子,这个主要是窦太后的赏赐,窦太后非常喜欢她的小儿子,赏赐无数。一直到梁孝王死的时候,他仓库里的金子都多得不得了。

作为如此富庶的梁国国君,梁孝王的墓葬一定非常奢华。那么在芒砀山这样一片群山之中,哪里是曹操盗墓的地方,哪里是梁孝王的陵墓呢?

寻找梁孝王的陵墓

二十多年前,当时还在永城县文化馆工作的陈文钦来到了芒砀山。作为文化工作者,陈文钦格外留意民间的传说。这一天,他听到了一个令人不可思议的传说,这个传说源自在芒砀山裸露了千年的古老洞口。

这个古老的洞口位于芒砀山南麓的保安山,在当地人们的传说中,它已经裸露了上千年。过去一些胆子大的人曾经前往,但是随着恐怖的传说越来越多,很少有人再走进洞里。

陈文钦被恐怖的传说吊起了胃口,他决定独自进去探个究竟。

洞里黑漆漆一片,回想起人们的各种传闻,陈文钦感到格外恐怖。

时间仿佛凝固了,想起人们将这个洞叫孝王避暑洞,陈文钦恍若回到了2000多年前。

公元前169年,文帝的儿子梁国国王刘揖突然坠马而死。

接到噩耗,文帝顾不得过分悲痛,他要立刻选出继任的梁王人选。因为梁国地处通往关中的要道，对于汉政权来说至关重要。

此时文帝政权面临的是日益增强的皇族派刘姓诸侯的威胁，文帝对梁王的人选非常慎重，这时大臣贾谊提出把梁国的地盘扩大，推选文帝的儿子刘武任梁王。

当时任淮阳王的刘武不但文武双全，而且非常孝顺，深得母亲窦太后的喜欢。更重要的是他和当时的太子，也就是后来的景帝关系非常好。

此后的历史印证了大臣贾谊的明智，在汉帝国面临危机的时候，刘武起到了相当关键的作用。

公元前 168 年，梁孝王刘武到梁国赴任，定都睢阳。

刚刚走马上任的刘武望着父亲给予他的比前几代梁王还广大的土地，踌躇满志。

刘武并不知道，他在梁国将经历人生中最为艰难的时刻。

2000 多年前发生在永城的历史，让陈文钦更加想弄清楚，眼前的这个洞是否真的和梁孝王有关。他在孝王洞继续摸索着前进。

这是一个巨大的洞，确切地说，像一个地下宫殿。它由很多的屋子组成，陈文钦走了一圈又一圈。

就在这时，陈文钦发现自己迷路了。

凭着感觉，陈文钦觉得这是一个非常庞大的地下宫殿，但是这巨大的宫殿到底是用来做什么的，为什么建在这样的荒郊野外呢？

当地的老百姓把这个洞叫"孝王避暑洞"。可是作为梁国鼎盛时期的国君梁孝王怎么会选择这样一个偏僻的地方建一处避暑的地下宫殿呢？这似乎也不合常理。

这个位于保安山主峰的"孝王避暑洞"，在陈文钦的心里成了一个谜团，他并不知道，这个谜团将会在若干年之后，随着另一个谜题的破解，大白于天下。

90 年代初，永城芒砀山的开山采石声不断。一天，在保安山主峰一侧，距"孝王避暑洞"北面 100 多米的山顶上，一个陪葬坑被炸了出来。考古人员赶到了这里。

这个陪葬坑先是出土了大量精美的铜器，然后是鎏金车马器、玉制品和生活用品等 1800 多件文物。这些精美的文物,显然是王室所用之物。它的年代属于西汉早期。

大量珍贵文物的出土,意味着在陪葬坑的下面,也许就是一个巨大的陵墓。

李俊山和陈文钦决定顺着陪葬坑炸出的一个盗洞口冒一次险,他们想知道里面是否如他们想象的是一个巨大的陵墓。

洞口窄的容不下身体的宽度,李俊山和陈文钦开始往里爬行。

在巨石上爬行十多米,仍然看不到尽头。这让李俊山和陈文钦既恐怖,又兴奋。也许正如他们想象的那样,这里是一个巨大的陵墓。

果然,当他们摸索前行了大约 20 米的距离之后,眼前豁然开朗,这个空间让李俊山和陈文钦惊呆了。

陈文钦:看到上面好多东西都涂得通红的,都是红彤彤的,最后上手一摸一看,是朱砂。

从涂满了红色朱砂的房间来看,这应当是一个王或后以上级别的墓葬。因为朱砂是一种名贵的中药材,只有身份显赫的人才能够用得起如此多名贵的朱砂。

李俊山(河南省永城市博物馆馆长):我们的心里就非常震惊,这种震惊是无法用语言来描述的,因为这个规模太大了。

李俊山和陈文钦继续往里走,地面上一片狼藉,显然这里已经被盗墓贼光顾过多次。

正如他们所预料的,这是一个巨大的陵墓,根据考古工作的经验,李俊山判断这是一个西汉时期的石崖墓。从墓葬规模来看,墓主人应当是西汉时期,一位诸侯王级别的人物。

现在刚刚发现的这一陵墓和孝王避暑洞都在芒砀山的保安山,而且相距不远,可是这个墓却远远大于孝王避暑洞,它会不会就是被曹操盗掘的梁孝王墓呢?

这一发现,惊动了河南省文物考古所的专家,大规模的发掘开始了。

专家们将此墓命名为保安山二号墓。

保安山二号墓是一个有着两个墓道的石崖墓,它坐西面东,凿山为室。墓门被巨大的塞石封堵,显然这是用来防盗的。

当墓道和墓门的塞石被清理出来，一个巨大的陵墓出现在考古人员面前。

这是一个大型石崖墓，它全长210.5米，总容积1650立方米，属于西汉早期。它坐西朝东，东西两个墓道，三段甬道把一座山体凿穿，甬道两侧分布着大小不同的侧室，这31个侧室起着不同的功用。

除此之外，墓主人还仿照生前的生活起居，开凿了两个主室，作为前堂后室，通过第一段甬道是前堂，前堂用来接待客人，穿过前堂进入第二段甬道，是后室。后室是生活起居的地方。显然这是仿照了西汉建筑"前朝后寝"的建筑格局。

这个陵墓规模大大超过了此前考古界发现的西汉徐州楚王墓和河北满城中山靖王墓，称得上是千年石室第一陵。

如此庞大的墓室，他的陵墓的建造者会是谁呢？

史书记载，西汉时期永城属于梁国的封地，梁国国君死后大都选择葬在了芒砀山，从梁孝王开始，大约有八代梁王葬在了芒砀山。

由于保安山二号墓多次被盗，墓主人的尸骸和棺椁已经找不到痕迹。

在陵墓后室的侧室里，考古人员发现了一些玉衣片。他们断定，墓主人穿着金缕玉衣。这个侧室应当是主人的棺椁所在的位置。

"玉衣"是汉代皇帝和高级贵族死后特用的殓服。既然这个墓的主人下葬的时候穿着金缕玉衣，更加肯定了他是梁王一级的人物，那么这个墓的主人究竟会是哪一位梁王呢？

从保安山二号墓的形制和规模来看，墓主人应当是梁国历史上身份最为显赫的诸侯王。而梁国财力丰厚，国力最为鼎盛时期，恰恰是在梁孝王时期。

一次灭顶之灾的降临

梁国的鼎盛来自西汉帝国的一次灭顶之灾。

公元前154年，由于景帝实行削藩政策，西汉政权爆发了吴楚齐赵等7个诸侯国的叛乱。带头谋反者是最大的藩王之一——吴王刘濞。

吴楚七国声势浩大，由于梁国地处中原的东大门，就成为叛军首当其冲的目标。

面对数倍于梁国的敌人，梁孝王焦急万分，派信使向朝廷请求援兵。

景帝派太尉周亚夫率兵平叛。

王立群：景帝跟周亚夫商量了一个策略，这个策略就是周亚夫打吴楚叛军的主要方法是断其粮道。为了能够集中断其粮道，就需要有人来遏制和吸引吴楚叛军，这个任务就交给梁孝王。

周亚夫和景帝暗中达成了一种默契。周亚夫并不出兵救梁，致使梁军孤军奋战，形势异常危急。

这一天，梁孝王招来几位大将，念及母亲窦太后和哥哥景帝在宫中，梁孝王声泪俱下，他跪请大将们，奋力一拼，誓死卫国。

梁孝王的至诚之心感动了将士，梁国独自抵抗吴楚叛军3个月，为中央军赢得了时间。

七国之乱后，梁国与中央军赢得了同等的功劳。梁孝王得到窦太后赏赐的金银财宝不可计数。

与此同时，梁孝王大建宫室，广筑东苑，据史书记载，梁东苑的规模达到了三百多里的范围。除了皇帝的上林苑之外，梁东苑成为当时天下最大的苑囿。

这时候梁孝王的地位也如日中天，与天子同乘一车，进出长安城。

张志清（河南省文物考古所副所长）：梁孝王应该说是中国历史上最显赫的诸侯王，因为他的地位比较显著。

史书记载，梁孝王之后，梁国被一分为五，逐渐衰落，所以说梁孝王应当是梁国历史上身份最为显赫的诸侯王，而保安山二号墓巨大的规模也绝非财力一般的诸侯王所能开凿，这样看来，保安山二号墓的主人，极有可能就是梁孝王。

是一位梁国的王后墓

这一天，考古人员在保安山二号墓的陪葬坑，发现了一枚铜印，铜印上刻着"梁后园"的字迹。

这个关键证据的出土，推翻了此前人们的所有猜测，保安山二号墓的主人是一位梁国的王后。但是梁国有那么多的王后，这个墓主人是哪一位梁国国君的王后呢？

陪葬坑出土的另一个关键证据锁定了范围。

梁后园铜印和孝园瓦的同时出土,证明这个墓的主人应该是梁孝王的皇后李后。

与此同时,考古人员在陵墓出土的五六千块塞石上,发现了许多字迹。这些字迹有的刻有工匠的名字,有的标明了塞石放置的位置。

一天,在一个耳室的封堵塞石上,考古人员发现了"西宫"字样。这块塞石上刻的字是"西宫西南",这是一个非常重要的信息。这意味着在这个墓室里有被称为西宫的房间。

接着,在通往后室的甬道口的塞石上,考古人员发现了"西宫"字样,然后在通往前堂的甬道口的塞石上,考古人员又发现了东宫字样。

这就是说,保安山二号墓中前堂和后室分别叫作东宫和西宫。待人接客的前堂叫东宫,生活起居的后室叫西宫。同时这些塞石还传达出一个重要的信息,这是一个女性的宫殿。

这更加印证了这个墓的主人是孝王的皇后李后而不是孝王。

保安山二号墓的主人终于真相大白,然而当专家们仔细审视梁孝王皇后身后的这个巨大陵墓,却发现了众多鲜为人知的秘密。

李后墓的规模令人惊讶,它由2个墓道、3个甬道种134个侧室组成,全长210米,面积1600平方米,容积6500立方米,是目前中国发现的最大石崖墓。

专家们仔细审视这个巨大的墓葬,发现这里隐藏着许多待解之谜。

在西宫一侧的一个耳室,在这个房间的地下,有类似于我们今天所使用的地漏。2000多年前就有了类似今天的下水道,有些不可思议。那么这个房间是用来做什么的呢?

李俊山:地面上有一个石头凿出来的方形石槽,中间方孔里有一个圆孔,代表着沐浴间。洗澡以后,本来里面可以放一个沐盆,然后有铜匜,也就是水瓢,舀着水以后,人坐到里面,另外一个侍女帮着把水倒到身上,然后进行搓洗。这就是一个大沐盘,这沐盘带有两个环,用鎏金的铺首做装饰,特别讲究。

在挨着洗浴间的另一个侧室,是2000多年前的坐便厕所。这也是中国目前发现的最早的坐便厕所。

李俊山：在座的石头上，脚踏的地方还刻有画像，就目前所发现的来说就是最早的画像石。上面刻的是几棵常青树，还有一只凤鸟，下边是绶带穿臂，刻得非常精细，非常规整，表现了王室的气派。

在另一个大侧室，专家们发现了2000多年前西汉王宫使用的冰凌室，它相当于我们今天使用的冰柜。

李后墓汇集了东宫、西宫、贮冰室、浴室及许多贮藏室。可以想象，这些众多功能不同的房间，当时一定塞满了各种豪华的随葬品。

梁孝王的妻子李后墓规模尚且如此奢华，可以想见，梁孝王的陵墓一定更加壮观，但是梁孝王的墓到底在哪里呢？

寻找梁孝王的陵墓

李后墓位于保安山东麓，占据了保安山的一个山丘，而与李后墓相邻的是保安山主峰，在这个主峰的下面，恰恰就是被当地老百姓叫作孝王避暑洞的孝王洞。

而在李后墓山顶上的陪葬坑里，考古人员又发现了与孝王墓有关联的唯一证据"孝园瓦"。这一切，暗示了孝王墓和李后墓似乎有着某种联系。

考古人员决定，兵分两路，一路踏勘孝王洞，一路走访调查，寻找新线索。

90年代的某一天，李俊山和陈文钦走进了被当地人称为避暑洞的孝王洞。

李俊山以专业的眼光判断，这是一个大型石崖墓，从墓制形状来看，此墓应该和李后墓一样，属于西汉时期。专家将此墓命名为保安山一号墓。

保安山一号墓和二号墓相比，都是坐东朝西，只是规模和形制小了很多，一号墓只有李后墓的三分之一大，但是其规模却超过了徐州楚王墓和河北中山靖王墓。李俊山判断，这个墓主人可能是梁国王室的人。

北魏郦道元的《水经注》和清末《永城县志》都明确地指出，这个"孝王避暑洞"就是孝王墓。

这样一个大型石崖墓，从地理位置和裸露的时间来判断，暗合了孝王墓在历史上被盗的时间和地点。从这点上来说，它有可能就是梁国国君孝王墓。

但是令人不解的是，如果这个墓真的是梁孝王墓，作为一个身份显赫的诸侯王，梁国国力最为强盛时期的国君，梁孝王的墓理应比他的皇后李后的陵墓大，而保安山一号墓只有李后墓的三分之一大,似乎不合常理。

就在这时,调查走访的人员,得到了一个重要线索。在保安山一号墓前面的平台上,老百姓曾经发现一个南北方向的石头墙。这个线索引起了张志清的注意。

经过发掘,一个有6000平方米建筑规模的遗址浮出水面,在这里发现了大量的刻有"孝园"字迹的瓦片。从遗址的布局和结构判断,这里是梁孝王的寝园。

张志清注意到,梁孝王寝园的南墙恰好与保安山一号墓墓道相对。这让张志清断定孝王洞就是历史上声明赫赫的梁孝王之墓。

在芒砀山南麓裸露了上千年的古老洞穴,原来就是历史上赫赫有名的梁孝王之墓。

解开梁孝王陵墓之谜

与此前发掘的李后墓不同,梁孝王墓只有一个墓道,一个主室,11个侧室,规模远远小于李后墓。

一个堂堂的梁国国君,一个国力最为强盛时期的诸侯王,为什么陵墓只有其夫人的三分之一大呢?

一天,考古人员在孝王墓甬道一侧的耳室里发现了更加令人不解的现象。

这是一个巨大的耳室,比其他耳室大出三倍之多,这样巨大的耳室到底是用来放什么的呢?

在这个大耳室的墙壁上,考古人员发现了一些横槽和方孔,这些横槽和方孔看起来像是搭架子用的。这让他们对这个耳室的功用产生了猜测。

当考古人员仔细审视这个耳室的顶部时,又有了新的发现。

耳室的顶部凹凸不平,大部分是粗粗开凿出的模样,但是在靠近门口的顶部,却有一部分被打磨得平整光滑,看来整个顶部是要经过这样精加工的,但是没有做完。

联想起孝王墓整个规模远远小于李后墓,考古人员心中的疑问越来越强烈。难道这个陵墓就像这个耳室一样,也是一个仓促而就的工程?

如果真是这样,在梁孝王临死前的几年里,一定是发生了什么事情。那么在这个声名显赫的梁国国君的身上究竟发生了什么呢?

公元前 150 年的一天,梁孝王有些心神不宁,他似乎在等待着什么。

这一天,他派去的刺客出现在京城以袁盎为首的几个大臣的家里。这一行动的胜负,将直接和他的性命相关。

七国之乱后,梁孝王的地位达到了前所未有的顶峰,他与天子同乘一车,进出长安城。这样的待遇,让梁孝王想当天子的欲望越来越强烈。

再加上景帝在一次宴会上曾戏言,千秋之后传位梁王,更加让梁孝王以为自己就是未来的天子。

结果出乎梁孝王预料,景帝最终立了皇太子刘彻,这让梁孝王心里很不舒服。

梁孝王听说是袁盎等几个大臣,劝景帝不要改变王位传子不传弟的祖制,就怀恨在心,他与几个宠臣密谋,商量了刺杀袁盎等大臣的计划。

这一天,袁盎被刺死,但是梁孝王刺杀其他大臣的阴谋最终败露。

王立群:作为一个诸侯王敢刺杀中央政府的重臣,这在汉代是绝无仅有的,所以引起了汉景帝的震怒,梁孝王开始还想顶着,最后在韩安国的劝告下,他才决定交出凶手进京认错,但这个时候他们兄弟之间的关系很僵化了,其结果就导致汉景帝公开冷落梁孝王。

景帝没有治梁孝王的罪,但从此有意疏远刘武。这一年梁孝王入朝也不得久留京城。

从京城备受冷落归来的梁孝王,始终郁郁寡欢。公元前 144 年夏天,梁孝王在打猎途中中暑,本来是一个小病,没想到 6 天之后,突然暴病而亡。

专家们判断,梁孝王陵墓的营建有可能从他一到任就开始了,这是许多诸侯王的惯例,但是中间梁孝王的地位如日中天,大有继位的可能,这期间修建工程有可能会停下来。

当梁孝王的天子梦破灭,工程才加紧进行,没想到梁孝王突然暴病而亡,所以工程仓促完工。

谜底似乎被揭开了,梁孝王遗落的天子梦导致了他的陵墓规模远远小于李后墓。

从孝王墓的封土堆看去,孝王墓占据的是保安山的主峰,而李后墓却是保安山主峰一侧的山丘,这恰恰符合汉代夫妻合葬"同穴不同茔"的葬俗。

但是考古人员没有想到,在这两个看起来连在一起的山丘下面,居然还埋藏着一个秘密。

这一天,考古人员在李后墓西宫附近的一条隧道上,突然发现了奇异图案。经过仔细寻找,他们发现,地面上共有7个大小相等的圆形图案。

这条隧道位于李后墓后室,全长50米,呈倾斜状往下延伸,黑黑的隧道尽头被渗出的山泉水覆盖,看起来格外恐怖。

对于这样一条隧道的用途,一直以来存在争议,从它在墓中的位置来看,显然不是当作甬道来用的。

多数人认为,这条隧道是黄泉道,因为它的尽头恰恰是通往孝王墓的方向。

在徐州楚王夫妇的"同穴不同茔"的墓中,就有一条甬道连接起了他们的墓室,这条甬道被称为黄泉道。这应当来自汉代视死如生的葬俗。

因此人们认为,王后墓中的隧道也应该是黄泉道。

史书对李后的记载并不多,但是有一个故事格外引人瞩目。

江华(河南省永城市汉文化研究会):梁孝王生前有一个价值连城的宝物叫作垂樽,当年交给李王后进行保存,并给后人说这个东西必须好好地保管,不能送给别人。后来李王后的孙子和她的孙媳听到这个事以后,想得到这件宝物,就跟祖母索要,他的祖母说,先王有命,这件宝物不能随便送于人,库房里的东西价值百万的太多了,你们可以随便拿,但是她的孙子和她的孙媳不听劝告。

因为孙子梁平王和孙媳妇任王后最终抢走了梁孝王生前送给李后的罍樽,李后被气得一病不起,几天后便抑郁而终。

由于李后死的仓促,黄泉道最终只开凿了四分之一。

如果这些联想是成立的,那么黄泉道上刻的这些图案又有什么意义呢?这时有人提出,用小石子把七个图案摆弄出来,也许能发现什么。

没想到几分钟后,一个奇妙的现象出现了。

七个圆排列的图形,像极了北斗七星的形状。

梁孝王和李后墓的谜底似乎揭开了,但是西汉梁国的谜题却并没有到此结束。

就在90年代的某一天，又一个梁国墓葬在芒砀山叫柿园的地方破土而出，这个墓的主人正是梁孝王和李后的儿子——梁共王刘买。

柿园汉墓比起孝王墓和李后墓规模小了很多，只有一个主室和几个侧室，没有回廊，但是在这样一个看起来很不起眼的墓葬里，却有了惊人发现。

在墓室顶部，有一幅巨大壁画，吸引了专家目光。这幅壁画有30平方米，壁画上一条青龙占据了主体，然后是白虎、朱雀，看起来像是一幅四神图。

但是玄武却与通常看到的不同，通常的玄武是蛇缠到乌龟的身上，而这幅画却是龙的身上缠了一个鱼身鸭嘴状的东西。

壁画上这样一个鱼身鸭嘴兽与四神里的其他三神出现在一起，专家们还是第一次见到，它究竟代表了什么意义呢？

这幅西汉时期的巨大壁画，色彩艳丽，气势恢宏，保存如此完整，在汉墓中极为罕见。这幅壁画早于我国敦煌壁画，被专家们誉为"敦煌前的敦煌"。

芒砀山的梁王陵墓群，揭开了西汉梁国鲜为人知的历史，叱咤风云的梁孝王和享尽荣华富贵的李后，最后落得个抑郁而终，暴病而亡。

万般执着终究化成了一场梦。

芒砀山这座古老而神秘的山，似乎还有许多未尽的秘密。

曹操坟墓疑案

"七十二疑冢"的说法流传千年。再经过罗贯中《三国演义》的渲染，妇孺皆知。传说，曹操怕死后被人发掘坟墓，在漳河一带造了七十二个疑冢。人们对"七十二疑冢"的探寻由来已久，那么，曹操的坟墓究竟有没有在这"七十二疑冢"中呢？这一千古之谜至今有没有被揭开呢？

多疑之人多坟墓

曹操，字孟德，小字阿瞒，沛国谯县（今安徽省亳州市）人。三国时期军事家、政治家及诗人。他出生在官宦世家，其父亲曹嵩原是夏侯氏的后裔，后来成为宦官曹腾的养子。曹操文武双全,《魏略》说他"才力绝人,手射飞鸟,躬禽猛兽,尝于南皮,一日射雉获六十三头"。《三国志》说他"才武绝人"。

曹操死于公元 220 年 3 月 15 日,终年 66 岁。曹操墓本不是谜,但从宋代起就无人知道曹操墓所在,并有了设"七十二疑冢"的传说,但经过《三国演义》等的宣扬,曹操墓就成了个妇孺皆知的千古之谜。

曹操对自己的丧葬有明确"说法",他死前一年多在《终令》中称"西门豹祠西原上为寿陵,因高为基,不封不树"。临终前《遗令》中更是明确了要穿着平时的衣服入葬,不要珠宝陪葬。他的儿子曹丕、曹植都有文描述葬礼和入殓的情况,交代了葬在邺城之西,晋代文人陆机、陆云作品中也有关于曹操丧葬情况的介绍。在魏国名将贾逵(174—228)和司马懿(179—251)等人的传记里有他们护送曹操灵柩到邺城入葬的记载。如曹操设疑冢的话,那他就是在留给后人的许多史料上都做了假,不仅在生前,改朝换代后还有人出力,且随后的几百年无人发现,这有些荒诞。

史料显示,由于丧葬从简,过了没几年,曹操墓上的祭殿就毁坏了。没有随葬金玉器物,也不为盗墓者所重视,再加上没有封土建陵,没有植树,几个朝代之后,曹操墓所在便无人知晓了。到唐代人们对曹操墓的位置还没有什么疑问,唐太宗李世民曾为曹操墓作祭文,但从北宋开始,虽然曹操墓位置在史书上有记载,但现实之中没有人知道曹操墓的所在。也是从北宋开始,曹操被定型为奸雄,其墓址不详也成了他奸诈的一个证明。邺城以西有北朝墓群,被传为曹操的七十二疑冢。

罗贯中的《三国演义》中有一个传说这样说道,曹操为了防止后人挖掘他的坟墓,在生前就作了周密的安排,等到出殡的那一天,邺城内所有的城门同时打开,72具棺木分别从东南西北四个方向同时抬出,葬入事先准备好的墓室内。于是,后人再也分不清楚哪座是曹操的真坟,哪些又是迷惑人的疑冢。曹操遗命设立疑冢七十二,渲染了曹操的奸诈。这就是"七十二疑冢"的来历。

蒲松龄《聊斋志异》中有一篇《曹操冢》点出曹操墓可能在其设的七十二疑冢之外,更显示出其诡诈。这个故事说,在邺城外有一条河,河水十分湍急,靠近岸边的地方尤其深邃幽暗。盛夏时有人到河里洗澡消暑,忽然从水里传来敲击刀斧的声音,下水的人就断为两截浮上水面;后来又有一人也下河洗澡,结果和第一个人一样遭到腰斩。这种现象在百姓中流传,引起百姓惊恐奇怪。当地的地方官听说了这事,就派多人到上流截断河流,让水流枯竭。于是人们发现岩崖之下有个幽深的洞穴,洞中安置了一个转轮,轮上安装着利刃。人们拆除了转轮进入洞穴,发现洞中有一座小石碑,上面的字体是汉朝的篆书。仔细阅读这些文章,得知原来这就是曹操的墓穴。于是人们打开曹操的棺材,抛撒曹操的骨骸,把给他陪葬的金银珠宝全都拿走了。

蒲松龄最后总结说:"后贤诗云:'尽掘七十二疑冢,必有一冢葬君尸。'宁知竟在七十二冢之外乎?奸哉瞒也!然千余年而朽骨不保,变诈亦复何益?呜呼,瞒之智正瞒之愚也!"意思是说,尽掘七十二个假墓,肯定有一个藏着曹操的尸体,可怎么能想到曹操的尸体竟然不在七十二个墓之内呢?曹操如此奸诈多疑,不料千余年后腐朽的骨头不保,使这些诈术又有什么用呢?唉!曹操的智慧正是曹操的愚蠢啊!

小说家之言虽然近于荒诞,但曹操生性多疑却是史实。随着这些杰作的流传,曹操墓之谜就更加引人注目,也更加扑朔迷离。

七十二疑冢成谜团

关于曹操陵墓,在历史上有很多传说。特别是"七十二疑冢"的真相,更是吊足了人们的胃口。诸多考古学家都证实了曹操疑冢实际上是北朝的大型古墓群,并指出其确切数字也不是七十二座,而是一百三十四座。在古人看来,七十二只是个概数,非实指,因此"七十二疑冢"仅举大数而言,说明曹操疑冢之多,但是,曹操墓的确不在这"七十二疑冢"里。由此,曹操墓更加扑朔迷离,质疑观点有很多。

如果一定要说曹操设七十二疑冢的话,那他就是在留给后人的这么多史料上都做了假,不仅在生前,死后还有儿子、大臣以及改朝换代后的文人、史家出力,且在随后的几百年间无人发现,之后却被人没有多少切实依据而指出来,这似乎有些荒诞。

有观点认为,曹操并没有秘葬,更未设疑冢,只不过是主张丧葬从简而已。曹操的节俭在历史上是非常有名的。曹操在其死前一年多就下过一道命令,命人为他在西门豹祠西边高原上的贫瘠之地建造一座陵墓，并特别嘱咐说，陵墓要建在高地上，地面上不要堆起高高的坟头，也不要做什么记号。在建安二十五年（220年）正月，曹操在洛阳病逝，同年二月葬于高陵。后人猜测，所谓高陵可能就是指西门豹祠西边高原上所建造的陵墓。

传说毕竟还是传说，想要知道曹操的墓到底在哪里，还是要从他临终时的《遗令》谈起。这份《遗令》是西晋著名的文学家陆机于无意中在宫内秘阁发现的。全文如下："古之葬者，必居瘠薄之地。其规西门豹祠西原上为寿陵，因高为基，不封不树。《周礼》冢人掌公墓之地，凡诸侯居左右以前，卿大夫居后，汉制亦谓之陪陵。其公卿、大臣、列将有功者，宜陪寿陵，其广为兆域，使足相容。"这就是我们前面提到"不做记号不做高丘"的曹操的临终遗言。在《遗令》的最后，曹操还提到了铜雀台，他吩咐他的妻妾们，在铜雀台的公堂上安放一张六尺大床，挂上灵帐，并供上干果祭品，逢每月的初一、十五的上午，向灵帐奏乐歌舞。同时，《遗令》还嘱咐他的群臣，"汝等时时登铜雀台，望吾西陵墓田"。后人便依据这份《遗令》里所说的内容，以铜雀台为中心，寻找曹操的陵墓，但由于种种原因，始终未果。

这份《遗令》虽然不能帮人找到真的曹操墓，但却解决了一件事：彻底否定了"七十二疑冢"的存在。在这份《遗令》中，曹操明确规定他的寿陵需要建在西门豹祠西面的高原上，"因高为基"，"不封不树"，也就是说，陵墓必须建在地势高的地方，上面既不要封土，也不要种树，不做任何标记。这样看来，临漳、磁县境内的"七十二疑冢"，却是人工封土堆积而成的，这些墓冢小的高数丈，大的则高数十丈，远远望去，宛如一座座小山。其中一座叫申庄乡的天子冢，其封土长九十米、宽八十米、高四十米。这显然不符合曹操所规定的形制。

1988年人民日报发表一篇文章《"曹操七十二疑冢"之谜揭开》说，闻名中外的河北省磁县古墓群最近被国务院列为第三批全国重点文物保护单位。过去在民间传说中被认为是"曹操七十二疑冢"的这片古墓，现已查明实际上是北朝的大型古墓群，确切数字也不是七十二座，而是一百三十四座。关于疑冢的说法便被确证不是准确的了。

对曹操"七十二疑冢"的否定最坚定的当然还是盗墓者。民国初年，有人盗掘了诸多疑冢,疑冢内多有墓志,均系北魏、北齐时代王公要人墓。有一座是齐王陵,还有的是齐献武帝第十一子高阳王浞墓。

对此,也有人对曹操"七十二疑冢"投赞成票。2009年12月底,曹操墓被发掘,著名学者汪宏华发表文章认为,即便当前发现的曹操墓是真实的,也不能否定《三国演义》中曹操指示建造七十二疑冢的说法。曹操设置疑冢,也不可能大兴土木。试想,他戎马一生也无非是为了给儿子曹丕留下一份基业,适时登基称帝,不会在自己的疑冢上花费太多。他的所谓七十二疑冢只可能是一些大大小小的土丘加上简陋的墓室。也就是说,尽管现在发现的墓室规模不算太大,也足以相信它是真的。

曹操墓葬究竟在何处?

一些人根据古诗"铜雀宫观委灰尘,魏之园陵漳水滨。即令西湟犹堪思,况复当年歌无人"认为曹操墓是在漳河河底。还有人根据民谣"漳河水,冲三台,冲塌三台露出曹操的红棺材"认为曹操墓在邺城的铜雀台等三台之下,这几种说法与史实明显不符,也没有考古发现的证据。

还有一些人认为,曹操的陵墓在其故里谯县的"曹氏孤堆"。据《魏书·文帝纪》载:"甲午(公元220年),军治于谯,大飨六军及谯父老百姓于邑东。"《亳州志》载:"文帝幸谯,大飨父老,立坛于故宅前树碑曰大飨之碑。"曹操死于该年正月,初二日入葬,如果是葬于邺城的话,那魏文帝曹丕为何不去邺城而返故里?他此行目的是不是为了纪念其父曹操?《魏书》还说:"丙申,亲祠谯陵。"谯陵就是"曹氏孤堆",位于城东20公里外。这里曾有曹操建的精舍,还是曹丕出生之地,此外,又据记载:亳州有庞大的曹操亲族墓群,其中曹操的祖父、父亲、子女等人之墓就在此。由此推断,曹操之墓也应当在此。但这种说法也缺乏可信的证据,遭到许多人的质疑。

近来,一些文物、文史工作者为寻找曹操墓进行了不懈的努力,并出土了可证明曹操墓位置的石碑、石刻,虽然还不能确定曹操墓的准确位置,但基本上认定了其大致范围,即在河北磁县时村营乡中南部和讲武城乡西部或河南安阳县安丰乡境内。

2008年，河南省文物局拟对安阳县境内一个东汉大墓进行了抢救性的发掘。同年12月，经报国家文物局批准，河南省文物局组织河南省文物考古研究所开始进行发掘工作。

这座东汉大墓，曾多次被盗掘，但仍幸存一些重要的随葬品。据统计，出土的器物有250余件，包括金、银、铜、铁、玉、石、古、漆、陶、云母等多种质地。器类主要有铜带钩、铁甲、铁剑、铁镞、玉珠、水晶珠、玛瑙珠、石圭、石璧、石枕、刻名石牌、陶俑等。其中刻铭石牌共出土59件，有长方形、圭形等，铭文记录了随葬物品的名称和数量。极为珍贵的有8件，分别刻有"魏武王常用搭虎大戟""魏武王常用搭虎短矛"等铭文。在追缴该墓被盗出土的一件石枕上刻有"魏武王常用慰项石"铭文，这些出土的文字材料为研究确定墓主身份提供了重要的、最直接的历史依据。

同时，该墓还出土有大量画像石残块。这批画像石画工精细娴熟，雕刻精美，内容丰富，有"神兽""七女复仇"等图案，并刻有"主簿车""咸阳令""纪梁""侍郎""宋王车""文王十子""饮酒人"等文字，为汉画像石中罕有的精品。在墓室清理当中发现有人头骨、肢骨等部分遗骨，专家初步鉴定为一男两女三个个体，其中墓主人为男性，专家认定年龄在60岁左右，与曹操终年66岁相近，推测是曹操的遗骨。

后经河南省专家论证，确认此东汉大墓即为史籍记载中的高陵。2009年12月27日，河南省文物局公布，高陵经考古发掘得到确认，其位于河南省安阳县安丰乡西高穴村南，就是曹操墓。

这一消息一经发出，立刻引起了极大的轰动，使得曹操墓再次成为关注焦点。目前学界对于曹操墓存在几种观点，一种是所谓的"挺曹派"，就是认定认为安阳大墓是曹操墓，没有什么疑问；一种是所谓的"倒曹派"，就是认定曹操墓造假，西高穴村大墓并非曹操墓；还有一派是"存疑派"，就是对安阳大墓是曹操墓的说法是认可的，但是对一些佐证或者考古中发现的物品存在一些疑问。虽然观点有所不同，但是专家学者们都表示，考古是很严谨的事情，应该远离利益的争夺。

自曹操墓在河南安阳被发现之后，关于其真假的争论一直不绝于耳。

相信经过考古发掘，曹操墓之谜最终会解开，同时，也会给曹操这个千古枭雄，一个备受争议的历史人物还原一个真实的面貌。

刘备的陵墓在何处

有人认为,刘备死后遗体葬于奉节,因为当时刘备兵败退回白帝城,重庆奉节距离成都几千千米,在当时的条件下,要把刘备的遗体运回成都是极不现实的,加上当时的战况对蜀国极为不利,蜀国也没有精力来处理这件事。

刘备死后遗体葬于何处?四川成都还是重庆奉节?这是若干年来众多"三国迷"关心的一个问题,也是历史学家研究的课题之一。

有人认为,刘备死后遗体葬于奉节,因为当时刘备兵败退回白帝城,重庆奉节距离成都几千千米,在当时的条件下,要把刘备的遗体运回成都是极不现实的,加上当时的战况对蜀国极为不利,蜀国也没有精力来处理这件事。只是三国时没有把墓地建在城里的习惯,诸葛亮也不会把刘备的遗体安放在人群集中的县城里。刘备墓有很大可能在奉节,但肯定不在奉节县城里。据说,60年代郭沫若路过奉节城时,也说过刘备真墓不在成都,而是在奉节。

学者陈剑也支持刘备葬于奉节一说。他的理由是:第一,奉节四月份后天气炎热,尸体最易腐烂发臭,要将它送到千里之遥的成都,实在不易;第二,据宋元以来典籍和地方志记载,甘皇后是葬于奉节。而据《三国志》,甘皇后是在奉节白帝城入口与刘备合葬的,却没有葬在惠陵,可见刘备也是葬在奉节的;第三,刘备墓在奉节,在历史上多有传说,近年奉节城里多处出现人工隧道口,很像墓道,而且其走向均指向原府署(现县人民政府大院)。陈剑还说,近年,奉节白帝城入口物探测队曾使用超声波开展物探,发现在大院所在地底深处,埋藏有两个建筑结构,分别为18米和15米长,高5米,有专家认为它很可能就是刘备和甘夫人的真正墓葬。

也有人不同意上述说法,谭良啸、吕一飞先生认为刘备葬于重庆惠陵,史志言之确凿。我国早发明尸体防腐术;至于甘皇后葬处,《三国志·先主甘皇后传》有详记,"后卒,葬于南郡(湖北江陵),章武二年,追谥皇思夫人,迁葬于蜀,未至而先主殂陨。丞相亮上言:……会大行皇帝崩,今皇思夫人(甘皇后)神柩以到,又梓宫在道,园陵将成,安厝有期。……故昭烈皇后(甘皇后)宜与大行皇帝合葬,臣请太尉告宗庙,布露天下,具礼仪别奏。制曰可。"按刘备是公元 223 年(蜀汉章武三年)四月死于白帝城永安宫的。成都武侯祠里的刘备墓翌月,他的梓宫自永安宫护运到成都,八月安葬于惠陵,此处称"梓宫在道,园陵将成",是指刘备之柩正在由永安运往成都的途中,成都的惠陵正在加速修建中,这份奏章是在白帝城(或正在途中)的丞相诸葛亮给成都的后主刘禅的,可见刘备和甘皇后确是合葬于惠陵的。谭良啸等认为,"刘备虽死于奉节白帝城,但确系运回成都安葬。此事陈寿的《三国志》记载甚明,陈寿生长在蜀地,曾在蜀国为官,岂能将国君的墓地错记?"

四川社科院学者沈伯俊也认为刘备惠陵系真墓,他的理由是:第一,史书明言刘备还葬成都;第二,所谓天热尸体难运之说,站不住脚。秦始皇比刘备早死 400 多年,仍不顾路遥,葬于咸阳,到刘备时,防腐技术大有发展,何不可运尸回成都?而所位于重庆市的惠陵谓奉节地下发掘古墓,实不可信。

两种说法,支持者都有一定的证据和道理,而关于帝王陵墓因防百年后盗挖之灾,从来就是虚虚实实、假假真真,即使当时的人也未必知道真相,所谓刘备的真墓假墓,那都是本本或传之于口碑之说。不过,人们既然已经提出这个疑窦,自然要继续考证下去,让我们等待谜底揭开的那一天吧。

武则天坟墓疑案

中国历史上唯一一位女皇帝武则天,不管是生前还是死后,都给人留下了无数谜团。而她的"万年寿域"——乾陵,居然抵挡住了 40 万大军的挖掘,被称为世界上最难挖的陵墓,令盗墓者望而生畏。由此,后世对武则天的陵墓产生了极大的兴趣,这里面究竟有什么惊世骇俗的故事呢?又有多少无价之宝呢?

唯一未被挖掘的陵墓

乾陵,位于陕西省乾县县城以北梁山上,是唐高宗李治与女皇武则天的合葬陵墓,为我国历代帝王陵园中唯一的夫妇两帝合葬墓。

乾陵,这座气势宏伟的地下皇陵是武则天和她的丈夫唐高宗李治的长眠之地。

数百年来，周围的陵墓都被盗墓贼洗劫，然而乾陵却使他们望而生畏。这座长埋于地下的皇帝陵寝究竟有什么惊世骇俗的故事呢？

乾陵

如果问世界上哪个皇帝的陵墓最难挖，那么毫无疑问是武则天的"万年寿域"——乾陵。她的陵墓被冷兵器时代的刀剑劈过，被热兵器时代的机枪、大炮轰过，在从建成到新中国成立的1300多年之中，有名有姓的盗乾陵者就有17人之多，其中规模最大的一次出动人数40万之多，乾陵所在的梁山几乎被挖走了一半。然而时至今日，乾陵依然不抛弃、不放弃，像一名忠诚的士兵一样恪尽职守地保护着主人武则天和她丈夫李治的遗体。人们不禁要问，汉武帝的茂陵被搬空了，唐太宗的昭陵被扫荡了，康熙大帝连骨头都凑不齐了，为什么单单武则天的乾陵可以独善其身？

这事得从乾陵的修建说起。乾陵位于陕西省乾县城北6公里的梁山上，距古城西安76公里，修建于公元684年，历经23年时间，工程才基本完工。梁山是一座自然形成的石灰岩质的山峰，三峰耸立，北峰最高，海拔104713米，南二峰较低，东西对峙，当时群众称之为"奶头山"。唐乾陵凿山建穴，规模宏大。从乾陵东边西望，梁山就像一位女性的躯体仰卧大地，北峰为头，南二峰为胸，人们常说它是女皇武则天的绝妙象征。

唐高宗病逝后，武则天昭令当时朝野闻名的大术士袁天罡和李淳风，要他们为皇上选一处风水宝地。二人分别遍游九州，回来后交旨都说选在了好畤县（今乾县)的梁山上。武则天便派使臣去察看,到了梁山顶,袁天罡说他在这里埋下一枚铜钱,李淳风说他在这里钉下一枚铁钉。刨开土,李的铁钉正好扎在袁所埋的铜方孔中,在场的人无不拍手惊奇。于是,武则天便把陵址选在了梁山,即现在的乾陵。单从风水来说,乾陵就超过了唐朝所有帝陵。

乾陵修建的时候,正值盛唐,国力充盈,陵园规模宏大,建筑雄伟富丽,堪称"历代诸皇陵之冠"。唐初,太宗李世民汲取从古至今没有不亡之国,亦无不掘之墓的历史教训,从他与长孙皇后的昭陵起,开创了"因山为陵"的葬制,由当时著名的艺术大师阎立德、阎立本兄弟主持设计,陵墓由建筑群与雕刻群相结合,参差布置于有"龙盘凤翥"之势的山峦之上。唐高宗与武则天的乾陵,发展、完善了昭陵的形制,陵园仿唐都长安城的格局营建,分为皇城、宫城和外郭城,其南北主轴线长达4.9公里。文献记载,乾陵陵园"周八十里",原有城垣两重,内城置四门,东曰青龙门,南曰朱雀门,西曰白虎门,北曰玄武门。经考古工作者勘察得知,陵园内城约为正方形,其南北墙各长1450米,东墙长1582米,西墙长1438米,总面积约230万平方米。城内有献殿、偏房、回廊、阙楼、狄仁杰等60朝臣像祠堂、下宫等辉煌建筑群多处。至于里面的宝贝,经过多年的探测考察,一位文物工作者推算最少有五百吨!在前后通道的两侧,又各有四间石洞,洞里装满了盛唐时最值钱的宝贝。在通向金刚墙的近百米过道两旁,摆满了各种金银祭器。

而最让世人感兴趣的就是那件顶尖级国宝——《兰亭序》。史书记载《兰亭序》在李世民遗诏里说是要枕在他脑袋下边。那就是说,这件宝贝应该在昭陵,而不在乾陵。可是,五代耀州节度使温韬把昭陵盗了,但在他写的出土宝物清单上,却并没有《兰亭序》,那么十有八九《兰亭序》就藏在乾陵里面。乾陵一带的民间传说中,早就有《兰亭序》陪葬武则天一说。

如此丰厚的宝藏使得乾陵像花粉一样吸引着职业盗墓者、封疆大吏、土匪、军阀,甚至是农民起义军,纷纷抄着铁锹、锄头前来刨上几下。

从武则天躺进乾陵的一刻,梁山就没消停过。第一个光顾乾陵的是唐末造反大军领袖黄巢。有人告诉了他一件事,在梁山西侧黄土地下埋藏着大量碎石。这个消息就是在暗示黄巢,唐陵中最富有的乾陵的入口很可能就在梁山的西侧,那些碎石大概就是修筑完乾陵后剩余的原料。黄巢大喜,立即调出40万士兵,跑到梁山西侧开始挖掘。这些人都是农民出身,对铁铲铁锹的运用熟练得很,不久,就把半座梁山铲平了,因此留下了40米深的"黄巢沟"。但是,乾陵就像是根本没有入口一样,后来,唐王朝军队集结向长安发起反攻,黄巢这才心不甘情不愿地空手而逃。这位自称是书生的黄巢愚蠢至极,他根本不知道乾陵是坐北朝南的。唐朝皇帝故意将修建产生的碎石埋在离墓道口300多米远的地方。也就是说,他挖错了方向,幸好没被他挖开,因为在他们手里这些陪葬品不会成为造福一方的资源,而是劳民伤财、祸害天下的毒药。

向乾陵伸出罪恶之手的第二个人是五代的耀州节度使温韬,此人似乎生下来就是给李唐王朝的皇帝陵墓找麻烦的。在乾陵之前,他已经挖掘了17座唐皇陵,只剩下乾陵。但他的理想在此破灭。和黄巢一样,他也兴数万人马在光天化日之下挖掘乾陵,不料三次上山均遭遇风雨大作,人马一撤,天气立即转晴,温韬实在想不明白这到底是怎么回事,但他还是没有再继续挖下去,遂绝了念头。乾陵至此逃过第二劫。最危险的是第三次,这次出动的不是40万大军,而是一个现代化整编师,盗墓的工具也不再是锄头、铁锹,而是开山劈石如切菜的机枪大炮。主谋就是民国时期的国民党将军孙连仲。他带领部下,学着孙殿英炸慈禧和乾隆墓的样子,在梁山上埋锅造饭安下营寨,用军事演习做幌子,用黑色炸药炸开墓道三层竖立石条,正准备进入时,突然冒出一股浓烟,盘旋而上,成为龙卷风,顿时天昏地暗,走石飞沙,七个山西籍士兵首当其冲,立即吐血身亡,其他人哪里还敢再向前。

据说,孙将军的一个团生还者寥寥。当地人流传"因武则天是山西人,她最恨老家的人来掘她的墓,所以那七个山西兵必死无疑"。就这样,乾陵终于躲过最后一劫。

墓中有何无价之宝

乾陵,是至今为止保存得最为完整的古代皇陵。由于墓主人特殊的身份,以及大唐盛世的辉煌历史背景,陵中必然埋藏着为数甚多的珍宝与文物,这不能不引起历代人的高度关注。那么,神秘的乾陵地宫内到底有多少宝藏呢?

据乾陵《述圣记》碑记载,唐高宗临终前留下遗言,要求将他生前所珍爱的书籍、字画等全部埋入陵中。武则天营建乾陵的目的是为了报答唐高宗的知遇之恩，因此，陪葬入乾陵的稀世珍宝也一定不少。

通过西安文保中心有关专家对乾陵地宫的探测工作，结合已发掘的乾陵陪葬墓和有关文献，考古工作者推测乾陵墓室是由墓道、过洞、天井、甬道和前、中、后三个墓室组成，或有耳室。中室置棺床，以放置皇帝的"梓宫"即棺椁，"梓宫"的底部有防潮、防腐材料，以珍宝覆盖，其上加"七星板"，板上置席、褥，旁置衣物及珪、璋、璧、琥、璜、琮等"六玉"。皇帝身穿12套大敛之衣，头枕玉匣，口含玉贝，仰卧于褥上，面朝棺盖。盖内侧镶饰黄帛，帛上绘日、月、星辰及金乌、玉兔、龙、鹤等物。地宫的后室设石床，其上放置衣冠、剑佩、千味食及死者生前的喜好之物。前室设有"宝帐"，帐内设神座，周围放置玉质的"宝绶""谥册""哀册"。

另外在过洞两侧的耳室和甬道石门的前后，放置有大量珍贵的随葬明器。对此，乾陵博物馆副馆长、副研究员樊英峰先生曾撰文介绍：目前考古工作者将乾陵地宫内可能藏有的文物分为六大类：一是金属类，有金、银、铜、铁等所制的各类礼仪器、日常生活用具和装饰品、工艺品等；二是陶、瓷、琉璃、玻璃等所制的器物、人物和动物俑类；三是珊瑚、玛瑙、骨、角、象牙等制成的各类器具和装饰物；四是石质品：包括石线刻、石画像、人物及动物石雕像、石棺椁、石函和容器；五是壁画和朱墨题刻；六是纸张、典籍、字画、丝绸和麻类织物，漆木器、皮革和草类编织物等。种类繁多，价值连城。

而乾陵所有陪葬品中，最为珍贵的应该是武则天的《垂拱集》。据史书记载，武则天临终时，曾嘱李显，要把她的《垂拱集》作为陪葬品，同她一起埋入乾陵中。

关于《垂拱集》还有一个故事：当年武氏侍奉太宗时，受李世民影响，也十分喜爱王羲之的书法，并勤加练习，可以写一手漂亮的王体行书。有一次，李治进宫问候李世民，李世民考问他《兰亭集序》内容及书法特点，李治竟一问三不知，武则天在旁提示，结果被李世民发现，勃然大怒："无耻奴才，竟敢提示吾儿，今问你三个问题，若回答出来罢了；否则，拖出去乱棍打死！"李世民自然问的是有关王羲之行书的问题，没想到，武则天竟回答得头头是道，且很有自己的见解，连唐太宗都佩服不已。

《垂拱集》共一百卷，是武则天仿王羲之行书书写而成，内容可分两大部分，一是记叙她如何从一个才女到昭仪，后到皇后，最后当上皇帝的过程，是她宫廷生活的日记；另一部分是她治国的经验总结。《垂拱集》记叙了唐高宗、武则天两朝的许多重大宫廷事件，对于研究唐代历史，揭开唐史上许多谜团具有重大史料价值。同时，《垂拱集》也是武则天在处理朝政之余，以王体行书写成，自然又是我国书法艺术宝库中的一件珍品！

此外，在武则天的陪葬品中，还有一张她生前非常喜爱的画像，据说是唯一一张武则天的写真画。据说，一天大画家阎立本被唐太宗召入宫中，他见到唐太宗身边有一位容貌非常、气质高妙的女侍者，不觉呆住了。原来唐太宗正是让他来给这位武才人画像的。

唐太宗吩咐人备好笔墨，阎立本伏在案上做起画来。不一会儿便画好了，交给唐太宗。太宗看着不住点头，又递给了武则天。

这是武则天第一次看到自己的画像，心中十分高兴，就把画收藏起来。武则天死后，此画像随她葬入乾陵。这是武则天唯一一张可以令后人一睹真颜的画像，其价值可以说是不可估量的。

因此，乾陵中的文物不仅引来了贪婪的盗墓贼，同时也引起了文物考古工作者的极大兴趣。历史学家、考古大家郭沫若生前曾对周恩来总理说过："毫无疑问，肯定有不少字画、书籍保存在墓室里，打开乾陵，说不定武则天的《垂拱集》可重见天日，武后的画像、上官婉儿的手迹，一定会石破天惊！"

当然，至今为止，对帝王陵墓的考古发掘，文化界一直有许多不同的看法。到底该不该挖，考古发掘到底是保护还是破坏，争论非常激烈。无论如何，这些古人都是我们的祖先。出于中国的传统道德和民众对先人的情感，让这些古人带着属于他们的秘密和珍宝在地下长眠也许是我们最好的选择。

世界经典文库

中外历史悬案

·悬而未决的古墓疑云·

图文珍藏版

胡庄大墓的疑惑

打开了一部天然"地书"

2002年12月，国务院批准了《南水北调工程总体规划》。

根据我国的地形地貌和北方缺水现状，国家决定从长江上、中、下游分西线、中线、东线"三线"调水的总体布局。当中线工程规划呈现在人们眼前时，有识之士就曾预言：这项工程的开工，既是美好未来的开端，又是探究历史的契机。因为，这条线路纵贯中原，相当于发掘一条"中国古代文化的廊道"或者完成一次"古代文明史的大剖面"。

借助南水北调中线工程，河南启动了有史以来最大规模的抢救性考古发掘工作，打开了一部天然"地书"。果然，几年来，河南段成为中国考古界的"富矿"，重大发现接二连三。

仅2006年这一年，河南就出土各类文物两万多件，堪称8000年中原文明史的缩影。

2006年8月，河南省文物考古研究所新郑工作站开始对分布在郑州段沿线的重要文物遗存进行地毯式的严密排查。新郑胡庄村的这个无名冢，也成了最为紧迫的抢救性发掘目标。

或许是机缘，或许是巧合，2006年9月，正在上蔡县带队发掘蔡侯陵园的马俊才，突然接到考古所的命令，要其配合南水北调中线工程，准备前往新郑，抢救发掘一座无名大墓。

马俊才从事考古工作已20多年，但这次准备发掘的胡庄无名大墓，却让他异常振奋。发掘时间非常紧迫，因为按照国调办预定计划南水北调中线工程，2008年就要开渠通水。

时间紧迫，当时在上蔡县蔡国贵族墓地发掘的马俊才，匆忙结束手头工作，赶往新郑。其实，马俊才在去上蔡之前，一直在新郑组织发掘考古工作，特别对新郑的韩王陵更是情有独钟。

今天的新郑市是河南省郑州市下辖的县级市,是一个实力较强,城市扩张较快的城市。但考古专家们说,21世纪的新郑市,城市规模只有当年郑韩古城的三分之一到四分之一。

河南境内保存有春秋古城100多座,而新郑的郑韩古城仍居首要位置,也最负盛名。这些深藏在历史尘埃中的遗址是郑韩古城辉煌历史的真实见证。

公元前770年,郑桓公在新郑建立起了新的郑国都城。公元前375年,韩哀侯灭掉郑国,并把郑国都城改建后成为新的韩国都城。直到公元前230年,韩国被秦始皇灭掉。

郑韩两国先后在这里建立都城,位于现在新郑市城区一带面积14平方千米左右。郑国以此为都395年,经历了22代国君。韩国以此为都145年,经历了8代王的统治。

战国时期,高级贵族的墓葬一般都有高大的封土,新郑市的郑韩古城也不例外。

在郑韩古城的西部、西南部、东部,在3华里到30华里的这个区域,在田野耕地上,存在着大大小小十几处古代的封土冢,当地的群众都叫它们为"冢子"。

郑韩古城周围这些高大的封土冢,难道都是王陵墓吗?如果这里面有韩王陵墓,它又会是哪位韩王的陵墓呢?

为了寻找韩王陵,河南省文物考古研究所新郑工作站专业人员和当地文物部门于1987~1988年在新郑展开了一次大型调查活动。调查过程的展开,一直持续了两年的时间。

新郑地貌西高东低,地处山区向平原过渡的丘陵地带,只有东部小部分是平原地区。

当时调查发现,在从西向东这个顺序中,初步可以确认许岗、苗庄、王行庄、柳庄、暴庄、七里景、冯庄、凤庄等十几处,这些可能是韩王陵,它们均在郑韩古城周围。

通过这次勘探发现,这些陵墓分布极有规律,它们多是两个一排或四个一排东西向分布,这几乎成了韩王陵的规制。从墓葬表面和局部夯土中发现的陶片,证实其中肯定有韩王陵墓。

这是自东而西排列的四座王行庄大墓，面积大约两万平方米，其中最高的墓冢约10米。1988年，调查组在王行庄的北边意外地勘探发现了一座车马坑。

经过局部试掘，车马坑里有殉马56匹，每排4匹，排列长达30多米。王行庄车马坑的发现为寻找韩王陵，定性韩王陵的基本特征提供非常重要的线索。

在这期间，位于107国道旁，新郑市城关乡胡庄村西北岗地上的这两个高大的封土冢子也进入调查组的视线。西冢高有10米左右，东冢高7米左右，中间的距离不到10米。

根据当地百姓回忆，以前这两个高大的无名封土冢子本是连在一起的，当地村民称它们为胡庄大墓。后来，经过钻探，发现这里的地下情况非常特殊，令调查组成员疑惑不解。因为胡庄经过钻探发现这个墓碑达43米宽，宽度太宽，78米左右长度的一个大坑，另外它的背面没有确指的陪葬坑，不能定性。加上周围的汉墓又很多，所以只能暂时用无名冢叫它，最多叫胡庄大墓。

1987～1988年，寻找韩王陵的调查工作结果是严格保密的。但是，不久以后，一股巨大的盗墓风潮，突然开始在新郑的大地上神秘地刮了起来。

首先，事发于1990年12月，郑韩古城以东的八千乡张村一个汉冢被盗。当然，这些被初步定性的韩王陵墓，更是成了许多梦想暴富的不法分子前仆后继、铤而走险的重要目标。

1992年10月，新郑文保所接到苗庄王陵文物保护员报告，称在王陵遗址区发现盗洞。随后，现场勘查时，发现盗洞位于封土堆东侧，洞口被盗墓分子巧妙地伪装，并用杂草覆盖。

发现这一情况后，新郑文保所工作人员全力协助公安民警侦破此案。经过4天的严密监控、设伏，最后，终于把这伙正在洞内作业的盗墓分子堵在了盗洞里面。

后经公安突击审讯，这帮盗墓团伙共有5人，1人系地面接应者，还有3个人在盗洞内挖掘，另外1人则在外围远处望风。公安、文保人员还从他们住处搜查出石磬等珍贵文物。

磬是古代一种用石头制作的打击乐器，钟磬是最主要的一种代表身份的乐器，磬盗出来，体量还很大，拿到工作站进行鉴定，确实应该是韩王陵的文物。

在此之后，新郑公安和文保部门虽然刹住了这股盗墓歪风，但由于暴利的诱惑,还是不断有盗墓分子在别的陵墓上铤而走险,进行盗掘。胡庄大墓在这次盗墓风潮中也没有幸免。

1995 年 1 月初,胡庄村民又在大墓上发现了爆炸盗洞。胡庄这个无名大墓有两块冢子,这次盗洞发现在东冢的中间部分,它距地面约 6 米左右,直径两米的圆形大盗洞,深不见底。

最后,新郑文管所有关人员现场勘查完后,准备进行保护性回填时,为了探知这个大墓被盗扰的具体情况,博物馆杜平安馆长决定亲自带人,冒险钻入这个长达 20 多米的盗洞。

这个盗洞洞口较大,越往下边,斜坡越来越小。那一次没有发现有什么文物,定性的、能定时代的文物没有发现。

这次盗墓事件发生后,当时也在郑韩故城发掘的马俊才,开始专门找来有关钻探调查资料。但是,结果却令他疑惑不已。

马俊才觉得这个胡庄大墓非常奇怪,说它是汉墓吧,它的封土形态以及夯土层又像是战国韩国的。但是,如果要说它是王陵,钻探调查结果,它下面却又是一个异常宽大的坑。

这个无名的胡庄大墓到底是一个什么性质的陵墓呢?就在马俊才疑惑之时,曾经冒险进入过大墓盗洞的杜平安馆长却给他提供了一个重要的线索。

胡庄大墓

马俊才:他说那里面有石头,他给我提供的这种线索,因为我当时也在郑韩古城发掘,有石头的话起码级别够了。还提到里面黑乎乎跟煤窑一样,是不是有炭,如果是积石积炭墓的话，比较符合东周诸侯王陵这一级墓葬特征，好像有这个特征，但是不能定性。当时没有发现任何盗出来的陶器碎片，不能定性到底是什么时候的墓。虽然是东周战国时期很流行的积石积炭墓，但是不能排除战国末年或者秦代，或者西汉初年，有这种形制。

《吕氏春秋·节葬篇》记载"题凑之室，棺椁数袭，积石积炭，以环其外"，其目的"石以其坚，炭以御湿，环绕也"，以防止盗掘和潮气渗入。这就是所谓的"积石积炭"葬制。

"积石积炭"墓通常在椁室的上下及四壁外覆压、铺垫和填充大量石头和木炭。这种墓葬流行于战国时期，是一种级别很高的墓葬形制，只有身份特殊和地位高贵的王才能享用。

难道胡庄大墓也应该属于韩王陵墓？马俊才突然有了这种想法。但是，他却没有任何证据。因为它万一是汉代初期的墓葬，里面也有一些石头，这也是有可能的。

马俊才开始对这个神秘的胡庄大墓耿耿于怀，它到底是一个什么样的大墓呢？为什么经验丰富的盗墓分子，总是不间断地费那么大工夫来挖掘这个无名的胡庄大墓？

发掘胡庄大墓

十年后的 2005 年，随着南水北调中线工程郑州段的陆续开展，新郑文物部门再次对胡庄大墓进行了前期钻探。钻探结果仍然发现这个大墓里只有夯土，具体时代不详。同时，在周边钻探中却发现很多汉代空心砖墓。

空心砖墓大体应该属于战国晚期到汉代，另外在周边发现的很多墓葬很多为汉墓。如果这个墓要早，应该有陪葬坑、殉葬坑、车坑或者马坑，但在这个位置一直没有发现，最终还是定位战国晚期到汉代，初步判定为是汉墓。2006 年 11 月初，马俊才带领考古队正式从上蔡蔡侯陵园墓葬撤离，撤到胡庄大墓，在新郑文物部门的大力支持配合下，他们在工地上搭建起临时工棚，组织队员开始钻探发掘。

经过初步钻探，确认这两个分开的土冢仍然是一座大墓。看着这两堆土冢，作为这次考古发掘的领队，马俊才忍不住唏嘘感叹，他不禁回忆起几年前在这里的一次难忘的发掘经历。

2000年冬,新郑盗墓之风又抬头了。而且,这次盗墓分子的目标直接指向被确认为王陵级的许岗古墓群,他们采取电子定向爆破的盗墓方式,胆量之大令人震惊,气焰十分嚣张。

为了坚决刹住这股盗墓歪风,另外也为了解决韩王陵之谜,抢救保护珍贵文物。经国家文物局审批,2001年3月,河南省文物考古研究所以马俊才为领队,开始对新郑的许岗王陵进行抢救性发掘清理,这个发掘过程一直到2003年8月才基本清理结束。

尽管新郑许岗古墓群的规格高、规模大,但是,由于它们在历史上都曾多次被盗掘,洗劫一空,无一件文物能直接定性为韩王陵。所以,最终,许岗古墓群也只能认定为战国大墓。

许岗墓地发掘结束后,给本来希望通过发掘许岗来解决韩王陵之谜的马俊才留下许多遗憾。不久,他带着遗憾去了河南上蔡县的考古工地。

那么,自己眼前的这两个大土堆是不是韩国的高级贵族墓地呢?

虽然发掘胡庄大墓,考古所里只给了半年的时间,面积六千平方米。但是,马俊才仍然非常高兴,因为发掘这个大墓可了却心愿,解开疑惑,看看它下面究竟是怎么回事?

马俊才:这次南水北调工程,虽然有些大墓和重要遗址没有绕开,一方面对这些遗址以后的保护损失了。但是,又给考古工作者一个非常好的机遇。特别是我对胡庄大墓有所了解,可以说机会来了。

如果,这个胡庄大墓果真是王陵的话,那么,对马俊才来说,这次发掘的确是一个天大的机会。因为,国家文物局从来就不批准、不鼓励主动发掘任何帝王陵寝。

马俊才:发掘王陵或者帝王陵寝,曾经有过教训,陵墓发掘开始了,像丝织品看着非常好,转瞬之间就灰飞烟灭,当时参加发掘的专家,在以前,拿相机拍都来不及,还没拍就起灰了。为了避免对王陵,特别是核心文物造成损害,国家一直不鼓励发掘帝王陵寝,包括诸侯王陵,都是不主动发掘的。

现在,这个无名冢胡庄大墓即无法定性,同时它又位于南水北调中线干渠占压范围界桩之内,所以,这一切给了马俊才解开疑惑的一个非常好的机遇。

掀开这个胡庄大墓的神秘面纱,对于充满疑惑的马俊才来说,或许所有的谜都有答案,或许留给他的是更多的疑云……

作为一个王朝的缩影,这个胡庄大墓留给后世的将会是怎样的地下世界呢?

为保障南水北调中线工程河南段的顺利实施,2006年10月20日,马俊才的考古队开始对这个大墓周边区域进行钻探布方。不久,钻探图纸出来,打乱了他的初步发掘方案。

经过20多天的发掘,在大墓周边的弹丸之地,墓群叠压分布,墓葬排列密集,这里几乎是古人眼里的风水宝地。其中有春秋郑国墓、战国时的韩国墓以及以空心砖为主的汉墓等。

"风水宝地"的主角就是那两座带有7米左右封土的东西大墓,它们坐北向南、东西并列,而南水北调的规划线就刚好从它们的中西部穿过,大墓正好被包在渠道的中间。

与此同时,当把这两个东西大冢上的封土刮掉后,马俊才最不愿意看到的现象还是出现了。

在东边的这个无名冢上,仅它的西面和东面就有圆的、长方、正方等六个时代不一样的盗洞。也就是说,不同时代的盗墓贼都光顾了。而在西冢的南边,1995年被爆炸的几个洞口也都找到了。

作为这次考古发掘的领队,马俊才曾经不止一次遭遇这样的窘境。即便已经知道面对的是一座空墓,他还是要严格按照考古规则进行发掘。这座大墓还能给他留下点什么呢?

一天,一名队员在西冢的半腰清理时,突然,在夯土中清理出一些白色的料浆石和石子混合的面。因为有过发掘许岗大墓的经验,马俊才急忙找来工程师进行加固处理。

经过近一个月清理,2006年11月底,一个意想不到的现象终于出现了。在两个封土冢距地面约3米高的半腰,都出现了几乎是一圈的这些遗迹。同时,还发现了不少瓦片。

这些料浆石就像是一个走廊,东、西面及拐角处都有,而且,发现这些走廊的内侧,还有明显的柱洞。这时,马俊才终于明白了,这些建筑走廊就是考古学界称之为的"散水"。

"散水"就是房屋的外墙外侧,用不透水材料做出一定宽度,带有向外倾斜的带状保护带,其外沿必须高于建筑外地坪。它的主要作用就是不让墙根处积水,故称"散水"。

这种建筑设施的发现,表明巨大的封土之上,曾有屋顶的巨型陵寝建筑,当初应该非常富丽堂皇。它们是此前商周时期高级贵族墓上平地建筑转变到秦始皇陵封土以外设便殿的过渡形态。也就是说,这里极有可能是王陵级的大墓。

这时,大墓的西北区、西南区的发掘清理仍在继续进行。这里的小墓葬开始陆续出现了一些小的器物,这期间,这两片地方有一个最重要的发现,就是这些沟壕的出现。

这些沟壕不像是一般的水沟,它们大都是平行的南北向或东西向。它们和大墓墓坑范围几乎一致,沟壕与大墓究竟是什么关系呢?

三条城壕似的近长方形环状壕沟,每条间距在 20 米左右,一组成了面积宏大的陵区排水和防御体系。这种形态布局以前只在东周秦公陵园有所发现。这些环沟究竟有什么意义呢?

马俊才:古代贵族或者统治者,生前是居住在城里面,如果他视死如生,他死了以后,除了宝物陪葬他之外,他把生前的东西都想搞过去,这样在阴间也享受,生前住的是宫殿,外面还有城保卫着他。

发现了一个天大的秘密

2006 年 11 月 19 日,当考古队把这两个封土冢的南北两面的墓道揭开时,发现了一个天大的秘密。到这个时候,胡庄大墓的第一个谜团,终于揭开了。

马俊才:第一个谜团是什么? 是两座墓,不是一座。这两座为什么在以前被迷惑,都说是一座? 它打破了一般规则,是一个统一规划,1 号墓在东边,2 号墓在西边。1 号墓把 2 号墓的坟切了一半,压在上面。夯土在钻探的时候很难区分,探不出两个坟墓有什么区别。当初设计时经过统一规划,边棱非常规整,不是完全挖开,很难看出来。

为了避免普通勘测的极限,准确记录下两座大墓的结构布局和保存现状,为此，马俊才专门用航模飞机来进行空中遥感拍摄。空旷的大地上两座中字形大墓，霍然而出。

胡庄大墓定性为两座大墓后，马俊才打破惯例，越在靠上面的墓，越晚的墓编号越比较靠前，正式把东面的冢子叫胡庄1号墓，西面的冢子叫胡庄2号墓。

2007年1月初，考古队在2号墓的西南侧发现一个很奇特的长坑。这个长方形的大夯土坑，打破一部分2号墓道，它究竟是什么用途？难道下面是正在寻找的车马坑或器物坑？

从1988年王行庄发现的殉马坑来看，韩王陵的车马坑应该在北边，它为什么却在西南呢？这里要真是车马坑也很麻烦，因为它的规制跟韩王陵极不一样。马俊才非常疑惑。

马俊才：这个坑很怪，跟2号墓封土坟头照齐的，而且边线出来一部分，是平行的，肯定有关系。有关系的话，底下都是战国墓、空心砖墓，这是不祥之兆。王陵级不敢提了，虽然上面有很多证据，底下什么情况都有可能发生。现在车马坑是破灭了，一个马骨头都没有发现，底下发现一堆破墓。

长坑下面这些汉代空心砖的突然出现，几乎击碎了马俊才寻找韩王陵的幻想。

因为，按常规空心砖就是汉代的典型遗物，多件空心砖块在建筑和大墓的土层中发现，甚至还发现大墓也打破空心砖墓，难道这真是一座汉代的大墓？这让马俊才感到忐忑不安。

现在疑问也越来越大了，因为到目前为止马俊才仍然无法断定这两个大墓的时代。

2007年7月，两座墓的封土去掉后，大墓正式开始发掘。

不久，队员们在发掘两个大墓的南北墓道口时，发现墓壁上出现了非常明显的约10厘米左右的板台痕迹。同时，在两个大墓间又发现了神秘的灰痕。

这些版台有着明显的木板痕和绳子洞。经过灌注石膏，证实这里面都是古代的绳子，把绳子加入木板筑入墙内，其作用相当于现代的钢筋。同时，发现墓壁上有十分细腻的装饰痕迹。

诸多痕迹表明，墓主人的地下大宅曾经装修得相当精致豪华。墓室的墙壁，经夯筑后用质地细腻的草泥精心抹平，然后下边刷朱砂，上边刷白灰，很像现代家庭精装修。这一切都说明墓主的身份应该是非常高贵。

2007年9月，在1号墓出现了一排灰痕，经过仔细清理，这些灰痕都是圆木头柱子，直径20厘米，长七八米。这是干什么用的呢？

就在考古队员疑惑不解的时候，他们开始顺着盗洞往下清理，结果在盗洞里面发现一个四脚朝天被砸死的盗墓贼。这具尸骸蜷在土层中，扭曲变形，可以想见其死亡时之悲惨。

细心的马俊才发现这个盗墓贼头上的夯土中有一层圆木灰痕，灰痕的上下都是夯土。但是，马俊才始终搞不清楚这层灰痕到底是什么结构？

不久，在两层夯土之下，他们又发现了一个光滑的人字形坡面。经过一段时间清理，坡面越来越清晰，清理到半个月时候，发现这个面很像是房顶，这是一个非常罕见的现象。

马俊才：一般情况下，埋藏棺椁，椁象征着墓主的房间，像上面又出来房顶的情况，这种情况很罕见。根据目前我们所知道的情况，许岗3号墓里面有一个小坡，当时也没有太注意，因为许岗的提示觉得这里应该是一个房顶。

稍后，考古队开始对房形坡进行详细的解剖，发现这个房坡非常奇特。原来，墓里的这个房子是椁顶，墓主人构造了全国罕见的屋顶形椁顶结构，使墓室构成一个完整的空间。

两座大墓均发现由整层草泥、椽木、檩木、棚木和夯土组成屋顶形的椁顶结构，证实了文献《左传》中说"椁有四阿，棺有翰桧"的记载。它们在国内同期墓葬是属于首次发现。

2007年12月，考古队在清理房形坡的旁边时，一个呈口字形的石头墙终于出现了。石头墙里面的卵石夹杂着少量的木炭，果真是积石积炭墓。

马俊才发现，卵石和木炭搅在一起构成了这里的石炭外椁，不同于自己以前发掘许岗大墓的积石积炭分内外两层的结构，这里是极为特殊的积石夹杂少量木炭构筑的复合式外椁。

现有的证据似乎都在暗示马俊才，这里埋藏的极有可能就是一座韩国王陵级的大墓，一旦这种猜测成立，那么，这座两千多年的古墓也许将会展现给人们意想不到的惊奇！

2008 年 9 月,1 号墓的椁盖即将揭开,椁里面还剩下什么东西呢？马俊才惴惴不安。经过十几天的清理,结果是这个 1 号墓葬的棺椁里面,空无一物。

2009 年 1 月,数九寒天,2 号墓的发掘仍在继续。这时棺椁里的冻土非常难清理。他们一边用电灯烘烤冻土,一边用手铲逐层向下清理。不久,有队员喊了起来,有绿的东西。

马俊才:有绿的东西就是有铜器,一挖一个,还不少,我一看这个是构件,构件先露头。一会儿出来一个圆,跟咱们穿的鞋形一样,也是青铜的,当时我也是头懵,这到底是什么,没见过跟鞋一样的青铜器。在旁边清理,又是箭头,又是鼎,在棺板塌的部分发现玉器、玉环、玉璧。

随着进一步展开清理,许多小件的器物陆续出土。编钟、石磬等礼器也相继露头。它们的出现给马俊才带来了极大的慰藉。

但是,此时的马俊才最希望能出土几件韩国的兵器,特别是箭和戈,因为像这种大墓里的兵器上往往都有字,能表明墓主人身份。

回到工作站,马俊才抓紧组织派人对所有器物进行去锈、修复等一系列工作。

几天后,这些构件、玉器、银器等各种质地的文物,呈现在马俊才的眼前。特别是这些体现韩国高超的青铜器铸造技术和机械设计水平的式样繁多的车马构件更让他激动不已。

怎么才能断定是韩王陵呢？墓室内器物有铭文,成为最为关键的直接证据。

马俊才赶紧开始检查出土的兵器。不久,他在铜戈上发现了"左库"、盖弓上也出现"少府"等韩国官署的名称。这些证据正在越来越接近马俊才的猜测。

不久,细心的马俊才从这些铜鼎残片中,找到了一小片发现上面好像有半个字,两横一竖。它是不是应该是三横一竖呢？马俊才急忙去找另一块,找出来后,一拼,出来了两个字。

马俊才:是王后,王后鼎出来了,王后的东西除了她自己或她老公谁都不可能放,王后私用品不可能给别人,这是王陵。

稍后,马俊才又在这几件银扣上边,发现了几个非常重要的铭文。虽然,这些字迹非常细小,却是十分清晰:太后、王后、王后官。

2009 年 3 月,新郑韩王陵顺利入选一年一度的"2008 年全国十大考古新发现"。同时，又获得田野考古奖等诸多荣誉。

这个胡庄王陵到底是哪一代韩王呢？虽然，经过千年腐蚀和多次盗扰，墓主人的尸骸早已荡然无存。但是，根据发现的种种残片和这个墓葬的方位，马俊才推断他极有可能是韩国的倒数第二代国王。

马俊才：我初步的观点是桓惠墓，就是韩王安的父亲桓惠王的墓葬，桓慧王在位30多年，因为他比较长寿，所以叫桓慧。

如果这里埋葬的果真是桓惠王，那么，战国末年的很多事情就都与这座大墓有关。桓惠王在位34年之久，正属战国末年，六国兼并战争最为激烈的时代。此时，韩国已处于灭亡边缘。

面对强敌，即将亡国的韩惠王想出了一个怪招：派遣著名水工郑国前往秦国做间谍，实施疲秦之计，兴修郑国渠，让秦无兵可征。结果，事与愿违，"疲秦之计"变成"强秦之策"。

桓惠王死后9年，强大的秦国灭掉了韩国。其子末代韩王安被俘，不知所终……

面对即将回填的这个胡庄大墓，马俊才思绪万千，没有想到自己在这里的发掘工作前后做了将近3年的时间。仅发掘、清理这个大墓就用了一年半。

原来，考古研究所给了半年的发掘时间。后来，由于南水北调中线工程工期调整延后，推迟中线通水时间，才使自己获得了这么好的机会。但是，直到今天，自己仍有待解的谜团。

如此巨大的王陵墓，为什么一直寻找不到车马坑呢？它的陪葬墓又在哪里呢？

随着南水北调中线一期工程通水日期的日益临近，这里的文物保护工作已进入最后关头。马俊才和他的考古队员们在新郑还会有新的发现吗？

传奇梳妆楼之谜

古老的传说

沽源县位于河北省西北部的坝上地区，北面与内蒙古接壤，南面与北京相邻，自古就是草原文明和农业文明的交汇处。历史上契丹、金、蒙古多个民族从这块土地崛起。关于梳妆楼的故事，就与这些少数民族的活动有着千丝万缕地联系。几百年来，当地百姓传说这座古建筑是辽代萧太后的梳妆楼。

梳妆楼是沽源县现存的唯一地上古代建筑，但梳妆楼的来龙去脉一直是个谜。《口北三厅志》记载说，这是萧太后的梳妆楼，但只是俗传不是信史。

王北辰（北京大学教授）：梳妆楼是蒙、元文化和西域文化结合的产物，既有蒙古大帐的风格，也有西亚穆斯林建筑特色。这样的建筑过去仅见于史书记载，文物遗存梳妆楼在我国是独一无二的。梳妆楼可能就是元代的皇家建筑"圆顶殿"，这一观点恰好与当地民间传说的另一个故事不谋而合。

沽源民间传说，梳妆楼下面有一条通往小宏城的秘道，因为站在梳妆楼里用脚踩地面时，会发出空空的响声，所以人们猜测下面可能是空的。

小宏城遗址是元朝开国皇帝忽必烈于 1281 年修建的行宫，当时叫察罕淖儿行宫。察罕淖儿行宫遗址距梳妆楼不足 5 千米，有人推测梳妆楼可能是察罕淖儿行宫的前哨站，地下有秘道与察罕淖儿行宫相通。

1999 年夏天，河北省文物局决定对梳妆楼周围进行试发掘，以弄清楚梳妆楼建筑群的规模和形制，并最终确认它的年代和所属关系。

任亚珊当时是河北省文物研究所的副所长，他带领考古小组到沽源后，首先对梳妆楼进行实地勘察。考古小组在梳妆楼周围发现了零碎的琉璃残片，因为梳妆楼上没有琉璃构件，就没有把琉璃和梳妆楼联系起来考虑。

考古队勘察分析，无论是萧太后的梳妆楼，还是元代皇家的圆顶殿，都说明这个建筑非同一般。既然是皇家行宫的一部分，就绝不是一座孤零零的建筑，很可能是个建筑群。揭开梳妆楼的身世之谜，将是重大的考古发现。

梳妆楼西边有一条长 30 米左右的沙梁子，沙梁子的堆积物中有残砖乱瓦、白灰渣子。

考古队把沙梁子挖开后，又往下挖了 30 多厘米，一座完整的建筑遗址便显露出来。其中，一段残存的墙体宽窄及垒砌技术与梳妆楼墙体完全一样，铺设地面的青砖大部分还摆放在原来的位置，多年的雨水侵蚀，砖块风化严重，但仍然可以看出这里曾经存在过一个类似梳妆楼的建筑。

考古队又在梳妆楼西侧 8 米多处，打了一条南北长 11 米、东西宽 8 米的探沟，这条探沟又打到了墙上。经过十几天发掘，考古队又发现三座类似梳妆楼的建筑遗址，同时在梳妆楼的西南角也发现了砖铺地面。这使考古队相信，这里确实存在过一个古建筑群。那么，这个古建筑群的范围究竟有多大？

据《口北三厅志》记载，在梳妆楼建筑周围"有缭垣，基址尚存"。也就是说，最迟在清朝乾隆年间，梳妆楼周围还有围墙的基址。要勾画出这个古建筑群的形制和规模，首先应当找到它的城墙遗址。

考古队在距离梳妆楼墙 20 米左右的地方打探沟，发现有石头。这些石头成绺儿，多少不一，显然是一段原始的残存墙体。难道这就是梳妆楼建筑群的城墙吗？墙体距梳妆楼才 20 米，梳妆楼作为一个主体建筑不可能距离城墙这么近，那么，这段墙基充其量也只能是梳妆楼的院墙。

根据中国古代建筑的形制特点，一个建筑群的主体建筑距离城墙至少要 80 米左右。因此，考古队决定在梳妆楼南面 80 米处，再开一条长 15 米、宽 0.8 米的探沟，看是否有城墙的基址出现。

发掘，没有发现探沟里有人为扰动的迹象，深挖 40 多厘米仍是生土，这使考古队感到奇怪。如果梳妆楼的南城墙是东西走向，考古队所打的探沟就应该在它的横截面上，可考古队什么也没有发现，这使他们十分疑惑。

经过探查，考古队在梳妆楼的西南角又发现了十几平方米遗址，表层垒了两层砖是方形的建筑基址，再往下挖是一层石头一层土，很像建筑的地基。

基址成正方形，长宽 4 米，考古队分析，如果这片石头是一个角楼的基址，那么梳妆楼的城墙就应该与它成直角向东面和北面延伸。因此考古队决定，在这个角楼的正北，梳妆楼的正西再打一条探沟，看是否能够找到城墙的基址。

发掘令人失望，地表下依旧是生土，并没有考古队所希望找到的城墙基址。

正在大家一筹莫展的时候，参与发掘的村民反映了一个重要情况。他说，他有一块农田，在梳妆楼北面约 200 米的山包上，每年春天耕地时都会翻出很多石块，有时一天要换几副犁铧。

村民说的这块地里确有很多乱石头，在石堆旁边，考古队发现了一个用青砖铺成的人形平面，周围轮廓是竖立的青砖码出来的。考古队把敖包梁上的表土层全部揭开,发现这些石头成圆圈形,一个挨着一个排列开来,这些沉默的石头圈传出一个强烈的信息:这下面很可能是一个墓葬群。

在石头圈子里,有一块30厘米长、20厘米宽的灰土,果然在下面埋着一副人骨架。

既然敖包梁上是墓葬,距敖包梁只有200米的梳妆楼会不会也是墓葬呢?

考古队从南到北打了几条探沟,并没有找到他们想要找的城墙基址,也没有发现新的建筑遗迹,这说明什么呢?要破解梳妆楼之谜,只有一种可能那就是到梳妆楼里寻找答案。

考古队在梳妆楼里,用探铲试着打了几个洞,探铲带上来的果然是熟土,土里还夹杂着碎砖块,这显然是回填土,说明地下埋藏着东西。

难道真的像当地百姓们传说的那样,梳妆楼下面是地宫?或者是通往察罕淖儿行宫的秘道?

为慎重起见,考古队决定在梳妆楼的正中间挖一个1.5米见方的探坑。当探坑发掘到30多厘米深的时候,发现了一些建筑构件,类似红砖块,上面还有云纹图案,仔细看还挂着绿釉,这使考古队感到奇怪。

随后的发现让考古队疑云顿释,豁然开朗。两个10多厘米长的大铁钉的出现说明了一切:这是钉棺材的棺钉。因此,考古队做出结论:梳妆楼既不是萧太后的梳妆楼,也不是通往察罕淖儿行宫的秘道,而是墓葬。所谓的梳妆楼,是墓葬上面的附属建筑:享堂。

打开了古墓

1999年10月26日,河北省文物考古研究所的领导得到梳妆楼考古队的报告,迅速赶到沽源县,大家无不为这一发现感到惊讶。考古队已经揭开了梳妆楼神秘的面纱,接下来该怎么办呢?

河北省文物保护中心副主任任亚珊说,省局领导决定把它挖掘了,看看人们传说的梳妆楼到底什么样。

发掘方案确定后,考古队便开始了紧张的工作,这时他们遇到了一个难题:墓口在那儿呢?究竟是先有墓,还是先有享堂?此外,墓坑到底有多深?如果在享堂里发掘,会不会对享堂造成损坏?甚至危及考古人员的安全?

经过认真勘察,考古队断定梳妆楼是先有墓后有楼,梳妆楼是墓地上的附属建筑。既然是以墓为基础的建筑,那么墓口就应该在楼内。因此,寻找墓口成了考古队的首要工作。

经过试探性挖掘,终于找到了墓口。墓口长 4.8 米、宽 3.1 米。考古人员发现这个墓可能已经被盗,因为墓里的回填土夹杂了许多琉璃建筑构件和汉白玉石板。专家判断石板可能是棺盖板,墓葬被盗使这些石板断裂,盗墓人回填墓坑时,又将这些石板扔了进去。像这种盗墓的方式很少见,是明目张胆大揭盖式的,带有很大的破坏性。

墓里出现的琉璃构件让考古队感到疑惑,梳妆楼上没有琉璃构件,难道是墓里陪葬的冥房被盗墓人打碎了?但是,经过仔细观察,发现这些琉璃构件残块都很大,不像微缩的冥房构件,倒像大型建筑的构件。还有石板残块的出土,让考古队感到墓室就要显现了,也许打开墓室,这些疑问就有了答案。

随着发掘工作的深入,墓坑里又出土了几块石板,其中两块完好,一块折断。三块石板从面积上看不像是棺盖板,倒像是墓志铭,可是石板上没有文字,而且三块石板均埋在墓里,石板下也不见棺材,这让考古队颇感蹊跷。

当考古队把其中的一块石板掀开后,发现墓葬的东北角有个盗洞,盗洞直径七八十厘米,盗洞的顶部有油灯或是火把熏黑的痕迹,盗洞里的填土与墓里的填土也有明显区别。考古队推测,这个墓下葬后不久,就可能被盗了。

经过十几天的发掘,墓里又出土了一些汉白玉石雕残块。这说明,当时墓葬周围还有汉白玉石雕围栏,因此考古队判断,这个墓的规格相当高。尤其是明代青花瓷碗残片的发现,让考古队断定,起码明代时这个墓就被盗过。

从发掘的情况分析,这个墓曾经多次被盗,因此考古队也难以断定,这个明代瓷碗是墓里的随葬品,还是盗墓人带进来的?不过,它至少可以说明,这个墓的时代下限应是明代。

一枚印章的出现,着实让考古队兴奋不已,它的出现极有可能揭开墓主人的身份之谜。

印章的文字笔画曲折,是八思巴文,还是九碟篆?考古队作了印模辨认,怎么也对不出来。最后通过专家辨认,确认它就是一个押印,没有证明这个死者身份的意义。

押印,就是印章。早在殷商时期,人们就以印章作为权力的象征和社会交往的凭信。到了宋元时期,押印除了汉文入印之外,还有八思巴文和图形押印。而梳妆楼出土的这枚押印,既不是汉文,也不是八思巴文,更不像图形押印,至今也没有人能够识别它。

经过近一个月的发掘,梳妆楼隐藏了几百年的秘密终于被揭开了。原来,所谓的辽代萧太后梳妆楼,竟是一个三口棺木东西向排列的合葬墓。东棺、中棺外面有砖椁和木椁,砖椁已经塌陷,木椁也被严重扰乱,木头横七竖八地搭在棺木上。中棺上面的砖椁被揭开一半,没有棺盖。西棺从外表看保存完好,许多椁木压在上面。

考古队将椁木小心翼翼取了出来,不曾想,这些看似完好的椁木已经严重腐朽,有的甚至已经炭化,说明这个墓年代的久远。而覆盖在棺木上的青砖也腐蚀严重。

考古队先清理中室,不出所料这个墓早已被盗,墓主人的头骨与胸骨重叠在一起,服装和遗骸被渣土覆盖,棺里的随葬品被洗劫一空。但是,独特的棺木引起了考古队的注意,它是把一棵大树掏挖成人形。这是河北省文物考古研究所第一次发现,在我国也没有看到类似的报道,让考古队员兴奋不已。

据蒙元史书记载,树棺葬是蒙古贵族或高级别的官吏才有资格享用的一种高等级丧葬形式。多少年来,关于蒙古人树葬的风俗仅见于史书记载。这次发现树棺葬,是考古队的一个重大收获。因此,他们初步推断,梳妆楼为元代蒙古贵族墓葬。

明朝叶子奇撰写的《草木子》也有类似记载:蒙古人死后用树棺深埋,然后万马踏平,直到来年青草再生,消除了墓葬痕迹之后,看墓人才可以离开。由于采用了这样的丧葬方式,成吉思汗的墓在何处,至今仍然是一个谜。

令考古队不解的是既然蒙古贵族的树棺多采用密葬的方式,为什么梳妆楼元墓要在地面建造如此恢宏的享堂?这一特殊的形式,是否与墓主人的身份有关?

虽然这个墓葬曾经被盗掘,仍然出土了一些很有价值的文物,特别是具有蒙古民族文化特征的文物,如用桦树皮制作的弓箭袋,以及马鞍、马靴、马镫,还有一把将军剑等。尽管这些文物已经腐朽,但从工艺上仍可看出它们的精致,无不透露出主人的身份特征。

随后,考古队将衣服和遗骸裹挟着清理出来,其中一件褐色蒙袍,虽然历经几百年的腐蚀,还有相当的韧性。考古队整理时,发现衣服裹着一个金光闪闪的鎏金腰带扣。

这个带扣由三部分组成,中间是二龙戏珠图案,中心部分曾镶嵌着宝石,两边锁扣也各有一条盘龙,上面也曾经镶嵌着宝石。这一发现非同小可,它暗示着墓主人的身份非同一般。在古代,只有皇亲国戚,或者君主,才有资格使用龙的图案。那么,这个人究竟是谁呢?

考古队根据出土的遗骸特征判断,中室是一位男性,死亡时的年龄约在30岁左右。是什么原因导致他英年早逝?从出土的遗物中无法判断?但是,从随葬品看,他好像是一位武官。而从他下葬时穿的蒙袍,又看不出武将的风采。但墓主地位非常高,不是一般的贵族。

东墓室与中室是连体墓穴,用的是同一种木椁和砖椁,用铁条三横两纵打包在一起,像是同时下葬的。当考古队揭开东室的棺盖,里面填满了绸缎,刚打开棺盖时,这些绸缎色彩和图案仍然清晰可辨,但是,一接触到空气便很快褪色风化了。

东墓室除出土一些绸缎之外,只出土了一对金耳环。考古队通过对尸骨鉴定,发现这是一位女性,死亡时年龄约在20岁左右。她和中室的男性是什么关系呢?他们之间的年龄相差近10岁,为什么同时下葬呢?

最后考古人员开始清理西室。西墓室与中室和东室之间有一道砖墙,这使得它在墓葬内自成一室。西墓室的棺木保存得很完整,但是,它也同样没有躲过被洗劫的命运,这不免让考古队员们感到失望。但是,令考古队奇怪的是西棺与另外两个棺形式完全不同,是用板材榫卯打造而成的。这与中室和东室的树棺有所区别。

考古队发现,这个棺木跟欧洲的棺木有些相似,棺底两侧有对称的四个铁提手。欧式棺和蒙古树棺在同一个墓穴中出现,这在中国考古史上实属罕见。考古人员分析,这是否意味着这个家族具有东西方文化的背景呢?在蒙元时期,有许多西方人在朝中为官,而这个墓葬无论是地表建筑——享堂,还是丧葬形式,都具有东西方文化的特点。特别是一件裙子的出土，着实让考古队员们惊喜，在裙子的衬里上，用朱砂密密麻麻地写了许多文字，这些文字显然不是汉语，在场的考古人员没有一个人能够认识它们。

考古队拍了片子，向有关专家请教，但好多人都不认识。有人说是契丹文，有人说是蒙文，拿到北京鉴定后，认为是梵文。

梵文，是印度的古典语言，也是佛教的经典语言。由此考古队推断，此人是一个佛教徒。

有趣的是，考古人员在清理西棺遗物的时候发现了一个香囊，这个香囊里有用棉花包住的几颗牙齿。考古人员在做人骨鉴定时，发现墓主人也是一位女性，她的牙齿已经全部自然脱落，香囊里装的牙齿正是墓主人自己的。结合此人的骨骼老化程度，考古队推测死者去世时年龄比较大，应该在60岁左右。这让考古人员感到纳闷，中室男子的年龄30岁左右，东室女子的年龄20岁左右，而西室的老妇人年龄却60多岁。3个人的年龄相差如此悬殊却葬在同一个墓穴，他们是什么关系呢？

经分析，认为东棺与中棺墓主是夫妇关系，但西棺跟中棺的墓主人是什么关系？无法做出准确判断，只能推测西棺墓主可能是妃子，她活的岁数大，是死后续葬的。还有一些学者认为，她不是他的妃子，而是他的母亲。

虽然发掘工作已接近尾声，梳妆楼之谜非但没有解开，反而更加谜团重重。考古队清理完西棺以后，又发现棺底有一块二层夹板，夹板上有7个孔，很明显是北斗七星的形状，考古队称之为七星棺。专家们推测，这种丧葬习俗与中国的道教有关，它象征着天人合一，同时具有引导人升天之意。考古队揭开这块七星板，在棺底还发现了几枚铜钱。这几枚铜钱又给考古队出了一道难题。

通过对比确认，这些铜钱中一枚是金代的，其他均是宋代的。这给墓葬的断代带来不确定性。

经过一个多月的发掘，一个流传了几百年的传说，终于有了合理的答案：梳妆楼是蒙古贵族的树葬楼。随着时间的流逝、语音的相近，民间便将其误传为辽代萧太后的梳妆楼了。

但是，这个墓葬到底是金代还是元代的？墓中的三位主人究竟是谁？他们之间是什么关系呢?

确认了墓主人的身份

考古队根据梳妆楼墓葬的发掘情况判断,这个墓如此恢宏至少是一个王的墓葬。既然是一座王墓就应该不止一座,原来探测时发现的建筑遗址,有可能都是墓葬,很显然这是一个家族墓地。因此,考古队对梳妆楼周围进行了大面积发掘。

在梳妆楼西部,考古队发现了几处类似梳妆楼这样的墓葬。同时,也发现了石碑,但碑上的碑文被凿掉了。

被凿掉的石片上雕刻着蒙文和汉文,这些文字信息立刻引起了考古队的注意。但是,每一块带字的石片只有一两个字,几乎无法拼对成句。经过细心察看发现,这些字来自梳妆楼墓里出土的三块石碑。这是三块竖立在祭台上的墓志铭,盗墓的人把石碑上的字凿掉以后,将墓碑扔进梳妆楼墓坑里回填了。

一块比较大的石片上的碑文,引起了考古队的注意:"襄阔里吉思敕撰臣为。"

"敕撰、臣为",是说"皇帝批准,大臣所为",这简单的四个字表明了君臣关系,也说明了梳妆楼墓葬与一个王朝有关。这一发现十分重要,立刻引起了考古队的注意。那么,"阔里吉思"很可能就是一个人名。循着这一思路,任亚珊首先在元史中寻找答案。

任亚珊一共查出三个阔里吉思。这个墓主人的年龄应该在 40 岁左右,史书中的三个阔里吉思,只有一个与之吻合。确定碑文提到的阔里吉思,很有可能就是成宗的驸马、汪古部的首领。

阔里吉思是汪古部族的第四代首领,他继承了祖辈显赫的身世,不仅身居高位备受恩宠,而且战功赫赫。阔里吉思不仅精通军事,对儒学也颇有研究,是元朝少有的文武兼备的帅才。因此,成宗铁木尔皇帝继位以后,封授阔里吉思为高唐王。不久新疆发生叛乱,阔里吉思奉命前往新疆平叛,并多次克敌。元大德二年,即公元 1298 年秋天,阔里吉思在御敌之战中,打败敌军、乘胜追击,不料深入敌后险地,因后援没有跟上被俘,叛军诱降不成将其杀害了。

任亚珊认为这个阔里吉思的事迹、他的年龄,还有他的地位,的确跟一号墓中室的这个人相似,如果这个墓主人是阔里吉思的话,就应该是死在新疆的阔里吉思。

从梳妆楼墓葬形制来看,墓主人的身份显然非常高贵,而阔里吉思无论是在元朝的政治地位,还是赫赫战功,无疑都具备了这样的条件。从阔里吉思家族的历史背景看,沽源县一带在金、元时期就是汪古部族的领地。因此,汪古部族的家族墓地建在此处也在情理之中。

那么,梳妆楼墓葬内的两具女性尸体到底是谁呢?为什么他们的年龄相差40多岁,却和阔里吉思合葬在一起?

任亚珊在查阅历史资料时发现,阔里吉思先后娶了两位元朝公主为妻:一位是忽达的迷失公主,另一位是爱牙失里公主。忽达的迷失公主嫁给阔里吉思没几年就去世了,死时只有二十几岁。之后,阔里吉思又娶了爱牙失里公主。任亚珊推测,第一位夫人忽达的迷失因为先于阔里吉思去世,当阔里吉思的遗体从新疆运回沽源安葬时,将忽达的迷失与他一起重新安葬。所以,中室和东室木椁相连,这就证实了考古队当初的判断。而西室的女性则可能是另一位夫人爱牙失里,因为她比阔里吉思晚去世40多年,所以她的墓室用砖墙与之隔开加以区别,而且棺木的样式也与前两者完全不同,这可能与岁月流逝民族风俗变化有关。

这样,困扰了人们多年的梳妆楼之谜被彻底解开,所谓辽代萧太后梳妆楼,不过是元代汪古部族第四代首领阔里吉思墓葬上的一座享堂。但是,元朝贵族墓葬历来采用密葬的方式,阔里吉思为什么会在墓上建一座如此宏伟的享堂呢?

这可能跟汪古部这个族的渊源有关系,大部分学者倾向汪古部是西域突厥人。元代汪古部被称为色目人,按记载是白种人。

据法国著名的史学家雷纳·格鲁塞撰写的《蒙古帝国史》记载,阔里吉思亲王是突厥人,信奉景教。景教是基督教的一个分支,唐朝时从叙利亚经波斯传入中国新疆和北方草原一带,考古队分析,由于汪古部族来自西域,他们不仅在生活习俗上和蒙古民族有所区别,宗教信仰也和蒙古族有所不同。

梳妆楼与新疆明清时期一些宗教领袖,或地方的王墓极为相似。他们的共同特点是下方上圆、穹顶无梁结构,只是在装饰细节上有差别。梳妆楼是青砖素面,新疆的麻扎则用琉璃砖瓦装饰,但是梳妆楼也曾出土了大量的琉璃砖瓦,这些琉璃砖瓦是从哪里来的呢?

经分析确认,这些琉璃残片原来都是镶嵌在梳妆楼门楣、门两侧、圆顶上的琉璃构件。由此可以想见,当初梳妆楼的华丽程度是多么引人瞩目。

考古队通过对梳妆楼墓葬的发掘和研究,确定这就是活跃于金、元时期汪古部的家族墓地,也只有像他们这样的皇亲国戚,才能营造出如此辉煌的陵园。但是,也正是因为这种高贵、气派和张扬,导致了它的灭顶之灾。在梳妆楼墓葬区,像这样的墓上享堂当初还有三座。这三座墓上的享堂略小于梳妆楼,但形制完全一样。而现在这三座享堂早已没了踪影,只剩下梳妆楼孤立地在大草原上矗立了数百年。

是什么原因导致了这个家族墓地的毁灭?不是一般的盗墓行为,极有可能是王朝更迭、民族仇恨,或是战争导致的结果。

经过两年的勘探发掘,在梳妆楼周围共发现清理墓葬 30 座,出土文物 200 多件。这是我国到目前为止发现的唯一一处元代贵族墓葬,对研究蒙元帝国的历史,探寻蒙古贵族的丧葬文化,有着极其重要的价值和意义。

对梳妆楼墓葬群的发掘和研究,不仅纠正了几百年来的谬误,也让我们看到了一个王朝从兴盛走向衰落的背影。

包青天为何有两座墓

在安徽省合肥市东郊的包公墓未发掘之前,人们普遍认为河南省巩县宋陵中的包公墓是包公真正的陵墓。包青天为何有两个墓?两个墓之间到底有何关系,这一系列问题仍然是个谜。

巩义市宋陵是中国北宋的皇陵,坐落在河南巩义市(原巩县)嵩山与洛河间丘陵上。在宋真宗的永定陵附近,有一座高约五米的圆形墓,便是世人熟知的包公墓。然而,上个世纪 70 年代,在安徽省合肥市东郊大兴乡双圩村的黄泥坝发掘出了另一座包氏族墓,其中包括包公及其夫人董氏墓、长子包绶夫妇墓、次子包绶夫妇墓、孙子包永年墓。据考古界报道,此次出土的墓志铭确凿地记述了包公的生平,并对一些史实有着补充和修正的意义,并确认了此墓为包公真正的陵墓。

包公,姓包名拯,祖籍庐州(今合肥),是我国宋代杰出的政治家。他出生于

包公墓

999 年,于 1027 年考取进士甲科,历任县令、天章阁、开封知府、御史中丞、枢密副使,于 1062 年病逝。终年 64 岁。根据《宋史》和合肥出土的包拯墓志铭中的记载,包拯生性刚毅,为官刚正不阿,执法严明,不畏强权,铁面无私,令权臣贵戚为之蹙额敛手,赢得了同僚和百姓的尊敬和赞扬。朝廷内外皆尊称之为"公",百姓们则誉他为"包青天"。

包拯所处的时代,正是北宋王朝由盛转衰的阶段。外有北方契丹族屡次兴兵南犯,而宋朝统治者却贪图享乐,导致地方腐败滋生,老百姓苦不堪言。在这种社会背景下,包公的所作所为,自然有口皆碑,成为家喻户晓的美谈。因此,包拯死后,包公墓在何处成为人们关注的问题。

为什么包公会有两座墓呢?根据史料记载合肥包氏族墓为包公墓的话,巩义市的包公墓是什么来历?难道是假的吗?但是巩义市包公墓已存在五六百年,从明代嘉靖三十四年开始,一直到清代顺治以后各个时期的《巩县志》中都有记载。那么巩义市包公墓为何而造?若是假墓,里面又埋葬着什么人?与合肥的包公墓之间有什么关系呢?

河南巩义市的陵区是宋王朝的皇家陵园,北宋的九个皇帝,除了宋徽宗赵佶、宋钦宗赵桓外,其余七位皇帝均葬于此。在这些皇陵旁边还有大大小小 300 多座坟墓,皆是皇陵陪葬人员,包括诸位皇帝的后妃、皇亲和名臣勋将,形成了一个庞大的陵墓群。相传包公也在陪葬的名臣之列,因此他的墓也理应在这里。然而,考古学家考察时发现,这里的包公墓有被盗的痕迹。在走访当地村民时,一位曾参与包公墓盗墓的老人回忆,这座墓其实是一个空穴,里面既没有棺椁也没有遗骸,只从墓土中筛出过几粒小珠子。由此或许可以推测,巩义市的包公墓只是一座衣冠冢。

根据宋制,皇帝死后7个月应完成安葬,诸侯为5个月。而包拯死于1062年5月,下葬却到了次年8月,历时一年三个月,如果没有特殊原因,这是绝对不允许的。那么是什么特殊原因令包公的遗体下葬推迟呢?

包公在开封的名望极高,去世后全城百姓都哀痛不已,连宋仁宗也亲自到家中吊念。在这种举城哀悼的气氛中,宋仁宗很有可能一时动情,特别恩典包拯陪葬皇陵,同时下令建造陵墓。但是在北宋,陪葬皇陵有着严格的制度。包公的职位是枢密副使,官不过二品,若赐他陪葬皇陵,那么在他之前那些地位更高、功勋更大的重臣贤将又该如何礼遇?再者,包拯生前铁面无私,得罪了不少权贵,如果在安葬事宜上有任何违制,都可能遭到一些责难。宋仁宗冷静下来,权衡各方利弊后,只好收回成命,令包拯回原籍安葬。而巩义市那里已经建造的包公墓,便作为衣冠冢存留下来了。经过这番周折,必将遗体下葬拖延了一些时日。再者,将包拯的遗体从开封运回合肥,途径黄河、运河、长江,路途遥远,而且只有水路,这也必然耽搁不少时间。如此推断,巩义市包公墓为其衣冠冢的说法基本符合逻辑。

但从整个墓园的陵墓位置来看,巩义市的包公墓位置很蹊跷。包拯从政时期是宋仁宗时期,按照宋制,包拯的陵墓应葬在宋仁宗的永昭陵侧近,但这座墓距离永昭陵有十里之远,反而离宋真宗的永定陵最近,仅有一里,事涉僭越,为宋代礼法所不容。这样一来,这座空穴恐怕连包公的衣冠冢也不是了。于是,有史学家提出这样一种可能,这座陵墓其实是一座张冠李戴之墓,根据其所处位置看,他很可能是一座亲王坟。

无棺古墓

一座沉睡千年的古墓,两具没有棺椁的古尸。

墓主为何会离奇的一起死亡?

三面壁画能否解开暗藏的玄机?

没有棺椁的古墓究竟隐藏着什么秘密?

带有防盗设计的古墓

陕西省韩城市地处黄河之滨,是"史圣"司马迁的故乡,城区分为新城和老城两部分。盘乐村位于新城区的东南部,东距黄河1千米。

2008年11月,为了配合韩城矿务局工程建设,陕西省考古研究院在盘乐村进行了考古发掘。令人震惊的是,这里居然发现了500多座墓葬,其中从汉代至清代的古墓葬就达47座,但是绝大多数墓葬已经严重被盗!

2009年3月3日一大早,考古人员像往常一样开始清理这片墓葬。这一天,他们要对编号为M218的墓葬进行清理。

由于之前几个月在M218的东边和西边已经发掘过两座墓葬,它们的形制非常小,距离地表只有4米多深,是没有什么考古价值的近代墓。而通过勘探得知,M218与之前清理的两座墓情况类似,也是个小墓,所以考古人员对N218并没有抱太大的希望。

然而,挖掘到中午的时候,却突然有了惊人发现。

从现场清理出的方砖显示,这极有可能是清代以前的一座古墓葬,也许会有一定的考古价值。但是随着发掘工作的进行,考古人员发现,这些砖是在设计建造这座墓葬时,有意平铺在墓顶之上的。这是一种防盗设计,一旦有盗墓者掘洞探入,发现平铺的方砖,会以为是打到了墓底,从而认为是座空墓穴而作罢。

中国古代在墓葬设计上为了起到防盗作用,有很多种设计。

工程浩大的有积石积沙墓,是用细沙代替土来填埋墓室,再在沙中掺杂大量巨石。由于细沙具有很好的流动性,容易塌方,加上巨石的重力,因此,当盗墓者试图挖掘盗洞时,沙子边挖边淌,盗洞难以成形,就算是挖成了,也很容易造成塌方,让盗墓者成为殉葬者。

还有用假棺来迷惑盗墓者的。这种设计是在主棺的正上方或侧方,修建一个或多个假棺材,底下还有一层铺底石,有时为了逼真,还会放置一些随葬品,这样让盗墓者产生错觉,以为是真正的主棺,而不再往下深挖,从而使真正的主棺得到保护。

造墓人之所以如此精心地设计这些防盗措施,一来是防止古墓中随葬的珍贵宝物不被盗走,二来是希望墓主人不受到侵扰,能够长久地在地下安息。

M218 这座古墓既然做了防盗设计,里面会不会有什么珍贵的宝物呢?

然而墓门打开后,眼前的情景却令考古人员大吃一惊!

在狭小的墓室中,只有一张床榻,上面并排躺着两具尸骨,却没有棺木,也没有看到随葬品。然而,令考古人员惊叹的是在墓室周围的三面墙壁上,却绘满了精美的壁画,而且色彩绚丽如新。如此干净完好的壁画,在中国以往发现的墓葬中,绝无仅有。这是一个奇怪而特殊的墓葬,考古人员隐隐感觉到它非同一般。

通过进一步研究得知,这个墓葬呈南北向,墓葬形制为竖穴式券顶砖室墓。墓室长 2.45 米,宽 1.8 米,高 2.25 米,墓底距地表 7.4 米。它的南端带有一条竖穴墓道,长 1.65 米,宽 0.65 米。

这座墓具有防盗功能,修建时不但有意地在墓顶之上平铺了一层方砖,而且与其他墓穴相比较,这座墓的墓穴口做得很小,仅能容一人进出。正是因为这样的防盗设计,才使得整个墓室没有遭受人为盗掘,也没有淤土的浸扰,墓室内精美的壁画以及床榻等遗物才得以完好地保存至今。

墓室设计得如此之小,墓主人没有使用棺木,也没有随葬品,这似乎说明墓主并非显赫之人。然而让人感到奇怪的是,既然没有随葬品,又为什么还要为这么小的墓室,特意做了防盗设计呢?而且墓室的三面墙上又绘制了如此精美的壁画,这又是为什么呢?种种迹象似乎说明墓的主人绝非等闲之辈,墓中可能隐藏着什么惊人的秘密!

墓主人并非汉人

随着研究的进一步深入,考古人员发现,放置尸体的床榻底部是用砖砌成的榻座,上面用木榻做成围栏,置于墓室西北部。由于墓室只有 4 平方米大小,床榻几乎占满了整个墓室。底部砖砌的榻座,垒砌密实,南端的部分砖面上,雕有牡丹花卉。木榻围栏置于砖砌榻座之上,造型挺秀,装饰简洁,没有大面积的雕镂装饰,只在局部用牡丹装饰。整个床榻保存基本完好。

上面两具尸骨盖着粗纤维的毯子,身上的衣物和骨骼已经腐朽灰化,但是仍然能够分辨出葬式为仰身直肢,头部向北。仔细观察,两具尸骨的头发呈棕红色,这会不会是由于时间和埋葬环境,使头发中的黑色素退化掉而形成的呢?

通过研究,考古人员发现,这两具尸骨是一男一女,男性居东,女性居西,专家推测这应该是一座夫妻合葬墓。那么这对夫妻究竟是什么人呢? 他们又是哪个年代的? 有着怎样的身份?

如果能够找到墓志,上面就应该有墓主年代和身份的记录,就能够找到答案! 然而考古人员经过仔细寻找,却没有发现墓志的踪影。

这座墓葬既然做了特殊的防盗设计,而且从墓室里的情况来看,并没有发现被盗过的痕迹,却为什么没有墓志呢? 更让人奇怪的是,墓主也没有使用棺木和随葬品,这实在是一件非常蹊跷的事。

墓室的出土地陕西韩城位于黄河之滨,在秦汉唐三代都是京畿要地,可谓汉文化的核心区。中原地区汉人下葬都会使用棺作为葬具。而且,按照周代关于丧葬礼仪的规定,不同等级的人使用的棺椁也有所不同,有天子“二椁五棺”,诸侯“两椁三棺”,大夫“一椁两棺”的严格等级规定。即使墓主没有什么身份地位,使用不了多重棺椁,至少也应该按照汉人的葬俗,哪怕使用最次的棺木下葬。而且按照古代汉人葬仪,不论身份贵贱,家资贫富,多少都会在棺椁中放入一些随葬品。

然而这座墓室的主人却既没有使用棺木,也没有随葬品,这与古代中原汉人的葬俗完全不同。

死亡乃人生最大的变故,从古至今丧葬自来都受到格外的重视。即便墓主人生前再贫穷,也应该会使用棺来作为葬具。可是为什么墓主人却没有这样做呢?

就在大家疑惑不解的时候,有考古专家做出了一个大胆的推测:墓主人根本不是汉人!

墓主人生前疑是中亚祆教徒

考古专家说,墓葬中光是用榻这一点就说明墓主人生前和祆教有关,因为汉人是不会用榻的,而一定会用棺材,以及葬衣葬具这些最保守、最传统的东西。用榻这种葬具,是祆教的一个传统,而葬具没有任何殉葬品,也是中亚和西亚埋葬的习俗。

根据没有棺木和随葬品这两个特点,以及墓葬的形制和葬法,有专家推测这是一座袄教徒的墓葬。

那么，袄教究竟是什么样的宗教？又有着怎样的葬俗呢？

袄教源于古代伊朗，波斯名为"琐罗亚斯德教"，是古代波斯帝国的国教，主要流行于波斯、中亚等地，曾是中东最有影响的宗教。由于袄教崇敬光明，认为"火"是最高神的象征，对火极为崇拜，所以袄教又叫作"火袄教""拜火教"。

南北朝时期，信仰袄教的中亚粟特人通过丝绸之路，频繁往来于中亚与中国之间，经商贸易。袄教便随着粟特人传入到了中国，其教徒主要聚居在陕西、河南、山西等地。

既然陕西地区曾经是中亚袄教徒的聚集区，那 M218 墓葬会不会像老专家推测的那样，是座中亚袄教徒的墓葬呢？袄教又有什么样的葬俗特点呢？

信奉袄教的粟特人，有着一套十分奇特的葬俗：死者的遗体先让狗吃过，只剩下骨头后，再用火焚烧，然后装进长约 50 厘米的名为"纳骨器"的陶罐中，再埋葬起来。

21 世纪初，在西安出土了两座北周年间的粟特人古墓——安伽墓和康业墓，然而，这两座袄教徒的墓葬却没有使用纳骨器埋葬，但是他们也与中原汉人的墓葬又完全不同。

安伽墓和康业墓的墓主没有使用棺，而是用围屏石榻作为葬具，也没有什么随葬品。他们放弃了原有的袄教葬俗，而采用这样的墓葬方式，很有可能是因为长期居住中原，受到了汉人葬俗的影响。

同样的，M218 这个小墓室的墓主没有使用棺，而是用榻作为葬具，他们会不会也是中亚来的袄教徒呢？

此外，考古专家们还在安伽墓的墓室内发现了刻绘着圣火袄神图等具有袄教特征的图像。

那么，M218 墓葬会不会也有袄教的图腾和内容呢？从壁画中能不能找到什么线索呢？

考古人员发现，整个墓室的砖都经过了打磨对缝，极其平整。砖面还做过特殊的处理，除了打磨得十分平滑外，还应该涂抹了树胶，以控制砖表面的吸水性，致使壁画能够直接而自如地绘制于砖上。

从这个墓葬的建造来看,墓主人生前没有太高的政治地位,但是应该具有一定的经济地位,在当地略有威望。因为这个墓葬有了防盗措施,此外墓葬里的砖,以及墓葬的修建,壁画的绘制等等,都是非常考究的。

墓主既然有一定的地位和经济基础,又为什么要把墓室修建得这么小,并且不使用棺和随葬品呢? 墓主生前究竟是什么人? 他真的是来自中亚的祆教徒吗?

壁画内容与中医药有关

专家希望能从壁画中找到答案。

经过仔细观察,考古人员发现,北面壁画以墓室墙壁和券顶为界,分为上下两层。上层呈半圆形,中央下部为太湖石,石上为牡丹花,象征着石生富贵之意。太湖石两侧各绘有一只仙鹤,寓意长寿吉祥。在仙鹤和牡丹花中间,蝴蝶穿梭飞舞。

下层正中有一个黑框白色屏风,其上以草书题诗。屏风前,一位年纪约五六十岁的男人端坐在木椅上,身材略胖,慈眉善目,留有胡须。他头戴冠帽,身穿黑色圆领长袍,双手被袖口遮掩横置于腹部,双脚放置在一个木质的红色脚垫上。考古人员推测这应该是男性墓主的画像。

专家还推测,当年在绘制这些壁画的时候,应该是先画了屏风,然后才在屏风上写上草书,之后再画上墓主画像,所以屏风上大部分文字都被墓主的身体遮挡住了,只留下了一小部分没有被遮挡的文字。

这些文字中到底记录了一些什么内容呢?

经过电脑分析,专家们还原了屏风上的字迹。那是两首诗,从右至左竖排书写,第一首为五言诗:"古寺青松老,高僧白发长。"专家们推断,这很可能是墓主人自己所写。第二首为七言诗,出自吕洞宾写的一首七律的前四句:"琴剑酒棋龙鹤虎,逍遥落拓永无愁。闲骑白鹿游三岛,闷驾青牛看十洲。"

从这两首诗的情趣来看,墓主人向往着一种闲云野鹤般的生活。

然而,令考古人员感到遗憾的是,屏风上的草书文字中并没有墓主身份的记录,他们只好再从壁画中的其他人物身上去寻找线索。

考古人员发现,北面壁画上除了墓主人之外,还有 9 个人,身材明显小于墓主,分列于墓主的左右两边。

最左边前排是一位年轻男性,盘腿坐在地上,双手执杵,向臼中捣药。

左边第二人,同样是位年轻男性,双手握一小箩,小箩下有一个稍大点的盛药盘,像是正在把捣碎的草药过筛。

左前排第三位是个年轻女性,双手捧着一个带底座的浅色瓷碗,碗中应当是已经煎好的汤药。

左后排紧靠长方形桌案,有一个年轻男性,双手执深色大盘,身体略向前倾,像是正等待从对面屏风后走出来的人。桌案上放着笔架、药葫芦和两本厚厚的书籍,估计应当是药书。

左后排第二个人正从屏风后走出,是个年轻男性,身体的一小半被屏风遮住,使画面显得很有层次感。这个人双手执一个浅色磁盘,右小臂悬挂浅色长巾,看姿势应该是向桌案旁执深色大盘的男性走来。

由此看来,左侧壁画内容反映的是制作中药的过程。那么墓主右侧壁画又能提供一些什么信息呢?

仔细观察后发现,这一侧壁画上有一张正方形桌案,后面有两个男性,一人双手分别捧一袋大黄和白术。另一人手捧《太平圣惠方》药书,正展示给举药包的人看。二人紧靠的桌案上,放满了药葫芦和药罐子。

右数第三人也是个年轻男性,双手捧着一个深色的放有"朱砂丸"的药匣。

右边第四人为年轻女性,正从屏风后走出,身体的一半被屏风遮住。她手执团扇,看样子像是女仆。

通过两侧的壁画内容专家们发现,这些内容都与中医药有关,左侧壁画表现的是制药过程,右侧壁画表现的是成药。而且,在壁画中明确画着一部宋代最著名的官修方书——《太平圣惠方》。

专家说,《太平圣惠方》是宋太宗时以政府的名义下令编纂的一部方书,也是我国历史上第一部方书。它虽然是方书,但其内容涉及医理、脉学诊断、病因分析、治疗方法等,所以它是一部理论性、实用性都很强的巨著。

《太平圣惠方》成书于北宋太宗淳化三年,即公元992年。墓室中既然出现了这部书,说明墓葬的时期比这部书要晚,再加上这部书是宋代最著名最具有代表性的官修方书,所以考古人员初步推测墓主人应该是宋代人。

古代中国的新型药剂

除了《太平圣惠方》外，壁画上还画有几味中药——大黄、白术和朱砂丸。大黄有清热泻火，凉血解毒的作用。白术具有健脾益气、止汗、安胎的功效。朱砂则有镇定、安神的作用。

为什么壁画中要特意地画出这几味中药呢？会不会是因为墓主年老、体弱多病呢？也许他大半辈子都离不开中药的调理治疗，所以在他死后，墓室中也要画上有关中药的内容？

专家们决定从墓主的尸体上去寻找线索。

考古人员仔细观察，发现两具尸骨的胯部附近都有一些白色结晶体，这是什么原因造成的呢？

专家们猜测，是不是墓主人生前服用过丹药，而丹药中的一些物质不能被吸收，最后沉积在骨骼上，形成了这些结晶呢？

自古以来，秦始皇、汉武帝、雍正等很多历史名人都沉迷于丹药之道，以求长生不老，壁画中的朱砂就是古代炼丹的主要原料之一。既然壁中画有朱砂丸，很有可能是墓主夫妇为了强身健体，追求长生不老而服用过丹药。

不过，专家们还有一些疑虑，如果只是墓主人生前服用过丹药，是没有必要把整个制药流程都绘制出来的，而且从壁画内容来看，制药流程表现得很专业，各个细节都有体现。

墓主为什么要把整个制药流程和一些成药画在墓室内呢？这幅壁画到底说明了什么呢？

专家认为，这幅壁画体现的是一种新的制医技术，是来自于《太平圣惠方》的中国古代传统的方子，尤其是内方的大成，墓主经过一个系列加工后，形成了一种新的制剂。

为什么说这是一种新的制剂呢？专家解释说："北宋以前没有朱砂丸，传统中药里有蜜丸和水丸，而朱砂丸则是典型的舶来品，它原本产生于古代阿拉伯制药技术，古代被称作金箔、银箔包衣技术，包衣的目的是为了防腐。这项技术在北宋年间传入中国后，考虑到金箔、银箔非常贵重，中国人就巧妙地借鉴了这个理念，用金箔、银箔包衣防腐的原理,改用朱砂来做包衣。朱砂本身也具有防腐的作用,用朱砂来保存药物,是一种新的技术,是药丸包衣技术的发展。"

这幅壁画的内容恰好反映了这一过程,如此一来,中国古代一种新的剂型就产生了。

通过专家的解析,我们似乎可以得出这样的结论,墓主生前的身份应该与医药有关,否则,他是不会在墓葬壁上描绘如此细致医药相关的内容的。

这个猜测得到了考古专家的证实。专家推断,墓主生前极有可能是位中医学家或制药专家。

专家称,一般说来,墓葬壁画反映的是墓主人生前最喜欢的事情,比如他的职业,或者对他生平的体现。从这座墓葬的壁画反映出一套完整的制药过程来看,基本可以断定,这座墓葬的主人生前是一位中医学家或制药专家,并且他懂得融合中国的传统制药和来自西方的包衣技术,所以他还应该是一位专家。

可是,墓主人究竟是汉人而引进了国外的技术,还是他根本就是西方人,来到中国以后喜欢上了中医药,因而将包衣与传统中药进行融合,从而产生了这项新的技术呢?

根据北面壁画,考古人员推测出墓主应该是宋代人,而且生前身份与中医药有关。可是仅从壁画中,却难以断定墓主究竟是汉人还是中亚来的祆教徒。

一时间,小小的墓室中充满了种种疑问:从墓主画像的脸型上来看,并不像中亚人那样高眉深目,而更像是汉人。但是如果墓主是汉人,他为什么又不像其他汉人那样使用棺和随葬品呢?此外,墓主夫妇的头发呈棕红色,这究竟是由于黑色素退化造成的,还是墓主人原本的头发颜色呢?如果是他的原来发色,那么墓主很有可能不是汉人,而是从中亚来的祆教徒。可如果他是祆教徒,又为什么不把祆教的图腾画在墓室中呢?

正当考古人员疑惑不解的时候,墓葬里又有了惊人的发现。

墓主生前喜好杂剧

现在,让我们对之前的考古发掘过程做一个回顾。

2009 年 3 月 3 日,考古人员对陕西省韩城市盘乐村编号为 M218 的墓葬进行发掘清理。当墓门被打开后,眼前的情景令所有人大吃一惊! 在仅有 4 平方米的狭小墓室中,只有一张床榻,上面并排躺着两具尸骨,却没有棺木,也没有看到随葬品。然而在墓室周围的三面墙壁上,却绘满了精美的壁画,而且色彩绚丽如新。

这是一座奇怪而特殊的墓葬,它的主人会是什么人呢?

考古人员经过仔细寻找,却没有发现记录墓主身份的墓志。这座墓葬做了特殊的防盗设计,而且也没有发现被盗过的痕迹,那么墓室中为什么会没有墓志和随葬品呢?

就在大家疑惑不解的时候,有专家根据墓主不用棺和随葬品这种奇特的墓葬方式,做出了一个大胆的推测:墓主不是汉人,而是从中亚来的祆教徒!

随着考古工作的进行,墓室中逐渐暴露出一些蛛丝马迹。考古人员根据墓室北面壁画,推测出墓主应该是宋代人,而且生前身份与中医药有关。但是,墓主到底是汉人还是从中亚来的祆教徒,仍然没有确切的答案。

一时间,小小的墓室中充满了种种疑问:从墓主画像的脸型上来看,并非中亚人特有的高眉深目,而更像是汉人。可是,如果墓主是汉人的话,他为什么不按照汉人的风俗传统使用棺和随葬品呢? 墓主夫妇的头发呈棕红色,如果不是因为黑色素退化,而是墓主头发本身的颜色,那么墓主很有可能是从中亚来的祆教徒。可如果他是祆教徒的话,又为什么不把祆教的图腾画在墓室中呢?

墓主的身份变得愈加扑朔迷离! 从哪里才能找到答案呢?

考古人员根据墓室北侧壁画所描绘的中医药内容以及《太平圣惠方》一书,得知墓主人生前很可能是宋代中医或是名制药师,那么,西侧壁画中会不会提供更多的线索呢?

考古人员开始仔细观察西侧壁画。西侧壁画人物众多,总共有 17 人,表现的是宋代杂剧演出的场景。中间 5 人为演员,剩下的是由 12 人组成的乐队。

中央的 5 名演员,动作各异,表演生动,有的手持红牌,有的盘腿坐在木椅上,有的双手抱拳,有的腰别团扇,还有一人手中执笏板。

根据他们的道具和动作,专家推测这 5 名演员很可能就是宋代杂剧中的引戏、副净、副末、末泥、装孤 5 个角色。

乐队由 12 人组成,10 男 2 女,男性头戴直角幞头,身穿官服,有的在击打大鼓,有的身背腰鼓,有的手拿拍板,还有几个拿着筚篥。女性则头戴白色团冠,手持竹笙。

仔细观察可以看出,这些人物不仅身穿宋代服装,而且幞头上几乎都插有花草。这是典型的宋代服饰特点。

专家解释说:"在宋代,上至皇帝下至百姓,都有簪花的习惯,这是北宋时期服饰的一大特点。"

由于西侧壁画中的人物都穿戴宋朝服饰,再加上北侧壁画上的《太平圣惠方》也是成书于北宋年间,这些情况更加印证了墓主是宋代人的推断。

可是,为什么要把宋代杂剧内容描绘在墓主人的墓葬之中呢?

专家推测说:"从壁画的内容和位置来看,说明这个墓主人生前非常喜好宋代杂剧,甚至可能有着很深的造诣,因为一般壁画内容都会反应墓主人的心境、生前喜好等。从这个壁画还可以反映出,宋代的杂剧是非常发达和普及的,用今天的话来说就是非常流行。在韩城这样一个远离都城的偏远地方,都可以看到宋代杂剧的影子,很明确地反映了宋代杂剧的兴旺程度。"

如果说西侧壁画的杂剧场面反映了墓主的喜好,人物的服饰、乐器和场景内容都体现出典型的宋代汉人的文化特征,这似乎说明墓主应该是个汉人。然而墓室东侧壁画上所描绘的内容,却让专家对墓主是汉人的推测产生了怀疑。

在墓室东侧的壁画上,专家们看到的是表现的佛祖涅槃的内容,同样人物众多,生动传神。

位于壁画中心区域的佛祖身披袈裟,侧卧于榻上,表情十分安详。在他周围是十大弟子,以各种悲哀姿势站立床边,有的蒙面拭泪,有的捶胸大叫,有的号啕大哭。壁画中左侧第二人,似乎因为极度悲伤而昏倒在地,站在他对面的人,右手端碗,左手执瓶,正在向他的脸上喷水,想把他叫醒。站在他身后的人,想把他搀扶起来。另一人两臂向前伸开,也是极度悲伤。在他们上方,身披袈裟的弟子腾云升天,表情十分痛苦。

壁画中还有两个留短须的人站立在佛祖脚边,其中一人挽起右手抚摸佛祖的左足,另一人持手炉面向佛祖。

壁画最右侧有3人,赤裸上身,裤腿卷起,光着脚。左边一人挥舞拍板,右边一人吹横笛,中间一人手舞足蹈。专家推测这是诸神以音乐舞蹈的形式向佛祖举哀。

在佛床上空诸人头顶,还画有 17 颗星辰白天空落下,这体现了自然界对佛祖涅槃的一种反应。

佛床边画有两头狮子。右边一头四爪着地,左边一头后爪立起,前爪搭在佛床上,向佛祖举哀。

墓室中为什么会画有佛祖涅槃像呢?

专家推测墓主生前应该信佛,壁画表达了墓主的一种信仰和追求。但是,仅凭这一点仍然无法确定,墓主生前到底是汉人还是中亚来的祆教徒。

验尸解疑

现在,墓室中的疑问与矛盾更多了:

首先,墓主夫妇的头发呈棕红色,如果不是因为黑色素退化,而是墓主头发本身的颜色,那么墓主很有可能是中亚来的祆教徒。但如果他是祆教徒,为什么不把祆教的图腾画在墓室中,却要画佛祖涅槃呢?

其次,北侧反映中医药场景的壁画和西侧反映宋代杂剧场景的壁画,不论从服饰和内容上却都是汉人的特征。可如果墓主是汉人,他又为什么不像汉人一样使用棺和随葬品呢?

带着这些疑问,考古人员准备对床榻上墓主人的遗骨进行清理,希望能够获得更多的信息,解开这些谜团。

放置尸骨的床榻,南面的木质围栏已经腐朽。为了便于清理,考古人员小心地把已经倒塌的围栏抬出室外进行保护,随后再带回研究院进行研究。

考古人员惊奇地发现,这个历经千年的木质围栏居然滴水不漏。专家推测,围栏可能经过桐油浸泡。桐油具有防潮防腐,防虫防裂的功能。通过对木材纹理的观察,考古人员推测,制作木质围栏的木材可能是榆木。

那么,墓主到底是汉人还是中亚人呢?

他的尸骨上会不会透露出更多的有关他身份的信息呢?

现在,文保专家已经做好准备,开始清理尸骨。经过测量,男性骨架长 1.8 米,女性骨架长 1.65 米。墓主夫妇尸骨上盖着粗纤维的毯子,身上的衣物和骨骼已经腐朽灰化。

文保专家提取了一些掉落在墓主身上的砖片，以及毯子和衣服碎片，以备进一步研究。

由于衣服已经腐朽，所以无法辨认墓主穿的是中亚袄教徒的服装还是汉式服装。并且，即使能够辨认，也不能通过服装判断出墓主是汉人还是中亚人。因为，就算墓主是中亚人，在中原长期居住，早已被同化，也很可能也会穿汉人的服装。

文保人员一边清理，一边仔细观察。他们发现，虽然墓主的骨骼已经腐朽，却仍然保留着几颗牙齿。专家们小心翼翼提取出牙齿，放入密封袋内保存，希望通过牙齿的 DNA 测试，获得更多墓主身份的信息。然而在提取过程中，考古人员却发现，经过上千年的时间，牙齿保存的情况并不理想。

专家们又将目光转向了墓主的头发。墓主夫妇棕红色的头发一直是悬而未决的谜团，它到底是由于时间和埋葬环境使黑色素退化掉形成的，还是墓主头发本身的颜色呢？

文保专家先提取出了男墓主的头发。在提取女墓主头发的时候，考古人员发现，女性尸骨的头发十分凌乱，上面还插有一把 6 厘米长的小木梳。

现场的专家说："从她的发型来看，最有可能的是她当时梳了一个发髻，然后在上面插了一个梳子。"

文保专家把木梳提取出来放在塑料盒内。为了避免它进一步腐朽毁坏，专家在木梳周围放上泡沫塑料和一些粉碎的骨渣，这样木梳就能够在原有的环境下保存，并且不会因为在塑料盒内晃动而破碎成灰。专家还提取出女墓主的部分头发。

由于墓主夫妇的头发保存得比较完好，考古人员希望通过男女墓主头发的 DNA 测试，解开墓主到底是汉人还是中亚人的疑团。

在样本提取过程中，考古人员发现，女墓主所穿的一双鞋，形状依稀可见。它的前端向上卷起，经过测量，鞋长 18 厘米，但是材质不明。文保专家十分小心地把两只鞋提取出来。经过上千年的时间，两只鞋已经严重腐朽。专家们把鞋放入塑料盒内，准备运回实验室做加固保护和材质检测。

在提取的时候，考古人员发现女墓主的脚看上去显得特别小。考古人员突然想到，女墓主会不会是缠过足呢？因为中原女性缠足始于宋代，并且越是有身份的大户人家的女人越是缠足。假如女墓主生前缠过足,那么她就很可能是汉人,而不是中亚人。

考古专家赶紧请来韩城矿务局附属医院骨科医生到现场进行鉴定。两位骨科专家经过仔细测量,反复观察,得出的专业结论是:脚骨发育形态正常,未发现有遭受外力压迫的迹象。也就是说,女墓主生前绝无裹脚。

同日下葬

在提取过程中,考古人员还发现了一些疑问:

一、根据墓葬的填土来看,像是一次性回填,没有二次挖开的迹象。

二、从墓主夫妇的尸体看,骨骼完整摆放,不像二次挪动过。

三、从放置尸体的床榻宽度来看,显然是为两个人制作的。

考古人员据此推测,墓主夫妇的死亡时间非常接近,两人应该是一起下葬的。

可是,怎么会如此凑巧,夫妻俩竟然一起死了呢? 这令考古人员感到非常疑惑。

两具尸体上的结晶说明墓主夫妇生前可能服用过丹药,可如果是因为服用丹药中毒而死,骨骼颜色就会发生改变。2003 年曾经在内蒙古地区发现过一座契丹人的古墓,女墓主因为身体内含有汞,全身尸骨呈现可怕的漆黑色。

经过骨科专家鉴定,墓主夫妇两具尸骨颜色正常,因此排除了中毒死亡的可能。同时,墓主夫妇也没有受过什么外伤,所以也排除了他杀的可能性。因为宋代已经不流行殉葬,而且墓主只是个医生或者制药师,不是什么高等级的人,看来殉葬也不可能。

那么墓主夫妇到底为何会离奇地一起死亡了呢?

专家们猜测,会不会当年他们遇到了什么天灾人祸? 或者男主人先死亡了,在没有下葬之前,妻子由于悲伤过度也死亡了,所以后人就一起埋葬了他们? 现在还无法知道确切的原因。

现在,该提取样本的都已经提取完了,可墓主到底是汉人还是中亚祆教徒还是不得而知。并且,虽然通过壁画上的人物服饰以及《太平圣惠方》得知墓主是宋代人,但具体是宋代什么时期也无法准确判断。

现场专家说："在提取样本的几天时间里，我们一直在讨论关于墓主人年代的问题。主要有两种说法：一种是根据壁画里端药的侍者脸型来判断，应该属于北宋早期，与《太平圣惠方》的成书年代接近；另一种观点则认为，墓主的年代属于北宋晚期，甚至晚于金代。"由于没有随葬品等确切的证据，这两种说法都无法肯定，所以墓主人年代问题成了发掘期间大家最常讨论的一个话题。

到了这个时候，考古人员不免有些沮丧。因为墓主夫妇的骨骼已经完全腐朽灰化，不再具备保留价值，考古人员准备把骨骼清理干净，然后对墓室整体保护，以便今后对壁画做进一步研究。

考古人员先从男性墓主开始，从头部向脚部进行清理。考古人员发现，男性墓主的骨骼非常酥，更令他们感到失望的是，经过漫长的清理后，他们发现男墓主身上没有任何可供参考研究的物品。

男性尸骨没有发现任何东西，看来女性尸骨也不会有什么发现。考古人员没有抱什么希望，开始对女性尸骨进行清理。然而当清理到女性尸骨的双手时，却有了意想不到的发现！

现场专家说："清理女尸的时候，我们发现她的右手竟然握着两枚钱币。"专家们急忙将这两枚钱币取出桌，可让他们失望的是，钱币上的字竟然看不清楚。

由于铜钱锈蚀严重，上面的字迹无法辨认，专家们只好在现场对它进行一个简单的清理。随后，钱币上的字迹开始清晰，上面赫然写着"开元通宝"的字样。也就是说，这两枚是唐代的铜钱。

由于铜钱年代与对《太平圣惠方》的成书年代相距较远，对于判断墓葬年代意义不大。这时候，考古人员又在女墓主的左手里发现了3枚铜钱。经过处理后他们发现，铜钱上写着"熙宁"字样。

由于这个墓没有发现墓志和其他随葬品，所以能够直接说明年代的目前只有壁画和钱币。

北壁所画的《太平圣惠方》，成书于北宋太宗淳化三年，即公元992年。

女墓主左手所握的3枚北宋神宗年间的"熙宁元宝"钱币，属于北宋神宗年间，即公元1068~1077年铸造，铸造年代晚于992年，是墓内发现的最晚的遗物。根据研究考古年代学的常规方法，该墓的下葬年代当于此不远，也就是说，墓葬为北宋晚期的可能性最大。

但是，墓主人是北宋神宗时代，还是之后的徽宗、钦宗时代，则无法确定。

尽管如此，墓葬中的许多物品对于今后的杂剧研究、服饰研究、宗教研究等都提供了很多的素材。此外，对于中医药研究和山水画研究，也奠定了一个平台。

墓主绝非中国人

死者手中握物的习俗在中原汉人葬俗中由来已久，从女墓主手握铜钱来看，符合汉人的葬俗特点。

专家说："在我国，手握物品的葬俗很早就有，最常见的是手中握玉。到了后代，除了玉之外也握一些其他的东西。这个墓葬里女主人就握了几枚铜钱，很可能跟墓葬本身没有葬随葬品有关系。"

但令专家感到疑惑的是，墓主为何没有像汉人一样使用棺和随葬品呢？而且女墓主也没有像宋代汉人一样缠足呢？如果根据墓主棕红色的头发推测墓主是中亚祆教徒的话，他又为什么不把祆教的图腾内容画在墓室内，却画上佛祖涅槃像呢？再加上壁画上的服饰和内容都是汉人特征，这又该如何解释呢？

专家们猜测，会不会是墓主夫妇本来是汉人，然后跟中亚人通婚的情况呢？比如男墓主是中亚人，祖上几代进入中原，长期居住在这里，娶了汉人妻子，后人在给他们下葬的时候，尊重了双方种族的特点。

或者墓主夫妇两个人都是中亚人，长期居住中原后，不论服饰、文化、宗教信仰都被汉人同化了，才会有这种既有汉人特征又有祆教特点的墓葬形式。

看来要想知道墓主夫妇的确切种族，还得通过尸骨得到答案，但是由于墓主骨骼上有结晶，加之身上的衣物腐烂，致使骨骼里掺杂了一些其他杂质，无法通过骨头鉴定出墓主夫妇的种族。墓主夫妇的种族只有通过头发的 DNA 检测才能最终确定。

于是，考古人员将墓主人的头发样本送往中国军事科学医学院，进行了一些检测。很快检测结果出来了：不能准确断定是哪个人种。不过，通过排除法，专家们排除了墓主人是蒙古人种的可能。因为中国人属于蒙古人种，也就排除了墓主是中国人的可能，从墓葬的其他迹象看，最有可能的是中东、中亚这一带人种。

至此,几个月来的发掘与调查,墓主扑朔迷离的身份终于水落石出。

小小的墓室为我们提供了大量线索,曾经在千年前,一对具有中亚血统的夫妇长期在陕西居住,他们从事着与中医药有关的职业,喜好宋代的杂剧。因为长期居住在中原,他们渐渐放弃了原有的生活习俗,慢慢融汇到汉民族的大家庭中。虽然他们种姓原有的很多特征都被汉民族同化了,但是他们却把自己的葬俗与汉民族的葬俗融合起来,形成一种独特的形式:既没有棺椁和陪葬品,又像汉人那样手里握着铜钱。同时他们把生前最喜爱的东西绘制成精美的壁画,为千年后的人们留下了一份宝贵的财富。

成吉思汗陵墓悬案

元太祖成吉思汗,本名铁木真,姓勃儿只斤,乞颜氏,蒙古族人。他出生于群雄争霸、杀伐不已的 12 世纪,凭借着高超的军事才能,逐步消灭了蒙古草原上的各方势力,于 1206 年统一了蒙古各部,并建立蒙古汗国,成为蒙古草原最高的统治者。他还率领强悍的蒙古骑兵横扫亚欧大陆,成为人类历史上最著名的征服者。他的作为不但让当时的整个世界震惊,也让后人赞叹不已,美国《华盛顿邮报》评价其

成吉思汗

"最完美地将人性的文明与野蛮两个极端集于一身,至今还未找到一位比成吉思汗更为合适的人选"。就在人们感叹这位叱咤风云的草原英雄的丰功伟绩的同时,不

免心生遗憾，因为他的真正陵墓至今没人知道在什么地方。无数历史学家和考古学家试图解开这一历史之谜，却屡屡失败。

神秘的丧葬仪式

据史书上记载，1226年，成吉思汗以抗命之罪领兵亲征西夏。经过所向披靡的一系列征战，同年12月蒙古军包围了西夏都城中兴府（今宁夏回族自治区银川）。到次年6月，在强大的蒙古军围攻下，加之中兴府地面发生了大地震，西夏军民抵抗意志尽失，西夏灭亡在即。然而，就在西夏灭亡前夕，成吉思汗这位叱咤风云的伟大征服者，也和所有人一样无法征服死亡，走到了生命的尽头。这次出征前，成吉思汗就已感到身体不适，但是由于西夏使者的出言不逊，大大激怒了他，便愤而前往。这时西夏天气炎热，年老体衰的成吉思汗终生征战，已很疲劳，加之又染上了斑疹伤寒，病情日趋严重。弥留之际的他，让儿子窝阔台继承汗位，号令天下，并让诸子立下了拥护窝阔台继承汗位的文书。临死前，他又对窝阔台、拖雷以及诸大将嘱咐了深思熟虑的灭金方略（窝阔台遵循这一方略于1234年灭掉了金国），并特别叮嘱他们，他死后先不要为他发丧举哀，以免让敌人知道他已经死去。

根据成吉思汗的遗命，成吉思汗死后蒙古军秘不发丧，将装有成吉思汗遗体的棺木用毡子裹起来，秘密放到用12头犍牛拉着的大车上运往葬地（成吉思汗之死还有另外几种说法，这里不再详述）。为了不走漏半点风声，送遗体的灵车，沿途所遇，不管男女老幼，全部杀死。实际上这也合着一种古老的风俗，为死者寻找其在阴间的奴仆。尤其是当西夏国王带领众臣打开城门向蒙古军投降时，蒙古士兵如恶狼般扑上去，将人统统杀尽，把整座都城夷为平地。蒙古兵在杀死这些人的同时，还杀死这些人的牛马牲畜，边杀边说"到阴间侍奉我主去吧！"因此，沿途所遇人畜均成为刀下之鬼，杜绝了走漏风声。

等到灵车运到位于克鲁伦河上游的皇家大营后，成吉思汗去世的消息才得以公布。成吉思汗的灵柩被轮流放进各个斡儿朵（斡儿朵是成吉思汗生前的宫帐或行宫，也是其主要妻室所居之宫）。诸亲王、公主和主要将领得到拖雷发出的讣告后，立即从这个庞大帝国的各地前来奔丧，哭泣着向灵柩告别，据说远道者走了3个月才赶到。

另据传说,蒙古军曾征发 2500 名工匠为成吉思汗陵建造陵墓,完工之后,800 名士兵将所有工匠集中在秘密处杀死,然后,这 800 名士兵也被全部处死。所以,成吉思汗墓到底在何处就彻底地成了"天字号"的机密。

除此之外,成吉思汗(后来的蒙古大汗,元朝皇帝等都是)密葬后的处理方式也是他的陵墓不知所踪的一个原因。据说,蒙古诸汗下葬后,会驱驰庞大的马群在其葬地来回狂奔,扫灭痕迹,然后派重兵守卫,方圆数十里内均为禁地,不准任何人靠近。等到来年草木丛生,人马散去,根本无法辨认墓葬所在。关于此点,《蒙古秘史》上就有记载:蒙古皇族下葬后,先用几百匹战马将墓上的地表踏平,再在上面种草植树,而后派人长期守陵,直到地表不露任何痕迹方可离开。南宋彭大雅撰写的《黑鞑事略》则记述:"其墓无冢,以马践蹂,使平如平地。若忒没真(铁木真)墓,则插矢以为垣(阔逾三十里),逻骑以为卫。"就是说成吉思汗墓的周围插箭矢为墙,围成了一个方圆三十里的禁区,设有骑兵守卫。1246 年来到蒙古的罗马教廷使节就这样描述:"他们秘密地到空旷地方去,在那里他们把草和地上的一切东西移开,挖一个大坑,在这个坑的边缘,他们挖一个地下墓穴",放入死者后,"他们把墓穴前面的大坑填平,把草仍然覆盖在上面,恢复原来的样子,因此以后没有人能够发现这个地点。"蒙古伊利汗国(拖雷之子建立)波斯史学家拉施特在《史集》中记载:守卫成吉思汗墓地的是蒙古兀良哈部的一个千户。还说成吉思汗下葬的当年,"野地上长起了无数树木和青草,如今那里森林茂密,已无法通过,最初那棵树和他的埋葬地已经辨认不出了。甚至守护那个地方的老守林人,也找不到通到那里去的路了。"另据元末叶子奇的《草木子》记载,成吉思汗下葬后,除马匹踏平墓地外,为便于日后能找到墓地,"国制不起坟陇,葬毕,以万马柔之使平。杀骆驼子其上,以千骑守之,来岁草既生,则移帐散去,弥望平衍,人莫知也。欲祭时,则以所杀骆驼之母为导,视其踯躅悲鸣之处,则知葬所矣。"就是说在成吉思汗的坟上,面对着一头母驼,杀死了一只驼羔,将羔血洒于其上,并派骑兵守墓。待到第二年春天小草长出以后,墓地与其他地方毫无二致,无法分辨出墓地所在,守墓的士兵这时才撤去。成吉思汗的后代想念他的时候,就让被杀驼羔的母驼引路,如果母驼久在一个地方徘徊、哀叫,就说明这个地方就是陵墓所在地。

那么,成吉思汗为什么要实行如此诡秘残酷的密葬方式呢?这与成吉思汗残酷的征战和蒙古族的宗教信仰和文化习俗有关。首先,成吉思汗清楚地知道,无数生前不可一世的统治者,其身后的坟墓往往遭到肆无忌惮的破坏,盗墓者或者是因为攫取墓中的财宝,或者是一种政治上的仇视。那么,作为杀戮无数的残酷征服者,成吉思汗有着无数的仇敌,为了免遭如此厄运,选择秘葬理所当然。其次,蒙古族早期信奉的萨满教认为,生命是生、死、再生的过程,人只是自然界的一分子,死后回归自然是天经地义的事情。而且人间万物都有灵和灵魂,人的灵魂藏在人的血和骨中,所以特别重视对血和骨的保存。人死后秘密埋葬,避免后人对其尸骨的干扰,是对死者生前灵魂的尊重。再者,依据蒙古族的风俗,他们认为祭奠人主要是祭灵魂,不是祭尸骨。人将死时,他们的最后一口气——灵魂将会离开人体而依附到附近的驼毛上。因此,他们一方面秘葬人的肉体,以免被侵扰;另一方面,大张旗鼓地祭祀帝王依附在驼毛上的灵魂。由此人死后埋葬遗体的所在并不是后代祭祀的中心,也就没必要留下标记。当然这也与蒙古人长期从事牧业,没有固定的所在有着密切的联系。

正是基于以上原因,不仅成吉思汗,包括以后的蒙古贵族和元朝皇帝,从来不建高大宏伟的陵墓,均实行秘葬,并且帝王陵寝的埋葬地点不立标志、不公布、不记录在案。这种"其坟无冢",有墓无冢的丧葬方式,正是秘葬的具体体现。后世有关墓址的许多记录,多是捕风捉影,道听途说的附会,与事实的真相可能相距甚远,加之年代久远,寻找成吉思汗墓显得异常艰难,这也正是成吉思汗的陵墓成为千古之谜的主要原因。

鄂尔多斯的成吉思汗陵仅是衣冠冢吗

说到这里,难免有人会产生疑问,我国内蒙古自治区鄂尔多斯草原中部鄂尔多斯市伊金霍洛旗境内明明坐落着著名的成吉思汗陵,蒙古人对其视为圣地,每年都要举办隆重的大祭仪式,这又是怎么回事呢? 这里为什么不是成吉思汗的葬地呢? 它与成吉思汗有着什么样的关系呢?

据介绍,鄂尔多斯的成吉思汗陵,史称"八白室"。按一般的说法,这里并非成吉思汗的墓葬地,而只是成吉思汗和他的六位夫人,还有儿子拖雷及其夫人的衣冠冢。上面已经有所叙述,由于蒙古贵族有死后秘葬、不留坟冢的习俗,埋葬地点不为人知,无从祭祀。蒙古族为了纪念自己最伟大的领袖,在漠北高原最早建立了成吉思汗陵寝——八白室(八座可以移动的白色蒙古包),收集成吉思汗遗物供奉。《蒙古源流》中是这样记载的:"因不能请出金身,遂造长陵共仰庇护。于彼处建白屋八间,在阿勒台山阴,哈岱山阳之谓特克地方建立陵寝,号为索多博克达大明成吉思汗。其名遂流传至今云。"从这一记载看,"八白室"建成后,很长时间内并无固定的地点,大致是在阿尔泰山和肯特山之间的高原上随着蒙古族的迁徙而移动。后来,到了清朝初年,左翼中旗的札萨克额磷臣被封为多罗郡王以后,才把"八白室"迁到了他的封地"郡王旗"之内。"八白室"所在的地方遂命名为伊金霍洛,意思就是帝王陵墓(主人的陵园)。自从额磷臣担任盟长把八白室迁到这里以后,虽然后来又多次更换盟长,但成吉思汗陵的位置从未更动过,现在已经有三百多年的历史了。1954年,特别新建了具有民族传统特色的陵殿。那么,鄂尔多斯的成吉思汗陵是否就是衣冠冢那么简单呢?据中国最后一代蒙古王爷奇忠义介绍(他也是成吉思汗的第34代嫡孙),成吉思汗陵不只是衣冠冢这么简单,它实际上更具有不寻常的含义。奇忠义老人曾担任过内蒙古自治区伊克昭盟(现鄂尔多斯市)副盟长,几年前才从内蒙古自治区政协副主席职务上退休。他介绍说:"外人不知道,位于伊金霍洛旗的成吉思汗陵很重要,并不仅仅是成吉思汗的衣冠冢。成吉思汗的灵棺中有很多秘密。记得1954年大祭灵时,曾开过棺,当时的内蒙古自治区主席乌兰夫亲眼看过,里面确实有部分人骨。"他还说:"从蒙古人的习俗和过去信奉的萨满教讲,祭奠先人主要是祭灵魂,不是祭尸骨。按照蒙古民族的习惯,人将死时,他的最后一口气——灵魂将离开人体而依附到附近的驼毛上。根据史料记载,吸收成吉思汗先祖最后一口气的驼毛,几百年来就收藏于鄂尔多斯成吉思汗陵。"从奇忠义老人的叙述可以看到,鄂尔多斯的成吉思汗陵可能保存有成吉思汗的尸骨和负载着成吉思汗灵魂的驼毛(以萨满教的观点)。从蒙古族的信仰来看,这里无疑就是成吉思汗的灵魂之所,在蒙古人民心目中也自然具有非同寻常的特殊意义,就如同基督徒之于圣城耶路撒冷一般。

　　由此,鄂尔多斯的成吉思汗陵,不是成吉思汗的墓葬所在,那么成吉思汗究竟被埋葬在了何方呢?

陵墓位置竟有四种说法

近代以来,随着考古的兴起,成吉思汗的墓葬之地,吸引了无数中外历史学家、考古学家的关注和探索,成为考古界注目的焦点之一。经过考证,人们发现成吉思汗陵墓的真正所在地存在四种可能。

据《史集》记载:有一次成吉思汗去打猎,在一棵榆树下静坐长思,而后忽然起立,对随从说:"在这里做个记号吧,我死后就葬在这里。"于是他逝世后就在那棵树下"营建了他的宏大禁地"。这个地方叫不儿罕——合勒敦,蒙古人称其为"也可忽鲁黑",意为"大禁地"。《元史》则记载从成吉思汗开始,窝阔台汗、贵由汗、成吉思汗幼子拖雷等以及元世祖忽必烈及历代元朝皇帝均埋葬于"起辇谷"。近代以来中外许多学者经过研究考证,都认为"不儿罕——合勒敦"即今蒙古肯特山,位于蒙古首都乌兰巴托东面一条东北西南走向的山脉。而"起辇谷",则是一个蒙古语地名的音译,在肯特山脉的最南端,位于今蒙古国肯特省曾克尔满达勒一带。所以,人们认为成吉思汗陵可能在蒙古国境内的肯特山南(不儿罕山)、克鲁伦河以北的地方。

另外,马可·波罗在所著的《马可·波罗游记》中如此写道:"在把君主的灵柩运往阿勒泰山的途中,护送的人将沿途遇到的所有人作为殉葬者。"而考古专家在新疆维吾尔自治区北部阿勒泰山附近的清和县三道海附近发现了一座人工改造的大山,故推测有可能这里是成吉思汗的葬身陵墓。

还有,成吉思汗是在 1227 年盛夏,攻打西夏时死于六盘山附近,按照蒙古族过去的风俗,十分忌讳尸体腐烂,人去世 3 天内就应该处理掉,或者天葬,或者土葬,或者火化。因为按照萨满教说法,尸体腐烂后,灵魂就上不了天堂了。所以,有关学者据此认为成吉思汗去世后不大可能千里迢迢运到遥远的漠北草原,就地安葬的可能性很大。

除了以上 3 点,还有人认为成吉思汗陵应该在鄂尔多斯市鄂托克旗境内千里山,至于依据何来,我们将在后文中详细表述。

既然已经圈定了成吉思汗墓葬的四个大致位置,寻陵也算有了大致的坐标,成吉思汗陵墓是不是应该很快就被发现了呢? 事实恰恰相反,考古学家们在这四个大致位置上进行的成吉思汗陵墓的考古发掘,总是一次次失望而归。

近年来,在寻找成吉思汗陵墓的考古发掘中,以蒙日联合"三河源"考察队和蒙美联合考察队最为著名,影响也最大。

蒙日联合"三河源"考察队主要活动于1990~1993年间。这支考察队由日本80岁高龄的著名考古学家江上波夫带领,与蒙古国科学院合作,斥资上亿元,采用了各种先进技术,将蒙古肯特山南(不儿罕山)附近进行了地毯式的大勘测,总考察面积达一万多平方公里。

从技术上来说,如果某地葬有成吉思汗,这里的地表数据也一定有异常,因而会反映在相关的仪器上。为此,他们动用了航空勘察测量飞机,购买了几乎覆盖整个蒙古草原的卫星影像图、大比尺地形图等资料,使用了当时最先进的探测仪器,能对地下30多米深处进行考察。后来,针对有些人提出的,几个世纪过去了,沧海桑田,河流可能改变了原来的河道,流过坟墓,河水也可能在坟墓的上方汇聚成湖的情况,日本专家又利用各种先进技术,精确绘制了相关的湖泊和河流地图,寻找不正常的排水孔道,可谓挖空心思,精益求精。"他们动用了一大堆仪器,有些像是地雷探测器,有些是挂在脖子上不知名的黑盒子。这些人聚精会神地盯着仪表上的指数看,要不就倾听耳机里传来的声音,拨弄几个转钮或是开关。他们动用卫星摄影技术,照遍了不儿罕山的每个角落,空照图密得跟马赛克一样,然后用经纬仪跟距离测定仪进行田野调查。他们希望寄托遥感技术,彻底检查植物、土壤、岩石和磁场。"从这些记载可以看出这次探测的水平之高和规模之大,考察人员工作的敬业和仔细。但是,除了在肯特山(不儿罕山)附近挖掘了近350座13世纪以前建造的古墓外,没有发现一座皇陵,最后不得不放弃。

在日本大规模考察失败后,2000年8月,美国的探险家、亿万富翁克拉维兹率领着由科学家、考古教授和翻译人员组成的考古探险特别小组,满怀信心地来到乌兰巴托,踏上了又一次寻找成吉思汗陵墓的征程。这次他们吸取了日本考察队固守一地的错误教训,先是把《蒙古秘史》中出现的200多处地名和道路名称标在地图上,并将该地区在当时发生的历史事件进行对比、整合,绘制成《成吉思汗历史地理地图集》,标示出成吉思汗死后最有可能埋葬的地方,然后有重点地逐一挖掘、寻找。

2001 年 7 月间,考古探险队在偶然的情况下,认识了一位 76 岁的蒙古牧羊人。这位牧羊人说他接受上辈的命令,几十年来一直在看守着一堵石墙,因为他父亲告诉他,那里埋葬着一位大人物。并且他们家很早就守卫在这个地方,至今已传了40 代。这一发现让考古队怦然心动,后来在牧羊老人的引导下,考古队发现了这片墓地。据报道,这片大型的墓群离乌兰巴托只有 10 小时的车程,邻近俄罗斯边境,位于一片被茂密森林完全覆盖的偏远地区。墓群一面靠山,另外三面被高墙围住。从坟墓的建造工艺和大小判断,应该是元朝贵族的陵墓。据《蒙古秘史》记载,这里曾经是成吉思汗祭祀、朝拜的地方,据说,成吉思汗父亲的遗体就安葬在这里。并且墓群位置与史书上记载成吉思汗出生的地方和他 1206 年称帝的地方相距不远。随后探险队还在墓群附近发现了一些陶瓷的碎片,专家鉴定这些碎片的形成时间可以追溯到成吉思汗出生的年代,由此判断该墓群建成的时间应该与成吉思汗生活年代相吻合。

考察队成员再也掩饰不住内心的激动,克拉维兹对新闻界表示,成吉思汗的陵墓极有可能在这一墓群之中,因此他们的发现已经"十分接近成功"。2001 年 8月,世界各地的新闻媒体更是纷纷报道了"成吉思汗陵找到了"这一激动人心的爆炸性新闻,引起了整个世界和考古界的震动。蒙古历史学家称,如果这支探险小组真的找到了成吉思汗下葬的陵墓,这次发现将会比特洛伊城和图坦卡蒙陵墓发现更具有轰动效应。甚至一位不愿透露姓名的专家猜测,成吉思汗的陵墓里可能埋藏着大量奇珍异宝,比图坦卡蒙国王陵墓里出土的宝物绝不逊色,里面的工艺品甚至会比秦始皇陵出土的兵马俑还要壮丽。

蒙古专家的预言,使这次探险活动备受关注。2002 年 6 月,克拉维兹宣称考古队拿到了所有必要的许可证,开始进入了紧张的挖掘阶段。几个星期后,考古队报告了一个奇怪的现象:"我们往下挖掘,碰到了一层石板,石板下面是弯曲的甬道,其中大部分是弯向西方。我们因此认为,这些洼地并非我们以前所想的墓地,而是举行献祭仪式的场所。有一次,我们在甬道中发现了人的遗骸,但在甬道里面和周围更多发现的是动物遗骨。"随后,考古队又挖掘出了一些石制的蛇形墓葬品和一些萨满教的祭祀用品。但他们万万没有想到,在一面"施舍者墙"里竟然布满了毒蛇,而这些毒蛇被当地人看成是保护祖先英灵的守护者。这些毒蛇张牙舞爪地扑向考古队员,一个月内接连有数人被咬伤。特别奇怪的是考古队的汽车好端端地停放在山坡上,周围无人靠近,可就在考古队员眼睁睁地注视下,无缘无故地从山坡上滑动,翻下山坡。这样一来,在当地蒙古百姓中盛传的成吉思汗陵受到神秘符咒的庇佑,任何人不得惊动的言论愈加纷纷扬扬,都说这是成吉思汗"显圣"的表现,对考古队的敌对情绪陡增。其后不久,一位美方考古队员把挖掘出的一个头盖骨,随手放进了一个盆子里。这一失礼的玷污神灵的举动,经媒体曝光后,更是引起了舆论哗然。蒙古人对此极为愤怒,因为他们深信死者的尸骨不应受到打扰。所以,当蒙古民众纷纷强烈反对挖掘时,当地政府在调查中发现考古队的手续不全,于是蒙古国政府勒令考古队停止挖掘并撤出那个地区。主要投资人克拉维兹也不得不宣布停止考察活动。随后,蒙古政府组织专家对这片墓地进行了勘测,最后证明那只不过是一块假墓地,根本不是什么成吉思汗陵。克拉维兹的蒙古考古也至此结束。

此后,2004年10月6日,英国《泰晤士报》又突然报道称,一支蒙日联合考察队宣布:他们找到了可能打开成吉思汗陵墓之谜的"钥匙"——成吉思汗的"灵庙"!据报道,他们在位于距离蒙古首都乌兰巴托约150里的阿夫拉加市达尔根哈安村附近,发现一座建在四角形基座上的13到15世纪的灵庙遗址。在灵庙的下方是一座几乎已成废墟的石头平台,在石头平台的下方藏有许多坑洞,里面埋葬着许多战马的骨灰和遗骨。从战马遗骸的数目之众来看,这座陵墓的主人显然地位非同寻常。由此,如果"灵庙"身份得到确证,那么将会在灵庙方圆12公里范围内锁定成吉思汗的陵墓。不过,此后就再也没有下文了。至今,寻找成吉思汗陵墓的工作仍在继续,但是不知何时才能找到。

阿尔寨石窟可能是成吉思汗墓

在国外学者大规模寻找成吉思汗陵的同时,我国的考古工者也对我国境内的成吉思汗可能的埋葬地点进行了大量细致的考察、寻找工作。

2003年7月8日,有新闻报道:距离内蒙古自治区鄂尔多斯市成吉思汗陵"八白室"不到200公里的阿尔寨石窟附近很可能存在成吉思汗的真正墓地。阿尔寨石窟位于鄂尔多斯高原西部,分布于高约80米、东西长约300米的褐红色砂岩平顶山——阿尔寨山上。据《蒙古秘史》中记载:"冬,间于阿尔不合地面围猎,成吉思汗骑一匹红沙马为野马所惊。成吉思汗坠马跌伤,就于搠斡尔合惕地面下营。"据专家考证,"阿尔不合",就是现在的阿尔巴斯;"搠斡尔合惕",蒙语意为"多窟汇聚之处",而蒙古高原石窟甚少,堪称"多窟汇聚之处"的目前发现的仅有阿尔寨石窟。《元史》记载:"太祖 22 年围西夏,闰五避暑于六盘山,六月西夏降,八月崩于萨里川哈喇图行宫,葬于起辇谷。"可是"起辇谷"究竟是什么地方,说法众多,一直没有定论。清代张穆《蒙古游牧记》引证此话之后说明,"史称起辇谷其地在今赛因诺颜左翼右旗与鄂尔多斯右翼中旗之交无疑也"。而鄂尔多斯右翼中旗的俗称就是"鄂托克",即今鄂托克旗,只不过是蒙语的相近汉语音译。彭大雅著的《黑鞑事略》中说:"霆见忒没真(即铁木真)之墓,在泸沟河之侧,山水环绕。相传云:忒没真生于此,故死葬于此,未知果否。"而在鄂尔多斯地区的蒙古族中一直流传着成吉思汗葬于这一地区的说法,与《黑鞑事略》的记载是一致的。

经过多年考证,鄂托克旗史办主任、《鄂托克旗志》主编仁钦先生和巴图吉日嘎先生发现,鄂托克旗阿尔巴斯地区的地名,与上述历史记载的多有吻合之处,在鄂托克旗西北部靠近黄河的地方确实有一座千里山,山间的沟就是千里沟。其名的蒙古语为"其额勒",与"起辇"谐音,汉意为人迹罕至的高山深峡,即龙潭虎穴。起辇、千里均从"其额勒"转译而来,史称起辇谷即今千里沟。

另据介绍,阿尔寨石窟东南侧的十号石窟为成吉思汗养伤时所住,成吉思汗那把战无不胜的苏勒德神矛就竖立在石窟的门前。石窟的门旁有一座佛塔浮雕,应该属于西夏风格。据说,为了方便成吉思汗坐着射箭,蒙古人还在门前的石崖边上雕琢了两道竖壕。

尤其是第 28 号窟中西面墙上的一幅壁画还被认为是"成吉思汗安葬图"。内蒙古自治区社科院著名研究员潘照东说,呈梯形结构的壁画,除了绘有山川、河流、原野,还在突出位置描绘了两军交战时的场面,我们完全可以将其理解为成吉思汗征讨西夏时的写照。再往上,还能看到"红沙马为野马所惊,成吉思汗坠马跌伤"的故事。除此之外,壁画还详细描绘了成吉思汗入葬时的情形。透过这种安葬之礼以及壁画中对密宗法王的大篇幅绘制,我们可以判断这幅画里的寓意应该是成吉思汗为密宗法王下凡,这一点与元朝泰定三年所刻《有元重修文殊寺碑铭》的记载也是一致的,碑文说"金转轮王皇帝南瞻部洲,为世之主,位传于成吉思汗皇帝……"值得一提的是,在壁画上,成吉思汗家族与密宗法王之间的背景上,绘有一座赭红色平顶山,极像阿尔寨石窟山。

潘照东研究员认为,虽然成吉思汗是否就葬于这一地区,目前尚不可下最后结论。但有几点不容忽视:其一,综上所述,这里的地貌、地名特征与《蒙古秘史》《史集》《蒙兀儿史记》等史料中所描述的成吉思汗葬地相吻合,这绝对不是巧合。阿尔寨石窟山石窟的壁画也不容忽视。其二,史籍一般都认为成吉思汗病逝于甘肃省清水县的六盘山,时值 8 月酷暑之时,遗体怎么能运回千里之遥的蒙古高原北部呢?况且,蒙古人没有肉身崇拜的传统,认为人的肉身来自大自然,去世后还应回归大自然。早日安葬,灵魂方可升天。因此,成吉思汗去世后,遗体不可能会存放太长时间,尸体运回蒙古高原北部的可能性极小。其三,成吉思汗去世时,西夏虽灭而金、宋犹存,清水县当时仍为兵家必争之地,不可能安葬在那里,而鄂尔多斯草原已有一年多的经营,且为大军驻扎的后方,距离六盘山的路程三天就可以到达,成吉思汗病逝后埋葬于此的可能性很大。最后,至今这里还流传着成吉思汗的种种传说。比如,当年成吉思汗南征时,在这一地区驻屯大军,一日,正值秋高气爽,晴空万里,成吉思汗带着 108 只猎狗,在草原上围猎黄羊、狍子、狐狸。人困马乏之际,成吉思汗命兵器巨匠尧勒达日玛用最快的速度找到水源地,钻出 108 眼井,解了燃眉之急。而据当地牧民介绍,这里原来确有 108 眼深井,随着风吹沙卷,有些井毁弃了,目前仍剩下 80 多眼。由于生态恶化,水位下降,多数已无水可取。这里还有一个叫"驼羔梁"的地方,据当地人介绍就是成吉思汗墓上杀死驼羔的地方,以前还有一块拴母骆驼的巨石,在"文化大革命"时期被毁。并且阿尔寨山是长期祭祀成吉思汗的场所,并在该山的东、西、南面半圆形分布有 13 座敖包,分别祭祀成吉思汗的苏鲁锭军旗、成吉思汗的两匹骏马、他的幼子拖雷和弟弟哈撒尔的军旗等。神秘的阿尔寨石窟延续了 700 多年一成不变的祭祀活动,绝非偶然。

不过,这里究竟是不是成吉思汗的葬身之所,还需进一步考证,并找到确凿的、令人信服的证据才行。

墓中是否有大量珍宝

长时间以来,成吉思汗陵墓吸引了无数考古学家前仆后继地去寻找,一方面源于成吉思汗"人类之王"的巨大影响力，另一方面主要是盛传成吉思汗墓中可能埋藏有无数价值连城的珍宝。

那么，成吉思汗陵究竟有没有这么多无价之宝呢？对于这一问题，波斯和西方史籍的记载与中国史书不太一样。罗马教廷使节报告说埋葬帝王贵族时"同时也埋进大量的金子和银子"。波斯史学家志费尼在写的《世界征服者史》一书中称，成吉思汗死后，窝阔台即位，按习俗，下令为成吉思汗的英灵散发食物三天，并从氏族和家族中挑选40名美女，她们穿着用黄金和宝石装饰起来的贵重衣服，与一些骏马一齐成为成吉思汗的祭品。有的还记载成吉思汗之孙伊利汗旭烈兀下葬时"依蒙古旧例，掷黄金宝石于墓中"，由此推断成吉思汗的墓中一定埋藏着无数的珍宝。一位蒙古学专家也曾预言：成吉思汗的陵里埋藏的奇珍异宝可能比秦始皇陵出土的兵马俑还要壮观，因为成吉思汗的陵墓里可能埋藏着他东征西讨，从20多个王国得来的无价珍宝。还有人认为，土耳其考古学家在发现的蒙古帝国中亚统治者——忽必烈的弟弟——比尔格可汗的陵墓中，挖掘出了2800件金、银、珠宝。以此类推，成吉思汗的陵墓里一定埋藏着更多的奇珍异宝。

中国有关专家认为：事实上，中国的文献中并没有发现成吉思汗的陵墓中藏有大量宝藏的记载。《世界征服者史》一书中，提到用40名美女陪葬，但是这并非就意味着成吉思汗墓中也有许多价值连城的珍宝。另外忽必烈的弟弟比尔格可汗，当时已经是一个远离草原文化的蒙古人了，他的墓葬难以代表生活在蒙古本土的蒙古可汗们，他的墓中发现了大量陪葬的珠宝、黄金，并不能代表成吉思汗的陵墓中一定存在鲜为人知的宝藏。从有关史料看，依照蒙古人的习俗，人死后随葬的物品大多都是生前常用之物，皇帝也不例外。成吉思汗陵中可能随葬的有他生前征战用的马鞍、金酒具和殉葬的美女，不过数量究竟有多少不得而知。另外，据猜测，成吉思汗生前用兵无数，蒙古帝国历经征战，所以他的陵墓中，应该有大量兵器随葬，如用过的刀剑、强弩、铠甲等物。不过，有没有所谓的从20多个国家掠夺来的宝藏，是很值得怀疑的。总的来说，成吉思汗墓中究竟有没有传言的那么多珍宝？也只有待到成吉思汗墓被找到打开后，才能大白于天下。

可能是天葬或葬于湖底

对于成吉思汗陵墓的探寻，虽然从没停止，并流传种种说法，但至今仍如大海捞针般缥缈。成吉思汗究竟埋身何处？这一疑问恐怕还将久久萦绕在人们的心头。

近年来，随着人们对蒙古族文化习俗研究的深入，考古界流传出一种全新的观点，认为成吉思汗可能采取了天葬，从而没有留下任何痕迹。这一观点的有力证据是，1935年在鄂尔多斯达拉特旗地下发掘出了一只铁制小柜，柜中藏有一本残破的蒙文小书，系曾随成吉思汗出征的蒙古将领突拔都所记成吉思汗病逝后的情况。据1939年成书的《伊克昭盟志》引述上面的文字说："大汗出征突薨，因大汗鬃鬃（因字迹残缺模糊，辨认不出，以相代，下同）议举天葬。……丞相奉汗衣冠宝剑，熏沐置七宝箱内（即当今之银棺），使神驼载运，拟葬鬃鬃。行大漠四十七日……又行鬃日至平漠洼地，驼立不行，臣民以主喜悦，为安葬于洼地高原（当系今伊金霍洛旗），设成守护……四处觅宝剑，至百里外草地上寻获，就其地置为宝库（即今内蒙古自治区之苏勒定霍洛），四时享祭。"如果这一记载属实，成吉思汗逝后可能就择时、择地实行了"天葬"。

实际上，这一记载与蒙古族曾流行的天葬习俗是一致的：人死了以后，要先给他穿上新衣服、新靴，再用白布缠裹身体放在车上，也有用马或骆驼驮的。一切准备停当，用皮鞭狠抽牲畜，让它拉着车任意颠簸、奔走，根本不用理会尸体会掉什么地方。等到第三天，再沿着车印寻找尸体。尸体如果被猛兽、野禽吃掉，就意味着死者的灵魂已经升入天堂，如果没被吃掉，还要请喇嘛为他念经，为他赎罪。还有传说，装尸体的车在有人驾驭的情况下，向山上走，或任其颠簸，尸体掉在哪儿，哪儿就被看作是吉祥之地，就在那里用土块、石块把尸体围起来。这种"求天卜地"的葬法流行的范围很广。

当然，我们不能据此就肯定成吉思汗被实施了天葬，但是根据当时天气炎热，遗体不便保存，蒙古人又忌讳尸体腐烂等情况看，成吉思汗遗体运回蒙古北部的可能性不大，而实行天葬的可能性不是没有。退一步说，就算成吉思汗和以后的蒙古帝王和贵族全都是实行了诡秘的秘葬制度，那么，在当代这么多考古队，配备着大量先进仪器的大规模搜寻中，为何连一个蒙古帝王的墓葬都没发现呢？这也难免让人怀疑。史书和后人所记载的成吉思汗去世后的安葬情况，可能仅仅是后人的猜想和臆断。也有可能蒙古皇帝和诸汗王都是采取了保留灵魂而忽视尸体的天葬方式。毕竟从成吉思汗开始,历代蒙古大汗和元朝皇帝的安身之所全都杳无踪迹。这也确实不失为一家之言,因为蒙古族有着其完全不同于汉族的文化和宗教信仰,他们重视的是人的灵魂而不是肉体。如果真的如此,就不难理解考古队为什么屡屡空手而归,一无所获,因为不可能找到本来就不存在的东西。当然,这一说法还需要进一步的论证,现在还难下结论。

天葬说法以外,还有一种说法也甚为奇特,那就是有人认为成吉思汗可能被葬于吉尔吉斯斯坦东北部的伊塞克湖湖底,所以至今难以找到。伊塞克湖,位于海拔1600 米的高山上,面积约 6236 平方千米,平均水深 278 米,最深处达 668 米,湖容1738 立方千米。伊塞克湖属于高山不冻湖,湖水清澈,风景优美,是与黑海和里海齐名的著名疗养地,也是吉尔吉斯人民引以为自豪的高山明珠。对于这个湖泊的由来,至今在伊塞克湖附近的人民中间仍流传着少女跳崖,城堡变成湖的古老传说。传说很久以前,高山上有座美丽的城堡,主人是个贪婪、残暴的大汗。山脚下住着牧羊人美若天仙的女儿,许多人倾慕她的美貌前去求婚,但姑娘一直回答说,"我已有了心上人"。姑娘的心上人是一位英俊的骑士。这位青年骑着白马带她来到一个很高很高的地方,从手中摘下戒指戴在她手上说:"我很快会再来。只要有戒指在,你将远离任何灾难。"姑娘一直等着他的心上人的归来,所以,大汗带着贵重礼物来求婚,同样遭到了拒绝。姑娘独自上山去找心上人,不小心弄丢了戒指。她哭着往家跑,半路上被劫持到城堡中。但姑娘宁死不从,纵身跃出窗外,落下悬崖。就在这时,地动山摇,大汗的城堡开始往下沉,从四周的山谷中涌出一股股洪水冲向城堡,直到山谷和城堡一起没入水底……

传说当然不可信,但是伊塞克湖底确实有古城堡遗迹却是真的。所以,伊塞克湖湖底考古也越来越引起史学家和考古学家的兴趣,并且他们已从湖底打捞出一些古代的生活用品和古钱币,经鉴定是成吉思汗时代的物品。因此对于伊塞克湖湖底秘密的猜想和推测越来越多,最具爆炸性的观点就是:成吉思汗的墓地就在伊塞克湖底。吉尔吉斯斯坦国不少历史学家和考古专家都支持这一推断。因为,从史书记载看,当年这一地区是成吉思汗儿子的属地。据说,成吉思汗去世后,其后人秘密地将成吉思汗遗体和众多的财宝运到湖区,并制作了巨大的石棺,将遗体和财宝装入其中并沉入湖底。然后将其他财宝藏在伊塞克湖地区的山谷中,引泉水将它们掩藏起来。后来所有参与引水工程的人都被杀死了,藏宝的秘密至今也没有被揭开。

成吉思汗是否真的是实行了天葬?或者是葬于湖底,不为世人所知?还是葬于蒙古国的肯特山?抑或是内蒙古自治区的阿尔寨石窟中?新疆维吾尔自治区的阿尔泰山上?墓中到底有没有盛传的那么多珍宝呢?这一连串的疑案,在不时传来的所谓成吉思汗陵墓重大发现的新闻中,愈加显得扑朔迷离,真伪莫辨。

梁庄王古墓夺宝

湖北钟祥市有座古墓,打开古墓的封门墙,竟看见一块现代的毛巾顺水漂过来,这表明曾经有人进入古墓。

挺进地宫

湖北省钟祥市大洪村,根据考古学家将近一年的严密勘测,距离地面 3 米以下有明朝皇家墓葬——梁庄王墓,具有重要的考古价值。然而古墓完全被水保护着,这种现象在古代皇家墓葬里是从未遇见过的。

古墓门前大量涌出的水,会不会是当年古墓的设计者为了保护地宫内的宝藏所设置的防御机关呢?

古墓的主人是梁王朱瞻自,明朝开国皇帝朱元璋的曾孙。他 17 岁的时候被封为梁王来到钟祥。离开北京后,皇帝不断地赏赐大量金银珠宝给梁王。

来到钟祥 13 年后,年仅 30 岁的朱瞻自病死了,朝廷追封为梁庄王。由于他没有儿子,不可能有人继承他从皇帝那里得来的巨大财富。然而令后人奇怪的是历史上从未记载梁国大量奇珍异宝的下落,这些财富到哪里去了?这成为数百年来的不解之谜。有人认为,这些宝藏可能埋藏在梁庄王墓的地宫里。

梁庄王陵废墟边上曾居住着一户人家,由于发生过一起盗墓案,盗墓贼没有打开古墓就被他们发现并报告了有关部门。为了躲避盗墓贼的报复,他们悄悄搬走了,也正是因为这次盗墓,文物部门认识到埋藏着珍宝的古墓已经不再安全。于是,考古队进入这个山村,准备对古墓进行保护性发掘。没想到的是他们遇到了怎么也排不干的水。

张陵是湖北省水文地质工程勘察院的高级工程师，具有非常丰富的野外水文勘测经验。他要对周围的水源有没有可能进入梁庄王墓做出判断，他认为从地质结构分析，这个地方是丘岗地貌，不可能有地下暗河。

果然不出他所料，就在那天下午，封门砖外忙碌的人们突然看到古墓向外渗水的水线缓慢下移，这意味着封门砖后面的水位在逐渐下降。

那些汩汩而出的水究竟从哪里来的呢？张陵观察后分析，由于地宫上面土层植物根系密布，那些根系扎入泥土逐渐穿透古墓顶部进入了地宫，一旦下雨，地面上的雨水就沿着植物根系渗入地宫，在地宫内逐渐形成积水。但按照这个道理，进入地宫内的水应该继续往下面的土层渗透而不会停留在地宫中，这些水为什么会大量留在地宫里呢？

张陵认为墓室都会做防潮防水处理，墓室相当于一个大盆，上面渗流下来的水就聚集在这里了。

地宫积水的问题得到了解释，水位也开始慢慢下降，应该是打开封门墙的时候了。这时有大胆的考古队员自告奋勇，希望率先进入古墓探个究竟，但被湖北省文物考古所研究员梁柱制止了。因为他也不知道墓内究竟会有什么危险。

按照明朝地宫的建筑规制，封门墙是进入皇家地宫的第一个关口，穿过这堵砖墙是一条笔直通往地宫大石门的甬道，暗器机关大多会设在这个地方。

究竟有什么样的暗器机关在古墓内呢？《中国盗墓史》比较系统地揭示了盗墓行为，总结了古代墓葬防御的几种主要方式，分别为蓄水、机弩、毒气和积沙。

根据古墓的防盗方法判断，梁庄王墓里首先是水，现在，水已经得到控制，大家担心另外一种暗器，那就是机弩。

梁柱认为经过这么多年，即使有暗箭飞刀之类的机关，也都失灵了。何况到目前为止，中国发掘的墓葬里没一座发现有这些设备。

这座被封闭了600多年的古墓，地宫的尸体等有机物腐烂分解后，很可能形成某些有害气体。

考古人员搭梯子上去撬封门砖，一层层地按照编号往下取。随着封门砖逐渐被拆掉，人们的心情越来越激动，仿佛奇珍异宝近在咫尺了。

这时候,封门墙后面的水中漂来一件粉红色的纺织物。这种很容易腐烂的物质在古墓内很难保存,出现这种情况,意味着墓内的随葬品保存完好。据此推断,这座地宫内不仅保存了金银珠宝等硬质文物,还可能出现记录文字的纸张或者丝织物,对于考古学,这将是重大的发现。

但是梁柱细看这个织物很新,像是现代普通的毛巾。这使大家的情绪一落千丈:完了,这个墓被盗了,而且是最近被盗的。

大家议论纷纷寻找原因和证据,梁柱心情异常沉重,也许这个探宝行动还没开始就已经结束了。

入地无门

地宫里,除了考古队员进来的小小通道外,根本就没有第二条通道可进出,要是有人曾经进入,他们是从哪里进来的呢?

这就需要有人先进入这个甬道,对地宫内的情况做出基本判断。

钟祥市博物馆馆长周代玮和梁柱先进去了,一个脚印压一个脚印往前走,按常理这是不允许的。但这是为了解释疑问,也为确认是否有盗洞造成垮塌,他们打着手电,小心翼翼观察着甬道内砖石结构是否存在危险。

前室没有发现垮塌、堆积,也没有被盗墓者扰乱的现象,就是一层很厚的淤泥。

梁柱和周代玮继续向前缓慢移动脚步,梁柱心中突然产生一个疑问,按照规矩,地宫的一对石门应该是完全闭合的,谁会打开这道石门呢?

梁柱曾参与发掘北京十三陵,最近又阅读过定陵发掘报告,明朝皇家陵墓制度牢记于心。

然而现在面对的景象和他以往的经历完全不同。他小心翼翼地走过只有一扇石门的大门后,看到了一个难以置信的现象。

梁柱先向左边看,根本看不到石门。也就是说,本来是一对的石门,其中一扇并非他们想象的被打开后靠在旁边的墙上,而是根本不存在。这个地宫只有半扇大门。没有大门的地宫,在皇家陵墓里是不可能的。这个奇怪的现象意味着什么?

就在梁柱百思不得其解的时候,不经意一抬头,发现了一个更令人震惊的景象:梁柱看到套石门的铁臼只剩下半拉茬子,这只有一种解释,这个石门是被撞破的。

从崩裂的铁臼可以推测，失踪的石门曾经被强大的力量撞击，不仅撞烂了几百上千斤的石门，还撞崩了厚厚的铁臼。难以想象，撞烂这个石门需要多大力量。

不仅如此，石门被撞破之后，撞破石门的人不但离开了这个古墓，还把掉在地上的碎石全部清理干净。这简直不可思议。

事情的关键之处在于封门墙依然完好，谁能够携带大型工具进入甬道，击破石门进入地宫呢？

一连串的疑问考验着梁柱和他的考古队。来历不明的现代毛巾、古墓石门离奇失踪，这两个问题使梁柱意识到这个地宫极有可能已经被人洗劫。

在梁柱几十年的考古生涯里，从来没有碰到过这么离奇的事情。现在他不知道是什么人经过什么通道进入古墓的，而且这些人进入地宫的目的不仅仅是那些奇珍异宝，如果他们是一般的盗贼，就不可能把石门撞烂并且将现场打扫干净。

63岁的刘世堂，在大洪村当了几十年的村支书，是土生土长的本地人。虽然已经退休，但身体依然结实，每天除了种地，他仍关心村子的许多事情。说到梁庄王墓，他知道一个当地流传已久的故事。

他说此地当年有个大洪庙，庙里厢房的东边有一个洞，从洞口下去有通道，和尚可以到梁王坟里面去上灯。

这个故事仿佛在暗示，除了墓道以外，也许还有其他不为人知的通道可进入梁庄王地宫内。如果真是这样，梁庄王墓内出现的一系列奇怪现象就有了解释的依据。

那么这样的传说有没有根据呢？刘世堂为了证实自己的故事，把考古人员带到了大洪庙遗址，指认那个通往梁庄王墓的地道入口。

按照老人的记忆，大洪庙就建在坡顶上，在这个庙的中间有一个洞，后来这座庙被改造成了学校，但地道依然存在。

如果真有一个地道通向古墓，60年前应该还会存在，刘世堂老人曾经在这里念书。他的回忆对于考古队准确找到地道入口位置至关重要，但现在是否还能找到那个地道入口呢？

由于已经被回填，今天已经无法证明那个曾经的地道究竟通向何方。现在唯一能做的就是在古墓内寻找是否有秘密地道的出口,这样才能最终解释为什么地宫石门神秘失踪以及来路不明的现代毛巾等奇陉现象。

经过仔细调查,发现地宫确实没有被盗。

但是,现代毛巾的出现,以及丢失的半个石门表明有人进过古墓。问题究竟出在什么地方呢?

地宫的顶和四周墙壁都没有通往外部的通道,地宫的地面上覆盖了厚厚的淤泥,难道淤泥下隐藏着什么秘密?

他们再往前走了几步,就看到整个后室了,这里也没有一个能钻进人的盗洞。

这个时候,梁柱突然转身,让所有人立即撤出地宫。

异位棺床

梁柱看到地宫深处的天顶有一些砖块断裂了,似乎要塌下来,所以他命令大家暂时退出地宫。

但地宫的前室没有任何破坏痕迹,整个地宫只是后室顶部出现一小部分崩塌,在这些破裂的墙砖上看到了一个规则的小孔。

这十分令人费解,如果古墓被盗,一定是两种结果:第一,盗掘不成功;第二,古墓的顶部被打开,盗贼直接进入地宫。一般情况不会出现这么小的孔洞。这个现象说明什么呢?这个发现使得周代玮把这个小孔洞和之前在墓顶上发现的那个盗洞联系起来。

仔细分析后,周代玮判断墓室里看到的小孔不是爆破造成的,而是被人直接从地面用钢钎打穿的。

按照周代玮的假设,盗墓贼舍弃快速便利的爆破而采用费时费力的人工钻孔,是为什么呢?

周代玮对墓室内外观察后判断,盗墓贼打算采取隐蔽的爆破方式。他们先用钢钎从地面往下打,到了足够的深度,再把炸药、雷管放下去。

炸药的爆破力能将泥土向四周挤压,最终在地下泥土中形成一个足以容纳一个人的空洞,但在这个空洞至地面只是一个小洞。因此,上面路过的人,如不注意观察,就难以发现。这样,盗墓贼只要一个晚上就可以把上面一段掘开,进入古墓里。

盗墓贼的计划虽然缜密,但百密总有一疏。他们向地下打钻的时候,不小心把地宫顶部打穿了,放炸药时,炸药会掉到古墓里。因此,他们必须用毛巾把炮眼下边堵住,再装进炸药爆破。正是由于这次爆破,那条用来堵漏洞的毛巾掉到了地宫里。

考古队抽水时,由于水流加快,毛巾就被冲出来了。

这个结论使大家松了一口气。

梁庄王地宫已经打开,地宫内的空气也流通了,但空气会加快地宫里的藏物氧化,考古队必须抓紧时间开始搜寻清理工作。他们的步骤是沿着前室中路,清出来一条通道到后室。

当他们准备清理墓主人梁庄王的棺木时,周代玮发现一个奇怪现象。梁庄王的地宫里有两个棺床,应该是合葬墓,但如果是合葬墓,两个棺床都应该处于墓室的中间,而不是一个在正中间,一个紧靠着墙。

这时候,地宫外的考古人员清理出一块墓志铭,上面记载了其中的原委:

梁庄王去世后,梁王妃欲随王同逝,要求殉葬。梁王府的管家向朝廷报告了这件事,皇帝要她仍然主持梁王宫,抚养梁庄王的两个女儿。

然而,梁庄王去世 10 年后,王妃也离开人世。这个时候,再要将王妃葬到梁庄王的地宫里,就有问题了。首先,当年地宫只是为梁庄王一个人设计的,没有合适的位置再安置王妃;更重要的是,梁庄王入葬后,地宫石门就被牢牢封闭了,门后有石柱顶住,根本无法进入。

为了将梁王妃的遗体送入地宫,只能用强力将石门撞碎。

事后,梁王府把撞碎的石块清理出了地宫。这就是缺了一扇石门,却看不到破碎石块的真正原因。

梁柱:门撞破以后怎么办呢?不能用一个破门,重新打造一扇石门又不大可能,就另外换了一扇漆木门。

现场考察发现,这扇木门腐烂后倒在淤泥里,但还能看到木门上的红漆和结疤的痕迹。

虽然梁王妃的遗体进入了地宫,但因为独葬墓只有一个棺床,没有王妃棺椁安放的地方。只能靠墙用砖砌个台,将棺木放在一边。

梁柱和周代玮终于长呼一口气,可以肯定地说,盗墓贼始终没有进入这座500多年的古墓。

现在梁柱面临的问题是不仅要把大量随葬品从淤泥中清理出来,还要保证文物的安全。

梁柱来到古墓的后室,在幽暗的地宫里,他看到淤泥中星星点点的亮光,他蹲下轻轻触摸的时候,不由得大吃一惊,周围密密麻麻,几乎每一平方厘米都有文物。这跟他们预先的推测相吻合,作为明代的一个藩王,梁庄王没有子嗣,他生前所享用的珠宝玉器、贵重物品死后都随他进入了地下。

倾国倾城

为了避免文物损坏,梁柱只允许少数人有序进入地宫,仔细搜寻,发现之后立刻归类保存。

清理棺床时,首先发现王妃随葬的一支金簪,是金丝焊接的立体凤簪。簪头是一只镂空的凤凰站立在一朵飞云上,飞云之下接着簪尾。整个金凤簪全长24厘米,用纯金打造,重量达到94.6克。这支金凤簪十分精美,凤凰的身体、翅膀、尾巴用极细的金丝缠绕、层层叠加而成,工艺极其繁复,将凤凰的形象刻画得细致入微,高贵奢华。

墓中出土仅金簪就达二十余件。最夺目的就是金器,体量大,数量多。

经过仔细搜索,考古人员找到种类众多的金容器,有金壶、金盆、金盂、金漏勺、金锭、金钱以及大量的金片。

其中一块金锭的背面清晰地刻着两排铭文,"永乐十七年四月,西洋等处买到,八成色金壹锭,伍拾两重"。

梁柱看到铭文,不由得想到数百年来的一个未解之谜:七次下西洋,传说在花费巨资的远洋航行中,郑和从东南亚各国带回大量宝石、香料、金器和珍禽异兽。那些珍宝后来都哪儿去了?

梁柱发现,这块金锭上铭文记载的时间,与郑和下西洋的时间完全吻合。按照《明实录》记载,郑和第5次下西洋的时间正好是永乐十五年五月至永乐十七年七月之间。而这块金锭的文字表明，购买的时间正好是郑和那次回国前的 3 个月。

这块金锭是中国目前唯一一件可以证明是郑和从西洋带回来的物品。

他们还陆续发现了很多宝石，其中有一颗重 200 克拉。

在梁庄王墓中发现的珠宝多达 3400 多件，经中国地质大学珠宝学院教授鉴定，这批宝石价值连城。

玉石鉴定专家杨明星说，梁庄王墓出土的宝石非常稀罕，因为明朝时期还没有金绿宝石。当时的红蓝宝石产出也极其有限，而且品级都不高，这些珍宝毫无疑问是空前的。

在梁庄王墓里，共出土了包括金、银、玉等各类珍宝 5340 件，其中金容器、金帽顶、金法器以及白玉鹘捕鹅等珍宝在此之前从未见过。除此之外，还出土了 13 条玉腰带，比定陵出土的万历皇帝 12 条玉腰带还多一条。粗略计算，这些珍宝所使用的金量 16 千克，用银量 13 千克，用玉量 14 千克，宝石 700 多颗，文物价值无可估量。

梁庄王墓考古不仅为我们打开了一座宝藏，更成为湖北钟祥地区辉煌历史的见证，在中国考古史上出土的文物数量仅次于北京定陵。

历经了千难万险，这些珍奇的宝贝再次绽放出它们的灿烂。更为重要的是为郑和下西洋的历史提供了实物的佐证，这是始料未及的。

清东陵被盗之谜

在清朝统治时期，清东陵是一块与世隔绝、神圣不可侵犯的皇家禁地。由于中国数千年来奉行的厚葬之风，清东陵的地宫内更是随葬着清朝统治者积聚的无数价值连城的奇珍异宝。然而在 20 世纪初，清东陵却遭到一场毁灭性的浩劫。1928 年春夏之交，这座规模宏大、体系最完整的清代皇陵发生了一桩震惊中外的盗墓奇案，堪称地下宝库的慈禧太后定东陵和乾隆帝裕陵地宫被炸开，墓中珍宝被洗劫一空。令人奇怪的是如此备受关注的盗宝奇案，后来却不了了之。谁是这次盗墓的真正凶手？神秘的皇陵地宫是怎样被打开的？地宫里面究竟埋藏着怎样价值连城

清东陵

的珍宝？这些长期萦绕在人们心头的疑问一直都没有人给出答案。

东陵浩劫的罪魁是谁

1928年7月4日至7月10日间，清东陵发生了最为惨重的浩劫。据当地老村民回忆，由于事前的军事封锁，大家都不敢出门，只听到陵区内炮声隆隆，还以为是剿匪或者军事演习。可是等到一切平静下来，有大胆者进陵，才发现皇陵被盗了。乾隆帝裕陵和慈禧太后定东陵地官被炸开，现场一片狼藉，墓中富可敌国的珍宝被洗劫一空。

清东陵发生的惊天掘墓开棺案被报道后，舆论立刻哗然，社会各界纷纷要求严惩凶手，保护文物。清室遗老们更是义愤填膺，悲痛欲绝，溥仪号啕大哭，发誓报仇。那么究竟是谁，犯下了这令国人至今痛惜不已的弥天大罪呢？

相信今天的人们，大多都通过书籍、影视等作品了解到，是一个叫孙殿英的军阀盗掘了皇陵，这个人也因此留下了"东陵大盗"的万世恶名。然而查阅史料却发现，当时孙殿英并没有受到任何法庭的传讯和起诉。孙殿英在东陵案发后还曾宣称，那是土匪盗陵，自己所率部队得到的珍宝完全取自土匪手中。

难道真有另一支土匪盗取了皇陵，孙殿英只是坐收渔翁之利？直到今天，在谁是真正的盗墓者这一关键问题上，就是研究清东陵的专家们也时常陷入困惑。东陵罪魁是否还另有其人？孙殿英是个什么样的人物，他是如何被后人定为盗陵元凶的？最后又怎样逃脱了惩罚？这中间究竟有着怎样的惊天内幕？

孙殿英，河南永城人，名魁元，一般也叫孙老殿，因为出过天花满脸麻子，也有人叫他孙麻子。此人出身贫寒，自幼就跟流氓地痞鬼混，出入赌场，精于赌技。年长后更是不务正业，闯荡江湖，广结流氓恶棍、军警胥吏，开设赌局，贩卖毒品，坑骗钱财。后来孙殿英又加入了豫西的庙道会，利用该组织贩运鸦片，制造"红丸"，大发横财，并购买枪支，纠集徒众，发展势力。1922年，孙投靠河南陆军第一混成团团长兼豫西镇守使丁香玲，被委为机枪连连长。依仗丁的权势，大肆贩毒。1925年春，孙又投靠镇嵩军憨玉昆任旅长和国民革命军第三军副军长。同年秋，又率部投靠山东督办张宗昌。1928年，国民革命军北伐中原，奉军大败。原属奉系的孙殿英接受蒋介石收编，摇身一变成为国民革命军第12军军长，进驻河北东陵附近。正是在孙部驻防期间，清东陵迎来了这次惨重的浩劫。

不过，由于事前孙殿英发出告示要在此地进行军事演习（也说是剿匪），清东陵方圆数十里内全部戒严，没有人知道盗墓者的来龙去脉。东陵盗案发后，面对强大的舆论压力，负有管辖权责的平津卫戍区总司令阎锡山下令严查。起初各方对盗墓者的猜测众说纷纭，并没有十分明确的目标。而这其中首先把矛头指向第12军的是一个叫和钧的满族守陵官员。

和钧奋笔疾书向溥仪报告了东陵被盗后的惨状，同时指出当时国民革命军第12军就驻扎在东陵附近的遵化，很可能是这支部队看见陵内守护形同虚设，从而监守自盗。不过这个报告在当时并没有引起人们的注意，真正让人们对第12军产生怀疑的是随后又发生的一件事。

这年8月的一天，北京琉璃厂规模最大的古玩铺"尊古斋"迎来了一位神秘的客人，此人携带了一批罕见的绝世珍宝，并急于出手。老板黄百川热情地接待了他。双方经过一番讨价还价，最后以十万元秘密成交。不料，走漏了风声，事情败露，二人因涉嫌贩卖国宝罪被北平警备司令部拘捕。经过审讯后得知，这位涉嫌销售东陵珍宝的神秘男子正是第12军的师长谭温江。

这一事件被报道后，舆论再次哗然，人们自然把怀疑的目光投向了身为谭温江顶头上司的12军军长孙殿英。

面对这种情况，1928年7、8月间，孙殿英向自己的顶头上司发出了一系列报告文电，解释了这些珍宝的来龙去脉，日本人创办的《顺天时报》连续13天全文刊登了这些文电内容。其中孙殿英详尽记载了东陵被盗前后十二军的换防调动情况,并着重指出:应乡绅之请求,派部剿办盘踞马兰峪之悍匪马福田,这一仗剿获战利品若干,列出清单上缴。从清单上看,这些从土匪手中缴获的战利品大都是十分贵重罕见的珍珠翡翠。

在偏远贫瘠的遵化马兰峪,这些珍宝来自何方? 显然出自地下皇陵。那么报告中所说的马福田惯匪,究竟是什么来头,是否有盗陵之举呢? 据考证,北伐战争后期,原来占据东陵的奉军溃退关外而国民革命军尚未到来之际,东陵地区游兵散勇、土匪、强盗活动频繁,这其中确以土匪马福田势力最大。

马福田是清东陵东沟村人,早年就是一名土匪,专靠"绑票"过日子,后来投靠奉军当了团长。奉军败退后,他又纠集散兵游勇做起了土匪。对于马是否盗陵,今天有关专家分析:"也是可能的。因为在东陵盗案发生 18 年后的 1945 年,马匪又窜回东陵,把当时没挖的几个陵盗掘了。"但是这次东陵被盗是否是他所为,就不得而知了。

由于当时清东陵被盗案情况复杂,土匪盗墓的可能性确实很大,孙殿英的报告立即发挥了作用。与此同时被捕的谭温江也一直否认自己参与过盗陵,关于珍宝来源,他也解释是缴获自土匪。因为查无实据,案件的审理一时陷入僵局。

事情并未就此结束,同年 8 月 4 日,在驶往青岛的一艘名叫"陈平丸"的轮船上,青岛警察厅抓获了两名逃兵,从他们身上搜出 36 颗珍珠,还有国民革命军第 12 军的标志。经过一番审讯,一名叫张歧厚的逃兵承认参与了东陵盗墓,从而把人们的目光再次引向孙殿英。

当时的报纸记载了张歧厚的自供:"今年五月(公历 7 月)间……由军长(孙殿英)下命令,教工兵营用地雷将西太后及乾隆帝二坟炸开……我这三十六颗珠子就是在西太后的坟里拾的。我因当兵不易发这些财,再跟着队伍打仗去也无益,所以才由杨各庄偷着跑到天津卖了十颗珠子,卖了一千二百元钱……"这是第一份直接指证孙为盗墓嫌疑人的重要证据,产生了极大的影响。

南京国民政府迫于舆论压力,开始催促平津卫戍区总司令阎锡山尽快破案。1928 年 11 月,当时的四大集团军首脑都派出自己的代表组成高等军法会来会审此案,东陵盗墓案真相一时大有水落石出之势。

对此，不仅清皇室，社会各界人士也都翘首以待，期望早日查明真相，给大家一个交代。然而，令人奇怪的是，如此备受关注的案件，却一拖再拖，迟迟不见下文。直到1929年4月底，也就是东陵被盗将近一年后才开始预审，经过匆匆一个半月的审理后，高等军法会在6月中旬，宣布了预审终结，结论是：东陵盗案系遵化驻军勾结守陵满员，盗墓分赃。对于所谓的"遵化驻军"是哪支部队？幕后主使究竟是谭温江还是孙殿英？判决草案模糊不清，含糊其词。

按照程序，高等军法会将"预审判决草案"的全部卷宗，呈交南京国民政府，静候最高当局的复核、宣判和执行。然而，案卷上报后却再也没了下文。为什么会这样呢？原来，当时无论是阎锡山还是蒋介石都是各怀鬼胎，明争暗斗，双方的军事大较量即将展开。而孙殿英手握一部分兵权，是双方都力争拉拢的对象。因此，谁也不愿意得罪孙殿英。

1930年4月，中原大战爆发。孙殿英见反蒋势力强大，再次易帜，投靠冯玉祥和阎锡山集团，被羁押在阎锡山辖区北平陆军监狱的谭温江也获得释放。这个东陵要犯，正如当时一家报纸所言"不知何故又将其释放"，自此东陵盗案不了了之，成为民国历史上最大的悬案之一。

1949年后，曾在孙殿英身边任参谋长的文强回忆，孙曾不无得意地对他说："乾隆帝墓中陪葬的珠宝不少，最宝贵的是乾隆帝颈项上的一串朝珠，上面有108颗珠子，听说是代表十八罗汉的，都是无价之宝。其中最大的两颗朱红的，在天津与雨农（戴笠）见面时，送给他做了见面礼。还有一柄九龙宝剑，有九条金龙嵌在剑背上，还嵌有宝石，我托雨农代我赠给委员长（蒋介石）和何部长（何应钦）了……"孙还说："慈禧太后墓被崩开后，墓室不及乾隆帝墓大，但随葬的东西就多得记不清楚了……（其中的）翡翠西瓜托雨农代我赠宋子文院长，口里含的一颗夜明珠，分开是两块，合拢就是一个圆球，我把夜明珠托雨农代我赠给蒋夫人（宋美龄）。宋氏兄妹收到我的宝物，引起了孔祥熙部长夫妇的眼红。接到雨农电话后，我选了两串朝靴上的宝石送去，才算了事……"

这段记载也许回答了清东陵盗墓案最终风平浪静的又一原因和一些不为人知的内幕，更成为今天人们判断孙殿英是盗陵主谋的引用最广的证据。除此之外，有关学者还从民国时期的档案中发现了一些蛛丝马迹，比如一份档案中曾提到在乾隆帝裕陵地宫内发现一个军用铁尖锄,还有带着黄色炸药痕迹的墙砖碎块。另一份档案记载,案发后,当地百姓曾经看见第12军的士兵到集市上,许多人裤脚沾满白灰。这个奇怪的现象意味着什么呢?专家认为由于东陵地宫为三合土夯成,地宫渗水,地上积满白灰浆,这正好表明了第12军盗墓是实。再说定陵和裕陵规模宏大,坚固无比,如果没有主使,组织大量人力,也不可能在短时间内得手。

从现在掌握的资料来看,学者们认为尽管不能怀着先入为主的观念武断谁是真正的东陵大盗,但孙殿英无疑仍是最大的嫌疑人。

神秘的地宫是怎样被打开的

众所周知,历代皇陵都修建得固若金汤,甚至传说地宫还布满机关暗器。清东陵裕陵是乾隆皇帝的陵寝,修建于清朝最鼎盛时期,耗银。200多万两,遍选天下精工美料,陵墓美轮美奂,坚固无比。慈禧太后的定东陵建于清末,工程前后耗银227万两,持续14年,直到她死前才完工。陵墓金碧辉煌,奢华程度连皇宫紫禁城也难以匹敌。皇陵最重要的部分就是那高高封土宝顶下的地宫,那是安放帝后棺椁的地方。但据资料记载,陵墓的地宫"系用尺厚四尺纵横之玉石十三层建筑砌成。墓门三层,其外层门,系用尺余厚之玉石制造,第二、第三两层,系铁质包金者,墓门内又有数千斤重之石球,由门外用巨绳牵引,使其自动滚入门后之深槽内封锁盗墓者。至墓门外更有五尺厚墙一堵,以资掩护"。因此,如果不能准确地找到人口,要想进入地宫是相当困难的。由此,我们不禁疑问,当年东陵盗墓者是如何进入地宫的?

从陵墓被盗后拍摄的照片看,起初,匪兵们确实不知道地宫入口在哪里,而是遍地乱挖,宝顶上、配殿外、明楼里,都留下了他们挖掘的痕迹。那么他们后来又是如何找到入口的呢?

有一种说法是,盗墓者找到了当时建造陵墓的知情者,在其帮助下找到了入口。有的书上是这样叙述的:工兵营在陵寝各处连续挖了两天两夜找不到地宫人口。孙殿英急了,派人把当地地保找来。这个地保是个40多岁的小地主,听说是要为盗皇陵当"参谋",顿时吓得脸色蜡黄,浑身发抖,但又不敢得罪这个军长,只好说:"陵寝面积这么大,我也不知道入墓穴的具体位置,还是找几个附近的老旗人问问吧!"孙殿英一听,立即派人抓来了五六个老旗人。但这些老人也不知道地宫入口,孙殿英以为他们不说实话,开始还好言哄劝,渐渐失去耐心,就用鞭子抽、烙铁烙。老人哪经得起这般折腾,不大一会就死去两个,有一个实在受不了这罪,说出离此地10多公里有个姜石匠,曾参加过修筑陵墓,兴许还记得地宫入口的位置。

这个姜石匠是否知道地宫入口呢?我们知道,古时修筑皇陵,为了不让外人知道地宫入口,封墓的工匠往往都被处死,不会留下活口。如果姜石匠参与了封闭陵墓最后一关封闭隧道,他有活下来的可能吗?当年慈禧太后入葬时,的确有81人被留下封闭墓道,并被告知完事后从另一隧洞出去。工匠们都知道这意味着什么。姜石匠也在其中,但是他却不想就这么死了,因为他都40多岁了,几天前才听说老婆给他生了个独生子,他可不想连儿子都没看上一眼就死了。他正胡思乱想间,脚下一滑摔倒在地,恰巧被他自己搬的石头砸在身上,当场昏死过去。监工见他半天不醒,断定这家伙已经死了,就让人把他扔到了荒山上。谁知这个石匠命大,半夜时分就醒过来了。他见自己不在墓地里,连高兴都忘了就拼命跑回了家。

得到姜石匠知道地宫入口的消息后,不顾深更半夜,孙殿英马上命人把姜石匠"请"到东陵。姜石匠迷迷糊糊不知发生了什么事,孙殿英对他说,请指点一下进入慈禧太后寝宫的墓道入口就送你回去。姜石匠知道是怎么回事后,吓得跌坐在椅子上。姜石匠想,我怎么能做这种缺德事呢?孙殿英用元宝、金条来引诱,姜石匠还是一言不发。孙殿英很不高兴,真想大刑伺候他一番,可是,他又一想,如果这个笨蛋经不住折腾,没了小命,我不就找不到墓道入口了吗?于是,他眼珠一转,把桌子一拍,对着姜石匠骂道:"妈的,给你脸你不要脸,再不说把你儿子抓来!"姜石匠一听这话,扑通一声跪倒地上。第二天,姜石匠乖乖地帮孙殿英找到了墓道口。

故事也许不可信,不过当年调查东陵盗案的国民政府接收委员会主任刘人瑞曾经接到报告:当时盗墓部队挖掘时,有人看见有两名白胡子工兵在现场。工兵中可能有这么大岁数的吗?刘人瑞当时就怀疑这二人可能是当初筑陵时的工人。今人分析,这种情况是完全可能的,按照古制,东陵周围几个村庄住着的都是守陵人的后代,不排除会有个别当年参加或者目睹过建陵的幸存者,盗墓部队很可能找到了这类了解内情的人。

还有一种说法认为,清代负责皇家陵寝建筑事务的机构样式房保存有大量陵寝设计施工时的图纸、烫样,这些资料清楚地记录了清东陵的结构秘密。清帝退位后,样式房随之衰落,这些曾经属于清宫秘档的物品,随着样式房工匠们的四散谋生,而大量流落到民间。由此,当年的匪军可能找到了一份这样的施工图纸,从而最终顺利找到了地宫人口。

当然,当时的情况究竟如何,已经无法知道,但不管怎样,盗墓匪兵们最终还是进入了地宫。今人可以想象,由于害怕传说中的暗器,走在这阴森恐怖、霉臭刺鼻的斜坡甬道上,士兵们肯定是精神高度集中,相当害怕。东陵被盗后,当地留下一些传说,其中就有盗陵士兵死于地宫的。有人说是胆小吓死的,有人说是争抢财宝自相残杀,还有说士兵中了墓中的暗器死的,众说纷纭,莫衷一是。

至于匪兵们如何打开慈禧太后棺椁的,有些资料倒是可以给我们提供一些信息。在一本名为《世载堂杂忆》的书中有一段据称是盗陵连长的回忆:他们是用刀斧砍开光芒四射的金漆外椁的。外椁被砍开后,匪兵们看见了一具红漆滇金的内棺。匪官们怕伤及棺内宝物,就严令匪兵不要用刀斧去砍。于是,匪兵们小心翼翼地用刀子撬开了内棺。该连长说:"当时将棺盖揭开,见霞光满棺,兵士每人执一大电筒,光为之夺,众皆骇异。俯视棺中,西太后面貌如生,手指长白毛寸余……珠宝堆积棺中无算,大者由官长取去,小者由各兵士阴纳衣袋中。于是司令长官下令,卸去龙袍,将贴身珠宝搜索一空。"孙殿英在谈起当时的情景时不无炫耀地说:"老佛爷(慈禧太后)像睡觉一样,只是见了风,脸才发了黑,衣服也拿不上手了。"

另外,据《孙殿英投敌经过》一文记载:"乾隆帝的墓修得堂皇极了,棺材里的尸体已经化了,只留下头发和辫子。陪葬的宝物不少,最宝贵的是颈项上的一串朝珠,有108颗,听说是代表十八罗汉,都是无价之宝。其中最大的两颗朱红的……"

清东陵终于在盗匪们的贪欲下,惨遭破坏,留下了永远无法弥合的重创!

有多少珍宝被盗,如今流落何方

慈禧太后的定东陵和乾隆帝的裕陵这次被挖掘盗走了多少稀世珍宝,成了永远的历史之谜,我们只有通过一些相关的资料管中窥豹,对其有个大致的了解。据有关资料记载,早在慈禧太后生前,地宫刚修好之时,就有大量殉葬物品陆续放入,直到慈禧太后入葬关闭地宫为止。

这些珍宝本身的材质就已价值连城,其所包含的艺术价值更是无法估量。比如翡翠西瓜,青皮、红瓤、白籽黑丝;翡翠甜瓜,有白皮黄籽粉瓤的,有青皮白籽黄瓤的。又比如玉藕,藕上有污泥,且在节处生出绿荷花,开出粉红荷花。这些珍品件件巧夺天工,总价值无法估量,说其可以富国毫不夸张。

乾隆皇帝在位期间,国家强盛,文化繁荣,乾隆帝本人精通书画诗词,酷爱金鼎玉石陶瓷。在他死后,他生前喜爱的那些物品大多陪葬入地宫。不过,由于史料记载有限,我们已经无法对这些宝物一一历数。其中的书画、金鼎玉石、瓷器等等,宝物之多、价值之大不可计数。史料记载,孙殿英从地方强行征集了30辆大车。后人推测这些车就是用来运送东陵珍宝的。

孙殿英率部离开后,听到风声的散兵游勇和土匪一起奔向东陵,他们很快扒开地宫入口,蜂拥着钻入地宫,将剩余的珠宝洗劫一空。

那么,这些价值连城的珍宝最终流落到了什么地方呢?珍宝的命运大致有四:一部分被孙殿英用来四处行贿,落入了当时一些权贵之手。另外,孙殿英的上司国民党陆军上将徐源泉,也接受了孙的大量贿赂,甚至还传言徐在湖北汉口附近的仓阜镇上修建的徐公馆地下还埋藏有一部分珠宝;一部分被孙部下瓜分,比如前面提到的张歧厚,只是一个普通的士兵,在地宫被盗后还从里面拣到了36颗珠子。那么,可想而知孙部的其他官兵们也自然人人有份。这些珠宝或者被变卖或者流落民间,下落不明;一部分珍宝被变卖或走私到国外,比如上面提到的师长谭温江就试图把大批珍宝变卖到琉璃厂古玩铺,这只是其中的一个花絮,当时变卖东陵珍宝的交易相当活跃。据记载,东陵珍宝被盗的消息也刺激着北平天津一带颇为兴盛的古玩业的老板们。当时,小小的遵化县城几乎住满了一些"形迹诡秘"的生意人,这些人都是闻讯前来寻宝和购宝的古玩商。由于这些交易都是在极秘密状态下进行的,交易双方都秘不外宣,从而造成东陵珍宝的大量流失。比如1928年8月14日中央日报有则新闻,天津警备司令部又在海关查获企图外运的东陵文物,计有35箱,内有大明漆长桌一张、金漆团扇及瓦麒麟、瓦佛仙、瓦猎人、瓦魁星、描龙彩油漆器、陶器等,系由某古董商委托通运公司由北平运到天津,预备出口,运往法国,价值2.2万元。同时,在遵化还截获了所谓国民政府内务部接收大员宋汝梅企图携带的铜质佛像24尊,以及乾隆帝所书用拓印条幅10块等。当时有关东陵珍宝的这种报道屡见不鲜;孙殿英向上司徐源泉上交的两箱珠宝,有史料记载,东陵盗案曝光后,徐源泉未敢全部私藏,而是由北平卫戍司令部出面,把它们存入大陆银行,当时还曾请古玩专家进行鉴定何为乾隆帝葬物,何为慈禧太后葬物。后来随着高等军法会审理的不了了之,这批文物送到何处去就不知道了。有说当时被送到了故宫博物院,但后来随着抗战和内战的相继爆发,这部分文物究竟被送到了台湾还是留在了大陆,或者一部分留在了大陆,一部分被送到了台湾,就弄不清了。

总的来说,这些无价珍宝最终被弄得七零八落,不知去向。

慈禧太后墓中珍宝知多少

清内务府的《孝钦后人殓、送衣版、赏遗念衣服》册中,对慈禧太后墓中的珍宝有着详细的记载:

光绪五年三月二十五日(1879 年 4 月 16 日)在地宫安放了金花扁镯一对,绿玉福寿三多佩一件,上拴红碧瑶豆三件。

光绪十二年三月二日(1886 年 4 月 5 日)在地宫中安放红碧瑶镶子母绿别子一件,红黄碧瑶葫芦一件,东珠一颗,正珠一颗,红碧瑶长寿佩一件,正珠二颗。

光绪十六年二月二十九日(1890 年 3 月 19 日)在地宫安放正珠手串一盘,红碧瑶佛头塔,绿玉双喜背云茄珠坠角,珊瑚宝盖、玉珊瑚杵各一件,绿玉结小正珠四颗。黄碧瑶葡萄鼠佩一件,上拴红碧瑶豆一件。红碧瑶葫芦蝠师一件,上拴绿玉玩器一件。绿玉佛手别子一件,上拴红碧瑶玩器一件。红碧瑶双喜佩一件,上拴绿玉一件。

光绪二十八年三月十日(1902 年 4 月 17 日)在地宫安放白玉灵芝天然小如意一柄,白玉透雕凤龙天干地支转心璧佩一件,红碧瑶一件。

光绪三十四年十月十二日(1908 年 11 月 5 日)在地宫安放金镶万寿执壶二件,共重一百九十七两七钱一分,上镶正珠四十颗,盖上镶正珠六十颗,米珠络缨一千零六十八颗,真石坠角。金镶珠石无疆执壶一件,共重九十一两六钱,上镶小红宝石二十二件,底上镶小东珠二十颗,盖上镶碎东珠二百零四颗,米珠络缨五百三十四颗,真石坠角。金镶珠石无疆执壶一件,共重九十三两七钱,上镶小宝石十六件,底上镶小东珠二十颗,盖上镶小东珠二百零四颗,米珠络缨五百三十四颗,真石坠角。金镶真石玉杯金盘二份，每盘上镶东珠二颗，共重六十六两五钱五分。金镶珠杯盘二份，每盘上镶东珠八颗，杯耳上镶东珠二颗，共重六十八两三钱二分。雕通如意一对。

　　光绪三十四年十月十五日（1908年11月8日）在地宫中安放金佛一尊，镶嵌大小正珠、东珠六十一颗。小正珠数珠一盘，共二百零八颗。玉佛一尊。玉寿星一尊。正珠念珠一盘，计珠二百零八颗，珊瑚佛头塔，绿玉福寿三多背云，佛手双坠角上拴绿玉莲蓬一件，珊瑚古钱八件，正珠二十二颗。正珠念珠一盘，计珠二百零八颗，红碧瑶佛头塔、镀金点翠、镶大正珠，背云茄珠，大坠角珊瑚纪念蓝宝石，小坠角上穿青石杵一件，小正珠四颗，镀金宝盖，小金结六件。正珠念珠一盘，珊瑚佛头塔，背云烧红石金，纪念三挂，蓝宝石小坠角三件，加间小正珠三颗，珊瑚玩器三件，碧玉杵一件。雕珊瑚圆寿字念珠一盘，计珠一百零八颗。雕绿玉圆寿字佛头塔，荷莲背云，红碧瑶瓜瓞大坠角上拴白玉八宝一份，珊瑚豆十九个。珊瑚念珠一盘，碧玉佛头塔，背云红色，纪念三挂，红宝石小坠角三件，催生石玩器三件。

　　这些都是慈禧太后生前明记在案的地宫殉葬物品，无一不是价值连城的宝物。慈禧太后死后，随之入殓的物品更多、更珍贵，内廷大总管李莲英的嗣长子李成武是慈禧太后的贴身侍卫，熟知内情，在《爱月轩笔记》中详细记着：

　　"太后未入棺时，先在棺底铺金丝所制、镶珠宝之锦褥一层，厚约七寸。褥上覆绣花丝褥一层，褥上又铺珠一层，珠上又覆绣佛串珠之薄褥。一头前置翠荷叶，脚下置一碧玺莲花。放好，始将太后抬入。后置两足登莲花上，头顶荷叶，身着金丝串珠彩绣礼服，外罩绣花串珠挂，又用串珠九练围后身而绕之，并以蚌佛十八尊置于后之臂上。以上所置之宝系私人孝敬，不列公账者。众人置后，方将陀罗经被盖后身。后头戴珠冠，其旁又置金佛、翠佛、玉佛等一百零八尊。后足左右各置西瓜一枚，甜瓜二枚，桃、李、杏等宝物共大小二百件。后身左旁置玉藕一支，上有荷叶、莲花等；身之右旁置珊瑚树一枝。其空处，则遍洒珠石等物，填满后，上盖网被一个。正欲上子盖时，大公主来。复将珠网被掀开，于盒中取出玉制八骏马一件，十八玉罗汉一份，置于后之手旁，方上子盖，至此殓礼已毕。"

王陵疑云

陶俑群从采土场汹涌而出

　　1984 年 12 月 3 日,是一个星期天,这天中午,江苏省徐州市狮子山村小学的几个学生出门玩耍,穿过一个刚刚被推土机推出的采土场。突然,不知是谁一脚踢中了一个圆圆的东西,几个孩子急忙跑过去把它拾了起来,仔细一看,小圆球上居然有鼻子、眼睛和嘴,这竟然是个用泥土烧成的小人头。

　　孩子们捡到"小人头"的消息很快就在狮子山村传开了,村民们纷纷围到了采土场,但谁也说不出这会是什么东西,大家只是觉得在这些小人头的背后,必定隐藏着某种神秘的东西。村干部感到事关重大,猜测会不会是重大的文物发现,急忙打电话向市博物馆汇报此事。博物馆考古部主任邱永生很快来到工地,看过"小人头"后,发现泥土里不仅仅只有小人头,而且有身体,它们是一个个外形像人的陶俑。

　　邱永生:当时我们看到几十个"小人头",很残破,看的这个俑的形状,它们之间的差别不是太大,应该是一个群体性的东西,可能在周边还会有类似的(兵马俑的)东西出现。

　　邱永生认为这必定是一个重大的发现,经过粗略的观察之后,立即找人封锁了现场。

　　采土场发现了这么多陶俑,徐州市的有关部门非常重视,把市里最主要的考古人员全都调往现场。

　　12 月 5 日,考古专家王恺和他的同事们来到了狮子山下的这个采土场。经过大约 60 天的探察,发现地下一共有 5 个俑坑,有 3 个俑坑比较大,每个坑中估计就有上千个陶俑,另外两个俑坑相对要小一些,5 个俑坑全加起来,陶俑的总数竟然达到了四千多个。

　　数量如此庞大的陶俑到底是干什么用的? 埋藏在这里的意图又是什么呢?

　　要找到答案就必须看到陶俑的全貌,陶俑既然已经暴露,抢救性发掘工作就必须马上展开。

一个个陶俑被剥去泥土,从沉睡多年的地下显露出来。陶俑主要有立式和坐式两种,立式俑的高度是48厘米,而坐式俑的高度只有25厘米。虽然尺寸比起真人小了不少,但每个陶俑五官清晰,四肢完整,完全是按照真人的模样来制作的。

两个多月后,上千人的陶俑群从深埋的地下凸现出来,蔚为壮观地出现在人们的面前,这不能不让人感到惊奇,它们到底代表着什么呢?

王恺:这些俑,有些手上带孔,有的俑后边背着箭壶,属于射箭的弓弩手,有的俑两手呈捧物状,是持长械的,还有穿着战袍、盔甲的,还有一些俑带发髻、发辫。俑中有很多编的发辫都很规范,我们就考虑,会不会这也是兵马俑。

这些陶俑,立式的是步兵,坐式的是驾车的驭手和车兵,俑坑中还有马俑,马俑后面站着的官员应该是指挥官。整个队伍里没有其他的动物俑,也没有女性俑,俑的性质非常单纯,可以断定,这次狮子山发现的是兵马俑军阵。

俑坑中的队伍不能不让人联想到西安的秦始皇兵马俑,然而,却又无法和秦俑相比,秦俑和真人大小差不多,而且,兵俑的表情、服饰、发型都各不一样,似乎每一名陶俑都有各自的性格特点,是完完全全真人的复制。

而眼前的兵俑,神情都很相像,相同兵种的俑更加类似,似乎都是从同样的模子里铸出来的。虽然与秦兵马俑相比,是缩小版的军阵,但这些陶俑,同样代表了一种等级。

在中国古代礼制中,只有皇帝或者是身世显赫的人下葬才能使用兵马俑。迄今为止,在中国的土地上,只发现过两处大规模的兵马俑陪葬坑,一处就是陕西西安的秦始皇兵马俑军阵,它是秦始皇的陪葬军队,另一处是陕西咸阳发现的杨家湾兵马俑,它们的主人估计是西汉中央政府的某位高官。

扑朔迷离的埋藏时间

徐州狮子山兵马俑的主人是谁呢?要解答这个问题,得从这些陶俑的时代入手,它们是什么时候埋藏在这里的呢?

邱永生:每个时代的风格,都有一定的显著的特征,从这里的兵马俑身上,无论是造型也好、装束也好,包括工艺也好,应该是西汉时期的,这一点应该是确凿无疑的。

研究人员发现,已经出土的这三处兵马俑陪葬坑,秦兵马俑出现在西安附近,西安是当时秦国的都城,杨家湾兵马俑出现在陕西咸阳,也在西汉时期的首都长安附近。

而徐州只是西汉时期中央册封的下属诸侯国——楚国的首府,是远离首都的地方,这里居然也有几千件兵马俑被发现。

为什么这些兵俑会出现在徐州? 它们会是哪位显赫人物的陪葬呢?

从徐州的历史来看,从来没有哪位皇帝葬在徐州,但徐州却曾经是西汉时期的诸侯国——楚国的都城。

西汉时期,皇帝刘邦把天下划分成几个诸侯国分封给自己的兄弟,他的弟弟被封为楚王,管理以徐州为中心的楚国,徐州曾经存在过 12 代刘姓楚王,他们死后都葬在了周围地区。

用军阵送葬是一种等级很高的葬礼,只有楚王统治徐州的时候,才有条件有能力完成这样的杰作,这些兵马俑的时代被确定为汉朝已经没有异议,那么,兵马俑的主人会不会是这 12 代刘姓楚王中的一位呢?

王恺:秦始皇兵马俑是秦始皇陵的一部分,那这个俑也一定有它的主人,它的主人是谁? 它的主人埋在哪里? 我就有这个疑问,当时就考虑找墓的问题。

发现兵马俑的狮子山是坐落在徐州东郊的一个高出地面只有 61 米的小山包,发掘兵马俑后不久,人们在狮子山附近,经常能看到王恺,拎着一把奇怪的铲子,在山坡上东掘一下,西掘一下,似乎在寻找什么东西。

王恺是 1963 年北京大学考古系毕业的大学生,大学毕业后一直从事考古工作。

王恺参加完发掘狮子山兵马俑活动后,担任了兵马俑博物馆馆长,从此,寻找兵马俑主人墓葬的重担就理所当然地落在了他的肩上。

王恺用他的老方法跑遍了兵马俑坑附近的山山水水,但都一无所获。毕竟已经两千多年了,没有任何明确的线索,要在地下寻找一座墓葬,难度可想而知。王恺知道,必须缩小寻找的范围。发掘兵马俑时曾经发现了一些异常现象,从中能不能找到和主墓有关的线索呢?

在发掘 5 号俑坑时,发现了大量的陶马,可以肯定这是一个专门放置马匹的俑坑,令考古人员不解的是,这些陶马只有个别的马匹被组装在了一起,更多的是一些马的配件散乱堆放着,有成堆的马腿,还有马头和马躯干,而且,竟然还有一堆马耳朵,似乎在下葬时工匠们只是仓促地把配件直接倾倒在马坑里了。

在 2 号俑坑中,兵马俑大多面西而立,但其中有不少陶俑有的面向南,有的面向北,更让人意想不到的是,有的俑与绝大多数陶俑的朝向甚至完全相反,不是向西而是面向了正东,这显然极不周到,同一支队伍中,士兵怎么能左顾右盼,甚至反向行进呢?

这种仓促似乎表明,墓主人的下葬非常草率,这可能是一次非正常的葬礼。

虽然有些俑的朝向不同,但绝大多数兵俑都是面向西方的。

王恺:秦始皇兵马俑是面向东的,它的墓在(俑)的西边,我当时就考虑,这个墓的主人的墓葬,很可能就在俑东边的狮子山上。

兵马俑面向西方,那么,他们守卫的主人就应该在兵俑的东面,这是一种合理的推断,俑坑的东边正是这座不高的狮子山。而且,狮子山是一座石头山,几十厘米厚的土层下就是岩石,徐州已经发现的几座西汉墓葬,都是在石头山中开凿而成的。

这一切似乎都说明,狮子山符合修建陵墓的条件,于是,王恺把寻找主墓的目光投向了这里。

这天,王恺来到了狮子山上,在地上他发现了几块不起眼的陶瓦碎片,仔细看过后,王恺断定,这些都是汉代的瓦片,王恺一下子兴奋起来,因为,这些瓦片说明,狮子山上曾经存在过汉代的建筑物。

王恺知道,墓葬之上,必然有陵园,这些汉瓦可能就来自陵园的建筑物,也就是说,狮子山上可能真的有墓葬存在。

王恺意识到,他寻找墓葬的方向是正确的,为了得到更多的线索,他每周都要上山几次,而且一待就是很长时间。

王恺:我就不断往山上去,想了解点蛛丝马迹,跑在这山上转的次数都无法计算,甚至于哪儿有块石头,哪儿有棵草,我都比较清楚。

这天,王恺在上山途中碰到一位植树的村民,闲聊中村民对王凯说,早年狮子山下有许多碎石子,农民不需开山炸石就可以挑石子去卖。

这几句话让王恺眼前一亮,狮子山是一座石头山,要在山上修墓,必定要凿石开山,碎石可能是历史上开山遗留下来的。

在村民的指引下,王恺来到了这些碎石旁。

有什么证据能够证明这些石块是两千年前开山时凿出来的呢?王恺连自己也不知道该在石堆中寻找什么,他只是一块块地拨弄着石头,希望能够找到蛛丝马迹。

他拿起一块石头。

突然,他被自己看到的东西惊呆了,在这块石头上面,有清晰的人工凿痕,王恺知道,他找到了他最想看到的证据,现代人开山都是用炸药,不可能再用凿子,这块带有凿痕的石头,可能就是两千年前凿墓时留下的,兵马俑的主人墓应该就在狮子山上。

但墓葬会在狮子山的什么地方呢?山上几十厘米的土层下就是石头,找墓的洛阳铲也毫无用武之地。王恺只能再次把目光投向了兵马俑坑,希望能够再次发现有价值的线索。

就在俑坑中,王恺和考古人员发现了更多的反常现象。

俑坑的四壁十分随意和简陋,似乎根本就未做平整,坑壁上的土已经松散脱落了,俑坑的底部凹凸不平,1号俑坑靠东头的地方,就连坑中的岩石都没有除去,陶俑好像是随意摆放到了岩石上,俑坑的中部凸起一块大石头,把整个军阵一分为二,大石头上还因陋就简地放置了马俑和官吏俑,似乎是一个指挥台。这些岩石的存在已经影响到了兵马俑的布阵,而清理掉它们并不需要投入很大的人力和物力,是什么原因让下葬者能做但却没有去做呢?

邱永生:无论是秦俑还是杨俑,它们的坑都做得非常讲究,非常规整,比如秦俑,它有好多巷道,地下铺地砖,上面有蓬木结构,汉代杨俑在坑上也有一些特意地处理,而徐州的兵马俑,我们在发掘时就看到了,做得非常草率。

俑坑中大多数兵俑的排列还比较有规律性,每排陶俑的数量大约是8个,前后两排的间隔也差不多,但有些地方非常凌乱。有的每排人数只有两三人,前后排的距离也拉得很开,陶俑稀稀拉拉,而有的每排人数却达到了十几个,全都挤成一堆,摩肩接踵，根本就没有军队的队列、阵形的样子。

俑坑中兵俑的种类有七八种之多，按常规来讲，各兵种应该分别统一起来，按各自的方阵下葬。但在这里，所有兵种都混在一块了，发辫俑里混着发髻俑，发髻俑里混着戴头盔俑，持长械俑里混着弓弩手俑。中国古代的车兵制度通常是一乘车上有一个驭手、一个甲士或两个甲士，但2号俑坑中却是二三排驭手俑间杂着四五排甲士俑，驭手和甲士明显不成比例，完全没有按照战斗队形来排列，最令人大惑不解的是在2号坑成群的跪坐式车兵俑中竟然莫名其妙地站着一个孤零零的步兵俑。

王恺：打个比方吧，咱们现在的空军、海军、陆军不能混到一块儿去，混到一块儿去军种就搞混了。

王恺发现的异常让他非常不解，葬礼在中国古代是最重要的礼节之一，必定是庄严肃穆，一切井井有条，作为陪葬坑中的兵马俑，也一定要按照当时军队的阵容，骑兵、步兵、战车，各就各位，埋入地下，因为，按照当时的逻辑，只有一支正规的军队，才具有战斗力，才可能在地下保卫墓主人的安全。

然而，徐州的兵马俑坑中却出现了这么多细节上的不周到，这种种的不周之处说明，下葬人员似乎根本就没把葬礼当回事，匆匆忙忙、仓促草率地把兵马俑随便往俑坑中一扔就完事了，而这种做法在注重礼教的中国古代，是有杀头之罪的。是什么原因让工匠们敢做这种冒天下之大不韪的事呢？

混乱不堪的兵马俑军阵背后，必定隐藏着某种重大的计谋，王恺仿佛看到了一片手忙脚乱、凌乱不堪的景象，两千年前的徐州，必定发生了什么惊天动地的大事，而这惊天动地的大事，一定和兵马俑军阵的主人有关。

然而，这位神秘的主人是谁仍然是个谜，对王恺来说，一方面要寻找兵马俑军阵的主人，同时，他还要探寻历史上的某起神秘事件。找到兵马俑的主人也许就能揭开隐藏背后的神秘事件，看来，寻找兵马俑的主人，成了破解所有谜题的关键。

王恺在俑坑中没有发现有关主墓更进一步的线索，但他坚定了自己的猜测：墓主人是被非正常埋葬的。一定要找到兵马俑主人墓葬的愿望更加强烈了。

狮子山虽然不高，但方圆也有几千平方米，狮子山村就坐落在这座小山头上，山坡上的民居鳞次栉比，总不能挨家挨户跑到人家屋子里挖几个坑然后走人吧？

怎样才能找到狮子山兵马俑的主人墓葬呢？

无奈之下，王恺开始求助于现代科技手段。

规模浩大的找墓工作无功而返

坐落在徐州南郊的中国矿业大学有许多地质物探方面的专家，王恺向他们发出了请求。

1988年春，物探权威宁书年教授毛遂自荐，邀请了全国三十多位地质专家，携带七八种先进仪器，对狮子山进行了一次全方位的探测，专家们在地上插入电极后通电，仪器上会显示不同地层的导电情况，地下如果是矿藏或地下水，导电情况将不同于岩石，地下有洞穴或者墓室也能显示异常，王恺对这次寻找寄予了很大的希望。

专家们忙碌了十几天，测出了导电异常区，最后在图上画出了一块黑区，这里位于狮子山主峰的西南侧，正对着一户民宅，专家肯定地说这就是墓道。

王恺：当时我们都认为百分之百地找着了，花一万块钱把村民的房子买下来，挖不到一米深就是基岩，再挖，不到一米还是基岩，又泡汤了。

这次用科技手段找墓失败了，图上的黑区到底是什么造成的，专家一时也解释不清，但绝对不是墓。

规模浩大的找墓工作最终无功而返，喧嚣的狮子山归于平静，但就在这万籁无声的时刻，人们分明还能感觉到有一颗不平静的心在跳动，王恺还不甘心，狮子山兵马俑的主人墓到底在哪儿呢？

从一句话中透露出来的信息

几次找墓行动都无功而返，难道只有俑，没有墓吗？但王恺坚信自己的判断并没有错，兵马俑的主人墓葬一定就在狮子山上，只是还没有找到而已，用先进仪器找墓的失利并没有让他放弃，相反，他上山的次数更多了，那条通往狮子山顶的台阶，王凯不知道已经走过了多少次。

狮子山村几乎每一个村民都认识他，只要看到王恺，都会说"找墓的又来了"。村民们经常能看到他坐在山顶上冥思苦想，忘掉了吃饭、回家，就好像入了魔一样，很多时候直到月亮高挂树梢，人们还能看到王恺在狮子山上徘徊的身影。从1985年开始找墓，一晃5年过去了。

王恺：我曾在徐州市文化局召开的一次业务会上，发下誓言：不找出狮子山汉马俑的主人陵墓，我死不瞑目。

在众多科学家都偃旗息鼓的情况下，王恺决心还是用自己的土办法试一试。

1990年初春的一天中午，王恺来到狮子山村，他知道，每天这个时候，村里上年纪的人都会聚到村头晒太阳，要了解狮子山的历史，最有效的办法就是到他们中去，从闲聊中，说不定能够发现有用的线索。连着一个多星期，王恺天天来到村头，村里人也都知道他来的目的，于是尽可能地多说一些东拉西扯的话，王恺每句话都认真听着，但一直没有得到什么有价值的线索。

为了接触更多的人，王恺离开村头，开始了家访，他着了魔似的挨家挨户地找人聊天，逢人就问，见人就说，同时他的眼睛密切注视着任何一处搞过基建的地方，观察那里土层变化的情况。

1991年的一天，王恺从山上寻查回来，看到两个老汉在村口下棋，像往常一样，王恺凑了上去，看到王恺，两人又把话题扯到找墓上。其中有一个人冒了一句："听人说，早年有人在山上挖过红薯窖。"这平平常常的一句话，让王恺就像触电一样，浑身一震。

王恺：红薯窖是干啥用的，我很清楚，在我们那儿，挖红薯窖一般是挖一个坑，长2米，宽1米，深2米左右。

对狮子山已经非常了解的王恺深知，这是一座地地道道的石头山，山上的土层很薄，每年狮子山上都会种树，植树的村民挖坑时必须非常小心，因为几十厘米厚的土层之下就是岩石，一不小心铁镐就会挖到石头上，把人的手震得生疼，在这几十厘米的土层上，怎么可能挖出2米多深的红薯窖呢？

"有人在山上挖过红薯窖"，这话简直令人难以置信，因为下棋老汉用的是"挖"字，而不是"凿"字。为了一个简单的红薯窖，要费尽九牛二虎之力在山上开凿石头，这种可能性太小了。

也就是说，如果要在山上挖一个红薯窖，那么这个地方的积土层必定很深，这种情况只有一种解释，山岩之中原本是没有大面积泥土的，有可能是后来人为搬运而来，那么，是不是红薯窖正好挖在了墓穴的填土层上呢？这是一个十分专业而又简单的问题。

王恺岂能放掉这样一条线索，他七弯八拐，费尽周折，查来找去，最后终于打听到红薯窖是张立业老人家的。一分钟也没有停留，王恺急忙来到了张立业家。

张老汉十分确定地回答，他们家的老宅子那儿有地窖，而且不止一个，早些年冬天都用来储存红薯，大的地窖都能放上万斤红薯，这些地窖已经有年头了，从他的爷爷辈那时就有了。

王恺迫不及待地来到狮子山张立业家的老宅子处。

这里位于狮子山主峰南坡的半山腰处，已经多年无人居住。也许是命运要跟王恺开玩笑，在这片房子的西侧，正是那条通往狮子山顶的台阶路，从1985年开始到现在，6年来，王恺从这条路上山下山已经不知道走过多少次了。

找着墓道了

王恺决定先挖一个探沟，第二天他就到山后采石场找了两名工人，在张立业家院子后面的空地上画出范围，开始往下挖掘，挖了两天，挖出一个1米多深的大坑，下面没有碰到岩石，仍然还是泥土。

王恺：到了这个深度，底下还是土，我就用探铲向下探。

中午，王恺拿着一把洛阳铲，下到坑底向下探，探铲一直向下打了1.3米，加上土坑已经挖了1.2米，等于已经探测到了离地面2.5米处的地下，此时探铲探出来的仍然是泥土。

王恺：两米多下面还是土，有希望了。

第三天，王恺让两个民工继续挖，民工干得很卖劲，土坑又向东扩了3米，中午时分，其中一个人的铁锹碰到了石头，他急忙找来王恺。

王恺：他说，王馆长，挖不下去了，底下都是石头，没办法挖了。

王恺随着他来到土坑旁，看到泥土中露出了一块很大的石头，王恺小心翼翼，慢慢拨开泥土，就在这块石头上，王恺惊喜地看到了人工开凿的痕迹。

王恺：看到錾子纹以后，我说好，顺着这个石头向下挖，我就看着他们挖。

挖了半天，底下仍然是布满人工凿痕的石壁，王恺知道，这就是深埋地下千年古墓的墓道墙壁。

王恺:高兴死了,花了6年的时间,现在终于找到啦,只要顺着这个墓道的东壁,这个墓就算找到了。

一个埋藏千年的地下宫殿就这样被撩起了神秘的面纱,这里位于狮子山主峰的南坡,离科技找墓时确定的异常区只有十几米远。在这样一座千年来从未面世的古墓中,兵马俑世代守卫的主人还在其中吗? 通过墓主人,能够揭开俑坑中兵马俑军阵摆放破绽百出的谜题吗?

发现了和尚的缸葬

1992年12月16日,王恺带着几名考古队员对狮子山汉墓进行了一次尝试性发掘。

挖掘进行到第四天中午,取土的民工们大叫了起来:"王馆长,挖到宝贝了。"

王恺急忙赶了过来,只见泥土中露出了一个陶瓷的小盖子,连墓门都还没有见到,难道这么快就挖到墓里的陪葬品了吗? 王恺也迷惑了,他小心翼翼地拨开泥土,随着泥土不断被铲掉,王恺发现,小盖子下面还有更大的器物,继续挖掉周围的泥土,一个更大的圆形罩子露了出来。

王恺轻轻揭开小盖子一看,圆形大罩子上有一个圆孔,下面似乎是缸一类的容器,所有人都迫不及待地想知道大缸里究竟是什么东西,大家七手八脚,非常小心地掀开了大盖子,里面赫然是一个人的骨架,而且,腿骨似乎盘曲在一起。

这么快就挖到了骸骨,而且没有墓室,也没有陪葬,只有简陋的一个大缸,难道这就是几千兵马俑护卫的墓主吗? 难道这就是王恺苦苦寻找的两千年前的显赫人物吗? 是不是出了什么差错? 考古队员们百思不得其解。

缸体上还绘满了各种各样的图案,考古队员发现了一些似乎和佛教有关的文字和图案,这究竟是怎么回事呢?

第二天,王恺和考古队员带着问题来到了徐州市最大的寺庙——云龙山兴化寺,寺里的方丈大师接待了他们,大师回答说,大缸中的尸骨和兵马俑的主人墓之间应该没有什么关系,这种大缸是专门用来埋葬僧人的,叫坐缸,缸中应该是某一位和尚的尸骨,缸葬是和尚"坐化"的一种独特方式。

这正好解释了缸中的骨骸为什么腿骨是盘曲在一起的。

经过进一步访问,王恺了解到,狮子山上早年曾经有过一座"竹林寺",但早已被毁坏,缸中的尸骨应该属于寺中的和尚。

王凯放心了,主墓应该还在更深的地下。

初步挖掘,发现盗洞

试掘继续进行,不久,考古队员发现了有一块地方的土质和周围的不太一样,似乎要松软许多,像是一个回填的土坑。

王恺:它的直径大概在一米,是椭圆形的,宽度是一米五左右。

在土坑松软的泥土中,王恺发现了几枚铜钱,这种铜钱是西汉早期的钱币,紧接着,又发现了印章,印章上刻有"楚司马印"几个字,"楚"代表西汉时期中央政权下属的诸侯国——楚国,这是一名武官的印章,但以他的身份绝不可能拥有这么大的墓葬,这不应该是墓主人的印章。

这是发掘过程中第一次发现文物,然而王恺没有一点兴奋的感觉,反而心情越来越沉重,已经发现的零散文物说明,这个大坑可能是当年的盗洞,这些铜钱和印章很可能是盗贼离开时,散落在盗洞中的,王凯估计,狮子山汉墓早已经被盗墓贼捷足先登了。

王恺:任何一个考古工作者,辛辛苦苦找到了墓以后,最后证明这个墓给盗了。他就心凉半截。

徐州已经发现的其他几座汉墓,比如北洞山汉墓、驮蓝山汉墓、东洞山汉墓等,盗墓贼都曾经不止一次光顾过,墓里存放的陪葬品都被盗掘一空,所有的文物荡然无存。由于找不到任何实质性的线索,比如印章或者是其他刻有下葬者名号的器物,至今也不能确定这几座墓葬的主人究竟是谁。

盗洞的出现,意味着狮子山汉墓可能也是一座空墓,墓中文物被盗一空,可能就无法找到能够确定墓主人身份的线索,那么,兵马俑军阵凌乱不堪的谜团,有可能永远无法解开。

王恺:这个盗贼没有把东西都偷完,还会留下东西,我们就这样希望着。

国家同意对主墓正式发掘

1994年11月,国家文物局同意大规模正式发掘主墓。

16日,考古队在狮子山村找了一所民居作为大本营,全体队员开始进驻狮子山,与考古队员激动的心情形成强烈对比的是王恺的心里并不踏实,历经两千多年的地下宫殿,究竟还有多少东西留给后人呢?

考虑到发掘工作将异常艰辛,同时为了加强考古队的力量,徐州文化局派了一位年轻人——邱永生来协助王恺工作。

这一年邱永生只有30岁,毕业于南京大学考古系,别看人年轻,但他在徐州已经参与发掘了多处汉朝墓葬,具有十分丰富的经验。他在发掘现场除了担任总指挥外,还肩负一项重任,由于灵巧并且老练,发掘主墓室时,他将是第一个进入现场的人。

发掘工作正式开始,到元月11日,主墓的外部结构已全部呈现在人们眼前。

挖掘继续进行,在和尚坐缸十余米的地下,考古队员们已经看到了主墓室的大门。

主墓室的门口堆放着几块巨大的条形石块,每块石头的重量估计有五六吨,考古人员都知道,这是下葬者为了防止主墓室被盗而用来封堵墓门的塞石,然而,塞石已经被拉了出来,而且上面还扔满了各种文物。考古人员估计,这可能是盗墓贼所为。

邱永生:盗墓者肯定通过主墓口进入到墓室里头去了。

每块被拉出的塞石上,都凿有一个类似"牛鼻眼"的东西,盗贼正是把绳索拴在牛鼻眼上,不知用了什么技巧,居然把五六吨重的塞石拽了出来。

考古队员仿佛看到了盗墓者的活动——

拉开塞石后,盗贼进入了墓室。墓室内很黑,他们手举火把乱翻一气,发现有价值的金器、银器,还有铜器,全都不会放过。把墓室洗劫一空后,盗贼撤出墓室,最后远走高飞。

考古队员的心情再次跌落到了最低点,主墓室中真的空空如也了吗?

虽然大家非常沮丧,但发掘工作仍然照常进行。

就在考古队员们清理塞石的时候,除了大量铜钱外,还在上面发现了玉璜,这是西汉时期的一种玉器,更令队员们的心狂跳不已的是,塞石上还出现了无数的玉片,在个别玉片上发现了缠绕在上面的金丝,专家推测,这些白玉应该是墓主人下葬时身上所穿的金缕玉衣的玉片。

邱永生:金缕玉衣一般是皇帝才能用,另外,特殊功勋的军事将领,或者特别分封的王,经过皇帝允许,经过中央政府特批,也可以享用金缕玉衣。

中国最早发现的金缕玉衣是在河北的满城汉墓中,这里出土了两套金缕玉衣,它们属于汉朝的诸侯王——中山王刘胜及他的夫人。

在汉朝,徐州地区有资格在下葬时使用金缕玉衣的人,只可能是楚王,因为,他是当时皇帝分封在徐州的诸侯国——楚国的最高统治者。那么,这也就证明了兵马俑的主人就是穿着金缕玉衣的这位楚王。

邱永生:发现金缕玉衣就意味着这个墓属于楚王必定无疑,实际上兵马俑主人的身份已经被进一步确定了。

历史上共有12位楚王,墓主人究竟是哪一位呢?从金缕玉衣上还无法获得答案。

玉衣是保护尸体的,应该放在棺椁中,然而狮子山的玉衣却在主墓室的门口被发现,这是什么原因呢?专家推测,可能是因为墓内光线太暗,是盗墓人将玉衣拖到了墓门口,一片片拆散,抽走了上面的金丝。

这些玉片,包括玉璜、玉璧,都是名贵的宝物,为什么盗墓贼会不屑一顾呢?显然,这些玉器绝非凡品,它们都是王室标志性的器物,盗贼不敢拿走,即使把它们拿到外面也没有任何用处,不但无法换成金钱,还有可能招来杀身之祸。由此看来,盗墓的时间离下葬应该不会太远。

这更加证实了墓主人的王者身份,但玉器虽然出自王室,却无法证明这位楚王究竟是谁。

把塞石上的文物全都清理干净之后,考古队员用起重机吊走了被拉出来的4块塞石,主墓室的大门露了出来,在剩下的三块塞石上,考古人员发现了异常。

每块塞石上都有一个小标签,标签上有许多用朱砂写成的字,仔细辨认,上面写的是:"第乙下阳,东方二简",原来这些标签是用来标明每块塞石应该放的位置。然而,考古队员们仔细观察之后却发现,塞石没有按照标签标明的位置来安放,"西方一"放到了"东方二"的位置上,似乎是工匠们知道四块塞石的大小差不多,所以胡乱往门口一放,只要能堵住墓门就行了。

塞石混乱放置的情形不能不让人想起俑坑中兵马俑军阵凌乱不堪的景象,这两者之间肯定有必然的联系,混乱的背后必然存在谜团,一定发生了什么意想不到的事件,才导致了这种情形。要揭开谜题,就必须确定墓主人是谁,看来寻找墓主人的任务更加迫切了。

就在清理主墓室门前的墓道时,考古人员却有了意外发现:墓道两边各有两个石封门,封门的石头没有被破坏,专家估计,这些石头的后面应该是墓室,盗墓者可能没有发现这几个房间。

考古人员兴奋不已,在这四间没有被盗的墓室中,能不能找到证明墓主人究竟是谁的重要线索呢?

19日下午,考古队员们挪走了堵住墓室的石板,内墓道西侧的一间墓室被打开了。

石门打开后,邱永生第一个进去勘探。首先看到的是一大堆黑乎乎的东西,仔细看过后邱永生发现,这些可能是已经炭化的粮食,地上还有许多似乎是羊或者是鸡的骨头,另一侧放着许多铜器。几乎每一件铜器旁边都有一枚封泥,上面无一例外地印着"彭城丞印"几个字。

这种带字的封泥能不能带来墓主人身份的信息呢?"丞"在汉代相当于今天的副县长,彭城是当时楚国的都城,也就是现在的徐州,一个都城的副县长绝对不会是此墓的主人,专家猜测,他可能是墓主人的下属。

王恺:这封泥就是封东西的,我给人送礼用封泥,证明这个礼是我送的。

23日上午,有施工队员慌慌张张跑来报告,陵墓中发现了新情况,考古队员们马上赶往现场。

谁也没有想到,在内墓道的入口处,挖出了许多陪葬品,考古人员发现,这里似乎是一个人的墓葬,墓中人头北脚南,已经完全朽蚀了,但依稀能够看出地上有人体的形状。

考古队员分析,这应该不会是墓主人,楚王怎么可能会被葬在墓道上呢!

但这又会是谁呢?

在尸体脚下,专家发现了排成一排的五件铜鼎。

邱永生:按照等级制度,尤其是在周代的时候,天子九鼎,诸侯王七鼎,士大夫五鼎,士三鼎,都是有讲究的。

尽管用鼎的制度汉朝没有周朝严格,但同样能够说明问题,这个人能够使用五鼎,他的级别可不低。

在尸体旁,发现了一枚官印,上面刻着"食官监印"几个字,看来这就是此人的官衔了。

食官监在汉代王宫里是专门负责饮食的官员,一个负责饮食的人按照士大夫的级别来下葬,但是只能躺在过道上,似乎是在看守大门,足以显示出墓主人显赫的地位。

1月18日,考古队员打开了墓道西侧最后一间没有被盗过的侧室。

在这间侧室的地面上,考古队员们发现了大量的铁制兵器,另外还有琳琅满目的玉器,最精美的当数玉耳杯和玉盖杯。更让人兴奋不已的是,在地上还发现了两副纯金打造的金带扣。

邱永生:从工艺、图案来看,都是高等级的贵族才能享用,而不是普通的、一般的贵族能够使用的,在徐州地区,在汉代能够使用它的最高的贵族就是楚王。

夜探主墓室

2月25日,陵墓的外围已经全部清理完毕,下一步就要进入主墓室了,考古队召开了一次会议。领队决定让邱永生第一个进入主墓进行探查,每次要进入墓室探测,邱永生都很兴奋,因为他将最先看到许多从未见到过的东西。进入主墓室并不困难,因为墓门已经被盗墓贼拉开,他可以从那里进去。

考古队对这次行动非常重视,因为,进入一个两千多年前的古墓,时时刻刻都存在着危险。这种在山中开凿的古墓,随时会有塌方的可能性,古墓被封闭千年,里面的空气很可能会对人体有害,古墓之中,还会有蛇或者蝎子来筑巢;而且在民间传说中,帝王墓里可能还会有一些危险的机关。

因为白天有成百上千的人围观,这一行动被放在了晚上。

邱永生:记得是在9点以后进入墓里进行探查的,我当时进去,也有一些担心。

　　几名考古队员把邱永生送到了墓门口,大家把一根电缆紧紧绑在了邱永生的腰上,双方约定,一旦邱永生在洞内遇到不测,就猛抖电缆通知洞外,外面的队员就像拔河一样把他拽出来。一切准备就绪,邱永生开始进入主墓。

　　邱永生慢慢地摸索着往前走。邱永生发现,狮子山王陵有些地方的石质并不是太好,有的墙壁似乎不是石头,好像是硬泥,这样的古墓千年来被流水侵蚀,还有可能受到地震的破坏,塌方的可能性就更大了。

　　脚下非常泥泞,邱永生继续往前走。

　　邱永生:爬了大概10多米,腰是直不起来的,看到里边的情形,有一点恐怖的感觉,有好多的树根穿透了墓室长到里边来了。

　　邱永生继续往前走,不时用灯照照周围,观察洞中的情况,在两边的墓室中,他看到了许多从墓顶落下的成堆的泥土。有的墓室中泥土要薄一些,但异常的阴冷潮湿,这种环境,是蛇、蝎子、老鼠最容易出没的地方。在一些墓室中,可以看到泥下埋有许多各种形状的东西,在被水冲刷过的地方,露出了一件晶莹剔透的玉龙,这时候已经走了20多米了。

　　再走几步,邱永生已经接近了墓室的最深处,他知道,这附近就是放棺椁的地方,墓室里棺材的情况到底怎样,是这次探查最核心的问题。

　　邱永生知道越靠近棺椁,危险越大,民间传说中的机关,像弓箭,还有空中落下的巨石,很多就在棺椁附近,而且尸体以及各种陪葬的有机物腐烂后,有可能会释放出有毒的气体。

　　邱永生:我看到棺材的形状已经不存在了,但在放棺材的地方发现了好多白花花的东西,我进一步走近,发现是骨头、骨骼。

　　仔细看过后,邱永生看清楚了地上有脊椎骨,有大腿的股骨,还有下颌骨,但特别散乱,已经不是一具完整的尸骨,似乎是被什么人拉动过了。

　　从探查的情况来看,邱永生在主墓室中看到的骨头,会不会就是墓主人的尸骸呢?如果是,在尸骨旁边,有没有能够证明他身份的线索呢?比如金印一类带有文字的证据,然而,邱永生没有看到金印的踪迹。

　　邱永生:墓主人的金印十有八九已经被盗墓者拿走了,作为楚王来讲,除了官印之外,应该还有私印,有没有可能找到他的私印呢?或者从其他的文物上面,比如说铜器,或者银器,或者木简,找到一些文字,我们一旦知道知道他的年号,王的年号,那我们对墓主人到底是第几代楚王,就有可能确定下来,应该说希望是大大增加了。

邱永生夜探主墓,初步了解了主墓内部的结构以及各间墓室的情况,打开主墓大门已经指日可待。

正式发掘主墓室

1995年2月21日,考古队组织了两个工程队,动用了撬杆、钢丝绳、卷扬机,甚至起重机,费了九牛二虎之力,才把封堵墓门的五六吨重的塞石移走,不敢想象,两千年前没有现代工具的古人是怎么把它们弄到墓中来的,封闭两千多年的地宫被彻底打开了。

但清理工作不能直奔停放墓主人的后室,必须耐住性子,逐步推进,考古队开始清理通往后室的甬道以及周围的侧室。

在一间清理后的侧室中,考古队员们看到了让他们大惑不解的现象,墓室的墙壁有的地方比较粗糙,似乎只是用凿子进行了开凿,但有的地方却完全不一样,已经显得很平整,显然是凿过之后又进行了加工,为什么同一面墙壁却有粗糙面又有平整面呢?地宫中还有很多墓室的墙壁都只是进行了粗凿,根本没有经过进一步的修整,专家猜测,这些墙壁显然没有达到事先设计的标准,它们都应该是平整的,但为什么没有彻底做完呢?

地宫中大多数房间大小都差不多,凿入岩石中的进深都达到了四五米,然而在甬道的东侧,考古人员却发现了一间令人感到莫名其妙的房间,它的高度、宽度与其他的侧室一致,进深却勉强只有1米,这样浅的房间装不了什么陪葬品,专家猜测,这可能是一间没有来得及凿完的墓室。

为什么还有墓室居然没有凿完?为什么很多墓室的墙壁没来得及加工平整?这些情况和兵马俑军阵的凌乱非常相似,两千年前,在墓主人身上到底发生了什么事件呢?

考古队员们来到了甬道东面的最后一个侧室,这里就是邱永生看到尸骨的地方,紧挨着东墙,考古队员终于见到了最受关注的遗骸,他会是楚王吗?

地上的骨头到处散落,在地上还发现了一些堵塞七窍的玉石,都做成了子弹头的形状,专家估计,这可能是盗墓贼所为,盗墓贼扯下了金缕玉衣到洞外去挑拣金丝,尸骸也就被抖得七零八落,专家推测,这些尸骨应该就是楚王的遗骸。

从尸骨上已经无法获得楚王是谁的答案,但大家并没有放弃搜寻,因为有很多东西都还埋在泥土之下。但令所有人大失所望的是,考古队员在地上没有找到他们最想得到的东西。

王恺:最想看到的是楚王的金印,或者是玉印,或者是银印。能够说明楚王姓甚名谁的印,都没有找到。

就在清理尸骨的过程中,考古队员隐隐觉得好像有什么地方不对头,尸体出现的位置似乎不正常。一般西汉早期的王室墓葬,棺椁都停放在后室,然而,发现骸骨的地方却是后室前面的一间侧室,尸体停放的位置根本不对。这在讲究礼仪的中国古代,是不可想象的,为什么会出现这么大的纰漏呢?

在发现尸骨的墓室附近的甬道上,考古队员发现了邱永生探查时没有看到的东西,在泥土下,考古人员发现了一种玉片,它们不像是金缕玉衣的玉片,因为金缕玉衣都是羊脂白玉,而这种玉片是墨绿色的,而且形状不同,有长方形的,更多的是菱形的和三角形的,每片玉片的面积也要大得多。

这些玉片是干什么用的呢?

随着这种墨绿色玉片出现越来越多,考古队员猜测,它们应该是棺椁上镶嵌的玉片,也就是说,墓主人下葬时使用的棺材可能是一具玉棺。

邱永生:玉棺当然是楚王的,在这个墓里头能够使用玉棺,或者在徐州或徐州周边地区能够使用玉棺的一定是王的身份。

玉棺的发现,再次确认了墓主人必定是楚王无疑,然而,究竟是哪一位楚王,还是无从知道。

在甬道的尽头,是地宫的最后一间墓室——后室,这里才应该是放棺材的地方,但却只是发现了一些乐器,考古队员在清理后室的时候,又发现了异常:

后室的地面凹凸不平,两边高,中间低,显然根本就还没有凿平。在后室的东北角,有一块凹进去的地方,似乎还准备继续向北开凿。

这说明了什么问题呢？考古人员推测，这里可能并不是真正的后室，石壁的后面，可能还准备修建更多的房间。

发掘全部完成后，考古人员再回过头来全面审视整个楚王陵地宫时，又发现了一个特别明显的漏洞：建筑面积达到 850 平方米，有十几个房间的楚王陵地宫，却没有供楚王使用的厕所。

在徐州地区已经发掘的其他早期汉墓中，厕所是最常见的设施。在汉代，人们认为人死了，只不过是换个地方继续生活，所以人间的一切，都要在地宫中得到反映，如厕问题尤为重大，怎么能够不解决呢？

在墓道口外，考古人员看到了几块巨石，他们发现，这些巨石在这里出现十分反常。

按照西汉早期墓葬的特点，连接墓道口的应该是一个斜坡，这样便于运送陪葬品和棺材入葬，驮蓝山汉墓就是如此。而狮子山汉墓墓道口前 30 米长的斜坡实际上已经凿出了雏形，本来完整的岩石已经被分割成一块块孤立的大石块，石头上还带有明显的凿痕，看样子是准备用来作塞石的，但石块还没来得及移走，斜坡没有最终完成。为什么已经准备运走的石头却还留在原地呢？这同样让人大惑不解。

墓道门口的巨石没有移走，大多数墓室的墙壁没有加工平整，有一间墓室根本没有凿完，后室地面凹凸不平，而且还有继续向后开凿的趋势，偌大的地宫中居然没有发现厕所，种种迹象表明，楚王陵地宫根本就没有彻底完成，为什么地位如此显赫的楚王却葬在了一个根本就没有完成的陵墓中？

会不会是因为陵墓没有建成，楚王就突然去世了呢？还是因为工程浩大，没有经费最终完成地宫呢？这两种猜测都可以解释楚王陵没有完工的原因，但却无法解答兵马俑军阵仓促放置的谜题，因为兵马俑的摆放不需要花费很长时间，楚王突然去世和工程经费不足不至于使兵马俑摆放混乱。这种种反常现象的背后一定还有更加复杂的原因，会不会是王室发生了政变，是宫廷权力之争的结果呢？两千年前的徐州必定发生了重大事件。

然而，在所有已经发现的文物中，没有找到任何可以说明墓主人究竟是哪位楚王的直接证据，这不能不说是一个巨大的遗憾，不知道墓主人是谁，就无法解释楚王陵中的种种异常，就无法知道兵马俑军阵摆放凌乱的原因，难道这将成为一个永远的谜团吗?

专家推测,墓主人死后大约100年左右,盗墓人想方设法进入了这座地下宫殿,火把照射之下玉棺安然无恙,盗贼大喜过望,随手拿起陪葬的铜剑、铁矛等工具,或砸或撬,打开了玉棺,盗墓人一眼就看中了墓主人的金印,他们把金印和其他宝物卷在一起,匆匆离开了墓室。

能够直接证明墓主人是谁的最重要证据已经被盗墓贼席卷而走,难道面对如此巨大的一个陵墓,考古人员就无从知道墓主人是谁吗?

在狮子山汉墓中,考古人员发现了金缕玉衣片,经过修复,一件奢华精美的金缕玉衣出现在人们眼前。

考古人员在墓中还发现了一种墨绿色的玉片,把这些玉片拼在一起,原来是一具精美的玉棺。金缕玉衣和玉棺都代表了一种等级,不是任何人都可以用的,这说明墓主人绝非寻常的富贵人家。

另外,墓中还发现了许多精美绝伦的玉器,像玉璧、玉龙、玉璜、玉冲牙、玉盖杯等等,还有两副纯金打制的金带扣,每一件都是无价之宝,这些东西也绝不是一般贵族能够使用的。西汉时期,徐州地区有资格使用这些东西的人只有可能是楚王,但刘姓楚王共有12位,到底是其中哪一代却不得而知。

没有直接的证据,能不能另辟蹊径,通过对墓中发现的文物进行研究,从而推断出墓主人是谁呢? 考古人员马上付诸行动。

最有力的物证就是骨骸,在骨骸中能不能找到线索呢?

这些尸骨从阴冷的墓室中被移到了徐州医学院法医司法鉴定所的实验室中。

邱永生:当时从我的角度来说,有一个非常强烈的想法,想知道能不能通过楚王的遗骸,鉴定出一些非正常死亡的原因,比如说外伤,比如说用毒药,这样我们可以从中发现墓主人跟西汉早期的楚王的死因是否有重合的地方。

每一块骨头都经过了仔细研究,徐州医学院的蔡红星副教授发现,这堆骨骸来自同一个人,没有掺杂其他人的尸骨,这是一具男性的骸骨,身高应该在1米73左右,年龄大概是35岁左右。

蔡红星:检测结果,死亡的原因,我们排除了骨性的损伤,排除了可能存在的疾病,关于中毒的问题,使用目前的手段检测还没有发现。

从骸骨上没有找到非正常死亡的痕迹,从而无法与史书的记载相比照,也就不可能推断他会是第几代楚王。

这条线索断了,考古人员只能再找其他途径。

墓主人到底是谁

在清理主墓室门口时,考古人员曾经发现了许多陪葬的铜钱,而且铜钱的数量非常大。专家估计,这大量的铜钱,不可能是无意中掉落的,应该是盗墓者盗出后故意扔掉的,为什么盗墓贼居然连钱都不要了呢?

这一天,考古人员从文物仓库中取出了铜钱。

考古人员发现,虽然铜钱的数量达到了 17 万枚,但这些铜钱全都是西汉早期的"半两"钱。这种钱在西汉后期就废弃不用了,专家由此推测,盗墓时间可能就在西汉后期,盗墓贼在漆黑的地宫里发现了大批铜钱,以为自己发大财了,辛辛苦苦拖到外面一看,原来都是过期的钱,因此扔得主墓室门口的墓道上到处都是。

这些铜钱对盗贼无用,但对专家来说却意义非凡,研究这些铜钱的使用时期,不就可以知道墓主人生存的时代了吗?

王恺:半两钱是在汉武帝元狩五年之前流行的一种钱,这墓里全部出的半两钱,说明下葬时间肯定是汉武帝元狩五年之前。

汉武帝元狩五年就是公元前 118 年,从刘邦建立汉朝到公元前 118 年这段时期内,共有五代刘姓楚王在位,他们是第一至第五代楚王。墓主人的范围一下子被集中到了 5 个人身上。

怎样才能再缩小范围呢? 考古专家突然想到了印章,能不能从中发现线索呢?

邱永生:每个印章上面都会有文字,要确定墓主人楚王到底是哪一代,这个文字很重要。

在发掘陵墓的过程中,曾经发现了二百多枚印章,专家猜测,这些印章应该属于墓主人的下属,主人死后,他们将自己的印章复制一个送来作为陪葬。从印文看,印章分三类,一类是楚国宫廷官员的,像食官监印;一类是楚国军队中的各类武官,像楚司马印。

还有一类印章引起了考古专家的注意,它们是楚国下属郡县的官吏,像卞之右尉、蓝陵之印,这些印章能够说明楚王在位时楚国属下有几个郡县。

《汉书》上记载,公元前154年,楚国参与了反叛中央政权的"七国之乱"。叛乱被中央政府平定之后,楚国的疆域也被大大削减了,东海郡和薛郡被收回,不再是楚国的领地。

考古人员想,通过研究这些下属郡县的印章,不就能知道楚王陵下葬的时间是在楚国疆域变化之前还是变化之后了吗?

墓中发现的印章摆到了考古人员的面前,专家们一枚一枚仔细搜寻。

果然,考古人员发现,其中有东海郡和薛君官员的印章,兰陵之印、海邑左尉就是东海郡官吏的印章,而卞之右尉则是薛郡管理的印章。

王恺:这个墓里头出土的仍有东海郡和薛郡的印章,说明这个墓的下葬时间是在公元前154年之前,最晚也就到这个时间。

第四代楚王在位的时间是在公元前154年之后,楚国的辖区已经没有东海郡和薛郡,因此,第四代、第五代楚王可以排除掉,狮子山汉墓的墓主人还剩下3个人。

研究工作仍在继续,专家们在《水经注》中又发现了线索。书中记载,"获水又东径同孝山北,山阴有楚元王冢",同孝山,就是今天的楚王山,离狮子山有几十里远,经过考察,山上确实有一座汉初的大墓。

邱永生:第一代楚王,即楚元王刘交的墓已经明确了,在今天的铜山县夹河乡,叫楚王山的地方。

这样墓主人的范围就缩小到了两个人身上。那么,在第二代和第三代楚王之中,到底谁是这座巨大陵墓的主人呢?

王恺:第二代楚王叫刘郢客,是刘交的儿子,他在位4年,按照一般的惯例,头年即位,第二年建墓,他只有3年的时间建墓。

狮子山楚王陵总长117米,总使用面积850平方米,开山凿石量达到了5100立方米,有庞大的天井和11间墓室,建筑规模十分宏大。

有人曾专门测算过,以当时的生产工具和技术条件,建成这座陵墓至少也需要十余年的时间,第二代楚王在短短3年内不可能把陵墓修建到如此规模。

第二代楚王是陵墓主人的可能性也不大,现在只剩下最后一个人了,也就是第三代楚王,根据史书记载,他的名字叫刘戊。

刘戊的祖父叫刘交,是汉高祖刘邦的弟弟,刘邦建立了汉朝以后,把天下划分为几个诸侯国分封给自己的兄弟,刘交被封为楚王,也就是第一代楚王,刘交的子孙世袭王位,刘戊作为第三代楚王,和当时中央政府的皇帝——汉景帝是堂兄弟,地位非常显赫。

刘戊在位20年,这段时间正是汉朝"文景之治"的繁荣阶段,是楚国国力最强盛的时期,百姓安居乐业,因此他有充足的财力和时间来为自己建造一座大规模的陵墓。

据专家介绍,古代帝王陵墓的建造,会根据墓主人身体的健康程度来安排修建的进度,墓主人身体健康,可能会继续扩大陵墓的规模,墓主人患病或衰老,陵墓就该做精加工,等待墓主人入葬了。

如果这座陵墓的主人真的是刘戊,他有近20年时间修建和营造,为什么地宫中却还有这么多地方没有最后完成呢?专家推测,这座陵墓可能还在扩大规模阶段,并没有进入精加工阶段。

墓中骨骸的年龄在35岁左右,属于壮年,会不会因为暴毙,所以陵墓没来得及修完呢?但又该如何解释兵马俑陪葬坑中出现的异常现象呢?墓主人突然死亡会使陵墓无法完工,但肯定不会导致兵马俑的混乱放置。

专家们开始从史料中寻找线索,据班固的《汉书》记载,汉景帝二年(公元前155年),薄太后去世,举国服丧。作为当时一个十分强大的诸侯国——楚国的国君,唯我独尊的楚王刘戊根本没将此事放在心上,公然在太后的丧期内,肆无忌惮地淫乱享乐。这是封建礼制绝对不能容忍的。

后来有人把这件事秘密地告发给了汉景帝,朝中的大臣们强烈要求杀掉刘戊,会不会是因为刘戊得罪了中央政权,对刘戊陵墓的修建以及下葬就可以仓促了事了呢?

肯定不是这个原因,因为汉景帝顾及刘戊和自己是堂兄弟,最终没有同意大臣们杀掉楚王,刘戊并没有死,他的地宫仍然在按部就班地修建着。

然而,就在埋葬楚王的地宫中,专家们发现了更加让人无法理解的现象。

古人放棺椁的地方通常地势要略高一些,形如一张床,所以后来就以棺床称呼放棺椁的墓室。楚王陵地宫中棺床的位置特别不合礼仪。

邱永生：这个墓的棺床放的位置确实有异于正常，从文献记载来看，从我们发掘的大量王侯墓葬来看，汉墓应该实行前堂后室这种方式。

所谓前堂通常表示死者接待宾客的场所，后室则是放棺椁的地方，是主人的卧室。楚王陵却奇怪地把棺放在了前面，厅堂则放在了后面，这就仿佛是说，接待的客人必须经过主人的卧室然后才能到达厅堂，这明显是一个漏洞，为什么会出现这样的问题呢？

在后室靠近西北角的石壁上，考古人员发现了一条裂缝，专家推测，这可能就是棺材不能放在后室的直接原因，这条天然形成的缝隙往下渗水，所以棺椁只能放在前堂了。

一条石缝就让楚王屈居于侧室，就可以不顾王室礼仪，说明发生在刘戊身上的事件一定非同寻常。

显然，刘戊死后时间不容耽误，必须马上下葬，只有在如此匆忙的情况下，才可能出现连后室的缝隙也来不及修补的情形，更不用说继续向后开凿新的房间了。

七国之乱

专家们从《汉书》中了解到，汉景帝虽然没有同意大臣们杀掉楚王，但却决定减少刘戊的管辖范围，并降下圣旨，楚国下属的东海郡归中央政府管理，不再是楚国的地盘，但就在圣旨到达楚国的同时，楚王刘戊收到了另外一封信函，信中说吴王准备反叛中央政权，邀请他一同造反。刘戊立即响应了吴王的建议，与吴王一起，发兵攻打中央政府，这就是历史上著名的汉初"七国之乱"。

汉景帝派兵镇压，大败七国联军，吴王被杀，其余各王或降或死，全都身败名裂。刘戊也不得不自杀身亡。

刘戊造反自杀，已经是犯了弥天大罪，楚王家族如果不采取措施，必然要受到牵连，如何能把牵连减小到最低程度呢？楚王家族必须想出办法来，最好是既能保全家族的利益，又能维护中央政府的荣誉。

《汉书》中关于刘戊的记载到他自杀之后就没有了，后来发生的事情，专家们只能根据此前的历史记录大胆进行推测，如果推测准确的话，我们大致可以描述出

世界经典文库

中外历史悬案

·是而未决的古墓疑云·

图文珍藏版

这样的画面。

楚王有一个庞大的家族，刘戊有兄弟6个，而且这6人非王即侯，地位不可等闲视之。刘戊死后，楚国一方面向中央政府请罪，让中央王朝对刘戊低调处理。而另一方面就在向中央政府请罪的同时，趁处罚意见还没有出台，楚王家族利用长安至楚国两千多里之遥的距离，趁消息不通之机，匆匆以王者之礼抢先一步将刘戊下葬，给中央王朝来一个"既成事实"。

邱永生：中央政府应该考虑方方面面的因素，政治上的、情感上的，所以对他网开一面，当时他生前所准备好的一些东西，或者他应该享受的级别也让他能享受得到。

楚王的葬礼确实不能等了，一时间，王宫内外乱成一片，整个家族都在准备陪葬品，就在这样的背景下，楚王以尽可能快的速度被匆匆下葬了，修了近20年的地宫也没有最后完成，棺椁也就只好放在了一个临时的位置上。

但是，中央政府有可能同意刘戊下葬时使用金缕玉衣和玉棺，却绝不会允许他使用兵马俑来作为陪葬，刘戊已经是一个反王了，同意他使用兵马俑，让他在地下还能带兵，这不等于鼓励其他的诸侯王继续造反吗？

邱永生：有一种可能性会不会存在，比如跟随他造反的这些故臣旧友，可能偷偷地来掩埋兵马俑。

在这种偷偷掩埋的情况下，陪葬坑中的兵马俑也就只能仓促摆放了。

当时的真实情形谁也无法知道了，只剩下合理的推测，也许，这就是狮子山兵马俑摆放凌乱不堪的原因。

这就是经历了许多惊心动魄事件的楚王刘戊，在汉书上留下名字的人就是他，两千年前的显赫已经无迹可寻，只剩下枯骨一堆。

医学专家依据保存下来的头骨，成功地复原出了这位楚王的容貌。通过对种种已经发现的证据进行分析，大多数研究人员认为，这座巨大地宫的主人应该就是刘戊。

世界经典文库

中外历史悬案

·悬而未决的古墓疑云·

图文珍藏版

劫后宝藏

爆炸留下的神秘洞穴

郭庄是河南省上蔡县城西部的一个小村庄,在这个只有几百人的小村东面,是一片平缓的高岗地。村民们世代在这片高岗地上以耕种为生,过着安宁的生活。但是不知从什么时候起,岗地里夜间开始不断传来爆炸声,而每次爆炸过后,村民的耕地里就会出现一个深深的洞穴。据村民们说:"那些洞口就像红薯窖口一样,都是直上直下的。"他们认为,这可能是用墩窝往下墩出来的坑。

这些洞穴明显都是人为挖掘出来的。很显然,有人为了挖掘这些洞穴而在夜间实施了爆破。

究竟是什么人在偷偷摸摸地挖洞?他们的目的又是什么呢?

村民们发现,村子东面一处地势最高的土岗上出现的洞穴最多。听附近村里的老人讲,这块岗地还有一个名称,叫作"王金鼎"。相传在这片高岗的地下,埋葬着古代的一位王,王的墓中藏着他的金鼎。

这个传说不知道起源于何时,但绝不应该是人们凭空捏造出来的,因为用"金鼎"这样的名称来命名一个毫不起眼的土岗,显然不会是一个巧合,在它背后一定有今天的人们所不了解的某种原因。

附近的村民们都说:"之所以这个地方叫王金鼎,是因为长久以来这里有一个传说,说这个地方有金鼎。住在这里的人祖祖辈辈都议论这件事,说这里的古墓多。"

上蔡县是古代蔡国的都城所在地,至今仍然保存有高大的夯土城墙。在故城周围,极有可能埋着古蔡国的王族墓葬。郭庄东部的那片岗地,距离蔡国都城不过十几千米,如果关于王金鼎的传说真有其事,这里就很有可能是古蔡国高等级贵族的墓地。

而一旦这种推测成立,那些田野中不断出现的洞穴也就不难解释了,一定是有人发现了关于古代宝藏的秘密而在夜里偷偷地挖掘。

世界经典文库

中外历史悬案

·悬而未决的古墓疑云·

图文珍藏版

1655

疯狂的盗墓引起了河南省文物部门的关注,2005年5月,河南省文物考古研究所的专家马俊才带领考古队赶到了郭庄。他觉得那里极有可能存在古代的高等级墓葬,凭经验就可以断定,盗墓贼是不会平白无故地挖掘一个没有价值的土岗的!

而他现在必须要找到足够的证据。因为对于他来说,这次考古挖掘极有可能是一件费力不讨好的苦差事,几乎没有考古学家愿意去发掘一座经盗墓贼屡次盗窃过的墓葬!

马骏才:这是件标准的费力不讨好的事情。我把这种情况向领导汇报以后,领导说,你赶紧把它挖出来吧。可挖出来一看,这是一个空墓。可是从程序来说,又不得不这样做。

在这里挖掘的那段时间,几乎每天都会有附近的居民来找马俊才,尤其是一些上了年纪的老人,听说他是上面派来考古发掘的,就会主动来向他说上一段当地的传说,比如这个地方过去叫什么名字,埋着什么人等等。也有群众向他反映,此地盗墓的情况非常严重,夜里他们不断听到爆炸声。

马俊才带领考古队在土岗附近的区域进行了仔细的钻探。从钻探出来的土质分析,土岗下面应该是一处春秋战国时期的高等级墓葬。马俊才以前也曾在这个地区发掘过不少同时期的墓葬,但是这一次却与以往不同,他发现墓葬的规模庞大,似乎真的是一座王陵的规格。

沙子掩埋的墓葬

欣喜之余,盗墓贼留下的巨大盗洞也让考古队员忧心忡忡。根据以往的经验,即使只有一个盗洞成功地进入了墓室内部,这座古墓就有可能被盗掘一空了。如果真的是那样,这个墓葬主人的身份将无从得知,人们对这座古墓的所有猜测都将永远都得不到答案。

马俊才:考古和盗墓有着本质的区别。考古不仅仅是要获取这些文物,同时还要对墓葬中的一些软信息,以及周边的环境信息,进行科学研究。盗墓则只是攫取文物,从中牟取暴利。

作为此次考古发掘的领队,马俊才曾经不止一次遭遇这样的窘境:除了盗墓贼的掠夺,由于墓葬附近的村庄开办了砖窑厂,他们长年累月在这片高岗地上取土,很多古代墓葬已经被破坏殆尽。但是对马俊才来说，即便已经知道面对的是一座空墓，他还是要严格按照考古规则进行发掘。

在当地政府部门的支持下，他在工地上搭建起临时工棚，组织工人开始发掘。他必须赶在雨季到来之前结束这次看似毫无希望的考古行动。

马俊才：按照当时的计划，整个发掘期预计为两个月，一个月进行挖掘，将上面的土挖掉，一个月进行清理。面对当时的情况，我们认为墓葬里几乎不可能存在有价值的文物，那时候的感觉，说一句不太科学的话，就像是捡破烂。

马俊才雇用了附近村庄的一些农民参加前期的发掘工作。一天，在与这些工人的闲谈中，马俊才了解到一个令他感到意外的消息：有人说在这个古墓里面埋的不是土，而是沙子。甚至还有一个村民跟他打赌，说墓里的沙子有好几丈厚，并且各处厚薄不匀。马俊才问："你怎么知道的？"那个村民说："那几个窟窿我们都下去看过。"

这个消息让马俊才感到困惑不解，在他长期的考古工作中，曾经挖掘过上万个古代墓葬，但是用沙子来埋葬墓穴的方式他还从未遇到过。工人提供的这个消息究竟是确有其事，还是仅仅只是讹传呢？

他想，无论真假，必须要先挖出来看一看。

马俊才立即让考古队员再次进行了钻探，虽然几乎没人相信这会是一个用沙子埋起来的墓葬。令考古队员吃惊的是，探铲在土层深处竟然真的带出来一些黄色的细沙。这令马俊才感到有些犹豫，如果下面都是沙子而不是古代墓葬常用的五花土，那它还是一个真正的墓葬吗？

马俊才：我在现场看到，探铲带出的沙子呈黄色，很纯，也很细腻。我想，这种情况是不是表明地下是个古河道呢？

于是，考古队进行了更大面积的调查。在距离发掘现场东南200多米的地方，考古人员发现了一个当地百姓取沙的大沙坑。在两米多的土层下面，有十几米厚的沙层，是一个十分古老的河道遗迹。考古现场与古河道距离这么近，不能排除是古河道一部分的可能性。

作为一个严谨的学者，马俊才必须考虑任何一种可能性，他将考古队员带回来的古河道里的沙子与发掘现场发现的沙子进行了仔细对比。虽然古河道中出产三种不同的沙子,但是没有一种与发掘现场的沙子相同,它们在颜色和颗粒上都有明显的差别。也就是说,发掘现场的沙子不应该出自古河道。

马俊才:古河道里的沙子是灰白色的,上面带好多斑块,与墓葬里的沙子完全是两码事。

这种奇怪的现象令马俊才感到十分好奇,难道真的有用沙子埋葬的古墓吗?他马上查阅了一些考古资料,他发现考古专家曾经在河南辉县发掘出的战国时期魏国王室的墓葬,就是用沙子埋藏的,这种与众不同的埋葬方式叫作积沙墓。

这是至今为止挖掘出的唯一一例积沙墓,是战国时期辉县顾围村魏国皇室的墓地,一共有三座,以积沙为主,也有积石。按照文献所说,积沙墓的墓葬规模通常都非常大。

带防盗功能的积沙大墓

自古以来,对于盗墓贼来说,挖掘一条地道进入王公贵族的墓葬中窃取陪葬的珍宝是最简单的盗墓方式。为了对付盗墓贼的偷盗,人们采用了一种特殊的埋葬方式,他们用细沙填埋墓室,再在沙中埋上巨大的石块,由于细沙具有良好的流动性,加上石块的重量,很容易塌方把盗洞掩埋,甚至把盗墓贼砸死、砸伤,因此盗墓者无法通过以挖掘地道的方式进入墓室盗窃。

据一些盗墓知情者说,由于积沙墓中的沙子会混杂着石头往下落,不管用什么办法,如果不是正面直接挖完,就不可能成功盗墓。

因为积石积沙墓建造起来工程浩大,不是掌握巨大权力和财富的人,是无法拥有这种墓葬的。那么,如果郭庄古墓真的是一座积沙墓,它的主人生前一定拥有非同一般的显赫地位,这才采用了这种防盗的埋葬方式。照此说来,墓葬里面一定埋藏有令人期待的宝藏!

马俊才决定继续向下挖掘。

不久之后,考古队员在墓葬边缘部位清理出一些阶梯。很显然这些阶梯是人为修造的,现场专家推测,这应该是当初造墓时留下的向外运土的通道,这也预示着墓葬的规模比原来预想的还要大。

就在这些阶梯上,马俊才忽然有了新的发现。他说:"在阶梯下面的弧坡,我发现人为踩踏的痕迹比较明显。在阶梯拐角的地方我们还发现有沙流,这个细节非常重要,正因为看到这个拐角缝处的沙子没有滑下来,我就知道,这里八成以上就是积沙墓,因为这里的沙子和我们在外面发现的盗墓挖出的沙子是一样的。"

墓葬的外形初步显露出来,这是一个东向的"甲"字形大墓,东西长27米,南北宽17米,有一条长长的墓道。这一切都在暗示着马俊才,他所面对的极有可能是一座带有防盗功能的积沙大墓!而在两千多年前,有能力建造这种陵墓的人,也一定不是普通的人物。

公元前11世纪,来自中国西部的周部落在一个叫牧野的地方与中原地区的商朝军队展开了一场决战,商朝军队被打败,商朝灭亡了。灭商以后,周武王把自己的弟弟分封到商地做诸侯,其中蔡叔度被封到了蔡,也就是今天的河南省上蔡地区。从此蔡国开始了在这里五百多年的经营。

面对这个庞大的墓葬,人们自然会联想:它会不会是蔡国国君的陵墓呢?

现场考古人员郝本性推断:"这里既然是在上蔡都城之外,会不会是蔡侯的呢?即使不是,也应该是蔡国的高级贵族。上蔡这个地方很复杂,蔡国早期将上蔡作为都城,后来受到楚国的逼迫,便迁都到新蔡,最后又迁都到安徽的寿县,在古代叫州来,也称下蔡。"

可是,考古专家已经在蔡国都城附近发现了古蔡国王室的陵墓区,在正常情况下,不可能在别的地方单独出现一座国君的墓葬。从墓葬形式和出土的一些陶器残片分析,郭庄大墓是春秋战国之际的一个墓葬,那时的蔡国因为受到楚国的进攻,已经被迫迁移了。

郝本性:蔡国迁都到安徽寿县以后,这里作为楚国向北发展的一个军事要地,楚国志在必得。从时间上来看,在春秋战国之交,这里应当是被楚国占领,而不是蔡国。还有一个证据就是,蔡国的墓葬现在也有发现,在蔡国故城内,它的型制、形状都与这个墓葬不同。

东汉巨盗

在诸侯争霸的战国时代,弱小的蔡国因为地理位置的重要而成为大国争夺的一个焦点地区,楚国和吴国的势力范围都曾经到达这里。

那么,在这个奇特的墓葬里面,埋葬的究竟是一位什么样的人物? 这成了马俊才最想破解的谜题。

当墓葬南壁的探沟挖掘到封土以下四五米的深度时,细密的沙子出现了,几乎就在同一个高度,北部和西部也发现了积沙。马俊才欣喜万分:这毫无疑问就是一座积沙大墓!

但是,在墓葬的东部却一直没有发现沙面,这让马俊才感到一丝不安,因为作为一个积沙大墓,不可能单单留下墓室的东部不填埋沙子。最可能的原因就是后来有人把这个区域的沙子挖了出去。

就在墓室上方的土层被清理干净以后,马俊才看到了令他震惊的景象。

马俊才:墓葬东部是一片黑土,我们做了一个小探沟,顺着黑土往下挖。当挖到 9 米深的时候,挖出来一个意想不到的东西——汉砖!

毫无疑问,这些黑土是东汉时期的,那么这里肯定是个大盗洞。

出现如此大面积的黑土,还发现了东汉时期的遗留物,意味着最不可能发生的情况发生了:盗墓者几乎挖空了墓室东部的积沙。在盗墓最为猖獗的东汉,这座大墓曾经遭受了被大揭顶式的毁灭性盗掘。

马俊才:当时看到那块汉砖的时候我们都有点发蒙,因为我们知道,东汉的盗贼是很有经验的,被他们盗过的墓葬,很难剩下什么有价值的文物,并且那个盗洞足足有十多米长,椭圆形,整个墓室只有 27 米,它就占了将近 14 米,在它的旁边还有几个小凹窝,也是汉代早期的盗洞。

这个发现让满怀希望的考古人员几乎失去了挖下去的信心,因为盗墓在军阀割据的东汉时期非常猖獗,而且大部分情况是割据一方的军阀公然带领军队挖掘古代墓葬充作军饷。而那样公开的大规模的盗掘,即便是有防盗功能的积沙墓也是难逃被盗命运的。也就是说,这座古墓极有可能在 2000 年前就已经是一座空墓。

在汉代,相当一部分盗墓就是为了筹军饷。当时农民起义遍布全国,比如著名的黄巾大起义。起义军没有什么供应,于是公然挖掘墓葬,将挖出来的珍贵的金银珠宝拿去变卖,筹措军饷。

这个意外的打击出乎所有人的预料,连参与挖掘的民工都有些无精打采了。

清理完东部盗洞区的土以后,考古人员发现,整个墓室东部共有 7 个汉代盗洞,还有一个现代盗洞通过以用木板架设巷道的方式已经穿透墓壁进入了墓内,这种盗墓方式显然是为对付墓中的流沙而设计的。种种迹象表明,这座墓葬曾经遭受了古今盗墓贼最为凶狠的盗掘!

马骏才:当时我们在东面一段弧形处发现了一排盗洞,一共 12 个。这 12 个盗洞预示着这座墓葬可能已经被盗得什么也没有了,并且,这座积沙墓没有出现垮塌,这不就相当于现代的入室盗窃吗? 盗墓贼进去以后,可以见什么拿什么,拿不走的还可以损坏。

尽管有些灰心,但挖掘工作仍旧继续进行着。不久,整个墓室的全貌已经完全呈现出来,除了大量的细沙,墓中开始不断出现大小不一的石头,这完全符合积石积沙墓的特征。

这时马俊才看到,墓室西部的沙层面还相当的平整,似乎可以由此推断,墓室西部还没有受到盗墓贼的破坏。因为墓道口朝向东方,所以西部应该是放置墓主人棺椁的位置,如果这个部分没有被盗,或许考古队还能有所收获。

马俊才怀着忐忑不安的心情督促工人们加快清理进度。

他一边督促工人们挖掘,一边反复对他们讲,这座墓葬即使只剩下了一个角,出土的文物也是很可观的。他还说,这座墓葬的主人级别是诸侯里最高等级的,所以才能出现这种埋葬的方式。

工人们清理的深度已经低于墓道口近 10 米,加上墓葬封土的高度,相当于深入地下将近 20 米。按照马俊才以往发掘战国墓葬的经验,这个深度无论如何也应该到达棺椁的位置了。但是让他感到意外的是在这个墓中还丝毫没有发现一点棺椁的影子,这在战国墓葬当中绝对不是正常的现象! 马俊才刚刚放松的心又提了起来。

马俊才推测,出现这种意外的情况,只能有两种可能:一是墓主人的棺椁还在更深的沙层下面;另一种可能就是这根本就是一座假墓,墓中没有埋葬墓主人的棺椁。

历史上做假墓的情况并不少见,查阅有关史料,这样的例子比比皆是。

假如这个墓葬真的只是一个迷惑盗墓贼的假墓,那么考古队先前所做的一切努力也就毫无意义了。古人真的会仅仅为了一个假墓而耗资建设如此巨大的工程吗？

就在马俊才疑惑不解的时候，工人们在接近墓室中部的地方清理出了一些木板残留的灰痕，外观就像一个长方形的箱子。这让马俊才重新燃起了希望，它会不会是人们苦苦等待的墓主人的棺椁痕迹呢？

马骏才：我从来没有见到过这种结构的棺椁，查资料也没有发现，所以当时心里很疑惑，不知道这是什么东西。继续往下清理，刮沙面，不久以后，在这个方形结构的东北角又发现了一个同样的东西，还是夯土，还是方的，这实在让人百思不得其解。

当这两个长方形的结构被清理出来以后，马俊才看到，它的体积与巨大的墓室相比显得极不协调，而且在这两个方形结构里，既没有发现尸骸，也没有贵重的陪葬品。显然，它们不可能是这个巨大墓葬主人的真正棺椁。

马俊才不由自主地再次紧张起来：一个如此巨大的墓葬里却埋着两个不起眼的小箱子，这种不可思议的现象似乎只有一种合理的解释。

马俊才：那就是当年的盗墓者挖到这个地方时，碰到了这两个箱形的东西，于是把它挖开，一看里面是土，往里刨一刨，可能出了个小金件，或者是小的玉器，于是盗墓者很容易就明白了，这是一个假棺材。

基于现场的发现，马俊才不得不做出这样的推测：这是一个假棺，是一个假墓。

难道这真是一个没有埋葬墓主人的尸骨，而只是迷惑盗墓贼的假墓吗？如此浩大的一个造墓工程，难道只是古人精心设计的一个骗局吗？如果真的是那样，那么这个墓葬的设计者是谁？他为什么要煞费苦心地设置这样一个千古骗局呢？

意外发现

发掘工作进行了两个多月，马上就要进入雨季，然而假墓的可能性一直困扰着马俊才，除了一些支离破碎的小物件，他还没有找到一件像样的东西，他不禁开始考虑还有没有继续发掘的必要。

由于墓室里面的沙层并没有被挖到底部的迹象，马俊才决定，无论如何也要把沙子清理干净再下结论。

工人们继续向下清理,沙土中突然出现了很多红色的图案。这些图案正是战国时期贵族墓葬棺椁上常用的装饰。与此同时,沙子中还不时出现一些金箔,这让所有人都感到兴奋不已,这些现象至少说明,在更深的沙层下面还隐藏着人们不曾预知的东西。

马俊才也感到很高兴,他说:"由此看来,这个墓葬肯定不是空墓了,比预想的好得多。"

经过仔细清理,一个巨大的长方形椁室显露出来。虽然木制的椁板已经腐朽塌陷,但仍然可以看出清晰的轮廓。在椁室周围,一些车马器的零件从沙子中露了出来。马俊才确信,这座古墓不仅不是假墓,还是一座设计诡异的高等级墓葬。

从发掘一开始,马俊才就觉得这是一个不同寻常的墓葬,很多地方都有着令人费解的设计。他发现,椁室顶端到墓道口之间有将近 10 米的距离,这种结构形式与同时期一般的大型墓葬明显不同,古人采用这种非正常的结构,肯定有着某种特殊的用意。

马俊才:这个墓道做得不像一般的楚墓。楚墓的墓道挖到底了,基本上就是到了墓葬的最底部了,而这个墓道底下还有将近 10 米深,并且都是沙子。这一切都说明。这个墓葬始终是按照防盗的意图来设计的。

工人们继续清理墓室东部,东部是放置墓主人器物的区域,那里也是被盗最严重的部分,对马俊才来说,在那个区域找到重要文物的可能性微乎其微。

但是,结果又一次出人意料。

当椁室东部的沙土被清理干净以后,大大小小的青铜器堆满了墓室东部,虽然大都破烂不堪,但是无论从数量还是个体的精致程度上看,都足以说明这个墓葬的规格非同一般。在遭受了古今多次盗掘以后,还能保存如此多的文物,说明墓葬的种种防盗设计的确发挥了重要作用。

从出土器物的型制来看,马俊才判断这是一座春秋战国之际楚国高等级贵族的墓葬。他说:"这个墓葬有几个符合楚墓特征的地方,比如这里的东向墓道,它的头向也向东,在它的陪葬品里我们发现有升鼎,以及楚的列鼎。"

从这个规模宏大的墓葬中,考古人员发现了很多重要的青铜礼器:一个青铜大鼎的口径达到了 80 厘米;一件精美的青铜方壶,仅壶身的高度就超过了 50 厘米。

不仅如此,墓中还残留了 3 件编钟和 13 个石磬,这些古代乐器在春秋战国时代不仅是贵族娱乐的工具,还是重要的身份象征。13 个石磬全部都是汉白玉制作,长度超过 60 厘米,这说明墓主人拥有非常高的地位。在那些用来装饰椁室的金箔上,刻满了细致而复杂的龙形图案。

半个头骨

这一切似乎都是楚国王陵的规格。难道在远离楚国都城的地方,埋着一位楚国的国君吗?

考古人员在墓中找到了 4 个升鼎和一个断掉的鼎腿,这说明墓中至少应该有 5 个升鼎,这种鼎在楚国正是一个人地位的象征。但是,假如这是一座国君的陵墓,那么在正常情况下,至少应该有 9 个升鼎,5 个升鼎的数目显然不符合王的规格。

郝本性由此判断,这个墓葬不可能是楚王的,因为楚王一般有固定的陵墓区,不会葬在这种边塞之地。

在主棺的周围,考古队员共清理出 13 个陪葬人的尸骸。这些陪葬人全部都是年轻的女性,有些陪葬人身上佩戴着装饰用的玉器,有些玉器则明显具有实用功能;还有的身旁放置着鼎、盘等日常用具。

马俊才推测,这些人生前应该有着各自不同的分工,共同为墓主人服务。可以想象,这个巨大墓葬的主人生前一定过着极尽奢华的生活!在楚国的北部边塞,谁能够建造这样一座豪华又构思巧妙的陵墓呢?

在主棺西南角,两个用木板搭建的盗洞一直让马俊才非常紧张,他在盗洞中发现了矿泉水瓶子和当地一家面粉厂的编织袋,这说明这次盗墓发生在不久之前。盗墓贼的经验非常丰富,盗洞的位置选得十分准确,恰好对准主棺西南角,假如这次盗墓得逞,主棺内可能已经空无一物了。

马俊才对此感到有些无奈,他说:"如果没有被盗,主棺里面应该是琳琅满目的,正常的情况下,里面的玉器会按几层分布,而且还应该有兵器,这个兵器大都是墓主人生前使用的宝剑。"

考古人员小心翼翼地拨去主棺里的沙土。他们看到,主棺内堆积了很多海贝,还有几件精致的玉器。马俊才在主棺内还找到了一把玉柄青铜剑和一把装饰美玉的铜削,但出人意料的是,这把剑的主人却不见踪影。

主棺内没有发现墓主人的尸骨,只找到了半个头骨。这半个头骨是不是墓主人的呢?难道说墓中埋葬的仅仅只是一个人的头颅吗?

马骏才:我们仔细研究后发现,这半个头骨呈酥碎状,骨缝叠压了很多朱砂,在棺内别的区域也发现有不少朱砂。由此我们可以断定,这就是墓主人的头骨,而他的躯干部分则已经不存在了。

回到驻地,马俊才仔细观察这剩下的半个头骨,他发现虽然这半个头骨已经完全看不出模样,但是牙齿保存得还基本完整,牙齿磨损的程度不是很严重。

马俊才:牙齿面磨损得不是特别厉害,但是白齿面已经磨平了,这就说明他的年龄不是非常老,说明墓主人应该是在壮年期死亡的。

由此说来,墓主人是在壮年时期死去的,而并非寿终正寝。这就更加增添了围绕在墓主人身上的诡秘气氛,在他的身上究竟发生了什么可怕的事情呢?

位高权尊

随后,在墓中又出土了大量的兵器,主棺内也发现了墓主人的佩剑。这把青铜剑虽然断为三截,但剑刃部分依然十分锋利,不应该只是一种装饰品,很可能具有实战的用途。马俊才推测,墓主人可能是楚国镇守北方军事要塞的一位将军。假如这种推测成立,那么这位将军生前一定得到过楚王的特别恩惠,否则他不可能拥有如此豪华的葬礼规格。

为了弄清楚墓主的身份,考古学家们查阅了蔡国的历史。

公元前531年的春天,蔡国和楚国之间爆发了一场战争,楚灵王派自己的弟弟公子弃疾率领大军进攻蔡国,战争持续了7个月才结束,蔡国都城被楚军攻破,连蔡国太子都被杀掉祭祀山神。灭掉蔡国以后,公子弃疾就被楚灵王派到蔡地做县公,成了第一代蔡公。

郝本性:楚国的县比较特殊,在整个中国郡县史上,楚国是较早设县的。它的县就在边防重镇,派驻国王亲信的人来当县公,比如楚灵王就派他弟弟公子弃疾当蔡公。

郭庄一号墓的主人如果真的是一位将军,那么他的身份极有可能是楚王派驻到蔡地做县公的一个亲信,这个人很可能与楚王有着某种特殊的关系!

马俊才看到,靠近墓室南壁的一对青铜方壶非常引人注目,虽然已经破碎,但仍然可以看出制作十分精良。这是一种战国时期贵族在非常重要的典礼时才用到的酒器,低等级的贵族根本就没有资格使用。1978 年,考古专家在河南淅川下寺发掘过一个楚国王子的墓葬,出土的一对方壶与眼前的方壶极其相似。

郝本性:从目前出土的情况来看,这种圆角方壶只有国王,也就是诸侯这一级别,以及身份较高的卿大夫这一级别的人才能有资格使用。

另外,墓中那些刻满了龙纹的金箔片也让马俊才感到似曾相识,这些金箔是贴在椁室四壁和顶部的装饰。他将那些金箔片仔细拼接起来,他惊奇地发现,这些装饰图案竟然与淅川下寺楚国王子墓葬内发现的装饰图案一模一样!

马俊才隐约感觉到,这位英年早逝的将军可能并不是一位普通的军事将领,他的身份也许远比我们了解的更为复杂。

马俊才:从这个墓葬的规模来说,比王子仵墓还要大,随葬的器物种类、器机、器型的大小都相当,我认为墓主的身份应该和王子仵墓类似,很可能是一个水平级的。

但是由于古今多次被盗,马俊才并没有找到一件可以直接证明墓主人身份的器物。回到考古研究所,他反复观察这些精致的文物,但是仍然一无所获。

在一些重要的青铜器上,古人经常会刻上铭文来记述事件,假如马俊才能够在这些青铜器上找到一些铭文的话,或许能够得到了解墓主人身份的一些线索。经过仔细观察,马俊才在青铜方壶的壶腹里发现了一些模糊的文字。

青铜器专家郝本性仔细研究了方壶内的铭文内容,但是结果令人大失所望,铭文没有记述任何具体的事件,那些文字只是一些令人费解的吉祥话,与其说这是一篇铭文,倒不如说是一篇诗歌。

郝本性:铭文的前面部分是计时的,写着"正月與期",后面写着吉璧、玉璧等吉语,就是吉祥如意的意思。再往后写着一个人的名字,叫竞孙,最后写着要他的子孙永保之用,让子孙永远以他们为楷模之类的话。

这样看来,铭文里面似乎出现了一个人的名字:竞孙某某,那么这个"竞孙"会不会就是墓主人呢?

永远的身世之谜

仅凭这些文字很难做出合乎逻辑的判断,马俊才还需要更多的证据。之后,他又在一件青铜浴缶的盖上找到了一些文字,他马上把这件浴缶盖送到专业人员那里进行去锈处理。

2000多年的铜锈被一点点地清除下来,铭文的字迹渐渐清晰,人们感到既兴奋又紧张,如果这些铭文与之前发现的青铜方壶上的文字能够互相对应的话,就可以从中找到有价值的线索。

马俊才:当时我也挺激动,想着这些文字整理出来,墓主人的身份就可以确定了。可是结果出来一看,上面写着"曾侯舆"的名字。

可是,曾侯舆用器,怎么会跑到这座墓葬里来了?

"曾侯舆"这个名字让现场的专家们感到困惑不解。1978年,考古专家在湖北随州发掘了一座战国墓葬,出土了一套举世闻名的编钟,这就是著名的曾侯乙墓。曾侯乙墓中出土了上千件兵器,其中有一些是属于曾侯舆的。但是在一些兵器上,曾侯舆的"舆"字被抹掉以后重新刻上了"乙"字。

专家们据此推断,曾侯舆应该是曾侯乙的先辈。但是曾国的属地与上蔡地区相距遥远,曾侯的用器怎么会到了楚国的墓葬里呢?难道在楚国的墓葬里面,埋葬的竟然是一位曾国的国君吗?

郝本性:曾侯乙的先世,比如他的父亲或者祖父,肯定跟这个墓葬的主人有一定关系,否则刻着曾侯舆名字的罐缶也不会出现这个墓里。不过,可以肯定地说,这个墓不是曾侯舆的墓,因为曾侯舆和曾侯们的根据地在湖北随州随枣走廊一带。

在战国时代,诸侯国之间互赠礼物是常有的事情。因为曾国曾经一度依附于楚国,所以郝本性推测,很有可能是出于某种原因,曾侯舆把自己的浴缶送给了一号墓的墓主人。而作为一个国君,曾侯舆赠送礼物的对象,也一定是楚国位高权重的人物。

那么掩埋于黄沙之下的这位神秘人物到底是谁?铭文中的那个"竞孙"又究竟是谁呢?

都本性:竞孙肯定与楚国的王族有一定关系,不然他不会叫什么孙,这个称谓主要是用来标榜墓主人与王族的关系,说明他是谁的孙子,标榜他的贵族身份。

这个墓葬与淅川下寺的楚国王子墓有太多的相似之处,如果说墓主人真的是王室成员的话,那他的身份极有可能也是一位王子。但即便是楚王的墓葬,也没有采取如此大规模的积沙积石来防盗的,这种反常的现象又该如何解释呢?

在积沙墓的北侧是一个同时期的墓葬,被定为二号墓,两个墓葬之间相距只有二十多米。二号墓的封土压在一号墓的封土之上,说明二号墓埋葬的时间要晚于一号墓。这种连体墓葬,一般来说表明墓主应该是夫妻关系。

虽然二号墓规模小一些,但是从外部看,并没有遭受过严重的盗掘,因此,马俊才希望能够从二号墓中获得线索来解开一号墓墓主人的身份之谜。

马俊才:通过发掘,我们看到二号墓里面既没有积沙,也没有积石,采用的只是一般的楚国贵族深挖加筑封土的方式,这是一种普通的防盗方式。

假如两个墓的主人是夫妻关系,为什么一号墓设置了重重防盗措施,而二号墓却只是一个普通的土坑墓呢? 马俊才对这种奇怪的现象充满了疑惑。

在两个墓葬之间,是一个与墓葬同时代的村落遗址,考古人员在遗址中央发掘出一个很深的洞穴。对于这个突然出现的洞穴,马俊才感到有些蹊跷,为什么在村落遗址上会出现这样一个洞穴呢?

在洞穴的底部,马俊才发现了一个人的头骨。这是一个年轻女性的头骨。这个发现让马俊才有些紧张,如果这个头骨来自二号墓,那这个奇怪的洞穴很可能就是一个通向二号墓的巨大盗洞。

果然,当二号墓的发掘快到底部的时候,一个巨大的盗洞痕迹被发现了。不出马俊才所料,这个盗洞正是村落遗址上的那个洞穴延伸过来的。这是一个几乎和墓葬同时代的盗洞,说明在二号墓埋葬后不久,盗墓贼就盗窃了这个墓葬,他们没有选择规模更大的一号墓,这很有可能是了解内情的人所为。

马俊才:盗墓贼中间很可能有人知道一号墓里面有积沙,有积石,所以不敢盗,而是偷偷地从马鞍部中间比较隐蔽的地方斜着直奔二号墓。现在看来,他的这种愿望确实得逞了。

因为没有防盗措施,仅一个盗洞就将二号墓盗得几乎干干净净,考古人员只在盗洞区发现了几件器物残片和一个老年女性的头骨。马俊才推测,二号墓的墓主应该是一号墓墓主的夫人，并且她是在丈夫去世多年以后才下葬的。由于掌握权力的丈夫已经去世多年，她已经没有能力为自己修建工程浩大的积沙积石墓了。

再次触摸这些历经劫难保留下来的无价之宝，马俊才感慨万千，古人为抵御盗墓而设计的防盗机关，让他这次本来毫无希望的考古行动获得了近乎圆满的结局。

但是，这个诡异墓葬的主人究竟是谁，马俊才还未找到确切的答案。假如那个"竞孙"真的是一种标榜王族身份的称呼，那么他会不会是同样做过蔡公的楚平王的后代呢？

马俊才：在传世的青铜器里，有一件叫"竞钟"的，和这个"竞"字写法几乎一模一样。专家对"竞"字研究后认为，这个"竞"字就是楚平王的谥号，而这个墓主就是楚平王的孙子，也就是灭蔡的公子弃疾，是第一代蔡公。

这或许是一个最合乎逻辑的推测：

如果说"竞孙"是楚平王的孙子，那么他就是一位王子，这个墓葬与楚国王子墓葬的诸多相似就得到了合理的解释。

作为王族后代，一号墓的墓主人被派到他的祖先曾经做蔡公的地方担任相同的职位是完全有可能的，而一个小国的国君曾侯向他赠送礼物也就成了一件很自然的事情。

据史书记载，做了国君的楚平王因为听信谗言杀害了楚国大将伍子胥的父兄，逃到吴国的伍子胥受到吴王重用，带领吴国军队攻馅了楚国都城，已经死去的楚平王尸体被从墓中挖出来打了三百鞭子。

祖先被挖墓鞭尸的耻辱一定给这位王子留下了极其深刻的记忆，也许正是这样的原因，他才处心积虑地设计了一个积沙积石的防盗墓葬，也许他想用这种方式，为自己建造一个永远不受侵扰的地下世界。

楚墓疑云

1977 年夏，位于河南省西南部的淅川县，一连数月滴雨不见，庄稼枯萎，田地干裂。这已经是南阳地区持续干旱的第三年。

网上来一堆铜罂

这年秋天,严重的旱情使淅川县这里的丹江口水库极度枯竭,库区水位一退便是一百多米。甚至,连淹没多年的龙山的山脊都神秘地露出了库区的水面。

据说,有一天,淅川县仓房公社的两个渔民正在龙山南端的岸边,像平常一样撒网捕鱼。当渔民开始慢慢收网时,不知为什么,这个渔网突然变得出奇的沉重。

当两个渔民费尽了全力将渔网小心翼翼地拉上小船时,出现在眼前的这一切把他们惊呆了。原来,自己撒下去的渔网,居然拉上来沉甸甸的一兜黑乎乎的铜器。

其中,有铜簋、铜壶、铜盘……

见此情景,两个渔民欣喜若狂。因为,他们懂得这些古物的价值。接着,他们又一连撒下三网,网网如愿以偿。后来,他们把这些古物卖给了文物贩子,结果一夜之间成了暴发户。

一天,仓房公社几个放羊的小孩,正在下寺龙山山脊的水库岸边专心致志地嬉戏,以致忘记了照看他们的羊群。

忽然间,"呼腾"一声闷响,距这些小孩不远处的水库岸边,突然坍塌下去一个黑沉沉的大洞。随着水浪的不断冲击,坍塌的坑里渐渐地显露出一些黑色的东西。

这些突然出现在水中,许多铸有同样花纹而形状不尽相同的神秘器物,紧紧地吸引着孩子们既恐惧而又惊奇的目光。这难道就是大人们经常说到的水中宝物吗?

最后,这些孩子们以极大的兴趣,把这些突然出现的宝物一件件从水中捞了出来,高兴地带回了自己的家中。

据说像这样的"奇闻怪事"在当时的淅川县仓房公社丹江口水库一带流传很多……

位于河南南阳最西南角的淅川县南部与湖北省相毗邻,向西和陕西省接壤,北依伏牛山,向东可以俯瞰南阳盆地,丹江和淅水南北贯穿全境。古文献中所说的"丹淅之地"就是这里。

仓房公社地处丹江口水库的西岸,远离淅川县城西南大约50千米。这年秋天，"奇闻怪事"像长了翅膀一样，又开始在这个偏远山区流传了。

原来，1977年10月的一天，仓房公社的几个社员又在下寺龙山南端意外地发现了一座被水不断冲刷且破坏严重的古墓，并在岸边水中捡到了一些青铜器和玉器。

这时，颇具文物保护意识的公社领导，一方面把这一"奇闻怪事"马上汇报给了县里的文管会。同时，一方面派有关人员前往墓地收集散失文物，并指定专人保护岸边现场。

仓房公社领导汇报的奇闻怪事，立刻引起了淅川县负责文物部门的高度警觉。随后，当时担任淅川县文化馆分管文物的副馆长张西显，马上亲自带人，前往仓房公社展开实地调查。

经调查判断得知，这是一座春秋中期墓葬，这里正东方水下有一个古城遗址，被当地群众称之为"龙"城。发现的古墓就位于群山中的这个三面环水的龙岗上，当地人称为"龙山"。

张西显与同事们本来打算进一步清理被大水冲刷破坏得已面目全非的古墓现场。但是，由于龙山山脊四面环水，根本无法进行钻探和发掘，无奈他们只好暂停对墓地的清理。

对古墓进行发掘

1978年5月，当丹江库区水位再次下降时，为了进一步掌握这一带墓葬的分布情况，张西显等人首先对下寺附近的龙山山脊以钻探的形式，进行了全面深入的调查。

结果，他们发现这一带的地下古墓星罗棋布，排列有序地分布在龙山冈上，这里极有可能是一处春秋时期的大型墓地。整个墓地，远有群山拥靠，近有丹江相护，显得气势非凡。

张西显等人返回县城后，文馆会把有关情况及时地向省文物部门做了详细汇报。没过两天，试掘专款就直接拨到了淅川县。后来，库区水位稍一下降，他们就去发掘。

第一阶段发掘期间，丹江口水库的涨落直接影响这里的考古工作，每当水落了考古就抓紧进行,水涨了考古就被迫终止。这样的考古发掘环境从 1978 年 5 月一直持续到 10 月。

即便这样,这一年淅川下寺古墓群居然发掘、清理出了数以千计的楚国文物。特别是其中一个编号为 M2 号墓的发掘结果,更是令考古人员目不暇接,叹为观止。

在确定了 M2 墓为楚国大型高级贵族墓葬后,为了加强库区的考古工作,1979 年 3 月,河南省组成了省、地、县丹江库区联合考古发掘队,开始对下寺墓区进行全面的发掘清理。

M2 号墓葬虽然也曾经被盗掘,但是,这次发掘墓内仍出土包括礼器、乐器、车马器、兵器、玉饰等器物达 6098 件,其中仅带有铭文的器物就多达 69 件。

在 M2 墓中,这套型制相同、大小递减的青铜鼎更是令古文字经验丰富的郝本性激动不已。因为这些鼎内的铭文都涉及"王子午"3 个字,所以这套鼎被定名为"王子午"升鼎。

所谓升鼎,就是当中束腰,底座是平的鼎,是楚国的一个特有的鼎,这个鼎不仅造型美丽,周边还有几个福兽,铸造工艺也很好。其中有美术字的长篇铭文,据说是鸟虫书。鸟虫书上面并不带鸟,只是字体细长并加以美化。

铭文中全面记录了王子午一生的功德,大意为:楚康王某年元月丁亥这一天,王子午选择了精美的黄铜,铸造了礼器升鼎,用来祭礼祖先文王,用来乞求长寿。

王子午的实际职务叫令尹,所谓令尹就是楚王底下的最高长官,相当于后来的宰相。按照古代礼制,鼎是国家权力和个人身份的象征,在礼器中处于首席的地位。一旦刻上名字就不能随便送人。除享用终生外,死后还要陪葬在自己的墓中。所以,发现了鼎的主人也就等于找到了墓主。

令尹子庚以七鼎之礼随葬,表明了他在楚国地位之高。那么,这个墓主应该就是王子午"宰相"。但是,这仅仅是一个推测。

不久,这里又发掘出土陪葬的 6 车 19 马的大型车马坑,这进一步确定墓主肯定应该是侯爵一级的贵族。这个车马坑的型制与王子午的身份是相符合的,这一发现证明了郝本性的推测是正确的。

王子午去世的公元前 559 年,楚国国都已迁郢都很久了。像王子午宰相这样赫赫有名的王室贵族,死后不葬在郢都,却为什么要葬在离郢都千里之外的丹江流域龙山岭上呢?

1978年和1979年两次对淅川下寺岭楚墓的全面发掘,是楚文化考古上的重大发现,一时轰动了全国。它使人们重新审视楚文化,开始把寻找楚文明的目光投向了这里。

寻找楚国早期的都城

丹江是楚国文化的发源地,长期以来,对楚文化的研究一直局限在湖北。由于没有出土过珍贵文物,史学界对楚国始都丹阳城的位置究竟在何处一直争论不休。

在人们印象中,楚国发祥于江汉平原,楚国最为辉煌的历史发生在江汉平原,这点史学界已经形成共识。而今天看来,地处偏僻、经济相对落后的丹江口库区,真的会是楚国始都的所在地吗? 不少人对此充满疑问。

司马迁在《史记·楚世家》中记载:楚人初居丹阳,只是弹丸之地,其后以此为立足点向南推进,发展成为雄踞南方的泱泱大国。楚国始都丹阳城究竟在何处呢?

楚国早期的都城在什么地方,学术界一直有争论,有秭归说,有枝江说,枝江就是现在湖北当阳,还有的说叫南漳……在清朝有一个学者叫宋祥凤,他主张楚都在丹阳,就是丹水之阳。这个地方有一个丹水、丹江水库,还有一个析水,他说这个丹水和析水交汇的地方,在丹水之阳,这就是古代的最初楚国的都城。这个说法对确定楚都的丹阳的地点,提供了一个很好的证据。

当淅川下寺楚墓群被发现,众多的楚墓、令人叹为观止的文物,使越来越多的人认为这里是楚国早期的一个政治、经济、文化中心,很可能就是司马迁所说的楚国最初的封地丹阳。

由于早期楚国考古资料有限,文献史籍记载与现代地名又难以对应,在发现淅川下寺楚墓群后,专家学者们形成了两种观点,即"封地说"和"归宗说"。

"封地说"认为,被淹没的顺阳川是王子午封地,死后葬在自己封地是很正常的事。"归宗说"认为顺阳川就是楚国最初的封地丹阳,龙城很有可能是楚国始都。

在学术界此消彼长的争论声中,"封地说"和"归宗说"一直相持不下。

1979年,下寺楚墓群的发掘终于结束了,一系列猜测也都随着发掘的结束而陷入沉默。

就在淅川下寺楚墓群发掘 10 年后的 1989 年秋,丹江口水库再度因干旱大面积缩减水面,水位大幅下降,距下寺墓区不远的一些古墓葬又一次神秘地露出了水面。

特别在枯水期,暴露出的古墓轮廓十分清晰,随处可见,根本用不着具备专业知识,普通人也能找出古墓在哪儿。在文物贩子高价收购文物的诱惑下,一时间,仓房盗墓成风。

抢救发掘已刻不容缓。1990 年 2 月,河南省文物考古研究所组成了省、地、县三级联合文物考古队对这片墓区进行抢救性发掘。

他们把目标锁定在和尚岭、徐家岭墓地。和尚岭也是龙山冈上的一个小岭,它的位置较下寺岭楚墓的位置略高。据村民说,这里的墓可能没有盗掘干净,应该有残留物。

在库区岸边进行发掘不同于其他地方,一旦下雨,库水上涨,任何人也没有办法救助,只能眼睁睁地看着挖开的墓葬连同其中的宝物一同被大水吞没,所以必须争分夺秒。

在原本没有心理准备的情况下,一号墓仍然给发掘者们带来了意外惊喜。在这个墓中出土的两件升鼎的底部刻有四字铭文。这"四字铭文"的背后又隐藏着有什么秘密呢?

这个铭文的四个字是"克黄之升","之升"表明这个鼎就是升鼎,那么"克黄"是谁呢?

与此同时,又一个关键证据意外地出现了。

原来,淅川县公安部门在打击盗掘活动时收缴的文物中,有属于这个墓所出的鼎、方壶等。其中两件方壶上同样铸有"克黄"字样,这为进一步证明墓主是克黄提供了有力证据。

不久,经过郝本性对铭文的解读,这里真的埋藏着众多的楚国王族显贵。

《左传》记载过一个箴尹叫克黄,"箴尹"现在来说相当于监察委员会的主任,古代封建社会叫谏官。国王或者朝廷里有什么过错,他可以检举,可以提建议,甚至可以鉴证。

从这个墓出土的"克黄之鼎"和"克黄之壶",应铸造于前605年前,这个时代为春秋中期。所以,专家以此来判断克黄升鼎是目前发现的楚国最早的升鼎。

王子午和克黄都是楚国高级贵族,都担任过重要官职,他们的墓葬相距不过区区四百米!这么小的区域绝对不可能是两大贵族的封地。

那么,这里究竟是一个什么样的地方呢?又该怎么解释龙城周围的这大批楚墓群呢?

有人就认为,这就是芈氏家族,或者他的封地亦在这个地方,或者他本身最初发源在这个地方。从这个角度说,有人主张这个就是归宗,就是人死后要埋在他的老家。这些说法都不妨碍认定这个地方应当是楚都丹阳。

淅川和尚岭、徐家岭楚墓全面发掘后,再次引起史学界、考古界的极大关注。目前仅发掘了一百余座,出土文物一万四千多件。徐家岭发掘被评为1992年全国十大考古发现之一。

淅川春秋楚墓的发现与发掘,再次把河南考古事业推向了又一个辉煌顶峰。

一座座贵族墓地的发掘,一件件惊世文物的出土,丹江口水库区域已成为研究楚文化绕不开的话题。现在,不少学者认为,这里的淹没区很可能就是司马迁所说的楚国始都丹阳城。

稀世珍品王子午鼎

河南省博物院在淅川丹江楚墓群出土的数以万计的楚文物的基础上,选择最具代表性的楚国青铜器,成立了河南省博物院楚国青铜器艺术馆。

这里的青铜器很多都是稀世珍品,居全国之最。奇绝、灵秀的楚文化以其鲜明独特的文化特色,令人震撼。

王子午鼎共7件,大小成序。这是其中最大的一件,出土时鼎中尚有牛骨保存,旁边还放有一个用于从鼎中取食的"铜匕"。这种型制的鼎叫作升鼎,其特点是平底浅腹,两耳外撇。

从这件王子午鼎的身上,我们似乎可以看到楚国贵族的赫赫威势与钟鸣鼎食的生活,王子午鼎反映了楚人神奇瑰丽的浪漫情怀和天人合一的艺术气质。

两千多年后的今天,昔日的赫赫威风已随风而去,而陈列眼前的这精美绝伦的食具,却仍在昭示着一个时代的辉煌……

26 件一组的形制相同、大小相似的王孙诰甬钟是中国目前发现的最大的一套春秋编钟。经测试这套编钟音域宽广,音色清晰。

今天,它们仍能够演奏出优美动听的乐曲……

1967 年 11 月蓄水的丹江口水库,是在特殊历史背景下开工的,大坝建成后,许多珍贵的历史文物和古代文化遗址被淹没于水库之中成为永远的遗憾。

2011 年,作为南水北调中线水源地的丹江口库水,或许将消落到历史的最低点——130 米,届时这里一批重要的文物遗址将会暴露出来。

人们相信,随着南水北调文物保护工作的全面开展。这里不断会有惊人的发现……

第十五章　痛心疾首的国宝迷途

身首异处的"罍中之王"
——商皿天全方罍

2001年3月20日,在美国纽约佳士得拍卖行举行的亚洲艺术品拍卖会上,一件来自日本藏家的中国商代青铜器器身以924.6万美元(含手续费折合人民币约9000万元)的天价成功拍卖,这不仅创造了东方艺术品在国际市场上的最高纪录,在全球范围内掀起一股热议中国商周青铜器的狂飙,而且也深深触痛了中国文化艺术博物馆界及广大民众的心,特别是藏有这件青铜器器盖的中国湖南省博物馆人员更是激愤难平。那么,这是一件什么样的青铜器,它是如何被切割得身首异处后又流落海外出现在拍卖会上的呢?

身首分离

民国9年(1920)夏天,一场连绵梅雨袭击了江南的荆湘大地,原本丘陵地貌被雨水冲刷得沟沟坎坎,现出了黄色土地的本来面貌。

这一天,湖南省桃源县漆家河终于迎来了雨过天晴,村民们纷纷走出家门去整理被雨水冲坏了的自家田地,其中一位村民突然在黄色河沟边发现了一片绿色,走近细瞧竟是一件造型奇怪的物件,于是便与儿子用铁锹将这物件挖了出来,原来是一件外表深褐、莹澈如玉的青铜器,随即父子俩把它抬回家藏了起来。

时隔不久,漆家河村来了一位姓石的湖北商人,可他住在客店里一个多月也没见去做什么生意,只是每天从早到晚到田间地头转悠,哪怕是刮风下雨也不例外,好像是在寻找什么东西,这让村民们都感到很奇怪。有一天,这位石先生一大清早又起床出了门,根本没有顾及满天飘洒的蒙蒙细雨,在漆家河附近的田地里转悠起来。时近中午,突然狂风大作,暴雨倾盆,石先生不得不一路奔跑进村,来到一户农家里避雨,农家主人见是外地人石先生,便热情地让小孙子端上了一碗茶水,石先生接过茶碗连声道谢,随即从衣兜里掏出几块银圆塞给那孩子,说是留给孩子买些零食吃,这让农家主人感到很是过意不去,便挽留石先生在家中吃完午饭再回客店,石先生客套一番也就答应了。于是,农家主人便忙活着做饭招待客人,石先生则很友善地与农家主人的小孙子闲聊起来。当石先生从孩子口中得知其家中藏有一件青铜器时,他不由得内心里一阵狂喜,因为这正是他一个多月来苦苦寻找的宝贝。不过,石先生并没有表现出欣喜若狂来,只是很随意地向农家主人提出拿来看一看,农家主人碍于情面便将那件青铜器拿了出来,石先生一见便说自己愿意出400块银圆买下它,这让农家主人惊诧不已,因为400块银圆对于他们农家来说简直就是天文数字,于是在惊诧之后便毫不犹豫地答应了。

不一会儿,农家主人的儿子回到家中,听说石先生愿意出400块银圆买下这件青铜器,他在感到吃惊的同时又产生了怀疑:难道这件青铜器果真是宝贝吗?于是,农家儿子乘着父亲与石先生吃饭的时候,提着这件青铜器的盖子出了门,他是想让村小学钟校长看看这到底是件什么宝贝,因为钟校长是村里最有学问与见识的人。果然,当钟校长见到这件青铜器的盖子时,当即表示自己愿意出800块银圆买下这件青铜器,并让农家儿子赶快回家取来器身。农家儿子听了钟校长的这番话,不由得欣喜若狂向家中飞奔而去,一边跑还一边高声喊道:"我发财了!我发财了!"农家儿子的狂喜声,让村民们都感到莫名其妙,而当机警的石先生捕捉到这一喊声时,则顿时明白了将要发生什么,随即扔下装有400块银圆的袋子,抱起那件青铜器器身夺门而去。

从此,这件因器盖内刻有"皿天全乍(作)父已尊彝"八字铭文,而被专家命名为"皿天全方罍"的商代晚期青铜重宝便身首异处,并开始了各自传奇的漂泊生涯。

各自流散

且说皿天全方罍盖被钟校长获得后,他为了使这件身首异处的青铜器合而为一,便呈请桃源县当地驻军某团团长周磐"缉拿奸商"石先生,没想到几个月后这位石先生经人介绍也找到周磐团长，表示愿意出价 4.5 万块银圆购买器盖，并许诺说事成之后还将支付给他 3 万块银圆作为酬劳，而这位周磐团长却不知何故没有答应他的这一要求。既然如此，神通广大的石先生随即又找到周磐团长的上级——驻扎在常德某师师长贺耀祖，不久这位贺师长便派人找到藏有这件皿天全方罍盖的钟校长，而钟校长则将器盖藏了起来，使来人无功而返。随后，钟校长因惧怕贺师长再来纠缠，便再次找到周磐团长表示自己愿将器盖捐献国家，但求政府能资助部分经费修缮村里的校舍。对于钟校长的这一要求，周磐团长当即支付他5000 块银圆与一张 5000 元的期票，而这件青铜器器盖则就此成为团长周磐私人所藏。这时，湖南省桃源县出土青铜器的消息已经传扬开来，不仅湖南省政府主席赵恒惕要求有关部门尽快追缴，就连段祺瑞执政的北洋政府也"严令追缴"，这位周磐团长一直以拖延之术敷衍应对，直到民国 15 年（1926）北伐战争开始时，北洋军阀政府才无暇顾及此事，这件青铜器器盖便一直由周磐团长秘藏家中。

在此期间，那位湖北商人石先生先是将这件青铜器器身，以高价卖给了上海的李文卿与马长生，随后李、马二人又将其倒卖给了美国的煤油大王，而得到这件青铜器器身的美国煤油大王为了得到器盖，又辗转找到石先生委托其以 14 万块银圆购买器盖，于是财大气粗的石先生再次来到桃源县，不料却被遵照北洋政府与湖南省政府严令缉拿"奸商"的师长贺耀祖军队抓个正着，最后这位石先生只好缴纳 10万块银圆才被释放出来。美国煤油大王闻知石先生的遭遇后，并没有放弃要得到这件青铜器器盖，而是再次派人携带 20 万块银圆直接找到藏有这件器盖的周磐团长，后因周磐团长索要 50 万美元而未能成交。转眼间，山河易主，天地变色，国民党军官周磐于 1952 年被湖南省人民政府捕获，他为了将功折罪不仅交出了这件青铜器器盖，而且写下"补充材料"详细交代了这件青铜器的出土与流传过程。随后，湖南省人民政府副主席金明亲自将这件皿天全方罍器盖送交省文物管理委员会。1956 年省文物管理委员会又将这件器盖移交给湖南省博物馆保存至今。这件商代皿天全方罍器盖命运如此，流落美国煤油大王手中的那件器身又当如何呢？

身首难聚

据有关资料可知，美国煤油大王因未能得到皿天全方罍器盖，而将器身转售给了日本大阪一位收藏家,这位收藏家后来也因不能使这件青铜器完整合一,又将其转售与东京著名收藏家 Asano 先生。

这位 Asano 先生为了使皿天全方罍完整合一,开始在世界范围内的拍卖市场上搜寻,因为他并不知道器盖藏在中国湖南省博物馆的库房里,后来他在英国某拍卖会上获得中国春秋时期的一件青铜器盖,可该器盖的纹饰、大小与颜色等均与器身不能相配,遂又开始了他寻找皿天全方罍器盖的历程。功夫不负有心人,就在这位 Asano 先生满世界搜寻皿天全方罍器盖的同时,时任中国湖南省博物馆馆长的高至喜先生,也在到处打听这件青铜器器身的下落,直到他于 1964 年主编《湖南省文物图录》时,也因未能获得这件青铜器器身的确切消息,只好在该图录中先行刊布这件器盖的有关资料。而正是由于有了该图录中刊布这件青铜器器盖资料的缘故,这位 Asano 先生才在偶然机会里从一位中国学者手中看到了这则资料,随后他多次来到中国湖南省博物馆对这件器盖进行详细测量考证,发现除了该器盖内铭文比其所藏器身上铭文多出"天全"两字之外,其余部分均十分吻合,由此而知即便这两者不是原配,至少也应该是皿氏家族同时铸造之器。后来,双方由于种种原因未能使这件青铜器配套合一,再后来皿天全方罍器身在冷战中逐渐淡出中国人的视线。

到了 1992 年,时任上海博物馆馆长、著名青铜器专家马承源先生应邀到日本访问期间,竟然在一位日本友人家中与这件皿天全方罍器身不期而遇。于是,马承源先生立即询问关于这件器身的来历,日本友人告知说这是他在 20 世纪 80 年代中期从英国以巨资购藏的,也一直是自己最钟爱的藏品之一。而当马承源先生告知说这件皿天全方罍还有一件器盖,且就珍藏在中国湖南省博物馆时,这位日本友人不由得惊诧不已,特地专程来到中国与这件他从未曾听说过的器盖见面,随后又表示他愿意出资 30 万美元为湖南省博物馆新建一座陈列馆,以及赠送一件中国西周早期青铜器器盖为条件,来换取这件皿天全方罍器盖。对于日本友人所提这一条件,湖南省博物馆曾专门派员前往日本进行考察洽谈,终因一些难以逾越的法律问题,使皿天全方罍错过了身首合一的机会。此后,中日双方几经努力想在上海博物馆及新加坡举办相关展览,促使皿天全方罍身首相合,最终都由于种种缘故而未能如愿。再后来,这位日本友人遭遇事业与家庭的双重打击,遂决定将这件皿天全方罍器身出售,上海博物馆与北京保利艺术博物馆闻讯后,联合筹集一笔巨款前往美国参加竞买,期望这一次能使这件身首异处的中国青铜瑰宝完整合一。不料,法国一位买主在美国佳士得这场亚洲艺术品拍卖会上,竟以高出中方近四成的价格将其竞拍而得,致使皿天全方罍再次失去了身首合一的机会。那么,人们不禁要问这件皿天全方罍到底是何宝物,竟能价值约 9000 万元人民币天价呢?

稀世之罍

确实,这件铸造于商代晚期的青铜重器,不仅本身铸造工艺精妙绝伦,而且还承载着一段足以填补史实的传奇故事。

器身高 63.6 厘米、器盖高 28.7 厘米的皿天全方罍,整件器物重达数十斤,器物外表是典型"黑漆古"的深褐色,器盖呈中国传统建筑那种四坡屋顶形,顶上有与器盖形状相同的提手,器身肩部较宽,两耳含环,长腹,方形圈足,腹下方有鼻纽,器盖与器身以子母口相扣合,整个器物四周及各面中心线的合范处,均装饰有突起的长条钩戟形扉棱,从而巧妙地掩盖了合范处铸痕,不仅对边角起到一种装饰作用,而且也大大增加了器物本身的造型气势,全器以细云雷纹为地,上饰深峻兽面纹与夔龙纹,圈足则饰凤鸟纹,从而使其显得形体高大而又富丽堂皇,因此世人称这件迄今为止中国境内出土青铜方罍中器型最大、纹饰最美的皿天全为"方罍之王"。

罍,是中国古代用青铜制作的大型盛酒器。在中国古代的第一部诗歌选集——《诗经》中,就曾多次提到罍这种盛酒器,比如《诗经·周南·卷耳》有"我姑酌彼金罍"一句,意思就是说:"我姑且斟满那酒罍吧。"

作为人类历史上的一项伟大发明,青铜是世界冶金铸造史上最早的合金,主要是在红铜里加入锡与铅之后使熔点降低、硬度增强,从而形成一种新的合金,由于这种合金历经几千年的化学反应,其表面会出现一层青灰色的锈,所以今人谓之曰"青铜",而古人则将这种合金称之为"金",这也就是《诗经》中称青铜罍为金罍的缘故。事实上,这种"青铜之金"虽然不是现代意义上所说的黄金,但是在先民眼中却要比黄金还要贵重,至于今天人们对待中国商周之青铜器,同样要比黄金看得有过之而无不及。特别是出现在商代晚期的青铜罍,由于流行时间短暂致使传世数量极少,尤其是青铜方罍则更属极为罕见之稀世珍宝了。

传奇史实

另据史料记载,这件商代晚期的青铜皿天全方罍,原是 2000 多年前西汉文帝爱子梁孝王刘武所珍藏,而这位当时富可敌国的大收藏家,在临终前的遗嘱中曾特别对儿子刘买说:"此罍价值万金,要好好收藏,切勿给予别人。"刘买继承王位后,始终谨记父亲刘武的遗训,对这件皿天全方罍珍爱有加,没有使其散失。

10 年后,刘买不幸病逝,其子也就是刘武的孙子刘襄继位,是为梁平王。最初,梁平王还能恪守祖训珍视这件皿天全方罍,可他的王后却是一个十分贪婪的女人,当她得知王府库房中珍藏有一件价值连城的青铜珍宝后,总想能据为己有而后快。于是她便央求丈夫梁平王将这件青铜珍宝赏赐给她,而这时依然健在的祖母李太后也就是刘武的王后,便严厉地对孙媳妇梁平王王后说:"先王有遗命,不准把罍给任何人,其他物品,即使价值千万,都任你挑选。"对于祖母李太后的这番话,宠爱王后的孙子刘襄却不以为然,他不仅没有听从祖母的劝阻,反而与祖母赌气将这件祖传皿天全方罍赏赐给了王后,这让李太后十分恼怒,而梁平王夫妇也因此对祖母产生了怨恨。后来,年老体弱的李太后气病而死,梁国一位名叫犴反的人便向朝廷告发了这件事,遂激怒百官呈请当朝皇帝废黜刘襄的梁平王爵位,并要求将有不赦之罪的梁平王王后斩首示众。当朝皇帝体恤梁平王是刘氏后裔宗亲,虽然没有废黜刘襄的王爵,但是却依法削减其八座城市的封地,而那位贪得无厌的王后则遵照百官所请,被绑赴刑场斩首示众去了。

由此可见,承载着中国顶级青铜铸造工艺与传奇史实的这件皿天全方罍,在美国佳士得拍卖会上能拍出当年亚洲艺术品的世界纪录,也就是理所当然的事了。

青铜酒器里的匪夷所思
——商虎食人卣

1998 年,一件流失海外多年的造型奇特的中华国宝级青铜器——虎食人卣(亦有虎卣之称)出现在上海博物馆的展厅里。而当人们蜂拥前往参观时,竟看到了一则由时任法国总统希拉克亲自撰写的让人感到匪夷所思的展览序言:

承色努施奇博物馆盛情,法国得以向上海人民展示一件稀世之珍——"虎卣",诚为幸事。虎年而有此举,我更是感到由衷高兴。但是,巴黎的"虎卣"仍有神秘难解之处:它或许是猛兽图腾,在吞食小儿形状的鬼魅——中国专家多取此说,或许是作为氏族祖先的虎母。在西方的神话里,人祖是宙斯这样的人格神,变成动物去勾引女子。亚洲的神话则不同,是以神兽作为人母。此卣相传出土于湖南,而南方传说正好予以有力的印证。传说称楚国太子幼受乳于母虎,一如罗马建城传说母狼哺养罗慕路斯与雷穆斯的故事。按说深藏古墓之物铜绿斑斓,往往令我们格外心醉,然而此物乌光温润,格外迷人,更符合中国古代文人偏好素雅的情趣。这件在我们巴黎典藏中落户、教育观众并使之销魂的"虎卣",再度表明——倘若还需表明——它是连接东方和西方的纽带。

阅读至此,至少有两点让人们感到匪夷所思:一、既然虎食人卣是中华国宝,它怎么就成了"法国得以向上海人民展示一件稀世之珍"呢,或者说这件"相传出土于湖南"的青铜器是如何在法国"巴黎典藏中落户"的,而此次又因何来到中国上海进行展览? 二、虎食人卣这件青铜器的奇特造型到底寓意着什么?

虎卣何来

其实,第一个疑问应该包含两个方面的内容:一是这件虎食人卣是如何流失到法国的,二是这件虎食人卣因何机缘得以回到它的故乡中国举行展览。

由于第一个疑问的第二点较为简明,述此即过:1997 年,法国总统希拉克在中国访问期间曾来到上海博物馆参观,并与时年 73 岁的中国青铜器泰斗马承源馆长一见如故,当马承源馆长将自己历时多年撰著的《中国青铜器全集》(前 14 卷)赠送给希拉克总统作为纪念时,便奠定了法国色努施奇博物馆作为"交换"而于第二年将该馆所藏这件虎食人卣送到上海博物馆举行展览的基础,并得到了希拉克总统亲自撰写序言的重视。

而关于第一个疑问的第一点,至今不仅没能取得一个大众广泛认可的确切解答,反而因为一些人不加考证便提出揣测或写上一段似是而非的文字,导致歧义丛生、莫衷一是。比如,有人认为在"巴黎典藏中落户"的这件虎食人卣是色努施奇博物馆第一任馆长亨利·达且·德·提萨克于民国 9 年(1920)购得,至于购自何处则不着一字或讳莫如深;还有人认为色努施奇博物馆早期藏品全部来自19世纪避难于法国的意大利商人亨利·色努施奇于1896年之捐赠,而亨利·色努施奇是在清同治九至十一年(1870—1872)在中国旅行了两年,也就是说他是在这两年间于中国购藏了这件虎食人卣;而据中国近代著名金石学家罗振玉(字叔蕴,号雪堂)撰写于清光绪三十四年底(1908)的《佣庐日札》中就有关于虎食人卣之记载,可以肯定地说他在此前三年间曾于北京厂肆或同好友人处"留玩"过虎食人卣,抑或他本人就曾出资购藏过虎食人卣。不过,至于罗振玉或见过或"留玩"或购藏过的虎食人卣是否是如今法国色努施奇博物馆所藏的这一件,由于没有确凿文献记载还不得而知,因为今日本京都泉屋博占馆亦藏有一件与此几乎毫无二致的虎食人卣,而罗振玉不仅与日本学术界交往密切,还曾于民国初年(1912)携带难以数计的中国文物瑰宝避难于日本,后来因开销过大而不得不出售一些自己珍藏多年的中国古物。而另据有关史料记载,于民国9年(1920)5月入藏日本泉屋博古馆的这件虎食人卣,是日本望族住友氏于清光绪二十九年(1903)从日本京都古物商处所购,可这时罗振玉还没有携带中华古物避难于日本,何况罗振玉是否购藏过虎食人卣还是一个疑问呢,因此这就使问题变得更加诡秘莫测了。

确实,行文至此不仅没有解决法国色努施奇博物馆所藏这件虎食人卣之来源,而且还牵扯出了今藏日本泉屋博古馆的另一件同名青铜器来。不过,有一点是可以确定的,那就是如法国总统希拉克在那则展览序言中所说,法国色努施奇博物馆所藏虎食人卣与日本泉屋博古馆所藏同出中国湖南安化县与宁乡县交界处,并几经辗转流出国门后为这两家博物馆所藏。那么,虎食人卣是怎样一件中国青铜重器,分藏于法国与日本的这两件虎食人卣到底又有何区别呢?

神秘寓意

作为中国青铜时代一种重要的盛酒器——卣,通常的形状是椭圆口、深腹、圈足,与同时代的青铜酒器诸如觚或盉不同或者说最大的区别,就是卣具有可以活动的盖与提梁,所以又有提梁卣之俗称。又据古文献与青铜器铭文中常有"秬鬯一卣"之说,而"秬鬯"(以郁金香与黑黍酿造而成的一种酒)作为中国古代祭祀时使用的一种香酒,亦可知卣还是商周先人祭祀时盛酒的一种礼器,这便赋予了卣比较高贵而神秘的宗教色彩。

另外，动物作为中国古代青铜器中常见的一种造型——像生器，由于原始社会遗留下动物图腾制度的影响，又使这类青铜器比光素无纹的青铜器更具有研究价值，也更受到商周先人的普遍喜爱与青睐，比如这件虎食人卣。确实，作为自然界中百兽之王的老虎，历来就是一种威赫权势的象征，这在商周时期像生类青铜器上或者青铜器的纹饰中可以得到佐证。比如，著名的商代后期王室青铜祭器——司母戊大方鼎的耳部外廓就饰有一对虎纹，而两虎口相向中竟然是一颗人头，好像人将要被老虎所吞噬一般，这与本文主角虎食人卣除了雕刻手法不同之外，其寓意起码是相近或者说就应该是一致的。

且看虎食人卣青铜器之造型：这是一只呈踞坐状的猛虎，虎尾与两只后爪形成了比较稳定的三足支撑点，两只前爪则抱持一人，正将此人置于那张几乎占据身体1/3大的獠牙虎口下，这种作啃噬状的造型着实有一种惊心动魄的感觉。然而，面对这只眼似铜铃、齿如斧锯的猛虎，此人身体却似在与虎相拥，双手很自然地搭在虎肩上，即便眼睛同样睁得溜圆，但是微微上翘的嘴角又似含有一种期待，或者说完全是一种不可捉摸的惶恐式喜悦。于是，各路专家学者开始对虎食人卣这种奇特造型进行了锲而不舍的考证与诠释，可至今也没有一个让大众信服的答案。比如，以往有一种带有鲜明时代特征的观点认为，猛虎啃噬的是一名奴隶，表明奴隶主为镇压或恐吓奴隶服从自己的管理而铸造了这一恐怖残酷形象。对此，随着学术氛围逐渐摆脱政治禁锢之后，有人指出在商代奴隶主杀戮奴隶是一件极为平常之事，何须借助老虎来威吓呢？诚如斯言，接着便有了辟邪一说，认为虎食人其实是"虎食鬼"，借助猛虎那种神秘威慑力量来驱赶鬼魅之凶恶，从而创造一种和谐吉祥的社会秩序。与此基于宗教角度解析相近的，还有人认为："虎食人卣的形象，并不是虎正在食人，只是虎张着口，而人将头放入兽口中，人兽则相互拥抱着，这人是正在作法的巫师，他正借助动物的力量沟通天与地、人与神，这里的虎便成了沟通人神的媒介物。就是说，这类青铜器上的动物成了巫觋借通天地的交通。"近来又有学者认为，虎食人卣造型"象征着人的自我与具有神性的动物的合一，因为虎历来代表一种权威或势力，人通过被其吞食（"神物"与人的合一）便可取得这动物的保护"。综观这些立足点不同的见解，似乎都有一定的合理性，那么哪一种更接近商人铸造这件青铜器之原意呢？而随着时间的流逝，人们是否还会赋予其别的新的解析呢？

陶范铸造

匪夷所思的寓意使虎食人卣充满了神秘色彩，而独树一帜的铸造工艺与繁复纹饰又赋予其无穷魅力。

众所周知，中国古代青铜器一向以气势恢宏而又精巧绝伦著称于世，这主要取决于古代工匠在铸造工艺方面所表现出的杰出的天才创造。比如盛行于商周时期的陶范法，关于陶范法大致有这么五个步骤：第一步用特制黏土做出待铸青铜器的实心泥模，第二步用湿黏土分块敷在泥模上而制出外模（即"外范"），第三步将实心泥模外面刮去一层以留出浇注铜液的凹槽（即"内范"），第四步将外范与内范对合成整体后浇注铜液，第五步打碎外范取出青铜器后再修整黏合其上的内范黏土便成功了。由于一套内外范只能铸造一件青铜器，所以从一定意义上来说中国古代青铜器都是独一无二的，即便后来工匠们发明了连铸法，但是那时只能铸造造型简单而花纹简洁的钱币之类，像虎食人卣这种造型极为独特、纹饰极为繁复的青铜器，竟然出现了极为相似的两件流传于世，这实在是一件难以想象的奇事。

确实，当人们细心欣赏这件虎食人卣青铜器时，发现在虎口内部有一条比较清晰的范痕，而这条范痕与处在虎口内的人头发际、耳缘及人背中线相对，这表明虎口内腔部分与人首部分是用两块相互咬合的小范铸造而成。于是，有人便揣测说这应该是工匠在打碎外范取出青铜器时，发现内范竟然保存得比较完好，遂又重新翻制外范而铸造了第二件虎食人卣，至于现藏法国与日本两件虎食人卣出现人左耳大小不一及猛虎左眼下花纹有别之差异，那是由于内范稍有损毁而工匠们重新铸造黏合所致，限于目前还没有出现最能使人信服之权威解释，权且留此一说作为参考。另外，通观这件虎食人卣之纹饰，发现它不仅涵盖了中国古代青铜器身上诸如兽面纹、云雷纹与夔纹这三种主要纹饰外，还有蛇纹与鳞纹这类比较少见的纹饰，这无疑增加了铸造工艺上的难度。不过，这些都没有使铸造这件虎食人卣青铜器的工匠们知难而退，反而激发了他们卓绝非凡的聪明才智，铸造出了这件既有写实性又有装饰意味，同时还蕴涵浓郁神话色彩的神奇青铜瑰宝。

最后，关于这件名为"虎食人卣"青铜器之名称问题，不仅原先有因虎口正欲吞噬人头这一造型而称之为"饕餮食人卣"之名，而且还有如今为专家学者广泛认可的"虎卣"之称。不过，据《吕氏春秋·先识览》中有"周鼎著饕餮，有首无身，食人未咽，害及其身"之记载，人们发现这件青铜卣虽有食人之像，但是并非"有首无身"，于是才抛弃了"饕餮食人卣"之称；而由于这件青铜卣之造型奇特得让人匪夷所思，特别是人们对"虎食人"寓意之莫衷一是，遂采取了比较中性的"虎卣"名之，这与宋人为商周像生类青铜器命名时只在器物之前添加动物名称这一做法相吻合，比如象尊、虎尊、牛尊、马尊、羊尊、枭尊、鸮卣等等。然而，由于人们先入为主的习惯性心理，以及虎食人卣名称如此的耳熟能详，我们在此还是称之为"虎食人卣"吧。

商人模样的科学猜想
——商人面盉

这是一件惹人猜想的商代青铜酒器，因为其人面龙身造型实在容易让人们把它看作是商人中的一员，并由此对遥远的商人模样产生种种猜想，这就是现藏美国弗里尔美术馆的中国商代青铜重器——人面盉。那么，商人到底是怎样的人，他们的模样、性格、思想、作为与今天的我们又有何联系呢？

商人何来

很显然，要想了解关于商人的以上情况，我们着实应该首先用心来吟诵《诗经·商颂·玄鸟》中的诗句：

天命玄鸟，

降而生商，

宅殷土芒芒。

古帝命武汤，

正域彼四方。

短短几句，告知我们的信息却是异常丰富。首先，商人自认为是玄鸟后裔，即以玄鸟作为自己的始祖,且祖先崇拜现象极为庄严浓厚,这从商代青铜器上多饰凤鸟纹便足以说明。与祖先崇拜并存或者说结合极为密切的,还有商人的上帝崇拜,比如在《礼记·表记》中就曾这样记述商人的宗教观念:"殷人尊神,率民以事神,先鬼而后礼。"正因如此,商人才特别强调"古帝(上帝)命武汤,正域彼四方",即成汤是受天命而取代夏桀建立商王朝,并竭力向周边展开军事、经济与文化扩张的,而这也成为中国数千年封建王朝受天命更替之滥觞。

不过,如果我们今天剔除其中的神话与迷信色彩并参阅史料与考古材料的话,便不难得到这样一段史实:在成汤取代夏王朝末代暴君桀而建立商王朝之前,商作为夏王朝的一个方国已经存在了相当长的历史时期,这从《尚书·序》中有"自契至于成汤八迁"一句中可得证明,不过从中也可知道商人在成汤之前竟然多次迁徙族人的活动地域,但是这并不表明商人原本是一个游牧民族,因为迁徙的原因有异族压迫、自然灾害或为了得到肥沃土地而进行扩张等多种,这从民国 17 年(1928)国民政府开始对殷墟遗址进行多达 15 次的科学发掘中已经得到证实。

那么,商人最早的活动地域在哪儿呢? 对此,学者王国维经过缜密考证后条分缕析地认为,"自契至于成汤八迁"应该是契居番、昭明迁砥石又迁于商、相土东迁泰山下又迁商丘、上甲微迁于殷又迁至商丘及成汤灭夏定都亳这么"八迁"。然而,商人似乎习惯于这种频繁的迁徙生活方式,因为"八迁"之后又有五次迁徙,即仲丁迁于隞、河亶甲迁于相、祖乙迁于邢、南庚迁于奄及直到盘庚定都于殷,这就是所谓的"殷人屡迁,前八后五"。虽然商人前后有多达 13 次的举族迁徙,但是其活动范围基本上没有跳出渤海沿岸及河南、河北等地,这也就是前面所说商人原本不是游牧民族之根源。当然,也有学者认为商人族源在今天的京津一带,且极为肯定地强调属于蒙古人种,只是相关考古证据还不足以确证,权且存此一说。

其次,商人虽然屡次迁徙活动地域,但是并没有疏忽制定约束族人的规章制度,特别是盘庚迁殷之后的 273 年间,更是将王权、官制、军队、民众等级、祭祀与刑罚等制度提高到了一种完善的程度。而正是因为有了这种相对完善制度的保障,才进一步促使商族文明的辉煌与发达,比如最能反映商人时代特色与工艺技术水平的青铜铸造业,简直达到了空前绝后的精妙地步。当然,商人除了拥有分工精细且门类齐全的手工业之外,还在农业、畜牧业及渔猎等方面取得了赫赫成果,以至于有些做法影响至今。

另外，商人还是一个充满母性的民族，不仅祈愿自身健康安宁，而且希望这种福音能够庇佑后人。总之，受天命的商殷人民不仅开疆拓土、率先垂范、订立准则，而且政教赫赫、威灵盛大，并将长寿安宁的美好祈愿一直佑护着我华夏民族子孙万代。如此看来，商人应该是勇敢、威武、富有开拓精神又不乏讲求规矩且宅心仁厚的一个民族。

遗憾的是，即便我们今天对于商人的认识已经如此深刻，可依然缺少一种比较直观生动的印象。于是，民国17年（1928）在国民政府中央研究院院长蔡元培先生的大力支持下，该院历史语言研究所决定对殷墟遗址进行科学发掘，以探求遥远商人文化一向被神话了的历史面貌。为了确保殷墟遗址发掘顺利进行，蔡元培曾专门致函驻守河南的冯玉祥将军，请求其派遣军队驻守小屯以保护发掘工作及人员的安全。从此，以具有国际学术水准的董作宾、李济、梁思永等专家为首的一大批考古人员齐聚安阳小屯村，对殷墟遗址连续进行了15次大规模的科学发掘，不仅对历次发掘保有明确的坑位记录，而且对殷墟遗址的所有文化层与甲骨、青铜器等多种器物进行了系统勘查，从而极大地提高了殷墟遗址发掘的学术等级。当然，我们这里需要关注的是高水准科学发掘是否能够提供对商人认识的直接或关键性材料，好在民国25年（1936）6月12日在第十三次发掘中当人们发现了编号为YH127的甲骨窖穴时，终于从商人遗留下的这个皇家档案库中对其民族信息有了突破性认识与理解，再加上后来司母戊大方鼎的出土及妇好墓的发掘，更使人们对商人的认识越来越完整、越来越具体，同时也越来越美丽，越来越感觉到商人的伟大。

盉为何物

不过，我们最直接与商人进行面对面的认识，却不是来自国民政府对殷墟遗址的科学发掘，而是河南安阳当地人从殷墟遗址中盗掘出的这件商代青铜酒器——人面盉（如果是国民政府科学发掘出土是不会流失海外的）。行文至此，对于盉为何物，以及这件出土于殷墟遗址中的商代人面盉有何特点，它是否能够为我们揭开商人的真实模样等问题，不能不加以解析了。

从出土实物上来看,盉作为一种青铜礼器,主要是以酒器的形式而存在,且存在的时限较为长久,它自商代诞生后一直存活至战国时期,而最盛行的当属商代晚期与西周年间。据王国维在《说盉》中考证说:"盉之为用,在受尊中之酒与玄酒(水)而和之,而注之于爵。"也就是说,在举行神圣的祭祀典礼时,将尊中之酒倒入盉中后再加水以调味,即盉属于一种调酒器。当然,盉还可以作为水器,只是这时的盉充当了匜的角色,即在祭祀之前用盉浇水洗手,以表示对祖先或上帝神灵的敬畏。不过,这件大口、宽腹、圈足且腹前有管状流(出水管)的人面盉只能是酒器,因为匜通常是要与盘配套使用,也就是说由一人捧匜一人捧盘,用匜从盛满水的盘中舀水洗(淋)手,很显然这件人面盉不具有水器匜的形态与职能。器身显得低矮的这件商代人面盉,造型实在是奇特、巧妙而怪异,奇特是器盖做成了人面形状,如果将器盖与器身合在一起的话,恰如一个仰面朝天的圆形人头;巧妙的是人面双耳有孔,恰与两旁脖颈处两只兽面状贯耳相对,且器底圈足边上镂出的三孔中除一孔在腹部管状流之下外,另外两孔竟在贯耳与人面两耳之下,这就使整器有了极为对称稳固且便于提携的系绳所在,只是这种麻质"提梁"埋藏地下千年已经腐朽而已;怪异的是长有硕大蒜头鼻子与厚实嘴唇的这张人面上,却在头顶上还长有两个类似长颈鹿角的兽角,因此引发了人们对这种玄妙古奥长相的种种猜想。

科学猜想

猜想之一,是以天津南开大学历史学院教授陈春会在《商代青铜器宗教思想探析》一文中从宗教角度考虑问题为代表的观点,认为这一人面形象"可能就是甲骨文中所说的上帝",并由此进一步推测说这件人面盉除了体现商人的自然崇拜与祖先崇拜之外,还包含有上帝崇拜的因素。也就是说,这件商代人面盉中的人面应该是上帝形象。

猜想之二,看似与陈春会教授从宗教角度分析相近,认为这是商人因为祭祀需要而采取的人面造型,并不是商人中具体某人之形象,而理由实则是单纯从头上长角不符合人类基本特征这一角度进行考虑。

其实,这件商代人面盉作为一件器物,即商人创造的一件艺术品,是否应该符合艺术来源于生活又高于生活这一艺术创作规律方面来解析呢?毫无疑问,如此考量这件商代人面盉应该也是一种符合人类思维的方式，而由此我们是否可以大胆地承认这张面孔就是创作者熟识的一位亲友，或者最起码与创作者有过一次比较深刻的照面，否则何以当人们即便与这件商代人面盉的照片相视时会有一种似曾相识的生动感觉呢？这权作是笔者的第三种猜想吧。

据中国著名考古学家、古文字学家陈梦家先生于民国 33 至 36 年（1944—1947）在美国各大博物馆、大学及古董商处搜集或见识过的多达 845 件中国三代青铜器中，这件商代人面盉不仅位列其中，而且他还在文字中明确指出其最先是被卢芹斋收购至美国，而后几经辗转才得以入藏美国弗里尔美术馆珍藏至今的。那么，这位专门倒卖中国文物到国外的大古董商卢芹斋是哪儿收购到这件商代人面盉的呢？由于确凿史料的缺失，笔者只好将两则史实缀合在一起来解答这一历史之谜。众所周知，卢芹斋与上海大古董商吴起周合创的卢吴公司，虽然总部设在美国，但是货源则来自其分设在北京与上海两地的代理商，也就是说这件商代人面盉必然是通过北京或上海一地的代理商收购后运至美国的。而据北平琉璃厂尊古斋掌柜、大古董商兼金石学家黄佰川于民国 33 年（1944）出版的影印本《邺中片羽·三集》（注：黄佰川于民国 24 年（1935）与民国 26 年（1937）分别出版了《邺中片羽》影印本初集与二集）中最早收录这件商代人面盉来看，应该是卢吴公司北京代理商从黄佰川的尊古斋收购了这件青铜酒器，然后托运到美国卢芹斋手中后而最终入藏弗里尔美术馆的。至于黄佰川是到河南殷墟遗址"包坑"，还是从"跑彰德府的"手中收购的这件人面盉，限于手边资料有限至今也不得而知。

即便如此，也不妨碍我们认定这件商代人面盉的流失与黄佰川、卢芹斋二人有着不容置疑的紧密联系，只是他们当初将自己的先祖——这位商人贩卖到遥远异国时，可曾想到会背上不肖子孙之骂名呢？

人心不足"凤"飞去
——商凤耳簋

这则故事至今也没有结尾或者说无法结尾，但是其开始、过程及插曲足以发人深省、令人痛心,因为这件中国商代天子祭天使用的青铜重器——凤耳彝经过北平(今北京)琉璃厂大古玩商岳彬之手无偿流失海外的旧事实在是鲜为人知,以至于直到今天也无人能说清其踪迹何在。

岳彬入行

民国 20 年(1931)9 月 16 日,对于与专门盗卖中国文物到国外的卢吴公司同样臭名昭著的北平琉璃厂彬记古玩铺来说,一开门便迎来了一位尊贵的老顾客——法国原驻清廷第三公使、大收藏家兼大古董商魏武达。

关于魏武达与彬记古玩铺掌柜岳彬之间的结识与交易,还应该从民国 5 年(1916)春节前岳彬在东晓市上偶然买的一件清康熙官窑素三彩瓷盘说起,而要想说清楚岳彬购买这件瓷盘的来龙去脉,则不能不把笔触延伸到北平古玩行一代枭雄——岳彬初入古玩行时的那点旧事。清光绪二十二年(1896)秋,岳彬出生在北京通县(今通州区)张各庄一贫苦农家,幼年失怙(因母亲去世而失去母爱),只能与土里刨食的父亲相依为命,10 岁时他又患上一种当地俗称"肿大脖子"的甲状腺炎,以致成年后还影响了他的生育。不过,12 岁进入私塾学堂只读了三本"小书"(即《百家姓》《三字经》《千字文》)《大学》《中庸》及半部《论语》后便辍学的岳彬,在宣统二年(1910)春节时迎来了一个决定他一生命运的好机会。

原来,这年冬天岳彬因不愿忍受私塾先生的一次冤打,央求父亲让他辍学进京当学徒,并如愿以偿被清光绪朝专门负责宫内古玩陈设的内务府官员庆宽(又名庆小山)的管家、张各庄人常惠川带进京城,开始跟随与常惠川熟识的小古玩商朱二学习做古玩生意。三年后的一天,岳彬与师父朱二在东晓市上因对一件标有"大清康熙年制"蓝字款棒槌瓶辨识出价不同而被炒了鱿鱼,随后开始独自做起了"夹包"古玩生意(即当年北平琉璃厂古玩行中,一些没有本钱开设古玩铺却有一定眼力者,只要看中哪家古玩铺某件货后双方谈好价钱,便可不立字据不写收条全凭信用拿走出售,从中赚取差价的一种行当)。

够上翠凤

经过近三年做"夹包"生意与跑晓市鬼街之锤炼,岳彬逐渐练就了一双能够准确辨识官窑瓷器等古玩的慧眼，从而再次幸运地从当年售其那件棒槌瓶的老汉手中，以 100 块大洋买下了一件"大清康熙年制"的官窑素三彩瓷盘（即在明正德官窑素三彩基础上发展而成的以黄、绿、紫三种颜色为主色调且不用红色的低温釉下彩瓷器）。

不过，当时年仅 20 岁的岳彬买下这件清康熙官窑素三彩瓷盘后，因对这种瓷器不太了解而一直心怀忐忑，后经瑞记古玩铺老掌柜白瑞斋的确认及指点，他于民国 5 年（1916）春节后来到位于北京饭店北边大甜水井 9 号拜见魏武达，并以自己聪明机灵的谦恭态度成功地做成这单生意，还因此结识并赢得了这位法国大古董商的喜爱与信任。从此，岳彬恰如当年北平老古玩行人所说"够上了罡风"，即遇到好买主使生意像芝麻开花节节高一般兴盛起来。确实，自民国 5 年（1916）与大古董商魏武达结识后，岳彬凭借着自己的聪明与机灵，不久便成为其在法国巴黎开设古玩铺的中国文物收购委托人，直到民国 10 年（1921）岳彬独自出资开设彬记古玩铺以后，还一直与其保持着密切的生意往来。

正因为如此，当民国 20 年（1931）"九一八事变"前两天魏武达再次来到彬记时，岳彬不仅将西周匜与凤纹卣（后面详述）两件青铜器卖给了他，而且还把这件商代天子祭天礼器——凤耳彝向其作了展示，以致这件青铜重器最终被魏武达"夹包"而去再也未能归来。那么，岳彬是从哪儿得到这件青铜凤耳彝的，它又是如何被魏武达"夹包"而去的呢？

巧买重宝

因为做像魏武达这样"外国庄"而逐渐成为北平琉璃厂古玩行风云人物的岳彬，由于经济实力雄厚而开始雇佣"吃外股"（即别人收购古玩后与其合伙经营）伙计以拓展彬记经营市场。其中，有一个专门跑彰德府（今河南安阳）的伙计叫郎香甫，为其收购到了商代青铜重器凤耳彝。

原来，自清光绪二十五年（1899）河南安阳小屯村及其周边发现商代甲骨卜辞后，经过王懿荣、刘鹗、罗振玉与王国维等近代一批著名学者辛勤探索，终于使人们明白司马迁在《史记》中所说"洹水南殷墟上"，以及唐人张守节在《史记正义》中所说"相州安阳本盘庚所都，即北冢殷墟"，就是公元前 14 世纪中叶商代第二十代天子盘庚从山东迁都殷地之后，在此建都长达273年之久的殷商都城之遗址，从而揭开了中华民族历史上一直处于神话传说中那"五帝三王"遥远而神秘的面纱。与此同时，一批批商代青铜器等文物古玩也开始被发现，并迅速吸引了各地古董商蜂拥而至，以致出现了所谓的"包坑"（即古董商在文物古玩被发掘之前，便与发掘者协商好价钱而全部收购）者。与"包坑"者所不同的，还有来自北平的一批"跑彰德府的"，其潜台词或者说古玩行话就是专门到安阳收购青铜器的人。当然，无论是各地"包坑"者还是北平"跑彰德府的"，他们都是从当地盗掘殷墟青铜器等文物古玩者手中进行收购，而当年盗掘殷墟文物古玩的情况，可以说是达到了一种极度疯狂的状态。即便民国17年（1928）国民政府刚刚成立的中央研究院历史语言研究所指派古文字学家董作宾前往殷墟调查后，决定以国家学术机构的力量对殷墟进行科学发掘，也没能阻挡这股被巨大经济利益所驱动的盗掘之风，只是原本"光明正大"的盗掘方式变得隐蔽一些而已。

因此，当郎香甫于民国18年（1929）冬天再次"跑彰德府"时，虽没能像以往那样轻而易举地收购到诸多新出土的青铜器，但是却在当地古董商周化南的拉纤下，收购到了这件商代天子祭天的青铜重器凤耳彝。关于这一点，陈重远先生有这样一段文字：

郎香甫到彰德府没买到像样的货，正在犹豫是不是回京时，当地古董商周化南跟他说："你给岳彬买货，得要奇特的古董，一般的爵杯、花觚入不了他的眼。我介绍你看件东西，自这个地方出土铜器至今，还是第一次发现这种奇特造型的彝炉。"周化南引郎香甫到附近村落的一所破旧房院里，见到了挖掘出凤耳彝的人。郎香甫看那彝炉约有20厘米高，口径约30厘米，造型奇特，奇特之处在于双耳高出炉口似一对立凤，锈色翠润，花纹清晰，炉内底部有铭文数字。

郎香甫与这位挖掘者议价，开始要价5000银圆郎香甫给他2500元，最后以3000元成交。按"成三破二"的规矩，周化南得了拉纤的佣钱150元。

回到北平后，郎香甫向东家岳彬谎称自己花4000块大洋收购了一件商代凤耳彝，且已经有了买主。对于郎香甫的这套把戏，一贯狡诈的岳彬自然是心知肚明，不过他没有当面戳穿郎香甫的这一谎言，而是按照惯例验明这件商代凤耳彝确实是稀世青铜重器，并支付给郎香甫2000元合股经费后，便让他这个吃"外股"的伙计先去出售，反正出售时必须征得他这个东家的同意，且出售所得利润也是要双方平分的。其实，当精明狡诈的岳彬鉴别出这件商代凤耳彝是稀世青铜珍宝后，便认定以郎香甫这个吃"外股"伙计的销路是不可能卖出好价钱的，而资金捉襟见肘的郎香甫又垫进了1000元大洋，如果岳彬故意以出售价钱不高而拖长时间不同意出售的话，承受不住资金积压的郎香甫最终会将这件青铜重器转售给他，这就是岳彬在生意场上应对吃"外股"伙计所惯常使用的"欲擒故纵"法。

果然，一年多后当郎香甫再次向岳彬谎称有人愿意出价6000元大洋收购时，岳彬爽快地表示他愿意再支付其1000元大洋由自己买下这件商代凤耳彝，也就是说今后岳彬以多少价格将其出售都与郎香甫无关。如此算来，加上支付周化南拉纤佣钱在内事实上花费3150块大洋收购这件凤耳彝的郎香甫不仅没有赚到钱，反而倒贴150元为岳彬跑了一趟彰德府，这自然不是郎香甫吃彬记"外股"的目的。于是，郎香甫又艰难地硬挺到民国20年(1931)9月，他第三次向东家岳彬谎称有人愿出8000块大洋收购这件凤耳彝，没想到这次岳彬爽快地同意他以这个价格出售，这让郎香甫顿时就傻了眼，因为根本就没有人愿意出此高价购买。随即，他灵机一动不得不自找台阶，主动要求以4000元价格将这件商代青铜重器转手给了岳彬。

贪心不足

靠吃"外股"赚钱的伙计郎香甫没有门路高价出售这件商代凤耳彝，而专做"外国庄"的大古董商岳彬则路数宽广，他认定非30万块大洋不能出售这件青铜重器。然而，正是岳彬这个利欲熏心的心理定价，最终却致使这件商代凤耳彝无偿地流失到海外后竟变得无影无踪了。

原来，民国20年(1931)9月16日法国大古董商魏武达从彬记购买了西周匜与凤纹卣两件青铜器后，又惊喜地欣赏到了这件商代凤耳彝，而且一见钟情地愿意出价8万银圆购买它，可是人心不足的岳彬却对这位老主顾声称非30万银圆不卖！对此，陈重远先生也有一段颇具学识的文字：

魏武达买下西周匜和凤纹卣，看到八仙桌上摆件锦匣没打开，不知里头装着什么古董，便问："岳先生，你卖给我两件西周青铜器，这锦盒匣里装着什么，为什么不打开给我看呢?"

岳彬抱歉地说:"对不起,我只注意听您评说凤纹卣和讲解蟠龙纹,忘了打开锦匣请您鉴赏商代的凤耳彝。"

魏武达听到商代青铜器中的凤耳彝,甚觉新奇,忙说:"快打开匣子我看看。"

这凤耳彝炉口微敞腹微凸,两耳圈足,约一尺多高,造型奇特,奇特之处在于双耳高出彝炉口,似一对立凤,锈色翠润,花纹清晰,炉的底内部有铭文数字。

魏武达看后说:"这凤耳彝和那件西周匜不同,都叫'yí',可一件是礼器一件是盥器。"

岳彬说:"魏老爷,您在前清时交了很多翰林院的编修做朋友,对金石学有研究,请您鉴赏这件凤耳彝,是要听您对这件青铜器的评议,让我们长长见识。"

魏武达笑了说:"研究金石学的编修们见到青铜器圈足者统谓之彝。古书中记载:彝,宗庙常器也,器中宝也,有六彝:鸡彝、鸟彝、黄彝、虎彝、虫彝、斝彝。以其纹饰造型不同而得名。这凤耳彝未见记载,应是商代天子祭天的礼器。中国古代传说凤是神鸟,'黄河清圣人出,凤鸟至天下宁'。还将圣人比作凤,《论语·微子》篇中有'凤兮凤兮,何德之衰',这凤就是指孔夫子说的。这是老翰林张世培给我讲的。这件双耳彝上的双凤造型奇特而端庄,锈色铺翠而莹润,花纹清晰而细腻,是新出土新发现的凤耳彝,非常珍贵。"

岳彬听了魏武达对这件凤耳彝的评议,心里有了底,甚觉这件文物打动了法国大收藏家的心,是件商代青铜器中出奇的祭祀礼器,天子祭天用过的,实属难得的国之重器。

魏武达评议凤耳彝之后,马上愿出 8 万元高价收购,岳彬不肯出手,魏武达又不愿放弃。

最后,二人达成协议,作价 30 万元拿到巴黎去,放在魏武达开设的古玩店里代销,按北京古玩行中相互搂货的规矩,没签什么字据。

就这样,这件国之瑰宝商代凤耳彝被法国大古董商魏武达带到巴黎,直到民国 26 年(1937)"七七卢沟桥事变"前夕,当魏武达从巴黎拍电报声称有人愿意出价 20 万银圆来征求岳彬意见时,岳彬依然坚称非 30 万元不卖。于是,时间转眼到了 1939 年爆发第二次世界大战时,法国首都巴黎旋即被德军占领,魏武达从此音信全无,那件中国商代的青铜重器凤耳彝也就此踪迹不见。

悔之晚矣

对于这件因为自己过于贪心而损失商代凤耳彝并有损颜面之事,岳彬一直守口如瓶不愿意向外透露,因此不仅当时北平琉璃厂古玩行鲜为人知,就连后来岳彬的大徒弟丁兆凯因为怨恨师父而将此透露出去后,许多人也持将信将疑的态度。

即便到了1950年,岳彬因被花市上三条一位李某人状告其拖欠他给魏武达邮寄货物手续费一事,而被外二区区政府传讯后,才忿忿不平地亲口说出"我不欠姓李的分文,魏武达搂去我的凤耳彝分文未给,我找谁去?!"这么一句抱怨的话时,他的二徒弟、后任国家文物鉴定委员会常委的程长新先生依然不愿予以证实。究其原因,老北京古玩行人范岐周先生解释说,是因为程长新先生到彬记古玩铺当学徒时,那件凤耳彝早已被魏武达"搂"到了巴黎。随后,范岐周先生还向陈重远先生讲述了他于1960年到山西介休出差时,不仅在当年为郎香甫收购凤耳彝充当拉纤人的周化南之侄周子刚家中墙上看到这件商代青铜重器的照片,而且还亲耳听到周子刚告诉他说:"这张照片(指商代凤耳彝)是他叔父周化南照的,东西经郎香甫手卖给岳彬了。"

如此看来,这件商代天子祭天的青铜礼器如果没有在第二次世界大战中被德军炮火炸毁的话,那么它一定还躲藏在世界的某个角落里。

斗鸡台上"十三件"
——西周栟禁

无论是陕西宝鸡的斗鸡台,还是首次出土于此的西周青铜珍器——栟禁(简称"禁"),都只在文物考古学领域里声名远扬,除此之外,不说是闻所未闻吧,至少也是鲜为人知。如此,本该在这里对这一地一物进行重点介绍,可考虑到斗鸡台一地是因出土西周栟禁这一物才开始为世人所关注,且下面章节与斗鸡台的联系更加紧密,故此这里还是集中一物——西周栟禁进行解析为宜,即便这样的文章开头实在没有新意,但是并不妨碍这则故事带给人们的反思与趣味。

天降大运

据说,清光绪年间在因"凤凰集于岐山,飞鸣过雍"而得名的中国历史文化名城——陕西凤翔的通文巷内,居住着一家王姓老户,儿子王奎因受父辈影响,希望能走上科举仕途之路,不料多次应试都名落孙山,只好探寻其他途径以求安身立命。

作为秦都雍城旧地之凤翔,还与西周都邑周塬相接壤,千年风雨不但没有冲淡岁月痕迹,反而使那段历史记忆随着不断出土的文物逐渐清晰起来,而这也为像王奎这样世居凤翔没有出路的老住户指明了一条谋生之道——贩卖古物。于是,王奎找到一位已经涉足古玩行多年的幼年好友,希望能跟随他先开开眼界、长长见识,以便将来自己也能像他那样以此发家致富。自此,王奎彻底放弃了仕途功名的梦想,开始跟随这位幼年好友南下宝鸡、眉县,东进岐山、扶风,把新的梦想寄托在贩卖文物古玩上。众所周知,自从文物古玩成为一门行当特别是谋生的行当后,就因为利益驱使而使这池原本渊深莫测的浑水变得更加浑浊不堪,虽然有以一次捡漏而跻身富人阶层之幸运,但是更有因一次打眼而家破人亡之悲惨。不过,这些并没有妨碍像王奎这样抱着捡漏心态而涉足这一行当者们前赴后继,何况王奎所在的凤翔还是一个这类幸运者层出不穷之福地呢。遗憾的是,进入古玩行并很快掌握了基本鉴别金石古玩常识后,王奎除了倒卖过一些普通青铜器物外,并没有经手过什么足以使自己一夜暴富或成名的青铜重器,可他耳边又时常传来某某同行因倒卖一件青铜器便身价倍增的撩人信息,这不由让他时常处在莫名兴奋与无端郁闷交替啃噬自己神经的恍惚中。

清光绪二十七年(1901)深秋的一天,王奎晃晃悠悠来到一家烧酒坊里打酒,无意间却听到了一个令他备感兴奋的消息:宝鸡斗鸡台下马营村一农民在台地上耕田时发现了大批青铜器(另有王奎是斗鸡台农民,是他本人发现这批青铜器之讹)!于是,机警干练的王奎随即赶往位于凤翔县城以南40余公里处的斗鸡台,并很快找到了居住在下马营村那位挖掘出青铜器的村民家中。面对这批沉稳而杂乱地摆放在一座破败土窑内的青铜器,欣喜万分的王奎很快就辨识出了鼎、爵、尊、瓿、卣、彝、角、觯、斝、盉等12个单体器物,而对一件犹如硕大几案般的青铜器,他因从来未曾见过而不能叫出其名称,但经仔细端详后则发现如果把这12个单体器物按照印痕置放其上的话,竟然是那么的恰如其分、浑然一体,很显然它们应该是一个完整的组合体,这让王奎在心里顿时明白——天大的幸运就在眼前。

抢先收购

当然,王奎要想使摆在眼前的这份天大的幸运属于自己,他还必须掏出1000两白银,因为无论他怎样巧舌如簧地讨价还价,那位倔强的农家老汉咬定非1000两白银不卖,这让财力不足的王奎感到很是棘手。而就在这时,来自西安北院门永和斋古玩铺的老板苏桂山也闻讯赶到斗鸡台,并开始与这位农家老汉洽谈收购这批青铜器的事宜,这更使王奎感到这份幸运似乎正在远离自己。

情况紧急,王奎立即返回凤翔县城筹集资金,可他并不知道自己应该到哪里才能筹集到这1000两白银,这让王奎变得焦躁不安起来,他实在不愿意看到自己期待多年的这份幸运就这样转瞬即逝。突然,王奎想起了居住在自家对门的周家,因为周家不仅世代经商积累了巨额财产,堪称凤翔"首富",而且周家富而优则仕,家族中有多人在朝廷为官,平日里也是热心公益、乐善好施,在陕西西府一带颇有声望,他想如果周家能够出手相助的话,一定能使他抓住眼前这份幸运。想到这,王奎大步流星走进周家大院,向周家老太爷直言相告,并许诺收购这批青铜器后所得利润可以二五平分。也许是考虑到邻里人情等诸多因素,周老太爷沉吟片刻后答应出资一半,同时提出如果收购到了这批青铜器,只要留给他其中一件青铜鼎便可,如果王奎答应这一条件,今后他再遇到资金不足时周家愿意继续垫付。对于周家老太爷提出的这一条件与许诺,王奎虽然不明白其中之缘故,但是这足以使他激动得当即允诺。原来,富有收藏的周家曾藏有一西周青铜鼎,光绪二年(1876)经友人介绍将该鼎以百两白银出售给了时任陕甘学政的大收藏家吴大澂。经过一番翔实考释后,吴大澂将该鼎命名为"窦鼎",并因此自号"窦斋"而在金石学界声誉鹊起,这让周家为之懊悔不已,因此才有周家老太爷向王奎所提上述要求及许诺。不管周家如何考虑,王奎从周家借出500两白银后,又找自己的亲友筹足了另一半经费,便火速赶回斗鸡台下马营村那户农家,抢在西安古董商苏桂山返回西安筹款之前买下了这批青铜器。

由于这批青铜器总共有 13 件,且归置在一起时又恰好是一个完整的组合,故此当地人便称之为"十三件"或"铜案"。

毁信弃约

如愿以偿收购"十三件"后,王奎却在返回凤翔途中产生毁信弃约的龌龊念头,随后竟背着家人在通文巷王家老宅内外挖掘多处坑穴将其埋藏了起来。

接着,王奎一边秘密联系凤翔以外的扶风、岐山与西安等地古玩商兜售"十三件",一边又装着可怜兮兮的模样来到周家哭诉说,自己携带 1000 两白银急匆匆赶到斗鸡台下马营村时,那批青铜器已经被西安古董商苏桂山抢先收购而去,而他在返回凤翔县城途经城南大沙凹一带时又遭遇土匪,土匪抢劫了他身上的所有银两才饶了他的性命。哭诉之后,王奎又信誓旦旦地表示,自己所借周家那 500 两白银他一定会尽快奉还。面对王奎这番颇具迷惑性的悲情表演,周家老太爷还信以为真地安慰了他一番,这让王奎心中暗暗窃喜。

不料,秘藏在王奎手中的那"十三件"因为他索价高达 5000 两白银而迟迟不能成交,因此他答应尽快奉还周家的那 500 两白银也就未能按时归还。等到第二年秋天,周家见王奎仍没有归还所借银两的意思,便开始不断地上门询问催要,而最初王奎除了借故拖延外,最后竟百般抵赖起来,这让周家老太爷很是气愤。就在这时,居住在通文巷的另一位邻居从王奎儿子口中得知其家藏"十三件"之事,便将此事告知了周家老太爷。与此同时,周家也发现近来王奎家里人来人往不似往常,便派仆人前往秘密打探,果然从王家来客口中探知他们都是来购买"十三件"的古董商这一信息,这让周家老太爷更加气愤难平,遂即找到王奎当面质问,而王奎见自己的阴谋败露,可一时又还不上周家借款,竟气急败坏地对周家老太爷恶语相向,随即双方发生激烈的肢体冲突,一时间引得通文巷内观者如潮。

端方豪夺

第二天,周家一纸诉状将王奎告上县衙,而王奎面对凤翔知县的审讯,遂鼓动他那只如簧巧舌进行百般狡辩,一时竟让知县大人也难以挟制他。

就在周家与王奎因为"十三件"对簿公堂时,时任清廷陕西藩司的端方途经凤翔,而周家因与其素有交往便将此事告知端方,希望他能够为周家做主并惩治王奎。殊不知,酷爱金石收藏鉴赏的端方此时已从西安古董商苏桂山处得知"十三件"被他人买走之事,并为不知是何人买走而一直耿耿于怀、快快不乐,今闻知周家与王奎对簿公堂竟然是为了当初合资收购"十三件"之纠纷,不由心中一阵大喜,当即派遣亲信刘少涵带人将王奎捉拿到案。面对嗜好古物不惜强取豪夺的端方,王奎自知难以逃脱与狡辩,遂将两件铜鼎与那件硕大铜案献给端方以保全性命,并诡称其他 10 件青铜器已经售出。然而,当端方发现摆在铜案上那些青铜器的痕迹赫然在目时,顿时明白王奎以谎言欺诈了他,不由得勃然大怒,再次将王奎捕捉到案施以严刑,而王奎为了保全自己所藏的那 10 件青铜器,苦苦扛住不肯透露半点信息,最后竟在重刑拷打下一命呜呼。王奎死后,未能得到那 10 件青铜器的端方并没有就此罢休,而是将王奎的妻子捉拿到公堂严刑讯问,并不知情的王妻在严刑逼供下只得胡乱指认埋藏地点,端方派遣亲信带领士兵开始在通文巷王家老宅内外四处挖掘,不意却歪打正着找到了王奎秘密埋藏那 10 件青铜器的地点,随后端方将这 10 件青铜器及王奎原先购藏的所有古物一并当作赃物全部起获而去。见此情景,王奎的妻子不由得当场气绝而亡,其子不久也神秘死去。这就是世传端方所搜古物,"多系豪夺,或伤及天理"而得之佐证。

端方意外获得斗鸡台"十三件"后,"欣忭异常,谓平生所得古器,此为第一",遂大宴金石古物界之宾朋并请鉴赏命名,因为这是"自来言彝器者所未见"。于是,端方结交的青铜器古玩商兼鉴赏家阎甘园与苏桂山等人经过查阅典籍后,对原本摆放在硕大铜案上那 12 件单体青铜器逐一鉴别命名,还从《仪礼·士冠礼》中有"两庑有禁"与《礼记·礼器》中有"天子诸侯之尊废禁、士大夫棜禁"等记载,断定这件硕大铜案就是以往士林中只闻其名而未见其面的西周"棜禁"。按照汉人郑玄的注解,所谓"棜禁",是指西周贵族在宴饮祭祀时用来摆放酒樽的类似方案或车厢的器物座。一般情况下,西周"棜禁"只陈设于庙堂之中,由此可见其地位非一般青铜器可比。不过,根据《礼记·礼器》中"天子诸侯之尊废禁、士大夫棜禁"之记载,人们还应明白"棜禁"只适用于西周士大夫阶层,对于天子诸侯是不起什么作用的。在此,之所以在"棜禁"之前一再强调"西周"这一定语,是因为迄今为止面世的六套"棜禁"都出土于西周贵族大墓中,而西周天子设"禁"的目的,就是为了告诫臣民不要忘记商王朝正是因为君臣滥饮无度才导致灭亡的这一历史教训。

由于西周"柉禁"属于首次出土面世的缘故,不仅其出土地陕西宝鸡斗鸡台开始为世人所关注,而且巧取豪夺者端方因藏有此器在收藏界也享有了非凡盛誉。

岂止遗憾

到了光绪二十八年(1902),端方因两年前迎接慈禧太后与光绪皇帝入陕有功,逐渐在仕途上平步青云,由陕西巡抚、代理湖广总督、两江总督、闽浙总督直至飞黄腾达的直隶总督等要职,而他豪夺所藏斗鸡台之"十三件"也随其职位的变动,从陕西转运至儿女亲家河南项城袁世凯的府第里寄存珍藏。

其实,端方原本希望有朝一日能将这"十三件"运至京师故宅,然后再为其专门建造一处藏所,以供自己朝夕鉴赏的,不料当他于宣统三年(1911)带领所部兵马前往四川镇压"保路运动"途中,竟被手下哗变的士兵所杀。不过,寄藏在河南项城袁世凯府第中的那"十三件",随后被端方之子继先与女婿袁克权安全运抵北京端家故宅里珍藏了起来。而到了民国12年(1923),显赫一时的端氏已经家道败落不堪,端方之子继先为了谋求生计不得不准备将"十三件"秘密出售,而这时驻防河南洛阳的北洋军阀吴佩孚恰好闻知所辖新郑地区出土大批春秋彝器的消息,遂联想到当年珍藏在河南项城袁府那著名的"十三件",便开始下令四处追查。时在北京的端方之子继先得知这一信息后,便立即降低要价想以国币100万元尽快将"十三件"售出。面对曾轰动金石收藏界而今出售价竟如此诱人的"十三件",嗅觉灵敏的美国在华传教士福开森当即以35万美元将其购藏,这时已是第二年(1924)的初春时节。接着,福开森将中华国宝"十三件"转运至美国,随后又入藏纽约中央博物馆(今大都会博物馆)珍藏至今。

关于端方、福开森与"十三件"之旧事,时任北京《时报》记者的涤秋曾在报刊上撰文称:

端陶斋(端方斋号)于光绪中叶,曾摄政陕西藩台,会其地有人掘地,得铜禁一桌,上列各种器皿,皆三代俎豆陈设之物,或谓系周时古物。端闻之,谋甚急,居民知其嗜古玩,出价千余金,购以献,端得之,大悦。后迁鄂江督、直督,此物搬运至彰德,寄存项城袁氏宅中。端死,此物竟运京,前岁新郑出土古器甚多,吴子玉(吴佩孚的字)时驻洛阳,闻端有此案,拟并运至洛,电属京处转询,端子继某,闻事大恐,乃伪言已售他人,一方托人代售于美侨,计美金三十五万元,闻经受其事者所得手续费,不下四五万元。

与涤秋这则短文相佐证的,还有福开森自己撰写的《陶斋旧藏古酒器考》中的一段话:"1911 年秋革命军起,端方死于四川,遗产皆在北京,其后人以贫故,不能守,稍稍货其古器物以自给。近年贫益甚,遂以此十二器(后又加入一件觯,总计为十三件),归于我国纽约中央博物馆,此 1924 年春事也。端方所著《陶斋吉金录》于器之形制、尺寸记之特详,而于其名物,未有详确之记载,犹不免有遗憾?"

闻听此言,我们今天的遗憾恐怕远远不止这些吧!

"凤"翔九天今未归
——西周凤纹卣

斗鸡台

位于陕西省宝鸡市以东 15 公里处的"斗鸡台"一地之名,与盛行于唐宋年间的那种娱乐方式毫无关联,因为早在《史记》《汉书》《水经注》《晋太康地志》等史籍中已有关于其名称来源的翔实记载。

传说,很久很久以前在渭北台塬上有一男一女两个孩童,其中那个小女孩因为向往不远处陈仓山上那青翠如玉的美景,竟摇身一变而成为一只漂亮的野鸡飞翔而去,可当它落在陈仓山上时却又幻化成了一块色泽如肝的"若石"。到了公元前 763 年的一天,前来陈仓山狩猎的秦文公恰巧发现了这块"若石",因赏其色泽鲜艳、形状奇特便将其载运"归而宝祠之",这就是今天陈宝祠的由来。

后来,人们又因"其来也自东南,晖声若雷,野鸡皆鸣",而将由"若石"变身为"陈宝"者称之为"鸡鸣神"了。随着岁月的变迁,由供奉"鸡鸣神"的陈宝祠里还衍生出了"陈宝""陈宝夫人""野鸡争斗"等多则民间传说,使陈宝祠逐渐变成了一个有求必应的神祠,后来有心的好事者便将这几则传说嫁接为"斗鸡台"这一地名,并一直沿用至今而不衰。

神话传说虽不足信,但考古资料表明作为西周王室"周邑"所在地的斗鸡台,至迟在北宋年间就因不断出土大量精美的西周青铜器而为世人所关注。至于本文将要重点讲述的这件现藏美国波士顿美术馆的西周凤纹卣,同样出土于这块充满神秘色彩的古老土地上,只是无论关于其出土过程还是流失往事,都饱含着一种难以言表的激愤与酸楚。

西周凤纹卣

可以肯定的是,斗鸡台之所以为近现代人所关注的原因,就是上文所说清光绪二十七年(1901)在这里惊现稀世珍宝西周柉禁之故;而不能肯定的是,当地军阀党毓琨自民国16年(1927)开始在斗鸡台进行长达八个月挖掘古墓盗宝之疯狂罪恶也是由于这一缘故,因为当年参与盗宝行为的党部第一旅旅长贺玉堂(字春轩)曾提供过一个颇有诱惑力的说法:大约在民国12年(1923)春天,家住斗鸡台戴家沟的一牧童在自家水塘边捡到了一件西周青铜卣,几年后被一走街串巷的古玩商贩以220块大洋收购而去,不久这名古玩商贩将其携至上海出售时竟获利达千元之多,而这个消息被嗜好古玩的军阀党毓琨得知后,便决定实施在自己心中盘算已久的挖掘斗鸡台古墓盗取其中珍宝的罪恶行径。

那么,党毓琨是何许人也,他是如何掘墓盗宝的,这件珍藏在美国波士顿美术馆的西周凤纹卣是不是经他之手流失到海外的呢?

"党拐子"发迹

清同治十年(1871),出生在陕西省富平县城东北30余公里处美原镇党荔村(瓜党堡)一贫苦农家的党毓琨,字宝山(宝珊),乳名根宝,一些文字记载及有关人士回忆中还有党毓昆、党玉琨、党玉坤、党雨昆等称呼,由此可见其生平活动轨迹之复杂多变。

确实,自幼厌读诗书、不学无术的党毓琨,成年后更是不愿从事繁重劳累的农家活,整天游手好闲,与一帮地痞流氓厮混在一起,不是吃喝嫖赌就是偷鸡摸狗,还动辄与乡邻街坊们打架斗狠。后来,性情怪异暴戾且刁钻善变的党毓琨,不仅经营毒品烟膏以聚敛钱财,而且跟随东府大刀客杨生娃当上了杀人越货的强盗,成为当地人见人恨、无恶不作的一大恶霸。民国初年(1912),党毓琨在抗击陈树藩部刘世珑连的一次围剿中,被乱枪击中右腿落下残疾(也有与地痞流氓争勇斗狠的械斗中被打残之说)后,便在江湖上有了"党拐子""党跛子"的绰号。再后来,党毓琨弃商从戎投奔陕西凤翔靖国军首领郭坚,因其狡黠奸诈且善于拍马钻营而深得郭坚赏识,遂在郭部逐级升任排、连、营、团长等职务。

民国10年(1921)8月,就在党毓琨于凤翔靖国军中滋生勃勃野心时,国民革命军第一方面军总司令冯玉祥开始着力整肃陕西境内的大小军阀,凤翔靖国军郭坚因不服管束而被冯玉祥部击毙。随后,郭坚部属李寺被冯玉祥委任为这支军队的首领,而平日与李寺不睦的党毓琨只好率领部分残兵败将逃往醴泉县驻扎。不久,李寺所领凤翔靖国军奉命调往东府一带驻守,留守凤翔的各地方军开始相互攻伐,党毓琨遂于民国15年(1926)2月乘虚而入率部杀回凤翔,夺得军权后自封为陕西靖国军暂编第一师师长,而他为了壮大声势、显示威风又号称"司令"。

军阀癖好

然而,就是这么一个出身草莽的小军阀,党毓琨竟然对珍贵文物古董极为痴迷,以至于随后做出了堪与当年孙殿英盗掘清东陵相比的掘墓盗宝之恶行。

据说,党毓琨青少年时曾在西安与北京等地古玩铺当过学徒,见识过不少珍贵的文物古玩,后来又与深谙文物鉴赏的关中奇士武观石结为异姓兄弟,并在其熏陶及点拨下很快掌握了鉴别文物古玩特别是三代青铜器的基本常识,从而更加痴迷于搜集文物古董。关于这一点,与党毓琨交谊深厚的党晴梵在《华云杂记》一书中记载说:"君(党毓琨)受其同乡鉴赏家武观石之熏陶,能识别铜器,真赝无不立辨。"这为党毓琨后来掘墓盗宝奠定了"专业基础"。另外,当时陕西境内的大小军阀虽然列入政府军编制,但是上级并不负责提供武器装备及物质给养,一切供给、经费等都需要自行解决。对此,深知文物古董经济价值的党毓琨,认为"古董为天下之宝,以之馈赠,可以讨对方欢心;以之出售,可换回枪支弹药",也就是说他把盗掘贩卖文物古董当作壮大自己武装实力的主要手段之一。这为党毓琨盗掘宝藏提供了外在诱因。

于是,进驻陕西西府名城——凤翔之后的党毓琨,首先将自己的师部驻扎在上文中提到那位富有收藏的凤翔首富周家大院里,其目的就是攫取周家历年所藏的诸多文物古董。据史料记载,党毓琨进驻周家大院后不仅将周家世代所藏文物古董劫掠一空,而且还命令士兵将周家大院内外掘地三尺以寻找古物,一时间搅得凤翔城内的大户富家们风声鹤唳、人人自危。除了劫掠搜刮凤翔等地富有文物古董收藏之大户外,党毓琨还将目光聚焦在凤翔、千阳、陇县、麟游、宝鸡等这片周秦王朝的发源地上,因为从这里难以计数的周秦王公贵族墓葬中出土青铜器等古代文物之事例延续近千年而不绝,特别是自光绪二十七年(1901)宝鸡斗鸡台出土震惊世界的西周柉禁等"十三件"后,党毓琨更是把盗掘的重点选定在了这里。

疯狂盗宝

其实,斗鸡台只是陕西宝鸡以东十里铺附近一片东西略长、南北稍窄的二阶台地,其地望范围大致是北抵蟠龙塬,南临渭河,西起刘家沟西侧的陕西省棉纺第十二厂,东达杨家沟,整个台地中心是以戴家湾村北部一条被雨水冲击而成的喇叭状流水沟为界,将斗鸡台分为沟东与沟西两个区域。对于这块面积不大的台地,党毓琨曾多次带领亲信人员前往勘查试掘,其中有一次在一农户家窑背上仅挖掘不足一米深就发现了四件陶器,这更加坚定了他挖掘斗鸡台盗宝的决心与信心。

就在这时,党毓琨得到了一个堂皇进驻斗鸡台的由头:原来,斗鸡台有一个名叫杨万胜的乡长,因为常年操控当地大烟买卖市场且随意增设税款,逐渐引起广泛民怨以致有人暗中组织起来准备惩治他,而他经过一番琢磨后决定交好当地军阀党毓琨以为后盾。对于部下张志贤替乡长杨万胜牵线交好之举,骄横的党毓琨原本没有什么兴趣,可当他得到杨万胜关于斗鸡台中心地带戴家沟村经常出土青铜器的报告后,便开始对这个言之凿凿的信息产生了浓厚兴趣。民国16年(1927)阳春三月的一天,心情舒畅的党毓琨带领一班人马来到戴家湾村,他要亲自会一会这个扬恶乡里的乡长杨万胜，并查看此地是否如其所言随便用铁镐在农地里一刨便有文物古董出土信息之真伪。得知凤翔靖国军师长党毓琨即将来到戴家湾村"视察"的消息，乡长杨万胜在三天前就喜不自胜地忙着杀鸡宰羊，准备盛情接待将成为自家靠山的这位吉星降临。殊不知，党毓琨的到来对于戴家湾村乃至整个斗鸡台村民们来说，简直犹如灾星降临一般，从此后便恶果不断、厄运连连。

确实，自从党毓琨实地验证以戴家湾村为中心的斗鸡台地下埋藏有诸多文物珍宝后，一个庞大而疯狂的掘墓挖宝计划开始在其脑海中迅速形成，并随后付诸实际行动中。为了使斗鸡台掘墓盗宝行动取得成效，党毓琨听从凤翔县城文物奸商马骍提出应有"文物指导"的建议，专程派人到西安去"邀请"南院门和茂永古玩铺老掌柜郑鹤舫之子郑郁文加盟行动，因为这位精通文物鉴赏兼擅长文物修复的郑郁文，还是人称"入地眼"的野外文物发掘的行家里手。不过，当郑郁文得知党毓琨准备"邀请"他加入斗鸡台掘墓盗宝行动消息后，立即惶恐不安地东躲西藏起来，可他最终还是被党毓琨的外甥刘步升擒获，随后不得不充当这次大规模掘墓盗宝行动的"文物指导"之职。有了文物专家郑郁文的现场"指导"，党毓琨又指派所部亲信、第一旅旅长贺玉堂为掘墓盗宝行动的总指挥，任命军佐幕僚、时任凤翔宝兴成钱庄经理的范春芳具体负责，分派自己的亲信卫士班长马成龙（绰号"大牙"）、刘差官长（音，当地人称"柴官长"）及蟠龙人张福、八鱼乡长白寿才等人为大小监工，强行拉派斗鸡台附近乡村百姓实施挖掘，行动指挥部就设在那位鱼肉乡里的乡长杨万胜家中。

除此之外，这个精心组织起来的掘墓盗宝班底，还制定了详细的盗掘计划及奖惩措施。比如，以戴家湾村那条喇叭状水沟为基准线，从沟东开始每向前掘进三米、深一点五米时，就把泥土往西推移一次。比如，对负责具体事务人员进行实名登记，对每座古墓出土器物的件数及名称等也进行详细记录。还比如，对迟到、早退或藏匿古物者实行惩戒，对积极挖掘古墓并能够主动上缴文物者给予奖励等等。总之，一切措施就是为了能够最大限度地掘墓盗宝。据说，在党毓琨精心组织的此次掘墓盗宝行动伊始，就根据乡长杨万胜提供的线索，在沟东一处窑洞中挖掘出多件青铜器，"文物指导"郑郁文当场辨识出一鼎一簠一簋三件西周青铜重器，其中那件青铜鼎中还留存有一只完整小羊羔的骨架，这让党毓琨大为欣喜。同年底，这群有组织的盗墓贼还在沟东一处台地上挖掘出一座罕见的正方形穹隆顶大墓,不仅在置于墓室正中偏北的棺椁内掘出玉璧、玉璜、玉瑗等多件玉器,而且在棺椁周围还掘出了鼎、簋、鬲、甗、尊、爵、觚、卣、彝、觯、盉、盘与禁等各类青铜器60多件,其中在墓室南侧发现的大小两件青铜禁最为引人注目。对此,新中国成立后任职陕西省博物馆的郑郁文先生回忆说:"党毓琨在斗鸡台先后盗掘铜禁三件,均在当时依次送回凤翔城由我来清洗登记。三件铜禁中最大一件出于圆形大墓,陈放于墓室棺椁之南部,大致长约四尺,高约一尺,其上陈放有鼎、罍、壶等。另外两件铜禁虽形制较小,但色泽远胜过大铜禁,出土时间在1928年之春季,其中一件被踏坏变形,颇难修整。这两件铜禁均长约三尺,高约一尺,上面放有罍、爵、圆鼎三件器物,圆鼎外施夔龙花纹。上述三件铜禁桌案上均有凹下之套榫,用以搁放器物的足部,各器物内部均有铭文,尤以大禁之上为最。"另外,根据当时担任出土文物记录的马午樵先生记录来看,这座被编为16号坑的大墓因为出土有六件青铜鼎与三件青铜簋,故可推知这是一座"六鼎三簋"等级的贵族大墓,其中一件青铜鼎就是后来被考证为"周公东征方鼎"的国宝重器。

随着出土文物数量不断增多及青铜重器的频频出现,党毓琨开始逐渐扩大发掘范围,而发掘人数也随之不断增加,一度达到每天参加发掘者1000余人,密密麻麻几乎布满戴家沟东西两侧台地的上上下下。据当地老人回忆说,当时党毓琨为了鼓励这支掘墓盗宝队伍的士气,曾聘请西安、岐山与眉县等地戏班到发掘现场连续演唱达三个月之久,而发掘现场那些摆摊设点的商贩犹如赶集一般熙来攘往、热闹非凡,由此可见这次掘墓盗宝行动之疯狂、挖掘规模之庞大。如此大规模的疯狂掘墓盗宝行动,在党毓琨的操纵下竟然历时八个月之久,盗掘出土的文物有数千件之多,其中青铜器就达1500余件,当然包括本文主角——这件后来流失美国波士顿美术馆的西周凤纹卣。

党毓琨把挖掘出土的文物先是放在乡长杨万胜家中,然后陆续运回师部所在地——凤翔县城的周家大院里,接着便是对这批文物特别是青铜器进行清洗、辨识、照相与登记。至于党毓琨大肆盗掘斗鸡台给当地民众带来的灾难,有一则民谣足以让人们明了:党拐子,土皇上,派出土匪活阎王(贺玉堂);活阎王指挥穷人把宝挖,抬脚动手把人杀。斗鸡台挖宝八个月,真把百姓害个扎!

夺宝纷争

斗鸡台百姓遭罪受难，党毓琨则大为欢心，面对挖掘出数量如此之多的青铜古物，他一边派人四处联系古董商准备出售，一边听从师参谋长曹耀南的建议，挑选出部分青铜器作为礼物结交上司及其他地方有实力军阀以为后援。比如，党毓琨为了结交当时驻扎在河南南阳的国民联军南路总司令岳维峻，就曾挑选出青铜鼎、簋、卣、斝各一件并附信送了过去，而岳维峻收到这些青铜宝物后，立即指派自己的一名副官率领一排士兵化装成便衣，经河南卢氏县与陕南商洛一带沿着秦岭进至宝鸡，回赠给了党毓琨20挺手提机关枪、10挺水机关枪、山西造圆盘机关枪与各式子弹若干发，以及河南南阳当地出产的丝绸数十匹。当然，岳维峻也随这些礼物附有一封亲笔信：

宝珊师长我兄大鉴：

别来无恙？春轩、耀南、怀芝并各兄均好。前送古物鼎、簋、卣、斝并手札一纸均收悉，谢谢。

兄于戎马之中，酷爱鉴古。闻斗鸡一地多有古物出现，此皆吾兄之功矣。今弟率各部盘桓出关，实皆不得已之事。望兄万勿轻举妄动，死守凤翔以御外侮！如能为陕军保一食之地则万幸也！

弟岳西峰拜启

很显然，岳维峻收到党毓琨赠送的这些青铜宝物后，在这封信中对其表示出了政治与军事上的严重关照，而党毓琨自然明白其中的利害关系，随即又拿出在斗鸡台戴家沟挖掘出土的一部分古玉及5000块大洋，让岳维峻的副官顺原路带给了岳维峻以示感谢。

不过，与南阳军阀岳维峻欣然接受党毓琨赠送的盗掘宝物所不同的，还有面对其送来青铜铠甲、戈、矛、鼎、彝等古物而严词拒绝的国民革命军第一方面军总司令冯玉祥将军（另有党毓琨没有听从属下建议主动赠送青铜宝物给冯玉祥将军而得罪冯之说），这为党毓琨后来被冯玉祥派遣所属宋哲元部剿灭埋下了伏笔。这是后话，因为就在党毓琨以所掘斗鸡台青铜宝物多方结交靠山的时候，他的妻妾亲属们则为了占有这批宝物，而展开了一场生死争夺。

最先对这批青铜宝物心生觊觎的是党毓琨三太太马彩凤的父亲马应珍，他唆使女儿马彩凤成功收买负责斗鸡台掘墓盗宝的负责人之一刘差官长，将诸多青铜珍宝中的一卣、一瓻与二鼎等四件装入木箱后，偷偷地运回娘家龙单村秘藏起来。不料，此事被郑郁文发现并告知党毓琨后，得知事实真相的党毓琨极为恼怒，立即将自己的亲信刘差官长拘押起来进行严刑拷打，并派人前往三太太娘家将那四件青铜宝物搜缴而归。一波未平一波又起。这起风波很快被党部秦腔剧团秦贵社社长张贵民，告知了其姘头、当时驻扎在高陵县的党毓琨二太太张彩霞，而这位因为平日里喜欢穿着一双白绸布鞋而在江湖上有"小白鞋"绰号的二太太，不仅"骑马持枪，悍同其夫"，而且还担任着党部卫队团团长一职，其勇武彪悍的性情连党毓琨也畏惧三分。因此，当这位二太太怒气冲冲闯进师部周家大院时，党毓琨被迫将在斗鸡台挖掘出的青铜瓿、鼎、爵等，以及当初在凤翔城内景福宫道观劫掠的玉佛、明代宫灯与宋代瓷器等数百件古物交给了她。随后，这些古物及大量银圆与烟土等，被二太太强行拉回自己位于凤翔县城内的住所里（党毓琨与其分住两处）。不久，张彩霞又借情夫张贵民病死送其归葬故里为由，将这些古物及大量银圆、烟土一并运出凤翔县城，并沿途将这些宝物埋藏在高陵通远坊天主教堂、富平党荔堡、到贤镇西仁叉坊东王堡与界首北堡等地。据说，她还将一些最珍贵的宝物，秘藏进了张贵民的墓葬里。

面对妻妾亲属们的夺宝纷争，颇为懊恼的党毓琨经与心腹干将贺玉堂秘密协商后，决定将最精美的古物珍宝埋藏起来，以免再次祸起萧墙。对此，贺玉堂在新中国成立后曾回忆说，大约在民国16年（1927）冬季挖掘那座大墓不久后一个大雪纷飞的深夜里，党毓琨与贺玉堂及一名最信赖的贴身卫士三人，来到凤翔城内一处闲置院落的防空洞内，沿着长约100多米的漫道进至最深处，然后在一侧洞壁上挖凿出一个暗洞，把包括那件最大青铜禁在内的11件古物埋藏于此，第二天又命令士兵将这一防空洞全部用土填实，使之不留下丝毫痕迹。

与此同时，党毓琨还通过西安消息灵通的古董商苏少山联系了上海古董商钱锦涛等人来到凤翔，至于双方是否达成关于斗鸡台出土青铜器等古物的收购协议，今日已经不得而知了。不过，据说当初党毓琨为了便于古董商鉴别古物商定价格，曾令凤翔县城内唯一一家照相馆对其遴选出的一些青铜器精品进行拍照后，又用毛笔在照片下方书写上器物名称。由此可知,党毓琨应该出售过斗鸡台出土的一些青铜古物。

剿灭"党部"

不料,就在党毓琨陷入妻姜夺宝与积极出售古物这忧喜参半的忙碌中时,他的这些行为不仅招致与其素有仇恨的岐山驻军韩清芳的密切关注,也引起了国民革命军第一方面军总司令冯玉祥将军的注意,而党毓琨以为自己已结交了岳维峻为靠山,所以他根本没把岐山军阀韩清芳放在眼里。没想到,早与冯玉祥部建立联系的韩清芳,遂主动邀请岳维峻的上司冯玉祥将军出兵西府剿灭党毓琨。

对此,当时在东西两线战事上接连告捷的冯玉祥将军,于民国17年(1928)5月派遣宋哲元率领所属三个师及一个旅约3万人马围攻凤翔,接着又调遣张维玺第十三军3万多人马支援宋部,双方经过两个多月激战后,党毓琨部逐渐处于被动挨打之劣势。8月31日,宋哲元亲临围攻凤翔战场前线进行督战,他要求部属加强军事进攻,并通过喊话方式限令党毓琨在三日内出城投降。面对已经难以扭转的战场局势,党毓琨只好派遣师参谋长李怀芝与第一旅参谋长王省三为代表出城谋求和谈,胜券在握的宋哲元自然不能接受什么和谈,而是态度强硬地要求党部守卫凤翔城的总指挥贺玉堂将党毓琨绑来献降,否则三日后攻陷县城时将格杀勿论。见谋求和谈已不可能,党部代表李、王二人遂对宋哲元诡称说,党毓琨早已携带青铜宝物远赴上海,现在只有贺玉堂旅长全权负责凤翔城内诸事。闻听此言,宋哲元当即勃然大怒,厉声喝道:"城中古物既已运走,还有什么资格来求和?"遂将李、王二人赶回凤翔城。李、王二人灰溜溜地回到凤翔后,将宋哲元这番咄咄逼人的话语全盘告知党毓琨,自此党毓琨才明白自己只有殊死抵抗一途,遂激励部属要与宋哲元部决一死战。9月3日凌晨,宋哲元命令所部对凤翔城发起猛烈进攻,并采用坑道掘进的方法一举炸塌凤翔东南角城楼,双方随即展开了极为惨烈的巷战。而这时,见大势已去的党毓琨则悄悄与交谊深厚的凤翔奸商马骊乔装潜逃而去(亦有诸多文字采信宋哲元随后以陕西省政府主席名义发表的公开声明中击毙党毓琨之说),党部守城总指挥贺玉堂也因巧妙藏匿在一户地窖中而侥幸逃脱,党部其余人等包括那位平日里骄横跋扈的党毓琨二太太"小白鞋"以下5000余人全部被俘获。

围攻凤翔大获全胜后,宋哲元带领亲信人员迅速抢占党毓琨藏宝重地——周家大院,从中缴获了鼎、簋、彝、壶、卣、尊等40余件珍贵青铜器。而协助宋哲元部攻破凤翔县城的张维玺见状,也带领人马抢占了党毓琨另一藏宝重地——党部司令部仓库,也从中缴获一批青铜古物及大量烟土与银圆,并随即派人将这些战利品当作个人私物运往山东馆陶老家秘藏。不料,张维玺的这一秘密举动早已被宋哲元获知,他随即将此事向上司冯玉祥将军进行汇报,治军一向严格的冯玉祥将军闻之大怒,立即派遣人马在通往潼关的各个交通要道加以堵截,不仅将张维玺私运之物全部收缴,而且还对张维玺进行了严厉惩处。

随后,宋哲元以陕西省政府主席的身份在接受新闻媒体采访时,这样公开表示说:"攻凤翔之部队,最初为韩占元之第一军及地方部队,嗣添派张维玺的第十三军。余于8月31日前往督攻,于9月3日早六时,两地道同时爆发,奋勇队冒烟而入,不及1点钟工夫,即完全解决。党拐子由城墙逃下,已被炮弹击毙,其遗尸10人均能辨认之……另缴获党拐子古物、银圆、烟土颇多,其中古物约计40余件。此40余件古物,大多数均为铜器,现存省政府,编号封存,拟以半数送中央,半数保存西安。"

关于这件西周凤纹卣流失国外的经历,现有资料表明却是大古董商岳彬于民国20年(1931)"九一八事变"前两天,以2万块银圆倒卖给原法国驻清廷第三公使、大收藏家兼大古董商魏武达的。对此,陈重远先生有一段生动的文字:

……正在魏武达高兴时,岳彬指着八仙桌上的西周凤纹卣介绍说:"请看这种西周凤纹卣。我们老古玩行人通称这路铜器为提梁卣,考古学者、前清的翰林庄蕴宽说,卣都有提梁,可它们是有区别的。这件卣应当叫它凤纹卣,提梁上有凤头凤眼,花纹全是凤纹,就连出戟之处都是凤形凤纹,铸造得精美异常。"

魏武达边听边看,很感兴趣,说:"我看这件提梁卣有些特殊,盖和提梁上有凤鸟,两旁出戟处衬托着提梁,使凤纹更加鲜明突出,是真美!"

岳彬说:"这种特殊的美是有特殊的用处,据考古学界人士讲:凤纹卣是古代专门用以盛放祭祀用的香酒'柜鬯'(用郁金香和黑黍酿造而成)的青铜酒器。"

魏武达说:"我也听说中国在3000多年前就酿造出美酒。'柜鬯'香酒芬芳好喝不醉人,诸神闻之都会降临。我们法国人听到这个故事惊奇和兴奋,喝不着'柜匽'而饮香槟。"

……

西周匽作价 8000 元,凤纹卣 20000 银圆。魏武达一点头,两件西周时期的青铜器归他了。其实,这位魏老爷也是古董商人,后经他的手卖给了美国某博物馆收藏至今。当时,岳彬赚了笔大钱,而魏武达却觉得是两件便宜货,因为他卖出去赚钱更多。

至于岳彬是不是从宋哲元与萧振瀛之手购买的这件西周凤纹卣,陈重远先生在文章中没有点明,因此也就使人不得而知。不过,陈重远先生说这件西周凤纹卣是法国人魏武达卖给美国某博物馆而收藏至今的信息,似乎还应该在魏武达与美国这家博物馆之间增加一些环节,因为现有资料还不能表明是美国人赫伯特·J·迪弗尼从魏武达手中购得的这件西周凤纹卣,但是却可以确认是由迪弗尼于 1934 年将其售与安娜·米歇尔·理查德基金会后,再由这家基金会转赠给美国波士顿美术馆珍藏至今的。

那么,人们不禁要问由党毓琨从陕西宝鸡斗鸡台盗掘出土的这件西周青铜凤纹卣,到底有何特别之处竟值得铺垫如此大段文字呢?

天命凤纹

毫无疑问,一件文物的出土过程及流传经历是其社会价值、历史价值的重要组成部分,因此以上所谓铺垫性文字实则是对凤纹卣社会价值与历史价值的表述,至于其自身蕴涵的文化价值与艺术价值,想来应该是现在需要重点解析的内容了。

确实,凤纹卣的出现与古人宗教信仰及图腾崇拜有着密不可分的联系,据《诗经·商颂·玄鸟》中有"天命玄鸟,降而生商"这一关于商人起源的记载可知,既然商人自认为是玄鸟的后代,故而把体现祖先崇拜的鸟纹刻在青铜器上,就是商代青铜器最普遍最基本的纹饰现象了。不过,崇尚迷信的商人最早或最重要的崇拜是上天鬼神,而体现这种崇拜的纹饰当属极端怪异的饕餮纹,因此饕餮纹是商代早中期青铜器纹饰的主流。至于凤鸟纹的出现,则要晚至商代末年,真正盛行却又属于西周早期的事了,而由凤鸟纹衍生出的凤纹之所以贯穿整个周代,同样与周人的图腾崇拜有着内在联系。比如,《国语·周语》中就有"周之兴也,鸑鷟鸣于岐山"记载可为佐证，因为其中的"鸑鷟"即是凤属的神鸟，而岐山是周人的发源地，两者结合很显然是合于天意的。还比如，《诗经·大雅·卷阿》中有"凤凰于飞，翙翙其羽，亦傅于天"，以及"凤凰鸣矣，于彼高岗。梧桐生矣，于彼朝阳"等诗句，也都是周人认为凤鸟的出现与鸣声是一种吉祥征兆的表示，而这与周人倡导礼治的社会秩序相吻合。

具体到这件西周凤纹卣，我们可以看到其突出之处除了繁复瑰丽的造型外，就是卣体上下那以浮雕形式过渡的错落均衡、神态各异之五段凤纹了。确实，通高35.7厘米的这件西周凤纹卣，从盖缘、颈部到腹部直至圈足上都饰有精美凤纹，这也是这件青铜卣名称的由来。另外，这种通体布满凤纹的装饰艺术手法，在器物纹样上往往表现为三层装饰模式，而这种处理手法不仅能使青铜器整体造型层次分明，而且艺术效果也显得更加繁缛富丽，这在这件凤纹卣上体现得尤为明显。除了纹饰变化之外，作为中国青铜艺术发展史上的鼎盛期——西周早期的青铜器，虽然还明显带有殷商风格，但是器形设计已有所演变。比如，西周青铜器物造型往往会将兽角等形体突出器身之外，从而增加整个器形的立体感，而这件凤纹卣身上那外伸翘起的四柱棱，很显然就为这一变化做出了极为直观的诠释。当然，这种将兽角等形体突出器物之外的造型艺术特点，还是西周青铜器雕塑工艺的一种重大突破与创新，即便与这件凤纹卣时代相同、形制相类的青铜器迄今为止只有区区五件，且都出土于当年党毓琨盗掘的斗鸡台，但是它依然代表了中国青铜文化的一大特点。

由此可见，因其独特造型及绚丽纹饰而在美术研究中具有重要学术意义的这件西周凤纹卣，实在是一件中华罕见的稀世珍宝。然而，十分遗憾的是自从民国16年（1927）从陕西宝鸡斗鸡台"凤"翔九天后，它却再也未能回栖到周人培植的那棵梧桐树上。

人与神的一段凄美恋情
——东晋顾恺之《洛神赋图》

才子之恋

众所周知,人神之恋是清代著名短篇小说家蒲松龄笔下最常表现的文学内容,而与小说这种体裁不同却又别具魅力的文学作品还有很多,中国文学史上著名"建安七子"之一的曹植(字子建)所写的《洛神赋》一文写的也是人神之恋,既符合梁代萧统编选《文选》所讲求"事出于沈思,义归夫翰藻"之标准,又由于东晋大画家顾恺之以绝妙画作——《洛神赋图》对其进行淋漓尽致的形象表现,而使这篇记述人与神之间一段凄美爱情故事的文章从古至今感动了许许多多的情爱男女。

洛神赋

黄初三年,余朝京师,还济洛川。古人有言,斯水之神,名曰宓妃。感宋玉对楚王神女之事,遂作斯赋,其词曰:

余从京域,言归东藩。背伊阙,越轘辕,经通谷,陵景山。日既西倾,车殆马烦。尔乃税驾乎蘅皋,秣驷乎芝田,容与乎阳林,流眄乎洛川。于是精移神骇,忽焉思散,俯则未察,仰以殊观,睹一丽人,于岩之畔。

乃援御者而告之曰:"尔有觌于彼者乎? 彼何人斯,若此之艳也!"御者对曰:"臣闻河洛之神,名曰宓妃。然则君王之所见,无乃是乎? 其状若何,臣愿闻之。"

余告之曰:"其形也,翩若惊鸿,婉若游龙,荣曜秋菊,华茂春松。仿佛兮若轻云之蔽月,飘飖兮若流风之回雪。远而望之,皎若太阳升朝霞;迫而察之,灼若芙蕖出渌波。秾纤得衷,修短合度。肩若削成,腰如约素。延颈秀项,皓质呈露。芳泽无加,铅华弗御。云髻峨峨,修眉联娟。丹唇外朗,皓齿内鲜。明眸善睐,辅靥承权。瑰姿艳逸,仪静体闲。柔情绰态,媚于语言。奇服旷世,骨像应图。披罗衣之璀粲兮,珥瑶碧之华琚。戴金翠之首饰,缀明珠以耀躯。践远游之文履,曳雾绡之轻裾。

微幽兰之芳蔼兮,步踟蹰于山隅。于是忽焉纵体,以遨以嬉。左倚采旄,右荫桂旗。攘皓腕于神浒兮,采湍濑之玄芝。"

"余情悦其淑美兮,心振荡而不怡。无良媒以接欢兮,托微波而通辞。愿诚素之先达兮,解玉佩以要之。嗟佳人之信修兮,羌习礼而明诗。抗琼珶以和予兮,指潜渊而为期。执眷眷之钦实兮,惧斯灵之我欺。感交甫之弃言兮,怅犹豫而狐疑。收和颜而静志兮,申礼防以自持。"

"于是洛灵感焉,徙倚彷徨。神光离合,乍阴乍阳。竦轻躯以鹤立,若将飞而未翔。践椒涂之郁烈,步蘅薄而流芳。超长吟以永慕兮,声哀厉而弥长。"

"尔乃众灵杂遝,命俦啸侣。或戏清流,或翔神渚,或采明珠,或拾翠羽。从南湘之二妃,携汉滨之游女。叹匏瓜之无匹兮,咏牵牛之独处。扬轻桂之猗靡兮,翳修袖以延伫。体迅飞凫,飘忽若神。陵波微步,罗袜生尘。动无常则,若危若安。进止难期,若往若还。转眄流精,光润玉颜。含辞未吐,气若幽兰。华容婀娜,令我忘餐。"

"于是屏翳收风,川后静波。冯夷鸣鼓,女娲清歌。腾文鱼以警乘,鸣玉鸾以偕逝。六龙俨其齐首,载云车之容裔,鲸鲵踊而夹毂,水禽翔而为卫。于是越北沚,过南冈,纡素领,回清阳。动朱唇以徐言,陈交接之大纲。恨人神之道殊兮,怨盛年之莫当。抗罗袂以掩涕兮,泪流襟之浪浪。悼良会之永绝兮,哀一逝而异乡。无微情以效爱兮,献江南之明珰。虽潜处于太阴,长寄心于君王。忽不悟其所舍,怅神宵而蔽光。"

"于是背下陵高,足往神留。遗情想像,顾望怀愁。冀灵体之复形,御轻舟而上溯。浮长川而忘反,思绵绵而增慕。夜耿耿而不寐,沾繁霜而至曙。命仆夫而就驾,吾将归乎东路。揽腓辔以抗策,怅盘桓而不能去。"

对于这篇美文诞生的根源,在曹植题记中已有说明。其实,曹植并没有将这段所谓人神之恋的现实版本告知人们,而后人则在这篇文章注记中进行了比较真实的透露:"植初求甄逸女不遂,后太祖因与五官中郎将,植昼思夜想,废寝与食。黄初中入朝,帝示植甄后玉镂金带枕,植见之,不觉泣下。时已为郭后谗死。帝仍以枕赍植。植还,度轘辕,息洛水上,因思甄氏,忽若有见,遂述其事,作《感甄赋》。后明帝见之,改为《洛神赋》。"

原来，曹植在年轻时十分迷恋甄逸的女儿甄氏，而甄氏却嫁给了袁绍之子，后来曹操在官渡一战中大败袁绍，甄氏遂被曹操的长子曹丕纳为夫人。黄初元年（220），曹丕篡汉称帝时册立甄氏为皇后，可不久曹丕又宠幸郭妃而冷落甄氏，并听信郭妃谗言害死了甄氏。到了黄初三年（222），曹植进京朝见哥哥魏文帝曹丕时，曹丕知道弟弟曹植一直爱恋甄氏，便将甄氏生前的爱物玉镂金带枕送给曹植，曹植睹物思情，大为感伤，在从京城返回封地途经洛水休息时，有感于楚国宋玉所说的神女故事，不由追忆起自己多年来一直爱恋着的甄氏，遂写下了言辞凄切、情意缠绵的《感甄赋》。后来，魏明帝见到这篇动人心扉的美文后，将其改为《洛神赋》而流传至今。不过，对于这样一则凄美的爱情故事，有人考证认为："植在黄初，猜嫌方剧，安敢于帝前思甄泣下，帝又何至以甄枕赐植？此国章家典所无也。若事因感甄而名托洛神，间有之耳，岂待明帝始改？皆傅会者之过矣。"也就是说，这则爱情故事并非真实存在，而完全是后人附会所为。

不管历史的真实面貌如何，东晋大画家顾恺之却根据这篇文章的故事情节，绘制出了一幅流芳至今的伟大的人物故事画作——《洛神赋图》。

堪称"画绝"

那么，顾恺之是何许人也，他绘制的这幅《洛神赋图》在中国绘画史上有何重要意义呢？

大约于东晋永和元年（345）出生在无锡一贵族家庭的顾恺之，字长康，小字虎头，是中国绘画史上第一位有作品可考的著名画家。这位淡泊名利的绘画大家，一生沉醉于诗文书画艺术之中，不仅擅长诗文辞赋，尤其精于绘画与书法，因此有"才绝、画绝、痴绝"之称。不过，为人风趣又大度的顾恺之，却不善于周旋在桓温和谢安当时这些大军阀士族之间，所以始终是一名地方小吏，即便晚年时也只是个散骑常侍之职。当然，疏于高官显位的顾恺之，却因为传世的《洛神赋图》卷、《女史箴图》卷和《列女仁智图》卷这仅有的三件作品，而成为中国绘画史上不能绕过或必须从其开始撰述的第一位著名大画家。关于他那被称之为"密体"的绘画方法，其特点恰如评家所说如春蚕吐丝般"紧劲联绵，循环超忽"，又似"春云浮空，流水行地"，是那样的轻盈流畅而又优美动情，这从《洛神赋图》卷中完全可以感受体味

·痛心疾首的国宝谜途·

图文珍藏版

得到。

确实,顾恺之严格忠实于三国时期著名文学家曹植《洛神赋》的故事情节与文学意境,用绘画手法将其所表达的那种人神之间真挚爱恋的情感巧妙地再现出来,这不仅开创了中国美术史上史画结合的先例,也将汉代以来人物故事画从单纯的描述事件发展到注重感情氛围这一具有划时代意义的阶段。在这幅长达 572 厘米的横卷中,顾恺之采用手卷形式,以一幅幅连续的画面将诗人曹植与情人宓妃化身——洛水女神之间相互爱恋但又难以相聚的情感,逐一而又全面生动地表现出来。在画面中,多次反复出现诗人与洛水女神的形象,就连赋中描述以衬托洛神之美的诸多事物,比如荷花、青松、秋菊、日月、鸿雁与游龙等都在画面中描绘了出来。这种艺术手法竟然与原赋精神内容完全吻合,特别是画卷开首与结尾两处将洛神欲去还留的那种依依不舍的心理,以及诗人驭舟追赶洛神却又终不能如愿,最后只得秉烛在岸边坐以待旦的怅然之情,都表现得淋漓尽致,使观者不能不产生一种有着切身体验般的荡气回肠。

故宫之故

让人感到遗憾的是,顾恺之的《洛神赋图》真迹早已不存,今日流传于世的只有三幅宋人摹本,分别藏在北京故宫博物院、辽宁省博物馆与美国弗里尔美术馆。另有李倍雷在《国宝春秋·书画卷》中提到还有一幅宋人摹本《洛神赋图》藏在大英博物馆,不仅是宋人摹本中更接近原作的一幅,而且"清人梁青在题签时还误认为是顾恺之的真迹",这实在不知是从何说起。

北京故宫博物院珍藏的《洛神赋图》原是清宫旧藏,而辽宁省博物馆所藏的《洛神赋图》,则是被末代皇帝溥仪卷逃到东北而散落民间的,后被北平琉璃厂伦池斋古玩铺经理靳伯声搜购,靳伯声又将其转手给当时琉璃厂古玩界著名的"八公司"(通常是指马霁川的玉池山房、马宝山的墨缘阁、穆磴忱的墨古斋、郝葆初的博闻移、冯湛如的文贞斋、李倬卿的崇古斋、魏丽生的丽生书店与沈阳刘耀西所开设的一家古玩铺),最终又由"八公司"出让给东北博物馆(今辽宁省博物馆前身)。行文至此,笔者不由想做这样一种比较,在当年搅动中国文物收藏与交易界那场绵延多年的"东北货"风潮中,虽然当年清宫旧藏诸多珍贵文物是从东北开始流散民间的,但是最先发现并大肆炒作的还是北平琉璃厂的古董商们,当宋人摹本顾恺之《洛神赋图》出现在北平时,最终却没有被故宫博物院购藏,反而再次回流到东北成为辽宁省博物馆的镇馆之宝,这实在不能不让中国文物博物馆界龙头单位北京故宫博物院感到汗颜。对此,我们不妨来了解一下其中缘故。

众所周知,末代皇帝溥仪逊位暂住故宫紫禁城时,曾以赏赐其弟溥杰为名将1000多件历代精品书画盗出清宫后,又携带至中国东北在日本人的扶植下成立伪满洲国,而伪满洲国在苏联红军打击下垮台后,这些珍贵书画便随着惊慌出逃的溥仪等人散落民间。抗战胜利后,这批书画在伪满首都长春等地逐渐散出,甚至有人怀揣一些价值连城的书画精品前往北平、上海等地兜售,以致吸引诸多藏家与古玩商纷纷奔赴东北,藏家自然以收购到这些曾经皇家所藏书画为秘藏,而那些唯利是图的古玩商人则为了牟取暴利不惜将其出卖给外国人。为此,故宫博物院院长马衡认为这些书画原是清宫旧藏,故宫博物院应该积极予以收购,可是故宫博物院的收购实力甚至不及一些资财雄厚的藏家或古玩商人,比如张大千、张伯驹及惠孝同等人。即便如此,马衡也不愿眼看着这些原属清宫的书画珍品流散他人之手,于是他一方面积极向南京国民政府行政院申请款项;一方面主动与北平等地的古玩商人进行联系,希望他们能够顾及民族文化大义,将其所搜购的这批书画转售于故宫博物院。同时,为了能够鉴别这些书画的真伪,故宫博物院特别邀请一些书画专家以便鉴别并评议价格。当然,故宫博物院方面在识别这批书画上也有自己的方式,那就是他们早在博物院成立之初便编印了一部《故宫已佚书画目》,这是一部较为权威的参考书目。然而,由于故宫博物院采取古玩商先送书画到故宫经鉴定评定后才向行政院请款,且能否请到款项还是未知数的这一愚笨方法,致使一些古玩商并不愿意将珍品书画送往故宫博物院,而是拿一些不甚重要的书画作品来敷衍塞责,暗中则将精品书画售与出价较高的藏家,所以在这场抢购东北散出书画的争夺战中,偌大的故宫博物院可以说是连连败北,毫无战绩,比如现藏辽宁省博物馆这幅远胜于故宫博物院旧藏美妙的《洛神赋图》。

洛神远去

至于现藏美国弗里尔美术馆的这幅《洛神赋图》,则是美国人福开森购藏后转售给这家博物机构的,具体过程今已无法缕析清楚。不过,关于美国人福开森购藏中国书画文物一事,笔者在采访当代大收藏家王世襄时却听到了另一段故事,即便与这幅《洛神赋图》的具体流失过程不甚关联,但是事情起因依然是当年故宫博物院收购东北散佚书画所致,故此记录下来以便留给人们一点启示。

原来,早在王世襄就读燕京大学研究院撰写《中国画论研究》这一毕业论文时,他便得知有一部由金陵大学排印出版的《历代著录画目》参考书,该书署名作者就是美国人福开森。非常巧合的是,王世襄的父亲王继曾在南洋公学读书时便认识时任校长的福开森。于是,王世襄为了撰写毕业论文,遂由父亲带领特意找到寓居北平的福开森,向他借阅相关资料,从而得知他竟藏有诸多书画方面的书籍。太平洋战争爆发后,福开森自知早晚将被日本人遣返回国,遂约请王世襄为其整理所藏约20余箱的书画古籍,并编写一本目录寄存出去,以便今后查找。大约在民国31年(1942)秋或者民国32年(1943)春,福开森与在北京协和医院工作的女儿福梅龄一同被遣返回美国,据说之前他已经将这批书画书寄存在了北京图书馆。太平洋战争结束后,福开森已经去世,其女儿福梅龄则返回北平继续在协和医院工作,并提取了那批曾由他父亲所藏的书画古籍。对此,这时已经任职故宫博物院的王世襄始终较为关注,曾向马衡建议说应该动员福梅龄将这批书画古籍捐赠给故宫博物院。在得到马衡让他便宜从事的指示后,王世襄遂多次找到福梅龄商谈此事,而福梅龄一开始并没有正面答复,后因其父生前与南京金陵大学关系密切,且已有一批文物捐赠给了金陵大学,所以她认为这批书也应该捐赠金陵大学较为适宜。对此,王世襄告知说金陵大学是一所综合性大学,并非专门研究古代艺术的机构,这批书画古籍对其并不见得比对故宫博物院更有作用。另外,王世襄还认为金陵大学拥有一座规模较大的图书馆,福梅龄这批书画古籍中他们那里可能已经拥有一部分。对于这一建议,福梅龄遂请当时正准备前往南京办理赴美考察博物馆签证的王世襄,抽时间到金陵大学查看一下,如果该图书馆确实已经有与这批书画古籍重复者,她就愿意将这批书捐赠给故宫博物院。随即,当王世襄在南京金陵大学图书馆证实了他的这一揣想,并将情况如实告知福梅龄后,她终于同意将这批书捐赠给故宫博物院。试想,当初如果没有王世襄从事这项工作,谁能保证这批珍贵的书画古籍会入藏故宫博物院而不流失他处呢?

对于分藏三地的这三幅《洛神赋图》，当代著名书画鉴定大师杨仁恺先生曾做一比较说："目前一般认为，辽宁藏本有图有赋，制作时间不晚于南宋高宗时期，三卷中此卷水平最高。故宫藏本，有图无赋，笔法较软弱，形象较呆板，艺术水平不如辽本，但较之辽本更忠实于顾恺之原作，目前教科书普遍印行的是故宫本。美国弗里尔本尺寸最短，缺损较大，也是宋人摹本，艺术水平更低。"即便如此，对于只有寥寥数卷画作摹本传世的大画家顾恺之于中国而言，这幅流落异国的《洛神赋图》依然是难得的国宝级珍贵文物。确实，纵 27.1 厘米、横 572.8 厘米的这幅《洛神赋图》，为绢本设色，用笔细劲古朴，恰如"春蚕吐丝"，具有明显工笔重彩的特色，特别是只用线勾勒而无皴擦来绘制山石树木的技法，很好地体现了中国早期山水画那种"人大于山，水不容泛"的时代特点。更为重要的是，这幅画作是中国山水画脱离人物画而成为独立画科所不能绕开的关键性研究作品，何况这幅画卷无论从故事内容、艺术结构、人物造型、环境描绘与笔墨表现等形式来看，都无愧于中国古典绘画宝库中一件瑰宝之作。

"画圣"留下的千年困惑
——北齐杨子华《校书图》

其实，这一千年困惑原本不是杨子华造成的，可结果却使这位"画圣"蒙尘千年，即便时至今日在收藏其传世唯一画作——《校书图》的美国波士顿美术馆，依然不愿意实事求是地在标识牌上这样写道："《北齐校书图》长 114 厘米，宽 27.6 厘米，出自北宋时期，传统上被认为出自阎立本之手。"那么，这件事情的真相到底是怎样的呢？

北齐校书

北齐天保七年（556），文宣帝高洋见"秘府书籍纰缪者多"，决定实施一项重大的国家文化工程——校书。

据史料记载，校书之风最早可以追溯到西汉刘向，随后历朝历代都对这项事业极为重视。延至北齐文宣帝时，他"诏令校订群书，供皇太子"，于是"（樊）逊与冀州秀才高乾和、瀛洲秀才马敬德、许散愁、韩同宝、洛州秀才傅怀德、怀州秀才古道子、广平郡孝廉李汉子、渤海郡孝廉鲍长暄、阳平郡孝廉景孙、前梁州府主簿王九元、前开府水曹参军周子深等 11 人同被尚书召共刊定"五经诸史,"凡得别本 3000 余卷……殆无遗阙"。由此可见,此次校书堪称中国文化史上的一件大事,它不仅反映了北齐一朝对古代文献精心整理的成就,也是北方各民族文化大融合的一次具体体现。

当然,因此还留下了中国古代经典绘画中一件精品力作——杨子华的《校书图》。细细审视这幅画作,人们完全有理由相信作者杨子华一定亲眼目睹过樊逊等人校书的场景,否则哪怕时有"画圣"之誉的这位大画家,也不可能将这次校书工程中某个场景描绘得如此神形毕肖、生动精彩。

"画圣"其人

确实,行文至此不能不对大画家杨子华的生平事迹作一简介,否则随后详细解析其传世名作《校书图》时,必然会给读者一种突兀之感。

生卒年不详的杨子华,是北齐少数知名画家中的杰出代表,他不仅是被苏轼苏东坡赞叹为"丹青欲写倾城色,世上今无杨子华"的画牡丹圣手,而且还擅长绘制人物、宫苑与车马等。据说,杨子华"尝画马于壁垒,夜听蹄恝长鸣如索水草。图龙于素,舒卷辄云气萦集"。也就是说,杨子华所画马匹非常生动逼真,有人观看了他绘制在墙壁上的马匹后,竟然在夜间听到了马匹寻找水草的嘶鸣声;而他在纸上绘画的龙,卷舒时则有祥云萦绕的感觉。其实,杨子华在人物特别是贵族人物画方面的成就更是被历代评论家赞誉为有"承前启后"的不朽功绩。比如,他在汲取前代伟大画家顾恺之、陆探微与张僧繇等人绘画技法之长处后,又不拘囿于他们已经成熟的绘画风格,而是创造了有别于顾恺之等人那种"秀滑清丽"之风,使画面中人物形象呈现出一种丰满圆润的感觉,这无疑是把人物画提高到了一个新的水平。因此,杨子华以其精湛技艺在赢得时人冠于他"画圣"赞誉的同时,还得到了北齐世祖皇帝高湛的特别宠信,招其进入宫廷成为皇家御用画家,"非有诏不得与外人画"也,当然在仕途上也是官至直阁将军、员外散骑常侍等显职。据说,同时代还有一位棋艺高超的王子冲,他与人对弈时如有神助从无败绩,于是时人称他的棋艺与杨子华的画技为"二绝"。

确实,影响了整个北齐画风并延至唐代的杨子华,在中国古代绘画史上起到一种承前启后的重要作用,他绘制的表现当时贵族人物及生活场景的画作《斛律金像》《北齐贵戚游苑图》《邺中百戏图》《宫苑人物屏风》《校书图》,以及绘制在邺中北宣寺与长安永福寺等地的诸多壁画等,对唐代人物画产生了不可磨灭的深刻影响。因此,唐代大画家阎立本这样赞誉杨子华的人物画:"自像人以来,曲尽其妙,简易标美,多不可减,少不可喻,其唯子华乎?"

千年疑问

然而,正是由于唐代大画家阎立本对杨子华人物画推崇备至的缘故,或者说阎立本的人物画风颇肖杨子华,致使北宋大书画家、著名诗人黄庭坚(号山谷道人)在其著作《山谷集》中,留下了这样一段困扰后人长达千年的文字:

唐右相阎君(即阎立本)粉本《北齐校书图》。士大夫十二人,执事者十三人……两榻对设,坐者七人……一人坐胡床,脱帽,方落笔,左右侍者六人,似书省中官长……四人共一榻,陈饮具。其一下笔疾书,其一把笔若有所营构……

也就是说,黄庭坚认为这幅北齐《校书图》是唐初阎立本所绘,而非北齐杨子华的作品。而今,人们如果再细细审视现藏于美国波士顿美术馆的这幅《校书图》时,还会发现这幅画作右侧卷尾那两匹马与两汉一胡三名奚奴,则在黄庭坚的题跋中根本不曾提及。即便如此,黄庭坚之后的南宋名流文士范成大、韩元吉、郭见义、陆游与谢谔等人在这幅画作上题跋时,几乎都沿袭了黄庭坚的这一说法,即便石湖居士范成大将这幅画作与黄庭坚题跋对照后发现缺少"对榻七人",可他并没有把这一疑问放在心上,依然肯定这幅画作就是阎立本所绘。直到清代著名学者吴升在著录《大观录》时,才将黄庭坚题跋与流传至今的这幅杨子华《校书图》分离开来:"因检《山谷集》内题跋观之,并不相符。所称官长文士十二员,执事者十三人;仅官长文士五员,果缺七人矣,而执事、女侍、奚奴共十有五,为数反逾其二,又多鞍马二,似乎别有一图,或出五代名人摹仿之作。"

确实,北宋黄庭坚与苏东坡他们就曾见到过两种《校书图》,并且都在其上加以题跋。而著有《东观余论》的北宋黄伯思,在政和七年(1117)为一幅《校书图》题跋时，更是明确说明他曾见到过三种《校书图》：一种是"别本"；一种是山东王氏藏本，该本不仅有宋人宋敏求的题跋，而且宋敏求还在该题跋中明确指出这幅画作是北齐杨子华所绘；还有一种就是现藏台北故宫博物院传为五代后蜀丘文播所绘的《文会图》轴，此画卷中所绘四位校书人与今藏美国波士顿美术馆这幅画作的第二段几乎完全一样，只是男女侍者的位置略有变动而已。由此可见，当年黄庭坚题跋的那幅《校书图》是另一幅，而非传世至今藏在美国波士顿美术馆的这一幅。另外，由北宋黄伯思与宋敏求两人在题跋中肯定《校书图》为北齐杨子华所绘这一点上来看，人们应该毋庸置疑地确认《校书图》出自杨子华之手，宋代流传诸多版本的《校书图》都是来自杨子华创作的母本，至于北宋黄庭坚题跋中认为是唐初阎立本所绘的《校书图》，同样应该是阎立本根据杨子华《校书图》母本而进行过创作的摹本，何况两人相距年代不远且阎立本还十分推崇杨子华呢？再者，南京艺术学院林树中教授在《北齐<校书图>新探》一文中认为，阎立本不仅曾绘制过同一题材的《文会图》，而且其中也有今藏波士顿美术馆这幅《校书图》右侧卷尾的马匹与奚奴形象。

由此，人们基于以上事实与分析，不难得出这样一个可信的揣测：五代或北宋年间有一位技法高妙的画家，他摹绘了杨子华《校书图》大部后，又添加摹绘了阎立本《文会图》中的一段内容，从而出现了今日藏在波士顿美术馆这一拼凑版本的《校书图》。

校书韵味

不过，即便这幅拼凑版《校书图》只采用了杨子华原作中部分人物，却依然不失北齐画风之意蕴，仅此就足以使这幅画作成为应该得到今天这般重视的国宝之作了。那么，这幅画作到底是如何体现"画圣"杨子华的画风呢？

《校书图》中描绘的虽然是1000多年前众人奉诏校书的场景，但是画家通过高妙的用笔、象形、赋彩与构图等方法，竟将千年前传统书斋中那种讲求祥静与雅适的气韵，营造得与今天真正读书人的心理感受不差分毫。而如果从绘画手法上来说，杨子华实在是深得南齐谢赫"六法"论的精髓，不仅在画面位置经营上布设得精当允贴，人物安排得疏密紧缓有致，而且那种流畅细劲的用笔也恰到好处地将不同人物的面貌神态刻画得形象而逼真。仅此一画,不仅使阎立本堪当以上之允评,即便接受黄山谷题跋中"笔法减者不缺,繁者不乱,天下奇笔也"的羡赞也丝毫不为过分。

只见这幅绢本水墨着色的《校书图》中,画家在卷首画了一位正在捧书阅读的侧立少年,另有一名学者座椅上执笔书写,两名侍从手托纸砚,一人执书卷,身后还有两名女侍人;中段榻上有两人正在书写,而一名侍者则转身与抚琴人对话,榻后另立女侍两人,榻侧则还有三名女侍各手持几、琴、壶而立;卷尾画有一灰一黑两匹骏马,一人拱手执鞭,两人牵马,一位牵马人似西域人。画面中最精彩的是居中一段,那坐在榻上的四位士大夫,或展卷沉思,或执笔书写,或欲离席,或挽留者,人人神情生动,就连细节也描写得极为精微。因此,这幅画作虽然不是杨子华的真迹,但是就画面中这种"衣褶遒劲如曲铁"的高古画法,人们是否应该确信能够将杨子华这位宫廷画家端正不陋的绘画特点如此忠实精当地表现出来的这位摹手,也堪称是宋代摹画的高手了。值得一提的是,1979 年有关部门在发掘山西太原王郭村娄叡墓过程中,发现了这位鲜卑族北齐大将军墓室里的壁画,其绘画风格与杨子华画风极为接近,以致有人揣测说这也许就出自同样擅长绘制壁画的"画圣"之手。

行文即将结束时,笔者限于手边资料的缺乏,或者一如美国波士顿美术馆对于所藏诸多中国国宝级文物来源讳莫如深的缘故,在此只能告知读者的是,迄今为止发现杨子华唯一传世的这幅《校书图》是在清末民初流失海外的,而入藏美国波士顿博物馆则是民国 20 年(1931)的事了。

美国供奉的"中国帝王"
——唐阎立本《历代帝王图》

在中国异彩纷呈的古代绘画史上,唐朝是应该浓墨重彩的一个时代,而这个时代里还有一位应该浓墨重彩的伟大画家,那就是唐朝初年开创盛唐人物绘画风格的阎立本。不过,今人要想认识并领略这位伟大画家所具有的非凡绘画才华,只能透过其传世的那区区几件绘画作品,即便这几件绘画作品是否出自作者本人之手或者属于后人之摹本还存在争议，但是它们依然能够给予人们一种只有大唐王朝所特有的古朴与厚重，比如被著名文物学家王世襄先生称之为"中国人物画中最重要的一件"——现藏美国波士顿博物馆的《历代帝王图》。

《历代帝王图》(局部)

宰相画家

那么，阎立本是怎样一位伟大画家，他的这幅《历代帝王图》有何非同凡响之处，它又是如何流失到美国的呢？

阎立本大约出生在隋开皇二十一年（601），是雍州万年（今陕西西安）人，祖籍榆林盛乐（今内蒙古和林格尔）。幼年时在父亲阎毗与哥哥阎立德的培养下，逐渐成长为一名杰出的工程学家与画家，入唐后曾出任过将作大臣、工部尚书与右宰相等显赫官职，是一位以丹青驰誉并传名于世的宰相画家。不过，这位开创盛唐画风的大画家，虽然对于当时比较盛行的宗教绘画也极为精通，但是他最为擅长的则是表现重大政治题材的人物画，比如他曾绘有《秦府十八学士图》卷、《凌烟阁二十四功臣图》卷、《西域图》卷、《昭陵列像图》卷、《异国来朝图》卷、《萧翼赚兰亭图》卷、《职贡图》卷、《步辇图》卷与这幅《历代帝王图》卷等作品。在这些作品中，阎立本大胆突破南北朝时期人物绘画几近模式化的窠臼，其绘画的写实风格及高超技艺为他赢得了"六法该备，万象不失""位置经略，冠绝古今"的极高评价和赞誉。比如，在这幅《历代帝王图》卷中，王世襄先生曾评论道："用笔古拙，线条的起讫转折处，轻重顿挫没有显著的差别，还保持了一些顾恺之的画法，所谓'春蚕吐丝，始终如一'的遗意。"当然，王世襄先生对此画卷评论考证也有不落窠臼的地方，比如他说："人物面貌很奇古，衣冠服饰及日用器物如扇舆等等，有许多可以帮助考证的地方。我国唐代的绘画，敦煌保留下来了一大部分，但因敦煌远在西北，那些画未必出自京都画家之手，所以与当时中土的画风，颇有不同，而从这个卷子中却能看见'京朝派'画家的笔法。"

由此，我们是否还不应该忘记与唐太宗长期相处的阎立本，自然十分谙熟"京朝派"画家之笔法，何况他还是盛唐人物画风的开创者呢？

帝王图像

具体到阎立本这幅《历代帝王图》卷，我们可以得知这是一幅绢本设色长达531厘米的长卷，画面上绘有西汉昭帝刘弗陵、东汉光武帝刘秀、魏文帝曹丕、蜀主刘备、吴主孙权、晋武帝司马炎、北周武帝宇文邕、陈文帝陈蒨、陈废帝陈伯宗、陈宣帝陈顼、陈后主陈叔宝、隋文帝杨坚与隋炀帝杨广13位帝王像，再加上每位帝王身边配画有一至四名侍从，总共有46人之多，这比藏在北京故宫博物院中阎立本那幅长129.6厘米的《步辇图》卷中之13人像要多得多。

当然，从艺术角度而言，《历代帝王图》卷也要比《步辇图》卷难以描绘，但是阎立本能够充分而巧妙地利用不同的服饰、器物或不同的坐立动作、眼神变化、嘴部表情等外部特征，将不同人物的气质、特征、心理状态及性格与政治作为都表现得恰到好处。比如，画卷中对于曹丕、司马炎、宇文邕与杨坚等大有作为的帝王，都表现出了他们那种庄严神武的精神气概；而对于像陈叔宝这样的亡国之君，画家则用以袖掩口之笔表示对其委琐形象的一种蔑视，很显然这要比《步辇图》卷中那13人像难以表现得多。最应该让人们记住的是，画家特别注重对历代帝王面部特征的刻画，比如嘴部的不同表情、胡髭的软硬与疏密，或尖或圆或大或小的眼睛，以及眼睛的不同角度、方向与目光敏锐程度等，都使观众能够获得一个比较直接而鲜明的认知。当然，阎立本并没有停留在对人物面部表情的刻画上，更没有采取脸谱化或漫画式的表层描摹，而是将自己对历代帝王功绩与性情的认知评价或者说主观情感注入其中，使历代帝王或贤明或昏庸或残暴或奸诈或伪善等历史形象得以鲜明化与个性化。比如,曹丕的多才多艺、刘备的忠实憨厚、孙权的深沉多谋、宇文邕的粗中有细、杨坚的外柔内凶、杨广的聪慧浮夸、陈蒨的美才兼备与陈顼的软弱无能等,都让观众能够一目了然地判明历代帝王生动鲜明的各自性情。除了注重对历代帝王面部特征刻画之外,作者还在画面布局上进行了精心设计,从而更加突出了主体人物的身份地位。比如,阎立本始终没有忘记君臣贵贱之别,所绘君臣共处画面时总是君大臣小、君近臣远、君中臣边。还比如,如果画面中绘有侍从的话,这些人物的形象都是卑贱僵硬之态,当然其身材与衣着设色等方面更是与帝王臣工有着明显区别。

由此可见,作为中国人物肖像画的经典之作——《历代帝王图》,无论从淋漓尽致表现历代帝王政治气势与内心世界的历史价值,还是画家阎立本展示自身非凡色彩审美水准的艺术价值而言,都达到了无与伦比、登峰造极的地步。另外,如今可以确定为阎立本传世画卷的只有该图与收藏在北京故宫博物院的《步辇图》这两幅,因此王世襄先生当年在波士顿博物馆参观时见到这幅《历代帝王图》时,果断地将其定为"中国人物绘画中最重要的一件",应该说不算是过誉的。

公婆之争

不过,关于这幅画作是否出自阎立本之亲笔,至今还有一些截然不同的新的认识。比如,中央美术学院金维诺先生就在《〈古帝王图〉的时代与作者》一文中,提出此图属于宋人摹本,作者也非阎立本,而是郎余令。

对此,当代著名书画鉴定大师杨仁恺先生曾这样辨析说:

因为我曾两度在波士顿博物馆展观原卷,第一次的印象是有一种古朴厚重的感觉,面目和衣纹的刻画生动之极吸住了我的注意力,因此我对它的创作时代并未有所怀疑。第二次展看之前,已知流传有宋摹之说,故对之尤为认真观察,发现卷中陈宣帝以前与后面描绘多少有点出入。当是原画流传年久,前段已损,经过临摹,从题中文字,有避"贞"讳的,钤有"中书省印",时间迟到北宋。惟以下诸帝像则属原画,衣纹和复线,绝非临摹补笔,不见方笔头,中晚唐以后则反是。总之,不应因前面有补临部分而断定全非原作,未免有倒污水连同小孩抛出之嫌,不可不慎之又慎!

诚如斯言，人们一般都认为在这幅画卷的陈宣帝部分中，人物描写与构图是比较活泼生动的，特别是人物线条在描绘上不做粗细顿挫变化，而是在衣纹旁边通过红色晕染来强调凹凸褶痕，这虽然与前面古朴厚重的画风略有变化，但是并不能就此而断然割裂前后基本吻合一致的绘画风格，更何况这幅画卷整体面貌与敦煌壁画中的同时代人物是如此气息相通、风格吻合。

故此，将其列入唐画特别是传世卷轴唐画珍稀之列还是足可征信的。

流传流失

那么，如此一幅罕见珍品画作是如何传世的，最后又是如何流失到美国的呢？

据史料记载，为了"存乎戒鉴"而创作前代帝王像的举动，至迟在东汉末年就已存在。比如，曹植在观看帝王像后曾感慨地说："见三皇五帝，莫不仰戴，见三季异主，莫不悲惋。"因此，当阎立本创作完成这幅《历代帝王图》后，就受到了太宗皇帝李世民的重视，并一直将其珍藏在皇家内府之中。唐朝末年，这幅《历代帝王图》因战乱而流落民间，直到宋朝建立后才有了史书上明确记载的第一位收藏者，这就是后人乃至今人据其题识而判断这幅画卷真伪的一代名臣富弼。以为官清廉而名垂史册的富弼，也是一位知名的书画鉴藏家，至于他是如何得到这幅名画，又是何时传承到当朝另一位名士杨褒之手，今日已经难以考证了。不过，这幅画作经大收藏家杨褒珍藏后，后世便有了今日所见《历代帝王图》是其根据白麻纸唐画传摹后而设色附彩的摹本之说，这同样因为证据缺乏而不可考证。后来，书画鉴藏名家吴升从杨褒手中得到这幅《历代帝王图》，并将其视为家传珍宝而秘不示人，可是其后人因家境贫困遂不得不将此图典押给一家当铺，终因无力赎回而被南宋高宗年间的吏部尚书兼翰林学士周必大以 10 万钱购回家中。不过，周必大购得此卷时已经到了"断烂不可触"的严重地步，遂又花费 4 万钱请画工李某将其修复后才得以可观，并同样将其视为家传珍宝。不料，这幅被周必大视若珍宝的画作，不久后却被嗜好书画艺术的高宗皇帝赵构收入御府，转而成为真正的国之珍宝，并一直由历代皇家内府所藏。对于阎立本这幅《历代帝王图》白杨褒收藏之后的传承经过，周必大在其著作《益公题跋》中都做了较为详细的记载，这为后人考证其真伪及流传历程提供了依据。而到了清乾隆年间，这幅传世名画却从酷爱书画的乾隆皇帝的内府流落民间,这实在是一个有趣而难解之谜。如此一幅备受皇家珍视的名作流出满清皇家后,遂被蔡友石、孙星衍、李佐贤、李吉安等人递相传藏,最后不知何时从何人之手又被满清皇家内府收藏,直到末代皇帝溥仪将其监守自盗而再次流落民间。

民国 13 年(1924),溥仪小朝廷被逐出宫后为了支撑皇家原有门面,不得不将被盗出宫的珍宝书画等典押在银行来满足奢华生活的需要,致使诸多国之瑰宝从此流失海外。与被典押而流失海外中华国宝命运有所不同的是,阎立本这幅《历代帝王图》却是被溥仪寓居天津张园时赏赐给经办典押业务的陈宝琛之外甥刘骏业后,刘骏业又通过古董商把其卖给闽中大收藏家林寿图的。藏有商周秦汉及唐宋元明清历代书画金石精品的林寿图在得到这幅《历代帝王图》时,极为惊喜,即便他的藏品有"多而精"之誉,但是他还是对其另眼相看、宝爱有加。后来,华北伪政权头目梁鸿志听说此事后,对这幅名画产生了觊觎之心,遂以林寿图与自己有亲戚之谊,竟设法将此画哄骗到手,转而为了巴结日本人而将此画以 14 万块银圆的价格出售给了异域倭人。随后,林寿图得到梁鸿志支付给他的 6 万块银圆,二人因此而绝交。再后来,大约是在第二次世界大战期间,这幅《历代帝王图》不知何故流落美国,成为波士顿博物馆的镇馆之宝。其中缘故,杨仁恺先生曾揣测认为,"也许与该馆原来的一位日本人职员或多或少有点关系"。遗憾的是,杨仁恺先生两次访问波士顿博物馆期间都未能顾及询问这幅画作流传至此的过程,当然即便他有心问及此事,恐怕也难以得到该馆确切可信的答复,否则至今难道就无人问及此事并将具体经过公之于众吗?

稍稍让中国人感到一丝欣慰的是,美国波士顿博物馆对待这幅代表中国初唐人物绘画最高水准的《历代帝王图》,恰如中国封建时代皇家供奉其祖先画像一样虔诚。仅此,夫复何言?

失之交臂的"良驹""宝马"
——唐韩幹《照夜白图》

在中国近现代收藏史上,张伯驹先生毫无疑问是一匹特立独行的"良驹",他那敢于率先垂范、奔突驰骋的品性，无疑成为收藏界特别是中国收藏界应该效仿的高贵品质。比如，他为了不使国宝文物流失海外三次求购西晋陆机《平复帖》，以及卖掉一座四合院抢购隋展子虔的《游春图》等，后来又将这些价值连城的瑰宝藏品无偿捐赠给国家，这些行为都不能不名垂青史、昭示后人。然而，在张伯驹先生那充满传奇色彩的收藏经历中，也曾有过与国宝文物失之交臂的无限遗恨，这就是唐代画马名家韩干的《照夜白图》不幸流失国外一事。

那么，这位韩干是何许人也，他的《照夜白图》是怎样一幅画作，这幅备受张伯驹先生关注的"宝马"画作又是如何在这位爱国大收藏家眼皮底下流失的呢？

韩干（706—783），京兆（今陕西西安）人，亦有蓝田（今属陕西）与大梁（今河南开封）人之说。据《酉阳杂俎》（续集卷五）记载，"（韩干）少时常为贳酒家送酒，王右丞（即大诗人、中国文人画的开创者王维）兄弟未遇，每一贳酒漫游，干常征债于王家，戏画地为人马。右丞精思丹青，奇其意趣，乃岁与钱二万，令学画十余年"，韩干终于成了唐代最负盛名的鞍马画名家。作为中国画的一门重要画科——鞍马，之所以能够在唐代获得突飞猛进的发展，很显然是与大唐王朝从宫廷到民间爱马、养马之风尚密切相关，因此也就涌现出了备受时人关注的曹霸、陈闳、韩干与韦偃等诸多鞍马名家，当然也正是因为有了这些鞍马名家的涌现，才进一步推动了鞍马画呈现出多姿多彩的繁盛局面。据史料记载，唐朝初年鞍马画家往往注重突出马的筋骨，也就是说以强悍筋腱为美，后来则逐渐转变为表现马的体健膘肥，崇尚肥硕强壮之美了，比如韩干的这幅《照夜白图》。记得唐代大诗人杜甫在《丹青引·赠曹将军霸》中说："弟子韩干早入室，亦能画马穷殊相。干唯画肉不画骨，忍使骅骝气凋丧？"对此，有人认为是杜甫批评韩干把马画得太肥而没有筋骨。其实，这实在是一种误读。比如，北宋《宣和画谱》中曾这样评价说："所谓干唯画肉不画骨者，正以脱落展、郑之外，自成一家之妙也。"也就是说，展子虔与郑法士等人画马时都特别注重画骨，将马画得犹如蟠螭筋龙一般，而韩干在画马时虽然注重画肉、少露筋骨，但是并非有肉无骨，而是肉中有骨，这恰恰是深得《图绘宝鉴》（卷二）中所谓"画马得骨肉停匀法"之奥义的，否则大诗人杜甫怎能又有《画马赞》中"韩干画马，笔端有神"之赞赏呢？

确实，据《唐朝名画录》中记载，韩干最初师从于当时最负盛名的画马名家曹霸,到了天宝初年(742)被召入宫廷供奉后,唐玄宗曾让他向另一位鞍马大师陈闳学习,可他画的马却与陈闳所画截然不同,于是唐玄宗就责怪他为何不好好向陈闳学习画马技法,韩幹回奏道:"臣自有师,陛下内厩之马,皆臣之师也。"也就是说,韩幹虽然师从于当时画马名家曹霸与陈闳两人,但是他并没有拘囿在这两位画马大师窠臼之中,而是更加注重在生活实践中学习画马技法。据说,当年唐玄宗厩内豢养有数十万匹宝马良驹,韩幹每天经过御马厩时都要细心揣摩马的神情动态,然后对其进行神形毕肖的绘制,当御马厩里的马被他"悉图之"后,他又来到岐王、薛王、宁王及申王诸王府的马厩里体察马的生活情态,从而成为在画马成就及影响等方面都要高于曹霸与陈闳的"古今独步"的鞍马大家,以至北宋的李公麟、元代的赵孟頫与现代的徐悲鸿等都深受其影响。

骏马神采

令人感到遗憾的是,在唐代那灿若星河的鞍马名家中,曹霸、陈闳与韦偃等人都没有画作传世,而《宣和画谱》中记载北宋御府原本藏有韩幹52幅鞍马作品,如今传世的也只有《牧马图》(又称《人骑图》)与这幅《照夜白图》,且这两幅作品都不藏在中国大陆的文物博物馆中。

现藏台北故宫博物院的《牧马图》,纵27.5厘米,横34.1厘米,绢本设色,画面上画有一黑一白两匹骏马,另有一虞官骑在那匹白马上缓缓前行。两匹马形象生动,结构准确,韩幹只用细劲线条就将两匹马的那种劲健的姿态勾勒得神形毕肖,再加上浓淡适宜的色墨渲染,竟使这幅画作既有汉画风尚,又增益其唐代特有的雄浑气魄。在画面中,与两匹骏马极为协调的,还有那位深目、高鼻、虬髯的虞官,他那种手勒缰绳、目视远方的形象,一望而知其必是性情倔强之人,而这种形象恰好与雄姿勃发的骏马相匹配和谐。如此,也就难怪皇帝书画家——宋徽宗赵佶在其上题写"韩幹真迹"四字了。

至于现藏美国纽约大都会博物馆的《照夜白图》,纵30.8厘米,横33.5厘米,纸本设色,画面中只画有一匹以缰绳拴在木桩上的白马——照夜白。据说,唐玄宗李隆基非常喜爱宝马良驹,特别是原产于西域大宛国(今中亚费尔干纳盆地)有"汗血马"或"天马"之称的"胡种马"。天宝三年(744),唐玄宗不仅将大宛改为宁远,还把义和公主远嫁给宁远国王为妻,而宁远国王为了表达对唐玄宗的感激,就向他敬献了两匹"胡种马"。唐玄宗十分高兴地为它们命名为"玉花骢"与"照夜白"。对于这两匹宝马良驹,画马名家曹霸遵照唐玄宗的旨意也曾绘画过,唐代大诗人杜甫以诗记录了这件事:曾貌先帝照夜白,龙池十日飞霹雳。遗憾的是,曹霸画笔下的玉花骢与照夜白的形象早已湮没无寻,今天人们只能从韩幹《照夜白图》中窥见其中一匹骏马的神采了。构图极为精绝的《照夜白图》,韩幹并没有把照夜白这匹骏马放在一个易于驰骋或悠闲歇息场景中,而是构思了一个既充满矛盾又足以表现其紧张力量的情节,即将照夜白用缰绳拴在一根粗大的木桩上,使其急于挣脱缰绳束缚又欲走不能,从而将一匹桀骜不驯"胡种马"的神采表现得淋漓尽致。你看,照夜白两只前蹄早已腾空而起,左蹄竭力前伸,右蹄则回环往后,好像要使出更大的力量向前伸展似的,而支撑骏马重心的两只后蹄,很显然是在用力蹬踏地面,即便整个画面中不着一笔背景,依然给人一种尘土飞扬、迷人眼目的感受。当然,这幅画作中最能触动人们情感的,还是这匹骏马的形象:昂头嘶鸣,鬃毛竖立,鼻孔扩张,两眼转视,四蹄腾骧,特别是眼睛中流露出的那种痛苦、焦急、乞求的神情,使观者不能不产生一种因不忍其遭受如此羁绊而为其解开缰绳任由驰骋的冲动。确实,这幅画作的作者韩幹不愧为一代画马大家,他仅用寥寥可数的细劲线条,便勾勒出照夜白膘肥肌腱的形体,又用极为简单的墨色渲染使这匹宝马良驹的雄峻神采跃然纸上。

很显然,韩幹如果不是对骏马各个部位的结构及性情了然于胸的话,他是不可能绘制出这样一幅堪称绝世国宝画作的,其中道理恰如庖丁解牛。

失之交臂

不过,如果人们了解了由南唐后主李煜在其上题有"韩幹画照夜白"六字的这幅画作背后的故事,则更要因为其流失海外而欷歔慨叹了。

据唐人韦睿在《松窗录》中记载说:有一天,唐玄宗见宫内栽种的芍药花大片盛开,就骑上照夜白与坐着步辇的杨贵妃一同前来赏花。面对眼前娇艳的名花与爱妃,精通音律的唐玄宗不由想到应该有新的曲调来唱和才不枉此情此景,于是急忙传召大诗人李白进宫,这便有了如今妇孺皆知的"云想衣裳花想容"之《清平调》

绝唱。如此,当你面对《照夜白图》时,是否会想见风流天子唐玄宗与绝色佳人杨贵妃,在繁花似锦中游园赏花、饮酒唱对之羡煞神仙的情景呢?

然而,这样一幅足以引起人们多方面遐思的绝品画作,却在民国年间几经转手后被倒卖到了国外,使照夜白这匹宝马良驹变成了"流浪马"。那么,绘制唐玄宗"宝马"的画作《照夜白图》是如何流失海外的呢? 由这幅画作上的诸多题跋及钤印等考证可知,韩幹《照夜白图》曾经唐代美术史家张彦远、南唐后主李煜、北宋大书画家米芾、南宋权奸右丞相贾似道、明项元汴与清乾隆皇帝等递藏,到了嘉庆皇帝即位后又转赠给成亲王永瑆,后又进献清宫内府珍藏,而嘉庆皇帝的孙子咸丰皇帝再次将这幅画作赏赐给了恭亲王奕䜣,从此在恭亲王府传承下来,最后成为清代皇亲书画名家溥儒溥心畬的藏品。到了民国 25 年(1936),早已没落的王孙溥儒为了满足原本华贵奢侈惯了的生活开销,不得不将收藏多年的书画珍宝等转售他人。至于这幅《照夜白图》转售给了何人,世间大致有三种不同的说法。第一种是,英国收藏家戴维德获知溥儒准备出售《照夜白图》时,便托请他人向其游说陈请,遂以 1 万块银圆的价格成交。后来,日本人又从戴维德手中买走此画,最后再通过日本人之手转售到美国,成为美国纽约大都会博物馆的镇馆之宝。与这种过于简略说法所不同的,还有两种被世人广泛认同但却并不相同的说法:

其一,有一年溥儒为了操办母亲奢华的葬礼,不得不将韩幹《照夜白图》交给原清宫老太监及其义子卫广利开设的宝云阁古玩铺出售,遂被嗅觉灵敏的上海古董商白坚甫高价买到手。当白坚甫准备将这件国宝画作卖给外国人大赚一笔时,张伯驹先生闻知则拍案而起,立即提笔给当时主政北平的西北军将领宋哲元拍发电报:

明轩(宋哲元的字)仁兄台鉴:

惊悉国之瑰宝唐韩幹《照夜白图》有流落海外不归之虞,烦兄鼎立察访,钮任出境,并严惩盗卖国粹之人。翘盼候复。

弟　项城　张伯驹

不料,当宋哲元将军察访此事时,白坚甫早已携带《照夜白图》返回了上海,随即又将该国宝画作卖给日本人,后由日本人转售给英国一位收藏家,直到 20 世纪 80 年代美国纽约大都会博物馆才从英国购藏了这幅中国名画。

其二,溥儒将韩幹《照夜白图》出售给上海古董商叶叔重,而叶叔重是专门盗卖中国文物到国外的著名卢吴公司之上海代理商,所以当这一消息被大画家张大千先生获知后,他为了阻止这幅画作流失海外,便急忙找到好友张伯驹先生商量,由张伯驹先生给宋哲元写信说:

据悉,韩幹《照夜白图》卷,目前已被沪叶某买去,此卷文献价值极为重要,请君设法查询,勿任此宝出境。切盼,切盼!

张伯驹
1936 年×月×日

而当宋哲元将军察访时,叶叔重已经携带《照夜白图》返回上海,随后将该国宝画卷倒卖到了美国。

一代爱国收藏大家张伯驹先生获知韩幹《照夜白图》流落国外时,犹如五雷轰顶、气愤难忍,几乎当场昏厥过去。随后,张伯驹先生为了阻止依然藏于溥儒手中的西晋陆机《平复帖》重蹈韩幹《照夜白图》之覆辙,先后三次出重金求购《平复帖》,终使这卷有着"中华第一帖"之誉的法书名帖得以留存中国。关于张伯驹先生购藏捐献《平复帖》等往事,笔者已在本丛书《传世之谜》一册中有详述,在此不赘。需要交代的是,张伯驹先生购藏《平复帖》不久后的一则插曲,因为由此可见其对于韩幹《照夜白图》流落国外那种激愤心情之一斑。据说,张伯驹先生购藏《平复帖》后,随即将家中书房更名为"平复堂"以纪念。这一天,张伯驹先生与夫人潘素女士正在家中欣赏这件法帖时,一位不速之客前来登门"拜访",张伯驹先生一见不由怒火中烧。原来,来者正是倒卖韩幹《照夜白图》给外国人的奸商白坚甫,因此张伯驹对于他的到来极为厌倦,但是在夫人潘素女士的示意下还是接待了他。可是,当不识相的奸商白坚甫提出以 20 万块大洋购买《平复帖》时,张伯驹先生再也忍耐不下去了,当即气愤地叱责道:"《照夜白图》等国宝已被民族败类转手洋人,如今你又打起《平复帖》的主意,可惜此帖已在我的手中,只要我张伯驹在,任何人也休想得到它。"闻听此言,白坚甫满脸羞臊地连连辩白说:"大爷息怒,大爷息怒! 白某没有别的意思。"面对奸商白坚甫的一脸鼠相,张伯驹先生更是忍无可忍,随即下了逐客令:"金钱易得,国宝无双,收起你的臭钱滚吧。"

至此,我们应该能够明了张伯驹先生为何对于自己与"宝马"画作《照夜白图》

失之交臂而万分悔恨了吧!

飞来飞去的"富贵鸟"
——北宋赵佶《写生珍禽图》

2002年4月,在北京嘉德拍卖公司举行的一场春季拍卖会上,一幅由"皇帝画家"——北宋徽宗皇帝赵佶绘制的《写生珍禽图》手卷拍品,引起了中国文物、收藏与美术界的特别关注。遗憾的是,这件在当时创下全球中国古代书画拍卖价格最高纪录的"富贵鸟"画作,最终却没能留在它的故乡中国,而是从日本飞来后又飞往了遥远的大洋彼岸——比利时一位神秘的买家之手。

花鸟之别

作为中国传统绘画的一个专门画科——花鸟,是以自然界的动植物为主要描绘对象,它不仅集中体现了人与自然生物这一审美客体之间的审美关系,而且在迅猛发展中还形成了一套比较成熟的绘画技法与风格,同时又赋予人一种较强的观赏性与抒情性。确实,花鸟画自唐代脱离人物与山水而成为一门独立画科后,在第一代花鸟画家边鸾等人的披荆斩棘下,迅速在人物、山水与道释这当时三分天下的画坛中占据一方地盘,从而奠定了花鸟画在中国传统绘画领域里的独特地位。

特别是到了五代时期,由于后蜀宫廷画家黄筌父子专门绘制皇宫禁苑里豢养的珍禽异鸟与奇花怪石,并以精工细致的"勾勒法"使其作品呈现出一种工整富丽之态,从而赢得了"黄家富贵"的崇高赞誉,而后唐布衣画家徐熙则专门描绘江湖汀花与池塘水鸟,并开创出被后世称之为"落墨画"的技法,使其作品洋溢着一种飘洒野逸之风,由此使其赢得了与之相对的"徐熙野逸"之美誉。而正是有了"徐黄异体"的"黄家富贵"与"徐熙野逸"这两种不同风格流派花鸟画的出现,才使花鸟画科刚一诞生就进入到繁盛阶段,并由此对后世产生了极为深远的影响。比如继承黄筌衣钵的北宋徽宗皇帝赵佶绘制的这幅《写生珍禽图》卷。

那么,"皇帝画家"赵佶绘制的《写生珍禽图》是怎样一幅画作呢?

皇帝画家

作为北宋第六位皇帝神宗赵顼的儿子，赵佶出生于北宋元丰五年（1082），他原本没有资格成为一代帝王，而当他的哥哥哲宗皇帝赵煦以年仅24岁病逝时，由于这位短命皇帝没有留下子嗣继承皇位，遂由当朝太后向氏力排众议才使其得以继承大统，从而催生出了一位昏聩皇帝与杰出艺术家。

关于赵佶这两种不协调的身份，有一则传说虽然不是事实，但是人们却都倾向于相信。据说，在赵佶出生前，他的父亲神宗皇帝来到秘书省（宋代管理国家藏书的中央机构）视察时，在这里发现了一张南唐后主李煜的画像，当即就被这位亡国之君所表现出的风流儒雅的气质所吸引，随后皇后向氏便生下了徽宗皇帝赵佶。传说如此，堂堂史书上更是言之凿凿，似乎是专门为这则传说作一毋庸置疑的注脚。据《宋书》记载，北宋元丰五年阴历十月十日，神宗皇帝于当夜梦见多年前被他先祖迫害致死的南唐后主李煜前来晋谒，而这一天就是他的儿子赵佶出生之日。正因如此，后世人们根据这两位亡国皇帝同样荒淫昏聩并都客死他乡的政治命运，以及在文学诗词与书法绘画等领域都取得了"天下一人"的伟大成就，从而相信徽宗皇帝赵佶的出生就是南唐后主李煜的转世。

确实，作为北宋王朝的一代帝王，徽宗皇帝在位25年间骄奢淫逸、政治黑暗，为了建造富丽堂皇的皇家宫苑，他巧立名目、滥增捐税为自己聚敛起巨额财富，然后开始广征能工、搜罗巧匠将全国各地的名山胜景囊括到皇家园囿之中，同时还将奇花怪石与珍禽异兽等都置于其中供自己观赏享乐。在政治上，徽宗皇帝十分宠信蔡京、童贯与高俅等被世人称之为"六贼"的奸佞小人，排斥贬责那些敢于直言进谏的忠心仁义之士，致使朝廷上下一片昏聩黑暗，遂有"靖康之变"这一亡国祸事降临其身。而作为艺术家的赵佶，无论是诗词歌赋还是书画文物，他都为中国传统文化的保护、传承与发展做出了不可磨灭的贡献。比如，在收集、保护与传承历代文物书画方面，赵佶组织人员编撰了《宣和书谱》《宣和画谱》《宣和博古图》等至今仍嘉惠艺林后学之皇皇著述。他亲自开设、扩充并掌管的翰林书画院，培养出了一大批足以傲视历代先贤的书画艺术大家，也使中国传统书画艺术得到了突飞猛进的发展与繁荣。据说，徽宗皇帝赵佶为了选拔具有一定书画艺术天赋的人才进入皇家书画院进行系统学习,曾多次亲自出题加以考评。有一次,徽宗皇帝出了一个"踏花归来马蹄香"的画题,许多考生都在马蹄上绘画一些残留的花瓣,用以体现"马蹄香"之题意,可有一位画家却没有在马蹄上或画面中绘制什么花瓣,而是画了两只围绕马蹄上下飞舞的蝴蝶,遂被徽宗皇帝评为第一名进入了皇家书画院。还有一次,徽宗皇帝赵佶以古人诗句"野水无人渡,孤舟尽日横"作为考试题目,一般考生都画有一条泊在岸边的小船,在船舷或舱篷上再画几只鸟雀,以此来显示这是一条无人小船,而另有一位考生却画了一名倦睡在船尾的船夫,船夫身边还丢着一根短笛,这让徽宗皇帝大为欣赏,因为他认为由于终日没有过河的渡人,才使得船夫困倦不堪地丢掉竹笛竟睡着了,这岂不更加突出了孤舟的寂寞与环境的荒僻吗?由此可见,徽宗皇帝赵佶确实具有非比寻常的绘画艺术欣赏与评判水准。当然,作为中国数千年封建王朝历史中罕见的富有艺术气质且才华横溢的一代帝王,赵佶的艺术成就最高也最为后世所推崇的,当属他开创流派或独树一帜的书画艺术。比如,赵佶师从于薛稷与黄庭坚后又自成法度的"瘦金体"书法艺术,真可谓"瘦劲峻丽""屈铁断金",堪称后世书家之楷模。比如,赵佶那刻意求工且高度写实的花鸟画法,竟然能将古朴天真的花鸟情趣变得精微灵动起来,特别是他讲求"画写物外形,要物形不改"的艺术格调,使其足以进入中国最优秀大画家之列而毫无愧色。

具体到这幅创造世界中国古代书画艺术拍品价格新高的《写生珍禽图》,徽宗皇帝在纵 27.5 厘米、横 521.5 厘米这一绢本设色长卷上,共绘制了 12 段水墨写生花鸟小图,画卷上的花鸟清丽幽雅,栩栩如生;笔调朴质简逸,全用水墨,对景写生,无论是禽鸟还是花草,均形神兼备、意境优美;特别是鸟的羽毛,是用淡墨轻擦出形后,再以浓墨覆染,最后又以浓墨点染头尾与羽梢等重点部位,这种层叠描绘笔法使鸟的羽毛竟呈现出一种蓬松柔软之质感与丰富之厚度感,当然也将富丽堂皇的色彩体现得淋漓尽致。至于那些小鸟用脚爪抓握枝干的力度,以及亮如点漆的眼神与花叶之微微颤动等,更使观者无一不有一种呼之欲出的感觉,而这些都充分展现了徽宗皇帝花鸟画的风格。另外,画卷中那一丛丛不分浓淡、一色焦墨的紧细墨竹,在严密处都稍微地透露出了一丝白道,这与史书中记载徽宗皇帝之笔法完全一致。还有那第二段"熏风鸟语"的凝神引颈与第五段"碧玉双栖"的动静对比,以及第十一段"原上和鸣"的回首顾盼等，都把珍禽异鸟的情态神貌描绘得分外出色，简直达到了工整精彩之至极。不过，作为一代书画艺术大家，徽宗皇帝赵佶目前存世的绘画作品只有区区19件，而其中又有"御题画"与"亲笔画"之分。所谓"御题画"，就是由徽宗皇帝授意让翰林画院待诏们执笔绘制而成，最后再由赵佶本人签押的画作；而"亲笔画"，自然是指由徽宗皇帝本人亲自执笔绘制，这一类作品大约只有13件之稀少。由此可见，作为徽宗皇帝赵佶存世花鸟画珍品中尺幅最大的《写生珍禽图》，当属其绘画作品中的极品了。那么，这幅意境优美、神形毕肖的《写生珍禽图》，到底是徽宗皇帝赵佶的"御题画"还是"亲笔画"呢？

对此，北京嘉德拍卖公司白海外征集到这幅《写生珍禽图》后，立即邀请中国顶级书画鉴定大师徐邦达、启功与傅熹年等人对其进行考证鉴定。随后，专家们根据这幅画卷上徽宗皇帝所钤印玺的色泽、尺寸及位置等，认为画卷上所钤11方政和、宣和双螭玺及一方残印与赵佶存世其他画作上的印玺完全一致，特别是钤在每段合缝处那双龙图样的"双螭玺"，不仅是徽宗皇帝赵佶的御用玺印，而且双龙图案非皇帝本人是别人所不能使用的。另外，专家们还根据这幅画卷上钤有乾隆御览之宝、三希堂精鉴玺、宜子孙、古希天子、乾隆鉴赏、石渠宝笈、重华宫鉴藏宝、嘉庆御览之宝、梁清标印及安岐之印等27方鉴藏印记，遂一致认定这幅《写生珍禽图》不仅流传有序、屡见著录，而且还是徽宗皇帝赵佶本人笔意顺畅的晚年之作，堪称是一件近千年来极为罕见的无价之宝。

因此，当嘉德拍卖公司准备将这幅《写生珍禽图》送到启功先生府上请其鉴赏时，他当即就表示说："这样的宝贝是不宜抛头露面出门的。"而徐邦达先生看过这幅画作后，同样十分感慨地说："我能在有生之年看到这幅画深感欣慰。"

神秘买家

遗憾的是，专家们虽然还从诸多印记所属年代下限可知，徽宗皇帝赵佶这幅《写生珍禽图》可能是在晚清年间流出皇家禁宫的，但是它到底是何时又因何而流失到日本，以及在日本期间它又经历了哪些鲜为人知的传奇故事，却都因这位日本藏家不愿意过多透露而成为一个难解之谜。幸运的是，慧眼识珠且行事执着的嘉德拍卖公司，在与该藏家经过一年多时间的多次友好协商后，终于使赵佶这幅《写生珍禽图》回到了它的故乡——中国的拍卖场上。不过,回到中国嘉德拍卖场上的这幅《写生珍禽图》,能否就此永久地留驻在自己的故乡呢?

对于徽宗皇帝赵佶这幅代表其花鸟画最高水准的《写生珍禽图》的出现,中国诸多著名博物馆、大收藏家及一些从事文化经营的企业纷纷表示严重关切,诸如北京故宫博物院、北京首都博物馆与上海博物馆等都明确表示参与竞拍。当然,根据有关法律规定这件从海外回流的拍品,不仅不能只在中国本国范围内进行定向拍卖,而且还必须对全球所有博物馆、收藏家及有兴趣参与竞拍者敞开大门,何况国外已经有多位极具实力的买家也表达了参与竞拍的愿望。另外,还有一些买家本人并不出面,而是委托其代理人参与竞拍,这就使徽宗皇帝这幅极为珍贵的《写生珍禽图》归属问题,以及最后归属哪位真正买家的身份问题,都显得更加扑朔迷离、神秘莫测。

果然,当这幅万众瞩目的《写生珍禽图》拍品以 780 万元人民币底价上拍时,数十位买家纷纷举牌参与竞拍,在短短时间内就进行了 10 多次价格飙升。当竞拍价格升至 1000 万元时,北京故宫博物院参与竞拍的代表单国强先生不得不停止举牌,因为他们竞拍的心理价位就是这个数字。随后,《写生珍禽图》的竞拍价又经几轮飙升至 1800 万元时,只剩下委托席上的两位买家开始竞争,其他买家包括北京首都博物馆与上海博物馆都不再敢伸手举牌了。而这时,站在后排一直没有举牌的一位年轻人开始参与竞拍,并经过多达 56 次轮番竞价后,这位年轻人终于以 2300 万元天价将其收入囊中,如果再加上佣金的话,则高达 2530 万元人民币! 对于这样一个成交价格,中国嘉德拍卖公司副总经理寇勤先生在接受记者采访时,曾这样评价说:"宋徽宗的这幅《写生珍禽图》以如此高的拍卖价成交,说明中国艺术品正在被广泛地认同,其价格正在与价值日趋吻合。"由此,寇勤先生还非常乐观地表示,随着国内收藏市场的规范与壮大,会有更多的海外文物进入中国拍卖场,而从市场行情来看,帝王距今年代越远、名气越响、艺术成就越高,其作品的价格也就越高。当然,帝王的书画作品有着独特魅力,藏家一旦拥有它便是一种品位、荣耀乃至身价的象征。因此,他相信帝王书画仍会受到大藏家与收藏机构的青睐和追捧。诚如斯言,那么这位拍得象征着一种品位、荣耀与身价的年轻人是何许人也,他是不是真正买家,如果不是,他背后的委托人又是谁呢?

对于这样一个备受大众关注而又极其神秘的疑问，中国嘉德拍卖公司副总经理寇勤先生表示，由于许多竞拍者都是委托代理人参加的，因此他们很难获悉这些竞拍者的真正"来路"，而这位竞拍成功的年轻人，他们至今也不能确认其真正身份。就在中国大陆有关机构及收藏家们千方百计探听这位神秘买主的真实身份时，来自中国台湾一家媒体的报道似乎解开了这一谜题，称徽宗皇帝赵佶的这幅《写生珍禽图》是被威廉基金会竞拍所得，该基金会随后又将这幅天价画作捐赠给了美国波士顿博物馆。此消息一出，顿使中国大陆业内人士纷纷表示扼腕痛惜，可是不久美国波士顿博物馆东方部主任华裔专家吴同先生却对此不实消息予以澄清，他说这幅画作的真正买家是来自比利时布鲁塞尔一位专做航空食品生意的企业家——尤伦斯先生，不过此人当时并未到场参与竞拍，而是委托本丛书《回归之谜》一册中曾提及的那位来自北京专门从事古董生意的经纪人吴尔鹿先生代其购买，而吴尔鹿先生当时也未曾出面，只是让他的儿子在拍场举牌竞买。

那么，这位敢于出此天价竞拍徽宗皇帝赵佶《写生珍禽图》的尤伦斯先生是何许人呢？事后，据有关媒体透露所知，这位尤伦斯先生来自比利时一个声名显赫之家，其家族先辈与比利时前女王伊丽莎白是至交好友，尤伦斯先生的父亲自民国10年至15年（1921—1926）曾在比利时驻华使馆任职，他因此得以在中国度过了五年的童年时光，而他的舅舅又于民国26年至31年（1937—1942）出任过比利时驻华大使，这些经历使其自幼就产生了浓厚的中国情结。而待到事业有成时，他便开始收集中国古今书画作品，至今已有近20年的收藏经历，收藏中国古今书画家的作品多达400余幅，古代书画作品约有70幅，这使其成为西方专门收集中国艺术作品屈指可数的几位收藏家之一。

当然，自从购藏徽宗皇帝赵佶这幅《写生珍禽图》后，尤伦斯先生自然也就成为西方收藏中国古画少有的"有品位"的大收藏家之一了。

毋庸置疑的"讽刺诗"
——元钱选《杨贵妃上马图》

毋庸置疑

这实在是一幅不该存有主题异议的画作——元钱选《杨贵妃上马图》，因为作者已经在画面上自题了这样一首主题诗：

玉勒雕鞍宠太真，年年秋后幸华清。

《杨贵妃上马图》（局部）

开元四十万疋马，何事骑骡蜀道行。

即便如此，现藏这幅画作的美国弗里尔美术馆所属该国的知名学者高居翰教授，却提出了一个似乎故意让中国学者或者稍谙中国历史的别国学者对其展开批驳的观点："毫无疑问，与当时的冷漠的明哲保身人士，或者那种毫不表露情感的绘画相较，这是一件以相当克制的公然呼吁的方式表达的作品，它向感觉已经麻木的钱选的同时代人呼吁，呼吁他们怀念唐朝，这个代表着中华民族国力顶峰的朝代，该画维护了元初文人士子的优越的文化财富，当他们受到一个没有文化的野蛮强敌屈辱时，这一财富是他们仅可自持的东西了。"于是，2005 年中国艺术研究院蔡星仪先生在第一期《美苑》上发表文章予以批驳说："此画（《杨贵妃上马图》）并非一首以正面形象来唤起人们怀念盛唐之升平盛世的颂词，恰恰相反，它是一首辛辣而沉痛的讽刺诗。"

诚如斯言，作为与赵孟頫、王子中、牟应龙、肖子中、陈天逸、陈仲信、姚式并称元代"吴兴八俊"之一（杨仁恺先生称其为"吴兴八俊"之首）的钱选，当然非常明了这样一段史实：唐神龙元年（705）以后，由于武氏诸王、中宗皇帝之韦皇后及其女儿安乐公主、武则天的女儿太平公主等人纷纷干预朝政，致使朝廷大臣隶属各派且相互倾轧，最终酿成了此起彼伏的多次政变。到了先天二年（713），玄宗皇帝李隆基以先发制人的手段，先后剪灭、罢黜与贬谪了以上各路政敌及其余党后，才使政局得以基本稳固，随后他又励精图治开创了中国历史上著名的"开元盛世"。遗憾的是，唐玄宗晚年时由于夺占儿子寿王李瑁之妃——杨太真并专宠其为贵妃后，开始变得"春宵苦短日高起，从此君王不早朝"了。而就在唐玄宗沉湎酒色日渐昏聩的时候，被他任命为平卢节度使兼范阳、河东节度使的东平郡王安禄山举兵叛乱，向唐王朝发起猛烈进攻，于是貌似强大的唐王朝不仅出现了"渔阳鼙鼓动地来，惊破霓裳羽衣曲"的震惊，更有随后"九重城阙烟尘生，千乘万骑西南行"的狼狈，至此大唐王朝的辉煌盛世便结束了。然而，当时及后世在总结这段历史悲剧的根源时，许多人都把矛头直接指向了那位"承欢侍宴无闲暇，春从春游夜专夜"的杨贵妃，比如大诗人白居易与大画家钱选。至于白居易创作《长恨歌》的时代背景及个人情怀姑且不论，而出生并出仕于南宋王朝的钱选，不仅遭遇了所仕王朝覆灭之厄，而且自身还蕴藏着极为强烈的传统文人气节，这必然使其对历史上的前车之鉴产生一种切肤感受，而这也正是他创作这幅寓讽诫于艺术之名作《杨贵妃上马图》的缘由。

一代画宗

确实，出生于南宋嘉熙三年（1239）的钱选，字舜举，号玉潭，又号巽峰，吴兴（今浙江湖州）人，景定三年（1262）为乡贡进士。

南宋灭亡后，钱选虽然没有进行过异乎寻常的抵抗，但是他秉承中国传统文人情操而"励志耻作黄金奴"，没有选择与赵孟頫等人应征仕元的道路，而是过起了"不管六朝兴废事，一樽且向画图开"这种悠游于书画伴美酒的隐居生活。据说，钱选与赵孟頫都十分仰慕"采菊东篱下，悠然见南山"的陶渊明，赵孟頫最终没有实现自己这一愿望,而是走上了一条"荣身忧心"之途,且因此屡遭世人诟病;而钱选则实现了读书弹琴、吟诗作画终其一生的隐居理想,这从张羽"老作画师头雪白"这句诗中得以印证,还能从今藏北京故宫博物院的《山居图》、上海博物馆的《浮玉山居图》与台北故宫博物院的《卢仝烹茶图》等钱选传世画作中找到佐证。不过,人们还可以想象当多才多艺的钱选放游于山水之间时,他是否就真的能够做到虽未荣身而不忧心了呢?据说,隐居乡间的钱选是"酒不醉,不能画",看来他在隐居生活里许多时候都是嗜酒的,至于他为什么如此嗜酒,中国传统文人都应该能够理解,即便他曾绘有今藏美国一私人手中之名作《扶醉图》借陶渊明的醉酒形象以表明自己的心迹,但是这并不妨碍另一名作《杨贵妃上马图》的诞生。

行文至此,实在不能不对与赵孟頫共同扭转南宋院体画颓风的功臣——大画家钱选的绘画风格做一介绍,否则便不能比较清晰地解析本文主角——《杨贵妃上马图》的艺术价值。"工诗,善书画"的钱选,世人多知其在花鸟画方面的盛名,其实他亦精擅山水与人物,是宋末元初画坛上与赵孟頫同样具有转移风气功劳的中流砥柱之一,且年长于赵孟頫的钱选,还深得包括赵孟頫在内的同时代诸家所服膺,据说赵孟頫本人就曾向钱选请教过绘画的技法。关于中国传统绘画技法,六朝至隋唐主要是以细柔如"春蚕吐丝"一类密体为主,虽然唐代吴道子在画作中运用了"离、披、点、画,时见缺落"的疏体笔法,但是他依然不失传统的密体之法,比如北宋时期的人物画基本上都是继承吴道子的密体。而南宋自李唐开始转变画风,他与马远、夏圭等人运用坚硬刚直的线条勾写人物衣纹,山石则用刚猛的大斧劈皴,使画作显得急躁而锐利,这显然与深受儒家中庸思想滋养起来的中国传统文人之审美观相抵牾。于是,元朝初年当钱选与赵孟頫主宰中国画坛风气时,开始力排南宋那种"燥硬"之风,积极提倡"复古",其实就是借助唐人那种细柔画法来改变宋制,希望以中国文人讲求的静美来替代南宋之动美。

当然,无论是钱选还是赵孟頫,他们作为扭转风气的一代绘画宗师,在创作实践中虽然直追唐至六朝风范,但是作品中流露出的气息则属于元代,比如这幅《杨贵妃上马图》。

岂止千金

据杨仁恺先生指出:"此类题材之作(指《真妃上马图》,即《杨贵妃上马图》的另一名称），屡有发现，就是作者有不同的署名。《佚目》（北京故宫博物院为征集回收当年清宫散佚到民间的古代书画而编撰的参考书）里有五代周文矩《真妃上马图》、明仇英《摹周昉太真上马图》等，由此推知其来源至迟在宋以前已有之。而钱氏（钱选）之件，并非出自创作，这是从主题构图趋于一致得出来的认识。"即便如此，杨仁恺先生还是赞同钱选的这幅《杨贵妃上马图》，"想必是有所为而发的"创作理念，何况作者在这一画面中还将人物布局与情节安排等处理得如此让人过目不忘？

在人物画方面师从北宋李公麟的钱选，在这幅《杨贵妃上马图》中共绘制了14个人物，每一个人物的动作都非常自然流畅，神态也是生动各异，将唐玄宗李隆基与贵妃杨玉环一行准备骑马前往华清池的情景描绘得层次分明、丰富多彩。只见，四名男女侍从为了侍候或者直接说帮助体态丰腴的杨贵妃骑上那匹高健壮硕的大青马，竟然忙得手忙脚乱也没能使"云鬓花颜金步摇"的杨贵妃顺利地骑上去，而这时已经骑上那匹著名照夜白骏马等待她的唐明皇，很显然是对杨贵妃那笨拙而娇弱的情态感到有趣；与唐明皇李隆基这种既欣赏又有些感到无奈表情所不同的，还有周围诸多侍从们的各异反应，比如有的静静而礼貌地关注着，有的似乎在低声议论或者是在探讨应该如何支招，而有的则干脆将头扭转过去以免贵为贵妃的杨玉环感到尴尬……由此，如果人们联系作者钱选积极倡导文人画风的理论与实践，再审视这幅画作构图疏而不散、敷色浓而不艳、线条转折温婉的技法，一定会对著名画论专家蔡星仪先生将这幅画做定位为"一首辛辣而沉痛的讽刺诗"之见解有所同感；而如果作者不是积极倡导并身体力行绘画"士气说"的钱选，而是喜爱以坚硬刚直线条勾勒等技法的南宋著名画家李唐、马远或夏圭中的一位，则不仅在一定程度上与美国那位高居翰教授的评论相吻合，而且也会得到"这幅作品达到了艺术形式与艺术内容的高度统一"之评论。遗憾而又令人欣慰且感觉极为高妙的是，这幅画作的作者是钱选，所以才有了这么"一首辛辣而沉痛的讽刺诗"，而不是"一首以正面形象来唤起人们怀念盛唐之升平盛世的颂词"，否则那将是一幅多么苍白而无味的平庸之作啊！

记得时人有"此画老钱暮年笔，真成一纸值千金"的评赞，即便笔者限于手边资料还不能明确告知读者这幅《杨贵妃上马图》是不是"老钱"的暮年之作，但是却

图文珍藏版

可以肯定地说今天这幅画作所值岂止千金万金;还记得时人另有"吴兴山水虽可摹,老钱丹青今世无"的美论,即便迄今所知"老钱"传世画作还留存有一些在人间,但是今天像钱选这种真正继承中国传统文人风骨的又有几人?因此,追溯钱选这幅今日珍藏在美国弗里尔美术馆的《杨贵妃上马图》名作之流失过程,就显得十分必要。遗憾的是,我们今天能够知道的只有杨仁恺先生"言简意赅"的透露——"钱选《真妃上马图》,乃清宫旧物,不见《佚目》记载,未便肯定为《佚目》外的'东北货',但它早为湖州张珩购得",后经其叔张叔驯携带到美国出售他人,至于弗里尔美术馆是不是从张叔驯手中购藏至今,则已经不得而知了。

祖孙三世人马缘
——元赵孟𫖯、赵雍、赵麟《人马图》

实在应该感谢700多年前大收藏家谢伯理的一次良苦用心,否则不会有亦称三世《人马图》这幅伟大作品的诞生,更不会使人们了解到关于元代书画艺术灵魂人物——赵孟𫖯祖孙三代,围绕一幅画作而演绎出的一段人马情缘,即便这幅凝结着赵氏一门三代独特书画艺术源流的精妙画作早已散失海外,但是记录这段感人至深情缘的载体毕竟还留存人间,使人们拥有了充分想象与追思的实物依托。

瑕不掩瑜

出生于南宋宝祐二年(1254)的赵孟𫖯,字子昂,号欧波、松雪道人,赵宋王朝之宗室。

原本家道中落的赵孟𫖯自南宋灭亡后,留居湖州(今浙江吴兴)以布衣文人著名于时。十几年后奉元世祖忽必烈之召出仕元朝,因契合元朝统治者当时笼络汉人的国策而备受礼遇与优待,直至官居一品大员,而"荣际五朝,名满四海"。因此,即便赵孟𫖯"博才多艺,能诗文,通音律,善书法,精绘画",可是后人因他以赵宋宗室之身而事蒙元这一有失大节的举动,而对他杰出的书画艺术成就多有贬损与诋毁。不过,相对于历朝历代那些因一丑而遮百俊者来说,人们对于赵孟𫖯还是比较宽宥的,这从他书画艺术影响至今而不绝的事实上可得佐证。

确实，作为元代以后影响中国绘画艺术最为重大深远的关键性人物，赵孟頫对于"近世"（南宋）那种因急躁激愤思想情绪而催生以刚性线条与猛烈大斧劈皴所形成刚硬激荡的绘画风格极为不满，于是他在继承晋、唐、五代与北宋优秀绘画传统的基础上奋起变革，极力主张"书画同源"这一"复古"思想。不过，他虽然在创作中"逼近古人"、追求古意，但是其绘画作品与古人的最大区别，就是一个"写"字，也就是变画为写，能够运用书法笔法将作者感情色彩巧妙地融入画面景物之中，从而使绘画笔墨具有一种独立的审美价值。

因博采众长而形成自家独特面貌的一代宗师赵孟頫，在绘画方面可以说是题材广泛、风格多样、特色鲜明，无论是山水、人物、释道、鞍马、竹石、花鸟等，都能做到"悉造其微，穷其天趣"，在中国绘画史上起到了一种继往开来的重要作用。关于这一点，只要稍稍梳理元代以降著名画家的绘画风格与师承关系，便不难发现这样一个不容忽视的有趣史实——接受赵孟頫绘画艺术培养与影响者有两类：一是与其没有亲缘关系的元四家之一的黄公望、墨竹画名家柯九思、花鸟画大师王渊与"可颉颃'鲜赵'（鲜于枢、赵孟頫）"的朱德润；二是与赵孟頫有亲缘关系的其夫人管道升（中国绘画史上最著名的女性墨竹画家）、子赵雍与赵奕、孙赵凤与赵麟、甥王蒙（元四家之一）等。

由此可见，赵孟頫书画艺术对后世影响之深远，特别是这种家族画风繁盛的现象，恰恰为这幅三世《人马图》的诞生提供了契机。对此，在《元史·本传》中就曾有过类似的记载："孟頫妻管氏、子雍，并以书画知名。仁宗取孟頫及管氏与雍所书，装为一帙，识之曰：'使后世知我朝有一家善书者。'"

高妙创意

与元仁宗将赵孟頫与妻子管道升及儿子赵雍的书法作品"装为一帙"有异曲同工之妙，但是更具收藏价值、比较欣赏与感动情怀的，当属这幅三世《人马图》的传奇诞生了。

元贞二年（1296）正月十日，时年42岁画艺成熟精进的赵孟頫，已经挣脱南宋院体画的窠臼，并"参以唐人高古之趣"，以"不施丹青而光彩照人"的技法，精心绘制了一幅形神兼备、意趣古朴的《人马图》。在这幅只有一人一马的画作中，赵孟頫运用较为工细的线描笔法绘制人马，虽然着墨不多，但是一笔一墨变化多端、蕴藉无穷，且每根线条都有着自己的生命力，给人一种通灵而透气的感觉。面对自称足与北宋鞍马名家李公麟"并驱"的赵孟頫的这幅画作，有幸获之珍藏者无不热爱有加，特别是当"富而好礼"的元代大收藏家谢伯理辗转得到这幅《人马图》后，更是因对赵氏家族书画源流深邃不绝的门风感佩不已，遂萌生了一个极具创新意义的构想。

至正十九年（1359），距离赵孟頫绘制《人马图》已经整整 65 年之久、距离其病逝也已 37 年的时候，时任松江同知谢伯理虽然不认识居住在杭州的赵孟頫之子赵雍（字仲穆），但是有心的他还是找到与赵雍相友善的著名文人兼收藏家韩介石，委托其请求赵雍"于卷尾亦作人马以继之"。果然，当年已七旬的赵雍见到父亲作于自己七岁时的这幅《人马图》时，不由得"拜观之悲喜交集不能去手"，即便他"未识伯理"是何许人也，但是因心中"嘉其高致"，遂"慨然为作"，这就是这幅三世《人马图》中第二组"人马图"的由来。由此，人们完全有理由想象当赵雍见到父亲赵孟頫这幅遗作时那种万分感慨与追思的情怀，而他也正是由于有了谢伯理这一创意，才得以与已故父亲在艺术世界里进行一次极为难得的心神交流，所以他不仅"慨然为作"，而且在完成后便立即"以授介石归之伯理"。

没想到，两个月后这位有心创新的大收藏家谢伯理，竟然携带这幅画卷找到时任承事郎江浙等处行中书省检校官的赵麟（字彦征），希望他能"于卷尾亦作人马以继之"。这位在鞍马题材方面深得家学精髓的画马名家赵麟，见"先大人魏国公（赵孟頫卒赠魏国公之誉职）所画人马图装潢成卷"及"家君作于后面"时，更是感慨万千地表示"欲侈吾家三世之所传"，遂决定"不辞而承命"绘制了这幅三世《人马图》中的第三组人马。至此，集赵氏一门三代鞍马技法精髓的三世《人马图》得以传世，再加上谢伯理刻意而为所成就的这段艺苑佳话，更使这幅画作具有了无限美妙的价值。

三世风韵

当然，关于这幅赵氏三世《人马图》的价值，似乎还应该从其诞生的社会文化背景及艺术水准两方面加以考量，否则失之偏颇恐怕就是难免的事了。

确实，作为最早被人类驯服且在社会生活中担当重要角色的动物——马，早在殷商甲骨卜辞中就有被作为祭祀用品的文字记载，至于《周礼》中记述朝廷设有专门管理马匹官员一职，更是马文化研究专家频频参阅的比较翔实可信的重要史料。比如，按照马的强弱大小而进行不同功用的分类，就是当时及后世人们将马分别用于战争、狩猎与交通运输的重要依据。到了汉代以后，由于文人雅士赋予马更多的人文色彩及内涵，所以以马为创作对象的各类作品便应运而生。比如，汉代画像砖上"骑射图"与"马踏飞燕"铜雕；再如，唐代"昭陵六骏"石刻与"舞马衔杯纹"银壶等。至于唐代以马为题材的绘画作品，那更是在曹霸、陈闳、韩幹与韦偃等名家的鼎力推动下，呈现出一种万马奔腾的非凡气势。而大宋王朝虽然屡遭来自北方马背民族之侵扰，但是因为有白描大师李公麟对鞍马这一绘画题材的不断临摹与创新，同样诞生了《五马图》与《临韦偃牧放图》等这类万世不朽的"文人马"杰作。

据史料记载，自幼喜爱绘画鞍马的赵孟頫，在远师曹霸师徒绘马风格的同时，更是近学李公麟写实画马之文人风韵。当然，赵孟頫之所以能够成为承前启后的一代绘画宗师，还在于他重视与强调向自然学习的求实精神，并将人文色彩蕴藏在丝毫也不懈怠的工整细致的笔墨中，从而注重对马的神态的把握与刻画，这才使其逐渐形成了独具匠心的赵氏鞍马风格。另外，既然赵宋宗室赵孟頫出仕原本以游牧生活为主的蒙元王朝，就不能不对这个马背民族最钟情的骏马加以特别的表现与赞赏，这种哪怕是为了迎合统治者趣向的创作，同样在这位伟大画家笔下达到了出神入化的境界，比如这幅三世《人马图》中的第一组人马。你看，作者赵孟頫在这组人马图中没有选取易于表现的马之侧面，而是选择了表现难度最大的四分之三角度。然后，竟以线条穿插与形体组合的简逸笔法，便将这匹骏马的形体与神采准确无误地勾勒表现了出来，这种"流于笔尖，发之豪端"的技法，远非同时代其他画家所能比拟。确实，赵孟頫不愧为开创元代以降绘画新风的一代宗师，他在这幅人马图中仅仅只画有一匹白马与一位朱衣奚官，白马四足用线条勾出后以淡墨渲染，马鬃与马尾施以重墨，看似潦草，实则极具生动之意；而那位右手握住缰绳的奚官，头戴软角幞头，络腮胡须根根分明，特别是修长身躯与短粗肥大的马身相比，竟然颇得真实之情态。

与赵孟頫这组人马图相比而言，其子赵雍与其孙赵麟所绘制的两组人马图，很显然不能与其父祖相媲美,这不仅因为他们所画之马都选取了最易表现的马之侧面,且人物绘制的立体感也没有赵孟𫖯的真实强烈,即便有评家认为赵雍与赵麟深得父祖赵孟𫖯鞍马绘画之精髓,并更加淋漓地融汇了人文内涵,但是就此幅三世《人马图》而言,赵雍与赵麟的鞍马技法还属儿孙之技。不过,分别解析赵雍与赵麟父子在这幅三世《人马图》中所绘,还是自有其妙的。比如,赵雍所绘的这匹青斑马,长尾短鬃,肌肤匀称,颇具精神;至于那位身着黄色开衩窄袖长袍、头戴有檐毡帽、须眉鬑鬖的矮个子奚官,仅从面貌便可得知其应该不是汉人,而属于色目人种;由于这是赵雍晚年之作,故此不仅笔法老练、造型准确、神态生动,而且确有"克绍家风"之遗韵。至于赵麟所绘的这组人马图,除了桃花点子马抬起了右前蹄之外,那位头戴软角幞头、身穿套头窄袖长袍、足蹬黑色软靴的奚官,同样神形并茂、生动逼真,亦有赵氏鞍马之风。

一种期待

然而,关于这幅赵氏一门三世《人马图》的流失经过,天津南开大学文艺美学博士生王鹤只给出了一个可能采自收藏这件国宝画作博物馆标注的大概:"此图于清末民初流出国门,辗转为约翰·M·克劳福德收藏,并于1998年转售给大都会博物馆收藏至今。"故此,在这里还愿意摘录中国当代著名书画鉴赏大师杨仁恺先生提供的一条重要线索:"(赵氏三世《人马图》)经长春常伯祥、北京玉池山房售与香港周游,携美价让顾洛阜,后捐纽约大都会博物馆。"

如果将这两条信息结合起来揣测的话,人们是否应该得出这样一个大致的流失过程:这幅赵氏三世《人马图》同样是被末代皇帝溥仪偷携至东北后散失民间,遂被长春古董商常伯祥购得,接着他便联合北京琉璃厂玉池山房古玩铺将其高价售与香港的周游先生,随后周游移居美国时又将其高价出售给了顾洛阜。至于美国人约翰·M·克劳福德是不是从顾洛阜手中购得这幅画作后再转售给大都会博物馆,则因为缺少可信的中间环节还不敢断定。

好在流失的基本脉络已经清楚,所以笔者今后愿意与有兴趣的读者,共同探究其中的缺环及事实真相。

"鬼谷子下山"天地惊

——元青花鬼谷子下山图罐

2005年7月12日,在英国伦敦佳士得拍卖行举行的"中国陶瓷工艺精品及外销工艺品"拍卖会上,一件元青花鬼谷子下山图罐以1400万英镑的价格,创造了亚洲艺术品在全球拍卖史上的最高纪录。那么,这是一件怎样惊天地泣鬼神的中国瓷器,它又是如何流落到这场国际拍卖会上的呢?

青花之魅

很显然,要想将元青花鬼谷子下山图罐这件创造了惊天拍价的中国瓷器之文化魅力解析得清楚明白,只要抓住"青花"与"鬼谷子下山"这两个关键词,就应该能够给读者一个条分缕析的字面解释。

青花,是指白地蓝花或蓝地白花这种釉下彩瓷器的统称。据考古资料表明,在中国陶瓷发展史上最具民族特色的青花瓷,起源上限可以追溯到唐代,真正烧制成功或者说发展成熟则是元代的景德镇时期。确实,元青花的成功烧制,堪称中国陶瓷史上一件具有划时代意义的大事,它不仅为中国陶瓷家族增添了一朵瑰丽奇葩,而且对后世瓷器的发展鼎盛或者直接说明清彩瓷的成功烧制起到了极为关键的技术性作用。在元青花烧制成功之前,中国瓷器的发展进步主要体现在瓷器表面图案的装饰方面,而胎质、釉色等则难有大的起色变化。到了元代,由于景德镇瓷窑在白瓷胎料中引进了一种高岭土,使瓷石与这种耐高温的高岭土结合而成的"二元配方"得以确立,由此既进一步提高了瓷器的烧成温度,又使器物具有坚韧挺拔不易变形等特点,从而得以烧造出以前从未烧造出的气势磅礴的大型作品。

至于引进一种钴料——苏麻离青作为瓷器的着色剂,则使瓷器在烧成后一改以往那种淡灰青色,而呈现出极为浓艳鲜明的宝蓝色,这就为中国传统水墨画技法及欣赏意境进入瓷器图案带来了契机。诚如斯言,当景德镇瓷窑匠师在洁白如玉或纯清一色的细腻瓷胎上,以青翠欲滴的钴料绘制出精美蓝彩图案后,再上一层透明釉便送入高达1300℃窑炉内烧造时,他们将迎来一件件感觉清新、雅洁、精致而曼妙的青花瓷器的新鲜出炉,犹如丹青高手欣赏自己创作的一幅幅清丽可人的水墨画。而由于画作被一层透明釉色所保护,从而使其历经数百年风霜雨雪的洗礼或岁月磨损也不会发生褪色变异,这就是元青花深受世人喜爱的一个重要原因。

具体到这件元青花鬼谷子下山图罐,整个器形虽然不太规整,器身上还有如黄豆或玉米粒大小的凸起,但是细腻的胎质、莹润的胎体与浑厚的胎骨,再加上青花呈色浓艳、纹饰主次分明、人物刻画流畅、山石皴染酣畅等特点,足以使这件独一无二的元青花瓷罐位列全球存世仅寥寥八件同类瓷器之前茅。

鬼谷之秘

如果人们再能够了解这件元青花图罐所蕴藏的深邃传奇的历史内涵,那么它受到人们热烈追捧并将其抬举到无与伦比的地位,也就是可以理解并愿意认可的一件自然之事了。

其实,最初在元青花瓷上绘制装饰图案并非以人物故事为主流,而是当时蒙古贵族偏爱使用的织绣花纹,诸如灵芝、飞凤、麒麟、鸳鸯、如意及缀珠等,后来之所以形成以人物故事为装饰题材的最大特点,与元世祖忽必烈积极施行融合的民族政策密切相关。元朝开国之初,元世祖忽必烈为了缓和尖锐的阶级矛盾,争取广大汉族地主与士大夫阶层的支持,从善如流地听取了谋士郝经提出的"今日能用士,而能行中国之道,则中国之主也"的建议,使新生政权逐步得以稳定与巩固,在青花瓷上绘制这类人物故事画就是蒙古统治者施行这一民族政策的形象见证。比如,现藏于日本出光美术馆反映民族关系的元青花"昭君出塞图"盖罐,及1956年出土于湖南常德的元青花"蒙恬将军图"玉壶春瓶等;比如1959年出土于江苏南京江宁县黔宁昭靖王沐英墓中表现求贤若渴的元青花"萧何月下追韩信图"梅瓶、现藏美国波士顿博物馆的元青花"尉迟恭单骑救主图"盖罐,以及1994年在香港苏富比拍卖会上出现的那件元青花"三顾茅庐图"盖罐等,而元青花"鬼谷子下山图"罐就属这一类中之典型代表。

最早见于《战国策》的"鬼谷子下山"典故，讲述的是战国时期鬼谷子下山营救自己爱徒孙膑的故事。传说，战国时期有一位学识渊深广博而行踪极为诡异的隐士叫鬼谷子，他精通政治、军事、外交、天文、地理、数术等，著有系统总结战国时代游说之士从事纵横外交与出谋划策的理论、策略与方法的集大成之作——《鬼谷子》一书，其教授的 500 余名弟子中不乏在各诸侯国出将入相的非凡人物，比如著名纵横家苏秦、张仪、毛遂与杰出军事家孙膑、庞涓、尉缭子等，因此鬼谷子享有"纵横家鼻祖"与"兵家之父"这两个后世给予的崇高称谓。至于元朝统治者为何绘制鬼谷子下山这一典故作为青花瓷上的装饰图案，就与鬼谷子倡导臣民应该看清历史发展趋势、倡导全国统一这一纵横学说思想有关。比如，鬼谷子在《鬼谷子·忤合篇》中有"古之善背向者，乃协四海，包诸侯，忤合之地，而化转之，然后以之求合"之说。还比如，鬼谷子在《鬼谷子·序言》中曾举例说明说"故伊尹五就汤，五就桀，然后合于汤。吕尚三就文王，三入殷，而不能有所明，然后合于文王，此知天命之箝，故归之不疑也"。

这些学说思想，很显然都十分符合元朝初年统治者的政治需要，因此鬼谷子下山成为元青花瓷上的经典图案也就不足为奇了。

传奇故事

据说，战国时期齐国与燕国频繁发生极为惨烈的战斗，效力于齐国的孙膑在一场战斗中不幸被燕国军队所围困，他不得不派遣同样效力于齐国的苏秦弟弟苏代前往鬼谷子隐居修炼地——鬼谷（传说在今太行山河北段）向师父鬼谷子求救。得知爱徒孙膑被围困的消息后，鬼谷子立即下山展开营救，与鬼谷子一同下山的还有一位少年将军——独孤角，因为他的哥哥也在这场战斗中与孙膑一起被围困了。这件元青花人物故事罐描绘的就是鬼谷子等人下山时的情景：只见图案中央有一辆由一虎一豹牵引的两轮车，车上端坐着身穿袍服、身体微倾的鬼谷子，他完全是一种运筹帷幄、决胜千里的镇静神态，车前是两名手持长矛开道的士卒，身后是擎着上书"鬼谷"二字战旗的飒爽将军独孤角，殿后的就是至今仍不为人们所熟知的杰出纵横家苏代。

关于苏代，如果讲述两则关于他的典故，人们一定不会陌生：一是鹬蚌相争，渔翁得利；一是借光。据《战国策·燕策》记载，苏代得知强大的赵国即将进攻弱小燕国，便前往劝阻赵惠王说："今者臣来，过易水，蚌方出曝，而鹬啄其肉，蚌合而莫过其喙。鹬曰：'今日不雨，明日不雨，即有死蚌！'蚌亦谓鹬曰：'今日不出，明日不出，即有死鹬！'两者不肯相舍。渔者得而并擒之。今赵且伐燕，燕赵久相友，以弊大众，臣恐强秦之为渔父也。故愿王熟计之也。"赵惠王曰："善！"也就是说，苏代听说赵国即将进攻燕国，便前往赵国劝阻赵惠王，他说自己从燕国来赵国途中经过易水（今河北中部流经易县的一条河流），看到有一只河蚌正张开蚌壳在晒太阳，突然飞来一只专门以小鱼与河蚌为食物的鹬鸟，它伸长脖子去啄食鲜嫩的蚌肉，河蚌见状急忙把蚌壳合拢，恰好把鹬鸟的尖嘴牢牢地夹住了。鹬鸟说："今天不下雨，明天不下雨，你就会被晒死的！"河蚌则回答："我今天不放你，明天也不放你，你同样会被憋死！"就在鹬蚌相争的时候，一名渔夫经过这里轻而易举地就捉住了它们。这个故事让赵惠王明白，如果自己进攻燕国就会被一直企图吞并赵国与燕国的秦国获得战机，从而使赵国与燕国都逃脱不了被秦国灭亡的命运，于是他放弃了进攻燕国的计划。

另据《战国策》记载，秦国大臣甘茂遭奸臣陷害而不得不逃往齐国，在经过秦国边境函谷关时遇到了苏代，苏代询问甘茂准备逃到哪里去，甘茂没有直接回答苏代的询问，而是讲了一个"借光"的故事作答：相传，一条江边居住着许多户普通人家，每到晚上各家姑娘都带着自家油灯聚在一起做针线活，可有一位姑娘因为家里贫穷带不起油灯只能蹭别人的灯光，时间长了就遭到其他姑娘们的集体排斥，这位家境贫困的姑娘说："我虽然家境贫困带不起油灯，但是我可以每天早点来晚点走，帮大家打扫卫生、安置桌椅，这样对你们只有好处而没有坏处，你们又何必吝啬一点灯光，让我和你们一起做针线活吧？"大家一听，都觉得这位姑娘说得有道理，便不再排斥她借光而与她一起做起了针线活。苏代听了甘茂的这番话，顿时明白了他的意思，便与他一起前往齐国，并在齐王面前竭力举荐甘茂，使甘茂被齐王拜为上卿而得以大展宏图。由此可见，苏代在战国诸侯纷争年代也不失为一位极具智慧的出色纵横家,而他与鬼谷子共同出现在这件元青花瓷器上,自然也就是顺理成章的事了。关于独孤角将军,笔者限于手边资料暂不得知。

不过,另据有关专家考证说,这件元青花鬼谷子下山图罐的构图来源,是取自元至治年间建安虞氏所刻版画《乐毅图齐七国春秋后集》,只是该青花瓷罐上的鬼谷子之额头要比版画中的大许多,这似乎是为了更加突出鬼谷子非比常人的聪明睿智。与版画原图中画两只老虎牵引两轮车所不同的,还有该青花瓷罐上却画了一虎一豹,从而巧妙地避免了原图结构中的平行单一;与原图相比更具创新的,就是该青花瓷罐上增添了原图中所没有的独孤角将军,而这位飒爽英姿青年将军的出现,使这件元青花瓷罐的图案装饰摆脱了一般工匠刻板模仿之窠臼,彰显出绘制这幅图案者相当深厚的艺术功底,否则不可能有此突破性的艺术创新。

黯然埋没

那么,元青花鬼谷子下山图罐这么一件绝世稀宝是如何流落国外的呢?

据英国伦敦佳士得拍卖行拍卖图录中介绍,第一次世界大战期间,服役于荷兰海军的赫默特男爵,于民国2年(1913)被派驻北京担任荷兰使节护卫军司令一职,专门负责德国及奥匈帝国等使团领地的安全任务。这位爱好中国文化艺术的赫默特男爵,自此开始了长达10年在北京搜集中国文物的传奇历程,其中中国精美瓷器成为他诸多藏品中的最爱,而这件元青花鬼谷子下山图罐又堪称是其瓷器藏品之最。不过,当年不仅这位赫默特男爵对元青花的价值认识不足,就连他任职期满将这件元青花鬼谷子下山图罐带回国后,也没有引起欧洲收藏家与拍卖行的重视,他们不相信中国元代就能烧造出如此精美的青花瓷,故此一般都将其误认为是明代青花。有趣的是,当赫默特男爵去世后,其后人于20世纪60年代曾将这件元青花鬼谷子下山图罐拿到拍卖行去估价,拍卖行专家认为这是一件明代青花瓷,遂将其估价为2000美元,于是赫默特男爵后人便将这件中国瓷器带回家当作盛放DVD光盘的坛子使用,并没有对这件价值连城的珍宝予以重视。

到了1968年,当克里夫兰美术馆举办一场蒙古统治下的中国艺术品展览后,西方收藏家与拍卖行才开始对元青花有所了解,并迅速对其产生高度重视与青睐,只是可供重视与青睐的元青花实在极为罕见,这正应了中国一句老话——物以稀为贵。到了 2005 年初,当佳士得拍卖行专家在赫默特男爵后裔家中发现这件用来盛放 DVD 光盘的坛子时,才犹如当年哥伦布发现新大陆一般,赶紧让主人为他的 DVD 光盘另寻存放地,就这样这件被埋没多年的一代元青花瑰宝——鬼谷子下山图罐终于闪现在世人眼前。

惊天拍价

2005 年 3 月,佳士得拍卖行把这件元青花鬼谷子下山图罐先后送往纽约、日本、中国香港、中国上海、中国北京、中国台湾、荷兰、法国等地巡回展览,不仅使人们对元青花这一中国瓷器家族中之奇葩获得了浓厚的感性认识,而且也引起了国际收藏界极大的关注。当然,这件拍品的拍卖底价也开始水涨船高,从 100 万到 500 万英镑的估价不乏其人,而伦敦佳士得拍卖行中国部专家连怀恩先生则估价在 600 万至 800 万英镑之间。

果然,面对世间绝无仅有的这件元青花鬼谷子下山图罐拍品,不仅有来自中国最具竞拍实力的藏家们希望它能回归祖国,而且世界各地大收藏家及博物馆机构也都纷纷赶到拍卖现场,特别是一些背靠金融大鳄、石油巨头的竞拍者,人人都表现出了舍我其谁、志在必得的气势。对此,来自中国大陆的一些藏家原本希望联手参与竞拍,可最终因为操作的具体环节出现偏差而无奈放弃。与中国大陆藏家想法基本相似的,还有来自中国台湾的几位藏家,他们经过一番紧急筹商后,决定由寒舍公司总经理王定乾先生代表陈氏博物馆的陈得福先生参与竞拍,他们估价的最高底线是 800 万至 1000 万英镑。另外,来自中国香港收藏界的张宗宪先生与从事明清瓷器鉴定数十年的香港艺术品商会秘书长翟建民先生,以及具有中国血统的大收藏家乔治·李先生等,也都专程飞往英国伦敦佳士得拍卖现场,只是他们各自估价都没有超过来自中国台湾的陈氏博物馆。因此,当元青花鬼谷子下山图罐这件底价不菲的拍品上拍时,立即迎来了近 10 位参与竞拍者的激烈竞争,当竞拍价迅速上扬到 1000 万英镑时,来自中国的竞拍者纷纷败下阵来,可来自其他国家的竞拍者依然有六七人之多,可见世界各地藏家对中国元青花的痴迷热爱。几轮竞拍过后,当这件元青花鬼谷子下山图罐的竞拍价,已经飙升到1350万英镑这一"疯狂"价位时,一位专门经营中国早期艺术品的英国古董商——埃斯凯纳齐,才第一次举起竞拍牌,随后便以1400万英镑将这件拍品收入囊中。如果再加上佣金的话,这件元青花鬼谷子下山图罐竟然拍出高达1568.8万英镑的惊天价位,折合人民币约2.3亿元!不过,当记者询问竞拍者埃斯凯纳齐关于这件拍品的真正买主时,他只是概括地说:"不是亚洲人,也不是英国人。"而伦敦佳士得拍卖行中国部专家连怀恩先生经过一番揣测后,也只能含糊其词地说:"最终买家可能是美国藏家。"至此,这件惊天地泣鬼神的中国瓷器之王——元青花鬼谷子下山图罐,在世人眼前闪耀出一道璀璨光芒后,又一次隐匿在中国人可望而不可即的大洋彼岸。

对于这样一种结局,代表中国台湾陈氏博物馆参与竞拍的王定乾先生,在事后只能发出这样一番感慨:"有幸恭逢其盛,参与竞标。虽失之交臂,憾失国宝,但虽败犹荣……其中所代表的意义,不仅是中国文物创下世界(瓷器)最高价格,而更象征着中华文化的艺术价值与内涵,受到国际人士的尊崇与肯定。"

紫禁城里"过墙花"
——清雍正珐琅彩题诗梅竹纹盘

2002年秋,香港佳士得拍卖行在香港万豪酒店举行了一场名为"中国艺术精品"的拍卖会,一件标为611号拍品——清雍正御制珐琅彩题诗过墙梅竹纹盘,以3252.41万元港币成了全场成交榜的魁首,一时间令人拍案叫绝、啧啧称奇。那么,这件打破同类雍正珐琅彩盘最高成交价纪录的瓷盘有何特别之处,它是如何流失到这场拍卖会上的,其最终归宿又在哪里呢?

珐琅彩瓷

以俗名"古月轩"而驰名世界的珐琅彩瓷器,是清康、雍、乾时期的制瓷精品,更是唯一在皇宫紫禁城内建窑烧制的御用瓷器,由于烧制精细、数量极少且仅供皇帝把玩或只赏赐给少数蒙古王公与西藏达赖与班禅这一无与伦比的特殊性,而使其充满了诱人的神秘感。关于珐琅及画珐琅技法的诞生、传入与发展,在本丛书《回归之谜》一册中已有简介,这就为进一步阐释珐琅彩瓷器做了很好的铺垫。

确实,作为外来语的音译词——珐琅,原本只是东罗马帝国与西亚地中海沿岸地区制造陶瓷嵌釉工艺品"拂菻嵌"(亦有"佛郎嵌""佛郎机""拂菻"之称)这一名称的中文音译而已。自蒙元初期传入中国后,虽有"佛郎嵌""法蓝""佛郎""富浪"等不同的中文音译名称,但是这些名称的基本发音比较一致。故此,到了明景泰年间(1450—1456)当这种全称"铜胎掐丝珐琅器"的烧制达到一个高峰而名之曰"景泰蓝"时,译名不同、写法亦不同的珐琅器,便又有了"发蓝"而后再改为"琺瑯"之名称,当然"铜胎掐丝珐琅器"名称亦被"景泰蓝"所替代。直到1956年,中国有关部门制订搪瓷制品标准后,才将"琺瑯"改为"珐琅",并一直深入人心地沿用至今。由此可见,那时珐琅器是一种中国化的铜胎掐丝工艺品,并不是在此重点诠释的珐琅彩瓷器。

至于珐琅彩瓷器的诞生,则要迟至清初康熙年间。当法国商人与传教士将画珐琅技法带入中国时,康熙皇帝一见钟情,并顺理成章地想到要把这种工艺移植到他所喜爱的瓷器上,这便产生了"瓷胎画珐琅"——珐琅彩瓷器。不过,最初烧制珐琅彩瓷器时困难较多,这不仅是因为珐琅彩料全部依赖从国外进口,烧制工艺也与中国传统烧制瓷器的方法截然不同。据说,当年康熙皇帝为了成功烧制出珐琅彩瓷器,只要见到从外国来的传教士便询问他是否懂得画珐琅工艺,哪怕是只知道点皮毛或懂得绘画,就会被康熙皇帝请进紫禁城与工匠们一同研究烧制珐琅彩瓷器。而作为需要二次入窑才能烧制成功的釉上彩瓷器,康熙皇帝不仅降旨在皇宫紫禁城的养心殿内建造炉窑,以便自己能够随时亲临烧制现场进行巡视督察,而且选用的半脱胎素瓷也是从皇家御窑厂——景德镇烧制成品中精选而出,然后再千里迢迢地运进紫禁城内务府造办处。接着,由宫廷顶级画师遵照康熙皇帝授意精心绘制图案,最后才能送入窑炉烘烧而成,这一在中国以往乃至世界上都绝无仅有的重视程度,使珐琅彩瓷器在康熙末年一经烧制成功,便放射出与众不同的璀璨光芒。

　　雍正元年(1723)，雍正皇帝继位后对烧制珐琅彩瓷器的重视程度，比他父亲康熙皇帝是有过之而无不及。比如，他派遣最信赖的十三弟允祥负责内务府造办处所有事宜；比如，他亲自参与珐琅彩瓷器的样式设计、原料选用与图案绘制，乃至烧制器物的大小与尺寸等，几乎是事无巨细、事必躬亲。据清宫档案记载，雍正六年(1728)二月十七日，雍正皇帝上午来到中和殿与保和殿检视第二天到先农坛祭祀的祭器后，回到他的寝宫兼办公地养心殿又批阅了三份奏折，但是他依然没有忘记对这一天将要入窑烧制的珐琅彩瓷器的器形、花样及所使用的材料做出细致批示。正是由于有了雍正皇帝的这般高度重视，原本依赖进口的珐琅彩料于这一年在紫禁城内研制成功，且花色品种多达20余种，花纹图案也由原本一味效仿国外铜胎掐丝珐琅器那单一花卉而糅合进了中国传统花鸟画的技法，因此无论是工艺水平还是艺术水准都比康熙年间有了巨大的进步。另外，明清时期烧制瓷器的多为御用官窑，且在清光绪二十六年(1900)以前是不准民间经营或私藏官窑瓷器的，因此民间普通百姓难得一窥官窑瓷器的尊容，更别说像珐琅彩这种只供皇宫紫禁城内摆设的珍稀瓷器了。而这件清雍正御制珐琅彩题诗过墙梅竹纹盘，就是在这一时期这一背景下烧造而成，由此可见其无比尊贵珍重之一斑了。

　　关于"古月轩"

　　如果说以上是从珐琅彩瓷器的历史源流与工艺本色方面来解析这件瓷器非凡贵重的话，下面则不妨由珐琅彩瓷器被笼罩上"古月轩"这一俗名，来揭示其至今仍使人莫衷一是的神秘之处。

　　关于"古月轩"，不妨阅读几部著述典籍中这样的文字记载：一是著名谴责小说家刘鹗在名著《老残游记》杂记手稿中的一段话："其实古月轩者，乃乾隆时苏人胡学周在苏自设一小窑，专制瓷瓶、碗、烟壶等小品，不惜工本，一意求精，故其出品均极精美，时人好之，自号古月轩主人。乾隆南巡，见而称善，其人亦温雅端方，谈吐可喜，于是携之京师，使掌御窑。"二是清末民初许立衡在《饮流斋说瓷》中的记载："古月轩凡三说，一谓古月轩属于乾隆之轩名，画工为金成，字旭映者也；一谓古月轩为清帝轩名,不专属乾隆,历代精制之品均藏于是轩也;一谓古月轩系胡姓人,精画料器,而乾隆御制瓷品仿之也。三说者,所闻异词,所传闻又异词。"三是1979年版《辞海》中"珐琅彩"条目这样写道:"清代康熙时开始烧制,雍正、乾隆时期进一步提高,其底部有'古月轩'字样,俗称'古月轩'瓷器。"四是1985年中国台北出版的《郭良蕙看文物》之《玻璃·琉璃·料》一文中的文字:"根据传说乃得一结论,'古月'即'胡',故古月轩系胡人的住处。想当年郎世宁等人的居所地带被称为'古月轩',因而得名。……古月轩,即清三代珐琅彩和粉彩细瓷的统称,也是俗称。据说清三代的官窑彩瓷既无古月轩款书(偶有此种款书者,均系晚清产品),清宫内也无古月轩宫名。"

由此可见,在古玩行盛传一时的古月轩,即便不是无中生有的空穴来风,至少也是无从考证或查无实据的民间传闻,只是由于人们特别是老北京古玩行人对此深信不疑或者说不愿意怀疑,而使其身价倍增、风靡全球并余波及今的。这实在是一件值得玩味的文物趣事。比如,这件雍正御制珐琅彩题诗过墙梅竹纹盘于2002年能拍出3252.41万元港币的天价;比如,三年后的2005年10月乾隆御制珐琅彩双耳瓶,在香港苏富比拍卖会上竟以1.03亿港元顺利成交;比如,2006年乾隆御制珐琅彩杏林春燕图碗在拍卖会上,再创1.5亿多港元而成交……从某种意义上来说,这都与"古月轩"这一在鉴赏家、古玩商与文物拍卖行中广为流传的神秘盛名,有着或多或少的联系,因为在其中的一场拍卖会上就曾明确标注出"古月轩"这三个字。

何来"硬彩"

既然珐琅彩瓷器属于皇家专享之珍品,那么它是何时流入民间为人们所认识,这件雍正御制珐琅彩题诗过墙梅竹纹盘又是如何流失到这场拍卖会上的呢?

关于清宫御用瓷器不正常的外流时间,最早可以追溯到清咸丰十年(1860)英法联军攻陷北京并纵火焚烧圆明园等皇家诸多御园时。据说,那时在北京琉璃厂古玩街可以经常见到醉醺醺的英法联军士兵,手持从皇家御苑中劫掠而来的古代书画及御用珍宝等前来换取酒钱,当然其中就包括民间难得一见的珐琅彩瓷器珍品。到了光绪二十六年(1900)当八国联军占据北京后，除了在北京与天津等地的古玩店里可见这些珍宝身影之外，还有许多御用瓷器出现在香港与欧洲的拍卖会上，以至于民间流传有"买好绸缎到瑞蚨祥，买好中药到同仁堂，买好硬片到延清堂"的民谚俗语。这里所说的"硬片"，就是相对于珍贵古代书画而言的官窑瓷器，因为在老北京古玩行里早有称瓷器与字画为"硬彩"与"软彩"一说。如此，读者不禁会问买"硬片"为什么要到"延清堂"呢？

原来，光绪二十八年(1902)正月慈禧太后自西安回銮京师后，发现皇宫紫禁城等皇家御苑内的古玩陈设损毁丢失严重，遂准备降旨彻底查抄全城以收缴皇家丢失的这些古玩珍宝。对此，慈禧太后的亲信之一、清廷内务府专门负责宫内古玩陈设事务的庆宽(又名庆小山)，考虑到如果查抄全城可能会引起骚乱之故，便向慈禧太后启奏改"查抄"为"收购"并得到恩准。随即，慈禧太后敕令庆宽负责收购事宜，而庆宽也于这年春节过后在隆福寺设立收购站，并指派与琉璃厂古玩商交往密切且精通青铜、陶瓷与杂项等文物鉴赏的自家管家常惠川，坐镇收购站处理具体事宜。随着皇家在隆福寺开始收购散失民间御用古玩珍宝后，历经劫难的琉璃厂古玩行迅速得以恢复并壮大兴盛起来。其中，由清廷内务府总管文索于光绪二十五年(1899)出资聘请赵佩斋为大掌柜的大观斋不仅得以恢复，而且文索还在皇家设立收购站之前又出资 9900 两白银开设了一家新古玩铺，并聘请能言善辩、胆大心细且精擅瓷器鉴定的丁济谦为大掌柜，这就是取"延续大清王朝"寓意的北京琉璃厂第一家专门以官窑瓷器为经营主打的古玩铺——"延清堂"。既然延清堂是清廷内务府总管文索出资开设，而设在隆福寺的皇家收购站又是专门收购散失民间的清宫古玩珍宝之地，且两方负责者丁济谦与常惠川还是交情很好的老相识，故此两家两手收购官窑瓷器便是顺理成章之事，而这也是延清堂自清光绪二十七年(1901)开业至民国 15 年(1926)歇业这 25 年间，能够始终居于琉璃厂鉴定经营官窑瓷器魁首地位的主要根源。当然，通过这家古玩铺为中介而流失海外的中华国宝到底有多少，恐怕也应该名列琉璃厂诸多古玩铺之魁首吧！

关于这一点，有三例史实足以为证：

一例，赶在皇家设立收购站前开业的延清堂，在营业之初便有人拿来一件清乾隆粉彩镂空转颈瓶到延清堂求售。当时，第一次经营这种官窑瓷器生意的丁济谦还比较谨慎，并没有亲自直接做成这桩生意，而是采取"暗度陈仓"的方法，指派延清堂大徒弟任雁亭带领此人来到隆福寺皇家收购站，暗示常惠川代表收购站先出资200两白银进行收购，然后再以原价转让给延清堂高价售出。当然，延清堂支付给常惠川一定"回扣"，就这样延清堂顺利地做成了第一桩官窑瓷器生意，只是不知这件皇家御用瓷器精品今已失落何处。

二例，宣统元年(1909)设在隆福寺的皇家收购站结束自己的历史使命后，常惠川便来到延清堂的真正主人文索家中管理一些事务。由于他与琉璃厂古玩行交往深厚，故此在闲暇时便到琉璃厂古玩行溜达，有一次他得知火神庙出现一件图案极为奇特的乾隆官窑粉彩描金瓶的消息，随后又从清廷翰林学士袁励准口中探知这件官窑瓷瓶所蕴藏非同寻常的寓意或者说是来历后，便果断地找到丁济谦与其合伙以500两白银购买了这件俗称"兔儿爷坐金銮殿"的稀世瓷瓶。到了民国元年(1912)，当丁济谦向比利时一位陶瓷收藏家讲述当年袁励准翰林对这件瓷瓶图案的诠释后，这位比利时收藏家当即以8000块大洋购买了它，随后他又以2万英镑转售给一位英国收藏家，致使这件堪称绝世孤品的中国瓷器瑰宝流失海外后便湮没无寻了。

行文至此，实在应该将清廷翰林学士袁励准当年之诠释告知读者：原来，乾隆皇帝是辛卯年出生属兔，而这件乾隆官窑粉彩描金瓶款识就写有"辛卯年"字样，故此可知这件瓷瓶应该是乾隆皇帝60圣诞时的贡品，且瓷瓶上那"兔儿爷坐金銮殿"图案中的"兔儿爷"就代表着乾隆爷，由此可见这件图案寓意深刻而设计巧妙的瓷瓶是何等珍贵了。

三例，民国初年(1912)清廷热河行宫(今承德避暑山庄)被盗后，皇家诸多御用珍宝流失民间。其中，诸如康熙官窑豇豆红尊、柳叶尊、郎窑瓶及"古月轩"款珐琅器等，在普通古玩铺根本见不到的官窑瓷器精品大多流进了延清堂，很显然这与丁济谦与时任热河都统熊希龄关系密切有着重大关联。于是，有人认为是丁济谦与熊希龄合谋实施了这起盗窃案以牟取暴利后,又伪造被盗假象以欺瞒世人耳目。后来,当北洋政府捕获一名所谓的行窃者,并派人到延清堂索取赃物时,丁济谦不仅没有上交赃物,反而态度强硬地将来人赶出了古玩铺。面对丁济谦的这种不合作态度,北洋政府有关部门便将延清堂起诉到法院,而丁济谦面对法官依然蛮横地说:"我是公买公卖,将本图利,有卖的我就买,我不是偷盗来的东西。应该负失盗责任的是熊希龄,他是热河都统,你们有胆量找他去。"丁济谦之所以如此肆无忌惮,不仅因为他与北洋政府高层人物交往密切,更由于此时的熊希龄已经升任为北洋政府国务总理兼财政总长了,试想还有谁敢去指责他的"失窃之罪"呢?既然如此,热河行宫被盗案还是不了了之的为好。

正是在政治背景渊深而又胆大心细的丁济谦管理下,延清堂迅速成为北京琉璃厂经营官窑瓷器的龙头老大,聚拢了国内大批收藏家、实业家与官宦人员前来购藏自己喜爱的官窑瓷器,就连国外一些博物馆、收藏家及企业家们也蜂拥而至,这就使延清堂成为中国御用瓷器珍宝流失国外的集散地兼中转站。据国外诸多博物馆对所藏中国官窑瓷器来源所标注的说明词,以及海外一些私人收藏家的讲述可知,他们所藏明清官窑瓷器大多购自延清堂,其中就包括这件雍正御制珐琅彩题诗梅竹纹盘。

遗憾的是,香港佳士得拍卖行在征集到这件拍品时,不仅没有透露这位海外藏家的真实身份,就连竞拍成交后也只提供了"据悉是一位亚洲买家托人购买"这么一句话。

世间孤品

既然如此,在此只能扫描这件二度流失海外的中华国宝之概貌,以稍稍慰藉国人的郁闷心情了。

业内人士皆知,清康、雍、乾三朝珐琅彩瓷器风格各异而鲜明。比如,康熙年间烧制的珐琅彩瓷器纹饰,基本上沿袭欧洲铜胎掐丝珐琅器的图案风格,以写生花卉与图案式花卉为主;而雍正年间的珐琅彩瓷器,不仅摆脱了铜胎掐丝珐琅器的影响,而且还融进中国传统文人所崇尚的梅兰竹菊及山水画的幽远意境,这与随后乾隆年间讲求稠密、细致与堆砌的中西合璧式装饰方式有着很大区别,具有中国传统文人一贯喜爱的淡雅、清新、隽永的审美意趣。因此,从某种意义上说在中国长达8000年的陶瓷发展史上,雍正珐琅彩瓷器制作工艺达到了中国陶瓷制作的最高水平,比如这件雍正御制珐琅彩题诗梅竹纹盘就是其中的杰出代表。确实,从盘底圈足内那双方框"雍正年制"的蓝料款可知,这件盘口直径17.2厘米的雍正御制珐琅彩题诗梅竹纹盘,是雍正年间烧制于清宫内府的一件御用瓷器,其绘工精致细腻,图案构思新颖别致,两枝梅竹主干由器足向上延伸跨越口沿后进入盘内,其中一枝又翻过口沿回到盘的外壁,翻越过程自然流畅,纹饰过渡浑然一体,宛如一幅立体画卷般令人赏心悦目。据史料记载,这种花枝由器外延至器内的陶瓷制作工艺,首创于明朝末年,后因深受清康熙、雍正与乾隆三代皇帝的偏爱而得以迅速发展,并名之曰"过墙花"。

不过,像雍正御制珐琅彩题诗梅竹纹盘这件由器外攀进器内再翻出器外的"过墙花",在有清一代传世至今的数百件珐琅彩瓷器中,即便不是绝无仅有、举世无双,起码也是极为罕见的珍稀异品,如果再加上雍正皇帝御题"芳蕊经时雪里开"这句应时应景诗句的衬托,简直可以毫不夸张地称之为世间孤品了。

特别提示:

本书在编写过程中,参阅和使用了一些报刊、著述和图片。由于联系上的困难,和部分作品的作者(或译者)未能取得联系,对此谨致深深的歉意。敬请原作者(或译者)见到本书后,及时与本书编者联系,以便我们按照国家有关规定支付稿酬并赠送样书。

联系电话:010-80776121   联系人:马老师